This book is dedicated to those cavers and friends who played an important role in the exploration and documentation of the caves, but who have died in the last ten years.

Alasdair "Ali" Neill, Artur Kozlowski, Bob Cawthorne,
Dennis Rugg, Harry "Eski" Hesketh, Lea Ziebold, Lenny Gee,
Michael "Squirrel" Wood and Paul Dold.

We feel the loss of these people after enjoying their friendship
and company in Matienzo.

Este libro está dedicado a aquellos espeleólogos y amigos que desarrollaron un papel importante en la exploración y documentación de las cuevas de Matienzo, pero que han fallecido en los últimos diez años.

Alasdair «Ali» Neill, Artur Kozlowski, Bob Cawthorne,
Dennis Rugg, Harry «Eski» Hesketh, Lea Ziebold, Lenny Gee,
Michael «Ardillo» Wood y Paul Dold.

Disfrutamos de su amistad y compañía en Matienzo y sentimos su
pérdida enormemente.

Matienzo Caves Project
2010 - 2019

editor Juan Corrin

translator / traductora Carolina Smith de la Fuente

60 years of speleology
60 años de espeleología

Published 2020
Matienzo Caves Project
Greenfields
21 Mount Pleasant
High Bentham
North Yorkshire
UK
LA2 7JY

www.matienzocaves.org.uk

Publicado en 2020
Matienzo Caves Project
Greenfields
21 Mount Pleasant
High Bentham
North Yorkshire
Gran Bretaña
LA2 7JY

www.matienzocaves.org.uk

ISBN 978-0-9566045-2-1

Further copies of this book are available from Juan Corrin, email juancorrin@matienzo.org.uk. If that email address is no longer correct, a web search for "Matienzo Caves Project 2010 - 2019" or the ISBN number (above) will provide a contact.

Design and origination by Juan Corrin

Printed by Dolman Scott
www.dolmanscott.com

Más copias de este libro están disponibles a través de Juan Corrin, por correo electrónico en juancorrin@matienzo.org.uk. Si esa dirección de correo electrónico ya no funciona, el número de ISBN (arriba) o una búsqueda web de "Matienzo Caves Project 2010 - 2019" debería permitir conseguir un medio de contacto.

Diseño y desarrollo por Juan Corrin

Impreso por Dolman Scott
www.dolmanscott.com

Front cover photograph
Simon Cornhill looking out into the unknown in Torcón de Riaño (0106). (*Diane Arthurs*)

Back cover photograph - top
Looking out towards Mullir and the south of the Matienzo depression. (*Juan Corrin*)
Back cover photograph - bottom
Formations in Sima-Cueva del Risco (0025) *(Paul Dold)*

Frontispiece
Phil Papard with a 'bacon rasher' in Torca de los Cañaos (4043) *(Peter Eagan)*

Title page
Phil Gillespie under the 'snowball' formation in Torca del Dron (4669). *(Bill Nix)*

Fotografía de portada
Simon Cornhill mirando hacia lo desconocido en Torcón de Riaño (0106). (*Diane Arthurs*)

Fotografía de la cubierta trasera - superior
Mirando hacia Mullir y el sur de la depresión de Matienzo. (*Juan Corrin*)
Fotografía de la cubierta trasera - inferior
Formaciones en Sima-Cueva del Risco (0025). (*Paul Dold*)

Portada
Phil Papard con una «loncha de tocino» en Torca de los Cañaos (4043). (*Peter Eagan*)

Portada
Phil Gillespie debajo de la «bola de nieve» gigante en Torca del Dron. (*Bill Nix*)

matienzocaves.org.uk

Caving can be dangerous if safety equipment is not worn and used correctly. Readers should not attempt to copy any of the caving techniques outlined in this book unless they are properly trained. Training can be obtained through joining a caving club. Club contacts (for the UK) are available through the New to Caving web site, http://newtocaving.com

La espeleología puede ser peligrosa si el equipo de seguridad está desgastado o no se utiliza correctamente. Los lectores no deben intentar copiar ninguna de las técnicas de exploración descritas en este libro, a menos que ellos estén formados adecuadamente. La formación puede conseguirse uniéndose a un grupo de espeleología. Puede contactar con grupos a través de internet.

CONTRIBUTORS

EDITOR: JUAN CORRIN

Juan has been caving for fifty years and for most of that time has been involved with exploring the underground and surface features around Matienzo. Since the late 1970's he coordinated the expeditions and documented and collated the results. Since the eighties, this has meant keeping an up-to-date web site which acts as a central store for cave descriptions, surveys and photographs. Since 2014, the expedition coordinator role has been carried out by Phil Papard.

Juan retired from the job of an assistant head in a secondary school in northwest England in 2007. He met his wife, Penny, in Matienzo more than 40 years ago and they are now able to enjoy more time in Spain.

ACKNOWLEDGEMENTS I want to thank the two cavers who took so much time over their roles: Carolina Smith de la Fuente who has translated the original English text into Spanish, and Harry Long for his patient and meticulous proof reading. Grateful thanks are also due to the authors of all the articles.

Help with fact checking and other vital assistance was given by Carmen Smith, Chris Binding, Harry Long, James Carlisle, Jim Lister, Lloyd Cawthorne, Nigel Dibben, Paul Wilman, Paul Fretwell, Penny Corrin, Peter Smith, Peter Wynn, Phil Papard and Torben Redder. Hopefully, there are no "alternative facts" in the following articles!

Any mistakes that have crept into the book, and are brought to my attention, will be corrected on a website page.

Finally, thanks are due to the Ghar Parau Fund committee for providing welcome financial assistance for each year we have asked and, of course, to Pablo, Ana and family for their continued friendship. These speleological expeditions would not have started and evolved to their current form had it not been for the use of the facilities in and around Casa Germán. Thank you!

COLABORADORES

EDITOR: JUAN CORRIN

Juan lleva 50 años practicando la espeleología y la mayor parte de ese tiempo ha estado involucrado en la exploración subterránea y en la superficie de Matienzo y alrededores. Desde finales de la década de 1970 coordinó la expediciones y documentó y reunió los resultados. Desde los años ochenta, esto implicó mantener un sitio web actualizado que hace las veces de archivo central para descripciones de las cuevas, topografías y fotografías. Desde 2014, el papel de coordinador de la expedición lo desempeña Phil Papard.

Juan se jubiló de su puesto como subdirector en una escuela secundaria en el noroeste de Inglaterra en 2007. Conoció a su esposa, Penny, en Matienzo hace más de 40 años y ahora pueden disfrutar más tiempo en España.

AGRADECIMIENTOS Quiero agradecer a los dos espeleólogos que dedicaron tanto tiempo al libro: Carolina Smith de la Fuente, que ha traducido el texto original de inglés a español, y Harry Long, por su paciente y meticulosa lectura y revisión. También quiero dar las gracias a los autores de todos los artículos.

Carmen Smith, Chris Binding, Harry Long, James Carlisle, Jim Lister, Lloyd Cawthorne, Nigel Dibben, Paul Wilman, Paul Fretwell, Penny Corrin, Peter Smith, Peter Wynn, Phil Papard y Torben Redder brindaron ayuda comprobando información y proporcionando otras formas de asistencia vital. Con suerte, ¡no hay «datos alternativos» en los siguientes artículos!

Cualquier error que se haya infiltrado en el libro y me sea informado, se corregirá en una página del sitio web.

Por último, le damos las gracias al comité de la Fundación Ghar Parau por concedernos una subvención cada vez que la hemos solicitado y, por supuesto, a Pablo, Ana y su familia por su continua amistad. Estas expediciones espeleológicas no habrían comenzado y evolucionado a su forma actual si no hubiera sido por el uso de las instalaciones de Casa Germán. ¡Gracias!

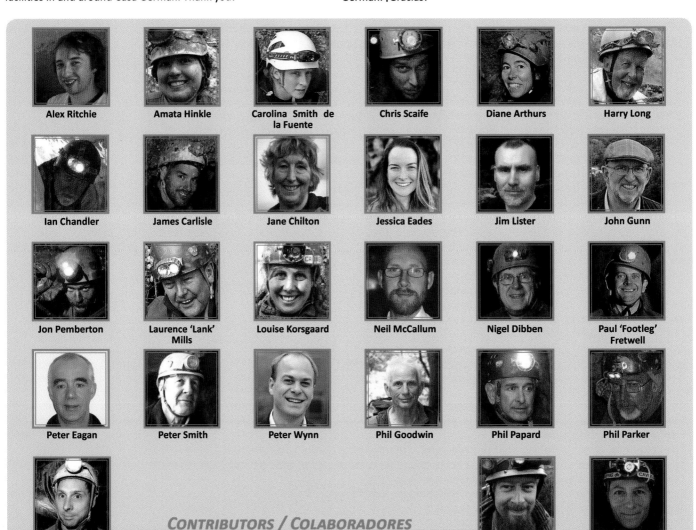

Alex Ritchie · Amata Hinkle · Carolina Smith de la Fuente · Chris Scaife · Diane Arthurs · Harry Long

Ian Chandler · James Carlisle · Jane Chilton · Jessica Eades · Jim Lister · John Gunn

Jon Pemberton · Laurence 'Lank' Mills · Louise Korsgaard · Neil McCallum · Nigel Dibben · Paul 'Footleg' Fretwell

Peter Eagan · Peter Smith · Peter Wynn · Phil Goodwin · Phil Papard · Phil Parker

Simon Cornhill · CONTRIBUTORS / COLABORADORES · Tom Thomson · Torben Redder

FOREWORD

In common with many cavers, I am often asked why I spend so much of my life beneath the earth's surface. The reasons can be summarised under three headings: the experience, exploration and science. To experience the underground environment either$ alone or, more commonly, in the company of fellow cavers is something that brings me a huge amount of satisfaction with the added bonus of 'après-caving'! Exploration, and the thrill of being the first human to enter a passage, drives many of us and, as a hydrogeologist and geomorphologist, I find a seamless transition between my sport and my scientific interests.

The Matienzo Caves Project epitomises the three themes. Since the late 1960s literally hundreds of British cavers have headed to Cantabria to meet up with fellow cavers from Spain and many other countries, to enjoy their friendship and that of the local people, to visit now well-known and spectacular caves, to wander the surface in search of entrances to unexplored caves, to extend known systems by diving, climbing and excavation and to undertake research into the areas of archaeology, biology, geology, geomorphology and hydrology.

The Project's first volume, published in 2010, covered the first 50 years of speleology in Matienzo and, as I write this Foreword, I am very much looking forward to reading "what happened next" and, of course, to visiting the area again.

Professor John Gunn,
Chairman of the British Cave Research Association
Chairman of the Cave and Karst Working Group in the IUCN World Commission on Protected Areas

PRÓLOGO

Al igual que a muchos otros espeleólogos, a menudo me preguntan por qué paso tanto tiempo bajo tierra. Las razones se pueden resumir bajo tres encabezados: la experiencia, la exploración y la ciencia. Vivir la experiencia que ofrece el mundo subterráneo solo o, más a menudo,$ en compañía de colegas espeleólogos es algo que me satisface muchísimo, ¡con la ventaja adicional del après-espeleo! La exploración, y la emoción de ser el primer ser humano que entra a una galería, nos impulsa a muchos y, como hidrogeólogo y geomorfólogo, encuentro en ello la unión perfecta entre mi deporte y mis intereses científicos.

El proyecto espeleológico de Matienzo ofrece los tres. Desde finales de la década de 1960, cientos de espeleólogos británicos han viajado a Cantabria para reunirse con espeleólogos españoles y de muchos otros países, para disfrutar de su amistad y de la de los lugareños, para visitar cuevas espectaculares y ahora populares, para pasear por la superficie en busca de entradas a cuevas inexploradas, para ampliar los sistemas conocidos mediante el buceo, la escalada y la excavación y para emprender investigaciones en las áreas de arqueología, biología, geología, geomorfología e hidrología.

El primer volumen del proyecto, publicado en 2010, cubrió los primeros 50 años de espeleología en Matienzo. Mientras escribo este prólogo, espero con gran interés leer «lo que sucedió después» y, por supuesto, de visitar la región de nuevo.

Professor John Gunn,
Director de la Asociación Británica de Investigación Espeleológica (BCRA)
Director del grupo de trabajo para la protección de cuevas y karsts de la Comisión Mundial de Áreas Protegidas de la UICN

INTRODUCTION

INTRODUCCIÓN

View to the south from above Fuente las Varas. The Llueva valley runs down to the east and the La Secada branch of the Matienzo depression lies about 350m below.
Vista al sur desde Fuente las Varas. El valle de Llueva está al este y La Secada, en Matienzo, se encuentra a unos 350 m por debajo. *Juan Corrin*

This book continues recounting the speleological exploits of the Matienzo Caves Project (MCP) - activities which started with Spanish explorations in the nineteen-sixties and continues, British-led. The activities over 2010 - 2019 are recorded and, this summer - 2020, we would have been celebrating 60 years of cave exploration in and around Matienzo. The COVID-19 pandemic and the subsequent lock-downs in Britain and Spain have prevented travel between the countries and introduced social distancing and isolation.

The account of the first fifty years of exploration, including major articles about the geology, archaeology, diving, etc, was published in 2010 and is now free to view online.[1]

Since the previous book was published, speleology around Matienzo has continued at a similar pace - about the same quantities of new cave passage explored and documented each year - with the bonus of more cave science happening around and in the caves.

Este libro retoma la crónica de las hazañas espeleológicas de Matienzo Caves Project, actividades que comenzaron con las exploraciones españolas en los años sesenta y continúan de la mano de los británicos. Las actividades llevadas a cabo entre 2010 y 2019 se han documentado y, este verano de 2020 esperábamos celebrar 60 años de exploración de las cuevas en Matienzo y sus alrededores. La pandemia de la COVID-19 y los subsiguientes confinamientos en Gran Bretaña y España han dificultado los viajes entre los países e introducido el distanciamiento social.

Los detalles de los primeros cincuenta años de exploración, incluidos artículos sobre geología, arqueología, buceo, etc., se publicaron en 2010 y ahora se pueden consultar gratis en línea.[1]

Desde que se publicase el libro anterior, la espeleología alrededor de Matienzo ha continuado a un ritmo similar, aproximadamente el mismo volumen de nuevas galerías exploradas y documentadas cada

---

1 The Matienzo: 50 Years of Speleology dual-language book is now out of print. A second hand copy has been seen on the web selling for US$ 64.12 but a pdf file of the publication has been made available for free viewing at Issuu - https://bit.ly/2TqkSRq

1   El libro bilingüe Matienzo: 50 Years of Speleology/Matienzo: 50 años de espeleología se ha agotado. En internet hemos podido encontrar una copia de segunda mano a la venta por 64,12 $, pero una copia en PDF se ha puesto a disposición del público en Issuu: https://bit.ly/2TqkSRq

There is no need to repeat detailed information about the area printed in the first book, although there is a short section on the geography and caves of the area that follows this introduction, just to set the scene.

Over 1000 people have been part of the exploration and documentation since the sixties, so this volume could be read by cavers (some long-retired) who will understand the jargon and abbreviations, and others who may wish to peruse the Glossary and Appendices.

After ten years, certain aspects of the first book require updating so there are sections providing new information about the archaeology around the area and progress in cave diving along with an hydrology update. Technology has moved on since 2010 and there is an article about how the use of technology and information technology can aid finding and documenting caves.

The use of the underground resource as a scientific research lab has been amply demonstrated by the staff and doctorate and master's students from the Environment Centre at Lancaster University. The Matienzo Karst Entomology Project has also produced - and is producing - very interesting results from trapping bugs. The Matienzo Bats in Caves Project has just started up. Articles outlining these science projects are included.

Most of this publication is an expedition-by-expedition account of the new caves found, explored and documented since the end of 2009. That section has its own introduction.

An Index section for photos, photographers, surveys and maps is found starting on page 489 and is completed with a 16-page main index.

año, con la ventaja añadida de que se están llevando a cabo más estudios científicos sobre y en las cuevas.

No es necesario repetir la información detallada sobre el área que ya apareció en el primer libro, aunque hay una pequeña sección sobre la geografía y las cuevas del área que sigue a esta introducción, solo para ofrecer algo de contexto.

Más de 1000 personas han formado parte de la exploración y documentación de estas cuevas desde los años sesenta, por lo que este libro podrá ser leído por espeleólogos (algunos jubilados) que comprenderán la jerga y las abreviaturas, mientras que a otros igual les puede resultar útil consultar el Glosario y los Apéndices.

Tras diez años, ciertos aspectos del primer libro se han de actualizar, por lo que hay secciones que brindan nueva información sobre la arqueología en el área y los avances logrados mediante el buceo subterráneo junto con una actualización de la hidrología. La tecnología ha avanzado desde 2010 y hay un artículo sobre cómo el uso de la tecnología y la informática pueden ayudar a encontrar y documentar cuevas.

La utilidad del entorno subterráneo como laboratorio de investigación científica ha sido ampliamente demostrado por el personal y los estudiantes de doctorado y máster del Centro Ambiental de la Universidad de Lancaster. El proyecto de entomología del karst de Matienzo también ha producido, y está produciendo, resultados muy interesantes gracias a la captura de insectos. El proyecto Matienzo Bats in Caves acaba de empezar. Artículos que describen estos proyectos científicos se han incluido en el libro.

La mayor parte de esta publicación es un relato campaña a campaña de las nuevas cuevas encontradas, exploradas y documentadas desde finales de 2009. Esa sección tiene su propia introducción.

Una de índices de fotos, fotógrafos, topografías y mapas se puede

NW / NO — Cubija — Cantones — La Vega — El Naso — La Secada — N — Fuente las Varas — Cubillas — La Colina — Muela — NE — Mullir

View to the north into the Matienzo depression from below and to the northeast of La Piluca.
Vista al norte de la depresión de Matienzo desde abajo y al noreste de La Piluca.   *Juan Corrin*

This book should be considered part of a mixed-media publication, as the Matienzo Caves Project website (matienzocaves.org.uk) contains much more information than this volume holds. The caves, when they are first mentioned in any article, have a 4-digit site code. Readers wishing to delve into more information can type this code into the "**QUICK CODE SEARCH**" link on the front page of the website. The links at the bottom of the site description (if available) will take the reader to underground or surface photos, videos, cave centre lines and surveys. Interested readers should definitely check these online description pages for resources that, in most cases, will not be mentioned in the text.

5010 cave sites with descriptions, surveys and photographs.
Updated: January 2020
QUICK ACCESS
QUICK CODE SEARCH
Updated: Jan 2020

The Cantabrian government's map website is a superb resource with all photos and maps freely available to download and use. The base data for our QGIS mapping system has been downloaded from there and, in most of the maps published here, has been overlain with site entrance positions and surveyed cave centre lines and passages. Our obligation is to state that the base data is

"© Government of Cantabria. Free information available at http://mapas.cantabria.es".

Juan Corrin, August 2020

consultar a partir de la página 489 y se completa con un índice general de 14 páginas.

Este libro debe considerarse parte de una publicación mixta, ya que el sitio web de Matienzo Caves Project (matienzocaves.org.uk) contiene mucha más información de la que contiene este volumen. Las cuevas, cuando se mencionan por primera vez en cualquier artículo, tienen un código de 4 dígitos. Los lectores que deseen saber más pueden escribir este código en el enlace «**QUICK CODE SEARCH**» en la página principal del sitio web. Los enlaces en la parte inferior de la descripción de la cueva (si están disponibles) llevarán al lector a fotos subterráneas o de la superficie, vídeos, poligonales y topografías. Los lectores interesados sin duda deben consultar estas descripciones en línea para encontrar recursos que, en la mayoría de los casos, no se mencionarán en el texto.

El sitio web de la Unidad de Cartografía del Gobierno de Cantabria es un recurso excelente, pues todas las fotos y mapas se pueden descargar y utilizar de manera gratuita. Los datos básicos para nuestro sistema de mapeo QGIS se han descargado de dicha web y, en la mayoría de los mapas publicados aquí, se han superpuesto con la ubicación de las entradas y las poligonales de las cuevas. Por eso es nuestra obligación declarar que los datos son

«© Gobierno de Cantabria. Información gratuita disponible en http://mapas.cantabria.es».

Juan Corrin, agosto de 2020

BASIC GEOGRAPHY

LA GEOGRAFÍA BÁSICA

Juan Corrin

More detail about the geography has been written in 'Matienzo: 50 Years of Speleology', pages 1 - 4. What follows is a much simplified over and underground description.

La geografía del valle se ha descrito en profundidad en el libro Matienzo: 50 años de espeleología, pp. 1-4. Lo que sigue es una descripción más simplificada de la geografía sobre y bajo tierra.

The irregularly shaped Matienzo depression is surrounded by Cretaceous limestones with sandstone and/or dolomite lenses. The highest point is Mullir to the east at 839m and the lowest point of the depression is at 140m. The depression shape is often described as a 'Y' on its side with the N-S length, ridge to ridge, about 5km and a W-E distance of approximately 6.5km.

The main centres of population within the Matienzo depression are at Cubillas, the junction of the CA-255 and the road to Seldesuto, and La Secada at the northern end.

Water percolating into the hills to the south pass through at least Cueva Vallina (0733) and the South Vega System to emerge at Cueva del Comellantes (0040). This river meanders over La Vega to pass underground in Cueva del Agua (0059) through El Naso to emerge at La Cuevona (0248) and then flow north through La Secada to sink into Cueva de Carcavuezo (0081). Water from Sima-Cueva del Risco (0025), low down against Mullir, also resurges to join the sinking river.

Before passing through Cueva Llueva (0114) in the Llueva valley and emerging at Los Boyones (0118) at Secadura, 3.5km away, water from

La depresión de Matienzo, de morfología irregular, se ha formado en caliza cretácica con lentejones de arenisca o dolomía. El punto más alto es Mullir al este, a 839 m, mientras que el punto más bajo de la depresión está a 140 m. La forma de la depresión a menudo se describe como una «Y» tumbada con un desarrollo N-S, cima a cima, de aproximadamente 5 km y un desarrollo O-E de aproximadamente 6,5 km.

Los principales núcleos de población dentro de la depresión de Matienzo están en Cubillas, en el cruce de la CA-255 y en el camino a Seldesuto, y en La Secada en el extremo norte.

El agua que se filtra en las colinas al sur pasa al menos por Cueva Vallina (0733) y el Sistema de La Vega y emerge en Cueva de Comellantes (0040). El río que nace ahí serpentea por La Vega para volver a sumergirse en Cueva del Molino (0059) debajo de El Naso y emerger en La Cuevona (0248). Desde ahí el río fluye hacia el norte a través de La Secada —donde recibe el caudal que sale de la Sima-Cueva del Risco (0025), bajo Mullir— hasta filtrarse en el sumidero de la Cueva de Carcavuezo (0081).

Antes de pasar por Cueva Llueva (0114) en el valle de Llueva y salir

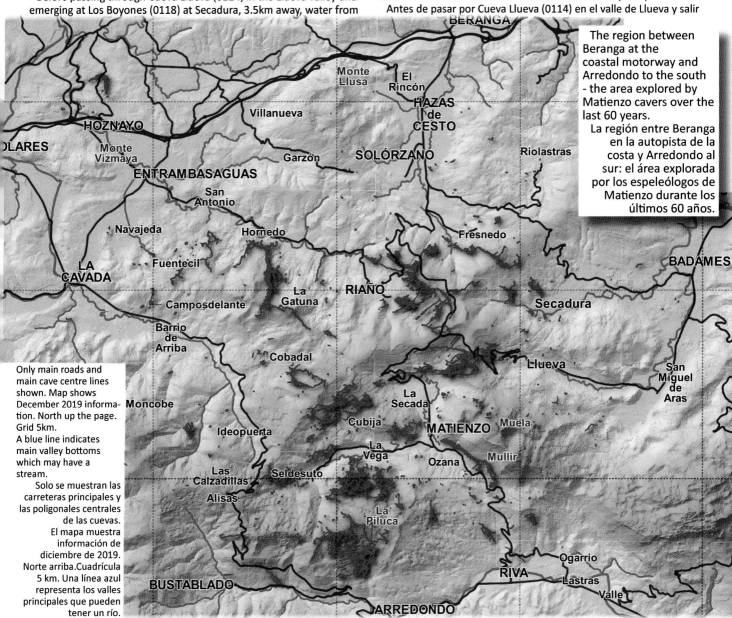

Santander · Matienzo · Spain - north coast · 10 km · Bilbao · Google Maps

The region between Beranga at the coastal motorway and Arredondo to the south - the area explored by Matienzo cavers over the last 60 years.

La región entre Beranga en la autopista de la costa y Arredondo al sur: el área explorada por los espeleólogos de Matienzo durante los últimos 60 años.

Only main roads and main cave centre lines shown. Map shows December 2019 information. North up the page. Grid 5km.
A blue line indicates main valley bottoms which may have a stream.

Solo se muestran las carreteras principales y las poligonales centrales de las cuevas. El mapa muestra información de diciembre de 2019. Norte arriba. Cuadrícula 5 km. Una línea azul representa los valles principales que pueden tener un río.

BERANGA · Monte Llusa · El Rincón · HAZAS de CESTO · Villanueva · HOZNAYO · Monte Vizmaya · Garzón · SOLÓRZANO · Riolastras · LARES · ENTRAMBASAGUAS · San Antonio · Navajeda · Hornedo · Fresnedo · LA CAVADA · Fuentecil · BADAMES · Camposdelante · La Gatuna · RIAÑO · Secadura · Barrio de Arriba · Cobadal · Llueva · San Miguel de Aras · Moncobe · La Secada · Cubija · MATIENZO · Muela · Ideopuerta · La Vega · Mullir · Ozana · Las Calzadillas · Seldesuto · Alisas · La Piluca · Ogarrio · RIVA · Lastras · BUSTABLADO · ARREDONDO · Valle

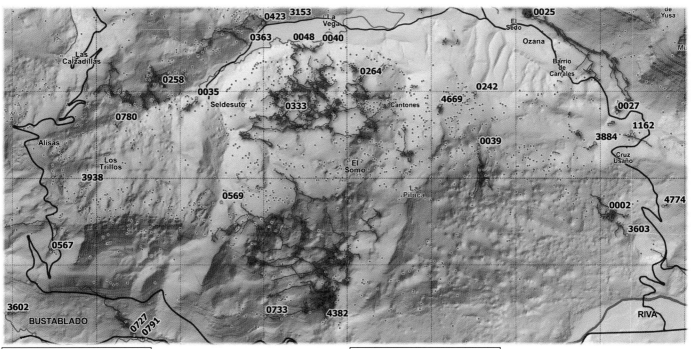

THE SOUTHERN SECTOR

0002	Coverón, Cueva del	0258	Calleja Rebollo, Torcón de la
0025	Risco, Sima-Cueva del	0264	Coterón, Torca del
0027	Oñite, Cueva	0333	Azpilicueta, Torca de
0035	Arenal, Cueva del	0363	Colmenas, Fuente de las
0039	Coquisera, Cueva de	0423	Barandas, Cueva de
0040	Comellantes, Cueva del	0567	Hoyón, Torca del
0048	Reñada, Cueva-Cubío de la	0569	shaft
0242	Tablons, Cueva de los	0727	Molino, Cueva del

SECTOR SUR

0733	Vallina, Cueva	3884	cave
0780	Corcada, Torca de	3938	cave
0791	Molino, Cueva del (resurgence)	4382	Vallina (bottom entrance), Cueva
1162	Orillonzuco	4669	Dron, Torca del
3153	Escalón, Cubío del	4774	Buena Suerte, Cueva
3153	Escalón, Cubío del		
3602	Orcones, Sumidero de		
3603	CEZ, Torca		

Only main roads and main cave centre lines shown
Map shows December 2019 information. North up the page : Grid 1km
A blue line indicates main valley bottoms which may have a stream.

Solo se muestran las carreteras principales y las poligonales centrales de las cuevas. El mapa muestra información de diciembre de 2019.
Norte arriba. Cuadrícula 1 km.
Una línea azul representa los valles principales que pueden tener un río.

The maps on these three pages show the position of many of the more major sites mentioned in the text - especially those which have been worked on over the last 10 years.

Los mapas de estas tres páginas muestran la posición de muchas de las cavidades mencionadas en el texto, especialmente aquellas en las que se ha trabajado durante los últimos 10 años.

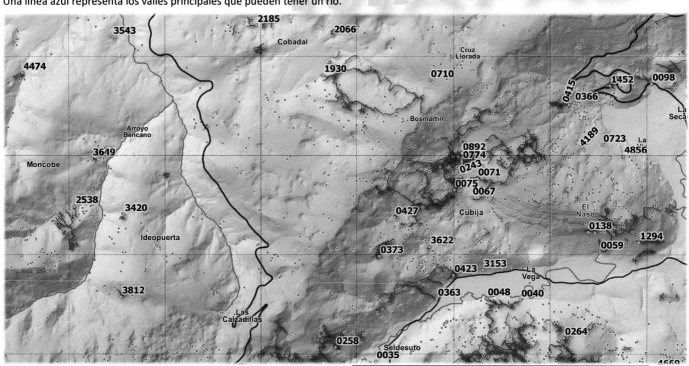

THE WESTERN SIDE OF MATIENZO TO MONCOBE

0035	Arenal, Cueva del	0258	Calleja Rebollo, Torcón de la
0040	Comellantes, Cueva del	0264	Coterón, Torca del
0048	Reñada, Cueva-Cubío de la	0363	Colmenas, Fuente de las
0059	Molino, Cueva del	0366	J.R., Torca de
0067	Cubija, Torcón de	0373	Bosque, Cueva del
0071	Mostajo, Torca de	0415	cave
0075	Picón, Simas del	0423	Barandas, Cueva de
0098	Bollón, Cueva de	0427	Lastrilla, Torca de
0138	Coberruyo, Cueva de	0710	Sprog on a Rock
0243	Cubija, Cubío de	0723	cave

SECTOR OESTE DE MATIENZO A MONCOBE

0774	Morenuca, Cueva de la	3543	cave
0892	Regaton, Torca del	3622	cave
1294	Epiglottis Cavern	3649	Casa Vieja, Cueva de la
1452	Hole in the Road	3812	Campizos, Cueva de los
1930	Cobadal, Sumidero de	4189	Ruffles, Cueva de
2066	Sewer, The	4474	shaft
2185	Double Horse Trough Rising	4669	Dron, Torca del
2538	Cubillón, El	4856	cave
3153	Escalón, Cubío del		
3420	Hoyo Carabo, Torca de		

Cueva Hoyuca (0107) and Cueva de Riaño (0105) in Riaño join the underground river. These underground rivers and the older passages above form the 67km-long Four Valleys System.

Water also emerges from the west side of Cueva de Riaño to flow through Cueva de la Espada (0103) then down towards Entrambasaguas. It is joined by water emerging from Cave of the Wild Mare (0767) via Torca la Vaca (2889) at Hornedo then Fuente Aguanaz (0713) at San Antonio. The latter appears to collect water from the west of the Matienzo depression and well to the south-west, from Alisas and El Cubillón (2538).

Many of the caves have multiple levels - sometimes a stream passage with a number of more ancient levels above. Shafts often link the various levels and entrances into the systems can be down a shaft from the surface or through a cave opening. An example of a multi-entrance, multi-level network is the South Vega System. Two of the entrances are Cueva-Cubío de la Reñada (0048) and Torca de Azpilicueta (0333).

By the end of 2019, within old and current cave exploration permit areas (about 160km²), over 5000 sites of speleological interest had been documented by cavers from the Matienzo Caves Project. These range from multi-kilometre cave networks through un-explored shafts and caves to draughting digs. Lists of the "top ten" longest and deepest caves can be found in Appendix 2.

en Los Boyones (0118) en Secadura, a 3,5 km de distancia, el caudal de Cueva Hoyuca (0107) y Cueva de Riaño (0105) en Riaño se unen al río subterráneo. Estos ríos subterráneos y las galerías antiguas superiores forman el Sistema de los Cuatro Valles, de 67 km de desarrollo.

El agua también emerge en el lado oeste de Cueva de Riaño y fluye a través de Cueva de Espada (0103) y luego hacia Entrambasaguas. Recibe el agua que emerge de la Cueva Wild Mare (0767) a través de Torca la Vaca (2889) en Hornedo y luego de Fuente Aguanaz (0713) en San Antonio. Esta última parece proceder del oeste de la depresión de Matienzo y del suroeste, de Alisas y El Cubillón (2538).

Muchas de las cuevas tienen múltiples niveles, a veces se trata de una galería activa con varios niveles más antiguos encima. A menudo pozos unen los distintos niveles y a los sistemas se puede acceder tanto por un pozo desde la superficie o a través de la boca de la cueva. Un ejemplo de un sistema con múltiples entradas y niveles es el Sistema de La Vega, al que se puede entrar desde la Cueva-Cubío de la Reñada (0048) y la Torca de Azpilicueta (0333), entre otros.

A finales de 2019, dentro de las áreas de permiso de exploración antiguas y actuales (aproximadamente 160 km²), más de 5000 sitios de interés espeleológico habían sido documentados por espeleólogos de Matienzo Caves Project: desde sistemas de varios kilómetros hasta pozos y cuevas sin explorar aún o excavaciones con corriente de aire. Las listas de las cuevas más largas y profundas se pueden encontrar en el Anexo 2.

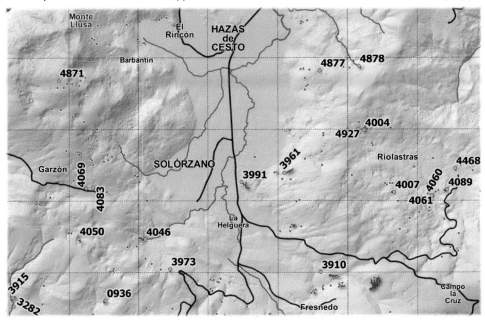

0936	Fox Cave
3282	Santa Juliana resurgence, Rio
3910	cave
3915	Garma, Cueva la
3961	Nicanor, Cueva de
3973	Revoltona, Cueva la
3991	Lolo (del Secretario), Cueva de
4004	Palomas, Cueva de las
4007	Abortal, Cueva del
4046	Arroyo de Canastrillas, Cueva del
4050	Pipe Cave
4060	Torre, Cueva del
4061	Caracol, Cueva del
4069	cave
4083	Stop Swap Shop
4089	cave
4468	Lady's Cave
4871	shaft
4877	3% Pot
4878	Tesugo, Cueva de
4927	Colapso, Cueva

Only main roads and main cave centre lines shown
Map shows December 2019 information
North up the page : Grid 1km
A blue line indicates main valley bottoms which may have a stream.

THE NORTHERN SECTOR, SOLÓRZANO AND HAZAS DE CESTO

SECTOR NORTE, SOLÓRZANO Y HAZAS DE CESTO

Solo se muestran las carreteras principales y las poligonales centrales de las cuevas
El mapa muestra información de diciembre de 2019
Norte arriba;
Cuadrícula 1 km
Una línea azul representa los valles principales que pueden tener un río.

THE EASTERN MOUNTAINS

MONTAÑAS AL ESTE

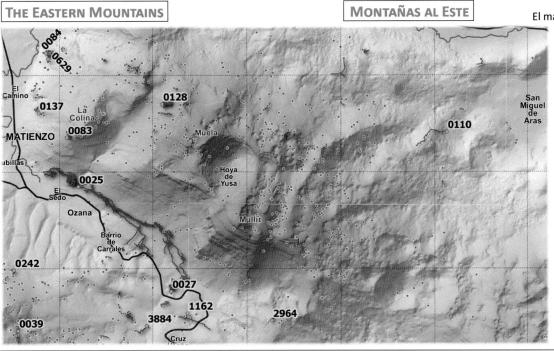

0025	Risco, Sima-Cueva del
0027	Oñite, Cueva
0039	Coquisera, Cueva de
0083	Chica, Cueva
0084	Cosas, Cueva las
0110	Cobrante, Cueva de
0128	Espina, Torca de la
0137	Coreano, Cueva de
0242	Tablons, Cueva de los
0629	cave
1162	Orillonzuco
2964	Not Too Bad Pot
3884	cave

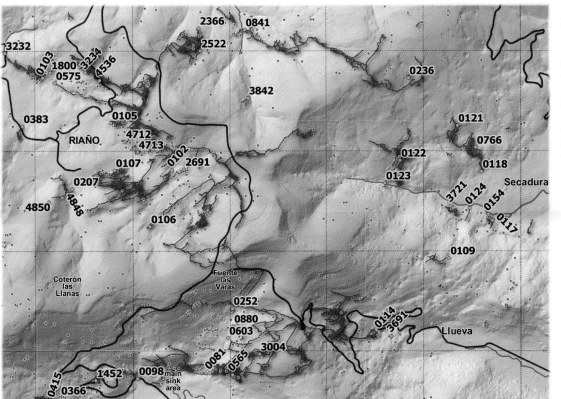

Maps on this page
Mapas en esta página

Only main roads and main cave centre lines shown
Map shows December 2019 information
North up the page.
Grid 1km
A blue line indicates main valley bottoms which may have a stream.

Solo se muestran las carreteras principales y las poligonales centrales de las cuevas
El mapa muestra información de diciembre de 2019
Norte arriba.
Cuadrícula 1 km
Una línea azul representa los valles principales que pueden tener un río.

THE NORTHEAST AND THE FOUR VALLEYS SYSTEM

0081	Carcavuezo, Cueva de	0121	Simón 1, Torca de
0098	Bollón, Cueva de	0122	Suviejo, Cueva de
0102	Castañas, Cueva de la	0123	Rayo de Sol, Torca del
0103	Espada, Cueva de la	0124	Crecidas, Surgencia de las
0105	Riaño, Cueva de	0154	77A, Cueva
0106	Riaño, Torcón de	0207	Cuvia, Fuente de la
0107	Hoyuca, Cueva	0236	Mortiro, Cueva del
0109	Cillarón, Torca de	0252	cave
0114	Llueva, Cueva	0366	J.R., Torca de
0117	Boyones, Los	0383	Escobal, Fuente el
0118	Churro, Cueva del	0415	cave

SECTOR NORESTE Y EL SISTEMA DE LOS CUATRO VALLES

0565	Tres Niños, Cueva de los	3004	Aldi, Torca
0575	Riaño Resurgence, Cueva	3232	Ruchano, Cueva del
0603	Near the Bar Pot	3234	Llanío, Cueva-Cubío del
0766	Simón 2, Torca de	3691	cave
0841	Fresnedo 2, Cueva	3721	Lenny's Cave
0880	Two and a Half Fat Ladies	3842	cave
1452	Hole in the Road	4536	Sub-phone entrance
1800	Fridge Door Cave	4712	Edraith, Torca de
2366	Torno, Cueva del	4713	Extra Special Pot (ESP)
2522	dig	4848	shaft
2691	Giant Panda entrance	4850	shaft

THE FAR NORTHWEST AREA / EXTREMO NOROESTE

0394	Collada, Cueva de
0713	Aguanaz, Fuente
0767	Wild Mare, Cave of the
1561	Favorita, Mina
1930	Cobadal, Sumidero de
2066	Sewer, The
2105	Double Horse Trough Rising
2889	Vaca, Torca La
2917	Urros, Cueva de los
3282	Santa Juliana resurgence, Rio
3283	Invisible Cave
3357	Nabo, Cueva del
3380	Peña Encaramada, Torca de
3450	El Suto, Torca
3494	Regato, Cueva de
3496	shaft
3915	Garma, Cueva la
3916	BigMat Calf Hole
4001	Injanas, Cueva de las
4017	Hoya, Pozo de la
4042	Riocueva, Cueva
4043	Cañaos, Torca de los
4050	Pipe Cave
4069	cave
4083	Stop Swap Shop
4112	Cuesta de la Encina, Cueva de la
4117	Doldy's Cave
4171	Fuente del Francés, Cueva de la
4251	Cueva en una Mina, La
4397	cave
4463	Iglesia 1, Cueva de la
4474	shaft
4537	Cueva Collada (entrada 2)
4575	Iglesia 4, Cueva de la
4606	Grietas, Las
4759	cave
4871	shaft
4911	Cortiguero, Torca del

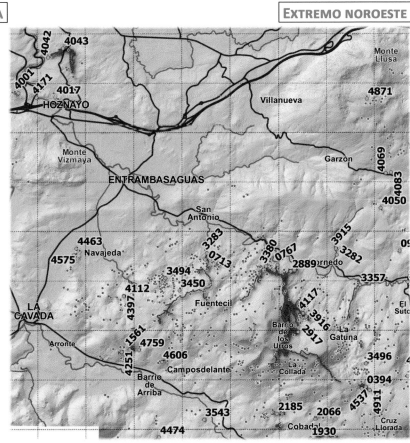

CAVING EXPEDITIONS

2010 - 2019

JUAN CORRIN

LAS EXPEDICIONES DE ESPELEOLOGÍA

Only a Matienzo fanatic could be expected to remember the details of even a few dozen of the five thousand site names and codes, and where all the areas and barrios are situated. Maps are required.

The area names are shown on the map on page 1 and the cave codes (numbers) are shown in brackets after the first mention of each site in each of the following sections. Readers wanting to know more details can quickly enter the code into the **QUICK CODE SEARCH** link on the first page of the Matienzo Caves Project website (matienzocaves.org.uk). These up-to-date descriptions also include links to other resources: entrance and underground photos, videos and surveys, etc. At the top of each description is an "Area position" link which shows, on a somewhat crude map of the area, the position of the site. If this is not enough, mapas.cantabria.es is a superb, free and searchable set of maps and aerial photographs.

There is sometimes mention of batches of survey data and the passage length. A naming regime gives each survey batch a meaningful code. For example, 0071-13-01 is the first batch surveyed in 2013 for site 0071, Torca del Mostajo. Survex, a centre line generator, along with Aven, the centre line viewer gives a three-dimensional visualisation of the cave and shows each batch in relation to others. The Survex system also allows many caves to be shown in relation to each other, e.g. see http://www.matienzocaves.org.uk/surveys/all.3d

Some details of how to view the centre lines in the Survex / Aven package are show in Appendix 1. This should give the reader a more interactive experience and appreciate how the caves have been explored and surveyed over time. It is highly recommended that Survex is downloaded and used to view the surveyed cave centre

Incluso un fanático de Matienzo solo podría ser capaz de recordar los detalles de una docena de los cinco mil nombres y códigos de las cavidades del valle, y dónde se encuentran todas las áreas y barrios. Los mapas son imprescindibles.

Los nombres de las áreas se muestran en el mapa de la página 1 y los códigos de las cuevas (números) se muestran entre paréntesis después de la primera mención en cada una de las siguientes secciones. Los lectores que deseen conocer más detalles pueden buscar la cavidad rápidamente siguiendo el enlace **QUICK CODE SEARCH** en la página de inicio del sitio web de Matienzo Caves Project (matienzocaves.org.uk), solo tendrán que introducir el código. Estas descripciones actualizadas también incluyen enlaces a otros recursos: fotos de la entrada y subterráneas, vídeos y topografías, etc. En la parte superior de cada descripción hay un enlace titulado Area Position que muestra, en un mapa algo tosco del área, la ubicación de la cavidad. Si no fuese suficiente, mapas.cantabria.es ofrece mapas y fotografías aéreas excelentes, en abierto y con motor de búsqueda.

A veces se mencionan lotes de datos topográficos y el desarrollo de las cavidades. Un sistema de catalogación asigna a cada lote un código significativo. Por ejemplo, 0071-13-01 es el primer lote topografiado en 2013 en la cavidad 0071, Cueva Mostajo. Survex, un generador de poligonales, junto con Aven, ofrece una visualización tridimensional de la cueva y muestra cada lote en su contexto. El sistema Survex también permite mostrar la relación que tienen muchas cuevas entre sí, como se puede ver, p. ej., en http://www.matienzocaves.org.uk/surveys/all.3d

En el apéndice 1 se indica cómo usar los programas Survex / Aven para brindar a los lectores una experiencia más interactiva. Además, los lectores podrán apreciar cómo se han explorado y topografiado las cuevas a lo largo del tiempo. Recomendamos encarecidamente descargar

Alasdair Neill in Cubio de la Reñada   Peter Eagan

Matienzo Caves Project

Explorations during 2015, 2016, 2017, 2018, 2019, 2020 and more, including logbooks

www.matienzocaves.org.uk hosted at One.com

• LATEST UPDATES •

Matienzo Speleology - *updated January 2020*

The 26km² enclosed depression of Matienzo is about 30km south east of Santander in northern Spain. The imperviously-floored valley is surrounded by limestone hills with water resurging into the basin at a number of points and sinking at the northern end. Notable caves are included in the 5010 documented sites, e.g. The Four Valleys System (67.1km long), Cueva Vallina (35.3km) and the almost-linked South Vega System (34.6km). There are also numerous sites of archaeological interest, with extensive Iron Age deposits. Scientific work by staff and students from Lancaster University has revealed past climates with possible links to the Neanderthal demise.

A major Spanish caving expedition took place in the summer of 1964 and British-led caving expeditions have been occuring up to 3 or 4 times a year since the late 60's. The length of known cave passage in the area has risen from some five or six km to 398.7km (September 2019). On average, three to five kilometres of cave are found each year, although in 1989, 2008 and 2009 over 15km, 13km and 14.8km respectively was surveyed. Collaboration with Spanish groups has resulted in new cave exploration. An area map shows the major caves

lines and hence the context of each surveyed batch.

The lists of people that start each expedition account include, at least, everyone that is mentioned in the logbooks: partners, babes-in-arms, "obsessive" cavers and those who go caving. Not all trips to Matienzo have been for speleology and these have not been included. There have been some trips where a logbook has not been kept so these have been difficult to include!

These more-or-less complete accounts of each expedition or visit over the last 10 years wouldn't have been possible without the participants writing up their activities and finds in the logbooks. Although the website and feedback to the Cantabrian authorities have articles describing what was explored on each visit, the following accounts are from scratch, and fed mainly by personal descriptions from the logbooks. Extracts are shown either in quotation marks or, for longer pieces, in *italics*. Explorations made by diving are further contextualised by referring to Phil Papard's Cave Diving Update chapter starting on page 409. Archaeological finds are also further explained in Peter Smith's "Archaeological research in the Matienzo area 2010-2019", page 445.

Repeating what was suggested in the book introduction, readers unsure of any specialist terms should be able to find an explanation in the Glossary on page 485.

No apology is made for recounting the finding and / or exploration of the smaller holes - those where the reader might think, "Why bother?"

We've found time and again that these can lead to larger finds or new entrances and they are all part of the basic speleological documentation of the area. Cataloguing these holes also indicates where people have been searching in the past although, of course, it doesn't mean to say that the previous prospectors have done a thorough job!

Although this 10-year section is meant to be reasonably complete, everything related to any of the 5000+ sites cannot be mentioned in a single volume - the website descriptions have links to all publically available resources.

So, with the Matienzo Caves Project website waiting for code input on a computer or tablet, it's hoped that readers enjoy this section as a "good read", a reference work and a stimulus to future exploration.

Survex para ver la planta de las cuevas y, por lo tanto, el contexto de cada lote topografiado.

Las listas al comienzo de cada campaña incluyen, al menos, a todas las personas que se mencionan en los libros de salidas: parejas, bebés, espeleólogos «obsesivos» y los que van de cuevas. No todos los viajes a Matienzo han sido para practicar espeleología, pero esos no se han incluido. En ocasiones no se ha llevado un libro de salidas, ¡por lo que incluirlos no ha sido fácil!

Estos informes más o menos completos de cada campaña o visita a lo largo de los últimos 10 años no hubieran sido posibles sin los detalles aportados por los participantes en los libros de salidas. Si bien el sitio web y el informe a las autoridades cántabras ofrecen una descripción de lo que se exploró en cada visita, las siguientes descripciones se han escrito desde cero a partir de, principalmente, las narraciones personales en los libros de salida. Los extractos se muestran entre comillas o, los más largos, en *cursiva*. Las exploraciones realizadas por buceo se pueden contextualizar leyendo el capítulo al respecto escrito por Phil Papard, a partir de la página 409. Los descubrimientos arqueológicos se explican con más detalle en Investigaciones arqueológicas en Matienzo 2010-2019, de Peter Smith, p. 445.

Repitiendo lo ya dicho en la introducción del libro, los lectores que no estén seguros de los términos especializados deberían poder encontrar una explicación en el glosario, p. 485.

No pediremos disculpas por incluir los hallazgos o exploraciones de los agujeros más pequeños, aquellos de los que el lector podría pensar: «¿Por qué molestarse?». Una y otra vez hemos visto cómo estos pueden conducir a hallazgos más grandes o nuevas entradas, y todos forman parte de la documentación espeleológica básica del área. La catalogación de estos agujeros también nos dice qué zonas se han explorado en el pasado, aunque, por supuesto, ¡no significa que los exploradores originales hayan hecho un trabajo minucioso!

Aunque el relato de estos 10 años pretende ser lo suficientemente completo, no se puede mencionar en un solo volumen todo lo relacionado con las más de 5000 cavidades de la zona: las descripciones del sitio web tienen enlaces a todos los recursos disponibles.

Así, con el sitio web de Matienzo Caves Project a su disposición, esperamos que los lectores disfruten de la lectura de este volumen, y que sea un estímulo para exploraciones futuras y una obra de referencia.

Torca la Vaca

Tom Howard

2010 FEBRUARY / FEBRERO

| Alistair 'Tackleberry' Smith | Paul Dold | Pete 'Pedro' Smith | Steve 'Big Steve' Martin |
| Ian Chandler | Paul 'Footleg' Fretwell | Phil Papard | |

Two teams were active during February. Footleg, Paul and Alistair had four days, the first in Cueva Hoyuca (0107) where they couldn't decide on which entrance to use.

Having only ever been in the usual field entrance, we decided to have a look in the Church Entrance (2903) instead. Previous reports of liquid cow slurry were balanced against Lank's report from last year that it was hardened mud...The survey proved to be a good match for the passages we found, but there was a fair bit of hands and knees in a streamway before we reached the cow slurry section. Faced with a hands-and-knees crawl through what looked very like the Valley Entrance duck, but with a good 6 inches of gooey mud under the water of questionable biological content, we decided to find an alternative route.

Seeing as we were close to the field corner entrance no.1 (2974) we thought we could just nip out that way, and back in the usual field no.2 entrance. Footleg had heard the no.1 entrance was a bit tight, but found this to be an understatement! Faced with a very tight vertical squeeze to get up through boulders into the bottom of the shakehole we abandoned that plan, and returned out of the Church entrance to make our way to the usual field entrance no.2 via a more sensible over land route.

They carried out some video filming and compared passages and pitches in the Pigs' Trotters Chamber area with old sketches and descriptions - highlighting missing surveys and revealing unexplored sections.

The other three days were spent in Cueva de Riaño (0105). They pushed, and surveyed, the passages found by Paul last year in the roof of the entrance series and started a resurvey around the junction with the Torno Inlet.

On the way out, just before the last crawling passages near the entrance, Footleg noticed what looked like a roof passage about 3m up which he had not seen before. But with dinner on our minds we did not attempt to climb up and investigate.

Next day's aim was give Paul a chance to take photos in the main stream, but they were diverted up 3m into unexplored passages. Surveying these, and linking to the previous day's passages then surveying oxbows off the entrance series, meant that they never got more than ten minutes from daylight.

On the final day, Paul did take his photos, before they carried on with the investigation and resurvey started on their first day in the cave. They were out promptly to catch their evening flight home.

The entrance series of Cueva de Riaño was extended by 349m, and the length of the Four Valleys System was recalculated and thought to be in the region of 52,788m. Resurveying and extending caves had issues - exactly which old survey legs should be discarded and how should the system length be adjusted?

Walking on the southeast slopes of Mullir, Matienzo's highest peak, the second team - Pete, Phil, Steve and Ian - looked at 2820, first found two years previously. They estimated that the drop beyond the soil slope under a boulder at the entrance was probably 10m deep, but capping was required to progress. This has still to be done. A second, new-to-us, hole, 3342 was also inspected. This was more exciting as it appeared to drop into a large, old cave with eroded calcite on the walls and a further drop beyond. The site was explored in the summer.

On the lower, southern slopes of La Vega, Cueva de los Tablons (0242) - a choked site dropping down a debris-filled, hading fault - continued to be excavated. Phil, Pete and Steve removed some projections and boulders to allow Steve to squeeze through into a large sloping opening on the fault. At this point, Pete and Phil quickly joined Steve ready to run down the kilometres of passage that were certain to lay in wait. But Tablons kept up its reputation and, after some 20m, hit a wall with a few straws and a possible passage off to the right (west) - but this closed down. There was an excellent draught into the extension for the day (8 to 10°C), but it was not good enough to identify where it went.

Dos grupos visitaron el valle en febrero. Footleg, Paul y Alistair lo visitaron durante cuatro días, y pasaron el primero en Cueva Hoyuca (0107), aunque no podían decidir qué entrada usar.

Habiendo estado solo en la entrada habitual en el campo, decidimos echar un vistazo a la entrada de la Iglesia. Las viejas descripciones que mencionan el estiércol de vaca se compararon con el informe de Lank del año pasado, según el cual era barro endurecido [...] La topo parecía ajustarse bien a las galerías que encontramos, pero tuvimos que gatear un poco en un arroyo antes de llegar a la sección de estiércol. Al ver que tendríamos que gatear por lo que parecía la bóveda sifonante de Valley Entrance, pero con unos buenos 15 cm de barro viscoso bajo el agua de contenido biológico cuestionable, decidimos buscar una ruta alternativa.

Como estábamos cerca de la entrada número 1 en la esquina del campo, pensamos que podríamos salir por ahí y volver a la entrada habitual número 2. Footleg había oído que la entrada número 1 era un poco estrecha, ¡pero descubrió que era un eufemismo! Al ver que tendríamos que pasar por un estrechamiento vertical muy angosto para pasar por bloques hasta la base del hoyo, abandonamos el plan y regresamos por la entrada de la Iglesia para ir hasta la entrada 2 por una ruta terrestre más sensata.

Grabaron algunos vídeos y compararon galerías y pozos en la zona de Pig's Trotters Chamber con bocetos y descripciones antiguas, anotando las topos que faltaban y revelando secciones inexploradas.

Los otros tres días los pasaron en la Cueva de Riaño (0105). Forzaron y topografiaron las galerías que encontró Paul el año anterior en el techo de la red de la entrada y comenzaron una nueva topo alrededor del cruce con Torno Inlet.

Al salir, justo antes de las últimas gateras cerca de la entrada, Footleg notó lo que parecía una galería superior a unos 3 m de altura que no había visto antes. Pero con la cena en mente, no intentamos escalar e investigarla.

El objetivo del día siguiente era darle a Paul la oportunidad de sacar fotos en la galería activa principal, pero se entretuvieron al subir 3 m hasta galerías inexploradas. Al topografiarlas y vincularlas con las galerías del día anterior y luego topografiar los meandros de la red de la entrada, no les quedó más que diez minutos de luz natural.

El último día, Paul sacó sus fotos, antes de continuar con la investigación y la topo que empezaron en su primer día en la cueva. Salieron pronto para coger el vuelo de vuelta a casa.

La red de la entrada de Cueva Riaño se amplió en 349 m y el desarrollo del Sistema de los Cuatro Valles se recalculó, estimado en unos 52 788 m. Ampliar las cuevas y retopografiar tiene sus problemas: ¿qué viejas poligonales deberían descartarse y cómo debería ajustarse el desarrollo del sistema?

En las laderas surorientales de Mullir, la montaña más alta de Matienzo, Pete, Phil, Steve e Ian echaron un vistazo a la cavidad 2820, encontrada dos años atrás. Calcularon que el pozo al final de la pendiente bajo la roca de la entrada tenía unos 10 m de profundidad, pero para avanzar hacían falta microexplosivos. Aún está por hacerse. También inspeccionaron un agujero nuevo, el 3342. Este era más interesante ya que parecía dar a una cueva grande y vieja con calcita erosionada en las paredes y un pozo en el extremo. La cavidad se exploró en verano.

En el sur de La Vega se siguió desobstruyendo la Cueva de los Tablons (0242), un caos de bloques que da a una falla en ángulo llena de bloques. Phil, Pete y Steve quitaron algunas salientes y rocas para que Steve pudiera pasar por una gran abertura hacia abajo. Pete y Phil siguieron a Steve, listos para recorrer los kilómetros de galería que seguramente les esperaban. Pero Tablons se mantuvo fiel a su reputación y, tras unos 20 m, se encontraron con una pared con algunas estalactitas pequeñas y una posible galería hacia la derecha (oeste), pero sin continuación. En la extensión se pudo sentir una excelente corriente de aire aspirante (8 a 10 °C), pero no era lo suficientemente fuerte como para descubrir a dónde se dirigía.

Exploring down between boulders in the hading fault of Cueva de los Tablons (0242). Explorando entre bloques en la diaclasa de la Cueva de los Tablons (0242). *Phil Papard*

2010 EASTER / SEMANA SANTA	Carolina Smith de la Fuente	James Carlisle	Penny Corrin	Rob Grimes
Alasdair 'Ali' Neill	Chris Camm	Jenny Corrin	Pete Morgan	Simon 'Dingle 1' Latimer
Allan Berry	Dan Hibberts	John Southworth	Pete 'Pedro' Smith	Steve 'Big Steve' Martin
Baz Hunt	Dave 'Angus' Bell	Juan Corrin	Peter Eagan	Steve 'Tiny' Calvert
Bill Sherrington	Dave Gledhill	Julie Cawthorne	Peter Fast Nielsen	Terry Whitaker
Bob Cawthorne	Gordon Proctor	Karen Korsgaard Redder	Phil Goodwin	Tom Clayton
Bob Toogood	Harry Long	Laurence 'Lank' Mills	Phil Papard	Tony 'Bottlebank' Brocklebank
	Ian Chandler	Louise Korsgaard	Phil Parker	Torben Redder

The Easter visit got off to a frustrating start when Juan, Penny and Ian went looking (again) for Joe's Lost Cave (3280), above the Llueva valley. Despite apparently pin-pointing the position from the 1992 logbook, the trio soon gave up searching through the sarsaparilla and bramble undergrowth.

NORTHWEST SECTOR This section of the permit area was keeping a number of people busy, so-much-so that some preferred to stay in the vicinity rather that commute over the hill from Matienzo. The Carlos III hotel in La Cavada was host to Baz, Chris, Gordon, John, Pete Morgan, Phil Goodwin and Phil Parker, plus part-time occupants, Harry and Steve 'Tiny' Calvert.

James and Tom were keen to push the appropriately named Sewer (2066) at Cobadal. The small, draughting passage lies at the base of a steep shakehole that takes water during heavy rain and lies over a possible drainage route from the downstream end of the Sumidero de Cobadal (1930) to Fuente Aguanaz (0713), nearly 2.5km to the northwest.

Downstream, The Sewer was forced over a couple of days through widened squeezes in a tiny, sandstone-floored stream. A breakthrough was made into much larger passage, through 3 chambers (one with a blind, 15m high, free-climbable aven) to further crawls on sandstone as the only way on. At this point the cave "smells horrible" and contains "a collection of very large worms".

The route downstream ends in a loose, bouldery chamber where the stream continues in tight passage below. An inlet leads up into a much larger, older passage some 10m x 8m which closes down in both directions (southwest and

La expedición de Semana Santa empezó con cierta frustración cuando Juan, Penny e Ian salieron (de nuevo) en busca de la Cueva Perdida de Joe (cavidad 3280) en el valle de Llueva. A pesar de sacar la ubicación del libro de salidas de 1992, el trío pronto se rindió y dejó de buscar entre la maleza y las zarzas.

EL SECTOR NOROESTE Este sector de nuestra zona de permiso mantuvo a mucha gente ocupada, tanto que algunos eligieron alojarse en las cercanías en vez de tener que hacer el viaje de ida y vuelta desde Matienzo. El hotel Carlos III en La Cavada acogió a Baz, Chris, Gordon, John, Pete Morgan, Phil Goodwin y Phil Parker, junto a los ocupantes a tiempo parcial, Harry y Steve «Tiny» Calvert.

James y Tom estaban animados con la exploración de Sewer (Alcantarilla, cavidad 2066), un nombre muy apropiado, en Cobadal. Esta pequeña galería tiene una corriente de aire y se encuentra en el fondo de un hoyo escarpado que recibe una gran cantidad de agua si hay abundantes lluvias. Se encuentra sobre una posible ruta de drenaje desde el extremo de aguas abajo del Sumidero de Cobadal (cavidad 1930) a Fuente Aguanaz (0713), a unos 2,5 km al noroeste. A lo largo de un par de días consiguieron avanzar a través de estrechamientos que fueron ensanchando en un pequeñísimo arroyo con suelo de arenisca. Finalmente llegaron a una galería más grande a través de tres salas (una de ellas con una chimenea ciega de 15 m de escalada libre) hasta otros laminadores en arenisca. Aquí la cueva «huele fatal» y tiene «una amplia colección de gusanos grandes». Aguas abajo, la cueva termina en una sala llena de bloques sueltos, debajo de los cuales continúa el río, pero es muy estrecho. Un afluente lleva hasta una galería más amplia y antigua, de unos 10 x 8 m, que no continúa en ninguna dirección (suroeste y noreste) a pesar de que intentaron desobstruirla. Tras cinco visitas para explorar y topografiar la cueva, siempre teniendo en cuenta la previsión meteorológica, Sewer se dio por finalizada con un desarrollo de 252 m y 21 m de desnivel.

Mientras buscaban una entrada más fácil, Tom y James encontraron lo que parecía una nueva cavidad, 3349, sin embargo esta ya se había documentado cuando se exploró Sewer por primera vez en 2004; ambos estaban de acuerdo con la descripción: «una fisura demasiado estrecha».

La entrada al Sumidero de Cobadal (cavidad 1930) se había hundido, por lo que hubo que estabilizarla.

En el Alto de Portillón (al oeste de Torca la Vaca, cavidad 2889),

stal

c+3

c+2

The Manhole

low

squeeze The Septic Tank

squeeze Sludge Digestion Unit

The U-Bend
squeeze

Ng

gour pools

Filtration Aven

0 5 10 15
m

PLAN

entrance

Site 2066: The Sewer
Cobadal 30T 448755 4798206 (Datum: ETRS89) Altitude 196m
Length 252m Depth 21m
Surveyed 2010 to BCRA 5c   Drawn by James Carlisle

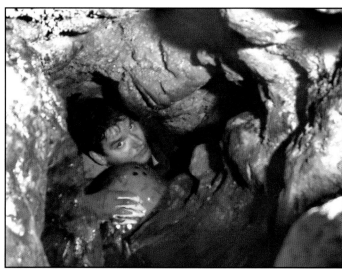

James Carlisle in The Sewer. James Carlisle en The Sewer.   *Tom Clayton*

northeast) despite some digging effort. After five pushing and surveying trips - all being mindful of the weather forecast - The Sewer was left at 252m length and a depth of 21m.

In an effort to find an easier entrance, Tom and James located an apparently new site, 3349. However, this had been previously examined when The Sewer was first explored in 2004 and the pair could only agree with the description as being a "too tight rift".

The entrance to the Sumidero de Cobadal (1930) was found to have slumped just inside the entrance and would now require stabilising.

High up on the Alto de Portillón (to the west of Torca la Vaca, site 2889), Lank took Angus, Ali and Peter Eagan to explore 2441. A 7m pitch dropped to a choked crawl. Downhill, to the south, 3359 was explored down a p7 into a chamber with a possible 14m pitch that was neglected for two years.

Teams were pushing in Fuente Aguanaz. On March 30th, Bill, Simon and Dave went for an "aquaint trip" and found it an "excellent place".

Enjoyed several hundred metres of swimming; nearly got to sump one. Entered stream inlet on right; had a look round previously enjoyed caves. Passed two easy ducks ignoring passage on the left in favour of the grander side of things on the right. Failed to find Dan's lead. Later, in the bar, it was the left hand passage we should have taken.

Onwards and upwards in Fuente Aguanaz.
Avanzando en Fuente Aguanaz.   *Dave Gledhill*

The next day, Dan, Rob, Bob Toogood and Dave Gledhill had a "trip to new stuff" and "found plenty of high-level passage with deep holes in the floor". A length estimate was 250m.

Chris Camm reported back on a couple of holes to the west of Fuente Aguanaz. Site 3408 was 3m to a choke but 3407, another discovered by Baz, was a "going hole". A bouldery climb down entered a draughting, inactive streamway. This was pushed by Phil Parker down through what seemed to be a vertical boulder choke with large spaces. He reached 13m depth before deciding he wanted back-up. Later, he returned with Phil Goodwin and reached the bottom at 28m depth. The draught coming from under a solid wall might repay some careful(!) investigation as might more draught coming from an adjacent boulder-choked area. A side passage partway down was investigated but narrowed and choked. It was thought that surveying the cave could be "fun" but no return has yet been made.

Another new hole (3422) to the west of Fuente Aguanaz was found by John after a good undergrowth attack session. This is a draughting hole in a big, flat-bottomed depression in the valley below abandoned telephone exchange buildings. Phil Parker was stuck in and said, "No way, too small".

Over two days a stepped shaft was dug to allow access to a horizontal passage. A few rounds of caps allowed access into an interesting, joint-controlled mini-system that ended at a boulder choke with a narrow tight rift below. The following day the two Phils and John carried out a thorough exploration and concluded that it was either "get through the boulder choke" or "push the tight rift".

Over the supposed path for the upstream Invisible Cave (3283), site 3360 was surveyed and pushed by James and Tom. The corner of a draughting window was capped out and they then continued to cap a squeeze. Good progress was made and the "opposite side of the squeeze obviously drops with good stone rattle".

Torca la Vaca (2889) was also a prime spot for extensions although there were only 2 trips. Dan, Rob Grimes and Bob Toogood surveyed nearly 130m as batch 2889_10_02 in side passages off the High Road. They ended in a boulder choke while a pitch down in the main passage connected survey station 9 to station 33 on the lower series. "Did not find much of any interest."

On the same day, April 1st, Bill, Tom and Dave Gledhill surveyed part of the Frizzington Series (batch 2889_10_01, length 236m) although this work was superseded as part of a resurvey later in the decade.

A fortnight later, "the crack Matienzo de-rigging team" (according to

Lank llevó a Angus, Ali y Peter Eagan a explorar la cavidad 2441. Un pozo de 7 m terminó en un laminador obstruido. Monte abajo, al sur, se exploró la cavidad 3359 bajando un pozo de 7 m hasta una sala con un posible pozo de 14 m que se ignoró durante dos años.

Varios equipos exploraron Fuente Aguanaz. El 30 de marzo, Bill, Simon y Dave hicieron una «visita de reconocimiento» y les pareció «un sitio excelente».

Disfrutamos nadando a lo largo de unos doscientos metros; casi llegamos al sifón uno. Nos metimos por el afluente a la derecha y echamos un vistazo a lo ya explorado. Atravesamos dos bóvedas sifonantes fáciles e ignoramos la galería a la izquierda a favor de la más imponente a la derecha. No encontramos lo de Dan. Después, en el bar, era la de la izquierda.

Al día siguiente, Dan, Rob, Bob Toogood y Dave Gledhill fueron «a lo nuevo» y «encontraron una buena galería superior con agujeros profundos en el suelo». Unos 250 m estimados.

Chris Camm dio parte de un par de agujeros al oeste de Fuente Aguanaz. La cavidad 3408 estaba obstruida tras 3 m, pero la 3407, otra descubierta por Baz, «continuaba». Un destrepe entre bloques conduce hasta una galería con una buena corriente de aire. Phil Parker la exploró a través de lo que parecía un caos de bloques con espacios amplios. Tras 13 m decidió que necesitaba refuerzos. Volvió con Phil Goodwin y alcanzaron el final a 28 m de profundidad. Puede que haya que volver para investigar con mucho cuidado (¡!) la corriente que salía por debajo de una pared sólida, así como la corriente que se sentía a través de un caos de bloques cercano. Se exploró una galería lateral hacia la mitad de la cueva, pero se fue estrechando hasta cerrarse. Se dijo que topografiar la cueva sería «divertido», pero nadie ha vuelto.

John encontró otra nueva cavidad (3422) al oeste de Fuente Aguanaz tras una buena sesión de desbrozamiento. Se trata de un agujero soplador en una gran depresión en el valle, debajo de unos edificios abandonados. Phil Parker intentó entrar, pero según él: «Ni hablar, demasiado pequeño». A lo largo de dos días se cavó un hoyo escalonado que dio acceso a la galería horizontal. Unos microexplosivos después entraron en un mini meandro interesante que terminaba en un caos de bloques con un galería muy estrecha debajo. Al día siguiente, los dos Phil y John lo exploraron a fondo y llegaron a la conclusión de que había que «atravesar el caos de bloques» o «abrir la galería estrecha».

A lo largo de la supuesta trayectoria aguas arriba de Invisible Cave (Cueva Invisible), James y Tom topografiaron y exploraron la cavidad 3360. Se abrió con microexplosivos la esquina de una ventana y siguieron abriendo el estrechamiento a continuación. Avanzaron bastante y «al otro lado el estrechamiento parece abrirse, piedras hacen ruido al caer».

En Torca La Vaca también se encontraron bastantes hallazgos, aunque solo fueron dos grupos. Dan, Rob Grimes y Bob Toogood topografiaron casi 130 m (topo 10_02) en galerías laterales de High Road. Terminaron en un caos de bloques y el pozo desde la galería principal conectó el punto topográfico 9 con el 33 de la red inferior. «No encontramos gran cosa». El mismo día, el 1 de abril, Bill, Tom y Dave Gledhill topografiaron parte de la red Frizzington (topo 10_01, 236 m), aunque todo ello fue remplazado por una nueva topo unos años después. Dos semanas después, se volvió a movilizar al «gran equipo de desinstaladores de Matienzo» (según la descripción de Ali) para desinstalar los pozo al lago. Admiraron «la pintoresca instalación de escalas» de los instaladores y dejaron el sistema con un desarrollo de 13 282 m.

La cavidad 3300 se visitó una sola vez. Se trata de un sistema complicado que parece estar yendo hacia Torca la Vaca a lo largo de una diaclasa. Peter Eagan y Ali (con Lank de apoyo en la superficie) instalaron la sima. Ambos creyeron que había que usar humo un día de frío para seguir la corriente, pero topografiaron hasta la obstrucción, dejando el resto para el verano.

Ali's write-up) were called into action again to de-rig the pitches down to the lake. They "admired the quaint ladder rigging techniques" of the rigging team and left the system with a length of 13282m.

A single trip was made into 3300, a complicated shaft system that appeared to be heading straight along a rift towards Torca la Vaca. Peter Eagan and Ali (with Lank as surface support) rigged the hole for SRT. The pair thought that smoke was required in cold weather to follow the draught but they did survey up through the choke, leaving more to look at in the summer.

One of the prettier sections of Peña Encaramada. Uno de los tramos más bonitos de Peña Encaramada. *Dave Gledhill*

A list of 24 sites, under the "Bottlebank Tours" banner, was stuck in the logbook. Unfortunately, although each site had a description, there was no indication of who else was involved (although Allan, at least was pictured underground and Lank and Simon on the surface) or the discovery dates. Sites 3361 - 3365 and 3367 - 3370 were investigated on high ground to the southwest and south of the Torca la Vaca southern end. Sites 3371 - 3373 were documented over the end of the Suit-wrecker Inlet in Torca la Vaca. Site 3366 was found as a stream sink over the yet-to-be-discovered Sarah Jean Inlet in Fuente Aguanaz. Shaft 3374 was found next to 0399 close to the Riaño - La Gatuna road along with 3376 and 3377. Site 3375 was discovered near the track heading up to join with the road from Fuente las Varas. Site 3379 was found as a 5m long cave with no draught and, finally, excavated 3380, next to the back road that joins the network of roads over Torca la Vaca.

This last hole was named Torca de Peña Encaramada and was one focus of exploration for 4 days although only Dave Gledhill took the time to write up a report. The people involved in this initial exploration, judging by the surveys and photos acknowledgements, were Bill Sherrington, Tom Clayton, Dave Gledhill, Simon Latimer and James Carlisle. Over 8 batches of survey data were collected giving the length of the cave so far as 543m with 200m unsurveyed downstream to a sump.

Parts of Dave "Grave Deadhill" Gledhill's account give a flavour of the passages discovered.

    The entrance is a small, outward draughting hole,
    4m from the road. Slide down mud slope beneath two
    boulders. Drop into fluted limestone hollow and climb
    up the opposite side to the pitch head. Two bolts on
    right, backed up to a large outcrop ... allows an
    awkward, feet-first, flat-out approach to the pitch
    head. ... Steep sloping pitch starts over calcited
    features, intent on self-destruct - significantly
    better since Titchmarsh-like gardening session removed
    alarming amounts of hanging death...
    ... Romp down obvious passages, watching out for
    loose walls which tend to collapse rather too easily.
    ... At one point you will walk over a pile of fallen
    slabs which were the "Bridge of Doom". ... Continue

Una lista de 24 cavidades, bajo el título «Tours Bottlebank» se pegó en el libro de salidas, pero, aunque había una descripción de cada una, faltaban datos sobre quién más participó (aunque al menos Allan sale en las fotografías bajo tierra y Lank y Simon en la superficie) o cuándo. Las cavidades 3361 - 3365 y 3367 - 3370 se investigaron en un terreno elevado al suroeste y sur del extremo sur de Torca la Vaca. Las cavidades 3371 - 3373 se documentaron encima el final de Suit-wrecker Inlet en Torca la Vaca. La cavidad 3366 era un sumidero sobre Sarah Jean Inlet, en Fuente Aguanaz, aún sin descubrir. La sima 3374 se encontró junto a la cavidad 0399, cerca del camino de Riaño-La Gatuna, junto con 3376 y 3377. 3375 se descubrió cerca de una pista hacia la carretera que baja de Fuente las Varas, 3379 era una cueva de 5 m sin corriente y, por último, excavaron la cavidad 3380 cerca de un sendero que va hacia la red de caminos encima de Torca la Vaca.

Esta última se llamó Torca de Peña Encaramada y fue uno de los focos de la expedición durante cuatro días, aunque solo Dave Gledhill se tomó la molestia de escribir un resumen. A juzgar por las topos y fotografías, en esta primera exploración participaron Bill Sherrington, Tom Clayton, Dave Gledhill, Simon Latimer y James Carlisle. Más de ocho lotes de topografía dieron un total de 543 m hasta ahora, con 200 m sin topografiar aguas abajo hasta un sifón.

Parte del resumen de Dave «Grave Deadhill» Gledhill nos da una idea de cómo son las galerías descubiertas:

    La abertura es pequeña, un agujero soplador a 4 m
    de la carretera. Una pendiente de barro entre dos
    bloques hasta un hoyo de caliza acanalada y un escarpe
    hasta la cabecera del pozo. Dos anclajes a la derecha,
    y uno de seguridad en un afloramiento grande [...] la
    cabecera es estrecha e incómoda, hay que llegar a ella
    con los pies por delante. [...] Es una pendiente aguda
    con decoraciones concrecionadas que busca la autode-
    strucción; mucho mejor después de una buena sesión
    de limpieza con la que quitamos una cantidad preocu-
    pante de piedras asesinas.[...] Continuamos por galerías
    obvias, con cuidado por si las paredes eran de las
    que se desmoronan a la mínima. [...] En un punto hay que
    pasar por encima de una pila de losas caídas que eran
    el «puente de la muerte». [...] Continúa a través de dos
    secciones de formaciones (cuidado) en una galería que
    va descendiendo a un destrepe de 2 m a la derecha de
    las estalactitas hasta la sección final. Justo después
    del destrepe hay una chimenea a la derecha. Se podría
    escalar, pero es algo difícil. Se ve continuación.
    Después hay un agujero en el suelo que abrimos. Es un
    destrepe (~2 m) a una fisura estrecha decorada y puede
    que un pozo a la red del «sifón» que se ve. De nuevo
    en el nivel principal, la galería sigue por un camino
    de arena que me recuerda a Blackpool, pero sin la

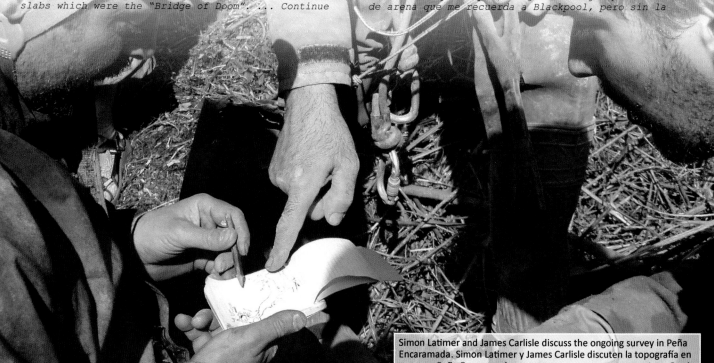

Simon Latimer and James Carlisle discuss the ongoing survey in Peña Encaramada. Simon Latimer y James Carlisle discuten la topografía en curso en Peña Encaramada. *Juan Corrin*

via a double set of pretties (care) into gradually descending passage, to a drop of 2m on the right of stals into final section. Immediately after 2m drop is an aven on the right. Appears easily climbable but is awkward. Not climbed as yet, but way on seen.

Further on is an engineered hole in the floor which is a climb down (-2m) to a constricted rift with pretties and possible pitch down to 'sump' series seen ahead. Back in the main level, the way on is straight ahead to a sandy area, reminiscent of Blackpool, but without the tower, donkeys and herpes.

Follow water through hands-and-knees / walking passages for approx. 300m. Several oxbows noted and one significant inlet on the right, not entered. At around this point, numerous eels seen and, no they weren't bloody albino eels, so please don't ask again. Passage continues downstream to wider area with no way on seen by Simon L and Grave D due to minimum airspace - sumped off the next day by slight rain.

... Continue upstream at various levels (according to girth) - sharp and very gnarly. ... Back in the main passage, the way on trends left and slightly uphill, becoming lower and wider. No draught evident at the time or grab-fest would have continued.

Various leads in the cave were left for the summer but a few more sites were found nearby on the surface, 3402 - 3405. In an anonymous logbook entry, they are variously described as "contains enough dead animals to start a medium-sized farm. Not pleasant"; "draughting dig in boulders"; "4m long cave"; "draughting dig" - the usual set of holes, any one of which could "go" with some effort.

Site 3406 did go after being excavated by Tony and Chris. Phil Parker wrote:

... descended by Dingle 1 (I think) who found the rift choked at the bottom. He reappeared and as he was about to head home to England grabbed Phil Parker ... and told him to get down and look at a boulder slope partway down the pitch. This Phil did, finding it easy to swing over to the slope. Up the slope some vertical jammed boulders with a lot of space above suggested a return was required with more gear plus back-up.

During two more trips the two Phils (Parker and Goodwin) got up the boulder step, horizontally about 10m along a decent sized passage to a hole immediately before the passage ended a run-in from above. A descent of 40 odd metres via another boulder slope and a couple of re-belays landed at the bottom of a big rift on another sloping boulder floor. At the bottom of this the rift choked, the way on being a continuing slope downwards to the left into a small chamber. The way out of this led into a big choked area. Back in the rift at the bottom of the pitch the way up-slope eventually seemed to peter out. Cave needs surveying plus another good look, not least to find the source of the strong draught felt at the entrance.

Other sites in the area were also investigated. Site 3413, Cueva de los Corillos, was entered through a walk-in portal where various large bones were later discovered and studied in the summer. Site 3415 was described as a straight 25m-long rift with a series of three pitches at the end, not descended. Again, unfortunately, lack of logbook information means meagre details.

Site 3416 was investigated by John, finding a 7m shaft landing in a rift where the west end drops to a tight section to a visible small chamber where rocks fall 6m. This was looked at again in the autumn.

Cueva del Nabo (site 3357) was also opened up with an easier entrance through a squeeze from site 0978. The entrance passage drops into a heavily scoured, 1 - 6m wide streamway that ends about 150m upstream at a sump and downstream at a choke and sump behind site 979. With nothing in the logbook, details can be gleaned from photos and surveys taken over April 2nd and 3rd. Involved in the exploration and documentation were, at least, Dan Hibberts, Jess Eades, Bob Grimes, Bob Toogood and Juan Corrin. Further pushing was to occur that summer.

Bill Sherrington in the entrance to Peña Encaramada.
Bill Sherrington en la entrada de Peña Encaramada.
Tony Brocklebank

torre, los burros y el herpes. El río sigue por unos 300 m de gateras y galerías. Tomamos nota de varias galerías laterales y un afluente a la derecha, al que no entramos. En este punto vimos muchas anguilas y no, no eran anguilas albinas, leches, no vuelvas a preguntar. La galería sigue aguas abajo hasta una zona más ancha, pero Simon L y Grave D no vieron continu-ación posible por falta de aire. Al día siguiente, tras un poco de lluvia, era un sifón. [...] Continúa aguas arriba en varios niveles (dependiendo de la panza); afilado y difícil. [...] De vuelta a la galería principal, el camino tiende hacia la izquierda y un poco cuesta arriba, cada vez más bajo y ancho. No hay corriente obvia o no nos hubiera parado nadie.

Varios interrogantes se dejaron para el verano, pero se encontraron algunas cavidades más cerca, 3402 a 3405. En una entrada anónima en el libro de salidas, las describen como «tiene animales muertos como para montar una granja mediana. Poco agradable»; «agujero soplador entre bloques»; «cueva de 4 m»; «soplador, posible exca-vación»: lo habitual, aberturas que podrían ser más con un poco de esfuerzo.

La cavidad 3406 sí que fue a más después de que la excavaran Tony y Chris. Phil Parker escribió:

[...] Dingle 1 (creo) bajó y se encontró con una diaclasa obstruida. Reapareció y como se volvía a Inglaterra, agarró a Phil Parker [...] y le dijo que bajara y mirara la rampa de bloques a la mitad del pozo. Phil lo hizo, columpiándose fácilmente hasta la rampa. En esta, unos bloques atascados en vertical con mucho espacio por encima sugerían que había que volver con más equipo y refuerzos. Durante dos visitas más, los dos Phils (Parker y Goodwin) pasaron por encima de los bloques a una galería de 10 m y un agujero justo antes de que la galería terminase en un derrumbamiento. Tras una bajada de unos 40 m a través de otra rampa de bloques y un par de frac-cionamientos llegamos a una diaclasa grande en otra rampa de bloques. En la base de esta, la diaclasa está obstruida, pero la cueva sigue por una rampa a la izquierda hasta una sala pequeña. Al salir de esta nos encontramos en una zona obstruida. De vuelta en la diaclasa, rampa arriba se va haciendo más pequeña. Hay que topografiar y darle otro vistazo, al menos para encontrar de dónde sale la corriente que se puede sentir en la entrada.

También se exploraron otras cuevas de la zona. La boca de entrada a la Cueva de los Corillos (3413) es amplia. En verano, allí se encon-traron y estudiaron varios huesos grandes. La cavidad 3415 se describe como una diaclasa recta de 25 m de largo con una serie de 3 pozos al final, sin explorar. De nuevo, la falta de información en el libro de salidas hace que los detalles escaseen. John investigó la cavidad 3416 y encontró una sima de 7 m que acababa en una fisura que, en su extremo oriental, bajaba hasta una sección estrecha desde la que se ve una pequeña sala por la que las rocas caen unos 6 m. En otoño se volvió a explorar.

La Cueva del Nabo (3357) también se abrió con una entrada más fácil a través de un estrecha-miento desde la cavidad 0978. Desde la galería de entrada se llega a una galería activa muy pulida de 1 a 6 m de ancho que termina a unos 150 m aguas arriba en un sifón y aguas abajo en una obstrucción y sifón por detrás de la cavidad 0979. No hay nada en el libro de salidas, así que la información la podemos sacar de las fotos y la topografía del 2 y el 3 de abril. En la exploración y documentación participaron, al menos, Dan Hibberts, Jess Eades, Bob Grimes, Bob Toogood y Juan Corrin. En verano se volvió a explorar.

Peter Fast y Torben con Louise y la pequeña Karen investigaron las distintas posibilidades encima y más allá de Cueva del Nabo. En la entrada de la cavidad 3351 pudieron meter un palo de tres metros entre bloques y parecía que podía excavarse, mientras que la 3352, un sumidero en una dolina de 20 m de diámetro llena de zarzas, «parece que no conduce a una cueva». La cavidad 3356 también es un sumidero con una posible continuación.

Phil Goodwin y Phil Parker fueron a la 3081 en dos ocasiones, una cavidad explorada por primera vez en 2008 a unos 500 m al suroeste de Nabo. Con microexplosivos consiguieron

Peter Fast and Torben with Louise and baby Karen looked for possibilities above and beyond Cueva del Nabo. Site 3351, where a stick could be pushed down 3m between blocks was thought to be a possible dig whereas 3352, a stream sink in a 20m diameter, bramble-filled depression, "seems not to lead to a cave". Site 3356 is also a stream sink and a possible dig.

Phil Goodwin and Phil Parker had two trips into site 3081, a hole first explored in 2008 and lying about 500m southwest of Nabo entrance. They were able to cap boulders in a parallel rift to allow a descent of about 6m into its lower section. This was choked in one direction but, in the other, after getting over an enormous flake / block, it ended almost immediately with an extremely narrow continuation some 3m above the floor. There are no plans to return to this. However, back in the chamber at the bottom of the pitch, a draughting, narrow rift (possibly passable by an extremely skinny "skinny") appears to enlarge to larger size passage after 3m. This was thought to be definitely worth some effort. There also appeared to, possibly, be a way heading north at the roof level of the chamber with horizontal (from the rope) or vertical bolting required for access. The report also noted that the cave required surveying. However, there has been no return.

At El Suto, just to the northwest of Riaño, Harry investigated a couple of sites. A 4m deep hole (3386) required a ladder to get past the overhanging debris and was fully explored a year later. Site 3387 is twin risings both of which were found impassable.

Back in Cobadal on May 8th, just 200m from The Sewer, Juan and Pedro were shown 3421 by David, a drummer from Bilbao and one of Pedro's acquaintants. The walk-in cave still has possibilities for extension, but the immediate find was a small cache of six bullets along with a pepper pot and scraps of newspaper in a fist-sized hole in the wall.

CUBIJA, EL NASO AREA WEST TO LAS CALZADILLAS Torca de Lastrilla (0427) has been a bit of an enigma ever since it was first explored in 1983. Perched high above the south-western side of the North Vega (Cubija) System a start was made to finally make some sense of the pitches, large passage and chamber. The cave was rigged for SRT on April 2nd then, four days later, Phil, Pedro, Steve and Allan set off with the aim of looking at the pitches below the entrance (p37m & p24m), including the "?" on the survey at the top of the 24m pitch.

    Rigging went well - the p24 was found to be tight
    some 8 - 10m down and was not descended. (Lugger will
    have done this on ladders and so may have been able
    to climb through the narrow section with no SRT gear,
    etc.) At this point the pitch breaks up and a chamber
    is visible through a gap that needs "snappers" as
    does access to a second pitch head that looks bigger.
    At the "?" ... a chamber is clearly seen and can be
    accessed with a few snappers. Needs a good days work
    with a drill - about 8 snappers and power to drill the
    8 holes.
    The "days work", and more, was left until the summer.

On April 12th, Ali and Phil went on the hunt for more shafts on the high ground southeast of Alisas. Apart from investigating 2626, they documented 3391 and 3393 - 3398. Site 3397 was "completed" in 2013, but the others remain unpushed to this day, eg 3391 - 10m to possible dig; 3393 - undescended 9m deep rift; 3394 - undescended 7.5m deep.

Bob Cawthorne, with Milly the dog, investigated some holes on the lower slopes at La Via, the western edge of La Secada. Site 3409 is a 3m crawl to a small, but stand-up, chamber; 3411 is a 2m deep tight rift and 3412 a 3m long cave well blocked with stal. These would have been ideal additions to Bob's "Matienzo's Smallest Caves", his article in Matienzo: 50 Years of Speleology!

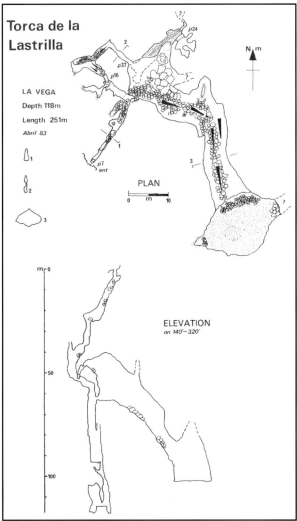

Torca de la Lastrilla

LA VEGA
Depth 118m
Length 251m
Abril 83

PLAN

0   m   10

ELEVATION
on 140°–320°

m 0

50

100

ensanchar una fisura paralela para descender unos 6 m hasta la sección inferior. Esta estaba obstruida en una dirección y, en la otra, tras remontar un bloque enorme, acabó en una estrechez a unos 3 m sobre el suelo. No planean volver a esta sección. Sin embargo, de vuelta en la sala en la base del pozo, una fisura sopladora estrecha (por la que quizás pueda pasar una persona muy «escuálida») parece ensancharse tras unos 3 m. Se creyó que esto merecía algo de trabajo. También parecía que la cueva continuaba hacia el norte desde el techo de la sala, lo que necesitaría anclajes horizontales (desde la cuerda) o verticales. La descripción también menciona que había que topografiarla, sin embargo, nadie ha vuelto.

En El Suto, justo al noroeste de Riaño, Harry investigó un par de sitios. Para 3386, un agujero de 4 m de profundidad, hacía falta una escala para pasar las piedras sueltas que sobresalían y se exploró al año siguiente. La 3387 era un manantial doble, ambos infranqueables.

De vuelta en Cobadal el 8 de mayo, a solo 200 m de Sewer, David, un batería de Bilbao y un conocido de Pedro, le enseñó a Juan y Pedro la cavidad 3421. Esta cueva tiene una boca amplia y potencial para ser ampliada, pero lo primero que se encontró fue un pequeño alijo de seis balas junto a un pimentero y recortes de periódico en un agujero en la pared del tamaño de un puño.

CUBIJA, OESTE DEL NASO HACIA LAS CALZADILLAS Torca de Lastrilla (0427), en la parte alta del extremo suroeste del sistema de Cubija, ha sido todo un enigma desde que se explorara por primera vez en 1983, por lo que se intentó darle algún sentido a los pozos y a la gran galería y sala de esta cueva. Se instalaron las cuerdas el 2 de abril y, cuatro días después, Phil, Pedro, Steve y Allan entraron para investigar los pozos bajo la entrada (37 m y 24 m), incluido el interrogante en la topo encima del pozo de 24 m.

    La instalación fue bien. El de 24 m resultó estre-
    charse a unos 8-10 m y no se bajó hasta el final.
    (Lugger lo hizo con escalas, así que igual pudo pasar
    por la parte estrecha sin el arnés, etc.). En este
    punto, el pozo se rompe y se puede ver una sala a
    través de un hueco que necesita «snappers», como el
    acceso a la cabecera de un segundo pozo que parece
    más grande. En el «?» […] se puede ver claramente una
    sala y se puede entrar a ella con un par de «snap-
    pers». Necesita una buena jornada de trabajo con
    taladro. Unos 8 «snappers» y batería para taladrar los
    8 agujeros.

La «jornada de trabajo» se dejó para el verano.

El 12 de abril Ali y Phil salieron en busca de más simas en la zona alta al sureste de Alisas. Además de investigar la cavidad 2626, documentaron las cavidades 3391 y 3393-3398. La 3397 se «completó» en 2013, pero las otras aún no se han explorado. Por ejemplo: 3391, 10 m a una posible excavación; 3393, fisura de 9 m inexplorada; 3394, 7,5 m de profundidad, inexplorada.

Bob Cawthorne, con la perra Milly, investigaron algunos agujeros en las laderas cerca de La Vía, el extremo occidental de La Secada. La cavidad 3409 es una gatera de 3 m a una sala, pequeña, pero con espacio para ponerse de pie y la 3411 es una fisura estrecha de 2 m de profundidad. La 3412 es una cueva de 3 m obstruida por estalagmitas y estalactitas. Estas hubieran sido una adición ideal a «Las cuevas más pequeñas de Matienzo», el artículo que Bob escribió para Matienzo: 50 años de espeleología.

Con Julie y Milly, Bob también comprobó la ubicación de las entradas de algunas entradas en la zona de Bosmartín.

SECTOR NORESTE INCLUYENDO EL SISTEMA DE LOS CUATRO VALLES
La exploración en la zona de la supuesta Cueva Perdida de Joe prosiguió cuando Jenny, James y Tom investigaron una dolina bastante profunda al norte del camino que pasar cerca de Tora Bora, cavidad 1786. Investigaron cinco agujeros, 3343 a 3347. Con escalas, exploraron este último bajando 5 m hasta una salita sin continuación, mientras que la cavidad 3345 era un pozo de 7 m sin continuación. La cavidad

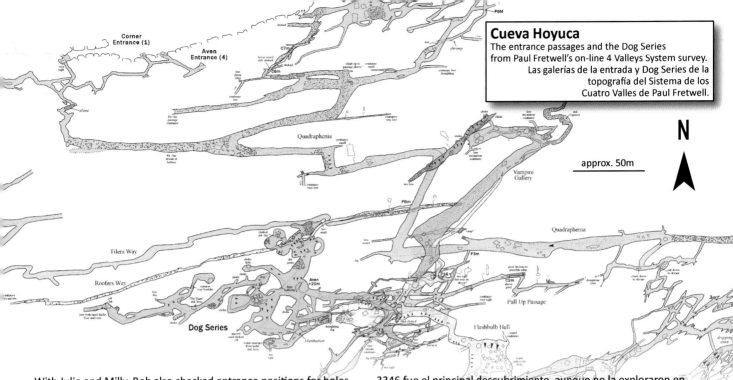

approx. 50m

N

With Julie and Milly, Bob also checked entrance positions for holes around Bosmartín.

THE NORTHEAST SECTOR INCLUDING THE FOUR VALLEYS SYSTEM

Activity around the supposed area of Joe's Lost Cave continued when a large and deep depression was explored by Jenny, James and Tom just north of the track that winds down past Tora Bora (1786). Five holes were investigated, sites 3343 to 3347, with the latter explored down a 5m ladder to an alcove. and 3345 being a 7m shaft with no way on at the base. Site 3346 was the main find, not explored on the first visit due to lack of tackle. Returning two days later, they dropped the 30m entrance pitch to a large chamber and slope down to a second drop. Old spits were seen here and the 17.5m pitch was blind. Passage explored at the top of the second pitch went for 20m to some "nice pretties".

Pedro investigated 3424 with Carlos Gómez from the village. This cave is situated just below the summit of Muela at 767m altitude. Pedro wrote:

The entrance is via a narrow rift in the cliff-face. It leads to two slots down into a passage which, after 5m, opens out into a chamber at the bottom of a 5m shaft to the surface. Apparently this cave was used as a hide-out in the Spanish Civil War. It is certainly well-hidden and protected, but damp and uncomfortable. It was probably not in use for very long; the only remains left behind are a broken earthenware pot and possibly some charcoal from a hearth, with a few bones and egg shells.

Cueva Hoyuca (0107) continued to attract cavers. On March 28th, Ali and Peter Eagan investigated small extensions between the entrance and Quadraphenia. A couple of days later they went in again with Jenny, Carolina and Lank to resurvey the Dog Series. This was completed successfully and they "pushed all passages", noting that the streamway disappears under boulders to an unknown location, with some draught. On the way out, the boulder jammed in the rift right at the entrance moved, destabilizing all the loose material.

This didn't stop Peter and Ali returning with Pedro to re-rig the traverse at the top of the climb into the Dog Series. One passage didn't choke, and led to a drop into a bigger area and the sound of falling water. Thought at the time to be known passage, a quick survey check back at Casa Germán showed this to be probably not the case.

The three returned three days later with Angus to survey, photograph and drop the pitch. A short descent landed on a ledge then a large block at the foot of an aven. The stream in the choked chamber sank under the left wall in a draughting, but too small passage.

The cave entrance, in use since 1974, was found "collapsed, probably now stable, but care needed". A ladder was useful for getting out.

Ali and Angus were in Hoyuca on April 7th when they resurveyed bits of Quadraphenia near the entrance and several crawls, not previously surveyed, were looked at. A dig behind a boulder in Quadraphenia was attacked but not opened up enough to enter the visible passage. It was entered the following day but silted up after 20 - 30m. On the same trip, Ali, Pedro and Torben pushed various inlets for short distances. They also looked at a climb just after Flashbulb Hall and managed to get a rope up through a hole using a tent pole and string. However, it required bolts to finish the route. The explorations here

3346 fue el principal descubrimiento, aunque no la exploraron en la primera visita por falta de equipo. Volvieron dos días después, descendieron la sima de 30 m de la entrada hasta una gran sala y una pendiente que termina en un segundo pozo. Aquí había algún spit viejo y el pozo de 17,5 m no tenía continuación. La galería que salía desde la cabecera del segundo pozo tenía 20 m y «formaciones bonitas».

Pedro investigó la cavidad 3424 con Carlos Gómez, del pueblo. La cueva está justo debajo de la cima de Muela a una altitud de 767 m. Pedro escribió:

Se entra por una fisura estrecha en la pared de caliza. Esta conduce a dos agujeros por los que se entra a una galería que, tras 5 m, se convierte en una sala bajo un sima de 5 m a la superficie. Por lo visto, se usó como escondite durante la Guerra Civil. Está bien escondida y protegida, pero es húmeda e incómoda, probablemente no se usó durante mucho tiempo. Los únicos restos que quedan son una loza de barro rota y probablemente carbón de una hoguera, con algunos huesos y cáscaras de huevo.

Cueva Hoyuca (0107) siguió atrayendo espeleólogos. El 28 de marzo, Ali y Peter Eagan investigaron pequeñas galerías nuevas entre la entrada y Quadraphenia. Un par de días después volvieron con Jenny, Carolina y Lank para volver a topografiar Dog Series. Completaron la topo con éxito y «exploraron todas las galerías»; al hacerlo observaron que el arroyo desaparece bajo unos bloques en dirección desconocida, con algo de corriente. Al salir, el bloque atascado en la fisura de la entrada se movió, desestabilizando todas las rocas sueltas. Sin embargo, esto no desanimó a Peter y a Ali, quienes volvieron con Pedro para volver a instalar el pasamanos en lo alto del escarpe que conduce a Dog Series. Las galerías estaban obstruidas excepto una, que condujo a una bajada hasta una zona más amplia desde la que se oía agua caer. Aunque entonces creían que era una galería conocida, al comprobar la topo en Casa Germán se dieron cuenta de que no era así. Los tres volvieron tres días después con Angus para hacer la topo, fotografiar y bajar el pozo. Este era corto, con una repisa, y acababa sobre un gran bloque en la base de una chimenea. El arroyo en la sala obstruida desaparecía bajo la pared izquierda por un paso demasiado estrecho, aunque podían sentir la corriente. La boca de la cueva, que se lleva usando desde 1974, se había «hundido, probablemente estable, aunque hay que ir con cuidado». Una escala fue de ayuda para salir.

Ali y Angus volvieron a Hoyuca el 7de abril para volver a topografiar partes de Quadraphenia cerca de la boca e investigaron varias gateras que no habían sido topografiadas antes. Excavaron detrás de un bloque en Quadraphenia, pero no pudieron abrirlo lo suficiente para entrar en la galería que se puede ver. Lo consiguieron al día siguiente, pero estaba obstruida con sedimentos tras 20-30 m. En la misma visita, Ali, Pedro y Torben exploraron varias galerías laterales. También echaron un vistazo a un escarpe justo después de Flashbulb Hall (la Sala de los Flashes) y consiguieron subir una cuerda hasta un agujero con ayuda de una varilla de tienda de campaña y cuerda. Sin embargo, para terminar la instalación necesitaban anclajes. Tras estas exploraciones, el Sistema de los Cuatro Valles tenía un desarrollo de 53 323 m.

Los principales descubrimientos en Riaño fueron en la Cueva-Cubío del Llanío (3234). Esta se había explorado por primera vez el año anterior, un agujero que se excavó (muy poquito) en el redil de

increased the length of the Four Valleys System to 53323m.

The major finds in Riaño were pushed in Cueva-Cubío del Llanío, site 3234. First explored from a (very slightly) excavated entrance under a farmer's sheep shelter the year before, the cave had a length of 1525m at the start of these 2010 explorations. It was thought it could eventually link up to the relatively nearby caves of Cueva de la Espada and Cueva de Riaño, and the more distant Cueva del Torno in Fresnedo.

The lead explorers were Torben and Peter Fast, with one of their six trips having James, Terry and Louise. Work was concentrated to the north and west of the entrance, adding 789m to the length.

Torben wrote:
Exploration from November 2009 continued at the inlet and the gour pools. The inlet was dry and so was the duck. After two digs we connected into the Pulse Racer. Discovered a big side passage in the Pulse Racer, reached by a 2m climb in the eastern end. Western end of the Pulse Racer: we traversed across the p4 (3 bolts) to a passage. Continues into a flat-out crawl and a squeeze which leads into a big 7 x 7m chamber.
In the northern end there is a boulder choke. This can be attacked from a squeeze to the left (low) or from the right. We did not have the balls for a push.
In the south-eastern side of the chamber, High Pulse Passage leads to a sand choke. The air feels fresh so there may be draught from the end. Six metres into High Pulse there was a good draught from a rock and sand dig to the south.
Horny Dog: Ten metres west of Horny Dog there is a good dig. Horny Dog ends   in a chamber with two ways out - a rift in the floor and a p10. The p10 leads into a big chamber that runs below the eastern end of Horny Dog and below the rift in the floor.
Down the p10 in the eastern end of Horny Dog: (2 + 1 bolts). The edge of the p10 is bad quality mud and rock that makes the edge quite unstable. The rebelay to the south keeps you out of the unstable wall. The main passage continues about 80m to the west. This passage is, in places, almost filled to the roof with dry mud (very nice mud layers).

Harry investigated the Llanío area finding a couple of holes of interest to the northwest of the entrance. Site 3384 is a small, diggable bedding and 3385 a diggable, draughting slot that looks to have been in-filled by the farmer.

In 2003, the wooded and "filled with jungle" depression at site 1802 (just 100m south of the yet-to-be-found Llanío entrance) had been properly entered and it was reported as having no caves. Harry checked this out, finding an easy descent via a gully on the northwest side and two open joints. The left hand one was blind but the second, draughting, hole appeared to open up beyond some rocks. This was left for the summer.

The Redder / Korsgaard family with Peter Fast were also active in the Llueva valley. Next to the road, 3353 was described as a "narrow meander 5m long 2m high … turns left to 2m blind pit". As a start to properly documenting the holes in the impressive Cueva Llueva entrance depression, 3354 was documented as a low, arched passage and a 10m crawl to a mud and calcite choke about 15m from surveyed passage in Cueva Llueva.

Although not now part of the underground Four Valleys System, Cueva de la Espada (site 0103) may well have been in the past and certainly takes the stream resurging from Cueva de Riaño, 140m to the southeast. On April 5th, as part of a re-survey project, Lank, Ali, Angus and Peter Eagan investigated the underground river, looking at possible leads. About one third of the way through the cave they found a passage on the right leading to the foot of a rift. Peter was first up the climb where they found the route "soon enlarged to nice, sandy, big passages ending at an aven with lots of bones. Various side passages left unexplored." This was a major discovery and they were back the day after, without Lank, to continue exploration into a complex, pretty area followed by muddy passages. At the end, Peter again climbed first up an awkward route into a low, wide bedding that continued unexplored. Side passages at the aven were left, partially explored.

Peter Eagan in Cueva de la Espada.
Peter Eagan en Cueva de la Espada.   *Alasdair Neill*

ovejas de un granjero. Al inicio de las exploraciones de 2010, la cueva tenía 1525 m. Se creía que podría conectar con la cercanas Cueva de la Espada y Cueva Riaño, y Cueva del Torno, en Fresnedo. Los principales exploradores fueron Torben y Peter Fast, aunque en una de sus seis visitas contaron con James, Terry y Louise. El trabajo se centró en la zona al norte y oeste de la boca, sumando 789 m al desarrollo de la cueva.

Torben escribió:
La exploración de noviembre de 2009 continuó en el afluente y en los gours. El afluente estaba seco, al igual que la bóveda sifonante. Tras dos excavaciones entramos en Pulse Racer. Descubrimos una galería lateral grande en Pulse Racer, a la que se llega escalando 2 m en su extremo oriental. En el lado opuesto cruzamos el pozo de 4 m con un pasamanos (3 anclajes) hasta una galería que se convierte en un laminador. Un estrechamiento conduce a una sala grande de 7 x 7 m. En el extremo norte hay un caos de bloques que se puede pasar por un estrechamiento a la izquierda (bajo) o por la derecha. No nos atrevimos a intentarlo. En el extremo sureste de la sala, High Pulse Passage conduce hasta una obstrucción de arena. Aquí el aire es fresco, así que igual la corriente de aire viene del final. Tras 6 m en High Pulse hay una buena corriente que sale de una excavación de piedras y arena al sur.
Horny Dog: a 10 m de Horny Dog hay una buena excavación. Horny Dog termina en una sala con dos salidas: una fisura en el suelo y un pozo de 10 m. El pozo de 10 m conduce a una gran sala que pasa por debajo del extremo este de Horny Dog y debajo de la fisura.
El pozo de 10 m en el extremo este de Horny Dog: (2 + 1 anclajes). La cabecera del pozo es de mala calidad, barro y rocas que hacen que sea inestable. El fraccionamiento al sur te aleja de la pared inestable. La galería principal continúa unos 80 m al oeste. En algunas secciones la galería está llena de barro seco (capas de barro muy bonitas).

Harry investigó la zona de Llanío y encontró un par de agujeros interesantes al noroeste de la boca. La cavidad 3384 es una galería baja y pequeña que podría excavarse y 3385 es una fisura sopladora que parece haber sido obstruida por el ganadero.

La depresión arbolada «como una jungla» cercana a la cavidad 1802 (a solo 100 m de donde se encontraría la entrada de Llanío) se había investigado en 2003, pero según la descripción no se encontraron cuevas. Harry fue a comprobarlo y, tras encontrar un camino fácil por una hondonada en el noroeste, dio con dos diaclasas abiertas. La de la izquierda era ciega, pero la segunda era un agujero soplador que parecía abrirse tras unas rocas. Se dejó para el verano.

La familia Redder / Korsgaard con Peter Fast también investigaron en el valle de Llueva. Junto a la carretera, la cavidad 3353 se describió como un «meandro estrecho de 5 m de largo y 2 m de altura [...] gira a la izquierda a un pozo ciego de 2 m».

Al empezar a documentar correctamente los agujeros en la impresionante dolina en la que está la entrada a Cueva Llueva, se encontró la cavidad 3354, con una galería de entrada baja y abovedada y una gatera de 10 m hasta una obstrucción de barro y calcita a unos 15 m de una sección topografiada de Cueva Llueva.

Aunque Cueva Espada (0103) bajo tierra no forma parte del Sistema de los Cuatro Valles, puede que no siempre fuera así. Además, el río que surge en Cueva Riaño, a 140 m al sureste, entra luego en Cueva Espada. El 5 de abril Lank, Ali, Angus y Peter Eagan investigaron el río subterráneo, buscando posibles continuaciones, para el proyecto de la nueva topografía. A un tercio de la cueva encontraron una galería a la derecha que lleva hasta la base de una diaclasa. Peter fue el primero en escalarla. Al llegar arriba descubrieron que «pronto se convierte en una galería bonita y grande con suelo de arena que termina en una chimenea con muchos huesos. Varias galerías laterales sin explorar». Era un gran descubrimiento y volvieron al día siguiente, sin Lank, para seguir explorando una zona compleja pero bonita que les condujo hacia unas galerías con barro. Al final, Peter volvió a ser el primero en escalar una subida algo difícil hasta un laminador ancho que dejaron sin explorar, al igual que algunas galerías laterales en la chimenea. Al ser Semana Santa, no tenían tiempo para volver, pero sí que topografiaron las nuevas galerías, unos 428 m. Volverían en verano.

It being Easter, there was no time to return, although the team made sure that the new passages were surveyed - some 428m. They would certainly be back in the summer.

Members of the La Cavada team continued work at site 2415, an on-going and draughting excavation just off the main Solórzano - Matienzo road, just where it starts to rise near the Campiazo resurgence. Over a couple of days the floor of the shaft was lowered and the base opened up. There were hopes that a little more work would allow access into the start of a low, horizontal passage.

Back in the Matienzo depression, site 0089 - Cueva de las Grajas - was visited for a short time. A well-documented archaeology site, a more accurate GPS entrance position was taken without leaves on the trees.

SOUTHERN SECTOR Harry was busy on the lower southern slopes of La Vega, close to La Cuevuca (site 0177). Taking a solo walk on April 7th, he found a dig to a 3 - 4m drop (3381), a dig to enter a crawl (3382), a diggable entrance to a crawl with 5m visible (3383) and a dig with a strong draught in and a slope down into a "big space" (3355). The entrances to sites 1478 - 1480 were GPS'd and he also took photos in 0477.

A few days later, returning with Juan, the entrance to 3355 was dug out and, with video camera recording the entry into mega-passage, the pair slid down into a "decent size chamber with stal". A bit of a disappointment but there was "a possible dig off under the left hand wall to a larger bit with an echo". Daylight was seen entering through 3382 which had been a way in for animals. Other new holes found that afternoon were an undescended 4m deep but smallish shaft (3388), just east of La Cuevuca; a small entrance to a choked 5m crawl (3390) and site 3389, starting promisingly with a 4m slope to a 4m pitch. The pitch choked.

Returning on April 12th, Harry documented 3 more sites but there was some doubt as to whether two of these were "new". Accurate GPS grid references were now revealing the sometimes poor map placement of entrances in the past, and this meant some confusion and disappointment. In this case, 3400 and 3401 appeared to be site 1351.

In the middle of April, Ali and Steve returned to Cueva de los Tablons to survey the extension from February, 46m new. They found the hading fault draughting in strongly to the "final" chamber where it seemed to split. Several draughting digs were started and Ali reckoned that they needed a digging tray.

Site 3378, another one from the "Bottlebank Tours", was found about 330m west-northwest of Cueva de los Tablons and documented as a 10m wide chamber with a low crawl leading off.

Pedro, on one of his walks up above Seldesuto, found 3423, a 3m wide and 1m high entrance that enters a low chamber. Crawls on the right go to another two openings to the surface.

Overall, this was an average sort of Matienzo expedition. There were nearly 3.8km of new cave passages surveyed and over 100 new sites had been documented with some exciting leads to return to.

A welcome development was research work carried out by Lancaster University students under Dr Peter Wynn. A programme of cave monitoring in Cueva de Asiul on El Naso started in April 2010 to characterise cave microclimate (specifically temperature, humidity and carbon dioxide). They also installed drip rate monitors to understand the nature of the hydrological system feeding the formations. A rain gauge was placed in a safe location on top of the cave site. Permission was also sought to carry out high resolution isotope analysis with a view to reconstructing paleo-climates.

Harry Long in site 3355. Harry Long en site 3355.   *Juan Corrin*

Los miembros del equipo de La Cavada siguieron trabajando en la cavidad 2415, una excavación con buena corriente cerca de la carretera entre Solórzano y Matienzo, justo donde empieza a subir cerca de la surgencia de Campiazo. Durante un par de días se rebajó el suelo de la sima y se abrió la base. Se esperaba que con un poco más de trabajo se pudiera entrar a una galería pequeña y horizontal.

De vuelta en el valle de Matienzo, se visitó la cavidad 0089, Cueva de las Grajas, una cueva con restos arqueológicos bien documentados. Se tomaron coordenadas más precisas con GPS aprovechando que no había hojas en los árboles.

SECTOR SUR Harry se mantuvo ocupado en las laderas al sur de La Vega, cerca de La Cuevuca (0177). Dando un paseo solo el 7 de abril, encontró una posible excavación a un pozo de unos 3 o 4 m (3381), una excavación hasta una gatera (3382), una entrada excavable a una gatera con 5 m visibles (3383) y una excavación que lleva una fuerte corriente de aire y tiene una pendiente hasta un «espacio grande» (3355). Tomó coordenadas GPS de las cavidades 1478 a 1480 y sacó fotos en la cavidad 0477.

Unos días después regresó con Juan y excavaron la 3355. Con la cámara lista para grabar la entrada a una galería enorme, la pareja bajó por la pendiente hasta una «sala de tamaño decente con alguna decoración». Se quedaron algo desilusionados, pero había «una posible excavación bajo la pared izquierda hasta una parte con eco». Se veía la luz del día a través de 3382, por donde habían entrado animales. Aquella tarde también se documentaron nuevos agujeros: una pozo de 4 m algo pequeño sin descender (3388), al este de La Cuevuca; una entrada pequeña a una gatera de 5 m obstruida (3390) y 3389, con una pendiente de 4 m con un pozo de otros 4 que prometía. El pozo resultó estar obstruido.

Harry volvió el 12 de abril y documentó tres nuevas cavidades, pero surgieron dudas de si dos de ellas eran «nuevas». Ahora que teníamos coordenadas GPS más precisas, veíamos que en el pasado no todas las cuevas se habían ubicado con precisión, algo que puede dar pie a confusiones y decepciones. En este caso, las cavidades 3400 y 3401 resultaron ser la 1351.

A mediados de abril, Ali y Steve volvieron a Cueva Tablons para topografiar las nuevas galerías de febrero, 46 m. Vieron que la diaclasa inclinada llevaba una fuerte corriente hasta el «final» de la sala, donde parecía dividirse. Se iniciaron un par de excavaciones y Ali decidió que necesitaban material de excavación.

La cavidad 3378, otra de «Tours Bottlebank», se encontró a unos 330 m al oeste-noroeste de Cueva Tablons; descrita como una sala de unos 10 m de ancho con un laminador.

Pedro, en uno de sus paseos en el monte encima de Seldesuto, encontró la cavidad 3423, una entrada de 3 m de ancho y 1 m de altura a una sala baja. Unas gateras a la derecha conducen a otros dos agujeros en la superficie.

En general, esta fue una expedición normal para Matienzo. Se topografiaron casi 3,8 km de nuevas galerías y se documentaron más de 100 nuevas cavidades con interrogantes interesantes a los que volver.

Una grata novedad fue el trabajo investigador que llevan a cabo varios estudiantes de la Universidad de Lancaster dirigidos por el profesor Peter Wynn. En abril de 2010 se inició un programa en la Cueva de Asiul en El Naso para estudiar el microclima subterráneo (sobre todo la temperatura, la humedad y las concentraciones de CO2). También instalaron medidores de la velocidad de goteo para entender la naturaleza de su sistema hidrológico. Se instaló un pluviómetro en un lugar seguro encima de la cueva. También se solicitó un permiso para llevar a cabo un análisis de isotopos para una reconstrucción paleoclimática.

Cueva de la Espada. *Alasdair Neill*

More than 90 visitors were out in the summer to help celebrate the "50 Years of Speleology" around Matienzo. A number of people came together to organise different events, both in the UK and Spain, and the details are to be found in a separate article.

Cave exploration was also able to show big numbers - over 5.7km of new passages were surveyed. The weather boosted the good feelings, being generally excellent throughout the caving and celebrations.

SOUTHERN SECTOR Caving started for the summer season in the depressions below Torca de Azpilicueta (0333), the top entrance to the South Vega System, when Pedro and Barny explored 0338. This had been first found in 1982 but remained unexplored. A 3m (best laddered) climb slopes down to a 2m free climb where the passage turns to the right. The rift becomes wider in clean-washed limestone before ending in a chamber with a calcite and sand floor. Further finds included the new site 3426, a constriction followed by a 3m climb into a small, blind chamber; 3427, 20m long with a short section of "nice passage" and 3428, a 4m pitch into a passage on the left, some 6m high, sloping down to a choke after 5m.

Site 0386 was similarly explored 28 years after being found. Barny wrote:

> Tight entry at surface enters the middle of three joined elliptical shafts. Approx. 12m descent lands on cobble-filled base. A 1m climb down enters the base of the largest of the pots. A rift leads off into the hill. A tight-ish squeeze leads to a further few metres of roomier passage but no way on is evident. At the base of the climb down on the right (looking into the hillside) is a small hole that was enlarged sufficiently to pass into a small chamber. A rift in the floor slowly widens until it appears possible to descend some 3m further in. A lucky stone rattles down it for a good few metres but impossible to gauge depth. A slight inward draught possibly detected.

Ali, Pedro and Carolina had a trip into Cueva-Cubío de la Reñada (0048), one of the bottom entrances to the South Vega System. They looked at "various side bits", noted that the crawl to the final chamber towards Cueva del Comellantes (0040) had a fair draught, and installed a traverse line on the awkward step around and over a hole in the entrance series.

On the Sunday morning of the 50th Fiesta, August 8th, 18 village children and young visitors were taken into Reñada (as far as climbs beyond the Blowhole) in two groups. The responsible adults were Carolina, Ali, Nigel, Pedro and Phil Papard. Tiano was also present and he was shown the top entrance (4221) which he didn't know about.

Pedro, Jenny Corrin and James went to Breakdown Chamber to survey passages in the area: first, routes down to the sumps dived by Dave Ryall at Easter 2009; second, back to the start of Squirrel's Passage - a big cairn marked Station 11 and, finally, they surveyed into an inlet series off the south side of Breakdown Chamber, ending at a large aven.

In early September, Juan and Penny documented sites off the track up to the water tank above Comellantes. Site 3477 is a hole and tight shaft on the uphill side of the track, while 3478, out to the west, is a 2m long animal shelter.

The Cawthorne brothers went in search of another lost hole, Torca de Limestone Lump (0577), supposed to be west of Torca del Coterón (site 0264). On rough terrain, covered with lumps of limestone, they gave up after a couple of hours but did find a rock-covered, draughting hole, site 3436. On another two days, they returned to the area and usefully recorded GPS readings for a number of cave entrances.

In the previous summer, John and Harry had entered a small chamber through a low entrance at 3309, downhill from La Cuevuca (0177). This summer they descended out of the chamber over a steep slope of loose debris to where a stream enters beneath massive boulders.

Más de 90 personas visitaron Matienzo durante el verano para celebrar el 50.º aniversario de las actividades espeleológicas en la zona. Un grupo de voluntarios ayudó a organizar diferentes celebraciones, tanto en el Reino Unido como en España, y los detalles se pueden consultar en el artículo sobre el festejo.

Las exploraciones también fueron un éxito: se inspeccionaron más de 5,7 km de galerías nuevas. El clima ayudó con el buen ánimo, pues fue excelente tanto durante las incursiones espeleológicas como durante las celebraciones.

SECTOR SUR La temporada de verano empezó en las depresiones debajo de la Torca de Azpilicueta (cavidad 0333), la entrada superior al Sistema de La Vega, cuando Pedro y Barny visitaron la cavidad 0338. Esta se había descubierto en 1982, pero no se había explorado aún. Un destrepe de 3 m (mejor con escala) va a dar a otro en escalada libre de 2 m. Después, la galería gira a la derecha y se ensancha; las paredes son de caliza pulida, pero termina en una sala con suelo de calcita y arena. Entre los hallazgos en esa zona están la cavidad 3426, una boca estrecha seguida de un escarpe de 3 m hasta una pequeña sala ciega; la 3427, 20 m de largo con una sección corta de «galería bonita» y la 3428, un pozo de 4 m hasta una galería a la izquierda, de unos 6 m de altura, que desciende hasta una obstrucción tras 5 m.

La cavidad 0386 también se exploró 28 años después de ser descubierta. Barny escribió:

> La boca estrecha va a dar al medio de tres pozos elípticos unidos. Aprox. 12 m de descenso hasta un suelo de guijarros. Un destrepe de 1 m va a dar a la base del pozo más grande. Una fisura se adentra en el monte. Un estrechamiento conduce a unos pocos metros de galería un poco más amplia, pero no se ve continuación posible. En la base del destrepe a la derecha (de espaldas a la superficie) hay un pequeño agujero que se pudo agrandar lo suficiente como para pasar a una pequeña sala. Una grieta en el suelo se va ensanchando hasta que parece posible bajar unos 3 m más. Una piedra con mucha suerte hace ruido al caer, pero es imposible medir la profundidad. Se detectó una ligera corriente entrante.

Ali, Pedro y Carolina visitaron la Cueva-Cubío de la Reñada (0048), una de las entradas inferiores al Sistema de La Vega. Exploraron «varias secciones laterales», notaron algo de corriente en la gatera hacia la última sala que va hacia Comediante e instalaron un pasamanos alrededor del agujero algo escabroso que hay en la red de la entrada.

El 8 de agosto por la mañana, el domingo del fin de semana de la fiesta, dos grupos de 18 niños y jóvenes de la aldea y veraneantes visitaron la Reñada (hasta los escarpes tras pasar el agujero soplador). Los adultos que los acompañaron fueron Carolina, Ali, Nigel, Pedro y Phil Papard. Tiano también estuvo presente y se le mostró la entrada superior, que no conocía.

Pedro, Jenny Corrin y James fueron a Breakdown Chamber para topografiar las galerías en la zona: primero, las galerías hacia los sifones que Dave Ryall había explorado en Semana Santa de 2009; después, de vuelta al inicio de Squirrel's Passage —un gran montículo marcaba la estación 11— y, finalmente, hasta una serie de galerías laterales al sur de Breakdown Chamber que terminan en una gran chimenea.

A principios de septiembre, Juan y Penny documentaron cavidades cerca del camino hasta el tanque de agua sobre Comellante. La cavidad 3477 es un agujero y una fisura estrecha encima del camino, mientras que la 3478, hacia el oeste, es un refugio de animales de 2 m de largo.

Los hermanos Cawthorne salieron en busca de otro agujero perdido, Torca de Limestone Lump (0577), que se supone que está al oeste de Torca del Coterón (0264). En un terreno accidentado, cubierto de bloques de piedra caliza, se dieron por vencidos después de un par de horas, pero encontraron un agujero soplador cubierto por rocas, la cavidad 3436. Regresaron a la zona en otras dos ocasiones y

Unfortunately, the walking-size passage soon closed in, ending at an over-tight crawl. On the way out, John hammered a route through narrow rift passage for about 20 (unsurveyed) metres with a stream running parallel to the main passage. Digging is required to continue. The main passage out to the entrance was surveyed for 43m.

Somewhat isolated to the west of Reñada, Sima Cumpleaños (0459) was visited by Andrew and Jamie to excavate a previously noticed route.

> We eventually managed to widen the hole sufficiently to let Andrew into the chamber beyond. A little more hammering and I was in too, to explore the gloriously exciting 13m of passage. Nice formations... I decided, bizarrely, to climb an aven in the new chamber. Really, really scary - lots of readily breakable holds and loose mud - but - 10m up there's another chamber with the world's least accessible dig through to what looks like a shaft. Climbing down was bloody scary - definitely not a recommended lead.
> On the way out I noticed another lead beneath the first (5m) ladder pitch. A tight-looking rift draughts reasonably well, and would only need a spot of capping to become man-sized. The rift heads directly away from 459 so could well lead to something new.

A pronounced valley comes down from between the El Somo and La Piluca summits. Cueva de los Cantones (0865) is a major cave found on the east side of a large depression in the valley and 0894 lies 340m back up on the west side. This hole, first described in 1992 as an "audible draught in a wine store" attracted the attention of the Derbyshire Caving Club. They were soon scattered over the hillside and opening up sites 3460 - 3463, all draughting holes which were pursued with various levels of enthusiasm. Work stopped at 0894 when the farmers were unhappy with a large hole being opened up right next to a cattle track. The hole was re-filled and work in the area put on hold.

Site 0472, Sima de la Piluca, with a 120m entrance pitch was again rigged for possible pushing. Dickon, Andrew and Jamie looked at various passages off over the 19th and 20th July then, on the 24th, descended a p10 at the end of a loose meander into a chamber with sandstone boulders. They found this choked completely with the stream disappearing down a tiny tube. There have been no documented trips since.

Earlier in the year, Pedro had come across new site 3467 close to Cueva de los Tablons (0242). There are three or four vertical entrances to a rift passage that takes a stream after rainfall but it was reckoned not to be a good digging prospect.

Much higher - above Seldesuto and almost at the ridge - Pedro found a "not very conspicuous shaft top, possibly up to 30m deep". This has still to be explored.

EASTERN SECTOR The Sheffield University Speleological Society took on pushing and resurvey in Cueva Tiva (0026), the passages downstream of the El Sedo entrance into the Risco System (0025). This was continuing the work started in 2009. On July 19th, Tim, Brendan and Liz and Dave Harley immediately came across a "possible new series" east of the Tinto Series. After crawling in a roof tube above a too-narrow trench, they eventually reach an arch and "good sized, walking passage" in a maze.

The following day they were back with Clare and Jenny Sloan for more "resurvey and exploring action" in, what was to be called, the Rosado Series. The walking passage (which "continues and continues and continues") was explored briefly with three or four ways off, still going and walking size.

> Straight on leads to a window into a larger

consiguieron posicionar varias cuevas con el GPS.

El verano anterior, John y Harry habían entrado a la cavidad 3309, en la ladera debajo de La Cuevuca (0177), a través de una entrada estrecha hasta una pequeña sala. Este verano atravesaron la sala y bajaron por una empinada pendiente de escombros sueltos hasta unas grandes rocas debajo de las cuales entra un arroyo. Aunque en esta galería se puede andar de pie, desafortunadamente, pronto se va cerrando y termina en un laminador demasiado estrecho. Al salir, John abrió con ayuda de un martillo una grieta estrecha a lo largo de unos 20 m (sin topo) con un arroyo paralelo a la galería principal. Hay que cavarla para poder continuar. Se topografió la galería principal hasta la entrada: 43 m.

Andrew y Jamie visitaron Sima Cumpleaños (0459), algo aislada al oeste de la Reñada, para excavar una posible continuación:

> Finalmente logramos ampliar el agujero lo suficiente como para que Andrew pudiera pasar a la siguiente sala. Tras darle con el martillo un poco más, yo también pude pasar para explorar 13 m de galería de lo más emocionantes. Formaciones bonitas... Decidí, por extraño que parezca, escalar una chimenea en la nueva sala. Aterrador, muy aterrador. Los asideros se rompían con la mirada y las paredes eran de barro, pero a 10 m de altura hay otra sala con la excavación menos accesible del mundo hasta lo que parece un pozo. Bajar fue aterrador, definitivamente no lo recomiendo. Al salir noté otra posible continuación debajo del primer (5 m) pozo con escala. Una grieta de aspecto estrecho tiene una buena corriente de aire y solo harían falta unos pocos microexplosivos para agrandarla. La grieta parece alejarse de 459, por lo que podría conducir a algo nuevo.

Un valle pronunciado desciende entre las cumbres de El Somo y La Piluca. La Cueva de los Cantones (0865) es una cueva importante en el lado este de una gran depresión en el valle y la cavidad 0894 se encuentra a 340 m al oeste. Este agujero, descrito por primera vez en 1992 como una «corriente de aire que se oye en un almacén de vino», llamó la atención del DCC. Pronto se desperdigaron por la ladera y documentaron las cavidades 3460 a 3463, todas ellas agujeros sopladores que excavaron con varios niveles de entusiasmo. En 0894 el trabajo se detuvo porque a los ganaderos no les gustó que se abriera un gran agujero justo al lado de un camino por el que pasa el ganado. El hoyo se volvió a llenar y el trabajo en la zona se suspendió.

La cavidad 0472, Sima de la Piluca, con una sima de 120 m, se volvió a instalar para una posible exploración. Dickon, Andrew y Jamie miraron varias galerías durante los días 19 y 20 de julio y luego, el 24, bajaron un pozo de 10 m al final de un meandro hasta una cámara con bloques de arenisca que estaba completamente obstruida; el río desaparecía por un pequeño tubo. No se han documentado más incursiones desde entonces.

A principios de año, Pedro había descubierto la cavidad 3467 cerca de Cueva de los Tablons (0242). Tiene tres o cuatro entradas verticales a una grieta por la, cuando llueve, discurre un arroyo, pero se decidió que no tenía suficiente potencial como para excavar. Mucho más arriba, encima de Seldesuto y casi en la cresta de la montaña, Pedro encontró una «entrada a un pozo nada obvio, quizás de unos 30 m de profundidad». Aún no se ha explorado.

SECTOR ESTE SUSS (la Sociedad de Espeleología de la Universidad de Sheffield) exploró y volvió a topografiar Cueva Tiva (0026), las galerías aguas abajo de la entrada de El Sedo al sistema del Risco (0025), para continuar con el trabajo que habían empezado en 2009. El 19 de julio, Tim, Brendan y Liz y Dave Harley se encontraron inmediatamente con

2010 Fiestas

CELEBRATING 50 YEARS OF SPELEOLOGY

It seemed like a good idea in 2009 - let's hold events next year in England and Spain and write a book to celebrate the 50 years of speleology around the Matienzo depression. With a great deal of hard work and good will from many people, the ideas came to fruition and proved a great success through 2010. Planning started early enough so that a 2010 calendar soon sold out.

The organising committee decided to have fiestas in Matienzo and an event in England for those who couldn't make the journey. Letters were written asking for financial contributions to the Matienzo 50 fund, both for the events and the book. The costs were considerable, including free food and entertainment for the vecinos of Matienzo, but they were more than covered by the generosity of caving clubs, individuals and families who donated money, supported the events or bought the various memorabilia.

Spanish cavers, both from the early days of exploration and more recently, were invited to the event in Spain, and we were pleased to welcome Juan Carlos Fernández, Alfonso Pintó, Juan Colina and members of ADEMCO (Asociación Deportiva Espeleo y Montaña Colindres).

Dozens of people both in the UK and in Matienzo helped to organise and run the various events. Producing a list of organisers, helpers and donors here would certainly miss out people who contributed to the success so, for those wanting to know a little more, there are a number of pages on the web site (under the Matienzo 50 logo on the front page) that document the events and the enjoyment, including a number of videos.

The first celebratory occasion was in the UK on June 12th at the Dalesbridge Centre, where a varied programme was arranged:
• a number of talks about the many aspects of Matienzo speleology
• a poster display with photos of people, caves and scenery
• raffle and quiz
• a tortilla competition
• sale of Matienzo 50 memorabilia: mugs, T-shirts, car stickers
• a display by the Derbyshire Caving Club Fluffies
• a sit-down meal
• evening dance
• an all-day bar

About 80 people attended during the day and more than 100 at night contributing to over £1000 raised for the Matienzo fiestas.

In Matienzo, Pablo had arranged an all-expenses-paid trip out to Burgos on Thursday, August 5th. Mainly bleary-eyed but expectant English cavers and partners filled an early morning coach that transported them to the San Miguel factory, a couple of hours away. Here, we were treated to a tour of the works (where San Miguel and Mahou beer is made and bottled), provided with a free lunch (including beer) and waved away with beer and drinking glasses mementos.

The afternoon was spent at the nearby archaeological area of the Sierra de Atapuerca. A guided tour of a section of the extensive UNESCO World Heritage site gave us an insight to the continuous record of the earliest human remains from nearly one million years ago. The excavations, both open air

CELEBRAMOS 50 AÑOS DE ESPELEOLOGÍA

En 2009 se nos ocurrió una idea: celebremos los 50 años de espeleología en el valle de Matienzo con un acto en Inglaterra, otro en España y un libro. Con el trabajo y disposición de mucha gente, las ideas fueron tomando forma y las actividades de 2010 fueron todo un éxito. La organización empezó tan pronto que incluso se creó (y agotó) un calendario para 2010.

El comité organizador decidió celebrar una fiesta en Matienzo y un acto en Inglaterra para quienes no pudieran viajar hasta España. Se enviaron cartas pidiendo aportaciones económicas tanto para las celebraciones como para el libro. Había muchos gastos, incluyendo la comida y la fiesta para los vecinos de Matienzo, pero se pudieron cubrir perfectamente gracias a la generosidad de clubes de espeleología, particulares y familiares que hicieron una donación, apoyaron las celebraciones o compraron recuerdos.

Invitamos a espeleólogos españoles, tanto de grupos que llevaron a cabo las primeras exploraciones en la zona como más actuales, y fue un placer contar con Juan Carlos Fernández, Alfonso Pintó, Juan Colina y miembros de ADEMCO (Asociación Deportiva Espeleo y Montaña Colindres).

Un gran grupo de voluntarios, tanto en el Reino Unido como en Matienzo, ayudaron en la organización y celebración de las distintas actividades. Si enumerásemos aquí a todos los organizadores, ayudantes y donantes corremos el riesgo de olvidarnos a algunas de las muchas personas que contribuyeron al éxito de las celebraciones. Por eso, para quienes quieran saber más, en la página web, bajo del logo de Matienzo 50, hay una serie de páginas que documentan aquellos días, con vídeos incluidos.

Las celebraciones empezaron el 12 de junio en el Reino Unido, en el Dalesbridge Centre, con un programa muy completo:
• una serie de charlas sobre los distintos aspectos de la espeleología en Matienzo
• una exposición de pósteres con fotos de la gente, cuevas y paisajes de la zona
• una rifa y concurso
• un concurso de tortilla
• venta de recuerdos de Matienzo 50: tazas, camisetas y pegatinas para el coche
• una actuación de los Derbyshire Caving Club Fluffies
• cena
• baile
• bar

Unas ochenta personas acudieron durante el día y más de 100 por la noche, contribuyendo a las más de 1000 £ recaudadas para las fiestas de Matienzo.

En Matienzo, Pablo había organizado una excursión con todos los gastos pagados a Burgos para el jueves 5 de agosto. Los espeleólogos ingleses y sus parejas, somnolientos pero ilusionados, se subieron a un autobús a primera hora de la mañana que los llevó a la fábrica de San Miguel. Allí, recibieron una visita guiada de las instalaciones (donde se fabrica y embotella la cerveza San Miguel y Mahou), además de un almuerzo (con cerveza) y un recuerdo en forma de más cerveza y vasos para beberlas.

La tarde la pasamos en la Sierra de Atapuerca. Una visita guiada a una de las secciones de este enorme yacimiento arqueológico Patrimonio

---

The Matienzo: 50 Years of Speleology dual language book (320 pages, with geological map and DVD) was published just in time to be on sale on the Saturday. Edited by Juan Corrin and Peter Smith, the volume was well received. Indeed, later in the year it was jointly awarded the prestigious 2010 Tratman Award. The citation described the publication as "an amazingly packed book" while a draft review for the National Speleological Society News started, "Again the Brits have put American efforts at documenting caving projects to shame."

The book has now been released as a medium resolution pdf file for viewing on the Issuu website (https://bit.ly/2TqkSRq)

• • • • •

El libro bilingüe Matienzo: 50 Years of Speleology (320 pp., con mapa geológico y DVD) se publicó justo a tiempo para estar a la venta durante la fiesta. Editado por Juan Corrin y Peter Smith, el libro tuvo buena acogida. Además, varios meses después recibió conjuntamente el prestigioso premio Tratman 2010, que lo describió como un «libro increíblemente repleto de datos»; el borrador de una reseña para el National Speleological Society News empezaba diciendo: «De nuevo, los británicos vuelven a dejar en ridículo a los intentos norteamericanos de documentar cuevas».

El libro está ahora disponible en formato PDF de resolución media en el sitio web Issuu (https://bit.ly/2TqkSRq)

and underground, continue to provide information about the physical nature and the way of life of the earliest human communities in Europe.

A large marquee was set up on the car park at the side of Casa Germán where the posters were on display through the weekend. Photos in a photo competition were also shown.

Rockets signalled the start of events and children's games and activities were arranged on the Saturday morning. Other events followed through the day:
• Tortilla competition
• Speleo-olympic games
• Various raffles and draws
• sale of Matienzo 50 memorabilia: mugs, T-shirts, car stickers, pins and the Matienzo: 50 Years of Speleology book
• Barbeque
• Duck Race - the duck numbers had been on sale for months
• Tug of War
• Evening Dance with a 50 Year summary speech and thanks on behalf of the expedition with a presentation to Pablo and family.

A surprisingly early start on Sunday saw 18 youngsters (both locals and summer visitors) taken into Cueva-Cubío de la Reñada - and brought out again, without incident. Other events followed:
• A lunchtime dance
• Entertainment from the Derbyshire Fluffies
• Photo of the participants at the front of the bar
• Football match, which Spain won. (The original trophy from 1974 now resides behind the bar in Casa Germán.)
• Rockets to close the proceedings

An estimated 250 Spaniards and 100 Brits and others attended over the weekend. The whole set of events couldn't have been better organised or executed. Everyone felt that the expeditions had given something back to the village and, in particular, had acknowledged the pivotal role of Pablo and his family in welcoming cavers and providing camping facilities, caving equipment storage and office space.

de la UNESCO nos permitió conocer el trabajo continuo que realizan para estudiar algunos de los restos humanos más antiguos, de casi un millón de años de antigüedad. Las excavaciones, tanto al aire libre como en cuevas, siguen arrojando información sobre cómo vivían las primeras comunidades de humanos de Europa.

En la zona del parking junto a Casa Germán se levantó una carpa, donde se exhibieron los pósteres todo el fin de semana. También se exhibieron las fotos del concurso de fotografía.

Los cohetes anunciaron el inicio de las celebraciones con actividades y juegos para los más pequeños. A ello le siguieron:
• un concurso de tortilla
• juegos espeleolímpicos
• varias rifas y concursos
  venta de recuerdos de Matienzo 50: tazas, camisetas, pegatinas para el coche, insignias y el libro Matienzo: 50 años de espeleología
• barbacoa
• carrera de patos de goma, los números de los patos llevaban varios meses a la venta
• juego de la soga
• verbena, con un discurso que resumió estos 50 años de espeleología y dio las gracias a Pablo y su familia en nombre de la expedición.

El domingo, quizás demasiado temprano, dieciocho jóvenes (tanto residentes como veraneantes) entraron a la cueva de la Reñada, y volvieron a salir, sin incidentes. A ello le siguieron:
• baile al mediodía
• actuación de los Derbyshire Caving Club Fluffies
• foto de los participantes delante del bar
• partido de fútbol, que ganó España (el trofeo original de 1974 se encuentra ahora tras la barra en Casa Germán)
• cohetes para dar por finalizada la celebración.

Asistieron unos 250 españoles y 100 ingleses y de otros países. El conjunto de las actividades no podía haber estado mejor organizado. Todo el mundo sintió que la expedición había mostrado su gratitud al pueblo y, sobre todo, había reconocido el papel esencial que Pablo y su familia han desempeñan a la hora de recibir a los espeleólogos y ofrecer instalaciones para acampar y guardar equipamiento deportivo, además de un espacio para oficina.

Group photo outside Casa Germán by Paul Fretwell. All other photos by Nigel Dibben.
Foto de grupo frente a Casa Germán por Paul Fretwell.
Todas las demás fotos son de Nigel Dibben.

meandering streamway (dry) with 6ft stal in the roof.
Upstream ends in a mud and choss collapse, left leads
to a boulder run-in and further passage dropping down
in a meander 15m high.

They were all back the next day when they surveyed and photographed in the extension. They completed the work on July 24th but could not survey up through the connection into Risco as it was "full of rubble and trash / broken glass" along with a fridge and other domestic rubbish.

Phil Papard and Pedro entered Risco on August 1st with the aim of climbing up to the middle level "where it is missing halfway along the cave". The first attempt was abandoned after bolting up 8m when an area of shale and loose rock was met with no place to fix bolts. A second area, 50m to the north, was more easily bolted. Phil ran out of spits but reported only 6 more bolts were required and he could see big passage above.

A photo trip into Risco, with three photographers and eight helpers, had problems so that, in the end, only Paul Dold was able to provide decent pictures for the web site.

Checking out possible new entrances into the Risco System, Pedro, in the large depression of Sima de la Mortera (0021), documented site 3429, a small entrance under a limestone face leading to a mud choke.

Clare, Jen Sloan, Brendan and Dave and Liz Harley climbed up onto Mullir through the thorny woods from Cruz Usaño. Their day's work included accurately locating a number of sites with a GPS unit and trying to explore 3342, found in February. However, the 20m rope was too short.

On July 27th they were back (minus Liz and plus Tim) to bottom 3342. A 5m drop landed on a ledge then 15m to the floor with a 4m climb down following a rift to the left. The pot ends at a calcite wall with a possible climb up at the top. This was not attempted - "probably not worth it although splash heard on the other side".

Other sites investigated that day included surveying 0132 with a comment that a dig / slot in the bottom chamber would need a crowbar to enter a disto'd, 14m long space; 3445, a couple of small holes in a depression; 3446, a very small hole; 3447, a 7m pitch into an 8 x 4m chamber full of flowstone and covered in moonmilk, and 0209, a 38m pitch in an impressive depression.

NORTHWEST SECTOR The going leads in Torca de Peña Encaramada (3380) were an attraction. Barny went in on a solo trip on July 20th, accompanied the next day by Dickon, Andrew and Jamie.

Got to the squeeze that Barny had turned around at
the previous day and Andrew pushed on beyond, the
passage was going!

They continued pushing south through boulder chokes until (possibly!) running out of steam. Nearly 700m was surveyed that day, unfortunately not tied back into the previous survey.

That was remedied the next day when Dickon and Andrew returned with Brendan who discovered a high passage above the end of the previous survey. This was not pushed due to "time constraints". High-level leads were checked out but one required bolts. However, a low-level squeeze led to a "good amount of muddy passage" with "3 or 4 good leads".

We simply followed the main way onto a boulder-choked
chamber. Clambering over the boulders, we could see
several leads but were forced to turn back, with time
running short.

Jamie, Jen Sloane and Liz Harley were also in the system, surveying downstream. Survey batches 3380-10-10, 10-11 and 10-12 from caving that day totalled 702m.

On July 23rd, Tim, Dickon, Andrew and Jamie returned to survey leads in the middle of the known cave totalling 462m.

Brendan, Dave and Dickon were back near the end of the month pushing through the upstream low airspace to where the draught weakened but a low passage to the right at a T-junction "may be worth a look". A route off the side of the main stream passage, The Yellow Brick Road, was followed over some very nice calcite floors to a chamber with climbs but no clear way on.

A side passage leads via loose sandstone boulders
(The Dickon Trap) to a walking-size, strongly draugh-
ting passage - not followed due to the nature of the
choke. This is very promising and needs another look!

Dickon went in with Ali on August 4th to do a bolt traverse at the end but this was "postponed due to a tight squeeze in boulder choke". Instead, the left hand route at Tin Man Junction was pushed and surveyed for nearly 150m.

In all, some 2.3km of new passages were explored and surveyed in Encaramada over the summer expedition. The downstream sump comes very close to Cave of the Wild Mare (0767) but, to date, despite a number of attempts, a connection has not been made.

Less successful was an attempt on the brambles, gorse and

una «posible nueva serie» al este de la red Tinto. Después de gatear por un tubo sobre un canal demasiado estrecho, finalmente alcanzaron un arco y una «galería de buen tamaño por la que se puede caminar de pie» en un laberinto.

Al día siguiente volvieron con Clare y Jenny Sloan para seguir la topo y explorar lo que después llamarían la red Rosado. La gran galería (que «continúa y continúa y continúa») se exploró por encima y se vieron tres o cuatro galerías laterales, también amplias:

Todo recto va a dar a una ventana a un meandro más
grande (seco) con estalactitas de casi dos metros
de largo. Río arriba termina en un colapso de lodo
y piedras sueltas, a la izquierda conduce a varios
bloques y la galería desciende hasta un meandro de 15
m de altura.

Regresaron al día siguiente para topografiar y explorar las nuevas galerías. Terminaron el 24 de julio, pero no pudieron conectarla con la topo de Risco porque la galería de unión estaba «llena de escombros y basura / cristal roto» junto con una nevera y basura doméstica variada.

Phil Papard y Pedro entraron en Risco el 1 de agosto para subir al nivel intermedio «donde falta a la mitad de la cueva». El primer intento se abandonó tras 8 m de escalada artificial al encontrarse con una sección de marga y roca suelta en la que no se podían montar las fijaciones. En el segundo intento, 50 m al norte, la instalación fue más fácil. Phil se quedó sin spits, pero según él solo se necesitaban 6 anclajes más y se podía ver una gran galería en lo alto.

Un viaje fotográfico a Risco, con tres fotógrafos y ocho ayudantes, tuvo algún problema, así que, al final, solo Paul Dold pudo proporcionar imágenes decentes para el sitio web.

Al revisar posibles nuevas entradas al Sistema del Risco, Pedro, en la gran dolina de Sima de la Mortera (0021), encontró la cavidad 3429, una pequeña boca debajo de una pared caliza que conduce a una obstrucción en barro.

Clare, Jen Sloan, Brendan y Dave y Liz Harley subieron a Mullir cruzando el bosque de árboles espinosos de Cruz Usaño. Su objetivo para ese día era localizar con precisión una serie de cuevas con el GPS e intentar explorar la cavidad 3342, que se había encontrado en febrero. Sin embargo, la cuerda de 20 m resultó ser demasiado corta.

El 27 de julio regresaron (sin Liz pero con Tim) a 3342. Tras 5 m el pozo tiene una repisa y después otros 15 m más hasta la base con un destrepe de 4 m siguiendo una grieta a la izquierda. La cueva termina en una pared de calcita con una posible escalada que no se intentó: «probablemente no merezca la pena, aunque se podía oír agua al otro lado».

También exploraron: la cavidad 0132, de la que dijeron que una excavación / grieta en la sala inferior se tendría que forzar con una palanca para entrar en un espacio de 14 m de largo según el Disto; 3445, un par de pequeños agujeros en una depresión; 3446, un agujero muy pequeño; 3447, un pozo de 7 m hasta una sala de 8 x 4 m decorada con colada y moonmilk; y 0209, un pozo de 38 m en una dolina impresionante.

EL SECTOR NOROESTE Las múltiples incógnitas en Torca de Peña Encaramada (3380) fueron un reclamo. El 20 de julio Barny hizo una incursión en solitario y al día siguiente fue con Dickon, Andrew y Jamie.

Llegamos al paso estrecho en el que Barny había dado
la vuelta el día anterior y Andrew siguió adelante,
¡la galería continuaba!

Exploraron hacia el sur a través de caos de bloques hasta que (¡quizás!) se quedaron sin energía. Topografiaron casi 700 m ese día, aunque, desafortunadamente, no lo unieron a la topo anterior. Eso lo remediaron al día siguiente cuando Dickon y Andrew regresaron con Brendan, quien descubrió una galería superior por encima del punto en el que se finalizó la topo anterior. No lo exploraron debido a «limitaciones de tiempo». Se comprobaron los interrogantes en el nivel superior, pero para uno de ellos hacían falta anclajes. Sin embargo, un paso estrecho en el nivel inferior condujo a «bastante galería llena de barro» con «3 o 4 buenos interrogantes».

Simplemente seguimos la ruta principal hacia una
sala con un caos de bloques. Trepamos por las rocas y
pudimos ver varias posibles continuaciones, pero nos
vimos obligados a retroceder porque no teníamos mucho
tiempo.

Jamie, Jen Sloane y Liz Harley también estaban en el sistema, explorando aguas abajo. Los lotes de topo 3380-10-10, 10-11 y 10-12 de ese día dieron un total de 702 m.

El 23 de julio, Tim, Dickon, Andrew y Jamie volvieron a topografiar los interrogantes a la mitad de la cueva conocida: 462 m.

Brendan, Dave y Dickon regresaron a finales de mes para explorar a través del pasaje bajo sifonante aguas arriba hasta donde la corriente de aire se debilita; hay una galería baja a la derecha en un cruce de galerías que «puede ser interesante». Se siguió una ruta alternativa a la galería principal, The Yellow Brick Road, sobre un suelo de calcita muy

thorn-covered surface to find other entrances, especially unarmed, because "like a knife but much, much bigger" in broken Spanish wasn't understood when trying to buy a machete.

Billy, Sue Morton and Bottlebank had more success when they opened up 3405 to reveal a low crawl connecting with 3415. A thorough exploration of the caves concluded that digging in the muddy sump / sink may be worthwhile, although the sites were not surveyed.

Site 3413, Cueva de los Corrillos, was dug down a couple of metres by Billy, Lenny, Dalestreet, Bottlebank, Sean, Keiran, Allan and Tom. Progress was hindered by a large block "causing issues". The bones found in the cave were studied by Jesús Ruiz Cobo: 29 of the 49 bones were identified - 12 were from 3 individuals of *Bison priscus*, the extinct Steppe Bison; 16 from 5 domesticated goats and 1 bird bone.

Cueva del Nabo (3357) had been discovered a few months previously so Pedro, Big Steve and Juan went to have a look. The upstream sump was inspected and some unsuccessful floor lowering was attempted. On a later trip Pedro and Steve went in with Andrew, Dickon and Jamie to dig, chisel and cap the floor before the sump. However, Dickon and Andrew noted that the sump roof was some 30 - 40cm below the water surface and that the only feasible way on was to dive - which Dickon and Jamie did the day after.

Brief trip in to attempt to dive the sump. Having no cave diving experience, we considered it wise to limit ourselves to a penetration of 6m. The sump sloped down for the first 5m to reach a probable depth of a little over 1m at which point it appeared to level out. Visibility was very good and the passage appeared to continue large and pleasant - an excellent diving prospect.

After the 50th Fiesta, Diane, Big Steve, Pedro and Simon went to the upstream sump where Simon dived through.

The south-heading sump was passed at a length of 41m; maximum depth 3.9m; dive time 7 minutes.

A 20m canal was passed, then a boulder collapse to continuing flat-floored and flat-roofed passage, 1.5m wide and 3 - 6m high. The diver returned, not having accurate survey equipment.

Pedro and Big Steve went cave hunting above Cobadal with Pedro's acquaintance, David from Bilbao. Only small sites were documented: 3441, a 9m long cave under a sandstone roof and 3444, a continuing slot with a slight draught.

James took Johnny, Jude and Sue Ryall to 3360 to attack the draughting hole at the end. They found the "shakehole very cool and a cracking draught at the entrance". However, when hole drilling commenced, they found both batteries were flat. An attempt to charge them at Arkwright's (an authentic bar in Entrambasaguas) failed when the helpful staff couldn't find an adapter plug for the charger. The batteries were charged in Matienzo and Johnny and James returned for a second attempt with James, apparently, wearing flip-flops. Two snappers in the left hand wall opened up the slot.

Smoke vanished almost immediately with the draught. Pushed through slot to a cross rift of small proportions. Draught comes from several tiny (2" wide) slots in the floor, roof and walls. Very disappointing!

James persuaded Simon Cornhill and Diane to try to open up the end of The Sewer (2066). Some progress was made when boulders were destroyed but more work was required.

On August 14th, Johnny was persuaded and, after an "awkward carry in with drill and spare batteries, crow bar and lump hammer", he was "astounded to find the lead James had talked about was exactly as described". They opened up a 10m long crawl to a choke with voids below. Back at the original digging spot, a second hole was opened up to 15m of passage ending lower down in the choke.

With more time and effort there should be a way through the choke and it has a good draught. We made a painful exit, taking about an hour.

Invisible Cave (3283), situated next to the bottom entrance of Fuente Aguanaz, had been explored upstream for more than 200m in 2009 through often out-of-depth water to a sump. A second way in was engineered to bypass low airspace near the entrance and the Entrada Tres shaft (3291) was linked in the autumn.

Chris Camm dived in the took dive bottles and weights into the cave on August 15th then, assisted by Big Steve the next day, dived down 3m then up again into an out-of-depth canal with nowhere to belay the line.

Two days later, Chris and Phil Papard, with a small drill and bolts, fixed the dive line on both sides of the dive and explored the joint-controlled, flooded set of joints beyond. However, after only 30m they encountered a duck to an air bell with a continuing sump. The exit up through the boulder choke at the second entrance was less than straightforward. Chris wrote:

Phil exited first standing on and breaking a thick branch that had fallen in. A rock then moved as he

bonito hasta una sala con trepadas pero sin una continuación obvia.

Una galería lateral conduce a través de bloques de arenisca sueltos (The Dickon Trap) a una galería grande, con una corriente de aire muy fuerte que no seguimos debido a la naturaleza del caos de bloques! ¡Es muy prometedor y merece una nueva visita!

Dickon fue con Ali el 4 de agosto para instalar un pasamanos al final, pero lo tuvieron que posponer «debido a un paso muy estrecho en el caos de bloques». En su lugar, exploraron y topografiaron casi 150 m en las galerías a la izquierda de Tin Man Junction.

En total, en Encaramada se exploraron y topografiaron unos 2,3 km de nuevas galerías. El sifón aguas abajo se acerca mucho a la cueva Wild Mare (Yegua Salvaje - 0767) pero, hasta la fecha, a pesar de varios intentos, no se han podido conectar.

Las prospecciones en la superficie, entre zarzas y tojo, para encontrar otras entradas no tuvieron tanto éxito. Sobre todo al ir desarmados: intentar comprar un machete diciendo «como un cuchillo pero mucho, mucho más grande» en español chapurreado no funciona.

Billy, Sue Morton y Bottlebank tuvieron más éxito cuando agrandaron la cavidad 3405 y encontraron un laminador que conecta con la 3415. Tras una exploración exhaustiva de las cuevas se concluyó que excavar en el sumidero / sifón lleno de barro podría valer la pena, aunque no se topografiaron.

Billy, Lenny, Dalestreet, Bottlebank, Sean, Keiran, Allan y Tom consiguieron adentrarse un par de metros en la cavidad 3413, Cueva de los Corrillos. El progreso en las excavaciones se vio obstaculizado por un gran bloque «problemático». Jesús Ruiz Cobo estudió los huesos encontrados en la cueva y se identificaron 29 de los 49 huesos: 12 eran de 3 ejemplares de Bison priscus, el extinto bisonte estepario; 16 de 5 cabras domesticadas y 1 de ave.

Cueva del Nabo (3357) se había descubierto unos meses antes, así que Pedro, Big Steve y Juan fueron a echar un vistazo. Se inspeccionó el sifón aguas arriba y se intentó, sin éxito, rebajar el suelo. En una visita posterior, Pedro y Steve entraron con Andrew, Dickon y Jamie para cavar y ensanchar la galería antes del sifón. Sin embargo, Dickon y Andrew observaron que el techo del sifón estaba a unos 30-40 cm por debajo de la superficie del agua y que solo se podría pasar buceando, algo que Dickon y Jamie hicieron el día siguiente.

Breve incursión para intentar bucear el sifón. Al no haber buceado en una cueva antes, consideramos prudente limitarnos a unos 6 m. El sifón descendía poco a poco a lo largo de los primeros 5 m hasta llegar a, probablemente, poco más de 1 m de profundidad, donde pareció nivelarse. La visibilidad era muy buena y parece que la galería sigue, grande y agradable, promete.

Después de la fiesta del 50.º aniversario, Diane, Big Steve, Pedro y Simon fueron al sifón aguas arriba. Simon lo cruzó:

El sifón en dirección sur tiene una longitud de 41 m; profundidad máxima de 3,9 m; tiempo de inmersión, 7 minutos.

Se pasó un canal de 20 m, luego un caos de bloques derruidos hasta una galería de suelo llano y techo recto, de 1,5 m de ancho y de 3 a 6 m de altura. El buzo regresó, al no tener el equipo de topo adecuado.

Pedro y Big Steve salieron a buscar cuevas sobre Cobadal con el conocido de Pedro, David, de Bilbao. Solo se encontraron cavidades pequeñas: 3441, una cueva de 9 m de largo bajo un techo de arenisca y 3444, una fisura continua con una leve corriente de aire.

James llevó a Johnny, Jude y Sue Ryall a la cavidad 3360 para abordar el agujero soplador al final. Encontraron el «hoyo muy fresco y una estupenda corriente de aire en la entrada». Sin embargo, cuando se dispusieron a taladrar, se dieron cuenta de que ambas baterías se habían agotado. Intentaron cargarlas en el Marañón (un bar de lo más tradicional de Entrambasaguas), pero los serviciales camareros no pudieron encontrar un enchufe adaptador para el cargador. Cargaron las baterías en Matienzo y Johnny y James regresaron para un segundo intento; James, parece ser, en chanclas. Dos microexplosivos en la pared de la izquierda abrieron la fisura.

El humo desapareció casi de inmediato con la corriente de aire. Pasamos a través de la grieta hasta una diaclasa de pequeñas proporciones. La corriente sale de varias grietas pequeñas (5 cm de ancho) en el suelo, techo y paredes. ¡De lo más decepcionante!

James convenció a Simon Cornhill y Diane para que intentaran abrir el final de The Sewer (2066). Consiguieron avanzar un poco tras destruir varios bloques, pero necesitaba más trabajo. El 14 de agosto convenció a Johnny y, después de un «trayecto incómodo cargando con el taladro las baterías de repuesto, la palanca y el martillo», quedó «asombrado al descubrir que la posible continuación de la que James había hablado era exactamente como la describió». Abrieron un laminador de 10 m de largo hasta una obstrucción con huecos debajo. De vuelta al punto de excavación original, se abrió un segundo agujero hasta una galería

Chris Camm in Invisble Cave.
Chris Camm en Cueva Invisible. *Phil Papard*

climbed out but we were not sure which one. I carefully guided the gear out to avoid it banging on the loose bits. Gear out, I was checking out the rock I usually stand on when the damn thing advanced out of the wall. I pushed it back in with both hands but if I eased off it slid out again. This rock was a tad on the large size to dance with and I was a little concerned what else might move if it did fall out. Phil commented I sounded a bit unhappy.

Holding it in with one hand, I managed to pick up some small rocks to jam in gaps under it, then noticed that Phil's branch had a fork at one end. This neatly went over a rock further down and, with a bit of pushing, under the big rock. An exit using the rope we had belayed off a tree and Phil, left us both looking at it from the right side. Thanks to Phil for the stemple and line!

A bit of coaxing with a long stick had the stemple out and the rock collapsed with another tweak. It's currently in the way of anyone getting in.

James with Jenny Corrin went exploring in site 3009 - an obvious resurgence next to the road high above and beyond Invisible Cave - not realizing that it had been explored at Easter but no logbook entry had been made. Crawling in the stream for 2 - 3m leads to a flat-out section for 8m to a small cross rift then flat-out beyond. Overall, about 25m to a letterbox-size opening with a good draught. It may be bigger beyond.

About 1.3km to the southwest, above and beyond Fuente Aguanaz, they came across a small hole at the base of a "dark and prickly" shakehole. The low entrance, on sandstone, was found to be full of flies and went for 10m to an area of clay with a strong smell of sewage. "Continues low, wet and smelly."

Site 3422, near the abandoned telephone exchange buildings at San Antonio, saw four trips. On the first, John Southworth and Phil Parker pushed up "10ft to hanging death" while a lower rift was to be looked at again with a thin person and a slight outward draught at the high level warranted a dig and a return.

Phil Parker went into 3041, The Temple of Doom, and managed to get a stone to fall after 6m. This was encouragement for future digging. The breakthrough occurred in 2011.

Just west of here, Chris Camm found a freshly collapsed hole, 3455 which needed a dig to investigate.

To the west of Fuente Aguanaz, Chris went looking for a shaft that a farmer said he had descended and found three other holes close together: 3450, a tyre-filled depression; 3452, a small draughting hole under a sandstone bed and 3453, a cave entrance blocked with rock and floor tiles.

On August 6th, Phil Parker and John Southworth used pulleys and slings at 3450 to pull out the tyres while Peter Clewes and Chris Camm dug 3452 until Pete could get between sandstone blocks to where the draught was lost. Peter then moved to 3450 to get past a tight section and down a 10m pitch to a chamber with bags of dead cows, bones and tyres. There were three downward ways off, one of which was down a rift with stal to "a drop which took 4 - 5 seconds for rocks to hit the bottom".

A couple of days

John Southworth exploring past tyres in site 3450. Tyres dumped in depressions is a common occurence.
John Southworth explorando entre neumáticos en 3450. Los neumáticos en depresiones es algo común. *Phil Parker*

de 15 m que terminaba también en la obstrucción.

Con más tiempo y trabajo tiene que haber una forma de pasar la obstrucción y la corriente de aire es buena. Salimos con pena, tardamos cerca de una hora.

Cueva Invisible (3283), situada junto a la entrada inferior de Fuente Aguanaz, se exploró en 2009 aguas arriba a lo largo de más de 200 m a través de aguas a menudo bastante profundas hasta un sifón. Se buscó una segunda ruta para evitar la sección cerca de la entrada sin apenas espacio entre el agua y el techo y se conectó con el pozo Entrada Tres (3291) en otoño.

Chris Camm llevó botellas de buceo y pesas a la cueva el 15 de agosto. Al día siguiente, con la ayuda de Big Steve, buceó 3 m y salió a un canal en el que no hacía pie y sin sitio para asegurar el hilo guía. Dos días después, Chris y Phil Papard, con un pequeño taladro y anclajes, fijaron el hilo guía a ambos lados del sifón y exploraron las diaclasas inundadas que le siguieron. Sin embargo, después de solo 30 m encontraron una bóveda sifonante hasta otro sifón. La salida a través del caos de bloques en la segunda entrada no fue nada sencilla. Chris escribió:

Phil salió primero pisando y rompiendo una rama gruesa que había caído. Luego, una roca se movió de la que salía, pero no estábamos seguros de cuál. Con cuidado fui guiando el equipo para evitar que golpeara las rocas sueltas. Con el equipo ya fuera, analicé la roca en la que me suelo apoyar cuando la muy maldita se movió de la pared. La empujé con ambas manos, pero si soltaba un poco, se movía de nuevo. La roca era un poco grande como para andar enredando y me preocupaba qué más podría moverse si esta se caía. Phil comentó que sonaba algo desdichado.

Sosteniéndola con una mano, me las arreglé para recoger algunas rocas pequeñas para meterlas en los huecos y atascarla, luego noté que la rama de Phil era como una horca en un extremo y encajaba de maravilla sobre una roca más abajo y, empujando un poco, debajo de la roca grande. Tras salir con la cuerda que habíamos asegurado a un árbol, pudimos verlo desde el lado bueno. ¡Gracias a Phil por el travesaño y la cuerda!

Con un poco de ahínco y un palo largo, movimos el travesaño y la roca se derrumbó con otro empuje. Ahora mismo la roca le impide la entrada a todo el mundo.

James y Jenny Corrin exploraron la cavidad 3009, una surgencia obvia al lado de la carretera por encima de Cueva Invisible, 3283, sin darse cuenta de que se había explorado en Semana Santa y no se había documentado en el libro de salidas. Después de 2 - 3 m gateando en el arroyo se llega a un laminador de 8 m de largo hasta una pequeña fisura transversal y otra sección de laminador. En total, unos 25 m hasta un agujero del tamaño de una boca de buzón con una buena corriente. Puede que sea más grande al otro lado.

A unos 1,3 km al suroeste, por encima de Fuente Aguanaz, encontraron un pequeño agujero en la base de una depresión «oscura y llena de espinas». La boca, pequeña y en arenisca, estaba llena de moscas y conducía tras 10 m a una sección de arcilla con un fuerte olor a aguas residuales. «Continúa, pero es pequeña, húmeda y maloliente».

Se realizaron cuatro incursiones a la cavidad 3422, cerca de los edificios abandonados en San Antonio. En la primera, John Southworth y Phil Parker escalaron «3 m hasta la muerte», mientras que una fisura inferior se dejó para la explorara una persona delgada. Una ligera corriente de aire en el nivel superior fue motivo suficiente para volver y excavarla.

Phil Parker fue a la 3041, The Temple of Doom, y logró que una piedra cayera después de 6 m. Esto les animó a seguir excavando. Consiguieron entrar en 2011.

Justo al oeste de allí, Chris Camm encontró un agujero recién colapsado, 3455, que había que excavar para poder investigarlo mejor.

Al oeste de Fuente Aguanaz, Chris intentó buscar un pozo del que le había hablado un agricultor y encontró otros tres agujeros muy juntos: 3450, una depresión llena de neumáticos; 3452, un pequeño agujero soplador en arenisca y 3453, una boca obstruida con rocas y baldosas.

El 6 de agosto, Phil Parker y John Southworth usaron poleas y eslingas en la cavidad 3450 para sacar los neumáticos, mientras Peter Clewes y Chris Camm abrían la 3452 hasta que Peter pudo pasar entre las piedras de arenisca, pero ahí se perdió la corriente. Luego, Peter fue a la 3450. Pasó una sección estrecha y bajó un pozo de 10 m hasta una sala con bolsas de vacas muertas, huesos y neumáticos. Había tres continuaciones, una de las cuales era una fisura con estalactitas hasta

Pictures from Torca la Vaca, clockwise from above: Jude Latimer with a cascade of gypsum (*Paul Dold*); the Penrith Historic Market Town Duck (*Simon Cornhill*); Johnny Latimer with survey gear (*Paul Dold*); Di Arthurs descending the entrance climb (*Simon Cornhill*).

Imágenes de Torca la Vaca, en el sentido de las agujas del reloj desde arriba: Penrith Historic Market Town Duck (*Simon Cornhill*); Johnny Latimer con equipo topográfico (*Paul Dold*); Di Arthurs bajando la entrada (*Simon Cornhill*); Jude Latimer con una cascada de yeso (*Paul Dold*).

later, not to be denied access to a "goer", John returned to dig out the top and went down to the head of the deep pitch to laser measure a possible floor at about -29m. The farmer said the shaft was called La Torca El Suto.

The following day, Peter dropped the 35m deep pitch (with a bridge at about -29m) to a further descent. This was not dropped as John found an old bolt at the top of the p35 and they intended to search for more information about a previous exploration.

About 800m north, 3214 had first been entered the previous year as a short climb down a cleft in a cliff face to a stream passage that sumped after 4m. On August 10th, John Southworth, Chris Camm and Phil Parker braved the mean-looking bull in the field to find that the sump had dried up leaving flood debris and mud. The roof here is hanging boulders and a small hole opened up under them allowed a view into a continuing passage. The way in was enlarged to allow John access to the meandering route with a mud floor, solid walls and a draught. Exploration in the normally flooded passage was short-lived - "it needs a small person to look forward".

Juan was enticed into Cueva Laberinto (3268). He worked with Chris Camm at a small, obscure dig in choked passage at the top of a ladder. Chris dug first then Juan, "probably using up all the oxygen in the dead end dig. Noticeably fresher 150cm back at the head of the pitch. Can probably only dig another metre until it becomes silly."

On August 10th, Diane, Simon Cornhill and Johnny were accompanied by Jenny Corrin, Jude, Carolina, Sue Ryall and James down to Lake Bassenthwaite in Torca la Vaca (2889). Si, Di and Johnny continued through the duck and up Scafell Aven to look for leads. They surveyed three passages but "had to search for marked stations in known passage which was annoying and time consuming".

A week later, Johnny, Jude, Paul Dold and Pedro passed through the duck and headed for Ed's Birthday Passage. Pedro and Paul surveyed a northeast-heading passage off here - about 50m of flat-out crawling with a squalid, muddy floor, but very draughty. Before the crawl there is a "large, undescended pit in the floor approximately 2m in diameter disto'd to 33m deep, but thrown rocks continue for approximately 10m". Johnny bolted a southeast-trending rift for about 30m. "Still

«un pozo, las piedras tardaron de 4 a 5 segundos en tocar el fondo». Un par de días más tarde, empeñado en ver si continuaba, John volvió para excavarla y consiguió bajar hasta la cabecera del pozo profundo y medirlo con láser hasta lo que parecía ser la base a unos -29 m. El agricultor dijo que el pozo se llamaba Torca El Suto. Al día siguiente, Peter bajó el pozo, que resultó tener 35 m (con un puente a -29 m), hasta otro pozo que no se exploró porque John encontró un anclaje viejo en la cabecera del P 35 y querían buscar más información al respecto.

Cerca de 800 m al norte está la cavidad 3214. Se exploró por primera vez el año anterior: un destrepe corto por una grieta en un risco hasta una galería activa que tras 4 m terminaba en un sifón. El 10 de agosto, John Southworth, Chris Camm y Phil Parker se armaron de valor y se enfrentaron al toro que estaba en el prado y descubrieron que el sifón se había secado y en su lugar había sedimentos y barro. El techo está formado por bloques, pero un pequeño agujero les permitió ver que la cueva continuaba tras ellos. Este se amplió y John pudo entrar a un meandro con suelo de barro, paredes sólidas y una corriente de aire. La exploración en esta galería normalmente inundada no duró mucho: «solo una persona pequeña puede ver lo que sigue».

Convencieron a Juan para ir a Cueva Laberinto (3268). Junto a Chris Camm excavaron en una galería obstruida, pequeña y oscura, en lo alto de una escala. Chris excavó primero y luego Juan, «probablemente usando todo el oxígeno en esa excavación sin futuro. Sin duda el aire es más fresco a 150 cm en la cabecera del pozo. Puede que se pueda excavar otro metro hasta que se vuelva absurdo».

El 10 de agosto, Diane, Simon Cornhill y Johnny, acompañados por Jenny Corrin, Jude, Carolina, Sue Ryall y James, fueron hasta el lago Bassenthwaite en Torca la Vaca (2889). Si, Di y Johnny atravesaron la bóveda sifonante y subieron por Scafell Aven para explorar esa zona. Topografiaron tres galerías, pero tuvieron que «buscar estaciones ya marcadas en galerías conocidas, lo que fue un incordio y llevó un buen rato». Una semana después, Johnny, Jude, Paul Dold y Pedro atravesaron la bóveda sifonante y se dirigieron a la galería Ed's Birthday. Pedro y Paul topografiaron una galería que se dirige hacia el noreste, un laminador de unos 50 m con suelo de barro, pero con una corriente de aire buena. Antes del laminador hay un « pozo grande no explorado

going but getting tighter. Undescended pitch midway along approximately 10m deep. Good draught."

Site 3300, possibly part of Torca la Vaca (but not yet), was visited by Ali, Peter Eagan and James. Various leads were pushed but James, in his logbook write-up, was not enthusiastic of the prospects: "I wouldn't bother!"

James and Jenny Corrin scampered the hillside below 3300 and found three strongly draughting holes in the only three depressions looked at. Site 3470 was reached after "lots of jungle bashing" with the draught being felt 5m from the cave. A 5m entrance pitch lands on a boulder slope in a 15m high x 2m wide rift. The rift ends at the boulder choke reaching the roof. James wrote:

> Small cross rift around halfway
> down the entrance slope draughts
> strongly. Too small to enter,
> but space can be seen and stones
> rattle down beyond. Around 1m of
> narrow calcite worth digging.

Site 3471 had another strong, cold draught and was considered worth digging. The same applied to 3472, having a very strong draught coming from a sandy-floored tube.

The following day they spent an hour and a half digging out the entrance of 3472 in a "pleasantly freezing draught". They stopped as the passage became narrower in sand. "Would be an easy dig to make further progress but might take a while."

NORTHERN LA VEGA, EL NASO AREA WEST TO LAS CALZADILLAS Juan and Penny added to the small, unexplored sites on El Naso when they documented 3425 - a 2m deep, probably choked shaft. Bob and Ted checked out new holes at Bosmartín: sites 3434, 3435 and 3479 were thought be about 4 - 5m deep.

In a "return to 1438", Big Steve, Andy Quin and Pedro continued digging a draughting hole. "Shakehole draughts out in several places but the hole being dug gets too small."

Footleg, Nick and Ben went into Sima de los Hoyos (0072) for Footleg to take his first full spherical panoramic photos in a cave. However, by the time they were finished shooting the first panorama in the right hand chamber, it was time to exit. The left hand chamber was later photographed in a couple of hours on the morning of their long drive up to Calais. Footleg wrote:

> Back at home, it took about six months
> of work on the computer to generate
> the panoramic image from the raw photos
> taken on the trip.

Allan, Carolina, Pedro and Peter Clewes tackled Torca de Lastrilla (0427). At the foot of the p40, they tried to open up a way through a "very tight squeeze" around a right angle bend but the black limestone proved difficult to move - the 2 drill batteries and 5 snappers only succeeded in shattering the rock.

The next day, Allan and Carolina had a short trip to look at the area above the 40m pitch. "The climb up ... leads to a very large chamber. We looked at ways of getting down to this chamber but there are no solid belay points. A short scaffolding bar may be useful to span the entrance squeeze or use as a belay. The cave was detackled and they walked back with 2 tackle sacks each. Further trips were required but this didn't happen until the following summer.

Near the end of the month Frank and Julie Addis with Juan and Penny walked out on El Naso finding a couple of small sites: 3475, which Frank investigated to find it choked 2m down and 3476, a cool hole at the base of a steep depression where stones rattled down a couple of metres.

THE NORTHEAST SECTOR INCLUDING THE FOUR VALLEYS SYSTEM Dickon, Jamie and Andrew went into Cueva Hoyuca (0107) through the Giant Panda entrance (2691). Dickon commented that the pitch could do with

James Carlisle in 3300.
James Carlisle en 3300.   *Peter Eagan.*

John Clarke in 3422.
John Clarke en 3422. *Phil Parker*

de unos 2 m de diámetro y 33 m de profundidad según el disto, pero al tirar rocas por él, estas caen durante aproximadamente 10 m». Johnny instaló anclajes en una fisura de unos 30 m orientada hacia el sureste. «Sigue, pero cada vez más pequeño. No descendido hasta la mitad, aprox. 10 m. Buena corriente».

Ali, Peter Eagan y James hicieron una incursión en la cavidad 3300, que probablemente forme parte de Torca la Vaca (pero aún no). Se investigaron varios interrogantes, pero James, en el libro de salidas, no parecía muy animado: «¡No me molestaría!».

James y Jenny Corrin recorrieron la ladera por debajo de 3300 y encontraron tres agujeros sopladores en las únicas tres depresiones que investigaron. A la cavidad 3470 llegaron después de «pelearse con una jungla» y sentir la corriente a 5 m de la cueva. Una pequeña sima de 5 m termina en una rampa de bloques en una grieta de 15 m de alto x 2 m de ancho. La grieta termina en un caos de bloques que llega al techo. James escribió:

> Una fisura pequeña más o menos a la
> mitad de la rampa de entrada tiene una buena
> corriente. Demasiado pequeña para entrar,
> pero se puede continuar y las piedras caen
> haciendo ruido. Alrededor de 1 m de calcita
> estrecha que merece la pena excavar.

La cavidad 3471 también presentaba una corriente fuerte y fría y se consideró que merecía la pena excavarla, al igual que la 3472, con una corriente muy fuerte que sale de un tubo con suelo arenoso. Al día siguiente, pasaron una hora y media excavando la entrada a 3472 en una «corriente muy fría y agradable». Pararon cuando la galería empezó a estrecharse. «Sería una excavación fácil, pero podría llevar algo de tiempo».

EL NORTE DE LA VEGA, OESTE DEL NASO HACIA LAS CALZADILLAS Juan y Penny añadieron otra cavidad pequeña e inexplorada a la lista de El Naso: 3425, un pozo de 2 m de profundidad, probablemente obstruido. Bob y Ted investigaron nuevos agujeros en Bosmartín: 3434, 3435 y 3479, cavidades de entre 4 y 5 m de profundidad.

En un «regreso a la 1438», Big Steve, Andy Quin y Pedro continuaron excavando un agujero soplador. «Hay varios agujeros sopladores en el hoyo, pero el que se está excavando es demasiado pequeño».

Footleg, Nick y Ben fueron a Sima de los Hoyos (0072) para que Footleg pudiera sacar sus primeras fotos panorámicas esféricas en una cueva. Sin embargo, para cuando terminaron de sacar la primera panorámica en la sala de la derecha, era hora de salir. La sala de la izquierda la fotografió en un par de horas en la mañana de su largo viaje hasta Calais. Footleg escribió:

> De vuelta a casa, generar la imagen
> panorámica a partir de las fotos que tomé me
> llevó unos seis meses de trabajo en el orde-
> nador.

Allan, Carolina, Pedro y Peter Clewes visitaron la Torca de Lastrilla (0427). En la base del P 40, intentaron abrirse paso a través de una «grieta muy estrecha» en ángulo recto, pero la piedra caliza negra no era fácil de abrir: las 2 baterías del taladro y 5 microexplosivos solo consiguieron quitar esquirlas. Al día siguiente, Allan y Carolina volvieron para investigar la zona encima del P 40. «El escarpe [...] lleva hasta una sala muy grande. Buscamos formas de llegar hasta ella, pero no hay puntos de amarre sólidos. Una barra corta podría valer para abarcar la grieta de entrada o usarla como amarre». Desinstalaron la cueva y volvieron con 2 sacas cada uno. Se necesitaron más viajes, pero nadie volvió hasta el verano siguiente.

Cerca de fin de mes, Frank y Julie Addis con Juan y Penny salieron a El Naso y encontraron un par de agujeros: 3475, que Frank investigó pero estaba obstruido tras 2 m, y 3476, un agujero fresco en la base de una depresión pronunciada por el que las piedras caían durante un par de metros.

SECTOR NOROESTE, INCLUYENDO EL SECTOR DEL SISTEMA DE DOS CUATRO VALLES Dickon, Jamie y Andrew entraron en Cueva Hoyuca a través de la entrada Giant Panda (Panda Gigante). Dickon comentó que el pozo se podría

re-bolting as the rigging seemed very sloppy and a deviation to the other side of the shaft would be a good idea. Their aim was to look at 4th River Inlet, but they were side-tracked when they "found another seemingly unsurveyed inlet somewhat before Diversion Chamber". This went for 50m to an aven. Reaching 4th River Inlet, they passed the choke at the "end" by a straightforward crawl along the right hand side and then explored about 100m of small stream passage ending at a squeeze. "All appears very immature and rather unpromising."

Ali took Chris Binding and Carmen in to complete the tent pole climb started at Easter near Flashbulb Hall, but the passage choked immediately. Their attention turned to a hole in the floor beyond the dog-leg after Flashbulb Hall. This finished at a too tight fissure 5m down. They then moved to the high-level chamber between Flashbulb Hall and Pigs' Trotters Chamber where the "right hand pitch" was dropped into the God Knows Series. Various rifts and draughting small passages to the right of the way in were partially pushed.

The three returned with Torben and Angus to push and survey this complicated area. (Shown on the 0107.3d file as "godknows"). Torben, Chris Binding and Carmen then surveyed another 210m on August 10th and Ali returned with Peter Eagan and Torben two days later, checking out various side passages which all linked back to known cave.

On August 9th, Footleg, Paul Dold, Badger, Nick, Ben and Steve Sharp went in for a thorough investigation of Gour Inlet, bolted into in 2008. Footleg wrote:

A fine old phreatic passage shape at roof level right from the top of the Thunderdome Aven. Traversing upstream with very hairy steps over the canyon followed the old development upstream hoping it would turn off the younger, invading stream. Lovely white and beige banded rock layers, swirl pockets and domes in a 10m+ diameter passage about 15m above the streamway.

Followed this with no side passages going for any distance all the way to near the upstream choke where we finally found the point where this old, mature passage leaves the younger stream. Surveyed upwards in a big aven / rift with large boulders filling it. A solid, fluted vertical wall all the way up through the boulders appears to indicate a large, wet shaft in the past. Large amounts of pure white flowstone and beautiful helictite-encrusted stals in the top.

Possibly a way on could exist further up in the roof. No way the calcited aven could be bolted. We got to near the top but calcited balcony on wrong side of the top to see a way on. Could be possible to bolt upwards in the non-calcited part of the rift. Air flow felt in this area.

Also explored a phreatic maze in the roof near some stal further back downstream. Pushed roof tubes into a grotto with beautiful, pristine white stal, but no way on found.

Two days later, Footleg and Paul Dold headed towards the Far Stomps in Hoyuca and, a little way before Gour Inlet, investigated a small inlet which ended at an impressive aven some 30 - 40m in height - a feature they called "Hidden Aven". They then surveyed to the very low airspace end of the Far Stomps, noting that "it would be a nose in the ceiling job to progress further".

On the way out, between the Second River Inlet and the Hidden Aven side passage, Footleg crawled a good distance up an inlet low down on the left (looking upstream).

volver a instalar pues la instalación parecía descuidada y le vendría bien tener un desviador hacia el otro lado del pozo. Su objetivo era investigar 4th River Inlet, pero se entretuvieron al encontrar «otro afluente al parecer sin topografiar antes de Diversion Chamber». Esta galería de 50 m termina en una chimenea. Al llegar a 4th River Inlet, pasaron la obstrucción del «final» por una gatera sencilla a la derecha y luego exploraron unos 100 m de una pequeña galería activa que termina en un estrechamiento. «Parece muy inmaduro y poco prometedor».

Ali llevó a Chris Binding y a Carmen a completar el trabajo que empezó en Semana Santa cerca de Flashbulb Hall, pero la galería se cerró poco después. Decidieron centrarse en un agujero en el suelo pasando el ángulo abrupto tras Flashbulb Hall, pero tras 5 m llegaron a una fisura demasiado estrecha. De ahí pasaron a la galería superior entre Flashbulb Hall y Pigs Trotters Chamber, donde el «pozo de la derecha» fue a dar a la red God Knows. Varias grietas y pequeñas galerías a la derecha con corriente de aire se exploraron en parte.

Los tres regresaron con Torben y Angus para explorar y topografiar esta sección tan complicada. (Llamada «godknows» en el archivo 0107.3d). Torben, Chris Binding y Carmen topografiaron después otros 210 m el 10 de agosto y Ali regresó con Peter Eagan y Torben dos días después para explorar varias galerías laterales que conectaban con secciones ya conocidas de la cueva.

El 9 de agosto, Footleg, Paul Dold, Badger, Nick, Ben y Steve Sharp entraron para explorar Gour Inlet, para la cual se habían instalado anclajes en 2008. Footleg escribió:

Una galería freática antigua a la altura del techo desde la parte superior de Thunderdome Aven. Al avanzar en oposición aguas arriba sobre el cañón seguimos el antiguo desarrollo aguas arriba con la esperanza de que se alejara del arroyo más inmaduro. Sobre curso de agua, la roca se dispone en preciosas bandas blancas y beige y bóvedas en una galería de más de 10 m de diámetro a unos 15 m de este.

Lo seguimos sin galerías laterales hasta cerca de la obstrucción aguas arriba, donde finalmente encontramos el punto en el que esta vieja galería deja atrás el arroyo inmaduro. Topografiamos hacia arriba en una chimenea / grieta grande llena de grandes bloques. Según subíamos por entre las rocas, las paredes de la chimenea son sólidas y estriadas lo que parece indicar que en el pasado era grande y tenía un buen caudal. Grandes cantidades de colada blanca y preciosas estalactitas con helictitas en la parte superior.

Puede que haya una continuación más arriba, en el techo. No se pueden instalar anclajes en las paredes concrecionadas de la chimenea. Casi llegamos arriba, pero el balcón concrecionado está en el lado contrario para poder ver qué hay. Quizás se podrían instalar hacia arriba en la parte no concrecionada. Aquí pudimos sentir una corriente de aire.

También exploramos un laberinto freático en el techo cerca de estalactitas aguas abajo. Lo seguimos hasta una gruta con estalactitas de un blanco precioso y prístino, pero no encontramos continuación.

Dos días después, Footleg y Paul Dold fueron a Far Stomps en Hoyuca y, un poco antes de Gour Inlet, investigaron una pequeña lateral que terminó en una impresionante chimenea de 30 a 40 m de altura, a la que llamaron Hidden Aven. Luego topografiaron hasta la sección de techo bajo en Far Stomps y apuntaron que «para avanzar habría que ir con la nariz pegada al techo». Al salir, entre 2nd River Inlet y la galería lateral de Hidden Aven, Footleg gateó un buen trecho por una galería baja a la izquierda (mirando aguas arriba).

En la siguiente incursión, el 13 de agosto, Paul Dold, Steve Sharp, Nick, Ben y Footleg querían centrarse en los «confines de Hoyuca».

For the next trip, on August 13th, Paul Dold, Steve Sharp, Nick, Ben and Footleg wanted to turn their attention to the "further reaches of Hoyuca".

Starting at the bottom of the Giant Panda entrance, Footleg investigated the area around the downstream sump in the Gorilla Walk to confirm that an inlet here needed pushing and surveying.

The majority of the water forming the stream in the Near Stomps enters from a significant inlet just after the 2nd River Inlet. The water emerges from a low squeeze under a boulder, bypassed by digging out cobbles. The stream appears to emerge from boulders here, but squeezing up into a space above, a possible continuation could be seen which requires some digging. Footleg wrote:

This is a most interesting prospect because a signifi-cant amount of water emerges from this inlet, even in the driest of years. Exiting from here, we discov-ered an alternative route higher up, and further investigation of this area ... - the left hand side of the initial section of the Near Stomps passage - revealed that it is possible to push on up a consider-able distance above the level of the ceiling of the Near Stomps by ascending a rubble slope. We spent about an hour with various team members digging in different places, but all failed to find a way on. The most extensive push was made by climbing onto the top of a large boulder followed by a very bold step and climb up into a chamber above. From here various ways on either closed down or led into further cham-bers in boulders with links back to look down into the previous chambers. Finally, all routes ended in a chamber with flowstone on the floor. There is probably enough passage here to be worth surveying, but the climb up really needs a ladder to enable a safe ascent and descent.

On the other side of Crossover they saw an obvious active inlet on the right which had never been surveyed.

Assumed this was the inlet mentioned by a group who visited from Oxford last week, who came down to push the 4th River Inlet, poked around at various places, failed to survey anything and then criticised our rigging of Giant Panda as 'sloppy' in the logbook.

After confirming that Straw Inlet ended in a definite static sump, they moved downstream where Paul poked around in a side passage at the sharp left hand bend in the main passage. The next feature, '96 Passage, was found to be wrongly drawn on the survey by a few metres.

In Diversion Chamber they looked at the inlet ending at an aven that needs bolting. An active inlet back along the left hand wall of the Diversion Chamber was noticed.

An obvious pool under the wall conceals a hands-and-knees crawl along a small phreatic tube half filled with water. We surveyed through the crawl to a series of clean washed cascades ending at avens which we partly climbed to where a couple of bolts are required to continue up to the active inlet above. Given the wet nature of the start of the inlet and the fact the Oxford team had missed it completely, we decided to call this Sloppy Inlet.

Steve pushed into the 4th River Inlet while the others looked at the Armageddon Bypass and tried to make it all the way to Sandy Junction.

We found the way on confusing in crawls in water under boulders and I think we did not go quite far enough before turning around.

Back at 4th River Inlet, they met Steve who had pushed his way through large cobbles at the end into new passage. Paul and Footleg surveyed this to a point where the ways split and closed down, with one rift continuing over a too narrow rift at stream level.

A great trip which tied up lots of loose ends, and generated lots of new questions.

Later in August, Footleg calculated the new lengths to add to Hoyuca: Aven at the end of Gour Inlet, 156m; wet inlet off Diversion Chamber, needs bolting up an 8m cascade to proceed, 72m and 4th River Inlet, 112m - making that passage 185m in total. The overall length of the Four Valleys System was calculated as 54,090m.

Badger, Nick, Ben and Steve Sharp went into Cueva de Riaño (0105) to investigate the junc-tion with Hoyuca near an 8m pitch. Confusion reigned as they reckoned the "initial detail is

Brendan and Jenny Sloan and Tim Webber at the end of 1673. Brendan y Jenny Sloan y Tim Webber al final de 1673. *Tim Webber*

Comenzando desde la entrada Giant Panda, Footleg investigó la zona alrededor del sifón aguas abajo en Gorilla Walk para confirmar que había un afluente que había que explorar y examinar.

La mayor parte del agua que forma el río en Near Stomps entra desde una galería lateral importante justo después de la 2nd River Inlet. El agua sale de debajo de un bloque y se puede evitar exca-vando un poco. Aquí, el río parece salir de entre bloques, pero pasando por una estrechez se puede ver una posible continuación que requiere algo de excavación. Footleg escribió:

Este es un interrogante muy interesante porque de esta galería sale una buena cantidad de agua incluso en los años más secos. Al salir descubrimos una ruta alternativa superior y, tras explorar un poco más esta zona [...] —el lado izquierdo de la sección inicial de la galería Near Stomps—, vimos que se puede avanzar bastante por encima del nivel del techo de Near Stomps subiendo una pendiente de rocas. Varios miembros del equipo pasaron cerca de una hora excavando en distintos puntos, pero nadie encontró una continuación. Lo que sí se consiguió fue escalar sobre un gran bloque seguido de una buena zancada y una escalada a una sala superior. Desde aquí, todo estaba u obstruido o conducía a otras salas entre bloques con conexiones hacia las salas anteriores. Finalmente, todas las rutas terminaban en una sala con colada en el suelo. Puede que haya suficiente galería como para que valga la pena topografiarlo, pero hace falta una escala para poder subir y bajar con seguridad.

Al otro lado de Crossover vieron una galería lateral activa obvia a la derecha sin topografiar.

Suponemos que esta es la galería lateral que mencionó el grupo de Oxford que estuvo aquí la semana pasada, que entró para explorar 4th River Inlet, miró algunas cosas, no topografió nada y luego dijo en el libro de salidas que nuestra instalación de Giant Panda era «descui-dada».

Tras confirmar que Straw Inlet terminaba en un sifón estático, continuaron aguas abajo, donde Paul investigó una galería lateral en la curva cerrada de la izquierda de la galeria principal. Se descubrió que unos pocos metros de la siguiente sección, '96 Passage, no se habían dibujado bien en la topo.

En Diversion Chamber echaron un vistazo a la galería lateral que termina en una chimenea que hay que instalar. Se observó una galería lateral activa en la pared izquierda de Diversion Chamber.

Una charca obvia bajo la pared disimula un pequeño tubo freático medio lleno de agua. Topografiamos esta gatera hasta una serie de cascadas limpias que terminan en chimeneas que escalamos en parte, pero se necesitan un par de anclajes para poder llegar hasta la galería activa que hay arriba. Dada la naturaleza del inicio de la galería y el hecho de que el grupo de Oxford ni la había visto, decidimos llamarla Sloppy (Descuidada).

Steve exploró hasta 4th River Inlet mientras los demás investigaban Armageddon Bypasss e intentaban

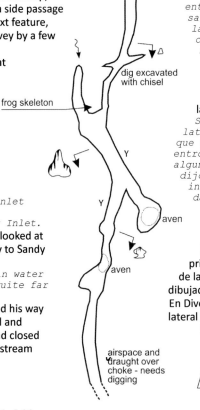

entrance

dig excavated with chisel

frog skeleton

Y

Y

aven

aven

airspace and draught over choke - needs digging

Ng

PLAN

0 — 5 — 10 — 15

m

Site 1673: Chisel Cave

Riaño 30T 452928 4800179 Altitude 285m Length 48m

Surveyed 2010, DistoX   Drawn by Brendan Sloan

not quite 100% accurate". Passages were pushed for about an hour but they couldn't find the way on to the 8m pitch. "Needs further investigation".

First discovered as a 3m long hole in 2001, site 1673, sitting about 130m above the Near Stomps in Cueva Hoyuca, was pushed through two right angle bends to a larger passage "quite well decorated with stal and some pretty gour pools on the floor". More digging took Jen, Brendan and Tim though to a final chamber with muddy fill. The surveyed 48m finishes close to the surface.

Cueva-Cubío del Llanío (3234) was attracting more cavers. On August 3rd, John Clarke and Phil Parker pushed a sand choke (spotted the day before by John and Harry) to the right of the aven at station 24 (the only tall aven at that time, about 15 minutes in from the entrance). Continuing through John's 3m-long, excavated section, they followed a low crawl for 25m, winding left and right. The passage breaks out into a large chamber, dropping into another and ending at an 8.6m shaft, choked at the bottom with a small trickle of water soaking away. (The route was surveyed on the way out for 88m as batch 3234-10-06).

Ali, Peter and Torben explored the 17m shaft just north of the aven. The muddy, awkward top opens out to an easy descent. Beyond short climbs and drops, they finished exploration at the top of p5 after a muddy, tight hole where bolts were required. (Nearly 100m were surveyed as batch 3234-10-09.)

Torben and Phil Papard worked at two sites: a sandy dig off the Horny Dog series that required more people and a drag tray, and inspecting a stream through a 20cm diameter hole. They also surveyed about 120m in this southwest area of the cave.

On August 11th, John Southworth, Juan and John Clarke descended the new pitch at the end of Playing Card House Pushover (noted last year). They were almost immediately confronted with a 9m climb back up to the continuing high level. Combined tactics allowed John Clarke to reach the top, put in a bolt and rig a ladder for the others to climb up.

All marched off into new passage, passing a 15m high, 5m wide, white calcite flow with possible passage at the top. A bouldery section leads to where the route closes down, but a duck under the right hand wall enters a 15m hands-and-knees crawl on calcite to a pool with nice formations. Beyond, a short traverse follows the main 290° direction then the passage turns sharply left to where the floor slopes steeply down above drops and boulders.

John Clarke investigated a steep passage with leads to look at. One lead further back was a 15m long passage that ends in an over-tight squeeze between calcite walls with a good echo beyond. The team exited the cave having surveyed 109m as batch 3234-10-08.

Johnny, Jude and Sue Ryall pursued the leads on August 13th, but first installed a 15m bolted traverse line to bypass the "horrid" ladder

Paul 'Footleg' Fretwell negotiates the squeeze, now opened up, down the Giant Panda route into Cueva Hoyuca.
Paul «Footleg» Fretwell pasando la estrechez, ahora abierta, en la ruta de Giant Panda de Cueva Hoyuca.
Paul Dold

llegar hasta Sandy Junction.

La ruta pasando por gateras complicadas en agua bajo bloques nos pareció muy complicada y creo que no tardamos mucho antes de dar la vuelta.

De vuelta en 4th River Inlet se encontraron con Steve, quien se había abierto paso a través de grandes bloques hasta una nueva galería. Paul y Footleg la topografiaron hasta donde el camino se bifurca y se cierra, con una fisura que continúa sobre otra demasiado estrecha a nivel del río.

Un día estupendo que ató muchos cabos sueltos y generó muchos interrogantes nuevos.

Más tarde, en agosto, Footleg calculó cuánto había que añadir al desarrollo de Hoyuca: chimenea al final de Gour Inlet, 156 m; galería activa en Diversion Chamber, hay que instalar una cascada de 8 m para continuar, 72 m; y 4th River Inlet, 112 m, lo que hace que esa galería tenga un total de 185 m. El desarrollo total del Sistema de los Cuatro Valles es ahora 54 090 m.

Badger, Nick, Ben y Steve Sharp fueron a la Cueva de Riaño para investigar el cruce con Hoyuca cerca de un pozo de 8 m. La confusión fue general ya que creen que «la descripción inicial no es del todo exacta». Exploraron las galerías durante aproximadamente una hora, pero no pudieron encontrar el camino hacia el pozo de 8 m. «Hay que investigarlo más».

La cavidad 1673, ubicada a unos 130 m encima de la galería Near Stomps en Hoyuca y descubierta en 2001 cuando solo era un agujero de 3 m de largo, se exploró a través de dos curvas en ángulo recto hasta una galería más grande «bastante bien decorada con estalactitas y gours en el suelo». Más excavaciones llevaron a Jen, Brendan y Tim hasta una sala final con barro. La topo, de 48 m, termina cerca de la superficie.

La Cueva-Cubío del Llanío (3234) atrajo a más espeleólogos. El 3 de agosto, John Clarke y Phil Parker exploraron una obstrucción de arena (que John y Harry habían visto el día anterior) a la derecha de la chimenea en la estación 24 de la topo (entonces, la única chimenea alta, a unos 15 min. de la entrada). Pasando por la sección de 3 m que habían excavado, siguieron por un laminador de 25 m que zigzagueaba a izquierda y derecha. La galería va a dar a una gran sala, que baja hasta otra y termina en un pozo de 8,6 m, obstruido en la base con un hilo de agua que desaparece en el suelo. (Se topografió al salir: 88 m, archivo 3234-10-06).

Ali, Peter y Torben exploraron el pozo de 17 m al norte de la chimenea. La cabecera, llena de barro e incómoda, se abre a un destrepe fácil. Tras algunas escaladas y destrepes cortos, terminaron la exploración en la cabecera de P 5 tras un agujero estrecho lleno de barro que necesitaba anclajes. (Casi 100 m topografiados, archivo 3234-10-09.)

Torben y Phil Papard trabajaron en dos zonas: una excavación en arena cerca de la red de Horny Dog, para la que necesitaban más personas y equipo, y un arroyo a través de un agujero de 20 cm de diámetro. También topografiaron unos 120 m en esta sección al suroeste de la cueva.

El 11 de agosto, John Southworth, Juan y John Clarke bajaron el nuevo pozo al final de Playing Card House Pushover (visto el año pasado). Se encontraron casi de inmediato con una escalada de 9 m hasta el nivel superior. Un variado despliegue de técnica permitió a John Clarke llegar a él, colocar un anclaje e instalar una escala para que los demás subieran.

Entramos en una galería nueva, pasando una colada blanca de 15 m de alto y 5 m de ancho con una posible galería en la parte superior. Una sección con bloques conduce al final de la galería, pero una estrechez debajo de la pared de la derecha va a dar una gatera de 15 m sobre calcita hasta una piscina con formaciones bonitas. Pasándola, un corto destrepe sigue la dirección principal de 290°, luego la galería gira bruscamente a la izquierda donde el suelo desciende abruptamente por encima de agujeros y rocas.

John Clarke investigó una galería escarpada con varios interrogantes. Antes de eso, una galería de 15 m de largo termina en una grieta demasiado estrecha entre paredes de calcita con un buen eco. El equipo salió de la

Torben Redder in Cueva-Cubío del Llanío.
Torben Redder en Cueva-Cubío del Llanío. *Phil Papard*

climbs. Jude and Sue surveyed the lead on the right beyond the white calcite flow while Johnny installed a traverse line across the boulders and drops.

An easy traverse and knotted line down (2m) leads to a mud run-in followed down the slope to approximately 200m of surveyed big rift passage. There are about six very good leads, some in the floor, some in the roof which require bolts and spare underpants as the walls are a bit crumbly. ... Care is needed as there are drops of about 20m on the traverse.

The roomy aven near the entrance had solid walls and the climb was started by Torben and Phil on August 14th. They ran out of battery power about 14m up but could see possible passages going off at the top.

Phil Parker, John Southworth and Chris Camm went surface prospecting to the north of Llanío finding the draughting hole 3451 at the bottom of a depression where digging was required. Chris and John returned a couple of days later, deciding it was "a major effort to get on".

On August 9th, John Clarke and Harry called at the house to get permission to go on the land above the road opposite Llanío. This was fine but, after walking off a few metres, "the woman came rushing after us and told us about a cold store near where we were standing. We thanked her and went to investigate". A walled opening had steps down into it and, with only one light between them, John made a short foray in for an estimated 27m to the top of a pitch. This was site 3454, Cueva-Cubío de Llanío 2.

The following day, the pair returned with John Southworth. The two Johns dropped an 11.3m pitch into a 20m x 5m wide chamber. A further 8m pitch dropped between boulders to a highly unstable choke. The site was surveyed for 74m.

Another 100m or so along the hillside and the pair came across what looked like another cold store.

On opening the decaying door we found it opened straight onto a 5 - 6m drop to water and, with a timber spar across the top for some sort of pulley, had obviously been used as a well.

This was site 3558, to be investigated the following year.

Harry, on a solo walk, talked to one of the guys at the stone mason's yard at the bottom of the road down to Riaño and was shown sites 3457 and 3458, both digs. A short distance further down the valley, 2783 was said to have had a doorway and door in years gone by.

These holes aroused some interest and, the following day, Harry returned with John Clarke, John Southworth and Chris Camm. After several hours digging at site 2783 only a 5" wide, tapering slot was revealed from which the strong draught blew. The hole was filled in and digging commenced at the other two holes. Both were left needing more work.

Harry and John Clarke checked out some sites first seen at Easter in Riaño. Starting to the south of Cueva-Cubío del Llanío, 3440 was explored through a low entrance to a sideways crawl ending at a 3.5m pitch to a choked base. The right hand hole down the gully at 1802 was excavated to 3m long tight passage that choked ahead. Moving west towards Cueva de la Espada (0103), John went looking for an upstream route in site 3222, a shaft that drops into upstream Espada. He found a "highly dangerous choke with a good draught" and a sandy ramp to one side. Harry noted that there was about 140m of passage to survey down there. Other sites investigated were 3442, enlarging the entrance and 3443, a low entrance that became too tight only 1.5m in.

Nick Fincham on the entrance climb of Giant Panda.
Nick Fincham en la entrada Giant Panda. *Steve Sharp*

John Clarke investigating 3448.
John Clarke investiga 3448. *Harry Long*

cueva habiendo topografiado 109 m, archivo 3234-10-08.

Johnny, Jude y Sue Ryall exploraron los interrogantes el 13 de agosto, pero primero instalaron un pasamanos de 15 m para evitar una escalada «horrible». Jude y Sue topografiaron el interrogante a la derecha pasando la colada blanca mientras Johnny instalaba un pasamanos sobre los bloques y agujeros.

Un pasamanos fácil y un destrepe con cuerda anudada (2 m) conduce a un desprendimiento embarrado y una pendiente hasta aprox. 200 m de galería grande topografiada. Hay alrededor de seis interrogantes muy interesantes, algunos en el suelo, algunos en el techo, para los que hacen falta anclajes y calzoncillos de repuesto ya que las paredes son algo inestables. [...] Hay que tener cuidado porque hay pozos de aprox. 20 m en el pasamanos.

Las paredes de la espaciosa chimenea cerca de la entrada son sólidas, y Torben y Phil comenzaron el ascenso el 14 de agosto. Se quedaron sin batería a unos 14 m de altura, pero pudieron ver posibles galerías en la parte superior.

Phil Parker, John Southworth y Chris Camm hicieron una prospección al norte de Llanío y encontraron el agujero soplador 3451 en el fondo de una depresión. Había que excavarlo y Chris y John regresaron un par de días después, pero decidieron que suponía «demasiado esfuerzo».

El 9 de agosto, John Clarke y Harry llamaron a la casa para obtener permiso para ir al campo encima de la carretera frente a Llanío. Les pareció bien, pero tras alejarse unos metros «la mujer vino corriendo detrás de nosotros y nos contó que había un cubío cerca de donde estábamos parados. Le dimos las gracias y fuimos a investigar». La entrada, con una pared, tenía escalones y, como solo tenían una luz entre los dos, John se adentró unos 27 m hasta la cabecera de un pozo. Se convirtió en la cavidad 3454, Cueva-Cubío de Llanío 2. Al día siguiente, la pareja regresó con John Southworth. Los dos Johns bajaron el pozo de 11,3 m hasta una sala de 20 m x 5 m. Un pozo adicional de 8 m fue a dar entre bloques a un caos muy inestable. Topografiaron 74 m.

A unos 100 m, más o menos, a lo largo de la ladera, la pareja se encontró con lo que parecía otro cubío.

Al abrir la puerta en descomposición, encontramos que daba directamente a un pozo de 5 - 6 m hasta un arroyo, con una barra de madera que cruzaba la cabecera para usar como polea, obviamente también se había utilizado.

Registrada como cueva 3558, se dejó para el año siguiente.

Harry, en una salida en solitario, habló con uno de los muchachos del cantero en la carretera hacia Riaño, quien le mostró las cavidades 3457 y 3458, ambas para excavar. Al parecer, la 2783, un poco más abajo, tuvo hace años un portal y una puerta. Estos agujeros despertaron cierto interés y, al día siguiente, Harry regresó con John Clarke, John Southworth y Chris Camm. Después de varias horas excavando la 2783, solo pudieron abrir una ranura de 12 cm de ancho, por la cual soplaba una buena corriente de aire. Taparon el agujero de nuevo y se trasladaron a los otros dos agujeros. Ambos se han de excavar más.

Harry y John Clarke investigaron algunos de lo agujeros que vieron en Semana Santa en Riaño. Empezando al sur de Cueva-Cubío del Llanío, exploraron la cavidad 3440 a través de una entrada baja a un laminador oblicuo que termina en un pozo de 3,5 m obstruido en la base. El agujero de la derecha en el sumidero donde está la 1802 se excavó hasta una galería estrecha de 3 m de largo obstruida. Moviéndose hacia el oeste hacia Cueva Espada (0103), John intentó encontrar una ruta aguas arriba en la 3222, un pozo que conecta con Espada aguas arriba. Encontró una «obstrucción muy peligrosa con una buena corriente de aire» y un desnivel en arena a un lado. Harry observó que allí se podían topografiar cerca de 140 m de galería. También investigaron la 3442, ampliando la entrada, y 3443, una entrada

On August 7th, Harry and John continued work in site 3226, close to the end of upstream Espada. Squeezes and small solution tubes were pushed to a 5.5m pitch down to a choke.

As part of Ali's resurvey project for Cueva de la Espada, he went in with Angus and surveyed 250m downstream of their Easter extension. This included "bits not on the previous survey".

The Easter extension was visited on August 13th to check all side passages. Two muddy routes on the left side ended in muddy chokes. Two side passages on the right hand side were described as "both still going, small and need pushing". Ali, Peter Eagan and Torben left the cave with "still more work to do beyond a large pit in the floor".

Two days later they returned with Phil Papard to survey the right hand passages, one to an echoing stal choke with a possible aven beyond and the other to chambers and a dig to a chamber needing a hand line to enter. Torben bolted to a meandering passage ending at a tight climb and too narrow slot with a good echo beyond.

In early August, John Clarke and Harry started work on 3442 at the edge of the wood near Cueva de la Espada. They lowered the floor 2m but more work was required. On a later visit, solution pockets were entered after John and Harry enlarged the route to a tight eyehole. John got through to standing passage and eventually down to the large Espada streamway. This added about 40m length to the system.

Site 3448, to the north of Cueva de la Espada, was cleared of large blocks, allowing John to find all possible ways on totally blocked 4m down.

Also in Riaño, Barny found 3430, a dig perched nearly 100m above the river level in Cueva Hoyuca. There was no significant draught and "unfortunately effort required to make further progress does not seem to balance with its potential".

Much further west, almost into La Gatuna, he also documented site 3431, a shaft solidly filled with lorry tyres, although it was "possible to see beyond".

Anyone doing a thorough prospection of the "Mushroom Field" [1], to the north of the Cueva Carcavuezo (0081) entrance, cannot fail to find site 0603, a large depression with a draughting hole at the bottom edge of the hillside. On July 28th, Dickon, on a solo mission, explored the hole. Dropping down a 5m climb, a squeeze meets a 5m crawl ending at a slot in the floor.

    By going to the left it is possible to descend the
    slot (beyond previous limit?). A further slot leads to
    a small chamber with a small, choked pit in the floor.
    The way on appears to be a small rift below the first
    slot which is draughting in like buggery. A couple of
    hours digging should make this passable and I fully
    intend to return.

Dickon came back with Andrew, spending 4 - 5 hours digging to an "extremely awkward squeeze" below the base of the rift. There followed a short section of rift passage to a slot that Dickon hammered open. The continuation was too tight and the draught was coming out of the boulders above.

A final trip occurred on August 1st when Jamie joined Andrew and Dickon to the "misery hole". Snappers were used on the boulder choke to no avail and "it looks as though the continuation is downwards in the rift but, unfortunately, the boulders knocked down previously present some-what of a barrier". Dickon noted that, with the draught

1 Glossary, page 485

John Southworth in the Playing Card House Pushover Extensions, Cueva-Cubío del Llanío. John Southworth en Playing Card House Pushover Extensions, Cueva-Cubío del Llanío.   *John Clarke*

baja que se vuelve demasiado estrecha tras solo 1,5 m.

El 7 de agosto, Harry y John siguieron trabajando en la 3226, cerca del final de Espada aguas arriba. La exploraron a través de grietas estrechas hasta un pozo de 5,5 m y una obstrucción.

Harry también colaboró en la nueva topo de Espada de Ali junto a Angus y topografió 250 m aguas abajo en la extensión de Semana Santa, con «partes que no estaban en la topo anterior».

Se visitó la extensión de Semana Santa el 13 de agosto para comprobar todas las galerías laterales. Dos llenas de barro en el lado izquierdo terminaron en obstrucciones de barro. Dos en el lado derecho se describieron como «aún abiertas, pequeñas y se han de explorar». Ali, Peter Eagan y Torben salieron de la cueva con «aún más trabajo por hacer pasando un gran hoyo en el suelo».

Dos días después, regresaron con Phil Papard para topografiar las galerías a la derecha, una con una obstrucción de estalactitas pero con eco y una posible chimenea y otra hasta salas y una excavación a una sala para la que hace falta un pasamanos. Torben lo instaló hasta un meandro que termina en una escalada angosta y una grieta demasiado estrecha pero con buen eco.

A principios de agosto, John Clarke y Harry empezaron a trabajar en la 3442 en el linde del bosque cerca de Cueva Espada. Rebajaron el suelo 2 m, pero no fue suficiente. En una visita posterior, entraron a varias hornacinas de disolución después de que John y Harry ampliaran la galería hasta un pequeño agujero. John pasó hasta una galería con espacio para estar de pie y finalmente llegó hasta el gran curso de agua de Espada. Esto añadió unos 40 m de desarrollo al sistema.

En la cavidad 3448, al norte de Espada, se quitaron los bloques grandes, pero tras investigar las posibles rutas John se encontró con que todas estaban obstruidas tras 4 m.

También en Riaño, Barny encontró la 3430, una excavación a casi 100 m sobre el nivel del río en Cueva Hoyuca (0107). La corriente de aire era imperceptible y «desafortunadamente, no tiene suficiente potencial para justificar el esfuerzo que requiere».

Mucho más al oeste, casi en La Gatuna, también se documentó la 3431, un pozo lleno de neumáticos de camión, aunque se podía «ver algo debajo».

Quien lleve a cabo una prospección exhaustiva del prado al norte de Carcavuezo (0081)[1], encontrará la cavidad 0603 sin problemas, una gran depresión con un agujero soplador. El 28 de julio, Dickon, en una misión en solitario, exploró el agujero. Tras bajar por un destrepe de 5 m, un estrechamiento va a dar a una gatera de 5 m que termina en una grieta en el suelo.

    Si se va a la izquierda se puede pasar la grieta
    (¿pasando el límite anterior?). Otra grieta va a dar
    a una pequeña sala con un hoyo pequeño y obstruido en
    el suelo. La continuación parece ser una pequeña fisura
    debajo de la primera grieta que sopla como un demonio.
    Un par de horas de excavación deberían valer, así que
    pienso volver.

Dickon regresó con Andrew y pasaron de 4 a 5 horas excavando hasta un «un estrechamiento muy incómodo» debajo de la base de la fisura. Le siguió una corta galería hasta una ranura que Dickon amplió con el martillo. La continuación era demasiado estrecha y la corriente venía de entre los rocas encima. El 1 de agosto volvieron junto a Jamie a esa «miseria de agujero». Usaron microexplosivos en el caos de bloques, pero «parece que la continuación es hacia abajo en la fisura y, desafortunadamente, los bloques que se rompieron antes impiden el paso». Dickon señaló que la corriente aún era fuerte, lo que era alentador.

Tras extender Cueva de Bollón (0098) a través de Hole in the Road (1452) el verano anterior, el equipo de SUSS (Jen, Tim y Brendan) estaban ansiosos por volver a entrar. Era como «¡visitar a un viejo amigo!». Pudieron pasar por el caos de bloques sin prob-lemas, pero tenía más agua que

1 Glosario, p 485

Shoring installed down the entrance shaft to 2415.
La entrada de 2415 apuntalada.   *Chris Camm*

still hammering out, it was a good prospect.

Having significantly extended Cueva de Bollón (0098) through Hole in the Road (1452) the previous summer, the SUSS team (Jen, Tim and Brendan) were keen to get back in. They were "re-visiting a well known friend!". They found the boulder choke passable but much wetter than last year. They found their way through the boulders to the far streamway and Vindication Chamber. (As you drive up north out of Matienzo you'll be passing some 40 - 50m above this area as you round the first hairpin bend.) They looked at most of the ascending rifts, to no avail. They also climbed down between boulders to the stream where, 15m downstream, various climbs up led nowhere - "nothing goes".

Tried to follow in upstream direction. No way through boulders but the draught pissing in all over the place. Not really diggable as everything is made of boulders, including the roof. Unclear what is solid. Unfortunately and disappointingly, the undoubted passage beyond will remain unexplored unless an upstream entrance is discovered ... or someone with balls of steel wants to dig the boulder choke.

Carrying on from Easter, Phil Parker and Chris Camm started more capping work in 2415 (Solórzano) and thought that the way on might be straight down.

The widening of the main road in the Llueva valley had some beneficial effects as a number of holes were revealed. Phil Papard and Kev were diverted from a dig near the quarry by spotting a hole they could park by, site 3456. After ringing for more supplies (pulleys and beer) they opened up a 7m drop to a small passage and tiny stream. This "could be worth a look by a very fit and thin person". The cave survey showed the 14m of passage to be about 7m down under the road.

Earlier in the year, Pedro had been investigating the wooded, limestone knoll containing the Otero caves, halfway down the Secadura valley. Site 3465 is a low passage that slopes down for 7m, becomes narrow and chokes while nearby 3466 has passage stepping down to a small chamber where a narrow meander leads off, requiring a small person. Site 2690 was "dug through ... to 6m of passages and a second squeeze that was also passed, although the crawl goes immediately to another obstacle. Continues beyond."

Three metres to the left of 2690, a rift entrance leads to a short section of meander passage becoming too small where daylight is seen from another entrance further around the side of the hill.

Many people were in and around Matienzo just to enjoy the 50th Fiesta days and take in the scenery both above and below ground.

Jane Chilton, Andy Pringle and Rosemarie had a "pleasant through trip" in Cueva Jivero 2 (0017). This was Rosemarie's first cave. They looked at 1941, on the path to Carcavuezo, in the afternoon, finding it impassable due to a run-in. Jane also went into Reñada, to Stuffed Monk Gallery, with Gary and Sheila to video formations.

Toby Chilton wrote:
Really good to meet some of the newer expedition members and see the keenness for the caving still going strong. Long may it continue!

Ali had a break from Matienzo caving when he went with Joe and Ian to visit a mine and cave near Cabezón de la Sal. They traversed kilometres of passageways, left many draughting continuations and saw "lots of natural cave" (Cueva del Rescaño)

Carolina, Jenny Corrin and Ali had a tourist trip into Cueva del Agua (0059). They found no water in the entrance but the "cascades sporting - any more water would make these impassable without a rope".

So, the combined summer caving expedition and prolonged fiesta turned out very satisfactorily. The Easter and summer trips had surveyed 9494m of new passages. The documented total passage length rose to 311.5km with 3472 sites of speleological interest in the database.

The Ghar Parau Fund committee awarded £200 to Matienzo 2010.

el año anterior. Se abrieron paso a través de los bloques hasta el río y Vindication Chamber. (Al conducir hacia el norte desde Matienzo, se pasa a unos 40-50 m por encima de esta sección justo al tomar la primera curva cerrada). Investigaron la mayoría de las grietas ascendentes, sin éxito. También bajaron entre los bloques hasta el arroyo donde, 15 m aguas abajo, varias trepadas no condujeron a ninguna parte: «nada continúa».

Intentamos seguir aguas arriba. No hay manera de atravesar los bloques, pero la corriente pasa por todas partes. No se puede excavar, ya que son todo rocas, incluido el techo. Es difícil saber qué es sólido. Desafortunadamente, la galería que sin duda hay al otro lado permanecerá inexplorada a menos que se descubra una entrada aguas arriba... o alguien con pelotas de acero se atreva a excavar el caos de bloques.

Siguiendo donde lo dejaron en Semana Santa, Phil Parker y Chris Camm usaron algunos microexplosivos en 2415 (Solórzano) y llegaron a la conclusión de que continuaba hacia abajo.

La ampliación de la carretera principal en el valle de Llueva tuvo su lado bueno porque reveló varios agujeros. Phil Papard y Kev se olvidaron de la excavación cerca de la cantera a la que iban cuando vieron un agujero junto al que podían aparcar, la cavidad 3456. Después de llamar para pedir más suministros (poleas y cerveza) abrieron un pozo de 7 m hasta una pequeña galería y un pequeño arroyo, que «tiene que mirar una persona muy delgada y en forma». La topo mostró que los 14 m de galería se encontraban a unos 7 m debajo de la carretera.

A principios de año, Pedro había estado investigando la loma arbolada con piedra caliza que contiene las cuevas de Otero, a mitad del valle de Secadura. La cavidad 3465 es una galería baja en pendiente de 7 m que se va a cerrando hasta obstruirse, mientras que la cercana 3466 tiene una galería que baja hasta una pequeña sala donde empieza un meandro estrecho para el que se necesita una persona pequeña. La 2690 se «excavó [...] hasta 6 m de galerías y un segundo estrechamiento, la gatera que sigue da inmediatamente a otro obstáculo. Continúa al otro lado».

Tres metros a la izquierda de 2690, una fisura conduce a una pequeña sección de un meandro que se vuelve demasiado pequeño y desde el que se ve la luz del día desde otra entrada cerca.

Mucha gente fue a Matienzo solo para disfrutar de la celebración del 50.º aniversario y disfrutar del paisaje tanto sobre como bajo tierra.

Jane Chilton, Andy Pringle y Rosemarie disfrutaron de una «agradable visita» a Cueva Jivero 2 (0017). Eta la primera vez que Rosemarie entraba a una cueva. Echaron un vistazo a la cueva 1941, en el camino a Carcavuezo, pero no pudieron pasar por un derrumbamiento. Jane también fue a Reñada, a Stuffed Monk Gallery, con Gary y Sheila para sacar vídeos de las formaciones.

Toby Chilton escribió:
Un placer conocer a algunos de los nuevos miembros de la expedición y ver que el entusiasmo por la espeleología se mantiene. ¡Y que así sea durante mucho tiempo!

Ali se tomó un descanso de Matienzo y visitó con Joe e Ian una mina y una cueva cerca de Cabezón de la Sal. Atravesaron kilómetros de galerías, pasaron secciones con buena corrlente de alre y vleron «mucha cueva natural» (Cueva del Rescaño).

Carolina, Jenny Corrin y Ali disfrutaron de una incursión turística a la cueva del Agua (0059). No encontraron agua en la entrada, pero las «cascadas fueron divertidas – con más agua no se podrían pasar sin una cuerda».

La expedición y la fiesta resultaron muy satisfactorias. En total, entre las exploraciones de Semana Santa y verano se topografiaron un total de 9 494 m de nuevas galerías. El desarrollo total de las cuevas de Matienzo asciende a un total de 311,5 km con 3472 cavidades de interés espeleológico en la base de datos.

El comité de Ghar Parau concedió 200 £ a Matienzo 2010.

The 'ideal' dig at site 3456. La excavación ideal en 3456.   *Phil Papard*

2010 AUTUMN/ OTOÑO Y CHRISTMAS / NAVIDAD

Ana Rubio	Penny Corrin	Steve 'Big Steve' Martin
Jesús 'Chuchi' Ruiz Cobo	Pete 'Pedro' Smith	Tony 'Bottlebank' Brocklebank
Juan Corrin	Phil Papard	

It was bound to be quieter after the summer expedition and fiestas and only Juan and Penny visited in the autumn - really quiet!

Walking in the vicinity of Cueva Coquisera (0039) entrance, they came across three new sites all within 20m of each other: 3481, a low crawl; 3482, an unexplored collapse and 3483, a 4m long crawl with a broken down wall.

Cueva de las Barandas (0423), on the north side of La Vega, has been known to the Matienzo Caves Project since at least 1982. Various artefacts had been found in the cave and a number of papers written.[1] Potsherds, iron objects, copper strips and human remains were all mentioned and most of these had been found on the floor surface.

As so much varied material had been found in the cave, Pete wanted a definitive "final" archaeological study with excavations and surveys, etc. with absolute dates for the human remains and ceramics. Writing to the authorities for permission and finance, he put forward the team that would carry out the study - himself as principal investigator; Dr Francisco Etxeberria Gabilondo (Professor of Legal and Forensic Medicine at the University of the Basque Country) as co-director, responsible for the conservation of the remains and the anthropological study; Dr Jesús Ruiz Cobo as the archaeologist responsible for the field work and Juan as the photography and topography technician.

On October 16th, Pete, Juan, Chuchi and Ana, using 2 ladders belayed from a bush above the entrance rift, entered the cave and started work. Twenty-eight pieces, bones and pottery, were positioned and catalogued. Pete and Juan surveyed the chambers and the positions of many of the finds and possible human bone and pottery were removed for dating. On a later date, Juan took some more video in the cave and, with Pete, completed the survey.

The results were published in 2013 and indicated that the sepulchral cave was used in the millennia before and after Christ. (As usual, more details can be found in the web site description for this cave and in the archaeology update, page 445.)

A merienda was in the project budget, so Penny joined the group and, after a couple of refreshments at the Panadería, all returned to Bar Germán for a light afternoon tea. This turned out to be, for those that could manage it, 2 plates of fritos, alubias rojas, meat and chips, with vino and coffee and copas to finish.

The next day, Pete was informed by residents of Ozana that a dog has fallen down a "20m shaft". Juan and Penny went with Pete to accompany

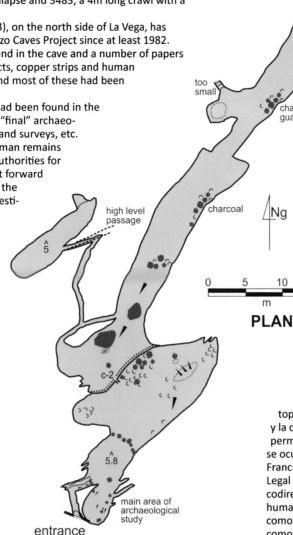

charcoal guano

high level passage

charcoal

Ng

0   5   10   15
m

PLAN

^5

c-2

^5.8

main area of archaeological study

entrance

Site 432: Cueva de Barandas

N Vega 30T 450100 4796000 Altitude 208m
Length 181m Vertical range 14m
Resurvey 2010 to BCRA 5c by
Juan Corrin & Peter Smith
Drawn by Juan Corrin

too small

Biscuits for the dog.   Galletas para el perro. *Penny Corrin*

1 Including coverage in the 2001 BAR International Series volume 975, The Archaeology of the Matienzo Depression, North Spain by Jesús Ruiz Cobo and Peter Smith *et al*.

Tras la expedición de ese verano y las fiestas, inevitablemente, el otoño fue algo tranquilo, y solo Juan y Penny visitaron Matienzo. ¡Muy tranquilo!

Paseando cerca de Cueva Coquisera (0039) se encontraron con tres nuevas cavidades a unos 20 m una de la otra: 3481, un laminador largo; 3482, un desplome sin explorar y 3483, un laminador de 4 m con una pared desplomada.

Matienzo Caves Project conoce la cueva de las Barandas (cavidad 0423), en el norte de La Vega, desde al menos 1982. En ella se han encontrado distintos objetos sobre los que se han escrito varios artículos publicados, entre otros, en el número 975 de la publicación BAR International Series en 2001 bajo el título The Archaeology of the Matienzo Depression, North Spain, escrito por Jesús Ruiz Cobo, Peter Smith et al.

Como se descubrieron tantos objetos, como fragmentos de cerámica, objetos de hierro, tiras de cobre y restos humanos, muchos de ellos a ras de suelo, Peter quería un estudio arqueológico «definitivo», con excavación, topografía, etc., además de fechar los restos humanos y la cerámica. Tras escribir a las autoridades para solicitar permiso y financiación, puso en marcha el equipo que se ocuparía del estudio: él como principal investigador; Francisco Etxeberria Gabilondo (profesor de Medicina Legal y Forense de la Universidad del País Vasco) como codirector, encargado de la conservación de los restos humanos y el estudio antropológico; Jesús Ruiz Cobo como arqueólogo encargado del trabajo de campo y Juan como fotógrafo y técnico topógrafo.

El 16 de octubre, Peter, Juan, Chuchi y Ana, con ayuda de dos escalas aseguradas a un arbusto junto al pozo de la boca, entraron en la cueva y se pusieron a trabajar. Se posicionaron veintiocho piezas, huesos y cerámica, y se catalogaron. Peter y Juan topografiaron las salas y la posición de muchos de los descubrimientos y se sacaron los huesos y cerámica para datarlos. Más tarde, Juan grabó un vídeo de la cueva y, junto con Peter, completó la topo.

Los resultados se publicaron en 2013 y parecen indicar que este yacimiento sepulcral se usó en el milenio antes y después de Cristo. (Como siempre, para más información se puede acceder a la descripción de la cavidad en el sitio web y consultar la sección de arqueología, página 445).

En el presupuesto se incluía una merienda. Penny se unió al grupo y tras un par de bebidas en la Panadería, el grupo regresó a Casa Germán para una cena ligera que resultó ser, para quienes pudieran con ello, dos platos de fritos, alubias rojas, carne y patatas, con vino, café y copas para terminar.

Al día siguiente, los vecinos de Ozana avisaron a Peter de que un perro se había caído a un «sima de 20 metros». Juan y Penny fueron con Peter a acompañar a dos personas de vuelta

two people back to the hole. This proved to be about 2km in a straight line to the southwest of Cruz Usaño and well into the Cuenca cavers' permit area, beyond Fuente de la Pila (0486). The group eventually met up with the farmer who had stayed at the hole, labelled LBT158 with a Cuenca cow tag. Juan went down the 7m shaft with biscuits and slings and the very calm animal was soon pulled to the surface with no apparent damage.

At least Phil, Steve and Tony were caving around the Christmas period although no log was kept.

Site 3416 was visited and pushed to holes down to a possible dig. The total depth was now 25m.

There was a strong possibility that site 3173 had been misplaced on the map and that the sites were one and the same. This confusion has yet to be cleared up.

Penny Corrin, Jim Davis and Jenny Corrin at the Matienzo display at the 2010 BCRA Conference. Penny Corrin, Jim Davis y Jenny Corrin en el stand de Matienzo en la Conferencia BCRA 2010. *Juan Corrin*

a la sima, que resultó estar a 2 km en línea recta hacia el suroeste de Cruz Usaño, dentro de la zona del grupo de Cuenca, pasando Fuente de la Pila (cavidad 0486). El grupo llegó hasta el dueño del perro, que se había quedado junto a la sima, con la etiqueta LBT158 de Cuenca. Juan bajó los 7 m de la sima con galletas y eslingas y un perro muy tranquilo pronto salió a la superficie sin daño aparente.

Al menos Phil, Steve y Tony visitaron la zona en Navidades, pero no se llevó un registro.

Se visitó la cavidad 3416 y se exploró hasta un posible excavación. La profundidad total era ahora de 25 m.

Hay muchas posibilidades de que la cavidad 3173 se haya ubicado en el sitio incorrecto en el mapa y de que ambas cavidades sean la misma. Esta confusión está aún por resolverse.

Bob Cawthorne 1948 - 2010

Bob first came out to Matienzo in 1983 and from 1990 was a regular participant in the expeditions. With his wife Julie and Juan and Penny he bought a house in Matienzo in 1990 / 1991 and, with Juan, set about building internal walls and carrying out the other activities needed to make a shell liveable. Shortly after this Bob took early retirement and, with Julie and son Lloyd, moved from Plymouth to Llíber near Benidorm. They regularly drove north to their "second home" when the expeditions were active, although renovations took up a lot of his time.

During the 2010 Matienzo 50 celebrations in Spain, with Julie, he enthusiastically pushed and sold the various draw tickets and memorabilia, so it came as a sad shock when we heard news of his death in November.

Bob was a long-standing and well-thought-of member of the Plymouth Caving Group and William Pengelly Cave Studies Trust. He was an avid collector of stamps, and cave entrances, enjoying walks on the Matienzo hills with his brother Ted, where they would document and explore the smaller sites. He wrote a gently amusing piece for the Matienzo 50 publication entitled "Matienzo's Smallest Caves".

Bob is greatly missed.

Bob Cawthorne 1948 - 2010

Bob vino a Matienzo por primera vez en 1983 y, desde 1990, fue un participante asiduo de las expediciones. Junto con su mujer Julie y Juan y Penny, compró una casa en Matienzo en 1990-1991 y, mano a mano con Juan, empezó a construir paredes y otras tareas necesarias para hacer habitable aquel esqueleto de casa. Poco después, Bob pudo acceder a la jubilación anticipada y él, Julie y Lloyd, su hijo, se mudaron de Plymouth a Llíber, cerca de Benidorm. A menudo viajaban al norte, a su «segundo hogar», en las fechas de las expediciones, pero las renovaciones de la casa le mantenían ocupado.

En 2010, durante las celebraciones del 50º aniversario en España, él y Julie vendieron con mucho entusiasmo las papeletas de las rifas y los recuerdos de la celebración, y la triste noticia de su fallecimiento ese mismo noviembre nos conmocionó.

Bob fue durante muchos años un miembro muy respetado tanto de Plymouth Caving Group como de William Pengelly Cave Studies Trust. Era un ávido coleccionista de sellos y bocas de cuevas. Disfrutaba paseando por los montes de Matienzo con su hermano Ted, con quien documentaba y exploraba las cuevas más pequeñas. Sobre ellas escribió un curioso artículo para el libro del 50º aniversario: «Las cuevas más pequeñas de Matienzo».

Le echamos mucho de menos.

Bob outside site 3439.
Bob junto a 3439. *Ted Cawthorne*

Another quiet time for caving activities but, nevertheless, some of the discoveries were interesting.

Of standard interest (aka "will probably be another choked site") were two holes found by Juan and Penny when on a walk between Bosmartín and Alisas. Site 1422, a hole between boulders, was thought to be 3m deep and 1785, "definitely the better of the two", appeared to be 6m deep with stones falling further.

Peter, Ian and Juan successfully tested Ron "Obvious" Taylor's new flash slave unit (called an i-slave) in the entrance passages of Reñada. (Ron's company, Cumbria Designs, ceased trading in December 2018 after 15 thriving years mainly producing kits for amateur radio enthusiasts.)

The gate on 1452, carefully welded, bolted and hinged from road barrier by Roy Mundy, had disappeared, presumably into the back of a scrap metal vehicle. It was also noted that the 30m deep twin drops at Road Works Pot, 3334 in Llueva were still unprotected. "As the shaft was revealed by the contractors, it should be made safe by them."

Early in February, a small team from Lancaster University spent a couple of days continuing the cave monitoring project in Cueva Asiul (0061) and downloading collected data. Later in the month, the results of carbon dating on the pottery from Cueva Barandas (0423) were revealed as 7th century BC - the early Iron Age.[1]

Peter had interesting walks from Seldesuto up to the snowy ridge nearly 500m higher. The confusion around the holes documented at 0660 was cleared up as they were separated as sites 1151 (a 10m long chamber with a low connection to a further chamber), 1152 (a slope leading to a stooping passage and choke) with 0660 itself described as being "behind a bramble bush".

Two shafts, 34m apart on the map, were thought to be the same - highlighting once more the difficulty of accurately positioning holes in a steeply sloping beech wood and, possibly, of estimating shaft depth. Site 2796, reported as being about 20m deep and 3254, about 6m deep, have yet to be explored. Peter also GPS'd sites 0662 and 0661, commenting that the latter was now site 1150.

Of greater interest were the holes he found higher up the hill, very close to the ridge on the Matienzo side. Site 3255 was about 40m long, mostly crawling and a few metres away was site 3167.

About 35m long, nearly all crawling, ends in a draughting boulder choke. Contains Bronze Age pottery, some of which is apparently in situ. Please take great care: do not touch or move this! It is hoped it will be excavated in the near future.

It was thought the vessel could still have traces of the original contents so Peter wasted little time in applying for a permit to excavate and a team was put together to examine the find that October.[2]

Looking to the south east from fenced site 1785 (left foreground) down towards the valley running up from Seldesuto (centre-left). El Somo is the high ground to the left, Los Trillos to the right. Peña Rocias is the mountain beyond the ridge.
Mirando hacia el sureste desde la cavidad cercada 1785 (en primer plano a la izda.) hacia el valle que sube desde Seldesuto (centro izda.). El Somo es el terreno alto a la izda., Los Trillos a la dcha. Peña Rocías es la montaña que se ve al fondo. *Juan Corrin*

Looking down the Cubija valley into La Vega.
Mirando hacia el valle de Cubija y La Vega. *Juan Corrin*

No se llevaron a cabo muchas actividades espeleológicas en estos meses pero, algunos de los descubrimientos fueron interesantes.

De interés estándar (es decir «seguro que se trata de otro agujero obstruido») son los dos agujeros que Juan y Penny encontraron cuando caminaban entre Bosmartín y Alisas. El agujero 1422, un agujero entre rocas, parecía tener 3 m de profundidad mientras que el 1785, «definitivamente el mejor de los dos», parecía tener 6 m de profundidad, aunque las piedras parecían caer más.

Peter, Ian y Juan probaron con éxito la nueva unidad auxiliar de flash de Ron «Obvious» Taylor (llamada i-slave) en las galerías de entrada de Reñada. (La empresa de Ron, Cumbria Designs, cerró en diciembre de 2018 después de 15 años produciendo, principalmente, kits para radioaficionados).

La verja de la cueva 1452, cuidadosamente soldada, atornillada y abisagrada por Roy Mundy, había desaparecido, presumiblemente en el camión de un chatarrero. También se vio que los pozos gemelos de 30 m de profundidad de Road Works Pot, 3334, en Llueva, todavía no se habían protegido. «Como el pozo lo abrieron los obreros, deberían hacerlo ellos».

A principios de febrero, un pequeño equipo de la Universidad de Lancaster pasó un par de días con el proyecto de estudio en la Cueva Asiul y descargando la información recopilada. Ese mismo mes, se obtuvieron los resultados de la datación por carbono en la cerámica de Cueva Barandas que resultó ser del siglo VII a. C., la temprana Edad del Hierro.[1]

Peter disfrutó de varios paseos interesantes desde Seldesuto hasta la cima nevada a unos 500 m. La confusión sobre los agujeros documentados en 0660 se aclaró a medida que se fueron identificando: el 1151 (una sala de 10 m de largo con un laminador bajo hasta otra sala), el 1152 (una pendiente que conduce a una galería que se va haciendo más pequeña) y el 0660 «detrás de una zarza». También parecía que dos pozos a 34 m de distancia en el mapa eran en realidad el mismo pozo, algo que volvía a poner de manifiesto la dificultad de ubicar agujeros con precisión en ese bosque de hayas y, probablemente, de calcular la profundidad del pozo. Las cavidades 2796, de unos 20 m de profundidad, y 3254, de aprox. 6 m de profundidad, aún no se han explorado. Peter también registró las coordenadas GPS de los agujeros 0662 y 0661, aclarando que este último era ahora el 1150.

De mayor interés fueron los agujeros que encontró más arriba, muy cerca de la cima en el lado de Matienzo: el 3255, de unos 40 m de largo, prácticamente una gatera, y a pocos metros el 3167.

Unos 35 m de largo, en gatera, que termina en un caos de bloques soplador. Tiene cerámica de la Edad de Bronce, parte está, aparentemente, in situ. Hay que tener mucho cuidado: ¡que nadie lo toque ni mueva! Esperamos poder excavarlo en un futuro cercano.

Parecía que la vasija aún podía tener rastros del contenido original, por lo que Peter no tardó en solicitar un permiso para excavar la cueva y un equipo se reunió para examinar el hallazgo ese octubre.[2]

---

1 2010 autumn / Christmas, page 31.
2 2011 autumn, page 58.

1 Ver el artículo sobre el otoño / Navidad de 2010, página 31.
2 Véase p. 58.

2011 Easter / Semana Santa

Alasdair 'Ali' Neill
Alf Latham
Baz Hunt
Bob Mackin
Bob Toogood
Carmen Smith (Haskell)
Chris Binding

Chris Camm
Colin Hayward
Dan Hibberts
Dave 'Angus' Bell
Dave Gledhill
Dave Milner
Dave 'Tufty' Tuffery
Gordon Proctor
Harry Long

Hilary Papard
Ian Chandler
James 'Rodders' Wood
Jane McCorquodale
Jess Eades
Jim Lister
John Southworth
Jon Pemberton
Juan Corrin

Martin 'Barny' Barnicott
Patrick Warren
Penny Corrin
Pete Morgan
Pete 'Pedro' Smith
Peter Eagan
Phil Goodwin
Phil Papard
Phil Parker

Rob Grimes
Rupert Skorupka
Santi Urrutia
Simone Sanbento
Steve 'Big Steve' Martin
Sue Brocklebank (Morton)
Terry Whitaker
Tony 'Bottlebank' Brocklebank
Tony Littler

A couple of weeks before the Easter expedition started, Phil Papard with Bob Mackin spent some time rearranging the dig at site 1438 on the north side of El Naso. There was a good draught "and digging should now be easy". They also installed hooks and chains across the road-side holes at Road Works Pot, 3334 in Llueva.

NORTHERN LA VEGA, EL NASO AREA WEST TO LAS CALZADILLAS

The expedition started on April 12th when Phil Papard, Ian and Juan ventured out in the mist to investigate the area to the northeast of Las Calzadillas. The aim was to look at site 1785 (found in January) but other undocumented holes were inspected on the way. Phil descended 3484, a 6m choked pit with a possible 2m downward continuation. He also descended 3485, a 3m deep rift which was made more interesting by an adder close to the top of the ladder.

> *Each end may dig but not worth the effort if no draught. Need to look in hot weather. Adder looked fairly slow due to lack of sun and low temperature, much like Juan and Ian on the surface.*

The team reached 1785 where Juan, torpor gone, descended a p8 in a roomy, decayed calcite-lined drop to a bone and boulder choke at the base. Other small sites investigated in the area included 3486, a blind 2m deep hole, and digs at 3487 and 3488. It was suggested that the whole area should be looked at again in warmer weather and another visit was made in the summer of 2014.

With the number of undescended holes mounting, Juan, Penny, Phil Papard and Hilary went out onto El Naso with the intention of actually descending some. First, a new hole was found, 3491, which Juan descended to a small length of passage. Phil then dropped 10m down 2378, the largest pitch of the day. Other holes investigated were 2377 and 2379. The top of site 1597 was chiselled out for Juan to descend 3.5m, twice, as the tool was dropped down the hole. The shaft choked and it was just possible to bend down to pick up the chisel. Phil dug out and descended 3139 and found the choke 4m down, while Juan climbed down the roomy p5 at 3140 to land on boulders with possible further drops below.

Back in 2006, site 2411, on the ridge between the Cubija System and Cobadal, was not descended due to nesting Alpine choughs occupying the possibly 30m deep shaft. A team from the Mendip Nature Research Committee, Tony Littler, Jane and Tufty set off to explore the hole in mid-April this year.

> *Rigged surface shaft from two 6cm saplings and the lifeline from similar. Sent Jane down first. Bottom of shaft (15m) is lots of dead woolly bones and wire. Through a 120cm high arch leads to a second pitch (5m) with a slot in the floor to the third pitch (7.4m). Jane ran out of tackle and came out. TL and Tufty*

Laddering 2411 with a view into Cubija and the Cruz Usaño pass in the distance.
Instalando una escala 2411 con vistas a Cubija y Cruz Usaño en la distancia.   *Tony Littler*

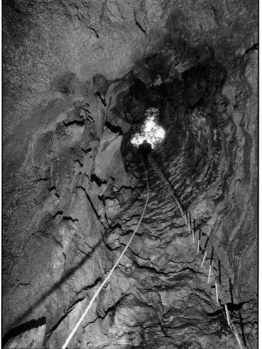

Looking up the entrance pitch in site 2411. Mirando hacia la cabecera del pozo de entrada de 2411.   *Tony Littler*

Un par de semanas antes de que comenzara la campaña de Semana Santa, Phil Papard y Bob Mackin reorganizaron la desobstrucción en la cavidad 1438 en el lado norte de El Naso. Tenía un fuerte tiro de aire «y la excavación ahora debería ser fácil». También instalaron en Road Works Pot, cavidad 3334, en Llueva, ganchos y cadenas a través de los agujeros del lado de la carretera.

EL NORTE DE LA VEGA, OESTE DEL NASO HACIA LAS CALZADILLAS

La campaña empezó el 12 de abril cuando Phil Papard, Ian y Juan se aventuraron en la niebla para prospeccionar el área al noreste de Las Calzadillas. El objetivo era investigar el agujero 1785 (encontrado en enero), pero por el camino inspeccionaron otros agujeros sin documentar. Phil entró en el 3484, un pozo obstruido de 6 m con una posible continuación hacia abajo de 2 m. También entró al 3485, una fisura de 3 m de profundidad que se volvió más interesante cuando apareció una víbora cerca de la alto de la escala.

> *Igual se puede excavar, pero no merecerá la pena si no hay corriente. Mirar en un día cálido. La víbora parecía algo lenta por la falta de sol y baja temperatura, como Juan e Ian en la superficie.*

El equipo llegó a la cavidad 1785 donde Juan, saliendo de su letargo, descendió un P 8 espacioso y cubierto de calcita hasta un caos de bloques y huesos. También se documentaron otros agujeros pequeños: 3486, un hoyo ciego de 2 m de profundidad, y excavaciones en 3487 y 3488. Sugirieron volver en días más cálidos, lo cual se hizo en el verano de 2014.

Como el número de agujeros sin explorar no dejaba de crecer, Juan, Penny, Phil Papard y Hilary salieron a El Naso con la intención de entrar a algunos. Primero, se encontró uno nuevo, el 3491, que Juan bajó hasta un pequeño tramo de galería. Phil luego bajó los 10 m de la entrada de 2378, el pozo más grande del día. También se inspeccionaron los agujeros 2377 y 2379. El techo de la cavidad 1597 se cinceló para que Juan bajara los 3,5 m de la entrada dos veces, pues la herramienta se cayó por el agujero. Se trataba de un pozo obstruido, con espacio solo para agacharse para recoger el cincel. Phil excavó y entró en el agujero 3139, pero estaba obstruido tras 4 m, mientras que Juan destrepó el amplio P 5 en 3140 para aterrizar sobre rocas con una posible continuación más abajo.

En 2006, la cavidad 2411, en lo alto de la montaña entre el sistema de Cubija y Cobadal, se dejó sin explorar porque en la sima —de unos 30 m estimados— anidaban chovas piquigualdas. Tony Littler, Jane y Tufty, de Mendip Nature Research Committee, decidieron explorarlo a mediados de abril de este año.

> *Instalamos la sima desde dos árboles jóvenes de 6 cm y la cuerda de seguridad de otro parecido. Enviamos a Jane primero. La base de la sima (15 m) está lleno de huesos lanudos y alambres. A través de un arco de 120 cm se llega a un segundo pozo (5 m) con una abertura en el suelo hasta el tercero (7,4 m). Jane se quedó*

returned for more tackle and descended the last pitch
to a mud floor with a miniscule stream disappearing
into a 3cm high groove. Surveyed out and took some
photos. Then back for tea and logbook completion.

They were back in the same area the next day noting a number of depressions and holes, sites 3507 - 3511. Although none of the sites are particularly interesting, this meticulous documentation (text, photos and GPS readings) means that others know of previous work and can choose whether to check out the holes or pass them by.

A couple of days later the team, plus Dave 'Angus' Bell, was on the hill at Bosmartín, about a kilometre to the east of their previous investigations, this time to check out undescended holes. Tufty investigated 1598 finding, after clearing the fenced area of brambles, a 4m blind shaft. Tony descended 1893 with a similar result. Site 3420 turned out to be site 0523, first looked at in 1985. The exploration (over 2 days) included photos and a survey to give a length of 60m and a depth of 28m, ending at a tight rift. Another shaft in the same shakehole was also surveyed at 10m deep.

Dave Gledhill and Barny found draughting site 3503 just above the track from Las Calzadillas to Bosmartín. With loose mud and moss around the top, the narrow, 4m deep slot was too tight to descend.

On a different day, they investigated 3515, a couple of hundred metres to the south. This is a limestone outcrop in a depression which has been filled with stones. Material was excavated until they could see a possible way down, but "it would need a bit of work to support / stabilize rocks to stop them rolling back into the hole". Site 3516 was also pushed down a 20m deep, gnarly, rift pot which was later thought to possibly be 1500. This has yet to be confirmed. The nearby cave 3517 was entered under limestone pavement and a dig here is a possibility - old stal can be seen in the continuation. Site 3518 was then descended: a tight horizontal squeeze entered a 4m deep, tight rift pot. The last site for the day was 3519, another rift entrance in an open shakehole which dropped 10m to a small chamber with "no diggable way on".

NORTHWEST SECTOR After leaving a car at Cobadal, Phil Papard, Hilary, Juan and Penny walked from Fuente las Varas along the ridge and down into the enclosed depression (which has an area of more than 1km2). Possible digs were noted (3489, 3490 and 3444), site 3492 seen but not descended and 2408 to the south of Cueva de Cobadal (1930) revisited. Ending down at the Cobadal cave entrance, it was thought that the collapse was not as bad as first thought and it could be dug out on the next trip. That "next trip" has yet to happen.

The collapse at the second entrance of Invisible Cave (3283) was found to have stabilised since the last visit.[1] However, it was a frustrating trip for the dive team of Chris Camm and Phil Papard, as Phil wrote:

Early start, 10.30am at the cave car park. One and
a half hours later Chris has sorted his gear and Phil
had repaired his. Slow carry to dry area prior to
"duck" and Chris sorted his kit and put on dry suit,
etc., but on pulling on his hood it was clear that it
was far too tight due to his head getting bigger and
the hood smaller - end result was eyes popping out,
face going red and swelling and his voice getting
higher! Despite trying to solve problem by cutting
slots in the hood it was still too tight. So we left
the gear for another day and another hood!

They were back two days later and Chris got about 10m into sump 2, finding that "bottom walking" was not the technique required for this more complicated flooded section. The site was declared open to other divers.

There was one trip into Cueva del Nabo (3357). Dan, accompanied by Jess and Rob, climbed a rift above the sump but found that it closed in with no draught. The team also pushed a small passage on the left on the way in - "the last one before the sump". This went for some 50m to a dig with a good draught.

Arriving off the ferry on April 18th, Jon, James and Bob Toogood went to rig Torca la Vaca (2889) down to the sump and carry in further gear for a pushing trip. They noted the air-space at Lake Bassenthwaite - "only little".

The next day, an enlarged team included Dan, Rob Grimes and Jess. Entering the cave at 10am, they made steady progress to get to Henry's Way junction at Suit Wrecker Inlet after two and a half hours. At Henry's Chamber Jess, Rob, Dan and Bob found a route through the choke at the end into big passage to another choke which could not be passed.

Jon and James pushed up Suit Wrecker Inlet, getting to the surveyed end within an hour. They continued pushing the immature inlet. A climb up and squeeze between projections led up into higher dry passage where the stream could be heard below. This led to a

---

1 See pages 21 - 22.

sin cuerda y salió. TL y Tufty regresaron a por más y
bajaron el último pozo hasta un suelo de barro con una
minúscula corriente que desaparece por una grieta de
3 cm de altura. Hicimos la topo y sacamos fotos. Luego
volvimos para cenar y actualizar el libro de salidas.

Regresaron a la misma zona al día siguiente y observaron una serie de depresiones y agujeros: 3507 a 3511. Aunque ninguno es particularmente interesante, gracias a esta documentación meticulosa (descripción, fotos y coordenadas GPS) otros pueden saber qué se ha hecho antes y decidir si investigarlos o dejarlos.

Un par de días después, el equipo junto a Dave «Angus» Bell fueron a la colina de Bosmartín, a un kilómetro al este de sus prospecciones anteriores, esta vez para revisar algunos agujeros no explorados. Tufty echó un vistazo a 1598 y descubrió, después de limpiar el área cercada con zarzas, un pozo ciego de 4 m. Tony bajó por el agujero 1893 con un resultado similar. El 3420 resultó ser el 0523, visto por primera vez en 1985. La exploración (más de 2 días) incluyó fotos y una topo con un desarrollo de 60 m y un desnivel de 28 m, terminando en una pequeña grieta. Otro pozo en la misma depresión también se topografió (10 m de desnivel).

Dave Gledhill y Barny encontraron el agujero soplador 3503 justo encima de la pista de Las Calzadillas a Bosmartín. Con barro suelto y musgo, la estrecha fisura de 4 m de profundidad era demasiado pequeña.

Otro día investigaron la cavidad 3515, unos 200 m al sur. Se trata de un saliente de piedra caliza en una depresión llena de piedras. La excavaron hasta que pudieron ver una posible continuación hacia abajo, pero «necesitaría un poco de trabajo para sujetar / estabilizar las rocas y evitar que vuelvan al agujero». También forzaron la 3516 por un pozo incómodo de 20 m de profundidad, aunque luego se creyó que puede tratarse de la cavidad 1500, aún por confirmar. Entraron a la cueva cercana 3517 por debajo de un lapiaz. Se podría excavar: en la continuación se puede ver una vieja estalactita. También fueron a la 3518: un laminador estrecho que va a dar a un destrepe de 4 m de profundidad. La última del día fue la 3519, otra fisura en una depresión que desciende 10 m hasta una pequeña sala sin «posibilidades de desobstrucción».

EL SECTOR NOROESTE Tras dejar un coche en Cobadal, Phil Papard, Hilary, Juan y Penny caminaron desde Fuente las Varas a lo largo de la cumbre y bajaron hasta la dolina (que tiene más de 1 km2 de extensión). Tomaron nota de posibles excavaciones (3489, 3490 y 3444), del agujero 3492, sin explorar, y volvieron a visitar la cavidad 2408 al sur de la Cueva de Cobadal. Terminaron en la entrada de la Cueva de Cobadal, donde parecía que el derrumbe no era tan malo como se pensaba al principio y que se podría limpiar en la siguiente visita. Esa «siguiente visita» aún no ha sucedido.

Se descubrió que el derrumbe en la segunda entrada de Invisible Cave, 3283, se había estabilizado desde la última visita[1]. Sin embargo, para el equipo de buceo formado por Chris Camm y Phil Papard, fue una incursión frustrante. Phil escribió:

Empezamos pronto, 10.30 am en el aparcamiento cerca
de la cueva. Una hora y media después, Chris había
ordenado su equipo y Phil reparado el suyo. Este se
llevó despacio hasta la sección seca antes de la
«bóveda sifonante» donde Chris se preparó y se puso el
traje seco, etc., pero al ponerse la capucha esta le
quedaba demasiado apretada, su cabeza está creciendo
y la capucha menguando. Resultado: ojos saltones, la
cara roja e hinchada y una voz cada vez más aguda.
A pesar de intentar resolver el problema cortando
ranuras en la capucha, todavía le quedaba demasiado
apretada. Así que dejamos el equipo para otro día ¡y
para otra capucha!

Dos días después Chris se adentró unos 10 m en el sifón 2 y descubrió que «caminar por el fondo» no era la mejor técnica para esta sección más complicada. La exploración se abrió a otros buzos.

Hubo una incursión a la Cueva del Nabo (3357). Dan, acompañado por Jess y Rob, trepó una fisura sobre el sifón, pero descubrió que se cerraba sin corriente de aire. El equipo también forzó una pequeña galería a la izquierda en la ruta de entrada, «la última antes del sifón». Tras unos 50 m esta va a dar a una obstrucción con un buen tiro de aire.

Tras llegar en el ferry el 18 de abril, Jon, James y Bob Toogood fueron a instalar Torca la Vaca (2889) hasta el sifón y llevar más equipo para una incursión exploratoria; tomaron nota del escaso espacio de aire que quedaba en el lago Bassenthwaite.

Al día siguiente, volvieron con Dan, Rob Grimes y Jess. Entraron a la cueva a las 10 de la mañana y no pararon hasta llegar al cruce de Henry's Way en Suit Wrecker dos horas y media después. En la sala Henry's Chamber, Jess, Rob, Dan y Bob encontraron una continuación a través del caos al final para pasar a otro caos de bloques impracticable.

Jon y James continuaron por Suit Wrecker, llegando al último punto de la topo en una hora, y siguieron forzándola. Una escalada y un estrechamiento entre salientes condujeron a una galería seca superior desde la que se podía oír un curso de agua debajo. Esa fue a dar a

---

1 Véase p. 21 - 22.

substantial boulder choke. A 3m, loose, upward climb entered a larger continuation.

Right ended in a choke which could be pushed over a boulder to a large void in the choke. A climb up the choke (very sandy) ascended for 5m to a large block with a view into a large passage / chamber / void in the choke which could not be passed (too tight). No further routes could be found up. A route facing the choke down to the left dropped down about 4 -5m (undescended) and possibly dropped further. Whole choke very draughty and clean washed.

Continuing left at the top of the climb leads past an immature inlet on the right while to the left a climb down continued but was not pushed. Another muddy inlet on the right led to a further choke with possible climbs and a good draught.

Main passage continued through further breakdown suit-wrecker "Suit Wrecked" terminating, so to speak, in a mess.

The pair took five and a half hours to get out and this very remote part of the cave was not visited again until 2015.[2] The inlet had been pushed well beyond the ridge into the adjacent La Gatuna valley and appeared to be heading straight to Cueva de Collada (0394), a possible feeder but still about 800m distant.

Four days later Jon, James and Bob Toogood were back looking at question marks in High Street, finding various oxbows, one past a "tight canyon in the floor where rocks seemed to fall forever!".

On a short trip out in mid-May, divers Jim Lister and Colin Hayward tackled up Torca la Vaca to the Buttermere pitch (p36, straight into deep water) on day 1 and took diving gear in on day 2. On day 3, they descended the pitch and dived the downstream sump (with at least one eel) into a chamber with another sump which they thought may or may not be the upstream end of the Sump of the Wild Eels in Cave of the Wild Mare (site 0767), the resurgence. On the fourth day they visited the resurgence entrance and got the ferry back to England.

On reflection, and after adjusting the survey, Colin reckoned that the new chamber was some 20 to 30m short of connecting to the Wild Eels sump. He had also been reading up on eels.

Apparently they are on the verge of being endangered. It may be worth doing a study of numbers and location in the cave system? As a side line to pushing the sumps.

Harry and Dave Milner were prospecting to the east where they found 3386 well choked 4m down. Attention turned to the prominent resurgence at El Suto, site 2241 where, as it was draughting slightly, it was thought "worth a crawl into the visible 4 or 5 metres to see what comes next."

They also went looking in La Gatuna for "Dave's mythical hole from 2004", eventually finding it (3497) but needing tackle as it seemed more than 10m deep. Two other holes were investigated: 3495 is a low arch to a slope down and up to a choke, and 3496 a drop into a crawl where the strong outward draught at the entrance is lost. (This 11m long hole was excavated in the summer, 2013.)

Torca de Peña Encaramada (3380), just to the west of Torca la Vaca, was also a target for the Earby Pothole Club. On April 20th Jon, James and Bob Toogood had a "quick trip to look at the entrance series". They went as far as "I Want Me Mum Chamber" where Bob went up and followed the right hand passage for 20m or so. This was still going but "not big!"

The following day they were back and headed to the Wizard of Oz series where, after removing a boulder from the approach crawl, they passed the sandstone boulder choke near to the Dickon Trap.

We surveyed 40m of small, crap passage before it crapped out!

It ended in flowstone and an aven which

Colin Hayward with the dive gear removed from Torca la Vaca. Colin Hayward con el equipo de buceo sacado de Torca la Vaca. *Jim Lister*

un buen caos de bloques. Una escalada libre de 3 m entre piedras sueltas dio a una continuación mayor.

A la derecha termina en un caos que se podía forzar sobre una roca hasta un gran espacio en medio. Se escala el caos (mucha arena), unos 5 m, hasta un bloque grande con vistas a una gran galería / sala / vacío en el caos al que no se puede pasar (demasiado estrecho). No se pudieron encontrar más posibilidades. Mirando hacia el caos a la izquierda hay un destrepe de unos 4-5 m (sin bajar) y puede que sea más. Todo el caos tiene un fuerte tiro y la piedra está limpia.

Si se continúa a la izquierda desde lo alto de la escalada se llega a una galería a la derecha, mientras que a la izquierda hay un destrepe que continúa, pero no se forzó. Otra lateral con barro a la derecha condujo a un nuevo caos de bloques con posibles escaladas y una fuerte corriente de aire.

La galería principal continúa a través de más bloques destructores de trajes, Suit Wrecked, y termina, por así decirlo, en un caos.

La pareja tardó cinco horas y media en salir y esta sección tan remota de la cueva no se volvió a visitar hasta 2015.[2] Esta galería se había forzado hasta el contiguo valle de La Gatuna y parecía dirigirse directamente a Cueva Collada, un posible afluente pero todavía a unos 800 m.

Cuatro días después, Jon, James y Bob Toogood volvieron a mirar los interrogantes de High Street y encontraron varias rutas alternativas, una pasando un «estrecho cañón por el que parecía que las rocas nunca llegaban al suelo».

En una breve visita al valle a mediados de mayo, los buzos Jim Lister y Colin Hayward instalaron Torca la Vaca hasta el pozo Buttermere (P 36, que da directo a aguas profundas) el primer día y llevaron equipo de buceo el segundo. Al tercero, bajaron el pozo y bucearon en el sifón aguas abajo (con al menos una anguila) hasta una sala con otro sifón que pensaron que podría ser el extremo aguas arriba del sifón Wild Eels de la Cueva Wild Mare (0767), la surgencia. Al cuarto día visitaron la entrada de la surgencia y tomaron el ferry de vuelta a Inglaterra.

Tras pensarlo, y después de ajustar la topo, Colin calculó que la nueva sala estaba a unos 20 a 30 m de distancia del sifón Wild Eels. También se documentó sobre anguilas.

Por lo visto están a punto de ser una especia en peligro. ¿Puede merecer la pena hacer un estudio de cuántas hay y dónde? Como actividad secundaria mientras se exploran los sifones.

Harry y Dave Milner echaron un vistazo hacia el este, donde encontraron la cavidad 3386 obstruida tras 4 m. La atención se dirigió a la destacada surgencia en El Suto, cavidad 2241, la cual, al tener una ligera corriente de aire, parecía «valer la pena echar un vistazo en los 4 o 5 m que se ven y ver qué hay después».

También fueron a La Gatuna en busca del «mítico agujero de Dave de 2004». Lo encontraron (3497), pero necesitaban equipo porque parecía tener más de 10 m de profundidad. Investigaron otros dos agujeros: el 3495, una entrada abovedada a una pendiente y un caos de bloques, y 3496 un destrepe a una gatera donde se pierde la fuerte corriente sopladora de la entrada. (Esta cavidad de 11 m de largo se excavó en el verano de 2013).

Torca de Peña Encaramada (3380), justo al oeste de Torca la Vaca, también estuvo en el punto de mira del EPC. El 20 de abril, Jon, James y Bob Toogood hicieron una «incursión exprés para ver la red de la entrada». Llegaron hasta la sala I Want Me Mum, desde la que Bob escaló y siguió la galería de la derecha por unos 20 m. Continuaba, pero no era «grande».

Al día siguiente regresaron y fueron a la red Wizard of Oz donde, después de quitar una roca de la gatera, pasaron el caos de piedra arenisca cerca de Dickon Trap.

Hicimos la topo por 40 m de una galería de mierda hasta que se fue a la mierda.

Terminaba en una sección de colada y una chimenea que escalaron (7 m) hasta una repisa donde se podía ver claramente que no había forma de avanzar, quedando completamente bloqueada

Pushing the terminal choke in 3380. Forzando la obstrucción final en 3380. *Dave Gledhill*

---

2 "On how the Eldon Pothole Club ruined the Cow Pot Survey", page 213.

2 Véase Cómo el Eldon Pothole Club echó a perder la topo de Vaca, p. 213.

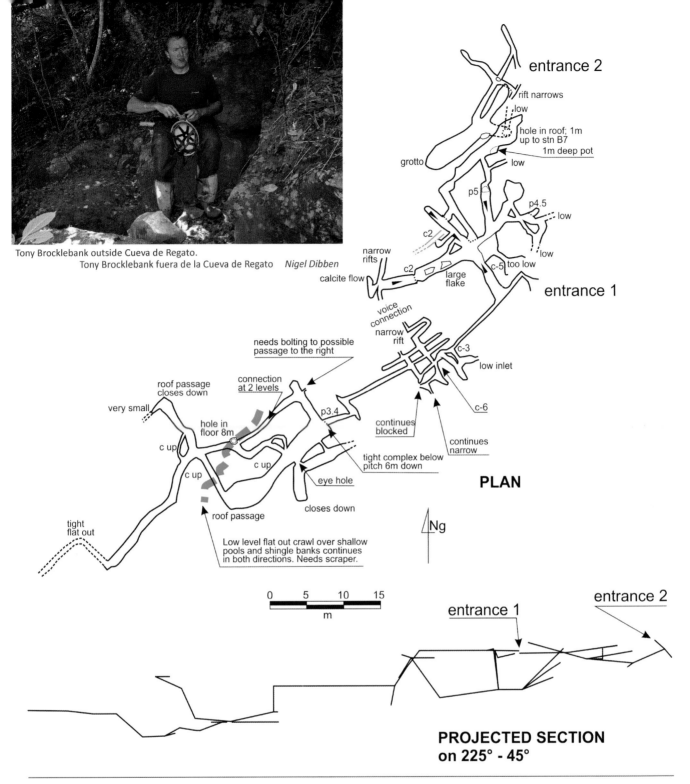

Tony Brocklebank outside Cueva de Regato.
Tony Brocklebank fuera de la Cueva de Regato   *Nigel Dibben*

PLAN

Ng

0   5   10   15
m

PROJECTED SECTION
on 225° - 45°

Site 3494: Cueva de Regato

San Antonio 30T 445751 4801267 Altitude 89m

Length 279m Depth 14m

Surveyed 2011 to BCRA 5c

Drawn by Tony Brocklebank, Phil Goodwin, Phil Parker, John Southworth

was climbed for 7m to a ledge where it could be clearly seen that there was no way on, being completely choked with boulders 15m up. They returned through Eye of the Tiger, declaring it a much easier route.

John, Sue, Bottlebank, Phil Goodwin, Alf and Dan checked out the digging potential of 3170 near the base of the huge Hondo depression, as it appeared to be very close to the current end of Encaramada. This dig, that takes water in wet weather and draughts well in the summer, would be "long term at best".

A draughting hole, quite close to the southern quarter of Encaramada was discovered by Rob. Bottlebank and Alf assisted with the excavation until it was 2m deep and, "with boulders of all shapes and sizes in every direction", it was written off. Site 3524 was also found - a 4m undescended shaft not far from the main road junction to Encaramada entrance. This was explored by others in 2012.[3]

The newly found Cueva de Regato 1 (3494) was a focus over four trips for those staying in La Cavada. Involved in the exploration,

con rocas a 15 m. Regresaron a través de Eye of the Tiger, declarando que era una ruta mucho más fácil.

John, Sue, Bottlebank, Phil Goodwin, Alf y Dan comprobaron el potencial de excavación del agujero 3170 cerca de la base de la enorme dolina de Hondo, ya que parecía estar muy cerca del extremo actual de Encaramada. Esta, que recoge agua cuando llueve y exhala una buena corriente de aire en verano, sería una desobstrucción «a largo plazo en el mejor de los casos».

Rob descubrió un agujero soplador bastante cerca de la sección sur de Encaramada. Bottlebank y Alf ayudaron con la excavación hasta que llegó a 2 m de profundidad y, «con rocas de todas las formas y tamaños en todas partes», se desestimó. También encontraron el 3524: un pozo sin explorar de 4 m cerca del cruce de la carretera principal hacia la entrada de Encaramada. Esta la exploraron otros en 2012[3].

La recién descubierta Cueva de Regato 1 (3494) fue el foco de más de cuatro incursiones para quienes se hospedaban en La Cavada. Phil Parker, Bottlebank, John, Phil Goodwin, Alf, Dave Milner, Sue, Gordon

3   2012 page 99.

3   Véase p. 99.

excavations and surveying were Phil Parker, Bottlebank, John, Phil Goodwin, Alf, Dave Milner, Sue, Gordon and Baz. Harry found a second entrance to the north and this was connected, providing a total surveyed length for the maze system of 279m.

Cueva Laberinto (3268), about 300m to the northeast of Cueva de Regato, was visited by the La Cavada team plus Sue and Bottlebank to examine three possible digs. The conclusion? More work was needed.

About 500m SSE further up the hill from these maze caves lies the entrance to Torca El Suto (3450). This was discovered as a tyre-filled depression the year before but had obviously been previously explored - at least partly - as bolts were found.[4] On April 29th, Phil Goodwin and Bottlebank entered the hole where Phil finished rigging the third pitch, 15m down to a clean-washed floor and a further 15m pitch with a hole at the base that took stones to a much greater depth. Exploration and the pitch system survey would wait until the summer.

THE NORTHEAST SECTOR INCLUDING THE FOUR VALLEYS SYSTEM

Patrick, Carmen and Chris Binding investigated the dig site at the end of Torno Chamber in Cueva del Torno (2366) near Fresnedo. However, they found it had already been dug to a tight rift in water and they "should have read the log!". Mandy Fu had passed this point in 2009 to a junction with a cobbled floor. Patrick suggested that the best lead was at the far end of the Wessex Inlet, ending at a draughting crawl with a small stream heading into the hill and the sound of falling water ahead. Unfortunately, although the line survey is up-to-date, the detailed survey of Torno has not been updated since 2006.

In Fresnedo, at Cueva de Fresnedo 1 (0126), Harry and Dave Milner found the cave confusing and not matching the written description. Dave pushed into a new side passage right at the entrance, passing through two squeezes to a larger section, ending at a choke in one direction and too tight in the other. This was surveyed for 44m the following day, adding to the 218m previously surveyed.

The cave is a wet weather stream sink and has disappointed a number of people trying to find and push what was surveyed in 1980. We can only assume that the flood water both washes in and washes through vegetation, rocks and sediment, blocking and clearing various routes. It is likely that collapse has also hidden higher level passages.

They also investigated 3604 near to Cueva del Torno, a 4m deep drop to a complete choke.

In Cueva de la Espada (0103) Tony Littler, Tufty and Angus surveyed "up the sandy ramp into known passage" where Angus "identified a couple of likely leads". Jane, Peter Eagan and Ali augmented the team on April 19th when pushing leads in the new extensions ended at "no way on" or "needs more work". Peter and Ali returned to the high level, which is not all that far below the hillside, with Simone and Santi four days later to continue previous digs.

    Down ramp below bolted traverse the first dig was
    enlarged into rift down to second dig not previously
    passed. Second dig was passed to a third dig which led
    to a larger area 1m wide and 1m high.
    Bedding at the top of climb beyond area of bones was
    pushed to a grotto 3m in diameter with draught coming
    out of boulder run-in. No way on.
    Large number of other possible ways on were pushed,
    mostly to climbs up with roots. One climb down led to
    a goat skeleton in a choke with no way on.

The trip concluded with photos downstream.

Pedro talked to a man from Riaño in the bar who said that the cave was called Cueva de Ruchano, referring to the bottom entrance. However, the Roman sword was found inside the bottom entrance back in 1975[5] and a village signpost to the bottom entrance calls it Cueva de la Espada.

In Cueva Hoyuca (0107) Ali, Santi and Simone continued the re-survey project and surveyed downstream from Pigs' Trotters Chamber to the sump with "various previously unsurveyed bits done." They found a possible draughting bypass to the wet route towards Gorilla Walk which required digging out and also surveyed a side passage off Goldie's Way. (On a later visit, it was thought that a considerable amount of digging would be required to open up the possible bypass). Peter Eagan and Chris Binding completed the climb in Porthole Passage which ended at a draughting boulder choke.

In an email around this time Patrick Warren, having looked at the old Hoyuca survey, suggested that the resurvey of the Sima Baz streamway (carried out on April 20th) might have been entered back-to-front as the two surveys appeared to be heading in opposite directions.

Ali, Santi, Peter Eagan and Simone looked at the left-hand branch of Wardrobe Passage and traversed over Pigs' Trotters Chamber. Ali commented that there were "certainly no bolts so almost certainly not that previously done by Toby - previously surveyed traverses done

y Baz participaron en la exploración, desobstrucción y topografía de la cueva. Harry encontró una segunda entrada al norte y se conectó, proporcionando un desarrollo total de 279 m para este sistema laberíntico.

El equipo de La Cavada, más Sue y Bottlebank, también fueron a Cueva Laberinto (3268), a unos 300 m al noreste de Cueva de Regato, para examinar tres posibles excavaciones. ¿La conclusión? Había que excavar más.

A unos 500 m SSE subiendo la colina desde estas cuevas está la entrada a Torca El Suto (3450). Se había documentado el año anterior en una depresión llena de neumáticos, pero obviamente ya se había explorado, al menos en parte, pues se encontraron fijaciones[4]. El 29 de abril, Phil Goodwin y Bottlebank entraron y Phil terminó de instalar el tercer pozo, 15 m hasta un suelo limpio y otro pozo de 15 m con un agujero en la base por el que las piedras caían a una profundidad mucho mayor. La exploración y la topo tendrían que esperar hasta el verano.

SECTOR NORESTE INCLUYENDO EL SISTEMA DE LOS CUATRO VALLES

Patrick, Carmen y Chris Binding investigaron la desobstrucción al final de la sala Torno en Cueva del Torno (2366) cerca de Fresnedo. Sin embargo, descubrieron que ya se había desobstruido hasta una fisura estrecha, «¡deberían haber leído el libro de salidas!». Mandy Fu la había pasado en 2009 hasta un cruce con suelo de guijarros. Patrick sugirió una posible continuación en la sección terminal al final de la galería Wessex, que termina en un laminador con corriente de aire, un pequeño arroyo que se dirige hacia el interior y el sonido del agua al frente. Desafortunadamente, aunque la poligonal está actualizada, la topo detallada de Torno no se ha actualizado desde 2006.

Para Harry y Dave Milner la Cueva de Fresnedo 1, en Fresnedo, era confusa y no coincidía con la descripción. Dave la forzó hasta una nueva galería lateral justo en la entrada, pasando por dos estrechamientos hasta una sección más grande que termina en un caos de bloques en una dirección y demasiado estrecha en la otra. Estos 44 m se topografiaron al día siguiente y se sumaron a los 218 m de la cueva hasta ahora.

Cuando llueve, la cueva es un recolector y ha decepcionado a muchas personas que han intentado encontrar y forzar lo que se topografió en 1980. Solo podemos suponer que el agua de lluvia arrastra y filtra a través de la vegetación, rocas y sedimentos, bloqueando y limpiando varias rutas. También puede ser que algunos derrumbes hayan ocultado galerías del nivel superior.

También investigaron la cueva 3604, cerca de la Cueva del Torno, un pozo de 4 m obstruido.

En Cueva de la Espada (0103) Tony Littler, Tufty y Angus hicieron la topo «por la rampa de arena hasta galería conocida» y Angus «identificó un par de posibles continuaciones». Jane, Peter Eagan y Ali se sumaron al equipo el 19 de abril y forzaron las nuevas extensiones, que terminaron «sin continuación» o «necesitan más trabajo». Peter y Ali regresaron al nivel superior, que no está a mucha profundidad, con Simone y Santi cuatro días después para seguir con viejas desobstrucciones.

    Al final de la rampa bajo el pasamanos, la primera
    desobstrucción se amplió hasta una fisura que baja hasta
    la segunda excavación que no se había pasado antes.
    La segunda va a dar a una tercera que condujo a una
    sección más grande de 1 m de ancho y 1 m de alto.
    El laminador arriba de la escalada pasando la sección
    de los huesos se forzó a una pequeña galería de 3 m de
    diámetro con un caos de bloques por el que exhala la
    corriente. Sin continuación.
    Se forzaron muchas otras posibles continuaciones,
    casi todas escaladas con raíces. Un destrepe condujo
    al esqueleto de una cabra en un caos de bloques sin
    continuación.

La visita concluyó con fotos aguas abajo.

Pedro habló con un hombre de Riaño en el bar que dijo que la cueva se llamaba Cueva de Ruchano, refiriéndose a la entrada inferior. Sin embargo, la espada romana se encontró dentro de la entrada inferior en 1975[5] y un letrero del pueblo esta la llama Cueva de la Espada.

En Cueva Hoyuca (0107) Ali, Santi y Simone continuaron el proyecto de la nueva topo aguas abajo desde la sala Pigs' Trotters hasta el sifón con «varios secciones que no se habían topografiado antes». Encontraron una posible ruta alternativa a la galería activa hacia Gorilla Walk que habría que desobstruir y también hicieron la topo de una galería lateral en Goldie's Way. (En una visita posterior, se decidió que los trabajo de desobstrucción para abrir el posible desvío llevarían mucho tiempo). Peter Eagan y Chris Binding completaron la escalada en Porthole Passage, que terminó en un caos de bloques soplador.

Patrick Warren, tras examinar la antigua topo de Hoyuca, envió un correo electrónico en el que sugería que la nueva topo de la galería activa de Sima Baz (realizada el 20 de abril) podría haberse procesado al revés ya que las dos topos parecían dirigirse en direcciones opuestas.

4 2010 summer, page 22.
5 Matienzo: 50 Years of Speleology, pp 33, 299-300.

4   Véase p. 22.
5   Matienzo: 50 años de espeleología, pp. 33, 299-300.

by Carmen and Torben 2009". They dug at a choke on the right-hand side at the start of the traverse. This had a good draught, looked fairly long term, but was pushed for about a metre on another occasion.

Further work in the area occurred on April 26th when Chris Binding and Peter Eagan with Angus, Ali and Carmen in support, bolted the traverse / rift above Pigs' Trotters Chamber but it "looks like t'other side closes down".

These explorations around and above Pigs' Trotters Chamber caused some excitement and consternation to a number of people. The emails and Matienzo Google Group discussions are to be found in the 2011 Easter logbook pages 44 - 55. Toby Chilton gave a long account of his explorations "way-back" but Ali seemed to think he was having false memories! Paul "Footleg" Fretwell - who has the unenviable task of sorting it all out as he's coordinating the 4 Valleys System resurvey - was drawn in, and then Chris Binding, Lank Mills, Peter Eagan and Jane Chilton. The disparate memories spanned possibly 30 years of explorations.

Chris Binding, Carmen, Barny and Dave Gledhill visited the Ammonite Choke in Cueva de Riaño (0105), the closest point to Cueva del Torno. They noted the possibility of a climb above the choke.

Dave Tuffery with stal and tree roots in the new extension of Cueva de la Espada. Dave Tuffery con estalagmitas y raíces de árboles en la nueva ampliación de Cueva de la Espada. *Tony Littler*

On a walk in Riaño, checking out leads from Lea Ziebold, Juan and Penny could see no sign of a tumulus at the top of a knoll, rather a slight depression full of heather gorse and grass - just like the rest of the hillside's vegetation. Another lead was a deep depression in the wood next to the road close to Torcón de Riaño (0106). This turned out to be site 3430 - which actually looked a good dig. They finished off by re-visiting (after 11 years) the interesting, 100m long cleft at Cueva del Cuervo (1319), but found it so full of ferns and saplings that the intended photography was not feasible.

The first of two Easter trips into Cueva-Cubío del Llanío (3234) was a mob-handed affair. Baz, John Southworth, Harry, Pete Morgan, Phil Parker, Phil Goodwin, Dave Milner and Juan went to check out a couple of leads at the northeast end of the cave. A sandy dig at the top of a slope was started while Juan investigated a rocky slope (where it said "solution pockets" on the survey) passing a rock constriction, "not realising that John had brought in a hammer and chisel to open it up". The two Phils, John and Dave soon followed and carried on through a tube to excavate a route to the north which closed in. Dave pushed through a flat-out section to 15m of walking passage that also closed in. Being close to Joven's Loop, this was called Lazo de Ancianos - the Older People's Loop.

The sandy dig was later excavated by another large team: Barny, Dave Milner, John, Phil Parker, Alf and Bottlebank. Unfortunately, the work proved pointless as it linked through to known passage in the Joven's Loop.

On the northern slope above the Mushroom Field, Terry found 3514, a shaft about 6m deep that has yet to be descended.

Harry took a walk up the valley rising above the Nacimiento del Campiazo (1106), south of Solórzano, finding an open shaft (3512). He returned with Dave Milner and the hole was descended 5m to a sandstone and mud choke. In the same valley, they had an unsuccessful search for 2544 but, higher up, came across 3513, a flat-out crawl at the base of a rock face which still remains unexplored.

The dig in the road corner near here, site 2415, was surveyed by John, Dave Milner, Phil Goodwin, Phil Parker and Bottlebank. Five years of excavations had revealed 76m of passage to a depth of 29m.

Dave and Harry investigated the hillside some 500m to the northeast of Cueva del Churro (0118) in Secadura. Site 3520 was found near the lowest point of a large depression and requires the entrance enlarging to get into a crawl. Nearby, 3521 also requires digging to reach a drop and a further slope, while the rift (3522)

Martin Barnicott bolting the entrance to 2964.
Martin Barnicott instalando la entrada a 2964. *Dave Gledhill*

Ali, Santi, Peter Eagan y Simone investigaron el ramal izquierdo de Wardrobe Passage y escalaron por encima de la sala Pigs' Trotters. Ali comentó que «no había fijaciones, por lo que casi con certeza no era la que había hecho anteriormente Toby, topografiada por Carmen y Torben en 2009». Excavaron en un caos de bloques en el lado derecho al comienzo del pasamanos. Tenía un fuerte tiro de aire, parecía que iba a llevar bastante trabajo, pero se forzó aprox. un metro en otra ocasión.

El 26 de abril Chris Binding y Peter Eagan, con Angus, Ali y Carmen de apoyo, también instalaron el pasamanos / fisura por encima de la sala Pigs' Trotters, pero «parece que se cierra al otro lado».

Estas exploraciones alrededor y por encima de la sala Pigs' Trotters provocaron cierta expectación. Los correos electrónicos y las discusiones en el grupo de Google de Matienzo se guardaron en las páginas 44 a 55 del libro de salidas de Semana Santa de 2011. Toby Chilton recordó sus exploraciones «tiempo ha», pero Ali creía que no lo estaba recordando bien. Paul «Footleg» Fretwell, quien tiene la tarea nada envidiable de resolverlo todo mientras coordina la nueva topo del Sistema de los Cuatro Valles, se vio involucrado, y luego Chris Binding, Lank Mills, Peter Eagan y Jane Chilton. Sus recuerdos tan dispares abarcaron unos 30 años de exploraciones.

Chris Binding, Carmen, Barny y Dave Gledhill fueron hasta Ammonite Choke en Cueva Riaño, el punto más cercano a Cueva del Torno. Observaron una posible escalada encima del caos de bloques.

En una caminata en Riaño, comprobando las pistas que les había dado Lea Ziebold, Juan y Penny no vieron ningún túmulo en la cima de una loma, sino una pequeña depresión llena de brezo y hierba, como el resto de la ladera. Otra pista era una profunda dolina en el bosque junto a la carretera cerca de Torcón (0105). Esta resultó ser el agujero 3430, que parecía una buena excavación. Terminaron con una nueva visita (después de 11 años) a la interesante hendidura de 100 m de largo en Cueva del Cuervo, 1319, pero la encontraron tan llena de helechos y árboles que no pudieron fotografiarla como esperaban.

A la primera de dos incursiones a Cueva-Cubío del Llanío (3234) acudió una multitud. Baz, John Southworth, Harry, Pete Morgan, Phil Parker, Phil Goodwin, Dave Milner y Juan fueron a echar un vistazo a un par de posibles pistas en el extremo noreste de la cueva. Empezaron a desobstruir en lo alto de una pendiente mientras Juan investigó una pendiente rocosa (donde decía «hornacinas de disolución» en la topo) pasando una sección estrecha, «sin darse cuenta de que John había llevado un martillo y un cincel para abrirlo». Los dos Phils, John y Dave pronto lo siguieron y continuaron a través de un tubo para desobstruir una ruta hacia el norte que se fue cerrando. Dave forzó un laminador a 15 m de galería abierta que tampoco continuaba. Al estar cerca de Joven's Loop, está sección se llamó Lazo de Ancianos.

La primera desobstrucción fue excavada más tarde por otro equipo numeroso: Barny, Dave Milner, John, Phil Parker, Alf y Bottlebank. Por desgracia, no sirvió para nada porque conectaba con una sección en Joven's Loop.

En la ladera norte sobre Carcavuezo, Terry encontró la cavidad 3514, un pozo de unos 6 m de profundidad que aún no se ha explorado.

Harry dio un paseo por el valle que sube sobre el Nacimiento del Campiazo, al sur de Solórzano, y encontró una sima (3512). Regresó con Dave Milner y bajaron los 5 m del pozo hasta una obstrucción de arenisca y barro. En el mismo valle no fueron capaces de encontrar la cueva 2544 pero, más arriba, descubrieron la 3513, un laminador en la base de un peñasco que aún no se ha explorado.

Cerca de aquí, John, Dave Milner, Phil Goodwin, Phil Parker y Bottlebank topografiaron la cavidad 2415, la excavación en la curva de la carretera. Tras cinco años de excavaciones se habían conseguido 76 m de galerías hasta una profundidad de 29 m.

Dave y Harry investigaron la ladera a unos 500 m al noreste de Cueva del Churro (0118) en Secadura. La cavidad 3520 se encontró cerca del punto más bajo de

went a few metres to a possible corner to the left.

EASTERN MOUNTAINS Barny and Dave Gledhill returned to Not Too Bad Pot (2964), first found in 2008. They snappered open a constriction 65m down and left the system rigged for an imminent return. On a mild day, they found the fumes from the snappers clearing in a few seconds on the inward draught.

Jon, James and Barny returned and placed bolts for a Y-hang above the tight rift. James tried to descend but decided that the route required further enlargement. The pothole was derigged.[6]

Phil Papard, Hilary, Juan and Penny walked up onto the north side Muela / Mullir area via the track excavated for the pylons. Site 3504, a hole marked "AA76" in red paint at the side of the track was seen to be a "crawl going off". The "main event" for the day was 3252, stooping and kneeling height passage with soft calcite which, unfortunately, closed in after 8m. Wandering off the track, two more new sites were documented: 3505 where blocks needed removing to enter a low crawl with possible enlargement and 3506, another site requiring a dig.

Juan and Penny returned on a murky but warm day in early May. They checked out the walk-in site 3144 with its "stream" of goat shit. Circling the Hoya de Yusa anticlockwise they reached the west side and found new site 3525, a "small hole onto a roomy pitch at least 11m deep".

The Torca de Yusa (0116), next to the 500m diameter Hoyo de Yusa depression, has an impressive 117m entrance pitch to further drops. The entrance was tackled up by Dan, James, Jon and Rob and a climb up a mud slope to the northeast revealed passage continuing over mud. This lead was pushed in the summer, 2013.

SOUTHERN SECTOR Pedro and Phil Papard were keen to complete the climb up into the possible continuation of the Arco Gallery in Sima-Cueva del Risco (0025). However, after placing one bolt, no good placements could be found "it being a mass of loose rock on a 60° slope with shale-type rock and gypsum. It "needs a 5 to 6m maypole to get over this area". As a consolation, nearer the entrance, Phil "bolted across the roof into a side passage on a ledge". Here was found some 100m of passage on both sides of the stream. Called the Galería del Bote, the survey was completed in 2018.

Rupert Skorupka had been tackling up the Torca de Azpilicueta (0333) route down to the upstream end of the Rub-a-Dub-Dubs. On April 27th he set off down to dive the upstream sump at Into the Tub Corner.

Once kitted up, the deep pool at the corner was swum and a few more awkward rapids flopped over... A short recce dive a few days earlier showed the line to be intact and to drop into a clean-washed phreatic tube at 3m depth. RS belayed his own line ... and set off in idyllic conditions. At 30m a junction was met. To the right (west) led back to an air surface in a siltier backwater. To the left was a clean tube that curved around and rejoined the main route after 20m - an oxbow. Ahead, the passage soon swung to the west and maintained this heading, dead straight, to the limit of exploration. The depth was steadily increasing and the old line was broken at 60m in...

At this point, the passage form was a massive rift, 4 to 5 metres wide and rising to a ceiling that was out of sight. A prominent bedding in the left hand wall was followed, the passage dipping steadily over sand and the odd block. RS decided that, if this state of affairs continued, he would turn the dive at 150m in. Sure enough, by this point, the depth was 17.5m and the slope seemed to steepen. The vis allowed RS to see down at least 20m...

As Rupert was looking for a belay, "great clouds of thick silt" descended from above, disturbed by his rising air bubbles. He tied off the line and, leaving the reel below the belay rock in very poor visibility, headed back downstream. Clearer conditions returned as he neared base, surfacing after a 26 minute dive.

After changing back into dry kit, Rupert transported all the gear back to the upstream end of Reñada sump 1. He exited the cave after a 6 hour, solo trip disappointed, as he had been hoping for "a long shallow dive. Foiled again!".

Two days later Rupert retraced his descent of Azpilicueta and dived his gear through sump 1 into Reñada. There he was met by Juan, Pedro, Steve and Terry who helped to transport his gear to the base of the ladder in Squirrel's Passage where Rupert planned to dive.

At the start of May, Pedro and Rupert moved the equipment up out of the water for a dive in the summer.

Over the Easter 2010 expedition more than 2.3km of new passages were surveyed.

---

una gran dolina y la entrada se ha de agrandar para entrar en una gatera. Cerca de allí, la cavidad 3521 también se ha de desobstruir para alcanzar un pozo y una pendiente, mientras que una fisura (3522) de un par de metros parecía conducir a una esquina a la izquierda.

MONTAÑAS AL ESTE Barny y Dave Gledhill regresaron a Not Too Bad Pot (2964), descubierto en 2008. Con microexplosivos, abrieron un estrechamiento a 65 m de la entrada y dejaron el sistema instalado para volver pronto. En un día templado, vieron que el humo se despejaba en unos segundos gracias a la corriente aspirante.

Jon, James y Barny regresaron y colocaron fijaciones para instalar esa estrecha fisura. James intentó bajar, pero decidió que se tenía que ampliar más, así que desinstalaron el pozo.[6]

Phil Papard, Hilary, Juan y Penny prospeccionaron en el área norte de Muela / Mullir por la pista excavada para las torres de alta tensión. El agujero 3504, marcado con «AA76» en pintura roja junto a la pista parecía ser una «gatera que continuaba». Lo «importante» del día fue la cavidad 3252, una galería baja con calcita suave que, desafortunadamente, se hizo muy pequeña tras 8 m. Saliéndose de la pista, vieron dos cavidades nuevas: el agujero 3505 con bloques que tuvieron que quitar para entrar en una gatera que podría ampliarse y el agujero 3506, que también se ha de desobstruir.

Juan y Penny regresaron en un día gris pero cálido a principios de mayo. Echaron un vistazo a 3144, con su entrada amplia y «río de mierda de cabra». Rodeando la Hoya de Yusa en sentido contrario a las agujas del reloj, llegaron al lado oeste y encontraron 3525, un «pequeño agujero hasta un pozo amplio de al menos 11 m de profundidad».

La Torca de Yusa (0116), junto a la dolina Hoyo de Yusa de 500 m de diámetro, tiene una impresionante sima de 117 m hasta otros pozos. Dan, James, Jon y Rob instalaron la entrada y tras escalar por una pendiente de barro al noreste vieron una galería que continuaba sobre barro. Esta se forzó en el verano de 2013.

SECTOR SUR Pedro y Phil Papard estaban ansiosos por completar la escalada a la posible continuación de Arco Gallery en Sima-Cueva del Risco (0025). Sin embargo, tras colocar la primera fijación, no se encontró un buen sitio para las demás «ya que es una masa de roca suelta en una pendiente de 60° con roca como lutita y yeso. Para pasarlo hace falta una pértiga de 5 a 6 m». Como premio de consolación, más cerca de la entrada, Phil «instaló un pasamanos por el techo hasta una galería lateral en una repisa». Aquí se encontraron unos 100 m de galería a ambos lados del curso de agua. Llamada Galería del Bote, la topo se terminó en 2018.

Rupert Skorupka había instalado la ruta en Torca de Azpilicueta (0333) hasta el último punto aguas arriba en Rub-a-Dub-Dubs. El 27 de abril entró a bucear en el sifón aguas arriba en Into the Tub Corner.

Tras ponerme el equipo, nadé la sección en la esquina y franqueé algunos rápidos más complicados... Una breve inmersión de reconocimiento unos días antes mostró que la guía estaba intacta y que iba a dar a un tubo freático limpio a 3 m de profundidad. RS aseguró su propia guía [...] y se sumergió en condiciones idílicas. A los 30 m encontró un cruce. A la derecha (oeste) condujo de regreso a una superficie abierta en una zona estancada. A la izquierda había un tubo limpio que se curvaba y se unía a la ruta principal después de 20 m: un desvío. Más adelante, la galería pronto giró hacia el oeste y mantuvo este rumbo, completamente recto, hasta el límite de la exploración. La profundidad fue aumentando poco a poco y la antigua línea se rompió a 60 m...

En este punto, la galería tenía forma de gran diaclasa, de 4 a 5 m de ancho hasta un techo que no se veía. Se siguió un lecho en la pared de la izquierda, la galería descendiendo constantemente sobre arena y algún que otro bloque. RS decidió que, si todo seguía así, terminaría a 150 m. Efectivamente, en este punto, la profundidad era de 17.5 m y la pendiente se hacía más pronunciada. La visibilidad permitió a RS ver al menos 20 m hacia abajo...

Mientras Rupert buscaba un sitio en el que asegurar el hilo guía, le empezaron a caer «grandes nubes de barro» por culpa de las burbujas. Aseguró la guía y, dejando el carrete debajo de la roca con muy poca visibilidad, volvió aguas abajo. El agua se volvió más clara a medida que volvía a la base, saliendo después de una inmersión de 26 minutos.

Después de volver a ponerse el equipo seco, Rupert transportó todo el equipo de regreso al extremo aguas arriba del sifón 1 de Reñada. Salió de la cueva tras una incursión en solitario de 6 horas decepcionado, ya que esperaba «una inmersión larga y poco profunda. ¡De nuevo frustrado!».

Dos días después, Rupert volvió a Azpilicueta y sumergió su equipo a través del sifón 1 en Reñada. Allí lo recibieron Juan, Pedro, Steve y Terry, quienes lo ayudaron a transportar su equipo hasta la base de la escala en Squirrel's Passage, donde Rupert planeaba bucear.

A principios de mayo, Pedro y Rupert sacaron el equipo del agua para volver en verano.

Durante la campaña de Semana Santa de 2010 se topografiaron más de 2,3 km de nuevas galerías.

---

6 The next visit was at Easter 2015. See page 186.

6 Volvieron en 2015. Véase p. 186.

Terry Whitaker spent some time compiling a hydrology diagram of the South Vega System that appeared online. With new exploration, new water traces and the complexity of the 12-entrance system the diagram is now on its 3rd draft (2015) and can be seen in the Detailed Surveys section of the 0048 description.

John Southworth described site 3500 found at Easter, between Cueva Regato (3494) and Cueva Laberinto (3268) at San Antonio. Actually three holes: one is a dig; a second is a 20m walk-in down a slope then up to a calcite choke and the third is a 10m long cave past two squeezes to a small calcited chamber. Tony described 3501 as a short cave and 3502 as being pushed down a climb. He suggested that the line of the three caves might repay attention in the winter as they're over the possible southwest continuation of Cueva Laberinto.

In early June, Johnny Latimer's "stag do" was based in Matienzo. The team flew out to enjoy themselves both above and below ground. The non-speleological deeds can be glossed over although they often had an effect on the following day's activities.

On June 10th Simon, Tom, James, Phil, Dan, Johnny, Juan and Paul visited 3470 close to the east side of the south-heading passages in Torca la Vaca (2889). A window at head height was widened in the left-hand wall allowing James to thrutch through and descend a 3.5m drop on the other side. No way on was found on the flat, sandy floor. Paul climbed up high in the rift while others busied themselves with a dig at the lowest point. Some investigation of the open boulder pile of boulders also occurred with nobody having any inkling that Cueva Cuba Libre, 10m away, would be dug out from the inside of Torca la Vaca four years later.

On June 13th, Dan, Andrew, Brian, Simon and Johnny Latimer, Paul and Gordon dug out the entrance to 3041, The Temple of Doom, just off the road to the west of Torca la Vaca. Paul wrote:

    A 2m entrance shaft, then slide on back under
    boulder on mud floor, 2.5m climb down followed by 2m of
    horizontal caving over boulders to meet the head of a
    6m pitch just after an awkward move past a restrictive
    boulder. At 4m there is a ledge and this can be down
    climbed with care to solid limestone ledge where the
    way splits left and right at 35°.
    Left was blocked by boulders that were removed to
    expose an aven where boulders filled the bottom half. I
    descended between the boulders advised of
    progress by Dan Hibberts but, due to the
    unstable nature, a final drop to the floor
    was deemed very unsafe and so a retreat
    was made. We threw a boulder down the
    hole and this hit the floor and rolled
    down hill with a good rumble for a good
    10 seconds. Following this, enthusiastic
    use of crowbars helped remove most of the
    restriction but this was not descended
    as it's still deemed a little interesting
    and might require engineering and a spare
    pair of pants.
    Right from the pitch drops down a 1.5m
    climb into an ascending canyon. After
    10m, and over interesting boulders, a
    mud and boulder floor is met. On the
    left a hole in the floor was looking
    interesting as a good air flow was felt.
    Andy suggested he would descend the drop
    but only if the sandstone boulder was
    removed that would be above his head. Dan
    advised that this was not a good idea
    but, by the time he had spoken, Andy
    had kicked the rock in question out of
    the way. Approximately half a minute
    later the piano sized boulder that was
    supported by the sandstone chock stone
    shifted downwards causing the swift
    evacuation of all four people in the
    area.

They planned to return at the beginning of August to engineer the slot.

On a walk up to the Mullir summit, JJ, Juan, Phil and Tony came across new site 3498, 3m deep twin shafts and 3499, a dig into a drop where other holes in the vicinity need investigating.

From terse logbook entries, it appears that some progress was made down in the boulders at the end of The Sewer (2066) in Cobadal and that new holes were found over Fuente Aguanaz (0713).

James pushing 3470. James explorando en 3470. *Phil Papard*

Not far from Cuba Libre.
No muy lejos de Cuba Libre. *Phil Papard*

Terry Whitaker pasó algo de tiempo compilando un diagrama hidrológico del Sistema de La Vega que se publicó en la web. Con nuevas exploraciones, nuevas coloraciones y la complejidad de este sistema con 12 entradas, el diagrama se encuentra ahora en su tercer borrador (2015) y se puede ver en la sección Detailed Surveys de la descripción de 0048.

John Southworth describió el agujero 3500 que se encontró en Semana Santa, entre Cueva Regato (3494) y Cueva Laberinto (3268) en San Antonio. En realidad son tres agujeros: el primero es una excavación, el segundo son 20 m por una pendiente hasta una obstrucción de calcita y el tercero es una cueva de 10 m de largo pasando dos estrechamientos hasta una pequeña sala con calcita. Según la descripción de Tony, 3501 es una cueva corta y 3502 es una escalada estrecha. Sugirió que la línea de las tres cuevas podría llamar la atención en el invierno, ya que está sobre la posible continuación al suroeste de Cueva Laberinto.

A principios de junio, Johnny Latimer celebró su despedida de soltero en Matienzo. El grupo vino para disfrutar de unos días tanto sobre como bajo tierra. Las actividades no espeleológicas pueden pasarse por alto, aunque a menudo repercutieron en las del día siguiente.

El 10 de junio, Simon, Tom, James, Phil, Dan, Johnny, Juan y Paul visitaron la cavidad 3470 cerca del lado este de las galerías en dirección sur en Torca la Vaca (2889). Se ensanchó una ventana a la altura de la cabeza en la pared de la izquierda, lo que permitió a James pasar y destrepar una caída de 3,5 m al otro lado. No se encontró continuación en el suelo de arena. Paul trepó a lo alto de la fisura mientras que otros se dedicaron a cavar en el punto más bajo. También investigaron el montón de rocas, sin que nadie tuviera la menor idea de que Cueva Cuba Libre, a 10 m de distancia, se llegaría desde el interior de Torca la Vaca cuatro años después.

El 13 de junio, Dan, Andrew, Brian, Simon y Johnny Latimer, Paul y Gordon desobstruyeron la entrada a 3041, The Temple of Doom, justo al lado de la carretera al oeste de Torca la Vaca. Paul escribió:

    Tras un pozo de 2 m, deslizarse sobre la espalda
    bajo la roca, destrepar 2,5 m seguido de 2 m en hori-
    zontal sobre rocas para dar con la cabecera de un pozo
    de 6 m justo tras un movimiento complicado para pasar
    una roca en el camino. A 4 m hay una repisa y esta se
    puede destrepar con cuidado hasta otra de piedra caliza
    sólida donde el camino se divide a izquierda y
    derecha a 35°.
    A la izquierda estaba obstruido por rocas que
    se quitaron para mostrar un pozo lleno hasta
    la mitad de rocas. Bajé entre estas aconsejado
    por Dan Hibberts pero, debido a lo inestable
    de estas, consideramos que no era seguro
    bajar del todo y, por tanto, nos retiramos.
    Tiramos una roca por el agujero y esta rodó
    cuesta abajo con bastante ruido durante unos
    10 segundos. Tras esto, usamos las palancas
    con entusiasmo y pudimos quitar la mayor parte
    de la restricción, pero no se bajó porque aún
    parecía peligroso, podría requerir ingeniería
    y un par de calzoncillos de repuesto.
    A la derecha desde el pozo, un destrepe de
    1,5 m hasta un cañón ascendente. Después de
    10 m, y sobre rocas interesantes, se llega a
    un suelo de barro y rocas. A la izquierda, un
    agujero en el suelo parecía interesante ya que
    se notaba un buen tiro. Andy dijo que bajaría,
    pero solo si se quitaba la roca de arenisca
    que tendría encima de la cabeza al bajar.
    Dan dijo que no era una buena idea, pero,
    para cuando lo dijo, Andy había pateado la
    roca en cuestión. Aproximadamente medio
    minuto después, el gran bloque del tamaño
    de un piano que se apoyaba en la piedra
    de arenisca se movió, causando la rápida
    evacuación de las cuatro personas en el
    área.

Planearon regresar a principios de agosto para empezar con los trabajos de ingeniería.

En una caminata hasta la cumbre de Mullir, JJ, Juan, Phil y Tony encontraron dos nuevos agujeros: 3498, dos pozos gemelos de 3 m de profundidad, y 3499, una excavación hasta un destrepe. Además de otros posibles agujeros cerca que hay que investigar.

De las breves entradas del libro de salidas, parece que se pudo avanzar algo en los bloques al final de The Sewer (2066) en Cobadal y que se encontraron nuevos agujeros sobre Fuente Aguanaz. (0713)

Pete had been talking to a Spanish caver about Cueva del Torno (2366). "... last week they were in Torno in the Eldon Series and somewhere they climbed up and got into passage with no footprints."

Dave Gledhill emailed with his memories of that area, where the passage comes close to Cueva de Riaño (0105).

At a guess it sounds rather like the point we originally reached when we made the first breakthrough along the Canyon Passage - ending close to Riaño.

Canyon Passage ends in a largish area with a load of fallen blocks. To the right is chambers of very loose horribleness but, to the left, it goes downwards into a small streamway which Barny remarked at the time was very reminiscent of Riaño. At the end of the stream, a low squeeze under a wall comes into a chamber with a waterfall entering high up on the right (later climbed by Barny - oxbows back to streamway entering the chamber). There were a few obvious leads but they all closed down. Two ways remained to be pushed. The first was through a long choke which we suspect is going straight to Riaño - but far from easy. The other was a climb up to the left of the waterfall (chimney up approx. 5m?). Not attempted at the time - up looked possibly 'doable' without kit, but return would not have been easy without rope. I suspect they may have gone up this? It not, I've no idea.[1]

NORTHWEST SECTOR Brendan, Jenny Sloan, Louise, Liz and Tim tackled up Torca de Peña Encaramada (3380) to "have a look at some leads".

Five metres down the pitch Brendan noticed an oxbow off, so swung in for a look.

Thirty five metres of passage including a pretty grotto and a too tight rift down that looks to continue if widened. Most obvious passage leads to a wet choke.

A number of places were investigated, including the ladder pitch area into the stream. The route was pushed upstream and a traverse over the top of the ladder "looks worth doing, as does a climb into an aven after the first couple of bends in the streamway, heading upstream". A continuing rift below the climb to the high level was followed to find it linked back to the sump series but bypassing the sump.

The group came out after surveying four short batches in the entrance series (batches 3380-11-04, -05, -06, -07) taking the length of the system to 3482m.

With James and Richard, the team surveyed more batches (11-08, -09 and -10 totalling 118m) on a July 25th visit. These were small extensions in the entrance series including one where "Jen, Liz and Louise surveyed the passage at a rate of 5m per hour since the passage was tight and prone to collapsing".

Another passage terminated in a boulder choke with spiders and centipedes and the smell of fresh air. The traverse over the ladder pitch went through constricted passage to an aven that may be worth bolting.

Two days later, Jenny Sloan, Louise and Liz continued their investigations in the entrance series then went to look at 2949, a heavily vegetated depression further east and just off the road that passes over Torca la Vaca (2889). Within the hollow, five possible digs were documented which were re-investigated, with little progress, in 2013.

Tim, Brendan and Richard were in the system the same day and looked at possible leads off the streamway, eventually linking through to I Want Me Mum Chamber. One good-looking lead on the survey turned out to be 3 inches wide.

... walked on down the passage and kept finding side passages not on the survey.. The stream ... kept appearing and then going off down a side passage. This was found to be coming from the boulder choke that links through to Boulevard of Broken Dreams.

On August 16th, Ali, Tom and Diane carried out a surface survey in

---

Pete había estado hablando con un espeleólogo español sobre la Cueva del Torno (2366): «... la semana pasada estuvieron en Torno en la red Eldon y escalaron en alguna parte y entraron en una galería sin huellas».

Dave Gledhill envió un correo electrónico con sus recuerdos de esa sección, donde la galería se acerca a Cueva Riaño (0105).

Parece que es el punto al que llegamos originalmente cuando lo forzamos la primera vez a lo largo de Canyon Passage, que termina cerca de Riaño.

Canyon Passage termina en un sección más o menos grande con bastantes bloques derruidos. A la derecha hay salas muy sueltas pero, a la izquierda, baja hasta un pequeño arroyo que, según dijo Barny entonces, se parecía mucho a Riaño. Al final del arroyo, un pequeño laminador debajo de una pared va a dar a una sala con una cascada que entra desde lo alto a la derecha (que más tarde escaló Barny y regresa al arroyo que entra en la sala). Había algunos posibles interrogantes, pero ninguno parecía continuar. Quedaban dos opciones que se podían forzar. La primera a través de una larga obstrucción que sospechamos va a directa hacia Riaño, pero no parecía fácil. La otra era una escalada a la izquierda de la cascada (¿chimenea de unos 5 m?). No lo intentamos entonces; subir parecía «factible» sin equipo, pero bajar no hubiera sido fácil sin cuerda. ¿Quizás la escalaron ellos? Si no, no tengo ni idea.[1]

EL SECTOR NOROESTE Brendan, Jenny Sloan, Louise, Liz y Tim instalaron Torca de la Peña Encaramada (3380) para «echar un vistazo a algunos interrogantes».

Tras 5 m de bajada por la sima, Brendan observó una posible continuación, así que se columpió hasta ella para investigar.

35 m de galería que incluyen una sección decorada y una fisura demasiado estrecha que parece continuar si se ensancha. La galería más obvia va a dar a una obstrucción con agua.

Se investigaron varios puntos, incluida la sección con el pequeño pozo hasta el río. Se forzó aguas arriba y una escalada por encima de la escala «parece que puede merecer la pena, al igual que una escalada hasta una chimenea después de las primeras curvas en el río, aguas arriba». Una fisura debajo de la escalada al nivel superior fue a dar de vuelta a la red del sifón, pero evitándolo.

El grupo salió después de hacer la topo de la red de la entrada (archivos 3380-11-04, -05, -06, -07) con la que el desarrollo del sistema alcanzó los 3482 m.

Con James y Richard, el equipo continuó con la topo (archivos 11-08, -09 y -10, con un total de 118 m) el 25 de julio en pequeñas extensiones en la red de la entrada, incluida una en la que «Jen, Liz y Louise topografiaron la galería a una velocidad de 5 m por hora, ya que era estrecha y propensa al derrumbamiento».

Otra galería terminaba en un caos de bloques con arañas y ciempiés y el olor de aire fresco. La escalada por encima del pozo con escala fue a dar a través de una galería estrecha a una chimenea que quizás merezca la pena instalar.

Dos días después, Jenny Sloan, Louise y Liz siguieron investigando la red de la entrada y luego fueron a echar un vistazo al 2949, una depresión con mucha vegetación más al este y justo al lado de la carretera que pasa sobre Torca la Vaca (2889). Se documentaron cinco posibles desobstrucciones que se volvieron a investigar, con pocos avances, en 2013.

Tim, Brendan y Richard también fueron a la cueva el mismo día y observaron posibles interrogantes que salían desde el río y finalmente se unían a I Want Me Mum Chamber. Un interrogante que parecía interesante en la topo resultó tener solo 7 cm de ancho.

...seguimos por la galería y encontramos galerías laterales que no estaban en la topo. El río [...] seguía apareciendo y desapareciendo por una galería lateral. Resultó que este venía del caos de bloques que conecta con Boulevard of Broken Dreams.

El 16 de agosto, Ali, Tom y Diane realizaron un estudio del terreno alrededor de la zona de «Langdales». Como Ed's Birthday Passage en

---

1   2019 summer, page 382 details the next trip to this area.

1   Verano de 2019, p. 382, detalla la siguiente visita a esta sección.

the jungle around the "Langdales" area. As Ed's Birthday Passage in Torca la Vaca was passing below, it was thought appropriate to more accurately fix the positions of sites 3034, 3594-3596 and 2916. One of these would become an entrance to the system in 2015 while another, 3594, was the draughting Honeymoon Pot, Torca de Luna de Miel. This was excavated over 3 consecutive days in August, mainly by Johnny "Dingle 3" Latimer and Jude. A logbook description from Jude follows:

> *Hang ladder down to 1st squeeze at -9m. Squeeze currently will just about let D3 through. Below squeeze, sit down then feet first through next narrowish section into small chamber. (Don't look up at the flake above!) Climb down 3m into next small chamber.*
>
> *Directly below, pass feet-first down through another narrowish section and back-and-foot down rift through bedding squeeze with slot down to pass right foot through on the way down on the right. Then down*

Torca la Vaca pasaba justo por debajo, creyeron oportuno corregir con mayor precisión la ubicación de las cavidades 3034, 3594-3596 y 2916. Una de estas se convertiría en una entrada de acceso al sistema en 2015, mientras que otra, la 3594, pasaría a llamarse Torca de Luna de Miel. Este agujero soplador se excavó durante 3 días consecutivos en agosto, principalmente por Johnny «Dingle 3» Latimer y Jude. Jude escribió en el libro de salidas:

> *Colocamos la escala hasta el primer laminador a -9 m, que, por ahora, es lo suficientemente grande como para que D3 pueda pasar. Debajo del laminador, hay que sentarse para pasar con los pies por delante a través de la siguiente sección estrecha hasta una sala pequeña. (¡Evita mirar la piedra que hay arriba!) Después hay que destrepar 3 m hasta otra sala pequeña.*
>
> *Justo debajo, hay que bajar con los pies por delante por otra sección estrecha y una fisura hasta un laminador con una grieta para pasar el pie derecho y bajar hacia abajo a la derecha. Después, bajar otros*

The Ring

SIMON CORNHILL

El anillo

Johnny and Jude Latimer's fine choice of honeymoon destination was to be the illustrious Matienzo happy valley. In the summer of 2011, only a few days after their wedding in Clapham, the bridal couple were leading a mass assault down the then rapidly expanding Torca La Vaca system (2889). Slim, with Di, was sent to climb several avens around the top of Scafell Aven. I was clad in a 7mm neoprene suit laden with diving gear so was directed towards the Whitworth Series sumps. Jude & Johnny were to take the main wedding party through the Penrith Historic Market Town Duck and on to drop some pitches in Ed's Birthday Passage that they had recently discovered.

On my way to the Whitworth sumps, it quickly became obvious that exploration fever must have gripped the original explorers quite strongly whilst pushing this extension, as it appeared they had jumped down several small pitches which really needed a rope. Wearing a thick two piece wetsuit I only just managed to pass the squeeze by fully unzipping it, losing some chunks off the backside and shoulders on the way. Needless to say, the dive was duly postponed pending some rigging and Sherpas for the heavy bags.

So, with cylinders still full, I was now after something else to dive. Luckily (for me) a rather worried looking Johnny suddenly materialised. With a loaded question he enquired, "Simon, have you still got some air left?"

It transpired that an 'incident' had just occurred whilst getting everyone through the notorious out of depth duck. Johnny, treading water whilst holding the rope, was inserting the wedding party in one by one into the low airspace. Unfortunately, the (then) young Tom inadvertently took a big gulp of sump water as he went in and came straight back out arms flailing. Lifeguard Johnny valiantly went to his aid. However, as he extended his arm to grab him, his brand new wedding ring flew off his finger. Luckily he felt it fall into his other hand.

Johnny was then presented with a dilemma, keep hold of the ring and his marriage or save the struggling caver. Tom was duly recovered and then launched straight back into the duck!

We stood on the shore of a now quiet but very murky looking Lake Bassenthwaite. Pointing in the general direction of the duck where the rope through is deviated by a belay, Johnny said, "It went down around there somewhere, but PLEASE don't tell Jude I've lost it already!"

With that, he raced to catch the others up before he missed out on any glory.

The pool turned out to be around 3m deep. Turning off helmet lights and in 20 cm of visibility, using only hand held torches, nose on the floor, I started to search the golden coloured sandbanks.

A sparkle, there it is! Oh no, just more sand. In the gloom everything looked like a glittering wedding ring. Nearly an hour had passed, imagining what trouble Johnny would be in and thinking I had seen it dozens of times. Then, miraculously, half buried in the sand, there it was! Carefully picking it up with a cold neoprene-gloved hand I surfaced triumphantly, like Gollum with his precious!

Later that evening, the happy couple arrived at the bar, where I subtly gave Johnny his ring back, repaid with a sloppy kiss and a beer!

Apparently, it only stayed on his finger another couple of months before it disappeared again!

El destino, elegido con gran acierto, para la luna de miel de Johnny y Jude Latimer fue el glorioso valle feliz de Matienzo. Así, en el verano de 2011, solo unos días después de su boda en Clapham, la pareja lideró un gran asalto al sistema de Torca La Vaca (2889). A Slim, junto con Di, lo enviaron a escalar varias chimeneas cerca de la parte superior de Scafell Aven. Yo me atavié con un traje de neopreno de 7 mm y un equipo de buceo y me dirigí a los sifones de la serie Whitworth. Mientras, Jude y Johnny llevaron al cortejo nupcial a través de la bóveda sifonante Penrith Historic Market Town Duck para bajar por algunos pozos en la galería Ed's Birthday Passage que habían descubierto hacía poco.

De camino a los sifones de Whitworth, enseguida se hizo patente que la fiebre exploratoria se había apoderado de los exploradores originales cuando forzaron esta sección, ya que parecía que habían saltado varios destrepes para los que realmente hacía falta una cuerda. Como iba con un traje de neopreno grueso dos piezas, no conseguí pasar el estrechamiento hasta que me lo desabroché por completo, perdiendo algunos trozos de la espalda y los hombros por el camino. Huelga decir que pospuse la inmersión hasta que pudiera instalar cuerdas y conseguir unos sherpas para las bolsas pesadas.

Así que, con las botellas aún llenas, necesitaba encontrar otro proyecto para bucear. Afortunadamente (para mí), un Johnny con cara de preocupación se materializó de repente. Con segundas, preguntó: «Simon, ¿aún te queda algo de aire?».

Resultó que había ocurrido un «incidente» mientras atravesaban la famosa y profunda bóveda sifonante. Johnny, flotando en el agua mientras sostenía la cuerda, iba pasando al cortejo nupcial uno a uno por la estrechez a ras del agua con la mala suerte de que el (entonces) joven Tom tragó sin querer bastante agua de la que entraba y salió de inmediato agitando los brazos. El valiente salvavidas Johnny fue en su ayuda, pero, de la que extendía su brazo para agarrarlo, su nueva alianza salió volando por los aires. Por suerte sintió cómo caía en su otra mano.

A Johnny se le presentaba un dilema: mantener a salvo el anillo y su matrimonio o socorrer al espeleólogo en apuros. Como cabe esperar, Tom se recuperó y se volvió a atrever con la bóveda sifonante.

Estábamos de pie en la orilla de un lago Bassenthwaite tranquilo, pero enturbiado. Señalando hacia la bóveda sifonante donde la cuerda se desvía por una fijación, Johnny dijo: «Se cayó por ahí en alguna parte, pero, ¡POR FAVOR, no le digas a Jude que ya la he perdido!».

Y con las mismas, salió corriendo para alcanzar a los demás y no perderse ningún triunfo.

La poza resultó tener unos 3 m de profundidad. Tras apagar las luces del casco y, con 20 cm de visibilidad, usando solo la antorcha de mano y con la nariz en el suelo, empecé a buscar en los bancos de arena dorada.

Un brillo, ¡ahí está! Ah, no, solo es más arena. En la penumbra todo me parecía una reluciente alianza. Así me pasé casi una hora, imaginando los problemas que iba a tener Johnny y pensando que la había visto docenas de veces. Entonces, milagrosamente, medio enterrada en la arena, ¡allí estaba! Recogiéndola con cuidado con una mano fría enguantada en neopreno, salí a la superficie triunfante, ¡como Gollum con su tesoro!

Esa noche, cuando la feliz pareja llegó al bar, sutilmente le devolví el anillo a Johnny, quien me lo pagó ¡con un beso baboso y una cerveza!

Por lo visto, solo aguantó un par de meses antes de que volviera a desaparecer.

another 3m climb to current end - chamber with muddy / rocky floor and draughting pitch head on the left (looking down) obstructed by a boulder.

Don't wear your best suit and a thick pair of gloves useful as rock very sharp. Also, lots of loose, friable holds.

Between Torca la Vaca and Cueva del Nabo (3357) and a few metres south of the river, in woodland, Paul Dold, Dan, Stuart and Alan set about documenting holes found by Dan.

Site 3576: a non-draughting, 12 inch diameter hole next to a sweet chestnut tree with 8 trunks. A small chamber can be seen by looking left into the hole.

For site 3568, Paul wrote:

Following my visual inspection, I suggested that Dan should put his kit on and explore his cave. Dan had a look around then prodded a few of the sandstone rocks in the roof with a crow bar and caused a small avalanche. This made Dan exit the cave *with the style of a startled cat and promptly handed over the exploration baton to myself.*

The entrance hole is 1.5m deep with sandstone rocks now on the floor, a 5m deep pot is entered and this continues for 10m to a pot (not descended). At the top of this pot large sandstone boulders are precariously perched but a way on can be seen past them.

At 3569, Twin Entrance Cave, the right-hand hole is a walk-in entrance over large sandstone boulders to a climb up to a hands-and-knees crawl. The passage continues. The left hole is probably the same cave and is choked.

Site 3570 was found as a small hole between sandstone rocks with no draught and blocked after 2m, while at Big Rock Cave, 3572, a good draught was felt from a small hole under a large rock in the south east corner of a field. Digging made the hole big enough to enter. Work continued here in 2018.

At Farmer's Hole (3573), a 25m deep, draughting and wide rift had lots of bags of bones and plastic buckets but no smell of any fresh deposits. The rift narrows and passage was seen ahead. "A crow bar would be needed to remove the sandstone rocks preventing progress."

Oak Tree Cave (3574) was documented as an open cave with a 5m deep chamber with a flake and large boulder in the centre. There is a climb on the south side but the cave has no draught and no obvious way on. Site 3575, Golf Ball Hole is a small hole in a large depression where an orange golf ball was found.

Some of these were checked out by the DCC on August 11th. Site 3569 was found to have an undescended 6m shaft in the western hole, and 3570 entered a chamber with a sandstone roof and large boulders in the floor. A cross rift was followed for about 6m. New site 3591 was a narrow rift heading towards 3569.

A return visit was made to the Temple of Doom (3041), with hopes that it had stabilised after the "stag do" excavations in the spring. Paul and Dan entered and decided that the right hand slot would be the best to concentrate efforts as the left hand aven still looked a little scary. Gary, Jeff and Mandy transported scaffolding into the cave so that Dan and Paul could constructed a support for the large boulder then hung a ladder off the bar. Paul wrote:

I decided that it was safe enough to descend and made good progress corkscrewing down through the large boulders. I moved a few rocks to pass the final restriction then climbed down 2m to a large ledge where I was presented with a 6m pitch in a large, 1.5m wide rift. Dan followed shortly after and, after a pants-filling moment in the final squeeze, he joined me.

The bottom of the new pitch has a mud and rock floor, and one end is filled with boulders and rocks, with a draught drying the rock at the lower level. The other end, under the ledge at the top of the pitch, turns right over mudded rocks into a 5m diameter chamber with a good mud floor.

Mandy and Jeff joined Dan and we spent a few hours looking at all the opportunities.

They eventually came out as no way on was found despite all areas having fresh air. At the top of the 6m pitch, Dan traversed over to descend through boulders but, again, no way on was found.

The aim was to return to survey and take a few photos and possibly descend the left hand "scary aven", but this has yet to happen.

About 400m to the west, John Southworth, Phil Goodwin, Bottlebank and Nigel went into Cueva Regato (3494) to "review passages at end not drawn on survey" and also take photos. A number of climbs were looked at but there were no more obvious leads.

On the side of a depression some 800m southwest of the end of Fuente Aguanaz (0713), John Southworth, Andrew, Harry and Phil

---

3 m hasta el final, por ahora, una sala con suelo de barro / rocas y cabecera de pozo soplador a la izquierda (mirando hacia abajo) obstruido por una roca.

No uses tu mejor mono y lleva un par de guantes gruesos pues la roca es muy afilada. Además, muchos de los agarres están sueltos y se rompen.

Entre Torca la Vaca y Cueva del Nabo (3357), en un bosque a pocos metros al sur del río, Paul Dold, Dan, Stuart y Alan documentaron los agujeros que había encontrado Dan.

3576: un agujero de 30 cm de diámetro sin corriente de aire al lado de un castaño con 8 troncos. Se puede ver una sala pequeña hacia la izquierda.

Para el 3568, Paul escribió:

Tras la inspección visual, le sugerí a Dan que se pusiera el mono y explorara su cueva. Dan echó un vistazo y al tocar las rocas de arenisca del techo con una barreta provocó una pequeña avalancha. Dan salió de la cueva como si fuera un gato asustado y rápidamente me entregó el testigo de la exploración. La entrada, de 1,5 m de profundidad, que ahora tiene bloques de arenisca en el suelo, va a dar a una fisura de 5 m de profundidad y 10 m de largo hasta un pozo (no descendido). En la cabecera hay grandes bloques de arenisca algo precarios, pero se puede ver una continuación al otro lado.

En la cavidad 3569, Twin Entrance Cave, la entrada de la derecha es amplia y tiene grandes bloques de arenisca con una escalada libre hasta una gatera que continúa. La entrada de la izquierda probablemente va a dar a la misma cueva pero está bloqueada.

El agujero 3570 es una pequeña entrada entre rocas de arenisca sin corriente y bloqueada tras 2 m, mientras que en Big Rock Cave, 3572, se sintió una buena corriente de aire en un pequeño agujero debajo de una gran roca en la esquina sureste de un campo. Se excavó para que fuese lo suficientemente grande como para entrar. Las excavaciones continuaron en 2018.

En Farmer's Hole, 3573, una fisura sopladora, amplia y con 25 m de profundidad, había muchas bolsas con huesos y cubos de plástico, pero no olía a restos nuevos. La fisura se estrecha, pero se puede ver una continuación. «Haría falta una barreta para quitar los bloques de arenisca que obstaculizan el paso».

Oak Tree Cave (3574) es una cueva abierta con una sala de 5 m de profundidad con una gran roca en el centro. Hay una escalada en el lado sur, pero la cueva no tiene corriente y no tiene continuación obvia. La cavidad 3575, Golf Ball Hole, es un pequeño agujero en una gran depresión en la que se encontró una pelota de golf naranja.

El DCC inspeccionó algunos de ellos el 11 de agosto. El 3569 resultó tener un pozo no descendido de 6 m en el agujero al oeste y 3570 fue a dar a una sala con un techo de arenisca y bloques en el suelo. Avanzaron por una diaclasa a lo largo de unos 6 m. Un nuevo agujero, 3591, era una fisura estrecha que se dirigía hacia el 3569.

Se llevó a cabo una nueva incursión a la cavidad 3041, Temple of Doom, con la esperanza de que se hubiera estabilizado tras las excavaciones de esa primavera. Paul y Dan entraron y decidieron que la grieta de la derecha era la más prometedora, ya que la chimenea de la izquierda aún daba un poco de miedo. Gary, Jeff y Mandy llevaron andamios hasta la cueva para que Dan y Paul pudieran construir una estructura para el bloque grande y luego colgaron una escala de la barra. Paul escribió:

Decidí que era seguro como para bajar y avancé bastante zigzagueando entre los grandes bloques. Moví algunas rocas para pasar el último estrechamiento y destrepé 2 m hasta una gran repisa donde me encontré con un pozo de 6 m en una fisura grande de 1,5 m de ancho. Dan me siguió poco después y, tras un momento en el último laminador en el que casi manchamos los calzoncillos, se me unió.

Al bajar el pozo se llega a un suelo de barro y rocas. En un extremo está lleno de bloques y rocas, con una corriente que seca las rocas inferiores. En el otro extremo, debajo de la repisa del pozo, gira a la derecha sobre rocas embarradas hasta una sala de 5 m de diámetro con un buen suelo de barro.

Mandy y Jeff se unieron a Dan y pasamos unas horas investigando todas las opciones.

A pesar de que en todas las secciones se sentía aire fresco, no encontraron continuación y salieron. Dan escaló por encima de la cabecera del P 6 para volver a bajar a través de bloques, de nuevo, sin continuación posible. La idea era volver para hacer la topo, sacar algunas fotos y quizás explorar la «chimenea aterradora» de la izquierda, pero aún no se ha hecho.

Unos 400 m al oeste, John Southworth, Phil Goodwin, Bottlebank y Nigel fueron a Cueva Regato (3494) para «revisar galerías al final que no se han dibujado en la topo» y también sacar fotos. Investigaron varias escaladas, pero no encontraron nuevas continuaciones.

En el lateral de una depresión, a unos 800 m al suroeste del final de Fuente Aguanaz, John Southworth, Andrew, Harry y Phil Goodwin documentaron la cavidad 3581, una galería amplia de 50 m de largo que

Goodwin documented site 3581, a 50m long, walking-sized passage to a calcite choke. A second entrance was later dug from an adjacent depression.

On the south side of the same depression, 3588, a choked shaft, was investigated by Andrew, Phil Goodwin and John Southworth.

At the 5-way road junction in La Gatuna, Slim explored 3560, first discovered by Bottlebank. A knotted rope descent down a widening rift led to a filled floor with a narrowing rift with no draught.

Dan, Phil Papard and Bob were also searching for a possible entrance past the first sump in Cueva del Nabo (3357) and set off looking to the south and east of the 5-way junction. The farmer told them about a cave in the woods and, after cutting a 20m-long path to the 2 x 1m entrance, they entered 20m of walking cave to a second, smaller entrance. Beyond was another 15m of walking until a stal boss blocked the way. More passage could be seen beyond. A hole in the floor under the second entrance was also investigated. Tom later investigated the cave beyond the squeeze to a boulder choke and returned to photograph after Bottlebank and Billy failed to snapper the flowstone enough for "big buggers" to squeeze through. The squeeze was eventually opened up (by Lenny, Geoff, Billy, Tom and Bottlebank) and a hole in the floor noticed that took a good draught - later excavated but with "no progress". There were no other promising leads.

That was site 3564. A dig, 3565 was found 40m to the north in a bramble area. But the land over Nabo itself was found to be "very well cultivated" so any holes would have been filled in.

Phil, Bob and Kev returned with the aim of pushing 3564 but the farmer told them about a cave he had explored when he was a lad and took the team higher up his fields. Site 3567 is an open cave entrance with a slope down in walking size passage. The site is "part of a network-type cave, joint controlled". On that first visit, just the easy, open passages were looked at and 140m surveyed.

Nigel and Ali had a look in and added some survey detail. They also noted two other entrances lower down the field: 3589, a draughting easy dig down a 2m hole and 3590, a hole choked with sandstone blocks.

Nigel and Bottlebank visited the area, investigating large but blind depressions and finding 3577 which "looked promising". A DCC digging team later dug into a chamber which was deemed "worth another dig". However, on a subsequent trip, with no substantial draught, the site was written off.

va a dar a una obstrucción de calcita. Una segunda entrada se excavó después desde una depresión cercana.

En el lado sur de la misma depresión, Andrew, Phil Goodwin y John Southworth investigaron el 3588, un pozo obstruido.

En el cruce de cinco caminos en La Gatuna, Slim exploró la cavidad 3560, descubierta por primera vez por Bottlebank. Una escalada libre con una cuerda anudada por una fisura que se ensancha da a un suelo cubierto de rocas con una fisura angosta sin corriente de aire.

Dan, Phil Papard y Bob también estaban buscando una posible entrada que evitase el primer sifón en Cueva del Nabo (3357) y se pusieron en camino hacia el sur y el este del cruce. Un vecino les habló de una cueva en el bosque y, después de abrirse camino a lo largo de 20 m hasta la entrada de 2 x 1 m, entraron en los 20 m de una cueva amplia hasta una segunda entrada más pequeña. Tras ella, había otros 15 m de galería hasta que una estalagmita bloqueaba el camino. Se podía ver más galería tras ella. También investigaron un agujero en el suelo debajo de la segunda entrada. Más tarde, Tom investigó lo que había al otro lado de la estrechez hasta un caos de bloques y volvió para fotografiarla después de que Bottlebank y Billy no lograron romper la colada lo suficiente como para que los «más grandes» pudieran pasar. Al final, se amplió la estrechez (Lenny, Geoff, Billy, Tom y Bottlebank) y se observó un agujero en el suelo con tiro aspirante. Este se excavó más adelante, pero «sin progresos». No encontraron otras posibles continuaciones.

Esa era la cavidad 3564. Se encontró también una excavación, 3565, 40 m al norte en una zona de zarzas. Pero los campos sobre Cueva del Nabo resultaron estar «muy bien cultivados», por lo que se habrían rellenado todos los agujeros.

Phil, Bob y Kev regresaron con el objetivo de forzar la cavidad 3564, pero el vecino les habló de una cueva que había explorado de joven y les guio a través de sus campos. La cavidad 3567 es una cueva de entrada abierta y una pendiente en una galería amplia. Esta forma «parte de una cueva de tipo red en una diaclasa». En esa primera visita, solo se exploraron las galerías abiertas y fáciles y se topografiaron 140 m.

Nigel y Ali echaron un vistazo y añadieron algunos detalles a la topo. También observaron otras dos entradas más abajo: la 3589, una excavación fácil con buen tiro en un hoyo de 2 m y la 3590, un hoyo lleno de bloques de arenisca.

Nigel y Bottlebank prospeccionaron la zona, investigando depresiones grandes pero ciegas y encontrando el agujero 3577 que «parecía prometedor». Un equipo de desobstrucción del DCC entró en una sala que parecía «merecer la pena seguir cavando». Sin embargo, en una visita posterior en la que no se observó corriente, se decidió abandonar esa idea.

Off to work in 3564 - Billy Booth and Tom Howard.
Con pico y pala en 3564: Billy Booth y Tom Howard.
Nigel Dibben

James and Jenny Corrin prospected at the head of La Gatuna where their circular route to the northwest of Hypocritical Hole (2887) found no caves but lots of brambles.

The most promising find in the area turned out to be 2246, also just a few metres away from the 5-way junction. First found at Easter 2005, the description mentioned a rift system in the base of a rubbish tip with a possible sink / dig in the floor and needing a check for a draught in warm weather. Paul and Johnny found a hole in the floor of the rift emitting a very good draught - "a 2k draught" in Johnny's words. The hole was excavated and, with various acrobatics, an area with table sized boulders was reached. Paul wrote:

> Once descended past the boulders, a 4m climb required us to reuse the rope as the walls were slippery. From the base, boulders ranging from TV size to loaf of bread are keen to head south and may cause injury - CARE! At the base of the two short boulder slopes a stream passage is meet. Left and upstream is a dry mud floor but downstream is wet and the way we decided to investigate. We scampered down the passage for 10min - 100m-ish then made our way out. The boulder slopes were on the move on the way

James y Jenny Corrin echaron un vistazo en La Gatuna siguiendo una ruta circular hacia el noroeste de Hypocritical Hole (2887). No encontraron cuevas, pero sí muchas zarzas.

El hallazgo más prometedor en el área resultó ser la cavidad 2246, también a pocos metros del cruce de los cinco caminos. Se había descubierto en Semana Santa de 2005 y, según la descripción de entonces, se trataba de una red en diaclasa en la base de una depresión usada como basurero con un posible sumidero / excavación en el suelo a la que había que volver un día cálido para comprobar la existencia de una corriente de aire. Paul y Johnny encontraron un agujero en el suelo de la diaclasa por el que se filtraba una buena corriente de aire, «un tiro de 2 km» en palabras de Johnny. Se desobstruyó el agujero y, tras varias acrobacias, se alcanzó una sección con rocas del tamaño de una mesa. Paul escribió:

> Tras pasar las rocas, una escalada de 4 m nos obligó a reutilizar la cuerda ya que las paredes eran algo resbaladizas. Desde la base, hay piedras —tanto del tamaño de una tele como de una barra de pan— deseando caerse y pueden causar lesiones, ¡hay que tener cuidado! Tras bajar dos pendientes cortas cubiertas de rocas

Dowsing

JUAN CORRIN

Radiestesia

Dr John Wilcock is well-known in caving circles for dowsing - suggesting where cave passages or underground stream courses may be by walking over the ground using hand-held rods that then move "by themselves" depending on the underground conditions. After some correspondence, John stayed in Matienzo for a few days and used his techniques over a couple of catchments.

On July 22nd, guided by Juan, he started at a newly documented resurgence (3541) just south of El Camino off the main road. Dowsing reactions occurred up the hill towards Cueva Coreano (0137) and Sima del Andrés (0080), and a new dig 3538 was encountered. The rods' positive reaction was not followed into the hillside jungle.

The pair then moved to the upstream end of Fuente Aguanaz (0713) above San Antonio. John found strong reactions at various points on roads, tracks and open fields and joined these points with dashed lines on the map. The supposed passage or water course was traced down to the main La Cavada - Alisas road.

That exercise took about 4 hours and the duo then drove to Cobadal to try to pick up a route from Orchard Cave (0618) and / or Snottite Cave (1874). A positive reaction was found on the track beyond the farm.

Further work on the supposed Aguanaz catchment was carried out the next day with Juan and Penny accompanying John. They started at sinks at 630m altitude to the north of Alisas (around site 1969), a source which was suggested on the information panels at Fuente Aguanaz (altitude 50m). No reaction was found on the road, but a water trace carried out in 2018 confirmed the connection.[1]

Dowsing then transferred to the area of the Duck Pond Sink (1976) where John immediately got reactions in a number of places, eventually tying in (using a lot of dashed lines) with the previous day's southern upstream limit for Aguanaz. His dowsing reactions eventually took him east, beyond the poly-tunnels, to a dig (2091) close to the entrance of Sumidero de Cobadal (1930).

Day 2 finished with John and Penny walking the northern road out of the depression to La Gatuna. No reaction was detected until the road started to turn and climb out of the depression at a farm. Here, a 20m wide reaction could be from The Sewer (2066). Just above, a 250m wide reaction, along with 2 other wide reactions found higher up, could be associated with a possible northern route to Aguanaz for the Sumidero de Cobadal water deep underground.

Ian and Juan accompanied John on dowsing day 3 with an initial change of scenery and system. The main aim was to trace the La Gatuna drainage. They started behind the upstream end of site 0979, Fuente de Culebro where John picked up reactions that suggests the cave soon meets an inlet. Further dowsing along muddy tracks took the group south into the jungle areas, eventually reaching the depression with the entrance to Cueva de Collada (0394). Unfortunately, one farmer was most unfriendly and, despite Ian's negotiations, insisted we left the positive reaction to the west of his farm.

Taken together, the dowsing reactions seem to indicate a system with inlets under the jungle-filled depressions in La Gatuna, with Cueva La Collada (0394) as possibly the "top sink".

The next place was close to the farm above the end of Suit-wrecker

John Wilcock es conocido en el mundo espeleológico como radiestesista o zahorí: alguien capaz de detectar cursos de agua subterráneos al caminar sobre el terreno con unas varillas que se mueven «solas» según las condiciones bajo tierra. Tras intercambiar varios correos con Juan, John pasó unos días en Matienzo y empleo sus técnicas en un par de cuencas fluviales.

El 22 de julio, guiado por Juan, empezó en una surgencia que se había documentado (3541) al sur de Camino, cerca de la carretera. Las reacciones radiestésicas comenzaron al subir hacia la Cueva de Coreano (0137) y la Sima de Andrés (0080), y se descubrió una nueva cavidad (3538). La reacción positiva de las varillas no se siguió a través de la maleza.

Después los dos se trasladaron hasta el extremo aguas arriba de Fuente del Aguanaz (0713). John percibió con fuerza la presencia de agua en varios puntos a lo largo de carreteras, pistas y prados y unió esos puntos en el mapa. Se siguió la supuesta galería o curso de agua hasta la carretera de La Cavada-Alisas. Tras cuatro horas de trabajo, fueron en coche hasta Cobadal para buscar una ruta desde Cueva Orchard (0618) o Cueva Snottite (1874). Se sintió una reacción positiva en la pista pasando la granja.

El trabajo en la supuesta cuenca del Aguanaz continuó al día siguiente con Juan y Penny como acompañantes. Empezaron en unos sumideros a 630 m de altitud al norte de Alisas (cerca de la cavidad 1969), algo que sugieren los paneles informativos en la Fuente del Aguanaz (altitud 50 m). No se sintió una reacción en la carretera, pero una coloración en 2018 confirmó la conexión.[1]

La labor radiestésica se trasladó después a la zona de Duck Pond Sink (1976) donde John inmediatamente sintió la presencia de agua en varios puntos que finalmente enlazaron (con muchas líneas en el mapa) con el límite de la Cueva de Aguanaz que se había establecido el día anterior. Las reacciones radiestéticas le llevaron hacia el este, pasando los invernaderos, hasta una cavidad (2091) cerca de la boca del Sumidero de Cobadal (1930).

El segundo día terminó con John y Penny caminado por la carretera al norte de la depresión de La Gatuna. No se detectó nada hasta que al lado de una granja la carretera empezó a girar y salir de la depresión. Aquí, una sección de 20 m de ancho puede relacionarse con The Sewer (2066). Justo encima, una sección de 250 m de ancho, además de otras dos más arriba, podrían vincularse con una posible ruta del río del Sumidero de Cobadal, a gran profundidad, hacia Aguanaz.

Ian y Juan acompañaron a John al tercer día, en el que se cambió de ubicación y cuenca. El objetivo principal era rastrear el drenaje de La Gatuna. Comenzaron detrás del extremo de aguas arriba de 0979, Fuente del Culebro, donde John percibió radiaciones que sugieren que la cueva tiene un afluente. Siguiendo unas pistas embarradas, el grupo entró en un bosque y finalmente alcanzó la depresión donde está Cueva de la Collada (0394). Desafortunadamente, un ganadero antipático insistió que dejáramos la sección al oeste de su granja, a pesar de las negociaciones de Ian. En su totalidad, las reacciones parecen señalar un sistema con afluentes debajo de las depresiones llenas de maleza de La Gatuna, para el que Cueva de la Collada puede ser el «sumidero superior».

1   2018 Easter, page 324 and Hydrology, page 456

1   Ver la página 324 y la página 456.

out and will need engineering before surveying. Neil ("Slim") joined us at the top of the 4m climb where we excitedly explained the find.

The next day, August 7th, they returned with Jude, Slim, Diane and Simon after a lesson from Footleg in DistoX recalibration and use of the pocket PC, and a trip to Cueva del Agua (0059) for Paul and Diane to perform the recalibration.

By the time the surveyors reached the entrance to 2246, the others had rigged the cave and made areas safe. Everyone helped with the survey at some point.

One hundred and ninety metres from the cave entrance downstream we stopped surveying at a junction with a draughting inlet / dry passage and a low slot on the mud floor. The inlet will require a crowbar to release sandstone rocks blocking the way on and maybe a capping kit to widen the snug parts.

The dry passage has been pushed for about 60m passing another draughting, ascending inlet with a small stream issuing from a narrow side alcove. At the end, hands-and-knees crawl on sandy floor, the way on is plugged with mud and a low continuation on the right hand wall again plugged with mud and no draught.

Inlet in Torca la Vaca. A positive reaction was found here trending in the correct direction. This may indicate the survey is reasonably accurate but doesn't indicate a Collada - Torca la Vaca connection. The farmer here was very interested and jolly having just come back from his lunchtime blancos.

A return to Cobadal was made to fill in some gaps. The main results were positive reactions over possible outlets from the base of the main depression, and a negative reaction from a belligerent bull that stopped investigation both in the field and in a wooded gully where a good-sized stream was sinking.

se llega a un riachuelo. A la izquierda y aguas arriba el suelo es de barro seco, pero aguas abajo es húmedo. Decidimos investigar en esta dirección. Recorrimos la galería durante 10 min., unos 100 m, y luego salimos. Al salir, notamos que las rocas en las pendientes se movían, por lo que necesitarán labores de ingeniería antes de hacer la topo. Neil («Slim») se nos unió en la cabecera de la escalada de 4 m donde le contamos con entusiasmo el hallazgo.

Al día siguiente, el 7 de agosto, regresaron con Jude, Slim, Diane y Simon después de que Footleg les diese una lección sobre cómo recalibrar el DistoX y cómo usar la PDA, además de visitar Cueva del Agua (0059) para que Paul y Diane lo recalibraran. Para cuando los topografiadores llegaron a la entrada de 2246, los demás ya habían instalado la cueva y habían apuntalado las secciones inestables. Todos ayudaron con la topo.

A 190 m de la entrada aguas abajo dejamos la topo en un cruce con una galería lateral seca con buena corriente y una ranura baja en el suelo de barro. Se necesitará una palanca para desobstruir las rocas de arenisca que lo bloquean y tal vez microexplosivos para ensanchar las partes estrechas.

Por último, se visitó la zona cerca de la granja encima del final de Suit-wrecker Inlet en Torca la Vaca. Se sintió una reacción positiva que iba en la dirección correcta, lo que puede indicar que la topografía es bastante precisa, pero no indica una conexión entre La Collada y Torca la Vaca. En esta ocasión el ganadero, que volvía de tomar los blancos de mediodía, estuvo muy interesado y simpático.

Volvieron a Cobadal para resolver algunos interrogantes. Los resultados principales fueron reacciones positivas sobre posibles salidas de la base de la depresión mayor y una reacción negativa de un toro beligerante que impidió continuar tanto en el prado como en una vaguada arbolada en la que un regato de buen tamaño se sumergía en la tierra.

Grid / Cuadrícula: 1 km
Cave centre lines shown /
las poligonales centrales de las cuevas
North up the page / Norte arriba
Main roads / carreteras principales

DOWSING REACTIONS
no reaction   Positive reaction

Presumed connection

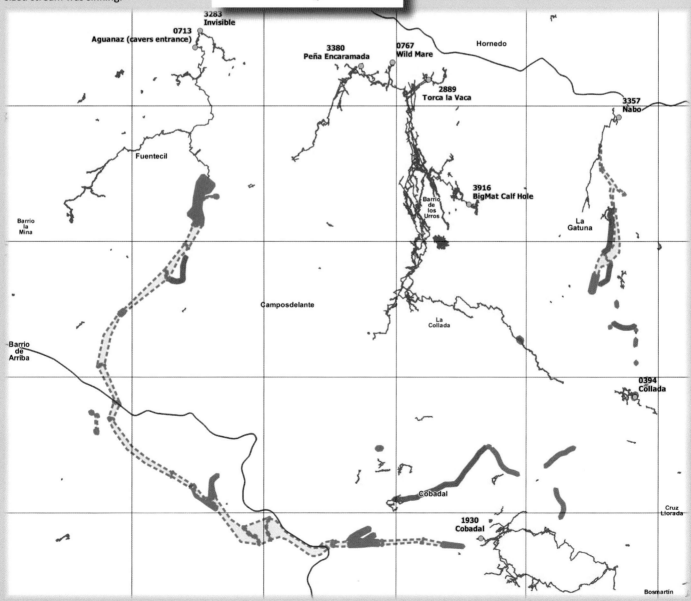

The low slot on the floor was explored by Slim and was described as a wet, flat-out bedding with shingle floor. Water can be heard gathering pace in the distance suggesting the passage gets taller? I felt a good draught from this area.

The cave was surveyed to a length of 320m and depth of 40m.

At Torca El Suto (3450) on August 7th, Bottlebank, Nigel and Steve found "John S et al rigging" and surveyed in to the top of the third pitch. Steve, Bottlebank and Tom continued the survey down the pitch twelve days later, completing batches 11-01 and 11-02 with a length

La galería seca se forzó a lo largo de unos 60 m pasando por otra galería lateral ascendente y con una pequeña corriente que sale de un recoveco angosto. Al final, una gatera en suelo de arena obstruida con barro y una continuación baja en la pared de la derecha de nuevo bloqueada con barro y sin corriente de aire.

Slim exploró la ranura baja, que describió como un laminador con agua y suelo de guijarros. En la distancia, se puede oír cómo el agua aumenta el ritmo, lo que sugiere que la galería se hace más grande. Se notaba un buen tiro de aire.

La cueva tenía un desarrollo de 320 m y una profundidad de 40 m.

En Torca El Suto (3450), Bottlebank, Nigel y Steve se encontraron el 7 de agosto con «John S y compañía instalándola» e hicieron la topo hasta la cabecera del tercer pozo. Steve, Bottlebank y Tom continuaron la topo doce días después, completando los lotes 11-01 y 11-02 con una longitud de 139 m a una profundidad de 64 m. No se ha vuelto a

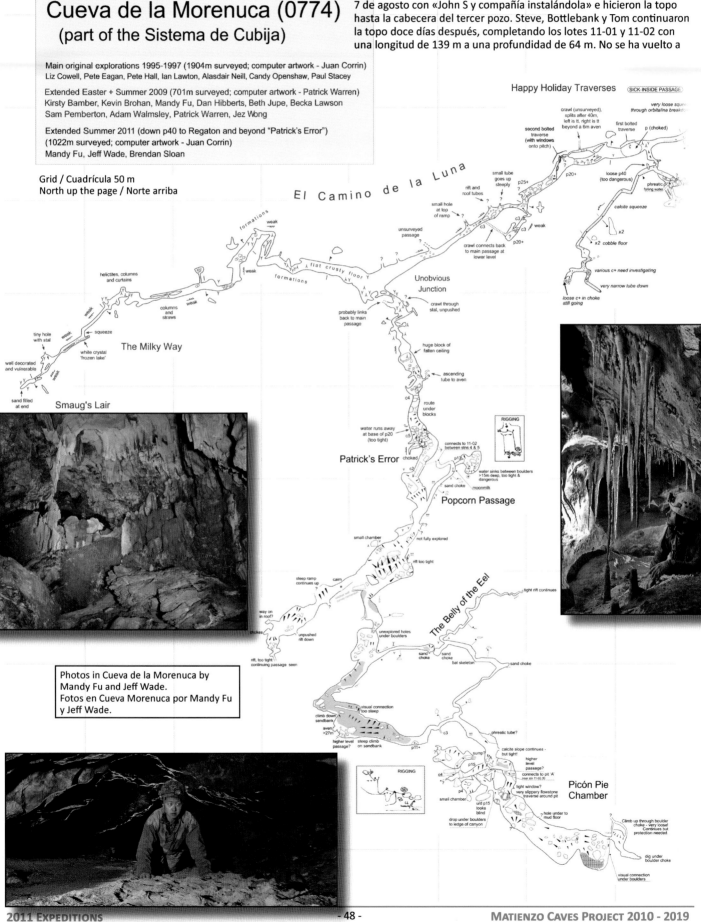

Cueva de la Morenuca (0774)
(part of the Sistema de Cubija)

Main original explorations 1995-1997 (1904m surveyed; computer artwork - Juan Corrin)
Liz Cowell, Pete Eagan, Pete Hall, Ian Lawton, Alasdair Neill, Candy Openshaw, Paul Stacey

Extended Easter + Summer 2009 (701m surveyed; computer artwork - Patrick Warren)
Kirsty Bamber, Kevin Brohan, Mandy Fu, Dan Hibberts, Beth Jupe, Becka Lawson
Sam Pemberton, Adam Walmsley, Patrick Warren, Jez Wong

Extended Summer 2011 (down p40 to Regaton and beyond "Patrick's Error")
(1022m surveyed; computer artwork - Juan Corrin)
Mandy Fu, Jeff Wade, Brendan Sloan

Grid / Cuadrícula 50 m
North up the page / Norte arriba

El Camino de la Luna

Happy Holiday Traverses   SICK-INSIDE PASSAGE

The Milky Way

Smaug's Lair

Unobvious Junction

Patrick's Error

Popcorn Passage

The Belly of the Eel

Picón Pie Chamber

Photos in Cueva de la Morenuca by Mandy Fu and Jeff Wade.
Fotos en Cueva Morenuca por Mandy Fu y Jeff Wade.

of 139m to a depth of 64m. No further surveying has taken place although the site is more extensive and has potential to link to Fuente Aguanaz.

Greater interest was being taken in the speleological potential of hillsides and valleys to the north of the main Riaño - Entrambasaguas road. John Southworth and Phil Goodwin, investigating the valley below Fox Cave (0936), came across 3566. A low entrance leads to 3m crawling to where it narrows. Water could be heard falling beyond.

Site 3554 lies 10m up from the Alisas - La Cavada road, about 300m down from the Cobadal depression junction. John Clarke, John Southworth and Harry visited the hole. John Clarke wrote:

Passage goes down 8m steep slope stepping down onto sheep bones which were pushed aside leading to short passage into rift. This was pushed through tight squeezes to a chamber 5m x 4m with a further rift dropping down approximately 8m to bigger passage. But will need work to open out.

Andrew, Phil Goodwin and John Southworth continued the work.

A tight pitch of 10m descends onto a solid floor. Passage heads southeast into mud-filled chamber. No obvious leads and no draught.

However, coming back from the chamber, a body-sized tube was found in the right hand wall and pushed for 20m, still going. At the top of the ladder, the rift continues heading north for 20m into a calcited chamber. There was more to do at Easter in 2012.

Jenny Corrin and James walked up the Bencano valley to where it diverged, finding site 3544 (a 3m blind pit) and the limestone amphitheatre below site 2538. This area was to become more important in future years.

Further wanderings by Harry and John Clarke revealed a line of three shallow shafts at site 3585, not far from inlets into the southern passage of the Sumidero de Cobadal (1930) and 3583, a small cave and dig in the nearby "hidden valley of depressions".

At Ideopuerta, 3196 was

topografiar, y eso que la cavidad es más extensa y podría conectar con Fuente Aguanaz.

El potencial espeleológico de las laderas y valles al norte de la carretera principal entre Riaño y Entrambasaguas empezó a despertar un mayor interés. John Southworth y Phil Goodwin, investigaron el valle debajo de Fox Cave (0936) y descubrieron el agujero 3566. Una entrada baja conduce a 3 m de laminador hasta que se hace muy pequeña. Se podía escuchar agua a lo lejos.

La cavidad 3554 se encuentra a 10 m de la carretera Alisas - La Cavada, a unos 300 m del cruce de la depresión de Cobadal. John Clarke, John Southworth y Harry le echaron un vistazo. John Clarke escribió:

Galería baja 8 m por una pendiente empinada hasta huesos de oveja. Al apartarlos, se vio una pequeña galería que da a una fisura. Se forzó a través de laminadores hasta una sala de 5 m x 4 m con otra fisura de unos 8 m de profundidad en escalada libre hasta una galería más grande, pero se tiene que desobstruir.

Andrew, Phil Goodwin y John Southworth continuaron con el trabajo.

Un pozo estrecho de 10 m da a un suelo sólido. La galería se dirige al sureste hacia una sala llena de barro. Sin continuaciones obvias y sin corriente.

Sin embargo, al volver de la sala, encontraron una pequeña galería tubular en la pared de la derecha. La exploraron a lo largo de 20 m, aunque seguía. En la cabecera de la escala, 20 m de fisura continúa hacia el norte hasta una sala con calcita. Se volvió a ella en Semana Santa de 2012.

Jenny Corrin y James caminaron por el valle de Bencano hasta donde se bifurca y encontraron la cavidad 3544 (un pozo ciego de 3 m) y un anfiteatro de piedra caliza debajo de la cavidad 2538. Esta zona cobraría mayor importancia unos años después.

En sus paseos, Harry y John Clarke encontraron una línea de tres pozos poco profundos en 3585, cerca de las galerías laterales que dan a la galería sur del Sumidero de Cobadal (1930) y 3583, una pequeña cueva y excavación en el cercano «valle escondido de las depresiones».

En Ideopuerta, la cavidad 3196 tenía 5 m de profundidad. «Podría ser más grande si se le da un poco con el martillo». John Southworth, Andrew y Phil Goodwin examinaron la cavidad 3578, un cubío soplador cercano, y llegaron a la conclusión de que iba a ser una desobstrucción larga. También echaron un vistazo a 3579, donde un agujero amplio va a dar a un destrepe en espiral de unos 7 m hasta una grieta estrecha, llena de barro y con una ligera corriente de aire.

Más arriba, al lado de la carretera principal, John Clarke y Harry encontraron el agujero 3582, «una entrada que se puede martillar y que da a un destrepe estrecho de 3 a 4 m» sin tiro.

Aguas abajo, justo encima del sifón Duck Pond (1976), se excavó la cavidad 3215. Según una topo, tenía una profundidad de aprox. 8 m, más o menos al nivel del lecho del río.

explored to 5m depth. It "could go further with some hammer work". Site 3578, a nearby, draughting cold store, was thought to be a long term dig along a rift in the floor after being examined by John Southworth, Andrew and Phil Goodwin. They also looked at site 3579 where a body-sized hole enters a corkscrew descent of 7m to a tight, mud-filled slot with a slight draught.

High above, next to the main road, John Clarke and Harry came across 3582, "a hammerable entrance to a tight 3 - 4m drop" with no draught.

Downstream, just above the Duck Pond sink (1976), site 3215 was being excavated downwards. A survey had the depth at about 8m, about level with the river bed.

NORTHERN LA VEGA, EL NASO AREA WEST TO LAS CALZADILLAS

On July 25th, Mandy and Jeff went into Cueva de la Morenuca (0774 - one of four entrances into the Cubija System), rigged the entrance pitches and 10m traverse, then dropped a 40m undescended pitch before the Happy Holiday traverse. This landed in Torca del Regaton (0892) streamway and they were able to connect the survey to a cairn, station 45.

The next day, they had no time to drop other pitches as, investigating a boulder choke to the south off Unobvious Junction in the 2009 extensions, they forced a way through, after a couple of minutes digging, into a major new set of passages. Not wanting to spare anyone's blushes, the route was called Patrick's Error as it was Patrick Warren who'd declared the way on choked two years previously.

We found a way past into 6 - 10m wide passage ... In total +200m surveyed and still many leads to look at. Very wide in places... Plan to go back in a couple of days after resting from the 200m entrance crawl.

July 28th saw them back in Morenuca with Brendan to continue exploring and surveying Patrick's Error.

We managed to survey 395m of passage consisting of 40 legs. It was all good size and ended in a large breakdown chamber. However, to get to this we had passed a couple (at least) of very good leads still in need of surveying, plus a canyon of about 20m... On entering the survey data we are only 40m vertically away from Picón's Mega Bat Passage, which may in fact be less as Brendan climbed 15m above our final survey point. Our next job is to check Mega Bat Passage as it describes a draughting slot for midgets. This could be an easier way in, hopefully.

They investigated the slot in Simas del Picón (0076) the next day but both Mandy and Jeff couldn't get through, although it "could possibly benefit from some engineering". They also came across Frank's Cave (2167) "but that didn't go either".

Returning to Morenuca on July 31st, Mandy and Jeff dropped the pitch into a deep canyon before the final Picón Pie Chamber. A small stream at the base sumped upstream but the "downstream continuation looks low and crawly in places and is an open lead for the committed".

They also descended a shaft at the start of Patrick's Error. This was found after Jeff followed a draught to a window onto the shaft with water falling from above. At the base, water sinks through boulders, too tight to pass, but with visible space 10m below. The pair surveyed 126m in these finds.

August 1st, and the plan was to "purely explore" the remaining horizontal open leads. One, at the start of Patrick's Error, was lower down in a known passage; the second, draughting, Gypsum Passage, was only 40m long and became increasingly small. The third, full of bat guano, The Belly of the Eel went for nearly 180m, constricted in places.

The end of this passage is still going but is only for the determined.

Next day - on their last trip in the cave, Mandy and Jeff derigged and took photographs in the new finds. The total of new passage found and surveyed was 1020m, taking the length of the Cubija System to nearly 20.5km

Pedro, Nigel and Tom also went into Simas del Picón (0075), investigating a drop down in boulders not far from the entrance.

Down slope through squeeze in boulders ... another squeeze down then got to chamber with small hole in far corner. Removed loads of boulders getting increasingly muddy with water trickling down. Could see down another 2m or so but still tight. Gave up.

Pete, Ali and Phil Papard visited Torca de Lastrilla (0427), high above the southwest edge of the Cubija System.[2] The team approached the hole via Las Calzadillas, finding it easier than from below despite the track beyond the farm not being fit to drive. Access to the slot was opened up and then the slot snappered to enter the "chamber" beyond. This was, in fact, an aven with a 10m pitch below. More work was required to gain access to the pitch top.

Phil Papard, Hilary, Juan and Penny drove to Bosmartín and set out on

---
2   2010 summer, page 12.

El 25 de julio, Mandy y Jeff fueron a la Cueva de la Morenuca (0774, una de las cuatro entradas al sistema de Cubija), instalaron los pozos de entrada y el pasamanos de 10 m y bajaron un nuevo pozo de 40 m antes de Happy Holiday. Esta fue a dar al curso de agua de Torca del Regatón (0892) y pudieron conectar la topo a una estación de esa cueva, la estación 45.

Al día siguiente, no tuvieron tiempo de explorar otros pozos, ya que, al investigar un caos de bloques al sur de Unobvious Junction en las extensiones de 2009 y tras un par de minutos de desobstrucción, se abrieron camino hasta varias galerías importantes. Para sacarle los colores a Patrick Warren, quien dos años antes había declarado que no había continuación posible, la sección se llamó Patrick's Error.

Nos abrimos camino hasta una galería de 6 a 10 m de ancho [...] En total +200 m topografiados y muchas galerías laterales aún por mirar. Muy amplio en partes [...] Esperamos volver en un par de días para recuperarnos de los 200 m de la gatera de la entrada.

El 28 de julio volvieron a Morenuca con Brendan para seguir explorando y topografiando Patrick's Error.

Logramos hacer la topo de 395 m de galería con 40 estaciones. Son galerías amplias que terminan en una gran sala de bloques. Sin embargo, para llegar aquí, pasamos por un par (al menos) de galerías laterales muy buenas que aún hay que topografiar, más un cañón de unos 20 m... Al meter los datos de la topo en el ordenador, estamos a solo 40 m en vertical de Mega Bat Passage en Picón, que podría ser menos pues Brendan escaló 15 m por encima de la última estación. Ahora nos toca investigar Mega Bat Passage, ya que en la descripción se menciona una grieta sopladora para enanos. Podría ser un acceso más fácil, esperamos.

Investigaron esa grieta en Picón (0076) al día siguiente, pero tanto Mandy como Jeff no pudieron pasar, aunque «seguramente le vendría bien algo de ingeniería». También se encontraron con la Cueva de Frank (2167) «pero tampoco valió».

Cuando volvieron a Morenuca el 31 de julio, Mandy y Jeff bajaron el pozo hasta un profundo cañón antes de la última sala Pie Chamber. Un pequeño curso de agua en la base de este va a dar a un sifón aguas arriba, pero «aguas abajo parece ser un laminador bajo en algunas partes, un interrogante abierto para los entregados».

También exploraron un pozo al comienzo de Patrick's Error que encontraron después de que Jeff siguiese un tiro de aire hacia una abertura al pozo, con agua cayendo desde arriba. En la base, el agua desaparece entre bloques, demasiado estrecho para pasar, pero con un espacio visible de 10 m. En total, estos hallazgos tenían 126 m de desarrollo.

El 1 de agosto el plan era «solamente explorar» las posibles continuaciones que quedaban en el plano horizontal. Una, al comienzo de Patrick's Error, fue a dar a galería conocida; la segunda, Gypsum Passage, medía solo 40 m de largo y se fue haciendo cada vez más pequeña. La tercera, llamada The Belly of the Eel, estaba llena de guano de murciélago y la forzaron a lo largo de casi 180 m, con secciones estrechas.

Esta galería aún continúa pero es solo para los entregados.

Al día siguiente, en su última incursión en la cueva, Mandy y Jeff desinstalaron y sacaron fotos de los nuevos hallazgos. En total, se encontraron y topografiaron 1020 m de nuevas galerías, con lo que el desarrollo del Sistema de Cubija llegó a casi 20,5 km.

Pedro, Nigel y Tom también fueron a Picón para investigar un destrepe entre rocas cerca de la entrada.

Bajamos entre los bloques [...] otra estrechez hacia abajo y llegamos a una sala con un pequeño agujero en la esquina más alejada. Quitamos muchas rocas y cada vez había más barro con agua que goteaba. Se pueden ver unos 2 m más o menos hacia abajo, pero sigue estrecho. Abandonamos.

Pete, Ali y Phil Papard fueron a Torca de Lastrilla (0427), encima del límite suroeste del Sistema de Cubija.[2] Esta vez fueron desde Las Calzadillas y vieron que es más fácil que desde abajo a pesar de que no se puede conducir por el camino pasando la granja. Se abrió el acceso a la grieta y con microexplosivos pudieron entrar en la «sala» al otro lado, que resultó ser una chimenea con un pozo de 10 m debajo, pero hacía falta abrirlo más para acceder a la cabecera.

Phil Papard, Hilary, Juan y Penny condujeron a Bosmartín para una «caminata corta libre de maleza». Al llegar a Las Calzadillas, tras consultar un tablón de anuncios junto a la carretera, decidieron caminar hacia Seldesuto y luego hacia la panadería en medio de Matienzo. Bajando y saliendo a la ladera abierta, pronto se encontraron con el nuevo agujero 3550: una pequeña cueva de doble entrada. Pero eso fue todo: no encontraron nada más en esa caminata de 11 km.

---
2   Véase p. 12

a "short, jungle-free walk". On reaching Las Calzadillas, after consulting a notice board of tracks by the roadside, the decision was made to walk down to Seldesuto and then to the panadería in the middle of Matienzo. Walking down and out onto the open hillside, they soon came across new site 3550 - a tiny, twin-entrance cave. But that was it - no more new sites found on the 11km trek.

Badger, Gary and Luce rigged the entrance to Sima de los Hoyos (0072) for a later trip by Footleg to take panoramic photos. A Tyrolean was installed as well as dropping a rope down the entrance shaft. Luce had a quick trip down and look around. The "walk up to the entrance was very overgrown and the new house has made the route more difficult".

Footleg returned with Badger and Tackleberry to take 360° photos at the top and bottom of the shaft, the task being a challenge in heavy rain. The complete interactive tour of the cave is well worth viewing through the link on the web site Hoyos description page.

Over 4 visits more progress was made at site 1438 on the side of El Naso. Acrows and foam were put to good use stabilising the dig. Phil Papard, Kev and Bob were the main workforce with a visit from Lank and David Mills on one occasion. Lank searched for a "better dig" and came across site 3559, a draughting hole full of stal. An hour or so was spent removing rocks but more work was deemed necessary.

THE NORTHEAST SECTOR INCLUDING THE FOUR VALLEYS SYSTEM Juan

and Penny had a rather fruitless walk on the track behind Cueva de los Emboscados (0087) then dropping into the Mushroom Field. They visited sites 1681 and 1682 but were unable to locate the draughting dig at the base of the scar and didn't enter the cave (with a draughting rift at the end) half way up the scar.

On July 14th, Pete, Juan and Penny drove to Riaño to meet a woman whose calf had fallen down a hole. Following her vehicle took the team to the area of site 0400 between Riaño and La Gatuna. The calf was found, obviously dead, at the base of the 6m vertical drop into site 1365.

About a month later, Harry and John Clarke found site 3597 about 500m to the southwest, a 4m long mud slope down to a dig with visible space under a wall.

On August 9th, Phil Papard and Juan went into Cueva-Cubío del Llanío (site 3234) at 10:30am expecting John Southworth, John Clarke, Andrew and Phil Goodwin to quickly join them. They arrived an hour or so later giving Phil time to bolt into passage at the northwest extremity of the cave, unfortunately ending at drops into known passage. Bolt climbs, traverses and pitches were then tackled and later documented on the survey. It was proving difficult to find any way on at this end of the cave, beyond the Playing Card House Pushover Extensions.

Harry, John Clarke and John Southworth dug out the strongly draughting 3451 about 500m north of Llanío cave, revealing a 10m pitch and a further drop of 3m to a sandy floor and soak-away. About 7m down the entrance shaft, an eyehole was pushed into an aven some 6m high. A tight squeeze went to a small chamber with a draughting boulder choke. "Needs more work."

The same team worked at 3556, downhill from 3451 and about 260m to the west. A sandstone face was "poked into" producing a draught. A chamber was entered with the draught located high up. "Needs more work to proceed."

Back up the hill, 200m north of 3556, site 3555 was found by Harry and partly dug out, then excavated by Harry and the two Johns. A large boulder was snappered into four revealing that the way on down

Diane Arthurs at the base of Sloppy Inlet aven.
Diane Arthurs en la base de Sloppy Inlet Aven.   *Paul Dold*

Badger, Gary y Luce instalaron Sima de los Hoyos (0072) y volvieron con Footleg para sacar fotos panorámicas. Se instaló una tirolina así como una cuerda en el pozo de entrada. Luce bajó y echó un vistazo rápido. La «caminata hasta la entrada tenía mucha maleza y la nueva casa ha dificultado el acceso». Footleg regresó con Badger y Tackleberry para sacar fotos de 360° en la cabecera y en la base, todo un desafío bajo la lluvia de aquel día. Merece la pena acceder al recorrido interactivo completo de la cueva; el enlace está en la web, en la página con la descripción de la cueva.

Se avanzó en la desobstrucción de 1438, en un lateral de El Naso, a lo largo de cuatro visitas a la cueva. Se usaron piezas de andamiaje y espuma para estabilizar la excavación. Phil Papard, Kev y Bob fueron los principales obreros y contaron con Lank y David Mills en una ocasión. Lank buscó una «excavación mejor» y encontró la cavidad 3559, un agujero soplador lleno de estalagmitas. Se pasó una hora más o menos moviendo rocas, pero parecía necesitar trabajo adicional.

SECTOR NORESTE INCLUYENDO EL SISTEMA DE LOS CUATRO VALLES Juan y Penny no

tuvieron mucho éxito en su prospección por detrás de Emboscados (0087) hasta el prado cerca de Carcavuezo. Echaron un vistazo a las cavidades 1681/1682, pero no pudieron ubicar la excavación con buen tiro en la base de la pendiente rocosa ni entraron en la cueva (con una fisura sopladora al final) a mitad de la pendiente.

El 14 de julio, Pete, Juan y Penny fueron a Riaño para encontrarse con una mujer cuyo ternero se había caído por un agujero. Siguiendo su vehículo, llegaron a la zona de la cavidad 0400 entre Riaño y La Gatuna. Encontraron al ternero, obviamente muerto, en la base del pozo de 6 m de 1365. Un mes después, Harry y John Clarke encontraron el agujero 3597 a unos 500 m al suroeste, una pendiente de barro de 4 m de largo hasta una excavación con espacio visible bajo una pared.

El 9 de agosto, Phil Papard y Juan fueron a la Cueva-Cubío del Llanío (3234) a las 10:30 am, pues esperaban que John Southworth, John Clarke, Andrew y Phil Goodwin se les unieran enseguida. Llegaron cerca de una hora más tarde, dándole tiempo a Phil para instalar el acceso a galerías en el extremo noroeste de la cueva que fueron a dar a galerías conocidas. Se instalaron las escaladas artificiales, los pasamanos y los pozos, y se anotaron en la topo. No estaba siendo fácil encontrar una continuación en este extremo de la cueva, pasando Playing Card House Pushover.

Harry, John Clarke y John Southworth desobstruyeron el agujero 3451, con un fuerte tiro de aire y a unos 500 m al norte de Llanío, hasta un pozo de 10 m y un destrepe de 3 m a un suelo de arena. A unos 7 m de la cabecera del pozo, se forzó una grieta hasta una chimenea de unos 6 m de altura. Una estrechez da a una pequeña sala con un caos de bloques soplador. «Necesita más trabajo».

El mismo equipo trabajó en el 3556, ladera abajo del 3451 y a unos 260 m al oeste. Se abrió una pared de arenisca y se pudo sentir una corriente de aire. Entraron hasta una sala y ubicaron el tiro de aire en lo alto. «Necesita más trabajo para continuar».

Más arriba, a 200 m al norte de 3556, Harry encontró y abrió parcialmente el 3555. Más tarde lo excavaría junto a los dos Johns. Una gran roca se rompió en cuatro con microexplosivos, mostrando que hacia abajo iba a ser mucho trabajo, igual que otra grieta sopladora a pocos metros a la derecha. Volvieron, pero «se volvió estrecha, la dejamos». Otros agujeros cercanos también se investigaron.

En el lado norte de Llanío, Harry y John Clarke pidieron permiso en la casa cerca de la cavidad 3558 antes de inspeccionarla. Se trataba de un pozo y, en ese momento, tenía 1 m de agua a 4,13 m del escalón en la puerta. No había entrada o salida visible sobre o bajo el agua.

Brendan, Jenny Sloan, Louise, Liz y Tim continuaron la excavación en 1673 y forzaron otras dos «extensiones del tamaño de Liz, aprox. 3,4 m». La continuación se ha de ampliar.

Footleg, Badger, Tackleberry y Ben lograron uno de sus objetivos al visitar Cueva Riaño (0105) el 4 de agosto. Encontraron la red

would be a large dig, as would another draughting slot a few metres to the right. A return found the dig "went too tight - so left". Other nearby holes were also investigated.

On the northern side of Llanío, Harry and John Clarke called at the nearby house for permission before inspecting site 3558. This is a well and, at the time, had a metre depth of water 4.13m down from the step at the door opening. There was no visible entry or exit above or below the water.

Brendan, Jenny Sloan, Louise, Liz and Tim continued the dig in 1673 by pushing another two "Liz lengths - about 11ft". The route forward needs widening.

Left: John Clarke outside the entrance to the well at site 3558. Right: A 4m drop to water. Izda.: John Clarke fuera de la entrada al pozo en 3558. Dcha.: Una desnivel de 4 m al agua.
Harry Long

Footleg, Badger, Tackleberry and Ben ticked off one of their objectives by visiting Cueva de Riaño (0105) on August 4th. They found the entrance series very dry and the stream also low. They inspected Pendant Chamber at the western end of the upper series, did some resurveying and surveyed a passage not shown on the survey "but which appeared to have been looked in".

Footleg, Badger and Tackleberry were back on the 7th, resurveying where there was only centre line data. New possibilities for extension were noted: an aven with an obvious passage where bolting was required and a sump where "Footleg thinks a possible baling and dig could result in the passage continuing".

After failing to find an undescended 10m pitch past the Cueva Hoyuca (0107) connection in 2010, Ben and Tackleberry went back into Cueva de Riaño after looking at the surveys. They found the pitch at the end of an inlet at the top of a stal slope through a small oval slot in the side of a dripping aven. At the bottom left of the slope, a calcited flat-out crawl also enters the aven 2 metres below.

> At the bottom of the pitch is a gravel floor with no way on. Water trickles down a too narrow hole heading back on yourself and at head height a tight tube is blocked 2m in. Opposite this there was a calcite flow and straws. The aven continues beyond the top of the pitch but requires bolts.

Badger and Luce were also in the cave investigating a passage off the Acid Bath that seemed to come close to Cueva Hoyuca.

Sloppy Inlet (near Diversion Chamber) was a going lead in Cueva Hoyuca and, on August 5th, Paul Dold and Neil "Slim" McCallum aimed "to bolt the 6m pitch and progress the exploration from 2010 done by Paul Dold and Footleg".

> Slim bolted the aven whilst I belayed; once he was up I followed de-rigging as he had a look round the corner. We both continued upstream in a rift passage approximately 0.75m wide. A climb of 3m may require a short rope in the future then, after a few metres, another climb is encountered of about 10m. This part of the passage is a roomy 4m wide with a pool in the middle.
> Slim used me as a ladder to aid his climb up, then secured the ladder with a sling round a lump of rock to allow me to climb up 2/3rds of the climb. I then passed the ladder up and Slim again found a lump of rock that only required a little adjustment with a hammer to allow the sling to stay in place for me to climb up. This will need a rope for the future.
> From this point the passage continues for about 60m to a 7m x 5m aven. The water falling from the aven is that of the stream as no other inlets were found. None of our lights were powerful enough to penetrate far up the aven; a good shout gives a similar echo to that of the Astradome!
> We exited ... leaving a rope on the first pitch and the ladder on the higher pitch which requires extreme care as it is poorly anchored.
> Tackle required for return: 50m of rope to cut to length; 15 bolts and hangers; survey kit.
> Huge aven would require substantially more in the way of kit and cojones!

Four days later, the pair returned with Diane. Pitches and climbs were rigged and the progress surveyed. Paul took photos up the aven and it was disto'd to a height of 48m with a stream passage seen at the top and water flowing down the centre. Paul wrote:

> The limestone is of a light colour and has lots of fossils of shells and coral in it. Looks a great bolting project.
> I took a photo of Slim on the Combined Tactics Pitch

de entrada muy seca y el río también con poca agua. Inspeccionaron Pendant Chamber en el extremo occidental de la serie superior, hicieron una nueva topo e incluyeron una galería que no aparecía en la anterior «pero que parecía que se había explorado».

Footleg, Badger y Tackleberry regresaron el día 7 para hacer una nueva topo de las secciones de las que solo se tenía la poligonal principal. Tomaron nota de posibles continuaciones: una chimenea con una galería obvia que había que instalar y un sifón que «Footleg cree que se puede excavar para bajar el agua y continuar».

Como en 2010 no encontraron un pozo de 10 m no explorado pasando la conexión con Cueva Hoyuca, Ben y Tackleberry volvieron a Riaño tras mirar las topos. Lo encontraron al final de una galería lateral en lo alto de una pendiente con estalactitas, a través de una pequeña grieta ovalada en el lateral de una chimenea con agua. En la parte inferior izquierda de la pendiente, una gatera con calcita también va a dar a la chimenea 2 m más abajo.

> Abajo el suelo es de guijarros y sin continuación. El agua se cuela por un agujero muy estrecho que vuelve hacia atrás y, a la altura de la cabeza, hay un tubo estrecho obstruido tras 2 m. Enfrente, la pared tiene colada y varillas. La chimenea continúa encima de la cabecera, pero hay que instalarla.

Badger y Luce también estaban en la cueva investigando una galería que sale de Acid Bath y que parecía acercarse a Cueva Hoyuca.

Sloppy Inlet (cerca de Diversion Chamber) era una de las principales exploraciones en Cueva Hoyuca (0107). El 5 de agosto, Paul Dold y Neil «Slim» McCallum intentaron «instalar el pozo de 6 m y avanzar en la exploración que Paul Dold y Footleg iniciaron en 2010».

> Slim montó las fijaciones mientras yo aseguraba; cuando llegó arriba, le seguí desinstalando mientras él echaba un vistazo. Continuamos aguas arriba en una diaclasa de aprox. 0,75 m de ancho. Una escalada de 3 m, para la que puede hacer falta una cuerda corta, luego, tras unos pocos metros, otra de unos 10 m. Esta parte de la galería es espaciosa: 4 m de ancho con una marmita en medio.
> Slim me usó como escalón para poder subir, luego aseguró la escala con una cinta alrededor de una roca para que yo pudiese subir 2/3 de la escalada. Luego pasé la escala y Slim volvió a encontrar una roca que solo necesitaba un pequeño ajuste con un martillo para que la cinta no se moviese y yo pudiese subir. En el futuro hará falta una cuerda.
> Desde este punto, la galería continúa durante unos 60 m hasta una chimenea de 7 m x 5 m. El agua que cae será la del río ya que no se encontraron otras galerías. Nuestros frontales no tenían potencia como para ver toda la chimenea, pero el eco de nuestros gritos ¡es como el del Astradome!
> Salimos [...] dejando una cuerda en el primer pozo y la escala en el pozo más alto, pero hay que tener mucho cuidado porque no está bien sujeta.
> Equipo para una nueva visita: 50 m de cuerda para cortar a medida; 15 fijaciones; kit de topo.
> ¡La gran chimenea necesitará mucho más equipo y cojones!

Cuatro días después, la pareja regresó con Diane. Instalaron los pozos y las escaladas e hicieron la topo de lo explorado. Paul sacó fotos de la chimenea, que según el Disto medía 48 m, y vieron que había una galería activa arriba y agua que caía por el centro. Paul escribió:

> La piedra caliza es de un color claro y tiene muchos fósiles de conchas y corales. Ideal para la escalada artificial.
> Saqué una foto de Slim en el pozo Combined Tactics y decidimos mirar en la galería encima de la escalada de 3 m. La galería sigue durante unos 200 m con un suelo de arena en su mayoría seco, con la excepción de una sección corta de 30 m con suelo húmedo y embarrado. Hay algunos destrepes cortos, en uno de ellos tuvimos que instalar una fijación para una escala. La galería al final da a otra de 2 m de ancho con suelo de barro seco y un arroyo de 15 cm de ancho y huellas.

Mientras Paul y Slim estaban en Sloppy Inlet el día 5, Tackleberry, Ben y Diane ayudaron a Footleg a sacar fotos panorámicas en Astradome con un par de lámparas LED de 2700 lúmenes. Tackleberry subió por la

and then we decided to have a look at the passage over
the top of the 3m climb. The passage continues for
200m approximately on mostly dry sandy floor apart from
a short 30m section where the floor is wet and muddy.
There are a few short climbs and one required us to
place a bolt for a ladder. The passage finally dropped
into a 2m wide passage with dry mud floor with a 6"
wide stream and foot prints.

While Paul and Slim were in Sloppy Inlet on the 5th, Tackleberry,
Ben and Diane were assisting Footleg with his panoramic photos of
the Astradome, using a pair of 2700 lumen LED lamps. Tackleberry
ascended part way up the fixed rope but the shutter speeds were 15-30
seconds and so he was just a blur hanging in space. On his descent,
Tackleberry got a bit tied up at a rebelay, eventually managing to
extract himself and pose for some more shots as he was now against a
wall.

Eventually back on the ground, he mentioned that he
had been the most scared of anytime in his life, so
all credit to him for still posing for photos and not
shouting any abuse back down when asked to just hang
there again for 'just one more' shot, over and over!

The trip finished with a resurvey back out from Diversion Chamber as
far as the first unsurveyed inlet which was pushed to the end, reaching
a number of avens.

This appears to be the pattern for all the side
passages in this area of Hoyuca, with avens at the
end of Diversion Chamber inlet,ó Sloppy inlet, this
unnamed inlet plus of course the Astradome... We
started to head back out at around 22:00, getting
everyone back on the surface a little after midnight.

To the west of Hoyuca, on the hillside opposite the road junction to
Riaño church, Harry and John Clarke documented 3597 - a row of
four small pits, none deeper than 4m.

They returned to the deceptively impressive scar and resurgence,
2241, at the other El Suto, a hamlet in Riaño. John crawled in 7 - 8m to
find it completely choked and water dribbling down through the fill.

John noticed a hole (3584) in the rock face just up from the main road
close to Cueva de Ruchano (3232), the bottom entrance to Cueva de la
Espada (0103). The pair did some damage with a hammer and chisel
trying to gain entry to a 2.6m drop and tried the next day with John
Southworth, Phil Goodwin and Andrew and a snapper. The latter failed
to fire so the wires were cut off against the top of the hole. With more
hammer and chisel work the next day, John climbed down into the
chamber which had no outlet.

Ali and Nigel went into Cueva de la Espada (top entrance) and
resurveyed to the start of last year's extensions.[3] Then, investigating
up-stream from the top entrance, they found new passage, with climbs
up and squeezes, still going. A strongly draughting passage on the left,
just before the final choke, ending at a very tight slot down was also
documented.

Ali returned with Simon, Diane, Johnny and Jude to excavate gravel to
lower the water level in the upstream duck / sump by about 6 inches.
The passage continued to an unstable choke. A passage on the right
went to avens, thought to be where site 3222 was entering.

Phil Papard, Juan and Joe - with two machetes - decided to
investigate the heavily vegetated hillside down from Torca de
Cillarón (site 0109) to Secadura. This is over the supposed downstream
route from Cueva Llueva (0114) to the Los Boyones (0117) resurgence.
A disappointing afternoon with only three sites of any interest found -
3547, a small, draughting hole; 3548 - a cave that may continue behind
the tree in the entrance, and 3549 - another small, draughting hole.

cuerda fija, pero la velocidad de obturación de la cámara era de 15-30
segundos y quedó como un borrón colgando en el espacio. Al bajar,
se quedó un poco atascado en un fraccionamiento, pero cuando pudo
continuar posó para algunas fotos más, ya que ahora estaba contra una
pared.

Cuando se nos unió, no contó que jamás en toda
su vida había estado tan asustado, por lo que le
aplaudimos por seguir posando para las fotos y no
insultarnos cuando le pedimos que se quedara ahí
quieto para «una solo foto más», ¡una y otra vez!

La incursión terminó con una nueva topo desde Diversion Chamber
hasta la primera galería lateral sin topografiar que se forzó hasta el
final, llegando a varias chimeneas.

Este parece ser el patrón para todas las galerías
laterales en esta zona de Hoyuca, con chimeneas al
final de la lateral de Diversion Chamber, de Sloppy,
esta nueva y, por supuesto, Astradome... Emprendimos
el camino de vuelta cerca de las 22:00 y salimos todos
a la superficie un poco después de medianoche.

Al oeste de Hoyuca, en la ladera opuesta al cruce a la iglesia de
Riaño, Harry y John Clarke documentaron una hilera de cuatro
pozos pequeños (3597), ninguno de más de 4 m de profundidad.

Regresaron a la pendiente rocosa y surgencia de la cavidad 2241, en
el otro El Suto, una aldea de Riaño. John se arrastró por una gatera de
7 – 8 m. Estaba completamente obstruida aunque caía agua entre las
rocas.

John observó un agujero (3584) en la pared rocosa justo encima de
la carretera principal cerca de Cueva de Ruchano (3232), la entrada
inferior a Cueva de la Espada (0103). La pareja intentó abrirse paso
con un martillo y un cincel hasta un pozo de 2,6 m, pero tuvo que
volver al día siguiente con John Southworth, Phil Goodwin, Andrew y
microexplosivos. Estos fallaron, por lo que los cables se cortaron contra
la parte superior del agujero. Tras más golpes de martillo y cincel al día
siguiente, John pudo bajar hasta una sala sin continuación.

Ali y Nigel fueron a la Cueva de la Espada (entrada superior)
e hicieron una nueva topo al inicio de las extensiones del año
anterior[3]. Luego, investigando aguas arriba desde la entrada superior,
encontraron una nueva galería, con escaladas y estrechamientos, que
aún continúa. También se documentó un galería con un fuerte tiro a la
izquierda, justo antes de la obstrucción terminal, que terminaba en una
pequeñísima ranura.

Ali volvió con Simon, Diane, Johnny y Jude para excavar grava en el
sifón aguas arriba y así bajar el nivel del agua aprox. 15 cm. La galería
continuó hasta un caos de bloques inestable. Una galería a la derecha
da a chimeneas que, pensaban, conectarían con la cavidad 3222.

Phil Papard, Juan y Joe —armados con dos machetes— decidieron
investigar la ladera llena de maleza desde Torca de Cillarón (0109)
a Secadura. Se supone que esta está sobre la ruta aguas abajo desde
Cueva Llueva (0114) hasta la surgencia de Los Boyones (0117). Una
tarde decepcionante con solo tres agujeros interesantes: 3547, un
pequeño agujero soplador; 3548, con posible continuación detrás del
árbol en la entrada; y 3549, otro pequeño agujero soplador.

Jeff y Mandy fueron a la desobstrucción en la sala Torno en Cueva
del Torno (2366) con la intención de continuar con la excavación de
Mandy.

Lamentablemente, debido a los altos niveles de
agua (al menos 30 cm más) no pudimos excavar en la
estrechez. Se excavó un poco en la entrada con el agua
hasta la cintura.

En Fresnedo, Harry y John Clarke excavaron en el agujero 3557,
visto por primera vez en 2006. Después de media hora entraron a
una galería de unos 20 m que terminó en una obstrucción de tierra.
«Probablemente sería una galería bastante grande sin la tierra»,
escribió Harry.

También fueron a inspeccionar el 2539, una galería con tiro de aire
en un valle a 300 m al sureste de Cueva del Torno, pero encontraron la

Carolina Smith de la Fuente investigating holes on Mullir - L to R: sites 3601, 3600 and 3599.
Carolina Smith de la Fuente investigando agujeros en Mullir. De izda. a dcha: 3601, 3600 y 3599.   *Peter Smith*

The outlet dig in Torno chamber in Cueva del Torno (2366) was visited by Jeff and Mandy with the intention of excavating beyond Mandy's previous limit.

Sadly, due to high water levels (at least one foot more) it was not possible to dig in the constriction. Limited digging was done at the entrance in waist-deep water.

In Fresnedo, Harry and John Clarke excavated site 3557, first seen in 2006. After half an hour they entered about 20m of passage ending in a total choke of earth. "It would probably be a fairly large passage without the fill", wrote Harry.

They also went to inspect 2539, a draughting passage in a valley 300m southeast of Cueva del Torno, but found the entrance blocked by freshly tipped soil from forestry work.

EASTERN MOUNTAINS Joe, Bob and Phil Papard walked from the Llueva - Matienzo col past the west side of La Colina to the Risco waterfall, finding three sites on La Colina. Site 3551 is a narrow crack that goes 3m to a floor that could be dug, but there is no draught. Site 3552 required brambles removing to enter - and still does today, and 3553, another unexplored cave that was disto'd for 4 metres. The nearby site 1102 was visited, disto'd to 6m deep but not descended.

Pete and Carolina made some sense of some of the many holes that run along the east side of Mullir. They recorded more accurate positions for sites 0219, 0220, 0223, 0226 and 0228 (first documented in 2001) and found three new possibilities: site 3599, a small hole covered with grass with a 2m drop to a slope down; 3600, a shaft with an estimated depth of 10m and 3601, a walk into a depression with a 2m drop in one corner.

SOUTHERN SECTOR The SUSS team of Brendan, Jenny Sloan, Louise, Liz and Tim were unable to get far into Cueva Tiva (0026) on July 19th - they found it "too flooded to go further".

They returned on July 23rd and, "once past the climb down to the main streamway, avoiding the apparently headless sheep carcass", split into two groups. Liz, Jen and Louise continued the resurvey, not quite reaching the Rosado Series, found the previous year. Brendan joined them and climbed down a rift into the 70's Tinto Series.

The following day, Mandy and Jeff joined them in the cave. Brendan, Mandy and Tim bolted across the Traverse of Doom to find "some interesting passage" where one passage continued towards the Blanco Series and other towards Risco ending in a choke. The route forward ended in a big rift with high passage on the other side, subsequently reached from the Blanco Series.

A climb up into Blanco was successful although "the climb loosens more rock with each ascent". They surveyed to the choke at the end where they could hear falling water. Two routes allowed Brendan and Mandy to reach a 15 x 6m chamber with water running in from the roof. Although the lower end appeared choked with mud there are still leads to look at in the chamber.

Liz, Jen, Louise and Jeff finished surveying the Tinto Series and surveyed the new passages almost to the Blanco Series.

Nigel and Tom accompanied Pete through the Cueva Oñite (0027) entrance to the Risco system and completed the survey down beyond the Sala Carballo.

The SUSS team had a varied day out on the northern slopes of La Piluca. The plan was to look at "some sites" but they also found new

entrada bloqueada por la tierra de los trabajos forestales.

SECTOR ESTE Joe, Bob y Phil Papard fueron desde el collado de Llueva - Matienzo pasando el lado oeste de La Colina hasta la cascada del Risco y encontraron tres posibilidades en La Colina. El agujero 3551 es una grieta estrecha de 3 m hasta un suelo que podría excavarse, pero no hay tiro. Para acceder al 3552 tuvieron que quitar zarzas, algo que hay que seguir haciendo. El 3553 es otra cueva inexplorada que según el Disto medía 4 m. Se acercaron a la cavidad 1102, la midieron con el Disto (6 m de profundidad), pero no bajaron.

Pete y Carolina intentaron darle sentido a algunos de los muchos agujeros a lo largo del lado este de Mullir. Registraron la posición más exacta de 0219, 0220, 0223, 0226 y 0228 (documentados por primera vez en 2001) y encontraron tres nuevas posibilidades: el 3599, un pequeño agujero cubierto de hierba con un destrepe de 2 m hasta una pendiente; el 3600, un pozo con una profundidad de unos 10 m; y el 3601, una depresión con un pozo de 2 m en una esquina.

SECTOR SUR El grupo de SUSS formado por Brendan, Jenny Sloan, Louise, Liz y Tim no pudieron llegar muy lejos en Cueva Tiva (0026) el 19 de julio, la encontraron «demasiado inundado para avanzar».

Volvieron el 23 de julio y, «una vez pasada la subida al curso de agua principal, evitando el cadáver de oveja aparentemente decapitado», se dividieron en dos grupos. Liz, Jen y Louise continuaron con la nueva topo, sin llegar a la red Rosado, descubierta el año anterior. Brendan se unió a ellos y destrepó por una grieta hasta la red Tinto de los setenta.

Al día siguiente, Mandy y Jeff se les unieron. Brendan, Mandy y Tim instalaron por encima de Traverse of Doom y encontraron «alguna galería interesante», con una galería que continúa hacia la red Blanco y otra hacia Risco que termina en una obstrucción. La continuación terminó en una gran fisura con un galería superior al otro lado, a la que más tarde se accedió desde la red Blanco.

Pudieron escalar hasta Blanco, aunque «cada vez que se escala se sueltan más rocas». Hicieron la topo hasta la obstrucción al final, desde la que se podía escuchar agua. Dos rutas permitieron a Brendan y Mandy llegar hasta una sala de 15 x 6 m con agua que caía desde el techo. Aunque el extremo inferior parecía obstruido con barro, todavía hay interrogantes que se podrían forzar.

Liz, Jen, Louise y Jeff terminaron la topo de la red Tinto y hicieron la de las nuevas galerías casi hasta la red Blanco.

Nigel y Tom acompañaron a Pete a través de la entrada de Cueva Oñite (0027) al Sistema del Risco y completaron la topo pasando la Sala Carballo.

El grupo de SUSS tuvo un día entretenido en las laderas del norte de Piluca. El plan era mirar «algunos agujeros conocidos», pero también encontraron otros nuevos. El 3540 se describió como «un agujero al lado de nuestro camino» y tuvieron que mover un bloque antes de poder bajar el pozo de 7 m hasta una pequeña galería.

Un poco más arriba, bajaron al 1624 con dos escalas «usando con creatividad una cinta de alambre y un estribo para bajar 18 m». Desde arriba parecía prometedor, pero la galería, «bastante bonita», con una gran estalagmita se fue estrechando. En tota: 21 m de profundidad y un desarrollo de 26 m.

Aún más arriba estaba uno de los nuevos, el 3542, con un destrepe de 5 m hasta un suelo obstruido sin corriente de aire obvia.

Al grupo le llamó la atención la cavidad 2593, con una desobstrucción que les llevó 15 min. con palanca y cuerda.

ones. Site 3540 was described as "a hole beside our route up" and it needed a boulder removing before the 7m pitch could be dropped to a short inlet.

Just uphill, 1624 was descended on two ladders with the "creative use of a wire strop and etrier to reach a floor 18m below." This looked promising from above but the ongoing, "quite pretty", passage with a large stal boss degenerated to a too tight slot. The site was surveyed to a depth of 21m and length 26m.

Higher again, new site 3542 was explored down a 5m drop to a choked floor with no obvious draught.

The team were lured to 2593 with the excavation being described as 15 minutes with crowbar and rope.

> After 30 minutes, a crowbar, a rope, a 3:1 pulley system and five people we have extended the hole at the bottom which does draught, but the boulder blocking the way is probably 2 tonnes and would probably need capping to allow removal. There seems to be a wider area below but it may be the draught rises through boulder fill.

At unexplored site 2591 they descended 7m to a 5m drop to a stony floor with no draught. "Not worth a re-visit."

Re-exploring White Chamber Cave (2590) they forced a route to a "small (2m) continuation which promptly closed down. No draught felt. No likely further prospects."

The final site for the day was 1186.

> Attempted to find this cave. Description not particularly helpful. Angry cows prevented a proper look but one team member may have fallen into it!

Approached from the south side of the Matienzo - Arredondo ridge, a number of sites over the west side of Cueva Vallina (0733) were visited by Phil Papard, Louise, Liz, Jenny Sloan, Tim and Richard. First, site 2147 was descended by Richard for about 8m to a false floor where he dug through a sheep carcass and removed a few rocks to reveal a second drop. Phil came down and bolted the pitch head allowing Richard to drop 6m to a 2m wide base filled with small, loose rocks.

An unexplored cave 1140 was found to be "5m long over a mud floor with remains of two goats spread across". There is a possible draughting dig at the end but, "at this height - 600m+, it suggests a local draught from higher up - not a good dig".

Site 1139 was dropped by Jenny and Richard for 31m to a floor that choked both up and down slope and site 2306, seemingly about 12m deep, was also explored, but there is no description in the logbook.

Bottlebank, Nigel, Billy, Lenny and Dalestreet returned to the "mess" area of digs and caves beyond the end of the track up to the Cantones area. The draughting site 3461 was excavated but there was "no real progress". Site 3460 was opened up to a small chamber but the "last boulder capped dropped in on top of rift" and the site was impenetrable.

Pete and Rupert carried gear to Squirrel's Passage in Cueva-Cubío de la Reñada (0048) and were united with diving kit left from Easter.[4] Rupert investigated downstream, after 250m laying 30m of line in a large, gloomy passage to 6m depth and upstream, where an inviting sump was found after 60m.

Returning the next day, Rupert continued downstream to surface in a spacious canal with a low duck back to base in one direction and 2 parallel, sumped cross rifts. The way on below was one metre wide in these deep rifts. Rupert wrote that the whole area was very complex.

In a further account, Rupert wrote that he had dived too soon as, when first discovered, "Pete and Squirrel had found a low airspace arch and boated along a deep canal to the chamber at the end". However, on that diving day (August 13th), Rupert dived down to 9m in a sizeable passage heading north.

> As I had been swimming around for two hours looking for a sump I was a bit chilly, so belayed the line and headed out.

Two days later, Rupert laid out 30m of line in a "very complex passage formed on a series of cross joints, so lots of right-angled bends, blind alcoves and pendants hanging from the ceiling".

The following day, Rupert continued and surfaced in a canal with deep water. Having a lack of belay points for the dive line, he thought the situation "had the potential to turn into a right old rat trap". He had to wind the reel back to the last belay in a complete "silt out".

He also laid 45m of line in the upstream Squirrel's Passage sump to a large, underwater chamber where, "strangely, the vis went murky and muddy, almost as if someone was washing off upstream". He was going to consult "the Oracle (Pedro 'memory man' Smith)".

On the 17th, Pete, Simon and Diane surveyed from the main passage to the pitch head while Phil Papard and Rupert went to the upstream sump. Rupert continued his dive from yesterday's limit reaching a large air surface with above water passage some 10m further on. Convinced

---

> Después de 30 minutos, una palanca, una cuerda, un sistema de poleas 3:1 y cinco personas, hemos ampliado el agujero de abajo que tiene tiro, pero la roca que lo bloquea debe pesar unas 2 toneladas y seguramente se tengan que usar microexplosivos. Parece que hay una zona más amplia debajo, pero puede ser que la corriente suba a través de las rocas.

En 2591, una cavidad inexplorada, bajaron 7 m hasta un destrepe de 5 m a un suelo de piedras sin corriente de aire. «No merece la pena volver».

Al volver a explorar White Chamber Cave (2590) forzaron una ruta hacia una «pequeña (2 m) continuación que se cerró rápidamente. No se sintió ninguna corriente. No parece que tenga continuación».

La última cavidad del día fue la 1186.

> Intentamos encontrarla. La descripción no era muy útil. Unas vacas cabreadas impidieron buscar bien, ¡pero creemos que un miembro del equipo cayó dentro de ella!

Phil Papard, Louise, Liz, Jenny Sloan, Tim y Richard echaron un vistazo, empezando desde el lado sur de la cima entre Matienzo - Arredondo, a varios agujeros por el lado oeste de Cueva Vallina (0733). Al primero, el 2147, bajó Richard. Unos 8 m hasta un suelo falso que excavó a través de un cadáver de oveja y algunas rocas hasta dar con un segundo pozo. Phil bajó e instaló la cabecera del pozo para que Richard bajara 6 m a una base de 2 m de ancho llena de rocas pequeñas y sueltas.

Descubrieron que la cueva 1140, inexplorada hasta entonces, tenía «5 m de largo sobre un suelo de barro con restos de dos cabras esparcidas». Hay una posible desobstrucción con corriente al final, pero «a esta altura, 600 m+, sugiere que viene desde más arriba, no es una buena excavación».

Jenny y Richard bajaron los 31 m del pozo de entrada de la cavidad 1139 hasta una sala obstruida tanto hacia arriba como hacia abajo. También exploraron la cavidad 2306, aparentemente de unos 12 m de profundidad, pero no hay una descripción en el libro de salidas.

Bottlebank, Nigel, Billy, Lenny y Dalestreet regresaron al «lío» de excavaciones y cuevas pasando el final del camino hasta la zona de Cantones. El agujero 3461, con corriente de aire, se excavó pero «no hubo mucho progreso». El 3460 fue a dar a una sala pequeña, pero la «última roca en la que se usaron microexplosivos cayó por la fisura» y no se podía pasar.

Pete y Rupert llevaron equipo a Squirrel's Passage en Cueva-Cubío de la Reñada donde habían dejado más equipo de buceo en Semana Santa[4]. Rupert investigó aguas abajo, después de 250 m colocando 30 m de guía en una galería grande y lúgubre a 6 m de profundidad y aguas arriba, donde encontró un sifón interesante tras 60 m.

Cuando regresó al día siguiente, Rupert continuó aguas y salió a un canal amplio con una sección a ras del agua de vuelta a la base en una dirección y dos fisuras cruzadas bajo agua. La continuación, de un metro de ancho, estaba en estas grietas profundas. Rupert escribió que toda la sección era muy compleja.

Rupert también escribió que se había sumergido demasiado pronto, pues cuando se descubrió por primera vez «Pete y Squirrel encontraron un arco a ras del agua y pasaron a lo largo de un canal profundo hasta la sala al final». Sin embargo, ese día (13 de agosto), Rupert buceó una profundidad de 9 m en una galería bastante grande hacia el norte.

> Como había estado nadando durante dos horas buscando un sifón, tenía algo frío, así que bloqueé el hilo y salí.

Dos días después, Rupert colocó 30 m de guía en una «galería muy compleja en una serie de fisuras transversales: muchas curvas en ángulo recto, galerías ciegas y formaciones en el techo».

Al día siguiente, Rupert continuó y salió a un canal profundo. Al carecer de puntos de amarre para el hilo guía, pensó que la situación «tenía el potencial para convertirse en una trampa para ratas». Tuvo que enrollar el carrete hasta la última sujeción en un completo «cenagal».

También colocó 45 m de línea en el sifón aguas arriba de Squirrel's Passage a una gran sala submarina donde, «extrañamente, la visibilidad se volvió turbia y fangosa, casi como si alguien estuviera lavando aguas arriba». Iba a consultar «al Oráculo (Pedro «memorión» Smith)».

El 17, Pete, Simon y Diane hicieron la topo desde la galería principal hasta la cabecera mientras que Phil Papard y Rupert fueron al sifón aguas arriba. Rupert continuó su inmersión desde donde lo dejó el día anterior hasta alcanzar una gran superficie abierta con galería por encima del agua unos 10 m más adelante. Convencido de que había llegado al «lago sin salida de Dave Ryall a 300°»[5], Rupert siguió por una galería submarina a lo largo de 20 m hasta otra sección abierta.

> Pedro luego me mostró los dos sifones que había buceado DR. Aparte de que tenían guía, eran

---

4   2011 Easter, page 40.

4   Véase p. 40.
5   Matienzo: 50 años de espeleología, p. 263.

that he had reached Dave Ryall's "lake with no way on at 300°",[5] Rupert followed an underwater passage for 20m to another airspace.

Pedro then showed me both sump pools dived by DR. Apart from the fact they had a line in, they were completely different from where I had surfaced. Squirrel's upstream sump does not go to these 'static' sumps and seems to follow a different course, which is very good news.

We then all carried the remaining empties, etc out and had a good trip. Thanks to all who helped!

Site 3563, a draughting dig by the track and about 250m below 0780, Torca de Corcada, was visited a number of times by Pete, Joe and Steve. It was excavated through a tight 3m climb down with another 2m slot that required enlarging at the top.

John Clarke and Harry found site 3561 near to Cueva de los Tablons as a draughting dig (still to be opened up). Closer to Cueva del Mazo (0312) they found site 3562, a tight rift that, "with clearance of assorted debris, it may be passable for a slim person."

The first trip of the summer into Cueva Vallina (0733) was made on August 10th. Johnny, Jude, Ali, Rachel, Alan, Stuart and the Catalans, Adolfo, Andreu "+3" had a tourist trip to Swirl Chamber then visited the strongly draughting choke at the end of the passage to the right before Swirl Chamber. The Catalans had been working at this, but Johnny reckoned the choke was very loose and dodgy. They noted that a roof passage near the choke needed a traverse bolting. Johnny also climbed up about 10m in the roof over The Dragon, finishing at a narrow rift.

The upstream sump at the end of Cueva del Molino (0727) had been targeted by Rupert for a number of years.[6] Late in August, Chris Jewel and Artur Kozlowski arrived with rebreathers to tackle the deep and ongoing challenge. Steve, Simon and Diane helped carry in equipment on the 23rd. The following day Chris and Artur dived, passing Rupert's limit to an elbow in the sump at -96m. Two days later, Chris concentrated on surveying while Artur pushed on past the elbow, now at -93m due to lower water levels. After about 100m, Artur reach 60m depth then rose up a shaft to -30m where a roof was encountered and a side passage went off. This was followed until -12m was reached and he had used up his 400m of new line. The total dive times were 4 hours 15 minutes for Chris with 2 hours more required by Artur.

On the 27th, the gear was removed from the cave by the divers assisted by Jim, Juan, Pete, Ian, John Dickinson and Andy Quin - according to Chris, "a veteran team of Matienzo cavers".

These dives produced 645m of new (underwater) passage, the sump totalling 885m, still continuing. The deepest point reached is around -93m (depending on the water level) which is 122.5m below the entrance and at an altitude of 96.6m.

After such a display of committed and safe diving, it came as a shock to hear of Artur's death while diving in Ireland nine days later.

5   Matienzo: 50 Years of Speleology, p. 263.
6   Matienzo: 50 Years of Speleology, p. 241 - 264.

completamente diferentes de donde había salido yo. El sifón aguas arriba de Squirrel no va a estos sifones «estáticos» y parece seguir un curso diferente, lo cual es una muy buena noticia.

Luego cargamos con las vacías que quedaban y salimos. ¡Gracias a todos los que ayudaron!

Pete, Joe y Steve visitaron varias veces la cavidad 3563, una excavación junto al camino y a unos 250 m debajo de Torca de Corcada (0780). Se excavó a través de un destrepe estrecho de 3 m con otra ranura de 2 m que se tuvo que ampliar por arriba.

John Clarke y Harry encontraron la cavidad 3561 cerca de la Cueva de los Tablons, una excavación (aún por desobstruir) con corriente de aire. Más cerca de la Cueva del Mazo (0312) encontraron el agujero 3562, una fisura estrecha que «si se limpia de una variedad de basuras, puede que pase una persona delgada».

La primera visita del verano a Cueva Vallina fue el 10 de agosto. Johnny, Jude, Ali, Rachel, Alan, Stuart y los catalanes Adolfo, Andreu «+3» fueron hasta Swirl Chamber y echaron un vistazo al caos de bloques al final de la galería a la derecha antes de esta, por el que se filtra un fuerte tiro de aire. Los catalanes habían estado trabajando en él, pero según Johnny los bloques estaban muy sueltos. Observaron que una galería alta cerca del caos de bloques necesitaba un pasamanos. Johnny también escaló unos 10 m por encima de The Dragon, terminando en una grieta estrecha.

El sifón aguas arriba al final de la Cueva del Molino ha sido uno de los objetivos de Rupert durante varios años[6]. A finales de agosto, Chris Jewel y Artur Kozlowski llegaron con recicladores para encarar ese desafío profundo y continuo. Steve, Simon y Diane ayudaron a llevar equipo el 23. Al día siguiente, Chris y Artur pasaron el límite de Rupert hasta una esquina pronunciada en el sifón a -96 m. Dos días después, Chris se centró en la topo mientras Artur avanzaba pasando la esquina, ahora a -93 m ya que el nivel del agua había bajado. Tras unos 100 m, Artur alcanzó los 60 m de profundidad y luego subió por un pozo a -30 m donde se encontró con un techo y donde empezaba una galería lateral. La siguió hasta que alcanzó -12 m y terminó los 400 m de guía nueva. Los tiempos de inmersión totales fueron de 4 horas y 15 minutos para Chris con 2 horas más para Artur.

El 27 los buzos, con ayuda de Jim, Juan, Pete, Ian, John Dickinson y Andy Quin, sacaron el equipo de la cueva, según Chris: «un equipo veterano de espeleólogos de Matienzo».

Estas inmersiones produjeron 645 m de galería nueva (sumergida) y el sifón tiene ahora un total de 885 m, aunque aún continua. El punto más profundo es de unos -93 m (dependiendo del nivel del agua) que está a 122,5 m debajo de la entrada y a una altitud de 96,6 m.

Después de demostrar semejante competencia y seguridad durante el buceo, nos conmocionó oír que Artur había muerto mientras buceaba en Irlanda nueve días después.

6   Matienzo: 50 años de espeleología, pp. 241 - 264.

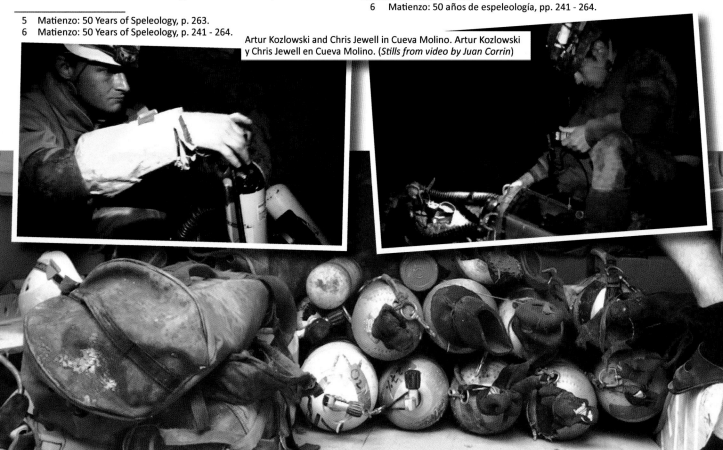

Artur Kozlowski and Chris Jewell in Cueva Molino. Artur Kozlowski y Chris Jewell en Cueva Molino. (*Stills from video by Juan Corrin*)

2011 AUTUMN / OTOÑO	Brian Latimer	John Southworth	Marie Korsgaard Redder	Phil Goodwin
	Chris Camm	Juan Corrin	Martin 'Barny' Barnicott	Phil Papard
	Dave Milner	Karen Korsgaard Redder	Pete 'Pedro' Smith	Steve 'Big Steve' Martin
Alf Latham	Gordon Proctor	Louise Korsgaard	Peter Fast Nielsen	Torben Redder

The AEC Lobetum club from Cuenca were exploring Torca CEZ (3603) in the Hoyo de Mortiro above Riva. The 2.3km system was coming close to Cueva del Coverón (0002) and Pedro was in touch with Enrique Valero asking for permission to explore it.

Footleg, on a transatlantic flight, used the time to sort out the summer's survey data for the Four Valleys System, calculating that the length was now 54554m. More ominously, he was suggesting that previous conversions of compass readings to grid north were wrong. It took a while for Juan to come round to this fact.

Juan was in touch with Guy Simonnot, exchanging information about the dives and survey data in Cueva del Molino (0727)[1] and the French divers' work in the Sumidero de Orcones (3602). It appeared that an inlet in Orcones was heading towards Artur Kozlowski's limit in Molino. Guy also suggested that the flow of water in Orcones plus a nearby catchment could account for all the water in Molino. This meant that the substantial stream in Cueva Vallina (0733) must go elsewhere.[2]

Tony "Bottlebank" Brocklebank added substantial extra description to Torca el Suto (3450), commenting that the system needed finishing and surveying properly.

Two separate groups were active: a September / October team based in Matienzo and cavers staying in La Cavada in November exploring the northwest sector.

Honeymoon Pot (3594), over Torca la Vaca (2889), was the first trip for Juan and Phil Papard at the end of September. Phil drilled and snappered at the tight slot below the entrance ladder then Juan went down to take rubble from him, now 2m below the base of the ladder. Phil was removing wedged material below when the block on which Juan was sitting dropped a couple of centimetres. That was enough for a double-quick evacuation!

Phil Papard and Steve returned to the dig at site 3563 below Torca de Corcada (0780) where they enlarged it. Phil "dropped down the hole at the bottom only to find it was hard to get out... and impossible to dig - like taking the top off a pillar box and dropping in, no room to bend down to dig".

Cueva-Cubío del Llanío (3234) in Riaño was the focus for Peter Fast

---

1 2010 summer, page 56.
2 See page 186 for the water trace carried out at Easter 2015.

Se documentaron varios asuntos administrativos en el diario de salidas de otoño.

El club AEC Lobetum de Cuenca había estado explorando la Torca CEZ en el Hoyo de Mortiro sobre Riva. Este sistema de 2,3 km parecía estar acercándose a la Cueva del Coverón (0002) y Pedro se puso en contacto con Enrique Valero para pedirle permiso para explorarlo.

Footleg aprovechó un vuelo transatlántico para procesar los datos de la topo que se hizo en verano en el Sistema de los Cuatro Valles, con un nuevo desarrollo total de 54 554 m. Lo desconcertante era que la topo sugería que las conversiones anteriores de las lecturas de la brújula al norte de cuadrícula estaban mal. A Juan le llevó bastante tiempo comprenderlo.

Juan contactó con Guy Simonnot para intercambiar información sobre las inmersiones y la topo de Cueva del Molino (0727)[1] y el trabajo de los buzos franceses en Sumidero de Orcones (3602). Por lo que parecía, una galería de Orcones se dirigía hacia el límite de Artur Kozlowski en Molino. Guy también sugirió que el agua en Molino podría venir de Orcones, junto con una cuenca cercana. Esto podría significar que el caudaloso curso de agua de Cueva Vallina (0733) debe ir a otro sitio[2].

Tony «Bottlebank» Brocklebank añadió una descripción adicional de Torca el Suto (3450) en la que comentaba que aún se tenía que terminar de explorar y topografiar.

Dos grupos visitaron la zona: uno en septiembre/octubre basado en Matienzo y otro en La Cavada en noviembre que exploró el sector noroeste.

La primera incursión subterránea de Juan y Phil Papard a finales de septiembre fue a Honeymoon Pot (3594), sobre Torca la Vaca (2889). Phil uso algunos microexplosivos en la estrecha grieta debajo de la escala de la entrada, luego Juan bajó para sacar los escombros, ahora a 2 m por debajo de la base de la escala. Phil estaba quitando las rocas atascadas cuando el bloque en el que estaba sentado Juan cayó un par de centímetros. ¡Lo suficiente para una evacuación veloz!

Phil Papard y Steve regresaron a la desobstrucción en la cavidad 3563 debajo de Torca de Corcada (0780) y la ampliaron. Phil «bajó por el agujero en la parte inferior solo para descubrir que salir de él no era fácil... y era imposible de excavar, como quitarle la parte superior a un buzón de correos y dejarse caer, sin espacio para agacharse y cavar».

Peter Fast y Torben exploraron la Cueva-Cubío del Llanío (3234)

---

1 Verano 2010. Véase p. 56.
2 Véase p. 186 para más información de la coloración realizada en Semana Santa de 2015.

Torben Redder (left) and Peter Fast (right and below) exploring up The Aven in Cueva-Cubío del Llanío. Torben Redder (izda.) y Peter Fast (dcha. y abajo) explorando The Aven en Cueva-Cubío del Llanío.   *Peter Fast and Torben Redder*

and Torben for four days in October. They completed the bolt climb up the 32m aven at the northern end of Wide Open then installed a 7-bolt traverse line across an unstable slope. They climbed up through a slot and followed the breakdown-floored Highway - "with a draught towards you on a hot day" - to the Cross Road Shaft.

Peter Fast in 3234. Peter Fast en 3234. *Torben Redder*

> The rock in the walls is very bad for bolts, but the roof corners are good.

This complicated area has a 25m pitch down to lower levels and many leads were left, including a p14 and p15 close to the choke. Over 420m of passages were surveyed and the Highway remains the highest altitude passage in the Llanío cave, ranging from about 186m to 172m.

On their "days-off", Louise, Karen and Marie accompanied them on walks up the new pylon track on the south side of Llueva. Three sites were documented: 3145 and 3504, previously seen, where photos were taken, and new site 3392.

> Located just 3m to the right going up the road. Seems like the road should have passed just over the cave and the cave was opened up by road workers... The cave draughts in on a warm day. A p4 leads to a chamber about 8m across... p5...leads to chambers about 1.5m high and 8m diameter with a lot of stals and straws. One straw about 1m long just touching the floor. Footprints from another visitor seen in the soft mud. Could be way on between stals. Climb down p4 leads to 20cm diameter hole that draughts in. May fairly easily be opened up.

Pedro and Juan walked up from the Arredondo side of the ridge to sites 3167 and 3255, in a small depression just on the Matienzo side. On the way, they looked into site 1147, a walking-size tunnel to a choke. Site 3255 was surveyed first: 37m long, mainly hands-and-knees crawling, then 3167, a similar style and length ending at a draughting boulder choke with faint daylight. If the choke was dug out, the resulting Matienzo-Arredondo through trip would be a first!

Of greater interest was the Bronze Age pottery in the floor. Pedro, with his archaeological acquaintants, later excavated the artefact. The pieces of pottery were found to be a partly buried, upside-down rim of a large pot.[3]

The big story from the La Cavada team was the opening up and explorations in site 2538, El Cubillón. First documented in 2006, the strongly draughting entrance passage was found blocked by a boulder.

The full team - Barny, Phil Goodwin, Alf, Brian, Dave, Gordon and John - visited on November 14th. The boulder was despatched with a hammer and chisel and the rift snappered out to allow access to a roomy chamber. A small eye hole and the boulder floor were producing the draught so Gordon set to and, after "an hour or two", had a 3 to 4m drop to a tight slot. More enlarging allowed a view of a roomy shaft disto'd at 19.5m from the base of the boulder dig.

The next day, more enlargement work at the pitch head allowed Phil Goodwin to descend and assess the possible ways on. A tight squeeze past a calcite boss led into the side of a large aven about 5m above a floor.

By the 17th and 18th, the draught had stopped or reversed. The short pitch past the boss drops to the floor, followed by short drops to a further 20m pitch leading to some horizontal passage to a breakdown chamber.

> An obvious water worn passage heading due south was taken over false floors to a 5m pitch. Beyond this the passage size increases dramatically to approx 5-6m wide and 10m high. The passage continues large and heading south until turning and heading westwards. At the turn, a large unexplored inlet comes in from the south.
> Back in the westwards downstream passage a chamber is reached where the continuing westwards passage is hands and knees over cobbles. To the south out of this chamber a shallow mud bank leads to a 2m high passage through several chambers with mud floors before becoming a 10-15m high passage passing an area where the floor drops by 5m or so.
> Further on a knee-deep pool is met and a junction (station 1.68). Here, wading allows a passage to

Pete Smith measuring the pottery in 3167.
Pete Smith midiendo la cerámica en 3167. *Juan Corrin*

en Riaño durante cuatro días en octubre. Completaron la escalada artificial en la chimenea de 32 m en el extremo norte de Wide Open y luego instalaron un pasamanos con 7 anclajes para cruzar una pendiente inestable. Escalaron a través de una ranura y siguieron por Highway con el suelo cubierto de bloques desprendidos y «una corriente de cara en un día caluroso» hasta Cross Road Shaft.

La roca en las paredes es muy mala para anclajes, pero las esquinas del techo son buenas.

Se trata de una sección complicada con un pozo de 25 m hasta un nivel inferior con muchos interrogantes, incluyendo un P 14 y un P 15 cerca de la obstrucción. Se topografiaron más de 420 m y Highway sigue siendo la galería de mayor altitud en Llanío, que va desde unos 186 m a 172 m.

En sus «días libres», Louise, Karen y Marie les acompañaron por la nueva pista de la torre de alta tensión en el lado sur de Llueva. Se documentaron tres agujeros: 3145 y 3504, donde se sacaron fotos, y 3392.

A solo 3 m a la derecha subiendo por el camino. Parece que este pasaba por encima de la cueva y los trabajadores la abrieron... La cueva exhala una corriente de aire en un día cálido. Un P 4 conduce a una sala de unos 8 m de ancho... P 5... conduce a salas de aproximadamente 1,5 m de alto y 8 m de diámetro con muchas estalactitas y macarrones. Un macarrón de aprox. 1 m de largo casi llega hasta el suelo. Huellas de otro visitante en el barro blando. Podría haber una continuación entre las estalactitas. Un P 4 conduce a un agujero soplador de 20 cm. Podría abrirse con bastante facilidad.

Pedro y Juan caminaron desde el lado de Arredondo hasta las cavidades 3167 y 3255, en una pequeña depresión justo en el lado de Matienzo. De camino, echaron un vistazo al agujero 1147, un túnel en el que se puede estar de pie hacia una obstrucción. Primero topografiaron la cavidad 3255, una gatera de 37 m de largo, y después la 3167, de estilo y longitud similar, que termina en un caos de bloques soplador con luz tenue. Si se desobstruyera el caos, tendríamos ¡la primera travesía Matienzo-Arredondo! Sin embargo, lo interesante fue la cerámica de la Edad de Bronce en el suelo. Pedro la excavó con ayuda de sus conocidos arqueólogos y se descubrió que pertenecía al borde de una vasija parcialmente enterrada[3].

El equipo de La Cavada se centró en abrir y explorar la cavidad 2538, El Cubillón. Documentada por primera vez en 2006, la galería de entrada tenía una fuerte corriente de aire y una gran roca que bloqueaba el paso. El equipo completo —Barny, Phil Goodwin, Alf, Brian, Dave, Gordon y John— fue el 14 de noviembre. Se encargaron de la roca con un martillo y un cincel y de la grieta con microexplosivos, abriéndose camino hasta una sala espaciosa. La corriente salía de una pequeña grieta y de un suelo formado por bloques de rocas, por lo que Gordon se puso manos a la obra y, después de «una o dos horas», se abrió un destrepe de 3 a 4 m hasta un espacio estrecho. Tras ampliarlo vieron un pozo espacioso que, según el Disto, medía 19,5 m desde la sección excavada.

Al día siguiente, gracias a nuevas labores de ampliación en la cabecera del pozo, Phil Goodwin pudo bajar y evaluar la posible continuación. Un estrechamiento pasando una estalagmita ancha condujo al lateral de una gran chimenea a unos 5 m del suelo.

Para los días 17 y 18, la corriente se había perdido o revertido. El pozo corto pasando la estalagmita va a dar al suelo, seguido de varios destrepes cortos a otro pozo de 20 m que va a dar a una galería horizontal hasta un caos de bloques.

Una galería obvia desgastada por el agua que se dirige hacia el sur se siguió sobre suelo falso a un pozo de 5 m. Pasándolo, el tamaño de la galería aumenta dramáticamente a aprox. 5-6 m de ancho y 10 m de alto. La galería continúa grande y se dirige al sur hasta girar y dirigirse hacia el oeste. En la curva, una gran galería lateral inexplorada se une desde el sur.

De vuelta aguas abajo hacia el oeste se llega a una sala. Hacia el oeste continúa del tamaño de una gatera sobre guijarros. Hacia el sur, un

---

3   See page 446 for results from the scientific study of the remains.

3   Véase la página 446 para los resultados del estudio científico de los restos arqueológicos.

the west to be followed to a climb out over a white calcite floor. The way on is to the left and enters the water again. A Yorkshire-type, active streamway was followed easily past unexplored inlets and surveying stopped at the top of a small 1.5m climb down into a pool (Station 1.100).

Back at the junction (Station 1.68) a passage continues south. This is also a downstream passage with a small stream which was followed until ending at a duck where a more open passage might be present some 15m forward beyond Lake Tilberthwaite.

By the end of the trip, with Barny working on the detailed survey, the explorers had 850m of centre line with more than 1km explored and "the high-level stuff not touched". Barny later went in with Pedro and dropped a "20 -30m pitch" straight down to a very inviting sump - "if you like that sort of thing".

By the end of November, the cave (on property owned by an Irishman called Charlie) had been explored down to about 115m altitude, below the level of the Duck Pond sink but 10 to 15m above a possible resurgence at La Riega and 65m above the Fuente Aguanaz resurgence. A water trace was carried out in 2017.[4]

Unfortunately, "only half the team" could fit through the constrictions but that meant other holes and opportunities could be examined.

On November 12th, Chris, Dave, Gordon and John dug at site 3021, Torca de Michelin, continuing work started in 2008. The hole lies on the hillside more than 500m from the Duck Pond sink and over a possible drainage route to Fuente Aguanaz predicted through the dowsing of John Wilcock.[5]

A crawl was excavated to a tight bend and a small, boulder-filled chamber. Major work is still required in this draughting dig.

Up the hill, a visit to site 3543 noted only gaps between boulders, missing a cave that would be revealed at Easter 2013.[6]

The same day, Phil Goodwin, Alf, Brian and Dave pushed site 3554, west of Cobadal finding a higher level "with no obvious continuation". The following day, the group went "bushwhacking in the Moncobe area".

There was time on the 14th for Dave, Gordon and John to visit the excavated shaft (site 3215) above the Duck Pond sink. A sandy crawl was dug out to a three-way junction with the right-hand branch having the draught.

Site 3454, "Llanío 2" in Riaño was visited but there was thought to be "no chance of digging" while, in nearby hole, 3451, Dave and Barny followed the draught to a small chamber, missing the way on: that was found in 2012.[7]

Site 3497, at the top end of La Gatuna and first spotted in 2004, was descended 15m to a choke.

Chris and Gordon dug down 3m in the depression in front of site 3015, over the end of Invisible Cave (3283), but it "would need a lot of work to progress further".

One hundred metres to the northwest, 3605 was explored by Alf, Gordon and John. A 10m shaft in the woods drops into chamber with very large boulders but no obvious way on. Another 100m to the northwest took Alf and Gordon to site 3439 where an 8m shaft lands on a small boulder floor.

On November 19th, at Ideopuerta, site 3420 was discovered at the end of a long, wooded gully - "a large entrance with a climb down on farm waste into a large passage past washing machine, decreasing in size to a choked keyhole passage with a slight draught".

This is Torca de Hoyo Carabo (3420), or Washing Machine Hole, that would keep a number of people busy for a number of years.[8]

Just downhill, site 3606 was found - a 4m choked shaft.

Dave Milner in 3606. Dave Milner en 3606. *Martin Barnicott*

banco de barro poco profundo conduce a una galería de 2 m de altura a través de varias salas con suelo de barro antes de convertirse en una galería de 10-15 m de alto que pasa un sección en la que el suelo desciende unos 5 m más o menos.

Después se llega a una charca hasta las rodillas y un cruce (estación 1.68). Aquí, se puede seguir una galería hacia el oeste hasta una escalada sobre suelo de calcita blanca. Sigue hacia la izquierda y vuelve al agua. Seguimos por una galería activa fácil como las de Yorkshire pasando galerías laterales sin explorar y la topo se detuvo en lo alto de un pequeño destrepe de 1,5 m hasta una charca (estación 1.100).

De vuelta en el cruce (estación 1.68) una galería continúa hacia el sur. También es una galería aguas abajo con un pequeño arroyo que se sigue hasta terminar en una bóveda sifonante donde podría haber una galería más abierta a unos 15 m del lago Tilberthwaite.

Para el final de su visita, con Barny haciendo una topo detallada, los exploradores tenían una línea central de 850 m con más de 1 km explorado y «las cosas del nivel superior sin tocar». Más tarde, Barny entró con Pedro y bajó un «pozo de 20-30 m» directamente a un sifón muy interesante, «si te gusta ese tipo de cosas».

A fines de noviembre, la cueva (en propiedad de un irlandés llamado Charlie) se había explorado a una altitud de unos 115 m, por debajo del nivel del sifón Duck Pond, pero unos 10 a 15 m por encima de una posible surgencia en La Riega y 65 m encima de la surgencia de Fuente Aguanaz. En 2017 se llevó a cabo una coloración[4].

Desafortunadamente, «solo la mitad del equipo» podía pasar por las estrecheces, pero eso significó que pudieron examinar otros agujeros.

El 12 de noviembre, Chris, Dave, Gordon y John desobstruyeron en el agujero 3021, Torca de Michelin, continuando con las labores que empezaron en 2008. Se encuentra en la ladera a más de 500 m del sifón Duck Pond y sobre una posible ruta de drenaje a Fuente Aguanaz que predijo John Wilcock a través de radiestesia[5].

Se excavó una gatera hasta una curva cerrada y una pequeña sala llena de rocas. Este agujero soplador aún requiere mucho trabajo.

Subiendo la colina, en 3543 creyeron ver solo algunas grietas entre rocas, y no vieron una cueva que se descubriría en la Semana Santa de 2013[6].

El mismo día, Phil Goodwin, Alf, Brian y Dave forzaron la cavidad 3554, al oeste de Cobadal, encontrando un nivel superior «sin continuación obvia».

Al día siguiente, el grupo fue a «abrirse camino entre la maleza de la zona de Moncobe».

El día 14 Dave, Gordon y John tuvieron tiempo para visitar el pozo excavado (3215) sobre el sifón Duck Pond. Una gatera de arena hasta un cruce de tres caminos, la galería derecha llevaba la corriente de aire.

Visitaron la cavidad 3454, «Llanío 2» en Riaño, pero parecía que «no había forma de excavarla», mientras que, en un agujero cerca, el 3451, Dave y Barny siguieron la corriente hasta una pequeña sala sin ver la continuación, la cual que se encontró en 2012[7].

La cavidad 3497, en el extremo superior de La Gatuna, vista por primera vez en 2004, tenía un P 15 hasta una obstrucción.

Chris y Gordon excavaron 3 m en la depresión frente a 3015, sobre el final de Invisible Cave (3283), pero «necesita mucho trabajo para avanzar».

Alf, Gordon y John exploraron el agujero 3605, cien metros al noroeste. Un pozo de 10 m en el bosque va a dar a una sala con rocas muy grandes pero sin continuación evidente.

A otros 100 m al noroeste, Alf y Gordon dieron con la cavidad 3439, donde un pozo de 8 m va a dar a una pequeña sala con bloques.

El 19 de noviembre, en Ideopuerta, se descubrió la cavidad 3420 al final de un barranco largo: «una gran entrada con una pendiente con residuos agrícolas a una gran galería pasando una lavadora que se va haciendo más pequeña hasta tener forma de cerradura con una ligera corriente». Esta es la Torca de Hoyo Carabo, o el «Agujero de la lavadora», que mantendrá ocupada a varias personas durante varios años[8].

Cerca, cuesta abajo, se encontró el agujero 3606: un pozo de 4 m obstruido.

4   2017 Easter, page 264
5   Dowsing, page 46.
6   2013 Easter, page 106
7   2012 summer, page 86
8   "Exploring Torca de Hoyo Carabo - Washing Machine Hole", page 392

4   Véase Semana Santa 2017, p. 264.
5   Véase el artículo Radiestesia, p. 46.
6   Véase p. 106.
7   Véase p. 86.
8   Véase el artículo de Alex, p. 392.

2011 CHRISTMAS / NAVIDADES

Hilary Papard	Phil Papard	Susan Martin
John Southworth	Steve 'Big Steve' Martin	Terry Whitaker
Pete 'Pedro' Smith	Sue Brocklebank (Morton)	Tony 'Bottlebank' Brocklebank

Cavers are optimists. They believe that the next hole they find or dig out will be the "big one" or an easier / shorter way into a system. So Terry and Phil must have been disappointed when, looking at the hillside above the recently explored El Cubillón (2538) on December 23rd, the best they could find was site 3607: "5.38m (Disto) deep to floor (mud, small rocks) does not look like it will go. No draught - undescended". Site 3608 was viewed 4m down to a dead black goat and a "possible dig if desperate!" Other finds were site 3609, a 5m long cave to a dig and 3610, a dig where "a 30cm x 15cm hole opens out a little" but with no draught.

Tony and Steve were also hunting over El Cubillón finding 3612, two 10m through-trip remnants and 3613, a 5m shaft to a chamber in a choked rift.

About 500m down-valley from the El Cubillón entrance, Tony documented three sites: 3615, a scramble up the bank to an entrance "which appears to have been deliberately blocked and could be the roof of a reasonable passage"; 3616, a 10m long cave sloping down and appearing to continue beyond a blockage, and 3617 - "just a foxhole, no potential".

The dig (3215) above the Duck Pond Sink (1976) was given some attention after Christmas. John and Tony enlarged the entrance to the rift going back towards the stream. The good inward draught took all the fumes away but made the cave very cold. Further work the following day by Steve, John and Phil continued the process then, on the 29th, Phil and Tony open up the route which became smaller after another 3m, requiring more digging.

> *Good inward draught suggests this section cannot go to the stream and must link to passage going into the hill and to a higher entrance... The draught whistles off through a triangular hole with a few small boulders... black space and a bit of wall can be seen beyond.*

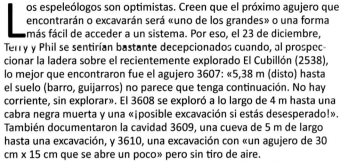

In the woods above Duck Pond Sink, Tony found 3614, a narrow draughting slot that may enlarge.

On December 26th Steve, Pete, Phil and Tony spent some time digging and capping at site 3563 - the "pillar box" excavation below Torca de Corcada (0780), last dug in the autumn. Some enlarging took place to allow digging under the wall on the uphill side and "there was some prospect due to the draught and the fact Pedro lost Steve's best chisel under this wall!"

Phil, Hilary, Sue, Susan, Tony, Steve and John walked out above the TV Mast on the southern La Vega hillside towards El Somo. Site 3611 was seen in an open field near the ridge - an easy dig. The better prospect was thought to be 1340, first spotted in 1998, in the wood 60m to the west.

> *Very good outward, warm draught and rocks thrown down narrow entrance slot seemed to bounce around and drop some 20m, maybe more. A metre to east of slot is an easy dig ... We only removed one rock so we could see down... The best and easiest dig in this area - a must for Easter.*

The cave / dig, 2594, further down the hillside also had a good warm, outward draught.

Los espeleólogos son optimistas. Creen que el próximo agujero que encontrarán o excavarán será «uno de los grandes» o una forma más fácil de acceder a un sistema. Por eso, el 23 de diciembre, Terry y Phil se sentirían bastante decepcionados cuando, al prospeccionar la ladera sobre el recientemente explorado El Cubillón (2538), lo mejor que encontraron fue el agujero 3607: «5,38 m (disto) hasta el suelo (barro, guijarros) no parece que tenga continuación. No hay corriente, sin explorar». El 3608 se exploró a lo largo de 4 m hasta una cabra negra muerta y una «¡posible excavación si estás desesperado!». También documentaron la cavidad 3609, una cueva de 5 m de largo hasta una excavación, y 3610, una excavación con «un agujero de 30 cm x 15 cm que se abre un poco» pero sin tiro de aire.

Tony y Steve también buscaron cuevas cerca de El Cubillón. Encontraron la cavidad 3612, dos restos de una cavidad fósil de 10 m y la 3613, un pozo de 5 m a una sala en una diaclasa obstruida.

A unos 500 m bajando por el valle desde la entrada de El Cubillón, Tony documentó tres agujeros: 3615, una escalada por la ladera hasta una entrada «que parece haber sido obstruida a propósito y podría ser el techo de una galería decente»; 3616, una cueva de 10 m de largo con una pendiente que parece continuar pasando una obstrucción», y 3617, «una madriguera de zorro, sin potencial».

La excavación (3215) sobre el sifón de Duck Pond recibió varias visitas después de Navidad. John y Tony ampliaron la entrada a la fisura que vuelve hacia el río. La buena corriente de aire aspirante disipó el humo enseguida, pero hace que la cueva esté muy fría. Al día siguiente, Steve, John y Phil continuaron el trabajo y, el 29, Phil y Tony abrieron una galería que se hizo más pequeña después de otros 3 m, para lo que hizo falta excavar más.

> *Una buena corriente aspirante que sugiere que esta sección no puede ir al río y debe conectar con la galería hacia el interior y a una entrada más alta... La corriente silba a través de un agujero triangular con algunas rocas pequeñas... al otro lado se ve un espacio negro y un poco de pared.*

En el bosque sobre el sifón Duck Pond, Tony encontró la cavidad 3614, una estrecha ranura sopladora que puede agrandarse.

El 26 de diciembre, Steve, Pete, Phil y Tony se dedicaron a excavar y abrir la cavidad 3563, el «buzón de correos» debajo de Torca de Corcada, excavada por última vez en otoño. Se amplió para permitir cavar debajo de la pared ladera arriba y «parece prometedor por la corriente y porque Pedro perdió el mejor cincel de Steve debajo de la pared».

Phil, Hilary, Sue, Susan, Tony, Steve y John inspeccionaron la sección encima del repetidor en la ladera sur de La Vega hacia El Somo. Documentaron el agujero 3611 en un campo abierto cerca de la cima, una excavación fácil. Sin embargo, la cavidad 1340 en el bosque a 60 m al oeste, vista por primera vez en 1998, era más prometedora.

> *Corriente cálida y sopladora, las rocas que tiramos por la estrecha grieta de entrada parecían rebotar y caer unos 20 m, tal vez más. Un metro al este hay una excavación fácil... Solo quitamos una roca para poder ver debajo... La mejor y la más fácil de la zona, perfecta para Semana Santa.*

La cueva / excavación 2594, en la falda de la ladera, también exhala una buena corriente cálida.

Site 1340. *Phil Papard*

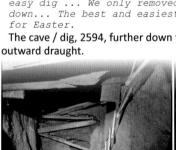

John Southworth in the excavation 3215, up from the Duck Pond Sink. John Southworth en la excavación 3215, desde Duck Pond Sink. *Phil Papard*

Paul "Footleg" Fretwell and Juan had an online conversation about Footleg re-exploring the Astradome in Cueva Hoyuca (0107). With Tackleberry's partial ascent to the second rope for photographic purposes, Footleg was concerned that the Maillons were rusty although the ropes looked OK.[1]

It would make sense to replace the ropes with newer ones so that they remain safe for another 20 years... We are going to be taking in a drill anyway to look at other avens.

Juan was concerned with money - permanently installing over 100m of rope may not be a good use, and this project would also take Footleg away from his primary reason for being in the Four Valleys System - pushing and resurveying!

The discussion also cleared up an old "Astradome 2" survey notes query. This feature was the Hidden Aven that Paul Dold and Footleg entered last summer.[2]

Now, of course, in 2020, it is likely that the ropes, maillons and bolts are knackered and the re-climbing project has become a somewhat larger job. But there is still a large amount of fresh pushing and re-surveying to be done before the Four Valleys System survey can be considered "complete".

The Alto Tejuelo System under the mountains to the south of Arredondo was growing (165km by February 2020). On the Matienzo Caves Google Group, Alasdair Neill and Lank Mills were speculating about connections with Matienzo, both agreeing that Alto Tejuelo could have been a feeder from the south into a Vallina-Reñada route. Harry pointed out in a 2009 thread in the group he had postulated these ideas and that the caves, both south and north of Arredondo, could be part of a huge regional system.

Obviously, a very large programme of dye testing would provide answers to some of the questions now being raised. This would require considerable thought, time and money but, after 50 years of exploration, our knowledge of current drainage routes is fairly abysmal! The right dye tests - positive and negative - would help define the present drainage and would, perhaps, help in our understanding of earlier flow patterns.

In later years, people carried out a number of water traces, outlined in the Hydrology article, pages 455 - 460.

The Google Group also had a thread about the possible (re)survey rotation of the Sima Baz streamway in Cueva Hoyuca. Carmen, Footleg and Dave Bell were rotating sections through 180° trying to get a fit.

There was discussion between Terry and Footleg about the former's hydrology diagram for the Four Valleys System. The diagram is linked from the 0107 Hoyuca web site page.

Pedro now had permission from Enrique Valero of the AEC Lobetum to have a look around Torca CEZ (3603), close to Cueva Coverón (0002) above Riva. On January 27th, armed with a Lobetum survey (compass to 5 degrees and no clinometer), Terry, Juan and Pedro tackled up the two short pitches (p5 and p4) into 2.3km of phreatic passages with formations, domes and mazes. A couple of possible leads were investigated: a p4 to a calcited p6 with water that may not have been pushed and a "strong draught coming through an easy dig".

On the way out, Juan videoed while the others surveyed from CEZ chamber to the entrance. This later revealed an apparent 4% error in the Lobetum survey over 18 legs.

The whole cave should be resurveyed along with Coverón. It would be nice to do this with the AEC Lobetum as both caves are in their area!

The cave has taken its name from the "CEZ" letters written on the wall in a chamber, marks that were found by the Cuencan cavers when

COVERÓN - CEZ
Grid / Cuadrícula 500m
N up the page / Norte arriba

Paul «Footleg» Fretwell y Juan tuvieron una conversación por correo electrónico sobre la posibilidad de que el primero re-explorara el Astradome en Cueva Hoyuca (0107). Tras la escalada parcial de Tackleberry hasta la segunda cuerda con fines fotográficos, a Footleg le preocupaba que los maillones se hubieran oxidado, aunque las cuerdas parecían estar bien[1].

Tiene sentido sustituir las cuerdas por unas más nuevas para que permanezcan seguras durante otros 20 años [...] De todas formas, vamos a llevar un taladro para mirar otras chimeneas.

A Juan le preocupaba el dinero: la instalación permanente de más de 100 m de cuerda podría no ser la mejor inversión, además de que también alejaría a Footleg de su objetivo principal en el Sistema de los Cuatro Valles: ¡explorar y hacer una nueva topo!

La discusión también aclaró una antigua duda de las notas de la topo de Astradome 2, la chimenea oculta que Paul Dold y Footleg habían explorado el verano anterior.[2]

Claro que ahora, en 2020, es bastante probable que las cuerdas, los maillones y las fijaciones no estén en su mejor momento y el proyecto de reescalada se ha convertido en un trabajo algo más grande, pero sigue quedando una gran cantidad de interrogantes que forzar y hay que seguir con la nueva topo antes de que esta pueda considerarse «completa».

El Sistema Alto Tejuelo debajo de las montañas al sur de Arredondo estaba creciendo (151 km a fines de 2018). En la lista de distribución de Matienzo Caves en Google Groups, Alasdair Neill y Lank Mills especularon sobre las conexiones con Matienzo, y ambos coincidían en que Alto Tejuelo podría contribuir desde el sur a la ruta Vallina-Reñada. Harry señaló que en un hilo de 2009 del grupo ya había planteado estas ideas y que las cuevas, tanto al sur como al norte de Arredondo, podrían formar parte de un enorme sistema regional[2].

Obviamente, un programa muy grande de coloración daría respuestas a algunas de las preguntas que ahora se plantean. Es algo que tendremos que reflexionar bastante y que implicará, tiempo y dinero, pero, después de 50 años de exploración, ¡lo que sabemos de las rutas de drenaje actuales es bastante poco! Una coloración correcta, positiva y negativa, ayudará a definir el drenaje actual y, tal vez, ayudará a comprender los patrones anteriores.

En los años siguientes, se llevaron a cabo una serie de coloraciones, descritas en el artículo de hidrología, páginas 455 - 460.

El Grupo de Google también tenía un hilo sobre una posible rotación de la topo de Sima Baz en Cueva Hoyuca. Carmen, Footleg y Dave Bell rotaron partes hasta 180° tratando de encajarla.

Hubo una discusión entre Terry y Footleg sobre el diagrama hidrológico del primero para el Sistema de los Cuatro Valles. El diagrama está enlazado en la página web para la cavidad 0107 Hoyuca.

Pedro ahora tenía permiso de Enrique Valero del AEC Lobetum para echar un vistazo en Torca CEZ (3603), cerca de Cueva Coverón (0002) sobre Riba. El 27 de enero, armados con una topo de Lobetum (brújula a 5 grados y sin clinómetro), Terry, Juan y Pedro instalaron los dos pozos cortos (P 5 y P 4) hasta 2,3 km de galerías freáticas con formaciones, cúpulas y laberintos. Exploraron un par de interrogantes: un P 4 a un P 6 con calcita y agua que podría no haber sido forzados y una «fuerte corriente que exhala una desobstrucción fácil».

Al salir, Juan grabó un vídeo mientras los demás hacían la topo desde la sala CEZ hasta la entrada. Más tarde, esta mostró un posible error del 4 % en la topo de Lobetum con 18 poligonales.

Se debería retopografiar toda la cueva junto con Coverón. Estaría bien hacerlo con AEC Lobetum ya que ambas cuevas están en su área!

La cueva recibió su nombre por las letras «CEZ» escritas en la pared de una sala, marcas que encontraron los espeleólogos cuencanos

---

1   2011 summer, pages 52 - 53
2   2012 January/February logbook pages 3 - 5

1   Véase Verano 2011, p. 52 - 53.
2   Véase el libro de salidas para Enero/Febrero de 2012, pp. 3 - 5.

they started exploring. An early assumption - that these were initials and that the "Z" stood for "Zorrilla", a family living in Riva down the hill - has not yet been properly researched, and is just conjecture.

Two resurgences in the Hoyo de Mortiro were thought to be associated with CEZ / Coverón.

The Danes were in Matienzo from 31st January to 4th February - Torben, Bjarne and Peter with Stig on his first visit. Most days were spent in Cueva-Cubío del Llanío (3234).

On day one they continued the exploration in the high level reached in October 2011. They reached West Wing by descending 10m at the Cross Road Shaft, swinging across then climbing up a 2m gravel wall. They reached a "nice sandy floor, similar to East Wing", but all routes either choked or came back to the Cross Road Shaft.

The following day, February 1st, they found that rain had turned the aven up to the Highway into a waterfall so they spent some time excavating a crawl in the southeast corner of the cave, progressing about two metres.

There was a slight draught towards us. It is a flat-out crawl with good potential :-)

The 2nd and 3rd saw them concentrating on the East Wing and down the Eels Shaft where the p13 entered a decorated passage to the Eels Aven where they emerged 8m above the floor with the roof 22m up. Across the shaft was the continuing passage. An 8-bolt traverse found a very short length of passage and an aven. The base of the Eels Shaft was dropped 5m with some ongoing possibilities.[3]

The final day for the Danes was spent looking in Simas del Picón (0075) and Frank's Cave (2167).

Phil, Bob and Kev spent 3 days at site 1438, a dig on the north side of El Naso, where they made "good progress with choke stabilised". They spent one day at Honeymoon Pot (3594).

Peter Fast - "Across the shaft was the continuing passage."
Peter Fast: «Al otro lado del pozo continuaba la galería».
Torben Redder

Removed the block that had moved, plus a bit more that then became unstable. More work needed to remove broken rock and a large rock that is now across the next pitch. But first the mud/ rock slope at the point Juan was at when the rock moved needs securing with a stemple, as the rock below holding it up is like a children's brick tower!

In other activities, Footleg completed an interactive, virtual tour of the Astradome in Cueva Hoyuca[4] and Pedro updated the survey around the Squirrel's Passage area in Cueva-Cubío de la Reñada (0048).

3 See https://youtu.be/wWbr4yYx04A or the page of links on the web site
4 Link in Underground pictures section of the 0107 description.

cuando comenzaron a explorar. Se supuso que eran iniciales y que la «Z» era de «Zorrilla», una familia que vive en Riva, pero esto aún no se ha investigado y es solo una conjetura.

Se creía también que dos surgencias en el Hoyo de Mortiro estaban relacionadas con CEZ / Coverón.

Los daneses estuvieron en Matienzo del 31 de enero al 4 de febrero: Torben, Bjarne y Peter con Stig en su primera visita. Pasaron casi todos los días en la Cueva-Cubío del Llanío (3234).

En el primer día, continuaron la exploración en el nivel superior al que habían llegado en octubre de 2011. Llegaron a West Wing bajando 10 m por el pozo Cross Road, columpiándose hasta el otro lado y luego subiendo por una pared de grava de 2 m. Llegaron a un «suelo de arena bonito, parecido al de West Wing», pero todos los caminos estaban obstruidos o volvían al pozo.

Al día siguiente, 1 de febrero, descubrieron que la lluvia había convertido la chimenea a Highway en una cascada, por lo que pasaron un tiempo excavando una gatera en la esquina sureste de la cueva, avanzando unos 2 m.

Sentimos una ligera corriente hacia nosotros. Es un laminador con buen potencial. :-)

El 2 y el 3 se centraron en East Wing y bajaron por el pozo Eels, donde el P 13 dio a una galería decorada hacia Eels Aven, de donde salieron a 8 m del suelo con el techo a 22 m. Al otro lado del pozo continuaba la galería. Tras un pasamanos con 8 fijaciones encontraron una galería corta y una chimenea. Bajaron 5 m de la base del pozo Eels Shaft con algunas posibilidades de continuación[3].

En su último día, los daneses exploraron Torca del Picón (0075) y Frank's Cave (2167).

Phil, Bob y Kev pasaron 3 días en la cavidad 1438, una excavación en el lado norte de El Naso, donde «progresaron bastante y estabilizaron la obstrucción». También pasaron un día en Torca de Luna de Miel (3594).

Quitamos el bloque que se había movido y un poco más que se volvió inestable. Hay que dedicarle más horas para quitar la roca rota y una roca grande que ahora está en medio del siguiente pozo. Pero primero hay que asegurar la pendiente de barro / rocas en el punto en el que estaba Juan cuando la roca se movió, ya que la roca que lo sostiene todo es como la torre de ladrillos de un crío.

En otras actividades, Footleg completó un recorrido virtual interactivo por el Astradome en Cueva Hoyuca[4] y Pedro actualizó l topografía alrededor de Squirrel's Passage en Cueva-Cubío de la Reñada (0048).

3 Grabaron un vídeo de estas actividades en Llanío. Se puede consultar en https://youtu.be/wWbr4yYx04A
4 El enlace se encuentra en la sección «Underground pictures» de la descripción de 0107.

The circular Astradome aven in Cueva Hoyuca is 30m across and over 100m high. A screen-shot from Footleg's interactive spherical image.
La chimenea circular Astradome en Cueva Hoyuca mide 30 m de ancho y más de 100 m de altura. Captura de pantalla de la imagen interactiva de Footleg *Paul 'Footleg' Fretwell*

NORTHWEST AND FAR WEST SECTORS

On March 26th Dave Gledhill and Barny went into El Cubillón (2538) "to sort out survey plan". They revisited the area first explored with Phil Goodwin in 2011 where two leads were apparent:

To the left, a 1.5m climb leads to a rising series of passages with numerous ways on, some up, some down. Rope required to continue exploration safely. Straight on, a slope down leads into larger passage. Several inlets need to be climbed.

Numerous other leads were noted "to be pursued during survey later in the week." At Lake Tilberthwaite, Dave went through the duck, "head out of water" to a definite sump.

Surveying work (batch 2538-12-01, from station 1.44 to 4.41) was carried out on March 28th when they noticed the draught changing from out to in at the bottom of the big entrance pitch at about 1500 hours.

Two days later they were surveying with Phil Goodwin, down to the sump and up from station 1.93.

Large passages – very large. Still predominantly mud covered with few pretties spoiling the rock... Lots of new stuff to go at.

The following day, Dave and Barny removed the sump rope and took photos. About 30m before the big sump an awkward climb reached a slippery hole down to a possible chamber which needed a rope for the return.

On March 30th they returned with Dave Milner and Phil Goodwin to carry on surveying in muddy conditions.

Surveyed up steep mud slopes taking left branch, then left again at major junction through large caverns connected by up and down mud slopes. There are several places where beautiful but delicate mud formations need to be avoided.

Needless to say, a number of leads were noticed.

On April 3rd, Gordon, John, Dave Milner and Phil Goodwin explored the area of Breakdown Chamber finding a number of leads.

Jon, Jess, Lisa and Bob were also in the cave to "look at possible climbs and a look around the cave". Jon wrote:

Got to the point where cave enlarges and turns left after slope up. Headed right under boulder to another large aven which does not connect with surveyed passage! Possibly passage off to the right up a climb, pitch down 7m (clean washed) further on leads to a draughting higher level passage about 3 - 4m above a muddy pool with holes going down on the left before too steep.

Lisa, Jon and Dan were in the cave on the 5th where it seems that this area was looked at again.

Dan climbed into draughting high-level passage not on survey and continued for a while passing avens and eventually ended at a 60° boulder slope up which looked a tad dodgy - not climbed. Lisa dropped down clean washed pitch 7m not on survey. This led to a tight section which was not entered ... Dan climbed aven on corner of survey for 25m to a number of muddy, large pitches, not descended.

The "big aven" was the main focus for bolting on the 5th and 7th April. On the first day, Neil and Simon started with Diane supporting. Tom joined Di for surveying on the next trip while Neil and Simon

SECTOR NOROESTE Y EXTREMO OESTE

El 26 de marzo, Dave Gledhill y Barny entraron en El Cubillón (2538) «para decidir un plan para la topo». Volvieron a la sección explorada por primera vez con Phil Goodwin en 2011, donde vieron dos posibles continuaciones:

A la izquierda, una escalada de 1,5 m conduce a una serie ascendente de galerías con muchas continuaciones, unas hacia arriba, otras hacia abajo. Hace falta una cuerda para continuar de manera segura. Todo recto, una pendiente hacia abajo da a una galería más grande. Hay que escalar varias laterales.

Tomaron nota de muchas otras posibles continuaciones «a inspeccionar durante la topo esta semana». En el lago Tilberthwaite, Dave atravesó la bóveda sifonante «con la cabeza fuera del agua» hacia un sifón.

La topo (lote 2538-12-01, desde la estación 1.44 a la 4.41) se llevó a cabo el 28 de marzo cuando notaron que la corriente de aire cambiaba de sopladora a aspirante en la base de la sima de entrada a eso de las 3 de la tarde.

Dos días después hicieron la topo con Phil Goodwin hasta el sumidero y desde la estación 1.93.

Galerías grandes, muy grandes. Aún en su mayoría cubiertas de barro con algunas decoraciones que estropean la roca [...] Un montón de cosas nuevas para forzar.

Al día siguiente, Dave y Barny quitaron la cuerda del sifón y sacaron fotos. Unos 30 m antes del gran sifón, una escalada expuesta da a un agujero resbaladizo hasta una posible sala para la que hacía falta una cuerda.

El 30 de marzo volvieron con Dave Milner y Phil Goodwin para seguir la topo rodeados de barro.

Hicimos la topo por pendientes empinadas de barro tomando siempre el ramal izquierdo en los cruces a través de grandes galerías conectadas por pendientes de barro. En varios puntos hay que tener cuidado con algunas formaciones de barro bonitas y delicadas.

No hace falta decir que tomaron nota de varias posibles continuaciones.

El 3 de abril, Gordon, John, Dave Milner y Phil Goodwin exploraron la zona de Breakdown Chamber.

Jon, Jess, Lisa y Bob también fueron para «mirar algunas escaladas y echar un vistazo». Jon escribió:

Llegué al punto en el que la cueva se agranda y gira a la izquierda tras subir la pendiente. Pasé por debajo de un bloque a otra gran chimenea que no conecta con galería topografiada. Puede que haya una galería hacia la derecha por una subida, un pozo de 7 m (limpio) más adelante conduce a una galería superior con corriente a unos 3 – 4 m por encima de una charca con barro con agujeros a la izquierda antes de volverse demasiado empinada.

Lisa, Jon y Dan volvieron el día 5 y parece que volvieron a esta sección.

Dan escaló a una galería superior que no está en la topo y la forzó pasando chimeneas hasta que terminó en una pendiente de 60° llena de rocas que no parecía de fiar y no la escaló. Lisa bajó por el pozo limpio de 7 m que no está en la topo y llegó a una sección angosta en la que no se metió [...] Dan subió por la chimenea en la esquina de la topo, 25 m, hasta llegar a varios pozos con barro y grandes, pero no los bajó.

La «gran chimenea» se instaló a lo largo de los días 5 y 7 de abril. El primer día, Neil y Simon comenzaron con el apoyo de Diane. Tom se unió a Di para hacer la topo en la siguiente visita, mientras Neil y Simon

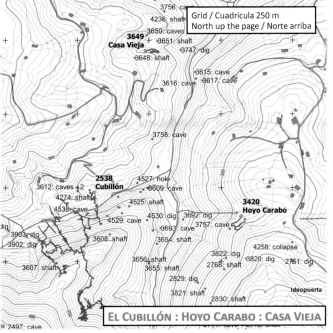

Grid / Cuadrícula 250 m
North up the page / Norte arriba

EL CUBILLÓN : HOYO CARABO : CASA VIEJA

climbed an aven at the end of the left-hand inlet below the short pitch in the main streamway. Neil wrote:

> *A climb of about 30m was made using stals and naturals threads as runners. Unfortunately, nothing of interest could be found and I don't think a return is necessary.*

They carried on to Watery Junction and the big aven.

> *... climbed to around 35 to 40m following what appeared to be the main way. The very top is about 10m above this but soft calcite stopped progress ... it appeared to be alcoves and solution pockets. It's very still up there. Very little, if any, air movement!*
>
> *The rope remains rigged to about 30m with a good stance at 20m from where a bolt traverse could be climbed over to another continuation of the aven - up a steep flowstone cascade.*

Jon, Ed, Lisa and Bob investigated a valley uphill of El Cubillón finding site 3666, a 6m deep, choked shaft that Jon descended.

Alf, Phil Goodwin, Dave Milner and John investigated slightly further southeast, in the main valley, cataloguing four sites: 3695, a 3m cow shelter in a cliff; 3696, two small caves; 3697, a slide of 3m in a dripping, choked cave and 3698, an undercut at a massive limestone bed leading to a 10m long cave with a crawl to a small aven with flood debris.

Lank, Paul Gelling and James investigated a steep-sided valley running up to the south in the Moncobe area. Halfway up is a sink in a cross-joint (documented as 4539 at Easter 2017) and, just below, a couple of small holes - 3669.

> *First is just 2m and choked. The second is a crawl for 2m then turns left. Needs a bit of digging. Faint draught in.*

The following day, James returned with Simon, Diane and Neil to find the entrance draughting out strongly.

> *The crawl leads to a chamber where daylight enters from a shaft above (which Simon managed to climb out of to reach the surface). A passage into the hill is blocked by a large limestone block, beyond which looks like a drop down into a chamber and continuation of the cave.*

They went upstream to the road but found nothing of interest.

On April 3rd, Alf and Harry had a rather successful cave hunting day some 500m to the north of El Cubillón, up on the left bank of the

escalaban una chimenea al final de la galería lateral de la izquierda debajo del pozo corto en la galería activa central. Neil escribió:

> *Escalamos unos 30 m utilizando estalagmitas y anclajes naturales. Por desgracia, no encontramos nada de interés y no creo que haga falta volver.*

Continuaron hasta Watery Junction y la gran chimenea.

> *Escalamos unos 35 a 40 m siguiendo lo que parecía ser el camino principal. Hay otros 10 m más, pero la calcita suave detuvo los avances [...] parecían ser recodos y hornacinas de disolución. Ahí arriba está todo muy quieto. Apenas se siente corriente de aire, ¡si la hay!*
>
> *La cuerda sigue instalada hasta unos 30 m con buena posición a 20 m desde donde un pasamanos puede dar a otra continuación de la chimenea: una colada escarpada.*

Jon, Ed, Lisa y Bob prospeccionaron un valle encima de El Cubillón y encontraron la cavidad 3666, un pozo ciego de 6 m de profundidad al que Jon entró.

Alf, Phil Goodwin, Dave Milner y John investigaron un poco más al sureste, en el valle principal, y tomaron nota de cuatro agujeros: 3695, un refugio para vacas de 3 m en un peñasco; 3696, dos cuevas pequeñas; 3697, una pendiente de 3 m en una cueva obstruida en la que entra agua, y 3698, un extraplomo en una gran capa de caliza que da a una cueva de 10 m de largo con una gatera a una pequeña chimenea con restos de riada.

Lank, Paul Gelling y James investigaron un valle escarpado que sube hacia el sur en el área de Moncobe. A mitad de camino hay un sumidero en una diaclasa (documentado en Semana Santa de 2017, 4539) y, justo debajo, un par de pequeñas entradas, recogidas bajo el número 3669:

> *El primer agujero solo mide 2 m y está obstruido. El segundo es una gatera de 2 m y luego gira a la izquierda. Necesita un poco de excavación. Débil corriente aspirante.*

Al día siguiente, James regresó con Simon, Diane y Neil y vieron que la entrada ahora tenía una fuerte corriente de aire.

> *La gatera va a dar a una sala en la que entra la luz del día desde una chimenea (por la que Simon pudo subir hasta la superficie). Una galería que se adentra en la colina está obstruida por un gran bloque de caliza. Detrás de este parece haber un destrepe hasta una sala y la continuación de la cueva.*

Large passage and mud in El Cubillón. Galería grande y barro en El Cubillón.   *Dave Gledhill*

Arroyo Bencano. Stones rattled down 3m at 3648 - this was extended in the summer. The inward-draughting entrance to 3649 was an obvious 1.5m diameter opening in the right side of a low cliff. A short crawl led to a 3m drop to a roomy L-shaped chamber where an undercut degenerated into a 5m long crawl ending in a sediment blockage. This hole was excavated and explored in the summer as the Cueva de la Casa Vieja with an 85m pitch.

Site 3650 was documented as small holes around the edge of an amphitheatre with the largest a crawl to a small chamber. This was also further investigated later in the year. Site 3651 was found as a 4m deep hole with a slight outward draught that might require a ladder to descend.

Harry continued the hunt in this area the following day. Site 3652 was found as a 3m steep slope to an undercut beneath a rock face to a possible further small drop. Site 3653 was a draught-free low entrance requiring a short dig to access a slope down into a crawl.

John, Phil Goodwin, Dave Milner, Gordon and Alf were searching about 800m further south, on the left bank of the eastern branch of the Arroyo Bencano, finding a cluster of three possibilities: 3654, a narrow shaft blocked by rocks and about 6m deep; 3655, a 3m drop in a rift to a window onto further space and 3656, a small shaft with a good draught which needs the floor excavating.

Slightly further north, John and Phil, 10m up the east side of the valley found a small draughting depression with boulders at the base, 3692. On the east side they explored 3693 where a hole down between boulders accesses calcite slopes and a small chamber which was "blocked in all directions".

About 80m higher up the hill, John, Gordon, Phil Goodwin, Phil Parker, Chris Camm, Dave Milner and Alf excavated beyond the washing machine in site 3420 over two days, making 3m of progress. They broke through over the 8th and 9th April into "a further 170ft of passage down an 18ft pitch. Mainly walking sized passage ending in blind holes in the floor". The total length estimate was 250ft.

At Ideopuerta, about 1km east of El Cubillón, Dave Gledhill and Barny inspected a "fridge" with a man-made entrance, site 2751. There was a "reasonable outward cool draught felt standing outside the entrance" which increased when they opened up a hole in the floor.

> *Numerous breeze block-sized rocks need pulling out to see if progress is possible. Still looks worthwhile.*

They returned to pull blocks to reveal a 30cm wide slot that appeared to pinch in. It would "need much work to gain any further progress".

> *Me and Dad went to Ideopuerta for a walk. Met a farmer called Carlos who stopped us. Dad (who can't speak Spanish) finally got Carlos to take us to some caves. I forgot the GPS.*

This account was from Nathan who, with Simon, were shown 1974, previously known, and a new site 3664 - "wide open, large shaft. Need rope or ladders. At least 10m deep. Returning tomorrow".

The laddered, 8m entrance pitch dropped onto a debris slope and a horizontal slot into an alcove and a flat-out passage through a stal grille.

> *...leads to chamber with inlets and holes down. We has a good look at the holes and, although they are taking water, draughty and 1m diameter, digging is necessary to progress.*

At 3215, above Duck Pond Sink (1976), John, Alf, Phil Goodwin and Dave Milner made 1m progress after removing a large boulder. "Requires more digging."

On April 7th, 8th and 9th Dan and Martyn continued the work of Chris Camm and Phil Papard in Invisible Cave (3283).[1] On the 7th, sump 2, 10m long and 2m deep, entered 150m of passage passing three large avens, one of which has a large inlet 15m up.

_____
1 2011 Easter, page 35.

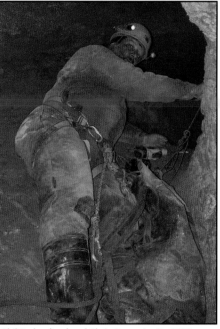

Phil Parker (top) and Chris Camm in site 3420, Washing Machine Hole. Phil Parker (arriba) y Chris Camm en 3420, Torca de Hoyo Carabo.
Chris Camm & Phil Parker

Fueron río arriba hasta el camino, pero no encontraron nada de interés.

El 3 de abril, Alf y Harry tuvieron un día de prospección bastante bueno a unos 500 m al norte de El Cubillón, en la margen izquierda del Arroyo Bencano. Las piedras caían a lo largo de 3 m en el agujero 3648, el cual se amplió en verano. La entrada del 3649, con corriente aspirante, era una abertura obvia de 1,5 de diámetro en el lado derecho de un peñasco pequeño. Una pequeña gatera da a un pozo de 3 m hasta una espaciosa sala en forma de L donde un extraplomo se convierte en una gatera de 5 m que termina en una obstrucción de sedimentos. En verano se excavó y exploró, y se bautizó como la Cueva de la Casa Vieja, con un pozo de 85 m.

El mayor de varios pequeños agujeros alrededor de un hoyo semicircular, con el número 3650, tenía una gatera hasta una pequeña sala que se investigaría a lo largo del año. El 3651 era un hoyo de 4 m de profundidad que exhala una ligera corriente y para el que puede hacer falta un escala.

Harry siguió buscando en esta zona al día siguiente. El agujero 3652 es una pendiente de 3 m a un laminador bajo una pared de roca a un posible destrepe más pequeño. El 3653, una entrada baja sin corriente de aire que tuvo que desobstruir para acceder a una pendiente hasta una gatera.

John, Phil Goodwin, Dave Milner, Gordon y Alf prospeccionaron a unos 800 m más al sur, en la margen izquierda de la rama oriental del Arroyo Bencano, y encontraron un grupo con tres posibilidades: 3654, un pozo estrecho obstruido con rocas y de unos 6 m de profundidad; 3655, un destrepe de 3 m en una fisura hacia una ventana y más espacio y 3656, un pozo pequeño con buena corriente que había que desobstruir en la base.

Un poco más al norte, John y Phil encontraron el 3692, una pequeña depresión con grandes rocas en la base a 10 m subiendo por el lado este del valle. En el lado este exploraron el 3693 donde un agujero entre bloques da a pendientes de calcita y una pequeña sala «bloqueada en todas direcciones».

A unos 80 m colina arriba, John, Gordon, Phil Goodwin, Phil Parker, Chris Camm, Dave Milner y Alf pasaron dos días excavando en la cavidad 3420 al otro lado de Washing Machine, avanzando 3 m. Entre el 8 y el 9 de abril entraron en «unos 51 m de galería bajando un pozo de 5 m. En general amplia, que termina en agujeros ciegos en el suelo». Estimaron un desarrollo total de 76 m.

En Ideopuerta, a aprox. 1 km al este de El Cubillón, Dave Gledhill y Barny investigaron una «nevera» con una entrada hecha por el hombre, 2751. Desde la entrada, podían sentir que «exhalaba una buena corriente de aire frío» que aumentó cuando abrieron un agujero en el suelo.

> *Se han de quitar muchas rocas del tamaño de un bloque de hormigón para ver si se puede avanzar. Parece que merece la pena.*

Volvieron para quitarlas y vieron una ranura de 30 cm de ancho que parecía estrecharse. «Haría falta mucho trabajo para avanzar».

> *Papá y yo fuimos a pasear a Ideopuerta. Conocí a un granjero llamado Carlos que nos paró. Papá (que no sabe hablar español) finalmente consiguió que Carlos nos llevara a algunas cuevas. Olvidé el GPS.*

Esto lo contó Nathan, a quien, junto con Simon, le mostraron la cavidad 1974, ya conocida, y una nueva, 3664: «abierta, pozo grande. Necesita cuerda o escala. Al menos 10 m de profundidad. Volvemos mañana».

El pozo de entrada de 8 m da a una pendiente con rocas y una ranura horizontal hasta un recodo y un laminador a través de una rejilla de estalagmitas:

> *...va a dar a una sala de la que salen galerías y hoyos. Echamos un vistazo a los hoyos y, aunque recogen agua, se siente una corriente de aire y miden 1 m de diámetro; hay que excavarlos para avanzar.*

En la cavidad 3215, encima del sifón Duck Pond (en 1976), John, Alf, Phil Goodwin y Dave Milner avanzaron 1 m después de quitar una gran roca. «Hay que seguir excavando».

Site 3283: Invisible Cave
San Antonio 30T 446611 4801750 Altitude 54m
Surveyed 2009, 2010, 2012 to BCRA 5c.
(Disto/tape, compass & clino for 3283; DistoX for 3291.)

entrance 1
through deep water

Room 306

+1.4m

crawl

pool lowered 20cm
with submersible pump

pool

crawl under
boulders

entrance 2
c-5m through boulders to water level.
Needs digging out after collapse,
summer 2010.

mud &
gravel

roots

rift above water

low

Site 3291: Entrada Tres
San Antonio 30T 446713 4801639 Altitude 99m Length 704m Depth 46m
Surveyed by Chris Camm, Juan Corrin, Martyn Grayson, Dan Hibberts,
Phil Papard, Phil Parker. Drawn by Juan Corrin.

hands & knees crawl
waist-deep water
gravel
crawl

cobbles and
bones form
the roof

excavated trench
to lower ducks

pool

ducks

PLAN

0 5 10 15
m

stn 14
paper

p5 drops down
to station 14

bones

GPS position of site 3291
(in trees)

c-2

p4
c-2

deeper
water

entrance 3
Entrada Tres p15

roots

stn 0
white calcite
on wall

sump 1
(passed 20
3m down a

traverse
over pit

p6.5

squeeze past stal

>+8

holes
down

Next day they surveyed the passage then dived sump 3. This was 15m long and 2m deep. Beyond, a large aven was found almost immediately and around 25m of passage to sump 4. This looked possible to bypass by climbing a slope on the right side where a large, ascending unexplored passage could be seen. However, it was thought more awkward than diving onward.

Sump 4 was 5m long and 2m deep before surfacing in a 5m long rift and the next sump. While the line reel was being rigged, the divers were surprised by a large eel which swam past the divers' feet. Sump 5 was found to be 10m long and 2m deep surfacing in 50m of large stream passage ending at sump 6. There was insufficient line on the reel and gas in his cylinders for Dan to continue.

On the 9th, the finds from the previous day were surveyed and sump 6 dived by Dan. This sump descended steeply down a mud slope with a cloud of silt following the diver. At a depth of 5.1m the base of a vertical shaft was reached. Dan ascended the pot and surfaced in a cross rift, no more than 5m long before the next sump. Martyn joined Dan who then dived sump 7. This was 6m long and 1.9m deep surfacing at the foot of a large aven (with green leaves and twigs floating on the surface) and another sump where Martyn followed through. Dan then dived sump 8 but, with only 15m of line on the reel, was forced to return after reaching a depth of 6.6m.

The next pushing trip through sump 8 occurred five years later, in April 2017.[2]

John documented three digs in a cleared forest area close to Cueva Laberinto (3268) at San Antonio. Site 3629 lies at the base of a small scar and requires a boulder removing and 3630 has 2 draughting digs at the base of a large depression. The boulder in 3629 was later removed by Dave Milner and Gordon to reveal 3m of tight rift to 2m of very narrow vertical rift with a sandy floor.

On April 4th, further finds were made in the area by Alf, John, Phil Goodwin, Dave Milner and Gordon: site 3657, a descending slot in a steep shakehole which turns a corner and blocks after 2m; 3658, a slot in the base of a depression which turns a bend to a sandy floor and 3659, a pair of choked shafts in a small double shakehole. Three hours were spent excavating the earth floor in 3238, a 4m long very low bedding with a slight draught.

John, Dave and Phil also explored new site 3660, found in recently cleared forest.

Two 2m climbs down past large boulder to squeeze into small chamber leading to 23m very loose pitch in a wide, long rift. One way leads to a climb of 3m which will need bolting. Opposite direction is a duck under into a side rift which chokes both ends. A roof passage can be seen 9m up from end of this rift. Best rigged with SRT on future trips.

Alf joined the team on April 8th to complete the exploration.

Climb at end of rift bolted to short section of passage ending in calcite choke ... Not very promising.

Two hundred and sixty metres to the west, Gordon and Chris Camm dug at the draughting site 3703 but it required capping to continue.

From 20th - 29th April, Jim Lister and Colin Hayward laid siege to the sumps in Cave of the Wild Mare (resurgence site 0767) and Torca la Vaca (2889) following on from the previous Easter and hoping to connect the two caves. The following account has been gleaned from Colin's blog.

The river levels were obviously up, in some places by as much as a couple of metres. They were not sure that the sumps would be

El 7, 8 y 9 de abril, Dan y Martyn continuaron el trabajo de Chris Camm y Phil Papard en Invisible Cave (3283)[1]. El primer día, el sifón 2, de 10 m de largo y 2 m de profundidad, fue a dar a 150 m de galería pasando tres grandes chimeneas, una de las cuales tiene una gran galería lateral a 15 m. Al día siguiente, hicieron la topo y luego bucearon en el sifón 3, que medía 15 m de largo y 2 m de profundidad. Al otro lado, encontraron una gran chimenea casi de inmediato y alrededor de 25 m de galería hasta el sifón 4. Este parecía que se podía evitar trepando por una pendiente en el lado derecho, desde donde se podía ver una gran galería ascendente. Sin embargo, parecías más trabajo que seguir buceando.

El sifón 4 medía 5 m de largo y 2 m de profundidad y salía a una fisura de 5 m de largo y el siguiente sifón. Mientras aseguraban el hilo, a los buzos les sorprendió una gran anguila que pasó nadando junto a sus pies. El sifón 5 medía 10 m de largo y 2 m de profundidad e iba a dar a 50 m galería activa amplia que terminaba en el sifón 6. No había suficiente hilo en el carrete y ni aire en la botella para que Dan continuara.

El 9 hicieron la topo de lo del día anterior y Dan entró en el sifón 6. Este descendió abruptamente por una pendiente de barro y una nube de limo siguió al buzo. A una profundidad de 5,1 m llegó a la base de un pozo. Dan lo subió y salió a la superficie en una diaclasa de no más de 5 m de largo antes del siguiente sifón. Martyn se unió a Dan, quien

passable and also "the weather forecast does not provide good reading at the moment but these things can change".

On the 21st Jim and Colin eventually got into Wild Mare where, despite the difficulty of crawling against the current, they eventually reached the back end of the cave "where the roof neared the water about 15 m before the normal start of the sump". They made a rapid, current-assisted exit from this point.

They were in the resurgence again the next day and found the chamber before the Sump of the Wild Eels. Between the pair of them they dived through to a chamber first entered in 1995 by Steve Openshaw and Martin Holroyd.[3] Here, the small "uninspiring" sump found by the original explorers looked very active and had covered the floor to a depth of about 0.5 m with fast flowing water. Time pressure ended the day, "or was it the call of a 2 euro bottle of wine?"

On the 23rd, with the weather improving, they pushed on beyond the limit but appeared to lose the main flow in an area of bedding planes, rifts and breakdown.

> On the way out we split up and searched each wall of Sump of the Wild Eels. Jim found a promising looking side passage guarded by a cute looking eel. We exited to hear reports of sunshine so we finished off the bottle of 2 Euro wine and had pizza as comfort food.

The following day, they failed to find any way forward and "the search was abandoned owing to the clouds of silt that had blown up from the floor". The main flow had been lost and, with high water levels limiting the visibility, and at the same time giving them no clue as to where the flow was coming from, they decided to have a go from the other end – Torca la Vaca. The evening was spent rigging the cave.

On day 7, the pair took in two sets of dive kit down the Buttermere Pitch to the kitting up area - a leisurely trip taking just over five hours. At the bottom ...

> ... Jim placed two bolts from which we hung ladders: the first reached by traversing along from the kitting up area and should allow us to get into the water without climbing down a sharp rift and damaging our equipment. The second is positioned in the upstream end of the Buttermere canal section and will be used to get over a narrowing of the passage cross section and down the other side to the upstream sump that we think feeds the canal and may

---

3   Matienzo: 50 Years of Speleology, page 264.

buceó en el sifón 7, que medía 6 m de largo y 1,9 m de profundidad, saliendo a la superficie al pie de una gran chimenea (con hojas verdes y ramitas flotando en el agua) y a otro sifón que inspeccionó Martyn. Dan continuó por el sifón 8, pero, con solo 15 m de hilo en el carrete, se vio obligado a regresar después de alcanzar una profundidad de 6,6 m.

La siguiente visita para investigar el sifón 8 tuvo lugar cinco años después, en abril de 2017[2].

John documentó tres excavaciones en una zona deforestada cerca de Cueva Laberinto (3268) en San Antonio. La cavidad 3629 se encuentra en la base de un pequeño peñasco y tiene un gran bloque que se ha de quitar y la 3630 tiene 2 obstrucciones con corriente de aire en la base de una gran depresión. Dave Milner y Gordon quitaron la roca de 3629 y se encontraron con una fisura angosta de 3 m a 2 m muy estrechos con un suelo de arena.

El 4 de abril, Alf, John, Phil Goodwin, Dave Milner y Gordon encontraron más agujeros en la zona: 3657, una ranura descendente en un hoyo profundo que cambia de rumbo y está obstruido tras 2 m; 3658, una grieta en la base de una depresión que también cambia de rumbo y tiene el suelo de arena y 3659, un par de pozos ciegos en un hoyo doble pequeño. Pasaron tres horas excavando el suelo de tierra de 3238, un laminador de 4 m de largo con una tenue corriente de aire.

John, Dave y Phil también exploraron la cavidad 3660, descubierta recientemente en una zona deforestada.

> Dos destrepes de 2 m pasando un gran bloque con un estrechamiento hasta una sala pequeña que da a un pozo inestable de 23 m en una fisura amplia y larga. Por un lado da a una escalada de 3 m que necesita fijaciones. En dirección opuesta hay una bóveda sifonante que da a una fisura lateral obstruida en ambos extremos. Se puede ver una galería en el techo a 9 m de altura desde el final de esta. En el futuro será mejor instalarla.

Alf se unió al equipo el 8 de abril para completar la exploración.

> Instalamos la escalada al final hasta una sección corta de galería que termina en una obstrucción de calcita [...] No es muy prometedor.

A 260 m al oeste, Gordon y Chris Camm intentaron desobstruir la cavidad 3703, pero para continuar necesitaban microexplosivos.

Del 20 al 29 de abril, Jim Lister y Colin Hayward bucearon los sifones de la Cueva Wild Mare (la surgencia 0767) y Torca la Vaca (2889) siguiendo con lo que habían empezado un año antes con la esperanza de conectar las dos cuevas. Los siguientes detalles se han sacado del blog de Colin.

Los niveles del río sin duda habían subido, en algunos puntos hasta un par de metros. No estaban seguros poder pasar por los sifones y también «la previsión del tiempo no parece muy buena en este momento, pero estas cosas pueden cambiar».

El 21 Jim y Colin finalmente entraron en Wild Mare. A pesar de la dificultad de arrastrarse contracorriente, llegaron al final de la cueva «donde el techo se acercaba al agua unos 15 m antes del punto en el que el sifón solía empezar». Con ayuda de la corriente, salieron rápido.

Volvieron al día siguiente y encontraron la sala antes del sifón Wild Eels. Entre los dos lo atravesaron hasta una sala a la que habían entrado por primera vez Steve Openshaw y Martin Holroyd en 1995[3]. El pequeño sifón «algo anodino» que habían encontrado los exploradores originales parecía muy activo y había cubierto el suelo hasta una profundidad de unos 0,5 m con agua que fluía rápidamente. El poco tiempo disponible puso fin a la incursión, «¿o fue la llamada de una botella de vino de 2 euros?».

El 23, con el clima mejorando, pasaron el límite anterior, pero parecieron perder la corriente principal en un zona de estratificación, fisuras y derrumbes.

> Al salir nos separamos e investigamos a ambos lados del sifón Wild Eels. Jim encontró una galería lateral prometedora custodiada por una anguila muy mona. Salimos y nos encontramos con que anunciaban sol, así que terminamos la botella de vino de 2 euros y cenamos pizza como premio.

Al día siguiente, no pudieron encontrar una continuación y «abandonamos la búsqueda por culpa de las nubes de barro que habían subido desde el suelo». Habían perdido la corriente principal y, como los altos niveles del agua limitaban la visibilidad, no encontraban pistas que les dijesen de dónde venía el curso de agua, así que decidieron ir al otro extremo: Torca la Vaca. Esa tarde la pasaron instalando la cueva.

El día 7 la pareja bajó dos kits de buceo por el pozo Buttermere Pitch hasta la zona

---

2   Véase p. 262.
3   Matienzo: 50 años de espeleología, p. 264.

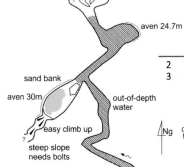

PLAN

connect with sumps further into the cave. We both feel that we have just about earned our 1 euro wine tonight.

The following day they dived downstream to Eely Mud Eye Chamber and explored routes off. At the far side of the chamber Jim dived through for about 5m in a very wide bedding, surfacing in a very muddy rift closing down at one end and ending in a boulder choke at the other with an arch straight ahead.

Both of us de-kitted and, after looking up an inlet, we climbed the boulder choke to find a link to another rift containing breakdown and several possible ways on. Each was looked at and the last one took us up through more stacked boulders to a larger rift several metres high with water at the bottom. The rift was divided by a flake which we walked along the top of and then dropped down it's left side onto a massive wedged boulder (that proved to be the key to route finding in the interlinking rifts) held in place by a few cobbles located at all the important places. Overlooking the key boulder is a lovely round tube formed on a rift fault. Climbing down below the boulder we regained the water and investigated various ways on. The first went blind but the second took us around a corner and the unexpected sight of the dive line at the far end of the Sump of the Wild Eels. We had made the connection! Jubilation and a handshake followed.

The 1 Euro wine is flowing well tonight and we have decided to call our find the AGM Bypass because of a meeting we have missed whilst out here.

For days 9 to 11, complex plans were made to survey the route, remove all the dive gear and de-rig the Buttermere pitch in Vaca but first, Jim dived upstream from the base of the Buttermere pitch reaching the Whitworth Series. Jim also investigated interesting undercuts on the way out to the bottom entrance.

Jim returned rapidly to report that "we are not alone", apparently the eel he had met was far less cute and considerably larger than the previous one ...

The weather deteriorated so that, on day 10, they came out of Wild Mare on a rising flood and were "glad to reach the entrance, even though it was still raining". They noticed that an inlet on the left near the entrance was supplying half or more of the water. This supply had to be from Torca de Peña Encaramada (3380).

On this trip Jim has seen quite a few eels, Jim even saw several more eels today. He has encountered a mixture of sizes and levels of cuteness. I have so far not seen a single eel, not one, maybe I should stop peeing in my wetsuit, or maybe not!

With the linking of Cave of the Wild Mare, the length of the Torca la Vaca System jumped from 14,512m to 15,222m.

On April 6th, Jenny, James, Neil, Simon and Diane visited site 2907, high above the west side of Torca la Vaca. The hole is called Stink Pot or Cow Muck Pot as slurry obviously slops into the hole. Diane wrote:

After much musing it was decided that Simon and I would descend the stinky pot and Neil, Jenny and James would be the surface support. We prepared for potential passing out due to the methane fumes. Whilst Simon took his time getting changed I hid in the opposite field and Jenny and James peered down the shaft, pretending I had fearlessly gone down first!

Simon descended the ladder in the belief that I was down there. I listened out for Simon's moans of muck and, when I didn't hear any, I descended the 5 metre ladder, dropping into ankle depth mud / slurry. The stench of cow muck wasn't as bad as I expected ... Crouching without crawling in the mud, the passage continues under a boulder. It then opens up and is sandy underfoot, continuing for a further 7 metres. The fauna was of particular interest and unsurprisingly consisted of many extremely fat spiders, an enormous toad and a portly looking salamander. Passage ends with farm debris under foot, finger sized sink hole where water drains. Tempting to dig?!

In the opposite direction there appeared to be a duck in shit..you would be up to your eyes in it! Could be a job for young Tom... [Howard]

Jenny and James went "jungle bashing" in the Urros area, to the east of Torca la Vaca and Cueva de los Urros (2917), starting high and dropping down toward an extensive enclosed set of depressions. They "found several interesting sites": 3642, a sink; 3643, a 2m wide gully in a limestone pavement with a 3m climb down to a possible dig; 3644, an unpromising hole at the base of a shakehole; 3645, the top entrance to a badger sett where a chamber and rift leading off can be seen; 3646, the sett's bottom entrance, and 3647, a dig on the side of a depression that looks deep but is full of rubble.

de preparación, una incursión tranquila que duró poco más de cinco horas. Al llegar...

...Jim colocó dos fijaciones de las que colgamos escalas: a la primera se llegaba atravesando la zona de preparación y debería permitirnos entrar en el agua sin bajar una fisura que podía dañar el equipo. La segunda está en el extremo aguas arriba de la sección del canal de Buttermere y la utilizaremos para evitar un estrechamiento de la sección transversal de la galería y bajar por el otro lado al sifón aguas arriba que creemos que alimenta el canal y puede conectar con los otros sifones en el interior de la cueva. Ambos decidimos que esa noche nos habíamos ganado nuestro vino de 1 euro.

Al día siguiente, se sumergieron aguas abajo hasta la sala Eely Mud Eye y exploraron varias rutas. En el lado opuesto, Jim buceó unos 5 m en una sección baja muy ancha, emergió en una fisura con mucho fango que se cerraba en un extremo y terminaba en un caos de bloques en el otro con un arco al frente.

Nos quitamos el equipo y, después de echar un vistazo a una galería lateral, trepamos por el caos de bloques y encontramos un enlace a otra fisura con restos de un derrumbe y varias posibles continuaciones. Echamos un vistazo y en la última fuimos a dar, a través de más rocas apiladas, hasta una fisura más grande de varios metros de altura con agua debajo. Estaba dividida por una piedra grande por la que trepamos y luego bajamos por el lado izquierdo hasta un enorme bloque atascado (que resultó ser la clave para encontrar el camino en las fisuras entrecruzadas) y aguantado por unas pocas rocas en los puntos importantes. Sobre el bloque clave hay un tubo redondo bonito formado en una falla. Tras un destrepe debajo del bloque volvimos al agua e investigamos varias continuaciones. La primera era una galería ciega, pero la segunda giró una esquina y nos encontramos con una sorpresa, el hilo guía en el otro extremo del sifón Wild Eels. ¡Habíamos hecho la conexión! Lo celebramos y nos estrechamos la mano.

Esta noche nos está sentando muy bien el vino de 1 euro y hemos decidido llamar a nuestro hallazgo el desvío AGM, en honor de una asamblea que nos hemos perdido por estar aquí.

Del 9 a 11 planearon topografiar la ruta, quitar todo el equipo de buceo y desinstalar el pozo Buttermere en Vaca, pero, primero, Jim buceo aguas arriba desde la base del pozo Buttermere hasta llegar a la red Whitworth. Jim también investigó algunos recovecos de camino a la entrada inferior.

Jim volvió al poco para informarme de que «no estábamos solos», por lo visto la anguila que había conocido era mucho menos mona y bastante más grande que la anterior...

El clima empeoró, así que el día 10 salieron de Wild Mare mientras subían los niveles de agua, «contentos por llegar a la entrada, a pesar de que todavía estaba lloviendo». Notaron que por una galería lateral a la izquierda cerca de la entrada entraba la mitad o más del agua. Esta agua tenía que venir de Encaramada.

En este viaje, Jim ha visto bastantes anguilas, incluso ha visto a varias más hoy. Se ha encontrado con una mezcla de tamaños y niveles de monería. Pero hasta ahora yo no he visto ni una sola anguila, ni una, tal vez debería dejar de orinar en mi traje de neopreno, ¡o tal vez no!

Con la conexión a Wild Mare, el Sistema de Torca la Vaca paso de un desarrollo de 14 512 m a 15 222 m.

El 6 de abril, Jenny, James, Neil, Simon y Diane visitaron la cavidad 2907, muy por encima del lado oeste de Torca la Vaca. El hoyo se llama Stink Pot, cueva apestosa, ya que hay bastante estiércol en el hoyo. Diane escribió:

Después de mucho pensarlo, decidimos que Simon y yo entraríamos en la cueva apestosa y Neil, Jenny y James serían el apoyo en la superficie. Nos preparamos para un posible desmayo debido a los vapores de metano. Mientras Simon se cambiaba con parsimonia, me escondí en el campo de al lado y Jenny y James se asomaron por el pozo, ¡fingiendo que yo me había metido primero, sin miedo!

Simon bajó por la escala creyendo que yo ya estaba abajo. Escuché a Simon quejarse de la mugre y, cuando ya no se oía nada, bajé la escala de 5 m, cayendo en barro / estiércol hasta el tobillo. El pestazo a caca de vaca no era tan malo como esperaba [...] La galería es baja, pero no hay que arrastrarse por el barro, y continúa bajo un bloque. Después se abre y el suelo es de arena, unos 7 m más. La fauna era bastante interesante. Como era de esperar, había muchas arañas muy gordas, un sapo enorme y una salamandra de aspecto corpulento. La galería termina con basura de la granja y un agujero del tamaño de un dedo por el que se drena el agua. ¿Podría tentar una excavación?

En la dirección opuesta parece haber una estrechez a ras de la mierda [...] ¡estarías en ella hasta las cejas! Podría ser una tarea para el joven Tom... [Howard]

Jenny y James se adentraron en «la jungla» de la zona de los Urros, al

They returned the day after with Neil, Simon Cornhill and Diane. James wrote:

> Dug open 3645 and inserted Simon into chamber armed
> with a hammer and machete to fend off disgruntled
> badgers. Thankfully, there were none!

The explored rifts went for about 24 surveyed metres before getting too tight and awkward. The hole was christened "Badger's Back Passage".

Lank, James and Paul Gelling "slogged up and down a eucalyptus valley" above Hornedo, opposite Torca la Vaca. They found "nothing at all, all sandstone and shale beds and an immature stream. Spanish lady said, 'No caves here!'".

Some sites of interest have since been found on this side. For example, the cluster of holes around the sink at site 4653.[4]

In Cueva del Nabo (3357) between the 2nd and the 7th April, Martyn and Dan carried all the diving equipment through sump 1 to the far end and then dived sump 2. After diving to a depth of 14.6m they encountered "a steep, sandy, tight 45° incline which became very tight. Would need digging". They also looked at the high-level, dry, passage paralleling the main route that "ended in a very small stream passage".

Jon, Jess and Lisa "followed the divers in" on the 2nd and re-explored the small sandy passage on the left before sump 1. Lisa confirmed that the route was too low to the left and required digging to the right. The passage has yet to be surveyed.

Farmer's Hole (3573), midway between Torca la Vaca and Cueva del Nabo was visited by Dan, Johnny, Jude, Paul Dold and Phil Papard. The cave may have been extended by "80m to cracks" but the account in the logbook is concerned only with a collision between two reversing cars!

Phil Papard, Juan and James were clearing the collapse at Torca de Luna de Miel (Honeymoon Pot, 3594) on April 2nd when Simon, Diane and Neil arrived off the ferry.[5] The route down to the base was soon re-opened but the roof seemed very unstable in the lower reaches.

Johnny, Jude, Paul Dold, James and Tom Howard continued the work with "thanks to others for making the shaft safe before we arrived". They installed a rope above the choke which stopped them the previous summer. Johnny wrote:

> Paul used a bar to loosen some boulders but got
> scared and left the scene. I took over and soon
> opened the blockage to descend a 10m pitch. The
> rift opened into an aven, not a passage we hoped
> for. Dold came down and we looked at the leads. The
> draught was lost as it wasn't a draughty day. It
> needs a return on a hot day when the draught howls.
> On the way out some boulders moved closing off the
> slot down to the choke. Summer explorers will need a
> capping set (at least!) to get back to the bottom.
> The Honeymoon is not over, just on hold!

Harry searched close to the main road before San Antonio, about 300m back towards Riaño from the junction of the back road up past Peña Encaramada. He documented site 3661, a 1m drop into a 2m long choked passage with a 1m diameter phreatic tube 4m up to the left.

James went for one of his "scampers" with Jenny and Carolina on the eucalyptus-wooded hillside between Riaño and La Gatuna. Two large depressions yielded nothing of interest but two holes were found on a new track running along the hillside: site 3636, a 6m long cave with an undescended 4 - 5m pit and site 3637, several small entrances, the biggest being stooping size with 6m of passage to a choke.

Down in Riaño, 60m to the northwest of the Fuente de la Cuvia (0207), Harry came across an entrance beneath a small rock outcrop (3702) where a flat-out crawl lowers to a dig after 2m.

On a murky day, a 6-man team - Peter Eagan, Lank, Ali, Angus, Phil Papard and Paul Gelling - ventured close to the ridge south of the Riaño - Entrambasaguas valley. Here, Ali dropped site 3663, a 5m deep, blind shaft and Ali and Peter explored 3359, descending the 6m entrance pitch to a 12m drop that "choked in all directions" at the bottom.

On the hillside about 750m south of the southern inlets into the Sumidero de Cobadal, Jenny and James found seven sites that warranted numbers: site 3681, an undescended 20m deep shaft and, forty metres downhill, 3682 - an undescended 10m deep shaft at a "hole in the grass" and another shaft very close with a grassy bridge between. The latter was judged "easy to fall down". They found 3683 a few metres away uphill, a pair of undescended shafts with a bridge

este de Torca la Vaca y Cueva de los Urros (2917), comenzando desde arriba y bajando hacia un amplio conjunto cerrado de depresiones. Encontraron «varios sitios interesantes»: 3642, un sumidero; 3643, una barranco de 2 m de ancho en un lapiaz de caliza con un destrepe de 3 m hasta una posible excavación; 3644, un agujero poco prometedor en la base de un hoyo; 3645, la entrada superior a una madriguera de tejones desde la que se puede ver una sala y una fisura; 3646, la entrada inferior de la madriguera, y 3647, una excavación al costado de una depresión que parece profunda pero está llena de rocas.

Volvieron al día siguiente con Neil, Simon Cornhill y Diane. James escribió:

> Desobstruimos 3645 y metimos a Simon en la sala armado
> con un martillo y un machete para defenderse de tejones
> contrariados. Por suerte, no había ninguno.

Exploraron las fisuras a lo largo de 24 m, topografiados, antes de que se volvieran demasiado angostas e incómodas. Bautizaron el agujero Badger's Back Passage, la galería trasera del tejón.

Lank, James y Paul Gelling «se pegaron una buena caminata por un valle de eucaliptos» sobre Hornedo, frente a Torca la Vaca. No encontraron «nada en absoluto, todo arenisca y lutita y un arroyo inmaduro. Una señora española dijo: "¡Aquí no hay cuevas!"».

Desde entonces, se han encontrado algunos agujeros interesantes en esta zona. Por ejemplo, el grupo de agujeros alrededor del sumidero en 4653[4].

En Cueva del Nabo (3357), entre el 2 y el 7 de abril, Martyn y Dan llevaron todo el equipo de buceo a través del sifón 1 hasta el otro extremo y luego bucearon en el sifón 2. Tras sumergirse a una profundidad de 14,6 m encontraron «una pendiente 45° angosta y con arena que se volvió demasiado estrecha. Se ha de excavar». También vieron una galería superior seca, paralela a la ruta principal, que «terminaba en una galería activa muy pequeña».

Jon, Jess y Lisa «siguieron a los buzos» el día 2 y volvieron a explorar la pequeña galería arenosa a la izquierda antes del sifón 1. Lisa confirmó que la ruta era demasiado baja a la izquierda y se tenía que desobstruir a la derecha. Aún no se ha topografiado.

Dan, Johnny, Jude, Paul Dold y Phil Papard entraron en Farmer's Hole (3573), a medio camino entre Torca la Vaca y Cueva del Nabo. Puede que la cueva se hubiese ampliado «unos 80 m hasta unas fisuras», ¡pero la descripción en el libro de salidas parece centrarse solo en un choque entre dos coches dando marcha atrás!

Phil Papard, Juan y James fueron a Torca de Luna de Miel (3594) el 2 de abril para despejar el derrumbe, el mismo día en que Simon, Diane y Neil llegaron en el ferry[5]. Pronto abrieron de nuevo el camino hacia la base, pero el techo parecía muy inestable en los tramos más bajos.

Johnny, Jude, Paul Dold, James y Tom Howard continuaron el trabajo «gracias a los demás por hacer que el pozo fuera seguro antes de llegar». Instalaron una cuerda sobre el caos de bloques que los detuvo el verano anterior. Johnny escribió:

> Paul usó una barra para aflojar algunas rocas, pero se
> asustó y salió de allí. Me hice cargo y pronto abrí la
> obstrucción para descender un pozo de 10 m. La fisura
> fue a dar a una chimenea, no a una galería como espe-
> rábamos. Dold bajó y miramos las posibilidades. Perdimos
> la corriente de aire porque el día no era propicio para
> ello. Hay que volver en un día caluroso cuando se pueda
> sentir a la corriente aullar.
> Al salir, algunas rocas se movieron cerrando la aber-
> tura del caos de bloques. Quien explore en verano
> necesitarán un set de micros (¡al menos!) para volver a
> bajar.
> ¡La luna de miel no ha terminado, solo está en pausa!

Harry buscó cerca de la carretera principal antes de San Antonio, a unos 300 m hacia Riaño desde el cruce de la carretera que pasa por Peña Encaramada. Documentó el agujero 3661, un destrepe de 1 m hasta una galería ciega de 2 m de largo con un tubo freático de 1 m de diámetro a 4 m hacia arriba a la izquierda.

James se dio uno de sus paseos con Jenny y Carolina en la ladera de eucaliptos entre Riaño y La Gatuna. Dos grandes depresiones no tenían nada de interés, pero encontraron dos agujeros en una nueva pista que bordea la ladera: 3636 es una cueva de 6 m de largo con un pozo no explorado de 4 a 5 m y 3637 tiene varias entradas pequeñas, para la más grande hay que agacharse y mide 6 m

Abajo, en Riaño, a 60 m al noroeste de la Fuente de la Cuvía (0207), Harry se encontró con una entrada debajo de un pequeño aflo-ramiento rocoso con un laminador que termina en una obstrucción tras 2 m.

En un día nublado, un equipo de 6 personas, Peter Eagan, Lank, Ali, Angus, Phil Papard y Paul Gelling, se aventuró cerca de la cima al sur del valle de Riaño - Entrambasaguas. Aquí, Ali entró a 3663, un pozo ciego de

---

4 2018 January / February, page 301..
5 2011 autumn, page 43.

4 Véase Enero / Febrero 2018, p. 301.
5 Véase Otoño 2011, p. 43.

Photos in Torcón de la Calleja Rebollo.
Fotos en Torcón de la Calleja Rebollo. *Carmen Smith*

between, about 7m deep. These were explored in the summer.

The next three sites were associated with a significant 100 x 80m depression further up the hill: site 3684, an undescended, 5m deep sloping hole against a scar with possible passage at the bottom and a faint draught; 3685, a small, diggable, very strongly draughting hole and 3686, a small dig under a low cliff that seems to take water in wet weather. Higher up, in the middle of a logging track, 3687 was thought to be an unpromising dig "cave visible beyond narrow entrance".

Phil Papard and James opened up 3685 entrance to body size on the 11th. They could see to a corner that required about "2 - 3 hours digging with spade and hoe to reach". Leaves all the way along the passage could have been sucked in from the surface.

They also partly explored 3681, going down one ladder to a wedged block where the Disto measured a 14m drop below, apparently fitting in with "the theory that [there are] sandstone beds at this level". Deciding that sites 3683 and 3684 were on a common rift, hitting a sandstone bed about 8m down , Phil and James followed this into woods to find new site 3694 "where the water from said rift resurges and runs over sandstone for about 15m until it sinks in a deep limestone shaft." This was descended for about 8m into a choked cross rift with no way on.

Site 2996 lies just down below the Alisas - La Cavada road-side hole 1815 about 500m south of the road junction into the Cobadal depression. After a quick visit on the 12th, Phil Parker, Gordon and Chris Camm dug out the entrance for some 3m but required better weather to check out the draught.

NORTHERN LA VEGA, EL NASO AREA WEST TO LAS CALZADILLAS

Pedro had been digging at site 3622. On March 31st, Steve and Juan joined him to cap and excavate. This looked like a good place, being at the lowest point in a valley between the Cubija System and Fuente de las Colmenas (0363) and appearing to take a stream in wet weather.

The work on that day produced a result! A 3m climb down past a wall of loose blocks led to a duck under into a descending, narrow passage which lowered to a flat-out, rock-floored, occasional streamway.

This quickly drops to a chamber. To the right, a stoop leads to a calcited area which chokes. Straight ahead, a low passage slopes steeply down over rocks to the head of a 12m pitch.

With no ladder or rope, the exploration was left for another time. On the surface, further up the valley, a possible dig was noticed, 3624, at the base of a 4m limestone scar.

After Pedro and Steve had explored "several pitches", run out of tackle and surveyed the entrance passages, Diane, Simon Cornhill and Neil continued, rigging the system for SRT. They dropped two new pitches, p7 and p6 to an elongated chamber.

The main way out was a tight rift quickly opening to a fossil streamway for about 12m to a mud sink and no

5 m y Ali y Peter exploraron 3359, bajando los 6 m del pozo de entrada hasta otro de 12 m que «está obstruido en todas direcciones» en la base.

En la ladera a unos 750 m al sur de las galerías sur del Sumidero de Cobadal, Jenny y James encontraron siete cavidades: 3681 era un pozo no explorado de 20 m de profundidad y, cuarenta metros cuesta abajo, el 3682 era un pozo no explorado de 10 m de profundidad en un «agujero en la hierba» y otro pozo muy cerca con un puente cubierto de hierba en medio. Por este último era «muy fácil caerse». Encontraron la cavidad 3683 a pocos metros cuesta arriba, otro par de pozos no explorados con un puente entre ellos, de unos 7 m de profundidad. Estos se exploraron en verano.

Las siguientes tres cavidades se asocian con una gran dolina de 100 x 80 m subiendo la colina: el 3684 es una pendiente de 5 m de profundidad no explorado con, quizás, una galería en la base y una corriente tenue; el 3685, un hoyo pequeño, excavable, con una corriente de aire muy fuerte, y el 3686, una pequeña excavación bajo un peñasco bajo que parece recoger agua en días de lluvia. Más arriba, en medio de un camino forestal, parecía que el agujero 3687 era una excavación poco prometedora: «se ve algo de cueva pasando la estrecha entrada».

Phil Papard y James abrieron la entrada de la cueva 3685 el día 11. Podían ver hasta una esquina; para llegar a ella hacían falta «de 2 a 3 horas de excavación con pala y azada». Las hojas a lo largo de la galería de entrada parecían haber entrado desde la superficie.

También exploraron en parte la cueva 3681. Bajaron con una escala hasta un bloque encajado desde donde midieron con el Disto una caída de 14 m que, parece, encaja con «la teoría de que [hay] lechos de arenisca en este nivel». Tras decidir que las cavidades 3683 y 3684 estaban en una misma diaclasa, al alcanzar un lecho de arenisca a unos 8 m de profundidad, Phil y James siguieron la pista hasta el bosque y encontraron la cavidad 3694 «donde el agua de dicha fisura surge y cae sobre la arenisca a lo largo de unos 15 m hasta que entra en un profundo pozo de caliza». Este pozo medía 8 m hasta una fisura perpendicular sin continuación.

La cavidad 2996 se encuentra justo debajo del agujero 1815 junto a la carretera de Alisas - La Cavada, a unos 500 m al sur del cruce de la carretera hacia la depresión de Cobadal. Tras una visita rápida el día 12, Phil Parker, Gordon y Chris Camm desobstruyeron unos 3 m de la entrada, pero el día no era propicio para comprobar la corriente de aire.

NORTE DE LA VEGA, ZONA DE EL NASO – LAS CALZADILLAS

Pedro había estado desobstruyendo la cavidad 3622. El 31 de marzo, Steve y Juan se le unieron. Parecía prometedora, ya que se encontraba en el punto más bajo de un valle entre el Sistema de Cubija y Fuente de las Colmenas (0363) y parecía recoger agua en los días de lluvia.

Ese día se obtuvieron resultados. Un destrepe de 3 m pasando una pared de bloques sueltos da a una gatera corta que se abre a una galería descendente y estrecha que se va haciendo más pequeña hasta ser un laminador con suelo de rocas y un riachuelo ocasional.

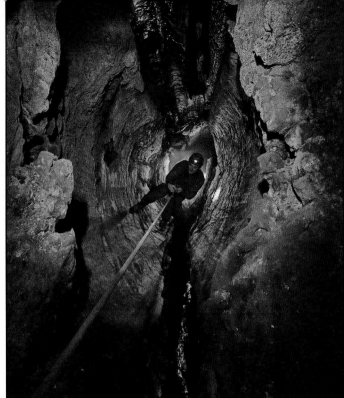

Site 3638: Nathan Latimer on the entrance pitch and grandfather Brian Latimer on the p22.
3638: Nathan Latimer en el pozo de entrada y el abuelo Brian Latimer en el P 22. *Simon Latimer and Paul Dold*

possible way on.

The statistics for this new pothole are length 122m, depth 59m. It was reckoned that one 60m rope with 10 hangers and 3 slings would be enough to rig the hole's six pitches.

Walking down the same valley with Steve, Susie, Sandra and Paul Dold, Footleg GPS'd some known entrances and documented three new ones: 3708, a small choked hole by the path; 3709, a hole in a small depression in the meadow and 3710, a body-sized void seen inside a diggable hole by the side of the track.

Madphil was keen to continue pushing in 0258, Toad in the Hole, more formally known as Torcón de la Calleja Rebollo. This complicated and arduous system starts on the north side of Seldesuto and progresses - in nothing like a straight line - 1.5km to the west and northwest ending almost under Las Calzadillas. The length in 2019 was 7.9km.

On day one, April 3rd, with Tom Clayton and Dave Smith, the system was tackled up using "5 ladders and two bits of tat". They rigged to the "back end" and went to look at the aven in Girlie Day Out found last time - "still looked promising".[6]

The trio returned the next day, Tom re-exploring down the active aven as it was "much drier than in 2008". Dave and Madphil climbed up the fossil aven then tried to look further up active aven suggesting that the "suggested route is to continue up".

Tom, down at stream level, followed the tight and immature route around a few bends to where the water flowed down an impenetrable crack. The rift was also followed several metres higher. A few muddy crawls closed up but "a drop in the floor could connect back to the lower level beyond the crack".

With the far reaches of Toad in mind, Madphil, Tom, Dave

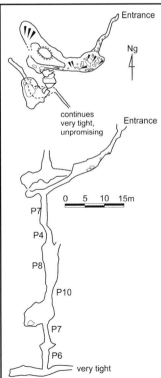

Site 3622 North Vega
North Vega 30T 0449859 4796287 268m
Length 122m Depth 59m
Surveyed April 2012 by Peter Smith, Steve Martin, Diane Arthurs, Simon Cornhill, Neil McCallum using compass/clino and Disto X. Drawn in Corel Draw by Peter Smith.

De aquí se pasa a una sala. A la derecha, hay que agacharse para entrar en una zona concrecionada. Todo recto, una galería baja desciende de forma abrupta sobre rocas hasta la cabecera de un pozo de 12 m.

Sin escala ni cuerda, la exploración se dejó para otro momento y, subiendo por el valle, vieron una posible excavación, cavidad 3624, en la base de una pendiente rocosa de 4 m.

Después de que Pedro y Steve exploraran «varios pozos», se quedaran sin equipo y topografiaran las galerías de entrada, Diane, Simon Cornhill y Neil siguieron con la tarea, instalando la cueva para técnica alpina. Bajaron dos nuevos pozos, P 7 y P 6 hasta una sala alargada.

La cueva sigue por una fisura estrecha que se abre rápidamente a una galería fósil de unos 12 m a un sifón de barro y no hay continuación.

Esta nueva cueva tiene un desarrollo de 122 m y 59 m de profundidad. Se calcula que una cuerda de 60 m con 10 chapas y 3 cintas es suficiente para instalar los seis pozos de la cueva.

Paseando por el mismo valle con Steve, Susie, Sandra y Paul Dold, Footleg tomó las coordenadas GPS de algunas entradas conocidas y documentó tres nuevas: 3708, un pequeño agujero ciego junto al camino; 3709, un agujero en una pequeña depresión en el prado y 3710, un hueco dentro de un agujero excavable al lado del camino.

Madphil tenía un gran interés en seguir forzando la cueva 0258, Torcón de la Calleja Rebollo. Este complicado y arduo sistema comienza en el norte de Seldesuto y progresa, de todas las formas menos en línea recta, a 1,5 km al O y NO, terminando casi bajo Las Calzadillas. En 2019 el desarrollo era de 7,9 km.

El primer día, el 3 de abril, con Tom Clayton y Dave Smith, instaló el sistema usando «5 escalas y dos trozos de cuerda». Instalaron hasta el «límite» y fueron a mirar la chimenea en Girlie Day Out que se había encontrado en la última incursión, «todavía parece prometedor»[6].

El trío regresó al día siguiente y Tom volvió a explorar la chimenea activa ya que estaba «mucho más seca que en 2008». Dave y Madphil escalaron la chimenea fósil y luego trataron de buscar algo pasando la chimenea activa pues la «ruta sugerida es continuar hacia arriba». (Ver dibujo).

Tom, abajo en la galería activa, siguió la ruta estrecha, inmadura y serpenteante hasta donde el agua entraba por una grieta impenetrable. La fisura también se siguió subiendo varios metros. Un par de gateras con barro no llevaron a nada, pero «un destrepe en el suelo podría volver a conectar con el nivel inferior pasando la grieta».

Pensando en el punto más lejano de la cueva, Madphil, Tom, Dave y Tony investigaron la cavidad 2923, documentada en marzo de 2008 en una gran dolina con una corriente cálida con un pozo corto y pasable. El primer día exploraron un P 12 y un destrepe a un «balcón con vista a una sala grande». Al día siguiente, bajaron un P 5 hasta la sala donde todas las posibles continuaciones parecían obstruidas, incluyendo una al final de una galería activa seca.

El 7 de abril, Carmen, Chris, Lisa y Jon fueron a Girlie Day Out para

6   Matienzo: 50 Years of Speleology, Easter 2008, p208
6   Matienzo: 50 años de espeleología, Semana Santa 2008, p. 208.

The flooding Matienzo river carries branches and rubbish, much of which gets carried beyond the main sink area along the overflow channel (top right). The detritus then effectively blocks the overflow sink area and, eventually, the Carcavuezo cave entrance on the bank above (photo left). The consequence is water rises to 150m altitude, flooding some fields and the main road, as happened in January 2015 (right).

Cuando el río de Matienzo se desborda arrastra ramas y basura, gran parte de la cual llega hasta el sumidero principal a lo largo de un canal (arriba a la dcha.). Esas ramas obstruyen el sumidero y, al final, la entrada de la cueva Carcavuezo por encima (foto izda.). El resultado es que el agua sube a una altitud de 150 m, inundando algunos prados y la carretera principal, como sucedió en enero de 2015 (dcha.).

Photos: L - Phil Papard; right - Peter Smith; above - Juan Corrin.

and Tony investigated site 2923, documented in March 2008 as a large doline with a warm draught where stones rattle down a short, passable drop. The first day involved exploring down a p12 and a climb down to a "balcony overlooking a large chamber". The following day a 5m pitch was dropped into the chamber where all leads appeared choked, including at the end of a dry stream bed.

On April 7th, Carmen, Chris, Lisa and Jon went to Girlie Day Out to "put an ongoing, left lead to bed".

Unfortunately, it went into some large, walking-size, 5m wide, 3m high, dry passage with many ways on, most of which choked quite quickly.

This was unfortunate because the single survey kit in Toad was with another team. However, some rather nice photos were taken on the way out.

The other team, Madphil, Dave and Tom Clayton surveyed the previous climbs and Madphil bolted out to view the second aven and thought it "probably worth bolting".

Members of the Latimer family - Andrew, Simon and Nathan - also explored new site 3638 to the east of Las Calzadillas. This was an open, 3m diameter, 10m deep shaft that ended at a strongly draughting window onto a 22m pitch. A small, cobble-floored passage at the bottom leads to a 4m climb down then a choked p8. A roof level passage drops down a p8 to a chamber and an eventual crawl with a possible dig at the terminal choke.

Peter Eagan, Ali, Angus and Phil Papard visited Simas del Picón (0075) intending to drop pitches in the Mega Bat series.

The way on, passable by a midget, was very small but with four snappers it is now a lot wider. Another six snappers may get to a flake and give a better idea of the potential.

Barny and Dave Gledhill had a look in 0434, a cave in a prime position close to Torca de Lastrilla (0427) and lying over the southern extremity of the Cubija System. They had to dig their way into the chamber as it had silted up. They dropped the pitch and went beyond the draughting dogleg constriction to a point that required enlarging. "Beyond looks larger."

Sixty six metres to the east they came across a draughting hole (3632) which they partially excavated into the top of a silted chamber. Nearby, site 2661 was thought to be a forlorn hope with no draught.

THE NORTHEAST SECTOR INCLUDING THE FOUR VALLEYS SYSTEM

On a Sunday afternoon stroll, Penny and Juan wandered up the track towards the Mushroom Field noting a hole 70m before the barn. Site 3628 slopes down but "needs a look at with a light". There's a lesson there.

They also walked along the track to Cueva de Carcavuezo (0081) to see the effects of moderate flooding on April 13th. The river was flowing in the overflow channel then sinking below the cave entrance. Water resurging then sinking on the hillside above was documented as site 3700. Clear water was seen resurging from Fuente Ramera (2800) then flowing into the brown Matienzo river. Clear water was also bubbling up from 2801 to the south.

«poner fin a una continuación a la izquierda».

Desafortunadamente, fue a dar a una galería seca y amplia, de 5 m de ancho y 3 m de alto, con muchas galerías laterales, aunque la mayoría se cerraba enseguida.

Pero el único equipo de topo en la cueva lo tenía el otro grupo. Sin embargo, sacaron algunas fotos bastante bonitas al salir.

El otro equipo, Madphil, Dave y Tom Clayton topografiaron lo que habían escalado con anterioridad y Madphil echó un vistazo a la segunda chimenea y pensó que «probablemente merecía la pena instalarla».

Miembros de la familia Latimer, Andrew, Simon y Nathan, también exploraron la nueva cavidad 3638 al este de Las Calzadillas. Esta sima de 3 m de diámetro y 10 m de profundidad da a una ventana con una corriente fuerte a un pozo de 22 m. En la base, una pequeña galería con suelo rocoso conduce a un destrepe de 4 m y a un P 8 obstruido. Una galería superior da a un P 8 hasta una sala y una gatera con una posible excavación en la obstrucción terminal.

Peter Eagan, Ali, Angus y Phil Papard visitaron las Simas del Picón (0075) con la intención de bajar los pozos de la red Mega Bat.

La continuación, que podría pasar un enano, era muy pequeño, pero tras cuatro micros es mucho más ancha. Seis micros más pueden llegar a un saliente y dar una mejor idea del potencial.

Barny y Dave Gledhill echaron un vistazo en 0434, una cueva en una posición privilegiada cerca de Torca de Lastrilla (0427) que se encuentra sobre el extremo sur del Sistema de Cubija. Tuvieron que abrir la entrada a la sala ya que se había concrecionado. Bajaron el pozo y pasaron el estrechamiento serpenteante hasta llegar a un punto que había que ampliar. «Parece más grande al otro lado».

A 66 m al este se toparon con un agujero soplador (3632) que excavaron parcialmente hasta la parte superior de una sala concrecionada. Cerca estaba el agujero 2661, el cual, sin corriente, no parecía muy prometedor.

SECTOR NORESTE INCLUYENDO EL SISTEMA DE LOS CUATRO VALLES

Durante un paseo un domingo soleado, Penny y Juan subieron por el camino hacia el campo cerca de Carcavuezo y vieron un hoyo a 70 m de la cabaña. Este agujero, 3628, tiene una pendiente, pero tenían que «volver a mirarlo con una linterna». Lección aprendida.

Siguieron por el camino hasta la Cueva de Carcavuezo (0081) para ver los efectos de las lluvias del 13 de abril. El río corría por el canal de desbordamiento y luego desaparecía debajo de la entrada de la cueva. Subiendo por la ladera, un arroyo que resurgía y se volvía a sumergir se documentó bajo el número 3700. Tomaron nota del agua clara que surgía de Fuente Ramera (2800) y desembocaba en el río marrón de Matienzo. También salía agua cristalina de la cavidad 2801 al sur.

Cuatro días antes, Footleg, Paul Dold y Bob prospeccionaron alrededor del campo cerca de Carcavuezo. Tomaron nota de la ubicación precisa de varias entradas con GPS y encontraron varias nuevas: 3704 y 3705, sumideros obstruidos en

Simas del Picón   *Phil Papard*

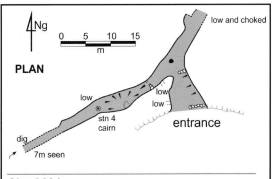

PLAN

low and choked

low
low
low

stn 4
cairn

entrance

dig

7m seen

Site 3691
Llueva 30T 454772 4798357 Altitude 144m   Length 52m
Surveyed 2012 to BCRA 5c by Harry Long & Alf Latham
Drawn by Harry Long

Alf Latham in 3691. Alf Latham en 3691.   *Harry Long*

Four days earlier, Footleg, Paul Dold and Bob were surface prospecting around the Mushroom Field. Various known sites were better positioned with GPS and a number of new ones found: 3704 and 3705, choked sinks on the east side of the field; 3706, an active, cobble-filled stream sink and 3707, a dig in a shakehole. On that day they reported low water levels at the main sink before the overflow channel.

Dave Gledhill and Barny investigated the hillside about 250m to the southwest of the Torcón de Riaño (0106). Three new holes were discovered. Site 3633, a crawl to a small then a large chamber with old calcite everywhere; 3634, an undescended shaft of about 8m depth and a sink at site 3635.

Angus, Ali and Peter Eagan continued with their investigations in Cueva de la Espada (0103) in Riaño. After muddying the water at a pool in the Upstream Series, they were unable to locate the murk emerging "anywhere downstream in the main cave". They checked out a short series up a four metre climb near the top entrance then moved downstream one hundred metres to the "roof passages" area.

A climb up over blocks leads to small passage with a climb up c10m to a small, choked rift ... has a noticeable downward draught. Further on, a corner over the stream with a possible way on beyond, rope needed.

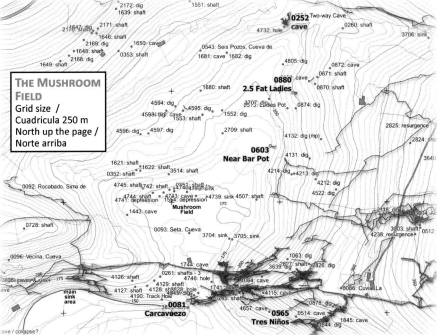

THE MUSHROOM FIELD
Grid size /
Cuadrícula 250 m
North up the page /
Norte arriba

The team (with Paul Gelling and Lank on the surface) found site 3222 and surveyed it to link with Espada. They continued surveying downstream but couldn't find the connection to the bottom entrance. An oxbow and inlet were pushed beyond the limit of the 70's survey. An eel and fish were seen in the inlet streamway.

On April 7th, Angus, Ali and Peter were at the bottom entrance and dug through at the "left hand wall dig" into a chamber "with lots of muddy stal and a small inlet." Twelve metres were explored.

Ali was back in with Chris Binding the next day to survey the area of climbs out of the streamway about one third of the way down and "upstream under sandy overflow passages", suggesting that these might continue beyond a junction.

On the 10th, Phil Papard, Peter Eagan, Angus, Santi and Ali started surveying at the bottom entrance and "followed draught through dodgy choke to squeeze which only Peter could pass". Ali was unsure if this was the route between top and bottom entrances passed in the 1970's, "but is the only possible route at present". They drove around to the top entrance to connect the surveys. They looked at the inlet passage surveyed on the previous trip and Phil ducked under boulders to reach a choke beyond. They finished the trip with more surveying in the stream passage.

In May, Alasdair suggested that both the draughting inlet heading north in the Upstream Series and the major inlet coming in from the south in the western part of the cave could have considerable potential if they could be pushed further.

el lado este del campo; 3706, un sumidero activo lleno de cantos rodados y 3707, una excavación en un hoyo. Ese día el nivel del agua en el sumidero principal antes del canal de desbordamiento estaba bajo.

Dave Gledhill y Barny investigaron la ladera a unos 250 m al suroeste del Torcón de Riaño (0106). Descubrieron tres nuevos agujeros: 3633, una gatera a una sala pequeña y luego grande con calcita vieja por todas partes; 3634, un pozo sin explorar de unos 8 m de profundidad y 3635, un sumidero.

Angus, Ali y Peter Eagan continuaron con sus investigaciones en Cueva de la Espada (0103) en Riaño. Después de enturbiar el agua en la red Upstream, no pudieron localizar esa agua turbia «en ningún sitio aguas abajo en la cueva principal». Comprobaron una serie corta subiendo una escalada de 4 m cerca de la entrada superior y luego continuaron 100 m aguas abajo hacia la sección de las «galerías superiores».

Trepamos por los bloques hasta una pequeña galería con una escalada de 10 m hasta una fisura pequeña y obstruida [...] con una buena corriente de aire hacia abajo. Más adelante, se pasa una esquina sobre el río con una posible continuación, hace falta cuerda.

El equipo (con Paul Gelling y Lank en la superficie) encontró la cavidad 3222 y la topografió para enlazarla con Espada. Continuaron la topo aguas abajo pero no pudieron encontrar la conexión a la entrada inferior. Forzaron un desvío y una galería lateral pasando el límite de la topo de los setenta. Vieron una anguila y un pez en el afluente.

El 7 de abril, Angus, Ali y Peter fueron a la entrada inferior y entraron tras «desobstruir en la pared de la izquierda» en una sala «con muchas estalagmitas cubiertas de barro y una pequeña galería lateral». Exploraron 12 m.

Ali volvió con Chris Binding al día siguiente para topografiar la sección de escaladas que salen de la galería activa a aprox. un tercio del camino y «aguas arriba bajo galerías desagüe con suelo de arena», lo que sugiere que estas podrían continuar al otro lado de un cruce.

El día 10, Phil Papard, Peter Eagan, Angus, Santi y Ali comenzaron la topo desde la entrada inferior y «siguieron la corriente a través de un caos de bloques poco fiable hasta un estrechamiento por el que solo Peter pudo pasar». Ali no estaba seguro de si esa era la ruta entre las entradas superior e inferior que se había seguido en los setenta, «pero es la única ruta posible en la actualidad». Fueron en coche hasta la entrada superior para conectar las topografías. Echaron un vistazo a una galería lateral que se había topografiado en la anterior visita y Phil se arrastró debajo de algunos bloques, pero la continuación estaba obstruida. Terminaron con más topo en la galería activa.

En mayo, Alasdair sugirió que tanto la galería lateral con corriente que se dirigía hacia el norte en la red Upstream así como la otra más grande que venía desde el sur en la parte occidental de la cueva podrían ofrecer muchas posibilidades si se forzaban más.

Paul Gelling y Lank comenzaron a sacar rocas de 3223, una excavación sobre la surgencia de Riaño. No podían sentir una corriente de aire, «pero el día no era propicio para ello». También intentaron dar con la «evasiva» cueva 1063, encima de Carcavuezo (0081), pero en vez de eso encontraron el agujero 3639, una excavación con «una ligera corriente de aire».

Harry también investigó los campos por encima de una supuesta galería aguas abajo de Riaño. En el borde mismo de una zona con

Paul Gelling and Lank started pulling boulders out of 3223, a dig above the Riaño resurgence. There was no obvious draught "but a very poor day for such things".

They also had a unsuccessful look for "elusive" site 1063, above Cueva de Carcavuezo but did find new site 3639, a dig that was "draughting in slightly".

Harry also investigated the land over the top of a supposed downstream Riaño passage. At the very edge of a jungle area site 3662 was found, a small opening in a low scar to a 1.5m drop and choke.

Above the Campiazo resurgence (1106), Lank and Paul Gelling further investigated a pair of holes first documented in the summer 2007. The right hand opening is a squeeze into 2m of passage to a soil and stone choke with a voice connection to the second hole. There was a faint draught in and "lots of stal and flowstone and one bat".

In Cueva Hoyuca (site 0107) on April 5th, Carmen and Chris Binding continued surveying upstream from Sima Baz, coming across an old survey mark on the wall, "possibly the end of the previous survey done years ago".

> Continued following meandering streamway with few
> cascades... Narrow streamway heading west before
> more meanders and cascades appeared ... Broke into
> large streamway giving big long survey legs also
> heading west. Passed under a few very high avens,
> unable to shine light to the top ... 290m surveyed
> heading into no-man's land.[7]

The following day they started with "tall (13m) meanders" heading west with avens. Hands-and-knees progress to a junction was followed by flat-out crawling in a draughting, 3m wide passage. Chris and Carmen were joined by Peter Eagan, Ali, Angus and Tom Howard to check out all possible leads. Tom explored Tom's Antic - "squalid liquid mud wading ... broke into high-level ... old dry passage. (Quite big in places 10m high, 8m wide.)"

Harry had a solo walk / jungle bash in the Llueva area, to the west of the road, not far from the depression containing the entrance to Cueva Llueva (0114). Three sites were found: 3689, a small diggable cave where the floor drops away out of sight; 3690, a small opening in a scar "leads straight onto 3 metre drop to 'floor' of rotting animal remains", and site 3691, a "big, walk-in entrance" where, 6m in, is an artificial wall with a hole through.

> Beyond, passage splits to left and right at a stal
> column. To right steps up into a hands and knees
> crawl, lowering to flat out after 20 feet. To the
> left goes 20ft walking to a partially walled up
> window into a chamber with sloping floor. At far side
> is slope up to an ongoing passage. Total length seen
> c. 100ft.

Harry returned with Alf the following day. The "ongoing passage" was pushed through a tight spot up the slope to where the draughting route could be seen to continue for at least 25ft "but needed digging most of the way". The crawl to the right of the stal column was pushed to where it was blocked by mud and stal. The place was surveyed and photos taken.

On later visit, Harry discovered the dig site 3701, about 140m south of the walk-in entrance. A slot leads to a 3 - 4m drop with a good echo and possible passage.

Juan and Penny spent some time in and around the Cueva Llueva depression. They noted that the road improvement works and / or general dumping had resulted in lots of grey dust on the overhanging ledge faces and there were many tyres on the bouldery floor. Site 3688 was documented as the sink for water in the valley above the

7   See the realsimabaz section of the Survex survey, 0107.3d

---

mucha maleza encontró 3662, una pequeña abertura en una pequeña pendiente rocosa con un destrepe de 1,5 m y una obstrucción.

Por encima de la surgencia de Campiazo (1106), Lank y Paul Gelling investigaron un par de agujeros documentados por primera vez en el verano de 2007. La entrada de la derecha es un estrechamiento hasta 2 m de galería a una obstrucción de barro y piedras que comunica, al menos acústicamente, con el segundo agujero. Había una suave corriente de aire y «muchas estalagmitas y colada y un murciélago».

En Cueva Hoyuca (0107) Carmen y Chris Binding continuaron el 5 de abril inspeccionando aguas arriba de Sima Baz y encontraron una vieja marca de topo en la pared, «quizás el final de la topo hecha hace años».

> Continuamos siguiendo un río serpenteante con algunas
> cascadas [...] Un arroyo estrecho que se dirige hacia el
> oeste antes de que aparecieran más meandros y cascadas
> [...] Entramos a una galería activa grande que nos daba
> poligonales grandes y también hacia el oeste. Pasamos
> debajo de unas pocas chimeneas muy altas, la luz no
> llegaba a lo más alto [...] 290 m topografiados que se
> dirigen a tierra de nadie.[7]

Al día siguiente comenzaron con «meandros altos (13 m)» en dirección oeste con chimeneas. A una gatera hasta un cruce le siguió un laminador en una galería de 3 m de ancho. Peter Eagan, Ali, Angus y Tom Howard se unieron a Chris y Carmen para comprobar todas las pistas. Tom exploró Tom's Antic: «vadeando en barro líquido asqueroso [...] se forzó a un nivel superior [...] galería vieja y seca. (Bastante grande con secciones de 10 m de altura y 8 m de ancho)».

Harry se dio un paseo en solitario por la zona de Llueva, al oeste de la carretera, cerca de la depresión que contiene la entrada a Cueva Llueva (0114). Encontró tres agujeros: 3689, una pequeña cueva excavable en la que el suelo no se ve; 3690, una pequeña abertura en una peñasco que «va a dar directamente a un pozo de 3 m a un "suelo" de restos de animales en descomposición», y 3691, una «entrada grande» en la que, a 6 m, hay un muro con un agujero en medio.

> Al otro lado, la galería se divide a izquierda y
> derecha en una columna. A la derecha, una gatera va
> bajando hasta ser un laminador tras 6 m. A la izquierda
> se va caminando (unos 6 m) a una ventana parcialmente
> amurallada que da a una sala con suelo inclinado. En el
> extremo, una pendiente da a una galería que continúa.
> Longitud total vista unos 30 m.

Harry volvió con Alf al día siguiente. Forzaron la «galería que continúa» a través de un estrechamiento subiendo la pendiente hasta donde la ruta con corriente parecía continuar al menos 7 m, «pero había que excavar la mayor parte del camino». Forzaron la gatera a la derecha hasta donde estaba obstruida por barro y estalagmitas. Hicieron la topo y sacaron fotos.

En una visita posterior, Harry descubrió un agujero excavable, 3701, a unos 140 m al sur de la entrada. Una abertura conduce a un pozo de 3 a 4 m con un buen eco y una posible galería.

Juan y Penny pasaron algún tiempo dentro y alrededor de la depresión de Cueva Llueva. Señalaron que las obras de mejora de la carretera o el vertido general de basura habían dado como resultado una gran cantidad de polvo gris en la cornisa y había muchos neumáticos en el suelo rocoso. Documentaron la cavidad 3688, un sumidero del agua del valle sobre la depresión, y 3667, la cueva en la que el agua reaparece.[7]

Volvieron a la zona a mediados de mayo y Juan la documentó un poco más. Vio que Road Works Pot (3334) tenía cinta policial envuelta alrededor de la barra y cadena[8]. Sacaron más fotos y vídeos de 3691 y se encontraron una serie de pequeñas surgencias al sur (3711). Se topografiaron las ubicaciones de los agujeros 3667 y 3354 en la depresión

7   Véase la sección «realsimabaz» en la topo de Survex, 0107.3d
8   Véase Semana Santa 2011, p. 34.

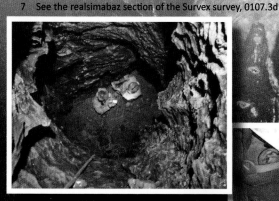

above and background: *Simon Cornhill*
others: *Steve Martin and Peter Smith in 3622.*
Juan Corrin
Arriba y fondo: *Simon Cornhill*
Demás: *Steve Martin y Peter Smith en 3522. Juan Corrin*

depression and 3667 as the cave in which the water appears and resurges.

Returning to the area in mid-May, Juan carried out a bit more documentation. Road Works Pot (3334) was seen to have police crime scene tape wrapped around the rebar and chain.[8] Further photos and video were taken in 3691 and a set of small resurgences were found to the south (3711). The positions of sites 3667 and 3354 in the main depression were surveyed and, in the Cueva Llueva entrance passage, a possible "old fire" under a large stone was recorded.

On the Fresnedo - Secadura ridge, site 3209 was investigated by Ali, Peter Eagan, Chris Binding, Lank, Paul Gelling and Angus. After an initial dig by Paul, Peter forced his way down a tight rift to where it continued small but was a "possible dig".

On the northern slopes above Secadura, James and Jenny had a "very unproductive walk due to very brambly eucalyptus woods and high fences". One hole, 3699, was found in a valley where a stream was heard not far down but stones landed on plastic. There was no sign of a stream resurging further down the valley.

EASTERN MOUNTAINS Early on, Juan and Penny walked up the pylons track along the south side of the Llueva valley - "a 7 mile hike without a lot of cave to show for it".

Site 3504, on the track and marked AA76, was partly explored through a crawl to an enlargement with formations. An obviously capped hole was noted where "a small person may fit down ... into a chamber below". There were signs that the cave had been previously surveyed, possibly by the ADEMCO cavers from Colindres. The expedition's complete exploration and survey was finished in August.

Site 3618, beyond the highest point on the track, was documented - a 2m long shelter and, in broken ground up off the track, site 2465. Surprised that the GPS reading from six years ago was accurate, Juan explored a flat-out crawl to a small chamber and trench blocked by a large rock.

SOUTHERN SECTOR Before Easter, Pedro had been busy GPS'ing, i.e. moving, old sites up above Seldesuto, and finding new ones. Sites 0569, 0570, 0571, 0572 and 0659 were fixed more accurately within the southern side of the highly dissected karst near the ridge, and described. New ones in and around this difficult-to-access area were 3620, a 15m scramble down to a choke; 3621, a 10m shaft next to a holm oak, explored in the summer; 3625, an unexplored shaft about 15m deep; 3626, an unexplored narrow shaft of about 10m depth, and 3627, a short scramble to a sharp corner and a narrow 5m pitch. This was enlarged and further explored in the summer, 2016.

Tom Howard and Tony tackled up site 1220, one of the "holes of interest" in the El Somo area, close to Matienzo's southern ridge. At the base of the 6m entrance shaft, a hole on the right was the most interesting, having a strong cold draught.

A rock sounded to descend a good way although it's a tight rift that seemed to open up beyond.

Tom, Tony, Ed, Phil Papard and Bob returned on April 8th and the draughting hole was opened up to the tight top of a 10m pitch that required more work.

The nearby site 1340 was opened up by Phil Papard, Tom Howard and Tony to make "an easy entrance". A 12m pitch dropped immediately onto a p15 that appeared to drop to a flat floor with possible passage to the east.

Phil, Tom and Tony returned with Bob and Ed, driving up the Cueva Vallina track above Arredondo for 4km then walking along the track to the north up and over the ridge to El Somo and site 1340, an easy 1.6km stroll. Phil descended the two drops to the floor about 25m down. The 8 x 5m area has three possible digs, the best on the south side "where a small stream seems to sink in wet weather".

An easy dig with bar and 2 people. No draught today. Will look at again in summer when hot!"

Lower down the hill, below the TV mast track to Cantones, Juan and Penny walked east to west off the track to find some holes in a blank area on the map. Eleven sites were documented.

Site 3670, a slope down to a narrow choked rift. Site 3671, 2m long rift with old posts and a white bag at the base about 5m down - undescended. Site 3672, small top with white bag, 4m drop to another bag and fenced with orange markers - undescended. Site 3673, an undescended, small hole about 3m deep. Site 3674, an unexplored 10m long rift, about 5m deep under large blocks.[9] Site 3675, a small shaft top to a very narrow, undescended shaft, about 6m deep. Site 3676, where the eastern one of two seems about 5m

principal y, en la galería de entrada de Cueva Llueva, se tomó nota de una posible «hoguera antigua» debajo de una piedra grande.

En la cima de Fresnedo - Secadura, Ali, Peter Eagan, Chris Binding, Lank, Paul Gelling y Angus echaron un vistazo a la cavidad 3209. Después de una excavación inicial por parte de Paul, Peter se abrió paso por una grieta angosta hasta donde seguía siendo pequeña, pero se «podría excavar».

En las laderas del norte sobre Secadura, James y Jenny tuvieron una «caminata muy improductiva por culpa de los bosques de eucaliptos y las vallas muy altas». Encontraron la cavidad 3699 en un valle. Se oía un arroyo no muy lejos, pero las piedras que tiraron cayeron sobre plástico. No encontraron señales de un arroyo que resurgiera más abajo en el valle.

MONTAÑAS AL ESTE Al inicio de la campaña, Juan y Penny subieron por el camino de las torres de alta tensión a lo largo del lado sur del valle de Llueva, «una caminata de 11 km sin mucha cueva».

La cavidad 3504, en el camino y con la marca AA76, se exploró en parte a través de una gatera hasta una sección más amplia y decorada. Vieron un agujero en el que se habían usado microexplosivos por el que «podría entrar una persona pequeña [...] hasta una sala más abajo». Había indicios de que la cueva había sido explorada previamente, posiblemente por los espeleólogos de ADEMCO de Colindres. La exploración y la topo completa para la expedición se terminó en agosto.

También se documentó la cavidad 3618, pasando el punto más alto del camino: un refugio de 2 m de largo. En un terreno irregular cerca del camino está la cavidad 2465. Sorprendido de que las coordenadas GPS tomadas seis años antes fueran tan precisas, Juan exploró un laminador hasta una pequeña sala y una zanja obstruida por una gran roca.

SECTOR SUR Antes de Semana Santa, Pedro había estado ocupado tomando coordenadas GPS, es decir, moviendo cavidades antiguas por encima de Seldesuto y encontrando otras nuevas. Describió y fijó con mayor precisión las entradas de 0569, 0570, 0571, 0572 y 0659 en el lado sur del karst que tanto se ha prospeccionado. Las nuevas cavidades en esta área de difícil acceso fueron: 3620, un destrepe de 15 m hasta una obstrucción; 3621, una sima de 10 m junto a una encina, explorada en verano; 3625, un pozo sin explorar de unos 15 m; 3626, un pozo estrecho sin explorar de unos 10 m, y 3627, un destrepe corto que gira en una esquina hasta un pozo estrecho de 5 m que se amplió y exploró en verano de 2016.

Tom Howard y Tony instalaron la cavidad 1220, uno de los «agujeros interesantes» en la zona de El Somo, cerca de la cima sur de Matienzo. En la base del pozo de entrada de 6 m, lo más interesante era un agujero a la derecha con una fuerte corriente de aire frío.

Parece que las rocas caen durante un buen rato; aunque es estrecho parece que se abre después.

Tom, Tony, Ed, Phil Papard y Bob regresaron el 8 de abril y el agujero soplador se abrió hasta la cabecera angosta de un pozo de 10 m que había que seguir desobstruyendo.

Phil Papard, Tom Howard y Tony abrieron el agujero 1340, cerca del anterior, para hacer «una entrada fácil». Un pozo de 12 m fue a dar inmediatamente a un P 15 que parecía dar a un suelo plano con una posible galería hacia el este.

Phil, Tom y Tony regresaron con Bob y Ed, conduciendo a lo largo de la pista de Cueva Vallina por encima de Arredondo, unos 4 km, y luego bajando por el camino hacia el norte y sobre la cima hasta El Somo y la entrada, una caminata fácil de 1,6 km. Phil bajó los dos pozos hasta la base a unos 25 m de profundidad. Esta, de 8 x 5 m, tiene tres excavaciones posibles, la más prometedora en el lado sur «donde un pequeño arroyo parece sumergirse cuando llueve».

Será fácil con 1 barra y 2 personas. Hoy no hay corriente. ¡Hay que volver en verano cuando haga calor!

Debajo de la pista del repetidor hasta Cantones, Juan y Penny recorrieron la colina de este a oeste y encontraron algunos agujeros en una sección del mapa sin nada. En total, documentaron 11 agujeros.

La cavidad 3670 es una pendiente hacia una fisura angosta obstruida. La 3671 es una fisura de 2 m de largo con postes viejos y una bolsa blanca en la base a unos 5 m, sin explorar. La 3672 tiene una entrada pequeña con bolsa blanca y un destrepe de 4 m hasta otra bolsa, cercada con marcadores naranjas, sin explorar. La 3673, un pequeño agujero sin explorar de unos 3 m. La 3674, una fisura inexplorada de 10 m de largo y unos 5m de profundidad bajo grandes bloques[9]. La 3675, una pequeña cabecera a un pozo muy estrecho sin explorar de unos 6 m. La 3676 tiene dos entradas, la del este parece tener unos 5 m de profundidad. La 3677, un pozo vallado en forma de L, de unos 3 m de profundidad con huesos de vaca en la base. La 3678, un refugio de animales de 3 m de largo. La 3679 tiene un pozo cercado de «profundidad desconocida» y, por último,

8   2011 Easter, page 34
9   A small shelter seen down the hill was documented as site 4417 in the summer 2018 when some of these holes were explored. Others were investigated at Easter 2016.

9   En el verano de 2018, cuando se exploraron algunos de estos agujeros, se documentó un pequeño refugio bajando la colina (4417). Otros se exploraron en Semana Santa de 2016.

The entrance depression to Cueva Llueva with over-hanging limestone beds and tyres. La depresión en la que está la entrada a Cueva Llueva con neumáticos y extraplomo de caliza.   *Juan Corrin*

deep. Site 3677, a fenced L-shaped shaft, about 3m deep with cow bones at the base. Site 3678, a 3m long animal shelter. A fenced shaft, "depth unknown" was seen at site 3679. Site 3680, a small shaft surrounded by barbed wire with a 2m drop to perhaps another 2m drop.

Rupert continued his downstream diving project in Squirrel's Passage on April 3rd.[10]

I set off from the pitch having fully kitted up with 2 x 7 litre cylinders ... at the 3m cascade a small slip resulted in a backwards plunge into the pool below. No damage was sustained except for a broken cylinder tap, luckily on the half-full bottle left from last year, but the tap pissed out air when turned on.

He decided to dive, controlling the leak by just "tickling" the valve open when needed. At the previous limit, Rupert tied in his new reel and found a "perfect" rock spike belay. Rising from -6 to -4m, and with one third of the leaky bottle used, he decided to save his full bottle and surveyed out, leaving the full bottle at the sump and the leaky one at the ladder.

The next day Rupert switch the damaged cylinder for "well-pumped 7 litre" and also took in a short rope for the cascade "to avoid future plunges".

That afternoon he dived in Cueva del Comellantes (0040), the resurgence for the South Vega System.

The vis was good - 6 or 7 metres - but still hazy... Still have a couple of places to check in here for possible ways on, but these are secret for now.

On April 9th, the vis in Squirrel's was a disappointing one metre - "too murky for route finding". Johnny, Jude and Rachel helped to carry out diving equipment but not before investigating a dig at the sumps area before Crowbar Passage:

A five minute dig got us down into a good sized passage with lots of leads. Surveyed about 200m but left leads for the next time.

At the end of May, Pedro revisited the archaeological site 3167 on the southern ridge. He wanted to "have another look" after the autumn 2011 excavation and did find a couple of missed pottery fragments.

Campsite conditions on April 7th were described as "very squalid ... Rachel was less than impressed with her digs". Jude continued:

Johnny, Jenny, Rach and I eventually organised ourselves for a Vallina through trip. We had to take 2 x 90m ropes as no short lengths left! A great trip, stunning cave and we were fortunate enough to be cheered down the final pitch by the Socorro Español! Twelve GORGEOUS Spanish Cave Rescue lads who definitely looked nothing like the CRO! They were almost worth breaking a leg for! Johnny enjoyed a "whose light is the brightest demo" with one of them.

They "wandered" past Swirl Chamber to look at a dig at the far end but were halted by the 12m roped climb because all but one SRT kits had been left back at the last pitch.

Rach enjoyed her first Spanish speleo trip. She likes caves that are dry and that she can dangle on ropes and not touch the sides in!

Despite there being only one day without rain over the main expedition period, more than 90 new sites were identified and more than 3.5km of new passages surveyed, the highlights being over 1.2km in Cueva Hoyuca and 823m in El Cubillón. An unusually high number of people were feasted on by ticks.

la 3680 es un pequeño pozo de 2 m rodeado de alambre de púas que puede que de a otro pozo de 2 m.

El 3 de abril Rupert continuó con su proyecto aguas abajo en Squirrel's Passage[10].

Salí desde el pozo tras equiparme con botellas de 2 x 7 litros [...] en la cascada de 3 m, un pequeño resbalón terminó con una zambullida de espaldas en la marmita. No sufrí ningún daño, excepto por la boquilla de una de las botellas, por suerte la que estaba medio llena que quedaba del año pasado, pero al abrirla empezó a salir el aire.

Decidió bucear igualmente, controlando la fuga de aire simplemente «tocando» la válvula abierta cuando hacía falta. Rupert ató su nuevo carrete donde lo había dejado la última vez en una roca «perfecta». Subiendo de -6 a -4 m, y tras usar un tercio de la botella con fugas, decidió guardar la botella llena e hizo la topo de la que salía, dejando la botella llena en el sifón y la rota junto a la escala.

Al día siguiente, Rupert cambió la botella dañada por «7 litros bien bombeados» y también llevó una cuerda corta para la cascada y así «evitar futuras caídas».

Esa tarde buceó en la Cueva de Comellantes (0040), la surgencia del Sistema de La Vega.

La visibilidad era buena, 6 o 7 m, pero todavía algo turbia [...] Aún me quedan un par de sitios en los que buscar la continuación, pero son secretos por ahora.

El 9 de abril, la visibilidad en Squirrel's Passage era de un metro, «demasiado turbia para encontrar un camino». Johnny, Jude y Rachel ayudaron a sacar el equipo de buceo después de investigar una desob-strucción en la zona de los sifones antes de la galería Crowbar:

Tras excavar cinco minutos entramos en una galería de buen tamaño con muchas posibilidades. Topografiamos unos 200 m, pero dejamos algunos interrogantes para la próxima visita.

A finales de mayo, Pedro volvió a visitar el yacimiento arqueológico de 3167. Quería «echar otro vistazo» después de la excavación de otoño de 2011 y encontró un par de piezas de cerámica que no se habían visto.

Las condiciones en el campamento el 7 de abril eran «muy miserables [...] Rachel no estaba nada impresionada con sus aposentos». Jude continuó:

Johnny, Jenny, Rach y yo finalmente nos organizamos para ir a Vallina. Tuvimos que llevar 2 cuerdas de 90 m ya que no quedaban más cortas. Una visita estupenda, la cueva es increíble y tuvimos la suerte de que el Socorro Español nos animó mientras bajábamos el último pozo. ¡Doce chicos del equipo de espelosocorro españoles GUAPÍSIMOS que no se parecían en nada a los del CRO inglés! Por ellos casi merecería la pena romperse una pierna. Johnny hizo una demostración de «quién tiene la luz más potente» con uno de ellos.

«Dieron un paseo» pasando Swirl Chamber para echar un vistazo a una excavación al final, pero les paró la escalada artificial de 12 m porque habían dejado todos los arneses menos uno en el último pozo.

Rach disfrutó de su primer viaje speleoespañol. ¡Le gustan las cuevas secas y poder bajar por las cuerdas sin tocar los lados!

A pesar de que llovió todos los días menos uno, durante los días princi-pales de la campaña se identificaron más de 90 agujeros nuevos y se topografiaron más de 3,5 km de nuevas galerías, entre las que destacaron los 1,2 km en Cueva Hoyuca y 823 m en El Cubillón. Las garrapatas se deleitaron con un número inusualmente alto de personas.

---

10   Last explored in the summer 2011. See page 55.

10   Explorado por última vez en verano de 2011. Véase p. 55.

2012 SUMMER / VERANO				
Adam Sharples	Colin Hayward	John Clarke	Martin 'Barny' Barnicott	Phil Parker
Alasdair 'Ali' Neill	Dan Hibberts	John 'Lugger' Thorp	Melanie Taylor	Phil Ryder
Alf Latham	Dave Gledhill	John Southworth	Michael 'Squirrel' Wood	Roxy Ramsay
Alistair 'Tackleberry' Smith	David 'Joe' Turner	John Taylor	Mike Topsom	Simon Cornhill
Allan Berry	Diane Arthurs	Jon 'JJ' Beavan	Nigel Dibben	Steve 'Big Steve' Martin
Bill Smith	Edwin 'Eddie' Mason	Juan Corrin	Paul Dold	Sue Brocklebank (Morton)
Bob Toogood	Fin Taylor	Karen Korsgaard Redder	Paul Nicholls	Susan Martin
Carolina Smith de la Fuente	Francesca McDonald	Laura Trowbridge	Paul Wilman	Tom Howard
Chris Camm	Harry Long	Liz Taylor	Penny Corrin	Tony 'Badger' Radmall
Chris Jewell	Hilary Papard	Lloyd Cawthorne	Pete 'Pedro' Smith	Tony 'Bottlebank' Brocklebank
Chris Smith	James Carlisle	Louise Korsgaard	Pete Whetham	Torben Redder
Chris 'Zot' Harvey	Jenny Corrin	Louise North	Peter Clewes	Wendy Thorp
	Jez Wong	Marie Korsgaard Redder	Phil Goodwin	Wilf Taylor
	Jim Lister	Marites Magpantay	Phil Papard	Xanda Davis

NORTHWEST AND FAR WEST SECTORS

The only reward for Alf, Phil Goodwin and John Southworth jungle bashing in the Moncobe area was "one choked shaft ... full of farm rubbish", documented as site 3735.

On the east side of the Bencano valley, Chris Camm, Phil Parker, John Southworth, Alf and Phil Goodwin reinvestigated site 3649 finding the low crawl had silted up. This was re-excavated to the original end with a strong draught and good echo. Similar phenomena were noted at the top of a mud slope in the entrance chamber so a dig was started which, three hours later, provided access to a tight, vertical rift to the top of a 6m pitch.

By the following day, August 14th, the site had been named Cueva de la Casa Vieja and the lead lured back the same team. Phil Goodwin wrote:

passage to chamber

entrance p4 p14

c-3 p85

PLAN Ng c+5

p20

0 10 20 30 40 50

m

site 3649: Cueva de la Casa Vieja
Moncobe 30T 446340 4797175 Altitude 250m Length 185m Depth 126m

Surveyed: August 2012 : BCRA 5c John Clarke, Chris Smith

Drawn in Inkscape: Juan Corrin

Matienzo Caves 2012

John Southworth, Phil Goodwin and Alf Latham about to explore Cueva de la Casa Vieja. John Southworth, Phil Goodwin y Alf Latham a punto de explorar la Cueva de la Casa Vieja. *Phil Ryder*

... bolted and descended by ladder, 5m into a high-roofed chamber with possible tunnels near the top. A clean-washed stream passage leads after 10m to a 15m pitch into a big chamber with avens above. At the far end ... a narrow, descending rift over loose, unstable boulders leads to a lens-shaped hole, down which boulders fall cleanly for 5 seconds.

Next day, John Clarke and Chris Smith joined the group although there is no record of who actually descended the "80 - 85m pitch". A tight, muddy rift was found blocked at the base. On the return, possible ways on were noticed about 10m up and, halfway up, "a major tube enters at one side which will only be reached by bolting down from the top on that side". At the base of the p15, a small tight tube was pushed to an 8m high chamber with a possible way on in the floor - a narrow rift with loose boulders.

SECTOR NOROESTE Y EXTREMO OESTE

La única recompensa para Alf, Phil Goodwin y John Southworth en la jungla de maleza de Moncobe fue el agujero 3735, «un pozo obstruido [...] lleno de basura de la granja».

En el lado este del valle de Bencano, Chris Camm, Phil Parker, John Southworth, Alf y Phil Goodwin volvieron a investigar la cavidad 3649 y descubrieron que el laminador se había sedimentado. Lo volvieron a excavar hasta donde lo dejaron en la anterior visita, con buena corriente y buen eco. Algo similar notaron en lo alto de una cuesta de barro en la sala de la entrada, por lo que iniciaron una excavación que, tres horas más tarde, le dio acceso a una fisura estrecha y vertical a la cabecera de un pozo de 6 m.

Para el día siguiente, 14 de agosto, había sido bautizada como Cueva de la Casa Vieja y el líder convenció al mismo equipo para volver. Phil Goodwin escribió:

Instalamos y bajamos por una escala, 5 m, hasta una sala de techo alto con posibles túneles cerca del techo. Una galería activa limpia da tras unos 10 m a un pozo de 15 m y a una gran sala con chimeneas. En el extremo más alejado [...] una fisura estrecha baja sobre rocas sueltas e inestables a un agujero en forma de lente, por el que las rocas caen limpiamente durante 5 segundos.

Al día siguiente, John Clarke y Chris Smith se unieron al grupo, aunque no hay constancia de quién bajó realmente el «pozo de 80 a 85 m». En la base encontraron una angosta fisura con barro y obstruida. A la vuelta, tomaron nota de posibles continuaciones a unos 10 m de altura y, a mitad de camino, «entra una galería tubular en un lado a la que solo se puede llegar instalando fijaciones desde arriba en ese lado». En la base del P 15, forzaron un tubo pequeño y angosto hacia una sala de 8 m de altura con una posible continuación en el suelo: una fisura estrecha con rocas sueltas.

El 18 de agosto, John y Phil Goodwin instalaron una chimenea entre los dos pozos cortos y se encontraron con que el túnel del techo se cerraba tras 2 m. La fisura sobre la cabecera del pozo grande se forzó hasta «donde se convierte en una galería activa baja que va ligeramente cuesta abajo con un suelo de arenisca sólida. Para un "delgaducho"».

Dos días después, John, Alf y Phil bajaron por el pozo grande (que resultó tener 86 m) y escalaron los 5 m hasta la galería inferior con una sola fijación, pero esta fue haciéndose más baja a lo largo de 20 m, hasta ser una galería muy baja con rocas.

El agujero tiene mucho barro y está claro que la base del pozo se llena bastante cuando llueve mucho. El barro se va limpiando después en la base del pozo principal con el goteo del agua.

Confirmamos que hay una galería a unos 45 m. Para llegar a ella, habrá que instalar desde la pared de la izquierda (mirando hacia adentro) desde arriba con una ligera diagonal en dirección opuesta a la entrada.

Cerca está el agujero soplador 3648, excavado el 19 de agosto. Una fisura estrecha conduce después de 3 m a otra cruzada que serpentea durante 7 m y se hace más baja. «No merece la pena seguir». Más tarde se abrió otro agujero en el mismo paraje rocoso con un destrepe estrecho daba a un cruce de galerías. A la izquierda casi se une al agujero original con una conexión de luz y voz, mientras que, a la derecha, la galería se hace demasiado pequeña.

El equipo completo abrió la cavidad 3747 después de que John la descubriera y viera que la vegetación se movía por la fuerte corriente de aire en un día caluroso. Se trata de un destrepe de 2 m que gira a la derecha hacia un bloque concrecionado al suelo.

On August 18th, John and Phil Goodwin bolted up an aven between the two short pitches to find the roof tunnel closed in after 2m at a very tight inlet. The rift over the top of the big pitch was pushed to where "it becomes a low streamway running slightly downhill with a solid sandstone floor. Needs a 'thinny'".

Two days later, John, Alf and Phil descended the big pitch (now measured at 86m) and climbed up 5m to the lower lead using one bolt but the route gradually descended for 20m, flattening out to a very low passage with debris.

The hole is very muddy and it's clear that the whole bottom of the pitch backs up for a considerable distance in heavy rain. The mud is then cleared at the bottom of the main pitch by later drips.
The possibility of a passage at about 45m was confirmed. To get to it, the left hand wall (looking in) will need bolting from the top with a slight diagonal away from the entrance direction.

The nearby draughting site 3648 was dug out on August 19th. A narrow rift leads after 3m to a cross-rift which meanders for 7m and becoming lower. "Not worth pursuing further." Later work opened another hole in the same scar where a narrow, sloping drop met a T-junction. To the left almost joined back to the original hole with a light and voice connection while, to the right, the passage becomes too tight after being walking-size.

Site 3747 was opened up by the full team after its discovery by John who saw movement in the vegetation caused by the strong draught on a hot day. The hole dropped down 2m with a right turn to a fallen block calcited into the floor.

Wiping out the work at Easter, Washing Machine Hole (3420) was found silted up again by Chris Camm and Phil Parker. They spent "a few hours" at the dig but more work was needed.

On their return they were almost through when "cold from the outward draught and bad backs dictated a retreat."

They broke through on August 20th finding various passages and pits.

First passage on right goes for a couple of metres to a T-junction. Right leads to a calcited boulder choke. To the left, in comfortable walking-size passage, leads to mass of helictites on left wall followed immediately by large holes in calcited floor - calcite overhangs require care in passing first hole.

site 3649: Cueva de la Casa Vieja
PROJECTION SECTION

entrance

c-3

p4   c+5

p14

0   10   20   30   40   50
m

p85

p20

low

c+5

Chris Camm y Phil Parker descubrieron que el trabajo de Semana Santa había sido en vano, pues Washing Machine Hole (3420) se había vuelto a sedimentar. Pasaron «algunas horas» excavando, pero necesitaba más trabajo. Casi habían conseguido pasar cuando «el frío de la corriente sopladora y los problemas de espalda dictaron una retirada».

Se abrieron paso el 20 de agosto y encontraron varias galerías y pozos.

La primera galería a la derecha da tras un par de metros a un cruce. A la derecha va a una obstrucción de roca concrecionada. A la izquierda, una cómoda galería amplia conduce a una agrupación de helictitas en la pared izquierda, seguida inmediatamente por grandes agujeros en el suelo de calcita; hay que tener cuidado con los salientes de calcita al pasar el primer agujero. Instalamos un pasamanos en el segundo pozo, que bajamos por unos 12 o 13 m - posible continuación que se ha de investigar [...] corriente de aire sube por el pozo.

La ruta continuó pasando el segundo pozo y Chris y Phil instalaron más pasamanos el 22. Chris escribió:

La roca en la que está el pasamanos es muy pobre. ¡Cuidado! Pasamanos al agujero 3: varias fijaciones no son tan firmes como se esperaba probablemente por la roca blanda.

El verano había sido muy seco, por lo que era propicio para volver a investigar Dos Perros (2988) en Camposdelante, a unos 500 m al norte de la carretera principal. John Southworth, Phil Goodwin y Alf investigaron la corriente y el sifón aguas abajo con «resultado no concluyente».

Al norte de Cueva de Regato en San Antonio, Chris Camm y Phil Parker abrieron el 3703 «a algo como un laberinto con todas las galerías obstruidas. Desarrollo aproximado de 20 m».

El 12 de agosto, la pareja prospeccionó la zona sobre el final de Invisible Cave (3283). Excavaron en el caos de bloques de 3011, «pero no va» y vieron lo que parecía una galería obstruida por rocas ladera abajo de 3012.

El 27 de julio, Barny y Dave instalaron Torca la Vaca (2889) hasta el lago Bassenthwaite, aunque no hay informes en el libro de salidas de cuáles fueron sus exploraciones posteriores. Colin y Jim regresaron a Torca la Vaca tras el éxito de Semana Santa, conectándola con la Cueva Wild Mare (0767). Querían explorar aguas arriba y tenían cuatro días de vacaciones- trabajo para ello. El primer desafío, tras bajar conduciendo por Francia, era mantener impecable su alojamiento «muy limpio y ordenado» en Solórzano con una «cantidad inquietante de muebles blancos».

Llevar el equipo a través de Wild Mare resultó «interesante» de la

Alf Latham about to descend the p85 in Casa Vieja.
Alf Latham a punto de bajar por el P 85 de Casa Vieja. *John Southworth*

Colin Hayward in Wild Mare - Vaca.
Colin Hayward en Wild Mare - Vaca.   *Jim Lister*

Traverse line installed to second pit which was descended for 12 or 13m - possible continuation to be investigated ... draught coming up pit.

The route continued over the second pit and more traverse line was installed by Chris and Phil on the 22nd. Chris wrote:

Bolt route traverse is very poor rock. Caution! Traverse out to pit 3: number of bolts didn't tighten as expected probably due to soft rock.

The summer had been very dry so it was appropriate that, at Camposdelante, about 500m north of the main road, Dos Perros (2988) was reinvestigated. John Southworth, Phil Goodwin and Alf investigated the draught and the sump downstream with "inconclusive result".

To the north of Cueva de Regato (3494) at San Antonio, Chris Camm and Phil Parker opened up site 3703 "to a maze-like situation with all passages choking. The approximate length was 20m.

On August 12th the pair spent time prospecting above the end of Invisible Cave (3283). They dug at the boulder choke in 3011 - "but no go" and noticed a possible passage blocked by boulders just downhill from 3012.

On July 27th, Barny and Dave tackled up Torca la Vaca (2889) down to Lake Bassenthwaite although there are no reports in the logbook of what their subsequent explorations were!

Colin and Jim returned to Torca la Vaca after their successful Easter trip linking it to Cave of the Wild Mare (0767). They wanted to further explore upstream and had four work-holiday days to do it in. The first challenge, after driving down through France, was keeping immaculate their "very clean and tidy" accommodation in Solórzano with a "disturbing amount of white furniture".

Getting the gear in through Wild Mare proved 'interesting' as they tried to find an easier underwater route in. Colin wrote:

... Sadly, we failed. It was however an interesting days caving made more so when a boulder moved. Having dived down through a slot in an underwater boulder choke that we had dug out during our last visit Jim had surfaced in an airbell. We established a vocal connection through the boulders and I moved forward to see if it was passable above water. As I moved across the top of the underwater choke a large boulder gave way underneath me, rolled down the slope and ended up in the slot. We both had a good go at moving it and Jim got it out on his third attempt. Shortly after that, Jim lost his mask and we gave up on the easy route idea. We clambered up though the boulder choke and rigged a ladder down to the water to bypass a climb that becomes tricky with dive gear on. The dive out was uneventful despite Jim having no mask because I kept my eyes closed whenever he was in visual range.

The next day, reaching "the boulder choke that had caused us trouble" Jim retrieved his mask from between some boulders.

We then set about climbing the ladder which immediately broke as soon as Jim put his weight on it. Thankfully he was still at ground level so no harm done but we now both feel that the boulder choke has it in for us; it is our nemesis choke.

They eventually reached the bottom of the Buttermere pitch and, using the cord they had left last time, climbed over the top of the dam and back into the water and headed upstream.

... dived through to the Whitworth Series (avoiding the Mandy Fu-sized passage) to look at the upstream sump. ... A new line reel was tied on and the passage followed down a steep slope to the right.

A steep silty slope up was followed to surface in a large, muddy chamber after about 35m. Time pressure meant they could do no more pushing that day but Jim videoed some eels in the Sump of the Wild Eels in Wild Mare cave.

That can now be sent off to the eel expert who wanted pictures of the things. The strangest part of the trip was in the Whitworth Series where we both heard a buzzing / humming noise. After checking our gear for air leaks, we both decided it was a cave feature. Suggestions are welcome…

The following day, after some surveying, Jim dived from the muddy chamber through a "massive" sump to Lake Bassenthwaite, later named Elephant Sump.

This link does not end the opportunities in this area. The sumps out of Whitworth and into

que intentaban encontrar una ruta submarina más fácil. Colin escribió:

Por desgracia, no lo conseguimos, pero fue un día de espeleo interesante que se volvió aún más interesante cuando se movió una roca. Tras bucear a través de una ranura en un caos de bloques bajo el agua que habíamos desobstruido durante nuestra última visita, Jim salió a una cámara de aire. Establecimos una conexión de voz a través de los bloques y avancé para ver si se podía pasar por encima del agua. Mientras avanzaba sobre el caos de bloques, una gran roca cedió debajo de mí, rodó por la pendiente y terminó en la ranura. Ambos intentamos moverla y Jim la sacó en su tercer intento. Poco después, Jim perdió su máscara y renunciamos a la idea de la ruta fácil. Trepamos por el caos de boques y montamos una escala que bajaba al agua para evitar una escalada algo difícil con el equipo de buceo puesto. La inmersión transcurrió sin incidentes a pesar de que Jim no tenía máscara porque mantuve los ojos cerrados cada vez que estaba en mi campo visual.

Al día siguiente, en el «caos de bloques problemático», Jim recuperó su máscara.

Luego empezamos a subir la escala que se rompió tan pronto como Jim puso su peso en ella. Afortunadamente, todavía estaba casi a ras del suelo, así que no se hizo daño, pero ambos sentimos que el caos de bloques nos tenía manía, es nuestro némesis.

Finalmente llegaron a la base del pozo Buttermere y, usando la cuerda que habían dejado la última vez, treparon la presa, volvieron al agua y se dirigieron aguas arriba.

Buceamos en la red Whitworth (evitando la galería del tamaño de Mandy Fu) para mirar el sifón aguas arriba. [...] Atamos un nuevo carrete y la galería bajó por una pendiente pronunciada hacia la derecha.

Le siguió una fuerte pendiente hacia arriba que tras unos 35 m fue a dar a la superficie a una sala grande y llena de barro. Por falta de tiempo no pudieron seguir forzando ese día, pero Jim grabó un vídeo de algunas anguilas en el sifón Wild Eels de la Cueva Wild Mare.

Ahora se puede enviar al experto en anguilas que quería fotos. Lo más extraño de la incursión nos pasó en la red Whitworth, donde ambos escuchamos un zumbido. Después de revisar nuestro equipo en busca de fugas, decidimos que sería algo de la cueva. Admitimos sugerencias...

Al día siguiente, después de algo de topo, Jim buceó desde la sala con barro a través de un sifón «enorme» al lago Bassenthwaite, más tarde llamado sifón Elephant.

Esto no pone fin a las oportunidades en esta área. Los sifones que salen de Whitworth y entran en Bassenthwaite tienen grandes secciones transversales y es muy probable que exista una unión que no hemos visto. Sobre todo en el sifón Bassenthwaite que parece comenzar en una sala.

Observaron dos anguilas pequeñas en el sifón Bassenthwaite.

En retrospectiva, Colin y Jim anotaron una serie de observaciones en el libro de salidas sobre los niveles de agua, los volúmenes y las áreas por explorar que aún se han de investigar.

Pasando el final de Suit Wrecker en Torca la Vaca, en una zona boscosa en el lado oeste de La Gatuna, Dave y Barny entraron en 3714, un pozo impracticable de 8 m de profundidad «decorado generosamente con varios huesos de ganado y suelas de un par de botas».

Otros agujeros que se encontraron y exploraron en la zona fueron: 3715, donde «el palo entra un trecho»; 3716, una entrada agrandada a un estrechamiento a través del techo de una sala y un destrepe de 5 m sin continuación; 3717, un laminador tortuoso entre piedra caliza afilada y de arenisca, pero «inútil y afilado», y 3718, una cueva similar que se cierra tras unos 8 m.

Cerca de la carretera a Los Urros y a unos 150 m al este de la galería Ed's Birthday Passage, se encontró la cavidad 3719, la cual se exploró y topografió durante un par de días. A pesar de que la entrada tiene «la mejor corriente de la zona» y de que se excavaron varias posibles continuaciones, solo se topografiaron 50 m. Una «corriente extremadamente fría» salía de un caos de arenisca.

El 11 de agosto, John Southworth, Alf, Phil Goodwin, Phil Parker y Chris Camm investigaron la reciente tala del bosque al este de Torca la

Above: Eddie Mason assisting Bob Toogood on a narrow pitch in 3719.
Dave Gledhill. Right: Dave Gledhill in the entrance to 3719. *Eddie Mason.*
Arriba: Eddie Mason ayudando a Bob Toogood en un
pozo estrecho en 3719.*Dave Gledhill*
Dcha.: Dave Gledhill en la entrada a 3719. *Eddie Mason*

```
Bassenthwaite both have large cross sections and it is
very likely that an unseen junction exists. This is
especially true in the Bassenthwaite sump which seems
to start in a chamber.
```

Two small eels were spotted in the Bassenthwaite sump.

On reflection, Colin and Jim made a number of observations in the logbook about water levels, volumes and unexplored areas. These have yet to be investigated again or followed through.

Beyond the end of Suit Wrecker Inlet in Torca la Vaca, in a wooded area on the west side of La Gatuna, Dave and Barny descended 3714. The choked, 8m deep shaft "was liberally decorated with various cattle bones and soles from a pair of hob-nail boots".

Other new holes encountered and explored in the area were 3715 - "stick goes in a long way"; 3716 - an enlarged entrance to a squeeze through to the top of a chamber and a 5m drop to a choked floor; 3717 - a tortuous bedding between sharp limestone and a sandstone cap, but "pointless and sharp", and 3718 - a similar bedding cave that closed down after about 8m.

Just off the road to Los Urros and about 150m east of Ed's Birthday Passage, site 3719 was found, explored and surveyed over a couple of days. Despite the entrance having "the best draught in the area", and various leads being excavated, the cave could only produce 50m of surveyed passage. An "extremely cold draught" emerged from a sandstone choke in the cave.

John Southworth, Alf, Phil Goodwin, Phil Parker and Chris Camm investigated recent forest clearing to the east of Torca la Vaca on August 11th finding 3736 - a small, choked, draught-less rift. Five days later this had metamorphosed into a p5 into a chamber with a window through to a second entrance, explored by Alf and Phil Parker.

The nearby dig, 3048, was investigated and various draughts noted. A new way into a draughting descending rift was engineered. However, when the site was later excavated, it had to be left to stabilise when the roof collapsed. More work has yet to happen here.

Three hundred metres to the southeast, the same group found two holes in broadleaf woodland. Site 3737 looked like a "long collapsed tunnel with big sandstone blocks" which had a cold draught. This was dug "for no other reason than it was good exercise". Site 3738 was descended 5m by Phil Parker to a small passage that gets too tight.

On August 8th, Simon and Diane descended Torca de Luna de Miel (Honeymoon Pot, site 3594). They started a dig at the bottom of the final shaft until they decided they "really needed a longer crowbar to tackle the choke

Phil Parker at site 3736. Phil Parker en 3736.　　John Southworth

Vaca y encontraron el agujero 3736, una pequeña fisura impracticable sin corriente. Cinco días después, esta se había transformado en un P 5 a una sala con una ventana a una segunda entrada, explorada por Alf y Phil Parker.

Investigaron la excavación cercana, 3048, donde notaron varias corrientes. Se creó una nueva forma de entrar a la fisura descendente. Sin embargo, cuando se excavó más tarde, el techo se derrumbó. Aún se tiene que estabilizar.

A unos 300 m al sureste, el mismo grupo encontró dos agujeros en un viejo bosque. El 3737 parecía un «túnel largo colapsado con grandes bloques de arenisca» que tenía una corriente de aire frío. Lo excavaron «porque era un buen ejercicio». El 3738 tenía un pozo de 5 m que bajó Phil Parker hasta una pequeña galería que se vuelve demasiado angosta.

El 8 de agosto, Simon y Diane entraron en Torca de Luna de Miel (3594). Comenzaron a desobstruir la base del pozo final hasta que decidieron que necesitaban «una palanca más grande para enfrentarse a los bloques». También comenzaron a desobstruir en las bases de pozos paralelos.

Volvieron el día 11 con varillas de incienso para buscar un agujero soplador en la cabecera del pozo final. Lo desobstruyeron hasta la cabecera de un pozo paralelo de «mejor aspecto» de unos 15 m. En la base había una fisura estrecha a nivel del suelo seguida de un pozo de 3 m. Vieron otras dos fisuras estrechas pero no las inspeccionaron.

```
Al salir, vimos que el bloque grande (por encima
del «viejo» pozo final, por debajo del cual entrábamos
arrastrándonos al nuevo pozo) había desarrollado una
gran grieta por debajo en el centro. ¡Bueno, no lo
habíamos visto antes!
```

El día 14, James acompañó a Simon y Diane con espuma de poliuretano para estabilizar las rocas del estrechamiento. Sin embargo, «la espuma tenía vida propia y una vez abierta no se podía parar, rociando espuma por toda la cueva».

```
Simon fue hasta la cabecera del pozo, pero la roca
sobre la que descansaba un montón de piedras sobre
el estrechamiento al segundo pozo tenía una gran
grieta que se había hecho más grande desde la visita
anterior. Hicimos una retirada apresurada para dejar
que la naturaleza siguiera su curso; esperamos que el
bloque haya desaparecido para la próxima visita.
```

El equipo se trasladó hacia la cabecera del valle de La Gatuna para enfrentarse a la estrechez a ras del agua llena de arañas en Hypocritical Hole (2887). Bajaron el nivel del agua con una zanja.

```
Simon se obligó y avanzó lentamente durante unos 15 m
pasando varias curvas cerradas hasta que un ligero
estrechamiento le impidió seguir. Se puede ver una
sala al frente y hay una corriente fría y fuerte.
```

Por último, bajaron a Riaño, caminando en la ladera por encima de la entrada Ostrich Farm a Fuente de la Cuvía (0207) y encontraron «varios sitios interesantes», ¡aunque ninguno recibió un código a pesar de que volvieron para comprobarlos el 16!

Phil Papard, James y Jenny prospeccionaron en la zona alta al este de La Gatuna. El agujero 3739 se encontró en un hoyo de 6 m de diámetro. Mide 1,5 m a un caos de bloques sin corriente. A unos 20 m por debajo, estaba el 3740, un pequeño destrepe de 1,5 m a otro caos de bloques.

James se quejó mientras bajaba a través de «basura de la granja de muchos años» para confirmar que el agujero en el que se encontraba era el 1360, marcado en la posición incorrecta en el mapa.

with!". They also started two other digs in the floors of parallel shafts.

Returning on the 11th, they used draught-testing joss sticks to find a draughting hole at the top of the final pitch. This was dug out to the top of a "better looking" parallel shaft - about 15m deep". At the bottom was a tight rift at floor level followed by a 3m drop. Two further tight rifts leading off were noted but not inspected.

> On the way out the large block (above the 'old' final
> pitch we had been going under into the crawl to the
> new shaft) was seen to have developed a large crack
> underneath in its centre. Well, it hadn't been noticed
> before!!

On the 14th, James accompanied Simon and Diane with cans of expanding polyurethane foam to stabilise the wobbly squeeze. However, "the foam had a life of its own and once opened would not be stopped, spraying foam all over the cave".

> Simon went down to the top of the shaft but the large
> boulder holding up a large pile of choss above the
> squeeze onto the second shaft had a large crack in
> it that had grown since the previous visit. A hasty
> withdrawal was made to leave nature to take its course
> - hopefully the block will have gone by the next
> visit.

The team then moved southeast to the head of the La Gatuna valley to tackle the spidery duck in Hypocritical Hole (2887). The duck was lowered to a shallow pool by digging a trench.

> Simon forced himself through and progressed the crawl
> for about 15m past several tight bends until a slight
> narrowing prevented further progress. A chamber could
> be seen ahead and there is a strong, cold draught.

Finally, they dropped down to Riaño, walking on the hillside above the Ostrich Farm entrance to Fuente de la Cuvia (0207) and found "several interesting sites" - although none has been given a site code, despite being revisited on the 16th!

Phil Papard, James and Jenny went looking in the high area to the east of La Gatuna. Site 3739 was found in a 6m diameter shakehole. The cave goes 1.5m to a choke (dig) with no draught. Twenty metres below this spot, 3740 was documented as a small 1.5m drop to a choke.

James complained as he descended through "many years of rubbish from the farm" to confirm that the hole he was in was site 1360, marked in the wrong position on the map.

Moving west to the hills above Cobadal, the team visited three sites found at Easter. Site 3681 required three ladders to get to the choke approximately 24m down; 3682 needed one ladder to reach the base and 3683 was found to be 3m deep. Phil commented:

> It seems that this area is above a big sandstone lens
> that cuts off downward development and directs water
> to a line of springs that then form a short stream
> before sinking in shaft 3694.

On August 15th, Simon and Steve spent a "crap hot waste of a day" trying to find site 2099 and finding dead-end holes that were "jumped in and very quickly out of again".

Northern La Vega, El Naso area west to Las Calzadillas

Mike, Xander, Roxy and Fran were looking to extend the Simas del Picón (0075) in the Cubija valley. They headed to the Music Box area where "Mike found a high traverse but we didn't push it as it is very precarious and probably needs bolting for a horizontal line". They found leads and holes down before and at the Music Box and assumed they were unexplored "as there were no spits or naturals to rig off". They also "pushed through a jaggy rock crawl and found station 0 by Stacey and Simeon". This survey note was dated "8 Aug 1993".

Returning to station 0 the following day, July 25th, Mike descended

Moviéndose hacia el oeste a las colinas sobre Cobadal, el equipo visitó tres agujeros encontrados en Semana Santa. El 3681 requirió tres escalas para llegar a la obstrucción a unos 24 m; el 3682 necesitó de una escala para alcanzar la base y el 3683 medía 3 m de profundidad. Phil comentó:

> Parece que esta área está sobre una gran sección de
> arenisca que corta el desarrollo vertical y dirige el
> agua a varios manantiales que forman un pequeño arroyo
> antes de entrar en el pozo 3694.

El 15 de agosto, Simon y Steve «perdieron el día» tratando de encontrar la cavidad 2099 y encontrando agujeros impracticables de los que «entraron y salieron rápidamente».

El Norte de La Vega, Zona de El Naso – Las Calzadillas

Mike, Xander, Roxy y Fran querían ampliar las Simas del Picón (0075) en el valle de Cubija, así que fueron hasta la zona de Music Box, donde «Mike encontró una escalada transversal alta, que no forzamos porque es algo precaria y probablemente hace falta un pasamanos». Encontraron pistas y agujeros de camino a Music Box y asumieron que no se habían explorado «ya que no había fijaciones ni anclajes». También «forzaron a través de una gatera de roca punzante y encontraron la estación 0 de Stacey y Simeon». Esta nota de la topo tiene fecha del «8 de agosto de 1993».

Al regresar a la estación 0 al día siguiente, el 25 de julio, Mike bajó 5 m por una fisura con fuerte corriente hasta una sala. Apuntando el Disto por un pequeño agujero en el suelo, obtuvo una lectura de unos 50 m de profundidad que «sin duda tiene que ser parte de una galería de Regatón».

Sin embargo, cuando volvió con Torben el día 30 con equipo de microexplosivos, no pudieron avanzar mucho por la estrecha fisura.

Al día siguiente, Phil Papard, Pedro y Nigel regresaron con Mike y ampliaron el agujero para que Mike bajara, pero solo unos 10 m.

Ali decidió que se estaba encontrando suficiente en Picón para justificar una nueva topo. Entró con Roxy el mismo día y e hizo una nueva topo de más de 500 m en la galería principal.

Phil, Jez y Bill continuaron abriendo la «estrechez para enanos» en la galería de Mega Bat. Tres microexplosivos quitaron una sección de pared de 60 x 30 cm permitiendo acceder a otro metro de galería donde un saliente les impidió continuar.

> Tiramos algunas rocas. Por lo que oímos, parece muy
> improbable que el pozo esté cerca. Al otro lado de la
> estrechez habrá un par de destrepes cortos (~ 1m).

En la siguiente visita, Phil y Bill continuaron ampliando la excavación hasta que Bill pudo pasar sobre una roca hasta un destrepe de 5 m y una pendiente embarrada donde, desde una ventana de 0,8 m de diámetro en el techo de una sala, se podía ver el suelo a 5 m. Bill escribió: «Las paredes no se podían ver, pero estarían a unos 8 m».

Volvió con Fran, Adam, Roxy, Mike y Lloyd para quitar la roca y abrir la galería «para que los de tamaño normal pudieran pasar». Exploraron cuatro salas, una de las cuales tenía una chimenea de 60 m. A mitad de camino por la pendiente, también exploraron una fisura sopladora hasta una gran sala con «otra posible chimenea», pero necesitaban «explorar más». Topografiaron 175 m.

Fran, Bill, Carolina y Lloyd entraron el 1 de agosto para «mirar una posible continuación que encontraron en la anterior visita, una fisura al otro lado de las estaciones 21 - 22».

> Lloyd rapeló hasta una sala a través de esta grieta
> estrecha y tardó un poco en pasar. Casi al llegar
> abajo, la cuerda movió varias rocas que le cayeron
> encima.

Una visita al centro médico de Ramales lo arregló «con 4 puntos en la cabeza».

Fran, Mike y Bill, entrando a la cueva a las cuatro y media de la tarde, llegaron a la nueva sección después de una hora. Mike quitó varias rocas sueltas y luego exploraron una gatera de 5 m hasta una chimenea de 40 m de alto y 8 m de ancho. Avanzaron un poco más y salieron a las ocho.

Left: Mike Topsom with helictites in Simas del Picón. *Torben Redder.*
Right: Mike at the hole down to Regaton.

Phil Papard

Izda.: Mike Topsom con helictitas in Simas del Picón.*Torben Redder.*
Dcha.: Mike en el agujero a Regatón.
Phil Papard

5m down a strongly draughting, hading rift into a chamber. Using a Disto down a small hole in the floor he obtained a distance of about 50m depth which "should certainly be part of a passage in Regaton".

However, when he returned with Torben on the 30th with capping gear they were unable to make much progress down the over-tight drop.

The following day, Phil Papard, Pedro and Nigel returned with Mike and enlarged the hole for Mike to descend - but only for about 10m.

Ali decided that enough was being found in and around Picón to warrant a resurvey. He went in with Roxy on the same day and resurveyed over 500m in the main passage.

Phil, Jez and Bill continued to open up the "midget squeeze" in Mega Bat passage. Three snappers removed a 2ft x 1ft section of wall allowing entry to another metre of passage where a flake blocked progress.

Rocks were rolled down. Seems highly unlikely that a pitch is near from the sounds. Instead a couple of small (~1m) drops should follow the squeeze.

On the next trip, Phil and Bill continued to enlarge the dig until Bill could squeeze over a boulder to a 5m climb down and a muddy slope to where a 0.8m diameter window in the roof of a chamber gave a view of a floor 5m below. Bill wrote: "The walls couldn't be seen but would be at least 8m apart."

He returned with Fran, Adam, Roxy, Mike and Lloyd to remove the boulder and open up the passage "so that average size people can fit through". They explored four chambers, one of which had a 60m aven. Half way down the muddy slope they also explored a draughting rift to a large chamber with "another potential aven" but they needed "to explore more". One hundred and seventy five metres were surveyed.

Fran, Bill, Carolina and Lloyd went in on August 1st to "look at a lead found on the previous trip - a draughting rift beyond stations 21 - 22".

Lloyd abseiled into a chamber through this rift which is quite tight and took some time to pass through. When almost at the bottom the rope dislodged several rocks that landed on him.

A visit to Ramales medical centre fixed him up "with 4 stitches in his head".

Fran, Mike and Bill, with a late 4.30pm start, reached the new section after an hour. Mike kicked down a number of loose rocks then they explored a 5m crawl to a 40m high, 8m wide aven. Further short extensions were made and they were out for 8pm.

On July 25th, a MUSC team investigated the high-level end of Torca del Mostajo (site 0071) - this point is about 350m from cave 415 (0415). The next level down in Mostajo is at the same altitude as 415. Lloyd, Adam, Jez and Bill soon reached the large bouldery chamber at the end where they spotted "various promising leads".

... a way on was found down through the boulders which dropped into an ancient streamway ... we soon reached a T-junction. This streamway did not appear in any surveys or descriptions though it did seem that people had been down this way. The way to the left ended in a draughting crawl ... certainly diggable without too much effort. Turning right ... and down a steep muddy 'V' and through a small hole opened out into a small chamber about 2m long by 1m wide by 1m high ...

A boulder blocking a hole in the floor was eventually removed and a tight squeeze quickly dropped into a "sloping honeycomb climb" for about 30m to a chamber 15 - 20m long, 5m wide and 2m high.

Torca del Mostajo
Bottom: Lloyd Cawthorne on the entrance pitch.
Top: Jez Wong beyond the sandy crawl.
Abajo: Lloyd Cawthorne en el pozo de entrada.
Arriba: Jez Wong al otro lado de la gatera en arena. *Bill Smith*

El 25 de julio, un equipo de MUSC investigó el punto terminal del nivel superior de Torca de Mostajo (0071); este punto está a unos 350 m de la cueva 415 (0415), que a su vez está a la misma altitud que el siguiente nivel inferior de Mostajo. Lloyd, Adam, Jez y Bill pronto llegaron a la gran sala llena de bloques al final donde vieron «varias pistas prometedoras».

Encontramos una forma de pasar entre las rocas hasta bajar a una antigua galería activa [...] pronto llegamos a un cruce. Esta no sale en ninguna topo o descripción, aunque parece que por aquí ya ha pasado gente. A la izquierda da a un laminador con corriente [...] se podría desobstruir sin mucho esfuerzo. A la derecha [...] bajando por una empinada 'V' de barro y pasando por un pequeño agujero da a una pequeña sala de unos 2 m de largo por 1 m de ancho por 1 m de alto...

Terminaron por quitar una roca que bloqueaba un agujero en el suelo y una estrechez angosta fue a dar rápidamente a una «escalada empinada en forma de panal» de unos 30 m a una sala de 15 a 20 m de largo, 5 m de ancho y 2 m de altura.

Una horrible escalada en una grieta se cerró, mientras que al otro lado de la sala, bajando por una gatera corta enseguida da a una gran galería: ¡Whoop! Parece un nuevo descubrimiento...

La descripción se completó con una lista de posibles continuaciones para visitas posteriores.

El 29 de julio, tras ponerse en marcha a las 4 de la tarde, Fran, Adam, Lloyd y Bill llegaron a la nueva sección aproximadamente una hora y media después. Dividiéndose en 2 grupos, Fran y Lloyd hicieron la topo (empezando en la estación 24 de 1983) mientras los otros usaron micros en la estrechez. Tuvieron algunas dificultades para pasarla, pero al final salieron. Aparecieron en la cabecera de la sima de 18 m de la entrada a eso de las 2.30 de la madrugada, donde fueron recibidos por Phil y Juan, ya que, según el tablero de salidas, la hora límite para iniciar el rescate eran las 2 a.m. Se añadieron 52 m (lote 0071-12-01) al desarrollo de 20 446 m del Sistema de Cubija (Sistema de La Vega Norte). La topo confirmó que los exploradores ahora estaban en el «nivel dos», pero no se habían acercado a 415.

Chris Jewell y Laura se unieron a Adam y Bill para la topo de lo nuevo el 1 de agosto. En la galería grande hay «muchas posibles continuaciones» que requerirán «una mejor exploración». Como les quedaba poco tiempo, empezaron la topo en una sala de 7 m de diámetro donde dejaron una «estación con una nota». Topografiaron más de 282 m (lote 0071-12-02) con una longitud media de poligonal de casi 10 m.

En un arcén cerca del final de la carretera en el valle de Cubija se encontraron dos agujeros a los que fueron un par de veces Marites, Torben, Louise y las niñas. El 3722 es un pequeño agujero a lo que parecía ser un pozo de 10 m. Dedicaron algo de tiempo a agrandar la cabecera, que finalmente dio a un pozo de 4 m a una sala de 3x3 m. Por una gatera entraron en 2 salas más con unos 15 m de galería en total. El 3723 era una gatera / excavación horizontal.

En el lado norte de La Vega, Lugger, Pedro y Zot fueron a la cueva 3153, descubierta por Harry en Semana Santa de 2009. Parecía que los tejones también la habían visitado y se veían nuevos huesos humanos. Esta visita llevó a Pedro a pedir a las autoridades un permiso para excavar.[1]

1   Véase Otoño de 2013, p. 140.

A horrible sharp rifty climb at one end quickly closed off, whilst at the other end of the chamber, down into a short crawl quickly opened out into stompy passage - Whoop! A new discovery it seems ...

The logbook account was completed with a list of possible leads for subsequent trips.

On July 29th, Fran, Adam, Lloyd and Bill reached the new section about one and a half hours after their 4pm start. Splitting into 2 groups, Fran and Lloyd surveyed (starting at station 24 from 1983) while the others capped out the squeeze. There was some difficulty with passing the constriction but all eventually headed out. They emerged up the 18m entrance pitch onto the hillside around 2.30am to be greeted by Phil and Juan responding to a 2am call-out time on the board. Fifty two metres (batch 0071-12-01) were added to the 20,446m length of the Cubija System (North Vega System). The survey confirmed that the explorers were now down at "level two" - but no nearer to 415.

Chris Jewell and Laura joined Adam and Bill for a surveying trip in the new stuff on August 1st. In the stomping passage there are "many leads" that will require "better exploring". As they were running out of time, the survey was started in a 7m diameter chamber where they left a "survey station with a note". Over 282m was surveyed as batch 0071-12-02 with an average survey leg length of nearly 10m.

A lay-by near the top end of the road in the Cubija valley provided two holes and a couple of visits by Marites, Torben, Louise and family. Site 3722 is a small hole onto what sounds like a 10m pitch. Some time was spent enlarging the top eventually opening up a 4m pitch into a 3x3m chamber. A crawl entered 2 more chambers with about 15m of passage in total. Site 3723 was logged as a horizontal crawl / dig.

On the north side of La Vega, site 3153, discovered by Harry at Easter 2009, was visited by Lugger, Pedro and Zot. It appeared that badgers had been active and fresh human bones were visible. This visit prompted Pedro to ask the authorities for a permit to excavate.[1]

Sites 1438 and 3559 on the northeast side of El Naso were made stock proof by Pedro, Phil Papard and Squirrel after a request from a farmer.

In the same area, Juan and Penny set out to update the documentation of a couple of holes. Site 0146 (La Cueva de Garma Redonda) was GPS'd and a new dig, 3746, identified where "large slabs and a small tree need removing" to access a small chamber.

Simon, Diane, Tom and Steve had a tourist trip into Cueva del Agua (0059) to wash out the "sweaty sand" from their redundant wetsuit trip in Cueva 77A, Secadura the day before. They found the water levels "unusually low".

THE NORTHEAST SECTOR INCLUDING THE FOUR VALLEYS SYSTEM

On the first bend as the CA-266 ascends out of Solórzano, site 2415 was visited by John Southworth, Alf and Phil Goodwin. The inlet at the top of the first pitch was pushed to where it became too low at a pool. They also engineered a route up from the bottom chamber into the third, removing the last pitch.

Barny and Dave pushed the far end of Cueva del Torno (2366) hoping to link through to Cueva de Riaño (0105). This was unsuccessful, the conclusion being that people were needed at both ends - a project that has yet to happen.

At the north end of Matienzo, Lugger, Wendy and Juan walked and jungle-bashed their way to sites 0708 and 0709 where various bones and teeth

Dan Hibberts at the Riaño resurgence pool, site 0575.
Dan Hibberts en la surgencia de Riaño, 0575. *Phil Papard*

Pedro, Phil Papard y Squirrel cubrieron las entradas a los agujeros 1438 y 3559 en el lado noreste de El Naso después de que lo pidiera un ganadero.

En la misma zona, Juan y Penny actualizaron la información de un par de agujeros. Tomaron coordenadas GPS de 0146 (La Cueva de Garma Redonda) e identificaron uno nuevo, el 3746, donde «grandes piedras y un árbol pequeño se tienen que mover» para acceder a una sala pequeña.

Simon, Diane, Tom y Steve fueron a Molino (0059) para quitarse la «arena y sudor» de su incursión redundante en traje de neopreno a Cueva 77A, Secadura, el día anterior. Encontraron los niveles de agua «atípicamente bajos».

SECTOR NORESTE INCLUYENDO EL SISTEMA DE LOS CUATRO VALLES

John Southworth, Alf y Phil Goodwin visitaron la cueva 2415, en la primera curva de la CA-266 saliendo de Solórzano. Forzaron la galería lateral en la cabecera del primer pozo hasta donde se volvió demasiado pequeña terminando en agua estancada. También diseñaron una ruta desde la sala en la base a la tercera sala, evitando así el último pozo.

Barny y Dave forzaron el punto terminal de Cueva del Torno (2366) con la esperanza de conectarla a Cueva Riaño (0105). No tuvieron éxito y se decidió fue hacía falta contar con un equipo en ambos extremos, un proyecto que aún no se ha llevado a cabo.

En el lado norte de Matienzo, Lugger, Wendy y Juan consiguieron llegar entre la maleza a las cavidades 0708 y 0709 donde aún siguen varios huesos y dientes: se identificaron un hueso de dedo humano y huesos quemados de vaca y ciervo junto con aves y otros más pequeños. (En la 0709 Lugger encontró una azuela de piedra en 1989). La cavidad 0349 no se pudo encontrar en la densa vegetación. Juan investigó un destrepe de 3 m en la 0261 y luego descubrió el posible origen del agua que cubrió la ladera esa Semana Santa: 3700, una pequeña cueva y una surgencia obstruida.

Ali y Phil Papard desobstruyeron un poco el final de la galería con dirección norte y corriente de aire en la Cueva de la Espada (0103) pero decidieron que necesitaban una pala. En la surgencia de la Cueva de Riaño (0575) vieron una pequeña sima a una sala tras de la entrada de buceo, tomaron nota de un agujero entre las rocas en medio del pozo de la surgencia y decidieron que el «agua muy turbia» de Pozo Negro al norte (4445) indicaba que no estaba «en la corriente principal».

El trabajo de verdad en la surgencia empezó cuando Dan y John Taylor continuaron la inmersión de Dan del día anterior, descrita como una fisura angosta a unos -10 m que se abría. Con Chris «Zot» Harvey en la superficie, John, con 30 m de guía, y Dan con otros 30 m bucearon hasta un tubo de 2x2 m con una anguila al final.

El trío regresó al día siguiente, el 7 de agosto, y John siguió con 60 m de guía, luego Dan con 30 m y finalmente John de nuevo, con los últimos 10 m. La galería seguía avanzando como un arco sobre un suelo de sedimentos. Volvieron los días 9 y 10 y las topos llevaron el desarrollo hasta los 154 m.

Anticipándose a la larga topo que conectase con Cueva Riaño, Juan dedicó algo de tiempo a examinar la superficie alrededor de la surgencia.

Dan entró el 11 e investigó una chimenea y depresión en el suelo conocidas. También hizo la topo hasta el final del hilo guía. John y Dan bucearon el 12, pero se vieron afectados por la poca visibilidad al instalarse una nueva guía.

Phil Goodwin in 2415. Phil Goodwin en 2415.   *John Southworth*

_____
1   2013 autumn, page 140.

remain: a human finger bone and burnt bones of cow and deer were identified along with bird and other small bones. (Site 0709 was where Lugger had found a stone hand adze in 1989.) Site 0349 couldn't be re-found in the dense vegetation. Juan investigated a 3m climb down at 0261 then discovered the probable source of water flooding down the hillside that Easter: site 3700, a tiny cave and choked resurgence pool.

Ali and Phil Papard dug a little at the end of the draughting, north-heading passage in Cueva de la Espada (0103) but decided they needed a shovel. At the Cueva de Riaño resurgence (0575) they spotted a small shaft entrance to a chamber behind the pool (diving) entrance, noted a hole down in boulders in the middle of the resurgence pool and decided that the "very murky water" in the nearby Pozo Negro pool to the north (4445) showed that this feature was "off the main flow".

The real work started at the resurgence when Dan and John Taylor

Volvieron el 14, pero de nuevo se encontraron con poca visibilidad, aunque vieron anguilas en todas partes. Cortaron la guía al final, recuperaron el carrete e instalaron fijaciones adicionales. La longitud total de la galería subacuática explorada y topografiada era de 209 m. No se volvería a bucear aquí hasta la Semana Santa de 2016.

Lejos de la sección sumergida, en el extremo sureste de la Cueva de Riaño (0105), Diane, Simon y Badger hicieron la topo de la sección «Acid Left» con unas «10-15 poligonales» topografiadas en solitario en una galería seca y angosta y que se descargaron a la PDA después.

Harry, John Clarke, Phil Ryder y Chris Smith fueron a la cavidad 3662, cerca de la topo de los buceadores. Quitaron el saliente que obstruía el acceso y John bajó 3,5 m por una escala hasta donde el pozo se estrechaba y se cerraba.

Una visita a la cercana 1805 les dio a John y Chris la oportunidad de examinar el final de la fisura que se dirigía hacia el exterior en la

WHY LENNY'S CAVE?

EL PORQUÉ DE LA CUEVA DE LENNY

NIGEL DIBBEN

The simple answer is that Lenny's Cave in Secadura was found on 1st August 2012 just after Len Gee had died, in fact on the day of his funeral, and it was felt a fitting tribute to name the new discovery after him. The cruel irony was that Lenny had spent so many years looking for caves and then one is found the year he is not in Matienzo.

Len was just a month older than me and we both joined the DCC at almost the same time in 1971. Geoff Standring, Len and I often caved and mined together in Derbyshire, especially as Len was the only one with transport at that time – a Morris Minor pick-up! There were two seats and Geoff always seemed to get the passenger seat and I had to sit in the open back amongst the caving tackle.

Barry Davies was also a member of the Derbyshire Caving Club (DCC) and brought back stories of glory to be found in Spain. In 1973, 74 and 75, Len and I were involved in expeditions to Italy with Stan Gee, that being the key expedition interest for the DCC but, in 1976, Barry persuaded us to go to Matienzo. Geoff and I drove out through France in my old blue Viva van and, because we were going for three weeks, Len joined us after week one having flown from the UK. We were soon underground working on Cueva Basura (Torca de los Canes, site 0100 in Riaño) with Lank and Cueva de Churro (0118) in Secadura with Baz. The latter included the epic hose installation after a liquid lunch at the Plumber's Bar (RIP). 1976 was also memorable as the year when the front spring of the van broke due to the awful roads. Lank, who was camping nearby when it went at nine in the morning, thought the carbide store had exploded.

After 1976, Lenny went back regularly and records show he made another 22 summer visits until 2011.

Trips became even more regular when Lenny teamed up with Billy

La respuesta es muy sencilla: porque la Cueva de Lenny en Secadura se descubrió el 1 de agosto de 2012 justo después de la muerte de Len Gee, de hecho, el día de su funeral, y se decidió que bautizar el nuevo descubrimiento en su honor era un digno homenaje. Lo irónico es que después de pasarse años buscando cuevas, se encontró una el año que no estaba en Matienzo.

Len me sacaba solo un mes y ambos nos asociamos al Derbyshire County Club (DCC) casi a la vez en 1971. Geoff Standring, Len y yo solíamos ir juntos a las cuevas y minas de Derbyshire, sobre todo porque Len era el único que entonces tenía medio de transporte propio: ¡una furgoneta Morris Minor! Solo tenía dos asientos y Geoff siempre se las apañaba para sentarse en el asiento del copiloto, así que a mí me tocaba sentarme en la parte de atrás descubierta entre el equipo de espeleología.

Barry Davies también pertenecía al DCC y nos traía historias de las maravillas que se encuentran en España. En 1973, 74 y 75, Len y yo participamos en expediciones en Italia con Stan Gee, pues esa era la expedición que interesaba al DCC, pero en 1976 Barry nos convenció para ir a Matienzo. Geoff y yo fuimos en mi vieja camioneta azul Viva a través de Francia y, como íbamos a pasar allí tres semanas, Len viajó en avión desde el Reino Unido y se nos unió después de la primera semana. Pronto estábamos explorando bajo tierra en Cueva Basura (Torca de los Canes, 0100, en Riaño) con Lank y en Cueva de Churro (0118, en Secadura) con Baz. Este último incluyó una épica instalación de mangueras después de un almuerzo líquido en el bar del fontanero (que en paz descanse). 1976 también fue un año que recordaré como el año en que se rompió el amortiguador delantero de la camioneta por culpa de aquellas carreteras tan malas. Lank, que estaba acampando cerca cuando se rompió a las nueve de la mañana, pensó que la tienda en la que guardábamos el carburo había explotado.

Después de 1976, Lenny regresó con frecuencia y, según el libro de salidas, visitó Matienzo otros 22 veranos hasta 2011.

Las visitas se volvieron más frecuentes cuando Lenny formó equipo con Billy Booth y Geoff «Dale Street» Standring. A Len no le importaba conducir hasta Matienzo con los otros dos como pasajeros y un remolque con todo el equipo. Al principio acampaban detrás de Bar Germán, pero compartieron alojamiento en el hostal palaciego de

continued Dan's dive from the day before - described as a tight rift to about -10m which then opened out. With Chris 'Zot' Harvey on the surface, John, with 30m of line, and Dan with another 30m dived down to a silty 2 x 2m tube with an eel spotted at the end.

The trio returned the next day, August 7th, when John pushed on with 60m of line, then Dan with 30m and finally John again, with the last remaining 10m. The passage was still going as an arch over a silt floor. Further dives were made on the

base de un pozo corto. «Pasaron algunos bloques y bajaron unos 8 pies, pero más bloques, sin espacio para trabajar, no les dejaron seguir jugando».

Harry y Phil probaron una «desobstrucción rápida» en el agujero soplador 1809. Harry escribió: «Hay que excavar en condiciones para quitar sedimento y arena y ver de dónde viene [la corriente]».

John y Chris fueron a la cavidad 3451, con una fuerte corriente, encontrada en verano de 2010 y desobstruida en 2011. Descubrieron

Marites Magpantay in 3234. Marites Magpantay en 3234. *Torben Redder.*

Booth and Geoff "Dale Street" Standring. Len was happy to drive to Matienzo with the other two as passengers and towing a trailer with all their gear. At first, this meant camping behind Bar Germán but later they shared accommodation in Ian's palatial bunk house in 2007 and then occupied one of the apartments at La Taberna. Following on from 1970s tradition, Lenny would always bring a supply of tinned meals as he never quite caught on to the idea of shopping in the Ramales supermarkets.

The team of Lenny, Billy and Geoff gained a reputation for digging and acquired the nickname of "The Flintstones". A classic example of their skills was on the Llueva roadside at cave 1987 where Lenny's legs had a narrow escape while capping solid rock. Lenny was quite nifty on his feet when he needed to be!

Other digs included site 0489 (or "Billy's Vision" to the DCC) which was explored by Billy in 1994 and then extended in 2003 as a result of Billy having a dream about passages beyond a stal grille. As the picture shows, Lenny was determined to break through the obstruction.

Lenny was still digging in 2010 when we were working on various caves in South Vega. No great progress was made but it showed how resolute he still was to find something of interest.

By 2011, he was definitely slowing down although he and Geoff still managed a trip to Cueva de Cuatribú (0013), despite the arduous walk in through woods. Sadly, this was probably his last time underground and he died in the summer the following year.

Lenny will be remembered for more than just digging and caving as he came up with some famous one-liners in his usual dry manner. For example, he said after one trip that "it only rained twice, once for a f****** week and the second time for three f****** days".

His weather reports were simple, either "stair-rods" or "cracking the flags". That was Lenny.

Lenny never managed to make that dramatic find that everyone hopes for, but his contribution was more than just digging. His quiet character and physical strength meant he could be relied on to wield a lump hammer, drill a capping hole or carry a load of heavy gear without complaint. Perhaps expeditions always need a Lenny who will turn his hand to anything, even if he is not the hardest of speleologists.

Ian en 2007 y después en uno de los apartamentos en La Taberna. Siguiendo la tradición de los setenta, Lenny siempre traía un suministro de alimentos enlatados, ya que no terminaba de acostumbrarse a la idea de ir de compras en Ramales.

Lenny, Billy y Geoff se ganaron una reputación como excavadores y recibieron el apodo de «Los Picapiedra». Un buen ejemplo de sus habilidades lo encontramos en la carretera de Llueva en la cueva 1987, donde las piernas de Lenny se salvaron por los pelos cuando usaron varios microexplosivos en una pared de roca sólida. Quien quiera pruebas puede ver el vídeo de 2004, DCC en Matienzo. Las imágenes muestran la excavación en curso mientras Juan filmaba y el resultado final. ¡Lenny era bastante ingenioso cuando quería!

Entre sus demás excavaciones se incluyen la cavidad 0489 (o «La visión de Billy» para el DCC) que Billy exploró en 1994 y luego se amplió en 2003 después de que Billy soñara que había galerías detrás de una obstrucción de estalactitas. Como muestran las imágenes, Lenny puso todo su empeño en abrir la obstrucción.

En 2010 Lenny aún formaba parte de las excavaciones en las varias cuevas en el sur de La Vega en las que estábamos trabajando. No se lograron grandes progresos, pero demostró lo decidido que estaba a encontrar algo interesante.

Para 2011 ya había reducido su actividad bastante, aunque él y Geoff aún hicieron un visita a la Cueva de Cuatribú (0013), a pesar de la ardua caminata por el bosque. Tristemente, esta pudo haber sido su última incursión subterránea y murió el verano del año siguiente.

A Lenny no lo recordaremos solo por ser un excavador y espeleólogo, pues fue creó algunas frases míticas en su habitual estilo seco. Por ejemplo, después de una de las visitas al valle dijo que «solo llovió dos veces, una durante una p****** semana y la segunda durante tres p****** días». Sus informes meteorológicos eran simples, o «llovían chuzos de punta» o «hacía un sol de justicia». Ese era Lenny.

Lenny nunca logró encontrar ese gran hallazgo que todos esperan, pero su contribución fue otra. Por su carácter tranquilo y su fuerza física sabías que podías contar con él cuando había que empuñar un martillo, taladrar un agujero para microexplosivos o transportar una carga pesada de equipo sin quejarse. Quizás todas las expediciones necesitan a un Lenny que eche una mano con cualquier cosa, incluso si no es el más duro de los espeleólogos.

Left page
Right: Geoff and Lenny on the main road in Matienzo in 1976 with the blue Viva van.
Left: In "Billy's Vision" in 2003
Above: Lenny and Geoff in Cuatribú in 2011.
This page Lenny outside Bar Germán before the horticultural show in 2011, Lenny's last year in Matienzo.
Página izquierda
Derecha: Geoff y Lenny en la carretera principal de Matienzo en 1976 con la furgoneta Viva azul.
Izquierda: En «La visión de Billy» en 2003
Arriba: Lenny y Geoff in Cuatribú en 2011 .
Esta página: Frente al Bar Germán antes de la muestra hortícola de 2011, la última visita de Lenny a Matienzo.

9th and 10th with surveying taking the length to 154m.

Anticipating a lengthy survey linking into Cueva de Riaño, Juan spent some time surveying the surface area around the resurgence.

Dan dived on the 11th investigating a previously discovered aven and depression in the floor. He also surveyed to the end of the line. John and Dan dived on the 12th, activities being plagued by poor visibility as new line was installed.

Returning on the 14th, the last dive was again hampered by poor visibility although eels were encountered throughout. The line at the end was cut, the reel retrieved and extra silt screws installed. The total length of underwater passage explored and surveyed was 209m. The next dives would be at Easter, 2016.

Chris Smith in 3451. Chris Smith en 3451. *John Clarke*

Far removed from the dive area, at the far southeast of Cueva de Riaño (0105), Diane, Simon and Badger surveyed the 'Acid Left' section including a set of "10 - 15 legs" which were solo-surveyed in a tight, dry passage then downloaded to the PDA when back in range.

Harry, John Clarke, Phil Ryder and Chris Smith went to site 3662, close to the divers' survey centre line. The flake was removed that prevented access and John went 3.5m down a ladder to where the site narrowed and choked.

A visit to nearby site 1805 gave John and Chris the opportunity to look at the end of the rift heading towards the valley at the base of a short pitch. "They got past some boulders and down about 8ft, but more boulders, with no room to work, stopped play."

Harry and Phil had a "quick dig" at the draughting cave 1809 but Harry wrote, "It needs a big dig to remove enough of the silt and sand to see where [the draught] is coming from".

John and Chris went into the strongly draughting site 3451, found in the summer 2010 and excavated in 2011. They found the "lost draught" coming up through boulders. The subsequent dig entered a meandering rift that ended at the top of a tight p5 to "various squeezes and avens" where the draught was lost. It was found again at the top of the pitch where a small tube of calcited boulders draughted strongly.

> After a couple of hours we broke into a chamber with a drop at the end into a stream passage. Tight but should dig. A strong draught and good echo in front. Hard, tight trip.

At the eastern end of the Left Ladders Series in Cueva-Cubío del Llanío (3234), Torben and Marites continued the flat-out draughting dig from station 10_04.01.

> ... it is possible to see about 6m into 20cm high and 1m wide passage. The floor is sand and calcite flakes.

On July 30th, Nigel, Steve, Susan, Tom and Phil Papard spent some time looking at sites over Cueva Hoyuca (0107). They found site 2479, first explored when strongly draughting in 2006, hidden by rocks and

que el «tiro perdido» entraba entre las rocas. La excavación posterior dio a una fisura serpenteante hasta la cabecera de un P 5 angosto a «varias estrecheces y chimeneas» donde se perdió la corriente. La encontraron de nuevo en la cabecera del pozo donde un pequeño tubo con rocas concrecionadas tenía una fuerte corriente de aire.

> Tras un par de horas entramos en una sala con un destrepe al final a una galería activa. Estrecha, pero se podrá excavar. Un tiro fuerte y buen eco al frente. Arduo y angosto.

En el extremo este de la serie Left Ladders en Cueva-Cubío del Llanío (3234), Torben y Marites continuaron la desobstrucción en el laminador desde la estación 10_04.01.

> Se pueden ver unos 6 m hasta una galería de 20 cm de alto y 1 m de ancho. El suelo es de arena y escamas de calcita.

El 30 de julio, Nigel, Steve, Susan, Tom y Phil Papard pasaron algún tiempo mirando agujeros sobre Cueva Hoyuca (0107). Encontraron el 2479, explorado por primera vez cuando exhalaba una intensa corriente de aire en 2006, oculto entre rocas y maleza. Steve y Tom bajaron 5 m «sin encontrar una continuación obvia». También examinaron el 1618: «no hay posibilidades obvias»; el 1668, «como se describe»; el 1669, «muy pocas posibilidades» y el 1616, donde había que mover una roca suelta para avanzar. Documentaron el 3730 como una posible excavación y sumidero.

Más tarde, Harry encontró el 3744, un agujero soplador con bloques que quitó para entrar a un laminador, y el 3745, 80 m al oeste, donde había que ampliar la cabecera de un pozo de 2 m.

El 3 de agosto, Chris Jewell buceó en el sifón aguas abajo en Cueva Llueva (0114) «con la ayuda de un buen equipo» que incluía al menos a Phil Papard, Badger y Laura. Colocó un total de 120 m de hilo guía en dirección noreste a una profundidad de entre 13 y 15 m. Chris escribió:

> Seguí la pared de la izquierda con pocos anclajes. Se podía ver el techo ocasionalmente, pero no se podía ver la pared de la derecha y el suelo solo se vislumbró al final de la inmersión.

Paul Wilman y Tackleberry regresaron el 8 de agosto para fotografiar y desinstalar la cueva.

John Clarke, Chris Smith, Phil Ryder y Harry visitaron la cueva 3691, a la que se había entrado por primera vez en Semana Santa, donde John y Chris excavaron el laminador del oeste, quitando varias obstrucciones y arrastrándose unos 80 m. Aún sentían la corriente de aire, pero se tenía que desobstruir más. Encontraron el 3734, un pequeño agujero con un laminador demasiado estrecho.

Steve, Bottlebank, Bob, Eddie, Diane, Simon y Tom pasaron el 31 de julio en Secadura, a unos 450 m al oeste de la surgencia de Los Boyones (0117). El agua que emerge en Boyones proviene de, al menos, las cuencas de Matienzo, Llueva y Riaño atravesando bajo tierra los 60 km del Sistema de los Cuatro Valles, pero solo se han explorado 100 m de un caos de bloques inestable tras la surgencia. Por eso se habían puesto muchas esperanzas en este nuevo agujero soplador, 3721, esperando que fuese la puerta a grandes túneles que conectarían con el sistema.

Desde la entrada, grande, una pendiente da a una sala con una corriente que sale de una galería en el techo con sedimentos. La desobstruyeron y entraron a un destrepe hasta una fisura estrecha

SECADURA
Grid size / Cuadrícula 250 m
North up the page / Norte arriba.

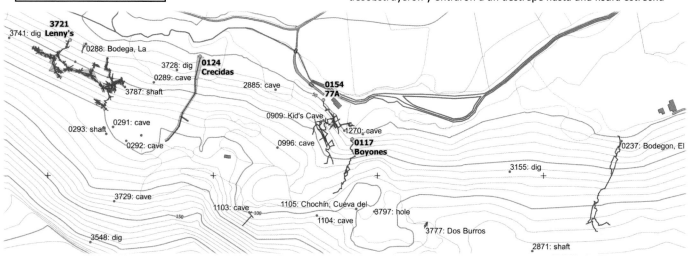

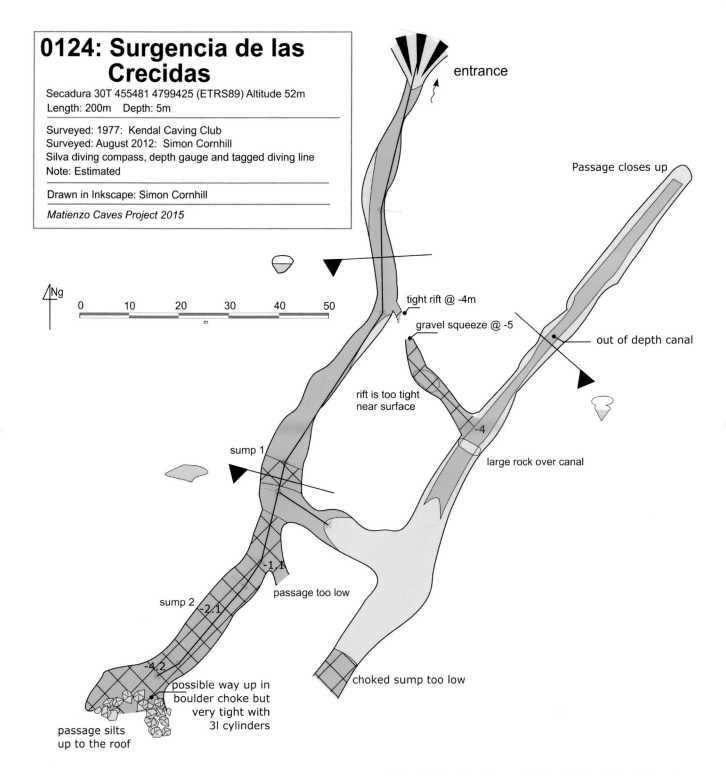

0124: Surgencia de las Crecidas

Secadura 30T 455481 4799425 (ETRS89) Altitude 52m
Length: 200m   Depth: 5m

Surveyed: 1977: Kendal Caving Club
Surveyed: August 2012: Simon Cornhill
Silva diving compass, depth gauge and tagged diving line
Note: Estimated

Drawn in Inkscape: Simon Cornhill

Matienzo Caves Project 2015

Ng

0   10   20   30   40   50
m

entrance

Passage closes up

tight rift @ -4m

gravel squeeze @ -5

out of depth canal

rift is too tight
near surface

-4

large rock over canal

sump 1

-1.1

passage too low

sump 2   -2.1

choked sump too low

-4.2

possible way up in
boulder choke but
very tight with
3l cylinders

passage silts
up to the roof

---

undergrowth. Steve and Tom descended the 5m metres "finding no obvious way to extend". They also looked into 1618 - "no obvious prospects"; 1668 - "as described"; 1669 - "very little prospect" and 1616, where a loose boulder needed moving to make any progress. New site 3730 was documented as a possible dig and sink.

Later, Harry found site 3744, a draughting hole where several blocks need pulling out to enter a low crawl and 3745, 80m to the west, where the top of a 2m drop needed enlarging.

On August 3rd, Chris Jewell dived the downstream sump in Cueva Llueva (0114) "helped to the site by a good team" including at least Phil Papard, Badger and Laura. A total of 120m of line was laid in a north easterly direction at a depth of between 13 and 15m. Chris wrote:

The left hand wall was followed with sparse belays. Roof was visible occasionally but the right hand wall was never seen and the floor glimpsed only at the end of the dive.

Paul Wilman and Tackleberry returned on August 8th to photograph and de-rig the cave.

John Clarke, Chris Smith, Phil Ryder and Harry visited site 3691, first entered at Easter, where John and Chris excavated the westerly crawl, digging out several blockages and crawling about 80m. The end was still draughting but required more digging. Site 3734 was found as a small opening with a too tight crawl.

parcialmente llena de guijarros. Bottlebank, Dan y Bob abrieron la fisura con microexplosivos y Bob la forzó hasta una gran galería. Nigel los siguió haciendo la topo mientras Dan seguía una gatera hasta la superficie a unos 60 m al sureste de la entrada original.

A la cueva se la llamó Cueva de Lenny en memoria y reconocimiento de Lenny Gee, miembro del Derbyshire Caving Club que había formado parte de las expediciones en Matienzo desde mediados de los setenta. Era un gran aficionado a las desobstrucciones y le hubiera encantado participar en la excavación y exploración de esta cueva.[2] El descubrimiento y las exploraciones iniciales ocurrieron al mismo tiempo que se celebraba el funeral de Lenny en Inglaterra.

Para el 2 de agosto, esta «cueva en curso» era la cueva ideal: un gran túnel freático, caos de bloques sopladores, desobstrucciones en gateras, que Liz, Tom, Steve, Bottlebank, Diane, Simon, Ed, Paul Dold, Lugger, Alistair, Badger, Paul Wilman y Tackleberry excavaron, forzaron y topografiaron. Simon y Diane continuaron la topo desde donde lo dejó Nigel con un DistoX.

Al día siguiente, Simon, Paul Dold y Tom abrieron un agujero soplador en la cueva con «varias rondas de micros». Simon escribió:

Bajamos juntos una pendiente arenosa hasta esta nueva sala. Tras un vistazo rápido, parecía que estábamos en un caos de bloques. Subiendo a través de él, llegamos a una sala alta, ciega y concrecionada. Bajando entre

2   Véase también el artículo «El porqué de la Cueva de Lenny», p. 84.

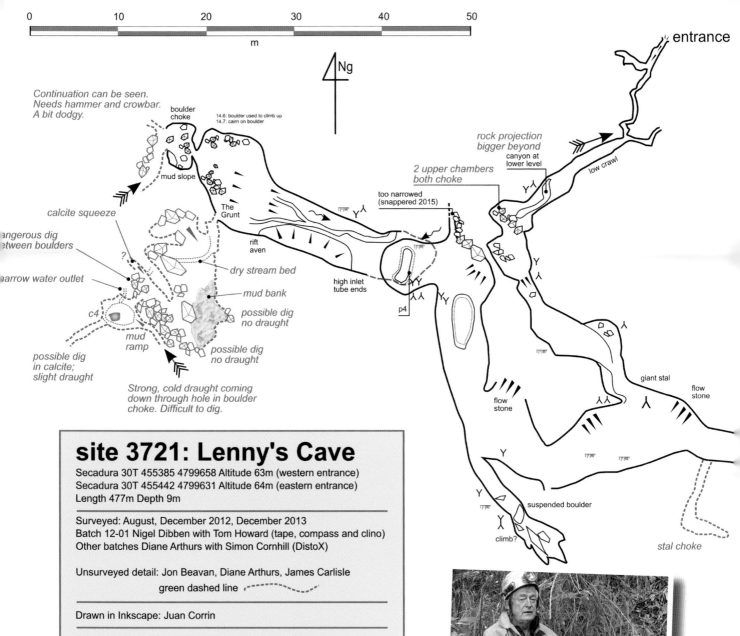

Scale: 0 — 10 — 20 — 30 — 40 — 50 m

Ng

entrance

Continuation can be seen.
Needs hammer and crowbar.
A bit dodgy.

boulder choke

14.6: boulder used to climb up
14.7: cairn on boulder

mud slope

rock projection bigger beyond

canyon at lower level

low crawl

2 upper chambers both choke

too narrowed (snappered 2015)

calcite squeeze

The Grunt

rift aven

high inlet tube ends

p4

angerous dig etween boulders

?

arrow water outlet

dry stream bed

c4

mud bank

mud ramp

possible dig no draught

possible dig no draught

possible dig in calcite; slight draught

Strong, cold draught coming down through hole in boulder choke. Difficult to dig.

flow stone

giant stal

flow stone

suspended boulder

climb?

stal choke

site 3721: Lenny's Cave

Secadura 30T 455385 4799658 Altitude 63m (western entrance)
Secadura 30T 455442 4799631 Altitude 64m (eastern entrance)
Length 477m Depth 9m

Surveyed: August, December 2012, December 2013
Batch 12-01 Nigel Dibben with Tom Howard (tape, compass and clino)
Other batches Diane Arthurs with Simon Cornhill (DistoX)

Unsurveyed detail: Jon Beavan, Diane Arthurs, James Carlisle
    green dashed line

Drawn in Inkscape: Juan Corrin

Version 2: Matienzo Caves 2012, 2013, 2015

Above: Bob Toogood, Tony Brocklebank, Dan Hibberts and Nigel Dibben.
Top right: Eddie Mason at the western entrance.
Bottom right: Tom Howard in the eastern entrance.
Arriba: Bob Toogood, Tony Brocklebank, Dan Hibberts y Nigel Dibben.
Arriba a la dcha.: Eddie Mason en la entrada oeste.
Abajo a la dcha.: Tom Howard en la entrada este.

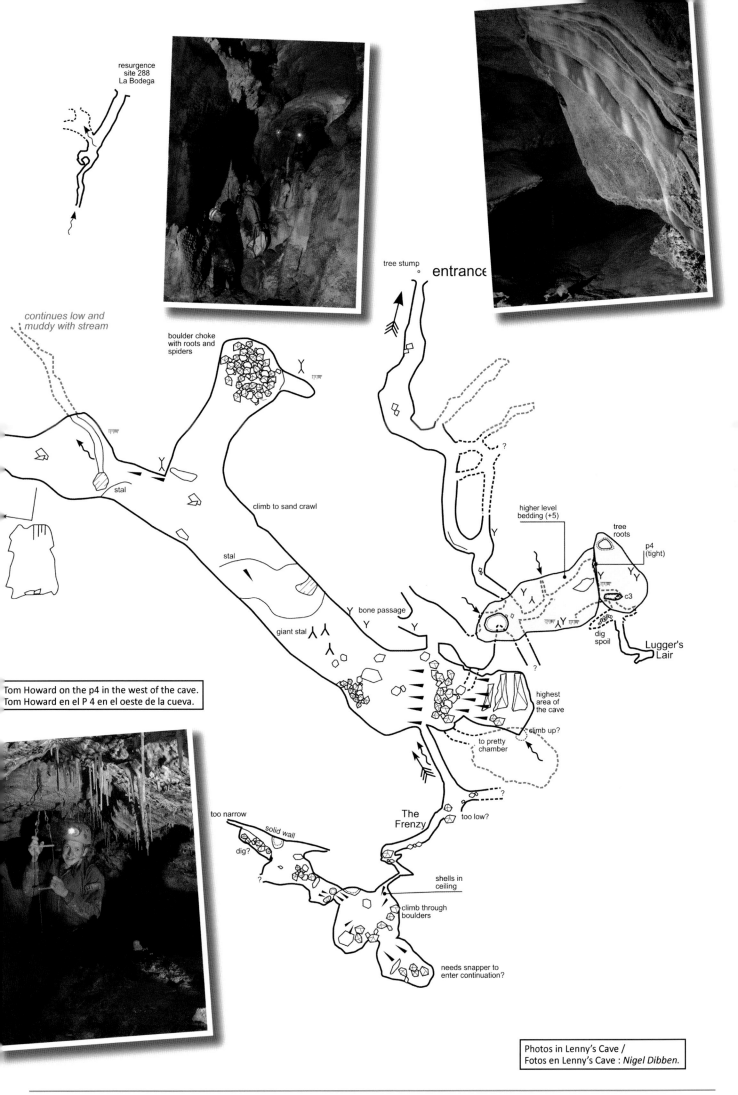

resurgence
site 288
La Bodega

continues low and
muddy with stream

boulder choke
with roots and
spiders

tree stump

entrance

stal

climb to sand crawl

higher level
bedding (+5)

tree
roots

p4
(tight)

stal

c3

bone passage

dig
spoil

Lugger's
Lair

Tom Howard on the p4 in the west of the cave.
Tom Howard en el P 4 en el oeste de la cueva.

giant stal

highest
area of
the cave

climb up?

to pretty
chamber

?

too narrow

The
Frenzy

too low?

solid wall

dig?

?

shells in
ceiling

climb through
boulders

needs snapper to
enter continuation?

Photos in Lenny's Cave /
Fotos en Lenny's Cave : *Nigel Dibben.*

On July 31st, Steve, Bottlebank, Bob, Eddie, Diane, Simon and Tom were in Secadura, about 450m west of the Los Boyones resurgence (0117). The emerging water at Boyones comes from at least Matienzo, Llueva and Riaño flowing underground in the 67km-long Four Valleys System but only 100m of unstable boulder choke has been explored behind the resurgence. So hopes were high that this new draughting hole, 3721, would reveal large tunnels linking into the system.

Tony, Phil and equipment in 0289.   Tony, Phil y material en 0289.   *John Thorp*

The man-sized opening sloped into a chamber with the draught coming from a silted-up roof passage. This was excavated to a climb down to a narrow rift partially filled with pebbles. Bottlebank, Dan and Bob capped open the rift and Bob pushed into a large cave passage. Nigel surveyed in behind the others while Dan followed a crawl out to the surface about 60m southeast of the original entrance.

The cave was named Lenny's Cave in memory and appreciation of Lenny Gee, a Derbyshire Caving Club member who had been part of the Matienzo Expeditions since the mid-seventies. He was particularly fond of digging and would have been delighted to have been involved in the excavation and exploration of 3721.[2] The breakthrough and initial explorations occurred during Lenny's funeral and wake in Stockport.

By August 2nd, this 'going cave' was the place to be - large phreatic tunnel, draughting boulder chokes, low excavations - so Liz, Tom, Steve, Bottlebank, Diane, Simon, Ed, Paul Dold, Lugger, Alistair, Badger, Paul Wilman and Tackleberry were digging, pushing and surveying. Simon and Diane continued the survey from Nigel's end point using a DistoX.

The next day, Simon, Paul Dold and Tom opened out a draughting hole in the cave with "10 rounds of caps and two snappers". Simon wrote:

> We all piled down a sandy slope into this new chamber. Having a quick explore it appeared that we were in a big boulder choke. Climbing up through it a high, blind, calcited chamber was reached. Descending through it, gravel and evidence of a stream was reached at the bottom. In this area black pieces of straw were plastered all over the walls, suggesting backing up of water in times of flooding.

As this was the weekend of the Sue and Bottlebank 'wedding' party, "we set off out for a massive piss-up!"

An account by Lugger dated August 3rd relates various passages entered including one near the east entrance where various mineralising bones were noticed including one sticking out of a layer of conglomerate.

Lugger and Bob spent several hours on August 5th digging at the eastern end of the cave then visited JJ and Paul Nicholls beyond the p4 at the western end. They had excavated through a squalid squeeze, 'The Grunt' leading to a couple of draughting possibilities in boulders. Si and Di were also in the cave surveying down the 4m pitch and through the lower chamber.

The next day, Lugger and Bob pushed through at the eastern extension into a small chamber with hanging death above.

> No continuation was possible, draught was issuing from a boulder-choked rift heading east. Too dangerous to dig.

They then visited The Grunt where JJ and Paul Nicholls were working.

On August 13th, Si and Di were in Lenny's with Steve and Tom but, with the PDA not behaving, no surveying was done. Steve and Tom tried to locate a way through the draughting choked area first entered on the 3rd.

Simon bolted up to a hole in the roof above the crawl to the muddy extensions. It closed down where massive slabs had fallen out of the roof.

On the 17th, Diane, Jenny and James, with Simon later after his dive in site 0124, crawled through The Grunt and followed the draught to the left of the chamber.

> Boulder bashing was easy as the rocks shattered with Si's magic pointy chisel. We initially avoided the boulder choke and began to dig through a calcite squeeze but then reverted to the choke - easily got through to a large chamber with a pool in the bottom. Typical - last day find!

After the annual Horticultural Show in Matienzo, Phil Papard, Juan

las rocas, llegamos a grava e indicios de un arroyo. Aquí encontramos paja negra pegada en las paredes, lo que sugiere acumulación de agua en tiempos de inundación.

Como era el fin de semana de la «boda» de Sue y Bottlebank, «¡nos preparamos para una buena juerga!».

Según una entrada de Lugger en el libro de salidas, para el 3 de agosto se había entrado en varias galerías, incluida una cerca de la entrada este, donde se vieron varios huesos mineralizados, incluido uno que sobresalía de una capa de conglomerado.

Lugger y Bob pasaron varias horas el 5 de agosto desobstruyendo el extremo oriental de la cueva y luego visitaron a JJ y Paul Nicholls pasando el P 4 en el extremo occidental. Habían excavado a través de un estrechamiento horrible, «The Grunt», que daba a un par de agujeros sopladores entre bloques. Mientras, Si y Di hicieron la topo desde el pozo de 4 m hasta la sala inferior.

Al día siguiente, Lugger y Bob pasaron desde la nueva sección en el este a una pequeña sala con un techo mortífero.

> No pudimos continuar, la corriente salía de una fisura llena de rocas que se dirigía hacia el este. Demasiado peligroso para desobstruir.

De ahí fueron a «The Grunt», en el que estaban trabajando JJ y Paul Nicholls.

El 13 de agosto, Si y Di fueron a la cueva de Lenny con Steve y Tom pero, como la PDA se había rebelado, no pudieron seguir con la topo. Steve y Tom intentaron encontrar una continuación a través del caos de bloques al que se había entrado por primera vez el día 3.

Simon instaló una escalada hasta un agujero en el techo sobre la gatera hacia las nuevas galerías con barro, pero unos grandes bloques caídos del techo impedían la continuación.

El 17, Diane, Jenny y James, con Simon más tarde tras bucear en la cueva 0124, pasaron por The Grunt y siguieron la corriente hasta el lado izquierdo de la sala.

> Golpear las rocas fue fácil, se hicieron añicos con el cincel mágico de Si. Dejamos del caos de bloques y empezamos a excavar a través de un estrechamiento de calcita, pero luego volvimos al caos: pasamos fácilmente a una gran sala con agua al fondo. ¡Típico descubrimiento del último día!

Tras la Muestra de Productos de la Huerta de Matienzo, Phil Papard, Juan y Pedro fueron «a echar un vistazo». Simon, Diane y James también volvieron a la cueva el 18, pasando The Grunt. Forzaron varias posibles continuaciones. Simon instaló una escalada hasta la galería lateral, pero estaba bloqueada con calcita tras 5 m. James escribió:

> Casi toda la corriente (fría y fuerte) baja por la rampa de barro a la izquierda al entrar en la sala del agua. Aquí te puedes arrastrar unos 6 - 7 m hasta donde la corriente baja verticalmente entre rocas concrecionadas.

El 7 de agosto se llevó a cabo una de las búsquedas obligatorias de otras entradas en la superficie sobre y cerca de las galerías de la cueva. Nigel, Allan y Bottlebank buscaron en la ladera por encima de la cueva, pero la única con alguna perspectiva era 3729, forzada en Semana Santa de 2013.[3]

James y Jenny exploraron el valle al oeste de Lenny's Cave, manteniéndose a un nivel bajo ya que más arriba la vegetación era intransitable. No encontraron nada más que la corriente fría que salía de la Torca del Rayo de Sol (0123).

A pesar de todo el esfuerzo, y la falsa promesa del túnel freático principal, para finales de verano, «solo» se habían topografiado 333 m, con otros 100 m por topografiar.

Tom y Di volvieron a explorar y forzaron La Bodega (0288) una cueva cercana en la que las posibles continuaciones seguían siendo pequeñas o tenían agua o ambas cosas.

El 9 de agosto, Lugger, John Southworth y Bottlebank intentaron desobstruir un agujero soplador en el suelo de 0289, a unos 60 m al este-sureste de la entrada este de Lenny's Cave. Pronto pasaron a un tubo con una fuerte corriente en el fondo de la sala de la derecha, donde «se quitó una capa grande y fina de roca sólida del techo que pesaría varias toneladas». Esta se rompió parcialmente para acceder fácilmente a la excavación.

Al día siguiente, Lugger, Phil Papard y Bottlebank quitaron barro seco y tierra usando un martillo neumático y entraron en una pequeña sala

---

2   See "Why Lenny's Cave?", pages 84 - 85.

3   Véase Semana Santa de 2013, p. 110.

and Pedro went in "for a quick look round". Simon, Diane and James were also back in the cave on the 18th, beyond The Grunt. Various leads were pursued. Simon bolted up to the inlet only to find it blocked with calcite after 5m. James wrote:

Most of the draught (cold and strong) comes down the mud ramp to the left as you enter the pool chamber. This can be wriggled up about 6 - 7m to where the draught comes vertically downwards between calcited boulders.

A damp "Squirrel" emerging from Anderal 2.
Un «Ardillo» mojado que sale de Anderal 2. *Peter Smith*

One of the obligatory hunts for other entrances above and beyond the passages occurred on August 7th when Nigel, Allan and Bottlebank searched the hillside over Lenny's Cave but the only site with any prospects was 3729, pushed at Easter 2013.[3]

James and Jenny went prospecting up the valley to the west of Lenny's, keeping at a low level as, further away from the valley floor, the vegetation was impassable. They found nothing but the cold draught emanating from Torca del Rayo de Sol (0123).

Despite all the effort, and the false promise of the main phreatic tunnel, by the end of the summer, the cave was surveyed to 'only' 333m with another hundred metres or so unsurveyed.

Tom and Di re-explored and pushed the nearby site 0288, La Bodega, where the leads remained small or wet or both.

On August 9th, Lugger, John Southworth and Bottlebank worked at a draughting dig in the floor of 0289, about 60m east-southeast of the eastern entrance to Lenny's Cave. They soon moved on to a strongly draughting tube at the back of the chamber on the right where a "large thin slice of bedrock was levered down from the roof weighing several tons". This was partly broken up to give easy access to the dig.

Next day, Lugger, Phil Papard and Bottlebank removed the hard mud and soil using a breaker with generator and a small chamber was reached with a view into a second above a block-fall.

Prospects still seem good. Temperature of draught seemed a little too warm to be from major system ... but still cold on this hot (33°C) day, so digging very pleasant.

John Southworth, Alf and Phil Goodwin finished it off on the 11th.

... left hand one into low flat-out passage which requires capping or snappers to progress past fallen blocks. Right hand passage is small climb up into low chamber 6m across. No obvious way on. Need to return on a good draughting day.

The Surgencia de las Crecidas (0124) could be a flood rising for Los Boyones but could also be a resurgence for an unknown system. Simon Cornhill spent a couple of days exploring, extending and surveying in the flooded system. The site had first been explored in 1977 by divers from the Kendal Caving Club who produced a sketch survey.[4]

After swimming along the 70m entrance canal, Simon was surprised and confused to find that the passage continued underwater, a route missed 35 years previously. This southerly dive finished after 50m at a boulder choke where Simon thought it best not to squeeze through a very tight route up wearing the 3l bottles. Back at the dive base, a route to the east met a T-junction as shown on the original survey. To the south, a choked sump was too low; to the north, a deep canal closed up as it approach the surface.

Simon returned on the 17th August to finalise any leads and take some video.

The old holes in Secadura were being re-visited. Ali suggested that an area of deep water in Cueva 77A (0154, close to Boyones) should be inspected. Simon, Diane, Steve and Tom took up the challenge on the hottest day in Cantabria (41°C) so "getting a crispy dry wetsuit on in blistering heat, then wandering about trying to find the pothole entrance was less than pleasant!!".

They went in through the loose boulder choke and headed for the 'main chamber' where the deep water section proved to be quite short

con vistas a una segunda encima de bloques caídos.

Aún parece prometedor. La corriente de aire era algo cálida para ser un sistema grande [...] pero seguía siendo fría para un día de calor (33ºC), haciendo que la desobstrucción fuera agradable.

John Southworth, Alf y Phil Goodwin la terminaron el día 11.

A mano izquierda da a un laminador que hay que abrir para avanzar y pasar algunos bloques caídos. La galería de la derecha es pequeña y sube a una sala baja de 6 m de ancho. No hay manera obvia de seguir. Hay que volver un día con buena corriente.

La Surgencia de las Crecidas (0124) podría ser un surgencia en época de lluvias para Los Boyones (0117), pero también podría ser la surgencia de un sistema desconocido. Simon Cornhill pasó un par de días explorando y topografiando el sistema inundado. La cueva se exploró por primera vez en 1977 por buzos del Kendal Caving Club, quienes hicieron un croquis de la topo.[4]

Tras nadar a lo largo de los de 70 m del canal de entrada, Simon se sorprendió al descubrir que la galería continuaba bajo el agua, una ruta que no se vio 35 años antes. Esta, con dirección sur, se cerraba tras 50 m en un caos de bloques con un paso estrecho por el que Simon creyó que era mejor no pasar con botellas de 3 litros. De vuelta a la base, una ruta hacia el este dio al cruce que está en la topo original. Al sur, un sifón obstruido era demasiado bajo; hacia el norte, un canal profundo se cerró al acercarse a la superficie.

Simon volvió el 17 de agosto para comprobar los últimos interrogantes y sacar un vídeo.

Los viejos agujeros de Secadura se estaban volviendo a examinar. Ali sugirió inspeccionar una sección de agua profunda en Cueva 77A (0154, cerca de Boyones). Simon, Diane, Steve y Tom aceptaron el desafío en el día de más calor en Cantabria (41 °C) así que «ponerse un traje de neopreno áspero y seco bajo el sol abrasador e intentar encontrar la entrada ¡¡no fue nada agradable!!».

Entraron por el caos de bloques y se dirigieron a la «sala principal», donde la sección de agua profunda resultó ser bastante corta y se podía atravesar gracias a una repisa bajo el agua en el lado derecho, así que no necesitaban el traje de neopreno. Simon escribió:

Aprovechamos para echar un buen vistazo [...] Di [...] encontró lo que parecía ser otra entrada, pero habría que excavarla [...] nos pusimos en marcha para ver el hallazgo de Di.

Se trataba de una gatera que salía desde el fondo de la sala principal con alguna que otra sección estrecha, que terminaba donde la luz del día entraba entre rocas en el techo. Allí tumbados, excavar sin herramientas no era una opción, pero desde el exterior quizás sí se pueda.

Dejando a los demás, eché un buen vistazo en esta sección y localicé muchos agujeros sopladores cerca de la superficie. Finalmente encontré otro por el que entraba la luz del día a la altura del pecho por el fue más fácil abrirme camino, después de un esfuerzo hercúleo moviendo una roca enorme.

Tras localizar a los demás, que estaban esperándome, finalmente salimos por la nueva entrada de Cueva 77A.

Como habíamos estado escuchando a Fatboy Slim de camino, llamamos a la primera entrada nueva «Right Here» y a la segunda «Right Now».

Volvieron sin Tom el 12 para topografiar las nuevas entradas.

Dan y Ed prospeccionaron la zona al norte del pueblo de Secadura y encontraron el agujero 3731, un hundimiento, y el 3732: «La entrada es un abrigo y tiene palos que bloquean el paso». Aún no se ha vuelto a investigar.

Harry y John Clarke investigaron un agujero abierto cerca de la carretera, a unos 200 m al este de la surgencia / antiguo lavadero de Cueva del Churro (0118). El agujero 3743 tenía un pozo de 3,5 m a una sala de 3x4 m sin muestras de continuación alguna.

SECTOR ESTE Phil Papard, Juan y Penny salieron en busca de las cavidades 1022 - 1025, agujeros en el lado noroeste de la Colina que Jim Davis había encontrado en 1995. Tras aparcar en la «casa blanca» sobre La Cuvia (0086), atravesaron el bosque, pasando la Cueva de las Grajas (0089) y salieron a una zona desarbolada de arenisca donde, según el mapa, estaban las cuevas, pero no había indicios de ellas,

---

3 2013 Easter, page 110.
4 Matienzo: 50 Years of Speleology, page 47.

---

4 Véase Matienzo: 50 años de espeleología, p. 47.

and could be navigated using a knee deep underwater shelf on the right hand side. So a wetsuit was not needed. Simon wrote:

> *... we took the opportunity to have a good look round ... Di ... found what appeared to be another entrance but required some digging ... we all set off to check out Di's find.*
> *This was a hands-and-knees crawl leading off from the bottom of the main chamber, with the odd flat out wriggle ending in daylight coming through hanging boulders above. From a lying down position digging with no tools wasn't a viable option, but from the outside looked possible.*
> *Leaving the others I had a rummage about in this area, locating many draughting holes all near the surface. Finally I found another daylight hole at chest level, which was much easier to dig my way out of - after a herculean effort moving one massive rock.*
> *Locating my waiting chums, they were eventually extracted from the second new entrance to Cueva 77A of the day.*
> *Having been listening to 'Fatboy Slim' on the drive over, the first new entrance has been called 'Right here' and the second called 'Right now'.*

They returned without Tom on the 12th to survey the new entrances.

Dan and Ed went surface searching just to the north of Secadura village finding site 3731, a collapse and 3732 - "... has a shelter over the entrance and sticks blocking the way on". This has yet to be reinvestigated.

Harry and John Clarke investigated an open hole just off the road a couple of hundred metres east of the resurgence / old 'lavadero' at Cueva del Churro (0118). Site 3743 dropped 3.5m into a 3 x 4m chamber with no sign of any outlet passage.

EASTERN MOUNTAINS Phil Papard, Juan and Penny went in search of sites 1022 - 1025, holes on the northwest side of La Colina that Jim Davis had found in 1995. Parking at the "white house" above La Cuvia (0086), they made their way through the woods, past Cueva de las Grajas (0089) to emerge in an open, rough area of sandstone where the sites were marked on the map. There was no sign of any cave development in the area except for new site 3712 which Phil enlarged to "reveal something bigger below". Coming off the hillside proved more difficult.

> *Came down on the right hand side of the valley. Overgrown and steep - not recommended. Nearly lost Penny down a hole. Gorse, brambles and hot sun kept everyone on their toes.*

The lack of grazing animals on the hillsides was creating poor access and cave hunting conditions.

Lloyd and Adam went up to the Muela area "looking for potential shafts". They re-explored site 3504 next to the track,[5] and found 0730 with a few boulders covering a triangular hole marked "AA52". This was shown as "unexplored" for us, so the pair dropped down a p5 to a ledge with a 15-20m drop still to descend. Nearby 0745 was described as a circular shaft dropping 4 - 5m to a rubble floor with another drop requiring a ladder. There were two entrances marked "AA54" and "AA53".

Two hundred metres to the west, 0811 had been first documented in 1990 and was only now about to be explored - or not.

> *Large circular shaft, echoes ahead. Two passages. Unfortunately the ladder was too short to explore further. This one looks as if it has lots of potential.*

Not finding site 3296 or 1397, they discovered new site 3713, a blind pit, 3 - 4m deep.

Some of these holes found thirty or forty years ago on this high altitude rough ground were placed on other, older maps without the benefit of a GPS unit or, indeed, the pylon track. So it was - and is - not surprising that sometimes sites cannot be found in their original positions. Reading a site grid reference from the early maps relied on first, somebody correctly interpreting the map before marking a point for the entrance then, second, working out the grid reference. This involved placing a roamer - a clear plastic, ruled 10cm square - onto a 500m grid square on the 1:5000 map, reading off the numbers at the sides of the map and the roamer, then writing down the coordinates of the point. Nowadays, it's the reverse process - the GPS gives the coordinates and a point is shown on a computerised map - easy!

The MUSC team, without Mike but with Carol returned to the area to explore sites 0730, 0811 and 0745 on July 30th. After exploring 0730 down a 3m climb, Bill wrote:

> *A 16m pitch down a vertical face enters one side of a large (~30m diameter) circular chamber ... No possible leads or draughts were observed. However, the main chamber was extremely well decorated.*

Site 0811 was explored (and surveyed for 50m) by Lloyd and Xander.

excepto por un nuevo agujero, 3712, que Phil amplió para «ver algo más grande debajo». Bajar de la ladera resultó más difícil.

> *Bajamos por la derecha del valle. Con maleza y escarpado, no lo recomiendo. Casi perdemos a Penny en un hoyo. El tojo, las zarzas y el sol abrasador nos mantuvieron alerta.*

Por la falta de animales de pastoreo en las laderas, el acceso y búsqueda de cuevas estaba volviéndose difícil.

Lloyd y Adam subieron a Muela «en busca de posibles simas». Volvieron a explorar el agujero 3504 al lado del sendero,[5] y encontraron el 0730 con algunas rocas que cubrían un agujero triangular marcado «AA52». Nosotros no lo habíamos explorado aún, por lo que bajaron el P 5 a una repisa con un pozo de 15-20 m aún por descender. El cercano 0745 era un pozo redondo de 4 a 5 m a un suelo de rocas y otro para el que hace falta una escala. Había dos entradas marcadas «AA54» y «AA53».

Unos 200 m al oeste, el 0811, documentado por primera vez en 1990, por fin se iba a explorar, o no.

> *Pozo redondo grande, con eco a lo lejos. Dos galerías. Por desgracia, la escala era demasiado corta para explorar más. Parece que tiene mucho potencial.*

No encontraron los agujeros 3296 o 1397, pero descubrieron un nuevo pozo ciego, 3713, de 3 a 4 m de profundidad.

Algunos de estos agujeros se encontraron hace 30 o 40 años en este terreno accidentado de gran altitud y se ubicaron en los mapas sin la ayuda de un GPS ni, de hecho, la pista de las torres de alta tensión, así que no es de extrañar que a veces no se puedan encontrar. Leer las coordenadas de una cavidad en los primeros mapas dependía, primero, de que alguien interpretase correctamente el mapa antes de marcar un punto para la entrada y, segundo, calcular sus coordenadas. Para ello había que superponer una escala de coordenadas (un cuadrado graduador de 10 cm de plástico transparente) sobre una cuadrícula de 500 m en el mapa a escala 1: 5000, leer los números a los lados del mapa y la escala y escribir las coordenadas del punto. Hoy en día es el proceso inverso: el GPS proporciona las coordenadas y un punto se muestra en un mapa en el ordenador, ¡fácil!

El equipo de MUSC, sin Mike pero con Carol, regresó a la zona para explorar las cavidades 0730, 0811 y 0745 el 30 de julio. Tras explorar la 0730 bajando unos 3 m, Bill escribió:

> *Un pozo de 16 m por una pared vertical da a un lateral de una sala circular grande (~30m de diámetro). [...] No vimos posibles continuaciones ni corrientes, pero la sala principal estaba extremadamente bien decorada.*

Lloyd y Xander exploraron el agujero 0811 (y topografiaron 50 m). En la base del pozo de 11 m de la entrada una gran sala subía a un segundo pozo de 11 m con huesos de animales incrustados en calcita en la base.

Adam describió el 0745 como un pozo de 7 m con un pozo paralelo y obstruido, al parecer lo «peor» del día.

Phil Papard, JJ y Paul Nicholls subieron a Muela para mirar los agujeros 0170 y 0171, que encontraron cerca de la cima. Desecharon la posibilidad de desobstruir el caos de bloques de 0170: «no es fácil y, dada su ubicación y escasa corriente, no merece la pena », pero hicieron la topo de los 47 m de la cueva. También documentaron un nuevo agujero, 3724: «una pequeña cueva con una fisura a una pequeña sala, no vale la pena excavar».

El 11 de agosto, Phil regresó por el sendero con Hilary, Tom y la familia Taylor (John, Melanie, Fin y Wilf) al agujero 3504 (ver más arriba). Tom bajó con una escala a través del estrechamiento y encontró una pequeña sala y una posible excavación en el suelo.

En la Cueva del Espino, 0489, Lugger quería comprobar una posible continuación que había visto en 2007. Junto a Ed y Bob, pasaron por los restos de un viejo muro y encontraron una ranura ovalada «con una galería más grande al otro lado». Era demasiado estrecha para Bob y Lugger «aunque podría pasarla un joven con ganas». En varios puntos de la cueva vieron huesos (incluyendo varios que podían ser de jabalí) y los movieron a un lado por seguridad.

Tras un par de días buscando la cueva perdida de Joe (3280) a lo largo de senderos y una ladera con mucha vegetación, el propio David «Joe» Turner pensó que podría estar cerca de otro sendero, tal vez por encima de la Cueva de Cobrante (0110). Sin embargo, encontró el 3733, un agujero soplador.

Joe, con Ali, localizó el 3725 a unos 250 m al este-sureste de Torca el Pilón (1786, también llamada Tora Bora debido a los rifles y munición en mal estado que se encontraron en la base). El 3725 tenía «unos 4 m hasta una pendiente, sin explorar». Todavía está sin explorar. También encontraron el 3726 a unos 500 m al sureste, obstruido por estalagmitas tras 4 m.

Jon Beavon exploring site 0170.
Jon Beavon explorando 0170.   *Phil Papard*

At the base of the 11m entrance pitch a large chamber sloped uphill to a second 11m pitch with animal bones embedded in calcite at the bottom.

Adam described 0745 as a sharp 7m shaft with a choked, parallel shaft - apparently the "short straw" for the day.

Phil Papard, JJ and Paul Nicholls walked up onto Muela to look at sites 0170 and 0171 eventually finding them near the summit. They were dismissive of the digging prospects at the choke in 0170 - it's "not easy and, given its location and poor draught, it is not worth a dig" but they did survey the site to 47m length. A new hole, site 3724 was also documented: "a small cave down a rift to a small cave - not worth digging".

On August 11th, Phil walked back up the track with Hilary, Tom and the Taylor family - John, Melanie, Fin and Wilf, to the trackside site 3504 (see above). Tom descended a ladder through the squeeze finding a small chamber and a possible dig in the floor.

At site 0489, Cueva del Espino, Lugger wanted to check out a lead noticed by him in 2007. Accompanied by Ed and Bob, they went through the remains of an old wall to find an oval slot "with larger passage beyond". The slot was too tight for Bob and Lugger "though would be possible for a youth with attitude". Bones (including possible wild boar) were noted on the floor in various places throughout the cave and removed to the side for safety.

Over a couple of days searching the tracks and heavily vegetated hillside for Joe's Lost Cave (3280), the eponymous David 'Joe' Turner reckoned that it may be off another track, perhaps above Cueva de Cobrante (0110). He did, however, find site 3733, a draughting hole.

Joe, with Ali, located site 3725 about 250m east-southeast of Torca el Pilón (1786 - also called Tora Bora due to the small number of decayed rifles and ammunition found at the base). Site 3725 was described as "approximately 4m to slope down going off - unexplored". It's still unexplored. They also found site 3726 about 500m to the southeast that only went in 4m to a stal choke.

SOUTHERN SECTOR Lloyd and Adam went into Cueva Jivero 2 (0017) to "follow up a potential aven found in 2006". This was climbed but they found "no leads, apart from another aven on the opposing wall that we could not get to". They surveyed out "and will return to survey the entire cave". (Although this has not happened.)

Pedro and Squirrel decided to push on in Cueva del Anderal 2 (0009), another feeder into the Risco System. They found the way forward silted up so they pursued the left hand route "crawling through a water and mud pool then left then right over gour pools to more comfortable proportions". They finished in an area of avens, calling the extension Expulsion Passage.

They later dug out the right hand passage then free-climbed an aven "until it became unsafe" although a "possible meander passage" was seen at the top. Further explorations and comparison with the 1975 survey confirmed that they had entered new passage.

> *Expulsion Passage must be marked as "gatera inundada" (flooded crawl) on the original Spanish survey ... but this collector's item had stayed unexplored until we got lost.*

Juan had bought a quadrocopter drone with on-board camera and protective polystyrene around the rotors. The idea was to fly it up avens or across pits looking for new passages. For practice he took it to the entrance passage of Cueva del Comellantes (0040) noting that works were starting around the entrance - a rubble path up and internal walls. It appeared that the cave was to be used (again) as an animal pen.

(Further drone practice in Cuvía del Campo and Cueva del Agua revealed a number of problems with the "idea". See "Technology helping to find and document sites", pages 480 - 481.)

The MUSC team (Lloyd, Adam, Jez, Xander, Francesca, Roxy, Mike and Bill) went into Cueva-Cubío de la Reñada (0048) on July 27th, trying to pin down a possible connection with the resurgence, Comellantes. They found a too-tight squeeze close to Comellantes and could see beyond for 4 - 5m. They then "went for a bimble ... just past Ghost Lake" and were out by 10:10 after a 7.5 hour trip.

The team split up for the next connection attempt. Mike, Roxy and Adam in Reñada talked to Fran and Lloyd in Comellantes by radio and "also heard them when they banged rocks". They dug through into a small draughty chamber where there was "easy removal of mud to go further".

In Comellantes, the second draughting hole marked on the survey

SECTOR SUR Lloyd y Adam entraron en Cueva Jivero 2 (0017) para «comprobar una posible chimenea encontrada en 2006». La escalaron, pero no encontraron continuación «salvo por otra chimenea en la pared opuesta» a la que no pudieron llegar. Hicieron la topo al salir, aunque volverían «para hacer la topo de toda la cueva». (Aunque aún no se ha hecho).

Pedro y Squirrel decidieron explorar en Anderal 2, cueva que alimenta el Sistema del Risco (0025). El camino estaba lleno de sedimentos, así que siguieron la ruta de la izquierda arrastrándose «sobre una charca de agua y barro, luego a la derecha sobre los gours hasta unas dimensiones más cómodas». Terminaron en una zona de chimeneas que llamaron Expulsion Passage.

Después desobstruyeron la galería de la derecha y escalaron una chimenea «hasta que ya no era seguro», aunque vieron en lo alto una «posible galería sinuosa». Nuevas exploraciones y comparaciones con la topo de 1975 confirmaron que habían entrado en una nueva galería.

> *Expulsion Passage debe estar marcada como «gatera inundada» en la topo original española [...] pero este objeto de coleccionista se mantuvo inexplorado hasta que nos perdimos.*

Juan había comprado un dron quadrocopter con cámara y poliestireno protector alrededor de los rotores. La idea era volarlo en chimeneas o pozos en busca de nuevas galerías. Para practicar lo llevó a la galería de entrada de Cueva Comellantes (0040) y vio que había obras en marcha alrededor de la entrada: un camino con escombros y muros. Parecía que la cueva iba a usarse de nuevo como corral.

(Prácticas posteriores en Cuvía del Campo y Cueva del Agua pusieron de manifiesto una serie de problemas. Véase «Tecnología que ayuda a encontrar y documentar cavidades», p. 480 - 481.)

El equipo de MUSC (Lloyd, Adam, Jez, Xander, Francesca, Roxy, Mike y Bill) entró en Cueva-Cubío de la Reñada (0048) el 27 de julio, para intentar identificar una posible conexión con la surgencia, Comellantes. Encontraron un estrechamiento demasiado angosto cerca de Comellantes, pero podían ver unos 4 – 5 m al otro lado. Luego fueron «a dar una vuelta [...] justo pasando Ghost Lake» y salieron a las 10:10 tras una incursión de 7,5 horas.

El equipo se dividió para el siguiente intento de conexión. Mike, Roxy y Adam en Reñada hablaron por radio con Fran y Lloyd en Comellantes y «también los oyeron golpear la roca». Entraron en una pequeña sala con corriente de aire donde se podría quitar fácilmente «barro para avanzar».

En Comellantes, desde el segundo agujero soplador marcado en la topo, Fran y Lloyd podían escuchar al grupo de Reñada, pero la excavación resultó difícil. «Se necesitan herramientas más pequeñas para avanzar en una excavación angosta».

Pedro, Jenny y James topografiaron el lote 12-03 para conectar la nueva topo que Johnny y Jude hicieron en Semana Santa en Reñada.

Durante tres días, Chris y Laura resolvieron uno de los misterios del Sistema de La Vega: la conexión subacuática entre la surgencia y Squirrel's Passage. En lugar de trabajar desde dentro de la cueva en el extremo aguas abajo de Squirrel's Passage como Rupert Skorupka,[6] optaron por bucear desde el sifón de fácil acceso a pocos metros de la entrada central.

En el primer día, con un rebreather en el lateral y 2 x 7 ltrs de BO / diluyente, Chris investigó despacio las paredes y el techo con una linterna de alta potencia. A -20 m, poco antes de llegar al final, notó un espacio oscuro a la izquierda. Se separó un poco de la guía y confirmó que había una galería, por lo que instaló un desvío y CJ comenzó a instalar la nueva guía.

> *Tras 120 m [...] en dirección sur a -20 m se encontró una curva a la derecha. Todo recto parecía una pared sin nada, por lo que el buzo giró a la derecha y comenzó a ascender lentamente por una fisura de -16 m a -11,5 m, donde solo se podía ir todo recto. Vio la superficie, pero el buzo emergió en una gran cámara de aire sin continuación en la superficie. Tras atar la guía, CJ nadó a lo largo de la superficie de la cámara de aire mirando hacia la grieta y luego bajó hasta que encontró de nuevo su guía, en efecto completando un círculo vertical y sin encontrar el camino.*

El 30 de julio, Chris y Laura, con rebreathers montados en el pecho, regresaron; Laura permaneció a -16 m mientras Chris volvía a la gran cámara de aire. Allí descubrió que la «perspectiva era diferente» y pudo ver que el final continuaba hacia un canal. Laura se acercó a

---

6   Véase Semana Santa de 2012, p. 76.

was where Fran and Lloyd could hear the Reñada group but digging proved difficult. "Smaller tools will be needed to progress with some squeezy digging."

Pedro, Jenny and James surveyed batch 12-03 to tie in Johnny and Jude's new Easter survey in Reñada.

Over three days, Chris and Laura solved one of the South Vega System's diving mysteries - the link between the resurgence and Squirrel's Passage. Instead of working from within the cave at the downstream Squirrel's Passage end like Rupert Skorupka,[6] they chose to dive at the easily accessible pool a few metres down the slope in the middle entrance.

On day one, with a side-mounted rebreather and 2 x 7ltrs bailout / diluent, Chris slowly searched the walls and roof with a high-powered torch. At -20m, shortly before the end of the known cave, he noticed a dark space off to the left. A short swim off the line confirmed there was going passage so a line junction was installed and CJ began to lay out new line.

    After 120m ... in a southerly direction at -20m a
    right hand corner was encountered. Straight ahead
    looked like a blank wall so the diver turned right
    and began to slowly ascend a sloping rift from -16m
    to -11.5m where the only way was straight up. Surface
    appeared above but the diver surfaced in a long air
    bell with no above water continuation. After tying off
    the line CJ swam back along the surface of the air
    bell looking down into the rift then descended until
    he landed back on his line - in effect completing a
    vertical circle and not finding a way on.

On July 30th, Chris and Laura, wearing chest-mounted rebreathers, returned; Laura staying at -16m while Chris revisited the long air bell finding that the "perspective looked different" and he could see that the end continued into a canal. Laura came up to wait while Chris explored the canal to sump 2 after 50m.

The next day, Chris dived through the short sump to a larger canal.

    After 20 - 30m the roof started to come down but as
    CJ descended a line was visible below running across
    the passage. As it approached, a reel was also visible
    and the diver knew he'd connected to the sump RS had
    been diving in Squirrel's Passage in Reñada.

Surveying back out he met Laura who carried on to see "the historic connection".

The quantity of water resurging into the Matienzo depression at Cueva Comellantes is much greater than that flowing in Squirrel's Passage. Rupert reckons about 90% of the flow at the resurgence has yet to be accounted for.

Pedro, Lugger and Zot examined some of the archaeological materials at Cueva del Arenal (0035), a wet weather resurgence cave complex at the top of a cliff at Seldesuto. Flints and bones were found eroding out of a sediment bank. Lugger wrote:

    The flints are probably Mesolithic as broken micro
    blades were present. A bi-facially worked scraper
    was also found. All were left in situ. Broken bones
    fragments which appear to be very old were also
    found in shelter entrances to left and right of main
    entrance.

Torben, Marites and Dan examined site 3318 at the top of the track up from Seldesuto noting that the draught came from a rift 1.5m down. Up the stream bed they also reached the draughting site 1298 and reported that both sites need enlarging. Both sites were worked on later in the decade with limited success.

About 1km to the west and half way to Alisas, draughting site 2753 was visited by Torben and family with Allan. While Louise and the children enjoyed their picnic, Allan and Torben enlarged the calcite squeeze then surveyed about 50m in total, being thwarted at the end by a 10 - 20cm draughting slot that appeared to go on for at least 4m.

Dan took his 4x4 up from the south side of Matienzo's southern ridge to allow easy access to the draughting holes near the summit. Phil Papard and Tom went into 1340 but needed a hotter day to properly trace the draught. Lugger went down the slot at the base of the 7m entrance pitch in site 1220 being left dangling, 2 ladders short of the bottom.

With Torca CEZ, over the hill to the south, coming close to Cueva del Coverón (0002),[7] Ali, Carol and Pedro resurveyed part of the latter cave getting into a maze of small passages and surveying back to a GPS'd position on the surface. The closest points appeared to be 50m apart.

On September 3rd Juan was expecting a quiet night but, at 11pm, Enrique Valero and companions turned up at the house and "took me to the bar". A lot of talking about Coverón and CEZ ensued with news that the Cuencan team had extended Coverón upstream to where large

esperar mientras Chris exploraba el canal que llevaba al sifón 2 tras 50 m.

Al día siguiente, Chris atravesó el sifón corto a un canal más grande.

    Tras 20-30 m, el techo empezó a bajar, pero a medida
    que CJ bajaba, empezó a ver una guía debajo que
    cruzaba la galería. Al acercarse más, también vio
    un carrete y supo que había hecho la conexión con
    el sifón con que RS había estado buceando en Squirrel's
    Passage en Reñada.

Haciendo la topo al salir se encontró con Laura, que continuó para ver «esa histórica conexión».

La cantidad de agua que sale a la depresión de Matienzo desde Comellante es mucho mayor que la que pasa por Squirrel's Passage. Rupert calcula que aún no se sabe de dónde viene aproximadamente el 90 % del agua de la surgencia.

Pedro, Lugger y Zot examinaron algunos de los restos arqueológicos de la Cueva del Arenal (0035), una surgencia en tiempos de lluvia en la cima de un acantilado en Seldesuto. Encontraron piezas de sílex y huesos erosionándose de un banco de sedimentos. Lugger escribió:

    Las piezas de sílex podrían ser mesolíticas, ya
    que había pequeños filos rotos. También encontramos
    un raspador doble. Se dejó todo in situ. También
    encontramos fragmentos de huesos rotos que parecen
    muy antiguos en abrigos a izquierda a derecha de la
    entrada principal.

Torben, Marites y Dan examinaron la cueva 3318 en lo alto de la pista desde Seldesuto, señalando que la corriente provenía de una fisura a 1,5 m. Siguiendo el cauce del arroyo también llegaron al agujero soplador 1298 e informaron de que ambos se tenían que ampliar. Ambos se desobstruyeron a lo largo de la década con escaso éxito.

A 1 km al oeste y a medio camino de Alisas, Torben y su familia visitaron con Allan el agujero soplador 2753. Mientras Louise y los niños disfrutaban de su picnic, Allan y Torben ampliaron el estrechamiento de calcita y luego topografiaron unos 50 m en total, siendo frustrados al final por una pequeña fisura de 10-20 cm que parecía continuar al menos 4 m más.

Dan subió con su 4x4 por el lado sur de la sierra meridional de Matienzo para acceder con más facilidad a los agujeros sopladores cerca de la cima. Phil Papard y Tom entraron al 1340 pero necesitaban que hiciera más calor para seguir la corriente. En el 1220 Lugger bajó por la fisura en la base del pozo de 7 m de la entrada y se quedó colgando a falta de 2 escalas para llegar al fondo.

Como la Torca CEZ, al otro lado de la colina al sur, se acercaba a la Cueva del Coverón (0002),[7] Ali, Carol y Pedro volvieron a explorar parte de esta última. Entraron en un laberinto de pequeñas galerías e hicieron la topo de vuelta hasta una posición GPS en la superficie. Los puntos más cercanos parecían estar a 50 m.

El 3 de septiembre, Juan esperaba pasar una noche tranquila, pero a las 11 de la noche Enrique Valero y sus compañeros se presentaron en su casa y le «llevaron al bar». Hablaron un buen rato de Coverón y CEZ con la noticia de que el equipo de Cuenca había forzado Coverón aguas arriba hasta donde grandes chimeneas se acercaban a Torca XL (0517). Observaron que las chimeneas son la fuente del agua en la galería activa y que la excavación en el lecho de XL podría ser importante.

El 1 de agosto, Ali llevó a Mike, Roxy, Carolina, Lloyd, Fran y Xander de incursión turística a Vallina (0733). Visitaron Swirl Chamber (Sala Pin) y la obstrucción al final de Bathtub Passage que va hacia el este antes de Swirl Chamber. Vieron un pozo que podría no haberse explorado en el lado derecho antes de la obstrucción.

Al día siguiente, Torben, Mike y Roxy acompañaron a Ali para investigar la zona mejor. Un pasamanos de 15 m a lo largo de la pared noreste de la galería fue a dar a otra galería de 10 m de largo hacia una obstrucción de barro, mientras que por un pozo al otro lado caía agua proveniente de una galería demasiado angosta. El pozo «quizás sin explorar» exhalaba una buena corriente, pero, tras 13 m, era «demasiado pequeño en la parte inferior». Ya se había explorado: encontraron una vieja fijación.

El 6 de agosto, JJ, Badger, Paul Wilman, Paul Nichols y Alistair fueron a Vallina junto con Ali, Simon y Diane, quienes pasaron hasta Vallina 2. En el cuaderno de salidas, Ali bosquejó la conexión «para ayudar a las personas a pasar» y también informó de que «el estrechamiento parece haberse movido en la pared de la derecha, ¿ahora es más angosto de lo que era? Hay que ampliarlo. ¿Micros en la pared de la izquierda podrían hacer que fuese más fácil?».

El trío continuó hasta Río Blanco y la bóveda sifonante de Muddy Waters, que Simon pasó para meterse en agua profunda hasta el pecho, fisuras cruzadas y un agujero demasiado estrecho. Al final del Río Blanco (con escaladas y fisuras angostas) Diane forzó un estrechamiento en la colada que conectaba con The Novadome.

    El disto en el Novadome dio una lectura máxima de

---

6   2012 Easter, page 76.
7   2012 January / February, page 61

7   Véase Enero / Febrero de 2012, p. 61.

avens came close to Torca XLs (0517). It was suggested that the avens are the source of the water in the stream way and that the cobble dig in XLs may be significant.

On August 1st, Ali took Mike, Roxy, Carolina, Lloyd, Fran and Xander on a tourist trip into Cueva Vallina (0733). They visited Swirl Chamber and the choke at the end of Bathtub Passage running east before Swirl Chamber. A possibly undescended pitch was noted on the right hand side before the choke.

The next day, Torben, Mike and Roxy accompanied Ali to properly investigate the area. A 15m traverse along the northeast wall of the passage encountered a 10m long passage to a mud choke, while a pitch on the other side was found to have water coming from a too tight inlet. The "possibly undescended" pitch was draughting up well and was dropped for 13m but was "too small at the bottom". It had been previously descended: an old spit was spotted.

On August 6th, JJ, Badger, Paul Wilman, Paul Nichols and Alistair were in Cueva Vallina along with Ali, Simon and Diane who went through the squeeze into 'Vallina 2'. In the logbook, Ali sketched the connection "to help people get through" and also reported "the squeeze seems to have shifted on right hand wall - now tighter than it used to be?? - needs opening out. Could be capped on left hand wall making it easy??"

The trio continued to the Río Blanco and the Muddy Waters duck which was passed by Simon into chest deep water and cross rifts and a too tight hole. At the end of the Río Blanco (up climbs and narrow rifts) Diane passed the previous end, a flowstone squeeze, linking through to The Novadome.

Novadome disto'd - maximum reading 48m which is perhaps half total height.

Chris Jewell with partner Laura wanted to push on beyond Artur Kozlowski's last year's limit in Cueva Molino (0727) near Bustablado.[8] On July 26th, Juan, Steve, Xander, Fran, Roxy and Mike helped the two divers carry the bags and many cylinders into the cave. Chris and Laura then spent a couple of hours unpacking, assembling and preparing kit for the following day.

Laura dived first putting a battery pack, an MP3 player and an Ali 80 stage cylinder of oxygen at -7m. Chris then dived: down to -80m then -93m before a long swim at -80m He picked up Artur's line from last year and followed it gradually up "with decompression obligations still mounting rapidly". Stops were made on the ascent with the floor being a mixture of large boulders, shingle and patches of sand.

... a sloping shaft with a horizontal tunnel appeared abruptly at -28m. Gradually an ascent was made along this tunnel making various deco stops until the end of AK's line at -12m was found. Around this point the passage became noticeably sandier and more silty. In fact, AK's last two belays were silt screws and his line was now buried in the sand.

Chris got to -6m and began to search for the continuation.

Following an overhanging wall between -6 and -7m the roof could just be seen above and shortly the right hand wall was visible and the cave pinched in to end. The roof in this whole section is 4 - 5m above ... swam around searching for a silvery surface and airspace but none could be found.

A total of 15 minutes was spent searching around the chamber with one option being a low descent to a large 'mouse hole'. Poor visibility prevented further investigation here and further back as he made his way out. One lead was spotted at -50m on the right hand wall where a steeply sloping canyon appeared to come in.

Back past the elbow of the sump at -93m CJ started to pick up deep stops with the first at -63m. Three hours of decompression were required in total with 2 hours at -6m. Laura came to retrieve the 12ltr of TMx and line reel and then dived several more times to check on CJ who was plugged into a heated vest and mp3 player.

Chris laid just 40m of line so the total dive length from base is 925m. The total dive time on this occasion was 6 hours 40 minutes.

MISCELLANEOUS With his interest in mines and mining, Ali persuaded Phil Papard and Joe to visit the mine and the associated natural cavern - Cueva del Rescaño - near Cabezón de la Sal.[9] Torben, Louise and family joined the trip for the first part, carrying the children in back packs.

Despite the large number of cavers including seven cave divers and some solid and difficult caving work carried out over the 2012 summer expedition, the total amount of new cave passage surveyed was a disappointment: only 2344m. However, the remaining unexplored sites, digs and underground leads were sure to produce more in the future!

---

8   2011 summer, page 56.
9   2010 summer, page 30.

48 m, quizás la mitad de la altura total.

Chris Jewell y su compañera Laura querían continuar donde lo había dejado el año anterior Artur Kozlowski en Cueva Molino (0727), cerca de Bustablado.[8] El 26 de julio, Juan, Steve, Xander, Fran, Roxy y Mike ayudaron a los dos buzos a llevar las bolsas y muchas botellas a la cueva. Después, Chris y Laura pasaron un par de horas preparando el equipo para el día siguiente.

Laura buceó primero y puso una batería, un reproductor de MP3 y una botella Ali 80 a -7 m. Después, entró Chris: bajó hasta -80 m y luego a -93 m antes de bucear un buen rato a -80 m. Cogió la guía de Artur del año pasado y la siguió subiendo poco a poco «con las obligaciones de la descompresión aumentando con rapidez». Hizo paradas de la que subía, y el suelo era una mezcla de grandes rocas, guijarros y secciones de arena.

Un pozo inclinado con un túnel horizontal apareció abruptamente a -28 m. Poco a poco fui subiendo a lo largo de este túnel haciendo varias paradas hasta que se encontró el final de la línea de AK a -12 m. Más o menos aquí, la galería se volvió más arenosa y limosa. De hecho, los dos últimos amarres de AK eran anclajes de sedimento y su guía estaba ahora enterrada en la arena.

Chris llegó a -6 m y comenzó a buscar la continuación.

Siguiendo un extraplomo entre -6 y -7 m, se podía vislumbrar el techo y poco después se vio la pared de la derecha y la cueva se cerró. El techo en toda esta sección está a 4 - 5 m [...] nadé buscando una superficie plateada, pero no encontré nada.

Pasó 15 minutos investigando en la sala. Una posibilidad era un descenso a una gran «ratonera». La mala visibilidad le impidió seguir investigando aquí y en el camino de salida. Vio una posible continuación a -50 m en la pared de la derecha, donde parecía entrar un cañón escarpado.

De vuelta tras el recodo del sifón a -93 m CJ empezó con las paradas, la primera a -63 m. necesitó tres horas de descompresión en total con 2 horas a -6 m. Laura entró a recuperar los 12 litros de TMx y el carrete de la guía y luego varias veces más para ver si CJ, con un chaleco calefactable y conectado al reproductor de MP3, estaba bien.

Chris colocó solo 40 m de línea, por lo que la longitud total de inmersión desde la base es de 925 m. El tiempo total de inmersión en esta ocasión fue de 6 horas y 40 minutos.

VARIOS Por su interés en las minas y la minería, Ali convenció a Phil Papard y Joe para visitar la mina y la cueva natural de Rescaño, cerca de Cabezón de la Sal.[9] Torben, Louise y su familia se les unieron para la primera parte de la excursión con las niñas en mochilas.

A pesar de la gran cantidad de espeleólogos, incluidos siete buceadores y el gran trabajo realizado durante la campaña de verano de 2012, la cantidad total de nueva galería topografiada fue una decepción: solo 2344 m. Sin embargo, las cavidades, excavaciones y pistas aún por explorar generarían mucho más en el futuro.

---

8   Véase Verano de 2011, p. 56.
9   Véase Verano de 2010, p. 30.

NORTHWEST AND FAR WEST SECTORS

On October 26th, Phil Goodwin and Dave Milner investigated site 3747[1] in the Bencano valley but found no obvious way on at the previous limit.

On the east side of valley, slightly upstream, John Southworth and Gordon removed blocks from the entrance but the hole was found to choke - "a waste of time".

The four worked at 3616 where the previous limit was dug out to reveal a 3m slope down to a small calcited chamber. There was no obvious way on nor any draught. A low inlet crawl was too tight.

They also visited 3692, some 480m to the south, but this also had no obvious way on after removing large boulders from the base of the shakehole. They returned to 3692 the following day, removed some boulders but "got wet and cold". The work was ongoing.

Just to the north of the Cueva de la Casa Vieja (3649, explored down an 86m pitch in the summer), John and Gordon dug in the 3650 amphitheatre area but need to "return with snappers".

Meanwhile Phil Goodwin, Alf and Dave were in Casa Vieja. The crawl at the base of the 14m pitch was passed by Dave and Phil and a p5 descended to 10m of additional passage: 3m goes to blind small chamber and 7m rises to two boulder-filled inlets. A crawl at the head of the big pitch was followed for an additional two body lengths to the head of a further large drop: four or five seconds for a rock to hit bottom.

Alf and Phil returned on November 8th.

Bolted down left side of main shaft for about 40m and swung into a rift, the roof of which was once a phreatic tube. The original tube can be seen continuing at other side of shaft ... open and about 1m high. The rift / tube runs approx. east-west. To the east, up the rift, a cobbled floor can be seen which is probably under the hole found at the end of the low crawl ... The passage appears to be wide open and continuing.

On October 29th, the team was in the area of Washing Machine Hole (3420 at Ideopuerta) where they documented site 3757, a 5m deep sloping descent with a solid roof and boulder and mud floor. The cave ended when the roof met the floor with no obvious way on. Eye holes (3779) above Washing Machine were also investigated. Two small entrances link after 5m to a soil choke.

On October 30th, the "digs in the amphitheatre (3650) were all concluded" and at 3692 the previous boulder obstruction was "snappered out of the way" to reveal a descent of 2m with more work required. Phil and Dave returned to move and stack boulders but a bigger team was needed to pull boulders out of the 7.4m deep hole.

The team, plus Chris Camm, was involved with new site 3758 on the west bank of the Bencano valley some 280m northwest of El Cubillón (2538) entrance. A narrow rift descends for 12m to a traverse and 6m drop to a gravel floor, choked at both ends.

On the opposite side of the valley to 3692, site 3693 was visited by John,

1   2012 summer, page 78.

Simas del Picón
Middle: Peter Eagan in the Melted Wax Candle of Doom Chamber. Bottom: Phil Papard starting to bolt the route up to the A.S.C. Extension.
Centro: Peter Eagan en la sala Melted Wax Candle of Doom. Abajo: Phil Papard comienza a instalar la ruta hasta A.S.C. Extension. *Torben Redder*

SECTOR NOROESTE Y EXTREMO OCCIDENTAL

El 26 de octubre, Phil Goodwin y Dave Milner investigaron la cavidad 3747[1] en el valle de Bencano, pero no encontraron una continuación obvia.

En el lado este del valle, aguas arriba, John Southworth y Gordon quitaron los bloques de una entrada, pero descubrieron que el agujero no era practicable, «una pérdida de tiempo».

Los cuatro trabajaron en la cavidad 3616. Desobstruyeron el último punto al que se había llegado y se encontraron con una pendiente de 3 m hacia una pequeña sala concrecionada. No había continuación obvia ni corriente de aire, solo un laminador demasiado estrecho.

También fueron a la cavidad 3692, a unos 480 m al sur, pero, tras quitar grandes rocas de la base del hoyo, tampoco parecía tener continuación obvia. Regresaron al día siguiente, quitaron más rocas pero «se mojaron y tenían frío». El trabajo continuaba.

Al norte de la Cueva de la Casa Vieja (3649, con un pozo de 86 m explorado ese verano), John y Gordon excavaron en el hoyo semicircular de 3650, pero tenían que «volver con microexplosivos».

Mientras tanto, Phil Goodwin, Alf y Dave estaban en Casa Vieja. Dave y Phil pasaron la gatera en la base del P 14 y bajaron un P 5 a 10 m de galería: 3 m van a una sala pequeña ciega y a 7 m sube a dos laterales llenas de rocas. Siguieron unos 4 m por una gatera desde la cabecera del pozo grande hasta la de otro más grande: las rocas tardaban de cuatro o cinco segundos en llegar al suelo.

Alf y Phil regresaron el 8 de noviembre.

Instalamos fijaciones por el lado izquierdo del pozo principal en unos 40 m y nos balanceamos hasta una fisura, cuyo techo alguna vez fue un tubo freático. El tubo original se puede ver continuando al otro lado del pozo [...] abierto y de aprox. 1 m de altura. La fisura / tubo se dirige hacia el este-oeste. Hacia el este, por arriba se puede ver un suelo con guijarros que probablemente esté debajo del agujero al final del laminador [...] La galería parece abierta y continúa.

El 29 de octubre, el equipo fue a la zona de Washing Machine Hole (3420, en Ideopuerta) y documentaron la cavidad 3757, una pendiente de 5 m con un techo sólido y un suelo con rocas y barro sin continuación obvia. También se investigaron varios agujeros (3779) sobre Washing Machine Hole. Dos pequeñas entradas se unen después de 5 m en una obstrucción de barro.

El 30 de octubre, «se terminaron las excavaciones en el anfiteatro (3650)» y en el agujero 3692 se «quitó de en medio» el gran bloque que obstruía la entrada, mostrando una bajada de 2 m que necesitaba más trabajo. Phil y Dave volvieron para mover y apilar rocas, pero necesitaban un equipo más grande para sacar las rocas del hoyo de 7,4 m de profundidad.

El equipo, más Chris Camm, visitó 3758 una nueva cueva en la orilla oeste del valle del Bencano, a unos 280 m al noroeste de El Cubillón (2538). Una fisura angosta desciende unos 12 m a una escalada transversal y un destrepe de 6 m a un suelo de gravilla, obstruida en ambas direcciones.

En el lado opuesto del valle a 3692, John, Alf y Gordon se acercaron a la cueva 3693 el Día de Todos los Santos, 1 de noviembre. Al desobstruir el extremo superior de la pendiente final concrecionada, encontraron «paredes sólidas en todas partes» y un agujero en el suelo completamente obstruido. Al día siguiente, Chris, Gordon y Dave empezaron

1   Véase p. 78.

Looking southwest from near Washing Machine Hole and 3757. Looking southwest from near Washing Machine Hole and 3757. *John Southworth*

Alf and Gordon on All Saints Day, November 1st. Digging at the top end of the final calcite slope they encountered "solid walls all round" and a hole in the floor choked in all directions. The following day, Chris, Gordon and Dave started a dig in a small depression above 3693. At 1m deep with a slight draught, progress was stopped by a large boulder that needed capping.

On November 2nd, John, Phil and Alf walked in the woods at Ideopuerta finding site 3753, a 2m deep, choked shaft. Descending into the main valley, they came across 3752, a strongly draughting cave in the west bank requiring snappers to enter.

After a day off at El Soplao, a stunning show cave about 50km west of Santander, the whole team returned to the latest draw, site 3752. Another hole, 10m downstream with a very good inward draught was excavated for 3m into boulders but with no solid walls or roof. The original site "needs more work on a good draughting day".

November 5th saw Dave, Gordon, Phil Goodwin and John out to the west and high up in the large valley containing site 3669. They "found one large depression totally choked" and "nothing much of interest".

Steve, Alf, Phil Goodwin and John had a trip into El Cubillón to the sump pitch and the two south trending passages.

Very strong inward draught at the entrance. Draught also detected in passage towards Lake Tilberthwaite and also to a less extent in upper south passage.

The calcite slope between Watery Junction and the start of the stream passage was climbed to a pretty grotto but a possible roof tube will need bolting to. The top of the second pitch was also opened up but it "needs more work".

John, Alf, Gordon, Dave and Phil Goodwin returned to the Bencano valley just north and northwest of Cueva de la Casa Vieja on November 7th. Three small entrances were noted: site 3755, a hole next to the ice house, 3m rift choked with mud and debris; 3754, two entrances at the base of a buttress, one partially walled, soon close in, and 3756, 3m long to a bend where boulders need removing from the floor. "Looks to enlarge after 2m. Good inward draught."

Gordon and Chris started work at this last find the following day and found the draught reversed. Boulders were removed and 8m progress made to a constriction.

John and Dave worked at the excavated shaft (3215) close to the Duck Pond sink (1976) where the "previous restriction snappered, 0.5m progress made". There was a "reasonable outward draught" on this occasion.

Barny and Bob investigated the hillside to the east of Torca la Vaca (2889) finding site 3790, a lightly draughting hollow with a small rift going in and a possible dig. Three metres to the left was a too tight rift and, further up the hill, 3971, a sandstone-capped hole with a cold draught.

NORTHERN LA VEGA, EL NASO AREA WEST TO LAS CALZADILLAS

Phil Papard and Peter Eagan visited Mega Bat in the Simas del Picón (0075) only to find that the boulder in the squeeze they hoped to move or break up required snappers. "Also hand line climb is really a pitch of 20m. Take 30m rope." Their next trip removed the obstruction so that "the squeeze is now easily passed by anyone".

Over two days, Peter, Phil Papard and Torben bolted up to the A. S. C. Extension in Picón and dropped down to the base of a 31m aven. Peter wrote:

At one end is a further short pitch to the base of an awkward slope / climb to a draughting dig up into boulders. The first part of the dig required possible capping. A slope down opposite end of chamber is a scramble / climb leading to a dig out to give a bypass to

Inorganic growths in Simas del Picón.
Crecimientos inorgánicos en Simas del Picón. *Torben Redder*

una excavación en un pequeño hoyo encima de 3693. A 1 m de profundidad con una ligera corriente de aire, una gran roca para la que hacían falta microexplosivos les impidió seguir.

El 2 de noviembre, John, Phil y Alf dieron un paseo por el bosque en Ideopuerta y encontraron el agujero 3753, un pozo obstruido de 2 m. Al bajar al valle principal, se toparon con la cueva 3752, con una fuerte corriente de aire, en la orilla oeste para la que hacían falta microexplosivos.

Después de un día libre en El Soplao, una impresionante cueva a unos 50 km al oeste de Santander, todo el equipo regresó al último descubrimiento, 3752. Se excavó otro hoyo, 10 m aguas abajo con un fuerte tiro aspirante, de unos 3 m entre rocas, pero sin paredes macizas o techo. El agujero original «necesita más trabajo en un día con buena corriente».

El 5 de noviembre Dave, Gordon, Phil Goodwin y John fueron hacia el oeste y a lo alto del gran valle que contiene la cavidad 3669. Encontraron «una gran dolina totalmente obstruida» y «nada de mucho interés».

Steve, Alf, Phil Goodwin y John disfrutaron de una incursión a El Cubillón (2538) hasta el pozo del sifón y las dos galerías con dirección sur.

Corriente fuerte aspirante en la entrada. Corriente también detectada en la galería hacia el lago Tilberthwaite y también en menor medida en la galería sur superior.

Escalaron por la colada entre Watery Junction y el comienzo de la galería activa hasta una sala bonita, pero un posible tubo en el techo necesita fijaciones. La cabecera del segundo pozo también se abrió, pero «necesita más trabajo».

John, Alf, Gordon, Dave y Phil Goodwin volvieron al valle de Bencano al norte y noroeste de la Cueva de la Casa Vieja el 7 de noviembre. Tomaron nota de tres pequeños agujeros: 3755, una fisura de 3 m obstruida con barro y escombros; 3754, dos entradas en la base de un muro, una con media pared, pero ciega, y el 3756, de 3 m de largo a una curva con rocas que hay que quitar. «Parece hacerse más grande después de 2 m. Buen tiro aspirante».

Gordon y Chris comenzaron a trabajar en este último hallazgo al día siguiente y descubrieron que la corriente se había invertido. Quitaron bloques y avanzaron 8 m hasta un estrechamiento.

John y Dave fueron al pozo excavado (3215) cerca del sifón Duck Pond (1976) donde «se abrió el estrechamiento, se avanzaron 0,5 m». En esta ocasión «exhalaba una buena corriente».

Barny y Bob prospeccionaron la ladera al este de Torca la Vaca (2889) y encontraron el agujero 3790, con una pequeña corriente de aire y una pequeña fisura hacia una posible excavación. Tres metros a la izquierda había una fisura demasiado angosta y, subiendo la colina, el 3971 era un agujero en piedra arenisca con una corriente de aire frío.

EL NORTE DE LA VEGA, ZONA DE EL NASO - LAS CALZADILLAS

Phil Papard y Peter Eagan fueron a Mega Bat en las Simas del Picón solo para descubrir que para mover la roca en el estrechamiento iban a necesitar microexplosivos. «Además, el destrepe con cuerda es en realidad un pozo de 20 m. Llevar una cuerda de 30 m». En su siguiente incursión quitaron la obstrucción y ahora «cualquiera puede pasar fácilmente».

Durante dos días, Peter, Phil Papard y Torben instalaron la escalada de A. S. C. Extension en Picón y fueron a dar a la base de una chimenea de 31 m. Peter escribió:

En un extremo hay un pozo más corto hacia la base de una pendiente / escalada expuesta hasta un obstrucción con corriente. Para la primera parte de la desobstrucción pueden hacer falta micros. Una pendiente hacia abajo en el extremo opuesto de la sala es una escalada que conduce a una pequeña excavación para evitar la escalada artificial. La hemos dejado instalada con un pasamanos a una cuerda para bajar.

Hay otras posibilidades de progreso si se instala la pared (por encima del último pozo) hasta lo que podría ser una gran galería / continuación de la diaclasa principal.

En una visita posterior, Peter Eagan, Torben y Pedro pasaron los bloques y entraron en la sala Melted Wax

the bolted climb. This has been left rigged with a traverse line to a hand line climb down.
There are other possibilities of progress by bolting up wall (above last pitch down) into what could be a large passage / continuation of main rift.

On a later trip, Peter Eagan, Torben and Pedro passed the boulders to enter the Melted Wax Candle of Doom Chamber, a well decorated, 12m diameter room with a number of leads. In the southeast corner a climb down enters a draughting crawl in boulders along the wall. Torben cautioned, "The wall in chamber is badly attached several metres over this place and capping maybe unsafe pushing this dig".

A climb goes down In the west corner and, in the northern corner, a 20cm rift could be opened to access a 4m drop. A possible passage in the roof may require a few bolts.

Phil, Peter Eagan and John Dickinson went surface prospecting high above the passages in Regaton (0892). Four possibilities were documented: sites 3763 - 3766, none of which looked good.

Three more sites (3767 - 3769) were found in the area later, with 3768 having a warm draught.

Torben and Peter discovered two new digs beyond the southern end of Regaton. Site 3770 was documented as a draughting dig with other draughts nearby and 3771, a draughting dig in a shakehole that needs capping. They also visited 3632 and described it as a narrow, draughting rift that needs capping.

On December 3rd, Bob and Barny had a successful look at the hillside about 200m to the northeast of the entrance to Torcón de la Calleja Rebollo (Toad in the Hole, site 0258). Barny described 3792 as "one quite interesting dig ... that broke through several times before we got to the last blockage which may take a bit more effort". Site 3793 was found with a cap stone over a choked 13m pitch. Two nearby, smaller shafts were not opened up as they would have been difficult to re-cover. Site 3794, described as a "complex opening" with a 10m drop and no way on. As there was no discernible draught, enlarging a constriction at another section of the entrance "seemed somewhat futile".

THE NORTHEAST SECTOR INCLUDING THE FOUR VALLEYS SYSTEM

Intent on finding some more cave associated with Lenny's Cave (3721) discovered in the summer, Steve and Susan walked above the passages and found site 3776, a small hole with a slight outward draught. They also found 3777, Dos Burros, a draughting low bedding later worked on with Darrell. Higher up the hill above the Boyones resurgence, they found 3778, a crawl to an undescended 3m drop.

In December, Barny and Bob "visited a lead that Bob wanted to look at in Lenny's Cave but to no avail". The wet conditions gave a photo opportunity at the resurging Cueva Churro (0118) in flood.

In 2012, the Matienzo caving expeditions were sharing permission for the Voto (Llueva / Secadura) area with the Asociación Deportiva Espeleo y Montaña Colindres, so we were interested in what they were finding. In their 2011 feedback report to the permit authority, Cultura, ADEMCO wrote about explorations in holes Matienzo cavers had previously documented but not explored. In Llueva, site 3332 was explored down a very tight entrance shaft to a choked depth of 10m and site 3062, explored to a depth of 4.5m, had no possibility of continuing.

A number of small new sites were also explored by the ADEMCO cavers. In Llueva, Torca del Xsara, site 3748, is a blind 6m deep pot by the road side; 3749 is also choked at 9m deep and site 3751 is "without interest". In Secadura, an interesting site is 3750, Cueva del Jabalí, up a side valley 400m west of Torca del Rayo de Sol (site 0123). Water sinks inside this 24m long cave at a wet, "impenetrable", strongly draughting crawl.

An impressive photo of the 100m-high Astradome aven in Cueva Hoyuca (0107) by Paul Fretwell featured on the front cover of Descent magazine, issue 229.

SOUTHERN SECTOR
John Dickinson, Phil Papard, Torben and Peter investigated holes close to the summit of Piluca. Site 3772 is a blind, 7m deep hole; 3773, a 2m drop to a blind floor; 3774, a 2m drop to a narrowing rift and site 3775, a 3m deep hole.

Torben reported back on progress in site 1220 at El Somo.

At the first bottom (about 6m) it was possible to squeeze down where Phil capped, about 10m drop. The bottom was blind but 3m up there was a draughting slot about 15cm wide and 50cm high. I could see maybe 15m down into another drop. It would need capping but nothing major.

MISCELLANEOUS
Torben had put radon detectors into Cueva-Cubío de la Reñada (site 0048) and Cueva Llanío (site 3234) on August 5th. He collected them 102 days later on November 15th.[2]

Candle of Doom, una sala bien decorada de 12 m de diámetro con varias posibles continuaciones. En la esquina sureste, un destrepe da a una gatera entre rocas a lo largo de la pared. Torben advirtió: «La pared de la sala está algo suelta a lo largo de varios metros y puede que no sea seguro usar microexplosivos para forzar».

En la esquina oeste hay un destrepe y en la esquina norte se podría abrir una fisura de 20 cm para acceder a un pozo de 4 m. Para acceder a una posible galería en el techo harán falta fijaciones.

Phil, Peter Eagan y John Dickinson prospeccionaron la zona por encima de las galerías de Regaton (0892). Documentaron cuatro agujeros: 3763 - 3766, per ninguno parecía practicable. Más tarde se encontraron tres más (3767 - 3769) en esa misma zona: 3768 exhalaba una corriente de aire cálido.

Torben y Peter descubrieron dos nuevas excavaciones pasando el extremo sur de Regaton. El 3770 tenía una corriente de aire y podían sentir otras corrientes cerca y el 3771, también con corriente, está en un hoyo y necesita microexplosivos. También se acercaron al agujero 3632 y lo describieron como una fisura estrecha con corriente para la que hacen falta microexplosivos.

El 3 de diciembre, Bob y Barny echaron un vistazo en la ladera a unos 200 m al noreste de la entrada a Torcón de la Calleja Rebollo (0258). Barny describió el agujero 3792 como «una desobstrucción bastante interesante [...] que fuimos atravesando hasta llegar a la última obstrucción para la que va a hacer falta algo más de trabajo». En el agujero 3793 había un bloque sobre un pozo de 13 m. Dos pozos más pequeños cerca de allí no se abrieron, ya que habría sido difícil volver a cubrirlos. El agujero 3794 era una «abertura compleja» con un pozo de 10 m y sin continuación. Como no parecía tener tiro, agrandar un estrechamiento en la entrada «parecía algo inútil».

EL SECTOR NOROESTE, INCLUYENDO EL SISTEMA DE LOS CUATRO VALLES

Con la intención de encontrar alguna otra cueva relacionada con la Cueva de Lenny (3721) descubierta en verano, Steve y Susan prospeccionaron el terreno encima de sus galerías y encontraron la cavidad 3776, un pequeño agujero que exhalaba una ligera corriente de aire. También encontraron la 3777, Dos Burros, una entrada baja con corriente de aire a la que volvería con Darrell. Subiendo por la colina encima del resurgimiento de Boyones, encontraron 3778, una gatera a un pozo de 3 m sin explorar.

En diciembre, Barny y Bob «echaron un vistazo a una posible continuación que Bob quería ver en la Cueva de Lenny, pero no sirvió para nada». Gracias a la lluvia pudieron sacar fotos a la surgencia Cueva Churro (0118).

En 2012, nuestra expedición compartió el permiso para el área de Voto (Llueva / Secadura) con la Asociación Deportiva Espeleo y Montaña Colindres, por lo que nos interesamos por lo que habían descubierto. En su informe de 2011 a Cultura, ADEMCO detalló algunas exploraciones en cavidades que los espeleólogos de Matienzo habían documentado pero no explorado. En Llueva, la cavidad 3332 resultó ser un pozo de entrada muy angosto obstruido tras 10 m y la 3062, con 4,5 m, no tenía continuación.

Los espeleólogos de ADEMCO también exploraron una serie de cavidades nuevas y pequeñas. En Llueva, Torca del Xsara, 3748, es un pozo ciego de 6 m de profundidad junto a la carretera; el agujero 3749 también está obstruido a 9 m de profundidad y el 3751 «no es interesante». En Secadura, una cavidad interesante es la 3750, Cueva del Jabalí, en un valle a 400 m al oeste de Torca del Rayo de Sol (0123). Se trata de un sumidero de 24 m de largo con una gatera «impenetrable» con una fuerte corriente de aire.

Una impresionante foto de la chimenea Astradome de 100 m de altura de Cueva Hoyuca (0107) tomada por Paul Fretwell apareció en la portada del número 229 de la revista Descent.

SECTOR SUR
John Dickinson, Phil Papard, Torben y Peter investigaron agujeros cerca de la cumbre de Piluca. El 3772 es un agujero ciego de 7 m de profundidad; 3773 es un destrepe de 2 m a una salita ciega; 3774, otro destrepe de 2 m a una fisura angosta y el 3775, un hoyo de 3 m de profundidad.

Torben describió el progreso en la cavidad 1220 en El Somo.

En la primera base (unos 6 m) se pudo pasar por una estrechez hacia abajo en la que Phil usó microexplosivos, unos 10 m de bajada. La base era ciega, pero a 3 m había una grieta con corriente de aire de unos 15 cm de ancho y 50 cm de alto. Pude ver unos 15 m hacia abajo a otro pozo. Necesitará microexplosivos, pero nada importante.

VARIOS
Torben había puesto detectores de radón en la Cueva-Cubío de la Reñada (0048) y en la Cueva Llanío (3234) el 5 de agosto. Los recogió 102 días después, el 15 de noviembre[2].

---

2   See http://www.matienzocaves.org.uk/science/index-radon.htm

2   http://www.matienzocaves.org.uk/science/index-radon.htm

2012 CHRISTMAS / NAVIDADES

Dan Hibberts	Pete 'Pedro' Smith	Sue Brocklebank (Morton)
Diane Arthurs	Simon Cornhill	Susan Martin
Lea Ziebold	Steve 'Big Steve' Martin	Tony 'Bottlebank' Brocklebank

NORTHWEST SECTOR

Above Invisible Cave (3283), site 3008 had been first documented in 2008. Lea took more photos and reported that Alis Serna, a Spanish archaeologist, might wish to examine the cave and that she would accompany him.

Steve, Susan, Simon and Diane had a "convoy drive" to "eventually reach" an area close to the top of the hill above Torca la Vaca (2889). Walking higher, plugs and feathers were used on a boulder down a small sink but there was no way on. Old site 2725 revealed two holes in a depression, both in sandstone and both around 4m long, needing digging to progress further. Site 2726 was described as an interesting rabbit hole that will need digging.

It rained on New Year's Day and there was a late start for looking around the upper Barrio de Los Urros, over Torca la Vaca. To shelter from the rain, site 3069 was briefly dug but the unstable block remained. New site 3786 was found above. Simon dug for a while finding a 20cm high broken off stal near the top of the rubble. Moving up the hill to site 3067, Si and Di dug in various locations but could find no obvious way on.

January 2nd and 3rd were taken up with investigations in the Torca la Vaca area. First, down near the main road, close to the 4-way junction, Tony, Sue, Si and Di "bashed through bramble" and found "lots of sandstone slots which we dug large enough to enter, but no way on". They found a large phreatic tube filled with sand on the river bank (3661). "Attempted to dig for a short while. No draught. Slow progress."

Site 3788 was documented as a slide down into a small chamber with a possible narrow slot in the floor and, further up the hill, 3789, a possible dig.

Simon descended down a body sized chute, Alice Hole (3524). "A vertical rabbit hole drops to a steep mud slope which chokes up. Around 6m long." Si and Di visited the dig in 3090 and found "the most amazing forest of mushrooms growing from the rotten wood laying across the pitch". They clambered down to the bottom of 3089, removed a few boulders but decided "we're not small enough to continue".

Back down near to river level, new site 3780 was documented as three short holes under a sandstone bed overlooking the road.

On the 3rd, Pete joined Tony, Si and Di to take photos in 3784, a hole Tony had found the day before. A very steep 4m descent drops onto a muddy slope to a small stooping chamber. This contained a nearly full skeleton of a horse and another small animal, perhaps a foal or a calf. A small slot beneath the pitch was forced through two tight squeezes ending in a choke.

Si and Di then drove higher up the hill and parked at the farm at the end of track. "Spoke to farmers who said the caves were lower down (Vaca!)"

Despite this, they walked out along the hillside to a group of unexplored holes overlooking La Gatuna. Site 2328 was explored 3m down to a too tight rift. Site 2369 was a 10m long cave containing many formations and a bat, but no visible way on without some concerted digging. New site 3781 was documented as a 20m long cave below a sandstone bed containing a series of tight cross rifts with a second entrance. Concerted digging would be needed to make any further progress. Site 2326 was entered after hammering a lump off. This was a short cave around 6m long and 2m high with no draught and no visible way on.

> Still finding sandstone non-draughting holes as it got dark ... we scrambled up the bramble slopes to find our way out of the forest, creating a passage under the brambles as it was easier than going over them!

They returned the next day exploring 2319 where the draughting out rift requires capping and 2317, a boulder climb down. The sand was dug out at the bottom and a rift passage was entered...

> ... with a twitching bat. No clear way on. Surveyed out. Got out as the sun was setting ... to Bilbao ferry.

SECTOR NOROESTE

La cavidad 3008 sobre Cueva Invisible (3283) se había documentado por primera vez en 2008. Lea sacó más fotos y nos contó que Alis Serna, un arqueólogo, quería examinar la cueva y ella lo acompañaría.

Steve, Susan, Simon y Diane hicieron un «viaje en convoy» para «finalmente llegar» cerca de la cima de la colina sobre Torca la Vaca (2889). Más arriba, quitaron un bloque de un pequeño sumidero, pero no había continuación. La cavidad 2725 tenía dos agujeros en una depresión, ambos en piedra arenisca y de unos 4 m de largo, que había que desobstruir para avanzar. Según la descripción, 2726 era una madriguera de conejo interesante que había que desobstruir.

El día de Año Nuevo amaneció con lluvia por lo que se retrasó la salida para prospeccionar el Barrio de Los Urros, sobre Torca la Vaca. Para protegerse de la lluvia, se excavó brevemente la cavidad 3069, pero no pudieron mover un bloque precario. Encima encontraron el agujero 3786. Simon lo excavó durante un rato y encontró una estalagmita de 20 cm rota cerca de la parte superior de las rocas sueltas. Subiendo la colina hasta la cavidad 3067, Si y Di excavaron en varios puntos, pero no pudieron encontrar una continuación obvia.

El 2 y 3 de enero continuaron las prospecciones en la zona de Torca la Vaca. Primero, cerca de la carretera principal y del cruce de los cuatro caminos, Tony, Sue, Si y Di «avanzaron entre las zarzas» y encontraron «muchas grietas en arenisca que desobstruimos lo suficiente como para entrar, pero sin continuación». Encontraron un gran tubo freático lleno de arena en la orilla del río (3661). «Intentamos desobstruir durante un rato. Sin corriente. Poco progreso».

Documentaron el agujero 3788, una pendiente hasta una pequeña sala con una posible grieta angosta en el suelo y, subiendo la colina, el 3789, una posible excavación.

Simon bajó por una rampa del tamaño de un cuerpo, Alice Hole (3524). «Una madriguera de conejo vertical da a una pendiente de barro obstruida. Alrededor de 6 m de largo». Si y Di visitaron la excavación en 3090 y encontraron «el más asombroso bosque de champiñones creciendo en la madera podrida que cruza el pozo». Bajaron hasta el fondo de 3089, quitaron algunas rocas pero decidieron que no eran «lo suficientemente pequeños para continuar».

De nuevo cerca del nivel del río, documentaron la cavidad 3780, tres agujeros cortos debajo de un lecho de arenisca con vistas a la carretera.

El día 3, Pete se unió a Tony, Si y Di para sacar fotos en la cavidad 3784, un agujero que Tony había encontrado el día anterior. Una bajada muy marcada de 4 m da a una rampa embarrada hasta una pequeña sala en la que hay un esqueleto casi completo de un caballo y otro animal pequeño, tal vez un potro o un ternero. Una pequeña ranura debajo del pozo fue forzada a través de dos estrechamientos angostos que terminaron en un caos de bloques.

Si y Di cogieron el coche para subir aún más y aparcaron en la granja al final del camino. «Hablé con los dueños que dijeron que las cuevas estaban más abajo (¡Vaca!)». A pesar de esto, dieron un paseo por la ladera hasta un grupo de hoyos inexplorados con vistas a La Gatuna. Exploraron el agujero 2328: 3 m hasta una grieta demasiado estrecha. El 2369 era una cueva de 10 m de largo con muchas formaciones y un murciélago, pero sin continuación obvia sin algo de excavación. El 3781 era una cueva nueva de 20 m de largo debajo de un lecho de arenisca con una serie de fisuras cruzadas angostas y una segunda entrada. Habría que desobstruirla para avanzar. Entraron en el agujero 2326 después de quitar un trozo de roca con el martillo. Se trataba de una cueva corta de unos 6 m de largo y 2 m de altura sin corriente ni continuación visible.

> Seguimos encontrando agujeros de arenisca sin corriente mientras oscurecía [...] trepamos por la ladera llena de zarzas para salir del bosque, creando un camino debajo de las zarzas, ¡ya que era más fácil que pasar sobre ellas!

Volvieron al día siguiente y exploraron la cavidad 2319 (una fisura sopladora para la que hacen falta microexplosivos) y la 2317. Esta

Steve Martin down the draughting dig 3741.
Steve Martin bajando por la excavación 3741. *Tony Brocklebank*

The Northeast Sector including the Four Valleys System

In Secadura, 3741, a dig some 30m from the boulder choke at the western end of Lenny's Cave (3721), was in a prime position to drop into any continuing passage. Sue and Tony on December 22nd and Tony, Steve, Simon and Diane the next day worked to widen the hole and deepened it to 5m. One person commented, "Midge infested, draught-less, no-hoper of a dig".

Diane scrambled up the hillside looking for a walk-in entrance but the brambles had not "subsided as expected". "A birthday gift of a machete requested rather than a slow cooker."

On Christmas Day, Sue had a guided tour of Lenny's and Si and Di surveyed Lugger's Lair at the eastern end.

The day after, Tony, Sue, Susan, Steve, Simon and Diane were investigating the hillside on the north side of the Llueva valley. Cueva de Verdura (0891) was re-found and Si and Di descended the shaft. Site 3778, found in the autumn on the Llueva / Secadura ridge was descended and surveyed: a 7 - 8m pitch down a decorated shaft with a 4m assisted climb up to an eyehole with no way on. Seventy five metres southeast of Verdura, new site 3782 was found next to a large sandstone boulder and covered with a large oil drum. A muddy slope descended for 2m and a short dig entered a blind chamber with enough room to turn around in.

The nearby sites 1985 and 1986 were opened up: the former having a steep slope to an 8m long walking rift, the latter having a blind enlargement. Site 1707 was also examined and appeared to be blocked after 1m.

On December 28th, Simon descended site 3785 about 300m east of Verdura. The entrance was excavated for 3m to a tight pitch head, leading to a 15m drop down a fine shaft. Several windows and a parallel shaft were entered on the way back up, all ending too tight.

Site 3783 was found nearby, a possible dig only 1m deep.

Si and Di spent New Year's Eve in the vicinity of Lenny's Cave. A surface survey provided better locations for Lenny's, 3721, La Bodega (0288) and site 3741 where heavy tree cover in places weakened the GPS signals. La Bodega was also surveyed "as far as comfortably possible".

Inside Lenny's they surveyed into the draughting boulder choke off the main chamber. Diane wrote:

> The draught coming out of Lenny's is not significant at the moment, but the draught out of The Frenzy passage is still very strong. The end of the passage leads to the chamber where Doldy spent his last day in the summer chasing the draught. Once again we couldn't identify the source ... The Doldy Last Day chamber is full of fresh, cool air and we surveyed in three directions clambering around the boulders. This chamber still needs investigating further as the draught is so strong in the break through dig and there are possible ways on, but the boulders may be unstable.

A number of holes above Lenny's, all very close together, were documented as site 3787. Tony commented:

> It's as though there's a joint on which several shafts have developed, which could even be the back end of the boulder chokes in Lenny's ... We've only been down one; Dan and I had a look in it ... This drops a couple of metres in a slot to some trapped boulders which need removing. You can see down perhaps three or four metres more. The rest need work before they could be descended.

Southern Sector

Sima-Cueva del Risco (0025) was visited on December 29th by Steve, Pete, Di and Si to photograph the impressive bank of varied sediments.

The impressive bank of varied sediments in Risco.
El impresionante banco de sedimentos variados en Risco.
Simon Cornhill

última era un destrepe entre bloques. Excavaron la arena en el fondo y entraron en una galería en diaclasa...

> ...con un murciélago que tiritaba. No hay continuación obvia. Topo al salir. El sol se estaba poniendo [...] al ferry de Bilbao.

Sector Noroeste, incluyendo el Sistema de los Cuatro Valles

En Secadura, la cavidad 3741, una excavación a unos 30 m del caos de bloques en el extremo occidental de la Cueva de Lenny (3721), está en una posición privilegiada para abrirse hasta una galería. Sue y Tony el 22 de diciembre y Tony, Steve, Simon y Diane al día siguiente la ampliaron y avanzaron 5 m. Una persona comentó: «Llena de mosquitas, sin corriente de aire, sin esperanzas».

Diane trepó la ladera buscando otra entrada, pero las zarzas no habían «disminuido como se esperaba». «Solicito un machete como regalo de cumpleaños en lugar de una olla de cocción lenta».

El día de Navidad, Sue disfrutó de una visita guiada de la Cueva de Lenny y Si y Di inspeccionaron la sala Lugger's Lair en el extremo este.

Al día siguiente, Tony, Sue, Susan, Steve, Simon y Diane prospeccionaron la ladera en el lado norte del valle de Llueva. Se volvió a encontrar la Cueva de Verdura (0891) y Si y Di bajaron el pozo. También entraron y topografiaron la cavidad 3778, encontrada en otoño en la cima entre Llueva / Secadura: un pozo decorado de 7 a 8 m con una escalada asistida de 4 m hasta una grieta sin continuación. A 75 m al sureste de Verdura, se encontró la nueva cavidad 3782 junto a una gran roca de arenisca y cubierta con un gran bidón de aceite. Una pendiente con barro de 2 m da, tras un poco de desobstrucción, a una sala ciega con suficiente espacio para dar la vuelta.

Cerca se abrieron los agujeros 1985 y 1986: el primero tiene una pendiente pronunciada a una grieta de 8 m de largo, el segundo tiene una galería ciega. El 1707 también se inspeccionó y parecía estar obstruido tras 1 m.

El 28 de diciembre, Simon entró en la cavidad 3785 a unos 300 m al este de Verdura. La entrada se excavó durante 3 m hasta la cabecera estrecha de un pozo bonito de 15 m. Al subir de vuelta, echó un vistazo en varias ventanas y un pozo paralelo, todos ellos demasiado estrechos.

Cerca se encontró el agujero 3783, una posible excavación de solo 1 m de profundidad.

Si y Di pasaron la víspera de Año Nuevo cerca de la Cueva de Lenny. Un estudio del terreno resultó en mejores coordenadas para Lenny, 3721, La Bodega (0288) y 3741, donde los árboles debilitan la señal del GPS. También topografiaron La Bodega «hasta donde buenamente se podía».

Dentro de la Cueva de Lenny, examinaron el enorme caos de bloques de la sala principal. Diane escribió:

> Ahora no sale una gran corriente de aire de Lenny's Cave, pero la que sale de la galería The Frenzy aún es muy fuerte. El final de la galería va a dar a la sala en la que Doldy se pasó su último día en verano persiguiendo la corriente. Una vez más, no pudimos identificar de dónde salía [...] La sala Doldy's Last Day está llena de aire fresco y frío y topografiamos en tres direcciones trepando por las rocas. Esta sala aún se ha de investigar más ya que la corriente es muy fuerte en la desobstrucción y hay posibles continuaciones, pero las rocas pueden estar algo sueltas.

Varios agujeros muy juntos por encima de la Cueva de Lenny se documentaron con el número 3787. Tony comentó:

> Es como si hubiera una diaclasa por la que se han desarrollado varios pozos, que incluso podrían dar al otro lado del caos de bloques de Lenny [...] Solo hemos entrado en uno; Dan y yo echamos un vistazo [...] un par de metros en una ranura a algunas rocas que se han de quitar de en medio. Se puede ver hacia abajo quizás 3 o 4 m más. Los demás se han de desobstruir antes de poder entrar.

Sector Sur

Steve, Pete, Di y Si entraron a Risco el 29 de diciembre para fotografiar el impresionante banco de sedimentos.

Tom Thomson was organising an upcoming Easter trip with photography and some bug collecting to, eventually, put together a formal funded project to study the entomology of the caves. This extensive project got off the ground at Easter 2014.[1]

On the Dia de los Reyes, January 6th, Pete was called out in the morning to rescue a dog that had fallen down a shaft situated above and about half way along the Bosmartín - Las Calzadillas track. The hole turned out to be site 1499, first explored in April 2000 down an 18m drop. The animal was pulled out and "seemed OK", and there was time to get back for the usual lunchtime blancos.

Pete also removed radon detectors in Cueva-Cubío de la Reñada (0048) and Cueva Asiul (0061) but there was a problem with the Corentium Canary results: humidity appeared to be causing one of the units to malfunction.

---

1   "Cave Biology of Matienzo with a Focus on Entomology", pages 467 - 474

Tom Thomson estaba planeando su visita en Semana Santa para fotografiar y recoger muestras con la intención de preparar un proyecto formal financiado para estudiar la entomología de las cuevas. Este extenso proyecto se puso en marcha en Semana Santa de 2014[1].

En el día de Reyes, el 6 de enero, llamaron a Pete por la mañana para rescatar a un perro que se había caído a una sima situada subiendo por la pista de Bosmartín - Las Calzadillas. La sima resultó ser la cavidad 1499, explorada por primera vez en abril de 2000 con un pozo de 18 m. Sacó al animal, que «parecía estar bien», con tiempo de sobra para llegar a los blancos del mediodía.

Pete también quitó los detectores de radón en Cueva-Cubío de la Reñada y Cueva Asiul, pero hubo un problema con los resultados del detector Corentium Canary: parece ser que la humedad hacía que una de las unidades fallase.

---

1   "Cave Biology of Matienzo with a Focus on Entomology", pp 467 - 474

2013 EASTER / SEMANA SANTA				
Alasdair 'Ali' Neill	Dave 'Angus' Bell	John Southworth	Pete Morgan	Simon 'Dingle 1' Latimer
Andy Pringle	Dave Gledhill	Juan Corrin	Pete 'Pedro' Smith	Steve 'Big Steve' Martin
Bill Sherrington	Dave Milner	Karen Korsgaard Redder	Pete Whetham	Susan Martin
Bob Toogood	Diane Arthurs	Kevin Chadwick	Peter Eagan	Tom 'Cave Ferret' Thomson
Carolina Smith de la Fuente	Edwin 'Eddie' Mason	Louise Korsgaard	Peter Fast Nielsen	Tom Howard
Chris Camm	Gordon Proctor	Marie Korsgaard Redder	Phil Goodwin	Tony 'Bottlebank' Brocklebank
Chris Hibberts	Harry Long	Marites Magpantay	Phil Papard	Torben Redder
	Hilary Papard	Martin 'Barny' Barnicott	Phil Parker	
	James Carlisle	Paul 'Footleg' Fretwell	Rupert Skorupka	
	Jenny Corrin	Penny Corrin	Simon Cornhill	

NORTHWEST AND FAR WEST SECTORS

Close to the ridge north of Cobadal, Steve, Simon Cornhill and Diane worked at the slot in the base of the 4m shaft at site 2717. Some enlarging took place but it was "not big enough to get into - yet!". Another visit finished off the hole where a dig in the floor of a 3m shaft confirmed it was "well choked up". Closer to the ridge, Si and Di relocated then re-explored 3056, dropping 40m in "this interesting hole" to find "no good dig spots".

John had been told about a large "Cueva del Hombre" on the northern Cobadal hillside so Phil Papard had an unsuccessful hunt for it on April 9th. However, half a dozen small sites were discovered: 3863, 3865, 3866, 3867 and 3868 were documented as digs with 3864, a very narrow rift. None was exciting enough to return to.

At Cobadal, Juan and Penny assisted Tom Thomson with preliminary work for his Matienzo Karst Entomology Project. They visited Cueva Torcida (0613) and Orchard Cave (0618) where pitfall traps were set (and retrieved at a later date) and bugs collected. Tom spent some time photographing an obliging fire salamander in Orchard Cave.

Simon Cornhill and James were sceptical about Andy's claim that Double Horse Trough Rising (2185) at Cobadal was 10m long and wide open, but they went to explore anyway. James wrote:

> The first 15m or so are flat out in water but eventually we dug through to a cross rift where it was possible to stand up. The way on was in the

SECTOR NOROESTE Y EXTREMO OESTE

Cerca de la cumbre al norte de Cobadal, Steve, Simon Cornhill y Diane intentaron agrandar la ranura en la base del P 4 de 2717. Algo la agrandaron, pero «no lo suficiente como para entrar, ¡todavía!». Tras otra visita dieron los trabajos por finalizados cuando la excavación en la base de un pozo de 3 m confirmó que estaba «bien obstruido». Más cerca de la cumbre, Si y Di se acercaron a la cueva 3056 para reexplorarla. Bajaron los 40 m de «este interesante agujero», pero no había «buenos sitios para excavar».

A John le habían hablado de una gran «Cueva del Hombre» en la ladera norte de Cobadal y Phil Papard intentó buscarla, sin éxito, el 9 de abril. Sin embargo, descubrió media docena de pequeños agujeros: 3863, 3865, 3866, 3867 y 3868, pendientes de desobstrucción, y 3864, una grieta muy estrecha. Ninguno parece ser lo suficientemente emocionante como para volver.

En Cobadal, Juan y Penny ayudaron a Tom Thomson con el trabajo preliminar para su proyecto de entomología del karst de Matienzo. Visitaron Cueva Torcida (0613) y Orchard Cave (0618) donde colocaron trampas (que se recuperaron tiempo después) y recolectaron muestras. Tom pasó un rato fotografiando una servicial salamandra común en Orchard Cave.

Simon Cornhill y James no se terminaban de creer que Double Horse Trough Rising (2185), en Cobadal, hubiese mucho que explorar, como afirmaban Pete y Andy, pero fueron igualmente. James escribió:

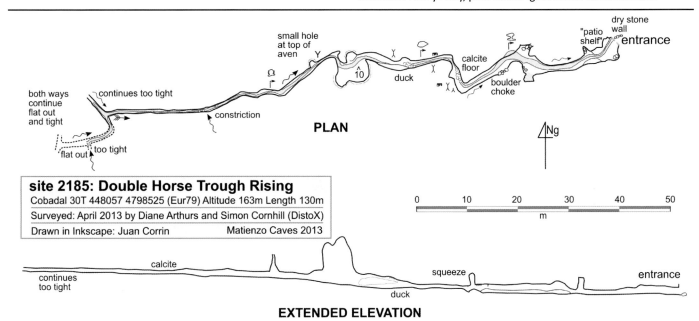

PLAN

small hole at top of aven

both ways continue flat out and tight

continues too tight

constriction

flat out / too tight

calcite floor

duck

boulder choke

"patio shelf"

dry stone wall

entrance

Ng

site 2185: Double Horse Trough Rising
Cobadal 30T 448057 4798525 (Eur79) Altitude 163m Length 130m
Surveyed: April 2013 by Diane Arthurs and Simon Cornhill (DistoX)
Drawn in Inkscape: Juan Corrin   Matienzo Caves 2013

0   10   20   30   40   50
m

continues too tight

calcite

squeeze

duck

entrance

EXTENDED ELEVATION

stream and required more digging. Eventually, we broke
through into a calcited, sharply-noduled passage. This
continued, following the stream for about 50m to a
large aven passing two squeezes past calcite ... The
stream does a U-turn and continues past another aven
and a further squeeze. The draught here is howling
out. Eventually we reached a point which needed some
work with a lump hammer to make further progress. ...
The draught is really good but it seems unlikely that
the cave will break into anything significant.

Simon Cornhill and Diane surveyed the cave (130m) to where it
became too tight. Di recommended wearing neoprene for a person
willing to continue. "Two ducks, a few squeezes plus an aven big
enough to dance in."

On April 6th, James and Chris went to the nearby resurgence,
Woodcutter's Cave (2183). There was "a huge stream exiting the cave"
but they pushed the end of the muddy passages around a corner to
a small pool with a cascade entering "out of a rabbit-sized hole with
no prospect of digging". Back towards the entrance, they noted that
there appears to be a passage at the top of the aven. The pair then
dug in Black Mud Inlet, disturbing the foul-smelling mud and having
"the amusing spectacle of a brown stream and a black stream mixing
together". They dug for several body lengths to reach a continuation
that was "much the same". James reckons that it needs more digging
(in a wetsuit) but "looks reasonably promising". Nobody has taken up
James' suggestion.

Nestling in the hillside just to the south of the main Cobadal
depression is a hidden hollow with dimensions of about 400x100m
and up to 20m or so deep. Harry walked up the track from the west to
this feature and, just before reaching it, walked past a new timber &
block house to find new site 3829. This is "... a deep hole with water
showering into it. It is possible to walk down about 12m to where a
rope or ladder would be a help". He was then taken by a Portuguese
man from the house to another hole on the south of the depression,
site 3830. Harry wrote:

A few metres of walk-in passage reaches the top of
a deep pitch (20-25m) at the near end of a rift about
10m long, with water showering out of the roof. There
is a good echo from rocks dropped down.

Harry brought John, Phil Goodwin and Dave Milner back to examine
these holes on April 2nd. Site 3829 was found to have a floor 15m
down with a small opening that dropped another 3m but it would
"require a lot of work to get into it." Any thought of descending site
3830 was abandoned because too much water was entering through
the roof joint. Nearby 3831 was explored as a straight 7m descent into
a completely choked chamber.

Si, Di and Bill visited digs in the vicinity of Torca la Vaca (2889). A few
blocks were removed from site 2090 (The Shanty Town) revealing a
solid wall. (More work occurred here on April 3rd when Steve and Di
used caps and plugs and feathers to remove some "giant boulders".)
They moved onto Snottite (1874) but only had a cursory dig at the
collapsed entrance. The trio then moved onto The Fridge (2917), a
promising site "where the locals seemed friendly".[1]

An account of that exploration in The Fridge can be read in "2917:
Cueva de los Urros (El Zorro, los Gatos y el Frigo)" opposite.

On April 6th, Si and Di capped and removed "gigantic boulders" from
the base of a sink hole (3069) so that the "tantalising gap was widened
to body size". Di squeezed down to see water trickling into a 5cm gap.

Si and Di spent a little time in site 3089, close to the road up past
Torca de Peña Encaramada (3380). This had been dug in the autumn
2008 and Christmas 2012 and now the constriction was capped out
making it wide enough for the wiry couple. As Di wrote:

The passage drops 5m in a body-sized rift ... easy to
slide down and climb back out. A lower bedding plane
can be seen where the water trickles but not easy to
access ... there's little room for manoeuvre.

Digging loosened a boulder slope and this needs stabilising before
digging can continue.

About 350m to the west, Harry investigated new site 3882, a well
overgrown depression with a 4m drop that looked to be choked.

Si and Di again spent time above Torca la Vaca looking at old and new
sites. The 2 digs in the depression close to twin boulder chokes above
Scafell Aven were inspected. Simon wrote:

3286: The dig under the dodgy hanging sandstone
boulders looks good. I may return and fire some caps
into it. Also the crawl going off from the initial
chamber is interesting. If this site hasn't been
surveyed I would be prepared to do it.
3166: I climbed down to the round, flat-roofed chamber
at the bottom ... pulled some boulders out. I also

Los primeros 15 m, más o menos, son un laminador
con agua, pero finalmente excavamos hasta una fisura
transversal donde podíamos ponernos de pie. La
continuación estaba en el arroyo y había que seguir
desobstruyendo. Finalmente, nos abrimos paso hasta
una galería con calcita y nódulos puntiagudos. El
arroyo siguió unos 50 m más hasta una gran chimenea
pasando dos estrechamientos y calcita [...] El arroyo
da un giro de 180° y continúa pasando otra chimenea
y otro estrechamiento. Aquí la corriente de aire es
muy fuerte. Finalmente, llegamos a un punto que hay
que agrandar con un martillo. [...] La corriente de
aire es buena, pero parece poco probable que dé a algo
significativo.

Simon Cornhill y Diane topografiaron la cueva (130 m) hasta donde se
volvía demasiado angosta. Según Di, quien quiera continuar, mejor con
neopreno. «Dos bóvedas sifonantes, unos pocos estrechamientos y una
chimenea lo suficientemente grande como para bailar en ella».

El 6 de abril, James y Chris fueron a una surgencia cercana,
Woodcutter's Cave (2183). «Un enorme arroyo salía de la cueva», pero
forzaron el extremo de las galerías de barro doblando una esquina
hacia una pequeña charca con una cascada que pasaba «por un
agujero del tamaño de un conejo, no se puede excavar». De vuelta
hacia la entrada, vieron lo que parecía una galería en lo alto de la
chimenea. La pareja luego excavó en Black Mud Inlet, removiendo el
barro maloliente con «el entretenido espectáculo de ver una corriente
marrón y una corriente negra mezclándose». Excavaron varios metros,
pero lo que encontraron era «muy parecido». James cree que se ha
de desobstruir más (con traje de neopreno), pero «parece bastante
prometedor». Nadie ha aceptado la sugerencia de James.

Enclavada en la ladera justo al sur de la depresión principal de
Cobadal hay una depresión oculta con unas dimensiones de unos
400x100 m y hasta 20 m de profundidad. Harry subió hasta ella por la
pista desde el oeste y, justo antes de llegar, pasó por una nueva casa
de piedra y madera y encontró un nuevo agujero, el 3829: «un hoyo
profundo al que entra agua. Se puede entrar andando, unos 12 m hasta
donde una cuerda o escala sería de ayuda». Luego, el señor portugués
salió de la casa y le condujo a otro hoyo en el sur de la depresión, el
3830. Harry escribió:

Unos pocos metros de galería amplia dan a la cabecera
de un pozo profundo (20-25 m) en el extremo cercano de
una fisura de unos 10 m de largo, con agua que cae del
techo. Hay un buen eco al tirar rocas.

Harry volvió el 2 de abril junto a John, Phil Goodwin y Dave Milner
para investigar estos agujeros. Descubrieron que el 3829 tenía un suelo
a 15 m con una pequeña abertura que baja otros 3 m, pero haría «falta
mucho trabajo para entrar». Abandonaron la idea de entrar a 3830
porque entraba demasiada agua a través del techo. Cerca, exploraron
el agujero 3831: un pozo de 7 m en una sala completamente obstruida.

Si, Di y Bill se acercaron a las excavaciones cerca de Torca la Vaca
(2889). Quitaron algunos bloques de 2090 (The Shanty Town) y se
encontraron con una pared sólida. (El 3 de abril Steve y Di llevaron
micros y cuñas para quitar algunas «rocas gigantes»). De ahí pasaron
a Snottite (1874), pero solo excavaron superficialmente la entrada
colapsada. El trío luego se trasladó a The Fridge (2917), un agujero
prometedor «donde los lugareños parecían amistosos».[1]

Una crónica de esta exploración se puede leer en «2917: Cueva de los
Urros (El Zorro, los Gatos y el Frigo)» en la siguiente página.

El 6 de abril, Si y Di quitaron con micros unas «rocas gigantescas» de
la base de un sumidero (3069) para «abrir la tentadora abertura». Di
entró y pudo ver agua que goteaba a una ranura de 5 cm.

Si y Di visitaron la cavidad 3089, cerca de la carretera que pasa por
Torca de la Peña Encaramada, que se había excavado en otoño de 2008
y Navidad de 2012. Ahora que se había ampliado la estrechez, esta
pareja enjuta pudo pasar con facilidad. Di escribió:

Un destrepe de 5 m da a una grieta del tamaño
de un cuerpo [...] podemos deslizarnos por ella y
volver a subir con facilidad. Se puede ver un plano
de estratificación inferior donde gotea agua, pero
no es fácil de acceder [...] hay poco espacio para
maniobrar.

Al excavar se había desestabilizado una pendiente de rocas que
debían estabilizar antes de continuar.

A unos 350 m al oeste, Harry investigó un nuevo agujero, 3882: una
depresión llena de maleza con un pozo de 4 m que parecía obstruido.

Si y Di volvieron a la zona encima de Torca la Vaca para mirar agujeros
antiguos y nuevos. Inspeccionaron las dos excavaciones en la depresión
cerca de los dos caos de bloques sobre Scafell Aven. Simon escribió:

3286: La excavación bajo las rocas de arenisca
chungas tiene buena pinta. Igual vuelvo con micros.

---

1   Quite different from summer 2008 when the Guardia Civil were
summoned by a local concerned about the loud noises emanating from the dig.
See Matienzo: 50 Years of Speleology, page 212.

1   Al contrario que en el verano de 2008, cuando un vecino preocupado por
los ruidos fuertes que salían de la excavación llamó a la Guardia Civil. Véase
Matienzo: 50 años de espeleología, p. 212.

climbed down the very loose shaft parallel to this. An interesting but loose cave.

They went on to inspect site 2949 where up to 5 holes had previously been documented. On this visit, three holes were seen.

The left and centre holes connect up in a small cavity. The right hand hole enters a 3m low chamber via a flat-out wriggle. A small trickle of water was uncovered emerging and sinking in very small slots.

Up the hill at 3878, a significant amount of water was found resurging

También es interesante el laminador que sale de la primera sala. Si no tiene topo, puedo hacerla yo.
3166: Bajé hasta la sala redonda de techo plano [...] saqué algunas rocas. También destrepé por el pozo paralelo, muy suelto. Una cueva interesante, pero poco estable.

De ahí pasaron a 2949, donde previamente se habían documentado hasta cinco agujeros. En esta visita, vieron tres.

El de la izquierda y el de en medio conectan en una pequeña cavidad. El de la derecha da a una sala baja

2917: Cueva de los Urros (El Zorro, los Gatos y el Frigo)

DIANE ARTHURS

The entrance to Cueva de los Urros was a historical fridge for the locals, providing a cool area to store food and had a strongly draughting, body-sized tube at the back. Crawling through the entrance reminded me of the gates to Narnia.

The hole was discovered in 2008 but exploration was abruptly halted: the use of snappers had aroused the interest of the local residents who invited the Guardia Civil to investigate.

Five years later, at Easter 2013, Bill Sherrington, remembering the cold, draughting fridge, led us to the entrance. After talking to the residents, permission was granted and we began our exploration.

It was a glorious day and the dig only required one person chiselling at the front to remove the loosened rock, so Bill and I sat in the grassy meadow basking in the sun. After a short while I noticed that a freckle on my hand was moving! Bill and I examined our oversuits and tackle bags and discovered to our dismay that we were infested with tiny ticks. Leaping out of the grass we plucked the creepy crawlies off each other like grooming chimpanzees and made our way to the entrance of the Fridge. Sitting on the steps we discovered we were in the flight path to a wasps' nest, but this wasn't as bothersome as the ticks! Luckily, Simon had cleared the blockage and returned back to the entrance with the news of ongoing passage, just beyond the fresh animal pooh!

Bill led the way through the squeeze, questioning Simon whether there was a point at which one could turn around. Just beyond the pooh, Bill came across a 90° impassable right turn. We all reversed back out to the Fridge entrance and changed the order of approach. Si led again, chiselled a little off the corner and dug the sandy, aerated mud out of the floor which enabled him to squeeze through the narrowing. I lay at the corner, not attempting to go through until Si shouted that the chamber ahead led to a walking-sized passage.

Beyond the chamber, the smell of animal was becoming very strong. As the floor rose up and became crawling size the stench was overpowering and a freshly half-gnawed goat leg bone was lying in the middle of the passage! Taking a quick video we hit full reverse before whatever was eating the bone came back for its lunch.

Returning in the summer, the nervous caver in front, brandishing a large crow bar, was pleased to find that the stench of animal had dissipated and the bone had been gnawed down to the hoof. Neil (Slim) McCallum, Simon Cornhill and myself pushed the hand and knees crawl which soon emerged into a maze of 10 metre high, interlinking passages. It was obvious that we were now in what we hoped to be an abandoned animal den and evidence of this continued deep into the system.

The exploration of this cave was quite novel as none of us was keen to go first for fear of bumping into one of the residents!

La entrada a la Cueva de los Urros ha sido durante mucho tiempo un cubío para los lugareños, proporcionando un lugar fresco para almacenar alimentos, con un tubo en la parte trasera por el que sale una fuerte corriente de aire. La gatera de la entrada me hizo pensar en las puertas de Narnia.

La cueva se descubrió en 2008, pero la exploración se detuvo abruptamente: el ruido de los micros despertó el interés de los vecinos, quienes invitaron a la Guardia Civil a investigar.

Cinco años después, en la Semana Santa de 2013, Bill Sherrington, recordando aquel frío y soplador cubío, nos condujo a la entrada. Después de hablar con los vecinos, nos dieron el visto bueno y empezamos nuestra exploración.

Era un día glorioso y tan solo hacía falta que una persona cincelara la primera parte para quitar la roca suelta, así que Bill y yo nos sentamos en el prado a tomar el sol. Después de un rato noté que una peca de mi mano se movía. Bill y yo examinamos nuestros monos y bolsas de equipo y descubrimos, para nuestra consternación, que estábamos infestados de pequeñas garrapatas. Nos levantamos de la hierba de un salto, nos arrancamos el uno al otro los asquerosos bichos como chimpancés que se acicalan y nos dirigimos a la entrada del cubío. Sentados en los escalones descubrimos que estábamos cerca de un nido de avispas, ¡pero no fueron tan molestas como las garrapatas!

Afortunadamente, Simon había despejado la obstrucción y volvió a la entrada para darnos la noticia de que la cueva continuaba, ¡pasando una caca de animal reciente!

Bill pasó el primero por la estrechez, mientras le preguntaba a Simon si había un punto en el que uno pudiera darse la vuelta. Pasando la caca de animal, Bill se encontró con un giro a la derecha infranqueable de 90°. Dimos marcha atrás de vuelta a la entrada y cambiamos el orden. Si volvió a ir el primero, cinceló un poco la esquina y sacó barro arenoso y aireado del suelo para pasar el estrechamiento. Mientras, me recosté en la esquina, pues no iba a intentar pasar hasta que Si gritase que la sala de enfrente conducía a una galería grande.

Al otro lado de la sala, el olor a animal era más intenso. A medida que el suelo subía y se convertía en una gatera, el hedor empezó a ser insoportable y encontramos un hueso de pata de cabra medio roída en medio de la galería. Sacamos un vídeo rápido y dimos marcha atrás antes de que lo que se estaba comiendo el hueso regresara para su almuerzo.

Al volver en verano, el espeleólogo nervioso que iba primero, blandiendo una gran palanca, se alegró al descubrir que el olor a animal se había disipado y el hueso había sido roído hasta la pezuña. Neil (Slim) McCallum, Simon Cornhill y yo forzamos la gatera, que pronto se abrió a un laberinto de galerías interconectadas de 10 m de altura. Era obvio que nos encontrábamos en lo que, esperábamos, era una guarida abandonada, algo que pudimos seguir constatando a medida que nos adentrábamos en el sistema.

La exploración de esta cueva fue bastante novedosa ya que ninguno tenía ganas de ir primero ¡por miedo a toparse con uno de los lugareños!

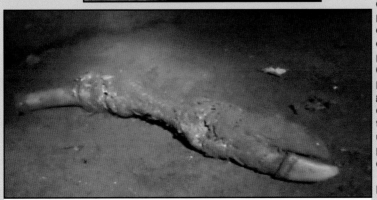

"The leg's not scary ... it's what's been eating it that's scary!" (Picture from video.)
«La pierna no da miedo... ¡lo que la ha estado comiendo sí!» (Imagen del vídeo.)

from a sandstone slot, cascading down and then quickly sinking into the floor of a small chamber, 1m high and 2.5m diameter. Above 3066, they found 3879 - a draughting hole which was dug until the top of a very narrow slot was uncovered.

On March 26th, Bill and Dave Gledhill rigged Torca la Vaca down to the lake. Bill let his thoughts be known in the logbook:

> Discovered that the sump was up and that access to the cave would require free diving. I am not prepared to undertake free diving in such a remote spot. Decided that the best option was to seek alternatives and enjoy the expedition with a plan B which was to acquaint myself with other caves ...

Andy Pringle with Juan and Tom Thomson with Angus visited the top level of Torca la Vaca (2889) to photograph the fine formations.

On April 4th, Simon Cornhill, James, Chris Hibberts and Diane went to push The Wrong Trousers in Vaca. The pitch down to the stream level (Squality Street) was re-rigged to avoid loose boulders and piles of broken glass. Exploring upstream, beyond the end reached in 2008,[2] they had to dig out a low, flat out crawl for half an hour before Chris broke through into larger passage. James wrote:

Andy Pringle outside 3840.
Andy Pringle fuera de 3840. *Diane Arthurs*

> ... we found ourselves in walking height passage with black voids above. We climbed up and could see several possible leads but the forecast thunderstorms and lack of surveying gear convinced us to retreat for the day. There is a nice draught...

Returning three days later, Si, Di and James had trouble with the Disto and could only survey 87m before the instrument packed in at a junction where two streams meet. The left hand branch wasn't pushed but, as James wrote:

> ... the right hand passage broke into a huge chamber with a big dark space above. Out of this chamber were lots of ways on in a complex series of inter-connecting chambers. Still lots of leads to push!

James returned with Simon Cornhill on April 7th. They were disappointed by the big chamber:

> ... we were stopped by a 6m climb up an 80° mud slope on which it was impossible to gain purchase. At the top we could see a classic-looking Cow Pot, stal-covered passage heading due south into the hill. It also draughts and has 'winner-goer' written all over it!

There was no other way south so they surveyed the squalid, "scrotty stuff" heading north, out of the hill. (In total, 207m were surveyed down in this area, taking the length of Torca la Vaca to 15478m. The 'winner-goer' was explored in the summer.)

Simon then laddered a newly discovered drop at the base of the Squality Street entrance pitch. James wrote:

> This went 4m and was a bouldery death trap. However, at the bottom he could see a stooping height passage heading off horizontally. He didn't dare step off the ladder because it was scary!

Diane, Simon Cornhill's usual caving partner, was cave hunting in the area on the 7th. She spotted site 3861 from the main road but this turned out to be a small entrance with no way on. Rather better was Felipé's Cave (3862) shown to Di by a local - a 3m wide x 2m high, mossy, cold entrance with a 4m deep rift to the right. However, this was not explored until Easter 2018.

To the south of Fuente Aguanaz (0713), Si, Di and Andy discovered two new sites, 3839 (a drop down into a small, choked chamber) and 3840 (a squeeze through a tight rift into a small enlargement where a flat out tube ends after 3m).

John, Phil Goodwin and Dave Milner also prospected beyond upstream Fuente Aguanaz. On March 23rd they documented site 3804, a 4m undescended shaft (needs a ladder); 3805, a choked 2m deep shaft; 3808, where 2 holes required descending, and 3809, a 5m deep shaft that closed down at the bottom. On that day they also documented another 5 new holes at Ideopuerta (see below).

John, Gordon and Dave Milner returned to 3804 to find that the 4m ladder descent dropped into a small rift chamber that choked in both directions. Site 3808 was also visited: one hole was documented as a 5m shaft with a possible enlargement at the base that needed digging out and the other, a 3m descent into a rift chamber, also had some digging promise.

de 3 m a través de un laminador. Algo de agua salía de y se hundía en ranuras muy pequeñas.

Subiendo la colina, en la cavidad 3878 se encontraron con una cantidad significativa de agua que surge de una ranura de arenisca en cascada y desaparece rápidamente en el suelo de una pequeña sala de 1 m de altura y 2,5 m de diámetro. Sobre el 3066 encontraron el 3879, un agujero soplador que excavaron hasta que vieron la parte superior de una ranura muy estrecha.

El 26 de marzo, Bill y Dave Gledhill instalaron Torca la Vaca hasta el lago. Bill dejó sus pensamientos plasmados en el libro de salidas:

> Descubrí que el nivel del sifón había subido y que el acceso a la cueva requeriría una inmersión libre. No estoy preparado para hacerlo en un punto tan remoto. Decidí que la mejor opción era buscar alternativas y disfrutar de la expedición con un plan B que incluye familiarizarme con otras cuevas.

Andy Pringle, Juan, Tom Thomson y Angus visitaron el nivel superior de Torca la Vaca (2889) para fotografiar las formaciones.

El 4 de abril, Simon Cornhill, James, Chris Hibberts y Diane forzaron la sección The Wrong Trousers en Vaca. El pozo hasta la galería activa (Squality Street) se volvió a instalar para evitar rocas sueltas y montones de vidrios rotos. Explorando aguas arriba, pasando el último punto alcanzado en 2008[2], pasaron media hora desobstruyendo un laminador hasta que Chris entró a una galería más grande. James escribió:

> Estábamos en una galería alta con espacios negros en el techo. Escalamos y vimos varias posibles continuaciones, pero el pronóstico de tormenta y la falta de equipo topográfico nos convencieron para retirarnos. Hay buena corriente...

Al regresar tres días después, Si, Di y James tuvieron problemas con el Disto y solo pudieron topografiar 87 m antes de que el instrumento los dejara tirados en un cruce en el que se unían dos arroyos. No investigaron el de la izquierda, pero, como James escribió:

> La galería de la derecha da a una gran sala con un gran espacio oscuro arriba y de la que salían varias galerías en una compleja red de salas interconectadas. ¡Todavía hay mucho que explorar!

James regresó con Simon Cornhill el 7 de abril, pero la sala grande les decepcionó:

> Nos frenó una escalada de 6 m por una pendiente de barro de 80° en la que era imposible tener sujeción. En lo alto vimos una galería típica de Vaca, llena de formaciones, que se dirigía hacia el sur, monte adentro. ¡También lleva corriente y todas las papeletas para ser un exitazo!

No había continuación hacia el sur, por lo que topografiaron las escuálidas y «escabrosas» galerías en dirección norte. (En total, se topografiaron 207 m en esta área, llevando el desarrollo de Torca la Vaca a 15478 m. El «exitazo» se exploró ese verano).

Simon luego bajó con escala por un pozo recién descubierto en la base del pozo de la entrada en Squality Street. James escribió:

> Fueron 4 m y una trampa mortal de piedras. Sin embargo, en la base pudo ver un galería baja horizontal. ¡No se atrevió a bajarse de la escala porque le daba miedo!

Diane, la habitual compañera espeleológica de Simon Cornhill, salió a buscar cuevas por la zona el día 7. Vio el agujero 3861 desde la carretera principal, pero no era practicable. Más prometedora fue la Cueva de Felipe (3862) que un vecino le mostró: una entrada fría, con musgo, de 3 m de ancho x 2 m de alto con una fisura de 4 m de profundidad a la derecha. Sin embargo, no se exploró hasta la Semana Santa de 2018.

Al sur de Fuente Aguanaz, Si, Di y Andy descubrieron dos nuevos agujeros, 3839 (un destrepe a una sala pequeña y obstruida) y 3840 (una estrechez a una galería algo más amplia donde un laminador termina tras 3 m).

John, Phil Goodwin y Dave Milner también prospeccionaron aguas arriba de Fuente Aguanaz. El 23 de marzo documentaron el 3804, un pozo sin descender de 4 m (necesita una escala); 3805, un pozo obstruido de 2 m de profundidad; 3808, dos agujeros sin descender; y el 3809, un pozo de 5 m de profundidad obstruido en la base. Ese día también documentaron otros cinco agujeros en Ideopuerta (ver más abajo).

John, Gordon y Dave Milner volvieron a 3804 y vieron que el pozo

---

2   See Matienzo: 50 Years of Speleology, page 227

2   Véase Matienzo: 50 años de espeleología, p. 227.

Above: Photo by Andy Pringle with Juan Corrin.
Others: Photos by Tom Thomson with Dave Bell
Arriba: Foto de Andy Pringle con Juan Corrin.
Otros: Fotos de Tom Thomson con Dave Bell

TORCA LA VACA, HORNEDO

Cueva de los Campizos (Cueva Yoyó). Dave Milner clambering up from the entrance and Phil Goodwin tackling an underground pitch.
Cueva de los Campizos (Cueva Yoyó). Dave Milner trepando desde la entrada y Phil Goodwin instalando un pozo.   *John Southworth*

At Ideopuerta on March 23rd, John, Phil Goodwin and Dave Milner investigated 5 new sites: 3806, a small hole; 3807, a very tight 8m deep rift; 3810, another small hole; 3811, an undescended rift, approximately 4m deep and one of a series of rifts at the same altitude, and site 3812, the biggest find of the day. This became Yo-yo Cave or, more properly, Cueva de los Campizos but, on that day, the discovery was a slope down to a 5 x 2.5m entrance into a 10m wide chamber with "a hole on the far side".

They were back the following day, as John wrote:

> Descended hole ... into 'railway tunnel' passage which quickly closed down. Way on was a bolt climb up to a further upper hole. Another descent led to a deeper pitch with no way out, but had another way on at an upper level.

Between days in Yo-yo, the trio dug at 3614, above the Duck Pond Sink (1976), but more work was required. Site 3814 (a metre deep to a small continuation) was also found later under a sandstone slab by John and Dave Milner, 450m northwest of Duck Pond Sink.

So back to Yo-yo with Gordon and, first, a bypass to the first pitch was revealed by excavating a short, descending hole. At the end of the cave, a 7m bolted traverse over the blind pit led to a 15m diameter shaft which was descended in 3 steps to a total depth of 25m. Phil described the discovery:

> The bottom of the shaft is 10m in diameter with alcoves and covered in large boulders and very, very dry. On the left hand side a small hole, about 20cm, against the wall was draughting well. About 2.5m down it appears to undercut the wall and open out. Any further progress would involve a serious dig with continuous capping and shoring.

The site was surveyed to a length of 153m and depth 36m. Work was to continue in the summer.

Up the hill from Yo-yo, Dave Milner and Phil Goodwin investigated site 3813, but this was only a set of 3 small, interlinked caves with choked passage running parallel to the hillside. A visit to 3665, on the other side of the hill and previously documented as undescended, showed the entrance to be completely blocked with 3 very large rocks.

About 250m northwest of Duck Pond Sink, a cave hidden away behind thick vegetation at site 3543 was shown to Phil Parker and Chris Camm by an elderly local man. This had been missed when the sink / depression had first been documented in the autumn of 2011. Over 28th and 29th March, the site, used as a Civil War refuge, was surveyed along three crawls. The middle

de 4 m daba a una pequeña sala en diaclasa obstruida en ambas direcciones. También fueron a 3808: uno de los agujeros era un pozo de 5 m con una posible ampliación en la base y el otro, un destrepe de 3 m a una sala en diaclasa que también podría desobstruirse.

En Ideopuerta, el 23 de marzo, John, Phil Goodwin y Dave Milner investigaron cinco nuevas cavidades: 3806, un pequeño agujero; 3807, una fisura muy estrecha de 8 m de profundidad; 3810, otro pequeño agujero; 3811, una fisura sin explorar de unos 4 m de profundidad y una serie de fisuras a la misma altitud, y el 3812, el mayor hallazgo del día. Este agujero se convirtió en la cueva Yoyó o, más propiamente, Cueva de los Campizos, pero ese día solo se descubrió una pendiente a una entrada de 5 x 2,5 m a una sala de 10 m de ancho con «un agujero al otro lado».

Regresaron al día siguiente, como John escribió:

> Bajamos [...] una galería como un túnel que se cerró enseguida. La continuación era una escalada artificial a otro agujero. Otra bajada da a un pozo más profundo sin salida, pero con continuación en un nivel superior.

Entre los días en Yoyó, el trío intentó sin éxito desobstruir el agujero 3614, por encima de Duck Pond Sink (1976). John y Dave Milner también encontraron más tarde el agujero 3814 (un metro de profundidad a una pequeña continuación) debajo de una losa de arenisca a 450 m al noroeste de Duck Pond Sink.

Volvieron a Yoyó con Gordon donde, primero, encontraron un desvío para llegar al primer pozo tras desobstruir un agujero corto. Al final de la cueva, un pasamanos de 7 m sobre el pozo ciego dio a otro de 15 m de diámetro por el que bajaron en 3 secciones hasta una profundidad total de 25 m. Phil lo describió:

> En la base, el pozo mide 10 m de diámetro con recovecos, está lleno de grandes rocas y es muy, muy seco. A la izquierda, un pequeño agujero en la pared, de unos 20 cm, soplaba bien. A unos 2,5 m hacia abajo parece cortar la pared y abrirse. Cualquier avance implicaría una excavación seria con micros y apuntalamientos.

La topo dio un desarrollo de 153 m y una profundidad de 36 m. El trabajo continuaría en verano.

Subiendo por la colina desde Yoyó, Dave Milner y Phil Goodwin investigaron la cavidad 3813, pero no era más que tres pequeñas cuevas interconectadas con una galería obstruida paralela a la ladera. Al visitar la cavidad 3665 al otro lado de la colina, previamente documentada pero sin explorar, vieron que la entrada estaba completamente bloqueada con tres rocas muy grandes.

Aunos 250 m al noroeste de Duck Pond Sink, un vecino le mostró a Phil Parker y Chris Camm una cueva escondida tras espesa vegetación cerca de la cavidad 3543 que no se

Left: Jaime with Chris Camm at 3856. Centre: Setting up a hauling tripod at 3692. Right: Chris Camm at 3857.
Izda.: Jaime con Chris Camm en 3856. Centro: Instalando un trípode para sacar material en 3692. Dcha.: Chris Camm en 3857.   *Phil Parker*

crawl was excavated to a pitch which dropped into an 8 x 3m chamber but it was thought that the bouldery floor with holes between to a possible lower level needed a visit on a "draughting day".

A kilometre to the northwest of Yo-yo, John, Phil Goodwin and Dave Milner continued work in El Cubillón (2538). At Lake Tilberthwaite, on two days, they bolted into higher level, muddy passage over the sump. This had no draught and ended at a mud-filled rift with a 6m drop which was choked at the base. The find was surveyed.

Around the hillside and across the eastern branch of the Bencano valley, 3692 was visited by John, Phil Goodwin and Parker, Dave Milner, Chris Camm, Pete Morgan and Gordon on April 3rd with the objective of "re-engineering" the entrance. This was thwarted when a partial collapse turned the site to a low priority. There was still a good, outward draught.

On the west side of the valley, Cueva de la Casa Vieja (3649) had been found and explored the previous Easter and autumn. Simon Latimer had come out with Kevin to take on a bolting project around the 85m pitch, occupying them over 3rd - 5th April.

> *40m down the 3rd (85m pitch) a 2m high rift / tube goes off ... A bolt traverse (7 bolts) which is slippery and passes a hole (which leads back into the 85m shaft) leads to a window into a further 6m shaft with a small stream entering from above. From the far end of the traverse a 3m pitch to a Y-hang and then a 5m descent to a rebelay, then 45m free hanging pitch to bottom. At the base of the pitch is a gravel floor with too small rift.*

A traverse line was also installed "from the 45m ledge" across the natural bridge and into the west passage where a p6 met an area of large rifts with further pitches down, some estimated to be 20m. At this point, the cave was derigged (except for the traverse across the natural bridge). Some of these explorations have been surveyed but they don't appear on the plan or elevation for the site. Casa Vieja has not been visited since. Perhaps Kevin saying, "Not for novices" has put people off!

March 30th was not a particularly successful day for Phil Goodwin, Dave Milner and John. They spent a fruitless morning searching for a "60m" shaft near Washing Machine Hole (3420) then, looking around the northern rim of the Cobadal depression, rediscovered Torca del Hombre (3115) and other known holes. One new hole, 3815, was found

Gordon Proctor in 3818. Not a pleasant prospect.
Gordon Proctor en 3818. No parece muy agradable. *Phil Parker*

Gordon Proctor pointing out site 3821. Gordon Proctor señalando 3821.
Phil Parker

Chris Camm investigating 3853. Chris Camm investigando 3853. *Phil Parker*

había visto cuando se documentó este sumidero/depresión por primera vez en otoño de 2011. La cavidad, usada como refugio durante la Guerra Civil, se topografió los días 28 y 29 de marzo a lo largo de tres gateras. La del medio se excavó hasta un pozo que daba a una sala de 8 x 3 m, pero parecía que había que volver un día «con corriente» para comprobar los agujeros a un posible nivel inferior.

A un kilómetro al noroeste de Yoyó, John, Phil Goodwin y Dave Milner continuaron trabajando en El Cubillón (2538). En el lago Tilberthwaite, a lo largo de dos días, instalaron una escalada a una galería llena de barro por encima del sifón. No tenía tiro y terminaba en una fisura llena de barro con un destrepe de 6 m obstruido en la base, pero topografiaron el descubrimiento.

En el lado oriental del valle de Bencano, John, Phil Goodwin, Parker, Dave Milner, Chris Camm, Pete Morgan y Gordon visitaron la cavidad 3692 el 3 de abril para «rediseñar» la entrada, pero el plan se desbarató cuando un colapso parcial hizo que la cavidad tuviese una prioridad baja. Aún seguía soplando una buena corriente de aire.

Al oeste del valle, la Cueva de la Casa Vieja (3649) se había encontrado y explorado a lo largo de la Semana Santa y otoño del año anterior. Simon Latimer había ido con Kevin para encargarse del proyecto de instalación en el pozo de 85 m, donde estuvieron del 3 al 5 de abril.

> *A 40 m bajando por el 3° (pozo de 85 m), sale una fisura / tubo de 2 m de altura [...] Un pasamanos (7 fijaciones) resbaladizo, pasa un agujero (que conduce de nuevo al pozo de 85 m) y da a una ventana a otro pozo de 6 m con un río pequeño que entra desde arriba. Desde el extremo del pasamanos, un pozo de 3 m hasta una triangulación y desde ahí hay 5 m hasta un fraccionamiento. Desde ahí son 45 m hasta la base, donde hay un suelo de gravilla con una fisura demasiado pequeña.*

También se instaló una pasamanos «desde la repisa de 45 m» sobre el puente natural y hasta la galería oeste donde un P 6 da a una zona de grandes fisuras con más pozos, algunos estimados en 20 m. En este punto, se desinstaló la cueva (a excepción del pasamanos sobre el puente natural). Algunas de estas exploraciones se han topografiado, pero no aparecen ni en el plano ni en el alzado de la cueva. Nadie ha vuelto a Casa Vieja. Quizás el que Kevin dijese que «no era para principiantes» ha desanimado a la gente.

El 30 de marzo no fue un día muy provechoso para Phil Goodwin, Dave Milner y John. Pasaron una mañana buscando sin éxito un pozo de «60 m» cerca de Washing Machine Hole, luego, mirando alrededor del borde norte de la depresión de Cobadal, redescubrieron Torca del Hombre

but not descended.

Several days were spent digging out the entrance crawl of Washing Machine Hole (aka Torca de Hoyo Carabo) before Phil Parker could drop down a p48 to a further 4m drop followed by a 15m horizontal section to a much smaller way on.

About 150m south of Washing Machine Hole, site 3820 was dug but (still) requires more work and, about 170m to the southeast, 3821 has a narrow shaft. This was explored in the summer.

Chris Camm and Phil Parker had a productive session with Jaime from Ideopuerta when, on March 27th, he showed them a number of shafts: 3818, 3819, 3823 (a draughting dig), and 3853 - 3857.

Marites, Peter and Torben outside Simas del Picón after their trip.
Marites, Peter y Torben al salir de una incursión en Simas del Picón.
Torben Redder

Site 3853, in rough pasture, was descended 9m onto a boulder slope with holes down of more than 20m, further explored in the summer. Site 3854 was explored down an 11m deep, choked rift and 3855, an open hole under a cliff face, was revisited in the summer as was 3856, found as a set of 3 rifts. The last hole to be shown, 3857, is a covered, fenced shaft in an open field that has yet to be explored.

The collapse at site 3818 was later investigated by Gordon, Dave Milner and John. "Gordon's Scrap Hole" is a large, rubbish-filled collapse with "multiple routes downwards. All choked."

Site 3819 was examined by John, Phil Goodwin, Gordon and Dave Milner but turned out to be a rubbish-filled rift, 11m deep and choked at both ends.

Site 2768 was the subject of an extensive search by six people on the morning of March 30th. This had first been pointed out by a farmer as a "deep shaft" in 2007. The search was a failure but Chris Camm and Phil Parker were shown the hole in the afternoon when Phil descended it: a 12m deep feature.

NORTHERN LA VEGA, EL NASO AREA WEST TO LAS CALZADILLAS

In Simas del Picón (0075) on March 28th, Ali with Andy and Peter Eagan completed the re-survey of the "old cave" and Andy took a number of photos of the passages with helictites.

They also investigated the stream bed upstream of the entrance to Cueva de la Morenuca (0774) coming across 3801, a possible flood stream sink seen in the west bank. This has yet to be explored.

Marites, Peter and Torben were also in Picón where they capped open a route into the Melted Wax Candle of Doom chamber, about two-thirds of the way in. This "leads into well decorated grotto, 4m diameter, with water pool. A crawl leads to 3m diameter chamber with boulder walls and no way on."

Two days later, Ali and Peter returned with Phil Papard and Pedro to investigate and push the Picón Eye Series, situated through an eyehole on the left of the main way on near the entrance, after the slope to the lower passage. They investigated a short pitch down to a choke and tackled up three traverses over the pitch which led to a chamber with "a boot print and a very impressive column". Three passages were entered, two short and third to an aven and an undescended 10m pitch. They also partly bolted up "at the bottom of the big passage down to the left from the entrance" leaving the rope in place.

On April 2nd, Peter Eagan, Ali and Phil Papard dropped into Picón where Phil tackled a bolt climb at the base of the lower passage below the entrance, just to the left of the low crawl. He went up some 25m to large blocks "which must come from a void above", but no way on could be found. Peter's opinion was the same. Peter then climbed another aven before Mega Bat and, after 20m, found a sling with a note on the wall - "Ian Lawson 2001" and no leads. A radon meter on this trip indicated about 32Bq/m³ for a daily dose, but this was on an inward draught so was mainly fresh air.

A reasonably gentle walk with great views - so good for those wanting to get to know the area - is the stroll up along the roads from La Secada in Matienzo to the quarry on

Peter Smith in Simas del Picón.
Peter Smith en Simas del Picón. *Phil Papard*

(3115) y otros agujeros conocidos. Sí que encontraron un agujero nuevo, 3815, pero no lo exploraron.

Pasaron varios días desobstruyendo la entrada de Washing Machine Hole (es decir, Torca de Hoyo Carabo, 3420) antes de que Phil Parker pudiera bajar por un P 48 a otro de 4 m seguido de una sección horizontal de 15 m a otra más pequeña.

A unos 150 m al sur de Washing Machine Hole, se excavó el agujero 3820, pero (aún) se ha de desobstruir más y, a unos 170 m al sureste, el 3821 tiene un pozo estrecho que se exploró en verano.

Chris Camm y Phil Parker tuvieron una sesión productiva con Jaime de Ideopuerta cuando, el 27 de marzo, les mostró varios pozos: 3818, 3819, 3823 (una excavación con corriente) y 3853 - 3857. El 3853, en un campo accidentado, tenía un P 9 hasta una pendiente de bloques con agujeros de más de 20 m, explorados en verano. El 3854 era una fisura bloqueada de 11 m de profundidad y 3855, un agujero abierto debajo de un acantilado al que volvieron en verano, al igual que al 3856, un conjunto de tres fisuras. El último hoyo que vieron, el 3857, es un pozo cubierto y cercado en un campo abierto que aún no se ha explorado.

Gordon, Dave Milner y John investigaron el hundimiento del 3818. El «agujero de chatarra de Gordon» es un gran derrubio lleno de basura con «múltiples rutas hacia abajo. Todas obstruidas».

John, Phil Goodwin, Gordon y Dave Milner examinaron el agujero 3819, pero resultó ser una grieta llena de basura de 11 m de profundidad y bloqueada en ambos extremos.

La cavidad 2768 fue objeto de una exhaustiva búsqueda en la mañana del 30 de marzo, un «pozo profundo» mostrado por un agricultor en 2007. A pesar de contar con seis personas, la búsqueda fue un fracaso, pero Chris Camm y Phil Parker lo encontraron por la tarde y Phil lo descendió: 12 m de profundidad.

EL NORTE DE LA VEGA, ZONA DE EL NASO – LAS CALZADILLAS

En Simas del Picón (0075) el 28 de marzo, Ali, Andy y Peter Eagan completaron la nueva topo de la «cueva vieja» y Andy sacó varias fotos en las galerías con helictitas.

También investigaron aguas arriba de la entrada a la Cueva de la Morenuca (0774) y encontraron la cavidad 3801, un posible sumidero en la orilla oeste. Aún no se ha explorado.

Fuera del valle y monte arriba del punto en el que se aparca para Mostajo, documentaron el agujero 3802, una depresión con una galería muy escarpada bloqueada con rocas.

Marites, Peter y Torben también se encontraban en Picón, donde abrieron una ruta hasta la sala Melted Wax Candle of Doom, que «conduce a una sala bien decorada, de 4 m de diámetro, con una charca. Una gatera da a una sala de 3 m de diámetro con paredes de bloques y no se puede avanzar».

Dos días después, Ali y Peter regresaron con Phil Papard y Pedro para investigar y forzar la serie Picón Eye, a la que se llega pasando un agujero a la izquierda de la ruta principal, cerca de la entrada, pasando la pendiente hacia la galería inferior. Investigaron un pozo corto hasta una obstrucción e instalaron tres pasamanos sobre el pozo que condujeron a una sala con «la huella de una bota y una columna impresionante». Entraron en tres galerías, dos cortas y una tercera que da a una chimenea y un pozo de 10 m sin explorar. También instalaron parcialmente una escalada «en la parte inferior de la gran galería a la izquierda desde la entrada», dejando la cuerda in situ.

El 2 de abril, Peter Eagan, Ali y Phil Papard entraron en Picón, donde Phil instaló la escalada en la base de la galería inferior debajo de la entrada, a la izquierda del laminador. Escaló unos 25 m hasta grandes bloques «que serán de un vacío en el techo», pero no encontró continuación. Peter opinó lo mismo. Peter luego subió por otra chimenea antes de Mega Bat y, tras 20 m, encontró una cinta con una nota en la pared: «Ian Lawson 2001», sin ninguna posible continuación. El medidor de radón indicó aproximadamente 32 Bq/m³ para una dosis diaria, pero en una corriente aspirante, por lo que era sobre todo aire fresco.

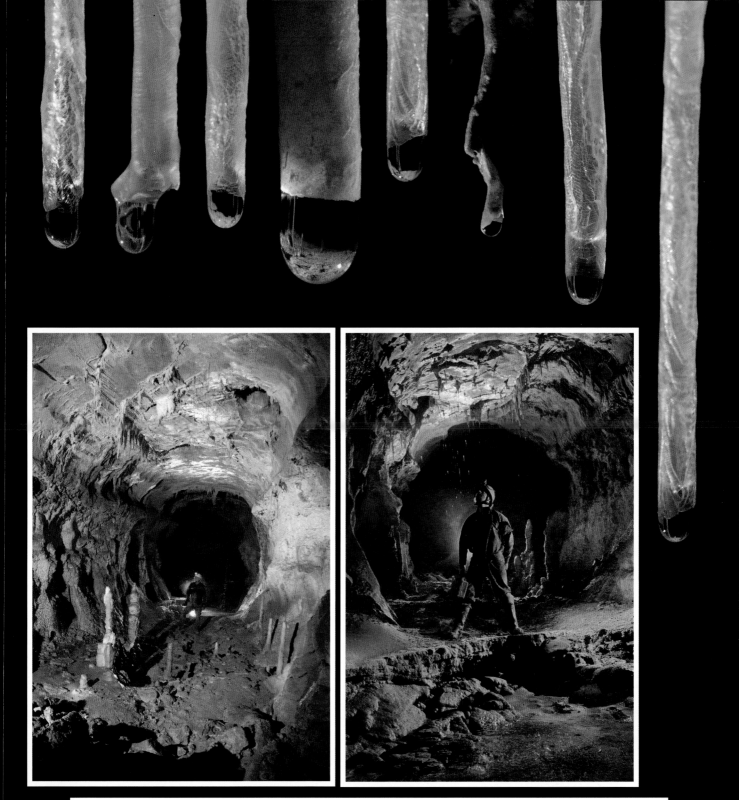

Top: A selection of water drops at the end of straws and eccentrics in Lenny's Cave. *Paul Fretwell and Andy Pringle*
Bottom: Steve Martin and Tom Thomson in the main tunnel of Lenny's Cave. *Paul Fretwell and Tom Thomson*
Arriba: una selección de gotas de agua en el extremo de macarrones y excéntricas en Lenny's Cave. *Paul Fretwell y Andy Pringle*
Abajo: Steve Martin y Tom Thomson en el túnel principal de Lenny's Cave. *Paul Fretwell y Tom Thomson*

El Naso and on to Bosmartín. Here, a choice of routes ends down at the Cubija road to La Vega and the Bar Panadería - a distance of about 9km and height rise of 300m and with another 1.5km to complete the circuit after the refreshments. Phil Papard, Juan, Penny and Jenny documented 6 new holes on their walk: small holes 3847 and 3848 next to the main road; 3849, a small 6.5m long rift (measured by Disto) which was too small for humans but had been explored by at least one goat; 3850, a dig that was eventually explored at Easter 2016; 3851, an open hole where a large block prevents (and still stops) progress into a possible continuation and 3852, a possible dig behind a holly bush with half buried wine containers and a badger-sized tube. Site 3802, a dig down a large phreatic tube near the western end of Torca del Mostajo (0071) was GPS'd (with excavation starting in July).

On April 5th, at Las Calzadillas, north of the hamlet and above the main road, Phil Parker, Chris Camm and Pete Morgan investigated a set of six holes, all in an area of 250m². Sites 3872 - 3877 were rifts or digs, with some floored with rubbish tipped in from the nearby farm. About

Un paseo bastante fácil con excelentes vistas (y por tanto perfecto para quienes quieran conocer la zona) es el paseo por las carreteras desde La Secada en Matienzo hasta la cantera en El Naso y hasta Bosmartín. Aquí, varias rutas termina en la carretera de Cubija hacia La Vega y el bar La Panadería: unos 9 km y una elevación de 300 m y otros 1,5 km para completar el circuito tras el refrigerio. Phil Papard, Juan, Penny y Jenny documentaron seis nuevos hoyos en su caminata: los pequeños 3847 y 3848 al lado de la carretera principal; el 3849, una pequeña grieta de 6,5 m de largo (medida con Disto) demasiado pequeña para humanos que había sido explorada por al menos una cabra; el 3850, una excavación que finalmente se exploró en Semana Santa de 2016; el 3851, un agujero abierto con un gran bloque que impedía (y aún impide) avanzar hacia una posible continuación; y el 3852, una posible excavación tras un arbusto de acebo con cajas de vino medio enterradas y un tubo del tamaño de un tejón. También se tomaron las coordenadas GPS del 3802, una excavación en un gran tubo freático cerca del extremo occidental de

120m down the hill, 3 other holes were noticed, 3858 - 3860. Site 3860 is a small depression with holes and evidence of badgers while 3858 is a 5m deep hole under slabs. The most interesting was site 3859 discovered at the base of a small cirque as an obvious hole leading almost immediately to a 6m drop. When visited again the next day, the pitch turned out to be 8m landing on stream debris in a chamber. Two pitons were noticed near the entrance and, at the top of the pitch, a roof tube with a floor slot was followed for several metres to a run-in. On that very wet day, water was sinking in the floor of the chamber but there was no way on without digging. There has been no return.

THE NORTHEAST SECTOR INCLUDING THE FOUR VALLEYS SYSTEM

Juan and Penny, having lunched with Lea Ziebold at the large and efficient Adelma restaurant at Hoznayo, met up with Steve and Susan at 5pm in Secadura. They walked up the stream bed towards Torca del Rayo de Sol (0123) then Steve and Juan continued up through the vegetation towards ADEMCO's Cueva del Jabalí, site 3750. The entrance was found exactly where the Colindres group had documented it, and the survey seemed good but the possible route on with the stream was very low and choked with mud and rubble from a run-in. This would not be a quick and easy way in to any large system under this hillside.

On the way back down, the entrance to Torca del Rayo de Sol (0121) was GPS'd. There was also some confusion that the resurgence site 3742 was actually site 0120, Sifón Claro.[3]

On a later visit to Secadura, Tom Thomson and Footleg collected specimens from La Bodega (0288) and Lenny's Cave (3721) where they also took photos. Steve and Juan "came out to look at 0120 vs 3742. Still inconclusive".

Juan and Tom later found that site 0120, Cueva del Sifón Claro had collapsed and was now a bouldery area with holes to deep water about 10m away from the original grid reference.

On March 27th, Tom Howard, Bottlebank, Ed, Bob and Pete Whetham carried out some work on old sites above Lenny's Cave. Sites 0292 and 0291 were re-GPS'd, the former having "lots of flood debris" and the second being dug. "Pulled several buckets from floor but nothing yet!"

Higher up the hill, resurgence site 3729 was pushed to 30m where, with water about 1m deep, there was no room to turn around.

A day later, site 3777, first excavated last autumn, was visited by Simon Cornhill, Diane and Steve. The survey was completed but there was "no way on without concerted digging". They moved 80m to the northwest to find and catalogue 3797 as a "small hole". They also re-GPS'd sites 0291, 0292 and 0293 obtaining different readings to the Tom Howard team! Simon excavated 0293, reaching a chamber at the end of the flat-out crawl but requiring a ladder to enter it. Water flowing into the crawl in 0292 was noted.

In Lenny's Cave, Simon Cornhill removed a flake preventing entry to a rift in Lugger's Lair. This dropped into a 5m diameter, stooping height chamber with no way out.

On April 2nd (and possibly the 3rd), site 3841, about 60m southeast of Lenny's Cave was excavated down a few metres by Chris Hibberts, Bob, Barny and Ed. Soft earth then boulders were removed until a strong draught was felt and a way on through boulders appeared. Further work was carried out in the summer.

High in Llueva valley, Harry investigated the ground around a track just off the main road. Sites 3832 - 3835 were documented, the most promising being a cold store where a chamber had big coils of rope and the draught came from all over. However, there was no obvious way on.

On April 1st, he returned with reinforcements - Phil Goodwin, John and Dave Milner - to look at site 3834. This turned out to be "2 areas of chambers connected via an impassable section. All ways on were choked." New site 3835 needed (and still does) a hammer and bar to enter. Below the road, 3816 was also found to require digging - another one requiring a return visit.

Behind (southeast) of the group of "new" houses at the bottom of the road descent into the Llueva valley, Harry returned to the area of

Martin Barnicott and Bob Toogood clearing 3841.
Martin Barnicott y Bob Toogood desmontando 3841. *Eddie Mason*

Torca del Mostajo (0071) (excavado a partir de julio).

El 5 de abril, en Las Calzadillas, al norte de las casas y sobre la carretera principal, Phil Parker, Chris Camm y Pete Morgan investigaron un conjunto de seis agujeros, todos en un área de 250 m². Los 3872 - 3877 eran fisuras o había que desobstruirlos, algunos con basura de la granja cercana. A unos 120 m bajando la colina, vieron otros tres agujeros, 3858 - 3860. El 3860 es una pequeña depresión con agujeros e indicios de tejones, mientras que el 3858 es un agujero de 5 m de profundidad bajo piedras. El más interesante fue el 3859, descubierto en la base de un pequeño circo: un agujero obvio que conduce casi de inmediato a un pozo de 6 m. Cuando se volvió a visitar al día siguiente, el pozo resultó medir 8 m y dar a restos de riadas en una sala. Vieron dos pitones cerca de la entrada y, en la cabecera del pozo, siguieron un tubo en el techo con una ranura en la base durante varios metros hasta un derrumbamiento. Ese día llovió mucho y el agua se hundía en el suelo de la sala, pero no había manera de continuar sin excavar. Nadie ha vuelto desde entonces.

EL SECTOR NORESTE INCLUYENDO EL SISTEMA DE LOS CUATRO VALLES

Juan y Penny, tras comer con Lea Ziebold en el amplio y eficiente restaurante Adelma en Hoznayo, se reunieron con Steve y Susan a las 5 de la tarde en Secadura. Subieron por el río hacia Torca del Rayo de Sol (0123) y Steve y Juan continuaron a través de la vegetación hacia la Cueva del Jabalí de ADEMCO, 3750. Encontraron la entrada exactamente donde el grupo de Colindres la había marcado y la topografía parecía buena, pero la posible continuación con el río era muy baja y estaba llena de barro y escombros de un derrumbamiento. Esta no iba a ser una forma rápida y fácil de acceder a un sistema grande bajo esta ladera.

En el camino de regreso, tomaron las coordenadas de la entrada a Rayo de Sol. También hubo cierta confusión sobre si la surgencia 3742 era en realidad la cueva 0120, Sifón Claro.[3]

En una visita posterior a Secadura, Tom Thomson y Footleg recolectaron especímenes en La Bodega (0288) y la cueva de Lenny (3721) donde también sacaron fotos. Steve y Juan «salieron a mirar si 0120 era 3742. Aún no estamos convencidos».

Días después, Juan y Tom descubrieron que la cueva 0120, la cueva del Sifón Claro, se había derrumbado y ahora era una zona con rocas y agujeros a agua profunda a unos 10 m de las coordenadas originales.

El 27 de marzo, Tom Howard, Bottlebank, Ed, Bob y Pete Whetham visitaron cavidades conocidas sobre la cueva de Lenny. Volvieron a tomar las coordenadas con el GPS de 0292 y 0291, la primera con «muchos restos de riadas». También intentaron desobstruir la segunda. «¡Sacamos varios cubos, pero nada todavía!».

Subiendo por la colina, la surgencia 3729 se forzó hasta los 30 m donde, con agua de cerca de 1 m de profundidad, no había espacio para dar la vuelta.

Un día después, Simon Cornhill, Diane y Steve visitaron la cueva 3777, excavada por primera vez el otoño anterior. Terminaron la topo, pero «no se puede avanzar sin una excavación coordinada». Se movieron 80 m al noroeste para encontrar y catalogar la cavidad 3797, un «pequeño agujero». También tomaron las coordenadas GPS de 0291, 0292 y 0293, y ¡obtuvieron un resultado distinto de las que tomó el equipo de Tom Howard! Simon excavó en el 0293 y llegó a una sala al final del laminador, pero necesitaba una escala para entrar. Tomaron nota del agua que fluía hacia la gatera de 0292.

En la cueva de Lenny, Simon Cornhill quitó una roca que impedía la entrada a una fisura en Lugger's Lair, que dio a una sala de 5 m de diámetro y techo bajo sin salida.

El 2 de abril (y posiblemente el 3), Chris Hibberts, Bob, Barny y Ed desobstruyeron un par de metros de la cueva 3841, a unos 60 m al sureste de la cueva de Lenny. Quitaron algo de barro y luego rocas hasta que sintieron una fuerte corriente y vieron una continuación entre las rocas. Se volvió a la cueva en verano.

En lo alto del valle de Llueva, Harry investigó el terreno alrededor de un sendero cerca de la carretera principal. Documentó los agujeros 3832 - 3835, siendo el más prometedor un cubío con una sala que

---

3   See Matienzo: 50 Years of Speleology, page 258

3   Véase Matienzo: 50 años de espeleología, p. 258

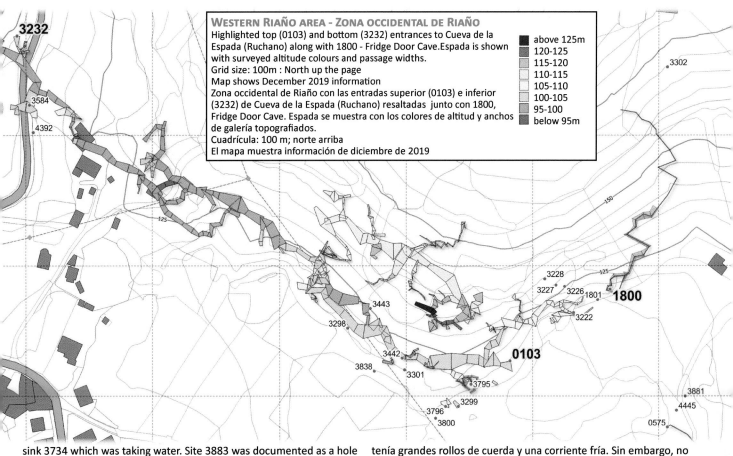

sink 3734 which was taking water. Site 3883 was documented as a hole down requiring some enlargement. Sinking water from above could not be heard in this hole.

In Riaño, close to the entrance of Cueva de la Espada (0103), Peter Eagan, Ali and Andy investigated site 3796, a tight entrance to a low bedding with lots of stal and columns. It was "difficult to find a route through" to a possible dig at a pool and gours and, on the right, a possible opening had been walled up, the construction being partly cemented by flowstone indicating a considerable age.

Site 3795 was documented as a 1.5 x 1m opening at the top of the grassy slope to the left of the Espada main entrance. The unexplored, steep entrance slope was disto'd for 10.5m. They also extended nearby site 3299, digging through to the left of the sump into a small choked chamber.

The same team was in Espada on the 25th and 26th March, photographing downstream, surveying a small passage on the left of the choke area and digging an inlet heading towards Cueva-Cubío del Llanío (3234).

> Passage totally choked with squalid mud but may be worth further visits as draughting slots on either side, both too tight.

On April 1st, Phil Papard, Angus, Ali and Peter Eagan spent several hours digging out the entrance to site 3442, "probably choked by a small, wet weather stream flowing over the entrance. Only Peter could get past the last squeeze but, by shouting back readings, the site was surveyed (using the Disto) down an undescended pitch into Espada.

Site 3795, lying at the edge of a

Alastair Neill in Cueva de la Espada ...
Alastair Neill en Cueva de la Espada ...   *Andy Pringle*

... and digging out site 3442.
... y excavando 3442.   *Phil Papard*

tenía grandes rollos de cuerda y una corriente fría. Sin embargo, no parecía tener una continuación obvia. El 1 de abril, regresó con refuerzos (Phil Goodwin, John y Dave Milner). Resultó tener «dos zonas de salas conectadas por una sección infranqueable. Las posibles continuaciones estaban obstruidas». Para entrar en el 3835 hacía falta (y aún lo hace) un martillo y una barra. También vieron que había que desobstruir el agujero 3816, debajo de la carretera, por lo que tendrían que regresar.

Harry regresó al área del sumidero 3734, con agua, detrás (sureste) del grupo de casas «nuevas» al bajar el camino hacia el valle de Llueva. También documentó el agujero 3883, el cual se había de ampliar. El agua que se sumergía más arriba no se oía caer en este agujero.

En Riaño, cerca de la entrada de la Cueva de la Espada (0103), Peter Eagan, Ali y Andy investigaron la cavidad 3796, una entrada estrecha a un laminador con estalagmitas y columnas. Fue «difícil encontrar un camino» para llegar a una posible excavación en una piscina y gours y, a la derecha, una posible abertura estaba parcialmente cementada por una colada que indicaba su antigüedad.

Documentaron el agujero 3795 como una abertura de 1,5 x 1 m en lo alto de una ladera a la izquierda de la entrada principal de Espada. No la exploraron, pero midieron la pronunciada pendiente de la entrada con el Disto: 10,5 m. También ampliaron la cercana 3299 al excavar a la izquierda del sifón hasta una pequeña sala obstruida.

El mismo equipo fue a Espada el 25 y 26 de marzo para fotografiar aguas abajo, topografiar una pequeña galería a la izquierda del caos de bloques y desobstruir otra lateral que se dirigía hacia Llanío (3234).

> Galería totalmente obstruida con barro asqueroso, pero puede merecer la pena volver por las ranuras sopladoras a ambos lados, ambas demasiado estrechas.

El 1 de abril, Phil Papard, Angus, Ali y Peter Eagan pasaron varias horas desobstruyendo la entrada a 3442, «probablemente obstruida por un pequeño arroyo que en época de lluvias pasa por la

Cave 3795

Riaño, Cantabria
Survey Matienzo Expeditions, BCRA Grade 5c, 2013
Surveyors: Peter Eagan, Alasdair Neill, Phil Papard.
Drawn A. Neill 2013.
Length 60m depth 10m.

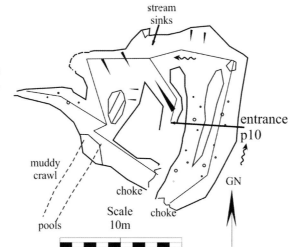

stream
sinks

entrance
p10

GN

muddy
crawl

choke

choke

Scale
10m

pools

picnic site, was also explored and surveyed for 58m. A 10m sloping pitch drops into a streamway up to 6m wide and 2m high that chokes up with water sinking in the floor. Further surface investigations revealed a possible dig, site 3838 - a "too small tube".

Site 3800, taking a stream and discharge from the new, nearby sewer plant, was later described as having no hope of easy access due to the thick sediments choking the sink.

Harry, on a solo walk near the Riaño resurgence (0575), documented 3880, a well-overgrown 4 - 5m deep shaft that "needs vegetation removing to see things clearly". This site has yet to be revisited. Closer to the resurgence, 3881 was documented as a crawl over boulders for 4m with no obvious way on or draught.

About 500m down the road from the bottom entrance to Espada, site 3817 (Black Marble Hole) was discovered by John, Phil Goodwin, Gordon and Dave Milner as a small hole under a sandstone outcrop. An undescended slope down to a "passable small opening" gave some hope and was further investigated in the summer.

Tom Thomson and Footleg went bug hunting in Riaño on March 25th. Starting in Cueva de Riaño (0105) then failing to find Mad Axe Woman Cave (1630), they moved on to Letterbox Cave (2417) where they crawled in to shelter from the rain and eat sandwiches. Video opportunities were not lost on Footleg as he filmed Tom "pootering" and setting traps. Activities finished with a Meta species catching and wrapping up a wolf spider to eat later, and the humans carrying out "a quick survey of the cave".

Footleg and Tom were active again in Cueva de Riaño the next day. Tom set some pitfall traps, photographed some Harvestmen and caught "a few aquatic specimens in the pools alongside the streamway", possibly mayfly larvae and hog lice. Arriving at the Torno Inlet junction they "immediately got distracted by unsurveyed passages". Footleg wrote:

> Closed several loops ... and other higher level passages. Eventually made it far enough downstream to encounter bollock-deep wading and connected via a 5m climb back up to the higher level phreatic passage above.

Continuing in the dry upper level, they decided to resurvey the last side passage.

> This immediately turned very pretty and is, I think, the Ghost Rift which Andy Pringle found many years ago. ... We found ongoing passages not recorded on any old survey data. ... Most of the passages had a single set of footprints but one extension was found where straws blocked the way up a flat out, ascending crawl. A booming echo could be heard from above.

This provided Tom with his first experience of being first into new passage, although only to a 16m-high aven and "some more formations". About a week later, Tom collected the pitfall traps from the caves in Riaño and Secadura.

The total length of the 4 Valleys System was calculated by Footleg as 56066m.

On March 28th, Bill "jumped on the back of a pushing trip" (with Footleg, Barney, Dave Gledhill, Bob Toogood and Tom Howard) which was to explore a potential connection between Cueva de Riaño and Cueva del Torno (2366) at Fresnedo. There were good bits and bad bits.

Footleg wrote:

> Once underground a pleasant social trip to the end of Torno Inlet along the endless crabwalk of the Soft Shoe Shuffle saw us all queued up at the bottom of Schoolboy Error Aven. The top of this aven is tight, even for me, so I was mightily impressed when word came down that Big Bill had managed to squeeze through without the need for permanent alteration to either Bill or the cave. ... We reached the climb up where the water spouts out of the wall in the extensions. I had forgotten how difficult this climb and exposed traverse was, having only ever been here once before under the euphoria of original exploration years earlier. The team was starting to lose focus on the

entrada». Solo Peter pudo pasar el último estrechamiento, pero, gritando las medidas, se hizo la topo (con Disto) a un pozo sin explorar hacia Espada.

La cavidad 3795, junto a una zona de pícnic, se exploró y topografió hasta unos 58 m. Una pendiente de 10 m da a un arroyo de hasta 6 m de ancho y 2 m de altura obstruido al final, donde el agua se hunde. Otras prospecciones en la superficie revelaron una posible excavación: 3838, un «tubo muy pequeño».

Más tarde se vio que no iba a ser posible entrar con facilidad al agujero 3800, en la que entraba un arroyo y vertidos de la nueva planta de alcantarillado cercana, debido a los sedimentos que obstruían el sumidero.

Harry, en un paseo en solitario cerca de la surgencia de Riaño (0575), documentó la cavidad 3880, un pozo de 4 a 5 m de profundidad en el que «hay que quitar la maleza para poder verlo bien». Nadie ha vuelto aún. Más cerca de la surgencia encontró la cavidad 3881, una gatera de 4 m sobre rocas sin continuación obvia ni corriente.

A unos 500 m de la entrada inferior a Espada, John, Phil Goodwin, Gordon y Dave Milner descubrieron la cueva 3817 (Black Marble Hole): un pequeño agujero debajo de un saliente de arenisca. Una pendiente sin explorar hasta una «pequeña abertura por la que se podría pasar» dio cierta esperanza y se investigó más en verano.

Tom Thomson y Footleg fueron a Riaño a buscar insectos el 25 de marzo. Comenzaron en Cueva de Riaño (0105) y luego, como no pudieron encontrar Mad Axe Woman (1630), fueron a Letterbox Cave (2417) donde se refugiaron de la lluvia y almorzaron. Footleg no perdió la oportunidad de filmar a Tom mientras colocaba sus trampas. Las actividades terminaron con un espécimen del género Meta atrapando y envolviendo a una licósida para comer más tarde mientras los humanos hacían «una topo rápida de la cueva».

Footleg y Tom volvieron a Cueva Riaño al día siguiente. Tom colocó algunas trampas, fotografió a algunos opiliones y atrapó «algunos especímenes acuáticos en las piscinas junto al arroyo», posiblemente larvas de efímeras y piojos del cerdo. Al llegar al cruce de Torno Inlet, «inmediatamente se distrajeron con galerías sin topografiar». Footleg escribió:

> Cerramos varias poligonales [...] y otras galerías de nivel superior. Al final llegamos lo bastante lejos aguas abajo como para encontrar una zona de vadeo profundo y conectado a través de una escalada de 5 m con la galería freática superior.

Continuando en el nivel superior seco, decidieron volver a topografiar la última galería lateral.

> De inmediato es todo muy bonito y es, creo, la galería Ghost Rift que Andy Pringle encontró hace años. [...] Encontramos galerías que aparecen en topografías antiguas. [...] La mayoría de las galerías tenían un único set de huellas, pero encontramos una extensión con macarrones que bloqueaban la ruta hacia arriba y hacia abajo. Podíamos oír un eco retumbante desde arriba.

Gracias a esto Tom pudo vivir por primera vez la experiencia de ser el primero en una nueva galería, aunque solo hasta una chimenea de 16 m de altura y «algunas formaciones más». Cerca de una semana después, Tom recogió las trampas de las cuevas de Riaño y Secadura.

Footleg calculó el desarrollo total del Sistema de los Cuatro Valles: 56 066 m.

El 28 de marzo, Bill «se unió a una incursión exploratoria» (con Footleg, Barney, Dave Gledhill, Bob Toogood y Tom Howard) para explorar una posible conexión entre Cueva Riaño y Cueva del Torno (2366) en Fresnedo. Tuvo sus partes buenas y sus partes malas.

Footleg escribió:

> Una vez bajo tierra, una agradable incursión social hasta el final de Torno Inlet por la interminable caminata a paso de cangrejo de Soft Shoe Shuffle hasta Schoolboy Error Aven. La parte superior de esta chimenea es angosta, incluso para mí, así que me impresionó mucho oír que Big Bill había pasado sin tener que alterar la cueva permanentemente, o al propio Bill. [...] Llegamos a la escalada donde el agua brota de la pared. Había olvidado lo difícil que era y lo expuesto del pasamanos, ya que solo había estado aquí una vez años antes bajo los efectos

Instigation of the Matienzo Caves Project

La iniciativa de Matienzo Caves Project

Juan Corrin

For quite a few years, I'd been moaning in public and private about the lack of prompt reporting of some groups' activities during the expeditions. Having a date-ordered logbook made it very much easier to collate a summary report and keep on top of survey data, videos and photos. Some reports were days, even weeks late and some didn't appear at all - making a complete report back to the authorities difficult, if not impossible, and making a mockery of one guiding principal - that information about the caves and activities should be freely available (through the web site and reports) to the next expedition.

This frustration was made public in no uncertain terms at the Easter 2013 expedition dinner on April 2nd. After some thought, the text is shown below as it may persuade future cavers (and, indeed, some

Durante varios años, me había lamentado en público y en privado de la falta de información facilitada por algunos grupos durante las campañas. Tener un libro de salidas ordenadas por fecha hace que sea mucho más fácil redactar un informe resumido y estar al tanto de los datos topográficos, vídeos y fotos, pero algunas crónicas llegan con días, incluso semanas de retraso y algunas nunca aparecen, lo que hace muy difícil, si no imposible, redactar un informe completo para las autoridades y pone en ridículo uno de nuestros principios rectores: la información sobre las cuevas y las actividades debe estar disponible de manera gratuita (a través del sitio web y los informes) para la siguiente campaña.

Esta frustración se hizo pública de manera clara en la cena de la campaña de Semana Santa de 2013. Tras meditarlo, presento el

"

I'd like to reflect on the structure of the expedition at the moment without being too personal.

The Matienzo Caving Expedition has been seen as a unique set up. A loose group of cavers, exploring the hills and caves. Any one is welcome. Information is gathered and shared with everyone, e.g. through the web site and the info on the shelves.

Cavers who dig and explore the caves around Matienzo expect up-to-date documentation: surface maps with digs and entrances marked; cave surveys and a description of each site. Otherwise, cavers waste time re-exploring known (and possibly surveyed but not drawn up) passage and also waste time rediscovering sites that have been previously found.

Many people have contributed a huge amount to the Matienzo Expeditions in previous years: buying equipment, storing tackle, providing local knowledge and expertise, drawing up surveys, providing transport, etc. Much of this is freely given and this is acknowledged as another vital aspect to the expedition.

The expedition now runs for the full year with a permit given by a department of the Cantabrian government. Some excellent speleology occurs.

We're given the permit because a written and online report is produced every year. I produce the report and Pete Smith translates it so we can get a permit for the following year.

That report can only be produced because people have documented their speleological activities. This involves

• writing up every surface and underground trip and dig in the logbook
• photography; taking videos; surveying the new caves and drawing up the passages, at least as a pencil line around a centre line.

Each group going underground or digging should realise that the trip is not over until the log book entry has been completed and the survey data entered into the computer. If you're out late then log book and survey work should be done the day after.

I want to stress that the documentation

of what we do is vital - if that doesn't happen then the whole basis of what the expedition is falls apart. If there is no information it follows that there is no report - no permit - no expeditions. One Spanish group, that caves between Riva and Cruz Usaño, has not been given a permit this year because of the inadequacy of their feedback.

You might think that writing a logbook report a week later is OK or sending a report by email a month later is fine. It's not. It is a great deal easier collating the information leading to writing a report when the information is in chronological order. There will always be excuses as to why trips aren't written up, but every group should aim to complete the day's activities with the documentation.

A few examples where this hasn't happened this Easter are

• pushing in the boulder choke at the end of xyz Passage in xyz. This occurred [over a week ago]. I'd have thought that, by now, at least a sketch of what had been done, and who was on the trip should have been in the log book.
• Information (location, pics, what's been done) about digs carried out by a team that has recently left. Info has been promised at a later date but should have been written up sooner.
• The pushing trip to the end of xyz ... has not been documented. This has been one of the more significant explorations - trying to join [caves together]. To not write up this trip is inexcusable. What was done? What were the difficulties? Does the same team intend returning to push on? These are straightforward facts that could be written down in half a dozen lines in ten minutes.

And, no doubt, there are other digs and explorations that I and others know nothing about. This is not acceptable. We should be here on the basis of (quickly) sharing information. Sharing information does not mean it will be "pirated". You can easily lay claim to a site, writing in the logbook that you intend to continuing digging, or intend to return to the end to push on, etc.

Over the last few years, the summer and Easter expeditions have become very diffuse with people spread across

and beyond the permit area and this has meant information gathering, collation and dissemination has become much more difficult. Not only does this affect me, it also means that other expedition members do not know what is going on. Cliques develop, cavers become isolated and the whole expedition experience is less than satisfactory.

Cavers in the valley have no real excuse for not documenting caves and writing in the logbook the same day. Bar Germán is the information centre and most cavers should aim to visit it at least once a day to relieve themselves of the speleological information.

There is one group within the expedition that lives over at La Cavada and caves in the northwest of the permit area. It is impractical that they visit here once a day but, by prior arrangement, the teams have separate logbook sheets which, I have every confidence, will be completed with the details of what they have been up to. It would be more satisfactory if they were based nearer and could interact and exchange ideas with other expedition members. But that's where we are at the moment. Staying at Ogarrio is better from an expedition point of view as they can more often drive through the valley.

Some people see the expedition as a caving holiday and put very little back into the knowledge pool. This is unacceptable. Any caver who is here is part of the expedition and has an obligation to future cavers to document their speleological activities. This can be as little as writing up a logbook account and providing photographs and positions of undescended shafts. Not everyone has all the speleological skills but, within a group, log book accounts can be written, photos taken and passages surveyed and drawn up by people within the team. ...

We have been very fortunate in Matienzo, having been accepted into the community, being allowed to set up base in Bar Germán and having a caving permit for over 40 years. I don't think any of us want our caving out here to stop and there is no reason it should if people contribute as best they can.

Thanks for listening.

"

"

Me gustaría reflexionar sobre la estructura actual de la expedición sin ser demasiado personal.

La expedición espeleológica de Matienzo ha sido considerada como algo único. Un grupo informal de espeleólogos que exploran juntos los montes y las cuevas. Cualquiera es bienvenido. La información se recopila y se comparte con todos, p. ej. a través del sitio web y la información en la librería.

Los espeleólogos que desobstruyen y exploran las cuevas alrededor de Matienzo esperan documentación actualizada: mapas de la superficie con las excavaciones y las entradas marcadas, topografías de las cuevas y una descripción de cada una. De lo contrario, los espeleólogos pierden el tiempo volviendo a explorar galerías ya conocidas (y posiblemente topografiadas, pero no dibujadas) y también pierden el tiempo redescubriendo cavidades ya descubiertas.

Muchas personas han contribuido enormemente a las expediciones de Matienzo en años anteriores: comprando equipo o almacenándolo, aportando conocimientos y experiencia local, dibujando topografías, proporcionando transporte, etc. Gran parte de esto se ofrece de manera desinteresada y se reconoce como otro aspecto vital de las campañas.

En la actualidad, las exploraciones se llevan a cabo durante todo el año gracias a un permiso otorgado por un departamento del Gobierno de Cantabria, lo que resulta en excelentes actividades espeleológicas.

Recibimos el permiso porque todos los años se elabora un informe escrito y en línea. Yo escribo el informe y Pete Smith lo traduce para que podamos obtener un permiso para el año siguiente.

Ese informe solo puede elaborarse si la gente ha documentado sus actividades espeleológicas. Esto implica:
- escribir sobre cada salida a la superficie, bajo tierra o excavación en el libro de salidas;
- sacar fotos y vídeos, topografiar las cuevas nuevas y dibujar el plano, al menos como una línea de lápiz alrededor de una poligonal.

Cada uno de los grupos debe darse cuenta de que la salida no termina hasta que se haya completado la crónica en el libro de salidas y los datos de la topografía se hayan introducido en el ordenador. Si se sale tarde de la cueva, ese trabajo debe hacerse al día siguiente.

Quiero enfatizar que documentar lo que hacemos es vital; si no se hace, la base de lo que es la expedición se desmorona. Si no hay información, no hay informe, ni permiso, ni campañas futuras. Un grupo español, que trabaja entre Riva y Cruz Usaño, no ha recibido un permiso este año por presentar un informe incompleto.

Se puede pensar que no pasa nada por escribir en el libo de salidas una semana después o enviar un informe por correo electrónico un mes después. No es así. Es mucho más fácil recopilar la información cuando esta está en orden cronológico. Siempre habrá excusas para por qué no se ha escrito una crónica, pero cada grupo debe intentar completar las actividades del día con la documentación.

Algunos ejemplos en los que esto no se ha hecho esta Semana Santa son:
- La exploración del caos de bloques al final de la galería xyz en xyz. Esto se hizo [hace más de una semana]. Creo que, a estas alturas, al menos un bosquejo de lo que se ha hecho y de quién estaba presente debería estar en el libro de salidas.
- Información (ubicación, fotos, lo que se ha hecho) sobre las excavaciones realizadas por un grupo que se ha ido recientemente. Han prometido que la información se enviará después, pero debería haberse redactado antes.
- La incursión para forzar el límite de xyz [...] no se ha documentado. Esta ha sido una de las exploraciones más importantes: tratar de unir [cuevas]. No describir esta salida es imperdonable. ¿Qué se hizo? ¿Cuáles fueron las dificultades? ¿El mismo grupo piensa volver? Estos son datos sencillos que se pueden escribir en media docena de líneas en diez minutos.

Y, sin duda, hay otras excavaciones y exploraciones de las que yo y otros no sabemos nada. Esto no es aceptable. Deberíamos estar aquí sobre la base de compartir información (prontamente). Que compartamos información no significa que se vaya a «piratear». Se puede reclamar fácilmente una cueva escribiendo en el libro de salidas que se tiene la intención de continuar con la excavación o que se tiene la intención de volver para seguir explorando interrogantes, etc.

En los últimos años, las campañas de verano y Semana Santa se han vuelto muy difusas con personas repartidas por el área del permiso y más allá, y esto significa que la recopilación y trasmisión de información se ha vuelto mucho más difícil. No solo me afecta a mí, sino que también significa que otros miembros de la expedición no saben lo que está pasando. Se forman camarillas, los espeleólogos se aíslan y la experiencia de la expedición es menos satisfactoria.

Los espeleólogos del valle no tienen excusa para no documentar las cuevas y escribir en el libro de salidas el mismo día. El bar Germán es el centro de información y la mayoría de los espeleólogos deberían intentar visitarlo al menos una vez al día para compartir sus datos.

Uno de los grupos de la expedición se aloja en La Cavada y trabaja en el noroeste del área del permiso. No es práctico que vengan hasta aquí una vez al día, pero, por acuerdo previo, tienen hojas separadas que, confío plenamente, completarán con los detalles de lo que han estado haciendo. Sería más práctico si estuvieran más cerca y pudieran interactuar e intercambiar ideas con otros miembros de la expedición. Pero así son las cosas por ahora. Quedarse en Ogarrio es mejor desde el punto de vista de la expedición, ya que pueden conducir más a menudo por el valle.

Algunas personas lo ven como unas vacaciones espeleológicas y devuelven muy poco al acervo de la expedición. Esto es inaceptable. Cualquier espeleólogo que se encuentre aquí forma parte de la expedición y tiene una obligación hacia los futuros espeleólogos, la de documentar sus actividades espeleológicas. Esto puede ser tan simple como describir la salida y proporcionar fotografías y ubicaciones de los pozos no explorados. No todo el mundo tiene las mismas habilidades espeleológicas, pero dentro de un grupo siempre habrá quien puede describir la salida, sacar fotos, topografiar o dibujar galerías. [...]

Hemos tenido mucha suerte en Matienzo, la comunidad nos ha aceptado, hemos podido establecer una base de operaciones en el bar Germán y llevamos más de 40 años recibiendo un permiso de espeleología. No creo que ninguno de nosotros quiera que nuestra labor aquí se detenga y no hay razón para que lo haga si la gente contribuye en la medida que pueda.

Gracias por vuestra atención.

"

current ones!) to promptly write reports. However, names, locations and dates in the original script have been left out.

· ·

This, of course, was a bit embarrassing all round but needed to be said. The text was emailed out to those not in Matienzo at the time. One person thought it was "excellent and well said" then went on to apologise for not writing up a trip!

After a few days, and further reflection, I decided to give up most of what I had been doing over the last 35 years so that others could organise and cajole. Phil Papard immediately offered to organise the expeditions but filling the other roles would need some public debate.

To allow this discussion to be as informed as possible I produced a number of documents about the work involved and these were circulated. A couple of meetings were held where a large number of people turned up to discuss the roles that were thought necessary.

Eventually - and despite some people suggesting impropriety, which was promptly knocked down by many supporters - the roles were ably filled by Steve Martin as the person buying and managing tackle and Sue Martin as current account administrator. To split financial

texto a continuación, ya que puede animar a futuros espeleólogos (¡y, de hecho, a algunos actuales!) a que escriban una crónica de sus actividades con mayor celeridad. Sin embargo, se han omitido los nombres, lugares y fechas del discurso original.

· ·

Esto, por supuesto, fue un poco embarazoso en general, pero había que decirlo. El texto se envió por correo electrónico a quienes no estaban en Matienzo en ese momento. Una persona pensó que era «excelente y bien dicho» y luego se disculpó por no escribir la crónica de una salida.

Tras unos días, y una mayor reflexión, decidí dejar la mayor parte de lo que había estado haciendo durante los últimos 35 años para que otros pudieran encargarse de la organización. Phil Papard se ofreció de inmediato a organizar las expediciones, pero para decidir quién se ocuparía de los demás roles necesitaríamos celebrar un debate público.

Para permitir que esta discusión se llevara a cabo con la mayor información posible, elaboré una serie de documentos sobre el trabajo que implicaba y estos se distribuyeron. Se celebraron un par de reuniones a las que acudió una gran cantidad de personas para discutir

responsibility, Juan was to administer the finance Reserve and, as nobody had offered to do these tasks, keep the website administrator role, IT Systems and general backstop to the whole Project. Peter 'Pedro' Smith agreed to carry on doing what he had always done - being the vital Spanish-speaking face of the Project in Spain, liaising with the authorities, archaeologists and cavers.

Another couple of meetings in England sorted out some details, e.g. spending limits, and agreed the following diagram.

With the roles clearly defined, and participants providing money through donations, the Project and the expeditions are now run with shared responsibilities and everyone giving more attention to detail than one person previously had. The 'Management Group' acts as enablers - resourcing and encouraging explorations then using the data and information provided to update reports and the website thus, hopefully, encouraging others - including the science community - to research the rich resources of the area, both above and below ground.

Phil and Steve organise an annual meeting before Easter where Phil produces an agenda covering feedback from the previous year and objectives for the next. These plans are often superseded when new holes are discovered!

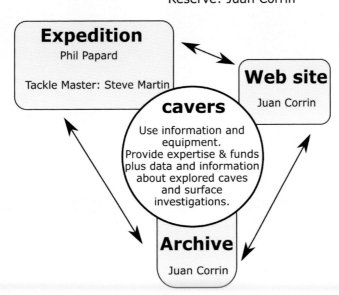

Matienzo Caves Project

Management & Policy Steering Group

Juan Corrin, Steve Martin, Phil Papard, Peter Smith

Finances

Current Account: Susan Martin
Reserve: Juan Corrin

Expedition
Phil Papard

Tackle Master: Steve Martin

Web site
Juan Corrin

cavers
Use information and equipment.
Provide expertise & funds plus data and information about explored caves and surface investigations.

Archive
Juan Corrin

External organisations
eg. GPF
Cultura
Spanish caving clubs
Lancaster University
one.com

Updated January 2015

los roles que se consideraban necesarios.

Finalmente —y a pesar de que algunos sugirieron que había habido irregularidades en la organización, argumentos que muchos pronto echaron por tierra—, los roles fueron ocupados por Steve Martin como la persona encargada de administrar el equipo y Sue Martin como administradora de la cuenta corriente. Para dividir la responsabilidad financiera, Juan se encargaría de administrar la reserva y, como nadie se había ofrecido a realizar estas tareas, conservaría el papel de administrador del sitio web, sistemas informáticos y receptor general para todo el proyecto. Peter Smith, Pedro, accedió a seguir haciendo lo que siempre había hecho: ser la vital conexión del proyecto en España, en contacto con las autoridades, arqueólogos y espeleólogos.

Otro par de reuniones en Inglaterra resolvieron algunos detalles, como los límites de gasto, y se acordó el siguiente diagrama.

Con los papeles de cada uno claramente definidos y los participantes proporcionando dinero a través de donaciones, el proyecto y las expediciones ahora se llevan a cabo con responsabilidades compartidas, capaces de prestar más atención a los detalles que una persona sola. El grupo de gestión actúa como facilitador: proporciona recursos y fomenta las exploraciones, luego utiliza los datos y la información proporcionada para actualizar los informes y el sitio web, por lo que, con suerte, alienta a otros, incluida la comunidad científica, a investigar los ricos recursos del área, tanto en la superficie como bajo tierra.

Phil y Steve organizan una reunión anual antes de Semana Santa en la que Phil elabora una agenda que cubre los comentarios del año anterior y los objetivos para el próximo. ¡Aunque estos planes a menudo pasan a segundo plano cuando se descubren nuevas cavidades!

MATIENZO CAVES PROJECT

The Matienzo Caves Project aims to explore and publically document the caves, shafts and other sites of speleological interest in and around the Matienzo depression.

Objectives
- Obtain an annual permit to explore from Cultura.
- Coordinate cave exploration and documentation through major expeditions (at Easter and summer) and smaller expeditions at other times.
- Produce a mandatory annual written report to Cultura detailing the explorations.
- Maintain an archive of survey notes (on paper, digital) and hand-drawn and final surveys (both digital and on paper) along with a library of Matienzo log books, Matienzo publications and publications from elsewhere that reference the caves of Matienzo.
- Make available to both British and Spanish audiences all expedition reports, the site descriptions, surveys, photographs and other data in an up-to-date, searchable and user-friendly form.
- Retain sufficient funds (generated from grants and cavers' donations) to run the Project.
- Encourage, teach and aid less experienced cavers in expedition caving techniques.
- Encourage and assist scientific projects including possible funding.
- Inform specialist audiences of speleological activities, eg *Hidden Earth*.

MATIENZO CAVES PROJECT

El objetivo de Matienzo Caves Project es explorar y documentar públicamente las cuevas, pozos y otros sitios de interés espeleológico en y alrededor de la depresión de Matienzo.

Objetivos
- Obtener un permiso anual de exploración de Cultura.
- Coordinar la exploración y documentación de las cavidades a través de campañas principales (en Semana Santa y verano) y campañas más pequeñas en otros momentos.
- Producir un informe anual obligatorio por escrito para Cultura detallando las exploraciones.
- Mantener un archivo de notas topográficas (en papel, digital) y topografías finales y dibujadas a mano (tanto digitales como en papel) junto con una biblioteca de libros de salidas de Matienzo, publicaciones de Matienzo y publicaciones de terceros que hagan referencia a las cuevas de Matienzo.
- Poner a disposición del público británico y español todos los informes de la expedición, las descripciones de cavidades, las topografías, las fotografías y otros datos de forma actualizada, fácil de buscar y de usar.
- Retener fondos suficientes (generados a partir de subvenciones y donaciones de espeleólogos) para llevar a cabo el proyecto.
- Animar, enseñar y ayudar a espeleólogos menos experimentados en técnicas de espeleología de expedición.
- Fomentar y ayudar proyectos científicos, incluida la posible financiación.
- Informar al público especializo de las actividades espeleológicas, por ejemplo, *Hidden Earth*.

main objective by this stage. After some of the team 'had gone very quiet' on this traverse, everyone made it to the Ammonite Choke. Those who pushed the choke from stream level reported that they had climbed up into various places and found no possible ways on.

... Barny told me that [Paul Dold's] rope was in a dry chamber above ... I found a survey note ... with a message to climb up here to the rope. So I set off up a calcite covered free climb which started with an awkward step up into a narrower part of the rift which felt a little more secure. The climb continued up again and around a corner out of sight. Expecting to see the end of the rope just ahead I continued up in the calcite covered rift on solid but rather small foot holds. In the interest of avoiding exaggeration I have measured the height from the survey data since, and can state as fact that this free climb continues up to reach the bottom of the rope at 25 vertical metres above the floor. It felt like a very long way! The rope hangs down a mere 10m pitch at the top. When Barney joined me he said that everyone else had decided they were not coming any further, so the two of us ascended the rope to have a good push at the end. I was somewhat surprised on reaching the top of the rope to find it attached to just a single spit in the wall.

The northern end of the Road to Torno rift turned out to continue wide open, but with no floor. A dangerous step across a hole in a muddy floor looked like it could be bypassed by enlarging an undercut to one side by digging out the mud floor. We had none of the digging implements with us as these were being carried by the rest of the group. But the mud was very easy to dig out by hand with the aid of some small rocks. ... Barny doubled the security of the rigging for the rope by putting in a second spit. After around 30 minutes I had opened up enough space to make a passable flat out crawl bypassing the hole in the floor. This led almost immediately to another bigger gap in the floor with a solid wedged boulder providing a further section of false floor out of reach on the other side. Again it looked possible to dig out mud from the left hand wall to open out a bedding squeeze, but it was a longer section with calcite layers in the mud needing breaking up. We worked on it for a while, Barny having a good dig before concluding it was not going to gain much more ground for the effort required.

Further work enabled them to climb up higher until they reached the true roof of the rift.

Around here another too low bedding level continues in the direction of Torno, but would require much digging to enlarge. This point is also 38m back from the closest point between the two caves down at Ammonite Choke. We had a quick survey of all the new scraps of passage we had explored ... We concluded that the most sensible way on would be to drop back down the hole where we had dug the bypass to hopefully reach another false floor level to try and progress towards the end at this upper level. This would require tackle and bolts which we did not have. A return trip will be mounted another year, and we will bring in a long rope to protect the free climb too!

We both descended the free climb without mishap and the long trip out took a while.

Bill wrote:

Having never been in the cave previously, I assumed that those who had frequently been there had assessed some of the obstacles encountered and knew the tackle requirements. I was pleased ... to pass School Boy Error Aven with some considerable effort and complete a rather scary traverse into rift climbs

de la euforia de la exploración. Para entonces el equipo había empezado a perder de vista el objetivo principal. Aunque algunos del equipo «se quedasen muy callados» en el pasamanos, todos llegamos a Ammonite Choke. Los que forzaron el caos de bloques desde el nivel de la galería activa informaron que habían escalado en varios puntos y no habían encontrado una posible continuación.

[...] Barny me dijo que la cuerda [de Paul Dold] estaba en una sala seca arriba [...] Encontré una nota de topo [...] que decía que tenía que escalar aquí hasta la cuerda. Así que inicié una escalada libre cubierta de calcita que empezaba con una sección incómoda hasta una parte más estrecha de la fisura que parecía un poco más segura. La escalada continuaba dando la vuelta a una esquina. Esperando ver el final de la cuerda justo adelante, continué subiendo por la fisura cubierta de calcita con agarres sólidos pero bastante pequeños. Como quiero evitar la exageración, he medido la altura a partir de los datos de la topo y puedo afirmar que esta escalada libre continúa hasta llegar a la cuerda a 25 m desde el suelo en vertical. ¡Me pareció tan larga! La cuerda cuelga por un pozo de solo 10 m. Cuando llegó Barney, me dijo que todos los demás habían decidido no continuar, así que los dos subimos por la cuerda para intentar forzar el final. Al llegar arriba me sorprendió un poco encontrarme la cuerda fijada a la pared con un único spit.

El extremo norte de la diaclasa de Road to Torno resultó estar abierto de par en par, pero sin suelo. Parecía que podíamos evitar pasar por encima de un agujero peligroso en el suelo de barro si ampliábamos una ranura a un lado quitando barro. No teníamos herramientas para excavar, pues las tenía el resto del grupo, pero fue fácil quitar el barro a mano con ayuda de algunas rocas pequeñas. [...] Barny duplicó la seguridad de la instalación de la cuerda con un segundo spit. Tras unos 30 minutos, había abierto la ranura lo suficiente como para hacer un laminador pasable que nos evitaba el agujero en el suelo. Este nos llevó casi de inmediato a otro agujero más grande en el suelo con una roca encajada que nos proporcionaba una sección adicional de suelo falso, pero no llegaba hasta el otro lado. Una vez más, parecía posible quitar barro de la pared de la izquierda para abrir un laminador, pero era una sección más larga con capas de calcita que había que romper. Estuvimos un rato con ello, Barny le puso empeño antes de concluir que no iba a avanzar mucho para el esfuerzo que requería.

Un poco más de trabajo les permitió subir más alto hasta llegar al verdadero techo de la diaclasa.

Por aquí, otro laminador demasiado bajo continúa en dirección a Torno, pero va a necesitar mucha excavación para ampliarse. Este punto también se encuentra a 38 m del punto más cercano entre las dos cuevas, en Ammonite Choke. Hicimos una topo rápida de las partes nuevas de galería que habíamos explorado [...] Llegamos a la conclusión de que la forma más sensata de continuar sería volver a bajar por el agujero donde habíamos excavado el desvío para, idealmente, llegar a otro nivel de suelo falso e intentar avanzar hacia el final de este nivel superior, pero para ello necesitaríamos equipo de instalación que no teníamos. ¡Volveremos otro año, con una cuerda larga para proteger la escalada libre!

Ambos destrepamos la escalada libre sin contratiempos y el largo viaje de vuelta nos llevó un rato.

Bill escribió:

Como nunca antes había estado en la cueva, supuse

Louise Korsgaard and Peter Fast in Cueva-Cubío del Llanío. Louise Korsgaard and Peter Fast en Cueva-Cubío del Llanío.

Torben Redder

... previously documented by Paul Dold. However, I was unable to progress further up the climbs due to the high level of caving skill being demanded and had to return to the surface after a long trip which was abandoned by myself and 3 others. In my opinion it requires a much more considered approach and that the cave is either pushed by those with the necessary head for heights or that tackle is taken to aid progress.

Over a couple of trips, Torben and Peter Fast on March 26th and then with Louise on March 29th, pushed passages in Cueva-Cubío del Llaníio (3234). First they went to the southeast extremity, at the far end of the Left Ladders Series, where they decided that the small passage heading northeast would need enlarging for at least 5m. Further back, they dug 2m through dry sand but concluded that this would need a lot more digging, and the lead had little draught. Investigating the hole in The Hub, they reckoned that this could connect with the Horny Dog Series and they also had some hopes for the small stream heading out of High Hopes: the low passage "seems to get larger after about 2m of muddy digging. Bring shovel!"

High up on the eastern flank of the steepest valley dropping into Fresnedo, the Redder / Korsgaard family with Marites and Peter Fast found site 3798. Peter dropped down the 6m deep hole into a meander that narrowed to 10cm.

They had better luck with site 3842, just above the west side of the valley, which they found and first entered on April 2nd. This open 40cm x 50cm entrance immediately encountered a 1 x 4m meander that narrowed after only 6m. However, a route in the roof and a p6 dropped back into the meander only to narrow in again at flowstone. Partial destruction of the obstacle occurred the next day, when Pete Smith joined them, but the site would not be opened up until the following Easter.

Down in the valley bottom, to the north, the sink (2478) was partially cleared but it was decided that digging here would be easier in drier weather. The dig 3844 was also documented - water could be heard but loose rocks made up the floor and the roof.

Harry scoured the ground around the Fuente de la Virgen (site 0582) and Slaves Cave (site 2738) areas finding sites 3824 - 3828. These five sites required digging or pushing and were left until early August.

EASTERN MOUNTAINS Wanting to know the karst area better, Tom Thomson walked up onto the Muela / Mullir area, photographing sites 3001 and 2748 and finding a new hole, 3799, documented as "shaft seen". This has yet to be descended.

In Cueva del Risco (0025), at the base of Mullir, Pete Smith and Carol entered a passage Pete had noticed on a Christmas trip into the system. This was just to the east of Gran Risco, starting below the big wall of layered sediment. This passage was of some size, 4 - 5m wide and 2 - 3m high and linked back to the stream passage, in the roof of the high meander passage. After surveying 180m and taking photos, Pete commented, "Not many stal but curly, cracked mud floors".

Footleg and Cave Ferret had mixed fortunes on a photography trip into the Arco Gallery and Arco 2. First, Tom left his photo gear on the surface so Footleg climbed back up the entrance shaft on the promise that Tom would buy evening dinner. Then Tom slipped off a ledge at a rebelay and "ended up hanging in the rebelay loop suspended upside-down". However, some photos were taken and they came out in time for Tom to buy dinner.

SOUTHERN SECTOR Pete Smith had been walking over the southern La Vega hillside during the previous winter, obtaining more accurate grid references with a GPS unit and finding new holes. Site 3869 is a scramble down into a tiny chamber with tight slots going down; 3870

que los que habían estado allí bastantes veces habían evaluado algunos de los obstáculos encontrados y conocían los requisitos de equipo. Me alegró [...] pasar School Boy Error Aven con un esfuerzo considerable y completar un pasamanos bastante aterrador hasta las escaladas en la diaclasa [...] previamente documentado por Paul Dold. Sin embargo, no pude avanzar en las escaladas por el alto nivel de habilidad espeleológica que exigían y tuve que volver a la superficie después de una larga incursión que yo y otros 3 abandonamos. En mi opinión, necesita un planteamiento mucho más estudiado y que la exploración la hagan aquellos sin miedo a las alturas o que se lleve el equipo necesario para ayudar en el avance.

A lo largo de un par de visitas, Torben y Peter Fast el 26 de marzo y luego con Louise el 29 de marzo, forzaron galerías en Cueva-Cubío del Llaníio (3234). Primero fueron al extremo sureste, el más alejado de la serie Left Ladders, donde decidieron que la pequeña galería que se dirigía hacia el noreste se habría de ampliar al menos 5 m. Más atrás, excavaron 2 m a través de arena seca, pero concluyeron que se habría de excavar mucho más, y la corriente era débil. Investigando el agujero en The Hub y concluyeron que podría conectar con la serie Horny Dog. También les parecía esperanzador el pequeño arroyo que salía de High Hopes: la galería baja «parece agrandarse después de unos 2 m de excavación en el barro. ¡Llevar pala!».

En lo alto del flanco oriental del valle más empinado que da a Fresnedo, la familia Redder / Korsgaard, junto con Marites y Peter Fast, encontraron la cavidad 3798. Peter bajó por el agujero de 6 m de profundidad hasta un meandro que se fue haciendo pequeño hasta medir 10 cm.

Tuvieron mejor suerte con la 3842, sobre el lado oeste del valle, que encontraron y exploraron por primera vez el 2 de abril. Esta entrada abierta de 40 x 50 cm da inmediatamente a un meandro de 1 x 4 m que se volvió impracticable tras solo 6 m. Una abertura en el techo y un P 6 volvieron a dar al meandro, pero este volvió a estrecharse nuevamente por una colada. La destrucción parcial del obstáculo ocurrió al día siguiente, cuando Pete Smith se les unió, pero no se abriría del todo hasta la Semana Santa siguiente.

Abajo, en el fondo del valle y hacia el norte, el sumidero (2478) estaba parcialmente despejado, pero se decidió que sería más fácil de desobstruir cuando el clima fuese más seco. También se documentó la excavación 3844: se podía escuchar agua, pero el suelo y el techo estaban formados por rocas sueltas.

Harry prospeccionó la zona cerca de Fuente de la Virgen (0582) y Slaves Cave (2738) y documentó los agujeros 3824 - 3828. Había que desobstruir y forzar los cinco, lo que se dejó para principios de agosto.

SECTOR ESTE Queriendo conocer mejor el karst de la zona, Tom Thomson subió hasta Muela / Mullir, fotografió las cavidades 3001 y 2748 y encontró un nuevo agujero, 3799, documentado como «pozo visto»; aún no se ha explorado.

En Cueva Risco, en la base de Mullir, Pete Smith y Carol fueron a una galería que Pete había visto en una incursión al sistema en Navidad. Está justo al este de Gran Risco y empieza debajo de la gran pared de sedimentos en capas. La galería es bastante grande, de 4 a 5 m de ancho y de 2 a 3 m de alto, y conecta de nuevo con la galería activa, en el techo de la galería del meandro superior. Tras topografiar 180 m y sacar fotos, Pete comentó: «No hay muchas estalagmitas, pero el suelo de barro presenta una desecación poligonal».

Footleg y Cave Ferret no tuvieron mucha suerte en una incursión fotográfica a Arco Gallery y Arco 2. Primero, Tom se dejó su equipo fotográfico en la superficie por lo que Footleg tuvo que volver a subir por el pozo de la entrada con la promesa de que Tom le invitaría a cenar. Luego, Tom resbaló en una repisa en un fraccionamiento

Left, the curly mud floor and, right, Carolina in the new find in Cueva del Risco.
A la izda., el suelo de barro y, a la dcha., Carolina en el nuevo hallazgo en Cueva del Risco. *Peter Smith*

- a thrutch down and along a rift for about 8m until it becomes too small, and 3871, a 2m free-climb down to a slot at the top of a 3m drop where "stones roll on out of sight". A cave to return to?

Juan and Penny took Tom Thomson on a (very) mini-tour of the caves, visiting Cueva de Jivero 2 (0017) where traps were set and five crayfish seen. Cueva del Agua (0059) and Cueva del Comellantes (0040) appeared to have much less cave life.

Pedro had found a hole (3884) on the edge of the Matienzo depression below Cruz Usaño. A couple of days later, on April 15th, he returned with Juan to explore it. A slope down enters a chamber with the remains of leather shoes and a 3m drop between boulders which was laddered. A delicate slide between poised blocks reaches another short pitch down to water. On that day, they decided to leave any passage at the base and go into the hole over the top of the drop. This soon entered a high-level, upstream series - a mixture of crawling, walking and traversing in narrow passage with the stream sometimes seen below. The "end" was "where the passage became smaller".

> Possibly 200m entered ... It took a couple of hours to explore - in and out. Direction is unknown. The passage winds back and forth.

Without survey or photo gear, nothing else could be done. But it wasn't the expected choked hole!

Pedro returned a few days later to investigate a high-level, downstream hole which became a draught-less dig after 10m. Further work would wait until May.[4]

Pedro was having second thoughts about his 1986 BCRA Grade 1 survey of site 0671, an obvious entrance on the south side of the Cueva de los Cantones (site 0865) depression. "It seems a bit longer than it looks".

Higher up the hill, in the same valley, Ali came across site 3803, describing it as a rock outcrop with a chamber underneath. This has yet to be properly investigated. Site 0732 was also inspected and the base of a pot found, possibly part of the medieval pottery found in the 90's. He thought it might be worth digging.

Six hundred metres to the west and almost at the ridge, Peter Eagan, Ali and Phil Papard walked up on a "hot, sunny day (for Easter)" to site 1220. They carried "a lot of tackle (drill, 100m rope, capping gear, etc.)" and were aiming to push from where Torben reached in October 2012. The entrance shaft was opened up and Peter confirmed that the base was blocked with no clear way on. A parallel shaft through a slot required opening up but rocks thrown down suggested that "it was not big". Site 1220, which had little draught, was left for the moment. Phil wrote:

> On the way back it was seen that 1340 and 2594 were draughting in strongly - these need to be looked at as the best options in the area.

About 500m to the west, Phil Papard, Bob, James, Jenny and Chris Hibberts went in search of undescended shafts, discovered years before. Site 1125 was dropped 6m to a boulder choke; they couldn't find 1180 but took a photo of site 1178. Site 1124 was found in a rocky area about 25m away from its grid reference. Chris descended 15m to a rubble floor where a too narrow rift requires capping. It had a good outward draught and water on the floor about 3m down. "A very good prospect" but, to date, this has not been worked on.

Over March 31st - April 1st, Torben and Peter Fast camped overnight on a thirty hour trip into Hidden Hole (0458). (This was the first time anyone had camped underground in a Matienzo cave.) They had the misfortune to drop a tackle sack containing milk, water and a DistoX fifty seven metres down Gloom Pitch which destroyed the liquid containers and appeared to break the DistoX. The pair camped and slept on a flat mud floor 50m WNW of the main pitch, found plenty of drinking water, but were unable to survey the (small) extensions made, although "it was an excellent experience to stay overnight". A radon measurement over 24 hours gave a reading of 1400 Bq/m^3.

Rupert was hoping to dive upstream and downstream Squirrel's Passage in Cueva-Cubío de la Reñada (0048) but "it was too wet to do any diving this Easter". Downstream Squirrel's was presumed to flow out to the Comellantes resurgence; upstream was anyone's guess. Rupert made a number of observations. First, that the downstream sump would be better approached from Comellantes "as carrying dive kit down the stream is a total bastard."

He also compared the amount of water flowing in Squirrel's Passage and the resurgence on the same day concluding that:

y «terminó colgado de la comba del fraccionamiento boca abajo». Sin embargo, sacaron algunas fotos y salieron a tiempo para que Tom invitara a Footleg a cenar.

SECTOR SUR Este invierno, Pete Smith se había recorrido la ladera sur de La Vega tomando coordenadas más precisas con una unidad de GPS y encontrando nuevos agujeros. El 3869 es un destrepe hasta una sala pequeñísima con ranuras estrechas; 3870, una fisura estrecha de unos 8 m que se vuelve demasiada angosta; y 3871, una escalada libre de 2 m hasta una ranura a la cabecera de un pozo de 3 m por el que «las piedras se pierden de vista al caer». ¿Una cueva a la que volver?

Juan y Penny llevaron a Tom Thomson a hacer un (muy) mini recorrido por las cuevas, visitando la Cueva de Jivero 2 (0017) donde colocaron trampas y vieron cinco cangrejos de río. La Cueva del Molino (0059) y la Cueva de Comellantes (0040) parecían tener mucha menos vida cavernícola.

Pedro encontró un agujero (3884) en el borde del valle de Matienzo bajo Cruz Usaño. Un par de días después, el 15 de abril, regresó con Juan para explorarlo. Una pendiente da a una sala con restos de zapatos de cuero y un pozo de 3 m entre bloques que bajaron con escala. Deslizándose con cuidado entre bloques inestables llegaron a otro pozo corto hasta una galería activa. Ese día decidieron no investigar las posibles galerías en la base e investigar el agujero por encima del pozo. Esto pronto dio a una red superior, aguas arriba: una mezcla de gatear, caminar y pasar en oposición sobre el arroyo. El «final» llegó cuando «la galería se hizo más pequeña».

> Unos 200 m [...] Nos llevó un par de horas explorarlo, desde que entramos hasta salir. Dirección desconocida. La galería es sinuosa.

Sin equipo fotográfico o de topo, no podían hacer más, ¡pero no era el agujero obstruido que esperaban!

Pedro regresó unos días después para investigar un agujero aguas abajo en el nivel superior que se convirtió en una excavación sin corriente de aire tras 10 m. Lo demás tendría que esperar hasta mayo.[4]

Pedro tenía dudas sobre la topo de Grado 1 BCRA que hizo en 1986 de la cavidad 0671, una entrada obvia en el lado sur de la depresión de la Cueva de los Cantones (0865). «Parece un poco más larga de lo que es».

Subiendo por la colina, en el mismo valle, Ali encontró el 3803, un saliente rocoso con una sala debajo. Aún no se ha investigado bien. También echó un vistazo a la cueva 0732, donde se encontró la base de una vasija, posiblemente parte de los restos de cerámica medieval que se encontraron en los noventa. Pensó que podría merecer la pena excavarla.

A seiscientos metros al oeste y casi en la cima, Peter Eagan, Ali y Phil Papard subieron en un «día caluroso y soleado (para Semana Santa)» a la cueva 1220. Llevaron «mucho equipo (taladro, cuerda de 100 m, equipo de micros, etc.)» y tenían el objetivo de explorar a partir del punto al que llegó Torben en octubre de 2012. Abrieron el pozo de entrada y Peter confirmó que la base estaba bloqueada sin continuación clara. Un pozo paralelo a través de una ranura se tenía que abrir, pero tras tirar varias rocas por él vieron que «no era grande». Como la corriente era débil, decidieron dejarla por el momento. Phil escribió:

> En el camino de vuelta, vimos que 1340 y 2594 tenían una corriente aspirante fuerte, se deberían considerar como las mejores opciones en la zona.

A unos 500 m al oeste, Phil Papard, Bob, James, Jenny y Chris Hibberts fueron en busca de pozos sin explorar descubiertos años antes. El 1125 medía 6 m hasta un caos de bloques; no pudieron encontrar el 1180, pero sacaron una foto del 1178. El 1124 se encontró en una zona rocosa a unos 25 m de las coordenadas originales. Chris bajó 15 m hasta un suelo de rocas donde hay una grieta demasiado estrecha que necesita micros. Tenía una buena corriente sopladora y agua en el suelo a unos 3 m de profundidad. «Parece prometedora», pero, hasta la fecha, nadie ha vuelto.

En la noche del 31 de marzo al 1 de abril, Torben y Peter Fast acamparon en Hidden Hole (0458) durante una incursión de treinta horas. (Esta fue la primera vez que alguien organizaba un vivac en una cueva de Matienzo). Tuvieron la mala suerte de que se les cayó una saca con leche, agua y un DistoX por Gloom Pitch y sus 57 m, y los contenedores con líquidos se rompieron, lo que a su vez rompió el DistoX. La pareja acampó y durmió sobre un suelo de barro a 5 m al ONO del pozo principal, donde encontraron mucha agua potable, pero no pudieron topografiar las nuevas (pequeñas) galerías, aunque «pasar la noche fue una experiencia excelente». Una medición de radón durante 24 horas dio una lectura de 1400 Bq/m^3.

Rupert esperaba bucear aguas arriba y aguas abajo en Squirrel's Passage en Cueva-Cubío de la Reñada, pero «estaba lloviendo demasiado como para bucear». Se suponía que aguas abajo iba hacia la surgencia de Comellantes; aguas arriba era una incógnita. Rupert hizo algunas observaciones. Primero, que el sifón aguas abajo se abordaría mejor desde Comellantes «pues llevar el kit de buceo río abajo es una putada».

También comparó la cantidad de agua que fluye en Squirrel's Passage y la surgencia en el mismo día y concluyó que:

> El volumen en Squirrel's es, como mucho, 1/10 de lo que sale de Comellantes. Por lo tanto, en algún punto entre la

... the flow in Squirrel's is, at most, $^1/_{10}$th of what comes out of Comellantes. Hence, somewhere between the RS-CJ (Rupert Skorupka-Chris Jewel) line junction, and the end of sump 1 in Comellantes, 90% of the flow enters.

Rupert also commented that the small inlet coming into Breakdown Chamber had a quarter of the flow in Squirrel's Passage and observed that, during a significant flood, the Cueva de Molino stream at Bustablado was flowing strongly and milky (from snow melt?) and that the Comellantes stream was also flowing well but was quite clear (from floodwater). He concluded that, looking at where snow remained,

Molino water is coming from the Porracolina (S) side of the Bustablado valley. Comellantes accounts for all drainage to the north of the Bustablado valley, i.e. Vallina, south Vega and unknown systems.

Also in Reñada, Rupert had observed that, during wet conditions, the "plughole" draining The Duck rapidly changed from draining freely to backing up. He put a thin guideline through the duck.

It will help if the low section is partially full of water but should not be used for free diving.

Louise, Torben, Marites and Peter Fast introduced the kids, Marie and Karen, to the wet conditions in Reñada. They "enjoyed it".

A large team - Peter Eagan, Ali, Andy, Bob, Bill, Barny and Dave Gledhill - went into Cueva Vallina (0733) for a "tourist trip". Ali, Peter and Andy concentrated on taking photos and the others were directed to the choke area at the end of Bathtub Passage where, apparently, they dug into continuing passage, although this was not written up. On the way out, they looked at avens and passages on the left before The Canyon, digging into a shaft where the bottom could be reached by another route.

On the next visit (April 1st), Bill "consolidated his learning" of the route to Swirl Chamber along with Si and Di, Steve, Bob, Barney, Dave Gledhill and Chris Hibberts. But he was not happy - as Torca la Vaca had been flooded he thought that his whole trip had been very frustrating and expensive as "my main objective was not achievable".

It's been normal practise for the expedition organiser to stand up and say a few words during the expedition meal: welcoming newcomers, summarising finds so far, thanking Noelia, Rosie and Ana for the food and waitress service, commenting on the age range in the room, and so on. On this occasion, Juan had a good moan about people not writing up trips in the logbook quickly enough,[5] prompting one wag to write up "tomorrow's activities before they happen".

---

5 "Instigation of the Matienzo Caves Project", page 113.

unión de la línea RS-CJ (Rupert Skorupka-Chris Jewel) y el final del sifón 1 en Comellantes, entra el 90 % del agua.

Rupert también apuntó que el pequeño afluente que entra en Breakdown Chamber tenía una cuarta parte del volumen en Squirrel's Passage y observó que, durante fuertes lluvias, el caudal del río de Cueva de Molino en Bustablado era fuerte y turbio (¿de nieve derretida?) y que el río de Comellantes también tenía un buen caudal, pero bastante claro (de agua de lluvia). Concluyó que, mirando dónde quedaba nieve:

El agua de Molino proviene del lado de Porracolina (S) del valle de Bustablado. Comellantes lleva todo el drenaje al norte del valle de Bustablado, es decir, Vallina, el sur de La Vega y sistemas desconocidos.

También en Reñada, Rupert observó que, en época de lluvia, el «pozo de drenaje» de The Duck cambiaba rápidamente, dejaba de drenar y el nivel subía. Instaló una guía fina a través de la bóveda sifonante.

Ayudará si la sección baja está parcialmente llena de agua, pero no debe usarse para buceo libre.

Louise, Torben, Marites y Peter Fast llevaron a las niñas, Marie y Karen, a probar el agua de Reñada. Lo «pasaron bien».

Un equipo grande, formado por Peter Eagan, Ali, Andy, Bob, Bill, Barny y Dave Gledhill, fue de «excursión» a Cueva Vallina (0733). Ali, Peter y Andy se centraron en sacar fotos mientras los demás fueron a la zona del caos de bloques al final de Bathtub Passage donde, aparentemente, excavaron en una galería que continuaba, aunque no lo escribieron en el libro de salidas. Al salir, echaron un vistazo a las chimeneas y galerías a la izquierda antes del Cañón, excavando en un pozo a cuya base se podía llegar por otra ruta.

En la siguiente visita (1 de abril), Bill «consolidó su aprendizaje» de la ruta a Swirl Chamber junto con Si y Di, Steve, Bob, Barney, Dave Gledhill y Chris Hibberts. Pero no estaba contento: como Torca la Vaca se había inundado, creía que su viaje había sido frustrante y caro, ya que no pudo conseguir su «objetivo principal».

Es habitual que el organizador de la expedición se ponga en pie y diga algunas palabras durante la cena de la expedición: dar la bienvenida a los recién llegados, resumir los hallazgos hasta el momento, dar las gracias a Noelia, Rosi y Ana por la cena, comentar el rango de edad en la sala, etc. En esta ocasión, Juan aprovechó para quejarse de que la gente tardaba demasiado en escribir las salidas en el diario[5], lo que provocó que un gracioso escribiera «las actividades de mañana antes de que sucedan».

---

5 Véase el capítulo El desarrollo de Matienzo Caves Project, p. 113.

2013 SPRING / PRIMAVERA	Juan Corrin Penny Corrin	Pete 'Pedro' Smith Phil Papard

SOUTHERN SECTOR

On May 24th, Pete and Juan returned to site 3884, first explored the previous month. The intention was to survey the upstream passage, push on at the end and drop a ladder down near the entrance to explore downstream. The entrance was a "bit drippy" and they surveyed to the upstream end where Juan, "because he was at the front", went through a wet, sideways crawl to an enlargement and another tight crawl off rising to a block and a possibly bigger section. Juan wrote that "someone smaller and more supple was required". Completing the survey of this section and taking some video meant that the downstream wasn't visited. When the survey was plotted, the upstream end was found to be close to a wet weather stream sink (2449) only 22m above.

Five days later, Pete and Juan returned to a much wetter prospect. Juan wrote:

Approaching the entrance it was quite obvious it would be a wet trip as we could hear the water dropping away inside the entrance chamber. ... Instead of the first pitch being a drippy affair, it required a bit of dam building to divert the water so it didn't fall directly onto the ladder. We couldn't avoid the water at the base of the first drop so reached the top of the second pitch already soaked. A second ladder was added to the end of the first, giving a short, 4.5m pitch.

At the bottom, a small chamber received the water from above and also another stream. We walked and shuffled downstream until a bouldery run-in was seen on the right hand wall after 15m and a short crawl in the water led through to the rest of the choke. Pete, at the front, wasn't too impressed and couldn't see an easy way through. It really needs another look when conditions are drier.

... Upstream ... had slightly deeper water and a mixture of stooping and waddling led to a silty sump pool after about 30m. This water is probably that seen sinking much further into the cave to the southwest.

SECTOR SUR

El 24 de mayo, Pete y Juan regresaron a la cavidad 3884, explorada por primera vez el mes anterior. Querían investigar la galería aguas arriba, forzar el final e instalar una escala cerca de la entrada para explorar aguas abajo. En la entrada caían «algunas gotas de agua», pero topografiaron hasta el final aguas arriba donde Juan, «porque iba el primero», pasó por un laminador húmedo y vertical hasta un punto más amplio y otro laminador que subía hasta un bloque y, quizás, una sección más grande. Juan escribió que «hacía falta alguien más pequeño y más flexible». Para terminar la topo de esta sección y sacar un vídeo, tuvieron que dejar la visita aguas abajo. Cuando se sacó la topo al ordenador, se descubrió que el extremo aguas arriba estaba cerca de un recolector de lluvias (2449) a solo 22 m.

Cinco días después, Pete y Juan volvieron a una cueva mucho más húmeda. Juan escribió:

Al acercarnos a la entrada, pudimos ver que nos íbamos a mojar, ya que podíamos oír el agua que caía por la sala de la entrada. [...] En vez de que nos cayesen algunas gotas en el primer pozo, tuvimos que construir una presa para desviar el agua y que no cayera directamente sobre la escala. No pudimos evitar el agua en la base del primer pozo, así que llegamos a la cabecera del segundo ya empapados. Añadimos una segunda escala al final de la primera, pues era un pozo corto de 4,5 m.

En la base, una pequeña sala recogía el agua que caía y también otro afluente. Caminamos y nos arrastramos aguas abajo hasta que vimos un derrumbamiento en la pared de la derecha tras 15 m y una gatera corta con agua daba al resto del caos de bloques. A Pete, que iba primero, no le convenció y no podía ver un camino fácil. Hay que volver a mirarlo cuando no haya tanta agua. [...] Aguas arriba [...] el agua era algo más profunda y, andando y agachándonos a lo largo de unos 30 m, llegamos a un sifón lleno de barro. Puede que se trate del agua que se sumerge en la cueva al suroeste.

Above: Looking down over site 3887 into Seldesuto and La Vega.
Right: Phil Papard on the entrance pitch, site 3887.
Arriba: Mirando sobre 3887 hacia Seldesuto y La Vega.
Dcha.: Phil Papard en el pozo de entrada, 3887. *Juan Corrin*

A couple of bits of video taken – at the base of each of the drops. Only underground for just over an hour, but that was enough for me.

High to the south of Seldesuto, some 240m above Cobra Passage in Cueva Vallina (0733), site 3887 was a "new" shaft on June 1st when Phil, Pete and Juan visited it. While clearing the cap over the shaft top, two blocks dropped down. Phil found one on a ledge 10m down and the second, 3m further down, preventing access to a possible 20m pitch continuation. No attempt has yet been made to remove the blockage. Nearby, to the southeast, site 0674 was revisited but the large collapse feature had little of interest.

Fifty metres down the hill, Phil also explored the 6m deep shaft at site 1126 with a short length of decorated passage heading out to the hillside.

Further down, and contouring around to the northeast, a number of known holes were GPS'd and the entrances photographed (12 in total), ending up at Spear Pot (0482).

EL NASO On June 15th, Juan and Penny had "quick walk" out onto El Naso to investigate a black hole seen a few days previously. Site 3888 turned out to be a "tiny chamber with no hope of extension" at the base of 2m hand-line climb. A larger depression to the southwest was then investigated revealing a 5m deep, roomy shaft (3889) that appeared choked at the base and was descended in the summer.

Grabamos un par de vídeos en la base de cada uno de los pozos. Solo estuvimos bajo tierra poco más de una hora, pero a mí me bastó.

La cavidad 3887, al sur de Seldesuto y a unos 240 m sobre Cobra Passage en Cueva Vallina, era una sima «nueva» que Phil, Pete y Juan visitaron el 1 de junio. Mientras limpiaban los restos de la desobstrucción sobre la cabecera del pozo, dos bloques cayeron. Phil encontró uno en una repisa a 10 m y el segundo, 3 m más abajo, evitando el acceso a una posible continuación en un pozo de 20 m. Todavía no se ha intentado desobstruir. Cerca, al sureste, echaron un vistazo al agujero 0674, pero se trataba de un hundimiento de poco interés.

A 50 m bajando la colina, Phil también exploró el pozo de 6 m de 1126 con un corto tramo de galería decorada que se dirige al interior.

Más abajo, y contorneando hacia el noreste, tomaron las coordenadas GPS de una serie de agujeros conocidos y fotografiaron sus entradas (12 en total), terminando en Spear Pot (0482).

EL NASO El 15 de junio, Juan y Penny dieron un «paseo rápido» hasta El Naso para investigar un agujero negro que se había visto unos días antes. El 3888 resultó ser una «sala pequeña sin esperanza de ampliación» en la base de un destrepe de 2 m con un pasamano. Después investigaron una depresión más grande hacia el sudoeste que tenía un pozo espacioso de 5 m (3889) que parecía obstruido en la base y al que se entró en verano.

site 3884
Ozana 30T 454034 4794602 Altitude 270m
Length: 341m Depth: 14m

Surveyed mainly to BCRA 5c, May, September 2013
Juan Corrin & Peter Smith

Drawn in Inkscape: Juan Corrin

Matienzo Caves 2013

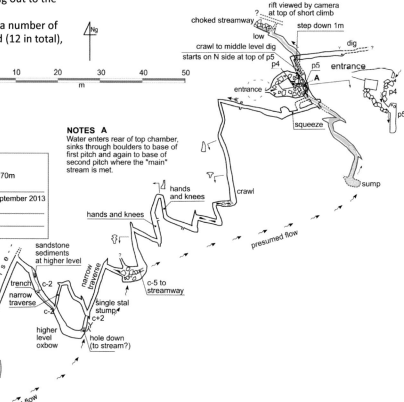

NOTES A
Water enters rear of top chamber, sinks through boulders to base of first pitch and again to base of second pitch where the "main" stream is met.

NORTHWEST AND FAR WEST SECTORS

Tim planned to dive the Octopus Garden sump in Torca de Peña Encaramada (3380) at Hornedo. On July 23rd he and sherpas Brendan, Louise and Ed, taking the gear in, were surprised to find the cave rigged down to the stream. They "poked a few side passages" on the way out.

Tim, Ed and Louise returned two days later with Tim hoping to dive through to an inlet in Cave of the Wild Mare (0767) apparently 15m away in a straight line. Tim wrote:

    ... 14m to cross rift blocking
    sump with sandstone blocks.
    Possible way on. ... Spent
    [more than] 5 minutes at 3m from
    surface jammed in thinking I
    was going to drown. Removed 1
    cylinder and helmet and managed
    to force way out.

Rather more successful was the surveying of Yellow River for 95m taking the length of Encaramada to 3930m.

Jim and Colin were diving in Wild Mare but, on July 30th, only to take gear through the sumps into Torca la Vaca (2889) where they planned to further investigate the underwater upstream area. This they did on the 31st but found only alcoves. Also, unfortunately, the survey data from Elephant Sump linking the Whitworth Series stream through to Lake Bassenthwaite appeared to be way out.

    We think there may be a fault
    with the compass ... and the
    data is therefore best ignored.
    We will resurvey the sump using
    a different compass.

On their next trip, the diving pair photographed at the end of Sump of the Wild Eels and the breakthrough window. After removing all their equipment from the system, Colin wrote a conclusion to his blog:

    We have made some useful finds but failed to discover
    the link between Fuente Aguanaz and Torca la Vaca (the
    hoped for connection at the start of the project).[1]
    ... if it exists, [it] probably lies beyond Lake
    Bassenthwaite which we have proved links to the
    resurgence at Wild Mare via the Whitworth series and
    Buttermere. We have also seen that Wild Mare takes
    water from other caves in the area besides Torca la
    Vaca and a recent dive by Tim Webber showed promise of
    a connection with Torca de Peña Encaramada...
    ... There is also the possible link through to
    Squality Street which would allow non-divers access to
    the AGM Bypass area and the rifts beyond the Sump of
    the Wild Eels if a suitably enthusiastic caver can be
    found to push the connection.

On August 4th, Chris Scaife, Alex and Dan Jackson had a photographic trip in Vaca, spending time in the upper series and in the area around Gour Chamber. They also left pitches laddered.

A bigger trip was being prepared that would eventually lead to a game changer for the exploration of the Vaca system: Johnny, Jude, Tom, Paul Dold, Chris Hibberts and Ed Harrison intended to stay two nights in the far reaches and wanted to camp in a roomy, dry spot some 100m before the junction of Ed's Birthday Passage and Deep Rifts Passage. At the far end of Ed's Birthday Passage, a bouldery route and

Colin Hayward somewhere between Cave of the Wild Mare and Torca la Vaca. Colin Hayward en algún punto entre Wild Mare y Torca la Vaca. *Jim Lister*

SECTOR NOROESTE Y EXTREMO OESTE

Tim quería bucear el sifón Octopus Garden en Torca de la Peña Encaramada (3380) en Hornedo. El 23 de julio, él y los sherpas Brendan, Louise y Ed, de la que llevaban el equipo, se sorprendieron al encontrarla instalada hasta la galería activa. «Echaron un vistazo a galerías laterales» al salir.

Volvieron dos días después con la esperanza de llegar hasta Wild Mare (0767) aparentemente a 15 m en línea recta. Tim escribió:

    14 m para cruzar la diaclasa que
    bloquea el sifón con bloques de
    arenisca. Posible continuación.
    [...] Pasé [más de] 5 minutos a 3 m
    de la superficie atascado pensando
    que me iba a ahogar. Quité 1 botella
    y el casco y conseguí pasar.

Más exitosa fue la topo de los 95 m de Yellow River, llevando el desarrollo de Encaramada a 3930 m.

Jim y Colin entraron a bucear en Wild Mare el 30 de julio, pero solo para llevar equipo a Torca la Vaca (2889) a través de los sifones, donde planeaban investigar más a fondo aguas arriba. Entraron el 31, pero solo encontraron recovecos. Además, desafortunadamente, parecía que los datos de la topo de Elephant Sump, que une el río de la Serie Whitworth hasta el lago Bassenthwaite, no estaban bien.

    Creemos que puede haber un fallo
    en la brújula [...] y, por lo
    tanto, es mejor ignorar los datos.
    Volveremos a topografiar el sifón con
    una brújula diferente.

En su siguiente incursión, la pareja fotografió la sección final del sifón Wild Eels y la ventana por la que se abrieron paso. Tras sacar el equipo, Colin escribió en su blog a modo de conclusión:

    Hemos encontrado algunas cosas útiles, pero no
    hemos podido descubrir la conexión entre Fuente
    Aguanaz y Torca la Vaca (lo que esperábamos al inicio
    del proyecto).[1] [...] Si existe, probablemente se
    encuentra más allá del lago Bassenthwaite, el cual
    conecta con la surgencia de Wild Mare a través de la
    serie Whitworth y Buttermere, como hemos demostrado.
    También hemos visto que Wild Mare recibe agua de
    otras cuevas en la zona además de Torca la Vaca y una
    inmersión reciente de Tim Webber mostró la promesa de
    una conexión con Torca de Peña Encaramada...
    También está la posible conexión a través de Squality
    Street que permitiría a los no buceadores acceder
    a la zona del AGM Bypass y las diaclasas pasando el
    sifón Wild Eels, si se puede encontrar un espeleólogo
    lo suficientemente entusiasta como para forzar la
    conexión.

El 4 de agosto, Chris Scaife, Alex y Dan Jackson disfrutaron de una incursión fotográfica en Vaca, en la red superior y en los alrededores de Gour Chamber. También dejaron varias escalas instaladas.

Se estaba preparando una incursión más grande que terminaría siendo un punto de inflexión para la exploración del sistema de Vaca: Johnny, Jude, Tom, Paul Dold, Chris Hibberts y Ed Harrison tenían la intención de pasar dos noches en los confines y querían montar un vivac en un lugar amplio y seco a unos 100 m antes de la unión de Ed's

---

1 A previous successful water trace (April 2006) from downstream Sumidero de Cobadal (1930) to Fuente Aguanaz (0713) failed to check the water resurging from Wild Mare. The trace has yet to be repeated as, with hindsight, it is thought that the Vaca-Wild Mare system could be the usual resurgence for the water with Fuente Aguanaz acting as a flood resurgence.

1 Una coloración anterior (abril de 2006) desde aguas abajo en el Sumidero de Cobadal (1930) hasta Fuente Aguanaz (0713) no permitió verificar de dónde procedía el agua de Wild Mare. La coloración aún no se ha repetido ya que, en retrospectiva, se cree que el sistema Vaca-Wild Mare podría ser la surgencia habitual del agua, mientras que Fuente Aguanaz lo es solo en época de fuertes lluvias.

the rising Wasdale Screes section entered a rift that was approaching a significant surface depression. One of the team's objectives was to push in this area.

Jude wrote a 7 page account of the trip in the logbook. Here is some of it:

Despite another expedition member attempting to sabotage our trip by plying our younger and ginger members (Tom, Eddy, Paul and Chris) with copious amounts of tinto until 5am, we were all up and ... going underground at 12:30pm. We had nine tackle bags. The entrance series saw a good and enthusiastic rugby scrum of cavers and tackle bags rolling over climbs, gently past formations, over drops and along traverses. ... The pitches ... were passed with ease by all and Bassenthwaite reached by approximately 3pm.

I was eager to get moving through the sump and adopted my former 'minimalist' approach to quickly get through and keep my caving gear dry in a tackle bag / dry sack. Tom and Eddie adopted the same technique and dived through with no problems at all. Johnny and Paul donned wetsuit / neofleece and dived the gear through for us.

Despite a poorly rigged, and badly protected, Scafell Aven pitch the team soon passed through a long and awkward boulder choke to a large bouldery chamber that was to be camp, just around the corner from Jack's Rake.

Camp was a cracking little spot on a sandy floor with a high roof ... After a bite to eat, Johnny, Chris and Eddie surveyed a new passage near the campsite which connected to the Frizzington Extensions. Paul, Jude and Tom went to drop the 32m pitch off Ed's Birthday Passage but missed the turning initially so decided to go and have a trip to Wasdale Screes.

Now, last time Johnny, myself and Ed Jones were here we were tired, on dimming lamps and feeling very far from home. This time, rejuvenated ... by the ... pasta bake, the area looked even more promising ... Paul climbed up some hanging death and disappeared for 5 - 10 minutes. All of a sudden Tom and I heard, "Ooooooohhh!" exclaimed in a most excitable manner. ... he'd climbed above tree roots and seen a spider! Very exciting. We then scuttled back to camp.

Five minutes after arrival we were joined by the other team and enjoyed rice pudding mixed with Cola Cao and broken biscuits all melted in - yum! Then a

Birthday Passage y Deep Rifts Passage. En el extremo de Ed's Birthday Passage, una ruta con bloques y la sección ascendente de Wasdale Screes daba a una grieta que se acercaba a una depresión grande en la superficie. Uno de los objetivos del equipo era explorar en esta zona.

Jude escribió una descripción de 7 páginas de la incursión en el libro de salidas:

A pesar de que otro miembro de la expedición intentase sabotear nuestro plan ofreciendo a nuestros miembros más jóvenes y pelirrojos (Tom, Eddy, Paul y Chris) grandes cantidades de tinto hasta las 5 de la mañana, nos levantamos y [...] nos pusimos en camino a las 12:30 p.m. Teníamos nueve sacas con equipo. En la red de la entrada, un melé de rugby de espeleólogos entusiastas y sacas pasaron rodaron por escaladas, pasaron formaciones con cuidado, destrepes y pasamanos. [...] Todos pasaron los pozos [...] con facilidad y llegamos a Bassenthwaite a eso de las 3 p.m.

Estaba ansiosa por pasar el sifón y adopté mi enfoque «minimalista» para pasar rápidamente y mantener mi equipo seco en una saca / bolsa estanca. Tom y Eddie adoptaron la misma técnica y la cruzaron sin ningún problema. Johnny y Paul se pusieron el traje de neopreno y nos pasaron el equipo.

A pesar de un mal instalado, y mal protegido, Scafell Aven, el equipo pronto pasó a través de un caos de bloques largo e incómodo a una gran sala donde acamparían, a la vuelta de Jack's Rake.

El campamento estaba en sitio estupendo con suelo de arena y techo alto [...] Tras comer algo, Johnny, Chris y Eddie topografiaron una nueva galería cerca del campamento que conectaba con las extensiones de Frizzington. Paul, Jude y Tom fueron a instalar el pozo de 32 m de Ed's Birthday Passage, pero no encontraron el camino a la primera, así que decidieron ir a Wasdale Screes.

La última vez que Johnny, Ed Jones y yo estuvimos aquí estábamos cansados, con la batería del frontal al mínimo y sintiéndonos muy lejos de casa. Esta vez, rejuvenecidos [...] por el [...] plato de pasta, parecía más prometedor [...] Paul subió por una escalada mortal y desapareció de 5 a 10 minutos. De pronto, Tom y yo oímos un «¡Ooooooohhh!» de lo más entusiasta. [...] ¡Había trepado hasta raíces de árboles y visto una araña! Muy emocionante. Luego volvimos al campamento.

Cinco minutos después de llegar, el otro equipo se nos unió y disfrutamos de arroz con leche mezclado con Cola Cao y galletas rotas, ¡mmm! Luego, una breve charla que resultó en la decisión de enviar un equipo a buscar el teléfono subterráneo y suministros seguida por un largo y estupendo sueño. Luces apagadas a medianoche. Nos despertamos a las 9:20 de la mañana siguiente.

brief discussion resulting in the decision to send a team out for the molephone and supplies was followed by a lovely long sleep. Lights out at midnight. We woke up at 9.20 next morning.

On the Tuesday morning, Jude, Johnny and Chris made a speedy exit from the cave, paused to have a 1€ beer in Hornedo then drove over the hill to Matienzo where they "refuelled" on patatas alioli and bravas and bocadillos de queso. After a quick molephone lesson from Phil Papard and a contact time of 7pm, the team returned to the Vaca camp with 5 tackle bags.

We quickly packed some gear, left the other team a note and headed for Wasdale Screes. We arrived at 6.30pm so had 30 minutes to set up the molephone in the rift passage above and to the right of the top of Wasdale Screes.

Phil Papard, Ali and Juan had been active above ground while waiting in the area where the survey indicated the underground team would be. Draughting holes 3905 and 3906 in the depression down from the track were documented. Come 7pm and there was immediate molephone contact between the surface and underground teams. In addition, both groups could hear each other banging on the rock, with Paul high in the rift. After the excitement of the "connection" and, with nothing else to be done that evening on the surface, the equipment was closed down.

Silence ... back to camp and feeling all alone again! We enjoyed falafel wraps with guacamole, poppadoms, curry, naan and Kit-Kats (kindly donated by Hilary).

We fell asleep by 1am and woke up at 9.20am again. There's a study to be had there! We packed up and made for Jack's Rake and through Kendal Mint Cake Passage to High Street where there were many leads scurried but almost no evidence of any surveying / tags / cairns ...

We looked at a couple of leads and surveyed them but it was noted by all that we were "pissing in the wind" as we had pretty much naff all to tie the surveys into.

The team was not happy that previous explorers had just explored leads without surveying them and / or surveyed sections without leaving a marker at junction survey stations.

El martes por la mañana, Jude, Johnny y Chris salieron rápidamente de la cueva, pararon en Hornedo para tomar una cerveza de 1 € y luego condujeron hasta Matienzo donde «repostaron» con patatas alioli, bravas y bocadillos de queso. Tras una rápida lección sobre el uso del teléfono con Phil y una cita para el contacto a las 7 p.m., regresaron al campamento con cinco sacas de equipo.

Rápidamente metimos algunas cosas en sacas, dejamos una nota para el otro equipo y fuimos a Wasdale Screes. Llegamos a las 6:30 p.m., así que nos quedaron 30 minutos para configurar el teléfono subterráneo en la fisura, arriba y a la derecha de la parte superior de Wasdale Screes.

En la superficie, Phil Papard, Ali y Juan no habían parado mientras esperaban en la zona donde la topo indicaba que estaría el equipo subterráneo. Documentaron los agujeros sopladores 3905 y 3906 en la depresión debajo del sendero. A las 7 p.m. contactaron de inmediato con el equipo subterráneo. Además, ambos grupos podían escucharse dando golpes en la roca, con Paul en lo alto de la fisura. Después de la emoción de la «conexión» y, sin nada más que hacer esa tarde en la superficie, el teléfono se apagó.

Silencio [...] de vuelta al campamento ¡y sintiéndonos completamente solos otra vez! Cenamos tortitas con falafel y guacamole, poppadoms, curry, naan y Kit-Kats (obsequio de Hilary).

Nos fuimos a dormir a la 1 de la madrugada y nos volvimos a despertar a las 9:20 de la mañana. ¡Esto hay que estudiarlo! Preparamos el equipo y fuimos hacia Jack's Rake y pasamos por Kendal Mint Cake Passage hasta High Street, donde había muchas posibilidades, pero casi ni rastro de topo / etiquetas / estaciones [...] Investigamos un par de ellas y las topografíamos, pero sabíamos que estábamos perdiendo el tiempo, ya que no teníamos nada a lo que conectar

Johnny and Jude communicating with Phil on the surface. Johnny y Jude se comunican con Phil en la superficie.   *Juan Corrin and Paul Dold.*

nuestra topo.

Al equipo no le gustó descubrir que los exploradores anteriores

Left: Exploration down the p32 in Torca la Vaca.
Above: The team after de-rigging the cave.

Izda.: Exploración por el P 32 en Torca la Vaca.
Arriba: el equipo después de desinstalar la cueva. *Paul Dold*

After a return to camp and finishing off the curry, Jude, Chris, Eddie and Tom started to go out with 14 tackle bags while Johnny and Paul surveyed the 60m of passage and the pitch found the previous day. Everyone met up at the sump to complete the carry out.

> On reflection, I can personally conclude I've had one of the best caving trips I've ever had. The team made it. ... a great set of folks, all team players, great senses of humour and sensitive enough to the ups and downs of their team to look [after] each other through our personal highs and lows.

Apart from the new passage and surveying work, the teams, by radio locating and tying together places underground and on the surface, had set the ground work for engineering a second entrance to Torca la Vaca.

On August 9th, James, Tony Rooke, Djuke, Si and Di were greeted by a dead dog and mouse when they dropped down the Vaca entrance into the Wrong Trousers streamway. Di was pleased that the duck was dry.

> Simon climbed the draughting aven to find there was no way on. He then traversed across at high level (bolting) to look at the opposite wall but the way on hit sandstone and muddy walls so he didn't continue. James, Tony and Djuke surveyed sections missed on the last visit.

On August 8th, Juan and Phil Papard returned to the molephone location point optimistically digging at a rift in the middle of the track, and further down in the depression, but that was just a bouldery mess. Climbing over the wall down into a much smaller and shallower depression, Juan noticed a small piece of water-worn limestone which appeared to be the only piece of solid bedrock. Digging down against this was temporarily suspended when a local expressed some concern about damage to the track. Johnny arrived and soon established good relations with Carlos the farmer, allowing the dig to reach 1.75m depth by 10.30 that evening. This was now site 3916 and a digging "fiesta" was arranged for the following day.

Phil, Johnny, Jude, Ed Harrison, Tom, Paul Dold and Juan dug down to 4.5m and, with food and drink laid on, Carlos and family turned up at various times to enjoy the hospitality and view the works. The dig in clay and boulders was following a 215° joint - the same angle as the rift passage that Paul had climbed beyond the Wasdale Screes.

On the 10th, Steve and Di dug at 3905 in the large depression, with a visit from Chris Camm and Phil Parker on their "day off". The site had some promise as it was a draughting, body-sized tube with easy digging in soft, sandy soil. Work continued on the 11th as it did in 3916 where Phil and Juan returned with "the usual tools and toys". A tiny hole was opened up down to the right which had a draught on a cool, damp day. They also surface surveyed to sites 3905 and 3906.

Returning on the 13th, four hours digging in 3916 revealed a second draughting hole and, over the 15th and 16th, the pair with Terry and Pedro installed acrow props and shoring to stabilise the base then "dug and undermined wall to the northeast to un-stabilise the base". More work was encouraged by the good draught.

Locals and cavers - and somebody working down in the dig.
Vecinos y espeleólogos, y alguien que trabaja en la excavación. *Paul Dold*

habían explorado galerías sin topografiarlas o habían topografiado sin dejar una nota en las estaciones en los cruces. Después de volver al campamento y terminar el curry, Jude, Chris, Eddie y Tom empezaron a salir con 14 sacas de equipo, mientras Johnny y Paul topografiaban los 60 m de galería y el pozo que encontraron el día anterior. Se encontraron en el sifón para terminar de sacar el equipo juntos.

> A modo de reflexión puedo decir que, personalmente, ha sido una de las mejores salidas espeleológicas que he tenido. El equipo lo logró. [...] un gran grupo de personas, implicadas, con gran sentido del humor y lo suficientemente sensibles a los altibajos de su equipo para cuidarnos mutuamente durante nuestros altibajos personales.

Además de la nueva galería y el trabajo de topografía, los equipos, al ubicar por radio y unir espacios bajo tierra con la superficie, habían sentado las bases para el diseño de una segunda entrada a Torca la Vaca.

El 9 de agosto, James, Tony Rooke, Djuke, Si y Di fueron recibidos por un perro y un ratón muertos cuando entraron en Vaca para ir hasta la galería de Wrong Trousers. A Di le alegró ver que la bóveda sifonante estaba seca.

> Simon trepó por la chimenea con corriente y descubrió que no había continuación. Luego instaló un pasamanos arriba para comprobar la pared opuesta, pero se encontró con arenisca y barro y no pudo continuar. James, Tony y Djuke topografiaron secciones que nos saltamos en la última visita.

El 8 de agosto, Juan y Phil volvieron al lugar en el que hicieron la conexión con el teléfono subterráneo y cavaron optimistamente en una diaclasa en el medio del sendero y debajo de la depresión, pero eso fue un caos lleno de rocas. Al trepar un muro hacia una depresión mucho más pequeña y menos profunda, Juan notó un pequeño trozo de piedra caliza desgastada por el agua que parecía ser la única roca sólida, pero la excavación se detuvo temporalmente cuando un local expresó cierta preocupación por el daño al sendero. Johnny llegó y pronto estableció una buena relación con Carlos el granjero, permitiendo que la excavación alcanzara 1,75 m de profundidad a las 10:30 de la noche. Este se documentó como el agujero 3916 y se organizó una «fiesta» de excavación para el día siguiente.

Phil, Johnny, Jude, Ed Harrison, Tom, Paul Dold y Juan cavaron hasta 4,5 m de profundidad y, con comida y bebida para todos, Carlos y su familia se presentaron en varias ocasiones para disfrutar de la hospitalidad y ver las obras. La desobstrucción de la arcilla y piedras seguía un ángulo de 215°, el ángulo de la fisura que Paul había escalado pasando Wasdale Screes.

El 10, Steve y Di cavaron en 3905, en la gran depresión, con una visita de Chris Camm y Phil Parker en su «día libre». Era prometedor, ya que era un tubo soplador del tamaño de un hombre y fácil de excavar en suelo blando y arenoso. El trabajo continuó el día 11, al igual que en 3916, donde Phil y Juan regresaron con «las herramientas y juguetes habituales». Se abrió un pequeño agujero a la derecha que tenía una corriente de aire en un día fresco y húmedo. También hicieron una topo en superficie hasta los agujeros 3905 y 3906.

Al regresar el 13, cuatro horas de excavación en 3916 revelaron un segundo

The 15th and 16th also saw Steve, Sue, Simon and Di making good progress at the "rival Vaca Back Door", site 3905 although, on the 16th, progress became more difficult.

> *... soil compact and needing chiselling ... Reached a limestone corner that required capping. Upon removal of the boulder it fell on Simon's finger - now black!*

After Sue found 3914, a sink further down into the depression with a draughting slot, the team dug into a small sitting space.

Steve and James further progressed the dig in 3905 on August 17th, firing off a couple of rounds of caps , "but the rods got stuck. By the time we freed them we decided to call it a day".

Meanwhile Phil Papard, Juan and Julie visited the BigMat builders yard in Ramales to find the price of a 6m length of 600mm diameter double wall tubing. In personal capacities we had bought large quantities of building materials from here in the past and knew the boss of the franchise. It was thought that a sturdy tube down the entrance of 3916 would be better for supporting the surrounding clay and boulders, easy for cavers to access and, when covered, ideal for keeping animals from falling down the entrance.

A quote for the tube was 240€, including 30% discount.

> *Juan asked Julie to ask for a better discount. Julie asked, "How much?" to which Juan replied, "100%".*
> *After explaining that the hole would have "BigMat" in the name with publicity on the web site, Julie asked for 100% discount and the boss said, "OK!"*

Fingers were crossed that 3916 would actually drop into Torca la Vaca. The shaft was measured up, the tube cut into three 2m lengths and then transported back from Ramales to Matienzo.

Juan, Pedro and Phil continued the excavation of the BigMat hole on August 19th with extra help in the afternoon from Dave Milner, John Southworth, Phil Goodwin and Alf. More shoring was required as the shaft was now 7.2m with a good draught coming out of the floor.

On the same day, site 3905 was being further extended by James, Steve, Simon and Diane digging and capping to gain another metre. James went for a walk and found 3925, a site which he described as "a rabbit hole at the surface but looks to widen out quickly".

The enlarged team from the 19th (minus Pedro) continued the 3916 dig on the 20th. Scaffolding was installed and a 2m crawl opened up over rocks to more boulders. "Good draught. Now needs more scaffold."

Returning on the 22nd, Juan , Phil Papard, Pedro and Terry, later joined by Andy and Julie, dug at the base and in the direction of the molephone point.

> *Draughting holes in the floor uncovered and more scaffolding installed. Now 8.3m deep with a possible wall to follow to a connection.*

The next day Phil, Juan and John Dickinson constructed a substantial cover for the shaft top with old metal balcony rails, planks and off-cuts, finished off with a soil-covered tarpaulin and white electric fence tape as a cow deterrent. The gifted entrance tube would only be installed if 3916 connected with Vaca, hopefully during the following Easter expedition.

Above the western edge of Vaca, the digs behind the post boxes, site 3066, were inspected by Neil Rumney and McCallum, Simon, Diane, Arthur Vause, Iain and Steve. Work concentrated on an area above the main dig. "Dug for about 2 hours - solid roof above should be followed down". The team then cooled off in Cueva del Agua (0059) where they checked out the crayfish and took photographs.

Above the eastern edge of Vaca, Alf, Phil Goodwin, Dave Milner and John Southworth investigated 2 undescended drops in Pooch Cave (3174).

> *The base of the 8m pitch has a possible rift heading back towards the entrance, would need capping. The 3m pitch was ... choked.*

Also above the eastern side of Torca la Vaca, the draughting - and possibly inhabited - Cueva de los Urros (2917) was visited by Si and Di with Neil Rumney, Slim, Arthur Vause and Iain. Although Si made the 90° bend "easier to pass", both Iain and Neil had to turn back at this point. Di wrote:

> *... Si, Slim and myself continued. ... The bone had been ravaged to one third of its original size.[2] The phreatic tube ... meanders with soft, sandy, undulating floor which was scattered with poo (mouldy not fresh). We surveyed 50m of passage before [we] came across larger chambers.*

2   2013 Easter, page 103

agujero soplador y, durante los días 15 y 16, la pareja junto con Terry y Pedro instaló puntales para estabilizar la base y luego «desobstruyó y socavó la pared hacia el noreste para desestabilizarla». La buena corriente alentó el trabajo.

Steve, Sue, Simon y Di continuaron avanzando en la entrada «rival», 3905, los días 15 y 16, aunque el 16 el trabajo se hizo más difícil.

> *Tierra compacta y hay que dar con el cincel [...] Alcanzamos una esquina de piedra caliza para la que hicieron falta micros. Al retirar la roca, esta cayó sobre el dedo de Simon, ¡ahora está negro!*

Después de que Sue encontrase 3914, un sumidero en la depresión con una ranura sopladora, el equipo lo desobstruyó hasta un pequeño espacio en el que podían sentarse.

Steve y James siguieron avanzando en la excavación en 3905 el 17 de agosto, con un par de rondas de micros, «pero las varillas se atascaron. Cuando se soltaron, decidimos dejarlo por hoy».

Mientras tanto, Phil Papard, Juan y Julie fueron hasta los almacenes de construcción BigMat en Ramales para preguntar por el precio de un tubo de doble pared de 600 mm de diámetro y 6 m de longitud. A título personal, hemos comprado grandes cantidades de material de construcción aquí a lo largo de los años y conocemos al jefe de la franquicia. Se había decidido que un tubo resistente sería lo mejor para soportar la arcilla y las rocas de la entrada de 3916, además de ser un acceso fácil para los espeleólogos y, cubierto, ideal para evitar que los animales caigan por la entrada.

El precio del tubo se estimó en 240 €, con un 30 % de descuento incluido.

> *Juan le pidió a Julie que pidiera un descuento mejor. Julie preguntó: «¿Cuánto?», a lo que Juan respondió: «Del 100 %».*
> *Después de explicar que el agujero llevaría el nombre «BigMat», haciéndole publicidad en el sitio web, Julie solicitó un descuento del 100 % y el jefe dijo: «¡OK!».*

Cruzaron los dedos para que 3916 realmente fuese a dar a Torca la Vaca. Se midió el pozo, se cortó el tubo en tres tramos de 2 m y luego se transportó de Ramales a Matienzo.

Juan, Pedro y Phil continuaron con la excavación del agujero BigMat el 19 de agosto con la ayuda adicional de Dave Milner, John Southworth, Phil Goodwin y Alf por la tarde. Tenían que apuntalarlo más ya que el pozo ahora medía 7,2 m, con una buena corriente que salía del suelo.

El mismo día, James, Steve, Simon y Diane ampliaron 3905 por 1 m más. James salió a caminar y encontró el 3925, un agujero que describió como «una madriguera de conejo, pero parece ampliarse en seguida».

El equipo del 19 (menos Pedro) continuó la excavación de 3916 el día 20. Se instaló un andamio y se abrió un laminador de 2 m sobre la roca hacia más rocas. «Buena corriente. Ahora necesita más andamio».

Al regresar el 22, Juan, Phil Papard, Pedro y Terry, más tarde acompañados por Andy y Julie, excavaron en la base y en dirección al punto del teléfono subterráneo.

> *Abrimos agujeros sopladores en el suelo e instalamos más andamios. Ahora, 8,3 m de profundidad con un posible muro para seguir a una conexión.*

Al día siguiente, Phil, Juan y John Dickinson construyeron una buena tapa para el pozo con viejos barras metálicos de barandilla y tablones, rematados con una lona cubierta de tierra y un cerco eléctrico como elemento disuasorio para las vacas. El tubo de entrada donado solo se instalaría si 3916 conecta con Vaca, con suerte durante la siguiente expedición de Semana Santa.

Sobre el borde occidental de Vaca, Neil Rumney y McCallum, Simon, Diane, Arthur Vause, Iain y Steve echaron un vistazo a las excavaciones detrás de los buzones, 3066. El trabajo se concentró en una zona sobre la excavación principal. «Excavamos durante unas 2 horas; el techo sólido de arriba debe seguirse hacia abajo». Luego, el equipo se refrescó en Cueva del Agua (0059) donde observaron los cangrejos y sacaron fotografías.

Sobre el borde oriental de Vaca, Alf, Phil Goodwin, Dave Milner y John Southworth investigaron dos pozos sin explorar en Pooch Cave (3174).

> *La base del pozo de 8 m tiene una posible fisura que se dirige hacia la entrada, necesitaría micros. El pozo de 3 m estaba [...] obstruido.*

También encima del lado oriental de Torca la Vaca, Si y Di junto con Neil Rumney, Slim, Arthur Vause e Iain visitaron la sopladora —y posiblemente habitada— Cueva de los Urros (2917). Aunque Si hizo que la curva de 90° fuera

A substantial spoil heap and 3916 covered over for the winter.
Un montón de escombros y 3916 cubierto para el invierno.

Juan Corrin

Photos in Cueva de los Urros by *Simon Cornhill*.
Fotos en Cueva de los Urros por *Simon Cornhill*.

The excitement hit but we were reluctant explorers - passing the crowbar to each other - swapping the lead - bone remains and poo all around ... who knows what the monster is that lives here?!!?

Simon later removed the corner making access to the rest of the cave much easier. Exploration continued apace in this "complex maze system" and, by the end of this trip on August 2nd, the length surveyed had grown to 315m.

James was in the Si, Di and Slim team on August 6th.

Went to have a look at the passage in the entrance series that had been saved for me to look at. This immediately went through to a complex series of maze-like passages that we explored and surveyed ... there are several unpushed leads ... One of the passages connected through into a known bit of the cave. We looked down a few passages here and managed to find a route through to a series of very well decorated chambers.

On the 7th, James and Slim dropped a p5 found the day before but "it crapped out immediately". Tony Rooke, Djuke and Carolina spent some time looking for extensions in side passages but with no luck. Si and Di continued to add detail to the survey and took some photos. James commented that, "The cave looks pretty dead now - most of the decent leads have been well and truly looked at!" A bit premature as the cave was going to double in length over the next fortnight.

Djuke wrote:

Our first caving trip in Matienzo! Woohoo! There were lots of fuzzy, fungal [growths], slightly pungent animal bones. We then went on a magical mystery tour ... that went round and round and round ... everything going back to where we'd only just been. Our commendations to the survey team!

The next day, Si and Di continued exploring but not surveying as they'd left the PDA on charge back in their apartment.

We scampered around with liquid paper in preparation for the next trip. Found new passage at a high level ... which eventually led to a survey point we could see below us.

They returned on the 12th to survey missing loops with Di believing "the picture is coming together". They had more to do with a newly discovered pitch to drop. On the 13th it was ...

... now 1105m! Wahoo! Exiting the cave at 2300 hours we wondered if the animal that once lived there now only returns at night!?!!*

On August 18th, James, Si and Di carried on exploring:

Dropped the ladder pitch from higher level series. Further on another ladder required for up and over slope. James went out with drill (dinner date). We continued. Found No Fracking Way which led to a boulder choke.

Explorations for the summer were completed by Si and Di on the 20th and 21st when they continued surveying beyond No Fracking Way and dropped into a boulder choke.

Some loose boulders, no significant draught. Explored all body-sized cavities. Started digging in the floor

«más fácil de pasar», tanto Iain como Neil tuvieron que darse la vuelta en este punto. Di escribió:

Si, Slim y yo continuamos. [...] El hueso había sido roído a un tercio de su tamaño original.[2] El tubo freático [...] serpentea, con un suelo suave, arenoso y ondulado salpicado de excremento (mohoso, no fresco). Topografiamos 50 m de galería antes de encontrarnos con salas más grandes. Nos invadió la emoción, pero éramos exploradores reticentes, pasándonos la palanca los unos a los otros, los restos de huesos y caca a nuestro alrededor [...] ¿¡quién sabe qué monstruo vive aquí!?

Simon luego quitó la esquina haciendo que el acceso al resto de la cueva fuera mucho más fácil. La exploración continuó a buen ritmo en este «complejo sistema de laberintos» y, al final de esta incursión del 2 de agosto, el desarrollo de la topo había aumentado a 315 m.

James se unió al equipo formado por Si, Di y Slim el 6 de agosto.

Fuimos a la galería de la red de la entrada que me habían guardado para que la mirara. Inmediatamente dio a una compleja red de galerías tipo laberinto que exploramos y topografiamos [...] hay varias partes sin explorar [...] Una de las galerías conecta a una sección conocida. Aquí miramos algunas galerías y encontramos una ruta a través de una serie de salas muy bien decoradas.

El día 7, James y Slim bajaron por un P 5 encontrado el día anterior, pero «se chafó enseguida». Tony Rooke, Djuke y Carolina intentaron forzar galerías laterales, pero sin suerte. Si y Di continuaron añadiendo detalles a la topo y sacaron algunas fotos. James comentó que, «la cueva está bastante muerta, ¡la mayoría de las pistas decentes ya han sido exploradas a conciencia!». Un poco prematuro ya que el desarrollo de la cueva se duplicaría durante las siguientes dos semanas.

Djuke escribió:

¡Nuestra primera salida en Matienzo! ¡Woohoo! Había mucha [formación de] hongos esponjosos, huesos de animales ligeramente acres. Luego hicimos una ruta mágica y misteriosa [...] que daba vueltas y vueltas y vueltas [...] volviendo siempre a donde acabábamos de estar. ¡Bravo por el equipo topográfico!

Al día siguiente, Si y Di continuaron explorando, pero no topografiando, ya que habían dejado la PDA cargando en el apartamento.

Exploramos con papel líquido en mano, en preparación para la próxima visita. Encontramos una nueva galería de nivel superior [...] que finalmente condujo a una estación que podíamos ver debajo.

Volvieron el 12 para cerrar las poligonales que quedaban, con Di creyendo que «la imagen va tomando forma». Les quedaba más por hacer, con un pozo recién descubierto para explorar. El 13...

¡Ahora 1105 m! ¡Wahoo! Saliendo de la cueva a las 11 de la noche, nos preguntamos si el animal que solía vivir allí ¿ahora solo vuelve por la noche!?

El 18 de agosto, James, Si y Di continuaron explorando:

Bajamos el pozo con escala desde la red superior. Más adelante hace falta otra escala para subir sobre la pendiente. James salió con taladro (cita para cenar). Seguimos. Encontramos No Fracking Way que condujo a un caos de bloques.

Si y Di pusieron fin a las exploraciones estivales los días 20 y 21 cuando continuaron topografiando al otro lado de No Fracking Way y acabaron en un caos de bloques.

---

2   Véase Semana Santa de 2013, p. 103.

where rocks were dropping down for 4m approx. ...

Their final day was spent completing the survey of lower layer sections discovered on the first day. "A wonderful cave!"

Harry and John Clarke, searching about 300m to the southwest of the Torca la Vaca entrance, came across a 4m deep, slightly draughting shaft (3923) under a large sandstone slab but it wasn't explored until the following summer.

On the north side of the valley, Johnny and Jude were shown Cueva la Garma (3915) by the proprietor of the beers-for-1€ bar at Hornedo. The site, situated just below the cave in the cliff (3261), draughted very well and required digging.

Another kilometre east towards Riaño and just off the main road, Black Marble Hole (3817) was investigated by John Southworth and Phil Goodwin.

Found to be a 45° descent over boulders for 5m to a horizontal, very low crawl which needs digging. Just inside entrance on right hand side is an upward draughting slot to a small passage that would require a lot of work for any further progress.

Further north, they found that all leads in 3566, a cave with a stream sink, closed down.

Over 600m to the NNW, Fox Cave (0936) had first been investigated at Easter 1995. On visits over August 13th and 14th, Dave Milner, John Clarke, Phil Goodwin and John Southworth thoroughly explored and surveyed the low phreatic maze for 276m.

... passages roughly between 0.3 and 1.5m high and soft soil floors providing a desirable residence for both badgers and foxes ... A full description would require more words than its importance warrants. Its significance lies in the strong draught which comes out of a narrow rift in the floor ...

In La Gatuna, next to the track heading up into the valley, variously John Southworth, Phil Ryder, Dave Milner and Harry over the 8th, 9th, 10th and 12th August broke into a small extension in site 3496, with a pit to one side which had two draughting slots to a drop. Capping and snappering allowed a 12m descent to where more work was required. The site was detackled on the 14th.

Jim and Colin were hoping to get into upstream Fuente Aguanaz (0713), not realising that there were three entrances to the cave as they went in the middle entrance rather than the top. However, their "few hours pointless playing in a boulder choke and sumps" did eventually produce a survey for this, apparently unvisited, 217m long section of the system.

On August 8th, they went in to look for side passages in sump 1 finding that they were all undercuts or ended in airbells.

About 900m west of Fuente Aguanaz, Chris Camm and Phil Parker tried to get to site 3106, a dig with some potential, last seen in 2008. They found the area very overgrown but did manage to find new site 3896, another dig.

Near the end of August, approaching the end of their visit, Phil Parker and Chris Camm intended to inspect site 3011 to the southeast of upstream Invisible Cave (3283). However, finding it completely blocked by a dead cow they washed gear at Fuente Aguanaz.

Chris and Phil continued the Easter exploration in site 3853 at Ideopuerta. After the 9m ladder pitch from the surface, a rope pitch dropped down another 30 or so metres ending on a sloping floor of debris and blocks with possible holes between. The site was surveyed on August 7th with sketches in the logbook but no survey data for a centre line.

The Sloan family drove to Ideopuerta attempting to find site 1970 but their GPS unit was not configured correctly. "Undeterred, we thrashed up the hill" to find a small hole under a limestone block, new site 3892, a small, cool chamber with no way on. Much better was site 3890 where Brendan "sensibly put a rope on" to explore a snug 45° clamber - "as, once through, the floor disappears!"

I exited for kit and rigged down. The rope stopped about 10m off the floor in a 2 x 4m shaft with clean-washed walls. The floor is clean-washed with boulders / cobbles and may continue along / down. Survey done with tape / compass / clino by BS alone so of debateable accuracy but will be returned to and surveyed properly. ...

Algunas rocas sueltas, sin tiro significativo. Explorado todas las cavidades en las que pudimos entrar. Empezamos a cavar en el suelo donde las rocas caían por 4 m aprox.

El último día lo dedicaron a completar la topo de las secciones de la red inferior descubiertas el primer día. «¡Una cueva maravillosa!»

Harry y John Clarke, buscando a unos 300 m al suroeste de la entrada de Torca la Vaca, encontraron un pozo (3923) de 4 m de profundidad, con corriente suave, debajo de una gran losa de arenisca, pero no se exploró hasta el verano siguiente.

En el lado norte del valle, el propietario del bar de cervezas por 1 € en Hornedo mostró a Johnny y Jude la cueva La Garma (3915). La cavidad, situada justo debajo de la cueva en el peñasco (3261), tenía buena corriente, pero se tenía que desobstruir.

A otro kilómetro al este hacia Riaño y justo al lado de la carretera principal, John Marworth y Phil Goodwin investigaron Black Marble Hole (3817).

Resultó ser un descenso de 45° sobre rocas durante 5 m hasta un laminador horizontal y muy bajo que se ha de excavar. Justo dentro de la entrada en el lado derecho hay una ranura sopladora a una pequeña galería, pero para poder avanzar haría falta mucho trabajo.

Más al norte, encontraron que todas las posibles continuaciones en 3566, una cueva con un sumidero, se cerraban.

A más de 600 m hacia el N-NO está Fox Cave (0936), explorada por primera vez en Semana Santa de 1995. En visitas realizadas entre el 13 y el 14 de agosto, Dave Milner, John Clarke, Phil Goodwin y John Southworth exploraron y examinaron a fondo el laberinto freático a lo largo de 276 m.

Galerías de entre 0,3 y 1,5 m de altura y suelos blandos que proporcionan una residencia ideal para tejones y zorros [...] Una descripción completa requeriría más palabras de las que se merece. Su importancia radica en el fuerte tiro que sale de una grieta estrecha en el suelo...

En La Gatuna, al lado del sendero que se dirige hacia el valle, durante los días 8, 9, 10 y 12 de agosto, John Southworth, Phil Ryder, Dave Milner y Harry irrumpieron en una pequeña extensión en la cueva 3496, con un hoyo a un lado que tenía dos ranuras sopladoras a un pozo. Gracias a micros pudieron bajar 12 m hacia donde hacía falta más trabajo de desobstrucción. La desinstalaron el 14.

Jim y Colin esperaban entrar en la sección aguas arriba de Fuente Aguanaz (0713). Sin darse cuenta de que había tres entradas, entraron en la del medio en lugar de en la superior. Sin embargo, gracias a su «par de horas inútiles jugando en un caos de bloques y sifones» al final consiguieron una topo para esta sección del sistema de 217 m, aparentemente no visitada antes.

El 8 de agosto, entraron a buscar galerías laterales en el sifón 1 y descubrieron que todas eran bancos socavados o terminaban en galerías ciegas.

A unos 900 m al oeste de Fuente Aguanaz, Chris Camm y Phil Parker intentaron ir a 3106, una excavación con cierto potencial, vista por última vez en 2008. Se encontraron la zona con mucha maleza, pero lograron encontrar un nuevo agujero, el 3896, otra excavación.

Cerca de finales de agosto, al acercarse el final de su visita, Phil Parker y Chris Camm fueron a explorar la cavidad 3011 al sureste de Invisible Cave (3283), aguas arriba. Sin embargo, al encontrarla completamente bloqueada por una vaca muerta, lavaron su equipo en Fuente Aguanaz.

Chris y Phil continuaron con la exploración de 3853 en Ideopuerta, iniciada en Semana Santa. Tras el pozo de 9 m con escala desde la superficie, había un pozo de otros 30 m más o menos, terminando en una pendiente con rocas y bloques y posibles huecos entre ellos. Se topografió el 7 de agosto, con bocetos en el libro de salidas, pero sin datos para una poligonal principal.

La familia Sloan fue hasta Ideopuerta para intentar encontrar la cavidad 1970, pero su GPS no estaba bien configurado. «Con resolución, subimos colina arriba» para encontrar un pequeño agujero nuevo debajo de un bloque de caliza, el 3892, una sala pequeña y fresca sin continuación.

El agujero 3890 era mucho mejor y Brendan «tuvo la buena idea de poner una cuerda» para

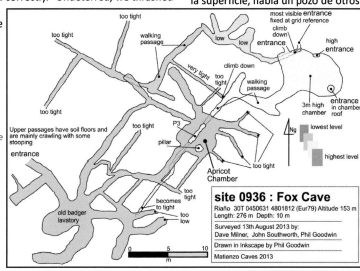

site 0936 : Fox Cave
Riaño 30T 0450631 4801812 (Eur79) Altitude 153 m
Length: 276 m Depth: 10 m
Surveyed 13th August 2013 by:
Dave Milner, John Southworth, Phil Goodwin
Drawn in Inkscape by Phil Goodwin
Matienzo Caves 2013

John Clarke and Harry Long in 3496. John Clarke and Harry Long en 3496.

Phil Ryder

This one is named Silent Scream (unhappy baby and what happens when you climb onto a pitch head).

They then drove down to Cobadal to explore site 2091 (The Firestone dig), parking at the farm near the greenhouses. However, as Jen wrote:

An unimpressed farmer came to speak to us and, after we explained who we were, he clearly said, 'Not here' and we left.

The following day, July 26th, they returned with an enlarged team. Jen, Emily, Ed and Louise spent 3 hours looking for site 1970, eventually finding it in dense bracken. However, "the battery died before the 6m pitch was bolted" and it was poor consolation that they found a small hole nearby (site 3893) that went in for 1m.

Brendan and Tim rigged the larger drop in Silent Scream with a longer rope to reach the floor.

Treading down over boulders led to some drops in the floor and investigating one led to the top of a further pitch down. Back to the surface for drill and rope, then a rather loose pitch head involving Tim boulder-blocking with his leg while Brendan dropped the hole.

This choked 5m down and interesting rifts higher up in the cave would have to wait as the drill battery was flat. They surveyed out then returned on the 30th to drop a choked side pitch for 10m to a choked rift.

On July 30th, Ed and Richard rigged site 1970 to find that, after a 2m entrance climb, a 7m shaft ended in a 20 x 40cm slot. This was "not pushed due to loose surrounding rock". At the same time Jen Sloan and Louise wandered around the area and tried to check site 3821 for draught, but it was "inaccessible in summer due to head height brambles and bracken."

About 1100m further south and up the hill towards Alisas, site 2000 is a couple of shafts - the upper one was found choked 28m down in 2004 while the lower one was still going where it narrowed about 40m down. On July 30th, Alex, Dan Jackson and Chris Scaife had a hot carry to the "rather uninspiring" entrance. Alex wrote:

... At first we rigged things properly but soon we realised we would run out of bolts so improvisation was the name of the game. After a short drop down the hole, a small shaft drops 10 -15m onto a sloping muddy ledge. A series of further short and very loose drops brings you onto the main hang that we would have liked to have rigged as a Y-hang.

A 20 -30m drop lands at -65m in a large rift that chokes in both directions.

Down to the north of the western ridge at Alisas, Dave Milner, Phil Goodwin and John Southworth checked out a couple of holes that were first discovered nine years earlier. Site 2051 was dropped 13m into the middle of a large rift that choked at both ends and site 2049, a 6m pitch to a choked base.

About 240m up to the northwest from the Duck Pond Sink (1976), the Civil War Shelter (3543) was visited on August 9th for the first time since the Easter explorations. Phil Goodwin and John Southworth dug at two sites in the high-level passage: the right hand one ended in a boulder-filled passage, the left hand dig would need capping.

Returning two days later, Dave Milner and John Clarke joined them to survey from the top of the first pitch to the end.

A very tight vertical slot at lower end of lowest

explorar un destrepe angosto de 45°, «¡ya que, una vez dentro, el suelo desaparece!».

Salí para coger el equipo y me preparé. La cuerda se quedó a unos 10 m del suelo en un pozo de 2 x 4 m con paredes limpias. El suelo está lleno de bloques / rocas y podría continuar a lo largo / abajo. BS hizo la topo solo con metro / brújula / clinómetro con una precisión discutible, pero volveremos para hacer la topo bien. [...] Este se llamará Silent Scream, Grito mudo, (bebé infeliz y lo que sucede cuando escalas a la cabecera de un pozo).

Después fueron hasta Cobadal para explorar la cavidad 2091 (la excavación Firestone), aparcando en la granja cerca de los invernaderos. Sin embargo, como Jen escribió:

Un agricultor nada contento vino a hablar con nosotros y, después de explicarle quiénes éramos, dijo claramente: «Aquí no» y nos fuimos.

Al día siguiente, 26 de julio, regresaron con un equipo mayor. Jen, Emily, Ed y Louise pasaron tres horas buscando la cueva 1970, y finalmente la encontraron entre helechos. Sin embargo, «la batería se acabó antes de instalar el pozo de 6 m». Como premio de consolación, encontraron un pequeño agujero cerca (3893) de 1 m.

Brendan y Tim instalaron el pozo grande en Silent Scream con una cuerda más larga para llegar abajo.

Pasamos por los bloques hasta algunos pozos en el suelo y, al investigar uno, dimos con la cabecera de otro pozo. De vuelta a la superficie para el taladro y la cuerda, luego una cabecera algo suelta hizo que Tim tuviera que bloquear rocas con la pierna mientras Brendan bajaba.

Este estaba obstruido tras 5 m y las fisuras interesantes más arriba tendrían que esperar ya que no quedaba batería en el taladro. Topografiaron al salir y volvieron el día 30 para explorar un pozo lateral obstruido a lo largo de 10 m hasta una fisura obstruida.

El 30 de julio, Ed y Richard instalaron la cavidad 1970 para descubrir que, tras una escalada de 2 m en la entrada, un pozo de 7 m daba a una ranura de 20 x 40 cm que «no se forzó por la roca suelta alrededor». Mientras, Jen Sloan y Louise recorrieron la zona y trataron de ver si el 3821 tenía corriente de aire, pero era «inaccesible en verano por las zarzas y helechos hasta la cabeza».

A unos 1100 m más al sur y cuesta arriba hacia Alisas, la cavidad 2000 es un par de pozos: en 2004 se exploró el superior y se vio que estaba bloqueado tras 28 m, mientras que el inferior se estrechaba tras unos 40 m pero continuaba. El 30 de julio, Alex, Dan Jackson y Chris Scaife cargaron con equipo bajo el calor hasta una entrada «algo sosa». Alex escribió:

Al principio lo instalamos como se debe, pero pronto nos dimos cuenta de que nos quedaríamos sin fijaciones, así que tocó improvisar. Tras un breve destrepe, un pequeño pozo de 10-15 m da a una repisa inclinada con barro. Varios pozos cortos y muy sueltos nos llevaron hasta el pozo principal, que nos hubiera gustado instalar con una triangulación.

Un pozo de 20-30 m da a -65 m a una gran fisura obstruida en ambas direcciones.

Al norte de la cima occidental de Alisas, Dave Milner, Phil Goodwin y John Southworth echaron un vistazo a un par de agujeros que se descubrieron por primera vez nueve años antes. El 2051 era un pozo de 13 m hasta la mitad de una fisura grande obstruida en ambos extremos y el 2049, un pozo de 6 m hasta una base obstruida.

A unos 240 m al noroeste del Duck Pond Sink (1976), el 9 de agosto se volvió a visitar el refugio de la Guerra Civil (3543) por primera vez

choke

entrance c-2

choke

p15 to a very narrow rift with a draught

Ng

0 2 4 6
m

site 3496

La Gatuna 30T 449928 4799537 (Eur79) Altitude 151m
Length 38m Depth 17m

Surveyed and drawn, August 2013: Harry Long

Drawn in Inkscape: Juan Corrin

Matienzo Caves 2013

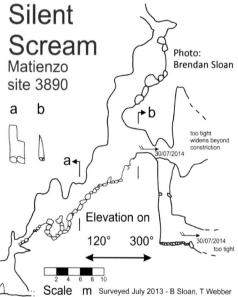

Silent Scream
Matienzo site 3890

Photo: Brendan Sloan

a   b

a

b

too tight widens beyond constriction

30/07/2014

Elevation on

120°   300°

30/07/2014 too tight

2 4 6 8 10
Scale m   Surveyed July 2013 - B Sloan, T Webber

chamber was passed with some difficulty to wider section but all ways on are choked. A small window looking on to a pitch at the highest part of the final chamber was enlarged but the whole right hand side wall of loose boulders above the window started moving, resulting in a rather speedy exit for the diggers. Might warrant a return visit.

Just above the Duck Pond Sink, Phil Goodwin, John Southworth, Dave Milner and Alf spent an afternoon digging in site 3215. "1m progress in very low passage." A subsequent visit (without Alf) gained another 1.5m to an upward boulder run-in leading to the declaration, "This dig now finished". However, on August 25th, John, Phil and Dave were back to enter a small chamber with more digging required.

Warning: The entrance shaft is becoming unstable and needs shoring which is planned for next Easter.

On August 23rd, Phil, John and Dave investigated the wooded areas to the south of Torca El Mortiro (1975) finding "nothing of importance" but a recent run-in in a nearby field was documented as site 3928 - "3m deep but well choked".

About 500m south of the south-eastern edge of Barrio de Arriba, site 3029 was checked out by Chris Camm and Phil Parker. Described after its 2008 exploration as a 3.5m crawl into an 8 x 6m chamber with a good draught, the pair rooted around to expose a couple of possible draughting digs. Dave Milner, John Southworth and Phil Goodwin followed this up on the 8th by digging a vertical hole in the floor of the small chamber at the base of the left hand rift.

El Cubillón (2538) at Moncobe had four visits over the expedition. First in were Steve, Dan Hibberts and Badger to bolt Snail Aven. This pinched in but they "bolted down shaft to boulder choke and active streamway".

Dan and Chris Hibberts, Alex, Chris Scaife and Dan Jackson surveyed and explored further, dropping the 30m shaft into a walking size passage with a very strong draught.

A steep muddy slope leads into a boulder choke to where a stream can be heard. Above the stream is a huge boulder choke chamber. The stream resurges from 50m of unsurveyed passage with very strong draught. Ends in an aven which is about 15m high and the passage can be seen continuing. This probably goes to the surface.

On August 5th, Phil Goodwin, John Southworth and Dave Milner walked up the valley from the entrance to El Cubillón documenting 4 draughting digs, sites 3901 - 3904. They returned the next day with Chris Camm and Phil Parker and made "modest progress" digging out 3901 and 3904. Some also replaced the top rope in El Cubillón, helping Jim and Colin recce the sump.

Chris and Phil Parker continued digging at site 3901, deciding that it appeared to be an old stream sink and that it "probably needs another day to see if it is worth pursuing". They excavated further on August 9th deciding "it still needs more work".

On the 12th, John Southworth, Phil Ryder and Phil Goodwin built a stock-proof barrier for 3904 then started digging at 3902. They lost the draught after excavating through soil for 1.5m. "Rain stopped play". Chris and Phil had an 8 hour session digging in 3901 where gaps were starting to appear. "Nice cool dig and out of the rain too."

They were back the following day where a rift in the left hand wall entered a bouldery area with the majority of the draught. After more work and progress on August 18th they noted that "a good cold draught may mean it's a good prospect". They also found the "rock is really hard, bits were blunt or both".

On a solo trip on August 21st, Chris continued capping and digging in 3901, opening another draughting hole. On their final digging trip two days later, Chris and Phil thought the draught was coming from the base of the rift. The entrance was walled up and left stock proof to be visited again the following summer.

Site 3752 has three digs within 10m of each other in a stream bed and is about 280m from the nearest point in El Cubillón. They can all draught strongly at times but, when John Southworth and Dave Milner arrived to smoke

John Clarke in 3543. John Clarke en 3543.   *John Southworth*

desde Semana Santa. Phil Goodwin y John Southworth excavaron en dos sitios en la galería superior: a la derecha terminó en una galería llena de bloques, la izquierda necesitaría micros.

Cuando volvieron dos días después, se les unieron Dave Milner y John Clarke para hacer la topo desde la cabecera del primer pozo hasta el final.

Pasamos con dificultad una ranura vertical muy estrecha en el extremo inferior de la sala más baja a una sección más ancha, pero todo parece obstruido. Ampliamos una pequeña ventana que da a un pozo en la parte más alta de la sala final, pero la pared de rocas sueltas sobre la ventana empezó a moverse, por lo que los excavadores salieron rápido. Podría merecer la pena volver.

Justo encima de Duck Pond Sink, Phil Goodwin, John Southworth, Dave Milner y Alf pasaron una tarde desobstruyendo el agujero 3215. «1 m de progreso a una galería muy baja». En una visita posterior (sin Alf) avanzaron otros 1,5 m hasta un derrumbe que condujo a la declaración: «Esta excavación está terminada». Sin embargo, el 25 de agosto, John, Phil y Dave volvieron para entrar a una pequeña sala que necesitaba más trabajos de desobstrucción.

Advertencia: El pozo de entrada es algo inestable y se ha apuntalado, algo previsto para la próxima Semana Santa.

El 23 de agosto, Phil, John y Dave investigaron las áreas boscosas al sur de Torca El Mortiro (1975) y encontraron «nada importante», pero un derrumbe reciente en un campo cercano se documentó como el agujero 3928: «3 m de profundidad, pero bien obstruido».

Chris Camm y Phil Parker echaron un vistazo al agujero 3029, a unos 500 m al sur del extremo suroriental del Barrio de Arriba. Descrito en 2008 tras su exploración como una gatera de 3,5 m a una sala de 8 x 6 m con buena corriente, el par hurgó en la sala y vio un par de posibles excavaciones con corriente. Dave Milner, John Southworth y Phil Goodwin siguieron con ello el 8, cuando excavaron un agujero vertical en el suelo de la pequeña sala en la base de la grieta de la izquierda.

El Cubillón (2538) en Moncobe se visitó en cuatro ocasiones durante esta campaña. Primero fueron Steve, Dan Hibberts y Badger para instalar Snail Aven. No dio a nada, pero «instalaron un pozo a un caos de bloques y galería activa».

Dan y Chris Hibberts, Alex, Chris Scaife y Dan Jackson continuaron con la exploración, bajando el pozo de 30 m hasta una galería amplia con una corriente fuerte.

Una pendiente empinada de barro da a un caos de bloques por el que se puede escuchar un arroyo. Sobre el arroyo hay una enorme sala en el caos de bloques. Sale de una galería de 50 m sin topografiar con una corriente muy fuerte. Termina en una chimenea de unos 15 m de altura y se puede ver que la galería continúa. Probablemente de a la superficie.

El 5 de agosto, Phil Goodwin, John Southworth y Dave Milner subieron por el valle desde la entrada de El Cubillón y documentaron 4 excavaciones, los agujeros 3901 - 3904. Regresaron al día siguiente con Chris Camm y Phil Parker y consiguieron «avances modestos» en 3901 y 3904. Algunos también reemplazaron la cuerda superior en El Cubillón, ayudando a Jim y Colin a explorar el sifón.

Chris y Phil Parker continuaron desobstruyendo la cavidad 3901 y decidieron que parecía ser un viejo sumidero y que «probablemente necesitemos otro día para ver si vale la pena seguir». Excavaron más el 9 de agosto y decidieron que «todavía necesita más trabajo».

El 12, John Southworth, Phil Ryder y Phil Goodwin construyeron una barrera a prueba de animales para 3904 y luego comenzaron a desobstruir 3902. Perdieron la corriente tras excavar 1,5 m de tierra. «Diversión suspendida por la lluvia». Chris y Phil pasaron 8 horas desobstruyendo 3901, donde comenzaron a aparecer huecos. «Una excavación estupenda, fresca y lejos de la lluvia».

Regresaron al día siguiente, donde una grieta en la pared de la izquierda dio a una sección con bloques y gran parte de la corriente. Después de más trabajo y avances el 18 de agosto, notaron que «una buena corriente fría puede significar que hay posibilidades». También vieron que «la roca es realmente dura, las

Chris Camm outside 3901. Chris Camm delante de 3901. *Phil Parker*

test the site on August 21st, with a team in El Cubillón, they found the digs draughting in the wrong direction! The walk in was not a complete waste as they found two potential digs in the area with good draughts, sites 3926 and 3927. Phil Goodwin and Alf in El Cubillón had equipment failure which meant a premature exit from their bolting project up the mud staircase at the southern end of the cave.

About 1.3km east of El Cubillón, the cold store, site 3578 was found to have a decent draught when visited by Chris Camm and Phil Parker. They thought that progress could be made by capping but they would need to contact Jaime, the farmer, to get permission. Work started in the autumn 2016.

Continuing the Easter work in Yo-yo cave (3812), Alf, John Southworth, Dave Milner and Phil Goodwin dug a draughting slot in the floor of the final chamber. A possible rift passage could be seen ahead.

The Washing Machine Hole (Torca de Hoyo Carabo, 3420) had been left at Easter with an underground dam and some hope that it would hold. On August 1st, Phil Parker had a quick look and found that the dam had been destroyed by a flood, with bags and rocks spread along the crawl to the lowest point. A fortnight later, Dave Milner, Phil Goodwin and John Southworth started to clear out the blockage but more assistance was required.

The trio dug in the cave (3779) above Washing Machine but it requires a lot more work. This hasn't been visited since.

Site 3830, above the hidden depression at Cobadal couldn't be explored at Easter because of the quantity of water dropping into the hole. Harry, John Clarke, Phil Ryder, John Southworth and Phil Goodwin investigated further on August 5th.

> Narrow 3m entrance leads to vertical rift 9m across at this point. A descent of 19m ends on a floor covered in rusty tin cans. The floor slopes down a further 2m. At 6m down the pitch an inlet passage can be seen at the far side ... There is no prospect of further progress.

Harry, Phil Ryder and John Clarke looked for other new holes in the area the following day. Site 3907 was excavated to 6m of "extremely tight" passage under a sandstone bed with no way on. Site 3908 was explored down a 5m shaft into a small chamber with a dig under the left hand wall into another chamber. A tight, draughting solution tube here is filled with boulders requiring a lot of work to remove them. The p5 at site 3909 drop into a 4m diameter chamber with the draught coming out of the bouldery floor.

NORTHERN LA VEGA, EL NASO AREA WEST TO LAS CALZADILLAS

On July 24th, Juan spent a couple of hours in and around the Abrigo de la Cubija (Cueva Marcos, 0975) noting a low, walled section on the left and that the small cave to the right of the entrance had a possible dig at the end. Returning a couple of days later with Ali, Lank and David Mills, he found that the alcove behind the wall concealed a couple of "very old bones".

Above the cave, site 3891 was discovered as a possible dig. This has not been re-visited.

Simas del Picón (0075) was visited on eight occasions over the summer expedition. Ali, Alex and Chris Scaife were the pioneers on July 24th, taking in and leaving gear at an undescended p20 near the end. Some resurveying was done and a couple of avens climbed to where they closed in. On the way out, just before the excavated calcite squeeze, "a large passage was entered at the top of the calcite slope but due to time constraints it was not explored."

Returning the next day, the trio explored the "large passage" as Coral Rift Passage, passing through three "triangular squeezes" and a boulder choke to enter "a very nice flowstone chamber" - Wish You Were Here Chamber. This extension was surveyed for 118m.

Two days later, Chris, Alex, Dan Jackson and Ali started their trip by re-surveying part of the main chamber then progressed to the p20 below the High Level Traverse near the end of the cave. At the base, two ways went off:

> ... to the right, a magnificent formation - Eight Girls, One Octopus - just up a sandy slope and then a short network of small passages. Left ... passage leads downhill fairly steeply. Immediately on the right a fairly deep hole was seen but not descended - lots of loose rocks and no major draught - but we followed the passage down via several

Cueva Marcos.   Juan Corrin

herramientas quedaron romas».

En una incursión en solitario el 21 de agosto, Chris continuó desobstruyendo 3901, abriendo otro agujero soplador. En su último día de desobstrucción dos días después, Chris y Phil pensaron que la corriente venía de la base de la fisura. Tapiaron la entrada y dejaron material como prueba de que volverían al verano siguiente.

La cavidad 3752 tiene tres desobstrucciones activas a 10 m entre sí en el lecho de un arroyo y está a unos 280 m del punto más cercano en El Cubillón. Las tres pueden tener una corriente fuerte a veces, pero cuando John Southworth y Dave Milner fueron para hacer una prueba de humo sitio el 21 de agosto, con un equipo en El Cubillón, ¡se encontraron con que soplaban en la dirección equivocada! El paseo no fue en vano ya que encontraron dos posibles excavaciones en el área con buenas corrientes de aire, los agujeros 3926 y 3927. Mientras, Phil Goodwin y Alf en El Cubillón tuvieron problemas en el equipo por lo que tuvieron que dejar su proyecto para instalar la escalera de barro en el extremo sur de la cueva.

Aproximadamente a 1,3 km al este de El Cubillón, Chris Camm y Phil Parker encontraron la cavidad 3578, el cubío. Creían que se podría avanzar con micros, pero tendrían que hablar con Jaime, el granjero, para obtener su permiso. Los trabajos empezaron en el otoño de 2016.

Continuando con el trabajo de Semana Santa en la cueva Yo-yo (3812), Alf, John Southworth, Dave Milner y Phil Goodwin excavaron una grieta en el suelo de la sala final. Podían ver un posible meandro en la distancia.

En Semana Santa se había dejado un dique subterráneo en Torca de Hoyo Carabo, 3420, con la esperanza de que aguantase. El 1 de agosto, Phil Parker fue a echar un vistazo rápido y descubrió que el dique había sido destruido por una inundación, y las bolsas y rocas estaban ahora repartidas por la gatera hasta el punto más bajo. Quince días después, Dave Milner, Phil Goodwin y John Southworth comenzaron a eliminar la obstrucción, pero necesitaban más ayuda.

El trío intentó desobstruir la cavidad 3779, encima de Torca de Hoyo Carabo, pero requiere mucho más trabajo. Nadie ha vuelto a ella desde entonces.

La cavidad 3830, encima de la depresión oculta en Cobadal, no se pudo explorar en Semana Santa debido a la cantidad de agua que caía por el agujero. Harry, John Clarke, Phil Ryder, John Southworth y Phil Goodwin pudieron investigarla el 5 de agosto.

> La entrada estrecha de 3 m da a una grieta vertical de 9 m de ancho en este punto. Un descenso de 19 m da a un suelo cubierto de latas oxidadas. El suelo baja otros 2 m. A 6 m de profundidad, se puede ver una galería lateral en el lado más alejado [...] No parece que se pueda avanzar más.

Al día siguiente, Harry, Phil Ryder y John Clarke buscaron cavidades nuevas en la zona. Excavaron el 3907 a 6 m de galería «extremadamente angosta» debajo de un lecho de piedra arenisca sin continuación. La cavidad 3908 se exploró bajando un pozo de 5 m a una pequeña sala con una excavación debajo de la pared izquierda hasta otra sala. Aquí, un tubo soplador estrecho está lleno de rocas y la desobstrucción implicaría demasiado esfuerzo. El P 5 de la cavidad 3909 da a una sala de 4 m de diámetro con un suelo de rocas por el que sopla una corriente de aire.

EL NORTE DE LA VEGA, ZONA DE EL NASO – LAS CALZADILLAS

El 24 de julio, Juan pasó un par de horas en y cerca del Abrigo de la Cubija (Cueva Marcos, 0975) y observó una sección baja a la izquierda con un muro y vio que la pequeña cueva a la derecha de la entrada tenía una posible excavación al final. Al regresar un par de días después con Ali, Lank y David Mills, descubrió que el recoveco detrás del muro ocultaba un par de «huesos muy viejos».

Sobre la cueva, se descubrió la cavidad 3891, una posible excavación a la que aún no se ha vuelto.

Durante la campaña de este verano, Simas del Picón (0075) recibió ocho incursiones. Ali, Alex y Chris Scaife fueron los pioneros el 24 de julio, llevando equipo hasta un P 20 sin explorar cerca del final. Hicieron una nueva topo de algunas partes y escalaron un par de chimeneas hasta donde se cerraron. Al salir, justo antes del estrechamiento de calcita excavada, entraron «a una gran galería en la parte superior de la pendiente de calcita, pero por falta de tiempo no se exploró».

El trío regresó al día siguiente y exploró la «gran galería», que llamaron Coral Rift Passage, pasando por tres «estrechamientos triangulares» y un caos de bloques para entrar en «una sala con colada muy bonita», la sala Wish You Were Here. La topo de esta sección alcanzó 118 m.

Dos días después, Chris, Alex, Dan Jackson y Ali comenzaron su visita volviendo a topografiar parte de la sala principal y luego avanzaron al P 20 debajo de High Level Traverse, cerca del final de la cueva. En la base, encontraron dos caminos:

> A la derecha, una magnífica formación —Eight Girls, One Octopus— en lo alto de una pendiente arenosa y luego una pequeña red de galerías pequeñas. Izquierda [...] la galería va cuesta abajo, bastante empinada.

Varied formations in Simas del Picón. Photos by *Dan Jackson* with (left) Alasdair Neill, Alex Ritchie and Chris Scaife.
Formaciones variadas en Simas del Picón. Fotos de *Dan Jackson* con Alasdair Neill (izda.), Alex Ritchie y Chris Scaife.

squeezes and two chambers - The Full Monty and The Dull Monty - to a sand blockage ... too tight with only a slight draught.

On the 28th, Lloyd, Bill Smith and Steph "rigged into Mega Bat and the drop zone" but, after a thorough investigation, found nothing new.

Lloyd and Mike took Chris and Dan Hibberts to the French Aven which they climbed to a draught-less boulder choke and another 20m climb above. Meanwhile, Lloyd and Mike tried to push on in a number of places but "all appear to end".

The cousins, Chris and Dan, climbed up the remaining 15m on the 31st but found "nothing and no draught". After de-rigging and coming out from the cave they encountered Frank's Cave (2167) with a very strong draught. They went down to the bottom of the rift and vowed to return. On August 2nd they managed to enlarge the right hand rift but needed stronger measures, i.e. snappers. The next day they succeeded in enlarging the rift and dropped down into a chamber with several ways on with the draught coming up the continuation of the rift.

Over a 7 hour trip on August 1st, Bill, Steph, Mike, David Rigby and Lloyd dropped down into Mega Bat in Picón where they "posted Steph through" a small squeeze. This "went" so they followed.

A triangular squeeze led into a boulder choke. We spent some time wandering through this before emerging into a 10 x 10m chamber. There was a large passage coming off to a big chamber. We followed a lead to a pitch.

This extension was surveyed as batch 0075-13-12 and, on August 2nd, the MUSC team returned to continue pushing and surveying. Two batches were completed: 0075-13-05, the main line, and 0075-13-04, a pitch off to one side. In total, 226m were surveyed. This area is apparently very close to the Picón Pie area of Cueva de la Morenuca (0774) but, to date, no connection has been made. The far eastern end of this Mega Bat extension also came very close to the slope down below the entrance pitch.

On August 4th, Bill and Darren spent some time photographing in the new stuff and finding time to make an extension into large and small mud chambers with a drop into a final chamber which is the deepest part of the cave. (This was later surveyed as batch 0075-13-13). The same day saw Ali and Mike resurveying Mega Bat to the top of the pitches then using a molephone set near the base of the entrance slope to try to locate Lloyd and Fran with a set below in the new extension. They were able to clearly hear noises from digging and had a faint voice connection.

Mike and Darren were back a couple of days later, spending 6 hours digging at the bottom of the entrance slope. Lloyd and Darren de-rigged the system on the 9th. "MUSC will be back in 2014!"

The choked western end of the large passage at the base of the entrance pitch in Torca del Mostajo (0071) appears to be heading to the surface and the dig 3802 about 75m away. Ever hopeful, Lank, David Mills, Ali and Juan started the dig by hoisting a number of boulders out but "it needs stronger measures to remove a couple of big dossers then stabilise the entrance slope. Looks good!"

Phil Papard, Juan and Jez made further progress using caps and snappers but it looked as if shoring and "lots of rock removal" would be required.

Darren had a look in the western passage in Mostajo as did Lloyd, Mike, Alba and David Rigby but nobody could find a way on towards the dig. On the latter trip, the team first went up to The Squeeze but returned when it "was deemed too small for normal people."

Adam, Darren "+ onlookers" had a plan to fully resin bolt the entrance of Mostajo. Adam finished this off on July 29th then, with Bill and Jez, went to the start of the new find from last year surveying another 70m to this area as batch 0071-13-01. "More needs exploring".

The following day, Adam returned with Roxanne, Steph, Bill and Fran to further explore the "Manchester Series". A pitch and passage beyond (batch 0071-13-02; length 40m) were surveyed but more pitches and passages were waiting to be explored.

Inmediatamente a la derecha vimos un agujero bastante profundo, pero no lo exploramos —muchas rocas sueltas y sin mucho tiro—, pero seguimos la galería hacia abajo pasando varios estrechamientos y dos salas —The Full Monty y The Dull Monty—, hasta una obstrucción de arena […] demasiado estrecha con solo una ligera corriente de aire.

El 28, Lloyd, Bill Smith y Steph «instalaron hasta Mega Bat y la zona del pozo», pero, tras una investigación exhaustiva, no encontraron nada nuevo.

Lloyd y Mike llevaron a Chris y Dan Hibberts a French Aven, quienes escalaron hasta un caos de bloques sin tiro y otros 20 m más arriba. Mientras tanto, Lloyd y Mike intentaron forzar varios puntos, pero «todos parecen no llevar a nada».

Los primos, Chris y Dan, escalaron los 15 m restantes el 31 pero no encontraron «nada, ni corriente». Tras desinstalar y salir de la cueva se encontraron con Frank's Cave (2167) con una corriente muy fuerte. Bajaron hasta la base de la fisura y prometieron regresar. El 2 de agosto lograron agrandar la fisura de la derecha pero necesitaban algo más fuerte, es decir, micros. Al día siguiente lograron agrandarla y entraron a una sala con varias continuaciones, pero la corriente venía de la continuación de la fisura.

Durante una incursión de 7 horas el 1 de agosto, Bill, Steph, Mike, David Rigby y Lloyd entraron en Mega Bat en Picón, donde «metieron a Steph por una pequeña ranura». Continuaba, así que la siguieron.

Una estrechez triangular dio a un caos de bloques. Investigamos durante un rato y salimos a una sala de 10 x 10 m. Había una gran galería que salía a una gran sala. Seguimos una pista a un pozo.

Esta nueva sección se topografió como el lote 0075-13-12 y, el 2 de agosto, el equipo de MUSC regresó para continuar forzando y topografiaron. Completaron dos lotes: 0075-13-05, la poligonal principal, y 0075-13-04, un pozo en un lateral. En total, topografiaron 226 m. Esta zona está, parece ser, muy cerca de la zona de Picón Pie de Cueva Morenuca (0774) pero, hasta la fecha, no se ha conseguido conectarlas. El extremo oriental de esta nueva sección de Mega Bat también se acerca mucho a la pendiente debajo del pozo de la entrada.

El 4 de agosto, Bill y Darren fotografiaron la nueva sección y les sobró tiempo para entrar en nuevas salas con barro grandes y pequeñas con un pozo a una sala final que es la parte más profunda de la cueva. (Topografiado más tarde con el lote 0075-13-13). El mismo día, Ali y Mike hicieron la nueva topo de Mega Bat hasta la cabecera de los pozos y luego usaron un teléfono subterráneo cerca de la base de la pendiente de la entrada para tratar de localizar a Lloyd y Fran debajo en la nueva sección con otro teléfono subterráneo. Pudieron escuchar claramente los ruidos de la excavación y consiguieron establecer una débil conexión de voz.

Mike y Darren volvieron un par de días después y pasaron 6 horas excavando en la base de la pendiente de la entrada. Lloyd y Darren desinstalaron la cueva el día 9. «¡MUSC volverá en 2014!».

El extremo oeste obstruido de la gran galería en la base del pozo de entrada en Torca del Mostajo (0071) parece dirigirse a la superficie y a la excavación 3802 a unos 75 m. Siempre optimistas, Lank, David Mills, Ali y Juan comenzaron la excavación levantando varias rocas, pero «necesita medidas mayores para quitar un par de bichos grandes y estabilizar la pendiente de entrada. ¡Pinta bien!».

Phil Papard, Juan y Jez pudieron avanzar algo más con micros, pero parecía que habría que apuntalarla y «quitar muchas rocas».

Darren echó un vistazo en la galería occidental de Mostajo al igual que Lloyd, Mike, Alba y David Rigby, pero nadie pudo encontrar el camino hacia la excavación. En esta incursión, el equipo primero subió a The Squeeze, pero regresó cuando vieron que «es demasiado pequeño para gente normal».

Adam, Darren «+ espectadores» decidieron instalar anclajes químicos en la entrada de Mostajo. Adam terminó el trabajo el 29 de julio y luego, con Bill y Jez, fue al inicio del nuevo hallazgo del año pasado, topografiando otros 70 m en esta sección bajo el nombre 0071-13-01.

On August 1st, Adam completed his mission to install the resin p-bolts by putting in the final hardware on the long first traverse, although one natural thread was still required where the flowstone obscured any good rock.

Phil Papard accompanied Jez, Bill, Fran and Adam to the new extensions in order to widen the squeeze to allow cavers of "more generous proportions to get through".

The result is the squeeze is now approximately a foot wide and a foot and a half tall so that it is not just the midgets and beanpoles that can get through. ... Rescue through the squeeze is now possible and we should be able to get more cavers down to help push the leads and survey beyond.

Adam had a solo trip to clean up the "blasted breakthrough" then continued to the main trunk passage to survey north.

Although initially looking uninspiring, a smaller passage to the left led to a large pit, probably 20m deep with passage clearly continuing on the opposite side. Needs rope.

He made a return on August 6th with Bill, Fran and Lloyd when the pitch was dropped to "lots of sharp boulders in a choke". Lots of maze-like passages were explored across the pit.

The MUSC group - Bill, Fran, Adam, Mike, Roxy and Darren - split into two teams on the 8th to survey two different leads over the pit. Adam wrote:

One way leads past a few wet-sounding 15m deep holes to a larger chamber with the same black mud covering sand floors as the main trunk passage.[3] To one side, a slope leads to a ledge over which a rift can be seen with sounds of a lot of water. Rocks fall a long way. Needs a rope. Across the chamber, a small delicate climb up leads to a slow stream. Upstream gets too low but large echoing can be heard beyond. Downstream seems to head toward the wet rift from before.

The seven batches of survey data for the new passages explored over the summer totalled 906m taking the length of the Cubija System to 21686m.

Tony Rooke, Djuke, James and Jenny Corrin went "surface bashing and shaft checking" on El Naso on August 16th. The previously undescended 3889 was dropped to a choke 4m down but they couldn't find sites 2375, 3138, 0615 or 0614. The latter has a 25m undescended pitch but it must be marked in the wrong place as it also couldn't be found in 1987. They did document a new dig on the side of a shakehole, site 3843; re-descended 0967; dropped 1599 - a 4m shaft to a sand and boulder choke; crawled into 2785 with a tight rift in the floor and climbed down 2125 to a low crawl that choked.

Above the Bosmartín road, Juan and Penny came across site 3932, 4m deep to a false floor with an undescended drop to one side. This would be explored in the summer, 2015.

Iain, Neil Rumney and Simon visited the strongly draughting Candy's Dig (1379) to the west of La Secada. Initially the dig looked good with a solid roof but, lower down, a necky manoeuvre under a boulder entered a fault chamber. The draught was lost in the lower reaches.

As a diversion from the underground, "Badger and entourage" tackled the via-ferrata at Ramales.

7 went up, 4 came down. Three learnt a 2 mile walk, as they did not know that "Salida" into thick overgrown bush was the way down.

Not to be diverted for too long, they had an afternoon tourist trip into Cueva del Molino (Agua, site 0059), almost reaching the sump. On the way out they "admired the wildlife in the stream".

Chris Scaife, Dan Jackson and Alex enjoyed another "excellent" trip to the sump, exploring up all three calcites slopes to the right.

We saw the Stone Age wall at the end of the cave, plus lots of crayfish, a few spiders and centipedes.

Juan also had crayfish experiences, finding that the population of European crayfish in Cueva Jivero 2 (0017) "seemed OK" with no signal crayfish. However, in Cueva del Molino only signal crayfish were seen. The American invaders were taking over so Pedro and Juan notified a warden at the Medio Ambiente office in Ramales in the middle of August.

The warden will report to his superiors in Santander. He suggested that [the signal crayfish] would not be a danger to the species in Jivero 2 and that the signal crayfish could have been introduced deliberately.

Harry reported seeing both species in Jivero 2 on August 17th.

To the north of Las Calzadillas and above the road, Phil Parker and Chris Camm investigated 3 rifts at site 3856 (which quickly closed in) and a fenced rift (3897) which needed a hammer and chisel at the 5m deep eastern end. A small hole at the slightly deeper other side also

---

3   Some of the sand and calcite in the top level trunk passage has a thin black cover. One theory is smoke from surface fires being deposited. Some clear areas (sheltered from the draught?) at the side of rocks on the sand back up this theory but some chemical analysis is required.

«Hay más para explorar».

Al día siguiente, Adam regresó con Roxanne, Steph, Bill y Fran para explorar más a fondo la red Manchester. Topografiaron un pozo y una galería (lote 0071-13-02; 40 m), pero quedaron más pozos y galerías por explorar.

El 1 de agosto, Adam completó su misión de instalar los fixes colocando el último en el primer pasamanos largo, aunque todavía se necesitaba uno natural donde la colada ocultaba la roca buena.

Phil Papard acompañó a Jez, Bill, Fran y Adam a las nuevas secciones con el fin de ampliar la estrechez para que los espeleólogos de «proporciones más generosas pudiera pasar».

El resultado es que ahora mide unos 30 cm de ancho y unos 45 de alto, y los enanos y los larguiruchos ya no son los únicos que pueden pasar. [...] Ahora podemos hacer rescates a través de la estrechez y deberíamos poder convencer a más espeleólogos para ayudar a forzar y topografiar.

Adam entró solo un día para limpiar los restos «de la explosión» y luego continuó hacia la galería principal para topografiar hacia el norte.

Aunque de primeras no inspira mucho, una galería más pequeña a la izquierda da a un gran pozo, de unos 20 m con una galería que claramente continúa en el lado opuesto. Necesita cuerda.

Regresó el 6 de agosto con Bill, Fran y Lloyd cuando bajaron el pozo hasta «muchas rocas afiladas en una obstrucción». Exploraron muchas galerías en forma de laberinto al otro lado del pozo.

El grupo de MUSC —Bill, Fran, Adam, Mike, Roxy y Darren— se dividió en dos equipos el día 8 para topografiar dos posibles continuaciones sobre el pozo. Adam escribió:

Una de las opciones pasa por algunos agujeros de 15 m de profundidad que parecen tener agua hasta una sala más grande con el mismo barro negro sobre el suelo de arena, como en la galería principal[3]. A un lado, una pendiente conduce a un saliente sobre el que se puede ver una fisura de la que salen ruidos de mucha agua. Las rocas caen muy lejos. Necesita cuerda. Al otro lado de la sala, una pequeña y delicada escalada conduce a un arroyo lento. Aguas arriba es demasiado bajo, pero se puede escuchar un gran eco más allá. Aguas abajo parece dirigirse a la fisura con agua de antes.

Los siete lotes de topografía de las nuevas galerías exploradas durante el verano resultaron en un total de 906 m, llevando el desarrollo del Sistema Cubija a 21 686 m.

Tony Rooke, Djuke, James y Jenny Corrin fueron a «comprobar y bajar simas» en El Naso el 16 de agosto. Entraron a la cueva 3889, que no se había explorado antes, con un pozo de 4 m a una obstrucción, pero no pudieron encontrar las cuevas 2375, 3138, 0615 o 0614. Esta última tiene una sima no explorada de 25 m, pero debe estar marcada en el lugar equivocado, ya que tampoco se pudo encontrar en 1987. Documentaron una nueva excavación en el lado de una depresión, el agujero 3843; volvieron a entrar a 0967 y a 1599, una sima de 4 m a una obstrucción de arena y bloques; entraron por la gatera de 2785, con una fisura angosta en el suelo y bajaron la sima de 2125 a un laminador obstruido.

Sobre la carretera de Bosmartín, Juan y Penny se encontraron con el agujero 3932, 4 m de profundidad hasta un piso falso con un destrepe a un lado al que se entraría en el verano de 2015.

Iain, Neil Rumney y Simon visitaron Candy's Dig (1379) al oeste de La Secada. Inicialmente, la desobstrucción tenía buena pinta, con techo sólido pero, más abajo, una maniobra complicada bajo una roca da a una sala en diaclasa. La corriente se perdió en la sección inferior.

Para descansar de la espeleo, «Badger y su séquito» hicieron la vía ferrata en Ramales.

7 subieron, 4 bajaron. Tres aprendieron una caminata de 3 km, ya que no sabían que «Salida» hacia un espeso bosque era el camino de vuelta.

Para no distraerse demasiado, por la tarde fueron a la Cueva del Molino (Agua, 0059), casi hasta el sifón. A la salida «admiraron la fauna del río».

Chris Scaife, Dan Jackson y Alex también disfrutaron de una visita «excelente» al sifón, explorando las tres coladas a la derecha.

Vimos la pared de la Edad de Piedra al final de la cueva, además de muchos cangrejos de río, algunas arañas y ciempiés.

Juan también se encontró con cangrejos de río en Jivero 2, donde la población de cangrejo de río europeo «parecía estar bien», sin cangrejos señal. Sin embargo, en la Cueva del Molino solo se vieron cangrejos señal. Esta especie invasora se estaba haciendo dominante,

---

3   Partes del suelo de arena y calcita en la galería principal superior están cubiertos con una fina capa negra. Una teoría es que el humo de fuegos en la superficie se haya depositado aquí. Algunas zonas sin esa capa (¿protegidas de la corriente?) junto a rocas en la arena parecen corroborar esta hipótesis, pero se tendrá que llevar a cabo algún análisis químico.

The Ramps in Cueva del Molino with Chris Scaife and Alex Ritchie. The Ramps en Cueva del Molino con Chris Scaife y Alex Ritchie. *Dan Jackson*

needed opening up.

New site 3898 was left unexplored as they moved the 50 or so metres to site 3855. Two holes here drop into the same chamber accessed down a p8 with the lower part free-hanging under an enormous block.

The landing is in a large rift chamber with the skeleton of a cow and a horse. What appeared to be two rusting tin cans were the remains of the horse's shod hooves. At the northern end of the rift, part way back up the ladder then down again, is the deepest point and a possible way on. ... Estimated 13m deep, 20m length.

Returning the next day, August 4th, they noted that the dig 2989 was draughting slightly then went on to discover small site 3900 where hammering from nearby 3897 was later heard. Dropping back into site 3855 with an extra ladder any possible way on was found to choke. After removing an obstruction in 3897, Phil found that most routes choked; the eastern route choked with old calcite. The tiny 3898 was a hading rift choked with farm debris.

August 5th saw them back again with a small extension made in the western end of site 3897. A possible passage was noted at high level. Site 3912 was first noticed as a small bush and explored down to about 11m depth in a 10m long, east-west rift. The site draughts out and appeared to be "caveable" beyond a narrow section. The nearby 3913 was found as a dig with a gentle draught and the draughting site 2989, next to the road, had some rocks removed.

THE NORTHEAST SECTOR INCLUDING THE FOUR VALLEYS SYSTEM

Ali started to re-survey Cueva Carcavuezo (0081) but first, on July 19th, spent half an hour clearing the entrance which was "totally buried under flood debris". He managed to resurvey to the first chamber and some "side bits" at the entrance, returning the following day to survey 165m, reaching the top of the route down to the river. He noted some "possible continuations worth a return?"

Pedro joined Ali on the 22nd to survey almost to the start of the Afternoon Stroll. "A few unimportant crawls, squeezes, etc" were also examined. Carmen assisted Ali on a later trip, commenting that their survey "appears to tie in well with old survey".

On the 29th, 30th and 31st, Carmen returned with Ali. On the 29th they resurveyed along Duck Passage but finding nothing new after checking out side passages and high-level climbs. On the 30th, they surveyed previously marked but unsurveyed side passages stopping when it became too squalid and, on the 31st, they resurveyed the streamway near the entrance where it was "very draughty and cold".

Chris Scaife, Dan Jackson and Alex were lured in on August 1st. They investigated the second inlet on the left in the Afternoon Stroll reaching a boulder choke and,

... after much ferreting about, some unstable slopes, slippery climbs and narrow squeezes, connected with a separate boulder choke leading back to the first inlet on the left of the main passage.

They then surveyed a small extension (batch 0081-13-16) along Duck Passage. Of more significance was the large chamber near the entrance that was rediscovered by squeezing up between boulders to enter a 60 x 20 x 15m chamber. The large space was eventually named "Big Chamber Somewhere Near the Entrance". Terry agreed with Ali that a "way through here would be a quick and safe way to either the Western Series or via the Third Railway Siding to the Afternoon Stroll and Carcavuezo 2." Ali commented that there appeared to be more draught coming down from the chamber than up the normal rift route down to the stream.

Meanwhile, Ali and Carmen were diligently continuing the resurvey, this time a loop in the Red Column Chamber area.

After another solo surveying trip, Ali wrote that the total length of cave resurveyed and new passage over the summer trips was 2688m. This was soon out-of-date as he continued to survey with Roxy and Steph as assistants. After surveying from the Light Frigit towards the Western Series, and finding another 20m, they went to the "old river passage trying to find rift climbs to Western Series. Area very complex so need more info."

por lo que Pedro y Juan lo notificaron a la oficina de Medio Ambiente en Ramales a mediados de agosto.

El encargado informará a sus superiores en Santander. Sugirió que [el cangrejo señal] no sería un peligro para el cangrejo en Jivero 2 y que el cangrejo señal podría haberse introducido deliberadamente.

Harry informó haber visto ambas especies en Jivero 2 el 17 de agosto.

Al norte de Las Calzadillas y encima de la carretera, Phil Parker y Chris Camm investigaron 3 fisuras en el agujero 3856 (que no eran practicables) y otro cercada (3897) para la que necesitaban un martillo y un cincel en el extremo este de 5 m de profundidad. Un pequeño agujero en el otro extremo, un poco más profundo, también se ha de abrir.

Dejaron el nuevo agujero 3898 sin explorar y pasaron a la cueva 3855, a unos 50 m. Dos agujeros dan a la misma sala a la que se entra por un P 8, con la última sección bajo un enorme bloque.

Se aterriza en una gran sala en diaclasa con el esqueleto de una vaca y un caballo. Lo que parecían ser dos latas oxidadas eran los restos de los cascos del caballo. En el extremo norte de la fisura, subiendo un poco por la escala y después volviendo a bajar, está el punto más profundo y una posible continuación. [...] 13 m de profundidad, 20 m de longitud estimados.

Volvieron al día siguiente, el 4 de agosto, y vieron que la excavación 2989 tenía una ligera corriente y luego descubrieron un pequeño agujero, el 3900, desde donde más tarde pudieron oír el martilleo del cercano 3897. Volvieron a 3855 con una escala más, pero estaba obstruido en todas direcciones. Tras quitar una obstrucción en 3897, Phil vio que la mayoría de las opciones no eran practicables; al este estaba obstruido con calcita vieja. El pequeño agujero 3898 era una fisura obstruida con basura de la granja.

El 5 de agosto volvieron y abrieron una pequeña extensión en el extremo oeste del agujero 3897. Vieron una posible galería en la parte alta. Tomaron nota de la cavidad 3912, tras un pequeño arbusto, y la exploraron hasta una profundidad de unos 11 m en una fisura este-oeste de 10 m de largo. Tiene corriente ascendente y podría ser practicable pasando una sección estrecha. Encontraron una posible excavación con corriente suave, 3913, y quitaron algunas rocas del agujero soplador 2989, al lado de la carretera.

SECTOR NORESTE INCLUYENDO EL SISTEMA DE LOS CUATRO VALLES

Ali comenzó la nueva topografía de Cueva Carcavuezo (0081) el 19 de julio, pero primero pasó media hora despejando la entrada que estaba «totalmente enterrada bajo restos de inundación». Aún así, consiguió retopografiar la primera sala y algunas «secciones a un lado» de la entrada. Al día siguiente topografió 165 m, llegando a lo más alto de la ruta hacia el río. Tomó nota de algunas «¿posibles continuaciones a las que merece la pena regresar?».

Pedro se unió a Ali el 22 para topografiar casi hasta el inicio de Afternoon Stroll. También echaron un vistazo a «algunas gateras, estrecheces, etc. sin importancia». Carmen ayudó a Ali en una incursión posterior y comentó que la topo «parece conectar bien con la anterior».

Los días 29, 30 y 31, Carmen regresó con Ali. El 29 volvieron a topografiar Duck Passage, pero no encontraron nada nuevo después de revisar las galerías laterales y escaladas. El día 30, topografiaron galerías laterales, vistas en el pasado pero sin topografiar, parando cuando se volvían demasiado estrechas y, el 31, volvieron a topografiar la galería activa cerca de la entrada donde había «una gran corriente de aire y hacía frío».

Chris Scaife, Dan Jackson y Alex fueron el 1 de agosto. Investigaron la segunda lateral a la izquierda en Afternoon Stroll hasta llegar a un caos de bloques y:

Tras rebuscar bien, algunas pendientes inestables, escaladas resbaladizas y estrechamientos, conectamos con otro caos de bloques que vuelve a la primera lateral a la izquierda de la galería principal.

Luego topografiaron una pequeña extensión (lote 0081-13-16) a lo largo de Duck Passage. De mayor importancia fue la gran sala cerca de la entrada que se redescubrió al pasar entre bloques para entrar en una sala de 60 x 20 x 15 m. Este amplio espacio finalmente se llamó «Gran sala en algún lugar cerca de la entrada». Terry coincidía con Ali en que «una ruta por aquí sería una forma rápida y segura de llegar a Western Series

On August 5th, Phil Papard, Pedro and Ali went in with the "aim to find the route into the Western Series and improve access with aids". Phil wrote:

    Started to bolt the traverse but after about
    halfway, Pedro and Ali found a better way up so we
    de-rigged and bolted this new route.

The surveyed passages in Carcavuezo this summer now added up to 2906m.

The entrance to the wet weather resurgence Cueva de Bollón (0098) lies just below the main road to the north as it starts to wind up out of the depression. After the entrance climb down and initial crawls into the hill, the passage splits with sumps in the western-heading left hand passage and chambers and crawls heading east off to the right. Hole In The Road (1462) was connected in beyond the sumps at Easter 2000.[4]

Steph, Fran, Roxanne and Ben went to push mud-coated Bollón on July 29th. A tight passage heading north into the hill before sump 1 was pushed by Steph and Roxy.

    It got very narrow and tight at the end of the
    crawl, about 20cm before opening up into about 30m
    of very muddy passage. It reached a small chamber
    at the end where it closed down into an impassable
    section that could possibly be dug, and it had a
    noticeable draught.

They surveyed this miserable passage as batch 0098-13-01 for 65m. Fran and Ben just had a recce in the right hand series

    ... as we did not have a survey with stations
    marked on or another survey kit. It appears that
    the tight passages may continue. ... Will hopefully
    return and push properly and get very muddy again
    ready for a good hosing down!

Ben and Kieran ventured into this east side, digging past the point that required a hammer and entering a set of crawls then

    ... spent 30 minutes digging to fit through a very
    tight squeeze. There's about 10m of crawling and
    crouching and then it's too tight to crawl through.

Ben returned with Jez and Roxy to survey the new section which ended at a boulder with the draughting passage continuing. When the 48m of batch 0098-13-02 was produced, the eastern end appeared to be only about 50m from the Western Series in Cueva Carcavuezo - and almost part of the Four Valleys System.

The Climbing Wall Cave (1504) lies at the northern apex of a triangle with site 0415 to the west and Bollón to the east. There were possible leads in the cave[5] so Adam, Fran, Carolina and Bill went to check them out, soon finding every possibility petered out.

In Cueva de la Espada (0103), Ali, Lank and David Mills examined some small leads and Lank "found a climb up to some phreatic tubes containing old carbide arrows". This was thought worth a return.

By August 4th, Jim and Colin had completed their explorations around Lake Bassenthwaite in Torca la Vaca so they had a quick look at the resurgence (0575) for some of the water in Cueva de Riaño (0105). This was a recce for them after divers in August 2012 had gone in for over 200m. Colin could not get through the underwater slot below the climb down from the surface wearing 7 litre bottles but

    ... it would have been okay with one seven
    sidemount and one hand held. A void in the bottom
    of the [surface] pool ... was then investigated
    and found to be a gap in the boulder floor of the
    pool leading down to the top of a solid sided
    rift. ... the entrance was enlarged ... it was big
    enough to take a fully kitted diver. ... This rift
    may provide a bypass to the slot reached from the
    surface pot. Several boulders were placed over the
    enlarged hole to prevent people / animals falling
    in ...

The site was next investigated over Easter 2016.

Above Cueva Hoyuca (0107), John Clarke, Phil Ryder and Harry visited site 3744, a dig which they thought would be a long-term proposition and 3745 which they opened up to explore down 2.5m to a choke.

Chris Camm and Phil Parker spent a couple of days investigating the woods around site 0641 in Riaño. A prominent sandstone outcrop runs northwest - southeast, forms the boundary between fields above and the woods below and runs parallel to passages in Cueva de Riaño. Old and new sites were investigated.

    By jungle bashing along the outcrop a number of
    other features have been noted. Cueva SixFourOne
    (3917) is a prominent entrance ... A wide slot
    goes down an earth bank into walking passage.
    This quickly becomes a narrow rift generally of

o a través de Third Railway Siding to the Afternoon Stroll y Carcavuezo 2». Ali comentó que parecía haber más corriente bajando de la sala que subiendo por la ruta habitual hasta el río.

Mientras tanto, Ali y Carmen continuaron laboriosamente con la topo, esta vez una poligonal en la zona de Red Column Chamber.

Tras otra incursión topográfica, Ali escribió que el desarrollo total de las secciones retopografiadas y las nuevas galerías vistas ese verano era de 2 688 m. Esta cifra pronto quedó obsoleta ya que continuó la topo con Roxy y Steph como asistentes. Tras topografiar desde Light Frigit hacia Western Series y encontrar otros 20 m, se dirigieron a la «vieja galería activa para intentar encontrar escaladas a Western Series. Área muy compleja, necesito más información».

El 5 de agosto, Phil Papard, Pedro y Ali entraron con el «objetivo de encontrar la ruta hacia Western Series y mejorar el acceso con ayuda». Phil escribió:

    Empecé a instalar el pasamanos, pero cuando llevaba
    cerca de la mitad, Pedro y Ali encontraron una mejor
    manera de subir, así que quitamos las fijaciones de ahí e
    instalamos la nueva ruta.

Las galerías topografiadas en Carcavuezo este verano sumaban ahora 2 906 m.

La entrada a Cueva de Bollón (0098), una surgencia en tiempo de lluvia, se encuentra justo debajo de la carretera principal hacia el norte, donde empieza a salir de la depresión. Tras el destrepe de la entrada y gateras hacia el interior del monte, la galería se divide con sifones a la izquierda, hacia el oeste, y salas y gateras hacia el este a la derecha. En Semana Santa de 2000, se conectó con Hole In The Road (1462) pasando los sifones.[4]

Steph, Fran, Roxanne y Ben fueron a forzar un Bollón embarrado el 29 de julio. Steph y Roxy forzaron una galería estrecha que se dirigía al norte antes del sifón 1.

El laminador era muy estrecho y angosto al final, unos 20 cm antes de abrirse a unos 30 m de galería con mucho barro. Llegó a una pequeña sala al final donde se cerró en una sección intransitable que posiblemente podría excavarse, y tenía una corriente considerable.

Topografiaron esta horrible galería (lote 0098-13-01) a lo largo de 65 m. Fran y Ben hicieron un reconocimiento de la red de la derecha:

No teníamos una topo con estaciones marcadas ni otro equipo de topo. Parece que las galerías estrechas pueden continuar. [...] Esperamos volver y forzarla bien y llenarnos de barro, listos para un buen manguerazo.

Ben y Kieran se aventuraron en este lado este, pasando el punto para el que necesitaban un martillo y entrando en una serie de gateras.

    Pasamos 30 minutos cavando para pasar por un
    estrechamiento. Hay alrededor de 10 m de laminadores y
    gateras y luego es demasiado angosto para pasar.

Ben volvió con Jez y Roxy para topografiar la nueva sección que terminaba en una roca tras la cual continuaba una galería con corriente. Cuando se pasaron los 48 m del lote 0098-13-02 al ordenador, el extremo este parecía estar a solo 50 m de Western Series en Cueva Carcavuezo (0081), y casi parte del Sistema de los Cuatro Valles.

La cueva Climbing Wall (1504) se encuentra en el vértice norte de un triángulo con 415 al oeste y Bollón al este. Había varias posibilidades en la cueva,[5] por lo que Adam, Fran, Carolina y Bill fueron a revisarlas, pero pronto descubrieron que todas las posibles continuaciones eran impracticables.

En Cueva de la Espada (0103), Ali, Lank y David Mills examinaron algunos interrogantes y Lank «encontró una escalada a unos tubos freáticos con viejas flechas de carburo». Pensaron que merecía la pena volver.

Para el 4 de agosto, Jim y Colin habían terminado de explorar en el lago Bassenthwaite en Torca la Vaca, por lo que echaron un vistazo a la surgencia (0575) de parte del agua en la Cueva de Riaño (0105), que buceadores en agosto de 2012 habían explorado a lo largo de 200 m. Colin no pudo atravesar la ranura sumergida bajo el destrepe desde la superficie con botellas de 7 litros, pero:

    Hubiera podido con una siete sidemount y una de mano.
    Un vacío en el fondo del lago [de superficie] [...]
    investigamos y vimos que era un hueco en el suelo de
    rocas que da a la parte superior de una fisura de paredes
    sólidas. [...] amplié la entrada [...] bastante grande
    como para un buceador con todo el equipo. [...] Esta
    fisura podría ser un desvío a la ranura a la que se llega
    desde la entrada. Colocamos rocas sobre el agujero
    agrandado para personas/animales no caigan dentro.

La cavidad no se volvió a investigar hasta Semana Santa de 2016.

Sobre Cueva Hoyuca (0107), John Clarke, Phil Ryder y Harry visitaron el agujero 3744, una excavación que pensaron que sería un proyecto a largo plazo, y el 3745, que abrieron para explorar 2,5 m hasta una obstrucción.

Chris Camm y Phil Parker pasaron un par de días investigando los

4   Matienzo: 50 Years of Speleology, p145
5   Matienzo: 50 Years of Speleology, p173

4   Véase Matienzo: 50 años de espeleología, p. 145.
5   Véase Matienzo: 50 años de espeleología, p. 173.

walking height but occasionally requires crawling ... Passage finishes abruptly with 2m high wall of mud and mud-covered old stal columns. At roof level continues as far as can be seen as a less than 10cm high ... bedding. Approx length 20m'ish.

Continuing to the northwest along the scar, twin entrances at site 3918 were noted along with small site 3920. Then ...

... site 0641 a real proper cave entrance heading back under the field ... Walking in and down the entrance slope the cave is 5m high, 1m wide at floor level and maybe 6m wide at roof level ... You are forced to climb back up to roof level. Below this climb a draught was coming out of the floor over a descending gap over small rocks ... The cave ends at a pit, probably 5 - 6m deep. Last 10m of passage to pit was well decorated. A draught was noted at high level.

More small sites 3921, 1423 and 3922 were explored with site 0640 being pushed through an excavated squeeze to a 4m deep pit with very low passage continuing beyond.

Hoping to finish off 3917, Chris and Phil opened up a nearby western entrance that was parallel to the original but went deeper. "Cave now needs a ladder, so back again tomorrow."

They also dug at site 3920 but more work was required.

Phil and Chris explored the western entrance on August 15th finding that a hole on the left at the base of the entrance dropped as a series of squeezes going down 14 or 15m below roof level. It was not pushed further. Further investigation further into the hill showed a possible link with 3918 and a crack in the sandstone roof that has allowed impressive stal to form. The draughting base of a pit (explored by laddering off a couple of large columns) was dug out the following day and a small amount of progress made to a stal blockage where a larger passage could be seen beyond.

On August 17th, Chris and Phil dug into site 3920 revealing a cave 17m long and 2.3m deep. The entrance was walled up and the focus shifted back to 3917 - for a very short time due to drill failure.

Phil got beyond the stal blockage in 3917 three days later, but for only 10m to a smaller draughting hole. It was thought to be a good digging prospect as there was stacking space.

Juan and Ali spent a couple of hours digging out the entrance to Cueva Fresnedo 2 (site 0841) noting a very strong draught coming out. They then went into nearby Fresnedo I cave (0126) to check out reports from 1990 that the hole was choked. Juan wrote:

Found the way on open - crawl to left at the plastic drum. Slide up at the small pile of cow bones into the base of the alternative entrance shaft (not investigated). A rift then continues into the rest of the cave. Ali found that the streamway seemed to continue after it turned sharply to the left.

Brendan, Tim, Louise and Ed Willetts (with Jen and Emily Sloan) had a good poke around on July 22nd, indeed Ed pushed a crawl which closed down but he "tried to dig a trench to make room to turn his head". The logbook account notes nine places that were examined but - probably most importantly - the end of the rift which led into the rest of the cave had collapsed.

Brendan went under the "fairly serious fence" and up the valley to look at stream sink 0994. He noticed a draught, filmed a short video and thought that the flood debris, mud and gravel should be easy to dig.

On August 7th, Harry and John Clarke came across site 3910 where, at the base of a "dodgy slope", there was a big sump "with passage going off quite visible". Harry thought it likely that this was a window into passage taking water from Cueva del Regato (0672) to Nacimiento de Campiazo (1106) and probably picking up water from Coercion Cave (2739) on the way. The nearby 3911 was investigated and one of the two shafts dropped for a few metres.

On the other side of road, slightly uphill from Freedom Pot (2737), site 3825 was descended into a choked chamber. Fifty metres to the north east, John descended a "very, very tight rift" at site 3018, dropping into a 20m long passage with formations ending at a tight rift.

Along with Phil Ryder they also investigated 3019, 3824, 3826, 3827 and 3828, none of which were very exciting and they have not been visited since.

On August 12th, James showed Djuke and Tony Rooke some of the delights of Fresnedo 2 by rigging the cave up to the Pendulum Pitch. At this time The Howling was still a flat out, muddy and wet obstacle not to be tackled.

Two days later, Si, Di, James, Alba, Djuke and Tony Rooke had the objective of pushing at the end. The Mistral squeeze was hammered out allowing James' long legs to pass through. Tony and

bosques alrededor de la cueva 0641 en Riaño, donde un destacado saliente de arenisca de noroeste a sureste forma el límite entre los campos arriba y los bosques abajo, paralelo a algunas galerías de la Cueva de Riaño. Investigaron agujeros antiguos y nuevos.

Peleándonos con la maleza a lo largo del saliente, tomamos nota de varias particularidades. Cueva SixFourOne (3917) es una entrada prominente [...] una ranura ancha baja por un banco de tierra hacia una galería amplia que rápidamente se convierte en una fisura estrecha, en general alta, pero en algunos puntos hay que gatear [...] La galería termina abruptamente con un muro de barro de 2 m de altura y viejas columnas cubiertas de barro. A nivel del techo continúa hasta donde se puede ver a una altura de menos de 10 cm. Aproximadamente 20 m de desarrollo.

Continuando hacia el noroeste a lo largo del paraje rocoso, vieron dos entradas gemelas en el agujero 3918 junto con el pequeño 3920. Luego:

La 0641 tiene una buena entrada que se dirige hacia el monte [...] Al entrar y bajar por la pendiente de entrada, la cueva tiene 5 m de alto, 1 m de ancho a nivel del suelo y tal vez 6 m de ancho al del techo [...] hay que subir hasta el nivel del techo. Bajo esta escalada, una corriente sale del suelo sobre una abertura descendente sobre pequeñas rocas [...] Termina en un pozo, de unos 5 a 6 m. Los últimos 10 m de la galería están bien decorados. Notamos corriente en el nivel superior.

También exploraron otros agujeros pequeños, 3921, 1423 y 3922, y el 0640 lo forzaron a través de una estrechez excavada a un pozo de 4 m de profundidad con una galería muy baja que continuaba al otro lado.

Con la esperanza de terminar 3917, Chris y Phil abrieron cerca una entrada al oeste que era paralela a la original, pero más profunda. «Ahora hace falta una escala, así que volveré mañana».

También excavaron en el agujero 3920, pero necesitaba más trabajo.

Phil y Chris exploraron la entrada occidental el 15 de agosto y vieron que un agujero a la izquierda en la base de la entrada da a una serie de estrecheces descendentes, a unos 14 o 15 m por debajo del techo. No lo forzaron más. Investigando hacia el interior, vieron una posible conexión con 3918 y una fisura en el techo de arenisca que ha permitido que se forme una columna impresionante. La base de un pozo con corriente (explorado con una escala atada a un par de columnas grandes) se excavó al día siguiente y pudieron avanzar hasta una obstrucción de estalagmitas a través de la cual pudieron ver una galería más grande.

El 17 de agosto, Chris y Phil excavaron el agujero 3920, abriendo una cueva de 17 m de largo y 2,3 m de profundidad. Tapiaron la entrada y volvieron a 3917, hasta que les falló el taladro.

Phil pasó la obstrucción de estalagmitas en 3917 tres días después, pero tras 10 m se volvió demasiado pequeño. Parecía una buena excavación ya que había espacio para apilar rocas.

Juan y Ali pasaron un par de horas desobstruyendo la entrada a Cueva Fresnedo 2 (0841) y notaron que salía una corriente muy fuerte. Luego fueron a la cercana Cueva Fresnedo 1 (0126) para verificar los informes de 1990 que decían que la entrada estaba obstruida. Juan escribió:

Encontré la entrada abierta; gatera a la izquierda en el tambor de plástico. Hay que deslizarse hacia arriba en la pequeña pila de huesos de vaca hacia la base del pozo de entrada alternativo (no investigado). Luego, una fisura continúa hacia el resto de la cueva. Ali descubrió que el arroyo parecía continuar después de girar bruscamente a la izquierda.

Brendan, Tim, Louise y Ed Willetts (con Jen y Emily Sloan) echaron un buen vistazo el 22 de julio; de hecho Ed forzó una gatera que se cerró, pero «trató de cavar una trinchera para tener espacio para girar la cabeza». Según el libro de salidas, investigaron nueve interrogantes, pero quizás lo más importante fue que el final de la fisura que conducía al resto de la cueva se había derrumbado.

Brendan pasó por debajo de una «valla bastante complicada» y subió por el valle para mirar el sumidero de 0994. Notó una corriente de aire, grabó un video corto y pensó que los restos de riada, el barro y la grava deberían ser fáciles de excavar.

El 7 de agosto, Harry y John Clarke encontraron el agujero 3910 donde, en la base de una «pendiente poco fiable», había un gran sifón «con una galería que se veía bastante bien». Harry pensó que quizás se trata de una ventana a la galería que lleva agua desde la Cueva del Regato (0672) hasta el Nacimiento de Campiazo (1106) y probablemente recogiese agua de la Cueva Coacción (2739). Investigaron el cercano 3911 y bajaron un par de metros en uno de los dos pozos.

Al otro lado de la carretera, encima de Freedom Pot (2737), entraron en el 3825 hasta una sala obstruida. A 20 m al noreste, John bajó por una «fisura muy muy estrecha» en el 3018, dando a una galería de 20 m de largo con formaciones que terminaba en una fisura angosta.

Junto con Phil Ryder también investigaron los agujeros 3019, 3824, 3826, 3827 y 3828, ninguno de los cuales fue muy emocionante y no han sido

Djuke turned back at Ecstasy Chamber after Tony had been dosed up with Ibuprofen for his bad back. After another kilometre of caving, the remaining team were stopped by a "scary climb" before Munster's Waltz. James wrote:

> We then searched around the sump area and found a continuation of the downstream inlet. This soon broke into larger passage which we surveyed for 70m before it crapped out at a mud choke. We could hear water flowing strongly about 10m below ... The stream is still unpushed and needs a team to go back to push it!

Not every walk ends with something of speleological interest. Jenny, James and Carolina's walk east from the church in Fresnedo was sabotaged by a cute kitten and playful puppy that followed them for a mile into thick undergrowth. The walk was abandoned after taking the puppy back with a retreat to "the pleasant surroundings of El Picón bar in Solórzano".

The Hibberts - Chris and Dan, Steve, Badger and Paul Wilman drove over to Secadura but were diverted from their main objective by a substantial concrete hut by the side of the road. This is site 2385 first explored at Easter 2006. It was noted that the site draughted well and appeared to open up beyond an over-tight section at 15m in. The main objective was site 3841, a draughting dig to the southeast of Lenny's Cave (3721). The team capped large boulders to gain another 3m in depth.

Diane, Simon and Neil Rumney had a quick look at the boulder chokes at each end of Lenny's before heading off to site 3841 to carry on excavating with Steve and Nigel.

> Boulder floor removed. Strongly draughting out. Holes appearing in floor. We will be back.

Steve and Billy continued digging on August 7th.

Nigel, Pete O'Neil, Billy, Jane and Arthur Warrick also had a tourist trip in Lenny's Cave but used Pete as "a sort of endoscope" to examine a number of possible leads.

EASTERN MOUNTAINS Pedro was keen to carry on with his complete resurvey of Sima-Cueva del Risco (0025) with Cueva Oñite (0027). On July 31st he went in with Phil Papard and Darren extending Dyeline Passage to a small choked hole and a slightly draughting, 4m aven. Darren returned with Fran and Alba the next day to survey 96m taking the length of the system to 10833m. When the survey was plotted, the end was shown to be close to the sloping hillside surface.

On August 12th, Carolina and Pedro had a trip to check "loose ends" in the area below the Carballo Chamber.

> Surveyed the stream passage as far as the sump and the oxbow passage from the chamber to the bedding plane in the roof of the 'Meander' passage. Had a look round the area but found nothing new.

Pedro also properly documented the three resurgences for the Risco system: La Lisa (3929; the main resurgence) was seen as a muddy hole in a field; Cueva del Transformador (0032), apparently explored for 35m in July 1974, acts as a flood resurgence as does Cueva de Gonzalo (0014). This latter cave is a possible dive site.

On August 28th, Juan and Penny investigated the wooded hillside about 150m south of the Fuente Ramera (2800) where there was a recently cleared cliff face which "looked interesting" but all it produced was a tiny through trip, site 3930.

About 1.4km to the east of Risco and 563m higher, site 0116, the Torca de Yusa, had last been descended at Easter 2011 when a passage was seen at the top of a mud slope. On August 2nd, Alex, Dan Jackson and Chris Scaife took the hire car as far as they could along the track then walked and scrambled for two hours with "heavy packs containing a drill, metal work, SRT kits and 144m of rope". They rigged the first Y-hang then retreated.

The trio returned the next day, dropping two choked pitches at the top of the mud slope. [6]

Bob Cawthorne, a Matienzo stalwart, had an untimely death in the autumn of 2010. His brother Ted sometimes accompanied him on walks to find caves. This time Ted walked up to site 2338 not far from the top of Muela.

> Revisited from 2005 when Bob and I found it and promised ourselves that we would plumb it, take photos and, maybe, even go down it. Sadly, I have had to go back on my own. It is bell shaped, 6m deep with a fissure or rift to the west and perhaps a way on under an overhang to the east. There is no draught.
> So physically and symbolically I have tidied

---

6 Further details of the trip can be found in "Ascending 117m With a Venomous Reptile", page 137.

visitados desde entonces.

El 12 de agosto, James mostró a Djuke y Tony Rooke algunas de las delicias de Fresnedo 2, instalando la cueva hasta Pendulum Pitch. Por entonces, The Howling todavía era un obstáculo lleno de barro y húmedo que no se había abordado.

Dos días después, Si, Di, James, Alba, Djuke y Tony Rooke decidieron forzar la sección al final. Abrieron al estrechez The Mistral con un martillo para que las largas piernas de James pasaran. Tony y Djuke se dieron la vuelta en Ecstasy Chamber después de que Tony se tomara una dosis de ibuprofeno para el dolor de espalda. Después de otro kilómetro de espeleología, al resto del equipo le frenó una «escalada aterradora» antes de Munster's Waltz. James escribió:

> Luego investigamos alrededor del área del sifón y encontramos una continuación del afluente aguas abajo que pronto se abrió a una galería más grande que topografiamos durante 70 m antes de que acabase en una obstrucción de barro. Podíamos oír el agua fluyendo con fuerza a unos 10 m debajo [...] ¡Aún no se ha forzado el río y necesitamos un equipo para volver a ello!

No todos los paseos terminan con algo de interés espeleológico. La caminata de Jenny, James y Carolina hacia el este desde la iglesia en Fresnedo fue saboteada por un gatito y un cachorro que los siguió durante más de 1,5 km hasta la espesa maleza. Abandonaron el paseo tras llevar al cachorro de vuelta y se retiraron al «agradable entorno del bar El Picón de Solórzano».

Chris y Dan Hibbert, Steve, Badger y Paul Wilman fueron hasta Secadura, pero una cabaña de hormigón al lado de la carretera les desvió de su objetivo principal. Se trata de la cavidad 2385, explorada por primera vez en Semana Santa de 2006. Vieron que tenía buena corriente y parecía abrirse al otro lado de una sección estrecha a 15 m. El objetivo era la cavidad 3841, una excavación al SE de Lenny's Cave (3721). Rompieron varias rocas grandes para ganar otros 3 m de profundidad.

Diane, Simon y Neil Rumney echaron un vistazo rápido a los caos de bloques en los extremos de Lenny's antes de ir al agujero 3841 para continuar excavando con Steve y Nigel.

> Quitamos el suelo de rocas. Soplando fuerte. Aparecen agujeros en el suelo. Volveremos.

Steve y Billy continuaron excavando el 7 de agosto.

Nigel, Pete O'Neil, Billy, Jane y Arthur Warrick también disfrutaron de una incursión turística a Lenny's, pero usaron a Pete como «una especie de endoscopio» para examinar varios interrogantes.

MONTAÑAS AL ESTE Pedro quería continuar con nueva topografía de Sima-Cueva del Risco (0025) con Cueva Oñite (0027). El 31 de julio fue con Phil Papard y Darren ampliando Dyeline Passage a un pequeño agujero obstruido y una chimenea de 4 m con una suave corriente. Darren regresó con Fran y Alba al día siguiente para topografiar 96 m, lo que llevó el desarrollo del sistema a 10 833 m. Cuando se analizó la topo, se vio que el extremo estaba cerca de la superficie de la ladera.

El 12 de agosto, Carolina y Pedro fueron para revisar «cabos sueltos» en la zona debajo de la Sala Carballo.

> Topografiamos la galería activa hasta el sifón y el desvío desde la sala hasta el plano de estratificación en el techo de la galería Meander. Miré por la zona pero no encontré nada nuevo.

Pedro también documentó adecuadamente las tres surgencias del sistema de Risco: La Lisa (3929; la surgencia principal), un agujero embarrado en un campo; La Cueva del Transformador (0032), aparentemente explorada a lo largo de 35 m en julio de 1974, que sirve de surgencia en época de lluvias, al igual que la Cueva de Gonzalo (0014). Esta última podría bucearse.

El 28 de agosto, Juan y Penny investigaron la ladera boscosa a unos 150 m al sur de Fuente Ramera (2800), donde había un acantilado recientemente despejado que «parecía interesante», tan solo encontraron una pequeña travesía, el agujero 3930.

A 1,4 km al este de Risco y a 563 m de altura está la Torca de Yusa (0116), explorada por última vez en Semana Santa de 2011 cuando se vio una galería en lo alto de una pendiente de barro. El 2 de agosto, Alex, Dan Jackson y Chris Scaife llevaron el coche de alquiler hasta donde la pista se lo permitió y luego caminaron y treparon durante 2 horas con «mochilas pesadas con un taladro, fijaciones de metal, arneses y 144 m de cuerda». Instalaron la primera triangulación y se retiraron.

El trío regresó al día siguiente, bajando dos pozos obstruidos en la parte superior de la pendiente de barro. (Se pueden leer más detalles en Cómo subir una sima de 117 m con un reptil venenoso).

Bob Cawthorne, un fiel miembro de las expediciones de Matienzo, murió de forma prematura en el otoño de 2010. Su hermano Ted a veces lo acompañaba en sus caminatas en busca de cuevas. Esta vez, Ted fue hasta la cavidad 2338, cerca de la cima de Muela.

> Primera visita desde 2005, cuando Bob y yo la encontramos y prometimos que volveríamos, sacaríamos fotos y, tal vez, incluso entraríamos. Tristemente, he tenido que volver

Ascending 117m with a venomous reptile

CHRIS SCAIFE

On the 3rd August, 2013 my first ever trip to Matienzo was drawing to a close. For our last exploratory caving trip of the summer, Dan Jackson, Alex Ritchie and I went down Torca de Yusa (0116), high up on the side of the the Hoya de Yusa, to look at a couple of possible leads at the top of a steep slope.

We abseiled down the spectacular 117m entrance pitch, via several hanging re-belays and past an Alpine chough nest over 50m below the surface. At the bottom, with our hands aching from the effort of pushing down the handles on our Stops for so long, we were surprised to see a living snake, a Baskian viper, which must have fallen the full 117m of the shaft and somehow lived to tell the tale.

Cómo subir un sima de 117 m con un reptil venenoso

CHRIS SCAIFE

Era el 3 de agosto de 2013 y mi primera visita a Matienzo llegaba a su fin. Para nuestra última prospección del verano, Dan Jackson, Alex Ritchie y yo decidimos ir a la Torca de Yusa, en una de las laderas del Hoyo de Yusa, para investigar un par de interrogantes en lo alto de un repecho.

Descendimos la espectacular sima de 117 m, con sus fraccionamientos en aéreo, pasando por delante de un nido con varias chovas piquigualdas a unos 50 m bajo tierra. Al llegar a la base del pozo, con manos doloridas por el esfuerzo de apretar con fuerza la palanca del Stop durante tanto tiempo, nos encontramos con una serpiente viva, una víbora cantábrica, que debió de haberse caído los 117 m de la sima y, por lo visto, vivir para contarlo. Habrá que suponer que la base de la sima, llamada *Pool of Fetid Ming* (*Charco de cochambre*

Presumably the Pool of Fetid Ming, as the base of the pitch is called, had provided a soft, if not entirely pleasant, landing.

Off we trotted, up the slope, to explore two previously undescended pitches, one of which we named Space Serpent Pitch in honour of the plucky herptile. Both leads pushed to their limits, we returned to the foot of the entrance pitch to find our legless friend exactly where we had last seen it.

I've always been someone who thinks you should rescue animals you find stuck in caves and I reasoned that this small thing was hardly going to bite through my wellies or oversuit, so I picked it up and put it into a tackle sack. It seemed pretty docile and just stayed coiled up as I put it in. There

Baskian viper at the base of the Torca de Yusa. Víbora cantábrica en la base de la Torca de Yusa.   *Alex Ritchie*

fétida), proporcionó una caída suave, si no del todo agradable.

Allá que fuimos, escalamos la pendiente y descendimos los dos pozos que hasta entonces no habían sido investigados (uno de ellos conocido desde entonces como *Space Serpent Pitch, Pozo de la Serpiente Espacial*, en honor de nuestra intrépida amiga). Explorados ambos interrogantes hasta donde pudimos llegar, regresamos a la base de la sima y allí nos encontramos con nuestra amiga ápoda exactamente donde la dejamos.

Siempre he sido de los que piensan que hay que rescatar a los animales atrapados en las cuevas, y deduje que ese bicho pequeño no

then followed a fairly nerve-racking prusik to the surface, as the possible folly of what I was doing started to hit me. The tackle sack swinging between my legs contained a venomous reptile, and dangling on a rope with a great distance above and below me would hardly be the ideal place to receive the second ever snakebite of my life.

Upon reaching the surface, I was relieved to note that my skin was unpenetrated, so to celebrate I opened the tackle sack. No longer docile or coiled, the viper thrust its way out into the grass and slithered off into the sunset.

I sincerely hope it stayed above ground after that. For all I know it could have swallowed its own tail like the ouroboros serpent of Ancient Egypt, and jumped back down the hole, thus continuing the eternal cycle of fall and rescue.

iba a ser capaz de morderme a través de las katiuskas o el mono, así que la cogí y la metí en una saca. Mientras lo hacía, parecía dócil y permaneció enroscada. Pero a eso le siguió una subida ligeramente estresante hasta la superficie, pues empecé a pensar que igual había sido lago imprudente. La saca que se balanceaba entre mis piernas contenía un reptil venenoso. Colgando de una cuerda a una gran distancia del suelo y de la superficie no es que sea el sitio ideal para recibir la segunda mordedura de serpiente de mi vida.

Al llegar a la superficie, me sentí aliviado a sentir que mi piel seguía intacta, así que, para celebrarlo, abrí la saca. Entonces, ni dócil ni enroscada, la víbora se abrió paso a través de la hierba y culebreó hacia la puesta de sol.

Espero sinceramente que, después de aquello, la víbora se quedase en la superficie. Quién sabe, igual se mordió la cola como la serpiente uróboro del Antiguo Egipto y saltó de nuevo a la sima, continu-ando así con el ciclo eterno de caída y rescate.

---

up the loose ends to Bobby's life of caving. I expected that this would be a very sad event, but not so. It made me reflect on many years of underground friendship and enjoyment. Bobby first took me caving in Plymouth in 1966. Fifty-four years going underground with him has been enormous fun and I feel privileged and grateful...

So many thanks Bobby for a lifelong enjoyment of things speleo.

SOUTHERN SECTOR Back in 2006, site 2290 had been explored for "about 70 - 100m" with the passage still continuing.[7] Ed, Louise and Jen Sloane (with Brendan on the surface providing the daddy day-care for Emily) "went to investigate 2290 ready to survey and perhaps push the end". The small resurgence below the TV mast track (Cantones), on this occasion, had "a horrid stagnant entrance with many flies, spiders, tiny leeches etc in the first crawls". They surveyed to the end, where it was too small for a helmet to be pushed through.

Draughts well but would need chemical persuasion to be continued. Wasn't 70m or big enough to stand in as suggested in previous description. Nice toad in the now named 'Toad Hall'.

About 60m up the hill from here is an area of holes some of which were undescended. The team explored one (possibly 2893) as a 6m fenced shaft with a large boulder at the base blocking a tiny rift. Other small fenced shafts were also explored but GPS grid references for these and possibly new ones disagreed with earlier positions. Trying to make some sense of the conflicting grid references and descriptions was not easy and could still be incorrect.

Site 1180 had been correctly positioned at Easter, and the description of "a chamber with ways off" at the base of an undescended 12m pitch lured Simon, Diane, Neil Rumney, Arthur Vause and Iain to the remote area above Seldesuto. The site was

solo. Tiene forma acampanada, 6 m de profundidad con una fisura o grieta hacia el oeste y quizás una continuación bajo un voladizo hacia el este. No hay corriente.

Así que física y simbólicamente he terminado los cabos sueltos de la vida espeleológica de Bobby. Esperaba que este fuera un evento muy triste, pero no ha sido así. Me ha hecho reflexionar sobre los muchos años de amistad y esparcimiento subterráneos. Bobby me llevó por primera vez de cuevas en Plymouth en 1966. Estos cincuenta y cuatro años de espeleología han sido muy divertidos y me siento privilegiado y agradecido...

Muchas gracias, Bobby, por una vida en la que he disfrutado de las cosas espeleo.

SECTOR SUR En 2006 se habían explorado «unos 70 – 100 m» en la cueva 2290, pero la galería continuaba.[6] Ed, Louise y Jen Sloane (con Brendan en la superficie a modo de guardería para Emily) «fueron a investigar 2290 listos para topografiar y tal vez forzar el final». La pequeña surgencia debajo de la pista hasta el repetidor de TV (Cantones), en esta ocasión, tenía «una entrada estancada horrible con muchas moscas, arañas, sanguijuelas diminutas, etc. en las gateras iniciales». Topografiaron hasta el final, donde era demasiado pequeña hasta para el casco.

Buena corriente, pero necesitaría un empuje químico. No mide 70 m ni es grande como para estar de pie, como sugiere la descripción. Buen sapo en la ahora llamada «sala del sapo» (Toad Hall).

A unos 60 m colina arriba hay una zona de hoyos, algunos de los cuales no se habían investigado. El equipo exploró uno (¿2893?), un pozo cercado de 6 m con una gran roca en la base que bloquea una pequeña grieta. También exploraron otros pequeños agujeros cercados, pero las coordenadas GPS de estos y de posiblemente otros nuevos no concordaban con las anteriores. Intentar darle algún sentido a las distintas coordenadas y descripciones no fue fácil y aún podrían no ser correctas.

La posición de la cueva 1180 se había señalado correctamente en Semana Santa, y la descripción «una sala con continuaciones» en la base de un pozo de 12 m sin explorar atrajo a Simon, Diane, Neil Rumney, Arthur Vause

---

7   Matienzo: 50 Years of Speleology, page 192

6   Véase Matienzo: 50 años de espeleología, p. 192.

explored down 5 pitches to a dig at -44m considered to be a long term prospect. (See survey). A disappointment although, in typically efficient manner, the exploration and documentation was completed in one trip.

As a bonus, site 3894 was found just 5m north of the nearby site 1123. This is a tight entrance to a choked 7m pitch.

A cluster of undescended and descended sites - 0189, 0191, 0192 and 0193 - near the top of the Arredondo-Alisas road had not been correctly positioned back in 1980 so John Southworth, Dave Milner and Phil Goodwin had an annoyingly fruitless search on August 4th. These were eventually better documented a couple of years later. [8]

Cueva-Cubío de la Reñada (0048) is a 3 - 4 hours excellent introductory trip (except when it's wet weather[9]) giving cavers an indication of the types of passages and formations they might see or find in other locations. Lloyd and Mike, plus another seven "had a bimble up to Blood Alley to show new people Matienzo pretties".

Pedro and Phil Papard went in with the intention of tying in the D3 Series (found by Johnny, Jude and Rachel at Easter 2012) with Breakdown Chamber. This they did and also found Rupert's upstream from Squirrel's Passage dive line.

Pedro had surveyed site 0671, close to Torca de los Cantones (0865), back in 1986. After a visit this Easter he thought that the length had been under-estimated. Returning near the end of the summer expedition, he surveyed the cave for an estimated distance of 92m - rather different from the original estimate of 35m. Compass bearings were also thought to be suspect in the original survey.

Juan came across site 3931 while taking a time-lapse sequence of the mist rising out of the Matienzo depression near the farm at the base of the TV mast (Cantones) track. The hole seemed to be about 3m deep but absence of a torch was a disadvantage.

Pedro and Juan returned to site 3884 to the southeast of Cueva Jivero 2 (0017) having found and explored the cave for 340m during the Easter and spring visits. The boulder choke downstream at the base of the second pitch was thought to require a lot of work. A camera, poked through a too-tight section up a climb in a nearby rift, appeared to show continuing passage in the rift to boulders. It may be easier to dig at that higher level. They also pushed through a small extension at the head of the second pitch.

Terry and John Dickinson investigated a small cave close to the bottom entrance of Reñada. This turned out to be site 0384, first explored in 1982.

Simon, Diane, Neil Rumney, Arthur Vause, Iain, Derek and Amy had a tourist trip into Cueva Vallina (0733) to Swirl Chamber. Neil commented, "Great trip and magnificent draught".

The team, without Derek and Amy, returned to explore "avens unclimbed and pitches undescended" in a passage running north of Bathtub Passage.

    ... climbed an horrific aven covered in 2" of mud the consistency of Nutella ... needless to say it did nowt! Pushed through the northern boulder choke, dropped a 15m pitch in a nice, water-worn shaft but outlet hideous mud-walled, immature streamway. Across top of this we pushed the boulders and loose stuff to a small aven and hideous mud-walled, immature inlet!

Overall, the summer expedition was most successful. More than 5.3km of new cave passages had been found and surveyed along with 2.5km of resurvey in Carcavuezo.

8 See 2016, autumn, page 253.
9 Matienzo: 50 Years of Speleology, p215

e Iain a esta zona remota sobre Seldesuto. Exploraron 5 pozos hasta una excavación a -44 m que podría ser un proyecto a largo plazo. (Ver topografía). Una decepción aunque, siempre eficientes, la exploración y documentación se completaron en una sola visita.

Además, encontraron el agujero 3894 a solo 5 m al norte del cercano 1123. Se trata de una entrada estrecha a un pozo obstruido de 7 m.

Varios agujeros explorados y no explorados (0189, 0191, 0192 y 0193) cerca de la parte alta de la carretera Arredondo-Alisas no se habían ubicado correctamente en 1980, por lo que el 4 de agosto John Southworth, Dave Milner y Phil Goodwin no tuvieron éxito en su búsqueda. Finalmente se documentaron mejor un par de años después.[7]

La Cueva-Cubío de la Reñada es una excelente incursión introductoria de 3 a 4 horas (excepto cuando llueve mucho[8]) que brinda a los espeleólogos una idea de los tipos de galerías y formaciones que pueden ver o encontrar en otras cavidades. Lloyd y Mike más otros siete «fueron de paseo por Blood Alley para mostrarle a la gente nueva las bellezas de Matienzo».

Pedro y Phil Papard entraron con la intención de unir la red D3 (encontrada por Johnny, Jude y Rachel en Semana Santa de 2012) con Breakdown Chamber. Además, también encontraron la línea de buceo de Rupert aguas arriba de Squirrel's Passage.

Pedro había topografiado la cavidad 0671, cerca de la Torca de los Cantones (0865), allá por 1986. Después de una visita esa Semana Santa pensó que el desarrollo había sido subestimado. Al volver cerca del final de la campaña de verano, topografió unos 92 m estimados, bastante lejos de la estimación original de 35 m. Las medidas de la brújula de la topo original tampoco parecían de fiar.

Juan encontró el agujero 3931 mientras tomaba una secuencia de la niebla a medida que subía desde la depresión de Matienzo cerca de la finca en la base de la pista del repetidor de TV (Cantones). El agujero parecía tener unos 3 m de profundidad, pero no había llevado linterna.

Pedro y Juan volvieron a 3884, al sureste de Cueva Jivero 2, después de haber encontrado y explorado 340 m en Semana Santa y primavera. Pensaron que el caos de bloques aguas abajo en la base del segundo pozo iba a necesitar mucho trabajo. Con una cámara, que asomaron a través de una sección demasiado estrecha en una escalada en una grieta cercana, vieron lo que parecía una galería en la fisura hacia rocas. Puede que sea más fácil excavar en ese nivel superior. También forzaron a través de una pequeña ampliación en la cabecera del segundo pozo.

Terry y John Dickinson investigaron una pequeña cueva cerca de la entrada inferior de Reñada. Esta resultó ser la 0384, explorada por primera vez en 1982.

Simon, Diane, Neil Rumney, Arthur Vause, Iain, Derek y Amy hicieron una incursión turística a Cueva Vallina (0733), hasta Swirl Chamber. Neil comentó: «una cueva estupenda y una corriente magnífica».

El equipo, sin Derek ni Amy, volvió para explorar «chimeneas sin escalar y pozos sin descender» en una galería que va hacia el norte de Bathtub Passage.

    Escalamos una chimenea horrible con 5 cm de barro de la consistencia de Nutella [...] ¡no hace falta decir que no dio a nada! Pasamos por caos de bloques al norte, bajamos los 15 m de un bonito pozo desgastado por el agua, pero la salida era una galería activa espantosa e inmadura con barro en las paredes. Por encima de este, forzamos las rocas y las piedras sueltas a una pequeña chimenea y un asqueroso afluente inmaduro con paredes de barro.

En general, la campaña de verano fue todo un éxito. Se encontraron y topografiaron más de 5,3 km de galerías nuevas junto con los 2,5 km de la nueva topografía en Carcavuezo.

7 Véase página 253.
8 Véase Matienzo: 50 años de espeleología, p. 215.

**2013 AUTUMN /
OTOÑO**

Alasdair 'Ali' Neill
Juan Corrin

Peter Eagan
Peter "Pedro" Smith

Phil Papard
Santi Urrutia

The 4 people who came out in October may not have been out for long but significant exploration and survey were carried out over their 9-day stay. Nearly 500m of new passages were surveyed along with 587m of resurvey in Carcavuezo.

FOUR VALLEYS SYSTEM On October 14th, Peter and Ali investigated site 3895, the Cueva de Carcavuezo (0081) second entrance. They pushed through a squeeze to strongly draughting but choked passages. This cave is close to the main Carcavuezo entrance and is believed to be that used in the past as an alternative, but any connection to the main cave is now choked.

They then entered Carcavuezo to inspect the narrow climb up into the bouldery Big Chamber Somewhere Near the Entrance (BCSNE) and thought that a chock stone at the start needed removing. At the end of the entrance series they pushed approximately 15m towards the Afternoon Stroll, but the route rises up to a definite choke.

The following day, they removed the offending block and climbed up. Peter wrote:

We mainly followed walls [in the BCSNE] checking for ways out. Found two ways, both need future work but not a lot. Found survey / radio / molephone location marker from 4/8/99.

The logbook entry from that 1999 trip reads:

Entrance to chamber somewhat tight and definitely not a trade route entrance to anything!

The pair returned on the 16th to tackle the digs. At one they removed large blocks to reveal a small crawl which became walking size - "but not for long (35m total length)". A climb down through boulders was also opened up but more work is needed.

It is possible to climb down and hear flowing water. Rocks could be heard dropping into pool. This is probably the upstream sump area. Other areas in the floor of BCSNE need looking at.

(The relevant Survex survey batches for the BCSNE are 0081-13-22

Puede que las cuatro personas que fueron al valle en octubre no estuvieran mucho tiempo, pero se llevaron a cabo importantes exploraciones y topografías durante esos 9 días. Se topografiaron cerca de 500 m de nuevas galerías junto con 587 m de nueva topo en Carcavuezo.

EL SISTEMA DE LOS CUATRO VALLES El 14 de octubre, Peter y Ali investigaron la cavidad 3895, la segunda entrada de la Cueva de Carcavuezo (0081). Forzaron un estrechamiento y entraron a galerías con fuerte corriente pero obstruidas. Esta está cerca de la entrada principal de Carcavuezo y se cree que se utilizó en el pasado como alternativa, pero ahora cualquier conexión con la cueva principal está bloqueada.

Luego entraron en Carcavuezo para investigar la angosta escalada hasta la sala Big Chamber Somewhere Near the Entrance (BCSNE) y vieron que había que mover un gran bloque al principio. Al final de la red de la entrada, exploraron unos 15 m hasta Afternoon Stroll, pero la ruta sube hasta una obstrucción terminal.

Al día siguiente, quitaron el bloque que no les gustaba y subieron. Peter escribió:

Sobre todo seguimos la pared [en BCSNE] buscando salidas. Encontramos dos, ambas requerirán trabajo, pero no mucho. Encontramos una estación de topo / radio / molephone del 4/8/99.

La entrada del libro de salidas de ese 1999 dice:

Entrada a la sala algo angosta, definitivamente no es una ruta comercial para nada.

Regresaron el 16 para empezar con las excavaciones. En una de ellas quitaron grandes bloques y vieron un pequeño laminador que se abrió, «pero no por mucho (35 m de largo total)». También abrieron un destrepe entre rocas, pero necesitaba más trabajo.

Se puede bajar por él y se oye agua correr. Oímos que caían rocas al agua. Probablemente se trate de la zona del sifón aguas arriba. Hay que mirar otras secciones

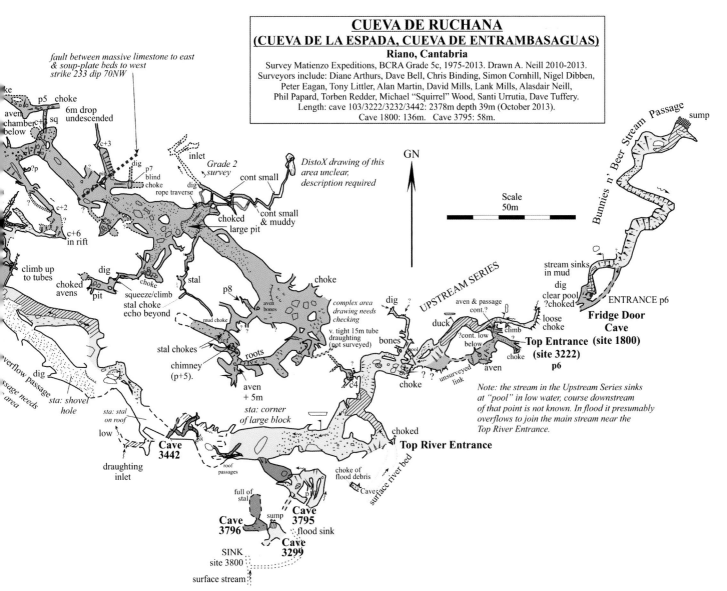

**CUEVA DE RUCHANA
(CUEVA DE LA ESPADA, CUEVA DE ENTRAMBASAGUAS)**
Riaño, Cantabria
Survey Matienzo Expeditions, BCRA Grade 5c, 1975-2013. Drawn A. Neill 2010-2013.
Surveyors include: Diane Arthurs, Dave Bell, Chris Binding, Simon Cornhill, Nigel Dibben,
Peter Eagan, Tony Littler, Alan Martin, David Mills, Lank Mills, Alasdair Neill,
Phil Papard, Torben Redder, Michael "Squirrel" Wood, Santi Urrutia, Dave Tuffery.
Length: cave 103/3222/3232/3442: 2378m depth 39m (October 2013).
Cave 1800: 136m. Cave 3795: 58m.

and 0081-13-23.)

Santi and Phil joined Peter and Ali in a trip to the Western Series in Carcavuezo to resurvey up to the start of the Ovlov Series. (Batches 0081-13-24 to 28)

Nothing new was found but lots of areas investigated. The [new] route into the Western Series avoiding ladders was surveyed and used on the return. Very easy but very wet. Downstream was also surveyed to boulder collapse area.

Over in Riaño, on October 18th, about 100m northeast of the top entrance to Cueva de la Espada (0103), Ali and Peter looked at the entrance to site 1800 which had been opened up and explored down to a static pool in August 2002. It was now covered with a fridge door.

Up a climb in Cueva de la Espada, Pete and Ali surveyed 36m of phreatic tubes (batch 0103-13-07) noted by Lank in the summer.

A couple of days later, the four returned to Fridge Door Cave, laddered the entrance pitch and found that the pool, apparently lower than in 2002, could be "easily passed into a mainly walking size passage with knee-deep mud most of the way [heading upstream] until a sump is reached" after 130m. Other digs were noticed near the base of the ladder and there was a good draught plus "clear water".

Juan noticed vigorous resurgences beyond Fuente las Varas and above the road when driving out of the depression. These were catalogued as sites 3945 and 3946 and would be further investigated (at Easter 2016) when it wasn't raining quite so hard.

SOUTHERN SECTOR After three days in Carcavuezo, Peter and Ali investigated shafts in the Alisas area and, in the case of known holes, provided better grid references from a GPS unit.

Site 3935 was found as a rock-covered dig in a field. Site 1665 was described as a triangular shaped opening about 0.5m diameter, approximately 10m above the track with an old spit at the entrance. About 3m to the west they found a further entrance covered with rocks. Site 1665 was dropped on the 21st, repeating the 2001 exploration but additionally noting that the choked alcove at the base, 25m down, had a draught and may be worth digging.

Site 0638 was GPS'd and new site 3936 was explored through a 1 x 0.6m entrance then down a p21 to a depth of about 27m. A rift entrance above that joined in was not dropped. Another new site was 3937, an unexplored shallow rift and, finally, new site 3938, "a large sloping entrance to wedged blocks may carry on beyond (no light)".

Site 3397 was later explored down a p18 and p34. Traces of red paint and old spits, probably from earlier Catalan exploration, were seen at the top.

The four returned to 3938 and connected it to 3939.

Capped into ladder pitch down [into 3939]. It was possible to get through boulders [to 3938] and climb out.

The caves were surveyed for 66m.

A shaft in the area with three entrances was also dropped but the logbook entry has neither position or depth - one to find again!

Checking out a report that signal crayfish had been seen in Cueva de Jivero 2 (0017), Juan and Penny found only the European variety in November.

NORTH VEGA The 4-man team spent a day on the hillside to the west of Cubija, above the track to Lastrilla. An attempt was made to remove a block from site 2665 (first explored in 2007) but caps were needed to access the 6.5m drop. Site 3941, 3942 and 3943 were all small caves or digs and not seen as good prospects. Site 3944 was entered down a short ladder climb into a 4m wide, well decorated chamber. A p5 was opened up but more work was required to extend the cave at the base. None of these sites have been revisited.

Pedro had an archaeology permit to excavate the small cave, site 3153. The site had revealed human bones when discovered in 2009 and re-explored in 2012. As these were possibly exposed by badgers, a prompt excavation was necessary. Juan assisted Pedro on a couple of occasions in November, revealing more bones, and bagging sediments for future sieving. Further work and more finds would culminate, in 2016, in a comprehensive and collaborative publication about this "cueva sepulcral".

MISCELLANEOUS As a sign of the times, three "sleeping policemen" were installed on the main road through the village.

Alasdair Neill in the Big Chamber Somewhere near the Entrance in Cueva de Carcavuezo. Alasdair Neill en Big Chamber Somewhere near the Entrance en Carcavuezo. *Peter Eagan*

en el suelo de BCSNE.

(Los lotes de la topo en Survex para el BCSNE son 0081-13-22 y 0081-13-23).

Santi y Phil se unieron a Peter y Ali en una visita a la red occidental de Carcavuezo para volver a topografiar hasta el comienzo de la red Ovlov. (Lotes 0081-13-24 a 28).

No encontramos nada nuevo, pero investigamos bastante. Investigamos la [nueva] ruta hacia la red occidental que evita el uso de escalas y la usamos a la vuelta. Muy fácil, pero con mucha agua. Aguas abajo también topografiamos hasta el caos de bloques.

En Riaño, el 18 de octubre, a unos 100 m al noreste de la entrada superior de Cueva Espada (0103), Ali y Peter investigaron la entrada a la cueva 1800, que se había abierto y explorado hasta una poza estática en agosto de 2002. Ahora estaba cubierta con una puerta de nevera.

En una escalada en Cueva Espada, Pete y Ali topografiaron 36 m de tubos freáticos (lote 0103-13-07) que había visto Lank ese verano.

Un par de días después, los cuatro regresaron a Fridge Door Cave, instalaron una escala en la entrada y descubrieron que la poza, aparentemente más baja que en 2002, podría «pasarse fácilmente hasta una galería grande con barro hasta la rodilla la mayor parte del camino [aguas arriba] hasta que se alcanza un sifón» tras 130 m. Tomaron nota de otras desobstrucciones cerca de la base de la escala, de la buena corriente y del «agua limpia».

Juan vio varias surgencias caudalosas pasando Fuente las Varas y sobre la carretera saliendo del valle. Se catalogaron con los números 3945 y 3946, pero las dejó para investigar (en Semana Santa de 2016) cuando no lloviese tan fuerte.

SECTOR SUR Tras tres días en Carcavuezo, Peter y Ali investigaron simas en la zona de Alisas y, en el caso de agujeros conocidos, tomaron nota de su ubicación con una unidad GPS.

Encontraron el agujero 3935, una desobstrucción llena de rocas en un campo, y describieron el 1665 como una entrada triangular de unos 0,5 m de diámetro, unos 10 m por encima de la pista con un viejo spit en la entrada. A unos 3 m al oeste encontraron otra entrada cubierta de rocas. El día 21 entraron en el 1665, repitiendo la exploración de 2001, pero esta vez vieron que el recodo obstruido en la base, a 25 m de profundidad, exhalaba una corriente de aire y podría merecer la pena excavarlo.

Tomaron coordenadas GPS de 0638 y exploraron el nuevo agujero 3936 a través de una entrada de 1x0,6 m y un P 21 hasta una profundidad de unos 27 m. Este conectaba con una fisura que no se exploró. Otro agujero nuevo fue el 3937, una fisura poco profunda inexplorada y, por último, el 3938, «una gran entrada en cuesta a bloques atascados que podría continuar (sin luz)».

Más tarde exploraron el 3397, con un P 18 y un P 34. En la cabecera vieron rastros de pintura roja y fijaciones viejas, probablemente de una exploración catalana anterior.

Los cuatro regresaron a 3938 y lo conectaron con 3939.

Micros hasta un pozo con escala [hasta 3939]. Se puede pasar entre rocas [hasta 3938] y salir.

Se topografiaron 66 m en estas cuevas.

En esta zona también entraron a una sima con tres entradas, pero en el libro de registro no se detalló ni la posición ni la profundidad, ¡otra que habrá que volver a buscar!

En noviembre, Juan y Penny comprobaron un informe que indicaba que se había visto cangrejo de río en la Cueva de Jivero 2 (0017) y encontraron solo la variedad europea.

NORTE DE LA VEGA El equipo de cuatro hombres pasó un día en la ladera al oeste de Cubija, sobre la pista que va a Lastrilla. Intentaron quitar un bloque de la cavidad 2665 (explorada por primera vez en 2007), pero necesitaban microexplosivos para acceder al pozo de 6,5 m. Los agujeros 3941, 3942 y 3943 eran cuevas o excavaciones pequeñas y no se consideraron practicables. Entraron en el 3944 por un destrepe corto con escala a una sala bien decorada de 4 m de ancho. Abrieron un P 5 pero hacía falta más trabajo para ampliar la cueva en la base. No se ha vuelto a ninguno.

Pedro tenía un permiso de arqueología para excavar la pequeña cueva de 3153, donde se habían visto huesos humanos cuando se descubrió en 2009 y reexploró en 2012. Como era probable que los hubiesen desenterrado tejones, no había que perder tiempo con la excavación. Juan ayudó a Pedro en un par de ocasiones en noviembre, desenterrando más huesos y embolsando sedimentos para tamizar en el futuro. Más trabajo y más hallazgos culminarían, en 2016, en una publicación completa y colaborativa sobre esta cueva sepulcral.

VARIOS Como viene siendo habitual en otras partes, se instalaron tres badenes en la carretera principal que atraviesa el pueblo.

**2014 January &
February / Enero y
Febrero**

Diane Arthurs
Juan Corrin
Peter 'Pedro' Smith

Simon Cornhill

After the excavations two months previously, Juan was back with Pedro in site 3153 in January, digging through into a tiny side chamber and finding another human femur on the floor.

Simon and Diane spent 3 days in February working in Cueva de los Urros (2917) continuing explorations from the previous autumn. On the 18th - when the site was draughting in - they "cautiously entered ... with the knowledge that February is the month that mating foxes will return to their lair". With Simon leading with a crowbar in hand, they were relieved to find no sign or smell. They tried to push on in the Zorro's Revenge choke but found no good digging prospects. At the southwest extremity, they opened up a wriggle through into the Maya Teleta and the Crocodile Slide, a 5m slither with a hand line.

> This area seems to be very loose ... Looking over a rubble bank we could see what appeared to be a 15m pitch. Simon climbed through boulders to emerge halfway down the pitch...

Di also wrote that they had always tried to chat with the locals to inform them of the activities in the cave. They talked to the young man who had apparently bought the house from the woman who called the Guardia in 2008. He was interested but not concerned by the caving activities.

On the 19th, they surveyed the new find then pushed on as Di wrote:

> Although potentially free-climbable, we descended Choss Pit by three short pitches [using] 25m of rope; seven through bolts were placed. At the bottom of the first pitch, a high-level chamber can be accessed but it is a false floor with a 7m drop below. Very dodgy! Loose rocks everywhere.
> At the bottom of the third pitch, a chamber is formed by massive fallen blocks (talking long wheel-based minibuses here). We had a poke around various obvious places. ... A wriggle through another slot led us to an area with a different feel - no breakdown and leading us out of the boulder choke - to a 'snug' pitch down a heavily fossilised cross rift. We dug at the base of this; rocks could be heard to rattle down a few more metres. Peering through the rift, an enlargement could be seen but this would need capping. The whole area is very drippy. All ropes de-rigged.

Taking advantage of the sunshine on February 20th, Si and Di visited the area we call The Langdales, above Urros, noting a few holes that were draughting out and looking at Honeymoon Pot (3594), where there was no draught. By this time, it was pouring with rain but they persevered with their wanderings to visit 3914 and 3916. At the latter, the shaft started the previous summer near the molephone point in Torca la Vaca (2889), they noticed the top had slumped in, revealing an extra hole. They covered this over and enlarged the fenced-off area. Work to rescue the dig would start at Easter.

The following day, they returned to the Maya Teleta area in the Cueva de los Urros "to clear up the remaining leads". They investigated the base of the first drop in the Choss Pit. Simon cautioned:

> This whole area is a false floor comprising collapsed blocks over a 10m drop ... I cautiously placed a couple of bolts and tiptoed around the chamber on the end of a rope - nothing interesting was found.

Di took photos and, after finishing the survey here and at Coat Hook Corridor in the upper level, they set off out.

> Shuttling out the six bags of gear we had accumulated ... proved straightforward. Approaching the exit, a whiff of animal was detected raising our pulses. However, it turned out to be the local goats!

Another 163m had been added to the length, now a total of 1562m.

On the 22nd, Si and Di visited the Torca del Hombre (3115), a prominent shaft just south of the ridge between Hornedo and Cobadal. Parking at the highest farm at Barrio de los Urros they found the walk-over and location easy at this time of year.[1] After re-rigging the 55m pitch to create a "marvellous free-hang" Si found that the obvious dig at the bottom led into a small passage that choked up. "The only real digging prospect is sinking a scaffold shaft into the floor". After surveying the site, Si declared, "Nonetheless, a fine shaft and worth the effort".

Disaster! Dig collapse at 3916.
¡Desastre! La excavación de 3916 se ha hundido.   *Simon Cornhill*

Tras las excavaciones dos meses antes, Juan volvió con Pedro a la cueva 3153 en enero. Se abrieron paso hasta una pequeña sala lateral y encontraron otro fémur humano en el suelo.

Simon y Diane pasaron 3 días en febrero trabajando en la Cueva de los Urros (2917) continuando con las exploraciones del otoño anterior. El día 18, cuando circulaba una corriente aspirante, «entraron con cautela [...] a sabiendas de que febrero es el mes en que los zorros en celo vuelven a su guarida». Con Simon a la cabeza con una palanca en la mano, se sintieron aliviados al no encontrar restos ni olores. Intentaron forzar el caos de bloques de Zorro's Revenge, pero no encontraron buenas perspectivas de excavación. En el extremo suroeste, abrieron un estrechamiento hacia Maya Teleta y Crocodile Slide, un laminador de 5 m con un pasamanos.

> Esta zona parece muy suelta [...] Mirando por encima de un banco de rocas pudimos ver lo que parecía ser un pozo de 15 m. Simon trepó entre rocas para salir a la mitad del pozo...

Di también escribió que siempre intentaban charlar con los lugareños para informarles de las actividades en la cueva. Hablaron con el joven que, al parecer, había comprado la casa a la mujer que llamó a la Guardia Civil en 2008. Estaba interesado, pero no preocupado.

El día 19 topografiaron el nuevo hallazgo y luego siguieron adelante, como describe Di:

> Aunque se podría escalar libremente, bajamos Choss Pit en tres tramos cortos [usando] 25 m de cuerda; colocamos siete fijaciones. En la base del primer tramo, se puede acceder a una sala de nivel superior, pero es un piso falso con una caída de 7 m. ¡Nada fiable! Rocas sueltas por todas partes.
> En la base del tercer tramo, una sala está formada por enormes bloques caídos (como minibuses con ruedas). Echamos un vistazo en los rincones obvios. [...] Un laminador nos llevó a un área con una sensación diferente, sin bloques caídos, que nos sacó de la sección del caos de bloques a un pozo «ajustado» en una diaclasa con muchos fósiles. Cavamos en la base; se podía oír el ruido de las rocas al caer un par de metros. Mirando a través de la grieta, parece que se amplía, pero necesitaría micros. Toda la zona gotea. Sacamos todas las cuerdas.

Aprovechando el sol del 20 de febrero, Si y Di visitaron la zona que llamamos Los Langdales, por encima de Urros, vieron algunos agujeros sopladores y echaron un vistazo en Honeymoon Pot (3594), donde no había corriente. Para entonces, estaba lloviendo a cántaros pero perseveraron para visitar 3914 y 3916. En este último, el pozo abierto el verano anterior cerca del punto en el que se hizo la conexión con teléfono subterráneo en Torca la Vaca (2889), vieron que la parte superior se había hundido, revelando otro agujero. Lo cubrieron y ampliaron el área vallada. El trabajo para rescatar la excavación comenzaría en Semana Santa.

Al día siguiente, regresaron a la zona de Maya Teleta en la Cueva de los Urros «para aclarar los interrogantes que quedan». Investigaron la base del primer tramo en Choss Pit. Simon advirtió:

> Toda esta sección es un piso falso con bloques colapsados sobre una caída de 10 m [...] Coloqué con cuidado un par de sujeciones y caminé de puntillas alrededor de la sala atado al extremo de una cuerda; no encontré nada interesante.

Di sacó fotos y, después de terminar la topografía aquí y en Coat Hook Corridor en el nivel superior, salieron.

> Sacar las seis bolsas de equipo que habíamos acumulado [...] resultó sencillo. Al acercarnos a la salida, detectamos un olor a animal que hizo que se nos acelerara el pulso. Sin embargo, ¡resultaron ser las cabras de la zona!

Se añadieron otros 163 m al desarrollo, ahora con un total de 1562 m.

El día 22, Si y Di visitaron la Torca del Hombre (3115), un pozo prominente justo al sur de la cima entre Hornedo y Cobadal. Aparcaron en la finca más alta del Barrio de los Urros y el paseo y la ubicación en esta época del año les pareció fácil.[1] Después de volver a instalar el pozo de 55 m para crear una «maravillosa bajada en aéreo», Si descubrió que la excavación obvia en la base conducía a una pequeña galería obstruida. «La única posibilidad real de excavación es hundir un poste de andamio en el suelo». Tras topografiar la cueva, Si declaró: «No obstante, es un buen pozo y vale la pena el esfuerzo».

---

1 See Matienzo: 50 Years of Speleology, p. 214.

1 Véase Matienzo: 50 años de espeleología, p. 214.

2014 EASTER / SEMANA SANTA

Alasdair 'Ali' Neill
Alex Ritchie
Bill Sherrington
Bob Toogood
Brendan Sloan
Chris Camm
Chris Hibberts

Dan Hibberts
Dave 'Angus' Bell
Dave Milner
Diane Arthurs
Edwin 'Eddie' Mason
Fergus McBurney
Frank Pearson
Gordon Coldwell
Gordon Proctor
Hilary Papard

Jim Lister
John Southworth
Jørgen Retsbo
Juan Corrin
Karen Korsgaard Redder
Kristine Korsgaard
Lea Orillos
Louise Korsgaard
Marie Korsgaard Redder
Marites Magpantay

Martin Hoff
Miri Pihlaja
Penny Corrin
Pete 'Pedro' Smith
Peter Eagan
Peter Fast Nielsen
Phil Goodwin
Phil Papard
Phil Parker
Rupert Skorupka

Simon Cornhill
Steve 'Big Steve' Martin
Susan Martin
Terry Whitaker
Tim Webber
Tom 'Cave Ferret' Thomson
Torben Redder

INTRODUCTION

The previous year, Juan gave notice to give up coordinating the expeditions and Phil Papard agreed to take on this role - from asking for the permit through to expedition reports and coordinating the expeditions in between. Steve and Sue Martin agreed to take charge of the tackle and expedition funds respectively, while Juan continued with the IT side, the web site, the data and information archive and the Reserve finances. These changes were formalised within the Matienzo Caves Project. (The "ins and outs" of the changes are documented in "Instigation of the Matienzo Caves Project" on pages 112 - 114.)

After many years caving and documenting sites in a well-recognised permit area, it came as something of a shock when the permit was issued with a substantial change in the boundaries: "out" was all of Secadura and Llueva, i.e. the municipal district of Voto, and "in" were new areas of Solórzano and Entrambasaguas to the north. The surface area remained about the same (some 96km^2) but, at first glance, the quality of the karst was much poorer: more habitations, industrial units and the coast motorway! As the permit extends towards the coast, the relief is less and there were likely to be more archaeological sites which would constrain digging activities.

Spanish caving groups were allocated the removed parts of our old area and they were aware of the work we have done in the past. The Cantabrian Federation suggested that contact with these groups would allow us to continue exploration in known caves, e.g. Cueva Llueva (0114) in the Four Valleys System, and might allow digging in sites that have been started.

The new areas meant new maps being obtained and, as a consequence of that, a change in the coordinates datum (from Eur79 to ETRS89, very similar to WGS84) for all the caves' positions. As well as updating entrance coordinates (and checking altitudes for all entrances on the new map), Juan updated all the Survex surveys and all 3946 site descriptions. The Orux Maps files were altered, a new digital map for use in the Matienzo Office prepared, and both Google Maps and Google Earth had the new boundaries put on. These were all available from the website for April 2014.

Some documentation had been published about holes in our new sectors by the Grupo Espeleológico de Santander del C. A. Tajahierro. However, despite best efforts trying to convert positions based on the old Madrid meridian, to Greenwich then ETRS89 UTM, none of the then known holes ended up with coordinates anywhere near the actual position. Even now, we presume a number of these holes - possibly fifteen - have not been seen by Matienzo cavers.

And, of course, "our caves" documented from the seventies onwards were often re-discovered in the wrong place. Pedro had been correcting some of these discrepancies and adding photos of entrances over the 2013 - 2014 winter.

Another new project came from Tom Thomson. After some preliminary work the previous Easter, he started the Matienzo Karst Entomology Project, a Natural History Museum initiative supported by the British Cave Research Association under an individual research permit from the Cantabrian government. This Easter, he was assisted by Fergus McBurney and the work included the setting of baited pitfall traps (in sites 0025, 0048, 2889, 3234, 3721), studying arachnid species distribution by light level zonation, temperature and humidity data logging and spot collection of invertebrates from all environments. In addition, they visited sites 0059 and 0012. Results from this and the 2018/19 visits will be published at http://matienzo-entomology. myspecies.info and in Cave and Karst Science in full on completion. (Tom's article of the work carried out so far appears as "Cave Biology of Matienzo with a Focus on Entomology", pages 467 - 474).

NORTHWEST AND FAR WEST SECTORS

On April 7th, Steve, Susan, Simon, Diane and Frank went to continue digging out the alternative "Vaca back door" noticing, at site 3916, "a swarm of bluebottles and stench of dead animal arising from the slumped hole". Frank started the work at 3906 and Sue pulled out the barrels of spoil as the others took turns at the end.

It's a difficult dig because you're laid flat and rock stops the squeeze through, but you can see the passage

INTRODUCCIÓN

El año anterior, Juan notificó que había llegado el momento de ceder la batuta de la coordinación y Phil Papard aceptó asumir el papel, desde solicitar el permiso hasta redactar los informes de expedición y coordinar cada campaña. Steve y Sue Martin acordaron hacerse cargo del material y de la tesorería, respectivamente, mientras Juan continuaba con la informática, el sitio web, el archivo de datos e información y las cuentas de la reserva. Estos cambios se formalizaron dentro del proyecto Matienzo Caves. (Los entresijos de los cambios se han documentado en el artículo «La creación de Matienzo Caves Project», en las páginas 112 - 114.)

Después de muchos años explorando y documentando cavidades en un área de permiso bien conocida por todos, nos sorprendió ver un cambio importante en los límites de la nueva área de permiso: fuera quedaba todo Secadura y Llueva, es decir, el distrito municipal de Voto, y en su lugar teníamos nuevas áreas en Solórzano y Entrambasaguas al norte. La extensión apenas cambió (unos 96 km^2) pero, a primera vista, la calidad del karst era más pobre: ¡más casas, naves industriales y la autopista! A medida que el área del permiso se acerca a la costa, el relieve es menor y era probable que hubiera más lugares de interés arqueológico que limitarían las actividades de excavación.

A varios grupos de espeleología españoles se le asignó nuestra antigua área y se les notificó el trabajo que habíamos hecho hasta entonces. La Federación Cántabra nos invitó a ponernos en contacto, esperando que eso nos permitiera continuar la exploración de cuevas conocidas, como Cueva Llueva (0114) en el Sistema de los cuatro valles, y quizás excavaciones ya iniciadas.

Al tener nuevas áreas tuvimos que obtener nuevos mapas y, por tanto, cambiar las coordenadas (de Eur79 a ETRS89, muy similar a WGS84) para todas las posiciones de las cuevas. Además de actualizar las coordenadas de las entradas (y verificar las altitudes de todas las entradas en el nuevo mapa), Juan actualizó todas las topos de Survex y las 3946 descripciones de cavidades. Se cambiaron los archivos de Orux Maps, se preparó un nuevo mapa digital para su uso en la oficina de Matienzo y tanto Google Maps como Google Earth se actualizaron con los nuevos límites. Todo ello estuvo disponible en el sitio web para abril de 2014.

El Grupo Espeleológico de Santander del C. A. Tajahierro había publicado información sobre agujeros en nuestros nuevos sectores. Sin embargo, a pesar de intentar convertir posiciones basadas en el antiguo meridiano de Madrid, a Greenwich y luego a ETRS89 UTM, ninguno de los hoyos conocidos terminó con coordenadas cerca de la posición real. Incluso ahora, suponemos los espeleólogos de Matienzo aún no han visitado varios de estos agujeros, posiblemente quince.

Y, por supuesto, «nuestras cuevas» documentadas desde los años setenta a menudo fueron redescubiertas en el lugar equivocado. Pedro dedicó parte del invierno 2013-2014 a corregir algunas de estas discrepancias y añadir fotos de entradas.

Otro proyecto vino de la mano de Tom Thomson. Tras algo de trabajo preliminar la Semana Santa anterior, puso en marcha el Matienzo Karst Entomology Project, una iniciativa del Museo de Historia Natural apoyada por la British Cave Research Association con un permiso de investigación individual del gobierno de Cantabria. Esta Semana Santa, con la asistencia de Fergus McBurney, se instalaron trampas de caída con cebo (en las cavidades 0025, 0048, 2889, 3234, 3721), se estudió la distribución de especies de arácnidos por zonificación del nivel de luz, se registró la temperatura y la humedad y se tomaron muestras in situ de invertebrados de todos los entornos. Además, visitaron las cuevas 0059 y 0012. Los resultados de esta y las visitas de 2018/19 se publicarán en http://matienzo-entomology. myspecies.info y en la revista Cave and Karst Science en su totalidad al finalizar el estudio. (El artículo de Tom, *La biología subterránea de Matienzo y su entomología*, sobre el trabajo realizado hasta ahora se puede consultar en las páginas 467 - 474).

SECTOR NOROESTE Y EXTREMO OESTE

El 7 de abril, Steve, Susan, Simon, Diane y Frank siguieron con la excavación de la alternativa «puerta trasera de Vaca» y notaron, en 3916, «una nube de moscas azules y el olor de animales muertos que surgen del agujero hundido». Frank comenzó el trabajo en 3906 y Sue sacó los barriles de barro y

BigMat Calf Hole, Easter 2014. Clockwise from top left: The collapse with Steve tidying the site. Phil, Eddie and Pedro enjoying the donkey's company in the nearby changing facilities. Pedro, Juan and Phil amongst the scaffolding. The works approaching the end of the Easter period.
Juan Corrin & Phil Papard
BigMat Calf Hole, Semana Santa de 2014. En el sentido de las agujas del reloj desde arriba a la izda.: el hundimiento y Steve limpiando la zona. Phil, Eddie y Pedro disfrutando de la compañía del burro en el sitio elegido como vestuario. Pedro, Juan y Phil entre los andamios. Las obras al final del período Semana Santa. *Juan Corrin & Phil Papard*

continuing and the thought of dropping into Vaca is encouraging.

Work continued on April 21st but "Steve's 5 star dig turned out to be a one star dig".

Other sites visited included 3925 - "It really is a rabbit hole with no way on" - and Torca de Luna de Miel (3594) where Simon confirmed that the "boulder that is causing concern has a crack running through it and really doesn't look good at all". Simon also confirmed that site 3596 was still "no go".

On April 10th, work started to clear out the slumped dig (3916) near the molephone point at the end of Torca la Vaca (2889). Steve "was not happy and nearly threw up" as he removed the insides of a calf from the hole. At the nearby 3906, Simon broke the shaft of the chisel drill bit although it was encouraging to note that the right hand route had a lowering floor.

The day after, Phil Papard and Juan dug at 3916 and put in shoring down the side of the entrance climb and, two days later (with Terry), put in five hours of digging finding that the space excavated in 2013 appeared to be "filled up". More planks and scaffolding were required to keep the roof and the back wall safe.

The three were back on the 15th with the logbook entry for 3916 calling it "BigMat Calf Hole".[1]

A bit deeper now than 2 days ago. Roof shored and possibility that the next day's digging will meet the old scaffold.

On the 16th, the team "exposed a rebar pin in the left hand wall" and, three days later, Juan, Phil and Pedro revealed the top of buried scaffolding. The 22nd was "another day of finger-tip digging" with the expectation that another metre of excavation was required. On the 24th, Juan, Phil, Eddie and Pedro continued until rain and thunder stopped work.

On April 30th, Phil, Pedro and Juan continued digging and,

rocas mientras los demás se turnaban al final.

Es una excavación difícil porque estás tumbado y la roca te detiene el paso, pero puedes ver que la galería continúa y la idea de entrar en Vaca es alentadora.

Los trabajos continuaron el 21 de abril, pero «la excavación de 5 estrellas de Steve resultó ser una excavación de 1 estrella».

También se visitaron los agujeros 3925, «No es más que una madriguera de conejo sin salida», y Torca de Luna de Miel (3594) donde Simon confirmó que «la roca que nos preocupa tiene una grieta que la atraviesa y realmente pinta mal». Simon también confirmó que el 3596 seguía «sin ir».

El 10 de abril se iniciaron los trabajos de limpieza de la excavación hundida (3916) cerca del punto topográfico al final de Torca la Vaca (2889). Steve «no estaba contento y casi vomita» al sacar las tripas de un ternero del agujero. En el cercano 3906, Simon rompió una broca de cincel, aunque le animó ver que en la ruta de la derecha el suelo bajaba.

Al día siguiente, Phil Papard y Juan fueron a 3916 y apuntalaron las paredes del destrepe de la entrada y, dos días después (con Terry), excavaron durante 5 horas y descubrieron que el espacio excavado en 2013 parecía haberse «rellenado». Necesitaron más tablones y andamios para asegurar el techo y la pared trasera.

Los tres volvieron el día 15 y en la entrada del libro de salidas lo llaman «BigMat Calf Hole».[1]

Un poco más profundo ahora que hace 2 días. Techo apuntalado y la posibilidad de que en la próxima excavación se encuentre el antiguo andamio.

El día 16, el equipo «desenterró el pasador de una barra de refuerzo en la pared de la izquierda» y, tres días después, Juan, Phil y Pedro desenterraron la parte superior del andamio. El 22 fue «otro día de excavación con la punta de los dedos» y se creía que se iba a necesitar

1   2013 summer, page 125.

1   Véase p. 125.

Top and bottom of page: Photos in Torca de Peña Encaramada.
Arriba y abajo: Fotos en Torca de Peña Encaramada.
Martin Hoff

encouragingly, the draught started up again. However, by this time the expedition was drawing to a close so, on the tenth visit, on May 2nd, the hole was covered over and fenced off.

The Sheffield University team, Brendan, Tim, Martin and Miri had a productive trip into Torca de Peña Encaramada (3380) where they surveyed loops and generally had "a poke around". (Survey batches 3380-14-01 and -02 totalled 156m.) The cave, now with a length of 4086m, has not been visited since.

Dave Milner, Phil Goodwin, Gordon Proctor and John Southworth had an unproductive visit to the north of the main road at San Antonio, finding only two small solution tubes (4030 and 4023) at the base of a small cliff.

To the south, Phil and Dave had planned to cap a boulder in the draughting choke at the end of site 3422 but were refused access by the owner of the nearby house.

NAVAJEDA AND LA CAVADA TO COBADAL Chris Camm and Phil Parker were prospecting the hillside to the north of the road between Barrio La Mina and La Cavada. They documented 3952, a small diameter, bouldery shaft under asbestos sheets and 3953 and 3954, both cave entrances in a cliff face. The latter was revisited 5 days later and found to be a dig in sandstone.

> Approximately 3m of large passage in sandstone leads to an open section back to surface with a larger chamber in front again all in sandstone. Numerous animal skulls on floor here. ... It gives the impression of a large and wide filled passage, but no limestone seen. A crawl east from the chamber leads past another smaller window back to the surface into a lower section over sandy mud. This passage carries a small stream in wet weather which has brought in broken glass to make the crawl more interesting.

They started to dig back in the chamber noting that the roof of the chamber had some cracks but the area around the choke seemed ok.

> ... while reducing the size of one of the blocks in the choke, the "good bit of roof" gave a creak and dropped slightly. Time to go. ... A live rat was seen in the cave whilst we were there. Any volunteers for this project?

All these sites were revisited at Easter 2016.

They also found nearby sites in outcropping sandstone: site 3968 is a slip rift feature and 3969, first appearing from a distance as an open entrance. This is a wet and dark sandstone outcrop with a draughting dig below which Phil excavated for about 3m with more work required. On the second visit, Phil dug a few more metres to where a "thinner person would be able to get further and maybe see if there was any possible way on".

Alex pushed on but routes soon closed in.

About 450m to the northeast of 3953, Phil and Chris descended the unexplored 2381, first found in 2006. A 7m pitch past vertical jammed boulders ended at a walk down into a large chamber.

> Local farmers have been here to collect water, as old

excavar otro metro más. El día 24, Juan, Phil, Eddie y Pedro continuaron hasta que la lluvia y los truenos se lo impidieron.

El 30 de abril, Phil, Pedro y Juan continuaron excavando y la corriente, prometedora, reapareció. Sin embargo, en ese momento la campaña estaba llegando a su fin, por lo que en la décima visita, el 2 de mayo, se tapó y valló el agujero.

El equipo de la Universidad de Sheffield, Brendan, Tim, Martin y Miri tuvieron una incursión productiva a Torca de Peña Encaramada (3380), donde topografiaron secciones y en general echaron «un vistazo» (lotes de topo 3380-14-01 y -02, con un total de 156 m). Desde entonces nadie ha vuelto a esta cueva, ahora con un desarrollo de 4086 m.

Dave Milner, Phil Goodwin, Gordon Proctor y John Southworth no tuvieron una visita productiva al norte de la carretera principal en San Antonio, pues tan solo encontraron dos pequeños tubos de disolución (4030 y 4023) en la base de un pequeño acantilado.

Al sur, Phil y Dave habían planeado romper una roca en la obstrucción con corriente al final de la cavidad 3422, pero el propietario de la casa cercana les negó el acceso.

DE LA CAVADA A COBADAL; NAVAJEDA Chris Camm y Phil Parker exploraron la ladera al norte de la carretera entre Barrio La Mina y La Cavada. Documentaron 3952, un pozo rocoso de pequeño diámetro bajo láminas de asbesto, 3953 y 3954, dos entradas a una misma cueva en un acantilado. A esta volvieron 5 días después y vieron que era una excavación en arenisca.

> Unos 3 m de galería grande en arenisca conducen a una sección abierta de regreso a la superficie con una sala más grande enfrente de nuevo en arenisca. Muchos cráneos de animales en el suelo. [...] Da la impresión de ser una galería grande y ancha, pero no hay ni rastro de piedra caliza. Una gatera hacia el este desde la sala conduce a otra ventana más pequeña de vuelta a la superficie a una sección inferior sobre barro arenoso. Esta galería tiene un pequeño arroyo en época de lluvias que ha metido vidrios rotos para hacer la gatera más interesante.

Comenzaron a desobstruir en la sala y vieron que el techo de la sala tenía algunas grietas, pero la zona alrededor de la obstrucción parecía estar bien.

> Mientras reducíamos el tamaño de uno de los bloques en la obstrucción, la «parte buena» del techo crujió y cayó ligeramente. Hora de irse. [...] Vimos una rata viva en la cueva mientras estábamos en ella. ¿Algún voluntario para este proyecto?

Todas estas cavidades se volvieron a visitar en Semana Santa de 2016.

También encontraron otras cavidades cerca en un paraje de arenisca: el 3968 es una fisura estrecha y el 3969, que a lo lejos parecía una entrada abierta y que en realidad es un peñasco de arenisca oscuro y húmedo con una excavación debajo. Phil abrió unos 3 m, pero necesitaba más trabajo de desobstrucción. En la segunda visita, Phil excavó unos metros más hasta donde «podría pasar una persona más delgada y tal vez ver si continuaba». Alex se metió, la cueva pronto se cerró.

A unos 450 m al noreste de 3953, Phil y Chris entraron a 2381, descubierta en 2006 y no explorada hasta entonces. Un pozo de 7 m pasa unas rocas atascadas y terminaba en una bajada hasta una sala grande.

> Los vecinos han venido aquí para recolectar agua, como muestran las viejas tuberías y canales.

pipes and channels in evidence.

This first visit noted an aven with possible passage at the top; an inward draughting boulder choke where there was a "need to go back with joss sticks"; a couple of small inlet passages; a low section opening out to a walking-size continuation to a roof collapse with an obvious way down to an undescended pitch.

On the return visit they found the second pitch dropped into a chamber with a "further drop for which we had no gear". They inspected other leads that required digging. Returning on April 14th, they found the western drop too tight past a large boulder so they reduced its size "and the area is now stabilising". The eastern rift was excavated allowing Phil to enter small rift passages to a small hole in a calcite flow.

On the 18th, a couple of possible leads were partly pushed down at the base of the ladder pitch past the boulder.

> *Care is needed as the boulder is now split in two and chocked holding up the slope above. There are two spits in the wall for a ladder to avoid touching the boulder.*

Some time was also spent working at the calcite blockage at the eastern side of the chamber and in a small crawl at the head of the second pitch.

Alex also contributed to the exploration and wrote passage descriptions in the logbook.

Continuing their searches above La Cavada, Phil, Chris and Alex came across an area rich in holes but none of any great size. Site 4029 had a stainless steel stud so had been previously explored by another group; 4026 and 4028 were small draughting holes; 4031, explored down 8m to a blockage and 4033 and 4034, unexplored shafts, perhaps 10m deep. Other small sites were 4035, 4027, and 4040 with 4032 being found as a 4m deep rift in a "very difficult to search ... area due to terrain of giant clints running up/down slope with deep, thorn-filled gaps".

Site 4036 was later discovered as a "2.5 second drop" and would be explored in the summer.

Further to the east, and also to be explored in the summer, site 4041 - a shaft with a narrow section - was found under a pallet. A nearby, intermittent sink (3998) was also documented.

About 950m up in the hills and southeast of Navajeda, Chris and Phil investigated site 4014, a "serious dig" in boulders.

On the left flank of the Bocarones valley that heads up to the east-southeast of Navajeda, the pair also documented three small sites 3981 - 3983. The draughting site 3982 was written up as:

> *... an unexplored, small, triangular cave ... walled up ... it gets bigger inside but really needs permission to dig given its location within the field boundary.*

Further south, Alex, Chris and Phil documented the small sites 3989, 3990, 4018, 4020 and 4021.

Responding to the instability of the entrance shaft in 3215 near Duck Pond Sink (1976) noted the previous summer, Gordon Proctor, Dave Milner, Phil Goodwin and John reinforced the side with bolted steel bars and mesh. Returning the next day, April 12th, they dug through a small hole into a chamber roughly 10 x 6 x 5m high.

> *With the aid of a hammer the thinnest was able to get through and engineer a larger hole for the rest. ... The sides [of the chamber] are mainly made of enormous blocks with gaps. There are ways-on everywhere - behind the blocks, below them and above them. ... Despite much effort no obvious way on was found but, unusually for this cave, there was no draught.*

On the 18th, they "started detailed survey of new chamber and environs". A length of 122m was obtained but the survey data was deemed "not suitable".

The same team returned on the 24th to spend the morning shoring the entrance shaft, and the afternoon surveying and digging in the first chamber area.

Passing under the ridge between the two largest depressions at Cobadal, Cueva de Torcida (0613) was visited by Diane, Simon and Frank who wrote:

> *The large walking passage lowered to a flat out crawl though collapsed roof debris ... Simon boldly pulled down a part of the roof of the choke and crawled into*

Phil Parker at site 2381. Phil Parker en site 2381.

Chris Camm

En esta primera visita vieron una chimenea con una posible galería en lo alto, un caos de bloques con corriente aspirante a la que debían «volver con varitas de incienso», un par de pequeñas galerías laterales y una sección baja que se abre a una sección en la que se puede estar de pie a un hundimiento del techo con una continuación obvia hasta un pozo sin explorar.

Cuando volvieron, encontraron que el segundo pozo daba a una sala con «otro pozo para el que no teníamos equipo». Inspeccionaron otras posibilidades que habría que desobstruir. Al regresar el 14 de abril, vieron que el pozo occidental era demasiado angosto para pasar una gran roca, por lo que redujeron su tamaño «y la zona ahora se está estabilizando». Excavaron en la fisura oriental, lo que permitió a Phil entrar en pequeñas galerías hasta un pequeño agujero en una colada.

El 18, forzaron parcialmente un par de posibles continuaciones en la base del pozo con escala pasando la roca.

> *Hay que tener cuidado ya que la roca ahora está partida en dos y obstruida en la pendiente de arriba. Hay dos spits en la pared para una escala y así evitar tocar la roca.*

También se dedicó algún tiempo a trabajar en la obstrucción de calcita en el lado este de la sala y en una pequeña gatera en la cabecera del segundo pozo.

Alex también participó en la exploración y describió algunas galerías en el libro de salidas.

Continuando con sus búsquedas por encima de La Cavada, Phil, Chris y Alex se encontraron con un área con muchos hoyos, pero ninguno de gran tamaño. El 4029 tenía una fijación inoxidable, por lo que otro grupo lo había explorado previamente; 4026 y 4028 eran pequeños agujeros sopladores; 4031 se exploró a lo largo de 8 m abajo hasta una obstrucción; y 4033 y 4034 son pozos inexplorados, quizás de 10 m de profundidad. 4035, 4027 y 4040 eran agujeros pequeños y 4032 era una fisura de 4 m de profundidad en una zona «muy difícil de buscar [...] debido al terreno, con hondonadas gigantes cuesta arriba / abajo con brechas profundas llenas de maleza con espinas».

Más tarde, descubrieron la cavidad 4036, con «una caída de piedras durante 2,5 segundos», y la explorarían en verano.

Más al este, y también explorado en verano, estaba el agujero 4041 debajo de un palé, un pozo con una sección estrecha. También documentaron un sumidero intermitente cercano (3998).

Subiendo unos 950 m por la colina y al sureste de Navajeda, Chris y Phil investigaron el 4014, una «excavación seria» en rocas.

En el flanco izquierdo del valle de Bocarones que se dirige hacia el este-sureste de Navajeda, la pareja también documentó tres pequeños agujeros: 3981 - 3983. El 3982, con corriente, era:

> *Una cueva triangular pequeña, inexplorada [...] con un muro [...] se agranda al entrar, pero hay que pedir permiso para excavarla dada su ubicación dentro de los lindes del campo.*

Más al sur, Alex, Chris y Phil documentaron los agujeros 3989, 3990, 4018, 4020 y 4021.

Respondiendo a la inestabilidad del pozo de entrada de 3215 cerca de Duck Pond Sink (1976) vista el verano anterior, Gordon Proctor, Dave Milner, Phil Goodwin y John reforzaron los laterales con barras de acero y malla. Al volver al día siguiente, 12 de abril, se abrieron camino a través de un pequeño agujero a una sala de unos 10 x 6 x 5 m de altura.

> *Con la ayuda de un martillo, el más delgado pudo pasar y abrir un agujero más grande para el resto. [...] Las paredes [de la sala] son, principalmente, enormes bloques con huecos. Hay continuaciones por todas lados: detrás de las rocas, debajo y encima. [...] A pesar de mucho esfuerzo, no encontramos nada bueno, pero, raro para esta cueva, no había corriente de aire.*

El día 18, «comenzaron una topo detallada de la nueva sala y alrededores». Sacaron 122 m de desarrollo, pero los datos de la topo se consideraron «no adecuados».

El mismo equipo volvió el día 24 para pasar la mañana apuntalando el pozo de entrada y la tarde topografiando y excavando en la zona de la primera sala.

Diane, Simon y Frank visitaron la Cueva de Torcida (0613), bajo la

the slot that he opened - a body length of new cave!
... The cave was littered with bones all the way to
the northern choke.

The crawl in Torca de Hoyo Carabo (Washing Machine Hole, 3420) was re-excavated to allow Phil Parker and Alex through.

Alex managed to get to the end of very tight passage at the lowest point of the cave. This leads to an undescended 8m pitch but will need tight passage opening up for others to pass. A continuation of the traverse at the head of the 52m pitch led to an 11m pitch into a well decorated area - care! At the base of the 4m pitch below the 52m pitch, flood debris was noted 4 - 5m above the floor.[2]

On April 15th, Jim, Steve and Bill had "a really mellow and productive day" as they enlarged parts of El Cubillón (2538) and transported equipment for Jim to dive the sump.

This he did the following day, lowering his dive equipment down the final 45m pitch just before Tilberthwaite Tarn then

... kitted up and waded across what was thought to be the sump pool only to find the muddy water was only a metre deep (plus knee-deep mud).

However, he was able to follow a narrow rift for 30m to where it widened to 1m with deep water below. The rift narrowed again but was followed for another 30m to a tiny inlet where Jim was able to tie his dive line onto a solid rock flake.

After a number of trips up and down ferrying equipment, a dive was made to a depth of -5m. The diver could feel the rift below getting slightly bigger.

Jim came out as he was unable to fix the line at that point. No survey was carried out as the Disto batteries failed. The following day he removed all his equipment from the cave.

On April 25th, Bob, Dan and Chris Hibberts climbed an aven (somewhere in the cave!) where it ended in small rifts.

HOZNAYO Prospecting a part of the new area on April 14th, Juan and Penny walked up to the summit of Monte Vizmaya near Hoznayo. The hill is a former iron ore extraction area that supplied the Royal Artillery Factory at La Cavada. The consequence of the mining was to leave pillars of limestone (tower karst) so that, nowadays, the hillside, including the gaps between the pillars, is heavily vegetated and virtually impossible to explore.

John, Gordon Coldwell, Dave Milner and Phil Goodwin were on the south side of the hill on the same day having more success, although they didn't descend 3970, 3971 and 3972.

On the 16th, Ali, Peter Eagan and Angus looked at the hillside on the south side but were constrained by the dense vegetation and steep crags. The only sites documented were Fuente Seca (3986), a walled-up spring; 3987, a possibly too-tight rift up a bolted climb in the crags and 3984, a spring "within the quarry compound so not approachable without permission". It seemed to be used as the quarry water supply.

John, Phil and Dave returned on April 22nd to explore sites 3970 and 3971. The former was found to choke 6m down and the latter was descended 14m to a choke - "this could be an iron stone pit".

Pedro, Phil Papard and Hilary, on their way to meet Spanish cavers in La Cavada, visited a known site on the north side of the motorway, Pozo de la Hoya (4017), previously surveyed by the Grupo de Espeleología e Investigaciones Subterráneas Carballo/Rada.

It doesn't seem to have much potential, apart from a dig under some stal in the highest part of the cave and a pool (sump?) at the lowest point.

One of the known caves in the north of the new area was the multi-level Cueva Riocueva. This had been well documented by Spanish cavers including a 1983 video, and a survey and description giving the system a length of about 3km with one of the entrances outside our new permit area in Villaverde de Pontones.

On April 29th, Juan and Penny went to investigate and were shown a gated bottom entrance by a couple of helpful vecinos. This cave had substantial steel bars to protect archaeological deposits and was in our permit area. Another entrance, not gated - Torca de Cañaos - was just to the north of our new area

Phil Goodwin climbing down into site 3971.
Phil Goodwin bajando a 3971.
John Southworth

cima entre las dos depresiones más grandes de Cobadal, y escribieron:

La gran galería fue haciéndose pequeña hasta un laminador a ras de suelo a través de rocas caídas del techo [...] Simon, valiente, tiró abajo una parte del techo de la obstrucción y entró en la ranura que abrió: ¡nueva galería! [...] La cueva estaba llena de huesos hasta la obstrucción al norte.

La gatera en Torca de Hoyo Carabo (3420) se volvió a excavar para que pudieran entrar Phil Parker y Alex.

Alex llegó al final de una galería muy estrecha en el punto más bajo de la cueva que da a un pozo de 8 m sin explorar, pero se tendrá que abrir para que otros puedan pasar. Una continuación del pasamanos en la cabecera del pozo de 52 m dio a otro de 11 m a una zona bien decorada - ¡cuidado! En la base del de 4 m debajo del de 52 m, vimos restos de inundación a 4 a 5 m por encima del suelo.[2]

El 15 de abril, Jim, Steve y Bill disfrutaron de «un día de lo más tranquilo y productivo» mientras agrandaban partes de El Cubillón (2538) y llevaban equipo para que Jim buceara en el sifón, algo que hizo al día siguiente, bajando su equipo de buceo por el último pozo de 45 m justo antes de Tilberthwaite Tarn, y entonces...

Me equipé y vadeé a través de lo que se pensaba que era el sifón solo para descubrir que el agua sucia tenía solo un metro de profundidad (más barro hasta las rodillas).

Sin embargo, pudo seguir una grieta estrecha a lo largo de 30 m hasta donde se ensanchó a 1 m con agua profunda debajo. La grieta se estrechó de nuevo, pero pronto le siguieron otros 30 m hasta una pequeña entrada lateral donde Jim pudo atar la línea en un saliente de roca sólida.

Después de varios paseos arriba y abajo llevando el equipo, se hizo una inmersión a -5 m. El buceador podía sentir que la grieta debajo se agrandaba un poco.

Jim salió porque no pudo atar el cabo ahí y no hizo la topo porque la batería del Disto falló. Al día siguiente sacó todo el equipo de la cueva.

El 25 de abril, Bob, Dan y Chris Hibberts subieron a una chimenea (¡en algún lugar de la cueva!) que terminó en pequeñas grietas.

HOZNAYO Investigando una parte de la nueva área el 14 de abril, Juan y Penny caminaron hasta la cima del monte Vizmaya cerca de Hoznayo. El monte es una antigua zona de extracción de mineral de hierro que abastecía a la Real Fábrica de Artillería de La Cavada. Los trabajos de minería dejaron pilares de piedra caliza (karst en torres) de modo que, hoy en día, la ladera, incluidos los huecos entre los pilares, está densamente cubierta de vegetación y es prácticamente imposible de explorar.

John, Gordon Coldwell, Dave Milner y Phil Goodwin fueron al lado sur del monte el mismo día y tuvieron más éxito, aunque no exploraron los agujeros 3970, 3971 y 3972.

El día 16, Ali, Peter Eagan y Angus echaron un vistazo en la ladera sur, pero se vieron limitados por la densa vegetación y los peñascos escarpados. Las únicas cavidades que documentaron fueron Fuente Seca (3986), una fuente amurallada; 3987, una grieta quizás demasiado estrecha en una subida por el risco, y 3984, una fuente «dentro del complejo de la cantera, por lo que no se puede acceder sin permiso». Parecía que se usaba como suministro de agua para la cantera.

John, Phil y Dave volvieron el 22 de abril para explorar 3970 y 3971. Vieron que el primero estaba obstruido a 6 m y el segundo bajaba 14 m hasta una obstrucción, «quizás fue un pozo de hierro».

Pedro, Phil Papard e Hilary, de camino a ver a espeleólogos españoles en La Cavada, visitaron una cavidad conocida al norte de la autopista, Pozo de la Hoya (4017), previamente topografiada por el Grupo de Espeleología e Investigaciones Subterráneas Carballo/Rada.

No parece tener mucho potencial, quitando una excavación debajo de estalagmitas en la parte más alta de la cueva y una charca (¿sifón?) en el punto más bajo.

Una de las cuevas conocidas en el norte de la nueva área es la Cueva Riocueva, de varios niveles. Espeleólogos españoles la han documentado bien a lo largo de los años: un vídeo de 1983, una topografía y descripción dan al sistema un desarrollo aproximado de 3 km, aunque una de las entradas está en Villaverde de Pontones, fuera de nuestra nueva área.

El 29 de abril, Juan y Penny fueron a investigar y un par de vecinos les mostraron una entrada inferior cerrada con una verja robusta para proteger los depósitos arqueológicos y estaba en nuestra área de permiso. Otra entrada, sin verja, Torca de Cañaos, estaba justo al norte de nuestra nueva área, pero nos dieron permiso para explorar el sistema a través de esta sima. A estos accesos principales se les dieron los códigos 4042 para Riocueva y 4043 para Torca de Cañaos.

El 15 de mayo, Pedro y Juan fueron los primeros en instalar la sima de

---

2   Exploring Torca de Hoyo Carabo - Washing Machine Hole, pages 392 - 394.

2   Exploring Torca de Hoyo Carabo - Washing Machine Hole, pages 392 - 394

but we were later given permission to explore the system through that shaft. These main entrances were given codes 4042 for Riocueva and 4043 for Torca de Cañaos.

On May 15th, Pedro and Juan were the first to tackle the entrance pitch of Cañaos, 15m on ladders to a bouldery base with rubbish and bones. The intention for the afternoon was to pick a passage and survey it. At least three passages went off.

> *We walked down the slope, past a possible drop on the right to the underground river ... and walked off into the Galería del Yeso. After fifty minutes of mainly walking (quite slowly) we reached an "end" where a small crawl through over pointy objects was too awkward to push too hard. ...*

This was about as far as the Spanish cavers had surveyed and there was no draught. Surveying back took about 3.5 hours with 82 stations giving 767m of passage length. Station markers were left at junctions but no side passages were looked at. There was much to return to and the Yeso gallery was well worth photographing.

NORTHERN LA VEGA, EL NASO AREA WEST TO LAS CALZADILLAS

About 1.2km north of Las Calzadillas, Torca del Cepo (0626) was first noted in 1986 as a 30m shaft. It remained undescended (at least by Matienzo cavers) until April 13th when Gordon Coldwell dropped down 8m to a ledge followed by another 8m drop to a choked floor. He swung into an opening part way up the shaft to a small chamber with a possible dig in the floor that could access a parallel shaft.

Some 400m southeast of here, the team also documented some small holes, sites 3963 - 3967 and 3980. The apparent highlight was site 3964, an 8m deep shaft to a circular chamber with no way on.

While wandering on El Naso, Juan and Penny found site 4022 on the side of a large depression that had a 3 x 2m top and looked choked about 5m down. This unpromising hole was properly inspected and worked on at Easter 2017 and 2018.

THE NORTHEAST SECTOR INCLUDING THE FOUR VALLEYS SYSTEM. SOLÓRZANO AND GARZÓN

On April 14th, twenty minutes was spent clearing out flood debris from the entrance to Cueva de Carcavuezo (0081) . The following day, Ali, Peter Eagan and Angus "entered the cave by the usual entrance only to find a festering dead calf about 70m into the cave". They climbed up into the Big Chamber Somewhere Near the Entrance and proceeded to tackle the climb down at the western end, the lowest point.

> *Rope can be rigged from block in chamber. Scramble down 2m to bolt ... climb over rim of hole past awkward section. Down left chokes, right hand side is low but immediately opens out with large blocks and space below. Descend around corner to top of blocks then direct to water. A body size tube is passed (needs small caver to push). De-rigged on exit.*

On the 17th, Angus, Ali and Peter had a look downstream in Carcavuezo.

> *There is a high rift near the "end" of the canal that has a strong draught coming down it. Not possible to climb or reach from other directions but could be bolted. Not much else...*

... although they did survey the connection through to 3895, the Carcavuezo second entrance which was now passable.[3]

On the 19th, in Carcavuezo, Ali surveyed rifts on the way to the Western Series while Torben and Peter Eagan resurveyed parts of the connection between the Western Series and the Light Frigit.

Probably for the first time since 2006, Boil in the Bag (0868) was worked on, a dig and possible other entrance to western Cueva de Bollón (0098) at the northern side of the Matienzo depression. On April 7th, Steve removed a squeeze at the third drop down from the entrance and could see into a small chamber with a strong, cool draught blowing out.

Four days later, he returned with Frank, Simon and Diane to remove spoil but, disappointingly, it appeared that any way on would be in the floor. The digging gear was removed and the site has not been visited since.

Si, Di, Bill and Frank dropped into the Giant Panda entrance (2691) of Cueva Hoyuca (0107) finding the installed 39m rope nearly worn through. A couple of tight spots were enlarged allowing Bill to declare that the narrow section above the Gorilla Walk was "100% better!".

On April 16th, the group used the entrance to visit the Astradome. "Excellent days caving. Spectacular!"

Louise, Torben and Peter Fast had a fruitful day ticking off leads in and below Bird Wing Chamber in Cueva-Cubío del Llanío (3234). None was surveyed however, as the PDA-DistoX combination malfunctioned.

On April 18th, Kristine joined the Danish team to start digging out a possible connection between the High Hopes area and the Horny Dog

Cañaos, 15 m con escalas hasta una base con rocas, basura y huesos. El objetivo de la tarde era elegir una galería y topografiarla. Al menos tres galerías salían de la base.

> *Bajamos la pendiente, pasamos un posible desnivel a la derecha del río subterráneo [...] y entramos en la Galería del Yeso. Tras cincuenta minutos, principalmente caminando (muy despacio), llegamos a un "final" donde una pequeña gatera con rocas puntiagudas era demasiado incómoda para forzar.*

Aquí estaba el límite de lo que habían topografiado los espeleólogos españoles y no había corriente de aire. Hacer la topo al salir les llevó alrededor de 3,5 horas con 82 estaciones, un total de 767 m de desarrollo. Se dejaron marcadores de estación en los cruces, pero no miraron las galerías laterales. Había mucho a lo que volver y merecía la pena fotografiar la Galería del Yeso.

EL NORTE DE LA VEGA, ZONA DE EL NASO – LAS CALZADILLAS

A unos 1,2 km al norte de Las Calzadillas, está la Torca del Cepo, una sima de 30 m documentada por primera vez en 1986. No se exploró (al menos por los espeleólogos de Matienzo) hasta el 13 de abril, cuando Gordon Coldwell bajó 8 m hasta una repisa seguida de otros 8 m hasta una base obstruida. Se balanceó hasta entrar en una abertura a la mitad del pozo hasta una pequeña sala con una posible excavación en el suelo por la que se podría acceder a un pozo paralelo.

A unos 400 m al sureste, el equipo también documentó algunos agujeros pequeños: 3963 - 3967 y 3980. El más destacado parecía ser el 3964, un pozo de 8 m de profundidad a una sala circular sin salida.

Mientras paseaban por El Naso, Juan y Penny encontraron el agujero 4022 en el lado de una gran depresión que medía 3 x 2 m en la parte superior y parecía obstruido a unos 5 m de profundidad. Este agujero poco prometedor se topografió y estudio mejor en las Semana Santas de 2017 y 2018.

SECTOR NORESTE INCLUYENDO EL SISTEMA DE LOS CUATRO VALLES, SOLÓRZANO Y GARZÓN

El 14 de abril se dedicaron veinte minutos a limpiar la entrada de la Cueva de Carcavuezo (0081) de restos de riadas. Al día siguiente, Ali, Peter Eagan y Angus «entraron por la entrada habitual solo para encontrar un ternero muerto pudriéndose a unos 70 m». Subieron hasta Big Chamber Somewhere Near the Entrance y se dispusieron a instalar el pozo en el extremo occidental, el punto más bajo.

> *La cuerda se puede instalar desde el bloque en la sala. Destrepé 2 m para poner una fijación [...] trepando por el borde del agujero pasando la sección incómoda. Abajo a la izquierda se obstruye, el lado derecho es bajo pero se abre inmediatamente con grandes bloques y espacio debajo. Se baja por la esquina hasta la parte superior de los bloques y luego derecho al agua. Se pasa un tubo del tamaño del cuerpo (hace falta un espeleólogo pequeño para forzarlo). Desinstalamos al salir.*

El día 17, Angus, Ali y Peter echaron un vistazo aguas abajo en Carcavuezo.

> *Hay una fisura alta cerca del «final» del canal que tiene un tiro fuerte. No se puede escalar o alcanzar desde otros puntos, pero se podría instalar. Sin mucho más...*

Aunque sí topografiaron la conexión hasta 3895, la segunda entrada de Carcavuezo que ahora era transitable.[3]

El 19, en Carcavuezo, Ali topografió las fisuras de camino a la red occidental mientras Torben y Peter Eagan volvían a topografiar partes de la conexión entre la red occidental y Light Frigit.

Probablemente por primera vez desde 2006, se trabajó en Boil in the Bag (0868), una excavación y una posible entrada adicional a la Cueva de Bollón (0098) en el lado norte de la depresión de Matienzo. El 7 de abril, Steve quitó una estrechez en la tercera bajada desde la entrada y pudo ver una pequeña sala con una corriente sopladora fuerte y fría.

Cuatro días después, regresó con Frank, Simon y Diane para sacar rocas pero, lamentablemente, parecía que cualquier continuación estaría en el suelo. Se sacó el equipo de excavación y desde entonces no se ha visitado.

Si, Di, Bill y Frank entraron en Giant Panda (2691), una de las entradas de Cueva Hoyuca (0107), y se encontraron con que la cuerda de 39 m instalada estaba desgastada. Ampliaron un par de puntos estrechos, tras lo cual Bill declaró que la sección estrecha sobre el Gorilla Walk era «¡100 % mejor!».

El 16 de abril, el grupo utilizó la entrada para visitar el Astradome. «Un día de espeleo excelente. ¡Espectacular!».

Louise, Torben y Peter Fast tuvieron un día fructífero comprobando posibles continuaciones dentro y debajo de Bird Wing Chamber en Cueva-Cubío del Llanío (3234). Sin embargo, no topografiaron ninguna, ya que la combinación PDA + DistoX no funcionó como debía.

---

3   This entrance was apparently choked when investigated in the autumn 2013.

3   Parece ser que esta entrada estaba obstruida cuando se investigó en otoño de 2013.

Lea and Marites in Cueva-Cubío de la Llanío.
Lea y Marites en Cueva-Cubío de la Llanío. *Torben Redder*

Series. This would cut out a climb and pitch and was completed four days later by Lea, Marites and Torben. They also started to dig out a wet duck 60m to the east. A radon detector left in over three days gave a reading of 3612 Bq/m^3.

A team of Phil Goodwin, Dave Milner, Gordon Coldwell and John Southworth visited Cueva-Cubío del Llanío 2 (3454)[4] where they re-examined boulders at the base of the hole but considered any future work here not worthwhile.

At Cueva 641 (site 3917), further work at a muddy dig was required as it was too small "even for Alex".

Ali, Peter Eagan and Angus had planned a trip into Fridge Door Cave (1800) but were driven back by a dead goat at the base of the entrance pitch.

On April 20th, Dan and Chris Hibberts looked at the possibility of climbing an aven in the Big Bang Burger Bar in Cueva Llueva (0114). They re-rigged the 10m drop into the bouldery chamber near the entrance with a traverse to the left and a short rope drop.

They were back two days later using 11 bolts to climb into 151m of continuing passage about 70m above stream level and, after another two days, returned with Bob to complete the exploration and survey. In total, nearly 600m of high-level passage were surveyed as batches 0114-14-01 and 0114-14-02 although this extension has yet to appear on the main survey.

Si and Di took Frank to see some of the delights of the area. First, they were shown the entrance to Cueva del Regato (0672) by a local. They rigged a rope to some crash barriers dumped with other rubbish at the entrance but soon came out after investigating the entrance series.

The sump at site 3910, found last summer, was described by the first possible diver as "a pool so crap looking, I wouldn't bother diving it if it was in my own back garden". Jim, assisted by Eddie, Bob and Steve, described a promising-looking sump pool with passage seen heading off on the right hand side under water.

> Air space could be seen beyond through a 6" gap between clay and roof. Seven minutes of underwater digging enabled the diver to enter a small chamber above water. Small passage leading off ... choked by mud. No way on. On dive out, diver followed the floor of the passage and found a slot down which was descended to a blockage of branches.

Rupert had a quick look into the Fuente de la Virgen (0582) with wetsuit, hood and mask.

> A low passage turns right around a corner and splits into two rifts. The right hand of these contains a slot down into a large (diveable) continuation (felt by my feet). This site would be well worth a visit with a small tank, but in higher flow - as the poor visibility did hardly clear at all.

Jim had a recon dive on the 20th but found all possible routes to be too tight.

On April 16th, the Redder-Korsgaard family with Peter Fast, Jørgen, Lea and Marites went to 3842, a site on the side of the main valley into Fresnedo, first opened the previous Easter. They enlarged tight sections then explored further.

> ... a 4m high, 1m wide meander is entered and after some metres a phreatic passage is reached. The end was not found. Survey will be done 17/4 as we had to attend the expedition dinner.

The following day Torben, Peter, Kristine, Lea and Marites went in, enlarging the first tight section so that Juan could also enjoy the exploration. Unfortunately, the cave closed down 5m beyond yesterday's "end" in a small chamber with lots of sediment and animal scratches. The cave was videoed and its 94m length surveyed. On the way back down the valley, Peter and Kristine explored the small shaft, 2477, finding animal remains 3m down.

Si, Di and Frank investigated a number of possible entrances in an outcrop above the Nacimiento del Campiazo (1106). Site 2765 was a tight squeeze into a slot, 3m long and choked with mud. Nearby 3947 was a dig that opened out into a 3.5m slide to a mud choke. Another hole, 2764 was opened but "densely choked with mud". On a higher outcrop, site 2763 was also engineered to a 2m slot to a mud choke and 2762 was documented as "more a badger den than a cave!".

El 18 de abril, Kristine se unió al equipo danés para comenzar a buscar una posible conexión entre la zona de High Hopes y Horny Dog. Así se evitaría una escalada y un pozo. Lea, Marites y Torben la encontraron 4 días después. También comenzaron a excavar un laminador con agua a 60 m al este. Un detector de radón que dejaron dentro tres días dio una lectura de 3612 Bq/m^3.

Un equipo formado por Phil Goodwin, Dave Milner, Gordon Coldwell y John Southworth visitaron la Cueva-Cubío del Llanío 2 (3454)[4] donde reexaminaron los bloques rodados en la base del agujero, pero consideraron que cualquier trabajo futuro aquí no valía la pena.

En Cueva 641 (sitio 3917), una excavación embarrada se tenía que abrir más, ya que era demasiado pequeña «incluso para Alex».

Ali, Peter Eagan y Angus habían planeado una visita a Fridge Door Cave (1800), pero tras ver una cabra muerta en la base del pozo de entrada, se echaron atrás.

El 20 de abril, Dan y Chris Hibberts miraron la posibilidad de escalar una chimenea en el Big Bang Burger Bar en Cueva Llueva (0114). Volvieron a instalar el pozo de 10 m en la sala con rocas cerca de la entrada con un pasamanos a la izquierda y un destrepe corto con cuerda.

Volvieron dos días después y usaron 11 anclajes para escalar hasta 151 m de galería a unos 70 m sobre el nivel del río y, tras de otros dos días, volvieron con Bob para completar la exploración y la topo. En total, se topografiaron casi 600 m de galerías de alto nivel, lotes 0114-14-01 y 0114-14-02, aunque esta sección aún no aparece en el plano principal.

Si y Di llevaron a Frank a ver algunas de las delicias de la zona. Primero, un vecino les mostró la entrada a la Cueva del Regato (0672). Instalaron una cuerda a algunas barreras que se habían arrojado junto con otra basura en la entrada, pero pronto salieron tras investigar la red de entrada.

El sifón de la cueva 3910, encontrado el verano pasado, fue descrito por el primer buceador como «una charca que parece tan horrible que no me molestaría en bucear ni aunque estuviera en mi jardín». Jim, con la ayuda de Eddie, Bob y Steve, describió una sifón de aspecto prometedor con una galería saliendo del lado derecho bajo el agua.

> Se veía la superficie al otro lado de un espacio de 15 cm entre la arcilla y el techo. Siete minutos de excavación bajo el agua permitieron al buceador entrar a una pequeña sala sobre el agua. Sale una pequeña galería [...] obstruida por el barro. No hay forma de avanzar. Al salir, el buceador siguió el suelo de la galería y encontró una ranura hacia abajo que descendía hasta un bloqueo de ramas.

Rupert echó un vistazo rápido a la Fuente de la Virgen (0582) con neopreno, capucha y gafas.

> Una galería baja gira a la derecha en una esquina y se divide en dos fisuras. La de la derecha tiene una ranura que baja a una continuación grande (buceable) (sentí con los pies). Podría merecer la pena volver con un tanque pequeño, pero con más agua, ya que la mala visibilidad apenas se despejó.

Jim hizo una inmersión de reconocimiento el día 20, pero todas las rutas posibles eran demasiado estrechas.

El 16 de abril, la familia Redder-Korsgaard con Peter Fast, Jørgen, Lea y Marites fueron a 3842, una cavidad en el lado del valle principal hacia Fresnedo, que se abrió por primera vez la Semana Santa anterior. Ampliaron secciones estrechas y luego exploraron más.

> Se entra en un meandro de 4 m de altura y 1 m de ancho y tras unos metros se llega a una galería freática. No se encontró el final. La topo se hará el 17/4 ya que teníamos que ir a la cena de la expedición.

Al día siguiente volvieron Torben, Peter, Kristine, Lea y Marites, ampliando el primer tramo estrecho para que Juan también pudiera disfrutar de la exploración. Desafortunadamente, la cueva se cerró 5 m después del «final» del día anterior en una pequeña sala con muchos sedimentos y arañazos de animales. Se grabó un vídeo y se topografiaron 94 m de desarrollo. En el camino de vuelta por el valle, Peter y Kristine exploraron un pequeño pozo, 2477, y encontraron restos de animales a 3 m de profundidad.

Si, Di y Frank investigaron varias posibles entradas en un paraje rocoso sobre el Nacimiento del Campiazo (1106). El 2765, una entrada estrecha a una ranura, mide 3 m y está obstruido con barro. El cercano 3947 es una excavación que se abre a una pendiente de 3,5 m hasta una obstrucción de barro. Abrieron otro agujero, el 2764, pero

---

4   2010 summer, page 28 and 2011 autumn, page 59.

4   Véanse los capítulos dedicados al verano de 2010 y al otoño de 2011.

Finally, further up the main road, they found a set of three rubbish- and rubble-filled holes, one of which they dug out to reveal a 4.7m hole (3948), again choked with mud.

One hundred metres along the track heading west from the hairpin bend just above 3948, Dave Milner, Gordon Proctor, Gordon Coldwell, John Southworth and Phil Goodwin came across site 3973 in a small depression. This was Cueva la Revoltona, previously explored and surveyed by a Spanish group. On this occasion, they surveyed the large cave leaving "very small hole seen low in side of chamber" for another day. Dave, Gordon Proctor, Phil and John made some progress here on April 21st and, two days later, broke through to a disappointing short drop to a small chamber with no apparent way on and no draught.

Heading further west and north along the track they came across 3974, "a tight shaft that needs digging"; 3976, a low crawl in an earth tube - poor prospect, and 3975, a steep walk down into a large chamber with a small rock shelter wall at one side, halfway down.

The following day, the 19th, Phil, Gordon Proctor, John and Dave returned to enlarge the small hole with eight rounds of caps. There was more to do but they were looking down a drop of about 6m.

Above Canastrillas to the west of Solórzano, John Southworth and Phil Goodwin had a disappointing walk in the Campo las Rozas area, finding only site 3977, a long opening in a scar.

On April 10th, with the new permit in mind, Juan and Penny had a quick trip to Riolastras, an enclosed depression some 1.8 x 1.2km where a vecino knew of Santander cavers exploring a hole to the north but, he said, there were no holes or draughts that he knew about.

Needs a proper look with an oversuit as there are many overgrown depressions on the drive in as well as shakeholes (and possible sinks) seen in the depression.

Returning to Solórzano, they turned to the east at the bar El Nido, then known as El Picón, and drove up into the hills towards Los Pozos, along a road that became a track. A couple of small sites were documented, 3949 and 3950. A more interesting feature was site 3951, a deep depression with a number of holes that would be inspected in the summer.

Si, Di and Frank also looked at the area, finding 3960, a deep and steep sided sink hole. Simon descended 5m down the slope then dropped down a 5m ladder pitch to find no way on with the floor covered with cow bones. The farmer arrived and took them to a "phreatic tube in the woods", Cueva de Nicanor (3961).

It was evident that this is a well known cave as it was well trodden and covered in graffiti. As it turns out, Pete and Juan had surveyed it the year before.

They returned with Bill the following day to dig through a sandy squeeze into an alcove.

A man digging his vegetable garden at the foot of the hill below Nicanor pointed out a cave to Pedro and Peter Eagan. After some jungle bashing, they came across the entrance then explored, surveyed and photographed the generally roomy site 3988 for 63m.

Some 400m south of Nicanor, Pedro and Peter Eagan documented sites 4038, an 8m long cave and 4039, a still undescended shaft that appears to be about 5m deep.

The Riolastras area was visited a number of times. On April 18th, Good Friday, Peter Eagan, Terry, Phil Papard, Angus, Ali and Pedro variously documented Cueva del Abortal (4007), 4011 and 4012. Abortal was surveyed and pushed adding 8m to give a length of 83m; 4011 is a rock shelter with a dig at the back; 4012, an excavated entrance at the base of a large depression with a good draught.

A well known cave in the area has been explored and surveyed by the Grupo Espeleológico de Santander del C.A. Tajahierro. Their survey showed an upstream sump but this first visit by the MCP was to get acquainted. However, the entrance was found behind a

---

site 3973: Cueva La Revoltona
ETRS89: 30T 0451461 4802048 207m
Length:68m Depth: 25m
Surveyed: April 2014 Dave Milner, Gordon Coldwell
Drawn in Inkscape: Phil Goodwin
Matienzo Caves 2015

entrance
soil
a
North
Scale in metres
0 2 4 6 8 10
shallow muddy pool
enlarged hole
low
very tight
P5
steep calcite
high-level passage
P4
hole
soil
1m

---

estaba «muy obstruido con barro». Más arriba, el 2763 también se abrió hasta una ranura de 2 m que da a otra obstrucción de barro y el 2762 se documentó como «¡más una guarida de tejones que una cueva!».

Finalmente, subiendo por la carretera principal, encontraron un conjunto de tres hoyos llenos de basura y escombros, uno de los cuales excavaron hasta encontrar un agujero de 4,7 m (3948), también obstruido con barro.

A cien metros a lo largo de la pista en dirección oeste desde la curva cerrada justo por encima de 3948, Dave Milner, Gordon Proctor, Gordon Coldwell, John Southworth y Phil Goodwin encontraron el agujero 3973 en una pequeña depresión. Se trataba de la Cueva la Revoltona, previamente explorada y topografiada por un grupo español. En esta ocasión, topografiaron la gran cueva dejando un «agujero muy pequeño visto en la parte baja de la sala» para otro día. Dave, Gordon Proctor, Phil y John avanzaron algo el 21 de abril y, dos días después, se abrieron paso a un destrepe corto decepcionante a una pequeña sala sin salida aparente y sin corriente.

Dirigiéndose más al oeste y al norte por la pista, se encontraron con 3974, «un pozo estrecho que hay que excavar»; 3976, un laminador en un tubo de tierra –sin muchas perspectivas–; y 3975, una pendiente empinada hacia una sala grande con un pequeño recoveco a un lado, a mitad de camino.

Al día siguiente, el 19, Phil, Gordon Proctor, John y Dave volvieron a agrandar el pequeño agujero con ocho rondas de micros. Quedaba más, pero podían ver un pozo de unos 6 m.

Sobre Canastrillas, al oeste de Solórzano, John Southworth y Phil Goodwin no tuvieron suerte en su paseo por la zona de Campo las Rozas, encontrando solo el agujero 3977, una abertura de 1 m de largo en un paraje rocoso.

El 10 de abril, con el nuevo permiso en mente, Juan y Penny hicieron un viaje rápido a Riolastras, una depresión cerrada de unos 1,8 x 1,2 km donde un vecino sabía de espeleólogos de Santander que exploraban un hoyo al norte, pero, dijo, no había agujeros o corrientes de aire que él conociese.

Hay que mirarlo bien con el mono puesto, ya que se ven muchas depresiones con maleza desde el coche, además de hoyos (y posibles sumideros) que se ven en la depresión.

De regreso a Solórzano, giraron hacia el este en el bar entonces conocido como El Picón y se internaron en el monte hacia Los Pozos, por una carretera que se convirtió en pista. Documentaron un par de agujeros pequeños, 3949 y 3950. Más interesante fue el 3951, una depresión profunda con varios agujeros que se investigarían en el verano.

Si, Di y Frank también echaron un vistazo en el área, encontrando 3960, un sumidero profundo y empinado. Simon destrepó 5 m por la pendiente y luego bajó otros 5 m con escala, pero no encontró continuación en el suelo cubierto de huesos de vaca. Un vecino llegó y los llevó a un «tubo freático en el bosque», Cueva de Nicanor (3961).

Era obvio que se trataba de una cueva muy conocida ya que estaba bien pisoteada y cubierta de grafitis. Resulta que Pete y Juan la habían topografiado el año anterior.

Volvieron con Bill al día siguiente para excavar a través de una estrechez en arena hasta un recoveco.

Un hombre que trabajaba su huerto al pie de la colina debajo de Nicanor les mostró una cueva a Pedro y Peter Eagan. Después de atravesar la jungla, encontraron la entrada y luego exploraron, topografiaron y fotografiaron la cavidad 3988, bastante espaciosa a lo largo de 63 m.

A unos 400 m al sur de Nicanor, Pedro y Peter Eagan documentaron las cavidades 4038, una cueva de 8 m de largo, y 4039, un pozo aún sin explorar que parece tener unos 5 m de profundidad.

La zona de Riolastras se visitó varias veces. El 18 de abril, Viernes Santo, Peter Eagan, Terry, Phil Papard, Angus, Ali y Pedro documentaron la Cueva del Abortal (4007), 4011 y 4012. Se topografió y forzó Abortal añadiendo 8 m para obtener un desarrollo de 83 m; 4011 es un refugio con una excavación en la parte trasera; 4012, una entrada excavada al pie de una gran depresión con buena corriente.

Una cueva muy conocida en la zona ha sido explorada

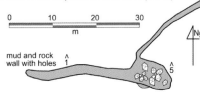

entrance
squeeze
c-3
squeeze up
4

site 3842: cave
Fresnedo ETRS89: 30T 453198 4800523
Altitude: 228m Length: 94m Depth: 6m
Surveyed: April 2014
Surveyed by Torben Redder and Peter Fast
BCRA grade 5c
Drawn in Inkscape: Juan Corrin
Matienzo Caves 2014

0   10   20   30
m
Ng
mud and rock wall with holes
1
5

gated
ENTRANCE

-2.1m to
sump pool

concrete
wall and
locked
door - part
of recent works
to build a medical
centre.

*Locals said in
wet weather it
flooded a lot - well
worth a look at this
280m long cave to see
if any leads etc.*

tree roots

CUEVA DEL LOLO
(DEL SECRETARIO)
Site 3991
Solórzano, Cantabria.
ETRS89: 30T 0452480 4803262
altitude 90m altered 2018
Surveyed by Matienzo Expeditions
April 2014
BCRA Grade 5c. Length 275m depth 7m.
Surveyors: Dave Bell, Peter T. Eagan,
Alasdair Neill, Phil Papard, Pete Smith.
Drawn: Alasdair Neill.

0   5   10   20

SCALE m

N
ETRS89 Grid

choke

rift

clean
washed

tight

choke

choke

aven

dig

choke

sump

On April 21st, the key to Cueva
de Lolo (del Secretario) - site
3991 - was obtained and Pedro, Phil
Papard, Angus, Ali and Peter Eagan
explored the cave to a sump through varied
passage - walking-sized down to flat-out. The
passage was heading towards the hillside east of
Solórzano so the sump would need investigating.

To the north of the main Solórzano-Badames road,
about 700m east of the road junction in Solórzano, lies
the area of San Mayor and a set of five holes. Three of
these had been surveyed by the GES.

Since the original 1980 survey, Cueva del Corte had been
modified and was re-explored and surveyed by Ali and Peter
Eagan as site 3985.

*A door (locked) into the hillside led straight to
constructed wooden, very dodgy, stairs.*
The left wall and floor had been concreted and there was a pile of
plastic pipe and scaffolding.
*... the left hand wall / ceiling has strip
/ flashing lights as does the right hand wall.
Inspection lights can be moved around the cave at
will past the shelving supporting bottles of bubbly.*
However, there was a small wet weather trickle at the end of the
store and a possible draughting dig to give speleological interest. This
was later excavated but no way on found.

Site 4019, was first explored on April 18th by Peter Eagan and Angus
down a slope and through a loose area to a draughting dig and a sump.
They returned with Steve and Jim the next day where Angus and Peter
surveyed while Steve and Jim went to the sump. Jim dived through
a 1.5m long U-bend into open, continuing passage. On the 20th
Peter and Angus returned with Ali to dig up to chokes and tree roots
above the sump. Jim's passage beyond the sump was also entered by
squeezing through a hole in the floor. The site was surveyed to a length
of 159m.

A flood resurgence pointed out by a farmer was found to be solidly
choked but, in the next field, a larger flood resurgence, site 4037, could
be excavated.

James had previously noted a hole at the
base of a scar just to the northwest of

y topografiada por el Grupo Espeleológico de
Santander del C.A. Tajahierro. Su topo muestra un
sifón aguas arriba, pero esta primera visita del MCP
fue para familiarizarse. Sin embargo, la entrada se
encontró detrás de un muro de hormigón y una puerta
cerrada, parte de las obras recientes para construir un
centro médico.

*Los lugareños dicen que en época de
lluvias se suele inundar, merece la pena
echarle un vistazo a esta cueva de 280 m
para ver si hay continuación, etc.*

El 21 de abril, se obtuvo la llave de la Cueva de Lolo (del
Secretario), 3991, y Pedro, Phil Papard, Angus, Ali y Peter
Eagan exploraron la cueva hasta un sifón a través de galerías
de distinto tipo, desde amplias hasta laminadores. La
galería se dirigía hacia la ladera al este de Solórzano, por
lo que habría que investigar el sifón.

Al norte de la carretera principal Solórzano-Badames, a
unos 700 m al este del cruce de carreteras en Solórzano,
se encuentra la zona de San Mayor y un conjunto de cinco
hoyos. Tres de ellos habían sido topografiados por el GES.

Desde la topo original de 1980, la Cueva del Corte había
sido modificada y fue reexplorada y topografiada por Ali y
Peter Eagan bajo el código 3985.

*Una puerta (cerrada) en la ladera conduce
directamente a escaleras de madera muy poco
fiables.*

*La pared de la izquierda y el suelo estaban cubiertos
de cemento y había una pila de tuberías de plástico y
andamios.*

*La pared de la izquierda/techo tiene tiras/luces
intermitentes al igual que la de la derecha. Las
luces se pueden mover alrededor de la cueva pasando
las estanterías con botellas de champán.*

Sin embargo, al final del cubío entraba algo de agua y había
una posible excavación que le daba interés espeleológico.

*Se excavó más tarde, pero no se
encontró continuación.*

La cueva 4019 la exploraron por primera vez el 18 de abril Peter
Eagan y Angus por una pendiente y a través de una zona de piedra
suelta hasta una excavación y un sifón. Regresaron con Steve y Jim
al día siguiente: Angus y Peter hicieron la topo mientras Steve y Jim
fueron al sifón. Jim buceó a través de una curva en U de 1,5 m de
largo hasta una galería abierta que continuaba. El 20, Peter y Angus
regresaron con Ali para excavar hasta obstrucciones y raíces de árboles
por encima del sifón. También se entró a la galería de Jim pasando el
sifón a través de un agujero estrecho en el suelo. El desarrollo de la
topografía fue de 159 m.

Una surgencia en época de lluvias que nos había mostrado un vecino
estaba completamente obstruida pero, en el siguiente campo, se pudo
excavar una surgencia más grande, la cueva 4037.

James había visto previamente un agujero en la base de un paraje
rocoso justo al noroeste de la Ermita del Cristo de Balaguer entre

Ali Neill with the owner at the entrance to Cueva del Corte and underground.
Ali Neill con el propietario a la entrada de Cueva del Corte y bajo tierra.   *Peter Eagan.*

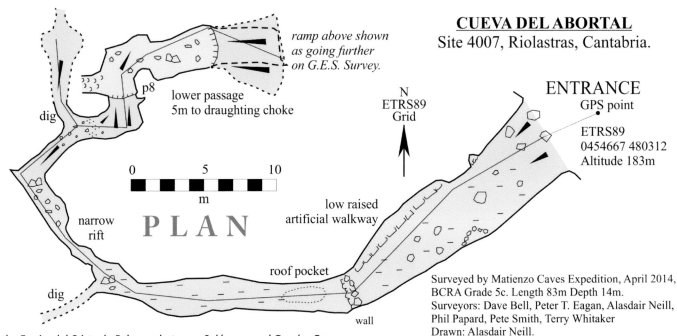

CUEVA DEL ABORTAL
Site 4007, Riolastras, Cantabria.

ramp above shown as going further on G.E.S. Survey.

ENTRANCE
GPS point

ETRS89
0454667 480312
Altitude 183m

lower passage 5m to draughting choke

p8

dig

N
ETRS89
Grid

PLAN

0   5   10
m

narrow rift

low raised artificial walkway

roof pocket

dig

wall

Surveyed by Matienzo Caves Expedition, April 2014,
BCRA Grade 5c. Length 83m Depth 14m.
Surveyors: Dave Bell, Peter T. Eagan, Alasdair Neill,
Phil Papard, Pete Smith, Terry Whitaker
Drawn: Alasdair Neill.

the Ermita del Cristo de Balaguer between Solórzano and Garzón. On April 11th, Si, Di and Frank used a hand line to drop down the steep slope with masses of ivy roots getting in the way (Cueva de la Ermita, 3955). A dig at the base of the slope, 7m down, stopped when pieces of human bone were found calcited among the boulders. (Juan and Penny later took them to the laboratories of the Museo de Prehistoria y Arqueología de Cantabria (MUPAC) in the University of Cantabria campus, Santander where they were given an "entrada numero" in the museum catalogue of 933.)

The three were back in Garzón the following day, visiting sink holes and documenting small sites (3956 - 3958) to the east of Ermita. They also spent some time digging at a resurgence, 3959. Back up the hill, Simon managed to get down into a heavily vegetated sink hole (3962) but "only found tyres and a dead goat".

Phil Goodwin, Dave Milner and John Southworth were also prospecting the Garzón area, finding site 3978, a collapse area with a good draught; 3979 - "not a good prospect"; 4024 - "a large cave

Solórzano y Garzón. El 11 de abril, Si, Di y Frank utilizaron una cuerda para bajar por la empinada pendiente con raíces de hiedra que se interponían en el camino (Cueva de la Ermita, 3955). Una excavación en la base de la pendiente, a 7 m de profundidad, se detuvo cuando se encontraron trozos de hueso humano calcificados entre las rocas. (Más tarde Juan y Penny los llevaron a los laboratorios del Museo de Prehistoria y Arqueología de Cantabria, MUPAC, en el campus de la Universidad de Cantabria, Santander, donde les dieron una «entrada número» de 933 en el catálogo del museo.)

Los tres volvieron a Garzón al día siguiente, visitando sumideros y documentando pequeños agujeros (3956 - 3958) al este de Ermita. También pasaron algo tiempo cavando en una surgencia, 3959. Subiendo por la colina, Simon logró bajar a un pozo con mucha vegetación (3962), pero «sólo encontró neumáticos y una cabra muerta».

Phil Goodwin, Dave Milner y John Southworth también exploraron la zona de Garzón y encontraron la cavidad 3978, una zona hundida con corriente; 3979, «no es prometedora»; 4024, «una gran entrada a la cueva que se cierra tras 3 m»; y 4025, una pequeña con muro y

Clockwise from the left: Phil Papard at the entrance to Cueva de Lolo (del Secretario); Dave Bell in a clay-floored crawl; Alasdair Neill and Pete Smith surveying; Dave Bell in the stream.

En el sentido de las agujas del reloj desde la izda.: Phil Papard en la entrada de la Cueva de Lolo (del Secretario); Dave Bell arrastrándose por el suelo de arcilla; Alasdair Neill y Pete Smith topografiando; Dave Bell en la galería activa.

Peter Eagan

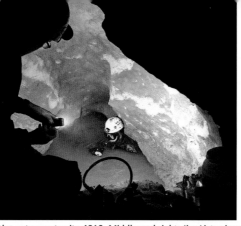

Left: Peter Eagan (back) and Dave Bell at the entrance to site 4019. Middle and right: Jim Lister investigating the sump.
Izda.: Peter Eagan (atrás) y Dave Bell en la entrada de 4019. Centro y dcha.: Jim Lister investigando el sifón. Peter Eagan.

entrance which closes down after 3m and 4025, a small walled and choked cave.

SOUTHERN SECTOR At Seldesuto, Pedro found again that the grid references of early sites could be most unreliable, compounded by trying to use a GPS unit under dense tree cover.

> ... the shaft most closely matching the description of 0690 was in the position of 0691. Also 0692 ... was practically in the position of 0899.

On April 15th, Rupert, on his way to dive the upstream Squirrel's Passage in Cueva-Cubío de la Reñada (0048) found the entrance blocked with logs and "graffiti scratched onto the memorial plaque - not very nice.[5] He installed a ladder down to Squirrel's stream passage, sorted gear out and surveyed the upstream underwater route (batch 0048-14-01).

He returned 3 days later, tied on his line reel ...

> ... and immediately the passages enlarges to a big (8 x 10 x 10m) underwater chamber. Dropped to the floor at -9m but couldn't see any obvious way on.

Solution pockets were met up a narrowing sandy slope and, at the -4m level ...

> ... entered at least three areas where rifts lead up to airspace. Each of these was a complex of hading rifts with dribbly inlets. I de-kitted at the least crap-looking one and had a good poke around. One rift led back to a big airbell 40m into the sump, but all led upwards and split up.
>
> I get the impression this area is a collector for lots of small streams soaking away under the main Boulder Hall area.

Rupert trimmed the lines leading to airspaces then removed all the kit and tackle back to Blood Alley, concluding a 6 hour solo trip.

Rupert also dived a couple of times in the Comellantes resurgence (0040) being convinced that the main way upstream had been missed.

Torben, Peter Fast and Jørgen visited two possible leads near the bottom entrance of Cueva de los Cefrales (4210). but found no way on.

Juan and Penny searched the hillside above Reñada for Torca de Limestone Lump (0577) which, from its grid reference, seemed to be "in the land of limestone lumps". Some possible candidates were seen but, for now, this shaft with its possible leads has been lost.

The Easter expedition finished having surveyed 1534m of new passages with another 1463m of passage resurveyed by Matienzo Caves Project cavers.

Top: Peter Smith in 3988. *Peter Eagan* Middle: Ali Neill in the entrance to Cueva del Abortal. *Phil Papard* Bottom: Boulder slope in Cueva la Revoltona. *Phil Goodwin*
Arriba: Peter Smith en 3988. Peter Eagan *Centro: Ali Neill en la entrada de la Cueva del Abortal.* Phil Papard *Abajo: Pendiente con bloques en Cueva la Revoltona.* Phil Goodwin

obstruida.

SECTOR SUR En Seldesuto, Pedro descubrió de nuevo que las posiciones en el mapa de las primeras cuevas podrían ser muy poco confiables, algo que se empeora cuando se intenta usar un GPS bajo árboles.

> *El pozo que más se ajusta a la descripción de 0690 está en la posición de 0691. También 0692 [...] estaba prácticamente en la posición de 0899.*

El 15 de abril, Rupert, cuando se dirigía a bucear aguas arriba de Squirrel's Passage en la Cueva-Cubío de la Reñada (0048), se encontró con la entrada bloqueada con troncos y «grafitis rayados en la placa conmemorativa – muy feo».[5] Instaló una escala hasta Squirrel's Passage, ordenó el equipo y topografió la ruta sumergida aguas arriba (lote 0048-14-01).

Regresó 3 días después, ató el carrete...

> *E inmediatamente las galerías se agrandan hasta convertirse en una gran sala bajo el agua (8 x 10 x 10 m). Bajé al suelo a -9 m, pero no podía ver ningún camino obvio.*

Encontró hornacinas de disolución en una pendiente arenosa que se estrechaba y a -4 m...

> *Entré en al menos tres áreas en las que las fisuras conducen a la superficie. Cada una era un complejo de grietas con laterales. Me quité el equipo en la que parecía menos birria y eché un buen vistazo. Una condujo a un gran espacio de aire a 40 m en el sifón, pero todas subían y se dividían.*
>
> *Tengo la impresión de que esta área es un colector de muchos pequeños arroyos que entran debajo del área principal de Boulder Hall.*

Rupert recortó las líneas que conducían a la superficie, luego quitó todo el equipo y volvió a Blood Alley, concluyendo una incursión en solitario de 6 horas.

Rupert también buceó un par de veces en la surgencia de Comellantes (0040) convencido de que el camino principal aguas arriba no se había visto.

Torben, Peter Fast y Jørgen visitaron dos posibles continuaciones cerca de la entrada inferior de la Cueva de los Cefrales (4210), pero no encontraron nada.

Juan y Penny prospeccionaron la ladera sobre Reñada en buscar de Torca de Limestone Lump (0577) la cual, según su ubicación en el mapa, parecía estar «n la tierra de los terrones de piedra caliza». Vieron algunas posibles candidatas pero, por ahora, este pozo con sus posibles continuaciones se da por perdido.

La campaña de Semana Santa terminó con un total de 1534 m de nuevas galerías con otros 1463 m de galería topografiados de nuevo por espeleólogos del proyecto Matienzo Caves.

---

5 Giles Barker died after falling in Azpilicueta - Reñada on August 10th, 1992. The marble plaque was installed by the locals two years later. See Matienzo: 50 Years of Speleology, pages 105, 107 and 113.

5 Giles Barker falleció tras caer in in Azpilicueta - Reñada el 10 de agosto de 1992. La placa de mármol la instalaron los vecinos de Matienzo dos años después. Véase Matienzo: 50 años de espeleología, p. 105, 107 y 113.

2014 SUMMER / VERANO

Adam Sharples
Alasdair 'Ali' Neill
Alf Latham
Andy Quin
Bill Sherrington
Bill Smith
Billy Booth
Carolina Smith de la Fuente
Charlotte Meakin
Chris Camm
Chris Playfoot
Chris Scaife
Chris Smith
Dan Jackson
Dave Milner
David Dunlop
David Purdie
Doug Thompson
Eleanora Carlisle
Harry Long
Helen Fairclough
Hilary Papard
Jack Dewison
James Carlisle
Jenny Corrin
Jethro Pryke
Jez Wong
Joel Colk
John Clarke
John Southworth
Juan Corrin
Julie Bridgeman
Lauren Griffin
Liz Taylor
Lloyd Cawthorne
Mike Topsom
Neil 'Slim / Nez' McCallum
Nigel Dibben
Paul Dold
Paul 'Footleg' Fretwell
Penny Corrin
Pete Hall
Pete O'Neill
Pete 'Pedro' Smith
Peter Clewes
Phil Goodwin
Phil Papard
Phil Parker
Phil Ryder
Rachael Rix
Sam Corless
Steve 'Big Steve' Martin
Ted Cawthorne
Tom Davison
Tom Gamble
Tom Howard
Tom Smith

Many of the cavers camped at Casa Germán. Weather was generally dry, good for the campers, but cooled off a little after the beginning of August. The expedition was more spread out than in previous years with an advance team there from 12 July and the last group leaving on 27 August.

NORTHWEST AND FAR WEST SECTORS Cavers find it very difficult to ignore caves and draughting holes, even when they're outside the permit area. James, Jenny and baby Eleanora, driving from Santander to Garzón, passed through the hamlet of Villanueva and noted a couple of strongly blowing holes by the roadside. This was the start of the "X" codes - out of area sites which may be permissible to investigate at a future date. Indeed, a few years later, a significant resurgence (X013) was noted below the road here and partly investigated on a "tourist trip" in the summer, 2019.

Juan, Phil Papard and Ali spent about three hours on July 22nd at BigMat Calf Hole (3916) removing small collapse debris and opening up draughting holes in the floor. "There must be a connection in a few days time!" However, Steve and members of the Sheffield University Speleological Society persevered at the low dig in nearby site 3905.

On July 31st, an attempt was made to link the dig with Torca la Vaca (2889). Both teams (Paul Dold, Tom Howard and Joel in Vaca and Phil Papard, Juan, Charlotte, Peter Clewes, Pedro, Billy, and Doug at the dig) were equipped with a radio and molephone but the Torca la Vaca team had a long underground trip to reach the possible connection point, while the BigMat Calf Hole team could sit around in the sun until a few minutes before the arranged communication time. Phil wrote:

At about 6.15 contact with the underground team was made using the molephone ... the location point (summer 2013) was confirmed and a depth measurement of 26m

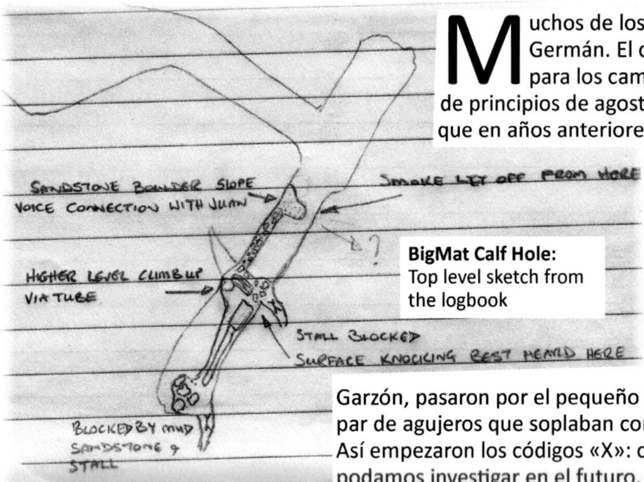

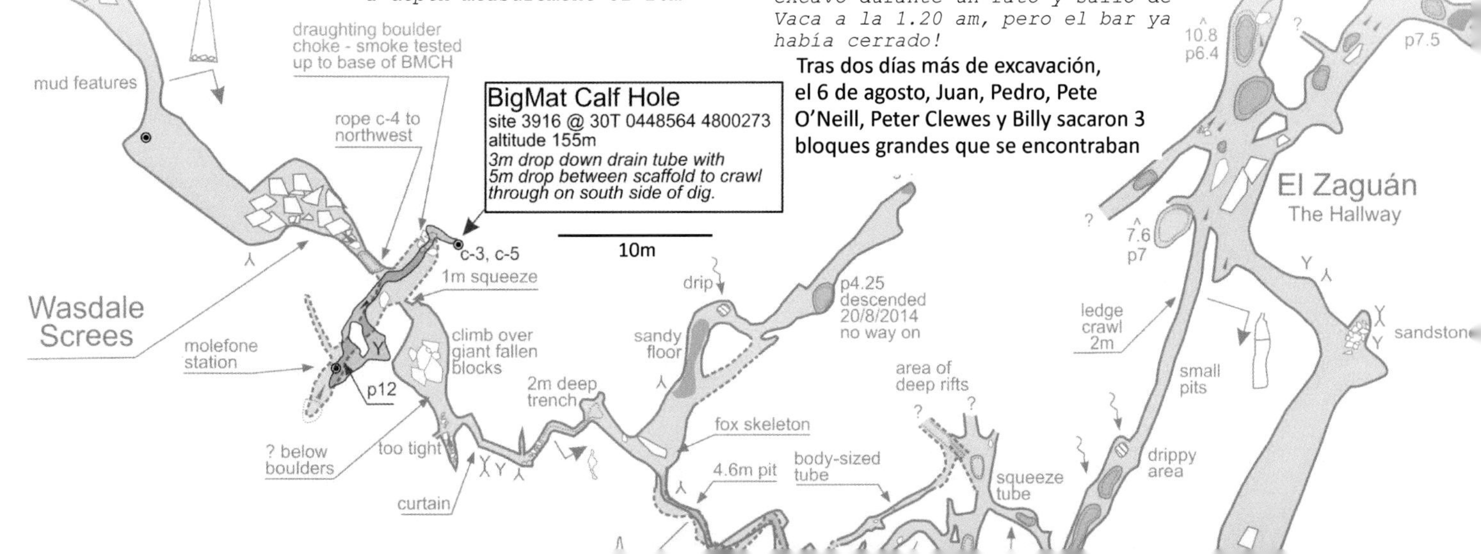

SANDSTONE BOULDER SLOPE
VOICE CONNECTION WITH JUAN
SMOKE LET OFF FROM HERE
HIGHER LEVEL CLIMBUP VIA TUBE
STALL BLOCKED
SURFACE KNOCKING BEST HEARD HERE
BLOCKED BY mud SANDSTONE & STALL

BigMat Calf Hole: Top level sketch from the logbook

PITCH/CLIMB 5m
N
E
W
NEW PASSAGE SEEN AUG 2014
DRAUGHT
E

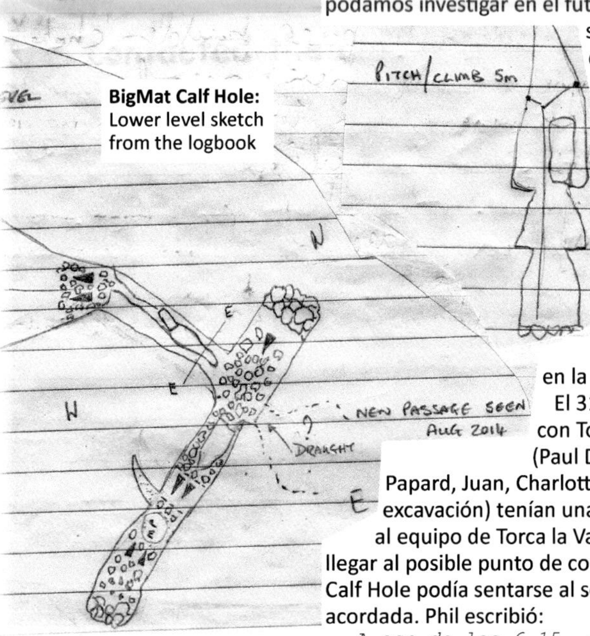

BigMat Calf Hole: Lower level sketch from the logbook

Muchos de los espeleólogos acamparon en Casa Germán. El clima fue generalmente seco, bueno para los campistas, pero templó un poco después de principios de agosto. La campaña estuvo más dispersa que en años anteriores: un equipo estuvo de avanzada allí desde el 12 de julio y el último grupo se marchó el 27 de agosto.

SECTOR NOROESTE Y EXTREMO OESTE A los espeleólogos les resulta muy difícil ignorar cuevas y agujeros sopladores, incluso cuando están fuera del área de exploración. James, Jenny y la bebé Eleanora, mientras iban en coche de Santander a Garzón, pasaron por el pequeño pueblo de Villanueva y vieron un par de agujeros que soplaban con fuerza al borde de la carretera. Así empezaron los códigos «X»: cavidades fuera del área que quizás podamos investigar en el futuro. De hecho, unos años más tarde, se vio una surgencia importante (X013) debajo de la carretera que se investigó en parte en una «incursión turística» en el verano de 2019.

Juan, Phil Papard y Ali pasaron alrededor de tres horas en BigMat Calf Hole (3916) el 22 de julio quitando pequeñas rocas que se habían derrumbado y abriendo agujeros de drenaje en el suelo. «¡La conexión aparecerá en unos días!». Sin embargo, Steve y los miembros de SUSS, de la Universidad de Sheffield, perseveraron en la excavación baja en la cercana 3905.

El 31 de julio se intentó conectar la excavación con Torca la Vaca (2889). Ambos equipos (Paul Dold, Tom Howard y Joel en Vaca y Phil Papard, Juan, Charlotte, Peter Clewes, Pedro, Billy y Doug en la excavación) tenían una radio y un teléfono subterráneo, pero al equipo de Torca la Vaca le esperaba una larga jornada para llegar al posible punto de conexión, mientras que el equipo de BigMat Calf Hole podía sentarse al sol hasta unos minutos antes de la hora acordada. Phil escribió:

A eso de las 6.15, contactamos con el equipo subterráneo utilizando el teléfono[...] confirmaron la posición (verano de 2013) y los 26 m de profundidad. Paul subió por la fisura en Vaca y pudo contactar fácilmente por radio con Juan en la excavación y con los que estaban fuera. También pudo establecer (ligeramente) un contacto vocal con Juan. [...] ¡El equipo subterráneo excavó durante un rato y salió de Vaca a la 1.20 am, pero el bar ya había cerrado!

Tras dos días más de excavación, el 6 de agosto, Juan, Pedro, Pete O'Neill, Peter Clewes y Billy sacaron 3 bloques grandes que se encontraban

mud features
draughting boulder choke - smoke tested up to base of BMCH
rope c-4 to northwest
BigMat Calf Hole
site 3916 @ 30T 0448564 4800273
altitude 155m
3m drop down drain tube with 5m drop between scaffold to crawl through on south side of dig.
c-3, c-5
10m
1m squeeze
Wasdale Screes
molefone station
p12
climb over giant fallen blocks
? below boulders
too tight
curtain
2m deep trench
drip
sandy floor
p4.25 descended 20/8/2014 no way on
fox skeleton
4.6m pit
body-sized tube
area of deep rifts
squeeze tube
ledge crawl 2m
small pits
drippy area
7.6 p7
El Zaguán
The Hallway
sandstone
10.8 p6.4
13 p5
p7.5

confirmed. Paul climbed up the rift in Vaca and was able to make easy contact using radios back to Juan down the dig and those on the surface. Also able to make (just) voice contact to Juan. ... Underground team dug for some time and got out of Vaca by 1.20am and missed the bar!

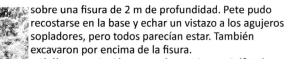

Two more days of downward digging occurred before, on August 6th, Juan, Pedro, Pete O'Neill, Peter Clewes and Billy removed 3 large blocks lying over a 2m deep rift. Pete was able to lie flat out at the base and look into draughting holes, but it appeared choked all around. More excavation also occurred above the rift.

Another dig in BigMat Calf Hole occurred on the 11th, but trips into Torca la Vaca to the Wasdale Screes on August 8th and 15th finally made the long-awaited connection. The team on the 8th also noticed a hole at the top of the Wasdale Screes looking into a continuation which turned out to be a chamber and an outward draughting crawl into a maze of crawls. This new set of passages was called Hardknott Pass but they would not lead to a surface connection. Diane writes about the culmination of the excavations "The Torca la Vaca - BigMat Calf Hole Connection" on page 155.

Hoping to find an easier possible second entrance to Vaca, Simon and Bill "had a poke around in most of the shakeholes to the east of the road" leading to the BigMat Calf Hole parking spot, but found "not

sobre una fisura de 2 m de profundidad. Pete pudo recostarse en la base y echar un vistazo a los agujeros sopladores, pero todos parecían estar. También excavaron por encima de la fisura.

El día 11 se siguió excavando en BigMat Calf Hole, pero las incursiones a Torca la Vaca hasta Wasdale Screes el 8 y 15 de agosto finalmente lograron la conexión tan esperada. El equipo del día 8 también vio un agujero en la parte superior de Wasdale Screes mirando hacia una continuación que resultó ser una sala y una gatera sopladora en un laberinto de gateras. A este nuevo conjunto de galerías se le llamó Hardknott Pass, pero no conducirían a una conexión con la superficie. Diane escribe sobre la culminación de las excavaciones en La conexión Torca la Vaca - BigMat Calf Hole, en la p 155.

Con la esperanza de encontrar una segunda entrada a Vaca más fácil, Simon y Bill «echaron un vistazo en la mayoría de los agujeros al este de la carretera» que conduce al sitio en el que se aparca para BigMat Calf Hole, pero no encontraron «mucho de interés».

A partir de entonces se empezó a trabajar para hacer la entrada más estable y permanente. El día 17, Phil, Pedro y Juan cortaron madera y barras de refuerzo y al día siguiente se añadió hormigón en varios agujeros. Andy y Julie se encargaron de mezclar el hormigón en Matienzo luego Pedro y Juan lo llevaron hasta Hornedo en contenedores de plástico.

Mientras esto sucedía, Si, Di y Bill Sherrington instalaron un pasamanos, calibraron el Disto y comenzaron a ampliar el acceso a

Installing the entrance tube at BigMat Calf Hole

1: Preparations.
2: Fixing the first segment.
3: Manoeuvring the second segment.
4: Trimming the top.
5: Tube in place with plenty spare.
6: Testing - a tight fit for some.
7: Looking up the excavated shaft below the tube.
Photos - Juan Corrin & Phil Papard with Bill Sherrington and Pete Smith.

Instalación del tubo de entrada en BigMat Calf Hole

1: Preparativos.
2: Fijación del primer segmento.
3: Maniobra del segundo segmento.
4: Recorte de la parte superior.
5: Tubo en su sitio con bastante de sobra.
6: Prueba: perfecto para algunos.
7: Mirando desde el pozo excavado debajo del tubo.
Fotos: Juan Corrin y Phil Papard con Bill Sherrington y Pete Smith.

THE TORCA LA VACA - BigMat Calf Hole connection

LA CONEXIÓN Torca la Vaca - BigMat Calf Hole

DIANE ARTHURS

Towards the end of the 2014 summer expedition the Big Mat Calf Hole surface digging team was progressing down well but were lacking a direction to dig. As the cavers involved in this project had to return home, we were asked to go to the Wasdale Screes radio location area to try and find a likely place for a connection.

Simon Cornhill, Pete Hall, Mike Topsom and I set off into Vaca. Considering we weren't very familiar with the route we made good progress until we missed the turning to Ed's Birthday Passage, carrying straight on into the dizzying depths of Frizzington! Pete realised our error and got us back on course to the objective. Although we made contact with the surface via walkie-talkie, hammering, smoke bombs and bangers our efforts proved inconclusive for a connection point.

A week later, further progress had been made on the surface dig and we were once again requested to make our way to Wasdale Screes to have another attempt. Strict times were agreed so Bill Sherrington, Si and I set off in haste. Bill, unfortunately for him, was wearing a neofleece which, coupled with a fast pace, resulted in poor Bill suffering from heat exhaustion. By the time we arrived at Lake Bassenthwaite he had reached melting point and decided to return to join the surface team, but not before skinny dipping to cool off as we changed for a cold swim through the lake!

So, as we glided through the infamous Penrith Historic Market Town Duck to carry on our journey, Bill stood on the shore of Lake Bassenthwaite, stark bollock-naked, harmonica in hand, serenading us on our way with a blistering blues solo. The notes lingered in our heads until we eventually reached our destination.

This time, now only being the two of us, it was much easier to be silent to try to locate a likely connection area. Just beyond the radio location point we climbed a 12m aven with a boulder choke at the top, where we could clearly hear the surface team hammering. Lighting some extremely pungent joss sticks we set about digging.

Meanwhile, Phil Papard who was positioned halfway down the surface shaft, proddled the sandy mud wall next to him and, to his surprise, opened up a small draughting hole with an overpowering smell of sandalwood coming out of it! The game was afoot, and all attention was now on this spot. On the other side, Si was working the boulder choke whilst I was perched a couple of metres down the slope providing words of support. Suddenly I felt the earth move!

Relocating our digging to where I was sitting quickly opened a hole where we could see the light from the other team shining through. Excitement was now reaching fever pitch as the holes grew larger and closer until, disaster! As I dug, a massive boulder was uncovered blocking our path to the surface. Ordinarily a thing of this size would need capping but, as we had no intention of heading back through Lake Bassenthwaite, I handed the crowbar to Simon who proceeded to turn green, rip his shirt off and somehow wrestled the monster out! Lifting it up, he gently laid it to rest where it wouldn't block our escape route.

We were through, the connection was made! Whilst jubilantly climbing out of Big Mat Calf hole shaft, Juan asked Phil, "What do you want to do with the tools?" Bill quickly responded, "Buy them a drink I would say!"

What a great day for the Matienzo expedition and all the people involved in the connection throughout the years!

At the end of 2019, eleven years after it was first entered, the Torca la Vaca System is almost 24km long with a number of entrances - the original, 2889; BigMat Calf Hole (3916) - the preferred entrance for trips south of the lake and duck; 4117 - Doldy's Cave, with a tight connecting pitch; 3034 - The Langdales entrance, and 4182 - the Cueva Cuba Libre entrance leading to traverses and a long crawl. A sixth route in is through Cave of the Wild Mare (0767) but this involves sump diving.

At least one through trip, from BigMat to Vaca, has been done. This occurred in March 2016 when a couple of cavers from the Espeleo Club La Grieta took five hours to complete a well-planned traverse.

Hacia el final de la campaña del verano de 2014, el equipo que excavaba la entrada Big Mat Calf Hole desde la superficie avanzaba bien, pero no tenían muy claro en qué dirección excavar. Como los espeleólogos involucrados en este proyecto tuvieron que volver a casa, se nos pidió que fuéramos a Wasdale Screes, donde se hizo la conexión por radio, para tratar de encontrar un lugar probable para una conexión.

Simon Cornhill, Pete Hall, Mike Topsom y yo partimos hacia Vaca. Teniendo en cuenta que no estábamos muy familiarizados con la ruta, avanzamos a buen ritmo hasta que nos perdimos el desvío a Ed's Birthday Passage y continuamos derechos ¡a las vertiginosas profundidades de Frizzington! Pete se dio cuenta de nuestro error y nos puso de nuevo en ruta hacia el objetivo. Aunque contactamos con la superficie a través de un walkie-talkie, martilleos, bombas de humo y petardos, nuestros esfuerzos resultaron inconclusos.

Una semana más tarde, habían conseguido avanzar en la excavación de la superficie y una vez más nos pidieron que fuéramos a Wasdale Screes para intentarlo de nuevo. Acordamos un horario estricto, así que Bill Sherrington, Si y yo partimos rápidos y veloces. Bill, por desgracia para él, llevaba uno de esos monos interiores con parte de neopreno que, junto con el ritmo rápido que llevábamos, hizo que casi le diera un golpe de calor. Para cuando llegamos al lago Bassenthwaite, había empezado a derretirse y decidió regresar para unirse al equipo de superficie, ¡pero no sin antes darse un baño para refrescarse mientras Si y yo nos cambiábamos para cruzar el lago!

Así que, mientras pasábamos bajo la infame bóveda sifonante de Penrith Historic Market Town para continuar nuestro camino, Bill se paró en la orilla del lago Bassenthwaite, en pelota picada, y armónica en mano nos dedicó un solo de blues apasionado. No nos pudimos sacar las notas de la cabeza hasta que finalmente llegamos a nuestro destino.

Esta vez, como solo éramos dos, fue mucho más fácil estar en silencio para tratar de localizar una posible conexión. Pasando el punto en el que se hizo la conexión por radio, escalamos una chimenea de 12 m con un caos de bloques en lo alto por el que podíamos escuchar claramente el martilleo del equipo en la superficie. Encendimos algunos palitos de incienso algo fuertes y nos dispusimos a excavar.

Mientras tanto, Phil Papard, que estaba a la mitad del pozo de la superficie, dio un golpe en la pared de barro arenoso a su lado y, para su sorpresa, se abrió un pequeño orificio soplador del que salía un olor abrumador a sándalo. Todo se había puesto en marcha y ahora toda la atención se centró en este agujero. Al otro lado, Si estaba trabajando en el caos de bloques mientras yo esperaba a un par de metros cuesta abajo ofreciéndole palabras de apoyo. ¡De repente sentí que la tierra se movía!

Tras mover nuestra excavación a donde estaba sentada no tardamos en abrir un agujero por donde podíamos ver la luz del otro equipo. A medida que los agujeros se hacían más grandes y se acercaban se empezó a apoderar de nosotros el frenesí hasta que... ¡desastre! Mientras excavaba, descubrí una enorme roca que bloqueaba nuestro salida a la superficie. Por lo general, una cosa de este tamaño necesitaría micros, pero, como no teníamos intención de regresar a través del lago Bassenthwaite, le entregué la palanca a Simon, quien procedió a volverse verde, arrancarse la camisa y de alguna manera luchar contra el monstruo. Levantó la roca y la dejó con cuidado donde no bloqueara nuestra salida.

¡Habíamos pasado, conectamos las cuevas! Mientras salía jubilosamente del pozo de Big Mat Calf, Juan le preguntó a Phil: «¿Qué quieres hacer con las herramientas?». A lo que Bill respondió rápidamente: «¡Yo diría que invitarles a una cerveza!».

¡Qué gran día para la expedición de Matienzo y todas las personas involucradas en la conexión a lo largo de los años!

A finales de 2019, once años después de que alguien entrara en él por primera vez, el Sistema Torca la Vaca tiene un desarrollo de casi 24 km con varias entradas: la original, 2889; BigMat Calf Hole (3916), la entrada preferida para incursiones al sur del lago y bóveda sifonante; 4117, la cueva de Doldy, con un pozo de conexión estrecho; 3034, entrada de Langdales; y 4182, entrada de Cueva Cuba Libre que conduce a travesías y una larga gatera. Una sexta ruta la encontramos a través de la Cueva de la Yegua Salvaje (0767), pero implica bucear el sifón.

Al menos una vez se ha hecho la travesía completa de BigMat a Vaca. Fue en marzo de 2016 cuando un par de espeleólogos del Espeleo Club La Grieta tardaron cinco horas en completar una visita muy bien planificada.

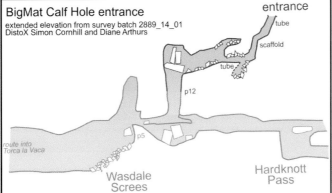

BigMat Calf Hole entrance
extended elevation from survey batch 2889_14_01
DistoX Simon Cornhill and Diane Arthurs

entrance
tube
scaffold
tube
p12
route into Torca la Vaca
p5
Wasdale Screes
Hardknott Pass

much of interest".

Work then started to make the entrance more stable and permanent. On the 17th, Phil, Pedro and Juan cut wood and rebar for shuttering and the following day concrete was poured and pushed into various holes. The concrete was mixed in Matienzo by Andy and Julie then transported in plastic bins to Hornedo by Pedro and Juan.

While this was going on, Si , Di and Bill Sherrington put in a traverse line and pitch down, calibrated the Disto and started to widen access into the Hardknott Pass series. On the 17th, 109m were surveyed here as part of batch 2889_14_01, described as "thrutchy for bag-carrying fat folk". Further exploration and survey took place on the 18th with a number of potholes to push and skirt around. On the 19th, with the survey complete, over 439m had been surveyed in this area.

August 20th saw an 11am start for mixing and transporting concrete. By 6pm a 2m long road drainage tube had been installed down into the top of the entrance climb with stone, earth and concrete completely surrounding it.

Every day from the 21st to the 27th, Simon and Diane made use of the BigMat Calf Hole entrance with the exception of the 23rd when they continued work in Tixtu Aven in Cueva Hoyuca. On the 21st with Bill Sherrington and Neil:

Bill was very keen to check out a tip off from Dave Gledhill about a 'definitely going roof passage' in The Whites Haven area ... at the end of the 'A590 Vindication Highway'. So, using the new entrance, a very efficient and enjoyable romp was had to Scafell Aven. ... At the end of the A590 a small slot on the right hand side is the entrance to The Whitehavens and this is a bit thrutchy to begin but soon pops out into a big rift passage. Di boosted Simon into the roof passage and a frantic scramble saw him established 4m above the floor of the rift and looking down another 4m into the 'new'.

A hand line descent entered 4m of passage ending quickly at a dreadful muddy tube getting too tight. In Simon's words 'It's just like trying to get down a toilet soil pipe'. A similar tube was spotted in the roof but not attempted looking equally uninviting. No draught, no prospects. A dud.

Neil and Bill started out whilst Si and Di carried on to 1st Terminal Boulder Choke prospecting for leads and familiarising themselves with the area. Neil and Bill waited at the top of Scafell for the other 2 to appear at the bottom and then headed out, clearing the rubbish from the Dingle Camp[1] en route.

The next day Si and Di went to check out the "mystery surrounding the Frizzington Extensions on the survey", finding old, often illegible, survey stations. They made some sense of the routes and broke into "new territory, discovering large areas of rodent (?) droppings in various states of decomposition". They continued pushing and surveying in this area on the 24th.

On the 25th, Si and Di had a "swift trip" in through the original entrance "to recover Bill's neofleece from the shores of Lake Bassenthwaite" and, coming out, detackled that end of the system.

They then went into BigMat Calf Hole to continue work in the Frizzington Series.

Moving swiftly to where we had left off the previous day (Station: 2889_14_02.3.33), we followed the main 'obvious' way on with the draught in our faces. Progress was in a comfortably sized passage passing numerous cross rifts, most too small to enter, constantly clambering up and down various obstacles. An obvious side passage on the left quickly reconnected back to the main route (either side of the 'Old Man Of Coniston' (station 2889_14_02.3.50).

Note: An exceedingly dodgy 1m high arch at station: 2889_14_02.3.65 requires a careful low limbo to pass under it! Shortly after this, moisture beads were seen on the passage walls, and shortly after that decaying rat(?) poo & the bones of a rat(?) were encountered.

The rift then narrows with the draught picking up. Eventually, a squeeze was forced through a short tube on the left-hand side of the passage over blocks to several holes looking down into a chamber. Tools required to gain access.

Pleased with our efforts for the day this was a fitting turn around point, exiting at midnight.

With tales of ongoing new passage, Neil was "once again tempted underground" the following day. Simon enlarged the downwards slot at the end of Frizzington with a crowbar.

A 3x3m wide rift heads off up a 2m climb to an impressive 27m high aven, 'Careful What You Wish For'. Although the roof looks like sandstone, it seems like a passage can be seen near the top, the rock is sound and would make a good climbing project.

Through boulders under the aven, deep holes could be seen giving the impression of a false floor. Just

---

[1]   2013 summer, pages 121 - 124

---

la red Hardknott Pass. El día 17, se topografiaron 109 m en el lote 2889_14_01, descrito como «ajustado para gente gorda con sacas». El día 18 siguieron explorando y topografiando con varios agujeros que forzar y sortear. El día 19, con la topografía completa, se habían sumado más de 439 m en esta zona.

El 20 de agosto comenzó a las 11 de la mañana con la mezcla y el transporte de hormigón. A las 6 de la tarde, se había instalado un tubo de drenaje de 2 m de largo en la parte superior del destrepe de la entrada con piedras, tierra y hormigón alrededor.

Todos los días del 21 al 27, Simon y Diane hicieron uso de la entrada BigMat Calf Hole, con la excepción del 23, cuando continuaron trabajando en Tixtu Aven en Cueva Hoyuca. El día 21 con Bill Sherrington y Neil:

Bill tenía ganas de comprobar una pista de Dave Gledhill sobre una «galería en el techo que seguro que continúa» en el área de Whitehavens [...] al final de A590 Vindication Highway. Así que, usando la nueva entrada, disfrutamos de un eficiente y agradable paseo hasta Scafell Aven. [...] Al final de A590, una pequeña ranura en el lado derecho es la entrada a The Whitehavens; es un poco ajustado al principio, pero pronto sale a una gran fisura. Di ayudó a Simon a subir a la galería en el techo y tras trepar un poco estuvo a 4 m del suelo de la fisura y mirando hacia otros 4 m hacia lo «nuevo».

Con un pasamanos destrepó hasta una galería de 4 m que terminó rápidamente en un horrible tubo embarrado muy estrecho. En palabras de Simon, «como intentar bajar la tubería de un váter». Vimos otro tubo similar, pero ni lo intentamos pues también parecía poco atractivo. Sin tiro, sin perspectivas. Un fracaso.

Neil y Bill empezaron a salir mientras Si y Di continuaron hasta 1st Terminal Boulder Choke en busca de pistas y para familiarizarse con la zona. Neil y Bill esperaron en la cabecera de Scafell a que aparecieran los otros 2 en la base y de allí salieron, limpiando la basura del Campamento Dingle[1] de camino.

Al día siguiente, Si y Di fueron a comprobar el «misterio de las extensiones Frizzington en la topo», y encontraron estaciones de topo antiguas, a menudo ilegibles. Se familiarizaron con las rutas y entraron en «nuevo territorio, descubriendo grandes áreas con excremento de roedores (?) en varios estados de descomposición». Continuaron forzando y topografiando aquí el 24.

El día 25, Si y Di hicieron un «visita rápida» por la entrada original «para recuperar el traje de Bill de las orillas del lago Bassenthwaite» y, al salir, desinstalaron ese extremo del sistema.

Luego fueron a BigMat Calf Hole para continuar trabajando en la red Frizzington.

Moviéndonos rápidamente hasta donde lo habíamos dejado el día anterior (Estación: 2889_14_02.3.33), seguimos el camino principal «obvio» con la corriente de frente. El progreso fue en una galería de tamaño cómodo que pasaba por numerosas diaclasas cruzadas, la mayoría demasiado pequeñas para entrar, subiendo y bajando constantemente varios obstáculos. Una galería lateral obvia a la izquierda se reconectó rápidamente de nuevo a la ruta principal (a ambos lados de Old Man Of Coniston (estación 2889 14 02.3.50).

Nota: Un arco de 1 m de altura bastante sospechoso en la estación 2889_14_02.3.65 hay que pasar con cuidado como bailando el limbo. Poco después, vimos gotas de humedad en las paredes de la galería, y al poco encontramos caca de rata (?) en descomposición y huesos de rata (?).

La grieta luego se estrecha y la corriente aumenta. Finalmente, forzamos una estrechez a través de un tubo corto en el lado izquierdo de la galería sobre bloques hacia varios agujeros desde los que se ve una sala. Hacen falta herramientas para acceder.

Satisfechos con el trabajo del día, era buen momento para dar la vuelta, saliendo a medianoche.

Con historias de nuevas galerías, a Neil lo «volvieron a tentar bajo tierra» al día siguiente. Simon amplió la ranura hacia abajo al final de Frizzington con una palanca.

Una grieta de 3x3 m de ancho se dirige hacia escalada de 2 m hasta una impresionante chimenea de 27 m de altura, cuidado con lo que deseas. Aunque el techo parece arenisca, parece que se puede ver una galería cerca de la parte más alta, la roca es sólida y sería un buen proyecto de escalada.

A través de bloques bajo la chimenea se veían agujeros profundos que daban la impresión de un suelo falso. Justo detrás y a la derecha de la chimenea, bajamos 9 m por una fisura estrecha hasta bloques atascados donde medimos con el Disto: 22 m. Se podrían sacar los bloques atascados [...] la grieta parece [...] estrecha al principio, pero se abre

---

[1]   Véase Verano de 2013, p. 121

back and on the right of the aven, a narrow rift was descended for 9m to jammed blocks where a hole down was disto'd to 22m. It may be possible to dig out the jammed blocks ... the rift looks ... tightish to start off with but opens out further down. Another good lead but would require some work.

A short distance on, a 2m climb up enters another area with deep rifts off to the sides. Unfortunately, Neil's helmet escaped off of his head and disappeared down one of these. An impromptu inspection of said rift and it was safely recovered - lucky boy! It becomes too tight going down, whilst horizontally progress is in a necky 'Quaking' style, pushed for some distance until sense prevailed.

The passage continues changing nature, stepping down over a puddle the floor is mud covered and gently ascending. A small blind chamber was climbed into, whilst underneath this a low muddy crawl has the draught coming out of it. This was left unpushed.

On their last day, Si and Di explored a side passage in Frizzington with links to known passage.[2] However, not all exploration or survey was completed as they had "a date with a large ferry!".

About 300m to the southwest of the Torca la Vaca entrance, three days were spent by John Clarke, Harry, Chris Smith and Phil Ryder excavating and exploring site 3923. A hole under a sandstone slab dropped 3m into a chamber with the way on leading to deep, fluted limestone pillars and more chambers and pits. It's thought that the pits may lead to a lower level but more work is required.

Alf, Phil Goodwin, Dave Milner and John Southworth investigated a cleared area to the north of Torca de Peña Encaramada at Hornedo, describing 4058 as a body-sized hole in a depression and 4059 as a cave with small, less than body-sized passages. Both had no draught.

On August 5th, Simon and Diane had "a lovely swim to the sump and back" in Fuente Aguanaz (0713) where the water levels appeared low. They had a look around the 2009 / 2010 extensions, the inlet from the west, and thought that, in the chamber with two avens. "the one at the top of the slope looked like a better climbing prospect".

In site 3105, Phil Parker and Chris Camm spent a couple of days re-examining the hole, writing that there seemed to be more passage than the sketch survey from 2008 suggested. There was also a draught that they intended to follow.

In the area around Cueva de Regato (3494), densely populated with caves and digs, the entrance to dig 3703 was found to have slumped. Alf, Dave Milner, John and Phil Goodwin also found that the low, flat out crawl at the lowest level in Regato became too low because of shingle banks. There is a steady draught and "a very small person might get through".

Navajeda and La Cavada to Cobadal

Chris and Phil Parker opened up site 4041, a pallet-covered hole, to find a draughting, blocked rift to the northwest 7m down. They returned the following day, July 25th, to start work demolishing the choke then continued on the 31st, finding the draught still strong and enterable space visible. On August 1st, the choke was passed to a small pot. Straight ahead required some digging but, at the base of the 2 - 3m drop a crawl led to two ways off: one choked in calcite with a small hole about 3m deep while the other led into "an interesting area that requires more examination".

On August 2nd, the upper level was surveyed but further enlargement was necessary before the pair could survey in the lower area. On the 3rd:

Survey continued into the "interesting area", a largish, steeply sloping chamber with lots of rock pendants, formations and bones including a near complete, small sheep skeleton.

The chamber had possible draughting continuations at the base and, on August 4th, a breakthrough of sorts occurred. A walking height passage was entered with lots of calcite and small animal tracks on the floor. However, a strongly draughting area - a gully with lots of loose rocks - was deemed too dangerous to dig. In all 88m were surveyed in the hole to a depth of 16m.

To the south of Torca la Vaca, on the north side of Cobadal, Alf, Dave Milner, John and Phil Goodwin investigated a number of small sites:

Site 3923 - photos *John Clarke* (top) and *Harry Long*.

Site 3923 - fotos *John Clarke* (arriba) y *Harry Long*.

---

más abajo. Otra buena pista, pero requerirá algo de trabajo.

Un poco más adelante, una subida de 2 m da a otra área con profundas fisuras a los lados. Desafortunadamente, a Neil se le escapó el casco de la cabeza y desapareció por una de ellas, pero tras una inspección improvisada se recuperó a salvo, ¡chico con suerte! Hacia abajo se vuelve demasiado estrecha, mientras que el progreso horizontal se parece al de Quacking, en Inglaterra; la forzamos cierta distancia hasta que se impuso el sentido común.

La galería sigue cambiando, bajando a un charco el suelo está cubierto de barro y sube suavemente. Escalamos a una pequeña sala ciega, mientras que debajo de esta un laminador bajo y con barro tiene corriente sopladora. Esto lo dejamos sin forzar.

En su último día, Si y Di exploraron una galería lateral en Frizzington con enlaces a otra conocida.[2] Sin embargo, no completaron todas las exploraciones o topos, ya que tenían «una cita con un ferry grande».

Unos 300 m al suroeste de la entrada de Torca la Vaca, John Clarke, Harry, Chris Smith y Phil Ryder pasaron tres días excavando y explorando la cueva 3923. Un agujero debajo de una losa de arenisca baja 3 m hasta una sala. La ruta lleva a pilares de piedra caliza estriados y profundos y más salas y agujeros. Se cree que los estos pueden dar a un nivel más bajo, pero necesita más trabajo.

Alf, Phil Goodwin, Dave Milner y John Southworth investigaron una sección forestal despejada al norte de Torca de Peña Encaramada en Hornedo: 4058 era un agujero del tamaño de una persona en una depresión y 4059 era una cueva con galerías pequeñas. Ambas sin corriente.

El 5 de agosto, Simon y Diane disfrutaron de «una estupenda zambullida hasta el sifón y vuelta» en Fuente Aguanaz, donde los niveles de agua parecían bajos. Echaron un vistazo a las extensiones 2009/2010, la lateral desde el oeste, y les pareció que, en la sala con dos chimeneas «la que está en lo alto de la pendiente parecía la mejor para escalar».

En la cavidad 3105, Phil Parker y Chris Camm pasaron un par de días reexaminando el agujero y escribieron que parecía haber más galería de lo que sugerían los bocetos de 2008. También había una corriente que tenían la intención de seguir.

En el área alrededor de la Cueva de Regato (3494), llena de cuevas y excavaciones, la entrada a la excavación 3703 se había derrumbado. Alf, Dave Milner, John y Phil Goodwin también vieron que el laminador en el nivel más bajo en Regato se volvía demasiado bajo por los bancos de gravilla. Hay una corriente de aire constante y «una persona muy pequeña podría pasar».

De La Cavada a Cobadal; Navajeda

Chris y Phil Parker abrieron la cavidad 4041, un hoyo cubierto de pallets, y se encontraron con una fisura bloqueada y con corriente hacia el noroeste a 7 m de profundidad. Regresaron al día siguiente, 25 de julio, para quitar la obstrucción y luego continuaron el 31, encontrando la corriente de aire todavía fuerte y espacio visible al otro lado. El 1 de agosto, pasaron la obstrucción hasta una pequeña sala. En línea recta había que excavar un poco, pero, en la base de un pozo de 2 a 3 m, una gatera condujo a dos continuaciones: una obstruida con calcita y un pequeño agujero de unos 3 m de profundidad, mientras que la otra conducía a «un área interesante que hay que examinar más».

El 2 de agosto, se topografió el nivel superior, pero se tenía que ampliar más antes de que el par pudiera topografiar en el área inferior. El día 3:

La topo continuó en la «zona interesante», una sala grande y empinada con una gran cantidad de roca colgante, formaciones y huesos, incluido un pequeño esqueleto de oveja casi completo.

La sala tenía posibles continuaciones con tiro en la base y, el 4 de agosto, se produjo una especie de avance. Entraron a una galería en la que podían andar de pie con mucha calcita y huellas de animales pequeños. Sin embargo, un área con fuerte corriente, una zanja con mucha roca suelta, se consideró demasiado peligrosa para excavar. En total, se topografiaron 88 m con una profundidad de 16 m.

Al sur de Torca la Vaca, en el lado norte de Cobadal, Alf, Dave Milner, John y Phil Goodwin investigaron varios agujeros pequeños: 4056, un destrepe hacia una galería obstruida y 4057, una pequeña grieta con tres entradas. También volvieron a explorar 2566, una bajada de

---

2   The complete centre line survey of the Frizzington Series from 2014 can be seen in Aven / Survex as batch 2889_14_02.

2   La poligonal de la red Frizzington de 2014 se puede ver en el lote 2889_14_02 en Aven / Survex.

4056, a climb down into choked passage and 4057, a small rift with three points of entry. They also re-explored 2566, a 4m descent into a stand-up chamber.

In Cueva Torcida (0613), Si, Di, Steve and Bill Sherrington had a quick trip to look at bones and to descend the pitch in the second passage on the right to check out the digging lead - "not brilliant".

They also visited the Shanty Town dig (2090) deciding, after some excavation, that the site definitely required scaffolding before further boulder extraction could occur.

The dig above the Duck Pond sink (3215) had been excavated since 2009 but, after the extensions made at Easter, and despite a good draught, the source of the draught in the cave was still proving elusive. On August 10th, John Southworth, Phil Goodwin and Dave Milner were again unsuccessful in tracing the draught so they had "no more trips planned".

The "Civil War Cave", site 3543 was visited by John Southworth and Dave Milner where they dug and capped in a low crawl.

In Navajeda, the find at the end of the Easter trip (4036) was investigated by Chris Camm and Phil Parker. They "sweated up to the fenced tree / undergrowth area" where Phil dropped "a very nice, oval shaft". However, 16m down, a mud, stone and large boulder floor had no draughts and "no obvious dig point". A small collapse was documented to the southwest, site 4063.

Discovered and worked on in 2013, the Torca de los Campizos (Yo-yo Cave, 3812) was again a focus for pushing by Dave Milner, Alf, John Southworth and Phil Goodwin. On August 8th they continued capping down the side of the blocked shaft bottom, opened a hole and measured the revealed pitch with a rope and a stone at 17m.

After Phil and Alf enlarged the pitch head, Phil descended via ledges: 5m, 4m then 8m to the floor of a rift.

In the northern direction, 20m of passage led to a right hand bend and a 3m diameter shaft estimated to about 70m deep.

On August 14th, Phil took Adam, David Dunlop, Lloyd and Bill Smith to the top of the new pitch with a 100m rope.

Adam placed several bolts at the top and one rebelay about 8m down. On reaching the floor he found he had less than 10m left so a hang of 70 - 80m seems about right. David and Bill followed finding that the floor was just jammed boulders to another 30 - 40m drop.

A "huge echo" came from this next drop and the comment was made that the jammed blocks were "probably safe to walk on".

Two days later, Phil Goodwin and Alf dropped the pitch at the boulders, actually a p52 into a chamber 12m across at the widest and about 60m long.

After the summer 2013 campaign of excavating 3901 close to El Cubillón (2538), John Southworth and Dave Milner returned to dig on August 12th, following the draught.

The previous trip into Torca Cañaos (4043) two months before had explored and surveyed the main line of the Galería de Yeso. Juan, Ali and James, on July 17th, had the objective of exploring and surveying side passages. Starting at the end, Ali opened up the squeeze at station 0 only to find that others had been there before him. Holes in the floor dropped down a short distance to meet the stream, although it was thought that any significant exploration might require a wetsuit as the water was ponded, both up and downstream, by cobbles. (Survey batch 4043-14-02). James hammered out a squeeze (at the word "STOP" on the wall) and pushed through into a small continuation (batch 4043-14-03). Ali also dug out a flat out crawl to a tight climb down to the stream (batch 4043-14-04) while Juan investigated extensive passages to the east and west of station 4043-01.10, leaving them unsurveyed.

Juan and James along with Ali and Pedro, as two teams, continued exploring and surveying. Batches 4043-14-05 to 4043-14-09 were surveyed - nearly 400m mainly in Love Heart Passage and the Western Loop. More evidence of previous exploration was seen as a set of mud sculptures, including a small man with a beret.

Two teams were also exploring and surveying on July 24th. Phil Papard and Pedro surveyed over 300m of high-level passages near the entrance pitch, batch 4043-14-15, Volcano Chamber and Galerías Emeuve and Mabe. Ali, James and Juan concentrated mainly on the stream passage, surveying over 350m in batches 4043-14-10 to 4043-14-14.

Ali, Steve and Nigel pushed the upstream limit three days later starting at a neck-deep canal leading to a duck under the right hand wall.

This led back to dry land ... Off to the left there was a 30m high aven which must be very close to the surface ... After about 180m the stream again narrowed down to a further duck, at which point Steve's light failed completely. James went through ... and on the

4 m hacia una sala amplia.

Si, Di, Steve y Bill Sherrington aprovecharon una visita breve a Cueva Torcida (0613) para ver los huesos y bajar el pozo en la segunda galería a la derecha para ver la posible excavación, «no muy allá».

También visitaron la excavación de Shanty Town (2090) y decidieron, después de alguno de trabajo, que iba a necesitar andamios antes de poder sacar más rocas.

Se llevaba trabajando en la excavación sobre el sumidero de Duck Pond (3215) desde 2009 pero, después de las ampliaciones realizadas en Semana Santa, y a pesar de un buen tiro, el origen de la corriente en la cueva aún no se había encontrado. El 10 de agosto, John Southworth, Phil Goodwin y Dave Milner de nuevo no lo consiguieron, por lo que «no tenían más visitas planeadas».

John Southworth y Dave Milner visitaron la «Cueva de la Guerra Civil», 3543, donde excavaron y usaron micros en un laminador.

En Navajeda, Chris Camm y Phil Parker investigaron la cavidad descubierta al final de la campaña de Semana Santa (4036). «Sudamos hasta el área cercada con árboles / maleza», donde Phil bajó por «un pozo ovalado muy bonito». Sin embargo, a 16 m de profundidad, un suelo de barro, piedra y grandes rocas no tenía corrientes de aire ni «ningún punto de excavación obvio». Documentaron un pequeño derrumbe al suroeste, 4063.

Descubierta y explorada por primera vez en 2013, la Torca de los Campizos (3812) fue nuevamente el objetivo de Dave Milner, Alf, John Southworth y Phil Goodwin. El 8 de agosto continuaron abriendo el lado de la base del pozo obstruido, abrieron un agujero y midieron el pozo que encontraron con una cuerda y una piedra: 17 m.

Después de que Phil y Alf agrandaran la cabecera del pozo, Phil bajó valiéndose de las repisas: 5 m, 4 m y luego 8 m hasta el suelo de una fisura.

En dirección norte, 20 m de galería dan a una curva a la derecha y un pozo de 3 m de diámetro con unos 70 m de profundidad estimados.

El 14 de agosto, Phil llevó a Adam, David Dunlop, Lloyd y Bill Smith a la cabecera del nuevo pozo con una cuerda de 100 m.

Adam instaló varios anclajes en la cabecera y un fraccionamiento a 8 m. Al llegar abajo, vió que le quedaban menos de 10 m, por lo que unos 70 a 80 m parece adecuada. David y Bill le siguieron y vieron que en realidad estaban sobre rocas atascadas y que debajo había otros 30 a 40 m más.

Un «gran eco» venía de este segundo pozo y comentaron que los bloques atascados eran «probablemente seguros para caminar sobre ellos».

Dos días después, Phil Goodwin y Alf bajaron ese segundo pozo, en realidad un P 52 a una sala de 12 m de ancho y unos 60 m de largo.

Tras excavar en 3901, cerca de El Cubillón, en el verano de 2013, John Southworth y Dave Milner volvieron a ella el 12 de agosto, siguiendo la corriente.

En la anterior visita a Torca Cañaos (4043) dos meses antes se había explorado y topografiado la poligonal principal de la Galería de Yeso. Juan, Ali y James, el 17 de julio, tenían el objetivo de explorar y topografiar las galerías laterales. Comenzando por el final, Ali abrió la gatera en la estación 0 solo para descubrir que otros habían estado allí antes que él. Los agujeros en el suelo daban al río, pero pensaron que era mejor explorarlo en condiciones con neopreno, ya que el agua parecía estancarse por las rocas en el curso, tanto aguas arriba como abajo. (Lote de topo 4043-14-02). James abrió una gatera a martillazos (en la palabra «STOP» en la pared) y entró en una pequeña continuación (lote 4043-14-03). Ali también excavó un laminador hasta un destrepe estrecho que daba al río (lote 4043-14-04) mientras Juan investigaba extensas galerías al este y oeste de la estación 4043-01.10, dejándolas sin topo.

Juan y James, junto con Ali y Pedro, en dos equipos, continuaron explorando y topografiando. Se topografiaron los lotes 4043-14-05 a 4043-14-09, casi 40 m principalmente en Love Heart Passage y Western Loop. Observaron más señales de que se había explorado previamente, como un conjunto de esculturas de barro, incluido un hombre pequeño con boina.

Dos equipos también la exploraron y topografiaron el 24 de julio. Phil Papard y Pedro topografiaron más de 300 m de galerías superiores cerca del pozo de entrada, lote 4043-14-15, Volcano Chamber y Galerías Emeuve y Mabe. Ali, James y Juan se concentraron sobre todo en la galería activa, topografiando más de 350 m (lotes 4043-14-10 a 4043-14-14).

Ali, Steve y Nigel forzaron el límite aguas arriba tres días después, comenzando en un canal hasta el cuello que conduce a una bóveda sifonante debajo de la pared de la derecha.

Esto nos llevó de vuelta a tierra firme [...] A la izquierda había una chimenea de 30 m de altura que debe estar muy cerca de la superficie [...] Tras unos

TORCA DE LOS CAÑAOS - CUEVA RIOCUEVA

Top row - James Carlisle and Alasdair Neill with formations in the high level. *Juan Corrin*
Middle row - Pete Smith with formations in the higher levels. *Phil Papard*
Bottom row - Formations. *David Purdie*. James Carlisle and Alasdair Neill surveying the stream. *Nigel Dibben*

Fila superior: James Carlisle y Alasdair Neill con formaciones en el nivel superior.   *Juan Corrin*
Fila central: Pete Smith con formaciones en el nivel superior.   *Phil Papard*
Fila inferior: Formaciones *David Purdie*. James Carlisle y Alasdair Neill topografiando en el río.   *Nigel Dibben*

other side the roof rose again with promising leads for another visit.

This was surveyed as batch 4043-14-16 for 226m. Most of the stream passage didn't appear on any Spanish survey so the length of the cave was steadily increasing with these new explorations.

Further passages to the south of the entrance were surveyed on July 28th by Ali and James, including the Galería del Laboratorio, but left "lots more to survey". Ali returned with Nigel, Lauren, David Purdie and Sam to connects bits around the entrance and investigate a climb up out of Galería del Laboratorio. Over 175m of pretty passage were surveyed before a section of stream passage was surveyed.

On August 2nd, Chris Playfoot, Sam and Jack continued downstream from the end of Ali's previous survey, a short distance down from the Cañaos entrance shaft. They emerged out of a bottom entrance (4085) just above the resurgence complex (4086, 4087 and 4088) and below the gated archaeological entrance called Cueva Riocueva (or Recueva, 4042). The trip downstream and out took less than an hour; rather longer was the return trip when they surveyed 362m as batch 4043-14-25.

On August 3rd, Simon, Diane and Steve "continued the survey down the leech-infested duck" finishing up with 114m as batch 4043-14-28, the final piece of upstream passage in this area, finishing at a duck or sump with a small continuation up a slope.

Ali, Lloyd, David Dunlop, Tom Davison and Adam were also in the system that day, surveying downstream where it was accessible down a short drop from the southern end of the high level. The streamway continued to a sandy chamber and blocks with a duck, "which may or may not be too low to pass". Over 175m were surveyed here as

180 m, el río se volvió a reducir hasta otra bóveda sifonante, donde Steve se apagó por completo . James pasó [...] y al otro lado el techo se elevó de nuevo con pistas prometedoras para otra visita.

Se topografió en el lote 4043-14-16: 226 m. La mayor parte de la galería activa no aparecía en ninguna topo española, por lo que el desarrollo de la cueva aumentó constantemente con estas nuevas exploraciones.

Ali y James topografiaron otras galerías al sur de la entrada el 28 de julio, incluida la Galería del Laboratorio, pero dejaron «mucho más por topografiar». Ali regresó con Nigel, Lauren, David Purdie y Sam para conectar secciones cerca de la entrada e investigar una escalada que salía de la Galería del Laboratorio. Topografiaron más de 175 m de bonita galería antes de topografiar una sección de la galería activa.

El 2 de agosto, Chris Playfoot, Sam y Jack continuaron aguas abajo desde el final de la topo anterior de Ali, a poca distancia del pozo de entrada de Cañaos. Salieron por una entrada inferior (4085) justo encima de las surgencias (4086, 4087 y 4088) y debajo de la entrada arqueológica cerrada llamada Cueva Riocueva (o Recueva, 4042). La incursión hasta aguas abajo y la vuelta les llevó menos de una hora; les llevó bastante más cuando volvieron para topografiar 362 m (lote 4043-14-25).

El 3 de agosto, Simon, Diane y Steve «continuaron la topo por el agua infestada de sanguijuelas» terminando con 114 m (lote 4043-14-28), la última pieza de la galería aguas arriba en esta área, terminando en una bóveda sifonante o sifón con una pequeña continuación cuesta arriba.

Ali, Lloyd, David Dunlop, Tom Davison y Adam también entraron a la cueva ese día, topografiando aguas abajo hasta donde accedieron por

The Chris Scaife Diaries: Summer 2014

On our second day in Matienzo, erstwhile Milky Bar Kid, Dan Jackson went and joined the long term dig at Torca la Vaca, just days before they made their big breakthrough. I was left with the MUSCateers, exploring their home from home, Torca del Mostajo, site 0071. This cave is on the opposite side of the valley from Picón, where last year three brave souls from the Black Rose Caving Club worked their magic.

The entrance pitch drops down via two hanging rebelays, a slope and a deviation to a herpetologically active floor in a walking passage. This passage is followed to a roped traverse and a crawl under the left wall, a bit more walking and then a rope dangling down from above allows a graceful climb up. Some more walking, crawling, squeezing and two more roped traverses lead into more large walking passage.

The first lead we pursued was a gloopy crawl choked with mud and boulders. After several hours of capping and groveling on our hands and knees in thick mud we were making slow progress, so decided to look elsewhere. Back in the main passage, Bill started looking down a climb and I was the only one left with any will to live after digging in the mud, so together we headed on down. Adam had previously had a brief look down this climb and said there was a draughting passage blocked with boulders. We went straight past this lead and found something completely different: a draughting passage blocked with a boulder. Just as Arthur extracted the sword from the stone, so we rocked and rolled and removed the boulder, unblocking the passage. Beyond was the beckoning darkness of untouched cave.

We followed this Tenebrous Passage, down, down, crawls, squeezes, climbs, every time we came to an obstruction wondering if we were at the end, but always finding a way on. We found a large pit in the floor that looked very tempting, but we had not brought the bolting kit so had to leave the pitch undescended for the time being. Through another squeeze, we reached a T-junction and turned left. This brought us to a climb up, which was fortunately easier than it looked. Above this, further passage led to the vastly underrated Ice Sculpture formation, by-passed by a narrow rift to the right, thus keeping the decorations pure. This led to another pitch and another reason to come back, as the pitch led into a large chamber (The Sweet Shop of Horrors) and the passage seemed to continue.

Heading back, we followed the rift from the T-junction and soon heard running water for the first time in Mostajo. The source of this was the impressive Tmesis Chamber, 18m high x 17m long x 8m wide, with a light flow of water coming from the ceiling and dropping through a hole in the floor. This was a third pitch for us to explore on our return, but it was getting late and our fellow cavers were getting worried or grumpy, so we headed out.

So, roughly ten hours underground on the Monday, obviously let's do the same on the Tuesday. Jez and David surveyed Tenebrous Passage, while I joined Dan and Mike to explore the pitches. Mike bolted and descended the first pitch while I was showing Jez and David the way through. Mike said there was no way on from the bottom, but he could hear running water.

El diario de Chris Scaife: Verano de 2014

En nuestro segundo día en Matienzo, Dan Jackson, también conocido como el Niño de Milkybar, se unió a la excavación en Torca la Vaca, pocos días antes de que lograran su gran conexión. Me quedé con los MUSC-eteros para explorar su hogar lejos del hogar, Torca de Mostajo, cueva 71. Esta está enfrente a Picón, donde el año pasado tres almas valientes del Black Rose Caving Club hicieron virguerías.

El pozo de la entrada, con sus dos fraccionamientos en aéreo, una pendiente y un desviador, dan a un suelo herpetológicamente activo en una galería amplia. A esta galería le sigue una travesía con pasamanos y una gatera debajo de la pared izquierda, un poco más de caminata y luego una cuerda que cuelga desde el techo permite escalar con elegancia al siguiente nivel. Hay que andar un poco más, gatear, pasar por ranuras y dos travesías con pasamanos hasta llegar a otra galería amplia.

El primer interrogante que investigamos fue una gatera lúgubre obstruida con barro y rocas. Después de varias horas de micros y de arrastrarnos en el lodo espeso, no habíamos avanzado mucho, así que decidimos mirar en otra parte. De vuelta en la galería principal, Bill comenzó a investigar un destrepe y como yo era el único al que le quedaban ganas de vivir después de excavar en el barro, bajamos juntos. Adam había echado un vistazo en este destrepe y dijo que había una galería con corriente obstruida por bloques. Pasamos directamente de esa pista y encontramos algo completamente diferente: una galería obstruida por un bloque. Al igual que Arturo al extraer la espada de la piedra, quitamos la roca y abrimos la galería. Al otro lado estaba la tentadora oscuridad de la cueva inexplorada.

Seguimos esta galería tenebrosa, bajando, bajando, pasando gateras, estrecheces y destrepes; cada vez que nos topamos con un obstáculo nos preguntamos si habíamos llegado al final, pero siempre encontramos una manera de continuar. Encontramos un gran agujero en el suelo que parecía muy tentador, pero no habíamos traído el equipo, por lo que tuvimos que dejar el pozo sin explorar por esta vez. A través de otra ranura, llegamos a un cruce y giramos a la izquierda. Nos llevó a una escalada, que, por suerte, era más fácil de lo que parecía. Por encima, más galería nos llevó hasta la columna Ice Sculpture —enormemente subestimada—, la cual se puede evitar pasando por una grieta estrecha a la derecha, manteniéndola así intacta. Esto llevó a otro pozo y otro motivo para volver, ya que conducía a una gran sala (The Sweet Shop of Horrors) y la galería parecía continuar.

En el camino de vuelta, seguimos la fisura desde el cruce y pronto escuchamos agua correr por primera vez en Mostajo. El origen del agua estaba en la impresionante sala Tmesis, de 18 m de alto x 17 m de largo x 8 m de ancho, con un pequeño arroyo que salía del techo y desaparecía por un agujero en el suelo. Un tercer pozo que tendríamos que explorar cuando volviéramos, pero se estaba haciendo tarde y nuestros compañeros espeleólogos estarían o preocupados o mosqueados, así que salimos.

batch 4043-14-26. Adam explored upstream through a low duck and a climb up into the continuation of the main passage, ending at an undescended pitch down to a pool.

Mike and Bill Smith were the third team in Cañaos on the 3rd, finding leads for Mike to return with Tom Davison, Jez and David Dunlop the following day. The new explorations revealed crawls and routes that dropped back into the main passage. Batches 4043-14-29 and -30 were surveyed for over 200m.

Juan and Penny carried out a small surface survey to pinpoint the bottom entrance, gated entrance, resurgence and a point out of the wood that would be easy to see on a map or aerial photo. (Batch 4042-14-01). "It would appear that the bottom entrance has been surveyed well and is only a few metres out."

Pedro and Phil Papard aimed to survey Stop Passage to the archaeological entrance.

Pedro went through the tight section in Tembleque, Phil did not! ... Dropped first pitch into Stop as we had planned - not a good option as it takes you to wet section in overflow stream passage, chest-deep and half full of mud! Better to drop last hole. Found camera at base of this pitch from old Spanish trip! Surveyed Stop Passage, 78m, and took photos. Checked out choke at end. No go.

By the end of August, over 4.1km of passages had been surveyed in the Torca Cañaos - Cueva Riocueva complex.

Lloyd, Bill Smith and Adam had a "surface bimble looking at the obvious depressions" to the west of southern, upstream extremities of the system. They found site 4073, a hole in the middle of a depression full of old tyres and site 4075:

We then went to the wet pitch below Tmesis Chamber and placed a Y-hang. Mike descended 8m first to a ledge, which Dan and I reached by a comfortable free climb, with a further descent of 8m into a large chamber and continuing streamway. We explored this Chthonic Streamway, a mixture of walking, crawling and scrambling over boulders, and found it severely blocked downstream. It could be excavated by someone very determined, but it would certainly be a big job. A short upstream passage was also blocked. This blockage could be removed much more easily, but may not lead very far.

On the way out, we had a minor incident. Dan started to traverse across a boulder about the size of a washing machine (everything in Matienzo reminds me of washing machines) and I was directly beneath the boulder, with Mike just behind me. As Dan touched the boulder it moved slightly and, quickly realizing that it was loose, Dan decided to wait on a ledge for the two of us to get out from under the boulder. Mike then stepped across the boulder and his tackle sack made light contact with the boulder - enough to send it crashing down into the exact spot where I had been moments earlier. If Dan had continued across I'd have been killed. And there my final chance to die with dignity slipped from my grasp!

The morning after a big night out, local 'fountain' of knowledge Miss Smith de la Fuente acted as tour guide to us BRCC chaps on the Wednesday and showed us the delights of Santander. And just for one day we believed that there was more to life than exploring caves.

With our bodies once more producing vitamin D, Dan, Carolina and I dedicated Thursday to more subterranean investigation, returning to survey Chthonic Streamway and descend into the Sweet Shop of Horrors. En route, we gave that loose boulder a damn good thrashing, so it seemed reasonably safe before we plunged beneath it and allowed its precarious balancing act to determine our fate.

The Sweet Shop of Horrors was a muddy chamber with several dubious leads that may attract a certain kind of psychopath, but we did not follow any and finished our surveying there.

Over the three days of caving we discovered roughly 400m of new cave, dropped 3 undescended pitches and, despite Dan's best efforts, stayed alive. But for me the highlight of Matienzo will always be the Cola Cao con Wobble.

Mike and Chris meet the water.
Mike y Chris llegan al agua.   *Dan Jackson*

un pequeño destrepe desde el extremo sur del nivel superior. El río continua hasta una sala de arena y una bóveda sifonante «que puede o no ser demasiado baja para pasar». Se topografiaron más de 175 m (lote 4043-14-26). Adam exploró aguas arriba a través de una bóveda sifonante baja y una trepada a la continuación de la galería principal, que terminó en un pozo sin descender hasta una marmita.

El tercer equipo que visitó Cañaos el día 3 lo formaban Mike y Bill Smith, quienes encontraron varios interrogantes para que Mike regresara con Tom Davison, Jez y David Dunlop al día siguiente. Las nuevas exploraciones descubrieron gateras y rutas que regresaban a la galería principal. Se topografiaron los lotes 4043-14-29 y -30: más de 200 m.

Juan y Penny llevaron a cabo una pequeña prospección en la superficie para tomar coordenadas GPS la entrada inferior, la entrada con verja, la surgencia y un punto fuera del bosque que sería fácil de ver en un mapa o foto aérea. (Lote 4042-14-01). «Parece que la entrada inferior ha sido bien topografiada y está a solo unos metros de distancia».

Pedro y Phil Papard tenían como objetivo topografiar de Stop Passage a la entrada arqueológica.

Pedro pasó por la sección estrecha en Temleque, ¡Phil, no! [...] Bajé el primer pozo hasta Stop como habíamos planeado, no es una buena opción, ya que te lleva a la sección con agua en la galería de desagüe del río, ¡hasta el pecho y medio lleno de barro! Es mejor bajar por el último pozo. ¡Encontré la sala en la base de este pozo de la incursión española anterior! Topografiamos Stop Passage, 78 m, y sacamos fotos. Comprobado obstrucción al final. Nada.

Tras aproximadamente diez horas bajo tierra el lunes, obviamente había que hacer lo mismo el martes. Jez y David topografiaron Tenebrous Passage, mientras yo me unía a Dan y a Mike para explorar los pozos. Mike instaló y bajó el primer pozo mientras yo les mostraba a Jez y David el camino. Mike dijo que no había continuación en la base, pero podía oír agua.

Luego fuimos al pozo debajo de la sala Tmesis e instalamos una triangulación. Mike bajó 8 m primero hasta una cornisa, donde Dan y yo nos unimos, escalada libre fácil mediante, con otros 8 m en cuerda a una sala grande y un arroyo. Exploramos esta galería activa, Chthonic Streamway, con secciones en las que se puede caminar y otras en las que hay que gatear o trepar sobre rocas, y la encontramos muy obstruida aguas abajo. Alguien con muchas ganas podría desobstruirla, pero sin duda llevaría mucho trabajo. Una galería corta aguas arriba también estaba obstruida. Esta obstrucción podría quitarse con mayor facilidad, pero es posible que no lleve muy lejos.

Al salir, tuvimos un incidente menor. Dan comenzó a cruzar por encima de una roca del tamaño de una lavadora (todo en Matienzo me recuerda a las lavadoras), debajo de la cual estaba yo, con Mike a mi espalda. Cuando Dan tocó la roca, ésta se movió ligeramente. Dan enseguida se dio cuenta de que la roca estaba suelta y decidió esperar en una repisa a que los dos nos quitáramos de en medio. Luego, al pasar Mike por encima de la roca, la saca que llevaba rozó la roca lo suficiente como para hacer que se estrellara en el punto exacto en el que había estado yo momentos antes. Si Dan hubiese seguido, la roca me hubiese matado. ¡Y ahí se me escapó de las manos una última oportunidad de morir con dignidad!

El miércoles, la mañana después de una gran noche en el bar, la «fuente» de conocimiento local, la señorita Smith de la Fuente nos hizo de guía turístico a los chicos de BRCC y nos mostró las delicias de Santander. Y solo por un día creímos que había más en la vida que explorar cuevas.

Ahora que nuestros cuerpos volvían a producir vitamina D, Dan, Carolina y yo dedicamos el jueves a continuar con la investigación subterránea, volviendo a Mostajo para topografiar Chthonic Streamway y entrando a Sweet Shop of Horrors. De camino, le dimos a esa roca suelta unos buenos golpes, hasta que parecía lo suficientemente segura como para pasar por debajo y permitir que su precario malabarismo determinara nuestro destino.

The Sweet Shop of Horrors resultó ser una sala embarrada con varios interrogantes dudosos que podrían atraer a cierto tipo de psicópatas, pero no miramos ninguno y terminamos la topo en este punto.

En tres días de espeleología descubrimos aproximadamente 400 m de cueva nueva, bajamos por 3 pozos nuevos y, a pesar de los mejores esfuerzos de Dan, nos mantuvimos con vida. Pero para mí lo mejor de Matienzo siempre será el Cola Cao con Wobble.

At end of a drainage route, two holes in the rock face. The larger is home to bats and quickly opens up into a chamber with decent formations. A passage follows a streamway which probably flows in winter. Will survey and explore more another day.

The final find for the day, 4074, was a 5 x 3m entrance into "nice, stompy, sandstone passage for about 40m ... Will survey a different day".

Sites 4074 and 4075 were surveyed by Adam, Carolina and Lloyd on August 9th. Site 4074 was described as a sandstone cave, 66m surveyed, and 4075 described as a streamway, 81m long, that closes down to become very tight with a slight draught.

Lloyd returned with Ted and Carolina for another walk around the area, finding site 4090 - "a tyre pit that could be dug out".

Ali and Juan intended to investigate the western side of Monte Vizmaya[3] hoping to find some easy routes to surface prospect. However, after a steep climb up near El Bosque industrial estate, a short foray into the pinnacles and one rift being entered, the pair were forced by the vegetation to keep heading north to meet the main N634 road. A walk along the road around the west side of the hill brought them back to the car.

Rachael, Tom Smith, Tom Gamble and Helen also tried to conquer the Monte Vizmaya terrain but "nothing of potential found due to the very dense vegetation full of brambles". They thought there was no point in returning until there was less vegetation, but it "makes a very nice walk".

NORTHERN LA VEGA, EL NASO AREA WEST TO LAS CALZADILLAS

On their first trip of the expedition, the SUSS team, Jack, Tom Smith, Jethro, Helen, Sam and Chris Playfoot, intended to push on in Torca de Lastrilla (0427). There were issues:

First two pitches rigged easily. Ladder pitch done as an abseil. Straight down the big 37m pitch we found an old sheep skeleton. In the chamber at the bottom we attempted to calibrate the Disto to no avail. ... Chris squeezed through the capped flake and found the passage that led on from the bottom too tight.

The continuation has a draught and could be opened up.

The Manchester University Speleology Club split into two teams for their first trip into Torca del Mostajo (0071), finding that Spanish cavers had marked out paths through the flowstone. Lloyd, Adam and Tom discovered that their 31m rope on the new pitch in the Manchester Series was too short but they were able to prepare the drop for the next exploration. They then linked up with the second group - Bill Smith, Jez, Mike and David Dunlop - to try to get down into a visible lower level. A hole was opened up and Lloyd descended about halfway down to where more bolts were required. Mike commented that "it takes a long time to get in and out".

On the next trip, Lloyd, Bill and Adam spent over nine hours in the "new stuff". One explored lead was a climb down a pitch that ended at a rift with "a distant rumble". (Batch 0071-14-01) . The next surveyed extension was down a p25 to a boulder floor. (Batch 0071-14-02, length 115m)

The way on is down the other side of a dividing wall which could be reached with a deviation on the pitch. Need to explore this further.

An attempt was made on August 12th to pass this obstacle, but the rope that Lloyd, Bill and Adam had was again too short.

The floor below looks very promising and, hopefully, will take us out of the boulder choke. The wall beyond the dividing wall is covered in fossils some of which protrude from the rock and look like helictites.

On August 7th, Adam and Jez had a look at the end of the old, upper levels in Mostajo, searching for an alternative way into the new discoveries. They "found one climb down, about 15m to a draughting hole, and one pitch leading to a second that will need rope".

Four days later, Lloyd, Bill, David, Chris Scaife, Mike and Carolina enlarged a passage to the left of the breakthrough found in 2012 but found the continuation full of mud. Meanwhile, Jez and Adam pushed the promising lead just after the two pits and traverses near the end of the high level.

... dropped down ... about 10m to a small chamber. This then dropped down further. The head of this second pitch was tight with many loose boulders and rocks. After doing extensive gardening we dropped through, but there was still lots of hanging death with rocks held in only by mud and sand. This pitch dropped for about 15m into a small chamber. ... a sandy floored passage ... headed north for about 30m. The way on continued in a northerly direction but required a hand line for further exploration ...

This was later surveyed for 103m as batch 0071-14-04, finishing about 10m away from the 2013 extensions. A trip on the August 15th by Jez,

A finales de agosto, se habían topografiado más de 4,1 km de galerías en el sistema Torca Cañaos - Cueva Riocueva.

Lloyd, Bill Smith y Adam se dieron un «paseo para echar un vistazo en las depresiones más obvias» al oeste de los extremos sur y aguas arriba del sistema. Encontraron el 4073, un agujero en medio de una depresión llena de neumáticos viejos y el 4075:

Al final de una ruta de drenaje, dos agujeros en la pared. En el más grande viven murciélagos y rápidamente se abre a una sala con formaciones decentes. Una galería sigue un arroyo que probablemente lleva corriente en invierno. Topografiaremos y exploraremos más otro día.

El hallazgo final del día, el 4074, era una entrada de 5 x 3 m a una «galería de arenisca agradable y amplia de unos 40 m [...] Topo otro día».

Adam, Carolina y Lloyd topografiaron las cuevas 4074 y 4075 el 9 de agosto. El 4074 se describió como una cueva de piedra arenisca, de 66 m, y el 4075 se describió como un arroyo, de 81 m de largo, que se cierra y se vuelve muy estrecho con una ligera corriente.

Lloyd regresó con Ted y Carolina para dar otra caminata por el área, y encontraron el 4090: «un pozo de llantas que podría excavarse».

Ali y Juan querían investigar el lado occidental del Monte Vizmaya[3] con la esperanza de encontrar algunas rutas fáciles para hacer prospecciones en la superficie. Sin embargo, después de una fuerte subida cerca del polígono industrial El Bosque, una pequeña incursión en la cumbre y una fisura, la vegetación obligó a la pareja a seguir hacia el norte hasta encontrarse con la carretera N634. Una caminata por la carretera que rodeaba el lado oeste de la colina los llevó de regreso al coche.

Rachael, Tom Smith, Tom Gamble y Helen también intentaron conquistar el terreno de Monte Vizmaya, pero no encontraron «nada con potencial debido a la vegetación muy densa y las zarzas». Pensaron que no tenía sentido regresar hasta que hubiera menos vegetación, pero «es un paseo muy agradable».

EL NORTE DE LA VEGA, ZONA DE EL NASO - LAS CALZADILLAS

En su primera salida de la expedición, el equipo de SUSS, Jack, Tom Smith, Jethro, Helen, Sam y Chris Playfoot, esperaban forzar Torca de Lastrilla (0427). Tuvieron algún problema:

Los dos primeros pozos instalados fácilmente. Pozo con escala hecho a rápel. En la base del gran pozo de 37 m encontramos un viejo esqueleto de oveja. En la sala de la base intentamos calibrar el Disto sin éxito. [...] Chris pasó el saliente y vio que la galería que salía desde la base era demasiado estrecha.

La continuación tiene corriente y podría abrirse.

El Club de Espeleología de la Universidad de Manchester se dividió en dos equipos para su primera incursión a Torca del Mostajo (0071) y descubrió que los espeleólogos españoles habían marcado la ruta en la colada. Lloyd, Adam y Tom descubrieron que su cuerda de 31 m en el nuevo pozo de Manchester Series era demasiado corta, pero pudieron preparar el pozo para la siguiente visita. Luego se unieron al segundo grupo, Bill Smith, Jez, Mike y David Dunlop, para tratar de bajar a un nivel inferior visible. Se abrió un agujero y Lloyd bajó aproximadamente a la mitad hasta donde se necesitaban más fijaciones. Mike comentó que «entrar y salir lleva mucho tiempo».

En la siguiente visita, Lloyd, Bill y Adam pasaron más de nueve horas en las «cosas nuevas». Uno de los interrogantes explorados fue un destrepe por un pozo que terminó en una fisura con «un retumbar distante». (Lote 0071-14-01). La siguiente extensión topografiada fue por un P 25 hasta un suelo de roca. (Lote 0071-14-02, 115 m)

La continuación está al otro lado de un muro divisorio al que se llega con un desvío en el pozo. Hay que explorar esto mejor.

El 12 de agosto se intentó superar este obstáculo, pero la cuerda que tenían Lloyd, Bill y Adam volvió a ser demasiado corta.

El suelo abajo parece muy prometedor y, con suerte, nos sacará del caos de bloques. La pared más al otro lado de la pared divisoria está cubierta de fósiles, algunos de los cuales sobresalen de la roca y parecen helictitas.

El 7 de agosto, Adam y Jez echaron un vistazo al final de los viejos niveles superiores de Mostajo, en busca de una vía alternativa a los nuevos descubrimientos. Encontraron «un destrepe, unos 15 m hasta un agujero soplador y un pozo que conduce a un segundo para el que hace falta cuerda».

Cuatro días después, Lloyd, Bill, David, Chris Scaife, Mike y Carolina ampliaron una galería a la izquierda de lo encontrado en 2012, pero la continuación estaba muy embarrada. Mientras tanto, Jez y Adam forzaron posible continuación justo después de los dos hoyos y escalada oblicua cerca del final del nivel superior.

---

3   2014 Easter, page 146

3   Véase Semana Santa de 2014, p. 146.

Mike, Adam and David removed some precarious boulders and found any possible link required digging through a muddy hole.

A day later, Jez returned with Chris Scaife, Dan, Mike and David to survey and further explore another new discovery.

Today we surveyed 220m in this Tenebrous Passage (batch 0071-14-03) and descended two of the pitches - one led nowhere and the other led down to a streamway which we followed for roughly 150m to a blockage. The third pitch, currently undescended, appears to land in a fairly large chamber with a possible continuation.

Chris, Carolina and Dan Jackson completed the survey of Tenebrous Passage on August 14th as batches 0071-14-05 and -06 and calculated that the total length of this particular extension was about 400m.

Adam, Lloyd, David Dunlop, Tom Davison and Bill Smith had "no problems" on a tourist trip into Cueva del Agua (0059) to see the prehistoric wall at the end. They "saw a few crayfish and were done within three hours".

About 300m southeast of the Alisas viewpoint, Chris Playfoot, Jack, Sam and Tom visited 0637, exploring the 30m shaft to a slot which wasn't dropped as the rope was too short. Also explored was a less obvious hole at the rear - although there is no description in the logbook of what was found.

Further southeast down the hillside, site 2684 was opened up below a water trough. Chris wrote:

I crawled beneath dinner plate sized harvest men for 4m. A 2m climb down into pool of cow shit (lovely). Left 90° bend into tight rift. Rigged a 4m pitch as walls very crumbly for free climbing! Small 1m climb up to large stal column and flowstone covered rift. ... Continued to 4m x 3m breakdown chamber with boulders but no way on. Small outward draught throughout but all leads looked at. About 40m of passage. Not surveyed.

Chris, Sam and Tom returned to the Alisas / Los Trillos area with Tom Howard. Shaft 0638 was descended 12m to a small chamber and sites 4079 and 4080 were also dropped - a couple of small shafts. The "cave of the day", site 4072, was more promising. An apparent stream sink was entered beneath boulders:

A short climb down to small chamber. Further climb down over boulders to very tight pitch head. Rigged to jammed block but got stuck as too tight. Pitch estimated at about 10m and opens out after constriction. Unable to descend.

Helen, Tom Smith, Jethro, Tom Gamble and Rachel returned to the area on August 6th and probably attempted to open the pitch head. (The logbook account is unclear). A route down through the boulders to the wider section was unfortunately blocked by a boulder. They also descended the 20m deep site, 2630, and failed to open up site 4064 after finding the capping position awkward and dropping the capping safety mat down the rift.

Very close to the Arredondo - Matienzo ridge they explored the 8m pitch at site 4076 and GPS'd holes at sites 4077 and 4078. Both remain unexplored.

At Las Calzadillas, site 4081 was documented as a 4m deep, choked shaft with no detectable draught.

Since it was first explored in the early eighties, site 0415, below Bosmartín, on the far northeast side of El Naso, has been thought to be part of the Sistema de Cubija as the altitudes of the cave passages appear to be similar. It could also be the link between the Sistema de Cubija and the Four Valleys System through, perhaps, Cueva de Bollón (0098). A trip into 415 on August 5th by Tom Davison, Jez,

Bajamos [...] unos 10 m hasta una pequeña sala. Pero seguía bajando. La cabecera de este segundo pozo era justa con muchas rocas sueltas. Tras hacer una gran labor de limpieza, bajamos, pero todavía había muchas rocas mortales sujetas solo por lodo y arena. Este pozo da tras unos 15 m a una pequeña sala. [...] una galería con suelo de arena [...] se dirige hacia el norte por unos 30 m. Sigue en dirección norte, pero hace falta un pasamanos para poder explorar más.

Posteriormente, se topografiaron 103 m (lote 0071-14-04), terminando a unos 10 m de las extensiones de 2013. Jez, Mike, Adam y David en su visita del 15 de agosto quitaron algunas rocas precarias y vieron que cualquier posible unión implicaría cavar a través de un agujero lleno de barro.

Un día después, Jez regresó con Chris Scaife, Dan, Mike y David para topografiar y explorar más a fondo otro nuevo descubrimiento.

Hoy topografiamos 220 m en Tenebrous Passage (lote 0071-14-03) y bajamos dos de los pozos: uno no iba a ninguna parte y el otro iba a un arroyo que seguimos durante aproximadamente 150 m hasta una obstrucción. El tercer pozo, actualmente sin explorar, parece dar a una sala bastante grande con una posible continuación.

Chris, Carolina y Dan Jackson completaron la topo de Tenebrous Passage el 14 de agosto (lotes 0071-14-05 y -06) y calcularon que el desarrollo total de esta extensión era de unos 400 m.

Adam, Lloyd, David Dunlop, Tom Davison y Bill Smith «no tuvieron problemas» en una visita turística a la Cueva del Molino (0059) para ver el muro prehistórico al final. Vieron «algunos cangrejos de río y salimos en tres horas».

A unos 300 m al sureste del mirador de Alisas, Chris Playfoot, Jack, Sam y Tom visitaron la cueva 0637, explorando el pozo de 30 m hasta una ranura por la que no pasaron porque la cuerda era demasiado corta. También exploraron un agujero menos obvio en la parte trasera, aunque no hay una descripción en el libro de salidas de lo que se encontró.

Bajando por la ladera, al sureste, se abrió el agujero 2684 debajo de un abrevadero. Chris escribió:

Me arrastré debajo de opiliones del tamaño de un plato a lo largo de 4 m. Un destrepe de 2 m hasta un charco de mierda de vaca (maravilloso). Giro de 90° a la izquierda a una fisura estrecha. Instalamos un pozo de 4 m ya que las paredes se desmoronaron, ¡no es para hacer escalada libre! Pequeña trepada de 1 m hasta una gran columna y una grieta cubierta de colada. [...] Continúa una sala de derrubios de 4 x 3 m con bloques, pero sin salida. Pequeña corriente sopladora en todo momento, pero se exploraron todas las posibilidades. Unos 40 m de galería. Sin topografiar.

Chris, Sam y Tom regresaron al área de Alisas / Los Trillos con Tom Howard. La torca 0638 se medía 12 m hasta una sala pequeña. También entraron en 4079 y 4080, un par de pequeños pozos. La «cueva del día», 4072, era más prometedora. Entraron a un aparente sumidero por debajo de bloques:

Un breve destrepe hasta una pequeña sala. Baje aún más por los bloques hasta una cabecera muy estrecha. Instalado hasta bloque atascado, pero me atasqué porque es demasiado estrecho. El pozo medirá unos 10 m y se abre después de la constricción. Imposible pasar.

Helen, Tom Smith, Jethro, Tom Gamble y Rachel volvieron al área el 6 de agosto y probablemente intentaron abrir la cabecera del pozo. (La descripción en el libro de salidas no es clara). Por desgracia, una ruta que baja a través de los bloques hasta la sección más ancha estaba bloqueada por una roca. También entraron en 2630, de 20 m

Expedition meal - summer 2014.
Comida de expedición: verano de 2014
David Purdie

David Dunlop, Mike and Carolina sparked some interest in re-exploring and re-surveying the cave. This was to happen over 2015 - 2017.

A couple of days later, Lloyd, David, Mike, Adam and Bill Smith looked at three draughting digs in the valley below 415. At 1015, they removed several boulders but "it looks dangerous to clamber into as the roof is made of loose rock". They started to dig out the small hole at 1016 then capped a large rock and dug 2m into the floor at site 1017. They thought this one looked promising so Lloyd, Adam and Bill returned with Jez the following day to make the hole almost slim person sized. It "needs to be made safe before descending".

The same team returned on August 9th with Jez, Adam and Tom "+ 2 token SUSS" noting that the draught gets stronger the more the hole is opened up.

THE NORTHEAST SECTOR INCLUDING THE FOUR VALLEYS SYSTEM. SOLÓRZANO AND GARZÓN

Ali dug at a couple of digs (4016 and 4045) above the entrance to Cueva de Carcavuezo (0081) , both needing more work. On July 23rd, he found that the calf in the entrance series of Carcavuezo that had been a festering carcass in April was now reduced to bones. The 4016 dig was progressed to reach a rear wall and a cool draught.

Up the hill above the cave Ali, with Paul Dold and Footleg, tried to find Cueva de los Tres Niños (0565), but the area had become very overgrown. Footleg wrote:

A lovely sunny day but punishingly hot and humid. Too much climbing up and down the hill due to not knowing what height up the hill to search ... eventually found the entrance when the GPS stabilised. ... No sign of Ali or Dold. Footleg feeling dizzy and dehydrated and all the food and water in the bag with Dold. Located Ali by shouting but no sign of Dold. Another half hour searching in the heat found Dold also suffering from heat resting under a tree. Abandoned plans to go underground and retreated back to the trees below before returning to camp.

In Cueva de Carcavuezo, Ali and Paul Dold, after climbing up from the streamway, completed the survey of the traverse link between the Western Series and the Light Frigit in the Eastern Series. After a tourist trip to Red Column Chamber, they came out the same route as they were uncertain if the pebble crawl would be passable after the thunderstorm the previous night.

At the end of July, Ali, Chris Playfoot, Sam and Jack dug out a continuing sandy crawl up a muddy rift climb from the streamway and surveyed 92m of new passage, batch 0081-14-07, called Puffin the Beaver. They were then joined by others to explore up the Haymarket passage but reckoned they didn't reach the end.

On August 4th, Ali, Jack and Sam returned with Tom Gamble to survey "further bits" of the connections between the Western and Eastern Series totalling 136m. They then investigated the first main junction in the Western Series, the stream going in from the Haymarket Series. A climb down boulders entered the downstream continuation through a duck to eventual deepening water and a "final" low duck. Nearly 120m were surveyed as batch 0081-14-11.

On the 8th, Tom and Rachael entered the passage bringing water from the main sinks area into the system but this was not re-surveyed until the following year.

Continuing the work of resurveying the Four Valleys System, Ali took Tom Gamble, Sam and Chris Playfoot into Cueva Hoyuca (0107). They surveyed Tilers' Way passage after passing through a section "which is best passed quickly to avoid getting stuck in the mud". Beyond, a largely pleasant walking streamway ended in a chamber after some 310m.

On August 7th, Simon, Diane, Tom Howard, David Purdie, Lauren and Joel dropped into Hoyuca through the Giant Panda entrance (2691). Di wrote:

The entrance still dodgy? But the squeezes after the pitches are much more comfortable following Si's capping session at Easter. We left Tom, Purdie, et

---

PLAN

0 5 10 15 20 25m

Nm

Too Tight CI +3

Coal Chute

Too Tight

Choke

Entrance

Choke

ELEVATION

on 270° 90°

Double Shuffle

P3

Helter Skelter

Arch

P3

Blind Pit P15

Coal Chute

Entrance

0

8

16

24

32

40m

CUEVA 4089
RIOLASTRAS, CANTABRIA

Grid Ref - 30T 0455428 4803153 (datum ETRS89), Altitude 123m,
Magnetic declination 0.97 degrees to ETRS89 grid
Length 132m, Depth 38m
Explored, Surveyed and Drawn - August 2014
John Clarke, Harry Long, Phil Ryder, Chris Smith

---

de profundidad, y no pudieron abrir el agujero 4064 porque la postura para los micros les era incómoda y se les cayó el tapete de seguridad para los micros por la grieta.

Muy cerca de la cordillera Arredondo - Matienzo, exploraron el pozo de 8 m de 4076 y tomaron las coordenadas GPS de 4077 y 4078. Estas dos aún no se han explorado.

En Las Calzadillas, documentaron el agujero 4081, un pozo obstruido de 4 m de profundidad sin corriente detectable.

Desde que se explorase por primera vez a principios de los años ochenta, se ha pensado que la cueva 0415, debajo de Bosmartín, en el extremo noreste de El Naso, era parte del Sistema de Cubija, ya que las altitudes de las galerías de la cueva parecen ser similares. También podría ser la unión entre el Sistema de Cubija y el Sistema de los Cuatro Valles a través, quizás, de la Cueva de Bollón (0098). Tom Davison, Jez, David Dunlop, Mike y Carolina visitaron la cueva el 5 de agosto, lo que despertó cierto interés en volver a explorar y volver a topografiar la cueva. Esto se haría entre 2015 y 2017.

Un par de días más tarde, Lloyd, David, Mike, Adam y Bill Smith observaron tres excavaciones en el valle debajo de 415. En el 1015 quitaron varias rocas, pero «parece peligroso trepar porque el techo está hecho de piedras sueltas». Comenzaron a cavar el pequeño hoyo en 1016, luego quitaron una gran roca y cavaron 2 m en el suelo de 1017. Este les pareció un agujero prometedor, por lo que Lloyd, Adam y Bill regresaron con Jez al día siguiente para abrirlo como para una persona muy delgada. «Hay que asegurarlo antes de entrar».

El mismo equipo regresó el 9 de agosto con Jez, Adam y Tom «+ 2 representantes de SUSS» y vieron que la corriente se fortalece cuanto más se abre el agujero.

SECTOR NORESTE INCLUYENDO EL SISTEMA DE LOS CUATRO VALLES, SOLÓRZANO Y GARZÓN

Ali excavó en un par de cavidades (4016 y 4045) sobre la entrada a la Cueva de Carcavuezo (0081), pero ambas se habían de trabajar más. El 23 de julio, se encontró con que el ternero de la red de la entrada de Carcavuezo, un pellejo en descomposición en abril, era ahora un esqueleto. La excavación de 4016 avanzó hasta una pared y una corriente fría.

Subiendo por la colina encima de la cueva, Ali, con Paul Dold y Footleg, intentaron encontrar la Cueva de los Tres Niños (0565), pero el área estaba llena de maleza. Footleg escribió:

Un hermoso día soleado, pero demasiado calor y humedad. Subimos y bajamos por la colina demasiadas veces porque no sabíamos a qué altura buscar [...] finalmente encontré la entrada cuando el GPS se estabilizó. [...] Ni rastro de Ali ni Dold. Mareado y deshidratado con toda la comida y el agua en la mochila de Dold. Localicé a Ali gritando, pero ni rastro de Dold. Tras otra media hora buscando bajo el sol dimos con Dold también sufriendo por el calor y descansando bajo de un árbol. Abandonamos los planes y nos retiramos a los árboles más abajo antes de regresar al campamento.

En la Cueva de Carcavuezo, Ali y Paul Dold, después de subir desde el río, completaron la topo del enlace transversal entre la red del oeste y Light Frigit en la red del este. Tras visitar Red Column Chamber, salieron por la misma ruta ya que no estaban seguros de si la gatera con rocas sería transitable después de la tormenta de la noche anterior.

A fines de julio, Ali, Chris Playfoot, Sam y Jack cavaron una gatera arenosa en lo alto de una fisura embarrada desde el río y topografiaron 92 m de galería nueva, lote 0081-14-07, llamada Puffin the Beaver. Luego se les unieron otros para explorar la galería Haymarket, pero calcularon que no habían llegado al final.

El 4 de agosto, Ali, Jack y Sam regresaron con Tom Gamble para topografiar «más partes» de las conexiones entre la red este y oeste, sumando 136 m. Luego investigaron el primer cruce principal de la red oeste, el río que entra desde la red Haymarket. Una destrepe entre bloques dio a la continuación aguas abajo a través de una bóveda sifonante hasta una eventual sección profunda y una bóveda sifonante baja «final». Cerca de 120 m fueron topografiados (lote 0081-14-11).

El día 8, Tom y Rachael entraron a la galería que lleva agua del área de los sumideros principales del sistema, pero no se volvió a topografiar hasta el año siguiente.

al to continue to
the Astradome for
a photo session
whilst Si and I went
up Sloppy Inlet to
climb the 50m aven.
A very impressive
aven. I belayed
from the ledge
out of the drippy
area. Si climbed
approximately 30m.
The top looks really
good which is about
10 -15m away. To
avoid a really
late return ... we
decided to continue
another day.

Simon and Diane returned
with Bill Sherrington on
August 12th to continue
bolting Tixtu Aven to reach,
after a traverse and below
where the water cascaded
down, a muddy rift which
went to a 3m diameter
shaft, at least 30m deep.
There was hope that further traversing would find the upper levels in
Cueva Hoyuca.

Si and Di returned with Neil on August 23rd. Neil wrote:
Some re rigging of the pitch and the superb 'airy'
traverse at the top was completed before Simon went
to rig the previously discovered 'big pitch', whilst
myself and Di began the survey. The first 30 or so
metres are in a gently descending, muddy streamway
with crumbling mud walls and soon ends at a 28m pitch
into a large chamber (Professional Advice) with
hanging boulders as a roof and lots of holes through
big boulders in the floor.
Turning right in this chamber a large passage is
entered and a ledge on the left side leads past a
circular pot and along into a dead end after 20m
or so. In this dead end is the skeleton of some
unidentified mammal big enough to be a wolf or wild
boar but could be anything.[4]

Further explorations in narrow rift passages and avens closed in but a
downstream route continued.
We turned round at this point after a superb
afternoon's exploring leaving the end wide open for a
future foray.
Once back at the top of Tixtu Aven, which is now an
incredibly impressive pitch of around 50m, comparable
with the best in Lancashire, we surveyed down the
shaft to tie in with the existing station at the foot
of the pitch. A steady plod out, including some light
fettling and some cursing at the stooping sections,
saw us back at the car just after 1 am, a trip of a
little under 12 hours. It's now an involved, varied
and fairly strenuous 3 plus hours to 'the end' as we
left it.

On August 7th, at Cueva 641 (3917), Phil Parker removed the tight
squeeze into the "final passage" to allow access for Chris Camm. Phil
wrote:
Capping commenced to open up enticingly draughting,
low, narrow passage ... This may be a long term
project - a 1m drill bit ... wouldn't half help!

They continued capping the following day noting that the good,
outward draught changed to inward around 4pm

Nigel, Liz, Peter Clewes and Pete O'Neill went into Lenny's Cave
(3721) to cap the end choke on the upper level. Although they
could see an open continuation between the wall and boulders, the
caps "were not very effective".

Just before the road drops into the main depression at Riolastras,
James, Jenny and Eleanora found a horizontal tube in the side of
a logging track partly filled with earth from the track construction
(Slug Cave, 4047). They then noticed a sign reading "no entry due to
logging".

Ali returned with James and they excavated a route forward to a pit
where a narrow passage at the base could not be pushed past a tight
corner and, over the pit, the passage seemed to continue but required
a lump hammer to demolish stal obstructions. This has yet to be
pushed.

Back at the road junction, Pedro investigated site 4048, a draughting
dig beyond twin entrances.

narrow descending rift
needs digging
no draught?

boulder
choke

SNAIL CAVE
entrance

approx position
of small tube

choke

stal
chamber

Ng

ETRS89

choke

stal
chokes

too narrow
through stals

p-3

0   5   10
m

entrance

entrance

**PYLON
CAVE**
entrance

SNAIL CAVE site 4061 & PYLON CAVE site 4060
Riolastras, Solórzano, Cantabria
site 4060 @ 30T 0455205 4803072 (datum: ETRS89) Altitude 129m
site 4061@ 30T 0455203 4803082 (datum: ETRS89) Altitude 128m
Survey: Matienzo Expedition 2014, BCRA Grade 5c.
surveyors: James Carlisle, Alasdair Neill.
drawn: Alasdair Neill.
Length: Pylon Cave 21m; Snail Cave 47m.

Continuando con el trabajo de
retopografía del Sistema de los
Cuatro Valles, Ali llevó a Tom Gamble,
Sam y Chris Playfoot a Cueva Hoyuca
(0107). Topografiaron la galería Tilers'
Way después de atravesar una sección
«que es mejor pasar rápidamente
para evitar atascarse en el barro». Al
otro lado, una galería activa amplia
bastante agradable termina en una
sala tras de unos 310 m.

El 7 de agosto, Simon, Diane, Tom
Howard, David Purdie, Lauren y
Joel entraron en Hoyuca a través de
la entrada Giant Panda (2691). Di
escribió:
La entrada sigue siendo algo
sospechosa, pero las gateras
después de los pozos son
mucho más cómodas después de la
sesión de micros de Si en Semana
Santa. Dejamos a Tom, Purdie
y demás para continuar hasta el
Astradome para una sesión de fotos,
mientras Si y yo subimos a Sloppy
Inlet para escalar la chimenea de
50 m. Muy impresionante. Aseguré desde
la cornisa lejos del goteo. Si subió aproximadamente
30 m. La parte superior tiene buena pinta, y está
a unos 10-15 m de distancia. Para evitar no volver
demasiado tarde [...] decidimos continuar otro día.

Simon y Diane volvieron con Bill Sherrington el 12 de agosto para
continuar instalando Tixtu Aven para alcanzar, tras un pasamanos y
debajo de donde el agua caía en cascada, una fisura embarrada que
llegaba a un pozo de 3 m de diámetro y al menos 30 m de profundidad.
Había esperanza de que si se seguía con la escalada oblicua se
encontrarían los niveles superiores de Cueva Hoyuca.

Si y Di regresaron con Neil el 23 de agosto. Neil escribió:
Se terminó de instalar el pozo y el excelente
pasamanos «al aire» en lo alto antes de que Simon
fuera a instalar el «gran pozo» descubierto la otra
vez, mientras yo y Di comenzamos la topo. Los primeros
30 m, más o menos, están en un riachuelo embarrado que
baja suavemente con paredes de barro que se desmoronan
y termina en un pozo de 28 m a una sala grande
(Professional Advice) con bloques suspendidos a modo
de techo y muchos agujeros a través de grandes rocas
en el suelo.
Girando a la derecha en esta sala se entra a una
gran galería y una repisa en el lado izquierdo lleva
al otro lado de un hoyo circular y a un callejón sin
salida tras unos 20 metros. Aquí hay un esqueleto de
algún mamífero no identificado lo suficientemente grande
como para ser un lobo o un jabalí, pero podría ser
cualquier cosa.[4]

Otras galerías estrechas y chimeneas se cerraron enseguida, pero una
ruta aguas abajo parecía continuar.
Nos dimos la vuelta en este punto tras una magnífica
tarde de exploración dejando el final abierto de par en
par para una futura incursión.
Una vez de vuelta en lo alto de Tixtu Aven, que ahora
es un pozo impresionante de unos 50 m, comparable con
lo mejorcito de Lancashire, topografiamos el pozo para
conectarlo con la estación al pie de este. Salimos a
buen ritmo, quitando alguna roca y maldiciendo en las
secciones bajas, y llegamos al coche poco después de
la 1 am, poco menos de 12 horas bajo tierra. Ahora se
tardan más de 3 horas complicadas, variadas y bastante
extenuantes hasta el «final» como lo dejamos.

El 7 de agosto, en la cueva 641 (3917), Phil Parker abrió el laminador
que da a la «galería final» para que Chris Camm pudiera pasar. Phil
escribió:
Empezamos con los micros a abrir una galería con
una corriente tentadora, baja y estrecha [...] Podría
ser un proyecto a largo plazo: una broca de 1 m ...
¡apenas haría nada!

Continuaron con los micros al día siguiente y notaron que la corriente
sopladora cambió a aspirante a eso de las 4 de la tarde.

Nigel, Liz, Peter Clewes y Pete O'Neill fueron hasta Lenny's Cave
(3721) para usar micros en la obstrucción final en el nivel superior.
Aunque pudieron ver una continuación abierta entre la pared y los
bloques, los micros «no fueron muy efectivos».

Justo antes de que la carretera entre en la depresión principal en
Riolastras, James, Jenny y Eleanora encontraron un tubo horizontal
al lado de un camino usado para la tala de árboles, parcialmente lleno

---

4   After some teeth were brought out from the crumbling remains in 2018,
they were positively identified by Pedro Castaños as leopard, Panthera pardus.

4   Tras extraer en 2018 algunos dientes de este frágil esqueleto, Pedro
Castaños identificó los restos como pertenecientes a un leopardo, Panthera
pardus.

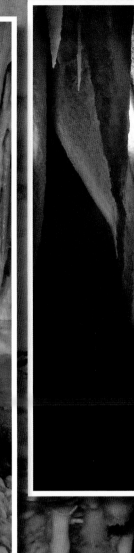

Photos - this page *Paul Dold*. Opposite page: top left, *Paul Fretwell*; top right, *Paul Dold*. Others and background, *Nigel Dibben*.
Fotos de esta página: *Paul Dold*. Página opuesta: arriba a la izda., *Paul Fretwell*; arriba a la dcha., *Paul Dold*; otras y fondo, *Nigel Dibben*.

SIMA-CUEVA DEL RISCO

site 4069: cave
Garzón, Solórzano 30T 450246 4803177 (Datum: ETRS89)
Altitude 233m Length 106m Depth 9m

Surveyed: August 2014 by Alasdair Neill with
Simon Cornhill & Steve Martin

Drawn in Inkscape: Juan Corrin

Matienzo Caves Project 2014

This productive area also held site 4049, Bat Cave, a small entrance not explored and Pylon Cave (4060). Found at the base of a low cliff, James and Ali climbed down into a low chamber with a drop possibly needing a ladder with a roof tube over the top. About 10m away, Snail Cave (4061) was found as a small entrance in the same cliff leading to a decorated chamber and a possible continuation. Site 4048, now called Puppy Dog's Tail Cave, was seen to be bigger beyond a draughting dig.

On July 21st, Ali and James returned to survey sites 4060 and 4061 without finding anything new then went prospecting on the hillside but they "didn't find anything particularly promising". Site 4048 was excavated through into a tight rift where daylight could be seen above.

On the southern side, Harry, John Clarke, Chris Smith and Phil Ryder explored 4070, a 4m deep shaft next to a track noting another 5m shaft "not far away into the jungle". They also found the open entrance to 4071. John and Chris explored this over the next couple of days, digging and snappering to reveal three bouldery levels, linked by climbs down. The lower level had a "possible dig through floor but extreme caution needed." Another find by this team was site 4091, a small entrance under an outcrop to a flat out crawl emerging in a larger cross passage. All routes became too tight.

The team, with Dave Milner and Alf Latham, dug out and explored 4089. John wrote:

> ... crawl into large chamber. Way on ... down loose crawl (Coal Chute) into stooping / walking passage. Ends in boulder choke. Dug out into 3m climb down pitch ... lands on 3m vertical pitch then down 45° - 55° tube... Advisable 2 ladders. Bottoms out into chamber on right, down another pitch (3.7m) into small chamber then up to pitch (15.6m) into blind chamber. Small soak-away at bottom.

The site was surveyed for 132m.

Alf, Phil Goodwin, John Southworth and Dave Milner were also prospecting in woodland at Riolastras but found "nothing of note".

On July 14th, James and Juan had another look at the large and deep depression at site 3951 up to the east of Solórzano. In the three months since it was last visited eucalyptus saplings had grown up at a tremendous rate. The hole at the base turned out to be a 5m long collapse feature with no draught. A nearby draughting dig (4044) was attacked with a lump hammer to try to destroy a boulder in the floor.

Juan returned the following day with a GoPro and light attached to a pole. The resulting video of the space beyond the rock showed stones dropping down into a larger area but no further excavation has happened.

James, Jenny and Eleanora investigated the source of the water in the Arroyo de Canastrillas at the southwest corner of Solórzano. They found "lots of water" but the resurgence (4046) was hidden in "deep jungle".

Pedro investigated Cueva de los Zorros 1 (4065) to the northeast of Solórzano, surveying the mainly walking-size passage for 67m.

Jenny, James and Eleanora came across "a large black hole at the edge of a shakehole that drops down a slope to a large chamber beneath. There could be a way on at the bottom." This was eventually explored and surveyed by Ali, Simon and Steve as site 4069 in early August. Ali wrote:

> Drop to the left in entrance chamber enters 100m of well decorated, roomy passage ending at a stal choke. All very close to the surface so it may be worthwhile looking on the surface beyond the position of the choke for other entrances. Needs photographing.

The hole with human bones (3955), explored at Easter, was surveyed to 21m length and 7m depth and site 4083, Stop Swap Shop was located. The mainly vertical hole was later explored down a set of pitches by Simon, Diane and Steve to a depth of 31m where a small, loose hole could be dug for a possible continuation.

August 4th was a productive prospecting day for Alf, Dave Milner, John Southworth and Phil Goodwin. They re-assessed site 3978, discovered at Easter, confirming that any dig would be a major undertaking, although there was still a good draught.

A number of sites were located some 600m to the southeast: 4050, 4051 and 4052. The first had a grey 150mm pipe running into a large depression where a climb down between boulders by the pipe revealed a possible continuation with a very good draught. On the other side of

de tierra (Slug Cave, 4047). Luego vieron un letrero que decía que la entrada estaba prohibida debido a la tala.

Ali volvió con James y excavaron una ruta hacia un pozo donde una galería estrecha en la base no se podía forzar más allá de una esquina y, sobre el pozo, la galería parecía continuar, pero necesitarían un martillo para quitar las obstrucciones. Aún no se ha hecho.

De vuelta en el cruce de la carretera, Pedro investigó un agujero soplador pasando dos entradas gemelas, 4048.

En esta área fructífera también está la cueva 4049, Bat Cave, una pequeña entrada sin explorar y Pylon Cave (4060). En la base de una escarpadura, James y Ali bajaron hasta una sala baja con un pozo para el podía hacer falta una escala con un tubo en el techo. A unos 10 m, encontraron Snail Cave (4061), una pequeña entrada en la misma escarpadura que conduce a una sala decorada y una posible continuación. 4048, ahora llamada Puppy Dog's Tail Cave, parecía ser más grande al otro lado de una excavación con corriente.

El 21 de julio, Ali y James volvieron para topografiar 4060 y 4061 sin encontrar nada nuevo y luego inspeccionaron la ladera, pero «no encontraron nada particularmente prometedor». Excavaron el agujero 4048 a través de una grieta estrecha por la que se podía ver la luz del día.

En el lado sur, Harry, John Clarke, Chris Smith y Phil Ryder exploraron 4070, un pozo de 4 m de profundidad junto a un camino y otro pozo de 5 m «no muy lejos en la jungla». También encontraron la entrada de 4071. John y Chris exploraron esta cueva durante los siguientes dos días, excavando hasta encontrar tres niveles de rocas, unidos por trepadas. El nivel inferior tenía una «posible excavación a través del suelo, pero se necesita extrema precaución». Otro hallazgo de este equipo fue 4091, una pequeña entrada debajo de un paraje rocoso que da a un laminador que sale a una galería transversal más grande. Todas las continuaciones se volvieron demasiado estrechas.

El equipo, con Dave Milner y Alf Latham, excavó y exploró la cueva 4089. John escribió:

> Gatera a sala grande. Sigue por [...] bajada suelta (Coal Chute) a una galería en la que a veces hay que agacharse. Termina en un caos de bloques. Excavamos hasta un destrepe de 3 m [...] da a un pozo vertical de 3 m y luego baja por un tubo de 45° - 55° [...] Recomendamos 2 escalas. Sale a una sala a la derecha, baja otro pozo (3,7 m) a una sala pequeña y luego sube a un pozo (15,6 m) hasta una sala ciega. Algo de agua en la parte inferior.

La topografía muestra un desarrollo de 132 m.

Alf, Phil Goodwin, John Southworth y Dave Milner también prospeccionaron en el bosque de Riolastras, pero no encontraron «nada importante».

El 14 de julio, James y Juan volvieron a mirar la gran y profunda depresión donde está la cavidad 3951, al este de Solórzano. En los tres meses transcurridos desde la última visita, los árboles jóvenes de eucalipto habían crecido muchísimo. El agujero en la base resultó ser un derrumbe de 5 m de largo sin corriente de aire. Se intentó abrir un agujero soplador cercano (4044) con un martillo para tratar de quitar un bloque en el suelo.

Juan regresó al día siguiente con una GoPro y una linterna atada a un poste. En el vídeo resultante del hueco al otro lado de la roca se ve cómo las piedras caen en una sección más grande, pero no se han realizado más excavaciones.

James, Jenny y Eleanora investigaron el origen del agua en el Arroyo de Canastrillas en la esquina suroeste de Solórzano. Encontraron «mucho agua» pero la surgencia (4046) estaba oculta en la «jungla profunda».

Pedro investigó la Cueva de los Zorros 1 (4065) al noreste de Solórzano, topografiando los 67 m de la galería, lo suficientemente grande como para estar de pie casi siempre.

Jenny, James y Eleanora se encontraron con «un gran agujero negro en el borde de una depresión que baja por una pendiente hasta una gran sala debajo. Podría seguir al final». Ali, Simon y Steve la exploraron, como 4069, a principios de agosto. Ali escribió:

> El destrepe a la izquierda en la sala de la entrada da a 100 m de galería espaciosa y bien decorado que termina en una obstrucción de estalagmitas. Todo muy cerca de la superficie, por lo que podría merecer la pena mirar en la superficie en el punto pasando la obstrucción en busca de otras entradas. Hay que fotografiarla.

Se topografió el agujero con huesos humanos explorado en Semana Santa: 21 m de desarrollo y 7 m de profundidad. También se encontró la cueva 4083, Stop Swap Shop. Este agujero, prácticamente vertical, se

the road, 4051 was also draughting but there was no easy digging option, and draughting 4052 was blocked about 1.5m down.

Three more holes were documented that day: 4053, a gated rift to a possible shaft blocked by boulders; 4054, a 6m long crawl that becomes too tight, and 4055, a narrow, climbable shaft that is blocked 5m down.

EASTERN MOUNTAINS While climbing the via ferrata, around the Risco waterfall, Ali noticed an overhang with "much stal at top over cable bridge. Needs investigation - could be a cave?"

Below, in the Sima-Cueva del Risco (0025), Tom Thomson had collected a spider in the streamway at Easter. After study at the Natural History Museum, Tom thought it might be a new species but needed another specimen to confirm. Footleg and Paul Dold went in, with Footleg filming with his 3D GoPro cameras rig.

Within five minutes we found one sat on a web. Not your typical web but more like a net of filaments in a random weave making a fine mesh. This spider escaped capture but we soon found and caught a second one. We found another two within a few minutes around 50m upstream, so we caught a second specimen for study as there appeared to be a good population.

They carried on to film the trip up into Arco Gallery and Arco 2.

Dold fell down a hole spectacularly on camera but was luckily unharmed. We bolted a new traverse to reach the upstream end of Arco 2 and Footleg did the climb up into Disneyland while Dold stayed below to spot in case he slipped and rattled back down. Cameras were out of card space by the end of the traverse.[5]

On a second visit, they spotted about 30 spiders, all with horizontal webs in small alcoves then spotted a large passage at a higher level. Footleg wrote:

As this was not on the survey we took a quick look and found it went some way with signs of very few footprints to where a ledge led to the edge of a canyon. It was possible to climb down a slot to reach a pristine cracked mud floor and we appeared to be in unvisited passage. A couple of climbs and a traverse over a pit led to some flowstone where the passage started to get pretty. We decided to go back to the start where we had left the bags and film the exploration as we went.
Returning to the flowstone, a squeeze down a slot through formations led into a series of well decorated chambers with large, broken columns and flowstone cascades coming through slots in the roof. The flowstone completely fills the gaps it has come down, so no way up into the higher levels could be found. Eventually the entire passage ends at flowstone sealing the passage from floor to ceiling.

A couple of days later they returned with Pedro and Steve who tried to find a way on through or over the flowstone. Footleg and Paul Dold completed the 422m of survey as batch 0025-14-01, naming the series "Where Are All the Spiders?" [6]

Plan

Elevation

Site 4083: Stop Swap Shop
Garzón, Solórzano
30T 0450345 4803187
(ETRS89) Altitude 244m
Length: 46m Depth: 31m
Surveyed: August 2014
DistoX & PDA
Diane Arthurs, Steve Martin, Simon Cornhill
Drawn in Inkscape:
Diane Arthurs & Simon Cornhill
Matienzo Caves Project 2014

straws
stal flow
1 M pit: depth in metres
slope
boulders
? continuation possible
bones

exploro más tarde. Simon, Diane y Steve bajaron por una serie de pozos hasta una profundidad de 31 m donde se podría cavar un pequeño agujero suelto.

El 4 de agosto fue un día productivo de prospección para Alf, Dave Milner, John Southworth y Phil Goodwin. Reevaluaron el agujero 3978, descubierto en Semana Santa, confirmando que cualquier excavación sería una empresa importante, aunque todavía había una buena corriente.

Se encontraron varios agujeros a unos 600 m al sureste: 4050, 4051 y 4052. El primero tenía una tubería gris de 150 mm que daba a una gran depresión donde un destrepe entre bloques junto a la tubería dio a una posible continuación con muy buena corriente. En el otro lado de la carretera, el 4051 también tenía corriente, pero parecía fácil de excavar, y el agujero soplador 4052 estaba bloqueado a 1,5 m.

Ese día se documentaron tres agujeros más: 4053, una grieta cerrada a un posible pozo bloqueado por rocas; 4054, una gatera de 6 m de largo que se vuelve demasiado angosta, y 4055, un pozo estrecho y escalable que está bloqueado tras 5 m.

MONTAÑAS AL ESTE Mientras hacía la vía ferrata de El Risco, Ali notó un saliente con «mucha estalagmita en la parte superior sobre el puente nepalí. Se tiene que investigar, ¿podría ser una cueva?».

Debajo, en la Sima-Cueva del Risco (0025), Tom Thomson había recogido una araña en el arroyo en Semana Santa. Después de estudiarla en el Museo de Historia Natural, Tom pensó que podría ser una nueva especie, pero necesitaba otro espécimen para confirmarlo. Footleg y Paul Dold entraron en la cueva, con Footleg filmando con su equipo de cámaras 3D GoPro.

Tras cinco minutos encontramos una en su red. No es la red típica, sino más bien una red de filamentos en un tejido aleatorio que forma una malla fina. Se nos escapó, pero pronto encontramos y atrapamos otra. Encontramos otras dos unos minutos después a unos 50 m aguas arriba, por lo que capturamos un segundo espécimen para estudiarlo, ya que parecía haber una buena población.

Continuaron filmando la visita hasta Arco Gallery y Arco 2.

Dold se cayó por un agujero ante la cámara con cierto estrépito, pero afortunadamente salió ileso. Instalamos un nuevo pasamanos para llegar al final aguas arriba de Arco 2 y Footleg subió a Disneyland mientras Dold se quedaba abajo asegurándolo por si resbalaba y volvía a caer. Las cámaras se quedaron sin espacio en la tarjeta al final de la escalada.[5]

En una segunda visita, vieron alrededor de 30 arañas, todas con redes horizontales en pequeños recovecos y luego vieron una gran galería en un nivel superior. Footleg escribió:

Como no estaba en la topo, echamos un vistazo rápido y descubrimos que continuaba con muy pocas huellas hasta una repisa que conducía al borde de un cañón. Se puede bajar por una ranura para llegar a un suelo de barro agrietado y prístino y parecíamos estar en una galería no visitada antes. Un par de escaladas sobre un pozo llevaron a una colada y la galería empezó a ponerse bonita. Decidimos volver a donde habíamos dejado las bolsas y filmar la exploración a medida que avanzábamos.
Volviendo a la colada, una ranura a través de las formaciones da a una serie de salas bien decoradas con grandes columnas rotas y cascadas de colada que entran por las ranuras del techo. La colada llena completamente esas ranuras, por lo que no encontramos forma de subir a un nivel superior. Finalmente, la galería termina en colada sellándola desde el suelo hasta el techo.

Un par de días después regresaron con Pedro y Steve, quienes trataron de encontrar una ruta a través o sobre la colada. Footleg y Paul Dold completaron los 422 m de topo (0025-14-01), llamando a la red «Where Are All the Spiders?» (¿Dónde están todas las arañas?).[6]

Nigel, Paul Dold, Tom Howard y Footleg entraron para sacar fotos el 2 de agosto.

Bill Sherrington, recién salido del avión, estaba lleno de entusiasmo y tenía una lista de cuevas que investigar. Una, elegido al azar, fue

---

5   A non-3D, edited video of the trip can be found on the 0025 web page: El Sedo entrance into Upper Arco (2014)
6   Photos and a panoramic photo are all linked from the description to

5   Un vídeo editado (sin 3D) se puede ver en la página de la cueva 0025 de la web: El Sedo entrance into Upper Arco (2014)
6   Estas fotos, incluyendo una panorámica, se pueden encontrar siguiendo los enlaces en la descripción de Risco en la web. También hay un vídeo de la exploración en YouTube: los enlaces están bajo la leyenda Vídeos al final de la descripción.

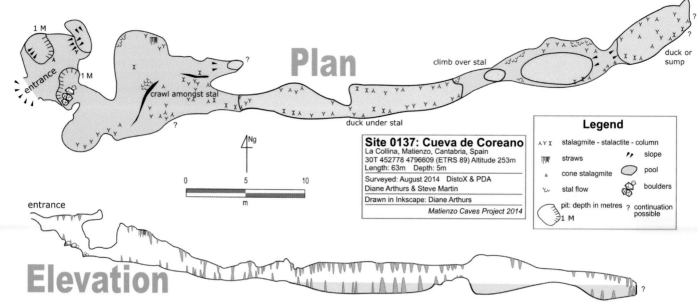

Site 0137: Cueva de Coreano
La Collina, Matienzo, Cantabria, Spain
30T 452778 4796609 (ETRS 89) Altitude 253m
Length: 63m   Depth: 5m
Surveyed: August 2014   DistoX & PDA
Diane Arthurs & Steve Martin
Drawn in Inkscape: Diane Arthurs
Matienzo Caves Project 2014

Legend
∧ϒϪ stalagmite - stalactite - column
straws   ∥ slope
▲ cone stalagmite   pool
stal flow   boulders
pit: depth in metres ? continuation possible
1 M

Nigel, Paul Dold, Tom Howard and Footleg had a photographic trip into the series on August 2nd.

Bill Sherrington, fresh off the plane, was full of enthusiasm and had a list of sites to investigate. One, picked at random, was site 1559 on the lower, western slopes of La Colina. Diane, Simon and Steve completed the team that started at Cueva de la Mantequilla (0090) "looking at old skulls and bullets". Moving on, the target, 1559, was found to be "a blind fox burrow" and Covacho de la Vera (0097) had "nothing of speleological significance". However, better prospects were revealed at site 0137, Cueva de Coreano.

A squeeze through stal led towards a short crawl and another squeeze into a turquoise blue gour pool. This quickly went out of depth and a traverse out of the water. Passing a passage on the left hand side emerged over more deep water. The passage could be seen for another 3m going round a left hand bend.

On another day, after a "sweaty walk up the hillside, Simon, Diane and Steve surveyed into the cave, removed a stal blockage then found a sump at the end of the cave.

This may be worth a visit with a bottle. Very pretty. Lovely stal and stal curtain all in crystal clear water.[7]

SOUTHERN SECTOR Having planned a "day off", Chris Camm and Phil Parker stopped to examine the roadside below Cruz Usaño and found "a possibility". They removed some rocks then returned the following day and, after some enlarging, Phil was able to drop down a 5m shaft into a small, oval chamber with a possible dig into passage which has not been re-visited. The site was named Sima K23 (4062).

A DCC team, Tom Howard, Joel, Charlotte, Lauren and David Purdie, investigated an unexplored drop in Torca del Serruco (0050), perched above the South Vega System. This turned out to a p12 onto a calcite floor with a tight slope down to a possible dig.

Chris Playfoot, Tom Smith, Helen and Jethro hoped to reach Easter Bunny Chamber in Torca de Azpilicueta (0333 and part of the South Vega System) to look for new leads. On August 1st they rigged the pothole, finding no need for hangers and spits as all the pitches had been resin bolted. They reached the Rub-a-Dub Dubs at stream level over 300m below the entrance but, finding that the traverse line around the deep pools was gone, decided to head back out.

They returned three days later. Chris wrote:

Whipped down the entrance series in about thirty minutes and continued to Rub-a-Dub Dubs. Rigged the traverse line after swimming across the pool. ... Got confused at end of the Bedtime Series and ended up in a very pretty but loose section with only a few footprints. Eventually found our way to the lake but, with five people and getting lost, we opted to turn round. Frustrating, as leads are apparently just the other side. Great trip though. Fantastic entrance series and streamway! All de-rigged.

Just above the entrance to Cueva de los Cantones (0865), Pedro explored site 4066, squeezing down between two boulders to a 4m vertical drop into a small chamber with a short climb and choke.

Ted, on a walk above the track to Los Cantones (TV Mast track), rediscovered site 3762 describing it as 2m deep with rocks rumbling away at the base of a scree slope for 3 - 4 seconds. This is another site that has yet to be properly investigated.

la 1559 en las laderas occidentales más bajas de La Colina. Diane, Simon y Steve completaron el equipo que empezó en Cueva de la Mantequilla (0090) «mirando viejas calaveras y balas». Después, el objetivo, 1559, resultó ser «una madriguera de zorro ciega» y Covacho de la Vera (0097) no tenía «nada de importancia espeleológica». Sin embargo, se la 0137, Cueva de Coreano, parecía tener mejores perspectivas.

Una estrechez entre estalagmitas da a una gatera corta y otra estrechez a una marmita azul turquesa con gours. Este rápidamente se volvió muy profunda y salimos del agua. Pasando una galería en la izquierda dio a aguas más profundas. Parece que la galería continúa otros 3 m con una curva a la izquierda.

Otro día, después de una «caminata sudorosa por la ladera de la colina», Simon, Diane y Steve topografiaron la cueva, quitaron una obstrucción de estalagmitas y encontraron un sifón al final.

Puede merecer la pena una visita con botella. Muy bonito. Preciosas cortinas y estalagmitas en agua cristalina.[7]

SECTOR SUR Aunque habían planeado un «día libre», Chris Camm y Phil Parker se detuvieron para examinar el borde de la carretera debajo de Cruz Usaño y encontraron «una posible cueva». Quitaron algunas rocas y regresaron al día siguiente. Tras ampliarla un poco, Phil bajó por un pozo de 5 m a una pequeña sala ovalada con una posible excavación a una galería que no se ha vuelto a visitar. La llamaron Sima K23 (4062).

Un equipo de DCC, Tom Howard, Joel, Charlotte, Lauren y David Purdie, investigaron una pozo sin explorar en Torca del Serruco (0050), encaramada sobre el Sistema de la Vega. Resultó ser un P 12 sobre un suelo de calcita con una pendiente pronunciada hasta una posible excavación.

Chris Playfoot, Tom Smith, Helen y Jethro esperaban llegar a Easter Bunny Chamber en Torca de Azpilicueta (0333 y parte del Sistema de la Vega) para intentar forzar en varios puntos. El 1 de agosto la instalaron, sin tener que usar tacos ni chapas, ya que todos los pozos habían sido instalados con fijaciones químicas. Llegaron a Rub-a-Dub Dubs al nivel del río a más de 300 m por debajo de la entrada, pero, al descubrir que el pasamanos alrededor de las marmitas profundas no estaba, decidieron salir.

Volvieron tres días después. Chris escribió:

Bajamos la red de la entrada en unos treinta minutos y continuamos hasta Rub-a-Dub Dubs. Instalamos el pasamanos tras cruzar la marmita a nado. [...] Nos confundimos al final de la red Bedtime y terminamos en una sección muy bonita pero suelta con solo unas pocas huellas. Finalmente encontramos el camino de vuelta al lago pero, con cinco personas y perdiéndonos, optamos por dar la vuelta. Frustrante, ya que los interrogantes parecen estar al otro. Sin embargo, gran visita. ¡El río y la red de la entrada son fantásticos! Todo desinstalado.

Justo encima de la entrada a la Cueva de los Cantones (0865), Pedro exploró la cavidad 4066, pasando entre dos bloques hasta una pozo vertical de 4 m a una pequeña sala con una escalada corta y una obstrucción.

Ted, mientras daba un paseo por encima de la pista hacia Los Cantones, redescubrió la cueva 3762, describiéndola como de 2 m de profundidad con rocas que retumban en la base de una pendiente de guijarros de 3 a 4 segundos. Esta es otra cavidad que aún no se ha investigado adecuadamente.

Risco on the website. A video of the exploration is found on YouTube: see the Videos sections at the base of the description.
7   Jim Lister visited the cave with a dive bottle in August 2018.

7   Jim Lister visitó la cueva con el equipo de buceo en agosto de 2018.

2014 AUTUMN / OTOÑO
Alasdair 'Ali' Neill

Alex Ritchie
Alf Latham
Andrew 'Dingle 2' Latimer
Bob Toogood

Dan Hibberts
Dave Milner
John 'Big Nose' Palmer
John Southworth

Juan Corrin
Patrick Degouve
Pete 'Pedro' Smith
Peter Eagan

Phil Goodwin
Phil Papard
Phil Parker
Simon 'Dingle 1' Latimer

The weather was very dry, almost summer conditions most of the time over the autumn season. Nearly 1400m of cave passages were surveyed. Three separate teams were out at different times during the last two weeks in October and first three weeks in November.

With no intention of creating a hierarchy, I'll call the teams A, B and C - just to save repetition and space!

Team A: Phil Papard, Ali Neil, Peter Eagan. (October)

Team B: Dan Hibberts, John Palmer and Bob Toogood. (November)

Team C: Alf Latham, Phil Goodwin, Phil Parker, Dave Milner, John Southworth, Andrew Latimer, Simon Latimer, Alex Ritchie, Chris Camm - although this team more often split into smaller groups. (November).

NORTHWEST AND FAR WEST SECTORS Team A and Juan worked at the BigMat Calf Hole entrance (3916) to Torca la Vaca (2889), successfully placing rebar steps at the bottom of the tube but failing to enlarge the boot holes in the side of the tube.

> ... found it was difficult due to restricted room and nature of tube, only one hole partly completed. Need a smaller saw and a sharp chisel.

On the next visit, they prepared the top of the shaft with a pentagon of cement board, rebar and the previously prepared bolt in a limestone block for the gate, while Juan mixed 2 bins worth of concrete in Matienzo. The concrete was delivered to the hole, thrown into the formwork, tamped, smoothed off and left to set.

On November 3rd, Juan returned to fill in holes around the entrance with clay and soil asking, "Will it grass over by Easter?"

Team B spent a couple of days, November 10th and 11th, trying to find the way from the BigMat entrance through to the main route in Torca la Vaca. The following day, their perseverance paid off, finding two areas of new passages and surveying over 620m, batches 2889_14_03 and 2889_14_04. John wrote:

> From Nearly Dan Chamber, we first looked at an open lead in High Street ... This proved to be a 250m long, easy passage with scree and gypsum floor heading north and ending at a boulder choke that looks loose and dangerous to push.
>
> Next was a look at the higher level passage heading southeast from Nearly Dan Chamber, the end of which does not look too promising although there are a couple of holes high up that would need a couple of bolts to climb up into.
>
> Moving back towards Nearly Dan we checked out leads to no avail until a short climb on the west wall and a couple of squeezes popped up into a large, well decorated passage, "Should Have Gone to Spec Savers". This passage is generally 10m wide and is truncated to the south and northeast by boulder chokes which may repay further visits, both ends heading into blank areas on the survey. From the main passage, superbly decorated passages head west terminating in stal chokes.

To the north of San Antonio, team C members John, Dave and Phil Parker found site 4093 as a small, draughting cave at the base of a shakehole that requires digging.

On a day walking about out of the permit area, about 1.3km to the northeast from San Antonio, on the north side of the ridge, Phil Goodwin, Alf, Dave and John Southworth found a resurgence with a considerable flow (4098).

> This site is out of area but could drain sites to the south which are in area, including the 4030 sink which is 460m away.

There are plans to apply for this area (about 9.3km2) up to the main N634

Durante la visita otoñal, el tiempo fue bastante seco, casi como en verano.

Se topografiaron casi 1400 m de galerías. Tres equipos visitaron el valle por separado durante las dos últimas semanas de octubre y las tres primeras de noviembre. Sin la intención de establecer una jerarquía, llamaré a los equipos A, B y C, ¡así evitamos repeticiones y ahorramos espacio!

Equipo A: Phil Papard, Ali Neil, Peter Eagan. (Octubre)

Equipo B: Dan Hibberts, John Palmer, Bob Toogood. (Noviembre)

Equipo C: Alf Latham, Phil Goodwin, Phil Parker, Dave Milner, John Southworth, Andrew Latimer, Simon Latimer, Alex Ritchie, Chris Camm; aunque este equipo a menudo se dividió en grupos más pequeños. (Noviembre)

SECTOR NOROESTE Y EXTREMO OESTE El equipo A y Juan se centró en la entrada BigMat Calf Hole (3916) a Torca la Vaca (2889), colocando con éxito escalones con barras de refuerzo en la parte inferior del tubo, pero sin agrandar los agujeros para las botas.

> ...resultó difícil por el poco espacio y la naturaleza del tubo, solo hemos completado un agujero parcialmente. Hace falta una sierra más pequeña y un cincel afilado.

En la siguiente visita, prepararon la parte superior del pozo con un tablón de fibrocemento con forma de pentágono, una barra y la fijación instalada previamente en una piedra caliza para la valla, mientras Juan mezclaba dos cubos de cemento en Matienzo. El cemento se llevó hasta el agujero, se arrojó al encofrado, se alisó y se dejó fraguar.

El 3 de noviembre, Juan volvió a llenar los agujeros alrededor de la entrada con arcilla y tierra y se preguntó: «¿Crecerá la hierba para Semana Santa?».

El equipo B pasó un par de días, 10 y 11 de noviembre, intentando encontrar la ruta desde la entrada de BigMat hasta la ruta principal de Torca la Vaca. Al día siguiente, su perseverancia dio sus frutos y encontraron dos zonas de nuevas galerías y topografiaron más de 620 m, lotes 2889_14_03 y 2889_14_04. John escribió:

> Desde Nearly Dan Chamber, primero miramos una posible continuación en High Street [...] Resultó ser una galería fácil de 250 m de largo en dirección norte con rocas sueltas y yeso en el suelo que termina en un caos de bloques que parece suelto y peligroso si se fuerza.
>
> Después, echamos un vistazo a la galería de nivel superior que se dirige al sureste desde Nearly Dan Chamber. El final no parece demasiado prometedor, aunque hay un par de agujeros en lo alto para los que harían falta un par de fijaciones.
>
> Volviendo a Nearly Dan comprobamos algunos interrogantes sin éxito hasta que una pequeña escalada en la pared oeste y un par de estrecheces dieron a una galería grande y bien decorada, «Debería haber ido al oculista». De unos 10 m de ancho, está truncada al sur y al noreste por caos de bloques a los que podría merecer la pena volver, ambos extremos se dirigen a zonas en blanco en la topo. Desde la principal, galerías con unas decoraciones magníficas se dirigen hacia el oeste y terminan en obstrucciones.

Al norte de San Antonio, John, Dave y Phil Parker del equipo C, encontraron una pequeña cueva, 4093, en la base de un hoyo, pero se tenía que excavar.

Un día que pasaron fuera del área de permiso, aproximadamente a 1,3 km al noreste de San Antonio, en el lado norte de la cima, Phil Goodwin, Alf, Dave y John Southworth encontraron una surgencia con un buen caudal (4098).

> Está fuera del área, pero podría venir de las cavidades al sur que están en el área, incluido el sumidero 4030, que está a 460 m de distancia.

Esperamos poder solicitar un permiso para esta área (alrededor de 9,3 km²) hasta la N634 principal, incluyendo el lado oeste de Monte Llusa y Villanueva.

Finishing the job - concrete and a lid for the tube.
Terminando el trabajo: hormigón y una tapa para el tubo. *Juan Corrin & Peter Eagan*

including the west side of Monte Llusa and Villanueva.

Well above and to the south of San Antonio, Alex was given some capping practice at the sink location of site 2831. This needs a lot more work but does have "a nice encouraging draught".

At Hornedo, a cleared area was examined by Chris and Phil Parker. A shaft in a small depression was found (4101) along with potential digs at the base of a sandstone edge, 4102 and 4103.

Further round the edge an open entrance gave site 4104 - 3m x 4m standing height passage blocked at the back with sand fill and a good draught coming out of the narrow gap between roof and fill. Rift to one side entered and descended 4m to tiny cross rift with no way on. One other rift not entered/descended. Survey made and photographs taken.

They also located 4105, a small hole at the top of a gully; 4106, a 2m long narrow rift on north side of a small shakehole and 4107, a 3m deep potential dig in small depression.

Finally, over to 4101 where, after rigging a ladder from a jammed drill bit (drill reverse switch packed up!) Chris descended past a section of vertical fill to a sandstone block occupying the bottom. No draught and depth estimated at 10m.

LA CAVADA TO COBADAL Team C members Phil Goodwin, Alf, Dave and John had a trip into the mine / cave site 1561 at Barrio de Arriba, trying to follow the draught - which was soon lost.

About 250m northwest of the Duck Pond Sink (1976), the "Civil War Cave", site 3543 was visited by John, Phil Goodwin and Alf.

Continued the dig at the end of the high-level passage ... Found a 4m drop but ended in roof of first chamber instead of the top of the loose undescended pitch off the lower chamber.

On November 19th, Alex, Simon and Andrew went to investigate the undescended pitch up the slope from the lower chamber but couldn't find it.

This maybe now lost under a new run-in of boulders. Will require another visit by the original explorers to confirm this.

Phil Parker checked out Torca de Hoyo Carabo (Washing Machine Hole, 3420) on November 12th finding it "comfortably open". The entrance crawl, often re-filled with flood debris, was little different to the visit at April.

Phil and Alex entered on the 18th "carrying all manner of equipment intended to get Alex down the 8m pitch at the bottom of the cave".

Whilst in the entrance crawl there was no sign of the previous days' rain, the pool at the bottom of the big pitch was larger than at Easter and there was a pool in the tight crawly tube. ... A couple of naturals were located at the entrance to the crawl, a stal boss and a small rock bridge, the SRT rope was rigged and Alex disappeared feet first into the crawl, wearing his sit harness and dragging the rope and his hardware after him.

Alex's exploration can be found in "Exploring Torca de Hoyo Carabo - Washing Machine Hole", pages 392 - 394.

Phil concluded that ...

... amazingly, the bottom of the cave is in the "might continue" rather than "broken" category.

Later in the week Alex returned with Andrew and Simon. They dropped the undescended 16m pitch at the end of one of the upper level side passages. After 15m of rift passage it enters the main 52m pitch about 5m below the traverse to the pitch head.

On November 13th, Chris investigated a small draughting slot at the base of a small cliff (4100) although no GPS reading was acquired. This was later dug with "minimal tools" with little progress.

Chris and Phil Parker examined the nearby site 3195 and found it draughting slightly and would be passable a couple of metres in if the entrance was opened up.

On November 16th, following the big pitch descent in the summer, Alf and Phil Goodwin dropped to the bottom of Cueva de los Campizos (Yo-yo Cave, 3812) measuring the pitch with an altimeter as 125m plus or minus 10m. In the main chamber, they tackled the vadose trench off the up-slope finding that it meanders gently in the direction of 340° with a general width of about 40cm, slightly wider at the bends, with a couple of short pitches.

The pitches are simply washed out sediment. After about 40m it becomes slightly too tight at the bottom level. However, the rift is about 40m high and draughts

A selfie of Alex in 3812. Un selfie de Alex en 3812..

Muy por encima y al sur de San Antonio, Alex recibió una lección práctica de micros en el sumidero de 2831. Necesita mucho más trabajo, pero tiene «una buena corriente alentadora».

En Hornedo, Chris y Phil Parker examinaron un área despejada. Encontraron un pozo en una pequeña depresión (4101) junto con posibles excavaciones en la base de un escarpe de arenisca, 4102 y 4103.

A la vuelta del escarpe, una entrada abierta (4104) da a una galería de 3 m x 4 m y alta bloqueada en la parte posterior con arena y un buen tiro sale de la estrechez entre el techo y la arena. Entramos en la fisura a un lado y bajamos 4 m hasta un pequeño cruce sin salida. No entramos / bajamos por la otra fisura. Topo y fotos hechas.

También encontraron el 4105, un pequeño agujero en la parte superior de un barranco; 4106, una fisura estrecha de 2 m de largo en el norte de un pequeño hoyo y 4107, una posible excavación de 3 m de profundidad en una pequeña depresión.

Finalmente, llegamos a 4101 donde, después de instalar una escala con una broca atascada (¡el cambio de marcha del taladro está atascado!), Chris entró pasando una sección de relleno vertical hasta un bloque de arenisca que llena la base. Sin tiro y profundidad estimada en 10 m.

DE LA CAVADA A COBADAL Phil Goodwin, Alf, Dave y John del equipo C se acercaron a la mina / cueva 1561 en Barrio de Arriba, tratando de seguir la corriente, aunque no tardaron en perderla.

A unos 250 m al noroeste del Duck Pond Sink (1976), John, Phil Goodwin y Alf visitaron la cueva 3543, la Cueva de la Guerra Civil.

Continuamos la excavación al final del alto nivel [...] Encontramos un pozo de 4 m, pero da al techo de la primera sala en vez de a la cabecera del pozo suelto sin explorar de la sala inferior.

El 19 de noviembre, Alex, Simon y Andrew fueron a investigar el pozo sin explorar en lo alto de la pendiente desde la sala inferior, pero no pudieron encontrarlo.

Quizás se haya perdido bajo un nuevo derrumbe de rocas. Los exploradores originales tendrán que volver para confirmarlo.

Phil Parker echo un vistazo a la Torca de Hoyo Carabo (3420) el 12 de noviembre y la encontró «cómodamente abierta». La entrada, a menudo llena de restos de las lluvias, apenas había cambiado desde abril.

Phil y Alex entraron el 18 «llevando todo tipo de equipo para que Alex bajara el pozo de 8 m al final de la cueva».

Mientras que en la gatera de la entrada no había rastro de la lluvia de los días anteriores, la charca en la base del gran pozo era más grande que en Semana Santa y había agua en el tubo estrecho. [...] Vimos un par de anclajes naturales al principio de la gatera, una estalagmita y un pequeño puente de roca, instalamos la cuerda y Alex desapareció con los pies por delante en la gatera, con el arnés puesto y arrastrando la cuerda y el resto del equipo.

La exploración de Alex se puede encontrar en Explorando la Torca de Hoyo Carabo (Washing Machine Hole) en las páginas 392 - 394.

Phil concluyó:

Sorprendentemente, el final está en la categoría «podría continuar» en lugar de «roto».

Unos días después, Alex regresó con Andrew y Simon. Bajaron el pozo sin descender de 16 m al final de una de las galerías laterales del nivel superior. Tras 15 m en una fisura, esta da al pozo principal de 52 m a unos 5 m debajo del pasamanos hacia la cabecera.

El 13 de noviembre, Chris investigó una pequeña ranura sopladora en la base de un pequeño acantilado (4100), aunque no tomó las coordenadas GPS. Más tarde, intentó desobstruirla con «herramientas mínimas» con poco éxito.

Cerca de ahí, Chris y Phil Parker echaron un vistazo al 3195 y encontraron que tenía una ligera corriente de aire y se podría entrar a un par de metros si se abriera la entrada.

El 16 de noviembre, tras el bajar por el pozo grande en verano, Alf y Phil Goodwin bajaron al fondo de la Cueva de los Campizos (3812) y midieron el pozo con un altímetro: 125 m, más o menos 10 m. En la sala principal, abordaron el meandro en lo alto de la pendiente y vieron que serpentea suavemente a 340° con un ancho general de unos 40 cm, ligeramente más ancho en las curvas, con un par de pozos cortos.

Las pozos son simplemente sedimentos desgastados. Tras unos 40 m, es algo estrecho en la base. Sin embargo, la fisura tiene unos 40 m de altura y la corriente es aspirante, por lo que puede haber otra galería a otro nivel.

inwards so there may be another way through at another level.

Since the summer, the floor of the main chamber had been re-shaped by flood water. "The flat silt has gone, revealing an entrance to a downstream passage."

On the 20th, Simon, Andrew and Alex investigated the downstream route:

... pushed for 110m in a SE direction [with] calcite formations and a side chamber. Becomes phreatic at the end and probably diggable.

Team C's Phil Goodwin, Alf, Dave and John investigated some unexplored holes near to Yo-yo:

3807 is an impossibly tight rift which seems to choke. 3811 is an 8m shaft which is choked. Also looked at associated rifts nearby, all too narrow.

On November 13th, Alf and Phil Goodwin went into El Cubillón (2538) ...

... to the end of higher South Passage to aven bolted at Easter. As reported ... there is a downward rift from the top. Not reported was that the rift is too tight for most people - a determined 'thinny' might get through. Rocks drop a considerable distance.

Slightly higher than the top, a large space can be seen through a 130mm calcite eye-hole which needs capping.

Just above the bolt, 8m up from the bottom of the aven, an opening on the left ... descends through flowstone to a grotto and then links to the bottom of the pitch.

Alf about to drop into the collapse at site 4094 with Phil Goodwin looking in and Charlie and Dave perched on the edge.
Alf a punto de bajar al hundimiento en 4094 con Phil Goodwin mirando al interior y Charlie y Dave encaramados en el borde.
John Southworth

They also noticed that a recent collapse down an aven just before the last pitch had a strong draught "which appears to be surface related".

The following day, Phil Parker investigated the small valley behind El Cubillón finding a collapse and open hole in the streambed (4094). Phil Goodwin, Alf, Dave and John from team C investigated the roomy 10m shaft the next day. Alf descended, finding the route goes into a rift downstream then blocks with boulders with a strong draught. The hole corresponded with the aven and collapse in the cave below, but It was thought not worthwhile trying to engineer a second entrance in the flood-prone streambed. Also present was Charlie from the nearby house.

To the west of El Cubillón, Alf had a solo dig at the interesting site 3901. Chris and Phil Parker also dug and cleared debris here on November 16th as did Chris and Dave on the 18th. The following day, Alf, Chris and Phil revealed a definite way on "but it would require capping for as far as could be seen - about 3m". An alternative way on was investigated by Chris and Phil on the 20th and 21st - a narrow, draughting rift going down for a couple of metres. However, "this will require considerable work to make significant progress".

Work continued in the Torca Cañaos - Cueva Riocueva

Cueva Riocueva

(4043, 4042) system to the north of the motorway. Team A had a photographic trip on October 23rd and also surveyed beyond the stal squeeze in the passage above the ladder pitch in Galería del Laboratorio (batch 4043-14-32); a passage near the beginning of Galería del Tembleque (batch 4043-14-33) and two oxbows off Galería del Yeso (batch 4043-14-34). The

---

Desde el verano, el suelo de la sala principal había sido remodelado por el agua de las lluvias. «El fango ha desaparecido, revelando una entrada a una galería aguas abajo».

El 20, Simon, Andrew y Alex investigaron la ruta aguas abajo:

Forzamos 110 m en dirección SE [con] formaciones de calcita y una sala lateral. Se vuelve freático al final y probablemente se pueda cavar.

Phil Goodwin, Alf, Dave y John del equipo C investigaron algunos agujeros inexplorados cerca de Cueva de los Campizos:

3807 es una fisura increíblemente estrecha que parece obstruida. 3811 es un pozo de 8 m que está obstruido. También miramos las fisuras cercanas, demasiado estrechas.

El 13 de noviembre Alf y Phil Goodwin fueron a El Cubillón (2538).

Hasta el final de la galería sur superior hasta una chimenea instalada en Semana Santa. Como se informó [...] baja una fisura desde arriba. De lo que no se informó es de que es demasiado estrecha para la mayoría: algún «delgaducho» podría pasar. Las rocas caen una distancia considerable.

Ligeramente por encima de la parte superior se puede ver un gran espacio a través de una abertura de calcita de 130 mm que necesita micros.

Justo encima de la fijación, a 8 m de la base de la chimenea, una abertura a la izquierda [...] baja a través de la colada hasta una salita y luego se une a la base del pozo.

También vieron que un hundimiento reciente en una chimenea justo antes del último pozo tenía una corriente fuerte «que parece estar relacionada con la superficie».

Al día siguiente, Phil Parker investigó el pequeño valle detrás de El Cubillón y encontró un hundimiento y un agujero abierto en el lecho del río (4094). Phil Goodwin, Alf, Dave y John del equipo C investigaron el espacioso pozo de 10 m al día siguiente. Alf bajó y se encontró con que la ruta da a una fisura aguas

abajo que está bloqueada con rocas pero con un tiro fuerte. El agujero conectaba con la chimenea y hundimiento en la cueva bajo sus pies, pero se pensó que no valía la pena intentar diseñar una segunda entrada en el lecho del arroyo, propenso a las inundaciones. También estuvo presente Charlie, de la casa cercana.

Al oeste de El Cubillón, Alf excavó en solitario en el interesante agujero 3901. Chris y Phil Parker también probaron a desobstruir y limpiar los escombros el 16 de noviembre, al igual que Chris y Dave el 18. Al día siguiente, Alf, Chris y Phil abrieron lo que parecía una continuación, «pero necesitaría micros hasta donde se puede ver, alrededor de 3 m». Chris y Phil investigaron una ruta alternativa los días 20 y 21: una fisura estrecha y profunda que baja un par de metros. Sin embargo, «requerirá bastante trabajo para lograr algo de progreso».

Se avanzó en los trabajos en el sistema Torca Cañaos - Cueva Riocueva (4043, 4042), al norte de la autovía. El equipo A fue de incursión fotográfica el 23 de octubre y también topografió al otro lado de la estrechez entre estalagmitas en la galería sobre el pozo con escala en la Galería del Laboratorio (lote 4043-14-32); una galería cerca del

total surveyed was 125m.

Juan and Pedro joined team A on October 26th. An archaeological group (Mauranus Proyecto) were working in the lower, Cueva Riocueva entrance.

Pedro had arranged for us to go in while the gate was open. Juan used his GoPro to film the trip while Phil P and Pedro surveyed the main passage up to the choke. We were told by one of the archaeological team that you could go down to the stream through the choke. The route is at first a crawl to a climb, followed by a small crawl and a 2m drop through a tight hole to a sloping stal ramp down to a boulder floored chamber and the stream passage. A ladder would be best for the 2m drop, but we managed with a rope – a bolt was placed at the drop top. Above the climb up in the choke a chamber was also surveyed. Total surveyed 198m (batch 4042-14-02).

Pete E and Ali surveyed and took photographs in Galería del Tembleque from the climb into the main passage to the west – 101m surveyed (batch 4042-14-04). This ended in a section of cave 3m wide with large amounts of fresh animal shit. Digging would be required to get any further. Also an inlet some 70m into the cave on the south side was surveyed and pushed passed an oxbow until it required digging – 68m surveyed (batch 4042-14-03).

Some photos were taken in the entrance passage and a small red splodge on the wall was photographed.

After the survey work in 4042, Juan had a quick look in the caves below - site 4087, the wet weather resurgence where, after a 3m crawl, a pool is met with the draught coming over the top, and 4086, a climb up to a small chamber with little draught.

Two days later, team A plus Juan had a "general purpose" trip into 4043.

Peter took photos with Phil and Ali along the Galería de Yeso while Juan filled in missed survey detail. New passages were surveyed: a small addition to the oxbows (batch 4043-14-34) and Bold Step Passage (previously explored by James) which was connected to the G. de Yeso further back down the passage. (Batches 4043-14-35 and 36). Also, a higher level roof tube entered (on the Villaverde de Pontones / Hoznayo boundary!) which went for a stooping 25m (not surveyed).

Photos were taken down the streamway off the entrance shaft. Both this and the possible passage up boulders at the drop down into the river need surveying.

Total surveyed since Easter 2014 is now 4682m

NORTHERN LA VEGA, EL NASO AREA WEST TO LAS CALZADILLAS

Nearly a kilometre north of Las Calzadillas and "round the corner, to the south" of site 2990, Chris and Phil Parker came across three possibilities: 4108, 4109 and 4110. Chris descended two of them to end on boulder fill; the third required enlarging. Details, however, have been lost in a mislaid notebook.

THE NORTHEAST SECTOR INCLUDING THE FOUR VALLEYS SYSTEM. SOLÓRZANO AND GARZÓN

Peter Eagan and Ali spent some time in Fridge Door Cave (1800) , trying to lower the water to pass the upstream sump.

After two hours of digging the floor, we had managed to lower the water about two inches. More work needed or a diver. The roof of the sump appears to be level about two metres wide and deep. The water clears quickly. Checked out possible climb but closed down to tubes. The water at the bottom of ladder pitch down slope, stayed clear and appears to be just a pool with no way on.

Peter Eagan and Ali finished off the resurvey of Tilers' Way in Cueva Hoyuca (0107), producing batch 0107-14-03 with 145m of length.

Phil Parker and Alex went to Cueva Six Four One (3917) where they cleared the debris left from the final summer trip leaving a narrow continuation.

About an hour with hammer, chisel and bar removed the offending

---

comienzo de la Galería del Tembleque (lote 4043-14-33) y dos meandros de la Galería del Yeso (lote 4043-14-34). En total se topografiaron 125 m.

Juan y Pedro se unieron al equipo A el 26 de octubre. Un grupo arqueológico (Proyecto Mauranus) estaba trabajando en la entrada inferior de la Cueva Riocueva.

Pedro lo había arreglado para que pudiésemos entrar mientras la verja estuviese abierta. Juan usó su GoPro para grabar la visita mientras Phil P y Pedro topografiaron la galería principal hasta la obstrucción. Uno de los miembros del equipo arqueológico nos dijo que se podía bajar al río por la obstrucción. Para ello primero hay que pasar un laminador a una escalada, seguido de otro pequeño laminador y una bajada de 2 m a través de un agujero estrecho hasta una rampa con estalagmitas hasta una sala con rocas en el suelo y la galería activa. Una escala sería lo mejor para la bajada de 2 m, pero lo logramos con una cuerda: se colocó una fijación en lo alto de la bajada. Encima de la escalada en la obstrucción también se topografió una sala. En total: 198 m (lote 4042-14-02).

Pete E y Ali topografiaron y sacaron fotos en la Galería del Tembleque desde la escalada a la galería principal hacia el oeste: 101 m (lote 4042-14-04). Terminó en una sección de cueva de 3 m de ancho con grandes cantidades de excremento animal fresco. Habría que excavar para avanzar. También se topografió una lateral a unos 70 m dentro de la cueva en el lado sur y se forzó pasando un meandro hasta que se vio que habría que desobstruir: 68 m (lote 4042-14-03).

Se sacaron algunas fotos en la galería de la entrada y se fotografió una pequeña mancha roja en la pared.

Tras el trabajo topográfico en 4042, Juan echó un vistazo rápido a las cuevas debajo: 4087, la surgencia en época de lluvias donde, tras una gatera de 3 m, hay una charca con una corriente de aire por encima; y 4086, una escalada hasta una pequeña sala con poco tiro.

Dos días después, el equipo A más Juan fueron a 4043 con un «propósito general».

Peter sacó fotos con Phil y Ali a lo largo de la Galería de Yeso mientras Juan completaba los detalles de la topo. Se topografiaron nuevas galerías: una pequeña adición a los meandros (lote 4043-14-34) y la galería Bold Step (explorada previamente por James) que conectaba con la G. de Yeso antes en la galería. (Lotes 4043-14-35 y 36). Además, se entró a un tubo en el techo (¡en el límite de Villaverde de Pontones / Hoznayo!) que continuó bajo a lo largo de 25 m (sin topo).

Se sacaron fotos por el río que sale del pozo de entrada. Tanto esta como la posible galería desde las rocas en la bajada hasta el río se tienen que topografiar.

El total topografiado desde Semana Santa de 2014 es ahora 4682 m.

EL NORTE DE LA VEGA, ZONA DE EL NASO – LAS CALZADILLAS

Casi un kilómetro al norte de Las Calzadillas y «a la vuelta de la esquina, al sur» de 2990, Chris y Phil Parker encontraron tres agujeros: 4108, 4109 y 4110. Chris entró en dos de ellos, que terminaban en un caos de bloques; el tercero se había que ampliar. Los detalles, sin embargo, se han perdido en un cuaderno extraviado.

EL SECTOR NORESTE INCLUYENDO EL SISTEMA DE LOS CUATRO VALLES, SOLÓRZANO Y GARZÓN

Peter Eagan y Ali le dedicaron algo de tiempo a Fridge Door Cave (1800), e intentaron bajar el nivel del agua para pasar el sifón aguas arriba.

Tras dos horas excavando el suelo, logramos bajar el agua unos 5 cm. Necesita más trabajo o un buceador. El techo del sifón parece ser a nivel, de unos 2 m de ancho y profundidad. El agua se limpia rápidamente. Comprobamos una posible escalada, pero se cerró hasta ser un tubo. El agua en la base de la escala por la pendiente se mantuvo clara y parece ser solo una charca sin salida.

Photos in 4069 at Garzón with Ali and Phil.　　Fotos en 4069 en Garzón con Ali y Phil.　　*Peter Eagan*

Alasdair Neill (blue) and Phil Papard looking up and down at calcite and gypsum formations in Torca de los Cañaos.
Alasdair Neill (azul) y Phil Papard contemplando las formaciones de calcita y yeso en Torca de los Cañaos.

Peter Eagan

Peter Eagan y Ali remataron la nueva topo de Tilers' Way en Cueva Hoyuca (0107), lote 0107-14-03, con 145 m de desarrollo.
Phil Parker y Alex fueron a Cueva Six Four One (3917) donde limpiaron los restos que quedaron de la última incursión de verano, dejando una estrecha continuación.

section and Alex slid through the narrow gap and pool of water into the continuing wide open(!) rift passage. Unfortunately it closed down almost immediately to a a pair of tiny draughting rifts at floor level. A higher level continuation was examined, initially Alex falling from 3 or 4m up the climb and then insisting that Phil had to come through into the extension as a safety(!) precaution. He then succeeded in getting up into the upper passage but that quickly came to an end. Another cave broken! The pair surveyed out.

Phil Goodwin, Dave and John from team C investigated the area north of the permit boundary finding, but not exploring, three

Le dimos cerca de una hora con un martillo, un cincel y una barra para quitar la sección culpable y Alex se deslizó a través del estrecho espacio y el charco hasta una galería en fisura abierta (!). Por desgracia, se cerró casi de inmediato, hasta un par de pequeñas fisuras a nivel del suelo. Examinamos una continuación superior, donde Alex cayó desde 3 o 4 m de la escalda y luego insistió en que Phil tenía que pasar por como medida de seguridad (!). Luego consiguió subir a la galería superior, pero se cerró rápidamente. ¡Otra cueva rota! La pareja topografió de la que salía.

Phil Goodwin, Dave y John del equipo C investigaron la zona al norte del límite del permiso encontrando, pero no explorando, tres cavidades: 4095, una entrada abierta en el costado de un hoyo con

Photos in Cueva-Cubío de la Reñada with Alasdair Neill.   Fotos en Cueva-Cubío de la Reñada con Alasdair Neill.   *Peter Eagan*

sites: 4095, an open cave entrance in the side of a shakehole with an outward draught; 4096, a 2m wide descending rift, about 3m deep and 4097, a small cave in the base of a shakehole which needs a large tree stump removing. These sites came within our permit area when the permit area was again altered in 2019.

Fresh off the ferry on 22nd October, team A headed for the nicely decorated 4069 to try out Pete's new camera flash equipment. Photos were taken but no significant places to dig for extensions were identified.

On November 14th, team C members, Phil Goodwin, Alf, Dave and John visited the Garzón area ...

> *... with no results apart from Dave breaking his wrist in a fall. Hospital visit.*

A week later, after taking Dave to hospital for a check-up, the same group started to dig out Pipe Cave (4050), using caps to start opening up the "narrow start of a large shaft". The following day, along with Andrew, they completed the task entering ...

> *... a spacious 17m shaft to 30m of walking and scrambling passage to a large breakdown chamber, the end of which is an 8m pitch to a blockage of large boulders ... A good draught at this point. To be surveyed, Easter 2015.*

corriente sopladora; 4096, una fisura descendente de 2 m de ancho y unos 3 m de profundidad; y 4097, una pequeña cueva en la base de un hoyo donde hay que quitar un gran tocón de árbol. Estas cavidades entraron dentro de nuestra área de permiso cuando esta se modificó nuevamente en 2019.

Recién salido del ferry el 22 de octubre, el equipo A se dirigió a la bellamente decorada cueva 4069 para probar el nuevo equipo de flash de Pete. Sacaron fotos, pero no identificaron lugares propicios para excavar en busca de una continuación.

El 14 de noviembre, Phil Goodwin, Alf, Dave y John del equipo C visitaron la zona de Garzón:

> *Sin resultados, sin contar con que Dave se rompiese la muñeca en una caída. Visita al hospital.*

Una semana más tarde, después de llevar a Dave al hospital para una revisión, el mismo grupo comenzó a desobstruir Pipe Cave (4050) con micros para empezar a abrir el «inicio estrecho de un gran pozo». Al día siguiente, junto con Andrew, completaron la tarea entrando en

> *...un pozo espacioso de 17 m a 30 m de galería por la que caminamos y trepamos hasta una gran sala de hundimiento, que termina en un pozo de 8 m hasta un caos de bloques. [...] Una buena corriente en este punto. Se topografiará en Semana Santa de 2015.*

SOUTHERN SECTOR

Team A also revisited sites 3938 and 3939, first seen the previous autumn at Los Trillos, southeast of Alisas. They surveyed 66m and spent some time digging in two places. Documented the same day were sites 4082, a sink and draughting cave / dig and 4092, a covered shaft that needs "large rocks moving to get in". Two more possible sites were documented without a GPS to position them (4015 and 4099).

They returned on October 27th where the ...

... aim was to dig the end of the slope down from the entrance of 3938 which Ali thought would take only a little time ... But it took all day and 2 snappers, many caps and a lot of hammering for Pete to squeeze through to find the extensive continuation was only a metre or so to a choked small slot - not worth a dig. The best option now is the choke in the chamber between the two caves marked as dig on the survey.

Cueva-Cubío de la Reñada (0048) was the focus for a couple of trips on October 30th. Phil Papard, Pedro and Patrick visited the sump area while Peter Eagan with Juan and Ali photographed from the lower entrance through to Breakdown Chamber, including Anastomoses Hall and Sanatogen Passage.

The following day, on a solo trip, Ali started a resurvey of Reñada, producing batch 0048-14-02.

On November 14th, team B did one of the Matienzo classic through-trips, dropping down Torca del Coterón (0264) and coming out of Reñada. They noticed a possible passage going off above the second Coterón pitch, and came back the following day but ...

... after scrambling round shining bright lights into dark places, we could not see any definite leads to climb into. On way out, dropped pitch in upper level of Coterón, first pitch on the right of passage previously reported as having boulder requiring work to shift. Dan was able to abseil past this boulder. The pitch is 20m and blind.

When they emerged from Coterón, they found that a GPS and rigging gear had been stolen from where it had been left at the entrance.

Above the track up to Los Cantones (TV Mast track), Pedro GPS'd and photographed sites 2345, 2346 and 2347, small caves first investigated nine years previously.

At one of the road bends north of Alisas, the 40m deep site 1969 was first dropped by a Matienzo caver in 2004. This autumn, Phil Goodwin, John, Alf and Dave from team C cleared rubbish from the top of the entrance shaft ready for the Latimer brothers to descend. This they did on the 18th, dropping part way down then bolting across to a parallel shaft which they found choked at the same level as the main shaft.

Sites 3938 and 3939, Ruesga, Cantabria

Surveyed by Matienzo Expeditions, October 2014 BCRA Grade 5c
Length 66m, depth 15m
Surveyors: Phil Papard, Pete Egan, Alasdair Neill

SECTOR SUR

El equipo A también volvió a 3938 y 3939, vistos por primera vez el otoño anterior en Los Trillos, al sureste de Alisas. Topografiaron 66 m y pasaron algo de tiempo excavando en dos puntos. El mismo día documentaron las cavidades 4082, un sumidero y un agujero soplador / excavación; y 4092, un pozo cubierto con «grandes rocas que hay que mover para entrar». Documentaron dos posibles agujeros más sin un GPS para posicionarlos (4015 y 4099).

Volvieron el 27 de octubre:

El objetivo era desobstruir en la base de la pendiente desde la entrada de 3938, que Ali pensó que llevaría poco tiempo [...] Pero nos llevó todo el día, muchos micros y muchos martillazos para que Pete pasara y viera que la continuación media un metro más o menos hasta una pequeña ranura obstruida, no vale la pena excavar. La mejor opción ahora es la obstrucción en la sala entre las dos cuevas marcadas como excavación en la topo.

La Cueva-Cubío de la Reñada (0048) fue el foco de dos equipos el 30 de octubre. Phil Papard, Pedro y Patrick visitaron la zona del sifón mientras Peter Eagan con Juan y Ali fotografiaban desde la entrada inferior hasta Breakdown Chamber, incluyendo Anastomoses Hall y Sanatogen Passage.

Al día siguiente, en solitario, Ali inició una nueva topo de Reñada, produciendo el lote 0048-14-02.

El 14 de noviembre, el equipo B disfrutó de una de las incursiones clásicas de Matienzo, bajando Torca del Coterón (0264) y saliendo por Reñada. Vieron una posible galería que salía por encima del segundo pozo de Coterón y volvieron al día siguiente:

Después de trepar por la zona apuntando luces brillantes en rincones oscuros, no pudimos ver ninguna pista definida. Al salir, bajamos el pozo en el nivel superior de Coterón, el primer pozo a la derecha de la galería de la que previamente se dijo que tenía una roca que se tendría que mover. Dan pudo pasar esta roca. El pozo mide 20 m y es ciego.

Cuando salieron de Coterón, descubrieron que les habían robado un GPS y equipo de donde lo habían dejado en la entrada.

Sobre la pista hasta Los Cantones, Pedro tomó coordenadas GPS y fotografió las cavidades 2345, 2346 y 2347, pequeñas cuevas investigadas por primera vez nueve años antes.

En una de las curvas de la carretera al norte de Alisas, está la sima 1969 de 40 m de profundidad, a la que entró por primera vez un espeleólogo de Matienzo en 2004. Este otoño, Phil Goodwin, John, Alf y Dave del equipo C quitaron la basura de la cabecera del pozo de entrada y lo prepararon para que entraran los hermanos Latimer. Esto fueron el 18, bajando parcialmente y luego instalando un pasamanos hasta otro pozo paralelo que encontraron obstruido al mismo nivel que el pozo principal.

2014 CHRISTMAS / NAVIDAD	Carolina Smith de la Fuente Diane Arthurs	Pete 'Pedro' Smith Simon Cornhill	Terry Whitaker

Simon and Diane were getting their teeth into Torca la Vaca (2889) at San Antonio. Of the ten days they spent in Matienzo over Christmas and New Year, Christmas Day and December 28th were rest days and seven were spent in Vaca - all accessed through the new BigMat Calf Hole entrance (3916).

On the 23rd, their first day, they investigated unexplored site 2621 on the north side of La Vega and found the shaft choked 11m down.

The 24th was spent in Torca la Vaca travelling to the start of Henry's Way to drop kit off and rig or re-instate hand lines.

On the way in, we continued NW along the big passage to near Scafell Aven, then south down the two 8m pitches into Walking on Eggshells, returning via No. 1, Haverflatts Lane.

They decided that the latter route was the best.

They had a trip to Nearly Dan Chamber on the 26th aiming to have a look for the downstream Henry's Way. An 89m extension (Roa Island, batch 2889_14_05) was found under the east wall of Nearly Dan Chamber heading back north at a lower level and ...

Simon y Diane le hincaron el diente a Torca la Vaca (2889) en San Antonio. De los diez días que pasaron en Matienzo entre Navidad y Año Nuevo, solo el día de Navidad y el 28 de diciembre fueron días de descanso y siete de ellos los pasaron en Vaca, en todas las ocasiones entrando por la nueva entrada de BigMat Calf Hole (3916).

El día 23, su primer día, investigaron la cavidad 2621, inexplorada hasta entonces, en el lado norte de La Vega y encontraron el pozo obstruido a 11 m.

El día 24 lo pasaron en Torca la Vaca, llegando hasta el inicio de Henry's Way para dejar el equipo e instalar o cambiar las travesías.

Al entrar, continuamos en dirección NO por la gran galería hasta cerca de Scafell Aven, luego al S por los dos pozos de 8 m hacia Walking on Eggshells, volviendo por el N. 1, Haverflatts Lane.

Decidieron que la última ruta era la mejor.

El 26 fueron a Nearly Dan Chamber para buscar Henry's Way aguas abajo. Encontraron una sección de 89 m (Roa Island, lote 2889_14_05) debajo de la pared este de Nearly Dan Chamber, dirigiéndose de nuevo hacia el norte en un nivel inferior y:

... mainly in chambers created out of massive fallen blocks. Dropped two short pitches and one (3 bolt) climb - all unfortunately choked.

The following day they surveyed Let it Snow, a side passage at the start of Help Me Lloyd Passage. The route ended in a gypsum choke after 215m (batch 2889_14_06). They then tested Di's new GoPro Hero down Kendal Mint Cake Passage.

For the 29th:

Today we headed south as far as Henry's Chamber, checking to see if anything had been missed by the original explorers. Around 100m upstream of the La Gatuna Inlet, close to station '1.15', we found ... a 61m extension heading west through a couple of digs ending in a too tight ascending rift.

Meathop Passage, batch 2889_14_07, was surveyed for 61m.

At the southerly end of Henry's Way, shortly before the scramble up to Henry's Chamber, an unsurveyed 'oxbow' marked "crap" on the survey [was] in the wrong place. This is actually a very small inlet.

Grange-over-Sands is batch 2889_14_08, surveyed for 140m.

The 30th was a day of tidying up some loose ends near Scafell Aven. Eighty metres was surveyed as batch 2889_14_09, Roose Chamber. At the Frizzington Series, they completed a survey loop, batch 2889_14_10 for 29m - "it looks reasonably accurate!".

Around 50m south of the 4m ladder pitch at High Street Oxbow they surveyed the 'big passage' lead on the 31st. This was seen to be a well-travelled oxbow back into the main passage. On the opposite side of the passage they surveyed a smaller oxbow - Gillinggate & Captain French Lane for 69m as batch 2889_14_11.

Moving on down High Street to the 40m section of passage north of '2009 summer extensions' there are several roof tubes. Using various combined tactics they were all entered. All were alcoves or quickly choked apart from one. This is on the west side of the main route and is a brief hands and knees crawl degenerating into flat out. A complex area.

They continued south where the 'holes between boulders' just after the c+3.6 were checked, finding nothing of interest, then moving on to check out the 2009 high-level passage heading south from Nearly Dan Chamber.

Strolling down this lovely, well decorated, draughting passage, it became strikingly clear that there were far more open (and scampered) leads off the main drag than were recorded on the survey. Annoyingly, there was also a serious lack of written survey stations. This, combined with next to no passage detail on the survey, making it difficult to locate exactly where you are and, being in a key location, prompted us to consider surveying it for the THIRD time!!!

On New Year's Day, they started to resurvey this route, placing marked survey stations at the entrance to all of the leads and recording passage details.

Due to time, we selected one previously entered side passage and surveyed it to a little beyond the previous caver's limit. Starting at stooping height it quickly changes to a narrow well decorated rift, this still continues.

Should Have Gone to Surveying School was surveyed for 115m as batch 2889_14_12.

This area has loads of potential and, hopefully, plenty for everyone to have a go at! (Twelve? passages off the main route waiting to be surveyed.)

Si and Di concluded that they'd had "a grand time potholing down Torca la Vaca, making a start on tackling those passages that have been visited but aren't surveyed or recorded – approximately 800m worth."

In addition to the surveying, a number of videos were taken: Mr Caton's Gypsum Crystals and KMC; Should Have Gone to Survey School; Kendal Mint Cake Passage; Nearly Dan Chamber & Henry's Way; Henry's Way and Meathop Passage are all available to view on YouTube. The links are found in the Videos : Xmas 2014 section near the base of the 2889 Torca la Vaca description page.

Also filmed, narrated by Diane, then edited by Juan, is an almost real time trip to the main Torca la Vaca north-south passage from the BigMat Calf Hole entrance. The link to this is found in the Videos section of the 3916, BigMat Calf Hole description.

Site 0415, on the northwest side of the Matienzo depression, was visited on January 5th by Pedro, Terry and Carolina preparing the ground for a resurvey. Carolina wrote:

Some sections of the survey are confusing and might need to be resurveyed but, if we are able to find the stations, we will try to keep the resurveying to a minimum. I've started with the survey sketch for the first section of the cave and will continue throughout summer.

Sobre todo en salas formadas a partir de enormes bloques caídos. Bajamos dos pozos cortos y una escalada (3 fijaciones), pero, desgraciadamente, están todos obstruidos.

Al día siguiente topografiaron Let it Snow, una galería lateral al comienzo de Help Me Lloyd Passage. La ruta terminó en una obstrucción de yeso tras 215 m (lote 2889_14_06). Luego probaron el nuevo GoPro Hero de Di en Kendal Mint Cake Passage.

Y el 29.

Hoy fuimos al sur hasta Henry's Chamber, comprobando si los exploradores originales habían pasado algo por alto. A unos 100 m aguas arriba de La Gatuna Inlet, cerca de la estación «1.15», encontramos [...] una sección de 61 m hacia el oeste a través de un par de excavaciones que terminan en una fisura ascendente demasiado estrecha.

Los 61 m se topografiaron como Meathop Passage, lote 2889_14_07.

En el extremo sur de Henry's Way, poco antes de la escalada a Henry's Chamber, un meandro no topografiado marcado como «mierda» en la topo [estaba] en el lugar equivocado. En realidad se trata de un afluente muy pequeño.

Grange-over-Sands es el lote 2889_14_08, topografiado a lo largo de 140 m.

El día 30 se ocuparon de repasar algunos cabos sueltos cerca de Scafell Aven. Topografiaron 80 m, lote 2889_14_09, Roose Chamber. En la red Frizzington, completaron una poligonal, lote 2889_14_10, 29 m; «¡parece bastante precisa!».

El 31, a unos 50 m al sur del pozo de 4 m con escala en High Street Oxbow, topografiaron el interrogante de la «gran galería». Parecía que era un meandro muy transitado que volvía a la galería principal. En el lado opuesto de la galería topografiaron un meandro más pequeño: Gillinggate & Captain French Lane, 69 m, lote 2889_14_11.

Bajando por High Street hasta los 40 m de galería al norte de las «extensiones de verano de 2009», hay varios tubos en el techo. Usando varias tácticas combinadas, entramos en todos. No eran más que recovecos o estaban obstruidos, excepto uno. Está en el lado oeste de la ruta principal y es una breve gatera que pronto se convierte en un laminador. Una zona compleja.

Continuaron hacia el sur, donde comprobaron los «agujeros entre rocas» justo después de c+3.6, sin encontrar nada de interés. Luego continuaron para ver la galería de nivel superior de 2009 que se dirige al sur desde Nearly Dan Chamber.

Al pasear por esta bonita galería, bien decorada y con corriente, nos quedó más que claro que había muchas más galerías laterales (y correteadas) de las que se anotaron en la topo. Encima, tampoco se había anotado muchas estaciones de topo. Esto, combinado con que la topo no tenía casi ningún detalle de la galería, lo que hace que sea difícil saber exactamente dónde te encuentras, y con que estábamos en una ubicación clave, ¡¡¡nos llevó a considerar topografiarla por TERCERA vez!!!

El día de Año Nuevo, comenzaron a topografiar esta ruta de nuevo, colocando estaciones en la entrada de todas las posibles continuaciones y tomando nota de los detalles de la galería.

Por falta de tiempo, seleccionamos una galería lateral a la que ya se había entrado y la topografiamos pasando un poco el límite del espeleólogo anterior. Al principio hay que agacharse, pero cambia rápidamente a una fisura estrecha y bien decorada que aún continúa.

En Should Have Gone to Surveying School se topografiaron 115 m, lote 2889_14_12.

Esta zona tiene mucho potencial y, con suerte, suficiente para que todos puedan explorarla. (¿Doce? galerías que salen de la ruta principal esperando a ser topografiadas).

Si y Di llegaron a la conclusión de que se lo habían pasado «en grande en Torca la Vaca, empezando a abordar las galerías que, aunque son conocidas, no están registradas ni topografiadas: aproximadamente unos 800 m».

Además de la topografía, sacaron varios videos: Mr Caton's Gypsum Crystals y KMC; Should Have Gone to Survey School; Kendal Mint Cake Passage; Nearly Dan Chamber & Henry's Way; Henry's Way y Meathop Passage se pueden ver en YouTube. Los enlaces se pueden encontrar en la sección Vídeos: Navidad 2014 al final de la página de descripción de 2889, Torca la Vaca en la web.

También grabaron, narrado por Diane y luego editado por Juan, una incursión casi en tiempo real a la galería principal de Torca la Vaca de norte a sur desde la entrada de BigMat Calf Hole. El enlace se puede encontrar en la sección Vídeos de la descripción de 3916, BigMat Calf Hole.

Pedro, Terry y Carolina visitaron la cueva 0415, en el lado noroeste de la depresión de Matienzo, el 5 de enero para preparar el terreno para una nueva topografía. Carolina escribió:

Algunas secciones de la topo son confusas y puede que haya que volver a hacerla desde cero, pero, si podemos encontrar las estaciones, intentaremos mantener lo nuevo al mínimo. Empecé con el boceto de la primera sección de la cueva y continuaré en verano.

Pete provided GPS data for a number of known cave entrances around Matienzo and also information about a couple of archaeological sites at Navajeda, Cueva de los Murciélagos (4111) and Cueva de la Cuesta de la Encina (4112). Both had been previously explored and surveyed by the GEIS C/R.[1] and the latter would be re-surveyed and further pushed in later expeditions.

He also investigated new site 4113 on the northern La Vega slopes, about 160m above a passage in the Fuente de las Colmenas (0363).

> Small entrance to a 10-foot climb down into a short passage. A 15 foot rope climb directly beneath the entrance is tight at the top. At the bottom, a hole to a further 20-foot drop needs opening up.
> This cave was pushed at Easter.

Staff from the Lancaster Environment Centre, Lancaster University - Dr Peter Wynn, Andy Quin and PhD student Laura Deeprose - were continuing work on El Naso[2], taking stal samples for later palaeoclimate data analysis.[3] Also on El Naso, a small, phreatic bedding cave was discovered with a dig about 6m in. When re-opened in August 2017, this turned out to be the long-lost 1294, Epiglottis Cavern, first explored in 1998.

Guy Simonnot from the Speleo Club Dijon shared a document detailing all the resurgences that feed into the río Bustablado, to the south of Matienzo, which in turn flows through Arredondo as a tributary to the río Asón. The Cueva de Molino resurgence (0791) and,

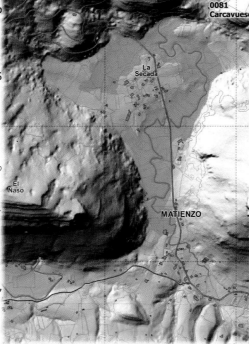

The January 2015 flood. The sinks at the northern end of the depression, including Cueva Carcavuezo, were overwhelmed and the water rose to about 150m altitude. Grid size: 1km. North up the page.

Las inundaciones de enero de 2015. Los sumideros en el extremo norte de la depresión, incluido el de Carcavuezo, se desbordaron y el agua subió a unos 150 m de altitud. Cuadrícula: 1 km. Norte arriba.

Pete proporcionó coordenadas GPS para varias cuevas conocidas alrededor de Matienzo y también información sobre un par de sitios arqueológicos en Navajeda: Cueva de los Murciélagos (4111) y Cueva de la Cuesta de la Encina (4112). Ambos habían sido ya explorados y topografiados por el GEIS C/R.[1] y el último se volvería a topografiar y a forzar en campañas posteriores.

También investigó la nueva cueva 4113 en la vertiente norte de La Vega, a unos 160 m sobre una galería en la Fuente de las Colmenas (0363).

> Pequeña entrada a un escarpe de 3 m hasta una galería corta. Un destrepe con cuerda de unos 4 m directamente debajo de la entrada es estrecha en la parte superior. En la base hay que abrir un agujero para un pozo adicional de 6 m.
> La cueva se exploró en Semana Santa.

El equipo del Centro de Medioambiente de la Universidad de Lancaster (el Dr. Peter Wynn, Andy Quin y la estudiante de doctorado Laura Deeprose) seguían trabajando en El Naso[2], tomando muestras de estalagmitas para un posterior análisis de datos paleoclimáticos.[3] También en El Naso, se descubrió una pequeña cueva freática con una excavación a unos 6 m de profundidad. Cuando se volvió a abrir en agosto de 2017, resultó ser la cueva Epiglottis (1294), perdida tiempo atrás y explorada por primera vez en 1998.

Guy Simonnot del Speleo Club Dijon compartió un documento que detalla todas las surgencias que se unen al río Bustablado, al sur de Matienzo,

Laura, Pete Smith and Peter Wynn at the entrance to Cueva de las Perlas. Andy drilling out a stal core sample.
Laura, Pete Smith y Peter Wynn en la entrada de la Cueva de las Perlas. Andy extrayendo una muestra del núcleo de una estalagmita. *Phil Papard*

in particular, the major system behind it (0727) had been explored, re-surveyed and pushed under water by Matienzo expedition cavers.[4]

The majority of water that enters the enclosed Matienzo depression leaves it via the sinks and overflow sink at the north of the depression. The water then flows through Cueva de Carcavuezo (0081) to Cueva Llueva (0114) and picks up water from Cueva Hoyuca (0107) at Riaño to finally emerge at Los Boyones (0117) in Secadura, 3.5km to the northeast.

At the end of January 2015, after prolonged heavy rain, a significant flood occurred in the depression - possibly the worst since before the 1950's. The altitude of the area of usual river sinks is about 138 - 139m; the water level rose around the depression to 150m altitude as the sinks and overflow area could not take the large quantities of water. The road through the village was flooded and a number of fields were inundated.[5]

que a su vez pasa por Arredondo como afluente del río Asón. La surgencia de la Cueva de Molino (0791) y, en particular, el sistema principal detrás de ella (0727) habían sido explorados, topografiados de nuevo y forzados bajo el agua por espeleólogos de la expedición de Matienzo.[4]

La mayor parte del agua que entra en la depresión cerrada de Matienzo sale por los sumideros al norte. Luego, el agua fluye a través de la Cueva de Carcavuezo (0081) hasta la Cueva Llueva (0114) y recoge el agua de la Cueva Hoyuca (0107) en Riaño para finalmente salir en Los Boyones (0117) en Secadura, 3,5 km al noreste.

A fines de enero de 2015, después de lluvias intensas y prolongadas, se produjo una inundación significativa en la depresión, posiblemente la peor desde antes de la década de 1950. La altitud del área de los sumideros fluviales habituales es de unos 139 m, pero en esta ocasión el nivel del agua subió a unos 150 m de altitud ya que los sumideros no pudieron hacer frente a semejantes cantidades de agua. La carretera que atraviesa el pueblo se inundó y varios campos se anegaron.[5]

---

1   Grupo de Espeleología e Investigaciones Subterráneas Carballo/Rada
2   "Ten years of Lancaster University-led teaching and research in the Matienzo depression", pages 461 - 466
3   Phil's video of the technique used can be seen on YouTube from the February 2015 link in the Videos section of site 0074, Cueva de las Perlas.
4   2011 summer, page 56
5   Ian Chandler's video of the event is on YouTube: https://youtu.be/ckOOVZ-cU2s

1   Grupo de Espeleología e Investigaciones Subterráneas Carballo/Rada.
2   Véase el artículo de Peter Wynn, páginas 461 - 466.
3   El video de Phil en el que se ve la técnica usada se puede ver en YouTube siguiendo el enlace de febrero de 2015 en la sección de vídeos de la cueva 0074, Cueva de las Perlas, en nuestra página web.
4   Véase Verano de 2011, p. 56
5   Véase YouTube: https://youtu.be/ckOOVZ-cU2s

2015 EASTER / SEMANA SANTA

Alasdair 'Ali' Neill
Alex Ritchie
Amy Neal (Burchell)
Andy Farrow
Anton Petho
Bill Sherrington
Bob Toogood

Dan Hibberts
Darren Jarvis
Dave 'Angus' Bell
Dave Milner
Diane Arthurs
Eleanora Carlisle
Fleur Loveridge
Gordon Proctor
Hilary Papard

Imogen Dold
James Carlisle
Jenny Corrin
Jim Davis
Joel Colk
John Southworth
Johnny 'Dingle 3' Latimer
Jon Pemberton
Juan Corrin

Jude Latimer (Onions)
Louise Korsgaard
Marites Magpantay
Paul Dold
Penny Corrin
Pete 'Pedro' Smith
Pete Talling
Peter Eagan
Peter Fast Nielsen

Phil Papard
Richard 'Spike' Neal
Sam Pemberton
Sean Latimer
Simon Cornhill
Steve 'Big Steve' Martin
Steve Sharp
Tom Howard
Torben Redder

The severe January flood prompted Juan Carlos Fernández Gutiérrez[1] to start devising a plan to reduce the flooding risk in the Matienzo depression. A mined tunnel down to cave passages near the sinks was thought to be feasible but a more accurate (re) survey with passage dimensions was required. Our response was that keeping the sinks clear of vegetation may be a better answer, with Jim Davis writing in the log book that Carcavuezo entrance needed weld mesh plus fixings to "hopefully prevent wood getting into the entrance and blocking it".

After the main expedition had wound down, Juan surveyed the area where all the Matienzo river usually disappeared, plotting the various sinks and providing reasonably accurate altitudes to compare with passages below. This investigation continued in the summer.

NORTHWEST AND FAR WEST SECTORS To the east of the road and of the Hardknott Series, explored last year from the BigMat Calf Hole (BMCH) entrance (3916), cave 4118 was found as a small chamber with a draught and possible dig. On the same day, March 31st, a team found that BigMat was blocked along the crawl from the entrance climb. Scaffolding and planks were installed above the crawl and also on the floor the next day, but it was thought a lot of work would be required in the summer to provide a more permanent answer.

The following day, Simon, Diane and James entered Torca la Vaca via BMCH to investigate the remaining leads in Should Have Gone to Survey School.[2] James wrote:

> Si dropped a hand line down a rift at the end down which we could hear running water. A ladder pitch at the bottom of the rift dropped into an area with a very high aven, but no way on.

They surveyed the side passages in the area (batch 2889_15_02) - most short - but they did enter a well-decorated chamber with a climb up into Should Have Gone to Spec Savers.

Paul, Imogen, Bill, Steve Sharp, Dan, Johnny and Tom were also in the cave, investigating the Deep Rifts passage. Johnny wrote:

> Pitch was 30m - crapped out. Followed the rift - left goes to an open rift over a big drop - explored for 20m - needs a rope and bravery! Right to continuation of passage. Surveyed for 40m, ended at traverse along rift. Needs bolts!

On April 3rd, Simon and Diane took Fleur and Pete Talling into BMCH to investigate the Deep Rifts Passage. After following some "coercion" and "vague instructions" from Johnny, they found the wide-open lead with lots of tree roots and a draught that suggested they were near the surface. A traverse was tackled up and passed and the route appeared to continue:

> At the end it opened up - definitely a rift-aven, with further drop down. Probably also going left and right but slightly hard to see. Good draught.

The short, previously scampered section and the extension to the explored limit were surveyed as batch 2889_15_03.

Two days later, the team plus Steve Sharp returned to BMCH and travelled to the high-level passage heading south from Nearly Dan Chamber. Although they had a "fantastic trip", little new passage was discovered. They noted that the water levels in Henry's Way "had obviously risen since our visit in December" as "no footprints were visible". Steve took "lots of high-quality photos in the high passages and then in Henry's Way". While he photographed the stal in Should Have Gone to Survey School, Fleur found an inlet crawl in the breakdown area but it became too tight.

Fleur, Pete Talling, Simon and Diane after their trip into BigMat Calf Hole.
Fleur, Pete Talling, Simon y Diane después de su incursión en BigMat Calf Hole.   *Fleur Loveridge*

---

las graves inundaciones de enero llevaron a Juan Carlos Fernández Gutiérrez[1] a diseñar un plan para reducir el riesgo de inundaciones en la depresión de Matienzo. Se pensó que se podría excavar un túnel hasta las galerías de las cuevas cerca de los sumideros, pero haría falta tener una (re)topografía más precisa con las dimensiones de las galerías. Nuestra respuesta fue que mantener los sumideros libres de vegetación podría ser mejor. Jim Davis escribió en el libro de salidas que la entrada de Carcavuezo necesitaba una malla con fijaciones para «con suerte evitar que la madera entre en la entrada y la bloquee».

Después de que terminase la campaña, Juan topografió el área donde generalmente desaparecía el río en Matienzo, trazando los varios sumideros y proporcionando altitudes razonablemente precisas para comparar con las galerías debajo. Esta investigación continuó durante el verano.

SECTOR NOROESTE Y EXTREMO OESTE Al este de la carretera y de la red Hardknott, explorada el año anterior desde la entrada BigMat Calf Hole (BMCH) (3916), se encontró la cueva 4118, una pequeña sala con una corriente y posible excavación. El mismo día, 31 de marzo, un equipo descubrió que BigMat estaba bloqueado a lo largo de gatera desde el destrepe de la entrada. Se instalaron andamios y tablones por encima de la gatera y también en el suelo al día siguiente, pero se decidió que necesitaría trabajo adicional en el verano para brindar una respuesta más permanente.

Al día siguiente, Simon, Diane y James entraron en Torca la Vaca a través de BMCH para investigar los interrogantes que quedaban en Should Have Gone to Survey School.[2] James escribió:

> Si dejó caer una cuerda por una fisura al final de la cual podíamos oír agua. Un pozo con escala en la base de la grieta dio a un área con una chimenea muy alta, pero sin salida.

Topografiaron las galerías laterales de la zona (lote 2889_15_02), la mayoría cortos, pero entraron en una sala bien decorada con una escalada a Should Have Gone to Spec Savers.

Paul, Imogen, Bill, Steve Sharp, Dan, Johnny y Tom también fueron a la cueva e investigaron la galería Deep Rifts. Johnny escribió:

> El pozo medía 30 m, nada abajo. Seguimos la grieta, a izquierda va a una fisura abierta sobre un pozo grande, exploramos 20 m, ¡necesita una cuerda y valentía! Todo derecho continúa la galería. Topografiado por unos 40 m, terminó en una travesía por la grieta. ¡Necesita fijaciones!

El 3 de abril, Simon y Diane llevaron a Fleur y Pete Talling a BMCH para investigar en Deep Rifts Passage. Tras algunas «coacciones» e «instrucciones vagas» de Johnny, encontraron la continuación bien abierta con muchas raíces de árboles y una corriente de aire que sugería que estaban cerca de la superficie. Se instaló una travesía que se cruzó y la ruta parecía continuar:

> Al final se abrió, definitivamente una grieta-chimenea, con más hacia abajo. Probablemente también vaya de izquierda a derecha, pero es un poco difícil de ver. Buena corriente.

La sección corta, previamente explorada y la extensión hasta el límite explorado se topografiaron como lote 2889_15_03.

Dos días después, el equipo y Steve Sharp regresaron a BMCH y fueron hasta la galería de nivel superior en dirección sur desde Nearly Dan Chamber. Aunque fue una «incursión fantástica», no descubrieron mucha galería nueva. Vieron que los niveles del agua en Henry's Way «obviamente habían subido desde

---

1   Matienzo: 50 Years of Speleology, page 12.
2   2014 Christmas / New Year, page 178.

1   Véase Matienzo: 50 años de espeleología, verano de 1973, p. 12
2   Véase Navidad / Año Nuevo de 2014, p. 178.

Alex and Anton in the well-decorated 4117.　　　　　　　　　　　Alex y Anton en 4117, llena de formaciones..　　　*Joel Colk*

On April 7th, Sam, Jon and Bob had a trip to Should Have Gone to Spec Savers "to gather bearings" and they also had a "brief look" in the choke beyond which they found "really wet". Jon wrote that it still needed another good look. This they did a couple of days later.

Dropped a 7m pitch on the right hand side which choked. Climbed +5m in choke - No go!. Found pitch down further back in passage not noted on survey ... approximately 20m from the choke. Assumed to drop down to lower passage.

On the 11th, Jon and Sam looked at the choke in the extreme south west of the system.

A good 20 minute look but no way on. Five Ways Chamber - the 3 question marks end after a few metres!

Above Cobadal, about 370m to the southwest of this choke - where the passage appeared to be heading - John Southworth, Gordon and Dave Milner came across site 4137 on April 6th, a strongly draughting dig on the edge of a very large depression. They returned the following day to open up a sloping descent into a 19 x 3m, decorated chamber with a further descent that became too tight[3]. (Further up the hill they also dropped site 3815 but found it choked 3m down.)

Di and Si went into BMCH to tidy up loose ends (batch 2889_15_05) and survey a 205m loop from Glove Junction back into Ed's Birthday passage via Swarthmoor (batch 2889_15_06). Di reported that the entrance pool at the connection point (the crawl at the base of the entrance climb in BMCH) was deeper and evidence of the cave slumping in. She was getting "the feeling it may collapse again".

Nevertheless, they were back in the day after, the 15th, having been "instructed" by Phil to "survey 20m more passage to take the total up to a nice round figure". This they exceeded, exploring and surveying Doldy's Draughting Rift to where there were "draughting pitches to descend and bolt traverses to cross - several 5-star leads!". Data was gathered as batch 2889_15_04 with a length of 56m.

Paul Dold had found a strongly draughting hole almost lying over Ed's Birthday Passage in Torca la Vaca, near to the BMCH entrance. On April 1st, Anton, Alex, Joel, Andy and Darren went to investigate Cueva del Ciervo (4117), digging out the entrance into walking passage "with very beautiful decorations".

Initially, two potential rifts that needed dropping were found but, after Joel pushed a crawl, a new section ... reached a fine pot which is 20+ metres deep.

The team returned the following day with Paul, Imogen and Dan. Alex wrote:

A very strong team entered the cave with the main objective of dropping the pitch at the end - a p14 we thought. Paul dropped the shorter pitches on the way in which both choked while Darren, Dan and I resurveyed, with the DistoX. On arrival at the main pitch, Dan traversed round to see if the passage straight ahead also went. It was a suicidal traverse in my opinion, unprotected, but obviously not for Dan.

Exploring down the pitch, they ran out of rope. Joel went out to collect some from Torca la Vaca but that ran out 5m from the floor of what turned out to be a 70m pitch! At that point, due to a meal appointment, they headed out leaving gear strewn around the cave.

On the 4th, a group returned to take photos and survey but there is no team entry in the logbook.

On the 5th, a team of eight (Anton, Joel, Paul, Imogen, Tom, Bill and Dan with Andy collating the information) spent the day on the surface, mapping and taking notes of entrances above BMCH and extending into the next valley. Sites 4147 - 4157 were documented with most

nuestra visita en diciembre», ya que «no se veían huellas». Steve sacó «muchas fotos de buena calidad en las galerías superiores y luego en Henry's Way». Mientras él fotografiaba las estalagmitas en Should Have Gone to Survey School, Fleur encontró una gatera en el área de derrubios, pero era demasiada estrecha.

El 7 de abril, Sam, Jon y Bob se acercaron a Should Have Gone to Spec Savers «para orientarse» y también echaron «un vistazo» a la obstrucción al otro lado, la cual encontraron «con bastante agua». Jon escribió que aún merecía la pena volver a investigarla, algo que hicieron un par de días después.

Bajamos un pozo de 7 m en el lado derecho que se obstruyó. Escalé +5 m en obstrucción, ¡nada!. Encontré un pozo más atrás en la galería que no se indica en la topo [...] aproximadamente a 20 m de la obstrucción. Imagino que baja a la galería inferior.

El día 11, Jon y Sam echaron un vistazo en la obstrucción en el extremo suroeste del sistema.

Una buena investigación de 20 minutos, pero no hay manera. Five Ways Chamber: ¡los 3 signos de interrogación terminan después de unos pocos metros!

Encima de Cobadal, a unos 370 m al suroeste de esta obstrucción, a donde parecía que se dirigía la galería, John Southworth, Gordon y Dave Milner encontraron el agujero 4137 el 6 de abril, una excavación con fuerte corriente al borde de una depresión muy grande. Regresaron al día siguiente para abrir un descenso en pendiente hacia una sala decorada de 19 x 3 m con una bajada adicional que se volvió demasiado estrecha.[3] (Subiendo por la colina, también entraron en 3815, pero se encontraron con que estaba obstruido tras 3 m).

Di y Si entraron en BMCH para terminar los cabos sueltos (lote 2889_15_05) y topografiar un bucle de 205 m desde Glove Junction hasta Ed's Birthday Passage a través de Swarthmoor (lote 2889_15_06). Di informó que la marmita de entrada en el punto de conexión (la gatera en la base de la entrada en BMCH) era más profunda y demostraba que la cueva se hundía. Tenía «la sensación de que podría colapsarse de nuevo».

Sin embargo, regresaron al día siguiente, el 15, después de haber recibido «instrucciones» de Phil de «topografiar 20 m más de galería para llevar el total a una bonita cifra redonda». Cifra que superaron, explorando y topografiando Doldy's Draughting Rift hasta donde había «pozos sopladores que bajar y travesías que cruzar, ¡varios interrogantes de 5 estrellas!». Los datos se recopilaron como lote 2889_15_04 con un desarrollo de 56 m.

Paul Dold había encontrado un agujero con fuerte corriente de aire casi sobre Ed's Birthday Passage en Torca la Vaca, cerca de la entrada de BMCH. El 1 de abril, Anton, Alex, Joel, Andy y Darren fueron a investigar la Cueva del Ciervo (4117), excavando la entrada a una galería amplia «con decoraciones muy bonitas».

Primero vimos dos posibles grietas por las que había que bajar, pero, después de que Joel forzara una gatera, una nueva sección [...] alcanzó un pozo excelente con más de 20 m de profundidad.

El equipo regresó al día siguiente con Paul, Imogen y Dan. Alex escribió:

Un equipo potente entró en la cueva con el objetivo principal de dejar bajar el pozo al final, un P 14 creíamos. Paul bajó los pozos más cortos de camino, pero ambos estaban obstruidos mientras Darren, Dan y yo volvíamos a topografiar con el DistoX. Al llegar al pozo principal, Dan lo cruzó para ver si la galería de enfrente también continuaba. Una travesía suicida en

---

3　The strong draught was lost but found again when revisited in the autumn 2018, rekindling interest and digging activity in the hole.

3　La fuerte corriente se perdió pero se volvió a encontrar cuando se visitó de nuevo en otoño de 2018, reanimando el interés en la cavidad y las excavaciones.

being small finds or possible digs.

By this time, The Langdales (3034) had been connected to Ciervo so, on April 6th, Bob, Dan, Sam and Jon went in through this entrance. They dropped the shaft at station 60 but found it too tight. A shaft at the western extremity (station 108) was then dropped "to a large chamber 10m down to a further drop, descended for 10m in a rift to a mud choke with holes in the floor". They surveyed out to The Langdales entrance.

Returning a couple of days later, Jon and Sam dropped another 18m deep hole from the large chamber but found no way on.

The survey of Cueva del Ciervo was overlapping the Torca la Vaca survey but, on April 12th, with Sam down through BigMat Calf Hole and Bob and Jon in Ciervo no

Marites Magpantay with a fine formation in Simas del Picón. *Torben Redder*
Marites Magpantay con una bonita formación en Simas del Picón.

vocal communication between the two caves was established. They concluded their work in the Langdales-Ciervo system by taking photos on a through trip. They also "made the Langdales entrance easier. Easier way in than 4117 !".

Pedro had a look into the Langdales entrance looking for bones and paw prints. Only a paw print was found and this was duly photographed.

Steve Sharp made a video (now on YouTube) with Paul Dold describing the discovery and subsequent Easter 2015 explorations in site 4117. The link can be found in the Videos section near the bottom of 4117's description page on the Matienzo Caves web site.

Just west of Cave of the Wild Mare (0767), John Southworth, Gordon and Dave Milner started to dig out a blocked sink in the valley bottom, site 2952. Gordon returned for a solo digging session on the 4th while John and Dave went into Torca la Vaca through the original entrance to investigate a possible dig up a 3m climb at Red Pike Junction. They decided that it would be a long term project.

The team returned to 2952 to find that a 6m deep rift had the floor choked with sandstone boulders. They also investigated site 2947 finding a 5m deep pitch into a rift narrowing down at both ends. To the south, they found 6 small and tight entrances in the same scar.

John and Dave, searching the hillside on the opposite side of the main valley to Torca la Vaca, came across site 4135 - an undercut in sandstone beds. They were thinking that the high-level passages in Vaca might have extended to the north before the valley had cut down.

Near the upstream end of Fuente Aguanaz (0713), John, Gordon and Dave came across a small, 3m deep hole on the side of the track but decided only "serious digging" would allow a descent.

NAVAJEDA & LA CAVADA TO COBADAL At Barrio de Arriba, Big Steve and Juan met up with John, Gordon and Dave Milner (who were staying at the Carlos III in La Cavada) to visit Mina Favorita (1561). This is a natural cave extensively mined for zinc blende. Possible leads were noted and some video taken.

John, Gordon and Dave returned to bolt up two natural rifts in the mine but there was no way on at the top of either.

About 700m west of Cueva de Torcida (0613), they found site 4143, a 2.5m deep choked rift at the head of a shallow gully.

mi opinión, sin protección, pero obviamente no para Dan.

Explorando el pozo, se quedaron sin cuerda. Joel salió a coger algo de Torca la Vaca, pero se quedaron a 5 m del suelo en lo que resultó ser un pozo de 70 m. En ese momento, al haber quedado para cenar, salieron dejando equipo esparcido por la cueva.

El 4, un grupo regresó para sacar fotos y hacer la topo, pero no hay ninguna entrada en el libro de salidas.

El 5, un equipo de ocho (Anton, Joel, Paul, Imogen, Tom, Bill y Dan con Andy recogiendo la información) pasó el día en la superficie, mapeando y tomando notas de las entradas por encima de BMCH y extendiéndose hacia el siguiente valle. Documentaron los agujeros 4147 – 4157, la mayoría pequeños hallazgos o posibles excavaciones.

Para entonces, The Langdales (3034) se había conectado con Ciervo, así que el 6 de abril, Bob, Dan, Sam y Jon entraron por esta entrada. Bajaron el pozo en la estación 60, pero era demasiado angosto. Luego bajaron por un pozo en el extremo occidental (estación 108) «a una sala grande de 10 m hasta un pozo adicional, que se bajó a lo largo de 10 m en una grieta hasta una obstrucción de barro con agujeros en el suelo». Topografiaron al salir hasta la entrada de Langdales.

Al regresar un par de días después, Jon y Sam bajaron por otro agujero de 18 m de profundidad desde la sala grande, pero no encontraron forma de seguir.

La topografía de Cueva del Ciervo se superponía a la topografía de Torca la Vaca pero, el 12 de abril, con Sam bajando por BigMat Calf Hole y Bob y Jon en Ciervo no se estableció comunicación vocal entre las dos cuevas. Concluyeron su trabajo en el sistema Langdales-Ciervo sacando fotos en una travesía. También «hicieron la entrada a Langdales más fácil. ¡Más que la 4117!».

Pedro echó un vistazo a la entrada de Langdales en busca de huesos y huellas. Solo se encontró una huella animal y esta fue debidamente fotografiada.

Steve Sharp grabó un vídeo (en YouTube) con Paul Dold describiendo el descubrimiento y las subsiguientes exploraciones de Semana Santa 2015 en 4117. El enlace se puede encontrar en la sección de vídeos cerca del final de la descripción de 4117 en el sitio web de Matienzo Caves.

Justo al oeste de Cave of the Wild Mare (0767), John Southworth, Gordon y Dave Milner comenzaron a excavar un sumidero bloqueado en el fondo del valle, 2952. Gordon regresó para una sesión de excavación en solitario el día 4, mientras que John y Dave entraron en Torca la Vaca a través de la entrada original para investigar una posible excavación en lo alto de una escalada de 3 m en Red Pike Junction. Decidieron que sería un proyecto a largo plazo.

El equipo regresó a 2952 y encontró una grieta de 6 m de profundidad obstruida con rocas de arenisca. Investigaron 2947 y encontraron un pozo de 5 m en una grieta que se estrechaba en ambos extremos. Al sur, encontraron 6 entradas pequeñas y estrechas en el mismo paraje rocoso.

John y Dave, al buscar en la ladera en el lado opuesto del valle principal a Torca la Vaca, encontraron 4135, un recodo en el lecho de arenisca. Pensaron que igual las

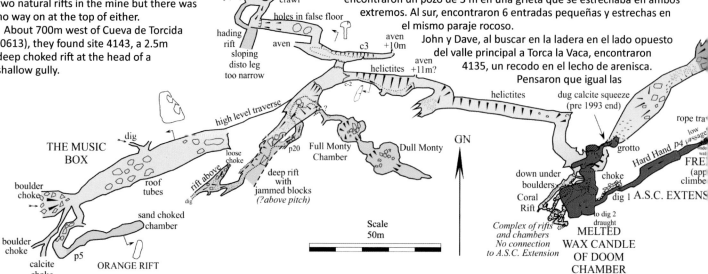

On 11th April, Bob joined the team to explore three entrances found down valley from the resurgence, Cueva del Bocarón (Famous Five Cave - 1072). Sites 4145 and 4146 both closed down but 4144 was dug out to reveal 5m of walking passage to a 4.5m climb down over stal to a complex of interconnecting passages. They estimated the cave at about 100m length and it was surveyed during the following Easter expedition.

A hundred metres higher than Bocarón, a well-hidden but well-known cave was surveyed for 211m on May 8th by Pedro and Juan. Cueva de la Cuesta de la Encina (4112) had extensive and previously documented archaeological deposits in nicely decorated passages and chambers up to 10m high. There were two entrances and the possibility of a third beyond an over-tight squeeze.

NORTHERN LA VEGA, EL NASO AREA WEST TO LAS CALZADILLAS

Torben, Peter Fast and Marites further investigated small extensions in the Picón Eye Series in Simas del Picón (0075) in Cubija on April 4th.

About 250m southeast of Picón, site 4130 was entered by Torben and Peter to a crawl and dig on April 4th. Returning four days later, Torben and Louise excavated a squeeze to a small chamber where more digging was required.

Peter Eagan and Jim visited site 4113, previously excavated by Pedro.[4] They opened the hole to the top of a narrow rift with a good draught where stones dropped down 25m.

Pedro had also heard back from the forensic scientist who was studying the human bones excavated and retrieved from Cubío del Escalón (3153)[5] on the north side of La Vega. There were bones from at least five individuals plus a child.

Above the 2.7km long Fuente de las Colmenas (0363), on the north side of La Vega, Angus, Peter Eagan and Ali investigated five new sites: 4161 - a 5m deep, choked shaft; 4162 - a covered shaft that appeared choked, and three rather more interesting holes. Sites 4163, 4164 and 4165 were shafts, up to 7m deep, that all had draughts and at least one had a diggable choke. None of the three have been revisited.

At Las Calzadillas, John Southworth, Gordon and Dave Milner investigated a number of sites on March 31st. The twin depressions at site 4119 had no obvious routes except for a narrow rift linking the two features. Site 4133 was documented as 2m deep to a false floor with a good echo below. (This was too good to leave so they returned two days later to remove the blockage, revealing a 16m deep, free hanging pitch which had "no obvious way on at the bottom".)

The trio also dropped previously undescended holes: 3759 is a 20m long, 8m deep slip fault that draughts in the slot at the lowest point, while 3760 is 13m deep and a similar feature to the previous hole.

On April 2nd they enlarged the entrance to 2502. Back on the 3rd, the trio

galerías de nivel superior en Vaca podrían haberse extendido hacia el norte antes de que se formase el valle.

Cerca del extremo aguas arriba de Fuente Aguanaz, John, Gordon y Dave encontraron un pequeño hoyo de 3 m al lado del camino, pero decidieron que solo con «una excavación seria» se podría entrar.

LA CAVADA A COBADAL; NAVAJEDA En Barrio de Arriba, Big Steve y Juan se reunieron con John, Gordon y Dave Milner (que se alojaban en el Carlos III en La Cavada) para visitar Mina Favorita (1561). Esta es una cueva natural de la que se extrae blenda de zinc. Anotaron posibles interrogantes y sacaron algunos vídeos.

John, Gordon y Dave volvieron para instalar la escalada de dos grietas naturales en la mina, pero no había ninguna tenía continuación.

A unos 700 m al oeste de Cueva de Torcida (0613), encontraron el agujero 4143, una grieta obstruida de 2,5 m de profundidad en la cabecera de un barranco poco profundo.

El 11 de abril, Bob se unió al equipo para explorar tres entradas que se encuentran en el valle de la surgencia, la Cueva del Bocarón (1072). Los agujeros 4145 y 4146 estaban obstruidos, pero el 4144 se excavó y se abrieron 5 m de galería amplia hasta un destrepe de 4,5 m sobre estalagmitas hasta un complejo de galerías interconectados. Estimaron que la cueva tenía unos 100 m de desarrollo y se topografió durante la siguiente campaña de Semana Santa.

A cien metros encima de Bocarón, Pedro y Juan topografiaron una cueva bien escondida pero conocida a lo largo de 211 m el 8 de mayo . La Cueva de la Cuesta de la Encina (4112) tenía yacimientos arqueológicos extensos y previamente documentados en galerías y salas de hasta 10 m de altura con mucha decoración. Había dos entradas y la posibilidad de una tercera pasando una ranura demasiado estrecha.

EL NORTE DE LA VEGA, ZONA DE EL NASO - LAS CALZADILLAS

Torben, Peter Fast y Marites investigaron más a fondo las pequeñas

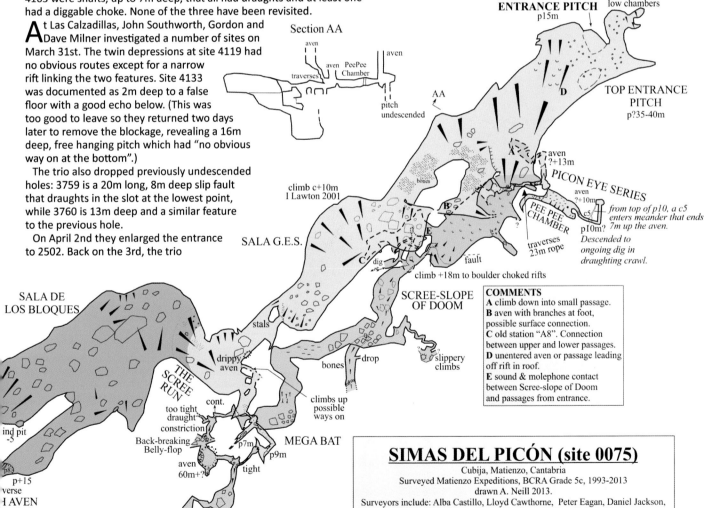

COMMENTS
A climb down into small passage.
B aven with branches at foot, possible surface connection.
C old station "A8". Connection between upper and lower passages.
D unentered aven or passage leading off rift in roof.
E sound & molephone contact between Scree-slope of Doom and passages from entrance.

SIMAS DEL PICÓN (site 0075)
Cubija, Matienzo, Cantabria
Surveyed Matienzo Expeditions, BCRA Grade 5c, 1993-2013
drawn A. Neill 2013.
Surveyors include: Alba Castillo, Lloyd Cawthorne, Peter Eagan, Daniel Jackson, Keef Jackson, Darren Jarvis, Francesca McDonald, Kate Martin, Mike Meehan, Phil Miles, Alasdair Neill, Phil Papard, Andy Pringle, Roxanne Ramsay, Torben Redder, Alex Ritchie, Chris Scaife, Adam Sharples, William Smith, Paul Stacey, Mike Topsom, Ian Walton, Simeon Warner.

Length 2717m depth 158m (August 2013).

Unsurveyed *Picón Eye* Easter 2015 extensions added. Torben Redder / Juan Corrin.

4   2015 January / February, page 179.
5   2014 January / February, page 141.

explored it for 3m with a boulder choke at the end and a very narrow, descending 3m deep rift. They also found four very small caves (documented as 4134) just below the main road close to 1815.

John, Dave and Gordon re-explored site 1973, a wide shaft first seen in 2004, then investigated in 2006 when the floor, 8m down, was found to be "covered with dead ponies in plastic bags". This time the hole was descended to "a rubbish-covered floor, with a further 3m climb down under a wall to an offset, small chamber". An inlet passage was soon found to choke and, "at the base of the rubbish pile, a wet slot leads to a 2m deep, clean-washed rift with a small inlet stream which closes down".

THE NORTHEAST SECTOR INCLUDING THE FOUR VALLEYS SYSTEM, SOLÓRZANO AND GARZÓN

Alex and Darren were led up the hill by Pedro to the entrance of Cueva de los Tres Niños (0565). This was a familiarisation trip for the pair. Alex wrote that Darren ...

... was considerably faster than me as he was running away from the many spiders. ... we checked all the leads before pointlessly rigging the hole in the floor thinking it was the hand line climb. We traversed all the way along the passage spotting the proper climb 30ft below ... We followed the in situ 30m rope down a steep slope before popping out into large passage. ...

We followed the passage northwest, exploring side passages as we went, before reaching the boulder choke. I spotted a way on above the right hand side of the choke which led past some dodgy, muddy boulders into a small chamber with an 8m high aven and cow bones on the floor. Tree roots could be seen at the top of the aven. On the way out a large slab shifted. It's very unstable.

The cow bone aven appears to be close to a dig on the surface, site 1063.

On the way up to the hole, site 4115 was discovered - a 6m long cave.

The next cave code / number was allocated to 4116, a collapse or possible sink hole in a field below Tres Niños first noted by Pedro. This was re-inspected by Juan and Penny on May 3rd when they commented that the rocks in the hole didn't appear to be water-worn. A walk along the side of the hill towards Carcavuezo passed a number of depressions that could be ancient stream sinks. It was thought to be a good idea to visit these in hotter weather when draughts could be more noticeable.

On April 4th, Phil Papard, Hilary, Angus, Peter Eagan, Jim and Ali investigated a number of sites on the western hillside above the entrance to Cueva Carcavuezo (0081). Site 4045 was found to go 3m in boulders with no way on and 4016 was dug a little but "the way on may be under a detached block". Four new sites were found about 100m to the west-northwest of the Carcavuezo entrance at the base of sandstone beds: 4126, a 0.4 x 0.7m entrance straight onto a 5.6m pitch; 4127, a walled-up 0.6 x 0.8m entrance onto a 6m pitch; 4128, where a

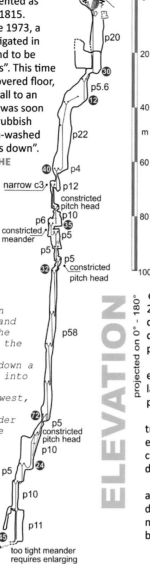

Site 2964: Not Too Bad Pot
Ozana, Cantabria, Spain 30T 455263 4794458 (ETRS89) Altitude 495m
Length: 241m   Depth: 195m

Surveyed: August 2008 -Terry Whitaker, Martin Barnicott, Lloyd Cawthorne
April 2015 - Pete Talling, Fleur Loveridge - Distox2 & notebook
April 2015 - Diane Arthurs, Simon Cornhill - DistoX2 & PDA

Drawn in Inkscape:
Diane Arthurs & Simon Cornhill

Matienzo Caves Project 2015

extensiones en la red Picón Eye en Simas del Picón (0075), en Cubija, el 4 de abril.

A unos 250 m al sureste de Picón, Torben y Peter entraron en 4130 para excavar también el 4 de abril. Torben y Loulse regresaron 4 días después y excavaron en una gatera a una pequeña sala que aún había que excavar más.

Peter Eagan y Jim visitaron la cueva 4113, previamente excavada por Pedro.[4] Abrieron el agujero hasta lo alto de una grieta estrecha con una buena corriente por la que las piedras caían 25 m.

Pedro también había tenido noticias del científico forense que estaba estudiando los huesos humanos excavados y recuperados en Cubío del Escalón (3153)[5] en el lado norte de La Vega. Había huesos de al menos cinco personas más un niño.

Sobre la Fuente de las Colmenas, de 2,7 km de largo, en el lado norte de La Vega, Angus, Peter Eagan y Ali investigaron cinco nuevos agujeros: 4161, pozo obstruido de 5 m de profundidad; 4162: un pozo cubierto que parecía obstruido y tres agujeros bastante más interesantes. 4163, 4164 y 4165 eran pozos de hasta 7 m de profundidad, todos tenían corrientes de aire y al menos uno tenía una obstrucción que se podría excavar. Nadie ha vuelto a ninguno de los tres.

En Las Calzadillas, John Southworth, Gordon y Dave Milner investigaron en varios sitios el 31 de marzo. Las depresiones gemelas en 4119 no tenían continuación obvia excepto por una grieta estrecha que une las dos entradas. El 4133 se documentó como de 2 m de profundidad hasta un suelo falso con un buen eco debajo. (Era demasiado bueno como para dejarlo, por lo que regresaron dos días después para eliminar la obstrucción, revelando un pozo de 16 m de profundidad que «no tenía continuación obvia en la base»).

El trío también entró en pozos no explorados hasta entonces: 3759 es una falla de 20 m de largo y 8 m de profundidad con corriente en la ranura en el punto más bajo, mientras que 3760 mide 13 m de profundidad y es similar al anterior.

El 2 de abril ampliaron la entrada de la cavidad 2502. El día 3, el trío exploró sus 3 m con un caos de bloques al final y una grieta muy estrecha descendiente de 3 m de profundidad. También encontraron cuatro cuevas muy pequeñas (documentadas como 4134) justo debajo de la carretera principal cerca de 1815.

John, Dave y Gordon volvieron a explorar la cavidad 1973, un pozo ancho visto por primera vez en 2004 e investigado en 2006 cuando se descubrió que el suelo, a 8 m de profundidad, estaba «lleno de ponis muertos en bolsas de plástico». Esta vez, era un «un suelo cubierto de basura, con una bajada adicional de 3 m por debajo de una pared hasta una pequeña sala». Pronto vieron que una galería lateral estaba obstruida y, «en la base del montón de basura, una ranura con agua conduce a una grieta de 2 m de profundidad, limpia, con un pequeño arroyo que se cierra».

SECTOR NORESTE INCLUYENDO EL SISTEMA DE LOS CUATRO VALLES, SOLÓRZANO Y GARZÓN

Pedro llevó a Alex y a Darren monte arriba hasta la entrada de la Cueva de los Tres Niños (0565) para que estos se familiarizaran con la cueva. Alex escribió que Darren...

Iba considerablemente más rápido que yo mientras huía de las muchas arañas. [...] revisamos todos los interrogantes antes de instalar inútilmente el agujero en el suelo pensando que era el destrepe con pasamanos. Hicimos la travesía sobre la galería y descubrimos el destrepe correcto a 9 m [...]

Seguimos la cuerda in situ de 30 m por una pendiente empinada antes de salir a la galería grande. [...]

Seguimos la galería hacia el noroeste, explorando galerías laterales a medida que avanzábamos, antes de llegar al caos de bloques. Vi una ruta por encima del lado derecho de la obstrucción que pasaba por algunas rocas embarradas y poco fiables hasta una pequeña sala con una chimenea de 8 m de altura y huesos de vaca en el suelo. En lo alto se podían ver raíces de árboles. Al salir, una gran losa se movió. Es muy inestable.

La chimenea con huesos de vaca parece estar cerca de una excavación en la superficie, 1063.

De camino hacia el agujero, se descubrió la cavidad 4115: una cueva

---

4   Véase Enero / Febrero de 2015, p. 179
5   Véase Enero / Febrero de 2014, p. 141

tight section leads to a pitch of about 8m and 4129, a drop obstructed by a rock where it is possible to see about 3m down. Jim suggested that similar holes might be found on the eastern hillside - but they have yet to be discovered!

On the 7th, Jim and Phil and Hilary Papard investigated the 1984 molephone point for the Sandstone Passage in the Trident Series at the far end of Cueva Hoyuca (0107).

Lank had shown Jim the spot in 1985, so Jim had a very accurate, 30-year-old image from which to identify the spot - or so Jim wrote.

They started at site 0603 at the top end of the "Mushroom Field" and, using the location marked on the old surface map, created a GPS location to go searching. On the hillside above, Jim found a possible shaft/old dig which was GPS'd as site 4132. Lower down, they spent a couple of hours digging site 4131 which "(a) draughted out and (b) had a cave-like roof".

Peter Fast and Torben had a trip into Cueva-Cubío del Llanío (3234) where they checked out the Horny Dog section, dropping down a rift that became choked with mud. On another occasion, the pair had an unsuccessful attempt to pump out a pool blocking a possible lead.

Cueva Hoyuca (0107) was visited by Ali, Peter Eagan, Angus, Marites, Peter Fast, Jim and Louise on April 5th. The water level in the canal in the draughting Tilers' Way was lowered but the route forward was still too low, requiring drier conditions. They surveyed 24m in the canal.

Diane, Simon and Imogen visited the Giant Panda entrance (2691) to Cueva Hoyuca and the Four Valleys System after spotting that there had been large scale logging activities in the area. Simon wrote:

The surface shoring is in a very poor state and could do with immediate attention. At the first pitch head a very large block has fallen blocking the pitch. Currently this entrance cannot be descended without a lot of work.

Just off the winding road that heads into Riolastras from the south, and then skirting the southern edge of the main depression, Dave Milner, John Southworth and Gordon documented four new sites: 4138 - twin, fenced depressions which are possible dig sites; 4139 - a small hole with no draught; 4140 - a small entrance descending steeply for 3m to where the floor and roof meet and 4141 - a 6m deep shaft which they didn't descend. Further into the depression they encountered site 4142 - a small hole with a slight draught.

At La Helguera, west of Solórzano, the resurgence at the head of the Arroyo de Canastrillas was investigated by Johnny with baby Sean, James with baby Eleanora and Bill. James had seen this area the previous summer but he had been unable to reach the resurgence through the thick vegetation. On this occasion, they eventually hacked through the brambles to find the open entrance of Child Minders' Cave, 4046.

Bill was the only one in caving gear (and also the only one not carrying a baby), so we sent him in to take a look. He returned with tales of a wet streamway and some high-level dry passages.

They returned with mothers Jude and Jenny and Tom Howard, renaming the site the Daddy Day Care Centre. The four men went in to explore and survey the find. James wrote:

About 120m of dry, high-level passage was surveyed to a sump that could be dived. This has water flowing into it. The stream was then followed for about 40m upstream from the entrance through a couple of ducks to where a larger area was reached. Unfortunately, this was one of the high-level, dry passages previously surveyed.

There is enough large passage in this cave to make the rest of the surrounding area well worth further scampering. There is a promising dig in a passage about 25m back from the sump on the right. The cave has a draught.

EASTERN MOUNTAINS Alex and Darren attempted a Risco - Oñite (0025 - 0027) through trip although they found the Risco entrance very wet but passable.

Simon Cornhill capping out the tight head of a drop in Not Too Bad Pot. Simon Cornhill abriendo la cabecera angosta de un pozo en Not Too Bad Pot. *Diane Arthurs*

de 6 m de largo.

El siguiente código / número de cueva se asignó a 4116, un posible hundimiento en un campo debajo de Tres Niños que Pedro vio por primera vez. Juan y Penny volvieron a topografiarlo el 3 de mayo y comentaron que las rocas en el agujero no parecían estar gastadas por el agua. Paseando por la ladera hacia Carcavuezo pasaron por una serie de depresiones que podrían ser antiguos sumideros. Pensaron que sería buena idea volver un día más cálido cuando las corrientes de aire se pudieran sentir mejor.

El 4 de abril, Phil Papard, Hilary, Angus, Peter Eagan, Jim y Ali investigaron varios sitios en la ladera occidental sobre la entrada a la Cueva Carcavuezo (0081). El agujero 4045 medía 3 m entre bloques sin continuación y el 4016 se excavó un poco, pero «la continuación puede estar debajo de un bloque separado». Se encontraron cuatro nuevos agujeros a unos 100 m al oeste-noroeste de la entrada de Carcavuezo en la base de los lechos de arenisca: 4126, una entrada de 0,4 x 0,7 m directamente a un pozo de 5,6 m; 4127, una entrada tapiada de 0,6 x 0,8 m a un pozo de 6 m; 4128, donde un tramo estrecho conduce a un pozo de unos 8 m; y 4129, un desnivel obstruido por una roca desde la que se pueden ver unos 3 m por debajo. Jim sugirió que se podrían encontrar agujeros similares en la ladera este, ¡pero aún no se han descubierto!

El día 7, Jim, Phil y Hilary Papard investigaron el punto en el que en 1984 se hizo la conexión por teléfono subterráneo con la galería Sandstone en la red Trident en el otro extremo de Cueva Hoyuca (0107).

Lank le había mostrado a Jim el lugar en 1985, por lo que Jim tenía una imagen muy precisa, de 30 años de antigüedad, para identificar el lugar. O eso dijo Jim.

Comenzaron en el sitio 0603 en el extremo superior del prado cerca de Carcavuezo y, utilizando la ubicación marcada en el antiguo mapa, crearon una ubicación GPS para iniciar la búsqueda. En la ladera, Jim encontró un posible pozo/excavación antigua que se guardón con el GPS como 4132. Más abajo, pasaron un par de horas excavando en 4131, cavidad que «(a) era sopladora y (b) tenía un techo como el de una cueva».

Peter Fast y Torben fueron a la Cueva-Cubío del Llanío (3234) donde echaron un vistazo en la sección Horny Dog, bajando por una grieta que estaba obstruida con barro. En otra ocasión, la pareja intentó sin éxito extraer el agua de una marmita que impedía el acceso a una posible continuación.

Cueva Hoyuca (0107) recibió la visita de Ali, Peter Eagan, Angus, Marites, Peter Fast, Jim y Louise el 5 de abril. Se rebajó el nivel del agua en el canal de Tilers' Way, pero la continuación todavía era demasiado estrecha, por lo que haría falta volver en época seca. Topografiaron 24 m en el canal.

Diane, Simon e Imogen visitaron la entrada del Panda Gigante (2691) a Cueva Hoyuca y el Sistema de los Cuatro Valles después de ver que se había talado el bosque en esa zona. Simon escribió:

Los refuerzos en la superficie están en muy mal estado y podría necesitar atención inmediata. En la primera cabecera del pozo ha caído un bloque muy grande que lo obstruye. Actualmente esta entrada no se puede bajar sin mucho trabajo.

Justo al lado de la sinuosa carretera que se dirige a Riolastras desde el sur, y luego bordeando el borde sur de la depresión principal, Dave Milner, John Southworth y Gordon documentaron cuatro nuevas cavidades: 4138, depresiones gemelas cercadas que podrían excavarse; 4139, un pequeño agujero sin corriente; 4140, una pequeña entrada que desciende abruptamente durante 3 m hasta donde se encuentran el suelo y el techo; y 4141, un pozo de 6 m de profundidad que no descendieron. Al adentrarse en la depresión encontraron el 4142, un pequeño agujero con una ligera corriente.

En La Helguera, al oeste de Solórzano, Johnny, con el bebé Sean, James, con el bebé Eleanora, y Bill investigaron la surgencia en la cabecera del Arroyo de Canastrillas. James había visto esta área el verano anterior pero no había podido alcanzar la surgencia a través de la espesa vegetación. En esta ocasión pudieron abrirse paso entre las zarzas y encontrar la entrada de la cueva Child Minders' Cave, 4046.

Bill era el único con mono (y también el único que no llevaba un bebé), así que lo enviamos a echar un vistazo. Regresó con historias de un arroyo y algunas galerías secas de nivel

*I rigged while Darren went back for his helmet.
... we were reunited and headed upstream. As this
was a last-minute affair, neither of us had a
survey, although I was under the impression Darren
knew the way. He revealed he did not in the cave
and we ended up looking at the inlets beyond Pinto
Gallery before heading back out. ... Nice cave
though, great streamway.*

Continuing their investigations in Cueva de Coreano (0137) on
La Colina, started the previous summer, Si and Di took Fleur and
Pete Talling to view the "50m of caving through beautiful pools".
Instead, they found the cave sumped 4m in.

Pete and Si climbed up the hill to view the dig at site 1033
commenting that it was still worth pursuing, but it would take "a
lot of pursuing".

Si and Di were keen to push down in Not Too Bad Pot (2964)[6] so,
along with Fleur (and Bill on the surface suffering from a cold and
knee pain), they descended p20, p6, p22 and p4 to the draughting
constriction at the head of another drop. Simon enlarged the 10cm
hole until it became "easily passable". Fleur wrote:

*I was given the honour of first descent which
proved to be about 12m, split one third of the way
by a ledge and a constriction. Di and I hammered
a nobble at the constriction then I descended to
the floor. Another drop followed, about 10m, in a
meander of small but varying width. Si checked an
alcove above, I bolted a Y-hang and Di descended
to report more constrictions although the cave
continues.*

Si, Di and Fleur returned with Pete Talling the next day to survey
and continue downwards. Two constricted pitch heads were
opened up but the next pitch head drained the third drill battery.
Rocks were dropping from here for six or seven seconds!

On the 8th, Di and Si continued capping at the shaft top. Di wrote,

*Some rather acrobatic capping moves were required
for today's session - will tell Mr Pringle to add
them to his dance routine.*

With the third battery again getting low and no more black caps
left, Si decided to squeeze through the tight rift on the 72m rope.

*He dropped into a large, grand 60m shaft [with]
three rebelays on the way down.*

With two metres left on the rope the landing was on a ledge
with a small hole continuing down. Stones were dropping here for
between 6 and 10 seconds, bouncing off ledges. They surveyed
out, derigging the 72m rope for further capping at the top of the
rift to improve access. With a joss stick, they found that the air was
circulating with no real strong draught.

"Following three days prusiking practice (in Carlista[7]), we returned
... to check out whether our dreams had enlarged the ongoing
pitch entrance", wrote Diane - presumably with tongue firmly in
cheek. After enlarging the explored pitch at the base, Simon then...

*...rigged a short pitch down to a ledge. A
constricted pitch head descended 45m in 5 pitches
with 1 deviation. ... At the bottom of the final
pitch the cave continues into a tight meandering
passage. We tried to remove a lump of rock ... with
no success. ... It appeared cave-able beyond this
point.*

The new finds were surveyed by Si and Di as batches 2964_15_01
and 2964_15_02 and the current survey can be seen on page 184.
No further work has been undertaken at the bottom: the system
remains at 241m in length and 195m deep with 16 pitches to rig.

SOUTHERN SECTOR Pedro was trying out his water tracing skills.
He put optical brightening agent (OBA) into the sink 3886 with
fluocapteurs (cotton wool) put into Cueva de Jivero 1 (0016) and
site 3884[8]. He was hoping to get a positive result from Jivero 1.
Within a couple of days the Jivero 1 detector was "clearly positive"
with a negative result from 3884.

As one of a proposed set of water tracing studies, downstream
Cueva Vallina (0733) was to be the focus over this Easter. By this
time, we had standardised on optical brightening agent as the
tracer put into the water and cotton wool in likely resurgences
being the detectors or fluocapteurs. Ultra violet light shone
onto the cotton wool would show the presence of the OBA by
fluorescing blue/purple.

As washing powders or other contaminants with OBAs may enter

6 2011 Easter, page 40.
7 A laser scanning team, as part of a project to survey the world's
largest chambers, had converged on the nearby town of Ramales.
Torca de Carlista drops down 26m, 25m and 17m pitches before emerging in the roof
of a large chamber requiring an 84m drop to reach the floor. The chamber
has been reported as the largest in Europe and the fourth largest in the
world.
8 2013 Easter, spring and summer

superior.

Regresaron con las madres, Jude y Jenny, y Tom Howard, y cambiaron el
nombre de la cueva a Daddy Day Care Center. Los cuatro hombres entraron
para explorar y topografiar el hallazgo. James escribió:

*Topografiamos unos 120 m de galería seca de nivel
superior hasta un sifón que podría bucearse. El agua
fluye hacia él. Luego seguimos el arroyo durante unos
40 m aguas arriba desde la entrada a través de un par de
bóvedas sifonantes hasta donde se alcanzó un área más
grande. Desafortunadamente, esta era una de las galerías
secas de nivel superior ya topografiadas.*

*Hay suficiente galería grande en esta cueva para que
merezca la pena seguir investigando el resto del área
circundante. Hay una excavación prometedora en una
galería a unos 25 m del sifón de la derecha. La cueva
tiene corriente.*

MONTAÑAS AL ESTE Alex y Darren intentaron una travesía Risco - Oñite
(0025 - 0027) aunque encontraron la entrada del Risco con mucha agua,
pero transitable.

*Yo instalé mientras Darren volvía a por su casco. [...]
nos reunimos y nos dirigimos aguas arriba. Como había
sido cosa de última hora, ninguno tenía la topo, aunque
tenía la impresión de que Darren se sabía el camino. En
la cueva reveló que no era así y terminamos echando un
vistazo a las laterales pasando la Galería Pinto antes de
volver a salir. [...] Aún así, bonita cueva, estupendo
río.*

Continuando con sus investigaciones en la Cueva de Coreano (0137) en
La Colina, iniciada el verano anterior, Si y Di llevaron a Fleur y Pete Talling
a ver los «50 m de espeleología a través de hermosas marmitas». Sin
embargo, se encontraron con que la cueva estaba inundada tras 4 m.

Pete y Si subieron a ver la excavación en la cueva 1033 y comentaron que
aún valía la pena seguir, pero que llevaría «mucha dedicación».

Si y Di estaban ansiosos por seguir explorando en Not Too Bad Pot
(2964)[6], así que, junto con Fleur (y Bill en la superficie sufriendo un
resfriado y dolor de rodilla), bajaron los P 20, P 6, P 22 y P 4 hasta la
constricción sopladora en la cabecera de otro pozo. Simon amplió el
agujero de 10 m hasta que se volvió «fácilmente pasable». Fleur escribió:

*Me ofrecieron el honor del primer descenso que resultó
ser de unos 12 m, dividido a un tercio del camino por
una cornisa y una constricción. Di y yo le dimos bien con
el martillo y luego bajé hasta el suelo. Le siguió otro
pozo, de unos 10 m, en un meandro de anchura estrecha
pero variable. Si comprobó una alcoba arriba, instalé una
triangulación y Di bajó para informarnos de que había más
constricciones, aunque la cueva continúa.*

Si, Di y Fleur regresaron con Pete Talling al día siguiente para topografiar
y seguir bajando. Abrieron dos cabeceras estrechas, pero la siguiente
agotó la tercera batería del taladro. Desde ahí, ¡las rocas caían durante seis
o siete segundos!

El día 8, Di y Si siguieron abriendo la cabecera del pozo. Di escribió:

*Se necesitaron algunas posturas bastante acrobáticas
para la sesión de hoy; le diré al Sr. Pringle que las
añada a su coreografía.*

Con la tercera batería de nuevo agotada y sin más micros, Si decidió
pasar a través de la estrecha grieta con la cuerda de 72 m.

*Dio a un gran pozo de 60 m [con] tres fraccionamientos
de camino.*

Con 2 m restantes en la cuerda, paró en una repisa con un pequeño
agujero que continuaba hacia abajo. Desde aquí las piedras caían durante
6 - 10 segundos, rebotando en repisas. Topografiaron al salir, desinstalaron
la cuerda de 72 m para seguir abriendo la cabecera y así para mejorar el
acceso. Con incienso, descubrieron que el aire circulaba sin una corriente
de aire realmente fuerte.

«Tras tres días de práctica en la cuerda (en Carlista[7]), regresamos [...]
para comprobar si nuestros sueños habían ampliado la entrada del pozo»,
escribió Diane, presumiblemente con ironía. Después de ampliar el pozo
explorado en la base, Simon...

*Instaló un pozo corto hasta una repisa. Una cabecera
angosta da a 45 m en 5 pozos con 1 desviación. [...]
Al final del último, la cueva continúa en una estrecha
galería serpenteante. Intentamos quitar un trozo de roca
[...] sin éxito. [...] Parecía practicable al otro lado
de este punto.*

Si y Di topografiaron los nuevos hallazgos como lotes 2964_15_01 y
2964_15_02 y la topo actual se puede ver en la página 184. No se han
realizado más trabajos en la parte inferior: el sistema se mantiene en
241 m de desarrollo y 195 m de profundidad con 16 pozos.

SECTOR SUR Pedro probó sus habilidades con las pruebas hidrológicas.
Puso agente abrillantador óptico en el sumidero 3886 con captadores

6 Véase Semana Santa de 2011, p. 40
7 Un equipo de escaneo láser, parte de un proyecto para topografiar las salas
más grandes del mundo, se había reunido en la cercana localidad de Ramales. La
Torca del Carlista tiene pozos de 26, 25 y 17 m que emergen en el techo de una
gran sala con un rápel de 84 m hasta el suelo. Esta sala subterránea más grande de
Europa y la cuarta más grande del mundo.

Pete Smith in the Cuevla Vallina stream which drains to Comellantes in Matienzo.
Pete Smith en el río de Cueva Vallina que desagua en Comellantes en Matienzo. *Peter Eagan*

underground water courses it is always prudent to check for any fluorescence using a control set of fluocapteurs. On March 31st, Pedro put control detectors into the Cueva del Molino resurgence (0791) at Bustablado; into the river upstream of there and downstream; the Fuente de Barcena Morel to the east of Arredondo and, over the hill to the north, the Cueva del Comellantes (0040) resurgence, the main spring into the Matienzo depression.

These detectors proved negative so, on April 2nd, at least Pedro, Guy, Tom Howard and Steve Sharp went downstream in the Río Rioja and poured 4 litres of OBA into the stream. On the same day, Big Steve, Phil Papard and Bill put detectors into Cueva-Cubío de la Reñada (0048): 2 each in Squirrel's Passage, Castle Hall stream and sump 1. (The water in Reñada drains to Comellantes).

Jim and Ali were also in Vallina that day looking at the choke to the east and resurveying west from Double Dutch Pitch, batch _201.

Jenny, Jude (along with "baby no. 2 at 20 weeks") and Tom had a tourist trip, top to bottom entrance, on April 3rd. Jenny commented that there was now a well trodden path to the top entrance:

> ... walk up from where you park and, at the second repaired bit of road, is a cairn. The path goes fairly straight down from there. The top pitch has a line rigged to the head of the pitch. The second pitch is now rigged with good hangs both at the head of the pitch and the ledge. There is a line rigged on the ledge with space for about four to clip in. There are bolts on the third pitch. Nothing new found!

Jude was "pretty disappointed" that the "guapos" from a Spanish cave rescue team that gave them chocolate back in Easter 2012 were absent.

Eight days after the OBA went into the Vallina water and, after negative results at all other surface detectors, the cotton wool at Comellantes glowed, as did the detector brought out from sump 1 in Reñada. However, the fluocapteur at Squirrel's Passage did not fluoresce.

These interesting results extended the probable catchment area for Comellantes over the ridge to the south, showing that all the water seen in Cueva Vallina drained north. This included water filtering down from the surface - a surface catchment enlarged by at least 3km². The lack of OBA turning up in Squirrel's Passage proved that the water seen here was a separate stream and catchment - it was probably draining land to the south and east.[9]

Jim, Peter Eagan, Ali, Angus, Amy and Spike went in search of lost passages around the bottom entrance to Cueva-Cubío de la Reñada (0048). After not finding the missing passages, Jim thought that they had been attached in the wrong place on the survey and should be near Squirrel's Passage. However, he did locate a crawl below the top entrance which led to a climb up and pretty passages with deep holes dropping to the lake. About 50m were surveyed here as batch 0048-15-02.

Amy, Spike and Angus became separated from others when heading to Sanatogen Passage in Reñada on March 31st. Useful work was done, however, when they resurveyed a known route and a new oxbow accumulating 79m of new survey within a total of 175m, batch 0048-15-03. The following day ...

> Processing the data proved by far the more difficult task as, having just learnt to survey, and having been taught paperless, attempting to work off paper was a bit tricky. We got all the numbers in and produced a centre line which we duly printed off and created a rough plan sketch. But, beyond that, our number crunching to try to create a computer detail survey was time consuming and, quite frankly, soul destroying. Fortunately, we later located a paperless kit which we ... borrowed for the second part of the survey.

9   Hydrology: water traces article, pages 455 - 460

(algodón) en la Cueva de Jivero 1 (0016) y 3884[8]. Esperaba obtener un resultado positivo de Jivero 1. Tras un par de días, el captador de Jivero 1 era «claramente positivo, pero el de 3884 fue negativo.

Como parte de un conjunto propuesto de estudios del trazado hidrológico, Cueva Vallina (0733) aguas abajo iba a ser el centro de atención durante esta Semana Santa. En ese momento, ya habíamos estandarizado el agente abrillantador óptico como colorante y el algodón en posibles surgencias como captadores. Una luz ultravioleta sobre el algodón mostraría la presencia del colorante con una fluorescencia azul / púrpura.

Dado que detergentes en polvo u otros contaminantes con agente abrillantador óptico pueden entrar en los cursos de agua subterráneos, siempre es prudente comprobar la presencia de fluorescencia utilizando un conjunto de control de captadores. El 31 de marzo Pedro puso captadores de control en la surgencia de la Cueva del Molino (0791) en Bustablado; en el río aguas arriba y aguas abajo; la Fuente de Bárcena Morel al este de Arredondo y, sobre el monte al norte, la surgencia de la Cueva de Comellantes (0040), la principal surgencia en la depresión de Matienzo.

Estos detectores resultaron negativos, por lo que, el 2 de abril, al menos Pedro, Guy, Tom Howard y Steve Sharp fueron aguas abajo en el Río Rioja y vertieron 4 litros de agente abrillantador óptico en el arroyo. El mismo día, Big Steve, Phil Papard y Bill colocaron captadores en Cueva-Cubío de la Reñada (0048): 2 cada uno en Squirrel's Passage, el río en Castle Hall y el sifón 1. (El agua en Reñada desagua en Comellantes).

Jim y Ali también estaban en Vallina ese día mirando la obstrucción al este y volviendo a topografiar al oeste desde Double Dutch Pitch, lote _201.

Jenny, Jude (junto con «bebé n.° 2 de 20 semanas») y Tom hicieron una incursión turística, desde la entrada de arriba a la de abajo, el 3 de abril. Jenny comentó que ahora había un camino muy transitado hasta la entrada superior:

> Sube desde donde se aparca y, en el segundo tramo de carretera reparado, hay un mojón. El camino va bastante derecho desde allí. El pozo superior tiene un pasamanos instalado hasta la cabecera. El segundo ahora tiene buenas fijaciones tanto en la cabecera como en la repisa. Hay otro pasamanos instalado en la repisa con espacio para cuatro para engancharse. Hay anclajes en el tercer pozo. ¡No se ha encontrado nada nuevo!

Jude se quedó «bastante decepcionada» de que los «guapos» de un equipo español de rescate que les dio chocolate en la Semana Santa de 2012 no estuvieran en la cueva.

Ocho días después de que añadir el agente abrillantador óptico en el agua de Vallina y, después de resultados negativos en todos los demás captadores en la superficie, el algodón en Comellantes brillaba, al igual que el sacado del sifón 1 en Reñada. Sin embargo, el captador de Squirrel's Passage no emitió fluorescencia.

Estos interesantes resultados ampliaron la probable cuenca hidrográfica de Comellantes hacia el sur, mostrando que toda el agua vista en Cueva Vallina desagua el norte, incluyendo el agua que se filtra desde la superficie, una cuenca ampliada en al menos 3 km². La ausencia de agente abrillantador óptico en Squirrel's Passage demostró que el agua que se ve aquí es un arroyo y una cuenca separados; probablemente desagua hacia el sur y el este.[9]

Jim, Peter Eagan, Ali, Angus, Amy y Spike fueron en busca de galerías perdidas alrededor de la entrada inferior de la Cueva-Cubío de la Reñada (0048). Después de no encontrar las galerías desaparecidas, Jim pensó que se habían añadido en el lugar equivocado de la topo y deberían estar cerca de Squirrel's Passage. Sin embargo, localizó una gatera debajo de la entrada superior que conducía a una escalada y bonitas galerías con agujeros profundos que llegaban al lago. Cerca de 50 m se topografiaron aquí como lote 0048-15-02.

Amy, Spike y Angus se separaron de los demás cuando se dirigían a la galería Sanatogen en Reñada el 31 de marzo. Sin embargo, hicieron un trabajo necesario cuando volvieron a topografiar una ruta conocida y un nuevo meandro acumulando 79 m de nueva topografía en de un total de 175 m, lote 0048-15-03. Al día siguiente...

> Procesar los datos resultó ser, con mucho, la tarea más difícil, ya que, habiendo aprendido a realizar topos y habiendo aprendido sin papel, intentar hacerlo con papel fue un poco complicado. Metimos todos los números y generamos una poligonal que imprimimos y dibujamos un boceto del plano. Pero, más allá de eso, intentar crear una topo detallada con el ordenador nos llevaba demasiado mucho tiempo y, francamente, nos quitaba las ganas de vivir. Afortunadamente, luego

8   Véase Semana Santa, primavera y verano de 2013.
9   Véase Hidrología, p. 455

Left: Amy Neal surveying Reñada before her "soul destroying" data processing. *Richard 'Spike' Neal* Right: Dave Bell in a Reñada grotto. *Peter Eagan*
Izda.: Amy Neal topografiando en Reñada antes del procesamiento de datos que «destruyó su alma». *Richard «Spike» Neal*
Dcha.: Dave Bell en una sala de Reñada
Peter Eagan

The three went in through the top entrance on April 2nd "planning to check out the small section down to the right off the beaten track".

Angus rigged a ladder and life-lined Spike down who then disappeared ... much larger than expected so we all followed and began from there!

No passage description was written, although batch 0048-15-05 shows the new section rising steeply in a narrow rift. Peter Eagan, Angus, Spike and Ali continued surveying beyond as batch 0048-15-07.

Pete put in bolts to secure the route and climbed the slippery climb. Spike followed and surveyed, etc. Went up more and ended in a solid choke.

Ali had a solo trip on April 3rd and "surveyed side bit before rope climb down to duck in entrance series". He was very keen on getting a new Reñada survey and, in the process, finding new passages!

The separated team from March 31st (Jim, Ali, Peter Eagan and James) had reached the Sanatogen Passage area and set about re-surveying the Zeppelin Hangers but they "required a rope to fully explore". "Not everything on the old survey was done" but they surveyed nearly 300m in batch 0048-15-04.

Ali and Angus spent time on more re-surveying around the entrance series on April 6th but found nothing new. However,

... at the top of rope climbs up after the Blowhole looked for anything above way in - found climb to an easy traverse high up in 45° hading rift. After approximately 30m enters chamber with signs of previous exploration. Straight ahead are holes down to main passage over which a passage approximately 1m wide, 4m high leads to a corner, followed by a pool above which is a narrow slot leading to a pool and possible continuing passage. Attempted to survey these bits ... but Disto almost immediately packed up.

On the 7th, Ali, Angus and Pete were back in Reñada pushing and photographing new passages in the entrance series but the "climbs just led to small chambers". They also surveyed the previous day's finds and Pete climbed up into a high-level passage - "pushed to a big flake obstructing way on. This passage draughts."

Nearly 200m were surveyed here as batch 0048-15-12 and the route beyond the flake has yet to be pushed.

A set of shafts, (4120 - 4125) about 300m southeast and downhill of the Alisas viewpoint were explored by Peter Eagan, Ali, Phil Papard, Jim and Angus on April 1st. Sites 4120, 4121, 4122 and 4124 were all choked 10m, 13.5m, 3m and 6m down respectively. Site 4123 was disto'd to 22.5m deep which was a greater length than the two ladders available so a return trip was required for this. The last site, 4125, is a draughting rift, about 2m deep that would require a lot of work to open up.[10]

Lea Ziebold, a German woman who lived in San Antonio, first showed an interest in the Matienzo Caves Project when she took Juan and Pedro to some nearby caves in 2008[11]. She had become friendly with a number of expedition members, popping round to Matienzo for a cup of tea and a chat and inviting people to view her house and garden close to the river flowing from Fuente Aguanaz.

She had been ill for some time and passed away during the Easter expedition. It was thought that putting her ashes into the sinking water in Cueva del Agua (0059) in La Vega would meet with her approval and acknowledge her interest in caves and concern for the environment. Juan escorted immediate family members into the cave on May 9th where her ashes were scattered into the stream - just in time as, somewhat bizarrely, a group of forty Basque cavers with their families had arrived in a coach to visit the impressive entrance chamber.

localizamos un kit para topo digital que [...] tomamos prestado para la segunda parte de la topo.

Los tres entraron por la entrada superior el 2 de abril «planeando ver la pequeña sección a la derecha de los caminos trillados».

Angus colocó una escala y aseguró a Spike, quien luego desapareció [...] ¡mucho más grande de lo esperado, ¡así que todos lo seguimos y comenzamos desde allí!

No se escribió ninguna descripción de la galería, aunque el lote 0048-15-05 muestra que la nueva sección se eleva abruptamente en una grieta estrecha. Peter Eagan, Angus, Spike y Ali continuaron topografiándolo dentro del lote 0048-15-07.

Pete puso spits para asegurar la ruta y subió por la escalada resbaladiza. Spike lo siguió y topografió, etc. Subió más y terminó en una obstrucción sólida.

Ali fue él solo el 3 de abril y «topografió sección lateral antes de bajar para agacharse en la red de la entrada». Le interesaba mucho la idea de sacar una nueva topo de Reñada y, en el proceso, ¡encontrar nuevas galerías!

El equipo dividido del 31 de marzo (Jim, Ali, Peter Eagan y James) había llegado al área de la galería Sanatogen y se dispuso a volver a topografiar los Zeppelin Hangers, pero «necesitaban una cuerda para explorarlo bien». «No se hizo todo lo de la topo anterior», pero topografiaron casi 300 m en el lote 0048-15-04.

Ali y Angus pasaron más tiempo volviendo a topografiar alrededor de la red de entrada el 6 de abril, pero no encontraron nada nuevo. Sin embargo...

En lo alto de las escaladas con cuerda justo después del Blowhole, investigamos y encontramos una subida a una travesía fácil en lo alto de una grieta de 45°. Tras unos 30 m entra en una sala con signos de exploración previa. De frente hay agujeros hasta la galería principal sobre el cual una galería de unos 1 m de ancho, 4 m de alto conduce a una esquina, seguida de una marmita por encima de la cual hay una ranura estrecha que conduce a una marmita y una posible galería. Intenté topografiar estas secciones [...] pero al Disto se le acabó la batería casi de inmediato.

El 7, Ali, Angus y Pete volvieron a Reñada para explorar y fotografiar nuevas galerías en la red de la entrada, pero las «escaladas solo conducían a pequeñas salas». También topografiaron los hallazgos del día anterior y Pete subió a una galería de nivel superior, «forzó hasta un gran saliente que obstruía el camlno. Esta galería tiene corriente de aire».

Topografiaron cerca de 200 m (lote 0048-15-12) y la ruta al otro lado del saliente aún no se ha forzado.

Peter Eagan, Ali, Phil Papard, Jim y Angus exploraron un conjunto de pozos (4120 - 4125) a unos 300 m al sureste y cuesta abajo del mirador de Alisas el 1 de abril. Las cavidades 4120, 4121, 4122 y 4124 estaban obstruidas tras 10 m, 13,5 m, 3 m y 6 m, respectivamente. La 4123 se midió con el Disto, 22,5 m de profundidad, más de lo que medían las dos escalas que tenían, por lo que tendrían que volver. La última, 4125, es una grieta de unos 2 m de profundidad que requeriría mucho trabajo.[10]

Lea Ziebold, una mujer alemana que vivía en San Antonio, se interesó en el proyecto de Matienzo Caves en 2008, cuando llevó a Juan y Pedro a algunas cuevas cercanas a su casa.[11] Se había hecho amiga de varios miembros de la expedición, acercándose a Matienzo para tomar una taza de té y charlar e invitaba a la gente a ver su casa y su jardín cerca del río que fluía desde Fuente Aguanaz.

Llevaba algún tiempo enferma y falleció durante la expedición de Semana Santa. Se pensó que arrojar sus cenizas al agua que se sumerge en Cueva Molino (0059) en La Vega le gustaría, en reconocimiento por su interés espeleológico y preocupación por el medio ambiente. Juan acompañó a sus familiares directos a la cueva el 9 de mayo, donde sus cenizas se esparcieron en el río, justo antes de que, algo curioso, un grupo de cuarenta espeleólogos vascos con sus familias llegasen en autobús para visitar la impresionante sala de la entrada.

---

10   2016 Easter, page 233
11   Matienzo: 50 Years of Speleology, page 212.

10   Véase Semana Santa de 2016, p. 233
11   Véase Matienzo: 50 años de espeleología, p. 212.

Earlier in the year, the Ruesga Town Hall had produced a detailed "Urban Plan 2015". The Matienzo development section had plans to build houses on land at the north of La Secada which had been recently flooded.[1] A number of planners and engineers had been involved in producing the document but the hydrology and future flood predictions were plainly wrong, being based on the false premise that the Matienzo river ran gently overland to the sea and did not disappear underground through a constricted hole!

Juan put together a document refuting the findings in the Plan. As well as disputing why extra housing was necessary, the main errors pointed out included: a too-small catchment area - the recent water trace[2] showed Cueva Vallina to the south also brought water into the Matienzo depression, and all the water flowed into a constricted hole that choked in flood conditions - and didn't flow overland.

Flood levels from the January event were cited and mapped - the water reached an altitude of 150m, inundating about half of the proposed urbanisation.

The document was signed by a number of neighbours including Juan Carlos, and taken to the Town Hall. Nothing else has since been heard by us about this section of the Plan.

NORTHWEST AND FAR WEST SECTORS The original entrance to Torca la Vaca (2889) provides an interesting couple-of-hours "tourist" trip - not too strenuous, with many photographic opportunities along the way and at the impressive formations at the two ends of the high level. Patrick, Paul Gelling and Juan followed this route to take some video on August 2nd, squeezing past the repaired stal in Penguin Passage on the way[3].

With a view to stabilising and enclosing the crawl at the base of the entrance in BigMat Calf Hole (3916), Phil climbed down for a look early on in the expedition.

    No more collapse since Easter. Small pool of water
    ... in entrance to crawl and about 3 - 4 bucket loads
    of sloppy mud at the bottom of the dug shaft. Crawl is
    about 60cm at narrow section but this can be removed
    easily. Rest is well above 60cm so the tube can be
    used if split into 3 along its length and re-assembled
    in situ.[4]

Phil returned with Hilary, Juan, Pedro and 2m of corrugated road drainage tube cut in half then into quarters along the length - thirds wouldn't get down the tube installed at the entrance. These eight pieces were all labelled and had bolts and straps for putting back together in the crawl. After removing some water and liquid mud, it was found that the crawl was too narrow to take the reconstructed tube and "heavier machinery / tactics were required to remove more wall material".

On August 5th, Phil Papard, Juan, Billy, Peter Clewes, Nigel Dibben and Paul Gelling intended to open up the crawl and finally install the tube but, before the job was finished, Anton appeared to say that a new entrance into Torca la Vaca had been found - work at BigMat stopped and people went with Anton to view the new hole and help enlarge the entrance. It took a while to get to the hole as a suitably embarrassed and apologetic Anton had forgotten his route through the thick jungle!

He had been pushing in Deep Rifts Passage with Tom, Lauren, Dave Dillon and Pete O'Neill, who wrote:

    We added a few extra bolts to traverses done by
    others to make them safer with bags of gear. Before
    the final traverse left by others at Easter, we noticed
    a strongly draughting passage on the left hand side
    near an undescended 30m pitch. Lauren and Anton set to
    digging ...

They recalled the opening up:

1   2015 January / February, page 179
2   2015 Easter, pages 186 - 187
3   This thin, tall column was unintentionally broken in 2008 then repaired and re-installed in early 2009. See Matienzo: 50 Years of Speleology. p209.
4   With hindsight, it may have been better to stabilise the crawl first with a complete section of 60cm diameter road drainage tube before installing a vertical section at the entrance. It may, however, have been difficult if not impossible to have manoeuvred a section of complete road tube down between the vertical maze of scaffold tube!

A principios de año, el Ayuntamiento de Ruesga había elaborado un detallado Plan Urbano 2015. En Matienzo el plan incluía la construcción de casas en un terreno al norte de La Secada que se había inundado recientemente.[1] Varios urbanistas e ingenieros participaron en la redacción del documento, pero la hidrología y las predicciones de inundaciones futuras eran, claramente, incorrectas, ya que se basaban en la falsa premisa de que el río de Matienzo fluía tranquilamente sobre la superficie hasta el mar ¡y no que desaparecía bajo tierra a través de un agujero estrecho!

Juan elaboró un documento que refutaba las conclusiones del Plan. Además de cuestionar por qué se creía necesario construir más casas, los principales errores señalados incluyeron: una cuenca hidrográfica demasiado pequeña —una prueba hidrológica reciente[2] mostró que la Cueva Vallina al sur también desagua en la depresión de Matienzo y toda el agua discurre por un estrecho agujero que se inunda en época de fuertes lluvias— y el hecho de que no solo va por la superficie.

Se citaron y mapearon los niveles de la inundación en enero: el agua alcanzó una altitud de 150 m, inundando aproximadamente la mitad de la urbanización propuesta.

El documento fue firmado por varios vecinos, entre ellos Juan Carlos, y llevado al Ayuntamiento. Desde entonces, no hemos vuelto a saber nada más sobre esta parte del Plan.

SECTOR NOROESTE Y EXTREMO OESTE La entrada original a Torca la Vaca (2889) ofrece una interesante visita «turística» de un par de horas, no demasiado extenuante, con muchas oportunidades fotográficas de camino y en las impresionantes formaciones en los dos extremos del nivel superior. Patrick, Paul Gelling y Juan siguieron esta ruta para sacar un vídeo el 2 de agosto, pasando junto a la estalagmita reparada en Penguin Passage.[3]

Con el fin de estabilizar y encerrar la gatera en la base de la entrada en BigMat Calf Hole (3916), Phil bajó para echar un vistazo al principio de la campaña.

    No más derrumbes desde Semana Santa. Pequeño charco
    de agua [...] de entrada a gatera y unos 3 a 4 cubos
    de barro líquido en el fondo del pozo excavado. La
    gatera es de unos 60 cm en la sección estrecha, pero
    se puede quitar fácilmente. El apoyo está muy por
    encima de los 60 cm, por lo que el tubo se puede usar
    si se divide en 3 a lo largo de su longitud y se
    vuelve a ensamblar in situ.[4]

Phil regresó con Hilary, Juan, Pedro y 2 m de tubo cortado a la mitad y luego en cuartos a lo largo; en tercios no entraba por el tubo instalado en la entrada. Estas ocho piezas estaban todas etiquetadas y tenían anclajes y correas para volver a unirlas en la gatera. Después de quitar un poco de agua y lodo, se vio que la gatera era demasiado estrecha para el tubo reconstruido y «se necesitaron tácticas/maquinaria más pesada para quitar más material de la pared».

El 5 de agosto, Phil Papard, Juan, Billy, Peter Clewes, Nigel Dibben y Paul Gelling tenían la intención de abrir la gatera y finalmente instalar el tubo, pero, antes de terminar el trabajo, Anton apareció para decir que se había encontrado una nueva entrada a Torca la Vaca: el trabajo en BigMat se detuvo y la gente fue con Anton para ver el nuevo agujero y ayudar a agrandar la entrada. Les llevó un buen rato llegar al agujero ya que Anton, avergonzado y compungido, ¡había olvidado el camino a través de la espesa jungla!

Había estado explorando en Deep Rifts Passage con Tom, Lauren, Dave Dillon y Pete O'Neill, quien escribió:

    Añadimos anclajes adicionales a las travesías
    instaladas para que sean más seguros con sacas. Antes
    de la travesía final dejada por otros en Semana Santa,
    notamos una galería con fuerte tiro en la izquierda
    cerca de un pozo de 30 m sin explorar. Lauren y Anton
    se pusieron a cavar [...]

1   Véase Enero/Febrero de 2015, p. 179.
2   Véase Semana Santa de 2015, p. 186 - 187.
3   Esta delgada columna se rompió sin querer en 2008, y se reparó y volvió a instalar a principios de 2009. Véase Matienzo: 50 años de espeleología.
4   En retrospectiva, quizás hubiera sido mejor estabilizar la gatera primero con una sección completa de tubo de 60 cm de diámetro antes de instalar la sección vertical en la entrada, pero también podría haber sido difícil, si no imposible, maniobrar y bajar una sección completa entre el laberinto vertical de postes de andamio.

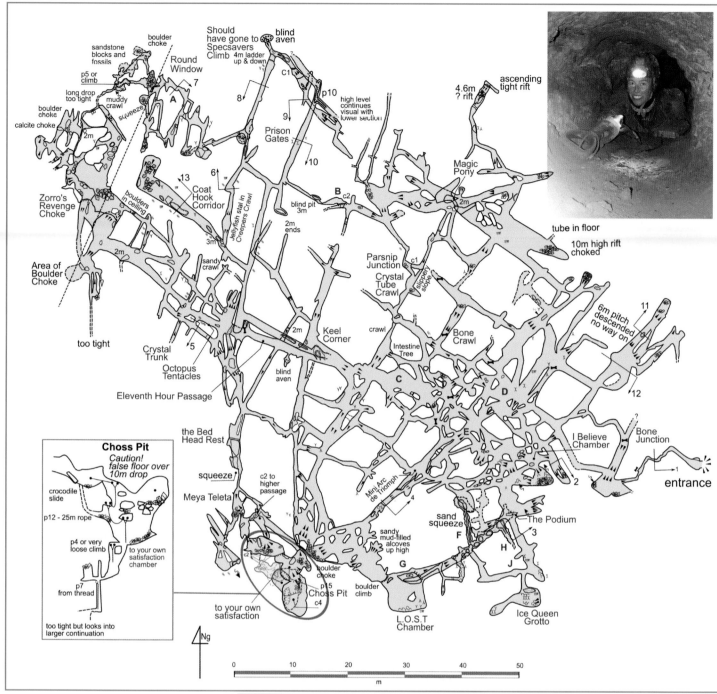

Choss Pit
Caution!
false floor over
10m drop

crocodile
slide

p12 - 25m rope

p4 or very
loose climb

to your own
satisfaction
chamber

p7
from thread

too tight but looks into
larger continuation

Ng

0   10   20   30   40   50
m

Anton and Lauren having dug their way out from Torca
la Vaca.

Anton y Lauren tras excavar una nueva
salida de Torca la Vaca.   *Nigel Dibben*

*Pete pointed out a slope with a
squeeze at the top and I (Lauren)
went through. Found a bit of a
large boulder choke, [so] with
Anton behind, climbed up and saw
daylight through a small hole
above. Unsure about safety of
climb / boulders, myself and Anton
spent time ensuring security then
decided to push to surface. Anton
enlarged hole enough for Lauren to
push through. Lauren widened hole
on the surface for Anton to get
through. ... Anton thrashed way out
to find diggers @ BigMat Calf Hole.
Returned with Phil, Juan and Nigel
with crowbar to remove boulders
from new hole.*

Underground, the remaining cavers
continued with the primary objective

*... in the sound knowledge that
we had an easy way out ... Dropped
16m pitch followed by 8m pitch.
Six metres down the 8m pitch Tom
spotted a bedding / rift passage
going off. We followed this for
20m to an aven with a large pitch
below (stones rattled off for
approximately 40m). We surveyed
out and then surveyed out of the
new entrance / exit. Once on the
surface we got lost wandering all
over only to be met by Phil and*

Recordaron la apertura:
*Pete señaló una pendiente con
un estrechamiento en lo alto
y yo (Lauren) pasé. Encontré
una pequeña obstrucción de roca
grande, [así que] con Anton
detrás, subí y vi la luz del día
a través de un pequeño agujero.
Inseguros sobre la seguridad
de la escalada/rocas, Anton y
yo pasamos un rato garantizando
la seguridad y luego decidimos
salir a la superficie. Anton había
agrandado el agujero lo suficiente
para que Lauren pudiera pasar.
Lauren ensanchó el agujero en la
superficie para que Anton pudiera
pasar. [...] Anton salió a buscar
a los trabajadores en BigMat Calf
Hole. Regresó con Phil, Juan y
Nigel con palanca para quitar
rocas del nuevo agujero.*

Bajo tierra, los espeleólogos restantes
continuaron con el objetivo principal...
*Sabiendo que teníamos una salida
fácil [...] Bajamos pozo de 16 m
seguido de otro de 8 m. 6 m más
abajo del pozo de 8 m, Tom vio
una galería en fisura. La seguimos
durante 20 m hasta una chimenea
con un gran pozo debajo (las
piedras caían durante unos 40 m).*

Site 2917: Cueva de los Urros El Zorro, Los Gatos y El Frigo

Barrio de los Urros, Entrambasaguas, Cantabria
30T 0448506 4800182 (Eur79) Altitude 168m
Length: 1562m   Depth: 33m

Surveyed: August 2013 & March 2014 DistoX & PDA
Diane Arthurs, Simon Cornhill, Iain Holland,
Neil McCallum & Neil Rumney

Drawn in Inkscape: Diane Arthurs & Simon Cornhill

Matienzo Caves Project 2015

Legend

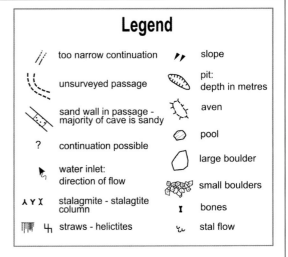

//	too narrow continuation	slope	
	unsurveyed passage	pit: depth in metres	
	sand wall in passage - majority of cave is sandy	aven	
?	continuation possible	pool	
	water inlet: direction of flow	large boulder	
ʎYʎ	stalagmite - stalagtite column	small boulders	
	straws - helictites	bones	
		stal flow	

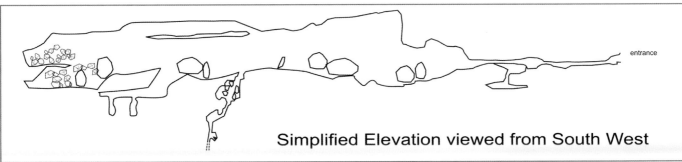

Simplified Elevation viewed from South West

Cross Sections

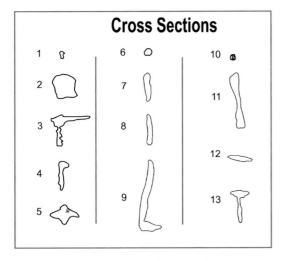

1 2 3 4 5 6 7 8 9 10 11 12 13

Other named features

A : No Fractura Way
B : Damacles Sword
C : Continental Chamber
D : Molten Trousers
E : Crowbar Exchange
F : Ever Collapsing Stream Passage
G : Greyhound Grotto
H : Little Buddha
J : Big Buddha

Diane Arthurs in 2917 (top left) and (right) at the "doorway".
Diane Arthurs en 2917 (arriba a la izda.) y (dcha.) en la «puerta». *Neil Rumney*

Hilary who had come in search. Top day out for all.

The new hole was called Cueva Cuba Libre (4182) and, a few metres away, Lauren descended a large open hole. It was only later that Phil and Juan realised that they had been down this hole in 2011 on the Dingle 3 stag trip. Additionally, people had spent quite a bit of time investigating above and inside the large, bouldery shakehole where Lauren and Anton had emerged. Cuba Libre was the sixth entrance to the Sistema de Torca la Vaca.

Tom, Raoul and Dave were back the following day to tidy up the loose ends.

Bolted pitch at base of entrance slope, 15m, boulder floor and parallel shaft under entrance slope. No way on. Continued to previous day's end past stal at end of crawl / rift at edge of pit. Tom bolted round pit. Raoul dropped pit until it narrowed to a rift - difficult to go further, 9.8m. Tom looked into next pit 8.1m, undescended. Looks like it closes down. Rift opposite, horizontal passage continues but calcited. Draught still present. Probably fossil passage heading to surface.

Terry and Phil Papard returned to the crawl at the bottom of the BigMat entrance on August 27th and capped it out. Phil was confident that the tubes could now be fitted.

There was a pool of water at base of scaffolded entrance drop but we managed to open up a drain hole - a tube needs to be fitted in this hole when we concrete base. Half way along crawl a hole was opened up in floor and this will take any water flow.

On September 2nd, Phil, Pedro and John Dickinson finally fitted the 8 pieces of tubing together in the crawl to protect it from future sediment slumping.

Topografiamos al salir y luego hicimos lo mismo con la nueva entrada/salida. Una vez en la superficie, nos perdimos, pero nos encontrarnos con Phil y Hilary, que habían venido a buscarnos. Día genial para todos.

La nueva entrada se llamó Cueva Cuba Libre (4182) y, a pocos metros, Lauren bajó por un gran agujero abierto. No fue hasta más tarde cuando Phil y Juan se dieron cuenta de que habían estado en él en 2011 en el viaje de despedida de soltero de Dingle 3. Además, habían pasado bastante tiempo investigando por encima y dentro del gran pozo con rocas por el que habían salido Lauren y Anton. Cuba Libre era la sexta entrada al Sistema de Torca la Vaca.

Tom, Raoul y Dave regresaron al día siguiente para atar los cabos sueltos.

Instalamos pozo en la base de la pendiente de entrada, 15 m, suelo de bloques y pozo paralelo bajo la pendiente. Sin continuación. Seguimos hasta el final del día anterior pasando las estalagmitas al final del laminador/fisura en el borde del hoyo. Tom instaló el pozo redondo. Raoul lo bajó hasta que se estrechó, difícil seguir, 9,8 m, Tom miró en el siguiente, 8,1 m, sin explorar. Parece que se cierra. Fisura opuesta, galería horizontal continúa, pero con calcita. Corriente todavía presente. Probablemente la galería fósil se dirige a la superficie.

Terry y Phil Papard regresaron a la gatera en la base de la entrada de BigMat el 27 de agosto y loa abrieron. Phil estaba seguro de que ahora se podrían colocar los tubos.

Había un charco de agua en la base del pozo de entrada, pero logramos abrir un agujero de drenaje; hay que colocar un tubo aquí cuando pongamos la base de cemento. A mitad de camino se abrió un agujero en

The drainage tube segments before and after assembling to protect the crawl at the base of the climb down into 3916.

Segmentos del tubo antes y después del ensamblaje para proteger la gatera en la base del destrepe a 3916.   Nigel Dibben and Phil Papard

Cueva del Ciervo (4117), and the connected Langdales entrance (3034), were sitting some 35m above the southeast part of Ed's Birthday Passage in Torca la Vaca (2889), about 140m from the Wasdale Screes. On July 30th, Alex, Chris and Ali went into Ciervo to investigate a shaft that could link down. There were issues as Alex wrote:

> First my main light gave up ... then we found we had the wrong drill bit so was forced to hand drill. ... So down I went (after borrowing Chris's light). At first it was rather tight and did not look much bigger below but, with encouragement from Chris, I pushed on. Thankfully it opened out slightly. After 15m depth I reached a floor ... A window led to a second pitch with a belay around a rock. This too was narrow and dropped down 10m to a floor of narrow rifts. ... A narrow crawl round a corner to another window, this time into Vaca main passage. A rope around a stal provided a belay to this final pitch of 8m.

As there was rope rub on the pitch, Alex came out of Vaca, through BigMat Calf Hole (3916), then rejoined the others as Ali installed a Y-hang at the pitch head. Ali then went out (after dropping his watch down the pitch). The others excavated a short extension then descended the pitch to come out through BigMat Calf Hole, picking up Ali's watch on the way.

This new entrance into the Sistema de Torca la Vaca is not recommended. The route in through BigMat requires less rigging and is not as tight.

Doldy's Draughting Rift - found on the right just after dropping down the Wasdale Screes, and not to be confused with Deep Rifts Passage further on - had been pushed at Easter. Simon Cornhill, digging on Leck Fell back in Lancashire, rang Pete O'Neill to encourage a team to look at the "5-star leads". Pedro and Dave joined Pete on August 13th and Pete bolted the next traverse over a deep pit ...

> ... and soon all were across with Pedro and Dave surveying. A short distance on came another deep pit to traverse over. Pete drilled and rigged the traverse then we carried on with strong draught in 1 - 2m high passage. We covered approximately 100m ending at the edge of a large shaft which went both up and down over 15m.

At this point the cave changes character from old, dry passage to black limestone with many fossils.

> Having run out of rope we could only sit and wonder at what could come next. Down ... looks large and may well be passable, whilst a further traverse round a corner on the right hand wall on a good ledge ... may well be the best way forward. The good draught and lack of any tree roots would indicate that this end is worth a further push.

The open leads were looked at in 2016.

On August 6th, Jenny and James "went for a walk up and down the Riaño river" in their wetsuits, looking for cave entrances. Nothing new was found although sites 1254 and 0767, Cave of the Wild Mare did grab their attention.

About 400m ENE of Torca de Peña Encaramada (3380), in the Corrillos area, Harry, John Clarke and Phil Ryder documented 4 sites on August 9th. A large boulder covering site 4202 was "hammered into submission" and John dropped down 5.5m to find the only route out was a 20cm diameter, draughting tube. Site 4203 is in the next small depression up the hill where a tight slope down was explored by John to leads being choked with calcite or getting tight. Further up the hill to the south, 4204 and 4205 are in the same depression. The former has a steep slope down into an 8 x 5m chamber while the latter, explored by John ...

> ... dropped down through dodgy boulders where a small opening led to a rift. Climbed up here but it choked. The way down the rift looks passable but tight. Could see 5 - 6m. Might be worth another look.

Chris Camm, Phil Parker and Nigel Easton spent some time in Cueva de Laberinto (3268) digging at the northwest corner.

---

el suelo que recibirá cualquier corriente de agua.

El 2 de septiembre, Phil, Pedro y John Dickinson finalmente unieron las 8 piezas de tubo en la gatera para protegerla de futuros derrumbes de sedimentos.

La Cueva del Ciervo (4117) y la entrada conectada Langdales (3034) estaban a unos 35 m por encima de la parte sureste de Ed's Birthday Passage en Torca la Vaca (2889), a unos 140 m de Wasdale Screes. El 30 de julio, Alex, Chris y Ali entraron en Ciervo para investigar un pozo que podría conectarse. Tuvieron problemas, como escribió Alex:

> Primero mi luz principal se apagó [...] luego descubrimos que teníamos la broca incorrecta, por lo que tuve que hacerlo a mano. [...] Así que bajé (tras tomar prestado el casco de Chris). Al principio era bastante angosto y no parecía mucho más grande debajo, pero, tras los ánimos de Chris, seguí. Por suerte se abrió un poco. Tras 15 m llegué a un suelo [...] Una ventana conducía a un segundo pozo con una fijación alrededor de una roca. También era estrecho, de 10 m hasta un suelo de grietas estrechas. [...] Un laminador dobla una esquina a otra ventana, esta vez a la galería principal de Vaca. Una cuerda alrededor de una estalagmita hizo de anclaje para este último pozo de 8 m.

Como la cuerda rozaba en el pozo, Alex salió de Vaca, a través de BigMat Calf Hole (3916), luego se reunió con los demás cuando Ali instaló una triangulación en la cabecera del pozo. Ali luego salió (después de que se le cayera el reloj por el pozo). Los demás excavaron una pequeña extensión y luego bajaron el pozo para salir por BigMat Calf Hole, recogiendo el reloj de Ali de camino.

Esta nueva entrada al Sistema de Torca la Vaca no es recomendable. La ruta a través de BigMat requiere menos equipo y no es tan estrecha.

Doldy's Draughting Rift, a la derecha justo después de bajar por Wasdale Screes, y que no debe confundirse con Deep Rifts Passage más adelante, había sido explorado en Semana Santa. Simon Cornhill, mientras excavaba en Leck Fell en Lancashire, llamó a Pete O'Neill para animar a un equipo a mirar los «interrogantes 5 estrellas». Pedro y Dave se unieron a Pete el 13 de agosto y Pete instaló la siguiente travesía sobre un pozo profundo...

> Y pronto todos se encontraron con Pedro y Dave topografiando. A poca distancia había otro pozo profundo que había que atravesar. Pete instaló el pasamanos y luego continuamos con una fuerte corriente en una galería a 1-2 m de altura. Cubrimos aproximadamente 100 m terminando en el borde de un gran pozo que subía y bajaba a lo largo de más de 15 m.

En este punto, el carácter de la cueva cambia de una galería antigua y seca a piedra caliza negra con muchos fósiles.

> Habiéndonos quedado sin cuerda, solo pudimos sentarnos y preguntarnos qué vendría después. Abajo [...] parece grande y podría ser practicable, mientras que una nueva travesía que da la vuelta a una esquina en la pared de la derecha en un buen saliente [...] puede ser la mejor manera de avanzar. La buena corriente y la falta de raíces indicarían que vale la pena seguir adelante.

Estos interrogantes se investigaron en 2016.

El 6 de agosto, Jenny y James «fueron a pasear por el río Riaño» con sus trajes de neopreno, buscando entradas a cuevas. No encontraron nada nuevo, aunque las cuevas 1254 y 0767, Cave of the Wild Mare, llamaron su atención.

A unos 400 m al ENE de Torca de Peña Encaramada (3380), en el área de Corrillos, Harry, John Clarke y Phil Ryder documentaron 4 agujeros el 9 de agosto. Una gran roca que cubría el 4202 fue «martillada hasta someterla» y John bajó 5,5 m pero la única continuación era un tubo soplador de 20 cm de diámetro. El 4203 se encuentra en la siguiente pequeña depresión colina arriba donde John exploró una pendiente cerrada, pero todas las continuaciones estaban bloqueadas con calcita o se estrechaban. Subiendo el monte hacia el sur, 4204 y 4205 están en la misma depresión. El primero tiene una pendiente pronunciada hacia una sala de 8 x 5 m, mientras que el segundo, explorado por John,...

> Bajé a través de rocas poco fiables donde una pequeña

site 4117: Doldy's Cave (Cueva del Ciervo)

Hornedo ETRS89: 30T 448502 4800345 Altitude: 168m
Length: 491m (including The Langdales) + 35m connection to Vaca

Surveyed: May 2015. Updated October, November 2015 Survey grade: UISv1 6-3-BCE
Surveyors: Alex Ritchie, Darren Jarvis, Anton Petho, Joel Colk, Andy Farrow, Tom Howard, Dan Hibberts,
Jon Pemberton, Sam Pemberton, Bob Toogood, Alasdair Neill.

Drawn in Inkscape: Juan Corrin   Matienzo Caves Project 2015

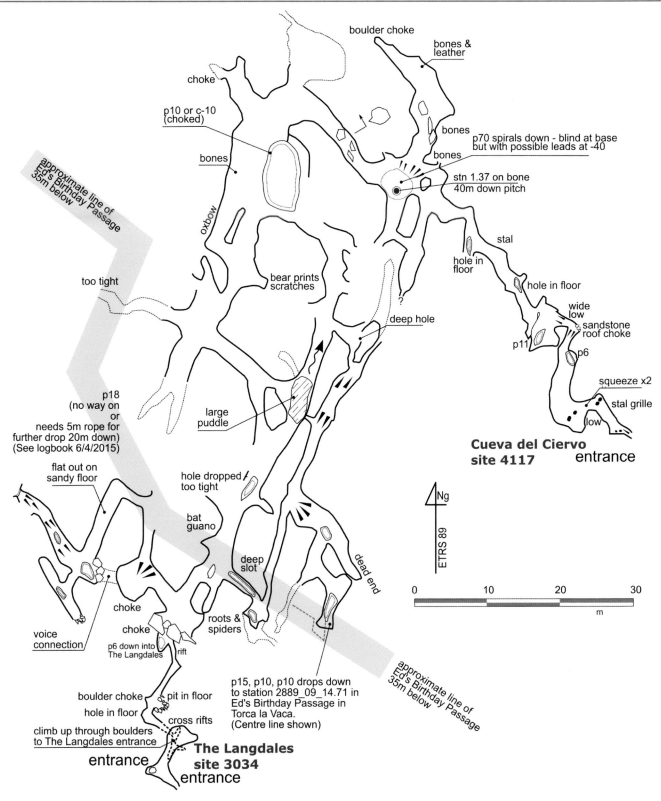

A few metres north of the farmhouse and parking spot for Orchard Cave (0618) and Snottite Cave (1874) a prominent depression and scar has a draughting dig. John Clarke, Phil Ryder and Harry spent several hours digging here to reveal some very large, dangerous blocks. The site was back-filled.

abertura conduce a una fisura. Escalé aquí, pero está obstruido. Bajando por la grieta parece pasable pero estrecho. Podía ver 5-6 m. Podría valer la pena echar otro vistazo.
Chris Camm, Phil Parker y Nigel Easton pasaron algo de tiempo en la Cueva de Laberinto (3268), excavando en la esquina noroeste.

Site 3901, above and to the west of El Cubillón, was again capped out on July 28th by Chris Camm, Nigel Easton and Phil Parker. Chris reported that he could see, but couldn't get along a rift.

Jenny, James and Eleanora went to look at a part of the new area near the motorway, following signs to Fuente Francés de Hoznayo. This had been a spa and hotel complex in the past, but was now in ruins. Although there was no sign of a resurgence, they followed a well-maintained footpath to a gated entrance and a walking passage down steps to eventually emerge at the edge of the río Aguanaz. The Cueva de la Fuente del Francés was given code 4171.

Juan went the next day, July 28th, with Penny, Jenny and Eleanora (in a sling) to survey, photograph and video the 126m of cave passage. It was obviously a place with some history...

Penny and Eleanora inspecting the top entrance to the Cueva de la Fuente del Francés.
Penny y Eleanora inspeccionando la entrada superior de la Cueva de la Fuente del Francés.   *Juan Corrin*

> ... flights of steps cut in the rock; ancient electric wiring and bulb fittings; Durex packet; concrete benches at the bottom entrance; 2 wrecked brick walls, etc. Quite surprising that there appears to be an undisturbed, 2m thick layer of sediment under a calcite floor near the gated top entrance and a faint possibility that some red marks may be of interest.

A Google search gave some of the background to the remains. Guests had stayed at the spa and hotel to bathe and take the waters and the cave was essentially a diversion. The cave had also been the scene of extensive archaeological excavations. The water from the (probably hydrothermal) spring was marketed as Aguas de Hoznayo and was the most common bottled water in most Cantabrian homes until the closure of the bottling plant in 1980[5].

Juan returned on July 31st to add "bits to the survey" and take more photos. During the 90 minutes spent in the cave, three family groups came through.

Torca de los Cañaos (4043) was visited by Phil Papard and Ali on July 29th. They surveyed missing sections including the river passage below the entrance - the River of Bones, batch 4043-15-01 - and an oxbow, batch 4043-15-02. In total 162m were surveyed but some narrow routes, shown on the Spanish survey, were unentered. Phil wrote that a small person was needed to push and survey.

Adam and James went in on August 2nd to "survey the upstream duck and passages beyond that had been pushed by Adam last summer". Beyond the duck they entered the continuation of the main, high level route to a 3m pitch back down to the stream. The lower route looked small so they continued over the pitch and climbed into the roof to some chambers. At the most southerly point reached they stopped at an 8m pitch back into the stream which ...

> ... looks big again at this point. Several passages have yet to be entered and we will drop the pitch next time.

They surveyed nearly 180m as batch 4043-15-03.

"Next time" was two days later when James returned to drop the 8m pitch with Ali and Raoul. James wrote:

> ... dropped into a large chamber with no dry way on. The stream flowed through this chamber and both upstream and downstream were ducks. The upstream end was pushed through cow shit and cow shit snottites in the roof. It was disgusting! At the end there was a short length of dry passage with some harvestmen, so probably near the surface. Way on blocked by 'silt' and other things and needs

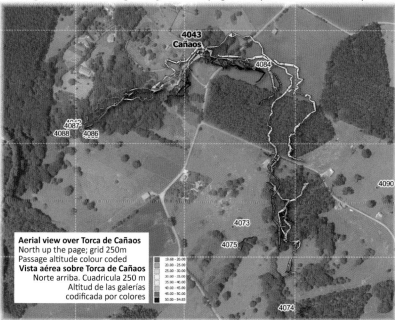

Aerial view over Torca de Cañaos
North up the page; grid 250m
Passage altitude colour coded
Vista aérea sobre Torca de Cañaos
Norte arriba. Cuadrícula 250 m
Altitud de las galerías codificada por colores

Aunos metros al norte de la granja y del sitio de parking para Orchard Cave (0618) y Snottite Cave (1874), hay una importante depresión y un peñasco con una excavación sopladora. John Clarke, Phil Ryder y Harry pasaron varias horas aquí, pero solo encontraron algunos bloques muy grandes y peligrosos. El agujero se volvió a rellenar.

Chris Camm, Nigel Easton y Phil Parker volvió a excavar en la cavidad 3901, encima y al oeste de El Cubillón, el 28 de julio. Chris dijo que podía ver, pero no podía pasar por una fisura.

Jenny, James y Eleanora fueron a echar un vistazo en una parte de la nueva zona cerca de la autopista, siguiendo las indicaciones hacia Fuente Francés de Hoznayo. Este había sido un complejo de spa y hotel en el pasado, pero ahora estaba en ruinas. Aunque no había señales de una surgencia, siguieron un sendero bien mantenido hasta una entrada con portón y una galería peatonal que bajaba los escalones para finalmente salir a orillas del río Aguanaz. La Cueva de la Fuente del Francés recibió el código 4171.

Juan fue al día siguiente, 28 de julio, con Penny, Jenny y Eleanora (en un fular) para topografiar, fotografiar y grabar un vídeo de los 126 m de galería de la cueva. Sin duda tenía algo de historia...

> Escalones tallados en la roca; cableado eléctrico antiguo y accesorios para bombillas; paquete Durex; bancos de hormigón en la entrada inferior; 2 paredes de ladrillo rotas, etc. Es bastante sorprendente que parece que hay una capa de sedimento de 2 m de espesor intacta bajo un suelo de calcita cerca de la entrada superior cerrada y la ligera posibilidad de que algunas marcas rojas puedan ser de interés.

Una búsqueda en Google arrojó algo de luz sobre la historia. Los huéspedes se alojaban en el spa y el hotel para tomar las aguas y la cueva era esencialmente una diversión. La cueva también había sido escenario de extensas excavaciones arqueológicas. El agua del manantial (probablemente hidrotermal) se comercializaba como Aguas de Hoznayo y era el agua embotellada más habitual en la mayoría de los hogares cántabros hasta el cierre de la planta embotelladora en 1980.[5]

Juan regresó el 31 de julio para agregar «cosas a la topografía» y sacar más fotos. En los 90 minutos que pasó en la cueva, pasaron tres grupos familiares.

Phil Papard y Ali visitaron La Torca de los Cañaos (4043) el 29 de julio. Topografiaron las secciones que faltaban, incluida la galería activa debajo de la entrada —River of Bones, lote 4043-15-01—, y un meandro —lote 4043-15-02—. En total topografiaron 162 m, pero no entraron en algunas rutas estrechas que se muestran en la topografía española. Phil escribió que hace falta una persona pequeña para explorar y hacer la topografía.

Adam y James fueron el 2 de agosto para «topografiar la bóveda sifonante aguas arriba y las galerías pasando las que Adam había forzado el verano pasado». Al otro lado de la bóveda sifonante, entraron en la continuación de la ruta principal de nivel superior hasta un pozo de 3 m de vuelta al río. La ruta baja parecía pequeña, continuaron sobre el pozo y treparon al techo hasta algunas salas. En el punto más al sur alcanzado se detuvieron en un pozo de 8 m que volvía al río y que...

> Aquí parece grande de nuevo. Aún no hemos entrado en varias galerías y la próxima vez bajaremos el pozo.

5   There are links on the 4171 web page which give some detail. The blog-spot link is recommended.

5   En la página web para 4171 hay algunos enlaces que ofrecen más detalles, recomendamos el de blogspot.

2015 Expeditions   - 194 -   MATIENZO CAVES PROJECT 2010 - 2019

digging.

The remaining leads above the ladder were pushed and either closed in or looped round.

One lead that is yet to be explored is a 4m climb up that may need bolting. Passage can be seen above and it draughts.

This is still an "open" lead.

On the same day, Alex, Chris Scaife and Sahil headed downstream to explore up a climb then down into a blind, muddy chamber with an aven.

We have called this 'Blind Date Chamber' in memory of the late, great Cilla Black.

But this doesn't appear on the survey so its position is a mystery.

James went cave hunting over the hill to the north of San Antonio.

Found some interesting limestone cliffs beyond a gate marked "Cuidado con el perro" with a picture of a wolf. A 'rapid' investigation revealed two small tubes that might be worth further investigation, but probably not.

NORTHERN LA VEGA, EL NASO AREA WEST TO LAS CALZADILLAS

Adam, Raoul and Sahil had a walk around the "415 corner" where, it is thought, potential exists for a "missing link" to connect the Cubija caves with the Four Valleys System. They checked out 1017 to make sure it hadn't "filled in". They were back the next day, July 27th, removing "rocks and dirt" before deciding that the bottom of the exposed rift was "too narrow to haul rocks out, but one of the walls may be susceptible to a hammer and chisel".

Lank and Patrick walked further towards Torca del Mostajo (0071) on August 4th and found a number of new sites: 4181 - a tight, covered hole that appears to open up about 3m down; 4191 - a slump where a walking pole went down a couple of metres; 4192 - a hole covered by a large rock with a red plastic drum further down the hole; 4193 - a nettle-filled depression with a possible hole beneath the rear wall; 4194 - a "proper one" - this is a "large, open shaft entrance covered with fence posts" and rocks fall 4 - 5m, and 4195 - "very cave-like" at the base of a 15m long scar. They eventually reached site 1438, a draughting dig that had taken up many man-hours in the past, but there was "no draught today".

The DCC team also visited 1438 and thought it "well worth more digging effort", returning on the 7th to excavate 1m extra depth and to examine a flat out crawl under boulders.

On August 6th, Lank, Paul Gelling, Patrick, Pete O'Neil and Pedro visited the "proper one", site 4194 and Pedro wrote:

5m pitch with slope past horse skeleton to a small amount of passage to the left and to the right ending at a small slit. Total depth 10m.

So probably a proper disappointment.

They also found that site 4181 was draughting strongly. Pat reported:

Levered a few rocks off downhill side wall - fall away but no big echo. Requires some means of securing the entrance once dug, e.g. drum and lid.

Site 3559 was also found draughting out, although "quite a bit of soil" was choking the entrance. New site 4196 was documented as a hole beneath a tree in a shakehole.

On August 7th, as well as working at 1438, Dave, Tom and Bill unearthed 4189, Cueva de Ruffles, a short distance down the hill. The entrance was opened up to allow access into a chamber with a rift passage dropping off to the left. The draught appeared to come from a pit in the base of the rift and that is where they spent some time digging. "Weather was crap but it still draughted well. Worth more effort."

On the 8th, Phil Papard, Billy, Pete Clewes, Dave and Anton

Looking down into 1017.
El pozo de 1017. **Adam Sharples**

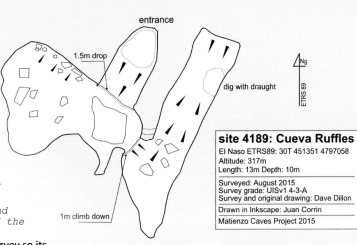

entrance

1.5m drop

dig with draught

Ng

ETRS 89

1m climb down

site 4189: Cueva Ruffles
El Naso ETRS89: 30T 451351 4797058
Altitude: 317m
Length: 13m Depth: 10m

Surveyed: August 2015
Survey grade: UISv1 4-3-A
Survey and original drawing: Dave Dillon

Drawn in Inkscape: Juan Corrin

Matienzo Caves Project 2015

0   1   2   3   4   5
m

Topografiaron casi 180 m como lote 4043-15-03.

La «próxima vez» fue dos días después cuando James volvió para bajar el pozo de 8 m con Ali y Raoul. James escribió:

Dio a una sala grande sin continuación seca. El río pasa a través de esta sala y tanto aguas arriba como abajo hay bóvedas sifonantes. Forcé aguas arriba a través de mierda de vaca y mierda de vaca que colgaba de el techo. ¡Un asco! Al final había un corto trayecto seco con algunos opiliones, probablemente cerca de la superficie. Camino bloqueado por «barro» y otras cosas que se tiene que excavar.

Los interrogantes restantes sobre la escala se exploraron y, o se cerraban o volvían sobre sí.

Una pista que aún no se ha explorado es una subida de 4 m que puede que haya que instalar. Se puede ver una galería arriba y hay tiro.

Este sigue siendo un interrogante «abierto».

El mismo día, Alex, Chris Scaife y Sahil fueron aguas abajo para explorar una escalada y luego bajaron a una sala ciega llena de barro con una chimenea.

La hemos llamado sala Blind Date Chamber, en memoria de la difunta y gran Cilla Black.

Pero esta no aparece en la topografía, por lo que su posición es un misterio.

James fue a buscar cuevas sobre la colina al norte de San Antonio.

Encontré algunos peñascos de caliza interesantes más allá de una verja con un cartel de «Cuidado con el perro» con una imagen de un lobo. Una investigación «rápida» mostró dos pequeños tubos igual merece la pena investigar más, pero probablemente no.

EL NORTE DE LA VEGA, ZONA DE EL NASO – LAS CALZADILLAS

Adam, Raoul y Sahil dieron una vuelta por la «esquina de 415» donde, se cree, existe la posibilidad de que exista una «conexión perdida» que una las cuevas de Cubija con el Sistema de los Cuatro Valles. Echaron un vistazo en 1017 para asegurarse de que no se hubiera «llenado». Regresaron al día siguiente, 27 de julio, para quitar «rocas y tierra» antes de decidir que la base de la grieta expuesta era «demasiado estrecha para sacar rocas, pero una de las paredes puede ser susceptible a un martillo y un cincel».

Lank y Patrick caminaron hacia Torca de Mostajo (0071) el 4 de agosto y encontraron varias cavidades nuevas: 4181, un agujero estrecho y cubierto que parece abrirse a unos 3 m; 4191, una depresión en la que un bastón se hundió un par de metros; 4192, un agujero cubierto por una gran roca con un tambor de plástico rojo debajo; 4193, una depresión llena de ortigas con un posible agujero debajo de la pared trasera; 4194, uno «bueno», una «sima grande y abierta cubierta con postes de cercas» por la que las rocas caen de 4 a 5 m; y 4195, «muy parecido a una cueva» en la base de una peñasco de 15 m de largo. Finalmente llegaron al 1438, una excavación sopladora en la que se había trabajado durante muchas horas en el pasado, pero «hoy no había tiro».

El equipo del DCC también fue 1438 y pensó que « merecía a pena intentar excavarla de nuevo», regresando el día 7 para excavar 1 m adicional y examinar un laminador debajo de rocas.

El 6 de agosto, Lank, Paul Gelling, Patrick, Pete O'Neil y Pedro visitaron el «bueno», el agujero 4194 y Pedro escribió:

Pozo de 5 m con pendiente pasando un esqueleto dl caballo hasta una pequeña galería a la izquierda y a la derecha termina en una pequeña rendija. Profundidad total 10 m.

Así que, mejor, un desengaño bueno.

También vieron que el agujero 4181 soplaba con fuerza. Pat escribió:

Levanté algunas rocas de la pared lateral cuesta abajo; cayeron, pero no hubo un gran eco. Si se excavaba, necesita algo para asegurar la entrada, p. ej. tambor y tapa.

El 3559 también se encontró con corriente, aunque «bastante tierra» bloqueaba la entrada. El nuevo 4196 se documentó como un agujero debajo de un árbol en un hoyo.

El 7 de agosto, además de trabajar en 1438, Dave, Tom y Bill

returned to carry out more digging and survey the site to 13m length. A bone bed was unearthed at the bottom and the draught seemed to "come in half way down from the west".

Walking back to the vehicles, a number of holes were inspected including three new sites: 4207 - an old, 9.5m long cave passage with roof collapse; 4208 - a cave in thick brambles, about 4m deep and with a small chamber, and site 4209 - a draughting hole that was opened up to see down about 2.5m.

The MUSC team, initially Adam, Raoul and Sahil, started work in Torca del Mostajo (0071) by rigging "the first pitch" and "had a look at all the large passages up to the end". Some thought was being given to two groups trying for an audio connection between the newer and large passages.

Lloyd joined the team on July 30th to work at the dig in the MUSC Series found the previous summer.

We dug and dug in the incredibly sticky mud but, in the end, it became more and more apparent that it is not the mud that needs to be moved but the rock that needs to be broken.

After Raoul had unsuccessfully tried to push through the small hole, the team exited hoping to return with capping equipment.

Two teams returned on August 1st. Adam and Alex's goal...

... was to get to the end of the surveyed new passage heading south to see if we could hear or make contact with the group digging down pitches shortly after the third traverse. ... We could hear hammering and drilling sounds from the other group. Attempts to reach them on radios or by shouting failed. We couldn't see any obvious places the new route would drop into.

Lloyd, Raoul and Sahil got to the chamber in good time only to find that the drill didn't work. They ineffectively tried hammering at the rock and, at one point, they may have heard voices but, after struggling to leave the chamber, they decided not to return.

On August 1st, Pedro, Steve, Carolina and Chris Scaife started the resurvey of site 0415, gathering nearly 250m of data as batch 0415-2015-1. More re-surveying was carried out by Lloyd and Carol with Lizzie on a short trip "to take Lizzie caving". There were still passages left to be resurveyed and, on August 9th, Carol, Pedro, Chris Scaife, Chris Sharman and Lloyd carried on with work.

On August 8th, Tom and Pete O'Neill visited site 3932 high above northeast end of the Cubija system. Pete dropped past the false floor to find a choke with a tiny hole and slight draught at the base. They also found site 4200, a 4m deep, blind shaft and explored 3435, a 5m deep pitch blocked by boulders.

THE NORTHEAST SECTOR INCLUDING THE FOUR VALLEYS SYSTEM, SOLÓRZANO AND GARZÓN Continuing the mapping of the Cueva de Carcavuezo (0081) sink area, Juan checked out where the stream was sinking amongst the rubble, mud and vegetation on July 26th. On the same day, Footleg, Rob, Ali and James were underground in the Western Series of Carcavuezo, visiting the Junction 3 area and headed south into Green Cool Passage towards the sinks...

... main water flow comes down through boulders which can be followed up some way. No sign of near approach to the surface.

Footleg and Rob re-surveyed most of this (the narrow passage) back to Junction 3 (batch 0081-15-01) while James and Ali looked at leads off the streamway to the south and downstream. Their intention was to push on during a later trip but this has yet to happen.

Ali and James then looked at the downstream Haymarket passage, pushed to a low duck which James passed. This continued to a sump ...

... which appears to be very short but requires a line. This may connect to a point marked "cold stream" ... in Green Cool Passage.

Ali also commented that it seemed likely that the SUSS group who claimed to have pushed this in the summer 2014 had just re-explored Green Cool Passage. He also noted that all footprints in the Junction 3 area, 9m above the Haymarket streamway, had been obliterated.

On August 6th, Ali returned to the Western Series with Alex and Chris Sharman after they had lowered the canal and made a new way up from the end of the canal into the main passage, "making it easier". The chamber at the start of the Western Series was resurveyed with "lots of good draught noticed at various points on the north and west side of the chamber". Alex dug up through a choke, with three squeezes into a complex of rifts with lots of leads. Batches 0081-15-04 and -05 were surveyed and the extension that climbed to within 20m of the surface became known as "Puffin the Badger" or "Puffin the Beaver" - don't ask.

The next day, Phil, Ali and Juan used Ron "Obvious" Taylor's sub-phones on the surface to communicate with Alex, James and Chris Sharman underground in the Western Series. The first contact was at the drop into Green Cool Passage - this would inform the discussion

desenterraron el agujero 4189, Cueva de Ruffles, a poca distancia cuesta abajo. La entrada se abrió para permitir el acceso a una sala con una galería en diaclasa que baja a la izquierda. La corriente parecía provenir de un pozo en la base de la grieta y ahí es donde pasaron algo de tiempo cavando. «El clima era una mierda, pero aún así tenía buena corriente. Merece la pena trabajarla más».

El día 8, Phil Papard, Billy, Pete Clewes, Dave y Anton regresaron para excavar más y topografiar los 13 m de la cueva. Se desenterró un lecho de huesos en la base y la corriente de aire parecía «entrar a la mitad desde el oeste».

De vuelta a los coches, inspeccionaron una serie de agujeros, incluidos tres nuevos: 4207; una galería antigua de 9,5 m de largo con derrumbe; 4208, una cueva en espesas zarzas, de unos 4 m de profundidad y con una pequeña sala; y 4209, un agujero soplador que abrieron y vieron que bajaba unos 2,5 m.

El equipo de MUSC, inicialmente Adam, Raoul y Sahil, empezó a trabajar en Torca de Mostajo (0071) instalando «el primer pozo» y «echó un vistazo a todas las galerías grandes hasta el final». Pensaban que podrían dividirse en dos grupos para intentar establecer una conexión vocal entre las galerías más nuevas y grandes.

Lloyd se unió al equipo el 30 de julio para trabajar en la excavación de MUSC Series, encontrada el verano anterior.

Cavamos y excavamos en un barro de lo más pegajoso pero, al final, nos fue quedando claro que no es el barro lo que hay que mover, sino una roca que hay que romper.

Después de que Raoul intentara sin éxito atravesar el pequeño agujero, el equipo salió con la esperanza de regresar con el equipo de micros.

Dos equipos regresaron el 1 de agosto. El objetivo de Adam y Alex...

Era llegar al final de la nueva galería topografiada en dirección sur para ver si podíamos escuchar o contactar con el grupo que excavaba tras los pozos después de la tercera travesía. [...] Podíamos escuchar los martilleos y taladro del otro grupo. Los intentos de comunicarnos con ellos por radio o gritando fallaron. No pudimos ver ningún lugar obvio al que daría la nueva ruta.

Lloyd, Raoul y Sahil llegaron a la sala a tiempo solo para descubrir que el taladro no funcionaba. Intentaron inútilmente martillar la roca y, en un momento dado, puede que escuchasen voces pero, después de tener dificultades para salir de la sala, decidieron no regresar.

El 1 de agosto, Pedro, Steve, Carolina y Chris Scaife empezaron la topografía de 0415, reuniendo casi 250 m de datos como lote 0415-2015-1. Lloyd y Carol continuaron con la topografía junto a Lizzie en una salida corta «para llevar a Lizzie de cuevas». Todavía quedaban galerías por revisar y, el 9 de agosto, Carol, Pedro, Chris Scaife, Chris Sharman y Lloyd continuaron con el trabajo.

El 8 de agosto, Tom y Pete O'Neill visitaron la cueva 3932 muy por encima del extremo noreste del sistema de Cubija. Pete pasó por el suelo falso y encontró una obstrucción con un pequeño agujero y una ligera corriente de aire en la base. También encontraron el agujero 4200, un pozo ciego de 4 m, y exploraron 3435, un pozo de 5 m de profundidad bloqueado por rocas.

SECTOR NORESTE INCLUYENDO EL SISTEMA DE LOS CUATRO VALLES, SOLÓRZANO Y GARZÓN Continuando con el mapeo del área del sumidero de la Cueva de Carcavuezo (0081), el 26 de julio Juan comprobó dónde se sumergía el arroyo entre las rocas, el barro y la vegetación. El mismo día, Footleg, Rob, Ali y James estaban bajo tierra en Western Series de Carcavuezo, visitando el área de Junction 3 y se dirigieron hacia el sur por Green Cool Passage hacia los sumideros...

La corriente de agua principal baja a través de rocas y se puede seguir de alguna manera. No hay señales de acercamiento cercano a la superficie.

Footleg y Rob volvieron a topografiar la mayor parte de esta sección (la galería estrecha) de vuelta a Junction 3 (lote 0081-15-01) mientras James y Ali miraban los interrogantes que salían del río hacia el sur y aguas abajo. Su intención era continuar en una incursión posterior, pero aún no ha sucedido.

Ali y James luego miraron en la galería aguas abajo de Haymarket, hasta una bóveda sifonante baja que James pasó y que continuó hasta un sifón...

Que parece ser muy corto pero necesita una cuerda. Podría conectarse a un punto marcado como «río frío» [...] en Green Cool Passage.

Ali también comentó que parecía probable que el grupo de SUSS que afirmó haber forzado aquí en el verano de 2014 acabara de volver a explorar Green Cool Passage. También señaló que todas las huellas en el área de Junction 3, 9 m sobre el arroyo Haymarket, habían sido borradas.

El 6 de agosto, Ali regresó a Western Series con Alex y Chris Sharman después de bajar el canal y abrir un nuevo camino desde el final del

Rob Smallshire in Cueva de Carcavuezo - above at Southern Inlet Passage coming in from the right and, below, in the Afternoon Stroll.
Rob Smallshire en Cueva de Carcavuezo: arriba en Southern Inlet Passage entrando desde la dcha. y, abajo, en Afternoon Stroll. *Paul 'Footleg' Fretwell*

about providing a drain into the cave from the sink area. The second was at the top of the new Puffin the Beaver series. The timber-covered collapse in the track alongside the flood overflow channel was also documented as site 4190. Further pushing in Puffin the Beaver found all leads closed down.

Rob and Footleg, keen to know another segment of the Four Valleys System for his monumental re-survey and drawing of the system, entered the Eastern Series on July 27th.

Went as far as Southern Passage where we poked around at the end and resurveyed (partially) the main passage and side passages. Some featured on the old survey and some don't. Plan to return tomorrow to complete the resurvey here.

Return they did, completing the survey of the Southern Passage (batch 0081-15-02) and resurveying a route at the start of the Afternoon Stroll which ended in a mass of boulders where the main river could be heard below - batch 0081-15-03.

On the 30th, Rob and Footleg went into Carcavuezo to acquaint themselves with a different part of the cave and visit one of the largest chambers in the system. Rob wrote:

... easy route finding down Keep Right for Smack to emerge up through boulders in an impressive chamber beneath the choke. Traversing up and across the muddy boulder slope we found ourselves at the base of a tricky rope climb up through hanging death boulders. ... In the huge chamber above Smack Choke it is seen that the choke is the result of the collapse of the ceiling from a clay/shale band, the layer of rock above forms the ceiling. The chamber was measured with a Disto as 45m x 65m. One hour was spent ... taking a 360° panoramic photograph.[6]

Moving onwards into The Coke Run we paused to take

canal hacia la galería principal, «haciéndolo más fácil». La sala al comienzo de Western Series se volvió a topografiar y «se notó una corriente fuerte en varios puntos en el lado norte y oeste de la sala». Alex cavó a través de una obstrucción, con tres ranuras estrechas en un complejo de grietas con muchos interrogantes. Se topografiaron los lotes 0081-15-04 y -05 y la extensión que ascendía a 20 m de la superficie se llamó «Puffin the Badger» o «Puffin the Beaver», mejor no preguntar.

Al día siguiente, Phil, Ali y Juan usaron los teléfonos subterráneos de Ron «Obvious» Taylor en la superficie para comunicarse con Alex, James y Chris Sharman bajo tierra en Western Series. El primer contacto fue en el pozo a Green Cool Passage; esto serviría de guía para el debate sobre cómo proporcionar un desagüe a la cueva desde el área del sumidero. El segundo fue en lo alto de la nueva red Puffin the Beaver. El colapso cubierto de madera en el camino junto al canal de rebose también se documentó con el código 4190. Tras seguir explorando en Puffin the Beaver se vio que todas las posibles continuaciones se cerraban.

Rob y Footleg, ansiosos por conocer otro segmento del Sistema de los Cuatro Valles para su monumental nueva topografía y mapeo del sistema, entraron a Eastern Series el 27 de julio.

Fuimos hasta la galería Sur donde echamos un vistazo al final y volvimos a topografiar (parcialmente) la galería principal y las galerías laterales. Algunas aparecen en la topo antigua y otras no. Planeo regresar mañana para completarlo.

Regresaron, completaron la topografía de la galería Sur (lote 0081-15-02) y volvieron a topografiar una ruta al comienzo de Afternoon Stroll que terminaba en una pila de rocas desde donde podían oír el río principal debajo (lote 0081-15 -03).

El día 30, Rob y Footleg fueron a Carcavuezo para familiarizarse con una parte diferente de la cueva y visitar una de las salas más grandes del sistema. Rob escribió:

La ruta a Keep Right for Smack fue fácil de encontrar y salimos a través de rocas a una sala impresionante debajo de la obstrucción. Subiendo y atravesando la pendiente con rocas embarradas, nos encontramos en la base de una complicada escalada con cuerda a través de rocas sueltas mortales. [...] En la enorme sala sobre Smack Choke se ve que la obstrucción es el resultado del hundimiento del techo por una banda de arcilla/ marga, la capa de roca encima forma el techo. La sala

6   This can be viewed by following the 'Above Smack Choke panorama' link in the Underground pictures section of the 0081 web page.

another panorama in amongst impressive straws. The
chamber beyond The Coke Run has clearly accommodated a
lake at some point, as many of the straws and stalactites terminate at the level of a clear tide mark
around the chamber.
    After visiting the base of the high aven in the roof
(rope in situ) we descended down the boulder choke
into the extension of the chamber at a lower level.
(Warning: unstable boulders.)
    We briefly examined The Candy Shop (care required on
slippery ascent), located the main stream and waded
downstream until the passage ahead appeared to be
becoming wide and low at which point we entered [a
hole in the] right hand wall. This was followed with a
tenuous draught into the Sewers of Doom.
    The Sewers deserve their name and are gloomy, unin-
spiring and complex. Following occasional strands
of orange twine we made progress eastwards (compass
advised) until we found ourselves in an even more
complex area, The Maze. By consistently heading in
the same general direction and stopping frequently
to assess the draught, we found ourselves back at the
Stay Right for Smack junction, which we recognized.
    Returning from this point we took a different route
through a low cobble crawl [and] a complex area of
sandy rifts to emerge high in the wall of Chasing the
Dragon before exiting slowly but efficiently from the
cave.

Continuing the long-running search for a "back door" into Cueva
Hoyuca (and cutting perhaps 4 or 5 hours off a one-way journey to get
to the Trident Series), a large team prospected in the undergrowth on
the hillside to the east of the Mushroom Field. Phil Papard, Juan, Pete
Clewes, Nigel Dibben, Dave, Bill and Pete O'Neill started digging at site
4131 but the draught - "slight, if any" - did not increase. Pete O'Neill
found site 4212 some 50m away but this choked about 3m down. The
team then moved down to a couple of draughting holes in a prominent
shallow depression in the trees. Site 4213 on the east side was left
alone as site 4214 was deemed a better prospect.

    Dug the west hole for 2 hours with a good draught
    appearing between increasingly larger open spaces.
    Needs a return.

A return has yet to happen.

Rob and Footleg spent some time in Cueva de los Tres Niños (0565),
a large, bouldery cave fragment sitting between 75m and 125m above
the Afternoon Stroll area of Cueva Carcavuezo. First, a rift perpendicular to the entrance passage was explored (to be surveyed in 2018)
then they dropped down the lined, steeply descending canyon into the
main passage.

    We pushed many holes and squeezes between boulders at
    the right hand end. Then explored all the way to the
    left hand end choke. Several interesting avens which
    need bolting and one high level passage on a fault
    which needs bolting will certainly see us return when
    there is a good draught to follow[7]. ... All in all, an
    excellent day out.

On August 3rd, Paul Gelling and Patrick reacquainted themselves with
the downside of a "scorchio" Spanish summer's day when they tried to
find site 0880 on a hillside that was very overgrown. Thrashing through
gorse and brambles hiding limestone lumps in humid temperatures of
more than 30ºC was exhausting.[8]

However, returning along the hillside to the north they encountered 3
unknown holes: 4178 - a tight rift with no draught where stones fall for
about 6m; 4179 - a feature with a wall at the back, about 2m long and
deep and 4180 - the highlight, a walk-in entrance at the side of a large
shakehole leading to another entrance after 14m. Some shelter from
the heat!

On August 18th, Juan resurveyed from the barn in the Mushroom
Field to the Carcavuezo entrance as the entrance appeared to
be in the wrong place on the map. However, as this survey agreed
with a previous one, we had to assume that the contours on the map
were wrong. This is quite likely as most of the land surface round here
is under trees.[9] More surface survey was carried out to map more
accurate altitudes of the significant features and, by the 21st, enough
data had been gathered to confidently draw in a reasonable 140m
contour line on the digital map and provide the key data: the usual
sink is at 138m altitude, the end of the overflow channel at 142m and
Carcavuezo entrance at 146m.

A few days later, Juan and Penny visited Juan Carlos[10] with the

se midió con un Disto, 45 x 65 m. Dedicamos una hora
[...] a sacar una fotografía panorámica de 360º.[6]
    Pasando a The Coke Run, hicimos una pausa para tomar
otra panorámica entre impresionantes macarrones.
La sala al otro lado de The Coke Run claramente ha
tenido un lago en algún momento, pues muchos de los
macarrones y estalactitas terminan al nivel de una
marca clara alrededor de la sala.
    Tras visitar la base de la chimenea alta en el techo
(cuerda in situ) bajamos por la obstrucción de rocas
hacia la extensión de la sala en un nivel inferior.
(Advertencia: bloques inestables).
    Examinamos brevemente The Candy Shop (hay que tener
cuidado en una subida resbaladiza), ubicamos el río
principal y vadeamos aguas abajo hasta que la galería
adelante parecía volverse ancha y baja, momento en el
que entramos a [un agujero en la] pared derecha. La
seguimos con una tenue corriente hasta Sewers of Doom.
    Sewers [cloacas], se merecen ese nombre, son
sombrías, aburridas y complejas. Siguiendo hebras
ocasionales de hilo naranja avanzamos hacia el este
(brújula aconsejada) hasta que nos encontramos en
un área aún más compleja, The Maze. Al dirigirnos
constantemente en la misma dirección general y
detenernos con frecuencia para evaluar la corriente,
nos encontramos de nuevo en el cruce Stay Right for
Smack, que reconocimos.
    Al regresar de este punto, tomamos una ruta diferente
a través de una gatera baja con rocas [y] un área
compleja de grietas arenosas para salir en lo alto de
la pared de Chasing the Dragon antes de salir lenta
pero eficientemente de la cueva.

Continuando con la búsqueda de una «puerta trasera» a Cueva
Hoyuca (y así poder tardar quizás 4 o 5 horas menos para llegar a
Trident Series), un gran equipo investigó en la maleza de la ladera al
este del prado cerca de Carcavuezo. Phil Papard, Juan, Pete Clewes,
Nigel Dibben, Dave, Bill y Pete O'Neill comenzaron a excavar en 4131,
pero la corriente —«leve, si la hay»— no aumentó. Pete O'Neill
encontró el 4212 a unos 50 m de distancia, pero estaba obstruido a
unos 3 m, Luego, el equipo se trasladó a un par de agujeros sopladores
en una depresión poco profunda prominente en los árboles. El 4213 en
el lado este se dejó ya que el 4214 se consideró con más posibilidades.

    Cavamos en el agujero oeste durante 2 horas con una
    buena corriente apareciendo entre espacios abiertos
    cada vez más grandes. Hay que volver.

Aún no ha vuelto nadie.

Rob y Footleg pasaron algo de tiempo en la Cueva de los Tres Niños
(0565), una cueva grande llena de grandes bloques que se encuentra
entre 75 y 125 m sobre la sección Afternoon Stroll de Carcavuezo.
Primero, exploraron una grieta perpendicular a la galería de entrada
(que se topografiará en 2018) y bajaron por el cañón con pasamanos
que desciende abruptamente hacia la galería principal.

    Miramos en muchos agujeros y laminadores entre rocas
    en el extremo derecho. Luego exploramos todo el camino
    hasta la obstrucción del extremo izquierdo. Varias
    chimeneas interesantes que hay que instalar y una
    galería de nivel superior en una falla que hay que
    instalar y volveremos cuando haya buena corriente para
    seguir [7] [...] en general, un día estupendo.

El 3 de agosto, Paul Gelling y Patrick volvieron a familiarizarse con las
desventajas de un día de verano español «caluroso» cuando intentaron
encontrar la cueva 0880 en una ladera que estaba muy cubierta de
maleza. Andar entre tojos y zarzas que ocultan bloques de piedra caliza
con humedad en temperaturas de más de 30ºC resultó agotador.[8]

Sin embargo, al regresar a lo largo de la ladera hacia el norte, se
encontraron con 3 agujeros desconocidos: 4178, una grieta cerrada sin
corriente por la que las piedras caen unos 6 m; 4179, un agujero con
una pared en la parte posterior, de unos 2 m de largo y profundidad;
y 4180, el mejor, una entrada amplia en un lado de un gran hoyo que
conduce a otra entrada después de 14 m. ¡Un refugio del calor!

El 18 de agosto, Juan retopografió desde el granero en el campo
cerca de Carcavuezo hasta la entrada de esta, ya que la entrada
parecía estar en el lugar equivocado en el mapa. Sin embargo, como
esta topografía coincidía con una anterior, tenemos que asumir que las
curvas de nivel del mapa son incorrectas. Es bastante probable, ya que
la mayor parte de la superficie aquí está debajo de árboles.[9] Se hicieron
más topos en la superficie para mapear altitudes más precisas de
puntos significativos y, para el día 21, se habían recopilado suficientes

---

7   Some bolting was carried out in the summer 2017.
8   See Footleg's and Paul Dold's experience on the same hillside the previous
year – page 164.
9   It wasn't the first time that significant errors had been found on the digital
maps. Cave of the Wild Mare (0767) feeds into the Riaño river and lies up a gully
that is not indicated by the map contours. In fact, the entrance at 70m altitude
sits on a 90m contour line.
10   See 2018 Easter, page 313

6   Esta se puede ver siguiendo el enlace «Above Smack Choke panorama» en
la sección de fotografías subterráneas en la página web de 0081.
7   Se instalaron algunas fijaciones en verano de 2017.
8   Véase la experiencia de Footleg y Paul Dold en la misma ladera en año
anterior, p. 164.
9   No era la primera vez que se encontraban errores importantes en los
mapas digitales. Cave of the Wild Mare (0767) desemboca en el río Riaño y se
asienta en un barranco no indicado por las curvas de nivel. De hecho,
la entrada a 70 m de altitud se encuentra en una curva de nivel de 90 m.

corrected Cantabria map and the plan and elevation drawings of the sinks in relation to the underground Green Cool Passage.[11]

Because of the distance (about 15m), probably through boulders, that an inclined tunnel at the sink would have to be mined, his opinion is that it is too expensive. His preferred option now, to lessen future valley flooding, is to clean up the trench and install a hefty grid in the stream bed before the sink area. It would also be possible to enlarge the cave entrance and install a grid there.

Despite careful resurveying both above and below ground, it is quite likely that the distance between the sinks and open passage could be wrong by 5m more or less. Another variable is the capacity of the passage(s) to carry extra water diverted underground at this point. Any narrowing of the route(s) could well be inaccessible and therefore could neither be anticipated nor measurable.

On August 1st, Footleg and Rob resurveyed high level passages downstream in Cueva de Riaño (0105) as well as filming stereo footage with 2 GoPro cameras at the cascades in the main passage before a "hose down of gear for an evening flight back to Blighty!".

Over a couple of days at the beginning of August, Chris Camm, Phil Parker and Nigel Easton investigated a burnt-off area below the main road and near the southeast end (as it was then) of Cueva-Cubío del Llanío (3234). Four sites were documented: 4174, 4175 and 4176 are small holes but 4173 was a continuing dig in a small tube, about 14m long.

On the 6th, they returned to snapper and cap another shaft close by, site 4187, where they thought it might be cave-able 3 to 4m down.

They returned to more work here on the 8th when 4173 was dug for another 2m and the top of 4175 was opened up to "Phil size". He was able to get down about 3.5m into a narrow rift which becomes tighter. They also worked on the top of shaft 4187 to gain access to a large rift at -3.5m but it quickly closed down with a total length of about 7m.

One hundred metres to the southeast and on the uphill side of the main road, the open entrance of Shrewd Find (4188) was found well hidden in the middle of thorns and jungle. An angle-of-rest slope dropped down past a nursery of shrews to a calcite blockage about 12m in. The blockage was worked on the following day.

Phil Papard took some of the Hall family - Pete, Eli and Matthew - to the aven just beyond Wide Open in Llanío, noting that a 4m diameter chamber off the bottom, south end of The Hub could be a possible dig through and quicker route to lower passage.

Cueva Fresnedo (0841) had (and probably still has) a reputation for mud and some hard and awkward caving. The pitches added a couple of hours on any trip to the end but they could be sensibly avoided if The Howling could be dug out. This was a draughting, flat out crawl, almost filled with mud and water. Chris Scaife, Alex and James took up the challenge.

After digging out enough mud to get through without too much spluttering, it seemed as though the water

Top left: Chris Camm and Phil Parker at site 4173 among the plantation clearance. Other photos above: Phil Parker exploring site 4173.
Arriba a la izda.: Chris Camm y Phil Parker en 4173 entre restos de la tala. Otras fotos arriba: Phil Parker explorando 4173.   *Nigel Easton*

Phil and Chris at site 4175.
Phil y Chris en 4175.   *Nigel Easton*

datos para dibujar una curva de nivel razonable de 140 m en el mapa digital y proporcionar los datos clave: el sumidero habitual está a 138 m de altitud, el final del canal de rebose a 142 m y la entrada de Carcavuezo a 146 m.

Unos días después, Juan y Penny visitaron a Juan Carlos[10] con el mapa de Cantabria corregido y el planos y alzado de los sumideros en relación con Green Cool Passage bajo tierra.[11]

Debido a la distancia (unos 15 m), probablemente a través de bloques, que se tendría que excavar para un túnel inclinado en el sumidero, cree que sería demasiado caro. Su opción preferida ahora, para disminuir las futuras inundaciones del valle, es limpiar la zanja e instalar una rejilla robusta en el lecho del arroyo antes del área del sumidero. También se podría ampliar la entrada de la cueva e instalar una rejilla ahí.

A pesar de una cuidadosa nueva topografía tanto en la superficie como bajo tierra, es muy probable que haya un error de unos 5 m en la distancia entre los sumideros y la galería. Otra variable es la capacidad de la(s) galería(s) para transportar agua extra desviada bajo tierra en este punto. Cualquier estrechamiento de la(s) ruta(s) bien podría ser inaccesible y, por lo tanto, no podría anticiparse ni medirse.

El 1 de agosto, Footleg y Rob volvieron a topografiar las galerías de nivel superior aguas abajo en la Cueva de Riaño (0105) y filmaron imágenes en estéreo con 2 cámaras GoPro en las cascadas en la galería principal antes de un «¡lavado de equipo para un vuelo nocturno de vuelta a Inglaterra!».

Durante un par de días a principios de agosto, Chris Camm, Phil Parker y Nigel Easton investigaron un área quemada debajo de la carretera principal y cerca del extremo sureste (como era entonces) de Cueva-Cubío del Llanío (3234). Se documentaron cuatro agujeros: 4174, 4175 y 4176 son pequeños, pero 4173 era una excavación en un tubo pequeño, de unos 14 m de largo.

El día 6, regresaron con micros a otro pozo cercano, el 4187, que pensaron podría ser practicable a unos 3 a 4 m.

Volvieron a trabajar más aquí el día 8 cuando excavaron otros 2 m en 4173 y abrieron la parte superior de 4175 a «tamaño Phil». Pudo bajar unos 3,5 m a una grieta angosta que se vuelve más estrecha. También trabajaron en la cabecera de la sima 4187 para acceder a una gran grieta a -3,5 m, pero se cerró rápidamente con un desarrollo total de unos 7 m.

A 100 m al sureste y cuesta arriba de la carretera principal, se encontró la entrada abierta de Shrewd Find (4188) bien escondida entre zarzas y maleza. Una pendiente en ángulo de fricción daba al otro lado de un criadero de musarañas hasta una obstrucción de calcita de unos 12 m. Volvieron a la obstrucción al día siguiente.

Phil Papard llevó a algunos miembros de la familia Hall, Pete, Eli y Matthew, a la chimenea justo después de Wide Open en Llanío, y vio que una sala de 4 m de diámetro en la base, el extremo sur de The Hub, podría ser una posible excavación y una ruta más rápida a galería inferior.

Cueva Fresnedo (0841) tenía (y probablemente todavía tiene) mala reputación por su barro y sus secciones difíciles e incómodas. Los pozos añadían un par de horas a cualquier incursión hasta el final, pero podrían evitarse fácilmente si se pudiera abrir The Howling. Se trata de

11   This can be seen on the 0081 Carcavuezo website page following the link in the "Detailed Survey" section: surface survey of sink area (May - summer 2015)

10   Véase Semana Santa de 2018, p. 313.
11   Se puede consultar en la página web de 0081 Carcavuezo siguiendo el enlace en la sección «Detailed Survey»: surface survey of sink area (May - summer 2015).

Sistema del Orillón (Ozana, Matienzo) Orillonzuco

Length: 710m   Depth: 40m

Entrances: Malbujero (1161): 454.334, 4.794.500, 263m
            Orillonzuco (1162): 454.371, 4.794.534, 261m
            Orillón (0023): 454.406, 4.794.521, 265m

Surveyed August 2015
J. Corrin, M. Wood, P. Smith
Drawn by PS

0   10   20   30m

Orillón

5m entrance
pitch

Malbujero

-2m

aven 9m

unsurveyed

a   b

traverse

a b c d e f g h

d

e

f

*levels
may have
been rising.
We dug around for a
while hoping to find a dry
bypass but couldn't find one so
went through the duck for a short time.
The water levels seemed OK coming out so
we may return in a few days and, if they haven't
risen, we would be happy to
go through.*[12]

This digging effort encouraged a program of explorations at the end of the cave, lasting for the next few years.[13]

The next trip - James, Alex and Chris Sharman - found The Howling open, with James wondering if it might be possible to permanently carry away any water and silt that could flood and potentially re-block the low crawl. The group went to the passage that had been explored in 2013, near the eastern end of the cave. James followed the streamway down while Chris and Alex followed the previously explored high level.

*The two passages are aligned
for 30m or so with several
opportunities to climb
between them. After 30m or
so the streamway cuts down
sharply and is joined by more
water. From here, progress
was made in black lime-
stone ... This became very
tight and thrutchy in places
and needs a lump hammer to
proceed. Eventually, progress
was halted by a narrowing
that could be dug further,
but it is hard to tell
whether it is getting any
bigger. ... The passage may
well be worth further attention because it carries a
fair amount of water.*

The small extension was surveyed as batch 0841-15-01.

Harry, John Clarke and Pete Ryder spent a few days around Riolastras. On August 3rd, they dug at two tubes in the opposite wall to the entrance of 4089, which they had been involved in documenting the previous summer. These holes, however, ended too tight, although "the right hand one had a good draught". The next day, site 4183 was investigated as a 15m long crawl to where it became too tight.

The following, busier day started with exploring 4184. A 2m drop into a small chamber leads to a tight tube dropping down 3m then corkscrewing down to -12m where there is a possible dig into a rift.

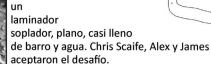
John Clarke requiring some assistance at site 4217.
John Clarke necesita ayuda en 4217.
Phil Ryder & Harry Long

un laminador soplador, plano, casi lleno de barro y agua. Chris Scaife, Alex y James aceptaron el desafío.

*Tras quitar suficiente lodo para
pasar sin demasiado chapoteo, parecía
que los niveles del agua estaban
subiendo. Excavamos un rato con la
esperanza de encontrar un desvío
seco, pero no encontramos nada, así
que pasamos la bóveda sifonante.
Los niveles de agua parecían estar
bien al salir poco después, así que
igual volvemos en unos días. Si no
han subido, estaremos encantados de
pasarla.*[12]

Este esfuerzo excavador alentó un programa de exploraciones hasta el final de la cueva que se prolongó durante los siguientes años.[13]

En la siguiente visita, James, Alex y Chris Sharman, encontraron The Howling abierto, y James se preguntó si sería posible llevarse de forma permanente el agua y el sedimento que podrían inundar y potencialmente volver a bloquear el laminador. El grupo se dirigió a la galería que se había explorado en 2013, cerca del extremo este de la cueva. James siguió la galería activa hacia abajo mientras Chris y Alex siguieron el nivel superior previamente explorado.

*Las dos galerías están alineados
durante unos 30 m con varias
oportunidades para escalar entre
ellos. Tras uno 30 m, la galería
activa se corta bruscamente y recibe
más agua. A partir de aquí, se avanzó
en piedra caliza negra [...] Se
volvió muy angosto en algunos puntos y
hace falta un martillo para continuar.
Al final, paramos al llegar a un
estrechamiento que podría ampliarse,
pero es difícil saber si se está agrandando. [...]
Quizás habría que investigar la galería más porque
lleva una buena cantidad de agua.*

La pequeña extensión se topografió como el lote 0841-15-01.

Harry, John Clarke y Pete Ryder pasaron unos días en Riolastras. El 3 de agosto excavaron dos tubos en la pared opuesta a la entrada de 4089, que habían documentado el verano anterior. Estos agujeros, sin embargo, eran demasiado angostos, aunque «el de la derecha tenía buen tiro». Al día siguiente, investigaron 4183, una gatera de 15 m de

---

12   A video showing the squalid crawl is on YouTube, linked from the list of videos at the base of the 0841 description page.
13   See "Cueva de Fresnedo II", pages 403 - 405.

12   En YouTube hay un vídeo que muestra este embarrado laminador, enlazado en la lista de vídeos en la página web para 0841.
13   Véase páginas 403 - 405.

Site 4141, discovered at Easter, was then explored down to -14m on a too-short ladder into a large chamber. Site 4140 was explored as a steep slope down to a small, blind pit and new site 4185 was found as a sloping tube that "needed digging to a left bend".

John and Harry returned on the 6th and John added ladder to the drop (with three distinct levels) in 4141, finding that the large chamber 17m down choked all round. The final find was site 4186 where the entrance under a scar leads to 15m hand-and-knees crawling to where the "nice phreatic tube" becomes too tight.

4201

John documented three small holes on August 13th on the south side of the depression: 4218 - a 5m long tube; 4219 a chamber under a rock face and 4220 - a 5m deep hole that is undescended. Harry described the nearby 4217 as an excavated entrance leading to a very tight squeeze into 4m of small, sloping passage to a choke with no draught and no room to work.

On August 3rd, a large team from the DCC visited Lenny's Cave (3721) west of the main, Los Boyones resurgence (0118). Pete O'Neill, Peter Clewes, Lauren, Nigel Dibben, Bill, Dave, Tom and Anton pushed the choke to the right of the ladder at the western end of the cave. Two more metres were gained but there were no open leads in a narrow, non-draughting passage. Near the centre of the cave, Lauren climbed into a couple of rifts while Tom and Anton tried to find the draught again - to no avail.

es from 4201
cted in this part
e cave

James returned to the Daddy Day Care Centre, Cueva del Arroyo de Canastrillas (4046) with Footleg and Rob[14], first to a draughting sandy dig that required more work, then to push upstream. James wrote:

> Unfortunately, it reached a duck very soon but this was negotiated to gain a 4m wide, 2m high streamway. Alas, any excitement was short-lived because, after only 20m or so, a wide, blue sump pool was reached. A large arch could be seen in this and so a dive would be needed to make further progress.
> It looks very promising though, and it is already a fair way beneath the hillside.

EASTERN MOUNTAINS After spotting through binoculars what looked like an entrance high on La Colina, Juan and Penny approached the spot along a wide ledge above a vertical drop. The illusion was an overhang with dark green vegetation. Climbing up the hill they couldn't find site 1557 but did find site 1558 - in the wrong place - so that was GPS'd.

Billy, Nigel Dibben, Pete Clewes and Dave Dillon spent a day on La Colina. A couple of sites were photographed and more accurately GPS'd and Cueva Chica (0083) resurveyed. Dave tried to get up to a square hole in the rock face on the south side of La Colina. He got part way up and described the remaining route as a "simple rock problem but harder to reverse". The site was catalogued as 4211.

On the way back, walking down towards the Risco waterfall, site 4215 was found. This was a shaft with poly-bags at the top but a gap where the Disto gave a depth of 7.25m.

Pete, Bill and Nigel returned a couple of days later by walking up the Risco waterfall path, first documenting site 4216 as "a small cave (4m x 4m)" close to a barn, but not finding the - apparently nearby - unexplored shaft at site 0185. At site 4215:

> Cleared bones, bags and barbed wire. Nigel descended ladder to floor of bones, bags and barbed wire.

Possible routes at the bottom were too small.

SOUTHERN SECTOR On July 23rd, Juan and Ali, "after getting muddied-up looking at an unsurveyed hands-and-knees crawl" near to the Cueva del Comellantes (0040) end of Cueva-Cubío de la Reñada (0048), had a look at some question marks on the survey further into the cave. They decided to leave "possible leads for smaller people". They then resurveyed through the duck up to "the second cairn on the slope up to Eagle Passage". Batch 0048-15-14 had 148m of passage for Ali to draw up on his Corel Draw Reñada resurvey.

The next day was the first of two "Moving South Vega Days" for Ali. He printed out copies of Google Earth to take out on the hillside above Reñada to check previous GPS'd positions of significant entrances but the activity was curtailed when a cloudless sky changed to rain. He checked the entrance positions for over a dozen sites including 1338,

largo hasta donde se volvía demasiado estrecha.

El día siguiente, más ajetreado, comenzó con la exploración de 4184. Un destrepe de 2 m a una pequeña sala conduce a un tubo estrecho que baja 3 m y luego en espiral hasta -12 m donde hay una posible excavación en una grieta. El agujero 4141, descubierto en Semana Santa, se exploró hasta -14 m en destrepe corto con escala a una sala grande. El 4140 se exploró como una pendiente pronunciada a un pequeño pozo ciego y encontraron un nuevo agujero, 4185, un tubo inclinado que «había que excavar a una curva a la izquierda».

John y Harry regresaron el 6 y John instaló una escala al pozo (con tres niveles distintos) en 4141, encontrando que la gran sala a 17 m estaba completamente obstruida. El hallazgo final fue la cavidad 4186, donde la entrada bajo de un paraje rocoso conduce a una gatera de 15 m hasta donde el «bonito tubo freático» se vuelve demasiado angosto.

John documentó tres pequeños agujeros el 13 de agosto en el lado sur de la depresión: 4218, un tubo de 5 m de largo; 4219, una sala debajo de un peñasco; y 4220, un agujero de 5 m de profundidad sin explorar. Harry describió el cercano 4217 como una entrada excavada que conduce a un estrechamiento a 4 m de galería pequeña e inclinada que da a una obstrucción sin corriente y sin espacio para trabajar.

El 3 de agosto, un equipo grande del DCC visitó la Lenny's Cave (3721) al oeste de la principal surgencia de Los Boyones (0118). Pete O'Neill, Peter Clewes, Lauren, Nigel Dibben, Bill, Dave, Tom y Anton forzaron la obstrucción a la derecha de la escala en el extremo occidental de la cueva. Se ganaron 2 m más, pero no había interrogantes en una galería estrecha y sin corrientes. Cerca del centro de la cueva, Lauren se metió en un par de grietas mientras Tom y Anton intentaban encontrar la corriente de nuevo, pero fue en vano.

James regresó a Daddy Day Care Center, Cueva del Arroyo de Canastrillas (4046) con Footleg y Rob[14], primero a una excavación de arena con corriente que necesitaba más trabajo y luego para explorar aguas arriba. James escribió:

Desafortunadamente, llegamos a una bóveda sifonante muy pronto, pero se pasó para llegar a una galería activa de 4 m de ancho y 2 m de alto. Por desgracia, la emoción duró poco porque, después de solo unos 20 m, llegamos a una amplia marmita de sifón azul. Se podía ver un gran arco dentro, por lo que haría falta un buceador para avanzar. Sin embargo, parece muy prometedor y ya está bastante por debajo de la ladera.

MONTAÑAS AL ESTE Después de ver a través de prismáticos lo que parecía una entrada en lo alto de La Colina, Juan y Penny se acercaron al lugar a lo largo de una amplia repisa sobre un desnivel vertical. La ilusión era un saliente con vegetación de color verde oscuro. De camino, no pudieron encontrar la cueva 1557, pero la 1558, en el lugar equivocado, por lo que se coordenadas GPS.

g

encontraron tomaron las
Billy, Nigel
un día en La
y se tomaron
además de volver
(0083). Dave trató
cuadrado en la pared
Colina. Subió parcialmente
restante como una «simple escalada,
de bajar». Se catalogó con el código 4211.

Dibben, Pete Clewes y Dave Dillon pasaron Colina. Fotografiaron un par de entradas coordenadas GPS más precisas, a topografiar Cueva Chica (0083) de llegar a un agujero rocosa en el lado sur de La y describió la ruta pero más difícil

h

?

De vuelta, bajando hacia la cascada del Risco, encontraron el pozo 4215, lleno de bolsas de polietileno en lo alto, pero con un hueco por el que el Disto midió una profundidad de 7,25 m.

continues
4m to dig

?

Pete, Bill y Nigel regresaron un par de días después caminando por el sendero de la cascada Risco, documentando primero el agujero 4216 como «una pequeña cueva (4 x 4 m)» cerca de un granero, pero sin encontrar el pozo inexplorado, aparentemente cercano, 0185. En 4215:

> Sacamos huesos, sacos y alambre de púas. Nigel bajó la escala hasta el suelo de huesos, bolsas y alambre de púas.

Las posibles rutas en la base eran demasiado pequeñas.

SECTOR SUR El 23 de julio, Juan y Ali, «después de ensuciarse echando un vistazo a una gatera sin topografiar» cerca del final de Cueva-Cubío de la Reñada (0048), del lado de Comellantes (0040), echaron un vistazo a algunos interrogantes en la topografía en el interior de la cueva. Decidieron dejar «algunos para personas más pequeñas». Luego volvieron a topografiar a través de la bóveda sifonante hasta «la segunda estación en la pendiente a Eagle Passage». El lote 0048-15-14 tenía 148 m de galería para que Ali la dibujara en su nueva topografía

---

14   2015 Easter, page 185.

14   Véase Semana Santa de 2015, p. 185.

Torca de Azpilicueta (0333) and Torca de Papá Noel (1471). The latter was found to have been filled in but he reckoned it could be re-opened and commented:

> *... requires a proper lid fitting. This deserves to be as popular a through route to Reñada as Coterón or Azpilicueta.*

Roaming over the hillside, Ali also found four new sites, 4166 - 4169, all shafts which were not explored and remain unexplored.

He reckoned that the data for entrance positions was now probably accurate to ±1m. Ali continued this surface work on August 10th with Chris Sharman. More locations were checked and three new sites were catalogued up the hill and between two and three hundred metres southwest of the entrance to Torca del Coterón (0264): 4197 - a shaft covered by rocks about 4m deep; 4198 - a 0.5m hole down that seems to open up below and 4199 - a fenced shaft. These were all explored a couple of years later.

On July 25th, Ali and Juan were back in Reñada "to carry on poking up holes, etc". After surface surveying from a barn in a nearby field to the lower entrance (batch 0048-15-15), they took in a 4m long rigid aluminium ladder to get up a 4m climb near the end of the Comellantes branch. They re-surveyed 70m - small chamber and a mud run-in - as batch 0048-15-16.

Ali attempted a climb up a steep, slippery calcite slope at the end of the Comellantes branch but found it too slippery and the stal belay too small. The pair then ventured further into the cave to re-survey the area around the top of the (now bypassed) first pitch again leaving "some leads which could be pushed by smaller people". (Batch 0048-15-17).

On the 27th, Ali carried out a surface survey between Reñada and Comellantes finding a new site, 4170 described as "4m descending passage to a low arch; no gear so not investigated". Lauren later investigated this for 5m with no way on.

James and Ali had a good session of resurveying (batch 0048-15-19, length 392m) when they re-explored the route to the F.E. Avens. Ali wrote:

> *This starts as a very pleasant passage taking a good draught towards the avens (i.e. goes to the entrance series??) and gradually descending. The first "aven" is a rift with much choss. Two drops of about 10m were seen at the far end requiring tackle. The main draught may go to this aven.*

The route to the other avens is smaller and several side passages were noted that were not on the original survey. The second aven is an open shaft while the third, to the east, is several parallel rifts and there may be leads here.

> *The draught comes back out of this area which is close to the ramp up from the duck to Eagle Passage where there is a big rift up in the roof.*

This area in Reñada has not been visited since.

At the end of July, Ali resurveyed 152m of passage in Comellantes, checking details and measuring passage widths with a Disto. On August 3rd, on another of his solo jaunts, he checked the survey to the Reñada top entrance (4221) then headed into Comellantes.

> *Looked at roof oxbow on right in main passage, contains a draughting rift - need to return with a team.*

On August 1st, he was back in Reñada with Phil Papard resurveying routes around Stuffed Monk and Sanatogen Passage - batch 0048-15-21 with a length of 374m. They came across markers at the base of an aven that lies below Collapse Chamber in Torca de la Vera Negra (0036), over 100m above. There is no known connection between the caves at this point so the reason for the markers remain a mystery.

On the 2nd, Ali took Chris Scaife and Alex to push inlets after the duck; an active inlet appeared to enlarge after a constriction. A crawl at the end of Stuffed Monk Passage, off the previous day's survey, was pushed to an ascending tube and a junction.

> *Left leads to small bouldery chamber, right to 4m drop into big chamber or passage - needs tackle.*

There was some uncertainty as to whether this area had been explored previously back in 1991 but there was no old survey. Ali's team completed batch 0048-15-22 then went on to "sharp crawls and tiny streamway off Stuffed Monk leading to an aven which can be climbed ... perhaps 30m and high above". (Batch 0048-15-23).

The next day, Ali was back checking the re-survey of the top entrance area. He also did a detailed resurvey of the first sump area in Comellantes along with locating a draughting rift in the loop passage at the top of the slope on the right.

On August 5th, Ali returned with Chris Scaife, Carolina, Chris Sharman and Alex to the extreme western end of Stuffed Monk Passage to investigate the 4m drop. Batch 0048-15-25 was surveyed for 158m with more to do, as Ali wrote:

> *Mainly large passages to stal or mud / sand chokes.*

de Reñada en Corel Draw.

El día siguiente fue el primero de los dos «días de mover el Sur de la Vega» de Ali. Imprimió copias de Google Earth para llevar al monte sobre Reñada y verificar las posiciones previas con GPS de entradas importantes, pero no pudo terminar porque tras un cielo despejado empezó a llover. Verificó las posiciones de las entradas de más de una docena de cuevas, incluidas las de 1338, Torca de Azpilicueta (0333) y Torca de Papá Noel (1471). Vio que esta última se había cerrado, pero calculó que podría reabrirse y comentó:

> *Necesita una tapa que se ajuste bien. Merece ser una travesía a Reñada tan popular como Coterón o Azpilicueta.*

Paseando por el monte, Ali también encontró cuatro nuevos agujeros, 4166 - 4169, todos eran pozos y no se exploraron entonces ni después.

Calculó que los datos de la posición de las entradas ahora serían precisas hasta ± 1 m. Ali continuó este trabajo en la superficie el 10 de agosto con Chris Sharman. Comprobaron más ubicaciones y catalogaron tres nuevos agujeros por encima y entre 200 y 300 m al suroeste de la entradade la Torca del Coterón (0264): 4197, un pozo de unos 4 m de profundidad cubierto de rocas; 4198, un agujero de 0,5 m que parece abrirse abajo; y 4199, un pozo vallado. Todos se exploraron un par de años después.

El 25 de julio, Ali y Juan volvieron a Reñada «para seguir mirando en agujeros, etc». Después de hacer la topo en la superficie desde un granero en un campo cerca hasta la entrada inferior (lote 0048-15-15), llevaron una escalera rígida de aluminio de 4 m de largo para subir un desnivel cerca del final del ramal de Comellantes. Volvieron a topografiar 70 m —sala pequeña y un derrumbe de barro— en el lote 0048-15-16.

Ali intentó subir un desnivel de calcita resbaladizo al final del ramal de Comellantes, pero resbalaba demasiado y la cuerda atada a una estalagmita era pequeña. Luego, la pareja volvió a topografiar el área alrededor de la cabecera del primer pozo (ahora se puede rodear), dejando «algunos interrogantes que podrían pasar personas más pequeñas». (Lote 0048-15-17).

El día 27, Ali hizo una topo de superficie entre Reñada y Comellantes encontrando un nuevo agujero, 4170, una «galería descendente de 4 m a un arco bajo; sin equipo, así que no investigué». Lauren lo exploró más tarde: 5 m sin continuación.

James y Ali tuvieron una buena sesión topográfica (lote 0048-15-19, 392 m) cuando volvieron a explorar la ruta hacia F.E. Avens. Ali escribió:

> *Empieza como una galería muy agradable por la que se filtra una buena corriente a las chimeneas (es decir, va a la serie de entrada?) y desciende gradualmente. La primera es una grieta muy suelta. Dos pozos de unos 10 m en el extremo más alejado que necesitan equipo. La corriente principal podría ir a esta chimenea.*

La ruta a las otras chimeneas es más pequeña y vieron varias galerías laterales que no estaban en la topo original. La segunda chimenea es un pozo abierto mientras que la tercera, al este, tiene varias grietas paralelas y podría haber otras continuaciones.

La corriente vuelve de esta área que está cerca de la rampa desde la bóveda sifonante hasta Eagle Passage, donde hay una gran grieta en el techo.

Esta zona de Reñada no se ha visitado desde entonces.

A finales de julio, Ali retopografió 152 m de galería en Comellantes, comprobando detalles y midiendo anchos de galería con un Disto. El 3 de agosto, en otra de sus excursiones en solitario, revisó la topo a la entrada superior de Reñada (4221) y luego se dirigió a Comellantes.

> *Miré el meandro del techo a la derecha en la galería principal, tiene una grieta sopladora: hay que volver con un equipo.*

El 1 de agosto, volvió a Reñada con Phil Papard retopografiando rutas alrededor de Stuffed Monk y Sanatogen Passage (lote 0048-15-21 con un desarrollo de 374 m). Encontraron marcadores en la base de una chimenea que se encuentra debajo de Collapse Chamber en Torca de la Vera Negra (0036), a más de 100 m de altura. No se conoce una conexión entre las cuevas en este punto, por lo que la razón de los marcadores sigue siendo un misterio.

El día 2, Ali llevó a Chris Scaife y Alex a explorar las galerías laterales tras la bóveda sifonante; una activa pareció agrandarse después de una constricción. Una gatera al final de Stuffed Monk Passage, desde la topografía del día anterior, se forzó hasta un tubo ascendente y un cruce.

> *A la izquierda da a una pequeña sala de rocas, a la derecha a un pozo de 4 m a una gran sala o galería; necesita equipo.*

Existía cierta incertidumbre sobre si esta área había sido explorada anteriormente en 1991, pero no había una topografía anterior. El equipo de Ali completó el lote 0048-15-22 y luego pasó a «gateras afiladas y un pequeño arroyo frente a Stuffed Monk que conduce a una chimenea que se puede escalar [...] quizás 30 m y más». (Lote

Meander on left near start dug out to allow Alex to get through into walking passage. Stopped at a pit needing tackle possibly to pass. Needs digging out with an entrenching tool.

Three days later, Ali, Nigel Dibben, Cheryl and Lauren directed three cavers from Burgundy to the Itchy Crutch area of the cave while they photographed and did a small amount of surveying (batches 0048-15-26 and -27) in the Stuffed Monk area.

Ali continued his resurvey of Comellantes on August 12th, gathering data for batches 0040-15-04 and -05.

Nigel Dibben off Stuffed Monk Gallery in Reñada.
Nigel Dibben en la galería Stuffed Monk en Reñada.　　*Lauren Griffin*

Some 200m northeast of the eastern extremities of the South Vega System, John Clarke had a look into site 0311. This had last been investigated in 1996 when a 30m blind pitch was revealed. Nineteen years later, John reported a Disto down the hole of 24m, "but looked to go further". Perhaps this draughting area of 0310, 0311 and 1187 needs more work, especially as Phil Papard and Hilary, looking round a few days later, thought there were mix-ups with photos of the three sites. Harry also commented that 0311 appeared to be deeper than previous reports suggested.

Phil Papard with the DCC team, Billy, Pete Clewes, Nigel Dibben, Pete O'Neill and Dave checked out digs for the DCC to possibly excavate the following summer. The Dairy Dig (1189), 1.5km east of the South Vega System, looked a good prospect as did 0495, about 300m north of the SVS and last worked on in August 1993. There was some collapse of the dig and a lot of tree growth.

Pete Smith was resurveying the Cueva del Orillón (0023) system.[15] This has two other entrances (Malbujero, site 1161 and Orillonzuco, site 1162) and all three drop down to a mainly walking streamway that heads southeast and resurges out of the Matienzo depression to the south. Using the Orillonzuco entrance, Pete had previously become "lost" when trying to find his way back up from the stream, missing the place where the climb up starts. On August 8th he was back to do about 100m of resurvey.

He had also found a shaft nearby which Ali positioned by surface surveying to a nearby barn. Ali and Pete with Pete O'Neill pushed down below the base of the 10m entrance pitch on August 11th. Pete O'Neill wrote that they dropped down through loose boulders in a vertical rift for about 20m to where they "unearthed" the top of a possible 20 -30m pitch.

Access to the pitch head was loose and dangerous so we decided to snapper away the rift walls. Phil [Papard] was phoned and dropped off drill batteries and snappering gear.

As the new shaft was close to the main stream passage in the Orillón system, they decided to try for a vocal connection before snappering. However, no sounds were heard with the two Petes in Orillón and Ali yelling in the new shaft.

Pete and Pete now descended the new shaft to drill and snapper the bottom but, in the process, managed to drop one of the £185 drill batteries down the 20 - 30m pitch.

The second battery then powered the drill and enough rock was removed by the snappers to allow a descent.

... but all looked loose and dangerous at the pitch head. Deciding to leave it all until tomorrow ... myself and Ali decided to look down Orillón to see if we could see any snapper fumes. At exactly the same spot as we had tried for a vocal connection earlier we found the fumes coming through, hence proving a

0048-15-23).

Al día siguiente, Ali volvió a revisar la nueva topo de la sección de la entrada superior. También hizo una topografía detallada de la zona del primer sifón en Comellantes, además de localizar una fisura sopladora en la galería circular en lo alto de la pendiente a la derecha.

El 5 de agosto, Ali regresó con Chris Scaife, Carolina, Chris Sharman y Alex al extremo occidental de Stuffed Monk Passage para investigar el pozo de 4 m. Se topografió el lote 0048-15-25 con 158 m y más secciones pendientes, como escribió Ali:

En general, galerías grandes obstruidas con estalagmitas o barro/arena. Meandro a la izquierda cerca del comienzo excavado para permitirle a Alex pasar a galería amplia. Paramos en un hoyo que posiblemente necesite equipo para pasar. Se tiene que excavar con una azada.

Tres días después, Ali, Nigel Dibben, Cheryl y Lauren dirigieron a tres espeleólogos de Borgoña al área de Itchy Crutch de la cueva mientras fotografiaban y topografiaban un poco (lotes 0048-15-26 y -27) en la zona de Stuffed Monk.

Ali continuó su nueva topografía de Comellantes el 12 de agosto, recopilando datos para los lotes 0040-15-04 y -05.

Aunos 200 m al noreste de los extremos orientales del sistema de La Vega, John Clarke echó un vistazo a la cavidad 0311. Se había visto por última vez en 1996 cuando se abrió un pozo ciego de 30 m. 19 años después, John apuntó un Disto por el agujero de 24 m, «pero parecía continuar». Quizás esta zona con agujeros sopladores (0310, 0311 y 1187) se ha de investigar más, sobre todo porque Phil Papard e Hilary, unos días después, pensaron que había confusión con las fotos de los tres y Harry apuntó que 0311 parecía ser más profundo de lo que sugerían descripciones anteriores.

Phil Papard con el equipo de DCC, Billy, Pete Clewes, Nigel Dibben, Pete O'Neill y Dave comprobaron excavaciones para que el DCC las trabajara el verano siguiente. Dairy Dig (1189), 1,5 km al este del sistema de La Vega, parecía interesante, al igual que 0495, a unos 300 m al norte de la SVS, trabajada por última vez en agosto de 1993. La excavación se había colapsado en parte y haían crecido muchos árboles.

Pete Smith había empezado a retopografiar el sistema de Cueva del Orillón (0023).[15] Tiene otras dos entradas (Malbujero, 1161, y Orillonzuco, 1162) y las tres dan a una galería activa amplia que se dirige hacia el sureste y sale de la depresión de Matienzo hacia el sur. Usando la entrada de Orillonzuco, Pete se había «perdido» previamente al intentar encontrar el camino de vuelta desde el río al no ver el lugar donde comienza la subida. El 8 de agosto volvió para hacer unos 100 m de topo.

También había encontrado un pozo cerca que Ali ubicó con una topo de superficie hasta un granero cercano. Ali y Pete con Pete O'Neill exploraron por debajo de la base del pozo de entrada de 10 m el 11 de agosto. Pete O'Neill escribió que bajaron a través de rocas sueltas a una grieta vertical de unos 20 m hasta donde «desenterraron» la cabecera de un posible pozo de 20 a 30 m.

El acceso a la cabecera del pozo estaba suelto y era peligroso, por lo que abrir las paredes de la fisura. Llamamos a Phil [Papard] y nos trajo baterías para el taladro y snappers.

Como el nuevo pozo estaba cerca de la galería activa principal del sistema de Orillón, decidieron intentar una conexión vocal antes ponerse a ello. Sin embargo, no oyeron nada después de que los dos Petes y Ali gritando pozo abajo.

Pete y Pete bajaron para abrir el nuevo pozo, pero, en el proceso, se les cayó una de las baterías de 185 £ por el pozo de 20 a 30 m.

Con la segunda batería en el taladro quitaron suficiente roca para poder bajar.

Pero todo parecía suelto y peligroso en la cabecera. Decidiendo dejarlo todo para mañana [...] Ali y yo decidimos mirar en Orillón para ver si podíamos ver algo del humo de los micros. Exactamente en el mismo lugar en el que habíamos intentado establecer una conexión vocal antes, vimos el humo, lo que demuestra

---

15　Much of the survey data for many of the systems first visited and surveyed back in the seventies has been lost. Although cave plans and some elevations were drawn up at the time, a modern resurvey would provide passage altitude information and possibly new leads and routes.

15　Gran parte de los datos de las topografías para muchos de los sistemas visitados y topografiados por primera vez en los años setenta se han perdido. Aunque los planos de las cuevas y algunas elevaciones se dibujaron en su día, una nueva topografía moderna proporcionaría información sobre la altitud de las galerías y posiblemente nuevas rutas.

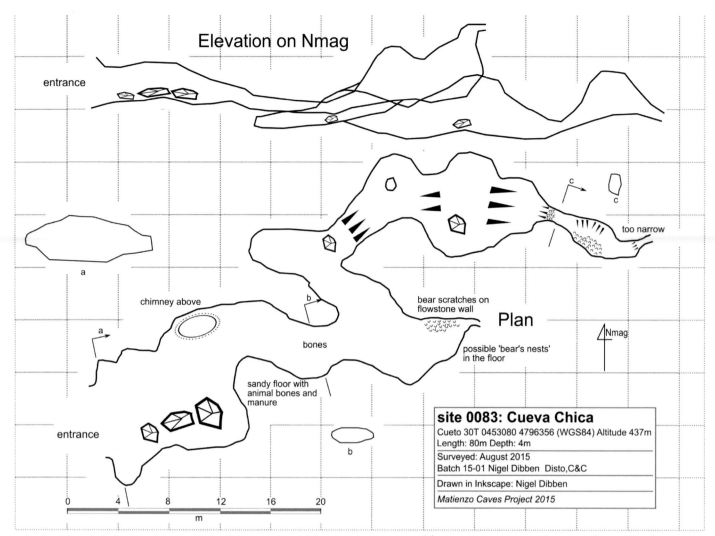

Elevation on Nmag

entrance

Plan

Nmag

chimney above

bones

a

bear scratches on
flowstone wall

possible 'bear's nests'
in the floor

sandy floor with
animal bones and
manure

b

too narrow

c

entrance

b

site 0083: Cueva Chica
Cueto 30T 0453080 4796356 (WGS84) Altitude 437m
Length: 80m Depth: 4m

Surveyed: August 2015
Batch 15-01 Nigel Dibben Disto,C&C

Drawn in Inkscape: Nigel Dibben

Matienzo Caves Project 2015

0   4   8   12   16   20
m

---

connection – but not one worth pushing as the chances of getting crushed are quite high.

On August 16th, Pete "Pedro" Smith resurveyed over 100m in the upstream and high level passages and thought that "it could be dug at the end". He was now "already for the big downstream re-survey!".

That happened on August 19th when Michael "Squirrel" Wood and Juan joined him to successfully complete the underground surveying. In the 'final' chamber, which has evidence of severe flooding several metres up the muddy walls, there was a squeeze at floor level which was thought to be passable by "younger / more flexible" cavers. Video was taken on the way out and a single *Cantabroniscus* photographed.

Juan and Pete Hall went in to look at the hole in the final chamber. This was soon squeezed past to where it was possible to stand up. A small hole was draughting and digging at this for an hour confirmed it was a good site with continuing passage visible. Pete enjoyed the cave so much that he took his children in the next day!

Julie and Andy, out for a walk in the Cueva de Coquisera (0039) area, decided, after checking on the Orux Maps app, that Torca del Pino (0529) had been covered over and back-filled. Andy commented that the generally improved nature of the pasture in this field would support this hypothesis.

Lloyd, Adam and Raoul looked at holes near Alisas on July 31st. They found that 1676, an unexplored, possibly 10m deep shaft, had "a very large rock on top of the hole making it inaccessible". Barbed wire and bags had also been thrown down it. At 1677 they moved a rock but the amount of soil around the entrance prevented access to the sloping floor 3m down. A new site (4172) was investigated. The hole goes down 2 - 3m into a small chamber but "the entrance is leg-sized so would require a lot of digging to make it person sized".

Over the hill to the south, in Cueva Vallina (0733), the "DCC 11" (according to the logbook) had a tourist trip to Swirl Chamber on August 4th.

A rock had moved in the connection squeeze between Vallina 1 and 2 making the route through accessible only to small people. Ali, Pete O'Neill, Phil Papard and Raoul went in with a small drill and snappers on August 9th and removed enough rock to make the route through big enough for "normal" cavers. On the way out, Ali and Raoul looked at side passages off the dry section in the Río Rioja where, above the 2m climb, the passage "starts small but enlarges to easy walking size and appears to go off in all directions".

una conexión, pero no merece la pena forzarla, ya que las posibilidades de ser aplastado son bastante altas.

El 16 de agosto, Pete «Pedro» Smith retopografió más de 100 m en las galerías aguas arriba y de nivel superior y pensó que «podría excavarse al final». Ahora estaba «¡listo para la gran topografía aguas abajo!», que llevó a cabo el 19 de agosto cuando Michael «Squirrel» Wood y Juan se le unieron para completar con éxito la topografía. En la sala «final», que tiene restos de inundaciones a varios de altura en las paredes embarradas, había un laminador al nivel del suelo que parecía practicable para espeleólogos «más jóvenes/más flexibles». Se sacó un vídeo al salir y se fotografió un Cantabroniscus.

Juan y Pete Hall entraron para mirar el agujero en la sala final. Pronto lo pasaron hasta donde podían ponerse de pie. Un pequeño agujero soplaba y tras excavarlo durante una hora confirmaron que era interesante con un galería continuo visible. ¡Pete disfrutó tanto de la cueva que llevó a sus hijos al día siguiente!

Julie y Andy, cuando salieron a pasear por la zona de la Cueva de Coquisera (0039), decidieron, tras comprobarlo en la aplicación Orux Maps, que la Torca del Pino (0529) se había cerrado y rellenado. Andy comentó que la mejoría general de los pastos en este campo apoyaría esta hipótesis.

Lloyd, Adam y Raoul investigaron varios agujeros cerca de Alisas el 31 de julio. Descubrieron que 1676, un pozo inexplorado, posiblemente de 10 m de profundidad, tenía «una roca muy grande en lo alto que lo hacía inaccesible». También se habían tirado en él alambres y bolsas. En 1677 movieron una roca pero la cantidad de tierra alrededor de la entrada impidió el acceso la pendiente a 3 m. Investigaron uno nuevo, 4172, con un desnivel de 2 - 3 m a una pequeña sala, pero «la entrada es del tamaño de una pierna, por lo que sería necesario excavar mucho para que pueda entrar una persona».

Sobre el monte del sur, en Cueva Vallina (0733), el «DCC 11» (según el libro de salidas) fue de excursión a Swirl Chamber el 4 de agosto.

Una roca se había movido en la gatera de conexión entre Vallina 1 y 2 haciendo que la ruta fuera accesible solo para personas pequeñas. Ali, Pete O'Neill, Phil Papard y Raoul entraron con un pequeño taladro y micros el 9 de agosto y quitaron suficiente roca para hacer la ruta lo suficientemente grande para espeleólogos «normales». Al salir, Ali y Raoul investigaron en las galerías laterales del tramo seco en el Río Rioja donde, por encima de los 2 m de escalada, la galería «comienza pequeña, pero se agranda a un tamaño amplio y fácil y parece ir en todas direcciones».

At Hidden Earth, the UK's annual conference for cavers, Diane Arthurs received a Merit award for the Not Too Bad Pot (2964) survey;[1] Tom Thomson, with Fergus McBurney, displayed a poster about the Matienzo Karst Entomology Project, while Steve Martin delivered a talk (authored by Phil Papard) about the expedition's 2015 achievements and future objectives.

A couple of projects were coming to fruition with the publication about the archaeology of Cueva Barandas by Pedro, Jesús Ruiz Cobo and Juan in a Spanish volume, Sautuola XVIII[2] and Andi Smith's palaeoclimate reconstruction from Cueva de Asiul in the International Journal of Speleology.[3] Both articles are available online.[4]

At this time, Steve and Sue Martin were organising garments with the Matienzo Caves Project logo and web site address in prominent positions.

All the Matienzo cavers who knew her were saddened by the death of Cuca on October 12th. Cuca was the wife of Germán - the couple who ran Bar Germán while the Matienzo expeditions were camped in the woods. She always welcomed the British cavers and was especially kind to us all. A number of appreciative messages were posted to the Matienzo Caves Project Facebook page and the Google Group. Lank Mills wrote a tribute to Cuca which can be found on pages 206 - 207.

Five small groups were out in the autumn, the September cavers concentrating on sites in the northwest of the permit area with the October group focussing on the South Vega System and Cueva Vallina. Four cavers had an intensive four days of caving in November while two other November visitors had already been out in September! Finally, a group of three were out for a fortnight in November.

NORTHWEST AND FAR WEST SECTORS On September 21st, Phil Goodwin, Alf, Dave Milner and John were shown a high altitude resurgence by the farmer. Site 4229 has an entrance crawl that leads to a T-junction after 30m and walking passage. The right hand branch ends in a well decorated chamber while the left branch terminates in a choke with man-made debris, presumably washed in through the choke.

The dig below, 3176, was checked out and provided no way on. The land above these two holes was also checked as the farmer indicated there were further holes. Site 4230 is a 4m deep, loose sided shaft which is choked at the base and 4231 was also choked but only 2m deep.

Peter Eagan and Ali dropped into Torca la Vaca (2889) though The Langdales entrance (3034)[5] and then surveyed back up the pitch to tie the two caves together.

One November team, Bob, Dave Gledhill, James and Jon had two trips in Torca la Vaca. Jon has written about these in "On how the Eldon Pothole Club ruined the Cow Pot survey" - see page 213.

On November 10th, Phil Parker, wary of the nearby bull, investigated site 3214, about 400m back down the road from Cueva Laberinto

Alf, Dave and Phil contemplate site 4229.
Alf, Dave y Phil contemplan 4229.   *John Southworth*

(3268). He "followed passage to a sharp, left hand bend that would involve awkward capping for a small person to progress. With Chris and Nigel, Laberinto was also worked on. "Dig now needs a snapper to break part of the wall off."

High up on the hill to the west of Fuente Aguanaz, Phil, Chris and Nigel found 4261, a small resurgence cave which was a water supply.

En Hidden Earth, la conferencia anual para espeleólogos del Reino Unido, Diane Arthurs recibió un premio al mérito por la topografía de Not Too Bad Pot (2964)[1]; Tom Thomson, con Fergus McBurney, presentó un póster sobre el proyecto de entomología, mientras que Steve Martin dio una charla (escrita por Phil Papard) sobre los descubrimientos de 2015 y futuros objetivos.

Un par de proyectos empezaron a dar sus frutos, con la publicación sobre la arqueología de Cueva Barandas de Pedro, Jesús Ruiz Cobo y Juan en el número XVIII de la revista Sautuola[2] y la reconstrucción paleoclimática de Cueva de Asiul de Andi Smith en la International Journal of Speleology.[3] Ambos artículos están disponibles en línea.[4]

Steve y Sue habían empezado a organizar la producción de prendas con el logo de Matienzo Caves Project y la dirección del sitio web en lugares destacados.

Todos los espeleólogos de Matienzo que la conocieron sintieron la pérdida de Cuca el 12 de octubre. Cuca era la esposa de Germán, la pareja que regía Bar Germán cuando los espeleólogos acampaban en el cajigal. Ella siempre nos daba la bienvenida y fue especialmente amable con todos nosotros. Se publicaron varios mensajes de agradecimiento en la página de Facebook de Matienzo Caves Project y en el Grupo Google. Lank Mills escribió un homenaje a Cuca que se puede leer en las páginas 206 - 207.

Cinco pequeños grupos visitaron el valle en otoño, los que fueron en septiembre se centró en las cavidades en el noroeste del área de permiso y el grupo de octubre se entró en el Sistema de La Vega y Cueva Vallina. Cuatro espeleólogos disfrutaron de cuatro días de espeleología intensivos en noviembre, mientras que otros dos visitantes en noviembre ya habían estado en septiembre. Finalmente, un grupo de tres estuvo en Matienzo durante quince días en noviembre.

SECTOR NOROESTE Y EXTREMO OESTE El 21 de septiembre, un vecino mostró a Phil Goodwin, Alf, Dave Milner y John una surgencia gran altitud. La cueva 4229 tiene una gatera en la entrada que conduce a un cruce en tras 30 m y a una galería amplia. El ramal de la derecha termina en una sala bien decorada, mientras que el de la izquierda termina en una obstrucción con escombros, presumiblemente arrastrados por el agua a través de la obstrucción.

La excavación debajo de esta, 3176, se revisó pero no se encontró continuación. Como el vecino había dicho que había más, se prospeccionó la zona. La cueva 4230 es un pozo de paredes sueltas de 4 m de profundidad que está obstruido en la base y 4231, de solo 2 m, también estaba obstruida.

Peter Eagan y Ali entraron a Torca la Vaca (2889) a través de la entrada de Langdales (3034)[5] y luego volvieron a topografiar el pozo para unir las dos cuevas.

Un equipo de noviembre, Bob, Dave Gledhill, James y Jon visitó Torca la Vaca dos veces. Jon ha escrito sobre ello en Cómo el Eldon Pothole Club echó a perder la topo de Vaca, en la página 213.

El 10 de noviembre, Phil Parker, cauteloswwo con el toro cercano, investigó el agujero 3214, a unos 400 m de Cueva Laberinto (3268) siguiendo la carretera. Siguió «la galería hasta una curva cerrada a la

1   2015 Easter, page 184.
2   Smith Peter. Ruiz Cobo Jesús and Corrin Juan, 2013. La cueva de Las Barandas (Matienzo, Cantabria): depósito y muerte. In Sautuola XVIII. Revista del Instituto de prehistoria y arqueología sautuola Consejería de Educación, Cultura y Deporte del Gobierno de Cantabria, pp 101 - 114.
3   Smith A.C., Wynn P.M., Barker P.A., Leng M.J., Noble S.R. and Stott A., 2016. Cave monitoring and the potential for palaeoclimate reconstruction from Cueva de Asiul, Cantabria (N. Spain). In International Journal of Speleology, 45 (1), 1-9. Tampa, FL (USA) ISSN 0392-6672.
4   Links are available from the online Matienzo 2015 autumn account.
5   The link had been made in the summer but not surveyed. See page 182

1   Véase Semana Santa de 2015, p. 184.
2   Smith, Peter; Ruiz Cobo, Jesús y Corrin, Juan; 2013. La cueva de Las Barandas (Matienzo, Cantabria): depósito y muerte. En Sautuola XVIII. Revista del Instituto de Prehistoria y Arqueología Sautola. Consejería de Educación, Cultura y Deporte del Gobierno de Cantabria, pp. 101 - 114.
3   Smith A.C., Wynn P.M., Barker P.A., Leng M.J., Noble S.R. y Stott A., 2016. Cave monitoring and the potential for palaeoclimate reconstruction from Cueva de Asiul, Cantabria (N. Spain). En International Journal of Speleology, 45 (1), 1-9. Tampa, FL (USA) ISSN 0392-6672 .
4   Los enlaces se pueden encontrar en el informe de otoño de 2015 en el sitio web.
5   Se habían conectado en verano, pero no se había topografiado. Véase p. 182.

Nearby, they documented a site that had at least two tyres blocking a site - a not uncommon occurrence that blights this northern region of our permit area.

On the same day, they thrashed their way into the depression 200m to the north containing 3106 and 3896 and then found 4263 on their way back - a small, uninspiring dig.

On November 17th, they returned to dig in 3106.

The draught reversed later after front came over. Needs careful digging with shovel to progress. Loose boulders.

After their drive up side roads in Navajeda on September 15th, Dave Milner and John were joined by Alf and Phil Goodwin the following day to walk in the area, being shown various holes by a farmer. The first five were on the hillside between the resurgence cave Cueva del Bocarón (1072) and Cueva de la Cuesta de la Encina (4112). Site 4222 is a narrow rift with a possible enlargement to a 7m drop; 4223 - a shallow, fenced rift with a small hole at the eastern end; 4224 - a 2m deep fenced rift that closes down; 4225 - a 3.5m deep slot, choked at the base and 4226 - a fenced 2m deep rift that is choked all the way round. About 80m to the southwest, they were shown 4227 - "an enormous, limestone-sided, walk-in gully, spanned by a large boulder. Rift at the end needs further investigation" and 4228 - a fenced, large, open rift which has a 6m pitch to a small hole to another drop of more than 6m.

All four cavers were back three days later. After enlarging the entrance to 4222, the shaft had no way on 8m down. The rift at the end of 4227 was investigated and found to be choked at 4m depth. The

izquierda que implicaría usar micros en posición incómoda para que una persona pequeña pudiera seguir». Con Chris y Nigel, también trabajó en Laberinto. «Ahora, hace falta un micro para romper parte de la pared».

En lo alto de la colina al oeste de Fuente Aguanaz, Phil, Chris y Nigel encontraron una pequeña surgencia (4261) que se usaba como suministro de agua. Cerca de allí, documentaron un hoyo con al menos dos neumáticos bloqueando un agujero, un hecho frecuente que echa a perder esta región norte de nuestra área de permiso.

El mismo día, se abrieron paso hacia la depresión 200 m al norte donde están 3106 y 3896 y encontraron el agujero 4263 en su camino de vuelta, una excavación pequeña y aburrida.

El 17 de noviembre volvieron a excavar en 3106.

La corriente se invirtió más tarde, después de que apareciese el frente. Hay que excavar con cuidado con pala para progresar. Bloques sueltos.

Después de un paseo en coche por las carreteras secundarias de Navajeda el 15 de septiembre, Alf y Phil Goodwin se unieron a Dave Milner y John al día siguiente para caminar por la zona y un vecino les mostró varios hoyos. Los cinco primeros se encontraban en la ladera entre la surgencia Cueva del Bocarón (1072) y la Cueva de la Cuesta de la Encina (4112). El agujero 4222 es una grieta estrecha con una posible ampliación a un pozo de 7 m; 4223, una grieta poco profunda y cercada con un pequeño agujero en el extremo este; 4224, una grieta vallada de 2 m de profundidad que se cierra; 4225, una ranura de 3,5 m de profundidad, obstruida en la base; y 4226, una grieta vallada de 2 m de profundidad que está completamente

Clotilde García Carriedo (1924 - 2015)
A tribute   Lank Mills, November 2015

We first met Cuca in August 1970. A motley crew of mostly non Spanish speakers, we must have looked like a group of "on-the-road hippies" as we arrived in various vehicles at Bar Germán and introduced ourselves as "espeleólogos Ingles". But Cuca was Cuca and she immediately took us under her wing. Food was produced and the liquid hospitality of the bar embraced with enthusiasm.

Cuca negotiated for us to camp in El Cajigal, a small wood used by the community for various activities. The Guardia Civil soon showed up to try to move us on, but Cuca placated them - telling them that we were "gente muy simpatico". The folk singing in the evenings may have contributed to that, though keeping their family awake to the early hours may not! Through all the years we have continued to visit Bar Germán, the tolerance of our excesses by Cuca and the whole family has been a feature of our enjoyment of the Matienzo experience.

We had a number of trips in the early seventies. Though not fruitful in caving terms, we were always welcomed with great hospitality by Cuca and family. After a very successful visit in 1974, a number of people decided to spend six months in Matienzo. We arrived in March 1975 at the bar. It was cold and wet and we said we were intending to camp. This was immediately rejected by Cuca, who insisted we stayed in an old house they owned. Over the next months we did camp, but the bar was offered as our shelter from the rain. We lads would sit round the table with our wine while the girls would be taken into the kitchen for sticky buns, chocolate drinks and copas of Cuarenta y Tres.

Cuca was a wonderful cook and would give us occasional cookery lessons. I learned my recipe for Spanish tortilla from her at this time and it won a competition forty years later! She gave us a Spanish recipe book "Cocina Practica" which I still have and use to this day - thanks Cuca! Leche frita was another of her specialties, a sort of set custard fried in batter, very sweet and loved by children. Cuca was great with the local kids and the sweetie treats would always come out when families visited the bar. Cuca was obviously well respected and

Clotilde García Carriedo (1924 - 2015):
Lank Mills, noviembre de 2015   *mi homenaje*

Conocimos a Cuca en agosto de 1970. Éramos un grupo variopinto que apenas hablaba español y cuando llegamos en varios coches al Bar Germán y nos presentamos con las palabras «espeleólogos inglés», debíamos parecer unos hippies salidos de En el camino. Pero Cuca era Cuca y nos acogió al instante. La comida apareció y la hospitalidad en forma líquida fue recibida con los brazos abiertos.

Cuca se encargó de negociar nuestro campamento de El Cajigal, una pequeña arboleda que el pueblo utilizaba para varios fines. La Guardia Civil enseguida hizo acto de presencia para intentar movernos, pero Cuca les aplacó diciéndoles que éramos «gente muy simpática». Quizás fuera por nuestras serenatas noche tras noche, ¡aunque lo dudo porque manteníamos a la familia despierta hasta altas horas de la madrugada! Durante todos los años que hemos visitado el Bar Germán, una parte importante de la experiencia que es Matienzo se la debemos a la tolerancia de nuestros excesos por parte de Cuca y toda su familia.

Fuimos a Matienzo varias veces durante los primeros años de la década de los setenta. Aunque no fueron muy fructíferos en lo que a cuevas se refiere, Cuca y su familia siempre nos recibían bien. Tras un 1974 con buenos resultados, unos cuantos decidimos pasar seis meses en Matienzo. Llegamos en marzo de 1975 al bar. Hacía frío y llovía. Cuando dijimos que íbamos a acampar, Cuca se negó al instante e insistió para nos quedáramos en una casa vieja de su propiedad. Durante los siguientes meses sí que acampamos, pero nos ofrecían el bar como refugio cuando llovía. Los chicos nos sentábamos alrededor de una mesa con nuestro vino y Cuca se llevaba a las chicas a la cocina donde les ofrecía bollos dulces, chocolates y copas de Cuarenta y Tres.

Cuca era una cocinera excelente y de vez en cuando nos ofrecía clases de cocina. Fue ella quien me enseñó a preparar la tortilla española, ¡y esa misma receta ganó un concurso 40 años después! Nos regaló un libro de recetas españolas llamado Cocina Práctica que sigo usando hoy en día, ¡gracias, Cuca! Otra de sus especialidades era la leche frita, esa especie de crema cuajada, rebozada y frita, muy dulce, que encantaba a los niños. Cuca era siempre muy buena con todos los niños del pueblo y los dulces siempre hacían acto de presencia si alguna familia visitaba el bar.

No cabe duda de que a Cuca la respetaban y conocían en toda la zona, una auténtica matriarca. Cuando en una rara ocasión descubrimos que algo había desaparecido de una de las tiendas de campaña del Cajigal, Cuca se puso manos

hole at the base of 4228 was opened up to a 6m pitch in a roomy shaft. At the base there was a very narrow bedding with no draught.

John and Phil were back on November 16th, looking for holes about 1km east of Navajeda, working their way over small hills towards the Bocarón resurgence. Site 4253 is about 9m deep and was left undescended with another 4m away that looked too tight. At the base of a large depression, 4254 is a loose boulder climb down of 3m to a 1 x 4m chamber with the way on too tight. Site 4255, which was full of rubbish, could be about 8m deep but "would require a descent past a bed mattress". There were also syringes lying about. Sites 4256 and 4257 are possible digs: the first is a choked, 2.5m deep, mud-sided hole while, the rather more interesting, second is at the base of a small depression - a draughting dig in boulders.

At Camposdelante, John, Phil Goodwin and Dave Milner visited 3543 (the Civil War cave) on September 17th. A high-level dig was descended to a traverse over the main chamber to a small 5 x 2m chamber, but there were many loose boulders. At the bottom, they looked for the 'lost pitch' but reckoned there was "inconclusive evidence of boulder movement" and the pitch was not found.

They later had a dig in a side passage but decided that this was a long term job and came to the same conclusion after they had inspected 3814, a dig in earth under a sandstone slab.

On November 14th John and Phil examined 3180, a wooded sink area about 1km west of the southern end of Torca la Vaca. Despite the large area of the doline (about 37,000m^2) enclosing the sink, all the leads were found to be choked, although site 4250 was found to the north and 40m higher.

obstruida. A unos 80 m al suroeste, se les mostró la cavidad 4227, «un enorme barranco con paredes de piedra caliza atravesado por una gran roca. La fisura al final se tiene que investigar más»; y 4228, una grieta grande, abierta y cercada que tiene un pozo de 6 m a un pequeño agujero a otro pozo de más de 6 m.

Los cuatro espeleólogos volvieron tres días después. Después de ampliar la entrada de 4222, el pozo se cerró tras 8 m. Investigaron la abertura al final de 4227, pero estaba obstruida a 4 m de profundidad. El agujero en la base de 4228 se abrió hasta un pozo de 6 m espacioso. En la base había una abertura muy estrecha sin tiro.

John y Phil volvieron el 16 de noviembre para buscar agujeros a 1 km al este de Navajeda, abriéndose paso por pequeñas colinas hacia la surgencia de Bocarón. El 4253 tiene unos 9 m de profundidad y se dejó sin explorar, con otros 4 m que parecían demasiado angostos. En la base de una gran depresión, el 4254 es un destrepe suelto de 3 m a una sala de 1 x 4 m, pero la continuación es demasiado estrecha. El 4255, que estaba lleno de basura, podría tener unos 8 m de profundidad, pero «habría que pasar por debajo de un colchón». También había jeringas. Los sitio 4256 y 4257 son posibles excavaciones: el primero es un agujero obstruido, de 2,5 m de profundidad, con paredes de barro, mientras que, lo que es más interesante, el segundo está en la base de una pequeña depresión, una excavación sopladora entre bloques.

En Camposdelante, John, Phil Goodwin y Dave Milner visitaron 3543 (la cueva de la Guerra Civil) el 17 de septiembre. Bajaron una excavación en un nivel superior a una travesía sobre la sala principal a una sala pequeña de 5 x 2 m, pero había muchas rocas sueltas. En la

well known in the whole area, a true matriarch. When, on a very rare occasion, it appeared something had been taken from one of the tents in El Cajigal, Cuca set to work and, using her connections in the village, was able to return, within 24 hours, a penknife which a youngster had taken. A truly formidable lady, when she wanted to be.

When Hilly and Wendy accompanied her to Ramales it would be a continuous series of meeting with friends, with introductions to the "Inglesas", usually ending in a visit to daughter-in-law Pili's house for more sticky buns and Liquor 43.

Over the next years we were really drawn in to the Spanish family. Every visit we would be welcomed as part of this family with hugs and kisses as part of a genuine "pleased to see you and what is happening in your family" greeting. After a visit there would be sadness from Cuca to see us go, but she always sent us on our way with a carefully wrapped tortilla and a couple of bottles of wine for the journey.

Of course, over the years the number of folk visiting this superb caving area increased dramatically, so the personal touch would not perhaps have been so obvious, but all will remember the meals Cuca produced in the small back room and then later in the restaurant with the help of other family members. I have a wonderful memory of her coming into the back dining room to serve a meal she had cooked for about fifteen of us. She had her curlers in and, on seeing I was about to take a photograph, was so mortified that she should be seen on film, rushed back out to tidy her hair before returning smiling.

Patience is a virtue they say and Cuca certainly had that. Trying to work out what the English wanted to buy must have been a trial at times. I remember Penny saying that Cuca had told her to ask for the trade name of tinned peas, as she thought it was too difficult for the English to pronounce the word "guisantes". Another visitor's comment was that his Spanish must have improved as "last year I asked for two beers and got two oranges." This year he got what he wanted! All of this, though, would be received with Cuca's understanding smile and acceptance that the Brits would never speak properly.

Over the years some of the visiting cavers had their own children and Cuca seemed genuinely delighted when this happened and that we still chose to visit. Birthday parties were celebrated in the back room for Jenny, as 21st August was usually expedition time and Carolina and Cuca's grand-daughter Noelia were all of similar age.

Some of the visiting cavers purchased houses in the village and this of course meant that people visited at other times than just in the summer. It also meant that they became more fluent in Spanish. Penny and the two Julies and others would have time for more interesting and more relaxed conversations with Cuca.

Cuca's husband Germán died in 2004 and this was felt greatly by all the families, both English and Spanish. The restaurant and bar were now the responsibility of Pablo and Ana, while Cuca seemed to take a quieter role, but was still to be seen on our visits, taking a real interest in our children growing up.

A wonderfully kind and helpful lady, we will always remember Cuca at Bar Germán.

a la obra y, gracias a sus conexiones en el pueblo, nos devolvió, en solo 24 horas, una navaja que un chico se había llevado. Cuando quería, era una mujer que imponía.

Cuando Hilly y Wendy la acompañaban a Ramales, se encontraban con una sucesión de encuentros con conocidos, con presentación de las «inglesas» incluida, y normalmente terminaban en casa de su nuera Pili donde había más bollos y Licor 43.

Cada año que pasaba conocíamos mejor a esta familia española. En cada nueva visita al pueblo nos daban la bienvenida como si fuéramos parte de la familia, con abrazos y besos que formaban parte de un genuino «nos alegramos de veros, ¿qué tal la familia?». Cuando la visita llegaba a su fin Cuca se entristecía al vernos marchar, pero siempre nos despedía con paquetes de tortilla y un par de botellas de vino para el camino.

Con el paso de los años creció muchísimo el número de espeleólogos que visitaban esta región, tan increíble para la espeleología, así que ese toque personal puede que ya no fuese tan evidente, pero todos recordarán las comidas que Cuca preparaba en el pequeño salón y después en el restaurante, con la ayuda de su familia. Recuerdo con mucho cariño una ocasión en la que entró en el comedor para servir una comida que había preparado para unos quince. Aún llevaba puestos los rulos y, al ver que yo iba a sacar una foto, le dio tanta vergüenza salir retratada así que volvió a entrar corriendo en la cocina para arreglarse el pelo antes de volver con una sonrisa.

Dicen que la paciencia es una virtud y Cuca tenía de sobra. Seguro que no era fácil entender qué es lo que los ingleses querían decir. Recuerdo que Penny me contó como Cuca le había pedido que usase el nombre de la marca de los guisantes en lata al pedirlos, pues creía que para los ingleses era muy difícil decir «guisantes». Otro compañero comentó que su español debía haber mejorado, pues «el año pasado pedí dos cervezas y me trajeron dos naranjas». ¡Ese año consiguió lo que quería! Pese a eso, Cuca siempre respondía con una sonrisa comprensiva, aceptando que los británicos nunca hablaríamos español bien.

Con el paso de los años algunos de los espeleólogos que visitaban el pueblo formaron sus propias familias, algo de lo que Cuca se alegraba, al igual de que siguiéramos queriendo ir. Los cumpleaños de Jenny se celebraban en el comedor del bar, pues el 21 de agosto solía caer en fechas de expedición y Carolina y la nieta de Cuca, Noelia, tenían la misma edad.

Algunos de los espeleólogos compraron una casa en el pueblo, lo que, por supuesto, supuso visitas también el resto del año, no solo en verano. También implicó una mejora en su nivel de español. Penny y las dos Julie, entre otros, podían ya hablar con Cuca con más calma y durante más tiempo.

Germán, el marido de Cuca, murió en 2004, algo que afectó a todas las familias, tanto españolas como inglesas. El restaurante y el bar estaban ya en manos de Pablo y Ana; Cuca asumía un papel más tranquilo, pero siempre la veíamos en cada visita y siempre se interesaba por cómo crecían nuestros hijos.

Una gran señora, amable y atenta. Siempre nos acordaremos de Cuca en el Bar Germán.

A long section of a cliff face has become detached in a large rift feature forming a 10m long walking passage with daylight entering at the far end.

The next day, John and Phil had a look around the zinc blende mine (1561) area at Barrio de Arriba and came across another mine and cave. The cave, 4252, has an entrance in a low cliff face to 12m of crawling finishing at an eyehole into a small chamber "which would require capping" and "is not a good prospect". "La Cueva en una Mina" (4251) was more exciting and Phil has written about the exploration in his article "Way Out West", pages 402 - 403.

On November 11th, Phil and John "had a good look" on the hillside to the west of 4251 finding "nothing much" although the Grupo de Espeleología Pistruellos did say that there were shafts in that area. They also said that they had finished their explorations and we were quite welcome to explore.

On December 6th, Pistruellos published a nice set of photos of 4251 online.[6]

Phil Parker, Chris and Nigel, in shorts and T-shirts, were in the area on November 15th and documented 4 new sites to the west of Mina Favorita (1561): 4264 - an open shaft; 4265 - a small shaft in clints which opens out with depth unknown; 4266 - a truncated cave passage with stal that now appears as an undercut and 4267 - a small unexplored cave inside a fenced area with citrus trees.

They were back the following day when 4264 was explored as a shaft, 8 - 10m deep, to a rift blocked with rocks. Further down the hill they encountered site 4268, a dig into a bedding and site 4269, a large mine entrance that splits into two passages, one blind after a few metres and the other "descending steeply to a pool where work seems to have stopped". This was left unexplored at the time.

Prospecting in the area was curtailed during days of heavy rain but they were back to investigate a couple of holes about 1km southeast of the mining area. Site 4259 is a narrow draughting rift which would require snappers to continue and 4270, a dig into a rift with a boulder currently blocking the way.

On September 14th, Phil Goodwin, Alf, Dave Milner and John excavated two sites, 2749 and 2750. These are close together about 70m below Cueva de los Campizos (3812). Both sites were "not worth further digging" after the good draught in 2749 was seen to come from the end of a narrow rift and 2750 ended in a very small hole full of rubble.

On November 9th, Nigel and Phil Parker had a look into Torca de Hoyo Carabo (Washing Machine Hole, 3420) to find the entrance crawl impassable although there was a draught. Chris and Phil then had a quick inspection, 300m to the southeast, of the draughting cold store at 2751, although no work was done. They also spotted, just to the northwest of 2751, an obvious large shakehole with trees in the bottom. A cool outward draught was felt but the site was not thought to be worth a number. A short distance to the northwest, site 4258 was numbered - a 0.75m diameter recent collapse in an open field to a rock and sandy mud blockage.

Elevation diagram labels:
Entrance to side passage
The Refuge
p5
p5
Very unstable. Rocks move when touched
Undescended shaft thought to drop to at least as far as the known depth of the cave
solid floor
Climb down through boulders (not recommended)

Colour used only to highlight different areas

Scale: 0 2 4 6 8 10 m

Figure caption box:
site 3543 : Civil War Cave
Camposdelante 30T 446558 4798402 (Eur79) Altitude 142m

Survey upper section 29-03-2013 Dave Milner John Southworth Phil Goodwin
lower section 10-08-2013 Dave Milner Phil Goodwin
minor changes 2015

Drawn in Inkscape by Phil Goodwin
Matienzo Caves Project 2013 & 2016

Plan diagram labels:
2m squeeze down
floor of large boulders
P5
P5
shaft with solid walls seen but very very unstable area
traverse on large loose rocks in roof of chamber (unsurveyed)
too tight
excavated hole to steep slope
crawl
lowest level
highest level
3m climb down
Too tight
Flat out crawl
Blocked
Entrance
THE REFUGE
Blocked
Ng
inexplorada
Plan

Scale: 0 2 4 6 8 10 m

base, buscaron el «pozo perdido», pero calcularon que había «evidencia inconclusa de movimiento de rocas» y no se encontró el pozo.

Más tarde excavaron en una galería lateral, pero vieron que era algo a largo plazo y llegaron a la misma conclusión tras inspeccionar 3814, una excavación en la tierra debajo de una losa de arenisca.

El 14 de noviembre, John y Phil examinaron 3180, un sumidero en zona boscosa a aproximadamente 1 m al oeste del extremo sur de Torca la Vaca. A pesar de la gran sección de la dolina (unos 37 000 m²) que encierra el sumidero, todas las posibilidades estaban obstruidas, aunque el 4250 se encontró al norte, 40 m más arriba.

Una sección larga de un acantilado se ha desprendido en una gran grieta formando una galería de 10 m de largo, y la luz del día entra por el otro extremo.

Al día siguiente, John y Phil echaron un vistazo al área de la mina de blenda (1561) en Barrio de Arriba y encontraron otra mina y una cueva. La cueva, 4252, tiene una entrada en un acantilado bajo a 12 m de gatera que termina en una ranura a una pequeña sala «que necesitaría micros» y «no tiene mucho potencial». La Cueva en una Mina (4251) fue más emocionante y Phil ha escrito sobre la exploración en su artículo Lejano Oeste, p. 402.

El 11 de noviembre, Phil y John «echaron un buen vistazo» en la ladera al oeste de 4251 y no encontraron «mucho», aunque el Grupo de Espeleología Pistruellos comentó que había pozos en esa área. También nos dijeron que habían terminado sus exploraciones y que podíamos echar un vistazo.

El 6 de diciembre, Pistruellos publicó en línea una bonita serie de fotos de 4251.[6]

Phil Parker, Chris y Nigel, en pantalones cortos y camisetas, estuvieron en el área el 15 de noviembre y documentaron 4 nuevos agujeros al oeste de Mina Favorita (1561): 4264, una torca; 4265, un pequeño pozo en caliza fragmentada con una profundidad desconocida; 4266, una galería truncada con una estalagmita que ahora aparece como un socavado; y 4267, una pequeña cueva dentro de un área cercada con árboles de cítricos.

Regresaron al día siguiente y exploraron 4264: un pozo, de 8 a 10 m de profundidad, hasta una abertura bloqueada con rocas. Bajando por la colina, encontraron el agujero 4268, una excavación a una estratificación, y el 4269, una gran entrada de mina que se divide en dos galerías, una ciega tras unos pocos metros y la otra «desciende abruptamente a una marmita donde el trabajo parece haberse detenido». Lo dejaron sin explorar.

La prospección en el área se redujo durante los días de fuertes lluvias, pero regresaron para investigar un par de pozos aproximadamente a 1 km al sureste de la zona minera. El 4259 es una fisura sopladora estrecha para la que hacen falta micros y el 4270 es una excavación en una grieta con una roca que actualmente bloquea el camino.

El 14 de septiembre, Phil Goodwin, Alf, Dave Milner y John excavaron en dos cavidades, 2749 y 2750. Están muy cerca una de la otra, a unos 70 m por debajo de la Cueva de los Campizos (3812). En ambos casos «no valían la pena seguir» después de ver que la corriente fuerte de 2749 provenía del final de una grieta estrecha y 2750 terminaba en un agujero muy pequeño lleno de piedras.

El 9 de noviembre, Nigel y Phil Parker echaron un vistazo a Torca de Hoyo Carabo y vieron que la entrada era infranqueable aunque

---
6   The photos are linked from the 4251 website description.

6   El enlace a las fotos se puede consultar en la descripción de 4251 en la web.

Tricia Browning viewing the head gear and winch associated with the, now inaccessible, shaft and lower level of the mine at site 1561.
Tricia Browning viendo el cabezal y el cabrestante del, ahora inaccesible, pozo y nivel inferior de la mina en 1561. *Alasdair Neill*

On September 15th, Dave Milner and John went into site 2536, close to El Cubillón (2538) to try to check on the final boulder choke. However, they were unable to find a safe belay for the final 4m pitch. They inspected the hillside to the north then finished the day off with a drive up side roads in Navajeda.

Phil Goodwin and Alf were in El Cubillón on the same day but had to abandon their trip as debris from the surface was seen in the breakdown chamber at the bottom of the second big pitch.

Boulders have fallen down and silt is in danger of blocking the way through.

Phil and Alf later went to "the end" of El Cubillón to reassess work required and stash equipment for the following Easter.

On a previous visit, a strong cold draught had been noticed descending the cliff face above the entrance to El Cubillón. John wrote:

A traverse to the left of the entrance gained access to a shaft about 25m above which, when descended, came out of the rift back into daylight after 10m in a rift 6m to the left of 'El Cube' (4274). Could not find source of the draught and 'El Cube' was not blowing its usual gale.

Some days are completely fruitless! Alf, Phil, John and Dave spent September 19th in the lower Bencano valley, just west of the Cobadal depression and one of the normally dry tributaries to the main river flowing down to La Cavada. They were checking out forestry clearing but found nothing of speleological interest.

A later visit by John and Dave "looked at new tracks in woodland" and they reckoned that the area was worthy of a return visit.

This happened on the 26th when they found 4236, a 6m deep, choked rift by the side of a track. They found little else of interest but the clearance work was still in progress.

John and Phil came back in November for a look at the woods each side of the lower end of the Bencano valley. They found nothing with very little exposed limestone. It was "very hard going".

Ali and Peter Eagan surveyed the 15m-long arch (Gruta del Diablo, 4244) through which the río Aguanaz flows, downstream of the bottom entrance to the Cueva de la Fuente del Francés (4171).[7] They noted that the gate at the top entrance had been secured with a hammered-over bolt so they had to access the Gruta via a short, awkward climb down a ruined building by the river.

NORTHERN LA VEGA, EL NASO AREA WEST TO LAS CALZADILLAS

On the downhill side of the main road north of Las Calzadillas, Dave Milner and John looked at an area newly cleared of trees and found "minor sites of interest". Site 4232 is a 2m shaft that chokes at the

---

site 4171: Cueva de la Fuente del Francés
Hoznayo 30T 0442983 4804700 (ETRS89)
Altitude 33m (top entrance)
Length: 126m Vertical range: 7m
Surveyed: August 2015 Survey grade: UISv1 4-3-A
Surveyors: Juan Corrin with Penny Corrin, Jenny Carlisle
Drawn in Inkscape: Juan Corrin
Matienzo Caves Project 2015

site 4244: Gruta del Diablo
Hoznayo ETRS89: 30T 442966 4804741
Altitude: 28m (north entrance)
Length: 18m
Surveyed: October 2015
Survey grade: UISv1 4-3-A
Surveyors: Alasdair Neill, Peter Eagan
Drawn in Inkscape: Juan Corrin after Alasdair Neill drawing in Corel Draw
Matienzo Caves Project 2015

weir
leat
north entrance site 4244
bottom entrance site 4171
boulders and surface debris
old wooden plank roof
seat
overhang
south entrance site 4244
seat
Río Aguanaz flows into Gruta del Diablo with deep water
light cable
drill hole & light cable
soil run-in
iron bars in roof holding up boulders
hole up to surface
small stal "table"
arch
holes choke
old light fitting
walk under boss on calcite layer
sediments under calcite floor
red mark above light suspension nails
0 5 10
m
line of approximately twelve small red dots with 2 faint pencil signatures below
brick walls
top entrance site 4171 gated

---

había una corriente de aire. Luego, Chris y Phil realizaron una inspección rápida, 300 m al sureste, del cubío con corriente 2751. También vieron, justo al noroeste de 2751, un agujero grande y obvio con árboles al fondo. Notaron una corriente fría sopladora, pero pensaron que no merecía la pena. A poca distancia hacia el noroeste, el registró el agujero 4258: un hundimiento reciente de 0,75 m de diámetro en un campo abierto a una obstrucción de rocas y barro arenoso.

El 15 de septiembre, Dave Milner y John fueron a 2536, cerca de El Cubillón (2538) para intentar comprobar el caos de bloques final. Sin embargo, no pudieron encontrar un anclaje seguro para los últimos 4 m. Inspeccionaron la ladera hacia el norte y luego terminaron el día libre con un paseo en coche por carreteras secundarias en Navajeda.

Phil Goodwin y Alf fueron a El Cubillón el mismo día pero tuvieron que abandonar sus planes ya que se vieron restos de la superficie en la sala de derrubios en la base del segundo pozo grande.

Se han caído rocas y el barro podría bloquear el paso.

Phil y Alf fueron más tarde al «final» de El Cubillón para reevaluar el trabajo requerido y guardar el equipo para la siguiente Semana Santa.

En una visita anterior se había notado una fuerte corriente fría bajando por el acantilado sobre la entrada a El Cubillón. John escribió:

Una travesía a la izquierda de la entrada da acceso a un pozo de unos 25 m por encima el cual, al bajar, se sale de la fisura de nuevo a la luz del día tras 10 m en una fisura 6 m a la izquierda de El Cube (4274). No se pudo encontrar la fuente de la corriente y El Cube no soplaba con su vendaval habitual.

Algunos días simplemente no dan frutos. Alf, Phil, John y Dave pasaron el 19 de septiembre en el valle bajo de Bencano, justo al oeste de la depresión de Cobadal y uno de los afluentes normalmente secos del río principal que fluye hacia La Cavada. Estaban comprobando la sección que había sido talada, pero no encontraron nada de interés espeleológico.

En una visita posterior, John y Dave «buscaron nuevas posibilidades en el bosque» y estimaron merecía la pena volver a la zona, lo que hicieron el 26 cuando encontraron 4236, una grieta obstruida de 6 m de profundidad al lado de un camino. Encontraron poco más de interés, pero el trabajo de limpieza aún estaba en progreso.

John y Phil regresaron en noviembre para echar un vistazo a los bosques a cada lado del extremo inferior del valle de Bencano. No encontraron nada, con muy poca piedra caliza expuesta. Fue «muy difícil».

Ali y Peter Eagan topografiaron el arco de 15 m de largo (la Gruta del Diablo, 4244) por el que fluye el río Aguanaz, aguas abajo de la entrada inferior a la Cueva de la Fuente del Francés (4171).[7] Vieron que la verja de la entrada superior había sido asegurada con un cerrojo, por lo que tuvieron que acceder a la Gruta mediante un breve e incómodo destrepe por un edificio en ruinas junto al río.

---

7 2015 summer, page 194.

7 Véase Verano de 2015, p. 194.

Pablo photographing the crushed calcited basket in Cofresnedo.
Pablo fotografiando la canasta en calcita de Cofresnedo. *Pete Smith*

base; 4233 is a 3m shaft / collapse with no way on and 4234 is a cave with no draught in the left bank of a gully.

October 20th was a productive day for Peter Eagan, Terry and Phil Papard, first looking at the Torca del Hoyón (0567) depression and documenting new sites 4245 and 4246 after mistakenly thinking that the entrance to the main system had slipped in. They then walked out and down on a round trip on the Matienzo side from the farm building to the south of the Alisas view point with a black dog following them all the way.

A number of holes were noted but none explored: 4242 - a 20m deep shaft with boulders covering the top; 4237 - a dig under a 1m scar that needs a boulder removing to get in; 4238 - a rift with rubbish in the bottom which needs inspecting with caving gear on[8]; 4239 - a wide, 4.5m deep shaft where it was not possible to see all of the base; 4240 - a blocked shaft which appears to 10.5m deep with the Disto but rocks bounce further and 4241 - a depression found when looking for site 0722 which they thought could be blocked by rubbish. They also GPS'd sites 1817 and 0721.

Sites 4242 and 4237 remain unexplored.

Pedro later GPS'd Hoyón, 4247, 4248 and 4249 - sites that could, eventually, connect into the drainage to Matienzo. He also visited 1205, close to passages in Torcón de la Calleja Rebollo (Toad in the Hole, 0258) declaring that it "looks good for a dig".

On October 2nd, Pablo, accompanied by Pedro took photographs of the possibly 1st century basket near the end of Cueva Cofresnedo (0065). This was a photogrammetry exercise to produce a 3D image of the remains.[9]

THE NORTHEAST SECTOR INCLUDING THE FOUR VALLEYS SYSTEM. SOLÓRZANO AND GARZÓN On October 19th, Peter Eagan and Ali went to site 0718, which appeared to end close to Tilers' Way in Cueva Hoyuca (0107).

Peter pushed through to a small, wet section with a mud floor and possible corner and pendant which would need a wetsuit to pass. Looks similar to corner seen in Tilers' Way previously.

They then moved into Hoyuca through the Church Entrance (2903). [10]

... crawling mostly over sand and gravel; no sign of cow shit. At a corner before connection the floor was wet mud but not smelling. Dry passages on the left were also looked at.

They finished the day by Peter checking out the choke in the sink 2857. Water that resurges from the Fuente de la Cuvia (0207) sinks here, passes through the choke and is, almost certainly, the same water seen in 0718. Peter thought the choke was "No go".

This was about the time that preliminary works started on improving the road from San Antonio to Riaño. Ali was concerned by the very large quantities of roadwork's spoil being dumped off the road where it passes the Church Entrance.

The Chris, Phil Parker and Nigel team documented site 4260, by the road between the two parts of Riaño. This was a mud-filled, phreatic hole. Rather more promising was the dig which they were pursuing in Cueva Shelob, site 4173. This was a draughting tube and could possibly be linked to Cueva-Cubío del Llanío (3234). They also worked on the dig in Shrewd Find (4188), which also had some prospect of joining to Llanío.

2 bolts in at roof level for ladder so angle of rest slope down was then available to stack rocks on, allowing bottom of slope to be dug under flowstone. This gave a couple of metres to where the draught came in from a small inlet passage on the right. Further prospects look poor. Written off.

However, the following summer would see it resurrected as a possibility.

The same team was prospecting in recent eucalyptus wood clearance above Cueva de Riaño (0105) on November 14th.They found a collapse

EL NORTE DE LA VEGA, ZONA DE EL NASO - LAS CALZADILLAS

Bajando desde la carretera principal al norte de Las Calzadillas, Dave Milner y John echaron un vistazo en una zona recién despejada de árboles y encontraron «agujeros de interés menor»: el 4232 es un pozo de 2 m obstruido en la base; 4233 es un pozo/colapso de 3 m sin continuación y 4234 es una cueva sin corriente en la orilla izquierda de un barranco.

El 20 de octubre fue un día productivo para Peter Eagan, Terry y Phil Papard, primero mirando la depresión Torca del Hoyón (0567) y documentando 4245 y 4246 después de pensar erróneamente que la entrada al sistema principal se había hundido. Después regresaron bajando por el lado de Matienzo desde la finca al sur del mirador de Alisas con un perro negro siguiéndolos todo el camino.

Vieron varios agujeros, pero no exploraron ninguno: 4242, un pozo de 20 m de profundidad con rocas que cubren la parte superior; 4237, una excavación debajo de un saliente rocoso de 1 m con un bloque que hay que quitar para poder entrar; 4238, una grieta con basura en el fondo que hay que inspeccionar con el mono de espeleología puesto[8]; 4239, un pozo ancho de 4,5 m de profundidad cuya base no se podía ver bien; 4240, un pozo bloqueado que según el Disto mide 10,5 m de profundidad, pero las rocas rebotan más; y 4241, una depresión encontrada al buscar el sitio 0722 que pensaron que podría estar bloqueado por basura. También tomaron nota de la ubicación de 1817 y 0721 con el GPS.

Los agujeros 4242 y 4237 aún no se han explorado.

Pedro más tarde tomó las coordenadas GPD de Hoyón, 4247, 4248 y 4249, cavidades que podrían, eventualmente, conectar con el drenaje de Matienzo. También visitó 1205, cerca de las galerías de Torcón de la Calleja Rebollo (0258) declarando que «pinta bien para una excavación».

El 2 de octubre, Pablo Pérez, acompañado por Pedro, sacó fotografías de la canasta, posiblemente del siglo I, cerca del final de la Cueva Cofresnedo (0039). Con esta fotometría se espera producir una imagen en 3D de los restos.[9]

SECTOR NORESTE, INCLUYENDO EL SISTEMA DE LOS CUATRO VALLES, SOLÓRZANO Y GARZÓN El 19 de octubre, Peter Eagan y Ali fueron a la cavidad 0718, que parecía terminar cerca de Tilers' Way en Cueva Hoyuca (0107).

Peter se abrió paso a una sección pequeña y húmeda con suelo de barro y una posible esquina y colgante, pero haría falta neopreno para pasar. Se parece a la esquina vista en Tilers' Way.

Luego fueron a Hoyuca por la entrada de la iglesia (2903).[10]

Gatera principalmente sobre arena y grava; ni rastro de mierda de vaca. En una esquina antes de la conexión, el suelo era de barro, pero no olía. También miramos en las galerías secas de la izquierda.

Terminaron el día con Peter revisando la obstrucción del sumidero 2857. El agua que sale de Fuente de la Cuvia (0207) se hunde aquí, pasa por la obstrucción y es, casi con certeza, la misma agua que se vio en 0718. Peter pensó que la obstrucción «no era pasable».

Más o menos por aquel entonces se iniciaron los trabajos preliminares para mejorar la carretera de San Antonio a Riaño. Ali estaba preocupado por la gran cantidad de escombros de las obras viales que se tiraban por la carretera cuando pasa encima de la entrada de la iglesia.

El equipo de Chris, Phil Parker y Nigel documentaron la cavidad 4260, junto a la carretera entre las dos partes de Riaño. Era un agujero freático lleno de barro. Un poco más prometedora fue la excavación de la Cueva Shelob, 4173, un tubo soplador que podría conectar con la Cueva-Cubío del Llanío (3234).

También trabajaron en la excavación en Shrewd Find (4188), que también tenía alguna perspectiva de unirse a Llanío.

2 anclajes a nivel del techo para la escala, así el

---

8   This was later found to be site 0722 and was explored in the summer, 2016.

9   Links to the image and a viewer are found in the 0065 description on the website.

10   When first explored in 1991, the Church Entrance had a section of deep cow shit which had to be hands-and-knees crawled through, see Matienzo: 50 Years of Speleology, page 104. This odious obstacle usually prevented cavers from entering Hoyuca through an easier entrance but it would appear that the farmer was not now getting rid of excess fertiliser by pumping it underground.

8   Esta resultó ser la cavidad 0722 y se exploró en el verano de 2016.

9   Los enlaces a la imagen se pueden encontrar en la descripción de 0039 en la web.

10   Cuando se exploró por primera vez en 1991, la entrada de la iglesia tenía una gatera llena de estiércol, véase Matienzo: 50 años de espeleología, p. 104. Este horrible obstáculo a menudo impedía a los espeleólogos entrar a Hoyuca por una entrada fácil, pero parecía que el granjero había decidido deshacerse del estiércol sobrante de otras maneras.

feature (4263) at the side of a bulldozed track and re-found site 2650.

Bob, Dave Gledhill, James and Jon went in Cueva Llueva (0114) to check out the southerly lead from the rope up in the Big Bang Burger Bar. They had a good look in the northeast boulder choke but were unable to find any way on.

Jon and Dave Gledhill checked out an area in Cueva de Torno (2366) previously surveyed by Martin Barnicott and Dave in 2008. This area had possibilities for joining with Cueva de Riaño (0105) in the Four Valleys System. If there was a link, all references to "Four" would need to be altered to "Five". Bouldery sections, rifts, the roof, well-decorated parts and calcited choss are some of the places and conditions investigated, but there was no link.[11]

John, Phil Goodwin, Alf and Dave Milner surveyed Pipe Cave (4050) - a length of 142m and depth of 46m - and went down a previously undescended pitch which they found choked.

SOUTHERN SECTOR Pedro, Juan, Phil Parker and Nigel Easton spent five hours in the Orillón complex (1162) continuing to dig downstream which had been started at the end of the summer.

Enlarged the start of the dig so little forward progress made. Will be a slow dig with sediment above (bed?) rock which breaks up quite easily with a hammer and chisel. Passage may be rising beyond the visible low section. Slight draught today.

On November 24th, Pedro put optical brightener into the water at the end of Orillón and fluocapteurs into Cueva del Mortiro (0005) and Cueva de Esquileña (4271) over the hill to the south and the Risco resurgence (3929) in Matienzo. Heavy rain on the night of the 25th could have washed away the detectors but Pedro retrieved one from Esquileña which was positive. This water trace proved that the water in Orillón flowed out of the Matienzo depression to the south, unlike most of the water in the depression which flowed north to sink in Cueva de Carcavuezo (0081) and resurged at Los Boyones (0118) in Secadura.

The precise point it saw daylight again was thought to be the eastern resurgence in the giant Mortiro depression, about 1.2km south of Cruz Usaño.

Peter Eagan, Ali, Phil Papard and Terry had a short trip into Cueva del Comellantes (0040) on October 10th, the same day as their ferry docked.

Pete climbed up rift in west side of passage where water comes down flowstone. This led to a short crawl and a dig through a false floor.

The route rose up on flowstone to a choke. Batch 0040-15-06 was surveyed providing 84m to add to the length of the South Vega System.

Peter, Ali and Angus continued the resurvey on the 16th October.

Pete crossed over traverse at far west end at top of ramp ... Found a passage that came back in at climb near the entrance. Surveyed the right hand series of passages looking into window of the main sump.

They were back in on the 18th, resurveying and checking for leads.

In Comellantes on October 20th, Ali and Carmen investigated two possible climbing routes where a strong, cold, outward draught had been previously noted. They decided that bolting and / or an extension ladder was required.

They also found that the lakes in Cueva-Cubío de la Reñada (0048) were "full" after 24 hours of rain. This curtailed plans to go further so they surveyed "bits" in the Comellantes branch and checked the usually draughting dig with an audio connection through to Comellantes - it was "sumped off totally". However, the other side in Comellantes appeared open.

Pedro and Guy visited Hoyo de la Rotura (0752), perched over Cueva Vallina (0733), to check out Guy's 30-year-old memory of a high-level passage. It didn't exist but they did find a hole at head height at the bottom which entered a rift that needed warmer weather to check for a draught.

Cueva Vallina was a major focus for the October group. Rupert had diving plans for the downstream sumps and the first trip in here by the October team carried some diving gear to the head of the Double Dutch Pitch. The next trip - Rupert, Peter Eagan, Ali and Carmen - also carried in dive cylinders. The non-divers looked at passages previously identified above the sump bypass in the main downstream Río Rioja. At the top of the rope climb down from this bypass, a rift passage averaging some 0.8m wide formed on a series of joints / faults was found.

Sharp calcite nodules on the walls make progress a little slow. Good draught into the passage.

They surveyed 217m, with 200m more entered, calling the extension The Sisters of Perpetual Indulgence (batch 0733-15-02).

A large group was back in Vallina a couple of days later, the 17th

---

11   A full account of these explorations can be found in the logbook, 12/11/15 and is worth reading for possible future work.

ángulo de la pendiente estaba disponible para apilar rocas, permitiendo excavar la parte inferior bajo de la colada. Avanzamos un par de metros a donde entraba el tiro por una pequeña galería a la derecha. Las perspectivas futuras parecen malas. Nos olvidamos.

Sin embargo, el verano siguiente la vería resucitada como una posibilidad.

El mismo equipo prospeccionó en un bosque de eucaliptos recién talado sobre la Cueva de Riaño (0105) el 14 de noviembre. Encontraron una colapso (4263) al lado de un nuevo camino y reencontraron la cueva 2650.

Bob, Dave Gledhill, James y Jon fueron a Cueva Llueva (0114) para ver la posible continuación hacia el sur desde la cuerda en el Big Bang Burger Bar. Echaron un buen vistazo al caos de bloques del noreste, pero no pudieron encontrar nada.

Jon y Dave Gledhill revisaron un área en Cueva de Torno (2366) previamente topografiada por Martin Barnicott y Dave en 2008. Esta área tenía posibilidades de conectar con Cueva Riaño (0105) en el Sistema de los Cuatro Valles. De ser así, todas las referencias a «Cuatro» deberían cambiarse a «Cinco». Secciones con bloques, fisuras, el techo, partes bien decoradas y coladas son algunos de los lugares que investigaron, pero no encontraron la conexión.[11]

John, Phil Goodwin, Alf y Dave Milner topografiaron Pipe Cave (4050), 142 m de desarrollo y una profundidad de 46 m, y bajaron por un pozo que no habían descendido anteriormente y que encontraron obstruido.

SECTOR SUR Pedro, Juan, Phil Parker y Nigel Easton pasaron cinco horas en el complejo de Orillón (1162) continuando la excavación aguas abajo que se había iniciado a fines del verano.

Se amplió el inicio de la excavación, por lo que se avanzó poco. Será una excavación lenta con sedimentos sobre (¿lecho?) roca que se rompe con bastante facilidad con un martillo y un cincel. La galería puede elevarse pasando la sección baja visible. Ligera corriente hoy.

El 24 de noviembre, Pedro puso abrillantador óptico en el agua al final de Orillón y detectores en Cueva del Mortiro (0005) y Cueva de Esquileña (4271) sobre el cerro al sur y la surgencia del Risco (3929) en Matienzo. Las fuertes lluvias de la noche del 25 podrían haberse llevado los detectores, pero Pedro recuperó uno de Esquileña que dio positivo. Este rastro de agua demostró que el agua de Orillón sale de la depresión de Matienzo hacia el sur, a diferencia de la mayor parte del agua de la depresión que fluye hacia el norte para hundirse en la Cueva de Carcavuezo (0081) y emerger en Los Boyones (0118) en Secadura.

Se pensó que el punto exacto en el que volvió a ver la luz del día era la surgencia oriental de la depresión gigante de Mortiro, a unos 1,2 km al sur de Cruz Usaño.

Peter Eagan, Ali, Phil Papard y Terry se acercaron a la Cueva del Comellantes (0040) el 10 de octubre, el mismo día en que atracó su ferry.

Pete trepó por la grieta en el lado oeste de la galería donde el agua desciende por colada. Esto llevó a una gatera corta y una excavación a través de un suelo falso.

La ruta subió por una colada hasta una obstrucción. Se topografió el lote 0040-15-06 proporcionando 84 m para añadir al desarrollo del sistema de La Vega.

Peter, Ali y Angus continuaron la nueva topografía el 16 de octubre.

Pete cruzó la travesía en el extremo oeste en lo alto de la rampa [...] Encontró una galería que volvía a la escalada cerca de la entrada. Topografiamos la serie de galerías de la derecha mirando hacia la ventana del sifón principal.

Regresaron el día 18, volviendo a topografiar y comprobando interrogantes.

En Comellantes, el 20 de octubre, Ali y Carmen investigaron dos posibles rutas de escalada en las que previamente se había observado una fuerte corriente de aire sopladora. Decidieron que hacía falta instalarlas o una escala.

También vieron que los lagos de Reñada estaban «llenos» después de 24 horas de lluvia. Esto redujo los planes para ir más allá, por lo que topografiaron «partes» en el ramal de Comellantes y comprobaron la excavación, que normalmente tenía buena corriente de aire, con una conexión de audio a través de Comellantes; estaba «completamente sumergida». Sin embargo, el otro lado de Comellantes parecía abierto.

Pedro y Guy visitaron Hoyo de la Rotura (0752), encaramado sobre Cueva Vallina (0733), para ver una galería de nivel superior que Guy recordaba haber visto 30 años antes. No existía, pero encontraron un agujero a la altura de la cabeza en la parte inferior que daba a una

---

11   Una descripción completa de estas exploraciones se puede encontrar en el libro de salidas, 12/11/15, y merece la pena leerlo antes de volver a esa sección.

October, splitting into three teams. Rupert took diving gear to the main downstream sump 1 for diving the following day while Pete, Carmen and Phil Papard took two cylinders to the sump bypass and then went to the end of the Sisters of Perpetual Indulgence found on the 15th. They pushed on for 272m, surveying it as batch 0733-15-03.

> *... The main feature is numerous large, sharp flakes of rock in the passage ... Passage ends in an 8m pitch with continuations seen both at bottom and across pitch. ... Some 25m back from this pitch is a passage to the south that leads to a second pitch (4m) and passage across. Seems to be an easy traverse but the fragile nature of the rock and loose roof means it*

fisura, pero habría que esperar a un día más cálido para verificar si había una corriente de aire.

Cueva Vallina fue el principal objetivo del grupo de octubre. Rupert tenía planes para bucear en los sifones de aguas abajo, por lo que la primera incursión del equipo de octubre fue llevar parte del equipo de buceo a la cabecera del Double Dutch Pitch. En la siguiente incursión, Rupert, Peter Eagan, Ali y Carmen también metieron botellas. Los no buceadores echaron un vistazo a las galerías previamente identificadas sobre el desvío del sifón en el río Rioja principal, aguas abajo. En lo alto del destrepe con cuerda desde este desvío, se encontró una fisura de unos 0,8 m de ancho formada en una serie de diaclasas/fallas.

> *Los nódulos afilados de calcita en las paredes hacen que el progreso sea un poco lento. Buena corriente en la galería.*

Topografiaron 217 m, con 200 m más explorados, y llamaron a la extensión The Sisters of Perpetual Indulgence (lote 0733-15-02).

Un grupo numeroso volvió a Vallina un par de días después, el 17 de octubre, dividido en tres equipos. Rupert llevó el equipo de buceo al sifón 1 principal aguas abajo para bucear al día siguiente, mientras que Pete, Carmen y Phil Papard llevaron dos botellas al la circunvalación del sifón y luego fueron al final de The Sisters of Perpetual Indulgence, encontrado el día 15. Avanzaron 272 m, topografiándolo como lote 0733-15-03.

> *El rasgo más distintivo son los muchos salientes de roca grandes y afilados en la galería [...] La galería termina en un pozo de 8 m con continuaciones vistas tanto en el fondo como al otro lado. [...] A unos 25 m de este hay una galería hacia el sur que conduce a un segundo pozo (4 m) y a galería al otro lado. Parece ser una travesía fácil, pero la naturaleza frágil de la roca y el techo suelto significa que necesita buenos anclajes y cuerda para avanzar.*

Ali, Terry y Angus exploraron y topografiaron un par de extensiones incluidas en el lote 0733-15-04.

> *Se encontraron otros 227 m*

needs good bolting and rope to make progress.

Ali, Terry and Angus explored and surveyed a couple of extensions both included in batch 0733-15-04.

A further 227m of passage were found ... [first] at the start of the series near the bypass ... and, of more importance, to the south, where a 'side passage' off Ali's station 0 of the 15th meets a larger, complicated section of cave with a number of open leads left, at least one of which has a good draught.

Rupert, who usually caves and dives solo in Cueva Vallina was thankful for the help he'd received over the October visit. He'd had nine trips into the cave over nine days sorting out the logistics for future dives. In particular, pitches were rigged and ropes left in place; several hand lines were installed to make carrying easier; five cylinders, fins, reel, wetsuit and drysuit were carried to various points and stashed; the first three sumps were re-lined and a lot of old, trashed line was removed; diving sump 1 was found to be a far easier route than the bypass crawl and the feasibility of getting to the sumps in a drysuit was looked at.

He felt that the dry passages (the Sisters of Perpetual Indulgence) found on the trip which could bypass some of the sumps would be of little use to a diver due to its awkward nature.

Overall, the three months had been a busy period with nearly 60 sites being newly discovered or extended.

de galería [...] [primero] al comienzo de la serie cerca de la circunvalación [...] y, más importante, al sur, donde una «galería lateral» de la estación 0 de Ali del 15 da a un sección más grande y complicada de la cueva con una serie de interrogantes, uno de las cuales, al menos, tiene buena corriente.

Rupert, que suele entrar solo en Cueva Vallina, agradeció la ayuda que recibió durante la visita de octubre. Entre nueve veces a la cueva en nueve días preparando la logística para futuras inmersiones. En particular, se instalaron los pozos y se dejaron cuerdas in situ; se instalaron varios pasamanos para facilitar el transporte; cinco botellas, aletas, carrete, traje de neopreno y traje seco se llevaron a varios puntos y se guardaron; se volvió a instalar la guía en los tres primeros sifones y se eliminó una gran cantidad de líneas viejas y destrozadas. También descubrió que el sifón 1 era una ruta mucho más fácil que la gatera de la circunvalación y examinó la viabilidad de llegar a los sifones con un traje seco.

Le parecía que las galerías secas (The Sisters of Perpetual Indulgence) que se habían encontrado durante esta campaña podrían evitar algunos de los sifones serían de poca utilidad para un buceador debido a su naturaleza incómoda.

En general, los tres meses fueron un período de mucho trabajo con casi 60 cavidades descubiertas o ampliadas.

On how the Eldon Pothole Club ruined the Cow Pot survey.

JON PEMBERTON

Cómo el Eldon Pothole Club echó a perder la topo de Vaca

FRIDAY 13TH NOVEMBER 2015 – DAVE GLEDHILL, JON PEMBERTON, BOB TOOGOOD & JAMES 'JAMS' WOOD

One thing I've learnt in my caving career is that something good always happens on Friday the 13th!

Bob Toogood, Dave Gledhill, James Wood and I decided to have one last trip into Torca La Vaca in Hornedo, a kind of a "Go big or go home" trip, literally. This was on the back of a fairly mediocre week of exploration in the valley but the partying and banter had been second to none!

We had surveyed very little to date on what was a flying visit to the valley - we flew into Bilbao rather than the long ferry crossing and had roughly five full days to get underground. We had a measly ferret in Cueva Llueva to check out a choke up from the Big Bang Burger Bar, which produced zero metres on the Tuesday.

On Wednesday, 11th we had our first foray back in Cow Pot. All 4 of us have countless visits under our belts in this cave, Dave and Bob credited with some of the original explorations in 2008, with Jams and I following in 2009 on some of Dan Hibberts' explorations after the climbing of Scafell Aven. On this first trip back into the cave after numerous trips in the spring of 2015, memorizing our way through BigMat Calf Hole's entrance, we negotiated the cavern "on point" and bagged roughly 200m of new passage at the start of Suit Wrecker Inlet at the known far reaches of the system.

The Suit Wrecker Inlet was pushed in 2009 and Easter 2011. Jams and I did most of this reaching a point some 1km (in a straight line) from the start of the passage. The already known end felt remote and not a place you'd want to risk an injury. Although pretty much all horizontal with the new entrance, the never ending scrambles, dodgy boulder chokes and literally kilometres of crab walking left something to be desired.

The 200m we bagged on that day was mediocre to say the least; we were used to bagging metres by the thousands. Yes, it was 200m of freshly explored cave but it was nothing significant. We had one great moment when Jams dyno'd for a hold to climb over a hole which led back down to stream level only to fail and slide his way back down whilst we all observed from our vantage point. The reason the exploration halted was due to a 5m climb up a really tight, slippery, boulder-filled rift which none of us could muster the strength or enthusiasm to scale. We checked off a few more question marks from the survey and made a retreat to Bar Germán after some 10 hours.

I should point out that most of our week in Matienzo was heavily fuelled on drinking as much beer and wine as possible and still being able to get underground the next day. Most days we'd stay up until the early hours of the morning only to get up a few hours later, eat breakfast then head underground. We rarely saw any daylight during our visit.

On Thursday, Bob and Jams had an easy day mooching about on the surface whilst Dave and I went to check a lead in Cueva del Torno

VIERNES 13 DE NOVIEMBRE DE 2015 – DAVE GLEDHILL, JON PEMBERTON, BOB TOOGOOD Y JAMES «JAMS» WOOD

Si algo he aprendido en mis años como espeleólogo es que siempre pasa algo bueno en viernes 13.

Bob Toogood, Dave Gledhill, James Wood y yo decidimos hacer una última visita a Torca La Vaca en Hornedo, una especie de incursión de «hazlo a lo grande o vete a casa» que surgió raíz de una semana de exploración bastante mediocre en el valle, ¡aunque la fiesta y las bromas habían sido insuperables!

Habíamos topografiado muy poco hasta la fecha en esta breve visita al valle: volamos a Bilbao en vez de hacer la larga travesía en ferry y teníamos aproximadamente cinco días completos para pasar bajo tierra. El martes hurgamos con poco éxito en Cueva Llueva para comprobar una obstrucción encima del Big Bang Burger Bar que produjo cero metros.

El miércoles 11 tuvimos nuestra primera visita de regreso a Vaca. Los cuatro tenemos innumerables visitas a la cueva en nuestro haber: a Dave y a Bob se les atribuyen algunas de las exploraciones originales en 2008, y Jams y yo les seguimos en 2009 en algunas de las exploraciones de Dan Hibberts tras escalar Scafell Aven. En esta nueva visita tras numerosas incursiones en la primavera de 2015, memorizando el camino a través de la entrada de BigMat Calf Hole, negociamos la ruta sin fallos y conseguimos aproximadamente 200 m de nueva galería al comienzo de Suit Wrecker Inlet en el tramo más alejado del sistema.

Suit Wrecker Inlet había sido forzada por primera vez en 2009, Jams y yo hicimos la mayor parte llegando a 1 km (en línea recta) desde el inicio de la galería. El final ya conocido se nos antojó remoto y no un lugar en el que uno querría arriesgarse a lesionarse. Aunque con la nueva entrada es prácticamente todo horizontal, las trepadas interminables, los caos de bloques poco fiables y literalmente kilómetros andando como un cangrejo dejaban mucho que desear.

Los 200 m que conseguimos ese día eran algo mediocres, por no decir otra cosa; estábamos acostumbrados a conseguir metros de a miles. Sí, eran 200 m de cueva recién explorada, pero no era nada significativo. Tuvimos un gran momento en el que Jams se estiró hasta un agarre para escalar sobre un agujero que conducía de vuelta al nivel del arroyo, pero falló y resbaló mientras todos observábamos desde nuestros miradores. Si detuvimos la exploración fue porque nos encontramos con una subida de 5 m por una grieta muy estrecha, resbaladiza y llena de rocas. Ninguno de nosotros pudo reunir la fuerza o el entusiasmo para escalarla. Marcamos algunos signos de interrogación más en la topografía y nos retiramos al Bar Germán después de unas 10 horas.

Debo señalar que la mayor parte de nuestra semana en Matienzo fue avivada en gran parte por nuestra intención de beber la mayor cantidad de cerveza y vino posible y aún poder permanecer bajo tierra al día siguiente. La mayoría de los días no nos íbamos a dormir hasta primera hora de la mañana solo para levantarnos unas horas más

(2366). It was my first trip in this system and fun being in a different cave for a change. We tackled one climb which led to nothing and bitched out on another agreeing to return on a blue moon. We got back to HQ early that day, got the beers in and, with Jams and Bob rested, agreed to have one last push to the end of Suit Wrecker Inlet. Nobody had been here since Jams and I had discovered and surveyed the place, nor was anyone likely to head back. "Why not?", we thought.

We spoke with Juan and Big Steve who were the only expedition people about in the valley at this time of the year, and they seemed pleased that we were going for another look. Fuelled by a few more beers, we printed off surveys and noted places to check out along the way. Due to the nature of the trip, Big Steve agreed to cook us a big pot of chilli so, when we regained surface, we could just crawl back to our digs and eat hassle free.

So we began our journey on Friday 13th! The early start did not hamper our previous night of drinking. We rolled out of bed and made sure to eat a good hearty breakfast. We made a bit of snap and ensured we had everything we needed for the long day ahead - except a camera! We were underground at 11am which seemed reasonable and, after route finding during the previous trip, we made few mistakes getting to Nearly Dan Chamber. We made sure to pace ourselves with Bob taking his pacer duties seriously in the V75 category!

We started our way along the Suit Wrecker Inlet, passing our find from Wednesday - "The Passage formally known as Bernard" - roughly a third of the way along the inlet. We then came to a place that Jams and I had not seen since the original discovery some 4 years ago. We had only been there for a few hours or so and no one had been back. It was nostalgic to pass places I vaguely remembered from this time, passing certain way markers and features which triggered memories. We finally got ourselves to the climb up which leads close to the terminal choke and the complex area surrounding it labeled on the original survey as Suit Wrecker 4 shortly followed by Suit Wrecked. Juan had "kindly" asked us to re-survey this area as the original data was not great. We found a station and started to re-survey, closely examining the question marks on the original survey but found nothing new.

We then examined the terminal choke. I remembered a climb down last time, a sort of slot which, maybe with the use of a hand-line, we could descend. On arrival it was soon obvious that the whole choke had collapsed - I remembered nothing of what I was now looking into: no trigger points, no nostalgia – nada!

I'd pretty much given up and optimism from the rest of the group was waning. We'd already travelled a long way and were thinking about the journey back and most of all, beer. Jams had scurried off down a small hole for a look. We made contact and asked him, "What's happening?"

He said that it continued and seemed to open up. We asked if he'd go a bit further rather than us make our way down through the choke. He went off for a few more minutes. He shouted back up, "Yeah it goes guys! What do you want to do?"

"What do you mean it goes? Back into the inlet passage? Solid passage?"

"Yeah, choke free! What do you want to do?"

Jams with his always monotone reaction. He surely didn't sound like he'd just passed the terminal choke at the far reaches of Cow Pot! He talked us through the complex boulder choke and we soon began surveying through and beyond. At this point we were all giddy and raring to go.

The choke dropped us into a lovely, clean-washed meander, some 3m high. We followed this through a couple of joints to where the passage started to rise and the floor became sandy. After 200m, passing a hole in the floor and a potential climb, we came to a much larger space. We were standing near the roof of a chamber where the floor dropped away to a canyon with a stream flowing in the bottom, heading back towards the choke. Up here was pristinely decorated with large

---

tarde, desayunar e ir bajo tierra. Rara vez vimos la luz del día durante nuestra visita.

El jueves, Bob y Jams tuvieron un día fácil en el que pasearon por la superficie mientras Dave y yo fuimos a comprobar un interrogante en Cueva del Torno (2366). Fue mi primera incursión a este sistema y fue divertido estar en una cueva diferente para variar. Instalamos una escalada que no condujo a nada y nos quejamos de otra antes de aceptar que volveríamos algún día. Ese día regresamos al cuartel general temprano, nos tomamos una cervezas y, con Jams y Bob descansados, acordamos un último intento en el final de Suit Wrecker Inlet. Nadie había ido desde que Jams y yo lo descubrimos y topografiamos, y era probable que nadie lo hiciese. «¿Por qué no?», pensamos.

Hablamos con Juan y Big Steve, que eran los únicos en el valle en esta época del año, y parecían contentos de que fuéramos a echar otro vistazo. Animados por algunas cervezas más, imprimimos topografías y anotamos lugares para ver de camino. Debido a la naturaleza de la incursión, Big Steve aceptó cocinarnos un buen puchero de chile para que, al volver a la superficie, pudiéramos arrastrarnos de vuelta a nuestro alojamiento y comer sin problemas.

Así que el viernes 13 iniciamos nuestro viaje. El que empezásemos temprano no nos impidió pasarnos la noche de antes bebiendo. Salimos de la cama y nos aseguramos de tomar un buen desayuno. Preparamos algo de comida para llevar y nos aseguramos de tener todo lo que necesitábamos para el largo día que nos esperaba, ¡excepto la cámara! Para las 11 de la mañana ya estábamos bajo tierra, que no estaba mal y, como habíamos encontrado la ruta en la visita anterior, cometimos pocos errores hasta llegar a Nearly Dan Chamber. Nos aseguramos de mantener el ritmo, ¡pues Bob se había tomado en serio sus deberes de marcador de paso de la categoría V75!

Comenzamos nuestro camino a lo largo de Suit Wrecker Inlet, pasando nuestro hallazgo del miércoles, «The Passage formally known as Bernard» (La galería formalmente conocida como Bernard), aproximadamente a un tercio del camino a lo largo de la galería lateral. Luego llegamos a un punto que Jams y yo no habíamos visto desde el descubrimiento original unos 6 años antes. Solo habíamos estado allí unas pocas horas y nadie había vuelto desde entonces. Era nostálgico pasar por lugares que recordaba vagamente de esa época, pasar ciertos marcadores del camino y rasgos que despertaban recuerdos. Finalmente llegamos a la escalada que lleva muy cerca del caos de bloques final y el área compleja que lo rodea, llamado en la topografía original 4, seguida poco después por Suit Wrecker Wrecked. Juan nos había pedido «amablemente» que volviéramos a topografiar esta área, ya que los datos originales no eran buenos. Encontramos una estación de 2009 y empezamos a hacer la nueva topografía, examinando de cerca las interrogaciones en la topo original, pero no encontramos nada nuevo.

Luego examinamos el caos de bloques última vez había un destrepe, una especie de ranura que, tal vez con el uso de un pasamanos, podríamos bajar. Al llegar, pronto vimos que todo el caos de bloques se había derrumbado; no recordaba nada que estaba viendo ahora: sin recuerdos, sin nostalgia, ¡nada!

Prácticamente me había rendido y el optimismo del resto del grupo había empezado a disminuir. Ya habíamos recorrido un largo camino y estábamos pensando en el viaje de vuelta y, sobre todo, en la cerveza. Jams se había escabullido por un pequeño agujero para echar un vistazo. Nos pusimos en contacto y le preguntamos: «¿Qué está pasando?».

Dijo que continuaba y parecía abrirse. Le preguntamos si podía ir avanzar un poco más en lugar de continuar hacia abajo a través de la obstrucción. Siguió unos minutos más. Gritó de nuevo:

—¡Sí, chicos, continúa! ¿Qué queréis hacer?

—¿Qué quieres decir con que continúa? ¿De vuelta a la otra galería? ¿Galería sólida?

—¡Sí, libre de obstrucciones! ¿Qué queréis hacer?

Jams y su reacción siempre monótona. Sin duda no sonaba como si acabara de pasar la obstrucción final en los confines de Vaca. Nos habló a través del complejo caos de bloques y pronto comenzamos a topografiar. Ahora estábamos todos emocionados y con

---

Map labels:

Suit Wrecker 4 climb up · choked in lower levels · clean washed very draughty · Start of 2015 extensions. Area collapsed since first visited. See survey v2.22! · start of the "Friday the 13th Passage" heading southeast · flake · meander · inlet underneath · ? · sand · tube up · hole -3m · ? up · hole down · stal bosses · step across · high level traverse · small tube · high oxbow · high level · steep descent on sandy floor · sump · wetsuit required good echo · pretty climb · small · high level crawl · gour · bloques · passage continues..... · her · c+4

stalagmites and crystal flowstone formations. At the far end of the chamber, a step across the canyon led to the continuation of our passage. Jams climbed down the 4m deep canyon to check out the bottom. The stream flowed back towards the choke but was not pushed and there looked to be another route at roof level across the canyon but out of reach for today.

Bob took a bold step across the canyon and traversed the roof meander by himself whilst we started to survey along the continuation. He only stopped where he thought it may be worth a bit of protection, being alone some five hours from the entrance of the cave!

The main passage continued to rise with a nice higher level feel to the place, decreasing in size some-what. We were now stooping and crawling over a sandy, sometimes calcited, floor with loads more formations. We passed a small oxbow and a small tube in the roof and suddenly the passage dropped steeply on a sandy floor. We slowly surveyed down the steep slope to a pool of water at the bottom.

All things were pointing towards it being sumped and, in bad weather, probably is. Lucky for us we were coming off the back of a long dry spell, "the driest November in 55 years!" Now had come the time to get wet. The small pool chamber at the bottom was stooping height, the passage did a weird dog leg and we could see just beyond that the continuation began to rise again. In the opposite direction it appeared to sump. We checked out one more lead in the pool chamber, a passage heading off east. This seemed to continue and had a great echo but none of us thought it was worth getting completely soaked - one for next time.

We surveyed the pool chamber and continued up the slope on the far side, regaining access to the higher level passage. We followed this for a further 300m with various small leads heading off but nothing mind blowing. The characteristics of the passage suddenly started to change within the last 50m or so. The floor became more clean-washed, uncovering a hard-passage which made tough work we came to a boulder choke! better time as we had been by this point and you can tion fever! We were all it a day and leave this Surely someone would fitness could get here long ramble.

boulders and We followed humongous 4m the chamber length! had already

on-the-knees crawling for surveying then, suddenly,

This couldn't have come at a surveying for a good few hours lose countless hours with explora-questioning when we should call potentially vast open lead wide open. come snooping? Anyone with capable - after all, as Bob says, it's just a really

Dave crawled his way between some passed above the choke into a void. him through and were delighted to see a straw hanging from the roof in the centre of - we were that amazed by it that we surveyed its

The way on looked obvious but choked. Dave rearranged some boulders whilst we had been surveying and had uncovered a small hole between some rather large boulders. Not to leave any stone unturned, he gave me pushing rights. I slowly lowered down my legs to feel for some purchase. With steady footing I lowered the rest of my body through, the squeeze being only just passable on my chest. I soon confirmed to the other guys that the passage continued at similar dimensions to the passage before the choke. This time completely clean washed and a small trickle of water at floor level.

Dave and Bob gave Jams and I permission for a quick snoop. "OK, shall we take surveying gear?"

"Of course," was Dave's answer!

Once Jams had squeezed through we continued with the survey.

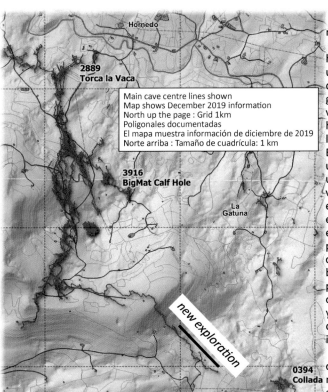

2889
Torca la Vaca

3916
BigMat Calf Hole

La Gatuna

new exploration

0394
Collada

Main cave centre lines shown
Map shows December 2019 information
North up the page : Grid 1km
Poligonales documentadas
El mapa muestra información de diciembre de 2019
Norte arriba : Tamaño de cuadrícula: 1 km

Hornedo

mud choke

climb up

4m straw

too tight

Home Time
Terminal Choke

stn 2889_15_12.144
This point is about 450m from
digs in Cueva de Collada.

approx. 50m

muchas ganas de avanzar.

De la obstrucción pasamos a un hermoso meandro limpio y bonito, de unos 3 m de altura. Lo seguimos a través de un par de diaclasas hasta donde la galería comenzó a subir y el suelo se volvió arenoso. Tras 200 m, pasando un hoyo en el suelo y una posible escalada, llegamos a un espacio mucho mayor. Estábamos parados cerca del techo en una sala que bajaba hacia un cañón con un arroyo en el fondo, dirigiéndose de vuelta hacia la obstrucción. Aquí arriba estaba muy decorada con grandes estalagmitas y coladas con cristales. En el otro extremo de la sala, cruzando por encima del cañón encontramos la continuación de nuestra galería. Jams bajó por el cañón de 4 m de profundidad para ver el fondo. El río volvía hacia la obstrucción, pero no lo investigamos y parecía que había otra ruta al nivel del techo al otro lado del cañón, pero inalcanzable esta vez.

Bob, en solitario y con valentía, cruzó el cañón y escaló por el meandro del techo mientras comenzábamos a topografiar a lo largo de la continuación. Solo se detuvo donde pensó que merecería la pena contar con un poco de protección, ¡estando solo a unas cinco horas de la entrada de la cueva!

La galería principal continuó subiendo con una agradable sensación de nivel superior, disminuyendo un poco en tamaño. Ahora teníamos que agacharnos y arrastrarnos sobre un suelo arenoso, a veces con calcita, con muchas más formaciones. Pasamos un pequeño meandro y un pequeño tubo en el techo y de repente la galería descendió abruptamente a un suelo de arena. Lentamente topografiamos la empinada pendiente hasta un charco de agua en el fondo.

Todo apuntaba a que iba a ser un sifón y, con mal tiempo, probablemente lo sea. Por suerte para nosotros, habíamos pasado una larga temporada seca, «¡el noviembre más seco en 55 años!». Ahora había llegado el momento de mojarse. La pequeña sala con la marmita en la parte inferior nos obligaba a agacharnos, la galería giró de forma extraña y pudimos ver un poco más allá que la galería comenzaba a subir nuevamente. En la dirección opuesta parecía un sifón. Comprobamos un interrogante más en la sala de la marmita, una galería en dirección este. Parecía continuar y tenía un buen eco, pero decidimos que no merecía la pena empaparse por completo; para la próxima.

Topografiamos la sala de la marmita y continuamos cuesta arriba en el lado más alejado, volviendo a acceder a la galería de nivel superior. La seguimos durante 300 m más con varias pequeñas galerías laterales, pero nada muy allá. Las características de la galería comenzaron a cambiar repentinamente en los últimos 50 m, más o menos. El suelo se volvió más limpio, dejando al descubierto una suelo que maltrataba las rodillas, lo que dificultaba el trabajo topográfico y, de repente, ¡llegamos a un caos de bloques!

Este no podría haber llegado en mejor momento, ya que llevábamos varias horas topografiando y, como ya se sabe, ¡se pueden perder incontables horas con la fiebre de la exploración! Empezamos a preguntarnos cuándo deberíamos dar por finalizado el día y dejar este interrogante con mucho potencial. ¿Alguien se animaría a venir aquí a fisgonear? Cualquiera con una buena forma física podría llegar aquí; después de todo, como dice Bob, tan solo es un paseo muy largo.

Dave se arrastró entre unas rocas y pasó por encima de la obstrucción hasta un vacío. Lo seguimos y nos encantó encontrarnos con un enorme macarrón de 4 m colgando del techo en el centro de la sala; ¡nos sorprendió tanto que lo medimos!

La continuación había movido algunas y había descubierto un pequeño agujero entre algunas rocas bastante grandes. Por eso de mirar bien todas las posibilidades, me cedió la oportunidad de forzarlo. Bajé lentamente las piernas hasta sentir dónde apoyarme. Con pie firme bajé el resto de mi cuerpo,

parecía obvia pero obstruida. Dave ya rocas mientras topografiábamos

Dave Gledhill

The passage now twisted and turned in razor sharp rock, we were traversing as quickly as possible in order not to leave the guys waiting too long. After 50m we encountered a large sandstone choke. We had passed these chokes before in Matienzo. Sandstone being a lot softer than limestone, they had always been super necky in our experience. Luckily it wasn't too bad at this point. Passing over large sandstone slabs just above the stream we stopped at a point where, ahead, we could just make out large black voids. We couldn't contain our excitement and hastily made forward progress into what we now call "Home Time Terminal Choke".

Things were starting to get exciting again, this chamber reminded me of the passage along Henry's Way with its similar "ginormous" dimensions and eerily, dark sediment. We gazed up at the choke which looked impenetrable. We took maybe 5 minutes for a quick look around to see if there was an obvious way on, something to draw us back but, alas, nothing seemed good for an easy breakthrough. This was it - home time!

Jams and I sat for a brief moment and came to the conclusion that we're probably the only people who are ever going to see this place! We'd felt like we'd achieved something big, finally pushing past the far reaches of Cow Pot for a further 600m! We'd put our cards on the table ready for the next would-be explorers to counteract – a message, "Here's what the Eldon have got, your turn..."

We started making our way back, turning up the pace a bit to return to Bob and Dave, who were patiently waiting in the 4m straw chamber. I got to a point where I started yelling through to Bob and Dave – no reply. Odd, I thought, I'm sure this is where we climb up. I got far enough to poke my head up into the squeeze only to be within licking distance of another large boulder. Bloody hell! This isn't right! Either the squeeze has collapsed or I've gone wrong. All of a sudden a trickle of steamy hot water started to spill through the choke. This, I soon realized, was Dave's piss. He shouted down to us 'effing and blinding', "You've been gone an hour! We're bloody freezing here!"

It turned out they thought it would be funny to put a good sized rock on the squeeze, switch their lamps off and wait for us to come back. Pissing down the hole on top of us was just the icing on the cake.

We explained to the others what we'd found and finally decided to turn around after being nine and a half hours underground. We made a pit stop at Nearly Dan Chamber (as we have with every trip to the far reaches of Cow Pot), consuming some Milka chocolate, tuna mayo sandwiches and a chaser of juice, although beer felt more appropriate.

Continuing our long journey out, we were all flagging through the entrance series and the climb back out of the entrance tube. We regained surface some five and a half hours after calling it a day, all of us feeling somewhat accomplished after our mediocre week of not bagging owt as far as cave discovery. The surface temperature was pleasantly mild although it was now something like 2am. We slowly got changed and piled everything back into the rental car and drove back to our digs, where Big Steve greeted us with his cauldron of chilli and a bonus stocked-up fridge with beer. Steve, you're a good man!

After copious amounts of celebrating it didn't take much for us all to fall asleep. We woke up a few hours later ready to clean gear, sort out our hangovers and smugly give Juan the survey data. We flew back the same day and slipped back to reality.

This concludes my story of how the Eldon ruined the Cow Pot survey. It used to be like a map of the UK mainland, the entrance being John o' Groats, the previous end being Lands End and the BigMat Calf Hole entrance being somewhere around Whitby. Now we've ruined the thing and it can no longer be printed with ease on one long sheet of paper thanks to the end of the Suit Wrecker Inlet being positioned somewhere east of Paris! Sorry about that.

I don't know why it's taken me so long to write this up, as it's got to be up there as one of my greatest ever caving trips. Even Bob has said so himself and, with a career at the sharp end stretching over 6 decades, I'll take that. I still wonder if anyone will ever go back there?

el pecho apenas pasó por la estrechez. Pronto les confirmé a los otros muchachos que la galería continuaba en dimensiones similares a la galería antes de la obstrucción. Esta vez completamente limpia y con un pequeño arroyo.

Dave y Bob nos dieron permiso a Jams y a mí para echar un vistazo rápido.

—Vale, ¿nos llevamos el equipo de topografía?

—Por supuesto —respondió Dave.

Cuando Jams pasó por la ranura, continuamos con la topografía. La galería ahora tenía muchas curvas y era de una roca afilada, y la cruzamos lo más rápido posible para no dejar a los muchachos esperando demasiado. Tras 50 m encontramos una gran obstrucción de arenisca. Ya habíamos pasado estas obstrucciones antes en Matienzo. Al ser la piedra arenisca mucho más blanda que la caliza, en nuestra experiencia siempre habían sido algo más complicadas. Afortunadamente, esta vez no fue tan mala. Pasando sobre grandes losas de arenisca justo encima del arroyo, nos detuvimos en un punto donde, por delante, podíamos distinguir grandes vacíos negros. No pudimos contener nuestra emoción y apresuradamente avanzamos hacia lo que ahora llamamos «Home Time Terminal Choke».

El día se volvía a poner interesante. Esta sala me recordó a la galería a lo largo de Henry's Way con similares dimensiones descomunales y sedimento oscuro, inquietante. Miramos la obstrucción que parecía impenetrable y pasamos 5 minutos echando un vistazo rápido a nuestro alrededor para ver si había una forma obvia de avanzar, pero, por desgracia, nada parecía fácil. Era hora de volver a casa.

Jams y yo nos sentamos un rato y llegamos a la conclusión de que probablemente nadie más iba a visitar esta parte de la cueva. Sentimos que habíamos logrado algo grande, finalmente forzando los confines de Vaca. ¡Unos 600 m más! Habíamos puesto nuestras cartas sobre la mesa listas para que los próximos exploradores actuaran: un mensaje: «De esto son capaces los Eldon, tu turno...».

Emprendimos el camino de regreso, acelerando un poco el ritmo para regresar con Bob y Dave, que estaban esperando pacientemente en la sala con el macarrón de 4 m. Llegados a un punto comencé a gritarles, sin respuesta. «Qué raro», pensé, «estoy seguro de que trepamos por aquí». Llegué lo suficientemente lejos como para asomar la cabeza por la estrechez solo para estar a milímetros de otra gran roca. ¡Joder! ¡Esto no es! O el caos de bloques se ha derrumbado o me he equivocado. De repente, un hilo de agua caliente y humeante comenzó a caer por la obstrucción. Enseguida me di cuenta de que era la meada de Dave. Maldiciendo e insultándonos gritó:

—¡Lleváis una hora por ahí y aquí nos estamos congelando!

Resultó que pensaron que sería divertido poner una piedra de buen tamaño en la constricción, apagar las luces y esperar a que volviéramos. Mear por el agujero encima de nosotros era la guinda del pastel.

Les explicamos lo que habíamos encontrado y finalmente decidimos salir tras nueve horas y media bajo tierra. Hicimos una parada en Nearly Dan Chamber (como hacemos en cada visita a los confines de Vaca) para comer un poco de chocolate Milka, sándwiches de atún y mayonesa con zumo para bajarlo, aunque una cerveza hubiera sido mejor.

Continuando con nuestro largo camino de vuelta, en la red de la entrada y la escalada por el tubo de la entrada empezamos a flaquear. Salimos a la superficie unas cinco horas y media después de darnos la vuelta, sintiéndonos algo realizados después de una semana mediocre sin descubrir mucho. La temperatura era agradablemente suave, aunque serían cerca de las 2 de la madrugada. Lentamente nos cambiamos, apilamos todo de nuevo en el coche de alquiler y condujimos de vuelta al alojamiento, donde Big Steve nos recibió con su puchero de chile y una nevera bien surtida con cerveza. ¡Steve, eres un buen hombre!

Después de una buena celebración, no nos costó mucho quedarnos dormidos. Nos despertamos unas horas más tarde listos para limpiar el equipo, poner fin a la resaca y darle a Juan los datos de la topografía con aire de suficiencia. Volamos de regreso el mismo día y volvimos a la realidad.

Así termina mi relato de cómo los del Eldon echaron a perder la topografía de Vaca. Solía ser como un mapa del Reino Unido, la entrada era John o' Groats, el final anterior era Lands End y la entrada de BigMat Calf Hole estaba en algún punto cerca de Whitby. Ahora la hemos echado a perder y ya no se puede imprimir con facilidad en una hoja de papel larga, pues el extremo de Suit Wrecker Inlet está ubicado en algún punto al este de París. Lo sentimos.

No sé por qué he tardado tanto en escribir esto, ya que tiene que ser uno de los mejores días que he pasado bajo tierra. Incluso Bob lo ha dicho y, con una carrera espeleológica de 6 décadas en primera línea, lo tomaré como algo bueno.

Todavía me pregunto si alguien volverá alguna vez.

NORTHWEST AND FAR WEST SECTORS The work to document the caves around this region of Cantabria continues through the year. Logbook records from the various trips are used to inform the website descriptions, photos are edited and resized, videos edited, etc, etc - and, possibly the most important, cave surveys are drawn up. Using the free, open source Inkscape package, Phil Goodwin produced the up-to-date surveys of the Civil War Cave (3543), Cueva la Revoltona (site 3973) and Pipe Cave (4050).

At Navajeda, Emilio showed Pedro Cueva del Palo de la Mesa (4386), a well-known archaeological site that was photographed in later years by MCP members.

NORTHERN LA VEGA, EL NASO AREA WEST TO LAS CALZADILLAS

Following on from Andi Smith's PhD work, Lancaster University PhD student Laura Deeprose and Erasmus exchange student Joanna Houska continued gathering data in Cueva de las Perlas (site 0074). Detectors were reset and stal samples collected over three days in January. Occasional assistance was provided by Andy Quin and one of Laura's supervisors, Dr Peter Wynn. The purpose of this study was to discover if climate change more than 25000 years ago was possibly a reason for the disappearance of the Neanderthals in the area.[1] Phil and Juan also viewed the underground work and took photos and video.[2]

Juan experimented with underground photography in Cueva del Agua (0059) using an Olympus TG4 camera on a small tripod controlled through wi-fi from an Android tablet and using 3 or 4 LED lights. This seemed an ideal set-up for a solo photographic trip into large spaces.[3]

MATIENZO Pedro and daughter Carolina had been into 0415 on New Year's Eve finding a passage which was not on the old survey with "a pitch that seems undescended (although there are carbide marks at the top)". Carolina had taken on the coordination and drawing up of the new survey of this significantly placed cave fragment but couldn't immediately follow up this discovery as she wouldn't be caving in Matienzo until the following November.

SOUTHERN SECTOR Over January 16th - 20th, Pedro and Terry carried out a second water tracing exercise from Cueva Orillón, through the Malbujero entrance (1162), at the south side of the Matienzo depression. The results confirmed the first test[4]: the water in the Orillón complex passes out of the depression to the south, resurges at the eastern spring (site 4272) in the Hoyo Mortiro, flows about 100m across the floor then sinks into Cueva del Mortiro (site 0005). The water finally flows into the río Asón after resurging at site 4271, Cueva de Esquileña.

In another water trace carried out by Pedro and Terry from site 3884 (again at the southern end of the Matienzo depression), the detector showed positive at the Jivero 1 (0016) resurgence after 48 hours. This was somewhat unexpected as the resurgence was thought to be 5 metres higher than the downstream end of site 3884. This issue might be due to inaccurate contour lines[5] or inaccurate cave surveying. Some (re)survey may be required![6]

Pedro had been resurveying Cueva de la Loca 2 (0020) and, at one extremity, had seen daylight coming through a small hole. He'd been unable to find the aperture on the surface

Phil Papard at Torca del Hoyón.
Phil Papard en Torca del Hoyón. *Terry Whitaker*

SECTOR NOROESTE Y EXTREMO OESTE El trabajo para documentar las cuevas alrededor de esta región de Cantabria continúa a lo largo del año. Los registros del libro de salidas de las distintas salidas se utilizan para completar las descripciones del sitio web, las fotos se editan y se redimensionan, los vídeos se editan, etc. y, posiblemente lo más importante, se dibujan las topografías de las cuevas. Usando el programa Inkscape gratuito y de código abierto, Phil Goodwin produjo topos actualizadas de Civil War Cave (3543), Cueva la Revoltona (3973) y Pipe Cave (4050).

En Navajeda, Emilio mostró a Pedro la Cueva del Palo de la Mesa (4386), una cavidad conocida por su arqueología que miembros del MCP fotografiaron en años posteriores.

EL NORTE DE LA VEGA, ZONA DE EL NASO – LAS CALZADILLAS

Siguiendo con el trabajo de doctorado de Andi Smith, la estudiante de doctorado de la Universidad de Lancaster Laura Deeprose y la estudiante de intercambio Erasmus Joanna Houska continuaron recopilando datos en Cueva de las Perlas (0074). Los detectores se reiniciaron y se recolectaron muestras de estalagmitas durante tres días en enero. Andy Quin y uno de los supervisores de Laura, el Dr. Peter Wynn, brindaron asistencia ocasional. El propósito de este estudio es descubrir si el cambio climático de hace más de 25 000 años fue una de las razones por las que los neandertales desaparecieron de la zona.[1] Phil y Juan también asistieron a las labores subterráneas y sacaron fotos y vídeos.[2]

Juan experimentó con la fotografía subterránea en la Cueva del Molino (0059) usando una cámara Olympus TG4 en un pequeño trípode controlado a través de wi-fi desde una tableta Android y usando 3 o 4 luces LED. Parecía la configuración ideal para una salida fotográfica en solitario a un espacio grande.[3]

MATIENZO Pedro y su hija Carolina habían estado en 0415 en la víspera de Año Nuevo y encontraron una galería que no estaba en la antigua topografía con «un pozo que no parece explorado (aunque hay marcas de carburo en la parte superior)». Carolina se estaba encargado de la coordinación y dibujo de la nuevo topografía de esta sección de la cueva, ubicada en un lugar significativo, pero no pudo realizar un seguimiento inmediato de este descubrimiento ya que no volvería a Matienzo hasta noviembre.

SECTOR SUR Durante los días 16 y 20 de enero, Pedro y Terry realizaron una segunda prueba hidrológica desde la Cueva Orillón, por la entrada de Malbujero (1162), en el lado sur de la depresión de Matienzo. Los resultados confirmaron la primera prueba:[4] el agua en el complejo de Orillón sale de la depresión hacia el sur, resurge en el manantial oriental (4272) en el Hoyo Mortiro, continúa unos 100 m andes de sumergirse en la Cueva del Mortiro (0005). El agua finalmente desemboca en el río Asón tras salir en 4271, Cueva de Esquileña.

En otra coloración llevada a cabo por Pedro y Terry en el 3884 (nuevamente en el extremo sur de la depresión de Matienzo), el detector dio positivo en la surgencia del Jivero 1 (0016) tras 48 horas. Fue algo inesperado ya que se pensaba que la surgencia estaba a 5 metros por encima del extremo aguas debajo de 3884. Esto podría deberse a isolíneas inexactas[5] o una topografía inexacta. ¡Puede que haga falta volver a topografiar![6]

Pedro había estado topografiando de nuevo la Cueva de la Loca 2 (0020) y, en un extremo, había visto la luz del día entrar por un pequeño agujero. No había podido encontrar la abertura en la superficie, así que, con él bajo tierra e Ian y Terry en la superficie,

1   See article by Peter Wynn et al "Ten years of Lancaster University-led teaching and research in the Matienzo depression", page 461.

2   The published video is based around Laura explaining the work that is involved to gather the data for the project and possible results. See https://youtu.be/wXJpI6w08lM or follow the link on the January & February section of the 2016 page on the web site.

3   Some of the results can be seen on the 0059 website description page by following the "entrance chamber January 2016" link.

4   2015 autumn, page 211.

5   See the contour issues around Carcavuezo, 2015 summer, page 198 - 199.

6   A summary of all the main water traces carried out by MCP members and others are shown in the Hydrology: water traces chapter, pages 455 - 460.

1   Véase el artículo de Peter Wynn 10 años de docencia e investigación de la Universidad de Lancaster en el valle de Matienzo en la página 461.

2   En el vídeo publicado Laura explica el trabajo que implica recopilar la información para el proyecto y sus posibles resultados. Véase https://youtu.be/wXJpI6w08lM o el enlace en la sección Enero/Febrero de 2016 en el sitio web de Matienzo Caves.

3   Algunos de los resultados se pueden ver el la página web de la descripción de 0059 siguiendo el enlace: «entrance chamber January 2016».

4   Véase Otoño de 2015, p. 211.

5   Como los problemas con las isolíneas cerca de Carcavuezo. Véase Verano de 2015, páginas 198 - 199.

6   Un resumen de todas las pruebas hidrológicas conocidas llevas a cabo por miembros del MCP y otros se detallan en el capítulo sobre Hidrología, p. 455.

so, with him underground and Ian and Terry on the surface, communication was soon established down a small, obscure hole (4276) on a grassy knoll.

On January 16th, Phil and Terry carried out a thorough investigation of the Torca del Hoyón (0567) depression, carrying out a surface survey to properly place the torca and sites 4245 and 4246 within the depression. The planned descent of 4246, where water can be heard down a pitch, was put on hold when it was discovered that the pitch top would need to be opened up.

Guy Simonnot from the Spéléo-Club Dijon shared his team's finds and explorations on the hillside above and around Cueva Vallina (0733) and down into the Bustablado valley. Some sites were known to us and some of these have an updated description, but over 100 new sites (4277 - 4384) were added to the Matienzo Caves Project database and on- and off-line documentation.

Future collaborations and/or permit changes may see these explored and pushed further. Some could well be associated with Cueva Vallina and / or Torca del Hoyón and, of course, link with the South Vega System in Matienzo which, from April 10th, 2015 had a proven, water-traced connection with Cueva Vallina.[7]

Including Guy's information, there were more than 200 sites that required updating on the website before the Easter expedition.

pronto se estableció la comunicación por un pequeño y oscuro agujero (4276) en una loma cubierta de hierba.

El 16 de enero, Phil y Terry llevaron a cabo una investigación exhaustiva de la depresión de Torca del Hoyón (0567), realizando una topografía de superficie para ubicar correctamente la torca y los agujeros 4245 y 4246 dentro de la depresión. El acceso planeado a 4246, donde se puede escuchar el agua caer por un pozo, se suspendió cuando se descubrió que había que abrir cabecera.

Guy Simonnot del Spéléo-Club Dijon compartió los hallazgos y exploraciones de su equipo en el monte sobre y alrededor de Cueva Vallina (0733) y hacia el valle de Bustablado. Conocíamos algunos y varios de ellos tienen una descripción actualizada, pero se añadieron más de 100 agujeros nuevos (4277 - 4384) a la base de datos del Matienzo Caves y a la documentación en digital y analógico.

Colaboraciones futuras o los cambios en los permisos podrían hacer que estos se exploren más. Algunos podrían tener una conexión con Vallina o con la Torca del Hoyón y, por supuesto, con el Sistema de La Vega en Matienzo que, desde el 10 de abril de 2015, tenía una conexión con Cueva Vallina probada con un trazado hidrológico.[7]

Incluyendo la información de Guy, había más de 200 agujeros que debían actualizarse en el sitio web antes de la expedición de Semana Santa.

---

7   The dye test carried in 1985 from Torca del Hoyón was faintly positive in La Cuevona (0248). The dye was assumed to have come out of Comellantes.

7   La coloración realizada en 1985 desde Torca del Hoyón dio un positivo tenue en La Cuevona (0248). Se supone que el colorante salió de Comellantes.

2016 EASTER / SEMANA SANTA	Carmen Smith (Haskell)	Hilary Papard	Penny Corrin	Sean Latimer
	Chris Binding	Ian Chandler	Pete Hall	Simon Cornhill
	Chris Camm	James Carlisle	Pete 'Pedro' Smith	Steve 'Big Steve' Martin
Alasdair 'Ali' Neill	Daisy Latimer	Jenny Corrin	Peter Eagan	Susan Martin
Alex Ritchie	Dan Hibberts	Jim Lister	Peter Fast Nielsen	Terry Whitaker
Alf Latham	Dave 'Angus' Bell	John Southworth	Phil Goodwin	Tom Howard
Amy Neal (Burchell)	Dave Milner	Johnny 'Dingle 3' Latimer	Phil Papard	Tony Littler
Anthony Day	Diane Arthurs	Juan Corrin	Phil Parker	Torben Redder
Anton Petho	Edwin 'Eddie' Mason	Jude Latimer (Onions)	Richard Abbott	
Bob Toogood	Eleanora Carlisle	Nigel Easton	Richard 'Spike' Neal	

Two important and successful water traces were carried out over this Easter expedition period. With our now favoured method of using optical brightening agent (OBA) and cotton wool as the fluocapteurs, water sinking at Duck Pond Sink (1976) and in the Torca del Hoyón (0567) depression were "injected" with OBA. Duck Pond sink was found to drain to Fuente Aguanaz (0713) at San Antonio in 4 - 7 days, while the Hoyón water went to Cueva del Comellantes (0040) in Matienzo within 3 days.

With the previous Vallina to Comellantes trace, and this Hoyón trace, there is some hope that the cave network that lies under this 10km^2 catchment could run to a length of 100km or more. (Further details are to be found in the Hydrology: water traces article pages 455 - 460 and in the relevant geographical areas below.)

NORTHWEST AND FAR WEST SECTORS Simon had the first trip into Torca la Vaca (2889), down the BigMat Calf Hole (3916) entrance tube to check on the crawl through. He found that the horizontal tube in the crawl had done its job, however ...

...at the end of the tube, half a dozen shovels full of mud have slumped in and a lovely pool with the consistency of blancmange has settled into the breakthrough wriggle. It would be worth the first party in taking a shovel and having five minutes digging.

Si and Di were that "first party" on March 16th, a rainy day.

Greeted by the farmers. Welcome back! Simon dug out the slumped-in mud ... by the end of the trip it was starting to fill up again.

They went into Doldy's Draughting Rift, put a rope on the traverse at the end and Simon dropped to the lower level, finding it blind.

He then bolt-climbed [4m] up into the opening above the end of the traverse ... To the left was breakdown; to the right was a hole in a rift which is worth investigating.

They were back the following day with James.

Rigged the awkward traverse that leads to the Pont Aven - it now has an interesting, and possibly worthy of a circus act, trapeze line. Much easier following a long, arduous day.

The DistoX2 they had wouldn't calibrate so they continued in exploration mode.

Checked all high-level red leads[1] to the right of Scafell Aven. Didn't go up the first corner climb which may be worth looking into - bolt climb or leg-up. Descended Scafell Aven pitch, crossed the bottom and traversed into the south side green level ... checking for leads.

Durante la campaña de Semana Santa se llevaron a cabo con éxito dos importantes trazados hidrológicos. Con nuestro método, ahora preferido, usando agente blanqueador óptico y algodón como captadores, se vertió el agente blanqueador óptico en el agua que se sumerge en Duck Pond Sink (1976) y en la depresión de la Torca del Hoyón (0567). Se descubrió que el sumidero de Duck Pond desagua en Fuente Aguanaz (0713), en San Antonio, en de 4 a 7 días, mientras que el agua de Hoyón salió en la Cueva del Comellantes (0040) en Matienzo tras 3 días.

Con el trazado anterior de Vallina a Comellantes, y este de Hoyón, hay alguna esperanza de que la red subterránea que se encuentra debajo de esta cuenca de 10 km^2 pueda tener un desarrollo de 100 km o más. (Se pueden encontrar más detalles en la página del artículo sobre hidrología, 455, y en las áreas geográficas relevantes a continuación).

SECTOR NOROESTE Y EXTREMO OESTE Simon fue el primero en entrar a Torca la Vaca (2889) bajando por el tubo de entrada de BigMat Calf Hole (3916) para comprobar la gatera. El tubo horizontal en la gatera se mantenía, pero...

Al final del tubo, media docena de palas llenas de barro se han caído y una hermosa charca con la consistencia de natillas se ha formado en el laminador de la conexión. Quizás el primer equipo que entre podría llevar una pala y pasar cinco minutos excavando.

Si y Di fueron ese «primera equipo» el 16 de marzo, un día lluvioso.

Los vecinos nos recibieron. ¡Bienvenidos de vuelta! Simon quitó el barrizal [...] al final de la incursión estaba comenzando a llenarse de nuevo.

Fueron a Doldy's Draughting Rift, pusieron una cuerda en la travesía al final y Simon bajó al nivel inferior, encontrándolo ciego.

Luego instaló una escalada [4 m] hasta la abertura encima del final de la travesía [...] A la izquierda estaba colapsado; a la derecha había un agujero en una grieta que vale la pena investigar.

Regresaron al día siguiente con James.

Instalamos la incómoda travesía que da a Pont Aven, ahora tiene una línea de trapecio interesante, digna de un acto circense. Mucho más fácil después de un día largo y arduo.

El DistoX2 que tenían no se calibraba, por lo que continuaron explorando.

Comprobamos los interrogantes en rojo[1] del nivel superior a la derecha de Scafell Aven. No subí la primera trepada de la esquina que puede valer la pena

---

1   The Torca la Vaca drawn up survey has red, orange, green and blue passages drawn depending on altitude with blue being the lowest then green and orange to red, the highest.

1   El plano de Torca la Vaca tiene galerías en rojo, naranja, verde y azul según su altitud, siendo el azul la más baja, luego el verde, el naranja y el rojo, la más alto.

Out in time for Pablo's and chicken dinner.

Si and Di returned on March 19th with a "quick trip down Scafell Aven and up the new ropes". They checked out an ascending passage with a deep pit marked on a sketch of the Fisticuffs at Botchergate and thought it linked to known passage. They then surveyed 230m in a maze of tight rifts on the east side of the passage (the north end of batch 2889_16_01) with more leads to look at.

As usual, a dinner date forced a return - one hour from the top of Scafell Aven to Bar Germán.

On March 20th, James and Anthony had a look at the climbing lead inspected three days earlier.

Bolting up took quite a while because neither of us had done any bolt climbs before. At the top, the passage looked very promising and went for about 6 - 7m to the edge of a widening over a tight, muddy rift about 5m deep. This was crossed into an area widely decorated with straws and stal. This looked like it was going to go big but, unfortunately, did not. The fill was up to the roof at all sides of the chamber. It felt like there was a bigger chamber above that could be dug up to. There was also a climb down a hole, down which water dripping could be heard reverberating. This would have meant destroying lots of straws to reach, so we didn't bother. Surveyed and detackled.

(Batch 2889_16_02; length 24m).

Work in Vaca continued the next day when Si and Di added to batch 2889_16_01 by continuing surveying the rifts south of Botchergate. The total of 756m ended in pools of water.

Not wearing neoprene, we decided to save that for a later date. Route included traverses across deep rifts with some sandy crawls too.

They were back on March 24th to Fisticuffs at Botchergate and ...

... kitted up in 7mm neoprene long johns. ... Surveyed upstream in deep water canal which, disappointingly, sumped after around 130m.

They looked at the Don't be an Idiot inlet and found ...

... a silt bank which comprised of what looked like cow shit! Including decomposing straw, worms, leeches, etc. I wonder if this is where Stink Pot (2907) water emerges?

They continued upstream in a streamway they'd found previously.

Upstream was surveying in waist-deep water passing many cross rifts which were too tight or connected back to the main streamway. After around 300m, the passage changed to an area of very deep water and wider passage. The only way on was trying to get out of the water and up a steep silt bank. At the top, the water could be seen to continue on the other side. However, a drop of 1 - 2m into out-of-depth water with no obvious means of return stopped progress. This point seems to be around 60m from Bath Time.[2]

Downstream they found deeper water - wading and swimming - ending, after about 100m, at a silt bank and the water disappearing under the left hand wall.

A grand aquatic trip, taking the survey up to just over 1100m in this area.

Tom, Alex and Johnny visited on March 31st with a plan to "explore the green level". They pushed and surveyed various side passages around the Buzzing Gets Closer area.

A good trip to learn route finding and realise what amount of passage has yet to be surveyed.

Tom, Alex and Chris visited the new entrance to the Vaca system, Cuba Libre (4182), to tidy up loose ends. They rigged an 8m traverse down on a loose boulder floor to the head of a choked 12m pot. A passage to the right at the pitch head reaches a choke. There was "no draught in the area and no real leads". The surface routes to the site had been very overgrown in 2015 but Tom commented that the woodland was now felled and very accessible. "Maybe worth a walk for somebody soon."

On March 27th, Phil Goodwin, John and Dave Milner visited 3969, a "low, damp resurgence crawl under a sandstone face" to the south and high above San Antonio. The crawl was "not pursued". Nearby 3953 was checked out by Phil and Dave - an "old, water-worn rift, approximately 8m in length with no way on". John visited 3954 - a cave in a sandstone outcrop, about 20m long.

On the same day, on the north side of San Antonio, John and Dave found site 4423. The four-man team returned the next day with tackle and found the 3.5m diameter shaft to be 8.5m deep to an adjoining 6 x 3.5 x 5m high chamber at the base with no way on. Two more sites were found in the vicinity: 4424 - a steep descent to a rift down into a small chamber and 4425 - a hading rift climb down of 12m to a boulder-strewn floor. A very tight 3m drop between boulders was not descended.

---

2 The survey data collected, batch 2889_16_01, is called the Fred Whitton Series. The point where they ended is called Lake Coniston on the drawn up survey, e.g. http://www.matienzocaves.org.uk/surveys/2889-2019s.pdf

mirar: artificial o aupado. Bajamos el pozo de Scafell Aven, cruzamos la base y pasamos al nivel verde del lado sur [...] buscando continuaciones.

Salimos a tiempo para cenar pollo e ir donde Pablo.

Si y Di regresaron el 19 de marzo bajando «rápidamente por Scafell Aven y subiendo por las nuevas cuerdas». Revisaron una galería ascendente con un pozo profundo marcado en un boceto de Fisticuffs at Botchergate y pensaron que conectaba con una galería conocida. Luego topografiaron 230 m en un laberinto de grietas estrechas en el este de la galería (el extremo norte del lote 2889_16_01), con más interrogantes pendientes.

Como siempre, una cita para cenar obligó a dar la vuelta: una hora desde lo alto de Scafell Aven hasta el Bar Germán.

El 20 de marzo, James y Anthony echaron un vistazo a la posible escalada vista tres días antes.

Instalarla nos llevó bastante porque ninguno de los dos lo habíamos hecho antes. Arriba, la galería parecía muy prometedora y se extendía unos 6-7 m hasta el borde de un ensanchamiento sobre una grieta estrecha y embarrada de unos 5 m de profundidad. La cruzamos hasta un área muy decorada con macarrones y estalagmitas. Parecía que iba a ser grande, pero, por desgracia, no fue así. Restos de un colapso llegaban hasta el techo en todos los lados de la sala. Parecía como si hubiera una sala más grande arriba hasta la que se pudiera excavar. También había un destrepe por un agujero, por el cual se oía el goteo del agua, pero habría significado destruir muchos macarrones, así que no nos molestamos. Topografiado y desinstalado.

(Lote 2889_16_02; desarrollo 24 m).

El trabajo en Vaca continuó al día siguiente cuando Si y Di añadieron al lote 2889_16_01 al continuar topografiando las fisuras al sur de Botchergate. El total de 756 m terminó en marmitas.

Al no llevar neopreno, decidimos dejarlo para otro día. La ruta incluía travesías a través de profundas fisuras con algunas gateras en arena.

Regresaron el 24 de marzo a Fisticuffs at Botchergate y...

Preparado con pantalones de neopreno de 7 mm [...] Topografiamos aguas arriba en un canal profundo que, lamentablemente, dio a un sifón tras unos 130 m.

Echaron un vistazo en la lateral Don't be an Idiot y encontraron...

Un banco de barro que se componía de lo que parecía ser ¡mierda de vaca! Incluyendo paja en descomposición, gusanos, sanguijuelas, etc. ¿Será aquí donde sale el agua de Stink Pot (2907)?

Continuaron aguas arriba en una galería activa que habían encontrado anteriormente.

Aguas arriba topografiamos en agua que llegaba hasta la cintura, pasando por muchas fisuras cruzadas que eran demasiado estrechas o conectaban de vuelta a la principal. Tras unos 300 m, la galería cambió a un área de agua muy profunda y una galería más ancha. La única forma de avanzar era intentar salir del agua y subir por un empinado banco de sedimento. Arriba, se podía ver que el agua continuaba por el otro lado. Sin embargo, un desnivel de 1 a 2 m en agua profunda sin ninguna forma obvia para volver detuvo el progreso. Este punto parece estar a unos 60 m de Bath Time.[2]

Aguas abajo, encontraron aguas más profundas, vadeando y nadando, que terminaban, tras unos 100 m, en un banco de sedimentos y el agua desaparecía debajo de la pared de la izquierda.

Una gran salida acuática, llevando la topografía a poco más de 1100 m en esta área.

Tom, Alex y Johnny fueron el 31 de marzo con la intención de «explorar el nivel verde». Forzaron y topografiaron varias galerías laterales alrededor del área de Buzzing Gets Closer.

Una buena salida para aprender a encontrar rutas y darse cuenta de la cantidad de galería que aún no se ha topografiado.

Tom, Alex y Chris visitaron la nueva entrada al sistema de Vaca, Cuba Libre (4182), para terminar cabos sueltos. Instalaron una travesía de 8 m sobre un suelo de roca suelta hasta la cabecera de un pozo de 12 m obstruido. Una galería a la derecha da a una obstrucción. Sin «corriente en la zona ni buenas pistas». Los caminos hasta la cueva tenían mucha maleza en 2015, pero Tom comentó que el bosque se había talado y era muy accesible. «Quizás a alguien le merezca la pena el paseo pronto».

El 27 de marzo, Phil Goodwin, John y Dave Milner visitaron 3969, una «surgencia baja y húmeda bajo una cara de arenisca» hacia el sur y muy por encima de San Antonio. La gatera «no se siguió». Phil y Dave revisaron la cercana 3953: una «grieta vieja y desgastada por el agua, de unos 8 m sin salida». John visitó 3954, una cueva en un afloramiento de arenisca, de unos 20 m de largo.

---

2 Los datos topográficos recopilados, lote 2889_16_01, se llaman red Fred Whitton. El punto donde terminaron se llama Lake Coniston en el plano, p. ej. http://www.matienzocaves.org.uk/surveys/2889-2019s.pdf

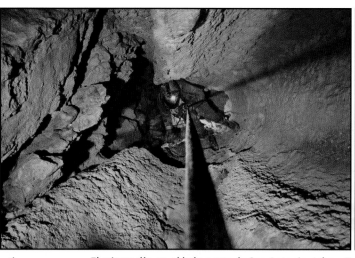

Also high above San Antonio, about 1km west of the southern upstream end to Fuente Aguanaz, Chris Camm, Nigel and Phil Parker investigated neighbouring large and small depressions. They found 4458, a small draughting hole in boulders in the small depression which would be a major undertaking to dig. The large depression, with its own rubbish tip, was not examined. "Beware of dogs at the adjacent farm!"

About 100m to the south they came across 4462, a major depression containing a small resurgence and sink. They seemed to be no enterable passage or obvious place to dig.

Invisible Cave (3283) next to the bottom entrance of Fuente Aguanaz (0713) is also a resurgence and is likely to have been an inlet into Aguanaz before the latter cut back. On March 26th, Dan and Eddie were on a cave hunt above and beyond Invisible Cave but without maps or GPS. Some of the holes they found were known but some were new, as was discovered after they'd collected Juan from Matienzo, who brought a tablet with onboard maps and GPS, and a camera.

A couple of photos were taken at site 3360 then 2 new sites were investigated. Site 4399 is a 2m climb down to an undercut all round and 4400 is a tiny, 2m deep shaft that looks choked.

On the drive back, about 600m northwest of Aguanaz, site 4401 was investigated.

> *A muddy pool has water flowing out of it and it may be possible to lower the level and gain entry to a reasonable size passage without having to use diving gear.*

On a later visit, Phil Papard wrote that it could be worth a dive.

On March 21st, as a background check for the Duck Pond Sink water trace, Phil Papard and Hilary placed fluocapteurs in the second entrance to Fuente Aguanaz and in 2364, a resurgence upstream from the town of La Cavada. The water flow at Aguanaz was estimated at about 1 cumec with a "good" flow at 2364. All the water coming down the valley above 1976 was sinking at Duck Pond Sink with a dry river bed beyond - "so dye test should be OK".

These detectors were removed the following day and proved negative - there was no OBA in these waters at the moment.

The La Cavada team, Phil Goodwin, John, Alf and Dave Milner placed another background check fluocapteur in the Riaño river, downstream of Cave of the Wild Mare (0767) on March 24th, checking (it was negative) and replacing it the following day.

Finally, after diligent changes of fluocapteurs at all the sites that could be possible outlets, the detectors at Fuente Aguanaz fluoresced on April 2nd, with the detectors elsewhere showing no fluorescence. There had been heavy rain all day on March 31st. The water had come through from Duck Pond Sink in 4 - 7 days, a straight line distance of 3.5km and with a height drop from 125m to 55m, the approximate, usual altitude of the water at the resurgence.

More background checks were started on April 5th, ready for the trace from Hoyón. These showed no fluorescence on April 6th when checked by Phil Papard, so were left in situ. Phil, Juan and Penny found that the detectors in both sites were negative on the 10th, three days after the OBA had been poured into 4246 in the Hoyón depression. Both sites also proved negative when Penny and Juan collected fresh detectors on the 13th. On the road to Aguanaz, Juan also spotted 4447, "a probably choked hole about 2m deep on the bank" and speculated that a proper look on this side of the river might discover a second "invisible cave".

Cueva de la Cuesta de la Encina (4112) was visited by Phil Papard, Juan, Pedro and Anton on March 25th to look at possible leads.[3]

El mismo día, en el lado norte de San Antonio, John y Dave encontraron la cavidad 4423. El equipo de cuatro hombres regresó al día siguiente con equipo y descubrió que el pozo de 3,5 m de diámetro medía 8,5 m de profundidad a una sala contigua de 6 x 3,5 x 5 m de altura en la base sin salida. Se encontraron dos más en las cercanías: 4424, un descenso empinado a una grieta hacia una pequeña sala; y 4425, un destrepe en una grieta de 12 m hasta un suelo lleno de rocas. No se exploró un desnivel muy angosto de 3 m entre rocas.

También muy por encima de San Antonio, cerca de 1 km al oeste del extremo sur aguas arriba de Fuente Aguanaz, Chris Camm, Nigel y Phil Parker investigaron depresiones grandes y pequeñas. Encontraron 4458, un pequeño agujero soplador entre rocas en la pequeña depresión que llevaría mucho trabajo excavar cavar. La gran depresión, con su propio vertedero de basura, no se examinó. «¡Cuidado con los perros en la granja de al lado!»

A unos 100 m al sur se encontraron con 4462, una gran depresión que contiene una pequeña surgencia y sumidero. Parecían no ser practicables ni excavables.

La Cueva Invisible (3283) junto a la entrada inferior de Fuente Aguanaz (0713) también es una surgencia y es probable que haya sido un afluente de Aguanaz antes de que esta última fuera cortada. El 26 de marzo, Dan y Eddie salieron en busca de cuevas sobre y en la cercanía de Invisible Cave, pero sin mapas o GPS. Algunos de los agujeros que encontraron eran conocidos, pero algunos eran nuevos, como descubrieron tras recoger a Juan en Matienzo, quien llevó una tableta con mapas y GPS, y una cámara.

Se sacaron un par de fotos en la cueva 3360 y luego investigaron 2 nuevos agujeros: el 4399 es un destrepe de 2 m hasta un socavón y el 4400 es un pequeño pozo de 2 m que parece obstruido.

En el camino de vuelta, a unos 600 m al noroeste de Aguanaz, investigaron el 4401.

> *Una marmita embarrada de la que fluye agua y se podría bajar el nivel y acceder a una galería de tamaño razonable sin tener que usar equipo de buceo.*

En una visita posterior, Phil Papard escribió que podría merecer la pena bucearlo.

El 21 de marzo, para preparar el terreno para el trazado hidrológico de Duck Pond Sink, Phil Papard e Hilary colocaron captadores en la segunda entrada a Fuente Aguanaz y en 2364, una surgencia aguas arriba del pueblo de La Cavada. El caudal de agua en Aguanaz se estimó en aproximadamente 1 cumec con un caudal «bueno» en 2364. Toda el agua que bajaba del valle por encima de 1976 se sumergía en Duck Pond Sink con un lecho de río seco al otro lado, «por lo que la prueba de colorante debería salir bien» .

Estos captadores se retiraron al día siguiente y resultaron negativos; no había agente blanqueador óptico en estas aguas en este momento.

El equipo de La Cavada, Phil Goodwin, John, Alf y Dave Milner colocaron otro captador testigo en el río Riaño, aguas abajo de la cueva Wild Mare (0767) el 24 de marzo, comprobándola (era negativa) y reemplazándola al día siguiente.

Finalmente, después de cambios diligentes de captadores en todos los sitios que podrían ser posibles surgencias, los captadores en Fuente Aguanaz fueron positivos el 2 de abril, y los captadores en otros lugares fueron negativos. Había llovido mucho durante todo el día del 31 de marzo. El agua había llegado desde Duck Pond Sink en de 4 a 7 días, una distancia en línea recta de 3,5 km con un desnivel de 125 m a 55 m, la altitud aproximada habitual del agua en la surgencia.

Se hicieron otras pruebas el 5 de abril, listas para el trazado de Hoyón. Estos no mostraron fluorescencia el 6 de abril cuando los revisó Phil Papard, por lo que se dejaron in situ. Phil, Juan y Penny

---

3   2015 Easter, page 183.

Opposite page: Alex and Tom pushing 4182.   *Alex Ritchie*
This page: site 4112 (left) and site 4397 with Pedro surveying and Anton exploring.   *Juan Corrin*
Página opuesta: Alex y Tom explorando 4182. *Alex Ritchie*
Esta página: 4112 (izda.) y 4397 con Pedro topografiando y Anton explorando.   *Juan Corrin*

First a small cave between the two known entrances was surveyed (4397) then, in 4112, Anton pushed a low crawl to the south which would need a lot of work to progress. Two hours were then spent at a squeeze at the end of a passage heading west at the southern side of the cave.

> *Anton tried to get through, but needs snappers to remove floor and bit of roof.*

Phil, Juan and Pedro returned on the 28th to enlarge the squeeze over the false floor and "Pete was deemed small enough to squeeze over and through to the continuation".

> *The passage continued wider and lower than the previous rift passage. Still plenty of stal though. After 15m it reaches surface run-in, roots and drippy aven. Some old bones need a closer inspection. All needs surveying and photos.*

After an unsuccessful attempt at returning, a combination of Phil working above and Pedro below on the other side, enlarged the route enough for him to squeeze back.

The La Cavada team, Phil Goodwin, Alf, Dave Milner and John, in various groups, worked at holes south of Navajeda. Site 4406, Torca de la Iglesia was explored and surveyed down an 8m shaft into a small series of passages. Dave and John looked at 4420 - a low, wide entrance quickly branching into two short, low passages with no obvious way on.

On April 1st, they looked at the area, rich in holes, on the back of the hill to the northeast of La Cavada, following in the footsteps of Chris Camm, Alex and Phil Parker.[4] Site 3952 was found to be accessible but wet and very muddy so was not descended and site 4029 was explored down a 5m pitch to a slot in the floor with another slope to a narrowing rift and a small chamber. Site 4034 had to be left unexplored as the 4.2m deep shaft would be too difficult to re-cover if capping rocks were removed. Site 4033 was explored down an 8m pitch to a 1.5m drop and no way on. At 4063, a new hole was excavated 1m from the original dig site revealing a 6.5m, narrow shaft, choked at the base.

They also found three new sites: 4426 - a 3m choked rift; 4448 - old solution tubes in the base of a large depression, and 4427 - an open, 4m deep collapse in earth with no way on.

After removing fluocapteurs on the 4th, the team visited the isolated shaft 4253, overlooking Navajeda from the east. This was explored down a 6m deep rift; one end entered a choked chamber, the other led into a descending rift that also choked.

> *Met the very friendly farmer for this area who said there was another hole nearby "covered with rocks", but we were all unable to find it.*

Further up in the hills, site 4255 was visited[5] and a 3m descent made over a

comprobaron que los captadores en ambos sitios fueron negativos el día 10, tres días después de verter el agente blanqueador óptico en 4246 en la depresión de Hoyón. También resultaron negativos cuando Penny y Juan recogieron captadores nuevos el día 13. De camino a Aguanaz, Juan también vio el agujero 4447, «probablemente obstruido de unos 2 m en la orilla» y especuló que con un buen vistazo a este lado del río se podría descubrir una segunda «cueva invisible».

Phil Papard, Juan, Pedro y Anton visitaron la Cueva de la Cuesta de la Encina (4112) el 25 de marzo para ver posibles continuaciones.[3] Primero se topografió una pequeña cueva entre las dos entradas conocidas (4397) y luego, en 4112, Anton forzó un laminador hacia el sur que necesitaría mucho trabajo para progresar. Luego pasaron dos horas en un estrechamiento al final de una galería que se dirigía al oeste en el lado sur de la cueva.

> *Anton intentó pasar, pero se tendría que abrir en el suelo y el techo.*

Phil, Juan y Pedro volvieron el día 28 para ampliar el espacio sobre el falso suelo y «Pete se consideró lo suficientemente pequeño como para pasar hasta la continuación».

> *La galería siguió más ancha y baja que la galería de fisura anterior. Aunque aún hay muchas estalagmitas. Tras 15 m se llega a colapso de superficie, raíces y una chimenea con goteras. Algunos huesos viejos se deberían inspeccionar mejor. Todo se ha de topografiar y fotografiar.*

Tras una tentativa de regreso fallida , una combinación de Phil trabajando arriba y Pedro debajo desde el otro lado, se amplió la ruta lo suficiente como para que volviera a pasar.

El equipo de La Cavada, Phil Goodwin, Alf, Dave Milner y John, en varios grupos, trabajaron en los hoyos al sur de Navajeda. El 4406, Torca de la Iglesia, se exploró y topografió por un pozo de 8 m en a pequeña serie de galerías. Dave y John miraron el 4420: una entrada ancha y baja que se ramifica rápidamente en dos galerías cortas y bajas sin continuación obvia.

El 1 de abril, observaron el área, rica en hoyos, en la parte posterior de la colina al noreste de La Cavada, siguiendo los pasos de Chris Camm, Alex y Phil Parker.[4] El agujero 3952 era practicable, pero húmedo y con mucho barro, por lo que no se exploró; y el 4029 se exploró bajando una pendiente de 5 m hasta una ranura en el suelo con otra pendiente hacia una fisura que se estrecha y una pequeña sala. El 4034 tuvo que dejarse sin explorar ya que sería demasiado difícil d volver a cubrir el pozo de 4,2 m de profundidad si se quitan las rocas que lo cubren. El 4033 se exploró bajando un pozo de 8 m hasta un desnivel de 1,5 m, pero no había nada. En 4063, excavaron un nuevo agujero a 1 m del sitio de excavación original, abriendo un pozo estrecho de 6,5 m, obstruido en la base.

Activities at site 4063. Actividades en 4063.   *John Southworth*

También encontraron tres nuevos agujeros: 4426, una fisura obstruida de 3 m; 4448, tubos de disolución viejos en la base de una gran depresión; y 4427, un hundimiento abierto en tierra de 4 m sin salida.

Después de retirar los captadores el día 4, el equipo visitó el aislado pozo 4253, con vistas a Navajeda desde el este. Se trata de en una grieta de 6 m de profundidad: un extremo entraba en una sala obstruida, el otro conducía a una fisura descendente que también estaba obstruida.

Conocimos al simpático vecino de la zona que dijo que había otro agujero cercano «cubierto de rocas», pero no

4   2014 Easter, pages 144 - 145.
5   2015 autumn, page 207.

3   Semana Santa de 2015, p. 183
4   Semana Santa de 2014, p. 144 - 145

mattress with a further 3m climb down through loose blocks to a choke.

On the 5th, Phil and Dave began to survey Cueva Laberinto 2 (4144) with John digging at the end of the southeast passage and Alf exploring.

On a walk out west from La Cavada on a wet April 7th, John rediscovered site 0542 as a walk-in cave entrance taking a large stream. It had been first seen and explored by Matienzo Cavers on July 22nd, 1976.

On March 25th, a benchmarking detector for the Duck Pond Sink water trace was placed in La Riega (0551), the resurgence for water in Cueva la Verde (4486) at the base of the hill southwest of Barrio de Arriba and then replaced by the La Cavada team the following day.

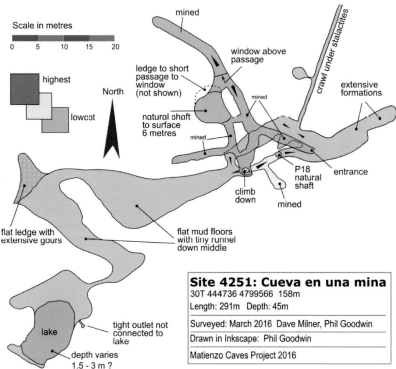

Site 4251: Cueva en una mina
30T 444736 4799566 158m
Length: 291m Depth: 45m

Surveyed: March 2016 Dave Milner, Phil Goodwin
Drawn in Inkscape: Phil Goodwin
Matienzo Caves Project 2016

John and Phil Goodwin were gathering information about the mines above Barrio de Arriba and planning future field forays. Miguel from the Grupo de Espeleología Pistruellos, after researching in Torrelavega, came to the conclusion that there are two mines: the old one (Mina Favorita, 1561) and the new, not linked and only accessible down a shaft, now capped, further down the hill. (Photos, page 209).

On March 26th, John, Phil, Alf and Dave Milner visited 4264, discovered the previous autumn. This was found to be a 10m natural shaft, enlarged by miners, with a run-in of boulders at the base and no digging prospects. John and Dave also explored 4269 properly, finding no way on in either passage. Phil and Alf explored 4421 in a vegetated gully that shelves under an ancient roof.

A stalagmite barrier has been smashed, leading immediately to a 10m pitch to a sloping rubble floor. A rift leads into the hill but progress is stopped after 4m by a thick flow of calcite on the left wall. The rift is 5m high, with walls adorned with stalactites, helictites and cave popcorn. A stone thrown into a hole beyond the flow produces an echoing 'plop'. Slight draught.

The four visited Mina Favorita and, after showing forestry officer David the entrance series, went on to carry out a line survey. They also found a draughting dig under a rock outcrop (4422) close to the mine workings at 4251.

The new dig was opened up by the team the next day to reveal a 1.5m drop onto a boulder pile sloping down to a small chamber. There was no way on.

La Cueva en una Mina (4251) was resurveyed by Phil Goodwin and Dave Milner on April 8th, while, assisted by Alf, John crossed the lake in a dinghy to dig in the mud bank at the far side.

Hard, slow progress in clay / silt deposits. N.B. Strong draught in system but appeared to disappear in lake area.

Chris Camm and Phil Parker reported two digs (4442 and 4443) just above the main road, west of Barrio de Arriba and an open shaft-cum-rift covered with logs which was 7m deep to a blockage that may also be dug.

On March 28th, Chris Camm and Phil Parker, hoping to drop into water from Cobadal and possibly the Duck Pond Sink heading to Aguanaz, documented site 4434. This was above the main road east of Barrio de Arriba and Phil described it as a small, choked stream sink, 1m deep that takes two streams in wet weather.

The next day, they capped out a boulder to gain access to the shaft at site 4270, above and to the east of Barrio de Arriba. The ladder was too short so, on a later trip with more ladder, Phil and Dave Milner climbed down into a boulder-filled chamber with no way on. The two rifts in the floor were both too narrow. With a depth to the bottom of 20m and a pitch of 9m, the length of the find was thought to be around 32m.

On April 3rd, for a change of scenery from their overnight camp in Llanío, Torben and Peter Fast Nielsen went with Pedro and Ali "shaft bashing" on the hillside to the west of the Sumidero de Cobadal (1930). They found that sites 0928 and 2022 seem to have

pudimos encontrarlo.

Subiendo el monte, fueron a 4255[5] y bajaron 3 m a un colchón con un descenso adicional de 3 m a través de bloques sueltos hasta una obstrucción.

El día 5, Phil y Dave comenzaron a topografiar Cueva Laberinto 2 (4144) mientras John excavaba al final de la galería sureste y Alf exploraba.

Dando un paseo hacia el oeste desde La Cavada en un húmedo 7 de abril, John la cavidad 0542: una entrada donde se sumerge un gran arroyo. Espeleólogos de Matienzo la encontraron y exploraron por primera vez el 22 de julio de 1976.

El 25 de marzo, se colocó un captador testigo para el trazado hidrológico de Duck Pond Sink en La Riega (0551), la surgencia en Cueva la Verde (4486) en la base de la colina al suroeste del Barrio de Arriba y luego lo reemplazó el equipo de La Cavada al día siguiente.

John y Phil Goodwin habían empezado a reunir información sobre las minas encima de Barrio de Arriba y planeando futuras incursiones. Miguel del Grupo de Espeleología Pistruellos, tras investigar en Torrelavega, llegó a la conclusión de que existen dos minas: la antigua (Mina Favorita, 1561) y la nueva, no conectada y solo accesible por un pozo, ahora destruido, más abajo.

El 26 de marzo, John, Phil, Alf y Dave Milner visitaron la cavidad 4264, descubierta el otoño anterior. Se trataba de un pozo natural de 10 m, agrandado por los mineros, con rocas hundidas en la base y sin perspectivas de excavación. John y Dave también exploraron 4269 adecuadamente, sin encontrar una continuación en ninguna de las galerías. Phil y Alf exploraron 4421 en un barranco con vegetación que se encuentra bajo un tejado antiguo.

Se ha roto una barrera de estalagmitas, lo que condujo inmediatamente a un pozo de 10 m a un suelo de escombros en desnivel. Una grieta conduce a la colina, pero el avance se detiene tras 4 m por una gruesa colada en la pared izquierda. La grieta mide 5 m de altura, con paredes adornadas con estalactitas, helictitas y palomitas. Una piedra tirada por un agujero al otro lado de la colada suena con un «plop» resonante. Corriente suave.

Los cuatro visitaron Mina Favorita y, después de mostrarle al oficial forestal David la red de la entrada, procedieron a realizar una topografía. También encontraron una excavación debajo de un afloramiento rocoso (4422) cerca de la explotación minera en 4251.

El equipo empezó una nueva excavación al día siguiente y abrió un pozo de 1,5 m sobre una pila de rocas en desnivel hacia una pequeña sala. No había forma de seguir.

Phil Goodwin y Dave Milner retopografiaron la Cueva en una Mina (4251) el 8 de abril, mientras que, con ayuda de Alf, John cruzaba el lago en un bote para excavar en el barro del otro lado.

Progreso difícil y lento en depósitos de arcilla/ sedimentos. Fuerte corriente en el sistema, pero pareció desaparecer en el área del lago.

Chris Camm y Phil Parker informaron de dos excavaciones (4442 y 4443) justo encima de la carretera principal, al oeste de Barrio de Arriba y un pozo abierto/ grieta cubierta de troncos con 7 m de profundidad hasta una obstrucción que también puede excavarse.

El 28 de marzo, Chris Camm y Phil Parker, con la esperanza de dar al agua desde Cobadal y posiblemente de Duck Pond Sink rumbo a Aguanaz, documentaron la cavidad 4434 sobre la carretera principal al este de Barrio de Arriba. Según Phil es un pequeño sumidero obstruido, 1 m de profundidad en el que se sumergen dos arroyos en época de lluvias.

Al día siguiente, quitaron una roca para acceder al pozo de 4270, arriba y al este del Barrio de Arriba. La escala era demasiado corta, así que, en una visita posterior con más escalas, Phil y Dave Milner bajaron a una sala llena de rocas sin salida. Las dos grietas del suelo eran demasiado estrechas. Con una profundidad hasta la base de 20 m y un

---
5   Otoño de 2015, p. 207

been covered over by the farmer. Site 2023 had a 5m descent to the bottom with no way on while at 2024, "a 4 x 1m rift descended 4m to a squeeze and a 5m horizontal crawl - which just ends". Sites 3585 and 2027 were each described as a few metres deep.

On a wet day, Chris Camm and Phil Parker documented a "draughting shakehole" (4435) at the side of the track rising to the hidden depression south of Cobadal. Digging occurred over the April 3rd and 4th ending 3m deep at draughting slots down and possibly a further 3m visible.

On April 2nd, they looked around the downstream end of the main (1300 x 500m) Cobadal depression finding a draughting cave (4440) under large boulders with no way on without digging and documenting a stream sink (4441) on the side. The water wasn't seen to re-appear lower down. They also visited Cueva de Torcida (0618), just off the base of the depression.

Walking over the steep ground below the main road about 2km north of Las Calzadillas, Chris and Phil found four sites: 4436 - a 2m deep dig; 4437 and 4438 - holes and 4439 - "2m long passage below boulders below horizontal line of large boulders in a gully".

Just downhill of the Riaño-Cobadal road, just as it skirts the east side of La Gatuna, Chris, Phil and Nigel found 4452 - an obvious undercut dig in the base of a small shakehole. Further along, down into Cobadal, they spotted a draughting cold store in the base of a shakehole. Permission was needed to dig at this prospect. Work started in the summer.

They also documented holes down in the Orchard Cave area of Cobadal: 4453 - small, new collapse near Badger Hole (2179); 4454 - a resurgence cave draining into a trough; 4455 - a resurgence feeding a water supply and 4456 - an unexplored small cave. Site 2182 was investigated but written off as no cave passage could be seen in the small limestone outcrop.

OBA was poured into Duck Pond Sink at 1130 on March 27th after overnight rain. John, Phil Goodwin and Dave Milner saw that the sink was taking all the water flowing down the valley.

Working at the collapse 4258 above Washing Machine Hole (3420), Chris Camm reported that he and Phil Parker were down 2m but there was still no bedrock showing.

On a back road below and to the northwest of Las Calzadillas, Chris, Nigel Easton and Phil Parker documented a small roadside hole (4450) and sink (4451). Site 1973 was seen taking a substantial stream.

Alf and Phil Goodwin continued with their project in El Cubillón (2538) on April 9th. Up a muddy, 35m bolted climb at the end of Second South Passage, they were trying to get through a calcite squeeze into a substantial chamber. They found that a previous use of snappers (from the safety of the base of the climb) had had no effect. Two more were used with unknown results as it was now time to go out. Phil wrote:

Returned to find the bottom pitch blocked by waterfall. Attempt to go up rebuffed by strength and coldness of the water. About 2 hours later, with slightly lower flow and after many attempts at avoiding the flow, a method was devised to get up the pitch. The first one managed to clear a hole in the passage floor to divert the water for the second person. Then about an hour was spent clearing part of the blockage to lower the water level in the crawl sufficiently to get through. The bottom of the next pitch was also very wet.

Dave Milner and John went for a walk up the Bencano valley on April 2nd finding two new, draughting dig sites, 4428 and 4429.

Phil Papard, Pedro and Juan visited Pozo de la Hoya (4017) to the north of the motorway.[6] While Phil surveyed the cave, Pete and Juan put their heads near the ground to find worked flint fragments

pozo de 9 m, se pensó que el desarrollo del hallazgo era de unos 32 m.

El 3 de abril, para cambiar de aires tras su noche en Llanío, Torben y Peter Fast Nielsen fueron con Pedro y Ali «a buscar pozos» en la ladera al oeste del Sumidero de Cobadal (1930). Descubrieron que los agujeros 0928 y 2022 parecen haber sido cubiertos por el agricultor. El 2023 tenía un desnivel de 5 m hasta el fondo sin salida, mientras que, en 2024, «una grieta de 4 x 1 m bajó 4 m hasta un estrechamiento y una gatera horizontal de 5 m, que simplemente termina». Los 3585 y 2027 solo tenían unos pocos metros de profundidad.

En un día lluvioso, Chris Camm y Phil Parker documentaron un «pozo soplador» (4435) al costado del camino que sube hacia la depresión oculta al sur de Cobadal. La excavación se llevó a cabo el 3 y 4 de abril, terminando a 3 m de profundidad en ranuras sopladoras y posiblemente otros 3 m más.

El 2 de abril, miraron alrededor del extremo aguas abajo de la dolina de Cobadal (1300 x 500 m). Encontraron un agujero soplador (4440) debajo de grandes rocas sin continuación sin excavar y documentaron un sumidero (4441) en el costado. No se vio que el agua reapareciera más abajo. También visitaron la Cueva de Torcida (0618), justo al lado de la base de la depresión.

Caminando sobre terreno empinado bajo la carretera principal a unos 2 km al norte de Las Calzadillas, Chris y Phil encontraron cuatro agujeros: 4436, excavación de 2 m; 4437 y 4438, agujeros; y 4439, «galería de 2 m de largo bajo rocas bajo la línea horizontal de bloques en un barranco».

Justo monte abajo de la carretera Riaño-Cobadal, cuando bordea el lado este de La Gatuna, Chris, Phil y Nigel encontraron 4452, una obvia excavación en la base de un pequeño hoyo. Más adelante, en Cobadal, vieron un cubío soplador en la base de un hoyo. Se necesitaba permiso para excavar aquí. El trabajo comenzó en verano.

También documentaron agujeros en el área de Orchard Cave de Cobadal: 4453, pequeño hundimiento nuevo cerca de Badger Hole (2179); 4454, una surgencia que desagua en un abrevadero; 4455, una surgencia que alimenta un suministro de agua; y 4456, una pequeña cueva inexplorada. Se investigó el 2182, pero se descartó ya que no se podía ver ninguna galería en el pequeño afloramiento de piedra caliza.

Se vertió el colorante en Duck Pond Sink a las 11.30 del 27 de marzo después de que lloviese durante la noche. John, Phil Goodwin y Dave Milner vieron que el sumidero recibía toda el agua que bajaba por el valle.

Trabajando en el hundimiento 4258 sobre Washing Machine Hole (3420), Chris Camm informó que él y Phil Parker habían bajado 2 m, pero todavía no se veía ningún lecho de roca.

En un camino secundario debajo y al noroeste de Las Calzadillas, Chris, Nigel Easton y Phil Parker documentaron un pequeño agujero en la carretera (4450) y un sumidero (4451). El 1973 parecía estar recibiendo un arroyo caudaloso.

Alf y Phil Goodwin continuaron con su proyecto en El Cubillón (2538) el 9 de abril. En una escalada embarrada de 35 m al final de Second South Passage, estaban intentando pasar por un estrechamiento de calcita a una sala importante. Descubrieron que los micros (desde la seguridad de la base de la escalada) no habían hecho nada. Usaron dos más con resultados inconclusos, ya que era hora de salir. Phil escribió:

Regresamos para encontrar el pozo inferior bloqueado por cascada. Intento de subir fracasado por la fuerza y la frialdad del agua. Unas 2 horas después, con un caudal ligeramente menor y después de muchos intentos de evitarlo, se ideó un método para subirlo. El primero logró despejar un agujero en el suelo de la galería para desviar el agua para la segunda persona. Luego, se dedicó cerca de una hora a despejar parte del bloqueo para bajar el nivel del agua en la gatera lo suficiente como para pasar. La base del siguiente pozo también tenía mucha agua.

Dave Milner y John salieron a caminar por el valle de Bencano el 2 de abril y encontraron dos nuevas excavaciones, 4428 y 4429.

Phil Papard, Pedro y Juan se acercaron a Pozo de la Hoya (4017) al norte de la autovía.[6] Mientras Phil topografiaba la cueva, Pete y Juan acercaron la cabeza al suelo para encontrar fragmentos de sílex y una pieza de cerámica de la Edad de Bronce. Bajando una pendiente, se inspeccionó el área del sumidero con un techo y un suelo con huesos. Se vieron más huesos calcificados en lo alto de la pared de la fisura de la entrada. Se inspeccionaron los agujeros 4395 y 4243 y se encontró un sumidero cercano, 4398, que «necesita que se quiten los

Site 4017. Top: Worked flint fragments. Bottom: The entrance rift.
4017. Arriba: fragmentos de sílex labrado. Abajo: La fisura de entrada. *Juan Corrin*

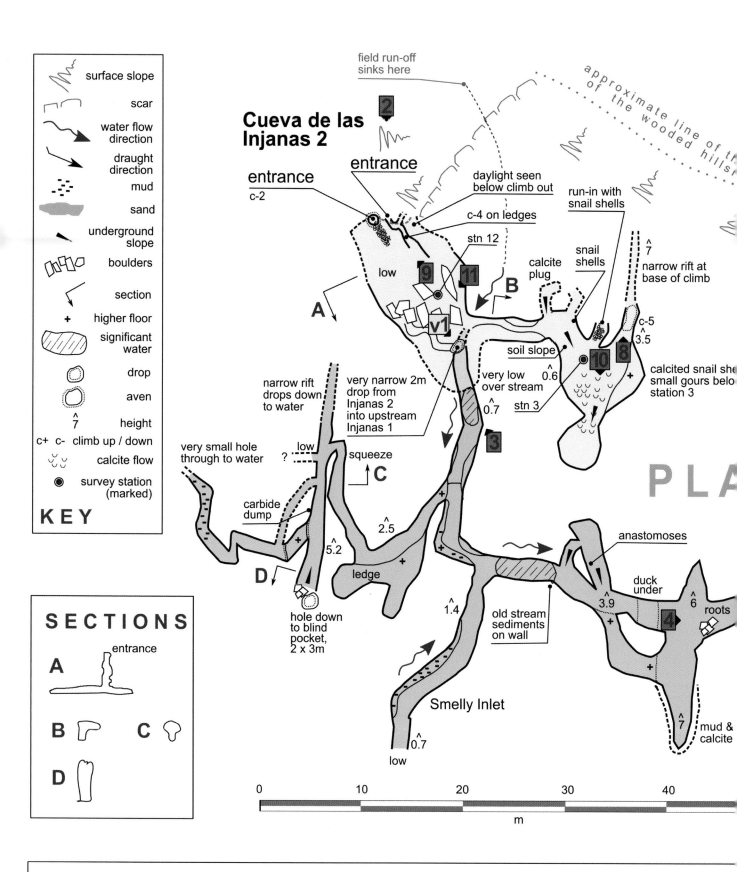

KEY

surface slope	
scar	
water flow direction	
draught direction	
mud	
sand	
underground slope	
boulders	
section	
higher floor	+
significant water	
drop	
aven	
height	^7
climb up / down	c+ c-
calcite flow	
survey station (marked)	

Cueva de las Injanas 2

field run-off sinks here

approximate line of the wooded hill

entrance

2

entrance
c-2

daylight seen below climb out

c-4 on ledges

run-in with snail shells

stn 12

snail shells

calcite plug

narrow rift at base of climb

9   11

A

B

^7

v1

c-5
^3.5

low

soil slope

10   8

narrow rift drops down to water

very narrow 2m drop from Injanas 2 into upstream Injanas 1

very low over stream

stn 3
^0.6

calcited snail she small gours belo station 3

PLA

very small hole through to water

low
?

squeeze

C

^0.7

3

carbide dump

+

^5.2

^2.5

+

+

anastomoses

D

+

ledge

+

duck under

^3.9

^6

roots

hole down to blind pocket, 2 x 3m

^1.4

old stream sediments on wall

+

4

+

Smelly Inlet

^0.7

^7

mud & calcite

low

0		10		20		30		40

m

SECTIONS

entrance

A

B   C

D

entrances

surveyed centre line

PROJECTED SECTION 270°- 90°

Injanas 2 ————————————————————— Injanas 1 ———————————————————

v1

NOTE

Each QR code in the svg version of the survey will link to the media when clicked.

 3 4 5 6 7

———————————— Injanas 2 ————————————

 8 9  10 11

—— entrances ——

PHOTO CREDITS
Juan Corrin 1 - 5, 8 - 10
John Southworth 6, 11
with Dave Milner and
Peter Smith.

 1 2

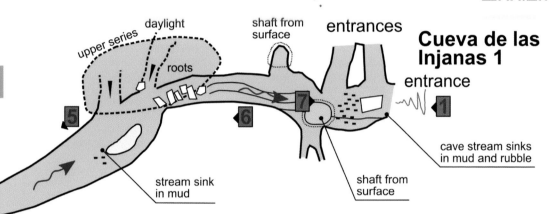

Cueva de las
Injanas 1

shaft from surface   entrances

upper series   daylight

roots

entrance

5   6   7   1

stream sink in mud

shaft from surface

cave stream sinks in mud and rubble

Ng

ETRS 89

50

sites 4001 & 4444:
Cuevas de las Injanas 1 & 2

Hoznayo, Cantabria
Site 4401 @ 30T 0442602 4804798 (ETRS89) Altitude 40m

Total surveyed length: 304m   Depth: 12m

Surveyed: April 2016 by Juan Corrin, Peter Smith,
Dave Milner and John Southworth   Survey grade: UISv1 4-3-A

Drawn in Inkscape: Juan Corrin   Matienzo Caves Project 2016

Cave description with
links to more photographs
and videos.

Latest pdf version
of this survey

Matienzo Caves Project
web site.

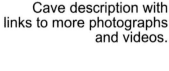
entrances

entrances

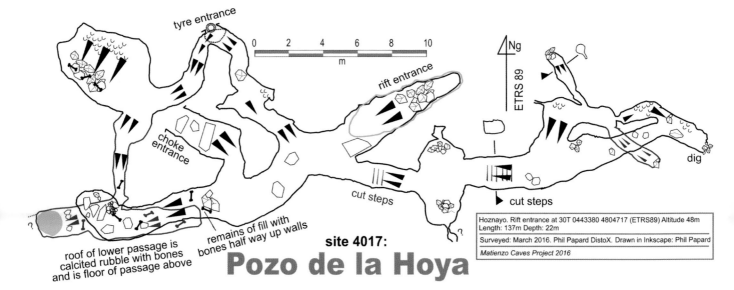

site 4017:
Pozo de la Hoya

tyre entrance

rift entrance

Ng

ETRS 89

choke entrance

dig

cut steps

cut steps

roof of lower passage is calcited rubble with bones and is floor of passage above

remains of fill with bones half way up walls

Hoznayo. Rift entrance at 30T 0443380 4804717 (ETRS89) Altitude 48m
Length: 137m Depth: 22m
Surveyed: March 2016. Phil Papard DistoX. Drawn in Inkscape: Phil Papard
Matienzo Caves Project 2016

and a piece of Bronze Age pottery. Down a slope, the sump area was inspected with a ceiling and floor containing bones. More bones were seen calcited high up on the entrance rift wall. Sites 4395 and 4243 were inspected and a nearby sink, 4398, was found which "needs tyres removing to see better". Phil and Hilary returned later to GPS the three entrances.

On April 3rd, Dave Milner and John partly explored Cueva de las Injanas (4001) in walking gear and found a possible alternative entrance further around a buttress, 4444.

Pedro and Juan picked up John and Dave on April 9th from Posada Carlos III in La Cavada where they were staying. The aim was to survey and photograph these Injanas caves at the base of a small hill near Hoznayo. The top entrance, 4444, lies up a short gully in a limestone scar and this was climbed down to reach an old phreatic remnant. Many new and old snail shells were noticed, some calcited in. A rift was found to have a stream at its base and, after an unsuccessful attempt by Dave to wriggle down, a leaf was thrown in as a marker. Photos & video were taken and the site surveyed for 79m.

The team moved into the resurgence Cueva de las Injanas (4001) where walking upstream to the west soon changed to crouching and, after a turn to the north, a leaf was seen under a narrow rift rising up. A set of passages up to 5m high off to the west was also explored. Exploration in a crawling inlet coming in from the south was abandoned after a strong smell of sewage. When later plotted on a map, this passage was seen to be heading towards an isolated house on the top of the hill. The team surveyed 220m in 4001 and took photos and video.

John hunted further to discover site 4446, a twin depression, one choked with mud, the other with a pond and the overflow sinking in mud.

neumáticos para verlo mejor». Phil y Hilary regresaron más tarde para tomar las coordenadas GPS de las tres entradas.

El 3 de abril, Dave Milner y John exploraron parcialmente la Cueva de las Injanas (4001) sin equipo espeleológico y encontraron una posible entrada alternativa al otro lado de un saliente, 4444.

Pedro y Juan recogieron a John y Dave el 9 de abril en la Posada Carlos III en La Cavada donde se alojaban. El objetivo era topografiar y fotografiar estas cuevas de Injanas en la base de una pequeña colina cerca de Hoznayo. La entrada superior, 4444, se encuentra en un barranco corto en un afloramiento de caliza y por el que se destrepó para llegar a un antiguo remanente freático. Se observaron muchas conchas de caracoles nuevos y viejos, algunos calcificados. Se vio una fisura con un arroyo en su base y, después de un intento fallido de Dave de deslizarse hacia abajo, se tiró una hoja como estación. Se sacaron fotos y vídeos y se topografiaron 79 m.

El equipo se trasladó a la surgencia de la Cueva de las Injanas (4001) donde la amplia galería aguas arriba hacia el oeste pronto cambió a una gatera y, después de un giro hacia el norte, se vio una hoja bajo una estrecha fisura. También se exploró un conjunto de galerías de hasta 5 m de altura hacia el oeste. La exploración de una lateral que llegaba desde el sur se abandonó después de notar un fuerte olor a aguas residuales. Cuando más tarde se añadió a un mapa, se vio que esta galería se dirigía hacia una casa aislada en la cima de la colina. El equipo topografió 220 m en 4001 y sacó fotos y vídeos.

John siguió buscando y encontró el agujero 4446, una depresión gemela, una obstruida con barro, la otra con una charca. El agua que se desbordaba se hundía en el barro.

Juan regresó cuatro días después para «recopilar datos de topo que faltaban» de ambas cavidades y también sacó fotos de las

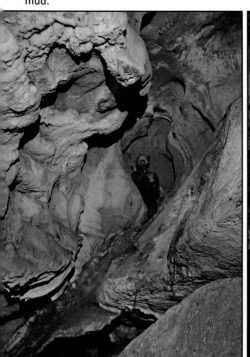

Left: Dave Milner surveying in 4444.
Middle: Dave Milner in 4001.
Right: Reasonable sized passage in 4001, Cueva de las Injanas.

Izda.: Dave Milner topografiando en 4444.
Centro: Dave Milner en 4001.
Dcha.: Galería de buen tamaño en 4001, Cueva de las Injanas.
Juan Corrin

Juan returned four days later to "collect missed survey data" from both sites and also took photos of the snail accumulations in 4444.

NORTHERN LA VEGA, EL NASO AREA WEST TO LAS CALZADILLAS

As part of "an afternoon of gentle, small cave exploration", Juan, Penny, Jenny, James, Eleanora and Anthony drove to Bosmartín where ten minutes was spent digging out site 3850. James and Juan then slid down into a nicely decorated chamber with no way on.

The team walked over to site 1948 where Anthony descended over bracken and brambles "to find that this shaft in a wooded depression in a field was, in fact, site 0773". Pete Smith had explored and surveyed this in 1989 but Anthony inspected it anyway - just in case.

A large group - Anton, Steve, Bob, Eddie, Dan and Susan - headed for 4209 on the La Secada side of El Naso which had been opened up the previous summer to see down about 2.5m. They found it slumped and mud had washed in. The time was spend clearing mud and enlarging the shaft. No more work has been carried out here.

Pedro recorded that he had been digging in site 1205, up a side valley at Seldesuto and close to passages in Torcón de Calleja Rebollo (0258). He had dug a trench to see around a corner.

    The cave continues very small with draught but, from
    now on, it would be mining not digging.

Dan and Alex went to Frank's Cave (2167) as Dan wanted a small person to have another look. Alex wrote:

    We first went along the rift to the end but was still
    too tight even for me. It may continue beyond but does
    not look that promising. It needs a bit of capping.

They had a look into gaps between boulders in the right hand chamber but found nothing new.

Perched about 130m over the extreme southwest corner of Torca del Regaton (0892 - part of the Cubija system), site 3771 was work on by Peter Eagan, Peter Fast and Torben.

    Removed a large quantity of rock from narrow rift
    to give easy access but the draught coming from small
    gaps between blocks. Dig now has a paved area.

They also worked at the nearby 4414, revealing a small, 3m tube to an eyehole and a possible enlargement beyond, and 4430 - a 3 to 4m wide shaft that dropped 8m with no way on. A small dig next to the shaft was too tight after 5m.

THE NORTHEAST SECTOR INCLUDING THE FOUR VALLEYS SYSTEM, SOLÓRZANO AND GARZÓN

James went for a run up the hill towards Fuente las Varas where he "found a shaft in a field that is at least 7m deep. Needs a ladder. Will return later."

Juan went back with James to photo and GPS the entrance but, when they returned on March 21st with Anthony, Penny, Jenny and Eleanora, Anthony found site 4393 only 4m deep to a tiny rift with blocks.

Juan checked out the entrance to Cueva de Carcavuezo (0081), finding it "well choked" and also finding the ancient and decrepit balcony attached to Alberto's barn on the walk to the entrance had finally collapsed.

Simon, Diane, Jenny and James with Eleanora (age 2 years 1 month) had "a nice surface walk visiting various sites" around Riaño on March 13th. Some old and new sites were inspected including those that had not seen a caver from Matienzo for a number of years.

    Initially James and Eleanora ignored all the
    limestone and crawled through the first culvert under
    the road that they found!

They walked to an area above Las Playas in Cueva Hoyuca (0107) and visited 1618 - "a short but impressive cave. A concerted digging effort would be needed but could be worth it".[7] Digging had last happened in 2002 in site 1617 and the comment from this visit was that the digs "could be worth the effort". The nearby small resurgence 1666 appeared to be sumped a short distance in with a mud bank at the entrance acting as a dam. This was dug to start draining the water.

Further up the hill, unrecorded site 4387 was inspected - a tight rift, probably blind but it needs enlarging to check. To the south, site 4388 was found as a 4m deep, narrow rift that needs a ladder to descend. Coming back down the hill, site 4389 was discovered as a 2.5m deep pit which choked at the bottom. Further down, site 2362 was inspected 10 years after the previous visit. This time it was "very wet going through the entrance crawl" before some work was done at the dig.

On the way to shop at Carrefour in Santander, Juan, Penny, Jenny and Eleanora spotted a new, small, but substantial shelter at the side the road leading down to the Cultural Centre in Riaño. The small resurgence here (4391) had been built over and the space put to good use as a store for maturing cheeses. Site 3584 was also repositioned and found to be over surveyed passage In Cueva del Ruchano (3232, the bottom entrance to Cueva de la Espada).

Inspired by the cheese store, Juan went for a walk, mainly on tracks

---

acumulaciones de caracoles en 4444.

EL NORTE DE LA VEGA, ZONA DE EL NASO – LAS CALZADILLAS

Para pasar «una tarde tranquila explorando cuevas pequeñas», Juan, Penny, Jenny, James, Eleanora y Anthony se dirigieron a Bosmartín, donde pasaron diez minutos excavando en 3850. Luego, James y Juan se deslizaron hasta una sala muy decorada sin continuación.

El equipo caminó hasta el agujero 1948 donde Anthony descendió sobre helechos y zarzas «para descubrir que este pozo en una depresión boscosa en un campo era, de hecho, el 0773». Pete Smith lo había explorado y topografiado en 1989, pero Anthony lo topografió de todos modos, por si acaso.

Un grupo grande —Anton, Steve, Bob, Eddie, Dan y Susan– se dirigió a 4209 en el lado de La Secada de El Naso, que se había abierto el verano anterior para bajar unos 2,5 m. Encontraron que se había derrumbado y que había entrado barro. Pasaron el tiempo limpiando el barro y agrandando el pozo. No se ha vuelto desde entonces.

Pedro escribió que había estado excavando en 1205, en un valle lateral en Seldesuto y cerca de galerías en Torcón de Calleja Rebollo (0258). Había cavado una trinchera para ver a la vuelta de una esquina.

    La cueva sigue muy pequeña con corriente, pero, a
    partir de ahora, sería minería no excavación.

Dan y Alex fueron a Frank's Cave (2167) porque Dan quería que una persona pequeña echara otro vistazo. Alex escribió:

    Primero fuimos por la fisura hasta el final, pero era
    demasiado estrecha incluso para mí. Podría continuar,
    pero no parece tan prometedor. Se tiene que abrir.

Miraron en los huecos entre las rocas en la sala de la derecha, pero no encontraron nada nuevo.

Encaramado a unos 130 m sobre la esquina sudoeste de Torca del Regaton (0892, parte del sistema de Cubija), la cavidad 3771 recibió la visita de Peter Eagan, Peter Fast y Torben.

    Quitamos una gran cantidad de roca de la grieta
    estrecha para facilitar el acceso, pero el tiro
    proviene de pequeños huecos entre bloques. La
    excavación ahora tiene un área pavimentada.

También trabajaron en el cercano 4414, abriendo un pequeño tubo de 3 m hasta una ventana y una posible ampliación al otro lado, y 4430, un pozo de 3 a 4 m de ancho y 8 m de profundidad sin salida. Una pequeña excavación junto al pozo se volvió muy estrecha tras 5 m.

SECTOR NORESTE INCLUYENDO EL SISTEMA DE LOS CUATRO VALLES, SOLÓRZANO Y GARZÓN

James salió a correr hacia Fuente las Varas donde «encontró un pozo en un campo con al menos 7 m de profundidad. Necesita una escala. Regresare en otra ocasión».

Juan regresó con James para fotografiar y tomar las coordenadas GPS de la entrada, pero, cuando regresaron el 21 de marzo con Anthony, Penny, Jenny y Eleanora, Anthony vio que 4393 solo medía 4 m de profundidad hasta una pequeña grieta con bloques.

Juan revisó la entrada de Carcavuezo (0081), encontrándola «muy obstruida» y también descubriendo que el antiguo y decrépito balcón adjunto al granero de Alberto en el camino de la entrada finalmente se había derrumbado.

Simon, Diane, Jenny y James con Eleanora (de 2 años y 1 mes) disfrutaron de «un agradable paseo visitando varios sitios» alrededor de Riaño el 13 de marzo. Inspeccionaron algunos agujeros antiguos y nuevos, incluidos aquellos que no habían visto un espeleólogo de Matienzo durante varios años.

    Al principio, James y Eleanora ignoraron toda
    la piedra caliza ¡y se arrastraron por la primera
    alcantarilla debajo de la carretera que encontraron!

Caminaron hasta un área encima de Las Playas en Cueva Hoyuca (0107) y visitaron 1618, «una cueva corta pero impresionante. Habría que aunar esfuerzos para excavarla, pero podría valer la pena».[7] La última excavación se realizó en 2002 en el sitio 1617 y el comentario de esta visita fue que las excavaciones «podrían merecer la pena el esfuerzo». La pequeña surgencia cerca de 1666 parecía bloquear el acceso al poco de entrar con un banco de sedimentos en la entrada que hacía las veces de presa. Se excavó para comenzar a drenar el agua.

Subiendo por la colina, se inspeccionó el nuevo agujero 4387: una grieta estrecha, probablemente ciega, pero se tiene que ampliar para comprobarlo. Hacia el sur, el 4388 se encontró como una grieta estrecha de 4 m de profundidad que necesita una escala. Bajando la colina, el 4389 era un pozo de 2,5 m de profundidad que estaba obstruido al fondo. Más abajo, se inspeccionó la cavidad 2362 10 años después de la visita anterior. Esta vez había «mucha agua para pasar por la entrada» antes de hacer algo de trabajo en la excavación.

De camino a comprar en Carrefour en Santander, Juan, Penny, Jenny y Eleanora vieron un agujero nuevo, pequeño pero importante al lado

---

7   This comment contrasts with the "No obvious prospects" written after a visit in 2012!

7   ¡Este comentario contrasta con el de «sin continuaciones obvias» tras una visita en 2012!

and open ground, above the nearby Fuente de Escobal (0383). Site 4394 was found as "a small hole with muddy walls about 2.5m deep to a constriction and continues below". Site 3636 was also visited and an unexplored drop at the entrance noted.

The resurgences at 3945 were first documented in flood three years previously. They lie on the uphill side of the main road, 800m north of the Fuente las Varas junction. Juan and Penny searched for any open cave but found only "a tiny, blocked passage at the top hole". Pipes and seepage from other holes feed troughs further down the slope.

They also prospected for holes around the small hill to the southeast of the possible link between Cueva de Riaño (0105) and Cueva del Torno (2366). This was the ridge between Riaño and Fresnedo and, dropping down the Fresnedo side, three small sites were documented: 4431 - a sink with an inspection hatch; 4432 - a shaft in boulders and soil next to a shale collapse, and 4433 - a small sink and collapse. They found the farmer friendly but he "knew of nothing we didn't know about."

On April 3rd, Angus, Richard, Spike and Amy had a quick evening trip into Cueva Hoyuca (0107) to Flashbulb Hall.

On March 27th, Torben and Peter Fast, in Cueva-Cubío del Llanío (3234), opened up a squeeze at the base of a slope south of the Horny Dog series to make "a fast way into the lower section".

Beyond, they used another snapper to reach a 6m shaft which, the following day, entered a rising passage connecting to Bird's Wing Chamber.

> There, a hole in the floor was hammered to size and dropped to a short passage, ending in a new pitch [of about] 6m.

Torben and Peter Fast camped in the system overnight, 1st - 2nd April, setting up their bivouac in the green level to the east of Horny Dog. Conditions were wet but it was reasonably quick to get to the first objective, the new p6.[8] They dropped three short drops into an open passage:

> The main, horizontal passage is heading ESE, is 2m wide and 4m high and has the shape of the Pope's hat, so it is called Mitre Passage. [It] ends in a chamber and a mud climb to a possible continuation. Over Mitre Passage there is a higher level (not checked) that may be reached from several places. Many side passages to be checked. Consider enlarging the pitch head for the final 2 of the 3 pitches.

On day 2, they excavated in a sandy passage to the north of the camp but it narrowed in and the draught was weak. They also worked at digs on the blue/grey level to the south of Bird's Wing Chamber and realised that the higher level noted to the west would need "a few bolts to do the climb".

Continuing work from the previous autumn in Cueva Shelob (4173), Chris Camm and Phil Parker spent some time digging the tube on March 28th.

Four years after it had been dived upstream for 209m,[9] Jim was to see if he could link the resurgence (0575) with Cueva de Riaño from where the water came and perhaps find other passages on the way. His first visit, on April 4th, accompanied by Phil Papard and Terry, was a reconnaissance to acquaint himself with the entrance rift and to check that the previous dive line had not been washed out.

He was back the next day with Steve and found that the vis has dropped from 3m to 30cm. Diving beyond his previous limit, he found the visibility still bad so abandoned the trip.

Phil Papard, Hilary, Terry and Peter Eagan also visited, photographed 3223 and thought that Fridge Door Cave (1800) might no longer be flooded as there was no sound of water at the entrance. When Jim inspected the situation at the bottom of the pitch a week later, he found downstream was taking a lot of water but blocked by boulders. He dived upstream for 7m but concluded that the route would be flooded to the roof for all 130m.

On April 6th, Jim, with surface support from Steve, Phil Papard, Pedro and Terry opted to dive 0575 in about one metre visibility. Jim wrote:

> Checked dive line to limit of exploration, tied new line reel to rock eyehole incorporating original line, continued straight forward. ... Cross rift reached with air space (first air space) 30ft high, 7ft wide and 50ft long. Possible crawls leading off at roof level. Guide line tied off to large stal.

Jim returned on his own later that day to continue the dive.

> Searched for passage for some time. Passage continues at left hand end of rift at right angles to line. Low

de la carretera que baja al Centro Cultural en Riaño. Aquí se había construido encima de la pequeña surgencia (4391) y el espacio se había utilizado para la maduración de quesos. El 3584 también se reposicionó y se encontró que estaba sobre una galería topografiada en la Cueva del Ruchano (3232, la entrada inferior a la Cueva de Espada).

Inspirado por la quesería, Juan salió a caminar, principalmente por caminos y campo abierto, por encima de la cercana Fuente de Escobal (0383). Encontró 4394, «un pequeño agujero con paredes embarradas de unos 2,5 m de profundidad hasta una estrechez y continúa por debajo». También fue a 3636 y observó un pozo sin explorar en la entrada.

Las surgencias en 3945 se documentaron por primera vez durante una inundación 3 años antes. Están en la subida de la carretera principal, 800 m al norte del cruce de Fuente las Varas. Juan y Penny buscaron cualquier cueva abierta, pero solo encontraron «una pequeña galería bloqueada en el agujero superior». Las tuberías y las filtraciones de otros pozos dan a los abrevaderos más abajo.

También se buscaron agujeros alrededor de la pequeña loma al sureste de la posible conexión entre Cueva de Riaño y Cueva del Torno (2366). Está entre Riaño y Fresnedo y, descendiendo por el lado de Fresnedo, se documentaron tres pequeños agujeros: 4431, un sumidero con una pequeña arqueta; 4432, un pozo en bloques y tierra junto a un hundimiento; y 4433, un pequeño sumidero y colapso. Se encontraron con un vecino, él «no sabía nada que no supiéramos».

El 3 de abril, Angus, Richard, Spike y Amy fueron a última hora del día hasta Flashbulb Hall en Cueva Hoyuca (0107).

El 27 de marzo, Torben y Peter Fast, en la Cueva-Cubío del Llanío (3234), abrieron un estrechamiento en la base de una pendiente al sur de la red Horny Dog para hacer «un camino rápido hacia el tramo inferior».

Más allá, utilizaron otro micro para llegar a un pozo de 6 m que, al día siguiente, dio a una galería ascendente que conecta con Bird's Wing Chamber.

> Allí, se hizo un agujero en el suelo a la medida y se bajó a una galería corta, terminando en un nuevo pozo [de unos] 6 m.

Torben y Peter Fast acamparon en el sistema por la noche, del 1 al 2 de abril, instalando su vivac en el nivel verde al este de Horny Dog. Había bastante humedad, pero fue razonablemente rápido para llegar al primer objetivo, el nuevo P 6.[8] Bajaron tres pozos cortos a una galería abierta:

> La galería horizontal principal se dirige al ESE, tiene 2 m de ancho y 4 m de alto y tiene la forma del sombrero del Papa, por eso se llama galería Mitre. Termina en una sala y una escalada embarrada hasta una posible continuación. Sobre la galería Mitre hay un nivel superior (no comprobado) al que se puede llegar desde varios puntos. Hay que revisar muchas galerías laterales. Considerando la posibilidad de ampliar la cabecera del pozo para los últimos 2.

Al segundo día, excavaron en una galería arenosa al norte del campamento, pero se volvió más estrecha y la corriente era débil. También trabajaron en excavaciones en el nivel azul/gris al sur de Bird's Wing Chamber y se dieron cuenta de que el nivel más alto señalado hacia el oeste necesitaría «algunas fijaciones para subir».

Continuando con el trabajo del otoño anterior en Cueva Shelob (4173), Chris Camm y Phil Parker pasaron algún tiempo cavando el tubo el 28 de marzo.

Cuatro años después de bucear aguas arriba durante 209 m,[9] Jim iba a ver si podía conectar la surgencia (0575) con la Cueva de Riaño (0105) de donde venía el agua y tal vez encontrar otras galerías en el camino. Su primera visita, el 4 de abril, acompañada por Phil Papard y Terry, fue de reconocimiento para familiarizarse con la fisura de la entrada y comprobar que la guía anterior no había sido arrastrada.

Regresó al día siguiente con Steve y descubrió que la visibilidad se había reducido de 3 m a 30 cm. Pasó de su límite anterior, pero la visibilidad seguía siendo mala, por lo que abandonó.

Phil Papard, Hilary, Terry y Peter Eagan también visitaron y fotografiaron 3223 y pensaron que Fridge Door Cave (1800) quizás ya no estaba inundada porque no se oía el agua desde la entrada. Cuando Jim inspeccionó la situación en la base del pozo una semana después, descubrió que aguas abajo el caudal era fuerte, pero estaba bloqueado por rocas. Buceó aguas arriba durante 7 m, pero concluyó que los 130 m estarían inundados hasta el techo.

8   Web users can view the growth of the Llanío cave by looking back at the old surveys which are online. For example, in this case, the "Detailed survey / after summer 2015" link near the base of the 3234 description shows the known passages after summer 2015. The "after Easter 2016" link shows the camp position and new passage heading southeast.
9   2012 Easter, pages 84 - 85

8   Los usuarios de la web pueden ver cómo ha crecido el desarrollo de la cueva de Llanío con las antiguas topografías. Por ejemplo, en este caso, el enlace « Detailed survey / after summer 2015» cerca de la base de la descripción de 3234 muestra las galerías conocidas después del verano de 2015. El enlace « after Easter 2016» muestra la posición del campamento y la nueva galería en dirección sureste.
9   Véase Semana Santa de 2012, páginas 84 - 85

*but very wide passage with mud floor followed. Too wide
to see sides. Ripples and groove in mud / fine sand
followed. Passage changes to around 3m by 2m passage
with clear water compared to this point. Floor changes
to a compact gravel / rock. A long, gentle right hand
bend followed. End of reel line snoopy looped to stone
projection on left hand side of passage on floor.*

He was back on the 7th, laying new line beyond yesterday's limit using silt screws that had been made that morning by Steve and Phil. Jim tied off the line 162m past the 2012 limit and surveyed what he had achieved so far.

After heavy rain, the dive on the 8th was abandoned when the entrance sump pool was seen to have zero vis. Phil visited the next day and phoned Jim that the entrance water was clear. Jim turned up but found that the vis was down to 30cm once he reached the main passage. Conditions worsened as he swam upstream so, in zero vis, the diver made the line more secure and then dived out. Phil noted water entering through the side of the deep depression with a pool nearby, Pozo Negro (4445).

Jim was to continue diving here in the summer.

Dan, Anton and Bob spent March 22nd and 23rd in Cueva Llueva (0114) on trips to "re-climb previously climbed fault chamber" at the end of the Left Hand Bypass. On day one, Dan bolted up about 25m from the veranda and could see three possible ways on about 20m above him. Anton mused that the maillon Dan had seen at his limit might have been the limit for the first explorers 35 years previously. They were on carbide lights and probably wouldn't have seen any leads higher up.

While Dan was climbing, Bob and Anton ferreted around some unsurveyed possible leads which Anton later drew up in the logbook.

On day two, Dan climbed up to the limit reached and Anton followed. Dan started to bolt the next section while Bob climbed up.

*After Dan had reached a safe ledge with three
possible ways on, I followed him up and de-bolted
the previous section. After acting as a tensioner
for Dan's rope, I gave the all-clear to Bob that it
was safe to join me. ... After some more hard bolt
climbing by Dan he made it to the top.*

Anton followed him up only to be informed that it all craps out. The three leads "all crapped out" and footprints were noted, suggesting that this point was reached 35 years ago.

On March 26th, Anton, Tom and Alex aimed to explore and survey the inlets on the Left Hand Bypass.

*Alex firstly explored a flat out crawl that he
estimates is 250m long, not flat out all the way - soon
enlarges and ends in two pitches down.*

Anton and Tom meanwhile climbed up the first inlet on the left, rigging a rope "as it was quite slippery and unstable". The passage split at the top.

*The left passage carries the stream, the right is
a fossil passage with a sandy floor and is a classic
keyhole shape with occasional boulders jamming the
passage. ... This leads to another split - the left
hand branch, after a climb over a constriction,
[reaches] a veranda overlooking a streamway. This
was explored later from below and the streamway only
carries on a bit further before a sump is encountered.
 Back in the fossil passage above, the right passage
leads over a calcite floor to a small chamber in the
boulder choke. Here we found some maroon plastic
gloves, a pink penknife and carbide dumps. The gloves
were by a small slot that had obviously been dug. This
led to an impressive aven that ends in a climb up a
boulder with a mud floor which at the back a small
draught can be felt. Doubling back on yourself leads
to a climb back up through boulders back to a known
chamber in the system.
 At this point we were going to survey out but had
forgotten the notebook, so we plan to return later in
the week to finish the job!*

They came back on the 30th, surveyed batch 0114-16-01 for 127m and also investigated site 0313. Alex described this as a tight rift with a strong draught that possibly enlarges again around a corner that needs capping.

Torca de Cillarón (0109), on the Llueva / Secadura ridge and containing a 50m wide chamber was the scene of some pushing by Dan, Tom and Alex over two days. The highlight was a bolt climb by Dan to a passage close to the entrance shaft. This required a traverse as it broke out over the main chamber but ended in a p6 back into known passage. No surveying was done but the additions were drawn on an amended survey which can be seen on the website.

James was keen to get back into Cueva de Fresnedo 2 (0841) to see if The Howling had remained open.[10]

It was! Added a bit of tat to the climb just after

El 6 de abril, Jim, con el apoyo en la superficie de Steve, Phil Papard, Pedro y Terry, optó por bucear 0575 con una visibilidad de cerca de un metro. Jim escribió:

*Comprobé el hilo guía hasta el límite de la
exploración, até un nuevo carrete en la ventana de
la roca incorporando el hilo original y s continué
recto. [...] Grieta cruzada alcanzada con espacio
arriba (primero) de 9 m de alto, 2 m de ancho y 15 m
de largo. Posibles gateras que comienzan a nivel del
techo. Hilo guía atada a una estalagmita grande.*

Jim regresó por su cuenta más tarde ese día para continuar el buceo.

*Busqué una galería durante algún tiempo. La galería
continúa en el extremo izquierdo de la fisura en ángulo
recto con la guía. Le sigue una galería baja, pero muy
ancha con suelo de barro. Demasiado ancho para ver los
lados. Le siguen ondas y surcos en barro/arena fina.
La galería cambia a unos 3 m por 2 m con agua clara
en comparación con hasta entonces. El suelo cambia a
grava/roca compacta. Siguió una curva larga y abierta
a la derecha. Fin del hilo guía atado al saliente en
el lado izquierdo de la galería en el suelo.*

Regresó el 7, colocando un nuevo hilo tras el límite del día anterior usando anclajes de sedimento que habían hecho esa mañana Steve y Phil. Jim ató la línea a 162 m del límite de 2012 y topografió lo que había logrado hasta entonces.

Tras fuertes lluvias, la inmersión del día 8 se abandonó cuando se vio que el sifón de entrada tenía cero visibilidad. Phil se acercó al día siguiente y llamó a Jim diciéndole que el agua de la entrada estaba limpia. Jim fue, pero descubrió que la visibilidad era de 30 cm una vez que llegó a la galería principal. Las condiciones empeoraron a medida que nadaba aguas arriba, por lo que, con visibilidad cero, aseguró la guía y salió. Phil notó que el agua entraba por el lado de la depresión profunda con una marmita cercana, Pozo Negro (4445).

Jim seguiría buceando aquí durante el verano.

Dan, Anton y Bob pasaron el 22 y 23 de marzo en Cueva Llueva (0114) en incursiones para «volver a escalar la sala previamente escalada» al final de Left Hand Bypass de la mano izquierda. El primer día, Dan instaló unos 25 m desde el balcón y pudo ver tres posibles continuaciones a unos 20 m por encima. Anton pensó que el maillón que Dan había visto en su límite podría haber sido el límite de los primeros exploradores 35 años antes. Llevan cascos con carburo y probablemente no hubieran visto esos interrogantes encima.

Mientras Dan escalaba, Bob y Anton hurgaron en algunas posibles continuaciones no topografiadas que Anton más tarde dibujó en el libro de salidas.

El segundo día, Dan trepó hasta el límite alcanzado y Anton lo siguió. Dan empezó a instalar la siguiente sección mientras Bob subía.

*Cuando Dan llegó a un saliente seguro con tres
posibles caminos, lo seguí y desinstalé la sección
anterior. Después de actuar como tensor de la cuerda
de Dan, [...] le di el visto bueno a Bob para que se uniera
a mí. [...] Después de más escalada difícil, Dan llegó
a la parte alta.*

Anton lo siguió solo para ver que no había nada. Los tres interrogantes «eran una mierda» y vieron huellas, lo que sugiere que este punto se alcanzó hace 35 años.

El 26 de marzo, Anton, Tom y Alex tenían como objetivo explorar y topografiar las galerías laterales de Left Hand Bypass.

*Alex primero exploró un laminador a toda velocidad
que él estima en 250 m, gatera en partes, que pronto
se agranda y termina en dos pozos.*

Mientras tanto, Anton y Tom subieron por la primera lateral de la izquierda, instalando una cuerda «ya que era bastante resbaladiza e inestable». La galería se dividió arriba.

*La galería de la izquierda es la activa, la de la
derecha es una galería fósil con un suelo arenoso
y tiene una forma clásica de cerradura con rocas
ocasionales que la bloquean. [...] Esta da a
otra división: la de la izquierda, tras pasar un
estrechamiento, [llega] a un balcón que da a un
arroyo. Se exploró más tarde desde abajo y solo avanza
un poco más antes de llegar a un sifón.
 De vuelta en la galería fósil de arriba, la galería
de la derecha da sobre un suelo de calcita a una
pequeña sala en el caos de bloques. Aquí encontramos
unos guantes de plástico marrón, una navaja rosa y
restos de carburo. Los guantes estaban junto a una
pequeña ranura que obviamente ha sido excavada. Esto
dio a una impresionante chimenea que termina en una
escalada por un bloque con suelo de barro, donde,
en la parte de atrás, se nota una pequeña corriente.
Volviendo hacia atrás te lleva a subir de nuevo a
través de rocas hasta una sala conocida en el sistema.
 En este punto, íbamos a hacer la topo, pero habíamos
olvidado el cuaderno, ¡así que esperamos regresar a lo
largo de la semana para terminar el trabajo!*

Regresaron el día 30, topografiaron el lote 0114-16-01 (127 m) y

---

The Howling to make it easier when tired. Went to
Ecstasy Chamber then turned round, looking for
leads ... There were none. Spent about two hours
comprehensively digging the passage downstream of
The Howling to attempt to drain the water. ...
Simon also spent some time digging steps on the
various slippy mud slopes in the section between
the entrance and The Howling. This makes them much
easier when tired.

James showed Anthony the delights of Fresnedo 2 on March 22nd. They found that Simon's and James's digging efforts in The Howling the previous week had been fruitless - it was still just as wet. After adding a hand line to the climb at the end of the sandy crawl after the sump, they had a good look at the end of Munster's Waltz.

This is the source of the stream that flows over
very impressive black and white rock cascades. The
stream rises out of a boulder choke and there is no
way on in this section although a climb up a rift in
the roof looks interesting (needs bolting).

About 30m back from the end, a route was pushed and surveyed for about 30m (part of batch 0841-16-01) following an inlet.

This eventually led to standing up passage and
a muddy inlet stream with possible climbs up into
larger passage. It is still going.

On the way out they looked at the water below the base of the hand line at the end of the sandy crawl which was marked on the survey as a "dotted question mark".

We followed the water down a 3m wide, 2m high
passage until it reached a large pool. Swimming and
wading went around a couple of bends to where it is
still going downstream. Presumably this water will
join in with the sump, but there is a fair distance
between them, so it needs surveying and pushing.

James reckoned it was now possible to get to the end of Munster's Waltz in about 2.5 hours without any gear, although cows tails are useful for the traverse.

Anthony was back to the partly surveyed Shabby Inlet with James three days later and wrote:

The passage continued mostly in the same tedious
fashion until a sump pool was reached. James pushed
a leg in and declared it to be not free diveable.
There are no other realistic leads here, so this has
been ticked off. Inlet is 115m long.

They came back to the downstream passage (called Not Too Shabby) with chest-deep water.

Passage headed downstream in fine style for about
180m ... to another sump pool. There are no obvious
inlets or levels in the roof, so this is also ticked
off.

With the son-in-law pushing in Fresnedo 2, Juan and Penny walked on some old tracks to the south of the cave looking for possible top entrances. Many small trickles were seen which were possibly sinking below the track. Site 2652 by the radar station was found to be covered over or filled in and two new sites were documented. Site 4402 was covered with a pallet and 4403 also had a pallet about a metre down holding a dead animal. Both appeared to be small shafts. Thirty metres to the west, a square barbed wire fence surrounds a depression that was not investigated (4404).

In the Cueva de Arroyo de Canastrillas (4046 - the Daddy Day Care Centre), James and Steve put a rope through the duck just before the upstream sump ready for a dive by Jim Lister. This happened on April 3rd when Terry and Steve helped Jim to kit up just before the duck. Jim dived through ...

... and entered the 20m long, walking size passage
... The sump was crystal clear. The diver had a
good look round before descending to a depth of 3.2m
where the steeply descending passage is blocked by
large boulders. The passage can be seen continuing
downwards through the gaps. This sump would be
worth digging if there weren't so many open sumps
elsewhere. A tirfor and lots of trips would be need
to do this.

On the hillside some hundred metres southwest of 4046, a fenced shaft (4407) had been found in a field. Investigations in the Torca de Canastrillas started on April 1st when Simon, Jude, Sean. Daisy, Tom, Alex, Steve and Juan admired the views down into the Solórzano with some investigating the hole. Alex wrote:

A sketchy traverse leads down the pot which Johnny
had free-climbed recently but has become more
slippery so a ladder is advised. A boulder at the
bottom ... was snappered before the large chunk
being hauled out of the way. A very loose passage
led over boulders into a small cross rift which
choked at the bottom. Perhaps a way on through
boulders half way up the dig but would need shoring
first.

EASTERN MOUNTAINS Simon and Diane had left Not Too Bad

también investigaron el agujero 0313. Alex lo describió esto como una fisura angosta con una fuerte corriente que posiblemente se agranda nuevamente a la vuelta de una esquina que habría que ampliar.

Torca de Cillarón (0109), en la loma entre Llueva y Secadura, con una sala de 50 m de ancho, fue el escenario de la exploración de Dan, Tom y Alex durante dos días. Lo mejor fue una escalada artificial de Dan hasta una galería cerca del pozo de la entrada. Necesitaba una travesía ya que se abría sobre la sala principal, pero terminó en un P 6 de regreso a galería conocida. No se hizo ninguna topografía, pero las adiciones se extrajeron de una topografía modificada que se puede ver en el sitio web.

James estaba ansioso por regresar a la Cueva de Fresnedo 2 (0841) para ver si The Howling seguía abierto.[10]

¡Lo estaba! Añadí una cuerda vieja a la escalada justo
después de The Howling para que sea más fácil cuando se
está cansado. Fui a Ecstasy Chamber y luego me di la
vuelta, buscando pistas [...] No había ninguna. Pasé
unas dos horas cavando exhaustivamente la galería aguas
abajo de The Howling para intentar drenar el agua. [...]
Simon también pasó algo de tiempo excavando escalones
en las diversas pendientes de barro resbaladizo en la
sección entre la entrada y The Howling. Así serán mucho
más fáciles para cuando estemos cansados.

James le mostró a Anthony las delicias de Fresnedo 2 el 22 de marzo. Descubrieron que los esfuerzos de excavación de Simon y James en The Howling la semana anterior habían sido infructuosos, seguía igual de húmedo. Tras instalar un pasamanos a la subida al final de la gatera arenosa después del sumidero, pudieron echar un vistazo en el final de Munster's Waltz.

Este es el origen del arroyo que cae por impresionantes
cascadas de rocas blancas y negras. El arroyo surge de
un caos de bloques y no hay forma de avanzar en esta
sección, aunque una escalada por una grieta en el techo
parece interesante (se tiene que instalar).

A unos 30 m del final, forzaron una ruta y topografiaron unos 30 m (parte del lote 0841-16-01) siguiendo una galería lateral.

Esta al final condujo a una galería amplia y un afluente
embarrado con posibles trepadas a una galería más
grande. Continúa.

Al salir, miraron el agua debajo de la base del pasamanos al final de la gatera arenosa, marcado en la topografía como un «signo de interrogación punteado».

Seguimos el agua por una galería de 3 m de ancho y
2 m de alto hasta llegar a una gran marmita. Nadando y
vadeando pasamos un par de curvas hasta donde todavía
continúa aguas abajo. Es de suponer que esta agua irá al
sifón, pero hay una distancia considerable entre ellos,
por lo que hay que topografiarlo y forzarlo.

James calculó que ahora se podía llegar al final de Munster's Waltz en unas 2,5 horas sin ningún equipo, aunque las bagas de anclaje son útiles para la travesía.

Anthony regresó a Shabby Inlet con James tres días después y escribió:

La galería continuó en su mayor parte de la misma
manera tediosa hasta que se llegó a un sifón. James
metió una pierna y declaró que no se podía pasar sin
equipo de buceo. No hay otras posibles continuaciones,
por lo que hemos terminado aquí. El afluente mide 115 m
de largo.

Regresaron a la galería aguas abajo (llamada Not Too Shabby) con agua hasta el pecho.

La galería se dirigía aguas abajo bien durante unos
180 m [...] a otro sifón. No hay afluentes o niveles
obvios en el techo, por lo que aquí también hemos
terminado.

Con el yerno explorando en Fresnedo 2, Juan y Penny pasearon por unos viejos caminos al sur de la cueva buscando posibles entradas superiores. Vieron muchos pequeños sumideros que posiblemente se hundían debajo del camino. El agujero 2652 cerca de la estación de radar se había cubierto o rellenado y documentaron dos nuevo: el 4402 estaba cubierto con un palé y el 4403 también tenía un palé a cerca de un metro de profundidad con un animal muerto. Ambos parecían ser pequeños pozos. A 30 m al oeste, una alambrada cuadrada rodea una depresión que no se investigó (4404).

En la Cueva de Arroyo de Canastrillas (4046), James y Steve pasaron una cuerda a través de la bóveda sifonante justo antes del sifón aguas arriba, listos para que Jim Lister lo buceara el 3 de abril. Terry y Steve ayudaron a Jim a equiparse justo antes de la bóveda sifonante. Jim se sumergió y...

Entró en la galería amplia de 20 m de largo [...] El sifón era cristalino. El buceador echó un buen vistazo a su alrededor antes de bajar a una profundidad de 3,2 m donde la galería que desciende abruptamente está bloqueada por grandes rocas. Se puede ver que la galería continúa hacia abajo a través de los huecos. Valdría la pena excavarlo si no hubiera tantos sifones abiertos en otras cuevas. Se necesitarían muchas visitas

———————————————
10   Véase Verano de 2015, p. 200.

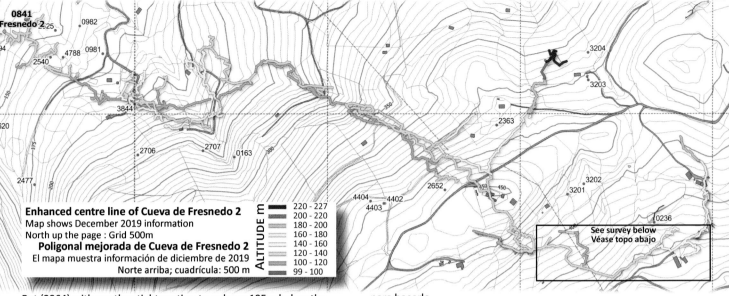

0841
Fresnedo 2

Enhanced centre line of Cueva de Fresnedo 2
Map shows December 2019 information
North up the page : Grid 500m
Poligonal mejorada de Cueva de Fresnedo 2
El mapa muestra información de diciembre de 2019
Norte arriba; cuadrícula: 500 m

ALTITUDE m

▇	220 - 227
▇	200 - 220
▇	180 - 200
▇	160 - 180
▇	140 - 160
▇	120 - 140
▇	100 - 120
▇	99 - 100

See survey below
Véase topo abajo

Pot (2964) with another tight section to enlarge 195m below the entrance.[11] On March 14th, Si rigged the cave down to the last pitch.

The last two pitches are fairly wet. To work at the too tight rift at the bottom an umbrella or some sort of cover would help make it more pleasant!

Di, resting a bad back, looked around the area of the entrance in rocky scrubland and woods with useful results. Down the hill to the north, 0725 was more accurately positioned and, closer to Not Too Bad Pot, she described 3036 as a small, blind rift. A new hole, 4390, was documented as a small shaft, less than 1m wide.

The pair returned on March 20th with Si descending 4390 which dropped 4m to a stack of blocks and a route down to -7m where it choked with no draught. He also went down 1967 "and had a poke about - nothing interesting". The entrance to Not Too Bad Pot was also found to be without a draught.

They returned to 2964 for a "quick evening trip" on the 22nd, snappering the constriction at the base of the pothole to get through to another 4 inch wide, left hand bend. "It's still worth another couple of digging sessions though."

Anthony joined them for another "quick trip" on the 27th. Some capping enlarged the previous snappered point then five snappers were "discharged together in the too tight left hand corner but, with little draught, it was very smoky."

Di and Anthony headed out while Simon removed the loose spoil.

In the mist, a head first look - it seems to be a tight slot 2 - 3m (?) in depth where a stone either echoes or plops into a deep puddle. One more trip to find out and de-rig.

The final trip by Si and Di on March 29th saw more capping so that it was possible to look around the snappered corner.

It is about 2m long and too tight. However, another big digging operation would make it yield...

They derigged.

On a day getting to better know the Matienzo depression, Si and Di first looked at La Cuevona (0248), the resurgence for Cueva del Agua (0059) and two caves above, Cueva de los Caracoles (0247) and Cueva de Reyes (0913). They then went to the hillside on the east of the depression to check out Cueva de Coreano (0137) , which they found sumped and Sima del Andrés (0080) - "This massive shaft is worthy of a descent later in the week." Dropping down to the valley bottom the three resurgences for Sima-Cueva del Risco (0025) were

11   2015 Easter, page 186.

para hacerlo.

En la ladera, a unos 100 m al suroeste de 4046, se había encontrado un pozo vallado (4407) en un campo. Las investigaciones en la Torca de Canastrillas comenzaron el 1 de abril cuando Simon, Jude, Sean, Daisy, Tom, Alex, Steve y Juan admiraron las vistas hacia Solórzano mientras algunos investigaban el agujero. Alex escribió:

Una travesía chunga conduce al pozo que Johnny había destrepado libremente recientemente, pero se ha vuelto más resbaladizo, por lo que se recomienda una escala. Una roca en la base [...] se rompió antes de que el trozo grande se pudiera quitar de en medio. Una galería muy suelta conduce sobre rocas hasta una pequeña grieta transversal obstruida en la base. Quizás haya una ruta a través de rocas a la mitad de la excavación, pero primero habría que apuntalarlo.

MONTAÑAS AL ESTE Simon y Diane habían dejado Not Too Bad Pot (2964) con otra sección estrecha para ampliar 195 m debajo de la entrada.[11] El 14 de marzo, Si instaló la cueva hasta el último pozo.

Los dos últimos pozos llevan bastante agua. Para trabajar en la grieta demasiado estrecha en la base, ¡un paraguas o algún tipo de cubierta ayudaría a hacerlo más agradable!

Di, con problemas de espalda, miró alrededor de la zona de la entrada entre rocosos y árboles sin encontrar gran cosa. Bajando por el monte hacia el norte, ubicó 0725 con mayor precisión y, más cerca de Not Too Bad Pot, estaba 3036, una pequeña grieta ciega. Un nuevo agujero, 4390, se documentó como un pequeño pozo, de menos de 1 m de ancho.

La pareja regresó el 20 de marzo con Si entrando en 4390, bajando 4 m a una pila de bloques y una ruta a -7 m donde se obstruyó sin corriente. También entró en 1967 «y echó un vistazo, nada interesante». También se descubrió que la entrada a Not Too Bad Pot no tenía corriente.

Regresaron a 2964 para una «incursión rápida por la tarde» el día 22, ampliando el estrechamiento en la base del pozo para pasar a otra curva de 10 cm de ancho a la izquierda. «Sin embargo, todavía merece la pena otro par de sesiones de desobstrucción».

Anthony se les unió para otra «incursión rápida» el día 27. Con micros abrieron el punto anterior, luego cinco de ellos «a la vez en la esquina izquierda demasiado cerrada, pero, con poca corriente, había mucho humo».

Di y Anthony salieron mientras Simon sacaba las rocas rotas.

En la niebla, metí la cabeza: parece ser una ranura estrecha de 2 a 3 m (?) de profundidad por la que las piedras resuenan o caen a un charco profundo. Una visita más para descubrirlo y desinstalar.

En su última visita el 29 de

Cueva de Fresnedo 2 (0841)
Grid size: 100m North up
Cuadrícula: 100m Norte arriba

NOTES for Shabby Inlet (batch 16-01)

A: low tube in black limestone
B: choked rift in ceiling
C: 0.5m cascade
D: 10m aven with probably no way at the top
E: rift with no way on at top
F: sandy roof crawls cut off corner of stream

11   Véase Semana Santa de 2015, p. 186

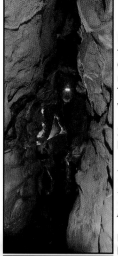

looked at: La Lisa (3929) - a muddy hole in the field with water seeping out; Cueva de Gonzalo - "an interesting short cave ... would make a nice easy-looking dive" and Cueva del Transformador (0032) - a "small pool with water resurging".

They were back at Sima del Andrés on March 26th and rigged a pitch of 23m direct to the bottom with minor rope rub.

The whole place is littered with bones of various types. We had a good poke about with a quick dig finding nothing new. If someone wants a dig close to the bar with good prospects, this must be a contender.

Anton and Tom went "surface bashing" on La Colina and entered site 1200. They used a lump hammer to remove a calcite block and reveal a three metre flat-out crawl to a low chamber.

Lower down the hill, to the north, they found 4405 describing it as a narrow rift with 2m visible. It bends round to the right with tree root, columns and continuation visible. There is no draught.

SOUTHERN SECTOR A team entered the Orillón complex at the 1162 Orillonzuco entrance intent on digging through beyond the final 12m high chamber.[12] Si and Pete Hall capped and dug at the sharp end for about five hours while Juan, Pedro and Di hauled the material out and up the mud bank. After digging through into 2 small chambers and a deposit of clean-washed pea gravel, a small final chamber was reached where Simon climbed up 3m to see a tiny, draughting crack.

Unfortunately this was where a team in 1974 had reached; Baz Davies had written an account in the logbook and drawn a plan and elevation. Recent digs had excavated deposits brought in by the stream over the last 42 years.

If nothing else, this episode highlighted the benefits of thoroughly researching any digging project!

It may now be a good plan to dig out boulders and cobbles where the stream sinks under the right hand wall in the final 12m high chamber.

Phil Parker in the Orillón streamway.
Phil Parker en la galería activa de Orillón.
Juan Corrin

After the disappointment, Pedro took everyone out through the Malbujero entrance (1161) - "rather unpleasant with a large boulder moving down at the entrance and a near vertical ascent up leaf litter and barbed wire".

Juan and Phil Parker went in through the Orillonzuco entrance for a four hour "digging and photography trip. Over 100 shots taken; some might be OK."

A short time was spent proddling at the stream sink in the large chamber. Juan commented:

The water sinks in gravel and cobbles along a 2 - 3m long 'front' under the hading wall. A proper digging team would take in a large crowbar to perhaps open up a proper sink. If the site starts to develop it may be necessary to cut back and shore up the mud bank that currently constricts the digging area. As no water was seen or heard a week ago in the final small chamber with the climb, and the resurgence is 1100m away in a straight line and 80m below, this sink deserves a bit of work.

Exploration, survey and re-survey continued in Cueva del Comellantes (0040). Peter Fast, Ali, Peter Eagan, Angus, Chris Binding and Torben investigated roof holes in the entrance area by bolting, but no new passage was found.

Phil Papard tied down a fluocapteur in the Comellantes resurgence on April 6th ready for the water trace from Hoyón. He also put one at the junction of two streams below Cueva del Arenal (0035) up the valley at Seldesuto. This was negative on the 10th when Juan, Penny and Phil retrieved them but the Comellantes cotton wool detector was strongly positive, proving that water from the Hoyón depression below Alisas came through to Comellantes in Matienzo. Juan and Penny collected a fresh fluocapteur from here on the 13th

marzo, lo ampliaron más para poder mirar por a la vuelta de la esquina.

Unos 2 m de largo y muy estrecho. Pero, otra gran operación de excavación lo haría ceder...
Desinstalaron la cueva.

Para conocer mejor la depresión de Matienzo, Si y Di primero echaron un vistazo en La Cuevona (0248), la surgencia de la Cueva del Molino (0059) y dos cuevas encima, Cueva de los Caracoles (0247) y Cueva de Reyes (0247). Después pasaron a la ladera al este de la depresión para ver la Cueva de Coreano (0137), que encontraron inundada y Sima del Andrés (0080): «Este enorme pozo es digno de una exploración más adelante ». Bajando al valle vieron las tres surgencias de Sima-Cueva del Risco (0025): La Lisa (3929), un agujero embarrado en un campo por el que sale un arroyo; Cueva de Gonzalo, «una cueva corta interesante [...] sería un buceo agradable y bonito»; y Cueva del Transformador (0032), una «pequeña marmita de la que fluye agua».

Regresaron a Sima del Andrés el 26 de marzo e instalaron un pozo de 23 m directo a la base con un leve roce de la cuerda.

Está lleno de huesos de varios tipos. Echamos un buen vistazo con una excavación rápida sin encontrar nada nuevo. Si alguien quiere una excavación cerca del bar con buenas perspectivas, esta es una buena candidata.

Anton y Tom fueron «buscando por la superficie» en La Colina y entraron en 1200. Usaron un martillo para quitar un bloque de calcita y abrieron una gatera de 3 m hacia una sala baja.

Bajando por la colina, al norte, encontraron 4405 y la describieron como una grieta estrecha con 2 m visibles. Gira a la derecha con raíces, estalagmitas y una continuación visible. No hay corriente.

SECTOR SUR Un equipo entró en el complejo de Orillón por la entrada de Orillonzuco (1162) con la intención de excavar al otro lado de la sala final de 12 m de altura.[12] Si y Pete Hall trabajaron para ampliar el extremo afilado durante unas cinco horas mientras Juan, Pedro y Di sacaban el material y lo subían por el banco de barro. Después de excavar a través de 2 salas pequeñas y un depósito de grava limpia, llegaron a una pequeña sala final donde Simon trepó 3 m para ver una pequeña grieta.

Desafortunadamente, aquí era donde había llegado un equipo en 1974; Baz Davies había escrito la crónica en el libro de salidas y dibujado un plano y una elevación. Los últimos trabajos de desobstrucción habían quitado depósitos traídos por el agua durante los últimos 42 años.

Al menos, ¡todo ello destacó los beneficios de investigar a fondo cualquier proyecto de excavación!

Ahora puede ser un buen plan sacar rocas y guijarros donde el arroyo se sumerge bajo la pared derecha en la sala final de 12 m de altura.

Después de la decepción, Pedro sacó a todos por la entrada de Malbujero (1161), «bastante desagradable con una gran roca que se movía en la entrada y un ascenso casi vertical por hojarasca y alambre».

Juan y Phil Parker entraron por la entrada de Orillonzuco para una «incursión de excavación y fotografía de cuatro horas. Más de 100 fotos tomadas; algunas podrían estar bien».

Se dedicó algo de tiempo a mirar en el sifón de la sala grande. Juan comentó:

El agua se sumerge en la grava y piedras a lo largo de un «frente» de 2 a 3 m de largo debajo del muro. Un equipo de excavación adecuado llevaría una palanca grande para tal vez abrir un sifón adecuado. Si el sitio comienza a desarrollarse, puede ser necesario volver atrás y apuntalar el banco de lodo que actualmente restringe el área de excavación. Como no se vio ni escuchó agua hace una semana en la sala pequeña con la subida, y la surgencia está a 1100 m de distancia en línea recta y 80 m por debajo, este sifón merece un poco de trabajo.

La exploración, topografía y retopografía en la Cueva del Comellantes (0040) continuó. Peter Fast, Ali, Peter Eagan, Angus, Chris Binding y Torben investigaron los agujeros del techo en la sección de la entrada, pero no se encontró nada nuevo.

Phil Papard ató un captador en la surgencia de Comellantes el 6 de abril listo para el trazado hidrológico de Hoyón. También puso uno en el cruce de dos arroyos debajo de la Cueva del Arenal (0035) en el valle de Seldesuto. Este fue negativo el día 10 cuando Juan, Penny y Phil los recuperaron, pero el captador de algodón de Comellantes fue claramente positivo, lo que demuestra que el agua de la depresión de Hoyón debajo de Alisas llega a Comellantes en Matienzo. Juan y Penny recogieron un captador nuevo de aquí el día 13 y también mostró una buena fluorescencia, aunque menos que en la comprobación anterior.

Aunque esperaban entrar en Torca de Coterón (0264) el 4 de abril, Ali, Angus, Richard, Spike y Amy cambiaron de planes cuando vieron la ladera en llamas. Se dirigieron en cambio a la Cueva-Cubío de la Reñada (0048) donde encontraron el nivel de lagos alto. Volvieron a «topografiar la ruta de la derecha desde la red de entrada a Stuffed Monk, y Sanatogen hasta el desnivel de 3 m, incluidas varias galerías laterales» (lotes 0048-16-01 a

and this also displayed good fluorescence, although less startling than the previous check.

Intending to go into Torca del Coterón (0264) on April 4th, Ali, Angus, Richard, Spike and Amy changed their plans when they saw the hillside on fire. They went instead into Cueva-Cubío de la Reñada (0048) where they found the lakes high. They "re-surveyed the right hand route from the entrance series to Stuffed Monk, and Sanatogen to the 3m climb down including various side passages". Batches 0048-16-01 to 0048-16-04 were surveyed.

Coterón was approachable by Ali, Angus and Richard the following day (and the entrance rope wasn't burnt). Down the p47 they resurveyed the entrance area (batch 0264-16-01; length 694m) which included 176m of previously entered but unsurveyed passages.

Amy, Spike and Richard continued the resurvey the next day to the head of the second pitch (batch 0264-16-02) and derigged on the way out.

A thorough check of an area of sloping land below the last section of the driveable track up to Cantones (the TV Mast track) was carried out by Terry, Tom, Alex, Phil Papard and Hilary on April 2nd. The aim was to "tick off" known but undescended sites and perhaps find new holes. Site 3674 was a 5m long east-west rift where, at the east end ...

> ... a climb down under a boulder to a dig some 5m down - draughting out - worth a dig. Side rift to NW, narrow, goes for 15m dropping 7m to choke. Not worth digging.

Site 2895 was "possibly" found and given a GPS'd location and 3675 was explored down 10m to a choke with no draught. Site 3676 was deemed too narrow but worth another look in warmer weather and 3677 was found to drop to a rift with bones 5m down. Site 3680 was also dropped at 2m deep.

Eight new sites were catalogued: 4411 - a 5m deep choked rift; 4412 - a small hole covered with rocks drops 1m to plastic bags; 4413 - a depression full of brambles; 4415 - a 3 - 4m deep, choked shaft; 4416 - small hole with a good draught out, needs snappers to reach possible old cave; 4417 - a rock shelter east of 4416 which has a strong draught out and is a good dig; 4418 - a 4m long rift to a mud choke and slight draught, and 4419 - 7m deep to a choke.

On April 19th, Pedro had an evening phone call about a goat stuck on a ledge in Cueva de Coquisera (0039). Pedro and Juan met with the farmers Ismael and Ciano the following morning and walked up to the entrance from a barn to the northeast - a gentler approach than that usually taken.

> The cave was cleared of excess goats leaving just one stuck on a tiny ledge about 7m above the traverse around the first 7m drop - a slip would have meant a 14m fall to the bottom. In fact, another of their goats had already fallen down the p7.
> Ciano and Pete went further into the cave and came back up a route on the east wall, ending at roof level, just short of the stranded goat and about 4m above it. Pete put in a bolt then traversed along and down to reach the animal. Luckily it stayed calm while Pete tied a rope round its horns. It was then hauled up and escorted down off the wall and out of the cave - using a route on the west side of the p7. Quick exit and back home for lunch.

Phil Papard, Hilary, Eddie and Pedro dug at site 4082, downhill and about 700m east-southeast of the Alisas viewpoint (Los Trillos). Phil wrote:

> It seems to take a lot of water in flood. Dug into small chamber. Lots of flood fill ... Will need a good day's dig with more gear... but first need to check draught in warm weather.

About 180m to the south, site 4396 was discovered and Pedro "scrambled down some 5m in cave to choke - no go and no draught".

Peter Eagan, Terry, Tony, Angus, Ali and Phil Papard had an afternoon digging and dropping shafts in the Alisas area on April 1st. Tony descended 4123 (found the previous Easter) for 22m with a further 3m climb down to a choke with no draught. Some digging occurred at the narrow, draughting shaft 4125, but more is required. Three new holes were also documented: 4408 - needs capping to remove a boulder but looks choked; 4409 - a small hole with a 4m drop that also looks choked and 4410 - a probably choked hole that needs work to get in. Site 4120 was re-discovered and GPS'd, having not been recorded as a choked hole the previous Easter. To the southeast, Ali and Angus dug in the floor between the two entrances of 3938 and 3939[13] where it

The magnificent view over site 4125 down into La Vega.
La magnífica vista desde 4125 hacia La Vega. Terry Whitaker

0048-16-04).

Ali, Angus y Richard pudieron ir a Coterón al día siguiente (la cuerda de la entrada no se quemó). Bajando el P 47, volvieron a topografiar el área de entrada (lote 0264-16-01; desarrollo 694 m) que incluía 176 m de galerías previamente exploradas, pero no topografiadas.

Amy, Spike y Richard continuaron la topografía al día siguiente hasta la cabecera del segundo pozo (lote 0264-16-02) y desinstalaron al salir.

Terry, Tom, Alex, Phil Papard e Hilary llevaron a cabo un control exhaustivo de un área de terreno en pendiente debajo del último tramo del camino hasta Cantones el 2 de abril. El objetivo era «comprobar» cuevas conocidas sin explorar y quizás encontrar alguna nueva. El 3674 era una fisura de este a oeste de 5 m de largo donde, en el extremo este...

> Un destrepe debajo de una roca hasta una excavación sopladora a unos 5 m, que merece la pena. La grieta lateral al NW, estrecha, va 15 m y baja 7 m hasta obstrucción. No vale la pena excavarla.

El 2895 se encontró, «probablemente», y se le dio una ubicación con GPS y el 3675 se exploró 10 m hasta una obstrucción sin corriente. El 3676 se consideró demasiado estrecho, pero valía la pena volver a verlo un día de más calor y 3677 daba a una grieta con huesos a 5 m de profundidad. El 3680 también tenía 2 m de profundidad.

Se catalogaron ocho nuevos agujeros: 4411, una grieta obstruida de 5 m de profundidad; 4412, un pequeño agujero cubierto de rocas que baja 1 m a bolsas de plástico; 4413, una depresión llena de zarzas; 4415, un pozo obstruido de 3-4 m; 4416, hoyo pequeño con buena corriente, necesita micros para llegar a una posible cueva vieja; 4417, un refugio al este de 4416 que lleva una corriente fuerte y es una buena excavación; 4418, una grieta de 4 m de largo a una obstrucción de barro y una ligera corriente; y 4419, de 7 m de profundidad a un obstrucción.

El 19 de abril, Pedro recibió una llamada telefónica vespertina sobre una cabra atascada en una repisa en la Cueva de Coquisera (0039). Pedro y Juan se reunieron con los vecinos Ismael y Ciano a la mañana siguiente y caminaron hasta la entrada desde un granero al noreste, un camino más suave del que se suele tomar.

> La cueva se vació del exceso de cabras, dejando solo una atascada en una pequeña repisa a unos 7 m encima de la travesía alrededor del primer pozo de 7 m; un resbalón habría significado caer 14 m hasta el fondo. De hecho, otra de sus cabras ya se había caído por el P 7.
> Ciano y Pete se adentraron más en la cueva y volvieron por una ruta en la pared este, terminando al nivel del techo, justo antes de la cabra atascada y a unos 4 m por encima de ella. Pete colocó una fijación y luego cruzó para alcanzar al animal. Por suerte, se mantuvo en calma mientras Pete le ataba una cuerda alrededor de los cuernos. Luego la levantó y escoltó lejos de la pared y fuera de la cueva, usando una ruta en el lado oeste del P 7. Salida rápida y de vuelta a casa para almorzar.

Phil Papard, Hilary, Eddie y Pedro cavaron en 4082, monte abajo y a unos 700 m al este-sureste del mirador de Alisas (Los Trillos). Phil escribió:

> Parece que recibe mucha agua en lluvias. Cavamos hasta una pequeña sala. Mucho sedimento de inundaciones [...] Necesitará un buen día de excavación con más equipo [...] pero primero hay que comprobar la corriente en un día cálido.

A unos 180 m hacia el sur, se descubrió el agujero 4396 y Pedro «destrepó unos 5 m a una cueva obstruida; ni continua, ni hay corriente».

Peter Eagan, Terry, Tony, Angus, Ali y Phil Papard pasaron una tarde desobstruyendo y bajando pozos en el área de Alisas el 1 de abril. Tony entró en 4123 (encontrado en la Semana Santa anterior): 22 m con un desnivel adicional de 3 m hasta una obstrucción sin corriente. Excavaron en el estrecho pozo soplador 4125, pero hace falta más trabajo. También documentaron tres nuevos: 4408, necesita micros para quitar una roca, pero parece obstruido; 4409, un pequeño agujero con un pozo de 4 m que también parece obstruido; y 4410, un agujero probablemente obstruido que llevaría trabajo para entrar. Redescubrieron el 4120 y tomaron las coordenadas GPS, pues no había sido documentado como un agujero obstruido la Semana Santa anterior. Al sureste, Ali y Angus excavaron en el suelo entre 3938 y 3939[13], donde parecía que había corriente aspirante.

---

13   2014 autumn, page 177.

13   Véase Otoño de 2014, p. 177

Tony Littler dropping into 4123. Tony Littler entrando en 4123.   *Phil Papard*

seemed to be draughting in.

In the Hoyón depression on April 5th, water was seen running on the surface and sinking to the north of 4385. Terry descended 6m down a ladder to a second drop. He had reached the sinking water and so this could be where to inject the OBA. A couple of days later, Pedro climbed down the second drop to where two streams enter in wet weather. Below were two holes that drop more than 3m to the continuation but any route down required enlarging. Five litres of OBA were poured in here at 14:30.

As a precursor to the water trace from Hoyón, Phil Papard put two detectors in the Cueva Molino resurgence (0791) and one upstream towards Bustablado on April 6th. Both of these proved negative when Juan, Penny and Phil tested these on the 10th, three days after the injection of OBA into 4246 in the Hoyón depression. The results were also negative when Juan and Penny tested fresh detectors on the 13th.

Peter Eagan, Ali, Pete Hall and Angus entered Cueva Vallina bottom entrance (4382) on March 28th with the intention of pushing on in Sisters of Perpetual Indulgence (SOPI).[14] However, a change of plan was necessary as Ali was not feeling well and had little energy when they reached the base of the Double Dutch Pitch. Peter wrote:

Surveyed to main junction then upstream to new end. Pushed various side passage / bits but main find was chamber at end with tight way on draughting but impossible to get any further.

They completed survey batch 0733-16-01.

Ali did some surface surveying on the 30th to try to get a definitive fix for each of the two entrances.

Two teams were in Vallina on the 30th. Peter Eagan, Torben and Peter Fast went to the end of SOPI. Peter Eagan commented that the passage was still as awkward as before with some sections of walking then thrutching along suit-grabbing, inclining, sharp - but at least dry - passage. An 8m pitch at the end of the right hand branch met a p12 which was blind with a traverse over the top becoming too narrow. The left hand branch led to a traverse with the "way on ahead with a good draught is easy going, 2m x 2m open passage".

The second team - Tony, Angus, Chris Binding and Terry - were also in the SOPI, but part way along where a passage set off south from Pantaloon Junction. The new exploration turned out to be a small phreatic tube that continued for about 120m ending in a too narrow drop of about 20m with the sound of a stream below (batch 0733-16-02). Such was the nature of the passages that Tony "entered with a new boiler suit and came out in rags" while Chris described it as "The most hateful bit of cave I have ever been in!"

Terry looked at the narrow rifts heading west from Ali station 31 and probably got half way to the passages shown on the survey (October 2015) heading back from SOPI. Low, awkward and confusing. Heading east from Ali station 30 in the chamber are several mazy crawls (worth surveying) heading back to sump 1.

On March 31st, Ali, Peter Eagan, Angus and Tony resurveyed the chamber at the top entrance to Cueva Vallina (0733) and checked the fixed location on the track above.

The same four went in the bottom entrance on April 2nd to continue pushing at the western end of SOPI. Peter wrote:

Returned to traverse bolted previously by Torben, Peter and Peter. Passage continued with draught, becoming easier 4 - 5m wide and 1 - 2m high ending at an easy dig. Sloping passage to the right gives good view of streamway 20m wide and high between sumps 5 and 6. Left near dig also gives access to top of streamway.

The new passage was surveyed (batch 0733-16-04) and linked back to the last station from the October 2015 survey. Ali and Peter did a short resurvey, from the main passage down to the foot of the Double Dutch Pitch (batch 0733-16-05).

This was to be Ali's last ever trip into Cueva Vallina.[15]

En la depresión de Hoyón, el 5 de abril, se vio agua en la superficie que se hundía hacia el norte del 4385. Terry bajó 6 m por una escala hasta un segundo pozo. Había llegado al agua que se sumergía y, por lo tanto, este podría ser un buen lugar para verter el agente blanqueador óptico. Un par de días después, Pedro bajó el segundo pozo hasta donde entran dos arroyos en época de lluvias. Debajo había dos agujeros con un desnivel de más de 3 m hasta la continuación, pero cualquier ruta hacia abajo requiere una ampliación. Se vertieron aquí cinco litros de agente blanqueador óptico a las 14.30.

Como precursor del trazado hidrológico de Hoyón, Phil Papard colocó dos captadores en la surgencia de la Cueva Molino (0791) y uno aguas arriba hacia Bustablado el 6 de abril. Ambos resultaron negativos cuando Juan, Penny y Phil los sacaron el día 10, tres días después del vertido de agente blanqueador óptico en 4246 en la depresión de Hoyón. Los resultados también fueron negativos cuando Juan y Penny comprobaron captadores nuevos el día 13.

Peter Eagan, Ali, Pete Hall y Angus entraron en la entrada inferior de Cueva Vallina (4382) el 28 de marzo con la intención de seguir adelante en Sisters of Perpetual Indulgence (SOPI).[14] Sin embargo, tuvieron que cambiar de plan ya que Ali no se encontraba bien y tenía poca energía cuando llegaron a la base de Double Dutch Pitch. Peter escribió:

Topografía hasta el cruce principal y luego aguas arriba hasta el nuevo final. Miramos en varias galerías laterales, pero el hallazgo principal fue la sala al final con una continuación estrecha sopladora, pero era imposible llegar más lejos. Lote 0733-16-01 completado.

Ali hizo una topo de superficie el día 30 para tratar de obtener una ubicación definitiva para cada una de las dos entradas.

Dos equipos fueron a Vallina el día 30. Peter Eagan, Torben y Peter Fast fueron al final de SOPI. Peter Eagan comentó que la galería seguía siendo tan incómodo como antes con algunas secciones amplias y otras estrechas por una galería inclinada, afilada, pero al menos seca. Un pozo de 8 m al final de la rama derecha da a un P 12 ciego con una travesía por encima que se vuelve demasiado estrecha. El ramal de la izquierda conduce a una travesía con la «continuación fácil con buena corriente, galería abierta de 2 x 2 m».

El segundo equipo, Tony, Angus, Chris Binding y Terry, también fueron a SOPI, pero a mitad de camino, donde una galería sale hacia el sur desde Pantaloon Junction. La nueva exploración resultó ser un pequeño tubo freático que continuó durante unos 120 m y terminó en un pozo demasiado estrecho de unos 20 m con el sonido de una corriente debajo (lote 0733-16-02). Tal era la naturaleza de las galerías que Tony «entró con un mono nuevo y salió con harapos», mientras que Chris lo describió como «¡la cueva más odiosa en la que he estado!».

Terry miró en las estrechas grietas que se dirigen al oeste desde la estación 31 de Ali y probablemente llegó a la mitad de las galerías que se muestran en la topo (octubre de 2015) volviéndose de SOPI. Bajo, incómodo y confuso. Hacia el este desde la estación 30 de Ali en la sala hay varios senderos laberínticos (que vale la pena topografiar) que regresan al sifón 1.

El 31 de marzo, Ali, Peter Eagan, Angus y Tony volvieron a topografiar la sala en la entrada superior de Cueva Vallina (0733) y comprobaron la ubicación fija en el camino encima.

Los mismos cuatro entraron por la entrada inferior el 2 de abril para seguir empujando en el extremo occidental de SOPI. Peter escribió:

Regresamos a la travesía instalada previamente por Torben, Peter y Peter. La galería continúa con corriente, volviéndose más fácil, 4 a 5 m de ancho y 1 a 2 m de alto, terminando en una excavación fácil. La galería inclinada a la derecha ofrece una buena vista del río de 20 m de ancho y alto entre los sifones 5 y 6. A la izquierda cerca de excavación también da acceso a la parte superior de la galería activa.

La nueva galería se topografió (lote 0733-16-04) y se conectó a la última estación de la topografía de octubre de 2015. Ali y Peter hicieron una breve topografía nueva, desde la galería principal hasta la base de Double Dutch Pitch (lote 0733-16-05).

Esta sería la última visita de Ali a Cueva Vallina.[15]

---

14 2015 Autumn, pages 211 - 212.
15 See The Glasses, pages 254 - 257

14 Véase Otoño de 2015, páginas 211 - 212
15 Véase Las gafas, páginas 254 - 257

Alasdair Neill was not in Matienzo over the summer, being too ill to travel. There were also fewer people than usual - perhaps due to the upcoming EuroSpeleo event being held in the UK; attending the Gouffre Berger cleaning exercise, or cavers moving their main trip for this year to the autumn.

NORTHWEST AND FAR WEST SECTORS On July 24th, Si and Di found the BigMat Calf Hole (3916) entrance to Torca la Vaca (2889) "dry-ish" with "lots of slugs down the tube". They visited and surveyed a number of question marks on the survey: on the green level near Scafell Aven (batch 2889_16_10, 91m); a short loop off the Fred Whitton Way (16_07, 39m); "halfway through the Wrynose Pass", an ascending passage that ended in a steep boulder choke (16_08, 32m) and batch 16_09, through Tubular Mud Chamber that dropped down to Pablo's Peppers Passage.

The following day ...

> ... went to the end of the Frizzington Extensions to push the low, muddy crawl at the far end that Si and Di had saved for me for my birthday present back in 2014.

James had gone down the BigMat entrance and was now in Torca la Vaca with Si and Di to claim his present. After 5m if appeared to end in a small, terminal-looking chamber.

> I was about to turn around at this point but noticed a small, flat-out side passage that led to a sand blockage, past which a widening could be seen.

The blockage was soon removed and a large breakdown chamber entered with a slide down to well decorated passage which led, after 25m, to a bold step over a 4m deep pot.

> Over this, the passage degenerated to a sandy crawl until a bouldery chamber was reached. A 6m climb down a rift here led to the top of a 10m pitch that needs descending. Didn't have time to survey today, but will return to survey and push next time.

Di wrote a warning about the BigMat entrance to all future visitors:

> ... a goat that was tethered at the top of the slope under the tree knocked down a torso-sized boulder from the dry stone wall which came tumbling down the slope heading towards the entrance tube (which Si was climbing down!) James halted the boulder's tumble by stopping it mid-bounce with his foot. A close shave.

Visitors now keep an eye out for goats and ensure the lid is closed during and after trips.

The trio was back on July 27th, carrying out 351m of surveying in batches 2889_16_11.1 to 2889_16_11.6 south of the Whites Haven. Further on, they ...

> ... continued to follow the draught to the Terminal Boulder Choke. Had a clamber around but felt the area needs surveying to improve exploration. Lots of passages unsurveyed need doing.

Si and Di now had the bit between their teeth and returned the next day to investigate and survey more "scampered" side passages, increasing the length of batch 2889_16_11 by 242m (parts 16_11.8 and 16_11.9).

James joined them on the 30th, aiming to push leads in the Mancunian Candidate. They reached the area in "dry grots" and changed into wetsuits. James wrote that the Mancunian Candidate ...

> ... is very pleasant canal / stream passage. Halfway along we surveyed up an inlet passage. This led past two side passages and a chamber before degenerating into a tight rift. This continued for about 150m until it re-joined Mancunian candidate at the start, near the climb down. We tied this in to make a [survey] loop. The two side passages still need pushing.

They then headed to the Shoulder of Mutton area to come back north along an "unentered and un-pushed" passage leading back to the First Terminal Boulder Choke.

> The most notable thing about this 'unentered' passage was the vast number of footprints all over the place. We surveyed up to the top of the boulder choke and Simon dropped a 5m climb that he thought might lead through - it didn't. At this point we had to head out, so we will return to look at the rest of the un-pushed leads later.

On August 1st, Si and Di pushed through the First Terminal Choke to the continuing green level passage, laying green twine along the route to "make things easier". They continued to the Shoulder of Mutton,

Alasdair Neill no fue a Matienzo este verano porque estaba demasiado enfermo para viajar. También hubo menos gente de lo habitual, quizás debido al próximo evento EuroSpeleo que se iba a celebrar en el Reino Unido, porque habían acudido al ejercicio de limpieza de Gouffre Berger o porque este año preferían visitar el valle en otoño.

SECTOR NOROESTE Y EXTREMO OESTE El 24 de julio, Si y Di encontraron la entrada de BigMat Calf Hole (3916) a Torca la Vaca (2889) «seca» con «muchas babosas en el tubo». Visitaron y topografiaron una serie de signos de interrogación en la topografía: en el nivel verde cerca de Scafell Aven (lote 2889_16_10, 91 m); una poligonal corta en Fred Whitton Way (16_07, 39 m); «a mitad de camino por Wrynose Pass», una galería ascendente que terminaba en un caos de bloques empinado (16_08, 32 m) y el lote 16_09, a través de Tubular Mud Chamber que descendía hasta Pablo's Peppers Passage.

Al día siguiente…

> Fuimos al final de Frizzington Extensions para forzar la gatera baja y embarrada en el extremo más alejado que Si y Di me habían guardado como regalo de cumpleaños en 2014.

James había entrado por BigMat y ahora estaba en Torca la Vaca con Si y Di para reclamar su regalo. Después de 5 m parecía terminar en una pequeña sala de aspecto terminal.

> Estaba a punto de dar la vuelta, pero vi un pequeño laminador que conducía a una obstrucción de arena, y al otro lado parecía que se volvía más grande.

Pronto se quitó la obstrucción y entró en una gran sala colapsada con un desnivel a una galería bien decorada que dio, tras 25 m, a un pozo de 4 m de profundidad que había que pasar por encima.

> Después, la galería degeneró a una gatera arenosa hasta que se llega a una sala con rocas. Un destrepe de 6 m por una fisura da a la cabecera de un pozo de 10 m que hay que bajar. No tuve tiempo de hacer la topografía hoy, pero volveré a hacerla y forzar la próxima vez.

Di escribió una advertencia sobre la entrada de BigMat a todos los futuros visitantes:

> Una cabra que estaba atada en lo alto de la pendiente debajo del árbol derribó una roca del tamaño de un torso de la pared, la cual cayó rodando por la pendiente en dirección al tubo de entrada (¡que Si estaba bajando!). James impidió que cayera deteniéndola en pleno rebote con el pie. Por poco.

Los espeleólogos ahora están atentos a las cabras y se aseguran de que la tapa esté cerrada durante y después de las incursiones.

El trío volvió el 27 de julio, topografiando 351 m (lotes 2889_16_11.1 a 2889_16_11.6) al sur de Whites Haven. Más adelante,...

> Seguimos la corriente hasta Terminal Boulder Choke. Trepé por los bloques, pero creo que el área necesita un topografía para mejorar la exploración. Hay que mirar muchas galerías sin topografía.

A Si y Di les había picado el gusanillo y regresaron al día siguiente para investigar y topografiar más galerías laterales «correteadas», aumentando el desarrollo del lote 2889_16_11 con 242 m (partes 16_11.8 y 16_11.9).

James se les unió el día 30 para mirar los interrogantes de Mancunian Candidate. Llegaron a la zona con «ropa seca» y se pusieron los neoprenos. James escribió que Mancunian Candidate...

> Es un canal/galería activa muy agradable. A mitad de camino topografiamos por un afluente que dio a dos galerías laterales y una sala antes de convertirse en una fisura estrecha. Siguió durante unos 150 m hasta que se unió al comienzo de Mancunian Candidate, cerca de la bajada. Lo conectamos con la topografía. Aún hay que explorar las dos galerías laterales.

Luego se dirigieron al área de Shoulder of Mutton para regresar al norte a lo largo de una galería «inexplorada y sin forzar» que conduce de regreso a First Terminal Boulder Choke.

> Lo más notable de esta galería «inexplorada» fue la gran cantidad de huellas que había por todas partes. Topografiamos hasta la parte superior del caos de bloques y Simon bajó una desnivel de 5 m que pensó que podría continuar, pero no fue así. En este punto tuvimos que salir, por lo que volveremos a ver el resto de los interrogantes en otra ocasión.

finding it slow going over "numerous very large, fallen blocks" with all obvious leads found to be oxbows. They surveyed out through the choke and surveyed downstream Bath Time, extending batches 16_12 and 16_13 to complete a 12 hour trip.

Two days later they were in the Hardknott Pass, close to the BigMat entrance, explored in the summer 2014 and Easter 2015. This time they went to the area of deep rifts where Si rigged a traverse across the Baggage Drop rift. The rifts that were descended choked, including the Baggage Drop which had a window 13m down to another p13 which was blind. "The draught out was good and cold."

August 4th - and another twelve hour trip for Si and Di, this time back to, and beyond, the First Terminal Choke.

... up into the higher levels of the boulder choke on the south side ... no way on obvious. Moved on to the passage opposite the boulder choke above the Rib Tickler. A passage continues into a crawl which opens up to reveal a parallel passage. Both end in a sandy blockage.

Moving south to the 'holes down' at the Shoulder of Mutton (station 2889_08_45.1) they found a tube down to the west below the boulder choke into water. Flat out crawls eventually ended in boulders or avens (batch 16_14).

On the way back they explored and surveyed the lower levels of the Don't Make Me Laugh rift, connecting to the Rib Tickler.

Two hours out from the Shoulder of Mutton (with heavy bags). Feeling battered the following day!

On their way to the ferry on August 6th, Si and Di checked out the end of Doldy's Draughting Rift but it all ended in a loose boulder choke - batch 2889_16_15 (51m). They then "shot off" to the Snow Dome in the Frizzington Extensions to investigate some holes in the floor which connected back into known passage - batch 16_16 (20m).

We found more evidence of Eldon's "magical mystery tour" of Frizzington in this area in the form of cairns / orange tape and plenty of arrows carved into the walls. Oh, they must have had fun down here finding their way out of the maze!!

Over their fortnight, mostly spent in Torca la Vaca, Si and Di (with some help from James) surveyed 2131m, of which 1800m was new. This brought the length of the Vaca system up to 23436m.

Harry and John Clarke explored a draughting "good opening" 5m above and the north of the river at Hornedo. Site 4477 soon closed down in two phreatic tubes.

Pedro located the entrance of Cueva de la Iglesia 1 (4463), a cave well-known to archaeologists since 1922 with extensive deposits. After the large entrance, he crawled through to a low chamber reporting that there were "plenty of ways off to check out and survey". On July 29th, he returned with Charlotte, Juan and John Southworth, who had extended the cave beyond the Spanish survey the day before. After a little instruction on her first surveying trip, Charlotte read the instruments while Pedro took the notes.

Not an easy first cave to be involved with surveying as there were a number of branches, ups, downs and loops in the calcited breakdown in smallish, red mud-coated phreatic chambers. Four

Entrance

very small entrances

0   5   10   15m

N

Cueva de la Iglesia 1   (Site 4463)
Navajeda   443.806 4.801.654 Alt. 57m
Surveyed July 2016 by C. Meakin, J. Corrin, J. Southworth, P. Smith. Drawn: P. Smith

Charlotte (top) and Nigel in the orange cave, Cueva de la Iglesia 1.

Charlotte (arriba) y Nigel en la cueva naranja, Cueva de la Iglesia 1. *Nigel Dibben & Charlotte Meakin*

El 1 de agosto, Si y Di atravesaron First Terminal Choke hasta la galería del nivel verde, colocando un cordel verde a lo largo de la ruta para «facilitar las cosas». Continuaron hasta Shoulder of Mutton, y les pareció que avanzaban muy despacio entre «numerosos bloques caídos muy grandes». Todas las laterales encontradas volvían sobre sí mismas. Topografiaron a través del caos de bloques y aguas abajo por Bath Time, ampliando los lotes 16_12 y 16_13 en una salida de 12 horas.

Dos días después fueron a Hardknott Pass, cerca de la entrada de BigMat, explorado en el verano de 2014 y Semana Santa de 2015. Esta vez fueron al área de fisuras profundas donde Si instaló una travesía para cruzar Baggage Drop. Las fisuras que se exploraron estaban obstruidas, Baggage Drop incluida, que tenía una ventana a 13 m hacia otro P 13 ciego. «La corriente de aire era buena y fría».

4 de agosto, y otra salida de doce horas para Si y Di, esta vez de vuelta a First Terminal Choke...

Hasta los niveles más altos del caos de bloques en el lado sur [...] sin continuación obvia. Pasamos a la galería opuesto al caos de bloques sobre Rib Tickler. Una galería continúa a una gatera que se abre para revelar una galería paralelo. Ambas terminan en una obstrucción arenosa.

Moviéndose hacia el sur a los «agujeros» en Shoulder of Mutton (estación 2889_08_45.1) encontraron un tubo hacia el oeste debajo del caos de bloques hasta el agua. Los laminadores terminaron en bloques o chimeneas (lote 16_14).

En el camino de vuelta, exploraron y topografiaron los niveles inferiores de la fisura Don't Make Me Laugh, que conectan con Rib Tickler.

A dos horas de Shoulder of Mutton (con sacas pesadas). ¡Al día siguiente estábamos matados!

De camino al ferry el 6 de agosto, Si y Di comprobaron el final de Doldy's Draughting Rift, pero todo terminó en un caos de bloques suelto: lote 2889_16_15 (51 m). Luego se «salieron corriendo» a Snow Dome en Frizzington Extensions para investigar algunos agujeros en el suelo que conectaban con una galería conocida (lote 16_16, 20 m).

Encontramos más pruebas de la «gira mágica y misteriosa» de los de Eldon por Frizzington en esta área en forma de montones de piedras/cinta naranja y muchas flechas en las paredes. ¡¡Oh, lo que se habrán divertido aquí encontrando la forma de salir del laberinto!!

Durante sus quince días, en su mayoría pasados en Torca la Vaca, Si y Di (con la ayuda de James) topografiaron 2131 m, de los cuales 1800 m eran nuevos. Esto llevó el desarrollo del sistema Vaca a 23436 m.

Harry y John Clarke exploraron una «buena apertura» sopladora a 5 m por encima y al norte del río en Hornedo. El agujero 4477 pronto se cerró en dos tubos freáticos.

Pedro ubicó la entrada de la Cueva de la Iglesia 1 (4463), una cueva conocida por los arqueólogos desde 1922 con extensos depósitos. Tras la gran entrada, se arrastró hasta una sala baja e informó que había «muchas continuaciones que revisar y topografiar». El 29 de julio, regresó con Charlotte, Juan y John Southworth, quienes extendieron la cueva más allá de la topografía española el día anterior. Después de una pequeña instrucción en su primera salida topográfica, Charlotte leyó

During and before Charlotte's first cave surveying trip into 4463. Durante y antes de la primer salida topográfica de Charlotte en 4463. *Juan Corrin*

hour trip with 151.3m surveyed.

Charlotte returned with Billy, Nigel Dibben and Peter Clewes on July 30th to take photos and sketch a passage missed from the previous visit.

Pedro braved the tight squeeze into the Easter 2016 extension in Cueva de la Cuesta de la Encina (4112) to survey and photograph the route approaching the surface. "A very worthwhile 4 survey legs!"

On the north side of Cobadal, permission had been given to dig in the draughting cold store (4457) found at Easter. Chris, Phil Parker and Nigel Easton spent 22nd - 25th July here with John Southworth joining them on the final day. They broke into an angle-of-rest boulder slope at the base of which were three draughting but choked holes. Going forward, a slippery climb led up through formations on a route which they taped to the end. Here there is a low dig with a slight draught, but nowhere for spoil due to the formations.

John Southworth and Phil Parker had a walk up the Bencano valley to look at a couple of holes found at Easter. Site 4429 was found to be tight while, after four hours of trying to find 4428, it was found to be a major dig with a good draught.

John had a solo walk around recently cleared woodland some 300m west of the Cobadal depression but found nothing of speleological interest.

Chris Camm in 4457 Chris Camm en 4457. *Nigel Easton*

In Cueva de los Campizos (Yo-yo Cave, 3812), Alex and Tom worked at re-bolting the main pitch and replacing old ropes.[1] Alex wrote:

We did manage to get a few bolts in which now pull you away from the main [falling rocks] firing line and splits up the pitch 30m down. Old ropes (knackered) for this pitch and all other pitches except the first ... have been removed as it is becoming unsafe. This was done with the help of Big Steve, Charlotte and Anton.

On July 27th, Chris, Nigel Easton, Phil Parker and John Southworth visited the area around site 3029 (just southeast of Barrio de Arriba) where various errors in earlier reporting of 3030, 3031, 3032 were corrected.

John thought he had discovered a new cave when he had to kick away mud from an entrance. Further excavation allowed all four to enter and there was no sign of earlier visitors on the pristine mud slopes. Back at base, Chris was able to look at previous photos to confirm that this was 3033. The mud suggested total flooding of the depression base, perhaps from below.

The next day, up the valley to the south, Chris found site 4473, a strongly draughting hole partially blocked by a boulder. This was removed

los instrumentos mientras Pedro tomaba las notas.

No es una primera cueva fácil para hacer topografía, ya que había una serie de ramales, subidas, bajadas y vueltas en los bloques calcificados en salas freáticas pequeñas cubiertas de barro rojo. Salida de cuatro horas con 151,3 m topografiados.

Charlotte regresó con Billy, Nigel Dibben y Peter Clewes el 30 de julio para sacar fotos y dibujar una galería omitida en la visita anterior.

Pedro se atrevió con el estrecho laminador de la extensión de Semana Santa de 2016 en la Cueva de la Cuesta de la Encina (4112) para topografiar y fotografiar la ruta acercándose a la superficie. «¡Cuatro segmentos muy valiosos!»

En el lado norte de Cobadal, se había dado permiso para excavar en el cubío soplador (4457) hallado en Semana Santa. Chris, Phil Parker y Nigel Easton fueron del 22 al 25 de julio, con John Southworth uniéndose a ellos el último día. Lo abrieron hasta una pendiente de rocas en cuya base había tres agujeros con tiro, pero obstruidos. Avanzando, una escalada resbaladiza conduce a través de formaciones a una galería que grabaron hasta el final. Aquí hay una excavación baja con una ligera corriente, pero no hay espacio para ello debido a las formaciones.

John Southworth y Phil Parker se dieron un paseo por el valle de Bencano para ver un par de agujeros encontrados en Semana Santa: el 4429 era estrecho y, después de cuatro horas intentando encontrarlo, 4428 era una excavación importante con buena corriente.

John dio un paseo en solitario por un bosque recientemente despejado a unos 300 m al oeste de la depresión de Cobadal, pero no encontró nada de interés espeleológico.

En la Cueva de los Campizos (3812), Alex y Tom volvieron a instalar el pozo principal y sustituyeron las cuerdas viejas.[1] Alex escribió:

Conseguimos instalar algunas fijaciones que ahora te alejan de la línea de fuego principal [caída de rocas] y dividen el pozo a 30 m. Las cuerdas viejas (destrozadas) para este pozo y todos los demás, excepto el primero [...] se han sacado ya que ya no eran tan seguras. Esto se hizo con la ayuda de Big Steve, Charlotte y Anton.

El 27 de julio, Chris, Nigel Easton, Phil Parker y John Southworth visitaron el área alrededor de 3029 (justo al sureste de Barrio de Arriba) donde se corrigieron varios errores en informes anteriores de 3030, 3031, 3032.

John pensó que había descubierto una nueva cueva cuando tuvo que quitar el

Cueva de la Cuesta de la Encina (Site 4112) Navajeda
north-west entrance: 444788 4800702 166m Length 228m
Site 4397: 444785 4800683 165m Length 13m
Surveyed 2015 and 2016 by J Corrin, P Smith, P Papard and A Petho
Drawn by PS

high level passage
open to the surface
a
Entrance
Entrance
h
4397
roots
squeeze
g
b
tight slot
possible passage in roof
c
e
d
f
very low
N
0 5 10 15m
a b c d
e f g h

1   2014 autumn, page 172.

1   Véase otoño de 2014, p. 172.

on the 29th and Chris descended a 10m pitch to a rift and a jammed boulder floor. A curled up, possible dog skeleton was found at the top of the next pitch but exploration was put on hold in order to inform the Pistruellos group.

The next day, Chris and Phil photographed the skeleton and placed bolts, which took a little time because "the rock was not brilliant". Chris climbed down to find a p5 to the next level. Phil noticed a thunderstorm approaching when he went out for a "boulder proddling stick" so the site was abandoned for the day.

Their return, two days later, was delayed by "agricultural duties" - herding cattle back into a field, finding the farmer, repairing a gate, then releasing a sheep trapped in a barbed wire fence. Chris, Phil and Nigel all descended and Nigel pushed a tight section to a pitch, descended to an enlarged rift passage and another drop. A rope and ladder were obtained from the surface and Phil dropped this short fourth pitch onto a debris slope in a decent size passage. Several leads were noted and the draught located.

On August 2nd, Chris and Phil carried out some surface proddling and Chris found another strongly draughting hole (4474) as he walked back a different route. This was the centre of attention the following day when a metre of material was removed to provide a better view into the unknown - "looked promising".

Phil and John continued capping 4474 on the 4th and entered a breakdown area with very large boulders and hanging slabs.

    A careful look round established the way on as being
    down a pitch at one edge of the area, the initial
    drop Disto measurement being 7m. This would need bolts
    for belays and a very careful descent past some loose
    stuff.

The team's days "were running out" so Nigel and Phil did a line survey in 4473. The draughting route ended at a choke with a possibility of digging. Off to one side of the slope, a mud-floored chamber had no continuation. The main way continued to an eyehole, with another 20m of passage with mud well up the walls. Other leads were left for the autumn visit and the cave was detackled. Chris, meanwhile, went into 4474 to enlarge the way to the pitch head, place a bolt and generally sort out hazards.

On their last day, Phil descended the bolted pitch in 4474 only to be stopped by a "seriously tight section". This was also work for the autumn visit, so the hole was cleared of equipment.

John Southworth inspected the sink and possible dig 4398, north of the motorway, and close to Pozo de la Hoya (4017) . He reckoned that it required the removal of at least 15 wagon and tractor tyres.

John also looked at a mined area with Phil Goodwin and Nigel Easton, to the northwest of the town and just north of the motorway. After only finding site 4478 - a small, descending, tight rift - they planned to revisit the area the following Easter when there would be less vegetation.

NORTHERN LA VEGA, EL NASO AREA WEST TO LAS CALZADILLAS

Jim, Steve and Charlotte went into Cueva del Molino (Agua - 0059) with the idea that Charlotte could do some practice bolting.

    Due to having 10mm drill bits and 8mm bolts, it was a
    non-starter. Ha ha!

All was not lost as some instruction on using a DistoX was given.

A tourist trip was made into the higher level of Torca del Mostajo (0071) on August 4th by Lauren, Charlotte, Steve, Pete O'Neill, Richard and Scott. Scott and Steve "didn't do the final crawl as it looked bloody awful"

Andy and Pedro had a part "tourist trip" into Cueva de Rascavieja (0077) to ...

    ... see this magnificent cave again and part
    reconnaissance to visit the extensions to see how
    these can be pushed / surveyed / re-surveyed to
    add them to the survey which is still incomplete.
    ... However, the boulder choke into the Easter '85

barro de una entrada. Tras excavar un poco más los cuatro entraron y no había señales de visitantes anteriores en las cuestas de barro prístino. De vuelta en la base, Chris pudo mirar fotos anteriores para confirmar que se trataba de 3033. El barro sugería una inundación total de la base de la depresión, quizás desde abajo.

Al día siguiente, en el valle hacia el sur, Chris encontró el agujero 4473, con corriente fuerte y parcialmente bloqueado por una roca que se quitó el día 29. Chris bajó por un pozo de 10 m hasta una grieta y un suelo de rocas atascado. Se encontró un posible esqueleto de perro acurrucado en la cabecera del siguiente pozo, pero la exploración se dejó para informar al grupo de Pistruellos.

Al día siguiente, Chris y Phil fotografiaron el esqueleto y colocaron fijaciones, lo que llevó un poco de tiempo porque «la piedra no era brillante». Chris bajó para encontrar un P 5 al siguiente nivel. Phil notó que se acercaba una tormenta cuando salió a buscar un «palo para darle a las rocas», por lo que lo dejaron para otro día.

Su regreso, dos días después, se retrasó por «tareas agrícolas»: llevar ganado de vuelta a su campo, encontrar al granjero, reparar una verja y luego soltar una oveja atrapada en un alambre de púas. Chris, Phil y Nigel bajaron y Nigel forzó una sección estrecha hasta un pozo que da a una galería en fisura y otro pozo. Cogieron una cuerda y una escala de la superficie y Phil bajó este cuarto pozo corto a una pendiente de piedras en una galería de tamaño decente. Tomaron nota de varios interrogantes y localizaron la corriente.

El 2 de agosto, Chris y Phil echaron un vistazo en la superficie y Chris encontró otro agujero con mucha corriente (4474) mientras caminaba por una ruta diferente. Este fue el centro de atención al día siguiente cuando sacaron 1 m de material para proporcionar una mejor visión de lo desconocido: «parecía prometedor».

Phil y John siguieron abriendo 4474 el 4 y entraron en un área colapsada con rocas muy grandes y bloques que colgaban del techo.

    Tras echar un buen vistazo la continuación es por
    un pozo en un borde del área, la medición inicial con
    el Disto fue de 7 m. Necesitaría anclajes y bajar con
    mucho cuidado pasando algunas rocas sueltas.

Los días del equipo «se estaban acabando», por lo que Nigel y Phil hicieron una topo básica de 4473. La ruta con corriente terminaba en un obstrucción que se podría excavar. A un lado de la pendiente, una sala con suelo de barro no tenía continuación. La ruta principal continuaba hasta una ventana, con otros 20 m de galería con barro en las paredes. Se dejaron otros interrogantes para la visita de otoño y se desinstaló la cueva. Mientras tanto, Chris entró en 4474 para ampliar el camino hacia la cabecera, instalar una fijación y, en general, arreglar los peligros.

En su último día, Phil bajó por el pozo instalado en 4474 solo para que una «sección increíblemente apretada» lo detuviese. También lo dejaron para otoño, por lo que se sacó el equipo.

John Southworth inspeccionó el sumidero y la posible excavación 4398, al norte de la autopista y cerca de Pozo de la Hoya (4017). Calculó que era necesario retirar al menos 15 neumáticos de camiones y tractores.

John también miró un área minada con Phil Goodwin y Nigel Easton, al noroeste del pueblo y justo al norte de la autopista. Después de solo encontrar el agujero 4478, una fisura pequeña, descendente y estrecha, planearon volver a visitar el área la siguiente Semana Santa cuando hubiera menos vegetación.

EL NORTE DE LA VEGA, ZONA DE EL NASO – LAS CALZADILLAS

Jim, Steve y Charlotte entraron en la cueva del Molino (0059) para que Charlotte pudiera practicar a instalar fijaciones.

    Como teníamos brocas de 10 mm y anclajes de 8 mm, no
    se pudo hacer mucho. ¡Jaja!

No todo estaba perdido, ya que se le dieron algunas instrucciones sobre el uso del DistoX.

Lauren, Charlotte, Steve, Pete O'Neill, Richard y Scott hicieron una

Torca del Mostajo.
Lauren Griffin

extension was too challenging for the cavers who had got through successfully over 30 years ago, i.e. cavers 30 years younger are needed to explore this extension which is still not fully explored. It's a shame that this cave with its massive chambers has been neglected and never finished.

Permission was received to excavate calcite over a supposed Neanderthal layer in the gated Cueva de Cofresnedo (0065). Supervised by Chuchi and a couple of funcionarios from Cultura, Andy Quin cut out a section of calcite with an angle grinder. Laura Deeprose hopes dates and other data from this layer will correlate with data from Cueva de las Perlas (0074) and shed light on the demise of the Neanderthals in the area.[2]

THE NORTHEAST SECTOR INCLUDING THE FOUR VALLEYS SYSTEM, SOLÓRZANO AND GARZÓN

Juan and Penny found the entrance to Carcavuezo "well blocked" on July 22nd but, without Ali pushing for data, there were no summer trips into the system.

On a second trip to find the entrance to shaft 3004, first explored in 2008 and sitting 200m above the Sewers of Doom in Cueva de Carcavuezo, Charlotte, Steve, Nigel Dibben and Pete Clewes had a mixed sort of trip, forgetting lump hammer and drill bits then finding that the entrance was too tight for some.

They returned the following day with Billy, Phil Papard and Hilary and enlarged the entrance so that all the cavers could descend the 13m entrance pitch. Unfortunately, the "5 x 3m deep pool" in the chamber, a possible dive, had shrunk to a puddle but the site was photographed and surveyed, giving a length of 64m.

The group then enjoyed the cold draught coming from the resurgence / dig 4238 before Nigel investigated a possible 8m shaft, 3640, up the hill. However, the shallow, boulder-floored shakehole with a slight draught didn't fit the original description. On this very hot day, mutiny broke out before any further investigation could be done, and all retreated to the bar.

Jim continued with his diving project in the often murky waters of the Riaño resurgence (0575). On July 14th, he laid 88m of new line to surface in a 7m wide and 1.5m high canal.

Floor consisted of thick mud which did not make crawling in full dive kit easy. Line tied off before it sumped again.

He surveyed the extension on the way out, noting an aven with a small stream which "should be an airbell in high water".

Jim made his breakthrough into the Cueva de Riaño (0105) downstream sump pool the next day after laying 19m of line.

... surfaced after following a steep gravel slope up to air and a large stream passage. ... de-kitted and followed the streamway past some very large stalagmites and continued for around 100m to confirm the location before surveying the dive line on the way out. Many thanks for all the help!

Jim was in Fridge Door Cave (1800) on the 18th. He dived 70m along the upstream sump at the end of Bunnies 'n' Beer stream passage before running out of silt anchors.

The sump is open and on-going. An eel was seen before the visibility went to zero due to the thick mud banks. The entrance contained another dead sheep although the entrance [top] was left and found secure.

His intended dive on the 25th was curtailed when a hose failed on a pre-dive check at the sump pool edge. He had no choice but to come out and return the next day with a new hose.

Guide line surveyed to previous limit, 30 more metres of line laid to end of reel (100m). Passage continues underwater sloping downwards, 3m wide, 1.5m to 2m high. Big mud banks. Good flow.

On the next dive, he added 30m to the underwater length then, on the 27th, had a preparatory trip for his next dive. This involved improving access at the top of the entrance pitch and, with Phil

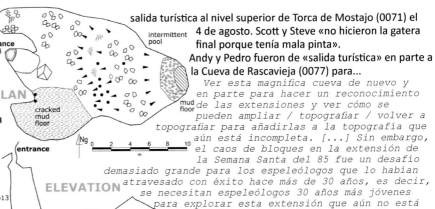

PLAN
ELEVATION

Site 3004: Torca Aldi
La Secada 30 T 453312 4797966 Altitude 342m
Length ~20m Depth 14m
Surveyed 2016 to BCRA 5c
Drawn by Nigel Dibben

entrance p13
intermittent pool
cracked mud floor
entrance
Ng 0 2 4 6 8 10 m
p13
cracked mud floor
intermittent pool

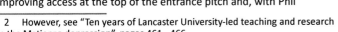

Peter Clewes in 3004. Peter Clewes en 3004. *Nigel Dibben*

salida turística al nivel superior de Torca de Mostajo (0071) el 4 de agosto. Scott y Steve «no hicieron la gatera final porque tenía mala pinta».

Andy y Pedro fueron de «salida turística» en parte a la Cueva de Rascavieja (0077) para...

Ver esta magnífica cueva de nuevo y en parte para hacer un reconocimiento de las extensiones y ver cómo se pueden ampliar / topografiar / volver a topografiar para añadirlas a la topografía que aún está incompleta. [...] Sin embargo, el caos de bloques en la extensión de la Semana Santa del 85 fue un desafío demasiado grande para los espeleólogos que lo habían atravesado con éxito hace más de 30 años, es decir, se necesitan espeleólogos 30 años más jóvenes para explorar esta extensión que aún no está completamente explorada. Es una pena que esta cueva con sus enormes salas haya sido descuidada y nunca terminada.

Se recibió permiso para retirar calcita sobre una supuesta capa neandertal en la Cueva de Cofresnedo (0065). Con la supervisión de Chuchi y un par de funcionarios de Cultura, Andy Quin cortó una sección de calcita con una amoladora angular. Laura Deeprose espera que las fechas y otros datos de esta capa se correlacionen con los datos de Cueva de las Perlas (0074) y arrojen luz sobre la desaparición de los neandertales en el área.[2]

SECTOR NORESTE INCLUYENDO EL SISTEMA DE LOS CUATRO VALLES, SOLÓRZANO Y GARZÓN

Juan y Penny encontraron la entrada a Carcavuezo «muy bloqueada» el 22 de julio, pero, sin Ali presionando para obtener datos topográficos, no hubo incursiones al sistema en todo el verano.

En una segunda salida para encontrar la entrada al pozo 3004, explorado por primera vez en 2008 y ubicado a 200 m sobre Sewers of Doom en Cueva de Carcavuezo, Charlotte, Steve, Nigel Dibben y Pete Clewes tuvieron un día mixto, primero olvidándose del martillo y las brocas del taladro y luego viendo que la entrada era demasiado estrecha para algunos.

Regresaron al día siguiente con Billy, Phil Papard e Hilary y ampliaron la entrada para que todos los espeleólogos pudieran bajar por el pozo de 13 m. Desafortunadamente, la «marmita de 5 x 3 m de profundidad» en la sala, quizás buceable, se había reducido a un charco, pero se fotografió y topografió, dando un desarrollo de 64 m.

Luego, el grupo disfrutó de la corriente fría proveniente de la surgencia/excavación 4238 antes de que Nigel investigara un posible pozo de 8 m, 3640, colina arriba. Sin embargo, el hoyo poco profundo con suelo de rocas y una ligera corriente no se ajustaba a la descripción original. En este día tan caluroso, estalló un motín antes de poder seguir investigando, y todos se retiraron al bar.

Jim continuó con su proyecto de buceo en las aguas a menudo turbias de la surgencia de Riaño (0575). El 14 de julio, colocó 88 m de hilo nuevo hasta la superficie en un canal de 7 m de ancho y 1,5 m de alto.

El suelo era de barro espeso que no hizo que la gatera con el kit de buceo completo fuese fácil. Guía atada antes de que se volviese a inundar.

Topografió la extensión al salir, viendo una chimenea con un pequeño arroyo que «debería ser un espacio de aire con los niveles del agua altos».

Jim consiguió cruzar hasta el sifón aguas abajo de Cueva Riaño (0105) al día siguiente después de colocar 19 m de hilo.

Emergí tras seguir una pendiente empinada de gravilla hasta una gran galería activa. [...] me quité el equipo y seguí el río pasando algunas estalagmitas muy grandes y continué durante unos 100 m para confirmar la ubicación antes de topografiar al salir. ¡Muchas gracias por toda la ayuda!

Jim fue a Fridge Door Cave (1800) el 18. Buceó 70 m a lo largo del sifón aguas arriba al final de la galería Bunnies 'n' Beer hasta quedarse sin anclajes de sedimento.

El sifón está abierto y continúa. Vi una anguila antes de que la visibilidad se redujera a cero debido a los gruesos bancos de barro. La entrada tenía otra

---

2   However, see "Ten years of Lancaster University-led teaching and research in the Matienzo depression", pages 461 - 466

2   Véase 10 años de docencia e investigación de la Universidad de Lancaster en el valle de Matienzo, páginas 461 - 466

Papard's help, removing the dead sheep from the bottom.

Jim was back on the 28th with two 7 litre cylinders. After laying another 15m of line, he surfaced in a "reasonable size chamber" and de-kitted.

> ... climbed vertically above the sump pool 4m where a mud-choked passage was found. After a hairy climb back down, the diver then had a good roam around. The right hand side of the chamber has different rock, very flaky. The diver climbed up 14m to where the way on was choked. On the way back down, an ongoing crawl through boulders was seen. A lump hammer or Hilti cap would enable access to what appears to be the only way on.

Two days later, Jim returned to survey along the dive line (129m) and film using his GoPro. Swimming out, he noticed a passage on the right which he marked on the line with two red cable ties. This was all Jim had time for and the hole was detackled with help from Peter Eagan, Phil Papard and Carole. They had earlier been introducing Carole to one of the delights of Riaño - taking photos in the nearby Cueva de la Espada (0103).

Over August 21st - 23rd, Colin Hayward continued Jim's work, finding that the arch on the right was too low to enter over a large silt bank, although digging "on a good flood" could gain entry. He videoed the sump and the dry chamber at the end.

John Clarke and Harry visited site 0644, last excavated ten years previously. They dug out under the draughting right hand wall to reveal a drop down over three benches to a chute that "would need a lot of digging to carry on".

At El Suto, to the west of Riaño, they investigated 4476, a small rift about 3m long to a T-junction where the passage is too small to follow.

The closed Giant Panda (2691) route into Cueva Hoyuca (0107) was worked on by Phil Papard down the entrance climb and Juan on the surface.

> Used three snappers to remove two large rocks from above the first pitch. Now open, but it needs about half to one hour gardening with a digging rope and two or three people to make safe.

Phil returned with Pedro and Terry, repairing the entrance shoring and placing bolts for an entrance ladder. It was noted that, although the pitch was open, some boulders above the pitch required propping up.

In the area of the digs below the main road that could link with Cueva-Cubío del Llanío (3234), Chris, Nigel Easton and Phil Parker found that site 4187 had been "bulldozed over and filled" with only the bolt showing. There was slightly better luck at 4175, where Phil descended a total of 8m to a narrow rift that may be passable by a thinner person, but no forward progress at the low dig in 4173.

Harry and John Clarke inspected Shrewd Find (4188). John reckoned that the boulder-filled crawl at the bottom would dig. No further work has been carried out here.

James introduced Lauren to the delight of "The Howling" as they took a "respectable" one and a half hours to get to Situation Normal, about two thirds of the way into Cueva de Fresnedo 2 (0841). They pushed the 1992 exploration down from station 47 into a narrow stream passage which they surveyed upstream (batch 0841_16_03) to a squeeze under a "pile of choss", where common sense prevailed. Downstream was found to be tight and wet and, as it seemed to be the source of the water found in the main passage, was not pushed. James wrote:

> Climbing up from station 47 had been previously scampered. This led up a very loose scree slope and through a dug hole into a very large trunk passage. This was blocked at the southwest end but went for 50m or so to the northeast. Eventually it reached a boulder pile ... a hand line and lot of bottle to climb, or a dodgy way through boulders. Idiot required! The whole area is extremely loose and dangerous and one landslide could easily block the way out.

On August 12th, Harry and John Clarke entered the major flood sink (Cueva de Fresnedo 1, 0126) close to the entrance to Fresnedo 2. This awkward-to-push cave had seen a number of attempts to dig through the low, rubbish and cobble-floored stream passage. John may have succeeded to some extent!

> Pushed passage to right of climb up rift to top series. Downstream was choked with flood debris but managed to clear several blockages. Got to sand choke 2m long but dug through ... This led to T junction. Way on to left dug into small phreatic passage then flat roof, wide passage with large boulder floor and passage going off. Good draught, still going. Needs pushing before next flood. (Quite tight in places). Approx. 30m.

On the same day, they were unable to find the entrance to the probable downstream continuation, Cueva de Huerto Rey (2519)

oveja muerta, aunque la entrada [superior] estaba a la izquierda y parecía segura.

Su inmersión prevista para el día 25 se acortó cuando un manguito falló durante una prueba en la orilla del sifón. No le quedó otra que salir y regresar al día siguiente con un manguito nuevo.

> Hilo topografiado hasta el límite anterior, 30 m más de hilo colocado hasta el final del carrete (100 m). La galería continúa bajo el agua en pendiente descendente, 3 m de ancho, 1,5 a 2 m de altura. Grandes bancos de barro. Buen caudal.

En la siguiente inmersión, añadió 30 m a el desarrollo bajo el agua y, el 27, tuvo una incursión preparatoria para su próxima inmersión que implicó mejorar el acceso en la cabecera del pozo de entrada y, con la ayuda de Phil Papard, sacar las ovejas muertas de la base.

Jim regresó el 28 con dos cilindros de 7 litros. Tras colocar otros 15 m de hilo, salió a una «sala de tamaño razonable» y se quitó el equipo.

> Se escalaron 4 m verticalmente por encima del sifón donde se encontró una galería obstruida con barro. Tras un destrepe peliagudo de regreso, el buceador echó un buen vistazo. El lado derecho de la sala tiene una roca diferente, se rompe fácil. El buceador escaló 14 m hasta donde la continuación estaba obstruida. De vuelta, se vio una gatera continua a través de rocas. Un martillo o similar permitiría el acceso a lo que parece ser la única continuación.

Dos días después, Jim regresó para topografiar a lo largo de la línea de buceo (129 m) y filmar con su GoPro. Nadando, notó una galería a la derecha que marcó en la línea con dos bridas rojas. No tuvo tiempo para más y la cueva se desinstaló con la ayuda de Peter Eagan, Phil Papard y Carole. Antes habían introducido a Carole a una de las delicias de Riaño: tomar fotografías en la cercana Cueva de la Espada (0103).

Del 21 al 23 de agosto, Colin Hayward continuó el trabajo de Jim, encontrando que el arco de la derecha era demasiado bajo para entrar por un gran banco de sedimentos, aunque tras excavar «en una buena inundación» se podría entrar. Grabó en vídeo el sifón y la sala seca al final.

John Clarke y Harry visitaron la cavidad 0644, excavada por última vez diez años antes. Excavaron debajo de la pared sopladora a mano derecha para abrir un desnivel sobre tres bancos a una rampa que «necesitaría mucha excavación para continuar».

En El Suto, al oeste de Riaño, investigaron 4476, una pequeña grieta de unos 3 m de largo hasta un cruce donde la galería es demasiado pequeña para seguir.

Se trabajó en la ruta cerrada de Giant Panda (2691) hacia Cueva Hoyuca (0107) con Phil Papard en la escalada de la entrada y Juan en la superficie.

> Usamos tres micros para quitar dos rocas grandes encima del primer pozo. Ahora abierto, pero necesita media hora a una hora de limpieza con una cuerda de excavación y dos o tres personas para asegurarlo.

Phil regresó con Pedro y Terry para reparar el apuntalamiento de la entrada e instalar fijaciones para una escala en la entrada. Vieron que, aunque el pozo estaba abierto, algunos bloques por encima del pozo se tendrían que apuntar.

En el área de las excavaciones debajo de la carretera principal que podría enlazar con Cueva-Cubío del Llanío (3234), Chris, Nigel Easton y Phil Parker vieron que el agujero 4187 había sido «demolido y rellenado» y solo se veía el anclaje. Tuvieron un poco más de suerte en 4175, donde Phil bajó un total de 8 m hasta una fisura estrecha que podría pasar una persona más delgada, pero no hubo progreso en la excavación baja en 4173.

Harry y John Clarke inspeccionaron Shrewd Find (4188). John calculó que la gatera llena de rocas del fondo se podría excavar, pero no se ha vuelto a la cueva.

James le mostró a Lauren las delicias de The Howling de camino, una «respetable» hora y media, a Situation Normal, aproximadamente a dos tercios del camino a Fresnedo 2 (0841). Forzaron la exploración de 1992 desde la estación 47 a una galería activa estrecha que topografiaron aguas arriba (lote 0841_16_03) hasta un laminador debajo de una «pila de piedras sueltas», donde prevaleció el sentido común. Aguas abajo resultó ser estrecho y húmedo y, como parecía ser la fuente del agua encontrada en la galería principal, no se forzó. James escribió:

> La escalada desde la estación 47 ya se había visto. Conduce a una pendiente muy suelta y a través de un agujero excavado a una galería muy grande que está obstruida en el extremo suroeste, pero sigue unos 50 m hacia el noreste. Al final se llega a una pila de rocas [...] un pasamanos y mucha valentía si se escala, o un camino poco fiable entre rocas. ¡Necesitamos un idiota! Toda el área es muy suelta y peligrosa y un deslizamiento de tierra podría bloquear fácilmente la salida.

El 12 de agosto, Harry y John Clarke entraron en el principal sumidero

due to it being "lost in the dense undergrowth on the hillside".

When Phil Papard, Pedro and Colin had a look three days later, they thought that the previous team may have "just circulated in the known cave" as they found no open leads. Phil dug for 3m where the stream goes in flood but more work was required.

In Riolastras, John Southworth had a solo visit to Puppy Dog's Tail Cave (4048) next to the road.

> *A dig down far wall from squeeze in the rift revealed a 1.5m long, very low passage. More work required. (Beware of glass fragments.)*

On the east side of the main depression, John and Harry surveyed Lady's Cave (4468) where they dropped down 3 steps in a rift with rubble held back by car windscreens - "rather unstable". The large passage choked up at the end.

Juan and Penny went for a thrash in the wooded area to the north of the turnoff to Riaño on the Matienzo-Solórzano road. Starting off on a track they soon met head-high ferns then more serious jungle requiring arm and leg cover. Some people never learn! However, one small hole was recorded by the road side, 4449.

Nigel, Billy, Peter Clewes and Phil Papard spent three and a half hours digging in the Torca de Canastrillas (4407), making room to work and seeing a possible draughting route between boulders. This required some stabilising of rocks above but they "gave up for now".

Harry, John Clarke and John Southworth looked at depressions above the resurgence 4046 on August 3rd but found nothing - it was "too bloody hot".

On August 16th, Colin dived at the other sump[3] in Cueva del Arroyo de Canastrillas (4046) aided by Steve and Phil Papard. Colin wrote:

> *A bastard to get to with dive gear, no walking, plenty of crawling. The sump was dived on three's to a depth of 2.8m. ... On the third dive a boulder was taken into the sump to provide a belay ...*

The sump appeared to be silted up and would probably back up in wet weather.

Two days later he was diving in Cueva de Lolo (del Secretario, 3991)[4] assisted by Pedro, Steve and Phil Papard. There was no problem obtaining the key. The carry to the sump was more difficult than Phil remembered and they found that the water in the sump had dropped by a metre. Some time was spent digging out the entry down to the sump. Colin wrote:

> *First part of the sump was passed as a duck under arch to small chamber. ... Water levels were about a metre down on what the wall markings show as normal level. All of this area would be flooded in normal conditions...*
> *The chamber that the diver surfaced in was roughly 5m each side with a mud bank down the middle. Around the outside, a dry water course was observed leading from a low passage in the southwest corner. A questionable boulder bridges the passage. This may need breaking up for safety sake.*

On the way out, a 'vertical drop to a sump' was inspected but, in these drier conditions, it was seen to be a rift going off in two directions. It was not explored.

EASTERN MOUNTAINS On July 29th, as a change from his dives in Fridge Door and Vallina, Jim was taken by Si, Di and Steve to have a look in "the most beautiful cave" - Cueva de Coreano (0137)[5] on La Colina, about 100m above Matienzo valley bottom.[5] Water levels were low allowing the team access to the deep, blue pools which Jim

---

site 4468: Lady's Cave

Riolastras ETRS89: 30T 455544 4803444
Altitude: 107m Length: 36m Depth: 10m

This cave survey is aligned to the ETRS89 grid which is 0.4 degrees to the west of True North.

Surveyed: August 2016
Survey grade: UISv1 4-3-B
John Clarke & Harry Long

Drawn in Inkscape: Juan Corrin

Matienzo Caves Project 2016

PLAN

pit

pit

step

step

crawl

entrance

entrance

Ng

ETRS 89

0 2 4 6 8 10m

PROJECTED SECTION 210° - 30°

entrance

steps

(Cueva de Fresnedo 1, 0126) cerca de la entrada a Fresnedo 2. Esta cueva difícil había visto varios intentos de excavar en la galería activa baja con basura y grava. ¡John pudo haber tenido éxito hasta cierto punto!

Galería forzada a la derecha de escalada por fisura a red superior. Aguas abajo está bloqueado con restos de inundación, pero logre mover varias obstrucciones. Llegué a una obstrucción de arena de 2 m de largo, pero la pasé [...] Dio a un cruce. Continúa a la izquierda en una pequeña galería freática y luego con techo plano, luego ancha con rocas grandes y otra. Buena corriente, continúa. Hay que explorar antes de la próxima inundación. (Bastante estrecho en partes). Aprox. 30 m.

Ese mismo día no pudieron encontrar la entrada a la probable continuación aguas abajo, la Cueva de Huerto Rey (2519) por estar «perdida en la densa maleza de la ladera».

Cuando Phil Papard, Pedro y Colin echaron un vistazo tres días después, pensaron que el equipo anterior podría haber «dado vueltas en la cueva conocida», ya que no encontraron interrogantes. Phil cavó por 3 m donde el arroyo se sumerge, pero necesitaba más trabajo.

En Riolastras, John Southworth fue solo hasta Puppy Dog's Tail Cave (4048) al lado de la carretera.

> *Una excavación en la pared más alejada del estrechamiento en la fisura reveló una galería muy baja de 1,5 m de largo. Necesita más trabajo. (Cuidado con los fragmentos de vidrio).*

En el lado este de la depresión principal, John y Harry topografiaron Lady's Cave (4468) donde bajaron 3 escalones en una fisura con escombros retenidos por parabrisas de coches, «bastante inestable». La galería grande estaba obstruida al final.

Juan y Penny fueron a prospeccionar en la zona boscosa al norte del desvío a Riaño en la carretera Matienzo-Solórzano. Comenzando en un camino, pronto se encontraron con helechos que les llegaban a la cabeza y luego una jungla más seria para la que se tuvieron que cubrir brazos y piernas. ¡Algunos nunca aprenden! Sin embargo, documentaron un pequeño agujero al costado de la carretera, 4449.

Nigel, Billy, Peter Clewes y Phil Papard pasaron tres horas y media cavando en la Torca de Canastrillas (4407), creando espacio para el trabajo y viendo una posible ruta con corriente entre bloques que se tenían que estabilizar, pero «se rindieron por ahora».

Harry, John Clarke y John Southworth miraron en las depresiones por encima de la surgencia 4046 el 3 de agosto, pero no encontraron nada: hacía «demasiado calor».

El 16 de agosto, Colin buceó en el otro sifón[3] de la Cueva del Arroyo de Canastrillas (4046) ayudado por Steve y Phil Papard. Colin escribió:

> *Una putada con equipo de buceo, sin caminar, gateando. El sifón se buceó en tres a una profundidad de 2,8 m. [...] En la tercera inmersión se metió una roca en el sifón para asegurar...*

El sifón parecía estar obstruido con sedimentos y probablemente se inundaría en época de lluvias.

Dos días después fue a la Cueva de Lolo (del Secretario, 3991)[4] asistido por Pedro, Steve y Phil Papard. No hubo ningún problema para conseguir la llave. Llevar el equipo al sifón fue más difícil de lo que Phil recordaba y encontraron que el agua había bajado un metro. Pasó un rato excavando la entrada al sumidero. Colin escribió:

> *La primera parte del sifón se pasó como una bóveda sifonante debajo del arco a una pequeña sala. [...] Los niveles de agua estaban alrededor de un metro por debajo de lo que las marcas de la pared muestran como nivel normal. Toda esta zona se inundaría en condiciones normales [...]*
> *La sala a la que salió el buzo tenía unos 5 m de cada lado con un banco de barro en el medio. Alrededor del exterior, se vio una galería seca que*

Steve watching Colin in the zero vis pool in 4046.
Steve observando a Colin en la marmita con cero visibilidad en 4046. *Phil Papard*

---

3   See 2016 Easter, page 230
4   See 2014 Easter, page 150
5   See 2014 summer, page 170

3   Véase Semana Santa de 2016, p. 230
4   Véase Semana Santa de 2014, p. 150

dived. Unfortunately, he found no onward route.

Juan Carlos had pointed out a cave to Pedro and Phil Papard on the southwest side of La Colina. After the 8th Horticultural Show[6], Phil walked up to find "rock covered in some flowstone below a fault / joint" and postulated that "the structure was formed during or shortly after the deposit formed".

Billy, Peter Clewes, Richard and Nigel Dibben spent some time fruitlessly searching for Cueva las Cosas (0084) on the eastern hillside opposite the Casa Germán. It later turned out that the grid reference placed the cave too far north although useful work was done taking new GPS readings for known sites and documenting sites 4470 and 4471.

Nigel, Peter and Billy came back later to survey 1247 and to open up the 8.1m deep 4470. The latter requires more work and there was no draught on the two days visited. New site 4472 was recorded in dense woodland with "some very old stal". Some surveying and photography was also carried out in site 0616.

SOUTHERN SECTOR Jenny and James took two-and-a-half years old Eleanora to Cueva de Jivero 2 (0017).

At first she didn't want to ("Go out of the cave"), but then she did ("Go into the cave"). Once she did, she loved it. Saw Harvestmen and giant Crayfish and exited the cave by climbing down tied to her brand new harness.

"Nora the Explorer" was also taken into Cueva-Cubío de la Reñada (0048) to do the bottom to the top entrance route and "She loved it!"

For Charlotte's second survey trip Pedro, as part of his Risco system resurvey, took her and Richard into Cueva Loca 2 (0020). They had "lots of fun" over three hours trying to take measurements in "about 40cm high passage". Pedro 8th where he resurveyed point previously reached small - "but it is possible years ago!".

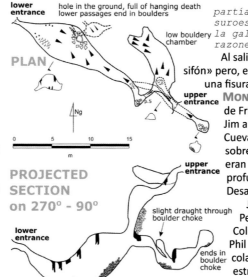

It has been known for quite a while that some of the water resurging in Cueva del Comellantes (0040) has an unknown source, i.e. does not come from Cueva Vallina or Torca del Hoyón (0567). With this in mind, draughting holes to the east of the South Vega System that may meet underground water courses draining to Comellantes have been the subject of sporadic attention.

On July 31st, DCC members Peter Clewes, Billy and Nigel Dibben re-opened the Dairy Dig (1189), exposing immature rifts and finding a draught coming from the floor.[7]

The team was enlarged with Pete O'Neill and Richard and they carried on digging down for a short while and then dug forwards. However, the ...

... side wall collapsed on N. then shortly after on P.O. Left to stabilise. Draught still in floor.

6   Usually held on the 3rd Saturday in August at Casa Germán, the "Concurso de Hortalizas" invites entries to a number of vegetable classes, eg Fattest Leek, the Longest Bean, etc. The annual competition, started by Pedro, involves the English and Spanish and culminates at lunchtime with the presentation of certificates and a grand feast with food prepared mainly by the vecinos.

7   This hole was last dug in August 2004.

partía de una galería baja en la esquina suroeste. Una roca cuestionable cruza la galería. Puede que deba romperse por razones de seguridad.

Al salir, se inspeccionó una «bajada vertical a un sifón» pero, en estas condiciones más secas, se vio que era una fisura en dos direcciones. No se exploró.

MONTAÑAS AL ESTE El 29 de julio, para cambiar de Fridge Door y Vallina, Si, Di y Steve llevaron a Jim a echar un vistazo en «la cueva más hermosa», Cueva de Coreano (0137) en La Colina, a unos 100 m sobre el valle de Matienzo.[5] Los niveles de agua eran bajos, lo que permitió al equipo acceder a las profundas marmitas azules en las que Jim buceó. Desafortunadamente, no encontró continuación.

Juan Carlos les había mostrado una cueva a Pedro y Phil Papard en el lado suroeste de La Colina. Después del 8.º Concurso de Hortalizas,[6] Phil se acercó para encontrar «roca cubierta con colada debajo de una falla/junta» y postuló que «la estructura se formó durante o poco después de que se formara el depósito».

Billy, Peter Clewes, Richard y Nigel Dibben pasaron algo de tiempo buscando infructuosamente la Cueva las Cosas (0084) en la ladera este frente a la Casa Germán. Más tarde resultó que la posición en el mapa colocaba la cueva demasiado al norte, aunque se realizó un trabajo útil tomando nuevas coordenadas con GPS para cuevas conocidas y documentando los agujeros 4470 y 4471.

Nigel, Peter y Billy regresaron más tarde para topografiar 1247 y abrir el 4470 de 8.1 m de profundidad. Este último necesita más trabajo y no hubo corriente en los dos días que fueron. El nuevo agujero 4472 se documentó en un denso bosque con «estalagmitas muy antiguas». También hicieron algo topografía y sacaron fotos en 0616.

SECTOR SUR Jenny y James llevaron a Eleanora de dos años y medio a la Cueva de Jivero 2 (0017).

Al principio no quería («Salir de cueva»), pero luego quiso («Entra en cueva»). Cuando entró, le encantó. Vio opiliones y cangrejos de río gigantes y salió de la cueva escalando atada a su nuevo arnés.

A «Nora la Exploradora» también la llevaron a Cueva-Cubío de la Reñada para hacer la ruta de abajo a arriba y «¡Le encantó!».

Para la segunda salida topográfica de Charlotte, Pedro, como parte de su nueva topografía del sistema Risco, la llevó a ella y a Richard a Cueva Loca 2 (0020). Se «divirtieron mucho» durante tres horas intentando tomar medidas en una «galería de unos 40 cm de altura». Pedro volvió el 8 de agosto, donde volvió a topografiar aguas arriba desde el punto previamente alcanzado hasta donde se volvió algo pequeño, «¡pero se puede y se exploró hace 40 años!».

Se sabe desde hace bastante tiempo que parte del agua que sale de Comellantes (0040) tiene un origen desconocido, es decir, no proviene ni de Vallina ni de Torca del Hoyón (0567). Con esto en mente, pozos sopladores al este del Sistema de La Vega que pueden encontrarse con cursos de agua subterráneos que desembocan en Comellantes han sido objeto de atención esporádica.

El 31 de julio, los miembros del DCC Peter Clewes, Billy y Nigel Dibben volvieron a abrir Dairy Dig (1189), exponiendo fisuras inmaduras y encontrando una corriente de aire procedente del suelo.[7]

El equipo se amplió con Pete O'Neill y Richard y continuaron cavando hacia abajo durante un rato y luego hacia adelante. Sin embargo, la...

Pared lateral se derrumbó sobre N. y luego poco sobre en P.O. Se deja para estabilizar. Corriente todavía en

5   Véase Verano de 2014, p. 170

6   El «Concurso de Hortalizas», que suele celebrarse el tercer sábado de agosto en Casa Germán, invita a participar en varias clases de hortalizas, por ejemplo, el puerro más grande, la judía más larga, etc. Este concurso anual, iniciado por Pedro, involucra a las comunidades inglesas y españolas y termina a la hora del almuerzo con la entrega de certificados y un gran banquete con comida preparada principalmente por los vecinos.

7   Este agujero se excavó por última vez en agosto de 2004.

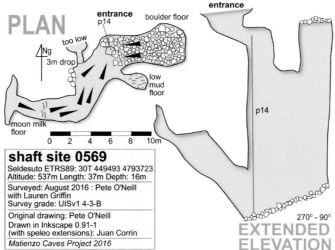

PLAN

entrance
p14

boulder floor

entrance

Ng

3m drop

too low

low mud floor

moon milk floor

0   2   4   6   8   10m

shaft site 0569
Seldesuto ETRS89: 30T 449493 4793723
Altitude: 537m Length: 37m Depth: 16m
Surveyed: August 2016 : Pete O'Neill
with Lauren Griffin
Survey grade: UISv1 4-3-B

Original drawing: Pete O'Neill
Drawn in Inkscape 0.91-1
(with speleo extensions): Juan Corrin
Matienzo Caves Project 2016

p14

270° - 90°

EXTENDED
ELEVATION

Nearby Dead Fox Passage (1253) was then excavated for an hour and the new small site 4466 documented.

Nigel, Peter Clewes, Billy and Richard dug for over four hours on the 3rd in Dead Fox Passage following a draught and creating a "substantial spoil heap".

On August 10th, after Peter had investigated choked site 3980, 2km to the west, and GPS'ing 0457, the team returned to 1253 and dug for a further 1.5m until a rock wall was visible in front. "May need enlarging and shoring as roof is made of clay-cemented boulders."

On August 9th, Alex and Anton investigated a couple of known holes about 600m to the west, and closer to the South Vega System. They dug open 4416 to reveal a strongly draughting rift that required further work and removed a boulder from draughting 4417. This would need a lot of work to progress.

A five hour digging session occurred at the stream sink in the final. large chamber of Orillonzuco (1162). Juan, Pedro, Nigel Dibben, Billy and Peter Clewes dug down, creating holes in the sediment which, at times, swallowed the water. The stream was dammed, allowing an occasional deluge into the dig. Pedro went out after three hours to talk (along with Phil Papard) with the Grupo de Espeleología Pistruellos in La Cavada. The remaining team dug through gravel and light and dark clays to a depth of about 2m.

Although the final hole was taking all the (low) water in the stream it will doubtless choke up, probably producing a 2m deep pool.

The logbook has a sketch of the dam and pipes needed to keep the dig dry for the next time. But no further work has taken place despite the resurgence being over 1100m to the south and 70m lower than the sinking water.[8]

The downstream passage appeared to be heading straight towards the 144m-deep Sima de Cagiga Redonda (0531) so Pedro went to GPS the entrance finding that "the original, 'approximate' location was good".

Harry, John Clarke and John Southworth investigated a couple of holes around the immediate hillside to the west and south of the Orillón complex. Site 4464 was excavated to a route that remained too tight and 4467, with a 5 x 3m shaft top, was dropped 9m to where digging would be necessary.

Pedro and Guy explored Cueva de la Brazada (1948)[9] on the hillside to the northwest of Riva. In archaeology circles, this cave is famous for a large, intact, Iron Age pot which has provided the form and style for Brazada-type pottery. Guy had also surveyed Cueva del Mar (0004 - explored by Matienzo cavers in 1978) down at the río Asón near Ogarrio, providing a much better grid reference.

Phil Papard, Hilary, Pete O'Neill and Lauren walked over the ridge from the Arredondo side to explore 3619 above the northwest side of Cueva Vallina (0733) with Pete exploring 3627 on the way. A 3m protected scramble and 3m climb down led to a small chamber and a pitch of about 5m that would need bolts, etc. The main aim was found to be site 0569 with a faint but confirmatory 'VT183' red marking from our Catalan friends. Pete and Lauren descended and surveyed out.

Pete O'Neill, Peter Clewes, Phil, Tom and Lauren returned on August 9th when Pete and Tom dropped the p5 in 3627 and found a tight section to a possibly 20m pitch. This would require capping or snappers to progress. Tom then descended 3621 finding it choked 10m down. The team tried to find 3625 but they failed in the rain and mist. They found a hole to the north (possibly 0572) "but it was too difficult to get to in the wet without good protection".

The two Peters, Phil and Hilary returned to 3627 with Alex and Anton on August 11th, again approaching the hole from the south side of the ridge. After some issues with old snappers and poor stemming, enough rock was removed at the head of the p20 for Pete O'Neill to get a better look at the top but not descend.

Phil, Hilary and Pete O'Neill went to Alisas on August 10th to investigate three shafts found the previous autumn close to the road. The first one turned out to be 0722: there was an old spit in

el suelo.

La cercana Dead Fox Passage (1253) se excavó durante una hora y se documentó un nuevo agujero pequeño, 4466 .

Nigel, Peter Clewes, Billy y Richard cavaron durante más de cuatro horas el día 3 en Dead Fox Passage siguiendo una corriente y creando un «montón de tierra sustancial».

El 10 de agosto, después de que Peter investigara el agujero obstruido 3980, a 2 km al oeste, y tomara las coordenadas GPS de 0457, el equipo regresó a 1253 y cavó otro 1,5 m hasta que se vio una pared de roca enfrente. «Puede hace falta agrandar y apuntalar, ya que el techo está hecho de bloques cementados con arcilla».

El 9 de agosto, Alex y Anton investigaron un par de pozos conocidos a unos 600 m al oeste y más cerca del Sistema de La Vega. Abrieron 4416 y vieron una fisura sopladora que necesita más trabajo y quitaron una roca de otro agujero soplador, 4417, pero necesitaría mucho trabajo para progresar.

Una sesión de excavación de cinco horas se desarrollo en el sifón en la sala grande final de Orillonzuco (1162). Juan, Pedro, Nigel Dibben, Billy y Peter Clewes abrieron hoyos en el sedimento que, en ocasiones, se tragaban el agua. El arroyo tenía una presa que dejaba caer un diluvio ocasional en la excavación. Pedro salió a las tres horas para conversar (junto con Phil Papard) con el Grupo de Espeleología Pistruellos en La Cavada. El equipo restante excavó en grava y arcillas claras y oscuras hasta una profundidad de unos 2 m.

Aunque el hoyo final se llevaba toda el agua (baja) del arroyo, sin duda se obstruirá, produciendo probablemente una marmita de 2 m de profundidad.

El libro de registro tiene un bosquejo de la presa y las tuberías necesarias para mantener la excavación seca para la próxima vez. Pero no se han realizado más trabajos a pesar de que la surgencia está a más de 1100 m hacia el sur y 70 m por debajo del agua que se sumerge.[8]

La galería aguas abajo parecía dirigirse directamente hacia la Sima de Cagiga Redonda (0531) de 144 m de profundidad, por lo que Pedro fue a tomar las coordenadas con GPS de la entrada y vio que «la ubicación "aproximada" original estaba bien».

Harry, John Clarke y John Southworth investigaron un par de agujeros alrededor de la ladera inmediata al oeste y al sur del complejo de Orillón. El agujero 4464 se excavó a una ruta que resultó ser demasiado estrecha y el 4467, con una cabecera de 5 x 3 m, se bajó 9 m hasta donde haría falta excavar.

Pedro y Guy exploraron la Cueva de la Brazada (1948)[9] en la ladera al noroeste de Riva. En los círculos arqueológicos, esta cueva es famosa por una vasija grande e intacta de la Edad del Hierro que ha proporcionado la forma y el estilo para la cerámica tipo Brazada. Guy también había topografiado la Cueva del Mar (0004, explorada por espeleólogos de Matienzo en 1978) en el río Asón cerca de Ogarrio, proporcionando una ubicación mejor.

Phil Papard, Hilary, Pete O'Neill y Lauren caminaron sobre el monte desde el lado de Arredondo para explorar 3619 sobre el lado noroeste de Cueva Vallina (0733) con Pete explorando 3627 de camino. Una trepada protegida de 3 m y un descenso de 3 m condujeron a una pequeña sala y un pozo de unos 5 m que necesitaría anclajes, etc. El objetivo principal resultó ser la cavidad 0569 con una marca roja débil pero confirmatoria «VT183» de nuestros amigos catalanes. Pete y Lauren entraron y topografiaron al salir.

Pete O'Neill, Peter Clewes, Phil, Tom y Lauren regresaron el 9 de agosto cuando Pete y Tom bajaron el P 5 en 3627 y encontraron una sección estrecha a un posible pozo de 20 m, pero se tendría que abrir para progresar. Tom luego entró en 3621 y lo encontró obstruido a 10 m. El equipo trató de encontrar 3625, pero no lo consiguieron bajo la lluvia y la niebla. Encontraron un agujero al norte (posiblemente 0572), «pero era demasiado difícil bajar con la lluvia sin una buena protección».

Los dos Peters, Phil e Hilary regresaron a 3627 con Alex y Anton el 11 de agosto, acercándose nuevamente al hoyo desde el lado sur. Después de algunos problemas con micros viejos y mala contención, se quitó suficiente roca de la cabecera del P 20 para que Pete O'Neill pudiera ver mejor la parte superior pero no bajar.

8   2015 autumn, page 203.
9   This low cave number was re-allocated after realizing 1948 had dupli-cated another site. Cueva de la Brazada was "new to us".

8   Véase el trazado hidrológico del otoño de 2015 , p 203.
9   Este código tan bajo se reasignó tras darnos cuenta de que 1948 se había duplicado. Cueva de la Brazada era «nueva para nosotros».

the wall near the top but Pete wanted to see if a way on had been missed at the base. The rope was attached to an outcrop on the hillside above and the second anchor attached to limestone at the pitch top. Pete found that the pitch split, with both sides of the divide choking about 15m down, although there was a slight draught and possible dig. As he was coming up from the smaller side, the rock at the pitch head ...

> ... which we thought was bedrock, peeled off and fell down the pitch. The bolt pulled out as the rope to the main belay took the fall. The rock (about 300kg) narrowly missed Pete hitting the dividing flake ... with the biggest part going down the main shaft. There was enough slack in the rope and the knot for Pete to fall some 8ft to the bottom. No major injury, more by luck!

They continued to the next shaft, 4239, which Phil descended 7m to a choked rift.

They then spent an hour looking for 4240 then found it next to where they'd dropped the bags at the GPS point.

Colin in 3991. Colin en 3991   *Phil Papard*

> Opened up tight entrance with hammer, etc and Phil descended the 4 x 1.5m rift to a rock-choked floor 15.2m below. ... No real prospect.

After the successful water trace from the Hoyón depression to Comellantes, further investigation of the sites in the depression occurred on August 26th by Phil Papard, Pedro, Terry, Patrick, Sandrine and Guy. In 4246 at the base of the entrance ladder and 5m climb, Phil cleared rocks from an ongoing rift passage. Terry wrote:

> The stream ... vanished ... into the floor. After about 8m it became a little low and the passage dropped through a squeeze into the continuation of the streamway. Crawling in pools for about 8m in a ... passage 50cm x 1.2m led to a calcited mud and gravel bank. This was passed by Pedro to a continuing passage. Terry and Patrick had to dig that out and eventually it was of "ample proportions". The crawl continued to a small pitch. A steady draught inwards.

Site 4245, at the base of the depression, was thought to flood up from a "passage" below, but it would "take some work to make any progress".

The two divers, Jim and Rupert, went into Cueva Vallina (bottom entrance, 4382) on July 13th. Jim helped Rupert carry a diving cylinder to the downstream sump while Rupert showed Jim the route to the upstream sump for future diving. The exercise was repeated on the 16th with more equipment and route learning.

On July 17th, Jim and Juan carried four bags with diving gear into Cueva Vallina (0733). They installed a Tyrolean over The Canyon to help transport bags and bottles over the deep rift. (Humans should still climb down, across and up the other side - it's not difficult, and the rope was not installed or maintained as people-transport!)

Two days later, Pedro helped Jim to transport two 11kg dive cylinders plus a line reel and wetsuit to the base of Double Dutch Pitch. The pitch was re-rigged with the rope taken in on the 17th and the old one taken out.

On the 20th, Pedro and Jim transported the remaining dive kit in. During pre-dive checks, Jim's regulator failed so he came out with the faulty equipment to repair it for tomorrow.

The next day, he started diving.[10]

> Replaced line in sump 1 and start of sump 2. Dived just short of the canal section (400m in) ... line found to be good. A few silt and other tie-offs added. Two 7 litre 300 bar cylinders transported out. Met by Juan at The Canyon whose help was very much

Phil, Hilary y Pete O'Neill fueron a Alisas el 10 de agosto para investigar tres pozos encontrados el otoño anterior cerca de la carretera. El primero resultó ser el 0722: había un viejo anclaje en la pared cerca de la cabecera, pero Pete quería ver si había alguna continuación en la base. La cuerda se ató a un saliente en la ladera por encima y el segundo anclaje se fijó en la piedra caliza en la cabecera del pozo. Pete descubrió que el pozo se dividía, con ambos lados de la división obstruidos a unos 15 m de profundidad, aunque había una ligera corriente de aire y una posible excavación. Mientras subía desde el lado más pequeño, la roca en la cabecera...

> Que creíamos que era un lecho de roca, se soltó y cayó al pozo. El anclaje también se soltó cuando la cuerda del anclaje principal recibió la caída. La roca (alrededor de 300 kg) pasó muy cerca de Pete y golpeó el saliente divisor [...] con la parte más grande cayendo por el pozo principal. Había suficiente la cuerda como para que Pete cayera unos 2 m y medio . ¡Sin lesiones importantes, por suerte!

Continuaron hasta el siguiente pozo, 4239, que Phil bajó, 7 m, hasta una grieta obstruida.

Luego pasaron una hora buscando 4240 y lo encontraron al lado de donde habían dejado las sacas en el punto del GPS.

> Se abrió una entrada cerrada con un martillo, etc. y Phil bajó por la fisura de 4 x 1,5 m hasta un suelo obstruido por rocas 15,2 m más abajo. [...] Sin expectativas.

Después del exitoso trazado hidrológico desde la depresión de Hoyón hasta Comellantes, el 26 de agosto Phil Papard, Pedro, Terry, Patrick, Sandrine y Guy llevaron a cabo una investigación adicional de las cavidades en la depresión. En 4246 en la base de un pozo de escala de 5 m, Phil quitó rocas de una galería en diaclasa en curso. Terry escribió:

> El agua [...] desapareció [...] en el suelo. Tras unos 8 m, se volvió un poco bajo y la galería cayó a través de un estrechamiento en la continuación del arroyo. Arrastrándonos por el agua durante unos 8 m en una [...] galería de 50 cm x 1,2 m conduce a un banco de barro y grava en calcita. Pedro lo pasó hasta una galería. Terry y Patrick lo desobstruyeron y finalmente fue de «amplias proporciones». La gatera sigue hasta un pequeño pozo. Una corriente aspirante constante.

Parecía que el agujero 4245, en la base de la depresión, se inundaba desde un «galería» debajo, pero «se necesitaría algo de trabajo para avanzar».

Los dos buzos, Jim y Rupert, entraron en Cueva Vallina (entrada inferior, 4382) el 13 de julio. Jim ayudó a Rupert a llevar una botella al sifón aguas abajo y Rupert le mostró a Jim la ruta hacia el sifón aguas arriba para bucearlo en el futuro. El ejercicio se repitió el día 16 con más equipo y aprendizaje de rutas.

El 17 de julio, Jim y Juan llevaron cuatro sacas con equipo de buceo a Cueva Vallina (0733). Instalaron una tirolina sobre el cañón para ayudar a transportar sacas y botellas por encima de la profunda fisura. (Los humanos aún deben bajar, cruzar y subir por el otro lado; ¡no es difícil y la cuerda no se ha instalado ni se mantiene para el transporte de personas!).

Dos días después, Pedro ayudó a Jim a llevar dos botellas de 11 kg más un carrete de hilo y un traje de neopreno a la base de Double Dutch Pitch. El pozo se volvió a instalar con la cuerda que se llevó el día 17 y se sacó la vieja.

El día 20, Pedro y Jim transportaron el equipo de buceo restante. Durante las comprobaciones previas a la inmersión, el regulador de Jim falló, por lo que salió con el equipo defectuoso para repararlo para mañana.

Al día siguiente, comenzó a bucear.[10]

> Hilo reemplazada en el sifón 1 y comienzo del sifón 2. Buceado hasta justo antes de la sección del canal (a 400 m) [...] el hilo resultó ser bueno. Se añadieron algunos sedimentos y otros. Dos botellas de 7 litros y 300 bar sacadas. Me encontré con Juan en The Canyon, cuya ayuda fue muy apreciada.

El 23 de julio, Jim buceó hasta un espacio de aire que era el límite de Martin Holroyd y siguió...

> 70 m de poliprop de 4 mm colocados. La galería se

---

10   The diving history of the upstream (Río Rioja) sumps is outlined in Matienzo: 50 years of speleology, page 263.

10   La historia del buceo en los sifones aguas arriba (Río Rioja) se detalla en Matienzo: 50 años de espeleología, p. 263.

appreciated.

On July 23rd, Jim dived to an airbell which was Martin Holroyd's limit and continued ...

... 70m of 4mm polyprop laid. Passage gets wider and some lower arches are passed with stable gravel slopes. Line was terminated 570m in from the start of sump 2. Tied off on silt anchor. Passage 7 x 4 continues down for 12m to another arch with black void beyond.

Jim commented that two 12 litre cylinders would be good here rather than the three 7 litre cylinders which were at the limit.

He brought out four tackle bags from the dive base to the surface and three cylinders transported up the 30m pitch to The Canyon. These were brought out on the 27th by Jim, Pedro and Juan on a quick, 90 minute trip.

Rupert was busy in and around the downstream sumps over the period July 2nd to the 17th. His overall aim was to get three full cylinders through sumps 1 - 5 to sump 6 along with a 300m reel and a supply of lead.

Several dives were made repairing the lines, removing a lot of old broken line and carrying extra cylinders. In sumps 3, 4 and 5, the visibility is quickly reduced to very little due to bubbles disturbing silt pockets in the ceiling and the old line has drifted into dangerous slack loops in mid-water.

Rupert decided to re-line these sumps from scratch and use cable ties to tie down the old line where possible.

In the logbook account, Rupert described how flooding can affect the system, water rising 8m in the final chamber in less than 12 hours of heavy rain and foam on the roof of the Río Rioja. He needed a "safe haven" where a flood could be waited out. On one trip with Pedro they...

... climbed into the choke and, rather than dropping back down to the Vallina 2 connection, found a small hole in boulders that quickly led up into an enormous chamber. This had a steeply sloping mud floor that went up for maybe 30 or 40m to an area of high avens and boulder slopes. Small cairns showed that someone had been here before, but it is not marked on the survey or mentioned in the description.
This will be an ideal place to put some emergency kit (which I have now done - food, stove, bivi bag, etc) as it will never be reached by any flood...

Rupert also commented that the survey in that area was very vague with a small sump that links to sump 1 drawn in the wrong place.

On July 25th, he aimed to take in a new wetsuit, 60m reel, new lights, a regulator and cable ties, then dive an extra full 7 litre cylinder through to the canal after sump 4, and re-line sump 5.

This was all more-or-less achieved, other than some loose line right at the end of sump 5... which wasn't done due to a cumulonimbus of silt that came down. On the way out, I found my missing fin in sump 1. I have now recovered all the kit that was washed away by the Easter flood. ... One 7 litre was found to have leaked half its contents away (at Easter). This was finally sucked empty and can now be brought out to have its valve repaired.

After a cup of tea, it was a slow trip out with the fin and empty line reel.

On his next trip on the 27th, Rupert brought out the faulty equipment and took a full 7 litre cylinder to the downstream sump.

The following day, he finished tidying the line in sump 5 and was satisfied that "all these sumps are now completely re-lined and safe from old line hazards. After some more "housekeeping", Rupert ...

... had a wander downstream looking for the "balconies" where Ali, Pete and Angus had entered in the roof - I couldn't see any sign of incoming passages. The streamway is massive, often 15m high by 8m wide with block falls to climb over. Returned through the sumps in gloomy vis (it had been 20m+ on the way in, amazing diving scenery). Had a cup of

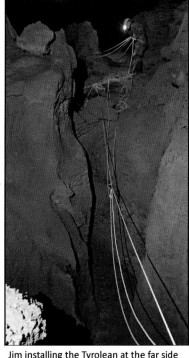

Jim installing the Tyrolean at the far side of The Canyon in Vallina.
Jim instalando la tirolina al otro lado de The Canyon en Vallina. *Juan Corrin*

Rupert upstream of sump 6 in Vallina.
Rupert aguas arriba del sifón 6 en Vallina. *Phil Papard*

ensancha y se pasan unos arcos bajos con pendientes de grava estables. La línea se terminó a 570 m desde el inicio del sifón 2. Atada en un anclaje de sedimento. La galería de 7 x 4 continúa hacia abajo otros 12 m hasta otro arco con un espacio negro al otro lado.

Jim comentó que dos botellas de 12 litros vendrían bien aquí en vez de los tres cilindros de 7 litros, pues estaban en el límite.

Sacó cuatro sacas de equipo de la base de buceo a la superficie y transportó tres botellas por el pozo de 30 m hasta The Canyon, que Jim, Pedro y Juan sacaron el día 27 en una incursión rápida de 90 minutos.

Rupert estuvo ocupado en y alrededor de los sifones aguas abajo durante el período del 2 al 17 de julio. Su objetivo general era pasar tres botellas llenas a través de los sifones 1-5 hasta el 6 junto con un carrete de 300 m y un suministro de plomo.

Se realizaron varias inmersiones reparando los hilos, sacando una gran cantidad de hilos rotos viejos y llevando botellas adicionales. En los sifones 3, 4 y 5, la visibilidad se reduce rápidamente a muy poca porque las burbujas perturban las bolsas de sedimento en el techo y la vieja línea se ha desviado a peligrosos bucles flojos en medio del agua.

Rupert decidió volver a instalar guías en estos sifones desde cero y usar bridas para atar la línea anterior donde fuera posible.

En la crónica del libro de salidas, Rupert describió cómo las inundaciones pueden afectar el sistema, con el agua subiendo 8 m en la sala final en menos de 12 horas de lluvia intensa y espuma en el techo del Río Rioja. Necesitaba un «refugio seguro» donde esperar a que pasara una inundación. En una salida con Pedro...

Escalamos a la obstrucción y, en lugar de volver a bajar hasta la conexión de Vallina 2, encontramos un pequeño agujero entre las rocas que rápidamente da a una sala enorme. Tiene un suelo de barro con pendiente pronunciada que sube unos 30 o 40 m hasta un área de chimeneas altas y pendientes con bloques. Pequeños montones de rocas indican que alguien ha estado aquí antes, pero no está marcado en la topografía ni mencionado en la descripción.

Este será un lugar ideal para poner un equipo de emergencia (que ya he hecho: comida, estufa, bolsa vivac, etc.) ya que nunca lo alcanzará una inundación

Rupert también comentó que la topografía en esa área era muy vaga con un pequeño sifón que conecta con el 1 dibujado en el lugar equivocado.

El 25 de julio su objetivo era llevar un traje de neopreno nuevo, un carrete de 60 m, luces nuevas, un regulador y bridas para cables, luego meter una botella extra llena de 7 litros hasta el canal después del sifón 4 y volver a colocar hilo guía en el sifón 5.

Todo se logró más o menos, aparte de un hilo suelto justo al final del sifón 5 [...] que no se hizo debido a un cumulonimbus de sedimentos que bajó. Al salir, encontré la aleta que me faltaba en el sifón 1. Ahora he recuperado todo el equipo que arrastró la inundación de Semana Santa. [...] Una de 7 litros había soltado la mitad de su contenido (en Semana Santa). Finalmente se vació y ahora se puede sacar para reparar la válvula.

Después de una taza de té, fue una salida lenta con la aleta y el carrete de hilo vacío.

En su siguiente visita, el 27, Rupert sacó el equipo defectuoso y llevó una botella de 7 litros llena al sifón aguas abajo.

Al día siguiente, terminó de arreglar la guía en el sifón 5 y estaba satisfecho de que «todos estos sifones ahora están completamente reinstalados y a salvo de los peligros de las antiguas guías. Después de un poco más de «limpieza», Rupert...

Eché un vistazo aguas abajo buscando los «balcones» a los que Ali, Pete y Angus habían entrado desde el techo, no pude ver ninguna señal de galerías entrantes. La galería activa es enorme, a menudo de 15 m de alto por 8 m de ancho con bloques caídos que hay que escalar. Regresé a través de los sifones en una visibilidad sombría (habían sido de más de 20 m al entrar, un paisaje increíble). Tomé una taza de café antes de salir.

En la siguiente visita, llevó una botella de 7 litros y

coffee before setting off out.

On his next trip, he carried in a 7 litre cylinder and a new dive harness.

He was rightfully concerned about the risk of heavy rain while he was underground. On August 1st, he aimed to carry tanks through to the river passage beyond sump 5.

Water level was up 2 to 3 inches at the Double Dutch - Río Rioja junction - this represents a lot more flow as the passage is quite wide here. The passage downstream was awkward, as the reduced vis meant it was difficult to see your footing.

Conditions rendered diving impractical, so I checked my kit was OK. The water hadn't been any higher ... and my kit was where I'd left it.

Conclusion: One big thunderstorm caused a significant rise in water levels, but not enough to threaten the exit of a diver through the sumps.

The cave saw a fair bit of activity on August 2nd when Rupert carried materials through sump 5 then walked down to sump 6 - "very impressive". By this time Phil Papard and Peter Eagan had traversed the Sisters of Perpetual Indulgence (SOPI) route and dropped a ladder down from the roof to climb down into the stream passage between the sumps.[11] They re-surveyed the between-sumps passage. Peter photographed Rupert in the stream passage and Phil videoed him diving out before they climbed up. On the way back, they crossed over the streamway and "found a large chamber which we left". They then exited through the high-level, dry, but awkward

---
11   See Easter 2016, page 234 and Peter Eagan's online photos linked from near the base of the Cueva Vallina (0733) description.

un arnés de buceo nuevo.

Tenía razones para preocuparse por el riesgo de fuertes lluvias mientras estaba bajo tierra. El 1 de agosto, su objetivo era llevar botellas hasta la galería al otro lado del sifón 5.

El nivel del agua subió de 2 a 3 pulgadas en el cruce Double Dutch - Río Rioja; esto representa mucho más caudal ya que la galería es bastante ancha aquí. La galería aguas abajo fue incómoda, ya que la visibilidad reducida significaba que era difícil ver por dónde vas.

Las condiciones hicieron que el buceo no fuese una opción, así que verifiqué que mi equipo estaba bien. El agua no había subido más [...] y mi equipo estaba donde lo había dejado.

Conclusión: Una gran tormenta causó un aumento significativo del nivel del agua, pero no lo suficiente como para amenazar la salida de un buzo por los sifones.

La cueva vio un poco de actividad el 2 de agosto cuando Rupert llevó equipo a través del sifón 5 y luego caminó hacia el sifón 6, «muy impresionante». Para entonces, Phil Papard y Peter Eagan habían atravesado la ruta de Sisters of Perpetual Indulgence (SOPI) y habían colocado una escalera desde el techo para bajar a la galería activa entre los sifones.[11] Volvieron a topografiarla. Peter fotografió a Rupert en la galería activa y Phil lo grabó zambulléndose antes de salir. En el camino de vuelta, cruzaron la galería activa y «encontraron una gran sala que nos pasamos». Luego salieron por la ruta de nivel superior, seca, pero incómoda.

Mientras tanto, James y Pete O'Neill habían avanzado a través de una

---
11   Véase Semana Santa de 2016, p. 234 y las fotos de Peter Eagan enlazadas al final de la descripción de Cueva Vallina (0733) en el sitio web.

Paul Dold (1973 -2016)

PAUL 'FOOTLEG' FRETWELL
with contributions from
TONY 'BADGER' RADMALL

PAUL «FOOTLEG» FRETWELL
con las aportaciones de
TONY «BADGER» RADMALL

Phil Papard

Teamwork is what makes expedition caving successful, and different cavers bringing a diverse range of skills to the team enable far more to be achieved than individual efforts alone. Paul Dold embraced this wholeheartedly and, for 10 years, brought a special something to our caving exploits in Matienzo.

Paul first discovered Matienzo when he came along with myself and Caroline Fretwell in 2006. He was always keen to get stuck in to anything going on, as I discovered on the morning after our first night there. He had heard a rescue being mounted late in the evening after we had retired to our tents and had spent half the night helping carry ropes up the mountainside to assist an injured caver out of one of the more serious cave systems.

Paul was great at putting a team together to make our exploration trips a success. We were already benefiting from the years of information shared via the expedition logs and surveys and I would do the library research to turn up ideas for where to go and look. Paul would often say to me 'where do you want us to go and what do we need?', then proceed to put together more digging gear than was sensible and a team of cavers to help carry it all.

His natural enthusiasm was very infectious. He was one of the organisers of youth caving through the Scouts back in the UK, and he had a way of encouraging people to push themselves further and do more than they thought they were capable of. Over the years he persuaded several promising young cavers to come along on Matienzo expeditions and push their own boundaries as well as the cave systems. This injection of young blood really accelerated our discoveries as they were always keen, capable and never complained no matter what Paul pushed them through or how much gear he got them to carry. These recruits enabled us to take more complicated photographs and survey more passage than we would otherwise have managed. We would spend long trips underground digging, surveying and photographing what we found, often late into the night. He had a knack of just stumbling into open passage which everybody else had missed. "I just looked behind this flake and found a crawl going off", he would say.

Paul was always up for a laugh and great company on expedition, above and below ground. While I was painstakingly setting up flashes for a big photograph Paul would help arrange people and gear. Then, when I took the shot and went to check it on the camera screen, I'd discover he was suddenly wearing some get-up like a wig and sunglasses in the picture. Over the years this escalated to encouraging the whole team to bring fancy dress. We'd get the serious picture but also a load of people having a laugh.

El trabajo en equipo es lo que hace que una expedición tenga éxito, y diferentes espeleólogos que aporten distintas habilidades al equipo permiten conseguir mucho más que los esfuerzos individuales. Paul Dold adoptó esta premisa sin reservas y, durante 10 años, aportó algo especial a nuestras hazañas espeleológicas en Matienzo.

Paul descubrió Matienzo por primera vez cuando vino conmigo y Caroline Fretwell en 2006. Siempre estaba dispuesto a involucrarse en lo que fuera que estuviese pasando, como descubrí la mañana después de nuestra primera noche. Había oído que se estaba montando un rescate casi de madrugada después de que nos retirásemos a nuestras tiendas y había pasado la mitad de la noche ayudando a llevar cuerdas montaña arriba para ayudar a un espeleólogo herido a salir de uno de los sistemas más importantes.

Paul era excelente a la hora de formar un equipo para que nuestras incursiones exploratorias fueran un éxito. Además de poder aprovecharnos de los años de información compartida a través de los registros y las topos de la expedición, yo investigaba en la biblioteca para encontrar ideas de a dónde ir y qué buscar. Paul solía decirme: «¿A dónde quieres que vayamos y qué necesitamos?», y luego procedía a juntar más material del que era sensato y un equipo de espeleólogos para ayudar a llevarlo todo.

Su entusiasmo natural era muy contagioso. Estaba detrás de la organización de grupos de jóvenes espeleólogos a través de los Scouts en el Reino Unido, y sabía cómo animar a las personas a esforzarse más y hacer más de lo que pensaban que eran capaces de hacer. A lo largo de los años, convenció a varios espeleólogos jóvenes y prometedores para que se unieran a las expediciones de Matienzo y forzaran sus propios límites, así como los de las cuevas. Esta inyección de sangre joven hizo que nuestros descubrimientos avanzaran más deprisa, ya que siempre eran entusiastas, capaces y nunca se quejaron por mucho que Paul los alentara a la cantidad de equipo que consiguiera que llevaran. Estos reclutas nos permitieron sacar fotografías más complicadas y topografiar más galerías de lo que hubiéramos logrado de otra manera. Pasábamos largos días bajo tierra excavando, topografiando y fotografiando lo que encontrábamos, a menudo hasta altas horas de la noche. Tenía la habilidad de tropezar con una galería abierta de par en par que todos los demás habían pasado por alto. «Solo miré detrás de ese saliente y encontré una gatera que continuaba», decía.

A Paul le encantaba divertirse y era una compañía excelente durante la expedición, en la superficie y bajo tierra. Mientras yo configuraba minuciosamente los flashes para una sesión fotográfica, Paul me ayudaba a organizar a las personas y el equipo. Luego, cuando sacaba la foto y la miraba en la pantalla de la cámara, descubría que Paul se había puesto algo ridículo como una peluca o gafas de sol. Con el paso de los años, esto fue a más hasta el punto de animar a todo el equipo a llevar disfraces. Sacábamos una imagen

route.

Meanwhile, James and Pete O'Neill had pushed on through a dig to the west in the high level where they surveyed batch 0733-16-06 for 144m with leads to look at.

Rupert abandoned a trip on August 4th, having "an attack of flood paranoia as the weather looked really threatening" when he went in. It rained heavily that evening and Rupert would have travelled back to England if he hadn't "gear strewn all over the cave".

Two days later Rupert "sorted out a load of shite" at Sump Chamber.

> I'm glad this is not the diving base any more as it's the most inhospitable, awkward bit of cave - it is cold, draughty, noisy, there is no flat surface and it drips in like a leaky submarine.

He rigged a short ladder and newer rope on the climb up into the sumps (SOPI) bypass and took a drysuit through the Quaking Traverse and on past Pantaloon Junction. He noted that the stream was "still high with almost nil vis".

On August 7th, Rupert returned with Peter Eagan to fully investigate the end of the SOPI route. First, they re-rigged the traverse over the 4m pit as hand line climbs so that no harness or cowstails were required. They then looked at the first balcony over the streamway but this was squalid and small and Rupert had the sinking feeling that maybe his plan to use this as a dive base was not on. They went west to the second balcony.

> This was absolutely perfect with dry, flat areas, an area to set up a bivi if necessary, and a staircase of ledges down to the stream, with only the last

excavación hacia el oeste en el nivel superior, donde topografiaron 144 m para el lote 0733-16-06 con interrogantes.

Rupert abandonó una salida el 4 de agosto, tras «un ataque de paranoia por las inundaciones porque el tiempo parecía realmente amenazador» cuando entró. Llovió mucho esa noche y Rupert habría viajado de vuelta a Inglaterra de no tener «el equipo esparcido por todas partes de la cueva».

Dos días después, Rupert «solucionó un montón de mierda» en Sump Chamber.

> Me alegro de que esta ya no sea la base de buceo, ya que es la parte más inhóspita e incómoda: hace frío, hay corrientes de aire, hace ruido, no hay una superficie plana y gotea como un submarino con fugas.

Colocó una escala corta y una cuerda más nueva en la subida al desvío de los sifones (SOPI) y llevó un traje seco a través de Quaking Traverse y pasó por Pantaloon Junction. Señaló que el agua estaba «todavía alta con casi nula visibilidad».

El 7 de agosto, Rupert regresó con Peter Eagan para investigar a fondo el final de la ruta SOPI. Primero, volvieron a instalar la travesía sobre el foso de 4 m como pasamanos de manera que no hacían falta arnés ni bagas de anclaje. Luego miraron el primer balcón sobre el arroyo, pero este era pequeño y Rupert tuvo la sensación de que tal vez no era tan buen plan usar esto como base de buceo. Fueron al oeste hasta el segundo balcón.

> Es absolutamente perfecto con áreas secas y planas, un área para instalar un vivac si hace falta y una escalera de repisas hasta el arroyo, con solo los últimos 4 m más o menos verticales.

Luego, Peter cruzó sobre rocas atascadas sobre el río hacia la nueva sala,

He also pushed me to cave much harder than I would have otherwise, patiently encouraging me well beyond my comfort zone through squeezes, low airspace ducks and sump free dives. We would sometimes do long trips, just the two of us, resurveying kilometres of the Four Valleys System for up to 12 hours at a time. When we made a breakthrough he would always be up for surveying into the night so we could bring back data to feed back into the larger expedition team effort. On one memorable trip it got to 9pm, the time we had agreed to stop surveying our ongoing new passage and start to head out. "Just one more hour," Paul said. Eventually after 3 'one more hours' later and with a good 2 hours caving to get out I called time at midnight. Then, while I was making the last notes and packing away the survey gear, Paul had started a dig - and it took me another 30 minutes to persuade him to leave it for another day!

Often when I had a rest day on expedition, Paul would go on a trip with another group in another cave system to help with their team project. In addition to our work in the Four Valleys System he pushed and extended Cueva del Torno and Torca la Vaca, encouraging me to return with him to photograph his finds. On our last day of the expedition, where he had dug into the decorated, large chamber in Torno, the two of us went in to photograph it. However, my caving helmet got left in the car boot when we were dropped off so Paul lent me his helmet as "he knew the cave and would be less likely to bang his head". He only took it back to wear in the photographs so that we looked professional!

Over the years, he started to photograph the caves and quickly proved himself to be a talented photographer. We had many photography trips together helping each other take pictures underground.

He generally planned carefully to ensure our adventures were as safe as we could make them, and I always felt in good hands caving with him. On one occasion though, after he assured me a new entrance we had just found was 'rock solid', the boulder I was standing on dropped out from beneath my feet. My foot got squashed and badly bruised and my camera ended up in a bag under the boulder. After I had been seen at the hospital, I returned to find Paul had been back to the cave, blown the boulder to pieces with caps and recovered my camera intact. He then presented me with a series of photographs of the offending boulder getting what it deserved!

Paul also spent many days exploring on the surface looking for new ways into the larger cave systems across the permit area. His vivid imagination came up with names for the many new sites he discovered, 'Prize Cock Pot', 'Mareserection'. He was a whirlwind of energy, enthusiasm and fun on every expedition he attended over 10 years. Always keen to hear what everybody else had discovered back at the bar, and share his discoveries.

Tragically, Paul lost his life in a diving accident in the sea on holiday in 2016 leaving a big void in our caving lives which is difficult to fill. But, hopefully, those touched by Paul's words of encouragement over the years will hear his voice on their next discovery. My many memories of his antics on expeditions still bring a smile to my face.

seria, pero también una de un montón de gente pasando un buen rato.

También me alentó a hacer cosas mucho más difíciles de las que hubiera hecho por mi propio pie, animándome pacientemente a ir más allá de mi zona de confort a través de gateras, bóvedas sifonantes con muy poco espacio y a hacer buceo libre en sifones. A veces hacíamos incursiones largas, solo nosotros dos, recorriendo kilómetros del Sistema de los Cuatro Valles durante hasta 12 horas seguidas. Cuando hacíamos un gran descubrimiento, él siempre estaba dispuesto a hacer la topo hasta altas horas de la noche para que pudiéramos llevar los datos para añadirlo al esfuerzo más grande del equipo de expedición. En una salida inolvidable nos dieron las 9 de la noche, la hora en que habíamos acordado dejar de topografiar nuestra nueva galería en curso e iniciar el camino de vuelta. «Solo una hora más», dijo Paul. Finalmente, después de 3 «una hora más» cuando aún nos quedaban unas buenas 2 horas para salir, di el día por terminado a medianoche. Luego, mientras tomaba las últimas notas y guardaba el equipo de topo, Paul había comenzado una excavación, ¡y me llevó otros 30 minutos convencerlo para que lo dejara para otro día!

A menudo, cuando tenía un día de descanso durante la expedición, Paul se iba con otro grupo a otro sistema para ayudarlos con su proyecto. Además de nuestro trabajo en el Sistema de los Cuatro Valles, exploró y amplió la Cueva del Torno y Torca la Vaca, animándome a volver con él para fotografiar sus hallazgos. En nuestro último día de expedición, después de haber entrado en la gran sala decorada de Torno, los dos volvimos para fotografiarla. Sin embargo, me dejé el casco en el maletero del coche que nos llevó hasta allí, así que Paul me prestó el suyo porque «conocía la cueva y sería menos probable que se golpeara la cabeza». ¡Solo se lo puso para las fotografías y así parecer profesionales!

A lo largo de los años, se animó a probar la fotografía subterránea y rápidamente demostró ser un fotógrafo talentoso. Hicimos muchas salidas fotográficas juntos en las que nos ayudábamos mutuamente.

Por lo general, se cuidaba de planear nuestras aventuras para que fueran lo más seguras que se podía, y siempre me sentí en buenas manos cuando iba de cuevas con él. Sin embargo, en una ocasión, después de asegurarme que una nueva entrada que acabábamos de encontrar era «sólida como una roca», la roca en la que estaba parado cayó debajo de mis pies. Mi pie quedó aplastado y muy magullado y mi cámara terminó en una bolsa debajo de la roca. Cuando volví tras la visita al hospital, descubrí que Paul había regresado a la cueva, había volado la roca en pedazos y había recuperado mi cámara intacta. Luego me presentó una serie de fotografías de la roca obteniendo lo que se merecía.

Paul también pasó muchos días explorando la superficie buscando nuevas formas de entrar en los sistemas más grandes del área del permiso. Su vívida imaginación ideó nombres para los muchos agujeros nuevos que descubrió, Prize Cock Pot, Mareserection... Era un torbellino de energía, entusiasmo y diversión en cada una de las expediciones a la que fue durante 10 años. Siempre dispuesto a escuchar en el bar lo que todos los demás habían descubierto y compartir sus descubrimientos.

Trágicamente, Paul falleció en un accidente de buceo en el mar durante unas vacaciones en 2016, dejando un gran vacío en nuestras vidas espeleológicas que es difícil de llenar. Pero, con suerte, aquellos conmovidos por las palabras de aliento de Paul a lo largo de los años escucharán su voz en su próximo descubrimiento. Mis muchos recuerdos de sus bromas en las expediciones todavía me hacen sonreír.

15ft or so being vertical.

Peter was then lined across jammed choss over the stream into the new chamber but was unable to find any way on. Peter surveyed this while Rupert went back to the climb down to install spits to protect the route. They then set off out, but to Rupert's horror …

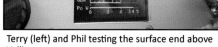

Terry (left) and Phil testing the surface end above Vallina.
Terry (izda.) y Phil probando en la superficie sobre el final de Vallina. *Phil Papard & Terry Whitaker*

… Pete decided to start thrutching through some unexplored holes and declared that "we might as well knock some survey legs off" in some sharp, thrutchy, insignificant thing. This was just what RS, with rumbling stomach, didn't want to hear. Anyway, it got quite big, then it got smaller and smaller and Pete went ahead for a recce. He came across a survey tag, number 30, which would appear to have been explored from the area of Betty Stoggs' Boudoir. Sanity returned, and we set off out, gaining sunlight after about 8 hours.

Pete O'Neill went in with Tom, Alex and Anton, the "youth" group, with the aim of looking at the Rioja Reserva stream passage avens for a future bolting project "and to show youth the way in".

The usual parking spot taken up with French cars meant parking at the old farm building and longer walk. The French team of 7 were met near The Canyon and they decided to tag along with us to the Swirl Chamber area.

We spent some time in the Rioja Reserva streamway checking out all possible leads. Bolt routes at the end all look good. The route above the end choke where the water wells up from under a wall looks best, probably a 10m bolt route. Some … near the confluence with the Río Rioja also look good.

After trip up Rioja Reserva, we went to the new sumps bypass to show the youth where passage goes off. … Youth led the way out only getting wrong turnings a few times.

Ron 'Obvious' Taylor's underground-to-surface communication sub-phones were tested on September 7th around the top entrance to Cueva Vallina, in particular the small location loop for near surface work. Pedro and Guy were in the entrance chamber while Phil Papard and Terry were on the surface.

It worked really well, very clear and easy to use – better than the molephone system.

The group then spent four hours at the nearby draughting Cueva de la Cisterna (1820) opening up the passage and removing a lot of spoil. It needs a lot more work.

Juan and Penny left Matienzo in good time so that the Matienzo Caves Project would have a presence at the (inconveniently timed) 5th European Speleological Congress, EuroSpeleo 2016. This event was held at the Dalesbridge Centre, near the Yorkshire Dales from 13th to 20th August. The format for the international gathering included dozens of rigged caves for delegates to visit, trade and club stands, various salons and competitions, day-time talks and evening entertainment.

Juan set up a stand with photographs, maps and survey panels and sold various Matienzo Caves items. He also gave a packed 20 minute talk, summarising 138 expeditions, 370km of cave passage and the top ten caves.

Another Matienzo -related talk was given by Laura Deeprose about her ongoing palaeoclimate work in Cueva de las Perlas - "Caves, climate change and Neanderthals: ongoing palaeoclimate research in Matienzo". Andi Smith displayed a poster entitled: "12,000 years of rainfall history revealed by stalagmite deposits from Cueva de Asiul".[12]

An A3 landscape survey of Cueva de las Injanas (sites 4001 and 4444, drawn by Juan) received a Merit Award in the Survey Salon for innovative use of QR codes to link with photos and videos.

News of the death of Paul Dold came as a huge shock to all who knew him. He died on August 30th while diving at East Portholland near St Austell. The large number of public tributes on Facebook show that Paul was loved and respected by his family and others in whatever activity he took part in - his work, caving, the Scouts, cycling and photography.

An obituary outlining Paul's activities in Matienzo appears on the web site, 2016 summer report, and a tribute written by Paul "Footleg" Fretwell and Tony "Badger" Radmall can be found on pages 246 - 247.

---

pero no pudo encontrar una continuación. Peter lo topografió mientras Rupert regresaba al destrepe para instalar fijaciones para proteger la ruta. Luego salieron, pero para horror de Rupert...

Pete decidió continuar a través de algunos agujeros inexplorados y declaró que «bien podríamos quitarnos algunos segmentos de topo» en una sección cosa afilada, escasa e insignificante. Esto era exactamente lo que RS, con el estómago gruñendo, no quería escuchar. En fin, se hizo bastante grande, luego se hizo cada vez más pequeño y Pete siguió adelante para un reconocimiento. Encontró una etiqueta de topografía, el número 30, que parece haber sido explorada desde la zona de Betty Stoggs' Boudoir. La cordura regresó y salimos, llegando bajo la luz solar después de aproximadamente 8 horas.

Pete O'Neill entró con Tom, Alex y Anton, el grupo «juvenil», con el objetivo de buscar en la galería activa Rioja Reserva para un futuro proyecto de instalación «y mostrar a los jóvenes el camino de entrada».

Como parking habitual estaba ocupado por coches franceses tuvimos que aparcar en la vieja granja y caminar más. Nos encontramos con el equipo francés de 7 cerca de The Canyon y decidieron acompañarnos al área de Swirl Chamber.

Pasamos un rato en Rioja Reserva revisando todas las pistas posibles. Las rutas para instalar al final se ven bien. La ruta por encima del obstrucción final donde el agua brota de debajo de una pared parece la mejor, probablemente una ruta de 10 m. Algunas [...] cerca de la confluencia con el Río Rioja también tienen buena pinta.

Tras un paseo por Rioja Reserva, fuimos al nuevo desvío de los sifones para mostrar a los jóvenes dónde continúa la galería. [...] Los jóvenes fueron primero, equivocándose solo unas pocas veces.

Los sub-teléfonos de comunicación subterránea-superficie de Ron «Obvious» Taylor se probaron el 7 de septiembre alrededor de la entrada superior de Cueva Vallina, en particular el pequeño circuito de ubicación para trabajos cerca de la superficie. Pedro y Guy estaban en la sala de entrada mientras Phil Papard y Terry estaban en la superficie.

Funcionó muy bien, muy claro y fácil de usar, mejor que el viejo teléfono subterráneo.

A continuación, el grupo pasó cuatro horas en la cercana Cueva de la Cisterna (1820) abriendo la galería y sacando mucha piedra rota. Necesita mucho más trabajo.

Juan y Penny se marcharon de Matienzo a tiempo para que Matienzo Caves Project estuviera presente en el (inoportuno) 5º Congreso Europeo de Espeleología, EuroSpeleo 2016, celebrado en el Dalesbridge Center, cerca de Yorkshire Dales del 13 al 20 de agosto. El formato de la reunión internacional incluyó docenas de cuevas instaladas para que las visitaran los delegados, stands comerciales y de clubes, varios salones y competiciones, charlas durante el día y entretenimiento nocturno.

Juan instaló un stand con fotografías, mapas y paneles con topografías y vendió varios artículos de Matienzo Caves. También dio una charla muy popular de 20 minutos en la que resumió 138 campañas, 370 km de galerías subterráneas y las diez cuevas principales.

Otra charla relacionada con Matienzo la impartió Laura Deeprose sobre su investigación en curso sobre paleoclima en la Cueva de las Perlas: «Caves, climate change and Neanderthals: ongoing palaeoclimate research in Matienzo». Andi Smith presentó un póster titulado: «12,000 years of rainfall history revealed by stalagmite deposits from Cueva de Asiul».[12] Una topografía A3 de la Cueva de las Injanas (4001 y 4444, dibujada por Juan) recibió un Premio al Mérito en el Salón de Topografías por el uso innovador de códigos QR para enlazar con fotos y vídeos.

La noticia del fallecimiento de Paul Dold conmocionó a todos los que lo conocieron. Murió el 30 de agosto mientras buceaba en East Portholland, cerca de St Austell. La gran cantidad de homenajes públicos en Facebook muestran que Paul era amado y respetado por su familia y amigos en todas las actividades en las que participaba: su trabajo, espeleología, los Scouts, el ciclismo y la fotografía.

Un obituario que describe las actividades de Paul en Matienzo se puede leer en el sitio web, el informe de verano de 2016, y un tributo escrito por Paul «Footleg» Fretwell y Tony «Badger» Radmall se puede leer en las páginas 246 - 247.

---

12 See "Ten years of Lancaster University-led teaching and research in the Matienzo depression", pages 461 - 466

12 Véase el artículo 10 años de docencia e investigación de la Universidad de Lancaster en el valle de Matienzo, páginas 461 - 466

Three teams were the main explorers over the October / November period. The weather ranged from good to frustratingly poor. For one group, speleological activities were prevented by rain on 5 out of 14 days.

NORTHWEST AND FAR WEST SECTORS At the side of the road to the Fuente Aguanaz (0713) car park, site 4447 was examined and the initial dimensions halved to 1m long and 1m deep while, high above San Antonio, 4488 was found to be a small resurgence cave.

About 700m to the northwest of Aguanaz resurgence, Dave Milner and John worked at site 3027, a draughting crawl with the passage seen to continue.

Explorations and potential dye tests in this area meant that sites should be accurately documented. Pedro GPS'd the entrance to La Riega (0551), a major resurgence southwest of Barrio de Arriba first investigated by Matienzo cavers back in 1976.

On October 23rd, fluocaptures were placed here, in Fuente Aguanaz (0713), 4487 - a resurgence to the southeast of La Cavada and site 0542. The Grupo de Espeleología Pistruellos put optical brightener into a shaft they had been exploring at the Hoyo la Encina, southeast of La Cavada. The detectors were changed during the Brits October visit but, eventually, the agent was detected by Pedro at La Riega well into November, having taken about 14 days to travel through.

On October 18th, to the north of Barrio de Arriba, John and Dave Milner opened an earth slot (4481) on the hillside above a new forestry track, leaving it undescended. Also 7m deep and undescended was a nearby shaft, site 4482. Returning on the 22nd with Phil Goodwin and Alf, they found 4481 to be 11m deep with a rift at the bottom, possibly leading to an enlargement. Site 4482 was found to be 12m deep ending in small, choked rifts.

To the north of the Cobadal depression, close to the southern passages in Torca la Vaca (2889), the full team documented 4484, a small hole at the base of a depression and 4485, another small hole that would need digging.

Returning on the 24th, Alf, Dave and John dug out 4484 to a depth of 6m but felt that major work would now be required at the slightly draughting site. A very narrow passage was seen 2m down in site 4485.

The depression containing Snottite Cave (1874) was visited and found to be "well filled with flood debris and earth".

Up in the hills to the southeast of Navajeda, John and Dave Milner documented new sites on October 29th: 4489 - a 12m shaft next to the track; 4490 - a fenced shaft covered with dense brambles with an estimated depth of 6m; 4493 - two small holes, partially covered by the farmer and 4494 another fenced shaft covered with brambles. The last two sites were thought to be about 4m deep.

Some of these were investigated on the 30th. Site 4489 was ...

... found to be 10m deep to a cone of debris and rotting animals. Strong stench stopped progress.

Site 4490 dropped 3m to a boulder with a further climb down a slope to a mud-floored blockage. At a bouldery area, a narrow rift appeared to close down at a total depth of 7m. Site 4494 dropped 6m onto old bones ...

... with passage off to a small, well decorated chamber. Window through stal led to water-filled passage, approximately 1m deep. A further window through more stal appears to end. Total depth 8m.

Two more sites were found (4495 and 4496) but not excavated, as they would create a stock hazard in the farmer's field.

On October 14th, Phil Goodwin, Alf, Dave Milner and John worked at site 4428, a draughting dig some 1.8km up the Bencano valley. They found this hole to be draughting when others were not.

Three days later the same

Tres equipos fueron los principales exploradores durante el período de octubre/noviembre. El clima varió de bueno a malo, para su frustración. Uno de los grupos no pudo llevar a cabo actividades espeleológicas en 5 de los 14 días.

SECTOR NOROESTE Y EXTREMO OESTE A un lado de la carretera al aparcamiento para Fuente Aguanaz (0713), se examinó el agujero 4447 y las dimensiones iniciales se redujeron a la mitad a 1 m de largo y 1 m de profundidad, mientras que, muy por encima de San Antonio, se encontró una pequeña surgencia, 4488.

A unos 700 m al noroeste del surgencia de Aguanaz, Dave Milner y John trabajaron en la cueva 3027, una gatera sopladora con una galería que parece continuar.

Las exploraciones y las posibles pruebas hidrológicas en esta área implicaban que las cavidades debían documentarse con precisión. Pedro tomó las coordenadas GPS en la entrada de La Riega (0551), un surgencia importante al suroeste del Barrio de Arriba investigado por primera vez por espeleólogos de Matienzo en 1976.

El 23 de octubre se colocaron captadores aquí, en Fuente Aguanaz (0713), 4487 (un surgencia al sureste de La Cavada) y en 0542. El Grupo de Espeleología Pistruellos vertió el agente abrillantador en un pozo que habían estado explorando en el Hoyo la Encina, al sureste de La Cavada. Los captadores se cambiaron durante la visita de los británicos en octubre, pero, finalmente, Pedro detectó al agente en La Riega bien entrado noviembre, habiendo tardado unos 14 días en hacer el recorrido.

El 18 de octubre, al norte de Barrio de Arriba, John y Dave Milner abrieron una ranura de tierra (4481) en la ladera sobre una nueva pista forestal, dejándola sin explorar. También había un pozo cercano de 7 m de profundidad y sin explorar, el 4482. Al regresar el 22 con Phil Goodwin y Alf, encontraron que 4481 medía 11 m de profundidad con una grieta en la parte inferior que posiblemente conducía a una sección más amplia. El 4482 tiene 12 m de profundidad y termina en pequeñas fisuras obstruidas.

Al norte de la depresión de Cobadal, cerca de las galerías sur de Torca la Vaca (2889), el equipo completo documentó 4484, un pequeño agujero en la base de una depresión y 4485, otro pequeño agujero que habría que excavar.

Al regresar el día 24, Alf, Dave y John excavaron 4484 a una profundidad de 6 m, pero decidieron que este agujero con corriente suave iba a necesitar mucho trabajo. Vieron una galería muy estrecha a 2 m de profundidad en 4485.

Se acercaron a la depresión que contiene la cueva Snottite (1874) y vieron que estaba «bien llena de escombros y tierra».

En las colinas al sureste de Navajeda, John y Dave Milner documentaron nuevos agujeros el 29 de octubre: 4489, un pozo de 12 m al lado del camino; 4490, un pozo vallado cubierto de densas zarzas con una profundidad estimada de 6 m; 4493, dos pequeños agujeros, parcialmente cubiertos por el agricultor; y 4494, otro pozo vallado cubierto de zarzas. Les pareció que los dos últimos tenían unos 4 m de profundidad.

Algunos de estos se investigaron el día 30. El 4489...

Resultó ser a 10 m de profundidad a un cono de escombros y animales en descomposición. El fuerte hedor detuvo la exploración.

El 4490 da tras 3 m a una roca con un nuevo destrepe por una pendiente hasta una obstrucción con suelo de barro. En un área rocosa, una fisura estrecha parece cerrarse a una profundidad total de 7 m. El 4494 da tras 6 m a huesos viejos...

Con galería a una pequeña sala bien decorada. La ventana a través de las estalagmitas da a una galería llena de agua de cerca de 1 m de profundidad. Una nueva ventana a través de más

Dave Milner pointing out site 4482 above Barrio Arriba.
Dave Milner señalando 4482 sobre Barrio Arriba. *John Southworth*

Ali's illness claimed his life during the autumn visits. His passing ended a chapter in the exploration and documentation of Matienzo caves: his passion for the underground was contagious, enthusing people to help with exploration and surveying. A number of his projects are waiting for younger cavers to take on and show, if possible, a similar commitment!

Peter Eagan has written "The Glasses" on pages 254 - 257 in appreciation of Ali's work, and friendship, and the following obituary and tribute appeared on the website.

Alasdair Neill 1960 - 2016

Alasdair "Ali" Neill died from cancer in a Plymouth nursing home on 28th October, aged 56.

He first came out to Matienzo in 1988 and soon made himself an integral part of the expedition scene: whenever Ali was in Matienzo, you could be sure that cave exploration and surveying would happen.

In recent years he would be camping in the valley at Easter, summer and in the autumn and he encouraged whoever was there to go underground with him to survey or resurvey passages in the South Vega System, Cueva Vallina, Cueva Hoyuca and, indeed, countless other caves and underground systems. He was meticulous with his data entry and drawing up, often revisiting sites if he wasn't happy with the data collected underground. In recent years, he sometimes took solo trips, using Tippex to mark stations and taking readings in his quest to map accurately the cave networks.

He had a real love of caves and mines - there was rarely a day during the expeditions when he wasn't underground. And when he wasn't, he would be scouring the hills for new entrances or digs, or drawing up cave surveys. When reminiscing about his explorations in Cueva Vallina in August 1994, Ali wrote about the passage leading to Swirl Chamber,"... a large elliptical passage in sandy-coloured limestone containing large transverse ribs in the roof. Passing along the sandy floor is so effortless and following someone with a good carbide is mind-blowing, just like floating along in some huge, crystal-clear sump. I found this stunning passage a moving experience, which did not diminish after a summer of long trips into the cave."

Ali was a member of a number of UK caving and mining organisations and, as well as being an outdoor activities instructor, he had a passion for the mines of the Tamar valley and Cornwall. As far as the Matienzo Caves Project was concerned, Ali was the complete, reliable speleologist - a very competent rigger and explorer, meticulous cave surveyor, conscientious scribe for his trips and finds and a patient educator, passing on his knowledge and skills to the Matienzo "newbies".

Ali was also self-effacing, never rushing to be a centre of attention - although he often was, because of his trip leadership or surveying expertise. He was one of the king-pins of the expeditions' exploration and documentation and will be greatly missed for his friendship and skills.

Alasdair's funeral was held on November 10th at the Weston Mill Cemetery, Plymouth.

A "Farewell" event took place on 23rd December 2016 at Wheal Coates on the north Cornwall coast, where his ashes were scattered below and above ground.

Ali murió durante la campaña de otoño. Su fallecimiento puso fin a un capítulo en la exploración y documentación de las cuevas de Matienzo: su pasión por el mundo subterráneo era contagiosa y animaba a la gente a ayudar con la exploración y la topografía. Varios de sus proyectos esperan que los espeleólogos más jóvenes asuman y muestren, si es posible, un compromiso similar.

Peter Eagan ha escrito el artículo Las gafas, páginas 254 - 257, en homenaje al trabajo y la amistad de Ali, y el siguiente texto se publicó en el sitio web.

Alasdair Neill 1960 - 2016

Alasdair «Ali» Neill murió de cáncer en una residencia de Plymouth el 28 de octubre, a los 56 años.

Visitó Matienzo por primera vez en 1988 y pronto se convirtió en parte fundamental de la expedición: siempre que Ali estaba en Matienzo, uno podía estar seguro de que se llevarían a cabo nuevas exploraciones y topografías.

En los últimos años acampaba en el valle en Semana Santa, verano y otoño y animaba a los que estaban allí a ir bajo tierra con él para topografiar o volver a topografiar galerías en el Sistema de La Vega, Cueva Vallina, Cueva Hoyuca y, en realidad, innumerables cuevas y sistemas subterráneos. Fue meticuloso con la recogida de datos y el dibujo de los planos, y a menudo volvía a visitar las cuevas si no estaba satisfecho con los datos tomados la primera vez. En los últimos años, a veces iba él solo, utilizando Tippex para marcar estaciones y tomar lecturas en su afán de mapear con precisión las redes subterráneas.

Sentía verdadera pasión por las cuevas y las minas; rara vez había un día durante las expediciones en el que no estuviera bajo tierra. Y cuando no lo estaba, recorría las colinas en busca de nuevas entradas o excavaciones, o dibujaba las topos. Al recordar sus exploraciones en Cueva Vallina en agosto de 1994, Ali escribió sobre la galería que conduce a Swirl Chamber, «...una gran galería elíptica en piedra caliza de color arena que contiene grandes nervaduras transversales en el techo. Caminar por el suelo arenoso es tan sencillo y seguir a alguien con un buen carburo es increíble, como flotar en un sifón enorme y cristalino. Esta galería me resultó impresionante, una experiencia conmovedora que no disminuyó después de un verano de largas incursiones en la cueva».

Ali era miembro de varias organizaciones de espeleología y minería del Reino Unido y, además de instructor de actividades al aire libre, sentía pasión por las minas del valle de Tamar y Cornualles. En lo que se refiere a Matienzo Caves Project, Ali era un espeleólogo completo y de confianza: un explorador muy competente, un meticuloso topógrafo, un escriba concienzudo en sus salidas y hallazgos y un educador paciente, que transmitía sus conocimientos y habilidades a los «novatos» de Matienzo.

Ali también era modesto, nunca buscaba ser el centro de atención, aunque a menudo lo era, debido a su liderazgo en las salidas o experiencia como topógrafo. Fue uno de los pilares de la exploración y documentación de las expediciones y lo extrañaremos mucho por su amistad y habilidades.

El funeral de Alasdair se celebró el 10 de noviembre en el cementerio de Weston Mill, Plymouth.

Una reunión de «despedida» se celebró el 23 de diciembre de 2016 en Wheal Coates, en la costa norte de Cornualles, donde sus cenizas fueron esparcidas en la superficie y bajo tierra.

team were digging at the cold store, site 3578. On the 18th, further work took them down to 5m but "substantial extra work" was required.

John and Dave returned to 4428 and dug to where the passage narrowed. As extensive work was now required, they walled up the entrance.

Five hundred metres down the Bencano valley, Dave Milner and John came across a draughting hole (4483) in steep banking, 5m above the track.

Phil, Alf, Dave and John were in contact with Miguel from the Pistruellos group and he asked them to dig out site 4480. This was found to be draughting strongly and, over two days, the entrance was enlarged to a corner 3m in. The way on was down a small, sloping passage which, as Miguel was informed, may dig out.

Dave and John enlarged the awkward take-off at the head of the first underground pitch in El Cubillón (2538) while Phil and Alf rigged an extra rope on the last entrance pitch in case of flood water.[1] They also

---

1   2016 Easter, page 223.

estalagmitas parece cerrarse. Profundidad total 8 m.

Se encontraron dos agujeros más (4495 y 4496) pero no se excavaron, ya que sería peligroso para los animales en el campo del agricultor.

El 14 de octubre, Phil Goodwin, Alf, Dave Milner y John trabajaron en 4428, una excavación sopladora a unos 1,8 km subiendo por el valle de Bencano. Descubrieron que este agujero llevaba corriente cuando otros no.

Tres días después, el mismo equipo excavó en el cubío 3578. El 18, más trabajo los llevó a 5 m, pero iba a necesitar un «trabajo adicional sustancial».

John y Dave regresaron a 4428 y desosbtruyeron hasta donde la galería se estrechaba. Como ahora iba a necesitar demasiado trabajo, tapiaron la entrada.

A 500 m por el valle de Bencano, Dave Milner y John se encontraron con un agujero soplador (4483) en un terraplén empinado, 5 m por encima del camino.

Phil, Alf, Dave y John se pusieron en contacto con Miguel del grupo Pistruellos y les pidió que desobstruyeran el agujero 4480. Vieron

Carmen in Cueva Vallina. Carmen en Cueva Vallina.   *Peter Eagan*

bolted the aven just prior to the pitch until, 10m up, there was no safe way on through boulders.

On October 20th, Phil and Alf returned to the climb at the end of the Second South Passage, finding that the previous snapper attempt to get through to a visible chamber had removed little. They repeated the exercise.

Six days later, Phil Goodwin, Dave Milner and John dug at sites 3902 and 3903 over the western side of El Cubillón deciding that, although they draughted well, both were long term projects. Meanwhile, Alf was in Cubillón further enlarging the top of the first pitch.

On November 8th, Nigel and Phil Parker went to the inward draughting site 4474. [2] Phil removed the obstruction and descended to find "holes, large boulders, debris slopes, formations and two reasonable possibilities for extension".

Returning two later, Phil and Nigel managed to enlarge constrictions in site 4474. Phil wrote:

Two snappers and some brutal use of the bar finally managed to remove the obstruction to the sound of loud bangs and crashes from the pitch bottom. ... descended to take a good look round and for Nigel to take plenty of photographs. Possible ways on were (a) a cave-able tube partly obstructed by small formations but with no sign of a draught and (b) up a slope to a higher level where there was a climb down through a hole that would require some modification to descend. Strangely, there was a good draught coming upwards at this point. Out to find it was 7pm and thus dark for the slide down through the wood.

Nigel, Chris and Phil Parker showed Miguel the entrances to sites 4473 and 4474 on November 13th.

Interestingly, the big cave they are pushing has a low-level passage heading into the area of the 4473 / 4474 valley and they could certainly use a bottom entrance to aid exploration.

They also took him to the north side of the main road to see the positions of 4259 and 4270.

It was dry on the 15th allowing a return to 4474 with joss sticks.

The capping gear was picked up at the pitch head and ferried to the hole with the upward draught, then back to the pitch bottom and light the joss stick to follow the inward draught. ... Eventually, Nigel and Phil thought they had followed it to the top of the slope near the unexplored climb down, but there it seemed to disappear.

Onto the climb down and Phil attempted to pass the hole, eventually succeeding after chipping the edge of the obstructing slab. Beyond, there were several possible ways on, all of which will need some work. The most enticing was immediately below the climb down, a narrow, partially blocked, downward rift which was the source of the draught.

That was it for their autumn visit: they cleared tackle from the cave and noted that "the pitch still requires more opening up to get all the team down".

Over a couple of trips, and dodging bad weather, Chris, Nigel and Phil Parker went hunting for the source of the stream that goes under the motorway close to the double roundabouts to the west of Hoznayo. Crouching up through the culvert, they found the water emerging at the base of a rock face with plywood shuttering above. A search on the hillside above found only small resurgence 4501.

NORTHERN LA VEGA, EL NASO AREA WEST TO LAS CALZADILLAS

Peter Eagan and Santi had a walk around the area above Torca de Regaton (0892) spotting a few smaller holes that "had little or no potential".

Since its discovery low down on the north side of La Vega, the Cubío del Escalón (3153) has revealed human bones belonging to at least 6 individuals, 5 adults and a child. A publication (in Castellano) documenting the finds in this Chalcolithic burial cave appeared towards the end of the year and is available through the web site description of the site. "An update of archaeological research in the Matienzo area 2010-2019" in this volume, pages 445 - 450, also contains details.

THE NORTHEAST SECTOR INCLUDING THE FOUR VALLEYS SYSTEM, SOLÓRZANO AND GARZÓN

Pedro GPS'd the entrance for 0880, hidden by vegetation on the hillside to the northeast of the Mushroom Field and, even when cleared, only visible when standing

que llevaba una fuerte corriente de aire y, durante dos días, la entrada se amplió a una esquina a 3 m. La cueva seguía por una pequeña galería en pendiente que, según le informaron a Miguel, se podría excavar.

Dave y John ampliaron la incómoda cabecera del primer pozo subterráneo en El Cubillón (2538) mientras Phil y Alf instalaban una cuerda extra en el último pozo de entrada en caso de inundación.[1] También abrieron la chimenea justo antes del pozo hasta que, a 10 m de altura, no hubo una ruta segura a través de los bloques.

El 20 de octubre, Phil y Alf regresaron a la escalada al final de Second South Passage, y vieron que el intento anterior de abrirlo para llegar a una sala visible había quitado poca roca. Repitieron la operación.

Seis días después, Phil Goodwin, Dave Milner y John cavaron en 3902 y 3903 sobre el lado occidental de El Cubillón y decidieron que, aunque soplaban bien, ambos eran proyectos a largo plazo. Mientras tanto, Alf estaba en Cubillón ampliando aún más la cabecera del primer pozo.

El 8 de noviembre, Nigel y Phil Parker fueron al agujero aspirante 4474.[2] Phil quitó la obstrucción y bajó para encontrar «agujeros, grandes rocas, pendientes de escombros, formaciones y dos posibles lugares que ampliar».

Al volver dos días más tarde, Phil y Nigel lograron agrandar los estrechamientos de 4474. Phil escribió:

Dos micros y un uso brutal de la barra finalmente lograron quitar la obstrucción con el sonido de fuertes golpes y choques desde el fondo del pozo. [...] bajamos para echar un buen vistazo y para que Nigel hiciera muchas fotografías. Las posibles continuaciones eran (a) un tubo parcialmente obstruido por pequeñas formaciones, pero sin señales de una corriente de aire y (b) una pendiente hacia un nivel más alto donde había un destrepe a través de un agujero que necesitaría alguna modificación para entrar. Curiosamente, en este punto había una buena corriente de aire sopladora. Salí y vi que eran las 7 de la tarde y, por lo tanto, oscuro para bajar por el bosque.

Nigel, Chris y Phil Parker le mostraron a Miguel las entradas de 4473 y 4474 el 13 de noviembre.

Curiosamente, la cueva grande que están explorando tiene una galería de nivel inferior que se dirige al área del valle de 4473/4474 y les vendría bien una entrada inferior para la exploración.

También lo llevaron al lado norte de la carretera principal para ver la ubicación de 4259 y 4270.

El día 15 no llovió, por lo que pudieron volver a 4474 con palos de incienso.

El equipo de micros se recogió en la cabecera del pozo y se llevó al agujero con la corriente hacia arriba, luego de vuelta a la base del pozo y se encendió el palo de incienso para seguir la corriente aspirante. [...] Finalmente, Nigel y Phil pensaron que la habían seguido hasta lo alto de la pendiente cerca del destrepe inexplorado, pero allí parecía desaparecer.

En el destrepe Phil intentó pasar el agujero. Finalmente lo consiguió después de astillar el borde de la losa que lo obstruía. Al otro lado, había varias rutas posibles, todas las cuales necesitarán algo de trabajo. La más tentadora está justo debajo del destrepe, una fisura estrecha hacia abajo, parcialmente bloqueada, que era la fuente de la corriente.

Con esto terminó su visita otoñal: sacaron el equipo de la cueva y señalaron que «el pozo aún se tiene que abrir más para que pase todo el equipo».

Durante un par de salidas, y evitando el mal tiempo, Chris, Nigel y Phil Parker fueron a buscar el nacimiento del arroyo que pasa por debajo de la autopista cerca de las rotondas dobles al oeste de Hoznayo. Agachándose a través de la alcantarilla, encontraron el agua saliendo en la base de una pared rocosa con encofrado de madera contrachapada en lo alto. Una búsqueda en la ladera de arriba encontró solo una pequeña surgencia, 4501.

EL NORTE DE LA VEGA, ZONA DE EL NASO – LAS CALZADILLAS

Peter Eagan y Santi dieron un paseo por el área sobre Torca de Regatón (0892) y vieron algunos hoyos más pequeños que «tenían poco o ningún potencial».

Desde su descubrimiento en la parte norte de La Vega, en el Cubío del Escalón (3153) se han encontrado huesos humanos pertenecientes a al menos 6 individuos, 5 adultos y un niño. Una publicación (en castellano)

---

2   2016 summer, page 238.

1   Véase Semana Santa de 2016, p. 223.
2   Véase Verano de 2016, p. 238.

next to it.

Chris, Nigel and Phil Parker lowered the floor in Cueva Shelob (4173) "in preparation for the next push forward".

Phil Goodwin, Dave Milner and John had a digging session at site 4048 on the southeast side of the Riolastras depression. They dug 2m beyond a cross-rift to a small, mud-filled continuation but much more work was needed.

Alf and Phil Goodwin intended to dig and cap Pipe Cave at Garzón but found it ...

... to have washed out giving a tight climb down a short rift. A left downward climb ... led into a small chamber. Another downward climb led to a large chamber in boulders and a slope down to a further chamber. At the base, a narrow vadose trench in sandy rock continues but needs 'thinnies' to make progress. Good draught. Estimated new depth 20m, length 30m.

EASTERN MOUNTAINS Making sure that the large chamber at Cueva las Cosas (0084) was properly positioned[3], Juan approached the supposed position through thick vegetation from the south. Armed with a photograph of the clear view down into La Secada from the entrance at Easter 2000, he could occasionally get glimpses of the houses and bar through 4m high trees and vegetation. Eventually, the small entrance was found completely enclosed by trees and shrubs. A quick trip into "the most impressive chamber" gave time for some photos and 360° video. A quick and easy route back was straight down the hill through open woodland.

SOUTHERN SECTOR On November 12th, Juan planned to walk over the open, grassy field to the southeast of the Orillón system (1162)[4] east of Cruz Usaño, but plan B quickly developed when a bull was spotted. Woods and a valley

3   2016 summer, page 242.
4   2016 summer, page 232.

Above and opposite page: Not seen for 14 years. The inlet passage that slopes down into sump 6.

Página anterior y opuesta: No visto en 14 años. El afluente que va al sifón 6.   *Peter Eagan*

que documenta los hallazgos en esta cueva funeraria del Calcolítico apareció hacia finales de año y está disponible a través de la descripción de la cavidad en el sitio web. El artículo sobre arqueología de este volumen, páginas 445 - 450, también detalla información al respecto.

SECTOR NORESTE INCLUYENDO EL SISTEMA DE LOS CUATRO VALLES, SOLÓRZANO Y GARZÓN

Pedro tomó las coordenadas GPS de la entrada de 0880, oculta por la vegetación en la ladera al noreste del prado cerca de Carcavuezo. Incluso cuando se ha limpiado la maleza, solo se ve cuando se está junto a ella.

Chris, Nigel y Phil Parker rebajaron el suelo en Cueva Shelob (4173) «en preparación para el próximo empujón».

Phil Goodwin, Dave Milner y John tuvieron una sesión de excavación en 4048 en el lado sureste de la depresión de Riolastras. Lo abrieron 2 m pasando una grieta transversal hasta una pequeña continuación llena de barro. Iba a necesitar mucho más trabajo.

Alf y Phil Goodwin tenían la intención de excavar y abrir Pipe Cave en Garzón, pero se encontraron con que...

Una riada se lo había llevado, creando una subida angosta por una pequeña grieta. Un destrepe hacia abajo a la izquierda [...] condujo a una pequeña sala. Otro destrepe dio a una gran sala entre rocas y un desnivel hacia una sala más. En la base, continúa una estrecha trinchera vadosa en roca arenosa, pero necesitamos «delgaduchos» para avanzar. Buena corriente. Nueva profundidad estimada 20 m, desarrollo 30 m.

MONTAÑAS AL ESTE Para asegurarse de que la gran sala de Cueva las Cosas (0084) estuviera correctamente posicionada,[3] Juan se acercó a la supuesta posición a través de espesa vegetación desde el sur. Armado con una fotografía de la vista despejada hacia La Secada desde la entrada en la Semana Santa del 2000, ocasionalmente podía vislumbrar las casas y el bar a través de árboles y vegetación de 4 m de altura. Finalmente, encontró la pequeña entrada completamente rodeada de árboles y arbustos. En una visita rápida a «la sala más impresionante» le dio tiempo a sacar algunas fotos y un vídeo de 360°. Una forma rápida y fácil de volver al valle es bajar la colina a través de un bosque abierto.

SECTOR SUR El 12 de noviembre, Juan planeaba dar un paseo por el prado abierto

3   Véase Verano de 2016, p. 242.

Cueva Vallina passage centre line, 35.3km long
Map shows December 2019 information
North up the page : Grid 500m
Blue dots = other sites

Poligonal de Cueva Vallina, 35,3 km de desarrollo. El mapa muestra información de diciembre de 2019
Norte arriba; cuadrícula: 500 m
Puntos azules = otras cavidades

El Somo

La Piluca

cave detail below
detalle abajo

0733
Vallina (top)

4382
Vallina (bottom)

SUMP 6B

Sump 6A passage up to the southern inlet based on the sump resurvey, batch 17-05 (See Sisters of Perpetual Indulgence note)

SUMP 6A
90m -10m

unclear closure
sump

Steeply descending, mud-filled tube to pitch head in chamber above sumps. (Subsequently seen from below.) This is not the preferred route down.

mud banks

high level above?
hole?

p10

c-2

c-1 c-1 hole down

p4 p6

hading rift down

multiple routes through, high & low level

sandy crawl   squeeze over block
descending passage
high level traverse 2m deep trench

too tight?   tight alcove

dig lower passage continues?
inlet aven   rubble slope (care)

hole stream heard

stal

p10.5 to streamway or across rubble slope

low choked

climb down rope needed

-10.5 to streamway

dig

low choked

No way on found in chamber

c+

c+

Inlet continues up and down

p8, p12

traverse over p4 (blind)

Cueva Vallina
The Sisters of Perpetual Indulgence high level bypass (green) to sumps 1 to 6A. North up the page.
El desvío de nivel superior Sisters of Perpetual Indulgence (verde) para los sifones 1 a 6A. Norte arriba.

with sinking water (4491) were investigated on the walk and scramble back down to the main road.

Rupert, Carmen, Angus, Tony, Santi and Peter Eagan walked from Alisas back into Matienzo ...

... mainly as the weather was so good. Apart from Tony falling over, banging his head and cutting his ear, it was a good trip out.

Peter and Santi walked above and around the Cueva del Arenal (0035) area but "saw nothing of note".

Pedro GPS'd some old sites near Alisas, sites 0189 - 0193.

Phil and Hilary, on the ridge above Los Trillos, came across a small hole (4499) that ...

... after a metre seems to meet a shaft with a narrow top where stones fall some 4m+. Needs capping or

al sureste del sistema Orillón (1162)[4] al este de Cruz Usaño, pero un plan B se formó rápidamente cuando vio un toro. En el paseo de vuelta a la carretera principal investigó el bosques y un valle con un arroyo que se sumerge (4491).

Rupert, Carmen, Angus, Tony, Santi y Peter Eagan caminaron desde Alisas a Matienzo...

Principalmente porque hacía muy bueno. Quitando que Tony se cayese, golpease la cabeza y se cortase la oreja, fue un buen paseo.

Peter y Santi caminaron por encima y alrededor de la zona de la Cueva del Arenal (0035) pero «no vieron nada importante».

Pedro tomo las coordenadas GPS de algunas cavidades antiguas cerca de Alisas, 0189-0193.

Phil y Hilary, en el monte sobre Los Trillos, se encontraron con un pequeño agujero (4499) que...

Tras un metro parece encontrarse con un pozo con una cabecera estrecha por el que las piedras caen unos 4 m +. Hacen falta micros para abrirlo.

En un valle hacia Alisas, documentaron un pequeño sifón (4500) que podría valer la pena excavar.

4   Véase Verano de 2016, p. 232.

The large stalagmite and graffiti in Cueva las Cosas.
La gran estalagmita y grafiti en Cueva las Cosas.   *Juan Corrin*

SISTERS OF PERPETUAL INDULGENCE

snappers to open up.

In a valley back towards Alisas, they documented a small sink (4500) which was thought worth a dig.

Rupert was back in Cueva Vallina (0733) on October 17th with Peter Eagan and Carmen to collect an empty diving bottle at sump 1 and inspect the big chamber found nearby.

Carmen and Peter climbed to the top of chamber and checked out some leads, one of which had a message from Patrick [Warren] and Chris Binding saying "no connection to Vallina 2". Surveyed back to sump 1 via different way in ... but chamber still requires further checking out. Survey needs to be tied to a known point in the cave. (Batch 0733-16-09 , length 99m has still to be connected in.)

A major flood since summer had washed a considerable amount of sand from somewhere, and deposited it in the streamways.

The next day, Rupert had a cold and "sneezed and snotted" his way to sump 1 with a full cylinder and then went out. Peter, Carmen, Tony and Angus passed through the high-level Sisters of Perpetual Indulgence (SOPI) to the dig above the stream way (near Rupert's base camp for sump 6) and found two promising ways on.

First and farthest in is a short climb down to muddy slope to 10 m pitch. Below looks sandy-floored and up to 5 metres wide. Water heard below but only small inlet seen. Second, which is on left hand side upslope of chamber. Difficult climb down to dry mud slope to further drop into possible larger passage. Good draught but no water heard. This needs rigging from the very top. There are eye holes to rig from.

Rupert regresó a Cueva Vallina (0733) el 17 de octubre con Peter Eagan y Carmen para recoger una botella de buceo vacía en el sifón 1 e inspeccionar la gran sala que se encuentra cerca.

Carmen y Peter subieron a lo alto de la sala y comprobaron algunas pistas, una de las cuales tenía un mensaje de Patrick [Warren] y Chris Binding que decía «no hay conexión con Vallina 2». Se topografió de vuelta al sifón 1 por una ruta diferente [...] pero la sala aún se tiene que mirar mejor. La topografía se tiene que conectar a un punto conocido de la cueva. (Lote 0733-16-09, desarrollo 99 m, aún no se ha conectado).

Una gran inundación desde el verano ha arrastrado una cantidad considerable de arena de algún lugar y la había depositado en las galerías activas.

Al día siguiente, Rupert tenía un resfriado y «estornudó y se le cayeron los mocos» hasta llegar al sifón 1 con una botella llena y luego salió. Peter, Carmen, Tony y Angus pasaron por Sisters of Perpetual Indulgence (SOPI) de nivel superior hasta la excavación sobre la galería activa (cerca del campamento base de Rupert para el sifón 6) y encontraron dos caminos rutas prometedoras.

La primera y más lejana es un pequeño desnivel en una pendiente embarrada hasta un pozo de 10 m. Debajo parece tener suelo de arena y hasta 5 m de ancho. Se oye agua debajo, pero solo se ve un pequeño afluente. La segunda, que está en la pendiente ascendente del lado izquierdo de la sala. Destrepe difícil a una pendiente de barro seco para bajar aún más a una posible galería más grande. Buen corriente, pero no se oye agua. Se tendria que instalar desde arriba. Hay agujeros en las rocas para los anclajes.

The Glasses
PETER EAGAN
Las gafas

Outside the crematorium, the coffin was placed on top of a cave rescue stretcher. On top of the coffin was his caving helmet, light and glasses. I asked his local friends why he was going out this way and they said, "He would see the irony of it".

The lenses in his glasses did not fit the frames: they were held in with glue from a heat gun, and it was a bit obvious. Four corners of each lens had a light, possibly burnt, but probably dirty blob of glue carefully positioned so as not to stick the glasses to his cheeks. The lenses were secure and it all seemed like a good idea at the time.

We had been on the usual ferry to Spain when the glasses were broken: it was a bit of a freak accident. Whilst trying to get from the cabins to the restaurant, the ship had lunged to one side then back again. This usually happened as you left the port: it's something to do with the bar you cross as you leave, and usually means unsettled water and can be quite dangerous. On this occasion it was for Ali, as he was thrown from one side of the corridor to the other arriving unceremoniously without glasses. The glasses were on the floor in three pieces: one frame and two lenses.

Still to come was the Bay of Biscay. The seas in the Bay can be quite rough and, on this occasion, it was very, very rough. On other crossings it had been quite dangerous to venture out of the cabin. A trolley travelling down the middle of the restaurant with no one driving it narrowly missed us. Once, the windows on the viewing deck were forced in by the ferocity of a storm. We had survived all of these incidents without the slightest injury or damage to self or possessions.

A rough sea usually meant no queues in the restaurant. In fact, it usually meant no one in the restaurant at all, just us. On this particular occasion, instead of pawing over our food, we were grimly looking at the broken bits of Ali's glasses. The lenses were intact but the frame was not. Our first reaction was to try and fix the frame but, as all we had with us was what we had carried onto the ferry, which did not amount to much in the way of tools, ingenuity would be required. A few beers later a decision was made that, if we could find a cheap pair of glasses of a similar shape and size, we could prise out the lenses and replace them with the old lenses. Looking at the old lenses closely it seemed probably a pointless exercise as how anyone could actually see through them was a miracle. Ali said they were not his best pair but at this time they were his only pair and, as such, we had to repair them.

The new glasses were bought in the ferry gift shop. They gave up their lenses quite easily, so it was a simple job of forcing the old ones in to the space they left behind, except they didn't fit! There was not a lot of difference in size and shape but enough to make it not a straightforward operation, but we persisted. After quite a lot of twisting and reshaping of the frame we managed to get one lens into position and thought, that's great, all that has to be done now is to test them.

Al salir del crematorio, el ataúd se colocó sobre una camilla de rescate. Encima del ataúd estaban su casco de espeleología y sus gafas. Le pregunté a sus amigos por qué iba a salir así y dijeron: «Él le vería la ironía».

Los cristales de sus gafas no encajaban en la montura: estaban sujetos con pegamento de una pistola térmica, y era un poco obvio. Las cuatro esquinas de cada cristal tenían una pegote de pegamento marrón claro, a lo mejor quemado, pero seguramente sucio, colocado con cuidado para que las gafas no se le pegaran a las mejillas. Los cristales no se movían y parecía una buena idea en aquel momento.

Íbamos de camino a España en el ferry habitual cuando se le rompieron: fue un accidente un poco extraño. Mientras trataba de ir del camarote al restaurante, el barco se había inclinado hacia un lado y luego hacia atrás, algo que solía pasar al salir del puerto. Tiene algo que ver con el banco de arena que cruza al salir y suele significar que el mar está revuelto y puede ser algo peligroso. En esta ocasión le tocó a Ali, ya que cayó de un lado del pasillo al otro, quedándose sin gafas. Estaban en el suelo en tres piezas: una montura y dos lentes.

Aún estaba por llegar el golfo de Vizcaya, donde el mar puede estar bastante revuelto; así fue en esta ocasión, y mucho. En otras travesías había sido bastante peligroso aventurarse a salir del camarote. Un carrito que iba por el medio del restaurante sin nadie al mando nos pasó rozando. En una ocasión, las ventanas del mirador se habían roto por la ferocidad de una tormenta, pero habíamos sobrevivido a todos estos incidentes sin la menor lesión o daño a nuestra persona o posesiones.

Un mar embravecido generalmente significa que no hay colas en el restaurante. De hecho, por lo general significa que no hay nadie en el restaurante, solo nosotros. En esta ocasión en particular, en vez de estar mirando nuestra comida con desdén, estábamos mirando con tristeza los pedazos rotos de las gafas de Ali. Los cristales estaban intactos, pero la montura no. Nuestra primera reacción fue intentar arreglarla, pero, como lo único que teníamos era lo que habíamos subido al ferry, que no era mucho en cuanto a herramientas, íbamos a necesitar ingenio. Tras unas cuantas cervezas más decidimos que, si podíamos encontrar un par barato de forma y tamaño similar, podíamos sacar los cristales y reemplazarlos por los viejos. Cualquiera que mirase los cristales viejos de cerca probablemente se preguntaría para qué, ya que cómo podía ver alguien a través de ellas era un milagro. Ali dijo que no eran su mejor par, pero en este momento eran su único par y, como tal, teníamos que arreglarlo.

Compramos unas gafas nuevas en la tienda de regalos del ferry. Los cristales cedieron con bastante facilidad, así que solo quedaba la tarea simple de forzar los viejos en el espacio que quedaba, ¡excepto que no encajaban! No es que fueran muy diferentes de tamaño y forma, pero lo suficiente como para que no fuera una operación sencilla; aún así,

Left Rupert's dry suit at base camp ready for dive when snot clears.

On the 21st, they returned to the far end with 2 ladders and ropes and started exploration at the nearer drop. Two ladders were required to descend into a small chamber with three ways off.

One to the large passage entered by Martin Holroyd umpteen years ago[5] and the sump (20m wide by 15m high with large mud banks either side descending to the sump).

The second route was a traverse to sump 6 where Rupert's dive bottle were seen 10m below. The third way was through "Swiss cheese tubes" taking them to a high-level passage going in the opposite direction to the sump.

This in fact petered out, although we have a high degree of certainty that further exploration lies in this direction in the inlet stream way below.

We followed the inlet stream for a short way before retiring to complete more significant data to tie survey in. A bit of hand line rope may be useful if continuing up stream as it involved some steep muddy banks to continue.

The passages in this area can be seen on batch 0733-16-12.

Rupert packed up his dive gear on October 24th, being unable to dive with his cold.

Pedro documented site 4492 in the Hoyo Rotura, lying over the east side of Cueva Vallina, as a bouldery dig with a good draught.

Dejamos el traje seco de Rupert en el campamento base listo para bucear cuando los mocos desaparezcan.

El día 21, regresaron al otro extremo con 2 escalas y cuerdas y comenzaron la exploración en la bajada más cercana. Se necesitaban dos escalas para bajar a una pequeña sala con tres salidas.

Una a la gran galería en la que entró Martin Holroyd hace incontables años[5] y al sifón (20 m de ancho por 15 m de alto con grandes bancos de barro a ambos lados que descienden hacia el sifón).

La segunda ruta era una travesía hasta el sifón 6 donde vieron la botella de buceo de Rupert a 10 m. La tercera pasaba a través de «tubos de queso suizo» llevándolos a una galería de nivel superior que iba en dirección opuesta al sifón.

De hecho, esta se quedó en nada, aunque tenemos un alto grado de certeza de que hay más que explorar en esta dirección en el afluente de debajo.

Seguimos el afluente un rato antes de retirarnos para completar datos más significativos para atar la topografía. Un pequeño pasamanos puede ser útil si se continúa río arriba, ya que hay algunos bancos empinados y embarrados.

Las galerías en esta área se pueden ver en el lote 0733-16-12.

Rupert sacó su equipo de buceo el 24 de octubre, no pudiendo bucear con su resfriado.

Pedro documentó el agujero 4492 en el Hoyo Rotura, al este de Cueva Vallina, una excavación con rocas y una buena corriente.

---

5   April 2002. See Matienzo: 50 Years of Speleology, page 249.

5   Abril de 2002. Véase Matienzo: 50 años de espeleología, página 249.

Ali placed the glasses on his face and walked a few paces, then a few more. He disappeared beyond the bounds of the restaurant without too much trouble and was not seen for a few minutes. Then we saw him coming back. The glasses were still being worn, but his head seemed to be on a backward tilt and he was walking very carefully with his hands out in front, just like someone who is scared they might bump into some thing or another person or, more probably, someone who could not see very well. Eventually he sat back down at the table and said, "They are OK as long as I keep my head tilted back."

"Why?" we asked.

"If I look down, the lens falls out. In fact, it fell out over there and it took me ages to find it, not having a pair of glasses on and this pair only having one lens. I only found the lens by feel".

We then had a fairly lengthy conversation as to whether the glasses were in fact a glass as there was only one lens, or if the number of lenses in fact did not affect the name of them: after all it was possible to get a monocle with only one lens but they, or was it, in fact, was only ever intended to have one lens anyway. Conversation does have a tendency to wander from the point a bit when beer is introduced. It does not even take a lot of alcohol when you are faced with a twenty-hour boat trip and lots of time to kill.

But this breaking of the glasses was not good - it was a disaster. We were on our way to Spain to continue the exploration of a cave system that just keeps giving. When we eventually got there, we would have a difficult climb out of a stream passage to explore. We had waited a year to get back to this, and the man in charge could hardly see!

The ferry docked and it was a short drive to our camp site. We had abandoned any chance of fixing the glasses on the ferry due to lack of resources, and possible over lubrication of the vocal cords, producing too much talking and not enough action.

We knew someone, Phil, who generally had everything. He would be our first port of call before we did anything else. When we handed them over he laughed and then looked very carefully at the new glasses frame and lenses and, like us, decided that we would probably have to glue the lenses in place. It would not be pretty but it would be practical and, if it worked, it would be a miracle. We left the glasses

persistimos. Después de darle muchas vueltas y remodelar la montura, logramos colocar una lente en su sitio y pensamos: «genial, ahora solo hay que probarlas».

Ali se puso las gafas y caminó unos pasos, luego algunos más. Desapareció más allá de los límites del restaurante sin demasiados problemas y no lo vimos durante unos minutos. Luego lo vimos regresar. Aún llevaba las gafas puestas, pero iba con la cabeza echada hacia atrás y caminaba con mucho cuidado con las manos al frente, como quien tiene miedo de toparse con algo o con alguien o, en realidad, como quien no puede ver muy bien. Finalmente, se sentó a la mesa y dijo:

—Están bien siempre que mantenga la cabeza echada hacia atrás.

—¿Por qué? —preguntamos.

—Si miro hacia abajo, la lente se cae. De hecho, se cayó por ahí y me llevó un buen rato encontrarla, al no tener gafas y estas solo tener una lente. Solo la encontré al tacto.

Luego tuvimos una conversación bastante larga sobre si las gafas eran en realidad gafa, ya que solo tenían una lente, o si la cantidad de lentes no afectaba al nombre: después de todo, estaban los monóculos que solo tenían una, aunque, en realidad, se hacen para que solo tengan una. La conversación tiende a desviarse un poco cuando se introduce la cerveza. Tampoco hace falta mucho alcohol cuando te enfrentas a un viaje en barco de 20 horas y mucho tiempo libre.

Pero el que se hubieran roto las gafas no era bueno, era un desastre. Íbamos de camino a España para continuar la exploración de un sistema subterráneo que no parece terminar. Al llegar, nos esperaba una escalada difícil para salir de una galería activa y seguir explorando. Habíamos esperado un año para volver, ¡y el hombre al mando apenas podía ver!

El ferry atracó y no tardamos mucho en llegar hasta el camping. Habíamos abandonado la idea de arreglar las gafas en el ferry por la falta de recursos y la posible lubricación excesiva de las cuerdas vocales, generando demasiada conversación y poca acción.

Conocemos a alguien, Phil, que generalmente lo tiene todo. Él sería nuestra primera parada antes de hacer cualquier otra cosa. Cuando le dimos las gafas, se echó a reír y luego miró con mucho cuidado

with him to repair and set out to put up our tents, sort our kit (which had to be collected from Juan's basement) and get to the bar to have a few small beers and something to eat.

Later that evening the glasses arrived and, as expected, they were not pretty. Four blobs of dirty glue holding the lenses in place. Ali placed them on his head and said, "Perfect".

There was more discussion as to how anyone could possible see through them but we were assured by Ali that the lenses had worked well for many years and had many more left in them. After food and a few more beers Ali retired to bed before me, which was very unusual: he was not feeling too well, wanted a good night's sleep, and no doubt time to adjust to the new, but sadly not shiny, glasses.

We were all up early on our second day in Spain, and ready to go exploring in Cueva Vallina before the crack of noon. This was no mean feat as nothing usually happens before twelve, but there we were on the road with a van full of the necessary tackle. We would have to rig two pitches and also walk quite a distance underground in large easy passage. The hard part was actually getting to the entrance: this meant a steep walk downhill to a green tree, not easy to spot in a forest of green trees, but greener than any of the others. The entrance is just below this very green tree, in a small hollow behind and under a large block of limestone. It had been found from below and inside the cave many years earlier and dug out to provide an easy way in. Thankfully, we were now getting the benefit of it.

It did not take long for us to put on all our clothing, including hardwearing oversuits which provided some protection from the sharp rocks and abrasive sections of floor. Underneath these suits almost all of us were wearing old clothes. It took me many years to work out that this was a stupid idea. On the surface we pay hundreds of pounds to protect ourselves from the elements even though it would be easy to get away from them, by making a bee-line to a vehicle or a pub. Underground we cannot do that, we can only follow the passage and go where it goes, through water, draughts, climbs and crawls. You just have to get on with it and try to keep warm. Having failed to keep warm on more than one occasion, I now try to wear better, warmer, high-tech clothing to try and make it a little more comfortable, and it does.

Squeezing down behind the block and walking to the head of the pitches did not take long, after all we had done it many, many times before. We kitted up and began the descent to the stream passage below. Here we would leave most of our tackle, as it would not be needed until we were back at this point and ready to start prusiking up the ropes and on our way out.

The glasses had done very well, both lenses were in place and fully functioning but, unfortunately, not the wearer. He was not feeling well. This was very unusual: I have been caving with Ali since time began, I had known him take a short sleep in a dry sandy passage, but this was different - his energy was very low and he said he could not go on. We sat and ate some food, drank some water and waited to see if his energy picked up, but it didn't. A change of plan was needed so we would check out the area below the pitches which we had not looked at before, while Ali would rest, and hopefully his energy would pick up. But it didn't.

Back at the van, it was not looking too good, but at least we had come out under our own steam and would be able to tell the tale in the bar that night. We decided to wait a few days before we tried again, as maybe it was just a short illness that would pass and, after a few days, it appeared that it had. None of us wanted to carry on without Ali and his glasses. The cave had become his baby, he had recorded and transferred to computer thousands of coordinates without flaw. If ever there was any doubt over a recording we would check it on the next trip, and so it went on year after year, in fact for nearly 30 years and we were still at it now!

Our second trip into the cave was better and things looked to be improving, not only did we get down the pitches easily we also traversed the whole of the streamway, climbed out and reached the point of furthest exploration. We sat down and ate a few bars, drank some water and started to hatch a plan.

Ali was still feeling a little weak, but a lot better and insisted that we should carry on ahead of him: he would follow on taking readings with one other person.

The exploration went well even

la montura nueva y las lentes y, como nosotros, decidió que lo mejor sería pegarlas. No sería bonito, pero sería práctico y, si funcionaba, un milagro. Se las dejamos para que las arreglara y nos dispusimos a montar las tiendas, ordenar el equipo (que teníamos que recoger de casa de Juan) e ir al bar a comer y tomar unas cervezas.

Más tarde esa noche llegaron las gafas y, como era de esperar, no eran bonitas. Cuatro gotas de pegamento sucio sujetaban los cristales. Ali se las puso y dijo: «Perfecto».

Volvió a salir el tema de cómo alguien podía ver a través de ellas, pero Ali nos aseguró que los cristales le habían ido bien durante muchos años y que aún les quedaban muchos más de vida. Después de comer y de unas cuantas cervezas más, Ali se retiró a dormir antes que yo, lo cual era muy inusual: no se encontraba muy bien, quería descansar y, sin duda, darse tiempo para adaptarse a las gafas nuevas, aunque no relucientes.

Nos levantamos pronto en nuestro segundo día en España, listos para explorar Cueva Vallina antes del mediodía. No fue tarea fácil, ya que es algo que no suele pasar antes de las doce, pero allí estábamos en la carretera con una furgoneta llena del equipo necesario. Tendríamos que instalar dos pozos y también caminar bastante por una galería grande y fácil. En realidad la parte difícil era llegar hasta la entrada: una caminata cuesta abajo hasta un árbol verde, no fácil de ver en un bosque de árboles verdes, pero más verde que cualquiera de los demás. La entrada está justo debajo de este árbol muy verde, en un pequeño hueco detrás y debajo de un gran bloque de piedra caliza. Se había encontrado desde el interior de la cueva muchos años antes y se había abierto para proporcionar una entrada fácil. Afortunadamente, ahora podíamos aprovecharnos de ella.

No nos llevó mucho ponernos todo el equipo, incluidos los monos resistentes que brindan cierta protección frente a las rocas afiladas y las secciones abrasivas del suelo. Debajo de los monos, casi todos llevábamos ropa vieja. Me llevó muchos años darme cuenta de que esa era una idea estúpida. En la superficie pagamos cientos de libras para protegernos de los elementos, aunque sería fácil hacerlo yendo derechitos a un coche o un pub. Bajo tierra eso no lo podemos hacer, solo podemos seguir la galería a donde nos lleve, a través del agua, corrientes de aire, escaladas y gateras. Solo tienes que seguir adelante e intentar mantenerte caliente. Al haber fracasado en mis intentos de mantenerme abrigado en más de una ocasión, ahora trato de usar mejor ropa, más abrigada y de alta tecnología para intentar estar un poco más cómodo, y lo consigo.

No tardamos mucho en meternos detrás del bloque y caminar hasta la cabecera de los pozos, al fin y al cabo lo habíamos hecho muchas muchas veces antes. Nos pusimos el arnés y bajamos hasta la galería activa. Aquí dejaríamos la mayor parte de nuestro equipo, ya que no lo íbamos a necesitar hasta la vuelta, listos para empezar a subir las cuerdas y salir.

Las gafas estaban aguantando muy bien, ambas lentes estaban en su sitio y en plena forma, pero su portador no tanto. No se encontraba bien. Era muy raro: llevo yendo de cuevas con Ali desde tiempos inmemoriales, le he visto echarse alguna cabezadita en una galería con arena seca, pero esto era diferente, su nivel de energía era muy bajo y nos dijo que no podía seguir. Nos sentamos y comimos algo, bebimos un poco de agua y esperamos para ver si se recuperaba, pero no fue así. Teníamos que cambiar de plan, así que los demás optamos por revisar la sección debajo de los pozos que no habíamos mirado antes mientras Ali descansaba; con suerte su energía se recuperaría. Pero no fue así.

De vuelta en la furgoneta, no tenía buena pinta, pero al menos habíamos salido por nuestro propio pie y podíamos contar la historia en el bar. Decidimos esperar unos días antes de volver a intentarlo, quizás se tratase de una enfermedad pasajera. Un par de días después, parecía que era así. Ninguno de nosotros quería seguir adelante sin Ali y sus gafas. La cueva se había convertido en su criatura, había documentado y pasado al ordenador miles de datos sin errores. Si alguna vez había alguna duda, lo compro-bábamos en la siguiente salida. Año tras año, de hecho durante casi 30 años, y aún seguíamos.

Nuestra segunda incursión a la cueva fue bien y las cosas parecían estar mejorando, no solo bajamos los pozos con facilidad, sino que también cruzamos toda la galería activa y llegamos al último punto explo-rado. Nos sentamos y comimos algo, bebimos un poco de agua y comenzamos a trazar un plan.

though the passage was a bit small. Every now and again it would widen enough to tempt us a little further. Eventually we had to stop at the top of a pit: not a bottomless pit, we could see the bottom easily. We could also see the way on at the other side but thought it better to leave it for another day as it was getting late, and we had nothing to get us across the pit.

From this point we turned tail and took readings back towards the others so we could have an accurate record of where we had been. After a few hours we were all back together, but it was not looking good. Ali was spending more time resting than actually working and was more than pleased to see that we were surveying back towards him and we could now start on our way out with the job done.

It was a very slow journey getting out. We all stuck together until we were near the pitches where we decided the fast ones should get up them quickly and wait at the top for the rest. By now, we had also considered that it may be necessary to help Ali up the pitches with an additional rope. Fortunately, it didn't come to this, but the energy he had used meant that even walking the rest of the cave took a massive effort.

Previously, we had always spent a bit of time at the pitches reminiscing on how Ali had stranded a good-humoured group of Catalans there for hours but, on this occasion, it did not get a mention. A huge effort by all was required to get back to the entrance and out into the darkness of the night. Outside the cave, the walk up the hill was equally as slow but, once again, we had avoided a rescue and exited the cave under our own steam.

Back at the camp and the next day it was not looking good. Ali could hardly get out of bed. It was only the thought of food and the inputting of cave data into a computer that did it. Once again, the glasses performed well and were still intact. There had been much mickey taking and more than a few comments on how bad the glasses looked and how other people would not be seen dead in them, but none of this bothered Ali. They had done a good job and went on to perform well on another few, but much shorter trips, mainly on the surface. Risking a trip underground in his present state of health did not seem like a good idea.

Once home in Plymouth, a visit to the doctors, apparently not the first one, brought a diagnosis of a lung infection. Antibiotics were taken. Visits by fellow caver, Carmen, all seemed to bring news of no improvement. Time went on but as Ali lived alone and was not getting any better, friends insisted he moved in with them, but still he did not recover.

He was being very well looked after. His friends and constant visits by Carmen brought much awaited updates to the rest of us. At this time none of us knew that he was extremely unwell. I lived at the other end of the country so relied on this information to keep me posted, as did others. For a short period of time it looked like things might be improving, and a period of rest and recuperation in Spain was suggested. This would mean, as very long-term friends, we could at least spend some holiday time together, but it didn't happen.

Cancer was diagnosed in the lungs but not just that. It was in a very advanced state, and his time was short. We all felt sick to the stomach as he had been a constant companion underground and I had trusted my life to him as, without question, had so many others. It was not long before he died, far too early. There was nothing we could do now but attend the funeral.

Once he knew what was wrong Ali had been upbeat and put his mind to completing as many of his projects on paper as he could. There would be many projects we, his caving companions, would never complete with Ali, but we would continue trying our best to complete them without him. Now, when there are notes to take, it's always, "Where's Ali when you need him?". The first beer is usually taken in his name.

Outside the crematorium I wondered how many people knew about the glasses, and how, during his last days of exploration, he had dodged the stretcher his coffin was now lying on.

I knew it all, I was there, and when I spoke to his aging mother at the wake and told her who I was she said, "I know. He told me all about you and his friends and what you have been doing for so many years".

RIP Ali. You are sadly missed.

Ali todavía se sentía un poco débil, pero mucho mejor e insistió en que debíamos seguir adelante: él iría detrás haciendo la topo con otra persona.

La exploración fue bien a pesar de que la galería era un poco pequeña. De vez en cuando se ensanchaba lo suficiente como para tentarnos un poco más. Al final tuvimos que detenernos en la cabecera de un pozo: no era un pozo sin fondo, podíamos ver la base fácilmente. También podíamos ver la continuación al otro lado, pero era mejor dejarlo para otro día porque se estaba haciendo tarde y no teníamos nada para cruzar el pozo.

Aquí paramos y empezamos la topo de vuelta a los demás para poder tener un registro preciso de dónde habíamos estado. Tras unas horas estábamos todos juntos de nuevo, pero la cosa no pintaba bien. Ali pasaba más tiempo descansando que moviéndose y le alegró ver que volvíamos haciendo la topo y ahora podíamos empezar a salir con el trabajo hecho.

Salimos muy despacio. No nos separamos hasta que estuvimos cerca de los pozos donde decidimos que los más rápidos debían subir primero y esperar en lo alto al resto. A estas alturas también habíamos pensado que igual teníamos que ayudar a Ali a subir los pozos con una cuerda adicional. Afortunadamente, no hizo falta, pero tras gastar tanta energía, incluso caminar por el resto de la cueva le supuso un gran esfuerzo.

Solíamos pasar un rato en los pozos recordando cómo Ali había dejado a un grupo de catalanes de buen humor atascados allí durante horas, pero, en esta ocasión, ni lo mencionamos. Con gran esfuerzo, entre todos conseguimos regresar a la entrada y salir a la oscuridad de la noche. Fuera, la caminata cuesta arriba fue igualmente lenta pero, una vez más, habíamos evitado un rescate y salimos de la cueva por nuestro propio pie.

De regreso al camping y al día siguiente, no tenía buen aspecto. Ali apenas podía levantarse de la cama. Solo la idea de comer algo y meter los datos de la topo en el ordenador consiguieron que lo hiciera. Las gafas seguían aguantando, intactas. Mucha gente se había burlado de ellas, de lo mal que se tendría que ver con ellas y de cómo no se las pondrían ni borrachos, pero nada de ello molestaba a Ali. Habían aguantado bien y siguieron haciéndolo en otras pocas salidas más, mucho más cortas y sobre todo en la superficie. Arriesgarse a una incursión bajo tierra en su estado de salud no parecía una buena idea.

De vuelta en Plymouth, una visita a los médicos, al parecer no la primera, terminó con el diagnóstico de una infección pulmonar. Le dieron antibióticos. Las visitas de una compañera de espeleología, Carmen, parecían no traer noticias de ninguna mejora. Pasó el tiempo y, como Ali vivía solo y no mejoraba, unos amigos insistieron en que se mudara con ellos, pero aún así no se recuperó.

Lo estaban cuidando muy bien. Sus amigos y las constantes visitas de Carmen nos ponían al día. En ese momento nadie sabía que se encontraba muy mal. Vivía en el otro extremo del país, así que esas noticias me mantenían informado, al igual que a otros. Durante un breve período de tiempo parecía que las cosas podrían estar mejorando, y se habló de pasar un tiempo descansando y recuperándose en España. Esto significaría que, como amigos desde hace mucho tiempo, al menos podríamos pasar unas vacaciones juntos, pero no sucedió.

Le diagnosticaron un cáncer en los pulmones, pero no solo eso. Estaba en un estado muy avanzado y le quedaba poco tiempo. Todos nos sentimos como si nos hubieran dado una patada en el estómago. Había sido un compañero infatigable en las cuevas y yo le había confiado mi vida como, sin duda, también habían hecho muchos más. Murió poco tiempo después, demasiado pronto. No podíamos hacer nada más que asistir al funeral.

Cuando supo lo que le pasaba, Ali se mostró optimista y se propuso completar tantos de sus proyectos en papel como pudiera. Quedaron muchos proyectos que nosotros, sus compañeros de espeleología, nunca terminaríamos con Ali, pero nos esforzaríamos para hacerlo sin él. Ahora, cuando hay que tomar notas, siempre hay un: «¿Dónde está Ali cuando lo necesitas?». La primera cerveza se suele tomar en su honor.

Fuera del crematorio, me pregunté cuántos sabrían lo de sus gafas y cómo, durante sus últimos días de exploración, había esquivado la camilla sobre la que ahora estaba su ataúd.

Yo lo sabía, estuve allí, y cuando hablé con su anciana madre en el velatorio y le dije quién era, ella respondió: «Lo sé. Me habló mucho de ti y sus amigos y lo que habéis estado haciendo durante tantos años».

DEP Ali. Te echamos mucho de menos.

Dennis Rugg passed away in early December. He was one of the earlier British explorers of the Matienzo caves, being an expedition member in 1974, 1975 and 1992. In 1974, he made the first known free-dive in a Matienzo expedition cave, passing through an unexplored 1m-long sump in the Sistema Mortiro-Esquileña (0005 - 4271). With Rhoda, his wife, he pushed the cave from the bottom entrance near the río Asón to the stream sink in the Mortiro depression.

A small group led by Simon Cornhill and Diane Arthurs, enjoying the "fantastic weather", managed to fit in daily speleological activities over the Christmas and New Year celebrations.

NORTHWEST SECTOR Just below the Cobadal side of the ridge, south of Torca la Vaca (2889), Si and Di, on a "gorgeous, sunny" Christmas Day, checked out the undescended pits 2718, 2719 and 2720. "They all choke up fairly quickly, nothing of interest found".

The following day, they went into Vaca through the BigMat Calf Hole (3916) entrance, visiting the Penrith Historic Market Town Duck and looking for any prospective leads. "Nothing much found."

After leaving Giant Panda to destabilize alone (on December 28th), Neil, Tom, Si and Di had a "rather hot trip" along the dry, high-level passages of Vaca, going as far as Should Have Gone to Spec Savers. "Nothing new was found."

On New Year's Eve, Tom, Si and Di resurveyed the area from the start of the Fred Whitton Series to just north of Scafell Aven, "sorting out 'the confused and confusing' area that needs redrawing". (Batch 2889_16_17).

High above the east side of the Cobadal depression, Si, Di and Neil spent two days investigating the shaft, Sprog on a Rock (0710). This had been explored in August 1988 with the explorer's youngster safely belayed to limestone. A draughting rift part way down required exploration.

After about half an hour of searching around the wider area, spotting two other cave entrances and working out the location, we stood directly over the GPS point saying it should be just here… Looking beneath our feet we noticed a slightly 'out of place' boulder on top of a larger one covered in moss. Four and a half thousand sites in Matienzo and we decide to look at another body-sized hole in a field! We rolled the boulders aside and found the original capstone was wedged in the entrance, blocking the way on. Si and Neil attached a bolt to the giant boulder and after some fine manoeuvring managed to raise it and allow the trip to progress. Unfortunately, the hot tip of 'rift that needs swinging into' was too tight and needed capping.

The team returned with Tom and …

… Si capped the way on then Slim squeezed through to discover three pits. He descended the first two and reported no way on. … Tom dropped the third pit, also finding no way on. All shafts end at the same level and are blind. We completed the survey. A hole found on the surface which seems to be above the shafts could account

Dennis Rugg falleció a principios de diciembre. Fue uno de los primeros exploradores británicos de las cuevas de Matienzo, siendo miembro de la expedición en 1974, 1975 y 1992. En 1974, realizó la primera inmersión libre conocida en una cueva de la expedición de Matienzo, pasando por un sifón inexplorado de 1 m de largo en el Sistema Mortiro-Esquileña (0005 - 4271). Con Rhoda, su esposa, exploró la cueva desde la entrada inferior cerca del río Asón hasta el sumidero en la depresión de Mortiro.

Un pequeño grupo liderado por Simon Cornhill y Diane Arthurs, disfrutando de un «tiempo fantástico», logró llevar a cabo las actividades espeleológicas diarias durante las celebraciones de Navidad y Año Nuevo.

SECTOR NOROESTE Sistema de Torca la Vaca y San Antonio; Cobadal Justo debajo del lado de Cobadal del monte, al sur de Torca la Vaca (2889), Si y Di, en un día de Navidad «hermoso y soleado», revisaron los pozos sin explorar 2718, 2719 y 2720. «Todos se obstruyen enseguida, no se ha encontrado nada de interés».

Al día siguiente, entraron en Vaca por la entrada BigMat Calf Hole (3916), visitando Penrith Historic Market Town Duck y buscando posibles pistas. «No se ha encontrado mucho».

Tras dejar que Giant Panda se estabilizara solo (el 28 de diciembre), Neil, Tom, Si y Di fueron en una «salida bastante calurosa» por las galerías secas y de nivel superior de Vaca, llegando hasta Should Have Gone to SpecSavers. «No se encontró nada nuevo».

En la víspera de Año Nuevo, Tom, Si y Di volvieron a topografiar el área desde el comienzo de la red Fred Whitton hasta justo al norte de Scafell Aven, «arreglando la sección "confundida y confusa" que hay que volver a dibujar» (lote 2889_16_17).

Muy por encima del lado este de la depresión de Cobadal, Si, Di y Neil pasaron dos días investigando el pozo Sprog on a Rock (0710), explorado en agosto de 1988 con el retoño del explorador bien atado a la piedra caliza. Una fisura sopladora a la mitad se tenía que explorar.

Después de cerca de media hora buscando alrededor, viendo otras dos entradas y calcular la ubicación, nos paramos directamente sobre el punto GPS que nos decía que debería estar justo ahí […] Mirando debajo de nuestros pies notamos una roca un poco «fuera de lugar» encima de una más grande cubierta de musgo. ¡Cuatro mil quinientas cavidades en Matienzo y decidimos mirar otro agujero estrecho en un prado! Rodamos las rocas a un lado y vimos que la piedra original estaba encajada en la entrada, bloqueando el camino. Si y Neil colocaron un anclaje en la roca gigante y, después de algunas maniobras elegantes, logramos levantarla y permitir que la salida avanzara. Desafortunadamente, la estupenda pista de la «grieta a la que hay que columpiarse» era demasiado estrecha y había que abrirla.

El equipo volvió con Tom y…

Si abrió el camino y luego Slim pasó para descubrir tres pozos. Bajó los dos primeros e informó que no había continuación. […] Tom bajó por el tercero y tampoco encontró continuación. Todos los pozos terminan en el mismo nivel y son ciegos. Hicimos la topo. Un agujero encontrado en la superficie que parece estar por encima de los pozos podría explicar la corriente.

El agujero soplador Torca J.R. (0366) se encuentra cerca de 0415 y, al igual que 0415, tiene

PLAN

Entrance ⟋Ng

0   5   10   15   20   25

m

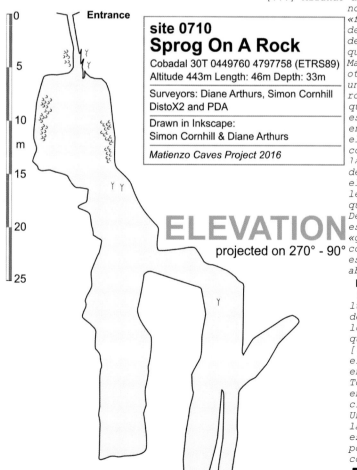

0

Entrance

5

10

m

15

20   **ELEVATION**
projected on 270° - 90°

25

site 0710
Sprog On A Rock
Cobadal 30T 0449760 4797758 (ETRS89)
Altitude 443m Length: 46m Depth: 33m

Surveyors: Diane Arthurs, Simon Cornhill
DistoX2 and PDA

Drawn in Inkscape:
Simon Cornhill & Diane Arthurs

Matienzo Caves Project 2016

for the draught.

The draughting site Torca J.R. (0366) lies close to site 0415 and, like 0415, has possibilities for linking the Cubija System to the Four Valleys System.[1] Neil, Si and Di with Luce as surface support went to cap the draughting rift at the bottom of the shaft on New Year's Day.

You can, indeed, hear the draught. At the dig face the hole is currently big enough to manoeuvre a GoPro through on a stick. The video footage possibly showed some sort of passage that could be big enough to get your hand in? Without anything to show the scale it is difficult to tell.

THE NORTHEAST SECTOR INCLUDING THE FOUR VALLEYS SYSTEM

On December 23rd, Si and Di found the Giant Panda (2691) entrance to Cueva Hoyuca (0107) to be "in a very poor state" and decided it was too dangerous to use as a trade route into Hoyuca.

They were joined the next day by Tom and Anton for a "back-breaking" learning of the route from the Field Entrance (0107) and through the Gorilla Walk.

Si and Di went up Sloppy Inlet to Tixtu Aven where Simon changed the tatty rope on the big pitches for a nice new 11m one. We then rigged two short pitches that dropped into the passage off Diversion Chamber to avoid the Sloppy Inlet soaking.

Tom and Anton wandered down to the Astradome for a photography session then returned to wait for a full team exit.

On December 28th, with tales of bad backs from the Gorilla Walk, there was a group decision (by Neil, Tom, Si and Di) to go down Giant Panda in its current state. Simon went first rigging a new rope to the bottom of the pitches.

... the descent is fine so long as you can manage to avoid touching ANYTHING! However, the small void at the top of the pitches is now incredibly unstable. There is a high probability that a tired / unwary / clumsy potholer could dislodge one of the many keystones and initiate a full collapse of the roof and / or suspended floor. Where there used to be a wriggle onto the first pitch head this is now larger. There is a large, loose, gritstone cobble you have to get under which seems to be a major keystone for the floor, which definitely doesn't want to be disturbed.

Simon was called back up, derigged the rope and the team left quietly in favour of a nice trip down BigMat Calf Hole.

Phil Papard later commented in an email that the boulders over the first pitch were not as unstable as they first appear.

We spent some drilling and snapping several boulders resting on them and hammered some others into bits [so] that we could move them, as well as standing on the chock stone to move other rocks, etc. But I fully agree that it needs sorting out with care, i.e. not

PLAN

0   20   m   40   60

↑Ng

site 0128
Torca de la Espina
Muela
30T 454102 4796699 (ETRS89)
Altitude 620m Length: 233m
Depth: 90m

Surveyed: December 2016
Diane Arthurs, Simon Cornhill,
Tom Howard, using DistoX2
and PDA

Drawn in Inkscape:
Simon Cornhill & Diane Arthurs

Matienzo Caves Project 2016

Entrance

ELEVATION
projected on 270° - 90°

Torca de la Espina.   *Tom Howard*

posibilidades de conectar el Sistema Cubija con el Sistema de los Cuatro Valles.[1] Neil, Si y Di con Luce como asistente en la superficie fueron a abrir la grieta sopladora en base del pozo el día de Año Nuevo.

Sin duda, se puede escuchar la corriente. En la cara de excavación, el agujero es lo suficientemente grande para maniobrar una GoPro con un palo. El video posiblemente muestra algún tipo de galería que podría ser lo suficientemente grande como para entrar. Sin nada que muestre la escala, es difícil saberlo.

SECTOR NORESTE INCLUYENDO EL SISTEMA DE LOS CUATRO VALLES
El 23 de diciembre, Si y Di encontraron que la entrada Giant Panda (2691) a la Cueva Hoyuca (0107) estaba «en muy mal estado» y decidieron que era demasiado peligroso para usarla como ruta hacia Hoyuca.

Tom y Anton se les unieron al día siguiente para un aprendizaje «agotador» de la ruta desde la entrada Field Entrance (0107) y a través de Gorilla Walk.

Si y Di subieron por Sloppy Inlet hasta Tixtu Aven, donde Simon cambió la cuerda desgastada en los pozos grandes por una nueva de 11 m. Luego instalamos dos pozos cortos que dieron a la galería que sale de Diversion Chamber para evitar mojarse en Sloppy Inlet.

Tom y Anton se dirigieron al Astradome para una sesión de fotografía y luego regresaron para esperar la salida del equipo al completo.

El 28 de diciembre, con historias de espaldas doloridas por el Gorilla Walk, el grupo decidió (Neil, Tom, Si y Di) bajar por Giant Panda en su estado actual. Simon fue primero a colocar una nueva cuerda hasta la base de los pozos.

La bajada no está mal siempre que puedas no tocar ¡NADA! Sin embargo, el pequeño vacío en la parte superior de los pozos ahora es increíblemente inestable. Existe una alta probabilidad de que un espeleólogo cansado/ desprevenido/torpe pueda mover una de las muchas piedras e iniciar un colapso total del techo o suelo suspendido. Donde solía haber un estrechamiento en la cabecera del primer pozo, ahora hay un hueco más grande. Hay un bloque grande, suelto, de piedra arenisca bajo el que tienes que pasar y que parece ser una de las principales piedras que sujetan el suelo, que definitivamente no se debe tocar.

Llamaron a Simon para que saliera, quitó la cuerda y el equipo salió con cuidado para ir a BigMat Calf Hole.

Phil Papard comentó más tarde en un correo electrónico que las rocas sobre el primer pozo no eran tan inestables como parecía.

Pasamos un rato perforando y rompiendo varias rocas que descansaban sobre ellas y martillamos algunas otras en pedazos [para] poder moverlas, además de ponernos sobre piedras que las calzan y así moverlas, etc. Pero estoy completamente de acuerdo en que hay que arreglarlo con cuidado, es decir, no una solución

---
1   2014 summer, page 164.

---
1   Véase Verano de 2014, p. 164.

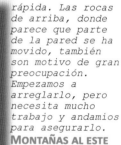

a quick fix. The rocks above, where it appears part of the wall has moved, is also of much concern. We started to wall it up, but it needs a lot of work and scaffolding to make secure.

EASTERN MOUNTAINS

As Steve was "very keen" for Torca de la Espina (0128) to be checked out and (re) surveyed, Di, Si and Tom dropped into the cave with Steve, Sue and Anton on the surface.

It is an impressive size but bolt climbing anything would be difficult with the soft cheese nature of the rock. At the bottom of the cave, all the digs ... seem to be in sandstone, which could explain why the cave unfortunately ends.

Through 2016, a number of learned publications had appeared. The paper about the archaeology of 3153 has already been mentioned in the 2016 autumn section. Others included a paper by Andi Smith about the palaeoclimate work in Cueva de Asiul (0061) and a volume produced by the Cantabrian government containing summary articles about archaeological work carried out under permits from 2004 to 2011. Ten articles with connections to Matienzo caves are in that volume. Further details can be found on the feedback page on the web site: http://www.matienzocaves.org.uk/feedback/index.htm

rápida. Las rocas de arriba, donde parece que parte de la pared se ha movido, también son motivo de gran preocupación. Empezamos a arreglarlo, pero necesita mucho trabajo y andamios para asegurarlo.

MONTAÑAS AL ESTE

Como Steve estaba «muy interesado» en que la Torca de la Espina (0128) se revisase y (re) topografiase, Di, Si y Tom entraron en la cueva con Steve, Sue y Anton en la superficie.

Tiene un tamaño impresionante, pero instalar una escalada artificial sería difícil con la naturaleza de queso suave de la roca. En el fondo de la cueva, todas las excavaciones [...] parecen ser en piedra arenisca, lo que podría explicar por qué la cueva, lamentablemente, termina.

A lo largo de 2016, aparecieron varias publicaciones científicas. El artículo sobre la arqueología de 3153 ya se mencionó en la sección de otoño de 2016. Otros incluyeron un artículo de Andi Smith sobre el investigación paleoclimática en Cueva Asiul (0061) y un volumen elaborado por el gobierno cántabro que contiene artículos resumidos sobre trabajos arqueológicos realizados con permiso de 2004 a 2011. Diez artículos con conexiones a las cuevas de Matienzo se encuentran en ese volumen. Se pueden encontrar más detalles en la página de comentarios del sitio web: http://www.matienzocaves.org.uk/feedback/index.htm

Top: Anton in the 1km-long Gorilla Walk, Cueva Hoyuca.
Middle: Diane in Torca la Vaca.
Bottom: Another view of the 30m-diameter Astradome aven.

Tom Howard

Arriba: Anton en Gorilla Walk, de 1 km de largo, Cueva Hoyuca.
Centro: Diane en Torca la Vaca.
Abajo: Otra vista del Astradome de 30 m de diámetro.

Tom Howard

2017 JANUARY & FEBRUARY / ENERO Y FEBRERO	Andrew 'Worm' Jones	Juan Corrin
	Andy Quin	Pete 'Pedro' Smith
	John Dickinson	Phil Papard

THE NORTHEAST SECTOR INCLUDING THE FOUR VALLEYS SYSTEM

After the January flood, Juan went to check the river sink and Cueva de Carcavuezo (0081) finding silt on a tree overlooking the sinks "slightly above survey station A" ...

> *... showing that the flood had reached about 147m altitude, about 9m above the sinks. This was still 3m below the big flood last year which covered the main road...*

There were no trunks or branches in the overflow channel and the top of the climb down into the cave was completely clear, although the base appeared choked.

Cueva-Cubío de la Reñada.   *Juan Corrin*

SOUTHERN SECTOR Juan spent five hours in Cueva-Cubío de la Reñada (0048) taking photos with four lights scattered around and a wi-fi tablet controlling a camera, commenting that it "seems to be a good technique for the caver with no friends!".

With the system well practiced, he was in Cueva del Mar (0004)[1] and Cueva del Campo (0076) the following day to take more photos.

Pedro, Andy Quin, Worm, Phil and John walked from Alisas to the bottom of the Cantones (TV Mast) track making a number of observations. Sites 1077, 1081, 1083 and 1108 were all repositioned with GPS and the latter, Torca del Cable, was thought to be well worth another look to try to follow the draught.

New sites 4502 - 4504 were documented although there was a possibility that the first two had been descended and wrongly placed on the map. The last site turned out to be 1096, noted by Richard Bullock as he was "just poking around on the Matienzo website".

---

1   2016 summer, page 243.

SECTOR NORESTE INCLUYENDO EL SISTEMA DE LOS CUATRO VALLES

Después de la inundación de enero, Juan fue a revisar el sumidero y la Cueva de Carcavuezo (0081) encontrando sedimento en un árbol con vista a los sumideros «ligeramente por encima de la estación topográfica A»...

> *Mostrando que la inundación había alcanzado unos 147 m de altitud, unos 9 m por encima de los sumideros. Seguía siendo 3 m menos que la gran inundación del año pasado que cubrió la carretera principal.*

No había troncos ni ramas en el canal de desbordamiento y la parte superior de la bajada a la cueva estaba completamente despejada, aunque la base parecía obstruida.

SECTOR SUR Juan pasó cinco horas en Cueva-Cubío de la Reñada (0048) sacando fotos con cuatro focos y una tableta wi-fi que controlaba la cámara y comentó que «¡parece una buena técnica para el espeleólogo sin amigos!».

Tras practicar bien con este nuevo sistema, fue a Cueva del Mar (0004)[1] y Cueva del Campo (0076) al día siguiente para sacar más fotos.

Pedro, Andy Quin, Worm, Phil y John fueron desde Alisas hasta el final de la pista del repetidor tomando nota de varias cavidades. Las cuevas 1077, 1081, 1083 y 1108 se volvieron a posicionar con GPS y les pareció que la última, Torca del Cable, merecía una nueva visita para tratar de seguir la corriente.

Se documentaron los nuevos agujeros 4502 - 4504 aunque existía la posibilidad de que los dos primeros se hubieran explorado ya y estuvieran mal ubicados en el mapa. El último resultó ser 1096, visto por Richard Bullock cuando estaba «simplemente enredando en el sitio web de Matienzo».

---

1   Véase Verano de 2016, p. 243.

2017 EASTER / SEMANA SANTA	Carmen Smith (Haskell)	James Carlisle	Louise Korsgaard	Phil Papard
	Carolina Smith de la Fuente	Jenny Corrin	Marie Korsgaard Redder	Phil Parker
	Chris Camm	Jim Davis	Nigel Easton	Rebecca 'Becka' Lawson
Alan Farrell	Chris Scaife	Jim Lister	Patrick Warren	Rupert Skorupka
Alex Ritchie	Chris Sharman	John Gunn	Penny Corrin	Steve 'Big Steve' Martin
Alf Latham	Dan Hibberts	John Proctor	Pete 'Pedro' Smith	Stuart Emmett
Andi Smith	Dave 'Angus' Bell	John Southworth	Peter Eagan	Terry Whitaker
Andy Quin	Eleanora Carlisle	Juan Carlisle	Peter Fast Nielsen	Tom Howard
Barbara Wortham	Guy Simonnot	Juan Corrin	Peter Wynn	Tom Warren
Bob Cattley	Hilary Papard	Karen Korsgaard Redder	Phil Goodwin	Torben Redder

The Matienzo environment, the caves and the opportunities for scientific study within them were being recognised by the world-wide scientific community. Dr Peter Wynn, with assistance from Andy Quin, organised the third International Cave Monitoring Workshop which attracted over twenty academics from around the world, as far away as the USA and southeast Asia.

Peter had long-recognised the attractions of Matienzo and had been working with two Lancaster University students in Cueva de Asiul (0061) and Cueva de las Perlas (0074).[1] Andy managed the logistics of the workshop, greatly helped by the mayor of Matienzo and the loan of the old school building for the meetings. Various field excursions were made and members of the Matienzo expedition helped out on some of these.

After the three-day meeting, Peter emailed those who had helped out, writing that the whole event ran extremely well.

> *"Matienzo is now clearly on the scientific agenda and I hope this feeds back positively into the Matienzo Caves Project. ... I cannot stress enough how much we appreciate the ongoing support of the Matienzo Caves Project for the success of the science being undertaken in the area."*

NORTHWEST AND FAR WEST SECTORS James and Tom Howard had a mixed sort of day on April 10th, beginning with a very late start and then having to return to Matienzo for their forgotten furry suits. However, they did get to the start of Mard Arse in Torca la Vaca (2889) through BigMat Calf Hole (3916) in about one hour forty minutes. James wrote:

> *Mard Arse was not like advertised and was actually quite pleasant. There were lots of sandy oxbows but,*

El entorno de Matienzo, sus cuevas y las oportunidades que estas ofrecen para estudios científico estaban siendo reconocidos por la comunidad científica mundial. El Dr. Peter Wynn, con la ayuda de Andy Quin, organizó el tercer Taller Internacional de Monitorización Subterránea que atrajo a más de veinte académicos de todo el mundo, incluso de EE. UU. y el sureste de Asia.

Peter había reconocido hace tiempo los atractivos de Matienzo y había trabajado con dos estudiantes de la Universidad de Lancaster en Cueva de Asiul (0061) y Cueva de las Perlas (0074).[1] Andy gestionó la logística del taller, con la ayuda del alcalde de Matienzo y el préstamo del antiguo edificio de la escuela para las reuniones. Se organizaron varias salidas de campo y miembros de las expediciones de Matienzo ayudaron en algunas.

Tras el encuentro, de tres días, Peter envió un correo electrónico a los que habían ayudado, en el que aseguraba que todo el evento se desarrolló estupendamente.

> *Matienzo ahora está claramente en la agenda científica y espero que repercuta de manera positiva en Matienzo Caves Project. [...] No puedo enfatizar lo suficiente cuánto apreciamos el apoyo continuo de Matienzo Caves Project para propiciar que los estudios que se está llevando a cabo en el área tengan resultados positivos.*

SECTOR NORESTE Y EXTREMO OESTE James y Tom Howard tuvieron una especie de día mixto el 10 de abril, primero se pusieron en marcha muy tarde y luego tuvieron que volver a Matienzo porque se habían olvidado del mono interior. Sin embargo, llegaron al inicio de Mard Arse en Torca la Vaca (2889) a través de BigMat Calf Hole (3916) en aproximadamente 1 hora y 40 minutos. James escribió:

> *Mard Arse no era como dicen y en realidad era*

---

1   See "Ten years of Lancaster University-led teaching and research in the Matienzo depression", pages 461 - 466.

1   Véase el artículo 10 años de docencia e investigación de la Universidad de Lancaster en el valle de Matienzo, páginas 461 - 466.

eventually, we turned left up
a sandy passage to avoid some
deep water and ended up in big
passage! We followed this for a
while thinking this was too good
to be true - it was!

They found themselves in Shoulder of
Mutton, re-tracing Si and Di's steps from last
year. The pair started surveying but found a
Tippex mark, so abandoned it.

On the way out, we found the
start of Mard Arse proper. I went
up this for about 75m ... because
it was very pleasant swimming.
Didn't reach the previous limit
though. Will go back and do it
properly now we know where it is.
Looks good!

Invisible Cave (3283), next to the bottom
entrance to Fuente Aguanaz (0713), was
pushed by Jim Lister and Dan Hibberts. A
curt logbook entry for day 1 explained the
difficulties.

Dive to sump 9, blocked by
gravel, steeply descending slope,
gravel dug by rabbit kicking,
believe may be able to pass now?
Return with bigger cylinders and
give visibility time to clear
to inspect progress? Both divers
[had] stomach problems during the
night.

However, as written in the "Matienzo Cave
Diving Update", page 425, little progress
was made and conversations with locals
has raised the possibility that at least one
property is taking water from the cave
downstream of where their sewage drops in.

Over three days, Jim Lister and Dan also
explored an inlet coming in from the west
beyond sump 1 in Fuente Aguanaz (0713),
although the account in the logbook is
second-hand. Naming the streamway Sarah
Jean Inlet, they pushed through a sump to
a choke with a hole up into large passage.
The new route was surveyed as batch 0713-
17-01 for 770m.

A note in the logbook indicates that
a fluocapteur in Aguanaz was positive
on May 1st having come through from
Tilberthwaite Tarn in El Cubillón in about 7
days. The detectors at 0551 and 0767 were
negative. The same results were seen on
new fluocapteurs when Juan and Penny collected them on May 4th.[2]
There is good potential as the result indicated that the water dropped
about 75m over a distance of 4.2km to the southern-most sump in
Aguanaz.

John Gunn, John Southworth, Phil Goodwin and Bob explored a forest
clearing to the west of the cavers' entrance to Fuente Aguanaz and
found six possibilities. Sites 4566 - 4571 were all small finds and none
has been revisited.

Eight hundred metres to the northwest of the entrance, John
Southworth and Alan spent four hours on April 23rd enlarging the
crawl in site 3027, but it needed more work. Phil Goodwin and Bob
joined the team the following day, extending the entrance crawl to a
junction.

The right hand passage closed down after 3m; the left
hand passage pushed for 5m becoming tight. More work
needed. Good draught. Total cave length 12m.

John Southworth, investigating a valley on the north side of Hornedo,
found the stream sinking in gravel (4565).

In the valley just to the east of the Hornedo hamlet, John visited cave
3261 then walked down to the Santa Juliana resurgence (3282) finding
two new caves: 4583 - a mud-floored, draughting dig and 4584 - a 2m
climb down into 3m of passage to a blockage which might dig. Site
3010 was also visited but found to be very overgrown.

To the east, at the head of the La Gatuna valley, Alex and Chris
Sharman were intending to explore Cueva de Collada (0394) but, as
Chris wrote:

After a bit of thrashing around in brambles, we gave
that up - Cueva de Collada entrance series sounded
squalid anyway. We chose instead to walk down the
pleasant grassy meadow until the grass turned to

Top: Members of the Cave Monitoring Workshop viewing
monitoring equipment.
Bottom: Barbara Wortham, John Gunn, Juan Corrin and Andi
Smith at the top entrance after a trip into Reñada.
Arriba: Miembros del Taller de Monitorización
Subterránea viendo el equipo de monitorización.
Abajo: Barbara Wortham, John Gunn, Juan Corrin y Andi
Smith en la entrada superior después de una salida a
Reñada.   *Phil Papard*

bastante agradable. Había muchos
desvíos arenoso, y, al final,
giramos a la izquierda por una
galería arenosa para evitar
una sección de agua profunda y
terminamos en un gran galería. La
seguimos durante un rato pensando
que era demasiado bueno para ser
verdad, ¡lo era!

Se encontraban en Shoulder of Mutton,
volviendo sobre los pasos de Si y Di del año
pasado. La pareja comenzó la topografía,
pero encontró una marca de Tippex, por lo
que la abandonó.

Al salir, encontramos el comienzo
de Mard Arse propiamente dicho. La
seguí por unos 75 m [...] porque
era muy agradable de nadar. Sin
embargo, no llegué al límite
anterior. Volveremos y lo haremos
correctamente ahora que sabemos
dónde está. ¡Tiene buena pinta!

Jim Lister y Dan Hibberts fueron a ampliar
Invisible Cave (3283), junto a la entrada
inferior de Fuente Aguanaz (0713). Una
breve entrada en el libro de salidas para el
día 1 explica las dificultades.

Buceado hasta sifón 9, bloqueado
por grava, pendiente descendente
pronunciada, grava excavada
a patadas, ¿parece que ahora
se puede pasar? ¿Regresar con
botellas más grandes y darle
tiempo para que se despeje antes
de inspeccionar? Ambos con
problemas de estómago durante la
noche.

Sin embargo, como se describe en
Espeleobuceo en Matienzo 2010-2019, p.
425, se avanzó poco. Tras hablar con los
vecinos se ha planteado la posibilidad de
que al menos una propiedad esté tomando
agua de la cueva aguas abajo de donde
entran sus aguas residuales.

Durante tres días, Jim Lister y Dan también
exploraron un afluente proveniente del
oeste al otro lado del sifón 1 en Fuente
Aguanaz, aunque la crónica en el libro de
salidas es de segunda mano. Tras llamar al
afluente Sarah Jean Inlet, atravesaron un
sifón hasta una obstrucción con un agujero
en una galería grande. La nueva ruta se
topografió como lote 0713-17-01, 770 m.

Una nota en el libro de salidas indica que
un captador en Aguanaz dio positivo el 1 de mayo, habiendo tardado el
colorante 7 días en llegar desde Tilberthwaite Tarn en El Cubillón. Los
captadores en 0551 y 0767 fueron negativos. Los mismos resultados
se observaron en nuevos captadores cuando Juan y Penny los
recolectaron el 4 de mayo.[2] Hay un buen potencial ya que el resultado
indica que el agua bajó unos 75 m en una distancia de 4,2 km hasta el
sifón más meridional de Aguanaz.

John Gunn, John Southworth, Phil Goodwin y Bob exploraron un
claro del bosque al oeste de la entrada de los espeleólogos a Fuente
Aguanaz y encontraron seis posibilidades. Los agujeros 4566 - 4571
fueron todos pequeños hallazgos y ninguno se ha vuelto a visitar.

A 800 m al noroeste de la entrada, John Southworth y Alan pasaron
cuatro horas el 23 de abril ampliando la gatera de 3027, pero
necesitaba más trabajo. Phil Goodwin y Bob se unieron al equipo al día
siguiente, extendiendo la gatera de entrada hasta un cruce.

La galería de la derecha se cerró tras 3 m; la de la
izquierda se forzó 5 m, pero se vuelve cada vez más
estrecho. Se necesita más trabajo. Buena corriente.
Desarrollo total: 12 m.

John Southworth, investigando un valle en el lado norte de Hornedo,
se encontró un arroyo que se hundía en grava (4565).

En el valle justo al este de la aldea de Hornedo, John visitó la cueva
3261 y luego caminó hacia la surgencia de Santa Juliana (3282) y
encontró dos nuevas cuevas: 4583, una excavación sopladora con suelo
de barro; y 4584, un desnivel de 2 m a 3 m de galería a un bloqueo
que se podría excavar. También visitó 3010, pero vio que tenía mucha
maleza.

Al este, en la cabecera del valle de La Gatuna, Alex y Chris Sharman
tenían la intención de explorar la Cueva de Collada (0394) pero, como

Bob Cattley (left) and Phil Goodwin with the formations in Cueva de la Iglesia 4.
Bob Cattley (izda.) y Phil Goodwin con las formaciones en Cueva de la Iglesia 4. *Juan Corrin*

brambles at the bottom - here we kept to the right hand side to gain the far end of a shakehole.

They entered a cave here through a hands-and-knees section to a larger chamber with a dry stream bed sinking through boulders.

We had a little dig at the right hand side but it didn't go. The left hand side, after a bit of digging, let us through a squeeze onto a free climb down through boulders. ... From there it was a simple climb down to the 'draughting boulder choke' beyond 'On the Rocks' [on the] 0394 Cueva de Collada [survey]. We surveyed from our new entrance (4537, Eastwater Entrance) to an existing survey station in 0394.

The new entrance added 50m to the length of the Collada system.

Above Barrio de Arriba, to the north, Phil Goodwin, John Southworth, Bob and Alan found three sites in a recently cleared forest area: site 4587 - a tight shaft in the side of the track which may open up below; 4588 - an excavated top of a shaft to a choked 7m pitch and 4589 - a 3m long cave which becomes too narrow.

On the side of the hill near the church at Navajeda, John Southworth and Phil Goodwin found site 4575, a "3m long cave which requires digging. They also investigated a "body-shaped tube" becoming small as it descended 3m (4576).

Four days later, on the 24th, John and Phil were joined by Alan and Bob to start digging at 4575. John wrote:

... after an 8m descending crawl emerged in a chamber 3m diameter. A small draughting hole through calcite might lead to a small chamber beyond.

The team returned the next day and used five snappers. The fumes were slow to clear and, allegedly, Bob bent the crowbar. Further work was carried out on the 27th, when Phil, Alan and Bob enlarged the hole enough to provide ...

... a tight entrance into a complex cave system with extensive formations.

Meanwhile, John was continuing a dig in site 4420 down the hill to the north where he thought the passage might split 3m ahead.

Bob joined John on the 29th in 4420. The left hand route entered a low chamber and the right hand passage was too tight. "Does not warrant any more digging".

On April 30th, Pedro, Juan and Phil Papard drove over from Matienzo in heavy rain to meet up with John, Bob, Alan

Bob Cattley emerging from a low crawl in 4575. Bob Cattley saliendo de un laminador en 4575. *Juan Corrin*

Site 4575 Cueva de la Iglesia 4

Navajeda ETRS89 30T 0443758 4801527
Altitude 78m Length 78m
Surveyed 2017 to BCRA 5c
Drawn by Phil Papard

Entrance
roots
dug crawl
calcite/mud choke
tight crawl
mud choke
Ng
Scale (m)
0   5   10
Matienzo Caves Project 2017

escribió Chris:

Tras pelearnos un poco con las zarzas, nos dimos por vencidos; de todos modos, la red de entrada de Collada sonaba miserable. En su lugar, optamos por caminar por la agradable pradera cubierta de hierba hasta que la hierba se convirtió en zarzas en la parte baja; aquí nos quedamos en el lado derecho para llegar al extremo más alejado de hoyo.

Ahí entraron en una cueva a través de una gatera a una sala más grande con un lecho seco que se hundía a través de rocas.

Excavamos un poco en el lado derecho, pero no vimos nada. El lado izquierdo, tras excavar un poco, pasamos por un estrechamiento a un destrepe entre rocas. [...] Desde ahí fue un simple destrepe hasta el caos de bloques al otro lado de On the Rocks [en la topografía de] 0394 Cueva de Collada. Topografiamos desde nuestra nueva entrada (4537, Eastwater Entrance) a una vieja estación en 0394.

La nueva entrada añadió 50 m a el desarrollo del sistema de Collada.

Sobre Barrio de Arriba, al norte, Phil Goodwin, John Southworth, Bob y Alan encontraron tres agujeros en un área de bosque recientemente despejada: 4587, un pozo estrecho a un lado del camino que puede abrirse hacia abajo; 4588, la cabecera excavada de una sima a un pozo de 7 m obstruido; y 4589, una cueva de 3 m de largo que se vuelve demasiado estrecha.

En la ladera de la colina cerca de la iglesia de Navajeda, John Southworth y Phil Goodwin encontraron la cueva 4575, «de 3 m de largo que hace falta excavar». También investigaron un tubo que se volvía pequeño según bajaba 3 m (4576).

Cuatro días después, el 24, Alan y Bob se unieron a John y Phil para comenzar a excavar en 4575. John escribió:

Después de una gatera descendente de 8 m se sale a una sala de 3 m de diámetro. Un pequeño agujero soplador a través de la calcita podría conducir a una pequeña sala.

El equipo regresó al día siguiente para abrirlo. El humo tardó en desaparecer y, supuestamente, Bob dobló la palanca. Siguieron el día 27, cuando Phil, Alan y Bob ampliaron el agujero lo suficiente para proporcionar...

Una estrecha entrada a un complejo sistema con extensas formaciones.

Mientras tanto, John seguía excavando en 4420 colina abajo hacia el norte, donde pensó que la galería podría dividirse a 3 m.

Bob se unió a John el 29 en 4420. La ruta de la izquierda da a una sala baja y la galería de la derecha era demasiado estrecha. «No justifica más excavaciones».

El 30 de abril, Pedro, Juan y Phil Papard condujeron desde Matienzo bajo fuertes lluvia para encontrarse con John, Bob, Alan y Phil en Los Arcos, un popular bar-restaurante en la N-634 principal.

Como seguía lloviendo, se les ofreció cambiarse en el garaje de la lujosa casa que había alquilado el grupo Anero.

Esta oferta, obviamente, fue aceptada y el equipo luego se dirigió a 4575, ahora llamada Cueva de la Iglesia IV. Los laminadores daban a un par de salas con paredes cubiertas de barro de color marrón rojizo y estalagmitas marrones y blancas. Phil Papard topografió los 78 m de la cueva y Juan sacó fotos de la cueva y de lo que sucedía.

Alex, Chris Sharman y John Proctor pasaron la tarde del 12 de abril cavando una curva cerrada en la entrada a Torca de Hoyo Carabo (3420).

Fue un acto de abyección inconcebible. Podríamos haber pasado la tarde bajo el sol, tal vez bronceándonos, paseando en bicicleta o caminando

and Phil at Los Arcos, a popular bar-restaurant on the main N-634.

As it was still raining, the offer was made to change into caving gear in the garage of the Anero group's luxury rented house.

This offer was, obviously, taken up and the team then drove out to site 4575, now called Cueva de la Iglesia IV. The flat-out sections entered a couple of chambers with red-brown mud-covered walls and brown and white stal. Phil Papard surveyed the site to 78m and Juan took photos of the cave and goings-on.

Alex, Chris Sharman and John Proctor spent the afternoon of April 12th digging out a U-bend in the entrance to Torca de Hoyo Carabo (Washing Machine Hole, 3420).

It was an act of unimaginable depravity. We could have spent the afternoon in the sunshine; maybe getting a sun tan; cycling or hiking over mountain passes then enjoying a cerveza or cafe con leche in La Cavada. But, instead, we spent several hours digging gravel and silt out of a U-bend in a crawling passage in order that we could hang a ladder off a dodgy chock stone to reach a chamber. Nevertheless, the cave is now open ... until the next time it rains heavily.

Five days later, Alex and Chris Sharman bolted to a passage seen on the big pitch but, instead of leading to an expected pitch, choked with sand. Alex was thinking that "some of the bolts are starting to look suspect".

As a precursor to pushing on in the cave, Alf, Nigel and Phil Parker went into El Cubillón (2538) and Alf replaced a badly worn rope on the second pitch, removing a rub point. However, there appeared to be no further visits by that team over Easter.

Instead, Phil Goodwin and Bob visited on April 23rd to put optical brightener into the stream above the Tilberthwaite Sump. John Southworth and Alan placed fluocapteurs into the water issuing from La Riega (0551), Fuente Aguanaz and Wild Mare Cave (0767).

Chris Camm, Alf, Phil Parker and Nigel found "various possibilities in the valley below El Cubillón: 4523 - a 2m shaft with no draught; 4527 - a small draughting hole on the true left bank; 4528 - opposite 4527 and a "proper entrance" with a 1m crawl to a tight, right hand bend; 4526 - about 4m deep and blind; 4524 - a 2m blind shaft and 4525 - a small draughting hole, dug out to allow Phil to enter a shaft with progress "barred by a big bulge".

The following day, the 12th April, they first found 4529 - about 10m of walking passage to a diggable crawl at the end with a possible draught - then returned to 4525. Alf reassessed the situation, deciding it best to break through the far wall into blackness rather than try to get down the pitch.

... by the end of the day we were through into a small chamber with a hole at the bottom apparently leading into a shaft. Work commenced at this hole.

They spent the 13th trying to open this hole and, despite "awful rock", some progress was made. During the day, a "go for a rest" walk turned up a couple of new sites: 4530 - a small hole with a slight draught where pebbles dropped 3m and 4531 - a small, 1.5m deep collapse in an open, sloping field - although this might be 3654.

The four were back in 4525 the next day, opening up the hole sufficiently for Alf to climb down a ladder and find "a variety of possibilities most of which closed down". The draught came from a rift and some work with a hammer could allow access.

On the 16th, Alf went down 4525 first to open up "one good possibility". Phil and Nigel took over and, eventually, Phil entered a squeeze in a rift through to a small chamber with the draught coming upwards from a narrow rift where capping gear was required. Meanwhile, Chris and Alf had found a 4.5m deep, choked shaft, site 4533.

Alf, Nigel and Phil returned to 4525 the next day.

Alf surveyed, Phil and Nigel opened up the rift ... will need ladder or rope to avoid getting stuck. ... Alf opened up the top of another shaft for future examination.

On the surface, Chris found another hole (4538) which Phil later explored to a low, slightly draughting crawl that could be dug.

On April 19th, the group visited a set of openings at 3669 in the true left bank of a normally dry stream heading south from Retoca, an area to the southwest of Barrio de Arriba. A short crawl passed under a daylight shaft to a blocking rock with the continuation entered via a second shaft, 3m deep. The passage ended under a third shaft of 4m. Five metres upstream they documented 4539, a 3m long hole.

The team moved on to 4474, last visited the previous autumn, for "another look" and confirming three draughting possibilities, good enough to tempt them back for the next three days. On the 20th, the pitch was modified to allow Chris access into the lower parts where he went draught hunting, while Nigel and Alf surveyed the known cave.

The entrance draught had reversed the next day and they worked

por los puertos de montaña y luego disfrutar de una cerveza o café con leche en La Cavada. Pero, en su lugar, pasamos varias horas excavando grava y sedimentos en una curva cerrada en gatera para poder colgar una escala de una piedra poco fiable y bajar a una sala. Al menos la cueva ahora está abierta [...] hasta la próxima vez que llueva mucho.

Cinco días después, Alex y Chris Sharman instalaron una escalada a una galería que se veía en el pozo grande, pero, en lugar de conducir a un pozo esperado, estaba obstruida con arena. Alex creía que «algunas de las fijaciones empiezan a tener mala pinta».

Para prepararse para la exploración de la cueva, Alf, Nigel y Phil Parker entraron en El Cubillón (2538) y Alf sustituyó una cuerda muy gastada en el segundo pozo, quitando un punto en el que rozaba. Sin embargo, parece que ese equipo no volvió a la cueva esa Semana Santa.

En cambio, Phil Goodwin y Bob sí que fueron el 23 de abril para verter el agente abrillantador óptico en la galería activa sobre el sifón Tilberthwaite. John Southworth y Alan colocaron captadores en el río que sale de La Riega (0551), Fuente Aguanaz y Wild Mare Cave (0767).

Chris Camm, Alf, Phil Parker y Nigel encontraron «varias posibilidades» en el valle debajo de El Cubillón: 4523, un pozo de 2 m sin corriente; 4527, un pequeño agujero soplador en la margen izquierda; 4528, frente a 4527 y una «entrada de verdad» con una gatera de 1 m hasta una curva cerrada a la derecha; 4526, unos 4 m de profundidad y ciego; 4524, un pozo ciego de 2 m; y 4525, un pequeño agujero soplador, excavado para que Phil pudiese entrar en un pozo donde el progreso fue «impedido por un gran bulto».

Al día siguiente, el 12 de abril, primero encontraron la cavidad 4529 (unos 10 m de galería amplia hasta una gatera excavable al final con una posible corriente de aire) y luego regresaron a 4525. Alf reevaluó la situación y decidió que era mejor atravesar la pared del fondo hacia la negrura en lugar de intentar bajar de pozo.

Al final del día entramos en una pequeña sala con un agujero en la parte inferior que aparentemente conducía a un pozo. Empezamos a trabajar en el agujero.

Pasaron el día 13 tratando de abrir este agujero y, a pesar de la «terrible roca», consiguieron avanzar algo. Durante el día, un paseo de «descanso» resultó en un par de agujeros nuevos: 4530, pequeño con una ligera corriente por el que las piedras caían unos 3 m, y 4531, un pequeño hundimiento de 1,5 m de profundidad en un prado abierto y en cuesta, aunque podría ser 3654.

Los cuatro volvieron a 4525 al día siguiente, abriendo el agujero lo suficientemente grande como para que Alf bajara una escala y encontrara «una variedad de posibilidades, la mayoría de las cuales se cierran». La corriente salía de una grieta y con algo de trabajo con un martillo se podría entrar.

El día 16, Alf entró en 4525 primero para abrir algo con «buenas perspectivas». Se turnó con Phil y Nigel y, finalmente, Phil entró en un estrechamiento en una fisura una pequeña sala donde la corriente soplaba desde una grieta estrecha que se tendría que abrir. Mientras tanto, Chris y Alf habían encontrado un pozo obstruido de 4,5 m de profundidad, 4533.

Alf, Nigel y Phil regresaron a 4525 al día siguiente.

Alf topografió, Phil y Nigel abrieron la grieta [...] necesitará una escala o cuerda para no atascarse. [...] Alf abrió la cabecera de otro pozo para examinarla en el futuro.

En la superficie, Chris encontró otro agujero (4538) que Phil exploró más tarde a una gatera baja con corriente suave que podría abrirse.

El 19 de abril, el grupo visitó un conjunto de aberturas en 3669 en la margen izquierda de un arroyo normalmente seco que se dirige al sur desde Retoca, un área al suroeste de Barrio de Arriba. Un breve gatera pasó por debajo de un pozo por el que entraba la luz del día hasta una gran bloque, la ruta seguía por un segundo pozo de 3 m de profundidad. La galería terminaba bajo un tercer pozo de 4 m. A 5 m aguas arriba documentaron 4539, un agujero de 3 m de largo.

El equipo pasó a 4474, visitado por última vez el otoño anterior, para «echar otro vistazo» y confirmar tres posibilidades con tiro, lo suficientemente buenas como para tentarlos a volver durante los siguientes tres días. El día 20, se modificó el pozo para que Chris pudiera acceder a las partes inferiores donde fue en busca de la corriente, mientras Nigel y Alf topografiaban.

La corriente de la entrada se había invertido al día siguiente y trabajaron en dos puntos: Alf excavó a través de una «sección angosta» y encontró 12 m de galería «que terminaban temporalmente en un gran bloque caído con galería al otro lado», mientras «el hombre delgado Phil se vio en otra fisura apretada y con tiro». Se las arregló para trepar / deslizarse hacia abajo durante 5 m a 45 grados hasta la «fisura propiamente dicha». Calculó que «la ruta será hacia abajo,

at two leads: Alf dug through a "narrow end section" to find 12m of passage "temporarily ending at a big, dropped flake with passage seen beyond" while "thin man Phil was forced into another tight, draughting rift". He managed to climb / slide downwards for 5m at 45 degrees into the "rift proper". He reckoned that the "way on will be downwards - looks like an 8 to 10m pitch to a floor - loose rocks in the rift, loose bits on the walls - not nice!".

Only Alf and Phil returned on the 22nd when ...

... Alf spent a happy 30 minutes demolishing the dropped flake in his passage to find a series of chambers / large passage with roof formations, terminating at another tight section at roof level - tight and awkward, will require work for further progress - encouraging draught.

They surveyed the new section then cleared the pitch of ladder and rope.

Bob, John Southworth, Alan and Phil Goodwin walked up the Arroyo Bencano on April 21st where they reassessed the dig at 3692 - straight down the hill from Washing Machine Hole, 3420 - considering it to be worth further work. Site 4483, further up the valley, was enlarged and thought to warrant no further work. Site 3655 was pushed through a small gap to a small chamber with no way on and the cave at 3693 was also entered and, although draughting well, no further way on could be found.

On April 14th, Bob, Phil Goodwin, John Gunn and John Southworth found an area (about 80 x 80m) up to the northeast of Dos Perros (2988) that would eventually yield 13 sites. The seven listed that day were: 4543 - a 3m long, mud-floored cave ending in a very tight rift; 4544 - a difficult-to-find double hole where the lower hole drops 3m but will need digging; 4545 - small hole which needs digging; 4546 - a promising opening under a sandstone cap but blocks completely; 4547 - a 5m deep shaft needs enlarging 2m down; 4548 - a small hole that needs digging and 4585 - a rift in the side of a depression with a crawl that may be diggable.

They were all back the next day to document three more here: 4549 - a 7m shaft leading to an undescended p8; 4550 - an undescended hole and 4586 - a 5m long, tight cave to a very narrow rift with a good draught.

The team then moved around the valley and documented 13 sites (4551 - 4563) along a 250m long line, all between 320 and 330m altitude. The larger sites found were: 4552 - 21m deep shaft which requires digging; 4555 - a 10m deep, blocked shaft; 4558 - a 1 x 2m entrance to a 5m shaft and a tight squeeze to a p4 and a 2m drop to a choked base and 4560 - a choked 8m deep shaft.

Down the hill to the northwest, 4564 was documented as an undescended shaft, later dropped to a choke 5m down.

Bob, John and Phil returned to the first productive area where site 4549 was found to have no way on. Two new sites were found around the hillside to the south: 4573 - a rift which extends down at about 60 degrees for 15m with a possible draught and 4574 - a rift ending at a boulder blockage with a very good draught. Nearby is a small depression with a narrow, draughting slot.

Bob returned here the day after, April 20th, documenting 4577, 4578, 4580 and 4582 as small, draughting shafts; 4579 as a choked, 1m long cave and 4581 as a short cave with a tight entrance.

John, Phil, Bob and Alan checked out the sump level in Dos Perros. The continuing passage was found to be far too narrow.

On the 26th, the group (without Phil) investigated a cleared forest area but found "nothing much of interest".

On April 22nd, after meeting Angél at Fresnedo and exploring holes in Riaño, James and Juan took Eleanora to explore Orchard Cave (0618) at Cobadal. A fine fire salamander was seen.

John Southworth, Phil Goodwin and Bob walked south up the Arroyo Revilla toward Las Calzadillas and found a 4m long, choked but draughting cave in the left hand bank (4572).

NORTHERN LA VEGA, EL NASO AREA WEST TO LAS CALZADILLAS

On April 8th, Pedro and Juan walked up to the Cueva de las Perlas (0074) area where Pedro had previously found a rift.

The boulders blocking the hole (4505) were soon removed (mainly by dropping them down the hole) then Pedro descended the narrow shaft on a ladder.

It choked some 8m down. The disappointment was slightly tempered by a visit to Cueva Roja (1235), two hundred metres to the west.

Alex and Chris Sharman investigated holes on El Naso, not far from the Bosmartín road and almost above the 'new' Manchester Series in Torca del Mostajo (0071). Site 3138 was explored as a tight, 5m deep rift with no way on. Nearby 2375 was initially tight but opened into a smooth, roomy shaft.

Unfortunately, our 8m ladder was too short by 3m. Passage looks to continue down a climb, but no draught.

---

parece un pozo de 8 a 10 m hasta el suelo, rocas sueltas en la fisura, trozos sueltos en las paredes, ¡no es agradable!».

Solo Alf y Phil regresaron el 22 cuando...

Alf pasó unos 30 minutos feliz mientras demolía el bloque de su galería para encontrar una serie de salas/galería grande con formaciones de techo, que termina en otra sección estrecha al nivel del techo, estrecho e incómodo, habrá que trabajarlo más para poder avanzar; corriente alentadora.

Topografiaron la nueva sección y luego quitaron la escala y cuerda de la .

Bob, John Southworth, Alan y Phil Goodwin subieron por el Arroyo Bencano el 21 de abril, donde volvieron a evaluar la excavación en 3692, directamente cuesta abajo de Torca de Hoyo Carabo, 3420, considerando que se podría seguir trabajando en ella. El 4483, subiendo por el valle, e amplió, pero no parecía justificar trabajo adicional. Forzaron 3655 a través de un pequeño espacio a una pequeña sala sin continuación y también entraron en 3693 y, aunque llevaba buena corriente, pudieron encontrar nada más.

El 14 de abril, Bob, Phil Goodwin, John Gunn y John Southworth encontraron un área (de unos 80 x 80 m) al noreste de Dos Perros (2988) que eventualmente produciría 13 nuevos agujeros. Los siete de ese día fueron: 4543, una cueva de 3 m de largo con suelo de barro que termina en una grieta muy estrecha; 4544, un pozo doble difícil de encontrar, el pozo inferior mide 3 m pero será necesario excavar; 4545, un hoyo pequeño que se ha de excavar; 4546, una abertura prometedora debajo de una tapa de piedra arenisca que está completamente obstruida; 4547, un pozo de 5 m de profundidad que se ha de agrandar tras 2 m; 4548, un pequeño hoyo que se ha de excavar; y 4585, una fisura en el costado de una depresión con una gatera que se podría excavar.

Volvieron al día siguiente para documentar tres más: 4549, un pozo de 7 m que da a un P 8 sin explorar; 4550, un agujero sin explorar; y 4586, una cueva estrecha de 5 m de largo hasta una fisura muy estrecha con buena corriente.

Luego, el equipo se recorrió el valle y documentó 13 agujeros (4551 - 4563) a lo largo de una línea de 250 m de largo, todos a 320 - 330 m de altitud. Los más grandes son: 4552, pozo de 21 m que se ha de excavar; 4555, pozo bloqueado de 10 m; 4558, una entrada de 1 x 2 m a un pozo de 5 m, un estrechamiento a un P 4 y un desnivel de 2 m a una base obstruida; y 4560, obstruido a 8 m

En la colina hacia el noroeste, se documentó el 4564 como un pozo que se exploró en otra ocasión hasta una obstrucción tras 5 m.

Bob, John y Phil regresaron a la primera área productiva donde vieron que el 4549 no era practicable. Encontraron dos nuevos por la ladera hacia el sur: 4573, una fisura que baja a unos 60 grados durante 15 m con posible corriente, y 4574, una grieta que termina en un caos de bloques con muy buena corriente. Cerca hay una pequeña depresión con una ranura estrecha sopladora.

Bob regresó al día siguiente, el 20 de abril, documentando 4577, 4578, 4580 y 4582 como pequeños pozos sopladores, 4579 como una cueva obstruida de 1 m de largo y 4581 como una cueva corta con una entrada estrecha.

John, Phil, Bob y Alan comprobaron el nivel del sifón en Dos Perros. Se descubrió que la galería continuo era demasiado estrecho.

El día 26, el grupo (sin Phil) investigó un área de bosque despejada pero no encontró «nada de mucho interés».

El 22 de abril, después de encontrarse con Ángel en Fresnedo y explorar hoyos en Riaño, James y Juan llevaron a Eleanora a explorar Orchard Cave (0618) en Cobadal. Vieron una excelente salamandra común.

John Southworth, Phil Goodwin y Bob caminaron hacia el sur por el Arroyo Revilla hacia Las Calzadillas y encontraron una cueva de 4 m de largo, obstruida pero con corriente de aire en la orilla izquierda (4572).

EL NORTE DE LA VEGA, ZONA DE EL NASO – LAS CALZADILLAS

El 8 de abril, Pedro y Juan subieron andando hasta la zona de la Cueva de las Perlas (0074) donde Pedro había encontrado previamente una diaclasa.

Los bloques que obstruían el agujero (4505) pronto se quitaron (principalmente dejándolos caer por el agujero) y luego Pedro bajó por el estrecho pozo en una escala.

Estaba obstruida tras unos 8 m, pero la decepción se atenuó un poco con una visita a la Cueva Roja (1235), a 200 m al oeste.

Alex y Chris Sharman investigaron agujeros en El Naso, no lejos de la carretera de Bosmartín y casi por encima de la «nueva» red Manchester Series en Torca del Mostajo (0071). El 3138 era una fisura estrecha de 5 m de profundidad sin salida. El cercano 2375 inicialmente era estrecho, pero se abría en un pozo espacioso.

Eleanora's trip into Orchard Cave with Father and Grandfather.   La salida de Eleanora a Orchard Cave con su padre y su abuelo.   *Juan Corrin*

Site 4022 was explored down a 3m pitch through brambles to a small, draughting hole where a krab was lost. "It needs capping." Site 2379 was found to be a draught-less "no-goer" when explored down a 2m drop to a very small rift, and site 2377 was found to be too tight to explore, although it could be enlarged to access a possible way on.

They documented three new sites: 4512 - a bramble-filled hole with a partially explored steep, loose boulder slope; 4513 - a very low bedding cave where it is possible to see 6m in and 4514 - "a deeply brambled hole. Not descended".

The krab was retrieved from 4022 on April 20th when digging opened the route to a small chamber with a tight slope leading off. This was blocked by a large rock but there was still a good, cold draught. Further work occurred the following Easter.

Chris, Alex and John Proctor also went back to 2375 to use SRT rather than ladders. Alex wrote:

Chris tried going down first but did not fit. ... A lot of slack was needed to descend the first part but, once past that, I was OK. The pitch (11m) landed on a sloping ledge that led to a further 4m drop. This, as I expected it to, choked.

The team re-found and partly descended site 0496 "by mistake" but Alex usefully mentioned that the draught, stated in the site description was warm, and so, presumably, came from a nearby shakehole.

In cave 0415, Carolina, Chris Scaife and John Proctor continued with the resurvey finding "another drop ... with a survey note from 2009". Carol was hoping to finish the survey in the summer.

High above possible western continuations of the Cubija (North Vega) System, Cueva de Acebo (0433) was checked out by Pedro, Peter Eagan and Angus. They capped out a tight corner at the base but found the way on was far too small.

About 150m down the hill, they also visited site 0434. They thought it well worth another visit to cap a tight, draughting dogleg which looked bigger beyond. That happened on April 16th when Peter, Angus, Carmen and Dan opened out the dogleg with caps.

Made good progress removing rock until problems with capping pin and rod not long enough. A couple of snappers would probably finish the tight section. Good draught. Dave and Carmen resurveyed the whole cave.

Accompanied by Pedro and Steve, Chris Sharman was instructed in the use of caps while doing something useful: removing a boulder that had slipped into the entrance of Torcón de la Calleja Rebollo (Toad in the Hole, 0258).

Juan & Penny walked along the road from Cueva del Agua (0059) to Seldesuto noting an undocumented, but obviously old, built-over resurgence (4590) about 150m beyond Cueva Colmenas (0363).

No immediate prospects, but the area behind and on both sides should be investigated in hot weather.

At Las Calzadillas, Jim Davis, Patrick and Carmen dropped all pitches and checked all leads in site 3638.[3] They found a significant draught but thought that the survey was wrong. This has still to be checked.

Phil Papard looked at a hole on the opposite side of the wet weather stream to site 3638.

Hole is a 5m, 45° slope to a choke. Small crack in back draughts out; looks like it opens up after 1m. At roof level, a hole links to this bigger section and will be best to snapper - worth a dig...

Angus, Peter Eagan, Patrick and Tom Warren dug 4520, Root Tube cave, to a point where tree roots blocked the way on. "... needs a spade and a good hour digging". They also noted 4251, a 2m long gap under boulders where "rocks appear to rattle away".

Peter, Angus and Tom returned to 4520 with Stuart and Becka to dig out the crawl, progressing past a corner then needing more work at the next. "Fairly easy digging with a faint outward draught".

Por desgracia, le faltaban 3 m a nuestra escala de 8 m. Galería parece continuar bajando por un desnivel, pero sin corriente.

El agujero 4022 era una galería de 3 m a través de zarzas hasta un pequeño agujero soplador donde perdieron un mosquetón. «Se ha de abrir». Vieron que el 2379 no tenía corrientes de aire cuando lo exploraron bajando un desnivel de 2 m hasta una grieta muy pequeña, y el 2377 resultó ser demasiado estrecho , aunque podría ampliarse para acceder a una posible continuación.

Documentaron tres agujeros nuevos: 4512, un hoyo lleno de zarzas con una pendiente de rocas sueltas y empinadas parcialmente explorada; 4513, un laminador por el que se pueden ver 6 m; y 4514, «un hoyo con muchas zarzas. Sin explorar».

Recuperaron el mosquetón de 4022 el 20 de abril cuando excavaron y abrieron la ruta a una pequeña sala con una pendiente bloqueada por una gran roca, pero todavía había una buena corriente fría. Siguieron explorando esta cavidad la siguiente Semana Santa.

Chris, Alex y John Proctor también volvieron a 2375 con cuerdas en vez de escalas. Alex escribió:

Chris intentó bajar primero pero no entró. [...] Hacía falta mucha comba para bajar la primera parte pero, una vez pasada, estaba bien. El pozo (11 m) da a un saliente inclinado a una bajada adicional de 4 m. Como es de esperar, está obstruida.

El equipo volvió a encontrar y bajó parcialmente el pozo 0496 «por error», pero Alex mencionó que la corriente, que se indica en la descripción, era cálida y, por lo tanto, presumiblemente, provenía de un hoyo cercano.

En la cueva 0415, Carolina, Chris Scaife y John Proctor continuaron con la nueva topografía y encontraron «otro pozo [...] con una nota de la topografía de 2009». Carol esperaba terminar la topografía en verano.

Muy por encima de las posibles continuaciones occidentales del Sistema de Cubija, Pedro, Peter Eagan y Angus echaron un vistazo en la Cueva de Acebo (0433). Abrieron una curva cerrada en la base, pero la continuación era demasiado estrecha.

A unos 150 m bajando por la ladera, también visitaron la cueva 0434. Pensaron que merecía la pena otra visita para abrir una curva cerrada y estrecha con corriente que parecía más grande al toro lado. Tarea que llevaron a cabo Peter, Angus, Carmen y Dan el 16 de abril.

Conseguimos un buen progreso quitando la roca hasta que tuvimos problemas con el quipo de micros. Un par de micros más probablemente bastarán en la sección estrecha. Buena corriente. Dave y Carmen volvieron a topografiar toda la cueva.

Acompañado por Pedro y Steve, Chris Sharman fue instruido en el uso de micros mientras hacían algo útil: retirar una piedra que se había colado en la entrada del Torcón de la Calleja Rebollo (0258).

Juan y Penny caminaron por la carretera de la cueva del Molino (0059) a Seldesuto y vieron una surgencia indocumentada, pero obviamente vieja, con una pequeña construcción (4590) a unos 150 m más allá de Cueva Colmenas (0363).

No hay perspectivas inmediatas, pero el área detrás y a ambos lados debe investigarse en un día más cálido.

En Las Calzadillas, Jim Davis, Patrick y Carmen bajaron por todos los pozos y revisaron todos los interrogantes de 3638.[3] Encontraron un corriente significativa, pero les parecía que la topografía estaba mal. Aún se ha de comprobar.

Phil Papard miró en un agujero en el lado opuesto del río en época de lluvias a 3638.

Una pendiente de 5 m y 45° hasta obstrucción. Pequeña grieta de la que sale corriente; parece que se abre

---

3   First explored 2012 Easter. See page 72.

3   Cavidad explorada por primera vez en la Semana Santa de 2012. Véase p. 72.

Above the Mushroom Field. Jim Davis in site 0252 and at 0260 with Terry Whitaker in the annoying vegetation around site 4522. Sobre The Mushroom Field (Carcavuezo). Jim Davis en 0252 y en 0260 con Terry Whitaker en la molesta vegetación alrededor de 4522. *Phil Papard, Pete Smith, Jim Davis*

On a walk along the Bosmartín - Las Calzadillas track, Juan investigated a "substantial depression" near El Alto del Pozo. This has a small hole at the base (4591) which is a possible dig.

THE NORTHEAST SECTOR INCLUDING THE FOUR VALLEYS SYSTEM, SOLÓRZANO AND GARZÓN

On April 11th, Juan was "wandering in and above the Mushroom Field, managing to avoid almost everything of speleological significance". Site 4507 was partly investigated as a small rift, perhaps 2m deep, but "couldn't see bottom as light stopped working". It was later found to be 2m deep with no way on.

Jim Davis and Terry had a more productive day when they GPS'd a number of sites and found site 4522, a descending slot under a rock face, uphill from digs 4212 - 4214 worked on in the summer 2015.

Pedro, Phil Papard, Hilary and Jim Davis investigated the hillside to the north of the Mushroom Field on April 16th. Site 0260, apparently found in the correct place, was re-explored by Pedro, a 10m deep hole below a prominent sandstone bed. (Pedro later wrote that it was probably not 0260 because it is a large, open shaft rather than a "hole in a gulley", the website description. This has yet to be properly resolved.)

Site 4534, Two-way Cave, was also found below a sandstone outcrop. The "cave is an old phreatic remnant" dropped into through a slot with passage going off in two directions. It was surveyed by Phil for 26m.

The team also looked at site 0252, also in the correct place, with Jim commenting that a return with capping gear was necessary as the shaft entrance was very tight.

To the northwest of the Mushroom Field, on May 1st, Phil Papard and Hilary investigated three known sites: 2709 - which needed some rocks removing to gain access; 1552 - rocks rumble a few metres so it is worth a dig and site 1553 - a 4m climb to a rift which needs checking out for "draught and capping potential".

Jim, Phil and Hilary had a search in the gulley to the southeast of the Cueva de Carcavuezo entrance (0081), looking in shakeholes but finding nothing. On the lower slopes of the wood above they found 4535, Badger Hole, a 4m long fossil remnant. They couldn't find site 1744, a 5m long cave about 25m from the entrance to the Mushroom Field: presumably the entrance has been filled in.

Chris Camm, Phil Parker, Nigel and Alf spotted 4532 next to a "newish track" below the road down from Fuente las Varas. This is "a bit of an opening in the bank that had a slight draught (hence the recording of it)".

James and three-year-old daughter, Eleanora, also visited the new track.

Nora spotted a likely hole in the track wall. I suggested we call this 'Eleanora Cave' which made her giddy with excitement. However, it was just an optical illusion and didn't do anything. So we gave up and went home for tea.

James took Eleanora for an early morning walk in Riaño ...

... to look for entrances in densely forested, steep-sided valley behind obvious deep depression. On the way, passed obvious fenced shaft that we assumed was known - it wasn't (4515). ... We came across a startled deer near to another fenced shaft (4516).

Juan came back with James later in the day to walk further southeast around the depression. They came across site 4517, Trackside Pot, where stones seemed to fall a good 10m.

Returning ten days later, on April 22nd, Juan dropped into 4515, a 4m climb down in a wide fault. James cleared 4516 of brambles to find a short drop in a boulder choke with no draught. A possible site under a giant sandstone slab was documented (4541). The 'main event', Trackside Pot (4517), was explored by James down a short climb to the head of 15m pitch. This was judged to be too tight at the top but "a snapper or two should open it up". Above, 4542 was investigated but was thought not to be promising at 3m deep.

Phil Papard, Terry and Jim Davis worked at the unsafe Giant Panda (2691) entrance to Cueva Hoyuca (0107). Phil declared:

The entrance is now safe! But only because we

tras 1 m. A nivel del techo, un agujero enlaza con esta sección más grande y será mejor usar micros, vale la pena excavarla.

Angus, Peter Eagan, Patrick y Tom Warren excavaron en 4520, la cueva Root Tube, hasta un punto donde las raíces de los árboles bloqueaban el camino. «...necesita una pala y una buena hora de desobstrucción». También vieron 4251, una brecha de 2 m de largo debajo de rocas donde «las rocas parecen caer un trecho».

Peter, Angus y Tom regresaron a 4520 con Stuart y Becka para ampliar la gatera, pasando una esquina, pero necesitaba más trabajo en la siguiente. «Bastante fácil de excavar con leve corriente sopladora».

En un paseo por la pista de Bosmartín - Las Calzadillas, Juan investigó una «depresión sustancial» cerca de El Alto del Pozo. Tiene un pequeño agujero en la base (4591) que se podría excavar.

SECTOR NORESTE INCLUYENDO EL SISTEMA DE LOS CUATRO VALLES, SOLÓRZANO Y GARZÓN

El 11 de abril, Juan estaba «dando un pasea por el prado cerca de Carcavuezo, logrando evitar casi todo de importancia espeleológica». Investigó parcialmente el agujero 4507, una pequeña grieta, quizás de 2 m de profundidad, pero «no se podía ver el fondo porque la luz dejó de funcionar». Más tarde se descubrió que sí eran 2 m, pero no practicable.

Jim Davis y Terry tuvieron un día más productivo cuando tomaron las coordenadas con el GPS de varias cavidades y encontraron la excavación 4522, una ranura descendente debajo de una pared rocosa, subiendo desde las excavaciones 4212 a 4214 en las que se trabajó en el verano de 2015.

Pedro, Phil Papard, Hilary y Jim Davis investigaron la ladera al norte del prado cerca de Carcavuezo el 16 de abril. Pedro reexploró la cavidad 0260, aparentemente encontrada en el lugar correcto, un agujero de 10 m de profundidad debajo de un lecho de arenisca. (Pedro escribió más tarde que probablemente no era 0260 porque era un pozo grande y abierto en lugar de un «agujero en un barranco», la descripción del sitio web. Aún no se ha resuelto).

Two-way Cave, 4534, también se encontró debajo de un afloramiento de arenisca. La «cueva es un antiguo remanente freático» con un desnivel a través de una ranura con una galería que va en dos direcciones. Phil topografió sus 26 m.

El equipo también examinó el 0252, también en el lugar correcto, y Jim comentó que había que volver con equipo de desobstrucción ya que la entrada del pozo era muy estrecha.

Al noroeste del prado cerca de Carcavuezo, el 1 de mayo, Phil Papard e Hilary investigaron tres agujeros conocidos: 2709, donde había que quitar algunas rocas para poder entrar; 1552, donde las rocas retumban tras unos pocos metros, por lo que merece la pena excavarla; y 1553, una trepada de 4 m hasta una grieta que debe revisarse en busca de «potencial de tiro y desobstrucción».

Jim, Phil e Hilary prospeccionaron en el barranco al sureste de la entrada de la Cueva de Carcavuezo (0081), buscando en hoyos pero sin encontrar nada. En las laderas más bajas del bosque encima encontraron 4535, Badger Hole, un remanente fósil de 4 m de largo. No pudieron encontrar la cueva 1744, de 5 m de largo a unos 25 m de la entrada al prado cerca de Carcavuezo: es de suponer la entrada ha sido rellenada.

Chris Camm, Phil Parker, Nigel y Alf vieron el agujero 4532 junto a un «camino más o menos nueva» debajo de la carretera que baja de Fuente las Varas. Es «una pequeña abertura en el banco con corriente suave (de ahí que lo documentemos)».

James y su hija de tres años, Eleanora, también visitaron el nuevo camino.

Nora vio un posible agujero en la pared del camino. Sugerí que la llamáramos Cueva de Eleanora, lo que le hizo una ilusión tremenda. Sin embargo, fue solo una ilusión óptica y no había nada. Así que nos dimos por vencidos y nos fuimos a casa a cenar.

James llevó a Eleanora a dar un paseo matutino en Riaño...

Para buscar entradas en valles empinados con bosques densos detrás de una depresión profunda obvia. De

filled the rift at the bottom of the entrance drop so you can't now get in!

It was felt that trying to move rocks above the pitch would possibly bring down the massive rock that seems to have moved two years ago.

So we started to open up a way to the side of the pitch away from the loose rocks holding up the world. Good progress with rocks removed and some acrow props in place.

On April 14th, Torben and Peter Fast continued pushing around Mitre Passage in Cueva-Cubío del Llanío (Cold Store Cave, 3234) climbing up into Upper Mitre Passage and surveying 142m that day.[4] This was the start of the major Easter 2017 extension to the system. On the 16th they pushed a lead to the "big chamber (50 x 10m) just over the SE end of Mitre Passage.

By April 18th, they had extended the cave to the southwest and were thought to be approaching the main road - so it was now time to get a precise position and investigate the possibility of a second entrance to make explorations that much easier. A large team of Phil Papard, Hilary, Angus, Peter Eagan, Juan, Jim Davis, Louise, Karen and Marie arrived on the surface ready for a 14:00 hours rendezvous. The area, thick with brambles and nettles was partially cleared to allow access so that Peter Fast and Torben with the underground sub-phone and Phil, operating the surface set, could communicate and establish possible sites for digging. The potential new entrance site was coded as 4536.

The following day, Torben and Louise had a second sub-phone trip to further pinpoint a digging site. Station 3234-17-03.106 seemed to be directly below a surface digging spot with some exposed bedrock only about 5m above the passage roof. Louise enthused after more new exploration:

... A flat-out crawl leads to a little passage which leads to a big passage - Mulu Manners. Very excited, we turned around - no time for surveying. An hour later we met the surface team, including two little

4   2016 Easter, page 228. Shown as the northwest end of batch 3234-17-03. (As subsequent surveys were carried out they were added to the initial centre lines (-01 and -02) to become -03.)

camino, pasamos una sima vallada obvia que supusimos era conocida, no lo era (4515). [...] Nos encontramos con un ciervo asustado cerca de otro pozo vallado (4516).

Juan regresó con James más tarde el mismo día para seguir al sureste alrededor de la depresión. Encontraron el agujero 4517, Trackside Pot, donde las piedras parecían caer unos buenos 10 m.

Al regresar diez días después, el 22 de abril, Juan entró en 4515, un destrepe de 4 m en una falla ancha. James despejó 4516 de zarzas para encontrar un pequeño destrepe en un caos de bloques sin corriente. Documentó un posible agujero debajo de una losa gigante de arenisca (4541). El «evento principal», Trackside Pot (4517), lo exploró James bajando un corto desnivel hasta la cabecera de un pozo de 15 m. Le pareció demasiado estrecho en la parte superior, pero «uno o dos micros deberían abrirlo». Arriba, investigaron la cavidad 4542, pero le pareció que no era prometedor a 3 m de profundidad.

Phil Papard, Terry y Jim Davis trabajaron en la insegura entrada Giant Panda (2691) a Cueva Hoyuca (0107). Phil declaró:

¡La entrada ahora es segura! Pero solo porque llenamos la grieta en base del desnivel de la entrada, ¡así que ahora no se puede entrar!

Les pareció que tratar de mover rocas por encima del pozo posiblemente derribaría la roca enorme que se movió dos años antes.

Entonces comenzamos a abrir un camino hacia el costado del pozo lejos de las rocas sueltas que sostenían el mundo. Buen progreso con rocas quitadas y algunos andamios en su lugar.

El 14 de abril, Torben y Peter Fast siguieron explorando en los alrededores de Mitre Passage en la Cueva-Cubío del Llanío (3234) subiendo a Upper Mitre Passage y topografiando 142 m ese día.[4] Este fue el comienzo de la importante extensión de Semana Santa de 2017 en el sistema. El día 16 forzaron una ruta hacia la «gran sala (50 x 10 m) justo encima del extremo SE de Mitre Passage».

Para el 18 de abril, habían extendido la cueva hacia el suroeste y creían que se estaban acercando a la carretera principal, por lo que ahora era el momento de obtener una posición precisa e investigar la posibilidad de una segunda entrada para facilitar las exploraciones. Un gran equipo formado por Phil Papard, Hilary, Angus, Peter Eagan, Juan, Jim Davis, Louise, Karen y Marie llegaron a la superficie listos para una cita a las 2 de la tarde. La zona, llena de zarzas y ortigas, se despejó parcialmente para permitir el acceso y que Peter Fast y Torben, con el teléfono subterráneo, y Phil, operando el equipo en la superficie, pudieran comunicarse y decidir posibles puntos en los que excavar. A la posible nueva entrada se le dio el código 4536.

4   Véase Semana Santa de 2016, p. 228. Mostrado como el extremo noroeste del lote 3234-17-03. Según se continuaba con la topografía, nuevos lotes se añadían a las poligonales iniciales (-01 and -02) hasta ser -03.

Site 4536, the Sub-phone Dig. Above, Louise in the jungle, Phil Papard communicating with the underground team and the early stages of the dig. Below, Peter Fast and Torben with the underground set and the new passage. **4536, la excavación de Sub-phone.** Arriba, Louise en la jungla, Phil Papard comunicándose con el equipo subterráneo y las primeras fases de la excavación. Abajo, Peter Fast y Torben con el set subterráneo y la nueva galería.   *Juan Corrin and Torben Redder*

girls, happy to see their parents. Thank you Peter [Fast] for baby-sitting! It was wonderful for me to be in the peaceful, non-demanding wonders of Cold Store Cave. I hope to be back.

Torben and Peter Fast had an early start on the 21st April and were underground by 8am, spending the next thirteen hours surveying around station 97 and Mulu Manners to complete batch 3234-17-03.

On April 28th, nearly 5 hours were spent digging at the Sub-phone Dig (4536). A tripod was used to aid bucket hauling and the depth reached 2m. Phil pushed a 1m long drill bit into the clay to its full depth with the last 50cm going into a void of loose fill. He optimistically wrote that it would only need one or two days work.

During the sub-phone work, Torben had heard hammering on the road while he and Peter were underground in a chamber at station 3234-17-03.97. Juan was concerned that there could be only a small distance between the road and the roof of the chamber. From the survey there appeared to be up to 10m of rock up to the surface and Torben, writing that the roof was flat as a pancake, was quite happy to state that the "road is still safe!"

On April 9th, about 50m south of the still-to-come sub-phone

The small inlet and scaling pole in 0841. La pequeña galería lateral y la pértiga de escalada en 0841. *James Carlisle* and *Alex Ritchie*.

communication point, Alf, Chris Camm, Nigel and Phil Parker continued digging in small passage. They could still see onwards so felt they "must keep digging this awkward thing". They then opened up 4174 but it closed down with mud walls giving 12m length to 7m depth.

James and Becka went to push Riolastras Inlet near to Block Chamber in Cueva de Fresnedo 2 (0841). After a couple of false starts, involving old survey stations of Becka's from 2004, they eventually entered new passage surveying 374m as batch 0841-17-01. There were several unsurveyed side passages that needed a look and they didn't manage to complete a loop on the survey as they ran out of time.

James went back to the same area with Chris Scaife, Chris Sharman and Alex on the 15th April. A number of routes were looked at with Alex and Chris surveying Horses Hoof Passage for 85m (batch 0841-17-02). A waterfall was reached in the Riolastras Passage where, it was thought, earlier explorers had climbed and continued. However, there was no survey and James planned to return with a maypole. Alex lost his camera, probably near the waterfall, so that was another reason to go back.

James, Chris and Alex returned with a 3-piece scaling pole to scale the waterfall previously climbed by Rich Blake in 1992. Each person carried a section of the pole but the time taken to get in was much slower than usual - two and a half hours.

The scaling pole worked a treat and Alex got up into the large chamber above the tight stream passage that was mentioned in Rich Blake's account. We put a bolt in above the waterfall in the only good bit of rock we could find and fixed the ladder in place.

Explorations led up to a traverse and a "very high-level solution chamber".

We climbed into the roof and found a continuing passage traverse in narrow rift that reached a pitch down ... Alex started bolting whilst Chris and I surveyed. Surveying back down to the stream revealed a draughting passage that looked blocked by a boulder. This was passable via an easy squeeze into continuing, draughting rift. ... it rejoins the original stream. We followed the stream for about 75m to a 10m high aven where another waterfall came in ... about 4m up the wall, again in loose, friable rock. At the top of the aven, a large trunk passage enters above the trench formed by the waterfall. This is in proper limestone again and is heading north. ... Alex reports that the traverse is now partially rigged but the drill failed before it could be finished.

They surveyed 169m as batch 0841-17-03 and James vowed to climb

Al día siguiente, Torben y Louise salieron de nuevo con el teléfono subterráneo para localizar un sitio en el que excavar. La estación 3234-17-03.106 parecía estar directamente debajo de un punto en la superficie con un lecho de roca expuesto a solo unos 5 m por encima del techo de la galería. Louise se entusiasmó después de nuevas exploraciones:

Un laminador conduce a una pequeña galería que da a otra grande: Mulu Manners. Muy emocionados, nos dimos la vuelta, no había tiempo para topografiar. Una hora más tarde nos reencontramos con el equipo de superficie, incluidas dos niñas pequeñas, felices de ver a sus padres. ¡Gracias Peter [Fast] por hacer de canguro! Me encantó poder estar en la maravilla pacífica y no exigente que es Llanío. Espero volver.

Torben y Peter Fast comenzaron temprano el 21 de abril, bajo tierra a las 8 de la mañana, y pasaron las siguientes trece horas topografiando alrededor de la estación 97 y Mulu Manners para completar el lote 3234-17-03.

El 28 de abril, pasaron casi 5 horas excavando en Sub-phone Dig (4536). Se utilizó un trípode para facilitar el transporte del cubo y la profundidad alcanzó los 2 m. Phil empujó una broca de 1 m de largo en la arcilla hasta su máxima profundidad y los últimos 50 cm entraron en un agujero de piedras sueltas. Escribió con optimismo que solo necesitaría uno o dos días de trabajo.

Mientras trabajaban en la excavación, Torben escuchó martilleos en la carretera mientras él y Peter estaban bajo tierra en una sala en la estación 3234-17-03.97. A Juan le preocupaba que solo pudiera haber una pequeña distancia entre el camino y el techo de la sala. Según la topo, parecía haber hasta 10 m de roca hasta la superficie y Torben, al escribir que el techo era plano como una tortita, estaba encantado de afirmar que «¡la carretera todavía es segura!».

El 9 de abril, a unos 50 m al sur de dónde se encontraría el punto de comunicación del teléfono subterráneo, Alf, Chris Camm, Nigel y Phil Parker continuaron excavando en una pequeño galería. Todavía podían ver una continuación, así que sentían que «debían seguir cavando esta cosa incómoda». Luego abrieron 4174 pero se cerró con paredes de barro y un desarrollo de 12 m a 7 m de profundidad.

James y Becka fueron a explorar Riolastras Inlet cerca de Block Chamber en Cueva de Fresnedo 2 (0841). Después de un par de salidas en falso, que involucraron antiguas estaciones de topografía de Becka de 2004, finalmente entraron en nueva galería, topografiando 374 m (lote 0841-17-01). Había varias galerías laterales sin topografiar que había que mirar y no lograron completar una sección en la topografía porque se les acabó el tiempo.

James volvió a la misma zona con Chris Scaife, Chris Sharman y Alex el 15 de abril. Miraron varias rutas y Alex y Chris topografiaron la galería Horses Hoof Passage (85 m; lote 0841-17-02). Llegaron a una cascada en Riolastras Passage que, creían, los primeros exploradores habían escalado. Sin embargo, no había una topografía y James quería volver con una pértiga. Alex perdió su cámara, probablemente cerca de la cascada, así que ya tenían otra razón para volver.

James, Chris y Alex regresaron con una pértiga de 3 piezas para subir por la cascada previamente escalada por Rich Blake en 1992. Cada uno llevó una sección de la pértiga, pero les llevó más tiempo de lo habitual: dos horas y media.

La pértiga funcionó de maravilla y Alex subió hasta la gran sala sobre las estrecha galería activa que se menciona Rich Blake en su crónica. Instalamos un anclaje encima de la cascada en la única roca buena que pudimos encontrar y fijamos la escala.

Las exploraciones condujeron a una travesía y una «sala de solución de nivel muy superior».

Subimos al techo y encontramos una galería que atravesaba una fisura estrecha que da a un pozo [...] Alex comenzó a instalarlo mientras Chris y yo topografiábamos. Al topografiar de vuelta a la galería activa, vimos una galería con corriente que parecía obstruida por una roca, pero se podía pasar por un estrechamiento fácil a una fisura con corriente. [...] vuelve a la galería activa original. Seguimos el río unos 75 m hasta una chimenea de 10 m por donde entra otra cascada [...] a unos 4 m, de nuevo en roca suelta y quebradiza. En lo alto de la chimenea, un gran galería entra por encima de la trinchera formada por la cascada. Está en piedra caliza y se dirige hacia el norte. [...] Alex dijo que la travesía estaba casi instalada, pero el taladro falló antes de que pudiera terminar.

Topografiaron 169 m (0841-17-03) y James prometió escalar la chimenea en verano.

James había acordado encontrarse con Ángel de 13 años, quien le iba a mostrar una cueva que «atravesaba la colina». Juan escribió:

Resultó ser Cueva de Fresnedo 1, 0126, pero le regalamos una camiseta de [Matienzo Caves] de todos

the aven in the summer.

James had arranged to meet 13 year-old Ángel who was going to going reveal a cave that "went through the hill". Juan wrote:

It turned out to be Cueva de Fresnedo 1 - site 0126, but we presented him with a [Matienzo Caves] T-shirt anyway.

James and Ángel wearing his T-shirt at Cueva de Fresnedo 1.
James y Ángel con su camiseta en la Cueva de Fresnedo 1.
Juan Corrin

Bob, Phil Goodwin and John Gunn visited Pipe Cave (4050) at Garzón, finding a dead dog at the base of the first pitch. They went to the end of the known cave where a tight squeeze over a false floor was passed then enlarged from the far side.

Entered circular chamber 3m x 4m x 5m high. Way on down silt-filled passage 600mm square, 2.5m long tapering to 300mm square. Passage turns sharp left - far too tight to follow. Surveyed on way back. Flood debris found in final chamber 2m above floor.

SOUTHERN SECTOR Juan and James took Eleanora on a bottom (0048) to top (4221) entrance through trip in Cueva-Cubío de la Reñada. On the way, they investigated a small passage on the right (shown as a question mark at station 36 on the survey) just before breaking out into the chamber that rises up to the lake. Someone had been beyond the short, narrow climb up, but had not investigated a climb up a white calcite wall. "Best equipment may be an extension ladder."

On way back down from the top entrance we looked at an undocumented hole near the bottom of the track. This is a roomy slope down to a small chamber with bones and a choked route down to the left. Length 6m; depth 3m. (Site 4504).

The 9m-long extension ladder was taken in through the bottom entrance on Easter Monday as a focus for a 'families trip' by Juan, James, Jenny, Eleanora (3 years), little Juan (4 months), Torben, Louise, Peter Fast, Karen (7 years) and Marie (6 years). However, after Juan, James, Peter and Torben climbed to the top and decided that the ladder was too short, Torben and Peter offered to bolt the roof at the top to provide SRT access to the calcited chamber and possible routes at the top. The ladder was left in then most people visited the Blow Hole before emerging from the top entrance.

Peter Eagan, Angus and Carmen were also caught up with the large group but managed to escape to the Stuffed Monk area and Blood Alley where they resurveyed more than 500m in batch 0048-17-03. "Apart from the mud, a very good trip."

The following Thursday, Peter Fast and Torben found that any possible ways on at the top of the extension ladder closed down.

Alex, Chris Sharman and John Proctor went to the western end of Stuffed Monk Passage to continue pushing beyond a pit reached 2 years previously.[5] Alex wrote:

John bravely climbed down but could not climb out again. Chris then traversed over the top on crumbling ledges. He then demolished some of the climb on the other side making it smaller.

The team had a "pleasurable explore of sizeable passage" that went on for 55m. (Batch 0048-17-01, Bended Knee Passage). Unsurveyed side passages might add another 20m.

Years ago, Phil Papard had noticed a choked tube over sump 1, a possible bypass. On April 15th, he went in with Pedro and Steve with a poorly knee. It was a slow trip to the sump and the dig in the tube turned out to be in sticky clay rather than sand. (Batch 0048-17-02).

Got through first low section; will need a lot more digging. Tray and rope left in so any further trip only needs a spade. Got out at 8pm, just on time. Crawl has a draught so it should go somewhere!

When trying to locate the bottom entrance to Reñada, Alex, Chris Sharman and John Proctor, dug out and explored and surveyed a short cave slightly up the hill and to the east, 4506. The survey shows the 28m long cave heading over the entrance passage of Reñada.

Sporting trips had been offered as part of the Cave Monitoring Workshop programme and, on April 20th, Barbara, Andi and John Gunn were shown the main passages up to Stuffed Monk Gallery and Anastomoses Hall by Phil and Juan. John pointed out that the large limestone forms dangling from the roof were 'pendants' and not anastomoses. Anastomoses are much smaller and form during paragenesis (antigravitative erosion), the process at work during the very early stages of the formation of some caves.

The following day, John accompanied Pedro on an Oñite - Risco (0027 - 0025) through trip.

Becka, Stu, Patrick and Tom Warren checked out a number of sites above the South Vega System on April 11th. Recorded as 'undescended', 2260 was explored to a choke 4m down and site 1858, 'a dig' was described as a mildly draughting "2m drop into old canyon

---

modos.

Bob, Phil Goodwin y John Gunn fueron a Pipe Cave (4050) de Garzón y encontraron un perro muerto en la base del primer pozo. Fueron hasta el final de la cueva conocida donde pasaron un estrechamiento sobre un suelo falso y luego lo ampliaron desde el otro lado.

Entramos en una sala circular de 3 x 4 x 5 m de altura. Sigue hacia abajo por galería llena de sedimentos de 600 mm cuadrados, 2,5 m de largo que disminuye a 300 mm cuadrados. Gira bruscamente a la izquierda, demasiado estrecho para seguir. Topo al salir. Restos de inundación encontrados en la sala final a 2 m sobre el suelo.

SECTOR SUR Juan y James llevaron a Eleanora a hacer una travesía de Reñada desde la entrada inferior (0048) a la superior (4221). De camino, investigaron un pequeño galería a la derecha (que se muestra como un signo de interrogación en la estación 36 de la topografía) justo antes de entrar en la sala que se sube hacia el lago. Alguien había estado al otro lado de la escalada corta y estrecha, pero no había investigado otra en una pared de calcita blanca. «El mejor equipo puede ser una escala extensible».

De vuelta desde la entrada superior, miramos un agujero indocumentado cerca de la base del camino. Se trata de una pendiente espaciosa que baja a una pequeña sala con huesos y una ruta obstruida a la izquierda. Desarrollo 6 m; profundidad 3 m. (4504)

Juan, James, Jenny, Eleanora (3 años), el pequeño Juan (4 meses), Torben, Louise, Peter Fast, Karen (7 años) y Marie (6 años) llevaron la escala extensible de 9 m de largo por la entrada inferior el lunes de Semana Santa para una «salida familiar». Sin embargo, después de que Juan, James, Peter y Torben subieran y decidieran que la escala era demasiado corta, Torben y Peter se ofrecieron a instalar un anclaje el techo en lo alto para proporcionar acceso con cuerdas a la sala con calcita y posibles rutas arriba. La escala se dejó dentro y luego la mayor parte del grupo visitó el Blow Hole antes de salir por la entrada superior.

Peter Eagan, Angus y Carmen también se encontraron con este grupo grande, pero lograron escapar al área de Stuffed Monk y Blood Alley, donde volvieron a topografiar más de 500 m (lote 0048-17-03). «Aparte del barro, una salida muy buena».

El jueves siguiente, Peter Fast y Torben descubrieron que todas las posibles continuaciones en la parte superior de la escala extensible se cerraban.

Alex, Chris Sharman y John Proctor fueron al extremo occidental de Stuffed Monk Passage para seguir explorando al otro lado de un pozo alcanzado 2 años antes.[5] Alex escribió:

John bajó valientemente, pero no pudo volver subir. Chris luego atravesó por encima de repisas desmoronadas y demolió parte de la escalada en el otro lado haciéndola más pequeña.

El equipo tuvo una «exploración placentera de una galería considerable» de 55 m. (Lote 0048-17-01, Bended Knee Passage). Las galerías laterales no topografiadas podrían añadir otros 20 m.

Hace años, Phil Papard había visto un tubo obstruido sobre el sifón 1, un posible desvío. El 15 de abril entró con Pedro y Steve con una rodilla mala. Fue una incursión lenta hasta el sifón y la excavación en el tubo resultó ser de arcilla pegajosa en lugar de arena. (Lote 0048-17-02).

Pasamos por la primera sección baja; necesitará mucha más excavación. La bandeja y la cuerda se dejaron adentro, por lo que cualquier incursión adicional solo necesita una pala. Salimos a las 8 de la tarde, justo a tiempo. La gatera tiene un corriente, ¡así que debería ir a alguna parte!

Al tratar de localizar la entrada inferior a Reñada, Alex, Chris Sharman y John Proctor excavaron, exploraron y topografiaron una pequeña cueva subiendo un poco más por la ladera y al este, 4506. La topografía muestra que la cueva de 28 m de largo se dirige al galería de entrada de Reñada.

Dentro del programa del Taller de Monitorización Subterránea se ofrecían salidas deportivas y, el 20 de abril, Phil y Juan mostraron a Barbara, Andi y John Gunn las galerías principales hasta la Stuffed Monk Gallery y la Anastomoses Hall. John señaló que las grandes formas de piedra caliza que colgaban del techo eran «colgantes» y no anastomosis. Las anastomosis son mucho más pequeñas y se forman durante la paragénesis (erosión antigravitatoria), el proceso que actúa durante las primeras etapas de la formación de algunas cuevas.

Al día siguiente, John acompañó a Pedro para una travesía Oñite - Risco (0027 - 0025).

Becka, Stu, Patrick y Tom Warren revisaron varios agujeros sobre el

---

5   Survey batch 0048-15-25. See 2015 summer, page 202.

5   Lote de topografía 0048-15-25. Véase Verano de 2015, p. 202.

2017 Expeditions 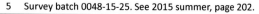 - 270 - MATIENZO CAVES PROJECT 2010 - 2019

fragment with ancient stal". A small chamber had mid- and low-level exits that were too narrow but would dig "fairly easily". Patrick called it a "quite interesting site".

After some confusion with 1337, site 4519 was found as a low bedding plane at the back side of a depression.

> Can see forward 5 - 6m, would require floor excavating. ... One hour work to get to enlargement, then possibly low again?

Site 4199 was dropped for 2m to choke with cow bones, then 4198 and 4197 explored down 4m to chokes with no draught. Three fenced holes were documented but not explored - 4508, 4509 and 4510 - but they were thought to be "not very deep".

Those were all down the hill on the north side of the main track; site 0853, in a field up to the south was first recorded as 'partly covered with boulders' back in 1990. They removed the cover and Patrick explored a p9 to a choke. A parallel shaft could not be descended as the rope was too short but there was a "possible canyon continuing". Stuart wrote:

> At first we didn't think we'd get down this. We knew there was a shaft but ... diesel [had been poured] onto some rubbish to burn and so the area at the surface wasn't particularly nice...

They returned on April 13th to drop the second pitch to find an inlet bedding plane cutting across the base of a twin aven heading down-dip and into the hillside. Patrick pushed the crawl for a body length to a calcite bulge "which could be removed by hammer and chisel". The crawl appears to continue beyond a moveable large block and there is a solid inward draught. Upstream became too small after 4m but was left unentered "to preserve floor deposits and features".

They also revisited 4519, spending an hour and a half digging to gain a 4 x 5m sitting-sized chamber which Tom called 'Gollum's Lair'. Leading away, with an "unconvincing draught", is a low, mud-floored bedding, which was Disto'd for 13m+ with 10 -12cm height. This could be opened up with a spade but was thought to be "quite a big project".

Peter Eagan, Becka, Angus, Tom Warren and Patrick went for a walk up the track to the south at Seldesuto. According to Peter, nothing was seen except 1861 "which had lots of bags of dead animals in it". Digs 1566 and 1565 "do not appear to exist or are extremely small".

On May 14th, Juan and Penny went for a stroll along the track above the South Vega System, carrying out basic documentation by photographing a number of sites which had no entrance shots.

Over the hill, Guy and Pedro ticked off three sites to the west of Sima del Cueto (0041). Sites 4364 and 4365 were 7 and 8 metre deep holes

sistema de La Vega el 11 de abril. Documentado como «sin explorar», entraron en 2260 hasta una obstrucción a 4 m , mientras que la «excavación» con corriente suave 1858, era un «destrepe de 2 m a un antiguo fragmento de cañón con viejas estalagmitas». Una pequeña sala tenía galerías de nivel medio e inferior demasiado estrechas, pero «bastante fáciles» de excavar. Patrick dijo que era «un sitio bastante interesante».

Después de cierta confusión con 1337, encontraron el agujero 4519 un laminador en la parte posterior de una depresión.

> Se pueden ver unos 5 - 6 m, habría que excavar el suelo. [...] ¿Una hora de trabajo para llegar a la ampliación, luego posiblemente baja de nuevo?

El pozo 4199 medía 2 m pero estaba obstruido con huesos de vaca, mientras que 4198 y 4197, con 4 m, también se obstruían sin corriente. Documentaron tres agujeros cercados: 4508, 4509 y 4510; no los exploraron, pero pensaron que eran «no muy profundos».

Todos estaban monte abajo en el lado norte del camino principal; el 0853, en un prado hacia el sur, se documentó por primera vez en 1990como «parcialmente cubierto de rocas». Quitaron lo que lo cubría y Patrick exploró un P 9 hasta una obstrucción. No pudo entrar en un pozo paralelo porque la cuerda era demasiado corta, pero había un «posible cañón que continúa». Stuart escribió:

> Al principio no creímos que íbamos a entrar. Sabíamos que había un pozo, pero [...] [se había vertido] diésel en algo de basura para quemarla, y el área en la superficie no era muy agradable.

Regresaron el 13 de abril para bajar el segundo pozo y encontrar una galería lateral baja que atravesaba la base de una chimenea gemela que se dirigía hacia abajo y hacia la ladera. Patrick siguió la gatera durante algo más de metro y medio hasta un bulto de calcita «que podía quitarse con un martillo y un cincel». La gatera parece seguir al otro lado de un gran bloque móvil y hay una fuerte corriente de aire aspirante. Aguas arriba se volvió demasiado pequeño tras 4 m, pero se dejó sin entrar «para preservar los depósitos y las características del suelo».

También volvieron a visitar la cavidad 4519, donde pasaron una hora y media cavando para llegar a una sala del tamaño de 4 x 5 m en la que hay que agacharse y que Tom llamó Gollum's Lair. La continuación, con una «corriente de aire poco convincente», es un laminador con suelo de barro que se midió con Disto: más de 13 m con una altura de 10 a 12 cm. Podría abrirse con una pala, pero pensaron que sería «un proyecto bastante grande».

Peter Eagan, Becka, Angus, Tom Warren y Patrick fueron a caminar por el camino hacia el sur en Seldesuto. Según Peter, no vieron nada excepto 1861, «con muchas bolsas de animales muertos». Las excavaciones 1566 y

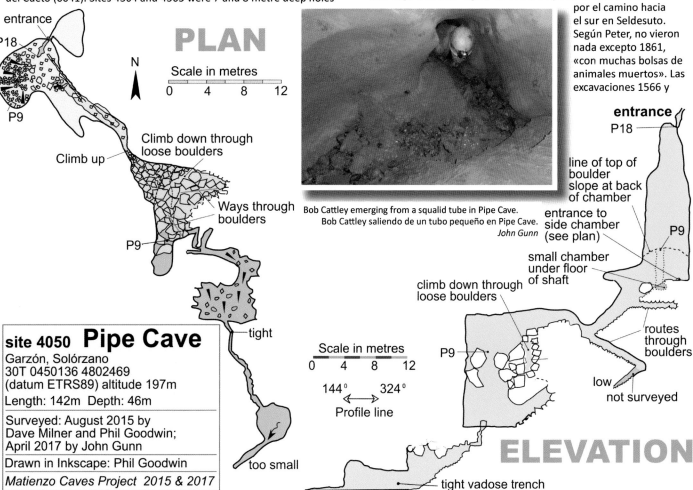

Bob Cattley emerging from a squalid tube in Pipe Cave.
Bob Cattley saliendo de un tubo pequeño en Pipe Cave.
John Gunn

PLAN

Scale in metres
0   4   8   12

entrance

P18

P9

Climb up

Climb down through loose boulders

Ways through boulders

P9

tight

site 4050 Pipe Cave
Garzón, Solórzano
30T 0450136 4802469
(datum ETRS89) altitude 197m
Length: 142m Depth: 46m

Surveyed: August 2015 by
Dave Milner and Phil Goodwin;
April 2017 by John Gunn

Drawn in Inkscape: Phil Goodwin

Matienzo Caves Project 2015 & 2017

Scale in metres
0   4   8   12

144° ⟷ 324°
Profile line

too small

ELEVATION

entrance
P18

line of top of boulder slope at back of chamber

entrance to side chamber (see plan)

P9

small chamber under floor of shaft

climb down through loose boulders

P9

routes through boulders

low
not surveyed

tight vadose trench

while 1075 was found to be 23m deep, sloping down another 2m to a choke.

Cueva Vallina (0733) was visited on April 11th, when Angus, Peter Eagan, Carmen and Torben returned to the end of the high-level between sumps 5 and 6. Looking for any route over sump 6b, they bolted about 10m above the stream until they ran out of bolts. A "large number" of a South Wales Caving Club (SWCC) team were encountered[6]. Four had been into Vallina 2, to Crystal River.

Patrick Warren and a tight fit at 4197.
Patrick Warren y la entrada estrecha de 4197.
Stuart Emmett

Rupert's diving started on April 10th. He was pleased to find that the visibility in sump 6 was very good at more than 10m and found Martin Holroyd's dive line was intact although frayed in places.

Martin had laid this in 'Alpine Style' - obviously trying to keep high to make his air last as long as possible. I prefer to have a line laid at floor level, easier when carrying / dumping stage cylinders, so decided to re-line the first 100m of sump. Vis poor on exiting due to 'snowfall' from the ceiling.

The following day he carried in 100m of thicker line and some SRT kit. This was to make the climb up into the higher level safer, "as a fall off the ladder would be horrendous (razor-sharp spikes)".

Eight other cavers in the streamways today, so vis will be dubious for a few days.

On the 12th, after finding the water "very milky" in sump 6, he abandoned the trip "somewhat disappointed" after tying up all the diving kit in case the weather broke.

After yesterday's sump debacle, I decided to politely request potential visitors ... to avoid the streamway for a few days, at least whilst the weather held. As expected, Pete Eagan and team immediately agreed not to go down until the diving was done. I also drove over to the digs of the SWCC to ask their co-operation. I met four of their members who helpfully assured me that they had no intention of returning to Vallina 2 and, if they were, they would cancel their plans. ...

However, when Rupert went in to recover an empty cylinder, he was surprised to see some evidence of visitors: the pull line on the Tyrolean at The Canyon was on the opposite side.

Upon reaching the spacious 'ante-chamber' before the little phreatic maze leading down to the first pitch, I came upon three cavers donning SRT equipment. ... They were from the SWCC. ... Their ... leader had decided that I didn't have the right to just close an entire cave because I wanted to go diving. The irony of this coming from a SWCC member was not lost on me.

Rupert explained why he didn't want others disturbing the sediments and waters and then noticed that the trio didn't have any rope, intending to use the expedition one that was installed. The argument was won and the SWCC group retreated. As Rupert wrote, had the cavers descended the pitches before his arrival ...

... I would have pulled my cylinder up the Double Dutch Pitch with no knowledge of the persons below ... [then] left the rope on the ledge at the top (ready to lower full bottle back down). Our friends would have returned from their travels up the Crystal River and found themselves up Shit Creek ...

On his next trip, Rupert laid 60m of line in the "impressive passage" of sump 6.

Near the end of his stay, Rupert had help carrying gear into Vallina on a couple of occasions from a Spanish cave diver, Adrián González from Oviedo. Adrián is an ex-Guardia Civil officer and co-ordinates rescues involving cave diving in Asturias. Rupert learned from him that there is no unifying national body for cave diving in Spain. If a rescue with cave diving aspects was initiated through calling 112, the Protección Civil would bring together cave divers through local contacts.

Rupert also mentioned that there should be a 20m gap in the survey around sump 6. The streamway was resurveyed to a rock flake sticking up from the stream while Martin's sump survey started further into the sump pool, at the diving line belay. This has yet to be resolved.

1565 «no parecen existir o son extremadamente pequeñas».

El 14 de mayo, Juan y Penny dieron un paseo por el camino sobre el sistema de La Vega, llevando a cabo documentación básica al fotografiar varios agujeros sin foto de la entrada.

Al otro lado de la colina, Guy y Pedro visitaron tres cavidades al oeste de Sima del Cueto (0041). 4364 y 4365 eran pozos de 7 y 8 m de profundidad, mientras que 1075 tenía 23 m de profundidad, con un desnivel de otros 2 m hasta un obstrucción.

Angus, Peter Eagan, Carmen y Torben fueron a Cueva Vallina (0733) el 11 de abril, cuando regresaron al final del nivel superior entre los sifones 5 y 6. Buscando una ruta sobre el sifón 6b, se instalaron una escalada artificial a unos 10 m sobre la galería activa hasta que se quedaron sin anclajes. Se encontraron con un equipo «numero» del South Wales Caving Club (SWCC). Cuatro habían estado en Vallina 2, en Crystal River.[6]

Rupert empezó a bucear el 10 de abril. Le alegró descubrir que la visibilidad en el sifón 6 era muy buena a más de 10 m y que la guía de Martin Holroyd estaba intacta aunque desgastada en partes.

Martin la había colocado en «estilo alpino», obviamente intentando mantenerse alto para que el aire le durara el mayor tiempo posible. Yo prefiero tenerla al nivel del suelo, más fácil al transportar/descargar botellas, por lo que decidí volver a colocar la guía en los primeros 100 m del sifón. Visibilidad pobre al salir por «nevadas» del techo.

Al día siguiente, metió 100 m de hilo más grueso y algo de equipo de rápel para que la subida al nivel superior fuera más segura, «caerse de la escala sería horrible (piedras afiladas como navajas)».

Otros ocho espeleólogos en el río hoy, por lo que la visibilidad será mala durante unos días.

El día 12, tras encontrar el agua «muy turbia» en el sifón 6, abandonó la incursión «algo decepcionado» después de atar todo el equipo de buceo por si el clima empeoraba.

Tras la debacle del sifón de ayer, decidí pedir amablemente a los posibles visitantes [...] que evitaran las galerías activas durante unos días, al menos mientras el clima se mantuviera. Como era de esperar, Pete Eagan y su equipo acordaron de inmediato no bajar hasta que terminara con el buceo. También fui hasta el alojamiento del SWCC para pedir su cooperación. Conocí a cuatro de sus miembros que amablemente me aseguraron que no tenían intención de regresar a Vallina 2 y, si de no ser así, cancelarían sus planes.

Sin embargo, cuando Rupert entró para recuperar una botella vacía, se sorprendió al ver evidencia de visitantes: la cuerda en la tirolina en The Canyon estaba en el lado opuesto.

Al llegar a la espaciosa «antesala» antes del pequeño laberinto freático que da al primer pozo, me encontré con tres espeleólogos con arneses. [...] Eran del SWCC. [...] Su [...] líder había decidido que yo no tenía derecho a cerrar una cueva entera porque quería bucear. No se me escapó la ironía de que esto viniera de un miembro del SWCC.

Rupert explicó por qué no quería que otros perturbaran los sedimentos y las aguas y luego se dio cuenta de que el trío no llevaba ninguna cuerda, con la intención de usar las de la expedición ya instaladas. Con eso se acabó la discusión y el grupo del SWCC se retiró. Como escribió Rupert, si los espeleólogos hubieran bajado por los pozos antes de su llegada...

Habría subido la botella por el Double Dutch Pitch sin saber que había personas abajo [...] [luego] habría dejado la cuerda en la repisa en la parte superior (lista para bajar la botella llena). Nuestros amigos habrían regresado de su incursión por Crystal River y se habrían encontrado en serios problemas.

En su siguiente salida, Rupert colocó 60 m de guía en la «impresionante galería» del sifón 6.

Cerca del final de su visita, en un par de ocasiones Rupert recibió ayuda para llevar equipo a Vallina de un buzo de cuevas español, Adrián González ,de Oviedo. Adrián es un ex agente de la Guardia Civil y coordina los rescates de buceo en las cuevas en Asturias. Rupert aprendió de él que no existe un organismo nacional unificador para el buceo en cuevas en España. Si se iniciara un rescate llamando al 112, Protección Civil reuniría a buzos a través de contactos locales.

Rupert también mencionó que debería haber un hueco de 20 m en la topografía alrededor del sifón 6. La galería activa se volvió a topografiar hasta un saliente que sobresalía del río, mientras que la topografía del sifón de Martin comenzaba más adentro del sifón, donde aseguró el hilo guía. Esto aún no se ha resuelto.

---

6   For a number of years, the SWCC had been visiting the Asón area, doing tourist trips into the major caves, including Cueva Vallina. Many stayed at Carlos' establishment, La Anjana near Ramales.

6   El SWCC llevaba varios años visitando la zona de Asón, realizando salidas turísticas a las cuevas más destacadas, incluida la Cueva Vallina. Muchos se hospedaban en el establecimiento de Carlos, La Anjana cerca de Ramales.

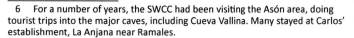

NORTHWEST AND FAR WEST SECTORS

James Carlisle, Steve and François visited Cueva de Collada (0394) through the new Eastwater entrance (4537), opened at Easter. They were to look at the various dig sites and check for the source of the draught. James wrote:

The entrance was found easily by following the line of pylons and the downtrodden vegetation from Easter. In the cave, a slot was widened from the inside to make it easily passable.

Possible digs to the west of On the Rocks were deemed 'no-hopers' with very little draught compared to the entrance choke where the draught is "very, very strong and cold". The chamber beyond On the Rocks was then examined and a small, draughting passage entered to another boulder run-in. This could be worth another visit. A hole in the floor of the chamber also draughted and was followed down and along to a blind chamber and no obvious continuation.

At this point we had to be out for Steve's dinner date, so we headed out. The cave would definitely merit further visits to find the source of the draught ... A full day in there could be very profitable. The only downside was the very hot walk back up the hill to the car!

Neil, Si and Di visited on August 11th and ...

... immediately found an unmarked and unexplored crawl. Went to a pitch which dropped into known passage. Continued to dig the next crawl which, after an enlargement, went down a slot into known passage. A not very useful short-cut!

On July 28th, James, Simon, Diane and Emma went to Mard Arse in Torca la Vaca (2889) through the BigMat Calf Hole entrance (3916). They took about two hours to get to Don't Make Me Laugh and then "neoprened up". They found Mard Arse but, as James wrote:

... it was not a new passage as hoped. Simon remembered a flat out crawl, but it was actually a high rift. This went for 100m or so until a duck was reached in deep water.

They passed this then, around a couple of corners, a junction was reached with both ways tight. This was the end of the original survey. James pushed the right hand passage until reaching a muddy arch with an ominous glugging sound ahead which, he assumed, meant a sump.

The left hand branch ... was pushed by Di and Ems to the Fly Trap, a tight, vertical squeeze down a slippy, muddy rift into deep water that looked difficult to reverse. It was a bit like a giant pitcher plant.

The passage continued tight and wet until it emerged as an obvious side passage about 30m back from the end of Shoulder of Mutton. One hundred metres were surveyed as batch 2889_17_01.

Si, Di and Neil had a trip to the very obscure Banger No. 5 passage off Should Have Gone to Survey School on August 12th, pushing on for 28.5m although there was no survey produced.

Looked at some other dead ends. Fantastic Vaca trip yet again!

On the last day of their summer trip, Si and Di went to Far Frizzington to complete the survey.

Took one and a half hours to get to the sloppy mud crawl at Helmet Hunting Horror chamber. Surveyed all the areas beyond the crawl (around 110m). (Batch 2889_17_02.) At the end there is an area with three 13m pits. Si descended one of them and found they all connected at the bottom with no way on. On the way back we discovered an alternative route avoiding the muddy crawl. We raced out of Vaca as we had to pick up Emsy and 8 month old Joe from Matienzo and get to the ferry in time...Took us 40 minutes to exit from Helmet Hunting Horror!

Over August 12th and 13th, Jim cut a trail to the entrance and dived at the southern sump in Fuente Aguanaz (0713) just before the terminal choke, confirming that there were no underwater junctions. He then had a look at the choke and dived into the tight sump with rock projections ...

SECTOR NOROESTE Y EXTREMO OESTE

James Carlisle, Steve y François visitaron la Cueva de Collada (0394) a través de la nueva entrada de Eastwater (4537), abierta en Semana Santa. Querían mirar los distintos sitios a excavar y verificar de dónde salía la corriente. James escribió:

La encontramos sin problemas siguiendo la línea de torres de alta tensión y la vegetación pisoteada de Semana Santa. Dentro, abrimos una ranura desde dentro para que sea más fácil pasarla.

Les pareció que las posibles excavaciones al oeste de On the Rocks «no eran buenas» con muy poca corriente en comparación con la obstrucción de la entrada, donde la corriente es «muy, muy fuerte y fría». Luego examinaron la sala al otro lado de On the Rocks y entraron en una pequeña galería con corriente de aire hasta otro caos de bloques. Podría merecer la pena volver a mirarlo. Un agujero en el suelo de la sala también llevaba corriente y al bajar por él entraron en una sala ciega y sin una continuación obvia.

En este punto teníamos que salir para la cena de Steve, así que salimos. Definitivamente merece la pena volver para encontrar la fuente de la corriente [...] Un día completo podría ser muy rentable. ¡Lo único malo fue el calor de la caminata de vuelta al coche por la colina!

Neil, Si y Di fueron el 11 de agosto y...

Inmediatamente encontramos una gatera sin marcar e inexplorada. Da a un pozo que baja a una galería conocida. Continuamos excavando la siguiente gatera que, después de una ampliación, baja por una ranura a otra galería conocida. ¡Un atajo poco útil!

El 28 de julio, James, Simon, Diane y Emma fueron hasta Mard Arse en Torca la Vaca (2889) por la entrada de BigMat Calf Hole (3916). Tardaron alrededor de dos horas en llegar a Don't Make Me Laugh donde se pusieron los neoprenos. Encontraron Mard Arse pero, como escribió James:

No es una nueva galería como se esperaba. Simon recuerda un laminador, pero en realidad era una fisura alta de unos 100 m hasta una bóveda sifonante en aguas profundas.

La pasaron y, entonces, tras pasar un par de esquinas, llegaron a un cruce muy estrecho en ambas direcciones. Aquí terminaba la topografía original. James fue por la galería de la derecha hasta llegar a un arco embarrado desde donde oía un gorgoteo que, supuso, significaba un sifón.

Di y Ems fueron a la izquierda [...] hasta Fly Trap, un una fisura muy estrecha, resbaladiza y embarrada que bajaba a aguas profundas por la que sería difícil volver a salir. Era un poco como una sarracenia gigante.

La galería continuó estrecha y húmeda hasta que salió a una galería lateral obvia a unos 30 m del final de Shoulder of Mutton. Se topografiaron 100 m (lote 2889_17_01).

Si, Di y Neil se acercaron a la recóndita galería Banger No. 5 de Should Have Gone to Survey School el 12 de agosto, avanzando 28,5 m, aunque no hicieron ninguna topografía.

Miramos a otros callejones sin salida. ¡Fantástica incursión a Vaca una vez más!

El último día de sus vacaciones, Si y Di fueron a Far Frizzington para completar la topografía.

Tardamos una hora y media para llegar a la gatera de barro en la sala Helmet Hunting Horror. Topografiamos todas las áreas al otro lado de la gatera (alrededor de 110 m) (lote 2889_17_02.) Al final hay un área con tres pozos de 13 m. Si bajó por uno de ellos y descubrió que todos estaban conectados en la base, pero sin continuación. En el camino de vuelta descubrimos una ruta alternativa evitando la gatera embarrado. Salimos corriendo de Vaca porque teníamos que recoger a Emsy y Joe de 8 meses de Matienzo y llegar al ferry a tiempo [...] ¡Tardamos 40 min. en salir de Helmet Hunting Horror!

Durante el 12 y 13 de agosto, Jim abrió un sendero hasta la entrada y buceó en el sifón sur de Fuente Aguanaz (0713) justo antes de la obstrucción final, confirmando que no había cruces bajo el agua. Luego echó un vistazo a la obstrucción y entró en el sifón estrecho con salientes en la roca...

A corner of Torca del Mostajo, Cubija. *Tom Howard with Pete O'Neill*

Un rincón de Torca del Mostajo, Cubija.

Tom Howard con Pete O'Neill

On August 2nd, Tom, Paul Wilman "+2" went into Torca de Hoyo Carabo (Yo-yo, 3420) but Tom was not impressed ...

...finally got to de-rig Yo-yo after trip to bottom to [push] further on and survey into passage. After it continued to nowhere exciting, with no draught, we gave up and de-rigged. ... Cave now totally de-rigged and all rope back in store. Anyone who takes an interest in this dodgy cave, take nuts for the trip and nuts for the bolts.

NORTHERN LA VEGA, EL NASO AREA WEST TO LAS CALZADILLAS

Pedro had another unsuccessful search in site 0387, trying to find where the draught was coming from.

Pete O'Neill rigged the entrance pitch in Torca del Mostajo (0071) on July 29th ready for a trip down to Wonderland the next day. He noted that the 22m entrance pitch actually took a 45m rope to rig.

Tom and Ashley went with Pete, aiming to check out the terminal choke for digging but they found "no excitement, no draught and committed digging to progress". Pete noted that the Golden Void pitch (30m) also required a 45m rope and that a passage, marked as having a stal grille, could be smashed into using a hammer and chisel, but it isn't "heading in an exciting direction". He also observed that three of the four bolts at the top of the Golden Void are "shot" and at least one should be replaced. Tom took photos on the way out.

A couple of days later, Di and Si had ...

... a late start rubber-neck down to the end of Mostajo and back. Grand trip.

On August 8th Lloyd, Chris, Alex and Sahil had a 07:30 start to investigate some of the question marks on the Mostajo survey.[2] Checking out some unsurveyed passage opposite the Golden Void, they extended it into Sheppard's Bush, a "very pretty and sparkly" section that was surveyed as batch 0071-17-01. Alex wrote:

Chris bravely descended a very crumbly climb into the pit but this didn't go anywhere ...

... and other question marks soon choked up.

Sahil and Alex intended digging at sites 3802 and 0813 to the west-northwest of Mostajo entrance but both had become very overgrown so were not attempted.

After the previous summer's foray into the far reaches of Cueva de Rascavieja (0077), Pete O'Neill and Bill Sherrington followed up the investigation, capping the initial chimney down into the choke then getting in 20m. Pete reckoned this was still about 40m short of the end and, with a very good draught, the site "really needs pushing again".

El 2 de agosto, Tom, Paul Wilman «+2» entraron en Torca de Hoyo Carabo (3420) pero a Tom no le impresionó mucho...

Finalmente desinstalamos la cueva después de ir al final para [forzar] más allá y topografiar. Después de que continuara a ninguna parte emocionante, sin tiro, nos dimos por vencidos y desinstalamos. [...] Cueva ahora totalmente desinstalada y toda la cuerda en almacén. Cualquiera que se interese en esta cueva poco fiable, que lleve comida para la salida y tacos para las fijaciones.

EL NORTE DE LA VEGA, ZONA DE EL NASO – LAS CALZADILLAS

Pedro volvió a explorar sin éxito la cueva 0387, tratando de encontrar de dónde venía la corriente.

Pete O'Neill instaló el pozo de entrada de Torca de Mostajo (0071) el 29 de julio listo para ir a Wonderland al día siguiente. Señaló que el pozo de entrada de 22 m en realidad necesitaba una cuerda de 45 m.

Tom y Ashley fueron con Pete, con el objetivo de verificar la obstrucción final para excavar, pero no encontraron «nada emocionante, ninguna corriente y un gran esfuerzo para avanzar». Pete vio que para el pozo Golden Void (30 m) también hacía falta una cuerda de 45 m y que una galería, marcado con una rejilla de estalagmitas, podría romperse con un martillo y un cincel, pero no «se va en una dirección emocionante». También observó que tres de las cuatro fijaciones en la cabecera del Golden Void están «saliéndose» y al menos uno debería reemplazarse. Tom sacó fotos al salir.

Un par de días después, Di y Si salieron...

Tarde para fisgonear hasta el final de Mostajo y volver. Gran salida.

El 8 de agosto Lloyd, Chris, Alex y Sahil salieron a las 07:30 para investigar algunos de los interrogantes en la topografía de Mostajo.[2] Al ver una galería no investigada frente a Golden Void, la extendieron hasta Sheppard's Bush, una sección «muy bonita y brillante» que se topografió como lote 0071-17-01. Alex escribió:

Chris bajó con valentía un destrepe muy suelto al pozo, pero no fue a ninguna parte.

Otros signos de interrogación pronto se obstruyeron.

Sahil y Alex tenían la intención de excavar en los agujeros 3802 y 0813 al oeste-noroeste de la entrada de Mostajo, pero ambos tenían demasiada maleza, por lo que no lo intentaron.

Tras la incursión del verano anterior a los confines de la Cueva de Rascavieja (0077), Pete O'Neill y Bill Sherrington siguieron la investigación, abriendo la chimenea inicial hasta la obstrucción y luego entrando 20 m. Pete calculó que todavía faltaban unos

---

Cueva de Rascavieja.   *Nigel Dibben*

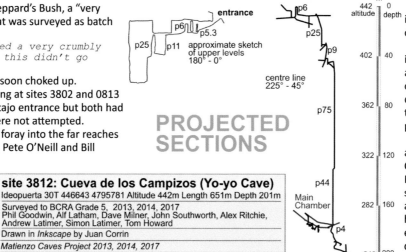

PLAN

PROJECTED SECTIONS

site 3812: Cueva de los Campizos (Yo-yo Cave)
Ideopuerta 30T 446643 4795781 Altitude 442m Length 651m Depth 201m

Surveyed to BCRA Grade 5, 2013, 2014, 2017
Phil Goodwin, Alf Latham, Dave Milner, John Southworth, Alex Ritchie, Andrew Latimer, Simon Latimer, Tom Howard
Drawn in *Inkscape* by Juan Corrin
Matienzo Caves Project 2013, 2014, 2017

---

1   2017 Easter, page 262..
2   Phil Papard had recently taken the separate and sometimes faded surveys of the North Vega (Cubija) System in hand and drawn up a system survey in Corel Draw. This survey is linked from the description pages of Mostajo (0071), Regaton (0892), Morenuca (0774) or El Cubío (0243).

1   Véase Semana Santa de 2017, p. 262.
2   Phil Papard había tomado recientemente las topografías separadas y en ocasiones descoloridas del sistema de La Vega (Cubija) y había dibujado el sistema en Corel Draw. Se puede acceder a esta topografía desde las páginas de descripción de Mostajo (0071), Regaton (0892); Morenuca (0774) o El Cubío (0243).

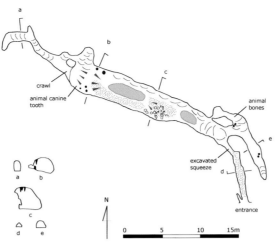

Left and above: photos in Epiglottis Cavern by
Pete Smith with Andy Quin.
Izda. y arriba: Fotos en Epiglottis Cavern por
Pete Smith con Andy Quin.

Cave 1294 Epiglottis Cavern   (El Nanso, La Vega)
451.921 4.796.120 287m   Length 55m
Surveyed August 2017, A. Quin and P. Smith   Drawn by P.S.

The following day, August 10th, Nigel, Pete Clewes, Dave Dillon, Richard, Billy and Lloyd went in.

After some photography in the huge chambers, Pete and Lloyd explored the terminal boulder choke, following the string left yesterday ...

... but getting no further. On the way out they spotted a 7m pitch on the western edge of the second chamber and a nearby climb down to the same level.

A couple of hundred metres down to the southeast of Rascavieja entrance, Andy and Pedro went to dig site 4114. Pedro wrote:

On our second day's digging, we finished opening up the squeeze. On the first day we'd found some large stal lying buried in the sediment and some smaller pieces apparently beneath a layer of flowstone, which seemed a little strange, as if someone in the past had broken them and left them there.

Andy got through the squeeze first. Inside we soon spotted some faint footprints. Someone had definitely been in the cave. A few small bones and a canine tooth or 'fang', and some marks on the walls only increased the impression: someone had been here before us!

On the other side of the squeeze, the passage rapidly increased to walking size with some pools of water and some quite nice stal. It soon ended at a low crawl which we opened up later, after fetching the hammer and chisel from the first dig. The passage sloped up and down again to a choke.

We took some photos and surveyed everything. When the Survex file was plotted, it all became clear: the survey was identical to number 1294, Epiglottis Cavern, which had been located too low down on the hillside. Now the only mystery was, in the 19 years since the cave was first explored how did the first squeeze get to look as if no one had ever forced their way through it? And how had their footprints got so faint? After we'd been up and down the passage a couple of times, we'd left some very obvious footprints. Let's hope the cave recovers from our visit in the same way.

On the opposite side of the Cubija valley, Paul Wilman, Sam, Tim and Louise eventually found the entrance to Sima de los Hoyos (0072) - "too many depressions with trees". They had a tourist trip

Billy y Lloyd.

Tras sacar algunas fotos en las enormes salas, Pete y Lloyd exploraron la obstrucción final, siguiendo la cuerda que se dejó ayer.

Pero sin llegar más lejos. Al salir, vieron un pozo de 7 m en el borde occidental de la segunda sala y una bajada cercana al mismo nivel.

A unos 200 m hacia el sureste de la entrada de Rascavieja, Andy y Pedro fueron a desobstruir 4114. Pedro escribió:

En nuestro segundo día de excavación, terminamos de abrir el estrechamiento. El primer día habíamos encontrado una gran estalagmita enterrada en el sedimento y algunos pedazos más pequeños aparentemente debajo de una capa de colada, que parecía un poco extraño, como si alguien en el pasado los hubiera roto y dejado allí.

Andy pasó primero. En el interior pronto vimos algunas pisadas débiles. Definitivamente, alguien había estado en la cueva. Unos huesos pequeños y un canino o «colmillo», y algunas marcas en las paredes solo aumentaron la sospecha: ¡alguien había estado aquí antes!

En el otro lado del estrechamiento, la galería se amplió rápidamente y podíamos caminar con algunos charcos y algunas estalagmitas bastante bonitas. Pronto terminó en un laminador que abrimos más tarde, después de coger el martillo y el cincel de la primera excavación. La galería se inclinaba subía y luego bajaba hasta una obstrucción.

Sacamos algunas fotos y topografiamos todo. Cuando vimos el archivo de Survex, todo quedó claro: la topo era idéntica a la de 1294, Epiglottis Cavern, que se había ubicado demasiado abajo en la ladera. Ahora, el único misterio era, en los 19 años transcurridos desde que se exploró la cueva por primera vez, ¿cómo llegó a parecer como si nadie se hubiera abierto paso a través del primer estrechamiento? ¿Y cómo se habían vuelto tan débiles sus pisadas? Después de subir y bajar la galería un par de veces, dejamos algunas huellas muy obvias. Esperemos que la cueva se recupere de nuestra visita de la misma manera.

En el lado opuesto del valle de Cubija, Paul Wilman, Sam, Tim y Louise finalmente encontraron la entrada a Sima de los Hoyos (0072), «demasiados hoyos con árboles». Hicieron una incursión turística viaje turístico para ver sus encantos, quitándose las botas para caminar sobre

40 m para el final y, con una corriente muy buena, «realmente hay que volver a mirarlo».

Al día siguiente, 10 de agosto, fueron Nigel, Pete Clewes, Dave Dillon, Richard,

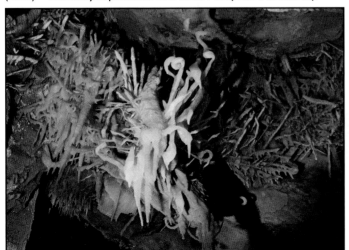

Eccentrics and Carolina in site 0415.

Excéntricas y Carolina en 0415.   *Nigel Dibben*

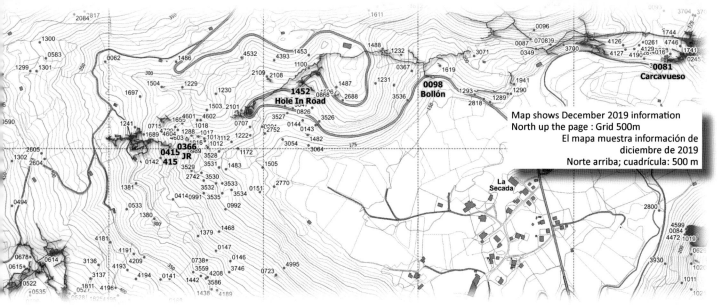

Northwest corner of La Secada. The edge of the Cubija System is shown bottom left. Exploration has been going for years to try to link this with 0415 then through to 1452 / 0098 and the 4 Valleys System through Cueva de Carcavuezo.
Sección noroeste de La Secada. El extremo del Sistema de Cubija se muestra abajo a la izda. Durante años se ha explorado para intentar conectarlo con 0415 luego hasta 1452 / 0098 y el Sistema de los Cuatro Valles a través de Carcavuezo.

to view the attractions, taking off their boots to walk on the calcite.

Carolina and Chris had a short trip into 0415 to examine an undescended pitch in the end series. This ended in a chamber 4m down and a climb over the pitch head entered an 8m tall chamber with flowstone. Carol wrote:

The only thing left now to finish the survey is to tie in the new survey with the Helictite Passage survey and the Big Pitch survey. I'm afraid the mythical connection with Mostajo cannot be found.

Tom and Nigel joined Carolina and Chris on the next trip where Nigel and Tom took photos and the connecting legs were surveyed, completing the centre line survey.

Si and Di pushed on from their New Year's Day dig in draughting Torca J.R. (0366) finding the rock very hard and difficult to cap. On a second attempt, they used a chisel bit on a drill rather than capping.

The rock fractured easily. Used four batteries and more to do... Felt a strong draught coming out of Pants (1655) and Underpants as we walked past!

On August 8th, for the next attempt, they brought in Neil but endeavours concluded when J.R. was declared 'dead'.

Finished capping the crawl. Removed flake guarding the next drop and it does nothing without some very serious destruction.

Lizzie, Chris and Lloyd took digging gear to site 1017, called Socks because it was below the Pants and Underpants digs. The previous blockage had disappeared possibly, they thought, following a storm in the last two years.

Following a fairly narrow and awkward ladder climb down, a steeply sloping rift leads down to a blockage [at 11.5m depth]. The draught is quite strong but the walls are far too close together. ... Capping would be a dangerous business, as there are loose rocks a-plenty.

But they were hopeful it could be dug down with a determined team of at least four people.

Eleven years of neglect had not stopped the Pants dig draughting. Billy and Dave Dillon wandered over the area on August 17th finding four new possibilities and visiting others. At new site 4601, a small draughting hole, it was possible to drop down a metre and ...

... look along a 15cm diameter draughting tube to a rift. Draught makes a noise in the tube. Probably easier to dig down to rift from surface, if tempted.

About 12m away to the east, site 4602 was found draughting as was 1018, which had "lots of draughts". Site 4603 was found to be draughting from under a tree in the shakehole while 4604 had a faint draught. Here they could see 4.5m into the back of a narrow crawl.

It can only be a matter of time before "something goes" and connects the Four Valleys System with the Cubija System! The many draughts in this NW corner of the Matienzo depression create the same anticipation as those up the track at Seldesuto. (See below.)

At Cueva del Agua (0059), Lloyd, Lizzie, Sahil and Alex had a "small wander around the entrance to get new Matienzo members excited about the expedition".

On Neil's last expedition day, he visited Cueva del Bosque (0373) with Si and Di - a new cave for all three, about 225m above the north side of La Vega but easily accessible from the Bosmartín - Las Calzadillas track. It had last been visited in August 2009 when the

la calcita.

Carolina y Chris entraron brevemente a 0415 para examinar un pozo no explorado en la red final que terminó en una sala de 4 m. Una travesía por encima de la cabecera dio a una sala de 8 m de altura con colada. Carol escribió:

Lo único que queda ahora para terminarlo es vincular la nueva topografía con la de Helictite Passage y la de Big Pitch. Me temo que no se puede encontrar la conexión mítica con Mostajo.

Tom y Nigel se unieron a Carolina y Chris en su siguiente salida, cuando Nigel y Tom sacaron fotos y se topografiaron las conexiones, completando la topografía de la poligonal central.

Si y Di siguieron desde su excavación del día de Año Nuevo en una Torca J.R. (0366) sopladora, pero la piedra era muy dura y difícil de romper. En un segundo intento, utilizaron una broca de cincel en el taladro en vez de micros.

La roca se fracturó fácilmente. Usé cuatro baterías y queda más [...] ¡Sentimos una fuerte corriente de aire que salía de Pants (1655) y Underpants al pasar por delante!

El 8 de agosto, para el siguiente intento, llevaron a Neil, pero los esfuerzos concluyeron cuando J.R. se declaró «muerta».

Terminamos de rematar la gatera. Quitamos un saliente que protegía el siguiente desnivel, pero no hay nada sin una destrucción de las grandes.

Lizzie, Chris y Lloyd llevaron equipo de excavación a 1017, Socks. La obstrucción anterior había desaparecido posiblemente, pensaron, después de una tormenta en los últimos dos años.

Tras una bajada bastante estrecha e incómoda por una escala, una grieta pronunciada conduce a una obstrucción [a 11,5 m de profundidad]. La corriente es bastante fuerte pero las paredes están demasiado juntas. [...] Micros podrían ser peligrosos, ya que hay muchas rocas sueltas.

Pero tenían la esperanza de que pudiera ampliarse con un equipo decidido de al menos cuatro personas.

Once años de negligencia no habían impedido que la excavación de Pants perdiera la corriente. Billy y Dave Dillon se pasearon por el área el 17 de agosto y encontraron cuatro nuevas posibilidades y visitaron otras. En el nuevo 4601, un pequeño agujero soplador, se podía bajar 1 m y...

Miramos por un tubo soplador de 15 cm de diámetro hasta una grieta. La corriente de aire hace ruido en el tubo. Quizás más fácil abrir la grieta desde la superficie, si a alguien le tienta.

A unos 12 m al este, encontraron 4602, con corriente, y 1018, que tenían «muchas corrientes de aire». Vieron que la corriente de 4603 salía de debajo de un árbol en el hoyo, mientras que el 4604 tenía una corriente débil. En este se podían ver 4,5 m hasta el final de una gatera estrecha.

¡Solo puede ser cuestión de tiempo antes de que «algo vaya» y conecte el Sistema de los Cuatro Valles con el Sistema de Cubija! . Las muchas corrientes de aire en esta esquina NO de la depresión de Matienzo crean la misma anticipación que las de Seldesuto. (Véase más abajo.)

En la Cueva del Molino (0059), Lloyd, Lizzie, Sahil y Alex dieron un «pequeño paseo por la entrada para entusiasmar a los nuevos miembros de Matienzo con la expedición».

El su último día de expedición, Neil visitó la Cueva del Bosque (0373) con Si y Di, una nueva cueva para los tres, a unos 225 m del lado norte

length was extended to 265m.[3] Up in the New Forest chamber they found a hole below an old dig.

> *... found a false floor and began removing boulders which revealed spaces below. Capped the larger boulders to reveal an approx. 5m pitch through loose boulders.*

They had to leave this for Neil to catch his flight, but he asked that Si and Di check the hole to make sure it wasn't a blind pit. This they did a couple of days later, finding a 6 x 10m chamber with ...

> *... a further hole amongst boulders which requires capping. Will continue digging with Slim at Xmas / Easter.*

The Northeast Sector including the Four Valleys System, Solórzano and Garzón

Footleg, Dave Garman, Tackleberry and Pacman had an evening stroll towards the Mushroom Field. Checking the Carcavuezo (0081) entrance, they found it full of sediment and "completely beyond hope". Dave found a draughting rift around the next rise which turned out to be the real entrance and was "completely free of debris!". Dave and Footleg then inspected draughting 0603 at the top, northern end of the Mushroom Field noting that it looked "cappable" to gain access to the horizontal crawl beyond.

On July 31st, the four entered Carcavuezo with the intention of Dave free-diving the sump at the end of S.W. Passage where it appeared to approach, at right angles, bouldery, watery sections in Rocky Horror in Cueva Hoyuca (0107). Running water could be heard through the sump but Dave's free-dive attempt, attached to 4 belay belts, failed and no air space was found.

Dave, Footleg and Tackleberry returned with Tim and Dan Kent. This time Dave had a 3 litre dive bottle. He dived through to meet the Rocky Horror boulders.

> *Inspection of the boulder choke led to discovery of orange guide line leading through choke crawl - one east, one west. The east crawl followed (care), ending in chamber with cascade (approx. 2m). Cascade climbed and route up and through boulders found, coming up into another chamber with bedding leading off.*
> *Sump line now bolted both ends and now a short 4 - 5m free dive; vis clears quickly.*

Dave warned of a loose boulder which moved behind him in the crawl to the cascade chamber.

> *It is now propped but jack or timber will be needed as a second measure.*

This exploration, a new link between Carcavuezo / Llueva and Cueva Hoyuca, implied that the surveys of both caves were more-or-less OK in plan but had a significant difference in the z axis, in turn suggesting that the Trident Passages could be 15m - 20m higher than currently shown. Video was taken on both sides of the connecting sump and the edited video, on YouTube,[4] shows the bouldery conditions encountered and the durability of an orange dive line installed as a guide through the Rocky Horror choke thirty one years before!

The team also had a dig to the southwest of the sump chamber, surveying batch 0114-17-02.

> *Crowbar used to move a couple of boulders 3/4 way along. Passage ends at collapsed boulder choke ... removed few boulders but more came down!*

Over a couple of days, Footleg and Tim, first with Dave, Tackleberry and Josh, then with Dan, resurveyed passages around the Afternoon Stroll area and "pushed an apparent blind passage on the right to a small, silted grotto".

Up on the hillside to the east, Cueva de los Tres Niños (0565) was

3 Matienzo: 50 Years of Speleology, p226
4 'Llueva/Carcavuezo to Hoyuca dive through, 2017' in the Videos section of the 0081 description.

---

de La Vega pero fácilmente accesible desde el camino de Bosmartín - Las Calzadillas. Se había visitado por última vez en agosto de 2009, cuando el desarrollo se amplió a 265 m.[3] En la sala de New Forest encontraron un agujero debajo de una vieja excavación.

> *Encontramos un suelo falso y empezamos a mover rocas que revelaron espacios debajo. Rompimos las rocas más grandes y vimos un pozo de aprox. 5 m entre bloques sueltos.*

Tuvieron que dejarlo para que Neil no perdiera el avión, pero les pidió a Si y Di que lo revisaran para asegurarse de que no fuera un pozo ciego, algo que hicieron un par de días después, encontrando una sala de 6 x 10 m con...

> *Un agujero más entre bloques que hay que abrir. Continuaremos investigando con Slim en Navidad/Semana Santa.*

Sector Noreste incluyendo el Sistema de los Cuatro Valles, Solórzano y Garzón

Footleg, Dave Garman, Tackleberry y Pacman dieron un paseo vespertino hasta el prado cerca de Carcavuezo. Al revisar la entrada de esta cueva (0081), la encontraron llena de sedimentos y «sin ninguna esperanza». Dave encontró una fisura sopladora alrededor de la siguiente subida que resultó ser la entrada real y estaba «¡completamente libre de sedimentos!». Dave y Footleg luego inspeccionaron el agujero soplador 0603 en la parte superior norte del prado y observaron que se podría «desobstruir» para obtener acceso al laminador al otro lado.

El 31 de julio, los cuatro entraron a Carcavuezo con la intención de que Dave buceara en libre en el sifón al final de S.W. Passage donde parecía acercarse, en ángulo recto, a tramos con rocas y agua en Rocky Horror en Cueva Hoyuca (0107). Podían oír agua corriendo a través del sifón, pero el intento de buceo libre de Dave, conectado a 4 cinturones de seguridad, falló y no encontró un espacio de aire al otro lado.

Dave, Footleg y Tackleberry regresaron con Tim y Dan Kent. Esta vez Dave tenía una botella de buceo de 3 litros. Buceó y se encontró con las rocas de Rocky Horror.

> *La inspección del caos de bloques condujo al descubrimiento de un hilo guía naranja que atraviesa la obstrucción: uno al este y otra al oeste. Se sigue por la gatera (cuidado), terminando en una sala con cascada (aprox. 2 m). Subí por la cascada y a través de las rocas y me encontré subiendo a otra sala con un laminador que continuaba.*
> *La guía del sifón ahora anclada a ambos extremos y es ahora una inmersión libre corta de 4 a 5 m; la visibilidad se aclara rápidamente.*

Dave advirtió de una roca suelta que se movió tras él en la gatera hacia la sala de la cascada.

> *Ahora está apuntalada, pero se necesitará metal o madera como segunda medida.*

Esta exploración, una nueva conexión entre Carcavuezo/Llueva y Cueva Hoyuca, implicaba que los topografías de ambas cuevas estaban más o menos bien en planta pero tenían una diferencia significativa en el eje z, sugiriendo a su vez que los Trident Passages podrían ser de 15 m - 20 m más altos de lo que se muestra actualmente. Se sacó un vídeo a ambos lados del sifón de conexión y el vídeo editado, en YouTube,[4] muestra las rocas encontradas y la durabilidad de un hilo de buceo naranja instalado como guía a través de la obstrucción Rocky Horror ¡treinta y un años antes!

El equipo también realizó una excavación al suroeste de la sala del sifón, topografiando el lote 0114-17-02.

> *Usamos una palanca para mover un par de bloques a 3/4 del camino. La galería termina en el caos de bloques colapsados [...] ¡quitamos algunas rocas, pero cayeron más!*

3 Véase Matienzo: 50 años de espeleología, p. 226
4 «Llueva/Carcavuezo to Hoyuca dive through, 2017» en la sección de vídeos de la descripción de 0081.

D.C.C. progressing at site 4594.

DCC consigue avanzar en 4594. *Nigel Dibben*

visited by Footleg, Josh, Dave Garman and Tackleberry.

Bolt climb to high level passage in roof of main chamber. Approx. 12m climb leading to roof traverse into rift passage. Easy crawling for about 30m leads to a blank wall. Ten metre aven free climbed (overhanging calcite) to close down approx. 5 metres later.

On August 19th, Billy, Dave Dillon and Nigel went to investigate the "digging potential" of 4238, a resurgence just south of Torca Aldi (3004), documented the previous summer.

Dropped water level by siphon then had short dig at blockage beyond. Disto'd over top 3.2m from dam. ... May deserve a serious dig but would start with at least 2m of solid fill to remove.

On August 6th, Richard and Dave Dillon examined the main sink area after rain the previous day, confirming the ever-changing nature of the sumidero. "Water sinking in multiple places including some not marked on the Easter 2015 survey." They also spotted signal crayfish.

On August 1st, following instructions from Phil, the DCC team - Nigel, Peter Clewes, Dave Dillon and Richard - checked out some old sites on the hillside north of the Mushroom Field. They examined 2709, 1552 and 1553 finding no real prospects but, between the last two holes, found dig 4595 in another shakehole.

Moving onto 4180, they surveyed 14m of passage from daylight to daylight, but a through trip was thwarted by tree roots. New site 4594 was found just up the slope as "three holes with draught".

Dug central hole down for about 2m removing sandstone boulders. Still going. Good draught. We'll be back.

On the same day, Steve, Sam, Paul Wilman. Jess and Pacman worked on site 0603, Near the Bar Pot.

Three caps enlarged the entrance drop down to a small chamber. Now fit for normal sized people. At bottom of shaft, small boulder removed with hammer and chisel to clear way on. Horizontal passage approx 5m long, flat out crawl leading to small rift that leads to next horizontal crawl that needs enlarging for normal sized people to fit through.

Jess and Pacman returned to 0603 on August 4th. Jess, "not being a normal sized person" managed to get into the second crawl after moving some rocks.

Once eventually through to the other side, the passage opened up to about 5m high. Even though it was tall it was still very tight ... so much so I had to cave without a helmet for about 10m of passage.

The passage then bent to the right where it required further enlarging to continue. They surveyed the cave and took photos.

Jess, Tackleberry and Dave excavated at the end on the 7th.

Drilled and capped rock. Strong draught! Dug away all capped rock and chiselled an extra lump off. When moving spoil found a small hole under dig, running parallel. Convenient place to dump spoil. Need at least three more caps to make ongoing passage passable.

On August 13th, the more "normal-sized" Steve and Bill Sherrington visited along with Peter Clewes. Bill dropped in and down a 1.5m rift to a second squeeze over a boulder ...

... that needs capping. A metre below that, two more boulders need capping to access low crawl .

However, the draught was good and they returned that evening to install one good piece of steel scaffolding in the entrance.

Bill and Steve returned a couple of days later to open up access to the first crawl although a rock caused an issue for Bill when it dropped onto his left eye socket, causing some pain and swelling. Bill commented, "Good cold draught and thankfully handy for the bar where ice and pacharan are applied - liberally!"

He was back with Peter on the 17th. They still seemed to be short of where Jess had got to but noted a draughting slot down at the end of the first crawl to possible "large passage".

The DCC diggers returned to 4594, removing large boulders. When they'd finished for the day, the site was still draughting well and they were still digging in boulders and soil. No return has been made.

Other sites were documented on the walk to the dig - 4596, 4597 and 4598 are all draughting digs and they were further excavated on August 7th. Site 4596 was found draughting strongly in relatively cool weather but progress here was halted by two large boulders that required capping. It was seen that 4597 had only a slight draught and also large boulders blocking the way so was relegated to 4th out of the four digs in the area.

They spent some time removing debris from 4598, quickly opening up a draughting hole and manually breaking up a limestone boulder before rain stopped play. Digging has yet to resume at any of these sites.

Durante un par de días, Footleg y Tim, primero con Dave, Tackleberry y Josh, luego con Dan, volvieron a topografiar las galerías alrededor del área de Afternoon Stroll y «forzaron una galería aparentemente ciega a la derecha hacia una pequeña gruta llena de sedimentos».

Subiendo por la ladera al este, Footleg, Josh, Dave Garman y Tackleberry visitaron la Cueva de los Tres Niños (0565).

Escalada artificial a la galería superior en el techo de la sala principal. Aprox. 12 m que dan a una travesía en el techo al pozo de la grieta. Una gatera fácil durante unos 30 m da a una pared en blanco. Chimenea de 10 m subida en escalada libre (calcita que sobresale) para cerrarse aprox. 5 m después.

El 19 de agosto, Billy, Dave Dillon y Nigel fueron a investigar el «potencial de excavación» de 4238, una surgencia al sur de Torca Aldi (3004), documentada el verano anterior.

Bajamos el nivel del agua con sifón y luego excavamos un poco en la obstrucción al otro lado. El Disto por encima da 3,2 m desde la presa. [...] Puede merecer una excavación seria, pero habría que empezar quitando al menos 2 m de relleno sólido.

El 6 de agosto, Richard y Dave Dillon examinaron el área del sumidero principal después de la lluvia del día anterior, confirmando la naturaleza cambiante del sifón. «El agua se sumerge en varios puntos, incluidos algunos no marcados en la topografía de Semana Santa de 2015». También vieron cangrejos de río.

El 1 de agosto, siguiendo las instrucciones de Phil, el equipo de DCC —Nigel, Peter Clewes, Dave Dillon y Richard— revisaron algunos agujeros antiguos en la ladera al norte del prado cerca de Carcavuezo. Examinaron 2709, 1552 y 1553 y no encontraron nada practicable, pero, entre los dos últimos, encontraron la excavación 4595 en otro hoyo.

Pasando a 4180, topografiaron 14 m de pozo de luz del día a luz del día, pero la travesía no pudo hacerse por las raíces de los árboles. Encontraron otro nuevo agujero, 4594, justo encima de la pendiente como «tres hoyos con corriente».

Cavamos un hoyo central hacia abajo por unos 2 m quitando rocas de arenisca. Todavía va. Buena corriente. Volveremos.

El mismo día, Steve, Sam, Paul Wilman. Jess y Pacman trabajaron en 0603, Near the Bar Pot.

Tres micros agrandaron el pozo de la entrada a una pequeña sala. Ahora apto para personas de tamaño normal. En la base del pozo, quitamos una pequeña roca con un martillo y un cincel para abrir el camino. Galería horizontal de unos 5 m de largo, laminador que da a una pequeña fisura que conduce al siguiente laminador que se ha de ampliar para que pasen personas de tamaño normal.

Jess y Pacman volvieron a 0603 el 4 de agosto. Jess, «no siendo una persona de tamaño normal» logró entrar en el segundo laminador después de mover algunas rocas .

Cuando finalmente pasé , la galería se abrió a unos 5 m de altura. A pesar de que era alta, todavía era muy estrecha [...] tanto que tuve que seguir sin casco durante unos 10 m.

La galería luego giraba a la derecha donde se tenía que ampliar para poder continuar. Topografiaron la cueva y sacaron fotos.

Jess, Tackleberry y Dave excavaron al final el día 7.

Micros en la roca. ¡Corriente fuerte! Quitamos toda la roca rota y quitamos un trozo extra con cincel. Al moverlo todo vimos un pequeño agujero bajo la excavación que corría paralelo. Conveniente para tirar los restos. Necesita al menos tres micros más para poder pasar por la galería.

El 13 de agosto, Steve y Bill Sherrington, más «de tamaño normal», fueron a la cueva junto con Peter Clewes. Bill bajó por una grieta de 1,5 m hasta un segundo estrechamiento sobre un bloque...

Que se tiene que romper. Un metro por debajo hay que hacer lo mismo con dos rocas más para acceder a un laminador.

Sin embargo, la corriente era buena y volvieron esa tarde para instalar un buen andamio de acero en la entrada.

Bill y Steve regresaron un par de días después para abrir el acceso al primer laminador, aunque una piedra le causó un problema a Bill cuando le entró en el ojo izquierdo, causándole algo de dolor e hinchazón. Bill comentó: «Buena corriente fría y por suerte a mano del bar donde se aplica hielo y pacharán, ¡generosamente!»

Regresó con Peter el día 17. Todavía parecían estar lejos de donde Jess había llegado, pero vieron una ranura sopladora hacia abajo al final del primer laminador a un posible «galería grande».

Los excavadores del DCC volvieron a 4594, quitando grandes rocas. Cuando terminaron por el día, aún llevaba una buena corriente de aire y seguían desobstruyendo rocas y tierra. No se ha vuelto.

Se documentaron otros agujeros de camino a la excavación: 4596, 4597 y 4598 son excavaciones sopladoras y se excavaron más el 7 de agosto. El 4596 llevaba una fuerte corriente un día relativamente frío, pero el

James Carlisle and Juan Corrin took visiting French caver, François Tollemer, down Chestnut Hole (0102) to attempt a dig at the bottom and gather some z data since only a survey plan was available. The cave had last been descended on August 6th, 1988 when fluorescein dye was put into the stream then seen again in the Gorilla Walk in Cueva Hoyuca (0107).

James and François excavated at the end while Juan started to survey out. James wrote:

Passage marked 'v. low' continues very low through liquid mud. Progress made for several body lengths; continues with draught. Very squalid and requires bicycle kicking mud to progress. [A draughting inlet entering the main chamber] needs a couple of boulders removing to progress, but going back towards entrance, so probably not worth it.

When the 258m of survey data was fed into the computer, the depth was shown to be about 40m, putting the squalid crawl just above the level of the Gorilla Walk. The squalor would probably continue for the full 200m separating them.

On July 23rd, Phil, Juan, Pedro and François dug down another 20cm in the Sub-phone Dig (4536). Conditions were tough as there were "many small sandstone blocks in clay" and very hot with the sun directly overhead. However, a small, draughting hole was opened up.

After a day of heavy rain, the hole was "a little wet and muddy" on the 25th when Juan, Phil and Torben turned up to dig.

After a lot of clay was removed, Torben managed to move a block from next to where the draught has been found. It was then easy to dig down and, after about half an hour, the draught was found again and a 6 inch diameter hole into a rift.

A few snappers were used and hopes were high that an entry could be possible next time.

On the 25th, Phil, Terry and Juan, after more snapping and capping, watched Torben (the thinnest and most flexible) unsuccessfully attempt to get down a tight 3m drop at the base.

Finally, on the 28th, Sub-phone Dig became Sub-phone Entrance. After more difficult rock removal, Torben slithered down to station 3234-17-03.106 but was unable to reverse the move without a foot-loop and hefty pull from Phil and Juan above. More rock removal would be needed to allow easier access.

Two days later slow progress was made by Juan, Pedro, Torben, Richard and Phil due to forgotten equipment, requiring two trips back to Matienzo and yet more difficult rock. "One more dig with caps and snappers will see it fully open."

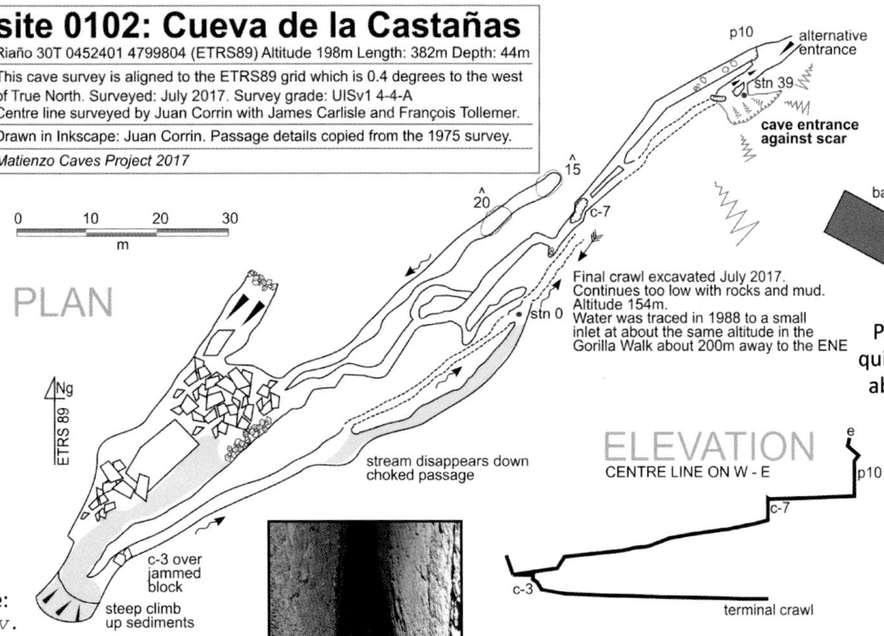

site 0102: Cueva de la Castañas
Riaño 30T 0452401 4799804 (ETRS89) Altitude 198m Length: 382m Depth: 44m
This cave survey is aligned to the ETRS89 grid which is 0.4 degrees to the west of True North. Surveyed: July 2017. Survey grade: UISv1 4-4-A
Centre line surveyed by Juan Corrin with James Carlisle and François Tollemer.
Drawn in Inkscape: Juan Corrin. Passage details copied from the 1975 survey.
Matienzo Caves Project 2017
0 10 20 30
m
PLAN
Ng
ETRS 89
p10
alternative entrance
stn 39
cave entrance against scar
barn
15
20
c-7
Final crawl excavated July 2017.
Continues too low with rocks and mud.
Altitude 154m.
Water was traced in 1988 to a small inlet at about the same altitude in the Gorilla Walk about 200m away to the ENE
stn 0
stream disappears down choked passage
c-3 over jammed block
steep climb up sediments
ELEVATION
CENTRE LINE ON W - E
e
198m
p10
c-7
c-3
terminal crawl
154m

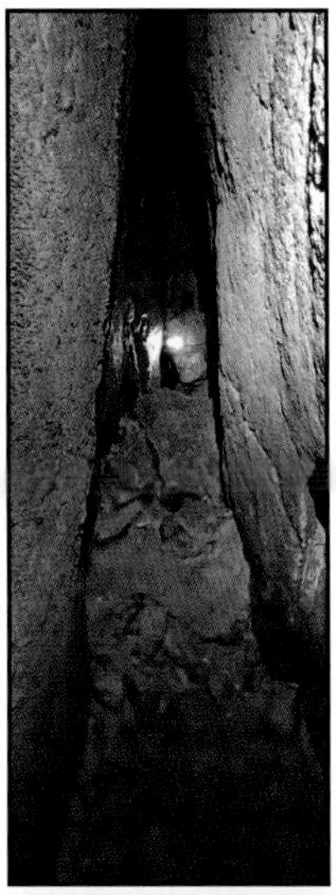

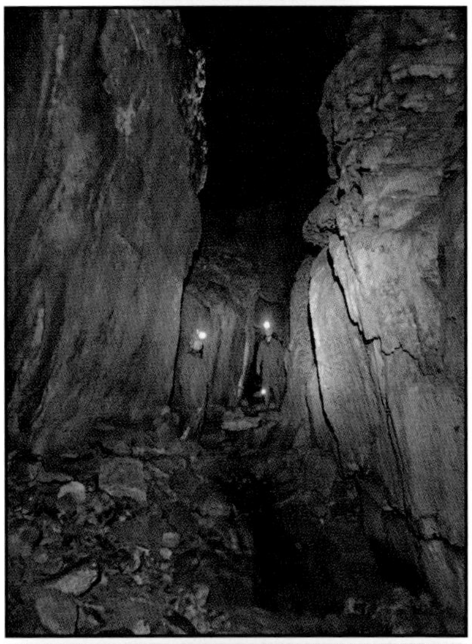

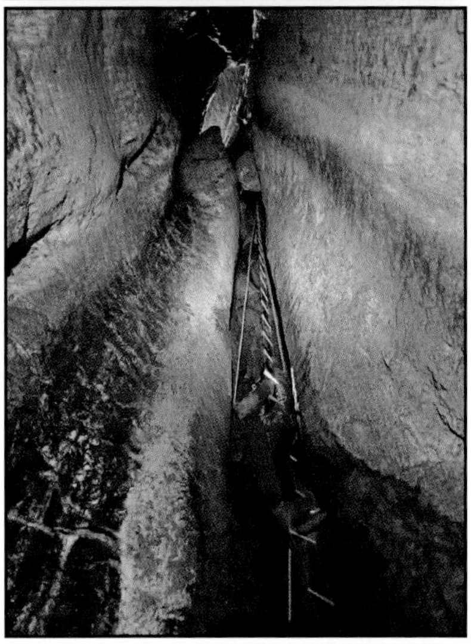

François (top and bottom) and James in Chestnut Hole.
François (arriba y abajo) y James en Chestnut Hole.
Juan Corrin

progreso aquí se detuvo debido a dos grandes rocas que se tenían que romper. La corriente de 4597 era suave y también tenía grandes rocas que bloqueaban el camino, por lo que quedó relegado al cuarto puesto de las cuatro excavaciones en el área. Pasaron un buen rato quitando restos en 4598, abriendo rápidamente un agujero soplador y rompiendo manualmente una piedra caliza antes de que la lluvia los detuviera. La excavación aún no se ha reanudado en ninguno de los dos.

James Carlisle y Juan llevaron al espeleólogo francés de visita, François Tollemer, a Chestnut Hole (0102) para intentar excavar en el fondo y recopilar algunos datos z, ya que solo había un plano de la topo. La cueva había sido explorada por última vez el 6 de agosto de 1988 cuando se vertió colorante en el arroyo —que se volvió a ver en Gorilla Walk en Cueva Hoyuca (0107)—.

James y François excavaron al final mientras Juan comenzaba la topo. James escribió:

Galería marcada «muy baja» continúa muy baja a través de barro líquido. Avanzamos varios metros; continúa con corriente. Muy asqueroso y hay que patear el barro para progresar. En [una lateral con corriente que entra en la sala principal] hay que quitar un par de rocas para avanzar, pero vuelve hacia la entrada, por lo que probablemente no valga la pena.

Cuando se introdujeron los 258 m de datos de la topografía en el ordenador, se demostró que la profundidad era de unos 40 m, lo que puso el laminador de barro justo por encima del nivel del Gorilla Walk y probablemente continuaría igual en los 200 m que los separan.

El 23 de julio, Phil, Juan, Pedro y François abrieron otros 20 cm en Sub-phone Dig (4536). Las condiciones eran difíciles ya que había «muchos pequeños bloques de arenisca en arcilla» y mucho calor con el sol directamente encima. Sin embargo, se abrió un pequeño orificio soplador.

Tras un día de fuertes lluvias, el agujero estaba «un poco húmedo y embarrado» cuando Juan, Phil y Torben aparecieron para excavar.

Después de quitar mucha arcilla, Torben logró mover un bloque justo donde se encontró la corriente. Entonces fue fácil excavar y, después de cerca de media hora, se encontró de nuevo el tiro y un agujero de 15 cm de diámetro a una fisura.

Se utilizaron algunos micros y había muchas esperanzas de poder entrar en la siguiente visita.

El día 25, Phil, Terry y Juan, después de más micros, vieron como Torben (el más delgado y flexible) intentaba bajar sin éxito una desnivel de 3 m en la base.

Finalmente, el día 28, Sub-phone Dig se convirtió en la entrada Sub-phone. Tras quitar más rocas con dificultad, Torben se deslizó hasta la estación 3234-17-03.106, pero no pudo volver a salir sin un pedal y un fuerte tirón de Phil y Juan arriba. Habría que quitar más rocas para poder acceder con más facilidad.

Dos días después, Juan, Pedro, Torben, Richard y Phil progresaron lentamente debido al equipo olvidado, teniendo que volver dos veces a Matienzo, y roca aún más difícil. «Una excavación más con micros y estará completamente abierto».

El día 31, Torben, Louise, Phil y Pete O'Neill tuvieron «diez intentos» con micros, pero «no llegaron a ninguna parte». Luego notaron que un lecho de lutita, demasiado suave para micros pero demasiado difícil de excavar, estaba en el camino y que un martillo neumático sería la herramienta de

Not Welcome

JUAN CORRIN

The people who organise and enable the Matienzo Caves Project try to continue the welcoming approach to new cavers who want to become involved. Although each person is responsible for their own safety, e.g. personal equipment and checking rigging, the MCP carries out some whole group safety aspects for the participants. Steve Martin, as tackle master, checks ropes and other group equipment, and participants are asked to fill in (or check) a form with personal data, including insurance details and passport number.

Very occasionally (one or two cases?) we have felt the need to discourage people from taking part - where they haven't taken on the necessity of writing up trips and / or made false accusations about the people running the Project. There are, after all, a number of other caving expeditions they could possibly join where they might better fit in. One person, however, was in a separate league.

After this caver wrote on the MCP Google calendar he was coming out on a summer trip, a number of accusations of a sexual nature appeared from, what can be called, trusted sources. This person had been an asset to previous expeditions so, it was with regret that, after consulting others, he was told he was "not welcome".

Unfortunately, the caver decided that he had a right to participate and a lengthy exchange of emails occurred. Professional advice was taken about what the MCP could and should do, with the opinion being that if this person did turn up in Matienzo, we had a duty to inform others of the accusations. Meanwhile, the caver started court proceedings against Juan (as the person who had been dealing with the matter) to claim flight and other expenses.

The small claims court papers arrived, then reminders and deadlines while Juan was in Matienzo, so there was no chance to respond to the default decision of 'guilty'. After the expedition, Juan immediately responded, asking (with a large payment to the court) for the decision to be revoked, as the papers had been delivered (as the caver well knew) while the summer expedition was in full swing.

This required an appearance by both of us before a judge who immediately gave his judgement that the caver had no case claiming his air fare and expenses, as no contract had been made. Unfortunately, no costs were asked for or awarded so both the caver and the MCP were left out-of-pocket .

The following summer, the caver again threatened to be part of the expedition but the allegations still stood. The issue was discussed at the open meeting with various options mulled over. Fortunately, the individual did not turn up, allowing the expedition to proceed without uneasiness or disruption.

On the 31st, Torben, Louise, Phil and Pete O'Neill had "ten tries" with caps but were "getting nowhere". They then noticed that a shale bed - too soft to cap but too hard to dig - was in the way and that a jack hammer would be the tool of choice on the next visit. Pete and Torben were able to get down and out "without too much trouble" and visit Ali Chamber.

Pete and Torben were back in on August 1st. "This time I felt confident that it would be possible to get out without getting pulled", wrote Torben. They had a "good look" around Mulu Manners and Mitre Passage, checking out 5 potential leads.

The next day, Phil used a generator-powered jack hammer on the vertical squeeze down the hole while Torben and Juan assisted on the surface.

> By 2pm (after one and a half hours) the slot down was deemed big enough so Torben rang Louise. She left the children with Hilary to supervise and drove over to join the team.

Everyone dropped into the new entrance and made their way through Mulu Manners to one of the open leads, a small pitch / climb down over scree that Pete had previously inspected. Juan took photos in the vicinity and back in Mulu Manners while the others rigged and descended the hole.

> ... sandy floor, walking size. The passage meanders, occasionally big boulders to pass.

The route ended in a chamber with various leads including a draughting one to the east. Batch 3234-17-04 was surveyed before coming out.

Tom, Pete O'Neill, Pedro, Louise and Torben formed the next team for the 4th but Pedro and Louise had to leave before the others pushed on from the chamber. Tom wrote:

> After the hand-climbs, a quick scamper and we surveyed into the on-going, open passage and continued amazed for a few hours. Once realising the time, we decided to stop at 600m opposed to going too far beyond callout time. Plenty more to do.

An 11 minute video on YouTube conveys some of the

elección en la próxima visita. Pete y Torben pudieron bajar y salir «sin demasiados problemas» y visitar Ali Chamber.

Pete y Torben regresaron el 1 de agosto. «Esta vez me sentí seguro de que sería posible salir sin que tiraran de mí», escribió Torben. Echaron un «buen vistazo» en Mulu Manners y Mitre Passage, comprobando 5 posibles continuaciones.

Al día siguiente, Phil usó un martillo perforador con un generador en el estrechamiento vertical hacia abajo mientras Torben y Juan ayudaban en la superficie.

> A las 2 pm (después de una hora y media), la ranura se consideró lo suficientemente grande, por lo que Torben llamó a Louise. Dejó a las niños con Hilary para que las cuidara y se unió al equipo.

Todos entraron en la nueva entrada y se abrieron paso a través de Mulu Manners hasta uno de los interrogantes, un pequeño pozo/destrepe sobre las rocas sueltas que Pete había inspeccionado previamente. Juan sacó fotos en los alrededores y de regreso en Mulu Manners mientras los demás instalaban y bajaban el pozo.

> Suelo arenoso, se puede andar. La galería serpentea, en partes hay que pasar grandes rocas.

La ruta terminaba en una sala con varias continuaciones, incluida una sopladora hacia el este. El lote 3234-17-04 se topografió antes de salir.

Tom, Pete O'Neill, Pedro, Louise y Torben formaron el siguiente equipo el día 4, pero Pedro y Louise tuvieron que irse antes de que los demás salieran de la sala. Tom escribió:

> Después de bajar, un rápido vistazo y topografiamos por la galería abierta y continuamos asombrados durante unas horas. Cuando nos dimos cuenta de la hora, decidimos parar a 600 m en lugar de pasarnos de la hora esperada de salida. Mucho más por hacer.

Un vídeo de 11 minutos en YouTube transmite algo de la emoción de los dos días. El enlace se puede encontrar en la sección de vídeos cerca de la base de la descripción: «Summer 2017 - explorations through SubPhone Entrance».

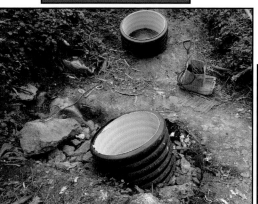

The tube's progress at the Sub-phone entrance.   *Juan Corrin with Phil Papard.*
La evolución del tubo en la entrada Sub-phone. *Juan Corrin con Phil Papard.*

Non Grata
Juan Corrin

Las personas detrás de Matienzo Caves Project intentan fomentar un enfoque acogedor para los nuevos espeleólogos que deseen participar en el proyecto. Aunque cada persona es responsable de su propia seguridad, por ejemplo, de su equipo personal y de verificar las instalaciones de los pozos, Matienzo Caves Project se encarga de ciertos aspectos para la seguridad de todos los participantes. Steve Martin, como jefe de equipación, revisa las cuerdas y demás equipo común, y se les pide a los participantes que completen (o comprueben) un formulario con datos personales, incluidos los detalles del seguro y el número de pasaporte.

En raras ocasiones (¿uno o dos casos?) hemos sentido la necesidad de disuadir a alguien de participar, cuando no han asumido la importancia de escribir sobre las exploraciones realizadas o han hecho acusaciones falsas sobre las personas que dirigen el proyecto. Después de todo, hay otras expediciones en las que quizás encajarían mejor. Sin embargo, una persona fue un caso aparte.

Después de que este espeleólogo escribiera en el calendario de Google de MCP que iba a estar presente en la campaña de ese verano, salieron a la luz una serie de acusaciones de naturaleza sexual de lo que podrían llamarse fuentes de confianza. Esta persona había sido una persona valiosa en campañas anteriores pero, tras consultar a terceras personas, tuvimos que decirle que, lamentablemente, «no era bienvenido».

Desafortunadamente, el espeleólogo decidió que tenía derecho a participar y se produjo un largo intercambio de correos electrónicos. Tras buscar asesoramiento profesional acerca de lo que Matienzo Caves Project podía y debería hacer, se decidió que, si esta persona aparecía en Matienzo, teníamos el deber de informar a los demás participantes de las acusaciones presentadas en su contra. Mientras tanto, el espeleólogo inició un procedimiento judicial contra Juan (como persona que había estado lidiando con el asunto) para reclamar el coste del vuelo y otros gastos.

Los documentos del juzgado de paz, y luego los recordatorios y vencimientos, llegaron mientras Juan estaba en Matienzo, por lo que no hubo oportunidad de responder a la decisión por omisión, «culpable». Después de la expedición, Juan respondió de inmediato, pidiendo (tras el pago de una gran suma al juzgado) que la decisión fuese revocada, ya que los documentos habían sido enviados (como bien sabía el espeleólogo en cuestión) mientras se desarrollaba la campaña de verano.

Por todo ello, ambos tuvieron que comparecer ante un juez que inmediatamente dictó que el espeleólogo no tenía derecho a reclamar el dinero del billete de avión ni sus gastos, ya que no había contrato. Desafortunadamente, no se otorgó el pago de los gastos, por lo que tanto el espeleólogo como el MCP salieron perdiendo.

Al verano siguiente, el espeleólogo nuevamente amenazó con formar parte de la campaña, pero las acusaciones seguían en pie. El tema se discutió en una reunión abierta y se debatieron varias opciones. Afortunadamente, el individuo no apareció, lo que permitió que la expedición continuara sin desasosiego ni sobresaltos.

excitement of the two days. The link can be found in the Videos section near the base of the description: 'Summer 2017 - explorations through SubPhone Entrance'.

It was obvious from the surveys that there could well be a link down to Cueva de Riaño (0105) from these new extensions so, with this in mind and with plenty of new exploration to go round, Tom, Nigel, Dave Dillon and Peter Clewes went in through the new entrance. They were mindful, though, not to 'trespass' into the going lead at the southeast end. Batches 3234-17-06, -07 and -08 were surveyed with a number of leads still to look at.

The initial idea for making the Sub-phone entrance more permanent was to use concrete rings on a cement and block base. Phil went to measure up on August 16th but, after some research, the decision was made to use 80cm diameter, plastic road-drain tube - it was much lighter to manoeuvre into a 3m deep hole. Juan went to measure up on the 18th. Armed with a 3.5m long copper pipe adorned with an 80cm long wooden "propeller" at the end, he was able to note where the shaft may need trimming to accommodate the tube. That the shaft was not vertical was another possible problem.

Phil and Juan spent a couple of hours the next day digging out at the critical points and returned on the 21st to spend 5 hours digging - Phil down the hole and Juan hauling buckets in blazing sunshine. Then, the main event: the 3.5m long tube was dragged to the top of the hole, up-ended and dropped into the hole, "almost exactly in the right place!". After a quick, unsuccessful trip to find a suitable lid in Entrambasaguas, the pair settled for a cool drink.

On the 23rd, expanding foam and back-filling was used to fix the tube in place. Stainless steel bar was also pushed through the tube into the rock side to act as fixing pins and steps.

The next day, while Phil made a lid for the tube, Juan spread a couple of bags of gravel around the tube, installed some shuttering and cleared a vertical drop off the road for delivering concrete.

Pedro mixed the concrete in Matienzo the next day and Juan made four road journeys delivering the ready-mix to Phil at the entrance in Riaño. Phil fastened the lid to a boulder which was concreted in place and the remainder of the mix created a solid finish around the top of the tube.

A partir de las topografías, era obvio que bien podría haber una conexión con la Cueva de Riaño (0105) desde estas nuevas extensiones, así que, con esto en mente y con muchas nuevas exploraciones por recorrer, Tom, Nigel, Dave Dillon y Peter Clewes entraron por la nueva entrada. Eso sí tuvieron cuidado de no «traspasar» en la exploración en curso en el extremo sureste. Topografiaron los lotes 3234-17-06, -07 y -08 con una serie de interrogantes aún por comprobar.

La idea inicial para hacer más permanente la entrada Sub-phone era utilizar anillos de hormigón sobre una base de cemento y bloques. Phil fue a tomar medidas el 16 de agosto pero, después de algunas investigaciones, se tomó la decisión de utilizar un tubo de plástico de 80 cm de diámetro; era mucho más ligero de maniobrar en un pozo de 3 m de profundidad. Juan se fue a tomar medidas el 18. Armado con un tubo de cobre de 3,5 m de largo adornado con una «hélice» de madera de 80 cm de largo en el extremo, pudo tomar nota de dónde el pozo se tendría que abrir para acomodar el tubo. Que el pozo no fuera vertical podría suponer otro problema.

Phil y Juan pasaron un par de horas al día siguiente excavando en los puntos críticos y volvieron el 21 para pasar 5 horas excavando: Phil por el pozo y Juan acarreando cubos bajo un sol abrasador. Luego, el gran momento: el tubo de 3,5 m de largo se llevó hasta la cabecera del hoyo, con un extremo hacia arriba, y se dejó caer en el agujero, «¡casi exactamente en el lugar correcto!». Tras un viaje rápido y sin éxito para encontrar una tapa adecuada en Entrambasaguas, la pareja se conformó con una bebida fría.

El día 23, se utilizó espuma expansiva y relleno para fijar el tubo en su lugar. Barras de acero inoxidable también se empujó a través del tubo calzándolo en la pared para fijarlo y hacer de escalones.

Al día siguiente, mientras Phil hacía una tapa para el tubo, Juan extendió un par de bolsas de grava alrededor del tubo, instaló algunos postigos y limpió un desnivel del camino para llevar el cemento.

Pedro mezcló el cemento en Matienzo al día siguiente y Juan hizo cuatro viajes por carretera para llevar el cemento premezclado a Phil en la entrada de Riaño. Phil ató la tapa a una roca con cemento y el cemento restante se usó alrededor de la parte superior del tubo.

Finalmente, el día 29, Phil y Juan «remataron» la entrada Sub-phone,

Phil exploring down a small scree slope and Juan under a peeling gypsum ceiling in Llanío.

Phil explora en una pequeña pendiente de rocalla y Juan bajo un techo de yeso en Llanío.   *Juan Corrin*

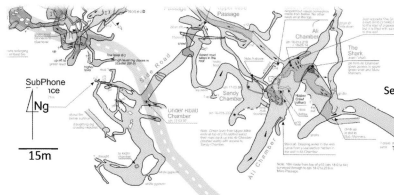

esparciendo tierra alrededor de la parte superior e instalando más escalones en el tubo, tanto recortes como varillas fijadas con resina.

El 24 de julio, Phil, James Carlisle y François abrieron la cabecera del pozo en Trackside Pot (4517), descubierto en Semana Santa. James estaba decepcionado:

> *Bajamos las escalas por el pozo y nos quedamos a 6 peldaños con dos escalas de 8 m de la base. Había suficiente espacio para que dos personas se pararan de lado en una grieta muy estrecha sin continuación obvia.*

James y Jenny llevaron a Eleanora y al pequeño Juan a dar un paseo por la zona recientemente deforestada al suroeste de Fuente de la Vía (0255). No encontraron cuevas.

Al final de la expedición, el desarrollo recalculado del Sistema de los Cuatro Valles era de poco más de 59,1 km.

Jim regresó a Fridge Door Cave (1800) para seguir en la sala al otro lado del sifón descubierto el verano anterior.

> *Trepé por la chimenea, abrí la constricción marcada en la topografía y entré a una fisura de donde sale un arroyo. (1,5 m de ancho y 2,5 m de alto). Seguí el arroyo hasta una bóveda sifonante/sifón a 31 m desde el punto de avance. Amplié la galería abierta al salir.*

Simon había encontrado un vídeo de su incursión con Di a Fuente el Escobal (0383) en agosto de 2014, una salida que, por alguna razón, no se había descrito. Recordó que habían ido con un artista local que «no estaba contento» por tallar un canal de drenaje en un gour que impedía seguir explorando. Con la intención de volver a realizar la topografía en su visita de Navidad de 2017, Simon parecía dispuesto a seguir explorando.

Tras algunos problemas de estacionamiento, Terry mostró a James Carlisle, Alex, Sahil, Chris, Si y Di Croissant Passage en Cueva Suviejo (0122) en el lado sur de la cima entre Fresnedo y Secadura. Tuvieron que pasar algunas trepadas incómodas para llegar y, cuando alcanzaron el objetivo, las citas para cenar obligaron a todos a salir, excepto a Si y Di, que escribieron:

> *Un laminador por el arroyo a través de estalagmitas continuas. Pasamos un par de chimeneas de camino, la primera de 46 m, demasiado alto para ver arriba. La segunda parecía tener galerías en dos direcciones. La gatera en agua tenía algún que otro estrechamiento y charco más profundo hasta que solo hay que agacharse, ¡y luego caminar! ¡Wahoo!*
> *En la gran galería al final hay varias continuaciones posibles.*

Los primeros 200 m del lote 0122_17_01 se topografiaron en esa ocasión. Di calculó, en el libro de salidas, que la cueva estaba a unos 500 m de la Cueva de Fresnedo; alguien añadió: «Por suerte».

Al final de su siguiente salida el día 10, con Neil, habían medido 330 m, acercándose más a Fresnedo.

> *Más gateras llenas de estalagmitas dieron a una colección de chimeneas estupendas. [...] Sin continuación, escalar las chimeneas no parecía que valiera la pena. Una pequeña ranura con agua en la cabecera de una de ellas. El arroyo se dividió en tres ramas. Rocas sueltas por todas partes. Slim subió a una de las chimeneas con calita en el camino de vuelta.*

La topografía se completó y se grabó un vídeo en la galería.

El 30 de julio, James Carlisle, Chris, Si y Di fueron a Coyote Inlet en Cueva de Fresnedo 2 (0841). Di fue la escriba de la incursión.

> *La miseria de la entrada, agachándose y gateando, no es nada comparada con The Howling. [...] Simon trepó por la cascada inferior y luego instaló una cuerda por un pozo seco. Chris y James topografiaron el nivel superior (lote 0841-17-04) que continuó sobre una travesía de 30 m que termina en un tubo descendente pequeño y soplador. Excavamos durante una hora, ahora a cerca de 1 m del final.*

Mientras tanto, Si y Di se abrieron paso a través de una pequeña galería hasta la chimenea Pépé le Puits. Simon instaló la escalada por la chimenea «corta, pero difícil»

Finally, on the 29th, Phil and Juan "finished off" the Sub-phone entrance, spreading soil around the rim, and installing more steps in the tube, both cut-outs and rebar steps fixed with resin.

On July 24th, Phil, James Carlisle and François opened up the top of the pitch in Trackside Pot (4517), discovered at Easter. James was disappointed:

> *Laddered the pitch which was 6 rungs short of two 8m ladders to the bottom. There was just enough room for two people to stand sideways in a very narrow rift with no obvious way on.*

James and Jenny took Eleanora and little Juan for a walk in the newly deforested area to the southwest of Fuente de la Via (0255). No caves were found.

By the end of the expedition the re-calculated length of the Four Valleys System was just over 59.1km.

Jim returned to Fridge Door Cave (1800) to push on in the chamber beyond the sump discovered the previous summer.

> *... climbed aven, capped constriction marked on survey and broke through into rift with streamway leading off. (1.5m wide and 2.5m high). Followed streamway to duck / sump 31m from breakthrough point. Enlarged capped passage on way out.*

Simon had found a video of his and Di's trip in Fuente el Escobal (0383) in August 2014, a trip that, for some reason, wasn't written up. He recalled that they'd gone in with a local artist who "wasn't happy" about carving a drainage channel in the gour pool that was preventing further exploration. Intending to resurvey on their Christmas 2017 visit, Simon seemed keen to push on.

After some car parking issues, Terry showed James Carlisle, Alex, Sahil, Chris, Si and Di Croissant Passage in Cueva de Suviejo (0122) on the south side of the ridge between Fresnedo and Secadura. There were a few awkward climbs to get there and, by the time they'd reached the target, dinner dates forced everyone out apart from Si and Di, who wrote:

> *A low crawl up the streamway through continuous stal grilles. A couple of avens passed en route, first 46m high - too high to see the top. The second appeared to have passages leading off in two directions. The water crawl was interspersed with squeezes and deeper pools until it progresses into stooping - then walking passage! Wahoo!*
> *The large passage at the end had potentially a number of ways on...*

The first 200m of batch 0122_17_01 was surveyed on that occasion. Di reckoned, in the logbook, that the cave was some 500m from Cueva de Fresnedo - someone added, "Thankfully".

By the end of their next trip on the 10th, with Neil, they had surveyed 330m, creeping closer to Fresnedo.

> *Some more stal-infested crawling gained a collection of delicious avens. ... No way on - climbing avens didn't look worth it. A tiny water slot at the top of one aven. The stream split into three branches. Loose boulders throughout. Slim climbed one of the calcited avens on the route back.*

The survey was completed and video shot in the passage.

On July 30th, James Carlisle, Chris, Si and Di headed for Coyote Inlet in Cueva de Fresnedo 2 (0841). Di was the scribe for the trip.

> *The misery of the entrance stooping and crawling was nothing compared to The Howling. ... Simon climbed up the lower waterfall then rigged a rope down a dry pitch. Chris and*

Simon bolting up Pépé le Puits in Fresnedo 2.
Simon instalando Pépé le Puits en Fresnedo 2. *Diane Arthurs*

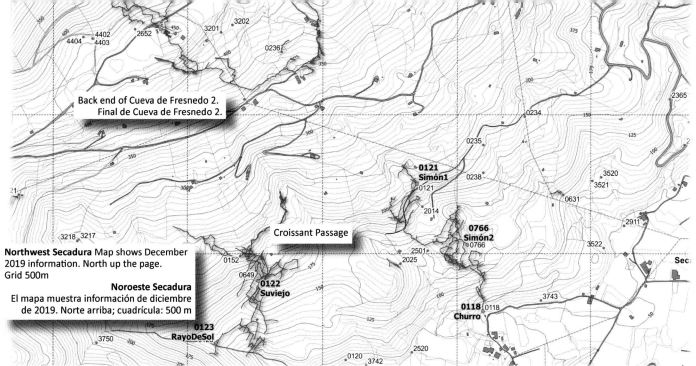

Back end of Cueva de Fresnedo 2.
Final de Cueva de Fresnedo 2.

Croissant Passage

Northwest Secadura Map shows December
2019 information. North up the page.
Grid 500m

Noroeste Secadura
El mapa muestra información de diciembre
de 2019. Norte arriba; cuadrícula: 500 m

0152
0649   **0122**
        Suviejo

0123
RayoDeSol

0121
Simón1
0121
2014

0766
Simón2
0766

2501
2025

0118 0118
Churro

3743

2520

---

*James surveyed the higher level (batch 0841-17-04)
which continued over a traverse for 30m ending in a
draughting, small, descending tube. Dug for an hour -
about 1m from the end now.*

Meanwhile Si and Di worked their way through small passage to the
aven Pépé le Puits. Simon bolt climbed the "short but difficult" aven
and rigged the pitch down from the top just as Chris and James arrived.

*The top of the pitch is chossy and loose. A 3m
wide passage leads off and continues. It starts off
excitingly wide but narrows after 5m to a rift climb
but then opens up again. A higher level could be seen.
The passage continued getting lower then enlarging,
partially filled with boulders, until a stream was
met. We turned around at this point. Another passage
can be seen on the other side of the top of the aven
- crawling passage could continue, worth looking at.
Draught felt throughout.*

*Fresnedo is a pretty miserable trip though for
someone with an achy back. So much stooping, and the
mud from The Howling adds a little too much extra
weight to your kit...*

Di videoed the bolt climb and subsequent exploration. This can be
seen on YouTube via the usual video section near the base of the 0841
cave description.

James and Chris were back on August 2nd to survey the passages
above Pépé le Puits. Taking it steady, they reached the area in two
and a quarter hours and, after noting possible climbs to a higher level,
decided to push the streamway first.

*Unfortunately, it became too tight after only 20m or
so. Luckily, there was a climb up the rift here that
gained a higher passage that was well decorated. North
reached a boulder choke in black rocks. Surveying the
other way led to a junction.*

One route led to a pit down above the lower passage, the other way
led to a very strongly draughting hole.

*Climbing up here led to That's All Folks, a very
impressive, well-decorated chamber. This looked as if
it would go in at least three different directions.
However, all ways bar one quickly closed down and the
source of the very strong draught could not be pinned
down.*

They pushed a draughting passage to the southeast for about 30m
to an easy dig into larger passage. The pair surveyed all that had been
found as batch 0841-17-05 (length 314m) and, in the logbook, James
listed reasons and leads to return to "next year with fresh eyes".

Cueva de Fresnedo 2 was now 3m short of 9km.

High up on the ridge above, Si, Di and Neil thought that Torca de
Fanny (1211) might be a top entrance feeding water into Fresnedo 2.
However, they found the shakehole blocked with rotting matter and
plastic bags. "It looks like a concerted effort may be needed to get back
into this cave".

Pete O'Neill, Di, Si and Neil went to inspect the slightly draughting
Torca de Canastrillas (4407), finding that the dig had "slipped again
since Christmas" (undocumented) and it "now needs boards, scaffold
and pins". No return has been made.

EASTERN MOUNTAINS Tom, Charlotte, Nigel, Billy, Richard, Peter
Clewes and Pete O'Neill climbed up to Cueva las Cosas (0084)[5] and
were so impressed by the size of the chamber that Richard started

---
5   2016 autumn, page 252.

---

e instaló el pozo desde arriba justo cuando llegaban Chris y James.

*La cabecera del pozo es muy suelta. Hay una galería
de 3 m de ancho que continúa. Comienza con un ancho
emocionante, pero se estrecha después de 5 m hasta
una escalda en fisura, pero luego se abre nuevamente.
Se podía ver un nivel superior. La galería siguió
haciéndose pequeña y luego agrandándose, parcialmente
llena de rocas, hasta que da a un arroyo. Nos dimos
la vuelta en este punto. Se puede ver otra galería al
otro lado de la cima de la chimenea; la gatera podría
continuar, vale la pena mirarlo. Corriente en todas
partes.*

*Fresnedo es un sitio bastante miserable para alguien
con dolor de espalda. Tanto agacharse, y el barro de
The Howling le añade un poco más de peso a tu equipo.*

Di grabó en vídeo la escalda artificial y la exploración posterior. Se
puede ver en YouTube, con el enlace disponible en la sección habitual
cerca de la base de la descripción de la cueva 0841.

James y Chris regresaron el 2 de agosto para topografiar los galerías
sobre Pépé le Puits. Con calma, llegaron a la zona en dos horas y cuarto
y, después de tomar nota de posibles subidas a un nivel superior,
decidieron forzar primero la galería activa.

*Por desgracia, se volvió demasiado estrecho después
de solo unos 20 m, pero tuvimos la suerte de encontrar
una subida por la fisura que da una galería más alta
que estaba bien decorada. Al norte da a un caos de
bloques negros. Topografiando en la otra dirección
encontramos un cruce.*

Una ruta conducía a un hoyo por encima de la galería inferior, la otra
daba a un agujero con corriente muy fuerte.

*Subir por aquí da a That's All Folks, una sala muy
impresionante y bien decorada. Parecía que iría en al
menos tres direcciones diferentes. Sin embargo, todas
las rutas, excepto una, se cerraron rápidamente y no
pudimos encontrar el origen de la corriente de aire
muy fuerte .*

Exploraron por una galería con tiro hacia el sureste por unos 30 m
hasta una excavación fácil en una galería más grande. La pareja
topografió todo lo que se había encontrado como lote 0841-17-05
(314 m de desarrollo) y, en el libro de salidas, James enumeró las
razones y las posibilidades para regresar al «año próximo con ojos
nuevos».

La Cueva de Fresnedo 2 estaba ahora a 3 m de llegar a los 9 km.

En lo alto del monte, Si, Di y Neil pensaron que la Torca de Fanny
(1211) podría ser una entrada superior por la que entraba agua a
Fresnedo 2. Sin embargo, el hoyo estaba bloqueado con materia en
descomposición y bolsas de plástico. «Parece que hará falta un gran
esfuerzo para volver a entrar».

Pete O'Neill, Di, Si y Neil fueron a inspeccionar la Torca de
Canastrillas (4407), con corriente suave, y vieron que la excavación
había «vuelto a hundirse desde Navidad» (indocumentado) y «ahora
necesita tablas, andamios y fijaciones». No se ha vuelto a ella.

MONTAÑAS AL ESTE Tom, Charlotte, Nigel, Billy, Richard, Peter
Clewes y Pete O'Neill subieron a Cueva las Cosas (0084)[5] y quedaron
tan impresionados por el tamaño de la sala que Richard comenzó a
topografiarla. También sacaron muchas fotos y Tom encontró una
posible nueva entrada a la cueva, 4599.

---
5   Véase Otoño de 2016, p. 252.

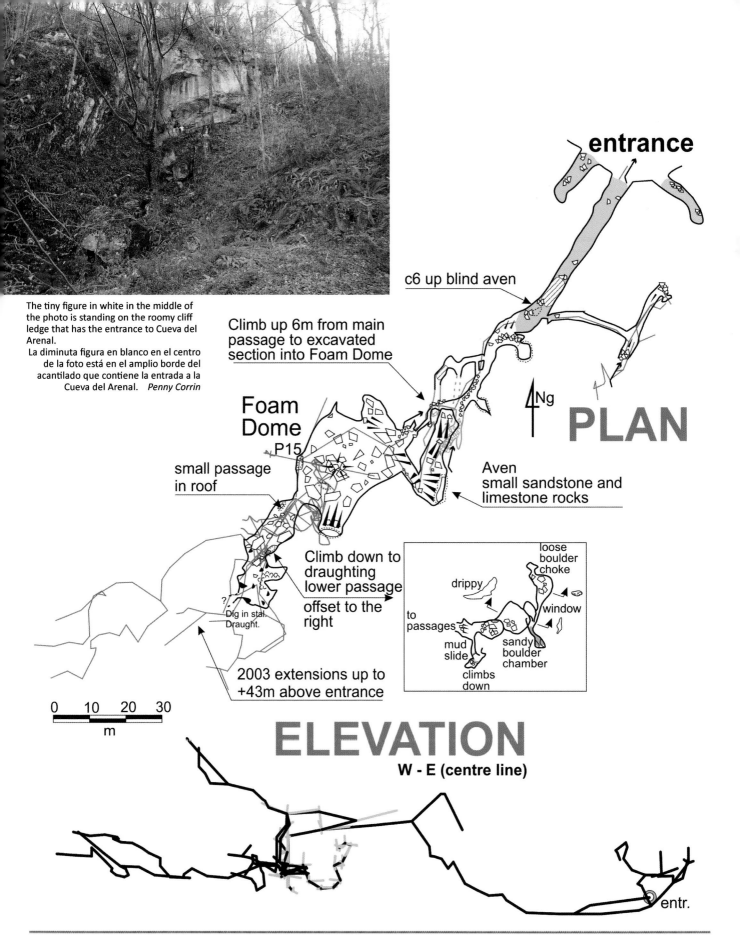

The tiny figure in white in the middle of the photo is standing on the roomy cliff ledge that has the entrance to Cueva del Arenal.
La diminuta figura en blanco en el centro de la foto está en el amplio borde del acantilado que contiene la entrada a la Cueva del Arenal.   *Penny Corrin*

entrance

c6 up blind aven

Climb up 6m from main passage to excavated section into Foam Dome

Foam Dome

P15

↑Ng

PLAN

small passage in roof

Aven small sandstone and limestone rocks

Climb down to draughting lower passage offset to the right

loose boulder choke

drippy

window

to passages

mud slide

sandy boulder chamber

climbs down

?
Dig in stal. Draught.

2003 extensions up to +43m above entrance

0   10   20   30
m

ELEVATION
W - E (centre line)

entr.

Site 0035: Cueva del Arenal

Seldesuto 30T 449198 4794921 (Datum: ETRS89) Altitude 211m   Length 861m Vertical range -5 +43m
Surveyed 1986 and 1999 to BCRA 5c; additional survey Easter 2000 shown as line
Minor amendments June 2003. High level off Foam Dome surveyed August 2003, shown as line.

Original survey and drawings by Peter Smith and Phil Papard. Summer 2017
DistoX material (batches 17_01 & 17_02) by Diane Arthurs with Simon Cornhill.
Originally drawn in *Acorn !Draw* then *CorelDraw* by Juan Corrin
Matienzo Caves Project 2017

The Galería Jesús Lecue. François at one of the pits and passing through the decorated sections.
La Galería Jesús Lecue. François en uno de los pozos y pasando por las formaciones. *Juan Corrin*

surveying it. Lots of photos were also taken and Tom found a possible new entrance to the cave, site 4599.

Nigel, Billy, Richard, Peter Clewes returned with Dave Dillon the following day, August 4th. Richard and Dave "did some radial spokes" while Nigel and Pete surveyed the perimeter. Site 4599 was confirmed as a possible entrance when daylight was spotted from the chamber, north of the main entrance - "but far too small to enter". The original description of Cosas had the chamber at 60m diameter. This more accurate survey gave the chamber's dimensions as 86 x 56m and some indication of the size and shape can be seen on the Survex / Aven survey available at the base of the website description.

Lizzie, Lloyd, Chris Scaife, Carolina and Pedro had a tourist trip through Risco (0025) to "work up an appetite for goat".

SOUTHERN SECTOR James Johnson was out for a few days in August and, as it was his first visit, Nigel organised a tour of the valley with Peter Clewes, Pete O'Neill, Richard and Dave Dillon. In quite a full morning they visited Cueva de Jivero 2 (0017), spotting crayfish and fire salamanders and completing the through-trip; visited Cueva de Jivero 3 (0018) down to the sump then coming back up through Jivero 2; found Jivero 1 (0016) too wet; did the bottom to top through trip in Cueva-Cubío de la Reñada (0048), finding the lake very full; walked up to 1298 at Seldesuto, then looked into the entrance chamber of Cueva del Agua (0059). They returned for some lunch then had a photography trip into Cueva las Cosas. James hasn't been back!

Up the track to the south at Seldesuto, just upstream of where it crossed the normally dry stream bed, site 1298 became a focus for digging after seventeen years of neglect. A number of holes in the area, which is beyond the western limit of Reñada, blow out cold air with 1298, a narrow slot, being judged to have the best draught hence, possibly, the best potential.

On this July 27th preliminary visit, Phil and Pedro found that the site had silted up. Much silt and flood debris was removed and some widening took place using caps.

Juan was taking infrared photos learning about the capabilities of the Flir camera. Starting with the huge cold air movement out of Cueva del Arenal (0035) he then moved up the track via draughting 3318, 0879 and tiny draughting holes on the track side to end up at the cold draught blowing out of 1298.[6]

Pedro and Phil returned to 1298 on the 29th revealing a small hole at the back "but it looks as if the main draught and sound comes from above". They were back with Juan on August 6th with more digging and capping in an enlarging hole with a "very good cold draught".

Bill Sherrington and Peter Clewes did some work at 3318, at the side of the track, revealing the draught coming up from under the entrance. They also worked with Pete O'Neill and Juan at 1298 but the capping rod jammed then snapped, "leaving a guided missile in the hole". Snapping released the bar but failed to remove the two live caps. Progress was made beyond them - "The draught increased when boulder in rift removed."

Peter found another draughting site above, 4600, which has yet to be worked on.

Pedro, Phil and Pete O'Neill returned to 1298 on the 13th, managing to get rid of the live caps and remove more rock. Further excavation occurred on the 16th, but the rock was found very difficult to shatter.

Also on that day, Nigel, Peter Clewes and Dave Dillon worked on 3318, removing the front of the dig floor to make access possible.

Pedro and Phil carried out some work in 1298 at the end of August, in wet conditions. Over 1000 caps had been used here over the summer.

6   See "Technology helping to find and document sites", page 482

Nigel, Billy, Richard, Peter Clewes regresaron con Dave Dillon al día siguiente, 4 de agosto. Richard y Dave «tomaron algunas poligonales radiales» mientras Nigel y Pete topografiaban el perímetro. El 4599 se confirmó como una posible entrada cuando se vio luz del día desde la sala, al norte de la entrada principal, «pero demasiado pequeña para entrar». Según la descripción original, la sala medía 60 m de diámetro. Según esta topografía más precisa las dimensiones de la sala eran 86 x 56 m y se puede ver alguna indicación del tamaño y la forma en la topografía en Survex/Aven disponible en la base de la descripción en el sitio web.

Lizzie, Lloyd, Chris Scaife, Carolina y Pedro fueron a Risco (0025) de visita turística para «abrir el apetito para el cabrito».

SECTOR SUR James Johnson vino a pasar unos días en agosto y, como era su primera visita, Nigel organizó un recorrido por el valle con Peter Clewes, Pete O'Neill, Richard y Dave Dillon. En una mañana bastante llena visitaron la Cueva de Jivero 2 (0017), viendo cangrejos de río y salamandras y completando travesía; la Cueva de Jivero 3 (0018) bajando hasta el sifón y luego volviendo a subir por Jivero 2; Jivero 1 (0016), con demasiada agua; Cueva-Cubío de la Reñada (0048), desde la entrada de abajo a la de arriba, encontrándose el lago muy lleno. También caminaron hasta 1298 en Seldesuto y luego miraron en la sala de entrada de la Cueva del Molino (0059). Regresaron para almorzar y luego hicieron un visita fotográfica a Cueva las Cosas. ¡James no ha vuelto!

Subiendo por el camino hacia el sur en Seldesuto, aguas arriba de donde cruzaba el lecho del arroyo normalmente seco, la cavidad 1298 se convirtió en un foco de excavación después de diecisiete años de negligencia. Varios hoyos en el área, que está pasando el límite occidental de Reñada, soplan aire frío y 1298, una ranura estrecha, se consideró que era el que mejor corriente llevaba y, por lo tanto, posiblemente, el que tiene más potencial.

En esta visita preliminar del 27 de julio, Phil y Pedro encontraron que se había llenado de sedimentos. Quitaron una buena parte de sedimentos y restos de inundaciones y los abrieron.

Juan estaba sacando fotos infrarrojas para aprender las capacidades de la cámara Flir. Comenzando con el enorme movimiento de aire frío que salía de la Cueva del Arenal (0035), luego subió por el camino por el agujero soplador de 3318, 0879 y pequeños agujeros sopladores junto al camino para terminar en la corriente fría que soplaba en 1298.[6]

Pedro y Phil volvieron a 1298 el día 29 y abrieron un pequeño agujero en la parte de atrás «pero parece que la corriente principal y el sonido vienen de arriba». Regresaron con Juan el 6 de agosto con más desobstrucción en un agujero que se agranda con una «muy buena corriente fría».

Bill Sherrington y Peter Clewes trabajaron un poco en 3318, a un lado del camino, y vieron que la corriente venía debajo de la entrada. También trabajaron con Pete O'Neill y Juan en 1298, pero la varilla de los micros se atascó y luego se rompió, «dejando un misil guiado en el agujero». Se soltó la barra, pero no pudieron quitar los micros. Se avanzó más allá de ellos: «La corriente aumentó cuando se quitó la roca en la grieta».

Peter encontró otro agujero soplador arriba, 4600, en el que aún no se ha trabajado.

Pedro, Phil y Pete O'Neill volvieron a 1298 el día 13, logrando quitar los micros y más piedra. Siguieron excavando el día 16, pero la roca era muy difícil de romper.

También ese día, Nigel, Peter Clewes y Dave Dillon trabajaron en 3318, quitando la parte delantera del suelo de excavación para hacer posible el acceso.

6   Véase el artículo Tecnología que ayuda a encontrar y documentar cavi-dades , p. 482.

About 1300m to the west and 100m higher, Torca de Corcada (0780) was visited by Pedro, Phil, Chuchi, Guy and Patrick. Guy and Patrick enlarged tight bends leading to the top of a 6 or 7m deep pitch while the others investigated the base of the Fossil Route, confirming that "it will go with some caps".

Juan took the IR camera to Reñada, finding that the exhaling bottom entrance showed a blue 'river' coming out while the inhaling top entrance showed the walls of the passage becoming progressively cooler as they sloped down into the cave - from red through orange and green to blue and black on the display. In the cave, where it was thought there might be temperature differences at the strongly draughting Blowhole, no differences showed up on the camera.

Another 'families trip' took place on August 4th. Granddad Juan videoed James and Jenny with Eleanora and Juan, and Jude with Sean and Daisy traversing from bottom to top entrance. Those children who stayed awake and weren't in slings also went through The Blowhole!

Lloyd, Sahil and Alex intended to bolt a small climb on the right after Ghost Lake but failed to find the objective, going to the end of Stuffed Monk Passage instead.

Si and Di investigated Cueva del Arenal (0035), not even getting their feet wet in the entrance pool: water levels were low.

> Had a look round the lower passages and the draughting chokes. Climbed up into the impressive Foam Dome, checking out the digs. Didn't quite get round the whole area so left the ladder in place for the time being.

They checked out draughting holes a couple of days later, but found nothing new.

Returning on August 2nd, they looked at the western end around station 65, a boulder choke with a continuing crawl but "no easy prospects". They climbed the aven at station 69 but thought that there were "no prospects here either". They may have got into some new passage but it appeared to be heading back to the main chamber.

Returning with Neil a week later, they dropped a 15m pitch off the Foam Dome to an impenetrable outlet. They then tackled a draughting hole, knocking a lump off a squeeze to survey in a massive choke underneath the Foam Dome.

> No real way on. No real passage, just gaps in boulders. Draught lost.

Batches 0035-17-01 and 17-02 were surveyed adding almost 100m to the length.

Juan and Penny investigated the base of the vegetated southern hillside in La Vega "below the mess of caves including 0263, 1035, 1036, etc". Only one tiny resurgence was found (4593).

Ashley dived in Cueva del Comellantes (0040), looking for the elusive inlet,[7] but no progress could be made because of the poor visibility.

The DCC returned to two digs from the previous summer. Site 1189, the Dairy Dig, was found to have collapsed even more - "several tonnes of mud and rock previously on the wall now on the floor". The draught, still there despite the "mild, wet weather", was an encouragement for future work. The whole site was surveyed before being abandoned for another year.

The Dead Fox Passage (1253) dig was also abandoned when the draught was found coming from "the wrong direction". It looked like a big job to continue the dig.

Early in the summer, Pedro and Guy explored Torca de Laverón (4379) to about 20m depth and site 4380 to about half that.

Rupert was diving downstream in Cueva Vallina (0733 and 4382) in July and wrote about his last, most interesting, dive into sump 6.

> Seventy metres into this sump, Martyn Holroyd's line begins to rise up and to the left ... I laid my line over to the right in a very big tunnel. Quite soon, an opaque white ceiling loomed into

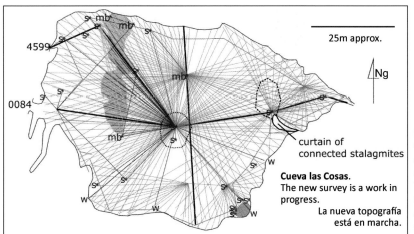

25m approx.

Ng

curtain of connected stalagmites

Cueva las Cosas.
The new survey is a work in progress.
La nueva topografía está en marcha.

Pedro y Phil realizaron algunos trabajos en 1298 a finales de agosto, en condiciones de lluvia. Más de 1000 micros se habían usado aquí durante el verano.

A unos 1300 m al oeste y 100 m más arriba, Pedro, Phil, Chuchi, Guy y Patrick visitaron la Torca de Corcada (0780). Guy y Patrick ampliaron las curvas cerradas que dan a la cabecera de un pozo de 6 o 7 m de profundidad mientras los demás investigaban la base de Fossil Route, confirmando que «se puede abrir».

Juan llevó la cámara de infrarrojos a Reñada y descubrió que la entrada inferior, sopladora, mostraba un «río» azul , mientras que la entrada superior, aspirante, mostraba que las paredes de la galería se volvían progresivamente más frías a medida que descendían hacia la cueva, de rojo a naranja y verde a azul y negro en la pantalla. En la cueva, donde se pensaba que podría haber diferencias de temperatura en el Blowhole, no se observaron diferencias en la sala.

Otra salida familiar tuvo lugar el 4 de agosto. El abuelo Juan grabó a James y Jenny con Eleanora y Juan, y a Jude con Sean y Daisy haciendo la travesía de abajo hacia arriba. ¡Los niños que seguían despiertos y no iba en foulard también pasaron por el Blowhole!

Lloyd, Sahil y Alex intentaron instalar una escalada pequeña a la derecha después de Ghost Lake, pero no pudieron encontrar el objetivo, yendo al final de Stuffed Monk Passage.

Si y Di investigaron la Cueva del Arenal, ni siquiera se mojaron los pies en la marmita de la entrada: los niveles de agua estaban bajos.

> Echamos un vistazo a los galerías inferiores y las obstrucciones. Trepamos a la impresionante Foam Dome, comprobando las excavaciones. No vimos toda el área, así que dejamos la escala en su lugar por ahora.

Revisaron los agujeros sopladores un par de días después, pero no encontraron nada nuevo.

Al regresar el 2 de agosto, miraron el extremo occidental alrededor de la estación 65, un caos de bloques con una gatera, pero «sin posibilidades fáciles». Subieron a la chimenea en la estación 69, pero les pareció que «aquí tampoco había posibilidades». Puede que hayan entrado en alguna nuevo galería, pero parecía que se dirigían de regreso a la sala principal.

Al regresar con Neil una semana después, bajaron un pozo de 15 m desde Foam Dome hasta una lateral impenetrable. Luego instalaron un agujero soplador, quitando un saliente de un estrechamiento para topografiar en una obstrucción enorme debajo de Foam Dome.

> No hay una ruta como tal. No hay una galería como tal, solo huecos entre rocas. Tiro perdido.

Topografiaron los lotes 0035-17-01 y 17-02, añadiendo casi 100 m al desarrollo.

Juan y Penny investigaron la base de la ladera sur con vegetación en La Vega «debajo del lío de cuevas que incluye 0263, 1035, 1036, etc.». Solo se encontró una pequeña surgencia (4593).

Ashley buceó en Comellantes (0040), buscando el afluente esquivo,[7] pero no pudo avanzar por la poca visibilidad.

El DCC volvió a dos excavaciones del verano anterior. Descubrieron que 1189, Dairy Dig, se había derrumbado aún más: «varias toneladas de barro y roca anteriormente en la pared ahora en el suelo». La corriente, aún ahí a pesar del «clima templado y húmedo», fue un estímulo para el trabajo futuro. Se topografió todo ello antes de dejarlo para otro año.

La excavación de Dead Fox Passage (1253) también se abandonó cuando se descubrió que el tiro provenía de «la dirección equivocada». Parecía un gran trabajo continuar la excavación.

A principios del verano, Pedro y Guy exploraron Torca de Laverón (4379) a unos 20 m de profundidad y 4380 a aproximadamente la mitad.

Rupert estaba buceando aguas abajo en Cueva Vallina (0733 y 4382) en julio y escribió sobre su última y más interesante inmersión en el sifón 6.

> A 70 m en este sifón, la guía de Martyn Holroyd comienza a subir a la izquierda [...] Dejé mi guía a la derecha en un túnel muy grande. Muy pronto, un techo blanco opaco apareció a la vista. Se trataba de una haloclina de agua turbia y cálida que posiblemente había entrado como resultado de un aguacero corto pero fuerte [...] hace 4 días. Puede indicar que la entrada al sifón 6, explorada a través de las extensiones SOPI,

7   2013 Easter, pages 118 - 119.

7   Véase Semana Santa de 2013 , páginas 118 - 119.

Cueva las Cosas looking down the slope into the main chamber (left) and up the entrance slope.
Cueva las Cosas mirando hacia la sala principal (izda.) y cuesta arriba hacia la entrada. *Nigel Dibben*

view. This was a halocline of warmer turbid water that had possibly come in as a result of a short but heavy downpour ... 4 days ago. This may indicate that the inlet into sump 6, explored via the SOPI extensions is fed by a stream that is relatively close to the surface.

The milky vis descended gradually, until progress was made looking along a few inches of clear water at floor level. MH's line was bumped into again and, by 90 metres, I was expecting to have reached the junction with the branch line to the deeper part of the sump. An old lead weight was encountered with what looked like a white bit of tat tied off to it but, on pulling this, it emerged from a layer of mud and continued.

Laying the last 10m of new line alongside this, it dropped through the murk back into clear water in an equally large passage. A steep slope was followed down, but the old line was thin and in a frayed condition ... I belayed the end of my new 100m line to a flake at about 10m depth.

The next trip was just transporting equipment in. No diving occurred as rain was forecast and he "did not want to spend too long in the far reaches of the cave".

It is worth noting that, in high floods, the water in the river passage between sumps 5 and 6 reaches a height of at least 8m above normal.

While helping Rupert carry diving equipment in through the Vallina bottom entrance (4382), Pedro had looked for side passages to explore. He discovered that a "blind alcove" on the survey didn't close down and he surveyed about 30m through a crawl past stal. Three days later, on July 20th, this was an introductory trip for François when Juan and Pedro took him into Vallina and pushed on.

It went for about another 35m to a pitch of about 5 or 6m with dripping water and a choke. ... Suggested name for the passage - "Galería Jesús Lecue" - a friend from Matienzo whose funeral was last Saturday.

The extension was photographed and surveyed as batch 0733-17-01 giving a length of 86m.[8] On the way out an "open" passage at the Zona de la Massa was quickly dug out with a hammer and Juan squeezed in to see it immediately choke.

Si, Di, Neil and Pete O'Neill had a trip to bolt the aven at the end of the Río Rioja finding that it had already been bolted and asking, "Big question - who has bolted the aven?"

Starting the summer campaign for exploring beyond the upstream sumps, Jim and Ashley went in on August 4th to check water levels and take in some equipment. Jim's father, Bill, was visiting Matienzo and was surface support for the next seven consecutive dive days .

A larger team, augmented with Dave Garman, Alistair, Tackleberry and Josh, carried in diving cylinders and more equipment the following day. Dave Dillon also helped and videoed the logistics of transporting about 14 bags to the upstream sump.[9]

Diving started the next day when Ash went in with Jim and dived sump 2B - travelling underwater up to the north and west, at the junction in sump 2, to meet Jim's dive reel at about 570m in. He attached his dive reel and continued steeply down for a short distance before finding the sump choked with gravel. "A disappointing result for such a promising dive."

Not to be thwarted, Jim returned alone on the 7th, heading back to the underwater junction in sump 2 to find that water from the left hand, choked passage was crystal clear while the right hand branch was very murky, suggesting an active streamway. He dived through to the right and into the murky water of sump 3, following an old dive line

recibe agua de un río que está relativamente cerca de la superficie.

La visibilidad turbia empeoró gradualmente, hasta que avancé mirando unos centímetros de agua clara al nivel del suelo. Me encontré con la guía de MH de nuevo y, a 90 m, esperaba haber llegado al cruce con el ramal hacia la parte más profunda del sifón. Se encontró una vieja plomada con lo que parecía un trozo de cuerda vieja blanca pero, al tirar de ella, salió de una capa de barro y continuó.

Colocando los últimos 10 m de la nueva guía a lo largo de esta, bajó a través del agua turbia hacia el agua clara en una galería igualmente grande. Se siguió una pendiente empinada hacia abajo, pero la guía vieja estaba deshilachada [...] Aseguré el final de mi nueva guía de 100 m en un saliente a unos 10 m de profundidad.

La siguiente salida fue sólo para transportar el equipo. No buceó ya que se esperaba lluvia y «no quería pasar demasiado tiempo en los confines de la cueva».

Cabe señalar que, en caso de grandes crecidas, el agua de la galería entre los sifones 5 y 6 alcanza una altura de al menos 8 m por encima de lo normal.

Mientras ayudaba a Rupert a llevar el equipo de buceo a través de la entrada inferior de Vallina (4382), Pedro había buscado galerías laterales para explorar. Descubrió que un «recoveco ciego» en la topografía no se cerraba y topografió unos 30 metros a través de una gatera con estalagmitas. Tres días después, el 20 de julio, Juan y Pedro llevaron a François cuando a Vallina en una incursión introductoria.

Siguió unos 35 m más a un pozo de unos 5 o 6 m con agua goteando y una obstrucción. [...] Nombre sugerido para la galería: «Galería Jesús Lecue», un amigo de Matienzo cuyo funeral fue el sábado pasado.

La extensión se fotografió y topografió como lote 0733-17-01 dando un desarrollo de 86 m.[8] Al salir, una galería «abierta» en la Zona de la Massa se abrió rápidamente con un martillo y Juan pasó para verlo obstruirse de inmediato.

Si, Di, Neil y Pete O'Neill entraron para instalar la chimenea al final del Río Rioja y descubrieron que ya se había instalado y preguntaron: «Gran pregunta: ¿quién lo ha hecho?».

Comenzando la campaña de verano para explorar al otro lado de los sifones aguas arriba, Jim y Ashley entraron el 4 de agosto para verificar los niveles del agua y llevar alguno de equipo. El padre de Jim, Bill, estaba de visita en Matienzo y fue el apoyo de superficie durante los siguientes siete días consecutivos de buceo.

Un equipo más grande, con Dave Garman, Alistair, Tackleberry y Josh, transportó botellas y más equipo al día siguiente. Dave Dillon también ayudó y grabó en vídeo la logística del transporte de unas 14 sacas al sifón aguas arriba.[9]

El buceo comenzó al día siguiente cuando Ash entró con Jim y bucearon en el sifón 2B, viajando bajo el agua hacia el norte y el oeste, en el cruce del sifón 2, para encontrarse con el carrete de hilo de Jim a unos 570 m. La sujetó y siguió bajando por una corta distancia antes de encontrar el sifón obstruido con grava. «Un resultado decepcionante para una inmersión tan prometedora».

Sin rendirse, Jim regresó solo el día 7, regresando al cruce bajo el agua en el sifón 2 y vio que el agua de la galería obstruida de la izquierda era cristalina, mientras que la de la derecha estaba muy turbia, lo que sugiere un arroyo activo. Buceó a la derecha y se metió en el agua turbia del sifón 3, siguiendo una vieja guía de buceo hasta donde terminaba en una diaclasa. Jim escribió:

Se empezó a buscar el camino. La visibilidad era

---

8   The pitches were next visited in the summer 2019.
9   See 'Transporting dive bags to the upstream sump (August 2017)' in the Videos section of the 0733 description.

8   Los pozos se volvieron a visitar en verano de 2019.
9   Véase «Transporting dive bags to the upstream sump (August 2017)» en la sección de vídeos de la descripción de 0733.

to where it terminated in a cross rift. Jim wrote:

> *... started to search for the way on. The visibility was limited and the way on was not obvious, forward, left, right, and above were blank as stated in previous dive reports but the diver used his experience from diving in Torca la Vaca and Riaño and looked at the sediment patterns and found from this the way on was directly behind and above in the diver's blind spot.*
>
> *The diver eventually surfaced in an active stream way, which he followed for 30 metres to sump 4 and 5, both of which were relatively short. On surfacing beyond sump 5 in a foam-covered sump pool, the diver encountered a reasonable sized streamway which had a junction a short distance from the sump pool, the passage heading east ended in another sump (sump 6) after a short 5 minute walk.*
>
> *The left hand side passage heading north was followed and another substantial stream entered from the left. Although this streamway appeared slightly smaller it emitted a substantial amount of crystal clear water.*
>
> *The main stream passage was followed to a boulder ramp that entered a sizable breakdown chamber. The streamway continues on the other side.*

On August 8th, Jim and Mark had the aim of exploring and surveying these leads. The pair took the left hand, north passage directly after sump 5 surfaced.

> *Streamway 1m wide x 3m high was followed passing an inlet on the left hand side carrying a decent stream … left un-investigated. Followed streamway until breakdown chamber reached. Way on found over the top over boulder pile back down into streamway. The streamway (4m wide) with muddy banks and white moon milk / calcite bed consisted of partly crawling and partly walking passage. The streamway opened up into boulder strewn inclining passageway; 20+ degrees incline. Passage on right hand side (going in) noted but not explored.*
>
> *Further climb up ramp with boulders led to apparent choke. Way on found on the right hand side with a climb up through boulders into floor of sizeable chamber (30m x 30m approx). Stream could be heard on the far left. Boulder ramp up to far end of chamber and window noted and explored on right hand side up about 7m. This was climbed to reveal large, well decorated chamber of similar proportions (30m x 30m) with some nice formations. Above climb possible aven with flowstone noted.*
>
> *Back in initial chamber the left hand side was followed up a 20 degree slope to a small climb down back into the stream way which was followed for a short distance when it divided into three. Middle route, with the least water, was explored and ended in an impenetrable calcite fissure. Other two stream ways were not investigated.*

This was the last available diving day. They surveyed over 400m in dry passage as batch 0733-17-02, climbing up 100m through the chambers to reach the altitude of the top entrance.

Over the next two days, all the dive equipment was removed. Jim, Mark and Ash had the help of Bill Sherrington, Alex and Sahil on day one and the 'newbies' - Alex and Sahil - were shown equipment-hauling techniques on the 40m pitch. At the end of day two, Pedro, Lloyd, Carolina and Chris met Jim and Mark coming out of the bottom entrance as they were going in and helped to carry the last of the gear back to the cars.

> *Project completed until Easter, as we do not wish to cause Rupert Skorupka visibility problems on his downstream sump project.*

Chris wrote of their trip:

> *In the passage leading to Swirl Chamber, Pete placed a printed quote by Alasdair Neill, from the Matienzo logbook, in which he had eloquently described this passage. On our way back, we had a look at some small un-surveyed sections.*

A straightforward free climb down The Pits at the eastern end of the Avinguda de la Sorra entered a streamway around several sharp bends until it became too tight. They went on to push a couple of small extensions and links near the Zona de la Massa, including joining Juan's 'definitely choked' crawl from July 20th to known passage.

Ron Taylor's sub-phones were tested over some depth in Cueva Vallina on August 27th. Pete and Juan had the better time underground, setting out the aerial almost under Smelly Hat Aven with about 95m up to the surface. Unfortunately, at 3pm, the contact time, Phil and Hilary were caught in heavy rain forcing them to retreat "after a couple of minutes of beeps and voice". The sets could communicate over perhaps 100m depth (albeit very faint) but a surface underground fix was not possible due to the weather.

> *limitada y el camino no era obvio, adelante, izquierda, derecha y arriba estaban en blanco como se indica en informes de buceo anteriores, pero el buzo usó su experiencia en Torca la Vaca y Riaño y miró los patrones de sedimentos y así encontró que el camino estaba directamente detrás y encima en el punto ciego del buceador.*
>
> *El buzo finalmente salió a la superficie en una galería activa, que siguió durante 30 m hasta los sifones 4 y 5, ambos relativamente cortos. Al salir a la superficie más allá del sifón 5 en una marmita cubierta de espuma, el buzo encontró un arroyo de tamaño razonable que tenía un cruce a poca distancia de la marmita, la galería que se dirigía hacia el este terminaba en otro sifón (sifón 6) después de una corta caminata de 5 minutos.*
>
> *Se siguió la galería izquierda en dirección norte y otro arroyo sustancial entró por la izquierda. Aunque este arroyo parecía un poco más pequeño, llevaba un caudal importante de agua cristalina.*
>
> *La galería del arroyo principal se siguió hasta una rampa de rocas que da a una sala con bloques considerable. El arroyo continúa por el otro lado.*

El 8 de agosto, Jim y Mark tenían el objetivo de explorar y estudiar estas pistas. La pareja fue a la izquierda, la galería norte directamente después de que salir a la superficie del sifón 5.

> *Se siguió un arroyo de 1 m de ancho x 3 m de alto, pasando un afluente a la izquierda que llevaba un caudal decente [...] sin investigar. Se siguió el arroyo hasta llegar a la sala con bloques. La continuación se encontró encima de la pila de rocas de vuelta al arroyo. La galería activa (4 m de ancho) con orillas embarradas y lecho de calcita/moonmilk consistía en una galería en parte gatera y en parte amplia. Se abre a una galería inclinada llena de rocas; Inclinación de más de 20 grados. Galería en el lado derecho (entrada) anotada, pero no explorada.*
>
> *Si se sigue subiendo la rampa con bloques se llega una aparente obstrucción. La continuación está en el lado derecho con una subida a través de rocas hasta el suelo de una sala considerable (30 x 30 m aprox.). El arroyo se podía escuchar en el lado izquierdo. Rampa de roca hasta el extremo más alejado de la sala y la ventana anotada y explorada en el lado derecho a unos 7 m. Esta se escaló y se encontró una sala grande y bien decorada de proporciones similares (30 x 30 m) con algunas formaciones bonitas. Por encima de la escalada puede haber una chimenea, anotada.*
>
> *De vuelta a la sala inicial, se siguió a la izquierda por una pendiente de 20 grados hasta un pequeño destrepe de vuelta a la galería activa que se siguió por una corta distancia cuando se dividió en tres. Se exploró la ruta del medio, con la menor cantidad de agua, y finaliza en una fisura de calcita impenetrable. No se investigaron otras dos rutas.*

Este fue el último día de buceo disponible. Topografiaron más de 400 m en galería seca (lote 0733-17-02), subiendo 100 m a través de las salas para alcanzar la altitud de la entrada superior.

Durante los siguientes dos días, se sacó todo el equipo de buceo. Jim, Mark y Ash contaron con la ayuda de Bill Sherrington, Alex y Sahil en el primer día y a los «novatos» —Alex y Sahil— se les mostraron técnicas de acarreo de equipo en el pozo de 40 m. Al final del segundo día, Pedro, Lloyd, Carolina y Chris se encontraron con Jim y Mark que salían por la entrada inferior y ayudaron a llevar el último equipo de vuelta a los coches antes de entrar.

> *Proyecto terminado hasta Semana Santa, ya que no queremos causar problemas de visibilidad a Rupert Skorupka en su proyecto de sifón aguas abajo.*

Chris escribió sobre su incursión:

> *En la galería que conduce a Swirl Chamber, Pete colocó una cita impresa de Alasdair Neill, del libro de salidas de Matienzo, en la que había descrito elocuentemente esta galería. De vuelta, echamos un vistazo a algunas pequeñas secciones no topografiadas.*

Un destrepe libre y sencillo por The Pits en el extremo este de la Avinguda de la Sorra da a un arroyo alrededor de varias curvas cerradas hasta que se vuelve demasiado estrecho. Continuaron forzando un par de pequeñas extensiones y conexiones cerca de la Zona de la Massa, incluida la conexión con la gatera «definitivamente obstruida» de Juan del el 20 de julio hasta una galería conocida.

Los teléfonos subterráneos de Ron Taylor se probaron a cierta profundidad en Cueva Vallina el 27 de agosto. Pete y Juan lo pasaron mejor bajo tierra, colocando la antena casi debajo de Smelly Hat Aven con unos 95 m hasta la superficie. Desafortunadamente, a las 3 pm, la hora de contacto, Phil y Hilary se vieron envueltos en una fuerte lluvia que los obligó a retirarse «después de un par de pitidos y voz». Los teléfonos deberían poder comunicarse a una profundidad de unos 100 m (aunque muy débil), pero no fue posible hacerlo esta vez por culpa del tiempo.

2017 AUTUMN / OTOÑO

Alf Latham
Bob Cattley
Chris Camm

Dave Milner
Jesús 'Chuchi' Llanos Hermosa
John Southworth

Nigel Easton
Pete 'Pedro' Smith
Phil Goodwin

Phil Parker
Rupert Skorupka

Two organised groups were out in the autumn: Chris, Nigel, Alf and Phil Parker from the end of September until mid-October then, Phil Goodwin, Bob, John and Dave spent a couple of weeks, from mid to late October.

Rupert was also out in October, having made the decision to switch over to a closed-circuit rebreather. He'd calculated that the "ratio of carrying air supplies to actual progress in the sump would be difficult to maintain over an extended period, especially when carried out by just one person".

NORTHWEST AND FAR WEST SECTORS The early October group decided to dig in Cueva Laberinto (3268) in the hills to the south of San Antonio. When they arrived, Chris went off to search a recently cleared area on the other side of the valley while the others went in, Jerry-rigging the pitch down, to reach the up-pitch where Nigel found the dig had partly filled in.

> There had been a big, slurry-like slump at the end of the dug passage. However, there was a draught to encourage clearance operations so, two and a half hours later, the digger could stand up within a small, partly empty chamber with the draught coming in between spoil and the far wall.

Site 3239 was investigated the following day, found to have a draught and thought to be fairly easy to dig.

On the first day of their activities, the later team spent October 17th to the north of the main road at Hornedo. They found the source of the water for the sink 3010 to split upstream but they did find a small resurgence 4605.

In the next valley to the west, they had another look at 4584: it draughted in but was thought not easy to dig. Site 4583, a flat out 4m crawl, was dismissed as "not worth returning to" but 3915 had a very strong draught where the "tight continuation needs further work".

Phil Goodwin carried out conductivity and pH tests on five sites in the area. The results of this water chemistry (and a subsequent water trace) can be seen on the web site descriptions for 3010, 4605 and 4584.

The water trace from 3010 commenced on the 19th but the detector in the Santa Juliana resurgence (site 3282, 410m away in a straight line and 10m lower) was still negative after five hours. During this time, the team worked at various draughting sections in Cueva la Garma (3915), revealing about 15m of new passage, and in 3261 on the cliff face, where they found a low crawl off the base of the entrance slope that needs more work.

The detector was removed from 3282 on the 22nd but, with only patches of colour under the UV light, the result was thought to be inconclusive.

On October 23rd, digging in 3915 ended in a collapse zone. A line survey of 40m was done back to the entrance but the draught was felt only at the entrance. The new passage in 3261 "quickly draughted out of entrance to 3915".

Further west, Bob, Dave and John re-explored site 3281, at 96m long, one of the longest caves on the north side of the main road.

> Explored all surveyed passage and dug low bedding (marked on survey as "dig"), gaining 2m, to where more digging needed. No draught.

They then moved up to the ridge to the south of San Antonio to find 4637 - a 2m deep, mud-floored, possibly recent collapse and 4638 - a small resurgence cave that goes 2m to a choke.

To the south of San Antonio and west of Fuente Aguanaz (0713), extensive forest clearing meant something of a bonanza of new possibilities for Phil

Dos grupos se organizaron para visitar el valle en otoño: Chris, Nigel, Alf y Phil Parker desde finales de septiembre hasta mediados de octubre, y después Phil Goodwin, Bob, John y Dave pasaron un par de semanas desde mediados hasta finales de octubre.

Rupert también vino en octubre, después de haber tomado la decisión de cambiarse a un rebreather de circuito cerrado. Había calculado que «el tiempo dedicado al transporte de equipo y el progreso real en el sifón sería difícil de mantener durante un período prolongado, especialmente cuando lo hace una sola persona».

SECTOR NOROESTE Y EXTREMO OESTE El grupo de principios de octubre decidió excavar en Cueva Laberinto (3268) al sur de San Antonio. Cuando llegaron, Chris se fue a echar un vistazo en un área recientemente despejada en el otro lado del valle mientras los demás entraban, Jerry instaló el pozo hasta llegar a la chimenea donde Nigel se encontró con que la excavación se había llenado parcialmente.

> Había habido una gran colapso, como de lodo, al final de la galería excavada, pero había una corriente para animarnos en la limpieza. Así, dos horas y media más tarde, el excavador podía ponerse de pie dentro de una sala pequeña, parcialmente vacía, con la corriente entre los escombros y la pared del fondo.

El agujero 3239 se investigó al día siguiente. Llevaba corriente y parecía fácil de excavar.

En su primer día, el segundo equipo pasó el 17 de octubre al norte de la carretera principal de Hornedo. Vieron que el origen del agua para el sumidero 3010 se divide río arriba, pero encontraron una pequeña surgencia, 4605.

En el siguiente valle, al oeste, volvieron a mirar en 4584: tenía corriente aspirante, pero les pareció que no sería fácil de excavar. El 4583, un laminador de 4 m, se descartó «no merece la pena volver», pero el 3915 llevaba un corriente muy fuerte donde «la estrecha continuación necesita más trabajo».

Phil Goodwin llevó a cabo pruebas de conductividad y pH en cinco sitios de la zona. Los resultados de esta prueba química (y trazado hidrológico posterior) se pueden ver en las descripciones de 3010, 4605 y 4584 en el sitio web.

El trazado hidrológico de 3010 comenzó el día 19, pero el captador en el surgencia de Santa Juliana (3282, a 410 m en línea recta y 10 m más abajo) seguía siendo negativo tras 5 horas. Durante este tiempo, el equipo trabajó en varios tramos sopladores de Cueva la Garma (3915), abriendo unos 15 m de nueva galería, y en 3261 en la pared rocosa, donde encontraron un laminador desde la base de la pendiente de entrada que se ha de trabajar más.

El captador se sacó de 3282 el día 22 pero, con solo manchas de color bajo la luz ultravioleta, se decidió que el resultado no era concluyente.

El 23 de octubre, la excavación en 3915 terminó en un hundimiento. Se topografió la poligonal, 40 m, de regreso a la entrada, pero la corriente solo se notaba en la entrada. La nueva galería en 3261 «rápidamente salió de la entrada a 3915».

Más al oeste, Bob, Dave y John volvieron a explorar 3281, con 96 m de desarrollo, una de las cuevas más largas en el lado norte de la carretera principal.

> Exploramos toda la galería topografiado y se excavó un lecho bajo (marcado en la topografía como «excavar»), avanzamos 2 m, hasta donde se necesitaba más excavación. Sin corriente.

Luego se trasladaron a la cima al sur de San Antonio para encontrar 4637, un colapso posiblemente reciente de 2 m de profundidad, con suelo de barro, y 4638, una pequeña surgencia de 2 m hasta una obstrucción.

Al sur de San Antonio y al oeste de Fuente Aguanaz (0713), el que se hubiese talado el bosque ofreció una especie de bonanza de nuevas posibilidades para Phil Goodwin,

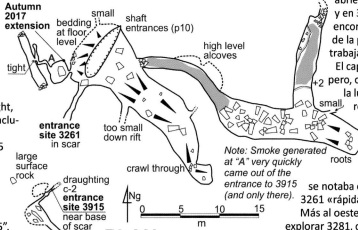

Autumn 2017 extension

small shaft entrances (p10)

bedding at floor level

high level alcoves

tight

entrance site 3261 in scar

too small down rift

large surface rock

draughting c-2
entrance site 3915 near base of scar

crawl through

Note: Smoke generated at "A" very quickly came out of the entrance to 3915 (and only there).

roots

small

PLAN

Ng

0 5 10 15
m

PROJECTED SECTION on 290° - 110°

shaft top

e3261

e3915

1.3 / 0.9

5.5

Site 3261 Hornedo ETRS89: 30T 0449191 4801660 Alt. 101m (Entrance in cliff)
Length 106m Vertical range 14m
Surveyed 2009 & 2017 to BCRA 5c.
Original drawings: 2009 by Juan Corrin; 2017 drawing by Phil Goodwin.
Site 3915 Hornedo ETRS89: 30T 0449188 4801650 Altitude 90m
Length 27m Depth 2m Surveyed 2017 to BCRA 5c. Original drawings: Phil Goodwin.
Drawn in CorelDRAW by Juan Corrin

Left: Bob Cattley in the entrance to 4606. Above: One of the traverses in 4606.
Izda.: Bob Cattley en la entrada a 4606. Arriba: Una de las travesías en 4606.
Phil Goodwin

Goodwin, Bob, Dave and John on October 23rd. Site 4615 - a rift in the side of a logging track, blocked 2.5m down; 4616 - a 2m deep rift, 4m long; 4617 - an undescended shaft, approximately 5m deep; 4618 - an undescended 4m deep hole; 4619 - a 2m deep rift on the edge of woodland in brash (may be known); 4620 - a walk-in, 30m long, well developed cave, choked at the end; 4621 - an undescended, narrow, draughting 3m shaft; 4622 - a narrow bedding in a cliff, and 4623 - an undescended 3m deep, small shaft. They also came across 3239 - investigated by the other group earlier in the month.

They were back for another look on October 27th finding: 4630 - a slightly draughting, low bedding under a rock face with a drop to the left that needs digging; 4631 - holes under a boulder draught well but it would be a major dig; 4632 - a steeply descending, low cave at the base of a cliff with 15m of low passage to a small chamber where the way on is choked with blocks; 4633 - a small cave at the foot of a cliff; 4634 - a 4m deep, draughting but undescended shaft, and 3896 - in a difficult to access, brush-filled, large depression, with a hole under a rock face and a rift feature part way down the slope. This last site was first documented in 2013. A visit was also made to 4386, Cueva del Palo de la Mesa, a known archaeological cave.

While walking up to 4587 above Barrio de Arriba, the later team came across the open entrance to 4606, a walk-in rift cave which they explored for about 60m, "with some pitches", but were stopped by an awkward traverse.

John and Dave returned to 4587 on the 21st, excavating about 2m to an area of collapsed sandstone blocks - "not worth continuing". They then moved to the ridge between Barrio de Arriba and San Antonio, documenting 4613 - a 7m through trip in "old, abandoned cave" and 4614 - a hole in the side of a depression which may be worth a dig.

Meanwhile, Phil and Bob were working in the new find, 4606.

Initial rift surveyed, also side passages and pitches. The cave is not easy, with difficult traversing (at times) at roof level. Ten pitches have been descended, but all are blind. The initial rift ends at a cross rift where work is ongoing.

John and Bob worked on 4614 a few days later, excavating down the slope to a bend but deciding that any continuation needed stronger measures.

Phil and Bob tried to push on in the awkward 4606 on October 25th.

Further work on right-hand side of T junction. Over second pitch with difficulty and quickly came to tight section. Further [progress] will only be possible by a thinny who likes traversing at the very top of a rift. Left-hand arm is similar. Right arm draughts well. Investigated line of rift on surface, but no obvious leads.

John and Dave began work on site 4574 at Camposdelante[1], high above the Cobadal depression, on October 28th. No draught was felt

Bob, Dave y John. El 23 encontraron lo agujeros: 4615, una grieta en el costado de un camino de la tala, bloqueada a 2,5 m; 4616, una fisura de 2 m de profundidad, 4 m de largo; 4617, un pozo sin explorar de unos 5 m de profundidad; 4618, un agujero sin explorar de 4 m de profundidad; 4619, una grieta de 2 m de profundidad en el borde del bosque en maleza (puede ser conocido); 4620, una cueva de 30 m de largo, bien desarrollada, obstruida al final; 4621, un pozo estrecho de 3 m, sin explorar y con corriente; 4622, un laminador estrecho en un acantilado; y 4623, un pequeño pozo sin explorar de 3 m de profundidad. También encontraron 3239, investigado por el otro grupo a principios de mes.

Regresaron para otra echar otro vistazo el 27 de octubre y encontraron: 4630, un laminador con corriente suave debajo de una pared rocosa con un desnivel a la izquierda que se ha de excavar; 4631, agujeros debajo de un bloque, con corriente pero sería una excavación importante; 4632, una cueva baja de pendiente pronunciada en la base de una pared rocosa con 15 m de galería baja a una pequeña sala donde la continuación está obstruida con bloques; 4633, una pequeña cueva al pie de un acantilado; 4634, un pozo de 4 m de profundidad, con corriente de aire pero sin explorar; y 3896, en una gran depresión de difícil acceso, llena de matorrales, con un agujero debajo de una pared rocosa y una grieta bajando por la pendiente. Este último se documentó por primera vez en 2013. También se visitó 4386, Cueva del Palo de la Mesa, una cueva conocida por sus restos arqueológicos.

Mientras caminaban hasta 4587 sobre Barrio de Arriba, el segundo equipo se encontró con la entrada abierta de 4606, una cueva en diaclasa que exploraron durante unos 60 m, «con algunos pozos», pero les detuvo una travesía difícil.

John y Dave regresaron a 4587 el día 21, excavando unos 2 m en un área de bloques de arenisca hundidos, «no vale la pena continuar». Luego se trasladaron a la cima entre Barrio de Arriba y San Antonio, documentando 4613, una travesía de 7 m en una «cueva vieja y abandonada», y 4614, un agujero en el costado de una depresión que podría merecer la pena excavar.

Mientras tanto, Phil y Bob estaban trabajando en el nuevo hallazgo, 4606.

Fisura inicial topografiada, también galerías laterales y pozos. La cueva no es fácil, con travesía difícil (a veces) a nivel del techo. Se han explorado diez pozos, pero todos son ciegos. La fisura inicial termina en otra transversal en la que seguimos trabajando.

John y Bob fueron a 4614 unos días después, excavando cuesta abajo hasta una curva, pero decidieron que cualquier continuación necesitaba medidas más estrictas.

Phil y Bob intentaron seguir adelante en el incómodo 4606 el 25 de octubre.

Seguimos trabajando en el lado derecho del cruce. Pasamos el segundo pozo con dificultad y rápidamente llegamos a una sección estrecha. Solo un flaco al que le guste pasar por encima de una fisura podrá [avanzar] más. El lado izquierdo es similar. El derecho lleva una buena corriente. Diaclasa investigada en la superficie, pero sin pistas obvias.

---

1   2017 Easter, page 265.

on this occasion.

Up in the hills to the southeast of Navajeda, Bob descended 4489 where he negotiated bags of bones and debris to a cross passage, descending 3m with slight draught.

With site 4474 now open to all[2], it was the first target for the early team on September 29th. Chris went to push the decorated passage near the bottom of the entrance ladder. The other three went to the end of the big passage entered at Easter "to battle with the tight way on".

> *Three hours capping allowed entrance into a small, low, open area with a howling draught coming down a very narrow rift / slot ... which would require considerable work...*

With Alf resting and Chris "surface bashing", just Nigel and Phil returned to 4474 to push the rift left at Easter, at the top of a pitch. An 8m ladder dropped onto a ledge into an enlarging rift but two large rocks blocked the forward continuation.

> *However, a further 4m free climb reached the floor which was followed back under the entrance rift for 18m to a conglomerate wall with a non-draughting slot.*

Back on the ledge, it was seen that there could be a route beyond the blocks by re-hanging the ladder.

On October 1st, Chris continued his surface endeavours while Alf, Phil and Nigel started work at a third lead, a draughting bedding plane. Here, it was found that a few inches of sand overlaid a harder material. Nevertheless, some metres of progress "allowed the team to see a fairly open space to the right, guarded by formations but with access possible after another metre or so of excavation". Work also continued at the first lead, where capping eased access to the narrow rift / slot.

October 5th saw Nigel, Phil and Alf continue digging in the sandy bedding plane of 4474. The space to the right turned out to be a reasonable size passage heading almost at right angles to the main passage but with both directions obstructed by boulders that required capping.

They returned on the 11th where an obstructing boulder was "modified" and progress made to a shaft and a small, well decorated continuation beyond.

> *Both shaft and passage were draughting but no ladder was available ... Back at the end of the main passage, Nigel used Phil's body to get high enough in the rift / slot to see there was a possibility of progress if the slot was opened up, i.e. capping above the capper's head. The cave was cleared of equipment.*

Friday the 13th was "time for a trip to 4473", just uphill and to the south of 4474. Phil, Chris and Alf had the intention of surveying, looking at unpushed open leads and digging the choke in the passage with a draught. Phil took photos then headed for the choke while Alf and Nigel pushed the leads.

> *All the ways closed down in mud-choked ends... They then joined Phil for the choke blockage dig in calcited mud and stone. Eventually it was possible for Nigel and Phil to get partway into the continuation which turned out to be the bottom of a large space, with some large hanging death visible up in the roof. A return with capping gear is required. In view of the cold and mud-covered state of the team, surveying was left for another trip.*

On October 7th, Chris, Alf and Phil worked at the very long-term project - draughting site 3901, making more capping progress down but there being no sign of any enlargement to provide encouragement. Chris and Nigel worked here the following day, making progress but the small rift continued to be "not much larger than boot width".

To the east of El Cubillón entrance, Alf and Phil went to push shafts at 4525. Alf's shaft was a free climb into a reasonable passage which ran under Phil's shaft, giving about 30m length.

> *The passage got to split with the left hand branch effectively ending at an outward draughting, small, downward tube. The right hand branch dropped steeply to a large, calcited plug in the floor with a draught forcing its way up between wall and calcite. This probably deserves a visit with the usual digging paraphernalia.*

Investigating logging tracks on the west side of the Bencano valley on October 15th, Phil and Nigel came across three possibilities within 50m of each other: site 4639 - "a decent size hole in the uphill bank looking down some 6m or so into a large chamber with no draught but possible ways off"; 4640 - The Fridge - a pair of strongly draughting slots looking into a narrow rift, and 4641 - another pair of holes yielding some draught.

2   2017 Easter, page 265.

John y Dave comenzaron a trabajar en 4574 en Camposdelante,[1] muy por encima de la depresión de Cobadal, el 28 de octubre. En esta ocasión notaron ninguna corriente.

En lo alto de la colina al sureste de Navajeda, Bob entró a 4489 donde pasó bolsas de huesos y basura hasta un galería transversal, bajando 3 m con una ligera corriente.

Ahora que la cavidad 4474 se habría abierto para todos,[2] este fue el primer objetivo para el primer equipo. El 29 de septiembre Chris fue a explorar la galería decorada cerca de la base de la escala de entrada. Los otros tres se dirigieron al final del gran galería a la que se entró en Semana Santa «para luchar con el camino estrecho».

> *Tras 3 horas de desobstrucción pudimos entrar a una zona pequeña, baja y abierta con una corriente aullante que bajaba por una grieta muy estrecha [...] lo que requeriría mucho trabajo.*

Con Alf descansando y Chris «investigando en la superficie», solo Nigel y Phil regresaron a 4474 para forzar la fisura que dejaron en Semana Santa, en la cabecera de un pozo. Una escala de 8 m da a una repisa en una fisura cada vez mayor, pero dos grandes rocas bloquean el camino.

> *Pero un destrepe libre de 4 m más da al suelo, que se sigue por debajo de la grieta de entrada durante 18 m hasta una pared de conglomerado con una ranura sin corriente.*

De vuelta en la repisa, se vio que podría haber una ruta al otro lado de los bloques volviendo a colgar la escala.

El 1 de octubre, Chris continuó con sus esfuerzos en la superficie mientras Alf, Phil y Nigel empezaron a trabajar en un tercer interrogante, un laminador soplador donde, como descubrieron, debajo de 5 cm de arena había un material más duro. Sin embargo, tras avanzar un par de metros «al equipo pudo ver un espacio bastante abierto a la derecha, custodiado por formaciones pero con acceso posible tras un metro más o menos de excavación». El trabajo también continuó en el primer interrogante, donde los micros facilitaron el acceso a la estrecha grieta/ranura.

El 5 de octubre, Nigel, Phil y Alf continuaron ex cavando en el laminador de 4474. El espacio a la derecha resultó ser una galería de tamaño razonable que se dirigía casi en ángulo recto a la galería principal, pero con obstruida en ambas direcciones por rocas que necesitaban micros.

Regresaron el día 11 y «se modificó» un bloque y se avanzó hacia un pozo y una continuación pequeña y bien decorada.

> *Tanto el pozo como la galería tenían corriente, pero no había escala disponible [...] De vuelta al final de la galería principal, Nigel usó el cuerpo de Phil para llegar lo suficientemente alto en la grieta para ver que habia una posibilidad de avanzar si se abría, es decir, por encima de la cabeza del excavador. Se sacó el equipo de la cueva.*

El viernes 13 «iba siendo hora de ir a 4473», monte arriba y al sur de 4474. Phil, Chris y Alf tenían la intención de topografiar, mirar interrogantes sin explorar y abrir la obstrucción en la galería con corriente. Phil sacó fotos y luego fue a la obstrucción mientras Alf y Nigel miraban los interrogantes.

> *Todas las opciones se cerraban con obstrucción de barro [...] Luego nos unimos a Phil para abrir la obstrucción en barro y piedra en calcita. Al final, Nigel y Phil entraron en parte de la continuación, que resultó ser la base de un gran espacio, con una asesina colgante en el techo. Hay que volver con equipo de micros. Como el equipo estaba frío y embarrado , se dejó la topo para otra ocasión.*

El 7 de octubre, Chris, Alf y Phil trabajaron en su proyecto a muy largo plazo: el agujero soplador 3901, logrando avanzar un poco, pero no había señales de ninguna ampliación que los animara. Chris y Nigel siguieron al día siguiente, avanzando, pero la pequeña grieta seguía siendo «no mucho más grande que el ancho de la bota».

Al este de El Cubillón, Alf y Phil fueron a explorar los pozos de 4525. El pozo de Alf era un destrepe libre a un galería amplia que pasaba debajo del pozo de Phil, dando unos 30 m de desarrollo.

> *La galería se divide y a la izquierda termina en un pequeño tubo descendente soplador. A la derecha baja abruptamente hasta un gran tapón calcificado en el suelo con una corriente de aire que se abre paso entre la pared y la calcita. Probablemente merezca la pena volver con la parafernalia habitual de excavación.*

Investigando las pistas de tala en el lado oeste del valle de Bencano el 15 de octubre, Phil y Nigel encontraron tres agujeros a 50 m de distancia: 4639, «de tamaño decente en la orilla cuesta arriba con unos 6 m hacia una sala grande sin corriente pero con posibles continuaciones»; 4640, The Fridge, un par de ranuras con corriente fuerte que dan a una fisura estrecha; y 4641, otro par de agujeros con algo de corriente.

Subiendo por la ladera vieron dos más: 4642, un agujero entre bloques, y 4643, un hundimiento y posible sumidero en un extremo de una

1   Véase Semana Santa de 2017, p. 265.
2   Véase Semana Santa de 2017, p. 265.

Cueva 4069.   *John Southworth*

Higher up the hill, two more were spotted: 4642 - a hole down through boulders, and 4643 - a collapse and possible sink at one end of a depression. Slightly higher still, they were able to pull out some turf and stones from a narrow rift at 2545 to see it widening about 4m down.

Beyond the valley half a kilometre to the west of Las Calzadillas, John and Dave documented three new sites, to descend at a later date: 4624 - a large open shaft, 13m deep, on the side of one of the many limestone edged depressions; 4625 - an 8m shaft, similarly placed, and 4626 - a 6m shaft blocked at the top by two large boulders.

The Northeast Sector including the Four Valleys System, Solórzano and Garzón
On October 2nd, Chris and Alf headed over to Riaño to investigate an area recently cleared of forest. On a later occasion, site 1318 was spotted within the bounds of the wide, muddy "logging motorway".

Phil Goodwin, Bob, John and Dave spent October 20th on land up to the northwest of the Ermita del Cristo de Balaguer finding six sites of interest: 4607 - a small, draughting, hole which would need a lot of work to open up; 4608 - a narrow rift with stones falling 9m and with a good echo but significant work would be needed to open it up; 4609 - a small hole with a 2m drop to a boulder floor; 4610 - an undescended, good sized shaft, about 10m deep; 4611 - a small, crawl-in cave, which opens up into a 40° hading passage, 20m in length, ending boulder-filled, but with good formations in lower part, and 4612 - a 2m, narrow, choked rift.

Back in the area on October 26th, the team had a trip into 4069, first explored in the summer 2014.

    Excellent cave, well worth a trip. Dug at base of
    initial entrance slope (above pitch / climb) into 3m
    of passage, with no way on. Also searched surface
    above estimated end of cave but found nothing.

Phil and Bob then examined 4610 where they descended an 8.5m pitch into a chamber with five ways on.

    All appear to meet in the middle. Can see on 3m to 4m
    descending at about 30 degrees. Stones suggest 10m to
    next floor. Narrow, needs more work. Draughting.

Further up the hill, three new holes were documented. Site 4627 is a 5m diameter shaft in a large shakehole, used as a rubbish tip.

    Explored to end of 52m rope. Descending passage
    in rift, 4m wide at entrance, 1m wide at bottom of
    rubbish heap. Three pitches, about 10m long, lead to
    narrow canyon climb down to next short pitch.

Site 4628 lies in a double shakehole and was descended 6 to 8m to a possible draughting dig whereas 4629, a spring with a cattle trough, obviously used by farmer, was not further investigated.

Phil and Bob pushed on in 4627, Sima Inclinada, a couple of days later.

    Rift / shaft descended to chamber 2.5m diameter and
    8m high. Cave continues in very small, tight, crawl.
    Water in crawl and chamber. Draughting. Site surveyed.
    They went on to explore a nearby new, open cave, site
    4636.
    Slanting bedding cave descends at about 45 degrees
    for 25m. Next is small chamber full of debris, with
    passage continuing for at least 10m, but too small to
    enter. Draughting.

Southern Sector
In October, preparations were made for pushing on in the downstream sump 6 in Cueva Vallina. Rupert visited the cave on nine consecutive days, taking in a rebreather with all the necessary components. Additionally, several depleted cylinders were replaced. A window of perfect weather allowed this activity to take place without any risk of gear being washed away. Pedro helped to carry on day one and some idea of the logistics can be seen in Rupert's edited account.

    Day 1. Carried in wetsuit and SRT kit ... and 2 x 3
    litre oxygen and diluent cylinders. Picked up a full 7
    litre at the pitch base, and carried all 3 cylinders
    to sump 1. Carried an empty 7 litre from sump 1 back
    to pitch base.
    Day 2. Rebreather main body to sump 1. Brought the
    empty 7 litre out from the pitch base.
    Day 3. Carried in the back-plate and harness,
    breathing hoses, oxygen and diluent odd valves and
    tools. Assembled the unit at sump 1. Dived this
    through to the sump 5 - 6 streamway whilst breathing
    open circuit from 2 x 7 litre cylinders. Had some
    difficulties at the sump 2 boulder choke as it was a

depresión. Un poco más alto aún, pudieron sacar un poco de tierra y piedras de una grieta estrecha en 2545 que se ensanchaba a unos 4 m.

A medio kilómetro al oeste de Las Calzadillas, John y Dave documentaron tres nuevos agujeros para explorarlos en otra ocasión: 4624, una gran sima de 13 m de profundidad al lado de una de las muchas depresiones bordeadas de piedra caliza; 4625, un pozo de 8 m, en una ubicación similar; y 4626, un pozo de 6 m obstruido en la cabecera por dos grandes rocas.

Sector Noreste incluyendo el Sistema de los Cuatro Valles, Solórzano y Garzón
El 2 de octubre, Chris y Alf se dirigieron a Riaño para investigar un área recientemente despejada de bosque. En una ocasión posterior, se redescubrió el agujero 1318 dentro de los límites de la amplia y embarrada «autopista forestal».

Phil Goodwin, Bob, John y Dave pasaron el 20 de octubre en campos hasta el noroeste de la Ermita del Cristo de Balaguer encontrando seis sitios de interés: 4607, un pequeño hoyo con corriente que necesitaría mucho trabajo; 4608, una grieta estrecha por la que las piedras caen unos 9 m y con un buen eco, pero necesitaría bastante trabajo; 4609, un pequeño agujero con un desnivel de 2 m hasta un suelo de bloques; 4610, un pozo sin explorar, de buen tamaño, de unos 10 m de profundidad; 4611, una pequeña entrada en gatera, que se abre a un galería en ángulo de 40°, 20 m de largo, que termina llena de rocas, pero con buenas formaciones en la parte inferior; y 4612, una grieta estrecha y obstruida de 2 m.

De regreso al área el 26 de octubre, fueron a 4069, explorado por primera vez en el verano de 2014.

    Excelente cueva, digna de una incursión. Cavamos
    en la base de la pendiente de entrada inicial (sobre
    pozo / destrepe) a 3 m de galería, sin continuación.
    También miramos en la superficie sobre el final estimado
    de la cueva, pero no vimos nada.

Phil y Bob luego examinaron 4610, donde bajaron un pozo de 8,5 m a una sala con cinco continuaciones.

    Todas parecen encontrarse en el medio. Se pueden ver
    3 a 4 m bajando a unos 30 grados. Las piedras sugieren
    10 m hasta el siguiente suelo. Estrecho, necesita más
    trabajo. Con corriente.

Subiendo por la ladera, se documentaron tres nuevos agujeros. El 4627 es un pozo de 5 m de diámetro en un hoyo que se utiliza como vertedero.

    Explorado hasta el final de la cuerda de 52 m. Galería
    descendente en fisura, 4 m de ancho en la entrada, 1 m
    de ancho en el fondo del montón de basura. Tres pozos,
    de unos 10 m de largo, conducen a un cañón estrecho
    que baja hasta el siguiente pozo.

El 4628 está en un hoyo doble y tiene un pozo de 6 a 8 m hasta una posible excavación con corriente, mientras que 4629, un manantial con un abrevadero, obviamente utilizado por los agricultores, no se investigó más.

Phil y Bob siguieron adelante en 4627, Sima Inclinada, un par de días después.

    Bajamos la fisura/pozo a una sala de 2,5 m de diámetro
    y 8 m de altura. La cueva continúa en un laminador
    muy pequeño y estrecho. Agua en laminador y sala. Con
    corriente. Topografiado.
    Continuaron explorando una nueva cueva cercana, 4636.
    Un laminador inclinado baja a unos 45 grados durante
    25 m. Le sigue una pequeña sala llena de sedimentos,
    con un galería de al menos 10 m, pero es demasiado
    pequeña. Con corriente.

Sector Sur
En octubre se llevaron a cabo los preparativos para la exploración del sifón 6 aguas abajo en Vallina. Rupert visitó la cueva durante nueve días consecutivos con un rebreather y todos los componentes necesarios. Además, sustituyó varias botellas vacías. Gracias a unos días en los que el clima fue perfecto pudo hacerlo sin riesgo de que una crecida se llevase el equipo. Pedro ayudó a llevar equipo el primer día y nos podemos hacer una idea de la logística en esta crónica resumida.

    Día 1. Llevé el traje de neopreno y kit de cuerda
    [...] y 2 botellas de oxígeno de 3 litros y diluyente.
    Recogí una llena de 7 litros en la base del pozo y
    llevé las 3 botellas al sifón 1. Saqué una de 7 litros
    vacía desde el sifón 1 a la base del pozo.
    Día 2. Equipo principal del rebreather al sifón 1.
    Saqué los 7 litros vacíos de la base del pozo.
    Día 3. Metí la placa y arnés, circuito de
    respiración, oxígeno y diluyentes, válvulas y

tight fit. Carried the 2 x 3 litres down to sump 6.
Brought 2 x 4lb weights back from here to use to
dive out. Brought several empty tackle bags out.
   Day 4. Carried in soda lime absorbent, sensors,
computer and wiring connectors, batteries, spare
towel and fleece boots, in 2 x Daren drums. Dived
these through to sump 5 - 6 streamway. Carried a
full 7 litre down to sump 6 base, and returned
with a depleted one to use in the first sumps. Then
carried the 2 drums of kit to the base of the climb
up to the high levels.
   Day 5. Carried in a full 7 litre to the base of the
pitch.
   Day 6. Carried in a bolt kit and more food. Picked
up the full 7 litre at the pitch base and carried
it to sump 1. Also carried the empty 7 litre back
to pitch base. Moved the brew kit from the Catalan
Bypass to an easier-to-reach spot in the final
chamber.
   Day 7. Carried the bolt kit through the sumps.
Then took this and the rebreather to the base of
the climb into the high levels. This climb was
split into several awkward ladder sections, and
it had been my intention to change the route. A
new hang was bolted (3 spits) from a rock bridge
over the streamway. This gave a neat Y-hang of 12
metres straight down the centre of the canyon. The
rebreather was then pulled up from here, and also
the 2 x drums of parts. These were left in a dry
area after being checked that there were no leaks.
   Carried a spare ladder, the bolt kit, spare
maillons, a Darren drum with my mouldy undersuit, a
tackle bag with rubbish, an old towel, 25 metres of
polyprop back through the sumps and most of it out
of the cave.
   Day 8. Carried in food and a tackle bag. At sump
1, packed up all 3 regulators and other dive kit to
be brought out. Packed up and tied off brew kit.
Brought dive kit back to pitch base as well as spare
ladder. Carried empty 7 litre from pitch out of
cave.
   Day 9. Carried full 7 litre to base of pitch.
Bagged up wetsuit, long john, vest , bootees, etc.
Pulled both this and the dive kit bag up the pitch.
Coiled the rope at the pitch head. Added SRT kit to
the loads, and carried 2 x heavy bags from the cave.
Knackered.

Rupert anticipated his next trip to be in January and, if the weather was favourable, it would be possible to begin diving operations at sump 6 after just 2 days of setting up.

herramientas varias. Ensamblada la unidad en el sifón
1 y lo metí todo hasta la galería del sifón 5 - 6
respirando el circuito abierto de 2 botellas de 7
litros. Tuve algunas dificultades en el caos de bloques
del sifón 2, ya era estrecho. Llevé los 2 x 3 litros
hasta el sifón 6. Saqué 2 pesas de 4 libras para usarlas
al salir. Saqué varias sacas vacías.
   Día 4. Metí el absorbente , sensores, ordenador y
conectores, baterías, toalla de repuesto y botas de
lana, en 2 bidones estancos. Los llevé hasta la galería
del sifón 5-6. Llevé una botella de 7 litros llena hasta
la base del sifón 6 y regresé con uno a medias para usar
en los primeros sifones. Luego saqué 2 bidones de equipo
a la base de la subida hasta los niveles superiores.
   Día 5. Metí una llena de 7 litros a la base del pozo.
   Día 6. Metí un kit de anclajes y más comida. Recogí
la de 7 litros llena en la base del pozo y la llevé al
sifón 1. También saqué la de 7 litros vacía a la base
del pozo. Moví el hornillo del Catalan Bypass a un lugar
más fácil de alcanzar en la sala final.
   Día 7. Llevé el kit de anclajes a través de los
sifones. Luego lo llevé junto con el rebreather a la
base de la subida al nivel superior. Esta escalada se
divide en varias secciones de escala incómodas, y había
sido mi intención cambiar la ruta. Instalé una nueva
cuerda (3 spits) de un puente de roca sobre el arroyo.
Así tenía una triangulación de 12 m en línea recta al
centro del cañón. Luego levanté el rebreather desde
aquí, y también los 2 bidones con piezas. Lo dejé todo
en un lugar seco después de comprobar que no había
goteras.
   Saqué una escala de repuesto, el kit de anclajes,
maillones de repuesto, un bidón con mi mono mohoso,
una saca con basura, una toalla vieja y 25 m de
polipropileno por los sifones y casi fuera de la cueva.
   Día 8. Metí comida y saca. En el sifón 1, guardé los 3
reguladores y otras piezas para sacarlo. Guardé y amarré
el hornillo. Llevé el kit de buceo a la base del pozo y
una escala de repuesto. Saqué la vacía de 7 litros desde
el pozo.
   Día 9. Metí una de 7 litros llena a la base del pozo.
Guardé traje de neopreno, calzoncillo largo, chaleco,
botines, etc. Lo subí junto a la saca con el equipo de
buceo por el pozo. Enrollé la cuerda en la cabecera del
pozo. Añadí el arnés y equipo a la carga y saqué 2 sacas
pesadas. Agotado.

Rupert anticipó que su próxima visita sería en enero y, si el clima era favorable, podría comenzar las operaciones de buceo en el sifón 6 después de solo 2 días de preparación.

2017 CHRISTMAS / NAVIDAD

| Diane Arthurs | Pete 'Pedro' Smith | Steve 'Big Steve' Martin | Terry Whitaker |
| Neil 'Slim / Nez' McCallum | Simon Cornhill | Susan Martin | |

In early December, Juan Corrin delivered a precisely timed (!) 18 minute lecture as part of *A Golden Age of Cave Exploration*, a three-day event celebrating 50 years of pioneering British cave exploration and science at the Royal Geographical Society, London. The talk was well received. Anyone who wants to have another angle on the Matienzo Caves explorations up to 2017 can download the PowerPoint presentation and script. All these details of the *Golden Age* event and a link to the recorded Matienzo presentation can be found in the 2017 section of www.matienzocaves.org.uk/feedback/index.htm.

Laura Deeprose gave an update about the ongoing palaeoclimate work in Cueva de las Perlas (0074). By the end of 2017, after monitoring temperature, carbon dioxide and drip water chemistry for nearly 3 years, the work was revealing some interesting insights into the dynamics of the cave including cave ventilation.

   The speleothem record work is ongoing but we have
successfully found a speleothem covering the period
of the Neanderthal extinction at approx. 40,000 years
ago. The geochemical record from the speleothem is
currently being developed and it is hoped it will
provide an indication of how the climate and landscape
were changing during the period around the Neanderthal
extinction.

NORTHWEST AND FAR WEST SECTORS

Site 1815, found about 400m south of the Cobadal junction on the Alisas - La Cavada road, was checked out by Si and Di looking for the draughting hole at the base of the entrance slope. Nothing was found, probably due to the cool weather conditions.

They also visited Cueva de Collada at the head of the La Gatuna valley. Going in through the Eastwater entrance (4537) they made their way to Sex on the Beach and surveyed 71m in a sandy crawl ending at an aven. "All passages in this area either choke up or are too tight."

They also dug into a 5m long passage in White Russian that became too tight.

   We then checked the quality of James Carlisle & Alex

A principios de diciembre, Juan Corrin dio una charla de 18 minutos exactos (!) en A Golden Age of Cave Exploration, un congreso de tres días en la Royal Geographical Society de Londres que celebró 50 años de exploración e investigaciones subterráneas pioneras en Gran Bretaña. La charla fue bien recibida. Quien quiera ver las exploraciones de las cuevas de Matienzo hasta 2017 desde otro ángulo puede descargar la presentación y el guion de PowerPoint. Todos estos detalles del congreso A Golden Age y un enlace a la grabación de la presentación de Matienzo se pueden encontrar en la sección de 2017 en http://www.matienzocaves.org.uk/feedback/index.htm

Laura Deeprose informó de los avances en sus investigaciones paleoclimáticos en la Cueva de las Perlas (0074). A fines de 2017, después de monitorizar la temperatura, el dióxido de carbono y la química del agua por goteo durante casi 3 años, se estaban obteniendo algunas ideas interesantes sobre la dinámica de la cueva, incluida su ventilación.

   El trabajo de registro de espeleotemas aún continúa,
pero hemos encontrado con éxito un espeleotema que cubre
el período de la extinción de los Neandertales aprox.
hace 40.000 años. En la actualidad se está llevando a
cabo el registro geoquímico del espeleotema y se espera
que indique cómo el clima y el paisaje estaban cambiando
durante el período de la extinción de los Neandertales.

SECTOR NOROESTE Y EXTREMO OESTE

Si y Di revisaron la cavidad 1815, que se encuentra a unos 400 m al sur del cruce de Cobadal en la carretera de Alisas - La Cavada, y buscaron el agujero soplador en la base de la pendiente de entrada. No encontraron nada, probablemente debido a que hacía frío.

También visitaron la Cueva de Collada en la cabecera del valle de La Gatuna. Tras entrar por la entrada de Eastwater (4537), se dirigieron a Sex on the Beach y topografiaron 71 m en una gatera arenosa que terminaba en una chimenea. «Todas las galerías en esta área se obstruyen o son demasiado estrechas».

También intentaron abrir una galería de 5 m de largo en White Russian que se volvió demasiado estrecha.

   Luego verificamos la calidad de la excavación de
James Carlisle y Alex Richie en la base de las rocas,

Richie's dig at the bottom of the run in, surprisingly it didn't seem totally hopeless! ... A thin slab of soft rock ... should yield to a few stout blows with a lump hammer. To help the lads on their way with their dig we cleared quite a bit of debris from around the slab and enlarged the passage which approaches it. There was a weak inwards draught going in to the dig. Di also squeezed herself into the hole in the floor following the flow of water. It opened up briefly into a small sandy enlargement which had a couple of narrow, metre-deep, sandy pits.[1]

NORTHERN LA VEGA, EL NASO AREA

The "grand cave", Cueva de Rascavieja (0077), received a visit from Si and Di on Christmas Day - just a quick one, they had a dinner date.

We followed the green string ... through the boulder choke to where it ended at the start of the squeeze.[2] The other side of this the cave enlarges considerably, being complex with a very strong inwards draught throughout the whole section. An interesting bit of cave which will be well worth unravelling.

Due to prolonged heavy rain Si, Di and Neil decided on this drier trip on December 27th rather than explore in the active Bosque system, see below.

Simon dispatched the super tight squeeze in the right hand choke which was guarding the Easter '85 extensions. This is now a mere wriggle. 104m was surveyed in the larger passages beyond. However, the draught was very weak today and it was difficult to follow.

A number of days were spent in Cueva del Bosque (0373). As Neil has written about these exciting explorations, (see Cueva Del Bosque Extensions, 2017, opposite) a much abridged diary follows here.

December 26th: Si, Di, Neil and Pete; down p4; surveying; Squirrel's Pitch (75m) descended.
28th: Simon checking system after heavy rain.
29th: Si, Di, Neil; down next p10 and p50 into streamway; surveying.
30th: Si, Di, Neil: Exploration upstream; complete survey. Note upstream as a possible dive.

NORTHEAST SECTOR

Near the Bar Pot (0603), at the top of the Mushroom Field, was a focus for Pete, Terry and Steve: four trips were carried out over the Christmas / New Year period generally enlarging and making safe the first sections.

Entrance climb down now stabilised and bolt left in surface boulder for hand line down; useful also for lowering bags. Low crawl at base of shaft, the floor boulders were removed and taken to surface, walls capped out to a more comfortable size. This leads to low arch into draughting chamber with pool in the floor. The arch needs enlarging to make it a more comfortable size but this was stopped by three days heavy rain making water run down the walls and a number of failed capping holes.

As the hole draughts strongly both in and out depending on outside temperatures, Steve recommended a fleece hood when working there. Terry also encountered ...

... a large specimen of the Quimper Snail, Elona quimperiana ... in the twilight zone halfway down the entrance shaft. ... It is on the IUCN red list but in the LC (Least Concern) category. It occurs in damp woodland and has been recorded from caves.

On Christmas Eve, Si and Di returned to the resurgence Fuente el Escobal (0383) after a vecino "showed us improvements to the water troughs that the electricity company had funded". In the cave they surveyed 42m and started digging out the moon-milk dam.

The continuing passage is far too tight to get into, however, 3m ahead the roof appears to rise. Hopefully digging will be moderately swift as the floor is soft moon milk and the roof hard limestone, which should cap.

On January 3rd, as their ferry was delayed due to bad weather, Si and Di had a "bonus caving trip".

What better than a taste of home, flat out hammering and capping in fast flowing, cold water! Going is tougher than anticipated. We will have to return to continue capping and hammering to make progress.

SOUTHERN SECTOR

On New Year's Eve, Pete was alerted by hunters that one of their hunting dogs had fallen down a shaft together with a wild boar. That afternoon he was taken to the site, high above Seldesuto, by the hunters with a couple of ladders, only to find that the shaft was too deep and would need rigging safely with rope.

Looking on the website, it was found that this shaft was 0545, about 60m deep. There was some talk about arranging a descent of the shaft in the next couple of days while British cavers were still around but it didn`t happen. Pete was later told that someone from Ramales had descended the shaft and brought out the body of the dog in a process that took about 4 hours.

1   James and Alex returned at Easter, 2018.
2   2017 summer, page 273.

¡sorprendentemente no parecía totalmente imposible! [...] Una losa delgada de roca blanda [...] debería ceder a unos cuantos golpes fuertes con un martillo. Para ayudar a los muchachos en su camino con su excavación, limpiamos alguna roca suelta alrededor de la losa y ampliamos la galería que da a ella. La corriente de aire era débil al entrar en la excavación. Di también se metió en el agujero del suelo siguiendo el agua. Se abrió brevemente en una pequeña ampliación arenosa que tenía un par de pozos arenosos estrechos, de un metro de profundidad.[1]

EL NORTE DE LA VEGA – EL NASO

La «gran cueva», la Cueva de Rascavieja (0077), recibió una visita de Si y Di el día de Navidad; solo una breve, habían quedado para cenar.

Seguimos la cuerda verde [...] a través del caos de bloques hasta donde terminaba al comienzo del estrechamiento.[2] Al otro lado la cueva se agranda bastante, siendo compleja con una corriente aspirante muy fuerte en toda la sección. Una cueva interesante que bien vale la pena desentrañar.

Debido a la intensa lluvia prolongada Si, Di y Neil decidieron hacer esta salida más seca el 27 de diciembre en lugar de explorar el sistema activo Bosque, como se ve más abajo.

Simon se encargó de la estrechez en la obstrucción de la derecha que protegía las extensiones de Semana Santa '85. Ahora solo hay que arrastrarse un poco. Se topografiaron 104 m en las galerías grandes al otro lado. Sin embargo, hoy la corriente era muy débil y no era fácil seguirla.

Pasaron varios días en la Cueva del Bosque (0373). Como Neil ha escrito sobre estas emocionantes exploraciones (véase Las extensiones en Cueva Del Bosque en la siguiente página), lo que sigue es un diario muy resumido.

26 de diciembre: Si, Di, Neil y Pete; bajan P 4; topografía; Squirrel's Pitch (75 m) explorado.
28: Simon echó un vistazo al sistema después de fuertes lluvias.
29: Si, Di, Neil; bajan los siguientes P 10 y P 50 hasta la galería activa; topografía.
30: Si, Di, Neil: Exploración aguas arriba; topografía completa. Aguas arriba anotado como un posible lugar de buceo.

SECTOR NORESTE

Pete, Terry y Steve se centraron en Near the Bar Pot (0603), en la parte superior del prado cerca de Carcavuezo: fueron en cuatro ocasiones durante el período de Navidad / Año Nuevo para, en general, ampliar y asegurar las primeras secciones.

El destrepe de la entrada ahora está estabilizado y se ha dejado un anclaje en el bloque de la superficie un pasamanos; útil también para bajar sacas. Laminador en la base del pozo, los bloques del suelo se han quitado y sacado fuera, las paredes abiertas a un tamaño más cómodo. Esto da a un arco bajo a una sala con corriente y marmita en el suelo. El arco debe agrandarse para que tenga un tamaño más cómodo, pero tres días de fuertes lluvias nos detuvieron ya que hicieron que el agua bajara por las paredes y varios micros no funcionaron.

Como el agujero lleva corriente sopladora como aspirante dependiendo de la temperatura exterior, Steve recomendó ponerse un gorro de lana para trabajar en él.

Terry también encontró...

Un gran espécimen del caracol moteado, Elona quimperiana [...] en la zona de transición bajando por el pozo de entrada. [...] Está en la lista roja de la UICN pero en la categoría LC (Preocupación menor). Habita bosques húmedos, pero no se ha visto en cuevas.

En Nochebuena, Si y Di volvieron la surgencia de Fuente el Escobal (0383) después de que un vecino «nos mostrara mejoras en los abrevaderos que la compañía eléctrica había financiado». En la cueva, topografiaron 42 m y comenzaron a excavar la presa de moonmilk.

La galería es demasiado estrecha para entrar en ella, pero, 3 m después, el techo parece elevarse. Con suerte, la excavación será más o menos rápida, ya que el suelo es de moonmilk suave y el techo es de piedra caliza dura, que habrá que ampliar.

El 3 de enero, como su ferry se retrasó debido al mal tiempo, Si y Di tuvieron una «salida extra».

¡Qué mejor que sentirse en casa, martilleando y desobstruyendo en agua fría y rápida! Marcharse es más difícil de lo previsto. Tendremos que volver a seguir desobstruyendo para avanzar.

SECTOR SUR

En la víspera de Año Nuevo, cazadores avisaron a Pete de que uno de sus perros de caza se había caído por un pozo junto con un jabalí. Esa tarde los cazadores lo llevaron a la cavidad, muy por encima de Seldesuto, con un par de escalas, solo para descubrir que el pozo era demasiado profundo y se tendría que instalar de manera segura con una cuerda.

Mirando en el sitio web, se descubrió que se trataba de 0545, de unos 60 m de profundidad. Se habló de organizar una bajada al pozo en los días siguientes mientras los espeleólogos británicos todavía estaban en Matienzo, pero no sucedió. Luego le dijeron a Pete que alguien de Ramales había bajado al pozo y sacado el cuerpo del perro en un proceso que duró unas 4 horas.

1   James y Alex volvieron a esta sección en Semana Santa de 2018.
2   Véase Verano de 2017, p. 273.

Cueva Del Bosque Extensions, 2017
NEIL 'SLIM' MCCALLUM

I joined Diane Arthurs and Simon Cornhill (aka "The Hards") for a one week holiday in the Happy Valley in August 2017, with the intention of surveying lengthy sections of unexplored passages stretching off into the Cantabrian hillsides.

Things didn't quite pan out like this. We did explore and survey some new passages which weren't exactly extensive, although the heavily calcited streamway of Croissant Passage in Cueva de Suviejo went for 330m to three large avens and provided an excellent little adventure.

Our other exploits that week included a breakthrough to a lovely pitch in Cueva de Collada, a 5m diameter shaft rising up about 10m and dropping 8m with 2 obvious passages leading off. With no belay available for the ladder, I persuaded Di to clip it to her battery belt and sit in the small trench at the head of the pitch. Suitably anchored, I descended the ladder to find footprints in both the passages! I had dropped into known cave and the pitch was an already discovered aven!

Then there was the aven climbing expedition to the end of the Rio Rioja in Cueva Vallina to discover it had already been climbed (but not documented) and did nowt; a blocked Torca de Fanny, filled with farm debris; a long trip to the open passage of Banger No. 5 in Torca la Vaca / Big Mat Calf Hole to push it for a whopping 28.5m before it became impassable! We also managed to finally kill J.R. by finishing the capping of a strongly draughting, tight crawl in Torca de J.R. finding it went down a 1m drop and got even tighter. Hopeless!

Minor disappointments aside, the weather was good, the company better, the usual Matienzo drinking scene was a good craic and the caving, especially Vallina and Vaca was actually really good so, with the Suviejo discovery, it was a very worthwhile week.

Before this trip to Matienzo I had compiled a hit list of 10 caves that I thought may be worth a poke around in. So, on the very hungover morning of my last day, the Hards merrily decreed I could choose a cave off my list to look at, bearing in mind I had to be back for 6pm to get my lift to the airport. Cueva del Bosque (0373) was chosen, as the description mentioned a dig and said the cave had "great potential".

The entrance is a stream sink at the end of a small, blind valley perched high on the hillside to the north of La Vega and a scramble down a slippery climb lands in a good sized and steeply descending streamway leading to a lovely little pitch. Soon enough, we had all rattled down this and found our way up to a high-level series called the New Forest where the description said there was a "draughting dig". The dig looked pretty hopeless but a draught was felt on the way up so Di lit a Joss Stick and started hunting for airflow with it. As she held it to some boulders in a small hollow the smoke was whipped away by a substantial inward draught.

The hangover was instantly forgotten as we started pulling boulders out of the small depression and very quickly started to see black spaces beyond. Simon capped a couple of big 'enry's and kicked them down the new pitch. Then the alarm on Di's phone started to go off. Shit! Time to leave for the airport. I placed 2 bolts for a rope and gardened the pitch head and we left, leaving it wide open. No time and no tackle.

A discussion on how to proceed with the find was had on the way back to the car and it was agreed Si and Di would drop the pitch and check the cave was going so we could make plans for a return.

I flew home, had 2 hours sleep and drove to Glasgow for work. So a very tired Slim answered Di's phone call that evening to hear the pitch landed in a large, descending chamber 10m by 6m and 30m long, at the bottom of which was a narrow slot dropping 4m to a continuing passage. A return was eagerly planned for the coming Christmas.

I flew to Bilbao early on Boxing Day and arrived in Matienzo, after an incredibly efficient journey, in time to have lunch with the Hards who had been out for a week already. After lunch we picked up Pete Smith and were heading down to the new chamber, now called Slim Pickings by 3pm. This was not an unusual start time for Matienzo caving even if you've slept there, quite exceptional considering I'd started the day at home in Barnoldswick!

Simon and I set about opening up the narrow slot at the bottom of Slim Pickings chamber, which was taking a very noticeable draught, whilst Di and Pete started surveying from the top of the New Forest. We removed some loose boulders, Simon capped the pinch point at the top of the new pitch, and we were soon down into the passage 4m below. Initially crawling size, this new passage, Boxing Day Surprise, quickly improves and after 30m it was 4m x 4m and

Las extensiones en Cueva Del Bosque, 2017
NEIL «SLIM» MCCALLUM

Me uní a Diane Arthurs y Simon Cornhill (también llamados «Los Tenaces») para pasar una semana de vacaciones en el valle feliz en agosto de 2017. Nuestro objetivo: topografiar extensas secciones de galerías inexploradas que se adentran en los montes del Cantábrico.

Las cosas no salieron como planeamos. Sí que exploramos y topografiamos algunas galerías nuevas que no eran exactamente extensas, aunque la galería activa cubierta de colada de Croissant Passage en Cueva de Suviejo resultó tener 330 m y terminar en tres grandes chimeneas, una aventura excelente.

Entre las demás hazañas de esa semana está la exploración hasta un pozo muy bonito en Cueva de Collada, un pozo de 5 m de diámetro que sube unos 10 m y baja 8 m con galerías obvias que parten de su base. Como no había ningún anclaje natural para la escala, convencí a Di para que se la atara al cinturón de la batería y se sentara en la pequeña zanja en la cabecera del pozo. Con un anclaje tan eficaz, bajé por la escala y me encontré con huellas en las dos galerías. ¡Aquella era una sección que ya se conocía y el pozo era una chimenea que ya se había descubierto!

Luego están la incursión para escalar una chimenea al final del Río Rioja en Cueva Vallina en la que descubrimos que ya se había escalado (pero no documentado) y no iba a ninguna parte; la Torca de Fanny obstruida, llena de residuos agrícolas; el día tan largo para llegar a la galería Banger No. 5 en Torca la Vaca / Big Mat Calf Holes para explorarla a lo largo de nada menos que 28,5 m cuando se volvió impracticable. También logramos poner fin a J.R. al terminar las labores de desobstrucción con microexplosivos en un pequeñísimo laminador con una fuerte corriente de aire en Torca de J.R. y descubrir que tras un destrepe de 1 m se volvía aún más pequeño. ¡Desesperante!

Dejando a un lado esas pequeñas decepciones, el clima era bueno y la compañía mejor, la habitual escena nocturna Matienzo era divertida y la espeleología, especialmente Vallina y Vaca, muy buena, así que, con el descubrimiento de Suviejo, esa semana mereció la pena.

Antes de viajar a Matienzo, había preparado una lista con las 10 cuevas que creía merecedoras de una visita. Entonces, en la resacosa mañana de mi último día, Los Tenaces decretaron alegremente que podía elegir una cueva de la lista, teniendo en cuenta que tenía que estar de vuelta a las 6 de la tarde para que me llevaran al aeropuerto. Elegí la Cueva del Bosque, ya que la descripción mencionaba una excavación y decía que la cueva tenía «mucho potencial».

La entrada es un sumidero al final de un pequeño valle ciego encaramado en lo alto de la ladera al norte de La Vega y un destrepe resbaladizo va a dar a un arroyo de buen tamaño que desciende abruptamente y conduce a un pozo pequeño y bonito. No tardamos en bajarlo y encontramos el camino hacia una red de nivel superior llamada New Forest, donde la descripción decía que había una «excavación sopladora». El agujero en sí no era muy esperanzador, pero podíamos sentir la corriente de aire, así que Di encendió una barrita de incienso y empezó a buscarla. Mientras la sostenía contra algunos bloques en un pequeño hueco, una fuerte corriente hizo que el humo desapareciese hacia el interior. Nos olvidamos de la resaca al instante y empezamos a sacar rocas de la pequeña depresión. No tardamos en ver espacios negros detrás de ellas. Simon usó microexplosivos en un par de las grandes y de una patada las tiró por el nuevo pozo. Entonces empezó a sonar la alarma en el teléfono de Di. ¡Mierda! Tenía que salir camino del aeropuerto. Colocamos dos anclajes y limpiamos un poco la cabecera del pozo, dejándolo abierto. Ni tiempo ni material.

De camino al coche hablamos de cómo proceder con el descubrimiento y acordamos que Si y Di bajasen el pozo para comprobar qué había en la base y así saber si podíamos planear un viaje de regreso.

Volé a casa, dormí 2 horas y conduje a Glasgow por trabajo. Así que, aquella noche, un Slim muy cansado respondió la llamada de Di y la oyó decir que el pozo daba a una gran sala inclinada de 10 m por 6 m y 30 m de largo, en cuya parte inferior había una grieta estrecha con un destrepe de 4 m hacia una galería abierta. Con entusiasmo planeamos la vuelta para la Navidad siguiente.

Volé a Bilbao temprano el día después de Navidad y llegué a Matienzo tras un viaje de lo más eficiente a tiempo para almorzar con Los Tenaces, quienes llevaban allí ya una semana. Después del almuerzo, recogimos a Pete Smith y a las 3 de la tarde nos dirigimos a la nueva sala, ahora llamada Slim Pickings. No es que esta sea una hora de inicio inusual para Matienzo, incluso si has dormido allí, ¡pero era excepcional teniendo en cuenta que había empezado ese día en casa en Barnoldswick!

Simon y yo empezamos a abrir la estrecha grieta al fondo de Slim

developing into a descending streamway with an impenetrable inlet entering on the right.

At this point we turned around to get the others and help with the survey. No grabbers on our team!

We soon had the survey down to the inlet chamber and I continued round the next corner to be greeted with a very exciting prospect. Keeping as deadpan as I could, I invited the other three to come and have a look at what lay ahead. As they gathered at the top of a 1m climb that led down to the edge of a huge gash in the floor I duly dispatched a rock down this obviously sizeable drop. The rock started to whistle as gravity sucked it down the massive shaft, until a booming crescendo reverberated around the cave after several seconds of freefall. The excitement felt on discovering something like this is what drives us to venture to these places: I for one, was buzzing!

Pickings, que cada vez soplaba más fuerte, mientras que Di y Pete empezaban la topo desde New Forest. Sacamos algunos bloques sueltos, Simon quitó el punto de roce en la parte superior del nuevo pozo y pronto nos encontramos en una galería 4 m por debajo. Al principio era del tamaño de una gatera, pero esta nueva galería, Boxing Day Surprise, pronto mejoró: después de 30 m medía 4 m x 4 m y se convertía en una galería activa descendente con una galería lateral impenetrable a la derecha. En este punto, nos dimos la vuelta para buscar a los demás y ayudar con la topo. ¡En nuestro equipo no hay acaparadores!

Cuando la topo llegó a la galería lateral, doblé la esquina y me encontré con una perspectiva muy emocionante. Con una voz tan inexpresiva como pude, invité a los otros tres a que vieran lo que nos esperaba. Cuando se reunieron alrededor de un destrepe de 1 m que daba al borde de una enorme grieta en el suelo, tiré una roca por esta gran abertura. La roca comenzó a silbar a medida que la gravedad la succionaba, hasta que un crescendo retumbó alrededor de

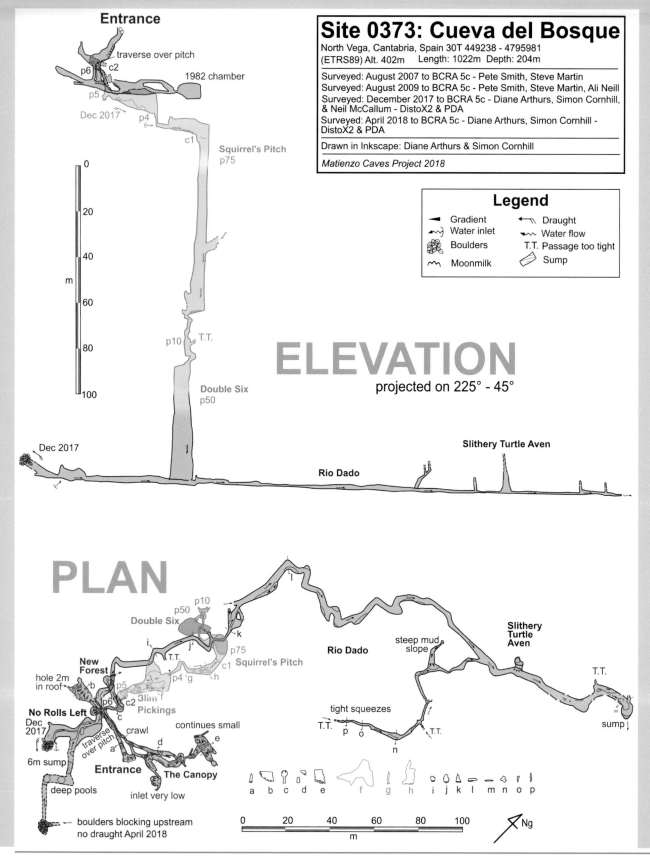

At this point Pete made a tactical retreat for the comforts of the valley, Simon hot-footed it back to the car for more tackle, Diane continued the survey to the head of the pitch and I, vibrating with excitement, started to rig a traverse out to a suitable hang point. The ledge I traversed was formed in a shale bed and was composed of very loose sand and rock requiring a lot of gardening. The rock above, however, was solid and took good bolts. This allowed me to happily send all the loose material down, with the large delay before each boom a constant reminder of the exposed position above the unknown! A great feeling - what a find!

With the 20m of rope to hand, I managed to get out to a hang point and descend a couple of metres over the edge and get a rebelay in solid rock.

When Simon returned with all the rope he had in his car, which turned out to be two 45m lengths, we were still unsure how big this pitch was and had guessed it was possibly as much as 100m. The only option was to set off down with the ropes and drill and hope it was enough.

I was soon out at the first rebelay where I tied on the first 45m length, tied a stopper knot 1m from the end, then tied another 2m from the end! Not that I was nervous...

I slowly descended the amazing pitch, which was vertical at the side I was on. It bellied out on all the other sides to at least 10m or more in diameter with a waterfall cascading in on the far side, presumably the water from the previously known cave. As I approached the end of the rope I found a suitable rebelay above where the shaft widened again, allowing for a final free hanging descent to the boulder strewn floor which turned out to be 75m below the initial take off. The view back up the shaft, with the lights of Si and Di far above as they surveyed down to me, was quite incredible. I felt quite small and humble at this point and my bravado didn't return until the other two had descended to me.

The outlet from the base of the pitch is a tall, tortuous, clean washed rift and was followed to a squeeze with a further pitch beyond, estimated at 10m. We turned around here as it was getting late, we were out of tackle and heavy rain was forecast. We were in the bar before midnight to excitedly chatter about the discoveries over several beers and to conclude a quite incredible day.

The heavy rain kept us away for two days but the system seemed largely unaffected when we returned three days later, ultra keen and, we hoped, well prepared to continue explorations.

An early start saw the three intrepid potholers down the hole before 11am. I think this is a "personal best" for this team! A rapid descent of the newly-named Squirrel's Pitch armed with rigging gear, 20m and 38m ropes and the drill, soon had us pushing into the depths. Si went ahead rigging and Di and I followed behind surveying and filming with the GoPro. The next pitch, named Helmet Trapper (10m), has a fairly tight squeeze to access but the actual take off is fine and it soon opened out into a 3m diameter pot. The lovely, clean washed streamway below led quickly and steeply down to a descending rift that popped out in the side of another large, beautiful shaft. Simon estimated this to be about 60m and we had a 38m rope left. Oh well!

Down he went anyway but he was soon back to say, unsurprisingly, he had got to a point about 15m from the floor. I have a lot of experience in the arts of rigging and so suggested the Hards wait here while I liberated some rope.

I returned to the base of Squirrel's pitch and, tying a long sling onto the rope as high up as I dared, cut about 12m off the end. This was a bit sketchy really as, when I released the tension on the sling, the rope recoiled just out of reach! Luckily a nearby boulder to stand on and a lasso with my foot-loop proved we wouldn't be stranded, so I set to work rigging Helmet Trapper with the cut off piece of rope. Using another long sling and changing a rebelay to a deviation had me at the end of the rope as I reached a sloping ledge 2m from the base of the pitch, leaving an easy free climb to the bottom and the team with the 20m rope. Simon eagerly grabbed the free rope and disappeared into the depths, shouting "Rope free!" after only a couple of minutes. The two of us hurried on behind surveying, me with the Disto and Di, as usual, working her magic with the PDA.

Wow! Another amazing pitch, which Si christened Double Six, led down for 50m in a superb 15m diameter shaft, again with the water falling at the far side, to land on a flat, boulder and cobble floor. At first glance, this seemed to be the end of things. The water seeps away amongst the cobbles and the only exit was a

la cueva después de varios segundos de caída libre. La emoción que se siente al descubrir algo así es lo que nos impulsa a aventurarnos a estos parajes. ¡Yo al menos estaba entusiasmado!

Pete decidió entonces hacer un repliegue táctico de vuelta a las comodidades del valle y Simon salió corriendo al coche a por más equipo. Diane continuó la topo hasta la cabecera del pozo y yo, emocionado, empecé a instalar un pasamanos. La repisa era una capa de esquisto con arena y piedras muy sueltas e hizo falta limpiarla. Sin embargo, la roca por encima de ella era sólida y las fijaciones se instalaron bien. Así pude tirar por el pozo todas las piedras sueltas sin preocupación; la gran asincronía antes de cada boom me recordaba mi posición expuesta por encima de lo desconocido. Una gran sensación, ¡qué hallazgo!

Con los 20 m de cuerda a mano, me las arreglé para llegar a un punto desde el que descender un par de metros sobre el borde y poder instalar un fraccionamiento en roca sólida.

Cuando Simon volvió con toda la cuerda que tenía en el coche, que resultaron ser dos de 45 m, todavía no sabíamos cómo de grande era el pozo, a lo mejor llegaba a los 100 m. La única opción era ponerse en marcha con las dos cuerdas, taladrar y esperar que fuera suficiente.

Pronto llegué al primer fraccionamiento, donde até los primeros 45 m de cuerda. Até un nudo de tope a 1 m del final, ¡pero luego até otro a 2 m! No es que estuviera nervioso...

Fui bajando poco a poco por ese increíble pozo, que era vertical en el lado en el que estaba yo, pero se combaba en las demás paredes a al menos 10 m o más de diámetro con una cascada en el lado opuesto, presumiblemente un curso de agua procedente de las secciones ya exploradas. Al acercarme al final de la cuerda, encontré un punto para el fraccionamiento justo encima de donde el pozo se volvía a ensanchar, lo que permitió que el último tramo fuese en aéreo. La base del pozo, cubierta de bloques, resultó estar a 75 m. Lo que vi al mirar arriba hacia la cabecera, con las luces de Si y Di sobre mí mientras topografiaban, fue increíble. Me sentí bastante pequeño y humilde y no recuperé mi osadía hasta que Si y Di no estuvieron a mi lado.

La continuación es una fisura alta, tortuosa y pulida a la que le seguía un estrechamiento y un nuevo pozo de unos 10 m. Aquí decidimos darnos la vuelta ya que se estaba haciendo tarde, no nos quedaba equipo y se esperaban fuertes lluvias. Llegamos al bar antes de medianoche para charlar entre cervezas sobre los descubrimientos y poner fin a un día increíble.

Las fuertes lluvias nos mantuvieron alejados de la cueva un par de días, pero cuando regresamos tres días después, esta no parecía haberse visto afectada. Estábamos entusiasmados y, esperábamos, bien preparados para continuar las exploraciones.

Gracias a un madrugón, los tres intrépidos espeleólogos entraron en la cueva antes de las 11 de la mañana. ¡Creo que para el equipo es todo un record! Bajamos rápidamente por el pozo, recientemente nombrado Squirrel's Pitch, armados con material, cuerdas de 20 m y 38 m y el taladro, y pronto nos encontramos explorando hacia las profundidades. Si se adelantó para ir instalando y Di y yo le seguimos detrás haciendo la topo y grabando con la GoPro. Para llegar al siguiente pozo, llamado Helmet Trapper (10 m), hay un estrechamiento, pero la cabecera es factible y pronto se ensancha hasta los 3 m de diámetro. La galería activa que se encuentra en la base es limpia y bonita, pero conduce rápida y abruptamente a una grieta descendente que va a dar a un extremo de otro enorme pozo. Simon calculó que tendría unos 60 m, pero solo nos quedaba una cuerda de 38 m. ¡Porras!

Bajó de todos modos, pero pronto volvió y nos dijo, como era de esperar, que había llegado a unos 15 m del suelo. Tengo mucha experiencia en las artes de la instalación de pozos, por lo que les sugerí a Los Tenaces que me esperaran mientras liberaba un poco de cuerda.

Regresé a la base del pozo Squirrel y, atando una eslinga larga a la cuerda lo más arriba que me atreví, corté unos 12 m del final. Fue un poco irresponsable, la verdad, porque al soltar la tensión de la eslinga, la cuerda se quedó justo fuera de nuestro alcance. Afortunadamente, cerca había un bloque al que me subí para lanzar un lazo con el pedal y comprobé que no estábamos atrapados, así que empecé la instalación de Helmet Trapper con el trozo de cuerda cortado. Con ayuda de otra eslinga larga y cambiando un fraccionamiento por un desviador llegué al final de la cuerda justo al llegar a una repisa inclinada a 2 m de la base del pozo, dejando una fácil escalada libre y al equipo con la cuerda de 20 m. Después de un par de minutos, Simon agarró la cuerda libre y desapareció hacia las profundidades, gritando «¡Cuerda libre!». Nosotros le seguimos detrás con la topo, yo con el disto y Di, como siempre, haciendo magia con la PDA.

¡Guau! Otro increíble pozo, que Si bautizó como Double Six, de 50 m y 15 m de diámetro, de nuevo con una cascada en el lado opuesto. La base, con bloques y guijarros. A primera vista, parecía que aquí se terminaba nuestro recorrido. El agua se filtraba entre las piedras y la única salida

small flat out crawl directly opposite the foot of the pitch. As Di arrived, Si floundered up the crawl only to reappear within seconds to proudly declare that we should all have worn wet suit socks! The crawl is very brief and pops out into a lovely little streamway!

This had now become a significant discovery and was providing the team the opportunity of exploring a genuinely beautiful pothole, reminiscent of the finest of sporting descents the Yorkshire Dales has to offer.

The stream passage beyond Roll Again crawl was named the Río Dado (dice in Spanish) and started downstream as a fine, walking size stroll with crystal clear water. Unfortunately, it soon degenerated into a wet grovel, of mostly hands and knees crawling over cobbles, for 250m to a sump. The tedium was broken after 200m however by a stunning moonmilk coated aven with a peculiar wafer thin flake of rock, which looked exactly like a large turtle. It was almost impossible to stand up on the moonmilk so we named the shaft Slithery Turtle Aven.

Upstream, the Río Dado continued as a superb walking-size passage for a disappointingly meagre 100m before reaching a sump. A potential bypass led into a desperate, draughting choke that we were forced to leave well alone. This concluded a fabulous couple of days of exploration in a brilliant little pothole.

POSTSCRIPT Now The Hards are hard! They don't leave passages un-pushed and here in Bosque it was no exception. Not only did they survey accurately the squalor downstream of Slithery Turtle Aven whilst I made my excuses to rush out and pick my partner Lucy up from the airport, Simon pushed the horrible choke at the end a little bit further than was probably wise and they also made plans to return and dive the upstream sump.

So at Easter 2018, they managed to pass the first upstream sump by lowering the water level by digging a trench and chiseling the roof. This led to a 2nd sump, which Si dived for 6m to surface in and follow for 30m a deteriorating and, eventually, very loose crawl. A miserable inlet just upstream from Slithery Turtle Aven was also pushed and surveyed to where it got too tight even for these two!

The pot is now just over 200m deep and over a kilometre in length.

This cave was first explored by Michael Wood (Squirrel) with Juan and Penny Corrin in July 1982 and they explored the open passages, amounting to just over 80m in length with a depth of about 30m. Steve Martin and Pete Smith pushed on in 2007 extending the cave to 148m then, with others in 2009, extended and surveyed Bosque to 265m length.

Unfortunately Squirrel passed away in 2017 and so we named the magnificent 75m pitch in his memory.

era un pequeño laminador justo en frente de la base. Cuando llegó Di, Si se arrastró por el laminador, pero reapareció unos segundos después y declaró con orgullo que deberíamos habernos puesto calcetines de neopreno. ¡El laminador era muy corto e iba a dar a una pequeña y encantadora galería activa!

Esto era ya un descubrimiento de los grandes y le estaba brindando al equipo la oportunidad de explorar una cueva realmente bonita, que me recuerda a las mejores travesías deportivas que ofrecen los montes de Yorkshire.

A la galería activa que se encuentra pasando el laminador Roll Again la llamamos Río Dado. Aguas abajo empieza como una galería amplia y fácil con agua cristalina. Desafortunadamente, pronto degenera en una gatera húmeda e incómoda sobre rocas a lo largo de 250 m hasta un sifón. Eso sí, tras 200 m la monotonía se rompió cuando llegamos a una impresionante chimenea cubierta de moonmilk y una capa finísima de roca que parecía una tortuga grande. Era casi imposible ponerse de pie sobre el moonmilk, así que llamamos a la chimenea Slithery Turtle (es decir, tortuga resbaladiza).

Aguas arriba, Río Dado es una magnífica galería amplia que, tristemente, termina tras solo 100 m en un sifón. Una galería lateral fue a dar a una obstrucción sopladora que tuvimos que dejar estar. Así terminaron un par de días fabulosos de exploración en una cueva estupenda.

POSTDATA ¡Los Tenaces son muy tenaces! No dejan ni una galería sin explorar y Bosque no iba a ser la excepción. No solo topografiaron con precisión la horrible sección aguas abajo de Slithery Turtle Aven mientras yo me excusaba para salir corriendo y recoger a mi compañera Lucy del aeropuerto, Simon también forzó la horrible obstrucción al final un poco más de lo que debía e hicieron planes para regresar y bucear en el sifón aguas arriba.

Así, en Semana Santa de 2018, consiguieron pasar el primer sifón aguas arriba tras bajar el nivel del agua cavando una zanja y cincelando el techo. Este fue a dar a un segundo sifón, que Si buceó a lo largo 6 m para emerger y seguir durante 30 m en un laminador precario. También intentaron forzar una galería lateral algo miserable aguas arriba de Slithery Turtle Aven hasta donde se volvió demasiado estrecha ¡incluso para estos dos!

La cueva ahora tiene poco más de 200 m de desnivel y más de un kilómetro de desarrollo.

Esta cueva la exploró por primera vez Michael Wood (Ardillo) con Juan y Penny Corrin en julio de 1982. Juntos exploraron las galerías abiertas, que suman poco más de 80 m de desarrollo con un desnivel de unos 30 m. Steve Martin y Pete Smith continuaron la exploración en 2007 extendiendo la cueva a 148 m, luego, junto con otros en 2009, la ampliaron y topografiaron hasta 265 m de longitud.

Tristemente, Ardillo falleció en 2017, por lo que nombramos el magnífico pozo de 75 m en su memoria: Squirrel's Pitch, el pozo de Ardillo.

Michael 'Squirrel' Wood

It was with surprise and sadness that we learnt of the death of Michael "Squirrel" Wood. His body was found on 8th December, 2017 in Ewes Top Moss Pot on Scales Moor, North Yorkshire, which he had been exploring. He had been missing for a number of weeks after becoming increasingly frail.

Squirrel, a member of the Bolton Speleo Club, first came to Matienzo in 1974 and for the next couple of years was often at the forefront of new exploration. His discoveries in Cueva de la Reñada (0048) in the early days led to the naming of the downstream streamway as Squirrel's Passage. He also took part in early explorations in such sites as Cueva Hoyuca (0107) and Cueva de la Espada (0103). He found the entrance to Torca Azpilicueta (0333) in 1982 and was involved in the explorations.

In recent years, his mobility problems curtailed his caving activities but he did come out to Matienzo on a couple of occasions when he helped to video Cueva Campizo (2121) and assisted in surveying the Orillón cave complex (1152) and other caves in Ozana.

Michael Wood, «Ardillo»

Nos sorprendió y entristeció recibir la noticia del fallecimiento de Michael Wood, Ardillo. Su cuerpo fue encontrado el 8 de diciembre de 2017 en Ewes Top Moss Pot en Scales Moor, Yorkshire del Norte, cavidad que había estado explorando. Llevaba varias semanas desaparecido después de que su salud empeorara.

Ardillo, miembro del Bolton Speleo Club, visitó Matienzo por primera vez en 1974 y durante los siguientes años estuvo a menudo al frente de nuevas exploraciones. Por sus descubrimientos en la cueva de la Reñada (0048) en los primeros años de la expedición, la galería aguas abajo lleva su nombre. También participó en las primeras exploraciones en cavidades como Cueva Hoyuca (0107) y Cueva de la Espada (0103). Encontró la entrada a Torca Azpilicueta (0333) en 1982 y participó en sus exploraciones.

En los últimos años, sus problemas de movilidad redujeron sus incursiones espeleológicas, pero sí visitó Matienzo en un par de ocasiones, cuando ayudó a filmar Cueva Campizo (2121) y a topografiar las cuevas de Orillón (1152) y otras cuevas de Ozana.

NORTHWEST AND FAR WEST SECTORS

Phil Goodwin, Bob and Juan went in through Torca la Vaca original entrance (2889) on February 8th to look at possible leads at the end of the orange / red level south of Red Pike Junction. Juan investigated the east side ...

> ... where it was found as described on the survey. A substantial stream was coming out of a crack in the sandstone roof and sinking in the rift in the floor ...

Bob and Phil investigated the western side and thought ...

> ... the southern choke may repay a trip with bar and rope ... A stream was entering here and sinking a few metres into the main passage, down the rift in the floor. The other, unsurveyed route is substantially longer than shown on the survey.

On the same day, John was 500m north of the main road at Hornedo, investigating another valley. He found a large stream sinking and five possible entrances (4653-4656, 4748)

The following day John returned with Phil and Bob to further investigate and document the sites, although it was thought that the "big stream sink" could be accessible in dry weather. Above the 3m cliff, 4654, a 2m wide rift, was dropped down for 3.5m.

> Looking east, a step down left at the bottom of the rift meets the water. After 2m, an awkward turn to the right leads to a small alcove where the water sinks somewhere in the floor ... water also continues for 3m through a small hole which could be enlarged. Back at the base of the pitch in the opposite direction, a tight downward squeeze ... appears to block. To the left a space can be seen through boulders.

John and Phil re-investigated sites first found in 2011 that were on the hillside just south of the main road about 700m east of the old entrance to Torca la Vaca. They found the entrance to 3572 draughting well then went into 3568, traversing over the top of a 4m blind pitch to reach a boulder blockage. This was excavated for 5 minutes to gain access to a chamber 3m across and 4m high with a small hole to daylight. The passage continues beyond "for about 20m with no obvious way on".

They found the way on in 3569 required a hammer and chisel so they returned the following day with Bob and "a sandstone block was chiselled into pieces to allow access after about 5 minutes".

> This leads to two parallel passages with good formations. The left becomes too narrow, the right stops completely in heavy calcite.

John, Bob and Phil Goodwin enlarged the entrance to site 4592 at Camposdelante, opening up a tight vertical squeeze to a boulder floor with the way on blocked with a large slab.

NORTHERN LA VEGA, EL NASO AREA WEST TO LAS CALZADILLAS

The underground fieldwork for Laura's Neanderthal demise project was drawing to a close so she cleared out equipment from Cueva de las Perlas (0074).

Phil Papard, Kev, Jim and Iain spent a couple of days at 1438, a dig last worked on by a DCC team.[1] On February 24th the temperature was 2°C and they found the draught going in on the right hand side.

> Decided it was worthwhile given the good draught and our approach not to 'flit from site to site' on this hillside with so many draughting holes. Removed and dug down until we needed capping gear to remove two large rocks.

Two days later, after removing the rocks, they spent some time stabilising the left hand wall until deciding shoring was required. The site has not since been visited.

Due to a forecast of snow down to low levels, this group had to leave a day early, staying overnight in a hotel in Bilbao.

THE NORTHEAST SECTOR INCLUDING THE FOUR VALLEYS SYSTEM, SOLÓRZANO AND GARZÓN
Peter Wynn, from the Environment Centre at Lancaster University, was keen to start another post graduate project - analysing stal for trapped nitrogen, possibly revealing a complete record of dissolved nitrogen brought in from above. Cueva-Cubío del Llanío (3234) was suggested as a possible water collection site as the field above the entrance series had been pasture.

Juan, Andy and Peter went in to the High Hopes area on January 28th where water was collected as it poured down the stal and collection beakers were set up to catch drips.

Peter, Andy and Laura collected the beakers the following day, leaving drip meters and beakers for collection later in the year.

In February, Juan used his drone to take aerial pictures and video of the area for possible use in the project while Peter had analysed the

---

1   2015 summer, page 195.

SECTOR NOROESTE Y EXTREMO OESTE

Phil Goodwin, Bob y Juan entraron por la entrada original de Torca la Vaca (2889) el 8 de febrero para ver posibles pistas al final del nivel naranja/rojo al sur de Red Pike Junction. Juan investigó el lado este...

> Y lo encontró como se describe en la topografía. Un buen caudal salía de una grieta en el techo de arenisca y se hundía en la grieta del suelo...

Bob y Phil investigaron el lado oeste y le pareció que...

> A la obstrucción sur se podría volver con barra y cuerda [...] Aquí entra un arroyo y se hunde a unos metros en la galería principal, por la fisura en el suelo. La otra ruta no topografiada es bastante más larga de lo que se muestra en la topografía.

El mismo día, John estaba a 500 m al norte de la carretera principal en Hornedo, investigando otro valle. Encontró un gran arroyo sumergiéndose y cinco posibles entradas (4653-4656, 4748).

Al día siguiente, John regresó con Phil y Bob para investigar más y documentar los agujeros, aunque les pareció que al «gran sumidero» se podría acceder con tiempo seco. Por encima del acantilado de 3 m bajaron por una fisura, 4654, de 2 m de ancho y 3,5 m de profundidad.

> Mirando hacia el este, un desnivel a la izquierda en la base de la grieta da al agua. Tras 2 m, un giro incómodo a la derecha da a un pequeño rincón donde el agua se hunde en algún lugar del suelo [...] el agua también continúa durante 3 m a través de un pequeño agujero que podría agrandarse. De vuelta en la base del pozo en la dirección opuesta, un estrechamiento que baja [...] parece bloqueado. A la izquierda se puede ver un espacio entre bloques.

John y Phil volvieron a investigar los agujeros encontrados por primera vez en 2011 que estaban en la ladera al sur de la carretera principal, a unos 700 m al este de la antigua entrada a Torca la Vaca. Encontraron la entrada al pozo soplador 3572 y luego entraron en 3568, atravesando por encima de un pozo ciego de 4 m para llegar a una obstrucción de rocas. La excavaron durante 5 minutos para acceder a una sala de 3 m de ancho y 4 m de alto con un pequeño agujero por el que entraba la luz del día. La galería continúa «durante unos 20 m sin continuación obvia».

Descubrieron que para entrar en 3569 necesitaban un martillo y un cincel, por lo que regresaron al día siguiente con Bob y «se cinceló en pedazos un bloque de arenisca para entrar después de unos 5 minutos».

> Esto conduce a dos galerías paralelas con buenas formaciones. La de la izquierda se vuelve demasiado estrecha, la de la derecha se detiene completamente con mucha calcita.

John, Bob y Phil Goodwin ampliaron la entrada de 4592 en Pozosdelante, abriendo un estrechamiento vertical a un suelo de bloques y la continuación obstruida con una gran losa.

EL NORTE DE LA VEGA, ZONA DE EL NASO – LAS CALZADILLAS

El trabajo subterráneo para el proyecto de Laura sobre la desaparición de los neandertales estaba llegando a su fin, por lo que sacó el equipo de la Cueva de las Perlas (0074).

Phil Papard, Kev, Jim e Iain pasaron un par de días en 1438, una excavación en la que trabajó por última vez un equipo del DCC.[1] El 24 de febrero la temperatura era de 2°C y notaron que la corriente entraba por la derecha.

> Decidimos que merecía la pena por la buena corriente y nuestro objetivo era no «revolotear de un sitio a otro» en esta ladera con tantos agujeros sopladores. Quitamos y excavamos hasta que necesitamos equipo de micros para quitar dos rocas grandes.

Dos días después, después de quitar los bloques, pasaron un tiempo estabilizando el muro de la izquierda hasta que decidieron apuntalarlo. Nadie ha vuelto a la cueva desde entonces.

Debido a una previsión de nieve en cotas bajas, este grupo tuvo que marcharse un día antes y pasar la noche en un hotel de Bilbao.

SECTOR NOROESTE INCLUYENDO EL SISTEMA DE LOS CUATRO VALLES, SOLÓRZANO Y GARZÓN
Peter Wynn, del Centro de Medioambiente de la Universidad de Lancaster, estaba ansioso por comenzar otro proyecto de posgrado: analizar estalagmitas en busca de nitrógeno atrapado, lo que podría mostrar un registro completo de nitrógeno disuelto desde la superficie. Se sugirió la Cueva-Cubío del Llanío (3234) como un posible sitio de recolección de agua, ya que el prado sobre la red de la entrada se había usado como pasto.

Juan, Andy y Peter fueron al área de High Hopes el 28 de enero, donde se recogió el agua que caía por las estalactitas y se colocaron

---

1   Véase Verano de 2015, p. 195.

Torca la Vaca.   *Juan Corrin*

water samples and was encouraging a student to apply for a one year master's degree.

Peter Fast and Torben spent five days out of six in the far reaches of Llanío, now made much easier through the Sub-phone Entrance (4536). On the first trip, they looked at various possibilities for extension around the Chamber of Good Manners, Batman and Ali Chamber. Although there were no big extensions, the work carried out on this eight hour trip was meticulously recorded in the logbook - as usual - by annotating printed-out sections of the Llanío survey.

On the second day, a nine hour trip focussed on pushing at the end of South Passage. A 10m long, low crawl entered a chamber with the delicate, calcited skeleton of a bear. With multiple "small ways on" it would take a number of trips to fully explore the possibilities. A climb up on this day entered New Hope and a slope down to Don't Stop Now, where a p8 was encountered. Batch 3234-18-02 was surveyed for 168m.

Leads around Mulu Junction were tackled on January 31st over seven hours spent underground. There was disappointment at the top of a 25m drop to the south of the junction. The drill failed after only drilling three holes. They moved on to a passage to the west.

    Excitement immediately set in as it starts out as
    a 2x3m walking size passage after the [2m climb up].
    ... The ... passage ends at a dripping aven, about 5m
    high. It may be possible to find a way up, but requires
    bolts. The passage continues in a crawl, and opens up
    again into a chamber. Nice straws in the roof. At the
    end of the chamber there is a dig, it is about 60cm
    wide, but widens out. Height about 20 cm, but the
    floor of sand / small rocks is easy to dig. Continues
    low for about 3m, and could not see further. Strong
    draught. Good potential.

They surveyed 55m here as batch 3234-18-01c. The passage is heading straight towards Shrewd Find (4188) at about the same altitude and with similar passage characteristics.

Another low, draughting crawl was pushed for 15m to the north of Ali Chamber to where it diminished to 60cm wide by 20cm high. Closer to the entrance, they did some digging at the northern limit of Side Road where "the dig draughts and seems to open up".

Unfortunately, on the following day, the p25 had a waterfall dropping in so, changing plan, they pushed on in We Were Not the First, a series first inspected the previous summer. Crawls and climbs were surveyed for 131m as batch 3234-18-03. (On February 6th, Juan and Penny noted a stream flowing in the Shrewd Find valley. It's likely that this is the source of the water seen in the shaft.)

To complete the 11 hour trip, they spiralled up above B Chamber.

    From there a walking size, meandering passage is
    heading NW for about 100m. The passage is very nicely
    decorated with stals and helictites. At the end the
    passage gets too small.

This Crystal Mine passage can be seen as batch 3234-18-04.

On their final, 10 hour, trip into Llanío on February 3rd, Torben and Peter explored a p13 between Mitre Passage and Ali Chamber. This dropped to Hidden Crawl, surveyed as batch 3234-18-05, with a possible, draughting continuation. Further explorations occurred in Upper Mitre Passage and in Ali Chamber, where a 3-bolt climb entered a sand-filled passage. The Side Road dig was also pushed down to a draughting possibility.

Links to photos and a video of their January / February 2017 explorations can be found near the base of the 3234 description.

With water levels above normal, it was decided to try an OBA test in the Garzón area.

Phil Goodwin, John and Bob put OBA into water sinking at

vasos de recolección.

Peter, Andy y Laura recogieron los vasos al día siguiente y dejaron los medidores de goteo y nuevos vasos para recogerlos más adelante.

En febrero, Juan usó su dron para sacar fotografías aéreas y vídeos de la zona para su posible uso en el proyecto, mientras Peter analizaba las muestras de agua y animaba a una estudiante a solicitar una maestría de un año.

Peter Fast y Torben pasaron cinco de los seis días en los confines de Llanío, ahora mucho más fáciles de acceder a través de la entrada Sub-phone (4536). En su primera visita, analizaron varias posibilidades de extensión alrededor de Chamber of Good Manners, Batman y Ali Chamber. Aunque no se avanzó mucho, el trabajo realizado en esta incursión de ocho horas se registró meticulosamente en el libro de salidas —como es habitual— anotando secciones impresas de la topografía de Llanío.

En su segundo día, un salida de nueve horas, se centraron en el límite de South Passage. Un laminador de 10 m de largo da a una sala con el delicado esqueleto calcificado de un oso. Con múltiples «continuaciones pequeñas», iban a necesitar varias visitas para explorarlas todas. Una escalada dio a New Hope y un desnivel a Don't Stop Now, donde encontraron un P 8 (lote 3234-18-02, 168 m).

Los interrogantes alrededor de Mulu Junction se miraron el 31 de enero durante siete horas bajo tierra. En la cabecera de un pozo de 25 m al sur del cruce tuvieron un problema cuando el taladro les falló después de solo hacer tres agujeros. Pasaron a un galería hacia el oeste.

    La emoción se apoderó de inmediato, ya que empieza
    como un galería de 2x3 m amplia después de la [subida
    de 2 m]. [...] La [...] galería termina en una
    chimenea por la que gotea agua, de unos 5 m de altura.
    Se podría escalar, pero hacen falta fijaciones. La
    galería continúa como una gatera y se abre de nuevo
    a una sala. Bonitos macarrones en el techo. Al final
    de la sala hay una excavación, de unos 60 cm de
    ancho, pero se ensancha. Unos 20 cm de altura, pero
    el suelo de arena/rocas pequeñas es fácil de excavar.
    Continúa bajo durante unos 3 m, y no se podía ver más.
    Corriente fuerte. Buen potencial.

Topografiaron 55 m (lote 3234-18-01c). La galería se dirige directamente hacia Shrewd Find (4188) aproximadamente a la misma altitud y con características de galería similares.

Miraron en otra galería baja y con corriente durante 15 m al norte de Ali Chamber, donde se redujo a 60 cm de ancho por 20 cm de alto. Más cerca de la entrada, excavaron un poco en el límite norte de Side Road, donde «se filtra la corriente y parece abrirse».

La mala suerte quiso que al día siguiente cayese una cascada por el P 25, así que, cambiando de plan, siguieron adelante en We Were Not the First, una red que se inspeccionó por primera vez el verano anterior. Topografiaron 131 m por gateras y escaladas (lote 3234-18-03). (El 6 de febrero, Juan y Penny vieron un arroyo en el valle de Shrewd Find. Es probable que esta sea la fuente del agua que se ve en el pozo).

Para completar una salida de 11 horas, subieron en espiral por encima de B Chamber.

    Desde allí, un galería serpenteante y amplia se
    dirige al NO por unos 100 m. La galería está muy bien
    decorada con estalagmitas y helictitas. Al final, se
    vuelve demasiado pequeña.

Este galería, Crystal Mine, puede verse como el lote 3234-18-04.

En su última incursión de 10 horas a Llanío el 3 de febrero, Torben y Peter exploraron un P 13 entre Mitre Passage y Ali Chamber que da a Hidden Crawl, topografiado como lote 3234-18-05, con una posible continuación sopladora. También miraron en Upper Mitre Passage y en Ali Chamber, donde una escalada de 3 anclajes da a un galería llena de arena. En la excavación de Side Road también se llegaron hasta un interrogante por el que circulaba la corriente.

Se pueden encontrar enlaces a

Peter Wynn and Andy working in High Hopes Chamber, Cueva-Cubío del Llanío.
Peter Wynn y Andy trabajando en la sala High Hopes, Cueva-Cubío del Llanío.
Juan Corrin

Peter Fast and Torben exploring above the bear skeleton in Llanío. Peter Fast y Torben exploran sobre el esqueleto de oso en Llanío. *Peter Fast and Torben Redder*

site 4658 on February 5th and placed detectors in the water emerging from Cueva del Arroyo de Canastrillas (4046, 1.1km to the east); 3316 - 1.5km to the south-southeast, and Santa Juliana (3282, 1.3km to the south-southwest at Hornedo).

The following day, the fluocapteur in the Santa Juliana nacimiento was positive. This was the first water trace to that substantial resurgence.

To the north of the area, the team documented site 4652 as a shaft, about 6m deep. They were unable to descend it due to dumped car tyres.

EASTERN MOUNTAINS Juan inspected some alcoves / holes in a cliff (4657) low down on the east side of La Secada using the drone. Dave Dillon had shown previous interest in these. Whether the resultant drone video showed up more than a good pair of binoculars would have done is debateable but the exercise, in bright sunshine and repeated in dull conditions highlighted some limitations of the technology and gave good practice for flying around trees.[2]

SOUTHERN SECTOR Working downstream in Cueva Vallina (0733), Rupert hoped that there would be a fine weather window of about four days in January - "enough to get a dive done in sump 6 and also put my gear back in a safe place". Fine weather did occur but the background water levels were high and they "never fell enough to make a dive feasible".

> Progress down the Rio Rioja was difficult and, as there is about 4 times this volume of water in the Main Drain between sumps 5 and 6, progress here would have been dangerous given the nature of the sharp and potholed streamway.

Time wasn't wasted: enough dive kit was carried in and stashed to cut a day off the preparation time on the next trip, and the Double Dutch Pitch was re-rigged.

> All my gear before the sumps begin was checked and found to be okay. As the rain/ snow is forecast to get even worse, I will wait until early March at least until my next attempt.

Pedro recorded some new and new-to-us holes in February: 4659 - on Piluca, a small entrance to a slope down into 10m of passage under a sandstone roof; 4660 - at Cantones, a small, undescended, fenced shaft; 4661 - an undescended, 5m deep shaft; 4662 - a 10m long cave; 4663 - an undescended, 6m deep shaft; 4664 - a covered shaft that seems to be about 10m deep; 4665 - small shaft surveyed by the Lobetum group and 4666 - a 40m shaft also surveyed by the Lobetum group.

The bear skeleton in Llanío.
El esqueleto de oso en Llanío. *Torben Redder*

Pedro also walked over the old Lobetum area with Andy and Andrew but couldn't locate Torca de Blas (1760) at the given grid reference but did locate a new, small hole nearby, 4673.

On February 12th, Juan went up the TV Mast track to Cantones to try some aerial cave / pothole spotting. This involved sending up the drone then activating a programme to take a set of photos which were later automatically stitched together to produce a complete 360° hemispherical image.[3]

fotos y un vídeo de sus exploraciones de enero/febrero de 2017 cerca del final de la descripción de 3234 en la web.

Con niveles de agua más altos de lo normal, se decidió hacer una prueba de abrillantador en la zona de Garzón.

Phil Goodwin, John y Bob pusieron vertieron el agente en el sumidero de 4658 el 5 de febrero y colocaron captadores en el agua que sale de la Cueva del Arroyo de Canastrillas (4046, 1,1 km al este); 3316, 1,5 km al sur-sureste y Santa Juliana (3282, 1,3 km al sur-suroeste en Hornedo).

Al día siguiente, el captador de Santa Juliana dio positivo. Esta fue la primera coloración en esta importante surgencia.

Al norte del área, el equipo documentó 4652 como un pozo, de unos 6 m de profundidad. No pudieron entrar por los neumáticos que se habían tirado en él.

MONTAÑAS AL ESTE Juan inspeccionó algunos recovecos/agujeros en una pared rocosa (4657) en el lado este de La Secada usando el dron. Dave Dillon había mostrado interés previo en ellos. Es discutible si el vídeo resultante del dron mostró más de lo que hubieran hecho un buen par de prismáticos, pero el ejercicio, a la luz del sol y repetido un día nublado, destacó algunas limitaciones de la tecnología y fue una buena práctica para volar alrededor de los árboles.[2]

SECTOR SUR Rupert esperaba que hubiera una ventana de buen tiempo de unos cuatro días en enero para seguir trabajando aguas abajo en Cueva Vallina (0733), «suficiente para bucear en el sifón 6 y también dejar mi equipo en un lugar seguro». Hubo buen tiempo, pero los niveles de agua de fondo eran altos y «nunca bajaron lo suficiente para hacer factible una inmersión».

> El avance por el Rioja fue difícil y, como hay aproximadamente 4 veces este volumen de agua en Main Drain entre los sifones 5 y 6, seguir hubiera sido peligroso dada la naturaleza del río con salientes y lleno de baches.

No se perdió el tiempo: se llevó y se guardó suficiente equipo de buceo para poder tardar un día menos en prepararse en la siguiente ocasión y se volvió a instalar Double Dutch Pitch.

> Revisé todo mi equipo antes de llegar a los sifones y lo encontré bien. Como se prevé que la lluvia/nieve empeore aún más, esperaré al menos hasta principios de marzo antes de volver a intentarlo.

Pedro documentó algunos agujeros nuevos, y nuevos para nosotros, en febrero: 4659, en Piluca, una pequeña entrada a una pendiente a 10 m de galería bajo un techo de arenisca; 4660, en Cantones, un pequeño pozo vallado sin explorar; 4661, un pozo sin explorar de 5 m; 4662, una cueva de 10 m de largo; 4663, un pozo sin explorar de 6 m; 4664, un pozo cubierto que parece tener unos 10 m de profundidad; 4665, un pozo pequeño topografiado por el grupo Lobetum; y 4666, un pozo de 40 m también topografiado por el grupo Lobetum.

Pedro también fue hasta la antigua zona de Lobetum con Andy y Andrew, pero no pudo localizar Torca de Blas (1760) en la referencia de cuadrícula dada, pero localizó un nuevo y pequeño agujero cercano, 4673.

El 12 de febrero, Juan subió por la pista a Cantones para probar a buscar cuevas / hoyos desde el aire. Esto implicó enviar el dron y luego activar un programa para sacar un conjunto de fotos que luego se unieron automáticamente para producir una imagen hemisférica completa de 360°.[3]

2   See "Technology helping to find and document sites", page 480.
3   See "Technology helping to find and document sites", page 480 and 2018 Easter, page 319.

2   Véase Sistemas informáticos y tecnología empleada hasta 2020, p. 480.
3   Véase Sistemas informáticos y tecnología empleada hasta 2020, p. 480, y Semana Santa de 2018, p. 319.

2018 EASTER / SEMANA SANTA

Alex Ritchie
Alf Latham
Alistair 'Tackleberry' Smith
Amata Hinkle
Andy McKenzie
Andy Pringle
Andy Quin
Bill Nix
Bob Cattley
Carmen Smith (Haskell)

Chris Camm
Christine Ziebold
Darren Jones
Dave 'Angus' Bell
Dave Milner
Diane Arthurs
Dipen Patel
Eleanora Carlisle
Emma McKenzie
Helen Hooper
James Carlisle
Jenny Corrin
Jim Davis

Jim Lister
John Gunn
John Southworth
Juan Carlisle
Juan Corrin
Julie Bridgeman
Karen Korsgaard Redder
Lloyd Cawthorne
Louise Korsgaard
Marie Korsgaard Redder
Mark 'Killer' Smith
Matthias Carpenter
Nigel Easton

Patrick Devine
Patrick Warren
Paul 'Footleg' Fretwell
Paul Gelling
Penny Corrin
Pete O'Neill
Pete 'Pedro' Smith
Peter Eagan
Phil Gillespie
Phil Goodwin
Phil Papard
Phil Parker
Raoul Hidalgo Charman

Rod Dalton
Rupert Skorupka
Simon Cornhill
Steve 'Big Steve' Martin
Terry Whitaker
Tom 'Cave Ferret' Thomson
Tom Davison
Tom Warren
Tony 'Badger' Radmall
Torben Redder

The General Data Protection Regulation (GDPR) applied from May 2018 to all organisations across the EU. The old paper and computerized forms (database) containing caver data were destroyed and fresh data was collected about MCP cavers from this Easter. The information (primarily used for rescue purposes) is now kept on paper and not computerized. The form is checked on each Matienzo visit and updated with new insurance details added when appropriate.

The form took details from a number of nationalities this Easter: people from the UK, USA, Hong Kong, Germany and Denmark were all part of the MCP expedition.

Amata was the American: joining Tom 'Cave Ferret' Thomson to form this Easter's team for Tom's Matienzo Karst Entomology Project. Working under his own permit, a wide variety of sites were visited over the Easter period with many traps placed and specimens taken. These included Sima-Cueva del Risco (0025), Cueva-Cubío de la Reñada (0048) and La Cuvia (0086) in Matienzo; Lenny's Cave (3721) and La Bodega (0288) in Secadura; Cueva-Cubío del Llanío (3234) in Riaño and Torca la Vaca (2889) at San Antonio. The entomology permit was good for the whole of Cantabria, so Cave Ferret and Amata could collect in Cueva del Coverón (0002), over the hill to the south. Photos were also taken in these sites.

NORTHWEST AND FAR WEST SECTORS About 600m to the east of Invisible Cave (3283), Alf, Chris, Nigel and Phil Parker investigated 4689, an 8m long through cave.

At this time, Sarah Jean Inlet in Fuente Aguanaz (0713) had been explored out to the west-southwest of the main passage, exploration ending just under a valley which was being cleared of trees. This area was investigated by Alf, Chris, Nigel and Phil Parker on March 28th where they found three possibilities: 4690 - a narrow rift; 4691 - a narrow rift uncovered by forestry work that would need capping, and 4692 - a depression with two small tubes.

The following day, they searched further down the hill towards the first Aguanaz inlet, documenting a number of sites: 4693 - an undercut in a cliff face which is a "draught-less no-hoper"; 4694 - a

Como el Reglamento General de Protección de Datos (GDPR) comenzó a aplicarse en mayo de 2018 en todas las organizaciones de la UE, los viejos formularios en papel y ordenador (base de datos) que contienen los datos de los espeleólogos se destruyeron y se volvió a recopilar la información de los espeleólogos de MCP a partir de esta Semana Santa. La información (utilizada principalmente en caso de rescate) ahora se mantiene en papel y no está informatizada. El formulario se verifica en cada visita a Matienzo y se actualiza con nueva información del seguro cuando corresponde.

Según los formularios, esta Semana Santa participaron personas de varias nacionalidades: Reino Unido, Estados Unidos, Hong Kong, Alemania y Dinamarca.

Amata era la estadounidense: se unió a Tom «Cave Ferret» Thomson para formar parte del equipo del proyecto de entomología de Tom. Tras recibir una autorización propia, visitaron una amplia variedad de cuevas durante el período de Semana Santa, en las que colocaron muchas trampas y recolectaron ejemplares: Sima-Cueva del Risco (0025), Cueva-Cubío de la Reñada (0048) y La Cuvía (0086) en Matienzo; Lenny's Cave (3721) y La Bodega (0288) en Secadura; Cueva-Cubío del Llanío (3234) en Riaño y Torca la Vaca (2889) en San Antonio. El permiso de entomología era válido para toda Cantabria, por lo que Cave Ferret y Amata podían tomar muestras en la Cueva del Coverón (0002), al sur. También sacaron fotos en estas cavidades.

SECTOR NOROESTE Y EXTREMO OESTE A unos 600 m al este de Invisible Cave (3283), Alf, Chris, Nigel y Phil Parker investigaron 4689, una cueva de 8 m de largo.

Para entonces, el afluente Sarah Jean en Fuente Aguanaz (0713) se había explorado hacia el oeste-suroeste de la galería principal, terminando justo debajo de un valle que estaba siendo despejado de árboles. Alf, Chris, Nigel y Phil Parker investigaron esta área el 28 de marzo, donde encontraron tres posibles cuevas: 4690, una grieta estrecha; 4691, una grieta estrecha descubierta por los trabajos forestales que había que ampliar; y 4692, una depresión con dos pequeños tubos.

Al día siguiente, echaron un vistazo en la parte baja de la ladera, hacia el primer afluente de Aguanaz, documentando varios agujeros: 4693, un

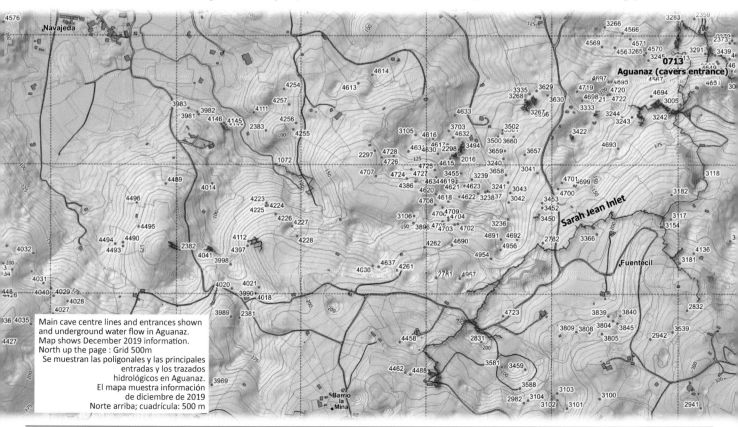

Main cave centre lines and entrances shown and underground water flow in Aguanaz.
Map shows December 2019 information.
North up the page : Grid 500m
Se muestran las poligonales y las principales entradas y los trazados hidrológicos en Aguanaz.
El mapa muestra información de diciembre de 2019
Norte arriba; cuadrícula: 500 m

Photos in Torca la Vaca by Amata Hinkle with Tom Thomson. | Fotos en Torca la Vaca de Amata Hinkle con Tom Thomson.

3m long, sloping opening; 4720 - a "sloping hole to stal"; 4721 - a steeply sloping, 4m deep rift which is too narrow without capping, and 4695 - a fossil remnant, about 40m long by 3 - 5m wide and 2m high. Chris reckoned it would have been a good place to live / sleep in and worth checking for archaeology. Three more sites were looked at: 4697 - another "no-hoper rock shelter"; 4698 - a 5m deep rift under a cliff, and site 3422. This "still exists despite logging carnage all around".

On March 30th, back in the area closer to the end of Sarah Jean Inlet, three more sites were documented: 4700 and 4701 are deep sinkholes in a valley running down to the north while 4699 is a large 9m shaft below a cliff face to a boulder floor.

> *A strongly draughting rift at the northern end - not passable. At other end, a narrow, draughting rift needs capping to get to where stones fall a few feet.*

They also looked again at 4698 to find the way on is a draughting dig in the floor.

The next day. Alf and Chris started to work at 4699 however, "after only four blows to Alf's new chisel, the tip broke off". They had to stop capping when the drill battery faded out.

On April 1st, more capping enabled Alf to get down a p9 but more work was required to get to another, smaller, draughting pitch. As he was climbing back up, a boulder came out of the wall "missing Alf but testing ladder and belay". They were back two days later but, with more capping, made "no progress".

On the same days, Nigel and Phil Parker were busy nearby, documenting eight new sites amid the eucalyptus forestry work. Sites 4702 - 4706, 4708 were all small holes or rifts; 4707 was found at the base of a 20m wide, walled depression as a 5m long cave, continuing low for at least 4m. Site 4618 was also visited but would need "caps, saw (and a shovel would be useful) to progress".

> *Lots of brush [and brash] on ground will obscure smaller holes. Worth visiting if it is burnt off. Lots of ticks about here too.*

Further searching by Phil and Nigel uncovered 4719 - a 3m deep draughting hole and 4722 - only 3m from 4721 and a 2m deep dig.

Higher up the hill but still in line with a supposed Sarah Jean Inlet extension, they documented 4723, a wet weather sink with rubbish next to the road. Moving to the northwest, they recorded a number of sites: 4724 - a 1.2m deep dig taking water from a farm supply; 4725 - a 5m descent in an earth collapse to an undercut; 4726 - a small rift; 4727 - a depression with two draughting holes, one of which could be worth a dig, and 4728 - a small, draughting hole.

Underground in Fuente Aguanaz on April 7th, Jim Lister and Mark Smith broke through the choke in Sarah Jean Inlet to reach a chamber. Jim reported:

> *No way on found in the chamber except for a tight squeeze blocked by a large boulders. Access was attempted using a hammer and chisel. Way on found at streamway level below choke. Half an hour of digging enabled access to be gained to a flat out crawl in water with 4" of air space. This led to a walking*

socavón en un acantilado «sin corriente sin esperanzas»; 4694, una fisura inclinada de 3 m de largo; 4720, un «hoyo inclinado a estalagmitas»; 4721, una fisura muy inclinada de 4 m de profundidad que es demasiado estrecha; y 4695, un remanente fósil, de unos 40 m de largo por 3-5 m de ancho y 2 m de alto. Chris calculó que habría sido un buen lugar para vivir/dormir y que valía la pena comprobar si había restos arqueológicos. Examinaron tres más: 4697, otro «refugio rocoso sin esperanzas»; 4698, una grieta de 5 m bajo un acantilado; y 3422. Esto «todavía existe a pesar de la matanza maderera a su alrededor».

El 30 de marzo, de vuelta en el área más cercana al final de Sarah Jean Inlet, se documentaron tres más: 4700 y 4701 son hoyos profundos en un valle que corre hacia el norte, mientras que 4699 es un gran pozo de 9 m debajo de una pared rocosa a un suelo con rocas.

> *Una fisura por la que circula una corriente intensa en el lado norte, no practicable. En el otro lado, hay que abrir una grieta estrecha y con corriente para llegar hasta el punto por el que las piedras caen por un metro.*

También volvieron a 4698 y encontraron la continuación hasta una excavación en el suelo.

El día siguiente, Alf y Chris comenzaron a trabajar en 4699, sin embargo, «después de solo cuatro golpes con el nuevo cincel de Alf, la punta se rompió». Tuvieron que dejar los micros cuando la batería del taladro se acabó.

El 1 de abril, más micros permitieron a Alf bajar por un P 9, pero hacía falta más trabajo para llegar a otro pozo más pequeño y soplador. Mientras volvía a subir, una roca se cayó de la pared «evitando a Alf, pero poniendo a prueba la escala y el amarre». Regresaron dos días después pero, con más macros, «no se avanzó».

Los mismos días, Nigel y Phil Parker estaban ocupados cerca, documentando ocho nuevos agujeros en medio del bosque de eucaliptos talados: 4702 - 4706, 4708 eran todos pequeños agujeros o grietas; 4707 se encontró en la base de una depresión amurallada de 20 m de ancho como una cueva de 5 m de largo, continuando baja durante al menos 4 m. También fueron a 4618, pero iban a necesitar «micros, sierra (y una pala sería útil) para avanzar».

> *Mucha maleza [y restos] en el suelo ocultará los agujeros más pequeños. Vale la pena visitarlo si se quema. También hay muchas garrapatas.*

Una búsqueda adicional de Phil y Nigel resultó en 4719, un agujero soplador de 3 m de profundidad, y 4722, a solo 3 m de 4721 y una excavación de 2 m de profundidad.

Subiendo por la colina, pero aún en línea con una supuesta extensión de Sarah Jean Inlet , documentaron 4723, un sumidero en época de lluvias con basura al lado de la carretera. Moviéndose hacia el noroeste, registraron varios más: 4724; una excavación de 1,2 m de profundidad que recibía agua de un suministro agrícola; 4725, un desnivel de 5 m en un derrumbe de tierra a un socavón; 4726, una pequeña fisura; 4727, una depresión con dos agujeros sopladores, uno de los cuales podría valer la pena excavar; y 4728, un pequeño agujero soplador.

Bajo tierra en Fuente Aguanaz el 7 de abril, Jim Lister y Mark Smith abrieron el obstrucción en Sarah Jean Inlet para llegar a una sala. Jim dijo:

size stream passage ending in a large sump.
Climb in roof joined other side of earlier attempted break through, a series of crawls and chambers lead to an aven. This was steeply sloping and was climbed for 15+ metres until it became restricted and vertical.
Sump 2B full of organic waste possible wood pulp? Mould strands hanging from roof.

Batch 0713-18-01 was surveyed for 73m.

The wood pulp was not a surprise because the inlet passage was heading under the forestry clearance. As the water was being used for drinking, the pollution was brought to the attention of the Ministry of Rural Affairs, Fisheries and Food. In a reply three weeks later, they appeared unconcerned as the water was being thoroughly treated before human consumption but they did pass a copy of the correspondence onto the Cantabrian Hydrographic Confederation. The CHC replied in October providing similar reasons for not being concerned.

Jim and Mark moved their attention to the main upstream sump on April 10th. They dived through to the airbell below the terminal boulder choke. Rock pendants were knocked off giving access to a "further air surface" where "loud running water could be heard in the distance".
The water levels were very high! And the passage was too tight with full diving kit on. ... decided to leave it until the summer when it should be fully above water and, if necessary, capping equipment could be used.

On the way out, they investigated a passage on the right before sump 2, following it for 90m to a rift climb where capping would be necessary to enter a chamber with a good echo.

After the heavy rain on the 10th, Jim and Mark ventured in the next day to check levels and retrieve dive valves. The kit was recovered, although Mark's was well under water. The level was reported as being up 7 or 8m, or more.

On April 17th, with Mark having returned home, Jim made a solo trip to the start of sump 3B in Sarah Jean Inlet, following a very strenuous swim upstream.
This was, at the time, the limit of exploration, and the diver passed the sump to surface in a pleasant, walking size streamway. This was followed for a couple of hundred yards to a further sump - 4B. The passage between these sumps contained a possible lead on the right hand side where a short climb up to a tight slot in the wall gave a very good echo.
Sump 4B was passed and, again, a very pleasant, walking size streamway was followed to sump 5B. This sump was dived for some distance but, like the previous sumps, the visibility was zero and the diver estimated he was near his turn round time for his air - so retreated, leaving the line and reel in place for a return in the summer.

Jim noted that the passage between sumps 4B and 5B had an inlet with a good size stream issuing, as well as a 3m wide by 1.5m high passage on the right.
The latter passage is up a 3m climb and is not part of the active streamway. It contains stalagmites and has a sand floor. It was followed in a west direction for ten minutes and could be seen continuing for some distance.

He also observed that most sumps contain a 60cm layer of wood pulp.

Jim's plan on the 19th was to survey the new passage to the start of sump 5B.
The considerable drop in water levels made the swim upstream far less difficult. ... Sump 3B was dived and measured and found to be only 3.6m long compared to the 15m a few days before. Sump 4B had disappeared and was only a long pool of water! (Dive line removed).

Batches 0713-18-02 and 18-03 were surveyed giving a total length of 90m.

On April 5th, after visiting Stink Pot (2907) above Torca la Vaca and breaking his camera, Pat Devine with Andy Pringle and Paul Gelling continued driving west along the top road until they spotted an area of deforestation down to the right. Walking into this they spotted a number of sites, not realising that they had wandered into the same area that was being well-trodden by the earlier teams.

This excitement of new holes enticed Juan, Penny and Pete O'Neill the next day and it, was only after seeing the map on the Android tablet displaying cave numbers where they were walking[1], that the 'error' was recognised. However, opportunities to photograph and dig were not missed: 4386, was visited; 4620 was dug and Paul

1   See "Technology helping to find and document sites", page 482.

No se encontró continuación en la sala, excepto por un estrechamiento bloqueado por grandes rocas. Se intentó acceder con martillo y cincel. Continuación encontrada en el nivel del río debajo del obstrucción. Media hora de excavación permitió acceder a un laminador en el agua con 10 cm de espacio de aire que da a una galería activa por la que se puede andar que termina en un gran sifón.
La escalada al techo da al otro lado de donde se intentó entrar antes, una serie de gateras y salas conducen a una chimenea, con pendiente pronunciada por la que se subió más de 15 m hasta que se volvió reducida y vertical.
Sifón 2B lleno de residuos orgánicos ¿quizás pulpa de madera? Hilos mohosos cuelgan del techo.

Se topografió como lote 0713-18-01; 73 m.

La pulpa de madera no era una sorpresa, pues el afluente pasaba justo debajo de la tala. Dado que el agua se destina al consumo, se avisó de la contaminación al Ministerio de Agricultura, Pesca y Alimentación. En una respuesta tres semanas después, parecían despreocupados porque el agua se estaba tratando a fondo antes del consumo humano, pero sí pasaron una copia de la correspondencia a la Confederación Hidrográfica del Cantábrico. El CHC respondió en octubre proporcionando razones similares por las que no estaban preocupados.

Jim y Mark dirigieron su atención al sifón principal aguas arriba el 10 de abril. Se sumergieron hasta el espacio de aire debajo de la obstrucción de rocas final. Quitaron los salientes y accedieron a un «espacio de aire adicional» donde «se podía escuchar un fuerte caudal en la distancia».
¡El nivel del agua era muy alto! Y la galería era demasiado estrecha con el equipo de buceo completo. [...] se decidió dejarlo hasta el verano cuando debería estar completamente por encima del agua y, si es necesario, se podría usar un equipo de micros.

Al salir, investigaron una galería a la derecha antes del sifón 2, siguiéndolo durante 90 m hasta una escalada en la grieta que se tendría que abrir para entrar a una sala con un buen eco.

Después de las fuertes lluvias del 10, Jim y Mark se aventuraron al día siguiente para verificar los niveles y recuperar válvulas de buceo. Recuperaron el equipo, aunque el de Mark estaba bien sumergido. El nivel había subido 7 u 8 m, o más.

El 17 de abril, después de que se marchara Mark, Jim hizo una incursión en solitario al inicio del sifón 3B en Sarah Jean Inlet, tras una agotadora natación aguas arriba.
Este era, entonces, el límite de la exploración, y el buceador pasó el sifón para salir a una agradable galería activa amplia por la que siguió durante cerca de 200 m hasta un sifón adicional: 4B. La galería entre estos sifones contenía una posible pista a la derecho donde una pequeña subida hasta una estrecha ranura en la pared con muy buen eco.
Se pasó el sifón 4B y, de nuevo, se siguió una galería muy agradable por la que pudo andar hasta el sifón 5B. Este sifón se buceó una cierta distancia pero, al igual que los sifones anteriores, la visibilidad era nula y el buceador estimó que se acercaba la hora de dar la vuelta, así que se retiró, dejando la guía y el carrete para regresar en verano.

Jim también dijo que la galería entre los sifones 4B y 5B tenía un afluente con un buen caudal, así como una galería de 3 m de ancho por 1,5 m de alto a la derecha.
La última galería se encuentra tras una escalada de 3 m y no forma parte de la galería activa. Tiene estalagmitas y suelo de arena. Se siguió en dirección oeste durante diez minutos y se pudo ver que continuaba cierta distancia.

También observó que la mayoría de los sifones tenían una capa de pulpa de madera de 60 cm.

El plan de Jim para el día 19 era topografiar la nueva galería al inicio del sifón 5B.
La considerable bajada del nivel del agua hizo que nadar aguas arriba fuera mucho menos difícil. [...] Se buceó el sifón 3B y midió y resultó que medía solo 3.6 m de largo en comparación con los 15 m de unos días antes. ¡El sifón 4B había desaparecido y era solo un charco de agua! (Hilo guía sacado).

Se topografiaron los lotes 0713-18-02 y 18-03 dando un desarrollo total de 90 m.

El 5 de abril, después de visitar Stink Pot (2907) sobre Torca la Vaca y romper la cámara, Pat Devine con Andy Pringle y Paul Gelling continuaron conduciendo hacia el oeste por la carretera de arriba hasta que vieron un área deforestada a la derecha. Al entrar, vieron varios agujeros, sin darse cuenta de que estaban en la misma área que estaba siendo prospeccionada por otros equipos.

La emoción de estos nuevos agujeros atrajo a Juan, Penny y Pete O'Neill al día siguiente y, solo después de ver el mapa en la tableta Android que muestra los números de las cuevas,[1] se dieron cuenta del error.

1   VéaseTecnología que ayuda a encontrar y documentar cavidades , p. 482.

Paul Gelling investigating site 4623.
Paul Gelling investigando 4623. *Juan Corrin*

descended 4623 to find it choked 3m down. No new sites were found.

Cueva de Felipé (3862), north of Torca la Vaca and first documented back in Easter 2013, was revisited by Si and Di on April 4th. Boulders just inside the entrance were thought to have moved with Si confirming that "the whole entrance appears ready for imminent collapse". Si "gently slithered down the 4m rift" in the cave to find it became too tight.

Juan, Andy Pringle and Jim Davis had a trip into Torca la Vaca so that Andy could photograph in the middle level. A set of unlucky and fortunate circumstances altered the plan. Well into the cave, Juan descended the p14 down ladders in a narrow rift into the green level. Andy followed but, probably only a few centimetres wrong, tried to climb down where the ladder hung rather than push out into the wider part of the rift. He became very stuck for about 45 minutes, not being able to move up, down or sideways into the more spacious part. Fortunately Jim, with his long-time CRO experience, was still at the top and able to rig a pulley system that created enough pull to help Andy out and up. No photos were taken on that trip!

Si and Di took Helen, Darren and Andy McKenzie in through the BigMat Calf Hole (3916) entrance, finding it "in good order" although a small pool of water at the end of the last tube was bailed to make the squeeze "more pleasant". Di wrote:

> Great trip to Scafell Aven (top) ... then headed back to go through No. 1 Haverflatts Lane to take the route south to look at leads around Lechuguilla Passage. Helen pushed a crawling passage on the right hand side heading northwest which ended in an 8m high rift with a dig at the end and space beyond. Darren climbed the rift which had a too tight passage heading off.

This was surveyed for 57m as batch 2889_18_01, St Bee's Knees.

> Following this, headed further south looking at the ramp-choke with big black spaces beyond Learning Support. Helen and Andy managed to work through the choke about 30 to 50 metres. More progress could be made.

They then moved on to passages marked as 'continues unexplored' where 52m of easy going, stooping and crawling passage was surveyed as batch 2889_18_02, ending where it became too tight.

The full Anero-based team - Phil Goodwin, Bob, John Southworth, John Gunn, Rod and Dave Milner excavated a dig in Red Pike Chamber but had no plans to return. On that day, April 13th, they also changed the detectors in the resurgences (see the end of this Easter 2018 section) surprisingly finding that the Aguanaz fluocapteur had a strong positive.

Si and Di visited the very variably-sized resurgence to Torca la Vaca and probably Torca de Peña Encaramada - Cave of the Wild Mare (0767). Or "Wild, Wild Mare" as Di described it, as she and Simon could hear the roar of the water before seeing the cave entrance on April 13th.

> The aim was to investigate the unsurveyed inlet which draughts strongly. We didn't make it to this point. We managed to get to the inlet of the 'draughting choked rift' where a large volume of water was coming out. From this area, when the silt was disturbed, there was a strong smell of rotting matter and cow shit. The way on looked almost sumped and we were concerned that, if two sheep had a pee in the field above, then the upstream passage would have definitely sumped.

Down near river level to the east of Torca la Vaca, Dave Milner and John Southworth re-opened the entrance to 3572.

> Descended 6m entrance slope and then dug out entry to further 10m of horizontal crawling. No ways on found. Entrance re-covered with angle-iron and boulders leaving it totally stock-proof.

Phil Goodwin and Bob visited 3569, 160m to the east where a "very scrappy pitch" was dropped for 7.7m with the rift continuing down for another five but very narrow and "not worth the effort of digging.

On the east side of La Gatuna, Lloyd, Raoul and Tom Davison investigated two unexplored shafts. Site 0399 choked 6m down while 3374 split into two with both sides choking 7m down. Down the hill, 130m to the northwest, they also found and explored 4730, a 3m shaft.

At the head of the valley, James and Alex returned to the draughting

Sin embargo, no se desaprovecharon oportunidades para fotografiar y excavar: fueron a 4386; excavaron en 4620 y Paul entró en 4623, pero lo encontró obstruido tras 3 m. No se encontraron nuevos agujeros.

Si y Di fueron a la cueva de Felipe (3862), al norte de Torca la Vaca y documentada por primera vez en Semana Santa de 2013, el 4 de abril. Les pareció que los bloques justo dentro de la entrada se habían movido, y Si confirmó que «toda la entrada parece lista para un colapso inminente». Si «se deslizó suavemente por la fisura de 4 m», pero era demasiado estrecha.

Juan, Andy Pringle y Jim Davis hicieron un incursión a Torca la Vaca para que Andy pudiera fotografiar en el nivel medio. Un conjunto de circunstancias afortunadas y desafortunadas alteraron el plan. Bien dentro de la cueva, Juan bajó por el P 14 con escalas en una fisura estrecha hacia el nivel verde. Andy lo siguió pero, probablemente por solo unos centímetros, trató de bajar por donde colgaba la escala en lugar de empujar hacia la parte más ancha de la fisura. Se quedó muy atascado durante unos 45 minutos, sin poder moverse hacia arriba, hacia abajo o hacia los lados hacia la parte más espaciosa. Afortunadamente, Jim, con su larga experiencia en rescates, todavía estaba en la cabecera y pudo montar un sistema de poleas que ayudó a Andy a subir y bajar. ¡No se sacaron fotos en esa salida!

Si y Di llevaron a Helen, Darren y Andy McKenzie a través de la entrada de BigMat Calf Hole (3916), encontrándola «en buen estado», aunque se sacó el agua de un pequeño charco al final del último tubo para hacer la gatera «más agradable». Di escribió:

> Genial salida a Scafell Aven (arriba) [...] luego volvimos para pasar por el No. 1 Haverflatts Lane y tomar la ruta hacia el sur a mirar los interrogantes alrededor de la galería Lechuguilla. Helen forzó una gatera a la derecha hacia el noroeste que terminó en una fisura de 8 m de altura con una excavación al final y un espacio al otro lado. Darren trepó por la fisura de la que salía una galería demasiado estrecha.

Esto se topografió como lote 2889_18_01, St Bee's Knees, 57 m.

> Después fuimos más al sur mirando el obstrucción/rampa con grandes espacios negros al otro lado de Learning Support. Helen y Andy lograron pasar el obstrucción por unos 30 a 50 m. Se podría avanzar más.

Después pasaron a las galerías marcadas como «sigue sin explorar» donde topografiaron 52 m por galerías fáciles y gateras (lote 2889_18_02), terminando donde se volvió demasiado estrecho.

El equipo completo de Anero, Phil Goodwin, Bob, John Southworth, John Gunn, Rod y Dave Milner, excavaron en Red Pike Chamber, pero no tenía planes de volver. Ese día, 13 de abril, también cambiaron los captadores en las surgencias (véase el final de esta sección de Semana Santa 2018) sorprendiéndose al ver que el captador de Aguanaz daba un claro positivo.

Si y Di visitaron el 13 de abril la surgencia de tamaño muy variable a Torca la Vaca y probablemente Torca de Peña Encaramada (0767). O «encabritada» como Di la describió, ya que ella y Simon podían escuchar el rugido del agua antes de ver la entrada de la cueva.

> El objetivo era investigar el afluente no topografiado con fuerte corriente de aire. No llegamos a este punto. Conseguimos llegar a la entrada de la «fisura obstruida con corriente» por donde salía un gran volumen de agua. En esta zona, cuando se removían los sedimentos, se percibía un fuerte olor a materia podrida y excremento de vaca. El camino parecía casi inundado y nos preocupaba que, si dos ovejas hacían pipí en el pozo de arriba, entonces la galería aguas arriba definitivamente se inundaría.

Cerca del nivel del río, al este de Torca la Vaca, Dave Milner y John Southworth reabrieron la entrada a 3572.

> Bajamos la pendiente de entrada de 6 m y luego excavamos hasta entrar a otros 10 m de gatera horizontal. Sin continuación. La entrada se volvió a tapar con hierros y bloques dejándola totalmente a prueba de animales.

Phil Goodwin y Bob visitaron 3569, 160 m al este, donde entraron a un «largo pozo» de 7,7 m con una fisura que sigue hacia abajo por otros 5, pero muy estrecha y «no vale la pena el esfuerzo de excavación».

En el lado este de La Gatuna, Lloyd, Raoul y Tom Davison investigaron dos pozos inexplorados. El 0399 estaba obstruido tras 6 m mientras

dig in Cueva de Collada (Eastwater entrance, 4537) that Si and Di had worked on in January. After some difficult digging, they broke through a "tight and squalid" section to a large aven chamber and a further "easy" dig over a sand bank.

On February 27th, Pedro repeated the water trace from site 3010 on the north side of the road at Hornedo[2] finding a positive result with the fluocapteur in the Santa Juliana resurgence (3282) on March 1st.

The set of holes in a valley up to the north of the main road at Hornedo[3] were re-examined by John Southworth, Bob, Dave Milner and Phil Goodwin. Sites 4654 and 4655 were linked but no obvious way on found. Site 4748 was found to have a large flake in the entrance that needed removing while 4656 was thought to possibly have been a former ice-house.

Hunting for any possible resurgences, they also inspected site 4749 but water here was "coming from under a slab forming part of a private dwelling" so had no chance of further progress.

Dave Milner and Rod removed the flake in 4748 on April 15th, deciding that more work was required, but on a much drier day having made no forward progress.

On the same day, the two Johns investigate the next valley to the west finding ...

... a large volume stream sinking below a 2m sandstone bed waterfall into a pool which drains away in a very low, very wet, tight passage. Requires another look in dry conditions. (4758).

Dave and John Southworth re-examined 4748 but thought it was a big digging project.

On May 12th, after carrying out background checks, Pedro injected OBA into the small sink at 3566. The Santa Juliana resurgence (3282), 1.13km away in a straight line distance and 30m lower, gave a positive reaction two days later.[4]

On April 11th, in Las Grietas (4606) at Barrio de Arriba, Phil Goodwin, Bob, John Gunn and Rod ...

... bolted from an inlet at present mid-point for 20m. Crossed pitch of unknown depth. Traverse ended at block in passage. Looks like the way on is easier.

They turned back at this point with a return trip in mind.

On April 16th at Barrio de Arriba, Dave Milner took Rod and John Gunn for a trip around the mines 1561 and 4251 while John Southworth, in a valley a couple of hundred metres to the east, documented a couple of new sites: 4759 - a walk-down boulder slope to a choked outlet after about 6m and 4760 - a 3.5m deep rift that appeared to be choked.

Phil and Bob returned to 4606 that day, descending the pitch for 10m. Flowing water was met at the base but both inlet and outlet routes were too small. Passage at the top was too tight to follow in SRT kit. They also dug at the main junction towards a visible chamber in the floor, but ran out of battery power. Returning on the 17th they broke into a small chamber with another visible through a crack at the far side. There was a very good draught.

John Southworth and Dave worked at 4759 on the 19th, removing some debris, and 4760 where no way on was found at the base. They also investigated two new holes: 4761 - a 6m shaft and 4762 - a 3m twin drop where the entrance needs enlarging.

The next day, Phil and Bob got through to the chamber in 4606 via a 3m pitch. The chamber had water entering from the southeast and leaving in the opposite direction. Silt on the floor suggested a low flow. It was also noted that the environment was aggressive towards aluminium hangers.

It is conjectured that the flows seen are percolation water using an existing hypogenic system and there is no deep, large cave accessible from this system.

Up to the north of Barrio de Arriba, site 3099 was visited but found

---

Scale in metres

0 5 10 15 20 25

north

relative heights

high

low

site 4606 Las Grietas
Barrio de Arriba
Length: 270m Depth: 24m

Surveyed by Dave Milner, John Southworth, Bob Catley, Phil Goodwin, October 2017 minor additions April 2018

Drawn in Inkscape: Phil Goodwin

Matienzo Caves Project 2018

Entrance

---

que el 3374 se dividió en dos con ambos lados obstruidos tras 7 m. Bajando la colina, 130 m al noroeste, también encontraron y exploraron 4730, un pozo de 3 m.

En la cabecera del valle, James y Alex regresaron a la excavación sopladora en la Cueva de Collada (entrada de Eastwater, 4537) en la que Si y Di habían trabajado en enero. Después de una excavación difícil, atravesaron una sección «estrecha y embarrada» hasta una gran chimenea y una excavación más «fácil» en un banco de arena.

El 27 de febrero, Pedro había repetido el trazado hidrológico de 3010 en el lado norte de la carretera de Hornedo[2] encontrando un resultado positivo en el captador de la surgencia de Santa Juliana (3282) el 1 de marzo.

John Southworth, Bob, Dave Milner y Phil Goodwin volvieron a examinar el conjunto de agujeros en un valle al norte de la carretera principal en Hornedo:[3] 4654 y 4655 estaban conectados, pero no se encontró una continuación obvia. El 4748 tenía un gran saliente en la entrada que había que quitar, les pareció que 4656 posiblemente había sido un antiguo cubío.

En busca de posibles surgencias, también echaron un vistazo en 4749, pero el agua aquí «salía de debajo de una losa que formaba parte de una vivienda privada», por lo que no había posibilidades de avanzar.

Dave Milner y Rod quitaron el saliente de 4748 el 15 de abril, decidiendo que hacía falta más trabajo, pero en un día mucho más seco porque no pudieron avanzar mucho.

El mismo día, los dos Johns investigaron el siguiente valle al oeste y encontraron...

Un arroyo de gran volumen que se hunde debajo de una cascada de 2 m en una marmita que drena en una galería muy baja, muy húmeda y angosta. Hay que volver en condiciones secas. (4758).

Dave y John Southworth volvieron a examinar el 4748, pero pensaron que era un proyecto de excavación de los grandes.

El 12 de mayo, tras hacer algunas comprobaciones previas, Pedro vertió abrillantador óptico en el pequeño sumidero de 3566. La surgencia de Santa Juliana (3282), a 1,13 km en línea recta y 30 m más abajo, dio un positivo dos días después.[4]

El 11 de abril, en Las Grietas (4606) en Barrio de Arriba, Phil Goodwin, Bob, John Gunn y Rod...

Instaló desde una lateral en el actual punto medio durante 20 m. Se cruzó un pozo de profundidad desconocida. Travesía termina en obstrucción. Parece que la continuación es más fácil.

Aquí se dieron la vuelta, pero pensaban volver.

El 16 de abril en Barrio de Arriba, Dave Milner llevó a Rod y John Gunn a dar un paseo por las minas 1561 y 4251 mientras John Southworth, en un valle unos 200 m al este, documentaba un par de nuevos agujeros: 4759, una pendiente con bloques hasta una salida obstruida tras unos 6 m y 4760, una fisura de 3,5 m de profundidad que parecía estar obstruida.

Phil y Bob volvieron a 4606 ese día, bajando los 10 m del pozo. En la base se encontraron con un arroyo, pero las rutas de entrada y salida eran demasiado pequeñas. La galería en la parte superior era demasiado estrecha para seguir con el arnés. También excavaron en el cruce principal hacia una sala visible en el suelo, pero se quedaron sin baterías. Al volver el 17, irrumpieron en una pequeña sala con otra visible a través de una grieta en el lado opuesto. La corriente era muy buena.

John Southworth y Dave trabajaron en 4759 el día 19, quitando alguno de rocalla, y 4760 donde no se encontró ninguna ruta en la base. También investigaron dos nuevos pozos: 4761, de 6 m, y 4762, un desnivel de 3 m cuya entrada se ha de ampliar.

Al día siguiente, Phil y Bob llegaron a la sala de 4606 a través de un pozo de 3 m. En la sala entraba agua desde el sureste y salía en dirección opuesta. Los sedimentos del suelo sugieren un caudal bajo. También observaron que el ambiente era agresivo con las chapas de aluminio.

Lo que parece es que el agua que se ve es agua de percolación utilizando un sistema hipogénico existente y no hay una cueva grande y profunda accesible desde este sistema.

Hacia el norte del Barrio de Arriba, se visitó la cavidad 3099, pero resultó estar cubierto por losas de piedra mientras que «las bolsas en el hoyo todavía contienen muerte fresca».

---

2   2017 autumn, page 291.
3   2018 January / February, page 301.
4   See Hydrology, page 460

2   Véase Otoño de 2017, p. 291.
3   Véase Enero/Febrero de 2018, p. 301.
4   Véase el artículo sobre hidrología, p. 460.

to be covered by stone slabs while "bags in the hole still have fresh death".

The draughting Shanty Town dig (2090) lies in another large, more complicated depression just to the northwest of the depression containing Orchard Cave (0618) and Snottite Cave (1874) at Cobadal. Andy Pringle, Peter Eagan, Carmen and Jim Davis had their efforts cut short as, after clearing the entrance of spoil and vegetation, "a large boulder fell into the dig site". Although some size reduction was achieved with a hammer and chisel, stronger measures were required.

A day later, the team returned without Jim but with Phil Papard to cap and remove the boulder. Andy wrote:

Easy digging in floor. However, boulders on right and left will require shoring. Need to return on a summer hot day to enable draught to be followed.

At Camposdelante, site 4592 was declared a serious dig

On March 25th, below Las Calzadillas, Chris documented three new sites, all downhill and possibly connected to the water about to be traced from north of Alisas. Site 4683 - a shaft under two pallets with farm rubbish with another small shaft a few metres away; 4684 - a small shaft and 4685 - a tight hole "4m west of 3759".

The following day, with Alf, at Ideopuerta, 800m to the north they found 4686, a shaft in loose boulders. Much further down the main road, towards the Cobadal junction, Phil Parker and Nigel documented a small rift, 4687 and 4688 a "circular depression 1.5m deep".

High up near Alisas, and west of the main road, the full Anero team investigated some old and new sites on April 12th. Site 2007 choked 4m down; 2013 finished 8m down; 2002 was explored down a slope to a small chamber with no way on and they were unable to find 2001. Better prospects were suspected at 2038 and 2052 where more gear was required and three new sites were documented: 4750 - a 2m deep hole which slopes down with no way on; 4751 - a blocked 3m deep rift and 4752 - a choked 6m shaft.

John Southworth and Dave Milner returned for more prospecting on the 14th. They were again unable to find site 2001 but found 1994 clear of slurry, allowing a 6m descent with a rift leading off to a choke with leaves and plastic bottles taking a small stream. More new sites were reported: 4753 - a 2m long cave with no way on; 4754 - a wet weather sink in a 3m long, choked rift; 4755 - a too narrow, 6m shaft; 4756 - a 3m choked shaft, and 4757 - a very narrow 2m shaft.

While John and Dave were exploring the small sites, Phil Goodwin and Bob revealed the potential of the two that required further tackle. At 2038, the shaft split at a boulder bridge 5 or 6m down. One side drops 5m to a rift with a sloping floor. This was followed for a few metres to where it required digging. The other side dropped 12m to a choked floor ...

... Continuation possible at side through easy hole in choke. Boulders roll for several seconds, estimated 40 - 60m. Needs further work.

Site 2052 was investigated as a deep rift. descended for 40m where the "caver jammed". The tight rift continued several metres to a shelf

John Southworth in the beech wood at site 4771.
John Southworth en el hayedo en 4771.   *Dave Milner*

La excavación en Shanty Town (2090) se encuentra en otra depresión grande y más complicada justo al noroeste de la depresión que contiene Orchard Cave (0618) y Snottite Cave (1874) en Cobadal. Andy Pringle, Peter Eagan, Carmen y Jim Davis vieron interrumpidos sus esfuerzos cuando, después de limpiar la entrada de vegetación, «una gran roca cayó en el sitio de excavación». Aunque consiguieron reducirla un poco con un martillo y un cincel, iban a necesitar medidas más estrictas.

Un día después, el equipo regresó sin Jim pero con Phil Papard para quitar la roca. Andy escribió:

Fácil excavación en suelo, pero los bloques a derecha e izquierda se han de apuntalar. Hay que volver en un día caluroso de verano para poder seguir la corriente.

En Camposdelante, el agujero 4592 e declaró una excavación seria

El 25 de marzo, debajo de Las Calzadillas, Chris documentó tres nuevos agujeros, todos cuesta abajo y posiblemente conectados al agua a punto de ser trazada desde el norte de Alisas: 4683, un pozo debajo de dos pallets con basura agrícola y otro pequeño pozo a pocos metros; 4684, un pozo pequeño; y 4685, un agujero estrecho «4 m al oeste de 3759».

Al día siguiente, con Alf, en Ideopuerta, 800 m al norte, encontraron 4686, un pozo en rocas sueltas. Mucho más abajo en la carretera principal, hacia el cruce de Cobadal, Phil Parker y Nigel documentaron una pequeña grieta, 4687, y 4688, una «depresión circular de 1,5 m de profundidad».

En lo alto cerca de Alisas, y al oeste de la carretera principal, el equipo completo de Anero investigó algunos sitios nuevos y antiguos el 12 de abril. El 2007 estaba obstruido tras 4 m; 2013 terminó tras 8 m; 2002 se exploró por una pendiente hasta una sala pequeña sin salida; y no pudieron encontrar 2001. 2038 y 2052 parecían tener más perspectivas, pero necesitaban más equipo. Documentaron tres nuevos: 4750, un pozo de 2 m de profundidad en desnivel sin continuación; 4751, una fisura bloqueada de 3 m de profundidad; y 4752, un pozo obstruido de 6 m.

John Southworth y Dave Milner regresaron para más prospecciones el día 14. Nuevamente no pudieron encontrar el 2001, pero encontraron 1994 libre de estiércol, por lo que pudieron bajar 6 m con una fisura que da a un obstrucción con hojas y botellas de plástico y un pequeño arroyo. Documentaron más agujeros nuevos: 4753, una cueva de 2 m de largo sin continuación; 4754, un sumidero en una fisura obstruida de 3 m de largo; 4755, un pozo demasiado estrecho de 6 m; 4756, un pozo obstruido de 3 m; y 4757, un pozo muy estrecho de 2 m.

Mientras John y Dave exploraban los más pequeños, Phil Goodwin y Bob descubrieron el potencial de los dos que necesitaban más equipo. En 2038, el pozo se dividió en un puente con rocas a 5 o 6 m de profundidad. Un lado tiene 5 m hasta una fisura con suelo inclinado que se siguió durante unos metros hasta donde había que excavar. El otro tiene 12 m hasta un suelo obstruido...

Continuación posible en el lateral a través de un agujero fácil en la obstrucción. Los bloques ruedan durante varios segundos, estimado entre 40 y 60 m. Necesita más trabajo.

El 2052 era una fisura profunda que baja 40 m a donde el «espeleólogo se atascó». La estrecha fisura continúa varios metros hasta una

Andy Pringle and Carmen Smith with some helpful children at site 2090.   Andy Pringle y Carmen Smith con algunos niños atentos en 2090.   *Phil Papard*

and boulders fell for a "considerable distance further", described on a subsequent logbook sketch as "a very long way".

Phil and Bob returned to 2038 on the 19th and Bob made the environs safe at the edge of the deep shaft.

After several attempts with lowering a weighted torch down the shaft, the bottom was not reached at 140m making the shaft over 150m in depth altogether.

The pair worked their way down the hill to investigate three new holes: 4763 - below a 20m cliff, a shaft needs further investigation; 4764 - a linear feature with a hole at least 2m deep, and 4765 - three shafts in a depression which probably all connect 4 to 5m down.

In a valley, down the hill towards Las Calzadillas, John Southworth and Dave Milner documented a couple of new holes on the 20th: 4766 - a 6m sloping descent to a 2m, tight, vertical squeeze onto a 10m pitch into a well decorated chamber, and 4767 - a small, strongly draughting hole that would be a serious dig.

This area, west of the main road, between Alisas and Las Calzadillas was proving to be a productive one. John Southworth, Phil, Bob and Dave had their final working day of the Easter expedition here. Site 4624 was descended to 13m with no way on, and four new sites were investigated: 4769 - a 7.5m deep, choked shaft in boulders; 4770 - a 7m choked shaft; 4771 - an 8m undescended shaft and 4772 - an impressive, large , open shaft approximately 20m across and 25m deep. There is a large rock bridge part way down but no way on was found at the base.

Miguel from the Grupo de Espeleología Pistruellos was informed of what had been found in 2038 and exploration "handed over" - the site was in their permit area. By early June, after some complicated rigging where the shaft

Torca del Mostajo.　　Bill Nix with Phil Gillespie. Bill Nix con Phil Gillespie.

bells out, they had got down to -90m and there was no sign of the bottom.

NORTHERN LA VEGA, EL NASO AREA WEST TO LAS CALZADILLAS

In Cueva de Rascavieja (0077), Lloyd, Raoul and Tom Davison investigated the 7m pitch found the previous summer on the left near the end.

It leads to a crawl up that joins back to the main passage, but higher up ... Not too exciting.

On March 30th, Lloyd rigged the entrance pitch on Torca del Mostajo (0071) for "future adventures".

The next day, Bill and Phil Gillespie used the gear to visit as far as the "low grovel and sand squeeze" which Bill considered a bit too tight. Photos were taken of stal and the traverse on the way out.

Lloyd and Raoul dropped the Golden Void after drilling a new spit.[5] Without a survey they got to the rigged traverse but did not know where to push for a possible connection with the Manchester Series. When they went back with Tom Davison and a survey, "Tom decided the second crawl was not big enough". Raoul wrote:

Having a vague idea of where we were going from figuring out where we were in our previous bimble, we pushed towards the old traverse we found last time.

Raoul pointed out that p3, p4, p5 etc on the survey were, in fact survey stations, not to be confused with pitches. They pushed

plataforma desde la que los bloques caen por una «distancia considerable», descrita en un boceto posterior en el libro de salidas como «muy lejos».

Phil y Bob regresaron a 2038 el 19 y Bob protegió los alrededores al borde del pozo profundo.

Después de varios intentos de bajar una linterna por el pozo, no se alcanzó el fondo a 140 m, lo que hace que el pozo mida más de 150 m en total.

La pareja se abrió camino monte abajo para investigar tres nuevos agujeros: 4763, debajo de un acantilado de 20 m, un pozo que se ha de investigar más; 4764, recta con un agujero de al menos 2 m de profundidad; y 4765, tres pozos en una depresión que probablemente conecten a 4 a 5 m.

En un valle, monte abajo hacia Las Calzadillas, John Southworth y Dave Milner documentaron un par de nuevos agujeros el día 20: 4766, un desnivel de 6 m a un estrechamiento vertical de 2 m a un pozo de 10 m que da a una sala bien decorada, y 4767, un pequeño agujero con corriente intensa que sería una excavación seria.

Esta zona, al oeste de la carretera principal, entre Alisas y Las Calzadillas, estaba demostrando ser productiva. John Southworth, Phil, Bob y Dave pasaron aquí su último día de Semana Santa. El 4624 baja 13 m sin continuación. También investigaron cuatro nuevos sitios: 4769, un pozo obstruido de 7.5 m en rocas; 4770, un pozo obstruido de 7 m; 4771, un pozo no explorado de 8 m y 4772, una impresionante sima de unos 20 m de ancho y 25 m de profundidad. Hay un gran puente de roca a mitad de camino, pero no se encontró continuación en la base.

Miguel del Grupo de Espeleología Pistruellos fue informado de lo que se había encontrado en 2038 y la exploración se le «cedió» , la cavidad estaba en su área de permiso. A principios de junio, después de instalar con complicación la parte en la que el pozo se ensancha, habían bajado a -90 m y aún no se veía la base.

EL NORTE DE LA VEGA, ZONA DE EL NASO – LAS CALZADILLAS

En Cueva de Rascavieja (0077), Lloyd, Raoul y Tom Davison investigaron el pozo de 7 m encontrado el verano anterior a la izquierda cerca del final.

Da a una gatera que se une de nuevo a la galería principal, pero más arriba [...] No es demasiado emocionante.

El 30 de marzo, Lloyd instaló el pozo de entrada en Torca de Mostajo (0071) para «futuras aventuras».

Al día siguiente, Bill y Phil Gillespie usaron el equipo para visitar hasta el «laminador y estrechamiento en arena» que fue un poco angosto para Bill. Sacaron fotografías de estalagmitas y de la travesía a la salida.

Lloyd y Raoul bajaron el Golden Void después de instalar un nuevo spit.[5] Sin una topografía llegaron a la travesía instalada, pero no sabían dónde mirar para una posible conexión con Manchester Series. Cuando regresaron con Tom Davison y una topografía, «Tom decidió que la segundo gatera no era lo suficientemente grande». Raoul escribió:

Teniendo una vaga idea de hacia dónde nos dirigíamos tras averiguar dónde estábamos en nuestro paseo anterior, avanzamos hacia la vieja travesía que encontramos la última vez.

Raoul señaló que los P 3, P 4, P 5, etc. en la topografía eran, de hecho,

---

5　2017 summer, page 276.

5　Véase Verano de 2017, p. 276.

a number of leads and question marks on the survey, realising that not every lead had been marked, but not breaking through to the Manchester Series. They comprehensively sketched their observations onto survey print-outs in the logbook.

After Tom had come out, he walked to a hole on the south side of El Naso he had found a couple of days previously, this time with GPS tracking on his phone to provide a grid reference (4696). He documented it as a 0.5 x 1m top to a 2 - 3m shaft, possibly continuing. When he returned with Raoul and Lloyd on the 5th, the shaft was found choked 5m down.

Lloyd's and Raoul's next venture into Mostajo on April 4th was thwarted when they found that a farmer's fire sweeping up the hillside had burnt the rope. The charred remains were promptly binned by Steve and the pair returned to rig the entrance with a new one.

On the second attempt, we found the cave to be thoroughly smoked; visibility was poor. We persevered to the Golden Void.

After Lloyd descended the 30m pitch, Raoul decided he'd had enough, so they went out. "The visibility (and air)", wrote Lloyd, "was considerably better on exit, although still rather BBQ-ish".

What the pair had experienced was a possible mechanism for the black surfaces seen in parts of Mostajo.

Juan took advantage of the fire by sending up his drone to take a couple of panoramas and video of the burnt hillside. Later inspection of the files brought up another limitation: possible black cave entrances will not show up against a burnt, black hillside.

Tom Davison, walking on the south side of El Naso, found site 4718, an over-tight shaft that looked to drop into a reasonably sixed chamber about 5m down. However, he forgot to take any method of accurately positioning it.

On April 2nd, Alex and Phil Papard worked at site 4022 on El Naso, first investigated the previous Easter. Alex was unable to find a way on after a short climb down from the entrance and squirming through a capped section.

Pedro and Phil Papard went to "check out sites" on the north side of La Vega, GPS'ing new locations for 0812, 0819, 0820 and 0833. Phil dropped the undescended pitch at the latter site, finding it choked 5m down with no draught. Site 0834 was given a new location and the description was confirmed with a second pitch remaining undescended. New sites were also found: 4716 - a draughting dig near a ruined barn, and 4717 - a dig where stones rattle down.

Lloyd, Raoul and Tom dropped into site 1017, the Socks dig, clearing as much as possible but any way on needed capping.[6]

Christine, her son Matthias and Patrick Warren's son, Tom walked in the area of April 5th with Tom recording site 4729 ...

... A cave underneath a tree in a depression. May be choked. Couldn't get close.

Patrick Devine and Paul Gelling also walked around the area, trying out Pat's endoscope. They visited 1483, 3531, 3528, 1172 and 1505 which revealed a sloping hole for 3m to a larger space. Paul suggested that, from the camera point-of-view, this was the only one worth going into.

Getting through the upstream sump in Cueva del Bosque (0373), found during the exciting explorations three months before, was Simon's goal on April 7th. Diane wrote:

Lowered the streamway - removing boulders - and hammered out some of the ceiling in the sump area sufficiently to create an enticing duck! Donning a little neoprene (hoody!) Si went for a dip. ... The other side revealed a 3m continuation over a sandbank going back into a shallow-looking sump. Possibly able to lower to create a further duck.

They returned after two days with a "minimal diving kit" including a 3 litre cylinder. Simon passed through the upstream duck and then through the 6m long, very shallow sump. This could be a free dive if two hanging flakes were removed.

Surfacing, several deep pools were passed before entering the low, upstream passage. After a brief duck, the passage rises to comfortable hands-and-knees proportions, then abruptly ends at a small, very loose, collapse chamber.
The way on upstream looks very low but is blocked by several large fallen boulders which would require capping and would possibly result in instability of the loose chamber. Thirty metres in total.

They let off a smoke bomb at the choke by the first duck to confirm that all the draught was going into the boulders. It was then re-checked as a 'no-hoper'.

Going downstream in a desperate search for going

---

estaciones de topografía, que no deben confundirse con pozos. Miraron una serie de signos de interrogación, dándose cuenta de que no todos se habían marcado, pero sin llegar a Manchester Series. En el libro de salidas dibujaron meticulosamente sus observaciones en secciones de la topografía impresas.

Tom, después de salir, caminó hasta un agujero en el lado sur de El Naso que había encontrado un par de días antes, esta vez con un GPS en el teléfono para registrar la ubicación (4696). Lo documentó como una cabecera de 0,5 x 1 m a un pozo de 2 a 3 m, posiblemente practicable. Cuando regresó con Raoul y Lloyd el día 5, el pozo estaba obstruido tras 5 m.

La siguiente aventura de Lloyd y Raoul en Mostajo del 4 de abril se vio frustrada cuando descubrieron que el fuego de un granjero en la ladera había quemado la cuerda. Steve tiró rápidamente los restos carbonizados y la pareja regresó para instalar la entrada con una nueva.

En el segundo intento, encontramos que la cueva estaba completamente ahumada; la visibilidad era pobre. Perseveramos hasta el Golden Void.

Después de que Lloyd bajase el pozo de 30 m, Raoul decidió que ya había tenido suficiente, así que salieron. «La visibilidad (y el aire)», escribió Lloyd, «fue bastante mejor en la salida, aunque todavía era un poco como una barbacoa».

Lo que la pareja había experimentado era, quizás, lo que explicaba las superficies negras que se ven en partes de Mostajo.

Juan aprovechó el fuego y fue con su dron para tomar un par de panoramas y vídeo de la ladera quemada. La inspección posterior de los archivos mostró otra limitación: las posibles entradas negras de cuevas no se muestran contra una ladera negra quemada.

Tom Davison, caminando por el lado sur de El Naso, encontró el pozo 4718, demasiado estrecho, que parecía dar a una sala que parecía grande a unos 5 m . Sin embargo, se olvidó de llevar algún método para ubicarlo con precisión.

El 2 de abril, Alex y Phil Papard trabajaron en 4022 en El Naso, investigado por primera vez la Semana Santa anterior. Alex no pudo encontrar una continuación después de un breve descenso desde la entrada y estrujarse a través de una sección abierta con micros.

Pedro y Phil Papard fueron a «comprobar agujeros» en el lado norte de La Vega, buscando nuevas ubicaciones con GPS para 0812, 0819, 0820 y 0833. Phil bajó el pozo no explorado en el último, espero estaba obstruido tras 5 m sin corriente. El 0834 recibió una nueva ubicación y la descripción se confirmó con un segundo pozo aún sin explorar. También encontraron otros nuevos: 4716, una excavación sopladora cerca de un granero en ruinas, y 4717, una excavación por el que las piedras un tramo.

Lloyd, Raoul y Tom fueron a 1017, la excavación Socks, despejando tanto como pudieron, pero necesitarían micros para poder continuar.[6]

Christine, su hijo Matthias y el hijo de Patrick Warren, Tom, caminaron por el área el 5 de abril, donde Tom documentó el agujero 4729...

Una cueva debajo de un árbol en una depresión. Podría estar obstruida. No pude acercarme.

Patrick Devine y Paul Gelling también caminaron por el área, probando el endoscopio de Pat. Visitaron 1483, 3531, 3528, 1172 y 1505, este último con un desnivel de 3 m a un espacio más grande. Paul sugirió que, desde el punto de vista de la cámara, era el único que valía la pena mirar.

Atravesar el sifón aguas arriba en la Cueva del Bosque (0373), encontrado durante las emocionantes exploraciones tres meses antes, fue el objetivo de Simon para el 7 de abril. Diane escribió:

Se bajó el nivel del agua, quitando rocas, y se martilleó parte del techo en el área del sifón ¡lo suficiente para crear una bóveda sifonante atractiva! Con un poco de neopreno (¡con capucha!), Si fue a darse un chapuzón. [...] Al otro lado había una continuación de 3 m sobre un banco de arena que va a un sifón de aspecto poco profundo. Quizás se pueda bajar para crear otra bóveda sifonante.

Regresaron después de dos días con un «equipo de buceo mínimo» que incluía una botella de 3 litros. Simon pasó por la bóveda sifonante aguas arriba y luego por el sifón muy poco profundo de 6 m de largo que podría ser una inmersión libre si se quitan dos salientes del techo.

Al salir a la superficie, pasé por varias marmitas profundas antes de entrar en una galería activa baja aguas arriba. Tras una bóveda sifonante corta, la galería crece hasta ser una cómoda gatera, luego termina abruptamente en una pequeña sala de hundimiento muy suelta.
La continuación aguas arriba parece baja y está obstruida por varios grandes bloques para los que harían falta micros, lo que podría resultar en la inestabilidad de la sala. Treinta metros en total.

Soltaron una bomba de humo en el obstrucción junto a la primera bóveda sifonante para confirmar que toda la corriente iba hacia las rocas.

---

6   2017 summer, page 278.

6   Véase Verano de 2017, p. 278.

passage, we pushed an inlet on the right, just before Slippery Turtle Aven. This turned out to be particularly gnarly, but we persevered surveying around 116m until it really was too tight!! (Batch 0373-18-01)

The trip out with diving gear, exploration equipment and de-rigging accumulated to four very heavy bags between the two of us. We eventually returned to Bar Germán shortly after midnight feeling a bit tired!

THE NORTHEAST SECTOR INCLUDING THE FOUR VALLEYS SYSTEM

Jim Davis and Steve worked at enlarging Near the Bar Pot (0603), digging out the floor of the constriction before the chamber with a pool. The 14m long, tight meandering passage was now more easily accessible. The site was draughting in strongly.

After sending up the drone to take a couple of aerial panoramas around the Mushroom Field / Cueva de Carcavuezo (0081) entrance areas, another constraint - obvious really - revealed itself to Juan: potential cave or shaft entrances can't be seen through stands of trees, even ones just coming into leaf!

He took some aerial video to try to pinpoint site 1064 and had another couple of flights towards 4657[7] although the bright sunlight reflecting off the limestone meant that the aperture on the on-board camera closed down to show very little in the darker holes. (This was overcome to some extent by subsequent tweaking in software.) Dave Dillon later revealed that he had actually scrambled up to the opening back in August 2015.

On April 4th, Footleg's plan, with Alistair and Dipen, was to explore the Trident Series in Cueva Hoyuca (0107) by free-diving through the sump at the end of SW Passage in Cueva de Carcavuezo.[8] This was thwarted when they found the bedding crawl on the way to the Eastern Series sumped. Instead, they went into the Western Series and found a link through to Light Frigit in the Eastern Series but, by this time, it was too late to attempt the dive ...

... so instead we tied up loose ends of the resurvey. Sketched chamber at start of Western Series, sketched Light Frigit area, completed survey of 3rd Fanny Passage off Afternoon Stroll.

Above the north-eastern edge of the Mushroom Field, Andy Pringle, Patrick Devine, Steve and Paul Gelling visited Two and a Half Fat Ladies (0880) "to evaluate digging", but there was not much enthusiasm at that stage. They dropped down to Near the Bar Pot where Patrick used his endoscope to investigate ways on.

Pat and Paul (with Jim later) returned to 0880 on April 7th to dig down a metre in "claggy run-in" with football-sized boulders. It sounder hollow below but there was no draught. Returning the following day when "blind faith keeps us going" further digging occurred and a bolt, hanger and pulley installed in the wall to aid hauling.

Pete O'Neill and Juan joined them on the 10th, digging down "a bit more" to where one wall turned under.

Jim Davis and Juan joined them on the 12th. The heavy rain had loosened a large boulder lodged in the shaft sediments and this was now lying at the bottom. Phil Papard, en route to 0252, soon dispatched the block with a couple of caps. The diggers, clarted up with the thixotropic mud made some progress along the undercut.

The sinks for the stream in the valley were investigated. "The water splits a couple of times and some disappears close to 1554 (undescended shaft), the remainder further west at or near 0351."

Five days later, Terry, Jim Davis, Juan and Penny came to have a closer look at the area around the wet weather sinks with the three men sharing exploration into old and new sites: 4739 - the eastern sink and 2m deep shaft; 1554 - a tiny stream sinking under a 6m high rocky wall in a 20m wide, 10m deep depression; 0351 - a 3m spiral down to a tiny leaf-covered floor; 4740 - a 3m deep rift, narrowing to 12cm needs a lump hammer as, beyond, is 3m deep wider rift; 4741 - a deep depression to a soil choke with a half-metre boulder; 4742 - twin entrances to an undescended narrow rift, 2.5m deep; 4773 - the western sink, and 4743 - a two metre deep hole with bits dropping below in choked floor. Site 4744 was described as a 9m deep, body-sized rift landing at 6m on a saddle with, to the north, a 3m deep rift , choked with sandstone blocks at base and, to the south, a 3m deep rift choked with gravel. Site 4745 is a 6m pitch followed by a 2m climb down in the rift to the west. After 3m this ends at 4-way rifts junction: ahead and left are too small; right goes 3m to a low dig into an enlargement. Site 4746 is a 30 x 30cm hole only 2m deep. No draught was felt in any of the sites and it was thought very likely that any holes around this pasture would have been filled in by farmers or by flood water sediments and debris.

Luego se volvió a verificar, «sin esperanzas».

Yendo río abajo en una búsqueda desesperada de una galería, forzamos un afluente a la derecha, justo antes de Slippery Turtle Aven. ¡Resultó ser bastante difícil!, pero perseveramos topografiando cerca de 116 m hasta que realmente era demasiado angosta. (Lote 0373-18-01)

La salida con equipo de buceo, equipo de exploración y desinstalación nos dio cuatro sacas muy pesadas entre los dos. Finalmente regresamos al Bar Germán poco después de la medianoche sintiéndonos un poco cansados.

SECTOR NORESTE INCLUYENDO EL SISTEMA DE LOS CUATRO VALLES

Jim Davis y Steve trabajaron en la ampliación de Near the Bar Pot (0603), excavando el suelo de la constricción antes de la sala con una marmita. La galería serpenteante y estrecho de 14 m de largo ahora era más accesible, y exhalaba una intensa corriente.

Después de enviar el dron para sacar un par de panoramas alrededor de las entradas de la cueva de Carcavuezo (0081), Juan descubrió otro problema, realmente obvio: las posibles entradas o pozos no se pueden ver a través de los árboles, ¡ni los más jóvenes!

Sacó un vídeo desde el aire para tratar de localizar el 1064 y también lo llevo hacia 4657,[7] pero como la luz del sol brillante se reflejaba en la piedra caliza, la apertura de la cámara del dron se cerró y se veía muy poco en los agujeros más oscuros. (Esto se arregló hasta cierto punto con ajustes posteriores en el software). Dave Dillon reveló más tarde que en realidad había trepado a la abertura en agosto de 2015.

El 4 de abril, el plan de Footleg, con Alistair y Dipen, era explorar la red Trident en Cueva Hoyuca (0107) pasando con buceo libre el sifón al final de la galería SW en Cueva de Carcavuezo.[8] Un plan que se vio frustrado cuando encontraron inundado el laminador de camino a Eastern Series . En cambio, entraron en Western Series y encontraron una conexión por Light Frigit con Eastern Series , pero, para entonces, ya era demasiado tarde para intentar la inmersión...

Así que en su lugar atamos los cabos sueltos de la nueva topografía. Sala bosquejada al comienzo de Western Series y Light Frigit, topo terminada de 3rd Fanny Passage off Afternoon Stroll.

Sobre el borde noreste del prado cerca de Carcavuezo, Andy Pringle, Patrick Devine, Steve y Paul Gelling visitaron Two and a Half Fat Ladies (0880) «para evaluar la excavación», pero no pareció entusiasmarles. Bajaron hasta Near the Bar Pot, donde Patrick usó su endoscopio para investigar.

Pat y Paul (con Jim más tarde) regresaron a 0880 el 7 de abril para abrir un metro en un «hundimiento irregular» con rocas del tamaño de una pelota de fútbol. Debajo sonaba hueco, pero no había corriente. Volviendo al día siguiente, cuando «la fe ciega» los animaba a seguir excavando, instalaron un anclaje y una polea en la pared para facilitar el transporte.

Pete O'Neill y Juan se unieron a ellos el día 10, cavando «un poco más» hasta donde una pared se hundía.

Jim Davis y Juan se les unieron el día 12. La fuerte lluvia había soltado una gran roca en los sedimentos del pozo y ahora estaba en la base. Phil Papard, de camino a 0252, pronto despachó el bloque con un par de micros. Los excavadores, cubiertos con el barro tixotrópico, avanzaron un poco a lo largo del socavón.

Se investigaron los sumideros del arroyo en el valle. «El agua se divide un par de veces y parte desaparece cerca de 1554 (pozo no explorado), el resto más al oeste en o cerca de 0351».

Cinco días después, Terry, Jim Davis, Juan y Penny fueron a observar más de cerca el área alrededor de los sumideros en época de lluvias, y los tres hombres compartieron la exploración de agujeros nuevos y antiguos: 4739, el sumidero este y un pozo de 2 m de profundidad; 1554, un pequeño arroyo que se sumerge bajo una pared rocosa de 6 m de altura en una depresión de 20 m de ancho y 10 m de profundidad; 0351, una espiral de 3 m hasta un suelo diminuto cubierto de hojas; 4740, una fisura de 3 m de profundidad, que se estrecha a 12 cm y para el que hace falta un martillo ya que, al otro lado, hay una fisura de 3 m de ancho; 4741, una depresión profunda a un obstrucción de tierra con una roca de medio metro; 4742, entradas gemelas a una fisura estrecha sin explorar, 2,5 m de profundidad; 4773, el sumidero occidental; y 4743, un agujero de 2 m con pedazos cayendo debajo del suelo obstruido. El 4744 era una fisura estrecha de 9 m de profundidad que da tras 6 m a un portillo con, al norte, una fisura de 3 m de profundidad obstruida con bloques de arenisca en la base y, al sur, una fisura de 3 m de profundidad obstruida con grava. El 4745 es un pozo de 6 m seguido de un desnivel de 2 m en la fisura hacia el oeste. Después de 3 m, termina en un cruce de fisuras: todo recto y a la izquierda son demasiado pequeñas; a la derecha tiene 3 m a una excavación baja en una ampliación. El 4746 es un agujero de 30 x 30 cm de solo 2 m de profundidad. No se sintió ninguna corriente en ninguno de los sitios y les pareció que era muy probable que

---

7   2018 January / February, page 303..
8   2017 summer, page 279.

7   Véase Enero/Febrero de 2018, p. 303.
8   Véase Verano de 2017, p. 279.

About 175m to the north of 0880, Jim Davis was surprised, when he went to dig out sediments in 0252[9], to find a cow tag numbered 873. This was a left-over from the '80s site marking regime but mistakenly fixed here, as 0873 is up the Seldesuto track. Jim was able to see the phreatic roof continuing over sand and clay and thought that it may take one or two more visits to get a clearer view.

After a further digging session, he was able to see a "nice 1.5m wide way on curving to the right (into hill) for 5m" but there was "no particular draught".

Returning with Phil Papard on April 8th, the entrance was capped out and the site pushed to a tube sloping up towards the surface then, over the 12th, 13th and 14th they used Sub-phones to locate, then dug out a new entrance (4732). "This site gives access to dig down in final area of 0252 - strong draught."

On the 16th, capping and digging revealed about "another 40m with some stal, bones, bat droppings and a fungus or crystal growth". The draught came from a "descending narrow bit".

> Floor of new passage is 2m above 0252 and is different - rock and sand in 4732, sand and clay in 0252. There is also a small rubble run-in from above with bones.

On a warm day, when the site was draughting strongly, Phil surveyed 0252-4732 to give a length of 82m.

Juan Carlos Fernández Gutiérrez had now completed a paper detailing the background to the regular floods[10] in the Matienzo depression and proposing some solutions. These included keeping the river and banks free of fallen branches, etc; erecting two barriers of wire mesh (regularly cleaned) to capture branches and vegetation before they reached the sinks and Cueva Carcavuezo entrance, and further filtration devices to capture weeds; repairs to the seven dams on the river and enlarging the Carcavuezo cave entrance so that it can take more water in times of flood.

On March 27th, Torben and James went into Cueva-Cubío del Llanío (3234) through the Sub-phone Entrance (4536) to "push some leads". The 25m pitch south of Mulu Junction that had been too wet in February was finally bottom by Torben to find it blind. Passages on the green level to the northeast were re-visited and a very low passage marked as "closing down" on the survey was upgraded to a dig over muddy sand with a slight draught.

On the way out, looking for side passages, they found one which went for 28m to a boulder choke. (Batch 3234-18-07). In a chamber just east of the Bat Man climbs they left a rope, hangers and maillons for a future push up into a rift that appeared to be close to passage in Cueva de Riaño (0105). "Needs a good hour or two of bolting to get up."

Torben returned with Peter Eagan and Carmen on March 31st. At the top of the Monster Ramp, a 3-bolt climb up entered a horizontal passage to a p10 over known passage. More than 60m was surveyed as batch 3234-18-08.

Batch 3234-18-09 was surveyed for 170m the next day as the trio pushed up a c4 off Don't Stop Now into Napoleon Passage.

> ... follow the 4m high canyon at the top. Then it is walking size and later crawling before it pops out in a 3m wide passage (Battleship Down!).

Exploration finished at a 12m pit with a possible continuation over the other side that was tackled by the same team on April 3rd. The base of the p12 has a "rift that may continue" but there was no draught. The traverse across took four bolts and a 3m diameter chamber was entered "with a load of helictites but no way on". Torben also noted strongly draughting holes near the start of Napoleon Passage.

Further work on the 3rd was centred around and above B Chamber: the rift to the southeast of New Hope was found to end at a p3 which could be free climbed.

> At the bottom there is a small stream flowing from southwest and heading northwest. Towards the northeast there is a c4 (needs bolts) into possible

Sites 0252 & 4732
La Secada, Matienzo 30T 453011 4798395
Alt:233m
Length 82m,
Surveyed 2018 to BCRA 5c
by Jim Davis and Phil Papard
Drawn by Phil Papard

los agricultores o los sedimentos y restos arrastrados por el agua de las inundaciones hubieran rellenado los hoyos alrededor de este pastizal.

A unos 175 m al norte de 0880, Jim Davis se sorprendió cuando fue a quitar sedimentos en 0252[9] y se encontró una chapa con el número 873. Era algo que quedó del inventario de cavidades de los años ochenta, pero aquí no se había corregido bien, pues 0873 está en la pista de Seldesuto. Jim pudo ver que el techo freático continuaba sobre arena y arcilla y pensó que podrían hacer falta una o dos visitas más para tener una idea mejora.

Después de otra sesión de excavación, pudo ver una «continuación fácil de 1,5 m de ancho que gira a la derecha (hacia la colina) durante 5 m», pero no había «mucha corriente ».

Al regresar con Phil Papard el 8 de abril, se abrió la entrada y se forzó la galería hasta un tubo que subía hacia la superficie, luego, durante los días 12, 13 y 14, usaron teléfonos subterráneos para ubicarse y luego abrieron una nueva entrada (4732). «Este da acceso para excavar en el área final de 0252, fuerte corriente».

El día 16, más micros y excavaciones abrieron «otros 40 m con algunas estalagmitas, huesos, excrementos de murciélago y hongos o cristales». La corriente procedía de un «tramo estrecho descendente».

> El suelo de la nueva galería está 2 m por encima de 0252 y es diferente: roca y arena en 4732, arena y arcilla en 0252. También hay una pequeño hundimiento desde arriba con huesos.

En un día caluroso, cuando la cueva soplaba fuerte, Phil topografió 0252-4732, con un desarrollo de 82 m.

Juan Carlos Fernández Gutiérrez había terminado ahora un documento detallando los antecedentes de las inundaciones regulares en la depresión de Matienzo[10] y ofreció algunas soluciones que incluían mantener limpio el río y las orillas libre de ramas caídas, etc.; levantar dos barreras de malla de alambre (limpiadas regularmente) para capturar ramas y vegetación antes de que lleguen a los sumideros y la entrada de Carcavuezo, y más dispositivos de filtración para capturar malas hierbas; reparar las siete presas del río y ampliar la entrada de Carcavuezo para que pueda tomar más agua en época de lluvias.

El 27 de marzo Torben y James entraron en la Cueva-Cubío del Llanío (3234) por la entrada Sub-phone (4536) para «mirar algunos interrogantes». Torben finalmente bajó por el pozo de 25 m al sur de Mulu Junction, con demasiada agua en febrero, pero era ciego. Volvieron a visitar las galerías en el nivel verde hacia el noreste y una galería muy baja marcado como «cerrándose» en la topografía se actualizó a una excavación sobre arena fangosa con corriente suave.

Al salir, buscando galerías laterales, encontraron una de 28 m hasta un caos de bloques. (Lote 3234-18-07). En una sala al este de las escaladas de Bat Man dejaron una cuerda, chapas y maillones para una futuro visita a una fisura que parecía estar cerca de galerías en la Cueva de Riaño (0105). «Necesita una hora o dos de instalación para llegar arriba».

Torben regresó con Peter Eagan y Carmen el 31 de marzo. En la parte superior de Monster Ramp, una escalada con 3 fijaciones da a una galería horizontal a un P 10 sobre galería conocida. Topografiaron más de 60 m (lote 3234-18-08).

170 m se topografiaron en el lote 3234-18-09 al día siguiente mientras el trío miraba una escalada de 4 m en Don't Stop Now hacia Napoleon Passage.

> Sigue el cañón de 4 m de altura en lo alto. Luego hay una sección de andar y otra de gatear antes de dar a una galería de 3 m de ancho (¡Battleship Down!).

La exploración terminó en un foso de 12 m con una posible continuación por el otro lado que fue abordada por el mismo equipo el 3 de abril. La base del P 12 tiene una «fisura que podría continuar», pero no había corriente. Hicieron falta 4 anclajes para instalar la travesía a una sala de 3 m de diámetro «con un montón de helictitas, pero sin continuación». Torben también notó agujeros con corriente fuerte cerca del comienzo de Napoleon Passage.

El día 3 siguieron trabajando alrededor y por encima de B Chamber: la fisura al sureste de New Hope terminó en un P 3 que se podía escalar sin cuerda.

> En la base hay un pequeño arroyo que viene desde el

---

9   2017 Easter, page 267.
10   2015 summer, page 189.

9   Véase Semana Santa de 2017, p. 267.
10   Véase Verano de 2015, p. 267.

My First Day

AMATA HINKLE

A glimpse into the Matienzo caving world from an American's first British expedition - a direct excerpt from her journal entry written in real time.

It is weird, sleeping in until 11am. But everything seems to run on a later schedule here, and I cannot say I didn't enjoy sleeping in after about 20 hours of travel. The first thing to accomplish today is to shop for groceries in Ramales, a local town, so Ferret and I headed off. Luckily he knows where to go because, unlike Ferret, I've never been here before. Also luckily, I speak better Spanish and could actually order the meat at the butcher's counter.

We got back to Matienzo and met up with Footleg, who must be tired of pushing horrid, squalid passages and is joining us this afternoon for our first entomology trip. Footleg has a list of smaller caves to visit that should be interesting.

I love the Cave Central setup at Bar Germán (pronounced more like "Herman" but a really soft H): so well-organized with the call-out board, and all the cave information you could possibly want. I have fallen in instant love with all this delicious data, and the co-operative organization of this expedition. We put our names (Footleg, Ferret, and Amata) on the board, along with our call-out time and planned caves, and headed off.

Well, that went oddly! True to what is apparently universal caver tradition, everyone falsely believed the trip leader - Footleg - knew where he was going. The track has changed in the last 16 years (funny how that occurs!) and no-one had a GPS for where the entrances were.

We did manage to find Mad Axe Woman Cave, just a short crawly thing. It does have nice tree roots though, in the only place you can sort-of stand!

"Come to Matienzo!" they said, "We have nice big caves!" they said...yeah right!

As we meandered along trying to find more, I spotted a hole! We cleared away the bramble and Footleg took a head-dive in! Just head-first into an unknown vertical hole! Brits do things so weirdly, although I am told this is why we Americans never find anything good – we need to just dive in. Anyway, he dug around for a bit then dropped a rock. It sounded like about a 4-5m drop. I myself bent to what is apparently tradition, and was head-first into the hole myself at this point, as Footleg was blindly climbing down. All of a sudden, his foothold gave away! Seeing as we had no belay or anything at all, he scrambled back up.

We continued on the track up from Riaño, switch-backing upwards and onwards almost all the way to the top, bushwhacking all the overgrown bits. Also true to what is apparently international caver tradition – it is never an "easy short hike." Never believe that lie. (Why is there gorse bush here too? Who invented this evil plant? I am so glad we don't have it where I am from!) Anyway, Footleg failed to re-find all these other caves he knows. Nothing. Not one. So we hiked back downwards, taking a shortcut to the actual road to start back all over again.

We started from square one, on the track that goes past Cueva de Riaño, this time remembering to grab the beer out the car to stash inside the entrance. Apparently this cave-cooled beer is tradition as well.

This second attempt at finding the caves off the track went a bit better, as we re-found Letterbox Cave, and then Footleg spotted a hole! He thought it was Trackside Cave, which was the main cave we were looking for to do a bio-inventory. Alas, after the classic head-dive-in downhill, it was not Trackside. It was, however, yet another new find! It was very nicely decorated with cool "swizzle stick" looking soda straws, and went to a drop of about 10 meters. We took photos to document it but found no interesting invertebrates.

The day drawing to a close, we headed back down the track to Cueva de Riaño for the beer. I crawled into the cave for a bit while Footleg and Ferret enjoyed the refreshing drink.

Four caves, one day, and not one of them could I stand up in. I must be crazy, because I think I am hooked!

We checked the logbooks and data back at Cave Central, and sure enough, both mine and Footleg's finds are brand new sites! (Sites 4712 and 4713 respectively.)

Addendum: I named my site Torca de Edraith (site 4712) as, in reality, I smelled the moist earth before seeing it, which is how my dog Edraith finds caves. It is 19m long and we actually managed to make Tack nervous enough to exclaim obscenities as he tried to free-climb down what ended up to actually be a surprise 15m deep pit!

Footleg's lovely find (site 4713), with truly unique formations, was named Extra Special Pot (ESP) as a nod to Eddie Sharp Pencil aka Paul Dold; an idea all of us loved.

Above: Paul 'Footleg' Fretwell amoung the 'root straws' in ESP, 4713. Right: Tom Thomson with the "swizzle stick" formations in ESP. Far right: Footleg and tree roots in site 1630, Mad Axe Woman.
Arriba: Paul Fretwell, «Footleg», entre las macarrones y raíces en ESP, 4713. Centro: Tom Thomson con las formaciones «varilla de cóctel» en ESP. Dcha.: Footleg y raíces de árboles en 1630, Mad Axe Woman.   *Amata Hinkle*

Mi primer día

Amata Hinkle

Así vivió una norteamericana su primera expedición británica en Matienzo: un extracto de su diario, escrito en tiempo real.

Es extraño, esto de dormir hasta las 11 de la mañana. Pero aquí las cosas parecen ir a otro ritmo, y no puedo decir que no me sentó bien dormir hasta tarde después de 20 horas de viaje. Lo primero que tenemos que hacer hoy es ir a comprar provisiones a Ramales, un pueblo cercano, así que allá fuimos Ferret y yo. Por suerte él sabe cómo llegar, porque, al contrario que él, es la primera vez que vengo. También por suerte, hablo español mejor que él y pudimos pedir la carne en la carnicería.

Volvimos a Matienzo y nos encontramos con Footleg, quien debe estar harto de explorar galerías horribles y mugrientas y nos va a acompañar en nuestra primera incursión entomológica. Footleg tiene una lista de cuevas más pequeñas que pueden ser interesantes.

Me encanta el centro de mandos espeleológico en Bar German: tan bien organizado, con la pizarra de salidas y toda la información que puedas necesitar. Me he enamorado al instante de toda esta jugosa información, y con la organización cooperativa de la expedición. Escribimos nuestros nombres en la pizarra (Footleg, Ferret y Amata), junto con las cuevas a las que vamos y a qué hora estaremos de vuelta y nos ponemos en marcha.

Bueno, ¡vaya experiencia! Fiel a lo que parece ser una tradición espeleológica internacional, todo el mundo pensó, erróneamente, que el líder de la salida —Footleg— sabía a dónde iba. El sendero ha cambiado en los últimos 16 años (es curioso como pasa eso) y nadie tenía las coordenadas GPS de las cuevas.

Sí que conseguimos encontrar la cueva Mad Axe Woman, una cosa enana. Eso sí, tiene unas raíces de árboles muy chulas, ¡en la única parte en la puedes, más o menos, ponerte de pie! «¡Ven a Matienzo!», me dijeron. «Tenemos cuevas grandes», dijeron. Ya, claro.

De la que deambulamos intentando encontrar otras, ¡descubrí un agujero! Apartamos las zarzas ¡y Footleg se tiró de cabeza! Así, de cabeza a un agujero vertical incógnito. Los británicos hacen las cosas de una forma muy rara, aunque hay quien dice que por eso los norteamericanos nunca encontramos nada bueno. Tenemos que atrevernos más. En cualquier caso, escarbó un poco y luego tiró una piedra. Sonó como si cayera 4 - 5 m. Me rendí a lo que parece ser tradición y también metí la cabeza en el agujero mientras Footleg bajaba. De pronto, ¡la roca sobre la que tenía el pie se cayó! Como no estaba agarrado a una cuerda ni a nada, trepó de vuelta.

Seguimos por el sendero de Riaño, zigzagueando mientras subíamos casi hasta la cima, abriéndonos camino entre la maleza. También fiel a lo que parece ser otra tradición espeleológica internacional, nunca es una «caminata corta y fácil». Nunca hay que creerse esa mentira. (¿Por qué hay tojo aquí también? ¿Quién inventó esta planta maligna? Cómo me alegro de no tenerla donde vivo). Footleg no encontró ninguna otra cueva más. Nada. Ni una. Así que volvimos a través de un atajo hasta la carretera para empezar de nuevo.

Empezamos desde el principio, en el sendero que pasa por delante de Cueva Riaño, y esta vez nos acordamos de sacar la cerveza del coche para meterla en la boca de la cueva. Por lo visto esto de la cerveza-enfriada-en-cueva también es tradición.

El segundo intento fue un poco mejor, pues dimos con la cueva Letterbox y luego Footleg ¡encontró otro agujero! Creía que era la cueva Trackside, que era nuestro objetivo principal para nuestro inventario biológico. Pero, después de la clásica inspección de cabeza, no era Trackside. Sin embargo, ¡era otro descubrimiento! Estaba decorada con unas estalagmitas muy finas que parecían pajitas y tenía un pozo de unos 10 m. Sacamos fotos para documentarla, pero no encontramos ningún invertebrado interesante.

El día llegaba a su fin, así que volvimos a Riaño a por la cerveza. Me metí en la cueva un rato mientras Footleg y Ferret disfrutaban de su refresco.

Cuatro cuevas, un día, y en ninguna de ellas me podía poner de pie. Debo estar loca, ¡porque creo que me estoy enganchando!

De vuelta en la central de mandos comprobamos la información y los libros de salidas y, efectivamente, tanto mi descubrimiento como el de Footleg son cuevas nuevas. (4712 y 4713 respectivamente).

Apéndice: Llamé a mi cueva Torca de Edraith (4712) porque, en realidad, pude oler la tierra húmeda antes de verla, y así es como mi perro Edraith encuentra cuevas. Mide 19 m y conseguimos poner a Tack lo suficientemente nervioso como para exclamar obscenidades mientras intentaba destrepar por una escalada libre que resultó ser ¡un pozo de 15 m!

La bonita cavidad que encontró Footleg (4713), con formaciones realmente únicas, se llamó Extra Special Pot (ESP), como un guiño a Eddie Sharp Pencil, es decir, Paul Dold; una idea que a todos nos entusiasmó.

TORCA DE EDRAITH

Site No. 4712

Matienzo Caves Project
30T 0.451.920 4.800.094
Altitude 170m (datum ETRS89)
Nm declination when surveyed: 0.8° West
Ng (0.4° W) is shown as map North

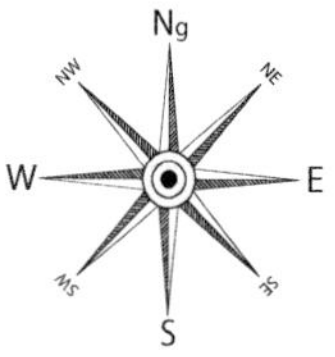

Discovered: 2018-04-03
Surveyed with Disto X2
on 2018-04-06 by:
Paul Fretwell
Alistair Smith
Amata Hinkle
With assistance from Tony Radmall
and Tom Thomson
Cartographer: Amata Hinkle

Site Description:

Small hole directly adjacent to the track
leading up from Riaño on the uphill side, with
a squeeze point near the top of the 15-meter
drop. Requires a 30m rope to easily rig a tree
on the opposite side of the track. Air/draft is
felt, with digging it may connect with the Four
Valleys System. The limestone is middle
Cretaceous (lower Cenomanian - 95-100Ma).

Depth: 15.4m
Length: 19.3m
Scale in Meters; All sections to scale

0.5   2   4

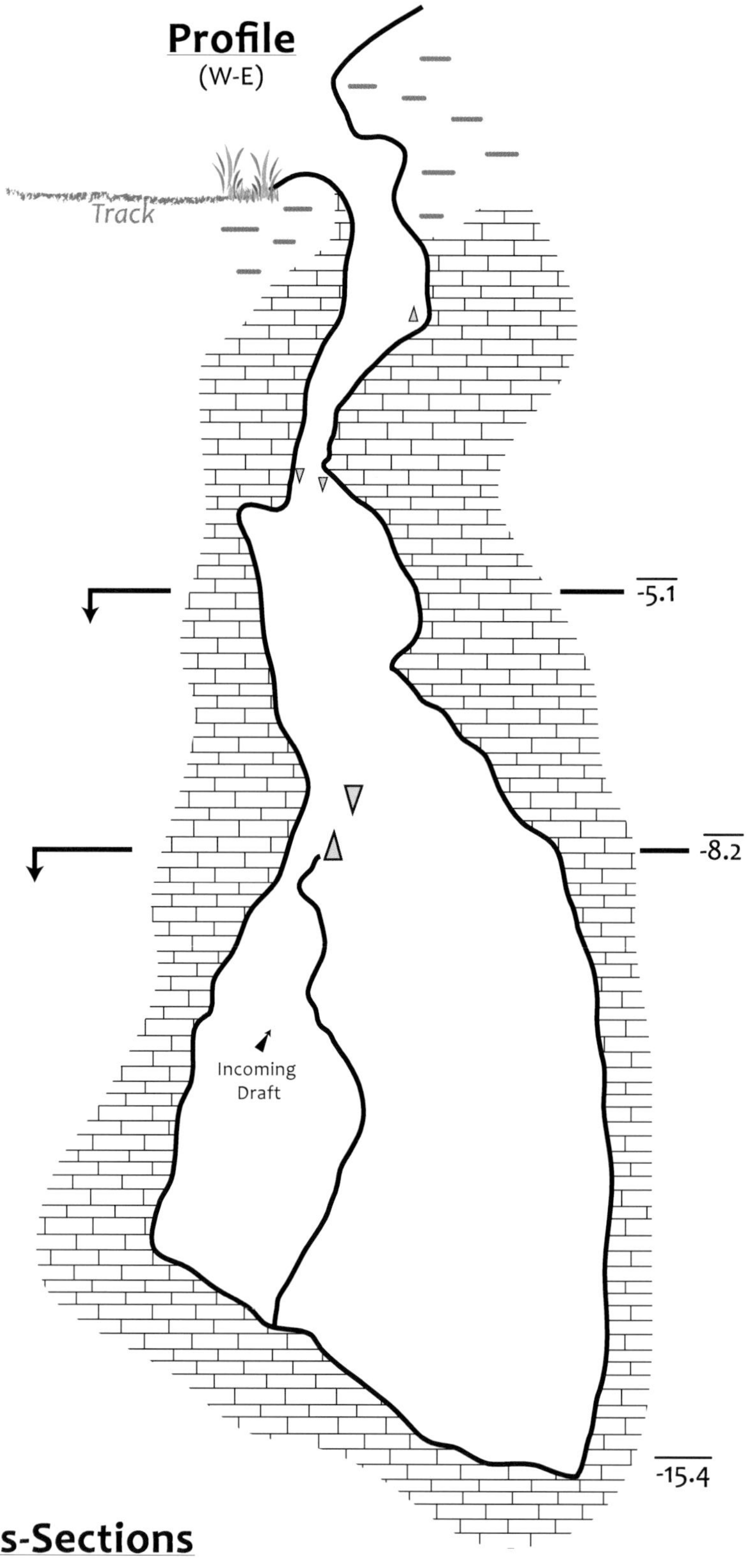

Plan View
(see cross-sections for
details at specific depths)

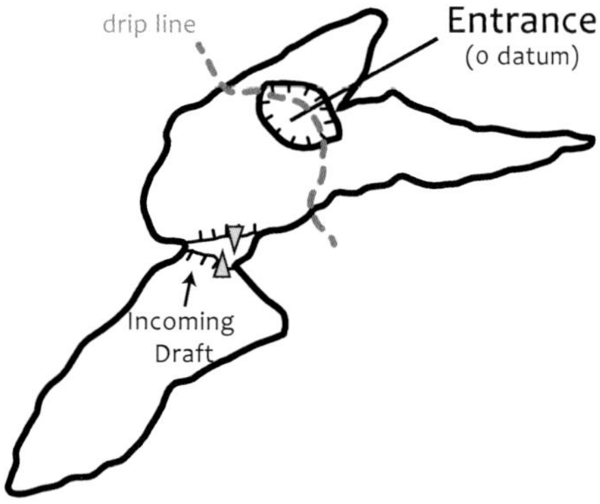

drip line

Entrance
(0 datum)

Incoming
Draft

Profile
(W-E)

Track

-5.1

-8.2

Incoming
Draft

-15.4

Cross-Sections
(labeled by datum)

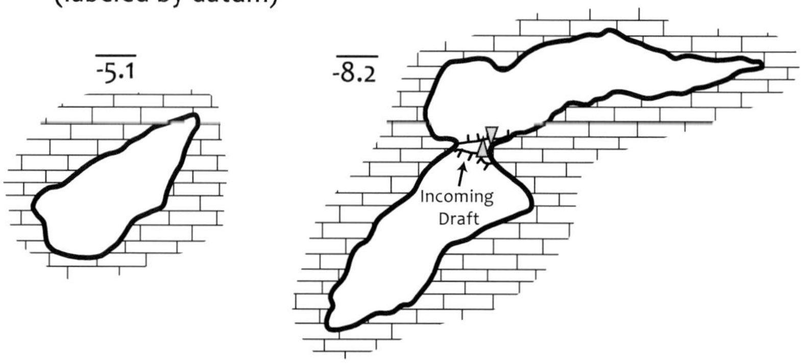

-5.1

-8.2

Incoming
Draft

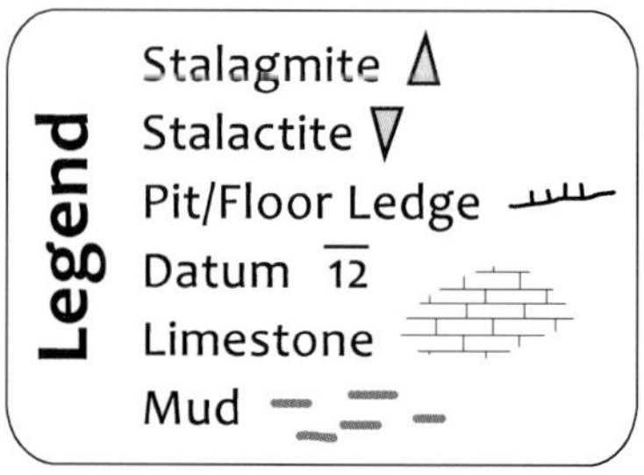

(W-E)

Legend

Stalagmite	△
Stalactite	▽
Pit/Floor Ledge	⊥⊥⊥
Datum	12
Limestone	
Mud	- - -

passage.

This lead has not been pursued. Other possibilities were also documented.

On April 4th, Torben and Louise took their daughters, Karen and Marie, on a family trip as far as Ali Chamber, but they couldn't resist a short dig at the north end of Side Road to enter 1 x 4m rift that immediately closed down to 10cm wide.

Amata and Cave Ferret set up pitfall traps and carried out spot sampling in Llanío on April 4th.

Centipedes, millipedes, beetles and spiders spot sampled, including more that make tiny 1cm² webs in cracks on the floor similar to Risco. Very interesting behaviour; novel. ...

Now many bees from hives near entrance, are curious of cavers, anyone allergic should not go, or be extra careful! Have to pass by many on path and right at entrance!

Amata in the entrance to site 1630.
Amata en la entrada de 1630.   *Amata Hinkle*

On April 17th, John Gunn, John Southworth, Rod and Dave Milner had a tourist trip into Llanío although where they got to was not recorded.

Over two days, Footleg, Alistair and Dipen looked around the north end of Grey Rift, just before the start of Double Barrel Passage in Cueva de Riaño (0105).

Found open, unexplored passage to chamber with mud formations. Dig at end stopped at uphill into loose boulders. Avens with water falling look like possible bolt climb prospects up to same level as Llanío. Then surveyed all finds plus wet route of Double Barrel Passage to point of very wet bedding. Video of squalor made.

On April 3rd, Cave Ferret, Footleg and Amata found the tracks around the Riaño entrance very overgrown but they eventually came across two new sites 4712, a vertical squeeze that needed opening up, and a rope - and 4713, a nicely decorated cave with a drop to descend.

Badger, Footleg, Amata, Cave Ferret and Alistair visited to fully document the holes on April 6th. Site 4712 (now called Edraith's Hole[11]) was explored down 15.5m to a mud choke but a parallel shaft seen about halfway down had a good draught. Site 4713 was recorded by Footleg:

... explored down several climbs to a too tight rift almost blocked by calcite. Many stals with roots coming out of them [and] weakly attached to the roof so the slightest touch caused them to fall off. Many already on the floor. Lots of rocks falling down at every move. One narrowly, mostly missed Footleg, just bouncing off his knee.

Due to the special nature of the root stal this was called 'Extra Special Pot' also, conveniently, the initials of Eddie Sharp Pencil, Paul Dold's nickname!

Work continued to stabilise the Giant Panda entrance (2691) into Cueva Hoyuca (0107). On April 14th, Jim Davis and Terry accompanied Phil Papard and stainless bolts were fitted to both sides of the tube and a rope fixed for cowstails. Phil commented:

OK to go down with care but more work needed to fill hole above tube and foam some gaps on far side so rocks are secure in heavy rain.

After their New Year visit to Fuente el Escobal, Si and Di managed to pass the dam on April 2nd to a short continuation, where the water came from another, too tight gour.

A rather aquatic first trip! Another digging trip will show if this is worth pursuing.

The cave became even more aquatic after the heavy rain. On April 12th, Si and Di reported ...

...the water was resurging just below and to the right of the entrance. Also seeping from other small holes throughout the hillside near the fuente.

By the 13th the water levels had subsided back to normal flow. They were taken to a cave above the resurgence and the road by a

Tom emerging from Wide Open in Llanío.
Tom saliendo de Wide Open en Llanío.   *Amata Hinkle*

suroeste y se dirige al noroeste. Hacia el noreste hay una escalada de 4 m (necesita fijaciones) a una posible galería.

Esto aún no se ha comprobado. También se documentaron otras posibilidades.

El 4 de abril, Torben y Louise llevaron a sus hijas, Karen y Marie, a una incursión familiar hasta Ali Chamber, pero no pudieron resistir una pequeña excavación en el extremo norte de Side Road para entrar en una fisura de 1 x 4 m que se cerró de inmediato a 10 cm de ancho.

Amata y Cave Ferret colocaron trampas de caída y tomaron muestras en Llanío el 4 de abril.

Ciempiés, milpiés, escarabajos y arañas en la muestra, incluidos más que forman pequeñas redes de 1 cm² en grietas en el suelo similares a las de Risco. Comportamiento muy interesante; novedoso.

Ahora muchas abejas de las colmenas cerca de la entrada sienten curiosidad por los espeleólogos, cualquiera alérgico no debería ir, ¡o tener mucho cuidado! ¡Hay que pasar por muchas de camino y justo en la entrada!

El 17 de abril, John Gunn, John Southworth, Rod y Dave Milner hicieron una incursión turística a Llanío aunque no dijeron hasta dónde llegaron.

Durante dos días, Footleg, Alistair y Dipen miraron alrededor del extremo norte de Grey Rift, justo antes del inicio de Double Barrel Passage en Cueva de Riaño (0105).

Encontramos una galería abierta e inexplorado a una sala con formaciones de barro. La excavación al final se detuvo cuesta arriba en rocas sueltas. Las chimeneas por las que cae el agua se podrían instalar, quizás hasta el mismo nivel que Llanío. Luego se topografiaron todos los hallazgos más la ruta en agua de Double Barrel Passage hasta un laminador con mucha agua. Vídeo de esta miseria grabado.

El 3 de abril, Cave Ferret, Footleg y Amata encontraron los caminos alrededor de la entrada de Riaño muy cubiertos de maleza, pero finalmente encontraron dos nuevos agujeros: 4712, un estrechamiento vertical que necesita trabajo y una cuerda, y 4713, una cueva muy bien decorada con un pozo aún por explorar.

Badger, Footleg, Amata, Cave Ferret y Alistair volvieron el 6 de abril a documentar bien los agujeros. El 4712 (ahora llamada Torca de Edraith)[11] tenía 15,5 m hasta un obstrucción de barro, pero un pozo paralelo visto cerca de la mitad llevaba una buen corriente. Según Footleg, en el 4713:

Exploré varios destrepes hasta una fisura demasiado estrecha casi bloqueada por calcita. Muchas estalagmitas con raíces saliendo de ellas [y] débilmente adheridas al techo, por lo que el más mínimo toque las hacía caer. Muchas ya están en el suelo. Muchas rocas caen con cada movimiento. Una casi me da, pero solo rebotó en la rodilla.

Debido a la naturaleza especial de las estalagmitas con raíces, esta se llamó Extra Special Pot, que convenientemente, son las iniciales de Eddie Sharp Pencil, ¡el apodo de Paul Dold!

Continuó el trabajo para estabilizar la entrada Giant Panda (2691) a Cueva Hoyuca (0107). El 14 de abril, Jim Davis y Terry acompañaron a Phil Papard y se colocaron anclajes de acero inoxidable a ambos lados del tubo y se fijó una cuerda para bagas de anclaje. Phil comentó:

Se puede bajar con cuidado, pero hace falta más para rellenar el agujero sobre el tubo y meter espuma en algunos huecos en el lado opuesto para que las rocas estén seguras si llueve mucho.

Tras su visita de Año Nuevo a Fuente el Escobal, Si y Di lograron pasar la presa el 2 de abril a una corta continuación, donde el agua venía de otro gour demasiado estrecho.

¡Una primera incursión bastante acuática! Otra incursión para excavar mostrará si merece la pena continuar.

vecino.

Roberto led us to an unrecorded cave that was well known to the locals of Riaño before the road was built and the planting of eucalyptus trees. His great aunt noted that it was the 5th bend in the old forestry track.

El Recostón (4734) turned out to have a 2m wide x 0.5m high entrance with a soft, sandy floor. They thought it may be an animal residence but there was scope for digging beyond a nest in a small passage. This was checked out when Steve joined them on the 15th finding that a dig tray was needed to continue the dig.

They spent "several wet hours" demolishing the moon milk dam in the resurgence, lowering it by around 0.75m to reach the next calcite blockage. This was removed the next day when, negotiating a wet, tight squeeze was described as, "Superman-style, with one arm forward and one arm back". But they had opened up the resurgence for exploration.

The flat out crawling enlarged to kneeling height followed quickly by thigh-deep pools to wade through. Walking passage!! and 2 ways on.
Surveyed the left passage which continued with a climb up - the greatest flow of water [came] from this passage. A number of ways on explored ... At the end of the left hand passage, lots of red-legged spiders and egg sacs were found. Specimens collected for Cave Ferret.

The cave was surveyed for 276m and video taken. As usual, links to the Survex / Aven centre line, the drawn up survey and the edited video of the conditions in this isolated resurgence can be found near the base of the 0383 description.

EASTERN MOUNTAINS Christine, her son Matthias and Tom Warren walked up onto the side of Mullir to a depression with a number of holes, most of them had been previously investigated. However, Tom drew a surface sketch in the logbook of 0810, highlighting that this shaft still has possibilities for extension.

A later walk by Cave Ferret and Amata around the Hoya de Yusa area found site 4731, a 1m diameter shaft which appeared to be 5m deep.

Making the most of an entomology trip into Risco, Cave Ferret and Amata were joined by Footleg, Alistair and Dipen for a trip into Where Are All the Spiders?. Video and photos were taken by Footleg and Amata.

SOUTHERN SECTOR On March 22nd, Juan and Penny had a walk out beyond Cantones, taking the track up the hill at the first junction. Near the end of the track, a small resurgence (4667) was spotted but the flow down through brush was not followed to any sink - one for the

La cueva se volvió aún más acuática tras fuertes lluvia. El 12 de abril, Si y Di informaron...

El agua salía justo debajo y a la derecha de la entrada. También se filtra por otros pequeños agujeros a lo largo de la ladera cerca de la fuente.

Para el día 13, los niveles del agua habían regresado al volumen normal. Un vecino los llevó a una cueva sobre la surgencia y el camino.

Roberto nos llevó a una cueva no documentada que era todos los habitantes de Riaño conocían antes de que se construyera la carretera y se plantaran eucaliptos. Su tía abuela dijo que era la quinta curva de la antigua pista forestal.

El Recostón (4734) resultó tener una entrada de 2 m de ancho x 0,5 m de alto con un suelo de arena suave. Pensaron que podría ser una madriguera, pero había margen para excavar al otro lado de un nido en una pequeña galería. Lo comprobaron el día 15 cuando Steve se unió a ellos y vieron que necesitaban una bandeja de excavación para continuar.

Pasaron «varias horas remojados» abriendo la presa de moonmilk en la surgencia, bajándola alrededor de 0,75 m para llegar a la siguiente obstrucción de calcita. La quitaron al día siguiente cuando pasaron un estrechamiento húmedo al «estilo Superman, con un brazo hacia adelante y un brazo hacia atrás». Pero habían abierto la surgencia para la exploración.

El laminador se agrandó a una gatera seguida rápidamente por marmitas hasta los muslos . Galería por la que se puede caminar !! y 2 continuaciones.
Topografiamos la galería de la izquierda que da a una escalada: el mayor caudal [vino] de este galería. Exploramos varias posibilidades [...] Al final de la galería de la izquierda, se encontraron muchas arañas de patas rojas y sacos de huevos. Especímenes recolectados para Cave Ferret.

Se topografiaron 276 m y se sacó un vídeo. Como de costumbre, los enlaces a la poligonal en Survex/Aven, el plano y el vídeo editado de las condiciones en esta surgencia aislada se pueden encontrar cerca de la base de la descripción de 0383.

MONTAÑAS AL ESTE Christine, su hijo Matthias y Tom Warren subieron por un lado de Mullir hacia una depresión con varios agujeros, la mayoría de ellos previamente investigados. Tom dibujó un boceto en el libro de salidas de la superficie en 0810, destacando que este pozo todavía tiene posibilidades de ampliarse.

Cave Ferret y Amata también fueron en otra ocasión alrededor del área de Hoya de Yusa y encontraron 4731, un pozo de 1 m de diámetro que parecía tener 5 m de profundidad.

Aprovechando al máximo una salida entomológica a Risco, Cave Ferret y Amata se unieron a Footleg, Alistair y Dipen para ir hasta Where Are All the Spiders?. Footleg y Amata sacaron vídeos y fotos.

SECTOR SUR El 22 de marzo, Juan y Penny salieron a caminar al otro lado de Cantones, tomando el camino cuesta arriba en el primer cruce. Cerca del final del camino, vieron una pequeña surgencia (4667), pero no se siguió el arroyo a través de la maleza a ningún sumidero, una para el futuro. El principal objetivo aquí arriba era 1185, para comprobar una corriente de aire caliente y una posible excavación. Tras no haber visto a nadie durante una hora, fue una

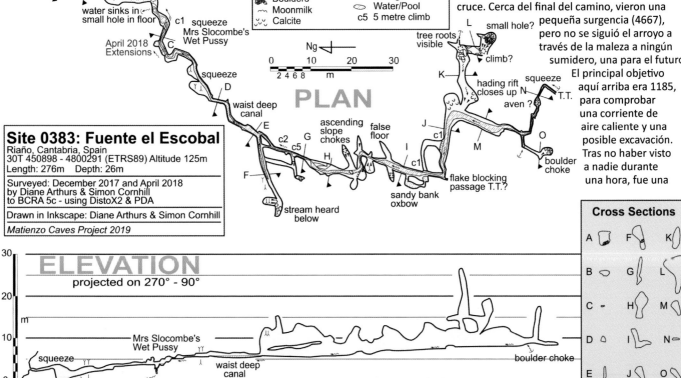

Legend

◁ Surface gradient
▭ Gradient
〰 Water flow
〰 Water inlet
〰 Water sink
▦ Boulders
〜 Moonmilk
〜 Calcite
← Draught
T.T. Passage too tight
✛ Aven
〜 Pitch/Step
Υ Stalactite
λ Stalagmite
⬭ Water/Pool
c5 5 metre climb

PLAN

Ng

0 10 20 30
2 4 6 8
m

Site 0383: Fuente el Escobal
Riaño, Cantabria, Spain
30T 450898 - 4800291 (ETRS89) Altitude 125m
Length: 276m   Depth: 26m

Surveyed: December 2017 and April 2018
by Diane Arthurs & Simon Cornhill
to BCRA 5c - using DistoX2 & PDA

Drawn in Inkscape: Diane Arthurs & Simon Cornhill

Matienzo Caves Project 2019

ELEVATION
projected on 270° - 90°

Mrs Slocombe's Wet Pussy

squeeze

waist deep canal

water sinks in small hole in floor

boulder choke

Cross Sections

A F K
B G L
C H M
D I N
E J O

future.

The main objective up here was 1185, to check out a warm draught and possible dig. Having not seen anyone for an hour it was a surprise to find a tractor and four farm workers at the hole, distributing pellets by hand onto the surrounding pasture. With snow in the depression and external temperature about 7°C a warm draught was felt which also showed up nicely on the IR camera. The draught, however, wasn't enough to tempt Juan in over the "soggy-floored, flat out crawl".

Back at the car, Juan headed 30m downhill below the track to check out two features seen on the aerial panorama taken on February 12th.

> One feature was found to be an open cave (4668) and the second, a pile of branches 6m to the east covering something which has yet to be investigated (4669). Site 4668 is a slide down into a 1.2m high x 0.5 m wide trench with enlarged bedding at the top which goes for about 8m to a sit-up chamber where it is possible to turn around. The passage becomes too small straight ahead ... but continues much smaller and unexplored to the left (east). There may have been a slight warm draught.

A couple of days later, Juan and James "returned to the field below the pink barn" with surface investigations being made more interesting as storm Hugo was passing through. Conditions were so blustery that James wore his wetsuit hood, something he tends to do before wriggling into low crawls, filled almost to the roof with cold water.

In 4668, James pushed to the east finding a small route that seemed to head towards 4669.

> Juan went out to uncover site 4669. Moving branches caused boulders to collapse down, which were heard underground. In 4668, James dug through to the head of a pitch.
> Then out into the storm to investigate other features seen on the drone photo.

Site 4670, a nearby open hole, had plenty of water coming in through

sorpresa encontrarse un tractor y cuatro trabajadores agrícolas en el hoyo, distribuyendo pellets a mano en los pastos circundantes. Con la nieve en la depresión y la temperatura exterior de unos 7°C, se sintió una corriente cálida que también se vio muy bien en la cámara IR. La corriente, sin embargo, no fue suficiente para tentar a Juan a meterse en el «suelo empapado del laminador».

De regreso al coche, Juan bajó 30 m por debajo del camino para comprobar dos sitios que vio en el panorama aéreo tomado el 12 de febrero.

> Uno resultó ser una cueva abierta (4668) y el segundo, un montón de ramas 6 m al este que cubría algo que aún no se ha investigado (4669). El 4668 es una cuesta a una zanja de 1,2 m de alto x 0,5 m de ancho con un laminador en la parte superior que sigue unos 8 m hasta una sala algo más grande donde es posible dar la vuelta. La galería se vuelve demasiado pequeña hacia adelante [...] pero continúa mucho más pequeña e inexplorada hacia la izquierda (este). Puede que haya habido una ligera corriente de aire caliente.

Un par de días después, Juan y James «regresaron al pozo debajo del granero rosa» y las investigaciones de la superficie se volvieron más interesantes a medida que pasaba la tormenta Hugo. Las condiciones eran tan tempestuosas que James se puso la capucha del traje de neopreno, algo que suele hacer antes de arrastrarse en una galería llena casi hasta el techo con agua fría.

En 4668, James miró hacia el este encontrando una pequeña ruta que parecía dirigirse hacia 4669.

> Juan salió a destapar el 4669. El movimiento de las ramas hizo que se derrumbaran bloques, lo que se oyó bajo tierra. En 4668, James excavó hasta la cabecera de un pozo.
> Luego salimos a la tormenta para investigar otros puntos que se ven en la foto del dron.

Por 4670, un agujero abierto cercano, entraba mucha agua por

| Mulu Manners in Llanío. | Mulu Manners en Llanío. | *Peter Eagan* |

the roof in a number of places. The water disappeared into the floor. Directly above 4669, James spent 10 minutes excavating 4671. "This needs more work and properly investigating." Site 1937 was investigated and, finally, a pitch opened up (4672) - "but the depth is uncertain as it was too windy to hear rocks dropping".

The pair returned the following day when James found 4672 to be a choked, 12m deep shaft. Branches were then removed from the top of 4669 and James descended on ladders to ...

... a large chamber about 10m down. Two subsequent pitches at bottom of slope. Ladders not long enough!

The two drops were 8 to 12m deep so there was a "need to go back with two more ladders".

James cycled back the next day to walk over a field above the track documenting a number of holes. Juan went back on March 27th, repeating the exercise and adding some more: 4674 - a triangular dig into stooping passage; 4675 - a rift and dig; 4676 - a 2m deep hole that looks choked; 4677 - a depression that needs a proper look through brambles; 4678 - a 3m deep hole that looks choked, and 4679 - a covered hole.

Some of these were 'ticked off' when James and Juan went back on March 28th. Site 4674 was opened up within a few minutes and a tight entrance squeeze immediately revealed the passage closing down at a small dig. James descended 4678 finding it choked 3m down and 4679 was uncovered to reveal a very small descending rift, then recovered. Site 4677 was descended to a choke at about 5m depth and James climbed down 3m to a choke in a narrow shaft. Higher up the hill, new site 4680 was seen to have a block part way down that stopped exploration.

James returned with extra ladders plus Bill and Phil Gillespie on March 30th and dropped three pitches. The routes were then bolted for SRT down to where horizontal passage was reached.

Upstream not explored as time did not permit, but downstream was surveyed to the next pitch. This was dropped but wasn't the way on. A side passage at roof level was explored and ... an estimated 30m pitch was reached and is draughting well. Very exciting!!

While the others were finding glory down 4669, Juan wandered off to investigate a hole James had seen earlier. A 15 minute dig at 4681 revealed a tight pitch of about 4m but not all the base could be seen. About 80m to the southwest, Juan also documented a large, 7m deep, walk-down depression with possible digs at the base of a curved scar (4682). Photos were also taken at 4671 and Sima Roca entrance (0053) where there was a lot of agricultural detritus.

James, Bill and Phil further re-rigged, surveyed and explored 4669, now called Drone Pot or Torca del Dron, on April 1st. Bill got down to -65m on the "30m" pitch before running out of rope. He commented that it was extremely muddy in places with gear clogging up but it had been a "Grand Day Out with a couple of prospects to follow in the shaft".

Two days later, Alex, Di, Si and James continued the exploration. James - not very keen on big pitches - wrote:

Went to drop the big pitch. On the way, Simon checked my bolt placement and swapped out the previous (too short) 75m rope with a longer 120m rope. ... I descended the pitch which soon belled out into a very impressive shaft with passages at every level. Like an elevator, it was important to get off at the correct floor!

At the bottom [of this p80], several holes all lead down to a further shaft series. The first of these was a pitch down a rift of about 15m, followed by another pitch of 34m in a fine shaft. Horizontal passage led off at the bottom following a small stream to a chamber. Following the water was too tight and over the top led to a too tight passage under stal.

... Si continued up [from the bottom of the big pitch] to the stal passage that Bill Nix had swung into about 15m up. ... He tied off a rope and bolted it down so that the rest of us could join him. A rift passage led off to the right that needs bolts to enter. Ahead and down is a pitch. Left is a possible bolt climb up into a house-sized passage. We didn't have time to pursue these.

On the way out, we noticed a stonkingly big trunk passage on the second floor of the lift shaft. Di sent a splay 112m horizontally along one of these passages.

The prusik up was quite scary!

The team also noticed that the stream passage, left to work its way down below the top of the big pitch, appeared in the side of the shaft - not as a hole in the wall - but as a continuing passage with a floor that comes out a few metres from the shaft wall. Because of the apparent levels going off from the big pitch (The Lift Shaft: Going

el techo en varios lugares y desaparecía en el suelo. Justo encima de 4669, James pasó 10 minutos excavando 4671. «Necesita más trabajo e investigación adecuada». Investigaron el 1937 y, finalmente, se abrió un pozo (4672), «pero la profundidad es incierta ya que hacía demasiado viento para oír las rocas al caer».

La pareja regresó al día siguiente cuando James vio que 4672 era un pozo obstruido de 12 m de profundidad. Luego se quitaron las ramas de la cabecera de 4669 y James bajó por escalas a...

Una gran sala a unos 10 m de profundidad. Dos pozos posteriores al pie de la pendiente. ¡Las escalas no son lo suficientemente largas!

Los dos pozos tenían entre 8 y 12 m de profundidad, por lo que «era necesario volver con dos escalas más».

James regresó en bicicleta al día siguiente para caminar por un campo sobre el camino y documentó varios agujeros. Juan regresó el 27 de marzo, repitiendo el ejercicio y añadiendo alguno más: 4674, una excavación triangular en una galería inclinada; 4675, una fisura y excavación; 4676, un agujero de 2 m de profundidad que parece obstruido; 4677, una depresión que se tiene que mirar bien a través de las zarzas; 4678, un hoyo de 3 m de profundidad que parece obstruido; y 4679, un hoyo cubierto.

Algunos de estos se «marcaron como hechos» cuando James y Juan regresaron el 28 de marzo. El 4674 se abrió en unos pocos minutos y un estrechamiento en la entrada de inmediato deja ver que la galería se cierra en una pequeña excavación. James entró en 4678, pero se obstruía tras 3 m, y 4679 se destapó para revelar una fisura descendente muy pequeña, luego se volvió a tapar. El 4677 baja hasta un obstrucción a unos 5 m de profundidad y James bajó otros 3 m hasta un obstrucción en un pozo estrecho. Subiendo por la colina, el nuevo agujero 4680 tenía un bloque en parte a mitad del pozo que detuvo la exploración.

James regresó con más escalas y Bill y Phil Gillespie el 30 de marzo y bajó tres pozos. Luego, se instalaron para cuerda hasta donde se alcanzó galería horizontal.

Aguas arriba no se exploró porque no nos daba tiempo, pero aguas abajo se topografió hasta el siguiente pozo. Se bajó, pero no era la continuación. Se exploró una galería lateral a nivel del techo y [...] se alcanzó un pozo estimado en 30 m y con buena corriente. ¡¡Muy emocionante!!

Mientras los demás encontraban la gloria en 4669, Juan se alejó para investigar un agujero que James había visto antes. Tras excavar 15 minutos en 4681 se abrió un pozo estrecho de unos 4 m, pero no se podía ver toda la base. A unos 80 m al suroeste, Juan también documentó una gran depresión de 7 m de profundidad con posibles excavaciones en la base de un peñasco curvo (4682). También se sacaron fotos en 4671 y en la entrada de Sima Roca (0053) donde había muchos detritos agrícolas.

James, Bill y Phil volvieron a instalar, topografiar y explorar 4669, ahora llamada Torca del Dron, el 1 de abril. Bill bajó a -65 m por el pozo de «30 m» antes de quedarse sin cuerda. Comentó que estaba extremadamente embarrado en partes y que el equipo se atascaba, pero había sido una «salida estupenda con un par de posibilidades que seguir en el pozo».

Dos días después, Alex, Di, Si y James continuaron la exploración. James, no muy interesado en los grandes pozos, escribió:

Fui a bajar el gran pozo. De camino, Simon verificó la ubicación de mi anclaje y cambió la cuerda anterior (demasiado corta) de 75 m por una cuerda más larga de 120 m. [...] Bajé el pozo que pronto se convirtió en un pozo muy impresionante con galerías en todos los niveles. Como un ascensor, ¡era importante bajarse en el piso correcto!

En la base [de este P 80], varios agujeros conducen a una serie de pozos adicionales. El primero de ellos fue un pozo por una fisura de unos 15 m, seguido de otro pozo bonito de 34 m. La galería horizontal sale del fondo siguiendo un pequeño arroyo hasta una sala. Por donde va el agua es demasiado estrecho y por encima da a una galería demasiado estrecha debajo de estalagmitas.

[...] Si continuó [desde la base del gran pozo] hasta la galería de estalagmitas a la que Bill Nix se había descolgado a unos 15 m. [...] Ancló una cuerda para que los demás pudiéramos unirnos a él. Una fisura conduce a la derecha, pero se necesitan anclajes para entrar. Delante y abajo hay un pozo. A la izquierda hay una posible escalada artificial que sube a una galería del tamaño de una casa. No tuvimos tiempo de mirarlo.

Al salir, vimos una galería increíblemente grande en el segundo piso del hueco del ascensor. Di envió el laser por 112 m horizontalmente a lo largo de una de estas galerías.

¡La subida fue bastante aterradora!

El equipo también vio que la galería activa, que se dejó para avanzar por debajo de la cabecera del gran pozo, aparecía en el lateral del pozo —no como un agujero en la pared—, sino como una galería continua con un suelo que sale a pocos metros de la pared del pozo. Como los

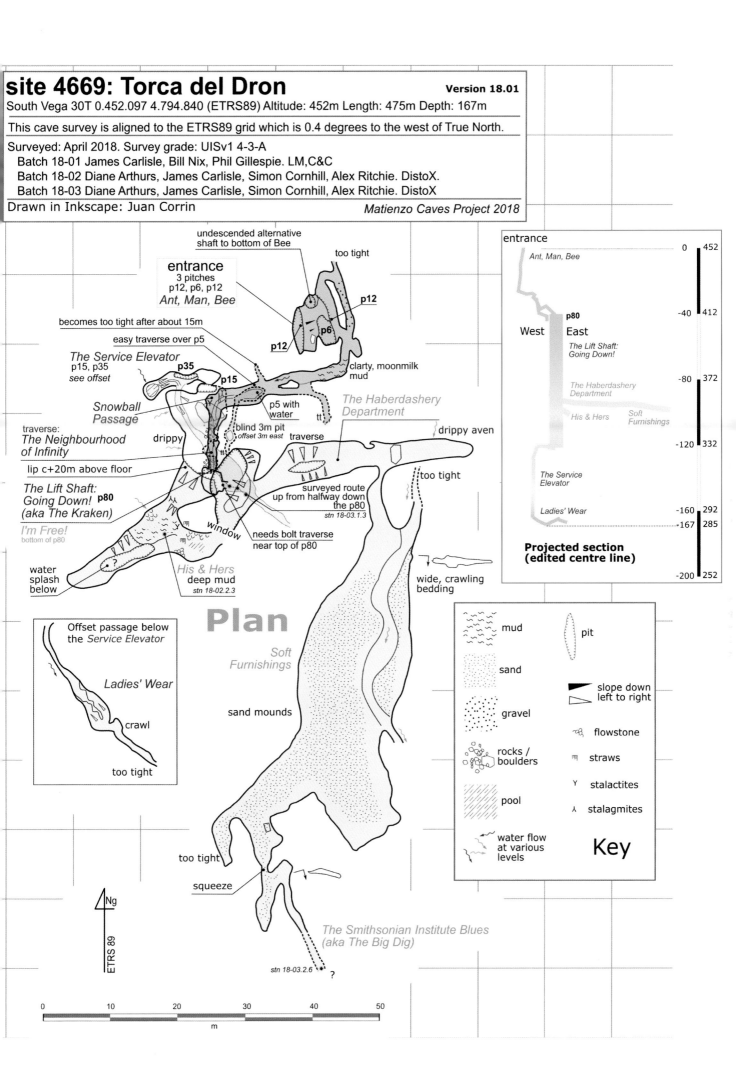

site 4669: Torca del Dron

Version 18.01

South Vega 30T 0.452.097 4.794.840 (ETRS89) Altitude: 452m Length: 475m Depth: 167m

This cave survey is aligned to the ETRS89 grid which is 0.4 degrees to the west of True North.

Surveyed: April 2018. Survey grade: UISv1 4-3-A
  Batch 18-01 James Carlisle, Bill Nix, Phil Gillespie. LM,C&C
  Batch 18-02 Diane Arthurs, James Carlisle, Simon Cornhill, Alex Ritchie. DistoX.
  Batch 18-03 Diane Arthurs, James Carlisle, Simon Cornhill, Alex Ritchie. DistoX

Drawn in Inkscape: Juan Corrin

Matienzo Caves Project 2018

undescended alternative
shaft to bottom of Bee

too tight

entrance
3 pitches
p12, p6, p12
Ant, Man, Bee

p12

becomes too tight after about 15m

easy traverse over p5

p12

p6

The Service Elevator
p15, p35
see offset

p35

p15

clarty, moonmilk
mud

*Snowball
Passage*

p5 with
water

*The Haberdashery
Department*

traverse:
*The Neighbourhood
of Infinity*

drippy

blind 3m pit
offset 3m east

traverse

tt

drippy aven

lip c+20m above floor

*The Lift Shaft:
Going Down!* p80
(aka The Kraken)

surveyed route
up from halfway down
the p80
stn 18-03.1.3

too tight

I'm Free!
bottom of p80

window

needs bolt traverse
near top of p80

water
splash
below

His & Hers
deep mud
stn 18-02.2.3

wide, crawling
bedding

Plan

*Soft
Furnishings*

sand mounds

Offset passage below
the *Service Elevator*

Ladies' Wear

crawl

too tight

too tight

squeeze

*The Smithsonian Institute Blues
(aka The Big Dig)*

stn 18-03.2.6   ?

Projected section
**Projected section
(edited centre line)**

entrance

Ant, Man, Bee

0   452

-40   412

p80

West   East

*The Lift Shaft:
Going Down!*

-80   372

*The Haberdashery
Department*

His & Hers   *Soft
Furnishings*

-120   332

*The Service
Elevator*

Ladies' Wear

-160   292

-167   285

-200   252

Key

~~ mud	⬭ pit
⋯ sand	
⋰ gravel	◣ slope down left to right
◌ rocks / boulders	⌇ flowstone
▨ pool	⑂ straws
~ water flow at various levels	Y stalactites
	λ stalagmites

Key

Ng

ETRS 89

0   10   20   30   40   50
m

Down!), names came easily from the 'Are You Being Served?' TV series. No doubt there'll be more to come.

The 'Haberdashery Department' (initially 'Mr Humphrey's Floor') was the target level for a trip by Si, Di, James and Alex on April 5th. Si, over an hour and a half, used his expertise to swing in and install Y-hangs for the others to come down below the level, then up and in. Alex wrote:

> *Once in, after Si's hero work, we had a choice of routes. To the right was about 20m of unentered, un-floored passage that likely drops down to His & Hers ... We turned left and followed the trunk passage which led down a slope over several holes until a short pitch, 'You Free?' At the bottom, the large proportions continued - for a short while.*

An aven chamber was entered with a climb up to where passage became too tight. At floor level, a crawl led to a small streamway in a very wide passage with sand mounds - 'Soft Furnishings' - but it soon split into smaller routes with one closing down to a possible dig.

This was the last trip for Easter, the system ending at a length of 475m and depth 167m. There were plenty of leads to look at - Alex and James listed them in the logbook - but, for various reasons, the cave wouldn't be looked at again until the following Easter.

Holes to the west of Cruz Usaño were the target for Andy Quin, Julie and Pedro. Site 0824 was bottomed 12m down with no obvious way one; 4710 was crawled for 4m; 0822 was explored down a 5m entrance pitch to an unexplored 10m drop, and 0823 was thought to be "of little speleological interest". Site 4711 revealed a 10m pitch between blocks to an undescended 8m drop.

Cave Ferret and Amata documented a number of sites close to their bug-trapping target Coverón: 4738 - a pit; 4735 - 3m shaft; 4736 - 15m+ shaft on fault and 4737 - a 12m shaft. None of these were in the permit area so couldn't be descended.

Juan took Helen, Darren and Andy and Emma McKenzie on a three hour tourist trip into Reñada a few days after the heavy rain.

> *Water levels high: chest deep in the first lake; waist deep in the second lake towards the Blowhole; stream in the Duck and flowing water at the end of that passage, although this fell while we were in the cave. Up Stuffed Monk Passage, then to Anastomoses (Pendants) Hall and out of the top entrance.*

Patrick Warren and son, Tom, had a walk over the southern La Vega hillside encountering Cueva de los Tablons (0242) and the resurgence 2290 above. Patrick commented that this cave was on a 1m thick sandstone bed about 100m below Drone Pot entrance. Walking well to the west they also came across 0339, 0331 and 1879, presumably in the correct place on the map!

On April 4th, Patrick returned with Peter Eagan and Carmen to "tick off undescended shafts ". As often happens, new sites were also found. Down to the south east of Drone Pot, 3679 was choked 4m down. Forty metres to the west, new site 4714 was explored down a p4 to a climb up to the head of a choked p5 with a possible passage at the top. Patrick recorded:

> *Possible way on is crawl across 5m pitch on top of 1m thick sand stone bed - may be a small draught. Would require 2 - 3 bolts to protect traverse. Much cave coral on walls around top of p5. Short, but nice to find!*

Moving down the hill to the east, Patrick commented that the area around 3933 had a "large number of entrances close together and rather confusing". In a less confusing area, 150m to the east, three holes were ticked-off: 3673 - a choked shaft but too tight a couple of metres down; 3672 - a choked, 4m deep shaft, and 3671 - "an attractive rift", choked 4m down. None of these three had any draught.

Up the hill, apparently above the track (although this may have been GPS'd incorrectly), a fenced, 4m long rift was climbed down to a choke.

Pedro and Phil Papard opened the digging season in site 1298 on March 28th. This draughting slot up the track at Seldesuto had been widened over the summer 2017 to a possible drop down to the left. Pedro wrote:

> *First job was to clear out the rubble at the top of the pitch ... Pete went down the pitch, about 4m, landing in a small chamber. This is a space between*

---

entrance distinto niveles salían del gran pozo (el hueco del ascensor: ¡bajando!), los nombres de la serie británica Are you being served? le iban bien. Sin duda habrá más por venir.

Haberdashery Department (inicialmente Mr Humphrey's Floor) era el nivel objetivo para la salida de Si, Di, James y Alex el 5 de abril. Si, durante más de una hora y media, usó su experiencia para instalar triangulaciones para que los demás bajaran por debajo del nivel, luego subieran y entraran. Alex escribió:

> *Una vez dentro, tras el trabajo heroico de Si, pudimos elegir entre varias rutas. A la derecha había unos 20 m de galeria sin suelo y sin explorar que probablemente baja hasta His & Hers [...] Giramos a la izquierda y seguimos la galeria amplia que baja por una pendiente sobre varios hoyos hasta un pozo corto, You Free?. En la base, las grandes proporciones continuaron, durante un rato.*

Entraron a una chimenea con una escalada hasta donde la galería se volvió demasiado estrecha. A nivel del suelo, un gatera da a un pequeño arroyo en una galería muy ancha con montículos de arena, Soft Furnishings, pero pronto se dividió en más pequeñas y una se cerró, posible excavación.

Este fue la última visita de Semana Santa, el sistema termina en un desarrollo de 475 m y una profundidad de 167 m. Quedaban muchos interrogantes, Alex y James las enumeraron en el libro de salidas, pero, por varias razones, a la cueva no se volvería hasta la siguiente Semana Santa.

Los hoyos al oeste de Cruz Usaño fueron el objetivo de Andy Quin, Julie y Pedro. El 0824 tenía un 12 m sin continuación obvia; 4710 era una gatera de 4 m; 0822 era una sima de 5 m hasta un desnivel inexplorado de 10 m; y 0823 parecía «de poco interés espeleológico». El 4711 resultó ser un pozo de 10 m entre bloques a otro de 8 m sin explorar.

Cave Ferret y Amata documentaron varios agujeros cerca de Coverón, su objetivo para el muestreo de insectos: 4738, pozo; 4735, pozo de 3 m; 4736, pozo de + de 15 m en diaclasa; y 4737, pozo de 12 m. Ninguno estaba en el área del permiso, por lo que no se pudieron explorar.

Juan llevó a Helen, Darren, Andy y Emma McKenzie en una salida turística de tres horas a Reñada unos días después de la fuerte lluvia.

> *Niveles de agua altos: agua hasta el pecho en el primer lago; hasta la cintura en el segundo hacia el Blowhole; arroyo en la bóveda sifonante y agua al final de esa galería, aunque esta cayó mientras estábamos en la cueva. Subimos por Stuffed Monk Passage, luego hacia Anastomoses Hall y salimos por la entrada superior.*

Patrick Warren y su hijo, Tom, se dieron un paseo por la ladera sur de La Vega encontrando Cueva de los Tablons (0242) y la surgencia 2290 encima. Patrick comentó que esta cueva estaba en un lecho de arenisca de 1 m de espesor a unos 100 m debajo de la entrada de Drone Pot. Caminando hacia el oeste, también se encontraron con 0339, 0331 y 1879, ¡presumiblemente en el lugar correcto en el mapa!

El 4 de abril, Patrick regresó con Peter Eagan y Carmen para «ver los pozos no explorados». Como suele suceder, también encontraron otros nuevos. Hacia el sureste de Drone Pot, 3679 estaba obstruido a 4 m. A 40 m al oeste, exploraron el nuevo 4714 bajando por un P 4 hasta una trepada hasta la cabecera de un P 5 obstruido con una posible galería en lo alto. Patrick anotó:

> *La continuación puede estar en una gatera sobre un pozo de 5 m sobre un lecho de arenisca de 1 m de espesor; puede haber una ligera corriente. Necesitaría de 2 a 3 anclajes para proteger la travesía. Mucho coral en las paredes alrededor de la cabecera de P 5. ¡Corto, pero buen descubrimiento!*

Bajando la ladera hacia el este, Patrick comentó que el área alrededor de 3933 tenía una «gran cantidad de entradas juntas y bastante confusas». En un área menos confusa, 150 m al este, se vieron tres agujeros: 3673, un pozo obstruido y demasiado estrecho tras un par de metros; 3672, un pozo obstruido de 4 m; y 3671, «una fisura atractiva», obstruida a 4 m. Ninguno de los tres tenía corriente.

Subiendo la ladera, aparentemente encima del camino (aunque las coordenadas GPS podrían no estar bien), se bajó por una fisura vallada de 4 m de largo hasta un obstrucción.

Pedro y Phil Papard abrieron la temporada de excavación en 1298 el 28 de marzo. Esta ranura sopladora en la pista de Seldesuto se había ampliado durante el verano de 2017 hasta un posible desnivel a la izquierda. Pedro escribió:

> *Lo primero fue limpiar la rocalla de la cabecera [...] Pete bajó por el pozo, unos 4 m, dando a una*

PLAN

N

ELEVATION
270° - 90°

0   2   4   6m

Site 1298   (Seldesuto)
449.570 4794.493 300m
March 2018, P. Papard and P. Smith

boulders in the roof and shed-sized boulders in the floor. There are several short climbs between these that will probably be the way on ... The pitch still needs enlarging and making safe then exploration can continue and a survey done.

The day after, Phil, Pedro and Juan took up items for scaffolding and shoring. The tight section was capped out and some shoring installed.

Phil and Pete went down to check out the chamber and push leads. No easy way on found and, with only a little draught on a cool day (13°C), the best place to dig could not be identified. ... Cave surveyed.

Higher up the hill, access in Torca de Corcada (0780) was improved when Pedro, Phil Papard, Jim Davis and Pete O'Neill visited on April 9th. Pitches were re-rigged and bolted and the end of the Fossil Route was capped. "Well worth a return. Looks good", wrote Pete.

The following, very wet day, Si and Di used plugs and feathers and capped at the end of the Fossil Route after negotiating "a river flowing down the first pitch".

... made our way through the first constriction of stal around the left hand corner revealing a 3m further constriction approximately 2m depth, 30cm wide rift down. Continued capping to reveal a further 4m continuation.

Another capping session was required, especially as "water was heard thundering away in the distance". This happened on the 12th when there was no thunderous sound in the distance nor a draught.

Capped and squeezed through to a widening grotto. Slots in the floor about 5m in depth. Sounds bigger below. Worth continuing capping to gain access.

In Cueva Vallina (0733), the Galería de la Cisterna, a high level route south of, and running parallel to the Sisters of Perpetual Indulgence was thoroughly investigated by Peter Eagan, Pete O'Neill, Carmen, Angus and Patrick Warren. Starting at the eastern end, they entered down into the Galería de la Cisterna via a p8, first investigating a 'p34?' on the survey which was found to be 29m deep to where it became too tight with water heard below. A nearby p32 was dropped but not completed although it was left "open with water seen at larger area below". A dig at the western end of the gallery ...

... needs more work with drag tray and trench tool. Way on can be seen and draught.

The passage was to be further investigated at the end of July but, before that, Pete O'Neill, Lloyd, Raoul and Tom Davison went in to finish off the 'p32'.

Dropped pitch in three sections, approximately 35m deep. At head of second pitch we found an old bolt ... they may have entered via a small aven above the second pitch. They hadn't surveyed the area so we

Phil Papard in 1298.   Phil Papard en 1298.   *Juan Corrin*

pequeña sala. Es un espacio entre bloques en el techo y bloques del tamaño de un cobertizo en el suelo. Hay varias escaladas cortas entre estos, donde probablemente esté la continuación [...] El pozo todavía se ha de ampliar y asegurar, entonces se podrá continuar con la exploración y hacer la topo.

Al día siguiente, Phil, Pedro y Juan llevaron piezas de andamios. Se abrió la sección estrecha y se apuntaló.

Phil y Pete bajaron para comprobar la sala y mirar interrogantes. No se encontró una continuación fácil y, con solo una corriente suave en un día fresco (13°C), no se pudo identificar el mejor lugar para excavar. [...] Topografiada.

Subiendo por la ladera, se mejoró el acceso a Torca de Corcada (0780) con la visita de Pedro, Phil Papard, Jim Davis y Pete O'Neill el 9 de abril. Los pozos se volvieron a instalar y se abrió el final de Fossil Route. «Vale la pena volver. Tiene buena pinta», escribió Pete.

El día siguiente, muy húmedo, Si y Di abrieron el final de Fossil Route más después de negociar «un río que cae por el primer pozo».

Nos abrimos paso a través de la primera constricción de estalagmitas alrededor de la esquina izquierda, dando a una otra constricción de 3 m a unos 2 m de profundidad en una fisura de 30 cm de ancho. Seguimos abriéndolo hasta llegar a una continuación adicional de 4 m.

Hacía falta otra sesión de micros, especialmente porque «se oía el agua tronar a lo lejos», algo que sucedió el día 12 cuando no hubo ni un sonido atronador en la distancia ni una corriente de aire.

Abrimos y pasamos hasta una gruta que se ensancha. Ranuras en el suelo de unos 5 m de profundidad. Suena más grande a continuación. Merece la pena seguir con micros para entrar.

En Cueva Vallina (0733), la Galería de la Cisterna, una ruta de nivel superior al sur y paralela a Sisters of Perpetual Indulgence, fue investigada a fondo por Peter Eagan, Pete O'Neill, Carmen, Angus y Patrick Warren. Comenzando por el extremo oriental, entraron en la Galería de la Cisterna por un P 8, investigando primero un «P 34?» en la topografía, que resultó tener 29 m de profundidad hasta donde se volvió demasiado estrecho, aunque se oía agua debajo. Se bajó por un P 32 cercano, pero no se completó, aunque se dejó «abierto con agua vista en un área más grande debajo». Una excavación en el extremo occidental de la galería...

Necesita más trabajo con bandeja y pala. Se ve la continuación y hay corriente.

La galería se iba a investigar más a fondo a finales de julio pero, antes de eso, Pete O'Neill, Lloyd, Raoul y Tom Davison entraron para rematar el P 32.

Left: Torca del Dron beneath the branches on the left. *Juan Corrin*.   Right: Phil Gillespie and James Carlisle before The Lift Shaft. *Bill Nix*.
Izda.: Torca del Dron debajo de las ramas de la izda. *Juan Corrin*.   Phil Gillespie y James Carlisle antes de The Lift Shaft. *Bill Nix*

decided to survey and, as a result, also ended up in new passage.

Three ways went off at the base. Upstream, flat out and wet, was pushed for 10m but could go further although little draught was evident. Downstream went for about 30m to an inlet with a boulder choke and a tight rift downstream that became too tight. Back at the base of the pitch, Pete continued his account:

Bill Nix in Torca del Dron. Bill Nix en Torca del Dron.   *Emma Key*

> An uphill dry passage reaches a junction.
> Right goes short distance to slippery rift over a 7m? pitch with small ongoing passage beyond. Neither was pushed, but no great draught. Left was pushed up a climb and awkward squeeze by Raoul and led to some small passage and a 4m pitch which we ... descended to some avens and stooping passage which choked. ... could be pushed with the use of a crowbar as it is open beyond a pinch point ...
> A fine trip with 167.67m surveyed and pushed. (Batch 0733-18-01)

Rupert made a 10 day visit between April 19th - 29th "in the hope of hitting a fine weather window".

> On the first trip down it was soon clear that the residual water levels were very high ... the Rio Rioja being well above normal, but clear. It was decided to wait a few days and see if the levels dropped. The problem is not about being able to dive or make progress down the streamways as this was possible. It is more about being able to safely carry the heavy load of a rebreather down the very sharp and potholed passage between the sumps 5 and 6. Also, making the same journey without damage to my drysuit or even myself, as the passage is treacherous with a high flow (all the waters from Vallina 1 and 2 combined).
> After several quick trips to the start of the Río Rioja, it was clear that the water was not really dropping in level even though the weather was fine. Even a small amount of rain quickly caused the level to rise, whereas normally it would have made no difference. This was assumed to be because the ground was so saturated. The time passed where it would be worthwhile to set the rebreather up for a series of dives and conditions hadn't improved, so no diving was done.

His time wasn't completely wasted as a few jobs were completed: a sleeping bag was recovered from the Catalan Bypass and bagged up with some extra gas, then weighted ready to pass the sumps; the rope on the Double Dutch Pitch was swapped for a new one and the first short pitch was re-rigged.

Before they were vandalised, the display boards at Fuente Aguanaz (0713) at San Antonio suggested that this major source of drinking water had its origin, at least in part, at Alisas. There were plans to check this out by water tracing from one or more sinks just to the north of Alisas.

On April 1st, Juan and Penny checked out possible injection points, visiting 1969, 2035, 2036 and 2037 then moving on to put control fluocapteurs into La Riega (0551), Aguanaz, water downstream of Cave of the Wild Mare (0767) and finally, with Christine and Matthias, in Cueva del Comellantes (0040). These all proved negative when collected three days later.

A detailed plan for checking and replacing fluocapteurs had been prepared but, in the end, it wasn't required as the OBA injected into site 1969 at 16:00 on April 10th was detected at Fuente Aguanaz on the 13th. Phil Goodwin, Bob, John Southworth and Dave Milner poured the tracer into the water entering 1969 and went on to place the fluocapteurs at the likely resurgences.

The Aguanaz detector had been negative on the 12th, so a very rapid time between 2 and 3 days was recorded for water travelling nearly 7km and dropping from about 630m altitude to 55m - a height difference of 575m. All the fluocapteurs in the other resurgences were negative.[12]

A fresh detector in Aguanaz also gave a positive result on April 17th.

Pozo bajado en tres secciones, unos 35 m. En la cabecera de la segundo encontramos una fijación vieja [...] quizás entraron por una pequeña chimenea sobre el segundo pozo. No se había topografiado, así que decidimos hacerlo y, como resultado, también terminamos en nueva galería.

Tres continuaciones salían de la base. Aguas arriba, un laminador con agua se forzó por 10 m, pero podría ser más largo aunque se notaba poca corriente. Aguas abajo, unos 30 m dan a un afluente con un caos de bloques y una grieta estrecha aguas abajo que se vuelve demasiado estrecha. De vuelta en la base del pozo, Pete continuó:

> Una galería seca cuesta arriba da a un cruce. A la derecha es una distancia corta hasta una fisura resbaladiza sobre un pozo de ¿7 m? pozo con una pequeña galería al otro lado. No se exploraron, pero la corriente no era muy allá. A la izquierda Raoul miró por una subida y un estrechamiento que da a una pequeña galería y un pozo de 4 m que [...] bajamos hasta algunas chimeneas y galería baja que estaba obstruida. [...] podría abrirse con una palanca, ya que está abierto al otro lado [...]
> Una buena salida con 167,67 m topografiados y explorados. (Lote 0733-18-01)

Rupert pasó en la región 10 días entre el 19 y el 29 de abril «con la esperanza de encontrar una ventana de buen tiempo».

> En la primera incursión, pronto quedó claro que los niveles de agua residual eran muy altos [...] Río Rioja muy por encima de lo normal, pero despejado. Se decidió esperar unos días y ver si bajaban los niveles. El problema no es poder bucear o avanzar por las galerías activas, ya que eso se podría hacer. Se trata más de poder llevar con seguridad la pesada carga de un rebreather por la galería afilado y llena de baches entre los sifones 5 y 6. Además, hacer lo mismo sin dañar mi traje seco o incluso a mí mismo, ya que la galería es traicionera con un caudal alto (todas las aguas de Vallina 1 y 2 combinadas).
> Tras varias incursiones rápidas al inicio del Río Rioja, quedó claro que el agua no estaba bajando de nivel a pesar de que hacía buen tiempo. Incluso una pequeña cantidad de lluvia hizo que el nivel aumentara con rapidez, mientras que normalmente no se habría notado la diferencia. Supongo que se debía a que el suelo estaba muy saturado. Pasó el tiempo en el que merecía la pena preparar el rebreather para una serie de inmersiones y las condiciones no habían mejorado, por lo que no se hizo ninguna inmersión.

No fue una pérdida de tiempo, ya que se completaron algunos trabajos: se recuperó un saco de dormir de Catalan Bypass y llevó algo de gas extra listo para pasar los sifones; se cambió la cuerda de Double Dutch Pitch por una nueva y se volvió a instalar el primer pozo corto.

Antes de que fueran objeto del vandalismo, los carteles de Fuente Aguanaz (0713) en San Antonio sugerían que esta importante fuente de agua potable tenía su origen, al menos en parte, en Alisas. Se planeó comprobarlo con una prueba hidrológica en uno o más sumideros justo al norte de Alisas.

El 1 de abril, Juan y Penny verificaron posibles puntos de vertido, visitando 1969, 2035, 2036 y 2037, luego pasaron a poner captadores de control en La Riega (0551), Aguanaz, aguas abajo de Wild Mare (0767) y, finalmente, con Christine y Matthias, en Comellantes (0040). Todos estos resultaron negativos cuando se recogieron tres días después.

Se había elaborado un plan detallado de control y sustitución de captadores pero, al final, no fue necesario ya que el agente abrillantador vertido en 1969 a las 16:00 horas del 10 de abril se detectó en Fuente Aguanaz el día 13. Phil Goodwin, Bob, John Southworth y Dave Milner vertieron el colorante en el agua que entra en 1969 y pasaron a colocar los captadores en las probables surgencias.

El captador de Aguanaz había dado negativo el día 12, por lo que se registró un tiempo muy rápido entre 2 y 3 días para un agua que viajaba casi 7 km y caía de unos 630 m de altitud a 55 m, una diferencia de altura de 575 m. Todos los captadores en las otros surgencias fueron negativos.[12]

Un captador nuevo en Aguanaz también dio un resultado positivo el 17 de abril.

---

12   See the Hydrology article, page 456.

12   Véase el artículo sobre hidrología, p. 456.

2018 SUMMER / VERANO

Alex Ritchie
Alf Latham
Andy Quin
Billy Booth
Carmen Smith (Haskell)
Carolina Smith de la Fuente
Cheryl Stubbs
Chris Scaife
Christophe Durlet
Colin Hayward

Dan Jones
Dave Coulson
Dave Dillon
Dimitri Laurent
Donna Stubbs
Eleanora Carlisle
Emily ?
Francesca McDonald
Guy Simonnot
Harry Long
Hilary Papard
James Carlisle
Jenny Corrin

Jesús 'Chuchi' Llanos Hermosa
Jim Lister
John 'Big Nose' Palmer
John Clarke
Jonas Binladen
Juan Carlisle
Juan Corrin
Julie Bridgeman
Karen Korsgaard Redder
Lizzie Wilkins
Lloyd Cawthorne
Louise Korsgaard
Manuel Peña

Marie Korsgaard Redder
Marieke Leemreize
Mark 'Killer' Smith
Mike Topsom
Nigel Dibben
Patrick Degouve
Patrick Devine
Paul Stubbs
Paul Wilman
Penny Corrin
Pete 'Pedro' Smith
Peter Clewes
Peter Eagan

Phil Papard
Phil Parker
Richard Bullock
Rupert Skorupka
Sam Drake
Sandrine Degouve
Steve 'Big Steve' Martin
Susan Martin
Terry Whitaker
Tom Howard
Torben Redder

NORTHWEST AND FAR WEST SECTORS On July 17th, Alf and Phil Parker dropped into 4699, a site found at Easter to the west of Fuente Aguanaz (0713), removing half of a flake dividing a 4m pitch. On the next visit, the capping pin and mat dropped into the, still inaccessible, drop.

After "very heavy rain" on the 20th, they returned to find loose boulders had been washed in. After capping for two hours, they got down about 5m in a slanting pitch / climb finding that the mat, pin and a bolt bag had all been washed down the next p5.

In "horrible conditions" on the 23rd, Alf (in a drip-protecting mac) and Phil capped the very narrow and awkward p5 until they ran out of caps. They dropped into a 5 x 3m chamber the next day to find two very low drain outlets in a rubble floor. They packed up the lost gear and the p5 and p4 ladders, retreating to the top of the p3 where Phil pushed a strongly draughting crawl, past a boulder choke, for 30 - 40m.

To the east of Torca la Vaca (2889), they also examined 3048, last worked on in 2012 with Alf commenting, "Very cold draught out. Boulders worth more attention, with some courage required".

Jim and Mark returned to Sarah Jean Inlet in Fuente Aguanaz[1]. They were unable to get through the sump at the end, however, as visibility was lost and the line reel tangled.

> Instead, explored passageway to the right of the final sump. Climb up leads to rift ... that intersects an aven with a shower of water coming down, 12 - 15m high. ... Climb on the right under an arch leads two-thirds of the way up the shaft. Carrying on under the arch, the passageway continues; reasonably small rift but still has a stream. Stopped because of time and to save wetsuits.

The new passage was surveyed by Jim and Mark as batch 0713-18-04 after further exploration on July 27th. They also dived sump 5B, tying the line off in an airbell, but losing the way on.

The Sarah Jean Inlet was put on hold while they revisited the boulder choke at the end of the main stream.

> Due to the lower water, made 5m of progress after duck under the left hand wall. Capped several rocks to gain another 4+ metres but choke continues.

Jim and Mark then moved downstream to cap the slot in the East Inlet. This was passed and a "modest chamber" was entered. A 3m climb up to a short crawl to another chamber with a 5 or 6m climb to a visible passage with a small stream.

> Mark climbed this until the hand hold he was using failed ... landing face down on a big rock. Mark called the chamber 'Rudolf' due to the red nose and the passage ... was called 'Vampire' due to the trail of blood.

The capping kit was left and the pair dived and swam back out to the surface.

On the following solo trip, Jim retrieved all the equipment also, finding wedged in a slot, "Mark's dry box which had been lost during a flood last year". He surveyed Rudolf and Vampire as batch 0713-18-06 for 81m requiring 41 legs. Not a quick job.

Jim was back on August 13th and completed the dive through sump 5B in Sarah Jean Inlet.

> This sump is roomy but contains much silt and cross rifts. It surfaces in a large cross rift, 30m wide(?). The right

Steve, Jim and Terry at the cavers entrance to Fuente Aguanaz.
Steve, Jim y Terry en la entrada para espeleólogos de Fuente Aguanaz.
Juan Corrin

> hand side has an inlet passage 2m wide and 3m high heading off just above water level.
> Above the diver's guide line, a short climb up leads to 3m of large passage ending in a 15m wide aven. The

---

SECTOR NOROESTE Y EXTREMO OESTE El 17 de julio, Alf y Phil Parker se adentraron en 4699, un agujero encontrado en Semana Santa al oeste de Fuente Aguanaz, quitando la mitad de un saliente que dividía un pozo de 4 m. En la siguiente visita, se le cayó la varilla y la alfombrilla para micros por el pozo, todavía inaccesible.

Después de «una lluvia intensa» el día 20, regresaron y encontraron rocas sueltas que habían sido arrastradas por la lluvia. Después desobstruirlo durante 2 horas, bajaron unos 5 m en una pendiente/ pozo inclinado y descubrieron que la alfombra, la varilla y una bolsa de micros habían sido arrastradas al siguiente P 5.

En «condiciones horribles» el día 23, Alf (con un chubasquero) y Phil abrieron el P 5 muy estrecho e incómodo hasta que se quedaron sin micros. Entraron en una sala de 5 x 3 m al día siguiente y encontrar dos sumideros muy bajas en un suelo de rocas. Guardaron el equipo perdido y las escalas de los P 5 y P 4, y se retiraron a la cabecera del P 3 donde Phil miró en una gatera que exhalaba una fuerte corriente, pasando un caos de bloques, por unos 30, 40 m.

Al este de Torca la Vaca (2889), también examinaron 3048, trabajado por última vez en 2012. Alf comentó: «Corriente muy fría. Bloques que merecen más atención, con algo de coraje necesario».

Jim y Mark regresaron a Sarah Jean Inlet en Fuente Aguanaz[1]. Sin embargo, no pudieron atravesar el sifón al final, ya que se perdió la visibilidad y el hilo se enredó.

> En su lugar, se exploró la galería a la derecha del sifón final. Escalada a fisura [...] que se cruza con una chimenea por la que cae una lluvia de agua, de 12 a 15 m de altura. [...] Escalada a la derecha debajo de un arco lleva a dos tercios de la subida al pozo. Continuando bajo el arco, la galería continúa; fisura bastante pequeña, pero todavía lleva agua. Se paró por falta de tiempo y para proteger los neoprenos.

Jim y Mark topografiaron la nueva galería (lote 0713-18-04) tras otra incursión el 27 de julio. También bucearon en el sifón 5B, atando la guía en un espacio de aire, pero perdiendo la continuación.

Sarah Jean Inlet se dejó por el momento mientras volvían a visitar la obstrucción de rocas al final del río principal.

> Debido a los niveles bajos, se avanzaron 5 m después del espacio bajo debajo de la pared izquierda. Se quitaron varias rocas para ganar otros 4+ m, pero la obstrucción continúa.

Jim y Mark luego fueron aguas abajo para abrir la ranura en East Inlet. La pasaron y entraron en una «sala modesta». Una escalada de 3 m hasta una pequeña gatera a otra sala con una escalada de 5 o 6 m hasta una galería visible con un pequeño arroyo.

> Mark la escaló hasta que el agarre que estaba usando falló [...] cayendo boca abajo en una gran roca. Mark llamó a la sala Rudolf debido a la nariz roja y la galería [...] se llamó Vampire por el rastro de sangre.

Se dejó el equipo de micros y la pareja buceó de regreso a la superficie.

En el siguiente viaje en solitario, Jim recuperó todo el equipo además de, encontrándola encajada en una ranura, «la caja estanca de Mark que se había perdido durante una inundación el año pasado». Topografió Rudolf y Vampire: lote 0713-18-06, 81 m, con 41 estaciones. No fue rápido.

Jim regresó el 13 de agosto y completó la inmersión a través del sifón 5B en Sarah Jean Inlet.

> Este sifón es espacioso pero contiene mucho lodo y fisuras cruzadas. Sale a la superficie en una gran fisura transversal de 30 m de ancho (?). A la derecha hay un afluente de 2 m de ancho y 3 m de alto que continúa justo por encima del nivel del agua.
> Por encima de la guía del buceador, una pequeña subida da a una gran galería de 3 m que termina en una chimenea de 15 m de ancho. La chimenea es recta y la

---

1 2018 Easter, page 305.

1 Véase Semana Santa de 2018, p. 305.

aven is straight and my Scurion
lamp main beam did not show any
sign of the aven closing down. A
good draught was felt.

Jim named the aven 'Gwynt o'r hefoedd' ('Wind from the Heights', or GH Aven for short).

Cut leg / bum open on way out
at the rapids when rock failed.
Thanks to Phil for fixing me
up on the restaurant table at
Pablo's.

The next day, Terry, Steve and Jim enlarged the constriction at the top entrance to Aguanaz, making the route in and out easier for divers with lots of kit. After taking a couple of photos here, Juan took the drone for flights over the fields above the end of Sarah Jean Inlet. Although the flight paths were programmed in, the resultant video was not satisfactory as changes of direction were taking place over a wide arc rather than just a couple of metres. After mastering the programming technique, Juan returned on August 20th, flying the drone backwards and forwards on each side of the road.

Pedro took Christophe Durlet (a lecturer at the University of Burgundy) and Dimitri Laurent (University of Lorraine, Nancy), together with Patrick and Sandrine Degouve, to Ed's Birthday Passage in Torca la Vaca (2889) through the BigMat Calf Hole (3916) entrance. Christophe and Dimitri were investigating gypsum formations in connection with the possible hypogenic origin of the passage. Pedro wrote:

They thought it an excellent site and precisely
matched what they were looking for. They took small
samples, mostly broken pieces on the floor. Isotope
studies will help determine the source of the
gypsum.

High up on the west side of La Gatuna, Richard was intrigued by "various entrances in a collapse" at 3373. This unexplored site was first documented at Easter 2010 and lies directly over the Friday 13th Inlet in Torca la Vaca although 140m higher.

He didn't explore a "possible high-level entrance" favouring a square entrance at the base of a collapsed sinkhole into a small, sandy-floored chamber. Upstream closed in after about 6m, but the water sank in a boulder choke. "Water must surely end up in Torca la Vaca".

South of Barrio de Arriba, Alf and Phil Parker went to the end of site 4474, last visited at Easter 2017. They capped at the top of the pitch to enter a crawl to a p10 and a 10 - 15m high gallery with a possible draughting continuation at roof level.

NORTHERN LA VEGA, EL NASO AREA WEST TO LAS CALZADILLAS

On August 5th, Nigel and Peter Clewes had a photographic trip into the nicely decorated chambers of Sima de los Hoyos (0072) in the Cubija valley.

With Dave Dillon and Bill, they had a photo session in the Cuvía del Campo (0076) on August 16th and then surveyed the linking passage to 1403. Dave and Bill explored new passage north of the entrance to Campo to a daylight window. The following day Nigel and Peter surveyed the 15m find.

After seven years of not caving in Spain, we
returned to Mostajo. Surprisingly, the route came
back to us and we quickly found our destination of
interest, the Golden Void.

Mike and Fran had been talking to Lloyd and getting directions after his team's Easter activities in Torca del Mostajo (0071). After dropping the p30 ...

... we conducted a quick re-survey between p5 and
p19 ready to push the outstanding question marks
in this region. ... A short photo session later and
exit to a hot, sunny surface made for a pleasant,
much overdue return to the caves of Matienzo.

Their batch 0071-18-03 has a length of 100m of which 31m is new.

On the same day, August 18th, after finding the entrance to Cueva Arturo (0801) covered with logs and rocks, Juan took a fly-over video and an aerial panorama of the area.

Mike and Fran were back in Mostajo by 07:55 on the 24th, improving the survey by adding side passages, hoping eventually to refine the best places to look for linking in with the Manchester Series, another two and a half hours in. Over 98m were re-surveyed as batch 0071-18-04.

Over 150m above, Pedro had been re-surveying Cueva de

Alf Latham in 4474. Alf Latham en 4474.   *Phil Parker*

---

luz principal de mi lámpara Scurion
no mostró signo alguno de que la
chimenea se cerrase. Se sintió una
buena corriente.

Jim llamó a la chimenea Gwynt o'r hefoedd (Viento desde las alturas en galés).

Me corté la pierna/ trasero al
salir de los rápidos cuando falló la
roca. Gracias a Phil por arreglarme
en la mesa del restaurante del bar.

Al día siguiente, Terry, Steve y Jim ampliaron la constricción en la entrada superior de Aguanaz, facilitando la ruta de entrada y salida a los buceadores con mucho equipo. Después de sacar un par de fotos, Juan tomó el dron para volar sobre los campos sobre el final de Sarah Jean Inlet. Aunque las rutas de vuelo estaban programadas, el vídeo resultante no fue satisfactorio ya que cambiaba de dirección en un amplio arco en lugar de solo un par de metros.

Tras aprenderse la técnica de programación, Juan regresó el 20 de agosto, volando el dron hacia adelante y hacia atrás a cada lado de la carretera.

Pedro llevó a Christophe Durlet (profesor de la Universidad de Borgoña) y a Dimitri Laurent (Universidad de Lorena, Nancy), junto con Patrick y Sandrine Degouve, a Ed's Birthday Passage en Torca la Vaca (2889) a través de BigMat Calf Hole (3916). Christophe y Dimitri estaban investigando formaciones de yeso en relación con el posible origen hipogénico de la galería. Pedro escribió:

Les pareció una cueva excelente y coincidía exactamente
con lo que estaban buscando. Tomaron pequeñas muestras,
en su mayoría trozos rotos en el suelo. Los estudios de
isótopos ayudarán a determinar el origen del yeso.

En lo alto del lado oeste de La Gatuna, a Richard le intrigaron «varias entradas en un hundimiento» en 3373. Este agujero inexplorado se documentó por primera vez en la Semana Santa de 2010 y está directamente sobre Friday 13th Inlet en Torca la Vaca, aunque 140 m por encima.

No exploró una «posible entrada de nivel superior», prefiriendo una entrada cuadrada en la base de un hoyo hundido a una pequeña sala con suelo de arena. Aguas arriba se cerró tras unos 6 m, pero el agua se sumerge en un caos de bloques. «Seguro que el agua acaba en Torca la Vaca».

Al sur del Barrio de Arriba, Alf y Phil Parker se dirigieron al final de 4474, visitado por última vez en Semana Santa de 2017. Abrieron la cabecera del pozo para entrar en una gatera a un P 10 y una galería de 10-15 m de altura con un posible continuación con tiro a nivel del techo.

EL NORTE DE LA VEGA, ZONA DE EL NASO – LAS CALZADILLAS

El 5 de agosto, Nigel y Peter Clewes hicieron una salida fotográfica a las salas llenas de formaciones de Sima de los Hoyos (0072) en el valle de Cubija.

Con Dave Dillon y Bill hicieron lo mismo en Cuvía del Campo (0076) el 16 de agosto y luego topografiaron el galería que la une a 1403. Dave y Bill exploraron una nueva galería al norte de la entrada a Campo a una ventana por la que se veía la luz del día. Al día siguiente, Nigel y Peter topografiaron el hallazgo de 15 m.

Después de siete años de no hacer espeleo en España,
volvimos a Mostajo. Sorprendentemente, nos acordamos
de la ruta y rápidamente encontramos nuestro destino,
Golden Void.

Mike y Fran habían hablado con Lloyd y recibido instrucciones después de las actividades de Semana Santa de su equipo en Torca del Mostajo (0071). Después de bajar el P 30...

Hicimos una nueva topografía rápida entre P 5 y P 19
listos para mirar los signos de interrogación pendientes
en esta región. [...] Una breve sesión de fotos más
tarde y la salida a la superficie calurosa y soleada
hicieron que fuese un regreso placentero y muy esperado
a las cuevas de Matienzo.

Su lote 0071-18-03 tiene un desarrollo de 100 m de los cuales 31 m son nuevos.

El mismo día, 18 de agosto, después de encontrar la entrada de la Cueva Arturo (0801) cubierta con troncos y rocas, Juan sacó un vídeo y una panorámica aérea de la zona.

Mike y Fran volvieron a Mostajo a las 07:55 del día 24, mejorando la topografía agregando galerías laterales, esperando finalmente refinar los mejores lugares para buscar la conexión con Manchester Series, a otras dos horas y media. Más de 98 m se topografiaron como lote 0071-18-04.

A 150 m por la ladera, Pedro había estado retopografiando la Cueva de Coberruyo (0138). Para el 19 de agosto...

La excavación en la parte más baja de la sala al norte

Peter Clewes in Cueva del Campo and Sima de los Hoyos. Peter Clewes en Cueva del Campo y Sima de los Hoyos.   *Nigel Dibben*

Coberruyo (0138). By August 19th ...

The dig in the lowest part of the chamber to the north of East Passage was completed to reach a small chamber with no way on. Its most striking feature was the black floor, like the other chambers in the same area. Ten metres surveyed and photographed!

Lloyd, Lizzie, Mike and Fran had another look at Socks (1017), near to site 0415. Capping and chiselling opened up a 1.5m drop to a narrow rift but no more work was put in that summer.

On September 1st, Juan and Penny walked along the track from Bosmartín towards Las Calzadillas. Two aerial panoramas were taken over ground just to the north of Torca de Lastrilla (0427) and a video flyover. Further along the track, the entrance to Cueva de Bosque (0373) was the centre point for another aerial panorama.

NORTHEAST SECTOR INCLUDING THE FOUR VALLEYS SYSTEM, SOLÓRZANO Patrick Devine was keen to start digging in Two and a Half Fat Ladies (0880) above the Mushroom Field so, before he arrived, Juan and Phil Papard went to check if the recent heavy rain had dislodged any more material from the shaft sides - it hadn't. Phil measured up for some scaffolding and planks.

These were carried up by Pat, Pedro, Juan, Nigel, Billy, Dave Dillon, Peter Clewes and Phil Papard and the first three stayed to install some shoring and ...

... progressive digging occurred after removing the sloppy mud pool at the bottom. Now cuts under about 1.5m with mixed deposits to excavate.

On August 3rd, Pat, Nigel, Peter Clewes and Dave Dillon dropped the floor level to provide more working space. Pat commented that a team of four was now needed. Pat was joined by Phil Papard, Juan and Dave the next day and the hole dug through to "a new section of rift with run-in".

The four were joined by Pedro for the last digging session of the summer. Patrick thought that, despite the lack of draught, "it still feels like something will happen".

Continuing work in Near the Bar Pot (0603) on August 10th, Jim and Steve capped out the narrow section into the final chamber and capped a fallen slab. "Now needs bucket / drag tray to remove cobbles washed in since Easter."

Phil Papard, Pedro, Fran and Mike went to site 4732 to the north of the Mushroom Field ...

... to drop a short pitch off the rift found at Easter, but while Phil was looking to place bolt, Mike just crawled in to the bottom!

They diverted to the draughting dig at the end where, despite not having a spade and digging tray, they made good progress excavating through mud and calcite layers.

On the way back down, they noticed a strongly draughting hole by the side of the track (4805) and dug it out a little. "Well worth more work."

Pedro and Phil returned at the end of August, building a tripod over the hole and making good progress to meet bedrock about 1.5m down. Large, loose rocks in the sides and roof were a

Top: A bone breccia in 0880. Bottom: Pete Smith and the haulign tripod over site 4805. Arriba: una brecha de hueso en 0880. Abajo: Pete Smith y el trípode sobre 4805.   *Juan Corrin & Phil Papard*

de East Passage se completó para llegar a una pequeña sala sin salida. Su característica más llamativa fue el suelo negro, como el resto de salas de la misma zona. ¡10 m topografiados y fotografiados!

Lloyd, Lizzie, Mike y Fran volvieron a echar un vistazo a Socks (1017), cerca de 0415. Con micros y cinceles abrieron un desnivel de 1,5 m hasta una fisura estrecha, pero no volvieron ese verano.

El 1 de septiembre, Juan y Penny caminaron por el camino de Bosmartín hacia Las Calzadillas. Se sacaron dos panoramas aéreos sobre terreno justo al norte de Torca de Lastrilla (0427) y un vídeo en vuelo. Más adelante en el camino, la entrada a la Cueva de Bosque (0373) fue el punto central de otra panorámica aérea.

SECTOR NORESTE INCLUYENDO EL SISTEMA DE LOS CUATRO VALLES Y SOLÓRZANO Patrick Devine estaba ansioso por comenzar a excavar en Two and a Half Fat Ladies (0880) sobre Carcavuezo, por lo que, antes de que él llegara, Juan y Phil Papard fueron a verificar si la fuerte lluvia reciente había desalojado más material de los lados del pozo. No lo había hecho. Phil tomo medidas para algunos andamios y tablas que Pat, Pedro, Juan, Nigel, Billy, Dave Dillon, Peter Clewes y Phil Papard subieron en otra ocasión. Los tres primeros se quedaron para apuntalar y...

La excavación avanzó después de quitar un charco de barro en el fondo. Ahora está a menos de 1,5 m con depósitos mixtos para excavar.

El 3 de agosto, Pat, Nigel, Peter Clewes y Dave Dillon bajaron el nivel del suelo para tener más espacio. Pat comentó que ahora se necesitaba un equipo de cuatro. A Pat se le unieron Phil Papard, Juan y Dave al día siguiente y el hoyo dio a «una nueva sección de grieta con hundimiento».

Pedro se unió a los cuatro para la última sesión de excavación del verano. Patrick pensó que, a pesar de la falta de corriente, «todavía parece que algo va a pasar».

Continuando con el trabajo en Near the Bar Pot (0603) el 10 de agosto, Jim y Steve abrieron la sección estrecha en la sala final y quitaron una losa caída. «Ahora se necesita una cubeta/bandeja para quitar la grava arrastrada por la lluvia desde Semana Santa».

Phil Papard, Pedro, Fran y Mike fueron a 4732 al norte del prado cerca de Carcavuezo...

Para bajar un pozo corto desde la fisura que se encontró en Semana Santa, pero mientras Phil buscaba dónde colocar el anclaje, ¡Mike simplemente se arrastró hasta el fondo!

Se movieron hasta la excavación sopladora al final donde, a pesar de no tener pala ni bandeja, avanzaron bastante en la excavación a través de capas de barro y calcita.

En el camino de regreso, vieron un agujero con mucha corriente al costado del camino (4805) y lo excavaron un poco. «Vale la pena trabajar más».

Pedro y Phil regresaron a fines de agosto, construyeron un trípode sobre el agujero y avanzaron bastante hasta encontrarse con el lecho de roca a unos 1,5 m de profundidad. Las rocas grandes

problem as a rift was opened up. However, the draught increased as the gap was enlarged.

They installed shoring and continued digging on the 2nd and 4th September.

Having an even worse surface experience than Footleg, Amata and Tom Thomson at Easter, Harry and John Clarke, on a wet day, found "absolutely nothing [in Riaño], except for the fact that many tracks are now completely overgrown!".

Two potential diving trips into Fridge Door Cave (1800) were thwarted on July 21st and 26th when the water levels were too high. Instead, the entrance was enlarged and Jim taught Colin to cap. On August 7th, Jim found the site still flooded from the rain weeks before.

Rope and ladder removed. Lovely chat with family who live there - in house, not cave.

In Cueva-Cubío del Llanío (3234), Carmen was sceptical about a dig in the floor next to B Chamber as it was heading towards known passage. Digging with Peter Eagan, she was proved correct but with, possibly, 5m of new passage.

Two leads further on were inspected by Louise, Torben, Jonas and Marieke but these were linked into the nearby Crystal Mine.

On the southern hillside of Riaño, towards La Gatuna, Juan's drone had another outing on August 11th taking four aerial panoramas and a video flight.

On later inspection of the video, a dark slot was noticed. This was inspected later in the day and is probably about 4m deep (4789) but neither I nor the drone could see the bottom in the bright sunlight.

On September 2nd, Juan and Penny walked down the hillside, a ladder was thrown in and Juan climbed down ...

... 3m through brambles to more at the base. Shaft is 6m long to 2m wide with a rift on the south side. The floor is loose blocks, bones, bags and other rubbish which farmers have been throwing in for centuries past. Deepest hole down is about 1.3m but there is no draught.

On the drive back to Fuente las Varas, two fenced shafts were spotted in a field above the road, 4806 and 4807. Neither has yet been inspected.

On August 8th, in Secadura, Harry and John climbed down into a large, rock-walled depression to a large entrance with a short climb up into stooping passage. They explored to the terminal boulder choke where various dams supplied water to the nearby farm. The cave, with a sandstone roof, shale walls and limestone floor was also photographed and surveyed for 60m. However, it wasn't until a few weeks later that the site was recognised as Cueva del Mortiro (0236), first explored by MCP cavers in 1980. The site had been positioned wrongly on the map - about a kilometre to the east!

James took Tom and Paul Wilman to check leads in That's All Folks! at the far end of the first long passage coming in from the north in Cueva de Fresnedo 2 (0841). James wrote:

1. Draughting dig south above ACME Chamber was dug into tight continuation. ... Draught is strong but no longer a good prospect.

2. Drop down into upstream continuation of right hand streamway below That's All Folks! was too tight to make progress.

There were more leads remaining including a bolt traverse over Pépé le Puits and a dig in the east of That's All Folks! where a chamber is visible ahead.

Tom and James were back in on August 4th, this time to a bolt climb near the terminal choke at the far end of the last long passage coming from the north. Ten bolts were placed and 22m of rope used to climb up and over loose boulders. Kit was left in for a return and Tom commented

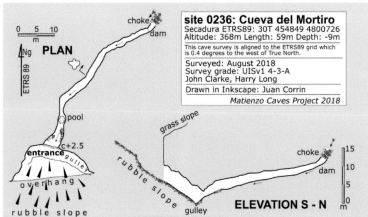

site 0236: Cueva del Mortiro
Secadura ETRS89: 30T 454849 4800726
Altitude: 368m Length: 59m Depth: -9m
This cave survey is aligned to the ETRS89 grid which is 0.4 degrees to the west of True North.
Surveyed: August 2018
Survey grade: UISv1 4-3-A
John Clarke, Harry Long
Drawn in Inkscape: Juan Corrin
Matienzo Caves Project 2018

The entrance to cave 0236. La entrada de la cueva 0236.   *Harry Long*

y sueltas en los lados y el techo fueron un problema ya que se abrió una fisura. Sin embargo, la corriente aumentó a medida que se ampliaba.

Lo apuntalaron y continuaron excavando los días 2 y 4 de septiembre.

Harry y John Clarke, en un día lluvioso, encontraron «¡absolutamente nada [en Riaño] excepto por el hecho de que muchos caminos ahora están completamente cubiertos de maleza!», una experiencia aún peor que la de Footleg, Amata y Tom Thomson en Semana Santa en Riaño.

Dos posibles incursiones para bucear Fridge Door Cave (1800) se vieron frustradas el 21 y 26 de julio cuando los niveles del agua estaban demasiado altos. En cambio, la entrada se amplió y Jim le enseñó a Colin a usar micros. El 7 de agosto, Jim descubrió que la cueva aún estaba inundada por la lluvia de semanas antes.

Cuerda y escala quitadas. Encantadora charla con la familia que vive allí, en la casa, no en la cueva.

En Cueva-Cubío del Llanío (3234), Carmen se mostró escéptica sobre una excavación en el suelo junto a B Chamber, ya que se dirigía hacia una galería conocido. Excavando con Peter Eagan, se demostró que tenía razón, pero con, probablemente, 5 m de galería nueva.

Louise, Torben, Jonas y Marieke inspeccionaron dos interrogantes más adelante, pero volvían a la cercana Crystal Mine.

En la ladera sur de Riaño, hacia La Gatuna, el dron de Juan tuvo otra salida el 11 de agosto tomando cuatro panorámicas aéreas y un vídeo.

En una inspección posterior del vídeo, se vio una ranura oscura que se inspeccionó más tarde ese mismo día y probablemente tiene unos 4 m de profundidad (4789), pero ni yo ni el dron pudimos ver el fondo por la luz del sol.

El 2 de septiembre, Juan y Penny bajaron por la ladera, metieron una escala y Juan bajó...

3m a través de zarzas hasta más en la base. El pozo tiene de 6 m de largo y 2 m de ancho con una fisura en el sur. El suelo está formado por bloques , huesos, bolsas y otra basura que los agricultores llevan tirando siglos. El agujero más profundo hacia abajo es de unos 1,3 m, pero no hay corriente.

En el camino de vuelta a Fuente las Varas, se vieron dos pozos cercados en un campo sobre la carretera, 4806 y 4807. Ninguno de los dos se ha inspeccionado aún.

El 8 de agosto, en Secadura, Harry y John bajaron a una gran depresión con paredes de roca hasta una gran entrada con una pequeña escalada a una galería baja. Exploraron hasta el caos de bloques final donde varias presas suministraban agua a la granja cercana. La cueva, con techo de arenisca, paredes de marga y suelo de caliza, también se fotografió y topografió durante 60 m. Sin embargo, hasta unas semanas más tarde no se reconoció como Cueva del Mortiro (0236), explorada por primera vez por espeleólogos de MCP en 1980. La cueva se había colocado incorrectamente en el mapa, ¡aproximadamente a un kilómetro al este!

James llevó a Tom y Paul Wilman para comprobar los interrogantes de That's All Folks! en el extremo de la primera galería larga que entra desde el norte en la Cueva de Fresnedo 2 (0841). James escribió:

1. La excavación sopladora al sur sobre ACME Chamber se excavó a una continuación estrecha. [...] Corriente fuerte, pero ya no tan prometedora.

2. La bajada hacia la continuación aguas arriba de la galería activa de la derecha debajo de That's All Folks! era demasiado estrecha para avanzar.

Quedaban más interrogantes, incluida una travesía sobre Pépé le Puits y una excavación en el este de That's All Folks!, desde donde se podía ver una sala.

Tom y James regresaron el 4 de agosto, esta vez a una escalada artificial cerca de la obstrucción final en el extremo más alejado de la última galería larga que entra del norte. Se colocaron diez anclajes y se utilizaron 22 m de cuerda para trepar por encima de rocas sueltas. El equipo se dejó para cuando volvieran y Tom comentó que se tiene que topografiar desde la estación 106 (4/8/92), estación 1992s.637 en la topografía de la poligonal central.

Regresaron a la escalada y travesía con Dave

that it needed surveying from station 106 (4/8/92) - station 1992s.637 on the centre line survey.

They returned to the climb and traverse with Dave Dillon two days later.

At the top of the climb was a continuing passage heading north over the boulder choke below .. North led ... to a 10m pitch down to stream level ... There wasn't much water here, so probably not the main source of water. Downstream was low and probably led into the boulder choke. Upstream entered a tight rift with no draught. However, looking along at stream level revealed an undercut into a wide duck that could easily be pushed. We didn't want to get wet until all the dry leads had been pushed, so we left this.

Back at the pitch, the main lead was a strongly draughting passage about half way down. We followed this for over 100m, passing several avens with 'bigness' up in the ceiling. One of these could easily be bolted in a slanting rift.

The sandy passage eventually entered a muddy aven with black space above, again easily bolted. James continued:

Five metres beyond the aven, the passage widened to the head of a 15m pitch down to a large passage in which water could be heard flowing. This looks like another streamway and was draughting strongly. Passage is heading north, back under the hill.

They surveyed the discoveries for 189m as batch 0841-18-01.

On August 9th, after finding that he now seemed too large to squeeze down into Fresnedo 2, Juan took a few photos in Cueva de Fresnedo 1 (0126) then wandered a short distance up the hill to the southeast finding an overflowing bathtub near to 2540 and documenting the vegetated depression where the water sank as site 4788.

Meanwhile, James and Dave Dillon slid into Fresnedo 2 to an inlet just after Loredo Junction that Tom and James had looked at before. James wrote:

Following the water reaches a 5m climb that needed a maypole. We got up this and dropped a ladder down from a natural belay. ... there are three ways on. Back over the entrance passage reaches a junction: upstream is too tight and full of boulders; black space can be seen above. Downstream is a dead end after a few corners. There are animal scratches in this area - possibly bats.

Back at the pitch head, the middle passage led to a junction after a few metres. This is unexplored. The main way on is following the water in a muddy rift to yet another junction. Left is unexplored. Right again follows the water, passing another junction to a large chamber with a calcite flow.

Right here is a 2m climb down into a passage that needs pushing. Ahead, we dug through some mud to access a well decorated aven with very impressive stal. Here, a low crawl in water needs a lump hammer to continue (larger passage seen ahead!) Up the slope here leads to a climb down back into the main stream and a passage continues in the roof beyond. A rope is needed to protect this and the lead is unpushed.

Very muddy place!

The end of the 73m surveyed section (batch 0841-18-02) is only 20m below and 30m horizontal from the sink at 4788.

James and Jim went to the 15m pitch at the end on August 11th, taking about three hours to get there.

We dropped the pitch and noted a large passage coming in on the left about 5m down. This seemed to be carrying the draught. It will be easy to enter, probably just needing a single bolt to tie off the rope.

At the bottom of the pitch, we followed the water downstream through muddy, silty, waist-deep water. There was foam on the walls so we weren't surprised when it eventually reached a sump after around 100m.

This was probably just upstream of the duck seen on the previous visit. Back at the 15m pitch base, they bolted up a short climb ahead and James pushed through to reach an aven and a possible passage on the far side of a pit. Time was up - so batch 0841-18-03 was surveyed for 106m and the large passage on the left of the pitch left for the next visit.

Having recovered from the wedding, Chris, Alex and James went into Fresnedo 2 for "a wonderful post-wedding bout of exploration". Possibly starting tongue-in-cheek, Chris wrote:

We went to the far end of our favourite cave - sliding through The Howling with alacrity then up and down the recently bolted pitches. The side passage

Dillon dos días después.

En lo alto de la subida había una galería que se dirigía al norte sobre el caos de bloques debajo. El norte da [...] a un pozo de 10 m hasta el nivel del arroyo [...] No había mucha agua, por lo que probablemente no sea la fuente principal de agua. Aguas abajo el nivel era bajo y probablemente da al caos de bloques. Aguas arriba da a una estrecha fisura sin corriente. Sin embargo, mirando por la galería activa se encontró un recoveco en una bóveda sifonante ancha que podría forzarse fácilmente. No queríamos mojarnos hasta mirar todos los interrogantes secos, así que lo dejamos.

De vuelta en el pozo, la posible continuación era una galería con corriente fuerte a mitad de camino. La seguimos por más de 100 m, pasando varias chimeneas con «grandeza» en el techo. Una de ellas se podría instalar fácilmente en una fisura inclinada.

La galería arenosa finalmente da a una chimenea embarrada con un espacio negro en lo alto, nuevamente fácil de instalar. James continuó:

A 5 m más allá de la chimenea, el galería se ensanchaba hasta la cabecera de un pozo de 15 m hasta un gran galería en la que se podía escuchar agua. Parece otro arroyo y se movía con fuerza. La galería se dirige hacia el norte, de nuevo bajo el monte.

Topografiaron los 189 m nuevos en el lote 0841-18-01.

El 9 de agosto, tras descubrir que ahora parecía ser demasiado grande para entrar en Fresnedo 2, Juan sacó algunas fotos en la Cueva de Fresnedo 1 (0126) y luego se dio un paseo por la ladera hacia el sureste encontrando una bañera desbordándose cerca de 2540 y documentando la depresión con vegetación en la que se sumergía el agua con el código 4788.

Mientras tanto, James y Dave Dillon entraron en Fresnedo 2 a un afluente justo después de Loredo Junction que Tom y James habían mirado antes. James escribió:

Si se sigue el agua se llega a una escalada de 5 m para la que hacía falta una pértiga. La escalamos y colgamos una escala desde un anclaje natural. [...] hay tres continuaciones. De vuelta a la galería de la entrada se llega a un cruce: aguas arriba es demasiado estrecho y está lleno de bloques; arriba solo se ve oscuridad. Aguas abajo es un callejón sin salida tras algunas curvas. Hay rasguños de animales, probablemente murciélagos.

De vuelta en la cabecera, la galería del medio da a un cruce tras unos metros. Sin explorar. La continuación sigue el agua en una fisura embarrada hasta otro cruce. A la izquierda sin explorar. De nuevo a la derecha se sigue el agua, pasando otro cruce a una gran sala con colada.

A la derecha hay un destrepe de 2 m a una galería que se ha de mirar bien. Más adelante, excavamos en un poco de barro para acceder a una chimenea bien decorada con estalagmitas impresionantes. Hay un laminador en agua, pero hace falta un martillo para continuar (¡al otro lado se ve galería más grande!). Subiendo por la cuesta se llega a un destrepe hasta el río principal y una galería continúa en el techo. Hace falta una cuerda por seguridad y no se ha explorado. ¡Mucho barro!

El final de la sección topografiada de 73 m (lote 0841-18-02) está a solo 20 m por debajo y 30 m en horizontal del sumidero 4788.

James y Jim fueron al pozo de 15 m al final el 11 de agosto, y tardaron unas tres horas en llegar.

Bajamos el pozo y vimos un gran galería que entraba a la izquierda tras unos 5 m. Parecía llevar la corriente. Será fácil de entrar, probablemente solo necesite un solo anclaje para atar la cuerda.

En la base del pozo, seguimos el agua río abajo a través de agua embarrada hasta la cintura. Había espuma en las paredes, por lo que no nos sorprendió cuando finalmente llegamos a un sifón tras unos 100 m.

Lo más probable es que esto esté aguas arriba de la bóveda sifonante vista en la visita anterior. De vuelta en la base del pozo de 15 m, instalaron rápidamente una pequeña escalada y James se abrió paso para llegar a una chimenea y una posible galería en el lado más alejado de un pozo. Se les acababa el tiempo, por lo que topografiaron 106 m (lote 0841-18-03) y dejaron la gran galería a la izquierda del pozo para la siguiente visita.

Después de recuperarse de la boda, Chris, Alex y James fueron a Fresnedo 2 para «una maravillosa exploración postboda». Probablemente empezando con ironía, Chris escribió:

Fuimos al los lejanos confines de nuestra cueva favorita, deslizándonos a través de The Howling

Digging progress at site 2522.　　　　　　　Los avances en la excavación de 2522.　　*Nigel Dibben (2), Phil Papard*

James had thought most promising was entered by some horizontal abseiling from the top of the pitch ...
This passage led to an aven of about 22m with smooth walls of solid rock. Worth bolting.
We then descended the pitch fully and entered a far less promising-looking passage, via the hand line that had been placed on the 11th. After another few dodgy-ish climbs, and a traverse over a pit, we soon joined an impressive streamway, averaging about 12m high and with glorious white calcite in the streambed. We surveyed this upstream for over 200m to a boulder choke. There is a draughting side passage on the right, a short distance before the choke, which we have not entered. We have also not yet entered the downstream continuation ... Plenty to inspect at Easter.
As this was, in effect, the start of my honeymoon, we have called this fantastic streamway 'The Honeymoon Period'.

On August 13th, Phil Papard, Nigel, Richard, Peter Clewes, Dave Dillon and Billy started to dig out site 2522, a draughting hole at the side of a shallow valley running down the east side of Cueva del Torno (2366). A passage in the cave comes close to 2522 and a second entrance would cut out some strenuous caving.

Made good progress and got dig down 2.5m with holes to left and right both draughting out. ... Farmer came along; very friendly and interested. He showed Richard a cave, but it was 2414. Site left secure for further dig on 15th.

Phil documented a small, non-draughting rift, 4790, up on the other side of the valley.

The team, minus Richard, returned on the 15th, taking the dig down to the right then closing it down until next year, still with a good draught.

Harry and John Clarke discovered a depression at Riolastras with a 3m deep rift shaft which appeared to open out at the bottom and had a slight draught. On August 3rd, they revisited 4184 to survey the 19m length.

Colin and Jim transported dive gear in to the end of Cueva del Lolo (3991) by the medical centre in Solórzano. The plan for the next day was to follow Colin's lead at the end of the chamber he had surfaced in two years previously.[2] They inspected the downstream sump on the way out finding it to be a short duck to a steeply descending passage that would need capping. On day two, Colin dived upstream but found the route choked with gravel. No further dives have been carried out here.

EASTERN MOUNTAINS After some correspondence with Dave Dillon, Juan tried for a drone investigation of site 4211, a square hole in a south-facing cliff high up on La Colina. Dave had previously climbed up part way and thought the drone could be useful to view a route up and, possibly, peer into the cave.

Juan and Colin, after getting lost negotiating the new forestry tracks and taking an aerial panorama and video overlooking La Secada, eventually reached a wide ledge above the presumed position of the hole. However, after a couple of flights sending the drone out and down the face, the pair agreed that it was "too hot" and retreated.

The hole was eventually identified on video when, with the drone perhaps 50m away, a bird flew across the shot and obligingly glided in. The site has yet to be explored.

Harry and John Clarke, searching the hillside near Cueva las Cosas (0084), came across 4785, a short crawl into a small chamber with draught. Below, in the depression corner, they found a possible dig in a 3m deep shaft, site 4786.

Nigel, Bill and Peter Clewes had a photo trip around the entrance

con entusiasmo y luego subiendo y bajando los pozos recientemente instalados. A la galería lateral que James había considerado más prometedora había que entrar mediante un rápel horizontal desde la cabecera del pozo [...]
Esta da a una chimenea de unos 22 m con paredes lisas de roca sólida. Vale la pena instalarla.
Luego bajamos el pozo por completo y entramos en una galería de aspecto mucho menos prometedor, gracias a un pasamanos que se había instalado el 11. Tras otras pocas escaladas poco fiables y una travesía sobre un pozo, pronto llegamos a un impresionante arroyo, con un promedio de unos 12 m de altura y con una gloriosa calcita blanca en el lecho del río. Lo topografiamos aguas arriba durante más de 200 m hasta un caos de bloques. Hay una galería lateral sopladora a la derecha, a poca distancia antes de la obstrucción, en la que no hemos entrado. Tampoco hemos entrado todavía en la continuación aguas abajo [...] Hay mucho que inspeccionar en Semana Santa.
Como este era, en efecto, el comienzo de mi luna de miel, hemos llamado a esta fantástica galería The Honeymoon Period.

El 13 de agosto, Phil Papard, Nigel, Richard, Peter Clewes, Dave Dillon y Billy comenzaron a excavar en 2522, un agujero soplador en un lateral de un valle poco profundo en el lado este de la Cueva del Torno (2366). Una galería en la cueva se acerca a 2522 y una segunda entrada facilitaría unas incursiones extenuantes.

Avanzamos bien y se pudieron excavar 2,5 m con agujeros a izquierda y derecha, ambos sopladores. [...] El vecino vino a vernos; muy amable e interesado. Le mostró a Richard una cueva, pero era 2414. Cueva asegurada para excavar más el día 15.

Phil documentó una pequeña grieta sin corrientes de aire, 4790, al otro lado del valle.

El equipo, menos Richard, regresó el día 15, bajando la excavación a la derecha y cerrándola hasta el siguiente año, todavía con buena corriente.

Harry y John Clarke descubrieron una depresión en Riolastras con un pozo en fisura de 3 m de profundidad que parecía abrirse en la base con una corriente suave. El 3 de agosto, volvieron a visitar 4184 para topografiar el desarrollo de 19 m.

Colin y Jim llevaron el equipo de buceo hasta el final de la Cueva del Lolo (3991) junto al centro médico de Solórzano. El plan para el día siguiente era seguir a Colin hasta el final de la sala en la que había salido dos años antes.[2] Inspeccionaron el sifón de aguas abajo al salir, pero resultó ser una bóveda sifonante corta hacia una galería que descendía abruptamente y que necesitaría micros. El segundo día, Colin buceó aguas arriba, pero encontró la ruta llena de grava. Nadie ha vuelto a bucear aquí.

MONTAÑES AL ESTE Después de mantener correspondencia con Dave Dillon, Juan intentó investigar 4211 con el dron, un agujero cuadrado en un peñasco orientado al sur en lo alto de La Colina. Dave lo había escalado previamente en parte y pensó que el dron podría ser útil para ver una ruta para subir y, probablemente, mirar dentro de la cueva.

Juan y Colin, después de perderse negociando las nuevas pistas forestales y sacar una panorámica aérea y un vídeo de La Secada, finalmente llegaron a un amplio saliente sobre la supuesta ubicación del agujero. Sin embargo, después de un par de vuelos del dron por el peñasco, la pareja estuvo de acuerdo en que hacía «demasiado calor» y se retiraron.

El agujero fue finalmente identificado en vídeo cuando, con el dron a unos 50 m de distancia, un pájaro voló a través de la toma y entró en él, aunque aún no se ha explorado.

Harry y John Clarke, buscando en la ladera cerca de Cueva las Cosas (0084), se encontraron con 4785, una pequeña gatera a una pequeña sala con tiro. Abajo, en la esquina de la depresión, encontraron una posible

2　2016 summer, page 241.　　　　　　　　2　Véase Verano de 2016, p. 241.

formations in Cueva de Coreano (0137) on August 5th.

On August 11th, Pedro, Phil Papard and Jesús went into Sima-Cueva del Risco (0025) to see if there was any connection between the ramp passage on the left near the entrance and the well-decorated Where Are All the Spiders?

A low passage heading north was explored until it got too small and would need a lot of digging. .. Second aim was to complete survey of Galería del Bote.

The finds were surveyed as batches 0025-18-03 (54m) and 0025-18-02 (33m).

Risco was also the venue for a 'pre-wedding cave' on August 21st. The team had limited time as the bride-to-be had to greet guests as they arrived. Chris outlines the trip in his 2018 diary[3]. They managed to survey 24m as batch 0025-18-01 before "a swift exit to the bright sunshine was made, with a very muddy / sweaty hug for the new wedding guest arrivals".

SOUTHERN SECTOR John Clarke and Harry searched the slopes up and between Cueva de Jivero 1 (0016) and, a feeder cave, 0246. They found two sites: 4782 - a 7m deep shaft "to a floor of jammed boulders and through a narrow rift with dangerous poised boulders into a small 2m aven chamber with a choked boulder floor", and 4783 - an undescended fenced hole that appeared to be 2m deep.

Earlier in the summer, Pedro had been out on the southern La Vega hillside finding, as he often does, that older entrances were not positioned correctly. This time he wondered if 0999 and 1000 had been mistaken for 0460 and 0459 and if 1057 was 0461. It's a pity that GPS hadn't been publically available earlier in the last century.

On July 29th, Juan took a set of six aerial panoramas along the track heading west from Cantones, hoping that close inspection of the files and comparison with maps would show up more unknown holes like Drone Pot (4669).

On another walk along the hillside on August 27th, Juan documented three neighbouring sites below the entrance to Torca de Azpilicueta (0333): 4802 - a depression with a 2m deep slot at the base where stones roll and drop away; 4803 - a 5m long rift, fenced with metal posts and barbed wire, that appears to be about 4m deep, and 4804 - also fenced, with stones dropping about 6m into echoing space below. Four aerial panoramas were taken and one pre-programmed video flight.

The following day, a couple of panoramas were taken over the area that was being inspected and worked on around 4416. Careful examination of one of these months later showed that the branches covering Drone Pot had been replaced by something more substantial. This was not noticed on the ground for a month when Juan discovered the entrance covered with concrete posts.

Phil Papard, Billy, Nigel, Peter Clewes and Dave Dillon were the people working at 4416. The top was capped out but stronger measures (a generator and breaker) were required. The rift was emitting "a very good, cold draught".

---
3   The Chris Scaife Diaries 2018, page 332

excavación en un pozo de 3 m de profundidad, 4786.

Nigel, Bill y Peter Clewes fueron a Cueva de Coreano (0137) el 5 de agosto para sacar fotos a las formaciones de la entrada.

El 11 de agosto, Pedro, Phil Papard y Jesús entraron en Sima-Cueva del Risco (0025) para ver si había alguna conexión entre el galería de la rampa de la izquierda cerca de la entrada y la bien decorada Where Are All the Spiders?.

Se exploró una galería baja en dirección norte hasta que se volvió muy pequeña y necesitaría muchas excavaciones. [...] El segundo objetivo fue completar la topografía de la Galería del Bote.

Los hallazgos se documentaron en los lotes 0025-18-03 (54 m) y 0025-18-02 (33 m).

Risco también fue el lugar elegido para una «salida preboda» el 21 de agosto. El equipo disponía de tiempo limitado, ya que la novia tenía que recibir a los invitados recién llegados. Chris describe la salida en su diario de 2018.[3] Se las arreglaron para topografiar 24 m (lote 0025-18-01) antes de «salir rápidamente a la brillante luz del sol para dar un abrazo muy embarrado/sudoroso a los recién llegados».

SECTOR SUR John Clarke y Harry buscaron en las laderas entre la Cueva de Jivero 1 (0016) y un sumidero, 0246. Encontraron dos agujeros: 4782, un pozo de 7 m de profundidad «hasta un suelo de rocas atascadas y una grieta estrecha con rocas peligrosas a una pequeña chimenea de 2 m con un suelo de rocas obstruido», y 4783, un agujero cercado sin explorar que parecía tener 2 m de profundidad.

A principios de verano, Pedro había estado en la ladera sur de La Vega y descubrió, como suele hacer, que las entradas más antiguas no estaban ubicadas correctamente. Esta vez se preguntó si 0999 y 1000 se habían confundido con 0460 y 0459 y si 1057 era 0461. Es una lástima que el GPS no haya estado disponible al público antes.

El 29 de julio, Juan tomó un conjunto de seis panorámicas aéreas a lo largo de el camino que se dirige al oeste desde Cantones, con la esperanza de que un estudio de los archivos y la comparación con los mapas mostraran más agujeros nuevos como Drone Pot (4669).

En otro paseo por la ladera el 27 de agosto, Juan documentó tres agujeros debajo de la entrada a Azpilicueta (0333): 4802, una depresión con una ranura de 2 m de profundidad en la base por la que las piedras ruedan y caen; 4803, una fisura de 5 m de largo, cercada con postes de metal y alambre de púas, que parece tener unos 4 m de profundidad; y 4804, también cercado, por el que las piedras caen unos 6 m con eco. Se sacaron cuatro panorámicas y un vídeo en un vuelo preprogramado.

Al día siguiente, se sacaron un par de panoramas sobre el área que se estaba inspeccionando y se trabajó alrededor de 4416. Un examen minucioso de uno de estos meses después mostró que las ramas que cubrían Drone Pot habían sido reemplazadas por algo más sustancial. Algo que no se vio en tierra durante un mes hasta que Juan descubrió la entrada cubierta con postes de cemento.

Phil Papard, Billy, Nigel, Peter Clewes y Dave Dillon eran las personas que estaban trabajando en 4416. La cabecera estaba abrió, pero hacían falta medidas más drásticas (un generador y un interruptor). La fisura exhalaba «una corriente fría muy buena».

---
3   El diario de Chris Scaife: 2018, p. 332.

Entrance
(Torca del Sedo)

Surveyed 1975-2018 by J. Yeadon, L. Mills, M. Wood, P. Smith, S. Martin, Jenny Corrin, Carol Smith, I. Chandler, P. Papard, Carmen Smith, J. Sims, N. Dibben, T. Howard, A. Ives, P. Hall, Darren Jarvis, Fran McDonald, Alba Castillo, P. Fretwell, P. Dold.
Drawn by P. Smith

Phil Papard opening up site 4416 for exploration by Peter Clewes.   Phil Papard abre 4416 para que lo explore Peter Clewes.   *Nigel Dibben*

The Chris Scaife Diaries: Summer 2018

Elopers - Chris Scaife and Carolina Smith

We drove down south on Saturday, 18th August, and stayed overnight near Greenham Common in Berkshire. The next day we got the ferry from Plymouth to Santander. This is a fantastic way to travel, with an excellent restaurant and a deck just meant for whale watching. For those interested in wildlife, we saw fin, minke and sperm whale, common, bottlenose and white-sided dolphin, great and Balearic shearwater.

Arriving in Matienzo on the Monday, we enjoyed the sunshine and then went to Pablo's for food, wine and Cola Cao con Wobble. Beginning to get too comfortable now, it was obvious we needed a caving trip.

Tuesday, 21st August Cueva del Risco. Chris Scaife, Carolina Smith, Lloyd Cawthorne, Lizzie Wilkins, Mike Topsom, Fran McDonald. With about 5 hours to spare on a day when we had had to sort out some wedding business in Ramales, then meet wedding arrivals later on, we went to explore a question mark on the Risco survey. We found a 6m pitch, descended by Fran, whose SRT rope was clipped into our belts, dropping into 23m of new cave. Hardly going to change the world, but a good trip. As this was a rare triple date caving trip, we have named this small extension the Triple Date Wormhole.

This was followed by a night at the Baker's Bar, with large beers and Lloyd's ingenious idea of bringing a bottle of wine to the pub, to drink on the walk back. Consequently, Wednesday's trip to the beach at Noja was spent nursing quite the hangover. We ate at Casa Tomás that night and I was very happy to drive and not drink.

We spent Thursday getting things sorted for the wedding - busy beavers.

Friday, 23rd August El Soplao. Chris Scaife, Carolina Smith, Rob Scaife, Jenny Scaife, Pete Smith, Juan Corrin, Penny Corrin, Phil Papard, Ian Ellis Chandler, Terry Whitaker, Nic Ward, Abigail Driver, Oliver Hutchinson, Claire Hutchinson, Claire Rice, Dan Jones, Layla Taleb, Niyati Gupta, Li Wong, Norman Kwan Wah Wot Went Wong, Gillian Reekie, Ron Cook, Fiona Cook, Vicki Jones, Tom Moore, Graham Robertson, Marta Gonzalez, Dave Coulson, Lloyd Cawthorne, Lizzie Wilkins, Andy Quin, Julie Bridgeman. We organized a coach to pick us up from Pablo's at 8am and take us to El Soplao, a great show cave with spectacular helictites. After visiting the show cave we went to a picturesque village called San Vicente de la Barquera for a group meal, with more fresh fish than you could shake a stick at. We stopped at Santillana del Mar on the way back and visited the torture museum. Just getting in the mood.

Saturday, 25th August Cueva de la Reñada. Chris Scaife, Alex Ritchie, Phil Papard, Lloyd Cawthorne, Terry Whitaker, Dave Coulson, Dan Jones, Manuel Peña. On the morning of the big day, we had a quick trip into Reñada. Carolina and a much larger group went for a walk to just inside the entrance of Agua. At least, having managed some caving in the morning, if the wedding had turned out to be a disaster we wouldn't have wasted the whole day. After the trip we had a very large group meal at the Baker's Bar and then Carolina and I went and got married. A wonderful wedding, but this is a caving trip report, so on with the story.

The day after the wedding was a very lazy one. Still managed trips to both Casa Tomás and Pablo's though, but the day after that we went for a proper caving trip.

Monday, 27th August Cueva de Fresnedo 2. Chris Scaife, James Carlisle, Alex Ritchie. James had been in Fresnedo several times already this year and had a couple of leads to look at, a long way into the cave. To get to these leads involved about 3 hours of quite hard caving, with the muddy duck, several pitches and a fair few climbs and crawls.

The first lead was just a short distance down the last pitch. We had to do some horizontal abseiling to get into this passage, which led to a shaft 23m high. This had smooth, solid-looking walls and may very well have ongoing passage at the top – it certainly looked promising – so must be worth bolting in the future.

The second lead was one we were less hopeful about, but after a short pitch up and a bit of scrambling through a boulder choke, then a traverse over a pit, we were into a glorious streamway. This passage was averaging about 13m high, with stunning calcite in the streamway. We followed upstream as far as a boulder choke, passing some excellent formations along the way. Although upstream in the streamway itself is blocked, there was a draughting side passage that needs investigating, and where the stream disappears downstream of the big passage seems to continue as well. Over 247m surveyed in total, a brilliant find which we have named the Honeymoon Period.

Alex has added: We also named the traverse over the pit Tying the Knot. The trip time for Fresnedo 2 was approx 11 hours. Chris's log entry does not relay the overall and increasing difficulty of exploring the back-end. It was almost 4 hours on the way out from the new end. So that's 7 hours travelling and 4 hours exploring.

Other sites visited by the team were: 4418 - where a pebble thrown over a mud choke goes bumping down a slope; new site 4779 - a 3.5m deep rift with a boulder floor and no draught, and another new hole, 4780 - a dig into visible passage below a sandstone band. Site 3674 was also visited where a new entrance had opened up on the rift line.

They all returned on August 2nd. The entrance to 4416 was snappered open to reveal an 8m long cave with a sound link to 4417 and two small rifts on the south side that were draughting well. This is a long term dig which has yet to be started.

On other occasions, the "DCC supporters club" documented more new holes in the vicinity. Site 4791, reported by Richard, had an entrance chamber with walls covered in fossils. An excavated low crawl leads to a chamber with a pit in the floor. The hole was christened Cueva del Disto.

After completing the survey, my Disto got dislodged and fell into the hole! Attempts to retrieve it proved unsuccessful. It's still just about visible ...

Others were: 4792 - a 2m deep hole; 4793 - 3m long cave; 4794 - 16m long cave, blocked by stal; 4795 - 2.5m ladder climb down to bones and rocks with the rift continuing but too tight; 4796 - a shrub-filled hollow; 4797 - a small hole about 3m deep; 4798 - a rift with two entrances, neither descended and 4799 - a 2m deep shaft.

Some other nearby sites were visited and locations confirmed or slightly tweaked. Site 4714 was descended, photographed and surveyed.

On the morning of the wedding of the century, there were two options for the assembled guests - a walk from the Baker's Bar to Agua, or this short trip in Reñada.

The cavers of Matienzo were wanting to show the guests the wonders of the area, both above and below ground before Chris and Carolina's evening wedding on August 25th. Matienzo regulars Alex, Phil Papard, Chris, Terry and Lloyd took Dave, Manuel and Dan as far as the Stuffed Monk.

Carolina and Juan took many other guests into the large entrance

---

Otros agujeros que el equipo visitó fueron: 4418, donde un guijarro que se tiró por encima de una obstrucción de barro cayó por una pendiente, y dos nuevos, 4779, una fisura de 3,5 m de profundidad con suelo de rocas y sin corriente, y 4780, una excavación a una galería debajo de una banda de arenisca. También fueron a 3674, donde se había abierto una nueva entrada en la diaclasa.

Todos regresaron el 2 de agosto. La entrada a 4416 se abrió y se encontró una cueva de 8 m de largo con una conexión vocal con 4417 y dos pequeñas fisuras en el lado sur con buena corriente. Esta es una excavación a largo plazo que aún no se ha iniciado.

El «club de seguidores del DCC» documentó más agujeros nuevos en los alrededores. El 4791, documentado por Richard, tenía una sala con paredes cubiertas de fósiles. Una gatera baja excavada da a una sala con un pozo en el suelo. El hoyo fue bautizado como Cueva del Disto.

Después de completar la topografía, mi Disto se soltó y cayó al agujero. Los intentos de recuperarlo resultaron infructuosos. Aún se puede ver.

Otros fueron: 4792, un pozo de 2 m de profundidad; 4793, de 3 m de largo; 4794, de 16 m de largo, obstruida con estalagmitas; 4795, una bajada con escala de 2,5 m a huesos y rocas con un fisura demasiado estrecha; 4796, un hueco lleno de maleza; 4797, un pequeño agujero de unos 3 m de profundidad; 4798, una fisura con dos entradas, ninguna explorada; y 4799, un pozo de 2 m.

Visitaron algunas otras cavidades cercanas y las ubicaciones se confirmaron o modificaron ligeramente. El 4714 se exploró, fotografió y estudió.

En la mañana de la boda del siglo, había dos opciones para los invitados: un paseo desde la Panadería hasta Agua, o esta salida breve a Reñada.

Los espeleólogos de Matienzo querían mostrar a los invitados las maravillas de la zona, tanto sobre como bajo tierra antes de la boda de Chris y Carolina el 25 de agosto. Los habituales de Matienzo Alex, Phil Papard, Chris, Terry y Lloyd llevaron a Dave, Manuel y Dan hasta Stuffed Monk.

Carolina y Juan llevaron a muchos otros invitados a la gran sala

El diario de Chris Scaife: Verano de 2018

Viaje prenupcial:
Chris Scaife y Carolina Smith

Bajamos en coche el sábado 18 de agosto y pasamos la noche cerca de Greenham Common en Berkshire. Al día siguiente embarcamos en el ferry de Plymouth a Santander. Es una forma fantástica de viajar, con un excelente restaurante y una terraza perfecta para el avistamiento de ballenas. Para los interesados en la fauna, vimos varios rorcuales común, Minkes, cachalotes, delfines común, mular y del Atlántico, pardelas capirotadas y pardelas baleares.

Al llegar a Matienzo el lunes, disfrutamos del sol y luego fuimos al bar de Pablo a por comida, vino y Cola Cao con Wobble. Parecía que nos estábamos acomodando, era obvio que necesitábamos una salida espeleológica.

Martes 21 de agosto Cueva del Risco. Chris Scaife, Carolina Smith, Lloyd Cawthorne, Lizzie Wilkins, Mike Topsom, Fran McDonald. Con aproximadamente 5 horas libres en un día en el que habíamos tenido que arreglar algunos temas de la boda en Ramales por la mañana y luego teníamos que recibir a los invitados recién llegados, fuimos a ver qué había tras un signo de interrogación en la topografía de Risco. Encontramos un pozo de 6 m por el que bajó por Fran, cuya cuerda enganchamos a nuestros cinturones, descubriendo 23 m de cueva. Nos es que vaya a cambiar el mundo, pero fue una buena salida. Como se trataba de una cita triple espeleológica poco común, hemos llamado a esta pequeña extensión Triple Date Wormhole (El agujero de gusano de la triple cita).

A esto le siguió una noche en el bar de la Panadería, con cervezas de las grandes y la ingeniosa idea de Lloyd de llevar una botella de vino para beber en el camino de vuelta. Por eso, la visita del miércoles a la playa de Noja la dedicamos a curarnos la resaca. Cenamos en Casa Tomás esa noche y me alegré de ser el conductor designado y no beber.

Pasamos el jueves preparando cosas para la boda como hormiguitas incansables.

Viernes 23 de agosto El Soplao. Chris Scaife, Carolina Smith, Rob Scaife, Jenny Scaife, Pete Smith, Juan Corrin, Penny Corrin, Phil Papard, Ian Ellis Chandler, Terry Whitaker, Nic Ward, Abigail Driver, Oliver Hutchinson, Claire Hutchinson, Claire Rice, Dan Jones, Layla Taleb, Niyati Gupta, Li Wong, Norman Kwan Wah Wot Went Wong, Gillian Reekie, Ron Cook, Fiona Cook, Vicki Jones, Tom Moore, Graham Robertson, Marta González, Dave Coulson, Lloyd Cawthorne, Lizzie Wilkins, Andy Quin, Julie Bridgeman. Organizamos un autobús para que nos recogiera en el bar de Pablo a las 8 de la mañana y nos llevara a El Soplao, una gran cueva turística con espectaculares helictitas. Después de visitar la cueva, fuimos a un pintoresco pueblo llamado San Vicente de la Barquera para una comida en grupo, con pescado fresco a tutiplén. Paramos en Santillana del Mar en el camino de vuelta y visitamos el museo de la tortura. Por eso de prepararme.

Sábado 25 de agosto Cueva de la Reñada. Chris Scaife, Alex Ritchie, Phil Papard, Lloyd Cawthorne, Terry Whitaker, Dave Coulson, Dan Jones, Manuel Peña. La mañana del gran día entramos a Reñada. Carolina y un grupo mucho más grande fueron a caminar hasta la entrada de Agua. Así, con algo de espeleo por la mañana, si la boda resulta ser un desastre, no habríamos desperdiciado el día. Después de la salida organizamos una comida para todos en la Panadería y luego Carolina y yo fuimos y nos casamos. Una boda maravillosa, pero esta es una crónica espeleológica, así que seguiré con la historia.

El día después de la boda fue muy tranquilo, aunque fuimos tanto a Casa Tomás como al bar de Pablo, pero al día siguiente nos esperaba una buena incursión espeleológica.

Lunes 27 de agosto Cueva de Fresnedo 2. Chris Scaife, James Carlisle, Alex Ritchie. James había ido a Fresnedo varias veces a lo largo del año y quería mirar un par de interrogantes bastante lejos de la entrada. Llegar a esos interrogantes nos llevó unas 3 horas de espeleología bastante dura, con el laminador de barro líquido, varios pozos y unas pocas escaladas y gateras.

El primer interrogante estaba a poca distancia del último pozo. Tuvimos que hacer algo de rápel horizontal para entrar en esta galería, que nos llevó a una chimenea de 23 m de altura. Tenía paredes lisas y de aspecto sólido y muy bien podría tener una galería en lo alto —sin duda parece prometedora—, por lo que merecería la pena instalarla en el futuro.

En el segundo interrogante teníamos menos esperanzas, pero después de una corta escalada, de trepar a través de un caos de bloques y de pasar por una travesía sobre un pozo, nos encontramos en una galería activa gloriosa. Medía unos 13 m de altura (de promedio), con una calcita impresionante en el arroyo. La seguimos aguas arriba hasta un caos de bloques, pasando algunas estalagmitas excelentes en el camino. Aunque la galería principal estaba obstruida aguas arriba, había una galería lateral con corriente de aire que se tiene que investigar; y el punto en el que el río desaparece aguas abajo también parece continuar. Más de 247 m topografiados en total, un hallazgo brillante que hemos llamado Honeymoon Period (Luna de miel).

Alex añade: También llamamos a la travesía sobre el hoyo Tying the Knot (Pasar por la vicaría). El tiempo que pasamos en Fresnedo 2 fue de aproximadamente 11 horas. La crónica de Chris no transmite la difícil que empieza a ser explorar los extremos de la cueva. Tardamos casi 4 horas en salir desde el nuevo final. Así que pasamos 7 horas en marcha y 4 horas explorando.

---

chamber of Cueva del Agua (0059) where the stal, bones and crayfish were all inspected and admired.

Phil Papard and Pedro had a "short trip on a hot day (30°C+)" to check the draught at site 1298 up off the track at Seldesuto.

> *Very strong draught (similar to Reñada). The way forward seems to be ... at lowest point, but draught also from opposite side. Need to snapper two boulders to make progress.*

On the next trip Patrick, with his endoscope, accompanied Phil and Pedro but the results were inconclusive. A boulder was snappered and the site allowed to settle.

Fifteen days later, on August 21st, Phil and Pedro found that there had been no movement and they were able to remove the split boulders.

> *Water seems to sink under wall away from choke - but can't see well until more rock removed."*

Guy and Patrick Degouve continued to enlarge the Active Route in Torca de Corcada (0780). By July 27th, they had dropped a p6 or p7 to a climb up of 3m and a new 5m shaft to a tall meander, impenetrable at floor level but the upper level was draughting and held some promise.

Torben and Louise bought a property which had plenty of land and, as a cavers' bonus, two caves! One, next to the house, is a short tunnel which acts as a store, the other was dug into by Torben and called Cueva Buena Suerte (4774). After the family had explored the cave, Pedro, Phil Papard and Juan were invited to join them to have a look, survey and push on at the end. Juan wrote:

> *Short climb down at the entrance drops into the start of an impressive phreatic passage 3 - 4m wide and up to 7m high. After 35m a rope climb up on the left enters a crawl and a 2m drop into a chamber with a very low sandy dig going off. This was excavated by Phil, Pedro and Torben then everyone through, and after passing under an 'airbell', to a walking passage with cat prints to calcite formations and a calcite choke ... Juan photo'd*

de entrada de la Cueva del Agua (0059) donde se inspeccionaron y admiraron las estalagmitas, huesos y cangrejos de río.

Phil Papard y Pedro hicieron una «incursión corta en un día caluroso (30°C +)» para comprobar la corriente de 1298 por encima del camino en Seldesuto.

> *Corriente muy fuerte (similar a Reñada). La continuación parece estar [...] en el punto más bajo, pero también en el lado opuesto. Hay que romper dos rocas para avanzar.*

En la siguiente visita, Patrick, con su endoscopio, acompañó a Phil y Pedro, pero los resultados no fueron concluyentes. Se quitó una roca y se dejó que la cueva se asentara.

Quince días después, el 21 de agosto, Phil y Pedro vieron que no se había movido nada y pudieron sacar las rocas partidas.

> *El agua parece hundirse bajo la pared lejos de la obstrucción, pero no se puede ver bien hasta que se quite más roca.*

Guy y Patrick Degouve continuaron ampliando Active Route en Torca de Corcada (0780). Para el 27 de julio, habían bajado un P 6 o P 7 a una escalada de 3 m y un nuevo pozo de 5 m a un meandro alto, impenetrable al nivel del suelo, pero el nivel superior llevaba corriente y era prometedor.

Torben y Louise compraron una casa con mucho terreno y, como beneficio adicional para espeleólogos, ¡dos cuevas! Una, junto a la casa, es un túnel corto que hace las veces de almacén, la otra la excavó Torben y la llamó Cueva Buena Suerte (4774). Después de que la familia la explorase, invitaron a Pedro, Phil Papard y Juan a unirse a ellos para topografiar y seguir explorando. Juan escribió:

> *Un destrepe corto en la entrada da al inicio de una impresionante galería freática de 3 a 4 m de ancho y hasta 7 m de altura. Tras 35 m, una escalada con cuerda a la izquierda da a una gatera y un destrepe de 2 m a una sala con una excavación de arena muy baja. Phil, Pedro y Torben excavaron y luego todos, después de pasar bajo un «espacio de aire», entramos en una galería amplia con huellas de gatos, formaciones de calcita y una obstrucción de calcita [...] Juan sacó fotos con*

out with Torben while Phil and Pete surveyed. Total length 174m. Nice cup of tea afterwards.

By August 19th, Juan was more confident that meticulous pre-planned flight paths[4], uploaded to the drone, would keep the device above trees, away from cliffs and at a reasonable height and speed to video the ground below with enough detail. Walking out east from near Alisas for a couple of kilometres, Penny and Juan stationed themselves on a slope overlooking Seldesuto and the valley running up to the south. Four video flights and aerial panoramas were taken, mainly over the highly dissected limestone near the ridge. New site 4800 was also documented - a small cave in thinly-bedded rock.

Pedro, Andy and Julie returned to the shaft they'd found at Easter, 4711, to descend the second pitch. The hole choked at a total depth of about 20m with clean-washed limestone pebbles. A parallel shaft, entered 3m up from the floor, choked 6m down, at about -23m. There was no sign of a draught.

They also investigated 4801, a large depression where the rift at the base appears to take water in wet weather. A 5m hand line climb entered a choked chamber with no draught.

Guy provided information about sites that had been found over, or in the vicinity of, Cueva Vallina (0733): 4775 - a 9m deep choked shaft; 4776 - a 7m shaft; 4777 - about 12m crawling and walking, and Torca de los Chocardos (4778) - a p8 into a 20 x 15m chamber. In 1748, a meander across the top of a p13 was opened up to allow exploration down a p10 to a rift that becomes too tight.

He had also updated his inventory of sites and shared the information with the MCP. So, with an extra forty or so sites to add to our catalogue, by the end of the summer the number of known sites of speleological interest had increased to 4845.

Rupert spent time in June bolting an aven at the end of FN Passage in Cueva Vallina and exploring routes at the top. Naming the climb 'Jochen's Aven' after his and Julie's dog, he highlighted the dangers to others who might follow:

I can't over emphasize the hazardous nature of the aven and traverses - if a party, anything less than very confident and competent in SRT and climbing, go blithely bumbling up there, I can guarantee a serious accident.

He bolted up in a complicated route to avoid chossy areas to where, about 30m vertically above the start point, there were two obvious passages. Neither was easy to reach. To the left, for example, along the Dog House Traverse ...

... the anchors and rock quality do not improve (so there are lots of them). The next 10 metres is on collapsing shale footholds and 6 anchors which have not been loaded other than for balance. The back wall then reaches a section where it is a bank of detached scree glued together by mud. This is just as there is an awkward step down onto more choss, the drop below now having increased to about [60m]

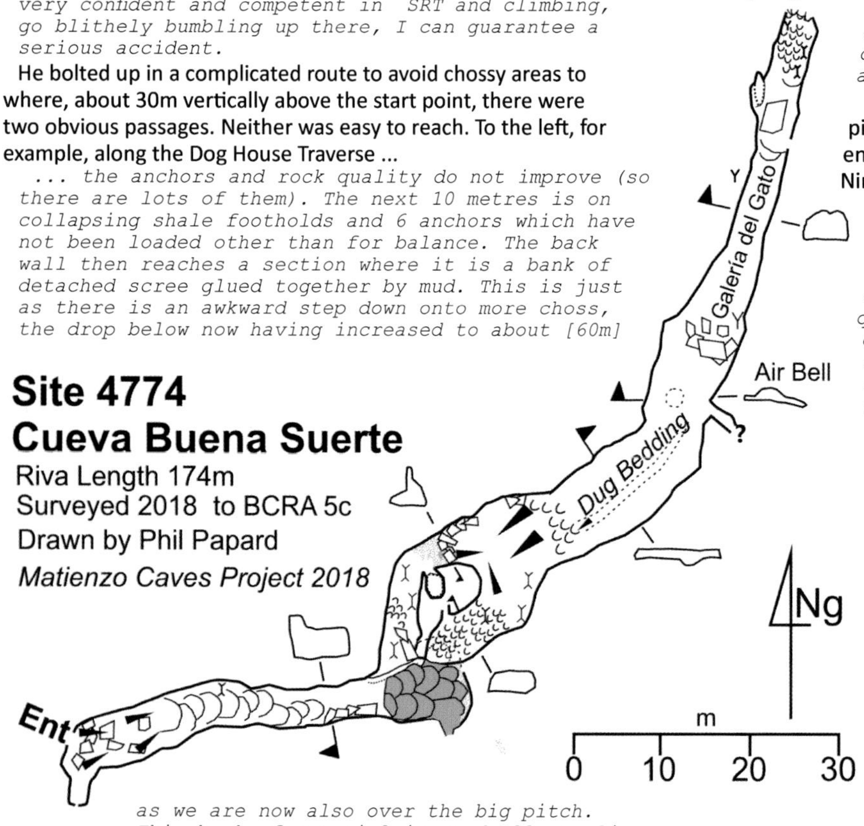

Site 4774
Cueva Buena Suerte
Riva Length 174m
Surveyed 2018 to BCRA 5c
Drawn by Phil Papard
Matienzo Caves Project 2018
Galería del Gato
Y
Air Bell
?
Dug Bedding
Ng
Ent
m
0 10 20 30

as we are now also over the big pitch. This bank of material is gradually peeling away from the wall behind; the footholds break and become looser with every passing. The next anchor is into a small boulder in this moraine- it is only there for emergencies.

A kind of sloping ledge offers some relief. There are no more belays, and an exposed section finally leads to a secure jammed boulder bridge, after about 35 m. This is the junction where the Dogs Dinner leads off to the right, and following the shaft around, is the Dog House Traverse Part 2.

Further dodgy traverses revealed more possible leads including, at the end of the Dog House Traverse Part 2, a draughting boulder

4 See "Technology helping to find and document sites", pages 480 - 481.

Torben mientras Phil y Pete topografiaban. Desarrollo total: 174 m. Una buena taza de té después.

Para el 19 de agosto, Juan confiaba que las meticulosas rutas de vuelo planificadas de antemano[4] y cargadas al dron mantendrían el dispositivo sobre los árboles, lejos de los peñascos y a una altura y velocidad razonables para grabar el suelo debajo con suficiente detalle. Caminando hacia el este desde cerca de Alisas durante un par de kilómetros, Penny y Juan se colocaron en una pendiente con vista a Seldesuto y al valle que va hacia el sur. Se tomaron cuatro vídeos y panorámicas aéreas, principalmente sobre la piedra caliza fracturada cerca de la cima. También documentaron un nuevo agujero: 4800, una pequeña cueva en un lecho de roca pequeño.

Pedro, Andy y Julie regresaron a la sima que habían encontrado en Semana Santa, 4711, para bajar el segundo pozo. El agujero estaba obstruido a una profundidad total de unos 20 m con guijarros de piedra caliza limpios. Un pozo paralelo, al que se entra a 3 m del suelo, estaba obstruido tras 6 m, a unos -23 m. No había señales de corriente.

También investigaron 4801, una gran depresión cuya fisura en la base parece recibir agua en época de lluvias. Un destrepe de 5 m con pasamano da a una sala obstruida sin corriente.

Guy facilitó información sobre cavidades que se habían encontrado sobre, o cerca de, Vallina (0733): 4775, un pozo obstruido de 9 m; 4776, un pozo de 7 m; 4777, unos 12 m gateando y caminando; y Torca de los Chocardos (4778), un P 8 en una sala de 20 x 15 m. En 1748 se abrió un meandro en la cabecera de un P 13 para bajar un P 10 hasta una fisura demasiado estrecha.

También había actualizado su inventario de cavidades y había compartido la información con el MCP. Así que, con unos cuarenta cavidades adicionales para añadir a nuestro catálogo, a finales del verano, el número de cavidades conocidas de interés espeleológico había aumentado a 4845.

Rupert pasó algo de tiempo en junio instalando una chimenea al final de la galería FN en Cueva Vallina y explorando rutas en la cima. Tras llamar a la escalada Jochen's Aven en honor a su perro, destacó los peligros para quienes volvieran a ella:

Tengo que insistir en la naturaleza peligrosa de la chimenea y las travesías: si un grupo, algo menos que muy seguro y competente en cuerdas y escalada, sube alegremente, un accidente grave está garantizado.

Instaló una ruta complicada para evitar zonas de piedra suelta donde, a unos 30 m verticalmente por encima del punto de inicio, había dos galerías obvias. Ninguna era de fácil acceso. A la izquierda, por ejemplo, a lo largo de Dog House Traverse...

Los anclajes y la calidad de la roca no mejoran (por lo que hay muchos). Los siguientes 10 m están en puntos de apoyo de marga frágil y 6 anclajes que solo se han usado para mantener el equilibrio. La pared trasera llega luego a una sección que es un banco de grava suelta pegada por barro, justo donde hay un paso incómodo hacia más piedra suelta

y la caída ahora ha aumentado a unos [60 m] ya que ahora también estamos sobre el gran pozo. Este banco de material se está desprendiendo gradualmente de la pared de atrás; los puntos de apoyo se rompen y se sueltan con cada paso. El siguiente anclaje está en una pequeña roca en esta morrena, solo para emergencias.

Una especie de repisa inclinada ofrece cierto respiro. No hay más anclajes, y una sección expuesta finalmente da a un bloque atascado y seguro que hace puente tras unos 35 m. Este es el cruce donde Dogs Dinner da a la derecha, y siguiendo el pozo, está Dog House Traverse Part 2.

4 Technology helping to find and document sites

choke with ...

> *... gaps in the massive blocks, and also crawls off at floor level at two points, but these were not investigated by the solo explorer. Definitely worth a better look.*

The Dogs Dinner Traverse and Chamber also had definite possibilities...

> *... a stal-adorned tunnel leads off, which is at the top of a major rift of considerable depth. The traverse is pleasant enough at first, passing through windows in dense stal to an enlargement where a good Y-hang leads across a ledge and down to a shale band. From here onwards, the 'ledge' is a slope of rotten shale drawn inexorably to a pitch below of at least 80 metres. A few very precarious moves, which are now well protected by good anchors at the far end, lead into a spacious and complex chamber with possibly 6 ways on. The traverse is about 25 metres long.*
>
> *The chamber has a small stream inlet, from a smallish passage. This immediately falls down the sizeable pitch. Above this inlet is an aven/ roof passage complex which will need rope to safely explore. To the left is a slope up and sizeable dry aven. Around the back of the deep pitch ... a further sizeable passage looks to head off, as well as a possible further aven above here.*

Continuing the Easter inspection, Peter Eagan, Carmen and James had a trip to Birds World (Zona Blanca) around the start of the Galería de la Cisterna "to check out leads". A number of climbs were investigated including "a narrow climb down a muddy rift leads to pitch (10m approximately) to a rock bridge. Pitch continues 20m+ (undescended)".

Peter and James returned a couple of days later to survey the complicated area , adding earlier explorations as annotations on the drawn up survey. (Batch 0733-18-02).

Jim and Mark, with assistance from John Palmer, carried in diving equipment to the upstream sump 1 on July 29th ready for the next day's dive. Over the next couple of trips, they pushed and surveyed through sumps 6 to 8 with walking passages between them and then along a streamway to a crystal-clear sump 9, not yet dived. In addition, the almost 400m of sump and unsurveyed passages which were pushed in 2017 from sump 3 to sump 5 were surveyed. Batches 0733-18-04 to 18-12 increased the surveyed length of Cueva Vallina by 581m to 35,032m.

Paul Wilman, Sam, Donna, Cheryl and Emily helped Jim and Mark remove the diving equipment on August 3rd. Cheryl received particular thanks from Jim for carrying a cylinder "although her boot had fallen apart".

Más travesías poco fiables mostraron más posibles continuaciones, incluyendo, al final de Dog House Traverse Part 2, un caos de bloques con...

> *Huecos enormes entre los bloques, y también gateras a nivel del suelo en dos puntos, pero el explorador solitario no las investigó. Definitivamente merece la pena mirarlo mejor.*

En The Dogs Dinner Traverse y Chamber también había algo...

> *Sale un túnel adornado con estalagmitas, que se encuentra en lo alto de una gran fisura de considerable profundidad. La travesía es bastante agradable al principio, pasando a través de ventanas entre muchas estalagmitas hasta una ampliación donde una buena triangulación da a una repisa y baja a una banda de marga. De aquí en adelante, la «cornisa» es una pendiente de marga podrida que va inexorablemente a un pozo de al menos 80 m. Unos pocos movimientos muy precarios, que ahora están bien protegidos por buenos anclajes en el otro extremo, dan a una sala espaciosa y compleja con unas seis continuaciones. La travesía tiene unos 25 m de largo.*
>
> *La sala tiene un afluente pequeño, de una galería más pequeña, que da inmediatamente a un pozo de buen tamaño. Por encima hay galerías en el techo/chimeneas, pero hace falta cuerda para explorarlo con seguridad. A la izquierda hay una pendiente y una chimenea seca grande. A la vuelta del pozo profundo [...] otra galería grande parece seguir, así como una posible chimenea encima.*

Continuando con la inspección de Semana Santa, Peter Eagan, Carmen y James entraron en Birds World (Zona Blanca) cerca del inicio de la Galería de la Cisterna «para ver interrogantes». Investigaron varias escaladas, incluida «una estrecha por una fisura embarrada que da a un pozo (uno 10 m) a un puente de roca. El pozo continúa 20 m + (sin explorar)».

Peter y James regresaron un par de días después para topografiar esta sección complicada, añadiendo exploraciones anteriores como anotaciones en el plano dibujado. (Lote 0733-18-02).

Jim y Mark, con la ayuda de John Palmer, llevaron el equipo de buceo al sifón 1 aguas arriba el 29 de julio, listos para la inmersión del día siguiente. Durante las siguientes dos incursiones, exploraron y topografiaron por los sifones 6 a 8 con galerías amplias entre ellos y luego a lo largo de una galería activa hasta un sifón cristalino 9, aún sin explorar. Además, topografiaron los casi 400 m de sifones y galerías no topografiadas y explorados en 2017 del sifón 3 al sifón 5. Con 581 m, los lotes 0733-18-04 al 18-12 aumentaron el desarrollo topografiado de Cueva Vallina a 35 032 m.

Paul Wilman, Sam, Donna, Cheryl y Emily ayudaron a Jim y Mark a sacar el equipo el 3 de agosto. Jim se lo agradeció especialmente a Cheryl por sacar una botella «aunque su bota se hubiese desintegrado».

Cueva Buena Suerte. Clockwise from above: the end of Galería del Gato; the air bell; calcited root near the entrance; the climb up from the entrance passage; the entrance passage; Torben in the excavated entrance; the base of the entrance slope; Galería del Gato.
Cueva Buena Suerte. En el sentido de las agujas del reloj desde arriba: el final de la Galería del Gato; la hornacina; raíz calcificada cerca de la entrada; la bajada desde la galería de la entrada; la galería de la entrada; Torben en la entrada excavada; la base de la pendiente de la entrada; Galería del Gato.
Juan Corrin with Torben Redder.

2018 AUTUMN / OTOÑO

Alf Latham	Chris Camm	Juan Corrin	Pete 'Pedro' Smith	Sandrine Degouve
Bob Riley	Gordon Proctor	Kev Millington	Phil Goodwin	Steven Thorpe
	Guy Simonnot	Nigel Easton	Phil Papard	
	Iain Crossley	Patrick Degouve	Phil Parker	
	John Southworth	Penny Corrin	Rupert Skorupka	

NORTHWEST AND FAR WEST SECTORS

Phil Goodwin, Gordon, Bob and John worked on the sink 4758[1] in a valley to the northwest of Hornedo. Water levels were low on September 25th and they were able to dig, sloping down through rubble with the roof stepping down. After about 8m of vertical progress they entered a 7m long, 1.5m high, 1m wide chamber but the choked holes in the floor were thought "not worth the effort of digging". A subsequent search of the next valley west by the team revealed nothing new.

On October 5th, John and Gordon visited 3010 to the east of the village when water levels were also low. They found a small complex of connected caves choked with farm and domestic rubbish.

On September 26th, Phil Goodwin, Gordon, Bob and John searched the area over "the minor branch" of Fuente Aguanaz (0713) but found no new entrances. The dig 4692 was found to be draughting well.

Chris, Gordon and John investigated a 'calcite eyehole' in 3808 mentioned in a previous report. The site lies about half way between the end of Sarah Jean Inlet and main upstream choke in Aguanaz.

> Boulders and calcite removed from an upward, vertical side shaft which gained entry to an inlet aven choked at the base, no way on.

Again, quite close to the route of Sarah Jean Inlet, 4699 was visited by Alf and Nigel to examine the end of the passage leading off from the head of the fourth pitch. However, they found that the "only possibility would require a lot of work to open up floor to get down into low, muddy area".

But Alf returned with Phil Parker on October 3rd and, after attacking a gritstone choke that "had no encouraging features" and surveying a section, they cleared the cave, removing hangers from the bolts.

On October 6th, Gordon, Phil Goodwin, John and Bob were on the knoll about 300m to the southeast of the village and found two sites: 4114 - at the top of the knoll, a cave remnant with an arched entrance and old stal that closes in after 5m, and 4644 - a hole about 1.5m deep to an undercut with passage fragments full of old stal.[2]

About 200m east of the Mina Favorita, site 4759 was worked on by Phil Goodwin, Gordon, John and Bob over two days.[3] Phil wrote:

> After destroying a few large boulders, a low access under an overhang led to a low, long chamber. At the far end a descent of 2m led to a longer chamber in the middle of which a rift at right angles descends at least 20m.
> ... The pitch soon becomes a fine shaft of 4m diameter onto a solid floor at 22m. A further short pitch and climb down, 8m in total, to a sold floor ends the system. There is definitely no way on, only small cracks in solid rock.

Chris took Nigel and Phil Parker back to a hole Chris and Alf had found in Cobadal, site 4846. Excavation and capping of an awkward sandstone boulder opened up a body length of passage. Chris subsequently had a dig here but a lot more work is required. Further up the road, located a couple of metres up the banking behind a tree stump, a small hole appeared to drop into a small chamber (4847). Unfortunately, these two holes have slipped through the net and have not been recorded with a grid reference.

On the north side of Cobadal, Chris and Alf spent time, on October 6th, at 4137, a draughting dig on the side of a large depression. They finished, enthusiastic about the prospects, so returned the next day with Phil Parker. He went off to take photos while the others dug

SECTOR NOROESTE Y EXTREMO OESTE

Phil Goodwin, Gordon, Bob y John trabajaron en el sumidero 4758[1] en un valle al NO de Hornedo. Los niveles del agua eran bajos el 25 de septiembre y pudieron excavar, bajando a través de piedras en un techo cada vez más bajo. Tras unos 8 m en vertical entraron en una sala de 7 m de largo, 1,5 m de alto y 1 m de ancho, pero les pareció que los agujeros obstruidos en el suelo «no valían la pena». En una prospección posterior en el siguiente valle al oeste no se descubrió nada nuevo.

El 5 de octubre, John y Gordon fueron a 3010 al este del pueblo cuando los niveles de agua seguían bajos. Encontraron un pequeño complejo de cuevas conectadas llenas de basura agrícola y doméstica.

El 26 de septiembre, Phil Goodwin, Gordon, Bob y John prospeccionaron en el área sobre «el ramal menor» de Fuente Aguanaz (0713) pero no encontraron nada nuevo. La excavación 4692 llevaba una buena corriente.

Chris, Gordon y John investigaron un «agujero en calcita» en 3808 mencionado en un informe anterior. La cavidad se encuentra a medio continuación entre el final de Sarah Jean Inlet y la obstrucción aguas arriba en Aguanaz.

> Cantos rodados y calcita quitados de un pozo lateral vertical ascendente que da a una lateral obstruida en la base, sin continuación.

De nuevo, bastante cerca de la ruta de Sarah Jean Inlet, Alf y Nigel visitaron 4699 para examinar el final de la galería que sale de la cabecera del cuarto pozo. Sin embargo, descubrieron que «la única posibilidad requeriría mucho trabajo para abrir el suelo y bajar a un área baja y embarrada».

Pero Alf regresó con Phil Parker el 3 de octubre y, después de atacar un obstrucción de arenisca que «no tenía características alentadoras» y de topografiar una sección, desinstalaron la cueva, quitando las chapas de los anclajes.

El 6 de octubre, Gordon, Phil Goodwin, John y Bob subieron a la loma a unos 300 m al sureste del pueblo y encontraron dos agujeros: 4114, en lo alto de la loma, un remanente de cueva con una entrada arqueada y una estalagmita antigua que se cierra tras 5 m; y 4644, de cerca de 1,5 m de profundidad a un socavón con fragmentos de galería llenos de viejas estalagmitas.[2]

A unos 200 m al este de Mina Favorita, Phil Goodwin, Gordon, John y Bob pasaron dos días en 4759.[3] Phil escribió:

Tras destruir algunas rocas grandes, un acceso bajo un saliente da a una sala baja y larga. En el otro extremo, un descenso de 2 m da a una sala más larga en medio de la cual una fisura en ángulo recto baja al menos 20 m. [...] El pozo pronto se convierte en un pozo estupendo de 4 m de diámetro a un suelo sólido a -22 m. Otro pozo corto y destrepe, 8 m en total, a un suelo solido y el final. Definitivamente no hay continuación, solo pequeñas grietas en la roca sólida.

Chris llevó a Nigel y Phil Parker de vuelta a un agujero que Chris y Alf habían encontrado en Cobadal, 4846. Tras excavar y romper un bloque de arenisca inoportuno entraron en una galería de casi 2 m. Chris posteriormente probó a excavarla, pero necesitaría mucho más trabajo. Subiendo por la carretera, a un par de metros del terraplén tras un tocón de árbol, un pequeño agujero parecía dar a una pequeña sala (4847). Por desgracia, estos dos agujeros no se documentaron con una referencia cartográfica.

En el lado norte de Cobadal, el 6 de octubre Chris y Alf pasaron algo de tiempo en 4137, una excavación en el lateral de una gran depresión. Terminaron entusiasmados con el potencial, por lo que regresaron

plan

relative heights
■ highest
□
■ lowest

P22

P6

Chamber in solid rock with no exit

North

low chamber

excavated climb down

rock ledge with daylight above

entrance

Scale in metres
0 1 2 3 4 5

Cave 4759

Barrio de Arriba, Rio Tuerto
30T 0445105 4799602
Alt. 187m (Datum ETRS89)

Length: 87m Depth: 38m
Surveyed: October 2018
by Phil Goodwin

Drawn in Inkscape:
Phil Goodwin

Matienzo Caves Project 2018

entrance

excavated climb down

rubble slope

elevation

m
0 2 4 6 8 10

orientation facing 90°

000°   180°

solid rock visible everywhere with only small cracks

1   2018 Easter, page 308.
2   New sites codes are out of sequence to use freed-up or unused codes.
3   2018 Easter, page 308.

1   Véase Semana Santa de 2018, p. 308.
2   Los códigos de las nuevas cavidades no siguen el orden natural, pues se están usando códigos liberados o sin usar.
3   Véase Semana Santa de 2018, p. 308.

through to a choked crawl and a draughting rift.

Unfortunately quite a lot of rock removal is needed to make progress due to the too narrow width of the rift, but the draught is very encouraging.

Chris returned on the following day to cap and move boulders, improving visibility and access then, on the 9th, investigated the opposite side of the road, looking for the sandstone bed evident in the cave. "He found a number of undercuts and the like but nothing with any promise."

He looked around the uphill side of the 4137 depression the following day then, on the 11th and 12th, capped more boulders in the cave. He was joined by Nigel for a final day's work on the 13th.

South of Barrio de Arriba, on September 29th, Nigel and Phil Parker descended the narrow rift and pitch in 4474[4] to check all possibilities and survey the big passage. Possibilities closed in but Alf opened up some sections to make a traverse easier.

More work was carried out on October 4th. Alf, Nigel and Phil Parker were joined by Phil Goodwin and Bob. The team headed into the section entered from the right hand corner at the end of the big passage.

Phil G stood on Phil P's shoulder to get past the slab blocking the climb up the steep sand slope only to find there was no open passage at the top. Bob went rooting around below the climb and found a way through some interesting boulders to a lower level that consisted of a large passage / chamber sloping down to a narrow, vertical section choked with rocks but with a draught. Partway up (or down) the chamber there was a draughting low way on over dried mud and sand. The two Phils attacked this and got to a state of knackered-ness at the point where it appeared that a couple more metres would reach an enlargement.

Meanwhile, Bob had gone into the capped and dug continuation of the main passage and got far enough up the strongly draughting roof slot to see that the floor seemed to drop steeply just a short distance ahead. After that it was time to bail out.

Alf and Phil Parker went to the end the following day. Phil continues his logbook narrative:

Alf looked at the slot, attacking the left wall with a hammer thus creating another foothold, then looked somewhat unenthusiastically at the capping prospects before going forward under the slot to look at digging at the lower level. Phil went up the slot, getting far enough to see the same as Bob, then by estimate of body length and position it was decided that there might only be a couple of feet of digging below the slot to get through. Alf dug and capped whilst Phil cleared the debris back to the open passage. By bail-out time there was a mixture of nasty looking broken roof to the left, with an upward slot full of loose stuff. However, to the right side there was a strongly draughting space that would be the focus of the next visit.

On October 8th, Alf and Nigel continued with the dig under the slot whilst Phil took his small spade to attack the low passage he and Phil Goodwin had been opening up 4 days before.

The spade worked a treat and, after a while, the enlargement was reached. Unfortunately, 4m further on the fill once more sloped up towards the roof leaving a very low and narrow continuation that would be a very awkward digging site.

Phil retreated to join the others, taking some photos on the way, arriving back in the big passage just as the others came out of the dig, where substantial progress had been made, bringing with them a large flake that had decided it preferred to drop onto Alf's helmet rather than stay on the wall. The offending item was photographed and the cave vacated.

Alf, Nigel and Phil continued their efforts on the 10th. Alf headed to the front while Nigel and Phil moved the large quantity of spoil out into the main passage.

After a while Alf took a natural break giving the others the chance to look at the front - black space where the roof turned up a vertical rock face but had lots of nasty looking cracks .

Alf returned to the fray: "That was close" and "If this were the Dales we'd be scaffolding", amongst the comments that floated back from the dig face. Eventually he retreated for another comfort break so Phil went for a look and successfully tried the open overhead slot. There appeared to be a way on over a large slab but first some gardening of the top of the near vertical spoil slope was required. Then all up and onwards through a few metres of low passage, into a chaos of boulders and out into the upper section of a large, partially collapse-filled

al día siguiente con Phil Parker, quien sacó fotos mientras los demás cavaban hasta una gatera obstruida y una fisura.

Por desgracia, hay que quitar una gran cantidad de roca para avanzar por lo estrecho de la fisura, pero la corriente es muy alentadora.

Chris regresó al día siguiente para abrirlo y quitar rocas, mejorando la visibilidad y el acceso, luego, el 9, investigó el lado opuesto de la carretera, buscando el lecho de arenisca evidente en la cueva. «Encontró una serie de socavados y cosas por el estilo, pero nada prometedor».

Miró alrededor del lado cuesta arriba de la depresión de 4137 al día siguiente y luego, el 11 y el 12, quitó más rocas en la cueva. El 13 Nigel se unió a él en su último día aquí.

Al sur del Barrio de Arriba, el 29 de septiembre, Nigel y Phil Parker bajaron la fisura estrecha y el pozo de 4474[4] para comprobar todas las posibilidades y topografiar la galería grande. Todas las rutas se cerraron, pero Alf abrió algunas secciones para facilitar la travesía.

Siguieron trabajando aquí el 4 de octubre. Phil Goodwin y Bob se unieron a Alf, Nigel y Phil Parker. El equipo se dirigió a la sección a la que se entra desde la esquina derecha al final de la galería grande.

Phil G se subió a los hombros de Phil P para pasar la losa que bloqueaba la subida por la empinada pendiente de arena solo para descubrir que no había una galería abierta en lo alto. Bob echó un vistazo por debajo de la escalada y encontró un continuación a través de algunas rocas interesantes hasta un nivel inferior que consistía en un gran galería/sala que bajaba a una sección vertical angosta llena de rocas pero con corriente. A mitad de la sala había una continuación baja sobre barro y arena seca con algo de corriente. Los dos Phils se metieron y llegaron a un estado de agotamiento justo donde parecía que con un par de metros más alcanzarían una ampliación.

Mientras tanto, Bob había entrado en la continuación abierta de la galería principal y había subido lo suficiente por la ranura del techo con una fuerte corriente para ver que el suelo parecía descender abruptamente justo delante. Después de eso, llegó el momento de salir.

Alf y Phil Parker fueron al final al día siguiente. Phil continúa su crónica:

Alf miró la ranura, atacó la pared izquierda con un martillo para crear otro punto de apoyo, luego miró con cierta falta de entusiasmo al potencial de desobstrucción antes de avanzar por debajo de la ranura para mirar la excavación en el nivel inferior. Phil subió por la ranura lo suficiente como para ver lo mismo que Bob, luego, por estimación de su altura y la posición, decidieron que solo había que excavar un par de pies debajo de la ranura. Alf cavó y usó micros mientras Phil limpiaba la rocalla hasta la galería abierta. A la hora de salir había una mezcla de techo roto de aspecto desagradable a la izquierda, con una ranura hacia arriba llena de cosas sueltas. Sin embargo, a la derecha había un espacio con fuerte corriente que será el foco de la próxima visita.

El 8 de octubre, Alf y Nigel continuaron debajo de la ranura mientras Phil tomaba su pequeña pala para atacar la galería baja que él y Phil Goodwin habían intentado abrir 4 días antes.

La pala fue una maravilla y, después de un rato, se alcanzó la ampliación. Por desgracia, tras 4 m, el suelo empezó a subir una vez más hacia el techo, dejando una continuación muy baja y estrecha que sería un sitio de excavación muy incómodo.

Phil se retiró para unirse a los demás, sacó algunas fotos en la continuación y regresó a la galería grande justo cuando los demás salieron de la excavación, donde habían logrado avanzar bastante, trayendo consigo un gran saliente que había decidido caer sobre el casco de Alf en lugar de quedarse en la pared. Se fotografió a la culpable y salimos de la cueva.

Alf, Nigel y Phil continuaron sus esfuerzos el día 10. Alf fue al frente mientras Nigel y Phil sacaban gran cantidad de rocalla a la galería principal.

Después de un rato, Alf se tomó un descanso para darles a los demás la oportunidad de mirar por delante, un espacio negro donde el techo pasaba a una pared de roca vertical pero tenía muchas grietas de aspecto desagradable.

Alf regresó a la batalla: «Ha faltado poco» y «Si esto fueran los Dales, estaríamos andamiando», eran algunos de los comentarios que se oían desde el frente. Finalmente, se retiró para otro descanso, así que Phil fue a echar un vistazo y probó con éxito la ranura superior abierta. Parecía continuar sobre una losa grande, pero primero había que limpiar lo alto de la pendiente de rocalla casi vertical. Luego todo hacia arriba y hacia adelante a través de unos pocos metros de galería baja a un caos de bloques y hasta la sección superior de una galería grande, parcialmente hundida. El techo había subido un nivel y estaba a varios metros

---

4   2017 Easter, page 265.

4   Véase Semana Santa de 2017, p. 265.

passage. The roof had moved up a bed and was several
metres higher than the roof level in the previous
large piece of passage. Forward the boulders climbed
to the roof, whilst to the right routes downward led
only to small, sand-choked rifts and passages, probably situated above the high level section of the
right hand branch large chamber. Also on the right
there were a number of cracked flows attesting to the
age of the passage.

Despite a good look round, the draught was so dissipated that no way on could be found, hence the name of
Bother Chamber.

Two days later, Phil and Alf were back surveying and photographing.

Alf had finished surveying but, after the thoughts
that we had finished with this awkward little cave,
it was not to be as he had found a way on. Adjacent
to and below a van-sized boulder that, after careful
examination, he had decided probably was 'ok' there
was a small (maybe 1.5m high) boulder jammed in a slot
with a draught coming out from under it through some
loose stones. These he had removed to observe space
and a wall some metres back. Phil had a go but some
more digging is required to gain access to the continuation. As a result of this, the chamber name changed
to Bother Squared Chamber.

Some 500m due south of the end of First South Passage in El Cubillón
(2538), Alf, Nigel and Phil Parker visited 4639 noting, 10m before the
entrance, a new, draughting collapse (4768) in the track that was worth
a dig.

At 4639 the entrance was opened up and Alf dispatched down a
ladder to explore. Unfortunately, it was only a chamber that had no
draught, no air movement and no prospects: size approximately 4m
by 3m by 7m high, with the pitch measured at 5.5m. Fifty metres to
the north east, at the same altitude, they decided that 4640 merited a
return with capping gear but they found 4641 had been covered by a
collapse.

The following day, October 1st, Nigel and Phil went to check the high
level track up and round to the west of El Cubillón that was used to find
holes on the ridge back in 2006. They thought that some sites might
repay another look but found that the track was not good enough for
a vehicle. However, it did appear to be the quickest way to the ridge
compared to walking from Washing Machine (3420) or Cubillón parking
spots. Acquainting themselves with the ridge, a quick look established
the whereabouts of some of the entrances plus one new shaft 4787,
close to 2495.

Then, just like the 2006 team, on the way back they spotted a large
entrance at the bottom of a cliff face. It draughted slightly, had a
decent sized passage together with a decorated aven and continued
beyond an up and over climb, but this cave was outside even the old
permit area.

The pair returned to the ridge with caving gear on October 6th, taking
50 minutes over the walk and "only being held up by some hunters
who seemed to say they were watching for a bear!". They checked
2496, noting that it appeared to open out at the bottom. Site 4787 was
then descended and found to be 5m deep with a gentle draught. Then,
just over the summit to the north, they were "encouraged" when they
looked into the entrance of 2531. "At that moment the bad weather
arrived so it was time to depart from the exposed location." No further
inspection has occurred.

John and Gordon checked out 4766 on the right hand side of the
valley to the west of Las Calzadillas but, "because of the very vague
description after its last visit" they didn't reach the bottom. "The 50ft
of ladder was short by 15ft from reaching the final chamber".

Meanwhile, Phil Goodwin and Bob were looking again at the impressive chasm of 4772 on the west side.

Bob descended a chimney in one corner. About 18m
down, a crack at the back of the chimney shows a
parallel shaft about 1.2m diameter. Rocks fall at
least as far as the lowest point of the chasm. Needs
capping.

The pairs met up to scour the area down valley but "not much of
interest" was found.

The team returned to the area on October 3rd when three hours
were spent digging and capping in 4767, a strongly draughting site[5].
At 4772, Phil and Bob descended the half-enclosed shaft for 17m and,
after several hours, broke through into the parallel shaft. This was
dropped 4m to a draughting constriction that required more work.
They measured the mouth of the main shaft as 12m x 13m.

On October 5th, they dug, capped and snappered in 4767 to open up
a 6m descent to a roomy crawl. "However, the strong draught comes
from a narrow, descending boulder slope - too tight and requiring a
massive effort to dig." The site had a total length of 12m.

por encima del techo de la gran galería anterior.
Hacia adelante, los bloques llegan hasta el techo,
mientras que a la derecha, las rutas descendentes
solo dan a pequeñas fisuras y galerías obstruidas
por arena, probablemente situadas por encima de la
sección de nivel superior de la gran sala del ramal
derecho. También a la derecha hay una serie de coladas
agrietadas que dan fe de la antigüedad de la galería.

A pesar de echar un bien vistazo, la corriente estaba
tan disipada que no se encontró una continuación, de
ahí el nombre de Bother Chamber.

Dos días después, Phil y Alf volvieron a topografiar y fotografiar.

Alf había terminado la topo pero, después de
pensar que habíamos terminado con esta pequeña
cueva incómoda, resultó que había encontrado el
continuación. Adyacente y debajo de una roca del
tamaño de una camioneta que, después de un examen
cuidadoso, había decidido que probablemente estaba
«bien», había una pequeña roca (tal vez 1,5 m de alto)
atascada en una ranura, debajo de la cual se filtraba
la corriente a través de algunas piedras sueltas.
Quitó estas y pudo ver el espacio y una pared a unos
metros. Phil intentó pasar, pero hay que abrirlo un
poco más para acceder a la continuación. Por eso, el
nombre de la sala cambió a Bother Squared Chamber.

A unos 500 m al sur del final de First South Passage en El Cubillón
(2538), Alf, Nigel y Phil Parker visitaron 4639 y observaron, 10 m antes
de la entrada, un nuevo hundimiento soplador (4768) en el camino que
merecía la pena excavar.

En 4639 se abrió la entrada y Alf instaló una escala para explorar. Por
desgracia, era solo una sala sin corriente, ningún movimiento de aire y
ningún potencial: unos 4 m por 3 m por 7 m de altura, con el pozo de
5,5 m. A 50 m al noreste, a la misma altitud, decidieron que merecía la
pena volver a 4640 con equipo de micros. También vieron que había
sido cubierto por un hundimiento.

Al día siguiente, 1 de octubre, Nigel y Phil fueron a revisar el camino
de alto nivel hacia arriba y hacia el oeste de El Cubillón que se usó
para encontrar agujeros en la cima en 2006. Les pareció que algunos
se podrían volver a mirar, pero resultó que el camino no era lo
suficientemente bueno para un vehículo. Sin embargo, era un camino
más rápido que si se caminaba desde el sitio en el que se aparca para
Hoyo Carabo (3420) o Cubillón. Tras familiarizarse con la cima, un
vistazo rápida estableció la ubicación de algunas de las entradas más
un nuevo pozo, 4787, cerca de 2495.

Luego, al igual que el equipo de 2006, de vuelta vieron una gran
entrada al pie de un peñasco. Exhalaba una corriente suave, con
una galería decente y una chimenea decorada y continuaba tras una
escalada y un destrepe, pero esta cueva estaba fuera incluso del área
de permiso anterior.

La pareja regresó a la cima con equipo de espeleología el 6 de
octubre, tardando 50 minutos en llegar y «solo retrasado por algunos
cazadores que parece que dijeron ¡que estaban buscando un oso!».
Verificaron 2496 y les pareció que se abría en la parte inferior.
Luego entraron a 4787 y vieron que medía 5 m de profundidad con
una corriente suave. Luego, justo encima de la cima al norte, se
«animaron» cuando miraron en la entrada de 2531. «En ese momento
llegó el mal tiempo así que era hora de marcharse del lugar expuesto».
No se ha vuelto a mirar.

John y Gordon comprobaron 4766 en el lado derecho del valle al
oeste de Las Calzadillas, pero, «debido a la descripción muy vaga
después de la última visita» no llegaron al fondo. «A la escala, de 15 m,
le faltaban 4 m para llegar a la sala final».

Mientras tanto, Phil Goodwin y Bob miraron de nuevo el
impresionante abismo de 4772 en el lado oeste.

Bob bajó por una chimenea en un rincón. A unos 18 m,
una fisura en la parte posterior de la chimenea muestra
un pozo paralelo de unos 1,2 m de diámetro. Las rocas
caen al menos hasta el punto más bajo del abismo.
Necesita micros.

Las parejas se reunieron para mirar el área valle abajo, pero no
encontraron «mucho de interés».

El equipo regresó al área el 3 de octubre cuando pasaron tres horas
desobstruyendo 4767, un agujero con una fuerte corriente de aire.[5] En
4772, Phil y Bob bajaron 17 m por el pozo medio cerrado y, después
de varias horas, se abrieron paso al pozo paralelo. Bajaron 4 m a una
constricción con tiro que necesitaba más trabajo. La boca del pozo
principal medía 12 m x 13 m.

El 5 de octubre, desobstruyeron 4767 para abrir un desnivel de 6 m
a una gatera espaciosa. «Sin embargo, la fuerte corriente proviene de
una pendiente de roca estrecha y descendente, demasiado angosta y la
excavación requerirá un gran esfuerzo». El desarrollo total eran 12 m.

---

5   2018 Easter, page 310.

5   Véase Semana Santa de 2018, p. 310.

NORTHERN LA VEGA, EL NASO AREA WEST TO LAS CALZADILLAS

On October 7th, Green Flag car insurance came to the rescue as John's vehicle wouldn't start after driving out into the 'middle of nowhere' - along the Bosmartín track towards Las Calzadillas. They did document 4645, a draughting hole, 2 to 3m long, in the side of a wooded depression.

Pedro explored site 2806 to describe a site which was missing a description. It turned out to be a small chamber with animal bones.

He also was the first to explore site 1529, found in the summer 2000.

    The entrance, about 2m
    deep, can probably
    be free-climbed but
    a ladder is useful.
    A passage slopes down
    to a climb on flow-
    stone into a small
    chamber with calcited
    and non-calcited bones,
    possibly of goats. The
    outlet immediately
    becomes too small. A
    larger chamber in the
    roof is probably most
    safely reached through
    an upwards slot just
    inside the cave. The
    chamber is about 4m in
    diameter and is well
    decorated.

THE NORTHEAST SECTOR INCLUDING THE FOUR VALLEYS SYSTEM, SOLÓRZANO AND GARZÓN

Phil Papard, Kev, Iain and Steven worked in site 0252 / 4732 over two days in November making "very good" progress at the draughting lead at the northeast end of the cave. A very large number of spiders were noted. Pedro joined them for the second trip and a number of animal bones were found and a possible bear tooth.

Gordon, John, Bob and Phil Goodwin walked in the Fresnedo area on October 2nd finding nothing new. They did, however, report going down 2539 but "found no sign of blockage but description did not tally with what was seen, i.e. no sign of climb and upper chamber". As the site had been found completely blocked seven years before, it seems likely that this exploration was in a new site. The possible confusion has still to be cleared up.

On September 30th, Phil Goodwin, Gordon, Bob and John re-examined site 4610 with Phil writing an updated description:

    A cave in the very steeply bedded limestone of this
    area. In an open field, a shallow depression, sparsely
    ringed by trees, has a hole in the bottom which
    descends through boulders for 8m. The drop lands on
    a rubble slope at about 35°. The bed-rock upper wall
    (roof?) slopes at about 60° to meet the rubble slope.
    Where the two meet there are holes through which boul-
    ders drop possibly 10m. In one hole a small team could
    dig out boulders to assess further the likelihood of
    progress.

A look around to the east and south of the main Garzón depression found nothing.

EASTERN MOUNTAINS

On November 14th, Juan found out the hard way that taking drone photos and video with harsh sunlight and deep shadows in the same shot leads to very mediocre files. A walk up to the 500m diameter, 100m deep Hoya de Yusa would have been better carried out either with the sun overhead or on an overcast day. Some of the reconnaissance files have sections that may be of use and these can be viewed or downloaded from the website.[6]

SOUTHERN SECTOR

Phil Papard and Iain aimed to go to the Itchy Crutch series In Cueva-Cubío de la Reñada (0048) on November 26th to push a lead up into a large boulder ramp, but the wet weather changed their plans.

    However, we found the water levels very high with
    about 15cm depth of water flowing through the duck past
    the last rope climb, with a lot of water flowing down
    the calcite drop to where all the water sinks and can
    back up, closing the "duck". In view of this, only
    about half an hour was spent showing Iain the Stuffed

Digging in 0252 / 4732 and an excavated bear tooth.
Excavando en 0252/4732 y un diente de oso excavado.
Phil Papard

EL NORTE DE LA VEGA, ZONA DE EL NASO – LAS CALZADILLAS

El 7 de octubre, el seguro vino al rescate ya que el coche de John no arrancaba después de conducir hacia el «medio de la nada», por el camino de Bosmartín hacia Las Calzadillas. Sí que documentaron 4645, un agujero soplador, de 2 a 3 m de largo, en el lado de una depresión boscosa.

Pedro exploró 2806 para describir una parte que faltaba en la descripción. Resultó ser una pequeña sala con huesos de animales.

También fue el primero en explorar la cavidad 1529, encontrada en el verano de 2000.

    La entrada, de unos 2 m
    de profundidad, quizás
    se pueda destrepar sin más,
    pero una escala es útil. Una
    galería baja a una escalada
    en colada a una pequeña sala
    con huesos calcificados y no
    calcificados, probablemente
    de cabras. La continuación
    pronto se vuelve demasiado
    pequeña. Una sala más grande
    en el techo quizás se alcance
    con mayor seguridad a través
    de una ranura que sube justo
    dentro de la cueva. La sala
    tiene unos 4 m de diámetro y
    está bien decorada.

SECTOR NORESTE INCLUYENDO EL SISTEMA DE LOS CUATRO VALLES, SOLÓRZANO Y GARZÓN

Phil Papard, Kev, Iain y Steven pasaron dos días de noviembre en 0252/4732, logrando un avance «muy bueno» en la excavación sopladora en el extremo noreste de la cueva. Se vieron una gran cantidad de arañas. Pedro se unió a ellos el segundo día y se encontraron varios huesos de animales y un posible diente de oso.

Gordon, John, Bob y Phil Goodwin fueron a mirar en el área de Fresnedo el 2 de octubre sin encontrar nada nuevo. Sin embargo, informaron que entraron en 2539 pero «no encontraron señales de obstrucción, pero la descripción no concordaba con lo visto, es decir, no vimos ni la escalada ni la sala superior». Como esa cavidad se había encontrado completamente obstruida siete años antes, parece probable que fuese una nueva. La posible confusión aún debe aclararse.

El 30 de septiembre, Phil Goodwin, Gordon, Bob y John reexaminaron 4610 y Phil escribió una descripción actualizada:

Una cueva en la piedra caliza inclinada de esta área. En un prado, una depresión poco profunda, escasamente rodeada de árboles, tiene un agujero en el fondo que baja 8 m a través de bloques y da a una pendiente de rocas de unos 35°. La pared superior del lecho rocoso (¿techo?) se inclina a unos 60° hasta encontrarse con la pendiente. Ahí hay agujeros por los que las rocas caen por unos 10 m. En uno de ellos, un equipo pequeño podría sacar bloques para evaluar más a fondo las probabilidades de que haya una continuación.

Miraron al este y al sur de la principal depresión de Garzón, pero no se encontró nada.

MONTAÑAS AL ESTE

El 14 de noviembre, Juan descubrió por las malas que sacar fotos y vídeos con un dron cuando hay mucho sol y, por tanto, muchas sombras en la misma toma, los archivos resultantes son muy mediocres. El paseo hasta la Hoya de Yusa de 500 m de diámetro y 100 m de profundidad habría sido más productivo con el sol en lo alto o en un día nublado. Algunos de los archivos de reconocimiento tienen secciones que pueden ser útiles y se pueden ver o descargar del sitio web.[6]

SECTOR SUR

Phil Papard e Iain querían ir a la serie Itchy Crutch en Reñada (0048) el 26 de noviembre para mirar un interrogante por una gran rampa de bloques, pero la lluvia cambió sus planes.

    Sin embargo, vimos que el nivel de agua era muy alto
    con unos 15 cm de profundidad a través del bóveda
    sifonante pasando la última escalada de cuerda, con
    mucha agua bajando por del desnivel de calcita hasta
    donde toda el agua se sumerge y acumula, cerrando la

6 http://www.matienzocaves.org.uk/AerialPhotos/index.htm. 'Muela-Mullir' for the photos and 'Hoya de Yusa' for the 4 videos.

6 http://www.matienzocaves.org.uk/AerialPhotos/index.htm. «Muela-Mullir» para las fotos y «Hoya de Yusa» para los cuatro vídeos.

Torca 0189 (French No. 2444)

Topographie G. Simonnot et
S. Degouve, 2018

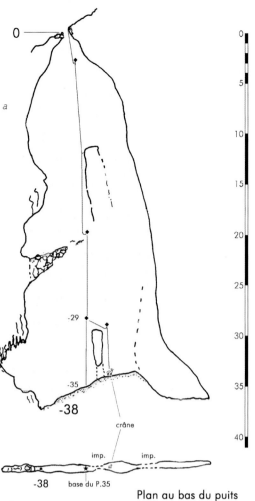

Coupe
suivant un
axe N 110°

P.35

-29

-35

-38

Nm 2018

crâne

imp.   imp.

-38   base du P.35

Plan au bas du puits

Monk area and Breakdown Chamber before a retreat was made.

Guy, Patrick and Sandrine continued opening up the Active Route in Torca de Corcada (0780), widening the route to make access more comfortable, then widening a way forward in the tight passage, 3m above the water.

A Madrid caving club, Colectivo Piezo, were exploring Cueva de Coquisera (0039). They were starting a new survey, installing many new anchors and generally fully documenting their re-explorations. Or, as Pedro put it:

10 bolts in the top of the Chinas pitch. Caving has changed. Gone are the days of hanging a ladder from a belay.

Pedro, Juan and Penny met with them in November while they were in Matienzo and it was thought that some may turn up during the Easter 2019 expedition.

Guy helpfully sent more information and surveys for the sites over the southern ridge towards Arredondo: 0189, 4364, 4365, 4379, 4826 and 4827. Most of these appeared to be in the Torca del Hoyón (0567) or Cueva Vallina (0733) catchment and so would probably drain to Cueva del Comellantes (0040) in La Vega, Matienzo.

Rupert was out in October, hoping to continue the downstream diving project in Cueva Vallina (0733) but there was significant rainfall the weekend he arrived.

At the bottom of Double Dutch Pitch, gear I had left in the summer had been washed around, indicating a water depth here of 2 to 3 metres. The small streamway between here and the Rio Rioja had flooded to the roof. In the Rio Rioja there were large deposits of sediment in many places. The ladder and rope on the Catalan Bypass had been washed up the climb. This was not climbable alone, so I had to return and bolt up it to reach the tackle.

There had clearly been a massive flood sometime since June. Continuing unstable weather meant that a bivi and dive in sump 6 was unlikely. However, I did manage a dive through to my camp area which had stayed high and dry above the flood, a big relief. The sumps 1 to 5 were all very muddy and vis on the return was less than one metre, of no consequence here, but this would have rendered further exploratory diving hopeless as all this mud would soon find itself in sump 6. The streamway was also muddier than usual, and my gear at sump 6 was in such a shitty condition that I brought out my regulators to properly clean them. I also carried through my sleeping bag, gas, food and a bolt kit to enable a better lowering rig to be set up. So it was a very useful trip.

Rupert also explored the pit at the base Jochen's Aven.

This was mainly a broken slope, and about 20 metres deep to a small hole down through dribbly boulders. A rift entered just above floor level. This had footmarks in the mud. I think this is the passage that is entered via a climb down, en route to the Catalan Avens. Upslope goes to the Avens, down slope probably leads to this rift, but it has not been written up in the description.

Looking up here, the ceiling pinched in to a vadose inlet. So, this is definitely not the base of the big pitch that I have discovered at the end of the Dog House passages high above. These must go off in a different direction.

On November 13th, Juan and Penny drove up on the rough road (the Colorado track) that runs approximately west - east over the middle of Cueva Vallina. The drone was sent up to take 3 preprogrammed video flights and four aerial panoramas, including one over the end of the inlet series from the east that Jim and Mark had been pushing.

«bóveda sifonante». En vista de esto, solo pasamos cerca de media hora mostrándole a Iain el área de Stuffed Monk y la Breakdown Chamber antes de que se retirarnos.

Guy, Patrick y Sandrine continuaron abriendo Active Route en Torca de Corcada (0780), ensanchando la ruta para que el acceso fuese más cómodo, luego ensanchando un continuación en una galería estrecha, a 3 m del agua.

Un club de espeleología de Madrid, Colectivo Piezo, estaba explorando la Cueva de Coquisera (0039). Estaban empezando una nueva topografía, instalando muchos anclajes nuevos y, en general, documentando por completo sus nuevas exploraciones. O, como dijo Pedro:

10 fijaciones en la cabecera del pozo Chinas. La espeleología ha cambiado. Atrás quedaron los días en los que se colgaba una escala de un asegurador.

Pedro, Juan y Penny se reunieron con ellos en noviembre mientras estaban en Matienzo y se pensó que algunos podrían volver durante la campaña de Semana Santa de 2019.

Guy amablemente envió más información y topografías para cavidades en la cordillera sur hacia Arredondo: 0189, 4364, 4365, 4379, 4826 y 4827. La mayoría de estos parecían estar en la cuenca hidrográfica de Torca del Hoyón (0567) y Cueva Vallina (0733) y probablemente desaguan en Cueva del Comellantes (0040) en La Vega, Matienzo.

Rupert fue en octubre con la esperanza de continuar con el proyecto de buceo aguas abajo en Cueva Vallina (0733), pero llovió mucho el fin de semana que llegó.

En la base de Double Dutch Pitch, el equipo que había dejado en verano había sido arrastrado por el agua, lo que indica una profundidad de 2 a 3 m. La pequeña galería activa entre aquí y el Rio Rioja se había inundado hasta el techo. En el Rioja había grandes depósitos de sedimentos en muchos sitios. La escala y la cuerda en Catalan Bypass habían sido arrastrada a lo alto de la escalada. No podía subirla sin ella, así que tuve que regresar y instalarla para llegar al equipo.

Claramente había habido una gran inundación en algún momento desde junio. La inestabilidad continua del clima significaba que un vivac y una inmersión en el sifón 6 eran improbables. Sin embargo, logré bucear hasta el área de mi campamento que se había mantenido seca por encima de la inundación, un gran alivio. Los sifones 1 a 5 estaban todos muy embarrados y la visibilidad a la vuelta era de menos de un metro; aquí no importa, pero haría que la exploración no se pudiera llevar a cabo ya que todo este barro pronto se encontraría en el sifón 6. La galería activa también tenía más barro de lo habitual, y mi equipo en el sifón 6 estaba en tan mal estado que saqué los reguladores para limpiarlos adecuadamente. También llevé mi saco de dormir, gas, comida y un kit de anclajes para poder instalar un mejor sistema de bajada. Así que fue una incursión muy útil.

Rupert también exploró el pozo en la base de Jochen's Aven.

Se trata principalmente de una pendiente quebrada, y de unos 20 m de profundidad hasta un pequeño agujero a través de bloques por los que caen gotas de agua. Hay una fisura justo por encima del nivel del suelo con huellas en el barro. Creo que esta es la galería a la que se accede por una bajada, de camino a Catalan Avens. La pendiente ascendente va a Avens, la pendiente descendente probablemente va de a esta fisura, pero no se ha descrito.

Mirando hacia arriba, el techo baja hasta una entrada vadosa. Así que, definitivamente, esta no es la base del gran pozo que he descubierto al final de las galerías de Dog House en lo alto. Deben ir en otra dirección diferente.

El 13 de noviembre, Juan y Penny condujeron por la carretera irregular (de Colorado) que va aproximadamente de oeste a este sobre el centro de Cueva Vallina. Se voló el dron para sacar 3 vídeo y cuatro panoramas con vuelo preprogramado, incluyendo uno sobre el final de la red del afluente del este que Jim y Mark habían estado explorando.

Juan was back on the 18th, walking north to the col between El Somo and La Piluca then walking round the north side of Piluca to end up at a spur at about 635m altitude having great views across to Muela and Mullir and down into the Asón. The drone, of course, had even better perspectives on the landscape. Five aerial panoramic shots were taken along with 3 pre-planned video fly-overs.

With the weather remaining stable, Juan was back up with Penny at the col the following day to take 2 pre-programmed video flights and three aerial panoramas around El Somo.

Juan regresó el 18, caminando hacia el norte hasta el collado entre El Somo y La Piluca y luego caminando por el lado norte de Piluca para terminar en un escarpe a unos 635 m de altitud con excelentes vistas de Muela, Mullir y hacia el Asón. El dron, por supuesto, tenía incluso mejores vistas. Se sacaron cinco tomas panorámicas junto con 3 vídeos en vuelos programados previamente.

Con el clima estable, Juan regresó con Penny al puerto al día siguiente para sacar 2 vídeos más y tres panoramas alrededor de El Somo.

2018 CHRISTMAS / NAVIDAD	Diane Arthurs	Martyn Grayson	Pete 'Pedro' Smith	Susan Martin
	Jess Eades	Neil 'Slim / Nez' McCallum	Simon Cornhill	
	Julia Arce Sáez	Paul 'Beardy' Swire	Steve 'Big Steve' Martin	

Simon and Diane were, once again, the main protagonists over the Christmas and New Year period, caving for 13 out of 14 days.

NORTHWEST AND FAR WEST SECTORS Jess and Martyn, in "regular clothes", looked at the entrance passages in site 3014 in the Peña Encaramada area. Last visited in 2008, the site is apparently complex at about 100m long and 30m deep, so needs surveying.

On December 23rd, Si and Di had an uneventful trip into 2246 close to the five-ways road junction in La Gatuna. They inspected the lead at the furthest downstream limit, finding it too tight. There was very little air movement and, with the heavily mud coated walls to around 2m above stream level and lack of footprints, it seems that the water backs up to a reasonably high level.

They also checked the high level passages at the downstream end but found "no leads apart from long term looking digs and no draught to speak of either". They were not impressed ...

What on earth inspired us both to go back down this sweaty shithole I'll never know!

The following day, after finding the Giant Panda entrance blocked (see below), they visited Barrio de los Urros hoping to gain access to Cueva de los Urros (2917).

Unfortunately the 'incident' from 2008 appears to still be very prominent in the residents' minds who live in the house above the entrance, as they kept mentioning the use of explosives. No matter what we could say, they were adamant that there is absolutely no access to this cave.
This situation feels odd as, when we explored this cave in 2013/2014 having spoken to all of the local residents at the time, there were no issues.
It is worth noting that on the owners property there were two new looking signs, one said 'neighbourhood watch' and the other had images of a CCTV camera, a police officer's head and a radio mast! This could explain how the Guardia Civil arrived so quickly when we attempted to approach the cave at Easter this year.

The Christmas Day trip saw Jess, Martyn, Beardy and Julia on a guided tour with Si and Di in Torca la Vaca (2889) through BigMat Calf Hole (3916). They reached the High Street oxbow and took pictures in Lechuguilla and Kendal Mint Cake Passages.

On December 25th, to help Jim Lister and Mark Smith move bottles, bags and themselves up and down the entrance pitch into Fuente Aguanaz (0713), Pedro and Steve cleared the pitch head of loose debris and placed bolts for a "comfortable ladder pitch".

NORTHERN LA VEGA, EL NASO AREA WEST TO LAS CALZADILLAS

After their disappointment in Cueva Hoyuca (0107), Si, Di and Neil spent three consecutive days (December 28th - 30th) in the North Vega System, getting acquainted with Torca del Regaton (0892). On day one they found the 70m entrance pitch ...

... one long hang to the floor of the shaft with three deviations. The top one is only a couple of metres down from the belay and can be tricky to pass for folk with short legs. Unfortunately, this is necessary as the rope is only just missing a rub point. Maybe another deviation could be fitted around 20m down to allow the top one to be extended a bit?

They had a look round the area at the bottom of the shaft with Simon going as far as Power House Junction. They completed the logbook entry with a warning about the main drop.

From the head of the new pitch above the big pitch, it is possible for dislodged rocks to bounce and go all the way down the shaft. Although unlikely, if a 'big one' escaped from here it could start a landslide of stacked debris - stay well clear at the bottom of the big pitch and be careful at the top!

Day two was taken up with traversing Peaky Passage, inspecting side passages and reaching the head of the p4 to the final boulder choke and sump.

What a great trip along fantastic and varied passage, with a grand final pitch in the entrance series!

On the third day in the cave, an aven in the Power House, just

Simon y Diane fueron, una vez más, los principales protagonistas durante el período de Navidad y Año Nuevo, entrando en cuevas 13 de los 14 días.

SECTOR NOROESTE Y EXTREMO OESTE Jess y Martyn, con «ropa normal», echaron un vistazo en la red de entrada de 3014 en el área de Peña Encaramada. Visitada por última vez en 2008, la cavidad es aparentemente compleja con unos 100 m de largo y 30 m de profundidad, por lo que necesita un topografía.

El 23 de diciembre, Si y Di tuvieron una salida sin incidentes en 2246 cerca del cruce de cinco caminos en La Gatuna. Inspeccionaron el interrogante en el límite más alejado aguas abajo, pero era demasiado estrecho. Había muy poco movimiento de aire y, con las paredes cubiertas de barro a unos 2 m sobre el nivel del agua y la falta de huellas, parece que el agua sube bastante.

También comprobaron los galerías de nivel superior en el extremo aguas abajo, pero no encontraron «pistas, aparte de excavaciones a largo plazo y ninguna corriente». No les impresionó...

¡Qué demonios nos inspiró a ambos a volver a este antro sudoroso, nunca lo sabré!

Al día siguiente, tras encontrar obstruida la entrada Giant Panda (véase a continuación), fueron al Barrio de los Urros con la esperanza de entrar a la Cueva de los Urros (2917).

Por desgracia, el «incidente» de 2008 parece aún estar muy presente en la mente de quienes viven en la casa sobre la entrada, ya que seguían mencionando el uso de explosivos. Daba igual lo que dijésemos, insistieron en que no hay absolutamente ningún acceso a esta cueva.
Esta situación es muy extraña ya que, cuando exploramos esta cueva en 2013/2014 después de haber hablado con todos los vecinos en ese momento, no hubo problemas.
Merece la pena señalar que en la propiedad de los dueños había dos letreros nuevos, uno decía «Vigilancia del vecindario» y el otro tenía imágenes de una sala de circuito cerrado de televisión, la cabecera de un oficial de policía y un mástil de radio. Esto podría explicar cómo llegó tan rápido la Guardia Civil cuando intentamos acercarnos a la cueva esta Semana Santa.

El día de Navidad, Jess, Martyn, Beardy y Julia fueron en una visita guiada con Si y Di a Torca la Vaca (2889) a través de BigMat Calf Hole (3916). Llegaron al meandro de High Street y sacaron fotografías en Lechuguilla y Kendal Mint Cake Passages.

El 25 de diciembre, para ayudar a Jim Lister y Mark Smith a mover botellas, bolsas y a ellos mismos por el pozo de entrada a Fuente Aguanaz (0713), Pedro y Steve limpiaron las rocas sueltas de la cabecera del pozo y colocaron anclajes para que fuese un «pozo cómodo con escala».

EL NORTE DE LA VEGA, ZONA DE EL NASO – LAS CALZADILLAS

Tras su decepción en la Cueva Hoyuca (0107), Si, Di y Neil pasaron tres días consecutivos (28 al 30 de diciembre) en el sistema de La Vega, familiarizándose con la Torca del Regatón (0892). El primer día por el pozo de entrada de 70 m...

Una larga bajada al suelo con tres desviaciones. El de arriba está a solo un par de metros de la fijación y para personas con piernas cortas puede ser difícil pasarlo. Por desgracia, es necesario ya que la cuerda está muy cerca de un punto de fricción. ¿Quizás se podría colocar otra desviación alrededor de 20 m hacia abajo para que la superior se extendiese un poco?

Echaron un vistazo al área en la base del pozo con Simon yendo hasta Power House Junction. Completaron la entrada del libro de salidas con una advertencia sobre el pozo principal.

Desde la cabecera del nuevo pozo por encima del grande, las rocas desprendidas pueden rebotar y caer hasta el fondo. Aunque es poco probable, si una «grande» se escapa, podría provocar un derrumbe de rocas. ¡Hay que mantenerse lejos de la base del pozo y tener cuidado en la cabecera!

El segundo día lo pasaron en una travesía en Peaky Passage, inspeccionando las galerías laterales y llegando a la cabecera del P 4 hasta el caos de bloques y sifón final.

¡Una incursión estupenda por un galería fantástica y variado, con un gran pozo final en la red de la entrada!

before Alcove Junction, was climbed for 30m where it went through a slot in the roof to enter a parallel aven with no way out. Si and Di then pushed the inlet just north of Alcove Junction.

I guess that we got a bit further than previous explorers as we dug through a couple of squeezes ending in an inclined wriggle over blocks which then went flat out through water, being too tight after a couple of metres. It's hard to tell how much was new as most of the scamper marks had been washed away along with any evidence of survey stations.

A final trip into Regaton was carried out by Si and Di on January 4th. They went straight to the 4m ladder pitch and noted that the static sump had a green hue to it and a very soft silty bottom.

We spent several hours trying to pass the choke, recovering and laying the original string into what seems to be the way on. Digging through many squeezes we eventually emerged into a 5m diameter breakdown chamber with no real obvious way out of it. There wasn't much draught in the choke to speak of with it being January. Maybe returning in the summer would help? We couldn't find any survey stations in the extensive sump/choke area so, on checking the Survex files when we got back, we realized that the nearest station is in the chamber before the wriggle to the 4m pitch, which means the sump / choke on the survey must be an estimated sketch.

Other anomalies were also spotted in the Survex data including after The Stoop on the crawl over fallen beds. Here, a side passage on the right was entered and "had written survey stations from 2005 by Pete Eagan & Pete Hall but isn't on the survey or centreline".

These investigations gave Jim Lister valuable information for his dives in the summer, 2019.

THE NORTHEAST SECTOR INCLUDING THE FOUR VALLEYS SYSTEM, SOLÓRZANO AND GARZÓN

Jess and Martyn had a couple of digging sessions in Near the Bar Pot (0603) at the top of the Mushroom Field. They broke up a flake that had fallen into the start of the entrance crawl then spent some time clearing the crawl of rocks. At the dig face, they "rattled some boulders in the floor" to open up a narrow choked hole. In the terminal chamber they noticed the dodgy slab on the right hand side, then excavated in the floor "near the draught".

Near to Fuente las Varas, a hillside fire cut short their search for site 0624 on December 24th although they were still unable to find the site two days later in the newly burnt area.

Si and Di intended to rig the Giant Panda (2691) entrance series to Cueva Hoyuca on December 24th but found the entrance to the newly installed tube blocked with several torso-sized boulders which had fallen out of the short climb from the surface.

This had left the walls of the climb down overhung and in a very precarious state. The decision was made not to descend until some shoring had been installed.

They spent some time on December 26th making the entrance safer.

The original acrow-props holding back the rotting pallets and the banking are now connected to scaffold pinned into bedrock, wobbly blocks secured and boards fitted to, hopefully, stop anymore spoil slumping in.

On December 27th, Neil gardened on the far side of the tube at the head of the first pitch but it still looked unstable. However, with Si and Di completing the team, an "efficient trip" was made up to Tixtu Aven via the alternative, longer but dry route, avoiding a soaking in Sloppy

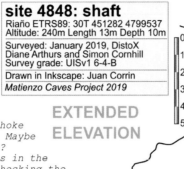

site 4848: shaft
Riaño ETRS89: 30T 451282 4799537
Altitude: 240m Length 13m Depth 10m
Surveyed: January 2019, DistoX
Diane Arthurs and Simon Cornhill
Survey grade: UISv1 6-4-B
Drawn in Inkscape: Juan Corrin
Matienzo Caves Project 2019

PLAN

1m squeeze
c-2
altitude 230m

1m squeeze
c-3
entrance altitude 240m
p5

altitude 235m

0   1   2   3
m

Ng

EXTENDED ELEVATION

entrance

0
1
2
3
4
5
m

eucalyptus roots

En el tercer día en la cueva, una chimenea en Powerhouse, justo antes de Alcove Junction, se escaló por 30 m donde pasó por una ranura en el techo para entrar en una chimenea paralela sin salida. Si y Di luego miraron en la lateral justo al norte de Alcove Junction.

Supongo que llegamos un poco más lejos que los exploradores anteriores pues excavamos a través de un par de gateras y luego nos deslizamos entre bloques que se hunden en el agua, volviéndose demasiado estrecho tras un par de metros. Es difícil saber cuánto había nuevo, ya que la mayoría de las marcas habían desaparecido junto con cualquier evidencia de estaciones de topo.

Si y Di hicieron una última incursión a Regatón el 4 de enero. Fueron directamente al pozo con escala de 4 m y vieron que el sifón estático tenía un tono verde y un fondo de sedimentos.

Pasamos varias horas intentando pasar la obstrucción, recuperando y colocando la cuerda original en lo que parece ser la ruta. Excavando a través de muchas gateras, finalmente salimos a una sala de hundimiento de 5 m de diámetro sin continuación obvia. No había mucho tiro en la obstrucción, siendo enero. ¿Quizás ayudaría regresar en el verano? No pudimos encontrar ninguna estación de topografía en la extensa área de sifón/obstrucción, por lo que, al revisar los archivos de Survex al salir, nos dimos cuenta de que la estación más cercana está en la sala antes del laminador al pozo de 4 m, lo que significa que el sifón/obstrucción en la topo debe ser un boceto estimado.

También detectaron otras anomalías en los datos de Survex, incluyendo después de The Stoop en la gatera sobre bloques caídos. Aquí, entraron a un galería lateral a la derecha y «había estaciones de topo Pete Eagan & Pete Hall de 2005, pero no está en la topografía ni en la poligonal».

Estas pesquisas le dieron a Jim Lister información valiosa para sus exploraciones en verano de 2019.

SECTOR NORESTE INCLUYENDO EL SISTEMA DE LOS CUATRO VALLES, SOLÓRZANO Y GARZÓN

Jess y Martyn tuvieron un par de sesiones de excavación en Near the Bar Pot (0603) en la parte superior del prado de Carcavuezo. Rompieron una roca que había caído en el inicio del gatera de la entrada y luego pasaron un rato limpiando la gatera de rocas. En la excavación, «sacudieron algunas rocas en el suelo» para abrir un estrecho agujero obstruido. En la sala terminal vieron la losa poco fiable en el lado derecho, luego excavaron en el suelo «cerca de la corriente».

Cerca de Fuente las Varas, un incendio en la ladera interrumpió su búsqueda de 0624 el 24 de diciembre, aunque tampoco lo pudieron encontrar dos días después en el área recién quemada.

Si y Di tenían la intención de instalar la red de la entrada Giant Panda (2691) a Cueva Hoyuca el 24 de diciembre, pero se encontraron la entrada al tubo recién instalado bloqueada con varias rocas del tamaño de un torso que se habían caído de la corta escalada desde la superficie.

Esto había dejado las paredes del destrepe en un estado muy precario. Decidimos no bajar hasta que no se hubieran apuntalado.

Pasaron un rato el 26 de diciembre asegurando la entrada.

Los soportes originales que sujetan los pallets podridos y el terraplén están conectados a un andamio clavado en el lecho de roca, los bloques que se movían se han asegurado y se han instalado tablas para, con suerte, evitar que las piedras

Looking down the Giant Panda entrance climb.
La vista por el pozo de entrada de Giant Panda. *Diane Arthurs*

Inlet.

The tatty rope that had been taken off the Tixtu pitch a few years ago and left on a high ledge at the bottom of it, couldn't be found anywhere. ... This caused us a bit of a predicament, as a 20m rope was needed to descend into the lower levels of Professional Advice Chamber so, once we were all at the top of Tixtu Aven, Simon de-rigged the 'up' pitch to recover enough rope.

Meanwhile Di and Neil took photos and video of the skeleton found some five years earlier.

Finally, we completed the descent, started surveying and eventually found ourselves at the limit of the 2014 exploration in the 1.5m wide 5m high rift.

Unfortunately, the extension was short lived and ended after around 40m. In total, 85m of new passage was surveyed. (Batch 0107_uzueka.sloppyinlet.pt4).

Very disappointing, but every lead can't be a winner I suppose. We returned re-rigging Tixtu Aven and, as we were wallowing out of the Sloppy Inlet canal, the missing rope was recovered!

Si and Di returned to Giant Panda on January 2nd to retrieve unused scaffold and insert a few more boards. They noted that ...

... care is needed exiting the tube and on the climb down into the small chamber at the head of the first pitch, due to the close proximity of the loose roof and walls. Also, it is still possible that debris from the surface can fall all of the way to the bottom of the pitches, so it is recommended one at a time on the rope and keep well clear at the bottom.

They then investigated the hillside with forestry works above Fuente de la Cuvía (0207) documenting one short hole, 4848 - 10m deep and 13m long, ending in a small blind enlargement with an animal skeleton at the bottom.

On another glorious day after "a late night watching the awesome Quadrantids meteorite shower", they returned to document two new holes higher up the hill: 4849 - a 4m deep shaft choked with empty food cans and 4850 - a tight entrance to a narrow shaft emitting a good warm draught. They surveyed this as 23m deep, enlarging at the bottom but unfortunately blind.

On their final day, in blazing sunshine, the pair again prospected on the surface, this time up the valley to the east and south where they came across 1317 - "no draught and no prospect" but reckoned that 1316 was buried under a logging track. They did document another couple of holes: 4851 - a tight shaft blocked by a large boulder where rocks rattle down for a couple of metres, and 4852 - a 3m deep, choked hole.

SOUTHERN SECTOR Acquainting themselves with the area, Martyn and Jess set out to find cave 0714, above and south of the Sima de la Piluca (0472). They looked around the large steep-sided bowl for a couple of hours but were unsuccessful. Back down towards the Cantones track they rediscovered 1238, 2451, 0669 and 4681.

Back in the area five days later on December 24th, they explored and dug in site 1246, also taking photos and video. On December 27th, they documented a new site, 4950.

Hidden among the limestone outcrops. An entrance descending immediately to around 8m. Bolt placed and backed up on natural features. Martyn descended the shaft. It keeps going and has a small dogleg in the shaft which requires an additional bolt placement for a deviation cord. Drops into a chamber with a pool of water. Still going. Routes off.

The site has yet to be revisited.

Site 1512, on the opposite side of the valley from Torca de la Mega Mujer (0413), had last been visited in 2008, when a corner in a continuing passage has been snappered out. Si, Di and Neil went to inspect the prospects on January 1st.

Having looked round the final snappered corner it became apparent that this was a big job. In the UK, this lead would be getting riddled with one metre shot holes stuffed full of something rather more vigorous!

In site 0179, slightly further up the hill, they had a "quick lap round this interesting hole" but concluded that it had "little prospect".

Ng

PLAN
Entrance

0 1 2 3 4
m

ELEVATION projected
on 270° - 90°

site 4850: shaft
Riaño 30T 451143 4799491 (ETRS89)
Altitude 284m Length: 23m Depth:23m
Surveyed: January 2019
Diane Arthurs & Simon Cornhill -
DistoX2 and PDA to BCRA Grade5
Drawn in Inkscape:
Simon Cornhill & Diane Arthurs
Matienzo Caves Project 2019

se derrumben.

El 27 de diciembre, Neil limpió el lado más alejado del tubo en la cabecera del primer pozo, pero aún parecía inestable. Con Si y Di completando el equipo, tuvieron una «incursión eficiente» hasta Tixtu Aven por la ruta alternativa, más larga pero seca, evitando mojarse en Sloppy Inlet.

La cuerda vieja que se quitó del pozo Tixtu hace unos años y se dejó en una repisa alta en la parte inferior. [...] Nos causó un pequeño problema, ya que se necesitaba una cuerda de 20 m para bajar a los niveles inferiores de Professional Advice Chamber , por lo que, una vez que estuvimos todos en lo alto de Tixtu Aven, Simon desinstaló el pozo «ascendente» para tener suficiente cuerda.

Mientras tanto, Di y Neil sacaron fotos y vídeos del esqueleto encontrado unos cinco años antes.

Finalmente, completamos el descenso, empezamos a topografiar y al final llegamos al límite de la exploración de 2014 en la fisura de 1,5 m de ancho y 5 m de altura.

Por desgracia, la extensión duró poco y terminó tras unos 40 m. En total, se topografiaron 85 m de nueva galería. (Lote 0107_uzueka.sloppyinlet.pt4).

Muy decepcionante, pero supongo que no todas las pistas pueden ser buenas. Regresamos reinstalando Tixtu Aven y, al salir del canal de Sloppy inlet, ¡recuperamos la cuerda que faltaba!

Si y Di regresaron a Giant Panda el 2 de enero para recuperar el andamio sin usar y colocar algunas tablas más. Vieron que...

Hay que tener cuidado al salir del tubo y al bajar a la pequeña sala en la cabecera del primer pozo, por la proximidad del techo y paredes sueltas. Además, todavía es posible que rocas de la superficie puedan caer hasta el fondo, por lo que se recomienda uno a la vez en la cuerda y mantenerse bien alejados en la base.

Luego investigaron la ladera con trabajos forestales sobre la Fuente de la Cuvía (0207) documentando un agujero corto, 4848, de 10 m de profundidad y 13 m de largo, que termina en una pequeña ampliación ciega con un esqueleto de animal en la parte inferior.

En otro día estupendo después de «una noche viendo la impresionante lluvia de meteoritos de las Cuadrántidas», regresaron para documentar dos nuevos agujeros subiendo por la ladera: 4849, un pozo de 4 m de profundidad atascado con latas de comida vacías, y 4850, una entrada estrecha a un pozo estrecho que exhalaba una buena corriente cálida. Mide 23 m de profundidad y se agranda en la base, pero, por desgracia, ciego.

En su último día, bajo un sol abrasador, la pareja nuevamente buscó agujeros en la superficie, esta vez en el valle hacia el este y el sur, donde encontraron 1317: «sin corriente ni potencial», pero calcularon que 1316 estaba enterrado bajo una pista forestal. Documentaron otro par de agujeros: 4851, un pozo estrecho bloqueado por un gran bloque por el que las rocas caen un par de metros, y 4852, un agujero obstruido de 3 m de profundidad.

SECTOR SUR

Familiarizándose con el área, Martyn y Jess se dispusieron a encontrar la cueva 0714, encima y al sur de la Sima de la Piluca (0472). Miraron alrededor de la gran dolina durante un par de horas, pero sin éxito. De vuelta hacia la pista de Cantones redescubrieron 1238, 2451, 0669 y 4681.

De regreso al área cinco días después, el 24 de diciembre, exploraron y excavaron en 1246, donde también sacaron fotos y vídeos. El 27 de diciembre, documentaron un nuevo agujero, 4950.

Escondido entre los afloramientos de piedra caliza. Una entrada que desciende inmediatamente a unos 8 m. Fijación colocada y un anclaje natural de refuerzo. Martyn bajó por el pozo. Continúa y tiene un pequeño zigzag en el pozo para el que hay que colocar otro anclaje para un desviador. Da a una sala con un charco de agua. Aún continúa con varias rutas.

Nadie ha vuelto aún.

La cavidad 1512, en el lado opuesto del valle de la Torca de la Mega Mujer (0413), se había visitado por última vez en 2008, cuando se abrió una esquina en una galería que continuaba. Si, Di y Neil fueron a inspeccionar los interrogantes el 1 de enero.

Después de mirar alrededor de la última esquina, nos quedó claro que iba a llevar mucho trabajo. En el Reino Unido, esto estaría plagado de agujeros de un metro llenos de algo ¡bastante más vigoroso!

En 0179, subiendo por el monte un poco más, echaron una «vuelta rápida alrededor de este interesante agujero», pero concluyeron que tenía «poco potencial».

Mainly gypsum formations in Lechuguilla Passage and Kendal Mint Cake with
Jess Eades (top left), Julia Arce Sáez (top right) and Diane Arthurs.
Formaciones, en su mayoría, de yeso en Lechuguilla Passage y
Kendal Mint Cake con Jess Eades (arriba a la izda.),
Julia Arce Sáez (arriba a la dcha.) y Diane Arthurs. *Paul 'Beardy' Swire*

Northern La Vega, El Naso area west to Las Calzadillas

Pedro found, photographed and surveyed 44m in a well decorated cave (4856) on El Naso, about 80m above the houses at La Via.

The Northern Sector After successfully guiding and supervising palaeoclimate research by Andi Smith and Laura Deeprose in Cueva de Asiul (0061) and Cueva de las Perlas (0074), Dr Peter Wynn from the Environment Centre at Lancaster University was working at a new project - analysing stal for nitrogen[1]. Scott Ambler was the master's degree student and Andy provided technical assistance. The site for study, ear-marked a year ago, was the entrance passages in Cueva Llanío (3234), as these spaces were underneath fields that had been used as pasture.

The Lancaster University team were in the cave three times in January, with Juan joining them on one occasion to photograph and video the work of setting out collection bottles and sampling mud.[2]

Southern Sector Phil went out prospecting up towards the La Piluca - El Somo area amid heavy showers. He found two new holes. Site 4853 is a 2 x 1m slot going down a few metres at 55° to limestone blocks. Water was heard running away. "Well worth a good look with digging gear."

Site 4854 was described as a 2 x 2m opening in limestone also with running water heard.

Pedro had problems with a water trace from site 1265 to a small resurgence 4855 in Carrales. After putting OBA into 1265 he found that the fluocapteur in 4855 had disappeared - "Next time I'll fasten the detector more securely".

Another attempt proved negative with Pedro suggesting that not enough OBA had been used or not enough time had been left between injection and checking.

Photos: site 4856.
Fotos: sitio 4856.
Peter Smith

Entrance

PLAN

Site 4856 (La Secada)
30T 0451759 4796989 245m
Length: 44m   February 2019
Survey: Peter Smith

El Norte de La Vega, Zona de El Naso – Las Calzadillas

Pedro encontró, fotografió y topografió 44 m en una cueva bien decorada (4856) en El Naso, a unos 80 m por encima de las casas de La Vía.

Sector Norte

Después de guiar y supervisar con éxito la investigación paleoclimática de Andi Smith y Laura Deeprose en Cueva de Asiul (0061) y Cueva de las Perlas (0074), el Dr. Peter Wynn del Centro de Medio Ambiente de la Universidad de Lancaster estaba trabajando en un nuevo proyecto: el análisis de estalagmitas en busca de nitrógeno.[1] Scott Ambler era la estudiante de Máster encargada del estudio y Andy brindó asistencia técnica. La cavidad del estudio, elegida un año antes, era la Cueva Llanío (3234), en las galerías de la entrada, ya que estaban debajo de prados que se habían utilizado para el pasto.

El equipo de la Universidad de Lancaster visitó la cueva tres veces en enero, y Juan se unió a ellos en una ocasión para fotografiar y grabar en vídeo el trabajo de colocar las botellas de recolección y la toma de muestras de barro.[2]

Sector Sur Phil salió a prospeccionar hacia la zona de La Piluca - El Somo en medio de fuertes lluvias. Encontró dos nuevos agujeros. El 4853 es una ranura de 2 x 1 m que baja unos metros a 55° hasta bloques de piedra caliza. Podía oír agua corres. «Merece la pena echarle un buen vistazo con equipo de excavación».

El 4854 se describió como una abertura de 2 x 2 m en piedra caliza también con agua corriente.

Pedro tuvo problemas con un trazado hidrológico desde 1265 hasta una pequeña surgencia 4855 en Carrales. Después de verter agente abrillantador en 1265, descubrió que el captador de 4855 había desaparecido: «La próxima vez ataré el captador mejor».

Otro intento resultó negativo y Pedro sugirió que no se había utilizado suficiente agente abrillantador o que no se había dejado suficiente tiempo entre el vertido y el control.

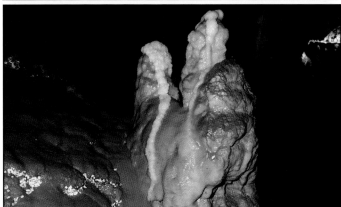

1   2018, January / February, page 301.
2   See "Ten years of Lancaster University-led teaching and research in the Matienzo depression", pages 461 - 466.

1   Véase enero/febrero de 2018, p. 301.
2   Véase 10 años de docencia e investigación de la Universidad de Lancaster en el valle de Matienzo, las páginas 461- 466.

2019 Easter / Semana Santa

Abel Arroyo
Alex Ritchie
Amata Hinkle
Andy Pringle
Andy Quin
Ángel San Juan Gálvez
Antonio Barragán
Carmen Smith (Haskell)
Caolina Smith de la Fuente
Chris Camm
Chris Scaife

Chris Sharman
Dan Hibberts
Dave Milner
David 'New David' Rigby
Eleanora Carlisle
Emilio Muñoz Fernandez
Francesca McDonald
Guy Simonnot
Hilary Papard
James Carlisle
Jason Kirby (Cardwell)
Jenny Corrin
Jess Eades
Jim Lister

John Proctor
John Southworth
Juan Carlisle
Juan Corrin
Julie Bridgeman
Karen Korsgaard Redder
Lloyd Cawthorne
Louise Korsgaard
Marie Korsgaard Redder
Mark Edwards
Mark 'Killer' Smith
Martyn Grayson
Miguel A. Molleja-Miki
Mike Topsom

Miranda Litchfield
Nick ?
Nigel Easton
Patrick Degouve
Patrick Devine
Penny Corrin
Pete 'Pedro' Smith
Peter Eagan
Peter Fast Nielsen
Phil Goodwin
Phil Papard
Phil Parker
Raoul Hidalgo Charman
Richard Bendall

Rob Grimes
Roberto Lumbreras
Rupert Skorupka
Sam ?
Sandrine Degouve
Silvia Cerrada
Steve 'Big Steve' Martin
Terry Whitaker
Tom 'Cave Ferret' Thomson
Torben Redder

The permit area had, once again, been altered. Monte Vizmaya at Entrambasaguas had been removed but the hillsides to the east and west of Hazas de Cesto (north of Solórzano) had been asked for and added by the authorities. The northern limit in the municipality is the main N-634 road.

The Matienzo Karst Entomology Project was in full swing again - Tom

El área del permiso, una vez más, había cambiado. El monte Vizmaya en Entrambasaguas se había quitado, pero las laderas al este y oeste de Hazas de Cesto (norte de Solórzano) se habían solicitado a las autoridades y se habían concedido. El límite norte es la carretera principal N-634.

El proyecto de entomología seguía a pleno rendimiento: Tom y Amata

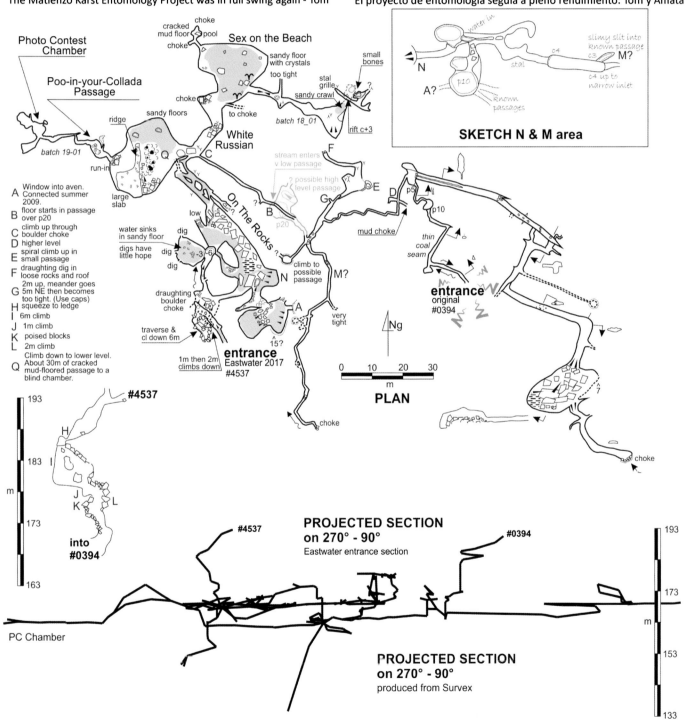

A Window into aven. Connected summer 2009.
B floor starts in passage over p20
C climb up through boulder choke
D higher level
E spiral climb up in small passage
F draughting dig in loose rocks and roof
G 2m up, meander goes 5m NE then becomes too tight. (Use caps)
H squeeze to ledge
I 6m climb
J 1m climb
K poised blocks
L 2m climb
Q Climb down to lower level. About 30m of cracked mud-floored passage to a blind chamber.

PLAN

SKETCH N & M area

PROJECTED SECTION
on 270° - 90°
Eastwater entrance section

PROJECTED SECTION
on 270° - 90°
produced from Survex

Sites 0394 & 4537 Cueva Collada (original and Eastwater entrances)

date: 12th May 2019

La Gatuna **0394** @ 30T 0449818 4798844 Altitude 189m; **4537** @ 30T 449739 4758824 Altitude 193m (Datum ETRS89) Length 1109m Depth 50m
Surveyed 1982, 2005, 2006, 2009, 2017- 2019 to BCRA 5c
Drawn by Juan Corrin in Corel Draw from logbook sketches and original drawings by Juan Corrin, Torben Redder,
Peter Smith, Johnny Latimer, James Carlisle, Alex Ritchie, Chris Scaife, Simon Cornhill and Diane Arthurs.

Matienzo Caves Project 2019

and Amata went into various caves, doing some photography, spot sampling and taking out pitfall traps that had been installed the year before. These sites included Lenny's Cave (3721) and La Bodega (0288) in Secadura; La Cuvia (0086), Sima-Cueva del Risco (0025), Cueva-Cubío de la Reñada (0048), Cueva de Jivero 2 (0017), cave 0252, Las Cosas (0084), 2½ Fat Ladies (0880), Cueva del Agua (0059) and Orillonzuco (1162) in Matienzo; Cueva-Cubío del Llanío (3234) in Riaño; Torca la Vaca (2889) at San Antonio, and Cueva del Coverón (0002) above Riva. They had masses of data to sort through by the end of their time in Matienzo but there were likely to be new species. "Overall, extremely successful project".[1]

Interestingly, the remains brought out from Professional Advice Chamber in Cueva Hoyuca (0107) were identified as leopard, Panthera pardus, by the palaeontologist Pedro Castaños.

site 4911: Litigation Pot
La Gatuna ETRS89: 30T 449909 4798785 Altitude: 225m
Length: 196m Vertical range: -14m +15m
This cave survey is aligned to the ETRS89 grid which is 0.4° west of True North.
Surveyed: April 2019 by Chris Scaife, Alex Ritchie, James Carlisle and Chris Sharman
Survey grade: UISv1 4-3-A Original drawing: Alex Ritchie
Drawn in Inkscape: Juan Corrin
Matienzo Caves Project 2019

Jess Eades, a principal ecologist with a Peak District ecological consultants company, was preparing for a study of the bats in the caves around Matienzo.

Peter 'Pedro' Smith had been busy before the Easter expedition, repositioning sites in the Barrio de Carrales, on El Naso, on the hill between Llueva and Secadura, and at San Miguel de Aras.

NORTHWEST AND FAR WEST SECTORS Over April 11th and 12th, Richard, on his first trip to Matienzo, was shown around the area by Phil Parker, Chris Camm and Nigel. He documented a number of holes just above the road at the head of the La Gatuna valley: site 4876 - a hole below the cliff with an easy climb in, a 3m deep pit with two skeletons with sharp teeth and a route over the pit leading to a second entrance, and 4906 - a choked 6m long and 4m deep rift with straws in the roof. Sites 4898 - 4905 were mostly small, fenced holes with no potential.

Below the road, on April 17th, Chris Sharman, Chris Scaife, Alex and James went through the new Eastwater entrance (4537) to push the dig at the northwest corner of White Russian in Cueva de Collada (0394). This soon "crapped out" and other leads also went nowhere.

Rather more successful was the walk back up the hill when they decided to follow a track through the eucalyptus wood.

This led to a shakehole with an 11m hole down with a freezing draught. The draught is of Reñada size and bigger than the Eastwater one.

The team then went "spot-holing" on the back, recently concreted, road up to Fuente las Varas. As well as finding old sites including 0400, 1365 and 1371 they part-documented 4912 - a cave in the cliff east of 0400 which goes for 5m and continues, and 4913 - a set of rifts that could be opened up easily. Stones fell for a few metres then rolled further down. At the start of the track up, site 4918 was described as a 6m deep, open shaft and "free-climbable with ease".

Two days later, the four were back with "all manner of things" expecting the cave (now coded as site 4911) to go vertical but, as it

entraron en varias cuevas, sacaron fotografías, recolectaron ejemplares y sacaron las trampas que se habían instalado el año anterior. Las cuevas usadas en el estudio incluían la Cueva de Lenny (3721) y La Bodega (0288) en Secadura; La Cuvía (0086), Sima-Cueva del Risco (0025), Cueva-Cubío de la Reñada (0048), Cueva de Jivero 2 (0017), cueva 0252, Las Cosas (0084), 2½ Fat Ladies (0880), Cueva del Molino (0059) y Orillonzuco (1162) en Matienzo; Cueva-Cubío del Llanío (3234) en Riaño; Torca la Vaca (2889) en San Antonio y Cueva del Coverón (0002) sobre Riva. Tenían una gran cantidad de datos para clasificar antes de terminar su estancia en Matienzo, pero era probable que hubiera nuevas especies. «En general, proyecto de gran éxito».[1]

Curiosamente, los restos sacados de Professional Advice Chamber en Cueva Hoyuca (0107) se identificaron como pertenecientes a un leopardo, Panthera pardus, por el paleontólogo Pedro Castaños.

Jess Eades, ecóloga principal de una empresa de consultores ecológicos de Peak District, se estaba preparando para un estudio de los murciélagos de las cuevas alrededor de Matienzo.

Peter Smith había estado ocupado antes de la expedición de Semana Santa, reubicando cuevas en el Barrio de Carrales, en El Naso, en la colina entre Llueva y Secadura y en San Miguel de Aras.
NOROESTE Y EXTREMO OESTE El 11 y 12 de abril, Richard, en su primera visita a Matienzo, recibió una visita guiada por la zona de la mano de Phil Parker, Chris Camm y Nigel. Se documentaron una serie de agujeros justo encima de la carretera en la cabecera del valle de La Gatuna: 4876, debajo del peñasco con un destrepe fácil, un pozo de 3 m de profundidad con dos esqueletos con dientes afilados y una ruta sobre el pozo que conduce a una segunda entrada, y 4906, una fisura obstruida de 6 m de largo y 4 m de profundidad con macarrones. Los 4898 - 4905 eran en su mayoría pequeños agujeros cercados sin potencial.

Más abajo, el 17 de abril, Chris Sharman, Chris Scaife, Alex y James entraron por la nueva entrada de Eastwater (4537) para mirar la excavación en la esquina noroeste de White Russian en Cueva de Collada (0394) que pronto «se quedó en nada» y otras pistas tampoco fueron a ninguna parte.

La caminata de regreso monte arriba fue más productiva cuando decidieron seguir un camino a través del bosque de eucaliptos.

Nos llevó a un hoyo con un pozo de 11 m de profundidad con una corriente de aire helada. La corriente es de tamaño Reñada y más grande que la de Eastwater.

A continuación, el equipo se fue «a buscar agujeros» por la, recién asfaltada, carretera hasta Fuente las Varas. Además de encontrar algunos conocidos, incluidos 0400, 1365 y 1371, documentaron parcialmente 4912, una cueva en el peñasco al este de 0400 con 5 m y continúa, y 4913, un conjunto de fisuras que podrían abrirse fácilmente. Las piedras caían durante unos metros y luego seguían rodando. Al comienzo del camino, el 4918 se describió como un pozo abierto de 6 m de profundidad, «fácil de destrepar sin cuerdas».

---

1   See "Cave Biology of Matienzo with a Focus on Entomology", pages 467 - 474

1   Véase La biología subterránea de Matienzo y su entomología, plas páginas 467 - 474.

Alex, James and Chris Sharman in and around 4911.   Alex, James y Chris Sharman en 4911 y sus alrededores.   *Chris Scaife*

turned out, only a single ladder was necessary dropping 6 - 7m onto a steep slope and a loose chamber. Alex wrote:

Once I found somewhere to hide from the shrapnel, I shouted the others down. James and Chris Sharman found an improbable dig in boulders while Chris Scaife and I surveyed into the one open passage - an inlet with a small stream and draught.

The passage proved to be stooping and occasional walking-height. They eventually reached a squeeze through sand and a junction where the four met up again.

We were forced up and along a high passage across many holes. Eventually we reached a climb up that only James braved. Beyond this, the only way on seemed to be up an aven that would need bolting. It did not look like there was anything at the top. Back at the junction, left followed the rift at floor level to a small chamber. A passage led off but this ended at a rabbit-sized hole.

Almost 200m were surveyed.

Chris Camm, Nigel, Phil Parker and Richard crawled into Cueva de Laberinto (3268) at San Antonio on April 21st to continue working at the sand choked, high level passage leading off the big rift. Nigel and Richard dug out slurry first[2] ...

... then Richard broke through into less than a metre of passage that led into the bottom of a hading rift. The initial excitement quickly died away when it was found that one end sloped up to jammed calcited boulders and the other closed down beyond a small grotto. Richard pushed an in-the-roof passage but this quickly was abandoned as his light could be seen on the jammed calcited boulders. He and Nige surveyed out whilst Chris and Phil tried to take a look at roof level of the end of the big rift.

Richard reached the roof, dug forward for about a metre but, as it had all the hallmarks of a long-term dig, gave up. "Cave cleared and case closed for Maze Cave."

Over the road to the east, the following day, the team initially split: Nigel and Phil headed into 4698 to continue digging in the draughting boulder floor. Phil wrote:

The draught was as good as before and a large calcited boulder was reduced and moved. However, this just gave a better view of the difficulties and effort that would be required, including supporting the entrance slope, so was abandoned for the time being.

They joined Chris and Richard in Bamboozle Hole (3333).

Richard was surveying below the pitch and the draught source was confirmed as coming up a tight rift about 8m deep. This would require capping all the way down with no idea as to whether there would be any way on – in the Dales 'yes', in Matienzo probably not worth the time and effort. As the cave was vacated, a blocked passage near the entrance was attacked and gave about 2m before narrowing just before a small crossroads, with a run-in visible another 2 or so metres further on.

So we left the cave and knocked it off the list as not worth further action.

On the 24th, the team returned to the area to dig at 3630, to the northeast of the failed dig in Laberinto. The two draughting holes in the bottom of the big depression were dug but ...

... gave all the appearance of being major operations.

Then it was a rush to La Cavada to meet Miguel and another member of the Piatruellos, Pedro. We exchanged information about recent work, including viewing some of their underground filming which included the deep shaft up at Alisas (2038). On their first major push they were foiled by broken drill bits but they plan to carry on later this year.

Chris and Nigel continuing work at 3630 the following day.

Some 450m to the south, the four went to 3239 on the 26th where, in forty-five minutes they dug in the floor ...

... leading to a quick gain of another 5m down the slope, followed by 3m horizontal to a choke and quite a lot of bones embedded in calcite on the floor. Another one knocked off the list.

Looking up the entrance pitch in 4911.
Mirando el pozo de entrada en 4911.   *Chris Scaife*

Dos días después, los cuatro regresaron con «todo tipo de cosas» esperando que la cueva (ahora con el código 4911) se volviera vertical, pero resultó que solo necesitaban una escala para 6 a 7 m a una pendiente empinada y una sala suelta. Alex escribió:

Cuando encontré donde esconderme de la metralla, les grité que podían bajar. James y Chris Sharman encontraron una excavación improbable en las rocas mientras Chris Scaife y yo inspeccionábamos la única galería abierta: una afluente pequeño con corriente suave.

La galería resultó ser baja, aunque se podían poner de pie de vez en cuando. Finalmente llegaron a un laminador en arena y un cruce donde los cuatro se encontraron nuevamente.

Nos obligó a subir e ir por una galería alta por encima de muchos agujeros. Finalmente llegamos a una escalada que solo James desafió. Al otro lado, la única continuación parecía ser una chimenea que habría que instalar. No parecía que hubiera nada arriba. De vuelta en el cruce, a la izquierda seguimos la fisura a nivel del suelo hasta una pequeña sala. Había una galería, pero terminaba en un agujero del tamaño de un conejo.

Se topografiaron casi 200 m.

Chris Camm, Nigel, Phil Parker y Richard entraron a la Cueva de Laberinto (3268) en San Antonio el 21 de abril para continuar trabajando en la galería de nivel superior obstruida con arena al final de la gran fisura. Nigel y Richard primero sacaron el fango...[2]

Luego Richard se abrió paso a menos de un metro de galería que da a la base de una fisura. La emoción inicial se desvaneció rápidamente cuando se descubrió que un extremo se inclinaba hacia rocas en calcita atascadas y el otro se cerraba al otro lado de una pequeña gruta. Richard miró una galería en el techo, pero la abandonó rápidamente ya que su luz podía verse en las rocas con calcita. Él y Nige topografiaron mientras Chris y Phil intentaban echar un vistazo al nivel del techo al final de la gran fisura.

Richard llegó al techo, excavó cerca de un metro pero, como tenía todas las características de una excavación a largo plazo, se rindió. «Cueva limpia y caso cerrado para Maze Cave».

En la carretera hacia el este, al día siguiente, el equipo inicialmente se dividió: Nigel y Phil se dirigieron a 4698 para continuar desobstruyendo en el suelo de rocas. Phil escribió:

La corriente era tan buena como antes y una gran roca con calcita se rompió y movió. Sin embargo, esto solo dio una mejor idea de las dificultades y el esfuerzo que iba a necesitar, incluido el soporte de la pendiente de entrada, por lo que se abandonó por el momento.

Se unieron a Chris y Richard en Bamboozle Hole (3333).

Richard estaba topografiando por debajo del pozo y se confirmó que la fuente de la corriente salía de una fisura estrecha de unos 8 m de profundidad. Se tendrían que usar micros todo el camino hacia abajo sin tener idea de si habría alguna forma de continuar, en los Dales es un «sí» de Dales, en Matienzo probablemente no valga la pena el tiempo y el esfuerzo. De la que salíamos, una galería bloqueada cerca de la entrada se atacó y cedió unos 2 m antes de estrecharse justo antes de un pequeño cruce, con un hundimiento visible a otros 2 m.

Así que salimos de la cueva y la borramos de la lista porque no merecía más acción.

El 24, el equipo regresó al área para desobstruir 3630, al noreste de la excavación fallida en Laberinto. Los dos agujeros sopladores en el fondo de la gran depresión se excavaron pero ...

Tenían toda la pinta de ser operaciones complejas.

Luego corrimos a La Cavada para encontrarnos con Miguel y otro miembro de los Piatruellos, Pedro. Intercambiamos información sobre trabajos recientes, además de ver algunas de sus filmaciones subterráneas, que incluían el pozo profundo en Alisas (2038). Su primera gran incursión de avance se vio frustrada por brocas rotas, pero planean continuar más adelante este año.

Chris y Nigel continúan trabajando en 3630 al día siguiente.

A unos 450 m al sur, los cuatro pasaron a 3239 el día 26 donde, en cuarenta y cinco minutos cavaron en el suelo...

Lo que lleva a rápidamente a otros 5 m por la pendiente, seguido de 3 m horizontales hasta un

---

2   2017 autumn, page 291.

2   Véase Otoño de 2017, p. 291.

Some of the bones were later identified by Pedro Castaños as possibly a juvenile red deer or a young cow.

Jim and Mark 'Killer' Smith returned to Cueva del Aguanaz (0713) on May 3rd, diving through sump 5b in the Sarah Jean Inlet to survey and push on, starting at GH Aven[3]. Jim recalled that:

Mark dived first so that he could get some visibility to carry out a sump survey, Jim to follow with the kit as he had dived the sump before. The divers met up at the far side of the sump and Mark's regulator was repaired. He had dealt well with a valve failure half way through an intimidating sump.

Mark wrote:

Jim, like most men, tends to exaggerate the size of things. His 90m aven turned out to be a more acceptable 40m. The top looks promising.

Back at stream level, they followed the passage upstream to a duck through into a walking-sized, decorated passage and a junction with two streams...

We followed the right hand branch. A few obvious side passages were noted and the main passage followed until it became a flat out crawl.

They started to survey the finds, but the 'Sexytopo' software failed. Jim and Mark returned two days later with Phil Papard's working PDA, finding that the continuing passage ...

... was low, wide and gravel-floored but changed to a square shape and then became flat out through sewage.

Many cavers would have backed out at that point but the pair continued into walking-sized, nicely decorated passage to a deep pool with a 90° left turn. This entered breakdown in fragile rock that crumbled easily. This looked like it could be the end but Jim was able to climb up the sides of the passage which was 9m(?) high. Using a rock, he was able to knock off enough of the brittle material to squeeze through. After an unpleasant climb down the other side, Jim found a chamber with a cascade tumbling down the left hand wall.

This was again climbed up the horrible, brown rock to an ongoing stream way with a big void above. I returned to Mark who managed to find a bigger route through and we climbed the cascade and entered the void which was a pleasant, wide, walking passage of good proportions! This was followed until it ended in a boulder choke just after an elbow.

Mark suggested that the hole could easily be widened but, with rocks supporting boulders, care will be needed. Jim fell on the way out as the foothold he was using failed and he fell on his back winding himself. "No major damage was done but it's a warning that the dark rock is lethal."

They also had a quick look at the left hand passage (found on the 3rd at station 0713-19-01.a.75), exploring the streamway to where it ended in a duck / sump.

On May 7th, Phil Papard, Pedro and Hilary prospected above the end of Sarah Jean Inlet, looking at the land where a sub-phone location might occur. Phil reported:

There is a dense eucalyptus area adjacent to pasture land, but location looks reasonable. The only problem is a Friesian bull in the field with heifers! [We talked] to the farmer, who reported some shafts being filled in and changes to water flows with a resurgence (2831) not flowing much now.

Just below 2831, a draughting sink was noted and 4458 inspected but thought to be a very long term dig. New holes were documented: 4954 - a dig with a slight draught; 4956 - a possible dig next to a rock face and 4957 - Tyre Hole (photo: Phil Papard), a muddy, elongated depression with a hole off the bottom which is filled with tyres.

On the same day, Jim and Mark carried in rope and a drill as far as the choke just before sump 3 in Sarah Jean Inlet.

Mark was feeling not his best so work was carried out on the choke to improve access and security. The area was cleared of loose boulders and rubble.

Jim had a solo trip on the 8th, taking a 2m long scaffold pole to the choke to pry some of the loose boulders.

The chamber above the choke was entered and the blocked passage to the area above the sump pool was opened up. This gives a bypass to the crawl through

obstrucción y bastantes huesos incrustados en calcita en el suelo. Otro que quitamos de la lista.

Algunos de los huesos fueron posteriormente identificados por Pedro Castaños como pertenecientes a un ciervo o una vaca joven.

Jim y Mark «Killer» Smith regresaron a Cueva del Aguanaz (0713) el 3 de mayo, buceando a través del sifón 5b en Sarah Jean Inlet para topografiar y seguir adelante, comenzando en GH Chimenea.[3] Jim contó que:

Mark fue primero para tener algo de visibilidad para la topo del sifón, Jim lo siguió con el kit porque ya lo había pasado antes. Se encontraron al otro lado del sifón y repararon el regulador de Mark. Había lidiado bien con un fallo de válvula a mitad de camino a través de un sifón intimidante.

Mark escribió:

Jim, como la mayoría de los hombres, tiende a exagerar el tamaño de las cosas. Su chimenea de 90 m resultó ser de un 40 m más aceptable. La parte de arriba parece prometedora.

De regreso al nivel del arroyo, siguieron la galería aguas arriba hasta una bóveda sifonante a través de una galería amplia decorada y un cruce con dos arroyos...

Seguimos el ramal de la derecha. Vimos algunas galerías laterales obvias y seguimos la galería principal hasta que se convirtió en un laminador.

Comenzaron a topografiar los hallazgos, pero el software Sexytopo falló. Jim y Mark regresaron dos días después con la PDA de Phil Papard, y descubrieron que la galería continuaba...

Baja, ancha y con suelo de grava, pero cambió a una forma cuadrada y luego se volvió un laminador a través de aguas residuales.

Muchos espeleólogos habrían retrocedido en ese punto, pero la pareja continuó por una galería amplia y muy bien decorada a una marmita profunda con un giro a la izquierda de 90° que da a una zona de hundimiento en roca frágil que se desmoronaba fácilmente. Parecía el final, pero Jim pudo trepar por los lados de la galería, de 9 m (?) de altura. Usando una piedra, pudo quitar suficiente material quebradizo para pasar. Después de una desagradable bajada por el otro lado, Jim encontró una sala con una cascada que caía por la pared de la izquierda.

De nuevo se escaló por la horrible roca marrón hasta una galería activa con un gran vacío arriba. Regresé con Mark, quien logró encontrar una ruta más grande para pasar, subimos la cascada y entramos en el vacío, que era una galería agradable, ancha y de buenas proporciones. La seguimos hasta que terminó en un caos de bloques justo después de una esquina.

Mark sugirió que el agujero podría ensancharse fácilmente pero, como las rocas sostienen los bloques, habría que tener cuidado. Jim se cayó al salir cuando el punto de apoyo que estaba usando se rompió y cayó de espaldas quedándose sin aire. «No fue nada grave, pero es una advertencia de que la roca oscura es letal».

También echaron un vistazo en la galería de la izquierda (encontrada el 3 en la estación 0713-19-01.a.75), explorando la galería activa hasta donde terminaba en una bóveda sifonante/sifón.

El 7 de mayo, Phil Papard, Pedro y Hilary prospeccionaron por encima del final de Sarah Jean Inlet, buscando cuál podría ser una ubicación para el teléfono subterráneo. Phil informó:

Hay un área densa de eucaliptos junto a los pasto, pero la ubicación parece razonable. ¡El único problema es un toro frisón en el campo con novillas! [Hablamos] con el vecino, quien informó que se estaban llenando algunos pozos y que algunos caudales estaban cambiando, con una surgencia (2831) que ahora no lleva mucho caudal.

Justo debajo de 2831, vieron un sumidero con corriente e inspeccionaron 4458, pero les pareció una excavación a muy largo plazo. Documentaron nuevos hoyos: 4954, una excavación con corriente suave; 4956, una posible excavación junto a una pared rocosa; y 4957, Tire Hole, (foto: Phil Papard) una depresión alargada y embarrada con un agujero en el fondo lleno de neumáticos.

El mismo día, Jim y Mark metieron una cuerda y un taladro hasta la obstrucción justo antes del sifón 3 en Sarah Jean Inlet.

Mark no se encontraba bien, por lo que nos centramos en la obstrucción para mejorar el acceso y la seguridad. El área se limpió de rocas sueltas y rocalla.

Jim entró él solo el día 8, llevando un poste de un andamio de 2 m de largo hasta la obstrucción para aguantar algunas de las rocas sueltas.

Se entró a la sala sobre la obstrucción y se abrió la

---

3   2018 summer, page 305.

3   Véase Verano de 2018, p. 305.

the low airspace. The scaffolding pole was then installed in the choke to secure a large block.

The following day was a 'rest day' when Mark visited the doctor with his infection, possibly caused by the cave water.

They were both back on the 10th, transporting climbing equipment to GH Aven where Jim bolted up 17m to a 60cm-wide ledge. A permanent traverse line was installed, giving access to a suitable rigging point to install a free hanging permanent rope. Mark went on a reconnaissance back up the streamway.

Jim's logbook entry from the 12th details the explorations that were carried out:

The team turned left just before "75" inlet and followed the water. The passage gets wide before going back to its average dimensions. A sandy crawl was passed on the right which is not surveyed but goes after a short distance to an aven ...

Continuing along the main passage, it splits into two, the left hand passage continues unexplored but looks promising. The right hand passage narrows and becomes taller before widening again. A further junction is met with two passages leading off - the passage at floor level is a hands and knees crawl to low air space; the passage above is an awkward 2m climb to a sandy floored walking / stooping passage.

The passage lowered and widened out and, just past some large diameter stals, a climb down leads to a hands and knees crawl through thick and smelly sludge, 'The Sewer'. This ends at a reasonable sized walking stream way, with both a downstream passage to the right and an upstream passage to the left. The right hand passage soon widens and lowers to a flooded passage with very limited air space and is believed to join the simpler passage mentioned earlier. The right hand passage continues for some distance eventually going through a duck and then, 10 minutes later, ending in a body-sized sump.

On the way out Jim climbed up the left hand side of the chamber and dug enough sand out to gain access to a good sized chamber. The far left hand side has an aven which has water falling down it from an impenetrable slot. Mark dug his way in and they both explored the chamber which had no way on. However, the far end does have an interesting 3m wide bedding with a sand floor and roof that disappears into the distance. Sadly, the 20cm height stopped any progress but it looks like a promising dig?

It was becoming very apparent that Fuente Aguanaz was a conduit carrying at least farm sewage if not human waste. The water was treated before being piped off to nearby communities as drinking water, but the cave explorers upstream of the treatment works had every chance of catching infections.

On April 24th, Richard, Phil Parker, Nigel and Chris Camm checked out some sites that would probably drain into Sarah Jean: the sink at 4723 had not changed since the last visit and a nearby deep shakehole appear to hold nothing of interest.

Mark, Dan and Rob spent 4½ hours in Torca la Vaca (2889) at Hornedo, going in through the BigMat Calf Hole entrance (3916). Dan hoped to push on in various places but found that all leads had been explored (and surveyed) by Simon Cornhill and Diane Arthurs on previous trips.

At Camposdelante on May 2nd, Phil Goodwin and Dave Milner investigated undescended hole 4550, finding a 2m drop to a boulder floor in a rift which continues beyond a partial blockage. With John Southworth they opened up 4574 to reveal a p7 into a rift. Rocks fall "some distance" down a slot in the floor and the continuing, slightly draughting rift has three pinch points to enlarge.

In 4137, a hundred metres lower than 4574, Chris Camm and Richard did some capping and Richard took a look along the cross rift to the high level blockage with a cross wall beyond it.

Here a very narrow rift returned to the left, parallel to the main passage. Back at the main passage/cross rift junction continuing downwards did not look very hopeful so that appears to be an end to work in that area of the cave.

On April 28th, John Southworth, Phil Goodwin and Dave Milner investigated the hillside to the southeast of Navajeda and variously documented three new sites: 4967 - a 3m sloping descent into a small chamber with no obvious way on; 4968 - a low, 7m long cave, and 4959 - a 'scoop' under a low cliff with a small passage going off. They also looked in 4460 and were disappointed to see rubbish accumulating in this archaeological cave.

Nigel and Phil Parker visited 4474 at Moncobe on April 13th, an intriguing site last visited in the autumn 2018.

... the draughting route through boulders was opened up allowing access to a continuation of dropped block chaos. Way on found through a chest height hole into

galería obstruida al área sobre la marmita del sifón. Este es un desvío del laminado con poco espacio de aire. Luego se instaló el poste del andamio en la obstrucción para asegurar un bloque grande.

El día siguiente fue un «día de descanso» cuando Mark visitó al médico para que le mirara la infección, posiblemente causada por el agua de la cueva.

Ambos regresaron el día 10, llevando equipo de escalada a GH Chimenea, donde Jim escaló 17 m hasta una repisa de 60 cm de ancho. Se instaló un pasamano permanente, dando acceso a un punto de instalación adecuado para instalar una cuerda permanente. Mark echó un vistazo por el arroyo.

La crónica de Jim para el día 12 detalla las exploraciones que se llevaron a cabo:

El equipo giró a la izquierda justo antes del afluente «75» y siguió el agua. La galería se ensancha antes de volver a sus dimensiones medias. Se pasó una gatera de arena a la derecha que no está topografiada pero da después de poco a una chimenea [...]

Continuando por la galería principal, se divide en dos, la de la izquierda no se ha explorado, pero parece prometedora. La de la derecha se estrecha y se vuelve más alta antes de ensancharse de nuevo. Hay otro cruce con dos galerías: a nivel del suelo es una gatera a un espacio de aire bajo; la de arriba es una trepada incómoda de 2 m a una galería en arena por la que hay que agacharse a ratos.

La galería bajó y se ensanchó y, justo después de algunas estalagmitas de gran diámetro, un destrepe da a una gatera a través de un barro espeso y maloliente, The Sewer, que termina en una galería activa de tamaño razonable, con una galería aguas abajo a la derecha y una galería aguas arriba a la izquierda. La de la derecha pronto se ensancha y baja a una galería inundada con muy poco espacio de aire que podría unirse a la galería más simple mencionada antes. La de la derecha continúa cierta distancia pasando por una bóveda sifonante y luego, 10 minutos más tarde, termina en un sifón.

Al salir, Jim trepó por el lado izquierdo de la sala y excavó suficiente arena para acceder a una sala de buen tamaño. El lado izquierdo tiene una chimenea por la que cae agua desde una ranura impenetrable. Mark se abrió paso y ambos exploraron la sala que no tenía continuación. Sin embargo, el otro extremo tiene un laminador interesante de 3 m de ancho con suelo de arena y techo que desaparece en la distancia. Por desgracia, los 20 cm de altura detuvieron cualquier progreso, pero ¿parece una excavación prometedora?

Estaba empezando a quedar claro que el caudal de Fuente Aguanaz llevaba al menos aguas residuales agrícolas, si no domésticas. El agua se trataba antes de llegar a las comunidades cercanas como agua potable, pero quienes exploraran la cueva aguas arriba de la depuradora tenían muchas probabilidades de contraer infecciones.

El 24 de abril, Richard, Phil Parker, Nigel y Chris Camm revisaron algunos agujeros que probablemente desagüen en Sarah Jean: el sumidero en 4723 no había cambiado desde la última visita y un pozo soplador profundo cercano parece no tener nada de interés.

Mark, Dan y Rob pasaron 4 ½ horas en Torca la Vaca (2889) en Hornedo, entrando por BigMat Calf Hole (3916). Dan esperaba progresar en varios puntos, pero descubrió que todos los interrogantes ya los habían explorado (y topografiado) Simon Cornhill y Diane Arthurs en incursiones anteriores.

En Camposdelante, el 2 de mayo, Phil Goodwin y Dave Milner investigaron el agujero 4550 y encontraron un desnivel de 2 m hasta un suelo con bloques en una fisura que continúa al otro lado de un bloqueo parcial. Con John Southworth, abrieron 4574 para encontrar un P 7 a una fisura. Las rocas caen «cierta distancia» por una ranura en el suelo y la fisura que continúa con una corriente suave y tres puntos que se han de agrandar.

Chris Camm y Richard fueron a 4137, a 100 m por debajo de 4574, donde Richard echó un vistazo a lo largo de la fisura transversal hacia la obstrucción del nivel superior con una pared al otro lado.

Aquí una fisura muy estrecha regresa a la izquierda, paralela a la galería principal. De vuelta en el cruce de galería principal/fisura transversal, hacia abajo no parece muy prometedor, por lo que parece ser el final del trabajo en esa área de la cueva.

El 28 de abril, John Southworth, Phil Goodwin y Dave Milner investigaron la ladera al sureste de Navajeda y documentaron tres nuevos agujeros: 4967, una pendiente de 3 m hacia a pequeña sala sin continuación obvia; 4968, una cueva baja de 7 m de largo; y 4959, un recoveco debajo de un peñasco bajo con una pequeño galería. También fueron hasta 4460 y les decepcionó ver la basura acumulada en esta cueva arqueológica.

*a chamber on the left side of
the main passage. Onward led
to a junction, ahead being a
3m wide passage with mud banks
which soon rose up to the roof
- no draught. To the right led
past a collapse debris wall
to a left turn, near the far
edge of the main passage, into
a low but wide continuation
floored with broken calcite and
formations. Two tight sections
were passed into an open
area beyond which the draught
emerged from a low and narrow
continuation. Play over for the
day.*

They returned with Richard the
following day and he found continuing
passage near the base of the first pitch.

*After returning he was
dispatched to dig the
draughting continuation of the
big, low level passage located
below the tight rift. Good
digging in sand meant excellent
progress to where the roof was
sloping upwards. Meanwhile,
at the end, Nigel and Phil had
fun with hammer and bar in very
tight and awkward conditions.
Eventually packed in at the
point where a bolster chisel
was needed to remove a calcite/
rock hump and allow access to a possible way up to a
higher level. Draught still encouraging.*

Site 4474. Sitio 4474. *Chris Scaife*

Two days later, on the 16th, the three came back with Chris Camm.
Richard and Phil pushed and surveyed along the new rifts and low
passages, to end in a high level traverse at a blockage that would
require a lump hammer to allow examination of the end wall, a
couple of metres further on. Nigel showed Chris the large section
passage.

The next day, Richard and Phil continued work in the draughting
sandy dig and surveyed. Nigel and Chris walked above the cave
entrances finding a couple of potential shaft digs. On the other side
of the valley they found an interesting collapse, 4972, in the middle
of the cattle track.

Richard, Nigel and Phil returned on the 19th to push and survey
the far end of the main passage in 4474.

*Unfortunately, the chest height hole was blocked
by a collapse of several medium and large boulders
and it was not clear as to what had happened in the
chamber beyond. Nige exited whilst Richard and Phil
headed downstairs to continue digging up-slope in
the draughting, sandy dig. Fairly quickly they were
into an enlargement of up to 4m wide and standing
height or better. After a number of metres the
passage reached a slope up to a boulder choke,
with a narrow descending rift on the left. Up the
face of the choke there was a hole that would be
large enough for access to examine the top of the
(disto'd) 6m height. The passage was surveyed.*

On April 20th, Chris Scaife, Chris Sharman, James and Alex joined
Phil Parker and Richard to push some leads in 4474. They found The
Big Red Ballroom, a 30m long chamber choked with boulders then
descended a small rift into the Travelator - another 30m of passage.
They then surveyed 26m of passage, calling it Snotty Nose Passage
to give a total of 87m surveyed. The names were "inspired by Alex
Ritchie's legendary appearance on Total Wipeout". Google it!

Richard and Phil headed for Richard's "echo" passage on April 25th.
Phil spent four and a half hours managing gear – drills, capping stuff,
lump hammer, etc whilst Richard tried to make progress, first in the
bottom section, then in the upper.

*The rock was poor for capping, the passage
extremely tight and awkward for drill chiselling
but eventually he managed to get his head around a
crucial corner to realise that the continuation was
too tight even for the skinniest skinny. Efforts
abandoned and cave entrance pitch cleared of its
ladder and line.*

John Southworth, Phil Goodwin and Dave Milner enlarged the drop
at the end of 3029[4] to reveal a small passage, but they decided it
was too much work to continue. They also found that the entrance
banking had collapsed into 4966, making work a longer term
undertaking. They returned to stabilise the entrance and make it
stock-proof.

N igel y Phil Parker visitaron 4474 en
Moncobe el 13 de abril, una cavidad
intrigante visitada por última vez en el otoño
de 2018.

*La ruta con corriente a través
de rocas se abrió permitiendo el
acceso a una continuación del caos
de bloques hundidos. La continuación
está a través de un agujero a la
altura del pecho a una sala a la
izquierda de la galería principal.
Todo recto conduce a un cruce, más
adelante hay una galería de 3 m
de ancho con bancos de barro que
pronto se elevan hasta el techo,
sin corriente. A la derecha pasa
por un muro de rocas hundidas y
gira a la izquierda, cerca del
borde más alejado de la galería
principal, hacia una continuación
baja pero ancha con suelo de calcita
y formaciones rotas. Dos secciones
estrechas se pasan hasta un área
abierta al otro lado de la cual la
corriente sale de una continuación
baja y estrecha. La diversión se
acabó por hoy.*

Regresaron con Richard al día siguiente y
encontraron una galería cerca de la base del
primer pozo.

*Al volver, le enviamos a desobstruir
la continuación de la gran galería
de nivel inferior debajo de la fisura
estrecha. Una buena excavación en la arena significó un
excelente progreso hasta donde el techo subía. Mientras
tanto, al final, Nigel y Phil se divirtieron con el
martillo y la barra en condiciones muy estrechas e
incómodas. Al final se rindieron porque necesitaban un
cincel de refuerzo para eliminar una joroba de calcita/
roca para poder pasar a un posible nivel superior. La
corriente sigue siendo alentadora.*

Dos días después, el 16, los tres volvieron con Chris Camm. Richard y
Phil avanzaron y topografiaron a lo largo de las nuevas fisuras y galerías
bajas, para terminar en una travesía de nivel superior en una obstrucción,
pero necesitaban un martillo para poder ver la pared final a un par de
metros. Nigel le mostró a Chris la galería grande.

Al día siguiente, Richard y Phil continuaron trabajando en la excavación
en arena e hicieron la topografía. Nigel y Chris caminaron por encima de
las entradas y encontraron un par de posibles desobstrucciones en pozos.
Al otro lado del valle encontraron un interesante derrumbe, 4972, en
medio del camino de ganado.

Richard, Nigel y Phil regresaron a 4474 el 19 para explorar y topografiar
el extremo más alejado de la galería principal.

*Por desgracia, el agujero a la altura del pecho estaba
obstruido por el colapso de varias rocas medianas y
grandes y no estaba claro qué había sucedido en la sala
al otro lado. Nige salió mientras Richard y Phil bajaron
para continuar en la excavación de arena. Con bastante
rapidez llegaron a una ampliación de hasta 4 m de ancho,
donde podían ponerse de pie. Tras varios metros, la
galería alcanzó una pendiente hasta un caos de bloques,
con una estrecha fisura descendente a la izquierda. Por
encima de la obstrucción había un agujero que podría
ser lo suficientemente grande para acceder a examinar
la parte superior de la (con Disto) 6 m de altura. Se
topografió la galería.*

El 20 de abril, Chris Scaife, Chris Sharman, James y Alex se unieron a Phil
Parker y Richard para mirar algunos interrogantes en 4474. Encontraron
The Big Red Ballroom, una sala de 30 m de largo llena de rocas que
baja por una pequeña fisura a Travelator, otros 30 m de galería. Luego
topografiaron 26 m de galería, llamándola Snotty Nose Passage para
obtener un total de 87 m topografiados. La inspiración para los nombres
fue «la legendaria aparición de Alex Ritchie en Total Wipeout». ¡Búscalo
en Google!

Richard y Phil fueron a la galería con «eco» de Richard el 25 de abril.
Phil pasó cuatro horas y media gestionando el equipo: taladro, micros,
martillo, etc., mientras Richard intentaba avanzar, primero en la sección
inferior y luego en la superior.

*La roca no es buena para micros, la galería es muy
estrecha e incómoda para el taladro, pero finalmente pudo
meter la cabeza por una esquina crucial para ver que la
continuación era demasiado estrecha incluso para los
más flacos. Se abandonó el trabajo y se desinstalaron la
escala y cuerda del pozo de entrada.*

John Southworth, Phil Goodwin y Dave Milner ampliaron el desnivel al
final de 3029[4] y encontraron una pequeña galería, pero decidieron que
era demasiado trabajo. También vieron que la banca de entrada se había

---

4   2013 summer, page 129.

4   Véase Verano de 2013, p. 129.

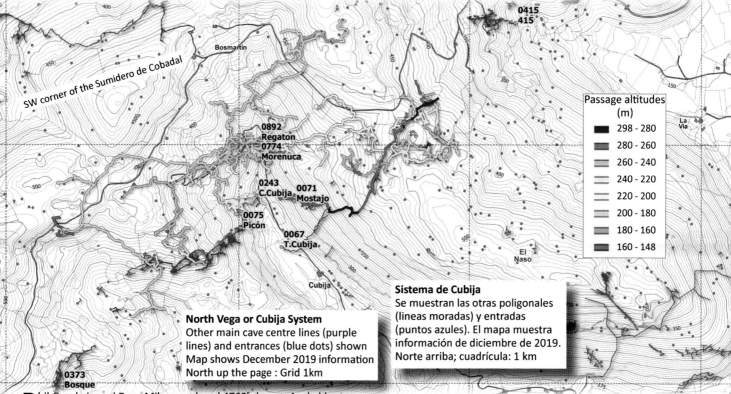

North Vega or Cubija System
Other main cave centre lines (purple lines) and entrances (blue dots) shown
Map shows December 2019 information
North up the page : Grid 1km

Sistema de Cubija
Se muestran las otras poligonales (lineas moradas) y entradas (puntos azules). El mapa muestra información de diciembre de 2019.
Norte arriba; cuadrícula: 1 km

Passage altitudes (m)
298 - 280
280 - 260
260 - 240
240 - 220
220 - 200
200 - 180
180 - 160
160 - 148

Phil Goodwin and Dave Milner explored 4763[5] down a 4m ladder to boulders and further short climbs with no way on. Near the ridge, significantly more vegetation was seen around site 2269 and, on the south side of the ridge site 4955 was noted, a stream sink which could be a future water trace in wetter conditions to, probably, either Fuente Aguanaz or Cueva del Comellantes (0040).

Phil and Dave continued enlarging the shaft in the corner of the open hole, 4772.[6]

Pedro's friend, Emilio Muñoz, showed him the entrance to site 4970, Los Picardos, a small cave near to the Injanas caves 4001 and 4444[7]. He commented that the floor at the constricted end was sandy and easy to dig out.

Northern La Vega, El Naso area west to Las Calzadillas

On El Naso, 50m southeast of Sima de la Fiesta (0068), Pedro documented the small cave 4915 and explored 4192, an easy climb down a 3m deep shaft.

The Manchester University Speleology Club team - Lloyd, Raoul, David, Fran and Mike - went to the far east end of the Golden Void series in Torca del Mostajo (0071) on April 18th to push a possible connection to Hoodoo Haven found last Easter.

It was shit. Chossy climbing, crawling about 20m to a choke. It looks like there is a 'solid' chamber beyond, but no way to get to it without near-death experiences.

A wet p15 near to station A27 in a large chamber was dropped where it appeared that the water might be running to the east. However ...

... the rushing water sound was the water trickling down lots of little holes through the calcite floor.

Other leads closed down or linked to known survey stations.

Going in with Chris Scaife on the 21st, they had more success when they dropped the shaft near station PP0 onto a muddy slope to a rift that dropped into a streamway. Eventually sumping upstream, the downstream passage was not as long. Over 300m were surveyed of which 157m was new.

Near station A27, an undescended pitch met a small stream that immediately closed up.

On the other side of the Cubija valley, Alex, John Proctor and Chris Sharman had a photo trip into Simas del Picón on April 18th.

On April 20th, the MUSC team were in the constricted dig 1017 - Socks. Snappers were used and five tackle sacs of rubble removed. Raoul managed to get his legs into the continuing passage.

Unfortunately, this bit is too small to see past your legs and what you are about to drop into. You can move your legs about in the space that opens up, but dropping rocks down makes it seem too much of a drop to blindly go into.

Fran had managed to squeeze into this section the previous summer and "said much the same".

They returned on April 24th and, after snappering the corner, were able to climb down into a 4 x 4m, bouldery chamber. Over 25m were surveyed.

There's a muddy bit under a rock that looks like it

derrumbado en 4966, haciendo que el trabajo fuese una empresa a más largo plazo. Regresaron para estabilizar la entrada y taparla a prueba de ganado.

Phil Goodwin y Dave Milner exploraron 4763[5] bajando una escala de 4 m hasta rocas y otros destrepes cortos sin continuación. Cerca de la cima, vieron mucha más vegetación alrededor de 2269 y, en el lado sur tomaron nota de 4955, un sumidero que podría utilizarse para una prueba hidrológica en el futuro hacia, probablemente, Fuente Aguanaz o Cueva del Comellantes. (0040).

Phil y Dave continuaron agrandando el pozo en la esquina del agujero abierto, 4772.[6]

El amigo de Pedro, Emilio Muñoz, le mostró la entrada a 4970, Los Picardos, una pequeña cueva cercana a las cuevas de Injanas 4001 y 4444.[7] Comentó que el suelo en el extremo estrecho era arenoso y fácil de excavar.

El Norte de La Vega, Zona de El Naso – Las Calzadillas

En El Naso, 50 m al sureste de Sima de la Fiesta (0068), Pedro documentó la pequeña cueva 4915 y exploró 4192, un fácil descenso por un pozo de 3 m.

El equipo del Manchester University Speleology Club, Lloyd, Raoul, David, Fran y Mike, fue al extremo este de la red Golden Void en Torca de Mostajo (0071) el 18 de abril para mirar una posible conexión con Hoodoo Haven, encontrada la Semana Santa anterior.

Una mierda. Escalada suelta, gatera de unos 20 m hasta un obstrucción. Parece que hay una sala «sólida» al otro lado, pero no hay forma de llegar a ella sin experiencias cercanas a la muerte.

Exploraron un P 15 con agua cerca de la estación A27 en una sala grande donde parecía que el agua iba hacia el este. Sin embargo...

El sonido del agua era el que goteaba por muchos pequeños agujeros a través del suelo de calcita.

Otros interrogantes se cerraron o se conectaron a estaciones topográficas conocidas.

Al entrar con Chris el día 21, tuvieron más éxito cuando bajaron por el pozo cerca de la estación PP0 en una pendiente de barro hasta una fisura que da a un arroyo. Aguas arriba había un sifón, la galería aguas abajo no fue tan larga. Topografiaron más de 300 m, de los cuales 157 m eran nuevos.

Cerca de la estación A27, un pozo no descendido da a un pequeño arroyo que se cerró de inmediato.

Al otro lado del valle de Cubija, Alex, John Proctor y Chris Sharman fueron de salida fotográfico a Simas del Picón el 18 de abril.

El 20 de abril, el equipo de MUSC fue a la excavación 1017, Socks. Usaron micros y sacaron cinco sacas con rocalla. Raoul logró meter las piernas en la galería.

Por desgracia, esta parte es demasiado pequeña para ver al otro lado de las piernas y en donde estás a punto de caer. Se pueden mover las piernas en el espacio, pero las rocas que se tiran hacen pensar que puede ser una caída demasiado grande para entrar a

5   2018 Easter, page 310.
6   2018 Easter, page 310 and 2018 autumn, page 338.
7   2016 Easter, page 226

5   Véase Semana Santa de 2018, p. 310.
6   Véase Semana Santa de 2018, p. 310 y Otoño de 2018, p. 338.
7   Véase Semana Santa de 2016, p. 226.

might be diggable. We'll have to return on a hot day to try and track down where the draught continues.

Peter Eagan and Pedro made a "complete photographic record" when they went into the ancient Cueva de Coberruyo (0138). Activities included the re-exploration and survey (19m) of a small chamber in the northeast part of the cave.

In the streamway, Cueva del Molino (Agua, 0059), Alex and John Proctor "unavoidably" drank some of the water before they turned back as John was "getting cold".

So far we have not fallen ill with cryptosporidium.

A confirmed case of 'crypto' had occurred a few years previously when a caver had swallowed water in the cave - not all that surprising as a good proportion of the water is run-off from farmland.

THE NORTHEAST SECTOR INCLUDING THE FOUR VALLEYS SYSTEM, SOLÓRZANO AND GARZÓN The strongly draughting dig at the trackside (4805), north of the Mushroom Field, received attention on April 13th when Pedro, Phil Papard and James found that one side of the dig had fallen in. They moved on to 0252 through the 4732 entrance to find the dig at the end had a pool of water. James, liking mud and water, had a dig and agreed it was a good one.

Pedro and Phil with Julie and Hilary returned to 4805 three days later with more shoring. Having shored up the collapse under the track, they found the other wall starting to fail.

The following day, Phil, Pedro, Terry and Andy came back with more materials which Terry transported across the field in his vehicle.

Put in good shoring on far back wall, plus a little below the track. Moved a lot of in-fill. Draught got stronger as holes opened up - looks good.

On April 20th, Phil, Patrick Devine and Pedro got down to about 5m depth.

What we thought was bedrock is mainly limestone blocks eroded away. Now need to put in more shoring. Good draught but will need a lot of work.

For the last visit over Easter, Terry transported scaffold poles, clips and boards up to the end of the Mushroom Field on May 1st and, with Phil and Pedro, excavated for a while, then covered over the hole until the summer season.

Patrick got back into site 0880 (up the hill to the south of 4805) on April 18th. He was joined by Miranda and Jason and found the shoring

---

Site 0138   Cueva Coberruyo

(La Vega-El Nanso)
30T 0451394 4796223 320m (ETRS89) Length 229m Depth 42m
Surveyed Jan.-Aug. 2018, and April 2019: P. Smith with Carmen Smith, Patrick Warren and Peter Eagan;
33m pitch surveyed by B.P.C., August 1986

Drawn in Inkscape, Peter Smith, May 2019

entrance

N

0   10   20   30m

Above and below: Pete Smith in Cueva Coberruyo.
Arriba y abajo: Pete Smith en Cueva Coberruyo.   *Peter Eagan*

---

ciegas.

Fran había logrado meterse en esta sección el verano anterior y «dijo lo mismo».

Regresaron el 24 de abril y, después de abrir una esquina, pudieron bajar a una sala rocosa de 4 x 4 m. Topografiaron más de 25 m.

Hay un poco de barro debajo de una roca que parece que podría excavarse. Tendremos que volver un día de calor para intentar rastrear la corriente.

Peter Eagan y Pedro hicieron un «registro fotográfico completo» de la antigua Cueva de Coberruyo (0138). Las actividades incluyeron la reexploración y topografía (19 m) de una pequeña sala en la parte noreste de la cueva.

En Cueva del Molino (0059), Alex y John Proctor tragaron «sin querer» un poco de agua antes de dar la vuelta porque John se estaba «enfriando».

Por ahora no hemos enfermado de cryptosporidium.

Varios años antes habíamos tenido un caso confirmado de cryptosporidium cuando un espeleólogo tragó agua en la cueva, lo que no es tan sorprendente ya que una buena proporción del agua proviene de terrenos agrícolas.

SECTOR NORESTE INCLUYENDO EL SISTEMA DE LOS CUATRO VALLES, SOLÓRZANO Y GARZÓN La excavación con fuerte corriente al lado del camino (4805), al norte del prado cerca de Carcavuezo (Mushroom Field), recibió la visita de Pedro, Phil Papard y James el 13 de abril, cuando descubrieron que un lado de la excavación se había hundido. Pasaron a 0252 a través de la entrada 4732 y vieron que la excavación al final tenía un charco de agua. James, ya que le gusta el barro y el agua, probó a excavarla y estuvo de acuerdo en que era buena.

Pedro y Phil con Julie y Hilary regresaron a 4805 tres días después con material para apuntalarla. Cuando aseguraron el hundimiento debajo del camino, encontraron que la otra pared comenzaba a soltarse.

Al día siguiente, Phil, Pedro, Terry y Andy regresaron con más materiales que Terry transportó por el prado en su vehículo.

Reforzamos bien la pared del fondo y un poco más debajo del camino. Movimos mucho sedimento. La corriente se hizo más fuerte a medida que se abrieron los agujeros, pinta bien.

El 20 de abril, Phil, Patrick Devine y Pedro bajaron a unos 5 m de profundidad.

Lo que pensamos que era lecho de roca son bloques de caliza erosionados. Ahora hay que apuntalarlo más. Buena corriente, pero necesitará mucho trabajo.

"OK-ish" and that water entering the hole over the winter had free-drained through the floor - but there was still no encouraging draught.

Two days later Patrick was back with Phil Papard and Pedro when Phil capped a large boulder in the dig. On the 21st, Patrick returned to clear rubble and some clay and, on the 25th with Tom, Amata, Phil, Pedro and Chris Sharman revealed more boulders that required capping. On that occasion the entomology team found "quite a few cave-specific spiders,

Hauling spoil in site 0880.   Sacando material excavado en 0880.   *Amata Hinkle*

including a possible *Iberina mazarredoi* (very interesting)". Amata also found "the very first pseudo-scorpion for Matienzo in a cave, possibly in Cantabria". (Photo: Amata Hinkle).

Jess and Martyn also visited, finding no bats although samples of droppings were collected for potential future DNA analysis.

The third site of interest in the area is 0603 - Near the Bar Pot. Steve and Andy Pringle visited on April 17th to check on the digging carried out at Christmas. They reckoned that the best place to dig would be at the far end of the chamber where the draught is the strongest.

> The downside is that spoil needs pulling right back, possibly even to the surface, so it's now a 4 or 5 person dig.

No further work has been carried out on this site.

On April 9th, Torben and Peter Fast went into Cueva-Cubío del Llanío (3234) through the Sub-phone Entrance (4536) to check out a rift just to the east of the Batman Climb that appeared to be close to Cueva de Riaño (0105). However, the climb closed in after 10m. They had more success when they moved on to the undescended 24m shaft off B Chamber.

> The shaft opened into a big rift ... From the bottom, a passage went further down some slopes, ending in a blind meander - right at the level of the lower Riaño cave. Still a number of possible leads left ...

Two years after their previous camp in the system[8], Torben and Peter Fast went in to just before B Chamber and set up camp at station 17-05.64 "with stove and freeze-dried food" where it was possible to sleep on sand. They pushed on and surveyed at the bottom of the p24.

> ... a tube goes north and slopes down to a 2m climb down to a stream. Going south at the bottom of p24, and then turn right and crawl down in a sloping passage that leads to a stream ... and climb down in two places. The passage gets into hands and knees. Just before the end of the main passage to the right, a low, wet and muddy crawl winds towards north for about 10-15m. Too small to turn around ... At the end, the height is about 20 cm with a trench in the roof for about 2m, but then it got bigger again. Good draught. Water drips could be heard with an echo from the other side. It must be Riaño.

They also investigated uphill to the south into the Mouse Chamber where they wasted some time climbing into the well-decorated Column Corridor, when a less technical route would have reached the same point.

A family trip on the 14th reached just before Ali Chamber, then Peter and Torben continued to the new finds where "various rifts and holes were checked and surveyed". In total, over the 4 days of exploration, they surveyed 309m as batch 3234-19-02.

Work also continued on the University of Lancaster nitrogen-in-stal project: Andy Quin went into Llanío to collect water samples on April 18th.

On May 10th, John Southworth, Dave Milner and Phil Goodwin started a dig in a side passage on a corner about 20m beyond The Hub in Llanío. About 3m of clay and stones were excavated although

Para la última visita de Semana Santa, Terry transportó postes de andamios, clips y tablas hasta el final del prado el 1 de mayo y, con Phil y Pedro, excavaron durante un rato y luego cubrieron el agujero hasta la temporada de verano.

Patrick regresó a 0880 (colina arriba al sur de 4805) el 18 de abril. Miranda y Jason se le unieron y les pareció que los andamios estaban «bien» y que el agua que entraba por el agujero durante el invierno se había escurrido por el suelo, pero aún no había una corriente alentadora.

Dos días después, Patrick regresó con Phil Papard y Pedro y Phil quitó una gran roca en la excavación. El día 21, Patrick volvió a limpiar los restos de roca y un poco de arcilla y, el 25, con Tom, Amata, Phil, Pedro y Chris Sharman descubrieron más rocas que había que romper. En esa ocasión, el equipo de entomología encontró «bastantes arañas específicas de cuevas, incluida una posible Iberina mazarredoi (muy interesante)». Amata también encontró «el primer pseudoescorpión de Matienzo en una cueva, posiblemente en Cantabria».

Jess y Martyn también fueron y no encontraron murciélagos, aunque se recolectaron muestras de guano para un posible análisis de ADN en el futuro.

El tercer sitio de interés en el área es 0603, Near the Bar Pot. Steve y Andy Pringle visitaron el 17 de abril para comprobar la excavación de Navidad. Consideraron que el mejor lugar para excavar sería en el extremo más alejado de la sala donde la corriente de aire es más fuerte.

> Lo malo es que la rocalla se tiene que sacar más lejos, posiblemente incluso a la superficie, por lo que ahora es una excavación de 4 o 5 personas.

Aún no se ha vuelto a ella.

El 9 de abril, Torben y Peter Fast entraron en la Cueva-Cubío del Llanío (3234) a través de la entrada Sub-phone (4536) para ver una fisura justo al este de Batman Climb que parecía estar cerca de la Cueva de Riaño (0105). Sin embargo, la escalada se cerró tras 10 m. Tuvieron más éxito cuando pasaron al pozo de 24 m de la Sala B.

> El pozo da a una gran fisura [...] Desde abajo, una galería baja unas pendientes hasta terminar en un meandro ciego, justo al nivel inferior de Riaño. Todavía quedan varias pistas posibles.

Dos años después de su vivac en la cueva,[8] Torben y Peter Fast entraron justo antes de la Sala B y acamparon en la estación 17-05.64 «con estufa y comida liofilizada» donde se podía dormir sobre la arena. Siguieron adelante y topografiaron en la base del P 24.

> Un tubo va al norte y desciende hasta un destrepe de 2 m hasta un arroyo. Hay que ir al sur desde la base del P 24, luego girar a la derecha y bajar gateando por una galería inclinado que da a un arroyo [...] y destrepar en dos sitios. La galería se vuelve una gatera. Justo antes del final de la galería principal a la derecha, un laminador con agua y embarrado va al norte durante unos 10-15 m. Demasiado pequeño para dar la vuelta [...] Al final, la altura es de unos 20 cm con una zanja en el techo de unos 2 m, pero luego volvió a hacerse grande. Buena corriente. Se escuchaban goteos de agua con un eco el otro lado. Tiene que ser Riaño.

También investigaron cuesta arriba hacia el sur a Mouse Chamber, donde perdieron algo de tiempo escalando a Column Corridor, bien decorada, cuando una ruta menos técnica habría llegado al mismo punto.

Una incursión familiar el 14 llegó justo hasta antes de Ali Chamber, luego Peter y Torben continuaron hacia los nuevos hallazgos donde «se revisaron y topografiaron varias fisuras y agujeros». En total, durante los 4 días de exploración, topografiaron 309 m (lote 3234-19-02).

El trabajo también continuó en el proyecto de nitrógeno en estalagmitas de la Universidad de Lancaster: Andy Quin fue a Llanío para recolectar muestras de agua el 18 de abril.

El 10 de mayo, John Southworth, Dave Milner y Phil Goodwin iniciaron

8   2016 Easter, page 228.

8   Véase Semana Santa de 2016, p. 228.

there was no draught and the passage appeared to be narrowing ahead.

The Redder-Korsgaard family and Peter Fast started work at site 4889, a 4m deep hole with a 4 x 6m top, attacking the draughting, bouldery floor with a crowbar. They were back two days later, April 15th, to make about 1m of progress. This was a "good draughting boulder choke".

Earlier in the year, Pedro and Emilio had been in the walk-through Llueva site, Cueva del Túnel (0658). This 40m tunnel is a well known cave where a few flints had been documented. Red marks had recently been found near the floor and this prompted a full documentation session by Spanish archaeologists on April 11th. With Pedro and Juan viewing the techniques, laser scanning and photogrammetry were used to survey the cave and record the marks. One set of marks was found under a large block where the only way to view them was to crawl in and lie on your back.

Emilio was taken to look at site 2100, just below the northern entrance to Túnel, but there were no marks, ancient or modern, seen there.

While in Secadura, Pedro found that there had been some confusion with the position of Cueva de Otero 2, the cave being catalogued twice. With Alberto, he also documented the new site 4914, a crawl to walking height passage that becomes too tight after 20m.

On April 15th, James, Chris Scaife and Alex "went to the end of Fresnedo to look at open leads". They found that a down-climb had collapsed just after Trouble and Strife so had to rig a pitch "in torrential drips!"

> *Extramarital Inlet crapped out immediately. Alex climbed up calcite but couldn't reach the top. Some water comes in here but no draught. ... Not a great prospect!*

They dropped down an easy climb at Holey Matrimony but found the stream degenerating to a wet crawl until a 7m pitch was reached.

> *This splits into two halfway down, both ways becoming narrow. Could be forced through, but seems immature. Also duck here, but tight beyond. Not a great prospect!*

Cueva de Fresnedo 2. Upper: The Honeymoon Series. Lower: James Carlisle in passage between Situation Normal and Coyote Inlet.
Cueva de Fresnedo 2. Arriba: Honeymoon Series. Abajo: James Carlisle en la galería entre Situation Normal y Coyote Inlet.   *Chris Scaife*

una excavación en una galería lateral en una esquina a unos 20 m al otro lado de The Hub en Llanío. Sacaron unos 3 m de arcilla y piedras, aunque no había corriente y la galería parecía estrecharse más adelante.

La familia Redder-Korsgaard y Peter Fast comenzaron a trabajar en 4889, un hoyo de 4 m de profundidad con una cabecera de 4 x 6 m, atacando el suelo rocoso con una palanca. Volvieron dos días después, el 15, para avanzar cerca de 1 metro. Era un «caos de bloques con buena corriente».

A principios de año, Pedro y Emilio habían ido a Cueva del Túnel (0658). Este túnel de 40 m es una cueva muy conocida donde se han documentado algunos sílex. Recientemente se habían encontrado marcas rojas cerca del suelo, lo que motivó una sesión de documentación completa por parte de arqueólogos españoles el 11 de abril. Con Pedro y Juan observando el trabajo, se usó un escáner láser y fotogrametría para topografiar la cueva y documentar las marcas. Se encontró un conjunto de marcas bajo un bloque grande que solo se podían ver si se gateaba hasta ellas, tumbándose boca arriba.

Llevaron a Emilio a mirar la cavidad 2100, justo debajo de la entrada norte de Túnel, pero no se vieron marcas, ni antiguas ni modernas.

Mientras estaba en Secadura, Pedro descubrió que había habido cierta confusión con la posición de la Cueva de Otero 2, catalogada dos veces. Con Alberto, también documentó el nuevo agujero 4914, una gatera que se amplía pero se vuelve demasiado estrecha tras 20 m.

El 15 de abril, James, Chris Scaife y Alex «fueron al final de Fresnedo para mirar interrogantes». Descubrieron que un descenso se había derrumbado justo después de Trouble and Strife, por lo que tuvieron que instalar un pozo «¡bajo lluvia torrencial!»

> *Extramarital Inlet se quedó en nada enseguida. Alex trepó por la calcita pero no pudo llegar a lo alto. Aquí entra algo de agua, pero no hay corriente. [...] ¡No tiene mucho potencial!*

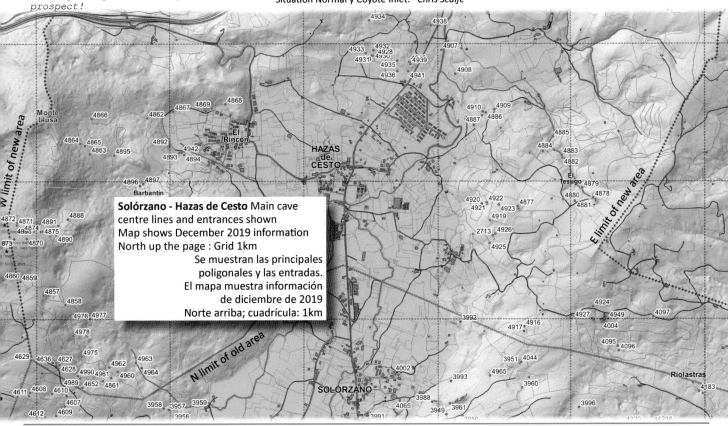

Solórzano - Hazas de Cesto Main cave centre lines and entrances shown
Map shows December 2019 information
North up the page : Grid 1km
Se muestran las principales poligonales y las entradas.
El mapa muestra información de diciembre de 2019
Norte arriba; cuadrícula: 1km

Batch 0841-19-01, Worst Case Scenario, was surveyed for 27m and James now thought that the best lead was bolting up A Bit on the Side - but people needed to regenerate their enthusiasm levels first!

Juan and James drove to the western end of the Riolastras depression to investigate site 4095, a draughting hole in the side of a shakehole found in 2014. Access was gained using ladders to drop through the clinging vegetation to a crouching entrance. The wet weather stream passage became much too small after about 10m, although there are digging possibilities.

James and Juan lost no time starting to investigate the new area in Hazas, driving up along rough roads into the forest north of Garzón on April 5th. They aimed to look at depressions marked on the map. The ground cover was all too familiar although there were "plenty of forestry and animal tracks in the jungle [to] make prospecting not completely impossible". By some fortuitous instinct, the pair bashed down into a depression to find a large cave opening (4857) with a climb down into a 30 x 20m chamber, about 10m high, with no apparent ways off. (This was later confirmed as Cueva de los Moros, a cave with black mark panels and where human and animal bones had been found.)

Other finds were documented as 4858 - a heavily vegetated, steep depression; 4859 - a dig at a wet weather sink, and 4860 - a slope down into a choked chamber.

On the 7th, Juan and Phil braved the jungles of El Rincón after parking up on a track to the north of the village. Here, a steep walking route up a logging track accessed a network of forestry tracks rising up into the eucalyptus plantation.

The aim was to get to the top of the hill to investigate the depression just east of Monte Llusa. However, after a number of attempts to follow animal tracks up from the highest forestry tracks, we had to give up. Every attempt to gain height met with a wall of jungle – sarsaparilla, brambles, gorse, etc.

A number of new holes were documented, mainly next to the main tracks: site 4862 - a wet weather sink off the track; 4863 - an open shaft just up from track; 4864 - a roomy 1m wide rift appears to drop about 6m; 4865 - a large, vegetation-filled depression with a limestone wall visible at the back, and 4866 - a large depression with a climb to a 4m drop, possibly draughting.

Down at the valley base, 4867 was investigated. This is a wet weather resurgence with a built up wall to stop the field being flooded. The only enterable hole narrows in and seems to choke after about 8m at the end of a small, sloping bedding. Investigation was cursory due to the large number of flies feeding on something below rocks in the entrance.

Not to be beaten, they approached the 200m diameter, 30m deep depression at Monte Llusa from the southwest the next day. A road ended about a kilometre from the depression and a pleasant walk, mainly on open hillside, skirted the Cierrolinos depression then, on an uphill slope, passed a number of fenced shafts which were duly GPS'd and given "X" codes as they were out of the permit area. The pair soon found themselves still 600m south of Monte Llusa with a fine view out to the coast to the north but faced with a seemingly impenetrable wall of thick vegetation just below.

Eventually, by using machetes and following obscure animal tracks downhill, the pair came across an open, probably hunters' route through the forest and this headed northeast to pop out at the western rim of the depression close to the Monte Llusa peak. Any pleasure at reaching the target was short lived - the depression was full of jungle! Giving up at this point, the hunters' track back through the forest to the vehicle was an easy 35 minutes walk. A proper investigation of the feature will require oversuits, machetes, possibly, a hedge trimmer and further information - see below.

Some of the X-labelled holes were later given site codes 4870 - 4872 when it was realised they were in the new addition to the permit area. Site 4870 appeared as a large fenced shaft next to a fenced pond.

Juan and Penny added three more "X" sites when they followed the same route into the open hillsides on April 10th. Once inside the permit area they also documented three new sites: 4873 - a seeping resurgence and muddy pools; 4874 - a small cave with a possible drop, and 4875 - a fenced shaft possibly 3m deep.

Juan and Penny were back on the 13th when Juan investigated a prominent black hole that turned out to be a 3m deep undercut in a cliff face (4888). The drone was then sent out to fly over the jungle to take a panorama over the depression at Monte Llusa. The results gave little encouragement - there were 'black holes', but they were quite likely to be shadows from the trees in the dense forest.

The video on the flight did show a track disappearing down into the

Bajaron por una escalada fácil en Holey Matrimony, pero resultó que el río se reducía a una gatera con agua hasta que llegaron a un pozo de 7 m.

Se divide en dos a mitad de camino, ambos se vuelven estrechos. Se podría intentar pasar, pero parece inmaduro. También hay una bóveda sifonante, pero estrecho al otro lado. ¡No tiene mucho potencial!

El lote 0841-19-01, Worst Case Scenario, se topografió a lo largo de 27 m y James ahora creía que lo mejor sería instalar una escalada en A Bit on the Side, ¡pero antes la gente necesitaba recuperar sus niveles de entusiasmo!

Juan y James condujeron hasta el extremo occidental de la depresión de Riolastras para investigar 4095, un agujero soplador en el lado de un hoyo encontrado en 2014. Pudieron entrar con escalas para atravesar la vegetación a una entrada baja. La galería, con agua en época de lluvias, se volvió demasiado pequeña tras unos 10 m, aunque se podría excavar.

James y Juan no perdieron el tiempo para empezar a investigar la nueva área en Hazas, conduciendo por caminos irregulares hacia el bosque al norte de Garzón el 5 de abril. Su objetivo era observar las depresiones marcadas en el mapa. El terreno era demasiado familiar, aunque había «abundancia de caminos forestales y de animales en la jungla [para] que la prospección no fuera del todo imposible». Por algún instinto fortuito, la pareja se dirigió hacia una depresión donde encontraron una gran entrada (4857) con un destrepe a una sala de 30 x 20 m, de unos 10 m de altura, sin continuaciones obvias. (Más tarde se confirmó como Cueva de los Moros, una cueva con marcas negras donde se habían encontrado huesos humanos y animales.)

Otros hallazgos fueron: 4858, una depresión empinada con mucha vegetación; 4859, una excavación en un sumidero en época de lluvias; y 4860, una pendiente a una sala obstruida.

El día 7, Juan y Phil desafiaron las selvas de El Rincón después de aparcar en un camino al norte del pueblo. Aquí, una ruta empinada a pie por un camino forestal da a una red de senderos forestales que suben hacia la plantación de eucaliptos.

La idea era llegar lo alto de la colina para investigar la depresión al este de Monte Llusa. Pero, tras varios intentos de seguir huellas de animales desde los caminos más altos, tuvimos que rendirnos. Un muro de jungla frustraba cada intento: zarzaparrilla, zarza, aulaga, etc.

Documentaron varios agujeros nuevos, principalmente junto a los caminos principales: 4862, un sumidero junto al camino; 4863, un pozo abierto justo sobre el camino; 4864, una fisura espaciosa de 1 m de ancho que parece bajar unos 6 m; 4865, una gran depresión llena de vegetación con una pared de caliza en la parte posterior; y 4866, una gran depresión con un destrepe a un pozo de 4 m, posiblemente con corriente.

En la base del valle, se investigó 4867. Es una surgencia en época de lluvias con una pared construida para evitar que el campo se inunde. El único agujero accesible se estrecha y parece obstruirse tras unos 8 m al final de un pequeño laminador inclinado. La investigación fue superficial debido a la gran cantidad de moscas que se alimentaban de algo debajo de las rocas en la entrada.

Sin dejarse abatir, se acercaron a la depresión de 200 m de diámetro y 30 m de profundidad en Monte Llusa desde el suroeste al día siguiente. Una carretera termina a un kilómetro de la depresión y un agradable paseo, principalmente en ladera abierta, bordea la depresión de Cierrolinos y luego, cuesta arriba, pasa una serie de pozos vallados que se documentaron con GPS y códigos «X», pues están fuera del área de permiso. La pareja pronto se encontró todavía a 600 m al sur de Monte Llusa con una hermosa vista hacia la costa al norte, pero se enfrentaba con una pared impenetrable de espesa vegetación justo debajo.

Finalmente, usando machetes y siguiendo caminos de animales cuesta abajo, la pareja se encontró con una ruta abierta, probablemente de cazadores, a través del bosque y esta se dirigió al noreste para aparecer en el borde occidental de la depresión cerca del pico Monte Llusa. La alegría por alcanzar el objetivo duró poco: ¡la depresión estaba llena de maleza! Se dieron por vencidos en este punto y el camino de los cazadores a través del bosque hasta el coche les llevó 35 minutos. Para una investigación adecuada de la zona hacen falta monos, machetes, quizás una podadora, y más información; véase más abajo.

Algunos de los pozos marcados con X recibieron posteriormente los códigos 4870 - 4872 cuando se supo que estaban en la nueva sección al área de permiso. El 4870 era un gran pozo cercado junto a un estanque cercado.

Juan y Penny añadieron tres agujeros «X» más cuando siguieron la misma ruta el 10 de abril. Una vez dentro del área de permiso, también documentaron otros tres más: 4873, una surgencia con charcos embarrados; 4874, una pequeña cueva con un posible desnivel; y 4875, un pozo vallado de, quizás, 3 m de profundidad.

Juan y Penny volvieron el día 13 y Juan investigó un agujero negro prominente que resultó ser un extraplomo de 3 m de profundidad en

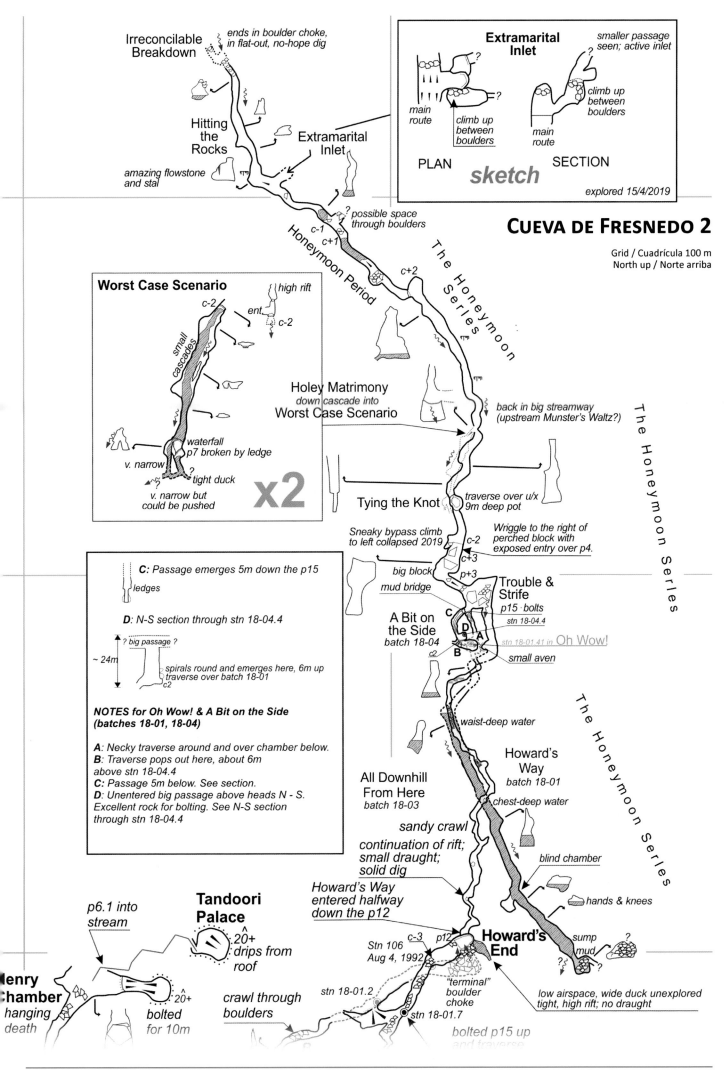

Irreconcilable Breakdown

ends in boulder choke, in flat-out, no-hope dig

Hitting the Rocks

amazing flowstone and stal

Extramarital Inlet

Extramarital Inlet

smaller passage seen; active inlet

main route

climb up between boulders

climb up between boulders

main route

PLAN   **sketch**   SECTION

explored 15/4/2019

CUEVA DE FRESNEDO 2

Grid / Cuadrícula 100 m
North up / Norte arriba

Honeymoon Period

The Honeymoon Series

c-1
c+1
c+2

? possible space through boulders

Worst Case Scenario

c-2
high rift
ent.
c-2

small cascades

waterfall p7 broken by ledge

v. narrow

? tight duck

v. narrow but could be pushed

x2

Holey Matrimony
down cascade into
Worst Case Scenario

back in big streamway (upstream Munster's Waltz?)

traverse over u/x 9m deep pot

Tying the Knot

Sneaky bypass climb to left collapsed 2019

Wriggle to the right of perched block with exposed entry over p4.

c-2
c+3
p+3

big block
mud bridge

Trouble & Strife
p15 · bolts
stn 18-04.4

A Bit on the Side
batch 18-04

C
D A
B
c2

stn 18-04.4

stn 18-01.41 in Oh Wow!

small aven

The Honeymoon Series

C: Passage emerges 5m down the p15

ledges

D: N-S section through stn 18-04.4

? big passage ?

~ 24m

spirals round and emerges here, 6m up traverse over batch 18-01
c2

NOTES for Oh Wow! & A Bit on the Side (batches 18-01, 18-04)

A: Necky traverse around and over chamber below.
B: Traverse pops out here, about 6m above stn 18-04.4
C: Passage 5m below. See section.
D: Unentered big passage above heads N - S. Excellent rock for bolting. See N-S section through stn 18-04.4

waist-deep water

Howard's Way
batch 18-01

chest-deep water

All Downhill From Here
batch 18-03

sandy crawl

continuation of rift; small draught; solid dig

Howard's Way entered halfway down the p12

blind chamber

hands & knees

p6.1 into stream

Tandoori Palace
20+ drips from roof

20+ bolted for 10m

Henry Chamber
hanging death

crawl through boulders

Stn 106
Aug 4, 1992

c-3 p12

stn 18-01.2

stn 18-01.7

Howard's End

"terminal" boulder choke

sump mud
?
?

low airspace, wide duck unexplored tight, high rift; no draught

bolted p15 up and traverse

Looking east-northeast from site 4875 over El Rincón (left centre) to the coast at Santoña.
Mirando al este-noreste desde 4875 sobre El Rincón (centro izda.) hacia la costa en Santoña.   *Juan Corrin*

jungle, so Penny and Juan followed this the day after, walking along a pleasant, managed route with red markers and dense vegetation on each side. The route met the tracks that Phil and Juan had toiled up the week before. There are a number of depressions and valleys on both sides of the track that would need investigating using machete and oversuit. Two new sites were documented: 4890 - a large depression with a high cliff and apparent solution pockets and 4891 - a small shaft marked with small, red-painted posts.

On April 16th, Juan and Penny walked up on the north side of El Rincón then south along forestry tracks. Juan had marked the positions of what looked like black holes or depressions on forest-free aerial photos from 1956-57 and imported these into the OruxMaps app on a tablet[9]. The aim was to see what the black marks were: the 7 marked ones turned out to be heavily vegetated, significant depressions only a couple of which were investigated. "A hedge trimmer would definitely be an advantage and probably a necessity".

The large bowl at Barbantín was then cursorily investigated.
This, again, needs a properly suited and equipped team to investigate.

After retracing their steps to the base of the hill, they walked along the track around the edge of El Rincón, from north to south, documenting a small cave (4892) and, just beyond, the resurgences. These had been known by us for years and had been used by the locals probably for centuries as a drinking water source and diverted into a clothes washing area. As these springs were now in the new area, they were put into the Matienzo database, the western resurgence (built over with an obelisk) was coded 4893 while the one forty metres to the southeast, 4894. The Barbantín depression is just up the hill from these resurgences, 400m to the southwest and 90m vertically above.

Lloyd, Raoul, David, Juan and Fran took the track up from the north side of El Rincón on April 17th with the usual caving equipment and a newly purchased hedge trimmer. First Fran descended site 4863 - an 8m deep, choked shaft, then Lloyd then Raoul dropped site 4864 - a p12 to a too tight p5 continuation. Juan used the hedge trimmer on site 4865 but David traversed around the back and climbed down into the depression to find nothing.

Depression D0008 was investigated by David by climbing down the far sloping side to find nothing. Nothing was found In D0009.
Lloyd found a small cave in a depression - this is new number 4895. Depression D0004 was investigated by Lloyd with possible cold air. Fran investigated a depression on the side with nothing found. Lloyd investigated D0007, finding nothing of interest.

Everyone then walked down into the enclosed Barbantín depression where all depressions at the base were investigated. Two sites were documented: 4896 - a 3m drop in a rift that seems too small at a

un peñasco (4888). Luego, el dron voló sobre la jungla para sacar un panorama de la depresión en Monte Llusa. Los resultados no ayudaron mucho: había «agujeros negros», pero probablemente eran sombras de los árboles en el denso bosque.

El video del vuelo mostró un camino que desaparecía en la jungla, por lo que Penny y Juan lo siguieron al día siguiente, caminando por una ruta agradable con marcas rojas y una densa vegetación a cada lado que se encontró con los caminos que habían usado Phil y Juan la semana anterior. Hay una serie de depresiones y valles a ambos lados del camino que deberían investigarse con machete y mono. Se documentaron dos nuevos agujeros: 4890, una gran depresión con un peñasco alto y aparentes hornacinas de solución, y 4891, un pequeño pozo marcado con pequeños postes pintados de rojo.

El 16 de abril, Juan y Penny caminaron por el lado norte de El Rincón y luego hacia el sur por pistas forestales. Juan había marcado las posiciones de lo que parecían agujeros negros o depresiones en fotografías aéreas sin bosques de 1956-57 y las había importado a la aplicación OruxMaps en una tableta.[9] El objetivo era ver qué eran las marcas negras: las 7 marcadas resultaron ser depresiones significativas con mucha vegetación, y solo un par se investigaron. «Una podadora sin duda vendría bien y probablemente imprescindible».

La gran dolina de Barbantín se investigó después superficialmente.
Para esta, de nuevo, se necesita un equipo adecuadamente equipado para investigar.

Tras volver sobre sus pasos hasta la base del monte, fueron por el camino que bordea El Rincón, de norte a sur, documentando una pequeña cueva (4892) y, poco después, las surgencias que conocíamos desde hacía años y que los lugareños probablemente llevaban siglos usando como fuente de agua potable y habían desviado a un lavadero. Como estos manantiales estaban ahora en la nueva área, se añadieron a la base de datos de Matienzo, la surgencia occidental (con una construcción como un obelisco) se codificó 4893 y la que está 40 m al sureste, 4894. La depresión de Barbantín está justo subiendo por la ladera, a 400 m al suroeste y 90 m por encima.

Lloyd, Raoul, David, Juan y Fran subieron por el camino desde el lado norte de El Rincón el 17 de abril con el equipo de espeleología habitual y una podadora recién comprada. Primero Fran entró en 4863, un pozo obstruido de 8 m de profundidad, luego Lloyd y Raoul entraron a 4864, un P 12 a otro P 5 demasiado estrecho. Juan usó la podadora en 4865, pero David cruzó por detrás y entró a la depresión sin encontrar nada.

David investigó la depresión D0008 bajando por el lado inclinado más alejado, pero no encontró nada. Tampoco se encontró nada en D0009.
Lloyd encontró una pequeña cueva en una depresión: 4895. Lloyd investigó la depresión D0004 con posible aire frío. Fran investigó una depresión en el costado sin encontrar nada. Lloyd investigó D0007 y no

---

9   See "The Information Systems and Technology Used up to 2020", p 477

9   Véase Sistemas informáticos y tecnología empleada hasta 2020, p. 447.

Left: A drone photo looking over the difficult terrain to the west of Hazas de Cesto. El Rincón, Hazas and Solórzano are visible in the valley. Centre: The jungle in the Barbantín depression. Right: Lloyd investigating another depression.
Izda.: Una foto de dron sobrevolando el difícil terreno al oeste de Hazas de Cesto. El Rincón, Hazas y Solórzano se pueden ver en el valle. Centro: La selva en la depresión Barbantín. Dcha.: Lloyd investigando otra depresión.
Juan Corrin

Left: Cueva de los Moros. Centre: Patrick, Juan and Andy at site 4891. Right: David, Fran and Raoul on the lifeline at 4864.
Izda.: Cueva de los Moros. Centro: Patrick, Juan y Andy en 4891. Dcha.: David, Fran y Raoul con la cuerda en 4864.   *Juan Corrin*

jammed boulder, and 4897 - a 2m deep collapse / possible dig at the east side.

Although we seemed to be close to a possible track to take us back down to valley base on the south side, near the resurgences, we climbed back up and retraced our steps to descend on the north side.

Juan, Phil Papard, Andy Pringle and Patrick Devine spent the afternoon of April 19th dropping some of the new holes catalogued about 900m south of Monte Llusa. After a quick look into X009 - just a walk down to an undercut - the team moved on to the fenced shaft next to the pond (4870). Juan went down ladders into the roomy opening, 12m deep, to a rubble slope onto another drop that required more tackle. Patrick also came down and tried to investigate an alcove part way down the shaft, ending with a Tony Curtis impression (see the film 'Trapeze', 1956).

Site 4871 was descended by Andy with Phil surveying 21m in a set of cross rifts. Site 4874 was confirmed as a small, choked cave and 4875 was dropped 5m by Juan to a route over a boulder that appears to lead into a blocked alcove.

The team then dropped down towards El Rincón and site 4891, surrounded by small red posts. Derogatory comments about the depth of the "shaft" - about 1.8m - were silenced when Andy pulled back a boulder and a draught started up.

As an indicator of the difficulty and frustration involved in prospecting the woodland for holes north of Garzón, John Southworth and Dave Milner went "jungle bashing, with nothing found" on May 4th.

Juan took Alex and Chris Sharman to site 4870 on April 27th as a "going away present" on their last day.

Chris and I descended and tied the ladders together. Chris announced that this extra ladder was not needed until the boulders he climbed down fell off. ... At the bottom, in this very loose chamber which continued to collapse when I climbed down, were two ways on. Straight on from the ladder behind a boulder pile was a very echoing chamber. ... I slithered through to find it was just a large aven chamber 5 x 3 x 10m high with no way on.

The other way was a small hole at the base of the chamber, below the ladder. This appeared to drop to a ledge before belling out into a big rift - or so it looked. We called for more gear and Chris rigged it from a bollard and the ladder.

The roped 5m drop ended in a choked chamber.

Dan and Juan had a productive April 23rd prospecting near to the west side of the main road through Hazas de Cesto - another Huerto del Rey area. Fourteen sites were documented although the lack of full caving gear prevented a proper investigation some instances. Sites 4928 - 4932 are partially blocked holes while 4933, somewhat better at 10m long, is a roomy entrance in a steep, fenced shakehole with a slope down to a roomy crawl and a small dig. In the woods above, bramble-filled depression D0051 was not entered but, at an 8m high scar, a 4m climb down reaches a dig with a possible draught (4934). A small limestone hillock contains site 4935, a small, earth-floored cave / dig beyond a rock arch and, in the centre of the adjacent field, site 4936 is a sink and possible cave entrance.

At that point, rain stopped play and the pair retreated to the bar attached to the shooting, fishing and fireworks shop in Hazas

Site 4871: shaft

Monte Llusa 30T 0449853 4804683 (Datum: ETRS89)
Altitude 366m Depth 7m Length 21m
Surveyed 2019 to BCRA 5c Drawn by Phil Papard
Matienzo Caves Project 2019

entrance p3 from N side

alternative entrance: clamber down through undergrowth

PLAN

Scale (m)
0   2   4   6   8

in

x

x'

X

ELEVATION

encontró nada de interés.

Luego, todos caminaron hacia la depresión cerrada de Barbantín donde se investigaron todas las depresiones en la base. Se documentaron dos agujeros: 4896, un desnivel de 3 m en una fisura que parece demasiado pequeña en una roca atascada, y 4897, un hundimiento de 2 m de profundidad/posible excavación en el lado este.

Aunque parecíamos estar cerca de un posible camino que nos llevara de regreso a la base del valle en el lado sur, cerca de las surgencias, volvimos a subir y volvimos sobre nuestros pasos para bajar por el lado norte.

Juan, Phil Papard, Andy Pringle y Patrick Devine pasaron la tarde del 19 de abril explorando algunos de los nuevos agujeros catalogados a unos 900 m al sur de Monte Llusa. Tras echar un vistazo rápido a X009, solo una bajada hasta un extraplomo, el equipo se trasladó al pozo cercado junto al estanque (4870). Juan bajó unas escalas hasta la espaciosa abertura, de 12 m de profundidad, hasta una pendiente de escombros a otro desnivel para el que se necesitaba más equipo. Patrick también bajó e intentó investigar una hornacina según se baja por el pozo, terminando con una impresión de Tony Curtis (ver la película Trapecio, 1956).

Andy y Phil entraron en 4871 y topografiaron 21 m en un conjunto de fisuras cruzadas. El 4874 se confirmó como una cueva pequeña y obstruida y el 4875 fue explorado por Juan bajando 5 m hasta una ruta sobre una roca que parece conducir a una hornacina obstruida.

Luego, el equipo bajó hacia El Rincón y la cavidad 4891, rodeada de pequeños postes rojos. Los comentarios despectivos sobre la profundidad del «pozo» —alrededor de 1,8 m— fueron silenciados cuando Andy retiró una roca y empezó a exhalar una corriente.

Como indicador de la dificultad y la frustración que implica buscar cuevas en el bosque al norte de Garzón, John Southworth y Dave Milner se lanzaron a «atacar la jungla, sin encontrar nada» el 4 de mayo.

Juan llevó a Alex y Chris Sharman a 4870 el 27 de abril como un «regalo de despedida» en su último día.

Chris y yo bajamos y atamos las escalas juntas. Chris dijo que esta escala adicional no hacía falta hasta que las rocas que había bajado se cayeron. [...] En la base, en esta sala muy suelta que seguía colapsándose cuando bajé, había dos rutas. Directamente desde la escala detrás de una pila de rocas había una sala con mucho eco. [...] Me deslicé y descubrí que era solo una chimenea de 5 x 3 x 10 m de altura sin salida.

La otra posibilidad era un pequeño agujero en la base de la sala, debajo de la escala. Bajaba a una repisa antes de convertirse en una gran fisura, o eso parecía. Pedimos más equipo y Chris lo instaló desde un bolardo y la escala.

El pozo con cuerda de 5 m terminó en una sala obstruida.

Dan y Juan tuvieron una día productivo el 23 de abril investigando cerca del lado oeste de la carretera a través de Hazas de Cesto, otra área de Huerto del Rey. Documentaron 14 agujeros, aunque la falta de equipo completo impidió una investigación adecuada en algunos casos. Los 4928 - 4932 son hoyos parcialmente bloqueados, mientras que 4933, algo mejor con 10 m de largo, es una entrada espaciosa en un hoyo empinado y cercado con un desnivel que da a una gatera amplia y una pequeña excavación. En el bosque de arriba, no entraron en la depresión llena de zarzas D0051 pero, en un saliente rocoso de 8 m de altura, un destrepe de 4 m da a una excavación con posible corriente (4934). En un pequeño montículo de caliza está 4935, una pequeña cueva/excavación con suelo de tierra al otro lado de un arco y, en el medio del campo adyacente, el 4936 es un sumidero y una posible cueva.

En ese momento, la lluvia les impidió seguir y la pareja se retiró al bar adjunto a la tienda de pesca y fuegos artificiales en Hazas que servía una tortilla rica. Después del almuerzo, tomaron las

which served tasty tortilla. After lunch, they GPS'd the location of a resurgence next to the road near to Beranga which Rob had previously walked around, site 4937. This was a long-lost site which had been explored then sketched into the 1977 logbook. With no scale on the drawing, it now needs a re-exploration and modern survey!

Heading back towards Hazas, close to a water board installation at the road side, site 4938 is a sealed resurgence with a pipe emerging; site 4939 a 10m long, smooth-sided rift with a tight dig; 4940. an undescended, 5m deep slot and 4941, a 15m long complex of rifts and tubes. The very smooth limestone in the area gave the impression of having been eroded in lake / lakeside conditions which would tie in with a theory that the Solórzano / Hazas valley was once enclosed.

They visited El Rincón, inspecting the overflow resurgence 4894 and finding site 4942, a window into an underground pool with a wall visible and a possible dive site. Finally, a walk up into the hills to the south of El Rincón encountered a 300m x 200m, well-vegetated depression with sub-depressions nearly 700m to the southeast of the one at Barbantín - another enclosure that must help feed the resurgences.

No jungle bashing was carried out - this will require at least oversuits and machetes, if not the hedge trimmer.

Some further prospecting was carried out by Dan, Rob, Jess and Martyn on the 21st. "No caves were found but limestone outcrops were explored within the wooded area."

Back at El Rincón on April 24th, Dan, Rob, Jess and Martyn equipped with a generator, submersible pump and lay-flat hose started to lower the water level in the overflow resurgence 4894. More lay-flat hose and helpers / spectators came over from Matienzo and the pump ran for approximately 4 - 5 hours reducing the water volume in the resurgence and opening up a small space. Despite Rob's wet-suited, valiant digging efforts in the water, no entry was gained.

The way straight on appears to close down almost immediately, but a deeper section leads around to the left with a boulder currently blocking potential on-going passage. This could be moved by a surface team if pumped out again, or a diver installing a sling around it, with a team pulling from the surface. This needs a diver to go check out further prospects.

A number of people walked the hillside prospecting while the pump was running. The farmer proved very helpful and pointed out a number of places including 4892 which, he said, at times of heavy rain, the water pumps out, flowing down the field and track and floods out the car park area. When the water emits from this resurgence, the water also has a strong flow out of 4894 which was being pumped.

On the north side of El Rincón, Andy Quin, Pedro and Julie dug in several places at site 4868, a rock shelter. One dig was opened up to a

Site 4004
Cueva de
las Palomas

Riolastras 30T 0454231 4803976
Altitude 178m Length 146m
Drawn by Phil Papard
Surveyed 2019 to BCRA 5c
Matienzo Caves Project 2019

Scale (m)
0   5   10

Ng

Most of the passages between these points have a floor covered in goat droppings

Bat Roost
Blind pit
Bat Roost

Soup plate beds

dig?

Roots

Hole to surface

Entrance

Choke

Holes to surface

coordenadas con GPS la de una surgencia junto a la carretera cerca de Beranga por la que Rob había caminado anteriormente, 4937. Esta cavidad, perdida hace mucho tiempo, había sido explorada y luego bosquejado en el libro de salidas de 1977. Sin escala en el dibujo, ahora necesita una nueva exploración y una topografía moderna.

De vuelta hacia Hazas, cerca de una instalación del Servicio de Aguas junto a la carretera, el 4938 es un surgencia sellada por la que sale una tubería; 4939, una grieta lisa de 10 m de largo con una excavación cerrada; 4940, una ranura sin explorar de 5 m; y 4941, un complejo de grietas y tubos de 15 m de largo. La caliza muy suave en el área da la impresión de haber sido erosionada en un lago, lo que se relacionaría con la teoría de que el valle de Solórzano/Hazas alguna vez estuvo cerrado.

Visitaron El Rincón, inspeccionaron la surgencia 4894 y encontraron 4942, una ventana a una marmita con una pared visible y un posible sitio de buceo. Finalmente, caminando hacia los montes al sur de El Rincón encontraron una depresión con mucha vegetación de 300 x 200 m con subdepresiones a casi 700 m al sureste del de Barbantín, otra que debe drenar a las surgencias.

No nos metimos en la jungla; harán falta al menos monos y machetes, si no la podadora.

Dan, Rob, Jess y Martyn siguieron en la zona el día 21. «No se encontraron cuevas, pero se exploraron salientes de piedra caliza dentro del área boscosa».

De regreso en El Rincón el 24 de abril, Dan, Rob, Jess y Martyn equipados con un generador, una bomba extractora y una manguera comenzaron a bajar el nivel del agua en la surgencia 4894. Se acercaron más mangueras y ayudantes/espectadores de Matienzo y la bomba se dejó durante unas 4 a 5 horas reduciendo el volumen de agua en la surgencia y abriendo un pequeño espacio. A pesar de los valientes esfuerzos de excavación de Rob en el agua, no pudieron entrar.

Todo recto parece cerrarse casi de inmediato, pero una sección más profunda conduce a la izquierda con un bloque que actualmente bloquea la posible continuación. La podría mover un equipo de superficie si se bombea de nuevo, o si un buzo la rodea con una cinta y un equipo tira de ella desde la superficie. Hace falta un buzo para ver el potencial.

Varias personas caminaron por la ladera mientras la bomba estaba funcionando. Un vecino demostró ser de gran ayuda y señaló varios lugares, 4892 incluido, de los que, según dijo, en momentos de fuertes lluvias sale agua que baja por el campo y el camino e inunda el aparcamiento. Cuando el agua sale de esta surgencia, también dale un buen caudal de 4894, que se estaba bombeando.

En el lado norte de El Rincón, Andy Quin, Pedro y Julie excavaron en varios puntos de 4868, un abrigo. Una se abrió a un pequeño espacio sin una continuación obvia; una segunda es un gatera muy baja a la izquierda que necesitaría mucho trabajo. La tercera era...

Una excavación prometedora con una galería baja en pendiente (sin corriente), pero paramos tras encontrar una tibia humana, fragmento de cráneo y otros fragmentos más pequeños.

En otra ocasión, Pedro buscó 4869 en la jungla sin éxito.

En el lado este de Solórzano, la Cueva de Nicanor (3961), una cavidad que conocíamos desde hace algunos años, fue el centro de una visita familiar de Penny, James, Jenny y los dos niños Eleanora y Juan,

Pumping water from site 4894 at El Rincón. Rob Grimes doing the underwater boulder removal.
Bombeando el agua de 4894 en El Rincón. Rob Grimes moviendo el bloque bajo el agua.

Jess Eades (2), Patrick Devine

small space with no obvious continuation; a second is a very low crawl on the left that would need a lot of work. The third was ...

> *... a promising dig with low passage sloping away (no draught) but stopped due to appearance of human tibia, skull fragment and other smaller fragments.*

At a later date, Pedro searched the jungle for site 4869 without success.

O n the east side of Solórzano, Cueva de Nicanor (3961) - a site we'd known about for a few years - was the focus for a family visit by Penny, James, Jenny and the two children Eleanora and Juan - although the two and a half year old was not too keen, coming out with mother and nana while James took Eleanora to the end.

James then prospected further down the valley, above and about 2km east of the main road through Hazas, coming across an open hole where stones rolled down the entrance slope "for several seconds".

Juan and James after exploring 3% Pot, site 4877. Juan y James después de explorar 3% Pot, 4877. *Phil Papard*

The next day, April 11th, James returned with Jenny, Nora and Juan Carlisle to look around the top of the El Tesugo valley. Part of the area had recently been deforested so was very muddy and difficult underfoot. At the head of the valley, site 4878 was investigated as a walk-in resurgence to a man-made dam. Further down the valley, 4879 was thought to be an entrance, although covered with brash. Near to the road junction, James described site 4880 as ...

> *... a big shakehole with a fridge freezer at the bottom of a limestone cliff... This has a hole down with black space below that will need digging.*

To date, nobody has checked out this site.

He re-checked 4877 deciding it needed a ladder and also documented 4881, a rift in a depression that appeared to drop down for a few metres.

Phil Papard and Juan Corrin accompanied James back to El Tesugo on April 12th, starting the afternoon's explorations at 4877, now called 3% Pot, the chance of it 'going'. James climbed down a sloping, two-ladder drop that entered a passage that went to the head of a draughting and echoing 5m drop where James rated the chances as more like 50%. Juan joined him and one ladder was removed to take to the second drop which James descended to find a diggable choke. A slightly draughting side passage could also be dug.

James also descended 4881 - a 3.5m deep hole with no draught then started to look down into the valley while Juan and Phil went into the resurgence 4878. Just beyond the dam, Phil dug into a small choked chamber.

The three then proceeded down the valley which takes the water from the resurgence. The water disappears into an impenetrable hole (4882) then re-appears in an impenetrable resurgence (4885) some 200m further down the valley and 20m lower. Features noted between sink and resurgence were a collapse that Phil had a dig at (4883) and a possible overflow sink (4884). Two hundred metres downstream of the resurgence, the valley meets the road. At this point, the team decided to walk back up along the road rather than retrace the 100m altitude difference up the valley. Off the road side they investigated some interesting-looking but blind depressions and documented two small sites 4886 and 4887.

On April 17th, Peter Eagan and Carmen also started to investigate the east side of the Solórzano valley, this time to the north and east of the 'moth-balled' housing estate at Hazas. In the woods, they found "a perfectly round pool of water with an outlet". They called this "The Boiling Well" (4907) because of the bubbles rising every few seconds. They followed a stream to its rising (4908), finding "small gaps between rocks and places where it may be possible to dig down to the water".

They checked out fields to the east but "saw nothing of interest". They finished to the west of the Tesugo valley, documenting a large depression 4909 and 4910, a "10m steeply sloping cave with bats in residence and a milk crate". Very close by, they also noticed 4886 found a few days before. (Jess and Martyn also visited, finding no bats but they did take samples of droppings for potential future DNA analysis.)

aunque el de dos años y medio no estaba muy interesado, y salió con mamá y la abuela mientras James llevaba a Eleanora hasta el final.

James investigó después bajando por el valle, por encima y a unos 2 km al este de la carretera principal a través de Hazas, y se encontró con un agujero abierto por el que las piedras rodaban por la pendiente de entrada «durante varios segundos».

Al día siguiente, 11 de abril, James regresó con Jenny, Nora y el pequeño Juan para mirar en lo alto del valle del Tesugo. Parte de la zona se había deforestado recientemente, por lo que estaba muy embarrada y era difícil andar. En la cabecera del valle, investigaron 4878, una surgencia con una presa artificial. Bajando por el valle, 4879 parecía ser la entrada a una cueva, aunque estaba cubierta con maleza. Cerca del cruce , James describió 4880 como...

> *Un gran agujero con un frigorífico en el fondo de un peñasco de caliza [...] Tiene un agujero con un espacio negro debajo que se tendrá que excavar.*

Hasta la fecha, nadie lo ha visitado.

Volvió a comprobar 4877 y decidió que necesitaba una escala y también documentó 4881, una fisura en una depresión que parecía descender unos pocos metros.

Phil Papard y Juan Corrin acompañaron a James de regreso al Tesugo el 12 de abril, comenzando las exploraciones de la tarde en 4877, ahora llamada 3% Pot, la probabilidad de que fuese «practicable». James bajó por un desnivel con dos escalas y entró en una galería que llegaba hasta la cabecera de un pozo de 5 m con eco, donde James cambió las probabilidades al 50 %. Juan se le unió y quitaron una escala para llevarla al segundo pozo, por el que James bajó y encontró un obstrucción excavable. También se podría desobstruir una galería lateral con corriente suave.

James también entró en 4881, un hoyo de 3,5 m sin corriente y luego comenzó a mirar hacia el valle mientras Juan y Phil entraban en la surgencia 4878. Justo al otro lado de la presa, Phil excavó a una pequeña sala obstruida.

Los tres siguieron por el valle que recibe el agua de la surgencia. El agua desaparece en un agujero impenetrable (4882) y luego reaparece en una surgencia impenetrable (4885) a unos 200 m y con un desnivel de 20 m. Las características observadas entre el sumidero y la surgencia fueron un hundimiento que Phil intentó excavar (4883) y un posible sumidero secundario (4884). A 200 m aguas abajo de la surgencia, el valle se encuentra con la carretera. En este punto, el equipo decidió caminar de regreso a lo largo de la carretera en lugar de volver por los 100 m de diferencia de altitud por el valle. A un lado del camino, investigaron algunas depresiones ciegas pero de aspecto interesante y documentaron dos agujeros pequeños: 4886 y 4887.

El 17 de abril, Peter Eagan y Carmen también comenzaron a investigar el lado este del valle de Solórzano, esta vez al norte y al este de la urbanización de Hazas «a medias». En el bosque, encontraron «un estanque de agua perfectamente redondo con una salida». Lo llamaron The Boiling Well (Olla en ebullición) (4907) porque cada pocos segundos suben burbujas a la superficie. Siguieron un arroyo hasta su nacimiento (4908), encontrando «pequeños huecos entre rocas y lugares donde se podría excavar hasta el agua».

Revisaron los prados hacia el este pero «no vieron nada de interés». Terminaron al oeste del valle de Tesugo, documentando una gran depresión (4909) y 4910, una «cueva de pendiente pronunciada de 10 m con murciélagos en residencia y una caja de leche». Muy cerca, también vieron 4886 encontrada unos días antes. (Jess y Martyn también fueron y no encontraron murciélagos, pero tomaron muestras de guano para un posible análisis de ADN en el futuro).

Al día siguiente, Peter y Carmen volvieron para desobstruir el final de 4910, pero descubrieron que iba hacia arriba. Vieron muchos huesos de animales y unos seis murciélagos. También documentaron el agujero 4916, cubierto de maleza, pero visible con 4 m de profundidad, y 4917, un agujero vertical por el que las piedras traquetean un buen rato.

Regresaron con Mark el día 20 investigando la zona

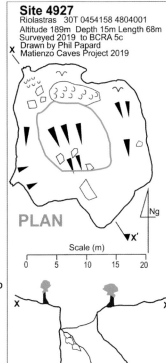

Site 4927
Riolastras   30T 0454158 4804001
Altitude 189m Depth 15m Length 68m
Surveyed 2019 to BCRA 5c
Drawn by Phil Papard
Matienzo Caves Project 2019

PLAN

Ng

Scale (m)
0   5   10   15   20

X ————————————— X'

ELEVATION

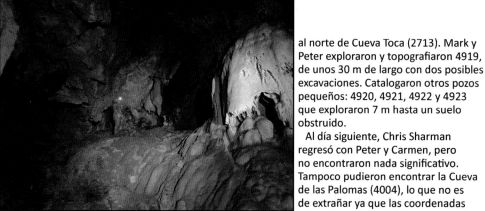

Site 4004.   Sitio 4004. *Phil Papard*

The following day Peter and Carmen were back to dig out the constriction at the end of 4910 but found it went straight up. Lots of animal bones were noted and about six bats. They also documented site 4916: overgrown but visible to 4m depth, and 4917: a body-sized, vertical hole where stones rattle down some way.

They were back with Mark on the 20th prospecting to the north of Cueva Toca (2713). Mark and Peter explored and surveyed 4919, about 30m long with two possible digs. Other small holes were catalogued: 4920, 4921 and 4922, and site 4923 was dropped 7m to a choked floor.

The following day, Chris Sharman returned with Peter and Carmen but found nothing significant. They also failed to find Cueva de las Palomas (4004), not surprising as the coordinates provided were wrong!

Back on the 22nd, Peter, Pedro, Carmen, Mark and Jason dug in 4919, making a small extension. More prospecting produced 4925, a 3m drop and a possible dig, and 4926 - two further depressions that require digging. A tourist trip was made in Cueva Toca and Pedro and Carmen started to look for Cueva de las Palomas but came across a new site 4927. This was ...

> *... a deep, large depression, easily climbed into a cave / rock shelter all the way round at the bottom. Lots of goat shit. No obvious passage off. Collapsed chamber? Very old stal.*

After a phone call to Emilio Muñoz, they found Palomas, over 80m long with "various meander passages leading off from central entrance chamber". Further prospecting activities were abandoned in deep undergrowth after being "chased by angry swarms of bees".

Pedro and Phil Papard surveyed the cave on April 28th, noting lots of bats. Phil wrote that the site would be a good one for Jess to set a detector.

They moved on to site 4927 taking photos and surveying and documenting 4949 as a small crawl under thin limestone beds.

On April 26th, Alex, John Proctor and Chris Sharman investigated land near the motorway describing it as lacking both caves and karst features. They then moved south and rediscovered Cueva de Tesugo (4878). They noticed a low crawl going off on the left at the entrance which the original explorers had completely missed. They surveyed the original 20m up the streamway and ...

> *... found another 85m by pushing an almost flat out bedding. We re-encountered the stream and, after a sizeable chamber, reached a sump, though it could be just a duck. A check in full caving gear is required. From the chamber, larger and decorated passage led backwards following the entrance crawl which eventually choked.*

Northeast of Cueva Nicanor, John Southworth and Dave Milner noted site 4965, a small rift at the base of a depression with a slight draught.

On May 1st, the Southworth, Milner and Goodwin team documented new sites to the north of Garzón: 4960 - a 3m wide, walk-in passage to an 11 x 7 x3m high chamber but with only a low passage continuing; 4961 - a dig at a slope where rocks trundle some way; 4962 - a possible dig at a wet weather sink; 4963 - a very narrow passage at the end of a large depression, and 4964 - an undescended, slabbed-over shaft which needs enlarging at the top.

To the northeast of Garzón, at Villanueva (outside of permit area), a large, open resurgence was noted and given an 'X' code. Although 'tourist trips' are allowed by the authorities, pushing trips are not, so it is hoped that a permit for this cave and area can be obtained in the near future.

EASTERN MOUNTAINS Alex and John Proctor visited three holes low down on the hillside, at least one visible from the bar. They found 4946 - a 1m deep alcove; 4947 - 1.5m deep to a choke, and 4948 - a 5m crawl to a smaller passage with animal bedding. As a GPS unit had not been taken, Juan later used the drone to flypast the entrances to obtain the approximate x, y coordinates and the altitudes.[10]

A drone video was also recorded as the device flew towards Cueva del Concebo (0012) but no new holes of interest were spotted.

Phil scaled the via ferrata at Risco to walk the hillsides above, finding one new and one old but lost site. He found 4958 on the true left of the valley running down to the waterfall. "Hole is about 25cm in diameter and seems bigger further in. Higher on La Colina he found 1557, which,

al norte de Cueva Toca (2713). Mark y Peter exploraron y topografiaron 4919, de unos 30 m de largo con dos posibles excavaciones. Catalogaron otros pozos pequeños: 4920, 4921, 4922 y 4923 que exploraron 7 m hasta un suelo obstruido.

Al día siguiente, Chris Sharman regresó con Peter y Carmen, pero no encontraron nada significativo. Tampoco pudieron encontrar la Cueva de las Palomas (4004), lo que no es de extrañar ya que las coordenadas proporcionadas estaban mal.

El día 22, Peter, Pedro, Carmen, Mark y Jason excavaron en 4919, avanzando un poco. Más prospecciones resultaron en 4925, una pozo de 3 m y una posible excavación, y 4926, dos depresiones que se han de excavación. Fueron a Cueva Toca y Pedro y Carmen empezaron a buscar la Cueva de las Palomas, pero se encontraron con un nuevo agujero: 4927. Era...

> *Una gran depresión profunda, destrepe fácil a una cueva/refugio por toda la base. Mucha mierda de cabra. Ninguna galería obvia. ¿Sala hundida? Estalagmitas muy viejas.*

Tras una llamada telefónica a Emilio Muñoz, encontraron Palomas, de más de 80 m de largo con «varios meandros que salen de la sala de la entrada». Otras prospecciones se abandonaron por la espesura de la maleza después de ser «perseguidos por enjambres de abejas cabreadas».

Pedro y Phil Papard topografiaron la cueva el 28 de abril y observaron muchos murciélagos. Phil escribió que sería un buen sitio para para que Jess pusiera un detector.

Pasaron a 4927, donde sacaron fotos y topografiaron, y documentaron 4949 como una pequeña gatera debajo de capas delgadas de caliza.

El 26 de abril, Alex, John Proctor y Chris Sharman investigaron el terreno cerca de la autopista y vieron que carecía de cuevas y características kársticas. Luego se trasladaron al sur y redescubrieron la Cueva de Tesugo (4878). Vieron una gatera baja a la izquierda en la entrada que los exploradores originales habían pasado por alto. Topografiaron los 20 m originales aguas arriba y...

> *Encontramos otros 85 m mirando en un laminador casi plano. Volvimos a encontrar el arroyo y, después de una sala considerable, llegamos a un sifón, aunque podría ser solo una bóveda sifonante. Habría que comprobarlo con el equipo de espeleología completo. Desde la sala, una galería más grande y decorada vuelve atrás siguiendo la gatera de entrada que al final está obstruida.*

Al noreste de Cueva Nicanor, John Southworth y Dave Milner documentaron la cavidad 4965, una pequeña fisura en la base de una depresión con una ligera corriente.

El 1 de mayo, el equipo de Southworth, Milner y Goodwin documentó nuevos agujeros al norte de Garzón: 4960, una galería de 3 m de ancho que da a una sala de 11 x 7 x 3 m de alto de la que solo sale una galería baja; 4961, una excavación en una pendiente por la que las rocas caen un buen trecho; 4962, una posible excavación en un sumidero en época de lluvias; 4963, una galería muy estrecha al final de una gran depresión; y 4964, un pozo sin explorar cuya cabecera se ha de agrandar.

Al noreste de Garzón, en Villanueva (fuera del área de permiso), se tomó nota de una gran surgencia abierta y se le asignó un código «X». Aunque las autoridades permiten las visitas turísticas, las incursiones exploratorias no lo están, por lo que se espera poder obtener un permiso para esta cueva y área en un futuro próximo.

MONTAÑAS AL ESTE Alex y John Proctor visitaron tres hoyos en la parte baja del monte, al menos uno visible desde el bar. Encontraron 4946, una hornacina de 1 m de profundidad; 4947, 1,5 m de profundidad hasta una obstrucción; y 4948, un gatera de 5 m hasta una galería más pequeña usada para animales.

Como no habían llevado una unidad de GPS, Juan luego usó el dron para volar por encima de las entradas y obtener las coordenadas x, y aproximadas y las altitudes.[10]

También se grabó un vídeo de la que el dispositivo volaba hacia la Cueva del Concebo (0012), pero no se detectaron nuevos agujeros de interés.

Phil escaló la vía ferrata en Risco para caminar por las laderas en la cima, encontrando un agujero nuevo y uno viejo pero perdido. Encontró 4958 a la izquierda del valle que baja hacia la cascada. «El

---

10   See The Information Systems and Technology Used up to 2020, page 480

10   Véase Tecnología que ayuda a encontrar y documentar cavidades, p. 480

in 2000, had been wrongly placed on the map[11]. This site is an old cave in the cliff face divided by a false floor. "Can see it goes for at least 4m, but not explored."

SOUTHERN SECTOR Amata and Tom on an entomology trip with Jason, Miranda and Mark tried to get into Where Are All the Spiders? in Sima-Cueva del Risco (0025) but found the climb up from the streamway too slippery. Instead they had a trip to Disneyland.

On May 5th, Pedro started digging the intermittently draughting 'continuing tight passage' in site 1265 at Barrio de Carrales - "slicing mud and moonmilk off the walls with a shovel". He reckoned a hammer and chisel would be needed to remove harder calcite.

Cavers from Madrid were continuing the re-documentation of Cueva Coquisera (0039) and had been investigating the surrounding hillside. Spanish Flea (4951) was descended in a roomy shaft to 22m. They also had a dig at site 4952, removing some blocks, and investigating 4953, an impenetrable hole near to the end of the southern passage in Cueva Coquisera (0039). Further small explorations were carried out.

Chris Sharman and Alex went to Torca del Dron (4669), now covered with concrete lintels, and investigated nearby 4668 as a possible entrance. The route was very tight and awkward and didn't allow for putting on SRT kits. It would take a few days digging to make the route feasible. Torca del Dron, however, had a large boulder being precariously held up by the old, rotten wood cover.

Phil Papard, Andy Pringle and Patrick Devine arrived and, after clearing vegetation on the north side, a route under the lintels was found.

> A bolt was put into the rock and one on the surface. A four to one pulley system was rigged and the boulder was quickly released from the hole and rolled down the hill.

Alex and Chris then removed the wood and rigged the shaft from a hanger at the entrance and a covering lintel.

> We then tackled our main objective which was to enter a passage at the top of the pitch. This was an awkward rig, with loose ledges liable to fall down the 80m pitch. Chris had a go first but, after the first bolt failed to go in, he handed it over to me. Eventually we managed to get into the side passage with 4 bolts. It was obvious this was false floored and after about 5m was a pitch down, through a small (for now) hole. We did not have the rope to rig this, it looked to be about 15 - 20m deep and most likely joined up with the big passage seen part way down the main shaft which is currently un-entered.

They returned the following day with Mark and dropped a pitch of about 20m onto a solid rock wall between the two shafts. A horizontal passage from here finished at an aven after 10m. The downward continuation had a 4 second drop and was estimated at 80m. It was not dropped as the drill battery had run out. Alex ...

> ... had guessed this came back into the main shaft but it may not due to it seeming to be deeper. Still, I am going to call this 'Service Shaft'. Survey Disto failed to work, so no survey data. Side passage at top unentered.

Phil Papard, with Juan keeping watch on the heifers and bull, installed a small grid over the opening under the lintels. The hole was now completely stock-proof and required only a bolting spanner to remove the "gate".

Phil took Andy Pringle and Patrick Devine to two holes he had seen in February, sites 4853 and 4854, high up at El Somo. Inspecting the holes when it now wasn't raining, the latter was revealed as a long term dig while 4853 needed capping and has a draught. They returned to cap open the slot to almost big enough to get down. The site had a strong inward draught.

The top of the Risco entrance shaft.
En la cabecera del pozo de entrada de Risco. *Amata Hinkle*

Installing a stock-proof grid on Torca del Dron.
Instalando una rejilla a prueba de ganado en Torca del Dron. *Juan Corrin*

aguhero tiene unos 25 cm de diámetro y parece más grande dentro». Subiendo por La Colina encontró 1557 que, en 2000, se había colocado mal en el mapa.[11] Esta es una vieja cueva en el peñasco dividida por un suelo falso. «Puedo ver que tiene al menos 4 m, pero no la he explorado».

SECTOR SUR Amata y Tom en una salida entomológica con Jason, Miranda y Mark intentaron entrar en Where Are All the Spiders? en Sima-Cueva del Risco, pero la escalada desde el río les pareció demasiado resbaladiza. En vez de eso, fueron hasta Disneyland.

El 5 de mayo, Pedro comenzó a excavar en la «galería estrecha» con corriente intermitentemente de 1265 en el Barrio de Carrales «cortando barro y moonmilk de las paredes con una pala». Calculó que haría falta un martillo y un cincel para quitar la calcita más dura.

Los espeleólogos madrileños seguían con la nueva documentación de la Cueva Coquisera (0039) y habían estado investigando la ladera circundante. Entraron en Spanish Flea (4951) a un amplio pozo a 22 m. También excavaron en 4952, quitando algunos bloques, e investigaron 4953, un agujero impenetrable cerca del final de la galería sur en Cueva Coquisera (0039). Otras exploraciones más pequeñas también se llevaron a cabo.

Chris Sharman y Alex fueron a Torca del Dron (4669), ahora protegida con dinteles de hormigón, e investigaron cerca de 4668 como una posible entrada. La ruta era muy estrecha e incómoda y no se podían poner los arneses. Iban a necesitar unos días de excavación para hacer practicable la ruta. En Torca del Dron había un bloque precario sobre la cubierta de madera vieja y podrida.

Phil Papard, Andy Pringle y Patrick Devine fueron a verlo y, tras despejar la vegetación del lado norte, encontraron una ruta bajo los dinteles.

> Se puso un anclaje en la roca y otro en la superficie. Se instaló un sistema de poleas de cuatro a uno y la roca se sacó rápidamente del agujero y se rodó colina abajo.

Alex y Chris luego quitaron la madera e instalaron el pozo de una chapa en la entrada y un dintel.

> Luego fuimos a nuestro objetivo principal, entrar en una galería en la cabecera del pozo. Se trataba de una instalación incómoda, con repisas sueltas propensas a caer por el pozo de 80 m. Chris lo intentó primero pero, después de que el primer anclaje no entrara, me lo pasó. Finalmente, logramos entrar en la galería lateral con 4 anclajes. Era obvio que se trataba de un suelo falso y tras unos 5 m había un pozo a través de un pequeño (por ahora) agujero. No teníamos la cuerda para esto, parecía tener entre 15 y 20 m de profundidad y probablemente se uniera a la gran galería que se ve bajando por el pozo principal, que actualmente no está abierto.

Volvieron al día siguiente con Mark y bajaron por un pozo de unos 20 m a una pared de roca sólida entre los dos pozos. Una galería horizontal desde aquí termina en una chimenea tras 10 m. La continuación hacia abajo tenía una caída de 4 segundos y se estimó en 80 m. No se exploró porque la batería del taladro se había agotado. Alex...

> Había pensado que este regresaba al pozo principal, pero puede que no sea así porque parece más profundo. Aún así, voy a llamarlo Service Shaft. El Disto no funcionó, por lo que no hay datos de topografía. Galería lateral en la parte superior sin explorar.

Phil Papard, con Juan vigilando las vaquillas y el toro, instaló una pequeña rejilla sobre la abertura debajo de los dinteles. El agujero era ahora completamente a prueba de animales y solo hacía una llave para atornillar para abrir la «puerta».

Phil llevó a Andy Pringle y Patrick Devine a dos agujeros que había visto en febrero, 4853 y 4854, en lo alto de El Somo. Al inspeccionar los agujeros ahora que no llovía, el último resultó ser una excavación

---

11   2015 summer, page 201.

11   Véase Verano de 2015, p. 201.

Martyn and Jess had another unsuccessful search for site 0714.[12] "The cloud base came down reducing visibility to around 5m so a steady retreat back down the valley before dark was made."

They were slightly more successful in the nearby site 1238[13] on April 26th. An 8m drop landed on boulders which were removed to access a short crawl down to a 2m drop and final choke. Jess photographed and surveyed on the way out.

At Torca de Corcada (0780), Pedro, Guy, Patrick and Sandrine Degouve continued with enlarging the Active Route.[14] They made some progress beyond the last pitch but the meander continued small.

Walking out west from Cruz Usaño, Pedro, Chris Scaife and Carol finished off the exploration of site 0822. Last Easter, the first p5 had been dropped; now, a p10 ended at a choked base. They continued to record three small sites 4943, 4945 and an undescended shaft 4944.

Down at valley bottom, in Reñada, the going lead in the Itchy Crutch Series proved elusive on April 19th. Raoul, David, Mike, Fran and Lloyd went in and ...

.. found what we thought was the lead and bolted and climbed up to find it closed off. Upon returning and talking to Phil, he told us way more information that suggested we were definitely not at the lead which was a bit further along the Itchy Crutch Series.

Jess, Martyn, Dan and Rob aimed to investigate the Zeppelin Hangers area. Bolting kit was carried in on April 19th, it being the first trip into the cave by all except Dan. They found a roof tube near the T-junction before the Zeppelin Hangers.

This didn't appear on the existing survey, so a collective effort to launch Rob up the difficult start of the climb was successful in getting him into the ascending tube. A hand line was installed via a stal boss on the floor of the passage to help others ascend the start of the climb. The tube continued a short way and closed down with a vertical ascending tube which did not lead to on-going passage.

An attempt was made to remove the hand line so it may not be secure on the boss any longer.

Dan and Bob started the climb at the Zeppelin Hangers, whilst Jess and Martyn back tracked up the passage to calibrate the Disto and survey the new aven from a known station. They then surveyed from another known survey station nearer to Zeppelin Hangers, continuing beyond the survey limit. Continuing along the passage below the climb, they reached a large chamber with multiple apparent ways on. The climbers' voices could be heard above when in the centre of the large chamber. A dry, sandy, narrow and sloping passage along the right hand wall was chosen as the way to continue.

To the amusement of three people ...

... Bob managed to lose his top denture whilst at the bottom of the Zeppelin Hangers. They fell down a small hole and dropped out of sight. The hole was too small to descend but attempts were made to locate the base of the hole to see if they "popped out the bottom". Sadly they couldn't be found, so a retreat to the bar was made.

The four headed back into Reñada the following day via the top entrance (4221), going straight to the Zeppelin Hangers and installing a few hand lines to increase protection. Dan and Rob continued the climb, whilst Jess and Martyn continued surveying down the sandy passage to where it split, with both routes narrowing down to a mud finish. Jess wrote:

Upon returning to the large chamber, we were met by Dan. The Zeppelin Hanger passage had come over the top of the large chamber, and he had descended a pot. He swung in through a window, into a large chamber, which turned out to be the chamber with our survey markers already in. The rope was left in-situ to allow the survey of Zeppelin hangers, and the subsequent de-rig after it has been surveyed.

Andy Pringle at site 4853. Andy Pringle en el sitio 4853.   *Phil Papard*

Looking down site 0822.
Mirando hacia abajo en 0822.   *Chris Scaife*

a largo plazo, mientras que 4853, con corriente, se tenía que desobstruir. Volvieron para abrir la ranura hasta que fue lo suficientemente grande como para bajar. Tenía una corriente fuerte.

Martyn y Jess buscaron de nuevo sin éxito la cavidad 0714.[12] «Las nubes bajaron y redujo la visibilidad a unos 5 m, por lo que nos retiramos por el valle antes de que oscureciera».

Tuvieron un poco más de éxito con 1238[13] el 26 de abril. Un pozo de 8 m da en bloques que se quitaron para acceder a un gatera corta hasta un desnivel de 2 m y una obstrucción final. Jess fotografió y examinó al salir.

En Torca de Corcada (0780), Pedro, Guy, Patrick y Sandrine Degouve continuaron ampliando Active Route.[14] Avanzaron un poco al otro lado del último pozo, pero el meandro seguía siendo pequeño.

Hacia el oeste desde Cruz Usaño, Pedro, Chris Scaife y Carol terminaron la exploración de 0822. La Semana Santa anterior se había explorado el primer P 5; ahora, un P 10 terminó en una base obstruida. Documentaron tres agujeros pequeños. 4943 y 4945, y un pozo sin explorar, 4944.

En el fondo del valle, en Reñada, el interrogante dc la rcd Itchy Crutch resultó difícil de alcanzar el 19 de abril. Raoul, David, Mike, Fran y Lloyd entraron y...

Encontramos lo que creíamos que era, lo instalamos y escalamos, pero estaba cerrado. Al regresar y hablar con Phil, nos dio mucha más información que sugería que definitivamente no estábamos donde creíamos, pues estaba un poco más adelante en la red Itchy Crutch.

Jess, Martyn, Dan y Rob querían investigar el área de Zeppelin Hangers. Llevaron equipo de instalación el 19 de abril, la primera visita a la cueva para todos excepto Dan. Encontraron un tubo en el techo cerca del cruce antes de Zeppelin Hangers.

No está en la topografía actual, por lo que un esfuerzo colectivo para lanzar a Rob por el difícil comienzo de la escalada tuvo éxito y llegó al tubo ascendente. Se instaló un pasamanos en una estalagmita en el suelo de la galería para ayudar a otros con el inicio de la escalada. El tubo sigue un rato y se cierra con un tubo ascendente vertical que no da ninguna continuación.

Intentaron quitar el pasamano por lo que puede que ya no esté ahí.

Dan y Bob comenzaron la escalada en Zeppelin Hangers, mientras Jess y Martyn volvían hacia atrás para calibrar el Disto y topografiar la nueva chimenea desde una estación conocida. Luego topografiaron desde otra estación topográfica conocida más cercana a Zeppelin Hangers, continuando al otro lado del límite anterior. Continuando por la galería debajo de la subida, llegaron a una gran sala con múltiples continuaciones. Las voces de los escaladores se podían escuchar arriba cuando estaban en el centro de la gran sala. Eligieron una galería seca, arenosa, estrecha e inclinada lo largo del muro de la derecha como ruta a seguir.

Para el divertimento de tres personas...

Bob se las apañó para perder la dentadura de arriba mientras estaba en la base de Zeppelin Hangers. Cayó por un pequeño agujero y se perdió de vista. El agujero era demasiado pequeño, pero se intentó localizar la base para ver si «salían por abajo». Por desgracia, no se pudieron encontrar, por lo que nos retiramos al bar.

Los cuatro regresaron a Reñada al día siguiente por la entrada superior (4221), yendo directamente a Zeppelin Hangers e instalando algunos pasamanos para que fuese más seguro. Dan y Rob continuaron la escalada, mientras Jess y Martyn continuaron topografiando la galería de arena hasta donde se dividía, con ambas rutas estrechándose hasta un final embarrado. Jess escribió:

Al regresar a la gran sala, nos recibió Dan. La galería Zeppelin Hanger había llegado a la parte superior de la gran sala y había bajado un pozo. Entró por una ventana a una sala grande que resultó ser la sala con nuestros marcadores de topos. La cuerda se dejó in situ para poder topografiar Zeppelin Hanger y la posterior desinstalación al terminar.

12 2018, Christmas, page 343.
13 2018, Christmas, page 343.
14 2018 summer, page 333.

12 Véase Navidad de 2018, p. 343.
13 Véase Navidad de 2018, p. 343.
14 Véase Verano de 2018, p. 333.

They were back on April 22nd, Jess and Martyn surveying the extent of the large "Swiss cheese" chamber. Rob Grimes dropped the pitch at station 0048-19-03.28 and disappeared for a long while.

> There are multiple other pitches off down this section. Upon Rob's return, he and Dan went back towards the entrance to bolt and climb the slope up near station 19-03.2. The slope has a large hanging boulder wedged in the passage, with passageway appearing to lead off near the roof.

On a quick trip into the Reñada top entrance on April 23rd, Jess and Martyn photographed a number of bats.

> ... a short look round revealed 4 bats of 3 species (lesser horseshoe, greater horseshoe and natterer's bat) all within 15m of the entrance.

They returned with a couple of Wessex Cave Club members to continue the Zeppelin Hangers project, being diverted at the top entrance by a fourth bat species - "species unconfirmed". They decided that more bolts were required up the climb and more bolts and time down the pitch before a survey of the finds could be started. The area around station 19-03.2 was also visited and pushed but that "also needs to be surveyed".

In Cueva Vallina (0733), Rupert's diving efforts were again thwarted by the weather. On March 31st, he carried in a bag of dive gear to the top of the Double Dutch Pitch. On April 2nd, he took in another bag and inspected the downstream sumps.

> Conditions excellent, all the mud that was in the streamways last October has been washed away.

However, on the 4th, "after heavy rain and snow", Rupert decided that diving was unlikely so he carried in gear to the base of the Double Dutch Pitch for a bolt climbing project. He checked out the streamway finding it "well up and murky".

Over the next three days, he bolted up to find that the route on was blind - "it just petered out into solution pockets". However, he noticed a possible inlet passage that might be reached by traversing out at the top of the Double Dutch Pitch.

On April 9th, Rupert ...

> ... pulled all the climbing kit up the pitch, and set off bolting from right at the top anchors. A really obvious passage goes off from here to a promising looking chamber which is right over the main shaft. About 8 bolts allowed the chamber to be reached - it has a sloping muddy floor dropping down to the 40m Double Dutch pitch. On the opposite wall was a small passage. It didn't look great but could well soon enlarge. I put in a Y-hang and dropped down the mud slope, but couldn't reach it without a desperate scramble up a slimy mud slope.
>
> At this point I realised I had about half an hour to get out of the cave before my callout time, as I had been faffing about for hours. So, I packed up the drill and brought out most of the climbing kit, but had to leave the climbing rope rigged.
>
> If the passage doesn't go, it will be worth dropping the pitch from this end, as I am sure something else comes in not far from the top.

Peter Eagan, Carmen and Chris Sharman spent some time around Dangerous Chamber trying to make sense of the survey and "getting into a new parallel passage of unfavourable dimensions". They also found that the survey around the Zona Blanca at Swirl Chamber did make sense.

They returned on April 23rd for more unravelling of the old Catalan survey and the MCP one. They decided that, after investigation of the Survex survey, that the survey markers they found were placed by Matienzo cavers but that some detail between Zona Blanca and Birds World hasn't been drawn up.

Volvieron el 22 de abril y Jess y Martyn topografiaron la extensión de la gran sala de «queso suizo». Rob Grimes bajó el pozo en la estación 0048-19-03.28 y desapareció por un buen rato.

> Hay muchos otros pozos en esta sección. Cuando regresó Rob, él y Dan volvieron hacia la entrada para instalar y escalar la pendiente cerca de la estación 19-03.2. La pendiente tiene una gran roca colgante encajada en la galería, con una galería que parece subir cerca del techo.

En una incursión rápida a la entrada superior de Reñada el 23 de abril, Jess y Martyn fotografiaron varios murciélagos.

> Con un vistazo alrededor vimos 4 murciélagos de 3 especies (pequeño de herradura, grande de herradura y ratonero de Natterer) todos a 15 m de la entrada.

Regresaron con un par de miembros del Wessex Cave Club para continuar el proyecto de Zeppelin Hangers, siendo entretenidos en la entrada superior por una cuarta especie de murciélago, «especie no confirmada». Decidieron que se necesitaban más anclajes en la subida y más anclajes y tiempo en el pozo antes de poder empezar la topografía de los hallazgos. También fueron al área alrededor de la estación 19-03.2, pero eso «también se tiene que topografiar».

En Cueva Vallina (0733), las inmersiones de Rupert se vieron frustradas nuevamente por el clima. El 31 de marzo, llevó una saca de equipo de buceo a la cima de Double Dutch Pitch. El 2 de abril, llevó bolsa e inspeccionó los sifones aguas abajo.

> Condiciones excelentes, todo el barro en el río el pasado mes de octubre se ha limpiado.

Sin embargo, el día 4, «después de fuertes lluvias y nieve», Rupert decidió que no iba a poder bucear, por lo que llevó el equipo a la base de Double Dutch Pitch para un proyecto de escalada. Comprobó la galería activa y la encontró «bien revuelta y turbia».

Durante los siguientes tres días, instaló una escalara, pero era una ruta ciega, «simplemente terminó en hornacinas de disolución». Sin embargo, vio un posible afluente al que se podría llegar cruzando por la cabecera de Double Dutch Pitch.

El 9 de abril...

> Saqué todo el equipo de escalada por el pozo y empecé a instalar desde la derecha en los anclajes superiores. Una galería realmente obvia sale de aquí a una sala de aspecto prometedor que está justo sobre el pozo principal. Unos 8 anclajes permitieron llegar a la sala: tiene un suelo embarrado inclinado que desciende hasta el pozo Double Dutch de 40 m. En la pared opuesta hay una pequeña galería. No tiene buena pinta, pero podría agrandarse fácil. Puse una triangulación y bajé por la pendiente, pero no podía llegar sin una desesperada trepada por una pendiente de barro resbaladiza.
>
> En este punto me di cuenta de que me quedaba cerca de media hora para salir de la cueva antes de mi hora, ya que había estado holgazaneando durante horas. Así que, guardé el taladro y saqué la mayor parte del equipo de escalada, pero tuve que dejar la cuerda instalada.
>
> Si la galería no va, valdrá la pena bajar el pozo desde este extremo, ya que estoy seguro de que algo más entra no muy lejos de la cabeza.

Peter Eagan, Carmen y Chris Sharman pasaron un rato en Dangerous Chamber tratando de darle sentido a la topografía y «adentrarse en una nueva galería paralela de dimensiones desfavorables». Es sí, la topografía alrededor de la Zona Blanca en Swirl Chamber tenía sentido.

Regresaron el 23 de abril para desentrañar más la vieja topografía catalana y la de MCP. Decidieron que, después de investigar la topo de Survex, los marcadores de que encontraron los habían colocado espeleólogos de Matienzo, pero que algunos detalles entre Zona Blanca y Birds World no se han dibujado.

Photos in Reñada by *Amata Hinkle* with Tom Thomson.

Fotos en Reñada de Amata Hinkle con Tom Thomson.

2019 SPRING / PRIMAVERA

Alf Latham
Carlos Lamoile Martinez

Phil Goodwin
Phil Parker

Rupert Skorupka

NORTHWEST AND FAR WEST SECTORS Activities on June 8th for Phil, Phil and Alf centred on site 4772, where Phil Goodwin was still trying to open up the side shaft. Alf surveyed at the base of the main hole while Phil Parker took photos. Phil Goodwin's snapper from the previous visit ...

> *... had not opened up the shaft sufficiently so he attacked with hammer and chisel and then attempted to descend but it was still too tight so time was called for the day.*

Phil Goodwin, supported by Alf, continued work at the site on the 13th but ...

> *... it was one of those days and problems with lack of space, holes drilled too far down the slot, dropped snappers etc meant that the tight bit remained, although immediately above it more working space was created.*

While this was happening Phil Parker documented six new holes to the west: 4979 - a draughting hole in a rock-walled depression; 4980 - a small hole in a small depression with a good outward, cold draught; 4981 - a small hole at the end of a 4m long depression; 4982 - a small shakehole containing a (fairly) recent collapse that probably takes some water in wet weather; 4983 - the top of a 4m long, curved, debris filled rift set in a steep rock slope, immediately above a 6m high cliff with possible continuations at both ends, and 4984 - a crawl with an outward draught that probably links to the previous hole.

On the 14th, the constricted shaft was snappered open and the descent left for another day. Phil Parker came across more 'sites of interest': 4985 - a slope down into a low crawl; 4986 - a 2m high slot in a rock face, just too narrow to enter but larger inside with a cool, outward draught, and 4987 - a too narrow rift.

On reaching 4980, he carried out some digging, leaving it for a future visit with more people and gear. On the way back to 4772, he found new site 4988 - a low, 3m slide down on leaves leading into a chamber with a gentle outward draught.

The team then attacked 4771, enlarging the opening with both hammer and chisel and then a snapper. Alf descended 8m in a rift to a floor of boulders, earth and leaves.

> *To one side a visible, 3m drop in a narrow cleft would need work to get down it. Stones rattled down the cleft for two or three seconds but it sounded as if there was no increase in width.*

Disappointment ruled at 4772 on June 18th. After carrying in extra gear and ropes for the descent of the now open 20m shaft, the drop terminated in a small chamber with the tantalising draught coming from a rock choked rift situated under one wall. The hole was cleared of gear and abandoned for better things. Owing to the dimensions of the main shaft, the team called the hole 'La Sima Grande de Las Calzadillas'.

Meanwhile, Phil Parker headed west again to document an outward draughting entrance with a 1m downward slope to a constriction. Beyond this was an enlargement that could be seen to continue for another 2 metres with stones rattling down for several metres (4991).

At 4988, he carefully slide down on leaves to pass the low point and dropped into a chamber with a maximum height of 3.5m to a roof of boulders.

> *The chamber was 1m wide and 2m long with a narrow cross rift forming the back wall. The rift continuation to the right had a slight outward draught and small stones seemed to drop a couple of metres. Whilst inside, occasionally there was a strong breeze, suggesting another link to the surface.*

As he returned to 4772, he noticed a low, open entrance to a 2m slope to a small chamber with old calcite and formations (4992).

> *A negotiable passage sloped downward for 3m to a calcite blockage, with a possibility of continuation. A cool draught was noted coming up the passage.*

There was further disappointment when the team visited 3692 in the Bencano valley. After some digging of a more vertical shaft and underground inspection, when pebbles were dropped into all likely holes, they decided ...

> *... it would require a team to work for several days to get this far which is a shame in view of the good cold draught. The party retreated to the bar.*

On the hillside about 130m southeast of El Cubillón (2538), the two Phils and Alf went to look at the calcite plug blockage at the lowest point in 4525. Phil Parker wrote:

> *Whilst changing, met the owner of a nearby house. He has a keen caving friend who recently took him (on his first caving trip!) down El Cubillón.*
> *... the horizontal plug was attacked with hammer and chisel eventually opening up a large enough gap*

SECTOR NOROESTE Y EXTREMO OESTE El 8 de junio Phil, Phil y Alf se centraron en el trabajo en 4772, donde Phil Goodwin todavía estaba intentando abrir el pozo lateral. Alf examinó la base del agujero principal mientras Phil Parker sacaba fotos. Los micros de Phil Goodwin de la visita anterior...

> *No había abierto el pozo lo suficiente, por lo que lo atacamos con un martillo y un cincel y luego intentamos entrar, pero todavía era demasiado estrecho, por lo que lo dejamos por hoy.*

Phil Goodwin, con el apoyo de Alf, continuó trabajando en la cueva el día 13 pero...

> *Fue uno de esos días y los problemas por la falta de espacio, los agujeros perforados demasiado lejos, micros que se cayeron, etc. hicieron que siguiera siendo estrecho, aunque justo encima creamos más espacio para trabajar.*

Mientras esto sucedía, Phil Parker documentó seis nuevos agujeros hacia el oeste: 4979, un agujero soplador en una depresión; 4980, un pequeño agujero en una pequeña depresión con una buena corriente sopladora fría; 4981, un pequeño agujero al final de una depresión de 4 m de largo; 4982, un pequeño pozo que con un hundimiento (bastante) reciente que probablemente lleve algo de agua en época de lluvias; 4983, la parte superior de una grieta curva llena de escombros de 4 m de largo en una pendiente rocosa empinada, inmediatamente encima de un peñasco de 6 m de altura con posibles continuaciones en ambos extremos; y 4984, una gatera con corriente sopladora que probablemente conecte con el agujero anterior.

El día 14, el pozo estrecho se abrió, pero la exploración se dejó para otro día. Phil Parker se encontró con más «sitios de interés»: 4985, una pendiente hacia un laminador; 4986, una ranura de 2 m de altura en una pared rocosa, demasiado estrecha para entrar, pero más grande dentro con una corriente fría sopladora; y 4987, una grieta demasiado estrecha.

Al llegar a 4980, excavaron un poco, dejándolo para una futura visita con más personas y equipo. En el camino de vuelta a 4772, encontraron 4988: un laminador de 3 m sobre hojas que baja a una sala con una suave corriente sopladora.

Luego, el equipo se lanzó a 4771, agrandando la abertura con un martillo y un cincel y luego con micros. Alf bajó 8 m en una grieta hasta un suelo de rocas, tierra y hojas.

> *A un lado, un desnivel visible de 3 m en una hendidura estrecha se tendría que abrir para poder mirarla. Las piedras caen durante 2 o 3 segundos, pero sonó como si no hubiera aumentado el ancho.*

La decepción fue generalizada en 4772 el 18 de junio. Después de llevar equipo adicional y cuerdas para bajar del pozo de 20 m ahora abierto, este terminó en una pequeña sala y la tentadora corriente salía de una grieta obstruida con rocas situada debajo de una pared. Se sacó todo el equipo de la cueva y se abandonó para mirar otras con mejor potencial. Debido a las dimensiones del pozo principal, el equipo la llamó La Sima Grande de Las Calzadillas.

Mientras tanto, Phil Parker se dirigió hacia el oeste de nuevo para documentar una entrada sopladora con una pendiente descendente de 1 m hasta una constricción. Al otro lado había una ampliación que, según se podía ver, continuaba otros 2 m y por el que las piedras caían durante varios metros (4991).

En 4988, se deslizó con cuidado sobre las hojas para pasar el punto más bajo y entró en una sala con una altura máxima de 3,5 m hasta un techo de bloques.

> *La sala medía 1 m de ancho y 2 m de largo con una estrecha grieta transversal que formaba la pared trasera. La continuación de la grieta a la derecha tenía una ligera corriente sopladora y pequeñas piedras parecían caer un par de metros. De vez en cuando podía sentir una fuerte brisa, lo que sugiere otra conexión con la superficie.*

Al regresar a 4772, vio una entrada baja y abierta a una pendiente de 2 m a una pequeña sala con antiguas formaciones y calcita (4992).

> *Una galería pasable va bajando a lo largo de 3 m hasta una obstrucción de calcita, con posibilidad de continuación. Noté una corriente fría subiendo por la galería.*

El equipo siguió con las decepciones cuando visitó 3692 en el valle de Bencano. Después de excavar un poco un pozo más vertical e inspeccionar bajo tierra, cuando tiraron piedras en todos los agujeros probables, decidieron...

> *Va a necesitar varios días de trabajo solo para llegar hasta aquí, lo cual es una pena teniendo en cuenta la buena corriente fría. El grupo se retiró al bar.*

*for access. A drop of 2m was followed by a down-
ward sloping 3m of passage, with the roof of calcite
gradually lowering to leave the end flat-out, low with
a small hole onward. The draught is encouraging but
continuing would be a right pain. Progress might be
made using a chisel action hammer drill.*

*The team exited with gear and clothing in a mess, not
helped by light rain.*

On June 16th, Phil Goodwin and Alf headed towards the end of 4474
whilst Phil Parker took the heavyweight chiselling drill into the "left
hand series" to push the only remaining lead. Once beyond the April
break-through point Alf pushed on to the end. He found the tight,
awkward passage leading out from the current final chamber but was
unable to enter it or find any other possibility for continuation.

Meanwhile Phil Parker attacked the calcite blockage in the low
passage leading out of the aven[1].

*Eventually it was removed, then the adjacent floor was
attacked and lowered with mini-mattock thus allowing
movement past that location but quickly reaching a
point where more work is required. Fortunately, at
that point AL and PG could be heard suggesting it
was "going out time" so a retreat was in order, still
leaving work to be done at the two locations.*

THE NORTHEAST SECTOR INCLUDING THE FOUR VALLEYS SYSTEM, SOLÓRZANO AND GARZÓN
On the 21st, Phil Parker, Phil Goodwin and
Alf walked through the field of bee hives and went into Cueva-Cubío
del Llanío (3234) to continue with the dig started at Easter. This time
there was a draught which encouraged them to open it up to hands-
and-knees size.

*Easy digging in sand and two hours of regularly swap-
ping the front digger gave a fair bit of progress.
The return to the car turned interesting when passing
the hives, as Phil Parker became the target of bee
interest and suffered six stings but without serious
effect.*

They were back the following day, avoiding the extensive apiary by
using the adjacent field for access.

*The team spent two and a half hours of near continual
action and, by the end, the dig was a comfortable
hands and knees height with progress being made at
the front. Unfortunately, there was no sign of the
continuing low roof level space enlarging but, with
the draught and the direction of the passage (into the
hillside), it should be suitable for a wet weather
spot.*

A gentle start with a walk in the new Garzón area for Alf and Phils
Goodwin and Parker on June 7th - they explored 4975 - a slot
drops onto a 2m slide down to rubbish in a 3m wide chamber with an
ascending slope that closes down after 5m.

Not far away they could see small cliffs at a depression / valley but
any investigation would have to wait until they had some thrashing
gear.

They returned on the 12th, parking in a different spot, and finding a
path around the back of a depression to small cliffs and a walk-in cave
(4976).

*The entrance was 1.8 x 2.5m, inside was 14m of
passage with lots of old calcite, especially at the
blocked end. Maximum dimensions 4m x 3.5m; no draught.
However, eight metres back along the path there was a
draughting undercut (4977). Alf had a dig at this to
give sight of a horizontal slot going inward for 1.5m
then turning to the right and appearing to continue
for an estimated further 2m. It had a good draught but
would require a lot of work to make progress.*

Alf later hacked his way to a 2m high cliff but found nothing there,
whilst Phil Goodwin reached a very small depression with a pair of
small rock walls. This yielded a draughting small hole (4978) that could
be seen to go for a couple of metres.

On June 17th, Phil Goodwin beat his way through to 4989. A rope
belay for the ladder was attached to a sturdy tree and ...

*... Alf descended the sloping pitch finding the
ladder to be a little short and thus climbed the
last part of the 9m pitch into an area of unpleasant
rock with no further way on. The only feature was a
parallel shaft ending at the same level and there was
no draught.*

Site 4990 was then "stumbled across" and removal of a slab left a gap
that only Phil Goodwin could slide through.

*A little work with hammer and chisel allowed Alf
also to enter. A 2m drop led onto 2m of boulder floor
followed by 8m of zig-zag passage ending at a 2m climb
down into a 7m x 5m by 3m high chamber with a bouldery
floor sloping at between 20 and 30 degrees. There was
no way on although a gentle draught could be detected
in the chamber.*

On their final day, June 23rd, the team stayed on the surface, again

---

En la ladera a unos 130 m al sureste de El Cubillón (2538), los dos
Phils y Alf fueron a ver la obstrucción de calcita en el punto más
bajo de 4525. Phil Parker escribió:

*Mientras nos cambiábamos, conocimos al dueño de
una casa cercana. Tiene un amigo entusiasta de la
espeleología que recientemente lo llevó (¡en su
primera salida espeleológica!) por El Cubillón.
Atacamos la obstrucción horizontal con un martillo
y un cincel y finalmente se abrió un espacio lo
suficientemente grande para entrar. A un desnivel de
2 m lo sigue una galería de 3 m descendente, con el
techo de calcita también bajando gradualmente por lo
que al final es un laminador con un pequeño agujero. La
corriente es alentadora, pero continuar nos daría más
de un dolor de cabeza. Se podría avanzar utilizando un
taladro percutor con acción de cincel.
Salimos con el equipo y la ropa hechos un desastre, y
la lluvia no ayudó.*

El 16 de junio, Phil Goodwin y Alf fueron al final de 4474 mientras
Phil Parker llevaba un taladro pesado de cincelado a la «red de la
mano izquierda» para mirar el único interrogante que quedaba. Una
vez pasado el último punto de abril, Alf avanzó hasta el final. La galería
estrecha e incómoda daba a la sala final actual, pero no pudo entrar ni
encontrar ninguna otra posibilidad para continuar.

Mientras, Phil Parker atacó la obstrucción de calcita en la galería baja
que salía de la chimenea.[1]

*Al final se quitó, luego se atacó el suelo adyacente y
se bajó con un mini-azadón, lo que permitió pasar este
punto, pero se llegó rápidamente a otro para el que
hace falta más trabajo. Por suerte, en ese momento,
se pudo escuchar a AL y PG sugiriendo que era «hora
de salir», por lo que nos retiramos, aunque aún queda
trabajo por hacer en los dos lugares.*

SECTOR NORESTE INCLUYENDO EL SISTEMA DE LOS CUATRO VALLES, SOLÓRZANO Y GARZÓN
El día 21 Phil Parker, Phil Goodwin y Alf
caminaron por el prado de las colmenas y se dirigieron a la Cueva-
Cubío del Llanío (3234) para continuar con la excavación iniciada en
Semana Santa. Esta vez había un corriente que los animó a abrirlo
hasta una gatera.

*Excavar en la arena es fácil y tras dos horas de
cambio regular del excavador al frente avanzamos bien.
La vuelta al coche se volvió interesante al pasar las
colmenas, ya que Phil Parker se convirtió en el blanco
del interés de las abejas y sufrió seis picaduras,
pero sin efecto grave.*

Regresaron al día siguiente, evitando el extenso colmenar y entrando
por el campo adyacente.

*El equipo pasó dos horas y media de acción casi
continua y, al final, la excavación era una gatera
cómoda, con avances al frente. Por desgracia, no había
señales de que el espacio bajo fuese a crecer, pero,
con la corriente y la dirección de la galería (hacia
la ladera), es perfecto para un día de lluvia.*

Alf, Phil Goodwin y Phil Parker empezaron «suave con una caminata
en la nueva área de Garzón» el 7 de junio, donde exploraron 4975,
una ranura que da a un desnivel de 2 m a basura en una sala de 3 m de
ancho con una pendiente ascendente que se cierra tras 5 m.

No muy lejos, podían ver pequeños peñascos en una depresión/valle,
pero cualquier investigación tendría que esperar hasta que tuvieran
equipo para enfrentarse a la maleza.

Regresaron el día 12, aparcaron en un sitio diferente y encontraron
un camino por detrás de una depresión hacia pequeños peñascos y una
cueva con entrada amplia (4976).

*La entrada era de 1,8 x 2,5 m, dentro había 14 m de
galería con mucha calcita vieja, especialmente en el
extremo bloqueado. Dimensiones máximas 4 x 3,5 m; sin
corriente. Sin embargo, a 8 m antes había un socavón
soplador (4977). Alf excavó aquí durante un rato para
ver una ranura horizontal que entra unos 1,5 m, luego
gira a la derecha y parece continuar durante unos 2 m
más. Tenía buena corriente, pero necesitará mucho
trabajo para avanzar.*

Más tarde, Alf se abrió camino hasta un peñasco de 2 m de altura,
pero no encontró nada, mientras que Phil Goodwin llegó a una
depresión muy pequeña con un par de pequeñas paredes rocosas en la
que había un pequeño agujero soplador (4978) con un par de metros
de galería.

El 17 de junio, Phil Goodwin se abrió camino hasta 4989. Se ató una
cuerda para asegurar la escala a un árbol resistente y...

*Alf bajó por la pendiente inclinada, pero la escala
era un poco corta, así que destrepó la última parte
del pozo de 9 m a un área de roca desagradable sin
continuación. Lo único posible era un pozo paralelo
que terminaba al mismo nivel y no había corriente.*

Después se «encontraron» con el agujero 4990 y tras quitar una losa
abrieron un espacio por el que solo Phil Goodwin podía deslizarse.

---

1   2019, Easter page 351.

1   Véase Semana Santa de 2018, p. 351.

X023: cave
X022: cave
X024: Cueva de Llusa
X015: shaft
4872 4871
X014: shaft
X017: Cueva del Hoyo de las Ribera
X018: shaft
4993 4874 4875
X004: fenced shaft
X003: fenced shaft
4873 4870
X010: shaft
X005: fenced shaft
X006: fenced shaft
X012: shaft
X009: black holes
X011: shaft

Cierrolinos area between Garzón and Monte Llusa. Satellite photo 2014. X codes shown west of permit line. Cave entrances shown east of permit line. Map shows December 2019 information. North up the page. Grid 200m.
Área de Cierrolinos entre Garzón y Monte Llusa. Foto de satélite 2014. Los códigos X se muestran al oeste de la línea del permiso. Las entradas se muestran al este de la línea de permisos. El mapa muestra información de diciembre de 2019. Norte arriba. Cuadrícula: 200 m.

to the north of Garzón and well towards Monte Llusa. They walked in from a driveable forest track to the west of the permit area to first look at a feature noticed by Phil Goodwin earlier in the year. As they approached through woodland and open scrub ...

... Orux Maps was fired up and showed that someone had already been recording stuff in the area, including the feature that had been the prime target. Nevertheless, the team thrashed around through long grass, undergrowth and woodland but without much luck, finding just one site inside the permit area: 4993 - a small shaft besides a path on high level, open land where the depth appeared to be 2m to a choked floor.

It was not entered due to "spiky things growing up the shaft". Two sites outside the permit area were coded as X014 and X015.

EASTERN MOUNTAINS Carlos Lamoile Martínez, prolific author of the outdoors and accomplished surface and underground photographer, was picking out sites to visit and photograph. He was also making photographic additions for the website and corrections to any errors he spotted.

While on the west side of Muela, he discovered a small, draughting hole, the entrance of which he photographed (4994). He notified Juan of this, and also documented that the back wall of Cueva de Entrambascuetos (0381) had collapsed into the shaft top.

SOUTHERN SECTOR Rupert had a "quick fly drive trip" at the end of May into June to continue the downstream dive project in Cueva Vallina (0733). There was a good weather forecast for the week but the elevated water levels he found on May 30th prevented any diving.

Over the first couple of days he confirmed that his earlier finds out from the top of the Double Dutch pitch were all part of the Double Dutch shaft. The remaining four days was taken up with re-rigging Jochen's Aven; starting a traverse around the '80m' pitch only to find that the passage on the other side closed down at the Dog's Dinner, and a start on the descent of the big pitch using a 38m rope. He planned to drop the pitch in sections because ...

... the top was surrounded by a collapsing shale band and loads of loose stuff. Halfway along [the Dog's Dinner Traverse], it opens up to a few stal ledges sloping down to the canyon that seems to be a part of the same deep rift that develops into the pitch, i.e. all that can be seen from above is that it is just a long slot in the floor but with a substantial drop below.

His first objective was to drop to a floor of stals only 10m below.

Four anchors contrived a hang straight down the middle of the slot, down through broken, collapsing dry stals. Immediately the walls belled out and I was hanging below a dense forest of 2 to 3m long, pristine white stals, hundreds of them on either side. I booted a couple to see how solid they were, as the rope was right up next to them. They were fine so I dropped down onto the floor just below. This was like a prow of a ship, a false floor jutting out over space, a yawning chasm of dimensions that dwarfed even Jochen's Aven and FN Passage.

The canyon walls dropped away on either side. The place was so huge it was hard to work out how it related to the shaft of Jochen's Aven, although it seemed to drop away towards it in one direction (there is no connection). In the other, a sloping ledge and short pitch ended over more black space, the continuation of the big pitch. I chucked a loop over a huge stalagmite and dropped down a further 5 or 6 m, then down a short vertical, to where it was the necessary to bolt out along a wall to get a free hang. I had already run out of rope, and was still not at the edge of the main shaft. Reluctantly I made my way back up Zarco's Shaft, savouring the space and isolation, before getting back to the practical business of packing up the kit and safely getting back down to FN.

He hoped to have survey assistance in the summer and someone to photograph the 'world class' formations.

Con un poco de martillo y cincel Alf también pudo pasar. Un desnivel de 2 m da a 2 m de suelo con bloques seguido de 8 m de galería en zigzag que termina en un destrepe de 2 m hacia una sala de 7 x 5 x 3 m de altura con bloques en el suelo en una pendiente de entre 20 y 30 grados. No había forma de seguir, aunque se pudo detectar una suave corriente de aire en la sala.

En su último día, el 23 de junio, el equipo permaneció en la superficie, nuevamente al norte de Garzón y bien hacia Monte Llusa. Entraron con el coche desde una pista forestal hacia el oeste del área del permiso para ver por mirar en un punto que Phil Goodwin había visto a principios de año. Mientras se acercaban a través de bosques y matorrales...

Activamos el Orux Maps y vimos que alguien ya había documentado cosas en la zona, incluido nuestro principal objetivo. Sin embargo, el equipo siguió a través de la hierba alta, la maleza y el bosque, pero sin mucha suerte, solo vimos un agujero dentro del área de permiso: 4993, un pequeño pozo junto a un camino en un terreno abierto y alto que parecía tener 2 m a suelo obstruido.

No entraron debido a «cosas puntiagudas que crecen en el pozo». Dos agujeros fuera del área del permiso se documentaron como X014 y X015.

MONTAÑAS AL ESTE Carlos Lamoile Martínez, prolífico escritor y consumado fotógrafo en la superficie y bajo tierra, estaba eligiendo sitios para visitar y fotografiar. También estaba haciendo adiciones fotográficas para el sitio web y correcciones a los errores que detectaba.

Mientras estaba en el lado oeste de Muela, descubrió un pequeño agujero soplador, cuya entrada fotografió (4994). Se lo notificó a Juan, y también documentó que la pared trasera de la Cueva de Entrambascuetos (0381) se había derrumbado en la cabecera del pozo.

SECTOR SUR Rupert disfrutó de un «viaje rápido» a finales de mayo y hasta junio para continuar con el proyecto de buceo aguas abajo en Cueva Vallina (0733). El pronóstico del tiempo era bueno para esa semana, pero el alto nivel del agua que encontró el 30 de mayo lo impidieron bucear.

Durante los primeros días, confirmó que sus descubrimientos anteriores desde el alto de Double Dutch formaban parte del pozo Double Dutch. Los cuatro días restantes los dedicó a volver a instalar el Jochen's Aven. Comenzando una travesía alrededor del pozo de «80 m» descubrió que la galería en el otro lado se cerró en Dog's Dinner. También empezó la bajada del gran pozo con una cuerda de 38 m. Planeaba bajar el pozo en secciones porque...

La parte superior estaba rodeada por una banda de esquisto desmoronándose y un montón de cosas sueltas. A mitad de camino de [la travesía de Dog's Dinner], se abre a unas pocas repisas que bajan hasta el cañón que parece ser parte de la misma fisura profunda que se convierte en el pozo, es decir, todo lo que se puede ver desde arriba es que es solo una ranura larga en el suelo, pero con una caída importante debajo.

Su primer objetivo era bajar a un suelo de estalagmitas a solo 10 m por debajo.

Cuatro anclajes lograron crear una bajada directamente por el medio de la ranura, a través de estalagmitas secas rotas o rompiéndose. Inmediatamente las paredes se ampliaron y yo estaba colgando debajo de un denso bosque de pristinas estalactitas blancas de 2 a 3 m de largo, cientos de ellas a cada lado. Arranqué un par para ver si era sólidas, ya que la cuerda estaba justo al lado. Estaban bien, así que bajé hasta el suelo. Era como la proa de un barco, un suelo falso que sobresalía sobre un enorme abismo de dimensiones que empequeñecía, incluso Jochen's Aven y FN Passage.

Las paredes del cañón bajaron a ambos lados. Era tan grande que era difícil averiguar cómo conectaba con el pozo de Jochen's Aven, aunque parecía bajar hacia él en una dirección (no hay conexión). En el otro, una repisa inclinada y un pozo corto terminan en más negrura, la continuación del pozo grande. Lancé un bucle a una enorme estalagmita y bajé otros 5 o 6 m, luego bajé una vertical corta, hasta donde había que instalar alguna fijación a lo largo de una pared para bajar en aéreo. Ya me había quedado sin cuerda y todavía no estaba en el borde del pozo principal. A regañadientes, volví a subir por Zarco's Shaft, saboreando el espacio y el aislamiento, antes de volver a la práctica tarea de guardar el equipo y regresar con seguridad por FN.

Esperaba contar con asistencia para la topografía en verano y alguien fotografiara las formaciones de «primera categoría».

Albert Sims	Dave 'Cookie' Cooke	Jim Lister	Neil Rumney	Phil Papard
Andy Morse	Dave Dillon	John Southworth	Nigel Dibben	Richard Bullock
Arthur Vause	Diane Arthurs	Jonathan Sims	Patrick Degouve	Rupert Skorupka
Bill Nix	Eleanora Carlisle	Juan Carlisle	Patrick Devine	Sandrine Degouve
Billy Booth	Emma Key	Juan Corrin	Patrick Warren	Simon Cornhill
Carlos Lamoile Martinez	Frank Tully	Karen Korsgaard Redder	Pedro Castaños	Steve 'Big Steve' Martin
Christine Ziebold	Guy Simonnot	Liz Taylor	Penny Corrin	Terry Whitaker
	Hilary Papard	Louise Korsgaard	Pete 'Pedro' Smith	Tom Howard
	James Carlisle	Marie Korsgaard Redder	Peter Clewes	Torben Redder
	Jenny Corrin	Mark 'Killer' Smith	Peter Wynn	Xabier Murelaga

Carlos had been into more caves in the area and shared his photos of Cueva de las Palomas (4004) and Cueva del Cerro Chico (0501) with the MCP.

NORTHWEST AND FAR WEST SECTORS Simon, Diane, Tom, Neil and Arthur had a trip to photograph the Kendal Mint Cake gypsum crystals in Torca la Vaca (2889), going in through the BigMat Calf Hole entrance (3916). En route, they dropped the pit at the end of Help Me Lloyd traverse finding it choked 20m down.

Jim was shown the route to the sump just past Cockup at Cockermouth Chamber by Si and Di on August 17th. The following day was "very long" as he transported kit in but, on the 19th, his plan to dive the sump next to Fisticuffs at Botchergate was called off as "the solo diver lacked time to transport kit through final section of cave". He did, however, dive from Bassenthwaite to Whitworth to add passage detail to the survey.

Side passages upstream of Bassenthwaite looked at. All have been explored before but not recorded or on survey. Need surveying, possibly 150m to record, 2m wide, 9m high.

His notes appear on the summer 2019 survey (2889-2019s.pdf).

With Mark helping out at Picón on August 21st (see below), Jim was left to bring out all the diving gear by himself. Terry was on hand at the BigMat entrance to haul gear up.

On the north side of the main road at Hornedo, Jim had a dig in the Santa Juliana resurgence (3282). Clad in a wetsuit, with John as an audience of one, he dug down about a metre and a metre and a half forward. "A bucket and a crowbar will be needed next time."

Phil, John and Steve assisted Jim at the underwater dig on August 15th. Jim noted that the route was filled with cobbles but the roof of a passage could be seen underwater.

In Fuente Aguanaz (0713), Jim had a somewhat wasted trip on August 2nd, after Steve had helped carry gear to the entrance. He dived through sump 5B with survey and capping equipment, noting that it took 5½ hours to reach the present limit of exploration. His plan was to cap the choke but he found that the caps were damp so didn't work.

He returned on the 4th to cap a wide enough route through at stream level, although the choke at the Hippodrome still required more work. When Jim went back on August 6th, he was successful in passing the choke and his edited logbook account of the routes beyond follows.

A tight, capped squeeze through the vertical boulders leads into a well proportioned passage running at right angles to the passage leading in. Turning left (east) leads up a boulder slope to a choke. Turning right leads to a downwards slope which ends at a clay floor which needs

Carlos había visitado más cuevas en el área y compartió sus fotos de Cueva de las Palomas (4004) y Cueva del Cerro Chico (0501) con el MCP.

SECTOR NOROESTE Y EXTREMO OESTE Simon, Diane, Tom, Neil y Arthur entraron a fotografiar los cristales de yeso de Kendal Mint Cake en Torca la Vaca (2889), entrando por BigMat Calf Hole (3916). De camino, entraron en el pozo al final de la travesía Help Me Lloyd, pero que estaba obstruido a 20 m.

Si y Di le mostraron a Jim la ruta hacia el sifón justo después de Cockup en Cockermouth Chamber el 17 de agosto. El día siguiente fue «muy largo», ya que metió el equipo, y el 19 tuvo que cancelar su plan de bucear en el sifón junto a Fisticuffs en Botchergate porque «el buceador solo no tenía tiempo para transportar el equipo a través de la sección final». Sin embargo, buceó desde Bassenthwaite a Whitworth para añadir detalles de la galería a la topografía .

Se miró en las galerías laterales aguas arriba de Bassenthwaite. Todas se han explorado antes, pero no documentado ni topografiado. Necesita topo, de unos 150 m, 2 m de ancho, 9 m de alto.

Sus notas aparecen en la topografía de verano de 2019 (2889-2019s.pdf).

Con Mark ayudando en Picón el 21 de agosto (véase a continuación), Jim se quedó solo para sacar todo el equipo de buceo. Terry fue a la entrada de BigMat para ayudar a subir el equipo.

En el lado norte de la carretera principal en Hornedo, Jim probó a desobstruir la surgencia de Santa Juliana (3282). Vestido con un traje de neopreno, con John de espectador, excavó alrededor de 1 m y metro y medio hacia adelante. «La próxima vez se necesitarán un cubo y una palanca».

Phil, John y Steve ayudaron a Jim en la excavación bajo agua el 15 de agosto. Jim vio que la ruta estaba llena de rocas, pero podía ver el techo de una galería bajo el agua.

En Fuente Aguanaz (0713), Jim no tuvo mucho éxito el 2 de agosto, después de que Steve le ayudase a llevar el equipo a la entrada. Se sumergió a través del sifón 5B con equipo de topografía y micros, y señaló que le llevó 5 horas y media alcanzar el límite actual. Su plan era abrir la obstrucción, pero descubrió que los micros se habían mojado, por lo que no funcionaron.

Regresó el 4 para abrir una ruta lo suficiente a nivel del río, aunque la obstrucción en Hippodrome aún iba a necesitar más trabajo. Cuando Jim regresó el 6 de agosto, logró pasar la obstrucción y lo que sigue es su crónica, resumida, de las rutas al otro lado.

Un estrechamiento a través de bloques verticales da a una galería bien proporcionada que en ángulo recto con la galería que entra. Al girar a la izquierda (este) se sube una pendiente de bloques hasta un obstrucción. A la derecha da a una pendiente descendente que termina en un suelo de arcilla que se ha de investigar más en su contorno.

Directamente frente al punto por el que se entra, una galería continúa debajo de la pared y baja abruptamente por una

top: Simon in the BigMat Calf Hole entrance, now reverting to nature. *Neil Rumney*
middle: Tom explores down the Help Me Lloyd p20. *Diane Arthurs*
bottom: Tom, Arthur, Simon and Diane posing under the gypsum. *Neil Rumney*
arriba: Simon en la entrada BigMat Calf Hole, regresando a la naturaleza. *Neil Rumney*
centro: Tom explora el P 20 Help Me Lloyd. *Diane Arthurs*
abajo: Tom, Arthur, Simon y Diane posando bajo el yeso. *Neil Rumney*

further investigation around the edges.

Straight across from the breakthrough point, a passage continues under the wall and steeply down a boulder slope. A junction is reached and the stream can be seen leading off on the right. The left passage was followed and a chamber reached. At the far end, a 3m climb up is avoided by an excavated crawl on the right. A small chamber is reached where the cave changes character and becomes gnarly.

After twists and bends a short, flat out restriction is passed into a stooping passage which shortly reaches a climb down on loose, sharp rock to a chamber with a stream entering from the left. This is probably the main way on. Rocks need to be moved for access. Going straight ahead a sandy passage behind boulders closes down after 4m. To the right, going downstream for several metres, a junction is met - the left hand is an inlet that looks promising (but chert would need to be knocked off at one point to enable access).

The left hand downstream passage passes an awkward arch before ending in a low sump which probably joins the unexplored passage described on the left on the way in.

On August 5th, Phil, Nigel, Billy, Dave and Peter Clewes went to the area around site 2831 to see if there was a real prospect of digging a link to Fuente Aguanaz.[1] Phil wrote:

The sink below the resurgence ... was clearly a massive dig as inside the entrance it was a mass of boulders with the draught coming up between them.

A new dig was started some 3m to the east but it was thought it might just go into boulders. A couple of other digs were started in the old stream bed.

Jim was back in Aguanaz on August 8th, passing through 'crystal clear' water to where he surveyed 180m in the new finds. After transporting kit back to GH Aven ready for a future bolt trip, he started to come out.

... musty smell on approach to the [inlet] then encountered thick green slime and froth on water fall from the western inlet passage at 21:00 before sump 1. The smell was very bad and the water was green to near the entrance. The river outside was not too bad, but became bad later.

Indeed, so bad that the water supply was cut to at least Entrambasaguas, with more than 5000 people affected. Notices were put up in public spaces and bars by the Town Hall advising people of the pollution and stating that the water supply would not be reinstated until cleaning and elimination works had been carried out. Agents from Seprona (Servicio de Protección de la Naturaleza, a branch of the Guardia Civil) were involved and they were able to investigate farms above the cave for the source of the pollution. By August 23rd, according to the Diario Montañés, a particular farmer was being investigated for polluting the water supply.

On August 26th, Mark brought out all the kit from GH Aven.

On August 5th, Tom and James had a thorough look in Cueva de Regato (3494), last visited in 2014.[2]

There was nowhere to park but we chatted to a nice man on a moped. He let us park in front of his house and told us all about a comic he writes, and gave us postcards of Madrid that he had drawn. He also mentioned something about cavers from Cambridge University visiting his house for a week every year. We suspect that something may have got lost in translation.

In the cave they investigated "every nook and cranny below the pitch". The tight passage to the south was pushed to a total choke. They noticed a powerful, cold draught from a hole in the roof "at the first left hand bend". They found that, in the streamway down an 8m hole, the downstream was too low but draughting and the upstream had a flake preventing progress.

Several other low passages were pushed through contortions many of which had the same strong draught. No obvious single source for the draught was found.

James fell badly while walking after the trip and twisted his knee, scuppering future trips into Fresnedo 2 that summer.

1   2019 Easter, page 349.
2   2014 summer, page 157.

pendiente de bloques. Se llega a un cruce y se ve el arroyo a la derecha. Se siguió la galería de la izquierda y se llegó a una sala. En el otro extremo, una subida de 3 m se evita por una gatera excavada a la derecha. Se llega a una pequeña sala donde la cueva cambia de carácter y se vuelve difícil.

Después varias curvas, una restricción corta y plana da a una galería baja que pronto llega a una bajada por rocas sueltas y afiladas hasta una sala con un arroyo que entra por la izquierda. Esta es probablemente la continuación principal. Hay que mover rocas para entrar. Siguiendo recto, una galería arenosa detrás de rocas se cierra tras 4 m. A la derecha, yendo aguas abajo durante varios metros, se llega a un cruce: a la izquierda hay un afluente que parece prometedor (pero sería necesario quitar roca en un punto para poder entrar).

La galería a la izquierda, aguas abajo, pasa por un arco incómodo antes de terminar en un sifón bajo que probablemente se une al galería inexplorada a la izquierda al entrar.

El 5 de agosto, Phil, Nigel, Billy, Dave y Peter Clewes fueron al área alrededor de 2831 para ver si había una posibilidad real de excavar un enlace a Fuente Aguanaz.[1] Phil escribió:

El sumidero debajo del surgencia [...] era claramente una excavación de las grandes, ya que dentro de la entrada hay una masa de bloques por las que pasa la corriente.

Se inició una nueva excavación a unos 3 m hacia el este, pero parecía que iba derecha a la roca. Se iniciaron un par de excavaciones más en el antiguo lecho del río.

Jim regresó a Aguanaz el 8 de agosto, atravesando aguas «cristalinas» hasta donde se topografiaron 180 m en los nuevos hallazgos. Después de transportar el equipo de vuelta a GH Aven para una futura salida de instalación, comenzó a salir.

Un olor a humedad al acercarse al [afluente] luego se vio un espeso limo verde y espuma en el agua que baja desde el afluente occidental a las 21:00 antes del sifón 1. El olor era muy malo y el agua estaba verde cerca de la entrada. El río afuera no estaba tan mal, pero empeoró más tarde.

Efectivamente, tan mal que se cortó el suministro de agua a al menos a Entrambasaguas, con más de 5000 personas afectadas. Al Ayuntamiento colocó avisos en espacios públicos y bares avisando a la población de la contaminación e indicando que no se restablecería el suministro de agua hasta que se hubieran realizado las obras de limpieza y eliminación. Agentes de Seprona participaron en las operaciones y pudieron investigar las fincas sobre la cueva en busca del origen de la contaminación. Para el 23 de agosto, según el Diario Montañés, un granjero estaba siendo investigado por contaminar el suministro de agua.

El 26 de agosto, Mark sacó todo el equipo de GH Aven.

El 5 de agosto, Tom y James fueron a la Cueva de Regato, visitada por última vez en 2014.[2]

No había donde aparcar, pero hablamos con un hombre agradable en una moto. Nos dejó aparcar delante de su casa y nos contó todo sobre un cómic que escribe, y nos regaló postales de Madrid que había dibujado. También mencionó algo sobre espeleólogos de la Universidad de Cambridge que visitaban su casa durante una semana todos los años. Sospechamos que algo puede haberse perdido en la traducción.

En la cueva investigaron «cada rincón y fisura debajo del pozo». La estrecha galería al sur estaba totalmente obstruida. Notaron una fuerte corriente de aire frío de un agujero en el techo «en la primera curva a la izquierda». En la galería activa que bajaba por un pozo de 8 m, aguas abajo era demasiado bajo pero llevaba corriente de aire y aguas arriba había un saliente que impedía avanzar.

Miramos en varias otras galerías bajas a través de contorsiones, muchas de las cuales tenían la misma corriente fuerte. No se encontró un origen único obvio para la corriente.

James se cayó mientras caminaba de vuelta al coche y se torció la

1   Véase Semana Santa de 2019, p. 349.
2   Véase Verano de 2014, p. 157.

REGIÓN
Entrambasaguas busca al responsable de los repetidos vertidos de abono al río Aguanaz

The headline from the Diario Montañés on August 10th along with the green, frothy water seen by Jim in the cave two days before.
El titular del Diario Montañés del 10 de agosto junto con el agua verde y espumosa que vio Jim en la cueva dos días antes.

Phil Goodwin had taken information about the Mina Favorita (1561)[3] and produced a Survex file that, interestingly, showed the unconnected new shaft and level heading northwards towards the Sarah Jean Inlet in Fuente Aguanaz at about the same altitude of 70m.

To the north of Barrio de Arriba, John and Jim had a look at 2070 as a possible future dig, but wrote it off. They found a 4m shaft in nearby woodland, blocked with a tractor tyre, site 5005.

John documented 5002 at Barrio la Mina - a rift that descends several metres but is choked with farm rubbish. "Not a pleasant prospect."

He had a look in woods to the south of Barrio de Arriba on August 17th but discovered nothing.

August 13th was John's unlucky day. He started off looking for caves between Navajeda and La Cavada, following a track up to an open meadow where he had an "encounter" with a bull. Back down the track, he found a possible cold store but then got stung by a bee or hornet. He decided to give up at that point.

Site 2994 lies next to the main road, about 800m south of the junction at Cobadal. John excavated rocks in the cave to reveal an over-tight, descending rift. "Site written off."

About 250m to the north, John unsuccessfully tried to locate a "gulley feature" below 2995 then spent some time digging in the entrance rift to find 2995 became too tight.

On August 6th, John aimed to look for draughting passages in site 3024 at Moncobe but "after two hours of jungle bashing" was unable to find the entrance. However, in the same field he did come across a 9m long, small cave with several short crawls and a draughting, vertical squeeze which appeared to open up (5001).

He returned on the 12th to enlarge the squeeze and enter another 12m of passage which choked.

John had another attempt to find 3024 but had to give up on that occasion when he lost a glasses lens.

Jim and Mark were rather more successful when they came to dive the Bassenthwaite Water sump at the end of First South Passage in El Cubillón (2538) on August 22nd.

> The sump was approximately 30m long with airspace for most of its length. Mark saw footprints ... which confirms John Southworth's report of the team he was with intersecting the sump from above... they were very close. Mark surfaced in large, virgin streamway ...

That day they explored a muddy streamway downstream for about 100m with lots of climbs up muddy ramps.

Returning the following day, they surveyed about 130m and found a way into a streamway with a large chamber not completely searched.

On their final day of the summer, another 400m was surveyed with leads left to look at in 2020.

NORTHERN LA VEGA, EL NASO AREA WEST TO LAS CALZADILLAS

High up to the southwest of Cubija, Neil and Arthur documented 4997, a draughting hole at the base of a small cliff which would need

3 2016 Easter, page 222.

---

rodilla, echando por tierra futuras incursiones a Fresnedo 2 ese verano.

Phil Goodwin había sacado información sobre Mina Favorita (1561)[3] y generó un archivo Survex que, curiosamente, mostraba el nuevo pozo y el nivel sin conectar en dirección norte hacia Sarah Jean Inlet en Fuente Aguanaz a aproximadamente la misma altitud de 70 m.

Al norte de Barrio de Arriba, John y Jim fueron a ver 2070, una posible excavación, pero la descartaron. Encontraron un pozo de 4 m en un bosque cercano, obstruido con un neumático de tractor, 5005.

John documentó 5002 en Barrio la Mina, una fisura que baja varios metros pero está obstruida con basura agrícola. «No parece agradable».

El 17 de agosto echó un vistazo en un bosque al sur del Barrio de Arriba, pero no descubrió nada.

El 13 de agosto John no tuvo mucha suerte. Empezó buscando cuevas entre Navajeda y La Cavada, siguiendo un camino hasta un prado abierto donde tuvo un «encuentro» con un toro. De vuelta al camino, encontró un posible cuvío, pero luego lo picó una abeja o un avispón y decidió tirar la toalla.

La cavidad 2994 está junto a la carretera principal, a unos 800 m al sur del cruce en Cobadal. John quitó algunas rocas para abrir una fisura descendente demasiado estrecha. «Descartado».

A unos 250 m al norte, John intentó sin éxito ubicar una «barranco» por debajo de 2995 y luego pasó un rato cavando en la fisura de entrada, pero se volvía demasiado estrecho.

El 6 de agosto, John quería buscar galerías con corriente en 3024, pero «tras 2 horas atacando la jungla» no pudo encontrar la entrada. Sin embargo, en el mismo prado encontró una pequeña cueva de 9 m de largo con varias gateras cortas y un estrechamiento vertical que parecía abrirse (5001).

Regresó el 12 para agrandar el estrechamiento y entrar en otros 12 m de galería obstruida.

John intentó encontrar 3024 de nuevo, pero esta vez tuvo que darse por vencido cuando perdió un cristal de las gafas.

Jim y Mark tuvieron más éxito cuando fueron a bucear el sifón de Bassenthwaite Water al final de First South Passage en El Cubillón (2538) el 22 de agosto.

> El sifón tenía unos 30 m de largo con aire en la superficie en la mayor parte de su longitud. Mark vio huellas [...] lo que confirma el informe de John Southworth de su equipo encontrándose con el sifón desde arriba [...] estaban muy cerca. Mark salió a una gran galería activa virgen.

Ese día exploraron un arroyo embarrado aguas abajo por unos 100 m con muchas subidas por rampas embarradas.

Al regresar al día siguiente, topografiaron unos 130 m y encontraron una ruta a una galería activa con una sala grande que no pudieron terminar de investigar.

En su último día del verano, topografiaron otros 400 m con interrogantes pendientes para 2020.

EL NORTE DE LA VEGA, ZONA DE EL NASO – LAS CALZADILLAS

En lo alto, al suroeste de Cubija, Neil y Arthur documentaron 4997, un agujero soplador en la base de un pequeño peñasco que se tenía que abrir. En la misma área, con Si y Di, Neil recibió una lección de técnicas de

3 Véase Semana Santa de 2016, p. 222.

Harry "Eski" Hesketh

Harry Hesketh had a fatal accident while exploring a new cave, Curtain Pot, on Fountains Fell in North Yorkshire on June 1st, 2019. The 74-year-old fell about 6m and sustained a suspected fractured femur. His injuries, and the time taken to make the route back to the surface possible for an immobile casualty, was too long, and he died just before the extrication started.

• •

Harry «Eski» Hesketh

Harry Hesketh sufrió un accidente mortal mientras exploraba una cueva nueva, Curtain Pot, en Fountains Fell, en Yorkshire del Norte, el 1 de junio de 2019. Cayó unos 6 m y sufrió una presunta fractura de fémur. Por sus heridas y el tiempo que llevó instalar la cueva para transportar a un herido inmóvil hasta la superficie, murió justo antes de que comenzara la extracción.

Eski, de 74 años, fue un espeleólogo

Eski was a prominent caver on the Matienzo caving scene between 2001 and 2004, being involved with digging and explorations with

destacado en las expediciones de Matienzo entre 2001 y 2004 y participó en excavaciones y exploraciones con el grupo NPC y otros

the NPC group and other cavers in Volcano Cave (1391), site 0858, Pants (1655), Cueva Vallina (0733), Snottite Cave (1874) and Torca Mortiro (1975) among others. He was part of the team that opened up and explored the Sumidero de Cobadal (1930) in April 2004, eventually leading to a 7.5km system.

The photo by Peter Eagan shows Eski in the Cobadal streamway during the first explorations, Easter 2004.

• •

espeleólogos en Volcano Cave (1391), cavidad 0858, Pants (1655), Cueva Vallina (0733), Snottite Cave (1874) y Torca Mortiro (1975) entre otras. Formó parte del equipo que abrió y exploró el Sumidero de Cobadal (1930) en abril de 2004, lo que finalmente condujo a un sistema de 7,5 km.

La foto de Peter Eagan muestra a Eski en el arroyo de Cobadal durante las primeras exploraciones, en la Semana Santa de 2004.

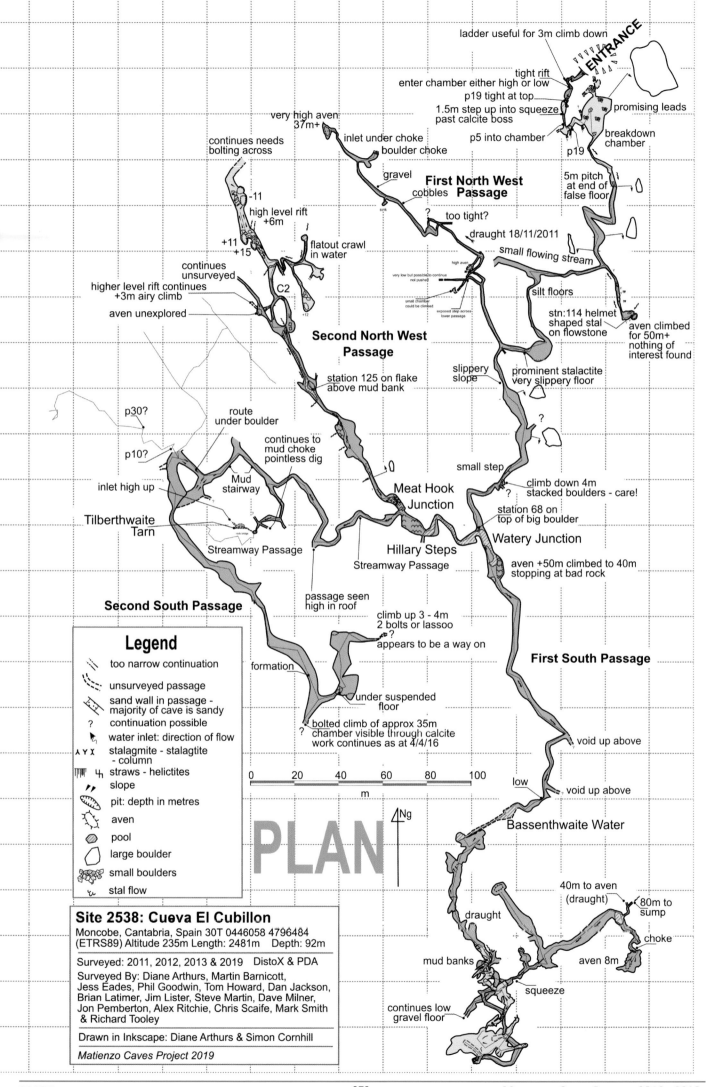

ladder useful for 3m climb down

ENTRANCE

tight rift
enter chamber either high or low
p19 tight at top
1.5m step up into squeeze
past calcite boss

promising leads

p5 into chamber

breakdown chamber

p19

5m pitch at end of false floor

very high aven 37m+

continues needs bolting across

inlet under choke
boulder choke

gravel

cobbles

First North West Passage

sink

too tight?

draught 18/11/2011

small flowing stream

-11

high level rift +6m

+11
+15

flatout crawl in water

very low but possible to continue not pushed

high aven

silt floors

stn:114 helmet shaped stal on flowstone

aven climbed for 50m+ nothing of interest found

continues unsurveyed

higher level rift continues +3m airy climb

aven unexplored

C2

small chamber could be climbed

exposed step across lower passage

+12

Second North West Passage

station 125 on flake above mud bank

slippery slope

prominent stalactite very slippery floor

p30?

route under boulder

continues to mud choke pointless dig

?

small step

climb down 4m stacked boulders - care!

p10?

inlet high up

Mud stairway

Meat Hook Junction

station 68 on top of big boulder

Tilberthwaite Tarn

Streamway Passage

Hillary Steps

Watery Junction

Streamway Passage

aven +50m climbed to 40m stopping at bad rock

passage seen high in roof

Second South Passage

formation

climb up 3 - 4m 2 bolts or lassoo
?
appears to be a way on

First South Passage

under suspended floor

bolted climb of approx 35m chamber visible through calcite work continues as at 4/4/16

void up above

low

void up above

Legend

	too narrow continuation
	unsurveyed passage
	sand wall in passage - majority of cave is sandy
?	continuation possible
	water inlet: direction of flow
⋏ ⋎ ✕	stalagmite - stalagtite - column
	straws - helictites
,,	slope
	pit: depth in metres
	aven
	pool
	large boulder
	small boulders
	stal flow

0 20 40 60 80 100
m

Ng

PLAN

Bassenthwaite Water

40m to aven (draught)

80m to sump

choke

draught

aven 8m

mud banks

squeeze

continues low gravel floor

Site 2538: Cueva El Cubillon

Moncobe, Cantabria, Spain 30T 0446058 4796484
(ETRS89) Altitude 235m Length: 2481m Depth: 92m

Surveyed: 2011, 2012, 2013 & 2019   DistoX & PDA

Surveyed By: Diane Arthurs, Martin Barnicott,
Jess Eades, Phil Goodwin, Tom Howard, Dan Jackson,
Brian Latimer, Jim Lister, Steve Martin, Dave Milner,
Jon Pemberton, Alex Ritchie, Chris Scaife, Mark Smith
& Richard Tooley

Drawn in Inkscape: Diane Arthurs & Simon Cornhill

Matienzo Caves Project 2019

Bringing the casualty down from Simas del Picón to the waiting 112 emergency helicopter.
Llevando al herido desde Simas del Picón al helicóptero del 112. *Juan Corrin*

enlarging. In the same area, with Si and Di, Neil was instructed in capping techniques and opened up the entrance to the tight rift at site 4716. At the base, about 6m down on sloping choss, two very large sandstone blocks "need dispatching". At the top of the slope a 3m drop choked.

On August 17th, Bill and Emma, after taking 90 minutes to find the entrance, had to just admire the helictites in Simas del Picón (0075). Photographic plans were abandoned due to "technical issues".

Large numbers of the Wessex Cave Club were visiting the area, most staying at Casa Tomás in Ogarrio. A tourist trip into Picón came to an untimely end when one of their members fell on the 15m entrance pitch, suffering, what turned out to be, serious leg injuries. After efficiently pulling the casualty to the surface, extra resources were required in the form of a stretcher and man-power to lower the casualty safely down the steep and overgrown hillside.

Phil, Juan, Pedro and Mark (who was about to help Jim remove dive equipment from Torca la Vaca) attended with a stretcher and, by the time he had been brought down to the field below, a Cantabria 112 helicopter had landed to transport him to hospital in Santander.

On August 10th, Si and Di prepared the entrance pitches for Jim's dives in Torca del Regaton (0892), putting two extra deviations on the big pitch. They also did a round trip through 50m Error Passage "which proved to be quite pleasant".

They helped Jim to the sumps on August 14th. He first dived in the Spike Hall sump finding a number of blind slots in the floor, 8m down. He found no obvious way on and thought that it was probably just a static pool.

The eastern Peaky Passage sump was tackled next. Here, a 1m high passage descends steeply to a cross rift with air space. For the western sump report, Jim wrote:

> *Inviting, deep looking sump entered from rocks. A roomy sump pool descends steeply to a restriction at -9m which is blocked by a choke of boulders which could be passed if lump hammer used. Passage continued down below into darkness.*

Pedro found and explored 4974 close to 0150 to the northeast of the summit of El Naso.

> *A 3m pitch to a small chamber and slope to second 3m pitch and choke. Plenty of calcite but no outstanding formations. Surveyed and photographed.*

Lower down the hill, above La Via, Pedro explored the set of holes which had previously been confusingly described. With a definitive description for 0723, he also catalogued 4995, a wide entrance to a second after 4m.

Pedro returned to 0723 on August 9th, opening up the crawl into the lower chamber, taking photos and surveying the cave for 19m.

THE NORTHEAST SECTOR INCLUDING THE FOUR VALLEYS SYSTEM, SOLÓRZANO AND GARZÓN

Patrick Devine started the season's digging in Two-and-a Half Fat Ladies (0880) alone on July 29th and was later joined by Phil and Pedro. Phil capped a boulder at the base and about 16 bags of spoil were removed. Phil wrote, "Way on seems to be down and ahead - still no draught or void!"

Jonathan and Albert joined Patrick on the 30th. Patrick was impressed:

> *Removed 24 bags from end, Albert doing sterling work, head first, upside-down at the face (two sessions). Continues down with the left hand wall solid. Still no draught although the air stays clear.*

Juan Corrin and Pedro joined Patrick on August 5th to continue digging down and along and removing about 40 bags of material. Patrick reported that it was easy digging with

uso de micros y abrió la entrada a la estrecha fisura en 4716. En la base, a unos 6 m bajando por una pendiente suelta, dos bloques de arenisca muy grandes «se han de despachar». En lo alto de la pendiente, un pozo de 3 m está obstruido.

El 17 de agosto, Bill y Emma, después de tardar 90 minutos en encontrar la entrada, solo tenían que admirar las helictitas en Simas del Picón (0075). Los planos fotográficos se abandonaron por «problemas técnicos».

Un gran número de miembros del Wessex Cave Club estaban visitando la zona, la mayoría alojados en Casa Tomás en Ogarrio. Una salida turística a Picón finalizó prematuramente cuando uno de sus integrantes se cayó en el pozo de entrada de 15 m, sufriendo, lo que resultaron ser, graves lesiones en una pierna. Después de sacar a la víctima de manera eficiente a la superficie, se necesitaron recursos adicionales en forma de camilla y mano de obra para bajar a la víctima de manera segura por la ladera empinada y cubierta de maleza.

Phil, Juan, Pedro y Mark (que estaba a punto de ayudar a Jim a sacar el equipo de buceo de Torca la Vaca) ayudaron con la camilla y, cuando lo bajaron al prado debajo de la cueva, un helicóptero del 112 esperaba para transportarlo al hospital de Santander.

El 10 de agosto, Si y Di prepararon los pozos de entrada para las inmersiones de Jim en Torca del Regatón (0892), poniendo dos desviadores extra en el gran pozo. También hicieron un viaje de ida y vuelta a través de la galería Error de 50 m «que resultó ser bastante agradable».

Ayudaron a Jim hasta los sifones el 14 de agosto. Primero buceó en el sifón Spike Hall y encontró una serie de ranuras ciegas en el suelo, a -8 m. No encontró una forma obvia de seguir adelante y pensó que probablemente era solo una marmita estática.

A continuación fue al sifón oriental Peaky Passage. Aquí, una galería de 1 m de altura baja abruptamente hasta una fisura transversal con espacio de aire. Sobre el occidental, Jim escribió:

> Sifón atractivo y de aspecto profundo al que se entra desde rocas. Una marmita espaciosa baja abruptamente hasta una restricción a -9 m que está obstruida por un caos de bloques que se podría pasar con un martillo. La galería continuó hacia abajo a la oscuridad.

Pedro encontró y exploró 4974 cerca de 0150, al noreste de la cima de El Naso.

> Pozo de 3 m a una sala pequeña y pendiente a un segundo pozo de 3 m y obstrucción. Mucha calcita, pero sin formaciones destacadas. Topografiado y fotografiado.

Bajando por la colina, por encima de La Vía, Pedro exploró el conjunto de agujeros que anteriormente se habían descrito de manera confusa. Con una descripción definitiva para 0723, también catalogó 4995, una amplia entrada a una segundo tras 4 m.

Pedro regresó a 0723 el 9 de agosto, abrió la gatera a la sala inferior, sacó fotos y topografió los 19 m de la cueva.

SECTOR NORESTE INCLUYENDO EL SISTEMA DE LOS CUATRO VALLES, SOLÓRZANO Y GARZÓN

Patrick Devine inauguró la temporada de excavación en Two-and-a Half Fat Ladies (0880) solo el 29 de julio y luego se le unieron Phil y Pedro. Phil quitó una roca en la base y sacaron unas 16 bolsas de escombros. Phil escribió: «La continuación parece estar hacia abajo y hacia adelante, ¡todavía no hay corriente ni vacío!».

Jonathan y Albert se unieron a Patrick el día 30. Patrick quedó impresionado:

> Sacamos 24 bolsas del final, Albert hizo un trabajo excelente, de cabeza y boca abajo (dos sesiones). Sigue hacia abajo con la pared de la izquierda sólida. Aún no hay corriente, aunque el aire permanece limpio.

Juan Corrin y Pedro se unieron a Patrick el 5 de agosto para continuar excavando y sacando alrededor de 40 bolsas de material. Según Patrick, excavar era más fácil con tres o menos

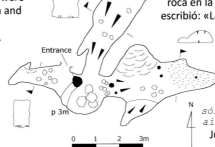

Entrance

Entrance

p 3m

N

0 1 2 3m

Site 723 (La Secada)   451542 4797106 265m
Length: 19m   August 2019   Survey:PS

three or fewer people using rubble sacks / sand bags rather than a tray and bucket. The bags could be stacked at the shaft base then hauled up.

The following day, the three were joined by Phil. More animal bones were found and it appeared that there could be some void about 1½m ahead at head height.

For a change, Patrick, Phil, Juan, Nigel, Dave, Billy and Peter Clewes visited 0874 on August 9th, a draughting rift only 30m south of 0880. Rock was removed with hammer, chisel and capping but snappers were thought necessary to make any real progress.

On August 16th, site 0880 was visited by Pedro and the palaeontologists Pedro Castaños (a large mammal expert who had identified the leopard teeth) and Xabier Murelaga (a small mammal expert) from the Aranzadi Science Society and the University of the Basque Country, respectively. They dug out the bones in a rift at the top level end of the cave. "A large limb bone, several vertebrae, etc of a 'large bovid', i.e. bison or aurochs."

The final summer digging session occurred on August 8th when Dave, Phil, Juan and Patrick excavated through sand at head height to reveal a squeeze up into a stand-up rift with a faint draught where it was just possible to turn around. A GoPro on a stick showed a tiny hole continuing at the base of the rift but it was felt that future digging should concentrate at the base of the excavation.

Below to the north in 4805 on August 6th, Pedro, Patrick Devine and Phil installed rebar to lock possible loose rocks together. Five bars were placed and "as no movement when drilling, they look OK".

Phil and Pedro returned on August 27th to dig at the base. There was "a very strong, cold draught" but lots more work was required.

To the south, and low down on the hillside east of Bar Germán, the large chamber in Cueva las Cosas (0084) was being resurveyed by various DCC members. On August 6th, Richard and Tom climbed down the entrance slope into the 100 x 60m chamber and, after calibrating the DistoX, took over 300 splays to define the shape of the chamber. They also tied in site 4599, the small hole to the north that allowed in some daylight. Completing the drawn-up survey is a 'work-in-progress'.

Just up the hill and south of Cosas, site 0629 was visited by Pedro to survey the cave (length 17m) and photograph some bones of a young person.

On July 25th, Simon and Diane disembarked from their luxury Brittany Ferries ship at Santander and drove straight to Fuente de la Cuvía (0207) in Riaño. This brings a small stream in from the west and has a higher level to the north, well decorated in places. It was last visited in 2000 when a team had excavated a small hole at the north end above a field with ostriches.[4]

Si and Di went to the end of the draughting streamway where they found that a fin of rock required capping out.

---

4   Matienzo: 50 Years of Speleology, page 147.

---

personas usando sacos de construcción en vez de una bandeja y un cubo. Los sacos pueden apilarse en la base del pozo y luego subirse.

Al día siguiente, Phil se unió a los tres. Encontraron más huesos de animales y parecía que podría haber un vacío a unos 1½ m, a la altura de la cabeza.

Para variar, Patrick, Phil, Juan, Nigel, Dave, Billy y Peter Clewes visitaron 0874 el 9 de agosto, una fisura sopladora a solo 30 m al sur de 0880. La roca se quitó con martillo, cincel, pero les parecía que iban a necesitar micros para poder avanzar de verdad.

El 16 de agosto, Pedro fue a 0880 junto a los paleontólogos Pedro Castaños (experto en grandes mamíferos que había identificado los dientes de leopardo) y Xabier Murelaga (experto en pequeños mamíferos), de la Sociedad Científica Aranzadi y de la Universidad del País Vasco, respectivamente. Sacaron los huesos en una fisura en el extremo superior de la cueva. «Un hueso de una extremidad grande, varias vértebras, etc. de un "bóvido grande", es decir, bisonte o uro».

La última sesión de excavación de Patrick ese verano fue el 8 de agosto cuando Dave, Phil, Juan y Patrick excavaron en arena a la altura de la cabeza para abrir un estrechamiento en una fisura en la que podían ponerse de pie y darse la vuelta, con corriente débil. Una GoPro atada a un palo mostró un pequeño agujero que continuaba en la base de la fisura, pero les parecía que las excavaciones futuras deberían concentrarse en el fondo de la excavación.

Debajo hacia el norte en 4805 el 6 de agosto, Pedro, Patrick Devine y Phil instalaron barras de refuerzo para bloquear posibles rocas sueltas juntas. Se colocaron cinco barras y «como no se movió nada al taladrar, pinta bien».

Phil y Pedro regresaron el 27 de agosto para excavar en la base. Había «una corriente fría muy fuerte», pero necesitaba mucho más trabajo.

Hacia el sur, y bajando por la ladera al este de Bar Germán, varios miembros de DCC estaban volviendo a topografiar la gran sala de Cueva las Cosas (0084). El 6 de agosto, Richard y Tom bajaron la pendiente de entrada a la sala de 100 x 60 m y, después de calibrar el DistoX, sacaron más de 300 radiales para definir la forma de la sala. También la unieron con 4599, el pequeño agujero al norte por el que entra algo de luz. Completar el dibujo de la topografía es un «trabajo en progreso».

Justo subiendo por la colina y al sur de Cosas, Pedro fue a 0629 para topografiarla (17 m de desarrollo) y fotografiar algunos huesos de un joven.

El 25 de julio, Simon y Diane desembarcaron de su lujoso viaje en Brittany Ferries en Santander y fueron directamente a Fuente de la Cuvía (0207), que lleva un pequeño arroyo desde el oeste y tiene un nivel superior hacia el norte, con bonitas formaciones en algunos puntos. Se había visitado por última vez en 2000 cuando un equipo

---

Entrance

N

0   2   4   6m

Site 629 (La Secada)   452890 4797152 257m
Length: 17m   August 2019   Survey:PS

Above and bottom of opposite page: Arthur and Diane with the formations in Fuente de la Cuvía.
Arriba y abajo en la página opuesta: Arthur y Diane con las formaciones en Fuente de la Cuvía.   *Neil Rumney*

Dug sufficiently to squeeze through to see the continuing passage - 4m length x 1m high rift - too tight on the shoulders. The draught was coming from a 30cm diameter hole on the left before the continuing squeeze. Wet and muddy on our first day. Nice!

Three days later, the trip was written up by Di:

Neil and Arthur headed down the main passage to take photos whilst James and Si headed up the calcited passage to cap the calcited end. I dug out the entrance to add a step to the slope then joined Neil and Arthur in the main passage until I realised I had both James' and Si's thermals, so headed up to the dig.

Found them both shivering having just completed the final capping before the push. Perfect timing for me!

The squeeze through went about 10m to where it pinched in. Contortions were needed for the exploration.

Superman-style required to squeeze down the passage. Right side down; turn to left side before the pool to help through the right turn. Feeling battered now!

For some reason, not all the Cuvía survey data from 1980 had been entered into Survex. After Juan had sorted this, he then had to go to Riaño to GPS the entrance, as the Ostrich hole at the northern end did not appear in the correct position. After that, he walked up the hill along the forestry tracks devastating the landscape, noting that the part-buried water pipes suggested yet-to-be discovered resurgences.

The strongly draughting hole in upstream Cuvía was tackled on August 6th. Si carried in an "extremely heavy bag" while Di spent some time taking selfies in the larger, pretty section, delaying the inevitable.

Si had capped the obstruction getting into the draughting passage, ready to snapper as I arrived. I provided hot chocolate and the third battery and then put on my balaclava and woolly gloves - it's extremely cold...

The capping was fairly productive ... but two snappers did very little - extremely disappointing - apart from the smoke giving us a visual of how fast the draught travels.

Near the end of July, the expedition was gearing up for a possible connection between Cueva de Riaño (0105) and Cueva-Cubío del Llanío (3234). A number of unsuccessful trips had already happened in the upper sections of Llanío but the survey

había excavado un pequeño agujero en el extremo norte sobre un campo con avestruces.[4]

Si y Di fueron al final de la galería activa, con corriente, donde vieron un saliente de roca.

Cavamos lo suficiente como para pasar y ver la galería que seguía (4 m de largo x 1 m de alto), demasiado estrecha en los hombros. El tiro salía de un agujero de 30 cm de diámetro a la izquierda antes del estrechamiento. Mojados y embarrados en nuestro primer día. ¡Maravilloso!

Tres días después, Di escribió la crónica:

Neil y Arthur fueron por la galería principal para sacar fotos, mientras que James y Si subieron por la galería con calcita para abrir el extremo. Excavé la entrada para añadir un escalón a la pendiente y luego me uní a Neil y Arthur en la galería principal hasta que me di cuenta de que tenía las térmicas de James y Si, así que me dirigí a la excavación.

Los encontré a ambos temblando después de haber terminado con los micros y antes de la exploración. ¡El momento perfecto para mí!

La estrechamiento tenía unos 10 m hasta donde se volvió demasiado angosto. Se necesitaban contorsiones para la exploración.

Hay que usar el estilo Superman para pasar por la galería. Lado derecho hacia abajo; girar al lado izquierdo antes de la marmita para ayudar a girar a la derecha. ¡Ahora estoy agotada!

Por alguna razón, no todos los datos de la topografía de Cuvía de 1980 se habían metido en Survex. Tras resolverlo, Juan tuvo que ir a Riaño para tomar las coordenadas GPS de la entrada, ya que el agujero de las Avestruces en el extremo norte no aparecía en la posición correcta. Después, subió monte arriba por las pistas forestales que asolan el paisaje, y señaló que las tuberías de agua parcialmente enterradas sugerían surgencias aún por descubrir.

El 6 de agosto se abordó el pozo de fuerte corriente aguas arriba en Cuvía. Si metió una «saca extremadamente pesada» mientras Di pasaba un rato tomando selfies en la sección más grande y bonita, retrasando lo inevitable.

Si había abierto la obstrucción y entrado en la galería con corriente, listo para seguir cuando llegué. Proporcioné chocolate caliente y la tercera batería y luego me puse mi pasamontañas y guantes de lana, hace mucho frío [...] El uso de micros fue bastante productivo [...], pero dos cargas menores hicieron muy poco, muy decepcionante, excepto por el humo que nos dio una idea de lo rápida que es la corriente de aire.

4   Véase Matienzo: 50 años de espeleología, p. 147.

centre lines were showing that Torben and Peter's explorations down the p24 at Easter[5] had brought the systems to within a few metres of each other. Cueva de Riaño is part of the Four Valleys System so joining the two would increase the length of the latter by about 7.2km.

Phil, using Ron Taylor's sub-phones, wanted to try a 3-way voice connection: the teams in Riaño and Llanío would each have a communication set and Phil would operate one on the surface.

On July 29th, Juan inspected the ground where the surface sub-phone should be. An old track led up to a field and, at the top edge, impenetrable jungle behind a fence. The ideal point to communicate with both underground teams lay some 15m into this.

The underground aerials had to be orientated in different directions to communicate with a set either a horizontal or vertical distance away, so some training was given that afternoon before the event. Earlier in the day, Si and Di had acquainted themselves with the possible connection area in Torno Inlet in Cueva de Riaño, finding passages that were not on the survey.

Torben and Phil sub-phone training.
Phil enseña a Torben a usar el teléfono subterráneo. *Diane Arthurs*

The three teams set off on the 30th, the surface pair, Phil and Juan were 'on-station' (actually 15m from it) at 11:45 and immediately communicated with Simon in Torno Inlet in Cueva de Riaño. Voice was faint due to the depth but the tone signal was clearly heard. The occupier of a nearby house came out to investigate and told Juan of a nearby shaft which, unfortunately, turned out to be already known, The Boghole (2638).

The underground teams were able to communicate with each other using the sub-phones but, even better, were soon able to hear each other without technology. Louise, in Llanío with Pedro and Torben, wrote:

    Yes, yes, there was a clear voice connection. We
    had no digging tools, so the Riaño team started
    digging.

At that point, Pedro went back to the area of the p24 to look for a larger connection. Louise ...

    ... climbed up in the small tube to talk to Di
    (in Riaño). While changing position, I noticed a
    small 2 x 2cm hole through which I could clearly see
    Di's light. Soon after, Di and I touched fingers and
    the connection was made. Reminded me of the famous
    Michelangelo painting!
    Torben came back after surveying batch 3234-19-03
    in the low, wet crawl. He then carried on digging
    with the tools passed through the small connection
    hole...

Pedro and Louise then went out with Louise writing:

    Great day underground and once again confirmed
    that 'Caving is pure therapy for the body, mind and

5   2019 Easter, page 354.

Hacia finales de julio, la expedición se preparaba para una posible conexión entre la Cueva de Riaño (0105) y la Cueva-Cubío del Llanío (3234). Ya se habían llevado a cabo varias incursiones fallidas a las secciones superiores de Llanío, pero la poligonal de la topografía mostraba que tras las exploraciones de Torben y Peter por el P 24 en Semana Santa[5] los sistemas estaban a unos pocos metros el uno del otro. La Cueva de Riaño forma parte del Sistema de los Cuatro Valles, por lo que unir los dos aumentaría el desarrollo de este último en unos 7,2 km.

Phil, usando los teléfonos subterráneos de Ron Taylor, quería probar una conexión por voz triple: los equipos de Riaño y Llanío tendrían cada uno un equipo y Phil operaría otro en la superficie.

El 29 de julio, Juan inspeccionó el terreno donde estaría el equipo externo. Un antiguo camino conducía a un prado y, en el borde superior, a una selva impenetrable tras de una valla. El punto ideal para comunicarse con ambos equipos bajo tierra estaba a 15 m dentro de esta.

Las antenas subterráneas tenían que orientarse en diferentes direcciones para comunicarse con un equipo ya fuese a una distancia horizontal o vertical, por lo que la tarde antes del gran acontecimiento se hicieron algunas prácticas. Horas antes, Si y Di se habían familiarizado con la posible zona de conexión en Torno Inlet en la Cueva de Riaño, encontrando galerías que no estaban en la topografía.

Los tres equipos se pusieron en marcha el día 30, la pareja en la superficie, Phil y Juan estaban «en su puesto» (en realidad a 15 m) a las 11:45 e inmediatamente contactaron con Simon en Torno Inlet en Cueva de Riaño. La voz era débil debido a la profundidad, pero la señal de tono se escuchó con claridad. El residente en una casa cercana salió a investigar y le habló a Juan de un pozo cercano que, lamentablemente, ya se conocía, The Boghole (2638).

Los equipos bajo tierra pudieron comunicarse entre sí con los teléfonos subterráneos pero, mejor aún, pronto pudieron escucharse sin tecnología. Louise, en Llanío con Pedro y Torben, escribió:

    Sí, sí, se oía la voz con claridad. No teníamos
    herramientas de excavación, por lo que el equipo de
    Riaño comenzó a excavar.

En ese momento, Pedro volvió a la zona del P 24 para buscar una conexión mayor. Louise...

    Escalé por el tubo pequeño para hablar con Di (en
    Riaño). Al cambiar de posición, noté un pequeño orificio
    de 2 x 2 cm por el que podía ver claramente la luz
    de Di. Poco después, Di y yo nos tocamos los dedos
    y conectamos las dos cuevas. ¡Me recordó a la famosa
    pintura de Miguel Ángel!
    Torben regresó después de topografiar el lote 3234-19-03
    en la gatera baja y húmeda. Luego continuó cavando con
    las herramientas que nos pasaron por el pequeño agujero
    de conexión.

5   Véase Semana Santa de 2019, p. 354.

Below and right: Di and James searching for the link from Cueva de Riaño into Llanío.   *Simon Cornhill*
Left and below: Phil communicating with Simon almost directly below him in Cueva de Riaño.   *Juan Corrin & Diane Arthurs*
Abajo y a la dcha.: Di y James buscando la conexión de Cueva de Riaño a Llanío.   *Simon Cornhill*
Izda. y abajo: Phil comunicándose con Simon casi directamente debajo de él en la Cueva de Riaño. *Juan Corrin & Diane Arthurs*

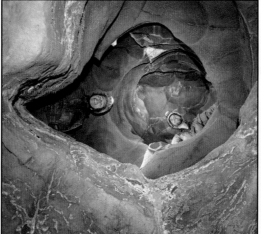

spirit'.

Si and Di's account of the connection from the Cueva de Riaño side is on pages 378 - 379.

(The video and photos can be found at the base of the 3234 description page on the website.)

James, Si and Di were back the following day to survey the link and other passages found two days before. In total 356m of new passages were surveyed including the Sandy Swims and the well decorated Spiral Ramp. (Batch 0105-19-01)

By this time, the length of the Four Valleys System had grown to 66.7km, enough to move it 10 places up the World's Longest Caves list[6] to 44th, and 7th longest in Spain.

On August 8th, Si, Di and James visited the Ammonite Choke area in Cueva de Riaño, going in through the Llanío Sub-phone Entrance and exiting through Cueva de Riaño. Si wrote:

> *A hot and sweaty journey through Llanío. What a grand cave! As we were doing the first through trip, the final pitch in Llanío was left with the rope hanging down and not coiled up at the top. The Soft Shoe Shuffle crabwalk ... proved to be fairly hard work with heavy bags, and the Schoolboy Error Aven is, indeed, a bit of a wriggle to get up it.*

Simon enlarged the top of the aven on their return, allowing people of most sizes reasonable access to the far reaches.

Di's recounting of the explorations around the Ammonite Choke area are reproduced word-for-word below, as this is the most recent trip to try to forge a link with Cueva del Torno (2366).[7]

> *Took the long way round to the base of the 25m pitch. We rigged a pitch down into the streamway to get to the Ammonite Choke.*
> *Si bolted and free climbed the choke to drop a rope down, creating a pitch for James and myself to ascend. Surveyed into the choke [batch 0105-19-02]. We weren't quite at the top but found space between the boulders. A very strong draught coming between boulders with a lot of loose rocks directly above it which needed a significant amount of gardening if [we] were to progress up it. The stream could be seen at this point.*
> *Continued climbing up into open spaces, found another draughting hole and started to dig this. More exploration of this area required, not at the top of the rift so continuing bolt / free climbing up to the top of the rift is possible.*
> *Route out - rigged the 4m stream waterfall to cut out the long section at the top of Schoolboy Error. ... From the bottom of Schoolboy Error it took us one hour forty minutes to get back to the car - making it for midnight...*

By the end of the summer, the final length for the Four Valleys System was calculated as 67,126m.

On August 10th, John, Juan and Patrick Devine continued the dig 20m northwest of The Hub in Llanío.[8] They spent three hours at the 1.3m high, sand and clay face using flat plastic bags as the pull-back system.

> *Very easy digging. Can see a few metres over the top ... past the small stal to a possible wall / turning but will require another couple of sessions to get to that point. Right hand wall may be closing in with a large flake to give less working space, but less material to remove.*

Bill and Emma had a photo trip in through the Sub-phone entrance through Mulu Manners to Mulu Junction. Bill was pleased:

> *Thanks Torben for the information. Amazing cave.*

Patrick and Christine went in through the Sub-phone Entrance for a photographic and "checking passage details" trip on August 22nd and, in September, Juan accompanied Peter Wynn into the near reaches of Llanío so more water samples could be collected and detectors exchanged for the nitrogen project.

On a drizzly July 26th, James and Juan, to tick off an item on James' list, went to investigate the cliff face seen on the west side of the steep valley that runs down towards Fuente de la Cuvia via 1316 and 1317. Access was steeply down through ...

> *... thoroughly soaked deep grass, gorse and trees ... followed by a short climb down to the base of the cliff, still well above valley bottom. The cliff line was followed down to the north with a number of very small undercuts and one uninteresting rift, not worth a wander.*

Now thoroughly soaked, the pair found a faint path at the base of the valley and followed it back up to the road via a 4m high amphitheatre with a trickle that seemed to immediately sink.

Pedro y Louise luego salieron y Louise escribió:

> *Gran día bajo tierra que una vez más confirmó que «La espeleología es pura terapia para el cuerpo, la mente y el espíritu».*

El relato de Si y Di sobre la conexión desde el lado de la Cueva de Riaño está en las páginas 378 - 379.

(Los vídeos y las fotos se pueden encontrar al final de la página de descripción de 3234).

James, Si y Di regresaron al día siguiente para topografiar la conexión y otras galerías encontradas dos días antes. En total topografiaron 356 m de nuevas galerías, Sandy Swims y la bien decorada Spiral Ramp incluidos. (Lote 0105-19-01)

En ese momento, el desarrollo del Sistema de los Cuatro Valles había subido a 66,7 km, lo suficiente como para subir 10 puestos en la lista de las cuevas más largas del mundo[6] hasta el puesto 44, y la séptima más larga de España.

El 8 de agosto, Si, Di y James visitaron la zona Ammonite Choke de la Cueva de Riaño, entrando por la entrada Sub-phone de Llanío y saliendo por la Cueva de Riaño. Si escribió:

> *Una incursión calurosa y sudorosa por Llanío. ¡Qué gran cueva! Como estábamos haciendo la primera travesía, el último pozo en Llanío se dejó con la cuerda colgando y no enrollada en la cabecera. La galería Soft Shoe Shuffle a paso de cangrejo [...] resultó ser bastante duro con bolsas pesadas, y Schoolboy Error Aven es, de hecho, un poco complicado.*

Simon agrandó la cabecera del chimenea a su regreso, permitiendo a personas de la mayoría de los tamaños acceder a los confines con facilidad.

La crónica de Di sobre las exploraciones alrededor del área de Ammonite Choke se reproduce palabra por palabra a continuación, ya que esta es la incursión más reciente para intentar conectar con la Cueva del Torno (2366).[7]

> *Tomamos el camino más largo hasta la base del pozo de 25 m. Instalamos un pozo hacia la galería activa para llegar a Ammonite Choke.*
> *Si instaló y escaló por libre la obstrucción para bajar una cuerda, creando un pozo para que James y yo subiéramos. Topografiamos hacia la obstrucción [lote 0105-19-02]. No estábamos en la parte más alta, pero encontramos hueco entre las rocas. Una corriente muy fuerte pasaba entre bloques con un montón de rocas sueltas directamente encima que se iban a tener que limpiar mucho si [queríamos] avanzar. El río se podía ver en este punto.*
> *Seguimos escalando a espacios abiertos, encontramos otro agujero soplador y empezamos a excavarlo. Esta zona se tiene que explorar más, no está en la parte superior de la fisura, por lo que se puede seguir escalando libremente hasta arriba.*
> *Ruta de salida: instalamos la cascada de 4 m para evitar la sección larga en la parte superior de Schoolboy Error. [...] Desde la base de Schoolboy Error, tardamos una hora y cuarenta minutos en volver al coche, llegando a medianoche.*

A finales del verano, el desarrollo final del Sistema de los Cuatro Valles se calculó en 67,126 m.

El 10 de agosto, John, Juan y Patrick Devine continuaron la excavación a 20 m al noroeste de The Hub en Llanío.[8] Pasaron tres horas en la pared de arena y arcilla de 1,3 m de altura utilizando bolsas de plástico planas pasa sacarlo.

> *Excavación muy fácil. Se pueden ver unos metros por encima [...] al otro lado de la pequeña estalagmita hasta una posible pared/curva, pero hacen falta un par de sesiones más para llegar. La pared de la derecha puede estar cerrándose con un saliente grande que hará que tengamos menos espacio de trabajo, pero menos material para sacar.*

Bill y Emma fueron hasta Mulu Junction a través de Mulu Manners y la entrada Sub-phone para una sesión fotográfica. Bill estaba encantado:

> *Gracias, Torben, por la información. Cueva asombrosa.*

Patrick y Christine entraron por la entrada Sub-phone para sacar fotos y «verificar detalles de la galería» el 22 de agosto y, en septiembre, Juan acompañó a Peter Wynn a la entrada de Llanío para que recolectar más muestras de agua y cambiar los detectores del proyecto de nitrógeno.

Un lluvioso 26 de julio, James y Juan, para tacharlo de la lista de James, fueron a investigar el peñasco que se ve en el lado oeste del empinado valle que baja hacia la Fuente de la Cuvía por 1316 y 1317. El acceso fue muy escarpado a través de...

> *Hierba alta empapada, aulagas y árboles [...] seguido de un pequeño destrepe hasta la base del peñasco, todavía muy por encima del fondo del valle. La línea del peñasco se siguió hacia el norte con una serie de recovecos muy pequeños y una fisura poco interesante, que no vale la pena.*

---

6   http://www.caverbob.com/wlong.htm
7   2013 Easter, page 112.
8   2019 Spring, page 367.

6   http://www.caverbob.com/wlong.htm
7   Véase Semana Santa de 2013, p. 112.
8   Véase Primavera de 2019, p. 367.

The Cueva-Cubío del Llanío to Cueva de Riaño Connection, from the Riaño side

SIMON CORNHILL AND DIANE ARTHURS

We had only been in Matienzo a couple of days when, in Casa Germán, Phil Papard approached myself and Di. "Would you be able to help find the Llanío to Riaño connection, by going to the Riaño side when Torben goes into Llanío?"

"Of course!" was the immediate reply.

Pouring over the current surveys, and Survex data, the most likely looking place in Riaño for the connection was at the start of the 'Soft Shoe Shuffle' aka 'The Crab Walk' or 'the Road to Torno'.

As it had been sometime since either of us had visited the Riaño system, and we hadn't been to the area in question before, we decided to visit Riaño the day before the proposed connection attempt. This was to re-familiarise ourselves with the cave, rig the climbs and check how long it took, so we would arrive the same time as Torben.

We found our way to the start of the Crab Walk without too much difficulty. A tight, flat out inlet was checked first. Hoping this wasn't 'it', we carried on a little further to a slight enlargement where, to our surprise, just off

the main streamway, a short crawl and climb led to a higher level series of un-entered sandy crawls. Off one of these, a squeeze entered the base of a 15m drippy, airy aven. Climbing to near the top, it seemed to close down.

The next day, having synchronised watches, the teams set off. Heading into Riaño were Diane Arthurs, James Carlisle, Neil Rumney, Arthur Vause and Simon Cornhill on an efficient trip to our designated radio location point. Bang on time, successful but faint communication to Juan and Phil on the surface was made.

We then had a few minutes before trying to contact Llanío, so I took our team up to the new section we had discovered the previous day, distributing them at strategic places. James was able to pass the squeeze into the 15m aven, so that was his station. Rushing back to Di with the radio, communication with Torben was loud and clear but the direction was inconclusive. While adjusting the aerial, we could hear a bit of a commotion coming from further down the cave. Meanwhile, in

the aven, James could hear a female voice and assumed he was chatting to Di. After some confusion he realised the voice was coming out of the mud and rocks at floor level and belonged to Louise!

Abandoning the radio, we went to see what was occurring. Neil and Arthur had taken on the job of beating the squeeze into submission, so we went to have a brief chat with Louise before frenzied digging commenced: this quickly degenerated into some classic mud mining action.

Unlike the Llanío team, we had brought a hammer and crowbar, so most of the digging was on our side. After one and a half hours, Di and Louise had a motivational finger connection, shortly after, a hand shake then the digging tools could be passed through.

James had a valiant and comical first attempt at getting through, only to be pulled back out by his ankles. Finally the connection was open and Torben had the honour of being the first caver to pass into the Four Valleys System from Llanío. A magnificent and memorable day out!

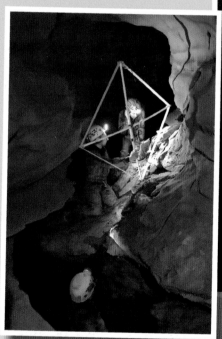

Juan decided not to inspect 4889, a bouldery dig, when he found the possible drop or slope into the hole well covered with vegetation. As a consolation, he documented a tiny resurgence nearby, 4996.

Si and Di inspected the huge, impressive depression of site 1319, perched above Third River Inlet in Cueva Hoyuca (0107).

> ... just like the King Kong remake film. Swinging on vines, clambering over fallen trees, skirting around 6ft ferns, expecting giant-sized insects to attack us at any moment.

They found a "pocket in the limestone" where boulders rolled down a couple of metres, but the position of this feature within the steamy jungle is unclear.

On August 3rd, Si and Di failed to find either sites 0101 (just down to the north of Fuente las Varas) or 0229, high above the Mushroom Field. In both cases it was probably due to a mistaken approach and heavy vegetation concealing tracks and entrances.

The following day they investigated the entrance slope down to the 90m+ pitch in Torcón de Riaño (0106). This was first explored on

Empapados, la pareja encontró un sendero en la base del valle y lo siguió hasta la carretera a través de un anfiteatro de 4 m de altura con un regato que parecía hundirse de inmediato.

Juan decidió no inspeccionar 4889, una excavación en bloques, cuando encontró el posible pozo o desnivel cubierto de vegetación. Como consuelo, documentó una pequeña surgencia cerca, 4996.

Si y Di inspeccionaron la enorme e impresionante depresión de 1319, sobre Third River Inlet en Cueva Hoyuca (0107).

> Como el remake de King Kong. Columpiándonos en enredaderas, trepando por árboles caídos, bordeando helechos de 2 m, esperando que insectos gigantes nos atacasen en cualquier momento.

Encontraron un «hueco en la piedra caliza» por el que las rocas caían durante un par de metros, pero la ubicación de esta dentro de la jungla no está clara.

El 3 de agosto, Si y Di no pudieron encontrar la cavidad 0101 (justo al norte de Fuente las Varas) ni 0229, muy por encima de Carcavuezo. En ambos casos, probablemente se debió a un camino equivocado y una

La conexión de Cueva-Cubío del Llanío con Cueva de Riaño, desde Riaño

SIMON CORNHILL Y DIANE ARTHURS

Llevábamos en Matienzo tan solo un par de días cuando Phil Papard se nos acercó en Casa Germán: «¿Podríais ayudar a encontrar la conexión de Llanío con Riaño yendo al lado de Riaño cuando Torben entre en Llanío?».

«¡Por supuesto!», respondimos de inmediato.

En base a las topos actuales y los datos de Survex, el sitio más probable para buscar la conexión en Riaño estaba al comienzo de Soft Shoe Shuffle, también llamado The Crab Walk o el camino a Torno.

Como hacía bastante desde nuestra última visita al sistema de Riaño, y no habíamos ido al área en cuestión antes, decidimos visitar la cueva el día antes de la tentativa de conexión. Así podríamos volver a familiarizarnos con la cueva, instalar las escaladas y comprobar cuánto tardábamos y así llegar al mismo tiempo que Torben.

Encontramos el camino hasta Crab Walk sin demasiada dificultad. Primero comprobamos un laminador angosto. Deseando que esa no fuese la conexión, continuamos un poco más adelante hasta donde se ampliaba un poco. Para sorpresa nuestra, justo a un lado de la galería activa, una pequeña gatera y escalada

condujeron a un nivel superior con una serie de gateras arenosas sin explorar. En una de estas, un estrechamiento fue a dar a la base de una chimenea de 15 m por la que entraba agua y aire. Subimos hasta cerca del punto más alto, pero parecía cerrarse.

Al día siguiente, tras sincronizar los relojes, los dos equipos nos pusimos en marcha. En el de Riaño estábamos Diane Arthurs, James Carlisle, Neil Rumney, Arthur Vause y Simon Cornhill. Llegamos al punto designado para la localización por radio con eficiencia y puntuales, y pudimos comunicarnos, aunque fuese una conexión débil, con Juan y Phil en la superficie.

Teníamos algo de tiempo antes de intentar contactar con Llanío, así que llevé a nuestro equipo a la sección que habíamos descubierto el día anterior, distribuyéndolos en lugares estratégicos. James pudo pasar el estrechamiento hasta la chimenea de 15 m, así que ese fue su puesto. Volví corriendo a donde estaba Di con la radio y pudimos oír a Torben alto y claro, pero la dirección no era concluyente. Mientras ajustábamos la antena, oímos algo de alboroto que parecía venir de abajo. Mientras tanto, en la chimenea, James

podía escuchar una voz femenina y pensó que estaba hablando con Di. Después de cierta confusión, se dio cuenta de que la voz salía del barro y las rocas en el suelo y que ¡en realidad estaba hablando con Louise!

Abandonamos la radio y fuimos a ver qué ocurría. Neil y Arthur habían decidido someter el estrechamiento hasta la sumisión, así que corrimos a hablar con Louise antes de empezar a excavar con frenesí, excavación que pronto degeneró en una clásica extracción de barro.

Al contrario que el equipo de Llanío, habíamos llevado un martillo y una palanca, por lo que casi toda la labor de excavación ocurría en nuestro lado. Tras una hora y media, no motivamos al ver que Di y Louise podían tocarse los dedos y, enseguida, estrecharse la mano; poco después pudimos pasarles las herramientas de excavación.

James se atrevió a ser el primero en intentar pasar la conexión, con resultado cómico, y le tuvimos que sacar por los tobillos. Finalmente, la conexión se abrió y Torben tuvo el honor de ser el primer espeleólogo en pasar al sistema de los Cuatro Valles desde Llanío. ¡Un día estupendo e inolvidable!

Torben in the middle joins the Cueva de Riaño digging team - Diane, James, Simon and Arthur. *Neil Rumney*
Torben en el centro acaba de pasar de Llanío para encontrarse con el equipo de excavación de Riaño, Diane, James, Simon y Arthur. *Neil Rumney*

ladders by Tony Fifield back in August 1975 then on rope in 2004. On that occasion, Alasdair Neill drew a sketch of possible passages seen in the shaft walls so these possible opportunities were to be checked out by Si and Di, some 15 years later on August 7th.

I can't believe this was initially descended on ladders! 92m free hanging!
Si eventually found the bolts, descended past the first passage to the second, approximately 50m [down]. Lassoed a very large stal and landed on the large ledge.

Here, Simon climbed to the passage behind but this closed in. An "easy-ish traverse" wound around to the far side of the shaft.

Si and Di surveyed the small inlet passage coming in on the entrance slope when they came back on August 15th, then continued surveying down to the ledge where ...

... Si did a very exciting bolt traverse around the shaft using a micro-traction adjustable lanyard to great effect! The exciting and extremely lofty

vegetación densa que ocultaba senderos y entradas.

Al día siguiente investigaron el pozo de más de 90 m en Torcón de Riaño (0106). Tony Fifield lo había explorado por primera vez con escalas en agosto de 1975, pero con cuerda en 2004. En esa ocasión, Alasdair Neill dibujó un boceto de posibles galerías vistas en el pozo, por lo que Si y Di comprobaron esos interrogantes unos 15 años después, el 7 de agosto.

¡No puedo creer que esto lo hicieran al principio con escalas! ¡92 m en aéreo!
Si finalmente encontró los anclajes, pasó por la primera galería hasta la segundo, a unos 50 m [hacia abajo]. Echó el lazo a una estalagmita muy grande y aterrizó en una repisa grande.

Aquí, Simon escaló a la galería por detrás, pero se cerró. Una «travesía facililla» cruzaba hasta el otro lado del pozo.

Si y Di topografiaron la pequeña galería lateral que entraba en la pendiente de entrada cuando regresaron el 15 de agosto, luego continuaron topografiando hasta la repisa donde...

traverse around led to a ledge decorated with stal and leading to passage! Yay!

The route was well decorated to a climb up to a stal window into shoulder-width, walking passage for 80m. They passed a couple of shield sized and shaped stal to a stal grille. Further contortions entered a hands-and-knees section to a mud dig.

They returned the following day to dig about 7m. Simon wrote:

... falling water can be heard and an inward draught felt. However, the passage continues small and quite a bit of digging is required. The bonus is, it doesn't take too long to get to the dig via the spectacular descent and very airy King Horn Traverse.

The pitch ropes were removed for the winter but the traverse left rigged.

The first to descend next time will have to lasso the large stal at 50m down to get onto the ledge - a fairly easy manoeuvre.

The first potential passage in the shaft, about 15m down, has yet to be entered.

On August 9th, Si and Di rigged the entrance pitch in the Giant Panda entrance (2691) to Cueva Hoyuca (0107) then, after a "prompt 2pm start" three days later, set off for Tixtu Aven. The plan was to look for new passage by traversing across the top of the aven and take photos of the leopard bones.

At the top ...

... Si climbed over the drippy King Horn ... and dropped down 7m to a ledge which had a deep pool in it and was very drippy. ... A slot through just beyond the pool led to further fluting. A very grandiose area! Si clambered over the next fluting (bolt climb), pulling up the rope to drop down

Si instaló una travesía muy emocionante alrededor del pozo usando un cordón ajustable de micro-tracción con excelentes resultados. ¡La emocionante travesía de gran altura conduce a una repisa decorada con estalagmitas y a una galería! ¡Hurra!

La ruta estaba bien decorada con una escalada a una ventana entre estalagmitas hasta una galería alta del ancho de los hombros a lo largo de 80 m. Pasaron un par de estalagmitas del tamaño y la forma de un escudo a una rejilla. Contorsionando un poco más entraron en una gatera hasta una excavación en barro.

Regresaron al día siguiente para desobstruir unos 7 m. Simon escribió:

Se puede escuchar agua y se siente una corriente aspirante. Sin embargo, la galería sigue siendo pequeña y necesita bastante excavación. La ventaja es que no se tarda mucho en llegar a la excavación a través de la espectacular bajada y el muy aireado King Horn Traverse.

Las cuerdas de pozo se quitaron para el invierno, pero la travesía se dejó instalada.

El primero que baje la próxima vez tendrá que lanzar la cuerda a la gran estalagmita tras 50 m para llegar a la cornisa, una maniobra bastante fácil.

La primera posible galería según se baja el pozo, a unos 15 m, aún no se ha mirado.

El 9 de agosto, Si y Di instalaron el pozo de la entrada Giant Panda (2691) a la Cueva Hoyuca (0107) y luego, después de un «inicio puntual a las 2 pm» tres días después, salieron hacia Tixtu Aven. El plan era buscar nuevas galería cruzando por encima de la chimenea y sacar fotografías de los huesos de leopardo.

En lo más alto...

Si escaló sobre el goteante King Horn [...] y bajó 7 m hasta una repisa que tenía una marmita profunda y por la que goteaba mucha agua. [...] Una ranura al otro lado de la marmita da a más paredes acanaladas. ¡Una zona grandiosa! Si trepó por la siguiente (escalada artificial), tirando de la cuerda para bajar del otro lado [pero] aterrizó en una repisa ciega. Decepcionante, sin continuación.

Torcón de Riaño. Top: Alasdair Neill's sketch of the 2004 exploration with a * marking the new passage across the shaft. Above: Simon rigging the Kinghorn Traverse (*Diane Arthurs*) and Diane in the passage on the far side. (*Simon Cornhill*)
Torcón de Riaño. Arriba: bosquejo de Alasdair Neill de la exploración de 2004 con un * que señala la nueva galería desde el pozo. Sobre estas líneas: Simon instalando Kinghorn Traverse (*Diane Arthurs*) y Diane en la galería del otro lado. (*Simon Cornhill*)

on the other side [but]
landed on a blind ledge.
Disappointing, with no way
on.

They then photographed the leopard bones[9] and, after noticing a conical pile of sand next to the skeleton, climbed up into a "series of breakdown chambers with scary false floors and loose boulders". This was surveyed for 63m.

Exited the cave at
1:30am. Juan and Phil did
a grand job of keeping the
bar open for us!

Patrick Warren and Christine had a tourist trip into Pigs' Trotters Chamber via the 'squeeze route' from the Field Entrance of Cueva Hoyuca. Patrick wrote:

A small 'Museo Lacteo' is
sign posted from the track
leaving Riaño. This is a
gated display of artefacts and models of butter, milk,
cheese, etc. in the cold draught exiting Hoyuca. The
Field Entrance is a step up to the left of the gated
display. ...

Part way along Quadraphenia is Pull-up Passage which
is currently rigged with a rope and remains of ladder.
The decaying ladder could do with removing from the
cave.

Between Quadraphenia and Pigs' Trotters Chamber
- 'Gloomy Chamber' in the website description but
un-named on the latest survey - yellow deposits were
noted on the underside of a number of slabs. These
seem fringed with white, suggesting organic growth.

At dig 2522, close to a passage in Cueva del Torno, the DCC team of Nigel, Billy, Peter Clewes and Dave, removed lots of spoil, continuing their work of the previous summer. The rifts appeared to close down but there was a possible way on down a hole in the floor. This was followed down to a bedding plane roof. There was a draught from two sides and there was a visible passage above fill which "might

Luego fotografiaron los huesos de leopardo[9] y, después de ver una pila cónica de arena al lado del esqueleto, treparon a una «serie de salas de colapsadas con suelos falsos aterradores y rocas sueltas». Topografiaron 63 m.

Salimos a la 1:30 am.
¡Juan y Phil hicieron un
gran trabajo haciendo que
el bar siguiera abierto
para nosotros!

Patrick Warren y Christine hicieron una incursión turística a Pigs' Trotters Chamber a través de la «ruta estrecha» desde la entrada del prado de Cueva Hoyuca. Patrick escribió:

Un pequeño «Museo Lácteo»
está señalizado desde el
camino que sale de Riaño.
Se trata de una exposición
tras verjas de artefactos y modelos de mantequilla,
leche, queso, etc. en la corriente fría que sale de
Hoyuca. La entrada está subiendo un poco hacia la
izquierda de la exposición.

A mitad de camino por Quadraphenia está Pull-up
Passage, que actualmente está instalada con una cuerda
y restos de una escala. La escala en descomposición se
podría sacar de la cueva.

Entre Quadraphenia y Pigs' Trotters Chamber (Gloomy
Chamber en la descripción del sitio web, pero sin
nombre en la última topografía) vimos depósitos
amarillos en la base de varios bloques. Parecen estar
bordeados de blanco, lo que sugiere un crecimiento
orgánico.

En la excavación 2522, cerca de una galería en la Cueva del Torno, el equipo de DCC formado por Nigel, Billy, Peter Clewes y Dave, sacaron mucha rocalla, continuando con su trabajo del verano anterior. Las fisuras parecían cerrarse, pero había una posible continuación por un agujero en el suelo que se siguió hasta el techo de un laminador. La corriente de aire provenía dos direcciones y había una galería

Simon exploring Tixtu Aven and the leopard bones in Cueva Hoyuca. Simon explorando Tixtu Aven y los huesos de leopardo en Cueva Hoyuca. *Diane Arthurs*

9   2019 Easter, page 347.

9   Véase Semana Santa de 2019, p. 347.

Peter Clewes in 2522 - surveying in the excavated crawl and in the final chamber.
Peter Clewes en 2522, topografiando en el laminador excavado y en la sala final.   *Juan Corrin*

take quite a bit more digging".

On August 13th, Juan joined them and they started a dig in sediments to the right with a very wide roof a few centimetres above. A wall could be seen five or six metres ahead.

Three days later John and Phil made the number of diggers up to seven. Mixed sediments were excavated until Juan squeezed through to the right along a low, streambed into a chamber with collapsed sediments. Peter also went through and surveyed the small find. That is probably not the end of the work as further draughting leads could be dug, e.g. a draughting rift at the base of the climb down that may need some shoring.

James and Tom went into Cueva de Fresnedo 2 (0841) on August 2nd to the far reaches in order to bolt A Bit on the Side.[10] Tom reported that they ...

... climbed the aven using around 10 bolts and entered a large chamber. To the right seemed to be a filled passage with boulders, whilst above is a large opening directly above the aven we entered by. To the left is a possible passage but a traverse line is needed to access. Strong draught but unable to locate origin.

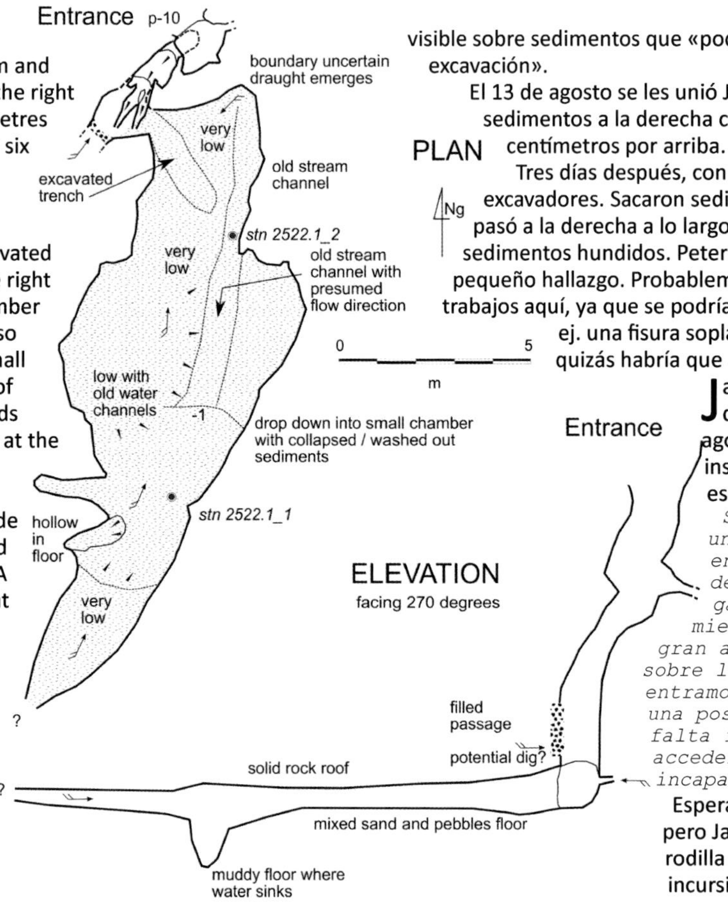
Entrance
p-10
boundary uncertain draught emerges
PLAN
Ng
very low
old stream channel
excavated trench
stn 2522.1_2
very low
old stream channel with presumed flow direction
0
5
m
low with old water channels
-1
drop down into small chamber with collapsed / washed out sediments
hollow in floor
stn 2522.1_1
very low
ELEVATION
facing 270 degrees
Entrance
filled passage
potential dig?
?
solid rock roof
?
mixed sand and pebbles floor
muddy floor where water sinks

Site 2522 (cave) El Torno 30T 452696 4800996 Altitude 209m
Length 28m Depth 10.8m Surveyed 2018-9 BCRA grade 5b
Surveyed by Peter Clewes Drawn by Nigel Dibben Additions by Juan Corrin

There were plans to return a few days later but James sustained a knee injury that prevented a long trip.

Dave, Tom and Richard had a frustrating day on August 4th trying to find and explore holes on the Fresnedo - Secadura ridge. They couldn't locate 3201 due to undergrowth although they suspected the farmer had dumped rubbish in it. Sites 3202 and 3205 could not be found and 3206 turned out to be a blind shakehole amongst a number of blind shakeholes.

Having failed to connect through to Cueva del Torno from the Four Valleys System on August 8th, Si and Di with Nigel and Peter Clewes went into Torno to try from the other side. Simon wrote:

None of us had been much beyond the entrance, so this was an exercise in route finding which wasn't too difficult. We made our way through Torno Chamber to where the Road to Riaño was snappered.

Si and Di continued on to the end.

Having been on the 'other side' of the choke in Riaño, we were hoping to locate a likely spot where a connection could come through. We rechecked all the climbs / digs / chokes, etc. ... and nothing seemed very promising.

They took just over two hours to come out from the end.

Unfortunately, Nigel suffered a fall in the cave that required a later visit to hospital where bad bruising, swelling and a suspected surface fracture of the femur were treated. With Liz driving, borrowed crutches and Brittany Ferries lending them a wheelchair for the 24 hour crossing, Nigel and Liz were back home on schedule and ready for NHS follow up.

James with Juan went to check out the upstream sump in Cueva de Tesugo (4878) on July 26th but his wetsuit-hooded attempt to get a better view along the wide and very low, aqueous passage was inconclusive.

Juan and Phil surveyed 3% Pot (4877)[11] on August 26th to a depth of 19m and length 52m. On that occasion, the muddy entrance climb was dry and crumbly with the cave air warm, presumably from an inward draught. Digging at the base should be investigated when the site blows out.

On August 7th, John went to inspect a large depression on the north side of Monte Llusa but found it full of jungle, not to be tackled on an exhaustingly hot day.

At Garzón, Pedro surveyed and photographed the walk-in cave 4960, first found at Easter. He reckoned that the small passage on

10 2019 Easter, page 356.
11 2019 Easter, page 361

visible sobre sedimentos que «podría necesitar un poco más de excavación».

El 13 de agosto se les unió Juan y empezaron a excavar en sedimentos a la derecha con un techo muy ancho unos centímetros por arriba. Podían ver una pared a 5 o 6 m.

Tres días después, con John y Phil había siete excavadores. Sacaron sedimentos mixtos hasta que Juan pasó a la derecha a lo largo de un laminador a una sala con sedimentos hundidos. Peter también pasó y topografió el pequeño hallazgo. Probablemente ese no sea el final de los trabajos aquí, ya que se podrían excavar otras posibles rutas, p. ej. una fisura sopladora en la base del destrepe que quizás habría que apuntalar.

James y Tom entraron en la Cueva de Fresnedo 2 (0841) el 2 de agosto a los confines con el fin de instalar A Bit on the Side.[10] Tom escribió...

Subimos la chimenea usando unas 10 fijaciones y entramos en una sala grande. A la derecha parecía haber una galería llena de bloques, mientras que arriba hay una gran abertura directamente sobre la chimenea por la que entramos. A la izquierda hay una posible galería, pero hace falta instalar una travesía para acceder. Corriente fuerte, pero incapaz de localizar el origen.

Esperaban regresar unos días después, pero James sufrió una lesión en la rodilla que le impidió hacer una incursión tan larga.

Dave, Tom y Richard tuvieron un día frustrante el 4 de agosto tratando de encontrar y explorar agujeros en la cima entre Fresnedo - Secadura. No pudieron localizar 3201 debido a la maleza, aunque sospechaban que el agricultor había arrojado basura en él. Los 3202 y 3205 tampoco se encontraron y 3206 resultó ser un hoyo ciego rodeado por varios hoyos ciegos.

Tras no poder conectar la Cueva del Torno desde el Sistema de los Cuatro Valles el 8 de agosto, Si y Di con Nigel y Peter Clewes entraron en Torno para intentarlo desde el otro lado. Simon escribió:

Ninguno había estado mucho más allá de la entrada, así que fue un ejercicio de búsqueda de rutas, lo cual no fue muy difícil. Llegamos hasta Torno Chamber hasta donde se abrió Road to Riaño .

Si y Di continuaron hasta el final.

Habiendo estado al «otro lado» de la obstrucción en Riaño, esperábamos encontrar algún sitio por el que pudiera entrar una conexión. Volvimos a revisar todas las escaladas / excavaciones / obstrucciones, etc. [...] y nada parecía muy prometedor.

Tardaron poco más de dos horas en salir desde final.

Por desgracia, Nigel sufrió una caída en la cueva y tuvo que ir al hospital, donde le trataron fuertes hematomas, hinchazón y una posible fractura superficial del fémur. Con Liz conduciendo, muletas prestadas y Brittany Ferries prestándoles una silla de ruedas para la travesía de 24 horas, Nigel y Liz regresaron a casa a tiempo y listos para una consulta con el médico.

James, con Juan, fue a revisar el sifón aguas arriba en Cueva de Tesugo (4878) el 26 de julio, pero a pesar de ir con capucha de neopreno, su intento de obtener una mejor vista a lo largo de la galería ancha, muy baja y acuática no fue concluyente.

Juan y Phil topografiaron 3% Pot (4877)[11] el 26 de agosto hasta una profundidad de 19 m y un desarrollo de 52 m. En esa ocasión, el destrepe embarrado de la entrada estaba seco y quebradizo con el aire caliente de la cueva, presumiblemente de una corriente de aire aspirante. Cuando se invierta la corriente se debe investigar la excavación en la base.

El 7 de agosto, John fue a inspeccionar una gran depresión en el lado norte de Monte Llusa, pero la encontró llena de maleza, no apta para un día de calor extremo.

Pedro topografió y fotografió la cueva 4960 en Garzón, que se encontró por primera vez en Semana Santa. Calculó que la pequeña galería de la derecha la podría explorar un espeleólogo pequeño.

John, Terry y Steve visitaron una de las cavidades «X» en Villanueva

10 Véase Semana Santa de 2019, p. 356.
11 Véase Semana Santa de 2019, p. 361.

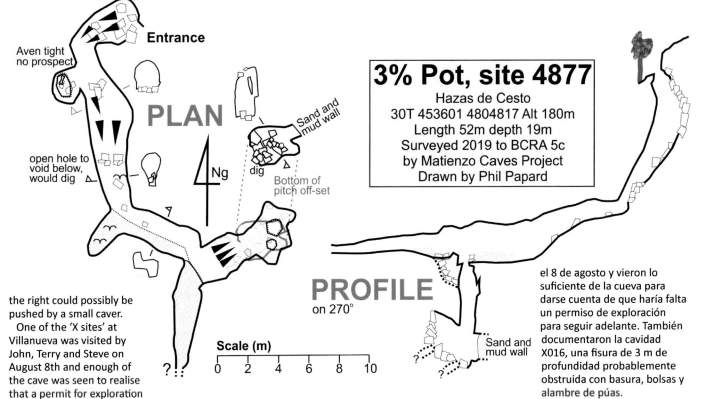

Entrance

Aven tight
no prospect

PLAN

Ng

open hole to
void below,
would dig

Sand and
mud wall

dig

Bottom of
pitch off-set

3% Pot, site 4877
Hazas de Cesto
30T 453601 4804817 Alt 180m
Length 52m depth 19m
Surveyed 2019 to BCRA 5c
by Matienzo Caves Project
Drawn by Phil Papard

PROFILE
on 270°

Scale (m)

0   2   4   6   8   10

Sand and
mud wall

the right could possibly be pushed by a small caver.

One of the 'X sites' at Villanueva was visited by John, Terry and Steve on August 8th and enough of the cave was seen to realise that a permit for exploration would be required for pushing on at the end. Site X016 was also documented, a 3m deep rift probably blocked with rubbish, bags and barbed wire.

EASTERN MOUNTAINS On July 19th, Juan and Penny checked out Carlos's notes from the Spring[12]. GPS readings and new photos were taken for the entrances of Cueva de Entrambascuetos (0381) and the Sima de Entrambascuetos (0382) on the east side of La Colina. They then inspected Carlos's find on the side of Muela, 4994. Some excavation of the draughting entrance was carried out but stronger measures, i.e. digging equipment, was required.

Juan returned with Patrick on the 31st to dig out the entrance, allowing Juan to slide in and down a short slope to where the draughting cave closed in small, rubble-filled, draughting pockets. The whole cave appeared to be formed in heavily altered rock - a grey / white / pink, crumbly crystalline material which was mostly calcite-covered in the hole and appeared to form a thick bed on the surface.

On the southeast side of La Colina, Phil and Hilary visited the dig 4958.[13] However, it took a thorough search with GPS and a previous photograph to realise that the site had been filled in, probably as it lay on a cow track.

Early in September, Phil explored 1557, False Floor Cave[14], using a bolt and etrier to enter the 6m long feature.

SOUTHERN SECTOR Pedro continued with his digging project in 1265 at Carrales - some material was removed but "more work required".

Patrick Warren and Christine, on a tourist trip in Sima-Cueva del Risco (0025) photographed a fire salamander.

Guy, Sandrine, Patrick Degouve and Pedro surveyed the extensions in Torca de Corcada on July 12th. Over 50m was surveyed down to the almost accessible head of a pitch. (Batch 0780-19-01).

Patrick, Sandrine and Guy opened up the top of the pitch on September 3rd. All three descended down the p20 to a spacious chamber. A 10m long, narrow, hading rift ends at a bigger pitch which drops into a large chamber with a boulder choke and possible way down between the wall and the boulders. The extension was surveyed as batch 0780-19-02 to give the site a total length of 307m and depth of 107m.

After directing people to a possible open lead in the Itchy Crutch area of Cueva-Cubío de la Reñada (0048), and having them fail to find it, Phil decided that he'd sort it out himself. So, with Pedro, they had an early (for them) 11am start and had an uneventful trip in. The aim was to climb up to the boulder slope in the chamber past where the 138m pitch dropped in from site 1471.

... we found our memory was not very good! ...
Put in two bolts for etriers to avoid possible

el 8 de agosto y vieron lo suficiente de la cueva para darse cuenta de que haría falta un permiso de exploración para seguir adelante. También documentaron la cavidad X016, una fisura de 3 m de profundidad probablemente obstruida con basura, bolsas y alambre de púas.

MONTAÑAS AL ESTE El 19 de julio, Juan y Penny revisaron las notas de Carlos de esa primavera.[12] Se tomaron nota de las posiciones con GPS y sacaron nuevas fotos para las entradas de la Cueva de Entrambascuetos (0381) y la Sima de Entrambascuetos (0382) en el lado este de La Colina. Luego inspeccionaron el hallazgo de Carlos en el lado de Muela, 4994. Excavaron parte de la entrada sopladora, pero necesitaba algo más potente, es decir, un equipo de excavación.

Juan regresó con Patrick el día 31 para excavar la entrada, lo que le permitió pasar y bajar por una pequeña pendiente hasta donde la cueva sopladora se cerraba en pequeños bolsillos sopladores llenos de rocas. Toda la cueva parecía estar formada por roca alterada, un material cristalino gris / blanco / rosa que se desmoronaba, mayormente cubierto de calcita en el agujero y parecía formar un lecho grueso en la superficie.

En el lado sureste de La Colina, Phil y Hilary visitaron la excavación 4958.[13] Sin embargo, tras una búsqueda exhaustiva con el GPS y una fotografía previa se dieron cuenta de que la cavidad había sido rellenada, probablemente porque estaba en un camino de vacas.

A principios de septiembre, Phil exploró 1557, False Floor Cave,[14] usando un anclaje y un etrier para entrar a los 6 m de la cavidad.

SECTOR SUR Pedro continuó con su proyecto de excavación en 1265 en Carrales; sacó algo de material pero «necesitaba más trabajo».

Patrick Warren y Christine, en una visita turística a Sima-Cueva del Risco (0025) fotografiaron una salamandra.

Guy, Sandrine, Patrick Degouve y Pedro topografiaron las extensiones en Torca de Corcada el 12 de julio: más de 50 m hasta la cabecera casi accesible de un pozo. (Lote 0780-19-01).

Patrick, Sandrine y Guy abrieron la cabecera el 3 de septiembre. Los tres bajaron por el P 20 hasta una espaciosa sala. Una fisura estrecha de 10 m de largo termina en un pozo más grande que da a una sala grande con un caos de bloques y una posible ruta entre la pared y las rocas. La extensión se topografió como lote 0780-19-02; la cavidad ahora tiene un desarrollo total de 307 m y una profundidad de 107 m.

Después de dirigir a otros a una posible continuación en Itchy Crutch de Cueva-Cubío de la Reñada (0048), y que estos no lograran encontrarla, Phil decidió que lo resolvería él mismo. Él y Pedro salieron temprano (para ellos) a las 11 y tuvieron un incursión sin incidentes. El objetivo era subir por los bloques en la sala al otro lado de donde el pozo de 138 m entra desde 1471.

Resultó que nuestra memoria no era muy buena! [...]
Pusimos dos fijaciones para etriers para evitar posibles
rocas sueltas. Arriba hay una gran sala llena de rocas
del tamaño de una casa, claramente algo arriba, pero
no hay forma de entrar desde aquí. Pete trepó por una
pequeño galería para llegar al nivel del techo (roca),
no hay continuación.

Topografiaron 46 m (0048-19-04) y también revisaron Bootlace Passage para un proyecto futuro, confirmando que las cuerdas estaban en su sitio.

12   2019 Spring, page 368.
13   2019 Easter, page 362.
14   2019 Easter, page 362.

12   Véase Primavera de 2019, p. 368.
13   Véase Semana Santa de 2019, p. 362.
14   Véase Semana Santa de 2019, p. 362.

Torca de la Corcada
(Site 780)

Plan

Entrance (P.4)

low inlet cont.

P.2
P.9
P.5
P.7
P.6
P.3

P.17

P.28

Active route

Fossil Route

P.7
P.8

P.16

-61 m

Ng

0   10   20 m

-95 m
?

loose boulders. Above is a
large chamber full of boulders
of house size, clearly something
above, but no way in from here.
Pete climbed small passage to get
to roof (boulder) level - no go.
They surveyed 46m as batch 0048-19-04 and
also checked out Bootlace Passage for a future
project - confirming that ropes were in place.

Close to the old dig 0495 in a large depression below Torca de la
Mega Mujer (0413), Peter Clewes, Billy and Dave documented a 2.5m
deep shaft (4998). More work will certainly be carried out here to open
up the hole below as stones drop for more than 5 seconds! Nearby,
they also catalogued 4999, another small shaft with a draught.

Bill and Emma, wanting to photograph the 80m pitch (Lift Shaft:
Going Down!) in Torca del Dron (4669), went in with three of
the Wessex Cave Club visitors, Frank, Cookie and Andy Morse. The
photography was "semi-successful" due to "flash failure and looseness
of shaft". With Bill and Frank at the base, Cookie, Emma and Andy went
into The Haberdashery noting that the draughting crawl would need
enlarging to allow a normal-sized person through.

Rupert had two trips to Cantabria in July to continue his downstream
diving project ...

... with the aim of pushing out the line in Sump 6
using a rebreather and camping in the cave between
sumps.
Conditions in the sumps were usually very good with
low water and 10 metre
plus visibility. For a
lot of the time, though,
there was instability in
the weather, with heat
waves and destructive
storms dumping huge
amounts of rain in very
short times. The threat
of this type of weather
caused me to hold back
on a lot of occasions
although the heavy rain
didn't actually affect
the water levels that
much.
The first trip was
mainly to assemble the
rebreather, check it was
functioning after nearly

Cerca de la antigua excavación 0495 en una gran depresión debajo
de la Torca de la Mega Mujer (0413), Peter Clewes, Billy y Dave
documentaron un pozo de 2,5 m de profundidad (4998). Sin duda,
volverán a él para abrirlo, pues las piedras que se tiran por él caen
durante más de 5 segundos. Cerca, también catalogaron 4999, otro
pequeño pozo con corriente.

Bill y Emma, que querían fotografiar el pozo de 80 m (Lift Shaft:
Going Down!) en Torca del Dron (4669), entraron con tres de
los visitantes del Wessex Cave Club, Frank, Cookie y Andy Morse. La
fotografía fue «semi-exitosa» por culpa de un «fallo del flash y soltura
del pozo». Con Bill y Frank en la base, Cookie, Emma y Andy entraron
en The Haberdashery y pensaron que la gatera sopladora se tendría
que ampliar para que puedan entrar personas de tamaño normal.

Rupert visitó Cantabria en dos ocasiones en julio para continuar su
proyecto aguas abajo...

Con el objetivo de seguir la línea en el 6 usando un
rebreather y acampar en la cueva entre sifones.
Las condiciones en los sifones eran bastante
buenas en general, con poca agua y más de 10 m de
visibilidad. Sin embargo, durante gran parte del
tiempo, hubo inestabilidad en el clima, con olas de
calor y tormentas destructivas que arrojaban enormes
cantidades de lluvia en muy poco tiempo. Esta amenaza
climatológica hizo que me contuviera en muchas
ocasiones, aunque las fuertes lluvias no afectaron
tanto los niveles de agua.
La primera incursión fue principalmente para
ensamblar el rebreather, comprobar que seguía
funcionando después
de casi 2 años en la
cueva, bajarlo al sifón
6 y hacer una inmersión
de prueba, y también
para ver si valía la
pena acampar entre
inmersiones. El RB se
había modificado bastante
para hacerlo más ligero
y modular, de modo que
pudiera dividirse en
cargas fáciles. Esto
hizo que bucear fuera
diferente; por ejemplo,
en la primera inmersión
descubrí que no tenía
argollas para sujetar las
botellas de emergencia,
ya que estaban en el

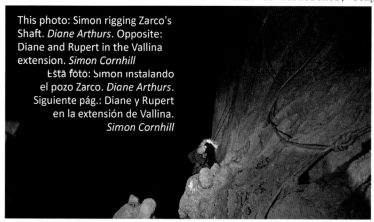

This photo: Simon rigging Zarco's
Shaft. *Diane Arthurs*. Opposite:
Diane and Rupert in the Vallina
extension. *Simon Cornhill*
Esta foto: Simon instalando
el pozo Zarco. *Diane Arthurs*.
Siguiente pág.: Diane y Rupert
en la extensión de Vallina.
Simon Cornhill

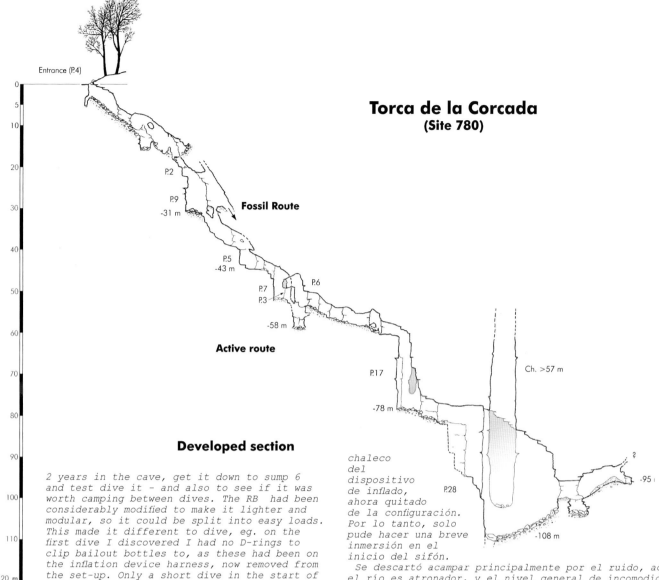

Torca de la Corcada
(Site 780)

Entrance (P.4)

P.2

P.9
-31 m

Fossil Route

P.5
-43 m

P.7
P.3

P.6

-58 m

Active route

P.17

Ch. >57 m

-78 m

-95

P.28

-108 m

?

Developed section

2 years in the cave, get it down to sump 6 and test dive it - and also to see if it was worth camping between dives. The RB had been considerably modified to make it lighter and modular, so it could be split into easy loads. This made it different to dive, eg. on the first dive I discovered I had no D-rings to clip bailout bottles to, as these had been on the inflation device harness, now removed from the set-up. Only a short dive in the start of the sump was therefore possible.

Camping was ruled out mainly because of the noise: the stream is really loud here, and the general level of discomfort. It was found to be possible to exit from the bivi area, unladen, in about 3 hours, so one day trips became the norm. The bivi gear is still useful as an emergency refuge, and for a rest and meal before setting off out of the cave.

On the second visit, I got into sump 6 and used my sidemount harness worn under the rebreather to mount

chaleco del dispositivo de inflado, ahora quitado de la configuración. Por lo tanto, solo pude hacer una breve inmersión en el inicio del sifón.

Se descartó acampar principalmente por el ruido, aquí el río es atronador, y el nivel general de incomodidad. Descubrí que podía salir desde el área de vivac, sin carga, en unas 3 horas, por lo que los viajes de un día se convirtieron en la norma. El equipo de vivac sigue siendo útil como refugio de emergencia, y para descansar y comer antes de salir de la cueva.

En la segunda visita, me metí en el sifón 6 y usé mi chaleco lateral debajo del rebreather para montar las botellas de emergencia. A lo largo de 3 inmersiones visité el recodo del sifón y tuve que modificar el peso y solucionar varios problemas pequeños con el

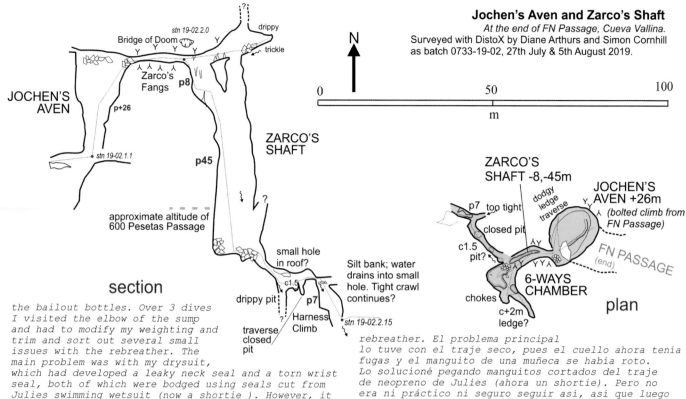

Jochen's Aven and Zarco's Shaft

At the end of FN Passage, Cueva Vallina.
Surveyed with DistoX by Diane Arthurs and Simon Cornhill
as batch 0733-19-02, 27th July & 5th August 2019.

the bailout bottles. Over 3 dives
I visited the elbow of the sump
and had to modify my weighting and
trim and sort out several small
issues with the rebreather. The
main problem was with my drysuit,
which had developed a leaky neck seal and a torn wrist
seal, both of which were bodged using seals cut from
Julies swimming wetsuit (now a shortie). However, it
wasn't practical or safe to continue on this basis, so
I next prepared my kit for a drysuit exchange, where
I would swap my faulty suit for a new one (in August),
diving one in and changing into the old one before
diving that out.

On July 27th, in Cueva Vallina (0733), Simon, Diane and Rupert
started the survey up Jochen's Aven at the end of FN Passage. They
continued along the traverse then dropped down the start of Zarco's
Shaft. Photos were taken. Si and Di then met up with Neil and Arthur to
take some "poor-to-average" photos in Swirl Chamber. "Chamber too
big, lighting insufficient!"

Si and Di returned on August 5th and continued surveying after

*rebreather. El problema principal
lo tuve con el traje seco, pues el cuello ahora tenía
fugas y el manguito de una muñeca se había roto.
Lo solucioné pegando manguitos cortados del traje
de neopreno de Julies (ahora un shortie). Pero no
era ni práctico ni seguro seguir así, así que luego
preparé el equipo para un cambio de traje seco,
donde cambiaría mi traje defectuoso por uno nuevo (en
agosto), metiendo uno y cambiándome al viejo antes de
salir.*

El 27 de julio, en Cueva Vallina (0733), Simon, Diane y Rupert iniciaron
la topografía por la Jochen's Aven al final de la galería FN. Continuaron
a lo largo de la travesía y luego bajaron al inicio de Zarco's Shaft.
Sacaron fotos. Si y Di se reunieron con Neil y Arthur para sacar algunas
fotos de «malas a pasables» en Swirl Chamber. «¡Sala demasiado
grande, iluminación insuficiente!»

Si y Di regresaron el 5 de agosto y siguieron con la topo tras instalar
la sección final de Zarco's. En la base, otro pozo corto da a una travesía
sobre dos hoyos en el suelo: el primero era demasiado estrecho, el

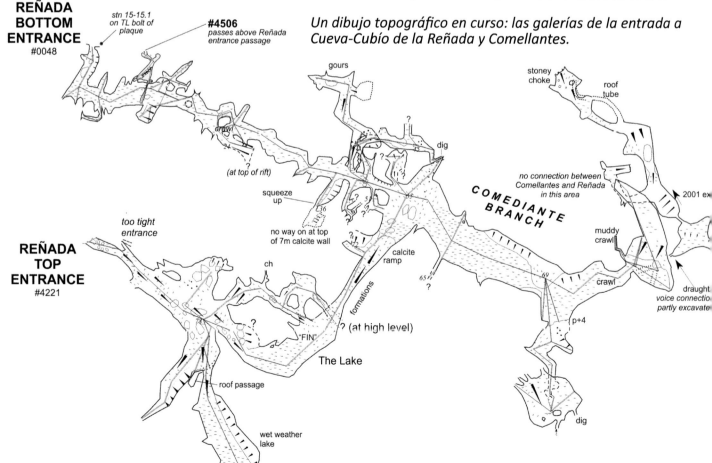

*Un dibujo topográfico en curso: las galerías de la entrada a
Cueva-Cubío de la Reñada y Comellantes.*

bolting the final section of Zarco's Pitch. At the base, another short pitch leads to a traverse over two pits in the floor - the first became too tight, the second was "full of sand". Further on, the traverse ends at another pitch.

```
Si returned to ... Zarco's to remove 7m from the
rope to drop down this next pitch which led to a
further pitch. Having run out of equipment and rope,
Simon had to remove his harness to climb down it ...
At the bottom, the water drained into a rift which
was forced for about 10m becoming too tight. This
point is about 4m above the main water level.
```

On August 20th, Patrick Warren and Christine visited Swirl Chamber in Vallina then investigated the drops in the Galería Jesús Lecue. Patrick reported that the undescended p8 ...

```
... proved to be an 8m rope climb to a ledge then
1½m to a second ledge looking down at least p9 to a
large ? below. Can hear falling water and there is a
very good echo and a weak draught.
The undescended p6 seems to be a window into a
shaft and presumably leads to the same place as
falling water can also be heard.
```

Patrick helpfully drew a rigging diagram for future explorers and, quite possibly, this lead will have been explored before you read this!

At the start of Rupert's August visit, Phil and Pedro assisted carrying in gear to the head of the Double Dutch Pitch for a planned dive the following day, the 22nd. The water level was "quite high after three days rain".

Rupert dived the sumps down to sump 6 with rebreather spares and changed from wetsuit to drysuit. On a test dive into sump 6, after about 100m, the visibility reduced at the inlet bringing in flood water. The diver turned back here, pleased that the new trim was perfect, as was the new drysuit.

Rupert brought out the old drysuit from the Double Dutch Pitch on the 23rd, drying it outside ready for repair back in the UK.

On the 24th, after the usual routine down to sump 6, he found ...

```
... everything now working as required and the
vis had improved to over 10 metres. Had a very slow
relaxed swim to the current end of the line at c. 200
metres. The old line is useable but the tags have
gone so I will re- line alongside it. The tunnel is
very large but quite silty and rising slightly from
beyond where I had reached on previous dives.
Uneventful return, excited as, hopefully, the next
dive will be into new ground. 9 hour trip. On exiting
the weather wasn't looking too good ...
```

The poor weather forecast preventing any more dives at sump 6 so Rupert spent the remaining time ensuring all equipment was cleaned and stored away safely for the winter.

segundo estaba «lleno de arena». Más adelante, la travesía finaliza en otro pozo.

```
Si regresó a [...] Zarco's para sacar 7 m de la cuerda
para bajar este siguiente pozo que llevó a un nuevo
pozo. Al quedarnos sin equipo y cuerda, Simon tuvo que
quitarse el arnés para destrepar por él [...] En la
base, el agua se caía por una fisura que miramos a lo
largo de unos 10 m, volviéndose demasiado estrecha.
Esto está a unos 4 m sobre el nivel del agua principal.
```

El 20 de agosto, Patrick Warren y Christine fueron hasta Swirl Chamber en Vallina y luego investigaron los pozos en la Galería Jesús Lecue. Patrick informó de que el P 8...

```
Resultó ser un destrepe con cuerda de 8 m a una repisa
y luego 1½ m a una segunda repisa desde la que se ve al
menos un P 9 a un gran ?. Se oye agua caer y hay muy
buen eco y una corriente débil.
El P 6 parece ser una ventana hacia un pozo y
probablemente dé al mismo lugar pues también se puede
oír el agua.
```

Para ayudar, Patrick dibujó un diagrama de la instalación para futuros exploradores y, muy probablemente, ¡ya se habrá explorado para cuando leas esto!

Al comienzo de la visita de Rupert en agosto, Phil y Pedro ayudaron a llevar el equipo a la cabecera de Double Dutch Pitch para una inmersión planificada al día siguiente, el 22. El nivel del agua era «bastante alto después de tres días de lluvia».

Rupert buceó hasta el sifón 6 con repuestos para el rebreather y se cambió de traje de neopreno a traje seco. En una inmersión de prueba en el sifón 6, después de unos 100 m, la visibilidad se redujo en el afluente que llevaba el agua de las lluvias. El buceador se dio la vuelta aquí, complacido de que el nuevo ajuste fuera perfecto, al igual que el nuevo traje seco.

Rupert sacó el traje seco viejo por Double Dutch Pitch el 23 y lo secó al aire libre listo para repararlo en el Reino Unido.

El día 24, después de la rutina habitual hasta el sifón 6...

```
Ahora todo funciona como debería y la visibilidad ha
mejorado a más de 10 m. Nadé con calma hasta el final
actual del hilo en unos 200 m. El hilo viejo se puede
usar, pero las etiquetas no están, así que colocaré una
nueva al lado. El túnel es muy grande, pero con muchos
sedimentos y sube ligeramente del otro lado al que
había llegado en inmersiones anteriores.
Regreso sin incidentes, emocionado ya que, con suerte,
la próxima inmersión será en terreno nuevo. Incursión
de 9 horas. Al salir, el clima no pintaba bien
```

El mal pronóstico del tiempo impidió más inmersiones, por lo que Rupert pasó el tiempo restante asegurándose de que todo el equipo estuviese limpio y bien guardado para el invierno.

A survey drawing work in progress: the entrance passages to Cueva-Cubío de la Reñada and Cueva del Comellantes.

CUEVA DEL COMELLANTES #0040

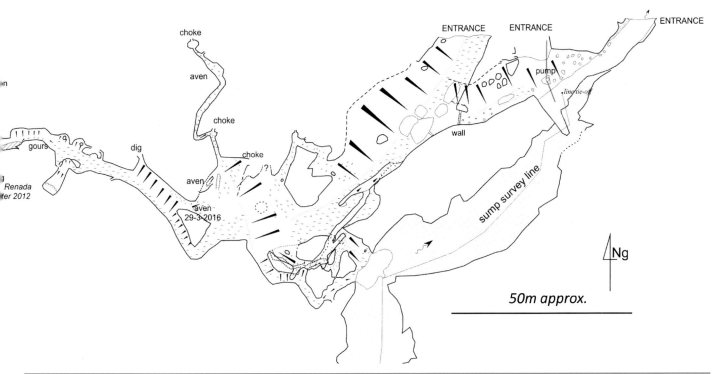

2019 AUTUMN / OTOÑO

| Alf Latham | Chris Camm | John Southworth | Phil Goodwin |
| Carlos Lamoile Martinez | Gordon Proctor | Nigel Easton | |

Carlos was again using his photographic skills in a couple of Matienzo caves, producing images of crystals in Sima-Cueva del Risco (0025) and the early passages in Toad in the Hole (Torcón de la Calleja Rebollo, 0258).

Pedro, with a dozen collaborators, had summarised the archaeological work carried out around Matienzo from 2004 - 2016. This was published by the Instituto de Prehistoria y Arqueología 'Sautuola' in volume XX.

NORTHWEST SECTOR Near La Cavada, John and Gordon investigated an old cold store (5006) but thought it to be a non-starter as the draught was coming from very small cracks.

A 2km walk up the Bencano valley (southwest of Cobadal) produced no new finds. Near the bottom, a large shakehole was found to be almost completely full of rubbish. John commented, "Another one lost".

John, Gordon, Alf, Chris and Nigel investigated site 5004, just off the main Alisas-Cobadal road. This draughting dig was capped but now required a thin person to negotiate a tight, left hand bend. At Las Calzadillas, John and Gordon found 2862 to be "too much work" and other shakeholes in the vicinity were all choked.

In Barrio la Mina, the five-strong team removed a large tyre from a shaft (5005) found in the summer then explored down 4m to a choke at the base of a tight squeeze and a choked crawl under boulders.

NORTHERN SECTOR To aid access, the two entrance squeezes in Cueva-Cubío de Llanío (3234) were enlarged by John and Gordon then a draughting hole between them excavated until it became too small. Above

Sautuola / XX
Instituto de Prehistoria y Arqueología "Sautuola"
Santander (2015). 119 - 132

Proyectos de Investigación en la Arqueología de Cantabria
Monográfico

Investigación arqueológica y paleoambiental en el polje de Matienzo (Cantabria), 2004-2016

Archaeological and Palaeoenvironmental Research in the Matienzo Polje (Cantabria, Spain), 2004-2016

P. SMITH[1]
F. ETXEBERRIA[3]
P. M. WYNN[5]
J. RUIZ COBO[2]

L. HERRASTI[3]
P. A. BARKER[5]
M. CUBAS[3,8]
A. C. SMITH[4,5]

M. J. LENG[1]
J. CORRIN[1]
L. M. C. DEEPROSE[5]
A. QUIN[1,5]
E. MUÑOZ[7]

RESUMEN

En años recientes, la investigación arqueológica en el polje de Matienzo que comenzó con el proyecto "La Prehistoria Reciente de Matienzo" en el año 1994 ha continuado con una serie de estudios centrados principalmente en cuevas sepulcrales y depósitos de cerámica prehistoricos. Se describe su contribución al conocimiento de la secuencia arqueológica de la zona y se señalan las omisiones más importantes que se podrían abordar en el futuro. Al mismo tiempo, investigadores de la Universidad de Lancaster (Reino Unido) han realizado la monitorización de las cavidades y tomado muestras de espeleotemas para análisis isotópico, con el objetivo de caracterizar las variaciones.

Site 5008 - one for the future.
5008: uno para el futuro. *Phil Goodwin*

Carlos hizo gala de nuevo de sus habilidades fotográficas en un par de cuevas de Matienzo, produciendo imágenes de cristales en Sima-Cueva del Risco (0025) y las primeras galerías en Torcón de la Calleja Rebollo, 0258.

Pedro, con una decena de colaboradores, había resumido el trabajo arqueológico realizado en torno a Matienzo entre 2004 y 2016, un resumen que publicó en el volumen XX del Instituto de Prehistoria y Arqueología Sautuola.

SECTOR NOROESTE

Cerca de La Cavada, John y Gordon investigaron un viejo cuvío (5006), pero les pareció que no tenía potencial ya que la corriente de aire salía de grietas muy pequeñas.

Una caminata de 2 km por el valle de Bencano (al suroeste de Cobadal) no produjo nuevos hallazgos. Cerca de la base, vieron un gran hoyo que estaba casi completamente lleno de basura. John comentó: «Otro perdido».

John, Gordon, Alf, Chris y Nigel investigaron la cavidad 5004, junto a la carretera principal Alisas-Cobadal. Abrieron esta excavación sopladora, pero ahora les hacía falta una persona delgada que pasara una curva cerrada a la izquierda. En Las Calzadillas, John y Gordon descubrieron que 2862 iba a ser «demasiado trabajo» y que otros pozos en los alrededores estaban obstruidos.

En Barrio la Mina, un equipo de cinco personas sacó un neumático grande de un pozo (5005) encontrado en el verano y luego exploró 4 m hasta una obstrucción en la base de un estrechamiento y un laminador obstruido debajo de bloques.

SECTOR NORTE Para facilitar el acceso, John y Gordon ampliaron las entradas estrechas a

This photo and opposite: Pictures from Torcón de la Calleja Rebollo by *Carlos Lamoile Martínez.*
Esta foto y en la siguiente pág.: Imágenes de Torcón de la Calleja Rebollo de *Carlos Lamoile Martínez.*

the 3m drop, at the end of the small traverse, an eyehole on the left was seen to drop 4 or 5m into "a parallel passage" with "no footprints observed on the floor".

The farmer at Llanío insisted that the MCP team look at other holes in the vicinity, but they were all known sites, e.g. Fridge Door Cave (1800). "A great guy!", John wrote - as the farmer drove the pair back to their vehicle when it started to rain.

On the ridge heading north up to Monte Llusa, two shafts (5007 and 5008) were seen by Phil, Nigel, Alf and Chris but not descended. Both appear to be about 8m deep.

On the east side of Solórzano, John and Gordon found site 3950 to be a 3m climb down to a complete choke.

A number of 'X sites' were catalogued, X017 - X020. These are sites of interest outside the current permit area which we hope, sometime in the future, to explore with a permit.

Cueva-Cubío de Llanío (3234) y luego excavaron un agujero soplador entre ellas hasta que se volvió demasiado pequeño. Por encima del pozo de 3 m, al final de la pequeña travesía, se vio una ventana a la izquierda con un desnivel de 4 o 5 m a «una galería paralela» sin «huellas observadas en el suelo».

Un vecino de Llanío insistió en que el equipo de MCP mirara otros agujeros en las cercanías, pero todos se conocían ya, como Fridge Door Cave (1800). «¡Un gran tipo!», escribió John, ya que llevó a la pareja de regreso a su coche cuando empezó a llover.

En la cima hacia el norte hasta Monte Llusa, Phil, Nigel, Alf y Chris vieron dos pozos (5007 y 5008), pero no entraron en ellos. Ambos parecen tener unos 8 m de profundidad.

En el lado este de Solórzano, John y Gordon fueron a 3950 que resultó ser un destrepe de 3 m hasta una obstrucción completa.

Se catalogaron varias cavidades «X», X017 - X020, cavidades de interés fuera del área de permiso actual que esperamos, en algún momento en el futuro, explorar con un permiso.

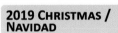

2019 CHRISTMAS / NAVIDAD	Carolina Smith de la Fuente	Jess Eades	Pete 'Pedro' Smith	Susan Martin
	Chris Scaife	Martyn Grayson	Steve 'Big Steve' Martin	

Another relatively quiet time for speleology, although useful work was carried out. One violent storm in the period brought down a couple of the main electricity pylons, one on the rim of the Matienzo depression and another in Cobadal.

Jess Eades continued the study of bats in the caves using detectors that can identify the species. This work, and the future involvement of expedition cavers, is described in "Matienzo Bats in Caves Project" on page 451 - 454.

NORTHERN SECTOR A number of days were spent around El Rincón, investigating the resurgences. Behind the built-over resurgence (4893), a window into a deep pool (4942) was investigated by Martyn with a dive mask. Water was seen to be entering from tiny fissures and the disturbed, fine silt led to zero visibility. Martyn also secured a line to a boulder blocking the view into the overflow resurgence (4894). When this was pulled out, the silt and lack of flow meant that any possibly underwater route was not visible.

A small cave to the north (4892) was excavated by Martyn, Jess, Steve and Susan on Christmas Day. This, according to the farmer, produces copious quantities of water during a flood. The team removed enough material to open up a drop of 1.5m. A bedding plane is visible and boulders can be heard dropping into water.

In Solórzano, Martyn and Jess dropped 4924, a 5m pitch to a narrow route that requires digging.

Chris and Carol took a few photos in Cueva las Cosas (0084) and, next to Cueva de los Emboscados (0087), they were joined by Pedro to

Otro periodo relativamente tranquilo en lo que se refiere a la espeleología, aunque se llevaron a cabo tareas útiles. Una violenta tormenta derribó un par de las principales torres de electricidad, una en el borde de la depresión de Matienzo y otra en Cobadal.

Jess Eades continuó el estudio de los murciélagos en las cuevas utilizando detectores que pueden identificar la especie. Este trabajo, y la futura participación de los espeleólogos de la expedición, se describe en el artículo Proyecto de estudio de los murciélagos cavernícolas de Matienzo, en las páginas 451 - 454.

SECTOR NORTE Se pasaron varios días en los alrededores de El Rincón, investigando las surgencias. Detrás de la surgencia sobre la que se ha construido una estructura (4893), Martyn investigó una ventana a una marmita profunda (4942) con una máscara de buceo. Vio que el agua entraba por pequeñas fisuras y lo sedimentos alterados hicieron que tuviera cero visibilidad. Martyn también aseguró una línea a un bloque que obstruía la vista hacia la surgencia intermitente (4894). Cuando se sacó, los sedimentos y la falta de corriente hicieron que cualquier posible ruta submarina no se pudiera ver.

Martyn, Jess, Steve y Susan excavaron una pequeña cueva al norte (4892) el día de Navidad. De esta, según un vecino, salen grandes cantidades de agua en época de fuertes lluvias. El equipo sacó suficiente material para abrir un desnivel de 1,5 m. Se ve un laminador y se puede oír como caen rocas al agua.

En Solórzano, Martyn y Jess entraron en 4924, un pozo de 5 m a una ruta estrecha que se ha de excavar.

survey and photograph Cueva Vecina (0096). Just down the hillside, a dig (5010) was opened up to provide some nice formations at the base of a 7m pitch.

SOUTHERN SECTOR   Jess and Martyn noted a number of bats flying around the upper entrance to Cueva-Cubío de la Reñada (4221). On the hill to the southeast, Pedro and Chris investigated site 4661 down a p5 where a tiny rift hints at a chamber beyond. New site 5009 was also explored - a 7.4m long cave.

So that's what happened over the last ten years. Some statistics for the period and back in time - cave lengths, numbers of people, etc are shown in Appendix 2.

At the time of writing, site code '5000' had not been allocated - it's waiting for something decent to be found during 2020 - the 60th year of speleology around Matienzo!

Chris y Carol sacaron algunas fotos en Cueva las Cosas (0084) y, junto a Cueva de los Emboscados (0087), Pedro se les unió para topografiar y fotografiar Cueva Vecina (0096). Justo bajando por la ladera, se abrió una excavación (5010) con algunas formaciones bonitas en la base de un pozo de 7 m.

SECTOR SUR Jess y Martyn observaron varios murciélagos volando alrededor de la entrada superior de la Cueva-Cubío de la Reñada (4221). En la colina al sureste, Pedro y Chris investigaron la cavidad 4661 bajando un P 5 donde una pequeña grieta apunta a una sala al otro lado. También se exploró una cueva nueva de 7,4 m de largo: 5009.

Así que eso es lo que sucedió durante los últimos diez años. En el Apéndice 2 se muestran algunas estadísticas de esta década y del pasado: el desarrollo de las cuevas, los participantes, etc.

En el momento de redactar este artículo, no se había asignado el código 5000 a ninguna cueva; está esperando a que se encuentre algo decente en 2020, ¡el 60.º año de espeleología en Matienzo!

Clockwise from above:
Chris Scaife entering site 5010. *Carolina Smith de la Fuente*
Formations at the base of 5010. *Chris Scaife*
Another view of the column in Cueva las Cosas. *Chris Scaife*
Chris Scaife in Cueva Vecina. *Carolina Smith de la Fuente*

En sentido de las agujas del reloj desde arriba:
Chris Scaife entrando en 5010. *Carolina Smith de la Fuente*
Formaciones en la base de 5010. *Chris Scaife*
Otra perspectiva de la columna en Cueva las Cosas. *Chris Scaife*
Chris Scaife en Cueva Vecina. *Carolina Smith de la Fuente*

Memories & Anecdotes

Recuerdos y anécdotas

PARTY PARTY!

JANE CHILTON

¡FIESTA FIESTA!

Jane reminisces about the evening of August 10th, 1991.

Jane rememora la noche del 10 de agosto de 1991.

It was the 21st Anniversary of the Matienzo Expedition. No expense was to be spared on a great celebration. A stage was set up on the pasabolo pitch. A band would play into the early hours. Food and drink were bought to feed and water not only the cavers but the whole village who were invited.

Cavers were co-opted to volunteer to man the barbeque and the food and drink stalls. I took my turn on the drinks stall with Grovel and Hoppy of the CRO. Hoppy is a gruff and bluff Yorkshire type who doesn't take kindly to people stretching the bounds of hospitality. The evening of the fiesta arrived. The barbeque hissed with burgers, the trade at our drinks stall was brisk with people queuing to have their glasses filled with local plonk. One particularly rapacious student caver came up demanding a bottle of wine, which we gave him and then he returned almost straight away for another.

"He's a bit greedy," I remarked to Hoppy standing beside me.

"Here, give me that empty bottle," growled Hoppy. He went behind a tree with it and a tinkling ensued. He handed back to me a full bottle of something warm and suspicious.

"If he comes back again, give him that," Hoppy said. Grovel and I decided that this was too offside, even to punish a pushy student, so we propped the bottle behind a tree and went back to work.

The rest of the evening went by in a blur. I drank lots of wine and stomped to the band at the dance. As dawn rose it saw Big Nose and Toby cavorting on the empty band stand. I remember in my inebriated state thinking it would be hilarious to dislodge Big Nose from the top of the scaffolding of the stage where he was currently roosting, and swinging from his legs in a fortunately unsuccessful attempt to make him fall off.

We staggered back to our tents as those who had been more sensible were just getting up. There was one fly in the balm of drunken repose. Toby, Big Nose, Andy Pringle and I had agreed to go and de-rig a 200 foot rope from Torca de Coterón that day. It had been put on The Edge of the Universe pitch between Coterón and Reñada. I had been co-opted because, if we decided to de-rig it and do the through trip as well, I knew that part of Reñada well enough to guide us out.

We all got up around midday because it was boiling hot, the sun blazing down trying to shrivel the few brain cells we had left between us. We decided to leave the derigging trip until later when the sun had gone down a bit. Even by 6 o'clock in the evening it was still very warm. However, we decided we had procrastinated long enough and reluctantly got ourselves and our gear ready to go caving.

Coterón is not well placed for the party caver. It is up an enormous hill covered in sloping karst and brambles. We arrived at the entrance hot, thirsty and with thumping heads. I was nervous because I hadn't done such a long pitch as Coterón entrance before. It is a wonderful 150 foot free hang, but I wasn't in the mood to enjoy its quality. Big Nose rigged it and I went second. The pitch starts in a rift and then pops out in the roof of a big chamber so the last 100 foot or so is in a fantastic roomy space. I set off abseiling nervously down the rift. Suddenly a great squawk made me jump out of my skin. The rift was home to an Alpine Chough who had come out of its roost to see me off. Apparently, it did the same to Toby and Andy Pringle who both equally got frights from this unexpected airborne pest.

Once underground the cool helped our hangovers and the trip went uneventfully until we reached the vicinity of the Edge of the Universe pitch. Here the cave narrows to a small rift. An exposed traverse takes you round to the top of the pitch itself. As the most competent amongst us at the time, Big Nose went off to see what we should do, de-rig and go out of Coterón or abseil through. He came back to say that the exposed traverse hadn't been rigged and it might be better to de-rig and go out of Coterón rather than attempt the through trip. Toby went back with him for a second opinion while Andy and I malingered in the rift. Soon scurrying and groaning sounds were heard. Toby came scuttling back from the pitch. His eyes were like saucers and he was frantically trying to undo the D ring of his caving harness. His legs were doing circles of

---

Era el 21.º aniversario de las Expediciones a Matienzo y no se escatimó ningún gasto a la hora de organizar una gran celebración. Se montó un escenario en el campo del pasabolo y una banda tocaría hasta altas horas de la madrugada. Se compró comida y bebida para alimentar y dar de beber no solo a los espeleólogos sino a todo el pueblo.

Algunos espeleólogos fueron elegidos para que se ofrecieran como voluntarios para encargarse de la barbacoa y los puestos de comida y bebida. A mí me tocó estar en el puesto de bebidas con Grovel e Hoppy del CRO. Hoppy es un tipo rudo y fanfarrón de Yorkshire al que no le gusta la gente que estira los límites de la hospitalidad. Llegó la noche de la fiesta. Las hamburguesas siseaban en la barbacoa y en nuestro puesto de bebidas la gente hacía cola para llenarse el vaso con el vino de la casa. Un espeleólogo universitario particularmente ávido se acercó exigiendo una botella de vino, que le dimos y luego regresó casi de inmediato a por otra.

—Es un poco avaricioso —le dije a Hoppy, de pie junto a mí.

—Ya verás, dame esa botella vacía —gruñó Hoppy. Con las mismas se fue detrás de un árbol y oímos un tintineo. Al volver me dio una botella llena de algo caliente y sospechoso.

—Si vuelve, dale esto —dijo Hoppy.

Grovel y yo decidimos que era demasiado, incluso para castigar a un estudiante codicioso, así que apoyamos la botella detrás de un árbol y volvimos al trabajo.

El resto de la velada pasó rapidísimo. Bebí mucho vino y bailé al ritmo de la banda. Cuando amaneció, Big Nose y Toby seguían brincando por el escenario vacío. Recuerdo que, en mi estado de embriaguez, pensé que sería gracioso derribar a Big Nose del andamio del escenario en el que estaba descansando y lo balanceé por las piernas en un intento, por suerte, fallido de hacerlo caer.

Regresamos tambaleándonos a nuestras tiendas cuando los que habían sido más sensatos se estaban levantando. Pero nuestro ebrio descanso tenía una pega. Toby, Big Nose, Andy Pringle y yo habíamos acordado ir a Torca de Coterón a sacar una cuerda de 60 m. Se había colocado en el pozo The Edge of the Universe (El borde del universo) entre Coterón y Reñada. Me habían convencido porque, si decidíamos desinstalarla haciendo la travesía, conocía esa parte de Reñada lo suficientemente bien como para guiarnos de vuelta a la superficie.

Acabamos levantándonos a eso del mediodía porque hacía un calor abrasador; el sol ardía como intentando marchitar las pocas células que nos quedaban en el cerebro. Decidimos dejar la incursión para más tarde, cuando el sol no fuese tan fuerte. A las seis de la tarde aún hacía mucho calor, pero decidimos que habíamos postergado la salida lo suficiente y, a regañadientes, nos preparamos y preparamos el equipo para ir de cuevas.

Coterón no está en un buen sitio para los espeleólogos fiesteros. Está en lo alto de una colina enorme cubierta de karst y zarzas. Llegamos a la entrada sedientos y con un dolor de cabeza punzante. Estaba nerviosa porque nunca había bajado por una sima tan grande como la de la entrada de Coterón. Es una bajada en aéreo maravillosa de 45 m, pero no estaba de humor para disfrutar de sus calidades. Big Nose la instaló y yo bajé la segunda. El pozo empieza en una fisura y luego se abre en el techo de una gran sala, por lo que en los últimos 30 m o más te encuentras en un espacio amplio fantástico. Nerviosa, rapelé por la fisura. De repente, un chillido hizo que se me congelara el corazón. En la fisura vivía una chova piquigualda que había salido de su refugio para echarme. Por lo visto, hizo lo mismo con Toby y Andy Pringle, quienes se asustaron por igual al oír esta inesperada sorpresa en el aire.

Una vez bajo tierra, el frío nos ayudó a sobrellevar la resaca mejor y todo transcurrió sin incidentes hasta que llegamos cerca del pozo Edge of the Universe. Aquí la cueva se estrecha hasta convertirse en una pequeña fisura y una escalada expuesta te lleva a la cabecera del pozo. Como entonces era el más competente de todos, Big Nose se fue a ver qué debíamos hacer, si desinstalar y salir por Coterón o hacer la travesía. Regresó para decir que la escalada expuesta no tenía un pasamanos y que sería mejor desinstalar y salir de Coterón en lugar de intentar la travesía. Toby volvió con él para tener una segunda opinión mientras Andy y yo nos hacíamos los enfermos en la fisura. Al poco rato oímos que alguien corría y gemía. Toby volvía corriendo del pozo. Tenía los ojos como platos y estaba intentado desesperadamente soltar el maillón central, moviendo las piernas en círculos de frustración mientras peleaba con el arnés.

frustration as he wrestled with the harness.

Apparently as soon as he got to the pitch head, his guts decided that they needed to evacuate some of the toxic brew that had churned round in them since the previous night. Having freed himself at last from the harness preventing him from relieving himself from this unwanted burden he rushed away into a more private part of the rift and did the deed. Unfortunately the smell of this made him sick too. He looked much happier after this removal of toxins from his system, but wrote in the logbook later: "Toby saw the edge of the universe, shat himself and the smell made him sick."

The consensus was that we should de-rig up through Coterón. However, the rope didn't want to come up the pitch, so we left it for a more motivated party to remove. The way out was uneventful. I went up the top pitch first and came out to a glorious night. The sky was studded with stars and the outline of the ridge on the other side of the valley looked beautiful. Toby came out next and I pointed out the beauty of the night.

"Look at the ridge opposite," I said. "Don't," groaned Toby, "It's swaying and making me feel sick again." I felt that by comparison I had got off lightly with the drunken debauchery of the night before.

Our weary party slipped and slithered down the bramble strewn hillside, the starlight being of little help on the way down the treacherous slopes.

We weren't in a drinking mood that night so the visit to the bar was a short one.

The next day, as coherent thought came back, I confessed to Toby that there were great blanks in my recall of the fiesta.

"Don't you remember drinking in the bar? Pablo threw us all out with a crate of beer in the end. We took it back to the bandstand and drank it," he said.

"No, can't say I do," I confessed.

"Then we ran out of beer", said Toby, "but luckily we found a bottle of wine propped up by a tree and finished that off."

This made me sit up straight and startled. I explained to him about Hoppy and the bottle of wine. Perhaps it wasn't just alcohol fumes that had fuelled our trip down Coterón, but the contents of a bottle of Hoppy piss!

Por lo visto, tan pronto como llegó a la cabecera del pozo, sus tripas decidieron que necesitaban evacuar parte de la infusión tóxica que se había agitado en ellas desde la noche anterior. Tras liberarse por fin del arnés que le impedía aliviarse de esta carga no deseada, se precipitó hacia una parte más privada de la fisura e hizo lo que tenía que hacer, con la mala suerte de que el olor también le produjo náuseas. Parecía mucho más feliz después de eliminar las toxinas de su cuerpo, pero luego escribió en el diario: «Toby vio el borde del universo, se cagó y el olor le hizo vomitar».

Decidimos que teníamos que desinstalar a través de Coterón. Sin embargo, la cuerda no quería subir por el pozo, así que la dejamos para que un grupo más motivado la sacara. La salida transcurrió sin incidentes. Yo subí la primera por la sima de la entrada y salí a una noche gloriosa. El cielo estaba salpicado de estrellas y el contorno del monte al otro lado del valle era precioso. Toby salió a continuación y señalé lo bonita que era la noche.

—Mira la montaña de enfrente —dije.

—No —gimió Toby—, se está balanceando y me hace sentir mal de nuevo.

Sentí que, en comparación, había salido bien parada tras la borrachera de la noche anterior.

Nuestro cansado grupo se deslizó por la ladera sembrada de zarzas, aunque la luz de las estrellas fue de poca ayuda para bajar por esas traicioneras laderas.

No estábamos de humor para beber esa noche, así que la visita al bar fue breve.

Al día siguiente, cuando volvieron los pensamientos coherentes, le confesé a Toby que había bastantes momentos de la fiesta que no recordaba.

—¿No recuerdas que fuimos al bar a beber? Al final, Pablo nos echó a todos con una caja de cerveza. La llevamos al escenario y la bebimos allí —dijo.

—No, no me acuerdo —confesé.

—Luego nos quedamos sin cerveza —dijo Toby—, pero por suerte encontramos una botella de vino apoyada a un árbol y nos la terminamos.

Esto me hizo sentarme de golpe. Le conté lo que Hoppy había hecho con la botella de vino. Quizás no fueron solo los vapores del alcohol los que avivaron nuestra incursión a Coterón, ¡sino el contenido de una botella de pis de Hoppy!

. . . .

Exploring
Torca de Hoyo Carabo (Washing Machine Hole)

ALEX RITCHIE
PHIL PARKER

Explorando
la Torca de Hoyo Carabo (Washing Machine Hole)

The exploration of this cave has been a long and, at times, arduous project. I first heard about it after speaking to Phil Parker when I came out to Matienzo in April 2014 . At the time I did not know what sort of job I was letting myself in for but, later on, I found it was difficult to get people to join me. I thought this was strange, as the cave was located between sites that probably drained to Fuente Aguanaz, 4km to the north. The cave appeared to have a reputation.

I was not involved with the initial exploration, so that part of the story follows courtesy of Phil Parker:

The cave, site 3420, was found in November 2011 by a team that included Phil Goodwin, Martin Barnicott, Brian Latimer, Chris Camm, Alf Latham and John Southworth. Apparently they spotted the small, high level valley which contains the cave entrance from the El Cubillón (2538) parking spot and went to investigate. Having passed the dumped washing machine which was to give the cave its English name, they reached the "... flat out crawl which would require a long term dig. Slight draught."

In April 2012, a team composed variously of John Southworth, Gordon Proctor, Phil Goodwin, Chris Camm, Dave Milner, Alf Latham and Phil Parker commenced excavation of the dig and, after three days work, interrupted for one day by heavy rain, the flat out crawl was passed to a walking height passage and a pitch. After the wet day it could be seen that the low part of the excavated crawl had sumped. On the fourth working day the pitch was descended and the onward passage followed, past two side passages, to where it ended with a row of three blind pits in the floor. On the far side of the final pit at high level could be seen what looked like a sand blocked continuation of the passage, this has yet to be investigated. The first side passage was briefly investigated, progress ceasing at a 4 metre pit in the sand floor. The cave was line surveyed out from the three pits to the entrance.

La exploración de esta cueva ha sido un proyecto largo y, en ocasiones, arduo. Phil Parker me habló de ella por primera vez cuando fui a Matienzo en abril de 2014. En ese momento no sabía en donde me estaba metiendo, pero más tarde descubrí que era difícil convencer a otros de que se me unieran. Me pareció extraño, ya que está entre cuevas que probablemente desembocaban en Fuente Aguanaz, 4 km al norte. La cueva parecía tener cierta reputación.

No participé en la exploración inicial, por lo que esa parte de la historia se la dejo a Phil Parker:

La cueva, 3420, la descubrió en noviembre de 2011 un equipo que incluía a Phil Goodwin, Martin Barnicott, Brian Latimer, Chris Camm, Alf Latham y John Southworth. Aparentemente divisaron el pequeño valle alto en el que está la entrada de la cueva desde el sitio en el que se aparca para El Cubillón (2538) y fueron a investigar. Tras pasar por delante de la lavadora vieja que iba a dar a la cueva su nombre en inglés, llegaron a «...un laminador que sería una excavación a largo plazo. Corriente suave».

En abril de 2012, un equipo compuesto por John Southworth, Gordon Proctor, Phil Goodwin, Chris Camm, Dave Milner, Alf Latham y Phil Parker empezó a excavar y, después de tres días de trabajo, interrumpidos por un día de fuertes lluvias, el laminador se abrió a una galería en la que podían caminar y un pozo. Tras el día de lluvia la parte baja del laminador excavado se había inundado. En el cuarto día en la cueva bajamos por el pozo y seguimos la galería, pasando dos galerías laterales, hasta donde terminaba con una hilera de tres agujeros ciegos en el suelo. En el punto más alejado del último agujero en el nivel superior se podía ver lo que parecía una continuación de la galería obstruida con arena, algo que aún no se ha investigado. Se investigó brevemente la primera galería lateral, y la exploración se dejó en un pozo de 4 metros en el suelo de arena. Al salir, se hizo la topografía

Later in the trip, after some wet weather, Phil went into the crawl to recover digging gear and again the low point was sumped so the ladder on the first underground pitch had to remain in the cave.

In August 2012, Chris Camm and Phil Parker spent a number of days in the hole, initially taking three visits to dig through the washed-in debris in the crawl. They then went into the first side passage and commenced work, initially putting in a traverse line to safeguard the way past the pit only to find a second pit entirely occupying the floor of the passage. Chris descended on ladder for twelve metres at which point the walls were closing in but there was a draught. However, beyond this there was either another pit or the passage was opening up.

On the next trip, bolting started for a traverse and, once past the second pit, the floor dropped away to two more holes, the further large one giving great hope as stones rattled and then fell free for a good couple of seconds indicating something big. However, rain was expected so the hole was evacuated and all gear except the traverse line taken out.

Several days later the pair returned for two more visits and continued the bolt traverse to an obvious descent point into a narrow rift, which had a natural traverse line 4m above the floor. No sign of the big drop until stones tossed ahead towards a slot in the floor vanished from sight and took what seemed a long time to land. The traverse was followed, safeguarded by bolts and a line, until an enlargement was reached which was definitely the way down. Phil descended on the available rope – all 10 metres of it – to take a look down the enlarging shaft disappearing into the depths. Full descent would have to wait for the next trip.

In the autumn of 2012 it was hoped that a flying visit would allow a descent of the pitch but the crawl was blocked. Digging commenced but wet weather arrived, more than heavy enough to sump off the low point, so it was going to have to be a wait until the following year.

On to March 2013 and the "dynamic" duo were back to the blocked crawl and another three visits for cold, damp digging action. On the fourth day John Southworth, Phil Goodwin and Dave Milner came and helped dig open the inward end of the crawl before going for a mooch around the upper passages, pushing the second side passage (from the original upper level passage) to what appeared to be a 16m pitch. Meanwhile Chris and Phil headed for the big pitch which Phil descended on two ropes tied together, using a couple of rope protectors to avoid bolting (expedition caving!). He arrived at the bottom of the initially estimated 48m pitch (but later measured at 52m) with 1 metre of rope to spare. Unfortunately, two paces to the left, the way on was a small overhanging pitch, so it was game over for the day.

The following day, Chris wanted to play on the traverses so Phil went and bolted across the head of the big pitch into an upward passage continuation to a small chamber. Part of the roof was a boulder choke whilst at the far side there was a pitch of indeterminate depth. On the next day an 86m rope was taken in, the big pitch Y hang adjusted and, on the way down, two deviations were placed. A couple of bolts allowed the descent of the following four metre pitch and it was time to head into the wild blue yonder, except it wasn't. After only a few metres of quite high but narrow rift passage there was a hands and knees bit under a flowstone blockage before the rift continued for a few more metres to more flowstone and a couple of tiny "SRT gear off" size passages at floor level. With no immediate support it was decided that was it for the time being and whilst the traverses and pitches beyond were left rigged, the ladders and all digging gear were removed.

A hiatus ensued until Alex appeared on the scene at Easter 2014 and now he takes up the story:

Phil Parker had been wanting to get someone "young" and probably stupid on the job as other members of the initial digging team were well and truly involved in other serious projects. On arrival, as usual, the draughting U-bend needed to be dug out. I found, with enough effort and digging like a wild dog looking for a bone, enough sediment could be removed in a day to get through. A few days later, Phil and I braved the possibly dodgy 2012 ropes on the traverses and short pitch leading to the head of the big pitch.

At the pitch head there was a convenient rock bridge that made a nice take-off platform. However, it wobbled like a lump of jelly on top of a washing machine. Not safe - so we decided to remove it. A deliberate, very light tap with my foot sent it tumbling down the pitch. It rattled and boomed for several long seconds before one almighty crash at the bottom, hence my suggestion that the pitch be called the Mines of Moria.

de la poligonal desde los tres pozos hasta la entrada. Otro día, tras más lluvias, Phil entró en el laminador para recuperar el equipo de excavación y nuevamente el punto más bajo se había inundado, por lo que la escala en el primer pozo se tuvo que dejar en la cueva.

En agosto de 2012, Chris Camm y yo pasamos varios días en la cueva. Primero fuimos en tres ocasiones para desobstruir los restos arrastrados por el agua. Luego entramos en la primera galería lateral y comenzaron a trabajar, inicialmente poniendo un pasamanos para asegurar la ruta que pasaba por el pozo, solo para encontrar un segundo pozo del ancho de la galería. Chris bajó por una escala unos 12 metros, donde las paredes se estaban cerrando pero había una corriente de aire. Sin embargo, al otro lado había otro pozo o la galería se volvía a abrir.

En su siguiente visita, se empezó a instalar una travesía y, una vez pasado el segundo pozo, había dos agujeros más en el suelo. El más grande parecían muy esperanzador porque las piedras traqueteaban y luego caían durante un buen par de segundos, lo que indicaba que era grande. Sin embargo, se esperaban lluvias, por lo que se evacuó el agujero y se sacó todo el equipo excepto la cuerda de la travesía.

Varios días después, volvimos en dos ocasiones más y continuamos la travesía hasta un punto de bajada obvia en una fisura estrecha, que tenía una travesía natural a 4 m del suelo. Nada indicaba el gran pozo, hasta que las piedras que se tiraron por una ranura desaparecieron de la vista y tardaron lo que pareció una eternidad en llegar al suelo. Seguimos la travesía, asegurada con anclajes y un pasamanos, hasta que llega a una ampliación que era definitivamente la ruta por la que había que bajar. Bajé con la cuerda disponible, 10 metros, para echar un vistazo por el pozo que se agrandaba y desaparecía en la negrura. La exploración tendría que esperar a su próximo viaje.

En el otoño de 2012 esperaban poder bajar el pozo en una visita rápida, pero el laminador estaba obstruido. Se empezó a excavar, pero llegaron las lluvias, suficientes como para inundar el punto más bajo, por lo que habría que esperar al año siguiente.

En marzo de 2013, el «dúo dinámico» volvió al laminador obstruido y pasamos tres días en una excavación fría y húmeda. Al cuarto día, John Southworth, Phil Goodwin y Dave Milner nos ayudaron a abrir el extremo interior del laminador antes de ir a dar un paseo por las galerías superiores, explorando la segunda galería lateral (desde la galería del nivel superior original) a lo que parecía ser un pozo de 16 m. Mientras tanto, Chris y Phil se dirigieron al gran pozo, por el que Phil bajó con dos cuerdas atadas juntas y un par de protectores de cuerda para evitar instalar fijaciones (¡la espeleo en expedición!). Llegó a la base del pozo inicialmente estimado en 48 m (que luego se midió en 52 m) con 1 metro de cuerda de sobra. Desafortunadamente, tras dar dos pasos a la izquierda vio que la continuación era un pequeño pozo, por lo que se acabó el juego.

Al día siguiente, Chris quería jugar en las travesías, así que Phil instaló una cuerda por encima de la cabecera del gran pozo hacia una continuación ascendente a una pequeña sala. Parte del techo era un caos de bloques, mientras que en el otro lado había un pozo de profundidad indeterminada. Al día siguiente llevaron una cuerda de 86 m, se instaló una triangulación y, de la que bajaban, se instalaron dos desviadores. Un par de fijaciones permitieron bajar el siguiente pozo de 4 metros. Parecía que había llegado la hora de salas insondables, solo que no fue así. Tras solo unos pocos metros de una fisura bastante alta pero estrecha, hay una sección en gatera debajo de una obstrucción de colada antes de que la grieta siga unos metros más hasta más colada y un par de pequeñas galerías a nivel del suelo de un tamaño que requería quitarse el arnés. Sin apoyo inmediato, se decidió dejarlo ahí. Las travesías y pozos siguientes se dejaron instalados, se sacaron las escalas y todo el equipo de excavación.

Le siguió un parón hasta que Alex apareció en escena en la Semana Santa de 2014, por lo que ahora retoma la historia:

Phil Parker quería involucrar a alguien «joven» y probablemente estúpido, ya que otros miembros del equipo de excavación inicial estaban muy involucrados en otros proyectos importantes. Al llegar, como de costumbre, tuvimos que desobstruir la curva con corriente. Descubrí que, con suficiente esfuerzo y excavando como un perro salvaje en busca de un hueso, se podía quitar suficiente sedimento para pasar en un día. Unos días más tarde, Phil y yo nos atrevimos con las —quizás poco fiables— cuerdas de 2012 en las travesías y en el pozo corto que da a la cabecera del pozo grande.

En esta había un conveniente puente de roca que constituía una bonita plataforma desde la que despegar. Sin embargo, se movía como un trozo de gelatina encima de una lavadora. No era segura, así que decidimos quitarla. Un golpecito deliberado y muy ligero con el pie y cayó rodando pozo abajo. Retumbó durante varios segundos antes de

At the bottom, Phil showed me what stopped him, a tight sideways crawl partially blocked with rocks at the base of an awkward-to-get-into hole. We surveyed to the hole, noting at that point signs of flood debris four metres up the walls, before removing the rocks. After a bit of effort, I squeezed through feet first and found it opened up just slightly beyond the squeeze. Still going feet first, I navigated round a corner backwards. I had the distinct disadvantage of not being able to see where I was going and the only way to check what was in front was to chuck small rocks over my feet. This proved most useful because I was suddenly noticing there was quite a bit of silence before a shallow thud. There was definitely quite a drop just beyond my feet!

Somehow, I managed to turn around at a small enlargement in the crawl then approached the drop head first to get a look. I slithered towards the blackness beyond and popped my head out as far as I dared, staring, jaw ajar, down at what looked like an enormous canyon opening up before me. With a Disto in hand, I measured the drop to be 12m deep and at least 14m across. Unfortunately, we did not have enough gear to rig it, so I would have to return. On the way out we bolted and dropped the pitch at the end of the traverse beyond the head of the big pitch. This dropped into a pretty chamber – Rivendale – unfortunately with no way on.

We returned to Washing Machine Hole as soon as we could in November 2014 and were soon back at the small hole at the bottom of the big pitch armed with a drill, rope and slings.

I entered the crawl and reached the corner ready to drill holes into the wall. However, it had rained, so there was a pool where I would be drilling. Not wanting to wet either the drill or myself, I had to search for alternatives. A natural rock bridge and a bit of stal at the entrance to the hole were the only available belays. I could not fit through the initial squeeze with my kit on, so I would have to kit up in the crawl and then abseil / crawl backwards. Not trusting the anchors, and knowing Phil would probably be unable to rescue me due to the tightness, this was a scary and physically awkward experience. I shouted to Phil to tell me if anything started to move - as if that would do any good!

Coming out of the crawl, I saw I was in a high aven chamber. Feeling like a small ant on a vast mountain, I found a good foothold a metre down allowing me to take stock of the situation. I was going to have to find a rebelay as the rope was already going round a corner and now would be rubbing on the sloping edge at the crawl exit. However, I had left the drill to make things easier; it was a very cramped crawl! Luckily the thing I was stood on proved solid and would make a good rebelay. I tentatively passed a sling over the small spike, hoping to God it would not break off. It didn't, and I was soon down on the floor. Time for a selfie!

The passage was a good size and seemed to continue as such. After a few metres of walking, there was a short drop leading to more passage before it swung to the left into a narrower rift with good rock. As a testament to how much this place can flood there was a jawbone of some unknown animal sticking up on a rock bridge several metres above the rift floor.

I followed the rift down several dry cascades until it shrunk to a tight crawl in a U-bend squeeze. I was able to see a continuation but there was a rock blocking the way on. If I could remove it, I might be able to get through but I would need to go in head first to do that and, without someone to pull me back out, there was a good chance I would be stuck in there.

I vowed to return. Since then I have been back several times but no one else has managed the crawl leading into this passage. To 'finish' this cave I either need someone my size or capping gear to continue exploration. Given the entrance crawl will need digging and the amount of gear needed to re-rig the pitches, it will probably take several days just to get back to the crawl.

RIGGING

- 1x10m – 2 maillons,
- 1x5m (ladder) 1 maillon,
- 40-50m rope for traversing (though it may be possible to descend early)
- about 10 maillons
- 55m for the descent 4 maillons (2 rebelays)
- 10m for the next short pitch immediately afterwards 2 maillons
- 25m for the crawl and pitch itself – 3 slings

oír un estruendo todopoderoso en el fondo, de ahí mi sugerencia de que el pozo se llamara Mines of Moria.

En la base, Phil me mostró lo que le detuvo, un estrecho laminador lateral parcialmente obstruido con rocas en la base de un agujero difícil de entrar. Topografiamos hasta aquí, notando en ese punto restos de inundación a una altura de 4 metros antes de quitar las rocas. Tras un poco de esfuerzo, pasé con los pies por delante y descubrí que se abría un poco al otro lado. Aún yendo con los pies por delante, di la vuelta a una esquina hacia atrás. Tenía la clara desventaja de no poder ver hacia dónde me dirigía y la única forma de comprobar lo que seguía era tirar pequeñas piedras por encima de mis pies, algo que resultó ser de lo más útil porque de repente me di cuenta de que no podía oír nada antes de oír un ruido sordo. ¡Definitivamente había una gran caída a mis pies!

De alguna manera, me las arreglé para darme la vuelta en una pequeña ampliación en el laminador y me acerqué para ver. Me deslicé hacia la negrura y asomé la cabeza tan lejos como me atreví, mirando, con la mandíbula entreabierta, hacia lo que parecía un enorme cañón que se abría ante mí. Con un Disto en la mano, medí que el pozo tenía 12 m de profundidad y al menos 14 m de ancho. Por desgracia, no teníamos suficiente equipo para instalarlo, así que tendría que volver. De la que salimos, instalamos y bajamos por el pozo al final de la travesía que pasa por encima de la cabecera del pozo grande. Da a una sala bonita, Rivendale, que por desgracia no tiene continuación.

Regresamos a la cueva tan pronto como pudimos en noviembre de 2014 y pronto estuvimos de vuelta en el pequeño agujero en la base del gran pozo armados con un taladro, una cuerda y cintas.

Me metí por el laminador y llegué a la esquina listo para taladrar agujeros en la pared. Sin embargo, había llovido y había una gran charco donde tenía que taladrar. No quería mojarme ni mojar el taladro, así que tuve que buscar alternativas. Un puente de roca natural y una estalagmita en la entrada del agujero eran los únicos anclajes disponibles. No podía pasar por el estrechamiento con el equipo puesto, por lo que tendría que ponérmelo en el laminador y luego hacer rapel/gatear hacia atrás. No confiar en los anclajes y saber que Phil probablemente no podría rescatarme por lo estrecho del laminador, fue una experiencia aterradora y físicamente incómoda. Le grité a Phil que me dijera si algo empezaba a moverse, ¡como si eso fuera a servir de algo!

Al salir del laminador, vi que estaba en una sala con una chimenea alta. Sintiéndome como una pequeña hormiga en una gran montaña, encontré un buen punto de apoyo tras un metro que me permitió hacer un balance de la situación. Iba a tener que encontrar un fraccionamiento porque la cuerda ya daba la vuelta a una esquina y ahora rozaría con el borde de la cabecera. Sin embargo, había dejado el taladro atrás para facilitar las cosas; ¡era un laminador muy estrecho! Por suerte, la cosa sobre la que me apoyé demostró ser sólida y podría servir de fraccionamiento. Con cuidado pasé una cinta por el pequeño saliente, esperando por Dios que no se rompiera. No fue así y pronto estaba en suelo firme. ¡Hora de un selfie!

La galería era de buen tamaño y parecía continuar así. Después de caminar unos metros, había un pequeño desnivel que daba a más galerías antes de girar a la izquierda hacia una grieta más estrecha con buena roca. Como muestra de cuánto se puede inundar, encontré una mandíbula de un animal desconocido que sobresalía de un saliente a varios metros sobre el suelo de la fisura.

Seguí la grieta por varias cascadas secas hasta que se redujo a un laminador estrecho y una esquina angosta. Podía ver la continuación, pero una roca la obstruía. Si pudiera quitarla, podría atravesarlo, pero tendría que meterme de cabeza para hacerlo y, sin alguien que me sacara, podría quedarme atrapado.

Prometí volver. Desde entonces lo he hecho varias veces, pero nadie más ha logrado entrar en el laminador que da a esta galería. Para «terminar» esta cueva y seguir con la exploración, necesito a alguien de mi tamaño o micros. Dado que laminador de la entrada se tendrá que desobstruir y hay que llevar mucho equipo para volver a instalar los pozos, probablemente llevará un par de días llegar al último punto visitado.

INSTALACIÓN

- 1x10 m – 2 maillones,
- 1x5 m (escala) – 1 maillón,
- 40-50 m para travesía (aunque se podría bajar antes)
- unos 10 maillones
- 55 m para la bajada – 4 maillones (2 fraccionamientos)
- 10 m para el pozo corto justo después – 2 maillones
- 25 m par la gatera y pozo – 3 cintas

Artist in Residence

IAN ELLIS CHANDLER

Artista en residencia

I have been caving for many years, starting around 17 years of age and still pottering now, mainly for my art work. I have caved extensively in the UK and France and been on a couple of international expeditions in Greece and India, with a few trips in the USA, Slovakia and Belgium.

I first went to Matienzo in 1986 with my 12 year-old son, spending a month there in the summer. On and off, with my family, I returned over the next few years to enjoy the beach and the caves. By the early 2000's I was spending more time in Matienzo each year.

In the mid 90's I took early retirement from an academic career in the built environment to spend more time developing my art work which was based on my experiences of caving. I started with poetry, then metal sculptures depicting cave landscapes, and also started to sketch, paint and produce collages. A book of poems, prose and photographs was published.

I am not a trained artist, not having done any courses, so all the mistakes and duff work I have made are mine only. I have always taken photographs, primarily 35mm slides, and have become competent in cave photography and made up a number of tape/slide sequences showing caves and caving etc. in the 90's.

There came a time when my art work was not being challenged and I needed a studio space so, at 60 years of age, in 2003, I ran away from home to buy a house in Matienzo - actually four stone walls, a dilapidated roof, floor beams with woodworm, no floor boards, no stairs or sanitation; just a cold water tap and a single electric cable into the ground floor. The house was big enough: two buildings, a small barn and bigger house joined together at first floor level with space for a small ground floor gallery, living accommodation at first floor level and large studio on the second floor in the roof.

Most of the time and resources in the early years were spent refurbishing the house with new roofs, floors, stairs, kitchen area, sanitary utilities, plumbing and electricity. I did continue with art work but it took second place. After 4 to 5 years the majority of house renovation was completed (but will never be finished) and I could spend more time on the art stuff.

I was going into caves sketching and taking photographs. Photographs were placed on canvasses, with acrylic paintings. Also, with computer editing, I started "painting" some photographs. The paintings and collages were more abstract than figurative, with exaggerated colours. The concept was (here is some arty waffle) that I was pulling out the colours from the absolute blackness of the caves, a blackness which signified there was a way on for further exploration. The blackness denotes space, a place you can enter, to see where it goes. If a colour intruded it meant there was an obstacle to progress. Most paintings started with a black background and the colours were layered on.

I bought a video camera and started making short films. 'In Sight of Light', loosely based on the book of poems, was made with Antony Ronald, a Dutchman who's partner's family has a house in the village. The film won at Hidden Earth and was awarded third prize in the UIS International Congress in Greece, 2005. I was continuing to write poetry but mainly in the form of haikus, short three line poems, which are used on paintings and photographs or stand as a poem in their own right.

Empecé a practicar la espeleología hace muchos años, a los 17, y aún lo hago, principalmente para inspirar mi obra artística. He visitado numerosas cuevas en el Reino Unido y Francia y he participado en un par de expediciones internacionales en Grecia e India, con algunos viajes a los Estados Unidos, Eslovaquia y Bélgica.

Fui a Matienzo por primera vez en el verano de 1986 con mi hijo de 12 años y pasamos allí todo un mes. De vez en cuando, volví con mi familia para disfrutar de la playa y las cuevas. Para principios de la década de 2000, pasaba más tiempo en Matienzo cada año.

A mediados de los años 90, me jubilé anticipadamente de una carrera académica en entornos urbanos para pasar más tiempo desarrollando una obra artística que se basa en mis experiencias espeleológicas. Empecé con poesía y seguí con esculturas de metal que representan paisajes subterráneos; también comencé a dibujar, pintar y producir collages. Publiqué un libro de poemas, prosa y fotografías.

No he recibido formación artística, no he hecho ningún curso, por lo que todos los errores que he cometido son solo míos. Siempre he sacado fotografías, sobre todo diapositivas de 35 mm, y he desarrollado cierta habilidad para la fotografía subterránea; en los noventa hice una serie de secuencias de vídeo/diapositivas sobre cuevas y espeleología.

Llegó un momento en el que mi obra de arte no se cuestionaba y necesité tener un espacio de trabajo, así que, a los 60 años, en 2003, dejé atrás mi hogar para comprar una casa en Matienzo. Bueno, en realidad era cuatro paredes de piedra, un tejado ruinoso, vigas con carcoma, sin suelo, sin escaleras o cañerías, solo un grifo de agua fría y un cable eléctrico en la planta baja. La casa era lo suficientemente grande: dos edificios, un granero pequeño y una casa más grande unidas en el primer piso con espacio para una pequeña galería en la planta baja, alojamiento en el primer piso y un gran estudio en el ático.

Al principio, casi todo el tiempo y todos los recursos se me iban en renovar la casa: tejado nuevo, suelos, escaleras, cocina, baño y electricidad. Seguí creando, pero el arte pasó a un segundo plano. Después de 4 o 5 años, la casa estaba más o menos renovada (aunque nunca se terminará) y pude dedicar más tiempo a eso del arte.

En las cuevas dibujaba y sacaba fotos. Después, fijaba las fotografías al lienzo con pinturas acrílicas. Además, gracias al ordenador, comencé a «pintar» algunas fotografías. Las pinturas y los collages eran más abstractos que figurativos, con colores exagerados. La idea era (aquí van algunas divagaciones artísticas) extraer los colores de la oscuridad absoluta de las cuevas, una oscuridad que significa que queda más por explorar. Esa oscuridad denota el espacio, un sitio al que puedes entrar para ver a dónde conduce. Si se cuela un color es que hay un obstáculo en el camino. La mayoría de las pinturas comenzaban con un fondo negro y los colores se añadían en capas.

Compré una cámara de vídeo y empecé a hacer cortometrajes. In Sight of Light, vagamente inspirado en un libro de poemas, se rodó en colaboración con Antony Ronald, un holandés cuya familia política tiene una casa en el pueblo. La película recibió un premio en el congreso Hidden Earth del Reino Unido y el tercer premio en el Congreso Internacional de la UIS en Grecia en 2005. Seguí escribiendo poesía, pero sobre todo en forma de haikus, poemas cortos de tres

I have built up an archive of recordings from caves. Some are the natural sounds: dripping water, a draughting passage, a running river and, at times, I have spoken words - a poem, or just used my voice to discover the echoes. I've picked up stones and beaten a rhythm on the walls, or taken in bongos and other rhythm instruments and played to the ambience of the space.

I am interested in the history of caves as a place for ancient art, those brilliant animated animals and the enigmatic abstract patterns that appear in a number of caves in Cantabria and elsewhere. Of course, we will probably never know what they mean but these are the first expressions of human creativity for no obvious practical gain. A symmetrically faceted stone axe was crafted as a tool as well as to look good; the art on the cave walls was certainly not a tool. By no means does my art reach those standards but I like to think that it is associated with the furthest reaches of difficult access to passages and chambers which, as a cave explorer, entice me to enter   to discover what?

Since those times the cave has been seen as a place for birth and death, especially with the ancient Greeks. Zeus was born in a cave and Orpheus went into the underworld to try and rescue his mortal lover, Eurydice, and bring her up to the world again. I made a video film using string puppets as Orpheus and Eurydice with music by Messiaen, 'Quartet for the End of Time'. Plato used the cave as an allegory for his philosophy.

Many cultures around the globe revere the cave in one way or another. When I was on the Meghalaya cave expedition in India I went into a cave where a shrine had been set up by people who visited overnight to carry out rituals. I have used the caves to re-enact some of these myths and stories, using mannequin figures and puppets as there are no people around to be actors.

With photographs and / or video to record the scenes, then with basic editing to enhance the images, or extra sound tracks over a voice, I have produced my interpretation of the story. For example, I have made a photographic triptych of the myth of Actaeon and Diana where Actaeon, when hunting, comes across Diana bathing and she turns him into a stag, which his own hounds devour. This is set in the mouth of a cave. The poem "The Lady of Shallott', by Tennyson was photographed and filmed using a mannequin as The Lady and she was carried away in her boat into a cave to die. I use the cave as a theatre, to give an alternate setting for narratives. It may be that those people who painted the walls of caves also used the space for performance.

líneas que uso en pinturas y fotografías o sin nada más, un poema por derecho propio.

Tengo un archivo con grabaciones que he hecho en las cuevas. Algunas recogen los sonidos naturales, como el goteo del agua, la corriente que sopla por una galería o un río que fluye, en otras se oye mi voz recitando palabras, un poema o, simplemente, descubriendo los ecos. He golpeado las paredes con piedras y he llevado bongos y otros instrumentos rítmicos para tocar inspirado por el ambiente de ese espacio.

Me interesa la historia de las cuevas como espacio para el arte antiguo, esos animales animados con tanto ingenio y los patrones abstractos enigmáticos que aparecen tanto en cuevas de Cantabria como de otras partes. Probablemente nunca sabremos lo que significan, claro, pero estas son las primeras expresiones de la creatividad humana sin un beneficio práctico obvio. Las hachas de piedra simétricas se fabricaban como una herramienta además de para ser bonitas; pero el arte en las paredes de la cueva no era una herramienta. De ninguna manera mi arte llega a tanto, pero me gusta pensar que tiene algo que ver con los confines de difícil acceso a galerías y salas a las que, como explorador de cuevas, deseo entrar. ¿Para descubrir qué?

Desde la antigüedad, las cuevas se han visto como un espacio para el nacimiento y la muerte, especialmente en la antigua Grecia. Zeus nació en una cueva y Orfeo se fue al inframundo para intentar rescatar a su amante mortal, Eurídice, y traerla de nuevo al mundo. Hice una película con títeres que representaban a Orfeo y Eurídice con música de Messiaen, Quatuor pour la fin du temps (Cuarteto para el fin del tiempo). Platón utilizó la cueva como una alegoría de su filosofía.

Muchas culturas en todo el mundo veneran las cuevas de una forma u otra. Cuando estaba en la expedición de la cueva Meghalaya en India, visité una gruta en la que, esa misma noche, se habían llevado a cabo rituales y erigido un santuario. He usado las cuevas para recrear algunos de estos mitos e historias con figuras de maniquíes y títeres, ya que no hay quien pueda actuar.

Con fotografías o vídeos para representar las escenas, después con ligeros retoques para mejorar las imágenes o pistas de sonido adicionales, he creado mi interpretación de la historia. Por ejemplo, hice un tríptico fotográfico del mito de Acteón y Diana en el que Acteón, mientras está de caza, se encuentra con Diana bañándose y ella lo convierte en un ciervo que sus propios sabuesos devoran. Ese se desarrolla en la boca de una cueva. Fotografié y filmé el poema La

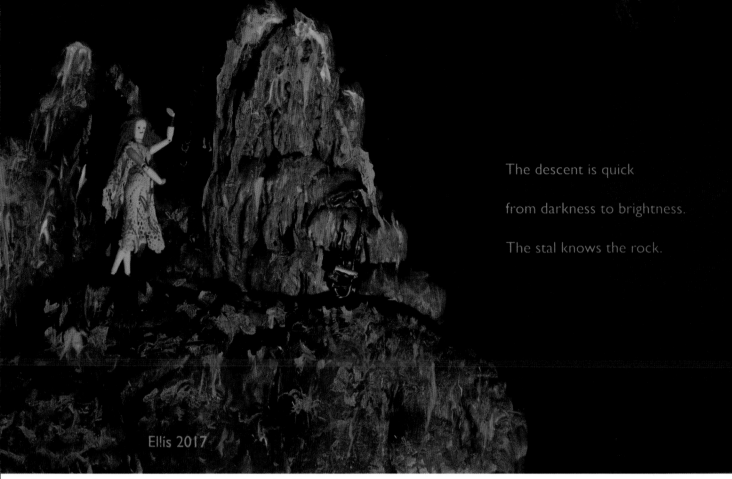

The descent is quick

from darkness to brightness.

The stal knows the rock.

Ellis 2017

I've produced a number of photographic books, and written stories on themes related to caves. For example, one is a series of photographs supplemented with haikus founded on the chapter in Cervante's 'Don Quixote' entitled 'The Cave of Montesinos'. The novel describes how Don Quixote is lowered down a cave shaft by Sancho Panza and a cousin. He reaches a ledge where he falls asleep. After an hour they haul him up and he says he has been in the cave of Montesinos for three days, meeting up with people, especially a young peasant girl he is infatuated with. I staged a scene with artists mannequins as the characters, the place was a crystal palace (painted glass sheets) where all the events were supposed to have occurred. The photographs identified nine key scenes and the haikus gave an additional commentary.

I made a series of short videos, 'Cave Portraits', which take images from above and below ground to contrast exploration and everyday local life in Matienzo, with a mix of sound tracks, including local singers.

Whilst much of my work is based on the caves, I also use the karst landscape as a backdrop. Without the karst there would be few caves.

A feature I use from time to time in my art is the concept of the four elements, Earth, Wind, Water, Fire. It is water that has fashioned the caves in the earth, and the rivers both below and above (that go to the sea) are places to use. You will find wind in the form of a draught in the cave, which is an indication of a cave system. Fire is common above ground and its ashes can be found at cave entrances in Cantabria previously used as shelters.

I've made a documentary film based on the book 'Matienzo: 50 years of speleology'. The story,

dama de Shalott, de Tennyson, usando un maniquí para representar a la dama que llevan en su bote a una cueva para morir. Utilizo la cueva como un teatro, para que las historias discurran en un escenario alternativo. Quizás quienes pintaron las paredes de las cuevas también usaron el espacio para la representación.

He producido varios libros con fotografías e historias sobre temas relacionados con las cuevas. Por ejemplo, uno es una serie de fotografías complementadas con haikus basados en los capítulos sobre la cueva de Montesinos de Don Quijote de la Mancha de Cervantes. La novela describe cómo Sancho Panza y un primo bajan a Don Quijote por el pozo de una cueva. Cuando llega a una repisa se queda dormido, pero, después de una hora, lo vuelven a subir y él dice que ha estado en la cueva de Montesinos durante tres días, conociendo a otras personas, especialmente a una joven campesina de la que está enamorado. Organicé una escena con maniquíes que se desarrollaba en un palacio de cristal (láminas de vidrio pintadas). Las fotografías retrataron nueve escenas clave y los haikus aportaron información adicional.

He hecho una serie de vídeos cortos, Cave Portraits (Retratos de cuevas), que toman imágenes sobre y bajo tierra para contrastar la exploración y la vida local cotidiana en Matienzo, con una mezcla de bandas sonoras, incluidos cantantes locales.

Si bien gran parte de mi trabajo se basa en las cuevas, también uso el paisaje kárstico como telón de fondo; sin él habría pocas cuevas.

Un elemento que uso de vez en cuando en mi arte es el concepto de los cuatro elementos: Tierra, Viento, Agua y Fuego. Es el agua lo que moldea las cuevas en la tierra, y los ríos tanto en la superficie como bajo tierra (que van a dar al mar) son elementos que uso. El viento se puede encontrar en forma de corriente de aire en la cueva, algo que puede indicar que se trata de una red de galerías. El fuego es habitual sobre la tierra y sus cenizas se pueden encontrar en las bocas de las cuevas en Cantabria, que antaño se usaban como refugios.

He hecho una película documental basada en el libro Matienzo: 50 años de espeleología. La historia, las exploraciones y la relación con los vecinos

the cave explorations and the relationship with the local people is told with a number of interviews. It takes particular cave explorations and those involved to tell the tale. It also puts the expedition into context with the people in the village.

Currently I am doing more photography above and below ground, mainly at cave entrances where we see the contrast between light and darkness. Using mannequin figures a scene is set , photographed, minimally edited, a haiku written, then printed. The prints are then over-painted in acrylic and translucent glass paints, adding exaggerated colours and a thickness of paint layers to give body to the print. Again, allusions are made to myths and stories and everyday sayings.

When a youngster, I went into caves for excitement and the challenge of physical and mental exercise. I got into the wild natural environment, spent time with others of a like mind and got to cave in many countries. This continues until now when age is restricting my activities. In recent years, I saw more to caves than just a place for corporal exploration. The act of caving and the caves themselves took on a different significance: I could see other aspects of myself which I was able to express through poetry, painting, photography and video. I could show how I saw them, experienced my physical efforts in them and listened to their whispers and echoes. I used them to investigate ancient myths and stories, to consider them in peoples' cultural lives.

Next time you go into a cave, pause for a while, take a breather, listen to your heart beat, listen to the cave. Ask yourself, "What am I doing here?"

se cuentan en varias entrevistas. La historia se construye a través de expediciones concretas y quienes las vivieron. También sitúa la expedición en el contexto del pueblo.

Actualmente estoy haciendo más fotografías sobre y bajo tierra, principalmente en las bocas de las cuevas, donde vemos el contraste entre la luz y la oscuridad. Usando figuras de maniquí creo una escena, la fotografío, la edito mínimamente, escribo un haiku y la imprimo. Después, pinto sobre la foto con acrílicos y pinturas para vidrio translúcidas, añadiendo colores exagerados y capas de distinto grosor para darle cuerpo. También hacen alusiones a mitos e historias y dichos cotidianos.

De joven iba de cuevas por la emoción y el desafío del ejercicio físico y mental. Me adentraba en el entorno natural salvaje, pasaba tiempo con otros que pensaban como yo y pude visitar cuevas en muchos países. Y así hice hasta que la edad empezó a restringir mis actividades. En los últimos años, empecé a ver las cuevas como algo más que un sitio para la exploración física. La espeleología y las cuevas adquirieron un significado diferente: vi otros aspectos de mí mismo que pude expresar a través de la poesía, la pintura, la fotografía y el vídeo. Pude mostrar cómo las veía, sentí mi esfuerzo físico en ellas y escuché sus susurros y ecos. Las usé para investigar mitos e leyendas, a considerarlas en la vida cultural de las personas.

La próxima vez que entres a una cueva, haz una pausa, respira hondo, escucha el latido de tu corazón, escucha la cueva. Pregúntate: «¿Qué estoy haciendo aquí?».

· ·

Way out West

PHIL GOODWIN

Lejano Oeste

What follows are some fairly random jottings about the exploits of a group of people who work mainly in the west of the Matienzo Caves Project permit area. They are chiefly interested in finding new sites rather than extending existing ones and many come with a formidable reputation for their digging prowess! A list of the more regular, long term participants is given at the end. Inevitably there will be are some omissions for which I apologise now.

At first we did not seek to be based in the west. We were happy to be staying at Casa Tomás in Ogarrio with its superb and copious evening meals. Nevertheless, we were always drawn to areas outside the Matienzo depression by the greater prospect of finding new caves. Over the ten or so years of activity we have usually found at least 20 new sites per visit and sometimes we visited three times in a year. Of course most of them turned out to be of little importance but they were worth recording if only to warn future prospectors with limited time to direct their efforts elsewhere, even if it looked good on an aerial photo, for instance.

One of our earliest forays was to Fox Cave (0936). A long known about site in a curious little valley on the north side of the Riaño valley. Down from the known entrances was a small blocked up feature in a low rock face. On opening it we found a phreatic tube which gave a crawl in soft earth to a domed chamber, 1.5 metres high in the middle and about 3 metres in diameter, with small tubes radiating in various directions. The curious thing about the chamber was, in the earth floor, were a series of neat, round depressions about 50cm in diameter. In the centre of each scoop was an even neater cone of turd about 20cm in diameter and clearly built up over a period of time. We had entered an abandoned badger lavatory!

Even though we were sure the cave had been vacated, over the next few visits, while we explored further and crawled along the body-sized tubes, we could not help wondering what it would be like to meet an angry badger coming the other way. The cave was shown to be a complex maze on three levels. It is still possible that there is more to find.

Another early dig (2415) was close to a bend on the Solórzano road and situated roughly on a line between the end of Fresnedo and its supposed resurgence. It was a small draughting hole situated under a small outcrop of rock. The dig was not rapid. The first obstacle was a huge boulder around which we had to dig a trench. This fine boulder would have made an impressive memorial stone which it nearly did but for Chris Camm's foresight in vacating the trench ten seconds before it toppled over to where he had been standing. A shaft was gradually constructed against the one solid wall available and led to a hole which turned out to be in the roof of a sizable chamber. The floor of the chamber was a mass of boulders with gaps and leads underneath. Logic seemed to indicate that was the way to go but nothing was found.

Lo que sigue son algunos relatos bastante aleatorios sobre las hazañas de un grupo que trabaja principalmente en el oeste del área de permiso del proyecto espeleológico de Matienzo y que está principalmente interesado en encontrar nuevas cavidades en lugar de ampliar las existentes. ¡Algunos, además, gozan de una reputación formidable por su destreza como excavadores! Al final se proporciona una lista de los participantes más habituales y antiguos. Inevitablemente habrá algunas omisiones por las que me disculpo de antemano.

Al principio no era nuestra intención centrarnos en el oeste. Nos encantaba alojarnos en Casa Tomás en Ogarrio con sus excelentes y copiosas cenas. Sin embargo, siempre nos atrajeron las zonas fuera de la depresión de Matienzo por la perspectiva de encontrar cuevas nuevas. Durante, más o menos, diez años de actividad, hemos encontrado una media de 20 cavidades nuevas por visita y, a veces, vamos a Matienzo tres veces al año. Por supuesto, la mayoría resultaron ser de poca importancia, pero valía la pena documentarlas, aunque solo fuese para avisar a futuros exploradores sin mucho tiempo de que deberían mover sus pesquisas a otra parte, aunque tuviese buena pinta en una foto aérea, por ejemplo.

Una de nuestras primeras incursiones fue a Fox Cave (0936). Una cueva conocida desde hace mucho tiempo en un pequeño y curioso valle en el lado norte del valle de Riaño. Bajando por las entradas conocidas hay una sección pequeña obstruida en una pared rocosa baja. Al abrirla encontramos un tubo freático que daba una gatera en tierra blanda hasta una sala abovedada, de 1,5 m de altura en el centro y unos 3 m de diámetro, con pequeños tubos que irradiaban en varias direcciones. Lo curioso de la sala era que, en el suelo de tierra, había una serie de depresiones redondas y proporcionadas de unos 50 cm de diámetro. En el centro de cada una había un cono de excremento aún más proporcionado de unos 20 cm de diámetro y claramente acumulado durante un período de tiempo. ¡Habíamos entrado en un inodoro de tejones abandonado!

Aunque estábamos seguros de que la cueva ya no estaba ocupada, durante las siguientes visitas, mientras explorábamos más y nos arrastrábamos por los tubos, no podíamos evitar preguntarnos cómo sería encontrarnos de frente con un tejon cabreado. Demostramos que la cueva era un laberinto complejo en tres niveles. Puede que aún quede más por encontrar.

Otra excavación temprana (2415) estaba cerca de una curva de la carretera de Solórzano y situada aproximadamente entre el final de Fresnedo y su supuesta surgencia. Era un pequeño agujero soplador debajo de un pequeño peñasco. La excavación no fue rápida. El primer obstáculo fue una enorme roca alrededor de la cual tuvimos que cavar una zanja. Esta magnífica roca hubiera sido una impresionante piedra conmemorativa, y casi lo fue de no ser por la previsión de Chris Camm al desocupar la trinchera diez segundos antes de que la piedra cayera donde él estaba segundos antes. Poco a poco se construyó un túnel

The team was in the process of abandoning the cave when John Southworth investigated a ledge high on the side of the chamber with a narrow slither down the other side which led to another pitch. We have learnt the hard way that a cry of, "Nah, there's nothing there" always needs a second opinion. The bottom of the pitch looked promising at first but despite the efforts of several people no way on could be found. Half way down the drop it was possible to swing over onto the top of a house-sized block and into a hading rift full of large boulders. Eventually, a way upwards was engineered through the boulders to a vertical wall above of incredibly loose boulders which had been seen from the top but were deemed too dangerous to approach. At this point it was possible to put your head through an eyehole into a parallel shaft but, frustratingly, did not allow you to see the bottom or around to the side. With a few caps you would be into it but would anybody want to cap below so much hanging death? A snapper at a distance would work. Somehow, other interests prevailed and we never returned. The cave was not liked by most people. It is curious how caves have different atmospheres. Some raise your spirits while others seem to oppress.

Gradually, the interests of the group focused more and more on the Riotuerto area. The daily journey started to become tedious, especially at the end of a hard day's digging. We were lucky enough to be recommended the Posada Carlos 3 next to the monumental portico in La Cavada. It was run by a delightful family headed by Alvaro who welcomed us warmly despite our lack of Spanish and his lack of English. We occupied most of the rooms and the small lounge was a perfect snug fit for us. In addition, his wife was a superb cook. However, her Spanish food was not always appreciated by a certain person who preferred the traditional English fare of 'meat and two veg'!

South of La Cavada, beyond Barrio de Arriba, a site called Duck Pond Sink (1976) had long been known about. An intermittent stream sank under a boulder below the road. In a small cliff above the road, a low entrance made of ashlar blocks was found. Ana, whose house was very close by, thought it was a shrine but investigation quickly revealed that it was an old cold store – and it had a strong draught. A local man said that once, after heavy rain, a mushroom of water had risen up from the stream and, furthermore, Ana said that nobody had any idea where her sewage went to! This was clearly a place of interest.

A siege, spearheaded by Gordon Proctor and Chris Camm, resulted in an 8 metre shaft through boulders to a low chamber. Here the draught became diffuse and led to digs in the wrong direction but eventually a low crawl entered a rift. Dave Milner was able to pop out of a small hole into a sizable chamber with house-sized blocks in front of various passages. From the chamber the rest of the cave proved to be very complex with rifts and breakdown chambers everywhere. Try as we might we were not able to make a breakthrough into a big system and, although we were more or less under Ana's house, we could not even smell her toilet! It was a great disappointment.

While we were working at Duck Pond Sink, Ana's then partner took a couple of the team to see an old man, called Ángel, tending his vegetable patch. Chris reported later that, as he talked about the Spanish Civil War and his parents and siblings, he became very emotional with tears welling up in his eyes. As a child in the war, when soldiers were in the area, he and his brothers and sisters were hidden in a cave up the hill. Despite his age, Chris was barely able to keep up with him as he walked up the hill to a familiar depression which we had thoroughly searched more than once.

Now, many of the team, and in particular John Southworth, used to spend long hours in winter studying a range of maps and aerial photos trying to find potential caves. This was one that no amount of research would have found. It would not surprise me if he were the last person alive who knew about it. There, under an acacia tree and behind a block and surrounded by foliage, was a drop into a comfortable passage. There were areas of interest at both ends of the passage but a flat-out crawl in the middle proved to be the way on once various people, including Phil Parker, had dug out access to the top of a large chamber with vertical walls. The pitch landed on large wedged boulders with another pitch underneath. The complex of boulders and chambers at the bottom all led nowhere except that, under one wedged block, John Southworth found a funnel of incredibly scary loose debris above a shaft. Nobody had the courage or, should that be, was foolhardy enough, to investigate further. Perhaps it was the breakthrough that we were looking for!

On an aerial photo of the east side of the Bencano valley we spotted various features which looked promising. All of them were blank except the last one visited at the end of the day. A steep

contra la única pared sólida disponible que llevó a un agujero que resultó estar en el techo de una sala de tamaño considerable. El suelo de la sala era un caos de bloques con huecos e interrogantes debajo. La lógica parecía indicar que ese era el camino que seguir, pero no encontramos nada.

El equipo estaba a punto de abandonar la cueva cuando John Southworth investigó una repisa en lo alto del costado de la sala con un estrecho laminador en el otro lado que conducía a otro pozo. Hemos aprendido por las malas que un «No, no hay nada ahí» siempre necesita una segunda opinión. La base del pozo parecía prometedora al principio, pero a pesar de los esfuerzos de varias personas, no se pudo encontrar la manera de avanzar. A mitad de camino del pozo te puedes columpiar y pasar por encima de un bloque del tamaño de una casa y entrar en una grieta llena de grandes rocas. Finalmente, se diseñó un camino hacia arriba a través de los bloques hasta una pared vertical por encima de los bloques; estos estaban muy sueltos y, aunque los habíamos visto desde arriba, los consideramos demasiado peligrosos como para acercarnos. En este punto, era posible meter la cabeza a través de una ranura hasta un pozo paralelo, pero, lo que era muy frustrante, no se podía ver la parte baja o el costado. Con algunos micros se podría pasar, pero ¿quién querría hacerlo debajo de tantas piedras sueltas? Quizás a distancia. Sin embargo, prevalecieron otros intereses y nunca volvimos. La cueva no era del agrado de la mayoría. Es curioso cómo las cuevas tienen diferentes ambientes. Algunas levantan el ánimo mientras que otras parecen oprimirlo.

Poco a poco, los intereses del grupo se centraron cada vez más en la zona de Riotuerto. El traslado diario empezó a volverse tedioso, especialmente al final de un duro día de excavación. Tuvimos la suerte de que nos recomendaran la Posada Carlos 3 junto al pórtico monumental de La Cavada. Lo dirigía una encantadora familia encabezada por Álvaro, quien nos recibió calurosamente a pesar de nuestro escaso español y su escaso inglés. Ocupamos la mayoría de las habitaciones y el pequeño salón era perfecto para nosotros. Además, su esposa era una excelente cocinera, aunque su comida española no siempre fue apreciada por cierta persona que prefería la comida tradicional inglesa de «carne y un par de verduras».

Al sur de La Cavada, pasando el Barrio de Arriba, está una cueva llamada Duck Pond Sink (1976), conocida desde hacía mucho tiempo. Un arroyo intermitente se hunde debajo de una roca debajo de la carretera. En un pequeño peñasco sobre la carretera se encontró una entrada baja formada con bloques de sillería. Ana, cuya casa estaba muy cerca, pensó que era un viejo santuario, pero la investigación pronto reveló que era un viejo cubío y tenía una corriente fuerte. Un lugareño dijo que una vez, después de fuertes lluvia, una especie de géiser había salido del arroyo y, además, Ana nos contó que nadie sabía ¡a dónde iban sus aguas residuales! Este era claramente un lugar interesante.

Un asalto, encabezado por Gordon Proctor y Chris Camm, resultó en un pozo de 8 m a través de rocas hasta una sala baja. Aquí, la corriente se volvió difusa y llevó a excavaciones en la dirección incorrecta, pero finalmente un laminador dio paso a una grieta. Dave Milner pudo salir de un pequeño agujero a una sala considerable con bloques del tamaño de una casa frente a varias galerías. Desde la sala, el resto de la cueva resultó ser muy compleja con fisuras y salas de derrubios por todas partes. Por más que intentáramos, no pudimos avanzar en un gran sistema y, aunque estábamos más o menos debajo de la casa de Ana, ¡ni siquiera podíamos oler su inodoro! Fue una gran decepción.

Mientras trabajábamos en Duck Pond Sink, la entonces pareja de Ana llevó a un par del equipo a ver a un anciano, llamado Ángel, que cuidaba su huerto. Chris informó más tarde que, mientras hablaba sobre la Guerra Civil Española y sus padres y hermanos, se emocionó mucho y los ojos se le llenaron de lágrimas. De niño durante la guerra, cuando los soldados estaban en el área, él y sus hermanos y hermanas se escondieron en una cueva en la colina. A pesar de su edad, Chris apenas pudo seguirle el paso mientras subía la colina hacia una depresión familiar que habíamos investigado minuciosamente más de una vez.

Muchos miembros del equipo, y en particular John Southworth, solían pasar largas horas en invierno estudiando una variedad de mapas y fotografías aéreas tratando de encontrar posibles cuevas. Esta era una de esas que no habríamos encontrado por mucho que investigáramos. No me sorprendería si él era la última persona viva que la conocía. Allí, debajo de un árbol de acacia, detrás de un bloque y rodeado de maleza, había un destrepe a una cómoda galería. Había áreas de interés en ambos extremos de la galería, pero un laminador a ras de suelo en el medio resultó ser la continuación después de que varias personas, Phil Parker incluido, excavaran el acceso a la parte superior de una gran sala con paredes verticales. El pozo dio a grandes bloques con otro pozo debajo. El complejo de rocas y salas en la parte inferior no condujo a ninguna parte, aunque, debajo de un bloque encajado, John Southworth encontró un túnel de rocas sueltas de lo más aterrador sobre un pozo. Nadie tuvo el coraje o, en realidad, fue lo suficientemente temerario para investigarlo. ¡Quizás era el gran descubrimiento que estábamos buscando!

En una foto aérea del lado este del valle de Bencano vimos varios puntos

Site 4251. Sitio 4251.
Phil Goodwin

grassy descent to the entrance proper became a rubble slope to the back wall of a large roughly circular chamber. The way on appeared to be blocked by the rubble but halfway down the slope a narrow ledge gradually widened until at the furthest point from the entrance it was about 3 metres wide. Here there was a beautiful, perfectly round hole through white, glassy rock to a floor some three metres down. This was subsequently by-passed by digging out the rubble at the bottom of the slope. Further round on the ledge where it started to narrow again was an old aluminium cigar tube with wires sticking out of the top looking all the world like an improvised explosive device. Could this have dated from the civil war? We never found out. After the 3 metre pot we were able to bolt up a hard band of rock which dropped back down straight away into a wide rift passage. (The ups and downs were the reason for our nick name of the cave – Yo-yo, although it is officially called Cueva de los Campizos, site 3812.) The rift turned into a twenty metre bolted traverse which came out halfway down a huge chamber which at the far end must almost reach the surface. (The cave goes directly into a steep hillside). From the traverse there was a drop in stages of some 30 metres into the bottom of the chamber which looked more like a giant aven from here. The floor was a mixture large blocks and rubble. No way on could be found. However, hard against one wall there was a small hole of about 8cm through which a slight draught blew. A dig looked impossible so it was abandoned.

Too late, the cave 'worms' had struck and over winter began eating away at our resolve until we said, "Perhaps we should give it another look".

When we went down again it was clear that it needed re-rigging but it never happened because on each visit we always found more important things to do. This raises the issue of how you should approach expedition rigging. Should you spend (waste?) time looking for a perfect rig or should you whack a few bolts in and see what is there, in the knowledge that, on most occasions, the cave will never be visited again. I prefer the latter approach even though it might irritate those who follow. The time to re-rig is when you know the cave is going to get regular visits and when you can see the full implications of the cave architecture.

By the end of a hard day of shifting rubble, large and small, we had managed to make a 10cm hole into a void. A stone lowered on a rope revealed a substantial pitch. The next day, with Alf Latham, we had capped partially under the chamber wall to make a man-sized hole. (The chamber side of the pitch was a jumble of boulders with cavities. At a later date while ascending the pitch I spotted something curved, black and shiny lying in the rubble. It turned out to be a large ammonite of some 20cm across, almost complete and devoid of any encapsulating rock. Unlike the highly segmented ones of the British Jurassic Coast the shell was almost smooth.)

The bottom of the pitch led to a rift and a short passage to a big hole. Dropped rocks suggested that it was more than 70 metres deep. Owing to the fairly geriatric nature of our group we thought it advisable for a younger team to make the descent. Lloyd and the

que parecían prometedores. No tuvimos suerte con ninguno excepto con el último al final del día. Un empinado descenso cubierto de hierba hasta la entrada propiamente dicha se convirtió en una pendiente de rocas hasta la pared trasera de una gran sala aproximadamente circular. El camino parecía estar bloqueado por las rocas, pero a la mitad de la pendiente un estrecho saliente se ensanchó gradualmente hasta que en el punto más alejado de la entrada medía unos 3 m de ancho. Aquí había un hermoso agujero perfectamente redondo en una roca blanca y cristalina hasta un suelo a unos 3 m. Posteriormente, esto se pudo evitar tras excavar entre las rocas en la parte baja de la pendiente. Más adelante, en la repisa, donde comenzó a estrecharse de nuevo, había un viejo tubo de aluminio para puros con cables que sobresalían de la parte superior y parecía, claramente, un artefacto explosivo improvisado. ¿Podría haber sido de la guerra civil? Nunca lo investigamos. Después del pozo de 3 m pudimos instalar unos anclajes en una banda de roca dura y entramos en una amplia galería en diaclasa. (De tanto subir y bajar apodamos la cueva Yo-yo, aunque oficialmente se llama Cueva de los Campizos.) La fisura se convirtió en una travesía con pasamanos de 20 m que daba a la mitad de una enorme sala que en el extremo opuesto debe casi llegar a la superficie. (La cueva entra directamente en una ladera empinada). Desde la travesía hay un pozo en etapas de unos 30 m hasta el fondo de la sala que, desde ahí, parecía más una chimenea gigante. El suelo era una mezcla de grandes bloques y rocas. No pudimos encontrar una continuación. Sin embargo, contra una de las paredes había un pequeño agujero de unos 8 cm por el que soplaba una ligera corriente de aire. Una excavación parecía imposible, por lo que abandonamos la idea.

Demasiado tarde, los «gusanos» espeleológicos atacaron y durante el invierno comenzaron a corroer nuestra resolución hasta que dijimos: «Quizás deberíamos echar otro vistazo».

Cuando entramos de nuevo nos quedó claro que había que reinstalarla, pero nunca lo hacíamos porque en cada visita siempre encontrábamos cosas más importantes que hacer. Esto plantea la cuestión de cómo se debe abordar el equipo de la expedición. ¿Se debería malgastar (¿perder?) tiempo buscando el lugar perfecto o se deberían meter un par de anclajes en cualquier sitio y ver qué hay, sabiendo que, en la mayoría de las ocasiones, nadie volverá a visitar la cueva. Prefiero el último enfoque aunque pueda molestar a los que vengan después. El momento de volver a instalar es cuando se sabe que la cueva recibirá visitas periódicas y cuando se puedan ver todas las implicaciones de la arquitectura de la cueva.

Al final de un duro día moviendo rocas, grandes y pequeñas, habíamos logrado abrir un agujero de 10 cm a un espacio vacío. Bajamos una piedra atada a una cuerda y aquello parecía ser un pozo de los grandes. Al día siguiente, con Alf Latham, usamos algunos micros para abrir debajo de la pared de la sala un agujero por el que pasar. (El lado del pozo en el que está la sala es un revoltijo de rocas con cavidades. En otra ocasión, mientras subía el pozo, vi algo curvo, negro y brillante entre las rocas. Resultó ser una gran amonita de unos 20 cm de diámetro, casi completa y sin roca alrededor. A diferencia de los de la Costa Jurásica Británica, muy segmentados, el caparazón era casi liso.)

La base del pozo condujo a una fisura y una corta galería a un gran agujero. Las rocas que tiramos sugirieron que medía más de 70 m de profundidad. Debido al carácter bastante geriátrico de nuestro

Manchester guys agreed to do it. The narrow take-off gradually widened into a huge cavern with some of the walls not clearly visible in the misty conditions. The 80 metre pitch landed on a large field of boulders. Between the boulders, holes gave access to a choice for a further long pitch. Unfortunately, no more rope was available and the Manchester crew had no more time. All was not lost, however. The cave 'worms' were eating away at our resolve and, before long, Alf Latham and I had agreed to make a descent.

Two old men in their mid-seventies make a good team. They are tolerant of each other's weaknesses; patient about those extra rests on the rope and are safe in the knowledge that they are not delaying a younger, faster tiger.

We dropped the next 40 metres into a magnificent high chamber with two passageways on. Over a series of three visits, with others, these were explored. After that, Alf and I called it a day. It was not so much the effort that stopped us, it was being suspended for what seemed an age, not being able to see the top or bottom or indeed the walls at times, while pumping up the rope. It was the shear tedium of it that got to us. Now was time to leave it to some young whippersnappers to finish off.

Undoubtedly our biggest find was El Cubillón (2538). The entrance was well known and described as an entrance passage to a narrow drafting rift blocked by a large rock. We thought it was worth another look. The rock was quickly dispatched. Next a sling was put round a high thread for a ladder. Then we became aware that the maker's label on the sling was beginning to emit a loud hum as the incredible draught blew over it. We could not help but wonder why a cave with such a draught had been abandoned.

The tight rift led to a pleasant chamber with vertical white walls. At the far end the draught was coming from under a cubic metre of rock. The first reaction was that this was going to be slow. At which point one of the team decided to go out to warm up. But we were forgetting about our secret weapon – Gordon Proctor. Seizing a hammer and chisel Gordon, with a mixture of skill in finding lines of weakness and shear brute strength, attacked the rock. After 40 minutes the cubic metre of rock was no more. The rest of the team was totally stunned and in complete awe of this feat.

The three metre drop below led via a tight rift to a pitch. It was always an awkward place until it was sorted out by our second secret weapon, the" quick-draw kid", Dave Milner, who could set-off three cap holes before another person could assembled their firing rod!

The entrance pitches led to a large chamber with huge hanging boulders and then narrowed down again to a final short pitch. The cave was very misty but Martin Barnicott and myself, who were the first explorers, were gobsmacked by what came next as we traversed metre after metre of large passage sometimes 30 metres high with avens going higher. Over two days the pair of us explored the main passages. Martin, who did all the initial surveying, made several more trips and among other things pushed the northwest passages. After that there was the usual flurry of activities with some of the avens climbed and much detail added. Interest however soon waned.

A few years later, very heavy rain cascaded down the stream on the other side of buttress from the El Cubillón entrance, opening up a big shaft in the stream bed. Now any flood pulses which come down the valley descend into the cave. In the meantime, Alf and I had decided that the Second South Passage couldn't just stop. At the top of a horrible 30m bolted climb up, covered in a uniform 10cm layer of mud, we found an eye hole which showed an open space beyond. Our efforts to breakthrough have been particularly ineffective.

One day, when we returned from the end, we found the stream a little more active than usual and when we arrived at the first up-pitch the rope was found hidden by a powerful waterfall. Initially this rebuffed us but, after waiting an hour or so to see if it would diminish, we manage to devise a way up thanks to a tiny thread we found. This allowed us to tension the rope away from the torrent. At the top the narrow passage, which had gradually

grupo, pensamos que lo mejor era que un equipo más joven hiciera la prospección. Lloyd y los chicos de Manchester se ofrecieron. La cabecera estrecha se amplía gradualmente hasta convertirse en un enorme pozo, tanto que algunas de las paredes no se veían bien por la neblina. El pozo de 80 m da a una gran sala llena de rocas. Entre los bloques se podía acceder a la cabecera de otro pozo grande, pero, por desgracia, no había más cuerda y el equipo de Manchester tenía que irse. Sin embargo, no todo estaba perdido. Los «gusanos» espeleológicos habían vuelto a corroernos y, en poco tiempo, Alf Latham y yo acordamos bajar por el pozo.

Dos hombres mayores de setenta años forman un buen equipo. Toleran las debilidades del otro, son pacientes cuando el otro tiene que pararse otra vez en la cuerda para descansar y están seguros de que no están frenando a un tigre más joven y rápido.

Bajamos los siguientes 40 m a una magnífica sala alta con dos continuaciones. A lo largo de tres visitas, con otros, las exploramos. Después de eso, Alf y yo lo dejamos. No fue tanto por el esfuerzo, si no por estar colgados durante lo que parecía una eternidad, sin poder ver la cabecera ni el suelo, o a veces incluso las paredes, mientras subíamos por la cuerda. Fue el tedio. Llegó el momento de dejar que algunos jóvenes mocosos rematar la exploración.

Sin duda nuestro mayor hallazgo fue El Cubillón (2538). La entrada era bien conocida y se describía como una galería de entrada a una estrecha grieta bloqueada por una gran roca. Pensamos que merecía la pena echarle otro vistazo. La roca fue despachada rápidamente. A continuación, colocamos una cinta a la que atar una escala. Luego nos dimos cuenta de que la etiqueta del fabricante de la cinta emitía un fuerte zumbido cuando la fuerte corriente de aire soplaba sobre ella. No pudimos evitar preguntarnos por qué se había abandonado una cueva con semejante corriente.

La estrecha fisura conducía a una agradable sala con paredes blancas verticales. En el otro extremo, el tiro provenía de debajo de un metro cúbico de roca. Lo primero que pensamos fue que iba a ser un proceso lento. En ese momento un miembro del equipo decidió salir para calentarse un poco. Pero nos estábamos olvidando de nuestra arma secreta: Gordon Proctor. Tomando un martillo y un cincel, Gordon, con una mezcla de habilidad para encontrar los puntos débiles y fuerza bruta, atacó la roca. Después de 40 minutos, el metro cúbico de roca ya no existía. El resto del equipo estaba totalmente atónito y completamente asombrado por esta hazaña.

El destrepe de 3 m que había debajo conducía a través de una estrecha grieta a un pozo. Siempre fue un lugar incómodo hasta que fue resuelto por nuestra segunda arma secreta, el «niño de gatillo fácil», Dave Milner, que podía abrir tres agujeros antes de que otra persona pudiera sacar los micros.

Los pozos de la entrada nos llevaron a una gran sala con enormes rocas que colgaban del techo y que luego se hacía más pequeña hasta un último pozo corto. Había mucha niebla en la cueva, pero Martin Barnicott y yo, pues pasamos los primeros, nos quedamos atónitos por lo que vino a continuación mientras atravesábamos metro tras metro una gran galería a veces de 30 m de altura con chimeneas más altas. Durante dos días, los dos exploramos las principales galerías. Martin, quien hizo toda la topo inicial, fue varias veces más y, entre otras cosas, forzó las galerías del noroeste. Después de eso se sucedió la avalancha habitual de actividades con algunas de las chimeneas escaladas y muchos detalles añadidos. Sin embargo, el interés pronto desapareció.

Unos años después, tras lluvias muy fuerte, una cascada cayó por el arroyo al otro lado del muro de la entrada de El Cubillón, abriendo un gran pozo en el lecho. Ahora cualquier riada que baje del valle entra en la cueva. Mientras tanto, Alf y yo habíamos decidido que la galería Second South Passage no podía simplemente detenerse. En lo alto de una horrible escalada artificial de 30 m, cubierta con una capa uniforme de barro de 10 cm, encontramos una ventana por la que se veía un espacio abierto. Nuestros esfuerzos por lograr avanzar han sido especialmente ineficaces.

Un día, cuando regresamos del final, vimos que el río llevaba un poco más de corriente de lo habitual y cuando llegamos al primer pozo que teníamos que subir la cuerda estaba escondida tras una poderosa cascada.

John Southworth crossing the lake in Cueva en una Mina.
John Southworth cruzando el lago en Cueva en una Mina, 4251.   *Phil Goodwin*

silted up since the flood, was impassable and so began a long session of rock engineering to reconfigure the passage floor from the blockage to the pitch and lower the water level. All the time we were becoming highly alarmed at the thought we might miss dinner - always served at 8pm on the dot. It was a damn close run thing.

When you walk around the big main passages in El Cubillón and look up you can find many unclimbed avens and spot what look like high-level passages. The cave has yet to give up all its secrets. At the time of writing, divers Jim Lister and Mark Smith have just dived what looked like an insignificant sump at the end of First South Passage and broken through into more large passage with further possible leads.

Things were gradually changing in the Riotuerto area. The part of the valley and hills allotted to the Matienzo Caves Project had been reallocated to the Grupo de Espeleología Pistruellos. This could have spelled the end of our work in the area but, thanks to the goodwill of club members, we have been able to continue.

At the Posada Carlos 3, things were not going well. Our delightful host, Alvaro, contracted cancer of the throat and, although he battled on, eventually had to hand over the business to his son, Alvaro, who continued to run it successfully. When the elder Alvaro died, the family decided to end the business leasing it out to another firm with a manageress installed.

Slowly the quality and variety of the meals declined. It was clear that they were not making much of a profit. Once we were three days without power. They would not say, but we think it was due to an unpaid bill. After that the management continually fretted about electricity usage. Downstairs there were wide screen television and bright lights but we were chastised for leaving a 30 watt light on in the lounge. It all more or less ended when we came back one night to find that the lounge bulb had been hidden.

Now we rent houses. This naturally split the group in two and by this time Chris Camm and Phil Parker were already spending a good deal of time in Washing Machine Hole and persisting even when the u-bend in the entrance passage was silted up again.

Meanwhile, John Southworth was busy with his winter researches. One year he suggested that it might be worth looking again at the high ground to the west of Puerto Alisas where there were some undescended holes and a range of interesting features. By chance, Bob Cattley and I chose to go to site 2038. This was described as an undescended shaft some 5 metres deep. Not an unreasonable description since, when you threw a rock down, there was the unmistakeable sound of it landing on solid ground at about that depth. However, when we descended, we found that the bottom was, in fact, a rift and, away from where the rocks reached, there was a hole - and it was clearly very deep.

The next day we did a quick plumbing exercise which indicated that it had a depth well in excess of 150 metres. Since it was in their region, we invited Pistruellos group to descend. They have been delayed by having to negotiate a route which keeps them out of range of an extremely loose boulder slope. At 80m down they can see below them the shaft forming a perfectly round vertical tube. A renewed push is due soon, but it is not clear how they avoid falling rocks when they enter the tube.

Our group as a whole had always had more than a passing interest in mines, so it was inevitable that sooner or later we would visit the mining area in Barrio de Arriba. The old mine is well known with walk-in accessibility (1561). It appears to be an enlargement of a natural cave. Many old Matienzo hands also remember when, just below the old mine, there was an active shaft complete with tower and winding gear. All buildings, except a large water tank, have now been removed and the shaft capped and hidden. However, the question remained, "Was there a connection between the old mine and the new one?"

Only one open shaft existed in the old mine - Pozo 8. This turned out to go to minor workings with no possible way on. The question was finally solved by Miguel Rodriguez of Pistruellos who visited the mine archives of the University of Cantabria in Torrelavega. The plans showed that the two mines are completely separate. The new mine has a shaft of about 60 metres and a 3 metre wide 'road' stretching roughly north northeast to end up well under the hillside.

In our early explorations of the mined area we found, across the road from the old mine, a wide natural shaft but, as it was out of area and we had plenty to do, we more or less forgot about it. Later, a local couple bought a paddock there, built a cabin and kept a few sheep and horses in it. They had also cleared the land of excess vegetation and made a dirt road. In the process they uncovered an entrance in the side of the hill, part natural and part man-made,

De primeras esto nos echó para atrás pero, tras esperar una hora más o menos para ver si disminuía, logramos idear una manera de subir gracias a un pequeño hilo que encontramos y que nos permitió tensar la cuerda lejos del torrente. En lo alto de la estrecha galería, donde se había ido acumulando barro y rocas desde la inundación, era intransitable y, por lo tanto, comenzó una larga sesión de ingeniería para reconfigurar el suelo desde la obstrucción hasta el pozo y bajar así el nivel del agua. Mientras lo hacíamos nos preocupó mucho perdernos la cena, siempre servida a las 8 pm en punto. Y por poco no llegamos a tiempo.

Cuando atraviesas las grandes galerías principales de El Cubillón y miras hacia arriba, puedes encontrar muchas chimeneas sin escalar y ver lo que parecen galerías de nivel superior. La cueva aún tiene secretos por descubrir. En el momento de escribir este artículo, los buzos Jim Lister y Mark Smith acaban de sumergirse en lo que parecía un sifón insignificante al final del First South Passage y se han abierto paso a una galería más grande con más interrogantes.

Las cosas fueron cambiando poco a poco en la zona de Riotuerto. La parte del valle y los montes asignados al proyecto había sido reasignada al Grupo de Espeleología Pistruellos. Esto podría haber significado el final de nuestro trabajo en la zona pero, gracias a la buena voluntad de los socios del club, hemos podido continuar.

En la Posada Carlos 3 las cosas no iban bien. Nuestro encantador anfitrión, Álvaro, contrajo cáncer de garganta y, aunque siguió luchando, finalmente tuvo que ceder el negocio a su hijo, Álvaro, quien continuó dirigiéndolo con éxito. Cuando murió el anciano Álvaro, la familia decidió arrendar la empresa familiar a otra firma con una directora instalada.

Lentamente, la calidad y variedad de las comidas disminuyó. Estaba claro que el negocio no era rentable. Una vez estuvimos tres días sin luz. No lo dijeron, pero creemos que se debió a una factura impaga. Después de eso, la gerencia se preocupaba a todas horas por el uso de electricidad. En la planta baja había una televisión de pantalla ancha y luces brillantes, pero nos regañaron por dejar una luz de 30 vatios encendida en el salón. Decidimos que no volveríamos más o menos cuando regresamos una noche y descubrimos que habían escondido la bombilla del salón.

Ahora alquilamos casas, aunque, naturalmente, ha dividido al grupo en dos. Por aquel entonces Chris Camm y Phil Parker también habían empezado a pasar bastante tiempo en la cueva Washing Machine, insistiendo incluso cuando la curva cerrada en la galería de entrada se volvía a atascar.

Mientras tanto, John Southworth seguía ocupado con sus pesquisas invernales. Un año sugirió que merecería la pena volver a mirar el terreno en lo alto al oeste de Puerto Alisas, donde había algunos hoyos no explorados y una serie de puntos interesantes. Por casualidad, Bob Cattley y yo decidimos ir al 2038, descrito como un pozo sin explorar de unos 5 m de profundidad. Una descripción razonable ya que, al arrojar una piedra se podía oír el inconfundible sonido a aterrizar en tierra firme a esa profundidad. Sin embargo, cuando entramos, encontramos que la base era, de hecho, una diaclasa y, lejos de donde caían las rocas, había un agujero; y sin duda era muy profundo.

Al día siguiente hicimos un ejercicio rápido de ingeniería que nos mostró que tenía una profundidad muy superior a los 150 m. Como estaba en su área, avisamos al grupo de Pistruellos para que lo exploraran ellos. Han tenido que negociar una ruta que los mantenga lejos de una pendiente de rocas muy sueltas y eso les ha llevado algo de tiempo. A 80 m de profundidad pueden ver debajo de ellos un tubo vertical perfectamente redondo. Esperan poder volver a explorar pronto, pero no está claro cómo evitar que caigan rocas cuando entran en el tubo.

Nuestro grupo en su conjunto siempre había tenido cierto interés en las minas, por lo que era inevitable que tarde o temprano visitáramos la zona minera en Barrio de Arriba. La antigua mina es conocida porque se puede entrar fácilmente (1561). Parece ser una ampliación de una cueva natural. Muchos veteranos de Matienzo también recuerdan cuando, justo debajo de la antigua mina, había un pozo activo completo con torre y equipo. Todos los edificios, excepto un gran tanque de agua, se derrumbaron y el pozo se tapó y ocultó. Sin embargo, la pregunta seguía siendo: «¿Hubo una conexión entre la antigua mina y la nueva?».

Solo había un pozo abierto en la antigua mina, el Pozo 8, que daba a secciones menores y sin continuación posible. La duda fue finalmente resuelta por Miguel Rodríguez de Pistruellos, quien visitó el archivo minero de la Universidad de Cantabria en Torrelavega. Los planos mostraron que las dos minas están completamente separadas. La nueva mina tiene un pozo de unos 60 m y una «carretera» de 3 m de ancho que se extiende más o menos al noreste para terminar muy por debajo de la ladera.

En nuestras primeras exploraciones de la zona minera encontramos, al otro lado de la carretera de la antigua mina, un amplio pozo natural pero, como estaba fuera de nuestra área y teníamos mucho que hacer, más o menos nos olvidamos de él. Más tarde, una pareja local compró un prado allí, construyó una cabaña y guardó algunas ovejas y caballos en ella. También limpiaron el terreno del exceso de vegetación y abrieron un camino. Al hacerlo descubrieron una entrada en la ladera de la colina,

which led to the shaft we had found years before. There were also a variety of test adits in various directions.

Down a 3 metre drop we found a 16 metre shaft with mining deads scattered around. Since there was no evidence of major workings outside we thought it would lead to a few more trial passages. Although we were not very hopeful, the pitch was rigged and Alf despatched down. After a while Alf shouted up that we should come down. Was this an Alf leg-pull? At the bottom of the shaft and down a slope of deads was a fine natural cave, well decorated in places and consisting of three large, high chambers and ending in a small deep lake. Later visits in this 'Cave in a Mine' (4251) have failed to find any continuation.

Although we were all interested in the hydrology of the area, it was John Southworth who provided the impetus we needed to do some actual testing. So, from time to time when conditions were right, we made tests in the Riotuerto area, among others. First, we linked Duck Pond Sink to the Fuente Aguanaz (0713), then El Cubillón was traced to the same place and, finally, also a shaft (1969) by the road not far from Puerto Alisas. Slowly a picture is emerging of the area and the Bencano Valley especially. It is surrounded by deep shafts - Washing Machine (3420) and 'Yoyo' (3812) to the east, El Cubillón to the west and shafts at the head of the valley near Puerto Alisas. Add to that several strongly draughting but inaccessible sites in the valley bottom. Clearly there is a big system under the valley with links to Rio Aguanaz. All we have to do is find a way in!

The main, long term, protagonists: Chris Camm, Phil Parker, Dave Milner, John Southworth, Gordon Proctor, Alf Latham and Phil Goodwin.

en parte natural y en parte artificial, que daba al pozo que habíamos encontrado años antes. También había varias galerías de prospección que salían en varias direcciones.

Bajando un destrepe de 3 m encontramos un pozo de 16 m con restos mineros. Dado que en el exterior no hay nada que indique que fueran explotaciones importantes, pensamos que conduciría a algunas galerías de prospección más. Aunque no teníamos muchas esperanzas, instalamos el pozo y enviamos a Alf. Después de un rato, Alf gritó que deberíamos bajar. ¿Sería una broma de Alf? En la base del pozo y bajando una pendiente de restos había una hermosa cueva natural, bien decorada en algunos lugares y que constaba de tres salas grandes y altas y terminaba en un pequeño lago profundo. En visitas posteriores a esta Cueva en una mina (4251) no se ha podido encontrar continuación alguna.

Aunque a todos nos interesaba la hidrología del área, John Southworth nos dio el empujón que necesitábamos para hacer alguna prueba. Así que, de vez en cuando, cuando las condiciones son las adecuadas, hacemos pruebas en la zona de Riotuerto, entre otras. Primero, conectamos Duck Pond Sink con Fuente Aguanaz (0713), luego El Cubillón hasta el mismo lugar y, finalmente, también un pozo (1969) junto la carretera no lejos de Puerto Alisas. Poco a poco se va formando una imagen de la zona y especialmente del valle de Bencano. Está rodeado de pozos profundos: Washing Machine (3420) y «Yo-yo» (3812) al este, El Cubillón al oeste y pozos en la cabecera del valle cerca de Puerto Alisas. A eso hay que sumarle los varios agujeros con fuerte corriente de aire pero inaccesibles en el fondo del valle. Claramente, hay un gran sistema debajo del valle conectado con el Río Aguanaz. ¡Todo lo que tenemos que hacer es encontrar una manera de entrar!

Los protagonistas principales: Chris Camm, Phil Parker, Dave Milner, John Southworth, Gordon Proctor, Alf Latham y Phil Goodwin.

Cueva de Fresnedo 2
James Carlisle

James brings together the explorations in Cueva Fresnedo 2 over the last 10 years.

James resume las exploraciones en Cueva Fresnedo 2 a lo largo de los últimos 10 años.

Fresnedo II (0841) first came to my attention in 2013 after a drunken liaison with Andy Pringle, one of the original explorers from the early 1990s. After warming up over the course of a pint or three of ale, he began to expound Fat Freddy's Rule: go to the very far end of the cave and stay high! It was massive in there, apparently, and (in his own inimitable words) the whole place was "gagging for it". I decided to take all this with a large pinch of salt and even larger swig of ale. However, the chance to get to know an extensive and little-visited cave system held a certain amount of appeal, so I pressed him for further details. Very soon, I had a full description of the route to the terminal boulder choke, provided with enough verisimilitude to convince me that this wasn't just the ravings of a drunken madman.

I began to make notes as he explained to me about the passage that "reeked of anise", the junction that always sends you the wrong way, the exposed traverse from which he had previously fallen and the pitch that was a human bacon slicer on entry and an acrobatic pendulum on exit. It all sounded very exciting but there remained the problem of trying to assemble a willing team. Andy had mentioned that the cave was reasonably squalid and required a fair bit of crawling, so I was worried that it might not be first on most cavers' hit lists. Thankfully, some friends of mine, Djuke Veldhuis and Tony Rooke, had agreed to come out to Matienzo for the first time that year and knew no better, so would be perfect Fresnedo fodder.

That summer we began the re-exploration. The team had expanded somewhat and, as well as Djuke, Tony and me, it consisted of Aiora Zabala, Diane Arthurs and Simon Cornhill. After an enjoyably convoluted entrance series, followed by two up pitches and several down pitches, the start of the main section of a cave is reached: an impressive dry and sandy canyon. However, from this point onwards things did not go to plan. Instead of motoring down the main drag towards the terminal choke, we got hopelessly lost and found ourselves scrotting about in various side inlets, leading to a very time-consuming diversion. By the time we neared the business end of the cave, it became clear that we weren't going to get to the terminal choke on this trip and would, instead, have to settle for a reconnaissance mission to learn the route. To console ourselves, we decided to explore some side passages and – blatantly disregarding Fat Freddy's Rule – we chanced upon an unexplored inlet buried at the base of a boulder choke. Much to Andy Pringle's chagrin, the passages beyond this inlet turned out to contain the lowest point in the entire cave. So much for Fat Freddy!

Fresnedo II despertó mi curiosidad por primera vez en 2013 después de una conversación de borrachera con Andy Pringle, uno de los primeros exploradores de la cueva a principios de la década de los noventa. Tras ir animándose entre pinta y pinta, o tres, de cerveza, comenzó a exponer la regla de las alturas: ¡ve al extremo más alejado de la cueva y quédate arriba! Por lo visto, era enorme y (en sus propias e inimitables palabras) «lo estaba pidiendo». Decidí no tomármelo al pie de la letra, mejor con un buen trago de cerveza. Sin embargo, la oportunidad de conocer un sistema extenso y poco visitado tenía su encanto, por lo que lo presioné para que me diera más detalles. Muy pronto, tuve una descripción completa de la ruta hasta el caos de bloques terminal, provista de suficiente verosimilitud para convencerme de que aquello no eran solo los desvaríos de un loco borracho.

Comencé a tomar notas mientras me hablaba de la galería que «apestaba a anís», el cruce que siempre te mandaba en dirección contraria, la escalada transversal expuesta de la que se había caído y el pozo que era como una cortadora de fiambre al entrar y un péndulo acrobático al salir. Todo aquello parecía muy emocionante, pero quedaba un problema: intentar formar un equipo dispuesto. Andy había mencionado que la cueva era algo miserable y había que pasar por bastantes laminadores, por lo que me preocupaba que no fuese la primera en la lista de objetivos de la mayoría de los espeleólogos. Afortunadamente, algunos amigos míos, Djuke Veldhuis y Tony Rooke, se habían animado a ir a Matienzo por primera vez ese año y, en su ignorancia, serían ideales como carne de cañón para Fresnedo.

Ese verano comenzamos la reexploración. El equipo había crecido un poco y, además de Djuke, Tony y yo, estaba compuesto por Aiora Zabala, Diane Arthurs y Simon Cornhill. Después de la red de la entrada, entretenida en su complejidad, seguida de la subida de dos pozos y la bajada de dos pozos, se llega al comienzo de la sección principal de la cueva: un impresionante cañón seco y arenoso. Sin embargo, a partir de este momento, las cosas no salieron según lo planeado. En vez de pasear tranquilos por la ruta principal hasta el caos de bloques terminal, nos perdimos por completo y nos encontramos mirando en varias galerías laterales, lo que nos llevó hasta un desvío complejo. Para cuando nos acercamos a la sección que nos interesaba de la cueva, quedó claro que no íbamos a llegar al caos de bloques en esta incursión y que tendríamos que conformarnos con una misión de reconocimiento. Para consolarnos, decidimos explorar algunas galerías laterales y, haciendo caso omiso de la regla de las alturas, nos topamos

Having achieved only limited success and with enthusiasm levels amongst the team not altogether stratospheric, this felt like it might be it for Fresnedo II for a while. However, Andy had one more intriguing snippet of information that needed investigating: a possible pitch bypass that would negate the need to carry SRT kits and tackle to reach the end of the cave. Owing to the magnitude of its draught, the fabled bypass had been christened "The Howling". Up until that point, only one person, Neil Pacey, had ever navigated it. The copious quantities of liquid mud meant that he'd only got through by using an upturned drag tray to dredge it out. From our initial foray into the cave, it seemed to me that the pitch series took an inordinate amount of time (around an hour) considering how little horizontal distance it gained. Surely, an alternative route requiring no tackle would represent quite a considerable time saving?

Luckily, Chris Scaife and Alex Ritchie were on hand in 2015 to bring the plan to fruition. Donning wetsuits, we got stuck into "The Howling" with gusto and soon we were able to declare the new bypass open. Alex and I were joined by Chris Sharman on the very first pushing trip via this route and found a small extension in the new area that had been discovered during the 2013 expedition. Most pleasingly, the route via "The Howling" not only provided the expected reduction in travel time, but also had some desirable temperature regulation effects. A brief dip in the restorative mud was perfect for refreshing any cavers weary from the long entrance crawls; such a welcome change from those hot and sweaty pitches.

In Easter 2016, I managed to persuade another newcomer, Anthony Day, to come to Matienzo with the express purpose of tackling

con una galería inexplorada hasta entonces escondida en la base de un caos de bloques. Muy a pesar de Andy Pringle, las galerías al otro lado condujeron al punto más bajo de toda la cueva. ¡Pues vaya con la regla de las alturas!

Al no haber conseguido grandes resultados y con el entusiasmo del equipo en un nivel no del todo estratosférico, parecía que iba a tener que dejar Fresnedo II aparcada una temporada. Sin embargo, Andy me ofreció cierta información intrigante que iba a tener que investigar: quizás había una forma de evitar el pozo, evitando la necesidad de llevar arnés y equipo para llegar al final de la cueva. Debido a la magnitud de la corriente de aire que se filtra por él, el legendario desvío había sido bautizado como «The Howling» (El rugido). Hasta ese momento, solo una persona, Neil Pacey, lo había pasado. Por la gran cantidad de barro líquido que contiene solo había logrado pasar usando una bandeja de desobstrucción boca abajo para dragarlo. Tras nuestra incursión inicial en la cueva, me pareció que la sección de la entraba nos llevaba muchísimo tiempo (alrededor de una hora) considerando la poca distancia horizontal que recorríamos. Seguramente, una ruta alternativa para la que no hace falta equipo nos ahorraría bastante tiempo ¿no?

Por suerte, Chris Scaife y Alex Ritchie se animaron en 2015 para llevar a cabo el plan. Con trajes de neopreno, nos metimos en The Howling con entusiasmo y pronto pudimos declarar abierto el nuevo desvío. A Alex y a mí nos acompañó Chris Sharman en la primera incursión para forzar esta ruta y encontramos una pequeña extensión en la nueva sección que se había descubierto durante la campaña de 2013. Lo mejor era que The Howling no solo nos permitía avanzar en menos tiempo, sino que también ofrecía una regulación de la temperatura muy apetecible. Un breve chapuzón en ese barro restaurador era perfecto para refrescar a cualquier espeleólogo cansado de los largos laminadores de la entrada; una alternativa estupenda a esos pozos en los que tanto calor hace.

James in the far reaches of Fresnedo II.
James en los confines de Fresnedo II.
Anthony Day

Fresnedo II. Now that "The Howling" was open, we could reach the end of the cave in around two hours without tackle, which made new exploration much more feasible. On this expedition, we explored two side passages, Shabby Inlet and Not Too Shabby. Anthony also noticed a possible bolt climb up into the roof just back from the terminal boulder choke. In summer 2016, Lauren Griffin and I also surveyed and re-explored the area known as "Situation Normal", which was a side passage that had been drawn as just a centreline on the original survey, about two thirds of the way into the cave. This led to some quite exhilarating caving: a series of squeezes between migratory boulders exits immediately into the base of a nested series of scree funnels replete with large surfing rocks. The area is strongly draughting but requires the attention of an idiot to gain further progress.

More side passages were surveyed at Easter 2017 with Becka Lawson whom, it transpired, had been in the exact-same side passages many years earlier. She had no recollection of having ever visited the cave until documentary evidence to the contrary was found in an old logbook.

Chris Scaife, Chris Sharman, Alex Ritchie and I returned in the same expedition to look at a second known side passage in the same area (not drawn up by the original explorers). The logbook suggested that this ended at a climb up a waterfall which had not been properly pushed. Not having the free-climbing ability (i.e. stupidity) of our predecessors, a maypole was used to safely ascend the waterfall, as there was no possibility of bolting up the overhanging calcite. This led into a long series of passages named on a Looney Tunes theme thanks to a couple of amusing incidents that had beset the explorers. First, Alex had spent several minutes repeatedly attempting to lasso thin air with a view to getting us up the waterfall without having to carry in a maypole and, second, Chris had stumbled on a traverse over a 4m drop and had somehow managed to run across thin air to the other side, Wile E. Coyote style! Further extensions were found in this section during the summer of 2017 when Diane Arthurs and Simon Cornhill accompanied Chris Scaife and me to bolt up the "Pépé le Puits" aven.

In summer 2018, Tom Howard, Paul Wilman and I returned to the passages above "Pépé le Puits" but did not find anything of any significance. Tom and I then decided to have a go at bolting up above the terminal boulder choke in the area that Anthony Day had noted back in 2016. This proved to be extremely fruitful because a high-level series over the boulder choke was found, carrying a strong draught. A series of trips (also involving Dave Dillon, Jim Lister, Chris Scaife and Alex Ritchie) followed, eventually gaining an impressively decorated streamway. This was named "Honeymoon Period" because it was discovered two days after Chris's wedding. Alas, this ultimately led to "Irreconcilable Breakdown" following "A Bit On The Side" along the way.

Further trips to "Honeymoon Period" were made in the Easter and summer of 2019. An aven was bolted up into a very large chamber with no obvious continuation. A bolt traverse in this chamber remains the only known lead beyond the original terminal boulder choke at the time of writing. This will hopefully be explored in 2020.

James, mocking the generally muddy conditions in the cave, suggests that any or all of the following captions could fit this photograph of Fresnedo II.

1. This area below the waterfall at Pépé le Puits is particularly well-decorated.

2. Halfway along the stomps in Munster's Waltz – my favourite part of the cave.

3. These cascades in Honeymoon Period are amongst the finest I've seen.

4. Getting back to this part of the entrance series is always a sight for sore eyes after a gruelling trip to the far reaches.

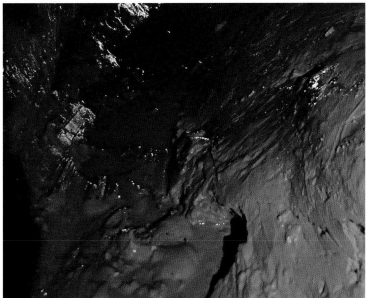

En Semana Santa de 2016, logré convencer a otro recién llegado, Anthony Day, para que viniera a Matienzo con el único propósito de ir a Fresnedo II. Ahora que habíamos abierto The Howling, podíamos llegar al final de la cueva en unas dos horas, lo que hacía que la exploración fuera mucho más viable. En esta ocasión, exploramos dos galerías laterales, Shabby Inlet y Not Too Shabby. Anthony también observó que quizás se pudiese instalar para escalada artificial la pared justo antes del caos de bloques terminal. En el verano de 2016, Lauren Griffin y yo también topografiamos y volvimos a explorar la zona conocida como Situation Normal, una galería lateral que aparece solo como una poligonal en la topo original, a unos dos tercios del camino desde la entrada. Esta fue a dar a una sección bastante emocionante: una serie de estrecheces entre rocas migratorias va a dar inmediatamente a la base de una serie de embudos de derrubio repletos de grandes rocas para surfearlo. Se filtra un fuerte tiro de aire, pero requiere la atención de un idiota para progresar.

Inspeccionamos más galerías laterales en Semana Santa de 2017 con Becka Lawson, quien, según supimos después, había estado exactamente en las mismas galerías muchos años antes. No recordaba haber visitado la cueva hasta que aparecieron pruebas documentales en un viejo cuaderno de salidas. Chris Scaife, Chris Sharman, Alex Ritchie y yo volvimos en esa misma campaña a mirar una segunda galería lateral conocida en la misma área (no dibujada por los exploradores originales). Según el cuaderno de salidas esta terminaba en una escalada a una cascada que no había sido forzada. Al no tener las habilidades de escalada libre (es decir, la estupidez) de nuestros predecesores ni poder instalar una fijación en la colada de la pared, usamos una pértiga para subir con seguridad. Desde aquí accedimos a una larga red de galerías nombradas siguiendo la temática de Looney Tunes gracias a un par de incidentes divertidos que vivieron los exploradores. Primero, Alex se había pasado un buen rato intentando lanzando una cuerda y agarrando nada más que aire con la esperanza de poder escalarlo sin tener que cargar con la pértiga y, segundo, Chris había tropezado en una escalada transversal sobre una pozo de 4 m y de alguna forma había logrado cruzarlo andando sobre el aire, ¡como el Coyote del Correcaminos! En esta sección se encontraron más extensiones en el verano de 2017 cuando Diane Arthurs y Simon Cornhill nos acompañaron a Chris Scaife y a mí para instalar la chimenea Pépé le Puits.

En verano de 2018, Tom Howard, Paul Wilman y yo volvimos a las galerías pasando Pépé le Puits, pero no encontramos nada importante. Tom y yo decidimos intentar instalar una escalada artificial por encima del caos de bloques terminal, lo que Anthony Day había visto en 2016. Esto resultó ser todo un éxito, porque encontramos una red superior sobre el caos de bloques con una fuerte corriente de aire. A esta le siguió una serie de incursiones (en las que también participaron Dave Dillon, Jim Lister, Chris Scaife y Alex Ritchie), llegando finalmente a una galería activa con unas formaciones estupendas. A esta la llamamos Honeymoon Period (Luna de miel), porque se descubrió dos días después de la boda de Chris. Por desgracia, terminó en Irreconcilable Breakdown (Ruptura irreconciliable), tras A Bit On The Side (El escarceo), en el camino.

Volvimos a Honeymoon Period en la Semana Santa y el verano de 2019. Instalamos una chimenea hasta una sala muy grande sin una continuación obvia. Cuando se escribió este artículo, una escalada transversal en esta sala sigue siendo el único interrogante que nos queda pasando el cao de bloques terminal original. Con suerte, lo exploraremos en 2020.

James, riéndose del barro omnipresente en la cueva, cree que cualquiera de estas leyendas, o todas, podrían valer para esta fotografía de Fresnedo II.

1. Esta sección debajo de la cascada en Pépé le Puits tiene formaciones bastante bonitas.

2. A mitad de camino en la galería Munster's Waltz, mi parte favorita de la cueva.

3. Estas cascadas en Honeymoon Period son de las mejores que he visto.

4. Siempre es un placer volver a esta parte de la red de la entrada después de una agotadora incursión hasta los confines de la cueva.

Caves, kids, and casas

Cuevas, niños y casas

LOUISE KORSGAARD and TORBEN REDDER

The decade from the Danes' perspective

Esta década desde la perspectiva de los daneses

LOUISE PUSHING 3234 TOO SOON!

During the past decade we have given Cueva-Cubío del Llanío (3234) much more attention than other caves, probably because the easy access was convenient with children. The only entrance until 2017 often has a strong draught. On some trips, many metres were surveyed and, on others, only small bits and pieces - but it kept us optimistic. We had to keep pushing to find where the draught came from. Our passage names sometimes reflect our wild excitement when we found them, like "Horny Dog", and sometimes reflect funny anecdotes.

"Torben, I must get out soon. My breasts are getting bigger and bigger. I won't get through the squeeze if I wait much longer!"

In her eagerness to get underground after giving birth to our firstborn, Louise had completely underestimated the milk-producing capacity of her breasts. She made it out to hungry 3 months old Karen, waiting in the caring hands of 'uncle' Peter Fast. We had so much to learn about the new role of being cavers with kids. That Easter (2010) a new passage in 3234 was called No Breast Feed Crawl.

SLEEPING IN THE CAVE

In 2016, we (Peter Fast and Torben) stayed overnight in the cave to intensify the digging and searching. This overnight trip was expected to be a very pleasant experience, as we had located a dry and sandy place to sleep.

That day, we explored wet passages with crawling and digging so we were soaked with wet mud as we headed back. Just before camp, we had to crawl flat-out through another wet and muddy section so, as

¡LOUISE FORZÓ 3234 ANTES DE TIEMPO!

Durante la última década, le hemos dedicado más tiempo a la Cueva-Cubio del Llanio (3234) que a otras cuevas, probablemente porque, tras ser padres, nos resultaba fácil acceder a ella. La única entrada hasta 2017 a menudo tiene una fuerte corriente de aire. En algunas incursiones, topografiamos muchos metros y, en otros, solo pequeñas secciones, pero nos mantuvimos optimistas. Tuvimos que seguir forzando las galerías para encontrar el origen de la corriente de aire. Los nombres de nuestras galerías a veces reflejan el frenesí que sentimos al encontrarlas, como Horny Dog (Perro Cachondo), y a veces reflejan anécdotas divertidas:

«Torben, tengo que salir pronto. Mis pechos se están hinchando. ¡No pasaré por el laminador si espero mucho más!»

En su afán por volver a las cuevas después de dar a luz a nuestra primogénita, Louise había subestimado por completo la capacidad de producción de leche de sus pechos, así que volvió con una hambrienta Karen de 3 meses que esperaba en buenas manos con el «tío» Peter Fast. Teníamos mucho que aprender sobre nuestro nuevo papel como espeleólogos con niños. Esa Semana Santa (2010) una nueva galería en 3234 recibió el nombre No Breast Feed Crawl, la gatera Sin Lactancia.

DORMIR EN LA CUEVA

En 2016 pasamos (Peter Fast y Torben) una noche en la cueva para redoblar las horas dedicadas a las desobstrucciones y la exploración. Creíamos que esta incursión nocturna iba a ser una experiencia muy agradable, ya que habíamos encontrado una sección seca y arenosa para dormir.

Ese día, exploramos galerías activas por las que nos arrastramos y cavamos, así que estábamos empapados con barro húmedo. Justo

Contemplating a cold, damp night in Llanío.
Preparándose para una noche fría y húmeda en Llanío.

we arrived at camp, we were quite cold and looked like we had just been pulled out of a drain. Then, the first mistake hit us – we had not brought any dry clothes. We were reminded of the question we always get from the English cavers, when we want to sleep in the cave: "But why"?

Heading out and spending the night in the bar would certainly have improved our comfort. Instead, we stripped down to our wet underwear and started jumping and running around, trying to get warm and dry out the under garments. We were still cold and wet as we crawled into the sleeping bags and prepared our dinner.

We expected to get a warm night once in the sleeping bags. But we were wrong. My sleeping bag was too thin and Peter's down sleeping bag would have been nice and warm but, in the damp conditions, it collapsed to a thin blanket. It was a cold and miserable night.

THE BREAKTHROUGH TO ALI CHAMBER

Several times over the years, we had looked into a tight horizontal crawl that would require some digging. It was only a few metres from our usual narrow shaft into the lower section, so we passed it on nearly every trip. It didn't look any more promising than the other leads we pushed and surveyed but it eventually went higher up the list of things to do.

Excavating the crawl only got us through to Bird Wing Chamber, where we had been before, and not really thought to be the best way on. We noticed a 10 cm diameter, draughting hole in the floor and, with nothing else to push, we started hammering it out. This hole was enlarged just enough to fit through, with one arm up and the other arm down for abseiling through. After more squeezing through wet

antes de llegar al campamento, tuvimos que arrastrarnos por otra sección embarrada, así que, cuando llegamos, teníamos bastante frío y parecía que nos acababan de sacar de un desagüe. Entonces, nos dimos cuenta de nuestro primer error: no habíamos llevado ropa seca. Nos acordamos de la pregunta que siempre nos hacen los espeleólogos ingleses cuando queremos dormir en una cueva: «Pero ¿por qué?».

Salir y pasar la noche en el bar sin duda habría lo más cómodo, pero, en vez de hacerlo, nos quitamos la ropa mojada y comenzamos a saltar y correr, tratando de calentarnos y de secar la ropa interior. Todavía mojados y con frío, nos metimos en los sacos de dormir y preparamos la cena.

Esperábamos calentarnos una vez dentro de los sacos de dormir, pero nos equivocamos. Mi saco de dormir era demasiado fino y el de Peter habría sido de lo más agradable de no ser por la humedad que había; era como una manta fina. Fue una noche fría y horrible.

LOS AVANCES HASTA LA SALA DE ALI

Varias veces a lo largo de los años habíamos inspeccionado un laminador estrecho que había que desobstruir. Estaba a solo unos metros de nuestro pozo habitual en el nivel inferior, por lo que pasábamos delante de él en casi todas las incursiones. No parecía más prometedor que los demás interrogantes que forzábamos y topografiábamos, pero poco a poco fue subiendo de puesto en la lista de cosas que hacer.

Excavar el laminador solo nos llevó hasta la sala Bird Wing, una sala que ya conocíamos, y realmente no es que esa fuese la mejor forma de llegar a ella. Sin embargo, notamos un agujero de 10 cm de diámetro en el suelo y, sin nada más que explorar, comenzamos a martillarlo. Agrandamos el agujero lo suficiente como para pasar haciendo rappel con un brazo hacia arriba y el otro brazo hacia

sections, we got down into the much bigger, walking-size Mitre Passage, where it was dry and pleasant.

This was the breakthrough which took us to the large Ali Chamber, with multiple ways on. Ali Chamber was named after Alasdair Neill, with whom we have made countless, excellent caving trips. On trips with Ali, we seldom returned without new surveys.

SUB-PHONE ENTRANCE AND MULU MANNERS

As we explored 'Under Road Chamber', there was an unmistakable scent of the surface. This made us continue pushing a small and very muddy tube. Eventually roots and soil became visible and the tube turned upward, just big enough to stick an arm up beside the roots. There was a slight draught along the roots and water was percolating down. Next day, we returned with a sub-phone. The skilled surface team managed to locate a promising digging spot right above the sub-phone. In the process of locating the cave, the surface team was hammering on the road, and it sounded like there was only a thin layer of bed rock separating the road from the cave.

Before commencing our squeezy, wet and muddy exit, we checked out one final, obvious lead off Ali Chamber. Four metres down The Shark, a shelf and a flat out crawl under beautiful roof pendants opened up and revealed a 5 - 10m wide passage heading east into unknown territory. This exciting, Mulu type of find was made on the day the caver Syria Lejau from Mulu, Malaysia, arrived in Matienzo. Thus the new passage was named Mulu Manners and fuelled our incentive to open up an easier entrance to explore this part of the cave.

The huge team effort of digging the new entrance close to "Under Road Chamber" started. At some point we reached bedrock and needed heavier tools to make our way. As we got closer and could see through to the cave we had to check the hole was big enough. Torben volunteered and expected that he might just get through. But he was wrong! He was immobilised 2 metres down the tube and was unable to get back up. Fortunately, Phil and Juan pulled him out with a rope.

The decision to dig out Sub-phone Entrance for easier access to Mulu Manners was certainly worth the effort. Site 3234 was first found in 2009 and, despite pushing every year, the cave had "only" reached 4.0km by Easter 2017, when Mulu Manners was discovered. After access had improved, exploration of new finds increased. After Easter 2018, the length was 7.0km.

A BEAR SKELETON DEEP IN THE CAVE

We had just started surveying the passage and suddenly I heard Peter Fast shouting, "There is a calf skeleton". What?! We were quite excited about the surveying and didn't expect to find signs of animals. The excitement was probably the reason why Peter didn't notice that the calf had big fangs and claws and it was, in fact, a bear. The location of the bear was a big surprise - a real mystery, as the bear could not have entered the way we did. Moreover, the skeleton is sheltered in an alcove in a high chamber that is about 80m below the surface. So, if the bear fell in through a shaft, it would still have survived and been able to move into the alcove.

THE CONNECTION -
THE CULMINATION OF 10 YEARS OF PUSHING 3234.

That morning, we left the kids 'home alone' with a 1 kg jar of Nutella. Just before we went down Sub-phone Entrance on the mission to connect 3234 to Cueva de Riaño (0105), the girls called on the mobile and proclaimed in despair: "We cannot open the Nutella!" Our mission was at risk but, with clever jar-opening-guidance from Torben, they managed to open the jar and we could proceed underground.

We set up the sub-phone at the connection area and heard unmistakable human voices. Where did the voices come from? Up the slope? No. From where Torben was, down the slope? Yes. But Torben disagreed and said the voices came from up the slope. Peter 'Pedro' Smith noticed a small tube in the roof and climbed up. Yes, the voice connection was made. No need for sub-phones anymore.

Our team had no digging tools, so the Riaño team started digging. Soon after, the touch of two female fingers made the connection official and more digging – passing tools from one side to the other - rendered the connection big enough for person-sized verification.

A decade of digging, crawling and pushing 3234 to 7.3km long has culminated by linking it into the now 67km-long Four Valleys System, making the network the 7th longest in Spain.

But the cave still has many secrets and exploration is by no means finished. We will keep pushing with the next generation of Matienzo cavers, and we have to solve the puzzle about how the bear got deep into the cave.

FAMILY TRIPS TO "WHERE THE COWS WALK ON THE ROAD"

From a caving perspective (and all other perspectives as well, by the

abajo. Después de pasar por varias secciones activas, entramos en la galería Mitre, mucho más grande y amplia, seca y agradable.

Este fue el gran descubrimiento que nos condujo a la gran sala de Ali, con múltiples continuaciones. La sala de Ali lleva el nombre de Alasdair Neill, con quien disfrutamos de innumerables y excelentes incursiones espeleológicas. En los días con Ali, rara vez regresamos sin nueva topo.

ENTRADA SUB-PHONE Y MULU MANNERS Mientras explorábamos la sala bajo la carretera, podíamos oler la superficie. Esto nos hizo continuar forzando un tubo pequeño y lleno de barro. Finalmente, vimos raíces y el tubo giró hacia arriba, lo suficientemente grande como para alzar un brazo entre las raíces. Había una ligera corriente de aire por las raíces y se filtraba agua. Al día siguiente, regresamos con un teléfono subterráneo. Un experimentado equipo en la superficie logró ubicar un punto de excavación prometedor justo encima del teléfono. Para localizar la cueva, el equipo en la superficie iba golpeando el camino, y parecía que una capa fina de roca era lo único que separaba el camino de la cueva.

Antes de iniciar esa salida estrecha, húmeda y embarrada, echamos un último vistazo a una continuación de la sala de Ali. A cuatro metros bajando por The Shark, una plataforma y un laminador bajo con hermosas formaciones se abrió y mostró un galería de 5 a 10 m de ancho que se dirigía hacia el este a territorio desconocido. Este emocionante hallazgo, típico de Mulu, ocurrió el día en que el espeleólogo Syria Lejau de Mulu, Malasia, llegó a Matienzo. Así que, llamamos a la nueva galería Mulu Manners y nos sentimos más animados para abrir una entrada que nos ayudase a explorar esta parte de la cueva con más facilidad.

Entonces empezó el enorme trabajo en equipo para excavar la nueva entrada cerca de la sala bajo la carretera. En algún momento nos topamos con roca firme y necesitamos herramientas más potentes para abrirnos camino. Cuando nos acercamos y pudimos ver a través de la cueva, tocó comprobar que el agujero fuese lo suficientemente grande. Torben se ofreció como voluntario, esperaba poder pasar, ¡pero se equivocó! Se quedó atascado tras 2 m y no podía volver a subir. Afortunadamente, Phil y Juan lo sacaron con una cuerda.

La decisión de excavar la entrada Sub-phone para acceder a Mulu Manners con más facilidad sin duda mereció la pena. La cueva 3234 se descubrió en 2009 y, a pesar de explorarla todos los años, en Semana Santa de 2017 —cuando se descubrió Mulu Manners— la cueva «solo» tenía 4 km de desarrollo. Después de mejorar el acceso, creció el ritmo de exploración de nuevos hallazgos. Tras la Semana Santa de 2018, la cueva tenía 7 km de desarrollo.

EL ESQUELETO DE UN OSO EN LAS PROFUNDIDADES Acabábamos de comenzar a topografiar la galería y de repente oí a Peter Fast que gritaba: «Hay un esqueleto de ternero». ¡¿Cómo?! Estábamos muy entusiasmados con la topo y no esperábamos encontrar restos animales. Probablemente por eso Peter no se dio cuenta de que el ternero tenía grandes colmillos y garras y, de hecho, era un oso. El sitio en el que estaba el oso también fue una gran sorpresa, un verdadero misterio, ya que el oso no podría haber entrado como lo hacíamos nosotros. Además, el esqueleto está protegido en un nicho en una sala alta que está a unos 80 m bajo tierra. Si el oso se había caído a través de un pozo, habría sobrevivido y habría podido moverse hasta esa sala.

LA CONEXIÓN: EL COLOFÓN DE 10 AÑOS EXPLORANDO 3234

Esa mañana, dejamos a las niñas «solas en casa» con un frasco de 1 kg de Nutella. Justo al llegar a la entrada Sub-phone para adentrarnos en la misión de conectar 3234 con Cueva de Riaño (0105), las niñas nos llamaron por teléfono y proclamaron con desesperación: «¡No podemos abrir el bote de Nutella!». Nuestra misión peligraba, pero gracias al asesoramiento de Torben, lograron abrir el bote y pudimos adentrarnos bajo tierra.

Instalamos el teléfono subterráneo en la zona de conexión y escuchamos voces humanas inconfundibles. ¿De dónde venían? ¿Subiendo la cuesta? No. Desde donde estaba Torben, ¿cuesta abajo? Sí. Pero Torben no estaba de acuerdo y según él venían de arriba. Peter «Pedro» Smith vio un pequeño tubo en el techo y subió. Sí, conseguimos una conexión de voz. Ya no necesitábamos el teléfono subterráneo.

Nuestro equipo no tenía herramientas de desobstrucción, por lo que el equipo de Riaño comenzó a excavar. Poco después, pudimos tocar dos dedos femeninos y la conexión ya era oficial. Tras un poco más de desobstrucción (nos pasamos herramientas de un lado a otro), la conexión fue lo suficientemente grande para comprobarlo en persona.

Tras una década excavando, forzando y arrastrándonos por laminadores hasta que 3234 tenía un desarrollo de 7,3 km culminó en una conexión con el Sistema de los Cuatro Valles, que ahora tiene un desarrollo de 67 km, lo que hace que sea el séptimo más largo de España.

Pero la cueva todavía tiene muchos secretos y la exploración no ha

way!) starting a family was a game changer. Before having kids, the valley, its people and animals merely set the background scene for cave exploration, with long trips, getting out in the dark and stumbling over cows and bulls in the fields. Now, with countless hours spent walking around the valley with strollers and toddlers, the valley scene moved to the foreground and many friendships blossomed with people and places in the misty depression. Friendships that now feels like family.

When Karen and Marie were small they could not pronounce Matienzo and called the valley 'where the cows walk on the roads'. The cave exploration was adjusted to incorporate the kids, so we did much more searching for new entrances. That was a perfect solution, as the whole family could participate and, having to bring less equipment, there was room in the tackle bag for kids and diapers.

We once found an entrance next to the road (3722). This was picnic caving straight out of the car. Now and then we had to help the kids to put fingers in their ears and look away for safety when more drastic digging measures were used.

As the kids started walking caving activities became easier as, in the small caves where we had to crawl, they were quite fast. We had to crawl quickly to keep up with them and make sure they didn't do something dangerous. Sometimes we had to do a bit of clearing in the entrance to get spiders away, but the two girls slowly adapted to accepting and appreciating the wildlife.

From the kids we realized that some caves have hidden treasures. Mud in a cave is not just mud. As the kids taught us, there are excellent, good and bad qualities for producing mud-men, mud-animals and much more. In some of the caves, the mud had such a high quality that we were told to bring some of it out and even bring it back to Denmark.

Sometimes it was an advantage to bring a bit of candy on the caving trips, to keep the kids motivated and happy and, inside the cave with muddy hands and candy, Karen and Marie would say to each other, "Now it is working out for us".

As the children are getting bigger, they are more aware of the dangers we explain to them. We can start doing more challenging trips, where they wear harnesses. In Llanío, the kids have been all the way to Ali Chamber, so slowly they are developing their caving skills.

HOUSE HUNTING AND CUEVA BUENA SUERTE

While spending many nights on the campground and even more in Lloyd's apartment, the desire to have our own casa grew during the decade. We looked at many, more or less intriguing, ruins and got very excited, disappointed and confused - often in that order. In 2017, we finally bought a fine ruin near Cruz Usaño and a new adventure started. The finding of an old, well-decorated, phreatic cave, Cueva Buena Suerte (4774), on our land confirmed our choice of property.

With this as our base, we look forward to another decade of caves, kids and casas!

terminado. Seguiremos explorando con la próxima generación de espeleólogos de Matienzo, además de resolver el enigma sobre cómo el oso se metió en las profundidades de la cueva.

VISITAS FAMILIARES A «DONDE LAS VACAS ANDAN POR LA CARRETERA»

Desde una perspectiva espeleológica (¡y todas las demás, en realidad!), comenzar una familia lo cambió todo. Antes de tener hijos, el valle, su gente y animales simplemente eran el telón de fondo para la exploración de las cuevas, con largas incursiones, saliendo de ellas en la oscuridad y tropezando con vacas y toros en los campos.

Ahora, tras innumerables horas paseando por el valle con cochecitos y niñas pequeñas, el escenario pasó a un primer plano y muchas amistades florecieron con las personas y lugares de este valle entre la niebla. Amistades que ahora son como familia.

Cuando Karen y Marie eran pequeñas, no podían pronunciar Matienzo y llamaban al valle «donde las vacas caminan por la carretera». La exploración espeleológica se adaptó para incluir a las pequeñas, por lo que nos dedicamos más a buscar nuevas entradas. Esa era una solución perfecta, ya que toda la familia podía participar y, al tener que cargar con menos equipo, había espacio en la bolsa para niñas y pañales.

Una vez encontramos un agujero junto a la carretera (3722). Esto era ideal para un picnic espeleológico nada más salir del coche. De vez en cuando teníamos que ayudar a las niñas para que se taparan los oídos y miraran hacia otro lado por seguridad cuando usábamos medidas de desobstrucción más drásticas.

A medida que las niñas empezaron a caminar, las actividades espeleológicas se volvieron más fáciles, ya que, en las cuevas pequeñas en las que teníamos que gatear, eran bastante rápidas. Teníamos que arrastrarnos muy rápido para seguirlas y asegurarnos de que no hicieran algo peligroso. A veces teníamos que limpiar un poco la entrada para alejar a las arañas, pero las niñas se adaptaron poco a poco y empezaron a aceptar y apreciar la fauna.

Gracias a ellas nos dimos cuenta de que algunas cuevas tienen tesoros escondidos. El barro en una cueva no es solo barro. Como nos enseñaron ellas, podía ser excelente, bueno o malo para hacer hombres de barro, animales de barro y mucho más. En algunas de las cuevas, la calidad del barro era tan buena que nos pedían que lo sacáramos e incluso nos lo lleváramos de vuelta a Dinamarca.

A veces nos venía bien llevar golosinas a las cuevas para mantener a las niñas motivadas y felices. Dentro de la cueva, con las manos embarradas y con dulces, Karen y Marie se decían entre sí: «Ahora sí que nos convence esto».

A medida que las niñas crecen, son más conscientes de los peligros que les explicamos. Podemos empezar a hacer incursiones más desafiantes, en las que usan arneses. En Llanío, las niñas han ido hasta la sala de Ali; poco a poco están desarrollando sus habilidades espeleológicas.

EN BUSCA DE UNA CASA Y CUEVA BUENA SUERTE

Aunque hemos pasado muchas noches en el campamento y aún más en la casa de Lloyd, el deseo de tener nuestra propia casa creció durante la década. Miramos muchas ruinas, más o menos interesantes, y nos emocionamos, decepcionamos y desconcertamos, a menudo en ese orden. En 2017, finalmente compramos una ruina estupenda cerca de Cruz Usaño y comenzó una nueva aventura. Descubrir una cueva freática, bien decorada, Cueva Buena Suerte (4774), en nuestro terreno nos confirmó que habíamos elegido bien.

Con esta casa como base, ¡estamos deseando que empiece otra década de cuevas, niños y casas!

The Carlisle / Corrin and Korsgaard / Redder families with Peter Fast at the Reñada entrance.
Las familias Carlisle/Corrin y Korsgaard/Redder con Peter Fast en la entrada de Reñada. *Peter Eagan*

CAVE DIVING UPDATE

PHIL PAPARD

ESPELEOBUCEO: UNA ACTUALIZACIÓN

Phil brings together and summarises the cave diving explorations over the last decade.

Phil recoge y resume la exploración subacuática en la última década

The history of diving around Matienzo over the previous 50 years is a chapter in 'Matienzo 50 Years of Speleology' published in 2010[1]. This history showed the increase in discoveries and also the development of diving itself. This allowed longer dives and deeper depths that were not safely possible in the early years. The main advances were larger and multiple cylinder use and mixed gases along with starting to use rebreathers. This development has continued in the last 10 years with some very successful dives in the Matienzo Caves Project permit areas. Some examples:

- finding the extensive galleries forming Vallina III (0733) by diving upstream of Rio Rioja through 8 sumps.
- linking Cueva del Comellantes (0040) with Cueva-Cubío de la Reñada (0048) with divers working from both ends to finally connect, covering a distance of some 400m.
- exploring well over 2km of passage in Fuente Aguanaz (0713), with leads still to push beyond 5 sumps.
- pushing Cueva del Molino (0727) in Bustablado for 885m past a depth of 93m.
- linking Torca la Vaca (2889) with the Cave of the Wild Mare (0767) through a series of often constricted and complicated sumps and boulder chokes.

This diving section deals with the explorations on a geographic basis, working from south to north.

With the changes in permit area, some of the dive sites listed are not in our current permit area and sites may come in or out of our permit if the area changes in the future. However, we have good relations with Spanish clubs working in the region and, with their consent, it is possible to dive in these sites that are often hydrologically linked to the main systems in Matienzo such as the Four Valleys System and its resurgence at Los Boyones (0118), and the South Vega / Vallina system.

An updated sump index completes this diving section.

THE SOUTH

In addition to allocating an area, the permits also give us permission to explore Cueva Vallina (0733). This cave has been proved by a water trace to link to Cueva del Comellantes (0040) via Cueva-Cubío de la Reñada (0048)[2]. These two networks, together with Torca del Hoyón (0567) would form a 100km+ system. Although the water flowing through Cueva del Molino is thought to come from Sumidero de Orcones (3602) and, possibly, the Tejuelo system (on the west side of the Asón valley), the draught in the dry passages in Cueva del Molino suggest a more local, dry connection to caves more towards the east of Orcones and even the Vallina system!

Cueva del Molino (0727)

This cave is situated on the north of the road to Bustablado. The terminal sump was dived in the 1990s by Rupert Skorupka to reach a depth of 82m some 340m from base. Chris Jewell and Artur Kozlowski took up the challenge and over two dives near the end of August 2011 pushed the sump a further 650m. Rebreathers were used by both divers. On the first trip they reached -95m (after the water level had risen). On the second dive, Chris surveyed the area of the connection with Rupert's dive while Artur pushed on to a 30m upward shaft. He ran out of line after 400m, reaching a depth of -12m, having passed through -93m (the depth here depends on the height of the entrance sump that has a restricted outflow through

La historia del espeleobuceo en la región de Matienzo en los 50 años hasta 2010 se recoge en un capítulo dentro del libro Matienzo: 50 años de espeleología.[1] Esta historia detalla el aumento de los descubrimientos y también la evolución del buceo en sí, algo que permitió inmersiones más prolongadas y acceder a mayores profundidades, imposible de hacer de manera segura en los primeros años. Los principales avances fueron el uso de botellas más grandes y múltiples y la mezcla de gases, además de los nuevos rebreathers, o recicladores. Este desarrollo ha continuado en los últimos 10 años con algunas inmersiones muy exitosas en las áreas de permiso de Matienzo Caves Project. Algunos ejemplos:

- Se han encontrado las amplias galerías que forman Vallina III (0733) buceando aguas arriba del Río Rioja a través de 8 sifones.
- Se ha conectado la Cueva del Comellantes (0040) con la Cueva-Cubío de la Reñada (0048) con buzos trabajando desde ambos extremos, cubriendo una distancia de unos 400 m.
- Se han explorado más de 2 km de galería en Fuente Aguanaz (0713), con interrogantes que aún quedan por mirar pasando los 5 sifones.
- Se han explorado 885 m en la Cueva del Molino (0727) en Bustablado pasando una profundidad de 93 m.
- Se ha conectado Torca la Vaca (2889) con Wild Mare (0767) a través de una serie de sifones y obstrucciones a menudo estrechas y complicadas.

Esta sección sobre espeleobuceo describe las exploraciones por sectores geográficos, de sur a norte.

Con los cambios en el área de permiso, algunas de las cavidades detalladas no están en nuestra área de permiso actual y otras podrían entrar o salir de nuestra área de permiso en un futuro si esta cambia. Sin embargo, mantenemos buenas relaciones con los clubes españoles que trabajan en la región y, con su consentimiento, se puede bucear en estas cavidades que a menudo están conectadas hidrológicamente con los principales sistemas de Matienzo como el Sistema de los Cuatro Valles y su surgencia en Los Boyones (0118) y el Sistema de la Vega / Vallina.

Un índice de sifones actualizado completa este capítulo.

EL SUR

Además de asignarnos un área, también recibimos un permiso para explorar Cueva Vallina. Una prueba hidrológica ha demostrado que esta cavidad está conectada con la Cueva Comellantes (0040) a través de la Cueva-Cubío de la Reñada (0048).[2] Estas dos redes, junto con Torca del Hoyón (0567) formarían un sistema de más de 100 km. Aunque se cree que el agua que discurre por la Cueva del Molino proviene del Sifón de Orcones (3602) y, posiblemente, del Sistema de Tejuelo (en el lado oeste del valle del Asón), el caudal en las galerías secas de la Cueva del Molino sugiere una conexión más cercana y seca con cuevas más hacia el este de Orcones ¡e incluso el sistema de Vallina!

Cueva del Molino (0727)

Esta cueva está situada al norte de la carretera a Bustablado. El sifón terminal lo buceó Rupert Skorupka en los noventa, cuando alcanzó una profundidad de -82 m a unos 340 m de la base. Chris Jewell y Artur Kozlowski aceptaron el desafío y tras dos inmersiones a finales de agosto de 2011 exploraron el sifón a lo largo de otros 650 m. Ambos buzos utilizaron rebreathers. En la primera inmersión alcanzaron los -95 m (después de que el nivel del agua subiese). En la segunda inmersión, Chris topografió el área de la conexión con la inmersión de Rupert mientras Artur avanzaba hacia una chimenea de 30 m. El hilo guía se le acabó tras 400 m, alcanzando una profundidad de -12 m, habiendo pasado por

---

1   Cave Diving in Matienzo in Matienzo: 50 Years of Speleology, pages 241 - 264

2   Easter 2015, page 186 and Hydrology, page 458.

---

1   «Espeleobuceo en Matienzo» en Matienzo: 50 años de espeleología, pp. 241 – 264.

2   Véase Semana Santa de 2015, p. 186 y el artículo sobre hidrología, p. 458.

---

*There has been a wide range of divers working in Matienzo over the last 60 years. Twenty seven are listed, just 2.5% of the more than a thousand contributors to the Matienzo Caves Project over the same period. Those diving in the last 10 years are shown in **bold**:*
*Muchos buzos han trabajado en Matienzo a lo largo de los últimos 60 años. Se enumeran 27, solo el 2,5 % de los más de mil contribuyentes al proyecto espeleológico de Matienzo durante el mismo período. Los que han buceado en las cavidades de Matienzo en los últimos 10 años se muestran en **negrita**:*

Ángel Alfonso, **Chris Camm**, Toby Chilton, **Simon Cornhill**, Stuart Davey, Bob Emmett, **Dave Garman**, **Martyn Grayson**, Ross Greenwood, **Colin Hayward**, **Dan Hibberts**, **Ashley Hiscock**, **Chris Jewell**, **Artur Kozlowski**, **Jim Lister**, Gavin McPherson, Rob Murgatroyd, Steve Openshaw, Phil Papard, Dave Ryall, **Rupert Skorupka**, **Mark Smith**, **John Taylor**, **Laura Trowbridge**, **Tim Webber**, Fred Winstanley, Geoff Yeadon.

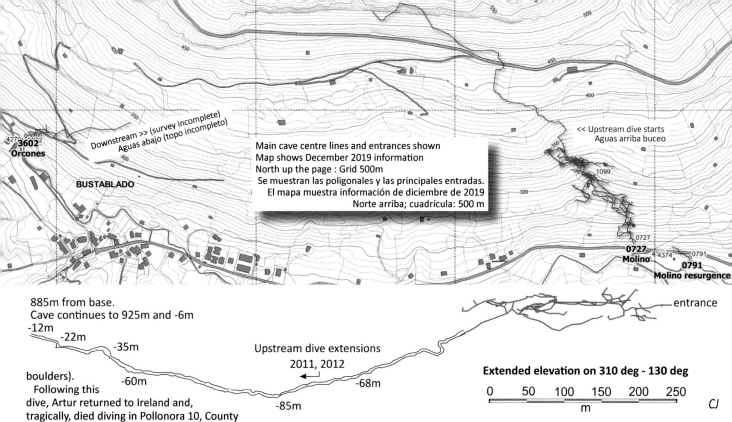

3602
Orcones

BUSTABLADO

Downstream >> (survey incomplete)
Aguas abajo (topo incompleto)

Main cave centre lines and entrances shown
Map shows December 2019 information
North up the page : Grid 500m
Se muestran las poligonales y las principales entradas.
El mapa muestra información de diciembre de 2019
Norte arriba; cuadrícula: 500 m

<< Upstream dive starts
Aguas arriba buceo

1099

0727
Molino

0791

0791
Molino resurgence

885m from base.
Cave continues to 925m and -6m
-12m
-22m
-35m
-60m
-85m
-68m

Upstream dive extensions
2011, 2012

entrance

Extended elevation on 310 deg - 130 deg

0   50   100   150   200   250
m   CJ

boulders).
   Following this
dive, Artur returned to Ireland and,
tragically, died diving in Pollonora 10, County
Galway in September 2011.

   In July 2012, a long solo dive by Chris Jewell (supported in
the base pool by Laura Trowbridge) passed Artur's limit by 40m
but it appears that the main way on had been missed despite
searching the area around and to the -6m location. This dive
required considerable decompression time with most of the dive
being below 50m depth and much at about 80m. The passages
underwater are large (5m+ wide and tall) apart from the end that
pinched in and was silt covered.

   The way on seems clearly to have been lost, but Chris could
not see a missed passage due to bad visibility from the silt at the
end - a point now 925m from base at a depth of 6m. He suggests
that the use of a scooter would be the best option as the sump is
big enough and would cut down decompression times. It would
also add to safety and give more time to find the correct way on.
(Chris Jewell's 2012 dive log can be accessed from the bottom of
the online description.)

   As this sump is now thought to link to Sumidero de Orcones
and, possibly, then to the 150km long Tejuelo System, there is a
potential project to link these by diving from both ends. To do
this, discussion with the authorities and / or clubs having the
permits would be needed.

Cueva Vallina (0733)
   In 2015, the bypass to
a short sump in the main
streamway was looked at
by Ali Neill and an extensive
but constricted series of
passages was found (Sisters
of Perpetual Indulgence)
that bypassed downstream
sumps 1 to 5 and, down an
8m pitch, allowed access
to the big streamway that
leads down to sump 6. These
passages were also pushed
to the inlet and passages
found by Martin Holroyd at
sump 6b. Thus, a dry route
was possible to sump 6b.
However, the difficult and
very sharp nature of this
route made access by divers
with kit more difficult than
taking the river route through
the first 5 sumps, but it did
offer an escape route and
access for storage above any
flood.

-93 m (la profundidad aquí depende de la altura del sifón de entrada, pues la
salida está parcialmente obstruida por bloques).

   Después de esta inmersión, Artur regresó a Irlanda y, trágicamente, murió
buceando en Pollonora 10, en el Condado de Galway, en septiembre de
2011.

   En julio de 2012, una larga inmersión en solitario de Chris Jewell (con el
apoyo de Laura Trowbridge en la base) superó en 40 m el límite de Artur,
pero parece que la ruta principal se había pasado por alto a pesar de buscar
en el área alrededor y hasta la ubicación de -6 m. Esta inmersión requirió un
tiempo de descompresión considerable, siendo parte de la inmersión por
debajo de los 50 m de profundidad y la parte a unos 80 m. Las galerías bajo
el agua son grandes (más de 5 m de ancho y alto), excepto por la sección
final, estrecha y cubierta de sedimentos.

   La continuación parecía claramente perdida, pero Chris no pudo ver una
galería que se pasó por alto debido a la mala visibilidad por sedimentos al
final, ahora a 925 m de la base a una profundidad de -6 m. Su sugerencia es
usar un propulsor, ya que el sifón es lo suficientemente grande y reduciría
los tiempos de descompresión. También aumentaría la seguridad y daría
más tiempo para encontrar el camino correcto.

   Como ahora se cree que este sifón conecta con el Sifón de Orcones y,
posiblemente, luego con el Sistema de Tejuelo de 150 km de desarrollo, hay
un posible proyecto para conectarlos buceando desde ambos extremos.
Para hacer esto, sería necesario planteárselo a las autoridades y clubes que
tienen los permisos.

El
Somo

La
Piluca

Upstream passages

Downstream passages
See pp 252-253

0733
Vallina (top)

4382
Vallina (bottom)

Cueva Vallina North up the page : Grid 500m

Norte arriba : Cuadrícula 500 m

Cueva Vallina (0733)
   En 2015, Ali Neill echó un
vistazo al desvío a un sifón
pequeño en la galería activa
principal y encontró una red
extensa de galerías estrechas
(Sisters of Perpetual
Indulgence) que evitan los
sifones 1 a 5 aguas abajo y,
bajando por un pozo de 8 m,
permiten acceder a la gran
galería activa que conduce
al sifón 6. Estas galerías
también se exploraron
hasta el afluente y galerías
encontradas por Martin
Holroyd en el sifón 6b. Así, se
puede acceder al sifón 6b por
una ruta seca. Sin embargo,
la naturaleza difícil y muy
afilada de esta ruta hace
que sea más difícil para los
buceadores con equipo que
seguir la ruta del río a través

Rupert Skorupka at the far end of sump 5. Below: Canyon passage between sumps 5 and 6 with the ladder from the dry route.
Rupert Skorupka en el extremo del sifón. Abajo: Galería entre los sifones 5 y 6 con la escala a la ruta seca. *Peter Eagan*

Work continued in the decade to 2020 to extend this downstream route. This was further encouraged by the critical optical brightening agent (OBA) water trace through to the South Vega System.

Rupert Skorupka found that regular flooding events caused severe damage to the guideline and this required careful re-lining up to sump 6b. The flooding also affected gear left in the cave and showed the need for it to be stored high up. The work to push this important site has also been hindered by episodes of bad weather and poor visibility during the pushing visits to Matienzo. Work continues, with a lot of the required equipment in place for pushing forward.

While the work was ongoing at the downstream end of the system, the Rio Rioja sumps dived by Martin Holroyd in the 1990s were being pushed in 2016 by Jim Lister and Ashley Hiscock. They tried to push sump 2a as this was thought to be the main way on, but found it choked after only a little extra line was laid.

de los primeros 5 sifones, pero sí ofrece una ruta de escape y acceso para guardar equipo por encima de los niveles de cualquier inundación.

El trabajo continuó a lo largo de la década para ampliar esta ruta aguas abajo, alentado aún más por el trazado con el agente abrillantador óptico hasta el Sistema de La Vega.

Rupert Skorupka descubrió que las inundaciones periódicas provocaron graves daños a su guía y tuvo que volver a colocarla con cuidado hasta el sifón 6b. La inundación también afectó al equipo dejado en la cueva y demostró la necesidad de guardarlo en un punto alto. Los trabajos de exploración de esta importante cavidad también se han visto obstaculizados por episodios de mal tiempo y mala visibilidad durante las visitas a Matienzo. El trabajo continúa, con gran parte del equipo necesario para seguir adelante ya preparado.

Mientras el trabajo continuaba aguas abajo, Jim Lister y Ashley Hiscock exploraron en 2016 los sifones del Río Rioja que Martin Holroyd buceó en la década de los noventa. Intentaron forzar el sifón 2a porque se pensaba que era la continuación, pero lo encontraron obstruido después de colocar solo un poco más de línea.

Jim Lister and Mark Smith at the Río Rioja dive site.

Jim Lister y Mark Smith en el sitio de buceo del Río Rioja. *Mark Smith* and *Jim Lister*

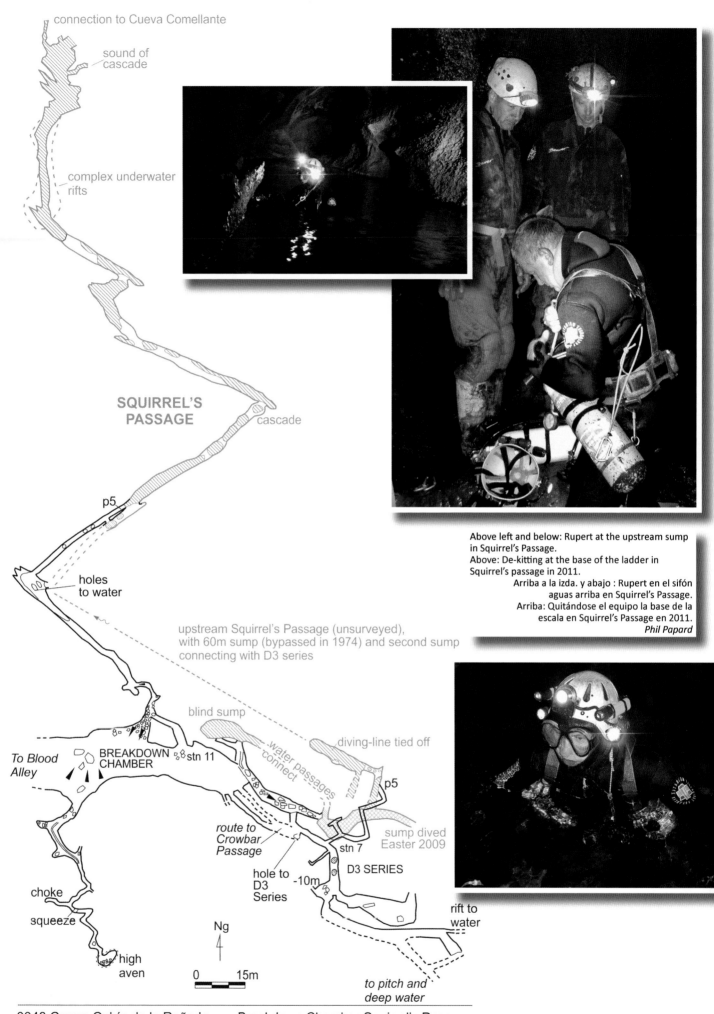

connection to Cueva Comellante

sound of cascade

complex underwater rifts

SQUIRREL'S PASSAGE

cascade

p5

holes to water

upstream Squirrel's Passage (unsurveyed), with 60m sump (bypassed in 1974) and second sump connecting with D3 series

blind sump

diving-line tied off

water passages connect

p5

To Blood Alley

BREAKDOWN CHAMBER

stn 11

route to Crowbar Passage

sump dived Easter 2009

hole to D3 Series

stn 7

D3 SERIES

choke

-10m

squeeze

rift to water

high aven

Ng

0   15m

to pitch and deep water

Above left and below: Rupert at the upstream sump in Squirrel's Passage.
Above: De-kitting at the base of the ladder in Squirrel's passage in 2011.
Arriba a la izda. y abajo : Rupert en el sifón aguas arriba en Squirrel's Passage.
Arriba: Quitándose el equipo la base de la escala en Squirrel's Passage en 2011.
Phil Papard

0048 Cueva-Cubío de la Reñada   Breakdown Chamber-Squirrel's Passage
Surveyed 1982, 2009, 2010, 2011, 2012, 2013
M. Wood, P. Smith, Jenny Corrin, J. Carlisle, D Ryall, S. Cornhill, D. Arthurs,
R. Skorupka, J. Latimer and P. Papard

Site 0040:

Cueva del Comellantes

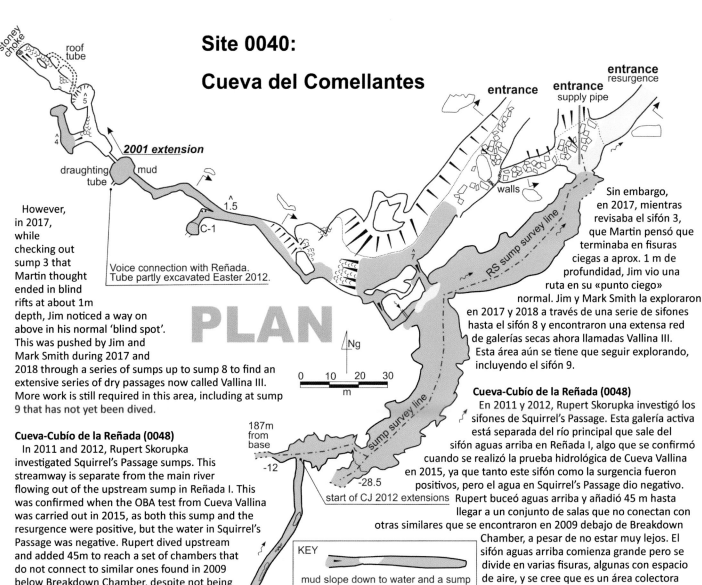

PLAN

Within the plan diagram, labels include:

stoney choke, roof tube, 2001 extension, draughting tube, mud, Voice connection with Reñada. Tube partly excavated Easter 2012., entrance, entrance supply pipe, entrance resurgence, walls, RS sump survey line, Ng, 0 10 20 30 m, sump survey line, 187m from base, -12, -28.5, start of CJ 2012 extensions, KEY, mud slope down to water and a sump, air bell, end sump 1, canal, start sump 2, end sump 2, start sump 3, RS line reel from Easter 2012, placed from Squirrel's Passage, Cueva-Cubío de la Reñada, to Squirrel's Passage

South Vega VN5079(4)9575(1)
Altitude 170m (centre of resurgence)
Length: (Part of the South Vega System)

Cave resurveyed 2001 to BCRA 5c by Jenny Corrin, Juan Corrin, Carolina Smith, Peter Smith. Additions and amendments August 2012.
Sump from entrance to "187m from base" surveyed by Rupert Skorupka, 1989.
Sump wall detail added by Chris Jewell, 2012
Sump from 10m downslope of "187m from base" to RS line reel surveyed by Chris Jewell with Laura Trowbridge, 2012

Drawn in Corel Draw and Inkscape by Juan Corrin

Matienzo Caves 2012

However, in 2017, while checking out sump 3 that Martin thought ended in blind rifts at about 1m depth, Jim noticed a way on above in his normal 'blind spot'. This was pushed by Jim and Mark Smith during 2017 and 2018 through a series of sumps up to sump 8 to find an extensive series of dry passages now called Vallina III. More work is still required in this area, including at sump 9 that has not yet been dived.

Cueva-Cubío de la Reñada (0048)
In 2011 and 2012, Rupert Skorupka investigated Squirrel's Passage sumps. This streamway is separate from the main river flowing out of the upstream sump in Reñada I. This was confirmed when the OBA test from Cueva Vallina was carried out in 2015, as both this sump and the resurgence were positive, but the water in Squirrel's Passage was negative. Rupert dived upstream and added 45m to reach a set of chambers that do not connect to similar ones found in 2009 below Breakdown Chamber, despite not being far away. The upstream sump starts large but breaks up into a number of rifts, some with air bells, and is thought to be a collecting area for the water in Squirrel's Passage.

The downstream sump was always the main priority and, in 2011, Rupert followed the canal through a series of deep sections and low airspace and then through a complex, 11m deep sump to reach a canal section. In 2012, he passed into a parallel canal and a further sump where the line and reel were secured.

Cueva del Comellantes (0040)
The water in this resurgence normally has a haze that reduces underwater visibility due to back scatter of the diving lights - similar to driving a car at night in fog. This is odd, as the water seen in Cueva-Cubío de la Reñada at both the main sump and Squirrel's passage is normally 'gin clear'. We surmise that water from another area joins the system at some point causing this effect.

In 2012, during the rare event of the water being clear, Chris Jewel and Laura Trowbridge dived on two occasions. They both used re-breathers as they looked for a way on. At the end point reached by Rupert Skorupka and also by Dave Ryall, they were able to find an air bell. On further inspection, this led out of the large cross section passage into a smaller canal.

Chris Jewel, on a third dive, followed the canal to a very short sump 2 and another, out of depth, canal. Line was laid here to reach a further sump but, on diving down, he saw Rupert's line from Squirrel's Passage and then his line reel jammed in a small rift - the link between the two caves was made.

Sin embargo, en 2017, mientras revisaba el sifón 3, que Martin pensó que terminaba en fisuras ciegas a aprox. 1 m de profundidad, Jim vio una ruta en su «punto ciego» normal. Jim y Mark Smith la exploraron en 2017 y 2018 a través de una serie de sifones hasta el sifón 8 y encontraron una extensa red de galerías secas ahora llamadas Vallina III. Esta área aún se tiene que seguir explorando, incluyendo el sifón 9.

Cueva-Cubío de la Reñada (0048)
En 2011 y 2012, Rupert Skorupka investigó los sifones de Squirrel's Passage. Esta galería activa está separada del río principal que sale del sifón aguas arriba en Reñada I, algo que se confirmó cuando se realizó la prueba hidrológica de Cueva Vallina en 2015, ya que tanto este sifón como la surgencia fueron positivos, pero el agua en Squirrel's Passage dio negativo. Rupert buceó aguas arriba y añadió 45 m hasta llegar a un conjunto de salas que no conectan con otras similares que se encontraron en 2009 debajo de Breakdown Chamber, a pesar de no estar muy lejos. El sifón aguas arriba comienza grande pero se divide en varias fisuras, algunas con espacio de aire, y se cree que es un área colectora para el agua en Squirrel's Passage.

El sifón aguas abajo fue siempre la prioridad principal y, en 2011, Rupert siguió el canal a través de una serie de secciones profundas y espacio de aire bajo y luego a través de un sifón complejo de 11 m de profundidad para llegar a un canal. En 2012, pasó a un canal paralelo y a otro sifón donde aseguró el hilo y el carrete.

Cueva del Comellantes (0040)
El agua en esta surgencia normalmente tiene una neblina que reduce la visibilidad bajo el agua debido a la dispersión de las luces de buceo, similar a conducir un coche por la noche con niebla. Es algo extraño, ya que el agua que se ve en Cueva-Cubío de la Reñada tanto en el sifón principal como en Squirrel's Passage es normalmente «cristalina como la ginebra». Suponemos que el agua de otra zona se une al sistema en algún punto provocando este efecto.

En 2012, durante una de las raras ocasiones en las que el agua ofrece buena visibilidad, Chris Jewel y Laura Trowbridge entraron en dos ocasiones. Ambos usaron rebreathers mientras buscaban una continuación. En el último punto alcanzado por Rupert Skorupka y también por Dave Ryall encontraron un espacio de aire. Tras una inspección más detallada, desde aquí se salía de la galería grande a un canal más pequeño.

Chris Jewel, en una tercera inmersión, siguió el canal hasta un sifón 2 muy corto y otro canal profundo. Aquí se amarró el hilo guía para llegar a otro sifón y, al sumergirse, vio el hilo de Rupert en Squirrel's Passage y luego su carrete atascado en una pequeña grieta: había logrado conectar ambas cuevas.

Cueva del Comellantes. Left: Rupert's line reel caught in Chris's torch beams. Above: Chris Jewell at the Comellantes dive base.
(Stills from video: Chris Jewell and Juan Corrin)
Izda.: el carrete de Rupert visto bajo la luz de Chris. Arriba: Chris Jewell en la inmersión en Comellantes. *(Fotogramas del vídeo: Chris Jewell y Juan Corrin)*

NORTHERN LA VEGA

Cueva del Bosque (0373)

This cave, high up on the western end of northern La Vega, was found and partly explored in the early 1980's and late 2000's but, in 2017, it was greatly extended down 200m to a small streamway that ended in sumps at each end.

The undived downstream sump starts after a grovelling crawl and does not look very inviting. This sump is 200m away from the end of a western inlet passage in Torca del Regaton (0892), part of the 22.6km Cubija System. The inlet is situated just south of the canal after Aquatic Junction.

Upstream the route ends in a draughting choke and a sump. In 2018, Simon Cornhill managed to lower the water sufficiently to form a duck, but after a few metres a definite sump was reached. On a later trip with diving gear this was dived and found to be 6m long, leading to 30m of passage to a boulder choke and inlet blocked by boulders. To make any progress here would need capping gear or snappers and may require chocks to ensure stability of the choke. This upstream, 6m sump is not free diveable due to two flakes that make the sump restricted. If they were removed it could be a free-dive with a suitable line fitted. (Survey, page 298.)

Torca del Regaton (0892)

The sumps and small inlets in the western part of this cave, for example around Surprise View, have not been pushed. The only diving work was in 2019 when three sumps in the north of the system were dived. It was hoped at least one would lead to passages going towards the cave 0415 area and on to the Four Valley System via Cueva de Bollón (0098).

For years a number of people have suggested looking at Spike Hall sump and also those at the end of Peaky Passage. Steve Martin capped out a squeeze to make access with diving gear possible then, in the summer of 2019, Simon Cornhill and Diane Arthurs rigged the cave and helped Jim Lister to get diving gear to these sumps. They all looked promising with clear blue water, but all three proved to be restricted with rifts and boulders. Spike Hall sump was the most disappointing as it looks good but dropped 8m to a floor with over-tight slots down.

Peaky Passage East Sump was found to steeply descend to a cross

Cueva del Bosque
Upstream sump
Sifón aguas arriba

Simon Cornhill passing the upstream duck in Cueva del Bosque. *(Still from video: Diane Arthurs)*
Simon Cornhill pasando la bóveda sifonante aguas arriba en la Cueva del Bosque. *(Fotograma del vídeo: Diane Arthurs)*

Jim Lister at Spike Hall sump.
Jim Lister en el sifón de Spike Hall.
Diane Arthurs

EL NORTE DE LA VEGA

Cueva del Bosque (0373)

Esta cueva, en lo alto del extremo occidental del norte de La Vega, se encontró y se exploró en parte a principios de la década de los ochenta y a finales de la de 2000, pero en 2017 se amplió 200 m hasta un pequeño arroyo que terminaba en sifones en cada extremo.

El sifón de aguas abajo, sin explorar, comienza después de una gatera y no parece muy atractivo. Este sifón está a 200 m del final de un afluente occidental en Torca del Regatón (0892), parte del Sistema de Cubija de 22,6 km. El afluente está situado justo al sur del canal después de Aquatic Junction.

Aguas arriba la ruta termina en una obstrucción y un sifón. En 2018, Simon Cornhill logró bajar el nivel del agua lo suficiente como para crear una bóveda sifonante, pero después de unos metros se alcanzó un sifón definitivo. En una incursión posterior con equipo de buceo, entró y descubrió que medía 6 m de largo y daba a 30 m de galería hasta un caos de bloques y un afluente obstruido por rocas. Para poder avanzar, se tendrían que usar micros y cuñas para garantizar la estabilidad de la obstrucción. Este sifón de 6 m aguas arriba no se puede bucear sin equipo por dos salientes que hacen que el sifón se estreche. Si se quitaran, se podría pasar sin equipo de buceo con un pasamanos adecuado instalado. (Topo, p. 298)

Torca del Regatón (0892)

Los sifones y pequeños afluentes en la parte oeste de esta cueva, por ejemplo alrededor de Surprise View, no se han explorado. Las únicas inmersiones se llevaron a cabo en 2019 cuando se bucearon tres sifones en el norte del sistema. Se esperaba que al menos uno condujera a galerías que van hacia la zona de la cueva 0415 y al Sistema de los Cuatro Valles a través de la Cueva de Bollón (0098).

Durante años, varias personas han sugerido mirar el sifón de Spike Hall y también los que están al final de Peaky Passage. Steve Martin abrió un estrechamiento para poder acceder con equipo de buceo y luego, en el verano de 2019, Simon Cornhill y Diane Arthurs instalaron la cueva y ayudaron a Jim Lister a llevar equipo de buceo a estos sifones. Todos parecían prometedores con agua azul clara, pero los tres demostraron tener constricciones con fisuras y rocas. El sifón de Spike Hall fue el más decepcionante, ya que parece prometedor, pero a 8 m de profundidad solo hay un suelo con ranuras demasiado estrechas.

Se descubrió que Peaky Passage East Sump desciende abruptamente hasta una fisura transversal a 5 m de profundidad con espacio de aire.

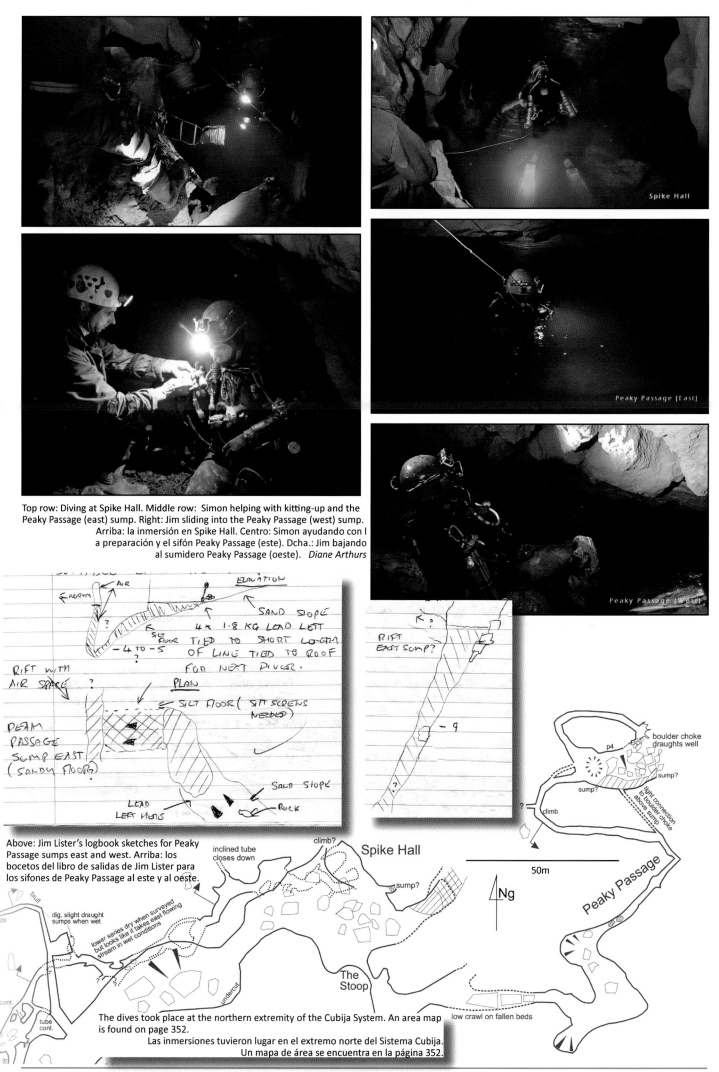

Top row: Diving at Spike Hall. Middle row: Simon helping with kitting-up and the Peaky Passage (east) sump. Right: Jim sliding into the Peaky Passage (west) sump.
Arriba: la inmersión en Spike Hall. Centro: Simon ayudando con l a preparación y el sifón Peaky Passage (este). Dcha.: Jim bajando al sumidero Peaky Passage (oeste). *Diane Arthurs*

Above: Jim Lister's logbook sketches for Peaky Passage sumps east and west. Arriba: los bocetos del libro de salidas de Jim Lister para los sifones de Peaky Passage al este y al oeste.

The dives took place at the northern extremity of the Cubija System. An area map is found on page 352.
Las inmersiones tuvieron lugar en el extremo norte del Sistema Cubija. Un mapa de área se encuentra en la página 352.

rift at 5m depth with an air bell above. However, the disturbed silt from the entrance slope reduced visibility making it impossible to fully check out each end of the cross rift.

However, prospects remain, especially in Peaky Passage West Sump that descended to 9m where it is partly blocked by friable, dark rock (chert) projections that need a lump hammer to remove them and gain access to the continuation.

FRESNEDO AREA
Fuente de la Virgen (0582)

This site is next to a picnic area with steps down to a pool and dam holding the resurgence water back. The site was checked out by Rupert Skorupka and Jim Lister using only a mask at separate visits in 2014. Both confirmed that the dam holds up water in two rifts, with the right hand rift looking to open up below into a possibly diveable sump. However, poor visibility in low flow conditions stopped a good look. It is suggested that another visit with minimal kit (mini cylinder) in higher flow, when visibility should be better, is needed to see if the site has true potential.

Cave 3910

This big cave entrance was found by Harry Long and John Clarke in 2013. It was noted as a possible dive site with a rubble slope down from the entrance to a big sump pool with an underwater rift passage leading off. It was thought it could be a window into a water route between Cueva del Regato (0672) and the Nacimiento de Campiazo (1106).

The following year Jim Lister dived the site but, although the underwater passage was easily seen and dived, it was almost blocked with mud after 3m. An air surface could be seen through a 6 inch gap above the mud, so Jim dug the mud until he was able to enter a small chamber above water level with a small passage leading off, but choked completely with mud. He checked out the bottom of the rift passage leading to the sump pool, but found it blocked with branches.

THE FOUR VALLEYS SYSTEM area
Cueva de Carcavuezo (0081)

In 1985, a route had been forced through the collapsing boulder choke between Cueva de Carcavuezo and Cueva Hoyuca (0107) via Cueva Llueva (0114), but it was very tight at the Carcavuezo / Llueva end and was very loose in places with boulders moving during the linking trip. It has never been traversed again since that original exploration.

It had been hoped that the easier route through Carcavuezo to the end of SW Passage would enable an easier and safe route through to Hoyuca, as the gap between the two caves appeared very small at this point. This possibility was important as there are possible extensions that need pushing in the Trident Series / Armageddon area - a long

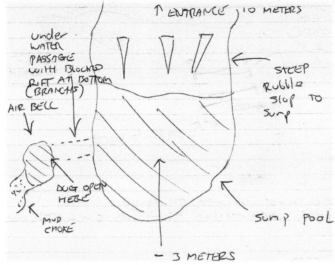

The pool at site 3910 (*Harry Long*) and Jim's logbook sketch of the underwater exploration.
La marmita en 3910 (*Harry Long*) y el boceto del cuaderno de salidas de Jim tras la inmersión.

Sin embargo, los sedimentos movidos en la pendiente redujeron la visibilidad, lo que hizo imposible inspeccionar completamente cada extremo de la grieta transversal.

Sin embargo, sigue teniendo potencial, especialmente en Peaky Passage West Sump que baja 9 m a donde está parcialmente obstruido por rocas oscuras y quebradizas (chert) que se podrían quitar con un martillo y así acceder a la continuación.

FRESNEDO
Fuente de la Virgen (0582)

Esta cavidad está junto a un merendero con escalones que conducen a una marmita y una presa que retiene la surgencia. Rupert Skorupka y Jim Lister la inspeccionaron usando solo una máscara en visitas separadas en 2014. Ambos confirmaron que la presa retiene el agua en dos grietas. La grieta de la derecha parece abrirse hacia abajo en un sifón que podría bucearse. Sin embargo, la mala visibilidad del caudal bajo les impidió mirar bien. Se ha sugerido que puede hacer falta volver con equipo mínimo (mini botella) cuando el nivel del agua sea más alto y, por tanto, la visibilidad sea mejor, para ver si realmente tiene potencial.

Cueva 3910

Harry Long y John Clarke encontraron esta gran entrada en 2013 y mencionaron que podría bucearse, pues una rampa con rocas desde la entrada da a una gran marmita en la que se ve una galería sumergida. Se pensó que podría ser una ventana a una ruta entre la Cueva del Regato (0672) y el Nacimiento de Campiazo (1106).

Al año siguiente, Jim Lister entró en la marmita y, aunque la galería bajo el agua era fácil de ver y bucear, estaba prácticamente obstruida con barro después de 3 m. Se podía ver un espacio de aire a través de un hueco de 15 cm sobre el barro, por lo que Jim excavó hasta que pudo entrar a una pequeña sala sobre el agua con una pequeña galería, pero obstruida por completo con barro. Revisó el fondo de la fisura que da al pozo del sifón, pero lo encontró obstruido con ramas.

EL SISTEMA DE LOS CUATRO VALLES
Cueva de Carcavuezo (0081)

En 1985 se forzó una ruta a través del caos de bloques colapsados entre Cueva de Carcavuezo y Cueva Hoyuca (0107) vía Cueva Llueva (0114), pero era muy estrecha en el extremo de Carcavuezo / Llueva y estaba muy suelta en partes con bloques que se movieron durante la incursión de la conexión. Nunca se ha vuelto a atravesar desde esa exploración original.

Se esperaba que una ruta más fácil a través de Carcavuezo hasta el final de la galería SW permitiría pasar de manera más fácil y segura a través de Hoyuca, ya que parecía haber poca distancia entre las dos cuevas en este punto. Era una exploración importante ya que hay posibles extensiones que se han de forzar en el área de Trident Series / Armageddon, una recorrido largo y agotador desde la entrada de Hoyuca.

A pesar de buscar una conexión seca, no se logró avanzar de verdad hasta 2017. Sin embargo, se había observado que el agua en pequeñas extensiones a la izquierda al final de la galería SW era de Hoyuca, siendo

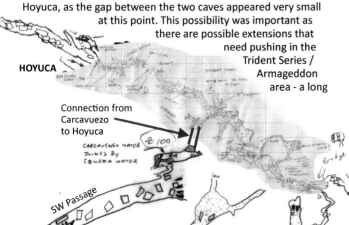

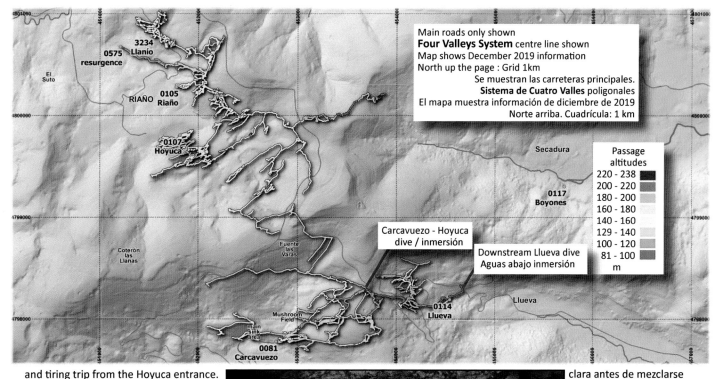

Main roads only shown
Four Valleys System centre line shown
Map shows December 2019 information
North up the page : Grid 1km
Se muestran las carreteras principales.
Sistema de Cuatro Valles poligonales
El mapa muestra información de diciembre de 2019
Norte arriba. Cuadrícula: 1 km

Passage altitudes	
220 - 238	
200 - 220	
180 - 200	
160 - 180	
140 - 160	
129 - 140	
100 - 120	
81 - 100	
m	

and tiring trip from the Hoyuca entrance.

Despite looking for a dry connection, no real progress was made up to 2017. However, it had been noted that water in small extensions to the left at the end of SW Passage was from Hoyuca - it being clear before mixing with the cloudier water from Carcavuezo.

In late July 2017, Dave Garman attempted to free dive a possible sump in the area to the left of SW Passage, using 4 belay belts as a base line. He found he could move forward in this, possibly downstream, sump but he was not able to reach any airspace. On August 4th, Dave returned with a 3 litre cylinder and basic dive kit. He easily passed the sump only a little way past his free dive limit. He found himself in the route that had been found between the two caves some 32 years previously and, critically, on the Hoyuca side of the main tight and loose sections of the route. The sump was then bolted and lined to make it a 5m free dive. This important discovery should open up more exploration in the area at the end of Hoyuca. However, water levels need to be low and stable - a planned pushing trip in 2018 found high water levels and flooding risk prevented access.

Dave Garman in the Carcavuezo side of the sump pool that links through to Cueva Hoyuca.

Dave Garman en el lado de Carcavuezo del sifón que conecta con Cueva Hoyuca. *Tim Kent*

clara antes de mezclarse con el agua más turbia de Carcavuezo.

A finales de julio de 2017, Dave Garman intentó una inmersión libre en un posible sifón en el área a la izquierda de SW Passage, usando 4 cinturones como pasamano. Descubrió que podía avanzar, posiblemente aguas abajo, pero no podía llegar hasta ningún espacio de aire. El 4 de agosto, Dave regresó con una botella de 3 litros y un equipo de buceo básico. Pasó fácilmente el sifón, había estado muy cerca en su inmersión libre. Se encontró en la ruta que se había encontrado entre las dos cuevas unos 32 años antes y, lo más importante, en el lado de Hoyuca de las principales secciones estrechas y sueltas de la ruta. Luego, el sifón se instaló para que fuera una inmersión libre de 5 m. Este importante descubrimiento debería facilitar la exploración en los confines de Hoyuca. Sin embargo, los niveles del agua deben ser bajos y estables: una incursión planificada en 2018 vio al llegar que el nivel alto y el riesgo de una inundación impedían pasar.

Cueva Llueva (0114)

Much work has taken place in the upstream areas of this cave but the downstream end received little attention. In 1979, Phil Papard dived the downstream sump then, in 1995, Martin Holroyd also tried to push it. Both dives were in poor visibility and both found no way on in the 15m deep sump pool.

However, a surface extension on the right of the sump was noted, and it was thought that this may be worth checking out underwater. In 2012, Chris Jewell dived the sump with twin 7 litre cylinders in slightly better visibility conditions, though still poor, and found an ongoing, very large passage going in a NE direction. He laid some 120m of line with the very big passage continuing.

This is a key dive site that will need a good team to transport the more sophisticated dive kit that will be needed, but it is well worth it, given its great potential.

Another site in Cueva Llueva that needs investigating is the Overflow Passage Sump that is situated below the Big Red Knob Chamber in the series first found by Paul Fretwell and his team in 2007. This sump could open up the area between this series and Cueva Hoyuca to the north of Armageddon.

Cueva de Riaño Resurgence (0575)

Cueva de Riaño (0105) contains a major east-west underground watershed. In the far southeast, water flows to Cueva Hoyuca and from there, via Cueva Llueva, to the Los Boyones resurgence (0117)

Cueva Llueva (0114)

Las secciones de la cueva aguas arriba han recibido mucha atención, pero el extremo aguas abajo no tanto. En 1979, Phil Papard buceó en el sifón aguas abajo y luego, en 1995, Martin Holroyd también trató de explorarlo. Ambas inmersiones se hicieron con poca visibilidad y no encontraron continuación en el sifón de 15 m de profundidad.

Sin embargo, se observó una posible continuación fuera del agua a la derecha del sifón, y se pensó que valía la pena comprobarla bajo el agua. En 2012, Chris Jewell se sumergió en el sifón con botellas gemelas de 7 litros en condiciones de visibilidad ligeramente mejores, aunque todavía deficientes, y encontró una galería muy grande que iba en dirección NE en la que puso unos 120 m de guía.

Este es un sitio de buceo clave que necesitará un buen equipo para transportar el equipo de buceo más sofisticado que se necesitará, pero merece la pena, dado su gran potencial.

Otra sección en Cueva Llueva que se tiene que investigar es Overflow Passage debajo de Big Red Knob Chamber en la red que Paul Fretwell y su equipo encontraron por primera vez en 2007. Este sifón podría abrir el área entre esta serie y Cueva Hoyuca al norte de Armageddon.

Surgencia de Cueva de Riaño (0575)

La Cueva de Riaño está en una importante cuenca hidrográfica subterránea de este a oeste. En el extremo sureste, el agua discurre a Cueva Hoyuca y desde allí, vía Cueva Llueva, hasta la surgencia de

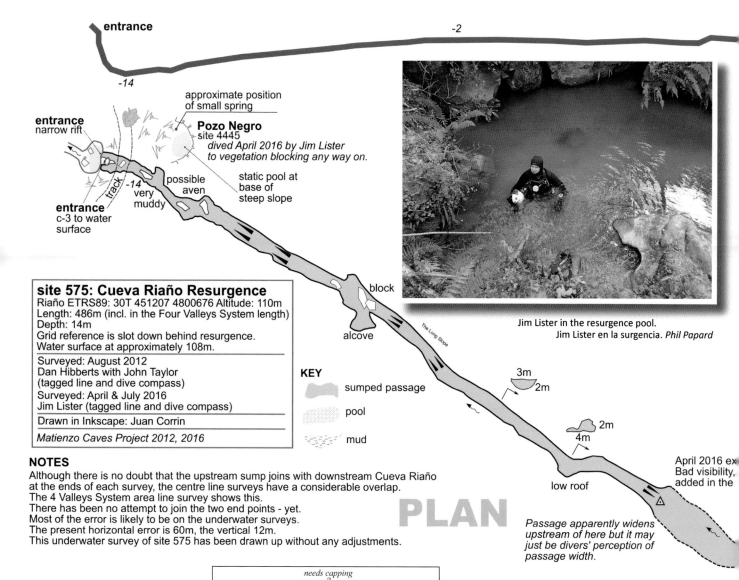

entrance

-2

-14

entrance
narrow rift

entrance
c-3 to water
surface

track

-14
very
muddy

approximate position
of small spring

Pozo Negro
site 4445
*dived April 2016 by Jim Lister
to vegetation blocking any way on.*

possible
aven

static pool at
base of
steep slope

block

alcove

The Long Slope

3m
2m

2m
4m

low roof

April 2016 ex
Bad visibility,
added in the

*Passage apparently widens
upstream of here but it may
just be divers' perception of
passage width.*

Jim Lister in the resurgence pool.
Jim Lister en la surgencia. *Phil Papard*

KEY

sumped passage

pool

mud

site 575: Cueva Riaño Resurgence
Riaño ETRS89: 30T 451207 4800676 Altitude: 110m
Length: 486m (incl. in the Four Valleys System length)
Depth: 14m
Grid reference is slot down behind resurgence.
Water surface at approximately 108m.

Surveyed: August 2012
Dan Hibberts with John Taylor
(tagged line and dive compass)
Surveyed: April & July 2016
Jim Lister (tagged line and dive compass)

Drawn in Inkscape: Juan Corrin

Matienzo Caves Project 2012, 2016

NOTES
Although there is no doubt that the upstream sump joins with downstream Cueva Riaño
at the ends of each survey, the centre line surveys have a considerable overlap.
The 4 Valleys System area line survey shows this.
There has been no attempt to join the two end points - yet.
Most of the error is likely to be on the underwater surveys.
The present horizontal error is 60m, the vertical 12m.
This underwater survey of site 575 has been drawn up without any adjustments.

PLAN

in Secadura, then eventually joining
with the Río Asón and flowing into
the sea at Colindres. The water in
the near series flows to the west
and the Riaño Resurgence before
traversing Cueva de la Espada (0103)
then flowing down the valley to meet
the Río Aguanaz at San Antonio. The
Riaño Resurgence had been dived
in 1985 by Fred Winstanley but he
found it too narrow to proceed. The
adjacent Pozo Negro (4445) was
also inspected - a large doline with a
flooded bottom, but no cave could be
entered.

In 2011, a small hole above the
resurgence was explored and it
was found to drop down to water
level behind the resurgence, with
a rift down to deeper levels. This
prompted a further look and, in
2012, Dan Hibberts and John Taylor
pushed down the rift and managed
to negotiate an awkward corner into
a bigger sump passage. They pushed
this upstream from an initial depth
of 14m rising steadily to a depth of
2m at a distance of 207m. The dive
had difficulties: the tight slot at the
bottom of the entrance rift made
entry with big cylinders a problem,
and visibility in 2012 was quite poor.
The underwater passage also had a
silt floor so any visibility was quickly
lost when finding belay points or
putting in silt screws.

In 2013, Colin Hayward and Jim

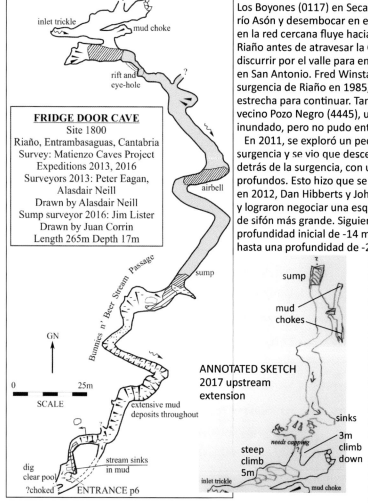

needs capping

inlet trickle

mud choke

rift and
eye-hole

FRIDGE DOOR CAVE
Site 1800
Riaño, Entrambasaguas, Cantabria
Survey: Matienzo Caves Project
Expeditions 2013, 2016
Surveyors 2013: Peter Eagan,
Alasdair Neill
Drawn by Alasdair Neill
Sump surveyor 2016: Jim Lister
Drawn by Juan Corrin
Length 265m Depth 17m

airbell

Bunnies n' Beer Stream Passage

GN

0   25m
SCALE

extensive mud
deposits throughout

dig
clear pool
?choked   ENTRANCE p6

stream sinks
in mud

sump

sump

mud
chokes

ANNOTATED SKETCH
2017 upstream
extension

sinks

steep
climb
5m

needs capping

3m
climb
down

inlet trickle

mud choke

Los Boyones (0117) en Secadura, para luego unirse al
río Asón y desembocar en el mar en Colindres. El agua
en la red cercana fluye hacia el oeste y la surgencia de
Riaño antes de atravesar la Cueva de la Espada (0103) y
discurrir por el valle para encontrarse con el río Aguanaz
en San Antonio. Fred Winstanley había buceado en la
surgencia de Riaño en 1985, pero la encontró demasiado
estrecha para continuar. También se inspeccionó el
vecino Pozo Negro (4445), una gran dolina con un fondo
inundado, pero no pudo entrar a ninguna cueva.

En 2011, se exploró un pequeño agujero sobre la
surgencia y se vio que descendía hasta el nivel del agua
detrás de la surgencia, con una fisura hacia niveles más
profundos. Esto hizo que se mirara con más detalle y,
en 2012, Dan Hibberts y John Taylor forzaron la fisura
y lograron negociar una esquina angosta a una galería
de sifón más grande. Siguieron aguas arriba desde una
profundidad inicial de -14 m, subiendo constantemente
hasta una profundidad de -2 m a una distancia de 207 m.
La inmersión tuvo alguna
dificultad: la estrecha ranura
en la base de la fisura de
entrada hace que entrar
con botellas grandes sea un
problema y la visibilidad en
2012 era bastante pobre.
La galería bajo el agua
también tenía muchos
sedimentos en el suelo, por
lo que cualquier visibilidad
se perdía rápidamente al
amarrar el hilo con anclajes
de sedimento.

En 2013, Colin Hayward
y Jim Lister revisaron la
marmita de la surgencia
e identificaron posibles
entradas más fáciles a

EXTENDED ELEVATION of SURVEYED LINE

Lister checked out the resurgence pool and identified possible easier entries into the cave. In 2016, Jim Lister dived and, after replacing much of the flood-damaged dive line, went beyond the previous end to reach a cross rift and air bell. Over a number of dives, he managed to extend the sump to reach Cueva de Riaño. This work was not easy, as he was handicapped by very poor visibility on many occasions.

Fridge Door Cave (1800)

This site is in the same area as the Riaño Resurgence and to the north of the Cueva de la Espada top entrance. A small, excavated hole, normally covered by an old fridge door, drops down a short pitch to a sloping slot into a small chamber with a small stream flowing into a boulder blockage in the direction of Cueva de la Espada. In the chamber's upstream direction was a boulder choke and a flooded area - originally, the prospects did not look good.

In very dry weather in 2013, the pool in the chamber had dropped to reveal access to a 3m diameter stream passage leading after 130m to a sump. Further trips in following years found the bottom flooded, even in fairly dry weather and, on one occasion, a decomposing goat being eaten by maggots with entrails dripping down into the lower sections.

It seems the cave backs up due to the blocked outlet to Cueva de la Espada, so it takes a very long time for the water to slowly drop once flooded.

The summer was dry in 2016, so Jim Lister and Colin Hayward were able to reach the upstream sump. Jim dived for about 25m to reach an air bell and then a further 50m to a chamber with possible ways on that required capping. Colin Hayward also noted a possible way on in the sump under a low arch some 20m before the upstream end of the sump.

The following year Jim capped the entry to the lead in the end chamber and continued upstream for 31m to a further sump. The site was checked out in 2018 and 2019 but was found to be flooded when the opportunity for diving was available.

This is an important site as it should link to Cueva de la Espada downstream and it is just possible that upstream it could link to Cueva-Cubío del Llanío (3234). If this were the case it would significantly extend the Four Valleys System.

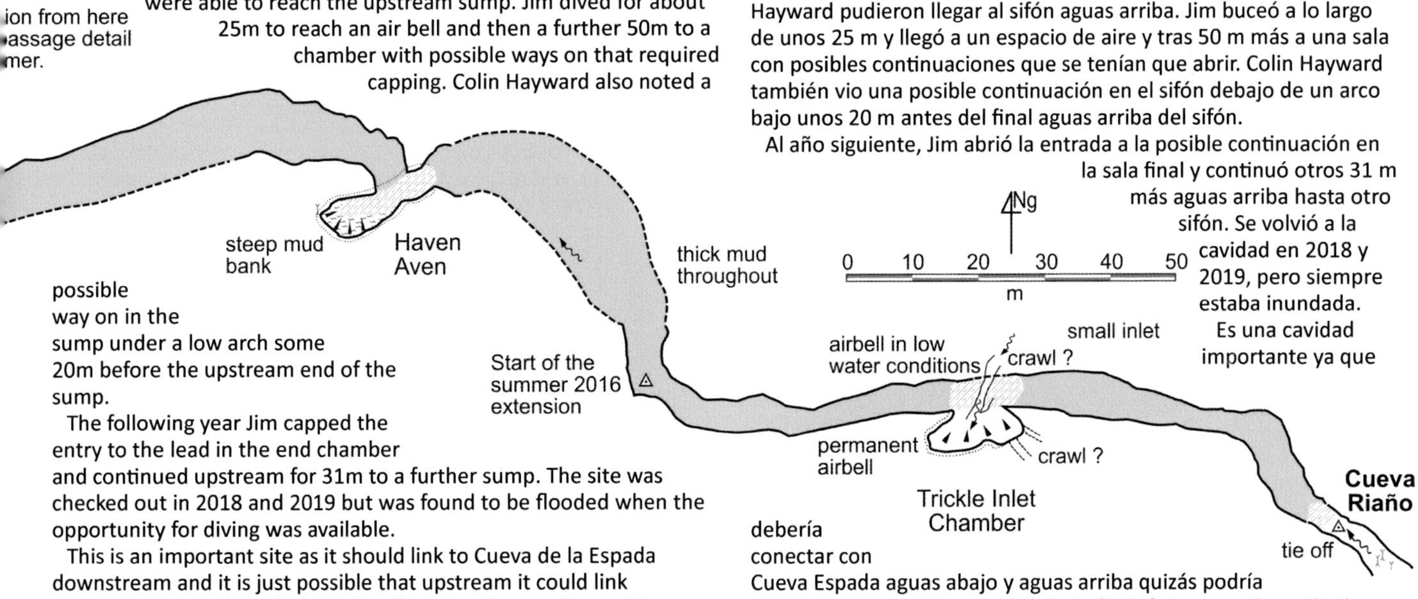
ion from here
passage detail
mer.
steep mud bank
Haven Aven
thick mud throughout
Start of the summer 2016 extension
Ng
0 10 20 30 40 50
m
airbell in low water conditions
small inlet
crawl ?
permanent airbell
crawl ?
Trickle Inlet Chamber
Cueva Riaño
tie off

Surgencia de las Crecidas (0124)

The entrance to this site lies about 160m northwest of Los Boyones (0117), the main resurgence for the Four Valleys System.

The first 20m sump is reached about 100m from the entrance and was dived by Geoff Yeadon and Stuart Davey in 1977 to reach open passage, explored for 200m with a tight second sump at the southern end.

In 2012, Simon Cornhill found sump 1 to be only 3m long (probably due to dryer conditions) with a south trending sump leading off from the far sump pool (airbell probably in wet conditions). This sump 2 was dived for 50m to a choke with a tight continuation that would need digging to enter. The original sump noted in 1977 at the south end of the dry passage (sump 3) was found by Simon to be too low and choked to make any progress. (Cave survey on page 87.)

Hornedo and Fuente Aguanaz

Río Santa Juliana Resurgence (3282)

This resurgence is situated in the steep valley next to Hornedo church on the north of the main road. The water has been traced from several sinks up to 1.3km away, giving this site some potential for a significant system[3]. In 2019, the site was dug to remove small boulders

3 Hydrology, page 460

la cueva. En 2016, Jim Lister entró y, después de reemplazar gran parte de la guía dañada por inundaciones, pasó el límite anterior y alcanzó una grieta transversal y un espacio de aire. A lo largo de varias inmersiones consiguió extender el sifón para llegar a la Cueva de Riaño. No fue un trabajo fácil, ya que se vio perjudicado por la mala visibilidad en muchas ocasiones.

Fridge Door (1800)

Esta cavidad se encuentra en la misma zona que la surgencia de Riaño y al norte de la entrada superior de la Cueva Espada. Un pequeño agujero excavado, normalmente cubierto por una vieja puerta de frigorífico, tiene un pozo corto hasta una ranura inclinada a una pequeña sala con un pequeño arroyo que desemboca en un caos de bloques en dirección a Cueva Espada. En dirección aguas arriba de la sala había un caos de bloques y un área inundada; de primeras, no tenía buena pinta.

Durante un periodo de sequía en 2013, la marmita en la sala bajó y se podía ver el acceso a una galería de 3 m de diámetro con un arroyo que da tras 130 m a un sifón. En otros incursiones en los años siguientes estaba siempre inundado, incluso durante largas sequías y, en una ocasión, incluso había una cabra en descomposición devorada por gusanos con las entrañas goteando hacia las secciones inferiores.

Parece que la cueva se inunda porque el desagüe a Cueva Espada está bloqueado, por lo que el nivel del agua tarda mucho en volver a bajar.

El verano de 2016 fue bastante seco, por lo que Jim Lister y Colin Hayward pudieron llegar al sifón aguas arriba. Jim buceó a lo largo de unos 25 m y llegó a un espacio de aire y tras 50 m más a una sala con posibles continuaciones que se tenían que abrir. Colin Hayward también vio una posible continuación en el sifón debajo de un arco bajo unos 20 m antes del final aguas arriba del sifón.

Al año siguiente, Jim abrió la entrada a la posible continuación en la sala final y continuó otros 31 m más aguas arriba hasta otro sifón. Se volvió a la cavidad en 2018 y 2019, pero siempre estaba inundada.

Es una cavidad importante ya que debería conectar con Cueva Espada aguas abajo y aguas arriba quizás podría conectar con Cueva-Cubío del Llanío (3234). De ser así, ampliaría significativamente el Sistema de los Cuatro Valles.

Surgencia de las Crecidas (0124)

La entrada a esta cavidad se encuentra a unos 160 m al noroeste de Los Boyones, la principal surgencia del Sistema de los Cuatro Valles.

El primer sifón de 20 m está a unos 100 m de la entrada. Geoff Yeadon y Stuart Davey lo bucearon en 1977 y llegaron a una galería abierta de 200 m con un segundo sifón estrecho en el extremo sur.

En 2012, Simon Cornhill descubrió que el sifón 1 medía solo 3 m de largo (probablemente debido a las condiciones más secas) con un sifón en dirección sur que salía de la marmita al final (en época de lluvias probablemente se reduzca el espacio de aire). Buceó a lo largo de 50 m en este sifón 2 hasta una obstrucción con una continuación estrecha que se tiene que excavar. A Simon le pareció que el sifón original observado en 1977 en el extremo sur de la galería seca (sifón 3) era demasiado bajo y estaba obstruido. (Topo, p. 87)

Hornedo y Fuente Aguanaz

Surgencia del río Santa Juliana (3282)

Esta surgencia se sitúa en el escarpado valle junto a la iglesia de Hornedo al norte de la carretera principal. El agua se ha trazado hasta aquí desde varios sifones a hasta 1,3 km de distancia, lo que le da a esta cavidad posibilidades de ser un sistema importante.[3] En 2019,

3 Véase el artículo sobre hidrología, p. 460.

and cobbles from what seems to be the entrance to a diveable sump. Jim Lister was able to dig at the sump entrance and could see down a steeply sloping rift.

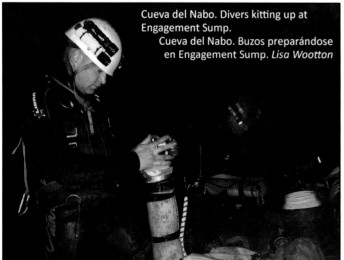

The team having a break from removing boulders from the Río Santa Juliana Resurgence.
El equipo descansa tras mover bloques de la surgencia del Río Santa Juliana. *Phil Papard*

Cueva del Nabo (3357)

In 1997, Phil Papard dived a small resurgence Fuente de Culebro (0979) on the south of the río Riaño but it was too small some 15m in.

Thirteen years later, Cueva del Nabo was found and this turned out to be the upstream cave that feeds that small resurgence. Upstream Cueva del Nabo ended in Engagement Sump which was dived by Simon Cornhill and Dan Hibberts in 2011. The 41m long, 4m deep, silt-floored sump restricted exploration of the further reaches to divers, who explored the cave to add over ¾ of the total length of 1280m. The cave is mainly a single streamway but, a little before the current end, a higher level route can be entered from an oxbow to a dry passage ending in a tiny streamway just after a choked side passage.

The main stream ends in a further sump dived by Dan Hibberts and Martin Grayson to 14.6m depth where there is a sandy 45° incline that needs digging to make any progress.

Cave of the Wild Mare (0767)

A lot of water resurges here in really wet weather but, normally, only a trickle emerges from just below its large entrance. On the west side of the cave are some side passages, two being inlets. One of these must be the inlet from Torca de Peña Encaramada (3380) but that has yet to be established or connected. The cave ends after a short distance in a large flooded section leading to the Sump of the Wild Eels. This was dived for 50m by Steve Openshaw and Martin Holroyd in 1995 to reach a passage with several cross rifts and small, uninspiring sump pools.

"High water levels make caving upstream more difficult. We all know this of course but what we don't know is what the water levels should be in a cave we have never visited before. One thing we didn't know about Wild Mare was that there are sumps in the cave that aren't marked on the survey. Nobody else knew that either but they had more sense than to visit the place in flood. We went back the next day and the day after that as well - after all, travelling downstream becomes easier in flood."
Colin

With the discovery of Torca la Vaca (2889) by Andy Pringle in 2008 and its further exploration, it was clear that Cave of the Wild Mare was the main outlet for the system. This inspired Colin Hayward and Jim Lister to try to link the two systems. In 2011 they dived downstream in Buttermere in Torca la Vaca and reached Eely Mud Eye chamber, leaving the line in for future

la entrada se excavó para quitar pequeñas rocas y grava de lo que parece ser la entrada a un sifón practicable. Jim Lister pudo excavar en la entrada del sifón y pudo ver un meandro oblicuo.

Cueva del Nabo (3357)

En 1997, Phil Papard buceó en la pequeña surgencia de Fuente de Culebro (0979) en el sur del río Riaño, pero era demasiado pequeña tras unos 15 m.

Trece años después se encontró la Cueva del Nabo y esta resultó ser la cueva aguas arriba que drena a esa pequeña surgencia. Aguas arriba, Cueva del Nabo termina en Engagement Sump, buceado por Simon Cornhill y Dan Hibberts en 2011. El sifón de 41 m de largo, 4 m de profundidad y suelo con sedimentos restringió la exploración de los tramos más alejados a los buceadores, quienes exploraron la cueva para añadir cerca de ¾ del desarrollo total de 1280 m. La cueva es principalmente un arroyo único pero, un poco antes del final, se puede entrar a una ruta de nivel superior desde un meandro hasta una galería seca que termina en un pequeño arroyo justo después de una galería lateral obstruida.

El río principal termina en un sifón adicional que Dan Hibberts y Martin Grayson bucearon hasta 14,6 m de profundidad donde hay una rampa arenosa de 45° que se ha de excavar.

«Los niveles altos hacen que la exploración aguas arriba sea más difícil, todos lo sabemos, por supuesto, pero lo que no sabemos es cuál debería ser el nivel del agua en una cueva que nunca antes hemos visitado. Algo que no sabíamos sobre Wild Mare era que hay sifones en la cueva que no están marcados en la topografía. Nadie más lo sabía, pero tenían más sentido común y no la visitarían en época de lluvias. Regresamos al día siguiente y al día siguiente también; al fin y al cabo, moverse aguas abajo es más fácil en una crecida.»
Colin

Wild Mare (0767)

En época de lluvias, la cueva lleva un fuerte caudal, pero, de normal, solo sale un regato justo debajo de su gran entrada. En el lado oeste de la cueva hay algunas galerías laterales, dos de las cuales llevan afluentes. Uno de ellos debe venir de Torca de la Peña Encaramada (3380), pero aún no se ha trazado ni conectado. La cueva termina después de poco en una gran sección inundada que conduce al sifón Wild Eels. Steve Openshaw y Martin Holroyd bucearon sus 50 m en 1995 para llegar a una galería con varias grietas cruzadas y pozas pequeñas y poco llamativas.

Después de que Andy Pringle descubriera Torca la Vaca (2889) en 2008 y la exploración que le siguió, quedó claro que Wild Mare era el desagüe principal del sistema, lo que inspiró a Colin Hayward y a Jim Lister a intentar conectar los dos sistemas. En 2011 bucearon aguas abajo en Buttermere en Torca la Vaca y llegaron a la sala Eely Mud Eye, dejando el hilo para trabajos futuros.

En 2012, en niveles altos, decidieron mirar desde Wild Mare. Se encontraron con un gran caudal, inundándose mucho antes de llegar a Wild Eels. Al día siguiente, pudieron pasar lo que ahora era una bóveda sifonante y entrar en el sifón. Durante los siguientes 4 días bucearon en un sifón «aburrido» y llegaron a fisuras y escaladas secas, pero no encontraron forma de avanzar. También buscaron en el sifón

Cueva del Nabo. Divers kitting up at Engagement Sump.
Cueva del Nabo. Buzos preparándose en Engagement Sump. *Lisa Wootton*

Beyond Engagement Sump.
Pasando Engagement Sump. *Simon Cornhill*

Site 767: Cave of the Wild Mare

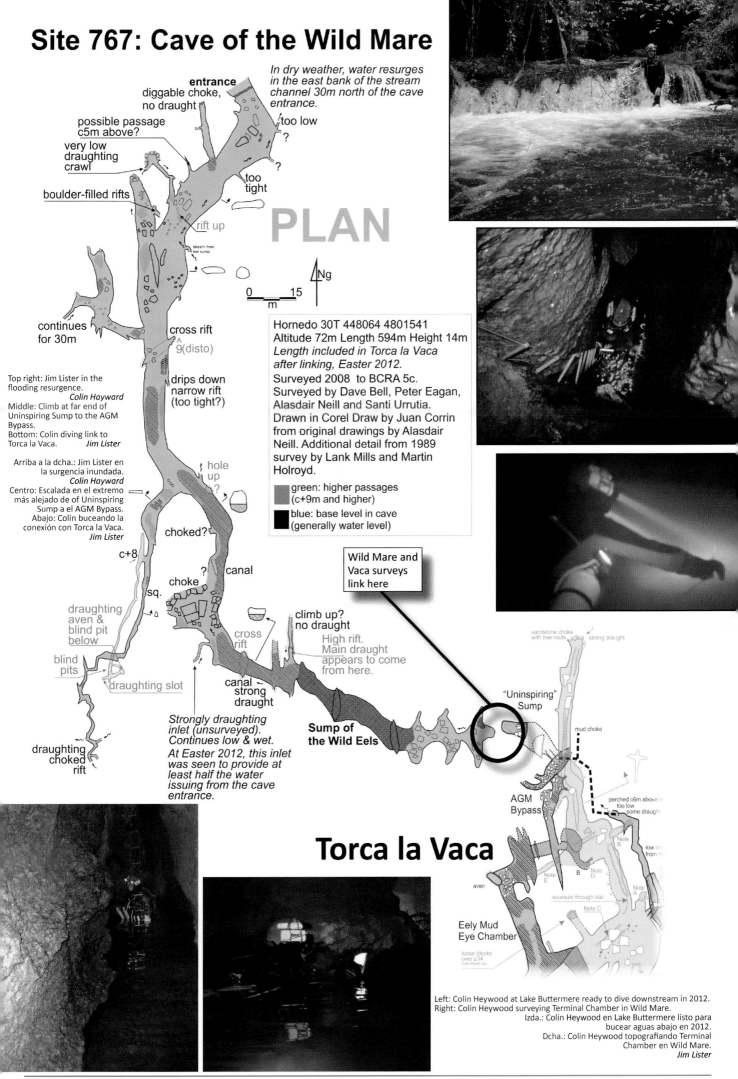

In dry weather, water resurges in the east bank of the stream channel 30m north of the cave entrance.

PLAN

entrance

diggable choke, no draught

possible passage c5m above?

very low draughting crawl

boulder-filled rifts

too low ?

?

too tight

rift up

stream from low sump

Ng

0   15
m

continues for 30m

cross rift
9(disto)

drips down narrow rift (too tight?)

Hornedo 30T 448064 4801541
Altitude 72m Length 594m Height 14m
Length included in Torca la Vaca after linking, Easter 2012.
Surveyed 2008 to BCRA 5c.
Surveyed by Dave Bell, Peter Eagan, Alasdair Neill and Santi Urrutia.
Drawn in Corel Draw by Juan Corrin from original drawings by Alasdair Neill. Additional detail from 1989 survey by Lank Mills and Martin Holroyd.

green: higher passages (c+9m and higher)

blue: base level in cave (generally water level)

Top right: Jim Lister in the flooding resurgence.
Colin Hayward
Middle: Climb at far end of Uninspiring Sump to the AGM Bypass.
Bottom: Colin diving link to Torca la Vaca.   *Jim Lister*

Arriba a la dcha.: Jim Lister en la surgencia inundada.
Colin Hayward
Centro: Escalada en el extremo más alejado de of Uninspiring Sump a el AGM Bypass.
Abajo: Colin buceando la conexión con Torca la Vaca.
Jim Lister

hole up ?

choked?

c+8

? canal

choke

sq.

draughting aven & blind pit below

blind pits

draughting slot

cross rift

canal - strong draught

Strongly draughting inlet (unsurveyed). Continues low & wet. At Easter 2012, this inlet was seen to provide at least half the water issuing from the cave entrance.

draughting choked rift

climb up? no draught

High rift. Main draught appears to come from here.

Sump of the Wild Eels

Wild Mare and Vaca surveys link here

sandstone choke with tree roots   strong draught

"Uninspiring" Sump

mud choke

AGM Bypass

perched c6m above too low some draught

Note B

Note D

aven

Note E

B

Note A

squeeze through stal

low cr... from h...

Note C

Torca la Vaca

Eely Mud Eye Chamber

loose blocks over p34

Left: Colin Heywood at Lake Buttermere ready to dive downstream in 2012.
Right: Colin Heywood surveying Terminal Chamber in Wild Mare.
Izda.: Colin Heywood en Lake Buttermere listo para bucear aguas abajo en 2012.
Dcha.: Colin Heywood topografiando Terminal Chamber en Wild Mare.
Jim Lister

work.

In 2012, with high water conditions, they decided to attack the Cave of the Wild Mare. They found it flowing strongly and sumped well before the Sump of the Wild Eels. The following day, they were able to pass what was now a duck and dive the sump. Over the next 4 days they dived the "uninspiring" sump pool and reached dry rifts and climbs but found no way on. They also searched the sump for missing leads as, at the end, the flow seemed to have been lost. Eventually, they decided it was best to try the Eely Mud Eye chamber end for the possible link, rigging access to Buttermere at the Torca la Vaca end to make diving access easier.

The two managed to traverse difficult sections of climbs and rifts with their diving gear and dived a 5m long bedding sump to another complicated area. They pushed this to reach a point where they could see the dive line at Sump of the Wild Eels terminal chamber, so making the connection. They later found a second route through this section from the "uninspiring" sump.

Torca la Vaca (2889)

After Jim Lister and Colin Hayward had linked Torca la Vaca with Cave of the Wild Mare they turned their attention to diving upstream Buttermere to explore the water route towards the duck at Lake Bassenthwaite. However, they hoped to find the main route the water takes, as Lake Bassenthwaite does not have any known inlet.

The first sump to be dived was upstream Buttermere on the day after the link was made to Vaca. This trip was mainly to survey the link but, first, Jim dived upstream Butterworth for 15m, to emerge in a rift passage with a cascade coming in over boulders. Later, after the surveying trip and discussions with Juan, it was decided this rift passage was almost certain to be part of Whitworth Series. The following

"Sometimes things break. That includes caving equipment. It even includes electron ladders. This rarely works out well for the person on the ladder even when they don't have diving kit on at the time. The one good lesson from this situation is always weight test with a heavy foot before starting to climb the ladder. It saved one of us getting hurt but then maybe a life line could have worked as well."
Colin

day the team de-rigged the system and completed the survey work as the cave started to flood.

In the summer, they decided to dive through Cave of the Wild Mare as an easier option to taking gear in via Torca la Vaca. The team tried to find an easier way through via diving to avoid the climbs and squirms through the boulders, but this proved too difficult and was made worse by moving boulders and Jim losing his mask. This meant the awkward route (due to diving gear) would have to be used.

The next day the team transported all the gear to reach and dive the upstream Whitworth Sump. This was about 25m long and 5m deep, turning right and up a steep slope to a large muddy chamber. The route was surveyed the following day and the sump and canals checked out

---

ya que, al final, la corriente parecía haberse perdido. Finalmente, decidieron que era mejor probar desde Eely Mud Eye, instalando el acceso a Buttermere en el extremo de Torca la Vaca para facilitar el acceso con el equipo de buceo.

Los dos lograron atravesar secciones difíciles de escaladas y fisuras con su equipo de buceo y bucearon en un sifón bajo de 5 m de largo a otra área complicada que forzaron hasta llegar a un punto desde el que pudieron ver la guía en la sala final de Wild Eels, haciendo la conexión. Más tarde encontraron una segunda ruta a través de esta sección desde el sifón «aburrido».

Torca la Vaca (2889)

Después de que Jim Lister y Colin Hayward conectaran Torca la Vaca con Wild Mare, centraron su atención en bucear aguas arriba de Buttermere para explorar la ruta bajo el agua a la bóveda sifonante en el lago Bassenthwaite. Sin embargo, esperaban encontrar la ruta principal que toma el agua, ya que el lago Bassenthwaite no tiene ninguna entrada conocida.

El primer sifón que se buceó fue aguas arriba de Buttermere el día después de establecer la conexión con Vaca. La idea de esta incursión era topografiar la conexión pero, primero, Jim buceó 15 m aguas arriba en Butterworth y salió en una fisura con una cascada que entraba entre bloques. En otra ocasión, después de topografiar y de hablarlo con Juan, se decidió que esta fisura tenía que formar parte de la red Whitworth. Al día siguiente, el equipo desinstaló el sistema y completó el trabajo topográfico justo cuando la cueva empezaba a inundarse.

En verano, decidieron bucear a través de Wild Mare, les parecía más fácil que llevar el equipo por Torca la Vaca. El equipo trató de encontrar una ruta más fácil buceando para evitar las escaladas y las estrecheces entre bloques, pero resultó demasiado difícil y empeoró al mover las rocas y Jim perder su máscara. Tendrían que usar la ruta incómoda (debido al equipo de buceo).

Al día siguiente, el equipo transportó todo el equipo para alcanzar y bucear en el sifón Whitworth aguas arriba. Tenía unos 25 m de largo y 5 m de profundidad, girando a la derecha y subiendo una pendiente empinada hasta una gran sala embarrada. La ruta se topografió al día siguiente y se revisaron el

«A veces las cosas se rompen. También el equipo de espeleología. Incluso escalas. Algo que rara vez sale bien para quien esté en la escala, incluso cuando no lleva un equipo de buceo. La única buena lección de todo esto es probar siempre apoyando un pie con fuerza antes de empezar a subir por la escala. Evitó que uno de nosotros se hiciese daño, pero tal vez una cuerda podría haber venido bien también.»
Colin

sifón y los canales en busca de continuaciones bajo el agua, pero no encontraron ninguna. Jim buceó el sifón aguas arriba de Whitworth (llamado Elephant Sump) desde la sala, bajando por una pendiente y girando a la derecha para continuar por el enorme sifón. Tras 51 m, emergió en el lago Bassenthwaite. Al salir, encontraron una ruta más fácil a Wild Mare, ¡un poco tarde!

Eely Mud Eye Chamber

Crap Passage

Penguin Passage

Leg-Over Passage

Pitch Bypass

Red Pike Junction

Buttermere

Gour Passage

"50m" Rift

part **Torca la Vaca** survey modified to highlight the low level. Continues south from survey on page 421.

Whitworth Series

Whitworth Challenge

7-Way Chamber

Upper Whitworth sump

From Whitworth Series south to Lake Bassenthwaite has been re-drawn in v.2.30 after a solo visit and subsequent sketch by Jim Lister, 19/8/2019.

high
low

Elephant Sump

Lake Bassenthwaite

Penrith historic market town duck

25m

Map shows December 2019 information
North up the page. Grid 100m
El mapa muestra información
de diciembre de 2019.
Norte arriba. Cuadrícula: 100 m

HORNEDO

(140 - 154)
(120 - 140)
100 - 120
80 - 100
69 - 80
Passage
altitudes

0767 Wild Mare

3380 Peña Encaramada

2889 Torca la Vaca

What's in a name?   COLIN HAYWARD

Uninspiring Sump The first divers who got through the Wild Mare sump looked around and found no obvious way on. In the description they wrote after the trip they said that a small sump to one side of the chamber looked uninspiring.

Eely Mud Eye This chamber was called "Eely Mud Eye" to combine the eel that guarded the exit from the sump into the chamber and the mud in the eye of one diver who fell over because the chamber is really muddy. The eel was called Charlotte.

AGM Bypass Not many of us like attending club meetings and the Cave Diving Group AGM is, in no way, an exception. One year we planned the trip so we would be in Spain on the weekend of the meeting but, for some reason, the date of the meeting was changed. We still missed it and lied about finding passage when the meeting was being held.

¿Qué hay detrás de un nombre?   COLIN HAYWARD

Uninspiring Sump. Sifón aburrido. Los primeros buzos que atravesaron el sifón Wild Mare miraron a su alrededor y no encontraron una continuación obvia. En la descripción que escribieron tras la salida, dijeron que un pequeño sifón a un lado de la sala parecía aburrido.

Eely Mud Eye. Ojo embarrado anguileño. Esta sala se llamó así para combinar la anguila que protegía la salida del sifón hacia la sala y el barro en el ojo de un buzo que se cayó porque la sala tenía muchísimo barro. La anguila se llamaba Charlotte.

AGM Bypass. A muchos de nosotros no nos hace especial ilusión asistir a las reuniones del club, y la asamblea de Cave Diving Group no es ninguna excepción. Un año planeamos el viaje para estar en España el fin de semana de la asamblea pero, por alguna razón, se cambió la fecha de esta. Aun así nos la perdimos y mentimos acerca de encontrar un galería cuando se estaba celebrando la asamblea.

---

for underwater leads, but none was found. The upstream Whitworth sump (named Elephant Sump) was dived from the chamber by Jim dropping down a slope and turning right to continue along the massive sump. After 51m he emerged in Lake Bassenthwaite. On the way out, they did find an easier route through to Cave of the Wild Mare - a bit too late!

It is still not clear where the water, and hence cave, enters Elephant Sump and a thorough search will be needed. It may be better searching from the upstream end.

In 2019, Jim decided to look at the downstream sump at the end of the eastern stream passage leading out from the Cockup @ Cockermouth Chamber. However, it was found that the route to the sump consisted of very low airspace and really needed a guideline putting in to make access safe over the long distance. It is possible that, in dry weather, the water level will be lower, making access easier. Diving at this site was left to the future.

"It is important when planning a trip to work out how to deal with equipment, not only what to take but also how to pack things for the trip and how to pack them in the cave for the trip out once the equipment is no longer needed. Doing this has several advantages. To start with, the trip will run more smoothly and take less time. Secondly, weight distribution can be worked out so all the tackle bags are even. Lastly, there is the chance to plan how to deflate the rubber dinghy used in the canal without having to bite through the double wall thickness to let the air out."
Colin

Torca de Peña Encaramada (3380)

This cave, with many restrictive passages and squeezes, drains an area to the southwest of Cave of the Wild Mare. The water flows north through the system prior to meeting a sump at Octopus's Garden. ("A" on map above.) In 2013, Tim Webber dived this sump for 14m in a very restricted passage to rift. He thought there may be a possible way on, but some of the blocks may need moving. On the way out, he had major problems: getting stuck for 5 minutes and needing to remove cylinder and helmet to give enough space to extricate himself. The sump end was marked with a tag saying "Encaramada" in the hope it can be found from the Wild Mare end.

There are two likely sites in Wild Mare where the water

meet sandstone blocks at a cross

Todavía no se sabe bien por dónde entra el agua, y por lo tanto la cueva, en Elephant Sump y será necesaria una búsqueda exhaustiva. Quizás sea mejor buscar desde el extremo aguas arriba.

En 2019, Jim decidió mirar en el sifón aguas abajo al final de la galería activa este que sale de la sala Cockup en Cockermouth. Sin embargo, descubrió que en la ruta hacia el sifón había muy poco espacio de aire y realmente se necesitaba una guía para que el acceso fuera seguro a larga distancia. Quizás, en época de sequías el caudal es menor, facilitando el acceso. La incursiones de buceo en esta cueva se dejaron para otra ocasión.

«Al planificar una incursión, es importante averiguar qué hacer con el equipo, no solo qué llevar, sino también cómo guardar las cosas para la incursión y cómo guardarlas en la cueva para sacarlas cuando el equipo ya no haga falta. Hacer esto tiene varias ventajas. Para empezar, la incursión será más fluida y llevará menos tiempo. En segundo lugar, se puede calcular la distribución del peso para que todas las sacas sean uniformes. Por último, está la posibilidad de planificar cómo desinflar el bote hinchable usado en el canal sin tener que morder la pared doble para que pueda salir el aire.»
Colin

Torca de Peña Encaramada (3380)

Esta cueva, con muchas galerías estrechas, desagua en un área al suroeste de Wild Mare. El agua fluye al norte a través del sistema antes de encontrarse con un sifón en Octopus's Garden. («A» en el mapa de arriba). En 2013, Tim Webber buceó los 14 m de este sifón por una galería muy estrecha hasta encontrarse con bloques de arenisca en una grieta transversal. Pensó que podría haber una continuación, pero algunos de los bloques igual se tienen que mover. Al salir, tuvo problemas importantes: se quedó atascado durante 5 minutos y tuvo que quitarse la botella y el casco para tener suficiente espacio para salir. El extremo del sifón estaba marcado con una etiqueta que decía «Encaramada» con la esperanza de que se pueda encontrar desde el extremo de Wild Mare.

Hay dos sitios probables en Wild Mare en los que podría salir el agua. El primero está a la derecha, justo antes del canal final que exploró Peter Eagan a un laminador que se tiene que excavar. Colin Hayward vio que este afluente llevaba un buen caudal en época de lluvias. La otra posibilidad es un afluente a unos 70 m de la entrada en el lado oeste, justo antes de la

25/7   Tim W, Ed W. Louise O'U.

Dive trip from the downstream end of Encaramada 14m to cross rift blocking sump with sandstone blocks. possible way on.
End of dive line in cross rift with "Encaramada" written out.
Spent 5 min + at 3m from surface Jammed in thinking I was going to drown.
Removed 1 cylinder + Helmet and managed to force way out.

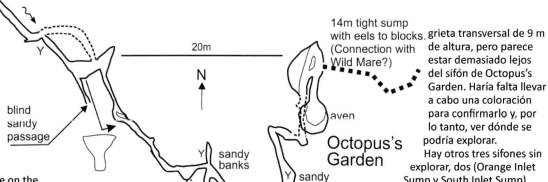

may appear. The first is on the right, just before the end canal that was pushed by Peter Eagan to a low bedding crawl that needs digging. Colin Hayward saw this inlet emit a large amount of water in times of flood. ("**B**" on map above.) The other possibility is an inlet about 70m from the entrance on the west side, just before the 9m high cross rift (**C**). The latter seems to be too far away from the Octopus's Garden Sump, but a dye test is really needed to confirm this and thus show the best place to push.

Elsewhere, there are three undived sumps, two (Orange Inlet Sump and South Inlet Sump) may be too tight to dive and have poor prospects for significant gains as they are adjacent to known passages. There is also an undived sump reported near 'I Want Me Mum Chamber' but is not shown on the survey. Again, it does not look to be a promising site as it must be adjacent to known passages.

The upstream Stairway to Heaven Sump was passed as a duck in very dry weather to reveal 100m of low and unpleasant passage.

Invisible Cave (3283)

The parking area and main entrance at Fuente Aguanaz was visited on numerous occasions but, it was not until 2009, that the entrance to Invisible Cave was first identified and looked at by Phil Parker and Chris

grieta transversal de 9 m de altura, pero parece estar demasiado lejos del sifón de Octopus's Garden. Haría falta llevar a cabo una coloración para confirmarlo y, por lo tanto, ver dónde se podría explorar.

Hay otros tres sifones sin explorar, dos (Orange Inlet Sump y South Inlet Sump) pueden ser demasiado estrechos y no parecen tener mucho potencial ya que están junto a galerías conocidas. También hay un sifón sin explorar cerca de I Want Me Mum Chamber, pero no está en la topografía. De nuevo, no parece ser un sitio prometedor ya que debe estar junto a galerías conocidas.

El sifón Stairway to Heaven aguas arriba se pasó como una bóveda sifonante durante una sequía y al otro lado se descubrieron 100 m de galería baja y desagradable.

Cueva Invisible (3283)

El parking y la entrada principal de Fuente Aguanaz se han visitado en numerosas ocasiones, pero no fue hasta 2009 que Phil Parker y Chris Camm identificaron y exploraron por primera vez la entrada a esta cueva. Como esta surgencia está junto a la entrada principal de Fuente Aguanaz, y al nivel del río, parece formar parte de esta. Sin embargo, cuando se forzó, les quedó claro a los exploradores que estaban en un

Martyn Grayson in 3283.

Martyn Grayson en 3283. *Dan Hibberts*

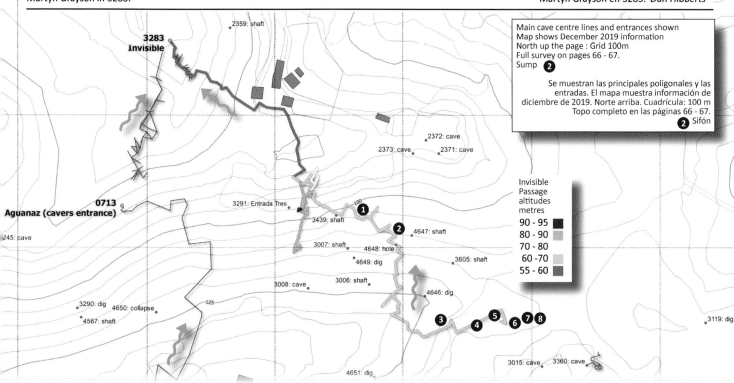

Main cave centre lines and entrances shown
Map shows December 2019 information
North up the page : Grid 100m
Full survey on pages 66 - 67.
Sump ②

Se muestran las principales poligonales y las entradas. El mapa muestra información de diciembre de 2019. Norte arriba. Cuadrícula: 100 m
Topo completo en las páginas 66 - 67.
② Sifón

Invisible Passage altitudes metres

90 - 95	
80 - 90	
70 - 80	
60 -70	
55 - 60	

Camm. As this resurgence cave is next to the main Fuente Aguanaz entrance, and at river level, it looks like just part of that cave's outlet. However, when pushed, it became clear the explorers were in a different stream.

After a duck and a high level entrance, a series of canals and a sump is reached. In 2010, Chris Camm dived this short 3m deep sump with minimal kit to a canal with out of depth water. On the second trip, Chris was accompanied by Phil Papard who joined him through the first, free diveable sump, putting in a bolt to make the pull line safe. The passage was surveyed including a small 10m long inlet ending in a very small sump.

The main passage ended in another sump that we thought would also be short. Chris dived but it was clear it was not a short "duck under" and, having only a short base-fed line, it was left till the next visit in 2011.

On his return, Chris dived again with light kit and reached about 10m into sump 2. Thinking it was continuing, he returned and suggested others should take on the task.

In 2012, Dan Hibberts and Martyn Grayson found sump 2 to be 10m long and 2.1m deep, just after the limit Chris had reached the year before. There followed 150m of passage to another sump. Over the next 2 days, they passed sumps 3 to 7 then sump 8 that was dived for 15m as it descended to 6.6m depth. This was left still going as their line ran out.

In 2017 Dan and Jim Lister continued the work, passing sump 8 at about 20m and diving sump 9. Above sump 8 is an aven and they noticed some green leaves and twigs on the sump pool. Could there be another entrance above this point?

Sump 9 was dived with twin 7 litre cylinders for about 10m down a steeply descending slope over gravel, past two chambers to a gravel blockage at a low arch. Jim tried rabbit kicking the gravel but as the slope was now shallow it would not drop away and blocked the way on. Sumps 8 to 9 are not surveyed. The water was heavily polluted and both divers suffered stomach problems.

Jim's dive log

Invisible cave
18.04.2017
Divers: D. Hubert's, J, Lister

7ltr cylinders taken in, sump 9 dived, the diver entered the sump, descending down a 1 meter Wide by 0.7 meter high steeply descending passage with a gravel floor. 7 meters in the passage opens up into a chamber 3x 3 meters and the passage bends and descends down to the left were another chamber is meet.
The air from the diver's exhaust collects on the roof forming a 3" air space. The passage continues steeply down on the right hand side the gravel only 25 cm's from the rounded roof. The diver dug with his feet pushing the gravel down the slope. Two body lengths down the diver pushed himself under a very low arch and found the gap between the roof and the gravel had increased, a further arch was encountered, and the diver managed to squirm under it. The gravel seemed to be now at a shallower angle and was not falling away, this was the deepest point in the sump reached?
The diver felt the roof with his heels, but no lip was found, (the diver had hoped for a vertical rift going up) but none was felt/found. The diver then made his way back up the slope, which was not easy, the line was reeled in and tied off to a silt screw at the first arch, from this point easy and quick egress was made, dive time in sump 9, 15 minutes.

Above and below: Chris Camm preparing then diving through sump 1.
Chris Camm saliendo del sifón 1. *Phil Papard*

río diferente.

Tras una bóveda sifonante y una entrada de nivel superior, se llega a una serie de canales y un sifón. En 2010, Chris Camm buceó este sifón corto de 3 m de profundidad con un equipo mínimo a un canal profundo. En la segunda incursión, Chris estuvo acompañado por Phil Papard, quien se unió a él a través del primer sifón por inmersión libre, colocando un anclaje para que el pasamanos fuese seguro. Topografiaron la galería incluyendo un pequeño afluente de 10 m de largo que termina en un sifón muy pequeño.

La galería principal termina en otro sifón que pensamos que también sería corto. Lo buceó Chris, pero estaba claro que no era así y, al tener solo una cuerda corta, se dejó para la siguiente visita en 2011.

A su regreso, Chris entró de nuevo con un equipo ligero y buceó unos 10 m en el sifón 2. Pensando que continuaba, regresó y sugirió que otros deberían asumir la tarea.

En 2012, Dan Hibberts y Martyn Grayson descubrieron que el sifón 2 tenía 10 m de largo y 2,1 m de profundidad, justo después del límite que Chris había alcanzado el año anterior. Siguieron por 150 m de galería a otro sifón. Durante los siguientes 2 días, pasaron los sifones 3 a 7 y luego el sifón 8 de 15 m de largo y una profundidad de 6,6 m. Como se estaban quedando sin guía, se dieron la vuelta.

En 2017, Dan y Jim Lister continuaron el trabajo, pasando el sifón 8 a unos 20 m y el sifón 9. Sobre el sifón 8 hay una chimenea y vieron algunas hojas verdes y ramitas en la marmita. ¿Podría haber otra entrada por encima?

El sifón 9 se buceó con botellas gemelas de 7 litros: 10 m por una rampa de grava descendente, pasando dos salas hasta una obstrucción de grava en un arco bajo. Jim trató de patear la grava, pero como la rampa ahora era poco profunda, no bajaba y bloqueaba la ruta. Los sifones 8 a 9 no se han topografiado. El agua estaba muy contaminada y ambos buzos sufrieron problemas estomacales.

Fuente Aguanaz (0713)

Another complete centre line for Fuente Aguanaz, in a wider area, can be seen on page 304.

It had always been thought that the catchment for this resurgence was large, given its approximately 1 cumec (cubic metre per second)

Fuente Aguanaz (0713)

Otra poligonal completa para Fuente Aguanaz, en un área más amplia, se puede ver en la página 304.

Siempre hemos sabido que la cuenca hidrográfica de esta surgencia tenía que ser grande, dado su caudal promedio de aproximadamente

Beyond Sump 5b in Aguanaz

JIM LISTER

At the end of Easter 2018, dive colleague Mark Smith headed home to Hong Kong, leaving me with just a few days before I, too, needed to return home to the UK. Despite the continuing high water levels in Fuente Aguanaz (0713), and the near to zero visibility in upstream sump 5b, I decided to have one last attempt to dive through, as this was almost certainly the main way on.

Both Mark and myself had made attempts to dive the sump but had been thwarted by the foul visibility, undercuts, low arches and silt banks which were found between large cross rifts. This was a complicated sump and really not a nice place to be! If the guide line was not routed exactly or was accidentally pulled out of place, your chances of finding your way out would not be good.

Following several hours of caving and swimming, the boulder choke and sumps at the end of Sarah Jean passage were passed and, with some trepidation, I finally reached Sump 5b dive base. I slumped down onto a gravel bank feeling considerable relief as the weight of my diving equipment was taken off my shoulders and hips. As my pounding heart rate returned to normal, I flung myself forward and rolled onto my knees to remove the dive cylinders. I then took off my helmet and mask that was hung around my neck and pulled off my neoprene diving hood, feeling the cool air hit my face and the muffled sounds of the cave became clear and loud. As I cupped my hands and lifted the murky stream water to my face to wash away the sweat that was stinging my eyes, the isolation of the location hit me, it was both a exhilarating and terrifying feeling.

A Mars bar and some cold premixed porridge were consumed before careful pre-dive checks were undertaken. I needed to make sure my dive kit had not been damaged on the arduous trip in.

Once this was done and air calculations were made for the upcoming dive in sump 5b and the return dives out of the cave, I quickly and efficiently re-kitted, this time with silt screws stowed under rubber bands made from tyre inner tubes holding them around my cylinders ready for deployment. (Silt screws are home-made plastic pipe tubes used like tent pegs to hold the guide line in place.)

I carefully entered the water and carried out a function test by breathing off both my regulators before carefully lying down face first in the water to sort out my buoyancy and trim. If I was to find my way through this sump I would need to conserve every inch of the limited visibility, so keeping above the silt floor was imperative. I gently flutter kicked with my fins and eventually gathered enough momentum to slowly glide forward, maintaining buoyancy so that I hovered 70cm above the silt floor where the cave passage allowed.

I soon reached the line reel which was the limit of exploration but I was surprised, it had moved. It was not on the steep silt and mud ramp where I had fixed it to a silt screw but had become detached and had rolled down the bank and had landed in a narrow "V" shaped silt gully with a gravel floor going off to my left. I picked up the reel and untied it. This resulted in a silt cloud turning the poor visibility to zero but, using my hand to feel the floor, I followed the gravel and soon the brown colour turned dark navy telling me I was into big passage!

I left the floor and slowly swam out of the zero visibility and it just became murky. I could now see for a couple of metres but only water - no roof, floor or walls. I continued moving gently forward and saw a rock arch appear forbiddingly out of the darkness. I glided underneath it and met a steeply

ascending slope of boulders which I followed up until I saw a silver air surface above me. I was through!

I carefully added a small amount of air to my buoyancy bag using my inflator valve and gently rose to the surface. Out of habit, I raised an arm to cradle my head in case it hit the roof, but there was no need as the roof was three or four metres above.

Lowering my arm and with the water running off my mask glass, I could see that I was in a sizeable sump pool, with what looked like a boulder ramp in front of me and a cross rift to the side. This was not what was expected, it was far better! I excitedly swam to the slope to tie off my guide line.

I removed my dive kit and, once the guide line was secure, I noticed how cold I was getting. At first, I thought it was as a result of the cuts sustained to my wetsuit on the journey in, but soon realised it was because of the strong draught! I went for a short exploration, carefully scrambling up the slope above the sump pool for around seven metres to reach a sizable aven! I looked up only to see the towering walls disappear into the darkness.

Feeling overwhelmed, I eventually made my way carefully back down to the water where I could now see small ripples on the settled surface. I put my hood back on and entered the water to investigate what had looked like a cross rift.

I swam with a mixture of breaststroke and doggy paddle across the sump pool and under an arch until I could confirm the presence of 2m wide by 3m high inlet passage ahead of me. It was a difficult decision and took a lot of self-control, but I decided that this was the point to end the trip. I had met my objective of passing the sump and had found two wide open ways on for exploration in the summer.

---

average flow. This has been confirmed in the last 10 years with positive tests from as far away as El Cubillón (2538) and a sink at Alisas[4]. Given this potential, Jim Lister and Dan Hibberts decided to check out the end sump in 2017, it not having been looked at since Mark Smith did so in 2006. On the way to the end, Jim looked at an inlet on the west past sump 1 which had been missed by previous visitors. Sarah Jean Inlet proved to be a major discovery, adding some 2.25km to the system over the next two years.

The pair followed this inlet for some 500m to sump 2b. Two days later they ferried their gear to sump 1 in inflatable boats and dived through sump 2b which was heavily polluted with what seemed to be wood pulp. This sump reached a choke with a small hole into a large passage needing a hammer to remove the rock. On the last day of their Easter trip they surveyed the find to the choke for 770m.

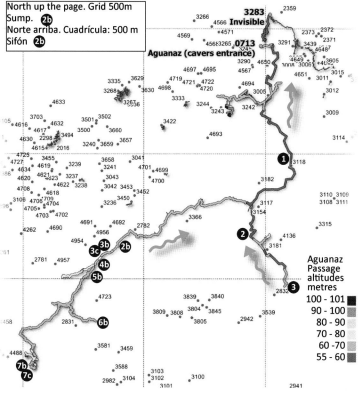

North up the page. Grid 500m
Sump. 2b
Norte arriba. Cuadrícula: 500 m
Sifón 2b

Aguanaz
Passage
altitudes
metres
100 - 101
90 - 100
80 - 90
70 - 80
60 - 70
55 - 60

1 cumec (metro cúbico por segundo), algo que se ha confirmado en los últimos 10 años con pruebas positivas desde lugares tan lejanos como El Cubillón (2538) y un sumidero en Alisas[4]. Dado su potencial, Jim Lister y Dan Hibberts decidieron revisar el sifón final en 2017, ya que nadie había vuelto a él desde que Mark Smith lo mirara en 2006. En la ruta hacia el final, Jim echó un vistazo en un afluente al oeste pasando el sifón 1, no visto por exploradores anteriores. Sarah Jean Inlet resultó ser un gran descubrimiento, añadiendo unos 2,25 km al sistema durante los siguientes dos años.

La pareja avanzó 500 m por este afluente hasta el sifón 2b. Dos días después, transportaron su equipo al sifón 1 en botes inflables y bucearon en el sifón 2b, que estaba muy contaminado con lo que parecía ser pulpa de madera. Este sifón llegó a una obstrucción con un

---

4   Hydrology, page 456

4   Véase Hidrología, p. 456.

Al otro lado del sifón 5b en Aguanaz

JIM LISTER

A finales de Semana Santa del año 2018, mi colega buceador Mark Smith volvió a su casa, en Hong Kong, unos días antes de que yo también tuviese que regresar a casa, en el Reino Unido. A pesar del nivel alto del agua en Fuente Aguanaz (0713) y de que prácticamente hubiese cero visibilidad en el sifón 5b de aguas arriba, decidí intentar pasarlo una última vez, puesto que casi seguramente sería la principal continuación de la cavidad.

Mark y yo habíamos intentado pasarlo, pero nos frustraron muchísimo la mala visibilidad, las paredes socavadas, las bóvedas bajas y los arenales entre grandes fisuras cruzadas. ¡Era un sifón complicado y, la verdad, nada agradable! Si el hilo guía no esta correctamente situado o se arranca por accidente, las posibilidades de encontrar la salida se reducen bastante.

Después de varias horas de espeleología y natación, pasé el caos de bloques y los sifones al final de la galería Sarah Jean y con inquietud llegué al sifón 5b. Me eché en un bancal de grava, aliviado al quitarme el peso del material de buceo de los hombros y caderas. Cuando el corazón me volvió a latir con normalidad me puse de rodillas para quitarme las botellas de aire. Me quité el casco y la máscara de alrededor del cuello y tiré de la capucha de neopreno. El aire fresco me golpeó la cara y los sonidos amortiguados de la cueva los oía ahora con claridad. Al coger agua del río con las manos para quitarme el sudor que me picaba los ojos, me impactó lo aislado que estaba; una sensación tan exhilarante como aterradora.

Me comí una chocolatina Mars y gachas de avena frías antes de hacer las comprobaciones con cuidado. Tenía que estar seguro de que el equipo de buceo no se había dañado durante la entrada. Tras ello, y hacer los cálculos del aire para el buceo en el sifón 5b y en los sifones en el camino de vuelta,

rápidamente volví a ponerme el equipo, esta vez con anclajes de sedimento sujetados alrededor de las botellas de aire, listos para utilizarlos (los anclajes de sedimento son tubos de plástico que se emplean como estacas para sujetar el hilo guía).

Entré en el agua con cuidado y probé a respirar por los dos reguladores para comprobar que funcionaban antes de tumbarme en el agua para ajustar la flotabilidad. Si iba a encontrar la ruta a través de este sifón, tendría que conservar la limitada visibilidad todo lo que pudiera, y para eso era imprescindible mantenerme lejos del fondo y los sedimentos. Empecé a mover las aletas con suavidad y el empuje me movió hacia delante lentamente, manteniendo la flotabilidad a unos 70 cm del fondo donde la galería me lo permitía.

Pronto llegué al carrete del hilo que marcaba el punto donde habíamos dejado la exploración pero, para mi sorpresa, se había movido. No estaba en la empinada rampa de sedimentos y barro donde lo había fijado con un anclaje, se había soltado, bajado por la rampa y acabado en una estrecha zanja con forma de «V» y un suelo de grava a mi izquierda. Cogí el carrete y lo desaté. Al hacerlo se levantó una nube de sedimento que redujo muchísimo la visibilidad pero, tocando el suelo con la mano, seguí la grava y poco después, el color marrón se volvió de un azul oscuro. ¡Sabía que estaba en una galería grande!

Dejé el suelo y salí nadando de la zona sin visibilidad, ahora el agua solo estaba turbia. Veía un par de metros delante de mí, pero solo agua, ni techo, ni suelo, ni paredes. Despacio, continué hacia delante y vi cómo surgía de la oscuridad un arco de roca de aspecto intimidante. Me deslicé por debajo de él y me encontré con una rampa de bloques que ascendía de forma empinada. La seguí hasta que vi una superficie de aire

plateada encima de mí. ¡Había pasado el sifón!

Añadí una pequeña cantidad de aire a mi bolsa de flotabilidad con la válvula de inflado y poco a poco fui subiendo a la superficie. Como de costumbre, levanté un brazo para protegerme la cabeza si me golpeaba contra el techo, pero no hizo falta porque el techo estaba a unos tres o cuatro metros.

Bajé el brazo y con el agua corriendo por el cristal de la máscara, vi que estaba en un lago con una rampa de bloques en frente de mí y una grieta a un lado. Esto no era lo que había esperado. ¡Era mucho mejor! Emocionado, me acerqué a la rampa para atar el hilo guía.

Me quité el equipo de buceo y, tras asegurar el hilo, noté que me estaba quedando frío. Al principio pensé que era debido a los cortes que mi traje de neopreno habría sufrido al entrar por la cueva, pero enseguida me di cuenta de que era por la fuerte corriente de aire. Fui a explorar, trepando unos siete metros por la rampa encima del sifón hasta alcanzar una gran chimenea. Miré hacia arriba y tan solo se veían las paredes que desaparecían en la oscuridad.

Sintiéndome abrumado, al final bajé cuidadosamente hasta el agua, donde observé que se formaban pequeñas olas en la superficie. Me puse la capucha de nuevo y entré en el agua para investigar lo que me había parecido una grieta.

Crucé el lago con una mezcla de braza y estilo libre y nadé debajo de un arco hasta confirmar la existencia de una galería de 2 m de ancho y 3 m de alto que continuaba. Fue una decisión difícil, pero con mucho autocontrol decidí que había llegado el momento de volver a la superficie. Había conseguido el objetivo de pasar el sifón y había encontrado dos vías abiertas para explorar en verano.

In 2018, Jim Lister and Mark Smith started work on the choke, managed to get through but found it blocked by boulders. However, they found a way through under the boulders in the water with minimal airspace to reach a continuation of the streamway. After a further 70m of dry cave they came to the large sump 3b.

Unfortunately, the weather broke and flooded the cave, even covering their gear left below the entrance which they thought would be well above water. However, they managed to dive and retrieve the gear.

On two solo trips after water levels had dropped, Jim dived sumps 3b and 4b, surveying 90m, and then dived in sump 5b as far as the air in his cylinders would allow.

In the summer of 2018, Jim and Mark Smith continued the work but, at first, failed to get through sump 5b so surveyed the north side inlet just prior to the sump. This inlet was followed for 172m to where it met an aven with water and estimated to be 20m high. Water levels and pollution again hindered diving with Mark seeming to pick up some sort of infection requiring treatment.

On a solo trip, Jim dived sump 5b which, although roomy, was silty and with many cross rifts. After 30m he surfaced at a cross rift and a climb ahead leading to

pequeño agujero a una gran galería, pero necesitaban un martillo para abrirlo. En el último día de su visita de Semana Santa, topografiaron el hallazgo hasta la obstrucción: 770 m.

En 2018, Jim Lister y Mark Smith comenzaron a trabajar en la obstrucción y lograron pasar, pero lo encontraron obstruido con más rocas. Sin embargo, encontraron una ruta a través de los bloques en el agua con un espacio de aire mínimo para llegar a la continuación de la galería activa. Tras otros 70 m de cueva seca, llegaron al gran sifón 3b.

Por desgracia, el clima empeoró y la cueva se inundó, incluso cubriendo el equipo que dejaron debajo de la entrada pensando que estaría por encima del nivel del agua. Sin embargo, lograron bucear y recuperarlo.

En dos incursiones en solitario después de que el nivel del agua bajase, Jim buceó en los sifones 3b y 4b, topografiando 90 m, y luego en el sifón 5b hasta donde el aire de sus botellas lo permitió.

En el verano de 2018, Jim y Mark Smith continuaron el trabajo pero, al principio, no pudieron pasar por el sifón 5b, por lo que topografiaron el afluente del lado norte justo antes del sifón a lo largo de 172 m hasta donde encontraron una chimenea con agua que calcularon tenía 20 m de altura. Los niveles del agua y la contaminación nuevamente obstaculizaron el buceo y Mark pareció contraer algún tipo de infección para la que necesitó tratamiento.

En una salida en solitario, Jim entró al sifón 5b que, aunque espacioso, tenía mucho sedimento y muchas fisuras cruzadas. Después de 30 m, salió a la superficie en una grieta transversal y una escalda

Sump 2b
polluted

deep water

sand crawl continues

sloping chamber with sand floor, not surveyed

tube?

0   20m   40m

Sump 3b

Sump 3c?

Choke with large chamber above ending in choke.
By-pass to low crawl if via climb down of 3m to start of sump, crawling leads from above climb to passage and aven - all unsurveyed.

flat out crawl in water through and under boulders

Sump 4b
(in very wet weather)

Sump 5b

GH Aven
(Wind from the Heights)

sand and floor

a 15m wide, draughting aven he named "Gwynt O'r Hefoedd" (Wind from the Heights), or GH Aven for non Welsh speakers! The aven bends out of sight meaning a Disto can't reach the top. A reading as far up as possible gave a height of 43m.

In 2019, the passages beyond sump 5b were explored but the work was hampered again by high water levels and some incidents of pollution which restricted diving while Mark was in Matienzo. This left Jim to carry out a number of solo trips to survey the new passages and also improve the route through sump 2b, making it safer and easier to take tackle through. The new passage found beyond sump 5b totalled nearly 1km and contains 3 undived sumps: 6b at the end of the long east inlet 150m south of sump 5b, and 7b and 7c at the far south end which may be 'windows' into the same sump. As well as these sumps, a number of leads, side passages and avens remain to be pushed.

In addition to working in Sarah Jean Inlet, Jim and Mark looked at the main upstream passage and, prior to sump 2, explored an inlet (Galería de Vampire) to Rudolf Chamber and a climb up that is still going.

The main upstream sump 3 area was checked out by Jim Lister so see if any underwater bypass to the tight sump existed. He dived a short underwater oxbow, but no other possibilities were found. The end sump was attacked in 2018 by Jim and Mark. They knocked off pendants and, in low water conditions, managed to make a further 3m of progress.

In the summer of 2018 they advanced another 9m by capping boulders. To progress, work needs to be done in very low water conditions to open up the route at this key site. The volume of water at this point is still very large and must come from the main sinks far to the south.

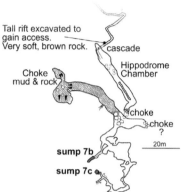

Sump 6b

Tall rift excavated to gain access. Very soft, brown rock.

cascade

Hippodrome Chamber

Choke mud & rock

choke

choke ?

sump 7b

sump 7c

más adelante le llevó a una chimenea de 15 m de ancho que llamó Gwynt O'r Hefoedd (Viento desde las alturas), o GH Aven para quienes no hablan galés. La chimenea tiene una curva en lo alto, por lo que el láser del Disto no puede llegar a la cima, llegando tan solo a 43 m.

En 2019, se exploraron las galerías al otro lado del sifón 5b, pero el trabajo se vio obstaculizado de nuevo por el alto nivel del agua y algo de contaminación mientras Mark estaba en Matienzo. Por eso Jim tuvo que entrar él solo para topografiar las nuevas galerías y también mejorar la ruta a través del sifón 2b, haciéndola más segura y fácil de atravesar. La nueva galería que se encuentra al otro lado del sifón 5b medía un total de casi 1 km y tiene 3 sifones sin explorar: 6b al final del afluente largo al este, a 150 m al sur del sifón 5b, y 7b y 7c en el extremo sur, que pueden ser «ventanas» al mismo sifón. Además de estos sifones, quedan por mirar varios interrogantes, galerías laterales y chimeneas.

Además de trabajar en Sarah Jean Inlet, Jim y Mark miraron en la galería principal aguas arriba y, antes del sifón 2, exploraron un afluente (Galería de Vampire) hasta Rudolf Chamber y una escalada que aún continúa.

Jim Lister revisó el área del sifón 3 aguas arriba para ver si había alguna ruta bajo el agua hasta el sifón estrecho. Buceó por un corto meandro, pero no encontró nada. En 2018 Jim y Mark echaron un vistazo en el sifón final. Quitaron algunos salientes y, con el nivel del agua bajo, lograron avanzar 3 m más.

En el verano de 2018 avanzaron otros 9 m rompiendo algunos bloques. Para seguir y abrir la ruta en esta cavidad clave, hay que trabajar en condiciones de muy poca agua. El caudal en este punto todavía es muy grande y debe provenir de los principales sifones más al sur.

El Cubillón (2538)

More El Cubillón photos can be seen on page 64, a full survey on page 372 and a centre line in context on page 63.

In 2017, a water trace using OBA was carried out which confirmed the drainage link to Fuente Aguanaz situated 5km to the north[5]. In 2014, Jim Lister attempted to dive the main downstream sump (Tilberthwaite Sump) that is below the p30 just after the cascade and rock bridge in the Streamway Passage. However, the sump that looked reasonable at Easter had partly dried up by the summer and was only a metre deep with mud up to knee level!

By following a tight, wetsuit ripping rift Jim could see clear, deep water below, but the route was too tight to follow. After getting along a further 20m, the passage widened out and it was possible to dive in the rift after tying the guideline onto a knobble of rock. At 5m depth, the way on opened up. A lead weight was put on the line to keep it at the bottom of the route out, then he checked out the passage - about 1.5m wide and it was deep, so looked a good prospect. However, having only a single cylinder, and with almost nil visibility, a return was made. To dive here, careful line belaying (bolts) will be needed to ensure the line

El Cubillón (2538)

Se pueden ver más fotos de El Cubillón en la página 64, una topografía completa en la página 372 y una poligonal en contexto en la página 63.

En 2017, se llevó a cabo un trazado hidrológico con agente abrillantador que confirmó la conexión con Fuente Aguanaz, a 5 km al norte.[5] En 2014, Jim Lister intentó bucear en el sifón principal aguas abajo (sifón Tilberthwaite) que está debajo del P 30 justo después de la cascada y el puente de roca en la galería Streamway. Sin embargo, el sifón que parecía practicable en Semana Santa, para el verano se había secado en parte y solo tenía un metro de profundidad con barro hasta las rodillas.

Mientras seguía por una estrecha fisura que le rasgó el traje de neopreno, Jim pudo ver aguas claras y profundas debajo, pero la ruta era demasiado estrecha. Tras otros 20 m más, la galería se ensanchó y pudo entrar en la grieta después de atar la guía a un saliente de la roca. A 5 m de profundidad, la ruta se abrió. Ató una plomada al hilo para mantenerla en la base de la ruta de salida, luego revisó la galería, de cerca de un 1,5 m de ancho, y era profunda, por lo que parecía

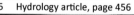

5   Hydrology article, page 456

5   Véase el artículo sobre hidrología, p. 456.

Previous page and above: Passing through the Bassenthwaite duck and Jim in the muddy passages beyond. Pictures from video by *Mark Smith*.

Página anterior y superior: Pasando por la bóveda sifonante Bassenthwaite y Jim en las galerías embarradas al otro lado. Fotogramas del vídeo de *Mark Smith*.

is secure in the right place above and at the bottom of the only passable route in the rift.

In 2019, Mark Smith and Jim Lister turned their attention to Bassenthwaite Water, that had been traversed over in a rift some years before to where the above water route closed in. Mark dived and was surprised to find a footprint in the mud on the bottom of the "sump". He realised there was airspace above and this was the limit of where the traverse team had got. The true sump beyond this point only went for a short distance and could be free dived from the far point of the rift above the sump. Given this free dive, Jim in his normal cave gear (i.e. dry kit) joined Mark and the team went off to explore. Over a number of days, they added 529m to the cave with passages and chambers at two overlapping levels. A stream passage was met: upstream it ends in a choke and aven, with the water entering from an undived sump. This was checked out by Mark to confirm it was diveable.

Downstream the passage continues low with a gravel floor which will require digging to progress further. A number of leads and climbs are still to be checked out.

SOLÓRZANO AND HAZAS DE CESTO AREA
Cueva de Lolo (del Secretario) (3991)

More site 3991 photos can be seen on pages 151 and 244, and a full survey on page 150.

This cave has a very unusual entrance - in the grounds of the medical centre in Solórzano, through a door in the retaining wall at the back. The key has to be obtained from the council offices nearby. Just inside the entrance is the evidence of its previous history: broken glass from the bottle store of a local bar that was once at this location!

The cave soon reaches a comfortable streamway that ends at a small collapse chamber and slope down to a sump. It seems the collapse has partly dammed up the water, hence the sump. Colin Hayward dived here in very low water conditions in 2016, resulting in the sump being about 1m lower than when the cave was surveyed.

Colin laid out 30m of line through the "sump" with a very low airspace, reaching a chamber on the far side, with mud banks and low passage in the southwest corner that looked like a dry watercourse. An unstable boulder bridge needed to be stabilised or removed to allow safe access beyond into the open dry streamway.

On a return trip in 2017, the water level was well up, but gravel had slumped into the sump making progress without digging gear impossible. This site is probably the resurgence for sites to the east up to about 2km away and 200m higher, but water tracing has yet to be carried out.

Cueva del Arroyo de Canastrillas (4046)

This resurgence was first entered by the expedition in 2015 by James Carlisle

Upper: Colin's sketch of the chamber he reached.
Lower: The gravel slope down to the duck / sump. *Phil Papard*

tener potencial. Sin embargo, al tener solo una botella, y con una visibilidad casi nula, se dio la vuelta. Para bucear aquí, hay que asegurar el hilo guía con cuidado (anclajes) para garantizar que no se mueva de la única ruta transitable por la grieta.

En 2019, Mark Smith y Jim Lister centraron su atención en Bassenthwaite Water, que se había atravesado sobre una grieta algunos años antes hasta donde la ruta anterior se cerraba. Mark buceó y se sorprendió al encontrar una huella en el barro en el fondo del «sifón». Se dio cuenta de que había espacio de aire por encima y era el punto al que había llegado el equipo que había entrado por encima. El verdadero sifón no continuaba mucho más allá y podía bucearse libremente desde el punto más alejado de la grieta sobre el sifón. Dada esta inmersión libre, Jim con su traje normal (es decir, equipo seco) se unió a Mark y se fueron a explorar. Durante varios días, añadieron 529 m a la cueva con galerías y salas en dos niveles superpuestos. Encontraron otra galería activa: aguas arriba termina en una obstrucción y una chimenea, y el agua entra por un sifón sin explorar. Mark lo comprobó para confirmar que era practicable.

Aguas abajo, la galería continúa baja con un suelo de grava que se tiene que excavar para poder avanzar. Aún quedan por comprobar una serie de interrogantes y escaladas.

SOLÓRZANO Y HAZAS DE CESTO
Cueva de Lolo (del Secretario) (3991)

Se pueden ver más fotos de 3991 en las páginas 151 y 244, y una topografía completa en la página 150.

Esta cueva tiene una entrada algo excepcional: está en los terrenos del centro médico de Solórzano, a través de una puerta en el muro de contención en la parte posterior. La llave debe pedirse en las oficinas del ayuntamiento cercanas. Justo al entrar está la evidencia de su historia pasada: ¡vidrios rotos del almacén de un bar que hace tiempo estuvo ubicado aquí!

La cueva pronto llega a una cómoda galería activa que termina en una pequeña sala con rocas desprendidas del techo y baja hasta un sifón. Parece que los bloques caídos han formado una especie de presa, de ahí el sifón. Colin Hayward lo buceó cuando el nivel del agua estaba bajo en 2016 y el sifón estaba cerca de 1 m más bajo que cuando se topografió la cueva.

Colin colocó 30 m de guía a través del «sifón» con un espacio de aire muy bajo, llegando a una sala al otro lado, con bancos de barro y una galería baja en la esquina suroeste que parecía un curso de agua seco. Un puente de rocas inestable se tenía que estabilizar o quitar para poder acceder con seguridad hasta la galería seca.

De vuelta en 2017, el nivel del agua era muy alto, pero grava había enrado en el sifón y no se podía avanzar sin equipo de excavación. Esta cavidad es probablemente la surgencia para las cavidades al este a hasta unos 2 km de distancia y 200 m más de altitud, pero aún no se ha llevado a cabo un trazado hidrológico.

Cueva del Arroyo de Canastrillas (4046)

La expedición entró en esta surgencia por primera vez en 2015. James Carlisle

Arriba: El bosquejo de Colin de la sala a la que llegó.
Abajo: La pendiente de grava hasta la bóveda sifonante/sifón. *Phil Papard*

Diver emerges into chamber here.
El buzo emerge a la sala aquí.

dry water course

normal water level
+1m on day of dive.

N mag.

Route under boulder but it may be wise to remove boulder first.

James free-dives into the unknown through the Canastrillas duck. Left: His wetsuit-hooded head disappears; middle and right: a foot probes the route back ... successfully. Pictures from video by *Paul Fretwell*.

James se sumerge sin equipo hacia lo desconocido a través de la bóveda sifonante de Canastrillas. Izda.: Su cabeza con capucha de neopreno desaparece; centro y dcha.: un pie explora la ruta de regreso... con éxito. Fotogramas del vídeo de *Paul Fretwell*.

and Johnny Latimer when they were on childcare duties, and later explored and surveyed when they were "off duty". The upstream duck was free dived by James (with an 11mm rope later secured through the duck) into a 20m high by 4m wide passage to a large blue sump. In 2016, Jim Lister dived the main sump to a depth of 3.2m where the steeply descending passage was blocked by large boulders, but seen to continue beyond. It will take a lot of effort to remove the boulders, such as using a Tirfor winch or similar.

The downstream sump in the upper level of the cave was dived by Colin Hayward in 2016. The sump takes a very small trickle of water, and so has almost no flow. Visibility is almost nil from the displaced mud as the diver slides into the small sump. Colin dived down to 2.8m to where it closes down at a flake with silted up areas on each side. The sump appears to back up in wet weather and then gradually seeps away; it is not a realistic prospect for further work.

Cueva de Tesugo (4878)

In 2019, this resurgence cave was found in Hazas de Cesto, a new area for the expedition in our permit. The cave is at the head of a valley to the east of the main road to Beranga. The main cave is used as a water supply from a small dam inside the cave.

Diagram labels:

Sump 1 (downstream), closes down at 2.8m depth

sandy tube dug through to small chamber with another draughting dig

stn 18

Ng

ETRS 89

0   10   20
m

sandy crawl

too tight

stn 16

high level

sump 2
d=3.2m
to boulders

water bunker

entrance

first dived April 2016

duck

ramp

The FFS Streamway loops back to main passage, then inpenetrable.

stn 21

site 4046: Cueva del Arroyo de Canastrillas
(Daddy Day Care Centre)

La Helguera, Solórzano ETRS89: 30T 451096 4802456 Altitude: 105m
Length: 136m

Surveyed: 3rd April 2015 Survey grade: UISv1 4-3-A
Instruments: James Carlisle, Tom Howard Notes: Johnny Latimer, Bill Sherrington
Surveyed beyond sump 2: 3rd April 2016
Instruments & notes: Jim Lister using dive compass

Drawn in Inkscape: Juan Corrin; corrections - Phil Papard

Matienzo Caves Project 2015. Updated 9th October 2015; 7th May, August 2016.

y Johnny Latimer la vieron mientras cuidaban de los niños y luego la exploraron y topografiaron cuando estaban «fuera de servicio». James pasó por la bóveda sifonante aguas arriba (con una cuerda de 11 mm instalada más tarde) a una galería de 20 m de alto por 4 m de ancho hasta un gran sifón azul. En 2016, Jim Lister buceó en el sifón principal a una profundidad de 3,2 m, donde la galería que descendía abruptamente estaba obstruida por grandes rocas, pero parecía continuar al otro lado. Quitar las rocas implicará mucho trabajo y habrá que usar un cabrestante Tirfor o similar.

Colin Hayward buceó en el sifón aguas abajo en el nivel superior de la cueva en 2016. El sifón recibe muy poca agua, por lo que apenas hay movimiento. La visibilidad es casi nula por el barro que se remueve cuando el buzo se desliza hacia el pequeño sifón. Colin buceó 2,8 m hasta donde se cierra en un saliente con bancos de sedimento en cada lado. El sifón parece inundarse en clima húmedo y luego se filtra gradualmente; no parece tener mucho potencial.

Cueva de Tesugo (4878)

En 2019 se descubrió esta surgencia en Hazas de Cesto, una nueva área para la expedición. La cueva está en la cabecera de un valle al este de la carretera principal a Beranga. La cueva principal se utiliza como suministro de agua desde una pequeña presa dentro de la cueva.

Se exploró una galería en el este de la entrada a un sifón aguas arriba, del que salía agua que entraba después en un agujero que suponemos

Colin about to slide into the northern, downstream sump and the nil vis result. (More pictures can be found on page 241.)

Colin está a punto de bajar hacia el sifón norte, aguas abajo y la visibilidad nulo. (Se pueden ver más fotografías en la página 241.)

Phil Papard

Site 4878: Cueva de Tesugo
Hazas de Cesto (east) 30T 0454169 4804879 Altitude 173m Length 105m
Surveyed 2019 to BCRA 5c
Drawn in CorelDraw by Phil Papard from original survey notes and drawings by Alex Ritchie and Chris Sharman.

Matienzo Caves Project 2019

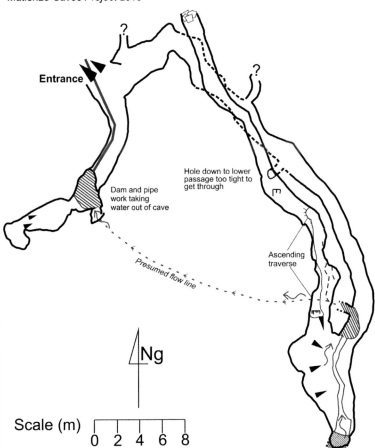

Entrance

Dam and pipe
work taking
water out of cave

Hole down to lower
passage too tight to
get through

Ascending
traverse

Presumed flow line

Ng

Scale (m) 0 2 4 6 8

Cueva de Tesugo. Top: James investigating the upstream sump / duck. *Juan Corrin* Right, upper: The cave entrances - right to walk in, left to crawl. *Alex Ritchie*
Right, lower: Looking out of the right hand entrance. *Juan Corrin*
Cueva de Tesugo. Arriba: James investiga el sifón/bóveda sifonante aguas arriba. *Juan Corrin* Dcha., arriba: Las entradas de la cueva:
dcha. andando, izda. gateando. *Alex Ritchie*. Dcha., abajo: Mirando por la entrada de la dcha. *Juan Corrin*

A passage on the east of the entrance was explored to an upstream sump, with water running out and then down a hole that we assume goes to feed the dam in the main passage. James Carlisle, who seems to like wet and squalid caves, checked to see if this sump was free diveable but it was found to be too tight and needs the floor digging out before any progress can be made.

Resurgence 4894 at El Rincón
This wet-weather resurgence sump has a small flow in normal weather. Pumping was tried as it was thought it would be possible to lower the water. However, pumping for four hours did not lower the water enough to make progress.

The 'sump pool' was dived by Martyn Grayson in December 2019 with minimal kit to check prospects. He found a slot / rift blocked by a boulder that was removed on a second visit with appropriate rope and gear. Martyn dived again, but poor visibility due to the activity was slow to clear in the low flow and a view of the possible ongoing passage round a corner could not be properly checked out.

A diver should be able to tell if further work is worthwhile when the water is clear of silt.

va a la presa en la galería principal. James Carlisle, a quien parecen gustarle las cuevas húmedas y embarradas, investigó si este sifón se podía bucear libremente, pero resultó ser demasiado estrecho y hay que excavar el suelo antes de poder avanzar.

Surgencia 4894 en El Rincón
Esta surgencia en época de lluvias lleva un caudal pequeño el resto del tiempo. Se intentó bombear porque se pensó que se podría bajar el agua. Sin embargo, tras cuatro horas, no se pudo bajar el agua lo suficiente como para avanzar.

Martyn Grayson exploró la marmita en diciembre de 2019 con un equipo mínimo para buscar posibles continuaciones. Encontró una ranura / fisura bloqueada por una roca que se quitó en una segunda visita con una cuerda y el equipo adecuados. Martyn volvió a entrar, pero llevaba poco caudal como para despejar los trabajos de desobstrucción y por la mala visibilidad no pudo comprobar adecuadamente una posible galería a la vuelta de una esquina.

Un buceador debería saber si vale la pena seguir trabajando cuando el agua corra limpia.

CODE & NAME / CÓDIGO Y NOMBRE	SUMP DETAILS	DETALLES DE LOS SIFONES
0005 **Cueva del Mortiro** (Sistema Mortiro-Esquileña)	One metre long **free dive**, 200m from the Asón entrance (Cueva Esquileña, 4271). First dived August 1974.	**Inmersión libre** de un metro de largo a 200 m de la entrada en el valle del Asón (Cueva Esquileña, 4271). Explorado por primera vez en agosto de 1974.
0014 **Cueva de Gonzalo**	A visit in 1995 showed that the **sump** at the end was probably shallow and passable with a small amount of diving gear.	Una visita en 1995 mostró que el **sifón final** probablemente era poco profundo y se podía pasar con un equipo de buceo mínimo.
0016 **Cueva de Jivero 1**	Walking and wading to a **sump**. This was dived and linked to the nearby 0246 by Mark Smith at Easter 2000 through a 27m long sump between boulders. The underwater passage starts off 1m wide and 2m high and then enlarges.	Se camina por la cueva, y se vadea, hasta llegar a un **sifón**. Mark Smith lo exploró y lo comunicó con la Cueva 246 en la Semana Santa del 2000, a través de un sifón de 27 m entre bloques. La galería subacuática empieza con 1 m de ancho y 2 m de alto pero se ensancha después.
0018 **Cueva de Jivero 3**	A narrow rift which ends at a deep water **sump** which has not been dived.	Un meandro estrecho termina en un **sifón** profundo que no se ha explorado.
0020 **Cueva de la Loca 1**	Undived downstream **sumps** that flow to Cueva Oñite, a little under 30m away. Another **sump** has a dry bypass about 100m long.	**Sifones** aguas abajo sin explorar que discurren a Cueva Oñite, a poco menos de 30 m de distancia. Otro **sifón** tiene un desvío seco de unos 100 m de largo.
0027 **Cueva Oñite**	An undived **sump** at the end of an inlet passage on right just before the start of a vadose streamway. The water comes from Cueva de Loca II a little under 30m away. There are also two undived **sumps** each end of the down-stream water route of about 100m that is bypassed by the route to Gran Risco and beyond.	Un **sifón** sin explorar al final de un afluente a la derecha justo antes del comienzo de una galería vadosa. El agua proviene de la Cueva de Loca II a poco menos de 30 m. También hay dos **sifones** sin explorar en cada extremo de la ruta aguas abajo de unos 100 m que se evita en la ruta al Gran Risco y demás.
0040 **Cueva del Comellantes** (Comediante)	Investigated by a number of divers, the main extensions were by Phil Papard in 1987, Rupert Skorupka in 1989 and Chris Jewel in 2012 when he linked the cave to Squirrel's Passage sumps in Cueva-Cubío de la Reñada. The **sump pool** nearest the resurgence, with a pipe and pump extracting water, leads to a complex and large submerged passage up to 10 x 20m. Visibility is usually poor but can be up to 20m. The passage rises to 15m where the route from the internal sump pool enters. The passage drops steadily to -28.5m at a point 140m from base. The passage then rises to -12m and becomes small - there are still possibilities in the roof. In high flow conditions at Easter 2009, there was little flow at the end and so this may not be the way on, and the diver (Dave Ryall) noticed black spaces on the right hand wall. This is the area extended by Chris Jewell to link to Squirrel's Passage sump dived by Rupert Skorupka. As the amount of water in Squirrel's Passage is much less than the volume flowing from the resurgence, it would appear that a major 'inlet' carrying the Reñada main stream has been missed. This was confirmed in 2015 when a water trace from Vallina, gave a positive result in the main stream sump and Comellantes but not for water in Squirrel's Passage. It seems the main water flow and way on has still to be found. The main problem is the cloudy water. Occasionally the visibility is good and gives the opportunity for more work to find the main flow and way on.	Investigada por varios buzos, las principales inmersiones las llevaron a cabo Phil Papard en 1987, Rupert Skorupka en 1989 y Chris Jewel en 2012, cuando conectó la cueva con los sifones de Squirrel's Passage en Cueva- Cubío de la Reñada. El **pozo del sifón** más cercano a la surgencia, con una tubería y una bomba de extracción de agua, da a una galería sumergida compleja y grande de hasta 10 x 20 m. La visibilidad suele ser mala, pero puede llegar a 20 m. La galería sube a -15 m, donde se encuentra la ruta desde el pozo del sifón interno. La galería desciende progresivamente hasta llegar a -28,5 m a 140 m de la base. Luego, la galería sube a -12 m y se hace pequeña; todavía hay posibilidades por investigar en el techo. Cuando el nivel del agua subió en la Semana Santa de 2009, hubo poco caudal al final y, por lo tanto, puede que esta no sea la continuación, y el buzo (Dave Ryall) notó espacios negros en la pared derecha. Esta es el área ampliada por Chris Jewell para conectar con el sifón de Squirrel's Passage buceado por Rupert Skorupka. Como el caudal en Squirrel's Passage es mucho menor que el que sale de la surgencia, parecería que se ha pasado por alto un afluente impor- tante que lleva el caudal principal de Reñada. Lo que se confirmó en 2015 cuando una coloración del agua de Vallina dio positivo en el sifón del río principal y Comellantes pero no en Squirrel's Passage. Parece que aún no se ha encontrado de donde viene el agua y la continuación. El principal problema es el agua turbia. De vez en cuando la visibilidad es buena y permite seguir con la exploración.
0048 **Cueva-Cubío de la Reñada**	**Far Upstream Sumps** at the far end of the known system. One in the lake itself is a big sump pool (not dived). The second, through boulders at the final chamber, is reached before the lake to 150m of sporting passage to two boulder chokes where the main water appears to well up out of a sump. Not dived. This area holds the potential for a massive extension! **Rub-a-Dub-Dubs Sump** This was dived in August 2002 by Mark Smith in a large, continuing, unsurveyed passage heading west for about 100m. **Sump 1** Dived by Geoff Yeadon and Stuart Davey in August 1975. Dive starts as a low arch to sump proper, descends to 8m and is 30m long, emerging in an impressive 20m diameter sump pool in Reñada 2. **Two Sumps Chamber** In Bootlace Passage, a 17m pitch reaches Two Sumps Chamber with water rising and sinking in sumps.	**Sifones del extremo aguas arriba** en la zona más alejada del sistema conocido. Uno en el mismo lago es un gran sifón (sin explorar). Al segundo se llega a través de bloques en la sala final antes del lago a 150 m de galería a dos caos de bloques donde el agua parece brotar de un sifón. Sin explorar. ¡Esta área tiene un potencial enorme! **Sifón Rub-a-Dub-Dubs**. Mark Smith lo buceó en agosto de 2002 hasta una galería grande, que continúa y está sin topografiar, que se dirige al oeste por unos 100 m. **Sifón 1** Buceado por Geoff Yeadon y Stuart Davey en agosto de 1975. La inmersión comienza como un arco bajo hasta el propio sifón y desci- ende hasta -8 m. Tiene 30 m de largo y sale a una impresionante marmita de 20 m de diámetro en Reñada 2. **Sala de dos sifones** en la galería Bootlace, un pozo de 17 m llega a esta sala con agua que sale y se sumerge en sifones.

Code & Name / Código y Nombre	Sump Details	Detalles de los sifones
0048 Cueva-Cubío de la Reñada	↖ In 1997, Fred Winstanley dived the upstream sump, dropping down over rubble and, at 7m depth, entering a rift passage which continues for some 60m to a junction. Left here leads to 70m of rising passage which surfaces. After 60m the passage enters the main route near Ghost Lake. The passage to the right at the junction seems to be the main way on but has not been dived. It would be easier to kit up from the main chamber rather than at the bottom of Two Sumps Chamber. **Bootlace Passage sumps** In 1993, a passage to the east of the main route to Torca de Coterón (0264) and past the "only formations in Bootlace Passage" meets a pitch in a chamber. This drops about 20m to a sump pool with a parallel pitch dropping to the same pool. Not dived. **Breakdown Chamber Sump** Dived April 2009 by Dave Ryall. This sump is found at the bottom of a slope below the chamber and consists of two 40m sumps with voice connection to base. No way on underwater found. **Squirrel's Passage Sumps** Upstream, Rupert Skorupka dived 45m to chambers, not connected to the ones below Breakdown Chamber discovered by Dave Ryall in 2009. Below and above water passages continue. The sump has a large cross section but ends breaking down into a number of rifts and air bells. Downstream is an active streamway, a series of swims and wading passages that lead to a canal, 2m climb and downstream sumps that were dived by Rupert Skorupka in 2011 and 2012 through several sumps to a canal where a line reel was left at the next sump. This reel was found by Chris Jewell in 2012 diving from Cueva Comellantes, thus connecting the two caves.	↖ En 1997, Fred Winstanley buceó en el sifón aguas arriba, bajando entre rocas y, a 7 m de profundidad, entró a una galería que continúa durante unos 60 m hasta un cruce. A la izquierda da a 70 m de galería ascendente que sale a la superficie. Después de 60 m, la galería entra en la ruta principal cerca de Ghost Lake. A la derecha en el cruce parece estar la continuación, pero no se ha explorado aún. Sería más fácil equiparlo desde la sala principal que en la parte inferior de la sala de dos sifones. **Sifones de Bootlace Chamber.** En 1993, una galería al este de la ruta principal a Torca de Coterón (0264) y pasando las «únicas formaciones en Bootlace» se encuentra con un pozo en una sala. Este baja unos 20 m a un sifón con un pozo paralelo que entra en la misma marmita. Sin explorar. **Sifón de Breakdown Chamber.** Explorado en abril de 2009 por David Ryall. Este sifón se encuentra en la base de una rampa debajo de la sala y consta de dos sifones de 40 m con conexión por voz a la base. No se ha encontrado ninguna continuación bajo el agua. **Sifones de Squirrel's Passage.** Aguas arriba, Rupert Skorupka buceó 45 m hasta salas, no conectadas con las que están debajo de Breakdown Chamber que Dave Ryall descubrió en 2009. Las galerías debajo y sobre el agua aún continúan. El sifón tiene una gran sección transversal pero termina rompiéndose en una serie de grietas y espacios de aire. Aguas abajo hay una galería activa, y varias galerías que se pasan nadando y vadeando dan a un canal, una escalada de 2 m y sifones aguas abajo que exploró Rupert Skorupka en 2011 y 2012 a través de varios sifones hasta un canal donde se dejó un carrete de guía en el siguiente sifón. Chris Jewell encontró este carrete en 2012 buceando desde Cueva Comellantes, conectando así las dos cuevas.
0059 Cueva del Molino (Agua)	**Final Sump** A roomy 90m long and 10m deep sump that surfaces at La Cuevona (248), which was first dived by Ángel Alfonso in 1965 with the first through dive by Geoff Yeadon in August 1974. **Gour sump** Crystal clear, deep pool at top of 30m flowstone climb (massive gour) on south side of cave $^2/_3$ of the way to the end. Dived by Mark Smith with no way on, August 2003.	**El sifón final**, amplio, tiene 90 m de largo y 10 m de profundidad y sale a la superficie en La Cuevona (248), explorada por primera vez por Ángel Alfonso en 1965 y conectada por Geoff Yeadon en agosto de 1974. **Sifón del gour** Marmita cristalina en lo alto de una colada de 30 m (gour enorme) en el lado sur de la cueva a 2/3 del recorrido. Buceado por Mark Smith, sin continuación, en agosto de 2003.
0067 Torcón de Cubija	**Downstream sump** Not dived. At Easter 1994, an extension through several squeezes to a very small passage which continues for 100m to a sump in a low chamber. The sump appears to bell out a few metres down.	**Sifón aguas abajo** Sin explorar. En Semana Santa de 1994, una prolongación a través de varios estrechamientos llegó a una galería muy pequeña que continúa otros 100 m hasta un sifón en una sala baja. El sifón parece ensancharse tras unos metros.
0071 Torca del Mostajo	In 2019, a pitch at station marked PP0 to the west of Hoodoo Haven between the Golden Void and the Manchester Series was dropped. A dry stream passage was followed upstream to a **sump** and downstream to a **sump**. Neither has been dived or traced.	En 2019, se exploró un pozo en la estación marcada PP0 al oeste de Hoodoo Haven entre Golden Void y Manchester Series. Se siguió una galería seca aguas arriba hasta un **sifón** y aguas abajo hasta un **sifón**. Ninguno ha sido explorado ni se han hecho pruebas hidrológicas desde ellos.
0081 Cueva de Carcavuezo	**Sump pool** at the end of the main passage was dived in August 1976 by Phil Papard and Bob Emmett in bad visibility to an underwater boulder choke. This sump is now bypassed by the "Boy's Entrance" to the Four Valleys System. **Western Series Sump** Dived by Mark Smith in April 2001. Duck into chamber with mud bank and, on far side, a sump with passage at -2.5m. This sump was not pushed due to technical problems with demand valve. **SW Passage sump** was pushed by Dave Garman in August 2017 into a boulder area where orange string had been left from a previous exploration near the end of Cueva Hoyuca. The sump has a line through, bolted at each end, and has been described as a 5 - 6m free dive. There is a dangerous rocking boulder on the Hoyuca side which requires some attention. This route opens up a shorter / better way to the far end of Hoyuca and the Trident Series, provided there are not high water levels or a flood risk.	Phil Papard y Bob Emmett exploraron el **sifón** al final de la galería principal en agosto de 1976 con mala visibilidad hasta una obstrucción de rocas. Este sifón ahora se puede evitar por la entrada Boy's Entrance al Sistema de los Cuatro Valles. **Sifón de Western Series** Explorado por Mark Smith en abril de 2001. Una bóveda sifonante da a una sala con banco de sedimentos y, en el lado opuesto, un sifón con galería a -2,5 m. Este sifón no se exploró debido a problemas técnicos con la válvula. **El sifón de SW Passage** lo exploró Dave Garman en agosto de 2017 hasta una sección con bloques donde se había dejado una cuerda naranja de una exploración anterior cerca del final de Cueva Hoyuca. El sifón tiene un pasamanos instalado, fijado en cada extremo, y se ha descrito como una inmersión libre de 5 a 6 m. Hay una roca peligrosa en el lado de Hoyuca que requiere atención. Esta ruta abre un camino más corto / mejor hacia el extremo más alejado de Hoyuca y la red Trident, siempre que el nivel del agua no sea alto y no haya riesgo de inundación.

Code & Name / Código y Nombre	Sump Details	Detalles de los sifones
0098 **Cueva de Bollón (Volvo)**	Western Passage is low and **sumps in 3 places**. The **first** is 3m long, passed by Rob Murgatroyd and Toby Chilton in 1994. In 1999, **sump 3** was passed by Mark Smith and Steve Openshaw to 40m of walking and stooping passage to the base of a steep boulder slope. This was later connected to Hole in the Road (1452). All 3 sumps were described as free diveable during low summer water levels. The extension upstream starts in the west side of the large boulder slope and is normally a **sump** and only open after low water conditions have existed for some weeks.	La galería occidental es baja y tiene **3 sifones**. El primero tiene 3 m de largo y lo exploraron Rob Murgatroyd y Toby Chilton en 1994. En 1999, Mark Smith y Steve Openshaw pasaron el sifón 3 a 40 m de galería hasta la base de una rampa empinada con rocas. Más tarde se conectó con Hole in the Road (1452). Se han descrito los tres sifones como inmersiones libres cuando el nivel del agua está bajo en verano. La continuación aguas arriba comienza en el lado oeste de la gran rampa y es habitualmente un **sifón** que solo se abre en época de sequía.
0105 **Cueva de Riaño**	**Downstream main sump** 480m long and was dived from the resurgence site 0575. John Taylor and Dan Hibberts dived in August 2012 and pushed upstream in poor visibility, first dropping to -14m then rising to between -2 and -3m. The dive continued about 207m from base to a cross rift. In 2016 Jim Lister on his first dive at the site surfaced in a 7m-wide canal where the thick mud floor 'did not make crawling in full dive kit easy'. The 88m-long line was tied off just before the next sump. The following day, laying 19m of line, the diver surfaced up a steep gravel slope into large stream passage - the downstream end of Cueva de Riaño. **Torno Inlet sump** This is at the end of active passage past a point where the passage becomes a bedding crawl again and the stream emerges from a sump. This is only 25m downstream and at same level as the sump in the Road to Torno. Not dived.	**El sifón principal aguas abajo** tiene 480 m de largo y se buceó desde la surgencia 0575. John Taylor y Dan Hibberts entraron en agosto de 2012 y forzaron aguas arriba con poca visibilidad, primero bajando a -14 m y luego subiendo a entre -2 y -3 m. La inmersión continuó a unos 207 m desde la base hasta una grieta transversal. En 2016, Jim Lister, en su primera inmersión en la cavidad, salió a la superficie en un canal de 7 m de ancho donde el suelo embarrado «no facilitó gatear con el equipo de buceo completo». Una guía de 88 m de largo se amarró justo antes del siguiente sifón. Al día siguiente, colocando 19 m de guía, el buzo subió a la superficie por una pendiente de grava hasta una gran galería activa, el extremo aguas abajo de la Cueva de Riaño. **El sifón de Torno Inlet** se encuentra al final de la galería activa cuando la galería se convierte nuevamente en un laminador y el río sale de un sifón. Está a solo 25 m aguas abajo y al mismo nivel que el sifón de Road to Torno. Sin explorar.
0106 **Torcón de Riaño**	**Sump** at the end of the narrow streamway is about 50m from the 3rd River sump in Cueva Hoyuca (0107). Not dived.	El **sifón** al final de la galería estrecha está a unos 50 m del sifón 3rd River en Cueva Hoyuca (0107). Sin explorar.
0107 **Cueva Hoyuca**	**Quadraphenia sumps** **Sump 1** Not dived. A narrow rift on the left leads to an apparent sump pool, with a possible draughting continuation with low air space. **Sump 2** Not dived. Opposite Pull Up Passage, a stream issues from a sump. It is likely this is the water that was dye tested in Easter 2009 from sink 2857 below Fuente de la Cuvia (0207) and seen in Hoyuca 30 hours later. **Sump 3** Not dived. This sump is at the end of Pull Up Passage. **Dog Series sump** Past Sima Baz, a short length of passage enters an immature stream that sumps 50m downstream. Not dived. **3rd River sump** Fifty metres from, and should connect to, Torcón de Riaño (0106). Not dived. **Far Stomps / Sandy Junction sump** Stream at end of Far Stomps seems to sump, the water seen again at Sandy Junction. As a draught is detected, there may be minimal airspace through this 'sump'. Not dived or pushed. **Duckhams Sump** Normally not a true sump as, by following the sound of falling water, there is a little airspace all the way in normal water levels. Muddy swirls on the roof show that the whole area sumps at times. In the route through the boulder choke at the end of Rocky Horror the **sump** from SW Passage in Cueva Carcavuezo enters. This was dived by Dave Garman in 2017. The sump has a line through, bolted at each end, and has been described as a 5 - 6m free dive.	**Sifones de Quadraphenia** **Sifón 1** Sin explorar. Un estrecho meandro a la izquierda lleva a un posible sifón, aunque puede haber una continuación a través de un techo bajo, dado que hay corriente de aire. **Sifón 2** Sin explorar. Frente a la galería Pull Up un riachuelo sale de un sifón. Es probable que sea el agua que se coloreó en Semana Santa de 2009 desde el sumidero 2857 debajo de la Fuente de la Cuvía (0207) y se vio en Hoyuca 30 horas después. **Sifón 3** Sin explorar. Este sifón está al final de Pull Up Passage. **Sifón de Dog Series** Tras pasar la Sima Baz, un pequeño tramo de galería da a un arroyo inmaduro que entra en un sifón a 50 m aguas abajo. Sin explorar. **Sifón de 3rd River** A 50 m de, y deberían estar conectados, Torcón de Riaño (0106). Sin explorar. **Sifón de Far Stomps / Sandy Junction** El arroyo al final de Far Stomps parece entrar en un sifón, el agua se ve de nuevo en Sandy Junction. Como se ha detectado una corriente de aire, puede haber un espacio de aire mínimo a través de este. Sin explorar. **Sifón Duckhams** Normalmente no es un sifón pues se escucha el sonido del agua cayendo a través de un pequeño espacio de aire en condiciones normales. Remolinos de barro en el techo indican que toda el área se inunda a veces. En la ruta a través del caos de bloques al final de Rocky Horror se encuentra el **sifón** de la galería SW en Cueva Carcavuezo. Dave Garman lo buceó en 2017. El sifón tiene un pasamanos, fijado en cada extremo, y se ha descrito como una inmersión libre de 5 a 6 m.
0114 **Cueva Llueva**	**Main upstream sump** First dived by Geoff Yeadon in August 1977 to a boulder area. In 1979, Phil Papard dived and surfaced in an air bell, not noticed by Geoff, after 15m. A passage above was climbed and explored. In the following years it was pushed to reach Cueva de Carcavuezo. Careful placing of a fixed line made this a shallow 7m free dive. If the line is not in correct place the dive will be over 15m and should not be attempted without diving gear.	Geoff Yeadon buceó por primera vez **el sifón principal aguas arriba** en agosto de 1977 a una sección con bloques. En 1979, Phil Papard entró y salió a un espacio de aire, que Geoff no había visto, tras 15 m. Se escaló hasta una galería arriba que se exploró durante los años siguientes para llegar a la Cueva de Carcavuezo. La colocación cuidadosa de una cuerda fija hizo de esto fuese una inmersión libre poco profunda de 7 m. Si la cuerda no está en el lugar correcto, la inmersión será de más de 15 m y no debe intentarse sin equipo de buceo.

CODE & NAME / CÓDIGO Y NOMBRE	SUMP DETAILS	DETALLES DE LOS SIFONES
0114 **Cueva Llueva**	**Left Hand Bypass sump** Found at the end of 92m inlet on south of Bypass. Not dived. **Downstream sump** The water is next seen in Los Boyones (0117). Dived by Phil Papard in August 1977 to a depth of 22m, when the way on was lost in nil visibility. Another dive in 1995 also came to no definite conclusions, the visibility being only 0.5m. At far side of the sump pool is a flooded rift that was considered to be a possible way on. In 2012, Chris Jewell followed the left hand wall of the rift in poor visibility until he met a passage. He laid 120m of line following the left hand wall down to -15m in a north easterly direction. The "roof was visible occasionally but the right hand wall was never seen, and the floor glimpsed only at the end of the dive." The visibility here is poor mainly due to the normally cloudy water from Cueva del Comellantes. It may well be worth checking the water in the Matienzo valley and, if clear, considering pushing this key dive site. **Overflow Passage Sump** Below Big Red Knob Chamber passages drop to an extensive set of tunnels including a parallel, wet weather overflow passage with a sump heading west. Not dived. This could be a key site to extend toward Rocky Horror in Cueva Hoyuca, more than 200m away and possible further extensions in the large passage complex.	**El sifón de Left Hand Bypass** se encuentra al final del afluente de 92 m al sur. Sin explorar. **Sifón aguas abajo** El agua se vuelve a ver en Los Boyones (0117). Phil Papard lo buceó en agosto de 1977 a una profundidad de 22 m, donde la continuación se perdió por no tener visibilidad. Otra inmersión en 1995 tampoco llegó a conclusiones definitivas, la visibilidad era de solo 0,5 m. Al otro lado de el pozo del sifón hay una grieta inundada que se consideró como una posible ruta. En 2012, Chris Jewell siguió la pared izquierda de la grieta con mala visibilidad hasta que encontró una galería. Colocó 120 m de hilo siguiendo la pared de la izquierda hasta -15 m en dirección noreste. El «techo se podía ver de vez en cuando, pero la pared de la derecha no, y el suelo sólo se vislumbró al final de la inmersión». La visibilidad aquí es pobre debido, sobre todo, al agua turbia de la Cueva del Comellantes. Podría valer la pena revisar el agua en el valle de Matienzo y, si está bien, intentar explorar esta cavidad clave . **Sifón de Overflow Passage.** Debajo de Big Red Knob Chamber, las galerías bajan a un extenso conjunto de túneles que incluyen una galería paralela que actúa de rebosadero en época de lluvias con un sifón en dirección oeste. Sin explorar. Este podría ser un sitio clave para extenderse hacia Rocky Horror en Cueva Hoyuca, a más de 200 m de distancia y posibles extensiones adicionales en el gran complejo de galerías.
0115 **Nacimiento del Río Clarin**	Dived by Geoff Yeadon and Stuart Davey in August 1975 and Spanish in 1994. **Entrance sumps** of 12m and 2m lead to more than 400m of passage. The main upstream sump (**3rd sump**) in the south passage is large and probably deep. It does not appear to have been dived to any extent. A **4th static sump** at the end of the north passage is small and may connect to the 3rd sump.	Geoff Yeadon y Stuart Davey lo bucearon en agosto de 1975 y españoles en 1994. **Los sifones de entrada** de 12 m y 2 m dan a más de 400 m de galería. El sifón aguas arriba (**3er sifón**) en la galería al sur es grande y probablemente profundo. No parece que haya sido explorado. Un **4.° sifón estático** al final de la galería norte es pequeño y podría conectar con el tercer sifón.
0118 **Cueva del Churro**	**Active sump** At end of lower stream passage. Not dived. **Static sump** At end of upper passage. Not dived. Both sumps may connect to sumps in Torca de Simón 2 (0766, now filled in) which are very close.	**El sifón activo** está al final de la galería inferior. Sin explorar. **El sifón estático** está al final de la galería superior. Sin explorar. Ambos sifones podrían conectar con sifones en Torca de Simón 2 (0766, ahora rellenado) que están muy cerca.
0120 **Cueva del Sifón Claro**	Entrance chamber contains the **sump pool** first dived in 1977 by Stuart Davey and in 1980 by Phil Papard and Fred Winstanley. The extensive sump thought to exist by Stuart was not entered with the sump having a number of cross rifts with no passable way on found. In 2013 a major collapse was noted and it is not clear if the site is still accessible.	**El sifón de la sala de la entrada** lo buceó por primera vez Stuart Davey en 1977 y en 1980 volvieron a entrar Phil Papard y Fred Winstanley. No se ha vuelto a entrar en el sifón grande que existía, según Stuart; el sifón tiene varias diaclasas cruzadas sin hallarse una continuación practicable. En 2013 se observó un hundimiento y no está claro si aún se puede entrar.
0122 **Cueva de Suviejo**	**Downstream sump** is at the end of a series of pitches to the north of the Camp Site. Not dived. This site is now gated due to its archaeological interest. Special permission from the authorities is needed to enter the cave.	**El sifón aguas abajo** se encuentra al final de una serie de pozos al norte de Camp Site. Sin explorar. Esta cavidad ahora está cerrada debido a su interés arqueológico. Se necesita un permiso especial de las autoridades para entrar en la cueva.
0124 **Surgencia de las Crecidas**	**Sump 1** Length is up to 20m depending on water flow. When dived in 1977 it was 20m but in 2012 it was only 3m long. **Sump 2** Off an airbell (in wet conditions) in sump 1. It was dived by Simon Cornhill for 50m to a boulder choke with a tight continuation. **Sump 3** At the south end of the 200m of open passage entered from the east side of sump 1 in wet weather, but with airspace in dry conditions. In 2012, Simon found the sump to be too low and choked to dive.	**Sifón 1** De hasta 20 m dependiendo del caudal que lleve. Cuando se buceó en 1977 tenía 20 m, pero en 2012 solo 3 m. **El sifón 2** sale desde un espacio de aire (en época de lluvias) desde el sifón 1. Simon Cornhill buceó 50 m a una obstrucción de rocas con una continuación cerrada. **El sifón 3** está en el extremo sur de los 200 m de galería abierta a la que se entra desde el lado este del sifón 1 en época de lluvias, pero con espacio de aire en sequía. En 2012, Simon descubrió que el sifón estaba demasiado bajo y obstruido como bucear.
0154 **Cueva 77A**	Possible **sump** not examined or dived. Water is seen below upper passages in several areas and near the end is a pitch to a chamber with possible sump. This cave is near the major resurgence at Los Boyones (0117). where the resurgence pool has not been dived but is likely to be a massive boulder choke!	Posible **sifón** no explorado. El agua se ve debajo de galerías superiores en varias áreas y cerca del final hay un pozo a una sala con un posible sifón. Esta cueva se encuentra cerca de la gran surgencia de Los Boyones (0117), cuya marmita no se ha explorado, pero es probable que sea un enorme caos de bloques.

Code & Name / Código y Nombre	Sump Details	Detalles de los sifones
0239 **Peter Plummet**	Major deep **sump** that goes below sea-level and was the deepest dived sump in Spain at the time. First looked at in 1977 by Stuart Davey with further extensions in 1980 when Phil Papard and Fred Winstanley got to a depth of 35m where the passage plummets. The major extension was in 1995 to 2003 when over 4 dives Rupert Skorupka descended to -83m in poor visibility with the constricted sump continuing downwards.	Un **sifón** profundo e importante por debajo del nivel del mar y, en du día, fue el sifón buceado más profundo de España. Examinado inicialmente por Stuart Davey en 1977 y, más tarde, por Phil Papard y Fred Winstanley en 1980, quienes llegaron hasta una profundidad de 35 m a donde la galería desciende en picado. Las exploraciones principales acontecieron entre 1995 y 2003 cuando, en una serie de cuatro inmersiones, Rupert Skorupka descendió hasta -83 m con mala visibilidad, pero el estrecho sifón continuaba hacia abajo.
0240 **Peter Crawl**	**Bedding plane sump.** Not dived. Short cave ends at a sump close to, and thought to link to, Nacimiento de Rio Clarin (0115).	**Sifón en laminador.** Sin explorar. Una cueva pequeña termina en un sifón cerca del Nacimiento de Río Clarín (0115) y se cree que están conectados.
0246 **cave**	Downstream **sump** at the end was connected through a 27m dive to Cueva de Jivero 1 (0016) by Mark Smith at Easter 2000.	En la Semana Santa de 2000 Mark Smith conectó el **sifón** aguas abajo al final se conectó a través de 27 m con la Cueva de Jivero 1 (0016).
0248 **La Cuevona**	Roomy 90m long and 10m deep **resurgence dive** that connects to Cueva del Molino (Agua) (0059). The site of the first cave dive recorded in Matienzo in 1965 by Ángel Alfonso with main exploration and connection with Agua by Geoff Yeadon in 1974.	**Sifón** espacioso en la surgencia, de 90 m de largo y 10 m de profundidad, que comunica con la Cueva del Molino (Agua, 0059). Es el escenario de la primera inmersión conocida en Matienzo por Ángel Alfonso en 1965. Geoff Yeadon lo conectó con la Cueva del Agua en 1974.
0258 **Torcón de la Calleja Rebollo**	**Move It Sump** Not inspected. This is at the bottom of 20m pitch towards the end of the extension. Mud and sediment suggest the area backs up and any attempt at the sump is very unpromising. There are few or no prospects for diving at present in this extensive cave.	**Move It Sump** Sin explorar. Está en la base de un pozo de 20 m hacia el final de la extensión. El barro y los sedimentos sugieren que el área se inunda y cualquier intento en el sifón es muy poco prometedor. Hay pocas o ninguna posibilidad de bucear en la actualidad en esta extensa cueva.
0264 **Torca del Coterón**	*See 0048 Cueva-Cubío de la Reñada.*	*Ver 0048 Cueva-Cubío de la Reñada.*
0280 **Fuente el Escalón** (Penny's Cave)	Cave leads to an 8m awkward **sump** with a draught issuing from a small eyehole. The sump surfaces in a rift in Fuente de las Colmenas (0363).	La cueva conduce a un **sifón** difícil de 8 m con una corriente que sale de una pequeña ranura. El sifón sale a una fisura en Fuente de las Colmenas (0363).
0287 **Cueva de Campuvijo**	This cave is now outside the Matienzo permit area. The eastern entrance ends at a **sump** 4m wide and might make a good diving site. Western entrance leads to two small **sumps**.	Esta cueva ahora está fuera del área de permiso de Matienzo. La entrada este termina en un **sifón** de 4 m de ancho y podría ser un buen sitio para bucear. La entrada occidental conduce a dos pequeños **sifones**.
0333 **Torca de Azpilicueta**	*See 0048 Cueva-Cubío de la Reñada.*	*Ver 0048 Cueva-Cubío de la Reñada.*
0363 **Fuente de las Colmenas**	An 8m, awkward **dive** links to Fuente el Escalón (0280).	Una **inmersión** difícil de 8 m enlaza con Fuente el Escalón (0280).
0373 **Cueva del Bosque**	**Downstream sump** This undived sump is 200m away and 5m higher than an inlet that ends in boulders to the south of the Aquatic Junction in Torca del Regaton. **Upstream sumps** The first was lowered in April 2018 along with removing boulders and hammering out the roof to make it a duck. After 3m, the second 6m sump was dived by Simon Cornhill in 2018. The sump has 2 hanging flakes that would need to be removed in order to make it a viable free-dive. Beyond, several deep pools follow with a duck leading to crawling passage to a collapse chamber.	**Sifón aguas abajo** Este sifón no explorado se encuentra a 200 m de distancia y 5 m por encima de un afluente que termina en bloques al sur de Aquatic Junction en Torca del Regatón. **Sifones aguas arriba** El primero se bajó en abril de 2018, demás de quitar rocas y martillear el techo, para convertirlo en una bóveda sifonante. Después de 3 m, está el segundo sifón de 6 m, que Simon Cornhill buceó en 2018. El sifón tiene 2 salientes que deberían quitarse para que sea una inmersión libre. Al otro lado, hay varias pozas profundas y una bóveda sifonante que da a una gatera hasta una sala con bloques caídos.
0477 **cave**	**Downstream sump** Not dived. Water is presumed to flow to 1481.	**El sifón aguas abajo** no se ha explorado. Se cree que el agua fluye hacia 1481.
0549 **cave**	Small resurgence with a **sump** behind a concrete dam. Not dived. Water comes from near the entrance of 0542 some 120m away.	Pequeña surgencia con un **sifón** detrás de una presa de hormigón. Sin explorar. El agua proviene de cerca de la entrada de 0542 a unos 120 m de distancia.
0567 **Torca del Hoyón**	Two **ducks that can sump** in wet weather are met at the end of the main rift section. At the bottom, the stream is blocked but this can be bypassed by a nasty climb up, about 100m back from the blockage, into roof passages which drop into the stream where a stomp meets a large and clear **sump**. Not dived but this site has great potential.	**Dos bóvedas sifonantes que pueden inundar** época de lluvias se encuentran al final de un meandro. En la parte inferior, el río está bloqueado, pero se puede evitar con una escalada desagradable, a unos 100 m de la obstrucción, a galerías superiores que vuelven al río donde una galería grande da a un **sifón** grande y cristalino. Sin explorar, pero esta cavidad tiene un gran potencial.
0575 **Riaño Resurgence**	The **resurgence** was dived in 2012 by John Taylor and Dan Hibberts for 207m in low visibility in a low sump with silt floor. In 2016 Jim Lister completed the dive to reach Cueva de Riaño with a total length of 480m. *(See 0105 Cueva de Riaño, above).*	En 2012, John Taylor y Dan Hibberts bucearon 207 m en la **surgencia** con poca visibilidad en un sifón bajo con sedimentos en el suelo. En 2016 Jim Lister completó la inmersión para llegar a la Cueva de Riaño con un desarrollo total de 480 m. *(Ver 0105 Cueva de Riaño, arriba).*

Code & Name / Código y Nombre	Sump Details	Detalles de los sifones
0582 **Fuente de la Virgen**	**Resurgence sump**, possibly diveable but not fully checked out. It has steps built down to a pool and an artificial wall built to dam water emerging from rifts. The site has been checked out with a diving mask showing the rifts closed in apart from the right rift that looked to drop down to a possible diveable tube leading off, but bad visibility from silt in low water flow prevented a good look. A visit with minimal kit in higher water flow, when silt should clear quickly, is suggested.	**Sifón de surgencia** que probablemente se pueda bucear, aunque no se ha comprobado aún. Unos escalones dan a una marmita y un muro artificial que hace de presa para el agua que sale de las grietas. Se ha examinado con una máscara de buceo y las grietas parecen cerrarse, excepto por la grieta derecha que parece descender a un tubo que podría bucearse, pero la mala visibilidad por los sedimentos en el agua impidió verlo bien. Se sugiere una visita con un equipo mínimo y con más caudal.
0628 **cave**	A resurgence out of the MCP permit area where 150m of vadose stream passage ends at a **sump** dived by Mark Smith at Easter and summer 2002.	Una surgencia fuera del área de permisos de MCP donde 150 m de galería vadosa terminan en un **sifón** que Mark Smith buceó en Semana Santa y verano de 2002.
0713 **Fuente Aguanaz**	**Sump 1** (first upstream) Dived in May 1995 by Rupert Skorupka. It is 35m long with a depth of about 5m to a large sump pool and passage. **Sump 2** Passed by Martyn Holroyd in August 1995 and is now a shallow free dive of about 6m if "pull" line is intact. If not, it can extend to over 10m. **Sump 3** Small with sharp projections. Mark Smith made a number of attempts between 2001 and 2006 to pass this sump, knocking off projections to make room. Further work by Mark and Jim Lister in 2017 and 2018 made some progress by knocking off rock pendants to access an air surface with a left hand passage leading off for 3m to a sharp right hand bend where the sound of running water could be heard. The following year 5m progress was made after a duck under the left hand wall. Several rocks were capped to gain another 4m, but the choke continued. This needs further work when water levels are lower to allow capping. This site has great potential as the water has been traced from a number of sinks up to 6km to the south. A dig and choke above the sump with the sound of running water is a prospect and the area around this sump needs looking at more closely. **West Inlet sump** In August 2009, a wet crawl with minimal airspace below the aven in the west passage halfway to sump 1, was pushed by Eldon PC to an inlet sump. Not dived. In wet, and possibly normal weather, the crawl will be flooded. **Sarah Jean Inlet sumps**. This major inlet was found by Jim Lister and Dan Hibberts in 2017 and pushed for 770m heading west-southwest, passing through a small sump and finishing at an over-tight hole up between boulders into larger passage. In 2018 and 2019 Jim and Mark Smith pushed the inlet a further 1.5km passing another 3 sumps. In total there are 8 sumps in the inlet - all upstream. **Sump 2b** A continuation of a long canal and a comfortable dead straight 2 x 1.5m sump, 15m long with 2.5m maximum depth. It has a soft mud floor covered in silt with a small flow in normal conditions. The guideline is on the right tied off to an eyehole 4m prior to the sump at water level or just beneath in winter. The line slopes to the floor and is tied off to a roof pendent ¾ of the way through, rising to a 5m wide sump pool with the line secured to silt screws in a mud bank. The best place to de-kit is 3 metres up stream on a handy rock shelf on the left. This is where the lead is also stored. **Sump 3b** This 11m long, 5m deep sump has no restrictions and is located just past the boulder choke in a chamber with eroded rock. The line is secured on the right of the 5m deep, roomy sump pool. The way on at the bottom is under an arch with the area to the right not investigated, but probably blind. The line is against the roof and then ascends up a gravel slope to surface where it is tied to a silt screw. **Sump 3c** is at the end of a crawling inlet on the right of the mainstream passage just after sump 3b. It has not been dived. **Sump 4b** This is normally a deep pool (a sump in wet weather) and a stoop under an arch. ↘.	Rupert Skorupka buceó el **sifón 1** (primero aguas arriba) en mayo de 1995. Tiene 35 m de largo con una profundidad de unos 5 m hasta una gran marmita y galería. Martyn Holroyd pasó el **sifón 2** en agosto de 1995 y ahora es una inmersión libre poco profunda de unos 6 m si la guía de instalada está intacta. De lo contrario, puede extenderse a más de 10 m. El **sifón 3** es pequeño con salientes afilados. Mark Smith intentó pasarlo varias veces entre 2001 y 2006, quitando salientes para agrandarlo. Mark y Jim Lister volvieron en 2017 y 2018 y pudieron avanzar tras quitar más salientes y acceder a la superficie con una galería a la izquierda que tras 3 m da a una curva cerrada a la derecha donde se puede escuchar el sonido del agua corriendo. Al año siguiente avanzaron 5 m más después de una bóveda sifonante debajo de la pared de la izquierda. Quitaron varias rocas para acceder a otros 4 m, pero seguía estando obstruido. Se ha de volver a ello cuando el nivel del agua sea más bajo y así poder usar micros. Esta cavidad tiene mucho potencial ya que el agua se ha trazado desde varios sifones a hasta 6 km al sur. Una excavación y obstrucción sobre el sifón con el sonido del agua son esperanzadores y el área alrededor de este sifón debe examinarse con detenimiento. **Sifón de West Inlet** En agosto de 2009, el Eldon PC forzó una gatera en agua con poco espacio de aire debajo de la chimenea en la galería oeste, a medio camino en dirección al sifón 1, hasta un sifón en un afluente. Sin explorar. En época de lluvias y posiblemente normal, el laminador se inundará. **Sifones de Sarah Jean Inlet.** Jim Lister y Dan Hibberts encontraron este gran afluente en 2017 y lo siguieron a lo largo de 770 m en dirección oeste-suroeste, pasando por un pequeño sifón y terminando en un agujero demasiado estrecho entre rocas hacia una galería más grande. En 2018 y 2019, Jim y Mark Smith forzaron el afluente otro 1,5 km más pasando otros 3 sifones. En total hay 8 sifones, todos aguas arriba. **Sifón 2b** Una continuación de un canal largo y un sifón recto fácil de 2 x 1,5 m, 15 m de largo con 2,5 m de profundidad máxima. Tiene un suelo de barro blando son sedimentos y un caudal pequeño en condiciones normales. La guía está a la derecha atada a una ranura 4 m antes del sifón al nivel del agua o justo debajo en invierno. La guía baja hasta el suelo y está atada a un saliente a ¾ del camino, subiendo a una marmita de 5 m de ancho donde la guía es asegurada con anclajes de sedimentos en un banco de barro. El mejor lugar para quitarse el equipo está a 3 m aguas arriba en una práctico plataforma a la izquierda. Aquí es donde también se guardan las plomadas. **El Sifón 3b**, de 11 m de largo y 5 m de profundidad no tiene restricciones y se encuentra justo después del caos de bloques en una sala con roca erosionada. La guía está asegurada a la derecha de la marmita espaciosa de 5 m de profundidad. La continuación en la base está debajo de un arco. El área de la derecha no se ha explorado, pero probablemente sea ciega. La guía está contra el techo y luego sube por una rampa de grava hasta la superficie donde está atada a un anclaje de sedimento. **El Sifón 3c** está al final de una gatera en la derecha de la galería principal justo después del sifón 3b. Sin explorar. **Sifón 4b** Normalmente se trata de una marmita profunda (un sifón en época de lluvias) y una entrada debajo de un arco. ↘

Code & Name / Código y Nombre	Sump Details	Detalles de los sifones
0713 **Fuente Aguanaz**	↖ **Sump 5b** A 45m long, 7m deep sump with often low or zero visibility follows at the boulder choke immediately in the south passage after sump / duck 4b. The guideline is secured on the right and drops down a mud floored, shallow canal to a sharp left bend were the sump begins. In the sump a sharp right hand bend goes under an arch with the line on the left wall with big space to the right. After a few cross rifts, the line is attached to a rock pendent suspended from an arch. Here the sump turns left and steeply down to a silt floor and squeeze under an arch to a second arch. Here it would be easy to get off route in an area of undercuts, if the silt screw pulled out. A left turn reaches a bigger section with a large cross rift before an open area and a steep rock / boulder slope to the surface. On surfacing, GH Aven is straight ahead up a steep rock/ boulder climb. To the right, across the sump pool, lies the upstream passage. **Sump 6b** - Is reached by taking the left passage going east at the junction 250m past sump 5b. This 200m, long large passage ends in a clay choke with a body sized sump pool on the right. The pool was entered feet first without gear and was found to continue horizontally. A mini cylinder bottle is needed to make progress. There seems to be a small flow from this sump. **Sumps 7b & 7c** Undived clear, deep sump pools at south end of cave past Hippodrome Chamber that are likely to be linked.	↖ **El Sifón 5b**, de 45 m de largo, 7 m de profundidad, está justo después del caos de bloques en la galería sur tras el 4b. La guía está asegurada a la derecha y desciende por un canal poco profundo con suelo de barro hasta una curva cerrada a la izquierda donde empieza el sifón. En el sifón, una curva cerrada a la derecha pasa por debajo de un arco con la guía en la pared izquierda y mucho espacio a la derecha. Después de algunas fisuras cruzadas, la guía está atada a un saliente suspendido de un arco. Aquí el sifón gira a la izquierda y desciende abruptamente hasta un suelo con sedimentos y pasa por una estrechez bajo un arco hacia un segundo arco. Aquí sería fácil salirse de la ruta si se suelta el anclaje de sedimento. Un giro a la izquierda llega a una sección más grande con una gran grieta transversal antes de un área abierta y una rampa empinada con rocas/bloques hasta la superficie. Al salir a la superficie, GH Aven está subiendo una empinada escalada de rocas/bloques. A la derecha, al otro lado del pozo del sifón, se encuentra la galería aguas arriba. Al **sifón 6b** se llega tomando la galería de la izquierda hacia el este en el cruce a 250 m tras el sifón 5b. Esta galería grande de 200 m de largo termina en una obstrucción de arcilla con un sifón estrecho a la derecha. A la marmita se entró con los pies por delante y sin equipo y se vio que continuaba horizontalmente. Se necesita una mini botella cilíndrica para avanzar. Parece llevar un pequeño caudal. **Sifones 7b** y **7c** Sifones profundos y cristalinos sin explorar en el extremo sur de la cueva al otro lado de Hippodrome Chamber que probablemente estén conectados.
0727 **Molino, Cueva del**	**Final upstream sump** This is now 925m long with a maximum depth of 93m from where it keeps fairly deep, often at 80m, before rising to reach a depth of 12m with the line belayed to a silt screw. This is followed by 40m up to 6m depth where it closes in. It is thought the way on has been missed before the 12m depth limit. The large sump pool at the northwest end of the cave opens out into a big passage dipping down steeply. First dived by French divers to a depth of 28m about 80m from base. Rupert Skorupka from August 1996 to January1997 over a series of dives extended this big sump, with some complicated route finding, using mixed gasses to reach 340m from base with a maximum depth of 82m. Chris Jewell and Artur Kozlowski, over 2 dives in 2011, extended the sump by 645m reaching a maximum depth of 93m. The following year Chris Jewell (supported in the base pool by Laura Trowbridge) reached the end at 6m depth, but could not find any missed passage on the way out apart from a possible lead at 50m depth. This could not be checked out due to decompressions limitations and poor visibility from the silt towards the end. Chris suggests use of a "scooter" would be the best option to limit decompression and so aid exploration. The **downstream sumps** All dived by Rupert Skorupka between 1996 and 1999. **Sump 1** Inviting 130m long and 20m deep. A low section enlarges before a choke is met with the way on down a steep rock slope to a cobble-floored chamber at -20m. This continues as a big tube in black limestone, gradually ascending to surface in a shingle-floored pool. **Sump 2** A 37m long, 6m deep sump is only a few metres from the Sump 1 and starts as a 5m diameter, deep, blue swirl pool at the foot of a rope climb. The sump surfaces to 25m of passage to sump 3. **Sump 3** A 40m long, 8m deep sump. When it surfaces, it connects, via a climb, to the upper levels of the cave. A streamway continues some 5m to Sump 4. **Sump 4** A deep, long sump pool, not dived by the Matienzo team but may have been partly explored by the French, as a tangle of dive line was encountered in the upstream sump of the resurgence. This is some 100m from the upstream end reached in the resurgence (0791).	**Sifón final aguas arriba** Ahora tiene 925 m de largo con una profundidad máxima de -93 m desde donde sigue bastante profundo, a menudo a -80 m, antes de ascender para alcanzar una profundidad de -12 m con la guía asegurada a un anclaje de sedimento. Le siguen 40 m en hasta -6 m de profundidad donde se cierra. Se cree que la continuación se ha pasado por alto antes del límite de profundidad de -12 m. La gran marmita en el extremo noroeste de la cueva se abre a una gran galería que desciende abruptamente. Buceada por primera vez por buzos franceses a una profundidad de -28 m a unos 80 m de la base. Rupert Skorupka extendió este gran sifón de agosto de 1996 a enero de 1997, durante una serie de inmersiones con algunas rutas complicadas, utilizando gases mixtos para llegar a 340 m de la base con una profundidad máxima de -82 m. Chris Jewell y Artur Kozlowski, durante 2 inmersiones en 2011, ampliaron el sifón a 645 m hasta alcanzar una profundidad máxima de -93 m. Al año siguiente, Chris Jewell (con el apoyo de Laura Trowbridge en la base) llegó al final a -6 m de profundidad, pero no pudo encontrar ninguna galería al salir, excepto por un posible interrogante a -50 m que no se pudo comprobar debido a las limitaciones de la descompresión y poca visibilidad hacia el final. Chris sugiere usar un propulsor para limitar la descompresión y así ayudar en la exploración. Rupert Skorupka exploró **los sifones aguas abajo** entre 1996 y 1999. **Sifón 1** Atractivo, de 130 m de largo y 20 m de profundidad. Una sección baja se agranda antes de llegar a una obstrucción. La ruta sigue hacia abajo por una rampa rocosa a una sala con suelo de rocas a -20 m. Continúa como un gran tubo en piedra caliza negra que asciende gradualmente a la superficie en una marmita con suelo de grava. **Sifón 2** Con 37 m de largo y 6 m de profundidad, se encuentra a pocos metros del sifón 1 y empieza como una marmita azul de 5 m de diámetro al pie de un destrepe con cuerda. El sifón sale a 25 m de galería hasta el sifón 3. **Sifón 3**, de 40 m de largo y 8 m de profundidad que llega a la superficie en el punto donde comunica por un escarpe con los niveles superiores de la cueva. Una galería activa continúa unos 5 m hasta el sifón 4. **Sifón 4** Un pozo largo y profundo. El equipo de Matienzo no lo ha explorado, pero puede haber sido explorado en parte por los franceses, ya que se encontró una maraña de hilo guía en el sifón aguas arriba de la surgencia. Se encuentra a unos 100 m del extremo aguas arriba alcanzado en la surgencia (0791).

Code & Name / Código y Nombre	Sump Details	Detalles de los sifones
0733 **Cueva Vallina**	**Rioja River sumps** **Sump 1** (Lady Beatrice's Underwater Fantasy) Clean, 21m long, shallow sump dived August 1996 by Rupert Skorupka. Surfaces in a streamway some 40m downstream of sump 2. **Sump 2a** 47m long, 6 m deep dived by Rupert Skorupka in August 1996 to where it surfaced through a skin of calcite to 176 m of streamway to sump 3. **Sump 2b** is 490m long (10m air bell / canal at 289m), 6m deep. In 1998, Ross Greenwood and Martyn Holroyd, on their way to sump 3, found a side passage on the north side in sump 2a and followed a large passage for 50m at a depth of 6m. It was thought this was the main route. In April 2000 and 2001 Martyn extended the sump by some 430m over 3 dives. In 2016 and 2017, Jim Lister and Ashley Hiscock pushed this sump after some re-lining, but it was found to choke almost immediately with gravel. **Sump 3** Dived by Ross Greenwood and Martyn Holroyd in April 1998 for 50m, reaching a depth of 6m. End point was where the passage appears to rise up a rift with a parallel rift also rising to -1m without surfacing. In 2017, Jim Lister noted a way on that had been missed as it was "directly behind and above in the diver's blind spot". This lead and the cave beyond was then pushed by Jim and Mark Smith in 2017 and 2018 in an active stream for 30m to **sump 4** (20m long and 3m deep) almost immediately followed by **sump 5** (20m long, shallow). On surfacing beyond sump 5, in a foam-covered sump pool, a reasonable sized streamway is encountered with a junction a short distance from the sump pool and an extensive series of dry passages. The passage heading east ends in **sump 6** (4m long and easy), **sump 7** (3m, shallow) and **sump 8** (2m long) to reach the clear and open **sump 9** that has not yet been dived. **Main downstream sumps** **Sump 1** 45m long and 3m deep dived by Martyn Holroyd in 2002. There is a 60m bypass to this sump to reach the original first dive site at sump 2. Sumps 2 and 3 were dived in August 1993 by Phil Papard. **Sump 2** 25m long and 3m deep with a small unusable airspace in the first half. It surfaces in a walking stream passage which sumps again after 20m. **Sump 3** 25m long and 4 m deep, surfacing in a standing air bell with a small inlet on the south. It sumps again after 8m. Sumps 4 to 6a and b were dived by Martin Holroyd between April 2002 and August 2003 on 3 trips. **Sump 4** 45m long and 8m deep. A large, blue sump gently dipping down a gravel slope before gently rising to surface for 15m before it sumps again. **Sump 5** 45m long and 6 m deep. Surfaces into a wonderful stream passage, up to 15m high. Two inlets and a possible climb up mud are passed, before finally turning a sharp corner and another large sump. This passage was reached via a pitch from the 'Sisters of Perpetual Indulgence' (SoPI)series in 2016 so by-passing sumps 1 to 5. **Sump 6a** 110m long and 11m deep. After 60m, the sump enlarges and drops off below to the right. To the left, a steep ramp rises up to the surface and a difficult exit to a large muddy inlet that was connected in October 2016 from the "Sisters of Perpetual Indulgence" series. **Sump 6b** This follows on from the bottom of the steep ramp below the muddy inlet in sump 6a. In 2003, 110m of line was laid reaching a depth of 22m then gradually rising to -17m where it is seen to continue. Rupert Skorupka is working to push the downstream sumps that he had to re-line due to flood damage, but work has been hampered by, or risk of, flooding and poor visibility. Although the SoPI series bypasses all the sumps up to 6b, the route is narrow and awkward in places making it difficult as a route for diving gear. Using the sumps for access with gear is preferred. However, it does give a good escape route and storage area in case of flooding.	**Sifones del río Rioja** **Sifón 1** (Lady Beatrice's Underwater Fantasy) Sifón limpio, de 21 m de largo y poco profundo, explorado en agosto de 1996 por Rupert Skorupka. Sale a una galería activa a unos 40 m aguas abajo del sifón 2. **Sifón 2a** De 47 m de largo y 6 m de profundidad, buceado por Rupert Skorupka en agosto de 1996 hasta donde salió a través de una capa de calcita a 176 m de galería activa hasta el sifón 3. **Sifón 2b** Con un desarrollo de 490 m (con espacio de aire/canal de 10 m a 289 m) y 6 m de profundidad. En 1998, Ross Greenwood y Martyn Holroyd, de camino al sifón 3, encontraron una galería lateral en el lado norte del sifón 2a y siguieron una galería grande a lo largo de 50 m a una profundidad de 6 m. Se pensó que era la ruta principal. En abril de 2000 y 2001, Martyn añadió unos 430 m en 3 inmersiones. En 2016 y 2017, Jim Lister y Ashley Hiscock forzaron este sifón después de colocar hilo nuevo, pero vieron que se obstruía casi de inmediato con grava. **Sifón 3** Buceado por Ross Greenwood y Martyn Holroyd en abril de 1998, 50 m, alcanzando una profundidad de 6 m. Terminaron donde la galería parece subir por una fisura con una fisura paralela que también sube a -1 m sin salir a la superficie. En 2017, Jim Lister vio una ruta que se había pasado por alto, ya que estaba «directamente detrás y encima del punto ciego del buceador». Jim y Mark Smith la exploraron en 2017 y 2018 por un río activo durante 30 m hasta el **sifón 4** (20 m de largo y 3 m de profundidad) casi inmediatamente seguido por el **sifón 5** (20 m de largo, poco profundo). Al salir a la superficie al otro lado del sifón 5, en una marmita llena de espuma, se encuentra un arroyo de buen tamaño con un cruce a poca distancia de la marmita y una extensa red de galerías secas. La galería en dirección este termina en el **sifón 6** (4 m de largo y fácil), **sifón 7** (3 m, poco profundo) y **sifón 8** (2 m de largo) para llegar al **sifón 9**, cristalino y abierto, que aún no se ha explorado. **Sifones principales aguas abajo** **Sifón 1** 45 m de largo y 3 m de profundidad. Explorado por Martyn Holroyd en 2002. Hay un desvío de 60 m a este sifón para llegar al primer sitio de buceo original en el sifón 2. Phil Papard buceó los sifones 2 y 3 en agosto de 1993. **Sifón 2** 25 m de largo y 3 m de profundidad, con un pequeño espacio de aire inutilizable en la primera mitad. Sale a la superficie en una galería activa grande hasta otro sifón tras 20 m. **Sifón 3** 25 m de largo y 4 m de profundidad. Sale a un espacio de aire con un pequeño afluente al sur. Se llega a otro sifón tras 8 m. Martin Holroyd buceó los sifones 4 a 6a y b entre abril de 2002 y agosto de 2003 en 3 inmersiones. **Sifón 4** 45 m de largo y 8 m de profundidad. Un sifón azul grande que baja suavemente por una rampa de grava antes de subir suavemente a la superficie durante 15 m antes de llegar a otro sifón. **Sifón 5** 45 m de largo y 6 m de profundidad. Sale a una maravillosa galería activa, de hasta 15 m de altura. Se pasan dos afluentes y una posible escalada embarrada, antes de girar una curva cerrada y llegar a otro gran sifón. A esta galería se llegó en 2016 a través de un pozo desde la red Sisters of Perpetual Indulgence (SoPI), por lo que se pueden evitar los sifones 1 a 5. **Sifón 6a** 110 m de largo y 11 m de profundidad. Después de 60 m, el sifón se agranda y desciende hacia la derecha. A la izquierda, una rampa empinada sube a la superficie y una salida difícil a un gran afluente embarrado que se conectó en octubre de 2016 desde la red SoPI. **Sifón 6b** Sigue desde la base de la rampa debajo del afluente embarrado en el sifón 6a. En 2003, se colocaron 110 m de guía hasta una profundidad de 22 m que luego fue subiendo gradualmente a -17 m donde se prevé que continúe. Rupert Skorupka está trabajando para explorar los sifones aguas abajo, después de tener que volver a colocar el hilo guía por los daños causados por las inundaciones. Sin embargo, los progresos se ven obstaculizados por, o el riesgo de, inundaciones y mala visibilidad. Aunque la red SoPI evita todos los sifones hasta el 6b, la ruta es estrecha e incómoda en algunos puntos, lo que dificulta el acceso con equipo de buceo. Se prefiere usar los sifones para acceder con equipo. Sin embargo, ofrece una buena ruta de escape y un área de almacenamiento en caso de inundación.

Code & Name / Código y Nombre	Sump Details	Detalles de los sifones
0733 **Cueva Vallina**	◤ **Muddy Waters Duck** Located in the small south bound passage in the south of Vallina II below Galería de los Elefantes (no direct connection). Not pushed. May need no diving kit. **Canyon Sump Passage Sump** (not dived) at the end of the small stream passage that runs north to form the Canyon crossed on the normal route in. There is 1cm of unusable air space at the start of the 'sump'.	◤ **Bóveda sifonante Muddy Waters** Se encuentra en la pequeña galería al sur en el sur de Vallina II debajo de la Galería de los Elefantes (sin conexión directa). Sin explorar. Puede que no haga falta equipo de buceo. **Sifón de Canyon Sump Passage** (Sin explorar) Está al final de la pequeña galería activa que va hacia el norte para formar el cañón que se cruza en la ruta normal. Hay 1 cm de espacio de aire inutilizable al comienzo del sifón.
0766 **Torca de Simón 2**	Three undived sumps. They are located in the streamway starting with an **upstream sump** which may have the most potential. Downstream, a **sump** pool is most likely to connect to the "**top sump**" in Blue Bottle Passage. Note: Access is currently not possible as the entrance has been filled in and only a collapsed pit remains.	Tres sifones sin explorar. Se encuentran en la galería activa empezando con un **sifón aguas arriba** que podría tener el mayor potencial. Aguas abajo, una marmita podría conectar con el «**sifón superior**» en Blue Bottle Passage. Nota: En la actualidad la entrada se ha rellenado y solo queda un pozo hundido.
0767 **Cave of the Wild Mare**	**Sump of the Wild Eels** is a large, 50m long, shallow sump with cross rifts which was dived by Steve Openshaw and Martin Holroyd in August 1995. It surfaces in 50m of passage (Terminal Chamber) with more cross rifts with draughts but no way on seen apart from a small sump in north wall where water emerges. Not dived at the time. In 2011 & 2012, Jim Lister and Colin Hayward made a series of dives from Torca la Vaca (2889) linking it to the Cave of the Wild Mare and then used this entrance to push further sumps upstream in Torca la Vaca (q.v.) **AGM Bypass sump** 5m sump into Eely Mud Eye Chamber. AGM Bypass is reached from Terminal Chamber via a climb up the west rift and then down through boulders or via the short sump at the end of Terminal Chamber. **Eely Mud Eye Sump** 25m long to emerge at Buttermere in Torca la Vaca. **Terminal Chamber Sump** Blind 27m sump on the northern side of the chamber. It goes into an enlarged bedding and rift where it was just possible to turn around in the blind end.	**El sifón de Wild Eels es un sifón grande**, de 50 m de largo y poco profundo con fisuras cruzadas que Steve Openshaw y Martin Holroyd bucearon en agosto de 1995. Sale a 50 m de galería (sala Terminal) con más grietas cruzadas con corrientes de aire pero sin continuación, a excepción de un pequeño sifón en la pared norte por donde emerge el agua. Sin explorar. En 2011 y 2012, Jim Lister y Colin Hayward realizaron una serie de inmersiones desde Torca la Vaca (2889) conectándola con Wild Mare y luego usaron esta entrada para forzar más sifones aguas arriba en Torca la Vaca. **El sifón AGM Bypass** mide 5 m hasta sala Eely Mud Eye. Se llega a AGM Bypass desde la sala Terminal escalando por la fisura oeste y luego bajando entre rocas o por el sifón corto al final de Terminal. **El sifón Eely Mud Eye** mide 25 m de largo y sale en Buttermere en Torca la Vaca . **El sifón de Terminal Chamber** es un sifón ciego en el lado norte de la sala. Tiene 27 m y entra a un laminador agrandado y una fisura donde se puede dar la vuelta.
0791 **Cueva del Molino (resurgence)**	In August 1996, Rupert Skorupka dived 50m into this **resurgence** to 100m from the furthest point dived in the last downstream sump in the main Cueva de Molino (0727).	En agosto de 1996, Rupert Skorupka buceó 50 m en esta **surgencia** a 100 m desde el punto más alejado buceado en el último sifón aguas abajo en la Cueva de Molino (0727).
0841 **Cueva Fresnedo 2**	**Sump 1** Not dived. This downstream sump is below Knotted Rope Series at the end of a descending passage 30m below the entrance level. **Not Too Shabby Sump** Undived sump at end of this north outlet passage. This should be a 10m link to a sump at the end of the inlet just to the west of the Sandy Crawl. (Called sump 2 in the 2010 version of this index). **Shabby Inlet Sump** Undived sump at the end of Shabby Inlet – reported to be 'large enough to dive'.	**Sifón 1** Sin explorar. Este sifón aguas abajo está debajo de la red Knotted Rope al final de una galería descendente 30 m por debajo del nivel de la entrada. **Sifón Not Too Shabby** Sin explorar. Está al final de esta galería norte. Debería ser una conexión de 10 m a un sifón al final del afluente, justo al oeste de Sandy Crawl. (Llamado sifón 2 en la versión de 2010 de este índice). **Sifón de Shabby Inlet** Sin explorar. Está al final de Shabby Inlet y es «lo suficientemente grande como para poder bucearlo».
0892 **Torca del Regaton**	**Very small inlet sump** Not dived. This is at the end of the 45m flat out crawling inlet off passage near the 70m entrance pitch. **Surprise View sumps** Not dived. Complex area with a number of sumps, the interplay of which is not fully understood. There are two sumps (active and static) at end of the streamway below the 27m pitch and a third in a chamber through boulders on the right. At the base of the pitch a tube leads to a deep sump and, in a maze area, there is reported to be a 'sump' but with the sound of running water coming through a small airspace. Running water is not seen elsewhere in the area. Yet another 'sump' or duck is found at end of a side passage with the sound of running water heard. The following sumps were dived by Jim Lister in 2019: **Spike Hall** sump 8m deep with slots in the floor with no way on found. **Peaky Passage East sump** A sandy passage leading to where it goes steeply down a silt slope to a cross rift with an air bell at a depth of 5m. The rift could not be fully checked left and right due to lack of visibility. **Peaky Passage West sump** Looks inviting and is steeply descending to 9m where it is partly blocked by rock and chert, needing a lump hammer to remove. Can be seen continuing below, still steeply descending and big enough to get through.	**Sifón Very small inlet** Sin explorar. Está al final de un laminador de 45 m, cerca del pozo de entrada de 70 m. **Sifones Surprise View** Sin explorar. Área compleja con varios sifones, cuya interacción no se comprende del todo. Hay dos sifones (activo y estático) al final de la galería activa debajo del pozo de 27 m y un tercero en una sala a través de bloques a la derecha. En la base del pozo, un tubo conduce a un sifón profundo y, en un área laberíntica, se dice que hay un sifón, pero se oye el agua correr a través de un pequeño espacio de aire. No se ve agua corriente en ninguna otra parte. Otro sifón o bóveda sifonante se encuentra al final de una galería lateral donde se oye el agua. Jim Lister buceó en los siguientes sifones en 2019: **Sifón Spike Hall** 8 m de profundidad con ranuras en el suelo y sin continuación. **Sifón Peaky Passage East** Una galería arenosa hasta dónde baja abruptamente por una rampa de sedimentos a un cruce con un espacio de aire a una profundidad de -5 m. La grieta no se pudo inspeccionar por completo a izquierda y derecha por la mala visibilidad. **Sifón Peaky Passage West** Parece atractivo y baja abruptamente hasta -9 m donde está parcialmente obstruido por rocas y chert que se podrían quitar con un martillo. Se puede ver que continúa bajando abruptamente y lo suficientemente grande como para pasar.

Code & Name / Código y Nombre	Sump Details	Detalles de los sifones
0979 **Fuente de Culebro**	At the end of the resurgence cave, 40m in, **sump** dived by Phil Papard in 1997 with twin 7 litre cylinders for 15m, 4m depth, to where it becomes small. Small (3 litre) cylinders would be best if dived again. Site is almost certain to be the resurgence for the very close (few meters) Cueva del Nabo (3357) but this has not been tested.	Al final de la cueva de la surgencia, a 40 m, hay un **sifón** que Phil Papard buceó en 1997 con botellas gemelas de 7 litros a lo largo de 15 m, 4 m de profundidad, hasta donde se vuelve pequeña. Unas botellas de 3 litros serían más prácticas si se vuelve a explorar. Es casi seguro que se trata de la surgencia de la Cueva del Nabo (3357) muy cercana (pocos metros), pero no ha sido demostrado aún.
1072 **Cueva del Bocarón** (Famous Five Cave)	The 8m long upstream **sump**, first dived by Steve Openshaw in 1995, is 8m long to airspace above deep water and a boulder-choked rift, which may continue under water but needs a hammer to make progress in bad visibility. The site was looked at again by Mark Smith in 2006 and 2008 for a way on in the canal before the previous dive. A flooded loop and a small underwater dig was found, but further progress will need strong water flow to identify and possibly follow the main stream.	El **sifón** de 8 m de largo aguas arriba, explorado por primera vez por Steve Openshaw en 1995 llega a un espacio de aire sobre aguas profundas y una grieta obstruida por rocas, que podría continuar bajo el agua pero hace falta un martillo para avanzar con mala visibilidad. Mark Smith volvió a inspeccionarlo en 2006 y 2008 en busca de una ruta en el canal antes de la inmersión anterior. Se encontró un bucle inundado y una pequeña excavación bajo el agua, pero para poder avanzar hace falta una corriente de agua fuerte para identificar y, posiblemente seguir, el río principal.
1106 **Nacimiento del Campiazo**	Resurgence **sump** dived by Rupert Skorupka between 1996 and 2002. Sump is 65m long and 7m deep. Comfortable diving for 60m to where it closed in, but looked bigger ahead. In 2002, Gavin McPherson pushed beyond the end of Rupert's line through an awkward squeeze into a chamber above. This soon tightened up and the site now looks less promising.	**Sifón** de surgencia que Rupert Skorupka exploró entre 1996 y 2002. Tiene 65 m de largo y 7 m de profundidad. Buceo fácil a lo largo de 60 m hasta donde se cerró, pero parecía continuar más grande. En 2002, Gavin McPherson lo forzó a través de un estrechamiento difícil en una sala por encima que pronto se volvió más estrecho, por lo que ahora parece menos prometedor.
1325 **Cueva Lammas**	A possible **sump**, but described as water draining into a 'miserable sump pool'. This is close to a crawl and further drops down the cave. It is not stated if water enters lower down. Needs checking out prior to any trip with gear. (The cave also needs surveying.)	Un posible **sifón**, pero descrito como un riachuelo que da a un «pozo de sifón miserable». Está cerca de una gatera y otros desniveles de la cueva. No se indica si el agua entra más abajo. Se tiene que comprobar antes de cualquier incursión con equipo. (La cueva también se tiene que topografiar).
1800 **Fridge Door Cave**	The bottom of the entrance pitch and upstream passage sumps in wet weather and takes a very long time (months?) to drop to allow access. Streamway for 130m to an upstream **sump**, dived in 2016 by Jim Lister for 45m to an air bell followed by 50m to a chamber requiring capping. Colin Hayward subsequently inspected an underwater arch on the right near the end of the sump. A large silt bank needs excavating to make progress. In 2017, capping allowed Jim to follow another 31m to an undived **sump**.	La base del pozo de la y la galería aguas arriba se inundan en época de fuertes lluvias y el nivel del agua tarda mucho (¿meses?) en bajar. Galería activa de 130 m hasta un **sifón** aguas arriba , buceado en 2016 por Jim Lister durante 45 m hasta un espacio de aire seguido de 50 m hasta una sala que necesita micros. Posteriormente, Colin Hayward inspeccionó un arco bajo el agua a la derecha cerca del final del sifón. Un gran banco de sedimento se tiene que excavar para avanzar. En 2017, labores de desobstrucción permitieron a Jim seguir otros 31 m hasta un **sifón** sin explorar.
1930 **Sumidero de Cobadal**	**Wessex Inlet 'sump'** Upstream low, wet bedding at end of Wessex Inlet is almost sumped but dug in October 2004 to give a small airspace in dry conditions, with outward draught. Progress difficult in the tight bedding plane which needed chiselling to gain a 'calcite island' with deeper water and low airspace continuing. Wet suit and possibly diving gear needed for further progress at this key site.	**Sifón de Wessex Inlet** Un laminador bajo aguas arriba al final de Wessex Inlet está casi inundado, pero se excavó en octubre de 2004 para proporcionar un pequeño espacio de aire en condiciones secas, con corriente sopladora. Progreso difícil en el laminador bajo que se tiene que cincelar para llegar a una «isla de calcita» con aguas más profundas donde sigue el espacio de aire bajo. Traje de neopreno y posible-mente equipo de buceo hacen falta para seguir avanzando en esta importante cavidad.
2366 **Cueva del Torno**	**Toad Crawl sump** Not dived. This is a 1m x 0.5m down-stream sump with 0.25m depth of soft silt on the floor.	**Sifón Toad Crawl** Sin explorar. Se trata de un sifón aguas abajo de 1 x 0,5 m con 0,25 m de profundidad y sedimentos el suelo.
2387 **Resurgence**	Choked resurgence **sump**. Not dived. Needs digging to gain access.	**Sifón** de surgencia obstruido. Sin explorar. Se tiene que desobstruir para poder entrar.
2519 **Cueva de Huerto Rey**	**Pleb's Passage duck** Not pushed or dived. 100m of crawling leads to a low draugh-ting duck 1km from the probable resurgence at Nacimiento del Campiazo (1106). Note: Entrance could not be located in dense undergrowth in 2016.	**Bóveda sifonante de Pleb's Passage** Sin explorar. 100 m de gatera dan a una bóveda sifonante con corriente de aire a 1 km de la posible surgencia del Nacimiento del Campiazo (1106). Nota: En 2016 la entrada no se pudo encontrar en medio de una densa maleza.
2538 **El Cubillón**	**Tilberthwaite Sump** At the base of the final downstream pitch, the pool is only 1m deep but moving downstream in a tight rift reaches deep water below and a wider section where access down is possible to the sump. Jim Lister dived in 2014 to -5m where it widened out. To make further progress, good line belaying is needed (e.g. bolts) to ensure line is fixed along the passable route. **Bassenthwaite Water sump** Dived by Jim Lister and Mark Smith in 2019. The shallow dive was 30m long in a rift with airspace over most of it. There is access from the rift above to about 4m from the end leaving a short dive, which would be free diveable. Beyond lies over 500m of passage, not fully pushed. **East Inlet Sump** Small 80m of inlet streamway to an undived sump.	**Sifón Tilberthwaite** En la base del pozo fina aguas abajo, la marmita tiene solo 1 m de profundidad, pero al seguir aguas abajo por una fisura estrecha se llega a una sección profunda y más amplia desde donde se puede acceder al sifón. Jim Lister lo buceó en 2014 a -5 m donde se ensanchó. Para seguir avanzando, hay que asegurar bien el hilo (con fijaciones) para garantizar que esté fija a lo largo de la ruta. **Sifón de Bassenthwaite Water** Buceado por Jim Lister y Mark Smith en 2019. Poco profundo y de 30 m de largo en una grieta con espacio de aire encima la mayor parte. Desde la grieta de arriba se puede llega a hasta unos 4 m del final, lo que queda podría ser una inmersión libre. Al pasarlo se llega a más de 500 m de galería que aún no se ha explorado del todo. **Sifón de East Inlet** 80 m de galería pequeña a un sifón sin explorar.

Code & Name / Código y Nombre	Sump Details	Detalles de los sifones
2739 Coercion Cave	**Middle sump** Not dived. Steeply sloping outlet passages drop down under the left wall and unite in a static small sump probably linked to a downstream active route linked to the bottom sump. **Bottom sump** Not dived. Cave ends with fine walking passage to this downstream sump.	**Sifón del medio** Sin explorar. Unas galerías muy inclinadas descienden por debajo de la pared izquierda y se unen en un pequeño sifón estático, que probablemente comunica con una ruta activa, aguas abajo, conectada con el sifón inferior. **Sifón inferior** Sin explorar. La cueva termina en una hermosa galería amplia hasta este sifón aguas abajo.
2889 Torca la Vaca	**Sumps in the lower east-west small streamway.** **Squality Street sump** Downstream sump, not dived. 1.5 x 7m wide, muddy streamway, with large mud banks, ends in a sump on the right hand side. Should be looked at in dry weather to see if it opens. May be linked to Crap Passage perched sump? **Crap Passage sump** Not dived. This upstream sump seems to be perched and may link to Squality Street sump? **Main water route to resurgence at Cave of the Wild Mare (0767)**, q.v. The following sumps were dived and passed by Jim Lister and Collin Haywood in 2012. **Buttermere upstream sump** dived by Jim in 2009 in poor conditions when progress was not possible due to heavy rain. In 2012, this 17m long and 4m deep restricted sump was passed into Whitworth Series and via **Upper Whitworth Sump** to the 51m long **Elephant Sump** in Lake Bassenthwaite. **Lake Bassenthwaite duck** Normally a 4m free dive with low or minimal airspace but sumps in wet weather. Outlet from the lake may be through silt / mud hence back-up of water level? **Cockermouth outlet sump** Not dived. A 100m long walking passage just south of Cockup @ Cockermouth Chamber passes through pools and over a mud floor to a duck and then a sump which could link to south inlet at Satterthwaite Tarn Chamber. In 2019 Jim Lister took gear to dive this sump, but it was found that the low airspace passage leading to the sump, needed more work (line placement, etc.) to make better and safe access. Sump remains undived. **Friday 13th Passage sump**. This undived sump is situated about 2/3 along Friday 13th passage on the SW side. On the opposite side of the passage is a possible low duck with a small airspace and an echo beyond. May be worth a look at both with minimal kit.	**Sifones en la pequeña galería activa inferior este-oeste.** **Sifón de Squality Street** Sifón aguas abajo, sin explorar. Galería embarrada de 1,5 x 7 m de ancho, con grandes bancos de barro, termina en un sifón en el lado derecho. Debe inspeccionarse en época de sequía para ver si se abre. ¿Podría conectar con el sifón de Crap Passage? **Sifón de Crap Passage** Sin explorar. Este sifón de aguas arriba parece estar elevado y ¿podría conectar con el sifón de Squality Street? **Ruta acuática principal hacia la surgencia en Wild Mare (0767).** Jim Lister y Collin Haywood bucearon y conectaron los siguientes sifones en 2012. Jim buceó en el **sifón aguas arriba de Buttermere** buceó en 2009 en malas condiciones cuando no pudo avanzar por las fuertes lluvias. En 2012, este sifón restringido de 17 m de largo y 4 m de profundidad se pasó hasta la red Whitworth y, a través del **sifón Upper Whitworth**, al **sifón Elephant** de 51 m de largo en el lago Bassenthwaite . **Bóveda sifonante del lago Bassenthwaite** Normalmente es una inmersión libre de 4 m con espacio de aire bajo o mínimo, pero es un sifón cuando llueve. ¿La salida del lago podría ser a través de sedimentos/barro y de ahí que haya tanta agua retenida? **Sifón de salida de Cockermouth** Sin explorar. Una galería amplia de 100 m de largo justo al sur de la sala Cockup @ Cockermouth pasa a través de marmitas y sobre un suelo de barro hasta una bóveda sifonante y luego un sifón que podría conectar con la entrada sur en Satterthwaite Tarn. En 2019, Jim Lister llevó equipo para bucear en este sifón, pero descubrió que la galería con poco espacio de aire necesitaba más trabajo (instalación de cuerda, etc.) para acceder mejor y con más seguridad. **Sifón de Friday 13th.** Este sifón sin explorar se encuentra a unos 2/3 de la ruta a lo largo de la galería Friday 13th en el lado SO. En el lado opuesto de la galería hay una posible bóveda sifonante baja y un eco al otro lado. Puede valer la pena echarle un vistazo a ambos. con un kit básico.
2988 Dos Perros	Small **sump**, not dived. Unstable entrance leads to a small streamway on sandstone. At T-junction downstream goes 3m to a sump. In 2017, the sump is too narrow to dive.	**Sifón** pequeño, sin explorar. La entrada inestable da a un pequeño arroyo en arenisca. En el cruce aguas abajo sigue 3 m más hasta un sifón. En 2017, el sifón era demasiado estrecho para bucear.
3004 Torca Aldi	Excavated 13m entrance shaft into 15 x 20m chamber that goes down to pool of water. The 5 x 4m very deep sump pool reported was examined in 2016 and found to be a shallow pool that probably backs up and drains away through silt/sand – not a diveable sump!	Pozo de entrada excavado de 13 m a una sala de 15 x 20 m que baja hasta una marmita. El pozo del sifón de 5 x 4 m se documento como «muy profundo», pero al examinarla en 2016 se descubrió que no era así y que probablemente se inunda y drena a través de los sedimentos/arena, ¡no es un sifón practicable!
3282 Río Santa Juliana Resurgence	Resurgence **sump** needs cobbles and small boulders removing to gain access. Partly excavated in 2019 to where open slope down can be seen. Sinks feeding resurgence are up to 1km away.	Hay que sacar rocas y grava del **sifón** de la surgencia para poder entrar. Se desobstruyó parcialmente en 2019 hasta donde se puede ver una rampa. Los sumideros que desaguan a la surgencia están a 1 km de distancia.
3283 Invisible Cave	Cave is adjacent to the entrance to the Fuente Aguanaz resurgence but it does not connect and the water is of a different origin. A series of sumps and passages were dived and pushed, first by Chris Camm and Phil Papard as far as Sump 2 in 2010, and then by Dan Hibberts and Martyn Grayson in 2012 up to sump 8. In 2017 Dan Hibberts and Jim Lister pushed into sump 9, but found it partly blocked by gravel on a steep descending slope. The stream here is polluted and both divers suffered stomach sickness. **Sump 1** Drops down about 2m then, immediately, rises into an out-of-depth canal. The obstacle can be "free-dived with care". **Sump 2** 10m long and 2.1m deep. **Sump 3** 15m in length and 2.1m deep and a fairly simple dive.	La cueva está junto a la entrada a la surgencia de Fuente Aguanaz pero no están conectadas y el agua tiene otro origen. Una serie de sifones y galerías se bucearon y exploraron, primero por Chris Camm y Phil Papard hasta el sifón 2 en 2010, y luego por Dan Hibberts y Martyn Grayson en 2012 hasta el sifón 8. En 2017, Dan Hibberts y Jim Lister fueron hasta el sifón 9, pero lo encontraron parcialmente bloqueado por grava en una rampa descendente. El río en este punto está contaminado y ambos buzos sufrieron problemas estomacales. **El sifón 1** baja unos 2 m y luego, inmediatamente, sube a un canal profundo. El obstáculo se puede «bucear sin equipo con cuidado». **El sifón 2** tiene 10 m de largo y 2,1 m de profundidad. **El sifón 3** tiene 15 m de largo y 2,1 m de profundidad y es una inmersión bastante simple.

Code & Name / Código y Nombre	Sump Details	Detalles de los sifones
3283 Invisible Cave	↖ **Sump 4** Looks possible to bypass by climbing a slope on the right side of the sump where a large ascending unexplored passage can be seen. Sump 4 is 5m long and 2m deep before surfacing in a sump pool in a rift which is 5m long to where the next sump is met. **Sump 5** 10m long and 2m deep surfacing into 50m of large stream passage ending at a sump. **Sump 6** About 15m long. It descends steeply down a mud slope. A depth of 5.1m is reached at the base of a vertical pot. Rising here surfaces in a cross rift which is no more than 5m long before the next sump. **Sump 7** 6m long and 1.9m deep surfacing at the foot of large aven and another sump. **Sump 8** had green leaves and twigs floating on the surface just below an aven when first inspected. It has been dived 15m to 6.6m depth. Sump is about 20m long but has not be surveyed. **Sump 9** A steeply descending passage with a gravel floor to 7m depth and a 3 x 3m chamber. From here, the sump continues round bends and down to another chamber. The route goes steeply down but with only 25cm between gravel and the rounded roof. In 2017, Jim Lister was able to dig with his feet and get under a low arch. As the slope eased off, a second arch was not easily dug as the gravel would not drop away. No rise in the roof could be detected past the arch. The line was belayed to a silt screw at the first arch.	↖ **El sifón 4** se podría evitar escalando una pendiente a la derecha del sifón donde se puede ver una gran galería ascendente inexplorada. El sifón 4 tiene 5 m de largo y 2 m de profundidad antes de salir a la superficie a una marmita en una grieta de 5 m de largo hasta donde se encuentra con el siguiente sifón. **El sifón 5** tiene 10 m de largo y 2 m de profundidad y desemboca en 50 m de una gran paso galería activa que termina en un sifón. **El sifón 6** tiene unos 15 m de largo. Desciende abruptamente por una rampa de barro. Se alcanza una profundidad de 5,1 m en la base de un pozo vertical. Aquí sale a la superficie a una fisura transversal que tras 5 m llega al siguiente sifón. **El sifón 7** tiene 6 m de largo y 1,9 m de profundidad y está al pie de una gran chimenea y otro sifón. En **el sifón 8** había hojas verdes y ramitas flotando justo debajo de una chimenea cuando se inspeccionó por primera vez. Se bucearon 15 m a 6,6 m de profundidad. El sifón tiene unos 20 m de largo pero no se ha topografiado. **Sifón 9** Una galería que baja abruptamente con un suelo de grava de 7 m de profundidad y una sala de 3 x 3 m. Desde aquí, el sifón continúa pasando curvas y bajando a otra sala. La ruta sigue bajando, pero con solo 25 cm entre la grava y el techo. En 2017, Jim Lister pudo excavarlo con los pies y meterse debajo de un arco bajo. A medida que la pendiente disminuía, un segundo arco no se pudo excavar tan fácilmente. No se vio ninguna subida en el techo más allá del arco. La guía estaba asegurada a un anclaje de sedimentos en el primer arco.
3299 Cave	Deep **sump pool** (undived) Some 9m into this small cave. Cave is near and may be associated with, Cueva de la Espada (0103).	**Sifón** profundo (sin explorar) a unos 9 m en esta pequeña cueva. La cueva está cerca y podría conectar con la Cueva de Espada (0103).
3357 Cueva del Nabo	**Downstream Sump** This has not been dived but is likely to be tight and should link after a few metres to 0978 Fuente de Culebro, q.v. **Upstream sumps:** **Engagement Sump** A 41m long, 3.9m deep sump dived by Simon Cornhill and Dan Hibberts in 2011, with line laid near roof to avoid silt floor. The sump surfaces in a canal which was lined for a further 20m to an adequate belay. After a few more metres the canal is left, and diving kit can be removed. **Terminal sump** At far end of streamway was dived by Simon Cornhill to 14.6m depth where there is a steep incline: sandy, tight and at 45 degrees. This becomes very tight and needs digging.	**Sifón aguas abajo** Sin explorar, pero se cree que puede ser muy estrecho y debería conectar tras pocos metros con 0978 Fuente de Culebro. **Sifones aguas arriba:** **Sifón Engagement** Simon Cornhill y Dan Hibberts bucearon este sifón de 41 m de largo y 3,9 m de profundidad en 2011, con el hilo atado cerca del techo para evitar el sedimento en el suelo. Sale a un canal donde se colocaron otros 20 m de hilo hasta un amarre seguro. Después de unos metros más se deja el canal y se puede quitar el equipo de buceo. **Sifón terminal** Simon Cornhill lo buceó a 14,6 m de profundidad donde hay una pendiente pronunciada: arenosa, estrecha y a 45 grados. Se vuelve muy estrecho y se tiene que excavar.
3380 Torca de Peña Encaramada	There are 5 sumps recorded in this cave. **Octopus's Garden Sump** 14m to cross rift and sandstone boulders, dived in 2013 by Tim Webber. Dive line has a tag with 'Encaramada' written on it as it is a possible dive link with 0727 Cave of the Wild Mare (q.v.). This sump is very tight at the start and may require removal of cylinder to pass on the way back. **Orange Inlet Sump** At the end of this inlet, an undived sump, but appears to be too tight. **South Inlet Sump** Shown on survey halfway between Orange Inlet and Octopus's Garden. Undived. **Stairway to Heaven Sump** (upstream sump in lower streamway). This sump becomes a duck in dry weather and was passed as such in July 2010 to 100m of low, unpleasant passage. **I Want Me Mum sump** Reached by a climb from the boulder chamber and undived.	En esta cueva se han documentado 5 sifones: **Sifón de Octopus's Garden** 14 m a un cruce y bloques de arenisca, buceado en 2013 por Tim Webber. El hilo tiene una etiqueta que dice «Encaramada», ya que podría conectar con 0727 Wild Mare. Es muy estrecho al principio y en el camino de vuelta a veces hace falta quitarse la botella. **Sifón de Orange Inlet** Al final de este afluente hay un sifón sin explorar, pero parece ser demasiado estrecho. **Sifón de South Inlet** En la topografía está a medio camino entre Orange Inlet y Octopus's Garden. Sin explorar. **Sifón Stairway to Heaven** (sifón aguas arriba en la galería activa inferior). Este sifón se convierte en bóveda sifonante en época de sequías y se pasó como tal en julio de 2010 a 100 m de galería baja y desagradable. **Sifón I Want Me Mum** Sin explorar, se llega a él escalando desde la sala de con bloques.

Code & Name / Código y Nombre	Sump Details	Detalles de los sifones
3910 Cave	Cave slopes down to a **sump** pool with passage on the right dived by Jim Lister in 2014. The sump passage was 3m long where it choked with mud. Underwater digging enabled Jim to enter a small chamber above water. A small passage leading off was fully choked with mud. On the dive out, the diver followed the floor of the passage and found a slot which was descended to a blockage of branches.	La cueva baja a un **sifón** con una galería a la derecha que Jim Lister buceó en 2014. La galería del sifón tenía 3 m de largo y estaba obstruida con barro. Tras excavar bajo el agua, Jim pudo entrar en una pequeña sala sobre el agua. Hay una pequeña galería pero está completamente obstruida por el barro. Al salir, el buceador siguió el suelo de la galería y encontró una ranura que bajaba hasta una obstrucción con ramas.
3991 Cueva de Lolo (del Secretario)	End sump is about 20m long and 2m deep in normal weather but can dry up to be a duck in drought. **Sump** dived in 2016 by Colin Hayward to reach a chamber past the sump, having laid 30m of line. The chamber requires a boulder bridge removing to make further exploration safe. The slope into the sump tends to be restricted with gravel after winter and may need digging out. Entrance to this cave is through a locked grille at the Medical Centre in Solórzano.	El sifón final mide unos 20 m de largo y 2 m de profundidad en clima normal, pero puede secarse y convertirse en una bóveda sifonante en época de sequía. El **sifón** lo buceó Colin Hayward en 2016 y llegó hasta una sala tras colocar 30 m de guía. Para que futuras exploraciones sean seguras, hay que quitar un puente de roca. La rampa hacia el sifón suele estar restringida con grava después del invierno y puede hacer falta excavarla. A la cueva se entra a través de una rejilla cerrada en el Centro Médico de Solórzano.
4017 Pozo de la Hoya	Chamber '**sump**' is reached at lowest point of this old phreatic and truncated cave. It has not been checked out and may be just a flooded section of the chamber.	El '**sifón**' está en el punto más bajo de esta antigua cueva freática y truncada. No se ha comprobado y puede ser solo una sección inundada de la sala.
4019 Cave	1.5m **sump / tight duck** dived by Jim Lister in 2014. Later trips dug out a passage near the entrance and this bypasses this sump / duck.	**Sifón/bóveda sifonante** estrecha de 1,5 m que Jim Lister buceó en 2014. En incursiones posteriores se excavó una galería cerca de la entrada que evita este sifón/bóveda sifonante.
4042 Cueva Riocueva	**Sandy Chamber sump** This is a downstream, undived 'sump' in the main streamway and should link to the downstream section some 50m to the north. The site has not been checked out fully as it is possible, in low water conditions, airspace along the section may exist. Best access is via the Torca de los Cañaos (4043) entrance.	**Sifón de Sandy Chamber** Se trata de un sifón sin explorar aguas abajo en la galería activa principal y debería conectar con la sección aguas abajo a unos 50 m al norte. No se ha inspeccionado por completo, ya que, cuando el nivel del agua es bajo, podría haber un espacio de aire a lo largo de la sección. El mejor acceso es a través de la entrada de Torca de los Cañaos (4043).
4046 Cueva de Arroyo de Canastrillas	**Sump 1** has a very small inflowing stream dived by Colin Hayward in 2016. A constricted sump to a depth of 2.8m via a roof tube over a silt floor was reached to where a roof flake stops progress with small 'chambers' off each side – all are closed to the roof with silt. Sump seems likely to back up and may drain away in dry weather. Sumps 2 and 3 are the main downstream sumps. **Sump 2** Short free dive. **Sump 3** Large sump pool dived by Jim Lister in 2016. A steeply descending passage reaches 3.2m depth before meeting a boulder blockage with possible passage seen beyond. A tirfor and lots of trips would be needed to make any progress.	**El sifón 1** lleva un caudal pequeño. Colin Hayward lo buceó en 2016 y llegó a un sifón estrecho a una profundidad de 2.8 m a través de un tubo en el techo sobre un suelo con sedimentos hasta donde una saliente en el techo impide seguir avanzando con pequeñas «salas» a cada lado, ambas cerradas hasta el techo con sedimento. Es probable que el sifón se inunde y luego desagüe en clima seco. Los sifones 2 y 3 son los principales sifones aguas abajo. **Sifón 2** Inmersión libre corta. **Sifón 3** Marmita grande buceada por Jim Lister en 2016. Una galería que baja abruptamente alcanza una profundidad de 3,2 m antes de encontrarse con un caos de bloques con una posible galería al otro lado. Se necesitaría mucho tiempo y muchas incursiones para poder abrirlo.
4401 Cave	A small stream comes from a **sump** and flows into the field. It may be possible to drain the sump and it could be worth a dive with a mini-cylinder to check potential.	Un pequeño arroyo sale de un **sifón** y sale a un prado. El sifón podría drenarse y valdría la pena bucear con un minibotella para comprobar el potencial.
4445 Pozo Negro	Large doline to a water window at the side of the flooded cave from 0575 Riaño Resurgence to 0105 Cueva de Riaño (q.v.). It was dived many years ago when no way on at the bottom was found. In 2016, Jim Lister dived but was found to be blocked by vegetation and branches. It almost seems certain to link to the resurgence cave.	Gran dolina a una ventana de agua al costado de la cueva inundada desde 0575 Surgencia de Riaño hasta 0105 Cueva de Riaño. Se buceó hace muchos años y no se encontró continuación. En 2016, Jim Lister lo buceó y vio que estaba obstruido por vegetación y ramas. Parece que conecta con la cueva de la surgencia.
4878 Cueva de Tesugo	**Main upstream Sump** Checked out in July 2019 by James Carlisle and was found to need the floor excavating to make any progress. This sump is at the end of passage entered through a flat out crawl on the southeast side of the entrance.	James Carlisle revisó **el sifón principal aguas arriba** en julio de 2019 y vio que se tenía que excavar el suelo para poder avanzar. Este sifón está al final de la galería a la que se entra a través de un laminador plano en el lado sureste de la entrada.
4894 Resurgence	**Sump pool resurgence** This has low flow and pumping was attempted to lower water, but more time and bigger pump probably needed. The site was checked out with diving gear and boulder obstructing route was removed. Slot beyond is tight but possibly passable. Poor visibility due to boulder moving etc stopped further diving. Needs a careful look with minimal diving gear to check if passage and likely bend is passable with full diving kit.	**El sifón de la surgencia** lleva poco caudal y se intentó bombear para bajar el nivel, pero quizás se necesite más tiempo y una bomba más grande. Se revisó con equipo de buceo y se quitó un bloque que obstruía la ruta. Al otro lado hay una ranura estrecha, pero quizás practicable. No se pudo seguir buceando porque al mover la roca se levantó mucho sedimento. Se ha de volver a mirar con más detenimiento con un equipo de buceo básico para comprobar si la galería sería practicable con el equipo de buceo completo.
4942 Underground pool	This site is to the southwest of the main El Rincón resurgence. The out of depth pool has been checked out with a mask but visibility was lost due to silt. However, water could be seen coming from small fissures, none of which are passable for diving and no real prospects of pushing remain.	Esta cavidad está al suroeste de la surgencia principal de El Rincón. La marmita profunda se revisó con una máscara, pero el sedimento empeoró la visibilidad. Sin embargo, se pudo ver cómo el agua salía de pequeñas fisuras, ninguna de las cuales es practicable por lo que no hay continuación bajo el agua.

ARCHAEOLOGICAL RESEARCH IN THE MATIENZO AREA 2010-2019

INVESTIGACIONES ARQUEOLÓGICAS EN MATIENZO 2010-2019

PETER SMITH

Three main projects have been carried out in Matienzo in the last ten years. However, other research teams have studied sites inside the Matienzo Caves Project permit area.

1 CUEVA DE LAS BARANDAS (0423)

It was suggested that this cave, where remains had been found in 1982, needed more detailed investigation. Pottery had been found which at that time was dated in the Iron Age because of its resemblance to a type found in other caves in the area, such as Cueva de Cofresnedo (0065), and this was supported by finds of unidentifiable iron objects in Las Barandas as well as two copper strips with embossed decoration and iron rivets. Human remains found in the same first part of the cave were assumed equally to be of the same period.

However, none of these assumptions was supported by hard evidence such as carbon 14 dates. Permission was obtained in 2010 but this stated that samples could be taken for dating and otherwise the remains were to stay *in situ* and no excavation was allowed.

Cueva de las Barandas is on the north side of La Vega and access is a little difficult because the entrance is on a steep grassy slope, ending in a 2m climb down to a small platform with a crawl into the cave on one side and a vertical drop down the hill on the other side.

The work consisted of mapping all the remains on Juan's new survey and establishing the largest concentrations of animal bones, pottery and human remains, which might represent the original locations when they were deposited in the cave.

Jesús Ruiz Cobo studied the animal bones, and identified a minimum number of three cattle specimens, three sheep or goats and one dog. One of the cow bones was dated to the period between 165 BC and AD 20, confirming that it belonged to the Iron Age. But had the remains been brought to the cave by humans? Jesús remarked: "Even if a cow had fallen down the hillside and landed by chance on the small platform, it would still have to choose to enter the cave through the crawl. It is even more improbable that this would have happened three times to three different cows".

A potsherd was dated by thermoluminescence to the broad period between 997 and 325 BC so, therefore, also probably Iron Age but somewhat older than the cow. The surprise, however, was that the human remains belonged to a quite different period: the Roman era. A calcaneus was dated to between AD 65 and 230 and a tibia to between AD 24 and 200. Assuming that these came from the same individual, the two dates were combined to arrive at a more precise figure of AD 55-137. Human remains from that time are quite rare, mainly because the usual funeral rite in the early Empire was incineration, and no easy explanation can be proposed for why the body was left in the cave.

Pottery found in Cueva de las Barandas (0423) in 1982. A sherd was dated to the Iron Age in 2010. Cerámica encontrada en la Cueva de las Barandas (0423) en 1982. En 2010, un fragmento se dató como perteneciente a la Edad del Hierro.

The human calcaneus in Cueva de las Barandas that was dated to the Roman era in 2010 (*photo by Ana Rubio*).
El calcáneo humano en la Cueva de las Barandas que según la datación de 2010 pertenecía a la época romana (*foto de Ana Rubio*).

En los últimos diez años se han llevado a cabo, principalmente, tres proyectos; sin embargo, otros arqueólogos han estudiado yacimientos dentro de la zona de exploración adjudicada a Matienzo Caves Project.

1 CUEVA DE LAS BARANDAS (0423)

Se decidió que esta cueva, en la que se encontraron restos en 1982, necesitaba una investigación más detallada. Los restos cerámicos que se había encontrado en ella se dataron en su momento como pertenecientes a la Edad del Hierro debido a su parecido con cerámicas encontradas en otras cuevas de la zona, como la Cueva de Cofresnedo (0065). Una suposición que se afianzó tras descubrir objetos de hierro no identificables, así como dos tiras de cobre con decoración en relieve y remaches de hierro. También se pensó que los restos humanos que se encontraron en la misma sección inicial de la cueva pertenecían al mismo período.

Sin embargo, ninguna de estas suposiciones había sido corroborada con pruebas concluyentes como las dataciones radiocarbónicas. En 2010 se obtuvo un permiso para su estudio, pero, aunque se podían tomar muestras para la datación, los restos permanecerían in situ y no serían excavados.

La Cueva de las Barandas está en el lado norte de La Vega y el acceso es un poco difícil porque la entrada está en una pendiente empinada que termina en un destrepe de 2 m hasta una pequeña plataforma con una gatera hacia el interior de la cueva a un lado y un escarpe al otro.

Lo primero fue tomar nota de la ubicación precisa de todos los restos en la nueva topografía de Juan y establecer dónde se encontraban las mayores concentraciones de huesos de animales, cerámica y restos humanos, pues podrían representar el lugar en el que se depositaron en la cueva en su momento.

Jesús Ruiz Cobo estudió los huesos de los animales e identificó al menos tres reses, tres ovejas o cabras y un perro. Uno de los huesos de vaca data del período comprendido entre el 165 a. C. y el 20 d. C., lo que confirma que pertenecía a la Edad del Hierro. Pero ¿los restos habían sido introducidos en la cueva intencionadamente por humanos? Jesús aclaró: «Aunque un animal cayera por la ladera y aterrizara casi por casualidad en la plataforma... todavía tendría que tomar la decisión de adentrarse en la cueva, a través de un espacio donde tendría que arrastrarse. Es todavía más inverosímil que esto haya sucedido tres veces, a tres vacas diferentes».

Un fragmento de vasija se dató por termoluminiscencia como perteneciente a un período comprendido entre el 997 y el 325 a. C., por lo tanto de la Edad del Hierro, pero algo más antigua que la vaca. La sorpresa, sin embargo, fue que los restos humanos pertenecían a un período bastante distinto: la época romana. Según la datación, un calcáneo era de entre el 65 y el 230 d. C. y una tibia de entre el 24 y el 200 d. C. Suponiendo que perteneciesen al mismo individuo, las dos fechas se combinaron para llegar a una fecha más precisa: entre el 55 y el 137 d. C. Los restos humanos de esa época son algo inusuales, principalmente porque el rito fúnebre habitual en el Alto Imperio Romano era la incineración, y es difícil saber por qué el cuerpo se dejó en la cueva.

---

2 Site 3167

This is a small cave at 637m altitude practically on the ridge between Matienzo and Arredondo. When it was first explored, it was found to contain prehistoric pottery. This clearly belonged to a type of large storage urn known in many caves in Cantabria and usually dated between the late Neolithic and early Bronze Age. The most interesting point was that the sherds were not all scattered about as normally happens and some of them formed a circle. It seemed obvious that this vessel was sitting in the same place where it had been left about 4000 years ago and this increased its potential for providing information:

Excavation of the sherds forming the rim of the urn in Cave 3167 (*photo by M. Cubas*). Excavación de los restos cerámicos que forman el borde de la vasija de la Cueva 3167 (*foto de M. Cubas*).

it might still contain remains of what it had been storing. A project was devised together with Miriam Cubas, an archaeologist at that time at the University of Cantabria who specialises in the study of prehistoric pottery. It aimed at a full study of the pottery: where, when and how it had been made, why it was in the cave and what it had contained.

The cave and its close neighbour site 3255 were surveyed in advance by Juan Corrin. It begins as a low entrance with stones across it as the remnants of a wall; it then continues as a crawl becoming almost flat out at one point until reaching the main concentration of pottery. A few days later, as we mapped and lifted the layers of fragments that had collapsed on top of each other it suddenly became apparent that the sherds forming a circle on the floor did not belong to the base of the pot but to its rim. The pot had been left in the cave upside down. In fact, no remains of the base were found.

Miriam made thin sections from samples of the pottery for petrographic analysis while other fragments were subjected to x-ray diffraction analysis. Residue analysis on a series of sherds drew a blank so, unfortunately, no information was obtained about what the contents of the urn had been. But a fragment was dated by thermoluminescence to a period between about 2000 and 1750 BC.

The conclusion was that the pottery had been made relatively locally in Cantabria in the early Bronze Age, then transported to an unknown farmstead on the hill between Arredondo and Matienzo. At some point it had broken and the bottom had fallen off it. The farmer finally left it in the cave, upside down as the only stable position for a pot without a base, perhaps with the idea that "it would come in useful one day"; a day that never arrived.

2 Cueva 3167

Se trata de una pequeña cueva a 637 m de altitud prácticamente en la cima entre Matienzo y Arredondo. Cuando se exploró por primera vez, se descubrió que contenía restos de cerámica prehistórica que, claramente, pertenecían a una vasija grande presente en muchas cuevas cántabras y que normalmente se data entre el Neolítico tardío y la temprana Edad de Bronce. Lo interesante era que los fragmentos no estaban dispersos como suele ocurrir y algunos de ellos formaban un círculo. Parecía obvio que esta vasija estaba en el mismo punto en el que se había dejado unos 4000 años antes, lo que la hacía más interesante: aún podría contener restos de lo que en ella se habría guardado. Se diseñó un proyecto junto con Miriam Cubas, arqueóloga de la Universidad de Cantabria especializada en el estudio de cerámica prehistórica, para el estudio completo de la cerámica: dónde, cuándo y cómo se había fabricado, por qué estaba en la cueva y qué contenía.

Antes de empezar, Juan Corrin topografió esta cueva y la vecina 3255. Se trata de una entrada baja con piedras que la cruzan, como si se tratase de los restos de una pared, que continúa como una gatera que se vuelve casi un laminador en un punto hasta alcanzar el lugar en el que se encuentra la mayor parte de restos cerámicos. Unos días más tarde, mientras tomábamos nota de la ubicación de estos y levantábamos las distintas capas de fragmentos que habían caído unos sobre otros, nos dimos cuenta de que las piezas que formaban el círculo en el suelo no pertenecían a la base de la vasija sino a su borde. La vasija había sido depositada boca abajo en la cueva. De hecho, no encontramos restos de la base.

Miriam tomó pequeñas muestras de cerámica para el análisis petrográfico, mientras que otros fragmentos fueron sometidos a un análisis de difracción de rayos x. El análisis de residuos en algunos de los fragmentos no arrojó ningún dato, por lo que, lamentablemente, no se podía saber cuál había sido el contenido de la vasija. Sin embargo, un fragmento se dató por termoluminiscencia a un período comprendido entre aproximadamente el 2000 y el 1750 a. C.

Por los resultados, la cerámica se había hecho relativamente cerca, en Cantabria, a principios de la Edad del Bronce y luego había sido transportada a una granja desconocida en la colina entre Arredondo y Matienzo. En algún momento se había roto y había perdido la base. El granjero la dejaría en la cueva boca abajo, al ser la única posición estable para una vasija sin base, tal vez con la idea de que «algún día podría serle útil», solo que ese día que nunca llegó.

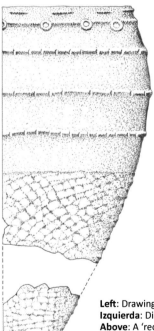

Left: Drawing reconstructing the urn in Cave 3167
Izquierda: Dibujo que reconstruye la vasija de la Cueva 3167.
Above: A 'recreation' of the 61cm tall pot in the cave where it was found.
Arriba: Una «reconstrucción» de la vasija de 61 cm de altura donde se encontró en la cueva.
Right: Attempted reconstruction of the upside down pot in the Museum of Prehistory. Photo by Eva Maria Pereda Rosales.
Derecha: Intento de reconstrucción de la vasija al revés en el Museo de Prehistoria. Foto de Eva María Pereda Rosales.

3 Cubío del Escalón (site 3153)

This small cave on the north side of La Vega was found by Harry Long in 2009. He noted that it could potentially be an archaeological site and sure enough a few small human bones were seen. On a later visit with John Thorp in 2012 it was found that some animals, presumably badgers, had turned over areas of the cave floor and dug up more bones, including a femur. Permission was obtained in 2013 to collect the remains before more damage was done. This was also an opportunity to study a burial cave of this type; other sites that had been studied in Matienzo like Rascavieja (0077) and Cofresnedo (0065) were large caves and, although other small burial caves were known, none had been studied in much detail.

All the remains were in the second half of a cave less than a metre high and only 13m long, particularly in a small alcove on the right and at the very end. In fact on the last day we dug into a small continuation with another femur at its end. A total of 110 bones and teeth were collected, as well as other small fragments. They were studied by anthropologists at the Aranzadi Science Society in San Sebastián, who determined that these remains belonged to a minimum of five adults, and an infant between a year and a half and two years of age. At least two of the adults were females. Evidence of osteoarthritis was seen on a femur and a rib. As the cave is so small, it seems unlikely that all the cadavers could have been placed in it at the same time and, instead, it would have been necessary to wait for the last body to decompose before the next one could be left. A fibula was dated by C14 to between 2130 and 1920 BC, which means we can speculate that the people in the cave might have seen or even used the urn in Cave 3167 described above.

Few other remains were found accompanying the bones: four small potsherds and six flints. But these were so little diagnostic that it cannot even be said that they belong to the same time as the human

3 Cubío del Escalón (3153)

Esta pequeña cueva en el lado norte de La Vega la descubrió Harry Long en 2009. Se percató de que podría ser un yacimiento arqueológico y, efectivamente, observó algunos pequeños huesos humanos. En una visita posterior con John Thorp en 2012, se vio que algunos animales, presumiblemente tejones, habían removido secciones del suelo de la cueva y habían desenterrado más huesos, incluido un fémur. En 2013 se obtuvo el permiso para excavar los restos antes de que se viesen aún más dañados. Además, esta era también una oportunidad para estudiar un yacimiento sepulcral de este tipo; en Matienzo se han investigado yacimientos en cuevas grandes, como Rascavieja (0077) y Cofresnedo (0065) y, aunque se conocen otras cuevas sepulcrales pequeñas, ninguna se ha estudiado con mucho detalle.

Todos los restos estaban en la segunda mitad de una cueva de menos de un metro de altura y solo 13 m de largo, especialmente en una pequeña hornacina a la derecha y al final. De hecho, el último día excavamos en una pequeña continuación con otro fémur al final. Se recogieron un total de 110 huesos y dientes, así como otros pequeños fragmentos. Los estudiaron antropólogos de la Sociedad de Ciencias Aranzadi en San Sebastián, quienes determinaron que estos restos pertenecían a un mínimo de cinco adultos y un bebé de entre un año y medio y dos años de edad. Al menos dos de los adultos eran mujeres. Se observó evidencia de osteoartritis en un fémur y una costilla. Como la cueva es tan pequeña, parece poco probable

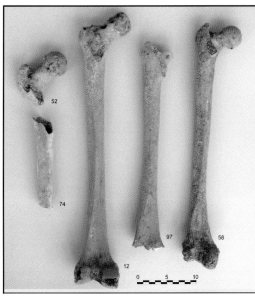

The human femurs found in Cubío del Escalón (3153).
Los fémures humanos encontrados en Cubío del Escalón.

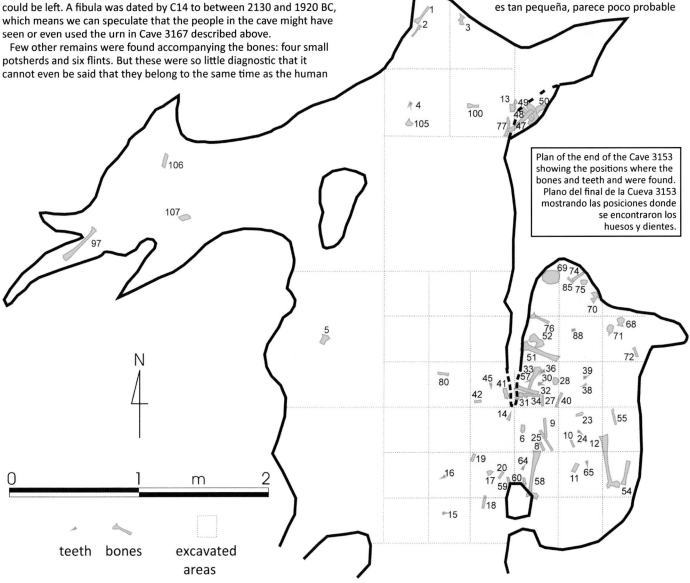

Plan of the end of the Cave 3153 showing the positions where the bones and teeth and were found.
Plano del final de la Cueva 3153 mostrando las posiciones donde se encontraron los huesos y dientes.

N

0   1   m   2

teeth   bones   excavated areas

remains. Grave goods of different kinds might be expected in burials during the Bronze Age, as appears to be the case in Matienzo in the equally small Site 0709 where John Thorp found a polished stone adze in 1989, in a cave also known to contain human bones.

CUEVA RÍOCUEVA (SITE 4042)

Located outside the Matienzo polje, this cave was excavated by archaeologists unconnected with the Matienzo Caves Project from 2011 to 2014. However, the cave is in Entrambasaguas, on the northern boundary of the area of the Matienzo permit, and was fully explored and surveyed during the same years. Cavers and archaeologists coincided in the cave on one occasion.

The archaeological research was carried out by the "Mauranus Project" headed by Enrique Gutiérrez Cuenca and José Ángel Hierro Gárate, who were interested in documenting a particular use of caves for burials during the time of the Visigothic kingdom in Spain. They discovered the remains of eight young individuals, as well as glass beads, rings, potsherds, and millet and flax seeds. Some of the human skulls had been crushed and burnt. Most of these remains were dated in the 7th and 8th centuries AD.

PALAEOLITHIC ART

Groups of Palaeolithic art

Part of a human skull in Cubío del Escalón (3153).
Parte de un cráneo humano en Cubío del Escalón (3153).

Cavers meet the archaeologists outside Ríocueva (4042). Enrique Gutiérrez Cuenca is second right, next to P. Eagan, and José Ángel Hierro Gárate is fourth right.
Los espeleólogos se encuentran con los arqueólogos en Ríocueva (4042). Enrique Gutiérrez Cuenca es el segundo a la derecha, junto a P. Eagan, y José Ángel Hierro Gárate es el cuarto a la derecha.   *Phil Papard*

in the present or past exploration areas of the Matienzo Expeditions have been found and studied by specialists in the Colectivo para la Ampliación de Estudios de Arqueología Prehistórica together with archaeologists from the Culture Department in the Government of Cantabria. In all cases, these are signs or abstract motifs that do not represent animals. The use of red pigment, and decoration in the form of rows of dots, meant that these caves were associated with such other sites as Cueva de Covalanas in Ramales de la Victoria. Here, the red paintings of animals are usually dated in the Gravettian period in the Upper Palaeolithic, between about 32,000 and 22,000 years ago. These new finds tend to be rather faint, but digital photograph enhancement software, particularly D-Stretch (www.dstretch.com), can bring out paintings that could not have been detected in the past.

1 Cueva de los Murciélagos (4111). Several red paintings are located low down on the right wall. The largest figure is a five-sided red symbol. The left wall has a small number of red dots.

2 Cueva de Solviejo (0122). The paintings in this cave are located on the right at the end

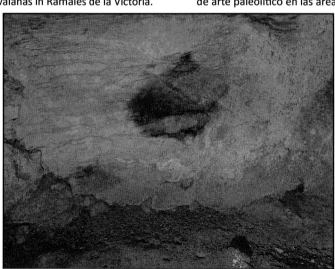

Red painting in Cueva de los Murciélagos (4111) enhanced with D-Stretch software. Pintura roja en la Cueva de los Murciélagos (4111), mejorada con el software D-Stretch.

que todos los cadáveres pudieran haber sido depositados en ella a la vez, por lo que habrían tenido que esperar a que el último cuerpo se descompusiese antes de meter al siguiente. Según la datación de carbono 14, un peroné era de entre el 2130 y el 1920 a. C., lo que significa que se puede especular que las personas en la cueva podrían haber visto o incluso usado la vasija de la cueva 3167 descrita anteriormente.

No se encontraron muchos más restos junto a los huesos: cuatro pequeños fragmentos de cerámica y seis sílex. Pero estos aportaron tan poca información que ni siquiera se puede decir si pertenecieron a la misma época que los restos humanos. En los enterramientos de la Edad de Bronce se pueden esperar todo tipo de ajuares funerarios, como parece ser el caso de Matienzo en la igualmente pequeña cueva 0709, en la que en 1989 John Thorp encontró una azuela de piedra pulida, una cueva que también contiene huesos humanos.

CUEVA RÍOCUEVA (4042)

Situada fuera del poljé de Matienzo, esta cueva fue excavada de 2011 a 2014 por arqueólogos ajenos a Matienzo Caves Project. Sin embargo, la cueva se encuentra en Entrambasaguas, en el límite norte de la zona de exploración adjudicada, y fue explorada y topografiada durante los mismos años. Espeleólogos y arqueólogos coincidieron en la cueva en una ocasión.

La investigación arqueológica se llevó a cabo por el «Proyecto Mauranus» encabezado por Enrique Gutiérrez Cuenca y José Ángel Hierro Gárate, con el objetivo de documentar un uso particular de las cuevas para enterramientos durante el reino visigodo español. Descubrieron los restos de ocho individuos jóvenes, así como cuentas de vidrio, anillos, restos cerámicos y semillas de mijo y lino. Algunos de los cráneos habían sido aplastados y quemados. La mayoría de estos restos datan de los siglos VII y VIII d. C.

ARTE PALEOLÍTICO

Especialistas del Colectivo para la Ampliación de Estudios de Arqueología Prehistórica, junto con arqueólogos del Departamento de Cultura del Gobierno de Cantabria, han hallado y estudiado conjuntos de arte paleolítico en las áreas de exploración actuales o pasadas de Matienzo Caves Project. Todos ellos tienen signos o pinturas abstractas que no representan animales. Por el uso de pigmento rojo y la decoración en forma de hileras de puntos, estas cuevas se asociaron con otros yacimientos como la Cueva de Covalanas en Ramales de la Victoria. En ellas, las pinturas rojas de animales suelen datarse al período Gravetiense en el Paleolítico Superior, hace unos 32 000 – 22 000 años. Estos nuevos hallazgos suelen ser bastante tenues, pero el software de retoque de fotografías digitales, particularmente D-Stretch (www.dstretch.com), puede mostrar pinturas que no se pudieron detectar en el pasado.

1 Cueva de los Murciélagos (4111). Hay varias pinturas rojas en la sección inferior de la pared de la derecha. La figura más grande es un símbolo rojo de cinco lados. La pared de la izquierda cuenta con un

of the entrance passage, on a ledge overlooking the main chamber (Montes et al. 2017). A total of 13 motifs have been studied, including red dots, short lines and an oval, and above all a red rectangle 36cm high by 81cm wide and a yellow rectangle 48cm high by 83cm wide.

3 Cueva del Cierro de la Cueva (0658). This small cave contains groups of dots and discs low down on both walls. It is possible that the cave floor was lower in Palaeolithic times. More red paintings and a line are on the underside of a large boulder in the entrance.

OCCASIONAL FINDS

Cavers have continued to come across archaeological remains in the course of their explorations. For example, eagle-eyed Patrick Warren spotted a small flint artefact in the entrance of Cueva Coberruyo (0138) at Easter 2018. A year later, human remains (including a tibia and a portion of a skull) put a stop to a dig at the entrance to Cueva del Rincón (4868) at Easter 2019.

PALAEONTOLOGY

A series of interesting mammal bones have been found in the last ten years and it seems the finds are increasing as cavers go further into the caves, or diggers dig deeper. For example, important bear remains have been found in caves in Riaño and Los Urros. Some other interesting examples:

1 Cueva de los Corillos (3413). In 2010, the Derbyshire diggers and cave explorers found a number of large bones near the entrance of the cave. They were later studied by Jesús Ruiz Cobo who identified the remains of one adult and two sub-adult steppe bison (Bison priscus), as well as several domestic goats.

2 Site 0880. When this site was first dug, several bones were found and identified as prehistoric remains of deer, bovines and horse. As digging continued in 2018 and 2019, reaching a depth of over 4m, more bones and teeth have been recovered. These have been identified by Pedro Castaños Ugarte of the Aranzadi Science Society as belonging to red deer and to small (roe deer or chamois) and large herbivores (aurochs or bison), while bear is represented by a canine tooth.

3 Cave 4732. The small hole at the end of this cave was dug in November 2018 by the NPC team. Several bone fragments were found as well as the canine tooth of a bear, probably brown bear (Ursus arctos).

4 Cueva de la Hoyuca (0107). In a very remote part of this system, Professional Advice Chamber, which is only reached by climbing Tixtu Aven and later descending a 28m pitch, Simon Cornhill and Diane Arthurs found a skeleton that has been identified by Pedro Castaños as a leopard (Panthera pardus). Documented in a video by Neil 'Slim' McCallum at Christmas 2018, and by high

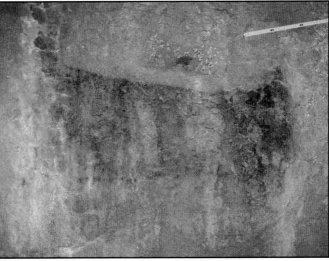
Red rectangular sign in Cueva de Solviejo (0122) enhanced with D-Stretch software.
Motivo rectangular rojo en Cueva de Solviejo (0122), mejorado con el software D-Stretch.

Line of red dots in Cueva del Cierro de la Cueva (0658).
Línea de puntuaciones rojas en Cueva del Cierro de la Cueva (0658).

Flint artefact found by P. Warren in the entrance of Cueva Coberruyo (0138). Artefacto de sílex encontrado por P. Warren en la entrada de Cueva Coberruyo (0138).

pequeño número de puntuaciones rojas.

2 Cueva de Solviejo (0122). Las pinturas de esta cueva están a la derecha al final de la galería de la entrada, en una repisa encima de la sala principal (Montes et al. 2017). Se han estudiado un total de 13 motivos, que incluyen puntuaciones rojas, líneas cortas y un óvalo, y sobre todo un rectángulo rojo de 36 cm de alto por 81 cm de ancho y un rectángulo amarillo de 48 cm de alto por 83 cm de ancho.

3 Cueva del Cierro de la Cueva (0658). Esta pequeña cueva contiene composiciones de puntuaciones y círculos en la sección inferior de ambas paredes. Se cree que el suelo de la cueva podría haber sido más bajo en el Paleolítico. En la parte inferior de una gran roca se han observado más pinturas rojas y una línea roja.

HALLAZGOS OCASIONALES

Los espeleólogos han seguido encontrando restos prehistóricos en el curso de sus exploraciones. Por ejemplo, Patrick Warren, gracias a su vista de lince, encontró un pequeño artefacto de sílex en la entrada de Cueva Coberruyo (0138) en Semana Santa de 2018. Un año después, restos humanos (incluida una tibia y parte de un cráneo) detuvieron los trabajos de desobstrucción en la entrada a la Cueva del Rincón (4868).

PALEONTOLOGÍA

En los últimos diez años se han encontrado una serie de huesos de mamíferos interesantes y parece que los hallazgos están creciendo a medida que los espeleólogos se adentran en las profundidades de las cuevas, o los excavadores cavan más profundo. Por ejemplo, se han encontrado importantes restos de osos en cuevas en Riaño y Los Urros. Otros ejemplos interesantes son:

Cueva de los Corillos (3413). En 2010, miembros del Derbyshire Caving Club encontraron varios huesos grandes cerca de la entrada de la cueva. Jesús Ruiz Cobo estudió dichos huesos e identificó un bisonte estepario adulto y dos subadultos (Bison priscus), así como varias cabras domésticas.

Cavidad 0880. Cuando se excavó esta cavidad por primera vez, se encontraron varios huesos y se identificaron restos prehistóricos de ciervos, bovinos y caballos. A medida que fue avanzando la desobstrucción de la cueva en 2018 y 2019, alcanzando una profundidad de más de 4 m, se fueron recuperando más huesos y dientes. Pedro Castaños Ugarte de la Sociedad de Ciencias de Aranzadi estudió dichos huesos e identificó ciervos y herbívoros pequeños (corzos o rebecos) y grandes (uros o bisontes), además de un diente canino de oso.

Cavidad 4732. El pequeño agujero al final de esta cueva se excavó en noviembre de 2018 por miembros del NPC. Se encontraron varios fragmentos óseos, así como el diente canino de un oso, probablemente oso pardo (Ursus arctos).

Cueva de la Hoyuca (0107). En una parte muy remota de este sistema, en la sala Professional Advice, a la que solo se puede

resolution photographs in summer 2019, the remains are extremely dry and crumbly, but the leopard's spine and many other bones are still in their correct anatomical position.

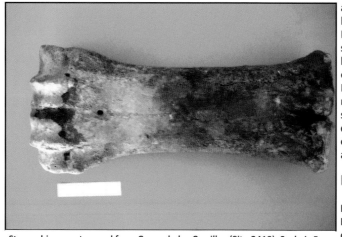

Steppe bison metacarpal from Cueva de los Corrillos (Site 3413). Scale is 5cm (photo by J. Ruiz Cobo). Metacarpo de bisonte estepario encontrado en la Cueva de los Corrillos (3413). La escala es de 5 cm (foto de J. Ruiz Cobo)..

acceder escalando la chimenea Tixtu y luego bajando un pozo de 28 m, Simon Cornhill y Diane Arthurs encontraron un esqueleto que según el análisis de Pedro Castaños es de leopardo (Panthera pardus) . Documentado en vídeo por Neil «Slim» McCallum en la Navidad de 2018 y en fotografías de alta resolución en el verano de 2019, los restos son muy secos y frágiles, pero tanto la columna vertebral del animal como muchos otros huesos aún están en su posición anatómica correcta.

BIBLIOGRAPHY

Gutiérrez-Cuenca, E., Hierro-Gárate, J.A., López-Dóriga, I and Martín-Seijo, M. 2017. Fires in the Dark. Wood and Charcoal Analysis of the Early Medieval Funerary Deposits in the Cave of Riocueva (Cantabria, Spain). Estudos do Quaternário, 16: 73-85, APEQ, Braga.

Montes Barquín, R., Bayarri Cayón, V., Muñoz Fernández, E., Morlote Exposito, J.M., Herrera López, J. and Ontañón Peredo, R. 2017. Avance al estudio del registro gráfico paleolítico de la Cueva de Solviejo (Voto, Cantabria, España). Cuadernos de Arte Prehistórico, No. 3: 39-73. Moratalla, Spain

Smith, P., Cubas, M., Corrin, J., Tapia, J., De Pedro, I., Ruiz Cobo, J. and Pereda Rosales, E. Mª 2014. "De arriba abajo: estudio integral de la cerámica prehistórica de la cueva 3167 (Matienzo, Cantabria, Norte de España)." Munibe Antropología-Arkeologia 65: 99-115. San Sebastián.

Smith, P., Etxeberria F., Wynn, P.M., Ruiz Cobo, J., Herrasti, L., Barker, P.A., Cubas, M., Smith, A.C., Leng, M.J., Corrin, J., Deeprose, L.M.C., Quin, A. and Muñoz, E. 2015. Investigación arqueológica y paleoambiental en el polje de Matienzo (Cantabria), 2004-2016. Sautuola XX: 119-132. Santander.

Smith, P., Ruiz Cobo, J. and Corrin, J. (2013): "La cueva de Las Barandas (Matienzo, Cantabria): depósito y muerte." Sautuola XVIII: 101-114. Santander.

Smith, P., Ruiz Cobo, J., Sanz, A., Herrasti, L., Castanedo Tapia, I. and Corrin, J. 2016. La cueva sepulcral calcolítica del Cubío del Escalón (Matienzo, Cantabria) y el modelo de las pequeñas cuevas sepulcrales en Cantabria. Munibe Antropologia-Arkeologia 67: 35-50. San Sebastián.

BIBLIOGRAFÍA

Gutiérrez-Cuenca, E., Hierro-Gárate, J.A., López-Dóriga, I and Martín-Seijo, M. 2017. Fires in the Dark. Wood and Charcoal Analysis of the Early Medieval Funerary Deposits in the Cave of Riocueva (Cantabria, Spain). Estudos do Quaternário, 16: 73-85, APEQ, Braga.

Montes Barquín, R., Bayarri Cayón, V., Muñoz Fernández, E., Morlote Exposito, J.M., Herrera López, J. and Ontañón Peredo, R. 2017. Avance al estudio del registro gráfico paleolítico de la Cueva de Solviejo (Voto, Cantabria, España). Cuadernos de Arte Prehistórico, No. 3: 39-73. Moratalla, Spain

Smith, P., Cubas, M., Corrin, J., Tapia, J., De Pedro, I., Ruiz Cobo, J. and Pereda Rosales, E. Mª 2014. "De arriba abajo: estudio integral de la cerámica prehistórica de la cueva 3167 (Matienzo, Cantabria, Norte de España)." Munibe Antropología-Arkeologia 65: 99-115. San Sebastián.

Smith, P., Etxeberria F., Wynn, P.M., Ruiz Cobo, J., Herrasti, L., Barker, P.A., Cubas, M., Smith, A.C., Leng, M.J., Corrin, J., Deeprose, L.M.C., Quin, A. and Muñoz, E. 2015. Investigación arqueológica y paleoambiental en el polje de Matienzo (Cantabria), 2004-2016. Sautuola XX: 119-132. Santander.

Smith, P., Ruiz Cobo, J. and Corrin, J. (2013): "La cueva de Las Barandas (Matienzo, Cantabria): depósito y muerte." Sautuola XVIII: 101-114. Santander.

Smith, P., Ruiz Cobo, J., Sanz, A., Herrasti, L., Castanedo Tapia, I. and Corrin, J. 2016. La cueva sepulcral calcolítica del Cubío del Escalón (Matienzo, Cantabria) y el modelo de las pequeñas cuevas sepulcrales en Cantabria. Munibe Antropologia-Arkeologia 67: 35-50. San Sebastián.

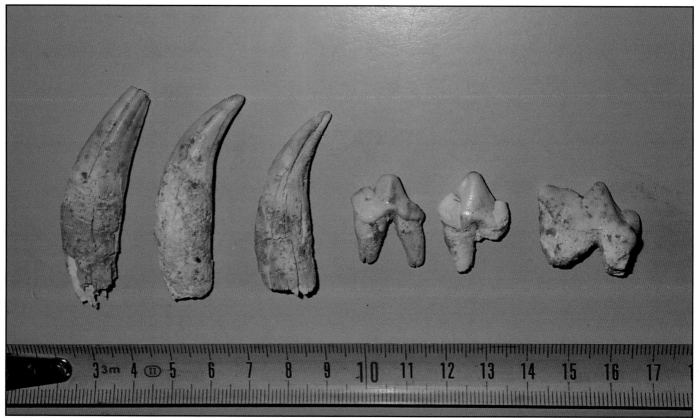

Canines and pre-molars of a leopard from Professional Advice Chamber in Cueva de la Hoyuca (0107).
Caninos y premolares de un leopardo hallado en la sala Professional Advice en Cueva de la Hoyuca (0107).

Matienzo Bats in Caves Project

Proyecto de estudio de los murciélagos cavernícolas de Matienzo

Jessica Eades

Many cavers involved in the expedition, actively looking for new cave entrances or exploring and extending known caves, have identified bats using the caves. Only a small proportion make specific note of seeing bats when preparing the written accounts of their explorations.

This project has been set up to record those sightings, promote and encourage all expedition team members to share any sightings and improve the science element of the expeditions in terms of bat

Skeletal remains of a horseshoe bat (*Rhinolophus sp*).
Esqueleto de un murciélago de herradura (*Rhinolophus sp*).

distributions within the permit area. This will be undertaken through knowledge sharing to build foundation skills and further maintain strong bat researcher and caver relations.

The Matienzo Bats in Caves Project was instigated in 2019 and comprises three main elements: **Citizen Science**, **Bats in the Valley** and **Cave Specific Research**.

CITIZEN SCIENCE

Many expedition cavers notice roosting bats within the caves, but only a small proportion actively note these sightings in their accounts of cave exploration.

This element of the project is designed to formally capture these incidental sightings of roosting bats during the exploration of new and known caves within the permit region. A simple form, designed to allow swift input of findings, has been created. All cavers will now be able to record these sightings, allowing a simple distribution map of cave bat roosts within the permit region to be created and highlight any significant roosts. A handy guidance sheet accompanies the form providing help should people wish to provide more than basic information.

Bat identification posters will be available from Easter 2020 to help with visual identification, promote the project and encourage maximum engagement from the expedition team.

Small sample pots are also available for expedition members to carry in their

Brown long-eared bat (Plecotus auritus) in hibernation. Note the large ear tucked behind the folded wing with the tragus exposed and pointed down.
Murciélago orejudo dorado (Plecotus auritus) hibernando. Nótese la oreja grande escondida detrás del ala doblada con el trago expuesto y apuntando hacia abajo.

Muchos de los espeleólogos que participan en la expedición, buscando de manera activa nuevas cuevas o explorando y ampliando cuevas conocidas, han observado la presencia de murciélagos en dichas cuevas, sin embargo, solo una pequeña proporción de ellos toman nota de ello o lo menciona en las crónicas de sus exploraciones.

Este proyecto se ha creado para registrar esa observación directa, promover y alentar a todos los miembros del equipo de la expedición a que compartan cualquier observación y mejorar el elemento científico de las expediciones en términos de distribución de la fauna quiropterológica dentro del área de permiso. Todo ello se llevará a cabo mediante el intercambio de conocimientos para desarrollar habilidades básicas y mantener aún más sólidas relaciones entre quienes investiguen a los murciélagos y los espeleólogos.

El proyecto Matienzo Bats in Caves se inició en 2019 y comprende tres

Greater horseshoe bat (*Rhinolophus ferrumequinum*) in hibernation
Murciélago grande de herradura (*Rhinolophus ferrumequinum*) hibernando.

elementos principales: **Ciencia ciudadana**, **Murciélagos en el valle** e **Investigación específica en cuevas**.

CIENCIA CIUDADANA

Muchos de los espeleólogos de la expedición observan murciélagos dentro de las cuevas, pero solo una pequeña proporción de ellos toma nota de estas observaciones en las crónicas de sus exploraciones.

Este elemento del proyecto está diseñado para registrar formalmente estas observaciones accidentales de murciélagos durante la exploración de cuevas nuevas y conocidas dentro del área de permiso. Se ha creado un formulario simple, diseñado para registrar rápidamente los hallazgos. Todos los espeleólogos ahora podrán registrar sus observaciones, lo que permitirá crear un mapa de distribución simple de los refugios de murciélagos cavernícolas dentro del área del permiso y resaltar los refugios importantes. Una práctica hoja de orientación acompaña al formulario para ayudar en caso de que se desee añadir información adicional.

Carteles de identificación de murciélagos estarán disponibles a partir de la Semana Santa de 2020 para ayudar con la identificación visual, promover el proyecto y fomentar el máximo compromiso del equipo de expedición.

También se encuentran disponibles pequeños recipientes para que los miembros de la expedición los lleven consigo y, en caso de encontrar excrementos de murciélago, puedan tomar muestras. Estas se verifican después para comprobar que se trata de excrementos de murciélago y luego se pueden enviar para un análisis de ADN que confirme a qué especies pertenece. Así podemos añadirlo a los mapas de distribución para las especies de murciélagos en el área.

El objetivo de todo ello es establecer una recopilación de datos a largo plazo que se pueda utilizar para ampliar el conocimiento de cómo y dónde los murciélagos están utilizando cavidades dentro del área del permiso, identificar áreas potenciales para una mayor investigación y permitir el intercambio de conocimientos con los investigadores de fauna quiropterológica local dentro de la región cantábrica.

Todos los miembros de la expedición pueden involucrarse en el proyecto y, si lo desean, ofrecer

underground kit so, should they find bat droppings, samples may be taken which can then be later checked to ensure it is a bat dropping and then potentially sent for DNA analysis to confirm the species of bats and further populate distribution maps for the bat species in the area.

The aim of this element of the project is to establish long term data gathering which can be used to further knowledge of how and where bats are using caves within the permit region, identify potential areas for further investigation, and allow knowledge sharing with local bat researchers within the Cantabrian region.

All expedition members can get involved in the project and, should they wish, advance over time in the level and complexity of the information they contribute.

All bat sighting records should be

Daubenton's bat (*Myotis daubentonii*). During hibernation bats can be found with condensation on their fur. This is a normal occurrence.
Murciélago ratonero ribereño (*Myotis daubentonii*). Durante la hibernación, algunos murciélagos presentan condensación en su pelaje. Es algo normal.

con el tiempo información más detallada y compleja.

Todos los registros deben ser el resultado de una observación accidental dentro de las actividades normales de exploración/ espeleología y el proyecto no promueve el que los espeleólogos pasen períodos significativos de tiempo observando a los murciélagos para recopilar información. ¡Cualquier información recopilada es útil!

MURCIÉLAGOS EN EL VALLE

Esta parte del proyecto se centra en las especies de murciélago que se pueden encontrar tanto en la superficie como bajo tierra dentro del área de permiso. También ayuda a identificar qué especies de murciélagos es más probable que se encuentren bajo tierra, con la producción de guías de identificación para ayudar a los

Species found in Cantabria

Those species that may be encountered within both the UK and Cantabria have been highlighted in **bold** in the table.

Scientific Name	Common Name
Rhinolophus ferrumequinum	**Greater horseshoe bat**
Rhinolophus hipposideros	**Lesser horseshoe bat**
Rhinolophus euryale	Mediterranean horseshoe bat
Myotis myotis	**Greater mouse-eared bat***
Myotis bechsteinii	**Bechstein's bat**
Myotis daubentonii	**Daubenton's bat**
Myotis escalerai	Escalera's bat
Myotis cf nattereri	**Natterer's bat**
Myotis emarginatus	Geoffroy's bat
Myotis alcathoe	**Alcathoe bat**
Myotis mystacinus	**Whiskered bat**
Pipistrellus pipistrellus	**Common pipistrelle**
Pipistrellus pygmaeus	**Soprano pipistrelle**
Pipistrellus kuhlii	Kuhl's pipistrelle
Pipistrellus nathusii	**Nathusius' pipistrelle**
Hypsugo savii	Savi's pipistrelle
Eptesicus serotinus	**Serotine bat**
Nyctalus leisleri	**Leisler's bat also known as Lesser noctule bat**
Nyctalus lasiopterus	Greater noctule bat
Nyctalus noctule	**Common noctule bat**
Barbastella barbastellus	**Western Barbastelle also known as Barbastelle bat**
Plecotus auritus	**Brown long-eared bat also known as Brown Big-eared bat**
Plecotus austriacus	**Grey long-eared bat also known as Grey Big-eared bat**
Miniopterus schreibersii	Schreiber's bent-winged bat
Tadarida teniotis	European free-tailed bat

* Within the UK, greater mouse-eared bat was discovered in 1958. Two hibernating colonies were found in the 1960s along the south coast of England, but the last record of a greater mouse-eared bat at the site was in 1988. In 1990, the species was officially declared extinct in the UK. In 2002, however, a juvenile male was discovered and has been recorded each year since hibernating. The bat has not been found when not hibernating.

Especies encontradas en Cantabria

Las especies que se pueden encontrar tanto en el Reino Unido como en Cantabria se han resaltado en **negrita**

Nombre científico	Nombre vernáculo
Rhinolophus ferrumequinum	**Murciélago grande de herradura**
Rhinolophus hipposideros	**Murciélago pequeño de herradura**
Rhinolophus euryale	Murciélago mediterráneo de herradura
Myotis myotis	**Murciélago ratonero grande***
Myotis bechsteinii	**Murciélago ratonero forestal**
Myotis daubentonii	**Murciélago ratonero ribereño**
Myotis escalerai	Murciélago ratonero ibérico
Myotis cf nattereri	**Murciélago ratonero de Natterer**
Myotis emarginatus	Murciélago ratonero pardo
Myotis alcathoe	**Murciélago ratonero bigotudo de Alcathoe**
Myotis mystacinus	**Murciélago ratonero bigotudo**
Pipistrellus pipistrellus	**Murciélago enano**
Pipistrellus pygmaeus	**Murciélago de Cabrera**
Pipistrellus kuhlii	Murciélago de borde claro
Pipistrellus nathusii	**Murciélago de Nathusius**
Hypsugo savii	Murciélago montañero
Eptesicus serotinus	**Murciélago hortelano**
Nyctalus leisleri	**Nóctulo pequeño**
Nyctalus lasiopterus	Nóctulo grande
Nyctalus noctule	**Nóctulo mediano**
Barbastella barbastellus	**Barbastela**
Plecotus auritus	**Orejudo dorado**
Plecotus austriacus	**Orejudo gris**
Miniopterus schreibersll	Murciélago de cueva
Tadarida teniotis	Murciélago rabudo

* En el Reino Unido, se descubrió un murciélago ratonero grande en 1958. En la década de 1960 se encontraron dos colonias en hibernación a lo largo de la costa sur de Inglaterra, pero el último registro de un murciélago ratonero grande en esta colonia fue en 1988. En 1990, la especie fue declarada oficialmente extinta en el Reino Unido. En 2002, sin embargo, se descubrió un macho juvenil y se ha registrado cada año mientras hibernaba. No se ha encontrado al murciélago cuando no estaba hibernando.

an incidental result of the normal caving / exploration activities and the project does not promote spending significant periods of time viewing live bats in order to gather information. Any data gathered is useful!

Bats in the Valley

This element focuses on which bat species may be encountered both above and below ground within the permit region. It also helps to identify which bat species are likely to be encountered underground, with the production of identification guides to assist expedition members with species identification and those who may wish to provide advanced notes.

This information will be gathered using bat detectors to monitor and record bat echolocation calls. The recordings captured are then used to identify family and hopefully species of bats (as each bat species produces a different type of call). Driven or walked transects throughout the permit area will be undertaken with recordings geo-referenced for later mapping.

Static monitoring can also be undertaken. In December 2019, a number of bat detectors were placed on the balconies of private residences through Matienzo village to monitor bat activity over a two week period.

Information on Bats in the Valley will be summarized and updates posted online at appropriate times.

The Journal of Bat Research & Conservation released an article by Molleda *et al* (2018)[1] which highlighted the species currently recorded within Cantabria. The table below is provided from that paper. Not all of these species may be encountered within the expedition permit area but, as there appears to be limited information for this area, information gathered from this project will be fed back to further knowledge of the species composition.

There are currently known to be a total of 25 bat species recorded within Cantabria. Within the UK there are 18 species of bat, 17 of which are known to be breeding. Those species that may be encountered within both the UK and Cantabria have been highlighted in **bold** in the table.

Cave Specific Research

This element focuses on gaining in-depth knowledge about how bats use a specific cave within the permit region. Research will be targeted at caves that have been identified as potentially supporting significant roosts in terms of species and/or number of bats. Research methods may vary on a cave by cave basis, with specific research not being undertaken every year perhaps.

Towards the end of July 2019, recording equipment was deployed within a single cave to begin 12 months of passive monitoring. The cave has been identified as having significant volumes of bat droppings which may indicate the presence of a significant cave roost. An old survey also hints that this roost may have been present for at least 30 years!

Bat detectors have been located at key positions within the cave to monitor and record the acoustic echolocation sounds that the bats may make whilst traveling through the cave to the roost location(s). This research does not involve handling any bats, but merely listening for their calls. The recordings captured are used to identify the species of bats using the caves, the frequency of the recordings and establish if there are peak times when the bats roost within the cave.

Information gathered through the cave specific research will be published at the completion of each project, with summary updates posted at appropriate times.

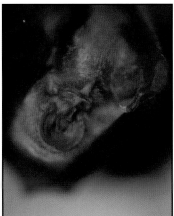

Barbastelle bat (*Barbastella barbastellus*). Almost black in colour with ears joined together on top of its head. The red dots are small mites which many bats carry.
Murciélago barbastela (Barbastella barbastellus). Prácticamente negro con orejas unidas en la frente. Los puntos rojos son pequeños ácaros que llevan muchos murciélagos.

Close up of the nose-leaf characteristic of Horseshoe bats (*Rhinolophus sp*).
Primer plano de los pliegues del hocico característicos de los murciélagos herradura (*Rhinolophus sp*).

Static bat monitoring equipment used to passively detect and record echolocation calls made by bats within the cave.
Equipo de monitorización estático utilizado para detectar y registrar de forma pasiva las llamadas de ecolocalización realizadas por los murciélagos dentro de la cueva.

miembros de la expedición a identificar las especies y a facilitar información más detallada si lo desean.

Esta información se recopilará utilizando detectores de murciélagos para monitorizar y registrar sus llamadas de ecolocalización. Las grabaciones recogidas se utilizan luego para identificar la familia y, con suerte, la especie (ya que cada especie de murciélago utiliza una llamada diferente). Se realizarán transectos a coche o a pie a lo largo del área de permiso con grabaciones geo-referenciadas para su mapeo posterior.

También se puede realizar una vigilancia estática. En diciembre de 2019, se colocaron varios detectores de murciélagos en los balcones de residencias privadas en distintos puntos del pueblo de Matienzo para monitorizar la actividad de los murciélagos durante un período de dos semanas.

La información sobre los murciélagos en el valle se resumirá y las actualizaciones se publicarán en línea.

El Journal of Bat Research & Conservation publicó un artículo de Molleda y Fombellida (2018)[1] que recogía las especies actualmente registradas en Cantabria. La siguiente tabla se proporciona a partir de ese artículo. Es probable que no todas estas especies se encuentren dentro del área de permiso de expedición pero, como parece haber información limitada para esta área, la información recopilada en este proyecto se publicará para un mayor conocimiento de la composición de especies.

Actualmente se sabe que hay un total de 25 especies de murciélagos registradas en Cantabria. En el Reino Unido hay 18 especies de murciélagos, 17 de las cuales forman colonias reproductoras. Las especies que se pueden encontrar tanto en el Reino Unido como en Cantabria se han resaltado en **negrita** en la tabla.

Investigación específica en cuevas

Esta parte del estudio pretende obtener un mayor conocimiento del uso que los murciélagos hacen de una cueva específica dentro del área de permiso. La investigación se centrará en las cuevas que se han identificado como posibles sustentadoras de refugios importantes en términos de especies o número ejemplares. Los métodos de investigación pueden variar de una cueva a otra, y quizás no se realicen investigaciones específicas todos los años.

Hacia finales de julio de 2019, se instalaron equipos de grabación dentro de una sola cueva para comenzar 12 meses de vigilancia pasiva. Se ha identificado que la cueva tiene volúmenes significativos de excremento de murciélago, lo que puede indicar la presencia de una colonia importante. Una antigua topografía también sugiere que esta cueva puede haber albergado una colonia desde hace al menos ¡30 años!

Se han instalado detectores de murciélagos en posiciones clave dentro de la cueva para monitorizar y registrar las llamadas de ecolocalización que los murciélagos pueden hacer mientras se trasladan a través de la cueva hasta la ubicación de las colonias. Esta investigación no implica manipular murciélagos, sino simplemente escuchar sus llamadas. Las grabaciones capturadas se utilizan para identificar las especies de murciélagos que utilizan las cuevas, la frecuencia de las grabaciones y establecer si hay horas específicas en las que los murciélagos entran a la cueva.

La información recopilada en la cueva se publicará al finalizar cada proyecto, y se publicarán actualizaciones resumidas cuando corresponda.

1   Molleda, R. and Fombellida, I. (2018) Contribución al conocimiento de la distribución y estatus de la fauna quiropterológica de la Comunidad Autónoma de Cantabria. Journal of Bat Research and Conservation. Volume 11(1) 2018. http://secemu.org/wp-content/uploads/2018/09/Molleda_et_al_2018.pdf

1   Molleda, R. y Fombellida, I. (2018) Contribución al conocimiento de la distribución y estatus de la fauna quiropterológica de la Comunidad Autónoma de Cantabria. Journal of Bat Research and Conservation. Volumen 11(1) 2018. http://secemu.org/wp-content/uploads/2018/09/Molleda_et_al_2018.pdf

MATIENZO BATS IN CAVES PROJECT - RECORDING FORM

All records provided below should be an incidental result of your normal caving / exploration activities. Don't spend significant periods of time viewing live bats in order to gather information for this form! If you take note of features as you pass, then **ANY data gathered is useful**.

As a minimum answer sections denoted with an asterix (*). Where options are given, please circle the appropriate option(s).

BASIC INFO

Cave Number*		Date of Record*	
Cave Name (if it has one)			
Caver Names/Initials (if you want to provide them)			

What was present? (please circle)*

Bat droppings	Bat Skeletons /carcass	Live Bats

If you can provide more information, please look at relevant sections below

DROPPINGS

Individual scattering (Single droppings)	Groupings, but scattered over a wider area (Salt and Pepper dusting)	Large accumulations (Areas black with droppings, possible mounds concealing whats underneath)

Did you get a sample of the droppings?

YES[1]	NO

[1]If YES, mark the pot with the cave number and place in a bag with this form. If you can describe where the sample was found on reverse of this form, or better yet mark on a printed survey and place in the bag with the sample.

SKELETON

How Many Skeletons / Carcasses have you seen?	
Skeletons / carcasses were scattered	Skeletons / carcasses were grouped together

LIVE BATS

How many bats seen? (best guesstimate)		
Stationary - Active / Alert	Stationary - Sleeping / Hibernating	Flying

How were bats found - You can circle multiple choices

Individuals, scattered	Medium groupings (5-30)	Dense cluster of closely packed bats (over 30 bats)

Any additional info you can provide as follows

When not flying, how did they rest?

Free hanging bat	Bat flush to the wall	Bat tucked in a crevice

Faceshape

Face with a nose leaf (horseshoe)	Face with no nose leaf (normal)

Body colour

Brown	Black	Golden

Belly colour

Brown	Black	White / Cream

Size - On the scale below, indicate how big the bat was from head to foot (Guesstimate). Not including it's ears. Scrub out any area of the scale that isn't showing the size

FEET |————————————————————————————| HEAD

Use the reverse of this form to provide any further information /or to make reference to any photos you may have taken etc. You can also annotate a survey printout if it will help. If providing dropping samples, please place labelled sample(s) and paperwork in a sealed bag.

This article outlines the known water traces to some resurgences that have occurred since the 1960's. Small traces are not mentioned here but can be found, along with future water traces, on the web site at http://www.matienzocaves.org.uk/science/index-water-tracing.htm

No attempt is made to make this review a complete hydrology of the area: little or no mention is made of exploration by cavers of underground streams. A "complete" hydrology of the surface and underground - a major work in itself - is for the future.

At the SEDECK (Sociedad Española de Espeleología y Ciencias del Karst) meeting held in Ramales in 2014, Phil Papard gave a talk about the caves of the Matienzo area in the context of the 'Grandes Cavidades del Alto Asón y Gándara'. During that meeting there was talk of some collaboration between caving groups as water traces were being carried out, but no communication about imminent water tracing has occurred. However, as no unrecognised fluocapteurs or more sophisticated devices have been seen in resurgences as the more recent traces have been carried out, we are confident that these recent traces are true sink to resurgence stream paths.

TECHNIQUE

The Matienzo Caves Project has, over the last few years, standardised on the broad method used to trace water to a resurgence.

Equipment

- The fluocapteur at the resurgence is cotton wool (preferably BP or shown not to fluoresce). The cotton wool is contained within a chicken wire cover or a plastic jar with holes. A hand-held ultraviolet lamp or two with differences lamp frequencies.
- String, inner tube bands and stones to tie and weight the detector and prevent it being washed away.
- Liquid optical brightening agent (OBA) to pour (inject) into the disappearing water.

Method

1. A control fluocapteur is tied and / or weighted down in each resurgence thought likely to receive the OBA.
2. This control is checked with the UV lamp(s) after 2 or 3 days immersion. A lack of fluorescence shows that the water is OBA-free.
3. OBA is injected into the disappearing water. The quantity to inject comes with experience and can be seen on the website.
4. Fresh fluocapteurs are placed every two, three or four days depending on the distance between injection and detection.
5. Each fluocapteur is checked with the UV lamp(s) until one is positive, hopefully an unmistakable, bright purple / blue glow. The check is repeated at least one more time with a fresh fluocapteur.

The injection date and time depends to a large extent on the weather forecast, the amount of water at the injection point and the number of people willing to regularly visit the resurgences. It is probably best to inject on a falling flood so that OBA doesn't get deposited in high pools to contaminate future tests.

This method gives only a yes / no answer although, if the OBA takes a long time to travel a short distance, there may be substantial lengths of completely flooded (phreatic) passage.

DISCUSSION

As more information comes in from water tracing, intriguing possibilities are confirmed. For example, the average water flow at Fuente Aguanaz (0713) appears to be one-and-a half times that flowing from Los Boyones (0117) in Secadura. From water tracing and some supposition we can say that the water resurging at Los Boyones comes from as far as Cueva Vallina (0733) to the south along with Sima-Cueva del Risco (0025) and the Four Valleys System (0107, 0105, etc). The catchment area for Boyones would appear to be about 32km² with a gross total length of passages (not just underground streamways) of at least 140km.

The water tracing information to hand would suggest that the catchment area for Fuente Aguanaz is perhaps only 18km², a figure that appears far too small, given the volume of water emerging. There may be water supplied underground from caves in the Asón or Miera valleys.

The total length of cave passage currently known to be

Este artículo presenta las pruebas hidrológicos conocidas llevadas a cabo para algunas surgencias desde la década de 1960. Las pruebas más pequeñas no se incluyen, pero se pueden consultar, junto con pruebas futuras, en el sitio web: http://www.matienzocaves.org.uk/index-water-tracing.htm.

No pretendemos ofrecer un trazado hidrológico completo del área: se hacen pocas o ninguna mención a la exploración de los ríos subterráneos por parte de los espeleólogos. Un informe hidrológico «completo» de la superficie y el subsuelo, un trabajo importante en sí mismo, es para el futuro.

En el encuentro de la SEDECK (Sociedad Española de Espeleología y Ciencias del Karst) celebrado en Ramales en 2014, Phil Papard dio una charla sobre las cuevas de Matienzo en el marco de las Grandes Cavidades del Alto Asón y Gándara. Durante esa reunión se habló de la posible colaboración entre grupos de espeleología ya que se estaban realizando pruebas hidrológicas, pero no se nos ha comunicado ninguna prueba próxima. Sin embargo, como no se han visto captadores no reconocidos o dispositivos más sofisticados en las surgencias cuando se han llevado a cabo las pruebas más recientes, estamos seguros de que estas últimas pruebas hidrológicas sin duda nos han demostrado trazados de sumidero a surgencia como son.

TÉCNICA

Matienzo Caves Project, en los últimos años, ha estandarizado sus pruebas siguiendo el método más común para el trazado de cursos de agua hasta sus surgencias.

Equipo

- El captador en la surgencia es de algodón (preferiblemente de grado farmacéutico o que no muestre fluorescencia). El algodón está contenido dentro de una malla de alambre o un recipiente de plástico con agujeros.
- Una lámpara ultravioleta de mano o dos con diferentes frecuencias.
- Cuerdas, cintas de cámaras de aire y piedras para atar el captador y evitar que lo arrastre la corriente.
- Agente abrillantador óptico (AAO) líquido para verter (inyección) en el caudal.

Metodología

1. Se ata o lastra un captador testigo en cada una de las surgencias que se esperan estudiar.
2. Este captador testigo se examina con la(s) lámpara(s) UV tras 2 o 3 días. La falta de fluorescencia muestra que el agua no contiene AAOs.
3. Se realiza el vertido del agente abrillantador óptico en el caudal del sumidero. La experiencia enseña a saber qué cantidad verter y se puede consultar en el sitio web.
4. Se colocan captadores nuevos cada dos, tres o cuatro días dependiendo de la distancia entre el punto de vertido y el punto de colocación de los captadores.
5. Cada captador se examina con la(s) lámpara(s) UV hasta que, con suerte, el resultado sea positivo, un inconfundible brillo púrpura/azul brillante. Este paso se repite al menos una vez más con un captador nuevo.

La fecha y hora del vertido dependen en gran medida de la previsión meteorológica, el caudal en el punto de vertido y el número de voluntarios dispuestas a visitar con regularidad las surgencias. Probablemente sea mejor hacer el vertido en un caudal descendente para que el abrillantador óptico no se deposite en marmitas altas y así contaminar futuras pruebas.

Con este método solo se obtiene un resultado positivo/negativo, aunque, si el AAO tarda mucho tiempo en recorrer una distancia corta, puede haber tramos sustanciales de galerías completamente inundadas (freáticas).

DISCUSIÓN

A medida que se obtiene más información de los trazados hidrológicos, se confirman posibilidades interesantes. Por ejemplo, el caudal promedio en Fuente Aguanaz (0713) parece ser un 50 % mayor que el que sale por Los Boyones (0117) en Secadura. A partir del trazado hidrológico y alguna suposición podemos afirmar que el agua que sale en Los Boyones viene en parte desde Cueva Vallina (0733) al sur junto con Sima-Cueva del Risco (0025) y el Sistema de los Cuatro Valles (0107, 0105, etc.). La cuenca hidrográfica de Boyones parecería ser de unos 32 km² con un desarrollo total bruto subterráneo (no solo en galerías activas) de al menos 140 km.

La información de los trazados hidrológicos disponible sugeriría que la cuenca de Fuente Aguanaz es quizás de solo 18 km², una cifra que parece demasiado pequeña si se tiene en cuenta su caudal. Podría recibir agua desde cuevas en los valles de Asón o Miera.

La longitud total de galerías subterráneas actualmente asociadas con Fuente Aguanaz es de solo 16 km, de nuevo, una cantidad muy baja en comparación con Los Boyones, lo que nos permite confiar que quedan

associated with Fuente Aguanaz is only 16km - again, very low compared with Los Boyones and giving hope that there are many more kilometres of cave passage to find and explore!

The above, very superficial analysis ignores the Cubija System (0892, 0071, etc) which may flow to either resurgence or both, and other major caves such as Torca la Vaca (2889) and Cueva del Torno (2366).

The following tables (based on the website table) gives the bare facts with no attempt to analyse the results. The maps, from our QGIS system, show the water tracing agent used: blue for OBA, green for fluorescein and white for unknown.

muchos más kilómetros de galerías por descubrir y explorar.

El análisis anterior, muy superficial, ignora el Sistema de Cubija (0892, 0071, etc.) que puede fluir hacia una surgencia o ambas, y otras cuevas importantes como Torca la Vaca (2889) y Cueva del Torno (2366).

Las siguientes tablas (basadas en la información del sitio web) presentan la información tal cual, sin intentar analizar los resultados. Los mapas, de nuestro sistema QGIS, muestran el agente utilizado: azul para abrillantador óptico, verde para fluoresceína y blanco para desconocido.

Left: 3 brightly positive fluorcapteurs with one negative.
Juan Corrin
Izda.: 3 captadores positivos luminiscentes y uno negativo.
Juan Corrin
Right: Tom Howard pouring OBA into the Cueva Vallina stream, April 2nd 2015. *Peter Eagan*
Dcha.: Tom Howard vertiendo agente abrillantador en Cueva Vallina, 2 de abril de 2015.
Peter Eagan

FUENTE AGUANAZ, SAN ANTONIO (0713)

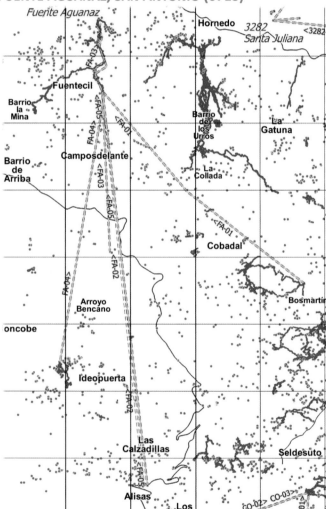

Code / Código	Water source; time for agent to travel (days); agent; dates. / Origen del agua; tiempo de salida del vertido (días); agente; fechas.
FA-01	Downstream Cobadal (1930); 5 - 7 days; OBA (Tinopal CBS-X); 13/4/2006 - 18-20/4/2006
	Aguas abajo en Cobadal (1930); 5 - 7 days; AAO (Tinopal CBS-X); 13/4/2006 - 18-20/4/2006
FA-02	Sinks near Alisas; ?; ?; ?
	Sumideros cerca de Alisas; ?; ?; ?
FA-03	Duck Pond Sink (1976); 4 - 7 days; OBA (Leucophor); 27/3/2016 - 2/4/2016
	Duck Pond Sink (1976); 4 - 7 dias; AAO (Leucophor); 27/3/2016 - 2/4/2016
FA-04	El Cubillón (2538); 6 - 8 days; OBA (Leucophor); 23/4/2017 - 4/5/2017
	El Cubillón (2538); 6 - 8 dias; AAO (Leucophor); 23/4/2017 - 4/5/2017
FA-05	Site 1969 near Alisas; 2 - 3 days; OBA (Leucophor); 10/4/2018 - 13/4/2018
	Site 1969 near Alisas; 2 - 3 dias; AAO (Leucophor); 10/4/2018 - 13/4/2018

MAP KEY
Grid size: 1km : Main roads only shown : North up
Map shows December 2019 information

 Cave centre lines and documented sites

water trace path and code

Cobadal — area name

LEYENDA Tamaño de cuadrícula: 1 km:
solo se muestran las carreteras principales: norte arriba
El mapa muestra información de diciembre de 2019

 poligonales y cuevas documentadas

trazado hidrológico y código

Cobadal — nombre del área

Fuente Aguanaz in low flow conditions.
Fuente Aguanaz en condiciones de caudal bajo. *Juan Corrin*

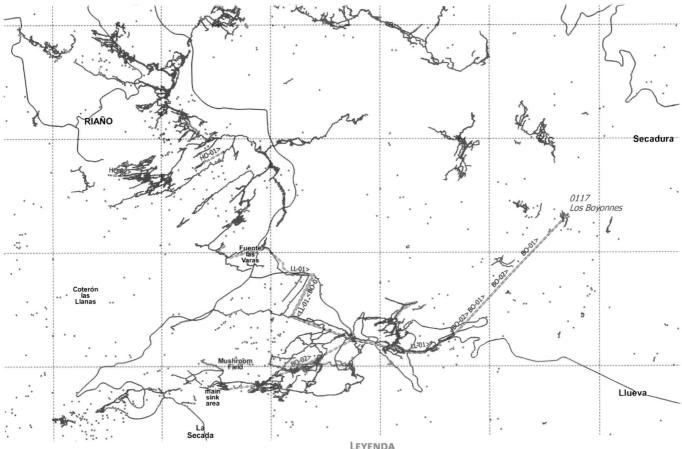

MAP KEY
Grid size: 1km : Main roads only shown : North up
Map shows December 2019 information

LEYENDA
Tamaño de cuadrícula: 1 km: solo se muestran las carreteras principales: norte arriba. El mapa muestra información de diciembre de 2019

Code / Código	Water source; time for agent to travel; agent; dates. / Origen del agua; tiempo de salida del vertido (días); agente; fechas.
BO-01	Green Choke, Cueva Hoyuca (0107); 7 days; fluorescein; 12/8/1976 - 19/8/1976
	Green Choke, Cueva Hoyuca (0107); 7 dias; fluoresceína; 12/8/1976 - 19/8/1976
BO-02	Sumidero de Carcavuezo (0081); 10 hours; fluorescein; 12/4/1965
	Sumidero de Carcavueso (0081); 10 horas; fluoresceína; 12/4/1965
HO-01	Chestnut Hole (0102) to Gorilla Walk, Cueva Hoyuca (0107); 2 hours; fluorescein; 6/8/1988
	Chestnut Hole (0102) a Gorilla Walk, Cueva Hoyuca (0107); 2 horas; fluoresceína; 6/8/1988
LL-01	Astradome, Cueva Hoyuca (0107) to upstream & pitch in Cueva Llueva (0114); 11 days; fluorescein; 19/7/1978 - 30/7/1978
	Astradome, Cueva Hoyuca (0107) a aguas arriba en Cueva Llueva (0114); 11 dias; fluoresceína; 19/7/1978 - 30/7/1978
HO-02	Site 2857 to sump near Pull Up Passage, Cueva Hoyuca (0107); 30 hours; fluorescein; 9/4/2009 - 10/4/2009
	Site 2857 a sifón cerca Pull Up Passage, Cueva Hoyuca (0107); 30 horas; fluoresceína; 9/4/2009 - 10/4/2009

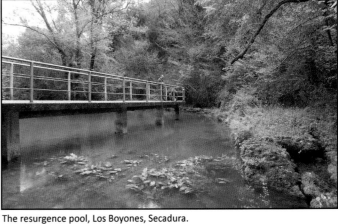

The resurgence pool, Los Boyones, Secadura.
Surgencia de Los Boyones, Secadura. *Juan Corrin*

The chaos of blocks, mud and vegetation - part of the main sink area at the Sumidero de Carcavuezo, Matienzo.
El caos de bloques, barro y vegetación, parte del área del sumidero principal de Carcavuezo, Matienzo.. *Juan Corrin*

CUEVA DEL COMELLANTES (0040), LA VEGA, MATIENZO

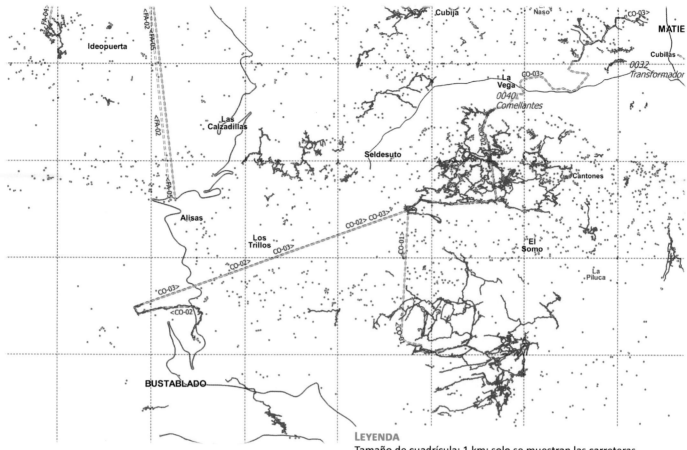

MAP KEY
Grid size: 1km : Main roads only shown : North up
Map shows December 2019 information

LEYENDA
Tamaño de cuadrícula: 1 km: solo se muestran las carreteras
principales: norte arriba. El mapa muestra información de diciembre
de 2019

Code Código	Water source; time for agent to travel; agent; dates. Origen del agua; tiempo de salida del vertido (días); agente; fechas.
CO-01	Downstream Cueva Vallina (0733); 8 days; OBA (Leucophor); 2/4/2015 - 10/4/2015
	Aguas abajo Cueva Vallina (0733); 8 dias; AAO (Leucophor); 2/4/2015 - 10/4/2015
CO-02	Site 4246 (Torca del Hoyón depression); 4 - 7 days; OBA (Leucophor); 7/4/2016 - 10/4/2016
	4246 (depresión de Torca del Hoyón); 4 - 7 dias; AAO (Leucophor); 7/4/2016 - 10/4/2016
CO-03	Torca del Hoyón (0565); 16 - 19 days; fluorescein; 7/8/1985 - 26/8/1985
	Torca del Hoyón (0565); 16 - 19 days; fluoresceína; 7/8/1985 - 26/8/1985

The resurgence at Comellantes. The rubble track to the right
goes up to the higher entrances.
La surgencia de Comellantes. El camino de grava de la dcha.
sube hasta las entradas superiores. *Juan Corrin*

Older passage a few metres above the modern river level in Comellantes.
Galería antigua a pocos metros sobre el nivel activo moderno en Comellantes.
Peter Eagan

Phil Papard in site 4246 where water is met that drains to Comellantes, 4km
to the northeast. Phil Papard en 4246 donde llega el agua que desagua a
Comellantes, 4 km al noreste. *Guy Simonnot*

CUEVA ESQUILEÑA (4271) & CUEVA JIVERO 1 (0016)

Code / Código	Water source; time for agent to travel; agent; dates. / Origen del agua; tiempo de salida del vertido (días); agente; fechas.
ES-01	Hoyo Mortiro; 1 hour; fluorescein; 28/12/1965
	Hoyo Mortiro; 1 hora; fluoresceína; 28/12/1965
ES-02	Orillón (0023, 1162, 1163); < 2 days; OBA (Leucophor); 24/11/2015 - 26/11/2015
	Orillón (0023, 1162, 1163); < 2 dias; AAO (Leucophor); 24/11/2015 - 26/11/2015
4271-01 ES-03	Orillón (0023, 1162, 1163) to resurgence 4272 then Mortiro to Cueva Esquileña; < 2 days; OBA (Leucophor); 16/01/2016 - 20/01/2016
	Orillón (0023, 1162, 1163) a surgencia 4272 despues Mortiro a Cueva Esquileña; < 2 dias; AAO (Leucophor); 16/01/2016 - 20/01/2016
JI-01	Site 3886; 3 days?; OBA (Leucophor); 11/3/2015 - 13/3/2015
	Sitio 3886; ¿3 dias?; AAO (Leucophor); 11/3/2015 - 13/3/2015
JI-02	Site 3884; < 3 days; OBA (Leucophor); 13/2/2016 - 16/2/2016
	Sitio 3884; < 3 dias; AAO (Leucophor); 13/2/2016 - 16/2/2016

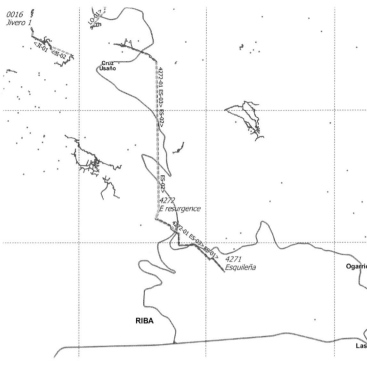

MAP KEY Grid size: 1km : Main roads only shown : North up
Map shows December 2019 information
LEYENDA Tamaño de cuadrícula: 1 km: solo se muestran las carreteras principales: norte arriba
El mapa muestra información de diciembre de 2019

The fine streamway in the Orillón cave complex in Matienzo drains south through the hill to emerge in the Hoyo Mortiro depression at site 4272 (right). The water sinks again and finally meets daylight at Cueva Esquileña (far right) before draining into the river Asón between Riva and Ogarrio.

El pequeño arroyo en el complejo de cuevas de Orillón en Matienzo desagua al sur a través del monte para salir en la depresión de Hoyo Mortiro en 4271 (izda.). El agua vuelve bajo tierra y finalmente sale a la luz del día en la Cueva Esquileña (dcha.) antes de desembocar en el río Asón entre Riva y Ogarrio.

Resurgence photos: Terry Whitaker.
Orillón photos: Juan Corrin.

Fotos de la surgencia: Terry Whitaker.
Fotos de Orillón: Juan Corrin.

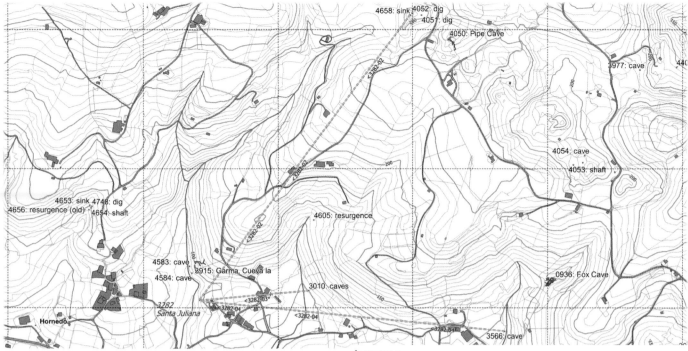

Code / Código	Water source; time for agent to travel; agent; dates. / Origen del agua; tiempo de salida del vertido (días); agente; fechas.
3282-01	Site 3010; 5 days, inconclusive; OBA (Leucophor); 17/10/2017-22/10/2017
	Sitio 3010; 5 dias, poco concluyente; AAO (Leucophor); 17/10/2017-22/10/2017
3282-02	Site 4658; 1 day (no control); OBA (Leucophor); 5/2/2018 - 6/2/2018
	Sitio 4658; 1 dia (no control); AAO (Leucophor); 5/2/2018 - 6/2/2018
3282-03	Site 3010; 2 days; OBA (Leucophor); 27/2/2018 - 1/3/2018
	Sitio 3010; 2 dias; AAO (Leucophor); 27/2/2018 - 1/3/2018
3282-04	Site 3566; 2 days; OBA (Leucophor); 12/5/2018 - 14/5/2018
	Sitio 3566; 2 dias; AAO (Leucophor); 12/5/2018 - 14/5/2018

Above: Optical brightener, illuminated with a UV torch, in sink 3010. *Phil Goodwin.* Below left: The Santa Juliana resurgence at Easter 2018. *Peter Smith* Below: Jim Lister removing rocks to reveal a possible underwater passage, summer 2019. *Phil Papard*

Arriba: Abrillantador óptico, iluminado con una linterna UV, en el sumidero 3010. *Phil Goodwin* Abajo a la izda.. La surgencia de Santa Juliana en la Semana Santa de 2018. *Peter Smith* Abajo: Jim Lister quitando rocas para abrir una posible galería bajo el agua, verano de 2019. Phil Papard. *Phil Papard*

Terry Whitaker has brought together water tracing results and postulations about the water flows in parts of the Four Valleys System and the South Vega System. These can be seen online at http://www.matienzocaves.org.uk/science/0107-tw-2011-4Valleys-Hydrology.pdf and http://www.matienzocaves.org.uk/science/0048-0333-hydrology.pdf

Terry Whitaker ha reunido los resultados de las pruebas hidrológicas y las postulaciones sobre los ríos subterráneos en partes del Sistema de los Cuatro Valles y el Sistema de La Vega. Estos se pueden consultar en línea en http://www.matienzocaves.org.uk/science/0107-tw-2011-4Valleys-Hydrology.pdf y http://www.matienzocaves.org.uk/science/0048-0333- hidrologia.pdf

TEN YEARS OF LANCASTER UNIVERSITY-LED TEACHING AND RESEARCH IN THE MATIENZO DEPRESSION

10 AÑOS DE DOCENCIA E INVESTIGACIÓN DE LA UNIVERSIDAD DE LANCASTER EN EL VALLE DE MATIENZO

WYNN, PM[1]., QUIN, A[1,2]., BARKER, P[1]., LENG, MJ[3]., SMITH, A[3]., DEEPROSE, L[1]., AMBLER, S[1]. AND SMITH, P[2].

[1] Lancaster Environment Centre, Lancaster University, Lancaster, UK. LA1 4YQ.
[2] Matienzo Caves Project
[3] National Environmental Isotope Facility, British Geological Survey, Keyworth. Nottingham, UK. NG12 5GG.

[1] Lancaster Environment Centre, Lancaster University, Lancaster, UK. LA1 4YQ.
[2] Matienzo Caves Project
[3] National Environmental Isotope Facility, British Geological Survey, Keyworth. Nottingham, UK. NG12 5GG.

LANCASTER UNIVERSITY GEOGRAPHY FIELD TRIPS IN THE MATIENZO DEPRESSION

In 1997 Lancaster University Geography department ran the first of a series of 18 annual field trips to the Matienzo area. During this time, a total of over 300 Lancaster undergraduate students visited the area. The fieldtrips were based in Ogarrio but undertook work in the wider region, including some detailed investigations in the Matienzo depression itself. The initial idea for the trip stemmed from the undergraduate dissertation project undertaken by Andy Quin where he investigated potential morphological links between cave systems in the depression using magnetic susceptibility measurements (Quin 1995). The course challenged students to understand how elements of karst systems such as caves and surface features, including large depressions, can be linked and how they evolve over time.

During each field trip students were given a general introduction to this part of northern Spain and looked in some detail at the Asón, Miera and Llueva valleys, the Matienzo depression, caves in and around Matienzo and various archaeological sites in the area.

The key science points encompassed in the course involved understanding how the dissolution of limestone resulted in the surface and underground features that we see today, how that process should be seen as continuous over the past 2.5-3M years (the Quaternary), and how that rate will largely be determined by long term climatic changes associated with the sequence of cold glacial and warmer interglacial periods.

Prof. Phil Barker and Dr. Peter Wynn, both from the Geography Department and latterly from Lancaster Environment Centre, have worked with Andy to deliver this course over the years. This has lead to a wider scientific interest in the caves of the area and, in particular, how they can be utilised to understand the climatic signals held within the abundant speleothems that are found here. This and other cave science work is detailed below.

Andrew Smith and Laura Deeprose, who both went on to complete PhDs based on research in Matienzo caves, had their initial experiences in the area as a part of this course, Andrew as an undergraduate student and later as a post graduate demonstrator and Laura as a demonstrator. Another post-graduate demonstrator from the early years of the course, Richard Brazier, is now Professor of Earth Surface Processes at the

SALIDAS DE CAMPO DEL DEPARTAMENTO DE GEOGRAFÍA DE LA UNIVERSIDAD DE LANCASTER AL VALLE DE MATIENZO

En 1997, el Departamento de Geografía de la Universidad de Lancaster llevó a cabo la primera de una serie de 18 salidas de campo anuales al área de Matienzo. Desde entonces, un total de más de 300 estudiantes de Lancaster han visitado el área. Aunque se alojaban en Ogarrio, el trabajo se llevó a cabo en toda la región, incluidas algunas investigaciones detalladas en el valle de Matienzo. La idea inicial del viaje surgió del proyecto de tesis de fin de grado realizado por Andy Quin, en el que investigó los posibles vínculos morfológicos entre los sistemas subterráneos en el valle mediante la medición de la susceptibilidad magnética (Quin, 1995). El curso alentaba a los estudiantes a comprender cómo los elementos de los sistemas kársticos, como las cuevas y las características de la superficie, incluidas las grandes dolinas, pueden vincularse y cómo evolucionan con el tiempo.

En cada salida, los estudiantes recibieron una introducción general sobre esta parte del norte de España y observaron con cierto detalle los valles de Asón, Miera y Llueva, el valle de Matienzo, cuevas de Matienzo y sus alrededores y varios sitios arqueológicos en el área.

Las ideas científicas clave abarcadas en el curso implicaban comprender cómo la disolución de la piedra caliza resultó en las características que vemos hoy en la superficie y bajo tierra, cómo ese proceso debe verse como un continuum durante los últimos 2,5-3 millones de años (el Cuaternario) y cómo su desarrollo estará determinado en gran medida por los cambios climáticos a largo plazo asociados con la secuencia de períodos glaciales fríos e interglaciares más cálidos.

El catedrático Phil Barker y el doctor Peter Wynn, ambos del Departamento de Geografía y más tarde del Lancaster Environment Centre, han trabajado con Andy para impartir este curso a lo largo de los años. Esto ha generado un interés científico más amplio por las cuevas de la zona y, en particular, por cómo se pueden utilizar para comprender las señales climáticas contenidas en los abundantes espeleotemas que se encuentran aquí. Este y otros trabajos de investigación se detallan a continuación.

Andrew Smith y Laura Deeprose, quienes luego completaron doctorados a partir de sus estudios en las cuevas de Matienzo, disfrutaron de sus primeras experiencias

Figure 1
A group of Lancaster students at the entrance to Cueva del Arenal (0035) during the 2007 field trip.
Image courtesy of A. Quin.

Figura 1
Un grupo de estudiantes de Lancaster en la entrada de la Cueva del Arenal (0035) durante la salida de campo de 2007.
Imagen cortesía de A. Quin.

University of Exeter.

Both these field trips and subsequent published cave science works have relied heavily on the close collaboration of the Matienzo Caves Project. Notable contributions have come over the years from Pete Smith, Juan Corrin, Phil Papard, Steve Martin and Julie Bridgeman. As always, the help and support of 'local' friends from Matienzo and Ogarrio has also been much appreciated and invaluable.

CAVE SCIENCE RESEARCH IN CUEVA DE ASIUL (2010 – 2014)

Lancaster University began to undertake scientific research in the Matienzo depression in 2010. The abundance of cave sites with active speleothem material, the climatically sensitive position of the region and the valuable support of the Matienzo cavers, helped to identify this site as an ideal environment in which to work. The ultimate aim of the general research program being embarked upon was to build palaeo-climatic and palaeo-environmental records of change from speleothem deposits throughout the past 100,000 years.

After a reconnaissance trip in 2009, the first official research project began the following year with the appointment of Andrew Smith to his PhD programme of research. The aim of this project was to capitalise on the climatologically unique position of the Matienzo depression, using its position on the ocean margin to provide insight into North Atlantic drivers of climatic change throughout the last 10,000 years (the Holocene). Cueva de Asiul (0061) was recommended for this work by Matienzo Caves Project member

en el área gracias a este curso, Andrew como estudiante de pregrado y luego como ayudante de posgrado y Laura como ayudante. Otro ayudante de posgrado de los primeros años del curso, Richard Brazier, es ahora profesor de Earth Surface Processes en la Universidad de Exeter.

Tanto estas salidas de campo como los trabajos de investigación publicados después han dependido en gran medida de la estrecha colaboración de Matienzo Caves Project. A lo largo de los años, han recibido contribuciones notables de Pete Smith, Juan Corrin, Phil Papard, Steve Martin y Julie Bridgeman. Como siempre, la ayuda y el apoyo de los amigos «locales» de Matienzo y Ogarrio también han sido muy apreciados e inestimables.

INVESTIGACIÓN EN LA CUEVA DE ASIUL (2010-2014)

La Universidad de Lancaster comenzó sus proyectos de investigación en el valle de Matienzo en 2010. La abundancia de cavidades con espeleotemas activos, la posición sensible al clima de la región y el valioso apoyo de los espeleólogos de Matienzo, ayudaron a identificar este valle como el lugar ideal en el que trabajar. El objetivo final del programa de investigación general que se estaba emprendiendo era construir registros de los cambios paleoclimáticos y paleoambientales a partir de los depósitos en espeleotemas a lo largo de los últimos 100 000 años.

Tras una visita de reconocimiento en 2009, el primer proyecto de investigación oficial comenzó el año siguiente con el nombramiento de Andrew Smith en su programa de investigación de doctorado. El objetivo de este proyecto era aprovechar la posición climatológica singular de la depresión de Matienzo, utilizando su posición en el margen continental

Figure 2
Images of cave monitoring and speleothem sampling techniques.
(a) Drip water collection,
(b) Measuring the pH of water samples,
(c) Carbon dioxide and temperature monitoring,
(d) Counting drips using an automated 'Stalagmate' logger,
(e) Drilling the central core of a speleothem for scientific analysis.
Images a-c courtesy of J. Corrin.

Figura 2:
Imágenes de técnicas de muestreo de espeleotemas y monitorización de cuevas.
(a) Monitorización de dióxido de carbono y temperatura,
(b) Medición del pH de muestras de agua,
(c) Recolección de agua por goteo,
(d) Recuento de goteo usando el registrador automático «Stalagmate»,
(e) Perforación del núcleo central de un espeleotema para su análisis.
Imágenes a-c cortesía de J. Corrin.

Juan Corrin due to ease of access, relatively young speleothem deposits, and the geometrically simple nature of the cave. Access to the cave system was enabled through the Matienzo Caves Project, and permission to remove speleothem material was kindly granted by the Cantabrian local government (Cultura de Cantabria).

With the invaluable support of the Matienzo Caves Project, Cueva de Asiul was intensively monitored on a monthly basis for three full years. The hydrology of the cave and the origin of the chemical signal carried by the drip water was established (Smith et al., 2015; Smith et al., 2016a), enabling accurate interpretation of the stalagmite archive as a record of climatic processes (Smith, 2014). Two speleothems were drilled in-situ to extract a vertical core of material for analysis. This had the advantage of retaining the main body of the speleothem within the cave, thereby minimising the impact on cave formations (Figure 2). Each drill core was dated by Uranium-series analysis at the British Geological Survey to establish the

para proporcionar información sobre los impulsores del cambio climático en el Atlántico norte a lo largo de los últimos 10 000 años (el Holoceno). La Cueva de Asiul (0061) fue recomendada para este trabajo por Juan Corrin, miembro de Matienzo Caves Project, debido a la facilidad de acceso, los espeleotemas relativamente jóvenes y la naturaleza geométrica simple de la cueva. El acceso a la cavidad se habilitó a través de Matienzo Caves Project y el gobierno regional (Cultura de Cantabria) nos concedió amablemente el permiso para retirar el material de los espeleotemas.

Con el inestimable apoyo de Matienzo Caves Project, se monitorizó la Cueva de Asiul mensualmente durante tres años completos. Se estableció la hidrología de la cueva y el origen de la señal química transportada por el agua de goteo (Smith et al., 2015; Smith et al., 2016a), lo que permitió una interpretación precisa del archivo de estalagmitas como registro de los procesos climáticos (Smith, 2014). Se perforaron dos espeleotemas in situ para extraer un núcleo vertical de material para su análisis. La

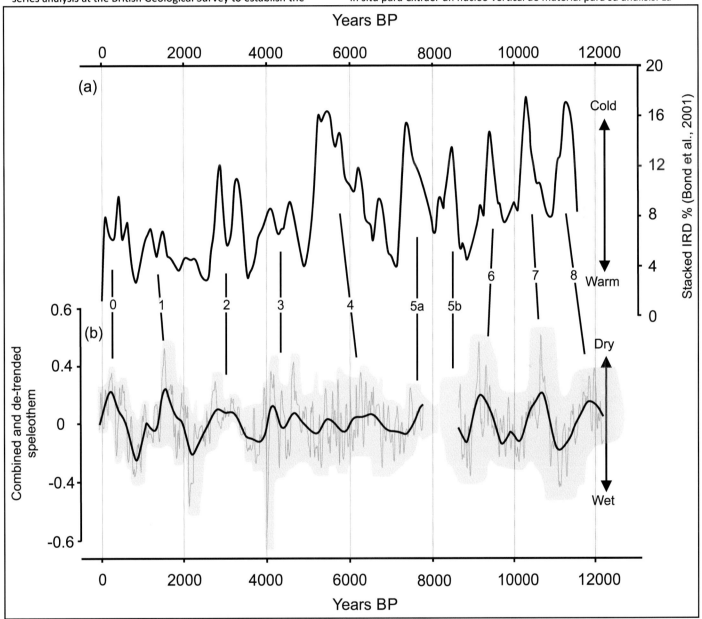

Figure 3
Millennial scale changes in oceanic and atmospheric circulation dynamics depicted through
(a): Changes in North Atlantic Ice Rafted Debris (IRD) as a proxy for ocean surface temperature, with solid black lines representing co-variation of numbered 'Bond events' to
(b) the Cueva de Asiul speleothem carbonate-oxygen isotope record of rainfall amount. Grey boundaries denote timing errors based on speleothem age modelling.
Statistical analysis using cross correlation function between the two archives are (0-4000 BP, r^2 = 0.505, standard error = 0.125; 0-7800 BP, r^2 = 0.165, standard error = 0.09; 9000-12000 BP, t=-390, r^2 = 0.560, standard error = 0.106). Figure modified from Smith et al, (2016).

Figura 3:
Cambios de escala milenaria en la dinámica de la circulación oceánica y atmosférica representados a través de:
(a) Cambios en los eventos de hielos flotantes del Atlántico Norte (IRD) como indicador de la temperatura de la superficie del océano, con líneas negras sólidas que representan la covariación de los «eventos de enlace» numerados a
(b) el registro de isótopos de carbono-oxígeno en los espeleotemas de Cueva de Asiul según pluviosidad. Los límites grises denotan errores temporales basados en modelos de la edad de los espeleotemas.
El análisis estadístico que utiliza la función de correlación cruzada entre los dos archivos es (0-4000 BP, r^2 = 0,505, error estándar = 0,125; 0-7800 BP, r^2 = 0,165, error estándar = 0,09; 9000-12000 BP, t=-390, r^2 = 0,560, error estándar = 0,106). Figura modificada a partir de Smith et al., (2016).

stalagmite age and growth rate. Each core was analysed for the trace chemical and carbonate isotope composition. Collectively, these analyses provided an archive of climatic change throughout the past 10,000 years, representing one of the most complete terrestrial Holocene records of environmental change ever produced for N. Iberia. The oxygen isotope composition of the speleothem carbonate provided a unique insight into N. Iberian climate dynamics, demonstrating cycles in the amount of rainfall. Each cycle lasted approximately 1,500 years and could be statistically linked to North Atlantic Ocean circulation (Figure 3). It therefore appears the amount of rainfall in the Matienzo region (and wider afield in N. Iberia) has been driven directly by North Atlantic circulation dynamics throughout the past 10,000 years. This formed a unique output from the PhD research and has now been published in Smith et al., 2016b.

CAVE SCIENCE RESEARCH IN CUEVA DE LAS PERLAS (2014-2018)

Following the success of the project in Cueva de Asiul reconstructing climate dynamics over the past 10,000 years, the following doctorate research program undertaken by Laura Deeprose took a much longer perspective of climatic change, addressing the role that climate may have played in the demise of the Neanderthals approximately 40,000 years ago. This work was undertaken in Cueva de las Perlas (0074) where older speleothem formations provided an opportunity to work on these longer timescales.

The Iberian Peninsula is recognised as the final refuge of the Neanderthal population, although the reasons behind why the Neanderthals disappeared as a species are part of an ongoing, intensive debate which focuses on two key hypotheses. The first proposes climatic change as the trigger for driving changes in biodiversity, food resources and population dynamics (eg. Wolf et al., 2018). The second highlights competition with anatomically modern humans (Homo sapiens) who were migrating across Eurasia at the time (eg. Banks et al., 2008). The lack of high resolution, well-dated archives of climatic change obtained from within the Iberian Peninsula have prevented a comprehensive assessment of the impact climate may have had as a driver of Neanderthal population demise. This thereby formed the main aim of this research project.

With the support of the Matienzo Caves Project, a program of cave monitoring was undertaken within Cueva de las Perlas to help identify those speleothem formations suitable for palaeoclimate reconstruction (Figure 2). Following careful geomorphic study of the cave chamber, two speleothems were selected and dated by U-series to produce a chronology of speleothem growth between 90ka to 36ka, thus covering the main period of Neanderthal disappearance. Each speleothem was analysed for carbon and oxygen isotopes and trace chemical content. The trace chemical content of the speleothem proved particularly informative on the nature of climatic instability in the region, identifying periods of drier conditions which were co-incident with 'Heinrich events' recorded in North Atlantic ocean sediments. Heinrich events typically occur a-periodically and are associated with reduced sea surface temperatures. As seen through the speleothem record from Cueva de las Perlas, the terrestrial manifestation of these events is an intense drying. Research suggested that the millennial scale drying events from the Cueva de las Perlas speleothems were co-incident with the timing of Heinrich events 3-5. North Atlantic ocean circulation dynamics thereby seem to serve as a dominant control on climate over the N. Iberian region from as early as 86ka. The inherent climatic instability in N. Iberia during the broad period of Neanderthal disappearance would likely have added mounting environmental pressures co-incident with the appearance of anatomically modern humans (Deeprose, 2018).

CAVE SCIENCE RESEARCH IN CUEVA DE COFRESNEDO (2016-2017)

Cueva de Cofresnedo (0065) is a well known cave site of archaeological interest located within the Matienzo depression. Archaeological artefacts from the Aurignacian period (representing the presence of anatomically modern humans) have previously been identified within the cave floor sediments (Smith, 2006). These artefacts are stratigraphically separated from earlier deposits of Mousterian age (representing Neanderthal occupation) by carbonate flowstone. This stratigraphic flowstone 'sandwich' thereby provided an opportunity to date the transition between Neanderthal to anatomically modern human occupation of the cave site. Due to

ventaja de esta técnica es que se mantiene el cuerpo principal del espeleotema intacto dentro de la cueva, minimizando así el impacto en las formaciones de la cueva (Figura 2). Cada núcleo extraído se dató por series de uranio en el Servicio Geológico Británico para establecer la edad y la tasa de crecimiento de las estalagmitas y también se estudiaron sus trazas químicas y la composición de isótopos de carbono. En conjunto, estos análisis proporcionaron un registro del cambio climático a lo largo de los últimos 10 000 años, convirtiéndose en uno de los registros terrestres más completos del cambio ambiental del Holoceno jamás producido para el norte de la península ibérica. La composición de isótopos de oxígeno del carbonato del espeleotema proporcionó una visión única de la dinámica climática del norte de la península, demostrando ciclos en la pluviosidad. Cada ciclo duró aproximadamente 1500 años y podría estar relacionado estadísticamente con la circulación del Océano Atlántico Norte (Figura 3). Por lo tanto, parece que la pluviosidad en la región de Matienzo (y en el resto del norte de la península ibérica) se ha visto afectada directamente por la dinámica de la circulación del Atlántico Norte durante los últimos 10 000 años. Esto fue un resultado único de la investigación de doctorado y ahora se ha publicado en Smith et al., 2016b.

INVESTIGACIÓN EN LA CUEVA DE LAS PERLAS (2014-2018)

Tras el éxito del proyecto de reconstrucción de la dinámica climática en la Cueva de Asiul durante los últimos 10 000 años, el siguiente programa de investigación de doctorado llevado a cabo por Laura Deeprose adoptó una perspectiva mucho más amplia del cambio climático, abordando el papel que el clima pudo haber desempeñado en la desaparición de los Neandertales aprox. hace 40 000 años. Este estudio se llevó a cabo en la Cueva de las Perlas (0074), donde los espeleotemas más antiguos brindaron la oportunidad de trabajar en esta ventana de tiempo más amplia.

La península ibérica fue el refugio final de la población neandertal, aunque las razones por las que los neandertales desaparecieron como especie forman parte de un intenso debate en curso que se centra en dos hipótesis clave. La primera propone el cambio climático como desencadenante de cambios en la biodiversidad, los recursos alimentarios y la dinámica de la población (p. ej., Wolf et al., 2018). La segunda destaca la competencia con humanos anatómicamente modernos (Homo sapiens) que por aquel entonces habían iniciado su migración a través de Eurasia (p. ej., Banks et al., 2008). La falta de archivos de alta resolución y bien datados del cambio climático en la península ibérica ha obstaculizado una evaluación integral del impacto que el clima pudo haber tenido como motor de la desaparición de la población neandertal. Por eso, este fue el principal objetivo de este proyecto de investigación.

Con el apoyo de Matienzo Caves Project, se llevó a cabo un programa de monitorización en la Cueva de las Perlas para ayudar a identificar los espeleotemas aptos para la reconstrucción del paleoclima (Figura 2). Tras un cuidadoso estudio geomorfológico de la sala de la cueva, se seleccionaron dos espeleotemas y se dataron por series de uranio para obtener una cronología del crecimiento de los espeleotemas entre 90ka y 36ka, cubriendo así el período principal de la desaparición neandertal. Cada espeleotema se analizó en busca de isótopos de carbono y oxígeno y restos de contenido químico. El contenido químico del espeleotema resultó particularmente revelador sobre la naturaleza de la inestabilidad climática en la región, identificando períodos de condiciones más secas que coincidieron con los eventos de Heinrich registrados en los sedimentos del océano Atlántico norte. Los eventos de Heinrich ocurren típicamente de manera periódica y están asociados con una caída de la temperatura superficial del mar. Como se ve en los espeleotemas de la Cueva de las Perlas, la manifestación terrestre de estos eventos es una fuerte sequía. La investigación sugirió que los períodos de sequía a escala milenaria registrados en los espeleotemas de la Cueva de las Perlas coincidieron con los eventos de Heinrich 3-5. Por lo tanto, la dinámica de la circulación del océano Atlántico norte parece servir como un control dominante sobre el clima en la región norte de la península desde 86ka. La inestabilidad climática inherente en esta región durante el amplio período de desaparición de los neandertales probablemente agregase mayores presiones ambientales que se sumaron a la aparición de humanos anatómicamente modernos (Deeprose, 2018).

INVESTIGACIÓN EN LA CUEVA DE COFRESNEDO (2016-2017)

La Cueva de Cofresnedo (0065) es una conocida cueva de interés arqueológico ubicada en el valle de Matienzo. Los artefactos

the presence of hiatuses in sediment deposition and variable depositional rates, this technique would only ever be able to constrain the latest date of Neanderthal occupation. Assuming the abandonment of the cave site by Neanderthals was synonymous with the retreat of the Neanderthal population from the wider Matienzo region, the last known date of Neanderthal occupation could then be related to the climate records reconstructed from Cueva de las Perlas speleothems.

Access to the cave site was kindly granted by Cultura de Cantabria and the sediments were logged from the face of a pit dug into the cave floor. Samples of flowstone were extracted and analysed by U-series dating to gain an age of deposition. However, unfortunately the carbonate flowstone was very high in detrital content, introducing error into the obtained U-series dates. There is also the possibility the carbonate had become porous and open to external contamination. This rendered all dating attempts to be unsuccessful.

On this occasion, the opportunity to date the flowstone sandwich and thus constrain the latest date of cave occupation by Neanderthal populations was unsuccessful. However, it is hoped alternative dating techniques may be available in the future to capitalise on this unique stratigraphic sequence of cave occupation, at this critical transition in human evolution (Deeprose, 2018).

Cave science research in Cueva-Cubío del Llanío (2018-present)

Cueva-Cubío del Llanío (3234) is part of the Four Valleys System, with cave chambers located beneath managed pasture-land. This makes it an ideal site for investigating the impact of agricultural practices on groundwater nitrate concentrations. Where agricultural fertilisers leach into the groundwater, they can be retained within the aquifer as 'legacy nitrate' creating detrimental impacts on environmental and human health for many years after initial input. However, understanding the magnitude of the nitrate pollution problem in karst aquifers is extremely difficult as there are few groundwater records of significant longevity, no understanding of original baseline conditions, and no record of transport time between surface nitrogen application and appearance in the groundwater. At Cueva-Cubío del Llanío, fertiliser application above the cave site ceased in 2016 due to the installation of numerous beehives. This therefore makes it an ideal site in which to track the movement of nitrate through the karst aquifer, observing how long it takes to achieve a return to baseline conditions.

We have been monitoring the nitrate composition of the dripwaters in several chambers within the Llanío system, with the aim of understanding how this signature is translated into the speleothem record. In the near future, we aim to extract nitrate concentrations from speleothem calcite which has grown over the past 200 years. This will enable the former groundwater nitrate status to be reconstructed, and used to forward model karst hydrology and transport dynamics. This research is an ongoing Masters by Research project, being undertaken by Scott Ambler.

The international cave monitoring workshop April 2017

Following the success of the cave science program within Matienzo, it was decided the International Cave Monitoring Workshop should be hosted within the region. This is a workshop which attracts delegates from around the world, interested in learning the latest techniques in cave science. Former events have been held in Austria and Gibraltar, with the Matienzo Caves Project forming the third host organisation. The event was held between 20th-23rd April 2017, attracting 23 scientific delegates from 8 different countries. Presentations and discussions were held in the Old School, Matienzo, with local caving trips led by Matienzo speleologists. We are particularly grateful to the Matienzo Caves Project, Gobierno de Cantabria and the village mayor, Alfredo Gutierrez, for supporting the logistics of the event and enabling the Matienzo cave science to be highlighted to the international community.

arqueológicos del período Auriñaciense (que representan la presencia de humanos anatómicamente modernos) han sido previamente identificados en los sedimentos del suelo de la cueva (Smith, 2006). Estos artefactos están estratigráficamente separados de los depósitos anteriores de la edad Musteriense (que representan la ocupación neandertal) por una colada de carbonato cálcico. Este «sándwich» de colada estratigráfica brindó la oportunidad de datar la transición entre los neandertales y la ocupación de la cueva por parte de humanos anatómicamente modernos. Debido a la presencia de interrupciones en el depósito de sedimentos y ritmos de depósito variables, esta técnica solo podría delimitar la última fecha de ocupación neandertal. Suponiendo que el abandono de la cueva por los neandertales fuera sinónimo de la retirada de la población neandertal de la región más amplia de Matienzo, la última fecha conocida de ocupación neandertal podría relacionarse con los registros climáticos reconstruidos a partir de los espeleotemas de la Cueva de las Perlas.

El acceso a la cueva fue concedido por Cultura de Cantabria y los sedimentos se tomaron de un agujero excavado en el suelo de la cueva. Se extrajeron muestras de colada y se analizaron mediante datación por series de uranio. Sin embargo, desafortunadamente, la colada de carbonato cálcico tenía un contenido detrítico muy alto, lo que introdujo un error en la datación por series de uranio obtenidas. También existe la posibilidad de que el carbonato se haya vuelto poroso y esté abierto a la contaminación externa. Esto hizo que todos los intentos de datación fueran infructuosos.

En esta ocasión, la oportunidad de datar el «sándwich» y así limitar la última fecha de ocupación de la cueva por parte de la población neandertal no prosperó. Sin embargo, se espera que en el futuro haya técnicas de datación alternativas disponibles para sacar el máximo partido de esta secuencia estratigráfica única de la ocupación rupestre en este momento de transición crítica en la evolución humana (Deeprose, 2018).

Investigación en la Cueva-Cubío del Llanío (2018-actualidad)

La Cueva-Cubío del Llanío (3234) forma parte del Sistema de los Cuatro Valles, con salas ubicadas debajo de tierras de pastoreo, lo que hace que sea una cavidad ideal para investigar el impacto de las prácticas agrícolas en las concentraciones de nitrato de las aguas subterráneas. Cuando los fertilizantes agrícolas se filtran al agua subterránea, pueden quedar retenidos dentro del acuífero como «nitrato heredado» impactando perjudicialmente en el medio ambiente y la salud humana durante muchos años. Sin embargo, comprender la magnitud del problema de la contaminación por nitratos en los acuíferos kársticos es extremadamente difícil, ya que hay pocos registros de agua subterránea con una longevidad significativa, no se conocen las condiciones de referencia originales y no se registra el tiempo que tarda en aparecer en el agua subterránea desde que se emplea en la superficie. En Cueva-Cubío del Llanío, el uso de fertilizantes sobre la cueva cesó en 2016 debido a la instalación de numerosas colmenas. Esto, por lo tanto, lo convierte en un sitio ideal para rastrear el paso del nitrato a través del acuífero kárstico, observando cuánto tiempo tarda en regresar a las condiciones de referencia.

Hemos estado monitorizando la composición de nitratos del agua de goteo en varias salas dentro del sistema de Llanío, con el objetivo de comprender cómo se traduce en el registro de los espeleotemas. En un futuro próximo, nuestro objetivo es extraer las concentraciones de nitrato de la calcita del espeleotema que ha crecido durante los últimos 200 años. Esto permitirá reconstruir el estado anterior de nitratos de las aguas subterráneas y utilizarlo para avanzar en la dinámica del transporte y la hidrología kárstica del modelo. Se trata de un proyecto de investigación en curso para un Máster de perfil investigador realizado por Scott Ambler.

Taller Internacional de Monitorización Subterránea: abril de 2017

Tras el éxito del programa de investigación científica en las cuevas de Matienzo, se decidió celebrar el Taller Internacional de Monitorización Subterránea en la región. Se trata de un taller que atrae a delegados de todo el mundo interesados en aprender las últimas técnicas en investigación subterránea. Las ediciones anteriores se han celebrado en Austria y Gibraltar, y Matienzo Caves Project constituye la tercera organización anfitriona. El evento se llevó a cabo entre el 20 y el 23 de abril de 2017 y atrajo a 23 delegados científicos de 8 países diferentes. Las presentaciones y discusiones se llevaron a cabo en la vieja Escuela de Matienzo, con salidas organizadas por espeleólogos de Matienzo. Agradecemos especialmente a Matienzo Caves Project, al Gobierno de Cantabria y al alcalde de Matienzo, Alfredo Gutiérrez, por su apoyo en la logística del taller y permitir que los estudios científicos sobre las cuevas de Matienzo destaquen ante la comunidad internacional.

CONCLUSION

Over the past 10 years, Lancaster University has appreciated the opportunity to undertake teaching and research within the Matienzo region, in association with the Matienzo Caves Project and the Gobierno de Cantabria, Cultura. This has inspired countless students in their studies and encouraged many to follow a research career in cave science. The research undertaken has spanned the last 80,000 years of environmental reconstruction, addressing issues of contemporary pollution dynamics and making a firm linkage to North Atlantic ocean circulation as a driver of climatic change. These research findings have enjoyed the attention of the international community, both through publication in the scientific literature and through the hosting of international conferences within the region. Research projects within the valley continue to the present day and we hope to continue using the Matienzo cave systems for the foreseeable future.

ACKNOWLEDGEMENTS

All of the research and activities described above have been undertaken with permission kindly granted through the Gobierno de Cantabria, Cultura. We particularly appreciate the generous help and support of the Matienzo Caves Project throughout the past 10 years. The research projects have been funded through the University of Lancaster and the Natural Environmental Research Council through the following grants:
NERC studentship grant NE/I527953/1 to ACS and NERC studentship grant NE/L002604/1 to LD. Also NERC facility grants IP-1196-1110, IP-1323-0512, IP-1604-1115, IP1743-0517, RCF2149-1018, IP-1439-0514, IP-1642-0516, IP-1698-1116 and LSMSF-CEH-L-125-11-2018, to PMW.

REFERENCES

Banks, W. E., D'Errico, F., Peterson, A. T., Kageyama, M., Sima, A. & Sánchez-Goñi, M.-F. 2008. Neanderthal extinction by competitive exclusion. *PLoS One*, 3 (12), e3972.

Bond , G., Kromer, B., Beer, J., Muscheler, R., Evans, M.N., Showers, W., Hoffmann, S., Lotti-Bond, R., Hajdas, I. and Bonani, G. 2001. Persistent solar influence on North Atlantic climate during the Holocene. Science, 294, 2130-2136.

Deeprose, L. 2018. Speleothem climate capture of the Neanderthal demise. Unpublished PhD thesis. University of Lancaster, UK.

Quin, A. 1995. Morphological links between distinct cave systems as revealed by the Magnetic Properties of Cave Sediments. Studies in Speleology. Vol X, pp 5-19.

Smith, A., Wynn, P., Barker, P., Leng, M., Noble, S. & Stott, A. 2016a. Cave monitoring and the potential for palaeoclimate reconstruction from Cueva de Asiul, Cantabria (N. Spain). International Journal of Speleology. 45 (1) 1-9.

Smith, A., Wynn, P. M., Barker, P. A., Leng, M., Noble, S. & Tych, W. 2016b. North Atlantic forcing of moisture delivery to Europe throughout the Holocene. Scientific Reports. 6, 7 p., Article number 24745.

Smith, A., Wynn, P., Barker, P. & Leng, M. 2015. Drip water electrical conductivity as an indicator of cave ventilation at the event scale. Science of the Total Environment. 532, 517-527.

Smith, A. 2014. Speleothem climate capture – A Holocene reconstruction of northern Iberian climate and environmental change. Unpublished PhD thesis. University of Lancaster, UK.

Smith, P. 2006. *Cave Archaeology in the Matienzo Area* [Online]. Available: http://matienzocaves.org.uk/archaeol.htm [Accessed December 2019].

Wolf, D., Kolb, T., Alcaraz-Castaño, M., Heinrich, S., Baumgart, P., Calvo, R., Sánchez, J., Ryborz, K., Schäfer, I. & Bliedtner, M. 2018. Climate deteriorations and Neanderthal demise in interior Iberia. *Scientific Reports 8*, 7048.

CONCLUSIONES

A lo largo de los últimos 10 años, la Universidad de Lancaster ha agradecido la oportunidad de llevar a cabo actividades de docencia e investigación en la región de Matienzo, en asociación con Matienzo Caves Project y el Departamento de Cultura del Gobierno de Cantabria, actividades que han inspirado a innumerables estudiantes en sus estudios y ha animado a muchos a seguir una carrera investigadora en esta especialidad. La investigación realizada ha abarcado los últimos 80 000 años de reconstrucción ambiental, abordando problemas de la dinámica de la contaminación contemporánea y estableciendo un vínculo firme con la circulación del océano Atlántico Norte como motor del cambio climático. Los resultados de estas investigaciones han sido bien acogidas por la comunidad internacional, tanto a través de su publicación en la literatura científica como a través de la celebración de conferencias internacionales dentro de la región. Los proyectos de investigación dentro del valle continúan a día de hoy y esperamos seguir utilizando los sistemas subterráneos de Matienzo en el futuro.

AGRADECIMIENTOS

Todos los estudios y actividades descritos anteriormente se han realizado con un permiso concedido a través del Departamento de Cultura del Gobierno de Cantabria. Agradecemos particularmente la generosa ayuda y apoyo de Matienzo Caves Project durante los últimos 10 años. Los proyectos de investigación han sido financiados a través de la Universidad de Lancaster y el Consejo de Investigación Ambiental Natural a través de las siguientes becas:
Beca NERC NE/I527953/1 a ACS y beca NERC NE/L002604/1 a LD. Además de las becas NERC IP-1196-1110, IP-1323-0512, IP-1604-1115, IP1743-0517, RCF2149-1018, IP-1439-0514, IP-1642-0516, IP-1698-1116 y LSMSF-CEH-L-125-11-2018, a PMW.

REFERENCIAS

Banks, W. E., D'Errico, F., Peterson, A. T., Kageyama, M., Sima, A. & Sánchez-Goñi, M.-F. 2008. Neanderthal extinction by competitive exclusion. *PLoS One*, 3 (12), e3972.

Bond , G., Kromer, B., Beer, J., Muscheler, R., Evans, M.N., Showers, W., Hoffmann, S., Lotti-Bond, R., Hajdas, I. and Bonani, G. 2001. Persistent solar influence on North Atlantic climate during the Holocene. Science, 294, 2130-2136.

Deeprose, L. 2018. Speleothem climate capture of the Neanderthal demise. Tesis de doctorado inédita. Universidad de Lancaster, Reino Unido.

Quin, A. 1995. Morphological links between distinct cave systems as revealed by the Magnetic Properties of Cave Sediments. Studies in Speleology. Vol X, pp 5-19.

Smith, A., Wynn, P., Barker, P., Leng, M., Noble, S. & Stott, A. 2016a. Cave monitoring and the potential for palaeoclimate reconstruction from Cueva de Asiul, Cantabria (N. Spain). International Journal of Speleology. 45 (1) 1-9.

Smith, A., Wynn, P. M., Barker, P. A., Leng, M., Noble, S. & Tych, W. 2016b. North Atlantic forcing of moisture delivery to Europe throughout the Holocene. Scientific Reports. 6, 7 p., Article number 24745.

Smith, A., Wynn, P., Barker, P. & Leng, M. 2015. Drip water electrical conductivity as an indicator of cave ventilation at the event scale. Science of the Total Environment. 532, 517-527.

Smith, A. 2014. Speleothem climate capture – A Holocene reconstruction of northern Iberian climate and environmental change. Tesis de doctorado inédita. Universidad de Lancaster, Reino Unido.

Smith, P. 2006. *Cave Archaeology in the Matienzo Area* [En línea]. Disponible en: http://matienzocaves.org.uk/archaeol.htm [Consultado en diciembre de 2019].

Wolf, D., Kolb, T., Alcaraz-Castaño, M., Heinrich, S., Baumgart, P., Calvo, R., Sánchez, J., Ryborz, K., Schäfer, I. & Bliedtner, M. 2018. Climate deteriorations and Neanderthal demise in interior Iberia. Scientific Reports 8, 7048.

Cave Biology of Matienzo with a Focus on Entomology

The Work of the Matienzo Karst Entomology Project

La biología subterránea de Matienzo y su entomología

El trabajo del Matienzo Karst Entomology Project

Tom Thomson, Amata Hinkle & Fergus McBurney

INTRODUCTION

The Matienzo depression and the surrounding karst massive is an extremely biologically diverse region of Northern Spain. Most investigation in the past has focused on the Pyrenees and Picos de Europa, with very limited biological survey work within the larger cave systems of Cantabria and into the Basque country. Starting from the latter part of the 19th century into the middle 20th, this historical research was initiated by prominent enquirers in natural history. These antiquarians, such as René Jeannel and Eugene Simon, had a keen interest in entomology and worked their way down the French Pyrenees describing new species of cave adapted fauna from Spain to France and even further south. Jeannel himself was one of the founders of bio-speleology as a science, along with long time Romanian collaborator Emil Racovit. These early pioneers studied a limited number of easily accessible caves near to Matienzo, including Cueva Coventosa, from which the type specimens they collected are still held in national collections across Europe.

A limited number of much smaller studies were also carried out from 1950 - 70s. However, during this period only a select few caves in the Matienzo area were studied: a small section of the Vega systems, Cueva del Molino and Sima del Risco were briefly visited. Unfortunately, no detailed work was done, and hence this remained the sum of biological knowledge from caves in the immediate Matienzo area until the start of the Matienzo Karst Entomology Project (MKEP) in 2013.

This chapter will summarise the findings in brief of work carried out by MKEP and how it fits in with the wider cave exploration and scientific community.

> **First Phase**
> **2013**: Scoping phase within the existing expedition looking at cave sites in which to start the study, taking images, notes and video logs across the area, as well as collating relevant literature.
> **2014**: First fieldwork season carried out under a 30 day independent research permit. Short-term trapping was carried out for invertebrates over two weeks and baseline of environmental conditions established. In addition, a sub-project studying cohabitation of spider species within the twilight zone was carried out.
> **2015-2017**: Research phase and planning of long term study phase.
>
> **Second Phase**
> **2018**: Start of long-term trapping phase under an extended ongoing research permit with specially designed traps placed in selected caves across the area and left in situ for twelve months. A sub-project on the ecology of the rare, blind cave spider *Iberina mazarredoi* was initiated after its discovery in the area in 2014.
> **2019**: Continued long-term trapping phase and removal of traps from last season. Sub-project with a focus on forming a baseline of data on aquatic species, especially crustaceans.

TROPHIC STRUCTURE: THE CAVE FOOD WEB

All organisms in a given ecosystem can be placed in trophic levels, where they are in the food web, depending on what energy source they rely upon directly and how they provide energy for other organisms in the food web. Cave ecosystems are no different from most other ecosystems on the planet with one exception: unlike any surface ecosystem where the biomass and energy from sunlight forms the base energy input via photosynthesis, cave ecosystems are largely void of sunlight except in the twilight zone near the entrance.

While in many ways the cave environment may appear to be a closed system, the larger biosphere outside the cave actually has a huge impact. From the weather which regulates water levels underground, water quality fluctuations from human and animal use of land above ground, to the addition of biomass washed in from outside such as leaf litter and other detritus, the external world greatly affects the cave ecosystem. Troglophiles bringing in nutrients directly such as bats living within the cave and depositing guano and the aforementioned biomass washed into caves form the base of the food web. Fungi and algae in turn graze along this slow input of biomass (i.e. food) and are the primary producers in the cave ecosystem.

The caves studied within MKEP show all the typical food web elements one would expect above ground, but with far fewer species

INTRODUCCIÓN:

La depresión de Matienzo y el macizo kárstico circundante es una región del norte de España de gran diversidad biológica. En el pasado, los estudios científicos se han centrado en los Pirineos y en los Picos de Europa, y los estudios de la biología en los sistemas más grandes de Cantabria y el País Vasco han sido muy limitados. Desde finales del siglo XIX y hasta mediados del XX, estos estudios fueron llevados a cabo por investigadores destacados en historia natural. Estos coleccionistas, como René Jeannel y Eugène Simon, apasionados por la entomología, se abrieron camino por los Pirineos franceses describiendo nuevas especies de fauna adaptada a las cuevas desde España hasta Francia e incluso más al sur. El propio Jeannel fue uno de los fundadores de la bioespeleología como ciencia, junto con su colaborador rumano Emil Racovit. Estos pioneros estudiaron un número limitado de cuevas de fácil acceso cercanas a Matienzo, incluida la cueva Coventosa; los especímenes que recolectaron en esta cueva todavía se conservan en colecciones nacionales en toda Europa.

También se llevó a cabo un número limitado de estudios mucho más reducidos entre 1950 y 1970. Sin embargo, durante este período solo se estudió una pequeña selección de cuevas del área de Matienzo, pues tan solo se visitó brevemente una pequeña sección de los sistemas de La Vega, la cueva del Molino y la sima del Risco. Por desgracia, esos estudios no fueron detallados y, por lo tanto, tampoco lo era el conocimiento de la biología de las cuevas en el área inmediata de Matienzo hasta el inicio en 2013 del proyecto de entomología del karst de Matienzo (o MKEP por sus siglas en inglés).

Este artículo resume los hallazgos hasta la fecha del trabajo realizado por MKEP y cómo encajan en la exploración espeleológica y la comunidad científica en general.

> **Primera fase:**
> **2013**: Fase de análisis del alcance dentro de la expedición existente en la que se estudian las cavidades en las que comenzar el estudio, se toman imágenes, notas y vídeos en toda el área, además de recopilar la bibliografía relevante.
> **2014**: Primera temporada de trabajo de campo realizada con un permiso de investigación independiente de 30 días. Durante dos semanas se llevó a cabo un muestreo de invertebrados y se estableció un marco de referencia de las condiciones ambientales. Además, se llevó a cabo un subproyecto que estudia la convivencia de distintos arácnidos en la zona de transición.
> **2015-2017**: Fase de investigación y planificación de la fase de estudio a largo plazo.
>
> **Segunda fase:**
> **2018**: Inicio de la fase de recolección con un permiso de investigación en curso con trampas especialmente diseñadas para ser colocadas en cuevas seleccionadas en el área y dejadas in situ durante doce meses (trampas de largo plazo). Un subproyecto sobre la ecología de la araña cavernícola Iberina mazarredoi, ciega y poco común, se inició tras su descubrimiento en la zona en 2014.
> **2019**: Continúa la fase de recolección extrayendo las trampas de largo plazo colocadas en la temporada anterior. Subproyecto con un enfoque en la formación de un marco de referencia de especies acuáticas, especialmente crustáceos.

ESTRUCTURA TRÓFICA: LA CADENA ALIMENTARIA HIPOGEA

Todos los organismos de un ecosistema dado pueden situarse en niveles tróficos, es decir, en qué eslabón de la cadena alimentaria se encuentran según la fuente de energía de la que dependen directamente y cómo proporcionan energía a otros organismos en la cadena alimentaria. Los ecosistemas hipogeos son como la mayoría de los demás ecosistemas del planeta, con una excepción: a diferencia de cualquier ecosistema epigeo, donde la biomasa y la energía de la luz solar son la fuente de energía primaria a través de la fotosíntesis, los ecosistemas hipogeos carecen en gran parte de luz solar, excepto en la zona de transición cerca de la entrada.

Si bien, en muchos sentidos, el hábitat subterráneo puede parecer un sistema cerrado, la biosfera exterior, mucho mayor, en realidad puede tener un gran impacto. Desde la climatología que regula los niveles del agua subterránea y las fluctuaciones en la calidad del agua por el uso humano y animal de la tierra, hasta la adición de biomasa arrastrada por el agua desde el exterior, como la hojarasca y otros detritos, el

at each trophic level due to the challenge of adapting to the epigean (cave) environment. The diversity of trophic levels is reassuring in that there is good biological integrity, and that surface land use change, such as recent farming practices and eucalyptus plantations taking over wild areas, have not harmed the web (at least yet) in a catastrophic way. However, we have only begun to unravel the complexities of life within the Matienzo karst. There may be local recent extinctions prior to our project, or perhaps even prior to living memory, as the last few centuries have seen large changes to surface habitats for which we have no data for comparative cave studies.

Hypogean environments have a buffer to outside pressures, as animals typically have slow metabolisms and there is low nutrient turnover. However, it is highly possible that some taxa have been pushed over the edge by water quality changes (e.g. pollution), local shifts in geochemistry, and hydrology. In addition, shifts in populations of key trogloxenes such as bat species affect nutrient availability. It has been hypothesised, for example, that the same white-nose-syndrome currently affecting American bat species, caused a previous decline in European bat population.

MKEP's aim is not solely in pure knowledge of the ecology of the area, but also to gather enough data to establish a conservation baseline. Cave ecosystems are fragile and to conserve them we need to understand them and the species within them. Beyond this, there is also valuable wider understanding to be gained from studying species that live in isolation both in the physical (i.e. separate from those that exists within the Pyrenees and Picos de Europa) and in evolutionary isolation. The ecology of the caves of the Matienzo area are geographically isolated and hence evolved separately from the surrounding regions, but within the same general climatic zone and broadly similar cave geomorphology. As many of the surrounding areas have been more intensively studied, comparisons can be drawn more readily. Evolutionary isolation can tell us about the wider evolutionary history of this part of Europe in combination with these physical factors.

Hypogean ecosystems and their complexes of troglobionts, troglophiles and trogloxenes can also tell us a lot about ecosystem resilience and the "plasticity" of species over time, where otherwise suppressed genetic traits are present and progress as separate parallel lineages, in effectively as close to laboratory conditions as are present in the natural world. This helps us understand the wider taxonomic groups as a whole, their future possible evolutionary path given certain conditions, how these groups are likely to cope with pressures such as climate change, and even the effects of wider change to the biomes they exist within precipitated by human action.

PHYLOGENETICS

Phylogenetics is the study of the interaction, relationships, and evolutionary history of organisms in an effort to relate groups together and understand their evolution, both convergent and divergent. Convergent evolution is when largely unrelated organisms evolve similar body forms, adaptations, etc., whereas divergent evolution is when organisms from a common ancestor develop different traits and often eventually form new species. While many species diverge

---

Definitions of the levels of adaptation to the cave environment (After Romero, 2009)

Hypogean: Underground / Cave environment

Epigean: Surface environment

Hypogean-Epigean Interaction Zone: Commonly called the Twilight Zone, this is the area where the underground and surface ecosystems interact.

Trophic Level: The position of the organism in the food web. In a generalized simplified web, the producers are at the first level, herbivores second level, carnivores are on the third.

Troglobionts: Species strongly bound to the cave environment and its habitat (hypogean) and carry out their entire life cycle underground. These exhibit troglomorphic characteristics, i.e. adaptations to this habitat such as but not limited to: reduction or loss of pigmentation and presence of eyes, elongated appendages. Especially in the case of terrestrial invertebrates, adaptations tend to include elongated and modified legs, sensory organs and antennae as well a s reduced body size and a slow metabolism, meaning these species are also often long-lived and slow to reproduce.

Troglophiles: Species that can complete their entire life cycle underground, but may also do so outside caves when need arises. They are associated with less extreme parts of the cave system in many cases such as the entrance or Twilight Zone. A good example of this is the Meta species of spiders.

Trogloxenes: Species that rely both on the cave environment (hypogean) and surface one (epigean) for certain living requirements. Some organisms coming into the cave for food, but living largely outside or within soils: this category also applies to those that largely live within the cave and feed outside - such as in the case of bats. Trogloxenes often bring nutrients into the hypogean food web. This category also includes edaphobiont organisms, i.e. those living in deep soil and which may enter or pass through cave habitats, specially those that are near the surface, but mainly live within the surrounding substrate.

---

mundo exterior afecta en gran medida el ecosistema subterráneo. Los troglófilos que aportan nutrientes —como los murciélagos que viven dentro de la cueva y depositan el guano— y la biomasa antes mencionada forman la base de la cadena alimentaria. Los hongos y las algas, a su vez, se alimentan de este lento aporte de biomasa y son la fuente de producción primaria en el ecosistema subterráneo.

Las cuevas estudiadas en MKEP muestran todos los elementos típicos de la cadena trófica que uno esperaría en la superficie, pero con muchas menos especies en cada nivel trófico debido al desafío de adaptarse al hábitat epigeo. La diversidad de los niveles tróficos es reconfortante porque existe una buena integridad biológica y porque el cambio de uso de la tierra en la superficie, como las prácticas agrícolas recientes y las plantaciones de eucalipto que se apoderan de las áreas silvestres, no han dañado la cadena (al menos todavía) de una manera catastrófica. Sin embargo, acabamos de empezar a desentrañar las complejidades de la vida dentro del karst de Matienzo. Puede que haya habido extinciones locales recientes antes de nuestro proyecto, o tal vez incluso en épocas anteriores, ya que los últimos siglos han visto grandes cambios en los hábitats de la superficie para los cuales no tenemos datos que nos permitan hacer un estudio comparativo.

Los ambientes hipogeos tienen cierta defensa ante las presiones externas, ya que su fauna generalmente tiene un metabolismo lento y hay una escasa reposición de nutrientes. Sin embargo, es muy posible que algunos taxones hayan sido arrastrados al límite por los cambios en la calidad del agua (p. ej., contaminación) así como transformaciones locales en geoquímica e hidrología. Además, los cambios en las poblaciones de troglóxenos clave, como las especies de murciélagos, afectan a la disponibilidad de recursos nutritivos. Se ha planteado la hipótesis, por ejemplo, de que el llamado síndrome de la nariz blanca que afecta actualmente a los murciélagos estadounidenses provocó en el pasado una disminución de la población de murciélagos europeos.

El objetivo de MKEP no es únicamente conocer la ecología de la región, sino también recopilar datos suficientes para establecer un marco de referencia de cara a su conservación. Los ecosistemas subterráneos son frágiles y para conservarlos debemos comprenderlos y conocer las especies que contienen. Asimismo, también se puede obtener información más amplia y valiosa mediante el estudio de especies que viven aisladas tanto en lo físico (es decir, separadas de las que existen en los Pirineos y en los Picos de Europa) como en aislamiento evolutivo. Las cuevas del área de Matienzo, y su ecología, están geográficamente aisladas y, por lo tanto, han evolucionado por separado de las regiones circundantes, pero dentro de la misma zona climática general y con una geomorfología subterránea muy similar. Dado que muchas de las áreas circundantes se han estudiado con gran detalle, las comparaciones se pueden hacer con más facilidad. El aislamiento evolutivo puede ofrecernos información sobre la historia evolutiva más amplia de esta parte de Europa en combinación con estos factores físicos.

Los ecosistemas hipogeos y sus redes de troglobios, troglófilos y

---

Definiciones de los niveles de adaptación al hábitat subterráneo: (A partir de Romero, 2009)

Hipogeo: Hábitat subterráneo/cueva

Epigeo: La superficie

Zona de interacción hipogea-epigea: Comúnmente llamada la zona de transición. Aquí es donde interactúan los ecosistemas subterráneos y de la superficie.

Nivel trófico: La posición del organismo en la cadena alimentaria. En una cadena simplificada generalizada, los productores están en el primer nivel, los herbívoros en el segundo y los carnívoros en el tercero.

Troglobio: Especies estrictamente ligadas al entorno subterráneo y su hábitat (hipogeo) que desarrollan todo su ciclo de vida en cuevas. Muestran características troglomórficas, es decir, adaptaciones a este hábitat como, entre otras: reducción o pérdida de la pigmentación y la vista y el alargamiento de apéndices. Especialmente en el caso de los invertebrados terrestres, las adaptaciones tienden a incluir piernas alargadas y modificadas, órganos sensoriales y antenas, así como un tamaño corporal reducido y un metabolismo lento, lo que significa que estas especies también suelen ser longevas y de reproducción lenta.

Troglófilo: Especies que pueden completar todo su ciclo de vida en las cuevas, pero también pueden hacerlo en el exterior si es necesario. En muchos casos se asocian con partes menos profundas de las cuevas, como la entrada o la zona de transición. Un buen ejemplo lo encontramos en las arañas Meta.

Troglóxeno: Especies que dependen tanto del entorno de la cueva (hipogeo) como del de la superficie (epigeo) para ciertas necesidades vitales. Algunos organismos entran en la cueva para alimentarse, pero viven principalmente en el exterior o bajo tierra. Esta categoría también se aplica a los que viven en gran parte dentro de la cueva y se alimentan fuera, como es el caso de los murciélagos. Los troglóxenos a menudo aportan nutrientes a la cadena alimentaria hipogea. Esta categoría también incluye organismos edáficos, es decir, aquellos que viven en suelos profundos y que pueden entrar o pasar por hábitats subterráneos, especialmente los que están cerca de la superficie, pero que viven principalmente en el sustrato circundante.

to create cave-adapted versions of surface dwellers, cave habitats are also a remarkable ecosystem to study convergent evolution because, as a whole, many different taxa evolve similar traits to adapt to the dark and challenging environment.

Using phylogenetic inference methods based on observed heritable traits, morphology, and markers from DNA sequencing, we can show when the adaptations to the hypogean environment are formed. These points of change, called divergence points, can then be built into an evolutionary model. The resulting diagrammatic hypothesis about the history of the evolutionary relationships of a group or lineage of organisms is known as a phylogenetic tree. This is a key tool in understanding not only how ecosystems have evolved but also where the keystone species are within a given set of organisms. These relationships are vital to understand, especially in niche habitats, in order to develop a picture of the pressures imposed and where its breaking point is. This can also be used to predict when collapse will occur in relation to pollution factors, fragmentation of population (lack of genetic robustness) and what other pressures that are (or will in future) likely to be relevant to the conservation of the species and habitats themselves.

SPECIES OF THE HYPOGEAN TERRESTRIAL HABITATS

So far, MKEP has focused on hypogean terrestrial habitats more than any other due in part to the ease of access and collection of materials. Short and long-term trapping has been carried out looking at species richness as well as population estimations to add to knowledge of the overall ecosystem function. Interactions between the species found in the entrance or twilight zone and deep cave environment are also more readily observed in the open air habitat of the cave passage than where these occur in water. Exponentially more difficult to study are the interactions in the surrounding life within the substrate and fissure networks. This unique and difficult to access habitat is the Mesovoid Shallow Substratum (MSS), and will form a future focus of the project.

GRAZERS AND DETRITIVORES

The base of the cave food web consists of the various plants and fungi from leaf matter, guano, and other detritus brought into the cave. The most numerous animals (though not often readily visible) comprise the next trophic level which graze directly on the detritus. They are typically troglophiles, and a few trogloxenes, mainly made up of terrestrial Woodlice (Isopoda) and Millipedes (Diplopoda), which

Fig 1 Tom Thomson net sampling in the main streamway in [0017] Cueva de Jivero 2. Photo: *Amata Hinkle*
Fig 1 Tom Thomson recoge muestras con red en el cauce principal de la Cueva de Jivero 2. Foto: *Amata Hinkle*

Fig 2 Amata Hinkle recording spider species in [0017] Cueva de Jivero 2. Photo: *Tom Thomson*
Fig 2 Amata Hinkle durante un muestreo de especies de arañas en la Cueva de Jivero 2. Foto: *Tom Thomson*

Fig 3 Fergus McBurney recording environmental baseline data in [0017] Cueva de Jivero 2. Photo: *Tom Thomson*
Fig 3 Fergus McBurney toma nota de datos de referencia medioambiental en la Cueva de Jivero 2. Foto: *Tom Thomson*

trogloxenos también pueden decirnos mucho sobre la resiliencia de los ecosistemas y la «plasticidad» de las especies a lo largo del tiempo, donde están presentes rasgos genéticos suprimidos y progresan como linajes paralelos separados, en condiciones en el mundo natural similares a las condiciones en el laboratorio. Esto nos ayuda a comprender los grupos taxonómicos más amplios como un todo, su posible evolución futura dadas ciertas condiciones y cómo es probable que estos grupos hagan frente a presiones como el cambio climático e incluso los efectos de un cambio más amplio precipitado por la acción humana en los biomas en los que viven.

FILOGENIA

La filogenia es el estudio de la interacción, las relaciones y la historia evolutiva de los organismos con el objetivo de agruparlos y comprender su evolución, tanto convergente como divergente. La evolución convergente ocurre cuando organismos en gran parte no relacionados entre sí desarrollan formas corporales similares, adaptaciones, etc., mientras que la evolución divergente es el proceso por el cual organismos con un ancestro común desarrollan rasgos diferentes y, a menudo, finalmente forman nuevas especies. Muchas especies divergen para crear versiones adaptadas al hábitat subterráneo, pero este es también un ecosistema singular para el estudio de la evolución convergente porque, en su conjunto, muchos taxones diferentes desarrollan rasgos similares para adaptarse a la oscuridad y dificultades del entorno.

Usando métodos de inferencia filogenética basados en rasgos hereditarios observados, morfología y marcadores moleculares, podemos ver cuándo se forman las adaptaciones al ambiente hipogeo. Estos momentos de cambio, llamados puntos de divergencia, pueden luego integrarse en un modelo evolutivo. La hipótesis esquemática resultante sobre la historia de las relaciones evolutivas de un grupo o linaje de organismos es lo que se llama un árbol filogenético. Esta es una herramienta clave para comprender no solo cómo han evolucionado los ecosistemas, sino también dónde se encuentran las especies clave dentro de un conjunto determinado de organismos. Es vital comprender estas relaciones, especialmente en nichos, para poder desarrollar una imagen de las presiones a las que están sometidos los ecosistemas y en qué punto se colapsan. Algo que también puede ser útil para predecir cuándo se producirá esa pérdida en relación con los factores de contaminación, la fragmentación de la población (falta de robustez genética) y qué otras presiones podrían ser (o serán en el futuro) relevantes para la conservación de las especies y los hábitats.

are typically not unique to any one cave site and are ubiquitous across the area. They have a semi-stable population that is variable with seasonal influxes of food from flood debris. In most cases, these animals can move slowly from site to site, either through the leaf litter on the surface or via the MSS.

There are two other major groups at this trophic level of the hypogean food web: springtails (Collembola) and in particular species of round fungus beetles (Leiodidae), the former being made up of a mix of both troglophile and troglobionts and the latter all troglobiont species. Springtails feed mostly on decaying plant material, but also fungi, algae and microbial mats that are formed both freely on the surface of the cave walls and on guano. The round fungus beetles in the *Leptodirini* tribe of the subfamily Cholevinae are especially interesting as they are a large group of almost exclusively geographically restricted endemic troglobiont species. Typically one or even several species will be restricted to a single cave system or karst massive, and these are well represented in the Matienzo caves by several species. Work is currently ongoing to describe and DNA sequence the taxa. They are generally similar in appearance and habit, being small, sand coloured, and fast moving, preferring to live in humid but not dry sand and silt. They will also move widely within the cave following shifts in food source and micro environment locality such as the shift population of bats within the cave and therefore location of fresh guano. In other studies, they have been shown to travel and live within the MSS as well as directly in an open cave habitat.

A smaller group that are also relevant as a food source for some larger invertebrates are free living non-parasitic mites (Acari). These are present in most sites within the sand and debris, feeding on algae and microbial growth.

PREDATORS

Moving up to the next trophic level, the primary predators within the hypogean terrestrial habitat are the centipedes (Chilopoda), represented largely by troglobiont *Lithobius* species. These are fast opportunistic predators with a typical array of specialist troglomorphic characteristics including a relatively small body mass, long robust limb structure suited for most surfaces including easy movement over cave walls, through water, over light sediment, and between rocks. Their very long antenna adapts them to sensing their way at speed through the deep cave environment. In addition, most species present have an extremely specialized set of senses thanks to their Tömösváry organ: a paired sensory organ on the underside of the head that is formed of two complex structures that work together as chemoreceptors. This provides information on the chemical composition of air and humidity gradients in the moist microhabitats these species favour.

Another predator with ubiquitous presence and amazing level of adaption to the hypogean habitats are the ground beetles (Carabidae). In the twilight zone there are many epigean migrants from a variety of ground beetle species. In caves, they are well represented by troglophilic *laemostenus* species, mainly *Laemostenus cavicola*.

One of the most numerous predatory groups in terms of species richness are the true spiders (Arachnida). Within the deep hypogean,

Fig 4 Epigean Millipede *(Diplopoda Sp.)* in [3234] Cueva-Cubío del Llanío. Photo: *Tom Thomson*
Fig 4 Milpiés epigeo *(Diplopoda Sp.)* en [3234] Cueva-Cubío del Llanío. Foto: *Tom Thomson*

Fig 5 Troglobiont round fungus beetle *(Leptodirini Sp.)* in [2889] Torca la Vaca. Photo: *Tom Thomson*
Fig 5 Escarabajo troglobio *(Leptodirini Sp.)* en [2889] Torca la Vaca. Foto: *Tom Thomson*

Fig 6 Over wintering Epigean Gnat *(Trichoceridae Sp.)* in [3721] Lenny's Cave. Photo: *Tom Thomson*
Fig 6 Mosquito epigeo *(Trichoceridae Sp.)* hibernando en Lenny's Cave [3721]. Foto: *Tom Thomson*

ESPECIES DE LOS HÁBITATS TERRESTRES HIPOGEOS

Hasta ahora, MKEP se ha centrado en los hábitats terrestres hipogeos más que en cualquier otro debido en parte a la facilidad de acceso y recolección de materiales. La recogida de especímenes con trampas de corto y largo plazo se ha llevado a cabo observando la riqueza de especies, así como las estimaciones de población, para aumentar el conocimiento de la función general del ecosistema. Las interacciones entre las especies que se encuentran en la entrada o la zona de transición y el interior de la cueva también se observan más fácilmente en el hábitat al aire libre de una galería que cuando estas se dan en el agua. Exponencialmente más difíciles de estudiar son las interacciones en la vida adyacente en el sustrato y grietas. Este hábitat único y de difícil acceso es el medio subterráneo superficial (MSS) y será un enfoque futuro del proyecto.

DETRITÍVOROS O FUNGÍVOROS

La base de la cadena alimentaria de la cueva consiste de las diversas plantas y hongos que crecen en materia orgánica, guano y otros detritos que entran desde el exterior. Los animales más numerosos (aunque a menudo no son claramente visibles) comprenden el siguiente nivel trófico que se alimenta directamente de los detritos. Por lo general, son troglófilos y algunos troglóxenos, principalmente cochinillas (isópodos terrestres) y milpiés (diplópodos), que generalmente no son exclusivos de ninguna cueva y son omnipresentes en el área. Tienen una población semiestable que varía con la afluencia estacional de detritos arrastrados por el agua. En la mayoría de los casos, estos animales pueden moverse lentamente de una cavidad a otra, ya sea a través de la hojarasca en la superficie o por medio del MSS.

En este nivel de la cadena trófica hipogea encontramos otros dos grandes grupos: colémbolos y en particular especies de leiódidos. El primero está formado por una mezcla de troglófilos y en el segundo todas son especies troglobias. Los colémbolos se alimentan principalmente de material vegetal en descomposición, pero también de hongos, algas y tapetes microbianos que se forman libremente tanto en la superficie de las paredes de la cueva como en el guano. Los escarabajos de la Tribu Leptodirini de la subfamilia Cholevinae son especialmente interesantes, ya que son un gran grupo de especies troglobias endémicas casi exclusivamente restringidas geográficamente. Por lo general, una o incluso varias especies estarán restringidas a un solo sistema o macizo kárstico, y estas están bien representadas en las cuevas de Matienzo con varias especies. Actualmente se está trabajando para describir y secuenciar el ADN de los taxones. Generalmente son similares en apariencia y hábito, siendo pequeños, de color pardo y de movimiento rápido, prefiriendo vivir en arena y limo húmedos pero no secos. También se moverán ampliamente dentro de la cueva siguiendo los cambios en la fuente de alimento y microclima, como el cambio en la población de murciélagos dentro de la cueva y, por lo tanto, la ubicación del guano. En otros estudios, se ha demostrado que se mueven y viven dentro del MSS, así como directamente en el hábitat de la cueva.

Un grupo más pequeño que también es relevante como fuente de alimento para algunos invertebrados más grandes son los ácaros no parasitiformes (Acari). Estos están presentes en la mayoría de las cavidades, en la arena y detritos, alimentándose de algas y crecimiento microbiano.

the dominant species are from the specialist troglobiotic genus *Troglohyphantes* with the most widespread in caves across the Matienzo area being *Troglohyphantes Cantabricus*. These are largely found on the cave walls with small webs across scallops or cracks catching a variety of small prey. A key finding of the study has also focused on the troglobiont species *Iberina mazarredoi*; a species about which very little has been known until this study regarding its biology or ecology.

Within the twilight zone there is a diverse ecology of spider species. These include the troglophiles *Meta menardi* and *Meta bourneti* - the classic "cave spider" that many will know from the UK. These are ubiquitous in most cave sites and the two species can only be told apart from one another with very close examination. Also numerous are *Eratigena inermis* and a large range of epigean species including, very commonly, *Metellina merianae* and other cosmopolitan species of several families.

The next most significant predatory group within the terrestrial habitats is the harvestman (Opiliones), represented by several species though fewer than that of Arachnida. The most notable being the troglophile *Gyas titanus*, easily distinguished from other species by its vibrant yellow banded coloration and size, this being the largest harvestmen species in Europe. It is often found in large numbers in Matienzo caves, both hunting for other invertebrate prey and sheltering.

Other Opiliones such as the epigean *Leiobunum blackwalli*, an extremely cosmopolitan epigean species is, nevertheless, also found throughout the deep true hypogean habitat in small but consistent numbers even further than 1km from surface. *Ischyropsalis hispanica*, one of six specialist epigean non-troglobitic species of its genus, which is otherwise populated by full troglobionts, is found in a variety of cave sites both in Matienzo and far beyond. It is easily recognised by its extremely long modified chelicerae - a pair of appendages in front of the mouth resembling pincer-like barbed claws.

OTHER GROUPS

Several other major groups are found within the non-aquatic hypogean environment but their ecology has not yet been the focus of study. First are the decomposer and largely transient epigean species of true flies (Diptera) that feed off decaying, washed-in, organic matter, decaying remains of other species and guano, with a few trogloxene species that will also hibernate in caves overwinter but otherwise are

Fig 7 A troglophilic ground beetle *Laemostenus cavicola* in [0048] Cueva-Cubío de la Reñada. Photo: *Tom Thomson*
Fig 7 Carábido troglófilo *Laemostenus cavicola* en [0048] Cueva-Cubío de la Reñada. Foto: *Tom Thomson*

Fig 8 Epigean Harvesman *Gyas Titanus* praying on trogobiotic *Lithobius Sp.* Centipede in [0017] Cueva de Jivero 2. Photo: *Tom Thomson*
Fig 8 Opilión epigeo *Gyas titanus* cazando un ciempiés troglobio *Lithobius Sp.* en [0017] Cueva de Jivero 2. Foto: *Tom Thomson*

DEPREDADORES

Si pasamos al siguiente nivel trófico, los depredadores primarios dentro del hábitat terrestre hipogeo son los ciempiés (quilópodos), representados en gran parte por especies troglobias de Lithobius. Son depredadores oportunistas rápidos con una variedad típica de características troglomórficas especializadas que incluyen una masa corporal relativamente pequeña, una estructura de extremidades larga y robusta adecuada para la mayoría de las superficies, como sobre las paredes de las cuevas, el agua, sedimentos ligeros y recovecos entre rocas. Unas antenas muy largas les permiten detectar su camino a gran velocidad a través del medio hipógeo profundo. Además, la mayoría de las especies presentes tienen un conjunto de sentidos extremadamente especializado gracias a su órgano de Tömösvary: un par de órganos sensoriales en la parte inferior de la cabeza formado por dos estructuras complejas que trabajan juntas como quimiorreceptores para detectar la composición química del aire y la humedad en los microhábitats húmedos propicios para estas especies.

Otro depredador omnipresente y con sorprendente nivel de adaptación a los hábitats hipogeos son los escarabajos (carábidos). En la zona de transición hay muchos migrantes epígeos de una variedad de especies de escarabajos terrestres. En las cuevas, están bien representados por especies troglófilas de laemostenus, principalmente Laemostenus cavicola.

Uno de los grupos de depredadores más numerosos en términos de riqueza de especies son las arañas (arácnidos). En el medio hipogeo profundo, las especies dominantes son del género troglobio especializado Troglohyphantes, siendo la Troglohyphantes cantabricus la más extendida en las cuevas del área de Matienzo. Se encuentran principalmente en las paredes de la cueva con pequeñas redes en pequeños recovecos o grietas con las que atrapan una variedad de pequeñas presas. Un hallazgo clave del estudio también se ha centrado en la especie troglobia Iberina mazarredoi; una especie de la que se sabía muy poco hasta este estudio en cuanto a su biología o ecología.

En la zona de transición encontramos una ecología diversa de especies de arañas, como las troglófilas Meta menardi y Meta bourneti, la clásica araña cavernícola presente también en el Reino Unido. Estas dos especies son omnipresentes en la mayoría de las cavidades y solo pueden distinguirse entre sí con un examen detallado. También encontramos numerosas Eratigena inermis y una amplia gama de especies epigeas muy comunes, como Metellina merianae y otras especies cosmopolitas de varias familias.

El siguiente grupo depredador más importante dentro de los hábitats terrestres es el de los opiliones, representado por varias especies, aunque menos que de arañas. El más notable es el troglófilo Gyas titanus, que se distingue fácilmente de otras especies por su vibrante coloración con bandas amarillas y tamaño, siendo esta la especie de opilión más grande de Europa. A menudo se encuentra en grandes cantidades en las cuevas de Matienzo, a las que acuden tanto para cazar otros invertebrados como para refugiarse.

Otros opiliones como el epigeo Leiobunum blackwalli, aunque extremadamente cosmopolita, también se encuentra en todo el hábitat hipogeo profundo, en cantidades pequeñas pero consistentes, incluso a más de 1 km de la superficie. Ischyropsalis hispanica, una de las seis especies epigeas no troglobias de su género, que por lo

Fig 9 Epigean Harvestman *Ishyropsalis hispanica* in [0017] Cueva de Jivero 2. Photo: *Tom Thomson*
Fig 9 Opilión epigeo *Ischyropsalis hispanica* en [0017] Cueva de Jivero 2. Foto: *Tom Thomson*

Fig 10 Troglophilic Orb Spider *Meta bourneti* in [0059] Cueva del Molino. Photo: *Fergus McBurney*
Fig 10 Araña troglófila *Meta bourneti* en Cueva del Molino. Foto: *Fergus McBurney*

epigean. The most commonly found flying invertebrates throughout the Matienzo caves are scuttle flies (*Phoridae*), fungus gnats (*Sciaroidea*) and, in the twilight zone, several species of non-biting midges from the family *Chironomidae*.

The other group, of which very little is known in Matienzo, are the Pseudoscorpions, with first discoveries made only in 2019. The first record of a pseudoscorpion in a Matienzo cave was a troglophile species discovered by A. Hinkle in site 0880. A fully troglobiont species was subsequently recorded from two cave sites from sorting through long term pitfall trap collections. These are yet to be formally identified and described at the time of printing. Pseudoscorpions largely feed on mites (Acari) and springtails (Collembola), catching them with a set of slender claws.

Also a very interesting and primitive group is the two-pronged bristletails (Diplurans) - adapted troglobionts that can, in some cases, also be dually classed as edaphobionts (or closely related to edaphobiotic species). These are small soft-bodied blind organisms with a characteristic pair of caudal appendages or filaments at the "tail" end of the body paired with long antenna at the front of the animal. These appendages, along with fine bristles along the body, form the major sensory network used to navigate. Like the

demás está poblado por troglobios, se encuentra en diversas cuevas tanto de Matienzo como de la región. Es fácilmente reconocible por sus quelíceros modificados y extremadamente largos: un par de apéndices en frente de la boca que se asemejan a garras con púas en forma de pinza.

OTROS GRUPOS

Dentro del ambiente hipogeo no acuático encontramos otros grupos, pero su ecología aún no ha sido el foco del estudio. Primero están las especies epigeas descomponedoras y en gran parte transitorias de moscas (dípteros) que se alimentan de materia orgánica en descomposición arrastrada por el agua, restos en descomposición de otras especies y guano. Aunque algunas especies troglóxenas hibernan en las cuevas durante el invierno, en su mayoría son epigeas. Los invertebrados voladores que se encuentran con mayor frecuencia en las cuevas de Matienzo son la mosca jorobada (fóridos), moscas de la familia Sciaridae y, en la zona de transición, varias especies de mosquitos no mordedores de la familia Chironomidae.

Otro grupo, del que se sabe muy poco en Matienzo, son los pseudoescorpiones, cuyos primeros descubrimientos se hicieron en 2019. El primer registro de un pseudoescorpión en una cueva de Matienzo fue una especie troglófila descubierta por A. Hinkle en la cavidad 0880. Una especie completamente troglobia se registró posteriormente en dos cuevas a partir de un muestreo realizado con trampas de caída de largo plazo. Estos aún no se han identificado ni descrito formalmente. Los pseudoescorpiones se alimentan principalmente de ácaros y colémbolos que atrapan con sus delgadas garras.

También un grupo muy interesante y primitivo son los dipluros, troglobios adaptados que, en algunos casos, también pueden clasificarse doblemente como edáficos (o estrechamente relacionados

Fig 11 Epigean Funnel Web Spider: *Eratigena inermis* in [2417] Letterbox Cave Photo: *Paul (Footleg) Fretwell*
Fig 11 Araña epigea *Eratigena inermis* en [2417] Letterbox Cave. Foto: *Paul (Footleg) Fretwell*

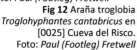

Fig 12 Troglobiont True Spider: *Troglohyphantes cantabricus* in [0025] Cueva del Risco. Photo: *Paul (Footleg) Fretwell*
Fig 12 Araña troglobia *Troglohyphantes cantabricus* en [0025] Cueva del Risco. Foto: *Paul (Footleg) Fretwell*

Pseudoscorpions, they feed on a variety of small live prey though some species will also feed on dead organic matter and the multicellular filaments (hyphae) of soil fungi or moulds.

Another noteworthy omnivorous species found in the Matienzo caves are the rove beetles. This large cosmopolitan group are largely edaphobiont organisms that are transient epigean visitors. While troglobiont species of this group are found in other areas, so far none has been observed in Matienzo.

con especies edáficas). Son pequeños organismos ciegos de cuerpo blando con un par característico de apéndices o cercos laterales en el extremo de la «cola» emparejados con unas antenas largas en la parte delantera del animal. Estos apéndices, junto con finas cerdas a lo largo del cuerpo, forman su principal red sensorial, que utilizan para orientarse. Al igual que los pseudoescorpiones, se alimentan de una variedad de pequeñas presas vivas, aunque algunas especies también se alimentan de materia orgánica muerta y los filamentos

Key Findings
Blind Cave Spider *Iberina mazarredoi*
(Simon, 1881) (Araneae, Hahniidae)

Iberina mazarredoi is a fully troglobitic species endemic to the karst of the Basque-Cantabrian Mountains and one site within the Basses-Pyrenees of southern France (now known as the Pyrénées-Atlantiques). The species was described in 1881 by Eugène Louis Simon within a new genus (*Iberina*) from a specimen collected from a single cave site at Cueva de la Magdalena (Galdames, Basque Country). The species has since been recorded from a further five sites in Basque Country (relatively close to the original site), nine sites within Cantabria (all clustered and some that could in fact be considered a single site), and one cave site in southern France.

However, a minimal account of the species morphology and biology exists in the literature, its behaviour and habitat requirements were unknown. There were, until this study, very few images and even fewer traceable specimens. Within the Matienzo area the species was first found in 2014 - a single adult female was collected in a small alcove off the main stream passage of Sima-Cueva del Risco (0025). The species has now been found in three further cave sites in the study area; at Cueva-Cubío del Llanío (3234), Cueva de las Injanas (4444) and Two and a Half Fat Ladies (0880). The largest population so far studied is in Sima-Cueva del Risco, and this has evidence of taxa at multiple stages in their life circle and egg balls present. Nine specimens have now been taken as long term vouchers and deposited in a reference collection. After the project, these will be added to the main collections at the Natural History Museum (London).

Detailed observations of its web structure, breeding patterns and cohabitation preferences of *I. mazarredoi* have now been carried out for the first time. Cohabitation in very close proximity with *Troglohyphantes cantabricus* is common with no evidence of cross predation. A defined habitat preference for web creation within calcite bound or mud formed cracks of under 2cm width on the cave floor and very low wall areas has now been proved, with the egg cases being hidden within this on the underside of the linear "bridge" structure of the web by breeding females. An in-depth study of the morphology of the species has also been carried out with detailed images being taken from whole body "habitus" views at 50 - 250x magnification using both light microscopy and Scanning Electron Microscopy (SEM) to the 5000x scale. This has revealed the extreme adaptations which this troglobiont species has evolved, with no vestige of normal eyes remaining; instead it has an extensive motile adapted sense-hair network. There are further more subtle changes also evident in most aspects of fine body structure.

Hallazgos clave:
La araña cavernícola ciega Iberina mazarredoi
(Simon, 1881) (Araneae, Hahniidae)

Iberina mazarredoi es una especie totalmente troglobia endémica del karst de la Cordillera Vasco-Cantábrica y una cavidad en los Bajos Pirineos en el sur de Francia (región ahora llamada Pirineos Atlánticos). La especie fue descrita en 1881 por Eugène Louis Simon dentro de un nuevo género (Iberina) a partir de un espécimen recolectado en un único punto en la Cueva de la Magdalena (Galdames, País Vasco). Desde entonces, la especie se ha registrado en otros cinco puntos en el País Vasco (relativamente cerca del sitio original), nueve dentro de Cantabria (todos agrupados y algunos que de hecho podrían considerarse uno solo) y una cavidad en el sur de Francia.

Sin embargo, en la literatura la descripción de la morfología y biología de la especie es mínima, y su comportamiento y requisitos de hábitat eran desconocidos. Hasta este estudio, había muy pocas imágenes e incluso menos especímenes rastreables. Dentro del área de Matienzo, la especie se encontró por primera vez en 2014: se recogió una sola hembra adulta en un pequeño recoveco junto la galería activa principal de Sima-Cueva del Risco (0025). La especie se ha encontrado ahora en otras tres cavidades en el área de estudio: en Cueva-Cubío del Llanío (3234), Cueva de las Injanas (4444) y Two and a Half Fat Ladies (0880). La población más grande estudiada hasta ahora se encuentra en la Sima-Cueva del Risco, con presencia de taxones en múltiples etapas de su ciclo vital y presencia de huevos. Se han recogido nueve ejemplares para su conservación a largo plazo y se han depositado en una colección de referencia. Después del proyecto, estos se añadirán a las colecciones principales del Museo de Historia Natural de Londres.

Se han realizado por primera vez observaciones detalladas de la estructura de su red, de sus patrones de reproducción y sus preferencias de convivencia. La convivencia muy cercana con Troglohyphantes cantabricus es común sin evidencia de depredación cruzada. Se ha demostrado una preferencia de hábitat definida para la creación de redes dentro de grietas con calcita ligadas o formadas por el barro de menos de 2 cm de ancho en el suelo de la cueva y áreas de paredes muy bajas, donde las hembras reproductoras esconden los huevos en su interior, en la parte inferior de la estructura «puente» lineal de la red. También se ha llevado a cabo un estudio completo de la morfología de la especie con imágenes detalladas del cuerpo (habitus) con un aumento de 50-100x utilizando tanto microscopía óptica como microscopía electrónica de barrido (SEM) a escala 2000x. Esto ha revelado las extremas adaptaciones que ha desarrollado esta especie troglobia, sin que quede ningún vestigio de ojos normales; en cambio, tiene una extensa red de cabello sensorial móvil y adaptado. Hay cambios más sutiles también evidentes en la mayoría de los aspectos de la estructura fina del cuerpo.

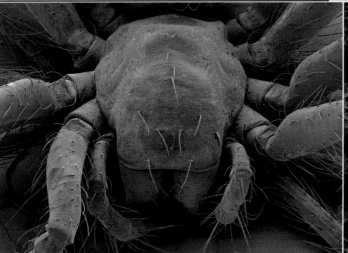 

Fig 13 *Iberina mazarredoi*, SEM images – Left: Front view at x250 magnification showing total lack of eyes and replacement by auxiliary sense hairs. Right: Complex sense hair network at x4000 magnification, these are used primarily to assist with feeding. Note the multiple specialist hair types visible.

Fig 13 *Iberina mazarredoi*, imágenes por microscopía electrónica de barrido. Dcha.: Vista frontal a escala x250 que muestra la ausencia total de ojos y sus sustitución por cabello sensorial auxiliar. Izda.: Red de cabello sensorial complejo a escala x4000 que se utiliza principalmente para ayudar con la alimentación. Nótense los múltiples tipos de filamentos especializados.

Lastly, there are the tiny parasitic chalcid wasps (*Hymenoptera*), especially species of *Mymaridae*. These are epigean specialist species that are parasitoids of both troglobionts and non-troglobiont true spiders. While *Mymaridae* do not prey exclusively on cave species, they will travel kilometres into cave systems to find their prey, despite being only 2-4mm in body size with no troglomorphic adaptations to navigate within the deep cave environment.

Fig 14 Freshwater troglobitic Aselloid Isopod in a gour pool in [3234] Cueva-Cubío del Llanío. Photo: *Tom Thomson*
Fig 14 Isópodo troglobio *Asellidae* de agua dulce en un gour en [3234] Cueva-Cubío del Llanío. Foto: *Tom Thomson*

SPECIES OF AQUATIC HABITATS

MKEP widened its focus in the second phase to include freshwater cave habitats. Less is known about the trophic structure of these aquatic habitats but there is, however, a little extra earlier research already conducted in the 1960s and 70s to draw upon, largely for a few individual species of crustaceans. Within most major underground streamways a range of freshwater fauna can be found that is an extenuation of surface watercourse populations. This contains a complex mix of crustaceans in the *Gammarus* group, larval stages of Stoneflies (*Plecoptera*), Mayflies (*Ephemeroptera*), Dragonflies (*Odonata*), as well as several families

Fig 15 Fire salamander (*Salamandra salamandra*) in [0618] Orchard Cave. Photo: *Tom Thomson*
Fig 15 Salamandra común (Salamandra salamandra) en [0618] Orchard Cave. Foto: *Tom Thomson*

of water beetles (*Coleoptera*) and of true fly (*Diptera*) species. Most of these will struggle to reach an adult stage once within the deep hypogean, athough some will. All provide a key food source for troglobiont species and larger predators such as *Austropotamobius pallipes*, the white-clawed crayfish or Atlantic stream crayfish, which still has strongholds in caves such as Cueva de Jivero (0017), and the visiting vertebrate fauna to the cave such as the fire salamander (*Salamandra salamandra*).

Notable freshwater troglobiont species are predominantly crustaceans such as the primitive cave woodlouse (*Cantabroniscus primitives*), a transparent isopod that is found in several caves within the study area and across Cantabria within main streamways feeding on organic matter. Within the thin sheet of water flowing down flowstones and cave walls (a very specialist environment termed the Hygropetric) and in gour pools can also be found a number of troglobionts, in particular various species of *Proasellus* and *Niphargus*. The later being omnivorous, but largely predatory, preying on the former as well as other small invertebrates and ingesting silt to extract organic matter when prey is scarce.

ACKNOWLEDGMENTS:

MKEP has been a large collaboration and the authors would like to thank the following for research collation and identification of taxa: Pete Smithers and Jane Ackerman of Plymouth University, Max Barclay of the Natural History Museum (BMNH), and for the funding, material, and support from the British Entomology & Natural History Society (BENHS), British Cave Research Association (BCRA) and Oxford University Department of Zoology. In addition, MKEP would like to thank Matienzo Caves Project members for their support.

multicelulares (hifas) de hongos o mohos en el suelo.

Otro grupo omnívoro importante que se encuentra en las cuevas de Matienzo es el de los estafilínidos. Este gran grupo cosmopolita lo forman en gran parte organismos edáficos que son visitantes epigeos transitorios. Si bien las especies troglobias de este grupo se encuentran en otras áreas, hasta el momento no se ha observado ninguna en Matienzo.

Por último tenemos los diminutos calcidoideos (himenópteros), especialmente especies de Mymaridae. Estas son especies epigeas especializadas parasitoides tanto de arañas troglobias como no troglobias. Si bien los Mymaridae no se alimentan exclusivamente de especies cavernícolas, viajarán kilómetros dentro de los sistemas subterráneos para encontrar a sus presas, a pesar de que su cuerpo mide solo 2-4 mm sin adaptaciones troglomórficas para navegar dentro del entorno de la cueva profunda.

ESPECIES DE HÁBITATS ACUÁTICOS:

MKEP amplió su enfoque en la segunda fase para incluir hábitats subterráneos de agua dulce. Se sabe menos sobre la estructura trófica de estos hábitats acuáticos, pero podemos apoyarnos en una breve investigación anterior realizada en las décadas de 1960 y 1970, en gran parte sobre algunas especies individuales de crustáceos. En la mayoría de los cursos de agua subterráneos principales se puede encontrar una variedad de fauna acuática que es una atenuación de las poblaciones acuáticas de la superficie. Encontramos una mezcla compleja de crustáceos del grupo Gammarus, estadios larvarios de plecóptero, efemerópteros y libélulas (Odonata), así como varias familias de coleópteros estigobios y de especies de dípteros. La mayoría de estos tendrán dificultades para alcanzar la etapa adulta una vez en el entorno hipogeo profundo, aunque algunos lo harán. Todos proporcionan una fuente de alimento clave para las especies de troglobios y depredadores más grandes como Austropotamobius pallipes, el cangrejo de río europeo o el cangrejo de río americano, que aún se puede encontrar en cuevas como la Cueva de Jivero (0017), y la fauna de vertebrados que visita la cueva, como la salamandra (Salamandra salamandra).

Entre las especies troglobias de agua dulce destacables predominan los crustáceos como el oniscídeo acuático Cantabroniscus primitivus, un isópodo transparente que se alimenta de materia orgánica y se encuentra en varias cuevas en el área de estudio y en toda Cantabria. En la delgada capa de agua que fluye por las coladas y las paredes de las cuevas (un entorno muy especializado llamado hábitat higropétrico) y en los gours también se pueden encontrar varios troglobios, en particular varias especies de Proasellus y Niphargus. El último es omnívoro, pero en gran parte depredador, se alimenta del primero y de otros pequeños invertebrados e ingiere limo para extraer materia orgánica cuando la presa escasea.

AGRADECIMIENTOS:

MKEP ha sido una gran colaboración y los autores desean agradecer a las siguientes personas por la recopilación y la identificación de taxones: Pete Smithers y Jane Ackerman de la Universidad de Plymouth, Max Barclay del Museo de Historia Natural (BMNH), y a la Sociedad Británica de Entomología e Historia Natural (BENHS), la Asociación Británica de Investigación Subterránea (BCRA) y el Departamento de Zoología de la Universidad de Oxford por la financiación, el material y el apoyo prestado. Además, MKEP quisiera dar las gracias a los miembros Matienzo Caves Project por su apoyo.

TECHNOLOGY HELPING TO FIND AND DOCUMENT SITES

JUAN CORRIN

TECNOLOGÍA QUE AYUDA A ENCONTRAR Y DOCUMENTAR CAVIDADES

INTRODUCTION

The Matienzo Caves Project is required to report on the speleology carried out within the permit area. We also aim to document the activities and make all results available to both expedition members and any other interested people, world-wide. These obligations drive the methods used by the MCP. There are over 5000 sites of speleological interest and in 2018, for example, 745 updates to site information (description, photos, surveys, video) were made. The ability to speedily update and disseminate the information are not trivial tasks.

Collected data produces isolated pieces of information, e.g. survey data eventually producing cave passage centre lines. However, data and information also need to be collated, combined and / or compared with previously produced data and information, stored in an accessible manner and published in various ways, eg on-screen, website, hard copy, etc. Paper now tends to be used as a final backup, with data and information stored and backed-up onto hard discs - locally and in the cloud.

A mainly hand-written paper logbook is used to document all caving activities but accounts are often typed up, printed and stuck in. A paper logbook, we feel at the moment, is a more user-friendly method of gathering trip reports and other activities from people aged from 3 to 80-something.

The following aspects of speleo-data gathering and information dissemination are detailed to a greater or lesser extent as a possible guide to less established expeditions and as a record of where the MCP is now.

HARDWARE SYSTEMS

During the main expeditions, the back of the restaurant in Casa Germán is arranged as the expedition office. A 3-laptop (Windows) network is set up with extra screens, network-attached storage (NAS) with backup drive, a printer and wi-fi. Data is input through the laptops and stored on the NAS. The laptops can process the data and view the outputs, eg maps and surveys. The NAS also contains historical data and documents going back into the 1960's.

Underground surveying is carried out using a DistoX or X2 and a PDA. More traditional surveyors use a hand compass and clinometer along with a laser measure, writing the results on waterproof paper.

Smart phones and tablets with GPS can run applications, eg Orux Maps. Stand-alone GPS units are also used.

MAIN SOFTWARE

The vast majority of information is produced on PCs and is mostly viewable and usable on Apple and Android systems.
- Software on PDA (e.g. TopoDroid or SexyTopo for gathering and drawing up passage details while underground).
- Survex - producing centre lines for investigating cave structure and overlaying on QGIS.
- QGIS - our geographic information system.
- OruxMaps - a map app used when wandering the hills.
- MS Office suite - Access database, Excel spreadsheet and Word. PowerPoint for presentations.
- Corel Draw and Inkscape - drawing the final version of the survey.
- Google Earth - disseminating information.
- Microsoft Image Composite Editor - stitching drone photos to produce a panorama.
- PanGazer - viewing aerial, hemispherical panoramas.
- DreamWeaver - website production.
- various text editors

DOCUMENTING A CAVE THROUGH SURVEYING

Take a hypothetical new cave (site 8123) found during the summer 2021 expedition as an example.

The cave entrance grid reference is taken using any suitable GPS device with the WGS84 or ETRS89 datum and the UTM/UPS system: all Matienzo caves are in the '30T' sector. The grid reference is downloaded or typed into an Excel spreadsheet allowing the position to appear on the QGIS map. The grid reference is stored in the map (and eventually in a database along with altitude). Storage is on the NAS where it can be accessed through any laptop.

INTRODUCCIÓN

Matienzo Caves Project tiene la obligación de redactar una memoria con las actividades espeleológicas que se desarrollan dentro de la zona del permiso. También queremos documentar las actividades y poner los resultados a disposición de los miembros de la expedición y otros interesados en todo el mundo. Tras estas obligaciones se encuentran los métodos que utilizamos. Hay más de 5000 puntos de interés espeleológico y en 2018, por ejemplo, nuestros datos se actualizaron 745 veces (descripción, fotografías, topografías, vídeos). Actualizar y publicar la información con rapidez no es tarea fácil.

La información recogida produce datos aislados; por ejemplo, los datos topográficos con los que se genera la poligonal de la cueva. Sin embargo, es necesario recopilar, combinar y comparar los nuevos datos con los históricos, información que se almacena de una manera accesible y se publica en varios medios: ordenador, web, papel, etc. Actualmente lo normal es que el papel sea la copia de seguridad final, con otras copias en discos duros locales y en la nube.

Para documentar todas las actividades se utiliza un diario en papel, o libro de salidas, escrito generalmente a mano, aunque a veces las crónicas se escriben en el ordenador, se imprimen y se pegan en el diario. Creemos que este diario en papel es la mejor forma de recopilar los informes de las distintas exploraciones y actividades de personas de entre 3 y 80 y tantos años.

Los siguientes aspectos de la espeleometría y su publicación pueden servir como una posible guía para expediciones con menos trayectoria y como una muestra de la situación actual del proyecto.

HARDWARE

Durante las principales expediciones se instala una oficina en la parte trasera del restaurante de la Casa Germán. Se crea una red con tres portátiles (Windows) más pantallas, almacenamiento conectado en red (ACR) con unidad de seguridad, impresora y wi-fi. La información se recopila en los portátiles y se guarda en el ACR. Los portátiles, además, procesan los datos, como mapas y topografías. El ACR también contiene datos históricos y documentos que se remontan hasta los años sesenta.

Las topografías se realizan con un DistoX o X2 y una PDA. Topógrafos más tradicionales utilizan una brújula y clinómetro con un medidor láser, y anotan las mediciones en papel impermeable.

Los teléfonos inteligentes y tabletas con GPS permiten usar aplicaciones como OruxMaps. También se usan dispositivos específicos de GPS.

SOFTWARE PRINCIPAL

La información recopilada y procesada, en general, se puede ver y utilizar en los principales sistemas operativos:
- Programas en PDA (como TopoDroid o SexyTopo) para tomar los datos y dibujar dentro de las cavidades.
- Survex para generar las poligonales de las cavidades y cargarlas en QGIS.
- QGIS, nuestro sistema de información geográfica.
- OruxMaps, una app de mapas para consultar sobre el terreno.
- MS Office: base de datos Access, hoja de cálculo Excel y Word; Powerpoint para las presentaciones.
- Corel Draw e Inkscape para dibujar la versión final de las topografías.
- Google Earth para publicar la información.
- Microsoft Image Composite Editor para unir fotos hechas con dron y crear una panorámica.
- PanGazer para ver panorámicas aéreas hemisféricas.
- DreamWeaver para la gestión de la web.
- Varios editores de texto.

DOCUMENTAR UNA CAVIDAD CON TOPOGRAFÍA

Tomemos como ejemplo una cueva hipotética, la cavidad 8123, descubierta en el verano del 2021.

Se toman las coordenadas de la boca con cualquier dispositivo GPS con Datum WGS84 o ETRS89 y el sistema UTM/UPS. Todas las cavidades de la zona están en el sector «30T». Las coordenadas se añaden a una hoja de cálculo Excel para que la posición aparezca en el mapa QGIS. Se guardan las coordenadas en el mapa (y en una base de datos junto con la altitud). Todo ello se guarda en el ACP para que

Cave 8123 is explored, surveyed, photographed and videoed possibly over one trip, more likely a few trips or, best of all, over years of exploration. All caving trips are written into the logbook with team names, what was done and passage descriptions including sketches.

The photos and videos from the explorations are downloaded, renamed (8123-ab-2021s-01, 8123-ab-2021s-02, etc where ab is the photographer code and 2021s indicates the summer 2021 expedition) and stored in the 2021 summer expedition folder on the NAS. Similarly with videos and any photos of the entrance.

The survey data is either typed into a text editor and saved, or downloaded to a 8123 folder within the main 'surveys' folder, alongside hundreds of other cave survey folders on the NAS. The data is then processed through the Survex program and possibly combined with other cave survey data to display cave 8123 centre line and its relation to other caves in the vicinity. The processed file can also be immediately loaded into the QGIS map for viewing.

The centre line is printed out and the survey hand-drawn onto this or, if a DistoX was used, various graphics files can be downloaded with the underground survey drawings. This tends to be the end as far as the expedition cave surveyor is concerned.

A final survey is eventually drawn up using these sketches as a basis within Inkscape or Corel Draw. The survey for cave 8123 would be stored within the survey folder and disseminated through a printout and the website - most likely a pdf. A copy of the pdf is also distributed within the Google Earth kmz file.

A description of 8123 for the website is put together from logbook entries, or especially written by the explorers. A cave summary is included in the annual report along with the drawn up cave survey.

At the end of any expedition, all new data and information is transferred from the NAS to the main Matienzo desktop PC for future use. Before an expedition, the reverse process happens so that all expedition members can use the latest information.

THE MCP QGIS MAP

QGIS is a hugely capable, free and open source geographic information system. The Matienzo Caves Project uses a small subset of the application's features. Plug-ins also extend the capabilities. The MCP currently uses older version 2.18 (Las Palmas) as some useful plug-ins are not (yet) compatible with version 3.

By highlighting how data gets into QGIS and the uses to which the application is put, this section may encourage cavers to pass through the 'pain barrier' to start using QGIS to investigate Matienzo information or their own speleo-data. A fuller explanation of how QGIS is used by the MCP was published as "Using QGIS as a Data Hub for Cave Projects" in CREG Journal 109, March 2020.

THE APPLICATION

In simple terms, QGIS is a multi-layered, user-defined map with features of the same type on each layer, e.g. a layer showing positions of cave entrances.

Layers can be of different types, e.g. shapefiles, vector, raster, delimited text, and data can be imported from many different sources as many different types, e.g. csv, xls, jpg. MCP QGIS map and data from all sources uses the ETRS89 or WGS84 coordinate reference system.

Our QGIS system can be considered in two sections: the background material provided by a mapping agency and data provided by the MCP.

The layers forming the background map of our permit area and surroundings have been downloaded as 40 multi-layered tiles from the Cantabrian maps website. Feature layers from the tiles are combined and given a standard width and colour (a style), e.g. blue for water courses. Eventually, after much combining and style defining the background map ends up with layers showing contours, surface features, detailed geology, digital terrain model, satellite photos from 2010 and 2014, and a layer for corrected aerial photos from 1956/57.

The Matienzo Caves Project information is shown on more separate layers: new sites found during an expedition; site positions; unexplored depressions; various individual cave survey centre lines and passage widths; layers showing all the cave survey centre lines plus passage widths; layers showing extents of aerial videos and 360° panoramic photos; walking tracks taken from GPS devices; dowsing information; a hydrology layer

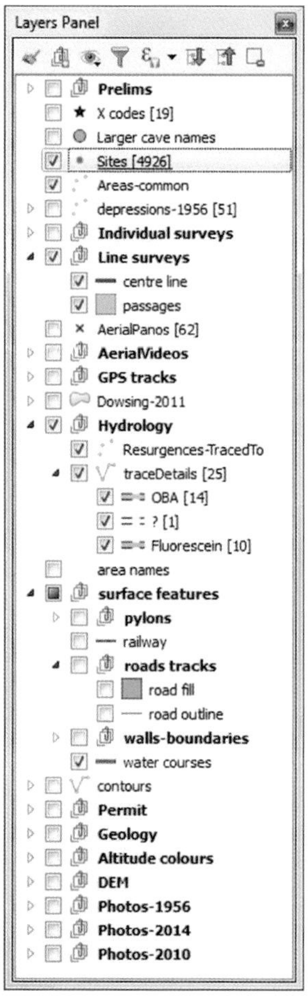

cualquier portátil puede acceder a ello.

La cueva 8123 se explora, topografía y fotografía posiblemente en un día, más probablemente a lo largo de varios días o, a lo mejor, durante años de exploración. Todas las visitas quedan registradas en el libro de salidas con los nombres de los participantes, actividad realizada y descripciones de las galerías con croquis incluidos.

Las fotos y vídeos de las exploraciones se copian al ordenador y se numeran (8123-ab-2021s-01, 8123-ab-2021s-02, etc.: aquí «ab» es el código del fotógrafo y «2021s» indica que es la expedición de verano 2021). Después, se guardan en la carpeta correspondiente a dicha expedición en el ACR. Lo mismo ocurre para los vídeos y cualquier foto de la boca.

Los datos de la topografía se copian a un editor de texto y se guardan o copian en una carpeta para 8123 dentro de la carpeta principal de las topos, junto con centenares de carpetas similares en el servidor. Se procesan los datos con el programa Survex y se combina con otros datos para visualizar la poligonal de la cavidad y su relación con otras cavidades cercanas. Se puede cargar el archivo procesado en el mapa QGIS de forma inmediata.

Se imprime la poligonal y se termina de dibujar el plano de la cavidad o, si se utilizó un DistoX, se descargan varios archivos gráficos con los dibujos realizados en la cavidad. Esto suele ser lo último que realiza el topógrafo de la expedición.

Con Inkscape o Corel Draw se dibuja la topografía final usando estos dibujos como base. La topo para la cueva 8123 se guarda entonces dentro de su carpeta y se publica a través de una copia impresa y en la web, probablemente como un pdf. También se distribuye una copia del pdf en el archivo kmz de Google Earth.

Se redacta una descripción de la cavidad para la web a partir de las entradas en el libro de salidas o de la descripción hecha por los exploradores. Se incluye un resumen en la memoria anual junto con la topografía.

Al final de la expedición, todos los datos nuevos se transfieren desde el ACR hasta el portátil principal de Matienzo Caves Project. Antes de una expedición, se sigue el mismo proceso a la inversa para que todos los participantes puedan consultar la información actualizada.

EL MAPA QGIS

QGIS es un sistema de información geográfica potente, gratis y abierto. Matienzo Caves Project utiliza una pequeña parte de las herramientas del programa. Los plugin, además, extienden su capacidad. Actualmente usamos la versión antigua 2.18 (Las Palmas) porque algunos plugin útiles para nuestro proyecto no son compatibles (todavía) con la versión 3.

Esperamos que al describir cómo se introducen los datos en QGIS y las aplicaciones del programa, esta sección anime a otros espeleólogos a superar sus miedos y a utilizar QGIS para investigar los datos de Matienzo o su propia información espeleológica. Una explicación más completa de cómo usamos QGIS está disponible en «Using QGIS as a Data Hub for Cave Projects» en CREG Journal 109, marzo 2020.

LA APLICACIÓN

En términos sencillos, QGIS es un mapa diseñado por el usuario que tiene múltiples capas con características específicas en cada una; por ejemplo, la localización de las bocas. Las capas pueden ser de distinto tipo (shapefiles, vector, ráster, texto delimitado, etc.) y se pueden importar los datos de muchos orígenes en distintos formatos, como csv, xls o jpg. El mapa de Matienzo Caves Project y los datos de todas las fuentes emplean el sistema de coordenadas ETRS89 o WGS84.

Nuestro sistema QGIS consiste en dos secciones: el material de fondo proporcionado por una agencia de mapas y los datos del proyecto.

Las capas que forman el mapa de fondo de nuestra zona de exploración consisten en 40 hojas de la web de cartografía del Gobierno de Cantabria. Se combinan las hojas y se dan una anchura y color (estilo) a las distintas características; por ejemplo, azul para los cursos de agua. Finalmente, el mapa acaba con capas que muestran las curvas de nivel, rasgos del terreno, geología, modelo digital del terreno y fotos de satélite de los años 2010 y 2014, además de fotos aéreas de 1956-57.

Los datos de Matienzo Caves Project aparecen en

Fig. 1 A typical QGIS Layers panel.

Fig. 1 Un panel típico de capas en QGIS.

MATIENZO

1285: cave · 0083: Chica, Cueva · 4211: cave · 4958: cave · 0160: cave · 2731: dig · 3724: cave · 3130: shaft
0557: cave · 0354: cave · 1286: shaft · 4479: dig · 2156: dig · 1795: shaft · 3424: cave · 1794: shaft
4505: shaft · 0065: Cofresnedo, Cueva de · 4216: cave · 2065: shaft · 2797: shaft
2799: cave · 4215: shaft · 3248: hole · 0185: shaft · 0805: shaft
1294: Epiglottis Cavern · 0014: Gonzalo, Cueva de · Cubillas · 0135: shaft
Sotarraña, Cueva del · 0032: Transformador, Cueva del · 0158: shaft · 0157: shaft · 3295:
0026: Tiva, Cueva de · 1458: cave · 0165: shaft
0078: Tizones, Cueva de los · 1562: cave · 1459: cave · 1199: shaft · 0180: shaft
El Sedo · 0011: Carrasquilla, Cueva de la · 1777: M-32, S

---

detailing water traces; area names layers, and the permit area outline. (Figure 1.)

In general, each layer can be made visible or invisible and the items on the layer can be transparent from 0 to 100%. Moreover, the items (and labels for each item) on each layer can be shown or not shown depending on the map magnification. The items on each layer can be filtered to show a subset. Examples of these are shown below in the details.

As well as having map coordinates, features are imported with other parameters: each contour line, for example, comes with the altitude integer and a field indicating if the line is part of a depression. The altitude data allows, for example, altitudes divisible by 25m to be shown as thicker brown lines and the others thinner. The on-screen altitude label can be shown in any font, size or colour and in a sensible, non-overlapping position with repeats as necessary, determined by the user. The depression field allows that type of contour line to be shown in blue (or any colour or style determined by the user).

QGIS allows the user to hover the mouse pointer over a feature to provide more information in a pop-up window. Left-clicking on a feature can start an 'Action'. For example, show a website page or play a video. These displays and actions, if required, are all defined by the user.

All of the above features can apply to the data imported from the Cantabrian maps site, but only the details of how the MCP speleological data is imported, viewed, used and exported is shown below.

DETAILS

New sites During an expedition, each new site is given a 4-digit code, a name and site position data. The data, along with other fields, is recorded in Excel and saved as a csv file containing code, name and x, y data (4 fields).

A "New sites" layer is set up to 'watch' this csv file so, when the file changes, it is reloaded into the map. On the screen, a prominent red star is displayed at the x, y position labelled with the code and name in a bold, red font, e.g. '8123: cave'

Site entrance positions; styles and filtering Basic information about all the 5000 or so sites is kept in an Access database, some 20 fields. Most of these are exported as an Excel file, then imported into the 'Sites' layer.

The user is able to program, name and save 'Styles' for features. The site style has been set to hairline, black, outline circle, filled with opaque pale blue over the centre position and with the same on-screen size no matter the map scale.

At progressively larger scale viewing (zooming-in), the label doesn't show, then shows either as just the site code, e.g. '8123' or the code plus name, e.g. '8123: cave', thus preventing, to some degree, map clutter at the smaller scales. This feature is easily programmable through the user interface.

The data associated with the 'Sites' layer allows the sites to be filtered, e.g. only digs that draught might be shown on the map, or unexplored shafts with a possible depth of 5 or more metres. Clusters of such sites then show on the map so, in the latter case, enabling a productive day of 'shaft bashing'.

Hovering the mouse pointer over a blue circle brings up a window of primary information about a site. Left-clicking over any site marker initiates an 'action' – in this case, the full website description from the remote server.

Unexplored depressions The land in and around our current permit has areas which are good for grazing and others which have been turned over to eucalyptus forest, possibly because there's more money to be made from this fast-growing resource. Many of these plantations are found in areas pock-marked with depressions and shafts, where it would have been difficult to manage stock and where animals might disappear down holes.

Modern satellite images of these areas show a swathe of green trees with no sign of any speleological interest and the digital terrain model doesn't have the resolution to reveal small depressions. However, some of these plantations didn't exist before the aerial black and white photographs were taken in 1956 / 57 and these photos, imported as a layer from the Cantabrian maps site, show a number of black marks

capas separadas. Cavidades nuevas halladas durante la expedición; posiciones de las bocas; dolinas sin explorar; poligonales y anchura de las galerías de cavidades individuales; capas con todas las poligonales y anchuras; capas con vídeos aéreos y fotos panorámicas de 360°; rutas tomadas de dispositivos GPS; información de radiestesia; la hidrología con las trazas; capas con la toponimia y los límites de la zona de exploración (Fig. 1).

En general, las capas se pueden activar o desactivar y los objetos de la capa pueden ser transparentes de 0 a 100 %. Además, los objetos (y etiquetas para cada objeto) se pueden mostrar o no según lo grande que se vea el mapa. Los objetos se pueden filtrar para mostrar un subconjunto. En la sección «Detalles» de este artículo se pueden consultar algunos ejemplos.

Además de las coordenadas, se importan los objetos con otros parámetros: cada curva de nivel, por ejemplo, viene con una altitud y un campo que indica si la curva es parte de una dolina. Estos datos permiten, por ejemplo, que las altitudes divisibles por 25 m se muestren con líneas más anchas y las demás, con líneas más delgadas. La etiqueta de la altitud puede mostrarse en cualquier fuente, tamaño o color y sin solaparse, con tantas repeticiones como sean necesarias a elección del usuario. El campo de dolinas permite que ese tipo de curva se muestre en azul (o cualquier color o estilo elegido por el usuario).

QGIS permite que al pasar el ratón sobre un objeto se pueda obtener más información en una ventana emergente. Un clic con el botón izquierdo del ratón hace que se inicie una «Acción»; por ejemplo, mostrar una página web o un vídeo. Todas estas acciones las puede definir el usuario cuando sea necesario.

Estas características funcionan también con los datos de la cartografía de Cantabria, pero aquí solo describimos cómo se importan, visualizan, utilizan y exportan los datos de Matienzo Caves Project.

DETALLES

Sitios nuevos Durante la expedición, a cada sitio nuevo se le asignan un código de cuatro números, un nombre y una posición. Los datos se anotan en Excel y se guardan como un archivo csv con el código, nombre, «X» e «Y» (cuatro campos).

Se crea una capa «cavidades nuevas» que «enlace» con ese archivo csv. Cada vez que se cambia el archivo, se carga el mapa de nuevo. En la pantalla, una estrella roja aparece en las coordenadas X, Y; con el código y el nombre en una fuente llamativa y en rojo: por ejemplo, «8123: cueva».

Posiciones de las bocas: estilos y filtros La información básica de las más de 5000 cavidades está guardada en una base de datos Access con unos veinte campos. La mayoría de estos se exportan como un archivo Excel y se importan en la capa «Cavidades».

El usuario puede programar, nombrar y guardar estilos para las características. Por ejemplo, el estilo para las cavidades es un círculo de contorno fino y negro, relleno con un azul pálido opaco sobre la posición y con el mismo tamaño en pantalla sea cual sea la escala. Al aumentar la escala, al principio la etiqueta no aparece, después aparece el código (8123) o el código más el nombre (8123: cavidad), lo que evita la confusión en las escalas pequeñas. Esto es fácil de programar desde la interfaz del usuario.

Los datos asociados con la capa permite filtrar las cavidades; por ejemplo, para mostrar solamente los agujeros sopladores o torcas sin explorar con un desnivel potencial de más de 5 m. En ese caso, en el mapa aparecen agrupaciones de torcas y la información que necesitamos para un día productivo de exploración.

Al pasar el ratón sobre un círculo azul se abre una ventana con información básica. Un clic con el botón izquierdo del ratón inicia una acción, en este caso la descripción completa guardada en el servidor.

Dolinas sin explorar El terreno dentro de la zona de exploración actual contiene áreas de pasto pero también algunas plantaciones de eucalipto. Muchas de estas se hallan en áreas con dolinas y torcas.

Las fotos de los satélites actuales muestran una alfombra de árboles y el modelo digital del terreno no tiene la resolución necesaria para ver las dolinas pequeñas. Sin embargo, muchas de las plantaciones no existían cuando en los años 1956-57 se tomaron las fotos aéreas en blanco y negro. Estas fotos, importadas de la web de cartografía de Cantabria, muestran secciones oscuras que podrían ser dolinas o torcas.

which, on first inspection, could be depressions or shafts.

QGIS allows free drawing in a layer so, after creating an empty layer above the 'Photos-1956' layer labelled 'Depressions-1956', the user can click over a black mark to create a feature which can be given 2 attributes, a code e.g. D0003 and a 'y' or 'n' to show if it has been inspected on the ground. After completing these fields, the feature (with a user-defined style) will come up as a red (unexplored) or green (explored) diamond. Making a later satellite photo layer visible, shows the depressions in the modern context.

The plantations are not intensively managed, so trying to explore into depressions full of brambles, hanging sarsaparilla and limestone pinnacles is not easy - and there may be an obscured shaft. The positions of these hidden depressions can be exported into our OruxMaps system (q.v.). On the ground, users can then take a track to near a red diamond then bash through the jungle down into the feature. If the depression reveals no hole or dig, the diamond colour is changed to green; if a cave, shaft or dig is found, a new site code is allocated and the feature appears on the 'New sites' layer. (Figures 2 - 5.)

Individual cave survey centre lines
Survex / Aven can show the altitudes of cave passages using a spectrum: red, orange, yellow, green, blue – high to low. QGIS can do something similar and also colour the surrounding passage according to altitude. This facility is used when rather more detail is required on the map, perhaps to see which passages are coming to the surface, or to highlight 'levels of development' within the cave. (Figure 6.)

One method of bringing the 3d file into QGIS is to use Patrick Warren's plug-in – a 3d file importer. A spectrum style is chosen to colour the passages at various altitudes: a 200m-deep cave might be allocated 10 classes to give a different colour to each of 10 altitude ranges; a shallow cave might only have 2 or 3 classes. Additionally, the survey stations can be labelled with the altitude to compare with surface elevations.

All cave survey centre lines With the MCP cave survey data, a script with hundreds of '*Include' lines generates, within a few seconds, a 3d file containing about 360km of centre line and widths. The 3d file can be exported in a number of formats, including kml which QGIS can deal with. Our centre line file is exported as a dxf which is 'dragged and dropped' over the main QGIS map window. A suitable style is applied - in most of the maps in this book, a purple line possibly with a faint shadow effect.

Extents of 360° panoramic photos and aerial videos Even applying a 140m-above-ground height limit to a Mavic Pro drone has not reduced its effectiveness in providing potentially very useful high definition aerial videos and photos. The use of the drone is outlined below.

The data about each aerial panoramic photo is kept and updated in an Excel spreadsheet, including the vital x and y coordinates of the ground centre, and imported into the 'AerialPanos' layer. The style for

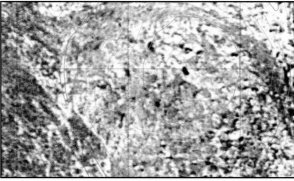

Fig. 2 A 200m diameter depression with black marks visible on the 1956/57 aerial photos. (100m grid)
Fig. 2 Una depresión de 200 m de diámetro con marcas negras visibles en las fotografías aéreas de 1956/57. (Cuadrícula de 100 m)

Fig. 3 2014 satellite view - covered with trees; probably difficult to explore.
Fig. 3 Imagen de satélite de 2014, llena árboles; probablemente difícil de explorar.

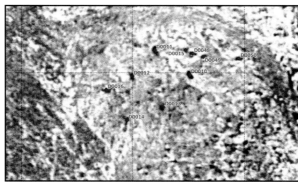

Fig. 4 Solution: mark possible shadows, depressions, photo artifacts or shafts.
Fig. 4 Solución: señalar las posibles sombras, depresiones o pozos.

Fig. 5 With information transferred to OruxMaps on a tablet, walk to labelled marks. (The three possibilities inspected are shallow depressions.)
Fig. 5 Tras pasar la información a OruxMaps en una tableta, se puede caminar hasta las marcas etiquetadas. (Las tres posibilidades que se han examinado son depresiones poco profundas.)

QGIS permite el dibujo libre en una capa, por lo que, después de crear una capa vacía llamada «Dolinas 1956» encima de la capa «Fotos 1956», el usuario puede hacer clic encima de una sección oscura para crear un objeto al que se le dan dos atributos: un código y un «y» o «n» para indicar si se ha inspeccionado sobre el terreno o no. Después de completar esos campos, el objeto (con estilo definido por el usuario) aparece como un rombo rojo (sin explorar) o verde (explorado). Haciendo visible la foto de satélite moderno aparecen las dolinas en el contexto actual.

Es difícil explorar las zonas de las plantaciones debido a la maleza. Las posiciones de las dolinas escondidas se pueden importar a nuestro sistema de OruxMaps (q.v.) para que los exploradores intenten investigar esos rombos rojos. Si la dolina no tiene una cavidad, se cambia el color del rombo a verde; si se encuentra una cueva o torca, se le asigna un código al sitio nuevo y aparece en la capa «Cavidades nuevas». (Figuras 2 - 5).

Poligonales de cavidades individuales
Survex/Aven muestra las altitudes de las galerías con una gama de rojo, naranja, amarillo, verde, azul, de menor a mayor profundidad. QGIS puede hacer algo parecido y también colorear las galerías según la altitud. Esto se usa cuando hacen falta más detalles en el mapa, quizá para ver qué galerías se acercan a la superficie o para ver los niveles de desarrollo de la cavidad. (Fig. 6)

Un método para introducir el archivo 3D en QGIS consiste en utilizar el plugin de Patrick Warren. Se elige un estilo para colorear las galerías según su altitud; una cavidad con un desnivel de 200 m puede tener diez colores para diez zonas de altitud, mientras que una cueva menos profunda tendrá dos o tres colores. También se pueden etiquetar los puntos de topografía con las altitudes para compararlas con las elevaciones de la superficie.

Todas las poligonales de las cavidades
Con los datos topográficos de los que disponemos, una secuencia con cientos de líneas «*Incluir» puede generar en unos pocos segundos un archivo 3D con unos 360 km de poligonales y anchuras. El archivo se puede exportar en distintos formatos, kml incluido, que es el que usa QGIS. Nuestro archivo de poligonales se exporta en formato dxf y se arrastra y suelta sobre la ventana del mapa principal. Se aplica un estilo apropiado; en la mayoría de los mapas en este libro: una línea morada con un ligero sombreado.

Fotos panorámicas de 360° y vídeos aéreos Incluso con un límite de 140 m de altitud, el dron Mavic Pro sigue siendo muy eficaz para obtener vídeos y fotos aéreas de alta definición y potencialmente muy útiles.

Los datos de cada foto panorámica aérea se guardan en una hoja de cálculo Excel, con las coordenadas, y se importan a la capa «AerialPanos». La posición de cada foto se indica con una cruz en el centro de un círculo azul transparente. Un clic en el botón izquierdo del ratón en la cruz activa PanGazer (q.v.) para ver la panorámica.

each photo position has a cross in the centre of a transparent blue circle. Left-clicking on the cross activates Pangazer (q.v.) to show the panorama.

The aim of this panoramic facility is for users to compare the panorama on one screen with the map, or satellite photo, on another. The same idea applies to the videos, where the view filmed by the drone can be seen on one screen and followed on the map on a second screen.

An area for an aerial video flyover is chosen by studying the map. Perhaps an area with no or few caves marked will be a good place to search! After the flight, usually controlled by a programmed path, the video file is stored as a local copy and also uploaded to YouTube.

In QGIS, a kml file of the flight path is dragged and dropped into the map window and styled to show a grey flight path, orange circle home position and chevrons showing the direction of travel.

Left-clicking anywhere on the grey line initiates the user defined 'Action': the video is played from the local file or the one saved on YouTube.

At this point, the search for new holes and features really starts. With the video playing on one screen, the QGIS map with grey lines on another screen can be compared. It needn't be the contour map – viewing a satellite photo with the 'sites' layer under the grey line may be a more productive comparison. The whole QGIS map or photo can also be rotated, possibly making it easier to follow the flight path and turns.

If the orange circle is left-clicked, the kml file is loaded into Google Earth (q.v.) where, if the landscape is viewed 3-dimensionally, the flight path shows as a 3-dimensional line.

Walking tracks taken from GPS devices Files from a GPS unit can be exported at least as kml or gpx files. QGIS can deal simply with these – the exported file can be 'dragged and dropped' over the map and choices made as to which aspects to import. A user-determined style can then be applied – perhaps a dashed line labelled with the date and the direction of travel. (Fig. 5).

Dowsing information Dr John Wilcock visited the Matienzo area for a few days in July, 2011 to use his dowsing skills in a number of areas.[1] In QGIS, three drawing layers have been used, one for a positive reaction to water below, another for presumed connections between positive areas and the third for 'no result' walks.

Appropriate transparent styles have been applied so that all the results could be viewed without obscuring any detail below. Various data about each dowsing walk are shown as the user's mouse pointer hovers over any of the dowsing areas.

Hydrology layer detailing water traces[2] Basic details about all the known water traces (dye tests) carried out in the area are shown on the QGIS map using a layer to name and highlight the resurgences and a layer showing lines between injection point and resurgence (or upstream end of the cave). These are all grouped together in a map Hydrology folder. Enough data is included to allow the style for the trace line to be a different colour depending on the agent used. The details for each trace are also displayed when the mouse hovers over any part of any line.

Altitude colours The files brought in for generating the digital elevation model (DEM) are also used to generate blended colours showing altitude using a transparent cyan-green-yellow-brown-red spectrum.

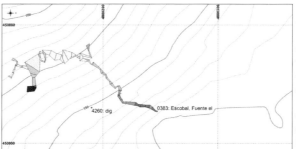

Fig. 6 Red - blue (high to low) passage altitude spectrum on a rotated map with 100m grid coordinates shown. (North to the right.)
Fig. 6 La altitud de las galería de rojo a azul (de mayor a menor) en un mapa con cuadrícula de 100 m. (Norte a la dcha.)

Fig. 7 Showing part of a set of flights recording video (grey lines) and photos for aerial panoramas (blue areas). (North to the right; grid 250m).
Fig. 7 Selección de un conjunto de vuelos grabando vídeo (líneas grises) y panoramas aéreos (secciones en azul). (Norte a la dcha. ; cuadrícula 250 m).

Fig. 8 A screen-shot from a panorama showing interesting features.
Fig. 8 Captura de pantalla de un panorama que muestra características interesantes.

La finalidad es que los usuarios comparen la panorámica que se muestra en una pantalla con el mapa o foto de satélite en otra. Igualmente con los vídeos, donde la vista grabada por el dron se observa en una pantalla y se sigue en el mapa en otra.

La zona para el vídeo aéreo se elige estudiando el mapa. Quizá una zona sin cavidades, o pocas, es un buen lugar para buscar. Después del vuelo, normalmente siguiendo una ruta programada, se guarda el archivo del vídeo localmente y también se sube a YouTube.

En QGIS, un archivo kml de la trayectoria se arrastra y suelta en la ventana del mapa para mostrar la trayectoria en gris, la posición central con un círculo naranja y la dirección del vuelo con flechas.

Tras iniciar la «Acción» definida por el usuario, el vídeo se abre desde el archivo local o desde YouTube y empieza la búsqueda de nuevas cavidades. Con el vídeo en una pantalla, se puede comparar el mapa QGIS en otra. No tiene que ser necesariamente el mapa con las curvas de nivel; una foto de satélite con la capa de las cavidades puede facilitar una comparación más productiva. Se puede rotar el mapa QGIS o la foto para que sea más fácil seguir la ruta del dron y los giros.

Haciendo clic con el botón izquierdo sobre el círculo naranja, el archivo kml se carga en Google Earth (q.v.), donde la trayectoria aparece como una línea tridimensional si se observa el paisaje de esa manera.

Rutas de los dispositivos GPS
Los archivos de una unidad GPS pueden exportarse como archivos kml o gpx. El archivo se arrastra y suelta sobre el mapa eligiendo qué aspectos se quiere importar. Entonces se aplica un determinado estilo, quizá una línea quebrada con la fecha y la dirección de progresión.

Información radiestésica
John Wilcock pasó unos días en la zona de Matienzo en julio de 2011 para emplear sus habilidades radiestésicas en varias zonas.[1] En QGIS se han empleado tres capas: la primera para una reacción positiva ante agua subterránea; otra para supuestas conexiones entre zonas positivas; y la tercera para la ausencia de resultados.

Se han aplicado estilos transparentes para ver los resultados sin ocultar los detalles en las capas inferiores. Varios datos respecto a la radiestesia aparecen cuando el ratón pasa encima de una de las zonas.

Capa de la hidrología con detalles de las pruebas[2] Los detalles básicos de todas las pruebas con trazadores que se han llevado a cabo en la zona se encuentran en un mapa QGIS con una capa para nombrar y destacar las surgencias y otra capa que muestra la línea entre el punto en el que se introdujo el trazador y la surgencia (o extremo de aguas arriba de la cavidad). Todos están agrupados en una carpeta del mapa hidrológico. Se incluyen suficientes datos para que el estilo de la línea sea de un color distinto según el trazador empleado. También se muestran los detalles de cada prueba cuando el ratón pasa sobre cualquier parte de la línea.

Colores para la altitud Los archivos introducidos para generar el modelo digital de elevaciones (MDE) también generan colores que indican la altitud con una gama transparente cian-verde-amarillo-marrón-rojo. Se puede ver la capa MDE por debajo, combinando los colores con el sombreado del paisaje.

Otras posibles capas y usos El único límite al número y tipo de capas es la cantidad de datos recogidos por el proyecto espeleológico. Otras

---

1   "Dowsing", pages 46 - 47.
2   Hydrology, pages 455 - 460

1   «Radiestesia», páginas 46 - 47.
2   Ver la sección de hidrología, páginas 455 - 460

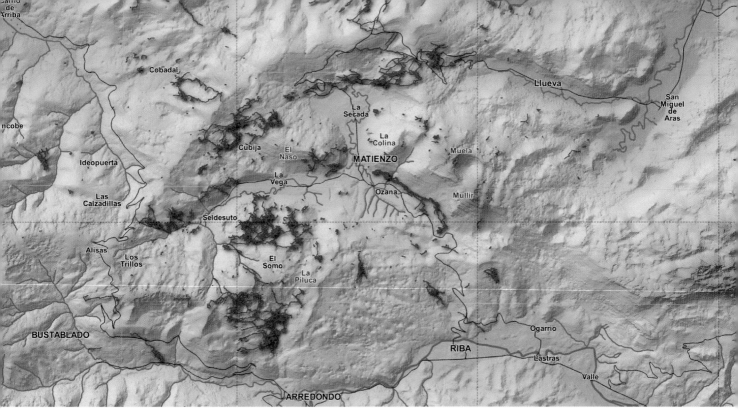

Fig. 9 A colour spectrum highlighting the high ground. Grid size: 5km : Main roads only shown : Cave centre lines shown : Map shows December 2019 information : North up the page : A blue line indicates valley bottoms which may have a stream.

Fig. 9 Gama cromática que destaca el terreno elevado. Cuadrícula: 5 km; solo se muestran las carreteras principales; se muestran las poligonales de las cuevas; el mapa muestra la información de diciembre de 2019; norte arriba; una línea azul representa los valles que pueden tener un río.

The DEM layer can be shown underneath combining the colours with landscape shading.

Other possible layers and uses The only limit to the number and type of layers is the amount of data accumulated by any caving project. Other layers that could display data are biological records, radon values, archaeological records, temperature readings, etc, etc. Any data that has geographic coordinates attached can usefully be used or, as the QGIS website states, "Create, edit, visualise, analyse and publish geospatial information".

As well as displaying data on-screen, QGIS can manipulate data through the Python programming language. The Matienzo Caves Project currently uses the built-in and plug-in resources without having to resort to programming.

Extracting information Any current map window can be saved in jpg format (or 9 other types). These graphics are suitable for printing out, inclusion on the website, incorporating into OruxMaps or in book / magazine publications.

As the scale becomes smaller (zooming out), features will clash, despite the program 'doing its best' to avoid them. When this happens, unnecessary layers can be turned off and / or data filtered, e.g. contours lines could be filtered to show lines at 100m intervals.

The MCP QGIS system is used before, after and throughout the expeditions and is available for download through the website for use by Matienzo cavers and the wider audience. Nothing is 'locked' allowing the novice user to freely experiment and alter styles and other settings.

Drone Use

To some extent, at least to start with, using a drone both below and above ground was a solution looking for a problem. After some trials using a Parrot AR drone, mainly underground, Juan Corrin splashed out on a Mavic Pro drone to use above ground. The Parrot had a fixed camera and manoeuvrability was limited by sliding a finger around a touch screen. The Mavic Pro is controlled by joysticks, has a controllable camera and can be programmed with flight paths - a 'killer feature' for flying over difficult or unknown terrain.

Hemispherical, 360° panorama photos are a useful resource for the cave hunter and are "easily" produced. The drone is sent out to a possibly pre-programmed point and 23 photos automatically taken as the drone rotates and the camera moves up and down. The photos are later stitched together using Microsoft's ICE application then viewed using PanGazer.

PanGazer is an application written and maintained by Mike Cowlishaw and, as well as controlling the distortions in the panorama, allows the user to darken or brighten the image, zoom in and out and take screen-shots, among other features. (Figure 10.)

posibles capas pueden mostrar registros biológicos, valores de radón, sitios arqueológicos, las temperaturas, etc. Cualquier información unida a coordenadas geográficas puede incorporarse para «crear, editar, visualizar, analizar y publicar información geoespacial», como anuncia la web de QGIS.

Además de presentar datos en la pantalla, QGIS permite manipular datos con el lenguaje de programación Python. Actualmente Matienzo Caves Project usa los recursos y los plugin incluidos en la aplicación sin tener que programar ninguna característica adicional.

Extraer la información Cualquier mapa mostrado puede guardarse en formato jpg (o nueve tipos más). Estos gráficos se pueden imprimir, incluir en la web, incorporar a OruxMaps o publicar en libros y revistas.

En las escalas más pequeñas, los objetos se solaparán, a pesar de que el programa intente evitarlo. En ese caso, se pueden desactivar capas innecesarias o filtrar los datos. Por ejemplo, las curvas de nivel pueden filtrarse para que se muestren solamente a intervalos de 100 m.

Nuestro sistema QGIS se emplea antes, durante y después de las expediciones y se halla disponible en la web. No se ha bloqueado nada para que los principiantes puedan experimentar y alterar los estilos y otros ajustes.

Uso de los drones

Al principio, el uso de un dron tanto bajo tierra como sobre la superficie fue como una solución que buscaba un problema. Después de probar con un dron Parrot AR, Juan Corrin compró un Mavic Pro para usarlo en la superficie. El Parrot tenía una cámara fija y solamente se podía maniobrar moviendo un dedo por la pantalla. El Mavic Pro se controla con joysticks, tiene cámara controlable y se le pueden programar trayectorias, una característica clave cuando se vuela sobre un terreno difícil o desconocido.

Las fotos panorámicas y hemisféricas de 360° son un recurso útil para el buscador de cavidades y son «fáciles» de producir. Se envía el dron a un punto posiblemente pre-programado y se toman 23 fotos automáticamente mientras el dron gira y la cámara sube y baja. Después se juntan las fotos con la aplicación ICE de Microsoft y se visualizan con PanGazer.

PanGazer es una aplicación escrita y mantenida por Mike Cowlishaw que, además de controlar las distorsiones en la panorámica, permite oscurecer e iluminar la imagen, aumentar o reducir y hacer capturas de pantalla, entre otras funciones. (Figura 10.)

En principio, los vídeos aéreos son más útiles porque el punto de vista y el aspecto del terreno cambian a medida que el dron los sobrevuela. Primero se dibuja una trayectoria (un número de puntos unidos con datos x, y, z) en el ordenador sobre una foto de satélite, se revisa como un archivo kml en Google Earth (para garantizar que las altitudes sean razonables) y se importa a una aplicación en un iPad.

Fig. 10 Part of a drone panorama with 2 previously uninvestigated features circled. The upper feature is now being explored as Torca del Dron (4669).
Fig. 10 Parte de un panorama sacado con un dron con 2 lugares no investigados previamente en un círculo.
El superior se está explorando en la actualidad: Torca del Dron (4669).

Aerial videos are potentially more useful as the view point and aspect of any ground feature alters as the drone flies over. A flight path (a number of linked points with x, y and altitude data) is first carefully plotted out on a PC over a satellite view, checked as a kml file in Google Earth (to ensure that altitudes are reasonable), then imported into an application on an iPad.

At the flight take-off point, a final check is made to ensure that no trees, pylons, cables or cliffs have been missed in the planning stage. Just before take-off, the flight path is loaded into the drone – and off it goes on its search pattern, with the on-board video camera switched on. The view from the camera is monitored on the iPad and altered, as required, from straight ahead to straight down as the flight proceeds.

Another use became apparent when sites 4946, 4947 and 4948 were catalogued on a steep hillside but without a GPS unit. To find the position and altitude, the drone executed a "flypast" with the sites in the middle of the picture, horizontally straight ahead. Later analysis of the flight path provided the altitude of the drone while looking straight at each site: extrapolation onto the contoured map of the hillside provided the site positions and altitudes.

In keeping with the aims of the MCP, the panoramas and videos are available through the QGIS map and on the website.

GOOGLE EARTH

Google Earth is another way of viewing the Matienzo Caves Project information. A kmz file is produced 2 or 3 times a year for users to download into Google Earth. Various aspects can be viewed over the standard Google Earth landscape (either 2 or 3 dimensional): geology (including the geological map published with the Matienzo 50 book); all the entrances, cave survey centre lines, cave surveys and rose diagrams of passage directions. There are also selections of sites, i.e. all the digs, archaeological sites, unexplored sites, sites of biological interest, continuing caves, draughting sites, dive sites, sinks and resurgences. (Figure 11.) Descriptions for each site are shown by clicking on the entrance marker. 'Tours' have also been programmed taking the

En el punto de salida, se hace una última comprobación para asegurarnos de que no nos hemos olvidado árboles, torres de alta tensión, cables o acantilados. Antes del despegue, se carga la trayectoria en el dron que sale en su modo de búsqueda, con su cámara encendida. Se observa la vista de la cámara en el iPad y se modifica según sea necesario, desde arriba abajo, durante el vuelo.

Otra utilidad se descubrió cuando se catalogaron los sitios 4946, 4947 y 4948 en una pendiente sin un dispositivo GPS. Para encontrar la posición y altitud, el dron las sobrevoló con las bocas en el centro de la imagen, horizontalmente. El posterior análisis de la trayectoria proporcionó la altitud del dron cuando miraba directamente a cada cavidad. Extrapolando esto sobre el mapa, se consiguió determinar las coordenadas y altitudes de las cavidades.

En consonancia con los fines del proyecto, las panorámicas y vídeos se pueden consultar en el mapa QGIS y la web.

GOOGLE EARTH

Google Earth es otra manera de visualizar la información de Matienzo Caves Project. Dos o tres veces al año se genera un archivo kmz para que los usuarios lo descarguen en Google Earth. Se pueden observar varios aspectos sobre el paisaje (dos o tres dimensiones): geología (incluyendo el mapa geológico publicado en el libro del 50º aniversario); todas las bocas; poligonales; topografías y diagramas de las orientaciones de las galerías. También se pueden seleccionar las cavidades: todas las desobstrucciones, lugares arqueológicos, sitios sin explorar, sitios de interés biológico, cavidades que continúan, cuevas con corrientes de aire, sifones, sumideros y surgencias. (Figura 11). Se muestran las descripciones de cada una con un clic en el marcador de la boca. También se han programado algunos «vuelos» sobre algunos de los paisajes más interesantes.

ORUXMAPS

Esta es nuestra actual aplicación móvil de mapas. En una tablet Android muestra mapas y fotos de satélite con las cavidades conocidas.

Fig. 11 Looking NW over Arnilla and Cubija (R) on Google Earth with the draughting holes subset shown.
Fig. 11 Mirando al NO sobre Arnilla y Cubija (R) en Google Earth con el subconjunto de agujeros sopladores.

viewer on a 'flight' over some of the interesting landscapes.

ORUXMAPS

This is our current mobile map application which, on an Android tablet, displays moving maps and satellite photos with known entrances and cave passages. Information is updated through the website 3 or 4 times a year - the map and a database of entrances with some primary information. OruxMaps is often used while out on the hills to check that a discovered hole is "new" or to check where cave passage may be underfoot.

INFRA RED PHOTOS AND VIDEOS

A Flir One IR camera, which attaches to an Android tablet, is used to check for draughting holes on the

Fig. 12 Site 3318. Left is a low resolution visible spectrum photo. Right is an infra red photo showing the characteristic cold draught trail below the hole.
Fig. 12 Cueva 3318. La de la izda. es una foto de espectro visible de baja resolución. La de la dcha. es una foto infrarroja que muestra el rastro característico de una corriente fría debajo del agujero.

surface. It cannot be said that the device has discovered any interesting sites (yet!) but the technique and results confirm what the back of a hand feels.

It would be ideal if cold, draughting holes could be visible from a distance but the resolution of this relatively cheap device is not good enough. However, a few metres away from the cold draught issuing from a hole, the path of a cold stream of air is made visible as it cools the vegetation. (Figure 12.)

Further details can be seen on the website from the Cave Science page.

DISTOX OR DISTO X2 / PDA

These devices are the modern way to survey a cave, to eventually produce a traditional cave survey drawing. Not everyone is convinced about the usability and reliability of the devices or competency of the users. Compass, clinometer, and a laser distance measure with a pencil and waterproof paper is still the method of choice for a number of Matienzo surveyors.

When calibrated and used correctly, the DistoX measures length, bearing and angle of elevation, sending these readings by Bluetooth to the PDA where an app is used draw the passage shape, sediments and decorations, etc. This drawing file can be downloaded as the basis for drawing up the survey and the centre line data converted to a Survex format.

At the time of writing, (January 2020) it would appear that the DistoX2 is no longer being produced. As current X2's die, we may have to revert to the older methods!

SUB-PHONE

Ron 'Obvious' Taylor has produced devices which allow underground to surface communication. Phil Papard, as the expedition-lead, has liaised with Ron, feeding back any problems with their use. The most recent voice communication was during the successful linking of Cueva-Cubío del Llanío to the Four Valleys System. Surface-to-underground communications were established and underground-to-underground.[3] (Figure 13.)

The strength of a tone transmitted by the underground device can be used to find the position relative to the surface and hence verify the accuracy of a survey. This technique was recently used to check how close passages were coming to the sinks at Carcavuezo.[4]

RADON MEASUREMENTS

Radon levels have been checked in a number of caves but the failure of some of the measuring devices used has seen no recent measurements taken.

The results of tests carried out around 2012 - 2014 can been seen online from the Cave Science page.

La información se actualiza a través de la web tres o cuatro veces al año: el mapa y una base de datos de las bocas y datos básicos. Se suele usar OruxMaps en el monte para verificar si una boca es «nueva» o comprobar si una galería pasa por debajo.

FOTOS Y VÍDEOS DE INFRARROJO

Se emplea una cámara Flir One IR que se acopla a una tablet Android para buscar agujeros sopladores en la superficie. El dispositivo no ha descubierto nada interesante (¡por ahora!), pero la técnica y los resultados confirman lo que se siente con la mano.

Sería ideal si se pudieran detectar agujeros con aire frío a una mayor distancia, pero la resolución de este dispositivo relativamente barato no es suficiente. Sin embargo, a unos pocos metros de una boca, se puede ver cómo la corriente de aire frío enfría la vegetación. (Figura 12.) Más información está disponible en nuestro sitio web.

DISTOX O DISTO X2 / PDA

Estos dispositivos son las herramientas modernas para topografiar y trazar un plano tradicional. Pero su facilidad y fiabilidad, o la habilidad de los usuarios, no convencen a todo el mundo. Brújula, clinómetro y medidor laser, con lápiz y papel impermeable, siguen siendo las herramientas que eligen algunos topógrafos en Matienzo.

Calibrado y utilizado correctamente, el DistoX mide la distancia, dirección y elevación, y envía los datos a una PDA con Bluetooth, donde una app forma la poligonal y se dibuja la forma de la galería, sedimentos, etc. Este archivo base para el dibujo a limpio de la topografía se puede descargar, con la poligonal convertida al formato de Survex.

En el momento de redactar este artículo (enero de 2020), parece que se han dejado de fabricar los DistoX. Cuando los dispositivos actuales acaben rompiéndose, ¡igual tenemos que volver a los métodos antiguos!

SUBPHONE

Ron «Obvious» Taylor ha diseñado unos dispositivos que permiten la comunicación entre la cueva y la superficie. Phil Papard sigue en contacto con Ron, explicándole cualquier dificultad en su uso para así mejorar el sistema. Su empleo más reciente fue durante la unión de la Cueva-Cubío del Llanío con el Sistema de los Cuatro Valles. Se estableció el contacto tanto de superficie a cueva como de cueva a cueva.[3] (Figura 13.)

La fuerza del tono emitido por el dispositivo subterráneo se emplea para encontrar su posición relativa a la superficie y así determinar la precisión de la topografía. Recientemente se utilizó esta técnica para verificar la proximidad de galerías al sumidero del Carcavuezo.[4]

Fig. 13 Diane Arthurs using an underground 'end' of the Sub-phone communication system in Cueva de Riaño, August 2019.
Fig. 13 Diane Arthurs usando la parte subterránea de un sistema Subphone en Cueva de Riaño, agosto 2019.
Neil Rumney

MEDICIONES DE RADÓN

Se han verificado los niveles de radón en varias cavidades, pero debido a los fallos de algunos de los dispositivos, no se han tomado más mediciones recientemente.

Los resultados de las pruebas en los años 2012-14 están disponibles en nuestro sitio web.

3 2019 summer, page 378.
4 2015 summer, page 196.

3 Verano de 2019, página 378.
4 Verano de 2015, página 196.

WHERE HAVE ALL THE LARGE CAVES GONE?

DÓNDE ESTÁN LAS CUEVAS GRANDES?

HARRY LONG

Some years ago, one of the French cavers from the Dijon Speleos, Guy Simonnot, said that you will most likely only discover one really good cave for every 100 possible places looked at. This, he said, related to their explorations up the Asón Gorge. With two systems over 100 kilometres in length to their credit, he may just know what he is talking about. So, if you have looked at 99 potential sites already don't give up just yet – your luck could be about to change!

Is there any way you can improve your chances of finding a BIG ONE without having to wait and see if the laws of probability will work for you? Well, it should be possible. With the 5,000 sites listed in the Matienzo data base, many of them unexplored, we could / should have some 50 big caves known. Obviously we are short of a few! So how do you go about finding them?

It helps to have some knowledge of the expedition area, and where the known large caves are and thus where there are 'big blanks on the map'. Also, it is worth bearing in mind that a majority of the known long caves have been entered via entrances at, or close to, the valley floors. There are exceptions, such as Azpilicueta and Coterón, both dropping into the South Vega system, and a number of others, but few of the many high-level sites have, so far, lived up to their promise.

A little geological knowledge is also useful. Being able to recognise the presence of sandstone beds is important as they may have influenced the siting of many lengthy caves. These beds can act as aquicludes, preventing water from entering limestone beds from above, or below, and thus not only dictating the altitude of caves, but also the likelihood of some passages extending considerable distances. There are, also, some key altitudes of big tunnels within some of the larger, abandoned caves, for example between 200-220 metres, which probably relate to the altitudes of former resurgence levels. These passages may be accessed via climbs to upper levels within the known low-level, more modern drainage routes. There may also be lengthy remnants that have been truncated by lowering of the valley floors and are perched with entrances at slightly higher levels.

Most of these points are in respect of finding new entrances on the surface but some criteria, such as strong draughts and echoes, may also lead to a possible big extension within an already known

Hace algunos años, Guy Simonnot, uno de los espeleólogos franceses del grupo Dijon Speleos, dijo que lo más probable es que solo descubras una cueva realmente buena por cada 100 posibles agujeros explorados. Esto, dijo, estaba relacionado con sus exploraciones en el desfiladero de Asón. Con dos sistemas de más de 100 kilómetros de desarrollo explorados, puede que supiese de qué estaba hablando. Así que, si has estado en 99 cavidades con potencial, no te des por vencido, ¡tu suerte podría estar a punto de cambiar!

¿Hay alguna forma de tener más posibilidades de encontrar una de las GRANDES sin tener que esperar a ver si las leyes de probabilidad funcionan? Bueno, debería haberla. Con 5000 cavidades recogidas en la base de datos de Matienzo, muchas de ellas sin explorar, podríamos/deberíamos tener unas 50 cuevas grandes conocidas. ¡Está claro que nos falta alguna! Entonces, ¿qué podemos hacer para encontrarlas?

Nos puede ayudar conocer el área en el que se desarrolla la expedición, dónde están las grandes cavidades ya conocidas y, por lo tanto, dónde hay «grandes espacios en blanco en el mapa». Además, merece la pena tener en cuenta que a la mayoría de las cuevas conocidas de mayor desarrollo se ha accedido a través de entradas en, o cerca de, el fondo del valle. Hay excepciones, como Azpilicueta y Coterón, ambas entradas al sistema de La Vega, y alguna otra, pero pocas de las muchas cavidades en zonas altas, hasta ahora, han resultado ser como se deseaba.

Tener conocimientos básicos de geología también nos puede resultar útil. Ser capaz de reconocer lechos de arenisca es importante ya que estos pueden haber afectado al desarrollo de muchas cuevas largas. Estos lechos pueden actuar como acuicludos, evitando que el agua llegue a los lechos de piedra caliza desde arriba o desde abajo y, por lo tanto, no solo afectan a la altitud de las cuevas, sino también a la probabilidad de que algunas galerías tengan un desarrollo importante. La altitud de grandes túneles dentro de algunas de las cuevas más grandes también puede ser clave, por ejemplo, si está entre 200-220 metros, algo que probablemente tenga que ver con la altitud de los antiguos niveles de surgencia. Escalando se puede acceder a estas galerías en un nivel superior dentro de las rutas de drenaje conocidas de nivel inferior, más modernas. También puede haber partes de galerías largas truncadas a medida que bajaba el nivel del valle, a las que se accede mediante entradas en niveles ligeramente más altos.

Gran parte de este artículo se centra en la búsqueda de nuevas cavidades en la superficie, pero algunas características, como una fuerte

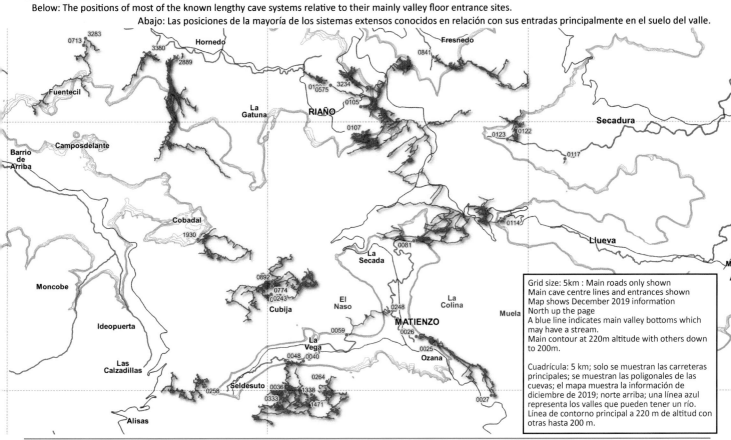

Below: The positions of most of the known lengthy cave systems relative to their mainly valley floor entrance sites.
Abajo: Las posiciones de la mayoría de los sistemas extensos conocidos en relación con sus entradas principalmente en el suelo del valle.

Grid size: 5km : Main roads only shown
Main cave centre lines and entrances shown
Map shows December 2019 information
North up the page
A blue line indicates main valley bottoms which may have a stream.
Main contour at 220m altitude with others down to 200m.

Cuadrícula: 5 km; solo se muestran las carreteras principales; se muestran las poligonales de las cuevas; el mapa muestra la información de diciembre de 2019; norte arriba; una línea azul representa los valles que pueden tener un río. Línea de contorno principal a 220 m de altitud con otras hasta 200 m.

small cave. With literally hundreds of sites in this category it is worth a search through the web site looking for caves and shafts that refer to these factors. Some of the earlier known sites may well be worth a new look - what may have been seen as a right-off previously may now be a place that could be extended with modern technology. This may be worth spending time on if holes in this category lie within areas of the type mentioned above, meeting other criteria as well.

A decision may have to be made between prospecting on the surface or trying to extend known caves. This may be helped by talking to people who know the area and the caves. Of course, you can always do both. Use modern technology to assist in this.

So, to list the key points which may help you find that large cave:

1. Get to know the expedition area from maps, aerial photos and cave surveys.
2. Choose areas that appear devoid of any lengthy, known caves and examine them on the ground.
3. Search the website for details regarding known sites.
4. Decide whether to surface prospect or try to extend known caves.
5. Look for places that have very strong draughts and good echoes.
6. Talk to people who have some knowledge of your search areas.
7. Take note of the geology and altitude of your chosen sites.
8. Use the information from Juan's infrared photos and his drone - aerial photographs and videos.
9. Don't be deterred by drawing a blank on your first visit to your search area. More visits may reveal something not spotted previously.
10. It is probably best not to go 'mob-handed' as this usually means one person looking at a possible site, with all the rest just standing about watching.
11. Finally, look in places that you think others may have ignored.

Of course, even taking notice of everything written here, there is no absolute guarantee of finding that elusive Big One. It may just be down to plain good luck and be right next to where you have parked your car!

It has not been my intention to give a list of key places to look. Also, I want to retain some potential sites to investigate myself if I return to Matienzo!

corriente de aire y la presencia de eco, también pueden conducir a la ampliación de una cueva pequeña ya conocida. Con literalmente cientos de cavidades en esta categoría, merece la pena echar un vistazo al sitio web en busca de cuevas y pozos a los que se puedan aplicar estos criterios. Quizás algunas de las primeras cavidades descubiertas merezcan una nueva visita: lo que antes no se veía practicable puede ser ahora un espacio que podría ampliarse con tecnología moderna. Puede merecer la pena dedicarle algo de tiempo a esto, especialmente si la cavidad se encuentra dentro de las áreas mencionadas anteriormente, con las características idóneas.

Puede que tengas que decidir entre buscar en la superficie o tratar de ampliar cuevas conocidas. La respuesta la encontrarás al hablar con personas que conozcan el área y sus cuevas. Por supuesto, siempre puedes hacer ambas cosas. La tecnología moderna también te puede ayudar con eso.

En resumen, los puntos clave que te pueden ayudar a encontrar esa cueva grande:

1. Estudia el área de expedición con ayuda de mapas, fotos aéreas y topografías.
2. Elige áreas que parezcan desprovistas de cuevas largas y conocidas y examínalas en persona.
3. Busca en el sitio web detalles sobre cavidades conocidas.
4. Decide si quieres buscar en la superficie o tratar de ampliar cuevas conocidas.
5. Busca lugares que tengan corrientes de aire muy fuertes y buenos ecos.
6. Habla con gente que conozca las áreas en las que estás buscando.
7. Toma nota de la geología y la altitud de las cavidades elegidas.
8. Usa la información de las fotografías infrarrojas de Juan y su dron: fotografías aéreas y vídeos.
9. No te desanimes si no encuentras nada en tu primera salida al área de búsqueda. Al volver sobre el terreno puedes encontrar algo que no hayas visto previamente.
10. Lo mejor es ir en un grupo reducido para evitar que una sola persona esté investigando una posible cavidad mientras el resto está ocioso mirando.
11. Por último, busca en sitios que creas que otros puedan haber ignorado.

Por supuesto, incluso teniendo en cuenta todo lo descrito aquí, no hay garantía absoluta de dar con el siempre escurridizo descubrimiento del siglo. A veces es cuestión de suerte y ¡podría estar justo al lado de donde aparcaste!

No era mi intención dar una lista de lugares clave en los que buscar. Además, ¡quiero guardarme algunos para investigar si alguna vez vuelvo a Matienzo!

GEOLOGY At this scale and page size, no sensible key to the geology can be given. Many more details can be seen on the mapas.cantabria.es site or, better still, within the downloaded QGIS resources. It should be noted that a more modern interpretation of the geology by Juan Carlos Fernández Gutierrez appeared as a separate A1 sheet within the *Matienzo: 50 Years of Speleology* publication.

A esta escala y tamaño de página, no se puede dar mostrar la geología con gran detalle. Se puede ver mucho más en mapas.cantabria.es o, mejor aún, dentro de los recursos QGIS descargados. Cabe señalar que una interpretación más moderna de la geología de Juan Carlos Fernández Gutiérrez se ofreció como una hoja A1 separada dentro de la publicación *Matienzo: 50 años de espeleología*.

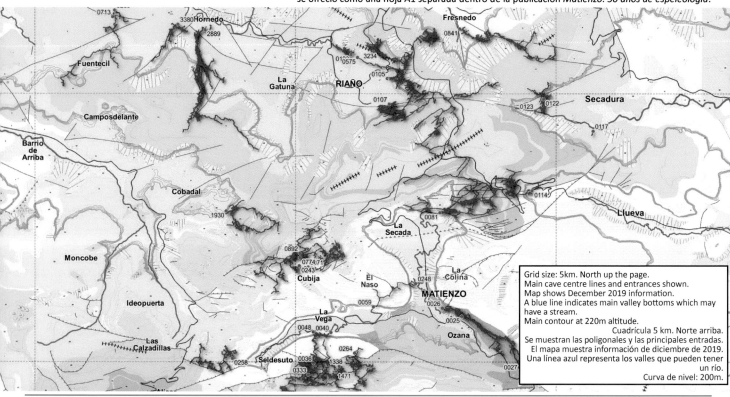

Grid size: 5km. North up the page.
Main cave centre lines and entrances shown.
Map shows December 2019 information.
A blue line indicates main valley bottoms which may have a stream.
Main contour at 220m altitude.
Cuadrícula 5 km. Norte arriba.
Se muestran las poligonales y las principales entradas.
El mapa muestra información de diciembre de 2019.
Una línea azul representa los valles que pueden tener un río.
Curva de nivel: 200m.

GLOSSARY

ADEMCO Asociación Deportiva Espeleo y Montaña Colindres
Caps / capping, etc This is a method of breaking up rock using micro-explosive cartridges (caps) normally used in Hilti nail guns. A hole is drilled into rock, cleaned out and one or more cartridges pushed into the base of the hole. After ensuring correct PPE is worn and the drilled area is covered with a heavy duty mat, the caps are exploded by hammering in a weighted steel rod the same diameter as the hole and caps. If successful, the rock splits.
CRO Cave Rescue Organisation
DCC Derbyshire Caving Club
Disto Leica make a range of Distos, instruments with a laser beam that measures distance. These (or a cheaper version) are often used to measure distance underground. Mention is often made of the depth of shafts which have not been explored. The figure can be arrived at by throwing a stone down and timing the descent or, carefully, using a Disto.
DistoX, Disto X2 These are Distos that have been upgraded with a 3-axis compass and clinometer to measure compass bearings and inclination. In use, a target station is spotted by the laser. The lengths, bearings and inclinations are transferred via Bluetooth to a PDA (q.v.), tablet or phone for further storage and for display through an app on a screen.
Draught A draught blowing into or out of a hole in the ground or underground is an indicator that (a substantial amount of) cave passage lies beyond. The draught is due to pressure changes that can be caused by changes in temperature, altitude, the weather, etc. Even a one-entrance chamber can "breathe" as the air pressure outside changes. There are lots of references to "draughting holes" in this volume. The stronger the draught, the supposedly bigger the cave system and the more effort cavers are going to put into digging out any rock, debris and sediments that may block the onward route.
MCP Matienzo Caves Project - formalised in 2014 but running as a cooperative, sharing and publishing information, since the 1960's.
MKEP Matienzo Karst Entomology Project.
MUSC Manchester University Speleology Club.
Mushroom Field The main river flowing through the Matienzo depression sinks at the Sumidero de Carcavuezo; the Carcavuezo cave entrance (0081) lies a couple of hundred metres to the east. The river is met again in the cave then flows through Cueva Llueva (0114) to resurge at Los Boyones (0117) in Secadura. The large irregular area above and to the north of the Carcavuezo entrance, back in the 70's and 80's, was a source of mushrooms and the name has stuck. The Mushroom Field is enclosed by hills to the west , north and east and these boundaries contain a number of interesting, draughting sites, e.g. 0603 and 4805 which may, eventually, link into the Four Valleys System.
PDA Personal Digital Assistant - A device often linked via Bluetooth to a DistoX (q.v.). Using an app, it receives data from the DistoX and displays it so that the surveyor can draw in passage outline and floor / wall / ceiling deposits, etc. The file can then be downloaded and used as the basis of a final cave survey.
Plugs and feathers A series of holes, say 3 or more can be drilled in a line along a rock or projection. In each hole, in turn, a wedge is hammered deeper and deeper between 2 metal feathers. The rock eventually splits.
Snapper / snapping or snappering, snappered etc A snapper is a small explosive tube, legally classed as a firework, which is exploded electrically when placed and confined in a drilled hole in rock. The resultant explosion can split rock from a target boulder or constriction.
Spits / through bolts These are expanding fastenings, hammered or tightened into a drilled hole in rock. Maillons and karabiners can be fastened to these, then ropes tied on.
Survex /Aven programme see Appendix 1
SUSS Sheffield University Speleological Society

GLOSARIO

ADEMCO Asociación Deportiva Espeleo y Montaña Colindres.
Corriente / tiro Una corriente de aire que entra o sale de un agujero en la superficie o bajo tierra es un indicador de que al otro lado hay (una cantidad considerable de) galería. La corriente de aire se genera cuando hay un cambio de presión provocado por cambios en la temperatura, altitud, clima, etc. Incluso una sala con una única entrada puede «respirar» a medida que cambia la presión del aire exterior. En este volumen se mencionan muchos «agujeros sopladores». Cuanto más fuerte sea esa corriente, más grande, supuestamente, será el sistema subterráneo y más se esforzarán los espeleólogos para quitar cualquier bloque, grava y sedimentos que puedan obstruir la ruta.
CRO Cave Rescue Organisation, organización de espeleosocorro británica.
Cuña de cantero Varios agujeros, p. ej. 3, se pueden taladrar en línea en una roca o saliente. En cada agujero se introduce una cuña entre dos guías o calzas y se golpea hasta que la roca se rompe.
DCC Derbyshire Caving Club.
Disto Leica fabrica una gama de Distos, instrumentos con un medidor de distancias mediante láser. Estos (o una versión más barata) se utilizan a menudo para medir distancias en las cuevas. A menudo se menciona la profundidad de pozos que no se han explorado. Esa cifra se puede obtener tirando una piedra y cronometrando lo que tarda en llegar a la base o, con cuidado, usando un Disto.
DistoX, Disto X2 Son Distos modificados con una brújula de tres ejes y un clinómetro para medir la orientación y la inclinación de la brújula. En uso, el láser detecta una estación de destino. La longitud, el rumbo y la inclinación se transfieren mediante Bluetooth a una PDA, tableta o teléfono para su posterior almacenamiento y visualización a través de una aplicación en una pantalla.
MCP Matienzo Caves Project, aunque se formalizó en 2014, el proyecto lleva desde los años sesenta funcionando, compartiendo y publicando información como una cooperativa.
Micros Un método de desobstrucción mediante cartuchos microexplosivos que se utilizan normalmente en las pistolas de clavos Hilti. Se perfora un agujero en la roca, se limpia y se empujan uno o más cartuchos hasta el final de la perforación. Tras asegurarse de que se está usando EPI y de cubrir el área perforada con una alfombrilla fuerte, el microexplosivo se detona golpeando una varilla de acero del mismo diámetro que el orificio y el cartucho. Si sale bien, la roca se fragmenta.
MKEP Proyecto de Entomología del Karst de Matienzo
MUSC Manchester University Speleology Club
Mushroom Field El prado cerca de Carcavuezo. El río que atraviesa la depresión de Matienzo se sume en el sumidero de Carcavuezo; la entrada de la cueva de Carcavuezo (0081) está a unos 200 m al este. El río se reencuentra en la cueva y luego pasa por la Cueva Llueva (0114) para volver a salir en Los Boyones (0117) en Secadura. En el gran terreno irregular por encima y al norte de la entrada de Carcavuezo, allá por los años setenta y ochenta, crecían muchas setas, de ahí el nombre que le dan los espeleólogos británicos, *Mushroom Field* o el campo de setas. Está rodeado por colinas al oeste, norte y este y estos límites contienen una serie de cavidades interesantes, por ejemplo 0603 y 4805 que, quizás algún día, podrían conectarse con el Sistema de los Cuatro Valles.
PDA Asistente Personal Digital, un dispositivo a menudo conectado por Bluetooth con un DistoX. Usando una aplicación, recibe los datos del DistoX y los muestra para que el topógrafo pueda dibujar el detalle de la galería / paredes / techo /suelo, etc. El archivo después se puede descargar y usar para crear el plano final.
Spits / tacos Fijaciones de expansión que, con un martillo o a mano, se ajustan a un agujero taladrado en la roca. A estos se anclan los maillones y mosquetones y, a su vez, la cuerda a los maillones.
Survex /Aven Véase el Apéndice 1
SUSS Sheffield University Speleological Society

Survex is free and open-source cave survey software able to produce centre lines and passage outline from cave survey data. This appendix explains how to download the programme then view and manipulate the centre line .3d files, in particular those found on the Matienzo Caves Project website.

The Survex / Aven suite has much more to it than outlined here. Hopefully, there are just enough instructions (written using version 1.2.42) to help newcomers get started and investigate the Matienzo survey data. The instructions are for the programme downloaded and running on a PC. The download page allows downloads to other platforms and operating systems, eg Linux, Mac.

1: Download and install the programme
- In your browser, go to https://survex.com/download.html and click "Go"
- Click the Win32 icon to download the latest version, eg survex-win32-1.2.42.exe
- This will download into your "downloads" folder
- Open the "downloads" folder and double left-click on the downloaded .exe file
- The programme is installed.

2: Downloading cave centre lines
- If available for viewing, .3d files can be downloaded from the link(s) under the 'Survex file' heading near the base of every site description on the website. Using site 3234, Cueva-Cubío del Llanío as an example:
- Load the description from the **QUICK CODE SEARCH** link on matienzocaves.org.uk/page1.htm - type in 3234 into the box and left-click '... get it!'
- Left-click the link for the required Survex 3d file, e.g.
Survex file : yes
- Open this 3234.3d file from the downloads folder, e.g. by clicking the link at the base of the browser window.

3: Viewing the centre line survey
- Maximise the window to show the centre line in a black window. Click on the '+' icon in the left panel to display the survey batch structure (like a file structure).
- Experiment with the menu items and the icons along the top, e.g. the green omega will show the entrance(s) as a green dot(s); clicking "Show passage tubes" will add approximate passage dimensions to the centre line.

Some keyboard short cuts
P - displays plan; **L** - displays elevation; **N** - rotates the display to put north at the top; {[and]} keys - enlarge and reduce the display; **Delete** - return display to the original form.
A number of **Ctrl**-key combinations are also available, e.g. **Ctrl-T** toggles the "tubes".

With the mouse
- left-hold and move up or down - zooms in or out. (Rotate middle mouse button does the same.)
- left-hold and move left or right - rotates the survey.
- right-hold and move - move the survey around the screen. (The arrow keys do the same.)
- middle-hold and move up or down - rotates between plan and elevation

4: Looking at individual survey batches and stations
The accounts of each expedition and other articles make reference to survey batches and survey stations. There are a couple of ways to view them, outlined here.
- Ensure that the hierarchical structure of the 3234 file is displayed in the left hand pane. Click on '+' symbols to expand the structure, if necessary.
- Hovering over a batch number displays a line in the main panel surrounding the batch.
- Right-click over '3234-09-01' then left-click 'Show' reveals a set of

```
⊟ 3234.3d
  ⊟ 3234_llanio
     ⊞ 3234-09-01
     ⊞ 3234-09-02
     ⊞ 3234-09-03
     ⊞ 3234-09-05
     ⊞ 3234-09-06
     ⊞ 3234-09-07
     ⊞ 3234-09-08
     ⊞ 3234-09-14
     ⊞ 3234-09-091
     ⊞ 3234-09-092
     ⊞ 3234-09-093
     ⊞ 3234-09-094
     ⊞ 3234-09-101
     ⊞ 3234-09-106
     ⊞ 3234-09-107
     ⊞ 3234-09-108
     ⊞ 3234-09-119
     ⊞ 3234-09-121
     ⊞ 3234-09-1110
     ⊞ 3234-10-04
     ⊞ 3234-10-05
     ⊞ 3234-10-06
     ⊞ 3234-10-07
     ⊞ 3234-10-08
     ⊞ 3234-10-09
     ⊞ 3234-10-10
     ⊞ 3234-10-11
     ⊞ 3234-10-12
     ⊞ 3234-11-01
     ⊞ 3234-12-01
     ⊞ 3234-12-02
     ⊞ 3234-13-01
     ⊞ 3234-16-01
     ⊞ 3234-17-03
     ⊞ 3234-17-04
     ⊞ 3234-17-05
     ⊞ 3234-17-06
     ⊞ 3234-17-07
     ⊞ 3234-17-08
     ⊞ 3234-18-01a
     ⊞ 3234-18-01b
     ⊞ 3234-18-01c
     ⊞ 3234-18-02
     ⊞ 3234-18-03
     ⊞ 3234-18-04
     ⊞ 3234-18-05
     ⊞ 3234-18-06
     ⊞ 3234-18-07
     ⊞ 3234-18-08
     ⊞ 3234-18-09
     ⊞ 3234-19-02
     ⊞ 3234-19-03
     ⊞ 3234_17oct
  ⊞ 4536
```

Survex es un programa de topografía digital gratuito y de código abierto capaz de producir poligonales y contorno de galerías a partir de datos topográficos. Este apéndice explica cómo descargar el programa y luego ver y manipular los archivos .3d de las poligonales, en particular los que se encuentran en el sitio web de Matienzo Caves Project.

El programa Survex / Aven ofrece mucho más que lo que se describe en estas páginas. Con suerte, hay suficientes instrucciones (escritas a partir de la versión 1.2.42) para ayudar a los recién llegados a probar e investigar los datos topográficos de Matienzo. Las instrucciones son para el programa descargado en un ordenador con Windows. La página de descarga permite descargas a otras plataformas y sistemas operativos, por ejemplo, Linux o Mac.

1: Descargar e instalar el programa
- En el navegador, ve a https://survex.com/download.html y haz clic en «Go»
- Haz clic en el icono de Win32 para descargar la última versión, por ejemplo, surveyx-win32-1.2.42.exe
- El programa se descargará en la carpeta de descargas
- Abre la carpeta de descargas y haz doble clic izquierdo en el archivo .exe descargado
- El programa se instalará

2: Descargar poligonales
- Si están disponibles para su visualización, los archivos .3d se pueden descargar desde los enlaces debajo del encabezado «Survex file» cerca del final de la descripción de cada cavidad en el sitio web. Usando la cavidad 3234, Cueva-Cubío del Llanío como ejemplo:
- Abre la descripción de la cueva usando el enlace **QUICK CODE SEARCH** en matienzocaves.org.uk/page1.htm. Escribe 3234 en el cuadro y haz clic con el botón izquierdo en «...get it!»
- Haz clic con el botón izquierdo en el enlace del archivo Survex 3d, p. ej.:
Survex file : yes
- Abre este archivo 3234.3d desde la carpeta de descargas, p. ej. haciendo clic en el enlace en la base de la ventana del navegador

3: Ver la poligonal
- Maximiza la ventana para mostrar la poligonal en una ventana negra. Haz clic en el icono «+» en el panel izquierdo para mostrar la estructura de los datos topográficos (como una estructura de archivos).
- Prueba con los distintos elementos del menú y los iconos en la parte superior, p. ej. el omega verde muestra la(s) entrada(s) en verde o al hacer clic en « Show passage tubes» podemos ver las dimensiones aproximadas de la galería.

Algunos atajos de teclado
P: muestra el plano; **L**: muestra la elevación; **N**: gira la pantalla para poner el norte en la parte superior; las teclas {[y]}: amplían y reducen la pantalla; **Suprimir**: muestra la imagen original.
También están disponibles varias combinaciones de teclas con **Ctrl**, p. ej. **Ctrl-T** alterna el volumen de las galerías.

Con el ratón
- Mover hacia arriba o abajo con el botón izquierdo pulsado: acerca o aleja la imagen. (También se puede hacer si se gira el botón central del ratón).
- Mover hacia la izquierda o hacia la derecha con el botón izquierdo pulsado: gira la topografía.
- Mover el ratón con el botón derecho pulsado: mueve la topografía por la pantalla. (Las teclas de flecha hacen lo mismo).
- Mover hacia arriba o abajo con el botón central pulsado: rota entre el plano y la elevación.

4: Ver las estaciones y lotes topográficos individuales
En las crónicas de cada expedición y otros artículos se mencionan los lotes y estaciones de las topografías. Hay un par de formas de verlos, que describimos a continuación.
- Asegúrate de que la estructura jerárquica del archivo 3234 se muestra en el panel de la izquierda. Haz clic en el símbolo «+» para ampliar la estructura, si es necesario.
- Al pasar el cursor sobre el número de un lote, se muestra una línea en el panel principal que rodea el lote.
- Haz clic con el botón derecho sobre «3234-09-01» y, a continuación, haz clic con el botón izquierdo en «Show» para mostrar un cuadro con opciones. Se pueden aislar lotes separados con esta función.

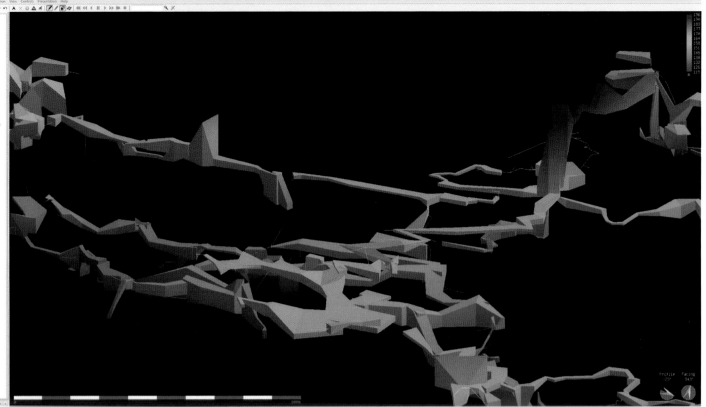

A Survex / Aven visualisation of part of Cueva-Cubío del Llanío. Tubes are shown, the viewer is facing 343° and looking down on the 3d view at a shallow angle of 23°. The orange-to-red vertical feature is the 32m-high aven that leads to the Highway and the Aven Extensions. One advantage of using Survex / Aven over a traditional, hand-crafted survey is the ability to quickly spot possible passage connections as the survey batches are typed in.

Una visualización Survex / Aven de parte de la Cueva-Cubío del Llanío. Se muestran los tubos, a 343° y mira hacia abajo a la vista 3D en un ángulo poco profundo de 23°. El tubo vertical de naranja a rojo es la chimenea de 32 m de altura que lleva hasta Highway y Aven Extensions. Una ventaja de usar Survex / Aven en comparación con una topografía tradicional dibujada a mano es la posibilidad de detectar rápidamente posibles conexiones a medida que se añaden los datos topográficos.

choice boxes to click in. Separate batches can be isolated using this feature.

- Stations can be highlighted by clicking on the centre line or clicking in the left hand panel on a station code - the two panels interact.

- Another useful method to highlight batches and stations is to type the batch or station code into the box next to the magnifying lens icon at the top.

- For example, typing "-17-" will highlight all the stations which are part of a survey carried out in 2017. Adding 03 will highlight just the stations in batch 17-03. Adding .97 (dot ninety seven) highlights station 3234-17-03.97 and splays where the cave passes under the main road and hammering was heard.

- Hovering over a station displays information about it at the bottom left of the window. In addition, selecting a station then hovering over another displays more information in the middle at the bottom of the window.

Menu item 'View / Color by' reveals a number of choices to change the default Color by Depth. Color by Date, for example, reveals that the early exploration was to the northwest.

Note that not all features of Survex / Aven may be fully utilised by the Matienzo files. For example, some batches may not be dated.

A full instruction manual is available on the Survex web site.

- Las estaciones se pueden resaltar haciendo clic en la poligonal o haciendo clic en el panel de la izquierda en un código de estación, los dos paneles interactúan.

- Otro método útil para resaltar lotes y estaciones es escribir el código del lote o estación en el cuadro junto al icono de lupa en la parte superior.

- Por ejemplo, al escribir «-17-» se resaltarán todas las estaciones que forman parte de una topografía realizada en 2017. Si se añade un «03», se resaltarán solo las estaciones en el lote 17-03. Al añadir «.97» (punto noventa y siete) se resalta la estación 3234-17-03.97 y se muestra el punto en el que la cueva pasa debajo de la carretera principal, donde se escucharon martillazos.

- Al pasar el cursor sobre una estación, se muestra información sobre ella en la parte inferior izquierda de la ventana. Además, al seleccionar una estación y luego pasar el cursor sobre otra, se muestra más información en el centro de la parte inferior de la ventana.

El elemento del menú «View / Color by» ofrece una serie de opciones para cambiar el color predeterminado por profundidad (Color by Depth). «Color by Date», por ejemplo, nos muestra que la exploración inicial fue hacia el noroeste.

Ten en cuenta que no todas las funciones de Survex / Aven se pueden utilizar en todos los archivos de Matienzo. Por ejemplo, puede que algunos lotes no tengan fecha.

Un manual de instrucciones completo está disponible en el sitio web de Survex.

The 3234.3d file from Survex overlain onto QGIS with the underground survey points displaying altitude. Shrewd Find (4188) at about 172m altitude could connect into the nearby passage at about 165m altitude.

El archivo 3234.3d de Survex se superpone a QGIS con los puntos de la topografía que muestran la altitud. Shrewd Find (4188) a unos 172 m de altitud podría conectar con la galería cercana a unos 165 m de altitud.

Appendix 2: Background Information

Apéndice 2: Información de referencia

Site code(s)	name	Rank	2009 length (m)	Rank	2019 length (m)	% increase
0107, 0105 + others	**Four Valleys System**	1	52439	1	67126	28%
0733, 4382	**Cueva Vallina**	2	31654	2	35301	12%
0333, 0048 + others	**South Vega System**	3	31491	3	34583	10%
0892, 0071 + others	**Cubija System**	4	19424	5	22596	16%
2889, 3916 + others	**Torca la Vaca**	5	12918	4	23783	84%
0025, 0027 + others	**Sima-Cueva del Risco**	6	9979	6	11578	16%
0258	**Torcón de la Calleja Rebollo**	7	7902	8	7902	0%
1930	**Sumidero de Cobadal**	8	7493	9	7493	0%
0841	**Cueva de Fresnedo 2**	9	7420	7	9620	30%
2366	**Cueva del Torno**	10	5471	10	5471	0%

Site code	name	Depth (m)
0675	**shaft**	346
0333	**Azpilicueta, Torca de**	339
1176	**Garma de Los Trillos, Sima de la**	306
1471	**Papá Noel, Torca de**	304
0036	**Vera Negra, Torca de la**	292
1338	**shaft**	285
0865	**Cantones, Cueva de los**	285
0578	**Levantada, Sima**	260
1745	**Portillejo de Tocornal, Torca de**	251
0264	**Coterón, Torca del**	234

Above: The lengths of the ten major cave systems in our permit area at the end of 2009 and ten years later.
Arriba: El desarrollo de los diez sistemas subterráneos más importantes en nuestra área de permiso a finales de 2009 y 10 años después.

Left: The depths of the top ten deepest sites.
Izquierda: La profundidad de las diez cavidades más profundas.

MCP: Number of people participating in the Easter and summer expeditions since 1969
MCP: Número de personas que participan en las campañas de Semana Santa y verano desde 1969

Note: Participants at times of the year other than Easter and summer are not shown
Nota: No se incluyen los participantes en épocas del año que no sean Semana Santa y verano.

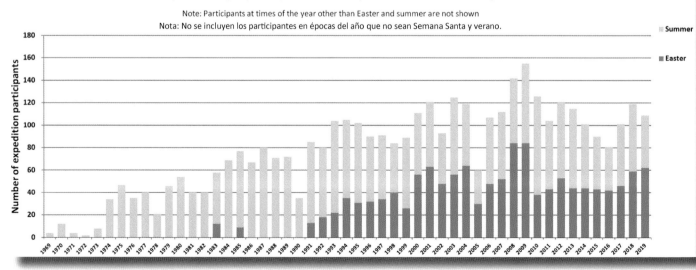

Indices / Índices

Cave Photographs, code order / Fotos de cavidades, ordenadas por nombre 489
Cave Photographs, name order / Fotos de cavidades, ordenadas por código 490
People in Photographs, name order / Personas en fotos, ordenadas por nombre 491
Miscellaneous Photographs / Fotografías varias 492
Photographers / Fotógrafos 492
Cave Surveys, code order / Topografías, ordenadas por código 493
Cave Surveys, name order / Topografías, ordenadas por nombre 494
Cave on Maps, code order / Cavidades en mapas, ordenadas por código 495
General Maps / Mapas generales 495
Cave on Maps, name order / Cavidades en mapas, ordenadas por código 496
Map Areas / Áreas del mapa 496
MAIN INDEX / ÍNDICE GENERAL 497

Index of Cave Photographs / Índice de fotografías de cavidades

site code order / Ordenadas por código

Code	Name	Page
0009	Anderal 2, Cueva del	91
0017	Jivero 2, Cueva de	469(3), 472
0025	Risco, Sima-Cueva del	back cover, 17, 100(2), 117(2), 166(5), 167(4), 363, 472
0035	Arenal, Cueva del	286, 461
0040	Comellantes, Cueva del	412(3), 414(2), 458
0048	Reñada, Cueva-Cubío de la	5, 176(4), 188(2), 203, 261, 365(2), 408
0059	Molino, Cueva del	133(3), 472
0065	Cofresnedo, Cueva de	210
0071	Mostajo, Torca del	82(2), 161, 238, 274-275, 310(3)
0072	Hoyos, Sima de los	327
0074	Perlas, Cueva de las	179(3), 262
0075	Picón, Simas del	72, 81(2), 96(3), 97, 108(2), 131(3), 181
0076	Campo, Cuvia del	327
0077	Rascavieja, Cueva de	276
0081	Carcavuezo, Cueva de	72, 140, 197(2), 457
0081	Carcavuezo, Cueva de	417
0084	Cosas, Cueva las	253(2), 289(2), 390
0096	Vecina, Cueva	390
0102	Castañas, Cueva de la	281(3)
0103	Espada, Cueva de la	14, 15, 39, 111
0105	Riaño, Cueva de	376(3), 378(3), 379(2), 482
0106	Riaño, Torcón de	front cover, 380(3)
0107	Hoyuca, Cueva	25, 27, 51, 62, 260(2), 381(4)
0114	Llueva, Cueva	76
0116	Yusa, Torca de	137
0117	Boyones, Los	457
0122	Suviejo, Cueva de	449
0126	Fresnedo 1, Cueva	270
0128	Espina, Torca de la	259
0138	Coberruyo, Cueva de	353(4)
0207	Cuvia, Fuente de la	374, 375(2)
0236	Mortiro, Cueva del	328
0242	Tablons, Cueva de los	7
0252	cave	265, 339(2)
0258	Calleja Rebollo, Torcón de la	70(4), 388, 389(4)
0260	shaft	267
0289	cave	90
0373	Bosque, Cueva del	414
0415	cave	277(2)
0423	Barandas, Cueva de	445(2)
0489	Espino, Cueva del	84(2)
0567	Hoyón, Torca del	217
0575	Riaño Resurgence, Cueva	83, 418
0618	Orchard Cave	266, 474
0658	Túnel, Cueva del	449
0713	Aguanaz, Fuente	9, 325, 370, 456
0727	Molino, Cueva del	54(2)
0733	Vallina, Cueva	187, 212(2), 245(2), 251, 252, 253, 285(3), 384, 385(3), 411(4), 456
0767	Wild Mare, Cave of the	79, 121, 421(3)
0774	Morenuca, Cueva de la	48(3), 49(2)
0822	shaft	364
0841	Fresnedo 2, Cueva	269(2), 284, 355(2), 404(3), 405
0880	Two and a Half Fat Ladies	327, 354(2)
0892	Regaton, Torca del	414, 415(5)
0975	Cubija, Abrigo de la	130
1017	Socks	195
1162	Orillonzuco	232(2), 459(3)
1294	Epiglottis Cavern	277(2)
1298	dig	323
1340	shaft	60
1561	Favorita, Mina	209
1630	cave	315, 317
1673	Chisel Cave	26
1785	shaft	33
2066	Sewer, The	8
2090	Shanty Town	309(3)
2381	shaft	145
2411	Dischuffed Chough Pot	34(2)
2415	shaft	29, 83
2417	Letterbox Cave	472
2522	dig	330(3), 381(2)
2538	Cubillón, El	64(6), 428(6), 429(2)
2691	Giant Panda entrance	28, 342
2889	Vaca, Torca La	6, 23(4), 105(6), 216, 260(2), 302, 305(3), 369(2), 421(2), 470
2917	Urros, Cueva de los	102(2), 126(2), 190, 191
2964	Not Too Bad Pot	39, 185(2)
3004	Aldi, Torca	239
3010	caves	460
3153	Escalón, Cubío del	448
3167	cave	58, 446(3)
3215	dig	60(4)
3234	Llanío, Cueva-Cubío del	27, 29, 57(3), 58, 62, 85, 116(2), 148, 283(2), 302, 303(4), 317, 319, 344(6), 406, 407, 470, 474
3282	Santa Juliana resurgence, Rio	420, 460(2)
3283	Invisible Cave	22, 424(2), 425(4)
3300	shaft	24
3318	dig	482(2)
3355	cave	15
3357	Nabo, Cueva del	420(2)
3380	Peña Encaramada, Torca de	10(2), 11, 36, 144(5)
3420	Hoyo Carabo, Torca de	65(2)
3422	cave	24(2),
3439	shaft	32,
3448	shaft	28
3450	El Suto, Torca	22,
3451	shaft	86
3456	cave	30
3470	shaft	41
3494	Regato, Cueva de	37
3496	shaft	128
3543	cave	129
3557	cave	53
3558	shaft	52(2)
3564	cave	45
3599	shaft	54
3600	shaft	54
3601	shaft	54
3606	shaft	59(2)
3622	cave	74(5)
3638	shaft	71(2)
3649	Casa Vieja, Cueva de la	77
3691	cave	73
3719	shaft	80(2)
3721	Lenny's Cave	88(3), 89(3), 109(3), 470
3723	dig	95
3736	shaft	80
3741	dig	99
3812	Campizos, Cueva de los	106(3), 172
3818	collapse	107
3821	shaft	107
3840	cave	104
3841	dig	110
3853	shaft	107
3856	rifts - 3	106(3)
3887	shaft	120(2)
3901	dig	129
3910	cave	416
3916	BigMat Calf Hole	124, 125, 141, 143(7), 154(7), 171(2), 180, 192(3), 369
3923	shaft	157(2)
3971	shaft	146
3973	Revoltona, Cueva la	152
3985	Corte, Cueva del	150(3)
3988	cave	152
3991	Lolo (del Secretario), Cueva de	151(4), 244(2), 429
4001	Injanas, Cueva de las	226(2)
4004	Palomas, Cueva de las	362
4007	Abortal, Cueva del	152
4017	Hoya, Pozo de la	223
4019	cave	152
4042	Riocueva, Cueva	448
4043	Cañaos, Torca de los	ii, 159(10), 175(4), 430(5)
4046	Arroyo de Canastrillas, Cueva del	241(2)
4050	Pipe Cave	271
4063	shaft	221
4069	cave	174(3), 292
4094	shaft	173(2)
4111	Murciélagos, Cueva de los	448
4112	Cuesta de la Encina, Cueva de la	221
4117	Doldy's Cave	181(3)
4123	shaft	234
4125	dig	233
4171	Fuente del Francés, Cueva de la	194
4173	Shelob, Cueva	199(4)
4175	shaft	199
4182	Cuba Libre, Cueva	190, 220(2)
4197	shaft	272
4217	cave	200
4221	Reñada, Cueva-Cubío de la (top entrance)	262
4229	cave	205
4246	Hoyón 2, Torca del	458
4251	Cueva en una Mina, La	400, 401
4271	Esquileña, Cueva de	459
4272	resurgence (E)	459
4397	cave	221(2)
4416	Broken Chisel Pot	331(3)
4444	Injanas 2, Cueva de las	226
4457	cave	237
4463	Iglesia 1, Cueva de la	236(2), 237(3)
4474	shaft	326
4482	shaft	249
4522	dig	267
4536	Sub-phone entrance	268 (6), 282(4)
4575	Iglesia 4, Cueva de la	263
4594	dig	279(3)
4606	Grietas, Las	292(2)
4623	shaft	307
4669	Dron, Torca del	iii, 323(2), 324, 363, 481
4713	Extra Special Pot (ESP)	314, 315
4732	hole	339(2)
4771	shaft	309
4774	Buena Suerte, Cueva	334, 335(7), 351
4805	dig	327
4853	dig	364
4856	cave	345(4)
4857	Moros, Cueva de los	359
4864	shaft	359
4875	shaft	358
4877	3% Pot	361
4878	Tesugo, Cueva de	382, 431(5)
4891	shaft	359
4894	resurgence	360(3)
4911	Cortiguero, Torca del	347(3), 348
4957	Tyre Hole	349
5008	shaft	388
5010	dig	390(2)

INDEX OF CAVE PHOTOGRAPHS / ÍNDICE DE FOTOGRAFÍAS DE CAVIDADES
NAME ORDER / ORDENADAS POR NOMBRE

MISCELLANEOUS PHOTOGRAPHS / FOTOGRAFÍAS VARIAS

INDEX OF PHOTOGRAPHERS / ÍNDICE DE FOTÓGRAFOS

84 photographers have contributed to this volume. 84 fotógrafos han colaborado en este libro.

INDEX OF CAVE SURVEYS / ÍNDICE DE TOPOGRAFÍAS
CODE ORDER / ORDENADAS POR CÓDIGO

Index of Caves on Maps / Índice de cavidades en mapas
Code order / Ordenadas por código

Index of General Maps / Índice de mapas generales

Index of Caves on Maps / Índice de cavidades en mapas
Name order / Ordenadas por nombre

Index of Map Areas / Índice de áreas del mapa
Name order / Ordenadas por nombre

Major sections include Archaeology, 'Biology, Cave', Environmental Issues and People. In most cases, only a person's name in the green header box for each expedition is indexed. They will likely appear further down in the section text.

Site names and codes are indexed. Sub-entries are shown under the name rather than the code. Mentions of a site in the main texts may use the code only or name only.

Site 0059 Cueva del Molino has its alternative name Cueva del Agua to minimise confusion with Cueva del Molino (0727) in Bustablado.

Cave diving is indexed under the individual caves. A complete overview of diving activities is found on pages 409 - 444.

Matienzo place names are indexed under "Matienzo"; other places have their own main entry.

Las secciones principales incluyen Arqueología, «Biología, Cuevas», Asuntos ambientales y Gente. En la mayoría de los casos, solo se indexa el nombre de una persona en el cuadro de encabezado verde de cada expedición. Es probable que aparezcan más abajo en el texto de la sección.

Los nombres y códigos de las cavidades están indexados. Las subentradas se muestran debajo del nombre en lugar del código. Las menciones de una cavidad en los textos principales pueden llevar solo el código o solo el nombre.

Para la cavidad 0059, Cueva del Molino, a veces se usa el nombre alternativo Cueva del Agua para minimizar la confusión con Cueva del Molino (0727) en Bustablado.

El espeleobuceo está indexado bajo las cuevas individuales. Una descripción completa de las actividades de buceo se encuentra en las páginas 409 - 444.

Los topónimos de Matienzo se han indexado bajo «Matienzo»; otros lugares tienen su propia entrada principal.

INDEX MAIN

salamander 68, 101, 265, 287, 383, 474
spiders 42, 68, 132, 137, 169, 184, 317,
    318, 339, 354, 408, 470, 471,
    473, 474, 492
    horizontal webs 169
    Iberina mazarredoi 353, 354, 467,
      471, 473
    Meta species 112, 468, 471, 472
    wolf spider 112
spot collection 142
toad 68, 137
worms 8, 219, 400, 401
Black Marble Hole 112, 127
Black Rose Caving Club 160
Bocarón, Cueva del 183, 206, 441
  diving
    Sump Index entry 441
Bodega, La 91, 100, 110, 304, 347
Boghole 376–378
Boil in the Bag 147
Bollón, Cueva de 29, 30, 134, 147, 164,
    414, 434
  Sump Index entry 434
  Vindication Chamber 30
Bosque, Cueva del v, 2, 162, 278, 296,
    297, 300, 311, 327, 414, 436,
    489, 490, 493, 494, 495, 496
  2017 Xmas extensions 297–300
  Boxing Day Surprise 297, 298
  diving upstream 300, 311
    overview 414
    Sump Index entry 436
  Double Six 299
  Helmet Trapper 299
  New Forest 279, 297, 298
  Río Dado 300
  Slim Pickings 297
  Slithery Turtle Aven 300
  Squirrel's Pitch 296, 299, 300
Bottlebank Tours 10, 15
Boyones, Los 1, 53, 90, 91, 179, 201,
    211, 409, 418, 419, 435, 455,
    456, 457, 485
  catchment & traced sources 457
Brazada, Cueva de la 243
British Cave Research Association vii,
    142, 474
Brittany Ferries 374, 382
Buena Suerte, Cueva 332, 335, 408
  Galería del Gato 335
Bustablado 95, 119, 179, 187, 218, 234,
    409, 495, 496

C

Cabezón de la Sal 30, 95
Cagiga Redonda, Sima de 243
Calleja Rebollo, Torcón de la 70, 71,
    98, 210, 266, 388, 436, 488. *See*
    also Toad in the Hole
  diving
    Sump Index entry 436
  Girlie Day Out 71, 72
Campiazo, Nacimiento del 39, 148, 441
  diving
    Sump Index entry 441
Camping underground
  0458: Hidden Hole 118
  2889: Torca la Vaca (2013 summer)
    122–124
  3234: Llanío (2016 Easter) 228
  3234: Llanío (2019 Easter) 353
Campizos, Cueva de los 2, 106, 158,
    172, 208, 237, 400, 489, 490,
    493, 494
  first exploration 106
  p75+p44 exploration (2014) 158
Campo, Cuvía del 93, 149, 261, 326, 327,
    489, 490
  drone flights 93
Campo las Rozas 149
Campsite 76
Campuvijo, Cueva de
  diving
    Sump Index entry 436
Cañaos, Torca de iv, 4, 146, 147, 158,
    159, 160, 161, 162, 173, 175,
    194, 444, 489, 490, 493, 494,

495, 496
Bold Step Passage 174
Emeuve, Galería 158
Galería del Laboratorio 160, 173
Galería del Yeso 147, 174
Love Heart Passage 158
Mabe, Galería 158
Stop Passage 161, 162
Tembleque 161, 174
Volcano Chamber 158
Western Loop 158
Canastrillas, Cueva de Arroyo de 3,
    168, 185, 201, 230, 241, 303,
    430, 444, 489, 490, 493, 494. *See*
    also Daddy Day Care Centre
Canastrillas, Torca de 230, 241, 285
Candy's Dig 132
Canes, Torca de los 84
Cantabrian government viii, 113, 114,
    142, 260
Cantones, Cueva de los 17, 118, 170
Caps 9, 12, 21, 70, 80, 90, 98, 102, 120,
    125, 131, 140, 144, 149, 165,
    176, 177, 186, 199, 240, 247,
    252, 259, 265, 266, 278, 280,
    281, 287, 288, 296, 305, 309,
    312, 325, 328, 337, 363, 369,
    375, 399, 401, 485
Carcavuezo, Cueva de 1, 4, 29, 30, 39,
    51, 72, 74, 133, 134, 138, 139,
    140, 147, 164, 179, 180, 184,
    185, 196, 197, 198, 199, 211,
    217, 227, 239, 261, 267, 278,
    279, 312, 313, 416, 417, 433,
    434, 457, 482, 485, 489, 490,
    492, 493, 494, 495, 496
  Afternoon Stroll 133, 139, 197, 198,
    279, 312
  altitude data 198–199
  Big Chamber Somewhere Near the
    Entrance 133, 139, 147
  Chasing the Dragon 198
  clearing the entrance 133
  diving
    2 attempts at SW Passage sump 279
    Sump Index entry 433–434
  Duck Passage 133
  Eastern Series 164, 197, 312
  Green Cool Passage 196, 197, 199
  Haymarket Series 164, 196
  Keep Right for Smack 197
  Light Frigit 134, 147, 164, 312
  Ovlov Series 140
  Puffin the Beaver 164, 196, 197
  Red Column Chamber 134, 164
  re-survey started 133
  Sewers of Doom 198, 239
  Smack Choke 197, 198
  Southern Inlet Passage 197
  The Candy Shop 198
  The Coke Run 198
  The Maze 198
  Third Railway Siding 133
  Western Series 133, 134, 140, 147, 164,
    196, 312, 433
Carlista, Torca de 186
Carlos III hotel 8, 182, 226, 399–402,
    402–405
Carrales, Barrio de 345, 347, 363, 383
Casa Germán vi, 13, 19, 31, 153, 242,
    378, 379, 475
Casa Tomás 332, 333, 373, 398
Casa Vieja, Cueva de la 65, 77, 96, 97,
    107
  bolting around the p85 107
Castañas, Cueva de la 280, 281, 457
Catalan cavers 56, 140, 257
Cave and Karst Science 142
Cave and Karst Working Group vii
Cave lengths and depths 488
Cave Monitoring Workshop, Interna-
    tional 261, 262, 270, 465
Caves, uses
  maturing cheeses 227
  water supply 145
Cefrales, Cueva de los 152
Cepo, Torcal del 147

Cerro Chico, Cueva del 369
CEZ, Torca 2, 57, 61, 62, 94, 495, 496
Chica, Cueva 3, 201, 493, 494
Child Minders' Cave 185
Chocardos, Torca de los 332
Churro, Cueva del 39, 92, 435
  diving
    Sump Index entry 435
Cierro de la Cueva, Cueva del
  paintings 449
Cierrolinos 356, 368, 495, 496
Ciervo, Cueva del 181, 182, 192
  connection to Vaca 192
Cillarón, Torca de 53, 229
Cisterna, Cueva de la 248, 323, 335
Civil War 13, 399–402, 400–403
Civil War Shelter 129, 207
Clapham 43
Climbing Wall Cave 134
Cobadal 2, 4, 8, 9, 12, 16, 21, 34, 35, 41,
    46, 47, 49, 59, 69, 70, 81, 101,
    102, 107, 121, 128, 130, 141,
    144, 145, 157, 158, 172, 181,
    182, 209, 222, 223, 237, 249,
    258, 265, 293, 295, 309, 336,
    352, 371, 388, 389, 441, 456, 488
Cobadal, Cueva de. *See also Cobadal,*
    Sumidero de
Cobadal, Sumidero de 8, 9, 46, 49, 69,
    121, 223, 352, 371, 441, 488
  entrance collapse 35
  Sump Index entry 441
  Wessex Inlet 38, 441
Coberruyo, Cueva de 2, 326, 353, 449,
    489, 490, 492, 493, 494
Cobrante, Cueva de 93
Coercion Cave 135, 442
  Sump Index entry 442
Cofresnedo, Cueva 210
  U-series dating 464–465
Cola Cao con Wobble 161, 332, 333
Cold store 28, 50, 110, 130, 208, 223,
    237, 249, 371, 388, 399
Colectivo Piezo 339
Collada, Cueva de 36, 46, 263, 273, 295,
    297, 308, 347
  Eastwater 263, 273, 295, 308, 347
  On the Rocks 263, 273
  Sex on the Beach 295
  White Russian 295, 347
Colmenas, Fuente de las 70, 179, 183,
    436
  diving
    Sump Index entry 436
Comellantes, Cueva del 1, 16, 76, 93,
    118, 187, 201, 211, 218, 232, 242,
    288, 324, 340, 352, 386, 387,
    409, 413, 414, 432, 435, 458
  90% of the flow unaccounted for 94, 119
  catchment & traces sources 458
  diving
    connection to Squirrel's Passage,
      Reñada 94
    overview 413–414
    Sump Index entry 432
  drone flights 93
  possible dry link to Reñada 93
Communications
  Surface <> underground
    0075: base of entrance slope (2013)
      131
    0081: marker from 4/8/99 139
    0081: Sub-phone - Green Cool & Puf-
      fin the Beaver 196
    0105: with 3234 376–378
    0733: testing 248, 290
    2889: Molephone to Big Mat 154–156
    2889: Wasdale Screes (2013) 123
    3234: with 0105 376–378
    4536: sub-phone at Sub-phone
      268–269
    molephone 123, 124, 125, 131, 139,
      141, 143, 153, 154, 185, 248
    sub-phones 196, 248, 268, 269, 290,
      349, 376, 407
    overview 482
    training 376–378

Concebo, Cueva del 362
Coquisera, Cueva de 2, 3, 31, 204, 233,
    340, 363
  goat rescue (2016) 233
Corcada, Torca de 56, 57, 60, 288, 323,
    333, 339, 364, 383
  Active Route 332, 339, 364, 382
  Fossil Route 288, 323
Coreano, Cueva de 46, 170, 186, 231,
    242, 330
  diving
    2016 summer 242
Corillos, Cueva de los 11, 449
  bones 21
Corte, Cueva del 150, 489, 490
Cosas, Cueva las 3, 242, 252, 253, 287,
    288, 289, 330, 347, 374, 389,
    390, 489, 490, 493, 494
Coterón, Torca del 2, 16, 177, 202, 233,
    391, 392, 433, 436, 483, 488
  detackling 391, 391–392
  diving
    Sump Index entry 436
  through trip 177
Covalanas, Cueva de
  red pigment 448
Coverón, Cueva del 2, 57, 61, 62, 94,
    304, 322, 347, 495, 496
  extended close to Torca XLs 94–95
COVID-19 pandemic vi
Crecidas, Surgencia de las 91, 419, 435
  diving 91
    overview 418
    Sump Index entry 435
  survey 87
Cretaceous limestones 1
Cuatribú, Cueva de 85
Cuba Libre, Cueva 41, 155, 191, 219
Cubija, Abrigo de la 130
Cubija System. *See North Vega System*
Cubija, Torcón de
  Sump Index entry 433–434
Cubillón, El 2, 3, 58, 60, 63, 64, 65, 76,
    96, 97, 107, 129, 130, 146, 158,
    173, 194, 209, 223, 250, 251,
    262, 264, 293, 338, 366, 371,
    392, 401, 402, 403, 426, 428,
    441, 456, 489, 490, 493, 494,
    495, 496
  Breakdown Chamber 63
  diving
    2014: Lake Tilberthwaite 146
    2019 summer: Bassenthwaite Water
      371
    overview 428–429
    Sump Index entry 441
  first entry 58
  in flood 223, 401–404
  Lake Tilberthwaite 59, 63, 97, 107
  Second South Passage 223, 251, 401
  Snail Aven 129
  Watery Junction 64, 97
Cuenca 32, 57, 448, 450
Cuervo, Cueva de 39
Cuesta de la Encina, Cueva de la 179,
    183, 206, 221, 237
Cueva en una Mina 4, 208, 222, 401,
    489, 490, 493, 494
Cuevona, La 1, 218, 231, 433, 436
  diving
    Sump Index entry 436
Cuevuca, La 15, 16, 17
Culebro, Fuente de 46, 420, 441, 443
  diving
    Sump Index entry 441
Cumbria Designs 33
Cumpleaños, Sima 17
Cuvía, Fuente de la 69, 81, 210, 343,
    374, 375, 377, 434
Cuvia, La 92, 304, 347

D

Daddy Day Care Centre 185, 201, 230
  diving
    'other sump' (2016 summer) 241
    overview 430
    Sump Index entry 444

3452, 3453 22
3454 28, 59, 148
3455 22
3456 30, 490
3457 28
3458 28
3460 17, 55
3461 55
3463 17
3465, 3466 30
3467 17
3470 24, 41, 490
3471 24
3472 24, 30
3475, 3476 24
3477–3478 16
3479 24
3481-3483 31
3484–3488 34
3489, 3490 35
3491 34
3492 35
3494 4, 37, 41, 44, 79, 157, 370, 489,
   490, 493, 494
3495 36
3496 4, 36, 127, 128, 489, 490, 493, 494
3497 36, 59
3498 41
3500–3502 41
3503 35
3504 40, 58, 75, 92, 93
3505, 3506 40
3507, 3511 35
3512, 3514 39
3515–3522 35
3524 37, 99
3525 40
3528, 3531 311
3538 46
3540, 3542 54, 55
3541 46
3543 2, 59, 106, 129, 158, 172, 207,
   217, 489, 490, 493, 494
3544 49
3547–3549 53
3550 50, 51
3551–3553 54
3554 49, 59
3555, 3556 51
3557 53, 54, 489, 490
3558 28, 51, 52, 490
3559 51, 83, 195
3560 45
3561, 3562 56
3563 56, 57, 60
3564 45, 489, 490
3565 45
3566 49, 127, 308, 460, 495, 496
3567 45
3568 44, 301
3569 44, 301, 307
3570 44
3572 44, 301, 307
3573 44, 69
3574–3576
3577 45
3578 49, 50, 130, 249
3579 49, 50
3581 44, 45
3582 49, 50
3583 49
3584 53, 227
3585 49, 223
3588–3590 45
3591 44
3594 43, 57, 62, 69, 80, 141, 143
3596 43, 143
3597 51, 53
3599 54, 489, 490
3600, 3601 54, 489, 490
3602 2, 57, 409, 495, 496
3604 38
3605 59
3606 59, 489, 490
3607–3611
3612 60, 148
3613 60

3614 60, 106
3615 60
3616 60, 96
3617 60
3618 75
3619 243
3620 75
3621 75, 243
3622 2, 70, 74, 489, 490, 493, 494
3624 70
3625 75, 243
3626 75
3627 75, 243
3628 72
3629 66
3630 66, 348, 349
3632 72, 98
3633, 3634 73
3636 69, 228
3637 69
3638 71, 72, 266, 267, 489, 490
3639 74
3640 239
3642–3647 69
3648 64, 78
3649 2, 64, 77, 96, 107, 489, 490,
   493–496
3650 65, 96
3651–3653 65
3654 65, 264
3655 65, 265
3656 65
3657–3660 66
3661 69, 99
3662 74, 86
3663 69
3664 65
3665 106
3666 64
3667 75
3669 64, 97, 264
3670 75
3671–3673 75, 322
3674 75, 233, 332
3675 75, 233
3676, 3677 76, 233
3678 76
3679 76, 322
3680 76, 233
3681 69, 70, 81
3682 69, 81
3683 70, 81
3684-3687 70
3688 75
3689, 3690 74
3691 4, 73, 74, 75, 87, 489, 490, 493,
   494
3692 65, 96, 97, 106, 107, 265, 366
3693 65, 97, 265
3694 70, 81
3695–3698 64
3699 75
3700 73, 84
3701 74
3702 69
3703 67, 79, 157
3704–3707 73
3708–3710 71
3711 75
3712, 3713 92
3714–3718 80
3719 80, 489, 490
3721 4, 90, 98, 100, 110, 136, 142, 165,
   201, 304, 347, 470, 489, 490,
   492, 493–496
3722 83, 408
3723 83, 489, 490
3724–3726 93
3729 91, 110
3730 87
3731, 3732 92
3733 93
3734 87, 111
3735 77
3736 80, 489, 490
3737, 3738 80
3739, 3740 81

3741 99, 100, 489, 490
3742 110
3743 92
3744, 3745 87, 134
3746 83
3747 78, 96
3748, 3749 98
3750 98, 110
3751 98
3752 97, 130
3753–3756 97
3757 96, 97
3758 96
3759 183, 309
3760 183
3762 170
3763–3770 98
3771 98, 227
3772–3776 98
3777, 3778 98, 100
3779 96, 130
3780, 3781 99
3782, 3783 100
3784 99
3785 100
3786 99
3787 100
3788, 3789 99
3790 97
3792 98
3793, 3794 98
3795, 3796 111, 493, 494
3797 110
3798, 3799 117
3800 112
3801 108
3802 109, 131, 276
3803 118
3804–3806 104
3807 104, 173
3808 104, 336
3809, 3810 104
3811 106, 173
3812 2, 106, 130, 158, 172, 208, 237,
   400, 403, 489, 490, 493, 494
3813 106
3814 106, 207
3815 107, 181
3816 110
3817 112, 127
3818 107, 108, 489, 490
3819, 3820 108
3821 107, 108, 128, 489, 490
3823 108
3824 117, 135
3824–3828 117
3825–3827 135
3828 117, 135
3829 102
3830 102, 130
3831 102
3832 - 3835 110
3838 112
3839 104
3840 104, 489, 490
3841 110, 136, 489, 490
3842 4, 117, 148, 493, 494
3843 132
3844 117
3847–3849 109
3850 109, 227
3851, 3852 109
3853 107, 108, 127, 489, 490
3854 108
3855 108, 133
3856 106, 108, 133, 489, 490
3857 106, 108
3858–3860 110
3861 104
3862 104, 307
3863–3868 101
3869–3871 118
3872–3877 110
3878 103
3879 104
3880 112
3881 112

3882 102
3884 2, 3, 118, 119, 138, 186, 217, 459,
   493–496
3886 186, 459, 495, 496
3887 120, 489, 490
3888 120
3889 120, 132
3890 127
3891 130
3892 127
3893 128
3894 137
3895 139, 147
3896 127, 206, 292
3897, 3898 133
3900 133
3901 104, 129, 130, 158, 173, 194, 293,
   489, 490
3901–3904 129
3902 129, 251
3904 129
3905 123, 124, 125, 153
3907–3909 130
3910 3, 135, 148, 416, 444, 489, 490,
   493, 494
   diving 148
   Sump Index entry 444
3911 135
3912, 3913 133
3914 125, 141
3915 3, 4, 127, 291, 493, 494
3916 4, 124, 125, 141–143, 153, 155,
   171, 177, 178, 180, 180, 182,
   218, 235, 258, 261, 273, 307,
   326, 341, 350, 369, 488–490,
   493–496
   entrance tube 125
   first excavation 124
3917 135, 148, 165, 174
3918 135
3920–3922 135
3923 127, 157, 489, 490
3925 125, 143
3926, 3927 130
3928 129
3929 136, 211, 232
3930 136
3931 138
3932 132, 196
3933 322
3935–3937 140
3938 2, 140, 176, 177, 234, 356, 493,
   494
3939 140, 176, 177, 234, 356, 493, 494
3941–3944 140
3945 140, 228
3946 140, 142
3947 148
3948, 3949 149
3950 149, 389
3951 149, 168
3952 144, 221
3953, 3954 144, 219
3955 151, 168
3956–3958 151
3959 151
3960 149
3961 3, 149, 361
3962 151
3963 - 3967 147
3964 147
3968 144
3969 144, 219
3970 146
3971 97, 146, 489, 490
3973 3, 149, 217, 489, 490, 493, 494
3974–3977 149
3978 151, 168
3979 151
3980 147, 243
3981–3983 145
3982 145
3984 146
3985 150, 489, 490
3986, 3987 146
3988 149, 152, 489, 490
3989, 3990 145

3991 3, 150, 241, 244, 330, 429, 444, 489, 490, 493, 494
3998 145
4001 4, 226, 248, 352, 489, 490, 493, 494
4004 3, 362, 369, 489, 490, 493, 494
4007 3, 149, 489, 490, 493, 494
4011, 4012 149
4014 145
4015 176, 356
4016 164, 184
4017 4, 146, 223, 238, 444, 489, 490, 493, 494
4018 145
4019 150, 152, 444, 489, 490
  diving 150
    Sump Index entry 444
4020, 4021 145
4022 147, 266, 311
4023 144
4024, 4025 151
4026–4028 145
4029 145, 221
4030 144, 171
4031, 4032 145
4033, 4034 145, 221
4035 145
4036 145, 158
4037 150
4038 149
4039 149
4040 145
4041 145, 157
4042 4, 147, 160, 161, 173, 174, 444, 448, 489, 490, 492–494
4043 iv, 4, 147, 158, 160, 161, 173, 174, 194, 444, 489, 490, 493,–496
4045 164, 184
4046 3, 168, 185, 201, 230, 241, 303, 430, 444, 489, 490, 493, 494
4047 165
4048 168, 241, 252
4049 168
4050 3, 4, 169, 176, 211, 217, 270, 489, 490, 493, 494
4051–4057 158
4058, 4059 157
4060, 4061 3, 168, 493, 494
4062 170
4063 158, 221, 489, 490
4064 163
4065 168
4066 170
4069 3, 4, 168, 174, 176, 294, 356, 489, 490, 493, 494
4070, 4071 168
4072 163
4073–4075 162
4076–4078 164
4079, 4080 163
4081 164
4082 176, 177, 233, 356
4083 3, 4, 168, 493, 494
4085 160
4086, 4087 160, 174
4088 160
4089 3, 168, 200, 493, 494
4090 162
4091 168
4092 176, 356
4093 171
4094 104, 173, 490
4095–4097 176, 356
4098 171
4099 176, 356
4100 172
4101–4107 172, 349, 370
4111 179, 449, 490
4112 4, 179, 183, 206, 221, 237, 489, 490, 493, 494
4113 179, 183
4114 336
4115 184
4117 4, 155, 181, 182, 192, 489, 490, 493, 494
4118 180
4119 183

4120 188, 233
4121, 4122 188
4123 188, 233, 234, 489, 490
4124 188
4125 188, 233, 489, 490
4126–4129 185
4130 183
4131 185, 198
4132 185
4133 183
4134 184
4135 182
4137 181, 336, 337, 350
4138, 4139 185
4140, 4141 185, 201
4142 185
4143 182
4144 183, 222
4145, 4146 183
4147 - 4157 181
4161, 4165 183
4166 - 4169 202
4170 202
4171 4, 194, 209, 489, 490, 493, 494
4172 204
4173 199, 210, 228, 240, 252, 489, 490
4174 199, 269
4175 199, 240, 489, 490
4176 199
4178 198
4179 198
4180 198, 280
4181 195
4182 155, 191, 219, 221, 489, 490
4183 201
4184 201, 330
4185 201
4187 199, 240
4188 199, 210, 240, 302, 487
4189 2, 195, 493, 494
4191 195
4192 195, 352
4193–4196 195
4197 202, 271, 272, 489, 490
4198, 4199 202, 271
4200 196
4202–4205 192
4207, 4208 196
4209 196, 227
4210 152
4211 201, 330
4212 198, 267
4213 198
4214 198, 267
4215, 4216 201
4217 200, 201, 489, 490
4218–4220 201
4221 16, 202, 270, 364, 390, 490
4222–4227 206
4228 206, 207
4229 205, 489, 490
4230, 4231 205
4232–4236 209
4237 210
4238 210, 239, 280
4239, 4240 210, 244
4241, 4242 210
4243 226
4244 209, 493, 494
4245 210, 218, 244
4246 210, 218, 220, 234, 244, 458, 489, 490, 495, 496
4247–4249 210
4250 207
4251 4, 208, 222, 267, 308, 400, 403, 489, 490, 493, 494
4252 208
4253 207, 221
4254 207
4255 207, 222
4256, 4257 207
4258 208, 223
4259 208, 251
4260 210
4261 205
4263 206, 211
4264 208, 222

4265–4268 208
4269 208, 222
4270 208, 222, 251
4271 211, 217, 258, 432, 459, 489, 490, 495, 496
4272 217, 459, 489, 490, 495, 496
4274 209
4277 - 4384 218
4364, 4365 272, 340
4379 288, 340
4380 288
4382 2, 234, 288, 289, 488, 495, 496
4385 234
4386 217, 292, 306
4387–4389 227
4390 231
4391, 4393 227
4394 228
4395 226
4396 233
4397 4, 221, 489, 490, 493, 494
4398 226, 238
4399, 4400 220
4401 220, 444
  Sump Index entry 444
4402–4404 230
4405 232
4406 221
4407 230, 241, 285
4408–4410 233
4411–4419 233
4414 227
4416 233, 243, 331, 332, 489, 490
4417 75, 233, 243, 332
4418 330
4420 221, 264
4421 222
4423, 4424 219
4426, 4427 221
4428 223, 237, 249, 250
4429 223, 237
4430 227
4431–4433 228
4434 222
4435 223
4436 - 4439 223
4440, 4441 223
4442, 4443 222
4444 226, 227, 248, 352, 473, 489, 490, 493, 494
4445 84, 229, 418, 444
4446 227
4447 220, 249
4448 221
4449 241
4450, 4451 223
4452 223
4453–4456 223
4457 237, 489, 490
4458 220, 349
4460 350
4462 220
4463 4, 236, 237, 489, 490, 493, 494
4464, 4466–4467 243
4468 3, 241, 338, 493, 494
4470–4472 242
4473 238, 251, 293
4474 2, 4, 238, 251, 265, 293, 326, 337, 351, 367, 489, 490
  Bother Squared Chamber 338
4476 240
4478 238
4480 250
4481 249
4482 249, 489, 490
4483 250, 265
4484, 4485 249
4486 222
4488 249
4489 249, 293
4490 249
4491 252
4493–4496 249
4499 253
4500 254
4501 251
4503 - 4504 261

4505 266
4506 270
4507 267
4508–4510 271
4512–4514 266
4515, 4516 267, 268
4517 267, 268, 284
4519 271
4520 267
4522 267, 489, 490
4523 264
4525 264, 293, 366
4526–4527, 4529–4531, 4533 264
4534, 4535 267
4536 4, 268, 269, 281, 302, 313, 354, 489, 490, 493, 494
4537 4, 263, 273, 295, 308, 347, 493, 494
4538 264
4539 64, 265
4541, 4542 268
4543–4549 265
4550 265, 350
4551–4563 265
4564 265
4565 262
4566–4571 262
4572, 4573 265
4574 265, 293, 350
4575 4, 263, 264, 489, 490, 493, 494
4576 263
4577–4582 265
4583, 4584 263, 291
4585 265
4587 263, 292
4588, 4589 263
4590 266
4591 267
4592 308
4593 288
4594 279, 280, 489, 490
4595–4598 280
4600 287
4601–4604 278
4605 291
4606 4, 292, 308, 489, 490, 493, 494
4607–4612 294
4610 294, 339
4613–4617 292
4618 292, 305
4619 292
4620 292, 306
4621, 4622 292
4623 292, 307, 489, 490
4624 294, 310
4625–4629 294
4630–4634 292
4637 & 4638 291
4639–4641 293, 338
4642, 4643 294
4644 336
4645 339
4652 303
4653 69, 301
4654 301, 308
4655 308
4656 301, 308
4657 303, 312
4659, 4660 303
4661 303, 389
4662–4666 303
4667 318
4668 319, 363
4669 iv, 2, 319, 320, 331, 363, 384, 481, 489, 490, 492–494
4670–4672 320
4673–4680 320
4681 320, 343
4682 320
4683–4688 308
4689–4691 304
4692 304, 336
4693, 4694 304
4695 305
4696 311
4697 305
4698 305, 348